海阳市志

（1978—2010）

海阳市地方史志编纂委员会　编

方志出版社
Publishing House of Local Records

图书在版编目（C I P）数据

海阳市志：1978—2010 / 海阳市地方史志编纂委员会编．-- 北京 ：方志出版社，2020.12
ISBN 978-7-5144-4612-8

Ⅰ．①海… Ⅱ．①海… Ⅲ．①海阳-地方志-1978-2010 Ⅳ．①K295.24

中国版本图书馆 CIP 数据核字（2020）第 255080 号

海阳市志（1978—2010）

编　　者：海阳市地方史志编纂委员会
责任编辑：罗　滔
出 版 者：方志出版社
地址　北京市朝阳区潘家园东里9号（国家方志馆4层）
邮编　100021
网址　http://www.zgfzcb.cn
发　　行：方志出版社图书经销中心
电话（010）67110500
经　　销：各地新华书店
印　　刷：山东黄氏印务有限公司
开　　本：889×1194　　1/16
印　　张：66.5
字　　数：1890千字
版　　次：2020年12月第1版　　2020年12月第1次印刷
印　　数：0001～3000册
ISBN 978-7-5144-4612-8　　定价：860.00元

海阳市地方史志编纂委员会

主　　任：刘宏涛

副 主 任：王彦博　吴德柱　纪　刚

成　　员：修京堂　董建华　李治田　徐东生　张忠旭
修兆强　于文刚　吕连喜　于　勇　李知文
张燕军

《海阳市志（1978—2010）》编审人员

主　　审：纪　刚

副 主 审：修福程

顾　　问：荆甫斋　刘志耘　曲延纯　于敏晨

主　　编：于　勇　隋悦江

副 主 编：叶春华　刘　明　孙德成

特邀编审：刘志耘　曲延纯　杨福亭　项永波

编　　辑：（按姓名笔画排列）
于培伟　马义志　王墨童　邢陈强　曲延纯　刘　明　孙春晓
孙德成　杨福亭　李　青　宋　倩　张立里　项永波　赵学杰
鞠　君

图片编辑：孙德成

海阳名片

- 第三届亚洲沙滩运动会举办城市
- 中国优秀旅游城市
- 中国毛衫名城
- 中国民间文化艺术之乡
- 国家节水型城市
- 国家园林城市

- 国家沙滩体育健身基地
- 全国法治县（市、区）创建活动先进单位
- 山东省双拥模范城
- 山东省文明城市
- 山东省人居环境奖

中共海阳市委书记　刘宏涛

序

编修地方志，历来是中华民族的优良传统。《海阳市志（1978—2010）》历经十余载潜心编纂，终于付梓问世。这是一件功在当代、利在千秋的大事，也是海阳文化事业发展和精神文明建设的重要成果，为加快海阳经济社会高质量发展增添了浓墨重彩的一笔，可喜可贺！值此，谨向为这项浩繁工程倾注心血、付出努力的史志工作者表示衷心感谢和亲切慰问！

海阳历史悠久，资源丰富，人杰地灵，民风淳朴。中华人民共和国成立后，海阳人民积极投身社会主义现代化建设，取得了显著成绩。中共十一届三中全会后，海阳大地春潮涌动，勤劳、勇敢、睿智的海阳人民善抓机遇，勇于创新，大胆开拓，全市经济建设蒸蒸日上，文化事业繁荣发展，人民群众安居乐业，经济社会发展驶入快车道，谱写了新的历史篇章。海阳先后荣膺中国优秀旅游城市、中国毛衫名城、中国民间文化艺术之乡、国家节水型城市、国家园林城市、山东省双拥模范城、山东省文明城市等称号，获得山东省人居环境奖，成功举办第三届亚洲沙滩运动会，城市美誉度、知名度大幅提升。

盛世修志，志载盛世。《海阳市志（1978—2010）》全面客观记述了海阳自然、经济、政治、文化和社会各领域在改革开放后发生的巨大变化。全书内容翔实、语言精练、史料珍贵，是一部时代特征鲜明、地方特色浓郁、行业特点突出，囊括百科的地情资料图书。这部志书，给全市广大干部群众提供了“热爱海阳、关心海阳、建设海阳、奉献海阳”的生动教材，

海阳市人民政府市长　王彦博

也为热心关注海阳发展的国内外友人搭建起了解海阳人文历史、积极参与投资建设海阳的桥梁。

鉴古知今，继往开来。修志主旨，意在告慰前人，激励当代，启迪后世，造福桑梓。希望全市各级各部门和广大干部群众读好、用好《海阳市志（1978—2010）》，更好地发挥地方志存史、资政、教化、育人的作用。当前，历史的车轮已驶入实现“两个一百年”奋斗目标和中华民族伟大复兴“中国梦”的新征程，海阳正面临“一带一路”、山东省新旧动能转换综合试验区建设、胶东经济圈一体化发展等重大历史性战略机遇。站在历史和未来交会的新起点，全市人民要以习近平新时代中国特色社会主义思想为指引，切实增强“四个意识”、坚定“四个自信”、做到“两个维护”，进一步继承发扬海阳“地雷战精神”和“亚沙会精神”，不忘初心，牢记使命，奋发有为，砥砺前行，积极投身决胜全面建成小康社会的伟大实践，奋力谱写海阳赶超跨越高质量发展新篇章！

是为序。

中共海阳市委书记 刘宗涛　海阳市人民政府市长 王彦博

2020 年 8 月 6 日

海阳市城区全景图

海阳旅游度假区鸟瞰图

海阳市老城区夜景

海阳亚沙城夜景

海阳市国际会议中心

海阳市民服务中心

海阳市新元广场

海阳万米海滩浴场

海阳招虎山国家森林公园

海阳小孩儿口国家城市湿地公园

丁字湾跨海大桥

海阳港

青荣城际铁路海阳北站

威海—青岛高速公路海阳隧道

海阳市人民医院

海阳市中医医院

海阳市第一中学

烟台轻工业学校 海阳市职业中等专业学校

2008 年 8 月 8 日，海阳大秧歌在北京奥运会开幕式上暖场演出

地雷战党性教育基地

海阳市博物馆

河清岛体育场

2012 年 6 月 16 日，第三届亚洲沙滩运动会开幕式在海阳河清岛体育场举行

The Opening
Ceremony of the 3rd
Asian Beach Games
LAX

2012 年 6 月 22 日，第三届亚洲沙滩运动会闭幕式在海阳河清岛体育场举行

方圆科技中心
FANG YUAN SCIENCE & TECHNOLOGY CENTER
FYG
科学技术是第一生产力
FYG
FYG
改革创新加快发展
热烈欢迎国内外

方圆集团有限公司

山东海阳核电厂

海阳毛衫产业创新园

山东核电设备制造有限公司

海阳中集来福士海洋工程有限公司生产的钻井平台

平岚瀑布

千里岩南岛

海阳国际沙雕艺术公园

红樱桃民俗旅游区

云顶自然风景区

地雷战旅游区

琵琶岛大秧歌影视基地

丛麻院风景区

海阳樱桃

海阳绿茶

海阳网纹瓜

海阳白黄瓜

《海阳市志（1978—2010）》志稿评审会与会人员合影留念

2018 年 9 月 20 日

前排左起：杜　泉　王　芬　李迎春　季胜林　李　刚　刘爱军　刘宏涛　张焕伟　张舒平　李天程　罗　毅

中排左起：李庆东　隋悦江　宋宪际　董明奎　郭能勇　王笃银　王现军　吕福堂　徐　革　杨日明　梁科峰　马贤修

后排左起：孙德成　张立里　李　辉　刘　明　叶春华　郭恩革　段国强　蔡海林　王　磊　孙建义　高　波　曾现书

《海阳市志（1978—2010）》编纂人员合影留念

2020 年 12 月

前排左起：孙德成　刘　明　于敏晨　曲延纯　隋悦江　于　勇　荆甫斋　刘志耘　杨福亭　叶春华

后排左起：邢陈强　宋　倩　鞠　君　于培伟　赵学杰　张立里　孙春晓　项永波　马义志　李　青　王墨童

凡　例

一、本志以马克思列宁主义、毛泽东思想、邓小平理论、“三个代表”重要思想、科学发展观、习近平新时代中国特色社会主义思想为指导，坚持辩证唯物主义和历史唯物主义的立场、观点和方法，实事求是，尊重历史，全面、客观、系统地记述海阳市自然、经济、政治、文化、社会各领域的历史与现状，注重反映地方特色和时代特点，力求做到思想性、科学性和资料性的统一。

二、本志为1988年版《海阳县志》之续志，为完整反映改革开放历史进程，上限起于1978年，下限止于2010年。为彰明因果、反映规律，个别篇章和图片适当上溯或下延。2006年12月，海阳市成功申办2012年第三届亚洲沙滩运动会。历时5年多的筹办，第三届亚洲沙滩运动会于2012年6月16日—22日在海阳成功举办，开创县级城市举办洲际体育赛事先河，对全市经济社会发展意义重大、影响深远。为此，本志特设“第三届亚洲沙滩运动会”编完整记述。

三、本志记述的地域范围以断限内海阳市行政区划为准，个别事物由于行政区划变动或其他原因而需越境记述的，作适当变通。断限内1996年4月29日前称海阳县，后称海阳市。

四、本志排列以建置、自然、经济、政治、文化、社会为序。卷首设“概述”“大事记”，卷末为“人物”“附录”，均不列入编序。篇目设置采用编、章、节结构，节下根据内容设目、子目，目、子目不排序号，以不同字体区别。全志共33编，部分编设编下序，按照“事以类聚、类为一志”的要求，以科学分类与社会分工相结合的方法设置门类，横排门类，纵述始末。

五、本志文体使用语体文、记述体（引用古籍原文或英文除外），述、记、志、传、图、表、录等体裁并用，以志为主，随文配相关图、表。需要解释说明的事物加括注或文（表）后加以说明。“大事记”以编年体为主，辅以纪事本末体。

六、本志采用公元纪年，清代及其以前采用中国历史朝代年号纪年的，括注公元纪年。“文化大革命”期间指1966—1976年。1978年12月以前或以后称为“改革开放前”或“改革开放后”。书中所记“××年代”均指“20世纪××年代”。

七、本志记载人物，以本籍为主，客籍人物在本市有重大影响的一并收入。人物传略，坚持“生不立传”原则，以卒年为序；人物简介，不论生卒，主要收录正厅（师）级以上领导干部（含少数贡献较大副厅、副师以下干部）、对经济社会发展做出重要贡献或有较大社会影响的各行各业人士，以出生年月为序；人物表，主要收录革命烈士，按牺牲年月先后排序；获省级以上劳动模范人物，按授奖先后排序。

八、本志插图与表格均以编为单位依次排序编号；所用地图均经有关部门审定。本志资料、图片主要由海阳市直各部门、企事业单位、各镇（区、街道）及中央、省、烟台市驻海阳单位和市摄影家协会提供，部分资料、图片来自档案、文献、报刊及社会调查等，一般不注明出处。直录自史籍文献者使用明引，引文忠于原作。数据以统计部门公布的为准，部分使用相关单位提供的数据；与前志数字不一致处，为采纳有关部门最新统计资料。

九、地名一般以事件发生时的地名为准，如有变动，括注今地名。机构、部门、单位、社会团体和会议等名称一律以当时名称书写为准，首次出现用全称，再次出现用简称。

十、本志使用的标点符号、数字用法、计量单位等，均执行国家颁布的统一规范标准，个别计量单位兼顾习惯用法。

十一、本志重点续载前志下限以后的事项，补载、更正前志漏载、误载的某些事项，简要复载前志记载后变化不大的某些事项，升格详载具有地方特色的核电、第三届亚洲沙滩运动会，辑存重要文献。海阳市特产众多，为方便读者更多地了解海阳，将有关特产列入附录。

十二、为方便读者检索，书后附有“索引”，按首字汉语拼音字母顺序排列。

目 录

概 述……………………………………………… 1
大事记……………………………………………… 10

第一编 建置区划 自然环境

第一章 建置 区划……………………………………… 32
第一节 位置与面积 …………………………… 32
第二节 建置沿革 ……………………………… 32
第三节 行政区划 ……………………………… 33
第二章 地 质……………………………………… 36
第一节 地 层 ………………………………… 36
第二节 构 造 ………………………………… 36
第三节 岩浆岩 ………………………………… 37
第三章 地 形……………………………………… 37
第一节 地 势 ………………………………… 37
第二节 山 脉 ………………………………… 37
第三节 丘 陵 ………………………………… 38
第四节 河 流 ………………………………… 40
第四章 海 域……………………………………… 41
第一节 海 岸 ………………………………… 41
第二节 海岸沉积物 …………………………… 41
第三节 港 湾 ………………………………… 42
第四节 岛 屿 ………………………………… 43
第五节 潮 汐 ………………………………… 45
第六节 海水温度与透明度 …………………… 45
第七节 海水表层盐度 ………………………… 45
第八节 海水水质 ……………………………… 46
第五章 气 候……………………………………… 46
第一节 气候特征 ……………………………… 46
第二节 气 温 ………………………………… 46
第三节 降 水 ………………………………… 48
第四节 气压与风 ……………………………… 49
第五节 湿度与蒸发 …………………………… 50
第六节 云与日照 ……………………………… 51
第七节 霜冻与结冰 …………………………… 51
第八节 地温与冻土 …………………………… 52
第六章 土壤与植被……………………………………… 52
第一节 土壤分布 ……………………………… 52
第二节 土壤类型特征 ………………………… 53
第三节 土壤养分 ……………………………… 55
第四节 土壤理化性质 ………………………… 57
第五节 植 被 ………………………………… 59
第七章 自然资源……………………………………… 59
第一节 土地资源 ……………………………… 59
第二节 水资源 ………………………………… 60
第三节 矿藏资源 ……………………………… 61
第四节 生物资源 ……………………………… 61
第八章 自然灾害……………………………………… 63
第一节 旱 灾 ………………………………… 63
第二节 水 灾 ………………………………… 64
第三节 风 灾 ………………………………… 65
第四节 雹灾 霜冻灾 ………………………… 66
第五节 浒 苔 ………………………………… 67
第六节 地 震 ………………………………… 67

第二编 人 口

第一章 人口状况……………………………………… 70
第一节 人口变动 ……………………………… 70
第二节 人口分布 ……………………………… 71
第二章 人口构成……………………………………… 72
第一节 性别构成 ……………………………… 72
第二节 年龄构成 ……………………………… 73
第三节 文化构成 ……………………………… 74

第四节　职业构成 …… 74
第五节　民族构成 …… 75
第三章　婚姻　家庭　姓氏 …… 75
第一节　婚姻状况 …… 75
第二节　家庭构成 …… 76
第三节　姓　氏 …… 76
第四章　人口控制 …… 78
第一节　机　构 …… 78
第二节　政策法规 …… 78
第三节　晚婚晚育 …… 78
第四节　宣传教育 …… 79
第五节　计划生育 …… 79
第六节　优生优育 …… 80
第七节　计划生育管理 …… 80
第八节　计划生育服务 …… 81

第三编　城乡建设

第一章　城市规划 …… 84
第一节　机　构 …… 84
第二节　总体与专项规划 …… 84
第三节　规划管理 …… 86
第四节　勘察测绘 …… 86
第二章　城市建设 …… 86
第一节　机　构 …… 86
第二节　道路　桥涵 …… 87
第三节　供　水 …… 88
第四节　排水治污 …… 90
第五节　供热　供气 …… 91
第六节　城市绿化 …… 92
第七节　城市照明 …… 94
第八节　环境卫生 …… 95
第三章　城市管理 …… 98
第一节　机　构 …… 98
第二节　环境管理 …… 98
第四章　镇村建设 …… 100
第一节　镇村规划 …… 100
第二节　镇驻地建设 …… 101
第三节　村庄建设 …… 102
第五章　建筑业 …… 102
第一节　机　构 …… 102
第二节　建筑施工 …… 103
第三节　建筑业管理 …… 105
第六章　房地产开发 …… 106
第一节　居民小区 …… 107
第二节　企业选介 …… 108
第七章　房地产管理 …… 108
第一节　机　构 …… 108
第二节　城镇住房制度改革 …… 109
第三节　房产交易管理 …… 110
第四节　房屋产权产籍管理 …… 111
第五节　物业管理 …… 112

第四编　环境保护

第一章　环境管理机构与功能区划 …… 114
第一节　机　构 …… 114
第二节　环境功能区划 …… 114
第二章　环境监督管理 …… 115
第一节　环境法治建设 …… 115
第二节　重点环境管理工程 …… 116
第三节　环境监督执法 …… 117
第三章　环境质量监测 …… 117
第一节　空气环境质量监测 …… 117
第二节　水环境质量监测 …… 118
第三节　声环境质量监测 …… 118
第四节　近岸海域环境质量监测 …… 118
第五节　酸雨监测 …… 118
第四章　污染防治与生态保护 …… 119
第一节　大气环境污染防治 …… 119
第二节　水环境污染防治 …… 120
第三节　工业固体废物污染防治 …… 121
第四节　生态环境保护 …… 121
第五节　环境保护宣传教育 …… 122

第五编　农牧业

第一章　机　构 …… 124
第一节　管理机构 …… 124
第二节　事业单位 …… 125
第二章　农村体制改革 …… 126
第一节　土地制度改革 …… 126
第二节　管理制度改革 …… 126
第三节　农村税费改革 …… 127
第四节　农村社会化服务 …… 127
第三章　农业技术推广 …… 128
第一节　土壤　肥料　农药 …… 128
第二节　种子繁育与推广 …… 129
第三节　可再生能源推广 …… 130
第四章　农作物种植 …… 131
第一节　农作物种类 …… 131
第二节　粮食作物种植 …… 131
第三节　蔬菜种植 …… 133
第四节　病虫害测报与防治 …… 134
第五章　农业机械 …… 135
第一节　农机具 …… 136
第二节　农机推广应用 …… 137
第三节　农机管理与服务 …… 139
第六章　畜牧业 …… 140
第一节　畜类饲养 …… 140
第二节　禽类饲养 …… 142
第三节　其他养殖 …… 144
第四节　畜禽防疫 …… 148
第五节　畜牧兽医服务体系 …… 152

第六编　林果业

第一章　机　构 …… 156
第一节　管理机构 …… 156
第二节　基层机构 …… 157
第二章　林　业 …… 157
第一节　草木种类 …… 157
第二节　林地分布 …… 158
第三节　植树造林 …… 158
第四节　林木防护 …… 160
第五节　花卉苗木 …… 161
第六节　病虫害防治 …… 162
第七节　古树名木 …… 163
第三章　果　业 …… 167
第一节　果树种类 …… 167
第二节　果园建设 …… 169
第三节　果树管理 …… 171
第四章　蚕　业 …… 171
第一节　柞桑种植 …… 171
第二节　制　种 …… 172
第三节　蚕茧养殖 …… 173
第四节　蚕业科技 …… 174
第五章　茶　业 …… 175
第一节　茶树引种 …… 175
第二节　茶树栽培 …… 175
第三节　茶叶加工 …… 176

第七编　水　利

第一章　机　构 …… 178
第一节　管理机构 …… 178
第二节　企事业单位 …… 178
第二章　规划与设计施工 …… 179
第一节　规划编制 …… 179
第二节　设计施工 …… 180
第三章　灌　溉 …… 180
第一节　蓄水工程 …… 180
第二节　中型灌区配套改造 …… 186
第三节　节水灌溉 …… 188
第四章　水利工程与治理 …… 189
第一节　河道整治疏浚 …… 189
第二节　水库除险加固 …… 190
第三节　水利工程管理 …… 191
第四节　水利规费管理 …… 192
第五节　水法水政 …… 192

第五章　防汛抗旱…………………… 193
第一节　防　汛 …………………… 193
第二节　抗　旱 …………………… 193
第六章　库区移民扶持…………………… 194
第一节　中型水库移民扶持 …………………… 194
第二节　小型水库移民扶持 …………………… 195
第七章　水土保持…………………… 195
第一节　流域治理与开发 …………………… 195
第二节　流域治理工程 …………………… 195
第三节　监督管理 …………………… 197
第八章　水资源开发与管理…………………… 197
第一节　开发利用 …………………… 197
第二节　保护管理 …………………… 198
第三节　农村饮水工程 …………………… 198
第九章　水利科技…………………… 200
第一节　科研机构 …………………… 200
第二节　技术研究与推广 …………………… 200

第八编　海洋与渔业

第一章　机构与体制…………………… 202
第一节　机　构 …………………… 202
第二节　生产体制 …………………… 203
第二章　海洋捕捞…………………… 205
第一节　渔场渔期 …………………… 205
第二节　渔船与助渔设备 …………………… 205
第三节　渔具渔法与捕捞 …………………… 206
第三章　水产养殖与增殖放流…………………… 208
第一节　海水育苗 …………………… 208
第二节　对虾养殖 …………………… 209
第三节　贝类养殖 …………………… 210
第四节　鱼类养殖 …………………… 211
第五节　其他养殖 …………………… 212
第六节　放流增殖 …………………… 212
第七节　企业选介 …………………… 213
第四章　水产品保鲜与加工…………………… 215
第一节　水产品保鲜保活 …………………… 215
第二节　水产品加工 …………………… 216
第五章　设施建设…………………… 218
第一节　渔港　灯塔灯桩 …………………… 218
第二节　堤防建设 …………………… 220
第六章　海洋与渔业管理…………………… 220
第一节　海域使用管理 …………………… 220
第二节　渔政管理 …………………… 221
第三节　安全管理 …………………… 223

第九编　工　业

第一章　机　构…………………… 228
第一节　管理机构 …………………… 228
第二节　企事业单位 …………………… 228
第二章　工业经济体制改革…………………… 229
第一节　产权制度改革 …………………… 229
第二节　经营管理改革 …………………… 230
第三节　用工制度改革 …………………… 231
第四节　分配制度改革 …………………… 231
第三章　工业经济结构…………………… 232
第一节　所有制结构 …………………… 232
第二节　产业结构与产品产量 …………………… 234
第三节　设备资产 …………………… 235
第四章　农副食品与饲料加工业…………………… 235
第一节　谷物磨制 …………………… 235
第二节　植物油加工 …………………… 236
第三节　饲料加工 …………………… 237
第四节　屠宰与肉类加工 …………………… 238
第五节　蔬菜、水果与坚果加工 …………………… 238
第六节　其他农副食品加工 …………………… 239
第五章　食品　饮料制造业…………………… 239
第一节　食品制造 …………………… 239
第二节　饮料制造 …………………… 241
第六章　纺织　服装　鞋与皮革制品业…… 242
第一节　纺　织 …………………… 242
第二节　毛衫　针织 …………………… 244
第三节　服装、鞋与皮革制品 …………………… 248
第七章　机械　电子与金属制品业…………………… 250
第一节　机械设备制造 …………………… 250

第二节　电子电气元器件 …………………… 262
第三节　金属制品 ………………………… 264
第八章　生物医药　化工与塑料制品业…… 266
第一节　生物　医药 ……………………… 266
第二节　化肥　农药 ……………………… 266
第三节　塑料制品 ………………………… 268
第四节　涂料、油墨及其他化学材料 … 268
第九章　非金属矿物制品业……………… 269
第一节　水泥与水泥制品 ………………… 269
第二节　砖瓦　石灰　石材 ……………… 270
第三节　玻璃及其他材料 ………………… 271
第十章　造纸　印刷　木材加工与家具制造业………………………………… 272
第一节　造纸及纸制品 …………………… 272
第二节　印　刷 …………………………… 273
第三节　木材加工与家具制造 …………… 274
第十一章　文体用品　工艺品与玩具制造业… 274
第一节　文体用品制造 …………………… 274
第二节　工艺品制造 ……………………… 275
第三节　玩具制造 ………………………… 277
第十二章　电　业………………………… 277
第一节　电力建设 ………………………… 277
第二节　电力供应 ………………………… 280
第三节　供电管理 ………………………… 283
第十三章　采矿业………………………… 286
第一节　滑石矿 …………………………… 286
第二节　铁　矿 …………………………… 286
第三节　采　金 …………………………… 287
第十四章　盐　业………………………… 288
第一节　盐业生产 ………………………… 288
第二节　盐场建设 ………………………… 290

第十编　核　电

第一章　厂址确定………………………… 292
第一节　厂址选择 ………………………… 292
第二节　厂址环境 ………………………… 293
第三节　厂址条件 ………………………… 294
第四节　出线规划 ………………………… 297
第二章　地方保障………………………… 298
第一节　服务保障 ………………………… 298
第二节　征迁安置 ………………………… 299
第三节　核电装备制造工业园区 ………… 300
第三章　核电厂建设……………………… 300
第一节　机构设置 ………………………… 300
第二节　技术路线确定 …………………… 301
第三节　行政许可 ………………………… 301
第四节　前期工程 ………………………… 302
第五节　主体工程建设 …………………… 303
第六节　辅助与配套工程 ………………… 305

第十一编　国内贸易

第一章　机　构…………………………… 308
第一节　管理机构 ………………………… 308
第二节　专营机构 ………………………… 309
第二章　商品经营………………………… 310
第一节　体制改革 ………………………… 310
第二节　商业网点 ………………………… 310
第三节　商品购销 ………………………… 312
第四节　个体私营商业 …………………… 314
第三章　供销合作………………………… 315
第一节　体制改革 ………………………… 315
第二节　生产资料供应 …………………… 316
第三节　生活资料供应 …………………… 318
第四节　农副产品收购 …………………… 320
第五节　废旧物资回收 …………………… 322
第四章　粮油经营………………………… 322
第一节　体制改革 ………………………… 322
第二节　粮油征购 ………………………… 323
第三节　粮油销售 ………………………… 325
第四节　粮油储藏调拨 …………………… 328
第五章　物资经营………………………… 329
第一节　体制改革 ………………………… 329
第二节　金属材料 ………………………… 330
第三节　煤　炭 …………………………… 330

第四节　机电设备 …………………… 330
第五节　木　材 …………………… 331
第六节　化工轻工材料 …………………… 331
第六章　商品专营 …………………… 331
第一节　石　油 …………………… 331
第二节　烟　草 …………………… 332
第三节　食　盐 …………………… 333
第四节　药材与医疗用品 …………………… 334
第七章　集市贸易 …………………… 335
第一节　集　市 …………………… 335
第二节　市场建设 …………………… 336
第三节　生猪市场 …………………… 339
第八章　饮食服务 …………………… 339
第一节　宾馆饭店 …………………… 339
第二节　美容美发 …………………… 341
第三节　照相摄影 …………………… 341
第四节　洗浴业 …………………… 342

第十二编　对外经济贸易　招商引资

第一章　机构与体制 …………………… 344
第一节　机　构 …………………… 344
第二节　外贸体制 …………………… 344
第二章　进出口贸易 …………………… 345
第一节　出口贸易 …………………… 345
第二节　进口贸易 …………………… 346
第三节　对外加工与补偿贸易 …………………… 346
第四节　劳务合作 …………………… 347
第三章　招商引资 …………………… 347
第一节　招商引资政策 …………………… 347
第二节　招商引资措施 …………………… 348
第三节　工业园区建设 …………………… 349
第四节　项目投入考核 …………………… 350
第五节　招商引资成果 …………………… 351

第十三编　交通运输

第一章　机　构 …………………… 354
第一节　管理机构 …………………… 354
第二节　企事业单位 …………………… 354
第二章　道路与港口建设 …………………… 355
第一节　公路建设 …………………… 355
第二节　铁路建设 …………………… 359
第三节　港口建设 …………………… 360
第三章　运　输 …………………… 361
第一节　公路运输 …………………… 361
第二节　铁路运输 …………………… 364
第三节　海洋运输 …………………… 364
第四章　交通管理 …………………… 365
第一节　路政管理与监理 …………………… 365
第二节　车辆管理 …………………… 367
第三节　运输管理 …………………… 368
第四节　港务监理 …………………… 368
第五节　交通规费征收与稽查 …………………… 368

第十四编　邮政　通信

第一章　邮　政 …………………… 372
第一节　机　构 …………………… 372
第二节　邮政业务 …………………… 373
第三节　邮件运递 …………………… 380
第四节　邮政设备 …………………… 381
第二章　电　信 …………………… 382
第一节　企业单位 …………………… 382
第二节　电　报 …………………… 382
第三节　固定通信 …………………… 383
第四节　移动通信 …………………… 384
第五节　数据通信 …………………… 386
第六节　有线电视网　网站 …………………… 386

第十五编　金　融

第一章　银　行 …………………… 390
第一节　机　构 …………………… 390
第二节　存　款 …………………… 392
第三节　贷　款 …………………… 395

第四节　结　算 …… 397
第五节　金融管理 …… 399
第二章　保险　证券 …… 401
第一节　机　构 …… 401
第二节　财产保险 …… 403
第三节　人寿保险 …… 403
第四节　证　券 …… 404

第十六编　财政　税务

第一章　财　政 …… 406
第一节　机　构 …… 406
第二节　财政体制 …… 407
第三节　财政收入与支出 …… 408
第四节　财政管理 …… 409
第五节　国有资产管理 …… 413
第二章　国家税务 …… 414
第一节　机　构 …… 414
第二节　税种　税率 …… 415
第三节　税收收入 …… 416
第四节　税收税政管理 …… 417
第五节　税收执法检查 …… 419
第三章　地方税务 …… 420
第一节　机　构 …… 420
第二节　税种　税率 …… 420
第三节　税收收入 …… 421
第四节　税收税政管理 …… 422
第五节　税收执法检查 …… 423

第十七编　经济综合管理

第一章　计划管理 …… 426
第一节　机　构 …… 426
第二节　计划体制改革 …… 426
第三节　计划编制与执行 …… 427
第四节　固定资产投资 …… 429
第二章　统计管理 …… 431
第一节　机　构 …… 431
第二节　社会经济统计 …… 431
第三节　统计调查 …… 433
第四节　统计普查 …… 434
第五节　统计服务与执法 …… 436
第三章　物价管理 …… 436
第一节　机　构 …… 436
第二节　商品价格管理 …… 437
第三节　物价监督与认证 …… 438
第四章　工商行政管理 …… 439
第一节　机　构 …… 439
第二节　市场监督管理 …… 440
第三节　企业登记管理 …… 440
第四节　经济合同管理 …… 441
第五节　广告与商标管理 …… 442
第六节　执法检查 …… 443
第七节　消费者权益保护 …… 444
第五章　审　计 …… 444
第一节　机　构 …… 444
第二节　国家审计 …… 444
第三节　内部审计 …… 447
第四节　社会审计 …… 447
第六章　质量技术监督 …… 448
第一节　机　构 …… 448
第二节　标准化管理 …… 448
第三节　计量管理 …… 449
第四节　质量管理 …… 450
第五节　特种设备检验与管理 …… 452
第七章　土地矿产资源管理 …… 452
第一节　机　构 …… 452
第二节　土地规划利用 …… 452
第三节　耕地保护 …… 453
第四节　建设用地管理 …… 454
第五节　土地开发整理 …… 455
第六节　矿产资源管理 …… 455
第八章　安全生产监督管理 …… 456
第一节　机　构 …… 456
第二节　安全生产监督检查 …… 456
第三节　应急救援 …… 458

第四节 宣传教育培训 …………………… 458

第十八编 中共地方组织

第一章 机 构 …………………… 460
第一节 中共海阳市委员会 …………… 460
第二节 市委工作部门 ………………… 466
第二章 党的地方代表大会 ……………… 467
第一节 中共海阳县第五次代表大会 … 467
第二节 中共海阳县第六次代表大会 … 467
第三节 中共海阳县第七次代表大会 … 468
第四节 中共海阳县第八次代表大会 … 468
第五节 中共海阳县第九次代表大会 … 469
第六节 中共海阳市第十次代表大会 … 470
第七节 中共海阳市第十一次代表大会… 470
第八节 中共海阳市第十二次代表大会… 471
第三章 重要决策 …………………… 472
第一节 党的建设 ……………………… 472
第二节 改革举措 ……………………… 473
第三节 经济发展 ……………………… 474
第四节 社会事业 ……………………… 476
第四章 纪检监察 …………………… 477
第一节 机 构 ………………………… 477
第二节 纠正历史冤假错案 …………… 477
第三节 案件查处 ……………………… 478
第四节 纠风和执法监察 ……………… 478
第五节 党风廉政建设 ………………… 479
第六节 信访案件查处 ………………… 481
第五章 组织建设 …………………… 481
第一节 机 构 ………………………… 481
第二节 基层组织与党员队伍发展 …… 482
第三节 组织建设与党员教育 ………… 483
第四节 知识分子工作 ………………… 485
第五节 干部任免与管理 ……………… 485
第六节 后进村整顿发展 ……………… 487
第七节 老干部工作 …………………… 487
第六章 宣传教育 …………………… 488
第一节 机 构 ………………………… 488
第二节 社会宣传 ……………………… 489
第三节 理论教育 ……………………… 489
第四节 新闻宣传 ……………………… 490
第五节 对外宣传 ……………………… 491
第七章 统战工作 …………………… 492
第一节 机 构 ………………………… 492
第二节 统战工作 ……………………… 492
第三节 服务经济建设 ………………… 493
第四节 对台工作 ……………………… 493
第八章 政法工作 …………………… 493
第一节 机 构 ………………………… 493
第二节 维护社会稳定 ………………… 494
第三节 社会治安综合治理 …………… 494
第四节 政法队伍建设 ………………… 495
第九章 机关党建 …………………… 496
第一节 机 构 ………………………… 496
第二节 思想作风建设 ………………… 496
第三节 组织建设 ……………………… 496
第四节 文体活动 ……………………… 497
第十章 信访工作 …………………… 497
第一节 机 构 ………………………… 497
第二节 案件处理 ……………………… 497
第三节 制度建设 ……………………… 498
第十一章 党校教育 ………………… 498
第一节 机 构 ………………………… 498
第二节 基础设施建设 ………………… 498
第三节 干部培训 ……………………… 499
第四节 学历教育 ……………………… 499
第五节 基层党校 ……………………… 500
第十二章 岗位目标考核 …………… 500
第一节 机 构 ………………………… 500
第二节 考核内容与方法 ……………… 500
第三节 考核结果 ……………………… 501

第十九编 地方权力机关

第一章 机 构 …………………… 504
第一节 市人民代表大会常务委员会 … 504

第二节　市人大常委会工作机构 ……… 506
第三节　乡（镇）人民代表大会机构 … 506
第二章　人民代表大会代表……………… 507
第一节　选举委员会 ………………… 507
第二节　人大代表选举 ……………… 507
第三章　历届人民代表大会会议………… 508
第一节　第八届人民代表大会 ……… 508
第二节　第九届人民代表大会 ……… 508
第三节　第十届人民代表大会 ……… 509
第四节　第十一届人民代表大会 …… 510
第五节　第十二届人民代表大会 …… 510
第六节　第十三届人民代表大会 …… 511
第七节　第十四届人民代表大会 …… 511
第八节　第十五届人民代表大会 …… 512
第九节　第十六届人民代表大会 …… 513
第四章　历届人大常委会会议…………… 514
第一节　第九届人大常委会 ………… 514
第二节　第十届人大常委会 ………… 514
第三节　第十一届人大常委会 ……… 514
第四节　第十二届人大常委会 ……… 514
第五节　第十三届人大常委会 ……… 515
第六节　第十四届人大常委会 ……… 515
第七节　第十五届人大常委会 ……… 515
第八节　第十六届人大常委会 ……… 516
第五章　依法行使职权与代表工作……… 516
第一节　重大事项决定 ……………… 516
第二节　人事任免 …………………… 516
第三节　视察调查和执法检查 ……… 517
第四节　代表工作与建议办理 ……… 518
第五节　信访受理 …………………… 519

第二十编　地方行政机关

第一章　机　构………………………… 522
第一节　海阳县革命委员会 ………… 522
第二节　海阳市人民政府 …………… 522
第三节　海阳县革命委员会工作机构 … 526
第四节　海阳市人民政府工作机构 …… 526
第二章　施政纪要……………………… 527
第一节　第八届革命委员会 ………… 527
第二节　第九届人民政府 …………… 528
第三节　第十届人民政府 …………… 528
第四节　第十一届人民政府 ………… 529
第五节　第十二届人民政府 ………… 529
第六节　第十三届人民政府 ………… 530
第七节　第十四届人民政府 ………… 530
第八节　第十五届人民政府 ………… 531
第九节　第十六届人民政府 ………… 532
第三章　政府会议……………………… 532
第一节　会议制度 …………………… 532
第二节　重要会议 …………………… 533
第四章　综合政务……………………… 535
第一节　法治政府建设 ……………… 535
第二节　政务公开 …………………… 535
第三节　行政审批 …………………… 536
第四节　政务督查 …………………… 536

第二十一编　政协地方组织

第一章　机　构………………………… 538
第一节　政协海阳市委员会 ………… 538
第二节　政协机关 …………………… 540
第二章　历届委员会会议……………… 541
第一节　第一届委员会 ……………… 541
第二节　第二届委员会 ……………… 541
第三节　第三届委员会 ……………… 541
第四节　第四届委员会 ……………… 541
第五节　第五届委员会 ……………… 541
第六节　第六届委员会 ……………… 542
第七节　第七届委员会 ……………… 542
第八节　第八届委员会 ……………… 543
第三章　历届常委会会议……………… 543
第一节　第一届常委会 ……………… 543
第二节　第二届常委会 ……………… 543
第三节　第三届常委会 ……………… 544
第四节　第四届常委会 ……………… 544

第五节　第五届常委会 …………………… 544
第六节　第六届常委会 …………………… 545
第七节　第七届常委会 …………………… 545
第八节　第八届常委会 …………………… 545
第四章　参政议政 …………………… 546
第一节　提案办理 …………………… 546
第二节　调查视察 …………………… 546
第三节　委员工作 …………………… 546
第四节　“三胞”联谊活动 …………………… 547
第五节　文史资料征编 …………………… 547

第二十二编　人民团体

第一章　总工会 …………………… 550
第一节　机　构 …………………… 550
第二节　组织发展 …………………… 550
第三节　组织作用发挥 …………………… 550
第四节　劳动竞赛与职工教育 …………………… 552
第二章　共青团与少年先锋队 …………………… 552
第一节　机　构 …………………… 552
第二节　共青团组织发展 …………………… 552
第三节　共青团组织活动 …………………… 553
第四节　少年先锋队 …………………… 554
第三章　妇女联合会 …………………… 555
第一节　机　构 …………………… 555
第二节　组织作用发挥 …………………… 555
第四章　科学技术协会 …………………… 556
第一节　机　构 …………………… 556
第二节　组织作用发挥 …………………… 556
第五章　归国华侨联合会 …………………… 557
第一节　机　构 …………………… 557
第二节　归国华侨 …………………… 557
第六章　工商业联合会 …………………… 558
第一节　机　构 …………………… 558
第二节　基层商会 …………………… 558
第三节　组织作用发挥 …………………… 558

第二十三编　政　法

第一章　公　安 …………………… 560
第一节　机　构 …………………… 560
第二节　打击犯罪 …………………… 561
第三节　社会治安治理 …………………… 562
第四节　户籍管理 …………………… 564
第五节　交通管理 …………………… 564
第六节　消防管理 …………………… 566
第七节　出入境管理 …………………… 566
第八节　边防管理 …………………… 567
第九节　“110”报警服务 …………………… 567
第二章　检　察 …………………… 568
第一节　机　构 …………………… 568
第二节　刑事检察 …………………… 569
第三节　经济检察 …………………… 571
第四节　渎职侵权检察 …………………… 572
第五节　监所检察 …………………… 573
第六节　控告申诉检察 …………………… 573
第七节　民事行政检察 …………………… 574
第三章　法　院 …………………… 575
第一节　机　构 …………………… 575
第二节　刑事审判 …………………… 575
第三节　民事审判 …………………… 576
第四节　商事审判 …………………… 577
第五节　行政审判 …………………… 577
第六节　破产案件审理 …………………… 578
第七节　执　行 …………………… 578
第八节　立　案 …………………… 579
第四章　司法行政 …………………… 581
第一节　机　构 …………………… 581
第二节　普法教育和依法治理 …………………… 581
第三节　人民调解 …………………… 583
第四节　公证事务 …………………… 584
第五节　律师事务 …………………… 585
第六节　法律服务　安置帮教 …………………… 585

第二十四编 军 事

第一章 军事组织 …… 588
第一节 地方军事组织 …… 588
第二节 驻 军 …… 589
第二章 兵 役 …… 589
第一节 机 构 …… 589
第二节 兵役登记 …… 589
第三节 征 兵 …… 590
第四节 预备役 …… 591
第三章 民 兵 …… 591
第一节 民兵组织 …… 591
第二节 军事训练 …… 592
第三节 军事比武 …… 594
第四节 军事表演 …… 594
第五节 军事演习 …… 595
第六节 政治教育 …… 595
第七节 支援地方建设 …… 595
第四章 国防教育 …… 596
第一节 组织领导 …… 596
第二节 国防教育内容与形式 …… 597
第三节 国防教育基地 …… 597
第五章 人防战备 …… 598
第一节 机 构 …… 598
第二节 专业队伍 …… 598
第三节 人防工程 …… 599
第六章 拥政爱民 …… 599
第一节 参与驻地建设 …… 599
第二节 军民共建 …… 599

第二十五编 社会事务管理

第一章 人 事 …… 602
第一节 机 构 …… 602
第二节 干部管理 …… 603
第三节 公务员管理 …… 605
第四节 职称管理 …… 606
第五节 人才管理 …… 607
第六节 工资福利与干部退休管理 …… 608
第二章 编制工作 …… 609
第一节 机 构 …… 609
第二节 编制管理 …… 610
第三节 机构改革 …… 613
第四节 政府职能转变 …… 614
第三章 劳 动 …… 615
第一节 机 构 …… 615
第二节 劳动就业 …… 615
第三节 职工调配 …… 617
第四节 劳动工资 …… 617
第五节 劳动保护 …… 618
第六节 劳动监察 …… 619
第七节 劳动仲裁 …… 620
第八节 退职与退（离）休待遇 …… 620
第四章 社会保障 …… 621
第一节 企业养老保险 …… 621
第二节 机关事业单位养老保险 …… 622
第三节 农村社会养老保险 …… 623
第四节 其他保险 …… 623
第五章 民 政 …… 625
第一节 机 构 …… 625
第二节 基层组织建设 …… 626
第三节 优待优抚 …… 626
第四节 拥军 安置 …… 629
第五节 社会赈济 …… 630
第六节 慈善事业 …… 632
第七节 社会福利 …… 633
第八节 婚姻登记 …… 634
第九节 殡葬管理 …… 635
第十节 社团管理 …… 635
第十一节 地名管理 …… 636

第二十六编 科 技

第一章 机 构 …… 644
第一节 管理机构 …… 644

第二节　科研机构 …… 644
第二章　科技队伍 …… 645
第一节　队伍结构 …… 645
第二节　外聘人员 …… 646
第三章　科研成果 …… 647
第一节　重大科研项目 …… 647
第二节　高新技术开发与应用 …… 647
第三节　主要科技成果 …… 648
第四章　科学普及 …… 652
第一节　科技情报 …… 652
第二节　科技推广培训 …… 653
第三节　学术活动 …… 653
第五章　气象测报　地震监测 …… 654
第一节　气象测报 …… 654
第二节　地震监测 …… 654
第六章　科技管理 …… 655
第一节　人才管理 …… 655
第二节　计划管理 …… 655
第三节　成果管理 …… 656
第四节　经费管理 …… 656
第五节　专利管理 …… 656

第二十七编　教　育

第一章　机　构 …… 658
第一节　管理机构 …… 658
第二节　教研机构 …… 659
第二章　学前教育 …… 659
第一节　幼儿园 …… 659
第二节　幼儿教师队伍 …… 659
第三节　幼儿教学 …… 660
第四节　幼儿园选介 …… 661
第三章　小学教育 …… 661
第一节　学　校 …… 661
第二节　学制　课程 …… 663
第三节　考　试 …… 664
第四节　小学选介 …… 664
第四章　中学教育 …… 665
第一节　学　校 …… 665
第二节　学制　课程 …… 667
第三节　中考　高考 …… 668
第四节　中学选介 …… 668
第五章　特殊教育 …… 670
第一节　学　校 …… 670
第二节　教材教法 …… 671
第六章　职业教育 …… 671
第一节　中等专业教育 …… 671
第二节　高级职业教育 …… 672
第七章　成人教育 …… 673
第一节　农民教育 …… 673
第二节　职工教育 …… 674
第三节　干部教育 …… 674
第八章　教研与招生 …… 675
第一节　教学研究 …… 675
第二节　观察与实验 …… 677
第三节　招　生 …… 678
第四节　升　学 …… 678
第九章　教　师 …… 679
第一节　来源与编制 …… 679
第二节　教师待遇 …… 680
第三节　教师管理 …… 681
第四节　培　训 …… 682
第十章　设施建设管理 …… 683
第一节　校舍建设与管理 …… 683
第二节　教学设施 …… 684
第十一章　教育行政管理 …… 685
第一节　教育发展规划 …… 685
第二节　教育经费 …… 687
第三节　勤工俭学 …… 690
第四节　教育资产管理 …… 690

第二十八编　文化　旅游

第一章　机　构 …… 692
第一节　管理机构 …… 692
第二节　企事业单位 …… 693

第二章　民间艺术……694
第一节　海阳大秧歌……694
第二节　剪　纸……696
第三节　手工艺品……697
第三章　文学艺术……698
第一节　文艺组织……698
第二节　文学创作……699
第三节　美术　书法　摄影……699
第四节　舞蹈　民乐　戏曲……701
第四章　文艺表演……703
第一节　戏曲剧种……703
第二节　表演团体……704
第三节　群众文化活动……705
第五章　广播　电视　电影……707
第一节　广　播……707
第二节　电　视……707
第三节　电　影……708
第六章　报刊　图书……710
第一节　报　刊……710
第二节　图　书……710
第七章　文化市场管理……712
第一节　管理队伍与规章……712
第二节　文化市场稽查……713
第八章　档案管理……714
第一节　馆藏档案……714
第二节　科技档案……715
第三节　机关事业单位档案……715
第四节　农村档案……716
第五节　档案开发利用……716
第九章　党史　地方志……717
第一节　党史研究……717
第二节　地方志编纂……718
第十章　文　物……719
第一节　发掘与考古……719
第二节　文化遗址……721
第三节　馆藏文物……726
第四节　非物质文化遗产……731
第十一章　旅游业……733
第一节　旅游资源与开发……733
第二节　旅游景点……735
第三节　旅行社与旅游线路……737
第四节　管理与推介……738

第二十九编　卫　生

第一章　机　构……740
第一节　管理机构……740
第二节　药监机构……740
第三节　防疫机构……741
第四节　教科研机构……741
第二章　医疗制度……742
第一节　公费医疗管理……742
第二节　农村合作医疗……742
第三章　医疗网点与队伍……742
第一节　市属医院……742
第二节　乡（镇）卫生院……744
第三节　农村医疗站（所）……745
第四节　其他医院……746
第五节　医疗队伍……746
第四章　医疗技术……747
第一节　中　医……747
第二节　西　医……748
第三节　中西医结合……753
第五章　献血与急救……754
第一节　无偿献血……754
第二节　急　救……754
第六章　防　疫……755
第一节　预防接种……755
第二节　食品检疫……756
第三节　传染病防治……756
第四节　地方病防治……760
第五节　职业病防治……760
第六节　慢性病防治……760
第七章　卫生保健……761
第一节　妇女病防治……761
第二节　儿童保健……761

第三节　学生保健 ………………………… 762
第八章　爱国卫生运动 ………………………… 763
第一节　城乡卫生 ………………………… 763
第二节　卫生城创建 ………………………… 764
第九章　医政药政管理 ………………………… 765
第一节　医政管理 ………………………… 765
第二节　药政管理 ………………………… 765

第三十编　体　育

第一章　机　构 ………………………… 768
第一节　管理机构 ………………………… 768
第二节　事业单位 ………………………… 768
第二章　体育设施 ………………………… 768
第一节　社会体育设施 ………………………… 768
第二节　学校体育设施 ………………………… 768
第三章　群众体育 ………………………… 769
第一节　学校体育 ………………………… 770
第二节　职工体育 ………………………… 772
第三节　农民体育 ………………………… 773
第四节　老年体育 ………………………… 773
第五节　残疾人体育 ………………………… 773
第四章　竞技体育 ………………………… 774
第一节　竞技体校 ………………………… 774
第二节　竞技项目 ………………………… 774
第五章　武　术 ………………………… 780
第一节　武术学校 ………………………… 780
第二节　武术种类 ………………………… 781

第三十一编　第三届亚洲沙滩运动会

第一章　组织筹办体系 ………………………… 786
第一节　组委会及执行局 ………………………… 786
第二节　筹办机构 ………………………… 787
第三节　总指挥部与工作团队 ………………………… 788
第二章　亚沙城规划和场馆场地建设 ………………………… 788
第一节　亚沙城规划 ………………………… 788
第二节　比赛场地 ………………………… 789
第三节　配套设施 ………………………… 790
第四节　景观设施 ………………………… 791
第三章　火炬传递与开（闭）幕式 ………………………… 791
第一节　火炬传递 ………………………… 791
第二节　开幕式 ………………………… 793
第三节　闭幕式 ………………………… 795
第四章　赛　事 ………………………… 797
第一节　赛事组织 ………………………… 797
第二节　赛项及成绩 ………………………… 798
第三节　体育展示与颁奖仪式 ………………………… 804
第四节　运动会服务 ………………………… 805
第五章　保障服务 ………………………… 807
第一节　信息技术服务 ………………………… 807
第二节　安全保卫与注册制证 ………………………… 808
第三节　食品安全与医疗卫生 ………………………… 809
第四节　城市行动与市民素质提升 ………………………… 810
第五节　知识产权保护 ………………………… 812
第六章　对外联络与合作 ………………………… 812
第一节　亚奥理事会会议及论坛 ………………………… 812
第二节　相关会议 ………………………… 812
第三节　交流与服务 ………………………… 813
第四节　代表团服务 ………………………… 813
第七章　宣传与媒体运行 ………………………… 814
第一节　宣传推广 ………………………… 814
第二节　广播电视 ………………………… 816
第三节　媒体服务 ………………………… 816
第四节　标　识 ………………………… 817
第五节　形象景观 ………………………… 818
第六节　服装设计 ………………………… 818
第八章　亚沙村管理 ………………………… 819
第一节　运动员村 ………………………… 819
第二节　媒体村 ………………………… 822
第九章　人力资源与志愿者工作 ………………………… 822
第一节　人力资源 ………………………… 822
第二节　志愿者招募 ………………………… 823
第三节　志愿者培训 ………………………… 823
第四节　志愿者赛事服务 ………………………… 824
第十章　资产运营与管理 ………………………… 824

第一节　市场开发 …………………………… 824
第二节　财政政策与物资管理 ………… 825

第三十二编　社会生活

第一章　居民生活 …………………………… 828
第一节　农村居民生活 ……………………… 828
第二节　城镇居民生活 ……………………… 829
第三节　老龄人生活 ………………………… 831
第二章　精神文明建设 ……………………… 832
第一节　公民思想道德教育 ………………… 832
第二节　文明活动开展 ……………………… 833
第三节　文明单位创建 ……………………… 833
第三章　民　俗 ……………………………… 834
第一节　人生礼仪 …………………………… 834
第二节　日常生活 …………………………… 839
第三节　岁时节日 …………………………… 843
第四章　残疾人事业 ………………………… 848
第一节　机　构 ……………………………… 848
第二节　组织作用发挥 ……………………… 848
第五章　宗　教 ……………………………… 849
第一节　佛　教 ……………………………… 849
第二节　基督教 ……………………………… 850

第三十三编　镇（区、街道）

第一章　区 …………………………………… 852
第一节　海阳经济开发区 …………………… 852
第二节　海阳旅游度假区 …………………… 854
第三节　海阳碧城工业区 …………………… 855
第二章　街　道 ……………………………… 856
第一节　方圆街道 …………………………… 856
第二节　东村街道 …………………………… 859
第三节　凤城街道 …………………………… 862
第三章　镇 …………………………………… 864
第一节　大阎家镇 …………………………… 864
第二节　徐家店镇 …………………………… 867
第三节　发城镇 ……………………………… 872
第四节　郭城镇 ……………………………… 876
第五节　小纪镇 ……………………………… 881
第六节　辛安镇 ……………………………… 885
第七节　盘石店镇 …………………………… 889
第八节　行村镇 ……………………………… 892
第九节　留格庄镇 …………………………… 896
第十节　朱吴镇 ……………………………… 900
第十一节　二十里店镇 ……………………… 905

人　物

人物传略 …………………………………… 910
人物简介 …………………………………… 918
人物表 ……………………………………… 955

附　录

一、文献存要 ……………………………… 958
山东省人民政府关于海阳县实行政社分开建立乡政府请示报告的批复 ………………… 958
关于《海阳县人民政府实行政社分开、建立乡（镇）政府请示报告》的决议 ……… 958
关于加强海阳县地方志编纂工作的决议… 958
海阳县人民政府关于建立农村社会养老保险制度的决定 …………………………… 959
中华人民共和国民政部关于山东省撤销海阳县设立海阳市的批复 ………………… 960
山东省人民政府关于撤销海阳县设立海阳市的通知 ……………………………… 960
海阳市人民政府关于印发《海阳市深化城镇住房制度改革方案》的通知 ………… 960
中共海阳市委关于在新的历史起点上推进改革开放的决定 ………………………… 963
二、文　萃 ………………………………… 967
海阳县山水记略 …………………………… 967
新建海阳县衙署记 ………………………… 968
纪滴翠园始末 ……………………………… 969
清代海阳义园会馆 ………………………… 969

乡　音 …… 970
北国小江南 …… 973
三、神话传说 …… 974
孝子背来“托母山” …… 974
牧牛更名称“小龙” …… 974
笤帚打出“金猪旮” …… 975
唐王亲赐“梦达寺” …… 975
唐将修护“丛麻院” …… 976
鳌石逐狼石成佛 …… 976
明始院里椵葛树 …… 977
凤台石上观日出 …… 978
神仙指路石门开 …… 979
四、清代海阳十景 …… 980
五、前志简介 …… 985
《海阳县志》（清乾隆七年版） …… 985
《海阳县续志》（清光绪六年版） …… 985
《海阳县志》（1988 年版） …… 986
六、海阳特产 …… 987
海阳喜饼 …… 987
郭城摔面 …… 987
海阳樱桃 …… 987
海阳绿茶 …… 988
海阳白黄瓜 …… 988
海阳网纹瓜 …… 988
“皇家”红富士苹果 …… 989
海阳甜柿 …… 989
海阳板栗 …… 989
海阳银杏 …… 990
沽头大米 …… 990
海阳牡蛎 …… 990
海阳海米 …… 991
海阳缢蛏 …… 991
海阳鲍鱼 …… 991
海阳刺参 …… 992
海阳蛤蜊 …… 992
海阳毛衫 …… 992
索　引 …… 993
编后记 …… 1009

概述

概 述

一

海阳市位于胶东半岛南部，境域地跨北纬36°16′～37°10′、东经120°50′～121°29′。东邻乳山市、烟台市牟平区，西接莱阳市，北连栖霞市，南濒黄海，西南隔丁字湾与即墨市相望。东西最大横距56.5千米，南北最大纵距100.9千米（含千里岩岛），陆地总面积1909.69平方千米。

海阳历史悠久，沿革有序。早在新石器时期，境内就有人类居住。历代均重此地利，据为“镇疆屏藩”。明洪武三十一年（1398），于张家庄设大嵩卫。清雍正十三年（1735）裁卫设县。因县治处黄海之北，故名海阳。县城设在城里，1945年8月迁至东村。中华民国时属山东省胶东道、东海道、山东省政府、山东省政府第七督察专员公署、鲁东行署；抗日民主政府时属山东省政府胶东区行政主任公署（后称行政公署）东海专署、中海专署。中华人民共和国成立后，属山东省文登专署、莱阳专署、烟台专署、烟台地区革委、烟台地区行署、烟台市。1996年4月，撤县设市，为省辖县级市，山东省人民政府授权烟台市人民政府管理。

2010年，全市辖徐家店、郭城、发城、朱吴、盘石店、留格庄、大阎家、辛安、行村、小纪、二十里店11个镇，东村、方圆、凤城3个街道，海阳经济开发区、海阳旅游度假区、海阳碧城工业区、海阳核电装备制造工业园区（批准成立机构，区划未确定）4个区。辖732个行政村，638729人，人口平均密度334人/平方千米。

海阳“壮于山而雄于海”，为低山丘陵区。全市海拔400米以上山峰9座，皆属崂山山系分支；地势最高点为玉皇山主峰，海拔589米。较大河流7条，均系季节性河流。海岸曲线长212千米，沿海港湾9个、近海岛屿9个，较大岩礁17处。

海阳市属暖温带东亚季风型大陆气候，四季分明，冬无严寒，夏无酷暑。

二

“东方风来满眼春”。改革开放后，海阳由社会主义计划经济体制逐步向市场经济体制转轨，国民经济得到快速发展。

1978—2010年，海阳市（县）坚持改革开放，调整优化产业结构，巩固第一产业，壮大第二产业，提升发展第三产业，把经济发展与资源环境保护相结合，实施可持续发展战略，推动全市（县）经济快速发展和社会事业全面进步。2010年，全市地区生产总值由1978年的1.87亿元增加到208.93亿元，地方财政收入由1978年的1538万元增加到12.80亿元，城市居民人均可支配收入由1978年的499元增加到20154元，农民人均纯收入由1978年的148元增加到9260元，第一、二、三产业比例由1978年的63.9∶23.3∶12.8调整到21.8∶43.9∶34.3。

“民以食为天，食以农为本”，海阳自古重视农业生产。1978年中共十一届三中全会后，海阳开始由“以粮为纲”向多种经营发展。1979年，全县农业生产推行定额奖惩制度。1980年，粮食生产首过“长江”。1982年12月，全县农村开始推行家庭联产承包责任制。同年，发城公社忠厚大队1.05亩“海花一号”花生，亩产732.75千克，创全国纪录。1983年，粮食单产突破千斤关。1986年，海阳县被农牧渔业部确定为花生出口基地县。此后，在稳定粮油生产的同时，调整农业内部结构，形成蔬菜、果品、畜牧、蚕业、水产五大产业支柱。1991年，东村镇凉山后村在10公顷土地上建起151个蔬菜大棚，每公顷产量均在7.5万千克以上，仅蔬菜一项全村就收入150万元，蔬菜种植户户均1万元。1994年，海阳被列为全国第四批巩固、发展、完善粮食基地县。2010年，全市粮食亩产408.6千克、总产36.42万吨，花生亩产275千克、总产7.70万吨；蔬菜种植面积6768.8公顷，其中保护地面积2000公顷，蔬菜总产46.97万吨，成为胶东重要的淡季蔬菜生产基地。

海阳果业生产坚持提质增效理念，优化品种结构，突出地域特色，在大力发展优质苹果种植的同时，扩大樱桃、葡萄、草莓和板栗等的栽培面积。1994年，郭城镇被林业部确定为国家万亩干果基地镇。1997年，海阳市被命名为中国红富士苹果之乡，成为首批中国百个特产乡之一。2008年，海阳市被列入国家苹果、葡萄现代产业体系基地县。2009年，海阳大樱桃标准化生产示范基地，入选山东省大樱桃优质高效配套技术示范推广项目。2010年，市南香丁里果蔬农民专业合作社生产的“南香丁里”牌红富士苹果、市凤凰顶果树专业合作社生产的“凤鸣杨格”红富士苹果取得国家绿色食品标志，发城镇千亩苹果园被农业部列为国家苹果标准园（建设）基地。同年，全市果园面积1.02万公顷，果品产量30.72万吨。

海阳林业用地分布于山丘、沙滩、海滩、四旁隙地及退耕还林地。70年代，利用山地下部肥沃深厚土层、河滩、海滩地及退耕还林地营造用材林。1982年，确定山区“以林为主，农林牧结合，多种经营，全面发展”方针，开始大规模山区林业建设。1984年，建成万亩楸树用材林基地，获省林业先进县称号。1985年，全县营造水源涵养林与水土保持林4933.33公顷、速生丰产林786.67公顷；完成公路、铁路绿化带198千米。80年代，境内完成长33千米、面积1293.33公顷沿海防护林带。1993年，获省造林工程先进县“金杯”奖。1995年，省政府授予海阳县提前达到省“八五”造林绿化标准先进单位称号。1997年3月，海阳市被林业部授予“全国沿海防护林体系建设先进单位”称号。1998年12月，盘石店镇大庄被林业部评为“全国造林绿化千佳村”。2000年后，全市实施大绿化战略，以路带山、以山连村、山路相映、村村绿化。2010年，境内森林覆盖率23.5%，城区绿化覆盖率42.5%，63个村分获山东省、烟台市绿化模范村称号。

畜牧饲养民间素有习惯。1978年，海阳被省畜牧局定为五龙鹅保种、育种基地县。1986年，被农牧渔业部确定为黄牛出口基地县，成为国内首个对日本出口肉牛的县(市)，“肉牛规模化养殖与产业化研究开发”项目被列为国家“九五”时期重点科技攻关计划。1990年，全县畜牧业总产值1.77亿元。1991年，盘石店镇成为烟台市最大的长毛兔养殖基地。1999年，海阳被确定为国家无规定动物疫病区（扩建项目）县（市）。2001年，被省确定为胶东半岛无规定动物疫病示范区项目建设县（市）。2010年，全市肉类产量4.29万吨、禽蛋产量3.75万吨、奶类产量1.91万吨，畜牧业产值10.18亿元，占农业总产值的12.91%。

1978年后，境内大兴农田水利基本建设。1987—1990年，完成病险小（1）型水库除险加固工程6座、小（2）型水库11座、塘坝67座，海阳成为烟台市第一个小型水库和塘坝无病险工程县。2002—2010年，完成除险加固工程116座。2010年，全市有中型水库3座、小（1）型水库16座、小（2）型水库89座、塘坝321座、闸（坝）340道，机电井2068眼，其他工程70处；全市有效灌溉面积3.52万公顷，占耕地总面积的63.6%；节水灌溉面积2.57万公顷，占耕地总面积的46.4%。自来水“村村通”普及率97.8%。海阳被授予省农田水利建设先进县（市）称号，东村河水利风景区被评为“国家级水利风景区”，小孩儿口湿地公园被批准为“国家城市湿地公园”。

60—70年代，海阳形成以农具、五金、水泥、化肥、农药、纺织、服装、草制艺品、抽纱工艺品等行业为主的工业体系雏形。1978年，全县有公社办及以上工业企业132家，工业总产值1.61亿元（1990年不变价格）。80—90年代，形成机械、电子、日用五金、化工建材、纺织服装、工艺品、丝绸、黄金、水产品养殖加工、农副产品保鲜加工、石材加工、造纸等26个行业，产品500余种。其中，中国名牌产品1个，省(部)优产品20余个，填补国内空白产品80余个。1988年，县草制艺品厂、绣花厂均被评为全国轻工产品出口创汇先进企业。1990年，全县有全民所有制企业51家，县以上集体所有制企业54家、乡（镇）办工业145家、村办工业425家，工业总产值15.34亿元（1990年不变价格）。90年代后，随着经济体制改革和市场经济建立，工业坚持抓大放小、优化结构，组建大的企业集团。1997年9月，全市以建立现代企业制度为目标，以产权制度改革为核心，因企制宜，对工业企业实行资产重组、破产重组、产权转让、租赁经营，加大企业投资力度，培育发展重点企业和重点项目，保持全市工业稳步发展，工业立市步伐进一步加快。2000年，全市工业企业2911家，工业总产值69.11亿元（当年价）。其中，规模以上企业96家，工业总产值29.09亿元。进入21世纪，全市加大招商引资和技改投入力度，调整产业结构，在全面提升毛衫、五金、食品等传统产业的基础上，培植核电新能源、海洋工程、机械电子、生物科技等新兴产业。2001年后，实施大园区、大项目战略，加大招商引资力度，突出工业园区建设，优化经济发展环境，加快企业技术改造，工业经济增长迅速。2005年，全市工业企业5007家，工业总产值168.91亿元（当年价）。其中，规模以上工业企业200家，工业总产值115.56亿元。2007—2008年，全市加大毛衫产业及其他原创企业的扶持力度。至2010年，全市工业形成以方圆集团有限公司、山东核电设备制造有限公司、维蒙特工业（山东）有限公司、海阳中集来福士海洋工程有限公司、山东富尔达空调设备有限公司、海阳众冶集团有限公司、烟台美丰机械有限公司、烟台金海化工有限公司、海阳日月五金有限公司、烟台亚琦纺织有限公司、进元电子（烟台）有限公司等为代表的一批重点骨干和高新技术企业，培育起核电、机械装备制造、海洋工程、电子信息、生物化工、新型能源六大新兴产业。同年，全市工业企业5948家，工业总产值439.23亿元（当年价）。其中，规模以上工业企业347家，工业总产值371.91亿元。工业经济成为全市国民经济的主体。

三

海阳物华天宝，资源丰富。农林果桑茶生产条件优越，品质优良。海阳大花生、芋头、地瓜远近有名。王家山后村“皇家”牌红富士苹果，连续3年在全国果品质量评比中获第一名，被农业部评为绿色食品。该村生产的红富士、乔纳金、新红星等果品，在第二届中国农业博览会上获3项金奖，并在1992年泰国曼谷农副产品博览会上获金奖。素有“春果第一枝”之称的海阳小樱桃因其色艳、皮薄、粒大、汁多、甘甜等特质，全国闻名。海阳网纹瓜，是烟台十大品牌瓜之一。海阳绿茶，是国内生长纬度最高的北方茶之一，具有“墨玉绿、小米汤、豆子香”鲜明个性特点，被誉为高纬度、低海拔的黄金海岸高品质茶，深受好评。海阳白黄瓜，2008年被国家商标总局注册为地理标志证明商标。海阳甜柿，创下海阳首个山东区域公共品牌。沽头大米、姜家小米、海阳板栗、银杏、桑葚、金秋红蜜桃等也都有口皆碑。

海阳海岸线蜿蜒绵长，海洋资源丰富。潮间带栖息生物189种，海洋鱼类78种，贝类70种，藻类41种，虾类14种，蟹类21种。海阳牡蛎、缢蛏、海米、刺参、鲍鱼、蛤蜊等海产品远近闻名，何家缢蛏、丁字嘴蠓虾久负盛名。70年代末，对虾养殖技术取得突破，掀起虾池开发热潮。到80年代中期，虾池总面积2800余公顷。1991

年起，实施建设“海上海阳”战略。1992年，境内首次开发的500亩浅海养殖栉孔扇贝项目通过烟台市级鉴定，结束“海阳浅海不能养殖扇贝”的历史。至1995年，浅海养殖面积1533.33公顷，其中扇贝平均亩产5000多千克，出丁率12.6%，创2项全国先进水平。2000年后，工厂化养殖发展迅猛，渔业产业不断壮大。2010年，海洋捕捞总产量12.28万吨，海水养殖面积1.25万公顷，水产加工企业56家、冷库103座，年加工能力10.74万吨。海洋科技得到较大发展，完成国家、省渔业科研项目20余个，1个项目获得国家科技进步二等奖。

海阳矿产丰富，品类众多。至2010年，境内已探明资源储量的矿种27种(含亚种)，其中具有探明储量的矿产12种。具有矿床规模的有金、石墨、滑石、水泥用大理岩、建筑用花岗岩5个矿种。各类矿床(点)30处，有铁、铜、铅锌、岩金、沙金、硫铁矿、石墨、滑石、水泥用大理岩、水泥黏土矿、饰面用花岗石、饰面用大理石、板石、建筑用花岗岩、建筑用砂、砖瓦用黏土等。中华人民共和国成立50周年时，天安门广场重修所用的花岗岩板材，其石料出自海阳。

海阳风光旖旎，资源得天独厚。其景观可圈可点者，俯拾即是；令人如痴如醉者，多有所在。日出凤台，粉霞满天，海波涌金；海市蜃楼，倒映亭阁，恍若仙境；招虎晴岚，山清水秀，曲径通幽；云顶竹海，竹青樱红，浮翠流丹；丛麻禅院，钟鼓不绝，世外桃源；平岚瀑布，飞流直下，声喧深谷；万米金滩，沙细浪缓，游人如织；小孩儿口湿地公园，锦鳞戏水，百鸟鸣唱。嘴子前春秋古墓、出土国家一级文物“玉璋”的司马台遗址、地雷战红色传奇、国家首批非物质文化遗产海阳大秧歌，其悠久、深厚的文化底蕴和鲜活、蓬勃的现代精神水乳交融，让海阳流光溢彩，为市内外人士津津乐道。1984年，海阳旅游业开始起步。2003年，确定“一山一海一寺院”发展思路，构建起南北呼应的点式发展格局，从单一观光游向休闲度假游转变。2007年，海阳被评为“中国优秀旅游城市”，红樱桃民俗旅游区被国家旅游局授予“全国农业旅游示范点”称号；海阳获“中国最佳文化生态旅游城市”称号。2010年，全市共接待游客405.8万人次，实现旅游总收入19.86亿元。

四

海阳活力四射，后劲十足。海阳核电为海阳经济社会发展注入新能量。山东海阳核电厂，从1978年夏季初期考察到2018年8月17日1号机组首次并网成功，历时40载。40年间，见证了一座大型核电厂从无到有的发展壮举，见证了改革开放40年祖国电力事业的蓬勃发展。海阳核电厂位于留格庄镇，是国内已建、在建和待建核电站中条件最为优秀的厂址之一。2009年9月23日，海阳核电一期工程通过国务院批准，进入主体工程建设施工阶段。规划建设6台核电机组，并预留2台机组扩建场地，承担AP1000第三代核电技术的引进、消化、吸收战略使命，是山东省第一个核电项目、中华人民共和国成立后最大的单体投资项目。2010年11月底，1号核岛工程CV三环吊装就位；12月底，2号核岛工程核CA20模块吊装就位。2018年8月17日9时50分，1号机组首次并网成功，各项技术指标均符合设计要求，机组运行状态良好。到2019年1月9日，1、2号机组皆具备商运条件。

第三届亚洲沙滩运动会（以下简称亚沙会）的成功举办，极大地提升了海阳城市的知名度和美誉度，展现了海阳新形象。海阳成为全国唯一一个承办洲际体育赛事的县级城市。海阳亚沙会自2005年申办，到2012年成功举办历时8年。经过全市上下的共同努力，一座靓丽的滨海新城拔地而起，呈现在世人面前。2012年6月16日晚，亚沙会开幕式在海阳河清岛体育场盛大举行。亚沙会共设沙滩排球、沙滩足球等13个大项、49个小项，亚奥理事会45个成员国家和地区参加，各国运动员、随队官员、媒体记者、工作人员、志愿者共计1.3万余人参加。海阳亚沙会中国代表团获得金牌14枚、银牌10枚、铜牌12枚，位居金牌榜和奖牌榜第一。亚奥理事会主席艾哈迈德·法赫德·萨巴赫评价："海阳亚沙会水平非常高，一切都很完美。"亚沙会让海阳与国际接轨、与世界相融，成为一颗闪亮的新星。

海阳独特的地理位置造就了宜居的环境。1980年后，海阳加强绿化、美化、硬化建设，城市面貌不断改善。1996—2000年，城区建设完成东北出口路面拓宽硬化和海政路、海阳路、龙山街示范街（路）改造工程。2000年，城市建成区面积7平方千米，城市人口12万人。2001—2005年，加快"三区对接、六园融合"步伐，城市建成区面积17平方千米，城市人口15.2万人，城市化水平39.4%。先后完成黄海大道、绕城路建设和烟凤路、小莱线、海阳路改造工程，实施威青高速路封闭工程；建设新元广场、峰泽园、万紫园、春城广场、热电厂等绿化、美化、亮化工程，新元广场被评为山东省十佳文化广场之一。2006—2010年，第三届亚洲沙滩运动会工程完成工程总量的70%以上，南部新区拔地而起；旧城改造完成拆迁89万平方米，新增建设面积830万平方米；先后完成海天路、海翔路、西安路、山海旅游路、民俗旅游路、海滨路、海鑫中路、益港路和海莱线、烟凤线等的建设；新增供暖面积160万平方米，铺设燃气管道40千米；完成第三水厂建设，启动第二水厂城区供水补源工程；完成老城区雨污管网分流和垃圾处理场一期、污水处理厂及污泥处置工程；完成城市景观式亮化15万平方米，新增绿化面积758万平方米。2010年，城市建成区面积34平方千米，城市人口23.2万人。海阳市先后获"国家节水型城市"称号和"山东省人居环境奖"。

五

海阳自古崇文尚武，尊医重技。1984年，海阳成为省内首批普及初等教育的县（市）。1987年起，历时9年完成农村中小学校舍改造。全县累计投入校改资金5047万元，新建校舍2721间，改建5189间。90年代大力推行素质教育。1992年，山东省教育督导组认为"海阳的中小学德育工作有新的建树，是新的典范"。1994年6月，海阳"两基"（基本普及九年义务教育、基本扫除青壮年文盲）指标均达到或超过国家和省定标准。1995年4月，《中国教育报》在头版头条介绍海阳县开展的系列达标课活动。1996年12月，榆山街学校的思想品德序列化教育实验，被列为全国教育科学"九五"规划重点研究项目。2000年，海阳市高考本科上线五项指标均居烟台市第一名，理科平均分获山东省第一名。2002年，海阳市高考本科上线数、升学率、万人比、优等生等各项指标均居烟台市领先地位，实现高考"十连冠"。2010年，全市共有幼儿园115所、在园儿童14089人；小学41所、初中21所、职业中专1所、普通高中5所，在校学生63157人；全市教职工7065人。

1978年后，海阳文化事业快速发展，日益活跃，文化设施不断完善，文化队伍不断壮大，形成县、乡、村三级文化网络体系。文学、书画等艺术创作人才辈出，诞生一批具有影响力的作品。海阳大秧歌多姿多彩，久享盛誉，被评为山东三大秧歌之一。1994年9月，海阳大秧歌参加第四届沈阳国际民间舞蹈（秧歌）节，荣获最高奖——金玫瑰奖。1995年11月，获文化部第四届群星奖银奖。1996年3月，海阳县被评为山东省社会文化先进县；11月，海阳市被文化部命名为中国民间文化艺术（秧歌）之乡。2004年3月，新元广场被省委宣传部、省文化厅评为全省十佳文化广场。2005年，地雷战纪念馆被评为"全国第三批爱国主义教育示范基地"。2006年5月，海阳大秧歌被国务院列入第一批国家级非物质文化遗产名录。2006年、2007年，中央电视台《同一首歌·蓝色的浪漫》《中华情·梦幻海阳》分别在海阳旅游度假区成功举办。2008年8月8日，海阳大秧歌在北京奥运会开幕式暖场演出。2009

年2月，海阳市再次获“中国民间文化艺术之乡”称号。

80年代后，海阳先后向国家、省和烟台市体育运动队及其他大专院校输送大批体育人才。1984年，省体委授予海阳武术挖掘先进县称号。1990年，海阳输送到省队的高玉华，在布鲁塞尔第九届世界中学生运动会上获铁饼金牌。1995年，在第三届全国城市运动会上，于娟获铅球冠军，为烟台代表队夺得首枚金牌。1996年，海阳输送的女足国手陈玉凤在亚特兰大第二十六届奥运会上获女足团体银牌。1998年，于娟在东京国际田径大奖赛上夺得女子铅球冠军。2000年，徐家店镇被国家体育总局授予“1996—2000年全国群众体育先进单位”称号。此后，海阳先后承办全国沙滩排球巡回赛、全国第二届12人制龙舟锦标赛、全国沙滩手球锦标赛等一系列赛事。2006年12月2日（北京时间12月3日），在卡塔尔多哈召开的第二十五届亚奥理事会代表大会决定，2012年第三届亚洲沙滩运动会在海阳举行。自此，海阳举全市之力开展筹办工作，并推动海阳体育事业全面健康发展。

中华人民共和国成立后，海阳医药卫生事业发展迅速。70年代，海阳县逐步建立起村级卫生室，实行合作医疗，形成县、乡、村三级医疗卫生保健网络。1978年，海阳县麻风病防治获全国科学大会优秀成果奖。1982年，县皮防所被国务院授予先进单位称号，1991年，获“马海德”奖。1984年，“三苗”（麻疹疫苗、脊髓灰质炎疫苗及百日咳、白喉、破伤风三联制剂）覆盖率78.5%，提前7年实现全国计划免疫规划指标。1986年，海阳县计划生育委员会获全国计划生育先进集体称号。同年，世界卫生组织精神卫生协作组专家评价：“中国的精神卫生工作，城市模式看上海，农村模式看烟台的海阳和蓬莱。”1990年12月，卫生部命名海阳为“全国食品卫生示范县”。2006年4月，海阳市乡村卫生一体化管理工作经验在全国推广。2007年，海阳市乡村卫生一体化管理模式被列入国家重大社科基金项目。2008年11月9日，海阳市卫生局在卫生部召开的加快农村三级医疗卫生服务网络建设经验推广大会上作典型交流。2010年，海阳被国家中医药管理局授予“全国农村中医工作先进县（市）”称号，并被确定为全省建立农村居民健康档案示范县。全市各类医疗卫生机构513个。

1978年，海阳县革命委员会科技办公室改为科学技术委员会，科技工作逐步得到重视和加强。1980年，全县第一届科学大会召开，有科学技术人员2243人。1989年，评聘各类专业技术人员9798人。90年代，海阳科研发展步入快车道，科技服务网络逐步健全。1990年，海阳县机械厂参与研制的“千吨级甘薯干淀粉加工工艺，成套设备关键技术研究及中间试验”，获国家科技进步三等奖。1991年5月，海阳成功举办中国专利技术暨信息发布会。1996年7月，海阳被国家科委授予“全国科技工作先进县（市）”称号。2000年1月，方圆集团及其技术中心被省政府命名为省级“高新技术企业”和“技术开发中心”。1991—2000年，全市累计实施专利技术项目106项，获中国专利金奖项目13个、银奖项目5个、优秀奖项目3个。2006年，市富尔达有限公司研制的水源热泵和水源高温热泵2个机组通过省科学技术鉴定。2010年，市黄海水产有限公司半滑舌鳎苗种规模化繁育及健康养殖技术开发与应用，获国家科学技术进步二等奖。同年，全市科研机构近60个，烟台市级以上科技成果39项；科技人才10671人，高级职称1200人，中级职称5081人。

六

海阳民风质朴敦厚、刚强拙直。勤劳俭朴、安土重迁、重义轻财、一诺千金，是海阳人民的突出特点。自古至今，海阳人民一直保持谦逊诚实、热情好客的优良传统。地虽不广，但因历史和地理原因，东、西、南、北的风俗略有不同。旧时即有“南文”“北质”“东雅”“西俗”之说，至今余绪仍存。闻名遐迩的海阳地雷战，更是彰显了海阳人民敢于担当、舍身报国的家国情怀，敢于斗争、不畏强敌的英雄豪情，敢为人先、大胆创新的聪明智慧，敢于胜利、乐观自信的坚定信念的“地雷战精神”。

海阳人杰地灵，英才辈出。金、元、明、清时期，境内先后出现隋世昌、杨宜旺、李椅、纪冠军等10多位将军。清代李赞元一门四代，先后考中10名进士，为官心系民众，政声称佳。李承喆、李朴、李桐、李香、李承均同门五人皆为著名画家，称“李氏五道人”，秀绝齐鲁，蜚声京城。革命战争年代，刘长胜投身革命，不畏艰险，是中国工会的优秀领导人。中华人民共和国成立后，有大批海阳人士在全国各条战线上建功立业。海阳海外游子分布在世界20多个国家和地区，学有专长、有所建树者众多。王隽英之子丁肇中，获诺贝尔物理学奖，誉满世界。全国民兵英雄赵守福、于化虎、孙玉敏，著名作家峻青，全国劳动模范姜淑卿、高秀等，其事迹家喻户晓，皆为世之楷模。

奋斗创造历史，实干成就未来。勤劳勇敢的海阳人民，以昂扬向上的精神、勇于拼搏的斗志，同心同德，锐意进取，一座具有英雄气质、浪漫情怀、开放精神、精致品位的新时代现代化滨海名城正在崛起，海阳的明天必定更加美好！

大事记

大事记

1978 年

2 月 20 日 盘石店公社嘴子前大队发现东周墓群，出土大量文物。

3 月 海阳县麻风病防治获全国科学大会优秀成果奖。

4 月 26 日—29 日 海阳县第八届人民代表大会召开，选举臧海强为县革命委员会主任。

5 月 19 日 海阳县武术表演大会在东村举行，应邀参加者有螳螂拳师刘德崇、祝维贞，八卦拳师黄吉满，太极拳师张同昀及武林新秀 80 人。

7 月 1 日 1 时 58 分至 2 时 7 分，徐家店、郭城、发城、高家、朱吴、东村等公社 171 个大队遭受龙卷风袭击。

7 月 6 日 全县举行民兵军事比赛，主要内容为射击、刺杀、投掷。

9 月 全县开始进行改正错划右派工作。翌年 4 月，被错划为“右派分子”全部予以改正，并给予适当安置。

是月 “海花一号”花生优良品种，由高家公社黑崮大队乔文堂等培育成功，并获山东省科技成果二等奖；“清泉二号”板栗、县副食品厂研制的 Z-56 型饼干自动包装机，获山东省科学大会优秀成果奖。

11 月 1 日 县城 1000 门 HJ-921 型纵横制自动电话交换机开通，城区电话由人工接续改为自动化，淘汰磁石式人工交换机。

是年 赵疃地雷战遗址被列为省级文物保护单位。

1979 年

1 月 8 日 全县民兵参加烟台军分区组织的国家“六五”计划重点建设项目——烟台合成革厂建设会战。

1 月 24 日 中共中央在北京举行刘长胜（留格庄镇荪疃村人）平反昭雪追悼大会。邓小平主持，韦国清致悼词。大会作出“刘长胜同志是上海工人运动和地下党杰出的组织者和领导者，也是我国工会的优秀领导人和卓越的国际活动家”的评价。

2 月 2 日 县政府开始对地主、富农进行摘帽工作。先后将 88 名错划、错定者予以纠正，家庭出身改为社员。

3 月 31 日 全县恢复复员军人预备役登记。28 岁以下符合一类预备役条件的复员军人，全部转入一类预备役；29 ～ 35 岁的全部转入二类预备役。

3 月 臧海强离职，王书臣任县委书记。

8 月 12 日 水电部副部长刘向三到海阳考察大口井建设情况。

8 月 25 日 全县开展真理标准问题大讨论。

8 月 27 日 县委印发《关于计划生育若干问题的试行规定》，对自愿只生一个孩子并采取相应措施者，发放“独生子女优待证”。

10 月 县家具配件厂生产的冲压偏正连接件和圆柱螺母连接件，通过轻工业部专家组的鉴定。

1980 年

8 月 22 日—24 日 中共海阳县第五次代表大会召开。五届一次会议选举刘同德为县委书记。

9 月 县自来水公司开始供水。

12 月 6 日—8 日 海阳县第九届人民代表大会第一次会议召开。自此，海阳县设立人民代表大会常务委员会；县革命委员会复称县人民政府。选举张言诗为县人大常委会主任，王曰銮为县长。

是年 全县粮食平均亩产402.5千克，首次“跨长江”（亩产粮食400千克）。

1981年

1月6日—9日 县委召开三级干部会议，与会人员900名，研究贯彻完善农业联产承包责任制。

7月 国务院副总理陈慕华到海阳考察。

8月30日 对1980年全县地名普查中的重名者全部更改，并于此日公布使用。

9月1日 受14号台风的外围影响，境内沿海一带发生海啸。全县死亡2人、重伤1人，粮田、果园、船只、盐田、养殖场等损失严重。

9月30日 省委副书记、副省长宋一珉在烟台地委副书记黄岗的陪同下，到海阳检查抗旱秋种情况。

是年 全县降水量390.7毫米。

是年 七寨、驹凤头和宝玉石等地发现3处旧石器时期文化遗址。

1982年

7月1日 0时，全县开始进行中华人民共和国成立后第三次人口普查，全县共176131户、680325人。民族有汉族、满族、蒙古族、壮族、回族、维吾尔族和苗族。

11月26日 全县始开展“五讲四美”活动。

12月12日—17日 县委召开三级干部会议，推行农业联产承包责任制，着重解决专业分工大包干责任制问题。

是年 发城公社忠厚大队1.05亩“海花一号”花生，亩产732.75千克，创全国纪录。

是年 县中心皮肤病防治所代表出席全国麻风病防治会议，该所被国务院授予先进单位称号。

是年 县布鞋厂生产的“健足牌”贴胶底布鞋，被评为山东省优质产品。

是年 全县降水量421.3毫米，地下水位下降6米，502座水库、塘坝全部干涸。

1983年

1月28日—30日 政协海阳县第一届委员会第一次会议召开，选举衣更新为县政协主席。

3月 全县39家国营工商业、供销、文化企业，实行第一步利改税。

8月16日 县委印发《关于开展创建文明村、文明单位活动的意见》。

8月24日 国务院副总理姚依林到海阳考察。

10月7日—11日 中华医学会山东分会在海阳召开食品卫生现场会、学术交流会。

是年 全县粮食平均亩产突破500千克，达561千克。

1984年

1月20日 县委、县政府决定延长土地承包期。

1月 刘同德离职，王曰銮任县委书记。

3月11日 境内开始营造公路绿化带。

3月 海阳县被评为山东省林业先进县。

4月21日—22日 全县183人参加山东省首次高教自学考试。

4月24日 撤公社，设乡（镇），生产大队改称村。全县划为高家、朱吴、黄崖、辛安、赵疃、留格庄、大山所、大阎家、山西头、战场泊、北埠后、泉水头、南城阳、二十里店14个乡和东村、凤城、小纪、行村、郭城、发城、盘石店、徐家店、大辛家9个镇，辖732个行政村（752个自然村）。

5月24日—28日 政协海阳县第二届委员会第一次会议召开，选举衣更新为县政协主席。

5月25日—28日 海阳县第十届人民代表大会第一次会议召开，选举王曰銮为县人大常委会主任、张凤国为县长。

5月28日 县草制艺品厂生产的玉米皮编制品，在全国第四届工艺美术百花奖评比中夺得第一名；9月13日，县草制艺品厂获全国草制品银杯奖。

6月8日—10日 中共海阳县第六次代表大会召开。六届一次全委会选举王曰銮为县委书记。

9月 全县进行经济体制改革，有关企业和科（局）改为公司。

10月24日 中共中央总书记胡耀邦到海阳考察，并为凤城旅游区题词："海阳万米海滩浴场"。

11月10日 县长张凤国就宣传开发凤城旅游区，在首都北京饭店举行记者招待会。

11月30日 县政府组织政府办公室、县水产局、水利局、林业局、民政局和县地方志办公室等单位24人赴千里岩进行考察，首次撰写关于千里岩的考察报告。

12月22日 农牧渔业部乡镇企业局举办的全国乡镇甘薯粉丝技术推广会议在赵疃乡东山粉丝厂召开，推广东山粉丝厂的先进加工技术。

是年 武术世家梁振照（发城镇榆山夼村人），将世代珍藏的3册螳螂拳谱捐献给烟台市体委。

是年 省体委授予海阳县"武术挖掘先进县"称号。

1985年

1月1日 全县41家国营企业全部实行第二步利改税。

3月7日 原海阳军警前线总指挥姜仞九，被省政府追认为革命烈士。

3月20日 县委、县政府颁发《关于鼓励农民进城务工经商的决定》。

5月 全县开始县、乡、村三级整党。1273个党支部、38457名党员参加。

6月28日 赵守福、于化虎、孙玉敏应邀参加《中国民兵》编辑部、中央人民广播电台和中央电视台等7个单位联合举办的抗日民兵英雄代表座谈会，受到中央军委副主席杨尚昆接见。

7月1日 凤城旅游区对外开放。

7月15日—18日 省委宣传部和省经济体制改革委员会在海阳召开全省贯彻经济体制改革决定座谈会。

7月 卫生部、商业部等10个部门授予县防疫站执行《中华人民共和国食品卫生法》先进单位称号。

8月19日 受9号台风和暴雨袭击，全县直接经济损失1.22亿元。

9月10日 县委、县政府召开会议，庆祝全国第一个教师节。

12月7日 郭城镇河南村鞭炮厂违章作业引发爆炸事故，炸毁房屋40间，死12人，伤11人。

12月15日 县委、县政府召开动员大会，号召向雷锋式的人民教师姜元俊学习。

是年 全县始对农村"三老"（老党员、老干部、老英雄）实行定期补贴。

1986年

1月6日—8日 县委召开农村整党工作会议，部署乡（镇）整党工作。

3月2日 国家计生委授予海阳县政府全国计划生育先进集体称号，授予凤城镇政府全国计划生育先进单位称号。

3月27日 县委党史资料征集研究委员会李世照作为全国唯一的特邀县级代表，参加全国中共组织史资料编纂工作座谈会。海阳是全国县级组织史征编工作首创县。

4月10日 县水资源管理委员会成立，开始征收水资源费。

4月13日—16日 山东省14个部门联合在海阳召开贯彻《中华人民共和国食品卫生法》工作会议。副省长、省食品卫生工作领导小组组长马长贵出席会议。

4月18日 济南军区政委迟浩田到海阳县人武部检查指导民兵工作。

5月1日 中央新闻纪录电影制片厂在海阳开拍《中华大地奇观》纪录片。留格庄乡荪疃村无臂妇女任吉美为纪录片的"主角"。

5月9日 国务院副总理田纪云到海阳考察。

同日 大阎家乡新建村小学勤工俭学中，一名学生将1枚小型废旧炮弹带到学校，在玩弄时爆炸，当场死亡1人，后抢救无效死亡4人，重伤14人。

5月20日 县政府印发《山东省征收排污费实施办法》，对排污（废气、废渣、废水、烟尘）单位征收超标准排污费。

6月4日 《中共海阳县组织史资料汇编》出版发行。

7月5日 科特迪瓦民主党政治局委员、议会副会长、全国妇女协会主席奥尔唐丝·阿卡·昂居埃夫人，率科特迪瓦妇女代表团，在全国妇联书记处书记王淑贤陪同下到海阳参观访问。

8月7日—13日 省委书记梁步庭在海阳考察调研。

10月1日 境内开始对县城驻地房屋进行登记发证工作。

10月3日 境内长15.1千米、宽21米的烟青一级公路竣工通车。

10月21日 县民政局李恒珊作为全国唯一的县级代表，出席全国双扶工作先进单位经验交流暨表彰大会。

10月下旬 历时3个月的县内村级整党工作全面展开。

11月18日 县政府决定重修革命烈士陵园。

12月31日 海阳县被农牧渔业部定为活牛出口基地县、花生出口基地县。

12月 1984年由莱阳县划入海阳的霞峰、贾家庄、南于格庄3个村，复归莱阳县。

是年 海阳首次发现墨玉石矿，矿址位于泉水头乡苗家沟村东南。

1987年

3月30日—4月1日 政协海阳县第三届委员会第一次会议召开，选举黄贵山为县政协主席。

3月31日—4月4日 海阳县第十一届人民代表大会第一次会议召开，选举王曰銮为县人大常委会主任、孙庆传为县长。

5月7日—9日 中共海阳县第七次代表大会召开。七届一次全委会选举王曰銮为县委书记。

5月20日 烟台市委、市政府在莱阳、海阳召开加快经济建设步伐现场办公会议。对海阳给予优惠政策，并提出“一年打基础，两年起好步，三年变面貌”的奋斗目标。

6月2日 《海阳县县城排水设施有偿使用管理办法》颁布，规定自7月1日起，征收排水设施使用费。

6月23日—24日 以圣多美和普林西比妇女组织副书记为首的圣普妇女代表团，由全国妇女国际活动委员会委员章慧敏陪同，在海阳参观访问。

7月1日 全县全面推行固定职工退休费用社会统筹工作。

7月11日 农民合同制女工、海阳第一饭店副经理于丽云当选中共第十三次全国代表大会代表。

7月 中共中央书记处书记郝建秀到海阳考察。

8月18日 县经济体制改革委员会在县丝绸厂、造纸厂实行资产经营责任制试点。

8月23日 县房产管理开发公司第一批商业住宅楼建成出售。

8月31日 县盐业养殖公司与日本兵库县贸易株式会社开展补偿贸易，出口对虾32.05吨。

9月10日 国务委员谷牧到海阳考察。

9月 王曰銮离职，孙庆传任县委书记。

10月16日 县政府印发《关于贯彻〈中华人民共和国耕地占用税暂行条例〉的通知》，规定自1987年4月1日起，非农业生产征用、占用耕地，均按规定纳税。

11月5日 县政府印发《海阳县房屋建设综合开发暂行办法》，在县城划定哲阳、民主、环保3个新生活小区。

12月13日—14日 海阳县第十一届人民代表大会第二次会议召开，选举邹梅清为县人大常委会主任、慕永太为县长。

12月16日 海阳县颁发居民身份证领导小

组成立，开始发放居民身份证。

是年　联合国卫生组织到凤城镇石人泊村考察卫生工作。

是年　山西头乡建成667公顷楸树丰产用材林基地，成为山东省最大的楸树集中生产基地。

是年　全县农村首次实行村党支部书记、村委会主任任期目标责任制。

1988年

1月10日　县委、县政府印发《关于鼓励和支持干部工人承包乡（镇）、村办企业的意见》。

1月20日　县内首次全面开展农村普法工作。

3月18日　国务院决定扩大沿海开放范围，海阳被确定为对外开放县，享受国家规定的相关优惠政策。

3月　海阳县古现河沙金矿建立。县内黄金开采业起步。

5月1日　海阳在省内率先实行企业职工退（离）休费统一支付制度，得到劳动部的肯定。

6月6日　省委书记梁步庭到海阳考察。

7月20日　海阳县第十一届人大常委会第十次会议作出《关于依法治县的决议》。

8月　省长姜春云到海阳考察。

9月10日　县政府印发《海阳县股份制试行办法》。

9月25日　全县第一座微机集控35千伏变电站在二十里店乡运行。

9月29日　县纺织器材厂有偿转让给甘肃省白银市纺织机械针布厂，此为境内首例企业有偿转让。

10月1日　全县23处乡（镇）全部开通传真、专用电话。

10月8日　境内首次开办劳务市场，安置待业青年879名。

10月9日　海阳县被国务院确定为全国粮食基地县。

10月20日　行村镇离休干部车仁寿捐献原胶东军区司令员许世友为海阳的题词“赞海阳地雷战　英雄造雷乡　雷乡出英雄”及原胶东行政公署主任曹漫之为海阳的题词“海阳战斗模范县为半岛人民树立了光辉榜样”“海阳地雷战巨响长鸣民兵战册”。

11月2日　县农牧局所辖黄牛育肥试验场的活牛（鲁西黄牛）出口日本，为海阳首次。

12月　县食品总厂生产的速溶大豆蛋白粉被中国优质保健产品评选委员会评为全国优质保健产品。

1989年

1月1日　县住房制度改革方案出台。

1月5日　全县农村实行劳动积累制度，农村男18～55周岁、女18～50周岁，每年向集体义务投入劳动积累工25～30个，用于农村公益事业。

1月14日　海阳设立3平方千米的海阳经济技术开发区。

3月11日　县委、县政府印发《关于进一步支持鼓励干部工人到乡（镇）村企业工作的暂行规定》。

4月29日　全县23处乡（镇）设立人大工作办公室。

5月30日　15时左右，大阎家乡潮里村南土埠岛和虎脚山西南方约30海里海域，出现海市蜃楼，持续3个多小时。

6月1日　海阳人民广播电台开始播音。

6月2日　《海阳县城镇房产管理实施办法》施行，明确城镇房产的产权、买卖、租赁、翻新和维修、代管等规定。

6月7日　县政府命名15名劳动模范，均给予晋升一级工资奖励。

6月　县农药厂与山东农业大学合作，研制、投产新型复剂农药“菊氧乳油”，填补省内农药生产空白。

是月　全县夏粮亩产262千克、总产15.96万吨，获全国夏粮创高产达标单位称号。

是月 全国政协副主席钱正英到海阳考察水利工作。

7月14日 县工艺品厂生产的玉米皮制品、绣花厂生产的钩针制品，同获首届北京国际博览会金奖。

8月18日 中国人民解放军总参谋长迟浩田将军为海阳地雷战题词："地雷战倭寇丧胆 卫海防壮我国威"。

9月1日 省长赵志浩到方圆集团考察。

9月 海阳与上海果品集团公司联营，成立海阳县果品集团公司。

10月16日 海阳县通过"全国食品卫生示范县"考核验收。

10月 在山东省星火成果展交会上，海阳县组织参展的5个项目全部获奖。其中，县机械厂的千吨级淀粉加工成套设备获金奖。

11月27日 行村镇庶村村东昌阳故城汉墓，出土汉代铜镜文物1件。铜镜直径18.65厘米，背面有鸟兽花纹，并铸篆书"青龙白虎掌四方朱雀玄武顺阴阳"14字。

12月30日 中华人民共和国成立后第一部新编《海阳县志》出版发行。上限自清雍正十三年（1735）起，下限至1985年。共30篇、156万字。全国地方志协会副会长董一博为《海阳县志》题名。

是年 烟台电视台拍摄的以海阳大秧歌为素材的电视片《东夷风骨》，先后在山东电视台、中央电视台播放。全国政协电视摄制组拍摄的《海阳秧歌》，编入反映中国民俗民情的电视片《野风》之中。

是年 全县农村开始设置村名标志。

是年 全县达到村村通电。

1990年

2月13日 县委、县政府颁布《关于乡（镇）主要负责人离任经济责任审计评议试行办法》。

3月24日—27日 中共海阳县第八次代表大会召开。八届一次全委会选举孙庆传为县委书记。

3月28日—4月1日 政协海阳县第四届委员会第一次会议召开，选举黄贵山为县政协主席。

3月29日—4月2日 海阳县第十二届人民代表大会第一次会议召开，选举于洪贵为县人大常委会主任、慕永太为县长。

3月 县工艺旅游鞋厂"奥威"牌系列旅游鞋制品，获国际风筝联合会蓝天杯金奖和第二届北京博览会金奖。

4月 全县23处乡（镇）成立政协工作办公室。

是月 全县农村进行社会主义思想教育。中共中央政治局常委宋平到烟台考察工作时予以肯定。

5月28日—30日 海阳县举办第一届樱桃节。

5月 姜玉华在比利时布鲁塞尔举行的第9届世界中学生田径运动会女子铁饼比赛中，以49.32米的成绩获得金牌，并打破世界纪录。

是月 海阳游艺器材厂生产的计数跳绳器获国家专利。在太原市举办的全国儿童用品展览会上，获全国儿童用品博览会十佳奖。

6月17日—7月1日 全县出现连阴雨天气，成熟的小麦难以及时收割和晾晒，导致发芽霉烂，总产量减产1000多万千克。

7月30日 海阳县在原有667公顷楸树丰产林的基础上，再扩大667公顷。林业部部长高德占为海阳丰产林题词："海阳县万亩楸树丰产林基地"。

8月24日—26日 日本山口县畜牧考察团，到海阳考察鲁西黄牛改良情况。

9月7日 县粮食局承担的国家"七五"科技攻关项目"薯类制取L-赖氨酸生产技术"通过国家级鉴定。用薯类制取L-赖氨酸一次性中糖发酵生产试验，属国内首创。

9月15日 烟台市委在海阳召开全市农村社会主义思想教育工作现场会。

10月1日 县委党史方志办公室编纂的《中共海阳党史大事记（1926—1949）》出版发行。

11 月 11 日　县多维果汁厂研制的胡萝卜素果酱型饮料通过省级鉴定，填补国内胡萝卜深加工空白。

11 月 24 日　副省长陈建国到郭城镇西古现村考察。

11 月　县丝绸厂研制生产的提花丝绒、真丝乔其绒和人丝印花绒 3 种产品通过省级鉴定，填补省内空白。

是月　海阳县城被命名为省级卫生城。

12 月　海阳县被卫生部命名为“全国食品卫生示范县”。

是年　全县桑茧产量首次突破万担大关，达到 10060 担，成为烟台市第一个桑茧万担县。

是年　县旅游鞋厂被国家奥林匹克体育中心定为专业用鞋定点企业。

1991 年

1 月 24 日　省人大常委会副主任李晔到朱吴乡后庄村、小纪镇箕帚夼村考察银杏生产。

1 月　海阳麻风病研究、治疗专家孙世强参加全国表彰大会，获国家 1991 年马海德奖。

4 月　山东省首次县级房地产经营管理交流会在海阳召开。

5 月 24 日—26 日　海阳首次召开中国专利技术转让暨信息发布会。

5 月 28 日　海阳县举办第二届樱桃节。全国人大常委会副委员长叶飞、中共中央顾问委员会常委杨得志、文化部原副部长王济夫、司法部副部长张秀夫、轻工业部副部长于珍、山东省副省长郭长才等题词、写信祝贺，姜昆、唐杰忠、马永生等艺术家到场献艺。海阳县政府确定节徽、节歌。

6 月 1 日　纺织工业部副部长刘珩到海阳考察工作，并为县纺织工业公司题词：“千辛万苦抓后劲，千方百计搞发展，海阳纺织工业后来居上”。

6 月 15 日—17 日　海阳县举办首届“三胞”联谊会。

7 月 30 日　县标准计量局研制成功伪劣农药检测仪，属国内首创。

9 月　海阳县被省政府确定为桑蚕生产基地县。

10 月　突尼斯妇女代表团到海阳参观访问。

11 月 17 日　行村镇东寨头村创办的水产品批发市场开业，被农业部确定为国家级定点批发市场，是中国北方最大的水产品集散地。

12 月 25 日　县机械厂研制的 DFJ-15 型全自动豆腐机通过省级鉴定，填补省内空白，达到国内外同类产品先进水平。

12 月 31 日　县内首座钢筋混凝土桥梁——文山桥剪彩通车。

12 月　省委、省政府、省军区授予海阳县“双拥先进县”称号。

是月　海阳县被省爱国卫生运动委员会授予“全省农村改水先进县”称号。

是年　海阳县被省委、省政府命名为普法工作先进县。

是年　郭城镇北朱村青年姜学斋研制的“中国吉纹斋”锡镶紫砂茶具，被外交部定为国宾礼品。

是年　县缸套厂与山东省科学院共同研制的科技新产品——铌缸套，通过省级鉴定，属国内首创。

是年　海阳县创建烟台市首家县乡机要无线传真系统，23 处乡（镇）均安装无线电话拨号系统和无线传真机。

1992 年

3 月 14 日　县委、县政府出台《关于乡镇管理体制改革的试行意见》。

3 月 31 日—4 月 2 日　海阳县第十二届人民代表大会第三次会议召开，补选李克英为县长。

3 月　孙庆传离职，阎原田任县委书记。

4 月 14 日　大山所乡卓格庄村的卓格农工商公司与香港海帝有限公司合资，成立烟台大洋水产食品有限公司，此为海阳县第一家自营出口企业。

5月4日 县委决定对全县副科级以上领导干部实行诫勉制。

5月11日 日本国际纤维株式会社雇员大槻一郎到海阳，进行蚕茧生产学术交流活动。

5月19日 赵守福、于化虎、孙玉敏3位全国民兵英雄，作为特邀代表，参加在烟台召开的全国民兵预备役部队基层建设工作会议，受到中国人民解放军总参谋长迟浩田、副总参谋长何其宗和总政治部副主任周文元，济南军区司令员张万年、政委宋清渭等的接见。

5月 在全省计划生育人口目标责任奖惩大会上，海阳县获一等奖。

6月28日 县丝绸厂研制的烂花丝绒新产品通过省级鉴定，填补省内空白。

7月1日 县委决定对新提拔的副科级干部实行试用制。

7月5日 海阳与国家农业投资公司、山东省农村经济开发投资公司联合投资，在海阳建立全国第一家胡萝卜加工出口基地。

8月29日 海阳县被水利部列为水利科技推广服务体系建设示范县。

8月30日 县酿造厂研制的山楂果汁醋饮料发酵新工艺通过省级鉴定，填补国内空白。

9月1日 16号台风袭击海阳。全县死亡4人，毁坏船只150余艘。造成直接经济损失3亿元。

9月12日 埠后索具厂研制的QJC-21型便携式汽车制动测试仪获国家专利，填补国内空白。

9月26日 凤城镇被命名为山东省新型乡镇，石人泊等10个村被命名为山东省明星村。

11月2日 境内首次开发的33.33公顷浅海养殖栉孔扇贝项目通过烟台市级鉴定，结束海阳浅海不能养殖扇贝的历史。

11月23日 发城镇王家山后村生产的红富士苹果，在全国红富士优质高产技术推广总结验收会上位居榜首。

12月5日 海阳县被授予“全国农村社会养老保险先进县”称号。

12月12日 海阳外向型工业加工区设立。

12月28日 海阳电视台建立。

1993年

1月1日 0时，境内模拟移动电话（大哥大）开通运营。

1月20日 18时45分，海阳电视台利用10频道、1千瓦米波发射机发射，开始试播。

2月11日—15日 政协海阳县第五届委员会第一次会议召开，选举黄贵山为县政协主席。

2月12日—15日 海阳县第十三届人民代表大会第一次会议召开，选举阎原田为县人大常委会主任、李克英为县长。

3月22日 海阳经济技术开发区（海阳外向型工业加工区）管理委员会组建，为副县级单位。

3月28日 县城3000门S1240型程控电话交换机开通，电话通信步入数字化轨道。

5月28日 副省长李春亭考察方圆集团公司。

5月29日 由台湾集美建设股份有限公司独资兴建经营的海阳贵族高尔夫乡村俱乐部，举行奠基仪式。

5月 海阳白黄瓜、西红柿、速冻芋仔3种蔬菜被农业部批准为首批“绿色”食品。

6月16日 海阳县百货大楼保卫干事杨青松为保护国家财产，与持刀歹徒英勇搏斗，光荣殉职，年仅21岁。翌年3月22日，杨青松烈士命名大会在海阳举行。

8月10日 县绣花厂入选由国家旅游局、轻工业部、商业部、纺织工业部联合公布的第一批全国旅游商品定点生产企业。

9月16日 荷兰果树专家彼特·威廉姆斯到海阳考察苹果生产，并到郭城镇西古现村进行现场指导。

是年 在东亚运动会上，海阳籍运动员于青梅获女子铁饼金牌。

是年 王家山后村的“皇家”红富士苹果被农业部评为绿色食品。

是年 海阳县获省造林工程先进县金杯奖。

1994年

5月3日 海阳嘴子前4号古墓发掘结束。出土文物之多、规格之高居胶东半岛首位。

6月29日 县内出现大暴雨、局部特大暴雨的天气过程，造成间接经济损失1.5亿元。渔民为抢救渔船，有5人遇难、5人失踪。其中，张春光被省政府追认为革命烈士。

8月2日 全国政协副主席钱正英到海阳考察，并到郭城镇西古现村参观水利工程。

8月8日 海阳县凤城旅游度假区管理委员会设立，为县政府派出机构，与凤城镇政府合署办公。

8月29日 香港怡润国际有限公司独资经营的海阳国峰纺织企业有限公司落户海阳经济开发区，为江北最大的港商独资纺织喷水织机纺织企业。

9月4日—6日 海阳大秧歌队在第四届中国（沈阳）国际民间舞蹈（秧歌）节暨1994中国（沈阳）国际民间舞蹈邀请赛上获金玫瑰奖（名列第一）。

9月 阎原田离职，李克英任县委书记。

10月23日 世界著名物理学家、诺贝尔奖获得者丁肇中第一次到海阳省亲。丁肇中瞻仰外祖父、辛亥革命少将王以成和母亲、巾帼英杰王隽英的档案资料，拜谒母亲故居，参观海阳核电厂址。

是年 方圆集团被评为“中国乡镇企业500佳”，列第28位；“中国乡镇企业最大经营规模100佳”，位居第2名。其生产的“奋起”牌系列砼搅拌机，被评为中国名牌产品。

是年 海阳县被列为全国第四批巩固、发展、完善粮食基地县。

是年 郭城镇被林业部确定为国家万亩干果基地镇。

1995年

3月7日—9日 海阳县第十三届人民代表大会第三次会议召开，补选李元成为县人大常委会主任、王国群为县长。

3月15日—18日 中共海阳县第九次代表大会召开。九届一次全委会选举李克英为县委书记。

3月31日 海阳县安居工程在经济开发区樱桃园小区开工建设。

3月 副省长张瑞凤到海阳考察教育工作。

是月 省委、省政府授予海阳县提前达到省“八五”造林绿化标准先进单位称号。

4月23日 境内长途通信进入国际、国内直拨大网和C3本地通信网，电话号码由6位升至7位。

4月 县工艺品集团公司党委书记、高级经济师姜淑卿，被授予全国劳动模范称号。

5月17日 境内开通GSM数字移动电话，与模拟网并行运营。

8月2日 副省长张瑞凤在海阳召开老红军、抗战英雄、抗战老战士座谈会。

8月2日—7日 电力工业部与中国核工业总公司组织有关专家，在青岛召开山东一核电厂初步可行性研究报告审查会议，确定山东一核电厂在海阳县冷家庄建设，并定名为“山东海阳核电厂”。

8月3日 省暨烟台市庆祝抗日战争胜利50周年大会在海阳召开。会后，在行村镇赵疃村立碑纪念。中央军委委员、国务委员兼国防部部长迟浩田题“地雷战精神永存”碑文。

8月27日 省委书记赵志浩到方圆集团公司考察。

9月20日 省人大常委会党组书记、副主任马仲才到方圆集团公司考察。

10月 中共中央总书记、国家主席、中央军委主席江泽民，中共中央政治局常委、国家副主席胡锦涛接见全国民兵英雄于化虎。

是月 撤销战场泊、黄崖、南城阳3个乡。

11月5日 县、乡（镇）149名机关干部参加第一次国家公务员知识过渡考试。

是年 海阳县被省政府命名为“山东省民间舞蹈之乡”。

是年 海阳县被省委、省政府、省军区授予“双拥模范县”称号。

1996年

1月 县教委“中小学校学生理想、道德、纪律状况、成因、对策研究”课题，通过省专家组鉴定，并列为省教育科学“八五”规划重点课题，在全省教育系统推广。

4月3日 赵秀云为第13届国际档案大会筹委会捐赠《牡丹图》128幅（每个与会国家1幅），受到中共中央办公厅副主任、国家档案局（馆）局（馆）长王刚接见，并应邀参加第13届国际档案大会。

4月19日 海阳县被省委、省政府授予“全省社会文化先进县”称号。

4月29日 经国务院批准，撤销海阳县，设立海阳市（县级），所辖行政区划不变。5月28日，海阳举行撤县设市仪式。

5月19日 经济开发区开通区内有线电视，平顶村成为全市开通有线电视第一村。

5月30日 海阳市与韩国釜山广域市江西区结成友好合作关系。

6月24日 市工艺品集团公司与清华大学联合开发研制的高新技术产品——富尔达节能取暖机，填补国内空白，达到国际先进水平。

6月27日 海阳肉牛规模化养殖及产业化技术研究与开发项目，被列入国家“九五”重点科技攻关项目，实现海阳市在国家级攻关项目历史上零的突破。

6月27日—7月1日 国务委员、国家科委主任宋健，到海阳考察山东海阳核电厂厂址。

7月12日 海阳市被省政府授予“山东省残疾人工作先进市”称号。

7月24日 海阳市被国家科委授予“全国科技工作先进市”称号。

同日 省委副书记韩喜凯到方圆集团公司检查指导工作。

7月28日 副省长韩寓群到海阳检查指导工业、外贸等工作，并在海阳市春华织造有限公司召开座谈会。

9月25日 海阳输送的女足国手陈玉凤在亚特兰大第26届奥运会上获女足团体银牌。

11月 海阳市被文化部授予“中国民间文化艺术之乡”称号。

12月2日 海阳大秧歌在山东省首届农民文化艺术节上获金牌奖。

12月27日 韩国驻青岛领事馆总领事韩和吉、副领事徐龙洙，为在海阳经济开发区建设韩国工业园到海阳考察。

1997年

1月1日 全市开展第一次全国农业普查。

3月27日 海阳市被林业部授予全国沿海防护林体系建设先进单位称号。

4月9日 烟台二轻工业学校与海阳高级职业学校合并。

7月27日 最高气温37.6℃，是海阳有气象资料记载以来的最高气温。

8月6日—7日 省委书记吴官正在方圆集团公司、山东海阳核电厂厂址考察。

8月19日 受11号强热带风暴袭击，全市死亡3人、失踪1人，造成直接经济损失2.95亿元。

10月16日—17日 全国第四届小学教师继续教育研讨会在海阳设主会场。国家教委、省教委、省教育学院及烟台市有关人员和各省（区、市）教育负责人300余人参加会议。

12月 李克英离职，王国群任市委书记。

是年 大阎家镇路疃、凤城镇黄家两村的脱毒地瓜示范田，平均亩产分别达5403千克、4048千克，创全国春地瓜、夏地瓜亩产纪录。

是年 海阳市被命名为中国红富士苹果之乡，成为首批中国百个特产乡之一。

是年 海阳市被国务院确定为全国节水增产重点县（市）。

1998 年

1月13日—16日 中共海阳市第十次代表大会召开。十届一次全委会选举王国群为市委书记。

2月5日—9日 政协海阳市第六届委员会第一次会议召开，选举李沛玉为市政协主席。

2月6日—10日 海阳市第十四届人民代表大会第一次会议召开，选举孙吉文为市人大常委会主任、李树军为市长。

5月26日 全市开办计算机互联网业务。自此，海阳建成以固定电话网、骨干传输网、宽带接入网、高速互联网、移动通信网为框架的多功能、立体化通信网络。

6月 富尔达低温地热取暖机研究获国家环保总局颁发的环境保护科技成果证书。

7月29日 全国人大常委会副委员长吴阶平考察方圆集团公司。

9月16日 省政府在海阳召开全省对虾养殖现场会，副省长陈延明与会并讲话。

9月 在日本东京举行的国际田径大奖赛上，海阳籍运动员于娟以16.50米的成绩夺得女子铅球冠军。

10月5日 威海至青岛一级汽车专用公路开工建设。

10月19日—20日 省人大常委会主任赵志浩在海阳考察工作。

12月4日 烟凤公路中段举行通车仪式。该工程全长19.8千米，1996年10月5日开工。

12月 盘石店镇大庄被林业部评为“全国造林绿化千佳村”。

1999 年

4月 市委、市政府在经济开发区设立工业园。

是月 科技部确定富尔达节能冷暖机为国家级火炬计划项目。

6月16日 省政协副主席李殿魁考察方圆集团公司。

7月8日—9月18日 全县严重干旱，地下水位下降2.4米，35座小型水库、240处塘坝、1600余眼大口井干涸，造成直接经济损失2.82亿元。

7月31日 美籍华人丁煜明（丁肇中之侄）专程到海阳市档案馆查阅“王以成名人之家”档案，并向市档案馆捐赠丁肇中的8幅珍贵照片。

9月24日 海阳市博物馆新馆开馆。设嘴子前春秋古墓、海阳历史文物和海阳非物质文化遗产3个陈列馆。

11月 国家科委、国家税务总局、外经贸部、国家技术监督局、国家环保总局5个部门为富尔达公司颁发国家重点新产品证书。

是年 农业部批准海阳市为无规定动物疫病区（扩建项目）县（市）。

2000 年

1月 方圆集团及其技术中心，被省政府命名为省级高新技术企业和技术开发中心。

3月6日—6月28日 全市严重干旱，512个村、48.8万人吃水困难。

5月1日 方圆集团有限公司总经理高秀被授予全国劳动模范荣誉称号，并出席全国劳动模范表彰大会。

5月 海阳市被中央教科所定为全国中小学教师继续教育实验区和学校德育实验区。

6月30日 海阳旭宝高尔夫球场建成营业。

7月18日 建设部原部长林汉雄、中国人民解放军空军原司令员于振武到方圆集团公司考察工作。

7月25日 市教委承担的全国教育科学“九五”规划重点研究课题——“九年义务教育学校理想、道德、纪律教育序列的实验与研究”通过国家级鉴定。

7月31日 海阳市高考本科上线绝对数、升学率、万人比、优等生数及高考各科平均分5项指标均居烟台市第一名，理科平均分居全省第一名。

9月上旬 国家农业综合开发办公室批复，海阳市列入2001年国家农业综合开发计划县（市）。

9月22日 海阳市在全国率先采取公开招标方式，确定133公顷海域10年有偿使用权。

9月28日 市教委承担的全国教育科学“九五”规划国家级重点课题——“中小学教师继续教育机制和模式研究”通过国家级鉴定。此项成果被评为“九五”全国教育科学成果一等奖，海阳成为全国中小学教师继续教育示范区。

10月1日 《中共海阳党史大事记（1949—1989）》出版发行。

10月 国家环保总局副局长宋瑞祥到海阳指导环保工作。

12月17日 中组部、中央电视台老干部思想政治工作拍摄组，到海阳采访离休干部姜从今的先进事迹。

12月 撤销山西头乡，其行政区域并入徐家店镇；撤销北埠后乡，其行政区域并入发城镇；撤销泉水头乡，其行政区域并入小纪镇；撤销赵疃乡，其行政区域并入行村镇；撤销大辛家镇，其行政区域并入留格庄镇；撤销大山所乡，其行政区域并入辛安镇；撤销高家乡、朱吴乡，以原高家乡、朱吴乡行政区域设立朱吴镇，镇政府驻原朱吴乡政府驻地；撤销东村镇，分别设立方圆街道和东村街道。

2001年

2月20日—23日 海阳市第十四届人民代表大会第四次会议召开，补选王国群为市人大常委会主任、赵惠珍为第一副主任。

2月 富尔达公司被科技部定为国家级重点高新技术企业。

3月 方圆集团公司研制开发的PLD2400型混凝土配料机、TC6014型塔式起重机，被评为国家重点新产品。

4月13日—15日 国家经贸委副主任于珍考察方圆集团公司。

5月11日 省委副书记王修智到方圆集团公司考察。

5月16日 市教委中小学思想品德序列化教育研究课题“九年义务教育学校理想、道德、纪律教育序列的实验与研究”，被列入全国教育科学“十五”规划重点研究课题。

7月3日 建设部副部长谭庆琏考察方圆集团公司。

8月6日—7日 省委书记吴官正到海阳考察。

9月18日 全国混凝土机械行业会议在方圆集团公司召开。中国工程机械工业协会理事长杨红旗出席会议，方圆集团公司总经理高秀在会上作经验交流。

9月 在中国功夫、泰国职业泰拳对抗赛中，五头山武校学生柳海龙获75公斤级冠军。

10月30日—11月2日 全国进一步推进中小学教师继续教育工程暨继续教育实验成果交流会在重庆召开。海阳市教委作为唯一的县级教育行政部门应邀参加会议并作典型发言。

11月 王国群离职，李树军任市委书记。

12月1日 海阳市被省政府评为省发展民营经济先进县（市）。

12月3日 国家环保总局原局长、全国人大环资委主任曲格平到海阳考察指导工作。

12月28日 经省政府批准，成立省级海阳旅游度假区。

是年 在俄罗斯世界青少年田径运动会比赛中，海阳籍运动员隋江峰获男子5千米竞走第一名。

是年 海阳市被省确定为胶东半岛无规定动物疫病示范区项目建设县（市）。

2002 年

1月17日—19日 海阳市第十四届人民代表大会第五次会议召开，补选李树军为市人大常委会主任、刘炳国为市长。

1月25日 省政府批准建立海阳千里岩岛海洋生态系统省级自然保护区。

同日 海阳港第一期扩建工程通过竣工验收。建成1万吨级杂货泊位2个、5000吨级杂货泊位1个、出运专用泊位1个，核定年通过能力166万吨。

4月 国家爱国卫生运动委员会授予海阳市农村自来水普及工作先进单位、农村卫生厕所普及工作先进单位称号。

5月23日 国家经贸委经济运行局筹备的加入WTO后工程机械行业应对措施研讨会暨工程机械行业WTO工作组成立大会，在方圆大酒店召开。国家经贸委等有关部门领导参加。

8月7日 省政协副主席翟永溥考察方圆集团公司。

8月23日 海阳碧城工业区管理委员会成立，为市政府派出机构。

8月 方圆集团公司研制的HBT80D型砼泵，被国家经贸委评为国家重点新产品。

10月19日 省委组织部、省委老干部局、省民政厅，在省委礼堂举行全省老干部为建在发城镇榆山后村的无名抗日烈士纪念碑捐款移交仪式。所捐款项，全部用于建造在境内周家沟、王家庄、榆山后、郭城和乳山市马石山东麓等战斗中牺牲的400余名无名烈士的纪念碑。

12月24日 海阳市被省委、省政府、省军区授予“双拥模范城”称号。

2003 年

1月9日—11日 中共海阳市第十一次代表大会召开。十一届一次全委会选举李树军为市委书记。

1月15日 海阳碧城工业区总体规划通过国家级评审。

1月17日—20日 政协海阳市第七届委员会第一次会议召开，选举徐国田为市政协主席。

1月18日—21日 海阳市第十五届人民代表大会第一次会议召开，选举李树军为市人大常委会主任、赵惠珍为第一副主任，刘炳国为市长。

4月 撤销凤城镇，设凤城街道。

7月 海阳龙凤热电有限公司开工建设，2004年10月投入运行，是海阳第一座热电联产企业。

8月 电力规划设计总院组织专家对山东海阳核电厂厂址规划进行评审，通过厂址规划方案。

10月14日 海阳市胶东水产品批发市场被确定为第九批农业部定点市场。

12月20日 位于市区中心地段的海阳标志性建筑物——新元广场开放。

是年 海阳市被省委、省政府、省军区授予“双拥模范城”称号。

2004 年

1月14日 历时25天的海阳市第一届元宵灯展在新元广场举办。当晚，举行焰火表演。

5月11日 省委常委、常务副省长林廷生到海阳考察海阳核电项目。

5月15日—17日 烟台市委在海阳召开十届五次全委（扩大）会议。其间，与会人员对海阳经济社会发展情况进行现场观摩。

9月10日 山东核电有限公司成立，全面开展和推进山东海阳核电项目的前期开发、工程建设、生产运营及核安全管理工作。

9月 海阳市新元广场被评为“山东省十佳文化广场”。

11月 海阳市人民医院产权整体转让给青岛大学医疗集团，称青岛大学医学院附属医院海阳分院，保留海阳市人民医院院名。

12月31日 海阳市开展第一次全国经济普查。

是年 市委、市政府印发《关于公有企业若干问题的处理意见》，涉及121家公有企业、1.4万名职工，偿还职工债务2.4亿元。

2005年

1月15日—16日 海阳市第十五届人民代表大会第三次会议召开，补选邹长清为市长。

4月6日 市委、市政府举行海阳抗日烈士纪念碑揭碑仪式。

4月 冷家庄、董家庄两个村因山东海阳核电厂建设进行移民搬迁，搬迁1042户近3000人。

6月19日 世界著名物理学家、诺贝尔奖获得者丁肇中偕夫人苏珊·丁（Susanting）博士、儿子克里斯托弗·丁（Christopherting）回海阳省亲。

8月 经省宗教局批准，在招虎山异地修复梦达寺。

10月 海阳市地雷战纪念馆被中宣部命名为“全国爱国主义教育示范基地”。

11月1日 由山东电力集团公司投资的海阳首座220千伏变电站在海阳经济开发区开工建设。

11月21日 省委常委、烟台市委书记焉荣竹到海阳考察。

12月20日 国家体育总局同意海阳作为首选城市，代表中国参加第二届亚洲沙滩运动会申办工作。

12月26日 海阳市被省政府命名为“省级园林城市”。

12月29日 海阳市被省委、省政府授予“平安山东建设先进市”称号。

2006年

3月 海阳港第一期扩建工程开工。

4月 全市开始实施新型农村合作医疗制度。

5月6日—7日 凤城万米海滩海域上空连续两日出现海市蜃楼奇观。

5月24日 国防科工委副主任孙勤到海阳考察海阳核电项目。

5月 海阳大秧歌入选第一批国家级非物质文化遗产名录。

6月21日 省委书记张高丽到海阳考察。

6月28日 海阳首届国际沙雕艺术节在海阳旅游度假区万米海滩开幕。海阳国际沙雕公园对外开放。

6月30日 由威海中原燃气公司建设的海阳城区燃气工程，完成首批用户点火通气。

8月10日 海阳市政府正式申办第二届亚洲沙滩运动会。

8月19日 中央电视台《同一首歌·蓝色的浪漫》大型文艺晚会在海阳举办。

8月29日 核工业部原部长蒋心雄到海阳考察海阳核电项目。

9月10日 国家环保总局副局长、国家核安全局局长、国家核电自主化领导小组副组长王玉庆到海阳考察海阳核电项目。

9月12日 省长韩寓群到海阳考察。

10月1日 海阳之窗网站成立。

10月3日 国务院批准海阳市代表中国申办2010年第二届亚洲沙滩运动会。

10月10日 省林业局同意将海阳金海湾湿地公园更名为“海阳小孩儿口省级湿地公园”。

10月23日 亚洲奥林匹克理事会（以下简称亚奥理事会）确认并同意中国海阳申办第二届亚洲沙滩运动会。

10月25日 海阳市新元广场获“全国特色文化广场”称号。

10月28日 原电力工业部副部长陆延昌考察海阳核电项目。

11月12日 海阳市人民政府申请成立海阳2010年亚洲沙滩运动会申办委员会。

12月2日（当地时间） 在卡塔尔多哈召开的第25届亚奥理事会代表大会上，根据申办情况，决定：2010年第二届亚洲沙滩运动会在阿曼马斯喀特举行，2012年第三届亚洲沙滩运动会在中国海阳举行。

12月16日 中美签署先进压水堆核电技术转让谅解备忘录，海阳核电作为国家第三代核电自主化依托项目，明确采用AP1000技术路线。

12月18日 国家体育总局致函省政府，海阳代表中国举办第三届亚洲沙滩运动会。

12月29日 由山东电力集团公司投资的海阳首座220千伏变电站，在海阳经济开发区投入运行。

12月31日 省政府同意建立招虎山省级自然保护区。

12月 海阳市获“山东省人居环境奖”。

是年 海阳嘴子前春秋古墓群被国务院批准为国家级重点文物保护单位。

是年 海阳市被省委、省政府、省军区授予“双拥模范城”称号。

2007年

1月1日 海阳市开展第二次全国农业普查。

同日 《海阳市工业用地“招拍挂”出让实施办法》实施。全市工业用地出让，全部采用招拍挂方式公开进行。

1月7日 李树军离职，王玉波任市委书记。

同日 海阳“皇家”牌红富士苹果获山东省名牌农产品称号。

1月18日—19日 海阳市第十五届人民代表大会第五次会议召开，补选王玉波为市人大常委会主任。

1月20日 海阳市成立第三届亚沙会筹备委员会，开始筹备工作。

1月21日 海阳市获“中国优秀旅游城市”称号。

1月21日—23日 中共海阳市第十二次代表大会召开。十二届一次全委会选举王玉波为市委书记。

2月 市党史方志办公室编纂的《中共海阳地方史（第一卷）》出版。

3月12日 海阳市被建设部、国家发改委授予“全国节水型城市”称号。

3月16日 小孩儿口湿地公园被建设部批准为国家城市湿地公园。

3月18日 烟台市成立2012年第三届亚洲沙滩运动会工作委员会。

3月19日 海阳农机购置补贴工作全面启动。

4月3日 海阳红樱桃民俗旅游区被国家旅游局授予“全国农业旅游示范点”称号。

4月9日 2007海阳针织毛衫产业高峰论坛，在海阳龙翔大酒店举行。来自中国行业协会、国内高校的专家学者及企业界、商贸界的国内外嘉宾参加论坛。

4月19日 海阳大秧歌在第四届CCTV电视舞蹈大赛中获三等奖，并被评为最受观众喜爱的节目。

4月20日 丹麦外交部发展援助大臣乌拉·特尔奈斯、丹麦驻华大使米磊等到海阳访问。与市电业公司举行购买风电项目二氧化碳减排量协议签字仪式，买断海阳电力未来7年产生的“废气”（2.9万余吨二氧化碳）。

4月25日 海阳核电项目由国家发改委正式立项，同意一期工程开展前期工作。

5月22日 总投资5亿元的海阳核电设备制造项目在凤城街道开工建设。

6月1日 中共中央政治局原常委、中央纪律检查委员会原书记尉健行到海阳考察。

6月3日—4日 海阳市举办首届茶叶博览会。

6月8日 海阳国际针织毛衫城开盘并被中国纺织工业协会授予“中国针织毛衫创业基地”称号。

6月10日 海阳正式实施城市中低收入家庭经济适用房和廉租房保障制度。

6月11日 中央党校副校长王伟光到海阳调研。

6月18日—19日 海阳首次开展造血干细胞捐献活动。

6月29日 海阳市首家典当公司方圆典当有限公司举行开业典礼。

6月 海阳市地雷战纪念馆被省委组织部列为省党员教育基地。

7月8日 省委书记李建国，省委副书记、代省长姜大明到海阳核电厂考察。

7月11日 全国政协原副主席张思卿到海阳考察。

7月19日 海阳广播电台与中国国际广播电台、华东六省一市广播电台、烟台广播电台等全国10家电台，在海阳万米海滩联合推出大型直播节目《黄金海岸——魅力海阳》。

7月21日—24日 山东省2007年沙滩排球锦标赛在海阳万米海滩举行。

7月23日 全国政协常委、山东省人大常委会原主任韩喜凯到海阳调研。

7月28日 中央电视台组织的全球华语原创歌曲大型演唱会——《中华情·梦幻海阳》在海阳旅游度假区举行。

7月 海阳市推行事业单位人员聘用制度。

8月15日 国家知识产权局局长田力普到海阳调研。

8月16日 海阳市成立第三届亚洲沙滩运动会工作领导小组，下设办公室，负责亚沙会筹备工作。

8月18日 第三届亚沙会筹备工作动员大会召开，对亚沙会筹备工作进行动员部署。

8月28日 东村河水利风景区被水利部授予国家级水利风景区称号。

8月 中国佛教协会咨议委员会主席本焕长老出任海阳梦达寺开山方丈，并将梦达寺更名为东方琉璃世界成道禅寺。

9月7日 海阳港一期扩建工程1号万吨泊位投入试运营。

9月17日 美国高盛集团烟台海阳教育项目捐赠仪式在朱吴镇第一中心小学举行。

9月26日 西班牙马德里阿拉卡拉市市长冈萨雷斯到海阳参观考察。

10月15日 济南军区副司令员李洪程考察海阳核电项目。

10月16日 由加拿大海波尔种猪育种有限公司、美国联合饲料公司和山东六和集团，合资兴建的山东海波尔六和育种有限公司，作为中国第一个核心群种猪繁育场，一次性从加拿大引进杜洛克、长白和大约克优良种猪816头。

10月23日 在第二届省园林绿化博览会上，海阳市获园林城市最佳展示奖。

10月25日 海阳市第一家民间商会组织——海阳市工商联温州商会成立。

11月6日 市黄海水产有限公司承担的国家级大菱鲆鱼标准化示范区建设项目，通过国家标准化管理委员会专家验收组验收。

11月20日 温州商贸城举行开业庆典。中国工业品批发市场联合会会长、中国小商品城工商联合会会长何樟兴等出席庆典仪式并剪彩。

同日 西班牙马德里工业协会会长马丁到海阳参观考察。

11月22日 省军区政委张秉德考察海阳核电建设情况。

同日 韩国安山商工会议所会长林都洙到海阳参观考察。

11月28日 全国文化信息资源共享工程在海阳启动。

12月3日 海阳市被评为山东省县域经济最具发展潜力十佳县（市）。

12月5日 海阳举行亚沙会申办成功一周年庆祝活动。由李肇星作词、吕远作曲的第三届亚沙会志愿者之歌——《同一个世界、同一个梦想》，在庆祝活动现场举行首唱仪式。

12月7日—8日 政协海阳市第八届委员会第一次会议召开，选举徐国田为市政协主席。

12月8日—9日 海阳市第十六届人民代表大会第一次会议召开，选举王玉波为市人大常委会主任、赵惠珍为第一副主任，邹长清为市长。

12月17日 丹麦驻华大使馆商务参赞亚历山大·舒尔兹到海阳考察风电第二期CDM项目、参观风电第二期跑马岭风电场。

是年 烟台海洋水泥有限公司2条8.8万吨机立窑水泥生产线关停。

2008年

1月16日 市政府举行首批经济适用住房和廉租住房货币补贴发放仪式。

1月21日 在北京召开的首届中国和谐城市论坛上，海阳市被评为“公众心目中和谐之城”。

2月8日 境内历史上第一个进行城市集中供热的热力公司——海阳市丰源热力公司开工。

3月12日 省委常委、副省长王军民考察海阳核电项目建设情况。

3月14日 国务院办公厅批准成立第三届亚洲沙滩运动会组织委员会。

3月26日 海阳宏峰热力公司供暖工程开工。

3月29日 第三届亚洲沙滩运动会烟台工作委员会在烟台召开第一次专题会议，对支持海阳市筹备和举办第三届亚沙会工作进行专题研究部署。

4月6日 亚奥理事会、中国奥委会、海阳市人民政府在北京签署《第三届亚沙会主办城市合同》。

4月20日 国家发改委副主任张国宝考察海阳核电项目。

4月30日 海阳市慈善总会成立。

5月7日 “海阳白黄瓜”获国家地理标志证明商标。

5月10日 海阳大秧歌获首届中国秧歌节最佳节目奖。

5月13日 海阳市级领导、市直机关干部向四川汶川地震灾区捐款。全市28877名党员缴纳“特殊党费”323.8万元，支援地震灾区。

6月5日 江西省委常委、常务副省长凌成兴率政府考察团到海阳考察核电建设情况。

6月13日 海阳渔民成功放生1只长120厘米、宽80厘米、重75千克的国家二级保护水生野生动物——蠵龟。

6月20日 亚奥理事会总干事侯赛因·穆萨拉姆在国家体育总局副局长于再清的陪同下，到海阳考察亚沙会筹备情况。

6月30日 第三届亚洲沙滩运动会组织委员会成立暨第一次全体委员会议在济南举行。国家体育总局局长刘鹏，省委副书记、省长姜大明出席会议，并为第三届亚洲沙滩运动会组织委员会成立揭牌。

7月2日 海阳海岸线出现浒苔。

7月6日 省委常委、常务副省长王仁元到海阳调研。

7月9日 海阳市鸭岛至即墨市栲栳岛的跨海大桥项目由省发改委批复核准，进入全面开工阶段。

7月10日 市委、市政府举行亚沙会组委会挂牌仪式。

7月29日 山东海阳核电一期工程1、2号机组核岛负挖工程举行启动仪式。省政府原常务副省长、省政府特邀咨询、海阳核电项目协调领导小组组长林廷生等共同启动起爆装置。

8月2日 海阳市召开“携手办亚沙，文明伴我行”提高全民素质主题活动动员会议。

8月8日 海阳大秧歌参加北京奥运会开幕式前表演。

8月16日 峻青文学艺术研究会成立。

8月28日 维蒙特工业（山东）有限公司举行开业庆典。美国驻华大使克拉克·雷德，维蒙特工业美国总部CEO摩根·贝和烟台市、海阳市有关领导、嘉宾出席庆典活动。

9月11日 海阳港停泊1艘载重达1.62万吨的大型货轮，此为海阳港首次停泊万吨级船舶。

9月24日 海阳核电1号核岛浇灌第一罐混凝土，标志海阳核电主体工程进入全面建设阶段。

11月5日 环保部副部长、国家核安全局局长李干杰等到海阳，考察山东海阳核电项目及山东核电设备制造项目建设工作。

11月6日 在由亚太旅游联合会、中国生态学会旅游专业委员会和中华民族文化促进会旅游文化研究中心联合主办的2008中国文化生态旅游高峰论坛上，海阳被评为中国最佳文化生态旅游城市。

11月12日 “海阳白黄瓜”被纳入第六批全

国农业标准化示范项目。

11月15日 环保部副部长周建到海阳调研烟台市环保系统基础能力建设工作。

11月22日 海阳市在全国率先开通三级卫生服务远程会诊系统，成为国内首个实现县（市）、乡（镇、街道）、村远程会诊数字化全面覆盖的县（市）。

11月26日 中国首家AP1000核电站钢制安全壳（CV）及模块专业制造工厂——山东核电设备制造有限公司在海阳正式投产，并与海阳核电站和浙江三门核电站签署4套设备制造合同。

同日 海阳渔民放生一条长121厘米、重7千克的野生中华鲟。

11月30日 海阳市被省农业厅确定为省苹果质量提升计划推广县（市）。

12月12日 朝鲜货轮载水泥8500吨靠泊海阳港，此为海阳港首次靠泊外轮。

12月27日 市委、市政府举行改革开放30周年成就展暨地雷战纪念馆开馆仪式。

12月31日 海阳市开展第二次全国经济普查。

同日 第三届亚沙会配套设施工程指挥部在海阳成立。

是年 海阳市被列入国家苹果、葡萄两项现代产业体系基地县。

2009年

1月2日 海阳市首座复合型一站式现代化商业中心——海阳金海螺商业广场开业。

1月10日 由山东仁德亚环保工程有限公司投资建设的海阳污水处理厂第二期工程举行竣工运行典礼，西班牙泰克玛资源创新有限公司董事长、山东仁德亚环保工程有限公司董事长罗德利等出席。

2月7日—8日 海阳市第十六届人民代表大会第二次会议召开，补选姜仕礼为市长。

2月17日 海阳市被文化部再次命名为“中国民间文化艺术之乡”。

3月2日 海阳至青岛即墨的跨海大桥举行开工典礼。

3月7日 由市卫生局、人民医院、中医医院、卫生防疫站、第三人民医院、妇幼保健院及中医药职专等单位组建的医疗队，完成赴四川灾区重建医疗保健工作任务，获省卫生厅授予的全省卫生系统援川优秀临时党支部称号。

3月9日 海阳市首家证券公司齐鲁证券海阳营业部对外营业。

3月12日 第三届亚沙会市场开发权让渡协议在科威特正式签订，亚奥理事会主席艾哈迈德·法赫德·萨巴赫，中国奥委会副主席于再清，海阳市委副书记、市长姜仕礼分别代表三方出席签约仪式。

4月6日 海阳市永平纸业有限公司草浆生产线全面关停。

4月7日 海阳市被列为国家苹果套袋关键技术示范补贴项目示范县（市）。

4月7日—8日 国家体育总局副局长杨树安到海阳检查亚沙会筹备工作。

4月14日 市委副书记、市长姜仕礼会见由国际友好城市内布拉斯加州协调员劳伦斯·厄本那带队的美国奥马哈市政府代表团。

5月3日 市首届村级农民运动会在海阳旅游度假区臧家村举行。

同日 市委召开常委扩大会议，研究部署甲型H1N1流感防控工作。

5月25日—27日 由市京剧团40余名演员组成的海阳大秧歌演出队到中央电视台，参加CCTV-3《舞蹈世界》栏目节目录制。

6月12日 核工业部原常务副部长陈肇博考察海阳核电项目。

6月21日 第23届奥林匹克日长跑活动在海阳分会场举行。

6月23日 留格庄镇彩春泊村3亩小麦高产田亩产超过650千克，达到小麦高产田创建标准，通过专家组实地验收。

6月24日 海阳市被列入国家大宗蔬菜产业

体系，成为该体系的示范县（市）。

6月25日—28日 全国沙滩排球巡回赛在海阳举行。北京、上海、辽宁、广东、山东、浙江、江苏等16个省（区、市）和行业体协的67支男（女）沙滩排球队的135名运动员参加比赛。

7月6日 省政府原常务副省长、特邀咨询林廷生到海阳考察调研核电工作。

7月9日 省政府原省长李春亭到海阳考察经济社会事业发展情况。

7月21日 第三届亚沙会组委会第一次执委会在济南山东大厦召开。

同日 海阳2012第三届亚沙会理念（海韵、阳光、激情、时尚）、口号（快乐在一起）、会徽（海之魅）在济南山东大厦揭晓。

7月22日—25日 全省网络文化建设座谈会在海阳召开。

7月28日 全省小麦生产技术总结会议在海阳召开。海阳应用新品种获得小麦增产的做法，在总结会议上推广。

8月1日 23时10分左右，在海阳境内烟凤公路上，1辆工程车与1辆面包车相撞，造成9人死亡、2人重伤。

8月8日 中国残联副主席吕世明到海阳调研残疾人工作情况。

8月9日 第三届亚沙会配套项目——盛龙建国饭店举行奠基仪式。

8月16日 中国农村土地流转问题研讨会在海阳召开。

9月4日 由海阳来福士海洋工程制造有限公司为巴西建造的重约1.2万吨的半潜式石油钻井平台上船体建造成功，并下水运往烟台来福士。

9月7日 省委常委、副省长王军民考察海阳重点工程和项目。

9月8日 山东省海阳核电装备工业园区在海阳举行揭牌仪式。省委常委、副省长王军民为园区揭牌。

9月14日 于化虎被评为“全国100位为新中国成立作出突出贡献的英雄模范人物”。

9月24日 国家核安全局批准颁发海阳核电厂一期工程1、2号机组建造许可证，标志海阳核电一期工程具备正式开工条件。

9月 海阳市首部年鉴——《海阳年鉴（2007—2009）》出版发行。著名作家峻青题写书名。

10月10日 市黄海水产有限公司与中国水产科学研究院黄海水产研究所联合承担的“海水鲆鲽鱼类遗传育种中心”落户海阳，成为全国第一家海水鲆鲽鱼类遗传育种中心。

11月11日 全国政协原副主席宋健到海阳考察。

11月19日 海阳市残疾人托养中心举行启动仪式。

12月2日 环保部副部长、国家核安全局局长李干杰考察海阳核电项目。

12月16日 海阳港第二期扩建工程举行开工典礼。

12月28日 中国首批第三代核电AP1000自主化依托项目——中国电力投资集团公司山东海阳核电项目第一期工程举行开工仪式。仪式上宣读中共中央政治局常委、国务院副总理李克强的贺信。

12月30日 中国绿色食品协会授予海阳市“国家级绿色农业示范区建设单位”称号。

2010年

1月8日 烟台枫林新材料公司的“枫林”牌“聚酯树脂”“环氧树脂”系列产品，被中国国际名牌发展协会、中国品牌企业联合发展促进会授予中国著名品牌称号。

1月13日—14日 政协海阳市第八届委员会第三次会议召开，选举邢宗利为市政协主席。

1月30日 山东海阳核电项目1号机组核岛最大的结构模块CA20成功吊装就位，实现海阳核电项目的“第一吊”。

3月22日 国家体育总局武术研究院研究员、中国武术协会秘书长康戈武，在烟青两地武协成员的陪同下，到发城镇榆山夼村实地考察螳螂拳发源情况，初步认定海阳是有实物佐证最早的螳螂拳发源地。

4月5日—6日 应第三届亚沙会组委会邀请，亚奥理事会总干事侯赛因·穆萨拉姆、亚奥理事会体育委员会主席张吉龙等对海阳进行工作访问。

4月8日 海阳港东港区项目举行开工仪式。

同日 海阳核电钢制安全壳底封头成功吊装就位，标志海阳核电建设进入主体安装阶段。

4月19日 烟（台）海（阳）高速公路在烟台市莱山区轸格庄举行开工仪式。

4月23日 省人大常委会副主任崔曰臣到海阳考察。

4月29日 由烟台日报传媒集团在海阳主办的《今日海阳》创刊发行。

5月15日 海阳核电项目举行1号机组常规岛浇灌第一罐混凝土仪式，标志海阳核电常规岛工程进入主体施工阶段。

同日 国家体育总局批复，海阳市沙滩运动基地被正式命名为“海阳国家沙滩体育健身基地”，成为国内首个沙滩运动基地。

同日 海阳港第一台40吨多用途门座式起重机进港，结束海阳港不能进行集装箱作业的历史。

5月28日 第三届亚沙会组委会举行市场开发启动仪式，并对外发布亚沙会核心图形——凤舞金滩。

5月31日 以詹姆斯·萨托为团长的美国奥马哈市政府代表团到海阳参观考察。

6月12日—13日 “招虎山”杯2010年第二届全国12人制龙舟锦标赛在招虎山国家森林公园九龙湖举行。

6月16日 首届海阳国际沙滩体育艺术节开幕。

6月21日 海阳核电站2号机组核岛正式开工建设。

6月26日 地质矿产部原部长、中国地震局原局长宋瑞祥到海阳考察。

7月8日 上海世博会山东活动周在世博园宝钢大舞台开幕，由海阳文化秧歌艺术团表演的海阳大秧歌亮相世博会，参与迎宾演出。

7月19日—21日 全国沙滩手球锦标赛在海阳万米海滩举行。

7月25日 国家宗教局副局长齐晓飞到海阳考察宗教工作。

同日 联合国旅游经济促进会、中国营销学会、中国旅游品牌协会等5个单位联合主办2010中国旅游产业发展论坛活动，海阳旅游度假区获国内最佳休闲度假目的地称号。

7月28日 《烟台港海阳港区总体规划》获交通运输部和山东省政府的联合批复。至此，海阳港区总体规划报批工作全部完成。

8月2日 国家体育总局局长、中国奥委会主席、第三届亚沙会组委会主席刘鹏到海阳考察亚沙会筹备工作。

8月5日 俄罗斯和波兰的10余名欧洲螳螂拳爱好者，在海阳及周边地区拳友的陪同下，到发城镇榆山夼村寻根祭祖，并进行螳螂拳的交流学习。

8月27日 海阳创建出口服装示范区通过省检验检疫局检查验收。

9月16日 山东海阳核电2号机组常规岛开工，标志海阳核电一期工程全部进入主体工程施工阶段。

9月23日 中国社会科学院常务副院长王伟光向海阳市委党校捐赠1200余册图书及部分音像资料。

9月25日 海阳旅游度假区被评为国家AAAA级旅游景区，成为海阳市第一家AAAA级旅游景区。

10月15日 第十六届亚运会火炬在海阳传递。

10月22日 中共中央政治局原委员、国务院原副总理曾培炎考察山东海阳核电项目。

11月1日 0时，全市4000名人口普查员开始对境内人口进行逐户登记信息。

11月3日 第三届亚沙会组委会在北京国家会议中心举行吉祥物揭晓仪式。“海海”“阳阳”“莎莎”3个卡通形象被选定为亚沙会吉祥物。中国银行、中国移动、山东航空签约成为亚沙会首批高级合作伙伴。

11月7日 成道禅寺举行开光仪式。

11月10日 全市首批社会保障卡开始发放。

11月19日 朱吴镇创建旅游强镇和九岭夼村创建旅游特色村工作，通过省旅游局验收。

11月22日 副省长王随莲到海阳调研深化医药卫生体制改革工作。

12月16日（当地时间） 在阿曼马斯喀特第二届亚沙会闭幕式上，举行亚奥理事会会旗交接仪式。国家体育总局副局长、中国奥委会副主席、第三届亚沙会组委会副主席杨树安，海阳市市长、第三届亚沙会组委会执行局总干事姜仕礼等出席仪式并接旗。随后进行12分钟海阳文艺演出，标志亚沙会的“海阳周期”正式开始。

是年 关停海阳市金潮染织有限公司、海阳市锦源染线有限公司等16家东村河流域印染企业。

是年 海阳市被省委、省政府、省军区授予“双拥模范城”称号。

是年 市南香丁里果蔬农民专业合作社生产的“南香丁里”牌红富士苹果、凤凰顶果树专业合作社生产的“凤鸣杨格”牌红富士苹果，取得国家绿色食品标志。

是年 发城镇千亩苹果园被农业部列为国家苹果标准园（建设）基地。

是年 海阳被授予“全省农田水利建设先进县（市）”称号。

是年 海阳被国家中医药管理局授予“全国农村中医工作先进县（市）”称号。

是年 市黄海水产有限公司半滑舌鳎苗种规模化繁育及健康养殖技术开发与应用，获国家科学技术进步二等奖。

第一编

建置区划　自然环境

第一章　建置　区划

第一节　位置与面积

海阳市位于胶东半岛南部，境域地跨北纬36°16′～37°10′、东经120°50′～121°29′。东邻乳山市、烟台市牟平区，西接莱阳市，北连栖霞市，南濒黄海，西南隔丁字湾与即墨市相望。

海阳市位置图

境域面积上溯无考。1929年，全县总面积2290平方千米。1941年3月，将海阳的第三区（夏村）和第二区（留格）的崖嵎、界河2个乡划归牟海行署（后改牟海县、乳山县）。1942年4月，将牟平县的前治河、葛家、山前、山后、古现、东古现6个村划归海阳县。1944年12月，牙前县成立，将海阳的徐家店区、郭城区及昌水区的27个村划归牙前县，将海阳的大黄家、李家岚、车家疃、辛庄、南野鸡泊、岚子前划归莱阳县，将莱阳的西小滩、祥东、台子、南廒子、北廒子、田村划归海阳县。1950年4月23日，撤销牙前县，将徐家店、郭城、林寺、长沙、发城5个区划归海阳县。1952年春，将牟平县马石店区的松树夼、沙旺、史家、柳树、院下、前夼、后夼、黄草场划归海阳县，并于郭城区。1958年10月17日，撤销乳山县，将夏村、唐家、海阳所、白沙滩、乳山寨5处人民公社划归海阳县。1962年1月重建乳山县，撤县时划入海阳的村庄复归乳山县。1964年6月15日，将小青岛划归乳山县。1996年4月，海阳撤县设市，境域不变。2010年，市地西起行村镇田村西树儿山与王台山之间的分水岭，东至留格庄镇桃源村东琵琶岛的官厅咀，东西最大横距56.5千米；北起徐家店镇高家长沙村最北端，南至千里岩岛南端，南北最大纵距100.9千米，海岸曲线长212千米，陆地总面积1909.69平方千米。

第二节　建置沿革

海阳历史悠久。据海阳古文化遗址出土文物考证和史籍记载，早在新石器时期，就有人类聚居。唐虞夏时属莱夷地青州，商时属莱国营州，西周时属莱国幽州，东周时属齐国即墨地，秦时属齐郡腄县，西汉时属青州琅琊郡长广县、东莱郡昌阳县。其间，长广县治设于今发城，昌阳县治设于今庶村。东汉时属青州长广郡长广县、东莱郡昌阳县。建安五年（200）置长广郡，郡治设于今发城。魏、晋时属青州长广郡长广县、东莱郡昌阳县。南北朝时期，东魏时属光州东牟郡观阳县、东莱郡昌阳县，兴和年间（539—542）置观阳，治所设于今发城；北齐时属光州长广郡文登县、东莱郡昌阳县。隋时属青州牟州观阳县、东莱郡文登县和昌阳县。唐时属河南道东牟郡牟平县、莱州昌阳县。其间，唐武德六年（623），于今郭城设廓定县治，不久即废。后因“廓”与“郭”音近，沿用中将“廓”字的“广”旁去掉，变为郭城；唐贞观元年（627），废观阳不复设，故名废城，后演变为发城。后唐同光年间（923—926）改昌阳为莱阳。宋时属京东东路东牟郡牟平县、莱州莱阳县。金时属山东东路宁海州牟平县、莱州莱阳县。元代属山东东西道宁海州牟平县、益都路总管府莱阳县。明代属山东布政使司登州府宁海州、莱阳县。明洪武三十一年（1398），于张家庄设大嵩卫，并先后于境内设海阳守御千户所、大山备御千户所、乳山寨巡检司、行村寨巡检司。清代属山东省登州府。清雍正十三年（1735）裁卫设县。因县治地处黄海之北，故名海阳。

1913年废府设道，属胶东道。1925年属东海道。1928年道废，直属山东省政府。1937年1月，属山东省第七督察专员公署和鲁东行署。1941年4月9日，海阳县抗日民主政府成立，属山东省胶东区东海专署。1945年5月，属中海专署。9月，裁中海专署，复属东海专署。中华人民共和国成立后，1950年5月，属文登专署。1956年，属莱阳专署。1958年10月，属烟台专署、烟台地区革委会（后改称烟台地区行署）。1983年，属烟台市。1996年4月29日，海阳撤县设市，为省辖县级市，山东省政府授权烟台市政府管理。

第三节 行政区划

明洪武三十一年（1398），为御倭患，在张家庄等渔村建起一座卫城，因处嵩山之阳，故名大嵩卫。卫城周八里，有居民五六百户，壕外土悉属莱阳县地。清雍正年间（1723—1735），河东总督王士俊清理封疆，奏请裁卫设县。雍正十三年（1735），裁大嵩卫设海阳县，西以莱阳县三驾山为界，西北以莱阳县平兰社为界，北以栖霞县水头村为界，东以宁海州崮山为界。将莱阳县行村、林寺、嵩山3乡，宁海州乳山乡和普济、兴善2个社归并海阳。

建县之初，全县设4乡、40社、815村。县辖乡，乡辖社，社辖村。清末增至45社，而乡、村建置未变。

1928年，废4乡；设在城、东村、从上、留格庄、司马庄、夏村、海阳所、郭城、嘴子、发城、小纪、行村12个区，县辖区，区辖村。

1932年，改12个区为6个区和1个县辖镇。时为县辖区（镇），区辖乡（镇），乡（镇）辖村。全县有46个乡，10个镇（区辖），908个村。

县辖镇 城镇（城里）。

一区（驻东村） 辖东村镇、从上镇、环城乡、陂水乡、滩北乡、双阳乡、凉山乡、龙左乡、于朋乡、白水乡。

二区（驻留格庄） 辖留格庄镇、竹金乡、凤凰乡、港河乡、竹岛乡、芝山乡、镜山乡、岠嵎乡、界河乡。

三区（驻夏村） 辖夏村镇、旧所镇、襟海镇、垛山乡、乳山乡、龙山乡、乳左乡、石龙乡、青龙乡。

四区（驻郭城） 辖郭城镇、盘石店镇、高家乡、嘴子乡、霞石乡、峨山乡、林寺乡、龙泉乡、鲁魏乡。

五区（驻发城） 辖观阳镇、良民镇、长安乡、博爱乡、明义乡、和平乡、维新乡、道德乡、平原乡。

六区（驻行村） 辖福宁乡、静和乡、宝山乡、寨南乡、绥靖乡、枫林乡、晏海乡、镇海乡、会文乡、中正乡。

1941年3月，胶东行政联合办事处将三区及二区的岠嵎、界河2个乡划归牟海行署。4月9日成立海阳县抗日民主政府时，划为7个区。不久改为8个区：一区（凤城）、二区（留格）、三区（盘石店）、四区（郭城）、五区（昌水）、六区（榆山）、七区（小纪）、八区（行村），辖55个乡、772个村。

1942年2月，全县划为12个区：一区（凤城）、二区（留格）、三区（盘石店）、四区（高山）、五区（郭城）、六区（徐家店）、七区（昌水）、八区（榆山）、九区（磊石）、十区（行村）、十一区（大山）、十二区（龙山）及东村、凤城2个县辖镇。

1943年3月，全县调整为14个区，除原有的12个区外，增设十三区（东村）、十四区（小纪）。

1945年1月，成立牙前县，海阳县的五区（郭城）、六区（徐家店）、七区（昌水）的发城以北27个村划归牙前县。海阳县调整为凤城、留格庄、盘石店、高山、昌水、榆山、小纪、行村、大山所、龙山、东村、磊石12个区，仍为县辖区，区辖村。

1950年4月，撤销牙前县，徐家店、郭城、林寺、长沙、发城5个区复归海阳县，加原有的12个区，共17个区。同年，将地名区改为数字区。

1951年，恢复乡建置，区下设乡。全县共17个区，160个乡，699个村。

一区（驻凤城） 辖9乡：凤城、河沟、陂水、远牛、两甲、迟格庄、步鹤、草泊、徽村。

二区（驻留格庄） 辖10乡：霞河、望海、梁家、方里、辛家、江家、南岛、窑头、留格庄、杨台。

三区（驻盘石店） 辖14乡：院下、姜格、石兰、潘家、城阳、桃源、大柴、榆村、嘴子、薛家、朱兰、大庄、徐家泊、盘石店。

四区（驻高家） 辖9乡：西朱吴、东朱吴、高家、西石现、北长仙、下尹家、当道、冷家、东石现。

五区（驻北埠后） 辖10乡：昌水、儒林、埠后、槐树、多山、坊坞、榆山、矿山、寨后、寨山。

六区（驻泉水头） 辖9乡：刘家、拴马、金碃、七寨、望宿、夏泽、泉水、杨格、牛根。

七区（驻小纪） 辖12乡：小纪、野口、汪格、西寨头、石马、五虎、南埠、西苇园头、崖后、石人、凤凰、中山。

八区（驻行村） 辖14乡：庙后、榆林、杜格、鹏化、泊子、周家庄、台子、行村、何家、桃林、朱村、大店、英武、夼里。

九区（驻大山所） 辖13乡：沽头、齐沟、茂梓、修家、瓦罐、赵家、沟里、辛安、大山、马家、鲁口、古庄、徐家。

十区（驻后店） 辖12乡：吴家埠、大阎家、潮外、朵兰、鲁古埠、从上、西岚、前（里）店、沙子埠、窦疃、廒上、潮里。

十一区（驻中村） 辖10乡：东村、车村、凉山后、柳树、肋埠、窑上、石人泊、台上、中村、南城阳。

十二区（驻大磊石） 辖11乡：丛家、马格、孙格、于朋、炉上、三官、宝玉石、乐畎、石剑、地北头、倪家。

十三区（驻战场泊） 辖6乡：东楼子、台城、十字夼、多英、前埠前、项家涝泊。

十四区（驻郭城） 辖5乡：西山、河南、申家、郭城、马家沟。

十五区（驻长沙堡） 辖6乡：芦头、取水、洽河、鲁家夼、古现、长沙堡。

十六区（驻徐家店） 辖6乡：古堆山、槐山、刘家庄、吼山、岚店、徐家店。

十七区（驻发城） 辖4乡：大窑、晶山、发城、油坊。

1955年5月，撤销长沙、发城2个区，划15个区及凤城、东村、行村3个县辖镇。区（镇）辖161个乡，710个村。12月，撤销凤城、林寺2个区，并由序数命名改为以地名命名，全县调整为东村、留格庄、盘石店、高山、昌水、榆山、小纪、鹏化、大山所、龙山、磊石、郭城、徐家店13个区和东村、凤城、行村3个镇。其时，区（镇）辖139个乡、746个村。

1956年，撤销11个区，仅保留鹏化、徐家店2个区。其余区（镇）重划为二十里店、潮外、台子、炉上、姜家庄、大山所、瓦罐窑、赵家、鲁口、行村、小滩、赵疃、汪格庄、五虎、崖后、小纪、下碾头、刘家疃、泉水头、南城阳、石剑、中村、盘石店、嘴子前、北山后、姜格庄、朱吴、西石现、留格庄、徽村、洼里、方里、大辛家、发城、埠后、郭城、战场泊、桂山、古现、大丛家、余格庄、长沙堡、吼山、亭子口、高家、徐家店46个乡及东村、凤城2个镇。

1958年2月，将48个乡镇合并为40个乡镇，撤销西石现、亭子口、余格庄、五虎、鲁口、炉上、下碾头、吼山8个乡。同年，撤区与乡、镇，设东村、凤城、留格庄、盘石店、高家、朱吴、行村、泉水头、二十里店、发城、郭城、徐家店、小纪、赵家、大山所15处人民公社（以下简称公社）。10月，乳山县被撤销，夏村、唐家、海阳所、白沙滩、乳山寨5处公社划归海阳。时辖20处公社，916个生产大队（以下简称大队）。11月，撤销公社设乡、镇，时辖东村、凤城、夏村3个镇和留格庄、盘石店、高家、朱吴、行村、泉水头、二十里店、发城、郭城、徐家店、小纪、赵家、大山所、乳山寨、唐家、白沙滩、海阳所17个乡，916个村。

1959年春，将3镇、17乡改为20处公社，行政区划未变。同年，唐家、高家、赵家等公社分别并入夏村、朱吴、大山所等公社。全县有17处公社。

1962年1月，重建乳山县，将原划入海阳的村复归乳山县。7月1日，相继增设潮外、大辛家2处公社；12月14日，增设泊子、高家、长沙堡3处公社，加原有的留格庄、凤城、盘石店、东村、朱吴、小纪、泉水头、行村、大山所、二十里店、发城、郭城、徐家店13处公社，全县共18处公社。

1965年，撤销凤城、大辛家、高家、长沙、泉水头、泊子、潮外7处公社，全县调整为11处公社。

1966年8月，重新调整为东村、留格庄、盘石店、朱吴、发城、郭城、徐家店、小纪、行村、大山所、二十里店11个区，区辖124处公社。

1967年，增设凤城、大辛家、高家、取水、黄崖、潮外6个区。时辖17个区，区辖124处公社、731个生产大队。时为县辖区，区辖公社，公社辖大队。

1968年3月，取消区辖公社制，改17个区为凤城、留格庄、大辛家、盘石店、朱吴、高家、郭城、发城、徐家店、取水（1971年公社驻地迁至山西头）、黄崖（1971年公社驻地迁至泉水头）、小纪、二十里店、潮外（1968年12月，潮外公社改称大阎家公社，公社驻地迁至大阎家）、辛安、行村、东村17处公社，辖731个生产大队、753个自然村。

1981年12月，东村公社改称东村镇。

1982年2月，取水人民公社改称山西头人民公社。

1984年4月，裁公社，设乡、镇，全县划为留格庄、朱吴、辛安、大山所、二十里店、大阎家、高家、黄崖、山西头、战场泊、北埠后、泉水头、赵疃、南城阳14个乡及东村、凤城、大辛家、郭城、盘石店、发城、徐家店、小纪、行村9个镇，共辖732个行政村（752个自然村）。

1992年12月，成立海阳外向型工业加工区（非国家正式区划）。

1993年3月，成立海阳经济技术开发区（海阳外向型工业加工区）。将东村镇的平顶、埠南和凤城镇的中村、石人泊4个行政村划归海阳经济技术开发区管辖。

1994年5月，撤销留格庄乡、大阎家乡，设立留格庄镇、大阎家镇。12月，撤销二十里店乡、辛安乡，设立二十里店镇、辛安镇。

1995年7月，设立海阳县徐家店特别工业区（非国家正式区划，管辖同徐家店镇）。10月，将南城阳乡、战场泊乡、黄崖乡分别合并到东村镇、郭城镇、泉水头乡。全县划13镇7乡1区。13镇：东村、凤城、大辛家、盘石店、郭城、徐家店、发城、小纪、行村、留格庄、二十里店、大阎家、辛安；7乡：山西头、高家、朱吴、北埠后、泉水头、赵疃、大山所；1区：海阳经济技术开发区（海阳外向型工业加工区）。

1996年4月29日，撤县设市，所辖行政区划未变。

1997年，将小纪镇的荷叶山后、李家疃、下虎龙头、上虎龙头、中虎龙头、西金碃、苗家沟、大金碃8个村划归泉水头乡；将高家乡的庙后、当道、程家庄、宅家夼4个行政村划归郭城镇。

2000年12月，将东村镇的赵家庄、凤城镇的联合村划归海阳经济技术开发区（海阳外向型工业加工区）；将山西头乡、泉水头乡、高家乡、北埠后乡、赵疃乡、大山所乡、大辛家镇分别合并到徐家店镇、小纪镇、朱吴镇、发城镇、行村镇、辛安镇、留格庄镇。同时，撤销东村镇，设立东村街道、方圆街道。全市划为12个镇：徐家店、郭城、发城、朱吴、盘石店、留格庄、凤城、大阎家、辛安、行村、小纪、二十里店；2个街道：东村、方圆；1个区：海阳经济技术开发区（海阳外向型工业加工区）。

2001年12月，成立海阳旅游度假区（非国家正式区划）。凤城镇先锋、胜利、黄家、臧家、成家、庙头6个行政村划归海阳旅游度假区管辖。同月，东村街道后唐家、前唐家、柳树庄，凤城镇中房、西大滩和大阎家镇台子上6个行政村，划归海阳经济技术开发区（海阳外向型工业加工区）管辖。

2002年，徐家店镇葛家、戴家、前洛河、后洛河、山前、埠山后、东鲁家夼、西鲁家夼、大侯家、姜家10个行政村划归郭城镇管辖。2月，海阳经济技术开发区（海阳外向型工业加工区）改称海阳经济开发区。8月，成立海阳碧城工业区（非国家正式区划），为市委、市政府派出机构。方圆街道龙塘埠、杨家泊、肋埠、嵩潜、山口、岱格庄、高家泊、沟于家8个行政村划归碧城工业区管辖。

2003年4月，撤销凤城镇，设立凤城街道，管辖区域不变。

2004年2月，大阎家镇鲁古埠村划归海阳经济开发区管辖。

2009年12月14日，山东省经济和信息化委员会批复设立山东省海阳核电装备制造工业园区；2010年10月9日，烟台市机构编制委员会批复设立山东省海阳核电装备制造工业园区管理委员会；10月20日，海阳市人民政府组建山东省海阳核电装备制造工业园区管理委员会。

2010年，全市辖11个镇：徐家店、郭城、发城、朱吴、盘石店、留格庄、大阎家、辛安、行村、小纪、二十里店；3个街道：东村、方圆、凤城；4个区：海阳经济开发区、海阳旅游度假区、海阳碧城工业区（非国家正式区划）、海阳核电装备制造工业园区（区划范围未确定）。辖732个行政村。

第二章　地　质

海阳市位于胶东隆起的胶莱凹陷的东部，东北部与胶北隆起相接。岩性主要分布着中生界沉积岩和中生代燕山期的岩浆岩。构造以北东向50°左右的断裂为主。

第一节　地　层

太古至元古界胶东群（曾定为下元古代粉子山群） 系胶东地区最老的变质岩系，以孤岛状分布于牧牛山—徐家店一带。岩层主要为胶东群上部岩组，主要岩性有片岩、变粒岩、大理岩、透闪岩，并夹有石墨片岩等。该区大理岩较为发育，其中含镁高受热液活动的作用，可形成具有工业价值的滑石矿床。地层产状不稳，但基本呈东西走向、北东走向的单斜层。

中生界沉积岩 山东半岛在漫长的地质年代史中，从元古代以后，地壳一直处于上升剥蚀阶段。到中生代中后期，才出现局部凹陷—胶莱凹陷，接受上侏罗系和白垩系地层沉积。

上侏罗系　为莱阳组，在海阳共分4段：

第一段（J_3e_1），分布于下马山东部。岩性为砾岩、砂砾岩，岩层较薄。

第二段（J_3e_2），分布于第一段东部。岩性为砂砾岩、砂岩、粉砂岩等。

第三段（J_3e_3），分布广泛，面积大，是海阳出露的主要地层。主要分布于东村东南、西南及高家以北等地。岩性有页岩、油页岩、泥质岩、钙质粉砂岩等。

第四段（J_3e_4），分布面积小而零乱，主要在境内东北峨山后一带及西南部。岩性为含砾砂岩、砂岩。

莱阳组呈角度不整合覆盖在胶东群之上，逐段超覆，说明凹陷的形成是逐渐扩大的。从整个莱阳组看，是一个较完整的沉积旋回，岩性由粗—细—粗，即下陷—稳定—上升回返，为一套湖泊相沉积。岩层的产状由于断裂的破坏和控制，难以恢复原始状态，故多呈北东、东西走向。

白垩系　该地层分布面积很小。青山组分布于黄崖及行村—辛安一带，岩性为中基性火山岩流（以安山玄武岩、玄武岩为主）夹火山碎屑岩，系一套火山喷发岩；王氏组分布于郭城一带，为一套紫红色砾岩、含砾砂岩、钙质砂岩、粉砂岩。

新生界 新生界第四系分布广泛而齐全。丘陵区山坡上分布着残坡积层，河谷及两岸的阶地上分布着冲、洪积层；沿海一带分布着海积层等。

第二节　构　造

全市地层产状因断裂的破坏显得很乱，但基本呈单斜出现或平缓的波状褶曲，褶皱不甚发育。

构造以断裂为主，以北东向断裂最为发育，控制着地层和岩浆岩的分布。

牟平—徐家店—即墨大断裂　系数条斜列断裂组成的断裂带，为山东半岛最大断裂。控制着地层、构造线、岩浆岩的产状和分布。因具长期活动性，对温泉与地震也起控制作用。断裂走向为 40°～50°，倾向北西或南东 60°～70°，断裂面系压扭性，所以又称为北东向压扭性构造带。

马陵—海阳断裂　与上述断裂的性质、产状大同小异，与牟平—即墨断裂近乎平行。

大山东夼—发城断裂　规模比较小，走向为 300°～320°，结构面多系张扭性，故又称为北西向张扭性构造带。

凤城断裂　近南北向，向西倾斜，倾角 70°，系压扭性构造带。

第三节　岩浆岩

全市岩浆岩较为发育，除少量小岩体及基性脉岩外，主要是中酸性岩浆岩，尤以招虎山岩体为著。东起招虎山以东的乳山市，向西延伸到小纪，并在赵家一带断续分布，大致呈北东向。此岩体为一深成岩，岩性分为：似斑状花岗闪长岩、似斑状二长花岗岩、二长花岗岩等，与上侏罗系呈侵入接触关系，沿接触带有蚀变与烘烤现象。为中生代燕山期的产物。

第三章　地　形

第一节　地　势

海阳为低山丘陵区。北部徐家店、郭城等镇，山低坡陡，丘陵势缓，间有河谷平原，平均海拔 140 米；中部郭城南部、朱吴、盘石店等镇及东村街道、方圆街道北部，以招虎山脉为主体，形成境内屋脊，平均海拔 174 米；西部发城、小纪等镇和二十里店镇、行村镇北部部分村庄，山低坡缓，丘陵、平原交错，平均海拔 97 米；南部凤城街道及行村、辛安、大阎家等镇和留格庄镇、二十里店镇、行村镇北部、东村街道、方圆街道部分村庄，地势低缓，海拔多在 50 米以下。

1984 年，农业区划调查，境内山地占总面积的 19.02%，丘陵占 44.20%，平原占 34.38%，海岸占 2.40%。

第二节　山　脉

海阳山岭属崂山山系的分支，最大山脉为招虎山山脉。该山脉以招虎山、垛鱼顶、跑马岭、翅岭、河龙崮为中心，与古寨、黑崮、垛山、黄草顶诸峰，组成大致呈北东向、次为北西向的低山群，绵亘于盘石店镇、朱吴镇和东村街道、方圆街道。全市高于 300 米的低山 30 座，多属招虎山山脉，故低山的形成与招虎山花岗岩体有关。由于构造破坏及风化剥蚀等原因，形成峰峦重叠、沟夼交错的低山丘陵区。

玉皇山　位于留格庄镇东部乳山、海阳交界处，因山顶有玉皇庙得名。面积 10.8 平方千米，主峰海拔 589 米，为全市群山之冠。该山沿两市交界，与大寨、七崮顶等山组成小范围北东向的低山区。

招虎山　位于海阳东部，起伏于东村街道、方圆街道及盘石店镇、朱吴镇地面，面积 60 平方千米。《海阳县续志》载：“邑北三十五里，有山

招虎山

曰招虎，盖以虎伏山中，仙家驯之，遂化为石，遗迹宛然，故名。”主峰石崮顶，海拔 549 米。

林寺山 位于海阳北部，郭城镇政府驻地南。因山多林木，有古刹，故名。主峰海拔 534 米，面积 8 平方千米。

林寺山

跑马岭 为招虎山诸峰之一，位于朱吴镇。相传唐将跑马此山，故名。主峰海拔 518 米，面积 4.5 平方千米。

跑马岭

翅岭 为招虎山诸峰之一，位于盘石店镇、朱吴镇交界处。山势如鸟展翅，故名。主峰海拔 505 米，面积 2.4 平方千米。

黑崮 为招虎山诸峰之一，位于方圆街道北部。因山石蓝黑，故名。主峰海拔 473 米，面积 2.8 平方千米。

垛山 为招虎山诸峰之一，位于方圆街道西北部。主峰海拔 420 米，面积 2 平方千米。

大寨 古名大古寨。位于盘石店镇东南部，脉伸乳山市。主峰海拔 404 米，面积 1.7 平方千米。

北榆山 位于徐家店镇北部，脉连栖霞市。古时山多榆树，故名榆山。主峰海拔 400 米，面积 6 平方千米。

第三节 丘 陵

低山丘陵区 主要分布在玉皇山、招虎山、垛鱼顶、北榆山等处，绝对高度 300 ～ 500 米，切割深度小于 250 米。山体多由花岗岩组成，其次为莱阳群砂、砾岩。因长期遭受剥蚀，山顶浑圆，山脊呈梁状，山坡较缓，一般为 15° ～ 20° 。沟谷较开阔。谷底坡降较缓，堆积物较薄，一般小于 5 米，岩性为砂砾石及黏土质砂。

丘陵区 主要分布于郭城一带，以及黄山、寨山、北玉皇顶地段，出露岩石为莱阳群砂砾岩。区内绝对高程 80 ～ 300 米，切割深度小于 80 米。山顶浑圆，与山坡界线不明显，形成起伏平缓的低矮山峦，其坡角 10° 左右。沟谷断面开阔，谷底纵坡降较小，为 1% 左右。山坡、山麓为残坡积物覆盖，谷底有冲洪积砂砾石，黏质砂土，厚 5 米左右。

岩溶丘陵区 主要分布在郭城镇战场泊和徐家店镇宫家苇夼一带，出露荆山群大理岩夹片岩，绝对标高 80 ～ 300 米，切割深度小于 100 米。山顶浑圆，多呈馒头状，山坡平缓，坡角不超过 10° 。地表有不太发育的溶沟、溶槽、溶蚀裂隙，坡麓、谷底多为黄土状砂质黏土覆盖，小冲沟发育。

2010 年海阳市海拔 200 ～ 400 米低山及部分丘陵一览表

表 1-3-1

名称	位置	名称由来	海拔（米）	面积（平方千米）
七崮顶（七峰山）	盘石店镇东北部，海阳、乳山交界处	七峰连成	397	1.40

续表 1-3-1

名　称	位　置	名称由来	海　拔（米）	面　积（平方千米）
垛崮顶	盘石店镇西北部、朱吴镇东中部交界处	—	393	1.40
黄草顶	朱吴镇南部、东村街道北部交界处	—	387	2.50
晶　山	徐家店镇东南部、发城镇北部交界处	山出白石，质细而坚	381	1.60
石人岭	朱吴镇东部，海阳、乳山交界处	山有巨石，矗立如人	380	1.50
磨　顶	朱吴镇西北部、发城镇东南部交界处	山顶有大石如磨盘	378	1.20
将军寨	方圆街道北部	相传明将在此设寨	372	1.20
托母山	行村镇东部、小纪镇南部交界处	—	358	4.50
垛　山	朱吴镇东北部	群峰重叠如垛	354	1.30
朵朵石	盘石店镇东部，脉连乳山市	—	346	0.50
榆　山	发城镇南部、小纪镇北部交界处	古时山多榆树	345	3.50
辟雷山	朱吴镇北部、郭城镇南部交界处	—	338	3.50
黄瓜顶	东村街道西北部、二十里店镇北部交界处	山中一石如台，中部下陷，形似黄瓜	337	1.00
窝铺顶	留格庄镇西北部	古时有人搭窝铺于山顶	334	2.40
围子山	东村街道北部	—	320	1.50
吉子顶	郭城镇东南部、朱吴镇北部交界处	山多棘子，后“棘”演变为“吉”	319	2.00
寨　山	辛安镇北部、二十里店镇西南部、行村镇东部交界处	昔日山中有军寨	318	3.00
菩萨顶	留格庄镇中东部	极峰有菩萨庙	313	1.50
寨　山	东村街道西北部、小纪镇东北部交界处	古代有兵扎寨此山	306	0.55
青石林	盘石店镇东北部，海阳、乳山交界处	—	305	1.20
东斗崮	留格庄镇东部，海阳、乳山交界处	山势陡险	303	0.60
帽庄山	郭城镇西部、发城镇东北部交界处	山中许多岩石形如帽子	285	0.80
寨　顶	发城镇东南部、郭城镇西南部、朱吴镇北部交界处	曾有军伍扎寨于山顶	282	1.00
双门顶	徐家店镇东部、郭城镇西北部交界处	山有两处巨石对峙，形同大门	261	1.00
歪嘴山	行村镇北部、小纪镇南部交界处	高峰形如鹰嘴	258	1.60
盆子山	辛安镇西北部、行村镇中东部交界处	—	253	1.50
北玉皇顶	徐家店镇西部	山顶有玉皇庙	248	1.60
帽子山	方圆街道东南部、留格庄镇西部交界处	山形近似毡帽	243	1.00
黄　山	大阎家镇西北部	—	240	2.80
唐王山	留格庄镇中部	相传李世民至此	236	2.00
寨　山	二十里店镇西北部、小纪镇东部交界处	古代山中有军寨	235	1.00
荷叶山	小纪镇北部	山形近似荷叶	235	0.50
马　山	二十里店镇西南部	山中有石似马	226	1.50
雀儿山	小纪镇东南部、二十里店镇西部交界处	山峰酷似雀形	225	0.75

续表 1-3-1

名　称	位　置	名称由来	海　拔（米）	面　积（平方千米）
古　寨	盘石店镇南部、方圆街道东北部交界处	古代山中有军寨	221	1.10
将军顶	二十里店镇北部	山势巍峨，如将军威立	210	0.50
垛岚山	小纪镇北部	—	204	1.00
孤　山	小纪镇西部	孤峰独秀	201	3.00
红　山	行村镇西北部与莱阳市交界处	—	201	2.00
南玉皇顶（嵩山）	凤城街道北部、方圆街道南部交界处	山顶有玉皇庙	195	1.20
旋顶山	东村街道南部、大阎家镇东北部交界处	—	176	0.60
狼虎山	行村镇西北部	曾有狼虎栖息	173	0.70
大　山	辛安镇西南部	—	172	1.50
凤凰山	辛安镇西部、行村镇东部交界处	相传有凤栖此	164	1.00
龙　山	二十里店镇东南部、大阎家镇北部交界处	山形蜿蜒如龙	157	1.10
朵　山	盘石店镇中部偏东	—	153	1.00

第四节　河　流

全市地表水系不甚发育，只有发源于招虎山山脉的较小河流。以该山脉为分水岭，南流入黄海，北流入五龙河，再入黄海。河流属季风区雨源型，源短流浅，河床坡度较大，河水涨落剧烈，季节变化明显。正常降水年份，多数河流夏、秋有水，冬、春干枯。主要河流有：

东村河　发源于前山中涧东山，向西流经后山中涧西 1 千米处南折，经乐畎、五间屋、地北头、北八里庄、新兴、城北、平顶、龙塘埠、嵩潜、中村、石人泊、臧家等村，至羊角泮入黄海。

2010 年，东村河

河长 35 千米，流域面积 184 平方千米。中水流量每秒 566 立方米，枯水 0.58 立方米 / 秒。

留格庄河　发源于仙人盆，流经小东庵、南（北）鲁家、嘴子前、野口、潘家庄、龙头、盘石店、大柴、院下、留格庄、六甲、东远牛庄、南庄，至辛家港入黄海。河长 31 千米，流域面积 322 平方千米。中水流量 556 立方米 / 秒，枯水 0.96 立方米 / 秒。

纪疃河　东北支流发源于黄草顶，流经大磊石、山后、鲁家、刘家、埠峰、潘家、窦疃入二十里店水库；西北支流流经西花崖、炉上、孙格庄、姜家庄、前（后）店入二十里店水库，后经纪疃、朱坞、路疃、大沽头、大荆家、小荆家，至马河港入黄海。河长 34 千米，流域面积 252 平方千米。中水流量 421 立方米 / 秒，枯水 0.74 立方米 / 秒。

白沙河　发源于瓮窑头，流向西南，经过瓮窑头、宝玉石、上碾头、大夫疃、宅子头、东苇园头、东梨园、钓泮、石马疃头、东寨头、榆林、杜格庄、庶村、鹏化庄、泊子、行村、西小滩，入丁字湾。河长 34 千米，流域面积 221 平方千米。中水流量 345 立方米 / 秒，枯水 0.85 立方米 / 秒。

昌水河　旧名浮游水，有4个源头：东支流一股发源于垛崮顶，流经黑崮、乔家、南河东、高家、二王家。一股发源于上尹家南山，流经上尹家、河西、峨山后、中石现、西石现、河北，至沟杨家与村北东支流汇合，经北长仙、台子、庙后、三宝沙、山角、台城、战场泊与东北支流汇合；东北支流发源于吉子顶，流经黄草场、柳树、桂山、山西头、北朱村、河南、垛崖底、山东、新发庄、西楼子，至战场泊与东支流汇合；西南支流发源于湖河头村南山，流经湖河头、牛岭山、七寨、东车格庄、楼底、吉格庄、槐树底、前榆林庄、吉林、东坊坞入昌水河主流；东南支流发源于辟雷山，流经北洛、崖南头、栾家、洪沟、亭子口、东夏屋庄、东坊坞，汇合于昌水河主流，进莱阳市境入五龙河。海阳段河长45千米，流域面积432平方千米。中水流量572立方米/秒，枯水1.5立方米/秒。

富水河　东北支流发源于北榆山，东南支流发源于晶山夼南山，西南支流发源于晶山，西北支流发源于古堆山。东北支流经过岚店、于家庄、东季家庄至徐家店；东南支流经晶山夼、刘家庄、杨家庄、南季家庄、曲水至徐家店；西南支流经晶山后、宫家苇夼、李家苇夼至韩家庄；西北支流经槐山、台上、泊子村入莱阳市境内。海阳段河长10千米，流域面积96平方千米。中水流量327立方米/秒，枯水1.25立方米/秒。

古现河　发源于车家沟村南，经车家沟、窦家疃、东古现、西古现、前洽河、后洽河、葛家、戴家入烟台市牟平区境。海阳段河长17千米，流域面积100平方千米。

第四章　海　域

第一节　海　岸

海阳地处胶东半岛南部。东起与乳山市交界的琵琶岛官厅咀，西至与莱阳市交界的丁字湾，海岸曲线长212千米，直线长62.5千米。沿海有大小港湾9处，海中有岛屿9个、较大岩礁17处。

海岸大部为砂岸，岩岸较少。海岸轮廓，主要受冰后期海面抬升前原始地形的控制。因受断裂运动的影响，形成许多海湾、岬角。主要海湾有大埠圈、辛家港、寨子港、龙头港、羊角泮、马河港、丁字湾等；岬角有长龙嘴、草岛嘴、蛎叉汪、丁字嘴、海头西嘴、坨南嘴等。在岬角地带，间或分布着平坦的海蚀阶地，地形高程一般在50米以下。这种构造格局和地形特征，构成海阳港湾海岸的基本轮廓。

黄金海岸

沿岸岬角地段，基岩抗侵蚀能力较强，海蚀后退速度比较缓慢。海湾地段，由于海底基岩侵蚀物质沉积及河流泥沙淤积，海蚀夷平速度较快。1948年《海阳县情况调查》载：姜家岚（凤城街道高家庄南）有一钓鱼台，27年前，逢大潮退潮时，可立此台钓鱼。1985年农历七月下旬测量，无北风大潮退潮时，海水自钓鱼台南移19.5米。依此推测，1921—1985年，65年间海岸线后退19.5米。

第二节　海岸沉积物

沿岸带状海滨低地，组成物质主要为砂土、淤泥，潮间滩涂分别为沙、沙泥、泥沙、岩礁。

海滨沙滩辽阔，多系细沙，呈黄褐色，由长石、石英、云母细片等组成，磨圆度及分选较好，上部偶有砾、蛤壳、蛎皮等。河流入海处多沉积淤泥。15 米等深线以内的浅海水域，自岸向里，平面底质具有明显分带性，但宽度不一。大埠圈一带大致是：松沙 500 米，铁板沙 250 米，余者为泥，个别地方有岩礁。羊角泮港口东岩礁千余米，沙泥约 100 米，泥沙 100 多米，再向外为淤泥；其他地方沙 350 米，沙泥约 150 米，泥沙 200 米左右，余者为泥。高潮线附近，垂直底质大体可分五层，因水深、流速不同，各段差异明显。大埠圈前方，水下沉积物自上而下，第一层淤泥 0.5 米，第二层沙 1 米，第三层贝屑 0.5 米，第四层黄泥 2 米，第五层为基岩。羊角泮正南，水下沉积物自上而下，依次为淤泥 0.5 米，淤泥质细沙约 1.5 米，砂或砂砾 1～2 米，黄泥约 2 米，最下部为基岩。

第三节　港　湾

海阳海岸曲折，岬湾交错，主要港湾有：

大埠圈　位于市东南部，草岛嘴和长龙嘴两岬角之间，地理坐标北纬 36° 43′、东经 121° 23′。昔日渔民在此搭席铺居住捕鱼，故名“搭铺圈”，演变为大埠圈。海湾近似半月形，三面环山丘，北东向最长 3.5 千米，东南向最宽 0.7 千米，北端最低潮水深 3.5 米。湾内掩护条件较好，除东南风外，其他风向均能得到自然掩护，故有“太平湾”之称。该湾岸滩比较稳定，基本无淤积现象。港东北里许，有小风嘴明礁，长 250 米，宽 35 米，此礁北 250 米有一黄石明礁，离陆地最近点约 250 米。草岛嘴古为海防要冲，设重兵戍守。大埠圈旧时即为渔业良港，后发展为省内中型渔港。2003 年，因建山东海阳核电厂停用。

辛家港　位于市东南，外岛村正南，草岛嘴西北，地理坐标北纬 36° 43′、东经 121° 21′。原属孙姓管业，故名孙家港；后归辛氏，改为辛家港。该港伸入陆地，南北长 2 千米，最宽处 760 米，口门仅百余米，高潮时水深 2.5 米，是渔船良好的避风港。旧时渔业、商业均很繁盛，但因留格庄、蒲莱、望海三河注入湾内，淤积重。

龙头港　位于市南端，距凤城 1 千米。地理坐标北纬 36° 41′、东经 121° 14′。龙头岬角突起一礁，剑石嶙峋，形若龙头，故名。此港东有明、暗岩礁，俗称龙骨。东西宽 1 千米，南北长 5 千米，退潮时仅露 1.5 千米。尚有老婆汪、卡脖子、小龙口、孤儿石、黄石岚等礁滩。龙头礁东 1 千米处有一“死孩子窝”，水深 10 米。明、清时该港即为海防要地。民国年间，更为天然商港。除与国内主要港口通商外，同英国、美国、日本等国亦有贸易往来。2010 年，建有渔业、商业码头及冷藏厂。原县凤城水产站、渔业指挥部设于此地。

羊角泮　位于东村河与唐家河入海处。地理坐标北纬 36° 40′、东经 121° 09′，为海阳海岸线中心。因两道海湾犄对，形同羊角得名。该港伸入陆地，入海口狭小，海口北岸的烟台山，把海湾分成东北向和西北向两道海汊，成“Y”状。湾内海汊总长 7 千米，宽 800 米。南岸积沙成岭，似天然围屏，为船只抛锚良港，自古至今是重要的渔船集散场所。港门外，东去 500 米有黄石岚暗礁，长、宽各 250 米。此礁东有一暗礁，方圆 250 米，渔民称为“拦路虎”。

丁字湾　位于市西南边缘区与即墨、莱阳两市交界处，地理坐标北纬 36° 32′、东经 121° 01′。以湾形命名。该湾呈西北向，口狭湾阔。内湾平均宽度 6.4 千米，水深最深处近 10 米，潮间带最大距离 3 千米。麻姑岛位于湾北，湾西南岸有群山为屏，北畔依丘陵作障。湾内风小浪稳，水面平静，潮水涨落冲刷缓慢。滩涂广阔，软泥淤积层厚，底质肥沃，海生物丰富，适宜鱼、

丁字湾

虾、贝类养殖。

丁字湾主航道北侧有一拦江沙，呈东南—西北走向，其上水位0.3米。湾内暗礁有二：一是乔子暗礁，距水面1.7米；一是豹岚暗礁，距水面2.2米。湾外口有门纂石干出礁，距陆地最近点500米。有墙子礁，冬季枯潮时，方能出露，离岸800米。湾口北侧有猫石干出礁。

丁字湾口东北岸、南邵家村西南有一岬角，突伸丁字湾内，名丁字嘴，地理坐标北纬36°34′、东经121°00′。清代在此筑有炮台，为海防要地。曾设丁字嘴水产站，是海阳重点渔港之一。

除以上港湾外，尚有港湾4处：

2010年海阳市其他港湾一览表

表1-4-1

名　称	名称由来	地理坐标		长（千米）	宽（千米）	水深（米）
		北　纬	东　经			
蛎叉汪	产牡蛎著名	36°46′	121°27′	1.50	2.50	1.50
小海口	三条河流注入，冲积成一小型海口	36°13′	121°13′	0.60	0.02	1.40
寨子港	明代设营寨于港北岸	36°43′	121°12′	1.50	0.40	2.00
马河港	—	36°36′	121°02′	7.10	—	2.10

第四节　岛　屿

海阳海域较广，岛屿散布，自东向西有琵琶岛、竹岛、岛子里、土埠岛、泥岛、鸭岛、鲁岛、麻姑岛，东南近海有千里岩。岛岸线总长15.38千米。2009年年底，开工建设中国北方首个离岸式人工岛屿——连理岛。

千里岩　又名千里岛、千里山。是海阳离陆地最远的一个岛屿。地理坐标北纬36°15′、东经121°23′。由南北两山组成，岛形呈“哑铃”状。南峰海拔93.5米，北峰70.1米，两山间直线距离458.2米，南北长840米，最宽处北山466米、南山300米，最窄点25米，岛岸线长3.4千米，总面积0.2平方千米。岛距陆地最近点（凤城码头）47.7千米。环岛水深约30米，周围有4个天然海湾，是船只避风的好屏障。岛屿岩石为云钠长片麻岩、褪色黑云母石英片岩、混合花岗岩、浅粒岩。土壤属粽壤，pH值5.5（微酸性）；土壤层覆盖率10%。土质系泥沙、黏土。岛东300米处，有一暗礁，面积约20平方米。岛处海防前哨，无居民，1985年前有驻军。岛南为外航线，岛北为内航线。岛上筑有灯塔，高84米，射程15海里，闪4秒，为国际航标。岛上有黑鹤等稀有禽鸟近百种，有耐冬等植物30种，有海参等海产品几十种，且有20多处天然奇景。

千里岩

竹岛　位于市东南，桃源村东南海面。地理坐标北纬36°45′、东经121°27′。岛上生长毛竹，故名。岛长0.42千米，宽0.11千米，面积0.045平方千米，海拔28.9米，岛岸线长0.97千米，距大陆最近点0.3千米。岛上无人居住，毛竹、杂草丛生，植物覆盖率80%。

岛子里　位于市东南，原董家庄村址东。地理坐标北纬36°42′、东经121°23′。涨潮时与陆地相隔，成一小岛，故名。岛长0.15千米，宽0.1

千米，面积0.015平方千米，海拔5.9米，岛岸线长0.3千米。

土埠岛 又名土鼓岛。位于市西南，马河港正南海中。地理坐标北纬36° 32′、东经121° 03′。距陆地最近点6.2千米。岛长0.25千米，宽0.14千米，面积0.035平方千米。海拔28.2米，岛岸线长0.82千米。该岛土质肥沃，野草茂盛，覆盖率85%。岛上栖息蜥蜴，长约8寸，背生金线两道，闪闪发光；并有斑鸠栖息山洞。有水源，无居民。

泥岛 位于市西南，丁字湾口北。地理坐标北纬36° 35′、东经121° 02′。岛长0.1千米，宽0.05千米，面积0.005平方千米，岛岸线长0.24千米。距陆地最近点0.33千米，涨潮时四面环水，落潮后与大陆相连（2001年自然消失）。

鸭岛 古名哑岛。位于市西南坨南嘴海面。地理坐标北纬36° 34′、东经120° 57′。岛长0.3千米，宽0.08千米，面积0.024平方千米，海拔11.1米，距陆地最近点0.83千米。岛上生长棉槐、杂草。海头村滩涂养殖组设此，无居民。2009年修建丁字湾跨海大桥，将岛整为平地。

鲁岛 原名古芦岛，后取"捕鱼度日"意，更名鲁岛。位于市西南，地理坐标北纬36° 38′、东经120° 56′。岛长1千米，宽0.36千米，面积0.36平方千米，海拔10米，岛岸线长2.71千米。2010年，岛上居民920人，耕地124.9公顷，有长堤与陆地相连，已成半岛。

麻姑岛 位于市西南丁字湾内，地理坐标北纬36°38′、东经120° 53′。相传麻姑修道岳姑顶，曾云游此岛，故名。岛长2.65千米，宽0.27千米，面积0.72平方千米，海拔15.8米，岛岸线长6.26千米。岛上有北麻姑岛、中麻姑岛、南麻姑岛3个行政村。1971年，在岛东筑一座0.5千米长的桥闸，将麻姑岛与陆地连为一体。2010年，有居民1760人。

琵琶岛 位于大辛家东北10千米处。地理坐标北纬36° 46′、东经121° 29′。因形似琵琶，故名。面积0.05平方千米，海拔38米。有沙堤与陆地相连，成为半岛。岛上生长野草、树木，无居民。该岛与陆地相连，以市界为限，东归乳山，西属海阳。

连理岛 位于海阳旅游度假区西南端，为中国北方首个离岸式人工岛屿，由内蒙古万通公司

琵琶岛

投资30亿元，填海围堰形成陆域总面积183公顷，岛体北端水深2.5米，南端水深4.9米，空间布局由东西双岛连理，东岛面积约100公顷，西岛面积约83公顷，两岛最短距离98米。连理岛大桥全长1500米，实现海陆相连。2009年1月，经国务院批准项目用海，取得国家海洋局颁发的海域使用权证书。同年底，开始施工建设。2010年5月29日，临时钢桥贯通。6月4日，开始围堰填海。

第五节　潮　汐

海阳的潮汐属正规半日潮，一日两高两低现象明显。一日两次高潮的潮高不相等，上半年夜潮高于昼潮，下半年则相反。满潮时间每天推迟55分钟。大潮、小潮每月各两次，农历每月初三、十八两日潮最大；初十、二十六两日潮最小，故有“初三潮十八水”和“初十、二十六，小涨小退”之谚语。最高潮位453厘米，平均高潮潮高370厘米，平均低潮潮高86厘米。潮汐时间东早西迟，乳山口（临近海阳海域东端）比西部马河港早30分钟左右，中部羊角泮比西去12.5千米的丁字嘴早5～6分钟。

潮流方向是东北—西南流，表层潮流大，底层潮流小，表、底两层有时流向相反，尤以强风和潮流转向时显著。最大流速1.5节，平均0.25节。

第六节　海水温度与透明度

1983年，县对虾养殖场实测资料记载：海阳海水温度全年平均15℃，最高水温在8月，平均27℃；最低水温在2月，平均2.2℃。

沿海海水透明度在40～320厘米之间，全年平均198厘米，6月为最高，平均241厘米；9月最低，平均156厘米。

1983年海阳县海水水温、透明度变化情况表

表1-4-2

月　份	水　温（℃）			透明度（厘米）		
	最　高	最　低	平　均	最　高	最　低	平　均
1	4.5	1.2	2.4	300	150	250
2	3.0	0.8	2.2	260	100	192
3	8.1	2.6	5.8	290	100	208
4	16.2	8.4	12.0	250	50	158
5	19.4	13.0	17.3	300	80	186
6	25.4	20.0	23.0	320	120	241
7	27.0	22.5	24.7	260	70	175
8	27.6	26.0	27.0	300	100	197
9	27.4	25.0	26.1	250	40	156
10	24.2	16.5	19.8	290	130	193
11	17.0	10.2	13.3	290	80	198
12	10.2	2.0	6.7	310	120	223
年　均	—	—	15.0	—	—	198

第七节　海水表层盐度

海阳沿海海水表层盐度，属混合型。主要特点是：盐度的年变化，取决于季风交替和淡水入海引起流系的变化。上半年为增盐期，5月最高，累年平均盐度34.3‰；下半年为降盐期，12月最低，累年平均盐度29.4‰。不同海域差异明显，

10月的盐度，东部原董家庄村址一带为28.85‰，西部南丁一带32.65‰。

海阳市累年月平均海水表层盐度情况表

表1-4-3

月　份	1	2	3	4	5	6	7	8	9	10	11	12
月平均值（‰）	30.0	31.4	32.4	33.6	34.3	34.0	33.1	32.0	31.7	31.0	30.1	29.4

海阳市不同海区盐度对比情况表

表1-4-4

月　份		5				10			
潮　区		高	中	低	平　均	高	中	低	平　均
潮区盐度（‰）	留格庄镇原董家庄一带	31.56	32.15	32.86	32.19	22.50	32.42	31.63	28.85
	辛安镇南丁一带	35.87	34.56	40.56	37.00	32.34	32.48	33.13	32.65

第八节　海水水质

海阳沿海海水水质各项数值为：pH值8.01～8.15，平均8.05；盐度29.4‰～34.3‰；无机氮在0.010～0.200毫克/升之间，平均0.094毫克/升，西部海区比东部偏高；溶解氧5.57～7.21毫克/升，平均6.25毫克/升；化学耗氧量3.97～4.79毫克/升，平均4.39毫克/升。氰化物、砷、铅、铜、六价铬、挥发酚等，数值均在规定标准以内。

第五章　气　候

第一节　气候特征

海阳属暖温带东亚季风型大陆性气候，四季分明，气候温和，寒暑显著，昼夜温差小，无霜期长，夏季多雨，雨量集中。干湿季和季风进退均较明显，年降水时空分布不均，光照充足，光能资源丰富。

春季　太阳辐射逐日增强，气温不断升高，蒙古高压减弱，气压渐降，空气干燥，大风频，蒸发多，降水少，多春旱。但遇江淮气旋活动频繁、北上东移影响本地，春雨增多。

夏季　盛行自海洋吹到的东南季风，气温高、湿度大，雨水充沛，雨、热同步，偶有伏旱。另外，在大气环流的引导下，有时有台风影响，带来暴风雨。受海洋气候调节，沿海地带温度比内陆同纬度偏低，6月、7月低3.5℃～4.5℃，8月低1.5℃。故夏无酷暑，气候宜人，为避暑胜地。

秋季　随太阳高度角变小，北方冷空气开始活跃，加剧地面辐射冷却，秋高气爽，往往出现秋旱。有的年份，冬季风迟迟不到，夏季风依然盛行，也会出现连绵秋雨。

冬季　受大陆气团西北季风控制，盛行偏北风，气候干寒，雨雪稀少。1月是蒙古高压鼎盛时期，冷空气不断南下，冷平流接连入侵，气压升高，温度剧降。

第二节　气　温

海阳位于中纬度地区，受海陆分布的影响，

在气温上表现出不同的特点。北部地区回春入秋均早于南部，无霜期比南部少20天左右，温度升降及温差均大于南部，物候期南北相差10天以上。

气温年际变化　气温年际变化明显，累年平均气温12.3℃，极端最高气温37.6℃（1997年7月27日），极端最低气温-13.7℃（1990年1月25日）。

气温的年际变化表现也较显著，最低年份的1980年平均气温11.0℃。1978—2010年，气温呈缓慢上升趋势，最高年份的2007年平均气温13.5℃，年际较差2.5℃。年际变化趋势约13～15年为一个周期。

1978—2010年海阳市气温情况表

表1-5-1　　单位：℃

年　份	平均气温	极端最高气温	极端最低气温	年　份	平均气温	极端最高气温	极端最低气温
1978	12.3	32.6	-10.8	1995	12.1	32.3	-8.9
1979	12.2	33.0	-12.5	1996	11.8	32.4	-9.9
1980	11.0	32.5	-13.4	1997	12.8	37.6	-12.6
1981	11.7	34.6	-12.8	1998	12.9	31.8	-10.7
1982	12.3	34.6	-11.8	1999	12.9	33.7	-11.4
1983	12.3	34.5	-12.2	2000	12.6	37.4	-11.0
1984	11.4	32.7	-12.7	2001	12.6	35.8	-13.6
1985	11.3	32.9	-12.5	2002	12.8	36.6	-9.6
1986	11.5	32.1	-11.6	2003	12.2	31.3	-11.9
1987	11.7	32.1	-11.4	2004	13.0	34.6	-12.5
1988	12.0	34.2	-12.3	2005	12.2	34.1	-10.4
1989	12.5	35.5	-9.1	2006	13.1	32.5	-11.4
1990	12.3	32.2	-13.7	2007	13.5	33.0	-8.3
1991	12.0	33.5	-13.2	2008	12.6	32.0	-12.5
1992	12.2	35.1	-8.3	2009	12.9	35.6	-11.4
1993	11.9	31.7	-9.7	2010	12.2	37.0	-11.5
1994	13.1	34.5	-10.9				

气温季节变化　春季　温度回升较快，每月约上升5℃～6℃，但春季偶有倒春寒现象，每当四五月气温突然下降出现倒春寒时，均伴有大风、雨或严霜，影响作物的生长。

夏季　最高温度分布不均匀，发城、郭城、徐家店等地，比东村的最高温度高3℃～4℃，小纪比东村高2℃左右。

秋季　气温逐渐下降，9月下旬，日平均气温下降到19℃以下；11月中旬下降到9℃以下，下旬末降到5℃以下。

冬季　最低气温常出现在1月下旬。冬季逐月各旬的极端最低温度均在-10℃以下，这与“冷在三九”的谚语相符合。冬季最低气温在境内的分布不均匀，北部低于南部，西部低于东部。徐家店、郭城最低气温比东村以南地区低4℃～5℃。

气温月变化　全年平均气温12.3℃。5—10月气温值均高于年平均气温；8月平均气温25.0℃，为一年中气温最高的月。11月到次年4月的气温值均低于年平均气温；1月平均气温-1.6℃，是全年中温度最低的月，这与农谚“冷在三九，热在三伏”基本一致。入春后升温迅速，4月比3月升高6.4℃。11月降温最大，比10月下降7.3℃。海阳气温的年较差26.6℃（最高月平均气温减最低月平均气温），表明气温年变化较显著。由于受海洋热量调节，变化比内陆地区小，夏季炎热程度和冬季寒冷程度比同纬度的内陆地区均小，故有“冬无严寒、夏无酷暑”之说。

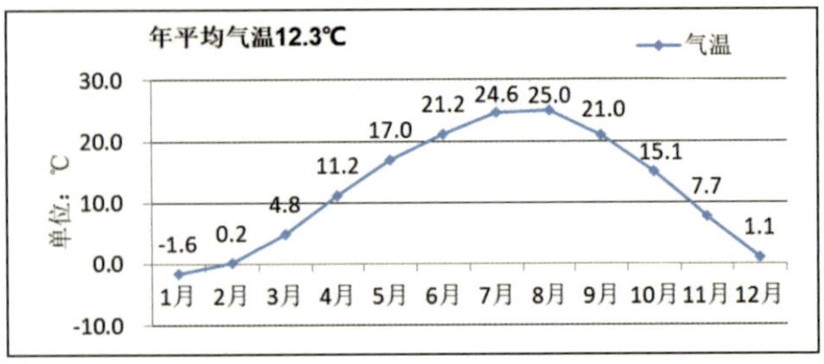

1978—2010 年海阳市累年月平均气温图

积温　≥10℃积温平均4111.3℃，最高为2006年，4420.1℃，1980年最低，为3509.9℃；≥15℃积温平均3484.2℃，最高3991.8℃，最低3029.4℃；≥20℃积温平均2476.5℃，最高3136.4℃，最低1721.6℃。

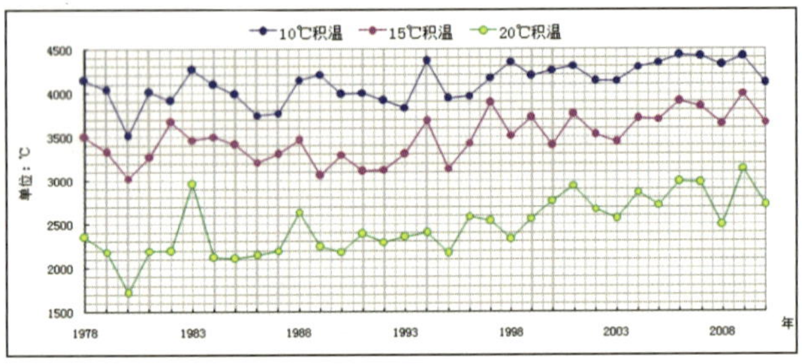

1978—2010 年海阳市逐年积温图

第三节　降　水

海阳南临黄海，受季风环流影响大，降水季节变化明显。夏季西太平洋高压向北伸展，受暖湿空气影响，降水明显增多。秋季开始西太平洋高压南退，蒙古高压增强，在干冷气团的控制下，雨雪稀少。因此，境内降水的时间分布规律是以年为周期的变化和季节的分布不均匀。在空间分布上，沿海多于内陆，并随地形而异。

年际降水量　因高空西风带和季风的活动变化，历年中降水量大小不同，降水量年际变化较大，1978—2010年，累年平均降水量691.6毫米，最多年为1985年，1137.9毫米；最少年为1981年，390.7毫米。年降水量相差悬殊，稳定性差。

季降水量　降水多集中于夏季，冬季降水量最小，春季与秋季相差不大。春季降水量占全年降水量的17.5%，夏季占60.8%，秋季占17.3%，冬季占4.3%。

月降水量　1978—2010年累年月平均降水量，1月最小，为8.2毫米；8月最大，为175.3毫米。

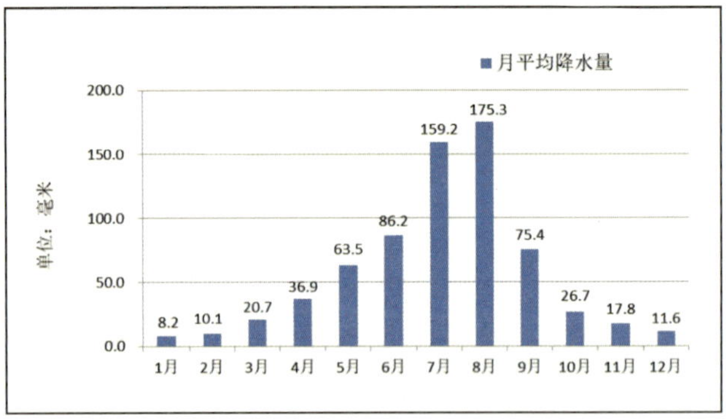

1978—2010 年海阳市累年月平均降水量分布图

一日最大降水量229.6毫米，出现在1985年9月5日。年平均降水日124天，最多155天，最少88天。

一日最大降雪量9.7毫米。年平均降雪日7.4天，最多18天，最少4天。平均初雪日在11月中旬末，最早在11月4日；平均终雪日在3月中旬，最晚在4月6日。

降雪主要受北方冷空气影响，招虎山以北比南部降雪次数多；但从西南而来的大尺度天气系统影响产生降雪时，南部则比北部降雪大。

年平均积雪日8.1天，最早积雪日在11月28日、最晚在4月3日，连续积雪日16天，最大积雪深度12厘米。

1978—2010 年海阳市历年各月、年降水量情况表

表1-5-2　　　　单位：毫米

年份	月份												全年
	1	2	3	4	5	6	7	8	9	10	11	12	
1978	0.0	0.6	19.7	0.6	27.2	138.9	139.0	178.9	97.6	15.2	1.1	4.2	623.0

续表 1-5-2

年 份	月 份												全 年
	1	2	3	4	5	6	7	8	9	10	11	12	
1979	15.5	9.2	22.0	83.8	51.4	155.8	136.4	99.6	40.6	15.0	0.4	29.3	659.0
1980	4.0	3.1	11.9	68.3	57.4	185.6	81.3	99.5	44.2	84.7	17.2	10.0	667.2
1981	5.4	3.6	39.3	9.6	18.0	13.4	189.9	54.4	7.2	43.1	3.0	3.8	390.7
1982	8.6	2.3	8.2	13.9	58.8	44.0	49.2	85.6	29.5	53.6	62.1	5.5	421.3
1983	4.3	6.6	17.4	34.4	37.3	36.3	223.2	32.8	109.4	31.4	3.9	3.8	540.8
1984	0.0	2.3	0.4	18.5	64.3	120.2	201.8	274.4	112.1	7.4	11.0	27.9	840.3
1985	13.0	2.5	17.2	29.0	128.9	7.8	158.4	386.2	343.1	20.9	19.8	11.1	1137.9
1986	1.4	6.4	13.3	5.3	7.4	82.3	287.4	94.0	14.0	17.2	1.0	24.3	554.0
1987	15.2	16.6	8.3	53.9	113.4	87.3	49.2	156.8	123.4	43.5	22.4	0.2	690.2
1988	0.6	0.0	4.6	3.7	27.1	32.3	313.7	158.0	18.7	10.6	9.4	11.0	589.7
1989	44.6	1.3	71.0	6.0	55.9	59.7	115.5	167.7	57.7	13.7	45.3	0.1	638.5
1990	22.8	27.2	24.6	17.9	170.1	166.7	249.6	152.5	148.5	2.6	3.4	9.4	995.3
1991	2.4	0.1	36.2	39.1	67.7	73.6	100.4	59.7	53.4	16.1	37.4	20.7	506.8
1992	4.5	25.3	1.5	18.8	75.4	5.2	93.4	35.6	143.4	18.5	5.0	49.5	476.1
1993	1.3	32.1	3.2	79.3	67.6	158.3	265.9	54.6	72.7	15.9	58.6	6.7	816.2
1994	0.5	1.7	30.8	28.1	46.2	239.3	119.6	190.0	43.7	110.9	50.9	20.4	882.1
1995	0.7	1.4	33.4	14.1	84.5	35.7	144.7	288.2	21.5	20.2	0.5	0.0	644.9
1996	17.1	0.0	23.9	66.8	5.4	186.3	145.6	210.8	10.9	44.6	10.9	37.8	760.1
1997	8.3	21.9	12.8	30.6	62.2	12.5	38.6	299.8	27.8	0.1	51.7	21.6	587.9
1998	3.7	50.5	33.6	74.7	65.1	124.0	214.2	185.3	37.0	15.3	4.2	0.0	807.6
1999	0.2	2.0	0.0	24.7	47.1	41.8	141.9	99.5	65.1	47.3	11.3	0.0	481.0
2000	30.6	8.3	1.1	13.5	54.6	50.0	82.3	152.5	56.8	60.3	16.8	0.9	527.7
2001	27.1	11.3	4.2	28.8	6.3	90.4	235.6	144.4	26.2	6.5	13.4	2.8	597.0
2002	8.9	1.8	14.0	92.4	89.5	38.8	222.2	83.4	19.5	35.5	2.5	4.8	613.3
2003	8.2	21.7	17.9	78.5	41.4	90.4	129.5	293.9	158.1	25.0	57.0	12.4	934.0
2004	0.1	19.8	10.0	37.9	78.4	78.2	109.8	265.9	21.1	10.7	19.1	10.5	661.5
2005	0.0	19.5	1.9	40.4	133.8	88.9	128.6	278.5	248.2	16.4	6.9	2.7	965.8
2006	8.9	13.5	1.7	27.6	73.0	55.0	156.6	218.8	1.4	0.5	7.1	10.3	574.4
2007	3.0	3.3	85.5	36.0	27.6	102.1	149.0	480.1	178.8	8.6	0.0	5.0	1079.0
2008	4.9	2.7	21.9	28.2	99.5	88.7	269.9	162.1	43.1	28.3	7.6	31.6	788.5
2009	0.2	1.0	38.4	76.5	63.7	106.6	238.6	123.9	0.3	32.9	27.7	4.8	714.6
2010	3.4	14.6	53.1	38.1	88.5	48.4	72.7	216.5	113.9	8.5	0.0	0.0	657.7

第四节　气压与风

气压　在东亚气压系统影响下，海阳四季变化明显。1月，从西伯利亚和贝加尔湖移来的高压控制本地，形成全年气压最高的月份，平均海平面气压1027.5百帕；4月，平均海平面气压1015.8百帕，是由冬季高气压转变为夏季低气压的转折阶段；7月气压最低，平均海平面气压1005.2百帕；10月，平均海平面气压1020.8百帕，是由低向高转变的过渡阶段。

1978—2010年海阳市各月平均海平面气压情况表

表1-5-3　　单位：百帕

月　份	1	2	3	4	5	6	7
平均海平面气压	1027.5	1025.6	1022.0	1015.8	1011.6	1007.2	1005.2
月　份	8	9	10	11	12	全年	
平均海平面气压	1007.8	1014.6	1020.8	2024.9	2027.3	1017.5	

气压在一昼夜间的周期变化较明显，表现为两高、两低型。一般3—5时为低压谷，8—10时为高压峰，14—18时又出现低压谷，22时至次日1时重出现高压峰。但四季的两低两高出现时间不完全一致。在强烈的天气系统影响下，这种日变规律也会被打破。

风　海阳属暖温带东亚季风型大陆气候，在风的表现上有明显的季风特色，夏半年多南到东南风，冬半年多北到西北风。本地全年以西北风为最多风向，南风、东北风次之，但四季风向有明显的转换。1—3月西北风频率最大，4—8月南风频率最大，9—10月盛行东北风，11—12月以北风为强。一年内风向转换顺序通常为西北→西南→南→东南→东北→西北。

年平均风速3.4米/秒。4月最大，平均风速3.8米/秒；9月最小，平均2.9米/秒。据市气象部门统计，6级以上大风平均每年有21.3天，最多50天，最少8天。年内以4月最多，为4.1天；7月、8月最少，皆为0.6天，日数虽少，但危害大，成灾率80%以上。大风日主要集中于11月至次年5月。境内10分钟最大风速26.0米/秒，瞬时最大风速超过40米/秒，其地域分布为沿海多于内地。

海阳市累年各月、年平均风速情况表

表1-5-4　　单位：米/秒

月　份	1	2	3	4	5	6	7	8	9	10	11	12	全　年
平均风速	3.5	3.5	3.7	3.8	3.6	3.2	3.1	3.1	2.9	3.2	3.5	3.6	3.4

第五节　湿度与蒸发

湿度　海阳年平均相对湿度69%。6—9月高于年平均值；10月至次年5月低于年平均值，最小相对湿度出现在2月、3月，最高在7月、8月，这与境内冬、春季干旱少雨，夏季湿热多雨相一致。相对湿度有明显的日变化，即一日内13—16时最小，2—6时最大。一般情况下，相对湿度日较差在15%～45%之间，但四季变化大，夏季最小，平均日较差15%左右；冬季最大，平均日较差45%左右。

1978—2010年海阳市各月平均相对湿度情况表

表1-5-5　　单位：%

月　份	1	2	3	4	5	6	7	8	9	10	11	12	全　年
平均相对湿度	61	60	60	63	68	78	86	83	72	67	65	63	69

蒸发　海阳累年平均年蒸发量1520毫米，月蒸发量5月最大，平均200毫米；1月最小，为50毫米。

海阳市累年平均月蒸发量情况表

表 1-5-6　　单位：毫米

月　份	1	2	3	4	5	6	7	8	9	10	11	12	全　年
蒸发量	50	63	117	169	200	172	150	160	161	133	88	56	1520

第六节　云与日照

云　海阳累年平均总云量 5.1 成。7 月最多，为 7.6 成；12 月最少，为 3.4 成。日平均云量小于 2 成为晴天，大于 8 成为阴天。按总云量计算，年内晴天日 234.5 天，阴天日 92.5 天。

日照　年日照　累年平均日照时数 2552.4 小时，最多年份 2858.8 小时（1988 年），最少年份 2157.9 小时（2007 年）。年日照百分率 59%，最多 65%，最少 49%。年内 10 月最多，为 67%；7 月最少，为 43%。

月日照　5 月日照时数最多，累年平均 249.0 小时；7 月最少，为 183.5 小时。

海阳市累年平均各月总云量与低云量情况表

表 1-5-7　　单位：成

月　份	1	2	3	4	5	6	7	8	9	10	11	12	全　年
总云量	3.7	4.3	5.1	5.3	5.6	6.7	7.6	6.2	4.9	4.2	3.9	3.4	5.1
低云量	1.1	1.1	1.3	1.9	2.4	3.4	4.8	3.2	1.3	1.0	1.4	1.2	2.0

海阳市累年平均各月总云量≤ 2.0（晴天）日数与出现频率情况表

表 1-5-8

月　份	1	2	3	4	5	6	7	8	9	10	11	12	全　年
天　数	24.3	22.2	22.7	19.6	18.5	13.7	7.9	13.8	22.3	24.9	21.7	22.9	234.5
频率（%）	78	79	73	65	60	46	25	45	74	80	72	74	64.3

海阳市累年平均各月总云量≥ 8.0（阴天）日数与出现频率情况表

表 1-5-9

月　份	1	2	3	4	5	6	7	8	9	10	11	12	全　年
天　数	4.1	5.1	7.0	7.3	9.1	12.4	16.7	10.5	6.3	5.5	5.0	3.5	92.5
频率（%）	13	18	23	24	29	41	54	34	21	18	17	11	25

海阳市累年各月平均日照时数情况表

表 1-5-10　　单位：小时

月　份	1	2	3	4	5	6	7	8	9	10	11	12	全　年
日照时数	195.5	190.5	226.0	236.9	249.0	216.7	183.5	218.6	227.6	226.8	190.8	190.1	2552.4

第七节　霜冻与结冰

霜冻　海阳霜冻最早出现在 10 月 2 日，平均出现在 10 月 15 日；最晚终日在 4 月 28 日，平均终日在 4 月 15 日。平均无霜期 210 天，最长 231 天（1978 年），最短 184 天（1991 年）。境内因海洋调节作用，秋季冷得较晚，春天暖得也比内陆晚，故初霜的危害较小，主要受终霜冻的危害较大，平均 10 年一遇。朱吴镇以北比南部沿海一带受终霜冻的危害严重一些。

结冰　海阳初结冰日，累年平均在 11 月 9

日，即立冬前后；最早在10月26日，即霜降后。终结冰日平均在4月4日，即清明前后；最晚在4月14日，即清明、谷雨之间。全年结冰期147天左右，最长约170天。

第八节　地温与冻土

地面温度　海阳平均地面温度14.9℃，一年中7月最高，为30.6℃；1月最低，为-1.8℃。地面极端最高温度63.4℃（1997年7月），极端最低温度-18.4℃（1981年12月）。地面温度秋季高于春季。

地中温度　海阳地中温度的测量一般分为地下5厘米、10厘米、15厘米、20厘米4个深度。地中温度变化趋势与地面温度变化趋势基本一致，随深度增加，最冷月和最热月出现时间比地面温度相应推迟，并且年振幅减小。

1978—2010年海阳市各月平均地面、地中温度情况表

表1-5-11　单位：℃

月份		1	2	3	4	5	6	7	8	9	10	11	12	全年
地面		-1.8	-0.4	8.6	16.0	21.3	28.1	30.6	29.0	24.9	14.9	6.2	1.6	14.9
地下	5厘米	-0.5	1.4	7.1	13.9	20.1	24.6	27.3	27.5	22.9	16.1	8.1	1.7	14.2
	10厘米	0.0	1.4	6.9	13.5	19.5	24.0	26.8	27.2	22.9	16.3	8.6	2.2	14.1
	15厘米	0.5	1.6	6.8	13.2	19.0	23.6	26.4	26.9	22.9	16.7	9.2	2.8	14.1
	20厘米	0.9	1.8	6.7	12.9	18.6	23.1	25.9	26.6	22.9	16.9	9.7	3.4	14.1

冻土　海阳最大冻土深度40厘米，出现在2003年1月。10厘米处最早冻结日出现在12月6日，最晚解冻日出现在3月12日；20厘米处最早冻结日出现在12月27日，最晚解冻日出现在2月25日；30厘米处最早冻结日出现在1月2日，最晚解冻日出现在2月12日。但本地约有1/2的年份，最大冻土深度不足20厘米，如1994—1995年，最大冻土深度只有8厘米。

海阳市地下温度冻结、解冻日期情况表

表1-5-12

时间	10厘米		20厘米		30厘米	
	冻结日	解冻日	冻结日	解冻日	冻结日	解冻日
最早	12月6日	1月20日	12月27日	1月13日	1月2日	1月29日
最晚	2月6日	3月12日	1月27日	2月25日	2月4日	2月12日
平均	1月2日	2月12日	1月19日	2月1日	1月31日	2月3日

第六章　土壤与植被

第一节　土壤分布

1984年，全县进行第二次土壤普查。境内土壤分布，因地形、地貌构成从低山到滨海平原、由粗骨棕壤到普通棕壤（潮棕壤—河潮土—滨海潮土—盐化潮土—滨海潮土）的垂直分布规律。

棕壤土类，是主要土类，遍布全市的岭坡、

山间平洎、山前微斜平地、沟谷梯田、近山阶地、石质山岭等地带。褐土土类，主要分布在小纪镇北部及发城、郭城、徐家店等镇，与棕壤土类呈复区并存。潮土土类，主要分布在河流两岸及沿海地带。盐土土类，主要分布在近海滩地和盐田荒地。

1985年海阳县土壤土类面积情况表

表1-6-1

类　型	代　号	可利用土地		耕　地	
		面积（公顷）	占可利用总面积（%）	面积（公顷）	占耕地总面积（%）
合　计	—	164393.27	100	87560.60	100
棕　壤	A	134473.53	81.80	69877.40	79.80
褐　土	B	9809.93	5.97	5749.00	6.57
潮　土	C	17674.73	10.76	11934.20	13.63
盐　土	D	2435.07	1.47	—	—

1985年海阳县土壤亚类面积情况表

表1-6-2

类　型	代　号	可利用土地		耕　地	
		面积（公顷）	占可利用总面积（%）	面积（公顷）	占耕地总面积（%）
棕壤性土	Aa	95671.27	58.20	40625.87	46.40
棕　　壤	Ac	32130.20	19.54	23471.47	26.80
潮 棕 壤	Ae	6672.07	4.06	5780.07	6.60
褐土性土	Ba	9017.60	5.49	5210.60	5.95
淋溶褐土	Bc	226.67	0.14	136.93	0.16
褐　　土	Bd	428.07	0.26	286.33	0.33
潮 褐 土	Bf	137.60	0.08	115.13	0.13
潮　　土	Cb	14199.40	8.64	10982.53	12.54
盐化潮土	Cc	3475.33	2.12	951.67	1.09
滨海潮盐土	Db	2435.07	1.47	—	—
合　计		164393.27	100	87560.60	100

第二节　土壤类型特征

境内土壤分为棕壤、褐土、潮土、盐土4个土类，下分棕壤性土、棕壤、潮棕壤、褐土性土、淋溶褐土、褐土、潮褐土、潮土、盐化潮土、滨海潮盐土10个亚类，续分20个土属，148个土种。

棕壤土类（A） 海阳棕壤是在暖温带湿润气候条件下，形成的地带性土壤。淋溶性较强，层次发育分明，通体呈棕及棕褐色。剖面一般分淋溶层、淀积层、母积层。表层因受耕作影响呈浅棕色，质地较轻。淀积层为黏粒聚积层，由于含铁、锰氧化物，呈棕及棕褐色，质地偏重，厚度不同，结构呈棱柱状或块状，结构面上有铁镁胶膜。底土层保持成土母质的形态，土体中部一般有铁锰结核，下部有铁管，通体无石灰反应，土壤呈微酸至中性，pH值5.5～7左右。

棕壤土类分为棕壤性土、棕壤、潮棕壤3个亚类，7个土属，69个土种。

棕壤性土（Aa） 是棕壤土类中的一种粗骨性土壤。土体发育不完整，无心土层，表层以下为半风化母岩，土体厚度一般小于30厘米。土壤质地粗，并含有大量的砂和砾石。由于母岩性质、土壤机械组成的形态和大小不同，故有粗砂土、石碴土、石皮土之分。它是海阳最大的土壤亚类，土属有酸性岩、基性岩、非石灰性沙、页岩、砾岩和坡积洪积物等。

棕壤（Ac） 棕壤俗称黄堰土，黄黏泥，是棕壤土类的代表类型，为海阳第二大亚类。土体深厚，物化性状由于受成土过程中淋溶、淀积等的作用，剖面由上而下，各层发育较为明显。质地由轻到重，颜色由淡到深，结构由粒状到块柱状。土壤容重受土壤质地和有机质含量的影响，质地粗，含砾石多，容重大，土壤则瘠薄；质地细，有机质含量多，代换量大，土壤则肥力高。pH值6.7～6.8。有6个土种。

黏心棕壤：俗称黄堰土，黏心黄堰土。发育在洪积冲积母质上，土体较厚，但在60厘米以内出现黏重的淀积层，严重影响土壤的通透性。

黏腰棕壤：俗称厚黄堰土、黄泥头。成土母质为洪积冲积物，土体厚度一般大于100厘米。但在60厘米以下，出现黏质夹层，因部位较深，在生产上不易表现障碍作用，且有托水作用，故生产能力较高。

均壤质棕壤：俗称油黄堰土、活黄堰土。发育在洪积冲积母质上，一般土层较厚，全剖面为轻壤或中壤，通透性、保供性、适耕性均属优良。

薄黏心棕壤：俗称瀰涝黄堰、死黄堰。多发育在洪积冲积母质上，在20～60厘米的土体内，夹有10～30厘米的黏土层。因所处地形、部位坡度较大，水土流失严重。耕层以下出现淀积黏质层，通透性极差，严重影响作物扎根和土壤蓄水、供水能力，易旱易涝，生产能力低。

中层棕壤：俗称中层黄堰土。成土母质是洪积冲积物，土体厚度小于60厘米，是棕壤亚类中生产能力较差的类型。

厚心和厚腰夹砾石层棕壤：厚心砾石层棕壤，在20厘米以下出现大于30厘米的砾石层，表土层浅，严重妨碍作物生长；厚腰砾石棕壤，在60厘米以下，夹有一层砾石层，对农作物的影响大。

潮棕壤（Ae） 俗称黄堰地。长期受地下水的影响发育而成。剖面特征，因在成土过程中，长期受地下水的影响，上部土壤颜色较暗，下部有明显的潜育层和铁锈斑状。土体较厚，水分状况良好，含砾石少，物理性黏粒含量较高，有机质、全氮和碱解氮含量及土壤代换均较高。适种性广，是境内精种高产土壤类型。主要有3个土种。

均质潮棕壤：俗称活黄堰土、活油土。发育在洪积冲积母岩上，剖面通体为沙壤、轻壤、中壤，颜色较暗，土体下部有铁锈斑纹。通透性、适种性、保供性均好，养分含量高，是较肥沃的土壤。

黏心潮棕壤：俗称黑黏活黄堰。剖面特征如棕壤亚类，但在土体深20～60厘米处，出现黏质土层，属性与黏心棕壤相似；只是所处部位较低，地下水位和土壤肥力较高，性能优于黏心棕壤。

黏腰潮棕壤：俗称黑油黄堰、活黑黄堰。因黏质层出现部位在60厘米以下，通透性、保供性、适种性均属较佳类型。由于所处地形、部位为倾斜平地和微斜平坦地带，水源较足，肥力较高，是高产土壤类型。

褐土土类（B） 发育在钙质岩和石灰质砂、页岩类的母岩上，成土条件（除母岩外）及成土过程与棕壤相同。它和棕壤的主要区别是，在土体内或基岩上有石灰反应，pH值一般为7～8，较棕壤高，呈中性至微碱性。褐土土类微生物活动较旺盛，有机质分解较快，故含量较低，理化性状亦低于棕壤土类。剖面特征以褐色为主，层次差异明显，剖面中部有质地黏重的黏化层，在一定深度有碳酸钙淀积层，有石灰反应。

褐土土类分为褐土性土、淋溶褐土、褐土、潮褐土4个亚类，8个土属，25个土种。

褐土性土（Ba） 俗称石碴土，亦称土骨性土壤。褐土性土有基性岩类、钙质岩类、石灰性砂页岩、石灰性砾岩4个土属，19个土种。

淋溶褐土（Bc） 分为洪积冲积物和残积物两个土属。面积小，分布不集中。

褐土（Bd） 成土母质属洪积物，按土体构型和表层质，分为两个土种：一是均壤质褐土，土体较厚，通体多为轻壤和中壤，有石灰反应，暗灰棕色。因含水较少，土壤质地较粗，有机物分解快，养分含量低，生产能力不高。二是中层均壤质褐土。

潮褐土（Bf）俗称黄金土。土体深厚，质地均一，地下水位较高，通透性、保供性均佳，是境内高产土壤类型之一。

潮土土类（C） 俗称河淤土，是境内第二大土类。直接发育在河流沉积物和海相沉积物上，土体母质分选性好，剖面层次分明。因长期受地下潜水影响，土体中、下部有明显的铁锈斑纹，土壤反应微酸至微碱性，pH 值 6.5 ～ 7.6。

潮土土类的特点，地势平坦，土体深厚，质地砂性较大，通透性好，但漏水漏肥，养分含量较低。由于所处部位不同，土体构造较复杂，质地差异较大，所以生产能力相差悬殊。

潮土土类分为潮土、盐化潮土 2 个亚类，3 个土属，46 个土种。

潮土（Cb）俗称河淤土，发育在河流冲积物上。有河潮土、滨海潮土 2 个土属。

河潮土（Cb_4）：表层质地从松砂—砂壤，土体内多夹砂层或砾石层。有 6 个土种。

均壤质河潮土。土体自上而下为轻壤或沙壤，土壤质地较细，砂粒较少，黏粒较多。肥、水的保供能力较强，养分含量较高，且耕期长，适种性广，生产潜力较大，是海阳高产土壤类型。

厚砂腰河潮土。土体 60 ～ 100 厘米，内有砂质夹层。因砂质夹层质地粗，养分、水分保蓄能力低，当作物根系达到该层时，吸收不到所需水肥，易脱肥早衰。

厚砂心河潮土。表层质地为砂壤土或轻壤土，耕性好，但保水保肥力差，土质较薄。

砾石心河潮土。表层特征与厚砂心河潮土相似。

厚壤心河潮土。表层为砂壤土，通透性强，适耕期长，保供性差，而心土层则为壤土，保水保肥、代换性均高，有利于养分的积累和供给，作物生长有后劲，故有“蒙金土”之称。

均砂土。自上而下是砂壤和松砂，紧砂土，黏粒极少，肥力很低。

滨海潮土（Cb_3）：俗称海砂土。发育在滨海平缓地的海积物上，地势较低平，地下水位 2 ～ 3 米，矿化度比河潮土高。砂壤质地的植物根系较多。有 6 个土种，主要为均壤质滨海潮土、均砂质滨海潮土。

均壤质滨海潮土。俗称油砂黄。土体通体为轻砂或砂壤，质地较细，砂粒较少，黏粒较多。保供能力较强，养分含量较高，宜耕期长，适种性广，生产潜力较大，是海阳高产土壤类型之一。

均砂质滨海潮土。俗称淤砂土。土体上下全为松砂或紧砂，土壤黏粒很少。漏水漏肥，养分含量低。

盐化潮土（Cc）俗称返盐土。是潮土经盐化过程而形成的土壤，地表层有明显的轻质盐斑，心土层和底土层有明显的铁锈斑纹，紧砂、砂壤质地，单粒结构。土性冷，地下水位高，矿化度高，作物易缺苗断垄。有滨海盐化潮土 1 个土属，13 个土种。

盐土土类（D） 俗称海滩土、盐滩土、荒滩地。有滨海潮盐土 1 个亚类，是在沿海砂质海积物基础上发育而成的土类。地下水位高，矿化度较高，地表或接近地表的土层，含有大量可溶性盐类，地表聚盐明显，盐分组成以氯化钾、氯化钠为主。盐土分布地带常为海水高潮时所淹没，不宜种植，仅生长碱蓬、芦苇等耐盐植物。

滨海潮盐土（Db）有 2 个土属，8 个土种。

第三节　土壤养分

2006—2010 年，全市开展耕地地力调查与质量评价工作。先后对各镇（区、街道）7.36 万公顷耕地进行土壤取样和农户调查，共采集土壤样品 7738 个，化验分析土壤有机质、碱解氮等 21 个项目 44779 项次。用于耕地地力评价的样点 3938 个，蔬菜样点 278 个，果茶园地样点 750 个；采集污染土壤样品 34 个、水样品 60 个。

表层土壤养分含量　全市耕地土壤表层各种养分含量均低，差异较大，皆属烟台市三级和全国四、五级标准水平。

有机质　全市土壤中有机质按含量多少划分为：8 克 / 千克以下、8 ～ 10 克 / 千克、10 ～ 12 克 / 千克、12 ～ 15 克 / 千 克、15 ～ 20 克 / 千 克、20 克 / 千克以上 5 个等级，在土壤调查取样中无有机质含量大于 20 克 / 千克地块，因此全市分 4 个等级。其中，有机质含量极低的土壤占总面积 1.11%，含量较高的占4.9%，含量较高和极低的地块占总面积很少部分，大部分土壤有机质含量10～20克/千克，属中等肥力水平。将全市分东、西、北3个区（东区含盘石店、留格庄两镇和东村、方圆、凤城三街道；西区含小纪、行村、辛安、二十里店和大阎家镇；北区含徐家店镇、郭城镇、发城镇和朱吴镇），土壤有机质含量东部最低，为11.8克/千克；北部次之，为12.8克/千克；西部最高，为13.4克/千克。全市总体为10～20克/千克，属中等偏低水平。

2010年海阳市土壤有机质含量分级情况表

表1-6-3

等级标准（克/千克）	≤8	8～10	10～12	12～15	15～20	>20
等级面积（公顷）	817.00	6160.30	29366.40	34466.90	3606.40	0
占总面积（%）	1.11	8.37	39.90	46.83	4.90	0

碱解氮　全市土壤中碱解氮含量划分为：30～45毫克/千克、45～60毫克/千克、60～75毫克/千克、75～90毫克/千克、90～120毫克/千克、120～150毫克/千克、150毫克/千克以上。全市平均值为76.5毫克/千克，有23.35%的土样碱解氮含量小于60毫克/千克，处于严重缺氮状态；土样碱解氮含量在60～90毫克/千克之间的占总数70.33%，处于氮素缺乏状态；土样碱解氮含量高于90毫克/千克的只占6.32%。

2010年海阳市土壤碱解氮含量分级情况表

表1-6-4

等级标准（毫克/千克）	30～45	45～60	60～75	75～90	90～120	120～150	>150
等级面积（公顷）	1177.60	16008.00	33105.30	18657.00	4313.00	338.60	0
占总面积（%）	1.60	21.75	44.98	25.35	5.86	0.46	0

有效磷　全市耕地土壤中有效磷含量划分为：10～15毫克/千克、15～20毫克/千克、20～30毫克/千克、30～50毫克/千克、50～80毫克/千克、80毫克/千克以上。全市平均值为35.3毫克/千克，属含磷较丰富地区。磷素缺乏的占0.39%，低磷含量的占2.33%，20～30毫克/千克中等含磷水平的占29.6%，其余为丰富含磷水平。3个分区土壤中有效磷含量与全市平均值基本相同，表明土壤中有效磷水平地区变异小，土壤中磷素含量丰富。

2010年海阳市土壤有效磷含量分级情况表

表1-6-5

等级标准（毫克/千克）	10～15	15～20	20～30	30～50	50～80	>80
等级面积（公顷）	287.00	1714.90	21785.60	49061.80	743.40	0
占总面积（%）	0.39	2.33	29.60	66.66	1.01	0

速效钾　全市耕地土壤中速效钾含量划分为：50毫克/千克以下、50～75毫克/千克、75～100毫克/千克、100～120毫克/千克、120～150毫克/千克、150毫克/千克以上。全市平均值为91.5毫克/千克，处于缺乏水平。其中速效钾含量小于50毫克/千克的面积242.9公顷，占总面积0.33%，属严重缺钾；77.04%的含量为50～100毫克/千克，属钾素缺乏；22.64%的含量为中等水平，在100～150毫克/千克之间。3个分区土壤中速效钾含量与全市平均值基本相同，

表明全市速效钾含量水平地区变异小，土壤中钾素含量缺乏。

2010 年海阳市土壤速效钾含量分级情况表

表 1-6-6

等级标准（毫克 / 千克）	≤ 50	50 ～ 75	75 ～ 100	100 ～ 120	120 ～ 150	> 150
等级面积（公顷）	242.90	7580.80	49606.40	15492.80	1170.20	0
占总面积（%）	0.33	10.30	66.74	21.05	1.59	0

表层土壤微量元素　全市耕地土壤表层微量元素有铁、锰、锌、铜、钼、硼。铁、锰含量较丰富，锌、铜在临界值范围，钼、硼低缺。

有效铁　全市土壤中有效铁含量平均值为 10.66 毫克 / 千克，含量在 4.5 ～ 10.0 毫克 / 千克的土样占总数 26.76%；含量在 10.0 ～ 20.0 毫克 / 千克的占总数 61.67%，占全部土样 88.43%，表明全市绝大部分土壤中有效铁能够适合作物生长，不需额外施加铁肥。招虎山前的酸性岩区含量丰富，小纪、发城镇一带含量较低。

有效锰　全市土壤中有效锰含量平均值为 10.14 毫克 / 千克，含量在 5.0 ～ 15.0 毫克 / 千克的土样占总数 24.7%，含量在 15.0 ～ 30.0 毫克 / 千克的占总数 59.7%，含量在 30.0 ～ 45.0 毫克 / 千克的占总数 14.7%，无大于 45 毫克 / 千克的土样，属不缺和较丰富范围。含量最丰富的为东部和南部酸性岩地区，含量较低的为小纪、发城镇一带。

有效锌　全市土壤中有效锌含量平均值为 1.43 毫克 / 千克，含量 0.20 ～ 1.0 毫克 / 千克的占 55.41%，含量在 1.0 ～ 1.8 毫克 / 千克的占 17.65%，此范围为作物缺锌的临界值，低于此范围属缺锌。海阳土壤超 50% 存在缺锌情况。

有效铜　属临界值水平。东村街道和朱吴、发城、徐家店镇一带低缺。

有效钼　属低缺水平。

有效硼　最高含量比临界值低 53%。

第四节　土壤理化性质

物理性质　*表层质地*　海阳土壤表层质地较差。在机械分析的 268 个土样中，多砾质和多砾石占 25.7%，少砾质占 14.2%，轻壤土 36.48%。全市土壤因质地粗，砾石含量高，结构松，通气孔隙大，透气性强，保水保肥能力差，生产性能低。全市耕地土壤质地划分为 9 种。

粗砂土、石碴土和石皮土：粗砂土主要分布在酸性岩地区的山岭中上部，如盘石店和朱吴镇。石碴土主要分布在变质岩地区的山岭中上部，如东村、方圆街道和留格庄、二十里店镇一带。石皮土主要分布在砂页岩地区的山岭上，如小纪至发城一带。此三种质地类型，土壤砾石含量高，砂性大，极易漏水漏肥，通气孔隙大，有机质分解快，不利于养分积累，既不抗旱，也不耐涝。多种植地瓜、花生，产量极低而不稳。

壤质土：主要分布在山丘岭地中上部。土壤质地较粗砂土等略细，但含砂和砾石仍较多，通气孔隙度较大，有机质分解较快，易漏肥漏水，养分含量低，不抗旱不耐涝。该类质地耕地面积 1.95 万公顷，占总耕地面积 26.47%。多种植地瓜、花生，产量低而不稳。

轻壤土：主要分布于凤城、东村、方圆街道和留格庄、行村、徐家店、辛安镇等河流下游的平泊地。砂黏比例较适中，保水保肥性强，适种作物广。

中壤土：主要分布在山间平地上，如行村、二十里店镇和东村街道等部分村庄。此类土壤质地性能好，黏砂粒比例较适中，耕性好，适耕期长，保肥保水性能好，抗旱耐涝；水、肥、气、热状况较协调，土壤肥力高。全市此类耕地面积 1600 公顷，占总面积 2.24%，是高产土壤质地，适应性广，增产潜力大。

松砂土和紧砂土：松砂土分布于大阎家镇、凤城街道、留格庄镇等近海一带。紧砂土分布于辛安镇的古庄头堤坝外和海头一带。此两种质地类型是均砂质，少砾石，粒径较均匀。水肥极易渗漏，养分含量很低。农业利用多种植地瓜、花生，产量极低，适宜发展林业，建设防风林带。

砂壤土：主要分布于较大河流中下游，如留格庄河、东村河、昌水河等沿河泊地。此类土壤砂粒比例大，保水保肥性能差，养分含量低。农业利用以地瓜、花生为主，水浇条件较好的种植小麦、玉米，一年两作，产量较低。

土壤容重　据268个测定样品统计分析，全市耕地土壤表层容重在1.25～1.41克/立方厘米范围内，平均为1.36克/立方厘米，均在适宜容重1.1～1.35克/立方厘米之间。但由于土壤质地类型不同，容重差异较大。如中壤土1.2～1.52克/立方厘米，平均1.36克/立方厘米；石渣土1.25～1.50克/立方厘米，平均1.37克/立方厘米；砂壤土1.22～1.59克/立方厘米，平均1.39克/立方厘米，其中适宜的占37%。容重偏大的（1.35克/立方厘米以上）占测定样品数63%，广泛分布在全市山丘、岭地的中上部和近河床的砂性泊地上。因含砂量较高，质地粗，通气孔隙度大，土壤结构性差，保水保肥能力低，生产性能差，对作物选择性较强，一般只能种植地瓜、花生等耐旱作物。

土壤孔隙度　全市表层土壤总孔隙度范围为46.8%～52.8%，其中大于50%的占37.9%，小于50%的占62.1%。土壤表层通气孔隙度在5.5%～10%的占测定样品数26.83%，分布在山丘下部及山间平地的棕壤与潮棕壤土层；通气孔隙度在10.5%～15%的占样品数32.72%，分布在排水条件良好的山间平地和泊地壤质土层；通气孔隙度在15%～27.8%的占样品数34.55%，分布在山丘岭地的中上部及砂质泊地。

土体构型　海阳地形复杂，土体构型类型较多，分为石底、夹砂、夹黏、夹砾石、夹铁板砂、均砂质、均壤质和均砂壤8种。其中，均壤质型保水保肥能力强，中位夹黏型次之，石底较差，均砂质、夹砂和夹砾石型漏水漏肥，抗灾能力极差。全市土壤土体较好的均壤质面积1.3万公顷，中位厚层夹黏型5300公顷，两项占耕地总面积24.46%。

土体厚度　全市土体厚度有极薄层、薄层、中层、厚层和深层五种类型。其中，耕地土体厚度小于15厘米的占耕地总面积0.08%；15～30厘米的占28.83%；31～60厘米的占25.98%；61～100厘米的占8.82%；100厘米以上的占36.29%。

土壤酸碱度　土壤酸碱度用pH值表示。通常将土壤分为强酸性、酸性、微酸性、中性、微碱性、碱性和强碱性，其对应的pH值分别为：4.5以下、4.6～5.5、5.6～6.5、6.6～7.5、7.6～8.5、8.5以上。pH取值以7为界，等于7呈中性，大于7呈碱性；小于7呈酸性。全市pH值小于4.5的强酸性土壤883.2公顷，占总面积1.2%；pH值在4.6～5.5和5.6～6.5之间的酸性和微酸性土壤分别占总面积15.78%和77.08%，合计94.06%，表明全市绝大部分土壤呈酸性。pH值在6.6～7.5和7.6～8.5的中性和微碱性土壤占总面积5.94%。北部土壤pH值最高，为6.11；西部次之，pH值为5.82；东部最低，pH值为5.44。

2010年海阳市土壤pH值分级情况表

表1-6-7

等级标准	≤4.5	4.6～5.5	5.6～6.5	6.6～7.5	7.6～8.5	≥8.5
等级面积（公顷）	883.20	11614.10	56730.90	43424.40	29.44	0
占总面积（%）	1.20	15.78	77.08	5.90	0.04	0

化学性质　土壤碳氮比及供氮强度（供肥性能）　海阳土壤中含砂和砾石量较多，土质粗，通气孔隙度大，有机质分解快，矿化率高，碳氮比少。全市平均8.5。供氮强度9.8%。土壤的供肥特点是：前期快，无后劲，发苗好，中、后期易脱肥。

土壤剖面养分含量　基本规律为：表层高于心土层，心土层高于底土层（1984年土壤普查资料）。

第五节　植　被

海阳地处暖温带低山丘陵区，植被种类较复杂。根据地形、水分和土壤状况，分为如下植被区：

以招虎山为代表的低山区，针叶林为主，间有阔叶林。乔木树种以赤松、黑松、刺槐、枰柳、栎等为多；灌木有棉槐、卫茅、杜鹃、胡枝子、锦带花、海州常山、扁担杆子、雪柳、山枣、水腊等；草本植物有白草、黄背草、萱草、芒草、羊胡子、红蓼、知风草、画眉草、野谷草、黄花龙牙草、菊蕨等。

北部、西部丘陵区，乔木树种有赤松、黑松、刺槐、楸树等；灌木以灌木状柞墩、棉槐为大宗；草本植物有白草、黄背草、蒿草、狗尾草、羊胡子等。

滨海冲积平原及河流沿岸，乔木树种有柳树、白榆、杨树、泡桐、刺槐等；灌木有棉槐、杞柳等；草本植物有芦苇、茅草、三棱草等。

滨海沙地，乔木树种有黑松、刺槐等；灌木以棉槐分布最广；草本植物有沙蓬、沙钻苔草、待霄草、莱阳沙参、菖蒲等。

滨海盐碱地，乔木树种以刺槐为主；灌木有棉槐、柽柳等；草本植物有茅草、芦苇、荻、灰绿碱蓬、翅碱蓬等。

中华人民共和国成立后，县政府十分重视植树造林工作，至1984年年底，全县林业用地面积4.03万公顷，占全县土地总面积的21.4%，内含水果林7968.67公顷、干果林1336.53公顷、桑园399.53公顷、柞峦3122.93公顷、用材林6074.8公顷、防护林1.22万公顷、薪炭林865.53公顷、竹林22公顷、农田林网2844公顷、其他5453.93公顷。全县林木覆盖率19.8%，其中，林地覆盖率17.8%，农田林网、桐粮间作、四旁植树覆盖率2%。1984年后，在路边、宅旁、河堤、河滩、海滩、荒山大量植树造林。2010年，全市林地面积4.54万公顷，森林覆盖率23.5%。

第七章　自然资源

第一节　土地资源

1985年，农业区划普查，将全县原土地总面积18.42万公顷，重订为18.82万公顷。其中：农田7.20万公顷，占总面积的38.28%；林业用地4.03万公顷，占总面积的21.43%；牧业用地2.36万公顷，占总面积的12.52%；内陆水域3030.47公顷，占总面积的1.61%；城乡居民点及工矿占地9413.2公顷，占总面积的5%；交通占地373公顷，占总面积的0.2%；滩涂面积4473.33公顷，占总面积的2.38%；其他占地3.50万公顷，占总面积的18.60%。1996年，耕地面积7.16万公顷，园地面积2.77万公顷，林地面积2.85万公顷，建设用地总规模为1.53万公顷。2005年，耕地面积7.70万公顷，基本农田保护面积为6.38万公顷，园地面积2.00万公顷，林地面积2.94万公顷，建设用地总规模为1.82万公顷。2010年，全市耕地保有量7.18万公顷，园地面积2.75万公顷，林地面积3.44万公顷，建设用地总规模为1.57万公顷。

1984年，第二次土壤普查时，对全县土地生产能力进行评级。按照评级依据和原则，全县的耕地无一级和六级，只有二级、三级、四级和五级4个级别，其面积分别为二级耕地3408公顷、三级耕地20026公顷、四级耕地36814.8公顷、五级耕地27130.8公顷。2006—2010年，组织对全市耕地进行地力调查与质量评价工作。按照1996年农业部关于全国耕地10个地力等级的标准，2008年境内耕地被认定为6个等级，无七级、八级、九级和十级地。同年，全市耕地总面积73600.33公顷，其中一级地4478.22公顷，占耕地总面积6.08%；二级地8154.08公顷，占11.08%；三级地16218.55公顷，占22.04%；四级地

11790.73 公顷，占 16.02%；五级地 16931.22 公顷，占 23%；六级地 16027.53 公顷，占 21.78%。

2010 年海阳市耕地地力等级行政区域分布情况表

表 1-7-1　　　　单位：公顷

镇（区、街道）	一级地		二级地		三级地		四级地		五级地		六级地		面积合计
	面积	占比	面积	占比	面积	占比	面积	占比	面积	占比	面积	占比	
东村街道	80.78	3.25	185.43	7.47	161.20	6.49	256.93	10.34	448.48	18.06	1351.07	54.39	2483.89
方圆街道	633.89	23.25	424.37	15.57	687.07	25.20	257.49	9.45	295.93	10.86	427.37	15.68	2726.12
凤城街道	374.15	11.92	849.04	27.04	1288.51	41.04	317.91	10.12	279.42	8.90	30.84	0.98	3139.88
徐家店镇	49.69	1.23	117.32	2.91	760.86	18.85	737.23	18.26	1892.84	46.89	479.01	11.87	4036.95
郭城镇	61.52	0.92	701.25	10.53	1336.43	20.07	2242.65	33.68	2036.65	30.59	280.37	4.21	6658.87
发城镇	22.69	0.41	328.91	5.97	1160.59	21.08	704.32	12.79	1660.26	30.16	1628.71	29.58	5505.48
朱吴镇	146.87	1.85	256.02	3.23	675.50	8.51	1385.29	17.46	1494.43	18.84	3976.01	50.11	7934.12
盘石店镇	309.99	6.49	483.23	10.12	566.39	11.87	605.76	12.69	487.91	10.22	2320.15	48.61	4773.43
小纪镇	0	0	537.16	6.07	958.98	10.84	1324.22	14.97	2953.46	33.39	3070.55	34.72	8844.36
留格庄镇	1323.57	21.69	1664.19	27.27	1338.78	21.94	557.76	9.14	636.06	10.42	581.53	9.53	6101.88
二十里店镇	283.65	5.27	482.60	8.97	980.45	18.22	853.64	15.86	1422.26	26.43	1358.26	25.24	5380.86
行村镇	700.64	11.25	825.89	13.26	1976.06	31.73	937.81	15.06	1463.70	23.51	322.67	5.18	6226.76
大阎家镇	279.19	9.01	327.41	10.57	1614.17	52.09	376.97	12.16	474.32	15.31	26.74	0.86	3098.81
辛安镇	154.08	2.78	393.69	7.10	2416.45	43.55	1039.98	18.74	1374.92	24.78	169.43	3.05	5548.55
经济开发区	57.50	5.04	577.55	50.65	297.11	26.05	192.78	16.91	10.58	0.93	4.82	0.42	1140.35

第二节　水资源

全市水资源总量为地表水资源量与地下水资源量之和，全部靠大气降水补给，具有与降水相同的特点，即年际变化大，丰枯悬殊，内分配不均，地区分配不均。年平均水资源总量为 3.948 亿立方米，水资源模数为 20.92 万立方米 / 平方千米，人均水资源量为 592.9 立方米；多年平均径流深 191.3 毫米，平均蒸发量 1067 毫米，属联合国统计划分的缺水区。

地表水　全市无客水入境，主要来源于大气降水。根据《21 世纪初期海阳市城市水资源可持续利用总体规划》评价结果，全市年地表水资源量 3.609 亿立方米，人均占有 519 立方米；50% 保证率降水量为 674.4 毫米，地表水资源量为 2.781 亿立方米；95% 保证率降水量为 389.4 毫米，地表水资源量为 0.357 亿立方米。地表水分布不均，在一年内，具有“春旱夏涝，晚秋又旱”的特点。其中，集中期在 6—9 月，占全年降水量的 73%；其他月份较少，10—12 月降水量占全年降水量 10%，1—5 月占 17%。每年的 6—9 月为境内的汛期，径流量主要集中在此期，占全年的 80% 左右。在年际中，具有变化较大的特点。据 1978—2010 年资料统计，境内年平均降雨量 691.6 毫米。其中，最大年降水量 1137.9 毫米，出现在 1985 年；最小降水量 390.7 毫米，出现在 1981 年。在地域分布上，呈现自东向西递减状况，主要受地形、地貌、水文地质条件的影响，西部比东部少 40 ～ 60 毫米。

地下水　徐家店、发城一带多为石灰岩，挤压断层颇多，地下水较丰富，单孔出水量每小时 10 ～ 20 立方米。招虎山系多为花岗岩型裂隙潜水，单孔出水量每小时 5 ～ 10 立方米。小纪、朱吴西部多为脆性片麻岩带，单孔出水量每小时 10 立方米。7 条河流两岸属第四纪沉积层，地下水丰富，单孔出水量每小时在50立方米以上。年平均地下水资源量1.433亿立方米，地下水最大可利用量1.2亿立方米。

第三节　矿藏资源

海阳矿种较多，至1985年，开采的有石灰石、滑石、大理石、铜、硫铁等矿，尚未开采的有铁、铅、金、多金属、水晶、重晶石、石墨、石棉、铝等矿床及矿化点102处。2008年，开发矿产4种，有岩金、建筑用砂、建筑用花岗岩、砖瓦用黏土，共64处矿山，开采规模以小矿为主，共55处；小型矿山4处；中型矿山4处；大型矿山1处。2010年，全市已查明资源储量的矿种27种（包括亚种），其中具有探明储量的矿产12种。具有矿床规模的金、石墨、滑石、水泥用大理岩、建筑用花岗岩5个矿种。各类矿床（点）30处，有铁、铜、铅锌、岩金、沙金、硫铁矿、石墨、滑石、水泥用大理岩、水泥黏土矿、饰面用花岗石、饰面用大理石、板石、建筑用花岗岩、建筑用砂、砖瓦用黏土等。

第四节　生物资源

海洋生物资源　海阳沿海是多种鱼虾的过路渔场，又是某些地方海生物生息繁育的优良场所，资源比较丰富。

海水鱼、蟹、虾类资源　鱼类：加吉鱼、鳓鱼、鲅鱼、黄鱼、铜鱼、带鱼、鳘鱼、摆加鱼、船钉鱼、铲鱼、鲐鱼、青鱼、马面鲀、鳕鱼、重唇鱼、河豚、狼鱼、镜鱼、石钉鱼、安康鱼、黄尖鱼、鲳鱼、偏口鱼、红鞋鱼、老板鱼、黄鲣鲅、

带鱼

青皮、鲈鱼、海蝠鱼、黄盘鱼、沟鲹、梭鱼、燕鱼、针鱼、印鱼、鲨鱼、墨鱼、八带鱼、面条鱼、牙片鱼等。

蟹类：梭子蟹、解放眉足蟹、艾氏刺寄居蟹、虎头蟹、红线黎明蟹、北戴河拳蟹、豆形拳蟹、特异扇蟹、日本蟳、海阳豆蟹、弧边招潮蟹、大眼蟹、圆球鼓窗蟹、肉球近方蟹、天津厚蟹、伍氏厚蟹等。

虾类：对虾、色虾、鹰爪虾、琵琶虾、毛虾、鲜明鼓虾、海蜇虾、脊尾白虾、锯齿长臂虾、蠓虾、哈氏美人虾、泥虾等。

琵琶虾

浅海滩涂贝、藻类资源　1983年普查，浅海滩涂贝、藻类共有110多种。

贝类：70种，主要有文蛤、青蛤、魁蚶、泥蚶、毛蛤、寻氏肌蛤、渤海鸭嘴蛤、凸镜蛤、菲律宾蛤仔、等边浅蛤、西施舌、紫彩血蛤、烟台腹蛤、纹斑棱蛤、四角蛤蜊、日本镜蛤、彩虹明樱蛤、异氏樱蛤、贻贝、德氏栉孔扇贝、太阳栉孔扇贝、褶牡蛎、密鳞牡蛎、近江牡蛎、长竹蛏、大竹蛏、弯竹蛏、蚬、单齿螺、绣凹螺、拟蟹守螺、斑玉螺、红螺、强刺红螺、香螺、疣荔枝螺、纵带滩栖螺等。

藻类：41种，主要有石花菜、小石花菜、凤头菜、甘紫菜、珊瑚藻、眉果藻、蜈蚣藻、江篱、红离菜、金膜藻、对丝藻、橡叶藻、多管藻、软骨藻、鸭毛藻、礁膜、孔石莼、浒苔、羽藻、刺松藻、水云、黑顶藻、点叶藻、萱藻、囊藻、绳藻、海带、裙带、鼠尾藻、海黍子、海蒿子、羊栖菜、马尾藻等。

主要经济贝、藻类及海蜇、刺参面积　寻氏肌蛤：在丁字湾的分布区有6处，分别为大姑礁东南、二姑礁东、三姑礁北、力岛南、香岛东南、香岛南部等处，共66.93公顷。

渤海鸭嘴蛤：海阳常见，分布范围较广，以丁字湾为主。生长于低潮区泥沙中，何家滩面面积64公顷，最大密度710个/平方米，平均密度436.70个/平方米；最高生物量3200克/平方米，平均生物量2046.70克/平方米。

菲律宾蛤仔：沿海主要有7个采捕区和采苗区，分别为鸭岛以东采捕区、坨南采捕区、丁字嘴南采捕区、鲁口南采捕区、鸭岛东采苗区、马河港东崖附苗区、羊角泮附苗区，共449公顷。

四角蛤蜊：主要分布在鲁口、赵家庄、姜家庄等村的沙质滩涂的高潮区，面积33.33公顷。最大密度174个/平方米，平均密度57.55个/平方米；最高生物量375克/平方米，平均生物量125.84克/平方米。

日本镜蛤：1982年发现的一种贝类资源，主要分布在鲁口村南低潮区，面积14公顷，最大密度12个/平方米，平均密度5.57个/平方米；最高生物量213.40克/平方米，平均生物量98.90克/平方米。

泥蚶：主要分布在辛安镇海头村以西，行村镇何家村以东，对虾养殖场大堤以南的泥质滩涂上，共340公顷。最大密度202个/平方米，平均密度108个/平方米；最高生物量210克/平方米，平均生物量124.6克/平方米。

文蛤：1985年发现的品种，主要分布在丁字嘴以西的沙质滩面上，资源量不大。

文蛤

海蜇：属海阳地方资源，种类有面海蜇、沙海蜇等。每年捕捞季节在八九月。

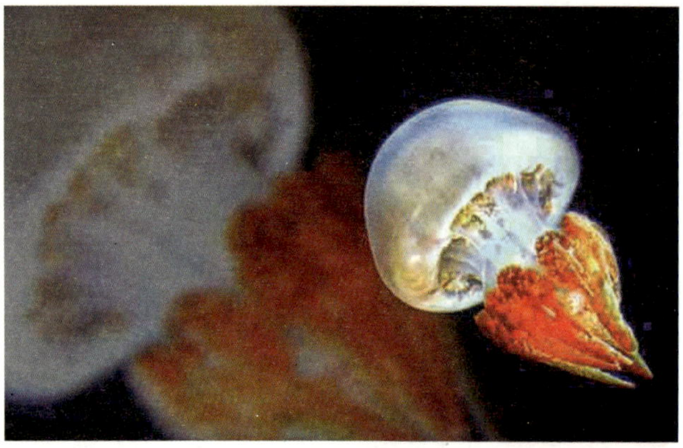

海蜇

刺参（海参）：主要分布在前山海区、鹁鸽岚海区及凤城龙头海区潮下带岩礁底质上。千里岩周围也有分布。前山海区资源量较高，平均密度0.16个/平方米，平均生物量49克/平方米。资源面积233.33公顷。

石花菜：主要分布在凤城龙头及大辛家鹁鸽岚、前山等海区潮下带岩礁底质上，资源量在150吨左右。是冻粉的主要原料，自然生长，自由采集。

马尾藻：境内马尾藻科的鼠尾藻、海黍子、海蒿子、羊栖菜等种类，沿海岩礁海滩的中、低潮区以下均有分布。

凤头菜：1933年《胶济铁路经济调查报告》载："老龙头所产之凤头菜，味清而腴，尤为特产，其出产大半在夏秋之交，每斤价约一元五角左右。"资源仍存，但数量不多。

浅海浮游生物资源　1983年调查，沿海浮游生物共41种，其中浮游动物22种，浮游植物19种。浮游动物平均生物量55.33毫克/立方米；平均密度83.13个/立方米。以桡足类为主，共12种，占浮游动物总种数的54.55%；浮游幼体7种，占31.32%。其他为水母类、端足类、毛颚类各1种。优势种有：强壮箭虫、短尾类蚤状幼虫、双毛纺锤水蚤、中华哲水蚤、小拟哲水蚤、捷氏歪水蚤等。从分布情况看，西部海区密度明显高于中、东部海区。浮游植物平均总密度为8.25×10^4个/立方米，以硅藻类为主，共16

种，占浮游植物总种数的 84.20%。其余 3 种属甲藻类，优势种有圆筛藻、中肋骨条藻、锤状中鼓藻、角刺藻等。从分布情况看，丁字湾内及湾口附近密度较大，最高达 23×10^4 个 / 立方米，其中以锤状中鼓藻和中肋骨条藻为最多。中、东部海区种类数量稍多，但密度较低。圆筛藻分布均匀，最高密度 1.579×10^4 个 / 立方米。

淡水生物资源　浮游生物资源　浮游植物有蓝藻、金藻、硅藻、裸藻、绿藻、黄藻、甲藻 7 门，85 种，平均 1129850×10^4 个 / 立方米；浮游动物有原生动物、轮虫、枝角类、桡足类 18 种，平均 448×10^4 个 / 立方米。1984 年，农业区划调查：道口农场鱼池，浮游植物有蓝藻、金藻、硅藻、裸藻、绿藻 5 门，13 种，平均 22280×10^4 个 / 立方米。动物有原生动物、轮虫、砂壳虫、桡足虫 4 种，平均 696×10^4 个 / 立方米。窦疃村鱼池，浮游植物有蓝藻、硅藻、裸藻、绿藻 4 门，32 种，平均 3488000×10^4 个 / 立方米；动物有原生动物 2 种，平均 120×10^4 个 / 立方米。二十里店水库，浮游植物有蓝藻、甲藻、金藻、黄藻、硅藻、裸藻、绿藻 7 门，37 种，平均 671000×10^4 个 / 立方米；动物有原生动物、轮虫、桡足 3 类，12 种，平均 324×10^4 个 / 立方米。

鱼类资源　鱼类有鲶鱼、麦穗鱼、棒花鱼、南方马口鱼、白鲫、鰵鱼、鳑鲏、翘嘴红鱼、泥鳅等。

其他水生动物资源　主要有节肢动物、爬行动物、软体动物等。节肢动物有沼虾、米虾、中华绒螯蟹 3 种；爬行动物主要为鳖；软体动物有河蚌、河蚬、螺蛳等。

水生植物资源　有水浮莲、紫萍、浮萍、鸭跖草、凤眼莲、雨久花、莲、黑藻、青泥苔等 10 多种。

陆地生物资源　禽类　莺、杜鹃、布谷、啄木鸟、鹰、鹞、雕、鹫、猫头鹰、喜鹊、鹌、鸠、雉、乌鸦、脊鸰、鸽、鹌鹑、山鸡、凫、天鹅、海鹌、鸥、信天翁、鹭鸶、水鸡等。

兽类　狼、狐、狸、獾、刺猬、鼬鼠、兔、鼠等。

虫类　山蚕、蜂、蜡虫、蛙、蟾蜍、蛇舅母、螳螂、蜻蜓、蜘蛛、蝉、蝴蝶、萤、蚯蚓、螟蛉、地蛉、蚂蚁等。

野草、野菜　荠菜、苦菜、紫蕨、金针、灰菜、王蕫、茅、蒿、书带草、蓑草、芦、苇、荻、葭、蒲、萍、蓼、地枣、山蒜、燕麦、葛、薜荔、牛筋草、结缕草、狗尾草、大油芒、黄背草、菅、山草、苎草、碱蓬草、百草、知风草、画眉草、羊胡子、三棱草、砂蓬、待霄草、砂钴苔草等。

药材　沙参、天蓬草、半夏、槐米、地骨皮、苍术、远志、黄精、梧桐泪、茨菰、荆芥、葛根、薄荷、威灵仙、黄芩、葶苈子、野菊花、地丁、蒲公英、苏子、白扁豆、瓜蒌、天南星、柴胡、前胡、防风、石竹、知母、地肤子、艾蒿、扁竹草、漏芦、蒺藜、山里红、桔梗、石菖蒲、茜根、小蓟、大蓟、地环、金银花、水芹菜、地榆、苦丁香、丹参、茵陈、白前、山瓦、王母、菟丝子、马兜铃、益母草、八仙草、鸡肠草、透骨草、老鹳草、藁本、决明子、黄芪、白丑、黑丑、党参、苦参、五加皮、王不留、白头翁、刘寄奴、连翘、地锦、桑螵蛸、海螵蛸、水蛭、牡蛎、獾油、蜂房、蟾酥、土鳖、全蝎、龟甲、蜈蚣、斑蝥、五灵脂、蝉蜕、鸡内金、蚕衣、蟹线、蛇蜕、地龙等。以沙参、半夏、防风、黄芩、苍术、荆芥、桔梗、石菖蒲等质量为优。

第八章　自然灾害

第一节　旱　灾

1981—1982 年，全县年降水量分别为 390.7 毫米、421.3 毫米，连续 2 年持续降水偏少，出现 60 年未有的特大干旱。地下水位平均下降 6 米，502 座水库、塘坝全部干涸，大小河流断流，粮食产量减少 60% 以上。

1983年11月—1984年5月，是中华人民共和国成立后少见的冬春连旱。6个多月仅降水28.9毫米，其中大于5.0毫米的有效降水过程只有1次，其余均为零星降水。严重影响小麦越冬、返青和拔节期的生长。全县23处公社小麦减产幅度10.3%～54.1%，总产比往年减少3.56万吨。

1987年11月—1988年7月，全县出现冬连春、春连夏的严重干旱，251天仅降水84.2毫米，是常年同期的28%。受灾范围遍及全县23处乡镇。小麦产量比常年减少1.00万吨。春播作物受损严重，尤其是套种玉米，无水浇条件的大部分被干死，改种夏直播。部分地区人畜吃水困难。

1989年，出现春夏连旱，受灾范围遍及全县23处乡镇，小麦拔节、抽穗、灌浆期的生长发育，以及夏播作物播种和春作物生长，均受到严重影响。4月上旬末，农田出现旱情，至7月20日旱情解除，持续时间110天，其间降水量130.8毫米，占常年同期降水量的40%。春夏连旱之后，又出现伏旱。旱情从7月下旬末开始，至8月25日，持续时间1个月，遍及全县23处乡镇。其间，降水量41.2毫米，是常年同期的17%，特别是7月21日—8月18日，降水量21.9毫米，农田旱情十分严重。全县重旱面积达80%，作物凋萎。8月8日，出现干热风天气，对作物生长影响很大。

1997年，受强厄尔尼诺现象影响，6月上旬—8月上旬，全市平均降水量72毫米，仅占历年同期降水量21%，气温比常年同期偏高2℃。因高温少雨，地下水位下降2.6米，40余座小型水库、245处塘坝、1680眼大口井干涸，河道断流，造成玉米、花生、地瓜、芋头等作物连片干枯致死，干果、水果因干旱而枯萎和落果。全市农作物受灾面积6.25万公顷，成灾面积4.67万公顷。受灾人口63万人，其中成灾人口41万人，有165个村15.4万人、2.5万头牲畜吃水困难。因灾情造成的直接经济损失3.23亿元。其中，农业损失2.92亿元。

1999年6月至9月18日，降水量299.7毫米，较常年同期偏少43%，部分乡镇降水量不足100毫米，旱情严重。7月8日—9月18日，全市平均降水量53.4毫米，较常年偏少197毫米，且降水分布不均。大山所、赵疃、泉水头、朱吴、高家、二十里店、辛安、发城、郭城、山西头、凤城、大阎家、大辛家、盘石店14处乡镇，连续1个月降水不足10毫米，旱情尤为严重。全市地下水位下降2.4米，35座中（小）型水库、240处塘坝、1600眼大口井干涸，河道全部断流。玉米、花生、地瓜和水果等连片干枯致死，山地秋玉米基本绝收。全市受灾人口63万人，成灾人口46万，432个村32.6万人、1.8万头牲畜吃水困难。全市农作物受灾面积6.33万公顷，成灾5.2万公顷。旱情造成直接经济损失2.82亿元。其中，直接农业经济损失2.69亿元。

2000年3月至6月28日，全市总降水量78.1毫米，较常年同期偏少60%，地下水位下降2.4米，45座中（小）型水库、245处塘坝、1680余眼大口井干涸，河道断流。小麦连片干旱致死。70%的小麦无水浇，80%的春地被撂荒，70%的村人畜吃水困难。有6666.67公顷干（水）果受旱严重，512个村48.8万人吃水困难。

2008年12月22日—2009年3月11日，全市降水3.0毫米，受旱面积3.2万公顷，重旱面积1.5万公顷，农作物成灾面积3.2万公顷；受灾人口50万人，饮水困难人口4000人，需救助人口2万人；饮水困难的大牲畜2000头。造成经济损失1.30亿元。

2009年7月26日—8月17日，全市降水量2.6毫米，比常年同期偏少122.5毫米，无一次有效降水。全市农作物受旱面积2万公顷，成灾面积2万公顷，受灾人口40万人。造成直接经济损失9800万元。

第二节　水　灾

暴雨灾　1984年8月30日，盘石店、南城阳、二十里店、东村4处乡镇及县城驻地，先后遭暴雨袭击，日降水量近200毫米。13时20分至16时，降水173.1毫米，1小时最大雨量114毫米，为历史罕见。受灾乡镇中的13个村，淹没粮田866.67公顷，农户进水170余家，损失粮食200余吨，倒塌房屋90余间。淹死1人，淹死耕牛4头。

1994年6月29日10时至19时，受副高外围的切变线和低涡的共同影响，全县出现大暴雨、局部特大暴雨天气。平均降水量110毫米，发城最多降水量208毫米。全县毁坏船只350艘，冲毁对虾池、文蛤池150公顷，冲毁桥涵23座、道路135条，毁坏房屋457间，冲毁粮田7333.33公顷，16家工厂进水。死亡5人，失踪5人。直接经济损失3000万元，间接经济损失1.50亿元。

1998年8月22日18时至23日0时许，受强气旋影响，全市平均降雨52.3毫米。大风出现在22日17时30分至19时26分，10分钟平均最大风速16.7米/秒，瞬时最大风速达22.9米/秒。23日0时11分至0时48分，10分钟平均最大风速14.1米/秒，瞬时最大风速27.3米/秒。全市倒伏玉米1.11万公顷，花生减产绝产680公顷，大豆受灾746.67公顷。倒塌房屋210间，损坏房屋2530间，其中21间校舍被毁。砸伤12人，其中重伤3人。海达毛纺织有限公司、丰成公司、奥威集团等18家企业的238间厂房、仓库倒塌。其中，海达毛纺织有限公司等6家企业因灾停产。

2003年8月27日，全市暴雨，平均降水量86.4毫米，盘石店镇135毫米。全市受灾人口8万人，成灾6万人，农作物水淹受灾面积8000公顷，农户进水86户，倒塌民房45间，蔬菜大棚进水淹没736个、倒塌136个，冲毁大桥7座、桥涵5座、河坝8处，损毁渔船7艘，水淹虾池6.67公顷。造成直接经济损失1.24亿元。

2006年8月26日，全市出现大暴雨天气，平均降雨量120毫米，有8个镇（街道）降雨量100毫米以上，行村镇265毫米。受灾人口25万人，农作物受灾面积4333.33公顷，水淹虾池2000公顷、盐田133公顷，损坏、倒塌大棚2000个，倒塌房屋165间，损坏房屋260间，因灾死亡大牲畜120头，冲毁乡间公路30千米，全市直接经济损失1.24亿元，其中农业直接经济损失1.16亿元。

2007年8月9日20时至12日7时，全市出现大暴雨天气，并伴有雷电和大风，最大降雨量出现在辛安镇，降雨310.6毫米。其中9日20时至10日20时，降雨28.7毫米；10日20时至11日20时，降雨150.4毫米；11日20时至12日7时，降雨41.6毫米。极大风速7级，造成严重的洪涝灾害。全市农作物受灾面积5246.67公顷，倒塌房屋561间，损坏房屋684间，倒塌大棚952个，损坏大棚5000余个，冲毁桥梁8座、公路5000余米，淹没虾池600公顷，经济损失9200万元。转移安置灾民298人。

涝灾　1990年6月中旬—7月下旬，全县出现严重涝灾。其间降水量416.3毫米，较常年偏多37%。6月8日—7月25日，仅有7天未降水。其他时间降水不断，农田长期处于饱和状态，部分低、洼、黏性土地出现内涝。农田涝灾面积2万公顷，重涝3333.33公顷，绝产1333.33公顷（含因涝不能播种的）。同时作物病害、草害严重发生；蔬菜生产面临很大困难，直接影响人民生产生活。6月17日—21日，连续5天降水67.9毫米，成熟的小麦不能及时收割和晾晒，导致小麦发芽霉烂，总产量减少1万吨。发芽60%以上影响食用的7333.33公顷，占总面积17%，其中发芽严重、收脱破碎的7500吨。

第三节　风　灾

热带气旋（台风）　1985年8月19日，全县23处乡镇73个村遭受9号台风袭击。上午10时至下午1时，风力8～9级，最大阵风11级，风速30米/秒。凌晨2时开始降雨，下午3时结束。全县平均降水99.7毫米，最大的高家乡165毫米。其时正值海上汛期，潮位增高2～3

1985年8月19日，大阎家乡隋家村被9号台风刮倒的树木

1985年8月19日，小纪镇槐树底村被9号台风刮倒的民房

米。全县农作物受灾面积3.87万公顷，经济损失4470万元。刮倒、刮断树木1200万株。其中成材树200万株、幼树1000万株，经济损失3000万元。撞碎和摔坏渔船62艘，其中12马力的27艘、20马力的25艘、40马力以上的10艘。毁坏房屋9.35万间，其中倒塌3500间，推倒院墙20万米。毁坏电杆和电线850杆千米，全县的通信、电力和广播线路全部中断。沿海40千米有1333.33公顷土地被水漫灌。全县直接经济损失1.22亿元。

1992年9月1日，受北上的16号台风影响，全县出现暴风雨天气。降雨超过100毫米的有12处乡镇。高家乡180毫米。降雨时伴有8～9级大风，阵风11级。海上恰逢大潮期，沿海潮位比正常潮位高2.5米。全县滩涂及近海养殖等损失2.1亿元，农业损失9000万元。4人死亡，毁坏船只150艘。全县经济损失3亿元，为中华人民共和国成立后所罕见。

1994年8月15日—16日，全县遭受9415号强热带风暴袭击，降水量52.5毫米，10分钟平均最大风速17.3米/秒，瞬时最大风速26米/秒。全县经济损失6962余万元。

1997年8月19日—20日，受第11号强热带风暴袭击，10分钟平均最大风速16.4米/秒，瞬时最大风速23.8米/秒。死亡3人，失踪1人。2万公顷玉米严重倒伏，1.73万公顷结果园受灾。海潮淹没土地800公顷，内陆农田积水面积6666.67公顷。冲毁桥梁10座，倒塌房屋257间，损坏房屋392间。沿海养殖受损严重，撞毁、沉船194艘，冲毁、冲坏盐田2000公顷，大埠圈、丁字嘴渔港和凤城商港遭到严重破坏。全市经济损失2.95亿元。

龙卷风灾 1978年7月1日1时58分至2时07分，境内出现龙卷风。受灾较重的徐家店风力10～11级，持续10～15分钟。徐家店、郭城、发城、高家、朱吴、东村等公社171个大队，受灾玉米6286.67公顷、果树1400公顷，刮倒成材树2558棵，刮倒刮坏房屋123间。

第四节 雹灾 霜冻灾

雹灾 1982年10月18日17时至21时13分，全县有9处公社113个大队，先后遭受一或两次冰雹袭击，受灾面积4833.33公顷，造成灾害的1500公顷。高家公社，18时30分开始降雹，持续时间5～15分钟，全公社有80%的大队遭到冰雹的危害。其中，河北、沟杨家、当道等10个大队降雹持续时间20分钟左右，最大冰雹直径4厘米。

1985年7月18日，受飑线影响，全县17处乡镇受灾严重。徐家店、大阎家、小纪、行村、战场泊、郭城、发城、泉水头、朱吴、大山所、辛安等乡镇最为严重，风力均在10级以上，阵风达12级。同时，伴随冰雹和暴雨过程。冰雹直径4～6厘米，积雹厚度10厘米以上，其中朱吴乡在不到1小时的时间里，降水量70余毫米。

1991年6月6日下午4时30分至5时10分，受局部强对流天气影响，产生暴风雨、冰雹等灾害性天气，郭城、发城、战场泊、山西头等乡镇遭袭击。郭城有23个村受灾严重，40分钟降水量50余毫米，较重的松树夼、前夼、柳树、车家沟等村降水70毫米，风力5～6级，降雹最大厚度35毫米，最大冰雹直径5厘米，水冲积雹厚度1.30米。农作物、果树、树木损失严重，部分公路被冲垮，土地被冲毁。受灾面积5133.33公顷，其中果园1266.67公顷；倒塌房屋7间，冰雹砸伤3人，砸死家禽150羽。全县直接经济损失2300万元。

2002年10月5日，辛安、行村、小纪、二十里店、大阎家、凤城、留格庄、盘石店、朱吴镇和方圆、东村街道出现冰雹。冰雹最大直径3厘米，时间7分钟。全市受灾人口24万人，农作物受灾面积1.27万公顷，成灾面积1.07万公顷。直接经济损失3.15亿元。

霜冻灾　1991年4月25日—27日，受北方南下的冷空气影响，全县出现严重的霜冻天气，最低气温3℃，地面最低温度-0.7℃。农作物和果树受灾严重。受灾较重的有高家、郭城、发城、朱吴、盘石店、留格庄、小纪7处乡镇。经济损失3460万元。

2002年4月25日，出现晚霜冻，地面最低温度-0.5℃。郭城、发城、徐家店、小纪、朱吴、盘石店6个镇，干（水）果、桑园、土豆等损失严重。苹果及其他干水果在半山腰以下的基本绝产。直接经济损失2.01亿元，其中农业经济损失1.68亿元。

2004年4月24日，发城、郭城、徐家店镇出现晚霜冻，苹果、梨、葡萄、桃、樱桃损失严重，幼果冻坏，果心变褐，新梢冻枯，花心变黑，坐果率降低80%以上。果树受灾面积8400公顷，经济损失2.20亿元。

2009年12月下旬—2010年1月中旬，全市多次遭受冷空气侵袭，连续出现寒潮低温天气，低温持续时间较长。12月下旬平均气温-1.9℃，1月上旬-4.4℃、中旬-2.6℃，其中极端最低气温-11.5℃。造成大量养殖海参和杂色蛤、文蛤、缢蛏等滩涂养殖贝类死亡。全市受灾渔民5800人，受灾面积1053.33公顷，直接经济损失4234万元。

第五节　浒　苔

2008年6月起，浒苔绿潮灾害连年登陆海阳沿海。每年浒苔绿潮灾害消长的时间，多在6月底至8月初。2008年持续至7月28日；2009年7月14日至8月20日；2010年7月10日至8月10日。从3年浒苔的消长时间看，其影响每年持续50天左右。

浒苔

第六节　地　震

由于海阳无深大活动断裂、破坏性地震，多由外围影响而成，震灾极少。

1979年10月—2008年8月海阳市观测2.0级以上地震情况表

表1-8-1

时　间	北　纬（°）	东　经（°）	震　级	震源深度（千米）	地　点	精　度
1979.10.16	36.55	121.45	2.3	—	黄海	2
1980.04.11	36.48	121.48	2.4	—	黄海	3
1990.10.21	36.50	121.43	2.6	—	黄海	4
1999.05.25	36.93	121.20	2.5	—	高家	1
1999.09.03	36.97	121.17	2.7	26	高家	1
1999.11.20	36.92	121.17	3.3	—	高家	1
2000.09.27	36.58	121.43	2.7	—	黄海	1
2001.06.23	36.58	121.58	2.8	—	黄海	1
2002.07.07	36.82	120.97	2.5	—	小纪	1

续表 1-8-1

时间	北纬（°）	东经（°）	震级	震源深度（千米）	地点	精度
2002.11.17	36.88	121.15	2.5	—	朱吴	1
2004.04.18	36.42	121.53	2.6	—	黄海	1
2004.08.12	36.43	121.58	2.2	—	黄海	1
2005.03.19	36.70	121.32	2.4	4	大辛家	1
2005.06.25	36.73	121.13	2.0	7	二十里店	1
2005.11.17	36.70	121.12	2.0	—	大阎家	1
2007.09.04	36.52	121.03	2.1	15	黄海	1
2008.05.14	36.87	121.12	2.0	—	朱吴	1
2008.08.27	36.92	121.12	2.4	6	高家	1

第二编

人 口

中华人民共和国成立后，海阳境内人口增长较快。1982 年，第三次全国人口普查，境内总人口为 68.03 万人。1990 年，第四次全国人口普查，境内总人口为 69.94 万人。2000 年，第五次全国人口普查，境内总人口为 65.46 万人。2010 年，第六次全国人口普查，境内常住人口为 63.87 万人。

1978 年后，人口增长得到有效控制，但是受重男轻女思想影响，男女比例有些失衡。随着计划生育的开展，少年儿童人口系数下降，老年人口有所上升。至 2010 年，全市男女性别比为 102.17%；境内 19 岁以下人口占总人口的 16.70%，60 岁以上人口占总人口的 19.94%。按照国际老龄化社会的标准，全市已进入老龄化社会。

第一章　人口状况

第一节　人口变动

1971 年，全县人口生育逐渐纳入计划轨道，增长速度得到控制，开始向低出生、低死亡、低增长转化。1975—1985 年，人口为低出生、低增长，出生率由 19.4‰降至 10.7‰，死亡率由 7.0‰降至 6.1‰，自然增长率由 12.4‰降至 4.2‰。1978 年，全县出生 10294 人，死亡 4191 人，人口自然增长率 9.06‰。1980 年，人口出生率 11.26‰，自然增长率 4.62‰。1983 年，人口出生率 10.97‰，自然增长率 4.38‰。1988 年，人口自然增长率 8.62‰，为中华人民共和国成立后第三个生育高峰。1993 年，人口自然增长率 2.23‰。1994 年，人口自然增长率 2.69‰，人口自然增长呈上升趋势。1996 年，人口自然增长率上升至 3.42‰。1997—2004 年，人口自然增长趋于平稳，呈“少生优生优育”的人口再生产类型。2005—2010 年，人口自然增长率开始呈负增长趋势。2010 年，全市出生 4543 人，死亡 8808 人，人口自然增长率为 -6.71‰。

1978—1982 年，全县处于迁入迁出人口的高峰期，迁出人口多于迁入人口。1983 年后，迁出迁入人口明显减少。2007 年，迁入人口开始多于迁出人口。2010 年，迁入 4144 人，迁出 2916 人。

1978—2010 年海阳市人口变动情况表

表 2-1-1

年　份	总户数（户）	总人口（人）	出生（人）	死亡（人）	迁入（人）	迁出（人）
1978	155359	674117	10294	4191	7854	12490
1979	159260	674794	8764	4094	6910	11085
1980	162438	676384	7610	4490	11937	13489
1981	167929	680428	9226	4516	10783	11502
1982	176131	685590	10262	4161	7647	8610
1983	179868	688412	8132	4239	2993	4177
1984	184018	692859	7578	4552	2536	4107
1985	196474	693906	7445	4544	2655	4431
1986	187227	695189	10299	4408	2551	4270
1987	190451	700127	11483	4374	2976	5147

续表 2-1-1

年　份	总户数（户）	总人口（人）	出生（人）	死亡（人）	迁入（人）	迁出（人）
1988	196012	703015	9820	4727	2655	4871
1989	200885	707866	10980	4533	2823	4323
1990	201118	711236	10098	5023	2713	4355
1991	212618	712539	6969	4393	3163	4427
1992	220977	710805	5880	5029	2630	5457
1993	220998	707450	4884	5010	3729	6958
1994	222682	703289	5127	5300	1850	5838
1995	224555	702140	6371	4866	3653	6307
1996	230211	702992	7530	4921	4668	6425
1997	232295	702078	7240	4074	3126	7206
1998	235154	697250	6558	6465	1985	6906
1999	235009	694832	5916	5407	2440	5367
2000	23771	690016	5260	5553	2062	6585
2001	239593	685004	4235	4404	1630	6473
2002	241007	679660	4856	5348	1785	6749
2003	242559	674455	4968	4779	1852	7246
2004	243767	669303	5056	3978	2211	8441
2005	244505	665838	5114	5264	2865	6180
2006	246052	665936	4617	3781	4539	5786
2007	228982	666516	4750	5964	5601	4247
2008	244839	666754	4739	7244	5198	3235
2009	248463	666642	4199	6577	4573	2706
2010	244765	663899	4543	8808	4144	2916

说明：表中数据为《海阳市（县）统计年鉴》（公安户籍、人口年末统计数）

第二节　人口分布

1978年，全县总人口674117人，密度357人/平方千米。1982年全国第三次人口普查，全县总人口680325人，密度372人/平方千米。1990年全国第四次人口普查，全县总人口699388人，密度383人/平方千米。其中，家庭户218315万户、682491人，占总人口97.58%，户均3.13人。2000年11月1日全国第五次人口普查，全市常住总人口654594人，户均2.64人，密度345人/平方千米。2010年全国第六次人口普查，全市常住总人口638729人，比2000年减少15865人，降低2.42%，年均减少1586人。其中，常住人口中，家庭户244081户、614144万人，户均2.52人，比2000年减少0.12人，密度334人/平方千米。（人口普查数据）

1990—2010年部分年份海阳市人口分布情况表（人口普查数据）

表 2-1-2 单位：人

1990年		2000年		2010年	
单 位	人 口	单 位	人 口	单 位	人 口
东村镇	81858	东村镇	122634	方圆街道	74781
凤城镇	36757	凤城镇	31196	东村街道	79039
大辛家镇	25491	大辛家镇	22729	凤城街道	37777
盘石店镇	36667	留格庄镇	34547	留格庄镇	59418
郭城镇	30024	盘石店镇	29101	盘石店镇	27572
徐家店镇	43970	郭城镇	35740	郭城镇	32892
发城镇	27104	徐家店镇	39871	徐家店镇	43554
小纪镇	29553	发城镇	28279	发城镇	38677
行村镇	32344	小纪镇	25208	小纪镇	45658
留格庄乡	38535	行村镇	29136	行村镇	44271
朱吴乡	24459	辛安镇	28438	辛安镇	45028
辛安乡	31434	二十里店镇	33297	二十里店镇	29402
大阎家乡	32435	大阎家镇	29414	大阎家镇	27151
高家乡	21541	朱吴乡	25370	朱吴镇	35332
山西头乡	18141	高家乡	18942	外向型工业加工区	18177
二十里店乡	38173	山西头乡	15220		
黄崖乡	18311	北埠后乡	16728		
南城阳乡	22079	泉水头乡	29831		
战场泊乡	15891	赵疃乡	24332		
北埠后乡	17205	大山所乡	22584		
赵疃乡	28982	外向型工业加工区	11997		
大山所乡	24368				
泉水头乡	24066				
合 计	699388		654594		638729

第二章 人口构成

第一节 性别构成

1978年，全县男性338950人，占总人口50.3%；女性335167人，占总人口的49.7%，男女性别比（以女性为100，男性对女性的比例。下同）为101.13。

1982年，全县男性345557人，占总人口50.4%；女性340033人，占总人口49.6%。男女性别比为101.62。

1990年，全县男性353276人，占总人口50.51%；女性346112人，占总人口49.49%。男女性别比为102.07。

2000年，全市男性329202人，占总人口50.29%；女性325392人，占总人口49.71%。男女性别比为101.17。

2010年，全市常住男性322775人，占总常住人口50.53%；常住女性315954人，占总常住人口49.47%。男女性别比为102.16。

第二节　年龄构成

1982年，第三次人口普查：0～4岁46973人，占总人口6.9%；5～9岁61548人，占9.04%；10～14岁78819人，占11.59%；15～19岁86969人，占12.79%；20～24岁62633人，占9.21%；25～29岁67406人，占9.91%；30～34岁52787人，占7.76%；35～39岁40489人，占5.95%；40～44岁32216人，占4.73%；45～49岁35274人，占5.18%；50～54岁28007人，占4.13%；55～59岁23253人，占3.42%；60～64岁21379人，占3.15%；65～69岁17689人，占2.60%；70～74岁12296人，占1.81%；75～79岁8038人，占1.18%；80～84岁3251人，占0.48%；85～89岁1041人，占0.15%；90～94岁234人，占0.04%；95～99岁22人，占0.003%。

1990年，第四次人口普查：0～4岁55775人，占总人口7.97%；5～9岁44078人，占6.30%；10～14岁51332人，占7.34%；15～19岁64944人，占9.29%；20～24岁64353人，占9.20%；25～29岁72068人，占10.30%；30～34岁68891人，占9.85%；35～39岁61300人，占8.76%；40～44岁45083人，占6.45%；45～49岁32834人，占4.69%；50～54岁33153人，占4.74%；55～59岁30684人，占4.39%；60～64岁23773人，占3.40%；65～69岁18719人，占2.68%；70～74岁14886人，占2.13%；75～79岁10523人，占1.50%；80～84岁4836人，占0.69%；85～89岁1836人，占0.26%；90～94岁282人，占0.04%；95～99岁35人，占0.01%，100岁及以上3人。

2000年，第五次人口普查：0～4岁26514人，占总人口4.1%；5～9岁33235人，占5.1%；10～14岁54790人，占8.4%；15～19岁37568人，占5.7%；20～24岁27058人，占4.1%；25～29岁47339人，占7.2%；30～34岁60672人，占9.3%；35～39岁69625人，占10.6%；40～44岁65387人，占10.0%；45～49岁59361人，占9.1%；

2010年，太极拳表演活动

50～54岁43234人，占6.6%；55～59岁31130人，占4.8%；60～64岁30378人，占4.6%；65～69岁26220人，占4.0%；70～74岁18487人，占2.8%；75～79岁12181人，占1.9%；80～84岁7286人，占1.1%；85～89岁3273人，占0.5%；90～94岁738人，占0.1%；95～99岁110人，占0.02%；100周岁及以上8人，占0.001%。

2010年，第六次人口普查：0～4岁19532人，占总人口3.1%；5～9岁22170人，占3.5%；10～14岁26379人，占4.1%；15～19岁38253人，占6.0%；20～24岁38769人，占6.1%；25～29岁31084人，占4.9%；30～34岁34449人，占5.4%；35～39岁50940人，占8.0%；40～44岁61435人，占9.6%；45～49岁68736人，占10.8%；50～54岁63352人，占9.9%；55～59岁55944人，占8.8%；60～64岁39847人，占6.2%；65～69岁27657人，占4.3%；70～74岁24157人，占3.8%；75～79岁19017人，占3.0%；80～84岁10689人，占1.7%；85～89岁4574人，占0.7%；90～94岁1457人，占0.2%；95～99岁273人，占0.04%。

第三节　文化构成

1982年，第三次人口普查结果：全县6岁以上人口622381人。其中大学毕业生686人，占0.11%；大学肄业或在校学生59人，占0.09%；高中生39823人，占6.40%；初中生154288人，占24.79%；小学生277107人，占44.52%；文盲、半文盲150418人，占24.17%。全县每千人拥有大学毕业生1人、高中毕业生64人、初中毕业生248人、小学毕业生445人。

1990年，全县具有大学（含大专及以上）文化程度的2552人，高中（含中专）文化程度50471人，初中文化程度227529人，小学文化程度250425人（以上各种文化程度分别包括各类学校的毕业生、肄业生和在校生）。与1982年相比，每10万人中具有大学文化程度的由108人上升为365人，高中文化程度的由5852人上升为7216人，初中文化程度的由22278人上升为32533人，小学文化程度的由40729人下降为35806人。全县文盲、半文盲人口93997人，与1982年比，占总人口的比例由18.53%下降为13.44%。

2010年，全市高中（含中专）文化程度的人口88792人，初中文化程度301392人，小学文化程度168373人（以上各种文化程度包括各类学校的毕业生、肄业生和在校生）。与2000年比，每10万人中具有大学文化程度的由1370人上升为4175人，高中文化程度的由8835人上升为13901人，初中文化程度的由36832人上升为47186人，小学文化程度的由30965人下降为26361人。全市文盲人口（15岁及以上）25852人，比2000年减少29924人，文盲率由8.52%下降为4.05%。

第四节　职业构成

1982年，全县在业人口404731人，其中党政机关和群众团体2725人，占0.7%；商业、饮食、物资、供销、仓储业6647人，占1.6%；农、林、牧、渔业228733人，占56.5%；矿业及木材运输业2616人，占0.6%；电力、煤气、自来水生产和供应业264人，占0.07%；制造业144858人，占35.8%；地质勘探和普查业10人，交通、运输、邮电业1731人，占0.4%；住宅管理、公用事业管理384人，占0.1%；卫生、体育和社会福利事业2543人，占0.6%；教育、文化艺术事业7390人，占1.8%；科学研究和综合技术服务事业94人，占0.024%；金融保险业490人，占0.12%；建筑业6211人，占1.5%；其他职业35人。

1990年，全县15周岁以上在业人口464102人，占总人口66.36%，其中男245791人、女218311人。从事农林牧渔业385082人，其中男194967人、女190115人；工业41375人，其中男23998人、女17377人；建筑业4623人，其中男4364人、女259人；交通、邮电业2690人，其中男2270人、女420人；商业、饮食、物资供应业12370人，其中男7794人、女4576人；教育、文化业8674人，其中男5490人、女3184人；国家机关、政党、群团4864人，其中男4255人、女609人；卫生、体育、社会福利1629人，其中男

800 人、女 829 人；其他行业 2795 人。

2000 年，全市 15 周岁以上在业人口 42607 人，占总人口 6.5%，其中男 23589 人、女 19018 人。从事农林牧渔业 31234 人，其中男 18408 人，女 12826 人；采掘及木材业 46 人，其中男 40 人、女 6 人；电力、煤气、自来水业 96 人，其中男 84 人、女 12 人；制造业 6754 人，其中男 1942 人、女 4812 人；建筑业 583 人，其中男 560 人、女 23 人；交通、邮电业 447 人，其中男 387 人、女 60 人；商业、饮食、物资供应业 1298 人，其中男 761 人、女 537 人；教育、文化业 757 人，其中男 454 人、女 303 人；国家机关、政党、群团 595 人，其中男 490 人、女 105 人；卫生、体育、社会福利 271 人，其中男 144 人、女 127 人；其他行业 526 人。（2000 年数据为当年总人口的 10% 抽查数据）

第五节　民族构成

1982 年，全县汉族 680276 人，少数民族 49 人。其中，蒙古族 7 人、回族 6 人、维吾尔族 1 人、苗族 1 人、壮族 7 人、满族 27 人。

1990 年，全县汉族 699223 人，少数民族 165 人。其中，蒙古族 3 人、回族 6 人、藏族 4 人、苗族 9 人、彝族 1 人、壮族 7 人、布依族 6 人、朝鲜族 11 人、满族 40 人、白族 7 人、哈尼族 6 人、傣族 7 人、佤族 39 人、拉祜族 10 人、达斡尔族 3 人、鄂温克族 3 人及其他未识别的民族 3 人。

2000 年，全市汉族 653456 人，少数民族 1138 人。其中，蒙古族 46 人、藏族 12 人、维吾尔族 2 人、苗族 19 人、壮族 9 人、布依族 17 人、朝鲜族 35 人、侗族 3 人、瑶族 3 人、白族 33 人、哈尼族 19 人、傣族 24 人、傈僳族 51 人、佤族 751 人、畲族 2 人、拉祜族 73 人、水族 1 人、景颇族 2 人、土族 2 人、布朗族 24 人、仡佬族 1 人、普米族 1 人、鄂温克族 3 人、鄂伦春族 3 人、赫哲族 2 人。

2010 年，全市汉族 637693 人，少数民族 1036 人。其中，蒙古族 26 人、回族 29 人、藏族 6 人、维吾尔族 145 人、苗族 23 人、彝族 22 人、壮族 20 人、布依族 6 人、朝鲜族 51 人、满族 50 人、哈尼族 43 人、傣族 20 人、黎族 5 人、傈僳族 20 人、佤族 520 人、拉祜族 25 人、纳西族 1 人、土族 2 人、达斡尔族 3 人、布朗族 12 人、怒族 3 人、鄂温克族 3 人、景颇族 1 人。

第三章　婚姻　家庭　姓氏

第一节　婚姻状况

1990 年，全县 15 周岁以上 548203 人，其中男 276022 人、女 272181 人。未婚青年 121107 人，其中男 68274 人、女 52833 人。有配偶者 390305 人，其中男 193038 人、女 197267 人。丧偶者 34598 人，其中男 12957 人、女 21641 人。离婚者 2193 人，其中男 1753 人、女 440 人。

2000 年，全市 15 周岁以上 54500 人，其中男 27432 人、女 27068 人。未婚青年 7893 人，其中男 4662 人、女 3231 人。有配偶者 41424 人，其中男 20634 人、女 20790 人。丧偶者 3264 人，其中男 1247 人、女 2017 人。离婚者 382 人，其中男 289 人、女 93 人。（2000 年数据为 10% 抽查数据）

2010 年，全市 15 周岁以上 57198 人，其中男 28898 人、女 28300 人。未婚青年 9615 人，其中男 5372 人、女 4243 人。有配偶者 43216 人，其中男 21640 人、女 21576 人。丧偶者 3764 人，其中男 1491 人、女 2273 人。离婚者 603 人，其中男 395 人、女 208 人。（2010 年数据为 10% 抽查数据）

第二节 家庭构成

1982年，全县有175498户，人口680325人。其中，家庭户175021户，668872人；集体户477户，11453人。家庭户均3.8人。

1990年，全县有219248户，人口699388人。其中，家庭户218314户、集体户934户。家庭户均3.13人（1人户16202户、2人户42290户、3人户85103户、4人户53199户、5人户16600户、6人户4018户、7人户754户、8人户119户、9人户26户、10人户3户）。

2000年，全市有244767户，人口654594人。其中，家庭户242802户，642369人（1人户26377户、2人户76199户、3人户103509户、4人户31496户、5人户4429户、6人户668户、7人户89户、8人户28户、9人户4户、10人户3户）；集体户1965户，12225人。

2010年，全市有24927户，人口64139人。其中，家庭户24527户，62016人；集体户400户，2123人。（2010年数据为10%抽查数据）

第三节 姓 氏

《海阳县志》（1988年版）记载全县姓氏共205个：

姓氏王最广　其次乃为张　再次孙李于
余者胪列详　刘赵徐马姜　隋修董高杨
荣鞠薛包邵　宋周丛陈黄　袁阮车辛郑
纪栾邢郭唐　吴冯胡朱许　罗骆冷曲蒋
潘林任尹殷　荆牟毋石梁　郝贺何乐由
梅乔崔田汪　祁韩程成孟　倪葛缪迟项
盛邹钱齐厉　盖秦柳聂常　陶安阎严颜
顾沈战白庞　宫毛侯蔡戴　温杜武段臧
儒阚夏邱史　沙苏曹关相　鲁卢陆傅冬
刁滕叶谢江　宁慈展来嵇　时贾靖吕尚
卓孔仇耿丁　月岳童褚郎　方房范萧南
金郦龙良汤　谭支解万祝　凌姚卜欧阳
彭初位魏申　佟吴华代桑　柴邓翟施左
云当宣姬掌　米寇季管官　兰蓝穆言章
韦公曾卞伍　案谷裴苗庄

《海阳市镇村简志》（2004年版）记载：2002年，全市732个村有姓氏219个。分布在50个村以上的姓氏有王、于、孙、李、刘、姜、张、赵、徐、杨、高、宋、董、辛、隋、周、纪、修、陈、黄、马、任、吕和薛等24个。仅一个姓氏的村有东村街道大磊石（于姓）；二十里店镇西花崖（黄姓）、炉上（赵姓）、东上庄（孙姓）、西上庄（孙姓）、鲁家（鲁姓）；小纪镇西苇园头（徐姓）、西口（孙姓）、大夫疃（孙姓）、西野口（孙姓）、亭儿崖（纪姓）、槐树底（纪姓）、辛家夼（辛姓）、安家夼（邢姓）、夹格庄（初姓）、望宿（姜姓）、鲁家沟（鲁姓）；辛安镇木桥夼（于姓）、鲁口（李姓）、西张家庄（张姓）、徐家铺（徐姓）；行村镇南麻姑岛（王姓）、中麻姑岛（李姓）、北麻姑岛（车姓）、鲁岛（于姓）、孙家夼（孙姓）；朱吴镇下院口（任姓）、高家（高姓）、乔家（乔姓）、南河东（王姓）、北河东（王姓）、陶家沟（陶姓）、二王家（王姓）、河北（程姓）、河西（薛姓）、北桃口（薛姓）；郭城镇北申家（申姓）、垛崖底（于姓）、邢家庄（孙姓）、段家（段姓）、于家庄（于姓）；发城镇北埠后（张姓）、西宋格庄（邹姓）、龙庄沟（王姓）、东北涝泊（姜姓）、程沟（孙姓）、姜家山后（姜姓）；徐家店镇周疃（周姓）。

2002年海阳市姓氏分布村庄一览表

表2-3-1　　单位：个

姓 氏	分布村庄	姓 氏	分布村庄	姓 氏	分布村庄	姓 氏	分布村庄	姓 氏	分布村庄	姓 氏	分布村庄
王	389	孙	313	刘	275	张	265	徐	148	高	138
于	327	李	301	姜	272	赵	166	杨	140	宋	99

续表 2-3-1

姓　氏	分布村庄	姓　氏	分布村庄	姓　氏	分布村庄	姓　氏	分布村庄	姓　氏	分布村庄	姓　氏	分布村庄
董	91	丁	20	叶	11	贺	5	綦	2	焦	1
辛	84	朱	20	申	11	蓝	5	历	2	苗	1
隋	80	安	20	罗	11	梅	5	商	2	龙	1
周	75	郑	20	骆	11	夏	5	毌	2	汤	1
纪	73	蒋	20	毛	10	位	4	阚	2	訾	1
修	73	石	19	万	10	祝	4	南	2	康	1
陈	64	倪	19	肖	10	严	4	支	2	胜	1
黄	64	许	18	苏	10	温	4	宁	2	余	1
马	58	孟	18	相	9	邱	4	亓	1	伍	1
任	57	车	18	沈	9	何	4	房	1	滕	1
吕	56	臧	18	汪	9	战	4	厉	1	衣	1
薛	55	范	18	卢	9	常	4	颜	1	庄	1
程	46	杜	18	史	9	鲍	4	岱	1	窦	1
包	45	江	17	袁	8	翟	4	焉	1	从	1
丛	43	成	17	郝	8	岳	3	桑	1	荀	1
梁	42	刁	16	曹	8	白	3	卫	1	巩	1
林	41	荣	15	陆	8	牛	3	元	1	萧	1
迟	40	葛	15	齐	7	兰	3	司	1	法	1
邵	39	柳	15	缪	7	关	3	路	1	矫	1
邢	35	尹	14	沙	7	付	3	汉	1	郎	1
韩	35	乔	14	姚	7	耿	3	伟	1	熊	1
胡	34	侯	14	尚	7	钱	3	仇	1	腾	1
祁	34	陶	14	顾	7	华	3	芦	1		
唐	34	田	13	季	6	柴	3	武	1		
鞠	34	牟	13	谢	6	方	3	裴	1		
崔	32	初	13	管	6	泮	3	单	1		
冷	31	盛	13	聂	6	彭	3	官	1		
邹	31	贾	13	项	6	解	3	别	1		
鲁	29	阎	13	秦	6	闵	2	钟	1		
谭	26	傅	13	邓	6	嵇	2	边	1		
宫	25	毕	12	戴	6	候	2	卞	1		
曲	25	盖	12	魏	6	佟	2	米	1		
吴	23	冯	12	时	6	代	2	诸	1		
栾	23	荆	12	段	6	来	2	尤	1		
由	21	盖	12	孔	5	莱	2	褚	1		
潘	21	冯	12	蔡	5	韦	2	童	1		
郭	21	荆	12	贺	5	尉	2	昌	1		

第四章 人口控制

第一节 机 构

海阳市人口和计划生育局 1971年，海阳县计划生育办公室成立。1981年12月，改称海阳县计划生育局。1984年1月，改称海阳县计划生育委员会（以下简称县计生委），列县政府工作部门。1985年9月，县计生委内设计划统计科。1986年，设立宣传教育科。1992年4月，设立行政科。1993年12月，内设办公室、宣教科、计划生育财务科。1995年11月，设海阳县计划生育干部培训中心。1996年5月，改称海阳市计划生育委员会。2001年12月，改称海阳市计划生育局。2005年2月，改称海阳市人口和计划生育局。2010年，市人口和计划生育局内设办公室、宣传教育科、规划统计科、科技科、招商科、药具站，下设计划生育服务站、计划生育协会办公室、流动人口计划生育管理办公室、计划生育干部培训中心。

海阳市计划生育服务站 1984年7月，海阳县计划生育宣传指导站成立，隶属县计划生育委员会，为全民事业单位。1992年7月，改称海阳县计划生育服务站。1993年3月，改称海阳县计划生育服务中心。1994年12月，人员编制26名。1996年4月，升格为副科级。5月，改称海阳市计划生育服务中心。2003年4月，改称海阳市计划生育服务站。

乡镇计生办（服务站） 1988年12月，各乡镇政府设立计划生育办公室，为乡镇属股级全民事业单位。2010年，全市各镇（区、街道）均设有计划生育服务站，为镇（区、街道）属股级全民事业单位。

第二节 政策法规

1979年8月，海阳县发放“独生子女优待证”，规定独生子女1～14周岁，政府每年分别发给父母保健费60元。1980年，独生子女入托、医疗优先，入小学免收学杂费，农村发给成年人口粮。1981年，县委规定，对从事计划生育工作的干部和积极分子在提职调资等方面予以优先照顾。1988年，县政府依据《山东省计划生育条例》，提倡一对夫妻只生育一个子女，对确有实际困难或特殊情况的夫妻允许有间隔地再生育一个子女。1991年，实行“凡办理审批生育指标或收养子女手续的，一律签订计划生育合同并进行公证”的制度。1993年11月23日，县政府颁布《海阳县计划生育管理办法》。2004年，全市11个部门联合发出《关于严格禁止非医学需要鉴定胎儿性别和选择性终止妊娠的通知》，实行符合法律条件怀孕终止妊娠报告审批制度，B超机使用和染色体检查技术应用监管制度，B超机使用审批和登记备案制度，规范和控制终止妊娠类药物的流通、使用和管理，依法查处违法经销、使用者。2005年起，对农村年满60周岁无违法生育的独生子女户或双女户老人，每人每月发放50元计生奖励扶助金。1978—2010年，全市社会抚养费应征人数2336人，已征收2290人；应征收4580万元，实际征收4351万元；申请人民法院执行368例，结案368例。

第三节 晚婚晚育

1978年，县委、县政府提倡农村人口结婚年龄为男年满25周岁、女23周岁以上。1979年，提出“晚（晚育）、稀（两胎间隔4～5年）、少（生育2～3个）”的要求。1981年，规定城镇女青年25周岁为晚婚年龄。1987年11月，县委、县政府出台文件，要求男性年满25周岁、女性年满23周岁初婚的为晚婚，晚婚职工增加婚假1周；女性年满24周岁生育为晚育，晚育职工生育第一胎增加产假60天，工资照发，不影响评全勤奖。

第四节　宣传教育

70年代中后期，海阳县以农村“大嫂子”队长为主体，宣传避孕节育、优生优育科普知识。县计划生育领导小组办公室分期分批举办遗传学专题学习班。80年代初，每年举办一次计划生育宣传月活动，集中宣传“一对夫妻一个孩”的好处。以《山东省计划生育条例》为依据，开展宣传计划生育法律法规、避孕节育方法、优生优育知识活动。县计生局宣教科、乡镇计生办配备专职宣教员，各村配备计划生育宣传员，厂矿企业配备兼职宣传员，开展计生宣传活动。同时，利用海阳大秧歌等群众喜闻乐见的形式，普及婚育科学知识。732个村全部建起人口学校，做到有阵地、有看板、有教学制度、有教师、有管理档案的五有模式，每年对育龄妇女进行2次以上培训。90年代末，市计生委组建人口与计划生育讲师团，逐乡（镇、区）巡回讲课或集中封闭式培训，重点培训乡（镇、区）和村级专职计生干部。在全市推行“三集中一推广”计划生育宣传教育活动（集中教育时间、集中教育对象、集中教育内容，推广电化教育）。21世纪初，在全市开展青少年生殖健康宣传活动，通过千人问卷调查，有针对性地编写教案，制作系列宣传看板，向中学生、农村和社区未婚青年、机关和企事业单位未婚青年进行宣传教育。各中学每年还举办国情国策教育、人口文化绘画比赛、计划生育知识有奖征文等活动。

2009年，举行纪念“7·11”世界人口日暨“生育关怀 爱心救助”阳光行动

2007年2月，市人口和计划生育局报送的“和谐社会和为贵，人口计生人为本”标语，被国家人口计生委评为新时期计划生育标语。5月，组织由1200多名文艺骨干参加的宣传队在城区走街串巷进行宣传。7月，组织宣讲服务队深入城区广场开展专题宣传和服务活动；利用计划生育流动服务车，巡回到全市各镇（区、街道）驻地及集市村庄，开展系列宣传及服务活动；在全市开展普法宣传、读报用报有奖知识竞赛、“7·11”世界人口日宣传等大型宣传活动，群众受益数十万人。

第五节　计划生育

1978年，海阳县对人口增长加大控制力度，人口出生率由1970年的30.2‰下降至15.29‰；人口自然增长率由1970年的22.3‰下降至9.06‰。1979年，全县掀起宣传“一对夫妇只生一个孩子”热潮，县政府印发《关于计划生育若干问题的试行规定》，由个人申请，自愿生一个孩子，并采取相应措施，保证不生二胎。当年，发放“独生子女优待证”13608张，占90.8%。4月，县政府将计划生育工作重点由“一对夫妻一对孩，两胎间隔三年”转到提倡“一对夫妻只生一个孩子”。同年，海阳县被省委、省革委评为山东省计划生育红旗单位。1983年，全县计划生育工作以思想教育、避孕、经常性工作为主。1990年，各乡镇计划生育服务站配备站长、放环员等。1991年，县计划生育服务站开展女性输卵管结扎术。2010年1月，海阳市被省委、省政府授予山东省计划生育优质服务先进县（市）称号。

独生子女优待证

第六节　优生优育

1987年，县计划生育服务站设立咨询门诊，开展妇女经期、孕期、产期、哺乳期、更年期保健，开展优生优育工作。1991年，开展独生子女病残儿医学鉴定工作。全县各村均建立计划生育服务室，形成县、镇、村三级计划生育技术服务网络。当年组织已婚育龄妇女健康查体14.62万人次，查处各类妇科疾病3642例。1996年，全市举办各级优生优育培训班288期。1998年起，全面开展优生咨询和孕妇实施优生监护服务，对所有病残儿家庭生育二胎实行优生监护，在全市开展遗传病调查。1999年，市计划生育服务中心开展“一胎独生子女病残儿家庭优生二胎措施的研究”课题研究。2000年起，全市开展以围绕“避孕节育优质服务、出生缺陷干预、生殖道感染干预”三大工程的系列化优质服务工作。2001年，开展创建计划生育优质服务县、优质服务乡镇活动，推行避孕节育知情选择。2004年，对全市三级计生干部进行优生优育、避孕节育、生殖保健知识培训。2008年，市计生服务站新建200平方米药具站，配备雷杜牌大生化仪、化学发光仪、母亲胎儿监护仪、妇科蓝氧治疗仪等设备，其建设达到国家标准。同年，全市开展“优生三免费”服务工作。至2010年6月，全市共为2687对育龄群众免费婚检，为4108对育龄群众发放“三优”（优生、优育、优教）丛书，为4108对育龄群众发放叶酸制剂，为625人次进行超声诊断胎儿畸形服务。2010年，全市举办各级各类优生优育培训班960班次，发放优生光盘3600张，接受教育群众13万人次。

第七节　计划生育管理

1978年后，人口再生产趋于与经济协调发展，人口发展由盲目增长型转变为计划增长型。1990年后，海阳连续20年完成上级下达的人口控制计划，连续19年被烟台市委、市政府评为《人口与计划生育目标管理责任书》执行情况考核一等奖。

常住人口计划生育管理　1978年，各公社配备专职计划生育干部，与公社卫生院、妇联及各大队妇代会主任管理计划生育工作，对计划生育进行全面检查。1980年，全县开始执行持证怀孕生育制度，每年年初由计生部门将计划指标以生育证形式分配到各公社，公社对有生育计划的育龄妇女执行先办证后怀孕的生育制度。1985年，县计生委将各乡镇二胎生育证办理发放权力收回，进行统一审批办理。1987年，对国家干部、职工、城镇居民建立育龄妇女登记卡，凡达到晚育年龄的已婚夫妇，由女方所在单位填写审批计划表，主管局负责审查盖章，报县计生委审批，领取准生证后方可怀孕生育。生育后须落实放环措施，并对办理二胎审批手续、新生儿报户口手续、办理独生子女优待证及早生和超生者的处理作出具体规定。

1989年，加强全县机关、厂矿、企事业单位的农民合同工、计划内合同工、临时工的管理，女方在农村的单职工要登记造册；凡申请结婚和生育指标者，除所在村（居）民委员会证明外，应由所在单位分管计划生育的负责人审核同意，出具证明。1996年始，全市实行计划生育岗位目标责任制考核，分别进行半年和年终考核。机关、社会团体、企事业单位实行法定代表人或负责人计划生育责任制，具体负责本单位计划生育管理。城市失业、离岗人员与企业有关联的，实行工作单位管理；无关联的，由企业开具证明，交由户籍地纳入常住人口计划生育管理。在社区居住无管理单位的，由社区与原单位（或户籍地）办理计划生育管理交接手续，由社区管理。接生单位接生前查验《计划生育服务手册》或生育证，填写接生婴儿情况，每月最后一天通报给辖区内计

2008年，全市新上岗计划生育干部培训班

生部门；对无生育证的，立即告知计生部门。疫苗接种单位对第一次接种的儿童及时查验户口簿，填写《儿童接种情况登记表》，月末报计生部门。公安派出所对落户婴儿要查验《计划生育服务手册》、生育证，对无生育证的，暂停办理落户手续，并当天告知计生部门。2005年，建立人口出生预警、月报告、季通报及半年一发布人口信息制度。同年年底，所有村（居）普遍实行计划生育合同管理，村（居）委与10.07万对育龄夫妇依法签订合同。

流动人口计生服务管理　1991年，县计划生育委员会开始对流动人口进行计划生育管理。1999年，依据新的《流动人口计划生育工作管理办法》，对流动人口实行全面规范的计划生育管理，开始使用"流动人口婚育证明"。2000年，制定关于城市计划生育管理工作的意见，加强对流动人口和离（下）岗（失业）人员、空挂户（口袋户口）的管理。2001年，制定关于实行常住人口、流动人口计划生育"属地化"管理的意见，规定自2001年1月1日起，将流动人口和常住人口计划生育工作全面纳入"属地化"管理。不论何种性质或哪一级管辖的单位，凡在海阳辖区内，一律按照行政区划归所在的镇（区、街道）管理，实行单位负责，条条保证，条块结合，属地为主，双重管理、双重考核的原则；谁用工谁负责，谁受益谁管理，谁管理谁服务和抓雇主管雇工的原则。2003年3月，在计划生育管理上，对失业人员实行"部门为主，社区配合"；对离岗职工实行"单位负责，社区监督"；对户口空挂人员实行"社区牵头，合同担保"；对人、户分离和口袋户人员实行"社区负责，分类管理"；对流动人口管理实行"合署办公，社区为主"。2003—2010年，市内平均每年流入育龄妇女50人，流出育龄妇女200人。育龄妇女流出时给予办理"流动人口婚育证明"，并与户口所在地签订流动人口合同，建立流动人口管理档案；流入人员到达现住地7日内到当地镇（区、街道）计生办交验"婚育证明"。流动人口发证率、验证率、信息联系率始终在95%以上。

计划生育统计　1972年，县革委会决定把人口出生率、人口自然增长率列入统计范围。1975年，县革委会召开计划生育人口发展情况调查会议，对全县已婚男女、未婚男女、死亡人数、婚姻状况、落户人数进行全面调查统计。1980年，县政府举办各公社计生助理员培训班，讲授计划生育统计管理办法。1987年，制定计划生育统计岗位责任制，确定统计人口自然变动、出生胎次、女性初婚及晚婚率、育龄妇女及节育率、节育手术及避孕措施、独生子女报名领证后再育情况及人口与土地、粮食、国民收入等指标。1989年，出台关于加强人口生育计划呈报审批程序有关问题的规定。1990年，全县计划生育统计引入微机管理。1992年，县计生委设规划统计科，各乡镇配备1名专职统计员。1999年，实现市、镇两级联网，停用手工档簿。2002年，全市开通国家、省、市、县、镇五级联网。2005年，实现网上查询、网上传递业务。

第八节　计划生育服务

1984年7月，县计划生育宣传技术指导站成立，基本实行免费技术服务。1992年，县计划生育服务站负责计划生育宣传、培训、技术服务、药具发放等工作。1988年，县、乡、村三级开始配备计生技术队伍。1993年，县计生服务中心相继设立男（女）性门诊、手术室、乳透室、微波治疗室、B超室、放射科、化验室、心电图室、供应室、药房、收款处等科室。配备台式B超机、便携式B超机、300毫安X光机、心电图机、激光治疗仪、乳透仪、双目显微镜等。同年，开展女性输卵管粘堵术、皮下埋植术等新技术。同

1998年12月，市计生服务中心被评为优秀计划生育服务站

年，全县服务站均通过省计生委达标验收。1994年，县计生服务中心购置燕京牌救护车1辆。1996年，全市所有乡（镇、区）服务站均配备B超机、人工流产机、微波治疗仪、乳透仪、双目显微镜等设备，乡镇服务站均达烟台市级合格标准。2000年起，市计生服务中心配备酶标仪、洗板机、离心机、血细胞分析仪、尿液分析仪、红外线乳腺诊断仪、微波治疗仪、台式B超机、便携式B超机等设备。同年，增加弓形虫检测项目，全年巨细胞病毒检测、弓形虫检测5964人次。2003年，对全市所有计生技术服务机构进行校验，对技术人员和医疗保健机构中从事计生技术服务的人员进行考试，核发计划生育技术服务合格证，实行持证上岗。购置金杯牌救护车1辆。2006年，市计生服务站获省级优秀服务站称号。2009年，市计生服务站配备魅力彩色超声多普勒1台。2010年，市计生服务站配备电子数码阴道镜、臭氧治疗仪各1台。2007—2010年，查出胎儿先天发育畸形115例，为育龄妇女查体199978人次，孕期优生监护9043例，实行各种节育手术7895例。

第三编

城乡建设

1980年后，海阳城乡建设规划意识加强，基础设施和居民住房建设速度加快，城市和村镇管理水平日益提高。1990年，县城建成区面积4.7平方千米，比1985年增加1.3平方千米，5年共修建拓宽硬化道路11条，新建和拓宽桥梁6座，完成西水东调等工程建设。1996—2000年，城市基础设施投入增大，城区建设完成东北出口路面拓宽硬化和海政路、海阳路、龙山街示范街（路）改造工程，建设一水厂补源工程和引水济城工程。2000年，城市建成区面积7平方千米，城市人口12万人。

2001—2005年，市委、市政府加快“三区对接、六园融合”步伐，城市建成区面积达到17平方千米，城市人口15.2万人，城市化水平39.4%。5年完成黄海大道、绕城路建设和烟凤路、小莱线、海阳路改造工程，实施威青高速路封闭工程；城区拆迁面积51万平方米，新增建设面积93万平方米；实施海园路、海河路、虎山街、龙山街、海河桥、跃进桥、海园桥等一批城市路桥工程，建设新元广场、峰泽园、万紫园、春城广场等绿化、美化、亮化工程，城市基础设施日益完善，城市形象和品位大幅提升，新元广场被评为山东省十佳文化广场。

2006—2010年，城镇化水平不断提升，城市发展日新月异。第三届亚洲沙滩运动会工程完成工程总量的70%以上，南部新区拔地而起；旧城改造完成拆迁89万平方米，新增建设面积830万平方米；先后完成黄海大道、海天路、海翔路、西安路、山海旅游路、民俗旅游路、海滨路、海鑫中路、益港路和海莱线、烟凤线、204国道大修等，城市交通体系更加完善；新增供暖面积160万平方米，铺设燃气管道40千米，改写海阳没有集中供暖供气设施的历史；完成第三水厂建设，启动第二水厂城区供水补源工程；完成老城区雨污管网分流和垃圾处理场一期、污水处理厂及污泥处置工程；完成城市景观式亮化15万平方米，新增绿化面积758万平方米，获国家节水型城市、国家园林城市、省人居环境奖等称号。2010年，城市建成区面积34平方千米，城市人口23.2万人。

第一章　城市规划

第一节　机　构

1991年3月，海阳县城市规划管理处成立，为副科级全民事业单位，编制31人，隶属县城市建设委员会领导。1993年4月，内设综合股、规划管理股、市政建设股、市政设计股。1994年1月，将城市建设档案馆并入城市规划管理处；增设城市规划管理处徐家店、凤城分处，人员编制各5人；12月，增设规划监察股，编制4人；1999年，增设规划设计股和测绘院，同时撤销市政建设股和市政设计股。2005年，徐家店、凤城两个规划分处撤并，其职能移交市城市规划管理处。2010年，内设设计股、综合股、管理股、监察股、城建档案馆。

第二节　总体与专项规划

城市总体规划　1945年，海阳县民主政府由凤城迁至东村后，县城建设长期没有进行全面规划，致使城区布局混乱，盲目建设的现象时有发生。1980年起，对城市建设进行调查研究，全面规划。1981年，由省规划设计院与县建委共同编制完成《海阳县城总体规划》，确定海阳城市性质是以农副产品加工业为主的县城。城市规模为：规划近期（1985年），城市人口控制在3万人以内，用地3.5平方千米；远期（2000年），城市人口控制在4万人以内，用地5平方千米。1984年，省政府批复实施。1985年，由原规划单位作局部修订。

1990年6月，县政府成立海阳县城总体规划修订领导小组。武汉城市建设学院城市规划系受邀协助修订海阳县城总体规划工作，补做海阳县县域城镇体系规划以及部分详细规划。规划确定海阳城市性质为全县的政治、经济、文化中心；工业发展以外向型轻工、食品工业为主，相应发展纺织、机械工业。城市规模为：近期规划人口6万人，用地6平方千米；远期规划人口10万人，用地9平方千米。

1995年，烟台市规划设计研究院与海阳县城乡建设委员会共同编制完成海阳县新一轮城市总体规划，12月经专家评审通过。1996年5月21日，海阳市第十三届人大常委会第二十一次会议审议通过。7月，经烟台市政府批准实施。规划首次突破东村老城区向南发展，形成东村、中村、凤城三大组团。确定城市性质为全市政治、经济、文化中心，以发展高新技术产业，为核电工业服务的各类产业和旅游业特色的海滨港口城市。规划至2000年，城市人口12万人，城市用地14.03平方千米；2010年，城市人口20万人，城市用地22.08平方千米。2003年12月，山东省城乡规划设计研究院与海阳市规划建设管理局共同编制完成《海阳市城市概念性规划》。

2005年3月，市规划建设管理局委托山东省城乡规划设计研究院，对原海阳市总体规划进行修编。2006年10月，经专家评审通过。确定城市性质为生态型滨海旅游城市。确定城市发展方向以向南发展为主。通过优化东村、建设中村、开发凤城，把海阳建设成为：接轨国际—融入世界的开放海阳，建设核电—核电发展的活力海阳，山海城林—和谐共生的魅力海阳，灵秀文润—环境极佳的宜居海阳。规划形成“一轴（沿黄海大道形成城市发展轴线）三区（东村片区、中村片区、凤城片区）两带（威青高速路、海防路为分割城市各功能组团的城市绿带）一廊（沿东村河形成生态绿化廊道）”的布局结构。规划近期（2010年）：城市人口25万人，城市建设用地29.94平方千米；远期（2020年）：城市人口35万人，城市建设用地41.90平方千米。

核电装备制造工业园规划　2006年3月，市政府委托山东省城乡规划设计研究院编制完成《海阳市核电产业区控制性详细规划》。10月，由深圳市城市规划设计研究院编制完成《海阳临港产业总体概念规划》，并于翌年3月编制完成《海阳临港产业起步区控制性详细规划》。2009年10月，市政府委托山东省城乡规划设计研究院编制完成《山东海阳核电装备制造工业园区总体规划》。

丁字湾海洋文化旅游产业聚集区规划　市政府邀请青岛港湾工程设计院、青岛城市规划设计研究院，于2010年9月编制完成《丁字湾海洋文化旅游产业聚集区总体规划》《丁字湾海洋文化旅游产业聚集区用海规划》。

凤城规划　1984年5月，县政府对凤城进行首次规划。经省政府批准，将海阳凤城旅游区列入省重点旅游开发区之一。确定凤城为旅游、避暑、疗养及海水养殖、水产品加工为主的港城。近期用地2平方千米，远期规划为10平方千米。对道路、旅游、避暑、疗养、文教、科研、工业、生活、供电、供水等做出具体规划。1992年8月，武汉城市建设学院与县城乡建设委员会共同编制完成《海阳县凤城旅游综合区开发规划》和《海阳县凤城海滨风景游乐区规划》。1993年12月，同济大学风景科学研究所与县城乡建设委员会编制完成《凤城旅游度假区总体规划》。《海阳市滨海旅游度假区中心区概念规划》及城市设计，由清华大学建筑设计研究院于2005年3月完成。

海阳经济技术开发区规划　1993年8月，武汉城市建设学院规划设计研究院编制完成《海阳经济技术开发区总体规划》。2001年10月，大连开发区规划建筑设计院编制完成《山东海阳工业园总体规划》。

第三届亚洲沙滩运动会配套设施规划　2007年4月，济南市建筑设计研究院与中建国际（深圳）设计有限公司体育事业部，对亚沙会体育场、综合体育馆的建筑方案及亚沙村概念规划进行设计。2008年，市政府委托中建国际（深圳）设计顾问有限公司和济南市建筑设计研究院编制完成《第三届亚洲沙滩运动会比赛项目区及亚运村规划》和《海阳市城市新区控制性详细规划》。

专项规划　1991年，海阳县城市规划管理处编制完成《海阳县城防洪规划》。1997年，海阳市规划建设设计院修编完成《海阳市城市防洪工程专业规划》。2001年9月，山东省城乡规划设计研究院完成《海阳市城市给水工程专业规划》。同月，山东省城乡规划设计研究院完成《海阳市城市燃气工程专业规划》。2004年4月，山东省城乡规划设计研究院完成《海阳市城市热力工程专业规划》；6月，山东省城乡规划设计研究院完成《海阳市城市工程管线综合专业规划》；7月，山东省城乡规划设计研究院完成《海阳市城市排水工程专业规划》。

第三节　规划管理

1982年8月—1996年4月，县政府先后颁发施行《海阳县村镇规划和房屋建设管理条例》《海阳县商业网点建设管理暂行规定》《关于加速旧城改造的意见》《海阳县城市规划管理规定》。1996年5月—2005年6月，市政府先后颁发施行《海阳市凤城旅游度假区规划管理实施细则》《海阳市城乡集贸市场管理规定》《海阳市城市规划区民宅建设规划管理实施细则》《关于进一步加快市区旧城改造意见》《关于对老城区工业布局规划调整、控制的意见》《关于控制海岸带规划建设的意见》。2003年10月，市规划建设管理局制定《关于海阳市各类建设统一屋面色彩问题的规定》。2004年9月，市规划建设管理局印发《关于对全市交通干道两侧建设规划控制的意见》。

第四节　勘察测绘

1986年，县建委组织施测城区15平方千米平板仪地形图测绘（1∶1000）。1991年，县建委规划处组织实施城区15平方千米地上、地下综合管线普查、测绘工作。1993年，县建委规划处组织施测凤城镇24平方千米平板仪地形图（1∶1000）。1995年，县建委规划处、县土地管理局共同组织实施城区4平方千米地籍测绘。1996年，市规划处委托山东省第一、第二测绘院完成市区及徐家店镇区1∶1000航空摄影测量和1∶500、1∶1000平板仪地形测量。2000年，市规划处组织施测方圆集团厂区、海阳经济开发区、东村工业园、方圆工业园、凤城工业园1∶500、1∶1000地形图。2002年，委托山东省国土测绘院对大辛家镇近50平方千米范围进行航空摄影测量。2006年，委托烟台海天地理信息工程有限公司施测临港产业区、海阳旅游度假区（亚沙会址周边）、海滨路两侧（凤城—丁字湾跨海大桥）1∶500、1∶1000地形图。

第二章　城市建设

第一节　机　构

1975年8月，县基本建设局成立。1980年9月，县基本建设局被撤销，成立县基本建设委员会，内设办公室、财供科、建材科、城建施工科、设计室。1982年5月，增设农房科，城建施工科分设为城建科、施工科。1984年6月，县基本建设委员会改称县城乡建设环境保护委员会。1985年1月，改称县城乡建设委员会，内设政工科、财供科、城建科、施工科、农房科，人员编制20名。辖建筑公司、安装公司、建筑工程承包总公司、设计室、环境卫生管理所、自来水公司、园林所7个单位。1987年，增设行政科、审计科。1993年，设办公室、政工科、城建科、财审科、综合开发科、村镇建设科。

1996年5月，海阳县城乡建设委员会改称海阳市建设委员会。2001年12月，改称市规划建设管理局。2010年3月，组建市住房和规划建设管理局，加挂市城市管理行政执法局、市人民防空办公室牌子。将市规划建设管理局的职责、市房产管理局承担的行政管理职能，整合划入市住房和规划建设管理局。内设办公室、政工科（加挂政策法规科牌子）、财务审计科、城市建设管理科、房地产市场监管科、城镇化工作科、公用事业管理科、人民防空办公室。核定行政编制16名，工勤人员2名。辖市城市规划管理处、建设管理处、环境卫生管理处、招标办公室、拆迁办公室、园林管理处、质量监督站、河道广场管理处、热力燃气办公室。

第二节 道路 桥涵

道路 1978年，城区有海阳路、海政路、龙山街、虎山街4条沥青主要道路，总长7450米；有海河路、海东路、海山路、文山街、榆山街、晶山街、嵩山街、民主街、公安街、公园街等10条沙土路。1985—1990年，5年共修建拓宽硬化道路11条。1994年，开工拓宽东、北两个出口。完成海河路、海政路、龙山街、虎山街、公园街5条主要街道的装修改造。投资2000万元建成海河路商业街。1996年，硬化开通海东路和南沿河路西段。1998—1999年，开通东环路，完成它山街路面硬化及海政路、龙山街沥青罩面。建设海政路、海东路、文山街、公园街4条示范样板街（路）。至2002年，对城区4个出入口进行拓宽改造。2004年，实施黄海大道建设、东凤路中修、海园路硬化等城市道路重点工程，城区西出口和绕城路综合整治竣工。2005年，投资3500万元对城区主（次）干道进行全面整修改造。至2005年，新建、改建、扩建主（次）干道18条；城区共有22条主（次）干道，形成四通八达的交通

海阳路

虎山街

网，总长度56.50千米。其中，海阳路投资最大，西起市政界，东至南城阳中学，全长7千米，是城区对外交通的主干道。城区主要道路结构为5横6纵，有东西走向主（次）干道8条，南北走向主（次）干道14条。对榆山街、海兴路、文山街、海河路、海政路等背街小巷进行改造。2006年，投资6000万元，建设城市的东、西外环；投资1.9亿元，建设连接青岛的滨海大道，当年完成投资5800万元；投资600万元，对海兴路、文山街北段、哲阳东街、榆山街、海政路东段等城中道路进行改造；投资200万元，对海政路、海河路人行道进行改造。9月，总投资7000万元的城市南外环——海天路开工建设。2008年，海天路、西安路竣工通车。完成盛竹路、海阳路中修罩面，海翔路、乡村旅游路开工建设，山海旅游路开始清表。2007—2009年，投入资金7.8亿元，完成城区15条背街小巷、海政路西出口、民主路、公园街南段、海文路、海园路西段、榆山街西出口、温州商贸城南（北）路、海兴路、哲阳河东街、文山街小区西街和榆山街南段等路段的新建、续建及改建工程，对城区6.7万平方米的沥青路面进行维修。2010年，建设香山街、晶山街延伸、新兴街和新元中学西道路，硬化维修东凤大道、黄海大道、海河路等13条道路出口。

桥涵 城区共有15座桥梁，海阳路2座主要桥梁跃进桥、跃进东桥，分别于1976年12月和1978年建设，2002年均进行拓宽改造。1985年9月，分别对龙山街桥和晶山街桥加宽。1992年，投资280万元建设文山街桥。2004年，海河桥续建、海园桥改造等工程竣工使用。2008年，投资

跃进桥

2010 年，海阳市自来水公司

370 万元，建设长 90 米的新元广场人行桥。另有海园东桥、虎山街桥、公园街桥、凤翔桥、海河东桥等。

第三节　供　水

1978 年 5 月，县城开始筹建自来水工程。在县城北东村河西岸挖大口井 1 眼，井深 8 米、直径 12 米。安装 6SH-6 型水泵 2 台，装机容量 110 千瓦，扬程 78 米，供水管长 16.3 千米。1980 年

2002 年，海阳市供水大厦

9 月，县自来水公司成立，隶属县基本建设委员会。11 月，东村第一水厂建成并供水，日产水量 2460 立方米。1982 年，日产水量降至 500 立方米，仅能供 20% 居民用水。同年，又在新兴村西修建一地下蓄水廊道，廊道长 90 米、宽 5 米、深 2 米。廊道上游开凿两条引水道，东水道长 80 米、宽 3.8 米；西水道长 200 米、宽 3.8 米。蓄水廊道建成后，日产水 1600 立方米，日供水提高到 2600 立方米，仍不能满足县城用水。1984 年 1 月，在留格庄河日照庄段，挖机井 4 眼，提水机组设置为单井、单机、单泵、单管取水，群管汇流，流量 648 立方米 / 小时，输水管路长 15.5 千米。1985 年 12 月，第一期工程竣工。同年，居民生活用水，每立方米 0.20 元；生产及公用水，每立方米 0.30 元。1986 年 12 月，留格庄第二水厂建成通水。1992 年，投资 65 万元对留格庄第二水厂进行改造，新打 4 眼供水井。同时，完成第三水厂（二十里店水库）可行性报告的论证和立项工作。1990—1993 年，改造供水主管道 1650 米，供水普及率 93.8%。1997 年，市委、市政府把一水厂补源工程，列为全市八件大事之一，投资 260 万元，完成才苑水库补源工程，东村河水源地来水量得到有效补给，市区日供水量增加 1 万吨。至 1998 年，全市有 2 处供水厂、2 处高位调节水池，为城区 674 个单位和 5.8 万名居民提供生产生活用水，日供水能力 1.5 万立方米。同年，投资 326 万元，完成二水厂补源工程、城区北出口与东出口、海政路、海阳路等的管网改造任务，新铺输水管道 18.5 千米，城区输水管网由

枝状变为环状。市区供水普及率97%，基本解决了城区供水紧张的矛盾。当年，每吨水制水成本1.14元，平均售价0.8元，居民生活用水每吨售价0.65元。1999年4月，改造东村河水源地地下廊道；6月，扩建第一水厂，新建无阀滤池、净水池等设施，改善制水工艺。新增DIX100以上供水管道16.3千米，管线总长85千米。2000年7月，开工建设二十里店水库“饮水济城”工程，2001年5月竣工。至此，第一水厂“靠天吃水”的局面结束。2006年11月，改造留格庄河渗水廊道，第二水厂出水量和水质得到明显改善。投资97.2万元，铺设贯穿经济开发区、旅游度假区和凤城街道长2.8千米的DN300供水管道；投资67.9万元，对一水厂补源海河路段管网进行改造；投资81万元，完成全长1083米的二十里店水库城区段输水管路工程。2007年5月，市自来水公司改制，成立海阳市自来水有限公司。同年，投资2600万元，建设第三水厂净水处理厂。2009年12月，投资1000多万元，对第二水厂进行扩容改造，日供水能力0.8万立方米；完成第二水厂至东凤路16.2千米管网敷设，第二水厂形成双路供水，城区用水供需矛盾得到缓解。至2010年，全市有用水单位1235个，吃水人口15万余人，供水面积60多平方千米，日供水能力4.5万立方米。

1980—2010年海阳市供水情况表

表3-2-1　　单位：万立方米

年份	总计	其中				
		建设用水	服务用水	生产用水	公共用水	生活用水
1980	51.15	—	—	—	—	—
1981	70.17	—	—	—	—	—
1982	25.12	—	—	9.89	—	15.23
1983	73.06	—	—	34.24	—	38.82
1984	77.87	—	—	23.62	—	54.25
1985	112.48	—	—	92.19	—	20.29
1986	105.20	—	—	88.30	—	16.90
1987	149.90	—	—	94.60	33.30	22.00
1988	237.20	—	—	126.90	71.30	39.00
1989	241.20	—	—	123.20	64.50	53.50
1990	264.50	13.60	—	142.50	40.20	68.20
1991	304.40	20.00	—	148.00	47.30	89.10
1992	319.20	13.10	—	101.20	53.50	151.40
1993	289.00	11.00	10.20	84.90	46.90	136.00
1994	261.30	5.90	11.10	97.10	36.30	110.90
1995	258.80	3.10	9.70	82.90	35.80	127.30
1996	246.00	1.60	8.50	75.00	29.40	131.50
1997	197.40	0.90	5.40	53.40	23.70	114.00
1998	258.50	3.80	6.30	65.00	27.20	156.20
1999	277.40	1.70	6.90	73.00	27.40	168.40
2000	235.90	0.10	5.60	52.80	23.80	153.60
2001	262.90	0.20	8.90	50.90	26.60	176.30

续表 3-2-1

年 份	总 计	其 中				
		建设用水	服务用水	生产用水	公共用水	生活用水
2002	253.30	0.20	11.80	48.40	28.50	164.40
2003	273.00	0.10	10.90	77.20	23.00	161.80
2004	271.40	0.70	10.50	77.90	24.00	158.30
2005	273.00	0.90	14.50	74.60	21.10	161.90
2006	276.80	0.20	11.70	73.70	23.50	167.70
2007	313.40	7.30	25.10	79.00	23.60	178.40
2008	363.10	12.00	28.80	96.30	28.30	197.70
2009	405.40	10.60	31.50	120.40	32.00	210.90
2010	460.70	25.10	30.30	133.30	33.40	238.60

第四节 排水治污

排水 80年代，城区排水设施建设滞后。1985年，共有明暗排水沟槽16条，雨水、污水合排，总长24.60千米。1988年，完成海河路路基排水工程。90年代后，对城区排水设施建设投入力度加大。1996—1999年，在东村河修建拦河闸、橡皮坝各1道。在虎山桥下修建荷花池，河道污水处理率达80%。2005年，对垃圾处理厂进行完善提高并投入运营，净液处理站建成使用。2007—2009年，投资2150万元，在海东路、虎山街、海河路、海园路等主（次）道路铺设污水管网74千米、雨水管道17千米。彻底关停造纸厂草浆生产线。加强东村河综合整治，污水处理厂二期工程竣工。关停、改造、搬迁污染企业13个，建设垃圾中转站15座。关闭东村河、留格庄河水源保护区内所有的工业废水直排口。2010年，建成城南排洪沟，在香山街、晶山街、公园街等铺设污水管道31千米、雨水管道30千米，城区排水全部实行雨污分流。

治污企业 海阳康达环保水务有限公司 位于海阳旅游度假区臧家村河西，是海阳第一个城市生活污水处理厂。2003年6月，市规划建设管理局与广东新晟环保有限公司签订《山东省海阳市污水处理厂BOT投资经营合同书》。2005年10月，该公司投资2800余万元建成，11月生产运营，采用改良氧化沟工艺，日处理污水2万吨（以处理城市生活污水为主，另有少量的工业废水）。2009年4月—5月，公司提标改造，新增除磷脱氮和消毒功能。出水标准为《城镇污水处理厂排放污染物标准》（GB 18918—2002）一级B，各项指标均达到排放标准。

海阳北控水务有限公司 位于海阳旅游度假区臧家村西，是一座现代化的城市污水处理厂。2007年8月，市规划建设管理局与山东仁德亚环保工程有限公司签订《海阳市污水处理厂（二期）合作协议书》，属BOT经营模式，设计规模日处理污水3万吨。2008年3月，投资3200万元开工建设，10月竣工，2009年2月正式运营，运营期24年。采用倒置AAO+工艺运行，出水水质执行

2010年，海阳市污水处理厂

《城镇污水处理厂污染物排放标准》(GB 18918—2002）一级标准中的B标准。处理费0.97元/吨。

山东宝坤源生物科技有限公司　位于海阳经济开发区，设计规模为日处理污泥100吨。2009年6月，市规划建设管理局与甘肃宝坤源生物科技有限公司签订《污泥处置厂项目协议书》，特许经营期30年。8月开工建设，2010年10月投入运营，总投资800万元，实际日处理污泥50吨，含水量80%，经脱水后产生10吨干污泥，全供土地利用。污泥处置费0.06元/吨。

第五节　供热　供气

供热供暖方式变革　1978年前，县城机关单位、厂矿企业和居民主要采用煤炉、火炕取暖。1979年，县招待所安装暖气设备。1985年，安装暖气的单位31个。少数居民自安土暖气设备。在伙房设置土暖炉，在各个房间安装暖气片，通过加热炉中的水使其循环供热，可使室温达到15℃～16℃。1990年后，有的居民使用空调、电暖气取暖。2005年前，部分机关、企（事）业单位主要依靠自装锅炉供本单位办公场所和职工住宅取暖，自装锅炉一般在4吨/小时以下，每年供热4个月左右，室内温度可达15℃～20℃。2005年，城区部分居民小区和单位开始集中供暖。2008年，集中供热取得突破，全市新增供暖配套面积22万平方米。2009年，全市热力项目投资3000万元，完成老城区集中供热热源第二台40吨/小时热水锅炉安装，完成15千米供热管网及配套设施建设，新增供热配套面积25万余平方米。集中供暖范围包括老城区、经济开发区、临港产业区等，集中供暖面积66万平方米。2010年，新铺设城市供热主管道28千米，新增供热分配站15个，新增临港产业区热源厂20吨/小时热水锅炉1台，全市实现集中供暖面积120万平方米。

供热企业　海阳龙凤热电有限公司　2003年7月，龙口矿业集团总公司在威青高速公路南、东风大道东、中村附近投资1.7亿元建设。2004年11月竣工投产。龙凤热电有限公司有75吨锅炉3台、12兆瓦热电机组2组，设计供热最大能力160吨/小时，额定供热能力100吨/小时，供暖能力达100万平方米。至2005年，铺设供热管道9.02千米。其中，棉纺厂线由热电厂至棉纺厂，全长2.7千米，管径426毫米；方圆线由棉纺厂至方圆集团，全长2.3千米，管径273毫米和159毫米；开发区线由热电厂至龙怡花园，全长2.02千米，管径377毫米；碧城线由埠南至磊磊乳品厂，全长2千米，管径273毫米。

2010年，海阳龙凤热电有限公司

宏峰热力公司　2007年7月，在海阳市注册成立，经营老城区集中供热。2008年3月，宏峰热力公司投资2000万元，完成1台40吨/小时热水锅炉及换热首站设备安装调试工作，供热主管网完成海兴路、文山街、海政路、虎山街、海东路、龙山街、民主路等路段铺设工作，为银河名座、俪水花园、阳光城、源景华庭、公安小区、交警大队办公楼、邮政局家属楼、农行办公楼、工商局办公楼及住宅楼等和公共建筑实施集中供暖。

丰源热力公司　2007年7月，在海阳市注册成立，经营南部城市新区集中供热。2008年2月，投入600万元，完成1台20吨/小时供暖热水锅炉安装，根据东部城区供暖需求，完成1台10吨锅炉调试及管网铺设工作，为东凤路以东的碧城花园、东阁易居、聚龙豪庭、工商分局住宅等小区实施集中供暖。

取暖费收缴　热电厂对用热单位提供蒸汽，按蒸汽用量收费，2005年每吨蒸汽165元。2005年，政府供暖费收费标准定为：居民住宅楼按建筑面积18元/平方米收取，非住宅按建筑面积22

元/平方米收取。2009年，居民住宅供热价格为建筑面积22元/平方米，非居民住宅供热价格为建筑面积33元/平方米。

供气 1981年，县燃料公司液化石油气供应站开始供应液化气391户13吨。1985年，增加到1307户41.1吨。1990年后，随着经济的发展，全县液化气公司和液化气站增多，基本满足城乡居民的生活用气需要。2004年11月，淄博市煤气公司入驻海阳旅游度假区，注册成立淄博绿能燃气工程有限公司海阳分公司。2006年，威海市中原燃气公司进驻海阳并开展燃气工程建设，6月30日完成首批用户点火通气。2009年10月，莱阳至海阳长输天然气管线开通，建成一座设计日最高加气量1万立方米的天然气汽车加气站。全市23家液化气站全部取得经营许可证。2007—2009年，全市管道燃气工程建设投入3000余万元，新铺设天然气主管道35千米，新增管道燃气用户1万余户，新建长输管线天然气门站1座。2010年，全市管道燃气工程建设投入1000余万元，新铺设供气管道30千米，新安装管道天然气用户6000余户，开通4500余户城市燃气管道铺设总里程100千米，管道用户2万余户，城市集中供气管网覆盖老城区、经济开发区、旅游度假区、临港产业区等。

2009年，绿能燃气海阳分公司

第六节 城市绿化

1983年7月，县城镇园林管理所成立。1988年，县城绿化覆盖率15.2%，绿地总面积3200平

2010年，东村河北岸绿化景观

方米。1992年，在资金紧张的情况下，县政府发动全县人民开展义务建设活动，完成海阳第一个综合性公园——海阳玉龙滨河公园一期工程建设任务。同时完成市盐业公司、环保局和市委老干部局等10块绿地和19个花园式单位的建设任务。同年，县城绿化覆盖率28.66%，人均公共绿地5.3平方米。1994年1月，县城镇园林管理所改称县城镇园林管理处，股级事业单位，人员编制75人，经费自收自支。1996年5月，改称市园林管理处。2005年2月，改为副科级事业单位。内设办公室、财务股、绿化管理股、绿化工程队、花卉基地、苗圃基地、病虫害防治科研所。负责城区及相关道路、公园的绿地养护管理及绿化工程设计与建设。全市以创建生态园林城市、建设节约型园林为目标，坚持政府组织、群众参与、统一规划、因地制宜、讲求实效的原则，严格落实绿线控制和绿化图章制度，努力建设总量适宜、分布合理、植物多样、景观优美的城市绿化系统。城区绿化覆盖率33.9%。1999年，市区绿化覆盖率34.2%，人均公共绿地7.4平方米。至2005年，全市城市绿地总面积1076万平方米，市区绿化覆盖率38.8%，人均公共绿地10.2平方米。2006年，全市实施紫薇城打造工程。主要在“一心（新元广场）、二园（万紫园、峰泽园）、四线（威青路、烟凤路、黄海大道、海阳路）、十点（城区10个主要节点）、二带（滨海景观带、东村河绿化景观带）”和三区三街道，栽植各类紫薇12万株。实施特色景观打造工程。完成总面积10万平方米的“三线”（黄海大道、东凤路、海阳路）绿化工程，完成地形塑造7万平方米，栽植各种苗

木8万多株。完成老城区、开发区、度假区十大节点的景观打造，初步形成各具特色、相互辉映的新城市亮点。在东风路、黄海大道、滨海景观带、万紫园等重点地段栽植造型黑松、泰山松、造型龙柏、相思树、造型银杏、石榴、贴梗海棠等20余种名贵大树950株，摆放太湖石、泰山石等景观组石60余组近千吨。2007年，城区绿化覆盖率42.5%。2009年，实施城市拆迁工作，新增城市绿地40万平方米。至2010年，全市建成城市绿化面积近13平方千米，呈现出“春有花、夏有荫、秋有香、冬有绿”的特色绿化景观。

道路绿化　1983—2010年，先后完成海阳路、东风路、黄海大道、海天路、海滨路、凤凰路、凤城港、海园路等道路绿化。2007年始，对文山西街、公园街、海文路、民主路、哲阳东路、海园路西段、榆山街等道路绿化，栽植法桐、国槐、紫玉兰、大叶女贞等行道树，绿化面积25万平方米。2009年，对海政路西出口等地进行绿化美化，栽植各类乔木1.5万株，铺装场地1.4万平方米。2010年，全市完成海翔路、海鑫中路、山海路、海核二路等12条道路绿化工程，绿化面积236万平方米。

2010年，环城路道路绿化景观

小区绿化　全市小区绿化通过严格审查工程项目的绿化规划设计，保证新建项目绿地率35%以上，改造项目绿地率不低于30%。2007年，亲海御墅小区增加绿地14万平方米。2008年，文山小区增加绿地1.7万平方米。2009年，俪水花园小区增加绿地1.9万平方米。2010年，曦岛·假日湾小区新增绿化面积2.4万平方米。共创建“花园式单位花园式小区”15个。至2010年，烟台市海阳公路管理局、中国网通公司海阳分公司、烟台市海阳荣军医院、市榆山街学校、西兵营、市殡仪馆、市海洋与渔业局7个单位获省级花园式单位称号，亲海御墅、凤凰国际乡村社区2个小区获省级花园式小区称号，有15个单位获烟台市级花园式单位、11个小区获烟台市级花园式小区称号。

园林绿化　1996年，市政府出台《海阳市城市园林绿化管理施行办法》，落实绿化管理制度。全市先后完成颐天园、峰泽园、万紫园、新元广场、北山公园、植物园、奥林匹克公园等重点绿化工程。至1999年，投资400万元，建设海阳宾馆、国税局、药材公司、城区北出口、凤翔桥、西兵营等十几块绿地，市政府、和平广场两块绿地广场建设，总面积4.65万平方米，种植草坪1.48万平方米。2007年，完成小孩儿口湿地公园、观海平台等地区的绿化，栽植各类乔木180余种30余万株，铺装园路广场7.4万平方米，建设景点小品7个。2008年，完成植物园等地的绿化，增加绿化面积85万平方米，栽植各类乔木260余种，铺装园路广场3.5万平方米，建设景点小品7个。2009年，完成北山公园等地的绿化，增加绿化面积40万平方米，栽植各类乔木40多种1.7万多株，铺装园路广场1万余平方米，建设景点小品2个。2010年，亚沙纪念林公园增加绿化面积13.3万平方米。

玉龙滨河公园　位于城区北，东村河西岸，公园占地9.27公顷，总投资550万元，1992年9月建成。共完成旧坝改造2060米，新坝砌筑1460米，公园内栽植各类苗木2000多株，以常绿树为主，配以花灌木和小片竹林及儿童游乐、休闲设施等，为县内第一个综合性公园。

北山公园　位于城区北，西邻才苑水库，东接海园路，南靠北山生活区。公园占地14.65公顷。第一期工程于2008年4月开工，占地4.60公顷，铺装广场占地5000平方米，园内分建入口广场和健身广场两个活动区。栽植各类苗木7000多株，种植草坪1.65公顷，主要绿化树种有雪松、蜀桧、国槐、合欢等，园内以常绿树为主，配以花灌木及地被植物，达到三季有花、四季常绿的

北山公园

2010 年，海阳市植物园

效果。第二期工程于 2009 年 11 月完工，建设水域面积 1731.6 平方米、园路 3375.1 平方米、活动广场 674.2 平方米、景亭 2 组，主要绿化树种有雪松、黑松、法桐、银杏、梅花、竹子、红叶李等 30 余种。是以生态、田园式园林景观为主，集休闲、游览、健身于一体的大型人工水景景观公园。

小孩儿口国家城市湿地公园　始建于 2006 年，2008 年年初完工。公园位于城市新区中心地带，系东村河入海口流域，规划面积 692 万平方米，属于北方典型的河流湿地与海口滩涂湿地的综合体，有充足的淡、咸水水源，沙滩、礁石、沼泽、滩涂、草甸、岛屿多种地貌并存，具有良好的自然湿地资源。湿地生物多样性特征明显，自然生态资源丰富，有野生动物 226 种、水生物 69 种、植物 260 余种，其中鸟类 193 种。2007 年，被评为国家城市湿地公园。

小孩儿口国家城市湿地公园

植物园　位于海天路南，海阳高级职业学校西侧。规划占地面积 42 公顷，是一处集科研、科教、科普、休闲、娱乐于一体的植物园。2008 年，第一期工程竣工，栽植玉兰、海棠、牡丹、芍药、紫藤等近 200 种园林植物。

新元广场　位于海阳市区中心地段，北依滨河公园，南靠海阳路，西临景观大道文山街，2002 年开工建设，2003 年年底交付使用，是一个集文化娱乐、休闲健身、观赏购物、平战结合的综合性广场。规划面积 6.7 万平方米，其中铺装面积 3 万平方米、绿化面积 2.8 万平方米，总投资 8000 万元。主要建设内容为 1.5 万平方米的地下商城、近万平方米的文化艺术馆以及主题雕塑、喷泉、灯光、绿化、硬化等。2004 年 10 月，获山东省十佳文化广场称号。

第七节　城市照明

1984 年 3 月，县政府拨款 3 万元，在海政、海阳、海山 3 条路和龙山、晶山、虎山、嵩山 4 条街安装路灯 154 盏。为明线输电，一侧单排挑悬灯；部分公厕安装照明灯。年耗电 9.79 万千瓦时。90 年代后，城区主要道路先后安装路灯。1998 年，投资 350 万元，在市区主要地段和沿街单位楼顶实施亮化工程建设，完成海政路、海阳路、龙山街、滨河公园、政府广场等重要地段的光亮工程建设，建成不锈钢灯箱装饰城门 4 个、海阳特产灯箱广告 21 个，设置商业灯箱广告 183 个、景观霓虹灯 1 万余米，重点地段实现“不夜城”。2002 年 12 月，市电业局成立路灯公司，专门负责市区街道路灯设计、安装、维护。2003 年起，全市实施“光亮工程”，对部分街道重新敷设电缆、更换灯杆，安装高亮度、长寿命的钠灯。7 月，对海阳路、烟凤路、海政路、虎山街等主要街道，架设20余千米的霓虹灯；市政府门前、烟凤路北首、海阳路中段等处安装花灯。11月，东村工业园安装路灯240盏、100千伏安变压器4台，敷设电缆1.01万米。年内，在海河桥、文山桥、跃进桥及东村河两岸安装景观灯300余盏，对进出城区的主要路口架设过街彩灯。2004年1月，碧城工业园安装路灯320盏、花灯4基，安装80千伏安变压器2台、50千伏安变压器1台，敷设电缆6610米。2月底至3月初，黄海大道安装路灯228盏、6基108头花灯、160千伏安变压器2台，敷设电缆4900米。3月，改造海阳路路灯，拆除旧路灯220盏，安装新路灯780盏，安装100千伏安杆式变压器3台、200千伏安箱式变压器7台，敷设电缆2.40万米。4月，改造文山街路灯，拆除旧路灯72盏，安装新路灯36基，敷设电缆1400米。12月，安装东凤路一期路灯464盏、100千伏安变压器6台，敷设电缆1.55万米。2005年5月，安装海园路路灯172盏、100千伏安变压器1台，敷设电缆6800米。7月，安装海滨路路灯150盏、景观灯150基、80千伏安变压器3台，敷设电缆5100米。9—10月，东凤路二期工程，安装路灯216盏，敷设电缆5400米。组立黄海大道路灯512基、东凤路路灯516基。2006年5月，安装海政路和海河路路灯。海政路安装路灯194盏、50千伏安变压器2台，敷设电缆6700米。海河路安装路灯86盏，敷设电缆2300米。6—8月，黄海大道安装路灯932盏、80千伏安变压器6台，敷设电缆1.83万米；公园街安装路灯60盏，敷设电缆1750米；海东路安装路灯33盏，敷设电缆1700米；龙山街安装路

海阳路夜景

亚沙城夜景

灯134盏，敷设电缆3800米；凤凰路安装路灯212盏，敷设电缆6000米。2007年8月，旅游度假区7条路的路灯工程，安装路灯380基、80千伏安变压器5台，敷设电缆1.63万米。同月，榆山街延伸段路灯工程，安装路灯16基，敷设电缆800米。10月，哲阳东街安装路灯26基、50千伏安变压器1台，敷设电缆1400米。2008年3月，经济开发区深圳街安装路灯72盏、80千伏安变压器3台，敷设电缆3000余米。8月，温哥华路安装路灯52盏、变压器1台，敷设电缆3000米。12月，榆山街北部2千米延伸路段安装路灯40基。自2003—2010年，市区路灯由过去的600余盏发展到1.30万余盏。

第八节　环境卫生

环卫机构与设施　1978年前，城区内环境卫生由各单位负责。1978年5月，县城镇环境卫生管理所成立。初期，由城区内的8个大队，组成29人清除粪便的专业队。人员按大队大小和人

环卫工人雨中清理垃圾

口、土地的多少分派，粪便自清自用，以粪换酬，人员报酬由大队负责付给。1979年9月，逐步增添管理人员，除原有29名工人外，又在大队内招雇13名清扫工、8名垃圾清除工，连同环卫所4名干部职工，共计54名。1983年6月，县基本建设委员会成立城镇卫生管理所。随着环卫队伍的发展壮大，清洁工具、机械的设备相继增添，逐步淘汰人推小车，换上动力机械。

1985年，有12马力拖拉机5台，带罐运粪车4辆，车斗7个，大粪斗罐8个，油罐、水罐各1个，汽油机1台；有平房17间；建粪便发酵池14个，垃圾发酵池2个。发酵池上面建花坛11个，修筑院墙151米，修挡土墙80米。占地面积0.4公顷，投资4.3万元。1992年，建办公楼766平方米。1994年1月，改称城镇卫生管理处，副科级全民事业单位，定编40人，经费实行自收自支。1999年5月，实施《海阳市城市市容和环境卫生管理实施办法》。7月，环卫处内设办公室、业务股、监察股。修缮南山16间库房，由海阳公路局、市交通委出资3万元，硬化南山库路面1300平方米。2000年7月，《海阳市城市建筑垃圾管理规定》发布。2003年7月，《关于核定城市生活垃圾处理费收费标准的通知》发布。市环卫处负责城区近200个企（事）业单位及1万户居民垃圾处理费的收缴工作。7月1日，开始收取城区居民户的生活垃圾处理费。至2010年，环卫机械设备有叉车1辆、拖拉机5台、装载机2台、清扫车2辆、压缩车6辆、推土机1台、拉水车1辆、摆臂车4辆、斯太尔1辆、自吸粪车1辆、自卸垃圾车1辆、面包车2辆、桑塔纳1辆。

垃圾处理 1984年4月起，县环卫所在主要街道设置垃圾箱、果皮箱55个。各单位自行设置生产、生活用垃圾箱238个。生产、建筑垃圾，由各单位自行清运。定点收集垃圾堆8处，由专管清运工人，分点定人定车，实行日产日清制度。1985年，垃圾箱增至249个，年清运垃圾6430吨。1990年，年清运垃圾1.24万吨。1995年，城区340个垃圾箱、60个垃圾点，年清运垃圾2.43万吨。1996—1999年，在原有垃圾场已平整成耕地的基础上，重新在市区东部4千米处新建面积0.64公顷的垃圾卫生填埋场，平均沟深15米。设专人管理，采取卫生填埋的方法，推平后压实。管理人员定时进行药物消毒，覆着新土，处理率达98%。同时在民主、哲阳、环保、樱桃园等小区建设垃圾中转站。2000年，建生活垃圾中转站3座，主要街道的旧式铁皮垃圾箱换成封闭式塑料垃圾桶，共280个垃圾箱、220个塑料垃圾桶、220个果皮箱、50余个垃圾点，年清理垃圾3.4万吨。2002年，建设生活垃圾处理场1处，位于东村街道垛兰村西北、大阎家镇石前庄村北、二十里店镇岚前坡村西南三地交界处的自然沟壑，面积6公顷，当年10月投入使用。2005年，民主小区配置四轮铁桶24个、环保小区22个。城区464个铁桶、190个塑料桶，垃圾日产日清，年清运垃圾4万吨。9月，投资200万元，建设生活垃圾污水处理站，占地800平方米，日处理生活垃圾污水60吨，达到《生活垃圾填埋水污染排放标准》。2006年上半年，投资60万元，新增垃圾压缩运输车、洒水车、粪便自吸罐车各1辆。投资160万元，续建垃圾场污水处理站，有效防止垃圾的二次污染。2007年9月，对三区三街道重点村及部分重点镇逐步推进一体化管理。至2009年，全市有23个村实施城乡生活垃圾一体化管理，配置垃圾箱（桶）177个、小型垃圾中转站22个，购置压缩车、摆臂车各2辆。2008年6月，对城区主要路段及北山生活区320个垃圾桶的位置进行改造，将垃圾桶固定于路缘石内的“凹”形区中以便于作业；安排专人清刷垃圾桶，每年油漆1～2次。9月，在全市开展迎全运城乡环境综合整治集中行动。共清除卫生死角120处，垃圾4000吨。市环卫处负责城区928个铁质垃圾桶、201个塑料垃圾桶及23个中转站的垃圾清运工作，日清垃圾80余吨。2009年，先后投资130万元，将城区旧式垃圾箱更换成铁质封闭式垃圾桶（或带盖塑料垃圾桶）；投资150万元购置作业车9辆；6月，投资232万元，进行生活垃圾污水处理工艺改造，工程质量达到一级排放标准，日处理规模60吨。2008—2010年，对一期填埋区进行雨污分流，减缓污水处理压力，有效控制环境污染。2010年，城区共设914个垃圾箱、82个塑料垃圾桶。

道路保洁　1985年，清扫的主要街道有海政路、海阳路、虎山街、晶山街、龙山街5条，12.68万平方米，由清洁工定人员、定路段，分段包干，日扫2遍。单位所管属的人行道，则由县政府统一安排，由各单位自行组织清扫。1994年，增至52万平方米（含8万平方米人行道）道路的清扫保洁。2001年，负责城区63.6万平方米道路的清扫保洁，其中增加机械清扫面积20.35万平方米。2003年，增至87.5万平方米道路的清扫保洁（包括将沿街两侧的“门前五包”责任区20多万平方米的清扫面积纳入环卫管理），其中机械清扫30万平方米。2005年，将西出口南才苑至西八里庄东端（4.3万平方米）、烟凤路威青立交桥处至虎山街北出口（21.72万平方米）、北出口大牌坊至烟凤环城路口（4.95万平方米）的清扫保洁纳入环卫管理，增至近120万平方米，实行1日2扫，全日保洁。2006年始，每年从5月至10月对主要路面洒水、除尘、降温。2007年，将城区保洁片由四片划分为五片，实行1日2扫，全日保洁，主要街道安排专人早、中、晚空档保洁。同年，新增文山街北、榆山街北、海政路东等17条背街小巷清扫保洁面积8万余平方米。2009年，新增榆山北街、海文路、公园南街、海园西路、民主路等路段共计7.8万平方米，并在海阳路、黄海大道、海政路等重点路段增加3名空档保洁人员，清扫保洁实现“全天候，无缝隙”。2010年，新增海政路西、哲阳东街、香山街、新兴街、北山小区等路段共计5万平方米。负责城区160余万平方米的道路清扫保洁任务。洒水范围由2条路（海政路、海阳路）扩展到6条路、街（新增海河路、公园街、海园路、虎山街），主要道路洒水次数由每日1次增加为2次。

2010年，环卫工人清扫积雪

2010年，海阳旅游度假区公共厕所

公厕建设　城区公共厕所（旱厕），主要分布在两条主要街道和职工住宅区内，至1985年，共建公共厕所331个。较大的有海阳汽车站（海政路）、县邮电局（海政路）、海阳一中操场（海阳路）西3处。位置分布适中，来往行人使用方便。1993年，增至1200个厕所。1996—1999年，先后投资23万元，在商业网点房、居民小区、公共场所新建和改建高标准水冲式公厕9座。2000年，城区旱厕1400个、水冲厕所9座。2005年，部分旱厕改造为水冲厕所，旱厕减至755个。2006年，投资73万元新建公厕8座，改建3座。2008年，投资6万余元对北山生活区18座公厕进行改造，并对其中4座破旧严重的拆除重建。2009年，投资3万元对城区旅游公厕设施进行改造，对商业局家属区等5座破损严重的公厕进行维修改造。2010年，投资80万元新建公厕3座，其中固定式公厕1座、移动式公厕2座。2010年年底，城区达到星级标准的公厕15座。

城区粪便清运　城区粪便清运，由清运工包片、包厕，实行定人员、定任务、定地点、定标准、定时间，及时清运，运至粪便发酵池，密封储肥进行无害化处理。1993年，购130型自吸车1辆，年清运处理粪便8130吨。2000年，年清运处理粪便1.2万吨。2005年后，年清运量减至1万吨以下。

市政设施管护　1978年，县基本建设局负责城区公共设施管理和维护。1985年，《海阳县市政工程设施管理办法》，分别制定道路、桥涵、排水、防洪、照明、城区交通等单项设施管理细则，由县建委、交通、水利、电业等部门监督执

2003 年，市政工程公司办公楼

行。对确需占用或因建设移动市政设施者，须向有关部门申请，缴纳占用、移动费，并负责修复。对损坏市政设施者，按规定予以处罚。1987 年 11 月，县市政工程公司成立。对城区市政公用设施进行依法监督、检查，巡查、检修城区道路、路灯、排水井盖等市政设施。2005 年，市政公司破产，市环卫处接管部分市政设施维护管理工作。负责城区 2000 余个下水漏、300 余个污水井、40 余万平方米人行道板及 12 座市政桥梁的维护管理。2007 年，投资 9 万元对东风大道路段 6450 米道板、970 米路沿石进行重新铺装、整修；投资 18.3 万元对海阳路、海山路、虎山街、龙山街、

城市道路养护

嵩山街、晶山街等路段排水设施进行整治；增加黄海大道、东风大道部分市政设施管理。2008 年 6 月，投资 4.6 万元对 6 座主干道的桥梁进行检测。2007—2009 年，更换和新增雨水、检查井 1650 个，铺装、修复人行道板 1 万余平方米、路缘石 2600 米。2009 年，新增榆山北街、公园南街、海文路、民主路、海政路西、海园西路等路段市政设施的维护。2010 年，新增海政路西、哲阳东街、香山街、新兴街、北山小区等路段市政设施的维护。

第三章　城市管理

第一节　机　构

1991 年 3 月，县市容监察大队成立，为副科级全民事业单位，隶属县城乡建设委员会，编制 25 人，经费实行差额补助。1994 年 12 月，撤销县市容监察大队，其职能划归县公安局。1999 年 5 月，由市建委、工商局、公安局 3 部门抽调人员组建海阳市城市管理大队。2001 年 3 月，市城市管理大队改称市城建监察大队，副科级全民事业单位，隶属市建设委员会，编制 25 人，经费实行全额拨款。内设行财股、督查室及第一中队、第二中队、第三中队、第四中队 4 个中队。2005 年 2 月，海阳市城市管理综合执法局成立，为市政府直属正科级事业单位，局机关核定编制 8 人，经费全额拨款。9 月，市城建监察大队划入市城市管理综合执法局，编制增至 35 人。12 月，市城市管理综合执法局内设办公室、督查科、法规科。2008 年 8 月，市规划建设管理局加挂市城市管理行政执法局牌子，行使城市管理中的行政处罚权。市城市管理综合执法局改称市城市管理行政执法大队，人员编制 60 人。同时，撤销市城建监察大队，其人、财、物并入市城市管理行政执法大队。

第二节　环境管理

城市环境秩序综合整治　1991 年 3 月，县市容监察大队成立后，每年都开展城市环境秩序整治活动。1993 年，市容监察大队配合海政路、海

阳路和虎山街3条主要街道的沿街建筑装修改造，对道路两侧的城市环境秩序进行综合治理。1994年，开展卫生城复查工作，对城区沿街单位、商铺的环境卫生进行全面治理。1999年5月，市城市管理大队成立后，集中开展“城中村”周边的卫生秩序治理。2001年，在城区范围内开展城市环境综合整治年活动，纠正违章违规行为4259起，查处案件1869起。开展城区“四个出（入）口建设”环境综合整治工作。2002年，对城区主干道及十字路口的占道经营现象进行集中整治，清理店外擅自占道经营违规行为2520处，并对14家店外占道拆装销售摩托车现场进行重点取缔。2003年，对城区环境卫生秩序存在问题比较突出的龙山街、海园路、兴海市场等路（街）进行综合整治。成立专门中队，对商业大厦路口、海阳一中门口、家家悦店路口、市交通局桥路口的流动摊点进行专项治理。2004年10月，开展城市环境秩序综合整治月活动，对龙山街北段、育才小学路口、晶山街与海河路口、商业大厦路口、海阳一中门口、文山街与海政路口、奥威市场路口进行重点治理。2005年4月，开展道路保洁整治月活动，采取集中整治与日常管理、宣传教育与进企服务的方式，对城区15家建筑工地的运料车辆进出工地沾带泥沙、泄漏遗撒造成路面污染现象进行综合治理。2006年，加大对城区主要道路、城乡接合点、大型商场、重点企业和农贸市场的整治力度，治理约4.8万平方米的“三不管”地段。组织对城市环境综合整治情况进行全面排查，对海阳路、东风路、黄海大道、海滨路等路段中排查出的城市绿化、建设、管理、环卫、道路等方面，涉及62个部门和单位的362项工作进行责任分工。通过整治，完成清运垃圾、杂草1200余吨，补植各类苗木16.4万株，修补人行道板4800平方米。2007年，对城区各类占道摊点进行综合整治，改变服务性摊点“就近设置、分散经营”模式，在海政路“集中管理、逐个定位”，规范设置修鞋、刻印、修锁3个摊点群，取缔城区主干道占道摊点120个，规范海河路和文山街露天烧烤12家。2009年，开展“马路市场”专项整治活动，对实验中学、育才小学、三联家电、海东路、榆山街、晶山街、奥威、帝阁等8处市场进行集中治理；对处于榆山街位置的东村大集进行整体搬迁；整治兴海市场周边秩序，拆除违章建筑6家；开展海政路西出口综合整治活动，拆除占道板房26个。2010年，开展城区摊点综合整治工作，规范摊点1500处，清退市场“外溢”现象560处，并结合便民市场建设进度，对海阳卫校、育才小学、海山路、盛竹路、新兴街、西出口等区域的马路市场进行整体搬迁，引导、分流城区流动性、临时性摊贩670余人退路入市经营。

户外广告管理　1991年，对城区户外广告进行探索性管理，对城区主要街道的门头广告进行规划，规划单体楼门头广告22处，规范设置新门头230个。1993年，开展新门头和单位牌匾安装、换新工作，维修陈旧门头356个，设置新门头267个，更换新牌匾56个。1999年，对城区的户外广告进行重点整治，规范落地灯箱1250个，拆除破损陈旧门头865个，规划设置新门头2650个，规范墙体广告369个、楼顶大型广告牌9个。2002年，对城区主干道的户外广告进行重点规范，拆除破损陈旧门头125个，规划设置新门头140个，拆除灯杆广告牌96个；对城区海阳路的墙体式广告进行重点拆除，共拆除231块。2004年，开展“户外广告模范街”打造活动，对海阳路13个商业网点房的门头广告、线杆广告、落地灯箱广告、墙体广告进行专项治理，拆除楼顶广告12个、墙体广告37个、线杆广告182个，清除落地灯箱广告269个，拆除旧门头220个，更换新门头287个。2005年5月，成立户外广告整治中队，对海阳路、海园路和虎山街两侧不符合标准、存在安

2010年，海政路商铺门头广告

全隐患、严重影响市容市貌的户外广告进行为期1个月的专项整治。6月，市政府办公室下发《海阳市户外广告管理办法》，对城区主干道两侧的户外广告进行拉网式整改，采取“统一规划、现场定位、逐级审批、责任验收”的方法，严格标准、质量、尺寸，做到尺寸、标准、规格统一，拆除、换新破损陈旧门头1113个，整改不符合整体规划要求和单体楼规格标准的门头157个，强制拆除有碍整体规划和单体楼效果的墙体式广告牌235块，城区主干道两侧和单体楼门头广告基本形成“一条线、一个平面到底”的格局。2006年，集中清理有碍观瞻和设置不规范、不安全的广告牌匾167个，清除“野广告”1700余处，粉刷破旧墙体56处。2009年，开展新建成楼体门头广告“三统一”（尺寸规格、设置标准、板材质量）整治活动。2010年，开展海政路步行街门头广告专项亮化整改活动，更新、更换霓虹灯管70家，新设置霓虹灯54家、亚克力亮化字体10家，整改安装铝塑板门头6家。通过“市场运作、政府投入”的方式，对新元广场对面户外广告进行整体改造，制作设置亚沙会公益广告宣传牌4块，共181平方米。

燃气管理 2003年3月，市城建监察大队成立燃气管理办公室，召开全市燃气企业整改会议，与各燃气企业签订整改责任书，逐站下达限改通知书。6月，聘请青岛、烟台的两家设计院对全市液化气站内管道工艺、操作间、生活区等进行重新设计。2004年，开展全市燃气企业整改工作，隆达液化气站和方圆液化气站整改完毕。2005年，先后召开燃气企业整改专项会议5次；开展10次专项整改大检查，制定“安全生产隐患（薄弱环节）排查整改调度表”和“重点单位（部位）情况登记表”，有关职能部门联合执法6次，下达责令限期改正通知书和责令停止违法行为通知书53份，对没有按规定时限完成整改任务的西八里庄、辛安、正大液化气站，按照法律程序依法给予强制查封关停，并拆除所有管道设备。当年，全市26家无证液化气站，9家按照国家规范要求完成整改任务，取得燃气经营许可证；14家整改完毕，准备资料申报；强制关停3家。10月，联合市工商局对城区燃气器具市场进行安全大检查，共检查125家，查处不符合规定要求的各类燃气器具6个品牌568具。2006年9月，市热力燃气管理办公室成立，进一步规范城市管道燃气管理工作。2009年，液化气行业管理由市城市综合执法局移交市规划建设管理局。

第四章 镇村建设

第一节 镇村规划

90年代，全县乡（镇）驻地全部完成总体规划，180余个村完成村庄规划。由于条件有限，所做的乡（镇）规划只有“四图一书”（现状、规划、道路、管网图和说明书），村庄规划只有“二图一书”（现状、规划图和说明书）。2003年，徐家店、辛安、留格庄、行村、朱吴等镇的镇驻地总体规划，在原基础上进行修订编制完成；大阎家镇驻地规划，在2006年的海滨带规划中一同完成。2008年，市政府统一出资，聘请烟台、青岛规划设计院对11个镇总体规划进行修编，通过专家评审。11个镇分别经各镇人民代表大会通过后，报请市政府批准实施。

镇驻地修建性详细规划 2002年开始，11个镇完成各自的工业园区详细规划。2008年，各工业园区内的经济快速发展，基础设施日趋完善。2009年，结合镇驻地集中连片建设，徐家店镇完成《徐家店镇商贸城详细规划》。

村庄规划 2006年6月，根据新农村规划建设要求，完成《海阳市村庄布点规划》。根据规划，全市732个村规划保留469个，其中已完成规划的村300个，约占总数的64%。2009年，有400个村编制完成村庄详细规划。

2010 年海阳市镇（区、街道）驻地建设及道路绿化情况表

表 3-4-1

镇（区、街道）	镇（区、街道）驻地占地面积（万平方米）	镇（区、街道）驻地建筑面积（万平方米）	镇（区、街道）公共绿地（平方米）	村镇（区、街道）绿化道路（千米）
旅游度假区	—	—	—	10
经济开发区	—	—	—	30
碧城工业区	—	—	—	12
方圆街道	—	—	—	60
东村街道	—	—	—	80
凤城街道	—	—	—	70
徐家店镇	350.0	52.2	14000	78
发城镇	106.7	25.2	2500	60
郭城镇	132.7	31.7	4800	75
朱吴镇	120.0	29.5	2200	70
盘石店镇	132.0	30.6	2000	42
留格庄镇	131.4	35.3	2500	70
大阎家镇	98.0	32.0	1400	30
辛安镇	168.4	37.6	2200	50
行村镇	242.0	41.7	7800	58
小纪镇	134.0	30.0	8800	80
二十里店镇	92.8	25.0	2400	42

第二节　镇驻地建设

1978 年后，全县各公社按规划对街道、公共设施、农贸市场等进行新建和扩建。社办工商业用房增多。1984 年重划乡镇后，新设的南城阳、大山所、赵疃、泉水头、北埠后、战场泊 6 个乡，开始规划建设，发展较快。1985 年，乡镇驻地基本形成集贸市场、工业、商业供销、文教卫生、居民生活等功能分区，建有礼堂、影院、学校、医院、商店、饭店及乡镇机关等。全县 23 处乡镇驻地共建平房 3479 栋，69883 间；楼房 84 栋，3723 间。建筑总面积 88.96 万平方米。80 年代，全县乡镇驻地及联村路大部分为沙土路。1990 年后，各乡镇驻地主要街道大部分铺设沥青路面。1992 年，有 3 处乡镇 15 个村达到省级新型乡镇和明星村标准。1994 年，有 5 处乡镇 57 个村分别达到省、烟台市级新型乡镇和明星村标准。1996 年，乡镇驻地主要道路硬化面积 5.3 万平方米，13 个乡镇完成驻地一条街硬化任务。1998 年，辛安镇被命名为山东省村镇建设新型乡镇。至 1999 年，各乡镇驻地均建起商业街、邮电、信用社、卫生院大楼等。全市村镇街道硬化面积 114.2 万平方米，设路灯 400 余盏，绿地面积 37 公顷。进入 21 世纪，建设步伐加快，乡镇面貌日新月异。

2010 年，辛安镇大街

2000年后，全市对乡村路进行硬化改造。2009年，开始将小城镇建设列入城镇化建设的重要内容，11个镇开始进行驻地集中连片建设，建设集居住、商贸为一体的综合区，平均每个镇建成区面积1.5平方千米。其中，徐家店镇建成区面积3.5平方千米。2010年，行村镇开始建设半岛金水湾小区，留格庄镇开始建设半岛御水湾小区、鹏阳康城小区、海王花苑小区，发城镇开始建设红富士商贸城。11个镇都进行小城镇基础设施综合整治建设，主要内容为硬化、排水、亮化、绿化美化、环境卫生管理等。新修、拓宽改造小城镇道路12千米，面积7.2万平方米，总投资420万元，11个镇人均道路面积20.15平方米，道路硬化率100%。各镇供水系统覆盖整个村镇，普及率100%。修建地下、地上排水沟、管道13.8千米，修建防洪堤43.4千米。新上、更换安装路灯1852盏。镇（区、街道）、村庄主要街道实现路灯照明。新置垃圾运输车12辆、叉车5台，新增、更换拖拉机垃圾车28辆。新购置铁质垃圾箱150个，每镇新建垃圾填埋场1处。环境卫生管理辐射到各镇域内主要道路及所有行政村，垃圾处理做到户集、村收、镇处理。主要道路铺设人行道板5万平方米、安装路沿石1万米。行村、徐家店、发城、留格庄等镇统一改造驻地主要道路门头广告，小城镇内实现集中供水、亮化、美化。新增绿地面积19.25公顷，人均公园绿地面积9.03平方米，绿化覆盖率33.23%。

第三节　村庄建设

80年代至90年代，农村住房实行“一户一房制”，房屋多为砖混结构，每户占地面积154平方米，建筑面积66平方米。1984年，凤城镇中村村委在村东北部安排新房区，由镇政府农村住房办公室统一规划，每5户1排，5排为1个方，每方25户，道宽10米。为全县最早的农村规划房。此后，农村住房加强统一规划。90年代后，全市每年新建住房1000幢左右，建筑面积6.6万平方米。2006年，全市425个村进行综合整治活动，要求村庄主要道路硬化、有排水设施，道路亮化、绿化、美化，环境卫生，清理、消除农村“三大堆”等。152个村达到烟台市级综合整治村庄标准要求。2008年，各镇配合交通部门，先后投资对境内的联村道路进行高标准拓宽改造和新建。大部分村庄的主要道路硬化、美化、绿化，道路两侧都建设排水管（沟），污水集中排放。南部沿海地区村庄发展较快，北部山区建设较慢。2009年，全市启动旧村改造工作。当年，完成整村改造建设1437户、危房改造910户。至2010年，全市20%的村庄实行旧村改造，村镇自来水普及率98%，“连村路”硬化率90%，道路绿化率100%。

2010年，郭城镇西古现村

第五章　建筑业

第一节　机　构

海阳市建筑安全监督站　1982年5月，县基本建设委员会城建施工科分设为城建科、施工科，由施工科负责建筑业的管理。1992年1月，撤销施工科，成立县建筑业管理处。1994年6月，县建筑业管理处改称县建设监理事务所。1996年

10月，改称市建筑安全监督站，行使建筑安全监督职能。

海阳市银河建设监理有限责任公司　1996年成立，具有省建设厅颁发的丙级监理资质，从业人员29人。其中，注册监理工程师5人、注册造价工程师5人，具有中、高级职称人员19人。

海阳市建筑设计院　1977年1月，海阳县建筑设计室成立。1985年，改为全民所有制事业单位，有设计人员19人。1998年11月，海阳市建筑设计院改制。

第二节　建筑施工

施工队伍　1978年前，全县建筑业规模小，主要以盖平房、修缮为主。中共十一届三中全会后，建筑队伍、技术力量逐步壮大。至1985年，全县有1个县建筑公司，23个乡（镇）建筑公司，28个村修建队，拥有职工9304名，技术人员163人。竣工面积200万平方米（含外出施工），为历年最高。1985年后，建筑业年竣工面积一直保持在30万平方米左右。2002年，建筑施工企业资质管理进行重大调整，将建筑施工队伍划分为总承包企业、专业分包企业和劳务分包企业。2005年，全市二级建筑总承包企业1家，三级总承包企业22家，专业承包企业2家，劳务分包企业9家。全市建筑业总产值9.6亿元，施工建筑面积128万平方米，从业人数1.55万人，实现利税近亿元。2010年，全市二级建筑总承包企业7家、三级总承包企业25家、专业承包企业6家、劳务分包企业7家，施工从业人数1.24万人，施工建筑面积205万平方米，建筑业总产值14.2亿元，实现利税1.68亿元。

2010年海阳市建筑施工企业一览表

表3-5-1　　单位：人

序　号	企业名称	资质等级	成立时间	从业人数
1	海阳市永盛建筑有限公司	房屋建筑总承包二级	1976.04	582
2	海阳市新凤建筑有限公司	房屋建筑总承包二级	1976.05	608
3	海阳市民主建筑公司	房屋建筑总承包二级	1985.03	660
4	方圆集团海阳建设有限公司	房屋建筑总承包二级	1992.04	570
5	海阳市全盛建筑安装有限公司	房屋建筑总承包二级	2000.04	680
6	海阳市富尔达空调设备安装有限责任公司	房屋建筑总承包二级	2001.11	196
7	海阳有孚管桩基础工程有限公司	房屋建筑总承包二级	2006.09	164
8	海阳市辛安建筑有限公司	房屋建筑总承包三级	1975.12	312
9	海阳市盛茂建筑有限公司	房屋建筑总承包三级	1976.01	302
10	海阳市大阎家建筑有限公司	房屋建筑总承包三级	1977.03	360
11	海阳市古现建筑有限公司	房屋建筑总承包三级	1981.06	308
12	海阳市顺和建筑有限责任公司	房屋建筑总承包三级	1984.04	168
13	海阳市西哲阳建筑公司	房屋建筑总承包三级	1985.05	360
14	海阳市东方建筑公司	房屋建筑总承包三级	1988.04	395
15	海阳经济技术开发区建筑公司	房屋建筑总承包三级	1988.07	288
16	海阳市团结建筑有限责任公司	房屋建筑总承包三级	1992.01	826
17	海阳市中村建筑有限责任公司	房屋建筑总承包三级	1994.02	320
18	海阳市凯祥建筑有限责任公司	房屋建筑总承包三级	1994.03	315
19	海阳市生隆实业有限公司	房屋建筑总承包三级	1995.05	582
20	海阳市盛大建筑安装工程有限公司	房屋建筑总承包三级	1995.06	237

续表 3-5-1

序　号	企业名称	资质等级	成立时间	从业人数
21	海阳市海麟实业有限公司	房屋建筑总承包三级	1998.09	300
22	海阳市云麟建筑有限公司	房屋建筑总承包三级	1998.10	155
23	海阳市通银建筑有限责任公司	房屋建筑总承包三级	1998.11	328
24	海阳市恒信建筑有限公司	房屋建筑总承包三级	1999.09	460
25	海阳市恒昌建安有限责任公司	房屋建筑总承包三级	2001.03	230
26	海阳市科达网络工程有限责任公司	房屋建筑总承包三级	2002.02	146
27	烟台华阳建筑有限责任公司	房屋建筑总承包三级	2003.09	263
28	海阳市鑫源建筑工程有限公司	房屋建筑总承包三级	2004.04	330
29	海阳市庆达建筑有限公司	房屋建筑总承包三级	2005.06	310
30	海阳市麦迪森建筑有限公司	房屋建筑总承包三级	2005.10	790
31	海阳市西关建筑有限责任公司	房屋建筑总承包三级	2007.04	243
32	海阳市通海建筑有限公司	房屋建筑总承包三级	2008.02	379
33	海阳市宏基混凝土有限公司	专业承包工程三级	2004.08	100
34	海阳市宏成建设有限公司	专业承包工程三级	2005.06	15
35	海阳华洋混凝土有限公司	专业承包工程三级	2007.04	34
36	烟台宇恒工程技术咨询有限公司	专业承包工程三级	2008.06	30
37	山东海阳丰汇设备技术有限公司	专业承包工程三级	2009.12	45
38	海阳维蒙特建筑工程安装有限公司	专业承包工程三级	2010.06	50
39	海阳市新兴建筑工程处	砌筑作业分包一级	1988.06	30
40	海阳市兴安建筑有限公司	砌筑作业分包一级	1991.01	40
41	海阳市凉山建筑有限公司	砌筑作业分包一级	1995.04	35
42	海阳市大厦建筑有限责任公司	砌筑作业分包一级	1997.05	65
43	海阳市通元建筑劳务分包有限公司	砌筑作业分包一级	2009.10	172
44	海阳华通安装有限公司	砌筑作业分包不分等级	2007.11	25
45	海阳市霖海工程装饰有限公司	砌筑作业分包不分等级	2008.07	58

建筑设备　1978年，全县建筑业的技术装备水平，是以手工操作、半机械化为主，陆续使用砂浆搅拌机、混凝土振动棒、混凝土搅拌机、龙门架、塔吊等机械化建筑设备。1980年后，建筑行业普遍使用金属脚手架。1985年，全县建筑企业机械动力1.02万千瓦，拥有塔吊30台。木工制作、灰浆搅拌、混凝土搅拌、水平垂直运输、混凝土构件生产、平面磨光等工序，基本实现机械化。1995年，建筑企业开始使用PLD型混凝土配料设备与混凝土输送设备。全县建筑企业机械动力3.8万千瓦，拥有机械设备8253台。1998年后，建筑施工企业使用新型混凝土配料搅拌设备。2001年，全市建筑企业机械设备功率2.1万千瓦，拥有机械设备2382台。2005年年底，全市建筑企

方圆集团有限公司生产的塔吊设备

2010 年，旭家双星大厦

业机械设备功率 3.3 万千瓦，拥有机械设备 2925 台。2010 年，全市建筑企业机械设备功率 7.6 万千瓦，拥有机械设备 4192 台。

建筑结构　1978 年，全县农村住房大部分为土木结构，民用建筑与工业建筑有土木、砖混、框架、排架及钢屋架等多种结构形式。2000 年前，城乡居民的平房和楼房都以砖混结构为主，县城楼房大部分为多层建筑，一般的车间、仓库等以排架结构为主，大型厂房和仓库等以钢屋架结构为主。2000 年后，框架结构成建筑工程结构主流，占当年竣工面积 90% 以上。2003 年后，城市建筑物全部要求为框架结构。住宅楼屋面淘汰平顶结构，普遍采用尖顶瓦屋面，增加工程防水、保温和美观效果。高层建筑结构体系则根据房屋的功能及房屋高度不同，分别有剪力墙结构、框架—剪力墙结构、短肢剪力墙结构等体系，抗震、消防、建筑节能及其他专项设计均达到国家规范要求。2005 年，建筑行业开始执行国家建筑节能标准，推广使用外墙保温、小棚屋顶板保温、屋面保温、冷热桥中空玻璃窗、节水器等节能新技术。2007 年 8 月，位于新元广场西、29 层全市最高楼层的旭家国际双星大厦一期封顶。至 2010 年，小高层、高层建筑大量涌现，城区已具中（小）城市的建筑规模与风格。

建筑材料　70 年代，建筑用木材、钢材完全靠国家计划分配和计划外采购解决，水泥、石灰生产主要以县水泥厂和石灰厂自产为主。建筑主体工程开始使用减水剂、早强剂、防冻剂，以提高水泥凝固度。外墙采用碳涂、浮沙涂料，贴瓷砖、马赛克、大理石。内部装饰墙面由刷涂料、贴壁纸代替粉刷石灰浆、大白粉。天棚由木条改为石膏板、钙塑板。地面铺设有的采用水磨石、大理石等。至 1985 年，这些材料在楼房建设中广泛采用，在农村建筑中也不鲜见。1986 年，建筑材料实行计划内调拨与市场调节双轨制。1990 年开始，建筑材料供应全部推向市场。1995 年，开始淘汰木质门窗，采用铝合金门窗。1997 年，开始推广应用冷轧带肋钢筋和冷拔螺旋钢筋。1998 年，开始在建筑物墙体应用节能、节土、利废的烧结多孔砖与轻质混凝土空心砖。1999 年，推广应用密封性、保温性、耐久性更好的铝塑、钢塑门窗。屋面与卫生间取消油毡防水，采用 ABS、改性沥青、SBS 等新型防水材料，给（排）水管道取消铸铁下水管道和镀锌给水管道，应用 ABS、PPR、PVC、铝塑管等新型给（排）水管道。2000 年后，推广框架结构，填充墙体采用加气砼砌块，既提高建筑物的使用面积，又达到建筑节能的效果。新材料方面主要有泡沫砼、蛭石砼、珍珠岩砼代替炉渣砼等。

第三节　建筑业管理

建筑市场管理　1984 年 8 月，县政府成立招标领导小组，开始实行工程招投标制，将建筑施工企业推向市场。至 1985 年年底，全县招标投标工程 23 处，建筑面积 3.34 万平方米，工期平均缩短 10%，造价降低 1.9%。2005 年，全市工程招（投）标率 100%，建筑工程报建、招标投标、合同签订、质量监督、安全监督和竣工验收等各项管理工作有机结合，形成建筑市场管理闭合体系，建筑市场管理步入正轨。2007—2009 年，全市共完成建设工程交易项目 331 个，总投资 32.38 亿元。政府投资工程全部实行招标方式发包，招标和公开招标率100%。2010年，全市完成建设工程交易项目196个，总投资19.95亿元。其中，完成政府投资工程交易项目113个，投资6.17亿元，节省财政资金7633.14万元。

建筑工程管理 1978年，随着建筑业的发展，工程管理特别是质量管理得到重视。1982年，推行全面质量管理，对整个工程施工过程实行质量控制、全过程管理，各建筑施工企业成立QC小组，全面质量管理工作跃上新台阶。海阳在内（外）墙抹灰方面，创出全省的质量品牌。在工程管理中形成有效的管理制度，如三级质量检查制度，分部分项、单位工程质量检验评定及内部交接验收制度，工程回访保修制度等。1985年，全县施工企业创全优工程18处，优良工程54处。1994年，全县建筑工程管理引入建设监理机制。2007—2009年，共监督工程819个，建筑面积294万平方米；竣工工程768个，竣工面积273万平方米；优质结构工程178个。2010年，全市监督工程296个，建筑面积93万平方米；竣工工程290个，建筑面积96万平方米；优质结构工程55个。

安全生产管理 1978年，县劳动保护与安全生产得到普遍重视，规章制度得到恢复，施工现场的防护有创新发展。企业配备安全管理专职人员，组织职工学习安全操作规程，对新工人进行教育，增强职工安全意识，提高自身的防护能力，减少事故的发生。90年代，积极开展施工企业安全达标活动，施工现场安全标准化管理初具规模，建筑安全生产管理的框架基本形成。2007—2010年，贯彻落实《建设工程安全生产管理条例》，严格实行安全生产责任制，企业内部层层签订安全生产责任状，将安全目标、责任分解到个人；新开工工程报监率、工程合同签约率、履约率均达100%；施工现场严格落实彩钢板围挡和标准配电箱、剪刀撑、防护栏等，推广使用标准化活动板房；加强安全监管，对查出的安全隐患限期整改，对全市建筑业管理人员进行安全培训和教育。

第六章 房地产开发

1978年，城镇职工用房的途径主要是企事业单位福利分房。1986年，县房管局成立房屋建设开发公司，先后开发环保、西哲阳、民主、樱桃园等小区和海河路网点改造等房地产项目，建筑面积40.99万平方米。1987年8月，海阳县房产管理开发公司第一批商品住宅楼建成出售，为海阳最早的住宅商品房销售。住宅楼共7816平方米，102户，售价为城北生活小区每平方米270元，西哲阳生活小区每平方米265元。1992年，海阳县城北房地产开发公司成立。先后开发城北佳苑、城北丽苑、东山小区等项目，建筑面积16.33万平方米。1995年，海阳县生隆实业有限公司成立。先后开发银河商场（新元广场）、文山宜居、蕴泰宜居等项目，建筑面积2.4万平方米。

2000年前，房地产开发用地采取协议出让的方式获得。2000年，境内房地产开发项目开始通过招标、拍卖、挂牌的方式取得土地使用权，房地产开发获取土地方式走向市场化。房地产开发企业发展迅速，外地开发企业逐渐进入海阳。2002年3月，海阳锦源企业发展有限公司成立。先后开发源景华庭、阳光雅苑等房地产项目，建筑面积10.98万平方米；阳光城商业项目，建筑面积1.3万平方米。2004年9月，海阳市新途房地产开发有限公司成立。先后开发金海湾花园、北山住宅楼、新元谊和居、国泰小筑、中村碧怡花园、意境园等项目，建筑面积4.7万平方米。同年，青岛盛泰置业有限公司进入海阳房地产市场。开发建设俪水花园项目，建筑面积8.4万平方米。2001—2010年，随着城市总体规划区域的扩大，房地产开发项目也逐渐由老城区向沿海区域发展，初步形成以老城区本地人刚性需求、沿海休闲旅游度假为主的房地产开发格局。其间，海阳三合房地产开发公司开发建设黄海花园，建筑面积11万平方米；海阳才高置业有限公司开发建设凤凰城，建筑面积26万平方米；海阳博纳房地产有限公司开发建设荷兰街，建筑面积12.86万平方米；邯郸春昱房地产开发有限公司开发建设凤凰八佰，建筑面积8.83万平方米；海阳市中凯房地产开发公司开发建设汇景湾，建筑面积20万平方米。并先后开发建设国宾海景酒店、黄金海岸大酒店、观海大酒店等大型观海酒店项目。房地产业在改善市民的居住条件、提高城市品质的同时，也拉动经济发展，逐渐成为全市的支柱产业。至2010年，全市累计开发建筑面积696.70万平方米，城市人均居住面积35平方米。

第一节　居民小区

1983年，县电业局在龙山街西、海山路北为职工建设家属楼8栋，建筑面积约1.8万平方米。1987—2000年，环保、民主、东山、樱桃园、西哲阳、城祥家苑、城北佳苑等小区相继开发建设，建筑面积213万平方米。

2001—2005年，续建源景华庭、阳光雅苑、文山小区、金海湾花园、北山住宅楼、新元谊和居、国泰小筑、中村碧怡花园、意境园、俪水花园等小区，建筑面积201万平方米。

2006—2010年，续建金海嘉园、怡河新阁、怡河新墅、御景苑、阳光景苑、金宇海韵、真成名府、凯利花园、安建丽都、阳光花园、紫薇苑、金域蓝湾、碧海金滩、金海翠林、汇景湾、曦岛·假日湾、凤凰八佰等小区，建筑面积281万平方米。

环保小区　位于新兴街西、海兴路南、市环保局北，总建筑面积5.7万平方米。小区由县建筑设计院设计，1987年由海阳县房屋建设综合开发公司开工建设，1993年年底竣工。环保小区是海阳最早开发建设的商品房居民住宅小区，共有住宅35栋，总户数856户。小区依山傍水，环境优美，区内道路硬化5300平方米，绿化面积6600平方米，路灯、环卫设施和电视地面卫星接收系统等公共设施齐全。

怡河家园小区　位于海河路南、榆山街西，是首次以市政府拍卖出让的方式取得土地使用权的项目，占地面积3.02万平方米，建筑面积4.78万平方米，共13栋楼，430户，由市建筑设计院设计，海阳市新途房地产开发有限公司投资6700万元，2002年5月开工建设，2004年12月竣工。双气入户，无土炕锅灶，配置露天健身器材广场、儿童娱乐园、篮球场、室内乒乓球、棋牌等文体活动场所500平方米，配套石雕景观，24小时保安值守，并建有192平方米的商业网点。怡河家园小区被烟台市建设局评为烟台市优秀住宅小区、“优秀户型、健康住宅”。2009年，获海阳市优秀住宅小区称号，是海阳市第一个全封闭管理的现代化小区。

御景苑小区　位于市中心区、海政路南、龙山街西，为原海阳宾馆旧址。规划用地面积2.47万平方米，总建筑面积3.66万平方米，其中住宅建筑面积2.76万平方米，商业建筑面积8990.8平方米，居住户数234户，居住人口800余人。小区由烟台中房建筑设计研究院设计，烟台房地产开发集团海阳分公司于2006年开发建设。小区主入口设置钟楼和飘架，造型美观时尚，是海阳最早有电梯的小区之一。

2010年，御景苑小区

曦岛·假日湾小区　位于海阳旅游度假区海景路北、海滨路南万米金滩中心地段，南侧面临大海。由北京新纪元建筑工程设计有限公司设计，海阳市高新纬达置业有限公司于2008年5月开工建设，小区出让土地面积20.10万平方米，规划建筑面积29.27万平方米，包括高层住宅、高层酒店、低层住宅、商业建筑、商务会所等。容积率1.45，绿化率40%，居住户数1945户，居住人口3800人。小区设计围绕“人与自然和谐发

2010年，曦岛·假日湾小区

展”主题，整体建筑为西班牙地中海风格，利用桥涵引海水入园，营造出威尼斯风情的高档社区。

金域蓝湾小区 位于海阳旅游度假区、黄海大道南首西侧，由山东三元建筑设计有限公司设计，海阳市军创置业发展有限公司于2005年开工建设。小区占地面积21.07万平方米，建筑面积30万平方米，其中高层建筑面积4万余平方米。共建独栋别墅、双拼别墅、联排别墅145套，多层楼房1044套，公寓280套，高层楼房591套。小区内花果树木多样，四季常青。2010年，被中国（烟台）房产博览会评为最佳宜居典范楼盘。

第二节 企业选介

海阳市锦成房地产开发有限公司 原为海阳房屋建设开发公司，1986年成立。2005年3月改制，10月，登记成立海阳市锦成房地产开发有限公司。公司秉承“以质量求生存，以创新求发展”的指导思想，先后建成环保小区、民主小区、西哲阳小区、樱桃园小区、海河路住宅楼、城祥家园等项目，开发建筑面积约26万平方米。

海阳市城北房地产开发公司 原为海阳县城北企业联合总公司，1992年成立，2005年5月，改称海阳市城北房地产开发公司，是全市唯一一家集体所有制开发企业，注册资金3500万元。先后开发建设西哲阳小区、城北小区、文山小区、城北佳苑、城北丽苑等项目，累计开发面积16.33万平方米，工程质量合格率100%。

海阳市新途房地产开发有限公司 原为海阳县城市房地产综合开发公司，1992年成立，为全民所有制副科级事业单位。后改制，于2000年5月，改称海阳市新途房地产开发有限公司。先后参与建设北山小区、电业小区、西哲阳小区、怡和家园商住小区、海河路商业网点与住宅1～6号楼以及县计生委、卫生局办公楼等项目，是海阳市房地产开发行业中首次以拍卖方式取得土地的开发企业和首个建设全封闭式管理小区的企业。

海阳市中凯房地产开发有限公司 原为江苏中凯房地产发展有限公司海阳分公司。2007年3月，成立海阳市中凯房地产开发有限公司，注册资金5000万元，是海阳首个持有三级房地产开发资质的企业。公司自2003年进入海阳从事房地产开发建设。先后开发亲海御墅、观海大厦、汇景湾等住宅小区和胶东义乌小商品物流城、旅游度假区农贸市场等项目。至2010年，累计投资5亿元，开发面积18万平方米。

第七章 房地产管理

第一节 机 构

1972年，县政府设机关房管所，具体管理机关房屋的建造、维修和住房分配。1987年6月，县房产管理开发公司成立。1988年12月，改称县房地产管理局。1993年11月，改称县房地产开发总公司。1996年5月，改称市房地产开发总公司。2001年12月，改称市房产管理处。2003年1月，改称市房产管理局。2010年，内设办公室、房管科、物业管理科、农房管理科、档案管理科、住房保障办公室。

第二节　城镇住房制度改革

1988年3月—2002年10月，海阳住房制度改革。共出售公有住房9100套，计67万平方米，收回房改资金6800万元。房改工作分三个阶段：

房改试点（1988年3月—1993年4月） 1988年3月，烟台市在海阳县进行住房制度改革试点工作。海阳县成立以县长为组长，副县长、县人大常委会领导为副组长，各有关部门主要负责人为成员的房改领导小组，下设办公室，具体实施试点工作。制定出台《海阳县城镇住房制度改革试行方案》，8月，在县商业局和县直管公房中进行试点运作。主要是出售公有住房，采取售房起步、相应提租、适当补贴、一步到位的办法，共出售直管公房120套，县商业局599套公房全部出售。

住房制度改革分步实施（1993年4月—1995年8月） 1993年4月，海阳县住房委员会（以下简称房委会）成立，具体负责住房制度改革的决策、管理、执行，并监督落实情况。房委会在县房管局设立办公室，负责房委会的日常工作。制定出台《海阳县住房制度改革分步实施方案》及配套细则，经县十三届人大常委会第六次会议审议通过，1994年1月1日起实施。这一阶段重点是出售公房给予优惠，按产权比例，以标准价售给职工；分步提高租金，实行超标加租，收取租赁保证金。截至1994年年底，共出售公房楼房4300套，占公有住宅楼房总量的93%，应收房款4200万元，实收2300万元。1995年1月，设立县住房委员会办公室，为正科级全民事业单位，与房地产开发总公司合署办公，内设房改科。3月，为解决城镇职工住房困难，在樱桃园生活区实施首批“安居工程”建设。

深化城镇住房制度改革（1995年9月—2005年12月） 1996年6月，制定实施《海阳市深化城镇住房制度改革方案》。实施范围：市区规划区和外向型工业加工区内的中央、省、烟台市所属机关及全民、集体所有制单位（包括外地驻市区单位），东村镇机关单位所属公有住房及在职干部职工（包括固定工人、城镇合同制工人、农民合同制工人、城镇户口计划内临时工）；“三资”企业中方职工（成分同上），按规定享受40%生活补贴的退职职工和离（退）休干部职工全部参加房改。市政府先后出台《住房制度改革有关政策补充规定》《关于进一步推动我市城镇住房制度改革的意见》《关于1998年深化住房改革有关问题的通知》《海阳市进一步深化城镇住房制度改革实施方案》《关于公有住宅平房出售意见》《海阳市已购公有住房和经济适用住房上市交易管理办法》等文件，使房改工作步步深入、顺利进行。2002年1月，城区内除市政府确定的公有住房不能出售外，公房出售全部结束。

住房公积金制度 1996年，部分单位实行公积金和住房补贴制度，公积金按12%（其中单位6%、个人6%）提取，住房补贴按职工工资的10%发放；2000年1月1日起，机关、事业单位全部实行公积金制度，按职工工资的15%发放住房补贴；2005年开始，全部按职工工资的35%发放住房补贴。

经济适用房和廉租房补贴政策 2007年，出台《海阳市经济适用房货币直补实施办法》《关于推行经济适用房货币直补办法的意见》《关于对城市最低收入家庭租赁住房实行货币补贴的意见》《海阳市城市低收入家庭租赁住房货币补贴办法》。经济适用房有计划地进行开发，解决中低收入居民的住房问题。2008年，将廉租住房保障范围由“最低收入住房困难家庭”扩大到“低收入住房困难家庭”，将经济适用房供应对象由“城市中、低收入住房困难家庭”调整为“城市低收入住房困难家庭”，将廉租住房的补贴标准由每平方米3元调整为每平方米4元，申请购买经济适用房货币补贴标准由每平方米200元调整为每平方米300元，同时降低低收入住房困难户家庭标准。2009年，制定并出台住房补贴调整政策：年人均收入小于等于6110元的住房困难家庭可申请廉租房补贴，收入高于7600元（不含）低于12200元的住房困难户可申请经济适用房补贴，同时保障对象增加满30周岁以上的未婚和离异人员。11月，保障性住房滨河小区开工建设，市政府划拨供应土地约1.50公顷。

第三节　房产交易管理

管理服务　1985年，全国房屋普查在海阳试点。海阳成立房产交易监理所，隶属县机关房管所，负责城区内的房产交易管理工作。1988年，房改工作启动，城区内房产确权发证工作全面展开。海阳成立房产交易管理所，隶属海阳县房产管理开发公司，负责办理县城所有公房及规划区内15个村私房的买卖、赠予、交换等产权变更事宜，发放房屋产权证。1993年，管理范围扩大到全县房地产出租、转让、有偿使用、评估房屋价格、房产抵押、办理房产交易。县政府先后出台《关于城镇房产管理的意见》《海阳县房屋建设综合开发暂行办法》等。1994年6月，《山东省城市房地产交易管理条例》实施；7月，《中华人民共和国城市房地产管理法》颁布，房地产管理有了系统的法律法规，房产交易市场逐步规范化。

1999年3月，建成200平方米的海阳市房产交易大厅，将开发商请进大厅，挂牌办公，集收件、缮证、取证、房产评估、房产测绘于一处，开展一条龙服务，同时提供房地产信息、技术、法律、政策等各种咨询服务。2005年9月，新建交易大厅投入使用，厅内设房产交易、收件、办证、缮证、取证、预售登记、房改、咨询服务、财政、税收、房产评估、抵押担保、房产测绘等10多个业务窗口，实行程序管理，自动化办公、微机联网，方便群众。

2003年始，连续组织房地产开发商参加烟台市举办的“住博会”。2005年9月，举办海阳市首届房展会暨房产交易挂牌仪式。2006年4月，参加烟台市第四届“住博会”，并获最佳组织奖。8月，联合烟台日报社举办“到海阳看房活动”。2007年9月，参加在烟台举办的2007年中国环渤海房地产博览会，以突出的亮点展示海阳市房产业成果。2009年，组织参加哈尔滨房展会并举行海阳城市形象推介会。

2010年，海阳市房地产市场发展座谈会

商品房预售管理　1999年3月，在全市房地产开发企业中实行商品房预售许可证制度，对即将竣工上市的商品房，按照《山东省城市房地产开发经营管理条例》的有关规定，进行合法手续审查，审查合格发放预售许可证，方准上市预售。2004年7月，对全市房地产开发企业实行商品房预售资金监督管理，开发企业预售商品房所得价款，专款用于开发项目建设。2007年4月，规范完善商品房预售资金监督管理制度和商品房预（销）售许可证制度。明确规定房地产开发企业进行商品房预（销）售时，必须申办并取得商品房预（销）售许可证。

房屋抵押登记　1996年，实行房屋抵押登记管理，职能由市工商行政管理局承担。1997年5月，建设部发布《城市房地产抵押管理办法》，明确规定“县人民政府房地产行政主管部门负责管理本行政区域内的房地产抵押工作”。1996—2010年，共办理房产抵押面积804.1万平方米，抵押金额15.38亿元。

房产交易监理　1995年7月，海阳县房产评估事务所成立，与房产交易管理所合署办公，对房产交易按照国家规定的技术标准和评估程序，根据房屋的所处地段、朝向、结构、层次、设施、装修标准等因素，评估出房屋的合理价格，按照评估价计征税费；成交价格高于评估价格的按成交价格计征税费。2002年2月，市房产评估事务所与房管局脱钩，作为中介机构，提供社会服务，实行自主经营，独立核算。2006年起，重点查处房地产开发、预（销）售、中介等各环节中存在的面积短缺、隐价瞒价、虚假广告、价格欺诈等违法行为。至2010年，共检查从业机构87家，发放备案通知书14份，查处违规行为4起、处罚2起。共查处隐价瞒价行为142

起，涉及金额1000万元，为国家挽回经济损失25万元。

住房置业贷款担保　2003年6月，烟台市住房置业担保中心在海阳设立置业担保办事处，对全市居民个人向银行申请购房贷款提供担保。2003年6月—2008年12月，共为城镇居民提供个人购房申请贷款担保1613份，担保金额28.06亿元。

第四节　房屋产权产籍管理

1985年，全国首次房屋普查后，利用普查资料对房屋进行产权产籍管理。1987年，县房产管理局成立后，依法对城区房屋进行重新普查登记，对产权进行确认，至年底，基本完成普查任务。1988年，开始把确权发证列入日常工作。

管理范围　1988—1993年，主要包括城区内的直管公房、各厂（矿）企（事）业单位的公有住房、乡（镇）驻地国有土地上的公房和辖区内15个行政村（城北、和平、生产、团结、窑上疃、民主、平顶、西哲阳、东哲阳、新兴、院西、宅科、南倪家、北才苑、南才苑）的私有住宅。1993年后，各乡镇有出国留学和打工、经商或办企业人员利用房屋到银行抵押贷款，需要确权发证，凡有申办者，均参照国有土地上房产登记办法给予办理。2005年9月，在徐家店镇设立第一个工作站，由工作站负责辖区内房产的初始调查及房产测绘，市房管局审核后办理房屋所有权登记。2006年3月，在朱吴镇设立第二工作站。2007年6月，在发城镇、行村镇设立第三工作站和第四工作站，同年在辛安镇设立第五工作站。2009年，开始全市农房普查登记工作。

登记发证　1988年，全县开始对房屋所有人和使用者进行确权登记，核发证书。至2005年，共发放25000件房产证书，确权面积904.44万平方米，城市规划区范围内的房屋所有权登记率达到98%，各镇（区、街道）驻地及工业园区国有土地上的房屋登记率达到60%。至2010年年底，共发放53233件房产证，确权面积2968.7万平方米。

1988—2010年海阳市房屋权属登记情况表

表3-7-1

年　份	房产登记发证数（件）	确权面积（万平方米）	年　份	房产登记发证数（件）	确权面积（万平方米）
1988	4629	137.24	2000	1304	24.16
1989	560	17.06	2001	1498	38.98
1990	227	13.92	2002	2879	111.52
1991	280	13.20	2003	2294	89.40
1992	320	16.02	2004	2524	134.45
1993	343	18.10	2005	3279	174.68
1994	450	23.70	2006	4726	770.47
1995	570	14.10	2007	5232	947.06
1996	460	15.50	2008	6129	125.16
1997	841	15.80	2009	5456	111.42
1998	1446	26.31	2010	6690	109.82
1999	1096	20.30			

房产测绘　1988年至2002年6月，海阳对房产的测绘都是手工操作，用米尺丈测，有误差。2002年7月，烟台市房产测绘站在海阳设立测绘工作站，为中介机构，利用先进设备对全市开发的商品房和申请产权初始登记的房屋进行面积测绘，确保面积准确性。

房产档案管理　海阳市房产档案管理自全国房屋普查资料的收存开始，至2005年，所发产权证书全部建立详细科学的档案。房产档案收存率100%，共收存房产档案5000卷、2.5万户。做到产籍、图、档、卡、簿完整准确。严格执行档案管理制度、档案保密制度及档案借阅规定。配备专职档案管理人员，经过严格培训，持证上岗。2006年，被评为省一级档案室。至2008年，共收存房产档案40626卷、39507户。2010年，开始实行电子档案管理，规范档案形式，简化查询程序。

第五节　物业管理

管理措施　1995年9月，县房管局在民主小区成立居委会，负责小区的物业管理。1996年5月，市房管局内设物业管理科，负责直管公房的维护，提供无偿服务。1999年3月，组建全市第一家物业管理企业——海阳市洁城物业管理处，负责民主、环保、西哲阳小区和直管公房的物业管理服务。5月，市政府出台《关于加强城市住宅小区物业管理的意见》，对物业管理的职责范围、物业管理用房及公共资金、物业管理收费等作出规定。2000年4月，在民主小区成立第一个业主委员会，参与物业管理工作，物业管理服务主要提供保洁、水（电）维修、绿化、代收水（电）费等服务。

2003年后，全市共审批物业管理企业资质27个。加强资质年审工作，保证物业管理企业规范化运营。2004年，加大业主委员会的组建力度，印发《关于在全市住宅小区成立业主委员会的通知》，对实施范围、选举方式等作出规定。选举组建怡河家园北区、西哲阳小区、城北小区、怡河家园、哲阳北区5个业主委员会。2008年，组建环保小区、民主小区业主委员会。2010年，全市落实物业管理方案36件（次），组建物业管理企业3个，总计35个，新建项目物业管理覆盖率100%，全市有6个小区被评为烟台市优秀住宅小区，胜利黄海花园小区通过省住建厅专家组验收，获山东省优秀住宅小区称号。

物业专项维修资金收缴管理和使用　1999年5月，开始向业主收取专项维修资金，随同业主办理房产登记时收缴。收费标准按住宅的建筑面积，每平方米收11元。2006年7月，对物业专项维修资金的使用范围和程序、工程维修方式等作出规定。10月，西哲阳生活小区首用专项维修资金12万元，对屋顶、道路、排水管道等进行维修。2007年4月，物业专项维修资金采取前置收缴方式进行，由各房地产开发企业在办理商品房预（销）售许可证时，将专项维修资金按户数和面积一次性上缴房产管理部门。之后，在预（销）售过程中再向买房人收取。房地产开发项目竣工，通过综合验收并办理商品房销售许可和初始登记后，市房管局将该项目的物业专项维修资金移交给市财政管理使用。截至2010年，共收取物业专项维修资金2301万元。

樱桃园小区改造

老旧小区改造　2008年，市政府把老旧小区改造作为“惠民利群”工作的15件实事之一，拨款300万元，对民主、环保、樱桃园小区的供电设施设备及主线路进行更新改造，并对民主、环保小区的物业配套进行完善。累计改造主线路1.55万米，新增变压器4台、配电盘5台，硬化水泥路面2.36万平方米，铺装人行道板1.57万平方米，修补水泥路面800平方米，安装路灯14盏，增设垃圾箱44个、宣传栏4个，新建污水检查井80个、更换井盖632套，更新排水沟盖板150米，并对各栋楼的垃圾、化粪池、污水检查井进行彻底清理，新增绿化草坪1.98万平方米，移栽苗木930平方米。通过改造，基本达到硬化、绿化、亮化、美化“四到位”，居民的生活环境得到进一步改善。

第四编

环境保护

1980年7月，海阳县环境保护局成立，开始依据国家法律法规管理环境，对部分环境质量进行监测。1981年，开始依法征收排污费。1983年，对海域、地下及地表水水质实施监测。1987年，县政府将每年6月定为环境保护宣传月，制定并实施一系列规范性文件，推行环境保护监督管理目标责任制。先后实施“538”“CCP”系统工程及生态市创建等。注重流域和区域污染治理，制定长短期规划，综合治理东村河。加强生态环境保护，2002年，建立海阳千里岩岛海洋生态系统省级自然保护区。2003年，制定实施《海阳市生态市建设规划》。2006年12月，建立招虎山省级自然保护区。至2010年，全市烟尘控制区15平方千米，噪声控制区12平方千米。城区及重点区域环境质量得到极大改善。

第一章　环境管理机构与功能区划

第一节　机　构

1980年7月，成立海阳县环境保护局。1983年10月，成立县环境监测站。1984年6月，县环境保护局并入县城乡建设委员会，改称县城乡建设环境保护委员会。1985年1月，县城乡建设环境保护委员会改称县城乡建设委员会，内设环境保护办公室。1986年7月，撤销县环境保护办公室，恢复县环境保护局，编制7人。1987年8月，设县排污收费监理站，1994年1月，改称县环境监理站。1995年，分别设立1个镇环保所、1个环保分局。1996年5月，县环境保护局改称市环境保护局。2008年7月，撤销环保所、环保分局，并入环境监察大队。2009年4月，增设核与辐射安全管理办公室。

第二节　环境功能区划

1989年5月，县政府印发海阳县环境噪声管理办法，要求有关部门高度重视，密切配合，对工业、交通、施工、社会生活等环境噪声声源共同做好治理工作，为群众的工作学习和生活创造一个良好环境。全县噪声管理功能区划分为文教区、工业集中区、商业中心区、二类混合区、居民生活区、凤城开发区，面积12.68平方千米。

1991年，编制完成《海阳县陆域水环境保护功能区划》，对全县陆域地表水和地下水划分出不同类型保护区，提出相应的保护措施，进行可行性分析。9月，编制完成《海阳县乡镇企业环境管理区划与控制对策》。将全县划分为4个不同功能的管理区。Ⅰ区为环境敏感保护区，以保护和改善为重点，包括水源地、风景旅游区和自然保护区等。有东村、盘石店、留格庄、凤城、二十里店等乡（镇），面积531.79平方千米。Ⅱ区为环境主控区，以污染治理为重点，包括徐家店和发城镇，面积198.60平方千米。Ⅲ区为环境相对稳定区，包括大辛家、大阎家、辛安、大山所、行村、小纪、南城阳等乡（镇），面积474.85平方千米。Ⅳ区为农业生态环境保护区，包括山西头、郭城、战场泊、高家、北埠后、朱吴、泉水头、黄崖、赵疃等乡（镇），面积631.58平方千米。

1993年3月，县环保局与青岛海洋大学环保中心共同承担的《海阳县近岸海域环境保护功能区划》（以下简称《区划》）课题，历时一年半研究完成。该《区划》范围以海阳所辖陆域相对应的近岸海域为依据，根据县政府海洋资源开发规划，近岸15米等深线以内海域，近岸接界的大辛家、凤城、留格庄、大阎家、行村、大山所6个乡（镇）所辖的滩涂、对虾养殖区、盐业区。海岸区划面积964平方千米。划分的环境保护功能区种类为盐业养殖区、港口区、海水浴场旅游区及混合区，根据各功能区要求，提出相应的对策建议。

2005年6月，根据《关于控制海岸带规划建设的意见》，划定海岸带控制范围，进行总体规划，对控制范围内的项目开发建设、污染治理等予以严格规定，明确发改、国土、林业、环保、建设等相关部门工作职责，要求各部门相互配合，齐抓共管，并对有关镇（区、街道）实行行政区域负责制。

第二章　环境监督管理

第一节　环境法治建设

1987年6月，县政府制定《海阳县建设项目环境保护管理办法》，对环境有影响的基本建设、技术改造、各种引进和区域开发建设等项目进行管理。11月，制定《海阳县自来水水源保护暂行规定》，对县自来水第一、第二水厂上游流域内地表水和地下水进行保护。

1993年，县政府制定《海阳县环境污染防治设施管理办法》，对各种处理、净化、控制和综合利用污染物的设备、建筑等防治设施管理办法予以规定。制定环境监理员制度推行方案，明确环境监理队伍性质、职责和完善机构等问题，建立政策性强、业务精的环境监督执法队伍，推动全县经济建设与环境保护协调发展。

1994年，县政府制定《海阳县水污染物排放许可证管理暂行办法》，对直接或间接向水体排放污染物的企事业单位，实行排污申报登记制度和排放许可证制度，加强对排污单位的监督与管理，对违法行为进行处罚。有效控制水污染，加强对水污染监督和定量化管理，使污染物排放由浓度控制逐步转向总量控制。

1998年，市政府制定《海阳市加强建筑施工噪声污染防治管理办法》。规定市区内一切向周围环境排放建筑施工噪声的单位和个人，所排放的建筑施工噪声必须符合国家规定的建筑施工场界环境噪声排放标准。对施工单位的排污申报登记、施工时间予以明确规定。制定《海阳市加强饮食娱乐服务业环境保护管理办法》，要求新扩改建的饮食娱乐服务业必须执行环评和“三同时”（同时设计、同时施工、同时投产）制度，严格限制在无排水管网处兴办生产和排放污水的饮食服务业；在敏感区的饮食娱乐服务业安装使用空调装置，必须采取措施防止噪声和热污染。饮食业的燃煤锅炉必须使用型煤或其他清洁燃料，所排放污染物要达到国家和地方规定的排放标准。同时，规定环保、工商、公安、文化、规划等部门，要根据各自职责，加强对饮食娱乐服务业的监督管理。

1999年，市政府制定《海阳市工业污染源达标排放和环境功能区达标工作实施方案》，对全市工业污染源和环境功能区达标现状进行分析，明确工作任务，通过治理工业污染、严格控制新污染、优化产业结构等措施，实现“双达标”工作目标。全面实行废水、废气和固体废物总量控制。

2005年6月，市政府制定《关于进一步加强水污染防治工作的意见》，要求各级、各部门深入开展整治违法排污企业，保障群众健康环保专项行动，集中力量解决环境问题，明确责任，密切配合，保证水污染防治在建项目及时投入运营，保证主要污染物排放总量得到有效控制，保证水环境质量有明显好转。8月，市政府制定《海阳市环境保护行政责任追究办法》，规定各镇（区、街道）和有关部门对本行政区域内环境污染的防范、发生和治理，依照法律、法规、规章的规定有失职、渎职情形或负有领导责任的，给予行政处分；构成犯罪的，依法追究刑事责任。

2006年4月，市政府印发《海阳市突发环境污染事件应急预案》，对突发环境污染事件进行分级，对环境事件发生后的报告和评估、预警和应急响应、组织体系和工作职责进行明确规定，实行责任追究制度。

2006年12月，市政府制定《海阳市饮用水源突发环境污染事件应急预案》，强化饮用水源地的环境保护。将涉及饮用水源突发环境污染事件分为4级，对事件发生后的工作任务、组织机构及主要职责和任务、工作程序予以明确规定。要求加强应急演练，提高应对涉及饮用水源突发环境事件的能力。加强建设项目环境管理，严格执行环境影响评价和“三同时”制度，实行年终岗位目标责任制考核环保工作“一票否决”制度。

至2010年，海阳市按照国家法律法规的规定，结合实际情况，建立健全环境保护行政处罚、环境监理、建设项目环境管理、污染源监督管理、现场检查、限期治理及排污费征收等多项环境行政执法工作程序；全面推行行政执法责任制，建立行政执法工作领导负责制、重大行政处罚决定集体审议制、规范性文件审核备案制和过错责任追究制等多项行政执法工作制度，为行政执法提供制度保证。

第二节　重点环境管理工程

环境保护目标责任制工程　1988年，烟台市环境保护目标责任制工程实施，包括“538”“CCP”“IEQ”“ESD”4个系统工程。

“538”系统工程　指在烟台市政府5年任期和县政府3年任期内，实施大气、噪声、饮用水源、废水、固体废弃物等8个方面的治理工作，1988—1992年实施。根据要求，海阳安排治理项目301个。围绕治理项目投资861.18万元，完成全部任务。通过3年治理，城区大气质量保持在国家二级标准；2个饮用水源地水质保持国家地下水三级标准；近海海域水质100%达到国家一类海水标准；工业固体废物、城市生活垃圾利用和处理率100%。建成“烟尘控制区”8平方千米，覆盖率100%；噪声达标区面积8平方千米。

“CCP”系统工程（1993—1997年）　也称全面控制环境污染系统工程，即到1997年，废水、废气、废渣和噪声污染得到全面控制，总体环境质量基本稳定或优于1992年水平，城市环境质量和自然生态环境有一定改善。工程实施后，海阳5年内投入环境保护资金1.2亿元，完成城市环境综合整治项目42个，搬迁、关停污染企业4个，治理各类污染点源988个，城市饮用水源水质达标率100%，城市环境噪声达标区覆盖率100%。

“IEQ”系统工程（1998—2002年）　也称改善环境质量系统工程。废水达标排放方面，1999年，对废水排放不能稳定达标的企业进行限期治理，企业投入606万元，新建、改建和扩建污水处理设施，提高废水处理能力，按期完成治理任务，实现达标排放，削减化学需氧量1311吨。废气达标排放方面，1999年，各污染企业投入167万元，对排烟排尘设施进行改造，或采用燃烧低硫低灰煤炭等措施确保污染物达标排放，年削减二氧化硫近1096吨、烟尘499吨。2002年，在全市IEQ系统工程4项主要污染物总量控制指标中，化学需氧量、二氧化硫、烟尘、工业粉尘均控制在规定指标内。城市集中供热率68.98%、气化率96.1%，垃圾无害化处理率92%，建成区绿化覆盖率38.5%。全市饮用水质达标率100%。主要河流和近岸海域符合环境功能区划要求，城市环境空气质量符合二级标准。

2008年7月4日，市永平纸业有限公司爆破使用30年的大烟囱

“ESD”系统工程（2003—2007年）　也称持续改善环境质量系统工程。2006年，对全市主要污染物化学需氧量、二氧化硫、烟尘、工业粉尘排放总量制订分配方案，对总量削减目标进行细化，分解落实到各企业，各项指标均控制在规定指标内。清洁能源使用率73.1%，生活污水集中处理率86.27%，垃圾无害化处理率100%，建成区绿化覆盖率39.2%。全市饮用水质达标率100%；主要河流和近岸海域符合环境功能区划要求，城市环境空气质量符合二级标准。

第三节　环境监督执法

环境执法　1987年前，全县未开展过较大规模查处环境违法行为集中执法行动，对一些环境违法企业的处理，多在环境监理过程中进行。1988年，加大监管查处力度。1995年3月，开展打击“两土一水”非法炼金活动。县环保、黄金、土地矿产、公安等部门联合执法，捣毁违法炼金点80余个、土氰化池10个。1998年后，加大现场监督检查力度，重点查处擅自拆除闲置污染防治设施或防治设施运行不正常、建设项目不实行环评等违法行为。2001—2003年，连续3年开展严肃查处排污企业违法行为专项行动。2004年起，每年开展1次整顿违法排污企业专项行动，并把水污染防治作为重点，对造纸、印染、电镀等行业重点整顿。

制度实施　排污收费制度　1981年，试点征收排污费。2003年，国务院颁布实施《排污费征收使用管理条例》，排污费征收实行“收支两条线”，征收程序为：排污申报登记→排污申报登记审核→排污申报核定→排污费计算→排污费征收与缴纳。

建设项目管理制度　主要包括“三同时”制度和环境影响评价制度。1981年，执行国家和省《关于基建项目、技改项目严格执行“三同时”的通知》，编制县农药厂等建设项目环境影响评价报告书。1986年，全县开始将环境影响评价与“三同时”结合，加强建设项目环境保护管理，从源

2009年9月2日，拆除小炼油厂

头上控制污染。至1988年，大（中）型建设项目“三同时”执行率100%，乡（镇）、村办企业达80%。1995年5月，县委、县政府印发进一步加强环境保护工作的决定，对乡（镇）和县直部门进行考核，实行环境保护“一票否决”制度。强调建设项目必须执行环境影响评价和“三同时”制度，坚持先评价、后建设，引进项目耗水大不上、耗能高不上、污染重不上的“三不上”原则，一切项目立项必须经环境保护部门审批，未经审批的，相关部门不予立项、选址、安排施工，不予办理用地手续、贷款、营业执照，并实行“三同时”保证金制度。1996年7月，加强餐饮业审批管理，注重从源头预防。1998年，编制《环境影响报告书》等，对建设项目的环评分类管理。至2010年，建设项目环评和“三同时”制度执行率100%。

第三章　环境质量监测

第一节　空气环境质量监测

1989年，首次对城区环境空气进行例行监测。设4个监测点位（城区3个、开发区1个），每年监测3次；设4个监测项目，包括二氧化硫、氮氧化物、总悬浮颗粒物、降尘。随着环保工作要求，监测点位和监测项目不断增加。监测结果表明，不同季节环境空气污染程度不同，顺序是：第一季度>第四季度>第二季度>第三季度，首要污染物是可吸入颗粒物。2008年，设2个空气自动监测站。2010年，监测结果表明，市区功能区环境空气质量达到相应二类功能区标准，功能区达标率100%。

第二节　水环境质量监测

1982年，开始对辖区地表水和地下水进行监测。2010年，监测东村河、富水河、留格庄河3个功能区、9个监测断面中，Ⅰ～Ⅲ类水质占58.3%，Ⅳ类水质占41.7%，无Ⅴ类水质。通过对各年度综合污染指数作相关检验，地下水质量无明显上升或显著下降趋势。2010年，监测结果表明，辖区地下水水质均属“良好”级别，符合《地下水质量标准》中的Ⅲ类标准，参与评价的项目中无超标项目。

第三节　声环境质量监测

1988年，开始对声环境进行监测，监测城区和凤城两地的区域噪声、城区主要交通干线的交通噪声。区域噪声设9个点位，交通噪声设17个点位。1990年，增设功能区噪声监测，城区划分为居民文教区、二类混合区、工业区、开发区4个功能区。区域噪声大部分声级在41～65分贝。噪声污染中，交通噪声居首，其次为生活和工业噪声。2001年，增加噪声达标区监测。监测结果表明，此期间各类功能区噪声均符合国家标准。通过对市区声源类型统计，影响区域环境噪声的声源构成主要是交通噪声、占43.11%，其次是生活噪声、占24.55%。

2007年，设立噪声显示屏

第四节　近岸海域环境质量监测

1988年前，每年5月、8月和10月对辖区潮间带海水水质进行监测。1988年，开始对近岸海域水质进行例行监测，经多年调查分析，近岸海域无赤潮现象发生。对近岸海域底质及水生生物进行监测，结果表明，近岸海域底质及水生生物无严重污染，质量状况良好。2004年，监测点位增至6个。监测结果表明，参与评价的6个点位，近岸海域水质持续良好，一类海水所占比例为0，二类为100%，无三类、四类和劣四类。

第五节　酸雨监测

始于1986年，监测项目为降水的pH值。1988年，增测电导率。监测结果表明，无酸雨出现。

海阳市各环境要素监测点位、频次及项目一览表

表4-3-1

监测类别	监测内容	点　位	监测时间	监测频次	分析项目
地表水	富水河	2	1—12月	各1次	流量、水温、pH值、溶解氧、化学需氧量、五日生化需氧量、氨氮、氟化物、总氮、总磷、挥发酚、砷、汞、六价铬、铜、锌、硒、铅、镉、硫化物、高锰酸盐指数、石油类、氰化物、粪大肠菌群、阴离子洗涤剂、电导率
	东村河	4	1—12月	各1次	
	留格庄河	3	1—12月	各1次	
大　气	大气监测	2	全年自动监测	每月不少于21天	二氧化硫、二氧化氮、可吸入颗粒物
	硫酸盐化速率	7	30±2天	每月1次	三氧化硫
	降　尘	1	30±1天	每月1次	—

续表 4-3-1

监测类别	监测内容	点　位	监测时间	监测频次	分析项目
大　气	大气降水	1	逢雨雪必测		pH 值、电导率
饮用水源地	一水厂	1	1—12 月	每月 1 次	监测项目同饮用水，1 月、5 月、7 月、9 月全项目，其余为 8 个必测项目
	二水厂	1	1—12 月	每月 1 次	
地下水	一水厂	1	5 月、9 月	各 1 次	pH 值、总硬度、硫酸盐、氯化物、高锰酸盐指数、氨氮、硝酸盐氮、亚硝酸盐氮、挥发酚、砷、汞、六价铬、铜、锌、铅、镉、铁、锰、硒、氟化物、氰化物、阴离子洗涤剂、总大肠菌群
	二水厂	1	5 月、9 月	各 1 次	
海　洋	近海海域	6	5 月、8 月、10 月	各 1 次	pH 值、盐度、悬浮物、溶解氧、化学耗氧量、生化需氧量、活性磷酸盐、氨氮、亚硝酸盐氮、硝酸盐氮、石油类、硅酸盐、总汞、六价铬、总砷、铅、镉、铜、水深、水温、气温、风向、风速、气压、海况透明度和简易天气情况
噪　声	区域噪声	167	5 月	年 1 次	Leq、L10、L50、L90
	功能区噪声	4	5 月、11 月	各 1 次	Leq、L10、L50、L90
	交通噪声	24	5 月	年 1 次	Leq、L10、L50、L90
污染源	工业废水	7	省、烟台市控每季度 1 次，海阳市控每年 2 次	年 4 次 年 2 次	根据不同污染源确定（国控点每月 1 次）
	工业废气	3	省、烟台市控每季度 1 次，海阳市控每年 1 次	年 4 次 年 1 次	烟尘、二氧化硫、氮氧化物、烟气黑度（国控点每月 1 次）
	固体废物	1	省、烟台市控每年 1 次	年 1 次	废弃物种类、数量
污水处理厂	废　水	2	1—12 月	每月 1 次	流量、pH 值、化学耗氧量、氨氮、石油类、总磷、生化需氧量、总氮、悬浮物、阴离子洗涤剂、色度、动（植）物油、总汞、总镉、总铬、六价铬、总砷、总铅、粪大肠菌群、挥发酚、总氰化物
垃圾处理场	废　水	1	每季度 1 次	年 4 次	流量、pH 值、化学耗氧量、氨氮、生化需氧量、悬浮物

第四章　污染防治与生态保护

第一节　大气环境污染防治

建设烟尘控制区　1987 年，开始对烟尘点源进行治理，重点是老锅炉和餐饮业、集体炊事的大灶。锅炉治理，主要是改固定炉排为活动炉排，改人工加煤为机械给煤，更换合格除尘器等。大灶治理，以改造为主，全面采用抽板顶升、下饲

2007 年，建立空气自动监测站

给煤技术。治理工作分区划片进行，合格一片验收一片，验收合格的称为烟尘控制区。6 月，县环保局《关于建立无黑烟区意见的报告》，提出建成烟尘控制区 1.1 平方千米。至 1989 年，经过 3 年治理，城区 8 平方千米范围内的烟尘得到基本控制。1990 年 10 月，县政府制定烟尘控制区管理办法，把烟尘控制区建设作为城市环境综合整治重要内容，统一规划、统筹安排，分期分批实施。1992 年，县环保局与海安环境保护设备厂联合研制 HAH–1 型煤大灶，采用明火反烧和燃煤机技术，对企业的焖火窑和烘芯窑进行改造后，窑炉烟气黑度由 5 级下降到 1 级以下，达到国家排放标准。当年，烟尘控制区通过烟台市级验收。此后，又淘汰一批落后的干法除尘器，新上一批高效湿法脱硫除尘器。至 2010 年，城区二氧化硫年均值 0.031 毫克 / 立方米，符合国家大气二级质量标准，烟尘建成区内锅炉达标率 100%，茶水炉、大灶达标率 98%。

建设高污染燃料禁燃区 2005 年前，市民冬季靠散煤取暖，是冬季大气环境质量下降主因。2005 年后，市区内相继建起龙凤热电、宏峰热力、丰源热力等供热管网，改传统的分散取暖为集中供热，普及率逐年提高。2010 年，划定高污染燃料禁燃区，制定管理办法。规定经济开发区、旅游度假区、东村街道、方圆街道、凤城街道等区域为禁止销售、使用高污染燃料的区域。在禁燃区内，任何单位和个人不得新建、改建、扩建高污染燃料燃用设施。对已有的高污染燃料燃用设施，除用于城市集中供热和电站锅炉外，要全部拆除或者改造，改用天然气、液化石油气、电或其他清洁能源。同年，全市新增城市供热面积 106 万平方米，铺设供气主管网 58 千米，拆除锅炉 52 台。

工业废气治理 主要是对晶山水泥厂、海阳水泥厂、发城水泥厂的工业粉尘治理，始于 1996 年。重点是采取安装立窑除尘器、喷水洗尘法、静电除尘器等环保措施，达到排放标准。锅炉废气治理，主要是干法除尘、湿法除尘脱硫等。2005 年，海阳龙凤热电厂建成运行，规模为 3 台 75 吨 / 小时循环流化床锅炉，2 台 12 兆瓦抽凝式汽轮发电机组，采用循环流化床炉内脱硫工艺，脱硫效率 60%。2010 年 12 月，建设炉外脱硫设施，年减少二氧化硫排放量 187.6 吨。

2010 年 10 月 18 日，烟台环保世纪行采访团到机动车尾气检测单位采访

汽车尾气净化 1987—1990 年，开始实行年检制度，连续 4 年对机动车辆尾气排放进行年检，合格者发给机动车辆尾气排放合格证，不合格者令其维修或加装尾气净化装置，有效地控制机动车辆尾气污染。2008 年 8 月，成立专门的机动车尾气检测机构。

第二节　水环境污染防治

点源治理 1987 年，县化肥厂建设 2 套闭路循环系统，彻底消除水污染，这是县内第一个正规的工业废水处理系统。1991 年，辛安镇谢家印染厂采取絮凝气浮污水处理技术，处理能力 5 吨 / 小时，是县内第一套正规的印染企业污水处理设备。1997 年，市华源制线厂采取水解酸化→生物接触氧化→絮凝气浮→达标排放三级处理后，可达到一级排放标准，是市内第一个达到一级排放标准的企业。市永平纸业有限公司加大废水处理力度，增加1条生产线，采取黑液提取木质素，中段水絮凝气浮→生物接触氧化→斜管沉淀工艺，对造纸废水进行处理；2009年4月，草浆生产线关停，增加30吨/日机械化学浆生产线和1套漩涡气浮絮凝污水处理生产线；8月，该企业所有污水均排入城市污水主管网，进入城市污水处理厂深度处理。

流域综合治理　1988年，县环保局与青岛海洋大学合作，编撰《东村河水污染控制规划研究》，对东村河的污染状况、全部企业达标排放的技术可行性、经济可行性及达标排放后东村河水质状况进行预测，提出整治方案。2001年，制订东村河污染治理实施方案，对造成东村河污染因素进行分析，提出短期、长期计划，对东村河实施综合整治，全面改善城区以上河段水质。2005年6月，城市污水处理厂和市永平纸业有限公司碱回收工程相继投入运行，东村河及入海口附近海域环境质量明显改善。2008年2月，市政府启动东村河环境综合整治工作，累计投资3亿多元，开展草浆关停、污水处理、管网改造、企业整治、水面保洁、底泥疏浚、生态农业、生态保持8项工程，彻底改善东村河水环境质量，恢复全流域水利和生态功能。

2006年12月19日，市委、市政府召开东村河环境综合整治动员大会

饮用水源地保护　1987年11月，县政府发布海阳县自来水水源保护暂行规定，划定水源保护地范围，明确管理办法。其中，第一水源保护区位于东村河上游，面积55平方千米，区内村庄16个；第二水源保护区位于留格庄河上游，面积114平方千米，区内村庄51个。两个饮用水源保护地水质达标率多年保持在100%。2007年，市政府编制饮用水源地保护规划，并通过省政府审批。要求采取加强饮用水源地保护机构规范化建设，安排应急处置措施；加强企业监管，严禁新上水污染项目，并对9处工业直排口进行封堵；加强水源地建设管理，设置警示标志牌218个、界桩88个，完成围网设置2000米；加强保护区内垃圾一体化管理，镇（区、街道）饮用水源保护区内的村庄设专人清运垃圾，杜绝垃圾入河现象；加强畜禽养殖业管理，拆迁水源地保护区100米范围内33户养殖场等5项措施，加强对饮用水源地的保护。

第三节　工业固体废物污染防治

1978—1985年，境内工业固体废弃物主要是硫酸渣和煤渣，其中硫酸渣年产生量1.5万吨，用作水泥添加剂；煤渣年产生量3.75万吨，综合利用于建材业的原料。1986—1990年，固体废弃物以煤渣、粉煤灰、硫酸渣为主，年产生量约15万吨，处置利用率100%。1991—1995年，固体废弃物年产生量42.48万吨，主要是化工渣、尾矿渣和炉渣粉煤灰等，采取填埋、焚烧和堆积等处置措施。1996—2000年，固体废弃物年产生量59.76万吨，主要是尾矿渣和炉渣粉煤灰等，其中，尾矿渣占38%，炉渣粉煤灰占20.7%。固体废弃物主要是制砖瓦、铺路、覆土、造田及做水泥辅料等，综合利用率48%。2001—2005年，固体废弃物年产生量47.97万吨，重点源化工行业产生固体废弃物39.43万吨，全部综合利用。2006—2010年，固体废弃物年产生量54万吨，主要是尾矿、粉煤灰、炉渣以及其他废物，处置利用率100%。

第四节　生态环境保护

千里岩岛海洋生态系统自然保护区　千里岩岛，又称千里岛、千里岩、千里山。岛上20多处天然奇峰、奇景；生物资源多样，珍稀鸟类近百种，植物60余种；海域内海参、鲍鱼等海珍品丰富；生物量较大的海洋珍稀动（植）物，为研究海洋养殖业提供遗传多样性资源。2002年1月，省政府批准建立海阳千里岩岛海洋生态系统省级自然保护区。保护区面积1823公顷，其中核心区52公顷、缓冲区207公顷、实验区1564公顷。主要保护岛域内生态资源的完整性和自然性。

招虎山省级自然保护区 2006年12月，省政府批准成立海阳市招虎山省级自然保护区。面积7061公顷，其中核心区906公顷、缓冲区1138公顷、实验区5017公顷。保护区内600余种植物，其中国家一、二级保护植物14种，野生兽禽180余种。主要是对保护区内森林、湿地、农业等自然生态系统进行保护。

沿海防护林省级自然保护区 2006年6月，省政府批准建立。分布于海阳市南部沿海地带，长33千米，面积2960.7公顷。造林面积1293.3公顷，其中黑松733.3公顷、刺槐200公顷、棉槐333.3公顷。主要是针对区内林带植物资源保护和水土流失等开展工作。

第五节　环境保护宣传教育

1978—1985年，环保宣传教育工作主要是通过新闻部门对环境保护工作会议和一些重要活动进行报道。1986年7月，县政府在环境保护局内成立宣传教育领导小组，专门负责宣传教育工作。

1987年，县政府把每年的6月定为“环境保护宣传月”，在月内采取多种形式，集中宣传。同年，县环保局自编自讲《中华人民共和国环境保护法》广播讲座13讲、30余次，并先后与县委宣传部、县教育局联合举办全县中小学生环境保护征文活动，与县普法教育办公室、县司法局联合举办环境保护法学习班。1988年4月，在全县厂矿企业中开展“环境优美工厂”评选活动；6月，在全县864所中小学开展中小学生环境保护团队知识首届电视大奖赛活动，并编印环境保护法规2000本，分发至全县副科级以上领导干部；由县委宣传部牵头，成立由15人组成的海阳县环境保护通讯报道小组，在各类报刊和广播电台发表稿件110余篇。1989年7月，全县组织412名副科级以上领导干部参加《环境保护法》考试。1991年11月，对全县企业领导干部进行排污监理培训。1992年5月，举办“海阳县第二届青少年环境科学法律知识竞赛”。1994年10月，编写《中小学环境保护知识读本》及有关环境法律知识教材万余册，发至全县中小学校，并在县电视台和广播电台开辟环境保护专题栏目。1995年6月，全县组织开展环境保护知识竞赛。1999年6月，在市电视台设立“环境之窗”专题，拍摄公益广告片，与市委老干部局联合举办“人与环境保护”知识讲座等。2001年，在全市中小学校开展“绿色学校”创建活动。2002年，市榆山街学校、实验小学、育才小学被评为首批烟台市级“绿色学校”。2003年，榆山街学校（今新元中学）被山东省环境保护局、省教育厅授予省级“绿色学校”称号。2006年，市环保局与各镇（区、街道）开展“绿色社区”创建活动。2007年，新元社区、北山社区被评为烟台市级绿色社区。同年，配合创建国家环境保护模范城市，环保宣传围绕创模专题展开。7月，开展以“创建模范城，青年争先锋”为主题的宣传活动，在海阳电视台《海阳新闻》中开设《创建国家环境保护模范城》专栏，编制《红色海阳，绿色家园》宣传画册200册。2009年，东村街道北山社区被评为省级绿色社区。同年，在《中国环境报》开设创模专版，专题报道海阳创模工作。2010年，市环保局与市文明办、市直机关工委等部门联合，开展“文明办公、低碳生活”活动，在全市倡导低碳生活理念。

2010年6月5日，“六五”世界环境日宣传活动

第五编

农牧业

1978年，中共十一届三中全会后，境内工作随着党的中心工作转移，开始从“以粮为纲”向多种经营发展。1979年，农业生产推行定额奖惩制度。1980年，粮食生产首次“跨长江”。粮食亩产达到402.5千克、总产32.19万吨，花生亩产152千克、总产4.59万吨。1982年12月，全县农村开始推行家庭联产承包责任制。1983年，粮食亩产突破千斤关，达到561千克，总产量41.82万吨。到1991年，粮食亩产621千克、总产40.38万吨，花生亩产201千克、总产5.97万吨。随着农业结构调整，水果、蔬菜种植面积不断扩大，粮食种植面积减少。1994年，海阳县被列为全国第四批巩固、发展、完善粮食基地县。1999年后，粮食总产一直稳定在30万吨左右。2010年，粮食亩产408.6千克、总产36.42万吨，花生亩产275千克、总产7.70万吨。蔬菜种植发展迅猛，形成露地菜和保护地菜结合的生产格局。1991年，凉山后村建起全县第一批日光温室蔬菜大棚。2010年，全市蔬菜种植面积6768.8公顷，其中保护地面积2000公顷，蔬菜总产46.97万吨。农业科技队伍不断壮大，农业新技术、新成果、新产品得到推广应用。农业机械化随着家庭联产承包责任制的推行发展迅速。2010年，全市农机总动力88.44万千瓦，拖拉机4.71万台，综合农机化水平70%以上。

畜牧业生产得到长足发展，从单一的家庭零散饲养向专业化、规模化发展。1978年，全县生猪饲养量39万头。1986年，海阳被农牧渔业部定为活牛出口县。1998年，全市建立畜牧养殖小区15处，饲养场52个，专业养殖户748个。全市大牲畜4.40万头，生猪存栏9.20万头，羊存栏6万只。2010年，全市大牲畜2.58万头，生猪存栏24.51万头，出栏38.64万头；羊存栏3.72万只。全年肉类总产量4.29万吨，禽蛋产量3.75万吨，奶类产量1.91万吨。

第一章　机　构

第一节　管理机构

海阳市农业局　1976年，县农业局从县农林局析出单设。1984年3月，改称县农业畜牧局。1993年11月，改称县农业开发服务总公司。1995年7月，改称县农业局。1996年5月，改称海阳市农业局。2010年，内设办公室、政工科、种植业科技规划科（挂农业保险科牌子）、产业化信息生态科（挂招商科牌子）、政策法规与农产品质量安全监管科；辖山东省农业广播电视学校海阳市分校、农村经营管理指导站、农村能源工作站、农机化技术推广站、土壤肥料工作站、蔬菜研究所、蔬菜技术推广站、植物保护站、种子站、良种场、农业机械化学校、农机安全监理站、农业机械修配管理站、农业区划办公室、农业机械管理办公室、农业技术推广站和绿色食品工作办公室。

海阳市农机服务总公司　1978年，称县农业机械管理局。1984年6月，改称县农业机械管理总站。1993年11月，改称县农机服务总公司。1996年5月，改称海阳市农机服务总公司。2001年12月，撤销海阳市农机服务总公司，其行政职能及所属单位划归海阳市农业局。

海阳市蔬菜总公司　1992年1月，县蔬菜总公司成立，将原县农业畜牧局所属的蔬菜站和县商业集团公司所属的蔬菜副食品公司划归县蔬菜总公司管理。1996年5月，改称海阳市蔬菜总公司。2001年12月撤销，其行政职能及所属单位划归海阳市农业局管理。

海阳市畜牧兽医局　1958年，设立县畜牧局。1961年，并入县农业局。1979年，重新单设，将县畜牧兽医站和17处公社兽医站划归管理。1981年12月，并入县农业局。2004年3月，恢复设立海阳市畜牧局，内设办公室、生产科技科、兽医药饲料管理科，同时将原隶属农业局的市畜牧兽医站、市动物防疫监督所、市畜禽良种繁育中心和13处镇（区、街道）畜牧兽医站划归畜牧局。2010年3月，改称海阳市畜牧兽医局。

第二节　事业单位

海阳市农业技术推广站　1954年，县建设科设农业技术推广组。1956年，改称农业技术推广站。1996年5月，改称海阳市农业技术推广站。

海阳市农村能源工作站　1978年，设县沼气办公室，隶属县农业局。1985年9月，改称能源股。1988年6月，改称县农村能源工作站。1996年5月，改称海阳市农村能源工作站。

海阳市农村经营管理指导站　1985年4月，经营管理股改称农村经营管理指导站。1989年8月，升格为副科级事业单位。1996年5月，改称海阳市农村经营管理指导站。

海阳市植物保护站　1978年成立。1996年5月，改称海阳市植物保护站。

海阳市土壤肥料工作站　1985年11月成立。1996年5月，改称海阳市土壤肥料工作站。

山东省农业广播电视学校海阳市分校　1982年，成立县农业广播学校领导小组，办公室设在县农林水办公室。1983年2月，移交县农业局，改称中央农业广播学校山东省海阳县分校。1989年9月，升格为副科级事业单位。1996年5月，更名为中央农业广播电视学校海阳市分校。1999年，改称山东省农业广播电视学校海阳市分校。2003年4月，对外增挂市农村科技教育培训中心牌子。

海阳市蔬菜技术推广站　1985年11月成立，隶属县农业畜牧局。1992年1月，划归县蔬菜总公司。1996年5月，改称海阳市蔬菜技术推广站。2001年12月，划归市农业局。

海阳市蔬菜研究所　1994年10月成立。1996年5月，改称海阳市蔬菜研究所。2001年12月，划归市农业局。

海阳市农业区划办公室　1983年成立，隶属县计委。1991年，升格为副科级事业单位。1993年，划归县农业委员会。2001年12月，划归市农业局。

海阳市绿色食品工作办公室　1995年3月成立，为股级全民事业单位，隶属县农业委员会。1996年5月，改称海阳市绿色食品工作办公室。2001年12月，划归市农业局。

海阳市农业机械管理办公室　2003年12月成立，为副科级全民事业单位。2008年7月，转为参照公务员管理单位。

海阳市种子站　1962年成立。1965年撤销，种子经营移交县粮食局。1968年，恢复设立。1996年5月，改称海阳市种子站。

海阳市农机化技术推广站　1995年9月，由县农业机械研究所更名成立，隶属县农机服务总公司。1996年5月，改称海阳市农机化技术推广站。2001年12月，划归市农业局。

海阳市农机安全监理站　1982年11月成立，隶属县农业机械管理局。1996年5月，改称海阳市农机安全监理站。2001年12月，划归市农业局。

海阳市农业机械化学校　1982年8月，县农业机械训练班改为县农业机械化学校，隶属县农业机械管理局。1996年5月，改称海阳市农业机械化学校。2001年12月，划归市农业局。

海阳市农业机械修配管理站　1989年9月成立，隶属县农业机械管理总站。1996年5月，改称海阳市农业机械修配管理站。2001年12月，划归市农业局。

海阳市拖拉机总站　原为东村拖拉机站，1961年，改为县拖拉机站。1978年，称县拖拉机总站。1981年，与县农机公司合并，成立县农机公司修配厂。1983年3月，复称县拖拉机总站。1996年5月，改称海阳市拖拉机总站。1998年撤销。

海阳市镇（街道）农业技术综合服务站　1978年，称公社农业技术推广站，全县共有17处。1984年，改称乡（镇）农业技术推广站，全县共有23处。1991年4月，撤销乡（镇）农业技术推广站和种子站，设立农业技术综合服务站。2001年，更名镇（街道）农业技术综合服务站，全市共有14处；12月，划归属地管理。

海阳县乡（镇）种子站　1978年，称公社种子站，全县设有17处。1984年，改称乡（镇）种子站，全县23处乡（镇）均设站。1991年4月，撤销乡（镇）种子站。

海阳市镇（街道）经营管理站 1981年，称公社经营管理站，全县设有17处。1984年，改称乡（镇）经营管理站，全县设有23处。2001年，全市14处镇（街道）均设站；12月，划归属地管理。2005年12月撤销，设立财政经管站。

海阳市镇（街道）农业机械管理站 1978年，称公社农业机械管理站，全县设有17处。1984年，改称乡（镇）农业机械管理站，全县设有23处。2001年，14处镇（街道）均设站；12月，划归属地管理。

海阳市畜牧兽医站 1952年成立。1985年，内设化验室、配种组、门诊诊疗组、防疫检疫组、药械供应组。1994年，对外加挂县兽医卫生监督检验所牌子。同年1月，改称县畜牧兽医服务中心。1996年10月，改称海阳市畜牧兽医站。

海阳市动物卫生监督所 原为县兽医卫生监督检验所。2003年12月，改称市动物防疫监督所。2004年4月，从市畜牧兽医站分离。2008年10月，改称市动物卫生监督所。2010年8月，加挂市畜牧综合执法大队牌子。

海阳市动物疫病预防与控制中心 2008年10月成立，原为市畜禽良种繁育中心；11月，加挂海阳市农产品质量安全检验检测站牌子。

海阳市镇（街道）畜牧兽医站 1978年，称公社畜牧兽医站，全县共有17处。1984年，改称乡（镇）畜牧兽医站，全县设有23处。2010年，全市共有12处镇（街道）畜牧兽医站。

第二章　农村体制改革

第一节　土地制度改革

1978年，农村实行生产资料集体所有制，土地统一经营管理，实行“大寨记分法”，即平时不记工分，只记出勤工时，月末、季末或年末一次性逐人评出日工分，依此计算全年报酬。1980年，开始推行专业承包联产计酬责任制。生产大队与承包者签订合同，按地块实行定人员、定产量、定费用、定报酬、定奖惩的“五定”制度。对多种经营单位，实行定人员、定纯收入、定费用、定奖惩的“四定”制度。1981年，推行专业承包联产计酬生产责任制。1982年，推行专业分工大包干责任制，即将农田分成口粮田、责任田，包干到户。其中，建立牧业专业户，实行包干。1983年，全面推行以家庭联产承包为主要形式的大包干责任制。将土地分成口粮田、劳力田，口粮田按人口数分到各户，劳力田实行公开叫行承包，承包者与大队签订合同，“缴上国家的，留下集体的，余下全是自己的”。各村“两田”安排比例不同，或“人三劳七”，或“人五劳五”，或“人六劳四”“人七劳三”。少数大队实行“一田制”，即把土地全部作为口粮田，按人口分地。多种经营各业实行叫行承包，承包者与大队签订合同。同年，全县专业户、重点户8200户，占农村总户数4.7%。全县经济联合体15个103户。1984年，人民公社改为乡（镇），人民公社集体生产模式基本解体。全县继续稳定和完善家庭联产承包责任制，土地承包期15年以上，农村经济经营按照专业承包合同制办法管理。1999年，农村土地第二轮承包，对所有土地延长承包期30年，并颁发承包经营权证书。全市共签订各类承包合同17.7万份，其中延包30年合同15.5万份，发放经营权证书15.5万份。2010年，全市732个村除纳入城区规划和核电产业区的106个村外，其余村完成土地延包工作，涉及农户15.5万户。

第二节　管理制度改革

土地承包合同管理 1989年，《山东省农村集体经济承包合同管理条例》颁布实施，全县各乡（镇）成立农村集体经济承包合同管理站，对农村承包合同进行统一鉴证和档案管理。1990年12月，成立县农村集体经济承包合同仲裁委员会，专事调解、仲裁农村承包合同纠纷，后撤销。1999年，对延包30年的土地统一合同鉴证、档案管理。2005年，开展综合治理活动，对233个没有落实《中华人民共和国土地承包法》的村进行整改。2007年，各镇（区、街道）成立土地流转服务中心，摸底核实承包情况，并实行计算机管理。2010年，全市录入合同信息15万份，换发新经营权证6万份。

农民负担管理　1991年，开始实施农民负担监督管理工作。1997年，市委、市政府先后成立农民负担监督管理工作领导小组、减轻农民负担办公室（以下简称减负办），与市农村经营管理指导站合署办公。1998—2010年，减负办每年至少进行2次以上专项检查，发放农民负担监督卡21.4万余份，与各镇（区、街道）签订责任书，落实涉农收费公示、报刊征订限额、农民负担卡和责任追究制度。

农村财务管理　财务代管　1979年，将农村会计记账法统一改为收付记账法。1985年，改为通用的借贷记账法。1997年，市政府出台《海阳市农村财务“双代管”管理暂行规定》，在农村集体账、钱所有权和使用权不变的前提下，统一收交乡（镇）政府，由乡（镇）政府代管，称“双代管”。全市715个村实行“双代管”，17个村实行“二审制”。1998年9月，出台《海阳市农村招待费开支管理暂行规定》，规定行政村年招待费总额要控制在上年集体可分配收入的5%以内。2005年起，实施财政部发布的《村集体经济组织会计制度》。2006年，推行农村财务委托代理制度，718个村实行委托代理，14个村沿用“二审制”。2007年起，将农村财务管理纳入镇（区、街道）岗位目标责任制考核。2008年，市政府出台《关于进一步加强农村财务管理工作的意见》，加强对村级财务的委托代理、档案管理、财务人员培训及村级干部离任审计等。2010年，全市732个村全部实行委托代理。

财务审计　1990年，县农村经济审计站成立，隶属县农村经营管理指导站，负责对农村财务的审查监督、对农村经济合同兑现的审查及涉村财务和村干部离任审计等工作。1995年，首次提出“四榜上墙、一单登门”制度，由全体村民对村集体经济行为进行监督。1997年，全市732个村全部成立村级民主理财小组。2006年，将村级财务公开纳入村务公开范畴。

农村合作基金联合会　1990年11月，成立农村合作基金联合会，大辛家、小纪、东村、盘石店、行村等乡镇也分别成立乡（镇）农村合作基金联合会。1990—1999年，基金联合会融资1000万元。1999年撤销。

第三节　农村税费改革

2002年4月，全市启动农村税费改革，取消农村“三提五统”(“三提”指农民上交给村集体的三项提留，含公积金、公益金和管理费；“五统”指农民上交给乡级政府的五项统筹，含农村教育事业费附加、优抚费、计划生育费、民兵训练费、乡村道路建设费），实行按农民实际耕种土地及林果面积等，收取农业税及农业税附加、特产税及特产税附加和乡村公益事业金；下调农村义务工和劳动积累工数量，每个劳力每年分别不超过10个和5个；对农村公益事业建设实行“一事一议”筹资筹劳政策。2004年，将农业税、农业税附加征收比例从6%下调至3%，取消特产税及特产税附加和乡村公益事业金，农村义务工和劳动积累工总数不超过10个。全市开始对小麦种植予以补贴，共补贴1.76万公顷，每亩补贴15元。2005年，补贴2.51万公顷。此后不断扩大到农机具补贴、农资综合补贴、良种补贴；良种补贴从小麦扩大到玉米、水稻和花生补贴。同年，取消农村义务工和劳动积累工，取消农业税附加。2006年，取消农业税。2010年，山东省在海阳开展“一事一议”筹资筹劳财政奖补试点，全市70个村参与，共71个项目。

第四节　农村社会化服务

80年代初，海阳县出现农村专业技术协会，此为农民专业合作社的雏形，具有合作经济性质。南部有海产品养殖协会，东北部有果业种植协会，共30多家。进入21世纪后，农民专业合作社发展较快。2008年1月，海阳第一家农民专业合作社——海阳市坤宇养猪专业合作社成立。2010年，全市首家大型粮食合作社——海阳市惠民粮食专业合作社成立。同年，全市工商注册农民专业合作社380家，成员出资额1.8亿元，入社成员户近6万个。其中，果蔬种植227家，畜牧养殖101家，农机服务12家，水产22家，茶业12家，其他6家。由市农业局直接发展的100多家，完成登记备案并统计上报80家。鑫财惠民果蔬专业合作社获烟台市示范社称号，留格绿茶合作社获农业部全国农产品加工创业基地认定，永平蔬菜合作社获农业部国家级白黄瓜示范区认证。

第三章　农业技术推广

第一节　土壤　肥料　农药

土壤　海阳境内地形复杂，微地貌单元和土壤类型多。全市土壤分为棕壤、褐土、潮土、盐土4个土类，下分棕壤性土、棕壤、潮棕壤、褐土性土、淋溶褐土、褐土、潮褐土、潮土、盐化潮土、滨海潮土10个亚类。按土壤质地可分为粗砂土、石皮土、石渣土、壤质土、松砂土、紧砂土、砂壤土、轻壤土、中壤土9种。山丘陵中上部为棕壤性土和褐土性土，中部为棕壤和褐土，下部及山间泊地为潮棕壤和潮褐土，沿海滩地为盐土和滨海潮土。土壤的成土母质主要是酸性盐类的风化物，在自然气候、生物综合作用下，土壤呈酸性到微碱性反应。第二次土壤普查结果，土壤酸碱度山区棕壤pH值5.3～7.0；山间泊地河潮土pH值6.5～7.5；沿海地带滨海潮土pH值6.5～7.7；盐化潮土和盐土pH值7.5～8.0。90年代，随着化学肥料的大量使用，土壤状况发生改变。据2006—2010年配方施肥测定，土壤养分含量有机质0.4%～2.3%，众数0.9%左右；含氮0.039%～0.14%，众数0.059%；碱解氮2～150ppm，众数63ppm；速效磷2.3～72.6ppm，众数28.0ppm；速效钾25～169ppm，众数84ppm；pH值4.1～8.3，众数5.5。土壤酸化比较严重，有机质含量低，缺氮、少钾、磷适中。

肥料　70年代末，氮肥开始在农田中推广使用，结合施用农家肥，农作物产量大幅度提高，农民开始意识到化学肥料的增产作用。80年代中期，磷肥相继生产并大量推向市场，各种农作物产量进一步提高。80年代末，推广应用钾肥速度较快，农作物产量迅速提高。90年代初期，随着氮、磷、钾三要素配方施肥推广普及，农技推广部门开始根据不同农作物的需肥规律、需肥量，推广肥料配合使用技术，化肥厂家开始生产作物专用肥。90年代末，作物专用肥占据大部分肥料市场，氮、磷、钾等单质肥料市场份额逐步减少。2000年后，国家实施测土配方施肥工程。2006—2010年，海阳承担测土配方施肥补贴项目，对全市耕地采用网格法采集、化验1万余个土壤样品，了解全市土壤基本状况，通过大量的肥料试验示范，总结并发布全市不同作物需要的肥料大配方，再与肥料企业合作，大力推广配方施肥，适合不同土壤、不同作物的配方肥普及面90%以上。由于农家肥减少，成品有机肥占有机肥市场80%以上，粮食产量连年递增。市场销售的氮肥有尿素、碳酸氢铵、硫酸铵等，磷肥有过磷酸钙、钙镁磷肥等，钾肥有硫酸钾、氯化钾等单质肥料，磷酸一铵、磷酸二铵、磷酸二氢钾也占一定市场份额，大量元素复合肥、配方肥占90%的市场份额。2008年后，固体、液体水溶肥涌现，主要用于蔬菜、果树等经济作物。硼、锌、镁、铁、钼、钙等中微量元素肥也有大量销售。

农药　60年代末，开始使用土农药防治病虫害，主要有土乐果、土二三乳剂、土制敌敌畏等，后改用化学农药，有六六六、滴滴涕、敌百虫、乐果等20多种，常用的有粉锈宁、多菌灵、甲基异柳磷等。90年代，随着农业产业结构调整，农药用量大增，高效低毒的化学农药和生物农药、进口农药、复配农药增加。农药剂型多样化，有乳油、可湿性粉剂、可溶性粉剂、胶悬剂、微胶囊剂、水剂、水乳剂、水分散性粒剂、超低容量喷雾剂、颗粒剂、种衣剂、拌种剂、烟剂、片剂、热雾剂、泡腾粒剂、气雾剂、悬浮剂等。2010年，全市推广应用的农药品种（仅指单剂）有100多种，分属于生物源农药、矿物源农药、植物生长调节剂及有机合成农药四大类。其中，生物源农药10多种、矿物源农药近10种、植物生长调节剂10多种，有机合成农药有杀虫剂、杀螨剂、杀菌剂、杀线剂、除草剂、杀鼠剂6大类120余个品种。

第二节　种子繁育与推广

繁育　良种　1978年，杂交种生产由县种子站负责计划安排、技术培训、物资供应，由公社农业技术推广站负责落实育种单位。1979—1981年，开始集中育种。1982年后，县种子站直接组织育种基地与繁育单位签订生产合同，年繁育玉米杂交种子50万千克以上，主要供应县内。1989年，《中华人民共和国种子管理条例》实施，全县只有县种子站有杂交种生产、经营和繁育资格，主要供应县内，部分销往外地。2000年，《中华人民共和国种子法》出台后，郭城镇农业科学研究所取得杂交种生产、经营资格。2007年，市种子站停止种子经营，专事种子管理。2007—2010年，全市小麦良种繁育和供种工作由郭城镇农业科学研究所承担，年繁育良种2000公顷，供应良种180万千克以上。2010年，郭城镇农业科学研究所取得500万元种子生产经营资格，市农业先进科技有限公司取得100万元种子生产经营资格。

2010年，郭城镇农业科学研究所

常规种子　1978—1982年，多数生产大队建立技术队和种子田，统一繁育、保管、供应良种。1983年后，常规品种选留由农户自留自用。2001年后，常规种子由原育种单位生产、经营、推广，农技推广部门和种子经营业户在取得授权的情况下也可生产、经营。

推广　小麦　1976—1980年，通过杂交培育和引种鉴定，先后选择推广适于丰产栽培、抗病、抗倒伏的烟农15、济南13、山农辐63、莱阳4671等良种。1981—1985年，进一步杂交培育和引种鉴定，先后选择推广具有高产早熟和多抗性的烟农16、烟农17、鲁麦7号等良种，并引进一批外地种供研究。1986—1990年，通过培育和引种，又选择推广具有抗逆性强的鲁麦14、烟1936、科红1号、鲁麦13号等。1991—1995年，种植的主要品种有烟农15、莱州953、烟214-9、柞麦3号、科城8006等。1996—2002年，主要品种有烟辐188、航选2号、鲁麦21、烟优361、济南17、烟农18等。2005年后，全市开展小麦良种补贴工作，鲁麦21号、烟农21号品种占主导地位。2008年后，推广烟农5158、烟农2415等一批优质高产品种，全市推广面积95%以上，小麦品种更新速度加快。

玉米　1978年后，全县陆续开展玉米春、夏播丰产技术研究，探索玉米高产栽培措施。到1985年，进行品种、密度、不同用肥量等试验，推广烟单14号和掖单2号等株型紧凑品种，并采用配方施肥技术。同年，全县亩产过千斤成为普遍。1986—1995年，不断更新品种，推广适宜的烟单17、掖单13号和掖单2号等。总结不同品种的适宜麦田套种播期，推广播种前拌种包衣技术，研究科学配方施肥等。1995年，全县玉米平均亩产486.13千克。1996—2001年，不断引进新品种，经过品比试验和大田示范，推广西玉3号、掖单22号、登海1号、鲁单50、登海9号、登海11号和鲁单981等品种，确定高、中、低产田的施肥比例及施用量。2002年后，全市推广紧凑型玉米新品种，金海5号、登海9号、登海11号等品种占主导地位，全市玉米单产稳定在500千克。2005—2010年，玉米品种以登海3622、登海605、金海5号等为主，个别地块玉米亩产突破

甘薯

700 千克。

甘薯（地瓜） 1978—1985 年，推广烟薯 6 号、8 号、10 号、11 号、13 号和济薯 1 号、徐薯 8 号及丰收白等品种。1986—1995 年，推广 77-600、丰收白、烟薯 13 号和鲁薯 6 号等。1996—2002 年，推广脱毒丰收白、脱毒鲁薯 6 号、烟薯 16 号、烟薯 18 号和烟薯 27 号等。随着人民生活水平的提高和膳食结构的改善，地瓜品种分为煮食型和烤食型。煮食型以红香蕉、济薯系列为主，烤食型以西瓜红、烟薯系列为主。

花生 1985 年前，主要品种有海花 1 号、白沙 131-17、白沙 1016、花 28、群育 157 和群育 160 等。1986—1995 年，主要推广海花 1 号、鲁花 10 号、鲁花 11 号、鲁花 9 号和花 17 等。1996—2002 年，推广鲁花 14 号、花育 16 号、8130、潍花 6 号和花育 17 号等。2003—2010 年，推广花育 22 号、山花 7 号、潍花 8 号等。

第三节 可再生能源推广

沼气 1975 年，朱吴公社北河东村建成全县第一座沼气试验池，容积 8 立方米。1976 年，县科技办公室分管沼气工作，将气池改建为水压“三连通”式，即气池与厕所、猪圈连通，主要发酵原料为粪便、秸秆、杂草，加水后常温厌氧发酵，所产气、渣作用各异，经济和社会效益明显。县政府因势利导，成立领导小组，各公社成立沼气办公室，生产大队设沼气联络点，县里的专业技术人员驻村和巡回技术指导。同年，全县建成第一个沼气化村——大阎家公社小阎家大队（今朝阳庄），全大队沼气户覆盖率 60%。全县将池型结构改为混凝土圆柱形水压式池，户用气池容积 6 立方米。1986 年，全县发展户用沼气池 1.07 万个，后因池型设计、建池工艺、发酵料液配比、输配系统、进出料配套工具、操作技术以及维护管理等方面经验不足，放弃使用。1987 年基本停建。2005 年，随着国家对农村沼气工作的重视和各项国标出台，沼气池建设复兴。年末，郭城镇山东村 3 个养殖场各建 1 个中型气池。该气池为猪—沼—果、猪—沼—菜“三位一体”生态模式，深受农民欢迎。2006—2010 年，全市连续 5 年承担国家、省、烟台市各类沼气池建设项目 5 个，建成沼气示范村 67 个，带动全市 400 个村建成沼气池 20792 座，池容 10 万立方米。其中，2010 年，在盛景奶牛养殖专业合作社建成地埋水压式混凝土沼气池，容积 1400 立方米，供全村 240 户长年用气。

2005 年，农村沼气池建设

太阳能 1983 年，县沼气办公室自行设计制造全县第一台太阳能热水器。热水器用 1 根透明塑料管按一定规则布设在木质的采光面板上，外加玻璃保温层。1984 年，又推出“箱式闷晒式”太阳能热水器，由发泡保温板做成外壳，由镀锌铁板（后改用不锈钢板）制成厚 8 ～ 10 厘米扁盒水箱，表面喷黑板漆吸热。2000 年，新一代玻璃真空管四季太阳能热水器在全市推广。2010 年，全市太阳能热水器发展到 9.3 万平方米，入户率 47%。

炕灶 70 年代，县内部分农村推广“马蹄灶”“荣成灶”，但因不符习俗，推广数量不大。1984 年，开始有组织地推广省柴节煤炕灶。其间，海阳被列为全国第二批节柴改灶试点县，推广的是“海阳Ⅰ型”省柴灶。该灶由县沼气办设计制造，其工艺特点是：灶膛呈圈筒形，吊火高度在12～14厘米，单烟道有坡度。2010年，全市农村推广12.15万个。

第四章　农作物种植

第一节　农作物种类

粮食作物　主要有禾谷类、豆类、薯类等。禾谷类，主要有小麦、玉米、谷子、高粱、稻子、黍子、稷子等；豆类，主要有大豆、绿豆、豇豆、小豆、豌豆等；薯类，主要有甘薯等。

经济作物　主要有油料作物、纤维作物、糖料作物、嗜好作物等。其中，油料作物主要有花生、芝麻、向日葵、蓖麻、油菜等；纤维作物，主要有红麻和苘麻、线麻等；糖料作物，主要有甜菜、甘蔗等；嗜好作物，主要有烟草等。

种植药材　主要有唇形科的薄荷、紫丹、丹参、黄芩、荆芹、益母草，菊科的菊花、茴蒿、牛蒿、青蒿、红花、白术、紫菀、款冬、云木香，忍冬科的忍冬，马鞭草科的蔓荆，藜科的地肤，五加科的三七、西洋参，桔梗科的杏叶沙参、党参、桔梗，杠柳科的杜仲等。

蔬菜　全市蔬菜有8科20多种、300余个品种。叶菜类，主要有大白菜、不结球白菜（小白菜）、菠菜、芹菜、茴香、茼蒿、芫荽（香菜）、芥菜、油菜、甘蓝（大头菜）、花椰菜（菜花）等；根菜类，主要有萝卜、水萝卜、胡萝卜、姜、莴苣、芦笋、牛蒡、苤蓝（疙瘩）等；茄果类，主要有辣椒、茄、番茄（西红柿）等；豆菜类，主要有豇豆、菜豆（芸豆、月豆）、扁豆（眉豆）、毛豆、荷兰豆等；葱蒜类，主要有葱、蒜、韭菜、洋葱等；瓜类，主要有黄瓜、西葫芦（茭瓜）、冬瓜、南瓜、丝瓜、苦瓜、佛手瓜、西瓜、甜瓜（香瓜）、方瓜等；薯芋类，主要有马铃薯（土豆）、芋头、山药等；食用菌，主要有平菇、凤尾菇、金针菇、双孢菇、草菇、猴头菇、木耳、银耳、灵芝等；其他类，主要有各种芽菜及水生菜等。

第二节　粮食作物种植

种植制度　1970年前，全县土地复种指数较低，大多一年一作。1975年，开始推广“二四畦”套种玉米和夏地瓜栽蔓头等技术，一年两作，复种指数143%。80年代初，种植制度发生变化，由单一粮食作物发展到粮、油、菜、薯间套复种。1985年，复种指数163.1%。90年代，高效立体种植技术兴起，由一年一作，发展到一年两作、三作、多作。1999年，复种指数167.9%。2010年，全市种植制度仍为一年一作或两年三作模式。

作物布局　70年代前，地瓜、花生占主导地位，地瓜栽种2.93万公顷，占总面积的27.6%。70年代，因突出“以粮为纲”，作物布局变化大，玉米、地瓜、小麦、花生4类作物占绝对优势。1980年，小麦播种面积3.53万公顷，玉米2万公顷，地瓜2.33万公顷，花生2万公顷。80年代，小麦、玉米、花生种植面积保持稳定，地瓜面积减少，大豆面积增加。90年代，农业产业结构调整，粮田面积减少，经济作物增加。2010年，全市小麦种植面积2.54万公顷，玉米2.82万公顷，花生1.87万公顷。

栽培技术　小麦　70年代中期，采用“二四畦”种植方式，畦埂2尺，畦面4尺，每畦种小麦8～9行，也称“小畦大背”。畦埂来年套种2行半夏玉米。80年代后，种植方式分“二四畦”、大沟麦（步犁开沟起垄，垄距2～2.4尺，沟内种2行小麦，来年套种花生和菜类）、小沟麦（垄距1.2～1.4尺，沟内种2行小麦，来年套种玉米、花生等）、大小行（大行距6～8寸，小行距3～4寸，主要套种花生）。2007年，在行村、留格庄等土地集中、生产条件好的镇（街道）推广小麦宽幅精播技术，小麦畦宽 1.5 ～ 2.4 米，种植 6 ～ 8 垄。

2010 年，行村镇庶村玉米种植田

玉米　70 年代，采用“二四畦”播种方式，套种紧凑型的半夏玉米。80 年代，套种技术普及。90 年代末，采用新型早熟紧凑玉米品种，大小行和等行距种植，即平均行距为 45 厘米，大行距为 50 厘米，小行距为 40 厘米。夏直播玉米采用大小行或等行距种植方式，种植密度为每亩 3500 ～ 4000 株，并探索出“二尺一行”等行套模式。1999 年，芦头泉村 8 公顷玉米采用“二尺一行”等行套方式，平均亩产 909.7 千克。2000—2010 年，主要采用玉米等行距种植模式，一般行距在 60 ～ 70 厘米。在留格庄镇塔儿庄、王家泊等村探索采用大小行种植方式，大行距 80 厘米，小行距 40 厘米。

甘薯（地瓜）　70 年代，春地瓜栽培采用培育壮苗、集中施肥、适期早栽、合理密植方式。夏地瓜栽植蔓子头。田间管理不培土、不翻蔓，挖沟排涝。90 年代，栽植时深耕整地，配方施肥，春地瓜覆膜，夏地瓜盖草，采用大垄双行，栽插时用磷酸二氢钾作底肥。2000 年后，地瓜栽培技术略有更新，栽插后除草剂除草、黑色地膜覆盖和半机械化收获。

大豆　分春大豆、夏大豆。70 年代前，种植不施肥，单粒选种，用犁翻土，脚踩窝点种或耧种条播不间苗。80 年代，改变不施肥的做法，一般每亩施复合肥 20 ～ 30 千克。90 年代，改条播为墩播，每亩 2 万墩左右，播后喷除草剂，大豆分枝到开花期，叶面喷施杀菌剂、杀虫剂、叶面肥“三合一”药液，防治大豆病虫害。2000 年后，大豆种植技术无较大更新。

杂粮　豌豆、绿豆、小豆、谷子等的总称。全市杂粮种植面积较小，许多种类已不种植。

花生　多为一年一熟的春花生，只有部分夏播和麦套花生。70 年代，由以前的平垄种植，改为起垄种植，每墩 2 粒，种植密度大花生每亩 7000 ～ 8000 墩，高产田 8000 ～ 9000 墩。80 年代，采用双垄地膜覆盖种植方式，大花生每亩 9600 墩以上，小花生 10000 墩以上。播前种衣剂拌种，播后喷施化学除草剂，再覆膜。苗期及时开孔抠苗，生长期综合防治病虫草害。2000—2010 年，开展花生高产创建活动，种植技术有较大提升。

1978—2010 年海阳市主要农作物播种面积及产量情况表

表 5-4-1

年份	小麦		玉米		甘薯		大豆		花生		水稻	
	面积（公顷）	单产（千克/公顷）	面积（公顷）	单产（千克/公顷）	面积（公顷）	单产（千克/公顷）	面积（公顷）	单产（千克/公顷）	面积（公顷）	单产（千克/公顷）	面积（公顷）	单产（千克/公顷）
1978	34000	1898	19667	3870	21667	6068	2900	1508	19000	2048	267	5895
1979	33267	2633	20267	4755	21400	4605	2913	1425	19000	1755	267	5843
1980	32600	2003	20800	5798	22800	5295	2787	1980	20133	2273	267	5723
1981	33000	2153	21067	3615	20267	3683	3053	1403	23200	1718	133	5505
1982	32133	1470	21333	2858	20333	3480	2553	1365	22600	1823	133	5175
1983	36333	2970	22333	6570	19867	7425	2900	2280	22867	3533	133	5295

续表 5-4-1

年　份	小　麦		玉　米		甘　薯		大　豆		花　生		水　稻	
	面积（公顷）	单产（千克/公顷）	面积（公顷）	单产（千克/公顷）	面积（公顷）	单产（千克/公顷）	面积（公顷）	单产（千克/公顷）	面积（公顷）	单产（千克/公顷）	面积（公顷）	单产（千克/公顷）
1984	37533	1928	22067	6810	18333	7853	2913	2993	24267	3758	67	780
1985	39333	3278	20933	3075	15267	5265	3267	1643	27000	2880	67	5310
1986	37527	1928	22020	6810	18200	7853	2893	2543	24187	3758	737	7905
1987	39833	3315	21340	5415	14813	6390	4173	2400	22700	2850	87	6570
1988	40767	2985	21087	6105	13567	6510	5007	2535	22220	2190	107	5445
1989	40553	3930	21067	6270	13140	6630	4867	2430	21773	1815	93	5655
1990	35493	5220	21280	5550	12787	6015	5020	2190	21267	2445	80	6705
1991	39580	4740	21460	6075	12293	5760	5733	2445	19827	3015	80	7155
1992	38510	4656	18900	4634	12290	5343	7360	1259	16110	2016	—	—
1993	36670	5580	18698	6916	10653	6885	7325	2318	14977	3397	78	4859
1994	35503	5046	18170	6678	8496	7690	8714	2331	15264	3728	—	—
1995	34320	5148	18638	7292	8617	7749	7988	2464	14728	3873	—	—
1996	36633	4179	20128	7461	8637	8014	8753	2616	13955	5400	—	—
1997	36698	5014	17713	2325	8618	3493	10415	497	14784	1732	—	—
1998	41546	5299	20764	7321	7340	7909	9713	2332	14572	4070	58	6000
1999	40414	3562	21635	5097	6268	6623	9124	1674	14062	3287	57	5579
2000	36340	2727	20644	5910	6036	6795	8420	1875	15144	3176	57	4509
2001	32354	3721	22213	6105	4735	6990	7053	2445	15844	3300	57	4596
2002	26870	3678	21593	6900	4308	7300	7231	2625	17597	3503	61	4596
2003	23391	4232	20252	7255	3879	8102	6332	2614	17973	3600	48	4708
2004	21513	4871	21877	7500	3403	8302	5516	3225	19819	3815	46	4435
2005	23829	4998	23981	7058	2780	8325	5533	3255	18623	4191	60	4605
2006	25733	5070	24088	7383	2997	8350	5052	3256	18440	4230	60	4666
2007	23688	5130	25447	7391	3038	8351	4536	3258	19230	4241	70	4680
2008	25138	5295	26664	7410	2213	7935	3880	2895	19250	4095	138	7530
2009	25420	5265	27668	7215	2465	7515	3539	2670	18693	4155	90	7500
2010	25420	5325	28157	7110	2321	7890	3412	2850	18657	4125	91	7470

第三节　蔬菜种植

品种　70年代前，蔬菜多为传统品种，少有引进。70年代，新品种大量引进，种类增加。1980年，全县蔬菜品种44个。1991年起，冬季保护地栽培兴起，蔬菜品种引进增多。2010年，

2003年，东村街道凉山后村蔬菜大棚

种植的露地菜有大白菜、黄瓜、韭菜、西红柿、豆角、茭瓜、茄、大头菜、土豆、萝卜、水萝卜、胡萝卜、芥菜、疙瘩、葱、蒜、姜、菠菜、苋菜、芹菜、方瓜、玉瓜、辣椒、月豆、茼蒿、芋头等；保护地栽培有韭菜、水萝卜、黄瓜等。

面积 1978年，全县蔬菜面积3500公顷。1990年，3880公顷。1991年，东村镇凉山后村村民赵国远建起县内第一个日光温室大棚，面积0.07公顷，亩产黄瓜2.28万千克。1992年，凉山后村日光温室大棚发展到68个、3.33公顷。1993年，发展到102个、5.33公顷。自此，日光温室大棚在全县逐年增多，其他保护地栽培随之增加。2000年，全市蔬菜保护地栽培面积4600公顷。其中，日光温室4万个、1600公顷，中小拱棚3000公顷。其间，蔬菜生产水平迅速提高，日光温室蔬菜栽培，推广一年两作高产高效西红柿栽培，亩产1.25万千克。露地蔬菜生产中，覆膜芋头发展规模最大。2000年，以发城、北埠后一带为中心，达4000多公顷。2010年，全市蔬菜种植面积6768.8公顷，其中保护地面积2000公顷，蔬菜总产46.97万吨。海阳白黄瓜和网纹甜瓜分别获烟台市十大名瓜称号。全市建成以留格庄镇为中心的韭菜生产基地，以小纪、二十里店镇为中心的黄瓜生产基地，以凤城、大阎家、行村、辛安等镇（街道）为中心的西红柿生产基地。取得无公害食品认证10个，无公害蔬菜基地面积556.67公顷。

第四节　病虫害测报与防治

常见病虫（草）害 海阳主要粮油作物小麦、玉米、地瓜、花生、大豆常见病害50多种。其中，真菌性病害36种，病毒病8种，线虫病4种，细菌性病害2种。常见害虫有62种，属于昆虫纲的8个目、23个科、58种；蛛形纲的1个目、2个科、4种。蔬菜病害130多种。害虫有156种，属于昆虫纲的8个目、46个科，蛛形纲的1个目、4个科。常见农田杂草80多种，隶属于25科。其中，菊科、禾本科各15种，莎草科7种，藜科6种，蓼科5种，十字花科、石竹科各4种，苋科、旋花科、大戟科、木贼科、豆科各3种，马齿苋科、茜草科、紫草科、蔷薇科、车前科、鸭趾草科、蒺藜科、百合科、大麻科、毛茛科、牤牛儿苗科、茄科、天南星科各1种。农田害鼠有黑绒姬鼠、大仓鼠、黑绒仓鼠、褐家鼠、小家鼠、大家鼠、大林姬鼠、东方田鼠等。其中，前6种为优势种。对上述病虫草害，除以天敌灭除外，注重人工灭除。

病虫害预报 测报体系　1985年开始，县植物保护站设专、兼职测报员各2名，各乡（镇）农业技术推广站各设测报员1名，测报员实行流动测报。设首批固定测报点2处，分别在发城镇东坊坞村、东村镇凉山后村的大田内，主要测报农作物病虫害。1996年后，在东坊坞村增设1处果树病虫害测报点，在凤城镇中房村设1处蔬菜病虫害测报点。聘请设点村农业技术员为测报员，形成相对完备的市、乡、村三级测报网。2006年后，全市有1人专事测报工作。

测报对象　1985—1989年，测报对象为一、二、三代黏虫，一、二代玉米螟，小麦条锈病、叶锈病，小麦白粉病，麦蚜及其天敌，二、三代棉铃虫，花生蚜、花生叶斑病等10种病虫害。1990—1996年，增加小麦红蜘蛛、麦叶蜂、黄地老虎，秋播地下害虫，一、二代玉米毛虫、土蝗等8种。1997—2010年，增加小麦纹枯病和蔬菜、果树病虫害测报，主要有黄瓜霜霉病、白粉病，番茄早疫病、晚疫病、叶霉病、灰霉病，茄果类蔬菜棉铃虫，苹果斑点落叶病、腐烂病、轮纹病，梨黑星病，苹果黄蚜、潜叶蛾、桃小食心虫等，共计30多种。

病虫情报发布　每年根据各测报对象的发生规律，通过病虫源的基数调查、定点系统调查、大田普查，结合当年作物品种布局、气象预报及历史资料进行预测分析。包括测报对象的发生期、发生程度、发生面积、防治指标、防治适期、防治方法等。

防治措施 小麦　病虫害种类较多，主要有小麦纹枯病、全蚀病、根腐病等“根腐型”病害，小麦白粉病、锈病、叶枯病等叶部病害及麦蚜、麦蜘蛛、一代黏虫、金针虫等。80年代，对小麦病虫害进行单病单虫防治。90年代，通过测报提出防治和兼治对象，进行综合防治，分期混合施药兼治多种病虫害。播种期，因地、因病虫制宜，对种子进行药物包衣拌种处理；返青拔节期和穗期，杀虫剂和杀菌剂混合喷药，兼治多种病虫害。

玉米　主要病虫害有大（小）叶斑病、弯孢菌叶斑病、苗枯病、粗缩病、玉米螟、玉米蚜、蓟马、红蜘蛛、稀点雪灯蛾、二（三）代黏虫等。对玉米病虫害的防治，主要采取农业防治、药剂、生物等综合措施，根据玉米不同发育时期发生病虫害的特点进行分段防治。在播种期，预防的病虫害有粗缩病、黑粉病、苗枯病、地下害虫等，用适乐时、多菌灵或粉锈宁拌种，防治地下害虫用种衣剂包衣或甲基异柳磷拌种；在苗期，用辛硫磷颗粒剂防治玉米螟、兼治玉米蓟马，用辛硫磷或敌敌畏防治二代黏虫和玉米蓟马、兼治玉米蚜和稀点雪灯蛾；在穗期，用百菌清、多菌灵、克瘟散、甲基托布津等防治叶斑病，用敌百虫防治玉米穗虫，用氧化乐果久效磷防治玉米蚜等。

花生　主要病虫害有花生蚜虫、地下害虫、棉铃虫、二斑叶螨、叶斑病、根腐病、茎腐病等。在播种期，用呋甲种衣剂包衣、甲基硫环磷拌种、高巧悬浮剂拌种，用灭克颗粒剂、茎线灵等防治根结线虫，用多菌灵、适乐时拌种防治根腐病和茎腐病等，用杀虫剂与杀菌剂混合拌种防治混合病虫害。在出苗至开花下针期，用灭害保益药剂防治花生蚜虫。在荚果期，多种病虫盛发期，用禾果利或多菌灵与代森锰锌混合喷雾防治黑斑病、褐斑病和网斑病的混合发生。对花生蛴螬等地下害虫的防治，主要用辛硫磷颗粒剂、甲基异柳磷等农药防治。

蔬菜　常见病害有 40 多种，常见害虫有 30 多种。80 年代，县内采取以化学防治为主的综合防治。90 年代初，开展预测预报，进行防治技术研究。1997 年起，推广实施“减少化学农药用量、保护生态环境、保证农产品农药残留不超过国家规定标准”的瓜菜“一减双保”工程。2010 年，以农业防治为主、化学防治为辅。实行植物检疫，防止病虫草害转移和传播；选用抗病品种，实行良种良法科学种植；加强对种子的处理，用温汤浸种、药剂浸种、药剂拌种等；因病因时进行冬暖大棚病虫害防治；加强生物防治；合理使用化学农药，选用高效、低毒、低残留农药。

2010 年，太阳能防虫灯

第五章　农业机械

1978 年，农业机械以集体所有为主，国家、公社、生产大队三级所有。全县有拖拉机 1532 台，农用汽车 10 辆，农机总动力 3.16 万千瓦。中共十一届三中全会后，打破国有农机为主体制，个体农机发展迅速，形成以个体经营为主、多种经营形式并存的格局。农业机械从以耕作机械为重点，向林、牧、副、渔业全面发展。90 年代，农机服务领域拓宽。1996 年 5 月，海阳首次组织 7 台小麦联合收割机赴江苏、河南等地跨区作业。2010 年，全市农机总动力 88.43 万千瓦，农机总值 6.10 亿元，拖拉机 47094 台，农作物综合机械化水平 70%。农机经营总收入 3.82 亿元。

第一节　农机具

耕种机械　悬挂犁　1978年，全县有机引犁1427台，主要为1L-320型悬挂三铧犁和1L-220型悬挂二铧犁，与中（小）型拖拉机配套使用，耕深20厘米。1996年起，推广1L-5-27和1L-6-27型深耕犁，与大型拖拉机配套使用，耕深25厘米。2010年，全市有各种悬挂犁22463台。

耕地机

旋耕机　1978年，全县有旋耕机28台。1989年，引进连云港产1GQN-180S旋耕机22台，旋耕深度15厘米以上。2010年，全市有1152台。

机引耙　1978年，首次引进258台国产1BQX-0.9型10片悬挂轻型耙，与小型拖拉机配套，耙幅90厘米，耙深10厘米。1986年后，主要使用国产1BZ-2.5型24片牵引式缺口重耙，与大（中）型拖拉机配套，耙幅250厘米，耙深20厘米。

播种机　1978年，全县有播种机439台。1989年起，县农业机械研究所引进推广诸城和沂南产小麦精量半精量播种机，主要有2BJ-3/4型和2BBJ-6型2种，与中型拖拉机配套，可机播小麦，也可点播玉米、大豆等作物，播幅160～280厘米。2010年，全市有821台。

化肥深施机　1994年，从诸城农科所引进。2010年，全市有110台。

机动覆膜机　1986年，由县农业机械研究所推广国产2BM-2型花生播种覆膜机，与中型拖拉机配套，用于花生播种地膜覆盖。2010年，全市有936台。

免耕播种机　2004年，全市推广7台小麦机械化免耕播种机械。2010年，全市发展到48台。

脱粒机

收获机械　脱粒机　1978年，全县有1670台。主要机型为牟平产工农2S-700型脱粒机，配套动力为10千瓦电机或12马力柴油机，生产率为1000～1800千克/小时。90年代后，采用高密、泰安等地生产的楔形钉齿敞开滚筒机，配套动力7.5千瓦，生产率为1000～1500千克/小时。2010年，全市有4153台。

收割机　70年代，麦收以人工收割为主。1978年，首次推广55台小麦割晒机，与小型拖拉机配套使用，生产率为3～5亩/小时。1992年，县农业机械研究所购进6台上海向明背负式收割机。1997年起，小麦联合收割机得到推广和应用，小型割晒机鲜有使用。1999年，全市有小麦联合收割机156台。2010年，发展到364台。小麦联合收割机主要机型有福田雷沃DC200型、佳联-3060型、上海向明IIB-A型和东方红4LZ-200型。

小麦联合收割机

玉米联合收割机

玉米联合收割机　1996年年初，县农机化技术推广站首次引进淄博向农牌4YW-2型玉米联合收割机，可一次完成摘穗、剥皮、装箱、秸秆粉碎还田等工序。2004年起，利用国家农机购机补贴政策，大力推广玉米机收，但受地理条件和种植规格限制，收效甚微。2010年，全市仅有35台。

排灌机械　农用水泵　1978年，全县有3120台，包括离心式水泵、自吸离心泵、深井泵和潜水电泵等。2010年，全市有13682台。

喷灌机械　1998年，郭城、朱吴、二十里店等镇引进微灌滴喷节水灌溉机械，进行示范应用。2000年起，小纪、行村、留格庄、盘石店等镇批量引进使用。2010年，全市共有1472台（套）。

排灌动力机械　1978年，全县有2226台，主要有电动机、柴油机2种。2010年，全市有电动机2865台、2.74万千瓦，柴油机9375台、6.41万千瓦。

植保机械　手动喷雾器　1978年，全县有2196台。1984年起，逐渐被552丙型代替。2010年，全市有67521台，主要机型有3WB-16型背负式压缩喷雾器和3NBS-16型杰灵喷雾器。

机动喷雾器　1979年，县农业机械管理局购进潍坊产工农-36型担架式机动喷雾机10台，因效果不明显，未能推广应用。1990年，引进临沂产泰山-18型背负式机动迷雾喷粉机，用于玉米、小麦等农作物病虫害防治，效果较好，发展较快。2010年，全市有机动喷雾机3728台。

运输机械　农用拖拉机　1978年，全县有1532台、2.26万千瓦。2010年，有47094台、33.30万千瓦。机型有东方红X750-1000型、福田TD700-954型、山拖TS250-350型和沭河SH101-2型。

农用挂车　1978年，全县有310辆。2010年，有14463辆。

农用机动三轮车　1984年，全县购进5辆。此后，因其便民优势被认识，购进量逐年增加。2010年，全市有15723辆、13.30万千瓦，成为农村运输的主要机械。机型有时风、光明、巨力、五征等。

农用汽车　1978年，全县有10辆。1980年后增长较快。2010年，全市有19566辆、19.21万千瓦。

工程机械　推土机　1978年，全县有16台、880千瓦。2010年，有195台、1.57万千瓦。

挖掘机　1990年，徐家店镇一村民购进海阳首台挖掘机，型号为国产大宇牌大型挖掘机。后逐年增加。2010年，全市有264台、2.59万千瓦。

其他机械　其他农业机械有深松机、秸秆还田机、花生收获机、玉米收获专用割台等；农产品加工机械，有碾米机、磨面机、榨油机、淀粉加工机等；畜牧业机械，有饲草料加工机械、机动挤奶机等；农业设备，有日光温室大棚电动卷帘机、微耕机等。

第二节　农机推广应用

农机应用　麦田机耕　1978年，麦田机耕是农机的主要作业项目，占小麦播种总面积80%以上。1983年，全面推行家庭联产承包责任制后，麦田机耕下降。1985年，全县机耕面积仅占播种总面积60%。此后，随着个体机械不断增加，机耕面积复又扩大。2010年，全市机耕面积99%以上。

小麦机播　1978年，在凤城公社窑上大队召开现场会，推广使用国产泰山拖拉机与2BL型系列播种机，后使用范围稍有扩大。1984年，全县有播种机38台，机播面积占小麦播种总面积12%。90年代，开始引进推广莱芜产6行、9行系列播种机，与泰山-12/15型拖拉机配套。2002年，全市有播种机460台，其中精少量播种机253台，机播面积占小麦播种面积80%以上。2010年，全市有播种机981台，其中精少量机491台、免耕机57台，机播面积98%以上。

小麦机收　1984年，县农业机械研究所在全县推广400台4CL-140型小麦收割机。1992年，推广60台4LQ-2.5（上海IIA-B型）背负式联合收割机。1997年，推广自走式大型联合收割机。2002年，全市有收割机132台。2004年，全市利用国家农机购置补贴政策，推广大型联合收割机。2010年，全市拥有各类收割机294台，机收面积2.4万公顷，占小麦总播种面积98%以上。

小麦机脱　1999年，有小麦脱粒机3795台，小麦均实现机脱。2004年起，随着大型联合收割机的推广应用，小麦脱粒机基本淘汰。

新机具、新技术　小麦精少量播种机械化技术　1984年始推广，先在赵疃、凤城等乡镇试点，后全面推广。推广的重点机型有2BBJ-6、2BBJ-9型系列小麦精少量播种机。1984—2010年，小麦精少量播种机由10台逐渐发展到764台。

玉米收获机械化技术　2005年，开始推广保护性耕作机械化技术，在大量秸秆残茬覆盖的地表上采用，将耕作减少到只要能保证种子发芽生长即可，不破坏土壤结构，减少土壤水分蒸发，抑制杂草生长，降低劳动强度，蓄水保墒，增肥地力。2010年年底，全市玉米收获机57台，玉米机收率55%。南部区域开始推广发展大型自走式玉米联合收获机。北部丘陵山区适当发展玉米割晒机和中（小）型玉米收获机械，畜牧业发展较好的镇（区），重点推广玉米收获青贮机械。主推3行悬挂式和自走式玉米联合收获机。

1978—2010年海阳市小型拖拉机配套农机具推广情况一览表

表5-5-1

序　号	作业项目	配套农机具	推广情况	效　果
1	耕整地	1L-220型悬挂双铧犁	大批	较差
		1GQN-125型旋耕机	大批	较好
		1WG-4型微耕机	批量	较好
2	播　种	2BX-6型小麦播种机	大批	良好
		2BFD2-270F花生穴播机	大批	良好
3	播　种	2BFD-2花生覆膜播种机	大批	良好
4	收　获	4GL-140型小麦收割机	大批	良好
		4HW-808型花生挖掘机	批量	良好
5	运　输	TC-1型1吨农用挂车	大批	良好
		TCC-1型1吨自卸挂车	大批	良好

1978—2010年海阳市大、中型拖拉机配套农机具推广情况一览表

表5-5-2

序　号	作业项目	配套农机具	推广情况	效　果
1	耕整地	1L-320、330型深耕犁	大批	良好
		1L5-27型深耕犁	大批	良好
		1L6-27型深耕犁	批量	良好
		LSX-1-55型火箭犁	小量	良好
		LG-100型旋耕机	批量	较好
		1JH150型还田机	批量	较好
2	播　种	2BL-11型谷物播种机	大批	一般
		2BL-4型精密播种机	小量	一般
		2BMTFS-8-4免耕播种机	批量	良好

续表 5-5-2

序 号	作业项目	配套农机具	推广情况	效 果
2	播 种	2BMTFS-10-5 免耕播种机	批量	良好
3	收 获	4LQ-2.5（上海 11A-B 型小麦联合收获机）	批量	良好
		东风 2KB-5 型自走式联合收获机	小量	一般
		丰收 -2 型玉米收获机	批量	好
		4YZ-3A 自走式玉米收获机	批量	好
		4LZ-2A 型自走式履带谷物联合收割机	批量	好
4	运 输	7CC-2-3 型 2 吨、3 吨自卸农用挂车	大批	良好
		7C-5 型、7CC-5 型农用挂车	批量	良好
5	农田基本建设	PT-3 型推土平地两用机	小量	好
		液压挖掘机	小量	好

第三节 农机管理与服务

农机管理 生产管理 1978 年，全县开始在定额的基础上，编制农机作业年度、季度和小段作业计划，并以制度的形式长期坚持。同年，全县在夏秋两季对农机实行领导、调配、检修和结算的“四统一”管理，效果较好，后每年坚持。1983 年，开始承包经营。全县首先实行农机承包经营的是凤城公社窑上大队和行村公社鹏化庄大队。承包时，村里要求承包者（农机队）对整个生产过程负责，并按作业收入支付劳动报酬。此后，全县陆续出现分散承包经营，即将集体农机承包给个人，由个人按年度向集体上缴一定数额的承包金，一切费用由承包人自理，自负盈亏。2000 年后，一些村将农机、土地承包给农机大户经营，而农民大都专心经营效益更高的设施农业。2010 年，设施农业从业人员进一步增加。

农机监理 1984 年 4 月，将农用拖拉机划归农机部门管理，核发“15”数字头的号牌，办理拖拉机驾驶证。2010 年，全市有拖拉机 47094 台，驾驶员 45706 人。事故死亡率控制在 0.1% 以下。

农机服务 县级生产服务 1978 年，以县拖拉机总站和县机械队为主，帮助农民提供耕、耙、运输等服务，称“代耕合同”。80 年代，随着形势变化，服务工作由主管局牵头、局属机务股承担，作业关系改称“农机作业合同”，服务领域扩展到农、林、牧、副、渔各业。1992 年，服务由农业机械研究所承担，实行全方位、多渠道的综合服务，在每年“三夏”“三秋”中，提前检修机具，进行调度服务，组织召开农机现场会。每年组织 100 多台大型联合收割机“西进东征”，跨区作业。同时，还承担旱薄地、滩涂改造等农业综合开发项目。

乡级生产服务 1978 年，公社农业机械管理站开展生产服务。80 年代，开始创办经济实体，以实体促服务。1985 年，全县乡（镇）农业机械管理站成为经济实体型服务组织，固定资产 100 余万元。服务范围不断扩大，由只为农田作业服务扩大到农机维修、培训、监理、销售、开发、运输等多方面。1992 年后，乡级生产服务逐步弱化。

村级作业服务组织 1978 年，全县有 156 个，从业人员 498 人。1982 年后，逐年减少。90 年代，全县涌现出许多管理有方、经营有道、服务到位的示范村，服务组织机构转变为农机协会和农机专业合作社，机耕、机播、机收“一条龙”全程机械化作业服务。

农机专业合作社 2007 年 7 月，海阳市农家乐农机专业合作社成立。采用保护性耕作、免耕播种、测土配方、节水灌溉等技术，进行试验示范。通过示范园区的带动，辐射全市 10 余个镇（区、街道），促进科技成果向生产力转化。2010 年，全市有农机专业合作社 12 个，固定资产总值 600 余万元，有各类农机具 480 台（套），入户社员 80 户。利农、农家乐和吴家埠 3 家农机专业合作社，被烟台市评为三星级以上农机专业合作社。

农机户　1979年，农村实行生产责任制后，联户、独户购买机具的增多。1984年，全县有拖拉机1214台，占总保有量28.9%。1994年，增加到10467台，占94%。2010年，有46623台，占99%。生产服务形式有自用型、服务型、兼营型3种。

农机维修　1978年，全县有拖拉机维修车间1处。1984年，全县有修理车间2处，农机维修点23个。1997年，对全市120多家农机配件供应点和维修点进行整顿，发放农机维修证100余个。2010年，全市有农机维修点153个，修理工492人，审验率100%。

第六章　畜牧业

1978年，全县生产肉禽蛋1.35万吨，畜牧业总产值0.68亿元，占农业总产值15%。实行家庭联产承包责任制后，县政府制定调整产业结构、鼓励畜牧业发展的优惠政策，畜牧业得到快速发展。1990年，全县生产肉禽蛋2.69万吨，畜牧业总产值1.77亿元，占农业总产值19%。1999年，海阳市被确定为国家无规定动物疫病扩建项目县（市）。2001年，被山东省确定为胶东半岛无规定动物疫病示范区项目建设县（市）。2010年，畜禽主要有牛、猪、奶山羊、肉羊、兔、貂、狐狸、狗、蛋鸡、肉食鸡、鸭、鹅、鹌鹑、肉鸽等，生猪存栏24.51万头，生猪出栏38.64万头，全市肉类总产量4.29万吨、禽蛋产量3.75万吨、奶类产量1.91万吨，畜牧业总产值10.2亿元，占农业总产值12.9%。

第一节　畜类饲养

役畜品种繁育与饲养　牛　原有牛多为当地黄牛，肚大腿细，体形较小，属地方役用种。1978年，引进夏洛莱、海福特、西门塔尔等肉用牛冷冻精，以鲁西改良牛为母本进行杂交改良，后代役用体型明显，多用于农耕，少部分销往中国香港。1978年后，牛配种改为冻精颗粒冷配。80年代，牛的品种主要是鲁西黄牛、渤海黑牛及其杂交后代，役肉兼用。1982年，全县牛存栏1.89万头。1988年，首批活牛出口日本。1990年，引进利木赞冻精，杂交改良当地鲁西改良黄牛，后代肉用体型明显，肉质较好，黄牛开始由役用型向肉用型转变。1995年，全县牛存栏量3.8万头。2005年，存养4万头，其中利木赞肉牛杂交改良一、二代占总存栏量90%以上。2009年，引进弗莱维赫乳肉兼用牛冻精，杂交改良利鲁母牛，提高肉牛后代初生重，生产性能大幅提高。2010年，全市肉牛存栏量2.54万头。

养牛实行放牧和栏养结合，放牧从晚春至晚秋，以吃草为主，基本不喂精料；栏养从冬季至早春，以农作物秸秆为主，辅以地瓜干、玉米等少量精料。一般栏养期间喂精料50余千克。随着役牛到肉牛的转变，青贮氨化饲料喂牛兴起，牧放减少，精料升级，开始用复合料或配合料，用量也有所增加。

马　1956年后，陆续引进伊犁、蒙古、阿尔登、顿河、苏重挽、苏高血、俄罗斯、卡拉巴伊、奥尔洛夫、关中挽马等优良品种，对当地原有品种进行人工授精改良，提高杂交后代的体尺、体重和使役性能。1980年，马配种改为冻精颗粒冷配。1985年前后，马多为杂交后代，主要特点是毛多为栗色，体形介于轻重之间，体质结实，结构匀称，四肢粗壮，腰背平直，关节发育良好，蹄质坚实，有较好的使役性能。2010年，全市马存养量125匹，分布在北部山区农村，用作运输工具。

马全部实行栏养。1982年前，役闲期以喂谷草、玉米秸、花生蔓、地瓜蔓等粗料为主，役忙期及常年拉车的马、孕马，多加麸皮、地瓜面、玉米面、饼类等精料。民间有“寸草铡三刀，无料也上膘”“钢骡、铁驴、纸糊的马”之说。

驴　主要为当地驴及其杂交后代，占90%以上。1956年，开始引进德州大黑驴（又称渤海

海阳市程淏牧业有限公司毛驴基地

驴），后陆续引进关中驴、河南沁阳驴等种驴40余头改良本地驴。1980年，驴配种改为冻精颗粒冷配。随着现代农业兴起，驴的役用性能降低，多为肉用。2010年，全市驴存养量仅140头，分布在北部山区农村。饲喂方法同马，只是精、粗料比马少些。

骡　1976—1982年，全县骡存养量平均保持在1万头以上，是全县养骡的鼎盛期。1983年后，随着役用减少，数量下降。1990年，全县存骡5200头。2010年，存骡150头。饲喂方法同马。

奶畜品种繁育与饲养　奶牛　80年代初引进，主要品种是黑白花奶牛。1984年，全县奶牛存养58头，奶牛生产发展缓慢。1998年，全市奶牛存养300余头。1999年起，市磊磊乳品加工厂加工鲜牛奶，奶牛开始发展。2003年，市政府出台鼓励政策，奶牛得到快速发展。2005年，全市存养奶牛约5800头，其中产奶牛约4600头，所产奶以加工成奶粉和乳制品为主，少部分以鲜奶面市。2009年5月，东村街道垛兰村村民乔秀山投资1200万元，建设1处规模奶牛场，存栏奶牛580头，实行标准化管理。2010年，该奶牛场被农业部授予标准化奶牛示范场称号。同年，全市奶牛存栏6000头。

奶牛采用圈养，90年代前，多采用与役牛相同的方法饲喂，产奶量低。90年代后，喂养逐渐科学，实行粗精搭配，粗料以青草和青贮氨化饲料为主，精料以配合饲料为主，按每产2千克奶喂0.5千克料的比例投放精料。

奶山羊　1982年，全县存栏4048只。1990年，存栏1.48万只，主要品种是崂山奶山羊及其杂交后代，大部分从崂山、即墨、平度等地引进，全身白色，多数无角，一般8个月发育成熟，个别可达10个月。单体产羔一般1～2只，均产率180%。泌乳期一般在240～250天，一个产奶期均产奶540千克。2010年，全市存栏2148只。

奶山羊实行舍饲与放牧相结合，冬季和早春舍饲，其余季节放牧。舍饲以喂干草、地瓜蔓、花生蔓等为主，放牧主要吃青草、树叶等。在泌乳期，无论舍饲还是放牧，都要加喂一定精料，豆类和饼类必不可少。

产毛畜品种繁育与饲养　绵羊　1980年，全县绵羊3962只，年收购羊毛1.07万千克。1983年后，饲养户逐渐减少。1990年，全县存栏500只左右。此后，随着行情好转，有所发展。2010年，全市存栏2300余只。绵羊的饲养管理同奶山羊。

肉畜品种繁育与饲养　生猪　全县主要品种为烟台黑猪及其杂交后代，占60%。1977年，开始进行烟台黑猪选育，全县符合条件的成年母猪3200余头，后备母猪2400余头，成年种公猪240头，后备种公猪210头，对其中的1200头作调剂和重新布局。1978年，行村、二十里店、朱吴、高家、小纪5处公社畜牧兽医站及部分育种基地进行猪的人工授精，并为大队培训育种员721人次。同年，全县养猪27.08万头。其中，集体养猪7.55万头，占养猪总数27.9%；母猪总数2.5万头，占养猪总数9.2%。其间，全县大力推广种公猪良种化、母猪当地化、育肥猪杂交一代化，村村都有养猪场，场内有较完善的饲养管理操作规程和管理办法。至1982年，以发展集体养猪为主，鼓励社员养猪为辅。大队、生产队集体办养猪场，实行定人员、定头数、定饲料、定出肥、定仔猪成活率、定积肥和超产奖励的“六定一奖”办法。在发展集体养猪过程中，贯彻执行“以养猪为中心，全面发展畜牧业”的方针，提出“一人一猪”和“一亩一猪”的口号，提倡“三青一代”（种青、喂青、养青，以青饲料代替部分精饲料），推广糖化发酵饲料，大圈养猪等。社员养猪，实行户养猪、队包圈政策，肥猪出售后扣除猪底，再每斤猪付给0.10～0.25元粪钱，在当年分配中兑现。也有的分给养猪户适当数量饲料地，积肥投队，以粪质论价，付给合理报酬。一般养一头猪可收入70～120元。对成绩好的集体养猪场饲养员和防疫员给予表扬和奖励。

1983年后，农村经济体制改革，以专业户、规模场养猪为主，专业养猪场（户）不断壮大。1985年，主要猪种仍为烟台黑猪，以该猪种为母本，以荣昌、内江、金华、大约克、长白、巴克夏、杜洛克等外地猪种为种公猪，进行杂交改良，培育出育肥性能好、耐粗饲和抗病能力强的杂交黑猪。1986年后，开始引进国外纯种长白、大约克、杜洛克猪良种，生产长大、大长、洋二元或杜长大、杜大长洋三元商品猪，生猪瘦肉率和出栏率均有所突破。2005年，全市共有养猪专业户1860个、养猪场136个，养猪14.62万头，专业户、养殖场养猪占总养猪数91.94%，全市瘦肉型猪占生猪存养总数90%以上。2007年，山东海波尔六和育种有限公司在行村镇田村建立种猪繁育基地，总投资3000万元，占地13.33公顷，种猪均从加拿大直接引进，品种有长白、大白、杜洛克等，当年引进680头，年供种猪6000头以上。2010年，全市生猪存养量24.51万头，出栏38.64万头，出栏率157.6%。

传统养猪一般实行圈养，部分饲养户采取季节性放牧。70年代中期前，喂猪粗料以地瓜叶蔓为主、花生蔓等为辅；精料以地瓜、玉米为主，均要煮熟，次有麸皮、花生饼等；精、粗料均稀喂，日喂3次；对孕期和哺乳期母猪，适当添加精料，空怀期一般以粗料为主，仔猪则以细料为主；育肥猪前期先“吊架子”，以粗料为主，后期则粗细结合，育肥一头需1年以上，有“千瓢糠、万瓢水”之说。

肉羊　有山羊和小尾寒羊。1980年，全县有改良山羊4632只，主要是零星散养。1983年，全部改为个体养殖，并逐渐向专业户、规模养殖场发展。1999年，始引进波尔山羊纯种冻精颗粒及细管，进行杂交改良。改良后其繁殖性能高，生长发育快，初生均重2.62千克。波本杂交羊90天断奶，公母均重15.6千克，9月龄公母均重36.9千克，分别比改良前提高32.1%和37.3%。波本杂交羊的屠宰率50.2%、净肉率39.8%，分别比改良前提高9.60%和10.65%。2005年，全市存养3.9万只，羊肉产量645吨，羊皮出售4.8万张。2010年，全市存栏3.20万只，其中改良的波尔山羊1200只。

肉羊饲养以放牧为主，在晚春、夏和秋季进行，补喂以精料为主。冬季和早春放牧与舍饲结合，也补喂精料。

肉狗　饲养始于1998年。2002年，共存养200条，其中可繁育种狗170条、种公狗30条；出栏肉狗600余条。尚未形成规模。

第二节　禽类饲养

品种　禽类品种有鸡、鸭、鹅、鹌鹑、鸽子、山鸡、鹧鸪、火鸡等。其中，鸡有本地鸡、莱航鸡、星杂288、罗斯、星杂579、芦花鸡、白洛克、元宝鸡、京白、法国罗曼、美国海兰褐等品种；鸭有本地鸭、金定鸭、微山麻鸭、康贝尔鸭、樱桃谷鸭等品种；鹅有本地白鹅、本地雁鹅、狮头鹅、四季鹅、五龙鹅等品种。鹌鹑、鸽子、山鸡、鹧鸪、火鸡等属引进禽类，品种单一。

饲养　蛋鸡　海阳主要品种为当地糁糠鸡，约占80%。1985年，主要品种是莱航鸡与当地鸡的杂交后代。1990年后，主要是法国罗曼、美国海兰褐等品种，其他品种均淘汰。传统繁殖方法为自然孵化。1975年，县食品部门开始使用灯光孵鸡。1978年，开始使用电热孵化。1984年，全县电热孵化器70多台，每台每次可孵化近万只。2005年，全市蛋鸡存养295万只，比1984年增长87.5%。2010年，存栏360万只，比2005年增长22%。

传统饲养方法多为散养，自由采食，晚上归窝前加喂一次单一饲料。70年代末，多改为圈养，但仍采用“一把米”喂鸡法，饲料单纯，营养不全。1983年后，养鸡业发展迅速，饲料由单一饲料逐渐改为配合饲料，部分单位和养鸡户开始采用补充人工光照及调节室温等措施，缩小淡旺季差别，提高产蛋率。1984年，县畜禽场、徐家店养鸡场、县电业公司养鸡场等单位开始笼养。随市场经济发展，蛋鸡饲养由户散养变为养殖场专养。2010年，养殖场占养鸡户总数95%以上。大部分采取笼养，按不同生长阶段和产蛋率，采

2010 年，市鼎立种鸡有限公司养鸡场鸡舍

用不同全价配合饲料饲喂，只鸡年产蛋量由 1978 年前的 80 枚提高到 240 枚以上。

肉鸡　1986 年引进，品种为 AA 肉鸡，以散养为主。1993 年，全县推广塑料暖棚养肉食鸡技术。1995 年，推广标准化饲养技术，建标准鸡舍，按标准饲养。1998 年，开始与青岛正大集团肉鸡部合作，实行合同养鸡，当年供应 200 万只。2000 年起，与莱阳春雪集团公司、栖霞六和公司等肉食鸡加工企业合作，饲养肉食鸡，年供 450 万只以上。2001 年，海阳市鼎立种鸡有限公司肉种鸡场建成，年可供雏鸡 60 万只。2005 年，全市年出栏肉食鸡 480 万只，饲养户 700 余个、养殖大棚 600 余个。2006 年，六和集团饲料股份有限公司投资 1.8 亿元，建设海阳六和种鸡场，存栏父母代肉种鸡 30 万套，年提供商品雏鸡 3600 万只以上。2008 年 6 月，山东益生种畜禽股份有限公司投资 5000 万元，建设海阳益生种鸡场，存栏父母代肉种鸡 15 万套，年提供种蛋 2000 万枚以上。2007 年，全市推广全封闭的标准化肉鸡大棚建设，单棚次养鸡 1 万～2 万只，年出栏 5～6 批。2010 年，全市存栏商品肉鸡 396 万只，出栏 2060 万只，分别比 2005 年增长 117.6%、94.3%。

肉食鸡饲养全部使用全价配合饲料，饲养方法同蛋鸡。

蛋鸭　主要品种为当地麻鸭，体小结实，适应性、抗病力强，易于饲养管理。1983 年，从福建引进金定鸭。1984 年，又先后引进绍兴鸭、康贝尔鸭。2000 年后，主要品种为微山麻鸭，1 只鸭年产蛋 160 枚，高者达 200 枚。2010 年，全市蛋鸭存栏 10.6 万只。

蛋鸭以圈养为主，少部分散养，多数将鸭场建在池塘或靠海边的浆沟周围，喂食以玉米、麸皮、饼类为主，沿海地区也喂食小贝、小蛤等。

肉鸭　1998 年引进，品种有康贝尔和樱桃谷等，未成规模。2005 年，全市存养 1.08 万只，出售 2.9 万只。2010 年，少有肉鸭饲养。

肉鸭喜食颗粒饲料，不喜食过细和黏性饲料；雏鸭要少喂勤添，3 周后进入育肥期，采取自由采食、自由饮水的饲喂方式。

蛋鹅　主要品种有雁鹅、白鹅和五龙鹅。其中，五龙鹅属地方品种，行村镇为原产地之一，因近五龙河而得名。特征是羽毛多为白色，眼睑有一缺口，体型较小，生命力强，耐粗饲，易管理，产蛋率高，年均产蛋 109 枚，均重 135 克，可与当地鸡相比，故被群众誉为“鸡鹅”。1979 年，海阳被省农业厅确定为五龙鹅保种育种基地县，并在行村镇道口农场投资建立五龙鹅良种繁育场，当年育成 650 只。1980 年，全县发展到 1.48 万只。自此，省内泰安、枣庄、禹城、淄博、潍坊等地养殖户常到海阳购买雏鹅，海阳五龙鹅遍布全省。2005 年，全市存养 8.6 万只，分布在小纪、行村、辛安、大阎家、留格庄、二十里店、东村等镇（街道）。2010 年，存养 2.14 万只。

饲养上，除雏鹅阶段外，管理较为粗放。主要有圈养、散养和放牧三种形式，也可以三种方法相结合。饲养以青草为主，加入部分玉米面、米糠、麸皮拌喂，产蛋季节可多喂精料。

鹌鹑　1979 年，由北京等地引进。1982 年，海阳市场上开始有鹌鹑蛋、鹌鹑出售。2005 年，全市存养 2 万只。

鹌鹑一般实行笼养，每平方米可养 60 只左右。饲养室需背风向阳，地面干燥，通风良好。夏天温度保持在 18℃～25℃，不超过 25℃；冬天不低于 18℃，湿度在 50%～60%。产蛋母鹌鹑每天要保持 14～16 小时光照。饲养要多餐少添，2～3 小时喂 1 次，日喂 5～6 次，避生人干扰。

肉鸽　饲养历史较长，以散养为主。1978 年，全县饲养 3.1 万只。1985 年，引进美国王鸽、石歧鸽等进行繁育。1999 年，辛安镇辛安村建立大龙鸽业有限公司，引进种鸽 1 万套，实行繁育、饲养、加工、销售一条龙管理，经济效益较好。

2010年，全市存养16万只。

肉鸽均用笼养，喂颗粒状配合饲料。饲料要勤添，由其自由采食。

第三节　其他养殖

兔　1979年，全县养兔11万只。1980年，县、公社、大队各级把长毛兔发展作为畜牧业经济突破点，县、公社畜牧部门通过多种形式，向养殖户提供技术服务和良种。1981年，全县养兔20万只，其中盘石店公社10万只以上。2005年，全市兔存养92.5万只。其中，长毛兔51.9万只，肉食兔40.6万只。养兔重点户1.56万个、存养87万只，占养兔总数94%。2010年，存养兔138.7万只。其中，长毛兔122万只，肉食兔16.7万只，是烟台市长毛兔饲养最多的县（市、区）。品种有长毛兔、肉食兔和獭兔。其中，长毛兔有中（国）法（国）系安哥拉兔的杂交后代、德国长毛兔和日本兔的杂交后代等品种；肉食兔有青紫蓝兔、比利时兔、法国兔、美国加利福尼亚兔、丹麦白兔及中国哈白兔等品种；獭兔主要为法系獭兔，属肉皮兼用兔。

兔大多实行笼养，饲料种类丰富，粗料春冬以青（干）草、地瓜蔓、花生蔓、玉米秸为主，夏秋以青草、野菜为主；精料以玉米、麸皮、饼类、豆类为主。

貂　1974年，辛安公社邵家大队从烟台水貂场引进彩貂96只。全县养貂品种有苏联杂交黑貂、米黄、咖啡白、银蓝等，分布在辛安、行村、大阎家、凤城、留格庄等沿海公社。2005年，全市存养种貂19.9万只，出售貂皮130万张。2008年，海阳市喜诺缘皮草有限公司成立，形成养殖、制衣、销售一条龙模式。2010年，存养种貂32万只，比2005年增长60.8%；出售貂皮170万张，比2005年增长30.8%。

貂实行笼养，饲料以鲜杂鱼、鸡肠、鸡头、猪肝、鱼粉和玉米面、麸皮为主。海阳市场上有预混料，混于饲料中用。

狐狸　1996年引进，品种有北极狐（蓝狐）、银狐等，饲养范围较小，以沿海乡（镇）为主。2005年，全市存养6.5万只，出售狐皮12万张。2010年，饲养数量稳定在6.5万只。

狐狸均实行舍饲笼养，主要喂全价配合饲料。饲料根据幼狐、种母狐、种公狐的不同生长阶段进行调剂。

蜂　1978年，全县养蜂176箱。2005年，养蜂200余箱，年产蜂蜜1400余千克。

蜂以散养为主，品种以意大利蜂和克利柯兰蜂为主。采食花粉。

蛇　1996年，徐家店镇求格庄一村民率先养蛇1400余条，后停养。2000年，东村镇生产村建1处养蛇场，引进蛇种1.2万条，2002年停养。

蛇的饲养可分为蛇场、蛇房、蛇箱3种方法。一般每平方米可饲养1千克左右的蛇10条，小蛇可适当多放。人工投食多为活体的大（小）白鼠、黄金地鼠、青蛙、蟾蜍、泥鳅、小鱼等，投食广谱多样。

蝎　1989年，开始有个体户饲养、繁殖，但一直未形成规模。2010年，全市仍有饲养。

养蝎可采用房养、池养、缸养、箱养、炕养、架养、加温养殖等方法。蝎以活虫和肉食为主，喜食昆虫幼虫，如黄粉虫、米蛾等。

鹿　1979年，大辛家公社南庄大队在南大沙建立养鹿场1处，购鹿8头，繁殖12头。1982年停养。1994年，一青岛客户在赵疃乡孙家夼村建养鹿场1处，养鹿70头，繁殖仔鹿16头，1998年8月停养。2005年，全市有养鹿户1户，养鹿10余头，2006年停养。

鹿食性广杂，常年以各种植物为主，精料为辅，另加适量的饲料添加剂。

野鸡　又称山鸡，1989年引进，发展较缓慢。2010年，全市饲养3000余只，零星分布。

野鸡孵育及管理类似家鸡，主要为网棚舍养。野鸡是以植物性饲料为主的杂食性特禽，可根据不同阶段，针对营养需求适时更换饲料配方，饲喂优质全价配合饲料。

熊　1995年，凤城镇政府兴办服务基地时，从吉林省引进熊6头，在凤城海边饲养，1998年停养。

熊的食性较杂，人工养殖以谷物和青饲料为主，肉食为辅。

1978—2010 年海阳市主要畜禽存养情况表

表 5-6-1

年份	大牲畜（头、匹）					生猪（万头）				家禽（万羽）		羊（万只）	家兔（万只）		貂（只）
	合计	牛	驴	骡	马	饲养量	存栏	出栏	母猪	合计	蛋鸡	存栏	合计	长毛兔	
1978	43632	20225	6722	12363	4322	39.00	27.10	11.90	2.20	74.00	53.00	0.56	9.30	1.90	5270
1979	42376	20080	5832	12571	3893	43.50	30.30	13.20	2.49	87.26	54.10	0.97	11.00	2.20	5427
1980	40010	20658	4498	11444	3410	46.70	30.34	16.40	1.98	84.00	62.04	1.09	11.32	6.69	5084
1981	37527	20179	2624	11930	2794	41.70	24.50	17.20	1.46	83.60	64.97	1.10	20.00	18.44	9202
1982	33808	18862	1810	11031	2105	35.80	18.40	17.40	0.96	91.16	75.91	1.03	37.80	32.30	8615
1983	28041	15962	1526	9047	1506	32.30	17.50	14.80	1.08	106.70	93.13	1.14	14.00	10.00	7356
1984	23662	13745	1029	7634	1254	39.10	23.00	16.10	1.93	183.20	152.30	0.95	15.88	12.98	5500
1985	21023	12195	1000	6877	951	43.00	23.20	19.80	1.43	195.30	162.20	1.37	20.15	19.80	5500
1986	18767	11094	832	5870	971	34.87	14.95	19.92	0.64	116.00	97.64	1.21	14.17	14.13	7200
1987	17100	10300	600	5400	800	23.89	10.09	13.80	0.68	119.80	107.00	1.49	13.30	13.23	11300
1988	21000	14600	600	5100	700	24.36	12.81	11.57	1.00	142.30	123.00	2.77	23.50	23.40	13000
1989	24600	18400	400	5100	700	28.20	13.10	15.10	0.69	139.10	120.80	3.77	38.80	38.70	4500
1990	24800	18600	400	5200	600	28.90	13.30	15.60	0.81	140.50	119.50	3.80	40.22	40.10	1000
1991	25000	18800	360	5320	520	31.20	14.32	16.90	0.97	159.60	127.90	3.89	45.60	45.58	1300
1992	26517	21132	112	4709	564	31.30	13.80	17.50	0.90	160.00	130.00	2.40	55.00	51.00	1000
1993	26718	21300	257	4657	504	29.70	12.50	17.20	0.66	185.00	148.00	4.13	85.00	65.00	700
1994	36230	32603	229	3037	361	28.90	12.00	16.90	0.73	180.00	140.00	3.85	80.00	61.30	966
1995	42473	38084	433	3827	129	30.40	13.00	17.40	0.76	204.50	160.00	4.50	95.00	57.10	790
1996	44740	41035	366	3033	306	30.90	12.10	18.80	0.74	241.00	190.00	6.00	104.00	51.30	700
1997	40932	38416	240	2065	211	29.20	12.20	17.00	0.75	232.70	163.20	5.10	106.00	47.40	5300
1998	43971	42168	242	1338	223	27.30	9.20	18.10	0.78	244.00	176.80	6.00	96.90	44.50	5900
1999	45496	43650	248	1346	252	29.40	9.90	19.50	0.98	196.70	178.90	7.00	102.90	50.30	8500
2000	46734	44785	253	1433	263	23.90	10.50	13.40	1.00	198.20	179.60	2.36	98.00	50.90	13500

续表 5-6-1

年份	大牲畜（头、匹）					生猪（万头）				家禽（万羽）		羊（万只）	家兔（万只）		貂（只）
	合计	牛	驴	骡	马	饲养量	存栏	出栏	母猪	合计	蛋鸡	存栏	合计	长毛兔	
2001	50014	48065	253	1433	263	27.80	12.30	15.50	1.15	211.70	192.70	2.85	88.50	50.00	32200
2002	51116	49167	253	1433	263	30.40	13.30	17.10	1.27	238.20	219.30	3.18	105.00	51.20	49600
2003	44516	42567	253	1433	263	34.70	14.70	20.00	1.43	260.30	239.00	3.60	105.00	53.30	80600
2004	41850	39901	253	1433	263	37.30	15.40	21.90	1.51	288.90	268.30	3.74	94.40	51.40	11200
2005	42198	40184	256	1486	272	39.60	15.90	23.70	1.58	314.30	293.70	3.90	92.50	51.90	199000
2006	40800	38751	262	1512	275	46.30	18.60	27.70	1.85	371.50	347.30	4.57	108.80	87.80	234000
2007	30046	28534	132	1218	162	46.30	18.60	27.70	1.97	367.60	347.20	4.55	108.90	87.90	269000
2008	25928	24931	150	692	155	58.54	25.91	32.63	2.98	372.60	358.90	2.86	112.60	86.00	287000
2009	25322	24794	148	231	149	55.70	22.80	32.90	2.79	368.90	354.40	3.69	129.20	76.50	300000
2010	25782	25367	140	150	125	63.10	24.50	38.60	2.94	357.60	343.10	3.72	138.70	122.00	320000

说明：家禽合计中不含肉食鸡

1978—2010 年海阳市主要畜禽产量产值情况表

表 5-6-2

年份	肉类（吨）						奶类（吨）			禽蛋（吨）	兔毛（吨）	羊毛（吨）	貂皮（万张）	产值（亿元）
	合计	猪肉	牛肉	羊肉	禽肉	兔肉	合计	牛奶	羊奶					
1978	10299	9980	59.00	10.00	242	8.00	60	34	26	3200	10.00	6.20	1.68	0.68
1979	10880	10560	51.00	12.00	251	6.00	167	100	67	2950	9.78	7.60	1.70	0.83
1980	13456	13120	54.00	14.00	260	8.00	351	200	151	3600	22.55	11.00	1.93	1.02
1981	14122	13760	56.00	16.00	280	9.50	545	205	340	3614	45.60	14.10	1.85	1.12
1982	14404	13920	154.00	18.00	298	14.00	910	160	750	3874	89.56	16.20	2.34	1.00
1983	12447	11840	252.00	21.00	318	16.00	1146	146	1000	5569	42.90	15.98	1.99	1.12
1984	15031	12880	632.00	78.40	1250	190.80	1940	155	1785	9160	51.80	10.20	1.65	1.48
1985	17942	15840	359.80	101.30	1565	75.60	2502	250	2252	10051	65.30	13.00	1.44	1.59
1986	17861	15936	200.00	90.00	1625	10.00	1770	205	1565	7132	51.60	5.00	1.34	1.36

续表 5-6-2

年份	肉类(吨)						奶类(吨)			禽蛋(吨)	兔毛(吨)	羊毛(吨)	貂皮(万张)	产值(亿元)
	合计	猪肉	牛肉	羊肉	禽肉	兔肉	合计	牛奶	羊奶					
1987	12433	11040	329.00	114.00	949	1.00	2187	251	1936	7345	49.00	6.00	1.93	1.08
1988	10749	9256	260.00	134.70	1091	7.20	2818	579	2239	8929	112.30	4.48	4.11	1.47
1989	13689	12080	311.00	320.00	977	1.00	4811	1277	3534	10295	197.60	2.60	3.10	0.61
1990	14442	12480	545.00	324.00	1092	1.00	5647	1386	4261	12438	203.50	2.00	0.20	1.77
1991	16270	13510	643.00	323.00	1793	1.00	6704	800	5904	14274	225.80	1.80	0.40	1.97
1992	16465	14075	789.00	410.00	1188	3.00	4200	728	3472	14192	251.20	1.60	0.31	2.14
1993	17500	15069	755.00	409.00	1225	42.00	4800	412	4388	17100	323.30	1.40	0.33	2.42
1994	18635	14369	1168.00	654.00	1867	577.00	6800	500	6300	21000	304.50	1.50	0.37	2.75
1995	20327	14778	1380.00	563.00	3366	240.00	9154	796	8358	20105	286.30	1.20	0.60	2.93
1996	21292	15077	1434.00	623.00	4051	107.00	8737	380	8357	24370	256.20	1.00	0.80	3.30
1997	22677	15150	1548.00	708.00	5037	234.00	9000	746	8254	22439	235.40	2.00	0.96	1.84
1998	22557	14453	2197.00	552.00	4923	432.00	10400	1400	9000	23259	224.20	4.00	1.20	2.32
1999	24640	15711	2065.00	523.00	5744	597.00	10500	1000	9500	24847	253.60	9.00	1.30	2.60
2000	24551	14419	2210.00	501.00	6775	646.00	11992	1981	10011	23603	254.00	10.00	1.19	3.40
2001	20776	15368	1824.00	376.00	2668	540.00	13000	4183	8817	25986	249.00	12.00	3.30	4.10
2002	21844	15600	1458.00	463.00	3781	542.00	14962	6462	8500	24000	250.00	12.00	3.97	4.00
2003	26101	17650	1649.00	512.00	5678	612.00	14114	8693	5421	25000	251.00	12.00	25.40	3.19
2004	25488	17092	1719.00	534.00	6094	48.70	14200	11725	2475	35075	250.00	12.80	46.30	5.40
2005	28168	17888	1807.00	533.00	7889	50.90	14238	11900	2338	36550	252.00	14.00	55.60	6.60
2006	31382	20731	2114.00	623.00	7853	59.50	17780	13923	3857	34122	437.00	14.10	99.70	7.40
2007	29255	18215	2046.00	456.00	8483	55.00	17781	13933	3848	34523	437.00	14.20	118.40	8.00
2008	34766	24010	746.00	294.00	9692	24.40	18137	16833	1304	35022	431.00	13.00	136.80	9.20
2009	36689	24097	1846.00	589.80	10132	23.80	18757	17749	1008	37693	390.00	17.00	152.30	9.40
2010	42864	29037	1969.00	581.00	11268	8.50	19124	17814	1310	37516	600.00	17.00	170.00	10.20

说明：禽肉产量中不含肉食鸡

第四节 畜禽防疫

防疫措施 防治畜禽疫病，主要采取注射疫苗免疫接种、对畜禽及产品检疫、对病死畜禽及产品无害化处理与消毒等措施。1980年前，依照有关部门联合下发的规章和检疫标准检疫。1985年2月，国务院颁布《家畜家禽防疫条例》。1998年1月，《中华人民共和国动物防疫法》施行，严格依照法律法规实行临床检疫和实验室检验。

1978—2010年海阳市生猪和蛋鸡主要疫病防疫情况表

表5-6-3

年份	生猪存栏（万头）	免疫猪瘟		免疫猪丹毒		蛋鸡存栏（万羽）	免疫鸡新城疫	
		数量（万头）	密度（%）	数量（万头）	密度（%）		数量（万羽）	密度（%）
1978	27.10	24.88	91.80	23.10	85.10	53.00	46.10	87.00
1979	30.30	27.70	91.50	27.70	91.50	54.10	43.20	79.80
1980	30.40	27.30	89.80	27.20	89.60	62.00	46.30	74.60
1981	24.50	22.00	92.90	21.60	88.30	65.00	57.50	92.90
1982	18.40	18.10	97.31	18.00	96.80	75.90	70.90	93.40
1983	17.50	17.20	98.00	17.20	98.00	93.10	78.30	84.10
1984	23.00	22.60	98.10	22.60	98.10	152.30	140.30	92.10
1985	23.20	21.60	93.00	21.50	93.00	162.00	147.00	90.70
1986	14.95	14.50	97.00	14.50	97.00	97.60	86.90	89.00
1987	10.09	9.38	92.96	9.38	92.96	107.00	94.70	88.50
1988	12.81	12.60	98.36	12.60	98.36	123.00	111.00	90.00
1989	13.10	12.90	98.50	12.90	98.50	121.00	107.00	88.40
1990	13.30	13.00	98.00	13.00	98.00	120.00	108.00	90.30
1991	14.32	14.00	97.80	14.00	97.80	127.90	115.60	90.40
1992	13.80	12.40	90.00	12.40	90.00	130.00	118.30	91.00
1993	12.50	11.40	91.00	11.40	91.00	148.00	135.00	91.00
1994	12.00	10.60	88.00	10.60	88.00	140.00	127.00	90.50
1995	13.00	12.40	95.00	12.40	95.00	160.00	146.00	91.00
1996	12.10	11.80	98.00	11.80	98.00	190.00	183.00	96.50
1997	12.20	11.50	94.10	11.50	94.10	163.00	156.00	95.00
1998	9.20	8.85	96.20	8.85	96.20	177.00	169.00	95.50
1999	9.90	9.70	98.00	9.70	98.00	179.00	172.00	96.20
2000	10.50	10.40	98.70	10.40	98.70	180.00	174.00	97.00
2001	12.30	11.80	96.00	11.80	96.00	193.00	188.00	97.50
2002	13.30	12.90	97.00	12.90	97.00	219.00	214.00	97.40
2003	14.70	14.40	98.00	14.40	98.00	239.00	234.00	97.80
2004	15.40	14.90	97.00	14.90	97.00	268.00	263.00	98.00
2005	15.90	15.50	97.50	15.50	97.50	294.00	294.00	100.00

续表 5-6-3

年　份	生猪存栏（万头）	免疫猪瘟		免疫猪丹毒		蛋鸡存栏（万羽）	免疫鸡新城疫	
		数量（万头）	密度（%）	数量（万头）	密度（%）		数量（万羽）	密度（%）
2006	18.60	17.80	95.70	17.80	98.30	347.00	347.00	100.00
2007	18.60	18.16	97.60	18.20	99.80	347.00	347.00	100.00
2008	25.91	25.85	99.80	25.90	99.80	359.00	359.00	100.00
2009	22.80	22.80	100.00	22.80	100.00	354.00	354.00	100.00
2010	24.50	24.50	100.00	24.50	100.00	343.00	343.00	100.00

主要疫病防控　炭疽病　1984年，发生1例，为1970年后全县第1例，发生在县商业局所属禽畜场，1头育肥猪患病。此后，全县每年引进炭疽芽孢菌苗，进行预防注射，1989年该病全部消灭。

破伤风　1970年后，全县牲畜破伤风病逐渐减少。2000年后，基本绝迹。

狂犬病　1980—1990年，海阳时有发生，全县年均免疫注射家犬3万只左右。1980年，行村公社榆林大队1只发病犬，咬伤3人，被咬人因抢救及时脱险。1988年，发城镇西夏屋庄、行村镇北岛村2只发病犬，各咬伤1人，被咬人因抢救不及时死亡。1989年，南城阳乡岱格庄1头牛被病犬咬伤致死；徐家店镇燕翅山村、韩家窑村各有1人被病犬咬伤致死；凤城镇高家庄1头牛、3个人被病犬咬伤，因抢救及时脱险；山西头乡姜家村1头牛被病犬咬伤致死。1990年后，狂犬病发生率较低，凡狂犬一律扑杀，对被咬者均注射“狂犬病免疫血清”治疗。

2008年7月19日，全省动物卫生检疫监管工作会议在海阳市召开

口蹄疫　1978年，海阳出现发病牛6头，病猪43头；1979年，朱吴公社乐畎大队、郭城公社东楼子大队176头猪患口蹄疫，死亡46头；1980年，留格庄公社周格庄大队、取水崖公社矮槐树大队7头猪患疑似口蹄疫；以上均系外来传入所致。1982—1983年，烟台地区5号病流行，由于防控措施有力，海阳和文登2县无疫情；1999—2000年，朱吴、发城、高家、北埠后4处乡（镇）发现疑似5号病牛65头，死亡15头；均为输入动物引起。对该病防治，除扑杀、焚烧病畜外，还对疫区实行隔离、消毒、注射免疫疫苗等措施。

家畜布氏杆菌病　1980年前，全县有3名畜牧兽医职工染病，终身未愈。1980年后，无发病。通过对易感动物注射疫苗可预防。该病基本得到控制。

马鼻疽马流感马腺疫　1973年，全县马属动物暴发过一次马流感，经兽医部门救治，无死亡。1980年后，全县无3种疫病发生。

马传染性贫血　1973年，东村公社榆林涧村从河南商丘引进马、骡12匹，其中4匹马患病。1981年，徐家店供销社从山西省灵丘县购入骡2匹，均患病。对病畜均采取隔离检疫、药物扑杀后深埋、场地消毒等措施，及时切断病源。1983年后，全县未发生该病。

牛流行热　1978年前，全县有2次大流行。1983年，再次流行，发病牛1.02万头，死亡21头，发病率占存养量58.9%。1991年，全县又流行，发病率下降，占存养量21.8%。1992—2010

年，无发病。对该病以解热镇痛药防治或用柴胡汤加抗风湿类药防治，防止继发感染则用抗菌素类、磺胺类药。

猪瘟　1978—1980年，全县发病1.32万头，死亡1.13万头。1989年，发病478头。发病的主要原因是未程序化免疫。

猪丹毒　1977年起，全县推行猪瘟、猪丹毒二联苗的防疫注射，该病逐渐减少。1996年后，基本消灭。

猪肺疫　1982年前，设施简单、卫生条件差，该病持续不断。经多年防疫、治疗、消毒，1983年后逐渐减少。2000年后，基本消灭。

猪气喘病　1975—1980年，县内发病较多，1977年发病3.75万头，占饲养量10.41%。通过综合预防治疗，1985年得到控制，仅发病220头。1986后，无发病。

猪水肿病　县内发病于60年代末，1970—1985年，达到高峰，治愈率40%左右。随着疫苗注射和服药预防，发病数量减少。2010年，零星发生。

鸡新城疫　1981年秋，在大阎家公社试点注射鸡新城疫疫苗，免疫密度95%，高于此期平均密度55%。试点成功后，全市免疫平均密度93%。1990年起，随着规模养鸡场的兴起，养殖户注重免疫，该病发生率较低。2000—2010年，采取饮水免疫结合油乳灭活疫苗免疫注射防治，效果良好。

禽霍乱病　1982年，县畜牧兽医站利用禽霍乱氢氧化铝甲醛菌苗，在东村镇黑石埠河村免疫注射试点，使该病得到控制。此后，全县普及疫苗注射，发病极少。

鸡马立克氏病　1987年，引进肉食鸡苗首次引发。1988—1995年，发病达到高峰。通过注射马立克疫苗预防，效果很好，推广至所有养鸡场，在雏鸡出壳第一天就进行皮下注射。2001年，基本消灭。

鸡传染性法氏囊病　1991年，县内引进蛋种鸡时发生。1991—1996年，发病数和死亡数达到高峰。1994年后，国产、进口鸡传染性法氏囊疫苗（或油剂苗）出现，用于饮水或肌肉注射，后普遍采用鸡法氏囊血清或卵黄抗体注射。2000年后，少有发生。

鸡白痢病　1990年前，县内死亡雏鸡大部分属鸡白痢，每年5万只左右。1995年后，对鸡场、种蛋、孵化器及用具进行彻底消毒，饲料中也添加土霉素、磺胺类药物预防，有效地控制鸡白痢病的发生。

高致病性禽流感　2004年传入海阳，局部出现小面积疫情，很快被扑灭，后再未发生疫情。

兔病毒性出血症　1995—1998年，县内发病数明显增加，其中1997年发病3万余只。主要措施是深埋死兔、兔舍消毒、普遍注射兔瘟疫苗等。到1999年，得到控制。2001年，基本消灭。

牛猝死症　1997—2000年，全市共发病30余头，分布在东村镇榆林涧村和山后村、二十里店镇埠峰村和沙子埠村、小纪镇中山夼村和董格庄，病牛全部死亡。对该病的预防，主要试用疫苗注射，有一定效果，但在药物治疗上始终无突破。2000年后，该病基本无发生。

奶牛传染性结膜炎　2001年，由留格庄镇九芳圆奶牛场从外地购牛时带入，经及时处理，未传染扩散。

羊传染性脓疱性皮炎　也称羊口疮。1996年，发生于二十里店镇、小纪镇、东村镇等地，传染源不明，死亡率不高，但传染性很强。

畜禽寄生虫病　1982年抽查，全县主要畜禽寄生虫病有77个种属，体外寄生虫8种。其中，危害较严重的有猪囊虫、牛梨形虫、球虫、牛（羊）肝片吸虫、猪肺丝虫、蛔虫、疥螨等。猪囊虫病，俗称“米粒猪肉”，1989年发现，后基本消灭。牛梨形虫病，也称牛焦虫病。1986—1990年发病率高，死亡率60%以上。1988—1996年，岚前坡村、梨园后村及西八里庄呈暴发性流行。1996年后，零星发生，发病率和死亡率下降。球虫病，是兔、鸡、猪、牛等10余种畜禽的共患病，对兔、鸡的危害尤其重，1985—1990年，全县兔发病死亡多，主因是治疗的药物少。1990年后，随着各种新药物出现，发病很少。鸡球虫病，多发于1985年后的规模养鸡场，经防治后逐年减少。牛、羊肝片吸虫病，县内高峰期在1985年前，1990年后很少发生。猪肺丝虫病，1965—1985年，县内发病较多，此后较少。

1978—2010 年海阳市已消灭或控制的畜禽疫病情况表

表 5-6-4

疫病名称	始发时间	消灭或控制时间
牛结核病	1986 年	1996 年
牛布氏杆菌病	1965 年	1996 年
牛狂犬病	中华人民共和国成立前	1990 年
牛流感	1966 年	1992 年
牛焦虫病	中华人民共和国成立前	1996 年
牛放线菌病	1958 年	1986 年
牛蓝舌病	1986 年	1990 年
牛猝死病	1997 年	2001 年
猪炭疽病	1967 年	1989 年
猪破伤风病	1964 年	2000 年
猪 瘟	中华人民共和国成立前	2006 年
猪丹毒	中华人民共和国成立前	1996 年
猪传染性水疱病	1975 年	1981 年
猪传染性胃肠炎	1974 年	2003 年
猪链球菌病	1988 年	2000 年
猪流行性感冒	1978 年	1993 年
猪肺疫病	中华人民共和国成立前	2001 年
仔猪水肿病	60 年代末	2001 年
猪气喘病	1956 年	1991 年
仔猪白痢病	中华人民共和国成立初	1996 年
马属动物破伤风	1964 年	1986 年
马传染性贫血	1973 年	1983 年
马腺疫	1955 年	1978 年
鸡新城疫	中华人民共和国成立前	2002 年
禽霍乱	中华人民共和国成立前	2001 年
鸡马立克氏病	1988 年	2001 年
鸡白痢病	60 年代初	2005 年
鸡传染性支气管炎	1991 年	2000 年
鸡传染性喉气管炎	1992 年	2002 年
鸡大肠杆菌病	1986 年	2002 年
鸡法氏囊病	1991 年	2001 年
兔 瘟	1985 年	2002 年
兔巴氏杆菌病	1980 年	2000 年
犬瘟热	1982 年	1994 年
犬细小病毒病	1980 年	2006 年
狂犬病	中华人民共和国成立前	1991 年

防控设施项目建设 三大动物疫病防控项目建设 1999—2010年，海阳先后承担并完成无规定动物疫病区示范区、基层动物防疫体系、基层动物防疫冷链三大项目建设，海阳动物疫病预防、检疫、检测、治疗、监督技术水平、组织能力、器械设施、方法手段等均达到先进水平。

无规定动物疫病区示范区项目建设 1999年，海阳被国家批准为无规定动物疫病区扩建项目县（市）；2000年，被确定为无规定动物疫病区续建项目实施县（市）；2001年12月，被确定为胶东半岛无规定动物疫病区示范区项目建设县（市）。2000—2002年，山东省和海阳市共同投资162万元，用于国家无规定动物疫病区示范区项目的基础设施设备建设。2002年年底，区域内动物疫病防治、检疫、监督、疫病监测的手段和水平均达标，建成无口蹄疫、鸡新城疫、猪瘟、禽流感的无疫区，动物病死率普遍下降，大牲畜、猪、家禽分别下降到1%、3.8%、9%以内。初步建成比较完善的动物疫病测报、预防、监督监管、扑灭等四大屏障体系。

基层动物防疫体系建设项目 基层动物检疫监督基础设施建设项目。总投资80万元，其中农业部拨款32万元、地方配套资金48万元，全部用于购置仪器设备。2004年始建，2005年年底完成，购置安装仪器设备227台（套），2006年7月通过验收。建设的区域包括县和乡两级。县级包括市动物疫病预防与控制中心和市动物卫生监督所；乡级包括东村、留格庄、小纪、辛安、发城、徐家店6处动物防疫监督分所。主要是购置仪器设备，充实县、乡两级动物疫病监测和动物防疫监督部门力量，增强服务手段；购置的227台（套）仪器设施，投放到县级53台（套）、乡级174台（套）。

镇（街道）畜牧兽医站基础设施项目建设。共2期，总投资78万元，其中农业部拨款35.4万元，地方配套资金42.6万元；第一期（2007—2008年），在郭城、发城、朱吴、小纪、行村、大阎家6处镇畜牧兽医站实施；第二期（2009—2010年），在朱吴、二十里店、盘石店、凤城等7处镇（街道）畜牧兽医站实施；购置仪器设备637台（套）。

县级动物防疫基础设施项目续建。总投资60万元，其中，农业部拨款24万元，地方配套资金36万元；2009年6月始建，2010年通过验收。建设的主要单位是市动物疫病预防与控制中心和市动物卫生监督所；投资用于购置小型冷藏运输车等设备90台（套）。

基层动物防疫冷链项目建设。2010年，海阳被省政府确定为动物防疫冷链建设项目单位，总投资34.5万元。海阳项目建设重点放在支持镇、村两级疫苗储存和运输环节。每镇补助2.5万元，支持配备300升低温冰柜1台、200升恒温冰箱1台、带冷藏箱的摩托车2辆；每村补助5000元，支持配备200升低温冰柜1台、120升普通恒温冰箱1台。2010年，根据分配的限额和畜牧业重点镇、养殖专业村条件，全市公开选择11个镇（区、街道）和14个养殖专业村实施项目建设。

第五节 畜牧兽医服务体系

体系建设 县级 1980年，县政府将县委党校西0.92公顷土地划拨给县畜牧兽医站用于新址建设。同年，职工25人。其中，大、中专毕业生18人。1988年，将门诊、配种业务下放至东村畜牧兽医站，在海河路建设1170平方米办公楼，与活牛出口生产技术服务中心合署，党校西站址改为万只规模的蛋鸡种鸡场。1988—1989年，先后增设海阳县黄牛育肥场和海阳县畜牧试验场，收购、育肥对日本出口肉牛。1994年，增设县兽医卫生监督检验所。2008年，增设市动物疫病预防与控制中心。2010年，增设市畜牧兽医综合执

2010年，海阳市畜牧兽医局

法大队。

乡级　1980年，全县23名公社畜牧兽医站老职工退休，20名子女顶替上岗，分配科技人员9名、回乡知青16名。1984年，公社畜牧兽医站改称乡（镇）畜牧兽医站，总数23处。1985年，各乡（镇）站76名临时工转为合同工，缴纳劳动保险。1994年，为全民事业单位，编制170人，实行自负盈亏。1997年，将站内89名职工转为聘任制干部。2006年，改自负盈亏为财政差额拨款。

村级　1980年后，村级防疫员750人左右，村均1人。1984年、1996年，市政府分别制定《关于加强村级畜牧兽医服务组织建设的意见》，对村级畜牧兽医技术人员的任职条件、工作任务及报酬等作出规定。1999年，全市所有村级动物防疫员参加烟台市畜牧局统一组织的村级动物防疫员考试，获村级动物防疫员资格证。2009年起，村级动物防疫员每年获国家补贴600元。

体系服务　检疫　县内自1963年起，对市场牲畜进行检疫，并推行“免疫证”制度。对畜禽及其产品进行产地、市场、运输、屠宰等环节检疫检验。2000年前，逃检、拒检、不报检时有发生。2000年后，检疫以产地为主，在出售前报检完毕。

治疗　70年代后，县畜牧兽医站探索总结的长竹板顺肢型固定法治疗大牲畜骨折、接筋散治疗大牲畜四肢筋腱断裂、幼驹溶血病均取得较好效果，并大力推广。县畜牧兽医站验证总结治疗仔猪白痢病等13种疾病的有效疗法，编印《畜牧兽医通讯》17期，下发到公社畜牧兽医站，广泛应用。1975年，行村公社老兽医用软烧疗法治疗家畜腰肢病，经兰州兽医研究所等单位验证，治愈率80%以上，在县内外快速推广。1978年，该疗法获烟台地区科技成果奖。80年代初，县内大牲畜因集体饲养、设施简单、管理粗放、使役过度等原因，消化和呼吸道疾病、外伤和眼病发病率较高。中、小畜禽则以消化、呼吸道疾病和中毒性疾病较多。县畜牧兽医站门诊年均诊疗大牲畜5000头次以上，公社畜牧兽医站门诊年均诊疗大、中牲畜3000头次以上。乡级服务体系承担公猪的阉割任务。80年代后，大牲畜门诊治疗量减少，中、小畜禽疾病主要由乡村兽医技术人员到村到户诊疗。

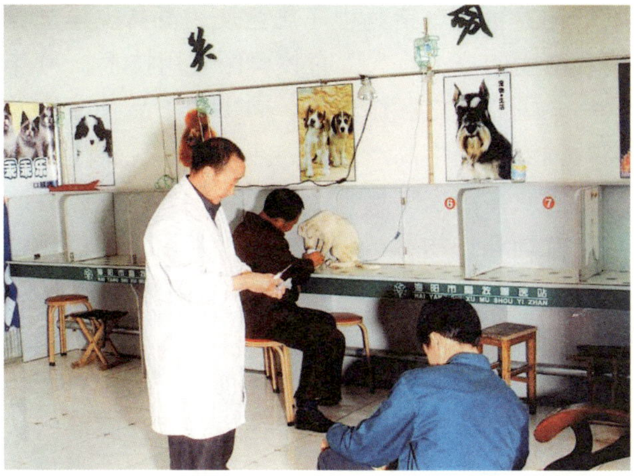

2009年，市畜牧兽医站宠物医院技术人员为宠物诊治疾病

技术推广　1982年前，全县通过举办培训班、召开现场会等方式进行技术推广。1983年后，除举办培训班外，还通过广播、电视讲座、市集宣讲、发放明白纸、走村串户讲解等方式推广新技术，推广重点为牛羊育肥、规模养鸡配套、配合饲料喂畜禽、青贮氨化、瘦肉猪生产配套、

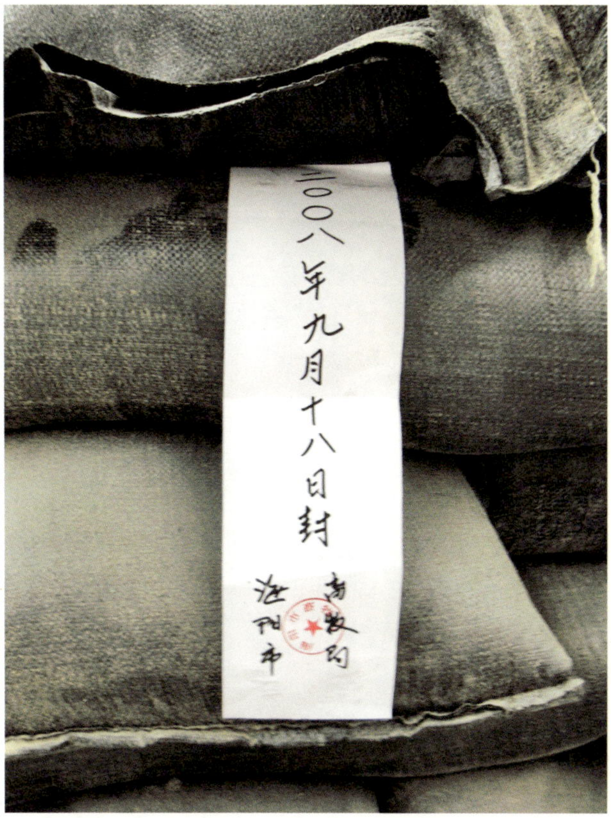

2008年9月18日，市畜牧局查封的三聚氰胺

暖圈饲养畜禽、猪鸡程序化免疫、畜禽规模饲养综合卫生防疫“八大”畜牧兽医实用技术。90年代后，主要推广胚胎移植、肉牛肉羊品种改良及高效饲养、奶牛高产饲养、瘦肉型杂优猪生产配套、优质高产家禽培育及规模化饲养、优质高产牧草及饲料作物种植与秸秆科学利用、全价颗粒饲料生产应用、重大动物疫病综合防治等“十大”畜牧兽医实用技术。

兽药和疫苗供应　1980年前，兽药由各级药材公司代供。1980年后，兽药由各级兽医部门从厂家直接进货。1995年后，供应放开，有少量个体供应。

监督管理　1985年，全县开始依法治牧。1999年后，加强畜牧兽医服务体系基础设施建设，健全市、镇、村三级动物疫病预防控制、检疫监督、畜产品安全等系统，建立和完善动物疫病预防和控制、动物检疫监督、动物防疫网络化管理、畜产品质量安全监控、动物防疫物资保障等五大系统，实现市、镇、村三级动物防疫及畜产品安全信息网络化管理，重大动物疫情得到稳定控制，主要人畜共患病得到有效控制，畜产品安全控制水平提高，有毒有害残留得到根本控制。

第六编

林果业

中共十一届三中全会后，海阳不断调整林业结构，大力开展植树造林和森林保护工作，严厉打击乱砍滥伐和非法占用林地行为。海阳市先后获山东省政府林业生产先进县、提前达到省"八五"造林绿化标准先进单位、全国沿海防护林体系建设先进单位等称号。2010 年，全年造林 2952 公顷，其中防护林 2187 公顷、经济林 765 公顷。全市森林覆盖率 23.5%，城区建成区绿化覆盖率 41.03%；高标准完成千里绿色长廊工程，63 个村获山东省、烟台市绿化示范村（模范村）称号。

果业是海阳传统优势产业。海阳是远近闻名的樱桃之乡。郭城镇被林业部确定为国家万亩干果基地镇。王家山后村"皇家"牌红富士苹果连续 3 年在全国评比中夺冠。海阳甜柿创海阳首个山东区域公共品牌，被誉为果中珍品。2010 年，全市果业种植面积 1.02 万公顷，产量 30.72 万吨。

海阳桑蚕养殖历史悠久。丝绸曾远销日本、韩国、俄罗斯等国，并代表山东丝绸参加芝加哥世界博览会。1978 年，海阳有桑园 446.53 公顷。1988 年，县委、县政府提出"奋战三五年，誓夺山东蚕茧产量第一县"目标，并实行一系列鼓励发展政策。至 1992 年，全县桑园面积 1566.67 公顷，为历史最高。1994 年，桑茧产量 143 万千克。1995 年，海阳被评为全国蚕茧工作先进单位。此后，桑蚕业逐渐萎缩，群众生产积极性下降。2010 年，全市桑园 498 公顷，茧产量 60.21 万千克。

海阳茶叶种植是新兴产业。60 年代，海阳"南茶北引"种植茶树，未获成功。2002 年起，又开始引进种植茶树，经过不断技术攻关，获得成功，是国内茶树无性栽植比例最高的地区。2010 年，全市茶树种植面积约 300 公顷，年加工成品茶叶 10 万余千克。

第一章　机　构

第一节　管理机构

海阳市林业局　1976 年 3 月，县林业局重设。1978 年 5 月，成立县林业科学研究所。1981 年 9 月，成立县森林保护站。1984 年 6 月，成立县林木种苗站。1985 年，成立县干果技术推广站和林业工作站。1986 年，成立县植物检疫站。1993 年 11 月，县林业局改称县林业开发服务总公司。1995 年 7 月，复称县林业局。1996 年 5 月，改称海阳市林业局。2010 年，内设办公室、资源和林政科、绿化委员会办公室；辖林业工作站、林业科学研究所、森林保护站、林木种苗站、干果技术推广站、森林植物检疫站、国有海阳苗圃和古现苗圃。

海阳市果业发展中心　原为蚕果技术推广站，隶属县林业局。1982 年 3 月，与蚕业分设，成立果业技术推广站。1992 年 1 月，成立县果品生产管理总站，果业技术推广站划归管理。1992 年 9 月，县果品生产管理总站与供销社所属果品公司合并，组建县果品集团公司；内设生产科、果业技术服务公司；辖东村、徐家店、二十里店 3 个果品分公司和 23 处乡（镇）果业技术服务站。1994 年 10 月，撤销县果品集团公司，成立县果品总公司，原集团公司内设的生产科和果业技术服务公司合并组建县果树技术推广站。2001 年 12 月，撤销县果品总公司，所辖果树技术推广站划归市林业局，所辖果品公司改制。2006 年 1 月，成立市果业局，辖果业技术推广站。2010 年 3 月，市果业局改称市果业发展中心，编制 5 人；内设办公室、业务科；辖果业技术推广站，编制 8 人。

海阳市招虎山省级自然保护区管理处　2003 年 1 月，海阳市招虎山森林公园管理局成立。2008 年 1 月，成立海阳市招虎山省级自然保护区管理处，为副处级；辖招虎山林场。

海阳市丝绸公司　1982 年 1 月，县丝绸公司成立，负责管理原由县农业局、纺织局、供销社等 7 个单位管理的植桑养蚕和茧丝绸业务，下设 12 处公社蚕业生产指导站。1985 年，县丝绸公司划归省丝绸公司，改称山东省海阳县丝绸公司，由烟台市丝绸公司管理。1988年1月，改制为全民企业。2008年，公司破产。

第二节　基层机构

招虎山林场　1949年3月成立。位于方圆街道东石兰沟村北，距城区10千米，面积536公顷。主要负责封山育林、留苗养树、护林防火工作。1982年，林场转为事业单位企业化管理。2008年1月，划归招虎山省级自然保护区管理处管理，市林业局负责行业指导。2009年7月，招虎山林场调整为全额拨款事业单位。

乡（镇）林业站　1976年4月，各公社林业站单设。1984年4月重划乡镇后，设乡（镇）林业站23处，职工44人。1990年12月，每个乡镇林业站人员编制2～4人，总计71人。2001年12月撤销，职能并入农业技术服务站。

乡（镇）果树站　1990年9月，东村、徐家店、郭城、二十里店、盘石店、发城、朱吴、山西头、泉水头、凤城、战场泊、留格庄12处乡（镇）始设果树站。1992年1月，划归县果品生产管理总站。7月，行村、小纪、大辛家、辛安、大阎家、大山所、赵疃、黄崖、北埠后、高家、南城阳11处乡（镇）始设果树站。2001年，14处镇（街道）均设站。同年，划归市林业局。2006年1月，划归市果业发展中心。

乡（镇）蚕业站　1982年，东村、留格庄、盘石店等12处公社成立蚕业站，每站2～6人。1993年，乡（镇）蚕业站增至20处。2005年，乡（镇）蚕业站被撤销。

第二章　林　业

第一节　草木种类

木本植物　70年代后，海阳从外地引进树木品种100余个，主要有水杉、日本落叶松、日本花柏、赤杨、杜仲、兰考桐、大官杨、泰青杨、健杨、欧美杨等。加上原有品种，全市木本植物68科、383种，其中落叶树306种、常绿树77种。乔木254种，灌木99种，藤本25种，竹类5种。城市园林绿化，常用植物161种，其中乔木91种、灌木56种、藤本9种、竹类5种。

海阳属低山丘陵区，主要分布有黑松、赤松、刺槐、栎类、落叶松等乔木林及麻栎丛、野杜鹃为主的灌木林，是土层浅薄的粗骨棕壤形成地带。低山丘陵带中下部，针叶林和阔叶林相间分布，乔木林以刺槐、赤松、黑松、麻栎及水果、干杂果为主；灌木则有荆条、紫穗槐、胡枝子等，是由粗骨棕壤、普通棕壤形成的过渡区。山前平原主要有阔叶乔木，如杨树、刺槐、泡桐、楸树、国槐等，是普通棕壤形成地带。沿海风沙土类地带以黑松、刺槐、杨树为主，灌木有紫穗槐、桑等。

公路绿化带以杨树为主，市内主要道路两侧建设10～15米宽的景观绿化带，主要景观树种有雪松、龙柏、蜀桧、五角枫、木槿、紫荆、紫薇、淡竹、香花槐、速生柳等。2000年，森林资源二类调查，全市林地面积5.73万公顷，其中松类（含赤松、黑松）1.8万公顷、落叶松类66.67公顷、栎类2533.33公顷、刺槐7000公顷、杨类2000公顷、干杂果3333.33公顷、其他树种1733.33公顷。

城市规划区内主要树种有赤松、黑松、枫杨、刺槐、泡桐、楸树、杨、柳、臭椿及板栗、柿树、山楂、银杏、苹果、梨、桃、杏、樱桃等。引进树种有日本落叶松、火炬松、水杉、柳杉、樟子松、刚松、晚松、斑克松、杉木、红松、白皮松、淡竹、刚竹、金丝柳、黄金槐、日本花柏和三倍体毛白杨等。分布于市内各公园、绿地、广场及主要街道和东村河两岸。

草本植物　海阳有草本植物120科、743种。其中苔藓类16科、18种，蕨类6科、12种，被子植物98科、713种。根据地形和海拔不同，草本植物分布不同。低山、丘陵地带主要分布有羊胡子草、地榆、中华卷柏、白杨草、管草、黄背草、野古草和蕨类等；山前平原地带分布有管草、蒿草、中华结缕草等；沿海地区主要分布野沙参、菖蒲、灰绿碱蓬、赤碱蓬、二色补血草等。主要种类有芦、苇、蓼、葛、结缕草、狗尾草、大油芒、黄背草、羊胡子草、萱草、白草等。

第二节　林地分布

海阳林业用地分布于山丘、沙滩、海滩、四旁隙地及退耕还林地。1984年，林业资源普查，全县林业用地（含果树、桑、柞）4.03万公顷，占总面积21.4%，其中有林地面积3.35万公顷，农田林网、间作及四旁树木折实有林地面积3860公顷，林木覆盖总面积3.73万公顷，覆盖率19.8%。按林种分，用材林6073.33公顷，占有林地面积18.2%；防护林1.22万公顷，占36.6%；薪炭林866.67公顷，占2.6%；经济林1.42万公顷，占42.6%。2010年，全市林地面积4.54万公顷，占土地总面积23.79%。在保持镇街界线，以地形地貌等地域分异状况，将全市林地布局划分为北部经济用材林区、中部生态旅游水源涵养经济林区、西部水土保持经济林区、南部沿海休闲度假防护林区4个区域。

云顶竹林

北部经济用材林区　位于境内北部，包括徐家店、郭城、发城3个镇和古现苗圃、南院蚕场。面积4.58万公顷，占全市土地面积24.30%；林地1.33万公顷，占全市林地面积29.17%。未成林造林地面积522.92公顷，占该区林地面积3.95%；公益林5879.02公顷，占全市公益林总数的19.2%；商品林7373.96公顷，占全市商品林总数的49.78%。

中部生态旅游水源涵养经济林区　位于境内中部山区，海拔较高，包括朱吴镇、盘石店镇、方圆街道、东村街道和招虎山林场、丛麻院蚕场。面积4.56万公顷，占全市土地面积24.18%。林地1.78万公顷，占全市林地面积39.22%。未成林造林地面积2554.27公顷，占该区林地面积14.33%；苗圃地46.42公顷，占该区林地面积0.26%；公益林1.44万公顷，占全市公益林总数的47.08%；商品林3402.69公顷，占全市商品林总数的22.97%。

西部水土保持经济林区　位于西南部，包括二十里店、辛安、行村、小纪4镇。面积5.82万公顷，占全市土地总面积30.85%；林地面积7951.65公顷，占全市林地面积17.5%。未成林造林地面积1545.95公顷，占该区林地面积19.44%；苗圃地179.85公顷，占该区林地面积的2.26%；宜林地7.57公顷，占该区林地面积0.1%；公益林5203.54公顷，占全市公益林总数的17.00%；商品林2748.11公顷，占全市商品林总数的18.55%。

南部沿海休闲度假防护林区　位于南部沿海地区，包括留格庄镇、大阎家镇、凤城街道和经济开发区、旅游度假区、碧城工业区。面积3.90万公顷，占全市土地面积20.67%；林地6405.87公顷，占全市林地面积14.10%；未成林造林地面积1711.37公顷、占该区林地面积26.72%，苗圃地87.76公顷，占该区林地面积1.37%。公益林5118.91公顷，占全市公益林总数的16.72%；商品林1286.96公顷，占全市商品林总数的8.69%。

第三节　植树造林

70年代，海阳开始利用丘陵地带中下部具有肥沃深厚土层的河滩、海滩地及退耕还林地等，营造用材林。主要树种有落叶松、黑松、刺槐、赤杨、杨树等。1978—1979年，海阳与省林业厅签订用材林基地合同266.67公顷，由省拨给种苗补助费并规定具体的树种和产值标准。凤城林场，徐家店榆山林场，盘石店的大庄、缪家，东村的里口、秋林头、大磊石，小纪的石马疃头、西寨头等大队参与承包。造林树种有落叶松、黑松、刺槐等。1982年，县委、县政府确定山区“以林为主，农林牧结合，多种经营，全面发展”方针，成立山区建设委员会，开始大规模山区林业建设。1983年，县政府作出《关于开展全民义务植树运动的规定》，掀起植树造林热潮，提倡山丘补种林、海岸防护林、公路两侧绿化、四旁（宅旁、村旁、路旁、水旁）植树多种形式。同年，适龄公民42万人，义务植树316.49万棵，人均7.5棵。1984年春，海阳开始营造公路绿化带。青石路东村镇境内、潍石路发城镇境内及郭城镇战场泊至古现公路段绿化带建成。11月，海阳县政府与林业部签订营造666.67公顷楸树丰产林合同。林业部、省林业厅拨给预借造林费，确定采伐期为25年，采伐后付还借款。合同由山西头乡承包，并按造林设计施工。后通过林业部检查验收，长势良好，达到合格标准。1985年，全县营造水源涵养林与水土保持林4933.33公顷、速生丰产林786.67公顷；完成公路、铁路绿化带198千米。1986年8月，开始实行义务植树责任制，一包三年，包活、包管理，期满检查验收，据完成任务优劣，给予奖罚。80年代，境内完成长33千米、面积1293.33公顷沿海防护林带，有效地控制风沙侵害，保持水土，沿海居民生产生活条件得到改善。1993年，全县造林6667公顷，获省造林工程先进县金杯奖。1995年，省政府授予海阳县提前达到省“八五”造林绿化标准先进单位称号。1997年3月，海阳市被林业部授予全国沿海防护林体系建设先进单位称号。1998年12月，盘石店镇大庄被林业部评为“全国造林绿化千佳村”。

1991年3月11日，青少年在西石兰沟村北山植树造林

21世纪初，市委、市政府实施以植树栽果为重点、以生态林与经济林并重的大绿化战略。按照“宜林则林，宜果则果，宜桑则桑”方针，主要开展山滩造林、经济林果开发、沿海防护林带工程、林业育苗、封山育林等。生态保护林以杨树、黑松、落叶松等为主，乔木、灌木、草本搭配；经济林以苹果、大枣、板栗、大樱桃等为主。城区重点对主要街道、城区进出口、公共绿地、公园、景点及居民小区进行绿化；乡村以村四周、村内四旁为重点进行绿化。公路绿化带主要

2010年，万亩楸树林

对威青、烟凤等6条公路两侧进行多层次、高标准绿化，并开展建设千里绿色长廊活动。实施大绿化战略5年，营造公路绿化带450千米，开发经济林1.33万公顷，完成山滩造林3333.33公顷。2008年3月，召开全市三年大造林工程动员会议，对造林工作进行全面部署，市政府与镇（区、街道）主要负责人签订大造林责任状。2008年年底，全市完成山滩造林面积998.33公顷，其中植苗造林486.13公顷，种子直播288.33公顷，丰产林224.53公顷。

2010年3月，市政府制定一系列意见，提出“以路带山，以山连村，山路相映，村村绿化”的绿化总体思路。全年造林2952公顷，其中防护林2187公顷、经济林765公顷，成材林400公顷，封山育林3367公顷，育苗172公顷。全市森林覆盖率23.5%，城区建成区绿化覆盖率41.03%，高标准完成“千里绿色长廊”工程。63个村获省、烟台市绿化模范村称号。

第四节　林木防护

护林法规　1978年3月，海阳县革命委员会发布《关于加强山林、树木保护管理的布告》，县、社、队三级成立绿化护林组织，严格封山护林，要求生产队实行牛羊圈养。1980年9月，规定每年4月1日至11月1日为封山育林期，并规定严格的奖惩条件。1982年3月，县公安局、人民检察院、人民法院、林业局联合发布《关于保护林木的通告》，规定造成林木破坏的界定及处罚。1984年9月，县第十届人大常委会第五次会议通过《海阳县关于保护林木、发展林业的通告》。11月，县政府制定《水土保持试行规定》，规定任何单位和个人不得私自在承包的林地、山峦内采伐和破坏林木，遏制承包后乱砍滥伐现象。1996年11月，市法院、检察院、公安局、林业局联合发布《关于封山护林的通告》。2009年10月，市政府印发《海阳市森林防火工作方案的通知》。通过制定相关法规，全市山林树木得到有效保护。

护林队伍　1976年，全县推广组织“五老”（老残废军人、老烈属、老退休干部职工、农村

2010年，护林防火演练

老干部、老贫下中农）护林队伍。1980年，全县“五老”护林队伍发展到260个，护林队员1500余人。当年9月，全县召开“五老”护林队员代表会议，与会310人，平均年龄70岁。会议表彰31个先进“五老”护林队，29名先进护林员。1982年，县林业局始设专职护林员，同时为东村、徐家店、凤城、盘石店4处公社林业站各配备1名专职护林员。1984年，县林业局设林政股，负责调查处理破坏林木案件和森林防火工作。1988年，设林政公安科；11月，设招虎山林区派出所。1990年，成立县护林防火办公室，负责全县森林防火工作。1995年3月，撤销林政公安科和招虎山林区派出所，设海阳县公安局林业公安科。2002年8月，全市设专职护林员246人，后增加到501人。设置14个重点防火区，每个防火区配备20名护林员，在防火重点时期集中食宿，统一管理。2006年12月，海阳市被省政府森林防火指挥部授予森林防火工作先进单位称号。2007年，全市有专业防火员345人，配备风力灭火机230余台。2009年1月，成立50人的市级森林消防专业队，编为朱吴、盘石店2个中队，各25人，分别驻扎在朱吴镇朱吴村、盘石店镇虎山村；7月，市公安局林业公安科改称市森林公安局（市公安局森林警察大队），实行林业和公安部门双重领导体制，列入同级公安机构序列。2010年，购置背负式风力灭火机200台、消防服360套、防火巡逻车3辆，配备GPS定位手机200部。

设立保护区　招虎山省级自然保护区　2006年12月建立。位于城区东北10千米处，主峰海

拔549米，辖区面积536公顷，包括裸岩面积143公顷、林业用地383公顷、其他用地10.7公顷。乔木树种有赤松、黑松、刺槐、麻栎、杨柳、板栗、苹果等；灌木有胡枝子、映山红、郁李、山枣、棉槐等；天然木本植物200余种，草本植物400余种；药材类141种，其中草本120种、木本21种；国家一级保护植物14种。野生兽禽类180余种，其中省级重点保护动物7种；鸟类143种，其中金雕、中华秋沙鸭属国家一级保护鸟类；国家二级保护鸟类20余种，省级重点保护鸟类20余种。

沿海防护林省级自然保护区　（参见第四编第四章第四节“生态环境保护”）。

第五节　花卉苗木

1978年后，全县养花者日渐增多。先是干部、工人、城镇居民，后逐渐发展到农村。机关、学校、厂矿、医院、部队营房，多建起花坛，城镇绿化档次逐步提高。1982年，机关、企事业单位追求时尚者，开始莳养君子兰，多从东北三省购入。品种主要是大花君子兰、垂笑君子兰。大花君子兰主要有胜利、油匠、和尚头等，后又发展到花脸、短叶、腊膜等高档品种。1985年后，开始向茶花、杜鹃等发展。同年，全县有养花专业户50多家、花卉生产单位10余个，草本花卉发展到105科、350余个品种，木本花卉发展到95科、270余个品种。但全县花卉仍以国有苗圃、林场为主，个人培育规模小、品种少，未形成市场。家庭养植以个人爱好为主，少有市场交易。1990年后，花卉生产经营户增加，全县一些较大的集市出现花卉交易摊贩，不少爱花家庭开始购买花卉。一些讲究品位者，开始莳养兰花，人数虽少，但春兰、蕙兰、剑兰、墨兰均有，且有不少追求高档者，始向叶艺、素心发展。茶花莳养，从国内品种发展到国外品种，主要从美国、日本、新西兰引进。县内莳养品种主要有白天鹅、赛牡丹、女皇、毛缘大黑红、香太阳等数十个品种。桂花莳养发展较快、档次较高，主要品种为金桂、丹桂、银桂、四季桂等。丹桂主要有朱砂桂、状元红。四季桂主要为日香桂、月桂、檀香桂、佛顶珠、天香台阁等。梅花莳养讲究老拙，业内人士有“少牡丹、老梅兰”之说，后渐向梅桩盆景发展。1995年，花卉从自育自繁自销逐步变成从全国各地进货批发零售，但仍难以满足花卉市场需求。90年代后期，兴起节日送花，郁金香、康乃馨等花卉热销。企业开业也用鲜花渲染气氛，花店应运而生，并带动插花业。2000年后，全市花卉产业稳步发展，生产格局基本形成，市场初具规模，大量社会资本进入花卉行业，由从全国各地进货批发零售，转变为自己种植、向外批发销售经营模式。花卉品种由原来几百个发展到近千个。2010年，全市有较大的花卉市场5处、花卉企业21家、花店20多家；花卉种植户82户，种植面积41公顷，花卉保护地栽培6公顷；年产量110万株（盆），年产值2800万元，销售额1200万元以上。

桃源花卉

繁殖栽培　花卉繁殖多采用种子、分生、压条、扦插、嫁接等方法。种子繁殖包括自然种繁殖和利用人工授粉获得杂交种子进行新品种培育；分生繁殖也叫分株法、分球法，多用于宿根花木及灌木；压条法又名堆土压条法、交压法两种，为促使压条生根，还施以刻痕、去皮、缢缚、扭枝等法；扦插繁殖有枝插、叶插、根插等方法；嫁接法有劈、切、靠、根、平接等法。栽培方式主要有庭院栽培和盆栽两种，企业单位多以花坛为主。庭院、花坛栽培，应翻土，多施厩肥、堆肥、骨粉、豆粕等有机肥料，通过摘心、抹芽、去蕾、修枝、折枝、捻梢、曲枝等方法进行造型，依干湿度喷水或灌水。盆栽花卉，多取疏松、肥沃、透气性好的砂土，或用园土、细沙、厩肥、草类腐殖物配制盆土。

花木品种 草本花卉中，菊花类有独本菊、多花菊、大立菊、塔菊、悬崖菊5类数百个品种；兰花有蕙兰、春兰等品种。还有剑兰、吊兰、文殊兰、虎皮兰、石兰、水仙、石竹、秋萝、睡莲、虞美人、老来少、鸡冠花、百日红、紫罗兰、凤仙、芍药、百合、郁金香、文竹、万年青、美人蕉、仙客来、君子兰、马蹄莲、仙人掌、令箭荷花、芦荟、落地生根等200余个花种。木本花卉品种中，牡丹10余个、梅花近十个、月季花15个、山茶花60余个、杜鹃100余个、海棠（木本）7个、桃10余个、茉莉花3个等，另有木槿、柏类等花木品种。

育苗基地选介 海阳市小龙山苗木花卉基地位于大阎家镇，始建于2004年。2010年育苗面积110公顷，除培育大规格、标准化的常规乡土苗木外，针对市场短缺树种进行规模化培育驯化，引进容器袋生产线进行容器苗生产，克服异地引进树种成活率低的弱点。对七叶树、五角枫的天牛防治取得成功经验。培育绿化苗木花卉70余个品种。被授予省级苗木示范基地、省林业龙头企业和年度省林木种苗模范企业等称号。

2010年，小龙山苗木花卉基地

海阳市禾利苗木种植专业合作社 位于大阎家镇大沽头村，2010年10月成立。基地种植面积约200公顷，有楸树、榉树、栾树、国槐、荆树、朴树、白蜡、鸡爪槭、红叶石楠、雪松、大叶女贞、法桐、玉兰、樱花等近百种苗木。集苗木种植、培育、销售、观光为一体，通过合作社＋农户＋基地的发展方式，引导入社农户增收致富。先后获山东省龙头企业、山东省级示范合作社等称号。

2010年，禾利苗木花卉基地

第六节 病虫害防治

病虫害种类 1982年，调查发现全县林木虫害有5个目、71科、283种。危害较大的40种，主要有松毛虫、松干蚧壳虫、光肩星天牛、楸梢冥、金龟子、柳毒蛾、刺槐小皱蝽、袋蛾、栗瘤蜂、栗皮蛾等。林木病害有109种，危害较大的有15种：幼苗立枯病、松树枝枯病、刺槐溃疡病、毛白杨锈病、早期落叶病、杨树溃疡病、杨树腐烂病、泡桐丛枝病等。21世纪，引进树种较多，出现松树线虫病、美国白蛾等。

防治方法 人工防治 该方法比较原始，一直沿用到80年代。主要是根据虫子习性、季节，有针对性捕捉，方法主要有诱捕、山林地掀石板捕捉越冬隐伏的害虫、直接捕捉成虫、火光或黑光灯诱杀成虫、剪掉病枝条、火烧等方法。人工防治费工，但不伤害天敌、不污染环境。

药物防治 常用药物有敌百虫、敌敌畏、马拉硫磷、二氯杀螨风、亚胺硫磷、代森锌、波尔多液、石硫合剂等。方法主要有撒粉、喷粉、药饵、喷雾、喷烟、注射、灌药、飞机撒药等。

生物防治 利用害虫杆菌、病毒，尤其针对松毛虫，用土法生产松毛虫杆菌粉制成毒饵、撒粉，效果85%以上，后改用毒笔防治；松毛虫干尸接种病毒复制，制成毒液喷雾；利用害虫天敌自然防治，人工合理修枝间伐，营造混交林（同一区间栽植不同树种）等方法。

第七节　古树名木

2003年，林业部门对全市古树名木进行普查登记。其中，发城镇槐树底村南有毛白杨2株，各有紫藤攀缘而上，称“古藤攀杨”，树龄550余年。方圆街道东石兰沟村西的一株百日红（又名紫薇），树龄400余年。盘石店镇大庄村西的云顶竹林中，一株木瓜树400余年，今仍瓜果累累。发城镇上上都村东一银杏树，高20多米，树径2.24米，树冠遮地面积700平方米，树龄600余年。2010年，全市收录古树名木115株，19个科22个属33种。其中银杏、国槐、小叶朴较多。

盘石店镇薛家村樱桃树

方圆街道迟家村国槐树

二十里店镇邵伯村流苏树

盘石店镇大庄银杏树

2010年海阳市古树名木一览表

表6-2-1

地　点		树　种	树龄（年）	级别	树　势	米径（米）	树高（米）	冠幅（米）	胸围（米）
东村街道	垛　兰	国 槐	360	2	较差	0.74	10.50	15.00	2.30
朱吴镇	西拴马岛	小叶朴	210	3	旺盛	0.62	8.50	14.50	1.95
	后　庄	银 杏	120	3	旺盛	0.72	18.00	14.00	2.26
		银 杏	100	3	旺盛	0.68	19.00	12.40	2.13

续表 6-2-1

地点		树种	树龄（年）	级别	树势	米径（米）	树高（米）	冠幅（米）	胸围（米）
朱吴镇	后庄	银杏	160	3	旺盛	0.78	19.50	14.00	2.45
		银杏	170	3	旺盛	0.91	19.00	13.00	2.85
		银杏	160	3	旺盛	0.71	17.00	16.50	2.22
		银杏	170	3	旺盛	0.89	19.00	13.00	2.80
		银杏	140	3	旺盛	0.75	19.00	14.00	2.30
		银杏	270	3	旺盛	0.93	19.00	16.90	2.90
		银杏	190	3	旺盛	0.86	16.00	16.00	2.70
		银杏	100	3	旺盛	0.70	19.00	16.00	2.24
		银杏	120	3	旺盛	0.80	17.00	15.30	2.70
		银杏	170	3	旺盛	0.95	19.00	17.50	2.80
		银杏	170	3	旺盛	0.85	18.00	13.50	2.60
		银杏	160	3	旺盛	0.75	16.00	13.50	2.46
		银杏	160	3	旺盛	0.75	17.00	16.50	2.52
		银杏	150	3	旺盛	0.70	17.00	14.50	2.35
		银杏	130	3	旺盛	0.75	16.00	15.50	2.33
		银杏	130	3	旺盛	0.76	16.00	15.50	2.35
		银杏	130	3	旺盛	0.70	16.00	16.50	2.30
		银杏	130	3	旺盛	0.70	15.50	15.00	2.32
		银杏	130	3	旺盛	0.70	16.00	16.00	2.31
		银杏	180	3	旺盛	1.05	16.00	16.00	3.10
		银杏	200	3	旺盛	0.90	17.00	17.00	2.80
		银杏	200	3	旺盛	0.70	16.00	15.50	2.80
		银杏	120	3	旺盛	0.65	14.00	10.50	2.10
	九岭夼	黄杨	160	3	旺盛	0.20	6.50	7.50	0.64
郭城镇	璋夼	圆柏	220	3	旺盛	0.48	14.20	6.50	1.55
		圆柏	220	3	旺盛	0.51	14.20	7.00	1.64
	战场泊	国槐	430	2	旺盛	1.00	10.60	10.50	3.00
	郭城四村	国槐	460	2	旺盛	1.05	14.50	13.50	3.16
	西山	柘树	420	2	旺盛	0.70	7.00	9.50	1.90
		银杏	210	3	较差	0.93	19.00	12.00	2.90
	马家沟	小叶朴	170	3	旺盛	0.56	8.50	11.00	1.75
	大侯家	银杏	560	1	旺盛	1.56	17.00	12.00	5.00
	迎驾山	楸树	105	3	旺盛	0.83	23.00	11.00	2.60
	黄草场	酸枣	295	3	旺盛	0.32	4.20	6.50	0.95
		板栗	105	3	旺盛	0.60	10.00	9.50	1.85
发城镇	上屋庄	柘树	510	1	较差	0.85	9.80	4.50	2.60
	上上都	银杏	610	1	旺盛	2.24	25.00	25.00	7.30

续表 6-2-1

地点		树种	树龄（年）	级别	树势	米径（米）	树高（米）	冠幅（米）	胸围（米）
发城镇	槐树底	毛白杨	550	1	较差	1.21	22.00	13.50	3.67
		毛白杨	550	1	较差	1.08	22.00	13.00	3.30
		紫藤	603	1	一般	0.82	23.00	18.00	2.20
	榆山夼	国槐	643	1	旺盛	0.81	9.50	15.00	2.52
		国槐	643	1	旺盛	0.65	9.50	8.00	1.96
小纪镇	佘格庄	银杏	460	2	旺盛	0.90	16.50	17.00	2.80
	笤帚夼	银杏	510	1	旺盛	1.00	14.00	16.50	3.16
		银杏	90	后续	旺盛	0.70	15.00	13.20	2.15
		银杏	160	3	较差	0.76	14.00	9.00	2.38
		银杏	160	3	较差	0.75	11.50	11.00	2.37
		银杏	310	2	旺盛	0.84	13.00	10.50	2.60
		银杏	320	2	旺盛	1.05	16.50	18.50	3.30
		银杏	150	3	旺盛	0.67	14.00	15.80	2.05
		银杏	160	3	旺盛	0.68	14.50	14.30	2.10
		银杏	160	3	旺盛	0.68	15.00	16.00	2.05
		银杏	160	3	旺盛	0.67	13.00	12.00	2.04
		银杏	160	3	旺盛	0.70	14.00	15.50	2.10
		银杏	120	3	旺盛	0.64	15.00	15.00	1.90
		银杏	120	3	旺盛	0.60	12.00	12.00	1.77
		银杏	170	3	旺盛	0.70	16.00	16.00	2.10
		银杏	180	3	旺盛	0.77	17.00	15.00	2.36
		银杏	120	3	旺盛	0.57	11.00	11.00	1.75
		银杏	260	3	旺盛	0.96	17.00	17.00	2.92
		银杏	260	3	旺盛	0.99	16.00	15.50	3.03
		银杏	160	3	旺盛	0.67	14.00	10.00	2.03
		银杏	180	3	旺盛	0.70	13.00	13.00	2.12
		银杏	230	3	旺盛	0.92	14.00	14.00	2.80
		银杏	240	3	旺盛	0.84	13.00	13.00	2.55
		国槐	450	2	较差	1.80	13.00	10.00	6.20
	北索格庄	枣	280	3	旺盛	0.63	8.00	7.00	1.91
	西野口	银杏	410	2	旺盛	1.03	25.00	18.00	3.15
方圆街道	东石兰沟	紫薇	410	2	濒死	0.60	7.00	7.00	1.86
	邵家	黄连木	360	2	旺盛	0.50	14.00	14.00	1.65
		黄檀	216	3	旺盛	0.38	14.00	7.50	1.15
		小叶朴	216	3	旺盛	0.68	11.00	16.50	2.08
	团结	银杏	110	3	较差	0.65	14.00	7.00	1.98
	迟家	国槐	610	1	旺盛	1.26	9.50	15.00	4.00

续表 6-2-1

地点		树种	树龄（年）	级别	树势	米径（米）	树高（米）	冠幅（米）	胸围（米）
方圆街道	北石河	小叶朴	310	2	旺盛	0.81	14.00	15.00	2.10
留格庄镇	步鹤	梧桐	110	3	一般	0.70	12.00	9.00	2.20
		圆柏	160	3	旺盛	0.46	12.00	7.00	1.39
		银杏	260	3	旺盛	0.80	20.50	17.00	2.42
	塔儿庄	国槐	320	2	较差	0.65	11.00	8.00	2.04
		国槐	260	3	较差	0.48	6.50	6.00	1.45
		国槐	290	3	较差	0.60	6.00	4.50	1.80
	方里	小叶朴	130	3	旺盛	0.86	16.5	16.50	2.60
	邵家庄	银杏	260	3	旺盛	0.85	24.00	14.00	2.60
	日照庄	小叶朴	120	3	旺盛	0.89	14.00	17.00	2.72
	环岱庵	国槐	130	3	旺盛	0.49	12.00	9.00	1.59
	梁家	国槐	506	1	旺盛	0.90	3.00	3.00	2.65
盘石店镇	大庄	银杏	376	2	旺盛	1.19	24.00	22.00	3.45
		木瓜	410	2	旺盛	0.82	15.00	8.50	2.55
		赤松	85	后续	较差	0.44	14.00	4.00	1.36
		赤松	85	后续	较差	0.35	11.00	4.00	1.10
	东杨格庄	紫薇	320	2	较差	0.50	3.50	4.00	1.50
凤城街道	西迟格庄	银杏	336	2	旺盛	1.00	19.00	15.50	3.14
经济开发区	鲁古埠	银杏	406	2	旺盛	1.04	12.00	16.00	3.60
大阎家镇	潮外	耐冬	300	2	一般	0.23	4.00	4.00	0.70
		木瓜	206	3	旺盛	0.36	6.00	6.00	1.25
		紫薇	156	3	濒死	0.30	5.00	3.00	0.94
	新建	国槐	506	1	一般	1.25	12.00	12.00	3.79
行村镇	泊子	刺槐	82	后续	旺盛	0.77	14.50	14.50	2.40
		圆柏	366	2	旺盛	0.54	9.50	8.00	1.78
		圆柏	366	2	旺盛	0.55	7.50	7.20	1.70
二十里店镇	邵伯	流苏	413	2	旺盛	0.65	11.00	12.40	1.95
		流苏	413	2	旺盛	0.63	12.00	12.00	1.92
		枫杨	85	后续	旺盛	1.24	24.00	19.00	3.30
	半社乡	枫杨	106	3	旺盛	0.97	16.50	19.50	3.05
		国槐	306	2	旺盛	0.82	13.50	12.00	2.51
		小叶朴	166	3	旺盛	0.54	10.00	11.00	1.70
		国槐	276	3	旺盛	0.86	9.00	13.00	2.70
		板栗	126	3	一般	0.70	11.50	12.00	2.16
市中医医院	院内	黄杨	160	3	较差	0.19	6.00	3.50	0.57
		黄杨	160	3	较差	0.20	5.00	4.50	0.62
市人民医院	院内	白玉兰	120	3	旺盛	0.41	14.00	15.50	1.60

第三章　果　业

第一节　果树种类

苹果　小国光　70年代主栽品种，后随着新品种引进，基本被改接为新品种，面积逐年缩小。

金帅　70年代主栽品种，后随着新品种引进，基本被改接为新品种，面积逐年缩小。

秋口红　70年代，徐家店公社姜家秋口村选育，着色好、糖度大，但耐储性差，果面易返糖。90年代初淘汰。

秀水　80年代自泰安市引进，面积小。2000年后淘汰。

乔纳金　一种三倍体树，80年代中后期从新西兰引进。1999年高峰期，全市发展到333.33公顷。其中，郭城镇面积最大，92.03公顷，以西古现村和龙口村为主；朱吴镇次之，27.53公顷，以河北村为主；第三为辛安镇26.2公顷，以前黄塘村和南丁村为主；第四为发城镇22.31公顷，以发城村面积较大。因其综合质量与红富士差距大，2000年后逐渐减少。

新红星　80年代中后期从烟台引进，90年代初形成高峰，2000多公顷。因其果实硬度低、耐储性差、货架时间短，2000年后逐渐淘汰。

嘎拉　80年代末从新西兰引进，当时只引进普通品种。90年代，逐步引进红嘎拉。该品种属中熟品种，着色好、耐储存、硬度和糖度高，群众认可，发展较快；后因该品种与红富士授粉的亲和性强、质量好，该树常以红富士的授粉树存在，因而形成凡有红富士的果园都有嘎拉的局面。

王林　80年代末引进，是一种高产品种，亩均5000千克以上，但因质量差，一直零星栽植。至90年代末，随着红富士等新品种的引进与发展被淘汰。

北斗　1990年春，从牟平县（今烟台市牟平区）引进。当时引进条芽3万个，在东村镇西哲阳和北石河、郭城镇后夼、留格庄镇窑家庄等村果园嫁接推广，约33.33公顷。全县高峰期约133.33公顷。1993年嫁接树结果。1995年后因质量差被淘汰。

珊夏　90年代初从日本引进，但因果锈重、采前落果重，一直零星栽植。

红富士　1984年夏，县果业技术推广站从烟台引进，全部为普通富士枝条，分配给各乡（镇）试点栽植，高接换头，普遍成功。1992年，试点着色系红富士，重点是长富2号。1994年，全面进入初果期。1995年，进入盛果期，亩产2000～2500千克。1995年后，红富士大面积发展，果农加强管理，推行配方施肥和套袋技术，产量和质量逐年提高。1997年，亩均产量3000千克左右。1998年，亩均3500千克左右，最高5000千克。2000年前后，境内开始发展优系富士烟富1～6号。其中，1～5号为长枝型，6号为短枝型。长枝型以烟富3号综合质量最佳，着色好、果型指数大；短枝型优品系以红将军为主，成熟期比其他富士早15～20天。

红富士苹果

梨　黄金梨　2000年，从韩国引进种芽3万个，在泉水头乡（今小纪镇域内）鲁疃的杜梨砧木上嫁接成功，面积0.2公顷。后在鲁疃建园13.33公顷。因其耐储性差，推广受限。

丰水梨　90年代后期从日本引进，在泉水头乡栽植。成功后，扩展至盘石店、留格庄、小纪等乡（镇）。全市有丰水梨20公顷。果实特点是扁圆形，肉嫩汁多，单果均重200～300克，8月成熟。

巴梨　种植历史悠久，果农和市场均认可。全市有33.33公顷。该梨果实呈葫芦形，质细汁多，味甜香，一般单果重200克，7月中旬成熟，采收期1.5个月。

爱宕梨　90年代，泉水头乡子推后村从辽宁省引进苗木，栽植13.33公顷，后发展到古家夼、泉水头及小纪镇东梨园等村。

茌梨　为海阳的传统品种，代表村有发城镇东坊坞村、郭城镇山东村。

2010年，郭城镇山东村梨树园

香水梨　为海阳的传统品种，但种植面积小，仅发城镇东坊坞村、郭城镇山东村有种植。

桃　主栽品种有川中岛、仓方早生、岩红、大久保、寒露蜜等，境内均有栽植，尤以郭城、朱吴、盘石店、辛安等镇面积较多。

葡萄　80年代，因气候湿度较大，病害较多，葡萄种植发展缓慢。1993年，始兴套袋技术，葡萄得以规模发展，发城镇一带规模大。鲜食品种有巨峰、龙眼、玫瑰香、红提、金皇后、美人指、羊奶和冬水晶等，其中主栽品种为红提；酿酒品种有品丽珠、蛇龙珠、赤霞珠、雷司令、贵人香、梅鹿辄、白玉霓、白诗南、烟73等。其中，红提葡萄果穗大，长圆锥形，平均穗重650克，最大穗重2500克。果粒圆形或卵圆形，平均粒重11～14克，最大23克，果皮中厚，果肉硬脆，可远途运输，也可贮藏至翌年3月。

2010年，发城镇红提葡萄

樱桃　小樱桃　小樱桃又名中国樱桃，主要品系有长把樱桃、短把樱桃、矮樱桃等。80年代后，县内全面推广种植当地短把大粒小樱桃，多在地边、地堰、沟夼零星栽植，大部分为野生状态，平均单果重1.5～2克，果皮橙红色，果汁多，味甜酸，有香气。栽培较多的有小纪镇亭儿崖、纪家店，朱吴镇乐畎、丁家夼、九岭夼、瓮窑头，盘石店镇薛家、大庄、仙人盆，东村街道石剑、五间屋等村。

海阳樱桃

大樱桃　1992年起，从烟台引进栽植，在建新园的同时，对东村镇和平村、盘石店镇大庄部分小樱桃改接换头大樱桃。21世纪，大樱桃兴起，遍布原小樱桃产地并有扩展。主要品种有红灯、拉宾斯、美早、先锋、萨米脱、雷尼、黑珍珠、宾库等。红灯，为早熟品种，5月底、6月初成熟，果实大，平均单果重9.6克；果实肾脏形，肉质肥厚多汁，耐储运。拉宾斯，为中晚熟品种，6月中旬成熟。果个大，平均单果重10.2克；果实近圆形或卵圆形；果皮厚，果肉厚而硬脆多汁，酸甜口味，耐储运。

李　多在中部和北部山区宅旁、园边零星栽植。徐家店镇取水崖村栽植0.67公顷。

杏　县内均有分布，多为零星栽植，不成规模。80年代中期，发城镇忠厚、河南村，朱吴镇后寨、后庄，郭城镇河南等村始成片栽植。2000年后，仍以零星栽植为主。

柿　80年代前后，朱吴、盘石店镇一带有栽植，多为当地品种。2001年，发城镇北姜格庄村民从外地引进甜柿，栽植3公顷，后发展到133.33公顷，是全市最大的甜柿园。2006年后，泊地规模栽植246.67公顷。

山楂　1969年，县政府提倡成片种植，东村公社五间屋村成片种植0.37公顷，1983年14.67公顷，全县掀起种植山楂热潮。1985年，全县山楂面积1000公顷，随着山楂管理、技术、品种改进，产量增加。

第二节　果园建设

1978年，全县水果面积4266.67公顷，总产量3.2万吨。1983年起，大规模山区开发，水果面积扩大到7880公顷。1994年，果园面积1.67万公顷。同年，郭城镇被林业部确定为国家万亩干果基地镇；1999年，被烟台市政府列为市长干果科技示范园、烟台市干果生产规模乡镇。2008年，全市果园种植面积9769.73公顷。2010年，新发展果园666.67公顷，全市果园面积1.02万公顷，水果产量30.72万吨。其中苹果25.77万吨、樱桃2027吨、桃1.22万吨、梨1.91万吨、葡萄9326吨、柿子2041吨。

全市果园建设以提质增效为核心，突出一村一品，优化品种结构，扩大葡萄、草莓、蓝莓、苹果、干果的栽培面积，构筑“南茶北果”农村经济发展布局，形成以西菜园村为中心的红将军苹果生产示范区，王家山后村为中心的红富士苹果生产示范区，九岭夼村为中心的樱桃生产示范区，下吼山村为中心的蓝莓生产示范区。全市有徐家店镇前槐山村、辛安镇南丁村幼龄苹果园，郭城镇西古现村盛果期苹果园，海阳市蓝波湾果品园艺场幼龄大樱桃园，留格庄镇院下村幼龄大樱桃园等6处烟台市级标准化生产基地。2008年，海阳被列入国家苹果现代产业体系基地县、国家葡萄现代产业基地县。2009年，海阳大樱桃标准化生产示范基地入选省大樱桃优质高效配套技术示范推广项目。2010年，海阳市南香丁里果蔬农民专业合作社生产的“南香丁里”牌红富士苹果、海阳市凤凰顶果树专业合作社生产的

2010年，发城镇多英村苹果园

"凤鸣杨格"红富士苹果取得"国家绿色食品标志"，发城镇发城村千亩苹果园被农业部列为国家苹果标准园（建设）基地。

1978—2010年海阳市水果园情况表

表6-3-1

年　份	果品产量（万吨）	果园面积（公顷）					
		合　计	苹　果	梨	葡　萄	桃	其　他
1978	3.22	4266.67	—	—	—	—	4266.67
1979	3.71	4800.00	—	—	—	—	4800.00
1980	3.38	4800.00	—	—	—	—	4800.00
1981	3.63	5200.00	4566.67	393.33	—	—	240.00
1982	3.42	5726.67	5093.33	386.67	—	—	246.67
1983	3.87	7880.00	7246.67	—	—	—	633.33
1984	4.24	7902.07	7299.40	—	—	—	602.67
1985	2.71	8348.00	7493.00	—	—	—	855.00
1986	3.82	10004.60	9365.07	—	—	—	639.53
1987	4.89	12995.87	10443.53	—	—	—	2552.33
1988	6.78	14875.20	11765.60	—	—	—	3109.60
1989	7.58	13752.67	11415.47	393.93	95.80	496.80	1350.67
1990	5.86	14025.47	11518.33	391.13	75.00	550.20	1490.80
1991	5.74	14025.47	11518.33	391.13	75.00	550.20	1490.80
1992	8.75	14255.00	11917.00	346.00	102.00	507.00	1383.00
1993	11.50	14999.00	12808.00	334.00	31.00	517.00	1309.00
1994	9.24	16671.00	14090.00	354.00	28.00	546.00	1653.00
1995	11.53	15851.00	13286.00	309.00	26.00	401.00	1829.00
1996	11.56	14214.00	12595.00	257.00	23.00	381.00	958.00
1997	7.54	13450.00	11901.00	228.00	59.00	471.00	791.00
1998	10.10	12376.00	10944.00	210.00	89.00	402.00	731.00
1999	10.65	12480.00	10804.00	225.00	95.00	558.00	798.00
2000	10.51	10650.00	9384.00	203.00	86.00	497.00	480.00
2001	10.83	9909.00	8814.00	208.00	109.00	476.00	302.00
2002	7.84	9839.00	8195.00	263.00	129.00	610.00	642.00
2003	14.43	9671.00	8231.00	254.00	115.00	568.00	503.00
2004	18.06	9634.00	8354.00	471.00	159.00	541.00	109.00
2005	20.81	9844.00	8339.00	483.00	146.00	731.00	145.00
2006	24.06	9416.00	7899.00	514.00	118.00	706.00	179.00
2007	25.91	9795.00	8299.00	418.00	95.00	668.00	315.00
2008	28.35	9769.73	7653.80	668.73	213.33	548.47	685.40
2009	28.10	10247.60	8108.73	701.80	275.93	539.20	621.93
2010	30.72	10236.67	8151.93	680.80	271.80	528.47	603.67

说明：1. 空白处系相关年份无指标统计；
　　　2. "其他"包括樱桃、杏、柿、李等

第三节　果树管理

修剪　80年代，树型修剪以主干疏层型为主，结果部位以培养枝组为主；1993年后，红富士兴起，修剪技术变化，采用纺锤形整形技术，即树干高度控制在70～80厘米，每隔20～30厘米留1主枝，整树留7～9个主枝，主枝直接培养枝组结果。1995年后，纺锤形技术大面积推广。

配方施肥　1994年，在发城镇西菜园村、盘石店镇东杨格庄试点，面积40公顷，两村各20公顷。配方施肥技术早期注重钾肥施用，后注重中量元素钙、微量元素硼和锌的施用。同时，重视以果园覆草、绿肥种植和农家肥为主的有机肥施用。同年，在行村镇行村二村试点，连续6年每年亩施优质猪粪5000～6000千克，土壤有机质含量1.2%，苹果外观好，锈果率、苦痘病病果率较低，优质果率90%。但两项技术费工时、见效慢，难以推广。1999年，市果业技术推广站开展果园土壤取样检测工作，根据土壤状况，提出针对性施肥方案，当年果品增产30%多，优质果率由40%～50%，提高到70%～80%，果品病害少、着色好。进入21世纪，配方施肥技术被果农认可，得到普遍应用。

花果管理　*以花定果*　70年代末，留格庄公社农业技术推广站首创以花定果技术，在杜家村的青香蕉、金帅果园进行试验。青香蕉五棱突起明显，果型指数高；金帅果型指数也较高。成功后在留格庄公社推广。1989年5月，省农业厅在海阳召开以花定果技术现场会。翌年全县推广，面积6666.67公顷以上。2000年后，该技术列入常规技术范围。

疏花疏果　1985年后在全县推广，果农认可。采用间距疏果法，即按每20～25厘米留1枚果的标准疏果。

壁蜂授粉　1993年，县果品集团公司从威海市环翠区果树站引进壁蜂（凹唇壁蜂和角额壁蜂）500头，在东村镇和平村乔纳金、红星、金帅果园试放，坐果率高，且省工省力。1995年全县推广。2000年后果农普遍使用。

套袋　1994年5月，从烟台引进日本产小林纸袋170万个，分发各乡（镇）试点，县政府投入10万元作为试点经费补贴果农。当年秋，套袋果外观质量改善明显，销路好，卖价翻倍。当时不套袋果每千克2.80元左右，套袋果每千克6.00元，80规格以上的每千克8.00元。1998年，套袋技术被果农接受。1999年，开始推广国产纸袋。2000年后，套袋技术全面推开，成为常规技术。2002年，境内套袋6533.33公顷，占结果园面积98%。2009年，海阳被列为国家苹果套袋关键技术示范补贴项目县，获国家补贴120万元。

第四章　蚕　业

第一节　柞桑种植

桑　*品种*　境内桑树品种有湖桑、沙二桑、792桑、果桑、鲁桑等。其中，湖桑1948年引自浙江湖州一带，品种较杂，县内以湖桑32号居多。沙二桑1990年自浙江引进，因其不耐寒冷，春叶产量低，1996年全部改种，只有少量用于幼龄桑园间作，2～3年后刨除。2000年自浙江引进792桑，在土地较贫瘠的地区种植，其叶老化快。果桑于2000年引自浙江、陕西，主要用于产桑葚，兼作养蚕，但不宜采叶过多。鲁桑是最早由人工培育而成的桑树品种，因其秋叶质硬，不宜养秋蚕被淘汰。

发展规模　1978年，海阳有桑园446.53公顷，1982年降至220.80公顷。1988年，县委、县政府提出“奋战三五年，誓夺山东蚕茧产量第一县”目标，实行一系列鼓励政策，加大技术指导、物资供应、资金投入力度，建立健全县、乡、村三级技术网络，通过走村串户、电化教育、办

学习班、发放“明白纸”等形式，提高蚕民植桑养蚕水平。后逐年回升，至1992年，面积达1566.67公顷，为历史最高。1994年桑茧产量143万千克。后因形势变化，桑蚕业萎缩，群众生产积极性下降。2010年，全市桑园面积498公顷，茧产量60.21万千克。

1978—2010年海阳市桑园面积情况表

表6-4-1　　　　单位：公顷

年 份	面 积	年 份	面 积	年 份	面 积	年 份	面 积
1978	446.53	1987	289.49	1996	1242.53	2005	466.67
1979	389.60	1988	294.89	1997	1162.53	2006	812.67
1980	353.67	1989	487.79	1998	1174.67	2007	633.33
1981	263.77	1990	986.67	1999	1146.67	2008	533.33
1982	220.80	1991	1389.60	2000	1097.87	2009	473.33
1983	220.00	1992	1566.67	2001	1213.53	2010	498.00
1984	213.47	1993	1533.33	2002	867.67		
1985	399.55	1994	1380.51	2003	666.67		
1986	370.85	1995	1388.93	2004	600.00		

柞　海阳柞树品种有麻栎、栓皮栎、槲柞、蒙古柞等。麻栎又名橡树、栎，俗称油柞、尖柞，落叶乔木，占柞峦总面积99%以上。其他品种如栓皮栎、槲柞、蒙古柞等境内分布极少。柞峦多分布在北部山区及丘陵地带。80年代，全县柞峦面积保有量3133.33公顷左右。

第二节　制　种

桑蚕　在制种方法上，采用原种催青法和原蚕饲育法。原种催青法，1980年前推行蚕卵点青后黑暗处理，并按积温要求调节温度，促蚕卵发育整齐。1982年后，实行简化催青法。原蚕饲育法，主要抓好饲育、给桑和桑叶选用三个环节。在制种形式上，60年代起，为平附种，张种卵量13～16克。1983年起，改为盒装散卵，每盒蚕种山东省规定为2.35万粒，实际为2.4万粒，后增为2.5万粒。蚕种产销实行统购统销政策。1984年后，实行产销挂钩、供需平衡方式。海阳生产的蚕种除供应省内，还销往安徽、四川、云南、贵州、广西等地。2002年，蚕种产量37万张，居山东省第二位。

1978—2005年海阳市桑蚕种产量情况表

表6-4-2　　　　单位：张

年 份	合 计	南院蚕场	丛麻院蚕场	年 份	合 计	南院蚕场	丛麻院蚕场
1978	59660	25200	34460	1983	64252	35000	29252
1979	72807	34100	38707	1984	79146	31800	47346
1980	85339	40100	45239	1985	49475	停产	49475
1981	80573	32600	47973	1986	57904	—	57904
1982	55926	26400	29526	1987	47312	—	47312

续表 6-4-2

年　份	合　计	南院蚕场	丛麻院蚕场	年　份	合　计	南院蚕场	丛麻院蚕场
1988	46784	—	46784	1997	218542	—	218542
1989	66597	—	66597	1998	255401	—	255401
1990	57331	—	57331	1999	309093	—	309093
1991	100933	—	100933	2000	319486	—	319486
1992	124895	—	124895	2001	325758	—	325758
1993	130106	—	130106	2002	377378	—	377378
1994	189900	—	189900	2003	286000	—	286000
1995	278000	—	278000	2004	243000	—	243000
1996	141011	—	141011	2005	160000	—	160000

柞蚕　采用暖茧法。将种茧用细绳穿挂成串，移至暖室中微火烘之，四五十天可出蛾。1972年，南院蚕场创造“变温快速暖茧法”，22天出蛾。此法被广泛采用。至1984年，南院蚕场年产种茧50万粒～70万粒，最高年份127.8万粒。所产种茧除本场使用外，还供省内外蚕民使用。1985年后，县内蚕民用种多为外地购进。

蚕场选介　山东省蚕业科学研究所南院试验场　又称南院蚕场。位于戴家村西北卧龙夼，有柞林113.33公顷。原为1941年5月成立的胶东蚕丝改良总场，后几经改名和隶属变更，至1963年划归山东省蚕业科学研究所，称南院试验场。初期，在蚕种选育、试养及桑树剪伐等方面成果突出，成为胶东地区蚕种繁育和蚕业技术人员培训基地，向省内外输送蚕业干部100多名，培训农村蚕业技术人员200多名，接收实习学生300多名。1980年，桑园保持在13.33公顷左右，产柞蚕种120万粒，产桑蚕种4万张。1984年，蚕业停产，转为果业和养殖业生产。

海阳市丛麻院蚕种场　1942年成立。位于市区东北部，面积290.32公顷，有桑园20公顷，年桑蚕种能力30万张，为蚕业技术培训基地。1978年，隶属县林业局。1982年，隶属县丝绸公司。1985年起，隶属山东省丝绸公司。1990年，改事业单位为企业化管理。2002年，生产桑蚕种37.7万张。2010年，生产桑蚕种29.4万张。

第三节　蚕茧养殖

桑蚕　品种　1974年，推广华四×东四；1982年，停止使用；1985年，推广菁松×皓月；1995年，推广春用多丝量品种9405×9406，夏秋用种春蕾×珍珠；2002年，引进鲁七×9202。

饲养　主要是催青，即孵蚕，亦称暖种。1978年，海阳建成第一处催青室，此后县内蚕种均在催青室统一催青。收蚁，自1970年起，平附种收蚁逐步普及为倒扣桑引法，散种收蚁采用网收法。1978年前后小蚕饲养规范化，并形成多种形式，以覆盖育为最，1991年推广小蚕共育的蚕种占总数28.76%，2002年增加到30%以上。大蚕饲养1980年前推广蚕匾养蚕，1988年推广大蚕室外育，2005年室外育的蚕种占总数60%。

2010年，养蚕

1978—2010 年海阳市桑茧产量情况表

表 6-4-3 单位：千克

年 份	产 量	年 份	产 量	年 份	产 量	年 份	产 量
1978	156700.0	1987	222947.2	1996	1066859.4	2005	600000.0
1979	187400.0	1988	236001.1	1997	887014.2	2006	687900.0
1980	221300.0	1989	340491.3	1998	1027624.6	2007	681300.0
1981	197251.9	1990	501798.2	1999	900307.6	2008	653300.0
1982	162308.9	1991	833259.7	2000	750274.8	2009	605900.0
1983	197945.5	1992	1235220.8	2001	750627.0	2010	602100.0
1984	235204.8	1993	1427000.0	2002	796643.6		
1985	218534.0	1994	1430553.6	2003	700000.0		
1986	190123.8	1995	1416519.5	2004	650000.0		

柞蚕 品种 有黄安东、杏黄、客岭庄、胶兰、鲁杂二号等。其中，黄安东 50 年代由栖霞方山蚕场引进；杏黄 70 年代引进，是海阳主要品种；其他饲养量极少或被淘汰。

放养 有春放和秋放 2 种。春放主要用于制种，为秋蚕之用；秋放注重小蚕饲养，推广室内养蚁和塑料袋育。

柞茧产量 1978 年，17.01 万千克；1980 年，23.90 万千克；1990 年后，受国际市场影响不再饲养。

第四节 蚕业科技

科技推广 技术网 1982 年，海阳县丝绸公司蚕茧科，专门负责技术推广工作。1986 年，公司内增设咨询室，乡（镇）设蚕茧站，负责全县蚕茧生产技术、检查和指导。1994 年，形成县丝绸公司、县级企业、乡（镇）、村技术员组成的技术网络体系，县、乡两级技术员 135 人，村级专（兼）职技术员 370 人。2002 年，市丝绸公司改制后，从事蚕业技术推广人员逐年减少。至 2005 年，市、镇两级技术人员 70 人，村级 200 余人。

蚕业学校 1990 年 5 月，县蚕业技术培训中心在嵩潜村成立，隶属县丝绸公司，主要对蚕茧站和农村技术员进行轮训，每期 50 天。学校配备实习桑园和教室，学员既学理论知识，也参加养蚕实践。1990—1992 年，共培训短期班学员 110 名，1 年制学员 21 名。1992 年停办。

科技成果 1990 年，桑瘿蚊防治研究与推广获烟台市科技进步三等奖；1993 年 5 月，桑蚕大蚕室外育研究与推广获烟台市科技进步三等奖；1995 年 9 月，蚕用蛋白粉研制与使用技术研究获省科技进步二等奖；1997 年，WBL-60 型微波热能烘茧技术与设备获省经委一等奖；1998 年 11 月，大棚养蚕种菜高效模式研究与开发获省科技进步三等奖。至 2010 年，全市共取得地（市）级以上科研成果 5 项。

科技研发 七味消渴胶囊 原名天虫雄宝胶囊，以桑蚕雄蛾、黄芪为君药，配以黄精、枸杞子等中药材，1995 年，县丝绸公司与山东医学科学院、山东中医药大学、山东中医药研究所合作研制。1997 年，药品组方基本定型。1998 年 6 月，临床验证疗效。1999 年，获国家专利。2001 年 10 月，获国家药监局新药证书和生产许可文号，与山东绿叶制药股份有限公司合作生产销售，利润分成。2006 年，产权转让给吉林通化华晨药业有限公司。

第五章　茶　业

第一节　茶树引种

1964年，留格庄公社院下大队、东村公社五间屋大队等试种茶树。是年，县政府组织在招虎山部分林地接合部试种茶树0.67公顷，成活率38%。1965年，引进茶苗由部分社队扩大种植。1966年，由于冬季较寒冷，大面积茶树冻死。1974年，全县茶园面积6.5公顷，茶叶产量642千克，产量、质量都不高，茶树越冬、技术管理等问题仍未解决。2002年，又开始引进茶树栽植。市果业技术推广站联合海阳市丹露春茶场（原九州茶场），深入研究“南茶北引”优质丰产栽培技术，经过6年多的探索研究，于2007年经省级专家鉴定，达到国内领先水平，海阳茶树种植获得成功。2008年，全市新发展茶树面积65公顷。2009年，市政府安排20万元茶叶专项扶持基金，对茶叶加工企业、茶园予以补贴，调动茶农积极性。是年，全市茶叶种植面积253.33公顷。其中，90%的茶树为无性繁殖，是国内茶树无性栽殖比例最高的地区。2010年，全市茶树种植面积约300公顷，引进、繁育茶树品种10余个，主要有平阳特早、龙井43、龙井长叶、福鼎大白、金观音、黄金芽等。

海阳茶叶主要产于菩萨顶、天夼山、旋顶山、玉皇山、盆子山等地。受北方沿海气候的影响，海阳茶树冬季休眠期长，生长期内昼夜温差大，有利于茶叶内含物的积累，茶叶内含营养物质丰富，含氨基酸、儿茶素、维生素C、叶绿素等多种营养成分。其中茶多酚、咖啡碱保留鲜叶的85%以上，叶绿素保留50%以上。“高纬度、低海拔，黄金海岸出好茶”由此而来。2010年，全市有30多家茶园、8家茶叶农民专业合作社。

第二节　茶树栽培

茶园选址　选择背风向阳的林田结合带，土壤偏酸（pH值4.5～6.5），土厚近水，坡度比不超过25度的地块建园，一般要求土层厚不低于60厘米，有水浇条件，不内涝。

越冬防护　建立茶园防风林带　这是茶树安全越冬的重要防护措施，可使茶园风速降低31%～39%，冬季地温可提高0.5℃～1.7℃，夏季降低温度2.2℃～3.1℃，防护林带树种多选用黑松、侧柏混植，效果较好。

园地覆草　有保持水分、增加土壤有机物转化、抑制杂草生长等作用，是茶树安全越冬的有效技术措施。一般在春末夏初进行，每2～3年1次。

适密适矮区间栽培　适密适矮有利于茶树安全越冬，茶树投产早、产量高，遇特寒年份、经台风后能较快恢复。正常茶园5～6年形成高产，而适宜密植茶园可在3年达到高产，是“南茶北引”关键技术。

田间管理　对茶园进行科学翻土、施肥、浇水、修剪等管理，能有效减少茶树冻害。

茶果间作　茶树为浅根灌木树种，板栗、核

茶叶种植

桃为深根性乔木树种，根据两种不同植物特性实行茶果间作，夏季可通风透光，冬季可降低茶园风速。

大棚越冬　随着对茶树习性规律的掌握，茶农探索茶树大棚越冬管理办法，形成完善的管理技术。

病虫害防治　对引进茶园的幼苗进行植物检疫；进行农业防治，即适度中耕、除草相结合，铲除虫卵基源；采用频振式诱蛾、悬挂式诱虫板等物理防治方法；采用生态防治法，利用物种之间的相互关系与制约，保护蜘蛛幼虫、螳螂等虫害天敌，茶园达到生态化管理。

第三节　茶叶加工

2002年后，全市采取“派出去、请进来”办法，到福建、浙江、安徽等地学习。初期以手工炒制为主，后多采用机械炒制。2009年，市果业局举办技术培训班60多期次，举办电视讲座20多期，邀请中国农业科学院茶叶研究所、青岛农业大学茶叶研究所专家实地指导茶叶加工技术。经多年努力，培育出具有“墨玉绿、小米汤、豆子香”鲜明个性特点的“海阳绿茶”。墨玉绿，指茶叶外观，原料鲜活嫩亮，颜色犹如泰山墨玉；小米汤，指茶汤，澄亮透明，颇像小米汤；豆子香，指味道，豆香明显，高香有回甘。2010年，全市茶叶加工企业20余家，其中4家通过QS食品质量认证，5家申办茶叶有机认证。生产成品茶叶10万余千克。培育碧雪香、招虎山、鲁海春、旺泉夼、天门山、正旺、正元、步鹤山、三皇山、海润青和留格绿茶等30余个茶叶品牌。在“中华杯”“国饮杯”“亚太茶茗大奖赛”等多项国家级评比活动中获10余个奖项。海阳茶叶成为中国北方三大茶系之一。

炒茶

第七编

水 利

1978年，海阳县水利工作由主要服务农业转为服务经济发展和人民生活，由注重建设转向经营管理，重点是加强水利工程配套、挖潜和安全工作。1987—1990年，完成病险小（1）型水库除险加固工程6座、小（2）型水库11座、塘坝67座，为烟台市小型水库和塘坝无病险工程第一县。2010年，全市有中型水库3座、小（1）型水库16座、小（2）型水库89座、塘坝321座、闸（坝）340道、机电井2068眼、其他工程70处；全市有效灌溉面积3.52万公顷，占耕地总面积63.6%；节水灌溉面积2.57万公顷，占耕地总面积46.4%。

2005年，自来水“村村通”工程启动；2010年，全市自来水普及率97.8%。全市治理水土流失面积10.24万公顷，其中水平梯田3.69万公顷、水土保持林6.46万公顷、种草946.67公顷。海阳被授予全省农田水利建设先进县（市）称号，东村河水利风景区被授予国家级水利风景区称号，小孩儿口湿地公园被批准为国家级城市湿地公园。

第一章　机　构

第一节　管理机构

1971年3月，海阳县水利局重新单设。1978—1986年，先后设行政股、政工股及机电技术站、多种经营管理站、工程技术站、工程管理站、水利勘测设计室、水资源管理委员会办公室。1989年6月，增设财会股。1990年4月，增设水政股。1994年1月，撤销工程技术站、工程管理站、水资源管理委员会办公室，设水利工程站、水利科技推广中心、水法监督站。1995年7月，海阳县抗旱防汛指挥部办公室成立，与县水利局合署办公；是月，增设县水政监察大队。1996年5月，海阳县水利局改称海阳市水利局；6月，海阳市抗旱防汛指挥部办公室改称海阳市人民政府防汛抗旱指挥部办公室。2002年8月，海阳市水务局成立，与市水利局合署。2010年3月，撤销市水务局。8月，内设机构为办公室、农村水利与科技科、水政法规科；辖水利工程站、机电技术站、水土保持监督管理站、水资源管理站、综合经营管理站、水政监察大队及二十里店、建新、盘石店3个水库管理所。

第二节　企事业单位

海阳市水利工程站　1984年8月，县水利局设工程技术站和工程管理站。1994年1月撤销，成立海阳县水利工程站。1996年5月，改称海阳市水利工程站。

海阳市机电技术站　1984年8月，县水利局内设机电技术站。1996年5月，改称海阳市机电技术站。

海阳市水利科技推广中心　1994年1月，成立海阳县水利科技推广中心。1996年5月，改称海阳市水利科技推广中心。

海阳市水土保持监督管理站　1992年11月，县水土保持委员会办公室设水土保持监督管理站。1996年6月，改称海阳市水土保持监督管理站。

海阳市水资源管理站　1994年1月，县水土保持委员会办公室设水法监督站。1996年6月被撤销，设海阳市水资源管理站。

海阳市综合经营管理站　1985年11月，县水利局内设多种经营管理站，负责7个下属实体经营单位的管理。其中，事业单位企业化管理4个，分别是海阳县水泥制管厂、海阳县水利机井队、海阳县水利冷藏厂、海阳县水利设计院；企业3家，分别是海阳县水利建筑安装公司、烟台市多维果汁厂、海阳县振兴制衣厂。1994年1月，改称海阳县综合经营管理站。1996年5月，改称海阳市综合经营管理站。

海阳市水政监察大队　1995年7月，海阳县水政监察大队成立。1996年4月，加挂海阳县河道管理站牌子。5月，改称海阳市水政监察大队，加挂海阳市河道管理站牌子。

海阳市二十里店水库管理所 1960年11月，成立龙门水库管养所。1966年5月，改称二十里店水库管理所。1996年5月，改称海阳市二十里店水库管理所。

海阳市建新水库管理所 1960年11月，成立月牙水库管养所。1966年5月，改称建新水库管理所。1996年5月，改称海阳市建新水库管理所。

海阳市盘石店水库管理所 1960年11月，成立龙头水库管养所。1966年5月，改称盘石店水库管理所。1996年5月，改称海阳市盘石店水库管理所。

乡（镇）水利站 1976年1月成立，全县17处公社均设水利站，为水利局的派出机构。1984年，全县23个乡镇均设水利站。1992年后，归乡镇管理。

第二章 规划与设计施工

第一节 规划编制

80年代，水利规划目标为单一的国家经济发展目标，后随着社会发展和进步，逐步转移到各种社会需求中，实行多目标规划。特别是1996年撤县设市后，以改革和科技创新为动力，以信息化为手段，编制多项综合规划和专项规划。

综合规划 1978—1984年，编制全县水利建设“六五”“七五”发展规划。确定挖、蓄并举方针，倡导全县修建大口井，有条件的打机井和沉沙井。全县水利工程2742项，其中水库、塘坝503座，机井、大口井1740眼，扬水站269处，拦河截流98项。1985年，编制《海阳县1986—1990年水利发展规划》，提出开展以大口井为主的水利工程配套、挖潜及喷灌、滴灌、管灌节水工程建设。1990年，编制《海阳县水利建设1991—1995年规划》，提出标本兼治、开发与保护并重、城市与农村统筹的水利发展规划，重点对已有工程配套挖潜，新建小型拦蓄水工程。1996年，编制《海阳市1996—1998年水利发展规划》，规划1998年建成全国节水增产重点县。1997年，编制《海阳市水利建设1998—2002年工作规划》，规划五年完成新建工程1966项，并实现乡村自来水化。2003年，编制《海阳市2003—2007年水利建设意见》，规划五年内完成较大水利工程3950项，完成289个村自来水工程等。2005年，编制《海阳市2006—2010年水利发展规划》，规划完成较大水利工程2560项，利用2～3年时间，全面修复东村河中下游河段和水生态环境，在海阳旅游度假区东村河入海口建设滨海湿地公园，加强水资源统一管理和城市饮水水源地保护等。2010年，编制《海阳市水利发展2011—2015年专项规划》，规划完成较大水利工程1500余项；解决17处镇（区、街道）205个村庄饮水问题，让全市98%的村庄用上安全卫生的自来水等。

专项规划 1984年，编制《1985—1995年农村人畜饮水规划》。1985年，编制《海阳县水资源调查评价与水利区划报告》。1992年，编制《海阳县水长期供求计划》。1995年，编制《1996—2000年节水灌溉规划》。1996年，编制《海阳市科教兴水战略实施意见》。1997年，制定《海阳市拦蓄补源工程五年规划》。1999年，编制《海阳市地下水资源开发利用规划》《海阳市防洪规划》《海阳市水土保持生态环境建设规划》。2000年，编制《海阳市农业综合开发项目区水资源条件评价和海阳市生态环境保护与建设规划》。2000—2001年，编制《21世纪初期海阳市水资源可持续利用总体规划》《21世纪初期城市水资源可持续利用规划》《海阳市水资源保护规划》。2003年，编制《村村通自来水建设规划》《2003—2007年农村饮水安全规划》《海阳市现状水利工程老化失修规划》。2007年，编制《海阳市大（中）型水库移民后期扶持规划》《海阳市大（中）型水库库区和移民安置区基础设施建设和经济发展规划》。编制《2008—2010年小型险库保安全加固计划》。2008年，编制《海阳市2009年中央水利基建投资建议及2010年框架计划》《海阳市农村饮水安全工程“十一五”规划》《海阳市流域规划》。2009年，编制《山东省中（小）河流海阳市东村河治理规划》《山东省中（小）河流海阳市留格庄河治理规划》《海阳市大（中）型病险水闸专项规划》《海阳市小型水库移民帮扶项目规划（2009—2010年）》。2010年编制《海阳市水系生态建设规划》。

第二节　设计施工

1978—2010年，全市共设计水利工程238项，工业与民用建筑205项。其中，较大型工程185项；引进和推广水利新技术、新工艺28项。

1989年，完成盘石店水库保安全工程设计。1991年，完成二十里店水库保安全一、二期工程设计，并首次对坝基、坝体高压灌浆除险加固。完成大辛家镇自来水工程设计，小滩盐场引水工程设计。1992年，首次采用楔块锚固技术完成新元广场橡胶坝设计，后均改为高程螺栓与压板锚固。1995年，完成建新水库灌区配套工程设计。1998年，完成海头防潮堤工程设计与施工。2002年，以工业与民用建筑设计为主，共完成勘测设计项目68个，总面积7.8万平方米。2003年，完成海阳工业园排污管道设计，完成勘测设计项目近100个，总面积12万平方米。2004年，完成招虎山森林公园2条步行游览道路勘测设计，龙虎桥、电瓶车道勘测设计和工程施工，卧龙湖（招虎山水库）除险加固设计；完成跃进桥下游橡胶坝勘测设计和工程施工、石人泊橡胶坝勘测设计。其中在招虎山水库放水洞加固中首次采用内衬钢管技术。2005年，完成招虎山水库勘测设计及施工工程、哲阳河拦河闸勘测设计及施工工程、阎家庄防潮堤设计、东村河拦蓄防渗改造工程设计、龙凤热电厂橡胶坝设计、羊毛衫城暗渠设计。2006年，完成东村河综合治理工程初步设计、盘石店段河道临时拦河坝工程设计、龙凤热电厂橡胶坝工程可行性研究报告、二十里店水库除险加固实施方案、核电厂施工生活区供水工程等。2007年，完成留格庄河大柴段河道治理设计，乳山夏村桥下游橡胶坝、海阳一中河道整治及桥梁工程设计等，留格庄自来水厂供水能力可研报告、核电生活区可研报告、东村河污染治理排污管道工程可研报告等。2008年，完成行村镇麻姑岛防潮堤除险加固工程、东村河治理规划、留格庄河综合治理规划、小型水库除险加固设计等。2009年，完成小型水库除险加固工程设计、北河沟河道治理工程设计、留格庄河河道治理一期工程初步设计，移民项目村饮水安全可行性研究报告、实施方案等，临港产业区河道治理工程施工图等。2010年，完成海天路橡胶坝工程、路疃河桥闸维修、南城阳河综合治理工程等，完成城南防洪沟设计、垃圾处理厂化粪设计图、新城区1.5吨及3吨污水泵站工程施工图设计、旅游度假区污水工程设计图等。

第三章　灌　溉

第一节　蓄水工程

水库　1978年，全县有水库88座。其中，中型水库3座（建新水库、二十里店水库、盘石店水库），小（1）型水库16座，小（2）型水库69座。1985年，全县有水库103座，总库容1.43亿立方米，兴利库容7950万立方米，有效灌溉面积1.36万公顷。其中，中型水库3座，总库容6210万立方米；小（1）型水库17座，总库容6220万立方米；小（2）型水库83座，总库容1860万立方米。2010年，全市有水库108座，总库容1.50亿立方米。其中，中型水库3座，总库容6775万立方米，兴利库容2800万立方米；小（1）型水库16座，总库容6233.6万立方米，兴利库容3838万立方米；小（2）型水库89座，总库容1900.6万立方米，兴利库容1279.29万立方米。

2010年海阳市中型水库情况表

表7-3-1

名 称	建设时间	流域面积（平方千米）	工程现状指标					
			库容（万立方米）		坝 长（米）	坝 高（米）	溢洪道（米）	
			总库容	兴利库容			底高程	净宽
二十里店水库	1960.05	104	2665	1000	400/1050	15.6/12.1	28.25	80
建新水库	1960.03	60	2500	855	350	24.61	120.43	42
盘石店水库	1960.05	33	1610	945	350	21.01	60.50	15

2010年海阳市小（1）型水库情况表

表7-3-2

所在地	名 称	建设时间	流域面积（平方千米）	工程现状指标					
				库容（万立方米）		坝 长（米）	坝 高（米）	溢洪道（米）	
				总库容	兴利库容			底高程	净宽
朱吴镇	石 现	1971.05	23.00	593.10	383	285	22.00	28.50	70.0
方圆街道	招虎山	1973.01	13.00	355.50	205	239	29.92	76.80	12.0
徐家店镇	南野夼	1978.09	4.00	194.80	148	318	23.50	69.00	32.0
辛安镇	木 桥	1960.06	5.50	123.20	71	240	15.60	28.00	25.1
小纪镇	南 台	1961.03	27.00	1071.70	625	634	18.20	78.62	35.0
	古家夼	1977.08	6.50	243.50	179	244	23.55	30.60	45.0
留格庄镇	山 口	1960.06	5.00	404.60	268	210	18.68	62.00	10.0
	望 海	1975.04	10.00	388.80	266	410	17.00	38.00	30.0
	徽 村	1978.07	3.80	174.60	110	450	16.00	44.20	12.5
行村镇	牟 格	1971.04	22.00	597.50	305	382	15.50	22.60	23.0
	英武店	1960.12	2.00	107.60	84	257	15.43	23.00	13.0
郭城镇	桂 山	1960.06	25.80	734.50	369	245	23.89	69.23	30.0
	东刘家	1960.12	7.00	104.30	74	160	19.28	64.64	40.0
凤城街道	嵩 山	1960.06	4.00	292.00	194	397	13.30	60.55	—
东村街道	才 苑	1960.05	13.50	744.40	485	558	20.29	37.60	46.0
	大磊石	1974.08	2.22	103.50	72	203	19.00	53.50	20.0

2010年海阳市小（2）型水库情况表

表7-3-3

所在地	名 称	建设年份	流域面积（平方千米）	工程现状指标					
				库 容（万立方米）		坝 长（米）	坝 高（米）	溢洪道（米）	
				总库容	兴利库容			底高程	净宽
东村街道	石 剑	1978	2.50	64.50	50.00	153	28.70	70.43	20.00
	西八里庄	1966	0.30	10.30	7.75	220	10.55	8.76	4.00
方圆街道	牟 家	1986	1.75	22.80	15.70	109	21.83	66.44	8.00

续表 7-3-3

所在地	名称	建设年份	流域面积（平方千米）	工程现状指标					
				库容（万立方米）		坝长（米）	坝高（米）	溢洪道（米）	
				总库容	兴利库容			底高程	净宽
凤城街道	东迟格	1979	0.41	13.50	11.06	190	9.60	55.50	12.00
大阎家镇	虎山东	1976	1.10	22.30	7.22	90	15.00	64.80	10.00
	龙虎团	1990	2.10	10.00	5.90	230	6.00	10.50	25.00
	龙　泉	1958	1.35	60.40	42.00	197	18.00	60.40	15.00
发城镇	北埠后	1966	0.70	17.40	8.40	107	12.58	33.33	7.30
	大山东夼	1978	1.74	10.70	5.30	100	10.95	55.36	9.00
	发　城	1959	1.16	31.40	18.00	108	14.44	27.07	11.00
	吉　格	1980	0.92	10.90	7.90	120	15.20	55.70	11.00
	矿　山	1959	1.50	39.30	22.60	160	13.40	25.70	11.00
	南埠后	1965	0.70	15.10	10.80	152	13.00	55.64	8.00
	卧　龙	1966	1.00	16.60	11.50	100	14.20	57.37	11.00
	西菜园	1971	0.50	11.50	7.70	90	15.49	55.24	5.00
	榆山夼东北沟	1973	1.00	18.40	14.10	220	12.40	58.20	15.00
	榆山夼西北沟	1975	0.44	11.60	4.30	240	8.43	51.80	6.50
郭城镇	簸箕掌	1978	0.76	11.40	8.80	180	12.50	56.25	12.00
	当道东道沟	1976	0.33	10.20	8.25	104	14.09	49.00	8.00
	当道涝渡沟	1979	0.78	28.70	22.00	139	16.52	31.00	9.00
	东鲁家夼	1959	0.80	12.40	8.50	151	10.20	54.65	13.30
	路　南	1978	0.40	11.00	9.20	95	14.34	56.43	6.40
	松树夼	1979	0.44	18.40	13.30	195	14.70	58.56	8.00
	西古现	1960	0.40	13.20	9.90	108	11.00	58.55	6.10
二十里店镇	修家夼	1979	1.10	10.00	6.50	175	11.33	52.35	8.00
	上于朋	1974	2.00	21.60	5.00	135	11.80	57.37	5.00
	邵　伯	1971	1.00	13.80	8.60	119	14.06	56.69	11.50
	姜家庄	1959	0.98	10.00	6.30	135	11.00	54.48	7.00
	花崖联办	1977	1.20	13.30	8.20	115	13.00	31.00	11.00
	河南庄	1975	0.95	10.00	7.68	135	11.45	27.22	16.00
	半社乡	1977	0.70	16.90	12.90	205	17.00	50.50	15.00
行村镇	程家庄	1966	0.61	17.00	14.60	88	19.69	31.86	8.00
	东　山	1975	0.70	30.70	21.00	334	14.50	26.69	5.00
	夼　里	1967	0.40	17.90	14.90	188	14.55	29.20	8.00
	庙河前	1974	0.60	25.30	20.40	260	13.85	30.73	8.00
	瑞　宇	1960	1.00	41.90	31.80	146	15.60	16.92	10.00
	孙家夼	1974	0.50	11.90	9.80	152	18.10	29.73	8.50

续表 7-3-3

所在地	名　称	建设年份	流域面积（平方千米）	工程现状指标					
				库容（万立方米）		坝　长（米）	坝　高（米）	溢洪道（米）	
				总库容	兴利库容			底高程	净宽
行村镇	田　村	1974	1.22	29.30	20.50	156	14.50	27.50	12.00
	西寨头	1960	1.20	29.30	17.60	149	17.40	37.22	5.00
	赵　疃	1972	0.45	15.40	11.25	174	10.45	52.42	8.50
留格庄镇	步　鹤	1967	0.60	13.70	10.40	176	12.00	57.00	9.50
	江　家	1965	0.65	14.90	9.70	110	17.10	14.34	5.00
	苏　疃	1978	1.75	61.40	43.70	200	17.70	55.00	9.00
	塔儿庄	1980	0.90	29.50	22.50	180	15.00	60.50	10.00
盘石店镇	虎　山	1966	0.60	12.80	16.70	180	14.00	58.91	6.00
	龙　头	1960	0.65	10.00	6.60	117	10.00	50.00	8.00
	马格庄	1966	0.50	15.00	12.40	238	10.30	52.61	8.10
	望　山	1979	0.89	10.20	6.90	167	10.04	55.48	6.00
	霞　石	1960	1.05	20.80	14.50	260	11.00	49.49	13.00
	崖　下	1966	0.62	10.40	5.65	145	10.70	55.44	5.00
	杨格庄	1989	0.40	12.00	8.70	80	13.50	59.20	10.00
	周　家	1972	0.65	18.20	12.20	178	11.40	53.15	10.00
	朱兰夼	1960	1.25	14.70	10.38	230	13.00	56.89	12.00
小纪镇	东野口	1969	0.75	10.00	7.20	130	14.70	18.65	8.00
	洪　沟	1974	1.00	38.20	20.20	269	9.88	14.50	6.00
	驹凤头	1976	0.80	18.10	10.35	159	12.22	20.50	13.00
	李家疃	1991	0.83	10.00	6.60	138	11.78	22.00	9.00
	鲁　疃	1960	2.00	72.00	40.00	240	16.97	25.60	15.00
	牛根树	1998	0.63	12.00	8.65	129	11.01	93.00	11.00
	石　马	1962	1.20	22.60	13.00	127	16.00	24.45	8.00
	笤帚夼	1969	0.84	30.80	25.80	106	16.35	29.53	8.00
	香　山	1998	0.53	10.20	7.32	190	16.80	137.66	10.00
	子推后	1990	0.50	12.30	10.17	130	14.50	23.00	8.00
辛安镇	茂梓集	1960	1.09	15.20	11.50	256	10.83	17.74	13.00
	瓦　罐	1980	0.90	16.00	8.90	231	9.15	25.00	10.00
	谢　家	1979	1.30	10.00	7.10	250	12.70	45.78	14.50
	修　家	1971	0.50	12.70	5.30	180	12.01	58.50	11.00
朱吴镇	后　庄	1965	0.75	15.70	12.80	124	16.70	58.50	14.00
	纪家庄	1959	1.60	14.80	10.00	67	15.95	56.00	17.00
	乐　畎	1979	0.78	24.50	20.00	179	17.10	48.50	20.00
	冷　家	1965	0.50	11.20	5.75	117	13.52	19.00	6.00

续表 7-3-3

所在地	名称	建设年份	流域面积（平方千米）	工程现状指标					
				库容（万立方米）		坝长（米）	坝高（米）	溢洪道（米）	
				总库容	兴利库容			底高程	净宽
朱吴镇	清泉庄	1960	0.90	24.00	17.70	168	14.48	21.38	8.00
	上孙家	1959	2.00	54.80	26.00	228	22.20	26.00	9.00
徐家店镇	宫家苇夼	1966	1.35	10.30	2.80	55	7.10	16.50	7.00
	古堆山	1998	0.51	14.10	9.80	130	10.00	23.50	6.00
	核桃树	1975	0.35	50.60	39.60	128	16.00	104.50	12.00
	姜家秋口	1966	1.00	10.50	6.40	144	10.50	15.34	8.00
	晶山夼	1976	0.60	13.30	10.40	115	15.00	18.46	17.00
	岚店	1978	0.40	14.80	10.73	160	15.68	25.10	7.00
	李新庄	1978	0.30	12.40	8.76	120	15.37	23.10	4.00
	南水头	1958	4.50	72.40	53.25	145	20.00	107.30	26.50
	上吼山	1979	0.50	18.50	9.47	140	16.32	53.20	8.50
	万家夼	1975	0.50	12.70	7.56	150	20.40	26.90	7.00
	下吼山	1977	1.10	47.20	27.40	174	16.93	61.64	5.00
	肖家夼	1975	1.00	61.00	42.50	268	17.70	26.61	11.00
	徐家店	1958	1.50	36.80	22.60	207	9.89	25.32	18.00
	杨家庄	1975	1.40	14.20	10.55	94	11.80	19.00	13.00
	于家长沙	1965	0.40	14.80	7.10	153	13.08	59.10	6.00
	赵家秋口	1966	0.60	12.00	7.85	116	7.50	12.90	6.00

塘坝 1978年，全县有塘坝403座。1985年，有塘坝398座，总库容1200万立方米。2010年，全市有塘坝660座，总库容1605万立方米，有效灌溉面积3.13万公顷，其中方圆街道14座、东村街道52座、凤城街道7座、留格庄镇19座、盘石店镇64座、郭城镇56座、徐家店镇133座、发城镇70座、小纪镇52座、行村镇37座、辛安镇16座、二十里店镇38座、大阎家镇35座、朱吴镇49座、经济开发区13座、碧城工业区5座。

拦河闸（坝） 50年代初，境内修筑水坝，控制沙土流失，减轻河道淤塞。至2010年，全市有闸（坝）340道、其他工程70处，控制灌溉面积1490公顷。其中，较大型拦河闸1处，位于小纪镇余格庄，设计灌溉面积233公顷，有效灌溉面积200公顷。

2003年，东村河拦河橡胶坝

1992—2010年海阳市拦河闸工程一览表

表7-3-4　　单位：万立方米

所在地	名　称	所属水系	建成年份	拦蓄量
东村街道	海河桥上游自动翻板闸	东村河	1992	3.12
	海园桥橡胶坝	东村河	2004	1.34
	海园桥上游自动翻板闸	东村河	1997	2.76
	一水厂自动翻板闸	东村河	1998	2.10
	北八里庄村东自动翻板闸	东村河	2004	2.04
	羊角沟村东自动翻板闸	东村河	2001	3.42
	羊角沟村东橡胶坝	东村河	2004	1.80
	地北头村东自动翻板闸	东村河	2004	3.84
	地北头村东自动翻板闸	东村河	2004	2.98
	五间屋小学东自动翻板闸	东村河	2004	1.17
	五间屋小学东自动翻板闸	东村河	2004	1.45
	五间屋村东自动翻板闸	东村河	2004	0.96
	五间屋村东自动翻板闸	东村河	2004	0.81
	五间屋村东自动翻板闸	东村河	2004	0.40
	五间屋大桥下游自动翻板闸	东村河	2004	0.60
方圆街道	跃进东桥下游橡胶坝	东村河	2004	3.90
	市海洋与渔业局南自动翻板闸	东村河	2005	0.49
	跃进桥下游橡胶坝	东村河	2004	10.70
	新元广场橡胶坝	东村河	2004	7.35
	新兴桥下游自动翻板闸	东村河	2000	1.00
	新兴桥上游自动翻板闸	东村河	2004	0.54
	里口新区西自动翻板闸	东村河	2001	2.27
	里口新区西橡胶坝	东村河	2004	2.26
	里口新区西自动翻板闸	东村河	2004	0.86
	环城桥下游自动翻板闸	东村河	2004	2.18
	环城桥上游自动翻板闸	东村河	2004	1.55
	里口桥下游橡胶坝	东村河	2004	2.20
	里口桥上游橡胶坝	东村河	2004	3.86
	里口桥上游橡胶坝	东村河	2004	3.78
	里口桥上游橡胶坝	东村河	2004	1.93
凤城街道	黄海大道桥下游橡胶坝	东村河	2005	102.37
经济开发区	石人泊桥下游橡胶坝	东村河	2004	68.85
	龙凤热电厂橡胶坝	东村河	2005	16.07
	凤翔桥下游橡胶坝	东村河	2002	7.87
	凤翔桥上游自动翻板闸	东村河	2002	4.20
旅游度假区	海滨路大桥下游橡胶坝	东村河	2010	15.00

机电井 50年代末，县内开始兴建机电井。1978年，全县有机电井1369眼。1979年8月12日，水电部副部长刘向三到海阳考察，烟台地区推广海阳建设大口井的经验。1985年，全县有机电井2071眼，其中大口井1421眼。2010年，全市有机电井2068眼，其中深井3眼；配套机电井1798眼、1798台、29.91兆瓦（机配井1079眼、1049台、13.04兆瓦；电配井719眼、749台、16.87兆瓦），灌溉面积1.39万公顷。

提水工程 50年代，开始建设扬水站。1985年，全县有扬水站262处，灌溉面积4406.67公顷。2010年，提水工程237处，配套功率6.68兆瓦，实灌面积2630公顷。因大多工程损毁，管理投入不足，90%以上不能正常运行。

1981—2010年海阳市扬水站情况一览表

表7-3-5

所在地	名 称	建成时间	水 源	扬 程（米）	提水量（立方米/秒）	主要机电设备
盘石店镇	东杨格庄泵站	1982.08	盘石店水库	41.3	0.08	1台/55千瓦
	野口泵站	2007.09	盘石店水库	38.5	0.14	1台/75千瓦
留格庄镇	杜家泵站	1985.06	望海水库	46.0	0.08	1台/55千瓦
	市自来水有限公司二水厂泵站	2006.10	留格庄河	73.0	0.12	3台/185千瓦
	江家泵站	1982.07	山口水库	41.3	0.08	1台/55千瓦
	望格庄泵站	1983.07	山口水库	46.0	0.08	1台/55千瓦
郭城镇	东楼子泵站	1981.05	建新水库	41.3	0.08	1台/55千瓦
	西楼子1号泵站	1983.05	建新水库	41.3	0.08	1台/55千瓦
	璋夼泵站	1983.05	建新水库	41.3	0.08	1台/55千瓦
方圆街道	市自来水有限公司一水厂泵站	1997.05	东村河	60.0	0.15	3台/190千瓦
发城镇	苍山1号泵站	1982.10	埠后河	40.0	0.12	1台/75千瓦

第二节 中型灌区配套改造

二十里店水库灌区 1965年10月兴建，1967年3月开灌，灌区覆盖二十里店、辛安、大阎家公社所有区域，设计灌溉面积2586.67公顷，有效灌溉面积2286.67公顷。1986年，灌区内新建泄洪闸4座，维修闸门25面，泄洪闸护坡20处，桥涵洞5处，更换启闭机13部，制作直径1米的泄洪口铁盖3个，浆砌渠道32处，总长192米；干渠清淤44.8千米。1989年，对灌区进行整修，干渠清淤44.12千米，浆砌干渠2253米，整修干渠建筑物44座。2000年，灌区实灌面积300公顷，灌区干、支渠总长度81.10千米，其中仅20千米完好，占24.7%；干、支渠建筑物266座，仅58座完好，占21.8%；年灌溉用水量157.5万立方米，灌溉定额（净）200立方米/亩，设计灌溉保证率75%。2003年，投资20万元进行渠道续建。2010年，因工程老化、退化、失修，局部工程不能正常运行。

建新水库灌区 1965年11月兴建，1970年3月开灌，灌区覆盖发城、郭城两个公社，设计灌溉面积1940公顷，有效灌溉面积1266.67公顷。1989年，对灌区部分整修，干渠清淤33.19千米，浆砌防渗干渠1.8千米，新建、整修52座干渠建筑物。1998年，灌区渡槽进行修复。1996—1999年，整修主干渠5.4千米、北支渠12.86千米、南支渠17.33千米，修复及重建部分建筑物55座。2000年，实灌面积233公顷；年均实灌面积200公顷，年用水量350万立方米，灌溉定额（净）285立方米/亩，设计灌溉保证率为50%；灌区干、支渠总长度47.7千米，其中完好的仅10千

二十里店水库

米，完好率为21%；干、支渠建筑物348座，完好的90座，完好率为25.9%。2010年年底，渠道险段总长10多千米，可能塌滑段总长3.5千米。同年，投资42.7万元修复干渠渡槽。

盘石店水库灌区　1970年8月兴建，1975年4月开灌，灌区覆盖盘石店、留格庄公社所有区域，设计灌溉面积1940公顷，有效灌溉面积1160公顷。1989年，投资82.7万元对灌区进行整修，干渠清淤19千米，明渠改暗渠552米，浆砌干渠2060米，维修建筑物55座。1991年，利用

盘石店水库

联合国农发基金20万元，护砌干渠2千米。1995年，投资81.5万元进行干渠整修。1998年，修复灌区渡槽。1999年，实灌面积150公顷；年用水量206万立方米；灌溉定额（净）185立方米/亩，灌溉保证率为50%；灌区干、支渠总长度20.5千米，完好的仅5千米，完好率为24.4%；干、支渠建筑物153座，完好的仅42座，完好率为27.4%。因连年干旱，灌区蓄水严重不足，到2000年，实灌面积仅200公顷。2000年后，未再整修。至2010年，局部工程已不能正常运行。

第三节　节水灌溉

70年代中期，海阳引进第一台节水灌溉机械。因群众认识不足等原因，节水灌溉发展缓慢，到80年代中后期才有起色。1986年，采用低压管道灌溉，因造价低廉且节水、节能、省工、增产，成为全县控制面积最大的节水灌溉方式，尤其沿海乡（镇）及机井灌区发展快速。1989年，引进推广微灌技术。因投资较大，实施面较窄，仅集中于果园及保护地蔬菜等高效作物，果园以树下微灌为主，保护地蔬菜以膜下滴灌为主。1995年，节水灌溉投入资金5493万元。全县各类节水灌溉面积1.80万公顷。其中，低压管道灌溉8700公顷，渠道衬砌防渗控制3500公顷，喷灌5300公顷，微灌333公顷。1996—2000年，全市节水工程总投资5622万元，完成灌溉面积7080公顷。其中，低压管道灌溉4293.33公顷，半固定低压喷灌353.33公顷，微灌333.33公顷，渠道防渗2100公顷。2000年，节水灌溉面积达到2.50万公顷。其中，低压管灌面积1.31万公顷，半固定低压喷灌5673.33公顷，微灌面积666.67公顷，渠道防渗控制面积5653.33公顷。全市先后在留格庄镇日照庄、望格庄，东村镇山口村、杨家泊村、和平村召开低压喷水管灌工程示范现场会议。2007年，全市完成各类水利工程568项，投资6958万元，新增节水灌溉面积1206.67公顷。完成方圆街道车村133.33公顷半固定管灌、东村街道前辛治村133.33公顷粮果管灌、盘石店镇下垒子村果树管灌66.67公顷、发城镇榆山夼村133.33公顷果树管灌、发城镇北姜格庄66.67公顷粮果管灌、小纪镇泉水头村200公顷粮果管灌、朱吴镇后庄133.33公顷粮果管灌等建设项目。2008—2009年，全市新增节水灌溉面积2110公顷，完成重点管灌项目11个。2010年，全市有效灌溉面积3.52万公顷，占耕地总面积63.6%；节水灌溉面积2.57万公顷，占耕地总面积46.4%，其中防渗渠道灌溉4960公顷、低压管灌1.91万公顷、喷灌1310公顷、微喷310公顷，主要分布在留格庄、盘石店、朱吴等镇。

西沽头村稻田渠系灌溉系统　60年代建设。至2010年，开挖土、浆砌渠道4200米，其中浆砌渠道620米，灌溉面积100公顷。

2010年，大阎家镇西沽头村稻田渠系灌溉系统

辛安村膜下滴灌工程　1989年春建，11月竣工运行，投资60万元，用于草莓大棚。至2010年，运行情况良好。

西古现村果园微喷工程　1992年，一期工程投资95万元，12月竣工，灌溉面积80公顷，建增压泵站7处，装机158.5千瓦。二期工程投资46万元，1994年5月竣工，灌溉面积33.33公顷，装机30千瓦。经测算分析，果品产量增长幅度一般为15%～51%，节水71%，省工85%。

1996年，郭城镇西古现村果园微喷工程

第四章 水利工程与治理

第一节 河道整治疏浚

河道整治 70年代，全县对重点河道或河段进行大规模治理，限于经济等原因，治理标准较低。1980—1995年，县政府采取工程措施和非工程措施结合办法，对境内7条主要河流和1100多条大小沟夼进行治理，层层拦蓄，减少入海、出境径流量，增加地表蓄水和地下补水。90年代末，对河道的治理力度加大，采取国家、地方、集体企业及个人投入办法，开始逐年、有计划地治理。

东村河 河道整治始于70年代。1980—1985年，沿河乡镇组织开展筑堤、护险、河道清障和建设小型水库、塘坝、谷坊等拦蓄补源工程。至1989年，累计投资168.65万元，完成各类水利工程2034项，其中塘坝2座、拦河闸30座、蓄水谷坊176座、干砌谷坊1821座、截潜流5处。90年代初，开始逐年有计划治理。1997—1998年，建设自动翻板闸2座。1999年，在海河桥上游建自动翻板闸1座。2000年，在新兴桥下游建自动翻板闸1座。2001—2010年，投资1.8亿元，对五间屋至入海口段进行综合整治，建成橡胶坝14座、钢制自动翻板闸21座，形成水域面积210万平方米，一次可蓄水200万立方米。其中，自2003年始，在沿河至入海口段建设瑞祥园、新元广场、峰泽园、万紫园和小孩儿口湿地公园等5处大型公园，建成沿河绿化景观带8千米，林草覆盖率96.8%；在城区海河桥、文山桥、跃进桥及沿河两岸安装景观灯300多盏。2005年8月，投资3000多万元，建设日处理污水5万吨的污水处理厂1座，铺设直径0.5～1米的污水管路9.5千米。2009—2010年，对入海口以上约3千米的河道进行清淤，并利用清淤泥土填筑河中人工岛4个，在滨海大桥桥孔内和入海口处修建橡胶坝2座，在海天路桥下修建橡胶坝1座。

留格庄河 1989年，投资144.05万元进行第一轮全流域整治，完成各类工程183项，建设小型水库1座、拦河闸20座、蓄水谷坊36座、干砌谷坊116座，打机井、大口井2眼，其他工程8项。1995年，进行局部整治，在盘石店镇大庄段建设拦蓄工程1处，并对留格庄段唐王山口拦河闸维修加固。2000年10月，对盘石店镇大榆村、小榆村、北山后等村附近的4千米河道进行清淤、筑坝、护坡，并建拦河闸3座。2007年3月，在留格庄唐王山口拦河闸原址处重建长122米、高3.0米橡胶坝1座，一次蓄水量60万立方米。2008年，在大柴村桥上、下游浆砌块石护坡820米。

纪疃河 1999年，投资158万元，在路疃村附近修建闸带桥1座，筑坝6千米，防洪标准提高到20年一遇，工程量3.72万立方米，土石方3.44万立方米、砌石2100立方米、砼700立方米。2002年10月，在隋家桥下建拦河闸1座。2006年4月，在西沽头村建设河闸坝1座。

白沙河 1998—2001年，行村镇联合小纪镇投资382万元，治理后沙埠前至齐格庄河段。建拦河闸3座、漫水桥带闸3座、高桥闸1座，工程量2.91万立方米，土石方2.01万立方米、砌石7000立方米、砼2030立方米。

富水河 1989年，投资139.10万元完成各类工程177项。其中，建设塘坝2座，修建拦河闸17座、蓄水谷坊20座、干砌谷坊120座，修地下水库1座，截潜流2处，打机井、大口井5眼，建蓄水池3座，其他水利工程7项。1993年9月，在徐家店段建设地下拦蓄工程1处。2000年9月，投资98万元，在徐家店镇坛山村和安家村修桥带闸2座，翌年5月竣工。

昌水河 1993年，在发城段建拦河闸1处。1999年1月，投资280万元，在发城镇姜格村前修建拦河闸2座，清淤、筑土坝20千米，10月竣工。

昌水河治理

古现河　沿河村建设一批小型拦蓄补源工程。1999年，在戴家村建1座拦河闸。

河道疏浚　全市有13条流域面积大于50平方千米的河流，大部分河道上游位于山丘区，比降大，水流急，冲刷力强；而下游多为平原区，比降低，过流能力小，尤其是河口段受海水顶托，造成泥沙淤积，抬高河床，降低行洪能力。据1984年测定，全县7条较大河流每年流入海洋和外县的泥沙72万立方米，淤高河床2～5厘米。

清淤　90年代末，市政府将河道清淤列入河道综合治理计划，逐步治理。1999—2000年，白沙河清淤筑堤7.8千米，东村河清淤筑堤13千米。2005年，小纪镇黄崖村河道清淤1.2千米，修筑河堤1.6千米。2007年，辛安镇滩西村河道清淤改造，疏浚河道1693米，水深2米，河堤高度3米；哲阳河海园东桥至跃进东桥段清淤整治，清除河床及桥洞内堆积的建筑和生活垃圾，维修加固局部塌陷的护坡及压顶石，补齐丢失的人行道板。2008年，东村街道邢家河清淤筑堤1200米，建拦河闸坝3座，并砌石护坡；12月，榆林涧村河道清淤筑堤1500米，砌石护坡850米，建桥梁2座、小型拦河闸坝8座。2009年至2010年6月，东村河下游入海口以上约3平方千米、均宽200米的河床，清除均厚0.5米、局部1.0米左右的全部淤泥，计30万立方米，投资1000万元。

清障　1984年，疏挖河道5条、1200米，堵复缺口15处，处理险工4处，拆除阻水建筑物5处，维修建筑物20处，疏挖沟渠6处、1000米。1985年，河道清障8.27公顷，清除中型河道阻水生物5.6公顷，处理河道险工6125米。1988年，河道清障面积14.29公顷，险工段31处、3480米。1995年，县政府制定河道管理暂行办法，明确河道责任，要求责任方对河道阻水障碍和险工险段，按照“谁受益、谁负担，谁设障、谁清除，谁破坏、谁修复”的原则，确保行洪畅通。2005年，拆除徐家店村桥，清除河道中的垃圾。2007年，大阎家镇路疃河段拦沙坝以下至10.15米高程处清淤清障300米。

第二节　水库除险加固

小型水库除险加固　70年代至80年代，全县结合防汛工作，本着谁建设、谁受益、谁管理、谁维修的原则，开展对小型水库的维修加固工作。1984年，全县除险加固小（1）型水库4座、小（2）型水库13座。到1985年，全县完成除险加固的水库和塘坝共88座，占总任务的17.6%。1986年，全县组织10个乡镇对18座水库、塘坝进行汛前灌浆。1987—1990年，完成病险小（1）型水库除险加固工程6座、小（2）型水库11座、塘坝67座，成为烟台市第一个小型水库和塘坝无病险工程的县。2002—2007年，又陆续加固10座。2007年5月—7月，对小型水库大坝进行安全鉴定，其中96座存在安全隐患，亟须加固。2008年，全市完成7座小（1）型和25座小（2）型水库除险加固。2009年，全市完成2座小（1）型和34座小（2）型水库除险加固。2010年，全市完成33座小（2）型水库除险加固。

中型水库除险加固　二十里店水库　位于

2008年，小型水库除险加固

二十里店镇纪疃村北。控制流域面积104平方千米，干流坡度4.95米/千米，总库容2665万立方米，其中兴利库容1000万立方米。流域内建小型水库9座，其中小（1）型水库1座，总库容247.6万立方米。1978年，开挖副坝、溢洪道120米。1989—1997年，除险加固主要为加高主（副）坝心墙、建防浪墙、防渗坝体、新建东放水洞、加厚大坝下游坡等。2009—2010年，除险加固工程为培厚大坝、建设溢流堰、维修加固溢洪道、维修主坝放水洞、拆除副坝放水洞、改建和新建管理设施等。

2010年，二十里店水库大坝

盘石店水库 位于盘石店镇龙头村西。控制流域面积33平方千米，总库容1610万立方米，兴利库容945万立方米。1979年，建188米防汛路1条。1987—1988年，投资32.23万元，实施防汛岁修工程施工，加高大坝0.74米，加高黏土心墙1.95米，建防浪墙、整修迎水护坡6684平方米，增厚背坡等，工程量4.54万立方米，投入工日8.18万个。1997年，投资15万元改造防汛路。2008—2010年，加固大坝，建设溢洪道闸，修筑防汛路、桥等。

建新水库 位于郭城镇战场泊村北。控制流域面积60平方千米，总库容2500万立方米，兴利库容855万立方米。1985—1989年，实施防汛岁修工程，并被评为省防汛岁修优质工程。

第三节 水利工程管理

工程产权 1981—1984年，全县开展水利工程"三查三定"（查安全定标准、查效益定措施、查综合经营定发展规划）工作。1990年，600余个村、1900多项工程实行企业化管理，分别占村总数和村级工程总数的82%和64%。1991年，全县开展水利工程企业化管理上档达标活动，全县613个村、2400项工程上档、达标，获省水利科技进步二等奖；5月，在省水利体制改革会议上作典型发言。1997年，全市实行小型水利工程产权制度改革，明晰产权，搞活管理使用权，采取拍卖、承包等形式，将管理使用权落实到户。对小（1）、小（2）型水库，因防汛任务较重暂不拍卖，仍由乡（镇）、村统一管护，以承包、租赁管理使用为主；对其他小型水利工程设施，以拍卖为主；对新建工程，可由集体兴建，再拍卖、承包到户；鼓励以户办、联户办、股份合作办形式投资建设。2005年12月，全市4248项小型工程进行产权制度改革。

确权发证 1984年起，对大口井、灌区扬水站、塘坝、小（2）型水库、小（1）型水库及中型水库，小（1）型水库的干、支渠，均划定安全保护和经营管理范围，明确权属，独立经营，任何单位和个人不得侵占。同年，确权发证906项。1989—1992年，对7条主要河道进行确权划界，签订合同149份，涉及17个乡（镇）、149个村，埋设界桩740个。1990年10月，对干渠工程确权划界，与50个村签订"土地权属界线协议书"，埋设界桩1161个。1993年，开展国有河道地籍调查和登记发证工作，重点办理外夹河、富水河、昌水河、东村河、留格庄河、纪疃河、白沙河的确权发证工作。

工程管理 *河道堤防及闸坝管理* 1978—1995年，全县按照水法、河道管理条例等法律法规，对水资源、河道沙场、堤防闸坝进行管理。2003年3月，河道管理实行采沙审批制度，凡河沙开采必须经水利、矿产部门审批，否则视为违法。2004年6月，出台河道以属地管理为主的政策，开征水资源费和河道维护管理费，用于河道堤防、拦河闸坝、重点水利设施维护与管理。加强水政监督，依法查处水事违法案件。

水库及灌区管理 1988年3月，县政府印发《海阳县水利工程管理办法》。1990—1992年，对二十里店、建新、盘石店3座中型水库的土地

进行确权、划界，明确库区、灌区的管理和保护范围，1992年5月，颁发国有土地使用证。1995年，水库管理进一步规范，三座中型水库管理所升格为副科级，由水利部门统一管理；中（小）型水库灌区，实行库灌合一的管理模式；小型水库隶属属地乡镇管理；小（1）型水库设有管理所、站或有专人管理，小（2）型水库灌区大多实行粗放管理。到2010年，全市所有水库灌区共有在职管理人员77人。

第四节　水利规费管理

工农业用水取费　1975年，开始计收中型水库灌区水费，0.2～0.5元/亩次，标准较低，收费仅能抵补部分管理费用。1982年起，水费提高至1～2元/亩次。1987年，3座中型水库灌区均按5元/亩次标准收费。1999年，3座中型水库灌区农业供水以支渠进水口为计量点，按0.08元/立方米计收。2002年，二十里店水库开始向城区自来水公司一水厂供水，以大坝东放水洞出口为计量点，0.10元/立方米（不含水资源费）。2006年，盘石店水库向核电厂供水，0.318元/立方米。1986—2010年，3个中型水库农业供水收取水费155万元，城镇供水收入40万元，核电工业供水收入14万元。

河道工程维护管理费　1998年1月起征，2000年3月停征，累计征收15万元，用于东村河跃进桥下游治理、日常管理及全市河道维护。2002年1月1日起，根据《山东省河道工程维护管理费征收使用管理办法》规定，河道防洪排涝工程体系受益范围内有销售收入或营业收入的企事业单位及其他经济组织，均缴纳河道工程 维护管理费。2009年1月1日起，河道工程维护管理费收取标准降低40%，执行时间1年。

污水处理费　2006年始征。市政府规定，使用自备水源地的单位和个人，由市水利部门负责督导，市质量技术监督局负责校验水表（费用由用户承担），用户按照实际用水量缴纳污水处理费，由市水资源管理站负责代征。使用自备井的单位和个人征收标准为0.8元/立方米。2006—2010年，征收79.62万元。

水资源费　1986年始征。县属及以上机关、团体、企事业单位及县城范围内各用水户0.10元/立方米，乡镇机关、企事业单位及乡镇驻地各用水户0.05元/立方米，城镇居民生活用水不征收水资源费。2002年9月，收费标准调整为地下水0.8元/立方米，地表水0.35元/立方米，地下水超采区取浅层水1.60元/立方米，矿坑生产和建设工程施工抽排地下水，在一般开采区取地下水0.16元/立方米，超采区取地下水0.32元/立方米；地温空调取水0.8元/立方米，地热、矿泉水和加工纯净水取地下水1.5元/立方米，超采区3.0元/立方米。水资源费由市水行政主管部门使用省财政部门统一印制的“水资源费缴款通知书”征收，严格执行“票款分离”制度。2003年7月，实行节水设施与主体工程同时设计、施工、投产使用制度。2006年1月，对取水许可审批制度细化，取水许可证有效年限由原来的3年改为5年，并对相关法律责任作出明确规定。

第五节　水法水政

河道管理　实行统一和分级管理相结合的方法。境内跨镇（区、街道）主河道和外县（市、区）与市内间的河段实行统一管理，由市水利局负责，市水政监察大队具体落实；统一管理外的其他河流、支流实行分级管理，由流域镇（区、街道）负责，镇（区、街道）水利站具体落实。2002—2005年，市政府对河道采砂管理作出规定，明确以属地管理为主。镇（区、街道）负责辖区内河道日常管理；市水利局负责河道整治与建设、水事纠纷调处、水事违法案件查处，督促检查河道日常管理；市国土资源局负责对河沙资源监督管理。2006年5月，市政府成立河沙治理整顿执法组。2009年，市政府成立沿海综合整治办公室，管理沿海河沙。

水事案件与纠纷　1990年，建立水利执法体系，依法行政，维护水事秩序。至2010年，共制止非法钻井案90起，查处水事违法案件79起，调处水事纠纷58起，案件准确率100%，结案率95%。

第五章　防汛抗旱

第一节　防　汛

1985年，全县实行领导干部包水库、河道和其他水利工程防汛责任制。同年，在汛初对3座中型水库和招虎山水库进行检修，并安设对讲机；7月2日起，每日6时定时联络一次雨情、水情、工情和灾情；大雨期间，每小时联络1次。库水位达到汛期限制水位以上时，暴雨期间要随时上报联络，为防汛指挥机构提供准确数据。8月19日，全县23处乡镇73个村普遍遭受9号台风袭击。全县平均降水99.7毫米，最大的高家乡达165毫米。其时正值海上汛期，潮位增高2～3米。全县农作物受灾面积3.87万公顷。沿海40千米有1333.33公顷土地被水漫灌。全县直接经济损失达1.22亿元。1992年9月1日，受北上的16号台风影响，全县出现暴风雨天气。降雨量超过100毫米的有12处乡镇，高家乡达180毫米。全县有4人死亡，经济损失3亿元，为中华人民共和国成立后所罕见。1995年，县政府与县水利局、乡（镇）政府出资26万元，购置雨量自动遥控和卫星云图接收系统，实现全县20个乡（镇）联网。1997年8月18日23时，受11号强热带风暴影响，狂风暴雨，到8月20日12时，全市平均降雨260毫米以上，超过200毫米的乡镇15处，其中盘石店镇达312毫米，沿海潮位比正常高4米以上，海边浪高5米以上，海内涌高4米以上。在这次强热带风暴中有4人死亡，造成经济损失达2.95亿元。全县上下全力抗灾，减少灾害损失。2004年，海阳与烟台市防汛抗旱指挥部的6处雨量遥测站联网。2005年，全市更新各雨量遥测站设备。2007年，市水利局制作防汛知识宣传看板20个，举办防汛知识培训班10次。8月9日6时至12日凌晨，全市普降大到暴雨，局部特大暴雨。平均降雨量达257.2毫米，最大降雨量324.5毫米。全市防汛工作到位、措施到位、责任到位，没有出现人员伤亡或重大经济损失。2009年7月20日，市防汛抗旱指挥部在小纪镇东野口水库举行防汛抢险模拟演练，检验应对突发洪水事件和各种险情的处置能力。2010年，全市安装全国统计抗旱系统，由国家防汛抗旱指挥部办公室统一组织。同年7月7日，市防汛抗旱指挥部在小纪镇南台水库举行防汛抢险模拟演练，针对水库水位达到警戒水位、水库水位达到允许最高水位和水库发生坝后局部滑坡三种险情进行演练。

第二节　抗　旱

境内历来有“十年九旱”之说，干旱是主要自然灾害之一。1978—1982年，全县雨量偏少，黄崖、朱吴、郭城、高家、徐家店、山西头、小纪、行村等8个公社旱情严重，地下水位下降6～10米，全县8条大河长年断源，502座水库、塘坝全部干涸，致使山区社队人畜吃水困难。连续几年大旱，农业生产造成巨大损失。面对灾害，县、公社、大队普遍建立生产救灾领导小组，帮助群众解决困难。1983年11月—1984年4月，长达6个多月仅降水28.9毫米，其中大于5.0毫米的有效降水过程只有1次，其余均为零星降水。1987年11月—1988年6月，全县出现冬连春、春连夏的严重干旱，251天内仅降水84.2毫米。受灾范围遍及全县23处乡镇，部分地区人畜吃水困难。1989年4月上旬末，农田开始出现旱情，至7月20日旱情解除，持续时间110天，其间降水量130.8毫米。春夏连旱之后，又出现伏旱。旱情从7月下旬末开始，至8月25日，持续时间1个月。其间，总降水量41.2毫米，占常年同期的17%。全县重旱面积达80%。面对干旱灾情，全县实行开源与节流并举，采用节水、拦蓄、补源、库中挖塘、河中挖井等措施，加大水利建设投入，加快发展节水灌溉工程。

1997年，受强厄尔尼诺现象影响，6月上旬至8月上旬，全市平均降水量72毫米，地下水位下降2.6米，40余座小型水库、245处塘坝、1680眼大口井干涸，河道断流。1998年10月—1999年6月，7个多月时间全市累计降水量仅有135.3毫米。全市受灾人口63万人、成灾人口46万人，432个村32.6万人、1.8万头牲畜吃水困难。全市积极开展抗旱救灾，发动群众宜挖则挖、宜调则调，广开新水源，增加蓄水量，将灾害损失减少到最低。

2000年3月至6月28日，全市降水量仅78.1毫米，较常年同期偏少60%。70%小麦无水浇，80%的春地被撂荒。全市512个村48.8万人吃水困难。2008年12月22日—2009年3月11日，全市仅降水3.0毫米。2009年，全市累计降雨714.6毫米。徐家店、发城、郭城、朱吴、盘石店、小纪等镇水库汛末蓄水严重不足，大部分水库已到死水位，特别是徐家店、发城两镇的部分水库已经干涸。该年汛期，全市3座中型水库总蓄水量约为1643万立方米，105座小型水库总蓄水量约为3160万立方米。秋末出现旱灾现象，全市组织各镇（区、街道）累计投入资金210万元，人力1.25万人次，机动设备610台（套），机动运水车280辆进行抗旱减灾工作，累计抗旱浇地8800公顷。2010年，全市遭受秋、冬季连旱，全市累计出动劳动力20万人次、机械设备3280台次，组织220名技术人员深入各镇（区、街道）进行抗旱保苗技术培训和现场指导，举办各类抗旱培训班60场次，发放抗旱、节水材料21万份。采购抗旱设备和物资，为饮水困难村新打机井22眼，找水井41眼。新建应急水源工程632项。其中，投资1100万元，建设永久性蓄水工程3处，可增加蓄水110万立方米，可一次性浇灌耕地333.33公顷、解决1.1万人饮水困难；投资700万元，在部分缺水村庄建成小型塘坝42处；投资500万元，在北部山区部分河道建设临时性拦蓄工程83处；投资500万元，在北部果业生产重点镇建设果园管网60处。解决3.2万人和0.7万头牲畜的饮水困难，启动应急水源向城区供水38.5万立方米。

第六章　库区移民扶持

第一节　中型水库移民扶持

1958—1961年，全县先后建成二十里店、盘石店、南台、建新水库。4个库区的19个大队、2296户、10836名村民分别迁至二十里店、小纪、发城、郭城、盘石店等公社，部分迁往省外，以东北三省为主。

2006年5月，国务院发布《关于完善大（中）型水库移民后期扶持政策的意见》，提出对大（中）型水库的农村移民实施后期扶持。对纳入扶持范围的移民，扶持标准为每人每年补助600元，扶持期限统一为20年。即对2006年6月30日前搬迁的纳入扶持范围的移民，自2006年7月1日起再扶持20年；对2006年7月1日以后搬迁的纳入扶持范围的移民，从其完成搬迁之日起扶持20年。扶持方式应尽量将后期扶持资金发放给移民个人，也可实行项目扶持，或二者结合。9月，市政府印发《关于贯彻落实大（中）型水库移民后期扶持政策的意见》，成立工作领导小组，从市直有关部门抽调10人，成立市移民工作领导小组办公室，全市大（中）型水库农村移民后期扶持工作全面启动。4座水库涉及的盘石店、二十里店、郭城、发城和小纪等镇也成立相应组织。2006年9月—2007年7月，全市成立19个驻村工作组、2个督导组，核定、登记8个镇、40个移民村、11348人。按照政策要求，尊重移民意愿，确定移民后期扶持方式全部为资金直补到人。水库移民补助资金采取“齐鲁惠农一本通”（“一卡通”）形式兑付，每人每年600元。自2006年第三季度始，至2010年年底，全市累计发放后期扶持补助资金3060万多元。大（中）型水库库

2007年，盘石店镇野口村水库移民扶持政策公示

区和移民安置区村庄共50个。其中，安置移民村庄40个，生产安置（地淹房不淹）村庄10个。2006—2010年，争取上级安排扶持项目16项，累计拨款405.68万元，包括农村饮水、农田水利、连村路硬化、沼气、交通桥改造五个方面，受益库区和移民安置村庄16个。

第二节　小型水库移民扶持

海阳小型水库大部分建于1960年至1998年间，与中型水库相比，搬迁移民数量较少，均采取就地、后靠、抬高安置等办法。2006年，国家启动大（中）型水库农村移民后期扶持工作。因小型水库的特殊性，2008年10月8日，省政府办公厅印发《关于帮扶解决小型水库移民生产生活困难的通知》，提出对小型水库库区和移民安置区实施项目扶持。至2010年，全市共争取省级帮扶资金500万元，帮扶22个小型水库移民村庄改善生产条件和基础设施。

第七章　水土保持

第一节　流域治理与开发

1978年，县政府提出“防治并重、治管结合、因地制宜、全面规划、综合治理、除害兴利”方针，以小流域治理为单元，全面规划，综合、集中、连续治理。1982年，注重加强以山区建设为重点的水土保持工作。年内，修筑山区营林路3050千米，治山整地1.07万公顷，开挖树穴造林6753.33公顷。其中，营造水土保持林2266.67公顷、用材林866.67公顷，建拦河闸62座。全县涌现出东村、二十里店公社等一批先进单位，促进全县的水土保持工作。至1983年，全县有中型水库3座、小（1）型水库17座、塘坝399座，总库容1.68亿立方米，控制流域面积643.18平方千米；沟河截流138处，建设水平梯田2.61万公顷、坝头地2753.33公顷，截水沟504千米，谷坊2911座，营造水土保持林2.70万公顷，封山育林5253.33公顷，共治理水土流失面积820.74平方千米。其中，已控制水土流失的440.40平方千米。1986年，全县投资1980.6万元，对14条小流域进行治理，治理面积84.97平方千米。至1992年，全市治理水土流失面积435.8平方千米、水平梯田2.42万公顷、水保林1.91万公顷，建设谷坊5279座、塘坝313座、拦河闸338座。1998年，全市提出以大流域治理为骨干，以小流域治理为单元，山、水、林、田、路全面规划，综合治理，坚持预防为主，治理与保护并重，防治人为水土流失，保护治理成果。1999—2005年，全市流域治理工作进入高速发展时期，累计投资1.12亿元，治理水土流失面积601平方千米，重点开展松树夼、东村河、丁家夼等流域治理工程。2006—2010年，重点治理托母山、大刁家、乐畎、古现河、九岭夼等流域。到2010年，全市治理水土流失面积10.24万公顷，其中水平梯田3.69万公顷、水保林6.46万公顷、种草946.67公顷，修护谷坊1.1万座、塘坝336座、拦河闸960座、环山路496条。

第二节　流域治理工程

松树夼小流域治理工程　位于郭城镇境内，

流域内涉松树夼、前夼、柳树3个村，流域面积25.8平方千米，其中水土流失面积14.1平方千米，占总面积54.7%。1978—1996年，流域内各公社（乡、镇）、村（大队）自筹资金，对流域综合治理，累计治理流失面积6.8平方千米，建小（2）型水库1座、塘坝3座、大口井3眼、拦河闸11处、蓄水谷坊2座，修水平梯田240公顷，栽果树124公顷，植树造林182公顷。1997年，工程被省列为水土保持示范项目。至2001年，累计完成总投资705.8万元，其中材料费248.3万元，省补助24万元，市、镇配套24万元，村自筹200.3万元；投工91.50万个，累计完成工程量13.8万立方米。流域内完成治理面积8.4平方千米。其中，新修水平梯田133.33公顷，治沙改土136公顷，种植经济林237.33公顷、21.4万株，种植水保林80公顷、36万株，补植疏稀林253.33公顷、30.4万株，建塘坝3座、拦河闸21座、谷坊110道。通过治理，流域内年土壤侵蚀量由治理前的4.05万吨下降到1.09万吨，年减少流失土壤2.96万吨，侵蚀模数由治理前的2869吨/平方千米·年，下降到1934吨/平方千米·年，年增加蓄水保水量51.31万立方米，地表水拦蓄率由8.96%提高到10.04%，扩大灌溉面积83.33公顷。森林覆盖率由治理前的15%提高到42.3%，林草保存面积占宜林宜草面积92%；增产粮食320吨、果品1525吨，年增加收入343.4万元，人均纯收入由治理前的2314元增加到3059元。2001年，工程一次性通过省验收，被评为优良工程，同年被财政部、水利部命名为全国水土保持生态环境建设示范小流域。

东村河治理工程 位于城区北部，流域涉及前山中涧、后山中涧、乐畎、石剑等12个村，流域面积54.6平方千米，水土流失面积36.66平方千米，占总面积67.1%。多年平均侵蚀模数2506.37吨/平方千米·年，沟壑密度2千米/平方千米，属砂石低山丘陵区。2003年开始治理，治理期1年，投入113万元。其中，中央预算内专项资金25万元，省财政10万元，其余为地方自筹。完成治理面积2.5平方千米，营造水保林90公顷、经济林60公顷，封禁治理100公顷，新修道路2千

2010年，东村河

2010 年，朱吴镇丁家夼村拦河坝

米，建蓄水谷坊 6 道、拦河闸 2 道，河道护岸 4 千米。2005 年 3 月，通过省验收，被评为优等工程。

大刁家托母山小流域综合治理工程　位于小纪镇，流域面积 10.2 平方千米，其中水土流失面积 7.87 平方千米，占总面积 77.2%。2008 年，工程被列入省财政专项资金水土保持项目，投资 107 万元。其中，省财政补助 30 万元，地方配套 77 万元。共治理水土流失面积 2.8 平方千米，新栽水保林 110 公顷、经济林 70 公顷，封禁治理 100 公顷，新建谷坊 5 道、拦河闸 1 道，修路 1 千米。

第三节　监督管理

1984 年 4 月，成立海阳县水土保持委员会。1992 年 11 月，县水土保持监督管理站成立，全县水土保持和监督管理工作走上法治化、规范化轨道。1993 年 11 月，建立监督检查员制度，分专、兼职两种，首次任命 27 名。1994 年 2 月，设烟台市级监督检查员 1 名。8 月，县政府印发《海阳县实施〈水土保持法〉暂行办法》。1995 年，设乡、村两级水土保持监督检查员 1210 名，其中乡级 200 名、村级 1010 名。3 月，制定海阳县水土保持方案审批制度，水保设施补偿费、水土流失防治费征收、使用管理制度，水保监督检查制度，水保执法文书档案管理制度，水保监督检查点管理办法等。1997 年，海阳被列为省第三批水土保持监督执法试点县（市），经水利部、省验收小组一次性验收合格，被评为省第三批水土保持监督执法试点先进单位。1999 年 5 月，市政府发布关于水土流失重点防治区划分和禁垦坡度公告，将水土流失重点防治区划分重点预防保护区、重点监督区、重点治理区。2000 年，海阳被烟台市水利局列为水土保持生态环境监督管理规范化建设市。2008 年 10 月，市政府印发水土保持若干规定的通知。成立水保法规宣传工作领导小组，确定每年 6 月 29 日为水土保持宣传日，7 月为水土保持宣传月，7 月第一周为水土保持宣传周。

第八章　水资源开发与管理

第一节　开发利用

50 年代末到 60 年代，以兴建地表拦蓄工程为主，建 3 座中型水库。70 年代初到 80 年代初，以开采地下水为主，开挖较多的农用机电井、大口井等。90 年代末到 2010 年，随着水资源供需矛盾加剧，全市对 7 大河流进行综治开发，建设一批小型拦河闸、坝，拦截地表水。1996—2000 年，全市共建设较大地表水拦蓄工程 957 项，拦蓄能力 1.08 亿立方米，占年均地表水资源量 30%。地表水可供水量当 P=50% 时为 9613 万立方米，P=75% 时为 6049 万立方米，P=95% 时为 2808 万立方米；打机电井 2386 眼，地下水实际年均开采量 7107 万立方米，占年均可开采量 70%，开采密度为 1.26 眼 / 平方千米。

1978—2010年海阳市水资源总量与可利用量情况表

表7-8-1

水平年	来水保证率（%）	水资源量（万立方米）				水资源可利用量（万立方米）					
		地表水	地下水	重复计算量	水资源总量	地表水	地下水	重复计算量	客　水	其　他	水资源可利用量
年平均	—	36090	14330	10940	39480	6907	9320	7115	0	0	9112
平水年	50	27810	13900	10330	31380	5322	9040	6718	0	0	7644
偏枯年	75	14000	11180	9010	16170	2679	7271	5860	0	0	4090
枯水年	90	6330	8450	6810	7970	1211	5496	4429	0	0	2278

第二节　保护管理

水资源保护　1986年1月，成立县水资源管理委员会，下设办公室，由县水利局主要负责人任办公室主任。1987年，县政府制定海阳县自来水水源保护暂行规定，在城区划定两个水源保护区。第一水源保护区为东村河城北段以上，涉及新兴、鞋西沟、北八里庄、前山中涧等13个村；第二水源保护区为留格庄河日照庄以上，涉及大沟店、望格庄、姜格庄等46个村。2001年，编制海阳市水资源保护规划，对全市水功能进行划分，划定水源保护区、地下水禁采区和限采区，实施水域纳污总量控制。对水源地保护实行分工负责制，由市环保、卫生防疫部门监督实施，水利部门和自来水公司负责跟班化验。其中，市环保局定期取样检测，控制污水浓度，实行达标排放。全市各镇（区、街道）饮用水源地也划分出相应的环境保护区。到2010年，两处水源地水质一直保持三类水质标准。

取水许可管理　1986年5月起，执行国家、省相关政策规定。1993年9月1日，国务院《取水许可制度实施办法》施行，海阳开始办理取水许可证。办理范围为全市农村所有行政村（每村1份）、企业、事业单位。1994年6月，实施水利部取水许可申请审批程序规定。1995年12月，实施水利部取水许可水质管理规定。1996年7月，实施水利部取水许可监督管理办法；8月，实施山东省取水许可管理办法。2006年1月，实施山东省取水许可和水资源费征收管理条例。凡利用水工程或者提水设施直接从地下或者河流、湖泊取水的单位和个人，办理取水许可证，依照规定取水。全市符合申办取水条件的用水单位和个人，取水许可办证率95%以上。2009年，对申办取水条件的用水单位和个人，停收取水许可证费。

优化调度配置　按照全面规划，统筹兼顾，综合利用，优质水首先用于人民生活，多用地表水、少用地下水，先用地表水、后用地下水、鼓励利用海水的原则，合理开发利用水资源。1983—1986年，实施域内东水西调工程，东起留格庄河，西至城区，途经日照庄、塔儿庄、西哲阳、新兴等15个村，铺设管路15.5千米，供应县城用水。1990年，在大阎家乡实施西水东调工程，西起大阎家乡隋家河，途经从上、潮外、庄上、新生等7个沿海村，解决农田灌溉与群众饮水问题。1995年，《才苑水库向县城供水工程的可行性研究报告》获省水利厅批复，与中国灌排技术开发公司签订协议，列入中灌公司贷款计划。1996—1997年，市政府实施水源补源工程，投资550万元，铺设才苑水库至自来水公司一水厂供水管道，当年通水，与一水厂合并向城区供水，日供水能力1.3万立方米。2000年下半年，建设二十里店水库供水工程，铺设管道10千米，当年通水。2005—2006年，实施盘石店水库至大辛家核电区引水工程，铺设管道24千米。至2010年，向核电厂供水45万立方米。

第三节　农村饮水工程

1984年，全县有61个村6万余人吃上自来水，占村总数 8.3%。1998 年，全县启动改水工程，解决 200 个村 15 万人饮水。2000 年，解决 5 个村 3700 余人饮水。2001 年，解决 19 个村 1.21 万人饮水，包括 9 个缺水村 4000 余人，5 个新增缺水村 4000 余人，5 个季节性缺水村 4100 余人。2002 年，完成饮水工程 46 项，解决 52 个村 4.12 万人吃水困难，其中解决历史缺水村 14 个 7700 余人。2003 年，解决行村镇石人夼村、齐格庄等 18 个村 1.23 万人饮水。2004 年，解决 19 个村 1.3 万人饮水，全市共有 461 个村兴建自来水工程，35.60 万人受益，自来水普及率 60%。2005 年，全市启动自来水“村村通”工程。投资 1389 万元，建工程 63 处，解决 64 个村 6.61 万人饮水，自来水普及率 71%。2006 年，投资 2568 万元，建工程 79 处，解决 82 个村 8.13 万人饮水安全，普及率 84.5%。2007 年，投资 2634 万元，建工程 101 处，解决 101 个村 7.98 万人饮水安全，普及率 97%。2008 年，投资 1587 万元，建工程 85 处，改善和解决 85 个村 8.45 万人饮水安全。2009 年，投资 1220 万元，建工程 62 处，改善和解决 62 个村 5.07 万人饮水安全。2010 年，投资 809 万元，建饮水安全工程 29 处，解决 29 个村 2.44 万人饮水安全，自来水普及率 97.8%。

乡（镇）供水 徐家店镇供水工程 1994 年建，位于徐家店镇前槐山村富水河上，为水源枢纽工程，包括输配水管网系统及高位调蓄水池。其中，水源枢纽工程有机泵房、地下渗渠、集水廊道、截渗板墙等。机泵管理房设在河道东岸，内设供水及水处理设施，设计日供水量 5000 立方米、供水流量 541 立方米 / 小时。渗渠廊道长 150 米、宽 1.20 米、深 1.0 米，下设 5 个反滤层。集水井在渗渠下游 220 米处，截渗总长 400 米。高位水池建于万家夼村东南山坡处，设计容量 1000 立方米，池底高程 163.20 米，输水管总长 6791 米，配套机泵 3 台（套）。

大辛家自来水厂工程 1993 年建，位于留格庄镇潘格庄村前，主要为窑头、港北、大辛家、外岛、冷家庄、董家庄及附近冷藏厂和企业供水，日供水 3000 立方米。2000 年后，供水范围缩小。2010 年，仅供港北、大辛家、外岛、董家庄 4 个村及 3 处冷藏厂用水，日供水 800 立方米。厂区内设有集水井，由 2 台水泵输送至高位水池。高位水池位于潘格庄村东山坡处，容量 800 立方米。

农村供水管理 1984 年 7 月，实施水利电力部关于农村人畜饮水工作的暂行规定，明确农村人畜饮水的范围、水质标准、设施权属、资金筹集办法、工程管理制度等。1992 年 4 月，海阳规定新建乡（镇）驻地及村办供水工程均由县水利部门统一规划，乡（镇）水利站负责经营管理，县环保、水利、卫生等部门负责水质监测、水污染防治。2010 年 3 月，市政府制定海阳市农村公共供水实施细则，规范供水工程项目建设，加强建成后的运行管理。对农村集中供水工程，采取公司制运作、企业化经营；对单村集中供水工程，组建协会，统一管理；对部分村庄工程，采取承包、租赁、股份合作、一次性拍卖等灵活多样的方式，明晰工程产权，搞活经营管理。

2007 年，农村饮水工程

2002 年，石人泊村纯净水厂生产车间

第九章　水利科技

第一节　科研机构

1992年前，海阳无专门水利科研机构，县水利局工管站负责科研组织协调工作。1994年1月，县水利科技推广中心成立，设在县水利局。负责编制全市水利科学技术和教育发展规划，组织重大水利科研项目攻关、成果鉴定及技术推广工作，推广滴灌、微灌、喷灌、管灌等节水灌溉技术，组织水利对外经济技术合作与交流等。

第二节　技术研究与推广

境内水利科研结合生产实际，围绕水资源评价与开发利用、水利区划、调水工程、大（中）型水库除险加固、水工新结构与新材料、工程老化复壮、水产养殖、高产节水灌溉等关键技术问题进行研究推广。1990年，村级水利工程管理规程、胡萝卜素王浆饮料研制和工业化生产、果树滴灌省水、高产综合技术开发推广等4个项目列入年度市级科技进步奖。1991—1993年，承担县以上主管部门科研课题10项。1993年，海阳被评为省水利科技推广先进县。1996年，发展半固定管灌986.67公顷、总量4546.67公顷，发展微灌163.33公顷、总量496公顷，发展喷灌66.67公顷、总量5386.67公顷，浆砌石渠道31.2千米、总量313千米。实现20处乡（镇）、3座中型水库雨量自动遥测。在二十里店、盘石店2座中型水库推广网箱养鱼和水库大水面高产养鱼技术260公顷。同年，举办水土保持、农田水利、财务管理和微机操作培训班4期130人次，印发果树微灌、蔬菜膜下滴灌、淡水养鱼等科技资料6000多份。1997—1999年，举办水土保持、工程管理、财务管理、节水灌溉技术、微机培训等各类培训班12期430人次，提供咨询服务4000余人次，印发果树微喷、蔬菜膜下滴灌、淡水养殖等水利科技资料2万余份。2000—2010年，主要推广节水灌溉和工程施工技术。

第八编

海洋与渔业

海阳市海岸线绵长，海洋资源丰富，海洋捕捞、滩涂养殖历史悠久。所产牡蛎、缢蛏、海米、刺参等海产品味道鲜美，为海阳地方特产。1983年，始有个体渔业户。到2002年，全市渔业转变经营方式，产业不断发展壮大。1978年海洋捕捞产量1.46万吨，2010年达到12.28万吨。海水养殖面积由1978年的500公顷，发展到2010年的1.25万公顷。水产加工由1978年1个冷藏加工厂，发展到2010年56个水产加工企业、103座冷库，年加工能力10.74万吨。海洋科技得到较快发展，完成国家、省渔业科研项目20余个，1项取得国家科技进步二等奖。

第一章　机构与体制

第一节　机　构

海阳市海洋与渔业局　1978年，称海阳县水产局。1993年11月，改称海阳县渔业海洋局。1996年5月，海阳县渔业海洋局改称海阳市海洋与水产局。2001年12月，改称海阳市海洋与渔业局。2010年，内设办公室、渔业科（挂水产品质量安全科牌子）、海域和海岛管理科（挂环境保护科牌子）；辖渔业技术推广站、海阳渔港监督、大埠圈渔港监督管理站、渔政监督管理站、海洋综合管理站和凤城、大阎家、大辛家、行村、大山所5个海洋与渔业工作站。

2010年，市海洋与渔业局

海阳市渔业技术推广站　1955年，海阳县渔业技术推广站成立。1978年，改称海阳县水产研究所。1985年，复称海阳县渔业技术推广站。1994年1月，为股级全民事业单位，编制30人。1999年1月，减编至18人。2010年9月，对外挂海阳市海洋环境监测站牌子。

中华人民共和国海阳渔港监督　1981年7月，海阳县渔船渔港监督管理站成立，有职工2人。1994年1月，改称中华人民共和国海阳渔港监督、山东省海阳渔船检验站，一个机构、两块牌子，为副科级全民事业单位，人员编制15人，差额拨款。2001年6月，山东省海阳渔船检验站改称山东渔业船舶检验局海阳检验站。

中华人民共和国大埠圈渔港监督管理站　1993年3月成立海阳县大埠圈渔港监督管理站，为股级全民事业单位，编制6人，自收自支。1994年1月，改称中华人民共和国大埠圈渔港监督站。

中国海监海阳市大队　1998年5月，成立中国海监海阳市大队，挂渔政科牌子。2006年3月，将中国海监海阳市大队并入市海洋综合管理站，与市海洋综合管理站一个机构、两块牌子。

海阳市渔政监督管理站　1999年1月成立，为股级全民事业单位，编制12人，差额拨款，对内称渔政科。

海阳市海洋综合管理站　2001年3月成立，为股级全民事业单位，编制6人，差额拨款。

乡（镇）海洋与渔业工作站　1984年8月，全县设大辛家、凤城、大阎家、大山所、行村、东村、小纪、徐家店、北埠后、高家10处渔业技术推广站，隶属县水产局。1987年，撤销东村、小纪、徐家店、北埠后、高家5处渔业技术推广站。剩余5处渔业技术推广站，1992年5月移交属地乡镇管理。1995年2月复归县渔业海洋局管理。2005年，分别改称大辛家海洋与渔业工作站、凤城海洋与渔业工作站、大阎家海洋与渔业工作站、大山海洋与渔业工作站、行村海洋与渔业工作站。

山东省海阳渔政管理中心站　1990年12月成立，为山东省水产局渔政监督管理所属科级事业单位。

海阳市千里岩管理处　1991年5月成立海阳县千里岩管理处。1996年5月，改称海阳市千里岩管理处。2002年撤销，相关职能划归市海洋与渔业局。

海阳市水产集团公司　1992年1月成立海阳县水产集团公司，将原县水产局下属的企业（液化气站、水产宾馆除外）成建制划归，为独立法人企业。1996年5月，改称海阳市水产集团公司。2001年7月破产。

第二节　生产体制

个体经营　1982年前，全县渔业均实行国营和集体经营。1983年始，出现渔业个体户。1984年始，随着农村改革的深入发展，部分渔业村将小型渔船作价，由渔民个体经营。经营形式由渔民自主选择，或合伙，或独立。凡捕捞渔船在150马力以上的，一般实行合伙经营；在150马力以下的，实行独立经营，经营者雇2～4人协助。1992年始，原集体的船只改制成个人所有，集体所有的海水养殖池塘也承包给个人，水产品加工企业或被承包，或被改制。国有海域也确权给个人或集体。自2002年始，全市渔业全部为个体经营。

集体经营　1982年前，全县渔业生产体制实行渔业生产合作社形式的集体经营。1983年始，部分大队引入承包经营机制，将渔船承包给渔民经营。1985年，承包经营全面展开，全县对集体渔船和网具公开投标叫行，由承包者自行组织渔民，使用集体船只和网具作业，年终缴纳承包金，余额自留。1987年始，对集体企业实行承包，先行承包的是捕捞企业，后逐步扩展到养殖、加工领域。1998年，变承包经营为全面改制。到2002年，全市仅有方里渔港码头、前山渔港码头、中岛渔港码头仍属村集体所有，其余全部改制为私营企业，属村集体所有的企业也均实行个体承包经营。

国有经营　1972年，海阳县海水养殖场成立。1973年，海阳县裙带育苗场成立。1980年，海阳县水产养殖公司成立，养殖对虾和淡水鱼类。1981年，县裙带育苗场并入县海水养殖场。1982年，海阳县对虾养殖场建成投产。是年7月，改为对虾育苗场。1983年4月，县水产局建立淡水鱼种试验场，从事淡水鱼苗鱼种的繁育和部分成鱼养殖。1985年，国营捕捞单位有县渔业指挥部、县海水养殖场，渔民99人，机帆船9只、1062马力，载重337吨，产量603吨。建对虾育苗场2座。1989年，县渔业指挥部被撤销，捕捞船只和养殖场承包给集体或个人使用。1992年，成立海阳县水产集团公司，原县海水养殖场、对虾育苗场、水产供销公司冷藏厂等企业成为县水产集团公司下属企业。同年，县海水养殖场、羊角泮水产站、凤城水产站从县水产集团公司划归县千里岩管理处。2001年7月，市水产集团公司破产，下属企业改制为私营企业。2002年，千里岩管理处被撤销，下属企业破产。

股份制渔业　1998年，市盐务局建海珍品养殖场。2004年7月，企业完成股份制改造，改称海阳市黄海水产有限公司，是中国水产科学研究院黄海水产研究所与海阳市海珍品厂共同投资成立的股份制公司，公司注册资本2000万元。

渔业劳力　1978年，全县有渔业大队86个，渔业户4230户，渔业劳力4617人，其中从事海洋捕捞4148人。1982年，全县有渔业大队100个，渔业户5188户，渔业劳力6081人，其中从事海洋捕捞5160人。1986年，全县渔业村仅有4个。1992年前，渔业劳动力基本上为当地渔民。1992年后，外地劳力逐渐进入海阳，主要从事捕捞业。2002年，全市有渔业村12个，渔业户15016户，渔业劳力24567人，其中从事海洋捕捞13939人。渔业劳力年人均收入8000元至1万元；养殖渔民为当地人。2010年，全市有渔业村47个，渔业户24551户，渔业劳力47065人，其中从事海洋捕捞10092人。渔业劳力年人均收入1.6万元左右。

1978—2010年海阳市渔业劳力情况表

表8-1-1

年　份	渔业村（个）	渔业户（户）	渔业人口（人）	渔业劳力合计（人）	海洋捕捞（人）	海水养殖（人）	淡水养殖（人）
1978	86	4230	18919	4617	4148	262	—
1979	91	4478	19866	5070	4608	394	68
1980	93	4787	20963	5398	4926	322	150
1981	98	5049	23040	6003	5319	684	—
1982	100	5188	23240	6081	5160	392	529
1983	99	5885	26524	6980	6124	378	478
1984	97	6360	28527	7527	6496	525	506
1985	97	6837	23490	8892	7653	437	802
1986	4	9061	29892	10942	9336	750	856
1987	12	10314	33398	12835	10335	1223	1277
1988	12	3802	13405	14310	10980	2053	1277
1989	12	13677	41016	16214	11669	4545	885
1990	12	11998	31711	14102	11105	2021	986
1991	12	12270	35931	14936	10978	3033	925
1992	12	12708	36596	16077	10562	4611	904
1993	12	13517	39986	20018	11559	7487	972
1994	12	14129	42317	23945	12630	10395	920
1995	12	14936	44709	26441	15233	9418	920
1996	12	15245	46159	27194	16114	10160	920
1997	12	15060	47840	23675	13680	9083	912
1998	12	15159	48170	21685	13495	7278	912
1999	12	15018	47880	22995	14115	8130	750
2000	12	15016	47872	22986	14102	8131	753
2001	12	15016	47872	22986	14102	8131	753
2002	12	15016	58555	24567	13939	9776	852
2003	69	17739	59150	25750	15000	9450	850
2004	68	17699	59150	26180	14970	9810	856
2005	80	18039	55868	28219	14894	11645	853
2006	80	18160	56386	28771	10844	7065	—
2007	76	17945	58993	35013	13754	8187	—
2008	77	17926	60201	36860	13005	8045	—
2009	80	17696	61422	37238	13105	8265	—
2010	47	24551	69463	47065	10092	10937	306

说明：因渔业村界定标准不同，故各年份渔业村数不同

第二章　海洋捕捞

第一节　渔场渔期

沿海渔场　海阳沿海东起乳山口，西至丁字湾，有7条较大河流由此入海。近岸水域富含营养盐和有机物，浮游生物和底栖生物种类多，数量大，适宜多种鱼虾栖息、索饵和产卵繁殖。每年春季有大量鱼虾经此向东，绕成山头，到黄海北部和渤海洄游，秋季沿原路南返，故沿海既是产卵渔场，又是过路渔场。主要渔获物有带鱼、鲅鱼、鲐鱼、鳓鱼、梭鱼、鲳鱼、墨鱼、黄鱼、对虾、鹰爪虾、毛虾、琵琶虾等。渔期在每年4月上旬至6月中旬，9月上旬至11月下旬。由于资源衰退，至2002年，渔场渔汛难以形成。

青海渔场　又称青岛渔场、乳山渔场。位于山东半岛南端，面积5000平方海里，主要渔获物及渔期与沿海渔场相同。

石岛渔场　位于山东半岛以东、以南，面积8000平方海里。主要渔获物有青鱼、鳕鱼、鲆鲽类、墨鱼、鲅鱼、鲐鱼、毛虾、鹰爪虾、鳓鱼、鲨瑶类等。渔期主要在每年3—5月、10—12月，适宜多种网具作业。

连青石渔场　位于石岛渔场南，青海渔场东南，地处黄海南部中央，面积1.8万平方海里。主要渔获物有对虾、真鲷、鲐鱼、鲅鱼、鲆鲽类、墨鱼、鳕鱼、小黄鱼等。渔期较长，可全年作业。

吕泗渔场　位于黄海南部，南临长江口，北与海州湾渔场毗邻，西邻苏北沿岸，面积约1万平方海里。主要渔获物有大黄鱼、小黄鱼、鳓鱼、鲳鱼、鲅鱼、河豚及鲆鲽类和海蜇等。市内流网船，每年4月下旬至6月上旬到此进行鲅鱼、鳓鱼流网作业。

大沙渔场　位于黄海南部深沟两侧，面积约1.8万平方海里。主要渔获物有鲅鱼、小黄鱼、带鱼、鲍鱼、鲐鱼及鲆鲽类等。渔期较长，全年均可作业，主要作业期在3—7月、10—11月。大马力渔船冬、春季拖网作业，主要捕捞带鱼、鲆鲽类、墨鱼等。

渤海渔场　包括辽东湾、滦河口、渤海湾、莱州湾4个渔场。主要渔获物有对虾、毛虾、鲅鱼、带鱼、黄姑鱼、小黄鱼、真鲷、梅童、黄鲫、青鳞鱼、鳓鱼、梭子蟹等。1963年，海阳渔船始到此作业，主要在秋季捕捞对虾和少部分海蜇。县内大多数渔船于10月下旬返回，部分渔船，或遇超常年景，可捕捞到11月中旬。1980年前，每年去船100艘左右。1980年后，实行渔业许可证制度，每年分配海阳渤海捕虾证100～150个。每年秋到辽东湾捕捞海蜇船20艘左右。1984年，实行海蜇捕捞许可制度，全县15个。2000年后渤海湾资源急剧衰退，到渤海渔场的渔船减少。2010年到渤海湾的渔船有60艘，主要在黄海北部的莱州、蓬莱、芝罘、牟平等地作业。

其他渔场　80年代后，随着渔船向大型发展，续航能力提高，作业渔场逐渐增多，渔期也因此延长。部分大型底拖网渔船作业发展到长江口、舟山等渔场。

第二节　渔船与助渔设备

渔船　木帆船　有单桅、双桅之分。种类有鸡子、燕翅、平头等，载重量大的可达40吨以上。鸡子，首翘尾撅，腹如鼓式，形略似鸡，分大鸡、小鸡，大鸡多用于运输，小鸡专事捕捞。燕翅，前头宽，如燕之两翅，后部较窄，形似燕尾。多树一桅，行驶疾速，也称“燕儿飞”。平头，船体宽平，行驶速度较慢、但平稳，载重量大。1978年，全县有木帆船306艘，载重1490.4吨。此后随着机帆船的普及，木帆船减少。1983年后，渔业生产实行专业承包，木帆船增加。1985年，达744艘，总载重量1618吨。其中，私人合股集资购置358艘、328吨位。1994年始，多数木帆船开始体外挂机。1996年，不再使用木帆船。

机帆船（捕捞船） 1978年，全县有机帆船453艘，5512.5千瓦，载重3076吨。1983年，冷家庄大队购进2艘铁皮船，均为185马力。1985年，全县有机帆船963艘、2.28万马力，载重8733吨，最小12马力，最大250马力。其中，12～25马力的846艘，占机帆船总数的88.5%；80马力以上的54艘，占机帆船总数的4.8%。渔船总数中，合作经营209艘、2848马力、980吨位。1986年后，机帆船发展迅速，当年全县有机帆船1272艘。1990年，有机帆船2128艘、4.21万马力。2002年，有机帆船1570艘。2005年，有机帆船1287艘。2010年，全市在册捕捞渔船760艘，总功率4.37万马力。其中钢质渔船80艘，玻璃钢质5艘，其余为木质渔船。在册渔业辅助船14艘。

渔船

助渔设备 70年代，渔船普遍使用小型柴油机带动的围网起网机。80年代，延绳钓渔船多使用液压流钓两用机，大型渔船多使用液压绞钢机（俗称稳车或卧式绞车）。90年代，部分渔船开始配备探鱼仪、对讲机、接收机等设备，大型渔船开始配备雷达。1993年起，一律禁止使用对海洋生态环境破坏性较大的吸蛤泵。2000年后，部分渔船配备彩色探鱼仪和卫星导航仪。2005年后，渔船逐步配备CDMA手机终端设备，100马力以上渔船逐步配备卫星导航设备。2010年，部分60马力以上渔船配备AIS（自动识别避碰）防碰撞设备，部分渔船配备电子信息卡RFID设备，且配备数量继续扩大。

2005年始，全市开始建立和完善以CDMA、AIS、近海渔业安全通信救助网、卫星监控为主的渔业安全生产通信网络，逐步实现60马力以下小型渔船CDMA监控、中型渔船AIS监控、大型渔船卫星监控的海洋渔业船舶安全救助信息系统。

第三节　渔具渔法与捕捞

渔具渔法 70年代，全县多数年份有网具1万～2万顶，围网在全县兴起。80年代后，网具发展很快，全部网具均为尼龙网具；拖网作业得到发展，至1983年，全县有底拖网具352顶。1985年，全县有各种网具15.4万顶。90年代，全县禁止使用围网捕捞作业，普遍推广疏目底浮两用拖网。2000年后，全市大量使用流刺网，兼有使用旋网、手抄网等。沿海村民和垂钓爱好者赶海时，多使用手钓、竿钓、甩钓、延绳钓。

圆网　木帆船作业，每船4～5人，网1合。作业时，瞅准鱼群放网围住，浮子露出水面，靠沉子将网底封死，然后收网取鱼。

挂子网　木帆船作业，每船4～6人，网35～40扣。汛前在海中打桩，定置网具。每天信网1次。

大流网（鲅鱼流网） 每船7～12人，网30～150根。将网具直接放入水中，呈垣墙状，横断于鱼群通道上，使鱼挂于网目内或缠络于网底。

锚流网　作业方法同大流网。

拖网　每船8～15人，网1盘，两船对拖，轮流下网，借助船动力或风、流力拖曳行进，将鱼虾驱于网内。

拉网

裤裆网　两船带 1 根网，靠风力拖曳捕鱼。

路等网　每船 4 人，汛前打桩，将网定置海中，水深 2 ～ 3 米。木桩排列与潮流垂直，每天随潮涨落，信网 2 次。

梭子蟹刺网　每船 4 ～ 5 人，网 48 ～ 60 根，用沉石将网具固定海中，捕捞方法同路等网。

海蜇网　作业方法同路等网相似。

围网　小帆船作业，每船 3 ～ 4 人，网圈开门向岸，镶 4 根袋状网。立一墙网，由网圈口门伸出，诱迫鱼虾入网，网具固定不动，平潮时取鱼，每天 1 ～ 2 次。渔场选流向、地形适合的近岸水域，水深 5 ～ 15 米。

泊网　每网 25 ～ 32 人，分两组，以船载网向岸作半圆形下网，在岸拖曳网的两端，逐渐靠拢，将渔获物驱集到岸取鱼。

闯网　木筏、木帆船或小机帆船作业，每筏（船）7 人，网 30 扣，将 8 ～ 10 米竹竿插入海底，与流向垂直排列，间距 6.5 米。每两竿间挂 1 网，靠潮流冲力，驱集鱼虾入网，每天信网 2 次。

接网　木帆船作业，每船 1 人，网 2 扣。船到渔场后抛锚，固定船位，船前水平横竿，挑两网于船左右水中，靠流力冲鱼虾入网。

带鱼延绳钓　海阳市内多为浮延绳钓，木帆船作业。每船 4 人，钓 10 ～ 12 筐，每筐干线 500 ～ 530 米，系钩 130 ～ 140 只。干线由浮绳连接浮子，浮于海中，一端系于船上，钓饵以各种鱼类为主，均成 10 ～ 13 厘米长条，引鱼上钩。

虾虎鱼（光鱼）延绳钓　小船作业，每船 3 人，钓 18 筐，每筐 200 钩，以钩挂饵钓鱼。

捕捞　70 年代，海洋捕捞主要是近海捕捞。1977 年，大辛家公社大辛家大队 1121、1122 号对船，首次到南方渔场作业，年产 20 万千克。1978 年，全县捕捞产量 1.46 万吨。1979 年，调整近海作业。大目网具增加，渔业资源得到保护。1981 年，县内部分大队渔业生产实行承包。1983 年全部实行专业承包，个体渔船出现，调动渔民生产的积极性。同年，全县投资 28 万元，添置大流网 4500 根、对虾流网 2500 根、沙鱼网和海蜇网 200 根。近海作业定置网具 1.39 万件，圈网、路等网、底层鱼流网等大目网近 2000 件，全县捕捞产量 1.62 万吨。90 年代起，由于近海渔业资源明显减少，渔民开始远海捕捞。1995 年，全县捕捞产量 11.15 万吨。1998 年，全市捕捞产量 16.32 万吨。2000 年，全市捕捞产量 15.68 万吨。2010 年，全市捕捞产量 12.28 万吨。

1978—2010 年海阳市海洋捕捞产量情况表

表 8-2-1　　单位：吨

年份	捕捞总产量	鱼类	虾蟹类	贝类	其他
1978	14558	8349	6178	31	—
1979	14540	7725	6735	80	—
1980	14472	8639	5712	121	—
1981	13436	8166	5174	96	—
1982	17114	10517	6434	163	—
1983	16214	10169	5774	271	—
1984	18935	13158	5540	237	—
1985	17838	11798	5512	528	—
1986	17828	11511	4994	1323	—
1987	22309	13236	4752	4321	—
1988	29370	16309	5915	7146	—
1989	31415	19100	8181	4134	—
1990	39754	26083	10358	3034	279

续表 8-2-1

年 份	捕捞总产量	鱼 类	虾蟹类	贝 类	其 他
1991	46440	27698	15338	1902	1502
1992	49451	27894	14660	1606	5291
1993	59882	27740	16894	11159	4089
1994	92999	44695	23180	20374	4750
1995	111510	52860	21247	17230	20173
1996	102418	38985	24804	21001	17628
1997	161842	73276	20116	19660	48790
1998	163205	77473	34865	15882	34985
1999	156962	83464	34710	13785	25003
2000	156841	68940	40993	14019	32889
2001	156721	85401	37860	13760	19700
2002	156721	83633	38088	10520	24480
2003	156720	81547	39540	12029	23604
2004	157922	95085	39128	10589	13120
2005	156703	96342	38505	9801	12055
2006	133299	74533	38433	3534	16799
2007	111334	68110	21325	3686	18213
2008	122026	75879	21904	5374	18869
2009	122454	75510	28693	1580	16671
2010	122812	80378	27587	976	13871

第三章 水产养殖与增殖放流

1978年前，全县海水养殖品种主要为梭鱼和中国对虾，靠从海中天然纳苗，无人工培育苗种。淡水养殖主要为青鱼、草鱼、鲢鱼、鳙鱼、鲤鱼、鲫鱼、罗非鱼等。1982年后，县里建立对虾育苗场，开始人工育苗，推动对虾养殖生产。1986年，池塘养殖面积1024公顷，后逐年扩大。1989年，池塘养殖面积2706公顷。1992年后，对虾养殖进入低潮期，至1996年才复苏发展，品种也增多。2005年，全市拥有陆基养殖面积4467公顷，海上养殖面积3812公顷，滩涂养殖面积1625公顷，养殖品种有鱼类、甲壳类和贝类等。淡水养殖水面1866.67公顷，产量3808吨。2010年，陆基养殖面积4141公顷，浅海养殖面积7722公顷，滩涂养殖面积606公顷，养殖品种丰富多样。海水养殖总产量由1978年的1833吨，增加到2010年的19.62万吨。淡水养殖面积1138公顷，产量3803吨。

第一节 海水育苗

1982年，县对虾育苗场实行工厂化育苗。1985年后，县内陆续建起多处育苗厂。2002年，全市有海水育苗厂16家，育苗水体2万立方米。2005年，有海水育苗厂33家，育苗水体5.96万立方米。品种有中国对虾、日本对虾、南美白对虾、大菱鲆、河豚、牙鲆、海参、梭子蟹等。每

2010 年，市黄海水产有限公司育苗车间

年可育中国对虾苗 2 亿尾，日本对虾苗 4 亿尾，南美白对虾苗 2 亿尾，大菱鲆鱼苗 50 万尾，牙鲆鱼苗 50 万尾，河豚鱼苗 50 万尾，海参苗 200 万头，梭子蟹苗 600 千克，贝类苗种 40 亿粒。2010 年，有海水育苗厂 26 家，育苗水体 5.12 万立方米，品种扩展到十几个，有中国对虾、日本对虾、南美白对虾、大菱鲆、半滑舌鳎、星鲽、河豚、牙鲆、海参、梭子蟹、扇贝、鲍鱼、牡蛎等，年可育中国对虾苗 2 亿尾、日本对虾苗 4 亿尾、南美白对虾苗 2 亿尾、大菱鲆鱼苗 100 万尾、半滑舌鳎鱼苗 100 万尾、牙鲆鱼苗 50 万尾、河豚鱼苗 50 万尾、海参苗 2000 万头、梭子蟹苗 2000 千克、扇贝苗种 40 亿粒、牡蛎 2 亿粒、鲍鱼 200 万粒。每年 3—7 月生产。

第二节　对虾养殖

1978 年，全县有 7 个生产大队兴建、复修虾池，面积 110 公顷，坝长 2700 米。1979 年 10 月，县对虾养殖场筹建。1981 年，县对虾养殖场土池网箱育苗成功，育成虾苗 10 万尾。1982 年，工厂化育苗 1.3 亿尾。1985 年，全县养殖单位 33 个，对虾育苗 3.2 亿尾，养殖面积 800 公顷，投放虾苗 1.2 亿尾。对虾总产量 46 万千克，平均亩产 41 千克。1987 年后，全县对虾养殖掀起高潮，虾池面积扩大。1988 年，全县新开发虾池 2000 公顷。1990 年，全县虾池面积发展到 3200 公顷，平均亩产 100 千克、亩产值 4000 元。1993 年，对虾流行病爆发，养殖陷入低谷。后经过不断探索，在借鉴国内外先进养虾经验的基础上，创造“海阳模式”养虾方法。1998 年，大山所乡卓格庄一池塘亩产中国对虾 300 千克、亩产值 9000 元。当年山东省对虾养殖现场会在海阳召开，全省沿海 7 地（市）的主要领导和水产专家学者 300 余人参加会议。1999 年，卓格庄又创出亩产 300 千克、亩产值 1 万元的历史纪录，省对虾养殖现场会再次在海阳召开。2000 年，市内引进南美白对虾养殖成功。大山所乡一个 1.6 公顷的池塘产虾 4500 千克、产值 22 万元。其间，境内还引进日本对虾。2002 年，日本对虾、南美白对虾、中国对虾养殖面积

2003 年，行村镇桃林村养虾池

各占 1/3。此后，由即墨市养虾户传授日本对虾一年两茬（春、秋）养殖方式，最高亩产 60 千克、亩产值 1.2 万元。2005 年，海阳大部分养虾户改养日本对虾。2010 年，虾类养殖面积 2866 公顷，产量 8336 吨。

第三节　贝类养殖

扇贝　1977 年，烟台地区拨款 7.5 万元，在县海水养殖场建育苗池，购进种栉孔扇贝 75 千克，首次进行人工孵化。1978 年，从荣成县青鱼滩引进 100 千克，孵化成功，产幼贝 460 万粒。1979 年，孵化 500 万粒，收获成贝 125 千克，体长 6 ～ 7 厘米。1980 年停孵，从长岛县购苗 150 万粒放养，因海啸放养失败。1984 年，因种苗、销路、资金等方面原因停养。1985 年，恢复育苗和养殖。同年，县水产研究所购进海湾扇贝 200 只育苗，笼养 4 亩，亩产 1800 千克。1992 年，养殖 53.33 公顷、产量 584 吨。1993 年，全县扇贝养殖面积 580 公顷、产量 3.90 万吨，大辛家、凤城两地建有扇贝育苗厂。1993—1994 年连续 2 年养殖获得丰收，平均亩产 3 吨。1995 年，养殖面积 1386.67 公顷。同年，扇贝发生病害，当年产量仅 8599 吨。1996—1998 年连续 3 年亏损，且病害日益严重。1999 年，海阳无大规模扇贝养殖。自 2008 年起，在留格庄镇前山海域复有养殖，但面积小，约 13.33 公顷。

贻贝　1974 年，在县海水养殖场内始养，年内放养 3.33 公顷。1977 年，放养 73.33 公顷，收获鲜贝 1642 吨。1978 年后，因贻贝价格下降，销路不畅，养殖面积逐年减少。当年仅养 17.33 公顷，年产 370 吨。1986 年，全县贻贝养殖面积不到 10 公顷，年产 224 吨。1998 年始，随着扇贝养殖产量、效益的下滑，贻贝养殖开始受到重视。2002 年，全市养殖面积发展到 333.33 公顷，平均亩产 6 吨。2005 年，养殖面积达到 1210 公顷。2007 年后，面积压缩。2010 年，全市养殖面积仅剩 348.67 公顷，产量大幅下降。

牡蛎　1989 年，海阳始利用沿海滩涂养殖，苗种依靠天然护养，面积 10 公顷，产量 50 吨。1992 年，始在浅海进行筏式养殖。1997 年，全市养殖面积 282 公顷，产量 9980 吨。1998 年始，因扇贝养殖下滑，牡蛎养殖增多，养殖方式多为大苗育肥，一般从烟台、威海一带购进大苗，经秋冬季暂养育肥后销售。2003 年，全市养殖面积发展到 162 公顷，平均亩产 6 吨。2005 年，全市养殖面积达到 900 公顷。2007 年后，养殖面积压缩。2010 年，全市养殖面积 441 公顷。

蛤类　海阳杂色蛤分布较广，蕴藏量较大，是一种优良的滩涂养殖贝类。80 年代前，处于自由采捕状态。80 年代后，逐步发展到护养及采苗放养。1982 年，县内西南沿海的海头、桃林、何家等大队播养 27 公顷，以何家大队为主。2002 年后，随着《中华人民共和国海域使用管理法》的颁布实施和海域使用权的明晰，渔民开始有计划向海里投资育苗，遏制以往因酷渔滥捕造成的贝类资源衰退的局面。2005 年，全市杂色蛤养殖面积达到 667 公顷。其中，何家村 133 公顷。

除杂色蛤养殖外，还有中国蛤蜊（又称沙蛤、黄蛤）、文蛤、毛蚶等，其中以中国蛤蜊产量最多，约占蛤类总产量 1/3。2010 年，全市蛤类总产量 14.55 万吨，面积 7429 公顷。

缢蛏　1986 年，行村镇何家村从浙江一带购苗在滩涂上试养成功。1989 年，全县有缢蛏养殖面积 51 公顷，产量 500 吨。1992 年，养殖面积达到 387.7 公顷，产量 3543 吨。1993 年，在虾池中与对虾混养成功。1994 年，养殖面积 440 公顷，产量 6700 吨。2001 年，养殖面积 860 公顷（包括混养面积），产量 9943 吨。因缢蛏和日本对虾混养在技术上有一定冲突，随着日本对虾养殖面积的增多，缢蛏混养面积和产量有所减少。2002

年，养殖面积500公顷，产量1.13万吨。2005年，养殖面积530公顷，产量1.24万吨。2010年，全市养殖面积92公顷，产量6575吨。

泥蚶　质优品佳，营养丰富。1957年，海阳开始滩涂护养。1959年，全县放养面积187公顷。自70年代后，全县护养面积逐年增加。1972年，护养面积达到1447公顷，产量109.8吨。到70年代末，南方沿海地区到县内高价收购蚶苗，部分渔民抢采，亲蚶骤减，资源遭到严重破坏。1982年冬，县政府发证确权，护养责任落实到大队、联户和个人，但因缺乏种苗，产量仍低。1985年，护养面积747公顷，产量仅7吨。此后，资源一直未恢复。1993年，有浙江养殖户在行村镇承包池塘进行泥蚶养殖，春季放苗，养殖半年后，秋季转至浙江沿海养殖，至翌年春季出售。这种养殖方式比在南方正常养殖缩短养殖时间，但因路途远，运输不便，一直没有推广扩大。

第四节　鱼类养殖

海水鱼养殖　梭鱼　1984年，县对虾养殖场建起梭鱼育苗池。1985年，人工育苗首获成功，当年育苗50万尾。行村、大山所等乡镇结合对虾养殖，混养梭鱼苗40万尾，增殖放流梭鱼苗10万尾。

大菱鲆　自1998年始，海阳兴起工厂化养鱼热潮，1999年，市盐业公司建设工厂化养鱼车间示范养殖大菱鲆，获得较好经济效益。随后，民间投资日趋高涨。2002年，全市有工厂化养鱼水体3.2万平方米。2006年，达到顶峰，全市养殖面积增至48万平方米。养殖品种除大菱鲆外，还有牙鲆、石鲽、半滑舌鳎等，以大菱鲆为主。此后，市场原因，面积逐年缩小。至2010年，减少至34万平方米，集中在大阎家镇和行村镇等地。其中，大阎家镇约占90%。

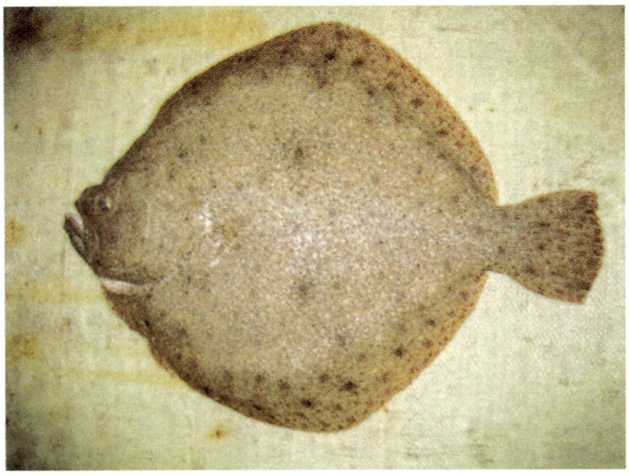

2010年，市黄海水产有限公司养殖的大菱鲆

河豚　2004年后，烟台东方海洋公司在丁字嘴一带的池塘内养殖河豚。因该鱼以出口为主，受国际市场影响大，效益和销路差，两年后停养，转改海参养殖。

淡水鱼养殖　鱼种鱼苗　1978年，烟台地区水产局在二十里店水库建立鱼种孵化场，开始人工孵化，年产毛仔500万尾。1980年，随鱼种需求量增大，县水产局在沟于家大队进行小塘坝培育大规格鱼种试验，育出鱼种5.21万尾，后育出8196万尾。1983年，县淡水鱼种试验场建立；1984年投产，年产毛仔4000万尾。所孵鱼种为草鱼、鲢鱼、鳙鱼等。同年，全县建成鱼种池160个，面积49.87公顷，培育鱼种333.8万尾，其中大规格鱼种248.5万尾。1985年，全县鱼种池面积37.93公顷，育种402.4万尾，其中大规格鱼种313.9万尾。2002年，鱼种池面积40公顷，育种600吨，其中大规格鱼种400吨。水库鱼种培育约13.33公顷，培育鱼种200吨。

成鱼养殖　水库养鱼。以中型、小（1）型水库淡水养殖为主。1979年，全县20座中型、小（1）型水库均有放养，面积约1200公顷，放养面积和捕捞产量均占全县淡水养殖的95%以上，品种主要有鲤鱼、鲢鱼、草鱼、乌鳢、鲫鱼。后因部分水库防洪抗旱需要，或被确定为饮用水源地，库容不稳，影响发展养鱼产业，养殖面积逐年减少。2010年，全市水库养殖面积914公顷。

池塘养鱼。1978年，二十里店公社野鸡夼大队0.47公顷水面，产鱼1500千克。1980年，对公社淡水养殖水面6.67公顷、年产鱼1.5万千克以上者，由烟台地区水产局拨款雇专人看管。是年2月，全县水产工作会议对小水面进行落实，小水面养殖当年发展到402.93公顷。1983年普查，全县塘坝、平塘、湾塘1110处，水面533.07公顷，其中可养水面944处、470.6公顷，进行养殖421处、266.4公顷，占可养水面面积57%。1984年，县财政拨款6.5万元，在县鱼种场、发城镇上上都村建设罗非鱼越冬池，进行越冬试验当年，上上都村深井温室建成，共468立方米。10月，行村镇道口农场养殖的30万尾罗非鱼入池越冬。1986年春，出池1.2万尾，成活率达到4%。2005年，全市有池塘养鱼面积533.33公顷，均为集体水面承包给个人经营使用。2010年，全市池塘养殖面积219公顷。

第五节　其他养殖

海参养殖　1979年6月，县水产局从烟台养殖场购进种参150头，进行人工育苗，当年繁育2000头；9月，投放前山海区松嘴湾。1984年始护养，面积13.33公顷。1985年，从牟平县养马岛购进种海参560头，育苗8万头，投放前山海区。1998年，留格庄镇冷家庄一养殖户在海边岩礁地带围海建池，投苗养殖，大苗一年可收获，小苗一年半至两年见效，亩产500千克，亩产值5万元，经济效益可观。2002年，全市发展围堰精养海参，养殖面积133.33公顷。2007年，养殖面积647公顷，产量737吨。2010年，养殖面积416公顷，产量923吨。

2003年，留格庄镇海参养殖池

螃蟹　1993年，对虾流行病爆发，部分养殖户试养梭子蟹，并获成功。一般采用梭子蟹和对虾混养的模式，也有部分渔民捕捞日本蟳（赤甲红、花盖蟹、石蟹）养殖，称之为日本蟳育肥暂养，养殖池以沙质池塘为主，养殖区域以东部留格庄镇居多，螃蟹春节前后上市。

海带　1958年，海阳始有海带养殖。后因多种原因，海带养殖起伏。1972年，全县养殖面积162公顷，年产1006.5吨。此后，养殖面积逐年减少。1983年，全县仅4亩。1994年，烟台市水产研究所科技人员在海阳试验海带养殖，但由于病害严重，未获成功。

裙带菜　1971年始养，县海水养殖场建育苗池69平方米，培育裙带菜苗300万株。1972年，育苗池扩建到701平方米，培育裙带苗2000万株。1973年，单设裙带菜育苗场，再次扩建育苗池500平方米。1974年，裙带菜养殖面积87公顷。1979年后，因加工困难、销路狭窄停养。

第六节　放流增殖

1984年6月，山东省增殖站始在丁字湾内进行对虾放流增殖试验，放流3厘米以上虾苗3029.1万尾。8月，回捕对虾5.3万千克。1985年，放流3厘米以上虾苗7755万尾。1986年始，海阳被省水产厅列为对虾增殖放流点，放流海域在丁字湾。1986—1990年，县水产局负责放流任务。1992—1994年，县水产集团公司负责放流任务。1994年后，放流任务复归县水产局。2005年，全市落实山东省实施渔业资源修复行动计划，在原中国对虾的基础上，增加放流日本对虾苗。到本年，海阳累计放流中国对虾苗6亿尾、日本对虾苗2000万尾，可增加回捕对虾4000吨。2006年，增加放流梭子蟹苗和刺参苗。放流中国对虾2750万尾、日本对虾1750万尾、梭子蟹900万只。2007年，增加放流牙鲆鱼苗、海蜇苗。2008年，增加放流黑裙鱼苗48万尾。全市实施的放流品种有中国对虾、日本对虾、梭子蟹和海蜇，实际放流数量1.41亿尾（只）。其中，中国对虾5800万尾，日本对虾3300万尾，梭子蟹1300万只，海蜇3700万尾。2010年，全市实施的放流品种有中国对虾、日本对虾、梭子蟹、海蜇、牙鲆鱼、刺参、黑鲷鱼等，累计放流各种苗种约8亿尾（只、头）。其中，中国对虾5亿尾，日本对虾1.5亿尾，梭子蟹5500万只，海蜇9800万尾，刺参13万头，鱼苗68万尾。经过多年的增殖放流，全市近岸的渔业生态环境明显改善，虾、蟹、海

市海洋与渔业局组织开展渔业增殖放流

蜇等渔业资源明显恢复，渔业增殖资源回捕量逐年增加。

第七节　企业选介

海阳市黄海水产有限公司　1998年，市盐务局建海珍品养殖厂。2004年，养殖厂改制后与中国水产科学院黄海水产研究所合作成立股份制企业海阳市黄海水产有限公司，注册资金2000万元。下属企业有盐厂、养殖厂、育苗厂、冷藏加工厂。同年，公司承担国家“十五”“863”计划“海水养殖种子工程北方项目”；2006年，与黄海水产研究所联合承担国家“十一五”“863”计划“鲆鲽鱼良种选育项目”。选育出“大菱鲆鱼”国家新品种，获省科技进步一等奖。2007年，农业部批准“国家鲆鲽鱼类遗传育种中心”在公司建设。同年海阳获“国家级大菱鲆鱼养殖标准化示范区”称号。2008年，被省政府命名为农业产业化重点龙头企业、省级技术中心、省级高新技术企业。2010年，公司固定资产1.2亿元。建工厂化育苗3万立方米水体、工厂化养殖4万立方米水体设施、133.33公顷滩涂养殖池区；承担“十二五”国家科技支撑计划项目“海水养殖与滩涂高效开发技术研究与示范”。公司先后成功进行牙鲆、半滑舌鳎、大菱鲆、塞内加尔鳎、红鳍东方鲀、绿鳍马面鲀、美洲黑石斑、海湾扇贝、美国红鱼、中国对虾、日本对虾、海参、梭子蟹、中华绒螯蟹、太平洋牡蛎等海产品的人工育苗，并在室内外成功进行规模化养殖和循环水养殖，海洋生物苗种销售全国沿海地区。其中，半滑舌鳎、鲆鲽等人工育苗繁殖重大成果，获国家科技进步二等奖。授权发明专利4项。

山东海益宝水产股份有限公司　位于大阎家镇，2002年4月成立，集海产品育苗、养殖、研发、加工、销售为一体的综合性新型产业化水产企业。2010年，公司拥有35万立方米水体工厂化海珍品育苗、1.33万公顷养殖海域、2333.33公顷人工渔礁海洋牧场、5万吨地下冷库，形成标准化规范化管理、立体化育苗、生态化养殖、清洁化环境、机械化操作、电子化追溯以及循环海水系统全产业链生产。公司与中国海洋大学、黄海研究所等建立长期合作关系，先后完成《利用养参池进行刺参生态育苗技术的研究》《栉江珧规模化苗种繁育技术研究》2项省级、国家级科技攻关项目，拥有国家级专利2项，被科技部认定为国家级高新技术企业，获得火炬标志认证。先后被评为山东省农业产业化重点龙头企业、山东

2010年，海阳市黄海水产有限公司

省高新技术企业、农业部水产健康养殖示范场、山东省水产健康养殖示范场、山东省省级刺参良种场，是国内日本红参与胶东参杂交科技创新基地，国内第一个涡岩深水围堰科学立体保苗示范基地。注册自主品牌“海益宝”，被评为山东省著名商标。

海阳市富瀚海珍品养殖研究所 2005年6月成立，是集水产育苗、海水养殖、海产品精加工、海洋科研于一体的综合性国家级高新技术企业。先后与中科院海洋研究所、国家海洋局第一海洋研究所、中国水产科学院黄海所、山东海洋生物研究院、烟台大学等科研院所建立长期合作关系，完成10余个科研成果。2010年，拥有海域面积1333.33公顷，投资建设海洋牧场总面积800公顷，培植鼠尾藻、马尾藻、大叶藻等海藻植物，辅以投入海参、大竹蛏、魁蚶、毛蚶等海珍品。有精加工车间2000平方米，牡蛎加工车间1000平方米。

1978—2010年海阳市海水养殖生产情况表

表 8-3-1

年份	养殖面积（公顷）	海上（公顷）	滩涂（公顷）	陆基（公顷）	养殖产量（吨）	鱼类（吨）	虾蟹类（吨）	贝类（吨）	其他（吨）
1978	500	—	—	—	1833	4.5		1404	425
1979	697	119	445	133	930	13		292	625
1980	904	65	500	339	1244	34		803	407
1981	942	30	419	493	645	18		487	140
1982	1521	32	658	831	556	71		424	61
1983	1355	16	554	785	585	85		500	—
1984	1821	19	880	922	626	263		363	—
1985	1821	17	880	924	865	488		377	—
1986	1622	10	588	1024	1621	—	839	782	—
1987	2028	7	521	1500	4431	—	1782	2649	—
1988	3387	15	705	2667	6391	7	2216	4168	—
1989	3376	12	658	2706	5625	—	2550	3075	—
1990	3429	11	751	2667	6712	—	2468	4244	—
1991	3204	15	537	2652	7788	—	3306	4482	—
1992	2630	34	1029	1567	12570	—	2417	10153	—
1993	5293	597	1818	2878	58878	50	1662	57166	—
1994	5858	1084	2107	2667	97230	80	1073	96077	—
1995	6148	1392	2048	2708	61340	59	575	60706	—
1996	6265	930	2305	3030	107750	496	734	106520	—
1997	6342	515	2681	3146	97375	129	919	96327	—
1998	6045	303	2632	3110	103143	—	1405	101738	—
1999	8203	443	4810	2950	109485	247	2307	106931	—
2000	8131	531	4099	3501	109826	232	2468	107126	—
2001	6385	623	2430	3332	112698	260	2984	109404	50
2002	7189	2358	1357	3474	131022	900	3419	126647	56
2003	8709	3024	1659	4026	141585	1480	4908	132677	2520

续表 8-3-1

年　份	养殖面积（公顷）	海　上（公顷）	滩　涂（公顷）	陆　基（公顷）	养殖产量（吨）	鱼　类（吨）	虾蟹类（吨）	贝　类（吨）	其　他（吨）
2004	8757	4423	977	3357	152416	2463	5235	143033	1685
2005	9904	3812	1625	4467	166154	4880	8028	151857	1389
2006	10036	2635	1447	5954	143425	4453	8989	128686	1297
2007	10749	3414	2040	5295	179098	4375	13144	160105	1474
2008	10485	3177	3219	4089	194289	3793	12653	176533	1310
2009	11374	6554	751	4069	195155	3102	12918	177789	1346
2010	12469	7722	606	4141	196179	2984	11824	180448	923

第四章　水产品保鲜与加工

第一节　水产品保鲜保活

70年代，海阳水产品主要靠土冰库贮存的冰进行短期保鲜，加工品中盐渍腌干品居多。80年代，全县冷藏加工业发展加快，沿海乡镇、村和个体户纷纷建起冷库或水产品加工企业。2010年，全市有水产品加工企业56家，其中规模以上企业5家。

陆上保鲜保活　1977年，大埠圈冷藏厂日制冰能力20吨、冷冻能力30吨；冰、鱼储藏能力各1000吨。1982年后，海阳水产品加工厂兴起，部分盐场、乡（镇）和村相继建起冷藏厂，进行水产品加工冷藏。1985年，全县有水产冷库10座，冷藏能力1000吨，年加工量1456吨。80年代末，长途贩运海产品开始使用保温冷藏车。90年代初，部分出口加工企业引进单冻机和平板冻结机用于冷库制冷，提高水产品冷冻质量。上岸活水产品主要利用暂养池、暂养棚暂养保活。1990年，全县有冷库24座，冷藏能力7830吨，年加工量2.04万吨。1999年，大埠圈冷藏厂破产。2000年，全市有冷库32座，冷藏能力1.01万吨，年加工量7.10万吨。2010年，全市有冷库103座，冷藏能力3.40万吨，年加工量10.73万吨。

1984年，凤城冷藏加工厂

海上保鲜保活　80年代前，海阳水产品海上保鲜方式主要有盐藏、冰藏两种。90年代，许多渔船在出海时都带上几个帆布桶或大铁桶，注入海水，利用氧气瓶或充气泵充氧，把捕捞的活水产品分类放进桶内暂养保活。普遍采用冷海水、微冻、防腐剂、低温流通箱、冷冻渔轮、冷藏船等先进保鲜方法。1995年后，出现专业从事鱼类运销的船只，船上备有制冰机，边制冰边冷冻保鲜。其中，冷藏保鲜是渔船作业最常用的保鲜保活技术。

第二节 水产品加工

海阳水产品加工以冷冻品为主，还有传统的腌制、干制品。自对虾养殖兴起后，始出现利用小杂鱼加工对虾饲料及鱼饲料，多为个体加工。90年代起，海阳陆续出现规模加工企业，生产加工鱼片、干鳕鱼、泥鳅系列产品、即食鲍鱼、干贝、烤虾、鱿鱼等十余个品种。

1977年12月，大埠圈冷藏厂建成，为县内第一家冷藏加工企业。1978年，全县加工水产品3357吨。1980年，全县加工水产品3705吨。1985年，县以上水产品加工企业有海阳县水产局冷藏厂、海阳县水产公司。1990年，全县水产品加工企业有海阳县海洋渔业公司、海阳县食品冷藏加工厂、凤城镇渔工商公司冷藏加工厂、盘石店冷藏厂、大阎家乡冷藏加工厂、大山所乡冷藏加工厂等，加工水产品12864吨。1995年9月，海阳金阳食品有限公司成立，位于大阎家镇，主要生产加工鱼片、扇贝等，产品全部出口。同年，全县水产品加工1.75万吨。1997年，全市水产品加工4365吨。1999年3月，海阳市宏达水产有限公司成立，位于大辛家镇大辛家村。2000年6月，烟台华英食品有限公司成立，位于大辛家村。同年，全市有宏达水产有限公司、金阳食品有限公司等限额以上水产品加工企业17家，加工水产品1014吨。2002年11月，市利源食品有限公司成立，位于方圆工业园。2003年，烟台绿岛食品有限责任公司成立，主要从事泥鳅、鳗鱼、黄鳝养殖和加工、销售，产品主要销往韩国、日本及中国香港地区等。2005年，全市规模以上水产品加工企业2家，工业总产值1.53亿元，固定资产1261.1万元，主营业务收入9998.4万元，出口交货值3763.5万元，利润总额982.5万元，利税总额1129.8元。2010年，全市规模以上水产品加工企业有金阳食品有限公司、宏达水产有限公司、利源食品有限公司、烟台华英食品有限公司和烟台绿岛食品有限责任公司5家企业，工业总产值5.57亿元，固定资产3964万元，主营业务收入6.31亿元，出口交货值1.57亿元，利润总额4570.3万元，利税总额5487.7万元，从业人员910人。

海阳金阳食品有限公司 1995年9月成立，隶属县盐业公司，1998年被美国西迪卡公司收购，创立海阳市金阳食品有限公司（独资）。位于大阎家镇政府驻地，主要生产冷冻鱼片、盐制鱼片、半淡干鳕鱼等系列产品，产品出口美国、韩国、巴西、欧盟等国家和地区。1999年，通过美国HACCP注册，年加工水产品300吨，创汇300万美元。2001年，取得欧盟注册。2007年，取得巴西注册。2010年，公司占地2万余平方米，建筑面积1.2万平方米，职工320人，固定资产400多万美元，有1000吨低温储藏库及相应的低温速冻室、平板冻结装置、单冻速冻器、韩国产高温烘干装置等先进设备。同年，产量1万吨，创汇2000万美元。

海阳市宏达水产有限公司 1999年3月成立，位于大辛家镇大辛家村，占地面积1.8万平方米，建筑面积1.2万平方米，固定资产700万元，拥有500吨冷库1座、40尺冷冻集装箱4个、加工车间2000平方米、水产品加工设备26台（套）、平板速冻机5台、金属探测仪2台、烘干设备1套。主要生产冷冻和烘烤产品，销往日本、韩国及东南亚国家。烘烤产品有各种干烤虾、鱿鱼丝、鱼片、银鱼等。2005年，产量300吨，创汇200万美元。2010年，产量1000吨，创汇500万美元。

海阳市利源食品有限公司 2002年成立，位于方圆工业园。2010年，有固定资产600万元，冷藏能力400吨。主要生产"茂世"牌即食海参、

2008年，海阳市利源食品有限公司

即食鲍鱼、干海参、干鲍鱼、烤虾、鱼片、干贝、冷冻鲅鱼、冷冻带鱼等系列产品，年产量500吨，在海阳、烟台、淄博、济南设立4个产品销售点，年销售收入1000万元以上。产品原料取自于海阳和石岛等地，产品质量通过QS认证。

烟台绿岛食品有限责任公司　2003年9月成立，位于朱吴镇丁家夼村，是集淡水养殖、水产品加工出口和农副产品深加工于一体的有自营进出口权的外向型企业。2010年，公司有泥鳅养殖场100公顷，分布在山东、江苏、江西、黑龙江等地，年产活泥鳅3000吨，带动养殖户150户；拥有5吨速冻库、50吨冷藏库和先进的加工车间、设备。年出口韩国、日本活泥鳅近1300吨，冷冻泥鳅、冷冻肉、泥鳅酱近200吨。

1978—2010年海阳市水产品加工情况表

表8-4-1

年份	企业及冷库					加工总量		
	制冰能力（吨）	速冻能力（吨）	冷藏能力（吨/次）	冷库数量（座）	企业数（家）	制冰总量（吨）	加工水产品总量（吨）	其中冷冻水产品（吨）
1978	20	30	500	1	1	1000	3876	519
1979	24	30	500	1	1	2956	5124	2149
1980	24	30	500	1	1	3682	6781	3076
1981	24	30	500	1	1	2916	4278	1863
1982	24	30	500	1	1	3059	6061	3213
1983	10	30	500	1	1	2308	4440	2629
1984	20	60	500	2	2	2920	5499	3840
1985	30	60	1000	10	10	2715	1456	1187
1986	70	220	6400	16	20	—	—	—
1987	80	274	7650	22	26	—	—	—
1988	75	453	7730	23	28	3773	13672	13622
1989	75	420	7830	24	29	3009	19870	19520
1990	75	400	7830	24	29	6769	20416	20366
1991	75	420	7830	24	29	6791	26610	25231
1992	82	432	8630	22	28	2260	20929	17210
1993	85	432	8630	23	28	2991	36275	35965
1994	85	512	10130	31	37	—	46420	44960
1995	85	512	10130	32	38	—	66850	46850
1996	85	512	10130	33	39	—	52000	42000
1997	85	512	10130	33	39	—	82720	52720
1998	85	512	10130	33	39	—	70050	50050
1999	85	512	10130	32	38	32000	70000	55000
2000	85	512	10130	32	38	33000	71000	56000
2001	85	512	16860	145	48	33000	87790	77430
2002	85	2500	21060	181	48	33000	99340	88980
2003	85	2500	21060	181	48	33000	108800	94440
2004	85	2500	21060	181	48	33000	108800	94400

续表 8-4-1

年份	企业及冷库					加工总量		
	制冰能力（吨）	速冻能力（吨）	冷藏能力（吨/次）	冷库数量（座）	企业数（家）	制冰总量（吨）	加工水产品总量（吨）	其中冷冻水产品（吨）
2005	85	2500	21060	181	48	33000	108800	94000
2006	85	2500	21060	181	48	33000	108800	94000
2007	630	5710	29930	199	50	43790	105556	91000
2008	630	6220	34040	143	60	—	107652	89320
2009	630	6220	34040	143	60	—	107652	89320
2010	1230	3510	34030	103	56	—	107346	101436

第五章　设施建设

第一节　渔港　灯塔灯桩

渔港　50年代，境内有大、中、小渔港12处，均为自然港口。1970年后，海阳对几个主要渔港进行建设。1972年，筹资80万元建凤城港。1979年停建。港内有水产供销站、渔需物资和水产品门市部，周围有冷藏厂。2004年，投资300万元进行扩建。码头总长240米，可容纳大、小渔船250艘，为三级渔港。1973—1975年，投资6万元建设大埠圈港；1979—1984年，渔港扩建，投资219.6万元，其中国家投资209万元、水产部门自筹10.6万元。港内和周围设有水产供销站、冷藏厂、罐头厂、船厂等。至2010年，全市有渔港25处。

渔港

2010年海阳市渔港情况一览表

表 8-5-1

名称	所在地	码头长度（米）	最大水深（米）	泊船（艘）	完工时间
东海渔港	留格庄镇大辛家村	600	4.8	320	2006.09
凤城渔港	旅游度假区胜利村	240	5.0	250	2004.10
横渡水产渔港	行村镇中麻姑岛村	226	3.5	30	2009.02
中岛李云松渔港	行村镇中麻姑岛村	100	2.8	30	1998.07
中岛渔港	行村镇中麻姑岛村	120	2.8	40	1989.04
南岛渔港	行村镇南麻姑岛村	60	2.8	30	1997.12
市船厂渔港	留格庄镇前山村	50	3.5	30	1999.07

续表 8-5-1

名　称	所在地	码头长度（米）	最大水深（米）	泊船（艘）	完工时间
方里夕阳渔港	留格庄镇方里村	50	3.4	30	1997.10
辛家港张家庄渔港	留格庄镇大辛家村	34	1.5	20	1999.02
丰洪渔港	留格庄镇方里村	35	3.5	40	1997.05
人石圈渔港	留格庄镇前山村	30	2.2	15	1998.07
辛家港渔港	留格庄镇大辛家村	30	1.5	20	1999.02
海顺渔港	辛安镇海头村	30	2.5	30	1998.07
何家渔港	行村镇何家村	44	2.0	20	2001.06
北岛渔港	行村镇北麻姑岛村	40	2.0	10	1987.08
南邵家渔港	辛安镇南邵家村	500	3.5	150	1999.06
前山渔港	留格庄镇前山村	30	2.1	20	1997.05
环岱庵渔港	留格庄镇桃源村	40	4.5	20	1998.07
富翰科技有限公司渔港	留格庄镇桃源村	15	4.5	10	1998.07
梁家渔港	留格庄镇梁家村	35	3.5	20	1997.10
张家庄渔港	留格庄镇张家庄	30	1.5	10	1999.02
南庄渔港	留格庄镇南庄	14	1.5	10	1998.03
小滩渔港	留格庄镇小滩村	50	2.2	30	1998.04
鲁岛渔港	辛安镇南马家村	40	2.5	8	1998.04
海头渔港	辛安镇南马家村	170	2.5	80	1984.07

灯塔灯桩　*千里岩灯塔*　1954年，建成千里岩灯桩，位于千里岩北顶，北纬36°16′04.6″、东经121°23′05.1″。1980年，改建为灯塔，为红白横纹石砌圆塔，塔高84.6米，射程15海里，遮蔽弧约324°～332°。

千里岩灯塔

南岛灯桩　1954年建，位于琵琶口南石坡东端，北纬36°42′48.2″、东经121°24′08.2″。桩身为白色方形铁架，白色混凝土基座，高3米，灯高7.1米，射程8海里。1980年改建，桩身全为白色圆形石砌，高5米，灯高8.3米。

鹁鸽岚灯桩　1955年建，位于琵琶口南石坡西端，北纬36°41′54.1″、东经121°22′06.8″。桩深为石砌方塔，高7.8米，灯高6.4米，射程6海里。

老龙头灯桩　1974年建，位于北纬36°41′12.0″、东经121°14′26.0″。桩身为砖石砌网塔，灯高14米，射程10海里。

金石岚灯桩　建于1957年，1972年改建。位于侯家山东4.6海里千出岩上，北纬36°37′15.1″、东经121°06′53.3″。桩身为钢筋水泥圆塔，高8米，灯高5.2米，射程6海里。1972年前为油灯，每年3月5日—11月5日发光。后改为长明灯。

丁字嘴灯桩　1970年建，位于北纬36°35′02.7″、东经121°00′47″。桩身为圆塔形，高7.6米，灯高16.5米，射程10海里。

丁字湾鸭岛灯桩　1970年建，位于北纬36° 34′ 00.0″、东经120° 37′ 06.1″。桩身为方形石塔，高5.6米，灯高15.1米，射程4海里。1985年拆除。

凤城港码头灯桩　1980年建，位于北纬36° 40′ 42.0″、东经121° 4′ 20.0″。桩身为生钢架，高6米。90年代初拆除。

第二节　堤防建设

70年代，全县建设沿海防潮堤53千米，以土质堤坝为主，设计标准低，坝体单薄，抵御海水能力弱。2000年起，陆续新建和除险加固防潮堤7.96千米。

海头防潮堤　位于辛安镇海头村西北码头至行村镇何家村沿海，长3.93千米。1982年2月始建，8月竣工。2000年下半年，对防潮堤除险加固，加固堤坝2.92千米、防潮闸4座，投资905.63万元，防潮堤标准达到50年一遇潮水，防潮闸设计标准为50年一遇潮水和10年一遇洪水。

凤城防潮堤　一期工程为二级防潮堤，设计防潮标准50年一遇高潮位，防浪墙设计顶高程4.80米，2003年上半年始建，6月竣工。建浆砌石防潮堤2.2千米，工程量1.9万立方米，投资280.64万元。二期工程建于2004年，建设防潮堤515米，防浪墙顶高程4.6米，堤顶高程4.6米，工程量3.41万立方米，投资276.90万元。

潮外防潮堤　2003年上半年建。建防潮堤1.5千米，修建沿堤路1.5千米，防浪墙顶高程4.5米，堤顶高程3.9米，堤顶宽0.7米，为错台微斜浆砌直墙式挡土墙结构，工程量2.21万立方米，投资229.52万元。

庄上防潮堤　2005年下半年建。建防潮堤1.2千米，防浪墙顶高程4.5米，为错台微斜直墙式挡土墙结构，工程量2.47万立方米，投资259.87万元。

麻姑岛防潮堤　70年代建，位于行村镇麻姑岛西，建设标准低、质量差，防潮标准仅为2年一遇。2009年上半年，对防潮堤除险加固，设计标准为20年一遇高潮位，设计潮水位2.69米，堤顶高程5.45米，加固长度1.5千米，护坡石厚度21厘米，加固维修防潮闸4座。总投资306万元。

2009年3月，行村镇麻姑岛防潮堤加固大坝护坡施工现场

第六章　海洋与渔业管理

第一节　海域使用管理

1980年3月，县革委颁发《关于加强滩涂管理的布告》，将沿海滩涂岩礁划归沿海各大队管理，由县政府颁发确权证书，严禁乱垦滥围。1984年，全县沿海滩涂全部确权发证。1997—1999年，海阳参与国家海洋局、财政部组织的海域使用管理示范区建设，并完成烟台示范区的“滩涂、池塘和中（小）型码头海域使用的确权管理”试点任务。同年12月，市政府发布《海阳市海域使用管理规定》，并先后制定《海阳市小型船厂、码头海域使用管理办法》《海阳市海水池塘海域使用管理办法》《海阳市海域使用面积确定办法》《海阳市海域使用权出让、转让管理办法》等配套制度，建立市、乡、村三级海域使用监督网络，公布违法用海举报电话，坚持每月2次海域使用巡查。2000年后，全市先后编制完成

《海阳市海域使用规划》《海阳市水域滩涂养殖规划》，并根据海阳海域自然资源条件，把全市所辖海域划定为开发利用区、整治利用区、海洋保护区、特殊功能区和保留区5大类，编制全市大比例尺海洋功能区划，全市海域管理工作进一步走向规范化。

2000年9月22日，市海洋与水产局主持全省首次海域有偿使用招标活动。竞标海域为海阳市海河大坝内公用水域，面积146.7公顷，3个业户参加竞标。经公开竞标，辛安镇鲁口村一村民以30.06万元中标，取得竞标海域10年的使用权。11月6日，市海洋与水产局又主持对辛家港外贝蟹类增养殖区的招标活动，大辛家渔业技术推广站以20万元在15个竞标者中胜出，获得46.7公顷海域10年的使用权。16日，市海洋与水产局主持对凤城港外122.43公顷贝蟹类增养殖区进行招标，凤城镇胜利村一村民以20万元中标。2002年6月18日，市海洋与渔业局主持对南大沙367.04公顷（分别为131.42公顷、134.17公顷和101.45公顷3个片）海域进行公开招标，54人参加竞标，10名渔民分别中标，竞标额总计370余万元。同年6月，烟台市政府在海阳召开海域使用管理工作会议，推广海阳的经验和做法。

2003年起，海阳先后完成海阳—乳山、海阳—即墨、海阳—莱阳海域堪界工作。至2005年6月，全市共发放海域使用证351本，确权面积9066.67公顷，占已开发利用海域的94%。是月，市政府发布《关于控制海岸带规划建设的意见》，海岸带控制范围涉及开发区等7个沿海镇（区、街道），并对控制范围内的海岸带规划建设作出相关规定。2007年8月，市政府重新制定并发布《海阳市海域使用管理规定》。2009年，市政府修改完善海阳市海洋功能区划，将大埠圈湾及核电站附近海域由原来的养殖区修改为工程用海区，将丁字湾海域由原来的养殖区修改为文化旅游用海区。丁字湾海上新城建设列入山东省集中集约用海“九大海洋经济高地”之一，规划面积71平方千米。2010年，全市争取山东省海域使用金项目3个，争取省级海域使用金专项资金180万元。

第二节　渔政管理

执法队伍　1979年，海阳县水产局内设渔政管理股，负责全县渔政监督管理工作。1981年，县渔船渔港监督管理站成立，负责渔港、渔船、网具等管理。1982年，同时负责莱阳县机帆船的检验。1993年，县水产局建造162马力的“中国渔政427”船1艘，专门用于海上监督检查和抢险救生。1999年1月，海阳市渔政监督管理站承担全市渔政监督管理任务。同年，淘汰“中国渔政427”船，新建240马力“中国渔政海监456”船1艘，职能扩展到海洋监察管理。2000年，建造190马力“中国渔监246”渔监船1艘，用于渔港水域安全监督检查。2001年，“中国渔政海监456”船改名号为“中国渔政37068号”。同年3月，海阳市海洋综合管理站成立，编制6人。2010年8月，设立海域和海岛管理科，加挂环境保护科牌子，编制8人。同年，淘汰“中国渔政37068号”执法船，新建1艘900马力的执法船，沿用原船号，承担海上行政执法和海洋巡航监督检查及海上抢险救生任务。

2009年，中国渔政37068号执法船

资源保护　保护品种和采捕标准　1979年始，海阳加强对小黄鱼、真鲷等16种经济海水鱼、鲤鱼等9种经济淡水鱼和对虾、梭子蟹、毛蚶、泥蚶、文蛤、中华绒毛蟹等品种的保护，明确最低可捕标准。1986年，制定地方性规章，加强对浅海、滩涂增养殖区的管理，规定全县特产品种最低可捕标准。具体为：海参鲜品体长15厘米，泥蚶壳高2.5厘米，杂色蛤壳长2.5厘米以上，缢蛏壳长4.5厘米以上，海螺壳长10厘米以上。2002年始，执行山东省统一标准，确定小黄鱼、中国对虾、毛蚶等52种海水类和鲤鱼、草鱼等19种淡水类等为保护渔业资源品种，并规定最低采捕标准。2010年11月，农业部批准建立十里岩岛海域国家级水产种质资源保护区，面积1766.27公顷，其中核心区202.29公顷、实验区1563.98公顷。核心区特别保护期为每年的3月1日—9月30日，主要保护对象为刺参、皱纹盘鲍，其他保护对象有蓝点马鲛、鳀鱼、小黄鱼、带鱼、中国对虾、三疣梭子蟹、日本蟳等。

1988年，山东省开始在山东南部海域统一管理亲虾，向全国对虾育苗单位按计划供应亲虾。海阳是亲虾主产区之一。每年4月，辽宁、河北、天津和山东等地的大批客户到海阳购买亲虾。山东省亲虾管理中心组历年设在海阳，海阳成为全省主要供应点。1988—1993年，海阳每年对外供应亲虾20万尾以上，收入1000万元以上。1992年，对外供虾量最高，达27.5万尾。1993年，价格最高每尾270元。

禁渔区管理　1979年，海阳规定80马力以上的机动底拖网渔船全年禁入禁渔区作业。自1981年1月1日起小于80马力的也禁入作业。1986年，全县设立境内增养殖重点保护区，将前山村以南8米等深线内的海域设为海参增殖区，将县海水养殖场育苗室外围海域设为贝藻养殖区，将县对虾育苗场虾池大坝以南滩涂设为泥蚶养殖区，将其他滩涂、水域均按县政府颁发的滩涂使用证所确定的范围加以管理。1992年，执行《山东省海洋专项渔业资源品种管理办法》，实行专项资源保护（增殖）管理。

禁渔制度　1979年，全县执行《山东省水产资源繁殖保护条例实施细则暂行规定》，7月10日至9月10日实行禁渔管理。1980年，全县把每年的7月15日—9月20日设为泥蚶、杂色蛤等主要贝类繁殖保护期，期内严禁入滩采捕。1981年，全县严禁在禁渔区线内从事底拖网生产，并将每年的7月10日—9月10日设为定置渔具禁渔期，7月15日—9月20日设为滩涂贝类禁捕期。1986年，全县规定泥蚶的禁捕期为6月20日—8月30日，杂色蛤为6月20日—8月20日，缢蛏为6月1日—8月1日，海螺为6月20日—8月20日，牡蛎为6月15日—8月15日。1992年起，执行《山东省海洋专项渔业资源品种管理办法》。2002年起，执行《山东省渔业资源保护办法》。

休渔制度　1977年始，全县执行休渔制度，在每年7—8月实行拖网渔船休渔。1992年，执行农业部每年7月1日—8月31日禁止底拖网作业规定。1995年，实行伏季休渔制度，每年休渔期7月1日—8月31日。1999年，休渔时间增加到两个半月，为7月1日—9月15日。2003年，增加到三个月，为6月16日—9月16日。2009年，休渔期为6月1日—9月1日。

渔业许可制度　自1980年起实施。海洋定置和木帆船渔业，由海阳渔政部门批准发证；机动渔船（定置作业除外）由海阳、烟台渔政部门逐级审查汇总，报经省水产局渔政处批准，由海阳渔政部门办理发证。1989年，执行农业部《渔业捕捞许可证管理办法》，渔业捕捞许可证由县级以上渔业行政主管部门，按不同作业水域、作业类型、捕捞品种和渔船马力大小实行分级审批发放。2002年，执行农业部《渔业捕捞许可管理规定》，对捕捞业实行船网工具控制指标管理，实行捕捞许可证制度和捕捞限额制度。每年3—5月，由海阳渔政机构对在册捕捞渔船的捕捞许可证进行年度审核，对所有在册渔船船体进行检验，对到期渔船进行重新登记，年审、年检、登记等工作同步进行。严格执行海洋捕捞渔船"双控"（渔船数量和渔船功率）制度，清理取缔"三无"和"三证不全"渔船，控制近海捕捞强度，维护渔船管理秩序。2010年，海阳有具备涉外作业能力渔船261艘；18艘钢质渔船获韩国经济水域捕捞作业资格，并安排专人对其进行进入或离开作业海区的通报服务和管控。

水生野生动物保护　1999年12月，凤城镇胜利村一渔民在黄海捕捞作业时，捕获一条体长2.1米、体重95千克的国家一级重点保护野生动物——中华鲟。市渔政部门组织鉴定后，立即组织运送到原捕获海域放生。烟台市海洋与水产局颁发奖状和2000元奖金。2000年1月16日，大山所乡徐家铺村"鲁海渔5127号"船，在94/2渔区底拖网作业时，捕获一条体长1.94米的国家一级重点保护野生动物中华鲟，鲟龄在10年以

2003年4月，渔政部门组织放生一条幼中华鲟

上，体重约为50千克。市海洋与水产局派渔政人员赶赴现场组织救护后，于1月18日，在千里岩岛外深水海域放归大海。2002年11月，留格庄镇冷家庄一渔民在捕捞作业时，捕获1只蠵龟，左后腿挂有日本海龟协会标志牌，龟重30千克，在家养护2天后，由渔政部门组织放生。2008年6月，放生一只被渔民误捕的蠵龟。该龟体长1.2米，宽0.8米，体重75千克。11月26日，放生一条被渔民误捕的中华鲟，体长1.21米，体重约7千克。

第三节 安全管理

安全监督检查 50年代，全县各渔业社建立暴风警报网。60年代，停泊船只严格执行"大船有人看，小船收三宝（橹、舵、篷）"等治安措施，并制定"七防措施"，即防麻痹思想、防不带保险粮、防行险路、防停险地、防逆风逆流强回本港、防超载航行、防短缆。70年代后，渔港建设加快，渔港管理得到加强。1970年，县水产局设立船舶管理员，负责船只的船体、机械、安全设备等方面检验。同年12月起，由县水产局负责机动渔船检验。1979年，县水产局成立渔政股，具体负责海上治安。1980年10月，机动渔船检验复归石岛机动渔船管理站负责。1981年2月，县政府召开沿海治安工作会议。3月，全县网具全部登记造卡，报公社备案。7月，海阳县渔船渔港监督管理站成立，负责渔港、渔船、网具管理，并制定《渔港管理规定》。县内60马力以下的机帆船，由县渔监站负责检验。检验内容主要有建造检验、初航检验、期间检验、临时检验和船用产品检验等项。凡不符合造船规范和达不到安全要求的，船检部门不予签发渔船检验证书，不准出海作业。各渔港、码头制定管理制度，各类渔船必须持有三种证件（渔船证书、渔业许可证、渔民证）方准出海作业。1984年6月，省增殖站在丁字湾内进行中国对虾增殖放流试验。县内成立治安管理组，海上配备2艘治安管理船，日夜轮流在放流海域巡逻值班。陆上组织20人的管理检查巡逻队，专门负责沿岸及浅水区域的管理。此后，山东省每年都在南部海域增殖放流对虾，海阳为重点放流区域。1985年6月，沿海5处渔业技术推广站成立船检分站，负责辖区内木帆船检验。

80年代中期，全县渔业部门每年均组织1～3次海洋渔业安全生产检查。检查单位以渔政、渔监部门为主，联合保险公司、安全部门参加。1986—1990年，以贯彻《中华人民共和国海上交通安全法》《中华人民共和国渔业法》《中华人民共和国渔港水域交通安全管理条例》为重点，进行全县渔业安全大检查。1991年、1992年海阳在烟台市开展的"海洋渔业安全百日竞赛活动"中获竞赛优胜单位称号。1993—2000年，渔业主管部门结合国家开展的"安全生产周""专项治理月"及山东省"百日安全无事故"等专项活动，扩大监督检查范围，主要是检查各基层单位渔业安全生产的组织情况和防风防灾措施的落实

2010年，开展渔业安全生产检查

情况。2000年后，市政府成立渔业安全管理领导小组（对外称市渔业安全生产委员会），办公室设在市海洋与渔业局，负责组织、监督、检查和协调指导沿海镇（区、街道）及相关单位渔业安全生产工作。领导小组建立健全管理制度、监管机制、渔船编队生产制度、海上应急救援体制、渔业指挥中心值班监管制度等，落实安全生产责任制，实行“网格化”管理，全面掌握渔船安全生产情况，确保渔业生产安全。2002年，全市开展清理“三无”渔船及“三证”（捕捞许可证、船舶登记证书、船舶检验证书）不全的渔船活动。2007—2010年，全市先后开展“海盾”“碧海”和养殖用海专项执法行动，严厉打击各种违法行为。

水产品安全 2004年起，全市开展水产品质量安全工作，包括无公害水产品认证、水产品生产过程中有毒有害物质的抽检及质量监管。

无公害认证 2004年起，全市企业和个人始申请无公害水产品认证，集中在海水养殖领域。2010年，全市累计认定产地面积2.24万公顷（有重复），基本覆盖全市海水养殖面积；累计认定品种72个，覆盖全市所有海水养殖品种，认证品种养殖面积7040公顷。

检测 2000年始开展此项工作，侧重对渔药、饲料及添加剂等投入品的使用情况进行检查。2006年11月，增加对水产品生产环节药物残留抽检工作，主要检测苗种生产和养殖过程中硝基呋喃类代谢物、孔雀石绿、氯霉素禁用药物及其他有毒有害物质的使用情况。限于技术条件，检测工作由山东省水产品质检中心负责，市海洋与渔业协助抽样。2007—2010年，全市多次开展“水产苗种质量安全”“打击违法添加非食用物质和滥用食品添加剂”“海阳市‘三品’生产企业和农民专业合作组织产品质量安全”等水产品质量安全专项整治执法检查行动，并进行大范围的无公害健康养殖宣传活动，在全市沿海各镇（区、街道）举办多期水产品质量安全知识培训班，印发《国务院关于加强食品等产品安全监督管理的特别规定》《食品动物禁用的兽药及其他化合物清单》《无公害水产品禁用渔药清单》《水产品质量安全知识问答》及相关健康养殖技术宣传单。2007年后，海阳无使用氯霉素、孔雀石绿、硝基呋喃禁用渔药和其他有毒有害物质的现象。2010年，出动执法人员200余人次，年检查海参、海水鱼等育苗、养殖场（厂）200多家次，对海参、海水鱼、对虾等不同品种的苗种和养殖产品，监督抽查样品100余个。

第九编

工　业

方圆集团建厂四十周年庆祝大会
方圆大厦
改革创新加快发展
团结奋斗争创一流
诚信方圆
再铸辉煌
看今朝
1970--2010

1978年，全县有公社办及以上工业企业132家，其中全民所有制企业17家，县以上集体所有制企业115家，全县工业总产值1.61亿元（1990年不变价格），从业人员12301人。中共十一届三中全会后，全县注重发展工业，加大工业企业技改投入，优化产业结构，逐步推行经济责任制，不断深化企业内部改革，工业进入全面发展阶段。1985年，全县工业企业1715家，其中全民所有制企业39家、县以上集体所有制企业35家、乡镇办企业131家、村办企业1510家（村集体办企业577家、其他形式933家），全县工业总产值4.24亿元（1990年不变价格），从业人员38493人。乡（镇）及以上工业企业205家，固定资产净值1.12亿元，利润总额1639万元，利税总额2659万元。

1988年，海阳被国务院列为沿海开放县，外商及港、澳、台商到海阳投资，股份制、股份合作制、联营经济等各种类型工业得到发展。县属企业以技术进步为中心，大搞技术改造，新建、扩建和改造一大批骨干企业。乡镇企业异军突起，占据工业经济的半壁江山。1990年，全县全民所有制企业51家，县以上集体所有制企业54家，乡镇办工业145家，村办工业425家，个体办工业2266家，联合体办382家，共有企业3323家，全县工业总产值15.34亿元（1990年不变价格），从业人员23907人。全县初步形成轻工、纺织、机械、化工、食品、丝绸和建材七大行业规模优势。1992年起，全县以产权制度改革为重点，有步骤、分阶段地实施股份制或股份合作制改造、企业兼并联合、租赁拍卖、分立剥离等多种改革，深入进行产业布局和产品结构调整，培育十大集团公司和骨干企业。1995年，全县有乡镇及以上工业企业262家，其中全民所有制企业65家、集体及其他经济类型企业197家，全县工业总产值48.29亿元（1990年不变价格），从业人员27360人，固定资产净值6.38亿元，利润总额6534万元，利税总额1.21亿元。

1997年9月起，全市以建立现代企业制度为目标，以产权制度改革为核心，因企制宜，对工业企业实施资产重组、破产重组、产权转让、租赁经营。至1999年，全市85家市属企业改制，其中出售产权60家、挂靠联合5家、租赁3家、破产15家、其他方式改制2家。同时，围绕财源工程建设，采取激励政策，建立项目投入责任制，不断加大企业投资力度，培育发展重点企业与重点项目，全市工业稳定发展，工业立市步伐进一步加快。2000年，全市工业企业2911家，工业总产值69.11亿元（当年价）。其中规模以上企业96家，工业总产值29.09亿元。

进入21世纪，全市加大招商引资和技改投入力度，调整产业结构，在全面提升毛衫、五金、食品等传统产业的基础上，大力培植核电新能源、海洋工程、机械电子、生物科技等新兴产业。实施大园区、大项目战略，以招商引资为重点，突出工业园区建设，优化经济发展环境，加快工业企业技术改造步伐，工业经济快速增长。2005年，全市工业企业达到5007家，实现工业总产值168.91亿元（当年价），其中规模以上工业企业200家，完成工业总产值115.56亿元。2007—2008年，加大毛衫产业及其他原创企业的扶持力度。至2010年，全市工业行业种类日趋齐全，发展涉及39个大门类中的28个，形成以方圆集团有限公司、山东核电设备制造有限公司、维蒙特工业（山东）有限公司、中集来福士有限公司、山东富尔达空调设备有限公司、烟台美丰机械有限公司、烟台金海化工有限公司、海阳日月五金有限公司、烟台亚琦纺织有限公司、进元电子（烟台）有限公司等为代表的一批重点骨干和高新技术企业，培育起核电产业、机械装备制造、海洋工程、电子信息、生物化工、新型能源六大新兴产业。2010年，全市工业企业5948家，完成工业总产值439.23亿元。其中规模以上工业企业347家，完成工业总产值371.91亿元（当年价）。工业经济成为全市国民经济的主导产业。

1978—2010年海阳市工业企业发展情况表

表9

年　份	单位数（家）	工业总产值（万元）			销售收入（万元）	利　税（万元）	利　润（万元）	固定资产净值（万元）	占地区生产总值比重（%）
		合　计	乡镇及以上	村及村以下					
1978	132	16133	13326	2807	—	1043	660	3062	21.5
1979	127	18111	15167	2944	9307	1197	787	4071	14.7
1980	140	21780	17810	3970	9866	1555	1093	4677	15.0
1981	165	24936	20532	4404	13482	1790	1223	6250	18.4
1982	178	30667	21990	8677	13868	1824	1184	6181	18.9
1983	178	30580	22949	7631	14793	2027	1274	7135	12.2
1984	184	33370	26850	6520	16674	2442	1482	7874	19.5
1985	205	42420	31116	11304	20531	2659	1639	11241	24.2
1986	213	50754	36614	14140	27210	3064	1785	13343	27.3
1987	225	59068	43715	15353	32986	3279	1813	16569	21.8
1988	230	101787	65072	36715	50560	5720	3585	20076	22.7
1989	250	155630	88819	66811	56321	7622	3790	24241	31.3
1990	250	153393	90956	62437	61110	5249	2378	30409	32.1
1991	254	185394	106759	78635	70085	6514	3206	41063	30.8
1992	253	240532	140934	99598	84364	8552	5030	44284	33.1
1993	241	428913	236986	191927	117769	11128	5979	64245	33.2
1994	245	535241	232316	302925	125983	14550	5496	71351	29.3
1995	262	482870	218402	264468	137919	12094	6534	63790	27.7
1996	313	592650	271053	321597	165089	14860	8133	100121	29.4
1997	211	608135	288470	319665	200362	18437	10299	96755	35.5
1998	196	611011	267563	343448	212264	20765	11892	90278	33.7
1999	2703	666372	271972	394400	240513	24015	13984	111383	37.0
2000	2911	691142	290923	400219	271619	28013	15752	89677	37.2
2001	2898	682111	327735	354376	309425	29853	14149	101050	38.9
2002	3426	807928	387107	420821	375906	33232	16250	107849	39.3
2003	3437	998121	586766	411355	500330	56716	30175	115464	40.4
2004	4946	1177757	723920	453837	590206	81128	46319	135796	40.1
2005	5007	1689060	1155560	533500	933213	121813	71890	169883	41.4
2006	5316	1912690	1452913	459777	1274174	154121	90630	187807	42.4
2007	4717	2241437	1786334	455103	1661861	193421	116302	195786	42.7
2008	5027	3013309	2482457	530852	2227890	250217	156545	310349	43.1
2009	5842	3419494	2834230	585264	2567188	289803	189904	333280	40.8
2010	5948	4392315	3719144	673171	3352001	410823	271435	425771	39.3

说明：工业总产值1999年前为1990年不变价格；工业销售收入、利税、利润1999年前为乡镇及以上工业企业数额，1999年及以后为规模以上工业企业数额；工业企业单位数1999年前为乡镇以上工业单位数，1999年及以后为全部工业单位数

第一章 机 构

第一节 管理机构

海阳市经济和信息化局 1976年3月，海阳县革命委员会工业交通办公室成立，主管全县工业交通工作。各行业管理机构有县工业局、县化学工业局、县纺织局、县建材局。1979年8月，撤销县革命委员会工业交通办公室，成立海阳县革命委员会经济委员会。1980年12月，改称海阳县经济委员会。1993年11月，撤销县经济委员会，成立海阳县工业经济委员会。1996年5月，海阳县工业经济委员会改称海阳市经济贸易委员会。1997年4月，成立海阳市企业服务办公室，隶属市经济贸易委员会。2001年12月，改称海阳市经济贸易局（内设市安全生产监督管理局），原市贸易局改称市财贸办公室，为市经济贸易局内设机构；市乡镇企业管理局调整为市经济贸易局内设机构；市黄金工业公司不再挂市黄金管理局牌子，其承担的行政管理职能划入市经济贸易局。2010年3月，组建海阳市经济和信息化局，加挂市中小企业局牌子。市经济贸易局的职责、市民营经济发展局的职责、市科学技术局承担的信息化工作职责，整合划入市经济和信息化局。

海阳市中小企业局 1975年9月，海阳县革命委员会公社工业管理局成立。1977年，改称海阳县革命委员会第二工业局。1980年12月，改称海阳县人民公社企业局。1984年，改称海阳县多种经营乡镇企业局。1988年12月，改称海阳县乡镇企业局。1996年5月，改称海阳市乡镇企业局。2001年12月，调整为市经济贸易局内设机构。2005年2月，从市经济贸易局分离，改称海阳市民营经济发展办公室。2007年3月，改称海阳市民营经济发展局。2010年3月，改称海阳市中小企业局。

第二节 企事业单位

海阳市供电公司 1977年12月，海阳县电业局成立。1984年3月，改称海阳县电业公司。1986年8月，复称海阳县电业局（对内称电业公司）。1996年5月，改称海阳市电业局。1997年11月，移交山东省电力工业局，为直管趸售单位，人、财、物脱离地方政府。2003年4月，改称海阳市电业公司，实行政企分离。同年初，以海阳市电业公司为主体，成立海阳电业集团公司。2006年12月，改称海阳市供电公司，仍为山东电力集团公司直管趸售单位。2010年，有职工453人，其中工程技术人员360人。

海阳市一轻工业公司 1978年，称海阳县工业局。1984年3月，改称海阳县工业公司。1990年1月，改称海阳县一轻工业公司。1996年5月，改称海阳市一轻工业公司。1997年3月撤销。

海阳市二轻工业公司 1980年1月，海阳县二轻工业局成立。1984年3月，改称海阳县二轻工业公司。1996年5月，改称海阳市二轻工业公司。1997年3月撤销。

海阳市轻工业公司 1997年3月，海阳市一轻工业公司和海阳市二轻工业公司合并成立海阳市轻工业公司。2000年9月撤销，并入海阳市企业资产经营公司。

海阳市化学工业公司 1977年，海阳县化学工业局成立。1984年，改称海阳县化学工业公司。1996年5月，改称海阳市化学工业公司。2000年9月撤销，并入市企业资产经营公司。

海阳市建筑材料工业公司 1980年1月，海阳县建材局成立。1984年，改称海阳县建材工业公司。1996年5月，改称海阳市建筑材料工业公司。2000年9月撤销，并入市企业资产经营公司。

海阳市禄达（集团）股份有限公司 1979年，海阳县纺织局成立。1984年，改称海阳县纺织工业公司。1993年10月，海阳县纺织工业公司改制为海阳县禄达（集团）股份有限公司。1996年5月，改称海阳市禄达（集团）股份有限公司。2003年8月撤销，在职干部归海阳市经济贸易局管理。

海阳市丝绸公司 （参见第六编第一章第一节“海阳市丝绸公司”）

海阳市机械电子工业公司 1984年12月，海阳县机械电子工业公司成立。1990年11月撤销，分设机械工业公司和电子仪表工业公司。1996年5月，改称海阳市机械工业公司、海阳市电子仪表工业公司。1997年3月，由市机械工业公司、市电子仪表工业公司合并成立海阳市机械电子工业公司。2000年9月撤销，并入市企业资产经营公司。

海阳市包装集团公司 1992年1月，海阳县包装工业集团公司成立。1996年5月，改称海阳市包装集团公司。2000年9月撤销，并入市企业资产经营公司。

海阳市奥威鞋业集团公司 1993年4月，海阳县奥威鞋业集团公司成立。1996年5月，改称海阳市奥威鞋业集团公司。2003年8月撤销，在职干部归市经济贸易局管理。

海阳市工艺品集团公司 1993年4月，海阳县工艺品集团公司成立。1996年5月，改称海阳市工艺品集团公司。2003年8月撤销，在职干部归市经济贸易局管理。

海阳市五金工业集团公司 1979年7月，海阳县家具配件厂、海阳县锁厂合并，称海阳县家具配件厂。1983年，改称县家具五金厂。1985年3月，改称县家具五金总厂。1987年，改称海阳县五金工业公司。1993年4月，海阳县五金工业集团公司成立。1996年5月，改称海阳市五金工业集团公司。1998年1月，公司改制，产权转让。

海阳市盐业公司 1978年，属海阳县工业局内设机构，为盐务科。1984年12月，海阳县盐业养殖公司成立，为副科级。1985年1月，海阳县盐业养殖公司升格为正科级独立公司，内设政工科、办公室、生产技术科、养殖科、财务科、盐政审计科，负责全县盐务管理工作。1996年5月，海阳县盐业养殖公司改称海阳市盐业公司。2004年4月，市盐业公司人、财、物收归山东省盐业公司，实行逐级管理，改称海阳盐业公司，加挂海阳市盐务局牌子，公司与局合署办公，内设办公室、盐政一科、盐政二科、食盐专营一科、食盐专营二科、工业盐科。

海阳市黄金工业公司 1988年1月，海阳县黄金工业公司成立。1994年12月，加挂海阳县黄金管理局牌子。1996年5月，改称海阳市黄金工业公司。2001年12月，不再加挂市黄金管理局牌子，其行政和行业管理职能划入市经济贸易局。

海阳市企业资产经营公司 2000年9月，海阳市企业资产经营公司成立，为正科级事业单位，隶属市经济贸易局。主要负责原化工、轻工、机械电子、建材、包装及所属企业和其他相关企业的国有、集体闲置资产的监管和启动；参与市属企业的指导、服务工作，协调和监督各企业依法经营，维护企业、职工的合法利益；负责改制企业的有关问题处理。

海阳市经济技术协作委员会 1984年10月，设海阳县经济技术协作委员会。1996年5月，改称海阳市经济技术协作委员会。2003年8月撤销，在职干部归市经济贸易局管理。

第二章 工业经济体制改革

第一节 产权制度改革

1978年，海阳县实行改革开放、搞活经济政策，个体手工业者大量涌现，私营企业陆续出现，工业生产规模和企业数量不断增加。同年，社办以上工业企业132家。1985年，全县国有、集体、乡镇办企业205家。1995年，全县国有、集体、乡（镇）、村及村以下全部工业企业2586家。1997年，全市以建立现代企业制度为目标，以产权制度改革为核心，按照因企制宜、注重实效的原则，对企业进行改革重组，组建省级集团企业10家，挂靠联合5家，对外租赁3家。至1997年年底，全市改制企业119家。1998年，企业改革取得整体突破，全市拟改制的334家工业企业，完成改制的317家，其中出售产权144家、挂靠联合10家。至1999年，市属国有和集体工业企业改制85家。其中出售产权60家、挂靠联合5家、租赁3家、破产15家、其他方式改制2家。2000年，对改制企业，按照现代企业制度要求规范深化，并全面开展村办企业改制工作。改制后，企业资金的投入快速增加，新产品开发力度不断加大，管理水平显著提高，经营状况明显好转。至2010年，全市市属国有和集体工业企业完成改制109家，破产企业27家，企业改制工作基本结束。

第二节　经营管理改革

扩大企业经营权　1978年，全县工业企业积极贯彻改革、开放和搞活方针，加强工业企业的治理整顿，引导企业从生产型企业管理向经营型企业管理转变。1979年，认真落实“调整、改革、整顿、提高”的方针，对集中过多、统得过死的企业计划管理体制进行改革，改革国有企业基金提取办法。1980年起，各厂矿企业开始实行以销定产，在国家计划指导下，根据市场需要安排生产，促进产销平衡。调整后，工业结构更加协调。轻纺工业和日用消费品生产发展较快，液压丝光机、绞纱丝光机、刨花板、家具五金配件、链条锁、京海牌皮鞋、布鞋、小型联合榨油机、无线电元件等产品，畅销国内市场，有的进入国际市场。1981年，落实经济责任制，坚持国家多收、企业多留、个人多得的原则，对国有工业企业实行“利润包干、超收分成”，对集体工业企业实行企业增长利润免征40%所得税，对职工实行超定额计件工资、记分计奖、联产计酬、利润分成等政策，改变在企业利润上统得过死、在资金分配上吃“大锅饭”的做法，调动企业和职工的积极性。1982年起，在社（乡、镇）办企业、集体工业企业实行大包干责任制，国营工业企业推行利润大包干责任制，重点改革分配制度和民主管理，打破“铁饭碗”，建立经济责任制，把经济工作的重点转移到提高经济效益为中心的轨道上来。

推行厂长（经理）负责制　1981年，全县推行“党委集体领导、职工民主管理、厂长行政指挥”的管理机制，各工业企业结合自身生产经营特点，建立起以提高经济效益为目的的岗位经营责任制，推行厂长（经理）负责制，普遍建立企业工作岗位责任制和职工代表大会制度，群众监督、民主管理制度更加完善。1984年，全县工业企业开始简政放权、政企分开改革。1985年，企业实行党政分工制，各负其责。全县集体企业（含乡镇企业）大部分实行民主选举厂长，推行厂长（经理）负责制，有9家县属工业企业实行厂长（经理）任期目标责任制。各企业成立由党、政、工、团主要负责人和职工代表组成的工厂管理委员会，对企业实行管理。1993年，全民所有制工业企业转换经营机制，企业党组织在企业中发挥政治核心作用，实行厂长（经理）负责制，推行厂长（经理）和书记一人兼，副厂长（副经理）和中层管理人员由厂长（经理）聘任和解聘的管理机制。1995年，县委、县政府印发《关于加强县属工业发展的意见》，在县属工业主管公司（集团）实行干部逐级聘任制和考核奖惩制。

实行承包经营责任制　1987年，全县工业企业开始推行承包经营责任制，实行所有权和经营权分离的改革。1988年，县、乡工业企业通过推行承包责任制，在企业内部引入竞争机制，优化劳动组合，推行全员风险抵押和厂内银行等，优化企业经营管理机制。在县属工业企业中，有7家企业1年完成3年的承包任务，11家企业1年完成2年的承包任务，有12家企业年利润突破150万元。县工艺品厂由省级先进企业晋升为国家二级企业，县化肥厂、抽纱厂、机械厂、纺机厂、皮鞋厂晋升为省级先进企业。县工艺品厂的草地毯保持国优称号，县抽纱厂的钩针织品、县食品厂的沙琪玛等11种产品被评为部优和省优。县抽纱厂和县化肥厂被轻工部和省化工厅分别授予优秀质量管理先进企业称号。县化肥厂和水泥厂获国家二级节能先进企业称号。至1990年，93%的县属工业企业和85%的乡镇企业实行承包。工业产值平均年递增32.6%，利润递增16.2%。同年，企业实行第二轮承包，99%的工业企业签订承包合同。

集约化经营体制　1991年，县委、县政府印发《关于深化企业内部改革的意见》，对企业干部管理、企业用工、企业分配等制度进行改革，推行企业兼并，组建企业集团。1992年，加大企业所有制结构改革力度，发展股份制企业20家；组建水产、肉类、包装、蔬菜和果品5家集团公司。1993年，组建起14家县属企业集团公司和8家乡镇企业集团公司，推动全县工业上规模、上水平。禄达（集团）股份有限公司、奥威鞋业集团公司、建筑材料工业集团公司、五金工业集团公司、工艺品集团公司、山东方圆集团公司、春华织造有限公司和绣花厂8家集团公司和企业跨入烟台市同行业先进行列，其中山东方圆集团公司列全国同行业第三名，跃居全国500家最佳乡镇办企业第164位。1995年，全县企业集团22个，改造成立股份制及股份合作制企业382家。1997年，开始公司制改革，国有和集体工业企业改制60%。1998年，全市工业企业贯彻国家经贸委《“九五”企业管理纲要（试行）》精神，加快计划经济向市场经济、粗放型经营向集约化经营的转变。1999年，工业企业开展“管理示范工程”达标活动，以成本、现场和质量三大管理为重点，以学邯钢、学海尔活动为主要载体，推广邯钢“模拟市场核算实行成本否决”等管理方法。企业将责、权、利层层落实到人，独立核算，自负盈亏，承包者享有充分的经营自主权，从根本上调动企业人员的生产积极性。至2010年，全市工业企业初步形成产权清晰、权责明确、政企分开、管理科学的现代企业制度，企业自主经营、自负盈亏，享有充分的人事、分配等自主权。

第三节　用工制度改革

1978年前，工业企业用工由县人事、劳动部门统一分配，企业可招用季节工和临时工并到劳动部门备案。1978年后，随着改革开放的不断深入，企业用工制度随之变化，呈现多种形式的用工，主要有固定工、城镇合同制、农民合同制以及计划内临时工、计划外临时工。1980年，实行劳动部门公招就业、自愿组织起来就业和自谋职业就业，坚持“扶而不包”的原则，解决由国家“统包统配”单一化就业弊端。1984年，全县有亦工亦农职工6644人。1985年，对亦工亦农职工进行考核、评议，符合条件的转为合同制工人。1986年，全县在工业企业开始实行劳动合同制。1991年后，工业企业用工全部改为劳动合同制（城镇合同制、农民合同制），企业结合实际情况确定不同的用工形式。1993年后，部分国有、集体企业经营困难，随着企业改制，一些职工办理下岗手续，用工制度走向市场化。1996年，全市实施再就业工程，通过培训、学习等形式，下岗职工逐步实现再就业。1997年，全市有下岗职工6977人。1998年，下岗职工再就业率近60%，下岗职工减至2943人。同年，全市有合同制职工26668人，占全部职工的54.3%。1999年，下岗职工再就业率67.8%。2002年，有700余名职工实现再就业。2004年，进一步开展就业和再就业工程，救助特困职工763户。2010年，全市发放破产企业职工救助补贴498万元，对失业职工进行小额贷款、税费减免、跟踪扶持等服务。2006—2010年，全市新增城镇职工就业再就业2.8万人。

第四节　分配制度改革

1978—1984年，改革初始阶段，遵循按劳分配原则，恢复奖金和计件工资制度，企业实行利润留成、奖金提取办法。企业职工工资调整增长仍由计划和行政控制，全国统一按比例下达工资调整指标或统一规定调资条件，在范围内符合条件的职工才能增加工资。国家在价格调整背景下给职工发放物价补贴，如副食品价格补贴、粮食价格补贴等。企业加强产品成本、利润、固定资金、流动资金和财务收支等方面的管理及企业内部基层的经济核算，实行厂、车间两级核算和厂、车间及生产班组三级管理，大部分工业企业在生产上实行计件工资制或生产工序承包制。1985—1992年，进行全国性的工资制度改革，企业的工资制度与国家机关事业单位脱钩，其工资增长依据企业经济效益的提高，国家不再统一安排企业职工的工资调整，只对企业工资总量实行分级管理的宏观调控体制。1988年，在全县推广“工效挂钩”办法，建立按效益增长情况计提工资升级指标，由企业自行确定职工升级的制度。职工档案工资的晋升指标由企业申请，劳动部门按其经济效益增长情况审批。同年，全县开始实行内部承包经营。1990年，落实国务院《关于1989年国营企业工资工作和离退休人员待遇问题的安排意见》，企业职工普调1级工资。1992年，在全县开展工业企业分配制度改革，拉开分配档次，加强企业工资总额控制，通过加大活工资比重，适当拉开分配档次，坚持向生产一线和生产条件差的岗位倾斜。1993—1999年，放开工资总量管理，实行弹性劳动工资计划管理，对建立现代企业制度的企业，试行企业自主确定工资总额办法；改进和完善“工效挂钩”办法，建立企业工资内外收入监督检查制度；试行企业经营者年薪制度。1994年，推行岗位技能工资制，对原实行的8级工资标准进行改革和调整。至1995年，在全县工业企业开展落实先进的管理方法和打破“三铁”（铁饭碗、铁工资、铁交椅）活动，改变干多干少一个样的“大锅饭”问题。同年，建立企业最低工资保障制度。1997年，在全市工业企业推行岗位工资。2000—2010年，遵循按劳分配、效率优先、兼顾公平的原则，不断加强企业工资分配调控，落实企业最低工资制度，建立健全适应市场经济的企业工资收入分配宏观调控体系，建立工资增长指导线制度。2009年，进行收入、分配、社保制度改革，进一步健全劳动、资本、技术、管理等生产要素按贡献参与分配的制度，提高最低工资标准，建立工业企业职工工资正常增长机制和支付保障机制。

第三章　工业经济结构

第一节　所有制结构

个体私营工业企业　1978年后，个体私营企业恢复发展。1985年，全县有个体工业（含联办）933家，工业总产值1997万元，占全县工业总产值6.20%。1986年后，个体私营工业发展加快。1990年，全县个体工业户2266家，工业总产值1866.8万元（1980年不变价格），占全部工业总产值14.27%。1995年，全县个体工业户2032家，工业总产值12.03亿元（1990年不变价格），占全部工业总产值25.38%。1997年，全市私营工业企业2939家，工业总产值24.33亿元（1990年不变价格），占全部工业总产值32.97%。2000年，全市限额以上私营工业企业35家，工业总产值6.07亿元（当年价格），占全市限额以上工业总产值20.87%。2005年，全市规模以上私营工业企业129家，工业总产值50.65亿元（当年价格），占全市规模以上工业总产值43.83%。2009年，全市从事制造业的私营企业1466户，投资者4321人，职工39936人，注册资本金15.60亿元；从事制造业的个体工商户1962户，从业人员3208人，资金额3964万元。2010年，全市从事制造业的私营企业1711户，投资者4943人，职工46839人，注册资本金21.85亿元；从事制造业的个体工商户2232户，从业人员3691人，资金额4886万元。同年，全市规模以上私营工业企业251家，工业总产值200.02亿元（当年价格），占全市规模以上工业总产值53.78%。

集体工业企业　市（县）属集体工业企业　1978年，全县集体工业企业114家。1985年，县属集体工业企业35家，职工5698人，工业总产值6962万元（1980年不变价格），占全部工业总产值21.63%。1990年，县属集体工业企业54家，从业人员12457人，工业总产值2.79亿元（1980年不变价格），占全部工业总产值21.29%，利税总额 1103 万元。1995 年，县属集体工业企业 81 家，从业人员 12646 人，工业总产值 9.63 亿元（1990 年不变价格），占全部工业总产值 20.32%，利税总额 4418 万元。1997 年起，全市集体工业企业进行企业改制。（注：2000 年后，统计口径不再按所有制形式划分）

乡镇办集体工业企业　1978 年，全县社办工业企业 85 家，职工 4775 人，工业总产值 1330 万元（当年价格），占全部工业总产值 13.10%。此后，社办工业企业发展较快。1985 年，全县乡镇办工业企业 131 家，职工 9110 人，工业总产值 5736 万元（1980 年不变价格），占全部工业总产值 17.82%，利税总额 351 万元。1990 年，全县乡镇办工业企业 145 家，从业人员 10921 人，工业总产值 2.77 亿元（1990 年不变价格），占全部工业总产值 16.96%，利税总额 240 万元。1995 年，全县乡镇办工业企业 116 家，工业总产值 7.52 亿元（1990 年不变价格），占全部工业总产值 15.87%，利税总额 6521 万元。1997 年，全市乡镇办工业企业 111 家，从业人员 9262 人，工业总产值 12.04 亿元（1990 年不变价格），占全部工业总产值 16.32%，利税总额 1.04 亿元。同年起，全市乡镇办集体工业企业进行企业改制。

村办集体工业企业　1978 年后，队（村）办集体工业兴起。1985 年，全县村办工业企业 577 家，从业 13602 人，工业总产值 6767 万元（1990 年不变价格），占全部工业总产值 21.02%。1995 年，全县村办集体工业企业 259 家，工业总产值 13.41 亿元（1990 年不变价格），占全部工业总产值 28.75%。1997 年，全市村办集体工业企业 269 家，工业总产值 20.62 亿元（1990 年不变价格），占全部工业总产值 27.94%。同年起，全市村办集体工业企业进行企业改制。

国有工业企业　1978 年，全县国营工业企业 13 家，职工 2208 人，固定资产原值 1677 万元，工业总产值 5908 万元（1990 年不变价格），占全部工业总产值 36.62%，利税总额 305.5 万元。1985 年，全县国营工业企业 39 家，职工 3712 人，工业总产值 1.61 亿元（1990 年不变价格），占全部工业总产值 37.84%，利润总额 839 万元。此后，其他经济成分的工业企业快速发展，国营工业企业在全部工业中的比重逐渐下降。1990 年，全县国营工业企业 51 家，职工 9536 人，固定资产原值 1546.2 万元，工业总产值 3.64 亿元（1990 年不变价格），占全部工业总产值 22.27%，利润总额 1035 万元。1995 年，全县国营工业企业 51 家，职工 8004 人，固定资产原值 3018.6 万元，工业总产值 4.68 亿元（1990 年不变价格），占全部工业总产值 9.70%，利润总额 1155 万元。1997 年 9 月后，对大部分国有企业进行改制和资产重组。1998 年，全市国有工业企业下降为 25 家，职工 4002 人，工业总产值 3.28 亿元（1990 年不变价格），占全部工业总产值 5.36%。2000 年，全市限额以上国有工业企业 18 家，工业总产值 1.48 亿元（1990 年不变价格），占全市限额以上工业总产值 5.41%，利税总额 744 万元。2005 年，全市规模以上国有工业企业 8 家，从业人员 1122 人，固定资产原值 3.31 亿万元，工业总产值 3.90 亿元（当年价格），占全市规模以上工业总产值 3.38%，利润总额 797.9 万元，利税总额 2753.4 万元。2010 年，全市规模以上国有工业企业 2 家，从业人员 1082 人，固定资产原值 11.82 亿元，工业总产值 10.18 亿元（当年价格），占全市规模以上工业总产值 2.74%，利润总额 2458.1 万元，利税总额 2.45 亿元。

“三资”工业企业　1988 年，烟台海达毛纺织有限公司成立，是全县第一家中日合资经营企业。至 1990 年，全县利用外资项目 14 家，合同外资额 1396 万美元。同年，“三资”企业出口创汇 387.8 万美元。其中爱思箱包有限公司成为全省“三资”企业中十大创汇企业之一。1995 年，全县中外合资企业 27 家、外资企业 2 家；与港、澳、台合资企业 42 家，与港、澳、台合作经营企业 1 家，港、澳、台独资企业 1 家。从业人员 12489 人。“三资”企业实际出口创汇 7673 万美元。2000 年，全市新建“三资”工业企业 16 家，外商实际投资 3056.6 万美元，出口总值 7697.1 万美元，利润总额 4727.3 万元，税金总额 4084.9 万元，从业人员 8822 人。2005 年，全市港、澳、台商投资工业企业 18 家，工业总产值 11.39 亿元（当年价格），出口交货值 7.57 亿元，固定资产 1.91 亿元，主营收入 10.22 亿元，利润总额 5265.4

万元，利税总额9868万元，从业人员5388人；外商投资工业企业27家，工业总产值19.41亿元（当年价格），出口交货值9.85亿元，固定资产2.58亿元，主营收入16.00亿元，利润总额1.18亿元，利税总额1.93亿元，从业人员7007人。2010年，全市港、澳、台商投资工业企业18家，工业总产值22.99亿元（当年价格），出口交货值13.67亿元，固定资产2.10亿元，主营收入19.23亿元，利润总额1.43亿元，利税总额2.25亿元，从业人员5091人；外商投资工业企业49家，工业总产值62.67亿元（当年价格），出口交货值24.50亿元，固定资产7.57亿元，主营收入54.38亿元，利润总额4.60亿元，利税总额6.57亿元，从业人员10260人。

第二节　产业结构与产品产量

1978年，全县工业企业主要涉及的行业有轻纺、化工、机械、建材等。主要工业产品及产量：丝11吨、丝织品78万米、服装12.43万件、皮鞋8.41万双、布鞋52.38万双、合成氨8646吨、农用化学肥料3.64万吨、原盐6.23万吨、塑料制品105吨、水泥1.21万吨、饮料酒2101吨。

1985年，全县有独立核算工业企业185家。按轻重工业分：轻工业123家、重工业62家；按行业分：化学工业6家、机械工业43家、建材工业27家、木材加工工业10家、盐业4家、饮料食品工业27家、纺织工业12家、缝纫工业23家、皮革及其他制品工业10家、造纸印刷业3家、工艺美术品制造业5家、其他工业15家。产品布局：国营工业有7个行业，50余种产品，机械制造、化工、建材、酿造、食品为主要行业；县属集体企业，有10余个行业，百余种产品，以轻纺服装、木器家具、工艺美术、造纸等为主；乡镇工业有10余个行业，百余种产品，以机械制修、农副产品加工、工艺美术、建材、针织等为主。主要产品及产量：合成氨1.20万吨、水泥13.24万吨、丝6吨、丝织品101万米、机制纸及纸板3500吨、原盐3.08万吨、饮料酒5335吨、布鞋596万双、榨油机械695台、食用植物油7844吨。

1990年，全县县属独立核算工业企业75家，主要涉及化工、食品、纺织、机械、建材等行业。按行业分：化工行业5家、盐业3家、轻工18家、纺织7家、丝绸3家、建材6家、机械电子5家、其他行业28家。主要产品及产量：原盐2.84万吨、食用植物油4595吨、饮料酒6374吨、纱1759吨、布444.95万米、丝4.25吨、丝织品157.93万米、机制纸及纸板5931吨、农用化肥1.84万吨、水泥15.80万吨。1995年，全县乡（镇）及以上工业企业262家，主要有纺织、化工、食品、盐业、机械、包装、五金、丝绸等行业。主要工业产品及产量：服装2071万件、塑料制品8982吨、化肥1.37万吨、食用植物油1.80万吨、布2021.8万米、丝织品10.20万米、原盐4.91万吨、机制纸及纸板8672吨、水泥22.20万吨。

2000年，全市限额以上工业企业96家，主要涉及纺织服装、食品加工、塑料制品、机械制造、建材五金等行业。主要产品及产量：服装1230万件、合成氨3.16万吨、丝织品113万米、布鞋1125万双、塑料薄膜4207吨、锻压设备680吨、起重设备999吨、机制纸及纸板1.29万吨。

2005年，全市规模以上工业企业200家，按轻重工业分：轻工业150家，重工业50家。主要行业有纺织服装、机械电子、生物化工、建材五金、食品加工等。主要产品及产量：食用植物油9607吨、服装7064万件、机制纸及纸板2.20万吨、塑料制品9921吨、水泥39万吨、家具1.57万件、锻压设备696吨、乳制品2357吨、丝105吨、皮鞋86万双。

2008年，全市规模以上工业企业338家，按轻重工业分：轻工企业257家，重工企业81家。主要产品及产量：纺织服装1.21亿件、起重机械1.87万吨、食用植物油1.08万吨、机制纸及纸板3.17万吨、塑料制品1.03万吨、农用氮磷钾化学肥料9801吨、乳制品3815吨、皮鞋58.4万双。

2009年，全市规模以上工业企业341家，按轻重工业分：轻工业256家，重工业85家。按行业分：制造业335家，电力、燃气及水生产供应业5家，采矿业1家。主要产品及产量：纺织服装1.22亿件、食用植物油1.58万吨、塑料制品6052吨、化肥438吨、水泥26万吨、机制纸及纸板2.28万吨、饼干6826吨、皮革靴鞋72.85万双。

2010年，全市规模以上工业企业347家，按轻重行业分：轻工企业253家，重工企业94家。主要涉及的行业有纺织服装、机械电子、生物化工、建材五金、食品加工等。主要产品及产量：纺织服装1.58亿件、食用植物油2.62万吨、机制纸及纸板3.25万吨、水泥31万吨、冷冻水产品9409吨、皮革靴鞋144万双、混合饲料1.34万吨、塑料制品7070吨、家具4936件、乳制品620吨、饮料酒306吨。

第三节　设备资产

1978年，全县工业企业固定资产原值3811万元，净值3062万元。1985年，全县工业设备8018台（套），其中80年代的5050台（套），占设备总量63%；70年代的2745台（套），占34%；60年代前的223台（套），占3%。进口设备163台（套），其中80年代的占91%。在工业设备总量中，金属切削机床799台，锻压设备279台，其中80年代的分别占28.5%、29.7%。乡（镇）以上独立核算工业企业资产净值1.12亿元，县以上工业系统实际投资1052万元。

1995年，乡（镇）及以上工业企业固定资产年均余额6.40亿元。当年县以上工业完成固定资产投资7407万元。在工业设备构成中，80年代及以前的设备占55%，90年代的设备占45%。

2000年，全市限额以上工业企业资产达到24.97亿元，其中固定资产原值13.00亿元，固定资产净值年均余额8.97亿元。城镇规模以上工业完成固定资产投资2.94亿元。在设备构成中，80年代及以前的设备占25%，90年代的占60%，企业装备水平达到国内同行业先进水平的占15%以上。

2005年，全市规模以上工业企业资产48.45亿元，其中固定资产17.36亿元，固定资产净值年均余额16.99亿元。城镇规模以上工业完成固定资产投资26.76亿元。在设备构成中，80年代至90年代的设备占35%，2000年后设备占60%以上，企业装备水平达到国内同行业先进水平的占75%以上。

2010年，全市规模以上工业企业资产128.22亿元，负债69.78亿元，资产负债率54.4%，其中固定资产原值50.11亿元，固定资产净值42.57亿元。城镇以上工业企业完成固定资产投资96.19亿元。企业装备水平达到国内同行业先进水平的占80%以上。

第四章　农副食品与饲料加工业

第一节　谷物磨制

1978年，海阳仅有县面粉厂1家谷物磨制企业，职工29人，年产面粉7337吨，产值223万元。1980年后，人民公社（乡、镇）面粉厂开始发展。1983年，县粮食局投资147万元，在海阳路157号新建一座占地面积1.74万平方米、建筑面积4381平方米的面粉厂。1985年，有海阳县面粉厂及行村镇、辛安乡、战场泊乡、二十里店供销社面粉厂等。农村磨坊多由集体经营转为个体承包。1986年，新建县面粉厂建成投产，主要生产标准粉和特二粉。1988年起，随着食品加工业的快速发展及非农业人口的粮食供应逐步由标准粉转为特二粉，特二粉、专用粉的需求量增大，县面粉厂的加工能力不足，县内专用粉和精粉需从外地调入。1990年，全县年产面粉6.04万吨。1991年7月，县粮食局投资495万元对面粉厂进行技术改造，改建一条等级粉生产线。1992年，县面粉厂被列为全县首批股份制改革试点企业，在县粮油集团总公司内部职工中筹集股份。公司发行股本总额190.28万元，每股面值100元，计

1993 年，海阳县华瀛面粉有限公司

19028 股，其中国有股 5708 股，以原面粉厂的国有资产折资入股，计资 57.08 万元，占股本总额的 30%；县粮油集团总公司内部职工发行 13320 股，以购买国有资产的形式入股，计资 133.2 万元，占股本总额的 70%。1993 年 2 月，海阳县面粉厂改称海阳县华瀛面粉有限公司。同年，该公司全年加工面粉 1.54 万吨，销售 1.28 万吨，实现利润 101.8 万元，成为全县粮食企业第一个年创利润过百万的企业。1994 年，华瀛面粉有限公司投资 100 万元，新上 6 个总容量为 3000 吨的立筒式原料仓，增设大连、威海、沈阳 3 个经销处，全年生产加工面粉 2.21 万吨，实现利润 151.88 万元，再创新高。1995 年，加工面粉 1.91 万吨，实现利润 102.4 万元。1996—1998 年，华瀛面粉有限公司经营状况呈下降趋势，3 年共亏损 56.8 万元。1999 年 8 月，经市政府批准，在接受全部债权债务并接受原企业所有员工的条件下，整体出售给原公司法人代表。2000 年，全市限额以上谷物磨制企业仅有海阳市华瀛面粉有限公司，年生产面粉 2.1 万吨，工业总产值 1465.1 万元。2005 年，市华瀛面粉有限公司年生产小麦粉 1.32 万吨，工业总产值 4275.7 万元。2007 年 6 月，市华瀛面粉有限公司进入破产程序。2008 年 12 月，烟台方圆大韩制粉有限公司建成投产。2010 年，烟台方圆大韩制粉有限公司生产各类高、中档小麦粉 6 万吨。

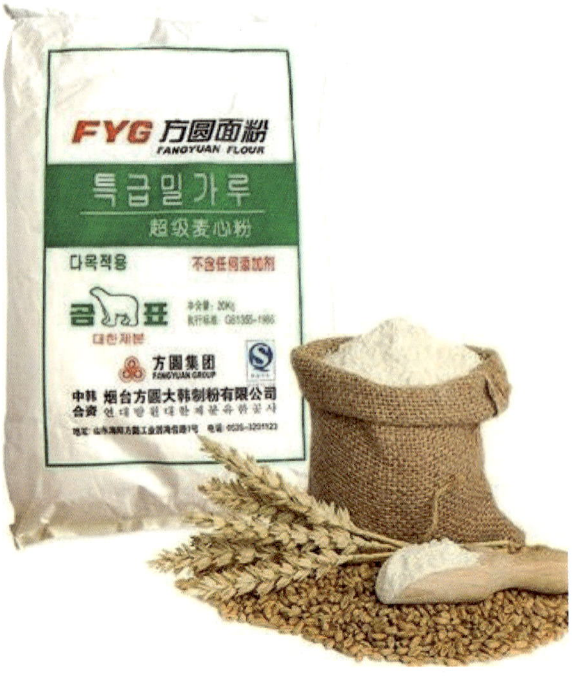

2010 年，烟台方圆大韩制粉有限公司生产的面粉

第二节　植物油加工

1978 年，海阳有徐家店、东村、小纪榨油厂 3 家油料加工企业，年产食用植物油 3078 吨。1980 年，朱吴榨油厂建成投产，年加工花生仁 250 吨。此后，农村小型油坊有所恢复。1985 年，全县生产食用植物油 7844 吨，其中乡（镇）、村产 1294 吨。1990 年，县属独立核算油料加工企业有徐家店榨油厂、小纪榨油厂，2 家企业工业总产值 972 万元，利润 44.1 万元，有职工 81 人。同年，全县产食用植物油 4595 吨，其中乡（镇）、村产 1314 吨。1991 年 7 月，徐家店榨油厂改称海阳县植物油厂。8 月，县粮食局投资 495 万元对县植物油厂生产工艺进行技术改造，采用浸出榨油工艺，出油率比过去提高 2.8%。但由于各种原因未达到预期技改目标，1993 年，总加工量仅 319 吨，利润 15.8 万元。1994 年，总加工量 895 吨，比 1993 年增加 576 吨，实现利润仅 6.8 万元。1995 年，县植物油厂工业总产值 471 万元，固定资产原值 784.6 万元；小纪榨油厂工业总产值 242.8 万元，固定资产原值 166.5 万元。同年，全县产食用植物油 1.80 万吨。1996 年，市植物油厂停产。1997 年，小纪榨油厂停产，划归小纪粮管所管辖。1998 年，市植物油厂被莱阳龙大集团收购并将其改制为烟台龙源油食品有限公司。2000 年，小纪榨油厂破产。2005 年，全市生产食用植物油 9607 吨。有 1 家规模以上企业，产值 1.31 亿元，利润 587.4

2010年，烟台方圆大韩美味香有限公司生产的花生油

万元，从业人员179人。2006年6月，烟台大韩美味香粮油有限公司建成投产。2010年，全市生产食用植物油2.62万吨。有烟台龙源油食品有限公司1家规模以上油脂加工企业，产值3.38亿元，固定资产340.4万元，主营业务收入3.24亿元，利润1005.8万元，利税总额1103.4万元，从业人员117人。

第三节　饲料加工

1980年前，农民所用饲料均自制自用，养分单一。1981年8月，县粮食局饲料加工厂建成投产，主要生产7种鸡、猪、大牲畜配合饲料。1982年5月，县粮食局投资45万元，在位于海阳路159号新建一座时产2吨的半自动化配（混）合饲料加工厂。至1984年，实现利润71.9万元。同年，县粮食局饲料公司在辛安、行村、朱吴、南城阳、盘石店、西哲阳、徐家店设立7处饲料加工厂，以23处粮管所为基础成立饲料推广站，饲料工业从生产加工到销售形成一个有机整体，对海阳的养殖业发展起到推动作用。1984—1985年，县粮食局饲料公司生产全价饲料28种。1990年，县粮食局饲料公司研究生产的43～72周龄产蛋鸡配合饲料、60～90周龄育肥猪配合饲料获山东省粮食局优质产品称号。同年，全县生产配（混）合饲料2.04万吨。乡镇办饲料加工企业有行村镇道口农场饵料厂、大阎家乡对虾饲料加工厂，主要生产对虾饵料。1991年10月，县粮食局饲料公司改称海阳县饲料公司。1995年，全县加工配合饲料4.74万吨。1999年8月，海阳市仁和科技有限公司建成投产，年产预混料、浓缩料5000吨。2002年5月，海阳市和兴饲料有限公司成立，位于徐家店镇。2004年11月，市饲料公司破产。2005年3月，海阳市华隆饲料有限公司成立。公司位于行村镇，主要生产浓缩饲料、配合饲料、精料补充料等。2006年4月，烟台大韩饲料有限公司建成投产。2010年，全市生产混合饲料1.34万吨，浓缩料、预混料2万吨。规模以上饲料加工企业有烟台大韩饲料有限公司和海阳市华隆饲料有限公司，总产值6852.2万元，固定资产1599.7万元，主营业务收入7111.1万元，利润115.1万元，利税190.4万元，从业人员133人。

2010年，海阳市和兴饲料有限公司

第四节 屠宰与肉类加工

1977年前，县食品采购站（后改称食品公司）负责全县牲畜收购、屠宰，各公社设食品站。1978年1月，海阳县肉类联合加工厂建成投产，开始收购、屠宰猪、鸡等畜禽。同年，县肉类联合加工厂总产值414万元，固定资产原值146万元，利润24.9万元，职工167人。1980年，全县加工猪肉1744吨。此后，牲畜收购屠宰由国家独家经营走向市场，出现大量屠宰专业户。1984年4月，海阳县食品公司被撤销，人员、业务并入海阳县肉类联合加工厂。1985年，全县出口冻猪肉503吨，出口收入283万元。县商业系统收购生猪9.26万头。1990年，全县加工畜肉制品1585吨、禽肉制品73吨。1992年1月，海阳县畜牧肉类集团公司成立。1994年，海阳县中银畜禽加工厂成立。1997年，成立生猪定点屠宰管理办公室，实行生猪定点屠宰管理。同年，全市加工畜肉制品2721吨、禽肉制品129吨。2000年，全市加工畜禽肉制品1.46万吨，其中猪肉制品1.04万吨。2001年12月，海阳市畜牧肉类集团公司改称海阳市食品总公司。2004年12月，海阳市双城肉类食品有限公司成立。2005年6月，烟台市林安肉类食品公司成立。同年，全市加工畜禽肉制品2.82万吨。规模以上屠宰及肉类加工企业2家，产值6040.8万元，固定资产125.7万元，主营收入4946.5万元，从业人员272人。2008年1月，海阳市坤宇食品有限公司成立。2010年，全市加工畜禽肉制品4.29万吨。规模以上屠宰及肉类加工企业有海阳市坤宇食品有限公司、海阳市双城肉类食品有限公司、烟台市林安肉类食品有限公司，工业总产值1.10亿元，固定资产1062万元，主营收入9902.3万元，从业人员110人。

第五节 蔬菜、水果与坚果加工

1979年，海阳县果脯厂开始加工苹果干，翌年开始加工梨脯、桃脯等。1992年，海阳县罐头总厂开始加工蔬菜出口。1994年10月，县罐头总厂合资成立烟台天龙水产食品有限公司；1998年，改制为民营企业，主要从事蔬菜、水果、水产品保鲜、冷冻加工，年加工蔬菜能力6000吨。主要产品有速冻芋仔、刀豆、牛蒡、草莓、胡萝卜等20个品种，产品销往日本、韩国、欧盟等国家和地区。1999年4月，海阳津成泰农产品发展有限公司成立，为泰国独资企业。公司位于徐家店镇，占地面积5万平方米，拥有1.2万吨气调和5000吨普通冷风库，年加工周转能力3.5万吨，主要从事水果及蔬菜的收购、储藏、加工和销售，产品销往东南亚、中东、欧美地区。2000年，全市限额以上蔬菜、水果和坚果加工企业有烟台新瑞食品有限公司、烟台天龙水产食品有限公司、海阳津成泰农产品发展有限公司和海阳市华冠食品有限责任公司4家企业，工业总产值8259.2万元，固定资产原值1333.5万元，利润总额284.6万元，利税总额512万元，从业人员488人。2002年7月，海阳市鲁丰食品有限公司成立。公司位于小纪镇，主要生产速冻蔬菜和水果制品。2005年，全市蔬菜、水果和坚果加工规模以上企业13家，工业总产值4.18亿元，固定资产4726.8万元，主营业务收入3.24亿元，出口交货值1.16亿元，利税4281.4万元，利润2336.2万元，从业人员811人。2006年，烟台美齐食品有限公司成立。公司位于小纪镇，生产草莓、桃瓣、甜豌豆、黄秋葵等30余个品种的冷冻产品，年加工能力12万吨。2010年，全市蔬菜、水果和坚果加工规模以上企业23家，工业总产值20.35亿元，固定资产1.58亿元，主营业务收入18.54亿元，出口交货值3.04亿元，利税2.29亿元，利润1.47亿元，从业人员2099人。

2009年，烟台美齐食品有限公司加工车间

第六节 其他农副食品加工

1980年，东山粉丝厂成立，建于行村公社东山大队，为队办集体企业，以地瓜为原料生产粉丝。1981年，二十里店粉丝加工厂成立，生产粗、细粉丝，主要设备有粉碎机、清洗机等，当年工业总产值18.7万元，固定资产原值31.8万元，职工67人。1983年，东山粉丝厂生产的薯类粉丝，被农牧渔业部评为优质产品。1984年，东山粉丝厂投资100万元，建设大型粉丝厂和1座库容100吨冷库。技术员程模翠对生产工艺进行改进，所产"东山"牌薯类粉丝细0.2毫米，程模翠被誉为"粉丝状元"。产品畅销北京、吉林、陕西、宁夏等12个省、市、自治区。1987年，海阳县粉丝厂成立。1990年，县粉丝厂工业总产值40万元，固定资产原值103万元，职工26人。1994年3月，县粮食局徐家店粮油转运站改为明星花生加工厂，主要从事花生加工。1997年，全市生产豆制品3吨、粉丝和粉条416吨。市粉丝厂工业总产值398.1万元，固定资产原值358.1万元，职工119人。1999年7月，明星花生加工厂改制，后停产。2007年，东山粉丝厂承包给个人，转产粉条，年产13万千克。

第五章 食品 饮料制造业

第一节 食品制造

焙烤、方便食品 1978年，县以上独立核算焙烤食品、方便食品企业仅有海阳副食品加工厂1家。全年加工饼干570吨、糕点572吨。1981年，海阳副食品加工厂改称海阳县食品厂。1983年，县食品厂生产的红蛋糕被评为山东省优质产品。1984年，县食品厂生产的"百鸟"牌精粉长寿糕和雪花面包被评为山东省优质产品。1985年，全县有县食品厂、泉水糕点厂、烟台富瀛食品有限公司等焙烤食品、方便食品制造企业。

1997年，烟台毅武食品有限公司生产的方便面

1986年，海阳县食品厂生产的"百鸟"牌菠萝月饼和植物奶饼干被评为山东省优质产品。1988年，县食品厂生产的开口笑、萨其玛糕点被评为部优产品。1990年，县食品厂产值432.1万元，固定资产原值142.5万元，利润16.4万元，有职工181人。1995年8月，在县粮油食品厂的基础上，组建成立烟台毅武食品有限公司，主要生产方便面。10月，烟台广合食品有限公司成立，注册资本60.24万美元，主要生产饼干、糕点食品。1999年，烟台毅武食品有限公司改制。2000年，烟台毅武食品有限公司生产方便面8893吨，产值2769.1万元，固定资产原值1156.9万元，实现利税111万元，职工280人。烟台广合食品有限公司生产饼干及糕点2400吨，工业总产值3600万元，实现利润335万元，职工150人。2002年，烟台毅武食品有限公司停产。2005年，全市规模以上焙烤食品、方便食品企业1家，工业总产值2175.6万元，固定资产884.8万元，主营业务收入2393.7万元，出口交货值147.8万元，从业人员133人。2010年，全市规模以上焙烤食品、方便食品企业有烟台广合食品有限公司、海阳市利康食品有限公司2家，工业总产值9104.7万元，固定资产1201.2万元，主营业务收入9616.1万元，出口交货值985.9万元，利润总额560.7万元，利

税总额 1122.7 万元，从业人员 227 人。

乳制品 1981 年，海阳县乳品福利厂成立，主要生产奶粉、粉丝、低钠盐、冻粉。1985 年，县乳品福利厂工业总产值 22.4 万元，固定资产原值 77.5 万元，职工 103 人。1990 年，全县生产乳制品 93 吨。县乳品福利厂工业总产值 229.7 万元，固定资产原值 110.7 万元，职工 68 人。1995 年，全县生产乳制品 1296 吨。2000 年 1 月，海阳市乳品福利厂改制为民营企业，改称烟台磊磊乳品有限公司。2003 年 4 月，烟台海岳食品有限公司成立。2005 年，全市有 2 家规模以上企业从事液体乳及乳制品制造，生产乳制品 2357 吨，工业总产值 5578.2 万元，固定资产原值 1763.1 万元，主营收入 3921.8 万元，利润 296.1 万元，从业人员 127 人。2010 年，全市规模以上从事液体乳及乳制品制造企业有烟台磊磊乳品有限公司、烟台海岳食品有限公司，工业总产值 2 亿元，固定资产 1984.1 万元，主营收入 1.59 亿元，利润 906.2 万元，利税 1323.9 万元，从业人员 160 人。

罐头 1981 年，海阳县饮料食品厂罐头车间，年产罐头 4000 吨。1982 年，海阳县大埠圈罐头厂成立，主要生产五香鱼罐头。1984 年后，县大埠圈罐头厂增加对虾、水果罐头。1985 年，县大埠圈罐头厂工业总产值 70.6 万元，固定资产原值 78 万元，职工 84 人。1986 年 10 月，海阳县罐头食品厂成立。1990 年，全县生产罐头 791 吨。全县有县罐头总厂、县罐头食品厂。县罐头食品厂工业总产值 160 万元，固定资产原值 28.9 万元，职工 83 人。1995 年，县罐头总厂工业总产值 1880.9 万元，固定资产原值 818.3 万元，利润 414.6 万元，利税 701.1 万元，职工 386 人。1998 年，烟台天龙水产食品有限公司改制，转产蔬菜、水产品保鲜、冷冻加工，停止罐头生产。2006 年 3 月，山东棒师傅食品科技有限公司成立，位于经济开发区。2007 年 2 月，烟台恒信食品有限公司成立。公司占地面积 5.87 万平方米，建筑面积 2.8 万平方米，固定资产 1500 万元，职工 96 人。主要生产桃、杏、樱桃、葡萄、梨、苹果罐头等，年产 6000 吨。4 月，烟台宏顺食品有限公司成立，位于碧城工业区，生产蔬菜、水果罐头等。2010 年，全市规模以上蔬菜、水果罐头制造企业

2007 年，山东棒师傅食品科技有限公司

有烟台宏顺食品有限公司、山东棒师傅食品科技有限公司和烟台恒信食品有限公司，3 家企业工业总产值 9273.9 万元，固定资产 4126 万元，主营收入 8052.3 万元，出口交货值 888.2 万元，利润总额 594.6 万元，利税总额 769.9 万元，从业人员 445 人。

2007 年，山东棒师傅食品科技有限公司产品

食品及饲料添加剂 食品及饲料添加剂制造业在海阳属新兴产业。2005 年后，在行村镇得到快速发展。2005 年 6 月，烟台协力海洋生物制品公司成立，为香港独资企业，主要生产销售褐藻酸钠、卡拉胶、琼脂、藻酸丙二醇脂；青岛洲际化工实业有限公司海阳海藻分公司成立，主要生产褐藻酸盐等系列产品。7 月，海阳市洲际海藻有限公司成立，主要产品有褐藻酸钠、功能糖醇、印花糊料、纺织印染助剂、海藻肥等。2006 年 11 月，海阳市鸿贸海藻有限公司成立，主要生产、销售海藻食品、海藻制品；海阳市鸿源海藻有限公司成立，主要生产销售褐藻酸钠、甘露醇和碘等产品。2007 年 6 月，山东海藻化工实业有限公

司海阳分公司成立，主要从事褐藻酸钠、泡花碱等的生产、销售。2009年9月，海阳市东方海藻有限公司成立，主要从事褐藻酸钠、工业用碘的加工销售。2010年1月，青岛宇龙海藻有限公司海阳分公司成立，主要产品为褐藻酸钠。同年，全市有规模以上食品及饲料添加剂制造企业8家，工业总产值7.60亿元，固定资产9063.7万元，主营收入5.87亿元，出口交货值2.48亿元，利润总额4386.3万元，利税总额6527.4万元，从业人员910人。

其他食品　1978年，全县加工糖果241吨。1979年，海阳县果脯厂成立，工业总产值47.5万元，固定资产原值24.4万元，职工60人。1981年，海阳县酿造厂建成投产。1985年，县酿造厂工业总产值100.2万元，固定资产原值80万元，利润15.2万元，职工77人。年产酱油2802吨、米醋143吨、酱菜193吨、豆瓣酱115吨。同年，海阳县海城食品厂成立，生产硬软糖、奶糖、花生糖等产品。12月，海阳县赖氨酸加工厂建成。1990年，全县生产糖果17吨、酱油2844吨。1992年，海阳县赖氨酸加工厂改称海阳县味精厂。1995年，全县生产酱油2567吨、食醋274吨。1996年9月，海阳市酿造厂改称烟台天彩酿造有限责任公司。2000年，全市生产酱油620吨。8月，县味精厂破产。2003年，烟台天彩酿造有限责任公司改制为民营企业，2009年，烟台天彩酿造有限责任公司停产。

2010年，全市有规模以上食品制造企业8家，工业总产值7.60亿元，固定资产9063.7万元，主营收入5.87亿元，出口交货值2.48亿元，利润总额4386.3万元，利税总额6527.4万元，从业人员910人。

第二节　饮料制造

酿酒　1978年，全县仅有海阳县酿酒厂。1979年，县酿酒厂增设串香车间，增加特酿、麦曲香、串香白酒、老窖等新品种，“虎山”“粮香”白酒进入北京市场。同年，海阳县第二酿酒厂筹建，为前黄塘村办集体企业。1980年，海阳县郭城酒厂成立，厂址在郭城五村，为镇属集体企业。主要生产白酒、果酒、汽酒。产品除山东省外，还销往河南、吉林等省。4月，海阳县第二酒厂建成投产。1981年，海阳县第三酒厂建成投产，位于徐家店镇坛山村，为镇属集体企业。主要产品有特制姜酒、特制薄荷酒、白葡萄酒、葡萄酒、味美思等，年产500吨。同年，县酿酒厂迁至西哲阳村东，以生产白酒为主，兼产果酒。1985年，县第二酒厂改为海阳县葡萄酒厂，主要产品有全汁红、白葡萄酒等。1990年，全县生产白酒（商品量）3698吨、葡萄酒2696吨。县葡萄酒厂生产的白羽半甜葡萄酒被评为山东省优质产品。1993年5月，县葡萄酒厂申请破产。1995年，独立核算县及县以上酒制造企业有县海洋酒业有限责任公司、县酿酒厂。1998年12月，海阳市绿灯酿酒有限公司成立，开始生产白酒。2000年，全市生产白酒1544吨。限额以上酒的制造企业有市海洋酒业有限责任公司，限额以下企业有市绿灯酒业有限责任公司。2005年，方圆集团有限公司与德国CMET公司共同投资兴建烟台金鼎葡萄酒有限公司，公司占地面积4.5万平方米，建筑面积2万平方米，地下酒窖面积3000平方米，年生产葡萄酒1万吨。2010年，规模以上酒制造企业仅有烟台金鼎葡萄酒业有限公司，工业总产值2037.6万元，固定资产1995.2万元，主营收入2093.7万

虎山白酒

2010年，烟台金鼎葡萄酒业有限公司酒窖

元，利润总额 219.4 万元，利税总额 450.9 万元，从业人员 33 人。

软饮料 1981 年，海阳县饮料食品厂成立，为全民所有制企业。厂区面积 2 万平方米，建筑面积 6460 平方米，各种设备 91 台，固定资产原值 98 万元。饮料车间年产 10 余种软饮料 1000 吨。1985 年，全县有 4 家饮料生产企业，工业产值 599 万元，固定资产净值 227 万元，利润 34.2 万元。1990 年，全县生产无酒精饮料 471 吨。县属独立核算软饮料制造企业有海阳县饮料食品厂和海阳县多维果汁厂。县饮料食品厂工业总产值 110.6 万元，固定资产原值 106 万元，职工 207 人；县多维果汁厂工业总产值 153.9 万元，固定资产原值 99.9 万元，职工 153 人。1993 年 12 月，烟台富达果汁有限公司成立，主要生产果蔬饮料、植物蛋白饮料等。1995 年，全县生产无酒精饮料 5143 吨。1998 年 12 月，市饮料食品厂改制为民营企业，改称海阳市绿灯酿酒有限公司，主要生产白酒，部分车间生产非酒精饮料、调味品、奶制品等。2000 年后，全市无限额以上或规模以上软饮料制造企业。2003 年，海阳市绿灯酿酒有限公司改称烟台绿灯酿酒有限公司。2010 年，烟台绿灯酿酒有限公司部分车间生产非酒精饮料 150 吨。

第六章　纺织　服装　鞋与皮革制品业

第一节　纺　织

棉、化纤纺织 1978 年，海阳县织布企业主要有海阳县织布厂，生产条布、蚊帐布、线呢、棉维布等。全县生产棉布 204.01 万米。1979 年，发城公社麻纺厂建成投产。1981 年 11 月，于平顶大队东建海阳县人造革底布厂，1982 年 5 月投产。同年，里店织布厂在前店村建成投产，主要生产棉布、蚊帐布和手套。1982 年起，县人造革底布厂投资 876 万元，在厂内扩建棉纺织车间，扩建规模为 1 万纱锭、120 台织布机、20 台汗布机；1985 年 5 月投产。厂区占地面积 5.8 万平方米，建筑面积 1.9 万平方米。职工 501 人。生产棉纱 739 吨，棉布 164 万米。产值 421.2 万元，固定资产原值 657 万元。同年，改称山东二轻纺织实验厂。1990 年 8 月，海阳春华织造有限公司成立，主要生产化纤丝绸、棉、毛、麻交织产品。同年，全县生产布 444.95 万米、印染布 350 万米。1993 年起，山东二轻纺织实验厂经济效益下滑，后停产。1995 年，全县生产布 2021.8 万米。1997 年 2 月，海阳市三丰印染有限责任公司成立，主要从事棉布印染。2000 年 7 月，海阳市双马王染织有限公司成立，主要生产布、纱线，并从事印染加工。2001 年 5 月，海阳市鑫圆抽纱织衣有限责任公司成立。2002 年 3 月，海阳市大得利纺织有限公司成立，主要生产棉线、麻线、麻棉线、棉腈线等产品。2003 年，海阳恒大毛织有限公司投资 2600 万元，新上 1.16 万锭棉纺设备，主要生产纯棉纱、腈纺纱、棉腈混纺纱等，年产 1000 多吨；7 月，海阳市鲁兴织布有限公司成立，主要从事织布业务；11 月，烟台恒嘉羊绒制品有限公司成立。2005 年，全市规模以上棉、化纤纺织及印染精加工企业 4 家，工业总产值 3.55 亿元，固定资产 4730.2 万元，主营收入 2.98 亿元，利润总额 2125.7 万元，利税总额 3050.2 万元，从业人员 812 人。2006 年 5 月，海阳市金汇

1993 年，辛安乡谢家村织布厂车间

毛纺织有限公司成立，主要从事棉、化纤纺织加工；海阳市东豪纺织有限公司成立，主要从事纺纱、织布和毛衫加工。2010年，规模以上企业有市鑫圆抽纱织衣有限责任公司、烟台恒嘉羊绒制品有限公司、市三丰印染有限责任公司、市金汇毛纺织有限公司、市东豪纺织有限公司、市大得利纺织有限公司、市双马王染织有限公司和市鲁兴织布有限公司8家，工业总产值8.65亿元，固定资产4277.3万元，主营收入7.88亿元，利润总额6418.3万元，利税总额8431.7万元，从业人员1351人。

毛纺织　1988年8月，海阳县供销社和日本东洋物产株式会社共同出资，成立烟台海达毛纺织有限公司，翌年10月，建成投产。此为海阳第一个中外合资项目。公司以进口洗净澳毛和本地区优质兔毛为原料，引进国外先进设备和纺纱技术，生产721、541、370、271、073等多种规格的兔毛纱、羊毛衫及棉针织品，产品畅销国内外。1993年，烟台海达毛纺织有限公司实现工业总产值4850万美元，利税292万元，出口创汇550万美元。1994年6月，海阳国峰纺织企业有限公司成立。2005年，全市规模以上毛纺织企业4家，工业总产值4.70亿元，固定资产6191.1万元，主营收入3.98亿元，利润总额1497.1万元，利税总额2871.5万元，从业人员1125人。2010年，规模以上企业有海阳国峰纺织企业有限公司、海阳海达恒嘉毛纺染业有限公司、烟台金潮染织有限公司、市金潮纺织有限公司、市东泰纺织有限公司、烟台友谊制线有限公司6家，工业总产值2.53亿元，固定资产1978.7万元，主营收入2.25

1993年，烟台海达毛纺织有限公司车间

2009年，烟台友谊制线有限公司单锭紧筒车间

亿元，利润总额1446.2万元，利税总额2266.2万元，从业人员606人。

丝绢纺织　1978年，海阳县丝绸厂主要产品有柞丝绸、化纤布、柞丝、金丝绒等。1983年，县丝绸厂生产的柞丝平绒，获国家经委优秀产品证书和优秀新产品金龙奖。1984年，县丝绸厂新增绳状染色机4台、星形架染色机6台，印染整理能力50万米。1985年，县丝绸厂有织机84台，年产丝织品101万米、丝6吨，工业总产值454.6万元，固定资产原值221万元，利润25.6万元，职工474人。1990年，全县年生产丝4.25吨、丝织品157.93万米，主要生产企业有县丝织厂、县丝绸厂。工业总产值1498.9万元，固定资产原值598.8万元，产品销售收入1077.1万元，利润总额45.7万元，从业人员844人。1995年，独立核算县及县以上丝绢纺织及精加工企业有海阳制丝厂、县丝织厂、县丝绸总厂和烟台必事利丝绸制品有限公司4家，年生产丝91吨、丝织品10.2万米，工业总产值2263.3万元，固定资产原值2304.2万元，产品销售收入1899.8万元，利润总额25.9万元，利税总额207.6万元，从业人员1853人。其中海阳制丝厂工业总产值1540.6万元，固定资产原值1218.9万元，产品销售收入1596万元，利润总额25.2万元，利税总额200.7万元，从业人员610人。2000年，限额以上企业2家，年生产丝109吨、丝织品113万米，工业总产值2250万元，固定资产1782.2万元，产品销售收入1937.2万元，利润总额38.8万元，利税总额162.2万元，从业人员329人。2005年，规模以上企业2家，其中缫丝加工1家、丝绢和纺织加工1家，工业总产值1.29亿元，固定资产1499万元，主营收入

1.13亿元，利润总额898.2万元，利税总额1540.4万元，从业人员433人。2010年，规模以上丝绢纺织及精加工企业仅有烟台友谊制线有限公司，工业总产值2.42亿元，固定资产660.6万元，主营收入1.66亿元，利润总额1600万元，利税总额2517.1万元，从业人员330人。

纺织制成品 2004年7月，海阳锦润针织有限公司成立，经营范围为织造、印染、后整理加工各种高档织物，印花、生产加工高档针织服装、刺绣。2005年5月，海阳市艺凤祥制衣有限公司成立；8月，海阳市天虹纺织有限公司成立；11月，罗萨·奥纺织（烟台）有限公司成立，主要生产、加工纺织（不含毛纺、棉纺）服装、针织品、床上用品及各种纱线。2006年3月，海阳源丰家居用品有限公司成立，主要生产、加工纺织品（不含棉纺、毛纺）、抽纱、针纺织品及其他家居用品。2010年，规模以上纺织制成品制造企业5家。其中，棉及化纤制品制造有海阳锦润针织有限公司、市天虹纺织有限公司、罗萨·奥纺织（烟台）有限公司和海阳源丰家居用品有限公司4家；毛织品制造企业有市艺凤祥制衣有限公司1家。工业总产值1.07亿元，固定资产2863万元，主营收入1.08亿元，利润总额210.2万元，利税总额304.1万元，从业人员390人。

2010年，罗萨·奥纺织（烟台）有限公司生产的床上用品

第二节 毛衫 针织

海阳毛衫加工和针织服装加工业起步于60年代至70年代。产品从最初的粗线毛衫加工，发展到高档精细毛衫、针织衫等，针织、毛衫产业集群形成，是江北最大的毛衫生产集散地，成为海阳重要的支柱产业、民生产业。2004年1月，海阳市被中国纺织工业协会、中国毛纺织行业协会授予中国毛衫名城称号。2005年，规模以上纺织业年产针织服装7064万件，实现主营业务收入33.8亿元、利税3.9亿元、利润2.1亿元。2007年6月，海阳国际毛衫城一期工程竣工。同月，海阳市被中国针织工业协会授予中国针织毛衫创业基地称号。2010年，海阳针织、毛衫拥有企业661家，其中毛衫加工企业425家、针织企业143家、纺织企业2家、包装物品生产企业23家、辅料及设备供应商56家、物流企业12家，从业人员达14万余人。年实现销售收入102.8亿元，利税12.8亿元，出口创汇11.25亿美元。2010年10月30日，“海阳毛衫”被中国纺织服装品牌影响力传媒大奖组委会授予最具影响力毛衫品牌。

2004年1月，海阳市获中国毛衫名城称号

毛衫加工 60年代中期，凤城公社窑上大队王旭坤，从济南带回2台手工毛衫加工机，为海阳最早的机织针织毛衫加工。1980年3月，海阳县羊毛衫厂成立，为县属集体企业。5月，凤城公社窑上针织厂成立，为窑上大队队办集体针织毛衫企业。1984年9月，海阳县大华毛织厂成立，为全县第一家个体联营企业。1985年10月，县羊毛衫厂新厂房建成并投入使用，购进提花机20台、野马牌横机30台、缝纫机6台、缝合机10台。1986年，全民集体所有制企业开办的羊毛衫厂有县富豪羊毛衫厂、县包装羊毛衫厂、县康丽毛衫厂等企业。1987年4月，县羊毛衫厂开始出口棒针羊毛衫，为手钩产品；9月，与山东省外贸

1984 年，海阳县大华毛织厂外景

进出口公司、辽宁省外贸进出口公司建立业务关系，开始接收机织订单，购置 5 针、7 针、12 针横机和提花机。80 年代中期至 90 年代初期，海阳毛衫产业发展迅速。1995 年，县内独立核算县及县以上毛衫加工企业有县羊毛衫厂、县包装羊毛衫厂、县富豪毛衫厂，独立核算乡镇办毛衫加工企业有朱吴羊毛衫厂，“三资”毛衫加工企业有烟台海达毛纺织有限公司、烟台富利达毛针织品有限公司、烟台顺达制衣有限公司、烟台通达毛织品有限公司、海阳林娜针毛织品有限公司、海阳华联制衣有限公司、海阳凤凰王毛衫有限公司等。1997 年 12 月，海阳市羊毛衫厂改称海阳华源羊毛衫厂。2000 年后，海阳毛衫产业快速发展。2007 年 5 月，市委、市政府印发《关于鼓励扶持毛衫产业发展的意见》，对海阳毛衫自创品牌、展销宣传、企业融资、技术进步、设备更新进行大力扶持，确立“内销外销两条腿走路、品牌贴牌两张脸做人、创新营销两只手做事”的发展经营理念，

海阳毛衫

叫响“海阳毛衫，毛衫海洋”。11 月，成功举办首届中国（海阳）国际针织毛衫暨原（辅）料、机械设备博览会，设展位 220 个，专业观众 6 万余人，成交额 5 亿元。2007 年，凤城街道拥有毛衫加工企业 80 余家，个体毛衫加工户 1000 余个，从业人员 5 万余人，年加工毛衫近 8000 万件，实现销售收入 25 亿元，完成出口交货值 23 亿元，被省政府授予特色产业镇称号。2008 年 12 月，市委、市政府印发《关于进一步提升毛衫产业发展水平的意见》，鼓励毛衫企业提档升级，大力开拓国内市场，实施品牌战略和资产重组，强化针织毛衫协会的协调作用。同年，全市新上各类高档电脑横机 452 台，其中进口 70 台、国产 382 台，总投资 8100 万元；以协会名义注册“海阳毛衫”区域商标，供各企业资源共享。到 2010 年，海阳毛衫产业已成为全市的支柱产业和民生产业，培育烟台亚琦纺织有限公司、海阳市恒大毛织有限责任公司、海阳锦源企业发展有限公司、烟台英杰制衣有限公司、海阳市正大制衣有限公司、海阳市华胜制衣有限公司、烟台华联制衣有限公司、烟台龙翔针织服装有限公司、海阳市信诚制衣公司、海阳市华星制衣有限公司、海阳祥和时装有限公司、海阳市天合服装有限公司、海阳市盛元制衣有限公司、海阳市青鸿制衣有限公司、海阳市玖开制衣有限公司等一批骨干龙头毛衫企业。

2010 年，烟台亚琦纺织有限公司加工车间

针织　70 年代起步。1974 年，辛安公社床子头大队成立社办企业辛安公社综合厂，该村一名青岛下乡知识青年为支持当地经济发展，牵线将部分海军衫提供给该厂加工生产。1977 年 6

月，海阳县针织厂始建于徐家店公社，1978年投产，厂区占地面积4.4万平方米，建筑面积1.28万平方米，职工14人，织机5台，以生产棉针织内衣为主。1980年，新设印花生产线，增加毛产品和罗纹产品。1981年6月，海阳县第二针织厂建成投产。厂址位于平顶大队西，主要生产弹力尼龙袜。同年，辛安针织厂建成投产，厂址位于辛安大队，主要生产针织内衣。1983年，辛安供销社万年青针织厂成立，主要从事内衣的加工生产，为青岛国棉厂织布、织衣。1985年，海阳针织企业有县针织厂、县第二针织厂、县第三针织厂、县针织服装厂、留格庄针织厂、盘石店针织厂、徐家店针织服装厂和辛安针织厂等。同年，县针织厂有职工327人，其中技术人员4人。有专用机械设备58台，年产能力160万件，产值577.6万元，利润60.1万元，固定资产原值237万元。县第二针织厂有职工106人，产值60.7万元，利润3万元，固定资产原值17万元。1989年，瓦罐窑村成立丽华服装厂。全县相继成立县第四针织厂、县第五针织厂、县第六针织厂、县第八针织厂。

90年代，辛安镇针织业发展迅速。1996年8月，海阳市申士针织有限公司成立。1998年3月，海阳市新雨针织有限公司成立。此后，10余家针织企业相继成立，辛安镇成为海阳针织业生产和发展的主要基地。2007年，全镇规模以上针织服装加工企业17家，专业加工户360家，专业村3个，从业人员近万人，完成工业总产值11.1亿元，实现销售收入10.9亿元，上缴税金3875万元，分别占全镇工业经济总量47.8%、48.2%和56.9%。全镇针织服装加工企业固定资产累计投入2.3亿元，新建厂房23万平方米，新上和更新设备1.8万台（套）。有“申士”“新雨”“广新”“梦缘”等17个品牌，其中，“申士”“新雨”被评为山东省著名商标。主要产品有各种针织内衣、T恤衫、短裤、文化衫、运动装等系列240余个品种，产品销往国内各大、中城市和韩国、日本、美国、德国等20余个国家。2008年，辛安镇被烟台市委、市政府授予烟台市民营经济特色产业镇称号。2010年，辛安镇针织企业有50余家，年产量5300万件。全市规模以上针织企业有烟台市凯利针织服装有限公司、海阳市得益福制衣有限公司、海阳市广新针织有限公司、山东申士针织有限公司、山东新雨针织有限公司、烟台晟宇针织有限公司、烟台丽华针织有限公司、海阳市新建针织服装有限公司等。

2008年，海阳市新雨针织有限公司产品

海阳市针织毛衫行业协会　2002年10月，海阳市毛衫行业协会成立，是全市针织、毛衫企业的社会团体。有会员企业97家。2007年6月换届，改称海阳市针织毛衫行业协会，有会员企业120多家。协会成立后，深入企业，广泛调研，为市委、市政府决策当好参谋，积极破解制约企业发展的瓶颈问题，制定《海阳市针织毛衫协会自律公约》，促进企业间团结自律和互助合作，推动整个产业健康有序发展。聘请国内外知名专家到海阳对针织毛衫行业负责人进行培训，全方位提高针织毛衫企业负责人的管理水平，共培训企

2010年10月30日，海阳市针织毛衫行业协会获中国毛衫产业集群推动奖

业管理人员1500余人次。积极争取政府支持，加大资金扶持力度。成立政策性担保公司，加大注资力度，担保公司资金规模1.6亿元，为企业融资担保贷款2.47亿元；加强银企合作，为企业贷款3亿元；加快企业提档升级步伐，争取对引进电脑横机的企业进行补贴，市财政发放电脑横机补贴款2000万元，直接拉动企业投入9亿元。加强企业文化建设，每年举办海阳市针织毛衫行业协会年会。2007年，市针织毛衫行业协会被评为山东省中小企业社会化服务体系建设示范单位。2008年5月，被授予烟台市中小企业管理咨询机构资格。2010年10月，在“影响·中国”第五届中国纺织服装品牌影响力传媒大奖评选中获中国毛衫产业集群推动奖。

企业选介　海阳锦源企业发展有限公司　1997年12月，海阳华源有限公司成立，注册资本3500万元。公司位于经济开发区烟台街6号，占地面积6.7万平方米，建筑面积3.1万平方米。2007年，改称海阳锦源企业发展有限公司。公司拥有全资、合资或合作的企业有海阳锦源毛衫厂、海阳锦源染线厂、海阳锦源房地产公司、海阳泰亨电机有限公司、海阳伟新针织有限公司、烟台华安纺织有限公司6家企业。2010年，企业资产1.3亿元，其中固定资产5200万元。职工796人，其中工程技术人员160人。公司的主导产品为毛衫和针织服装，已形成染色、成衣加工、印花一条龙生产，年产毛衫400万件、其他针织服装400万件。主要生产设备是从美国引进的4台（套）全自动印花设备和从德国引进的100台全自动电脑横机设备。公司拥有完整、科学的质量管理体系和企业文化理念，通过ISO 9001质量体系认证和ISO 14001环境管理体系认证；毛衫产品被评为出口免检产品，全部出口到美国、欧洲、日本、韩国等国家和地区。企业先后被评为山东省“守合同、重信用”单位、烟台市民营百强企业。2010年，实现利税1663万元、利润1056万元，上缴入库税金738.7万元。其中，针织毛衫销售收入6555.21万元，出口创汇775万美元，入库税金279.7万元。

2010年，海阳锦源企业发展有限公司

烟台亚琦纺织有限公司　2001年，海阳入世通毛衫有限公司成立。2007年，改称烟台亚琦纺织有限公司。位于经济开发区南京街18号，占地面积3万平方米，建筑面积1.5万平方米。2010年，固定资产原值9000万元。职工1000余人，其中技术人员210余人。拥有各种先进生产设备800余台（套）。其中进口日本SHIMA、SEIKI全自动电脑横机123台，德国STOLL全自动电脑横机80余台、半自动电脑横机300余台。公司发挥机织、提花、手钩、手编、绣花、毛织品与服装相结合的优势，尤其手钩、手编、绣花等传统手工艺极具势力，产品在山东手工业博览会上多次获奖。产品主要销往欧洲、美国、加拿大、日本、韩国等国家和地区，是LIMITED、H&M、NEWLOOK等国际品牌优级供应商。2010年，实现工业总产值1.73亿元、工业增加值2000多万元、出口交货值2650万美元，上缴税金1790万元，出口创汇2150万美元。

2010年，烟台亚琦纺织有限公司

烟台英杰制衣有限公司　1998年4月成立，位于碧城工业区，占地6.68万平方米，建筑面积5万平方米。2010年，拥有固定资产原值6500万元，净值6000万元。职工400人，其中技术人员35人。辖英杰置业公司和单县分公司。2010年，公司新引进年产150万件的高档毛衫生产线，进口高档德国斯托尔电脑横机100台，扩建生产车间5000平方米。全年技改投入3313万元，开发新产品50个，全部销往国际市场；完成工业总产值8500万元、工业增加值3700万元，出口交货值8000万元、出口创汇1146万美元，利税850万元。

烟台市凯利针织服装有限公司　2000年2月，成立海阳市凯利制衣有限公司。2002年1月，改称烟台市凯利针织服装有限公司，位于经济开发区，占地面积2.6万平方米。2010年，公司下设服装公司、房地产公司和金融投资公司。凯利针织服装有限公司有职工600余人，各种日本产机器设备400多台，固定资产5000万元，年产值9000万元。主要生产针织T恤衫、运动休闲装和内衣系列等，产品丰富多样，用料考究，做工细致，款式新颖，出口日本、韩国、欧美等国家和地区，是全市针织行业的骨干和重点出口企业。2008年，实现销售收入5902.47万元，出口创汇722.9万美元，入库税金425万元。2010年4月，公司通过ISO 9001：2008和GB／T 19001—2008质量管理体系认证，被烟台市检验检疫局评为海阳针织毛衫示范区一类企业。同年，实现销售收入6555.21万元，出口创汇775万美元，上缴税金279.7万元。公司销售收入1.64亿元，上缴税金1480万元，其中地方税收1054.8万元。

海阳市广新针织有限公司　1992年，海阳县广新针织厂成立。2001年1月，企业改制为海阳市广新针织有限公司。同年，迁至辛安镇针织工业园内。公司占地5万余平方米，建筑面积1.86万平方米，并建有2500平方米的大型仓储中心。主要生产设备有电脑平缝机、双针机、绷缝机、特种工业缝纫机、三针五线机等，进口专业缝纫设备600余台（套）。拥有织布和织带车间，主要产品有竹纤维内衣、莫代尔内衣、超细涤纶内衣、锦纶泳裤等20余个。产品具有吸湿排汗、抗菌防臭等功能。年生产能力1200余万件。注册“金琥珀”商标。2002年，公司取得自营进出口权，产品全部销往意大利、加拿大、美国等国家和地区。

2010年，海阳市广新针织有限公司加工车间

2010年，公司有职工428人。其中，专业研发、技术人员18人，中层管理人员22人。在青岛设有对外贸易办公室。2010年，企业资产总值4922万元，生产总值6693万元，工业增加值2200万元，实现国内销售收入6671万元，出口销售收入315万元，利税1100余万元，利润688万元。公司先后被评为烟台市工商联合会功勋企业、烟台市模范劳动关系和谐企业。

第三节　服装、鞋与皮革制品

服装加工　1980年，全县有集体缝纫企业19家，固定资产原值145万元。同年，海阳县被服厂改称海阳县服装总厂，有生产设备240台（件）。1985年，全县独立核算缝纫工业企业增至23家，年产成衣53万件，产值2566万元，年末固定资产净值445万元，利润总额198.4万元。1990年，纺织服装制造企业有海阳工艺服装总厂、县针织童装厂、县呢绒时装厂、县童装厂等。全县年产服装376.4万件，其中衬衫40.9万件、西服56.1万件、童装53.43万件、裘皮服装1100件。1995年，纺织服装制造企业有县服装总厂、海阳工艺服装总厂、县利达服装鞋帽制造总公司、县服装针织厂和县环保服装工艺品厂等。全县年产服装2071万件。2000年，全市年产服装1230万件。2005年，全市规模以上纺织服装制造企业15家，工业产值4.26亿元，固定资产6273.6万元，利润总额3622.2万元，利税总额4783.9万元，从业人员2828人。2009年，规模以上纺织服装制造企业23家，工业产值15.35亿元，固定资产1.02亿元，利润总额1.19亿元，利税总额1.54亿元，从业人员4921人。2010年，规模以上纺织服装制造企业2家（统计口径变化），工业产值3025万元，固定资产343.6万元，利润总额19.6万元，利税总额32.9万元，从业人员80人。

制鞋　1978年，全县年生产布鞋52.38万双、皮鞋8.41万双。1979年3月，海阳县皮鞋厂由海阳县第一鞋厂分出单设。7月，海阳县第一鞋厂、第二鞋厂合并，成立海阳县布鞋厂。1982年，县布鞋厂生产的“健达”牌贴胶底布鞋被评为山东省优质产品。1985年，县办制鞋厂1家，乡镇办制鞋厂13家，全县生产布鞋596万双、皮鞋62万双。1986年、1988年，县皮鞋厂生产的“京海”牌胶粘羊皮面女鞋被评为山东省优质产品。1990年，全县生产布鞋920.4万双、皮鞋172.7万双。同年，县布鞋厂改称工贸联营山东海阳制鞋总厂。1993年4月，海阳县奥威鞋业集团公司成立，辖县工艺旅游鞋厂、县皮鞋厂、工贸联营山东海阳制鞋总厂。同年，工业总产值8800万元，固定资产原值3381.5万元，利润总额216.4万元。1995年，全县生产布鞋908万双、皮鞋192.12万双。2000年，全市限额以上制鞋企业有山东奥威鞋业集团公司，限额以下制鞋企业有市辛港制鞋有限公司、市永兴鞋业有限公司、市童鞋厂等。年生产布鞋1125万双、皮鞋126万双。2005年，全市规模以上纺织面料制鞋企业2家，工业总产值2.68亿元，固定资产613.2万元，主营收入2.22亿元，利润总额1159.6万元，利税总额2023.7万元，从业人员567人；皮鞋制造企业3家，年生产皮鞋86万双，工业产值1.15亿元，固定资产1476.8万元，主营业务收入7802.9万元，出口交货值9598.9万元，利润总额60.1万元，利税总额147.1万元，从业人员928人。2010年，全市规模以上纺织面料制鞋企业有市永兴鞋业有限责任公司、市辛港制鞋有限公司2家，工业总产值7.08亿元，固定资产731.7万元，主营业务收入6.95亿元，利润总额6503.2万元，利税总额9907.4万元，从业人员559人；规模以上皮鞋制品制造企业有市华艺鞋业有限责任公司、市百顺鞋业服装有限公司和烟台山丰鞋业有限公司3家，工业总产值2.56亿元，固定资产1584.2万元，主营业务收入2.06亿元，出口交货值6508.1万元，利税总额1440.8万元，从业人员849人。

皮革制品　1978年，全县生产皮革2940张。1979年，海阳第一鞋厂再生革车间分出，在平顶大队东建海阳县皮革制品厂，为县属集体企业，产品除制革外，还生产再生革自行车鞍座皮和皮鞋膛底等。1984年，二十里店皮件制品厂建成。1988年11月，工贸联营海阳工艺品厂与日本ACE株式会社合资成立山东海阳爱思箱包有限公司，1989年4月建成投产。1999年5月，烟台泰特箱包有限公司成立。2000年1月，海阳市宏坤箱包有限公司成立。2003年，市宏坤箱包有限公司工业总产值633.6万元，固定资产原值115万元，利润总额35.1万元，利税总额79.5万元，职工220人。2005年11月，海阳市仁江工艺品贸易公司成立。2009年1月，海阳市世进箱包有限责任公司成立。至2010年，全市规模以上皮革制品企业8家，其中，皮箱、包（袋）制造企

1986年，海阳县布鞋厂生产的布鞋

1988年，海阳县第三皮鞋厂生产的男、女皮鞋

业4家，皮手套及皮装饰制品制造1家。工业总产值5.60亿元，固定资产4964.2万元，主营业务收入4.68亿元，出口交货值8002.3万元，利润总额3552.6万元，利税总额5304.6万元，从业人员1220人。

企业选介 烟台恩怡服装有限公司 2005年1月成立，位于经济开发区烟台街26号，占地面积13.86万平方米，建筑面积6万平方米，为泰国最大的服装企业NICE集团投资。职工1600人，其中技术人员200余人。公司主要为Adidas、Nike等世界著名运动服装品牌生产加工。生产车间设计借鉴国外现代化服装工厂特点，分别于2007年1月和2008年12月通过Adidas、Nike验厂。2010年，公司固定资产原值2500万元、净值1900万元，进出口总额3200万美元，实现利税897万元。

2010年，烟台恩怡服装有限公司

第七章 机械 电子与金属制品业

第一节 机械设备制造

1978年，海阳机械制造企业有海阳县纺织机械厂、海阳县农业机械厂和海阳县东村农机修造厂（方圆集团前身）等几家企业，主要生产纺织机械和农业机械、工具等。至2010年，全市从业人员近万人，主要产品有建筑机械、纺织机械、锻压设备、建筑五金、地温中央空调、刹车盘、木工平刨、电机、核电设备、石油平台设备等。主要骨干企业有方圆集团有限公司、山东富尔达空调设备有限公司、山东核电设备制造有限公司、海阳中集来福士海洋工程有限公司、海阳蓝岛海洋工程有限公司、烟台美丰机械有限公司、山东众冶集团有限公司、维蒙特工业（山东）有限公司、海阳创实实业有限公司等。2010年，规模以上装备制造业64家，收入139.6亿元，利税18.9亿元，利润12.9亿元。

纺织机械制造 1978年，海阳纺织机械制造企业有海阳县纺织机械厂、海阳县针织器材厂、海阳县纺织器材厂、海阳县纺织印染机械配件厂等。1985年，县纺织机械厂主要生产纱线染整机械、印染机械、纺织器材设备等，工业总产值559.4万元，固定资产原值274万元，利润总额67.5万元，职工403人。同年，县纺织机械厂生产的丝光机被评为省优产品。县纺织器材厂主要产品有棉条筒配件、盘底、托盘、上圈、无定向滑轮、布条筒弹簧、布机簧吊综钩及导轮等，工业总产值176.1万元，固定资产原值118万元，利润10.3万元，职工209人。海阳县针织器材厂主要生产罗纹针、棉毛针、钢皮针、弹簧针、FQ–1及FQ–2双轻胶滑轮等，工业总产值86万元，固定资产原值180万元，利润总额8.5万元，有职工325人。县纺织印染机械配件厂主要制造纺织机械零部件，兼营铁制农具维修，工业总产值21.9万元，固定资产原值24.3万元，利润总额5万元，职工48人。1990年，海阳县纺织机械厂工业总产值1368.7万元，固定资产原值458.2万元，产品销售收入732.9万元，利润总额62.3万元，职工553人；县纺织器材厂工业总产值197万元，固定资产原值241万元，利润总额7.1万元，职工367人；县针织器材厂工业总产值157.7万元，固定资产原值44.8万元，利润总额13万元，职工556人；县纺织印染机械配件厂工业总产值44.9

万元，固定资产原值82.1万元，职工82人；县第二纺织器材厂工业总产值97万元，固定资产原值78.1万元，利润总额2万元，职工57人；县第二纺织机械厂工业总产值177.3万元，固定资产原值62.3万元，利润总额2.1万元，职工61人。1998年2月，市纺织机械厂改制为股份制民营企业，改称海阳市坤元纺织机械有限责任公司。2005年，规模以上纺织设备制造企业1家，工业总产值2492.6万元，固定资产660.2万元，主营业务收入2558.5万元，利润总额116.4万元，利税总额185.8万元，从业人员189人。同年，市纺织器材厂破产重组，市针织器材厂破产。2010年，规模以上企业2家，工业总产值4007.3万元，固定资产1497.5万元，主营业务收入4472万元，利润总额192.2万元，利税总额297.6万元，从业人员152人。其中，海阳市坤元纺织机械有限责任公司总资产2014万元，完成工业总产值506万元，实现主营业务收入486万元。

海洋工程设备与船舶修造　1978年，全县有海阳县修船厂、凤城船舶修造厂、大辛家修船厂、大阎家修船厂、大山所船厂。1980年，县修船厂造185马力渔船8艘；后主要承担185马力以下机帆船制造、改型和维修，年制造185马力渔船8艘，40马力渔船20艘，维修渔船100艘。进入21世纪，全市海洋工程装备制造业快速发展，成为海阳新兴产业。2007年，海阳蓝岛海洋工程有限公司成立。2008年4月，海阳中集来福士海洋工程有限公司成立。2010年，全市有渔船修造厂10家，均为民营企业，年修（造）船能力500艘。规模以上船舶及浮动装置制造企业4家，其中金属船舶制造2家、船用配套设备制造1家、船舶修理及拆船企业1家。工业总产值7.91亿元，固定资产4.08亿元，主营业务收入7.12亿元，利润总额5374.9万元，利税总额6648万元，从业人员340人。

2010年，海阳中集来福士海洋工程有限公司产品

2010年海阳市船厂情况一览表

表9-7-1

名　称	地　址	资　质	规　模	建厂时间	备　注
海阳市海洋造船有限公司	留格庄镇前山村南	船长不大于30米钢质渔船修理，30米以下木质渔船修造	年维修30米钢质渔船20艘、建造30米木质渔船12艘、维修30米以下木质渔船100艘	60年代	1997年改制为股份制企业
海阳市行村镇中岛船厂	行村镇中麻姑岛村西	24米以下木质渔船修造	年维修木质渔船50余艘	1993.06	修船为主
海阳市留格庄镇方里船厂	留格庄镇方里村南	船长不大于20米木质渔船修造	年建造20米以下木质渔船10艘、维修20米以下渔船50艘	2000.02	—
海阳市大山渔轮修造厂	辛安镇南马家村西	船长不大于24米木质渔船修造	年建造24米以下木质渔船30艘、维修24米以下木质渔船100艘	2001.01	—
海阳市述强木质渔船修造厂	核电园区张家庄村东	20米以下木质渔船修造	年维修木质渔船50余艘	2001.12	修船为主
海阳市辛安镇海头船厂	辛安镇海头村西	20米以下木质渔船修造	年维修木质渔船20余艘	2008.06	—

续表 9-7-1

名　称	地　址	资　质	规　模	建厂时间	备　注
海阳市留格庄镇梁家船厂	留格庄镇梁家村南	20米以下木质渔船修造、24米以下钢质渔船维修	年维修木质渔船50余艘、钢质渔船20艘	2009.07	修船为主
海阳市中麻姑岛南港修造厂	行村镇中麻姑岛村南	20米以下木质渔船修造	年维修木质渔船20余艘	2009.07	—
海阳市行村镇南麻姑岛船厂	行村镇南麻姑岛村南	20米以下木质渔船修造	年维修木质渔船50余艘	2009.08	—

建筑、矿山、起重机械制造　1982年，海阳县轻工机械厂开始生产JG250搅拌机。1985年，海阳县轻工机械厂有主要设备52台，工业总产值290.1万元，固定资产原值83.1万元，职工202人。产品有建筑和轻工机械两大类，定型产品11个，主要有JH-400升混凝土搅拌机、JG-250混凝土搅拌机、砂浆机、塔式起重机、井子架、卷扬机等。同年，海阳县矿山机械配件厂建成投产，厂址位于发城镇，为镇属集体企业。主要产品有球齿楔面柱状钎头、粉碎机齿盘、石子破碎机、家具五金配件等。工业总产值64.5万元，固定资产原值58.7万元，亏损7万元，职工81人。1991年8月，海阳县轻工机械厂改称海阳县方圆建设机械厂，由原来的6个分厂组合成3个大分厂，下设10个车间。1993年5月，改称山东方圆集团公司。1995年，全县起重运输设备产品产量9550吨。山东方圆集团公司工业产值1.64亿元，固定资产原值4791.4万元，利润总额3151.4万元，利税总额3608万元。1999年12月，方圆集团有限公司经国家工商行政管理局核准注册，为成员企业法人联合体，行政性领导机构。方圆集团有限公司是方圆集团的核心企业，辖6个子公司。2002年，方圆集团有限公司开发各类建设机械、工程机械新产品20余个，其中13种产品通过省级技术鉴定；与世界知名建筑机械生产企业意大利CIFA公司开展技术合作，开发出混凝土搅拌输送车、臂架式混凝土泵车等具有国际领先水平的产品。同年，烟台鲁阳车轮有限公司挂靠方圆集团公司，开始生产建筑及工程机械。2005年，全市规模以上企业4家，工业总产值12.55亿元，固定资产1.67亿元，主营业务收入10.31亿元，利润总额9931.2万元，利税总额1.72亿元，从业人员3820人。2008年，山东丰汇设备技术有限公司海阳分公司成立。2009年，改制为山东海阳丰汇设备技术有限公司。公司位于核电装备制造工业园区，主要生产塔式、门式、桅杆式、桥式起重机和钢结构产品。2010年，FINEHOPE牌塔式起重机FZQ系列产品被评为山东名牌产品。同年，全市规模以上矿山、冶金、建筑专用设备制造企业7家，其中建筑工程用机械制造企业4

方圆集团公司生产的PT7015塔机

2010年，山东海阳丰汇设备技术有限公司

家，建筑材料生产专用机械制造企业3家。工业总产值42.60亿元，固定资产3.23亿元，主营业务收入42.99亿元，出口交货值375.4万元，利润总额5.32亿元，利税总额6.55亿元，从业人员4347人。

核电设备制造 2007年7月，山东核电设备制造有限公司成立，是由国家核电技术公司控股组建，国内首家AP1000核电钢制安全壳、结构模块、机械模块、一体化顶盖组件等设备的专业制造公司。公司注册资本金2.76亿元，位于凤城街道。作为三代核电AP1000堆型部分设备的设计、制造及现场安装调试的生产基地，肩负着AP1000核电项目有关关键设备国产化、自主化的历史使命。2009年9月，公司通过美国ASME协会N、NPT、NA核级认证，生产与组装领域和核电工程现场的质量管理体系获得国际权威机构认可，成为中国第一家取得ASME综合认证的企业；10月，获得中国国家核安全局颁发的民用核安全机械设备制造许可证。2010年9月，所属技术中心被认定为山东省级技术中心；12月，通过ISO 9001质量管理体系、ISO 14001环境管理体系、GB/T 28001职业健康安全三标管理体系认证。公司承担着大型先进压水堆国家重大专项2项课题研究，并有4项科研成果获得国家专利。公司在世界上率先掌握第三代核电AP1000钢制安全壳、模块制造及现场组拼装的先进工艺，并形成批量化生产能力，为中国第三代核电自主化依托项目AP1000核电机组的工程建设以及后续项目的批量化、自主化建设打下坚实基础。

锻压铸造及粉末冶金制品制造 1983年，县城关农具修配厂（铸钢厂前身）成立，为队办企业，初期生产炉底、炉门、炉底碗及一些简易农具，后转产铸铁下水管。1985年，海阳县锻压机床厂从县农业机械厂析出单设，为全民所有制企业，主要生产Y32-100HY四柱式万能液压机、Y28-315双动多功能薄板拉伸机。Y28-315双动多功能薄板拉伸机填补省内空白。工业总产值112.6万元，固定资产原值153万元，利润23万元，职工184人。1987年，县铸钢厂引进铸钢生产技术，填补海阳空白。1988年，县铸钢厂生产的铸钢产品进入美国市场。1991年，海阳县静电设备厂成立，位于小纪镇，占地面积1.48万平方米，建筑面积1.02万平方米。主要研制生产混合机、挤出机、压片机、磨粉机和粉末制粉设备。1993年，在县铸钢厂的基础上，成立山东众冶集团公司。1995年，全县铸件3.8万吨，县锻压机床厂出口交货值106万元。全县金属铸、锻加工独立核算县及县以上企业有县锻压机床厂，独立核算乡镇办企业有县得利铸钢厂、县缸套厂、县群山铸造厂，村办企业山东众冶集团公司。1998年5月，海阳市静电设备厂改制为民营企业，称海阳静电设备有限公司。2003年1月，海阳远丰粉末设备有限公司成立，位于行村镇赵疃村，主要生产静电粉末机械设备等。2005年3月，海阳市圣士达涂装机械有限公司成立，位于碧城工业区，主要研制生产粉末制粉成套设备系列产品。

2010年，山东核电设备制造有限公司厂区

2010 年，海阳市圣士达涂装机械有限公司产品

同年，全市规模以上金属铸、锻加工企业 5 家，工业总产值 6.34 亿元，固定资产 2053.1 万元，主营业务收入 5.81 亿元，出口交货值 3719.9 万元，利润总额 4938 万元，利税总额 8047.2 万元，从业人员 1338 人。2010 年，规模以上金属铸、锻加工企业 7 家。其中，规模以上钢铁铸件制造企业有市埠落养殖机械厂、海阳泰祥机械有限责任公司、海阳经纬达传动有限公司、市正兴机械有限公司 4 家；规模以上锻件及粉末冶金制品制造企业有市静电设备有限公司、山东海阳丰汇设备技术有限公司、市圣士达涂装机械有限公司 3 家。工业总产值 10.21 亿元，固定资产 3877.1 万元，主营业务收入 7.65 亿元，出口交货值 1.14 亿元，利润总额 6256.2 万元，利税总额 9023.3 万元，从业人员 864 人。

农业机械制造 1978 年，海阳县农机制造企业有海阳县农机修理制造厂、海阳县轻工机械厂和海阳县第一农具厂、第二农具厂、第三农具厂、第四农具厂及 11 处公社农具厂。制造和装配的产品主要有 90 吨液压榨油机，190、290、690 柴油机泵，谷物自动脱粒机等 10 余种。同年，全县生产小拖拉机 10 台、机动脱粒机 50 台、机动扬场机 34 台、农用拖车 92 辆、胶轮马车底盘 81 辆、农机具配件 3.43 万件。1983 年，县农机修理制造厂改称海阳县第一轻工机械厂。1985 年，全县有农业机械制造企业 17 家，其中全民所有制企业 3 家、县属集体企业 1 家、乡镇集体企业 13 家。1990 年，全县生产中（小）农具 68.2 万件。县属独立核算企业有县机械厂、县粮食局粮油机械修配厂，乡镇办独立核算企业有县水泵厂、县车具厂、郭城镇农具修配厂、小纪农机制修厂、县木工机械厂、大阎家乡农机修造厂、山西头农具厂、二十里店乡综合加工修配厂、北埠后乡机械修配厂等。同年，县农业机械厂完成工业总产值 807 万元，实现销售收入 477.6 万元，实现利润 38.7 万元，职工 399 人。1998 年 3 月，海阳市机械厂改制为民营股份制企业，称海阳市田丰机械制造有限公司。2005 年，全市规模以上农业机械制造企业 1 家，工业总产值 5240.2 万元，固定资产 502.9 万元，主营业务收入 2421.4 万元，利润总额 56 万元，利税总额 129.7 万元，从业人员 180 人。2010 年，规模以上企业 1 家，工业总产值 1.0 亿元，固定资产 618.5 万元，主营业务收入 9160.6 万元，利润总额 158.1 万元，利税总额 317.1 万元，从业人员 75 人。

电机与空调设备制造 电机 1974 年，建立海阳县纺织电机厂。1976 年，投产电动机。1983 年，生产变压器和发电机。1985 年，职工 92 人，其中技术人员 6 名。机械设备 34 台。主要产品有纺织电机和通用电机等 4 个品种、6 个规格。工业总产值 77.8 万元，固定资产原值 48 万元，利润总额 5.2 万元。1986 年，改称海阳县电机厂，生产分马力电机、微电机、力矩电机、时速电机。后又增加 8 种纺织电机。1996 年 5 月，改称海阳市电机厂，年生产能力 16.6 万千瓦。同年，工业总产值 381 万元，利润总额 20.3 万元，职工 162 人。1997 年，改称海阳华源电机厂。2007 年，改称海阳泰亨电机有限公司。2010 年，公司占地面积 4 万平方米，固定资产 6000 万元，有职工 500 人，其中工程技术人员 100 人。主要产品有直流/交流伺服电机、直流无刷电机、空调电机等 7 大系列 350 余个规格。主要配套客户有阿奇夏米尔、海尔、海信、澳柯玛、日立、三菱重工、艾默生等企业，并出口韩国、欧洲和美洲。公司研制开发的 SGMG 系列交流伺服电机，采用国际先进的设计制造技术，结构新颖、体积小、重量轻，属高精密伺服电机。82SYX/T 系列直流伺服电机采用高性能稀土材料，替代进口同类产品，主要用于数控电火花机床、线切割和其他工业自动化设备。公司通过 ISO 9001、ISO 14001 体系认证，产品通过 TUV、CE、UL、CCC 等国际认证。

空调　1996 年 6 月，海阳市热工程设备厂成立并投产，隶属海阳市工艺品集团公司，主要从事地温利用技术开发及地温取暖机的设备生产。24 日，与清华大学联合开发研制的高新技术产品富尔达节能取暖机通过国家级的技术鉴定，填补国内空白，达到国际先进水平。9 月，富尔达节能取暖机在市工艺品集团公司办公楼和市邮政局职工宿舍安装试用。1997 年 10 月，承接的中国第一个水源热泵工程在辽宁省辽阳市邮电局邮电新村投入使用，从此市热工程设备厂产品打开外销市场。1998 年 3 月，研制出既可用于冬季取暖、又可用于夏季纳凉的富尔达节能冷暖机；6 月，富尔达“低温地热取暖技术的研究”获国家环保总局颁发的环境保护科技成果奖；12 月，市热工程设备厂改制为民营企业，称海阳市富尔达热工程有限公司，公司占地面积 8 万平方米，建筑面积 1.4 万平方米，是集科研、生产、营销、服务为一体的高新技术企业，主要生产地表及地下水源热泵、海水源热泵、污水源热泵机组 3 大类、6 个系列、90 余个品种的产品。同年，公司销售收入 128 万元，上缴税金 5.1 万元。1999 年 4 月，科技部确定富尔达节能冷暖机为国家级火炬计划项目；6 月，建设部确定富尔达节能冷暖机为建设部科技成果重点推广项目；10 月，富尔达地温中央空调取得国家专利；11 月，富尔达节能冷暖机系列产品统一定名为富尔达中央空调。2000 年 1 月，研发的制冷、制热转换系统取得国家专利；10 月，公司产品通过国家 ISO 9001 认证。同年，公司销售收入 1321.9 万元，上缴税金 215.8 万元。2001 年 2 月，被科技部火炬高技术产业开发中心认定为重点高新技术企业；11 月，组建海阳市富源空调安装有限责任公司，后改称海阳市富尔达空调设备安装有限责任公司。2002 年 5 月，市富尔达热工程有限公司改称山东富尔达空调设备有限公司；9 月，富尔达工业园主体工程在经济开发区举行奠基仪式；11 月，富尔达地温中央空调机组启运荷兰，销往国外。2003 年 4 月，公司被省科技厅确定为高新技术企业；LSBLGR-H 半封螺杆地温中央空调机组被科技部确定为国家级火炬计划项目；7 月，公司产品商标被省工商行政管理局评为山东省著名商标；8 月，富尔达海水中央空调取得国家发明专利；9 月，公司迁到经济开发区新址；11 月，富尔达高效、高温、环保型地温空调获山东省科技进步奖。2004 年 11 月，富尔达满液式机组取得国家专利。2005 年 3 月，高温水源热泵机组研制成功。同年，公司销售收入 3904.9 万元，上缴税金 476.1 万元。2007 年 9 月，利用海水为低品位热源的中央空调机组被省政府授予山东省节能奖证书；12 月，科技部、商务部、国家质检总局、国家环保总局为公司研制的海水源热泵机组颁发国家重点新产品证书。2008 年 12 月，省科技厅、省财政厅、省国家税务局、省地方税务局为公司颁发高新技术企业证书。2009 年 1 月，

2010 年，山东富尔达空调设备有限公司

2009 年，山东富尔达空调设备有限公司生产的富尔达地温中央空调

“富尔达”牌地温中央空调系列产品被省质量技术监督局评为山东省名牌。2010 年，公司产能达到 500 台，市场占有率 17%，拥有 20 项国家专利，其中 7 项发明专利。8 种产品通过国家级鉴定，承担国家“十一五”课题 1 项，其关键技术达到国际领先水平。同年，公司总资产 2.24 亿元，工业总产值 3.44 亿元，主营业务收入 3.16 亿元，利税 5899 万元，上缴税金 2234.7 万元。2010 年，规模以上制冷、空调设备制造企业有山东富尔达空调设备有限公司、烟台创元热能科技有限公司 2 家。工业总产值 12.92 亿元，固定资产 4083.3 万元，主营业务收入 13.10 亿元，利润总额 9878.7 万元，利税总额 1.40 亿元，从业人员 338 人。

汽车配件制造 1978 年，有海阳县通用机械厂（海阳县钢圈厂），为高家公社社办企业，主要生产各种车轮。1985 年，全县交通运输设备制造业独立核算企业 8 家，工业总产值 369 万元，固定资产原值 238 万元，利润总额 41.1 万元。1990

2010 年，烟台美丰机械有限公司生产的刹车盘

年，县通用机械厂工业总产值 249.4 万元，固定资产原值 59.7 万元，利润总额 6.1 万元，产品销售税金 4.4 万元，职工 94 人。1995 年，县通用机械厂工业总产值 2560.5 万元，固定资产原值 164.3 万元，利润总额 16.3 万元，利税总额 26 万元。烟台腾达制动器制造有限公司工业总产值 132.8 万元，固定资产原值 107.8 万元，利税总额 15.8 万元。1998 年，市通用机械厂改制为民营企业，称烟台鲁阳车轮有限责任公司。2000 年，烟台鲁阳车轮有限责任公司工业总产值 3501.6 万元，固定资产原值 709.8 万元，利润总额 180.5 万元，利税总额 267.8 万元，职工 160 人。2003 年 11 月，烟台美丰机械有限公司成立，主要生产刹车盘。2005 年，规模以上汽车零部件及配件制造企业 3 家，工业总产值 2.02 亿元，固定资产 2398.9 万元，主营业务收入 1.89 亿元，利润总额 1036.5 万元，利税总额 1534.3 万元，从业人员 517 人。2010 年，规模以上汽车制造企业 4 家，其中汽车零部件及配件制造企业有烟台金圆缸套有限公司、烟台鲁阳车轮有限责任公司、烟台美丰机械公司 3 家，汽车修理企业有烟台海嘉进口汽车修配有限公司 1 家。工业总产值 6.27 亿元，固定资产 6470.5 万元，主营业务收入 5.69 亿元，利润总额 3951 万元，利税总额 5492.7 万元，从业人员 1114 人。

木工机械设备制造 1978 年 10 月，海阳县第一农具厂改为留格庄公社农具厂，为社属集体企业，后改称海阳县木工机械厂。1982 年，转产木工机械，主要生产木工平刨、圆锯片。1985 年，职工 177 人，年产木工平刨 9000 台，圆锯片 12 万片。固定资产原值 88.5 万元，产值 284.5 万元，利润 44.2 万元。1988 年 11 月，海阳县商业机械设备总厂成立，隶属县商业局，为全民所有制商办出口工业企业。主要生产研制外贸出口欧美市场以 6 英寸为主的各种型号木工刨床系列产品。同年，工业总产值 58 万元，固定资产原值 23 万元，利润 1 万元，职工 9 人。1992 年，县木工机械厂占地面积 3.8 万平方米，建筑面积 1.5 万平方米，拥有固定资产 480 万元。主要产品有 MQ431、MQ432 台式多用木工机床，MQ442/1 平压刨订联合机，其中 MQ431 台式多用木工机床被

1984 年，海阳县木工机械厂生产的多功能木工平刨

评为山东省优质产品，产品销往 25 个省、市、自治区，并出口中东、南美等 10 多个国家和地区。1994 年 7 月，县商业机械设备总厂启用第二厂名为海阳县电动工具厂。1995 年，县木工机械厂工业总产值 970 万元，固定资产原值 454.8 万元，利润 13.5 万元，利税总额 29.3 万元；县商业机械设备总厂生产出口木工平刨系列、砂带机系列产品 4034 台（套），生产内销食品粉丝抽空机系列产品 60 台（套）。工业总产值 450 万元，固定资产原值 227.2 万元，利润总额 6.4 万元，利税总额 26 万元，职工 75 人。1996 年 5 月，县木工机械厂改称海阳市木工机械厂；县商业机械设备总厂改称海阳市商业机械厂（海阳市电动工具厂）。1998 年，县木工机械厂停产。6 月，市商业机械厂（市电动工具厂）改制为民营企业，称海阳市勇士机械有限公司。1998 年 11 月，JP-155 型可调高速精刨被省科委评为省级科技进步奖。2002 年 2 月，市勇士机械有限公司与香港必虹贸易有限公司合资成立烟台勇士机械有限公司。同年，公司占地 2 万平方米，建筑面积 1.6 万平方米。2005 年，全市规模以上木工机械设备制造企业 2 家，工业总产值 1.47 亿元，固定资产 1579.6 万元，出口交货值 2932 万元，利润总额 1593.4 万元，利税总额 2190.7 万元，从业人员 256 人。2010 年，全市规模以上木工机械设备制造企业有烟台勇士机械有限公司 1 家，工业总产值 3286.6 万元，固定资产 1535.6 万元，主营业务收入 3158 万元，出口交货值 3150 万元，从业人员 164 人。

泵、轴承制造　1975 年，建海阳县水泵厂。1990 年，县水泵厂工业总产值 600.1 万元，固定资产原值 129.8 万元，利润总额 16.3 万元，职工 194 人。1995 年，工业总产值 886.9 万元，固定资产原值 491.6 万元，利润总额 50 万元，利税总额 66.8 万元。2000 年，工业总产值 506.6 万元，固定资产原值 538.8 万元，利税总额 55.9 万元，职工 160 人。2002 年 4 月，在市水泵厂的基础上，成立海阳市金海泵业有限公司和海阳市金海凸轮轴有限公司。公司位于凤城街道，有 2 个厂区，占地面积 10 万平方米，拥有国内外生产设备 360 多台（套）。金海凸轮轴有限公司以多缸内燃机凸轮轴、油泵凸轮轴为主导产品，年生产 5 大系列 60 余个品种的凸轮轴 50 万支，并给全国 10 余家大中型企业配套。金海泵业公司主要生产喷灌自吸泵、清水离心泵、泥浆泵、纸浆泵、管道泵，年生产各种水泵 3 万余台。2005 年，全市规模以上泵及真空设备制造企业 1 家，工业总产值 971.7 万元，固定资产 457.7 万元，主营业务收入 649.9 万元，从业人员 150 人。2010 年，全市规模以上泵及真空设备制造企业 1 家，工业总产值 1988.2 万元，固定资产 724.3 万元，主营业务收入 1864.1 万元，利润总额 98.7 万元，利税总额 146.5 万元，从业人员 60 人。内燃机及配件制造规模以上企业 1 家，工业总产值 1930.5 万元，固定资产 237.8 万元，主营业务收入 2026.8 万元，利润总额 148.1 万元，利税总额 323.1 万元，从业人员 65 人。

起重运输设备制造　1969 年，大阎家公社农机修造厂成立。1985 年，工业总产值 37 万元，固定资产原值 22.1 万元，利润总额 5.7 万元，职工 65 人。1992 年 11 月，成立合资公司，改称烟台腾达制动器制造有限公司。同年，通过山东省星火计划验收。1995 年，经国家起重运输机械质量监督检验检测中心验收并颁发产品质量认可证书。1996 年，被省建设委员会指定为山东省建设机械行业塔机配件定量生产企业。1998 年 4 月，改制为民营企业。2002 年，工业总产值 1245.1 万元，固定资产原值 227.4 万元，利润总额 40.4 万元，利税总额 88.7 万元，职工 60 人。2006 年，产品在省建设机械行业管理办公室备案成功，为国内外许多厂家提供优良的配套服务。2010 年，职工 130 余人，固定资产 1000 余万元，开发生产 YWZ

多个系列的电力液压制动器，以及YT1、BYT1、MYT4、Ed等多个品种电力液压推动器。

2005年，全市规模以上起重运输设备制造企业1家，工业总产值2875.9万元，固定资产127.6万元，主营业务收入2049.6万元，利润总额103.5万元，利税总额263.6万元，从业人员60人。2010年，全市规模以上起重运输设备制造企业1家，工业总产值1.19亿元，固定资产151.5万元，主营业务收入9775.7万元，利润总额571.7万元，利税总额1019.5万元，从业人员60人。

齿轮、传动和驱动部件制造 1999年4月，海阳市兴达机械厂成立，位于凤城镇邓家村，主要生产加工铸造稀土合金铸件、减速器配件、减速机、变幅机构、蜗轮和制动器等。2001年5月，方圆集团海阳齿轮箱制造有限公司成立，主要生产齿轮箱、减速机。2005年，全市规模以上齿轮、传动和驱动部件制造企业1家，工业总产值1924万元，固定资产48万元，主营业务收入1321万元，利润总额199万元，利税总额285万元，从业人员64人。2010年，全市规模以上齿轮、传动和驱动部件制造企业2家，工业总产值5835.7万元，固定资产262万元，主营业务收入5205.4万元，利润总额535.6万元，利税总额772.7万元，从业人员120人。

印刷专用设备制造 2007年4月，山东明玮包装机械有限公司成立，位于经济开发区。主要产品有瓦楞纸板生产线、全自动及半自动打包机、纸板粉碎机、纸箱排废系统、半自动粘箱等。2010年，全市规模以上印刷专用设备制造企业1家，工业总产值2446.9万元，固定资产1801.5万元，主营业务收入3390.1万元，利润总额146.7万元，利税总额312.4万元，从业人员70人。

其他通用零部件 1991年，海阳县旋压皮带轮厂建成投产，位于行村镇。工业总产值152.8万元，固定资产原值56万元，利润总额2.2万元，职工32人。1999年5月，改称海阳市旋压皮带轮有限责任公司。工业总产值1203.1万元，固定资产原值202.7万元，利润总额211.7万元，职工57人。1998年11月，海阳市通兴旋压制品有限公司成立，位于盘石店村，主要生产旋压制品、拉伸件等。2003年1月，海阳北方机械有限公司成立，位于碧城工业区，占地面积2万平方米，建筑面积1万平方米。主要生产电梯配件、绳头组合、钢缆轮、导靴等。2005年，全市规模以上其他通用零部件制造企业3家，工业总产值1.17亿元，固定资产605.4万元，主营业务收入1.30亿元，出口交货值897.7万元，利润总额2145.5万元，利税总额2615.1万元，从业人员176人。2010年，全市规模以上其他通用零部件制造企业3家，工业总产值3.13亿元，固定资产1106万元，主营业务收入2.96亿元，出口交货值636.6万元，利润总额3279.7万元，利税总额4775.3万元，从业人员311人。

企业选介 **方圆集团有限公司** 原为“五七”农具修配厂，于60年代末在海阳县凉山后公社创立。初时，由1个磨坊、1个油坊、4盘烘炉、1个草袋车间、1个麻袋车间和修配组组成，有亦工亦农工人20余人，主要手工打制锨、镢、锄头、镐头、镰柄、铁簸箕、农用犁头等农具。1969年8月，厂址由凉山后村迁到平顶村，属东村公社社办厂。1970年，完成销售收入4.6万元。1971年，迁至海阳路93号。1975年，改称东村农具厂。1975年年末，职工人数增至30余人，设备由原来的八尺皮带床增加57–3铣床、摇臂钻床、C620车床等，相继生产出脱谷滚子机、弹簧、播种机。1976年3月，改称东村农机修造厂，设财务科、生产科和办公室，并设立铸造车间。经过试验，造出第一批轴承瓦座。当年完成销售收入15万元，实现利润3.4万元。此后，工厂相继生产过C620车床、标准件、攻丝机、啤酒泵、啤酒过滤器、石子粉碎机、烘干机、水闸门、秤砣、3吨行车、卫生纸打孔机、农用电盘、电热褥子等产品，产值和利润也逐步提升。1979年，实现销售收入17.5万元，利润3.7万元。1982年8月，东村农机修造厂改称海阳县轻工机械厂，挂靠海阳县科学技术委员会，又名海阳县科学技术委员会实验厂。同年，自制卷板机、3吨行车，并从济南机床厂购进一批退役的车床、钻床及压力机，生产出小型脱谷机、JG250搅拌机。1983年，生产出轧钢机、榨油机变速箱、TQ618镗床、JH300砂浆机、麻刀灰机等。1984年7月，海阳县轻工机械厂划归南城阳乡管辖，在社会上公开招收100名职工。同年，争取省外贸出口机械锄板项目，并获得工厂出口产品的生产权，签订供货合同。当年生产机械锄板30万把，创收300万元，获利40万元。机械锄板项目填补国内空白，获机械电子工业部科技进步奖，为外贸出口免检产品。1986年，开发出QT16塔机。1987年，开发生产出具有国内领先水平的新型双锥反转出料搅拌机。12月，开始建设新厂房，扩大再生产。1988年，开发出QT20塔机，生产的JZC200、JZC350型混凝土搅拌机、JK1型快速卷扬机通过省级产品鉴定。其中，JK1型快速卷扬机填补山东省空白。完成销售收入1300万元，实现利税220万元。

1991年8月，改称海阳县方圆建设机械厂。1993年5月26日，山东方圆集团公司成立。此后，平均每年都有10种以上的新产品投放市场，新产品产值率保持在30%以上，并由建设机械扩展到筑路机械、交通机械、新型建筑材料等领域，实现跨地区、跨行业、门类齐全、多种经营，企业经济效益连年大幅增长。1995年，方圆大厦举行开工仪式。12月，“奋起”牌混凝土搅拌机获中国乡镇企业名牌产品称号，公司在全国建设机械行业首家通过ISO 9001、ISO 9002质量管理体系认证。1998年10月28日，举行公司总部乔迁暨1998秋季新产品观摩会。1999年12月，改称方圆集团有限公司。2000年6月，注册并使用在起重运输机械上的“方圆”商标，被认定为山东省著名商标。2001年11月，研制开发的PLD3200、PLD4800混凝土配料机，HZS60、HZS90、HZS120混凝土搅拌站5种新产品通过省级科技成果鉴定，产品技术性能达到国内同行业领先水平。同年，方圆集团技术开发中心被确认为省级技术开发中心。2002年2月，中国方圆标志认证委员会为方圆集团签发ISO 9001：2000版质量管理体系认证证书和ISO 14001环境管理体系认证书。2003年1月，方圆集团完成企业改制，转为股份制民营企业；2月，方圆集团被确认为大型企业。2004年10月，方圆集团生产的JZC、JS混凝土搅拌机被评为“山东省名牌产品”。开发出城市混凝土泵、120型电动履带式桩机、新型施工升降机、船载式混凝土搅拌站等新产品20余种，JZL60、JZL90、JZL120型电动履带式桩机系列产品通过省级技术鉴定，技术性能达到国内同类产品领先水平，并填补国内空白。完成技术创新、改造136项，创造经济效益2200余万元。同年，完成销售收入12亿元，实现利税1.24亿元，上缴税金8630万元。

1989年，海阳县轻工机械厂新厂区落成时厂貌

2005年，与韩国大韩工业株式会社合资成立烟台大韩饲料有限公司。投资6000万元，建设烟台金鼎葡萄酒业有限公司，占地面积5万平方米，建筑面积2.5万平方米，主要生产设备从意大利引进，年产优质干红葡萄酒1万吨。2006年，推进企业改革，形成22个独立法人的独立核算企业。投资8000万元新上植物油项目，占地面积10万平方米，建筑面积5万平方米。同年，出口产品达到八大系列、20余个品种，销往20余个国家和地区。11月，方圆集团“方圆”牌商标被授予中国自主知名品牌。2007年，投资6000万元，与韩国大韩制粉集团合资合作，组建烟台方圆大韩制粉有限公司。成立典当有限公司、投资有限公司，开展投资融资业务。建成方圆诚信金鼎，完成烟台金鼎葡萄酒业有限公司地下酒窖的规划建设，打造特色酒窖。2008年，集团公司产品尤其是搅拌站应用于京沪、石武、沪宁铁路等重点项目建设。同时，开拓国际市场，拓展产品出口渠道，分别在巴西、也门、中东地区建立代理体系，产品出口60余个国家和地区。2009年，开发出高铁专用设备、集装箱式搅拌站、干粉砂浆搅拌站、AP1000核电专用搅拌站、TC7030塔机、PT7528平头式塔机等18个新产品，技术性能均达到国内领先水平。成套设备有限公司、起重机械有限公

2010年，方圆集团有限公司现代化数控加工基地

司获“山东省高新技术企业”称号。产品应用于海阳核电、京沪高速铁路和石武、沪宁客运专线等国家重点工程。2010年，全年完成固定资产投资8000万元，新增专业化生产设备150台（套），涉足环卫机械新领域。集团公司开发出箱式混凝土搅拌站、平头式塔机、新型施工升降机、垃圾压缩站、矿井泵等13个新产品，6个新产品通过科技成果鉴定和新产品鉴定，技术性能达到国内领先水平。同年，集团公司占地面积180万平方米，固定资产原值5.62亿元，完成工业总产值25.3亿元，实现主营业务收入34.2亿元，实现利税5.03亿元，上缴入库税金9730.3万元。

方圆集团有限公司先后被授予“中国工程机械50强企业”“中国机械500强企业”“全国建设机械行业用户满意先进企业”“2006年度全国用户满意企业”“全国守合同重信用企业”“全国发展县域经济突出贡献乡镇企业”“山东省机械工业百强企业”“山东省百强民营企业”“山东省文明诚信百佳企业”等称号。集团公司党委被评为“山东省先进基层党组织”等。

海阳中集来福士海洋工程有限公司　2008年4月成立，系烟台中集来福士海洋有限公司投资建设的高端海工产品生产企业，公司注册资金2亿元，总投资7亿元。其中，固定资产投资5亿元。主要设计、制造、销售和修理海洋工程设备及海上石油钻采设备、平吧、模块、辅助船工分段及大型钢结构产品。2010年，公司总资产7.2亿元，完成工业总产值3.36亿元，实现利税2683万元，上缴税金1008.7万元。

海阳蓝岛海洋工程有限公司　2007年成立，系南通蓝水船舶工程公司与烟台来福士海洋工程有限公司共同出资创建。主要从事高技术及高附加值的海工项目建造，巴西Schahin的半潜式钻井平台、N/A的SSCV半潜式起重平台、SuperM2自升式钻井平台、Saipem的328米（世界最长）铺管船、BP的93米平台供应船等一系列海洋工程装备，均由其建造。公司拥有管理人员120余人，熟练技术工人2000余人，具有年产5万吨海工钢结构的生产能力。2010年，公司总资产1.44亿元，完成工业总产值2.30亿元，实现利润720万元，上缴税金5223.1万元。

海阳众冶集团有限公司　1983年，海阳县城关农具修配厂成立。1987年，县城关农具修配厂改为海阳县铸钢厂。1992年，所产HTD鼓风机获中国专利新技术新产品博览会优秀奖，90-60高性能合金钢研制获省科技进步三等奖。1993年12月，以铸钢厂为核心成立山东众冶集团公司。1997年，包胶闸板阀获中国’97泰山专利技术及新产品博览会金奖。2001年12月，改称山东众冶机械制造公司。2002年7月公司改制，称山东众冶变速机械有限公司。2003年，山东众冶机械制造公司与韩国合资成立海阳京海机械制造有限公司。2010年，以海阳京海机械制造有限公司为核心成立海阳众冶集团，下设海阳众冶集团有限公司、海阳众冶集团传动设备有限公司、海阳众冶集团建筑设备有限公司。主要生产铸钢、铸铁、齿轮箱、船舶件、建筑机械、传动设备等产品，年生产能力20万台（件），产品市场占有率2%。公司总部位于经济开发区广东路2号，占地面积15万平方米，建筑面积6.8万平方米，拥有

2009年，海阳众冶集团有限公司机械加工车间

固定资产原值1.6亿元、净值1.1亿元，工业总产值6250万元，销售收入2.5亿元，主营业务收入6193万元，利税3000万元，上缴税金1232.9万元。职工1600余人，工程技术人员100余人。同年，“众冶”商标被评为山东省著名商标。

海阳市创实实业有限公司　原是从海阳县农业机械厂分离出来的海阳县锻压机床厂。1998年改制为股份制企业，改称海阳市创实机械制造有限公司。公司占地面积3.89万平方米，建筑面积3.5万平方米。2000年，资产总额1718.9万元，工业总产值2530万元，产品销售收入1801.9万元，利税总额306.1万元、利润总额100万元，职工254人。2005年，改称海阳市创实实业有限公司。2008年，公司生产的“创实”牌液压机被评为山东省著名商标。2010年，职工800余人，其中各类工程技术人员180人。下设海阳锻压机床厂、维克托纺织品有限公司、服装厂、对外贸易公司4家企业。锻压机床厂集多年液压机床生产技术，主要生产Y28、Y32、Y41、Y52等系列双动、单动、框架式、四柱式液压机及ZDYJ系列自由液压机，D52/D53系列数控辗环机、锻造操作机、装（出）料机，XYJ-30型汽车轮辐旋压机，并可承接5000吨以下各种大台面、非标准液压机的生产。年生产各类液压机300多套（台）。产品应用于汽车、拖拉机、燃气燃具、厨房设备、家用电器、玻璃钢制品及航空、航天、造船等行业。2010年，公司总资产2327万元，工业总产值3987万元，主营业务收入5378万元，利税总额315万元、利润总额71万元。

海阳市田丰机械制造有限公司　原是始建于1958年的农业机械厂，以生产铁制小农具、风力水车、地瓜切片机为主。1969年，改称海阳县农业机械修造厂。1978年更新设备，增添通用机床、半自动机床等。1979年，研制成功6YT5型榨油机成套设备。1982年，被机械工业部列为生产榨油机的定点厂家。1984年，与中国农机研究院、山东农机研究所技术合作，研制3000吨级薯干淀粉加工成套设备、315四柱式万能液压机、Y71100型塑料制品液压机、DQ160砌墙砖性能试验机等6种。产品销往全国17个省、市、自治区。1985年，改称海阳县机械厂。厂区面积3.30万平方米，建筑面积1.82万平方米，主要设备81台，其中金属切削机床48台、锻压设备6台，工业总产值310.7万元，固定资产原值160万元，利润总额29.5万元，税金21.32万元，职工225人。1990年，工业总产值807万元，销售收入477.6万元，利润总额38.7万元，职工399人。1998年3月，改制为民营股份制企业，称海阳市田丰机械制造有限公司。主要产品有淀粉成套设备、榨油成套设备、粮食烘干机、水磨糯米粉生产线和木薯、马铃薯、玉米粉生产线等。2000年，工业总产值3602.1万元，固定资产原值1282.2万元，产品销售收入1792.3万元，利润总额84.4万元，利税总额199.9万元，职工180人。2009年8月，企业申请破产。2010年上半年，市田丰机械制造有限公司所属厂房全部拆除。

烟台美丰机械有限公司　2003年11月成立，位于盘石店镇工业园区，为中外合资企业，主要

2010年，烟台美丰机械有限公司

生产刹车盘，厂区占地面积9.33万平方米，有模具车间1处、大型铸造厂1处、精密加工生产车间2处、大型自动清洗包装线2条。各种精密数控机床、液压半自动机床100多台（套）及数控加工中心，是海阳最大的数控加工基地。职工700余人。2007年，企业通过国际汽车行业ISO/TS 16949质量管理体系认证。同年，实现营业收入1.5亿元，上缴税金600万元；2009年，完成工业总产值1.23亿元，出口创汇1.66亿元，上缴税金2600万元。2010年，通过环境管理体系认证和职业健康安全管理体系认证。同年，企业技术中心被烟台市政府命名为烟台市企业技术中心。同年，实现营业收入2.04亿元，上缴税金2530万元。

第二节 电子电气元器件

电子元件 1977年，海阳县无线电元件厂成立，为海阳首家生产电子元器件的企业。1984年12月，海阳县机械电子工业公司成立。2004年2月，进元电子（烟台）有限公司成立，位于经济开发区深圳街30号，主要生产加工手机配件及相关电子产品。至2005年，全市规模以上电子工业企业3家，工业总产值1亿元，利税2150万元，利润1350万元。2006年4月，烟台知儿电子有限公司成立，位于经济开发区黄海大道中路21号，主要生产电子产品配件；6月，海阳比艾奇电子有限公司成立，位于经济开发区，主要生产经营柔性印刷电路板用各种电子元器件；是月，烟台东真电子有限公司成立，位于经济开发区，主要生产手机配件及相关电子产品。2007年，东南帝华电子（烟台）有限公司成立，位于经济开发区，主要生产手机部件及键盘注塑等；10月，烟台派恩电子有限公司成立，位于经济开发区深圳街38号，主要生产手机配件及相关电子产品。2008年2月，海阳市海星电子有限公司成立，位于城区海阳路，主要生产半导体分立器件。2010年，全市规模以上电子器件生产企业主要有海阳市佰吉电子有限公司、进元电子（烟台）有限公司、海阳市东南帝华电子有限公司、海阳市派恩电子有限公司、海阳市海星电子有限公司、海阳市比艾奇电子有限公司、海阳市东真电子有限公司、海阳市知儿电子有限公司8家企业，工业总产值5.83亿元，固定资产原值2.35亿元，主营业务收入4.79亿元，出口交货值3.93亿元，利润总额4114.2万元，利税总额4747.2万元，从业人员1604人。主要产品有移动通信及终端设备制造、手机键盘、半导体分立器件制造及集成电路外壳、光电子器件制造及其他电子器件制造等。

电气、电线、电缆及其他电器附件 1980年，行村电器厂成立，位于行村公社，主要生产配电盘、电热褥、蓄电台灯等产品。1982年，海阳县电器厂成立，位于郭城公社。1985年，县内电气机械及器材制造业独立核算企业6家，工业总产值183万元，固定资产原值93万元，利润总额11.1万元。同年，二十里店供销社电器厂成立，位于二十里店乡，主要生产电热毯；海阳县线路器材厂成立，位于行村镇，主要生产架线用构件和火镀、电镀品。同年，县电器厂有职工32人，其中技术人员4人。固定资产原值8.4万元。设备有示波器、发生器、空气压缩机、平板硫化机、测试器等10余台，主要生产电热毯、自动控温开关、电热线等。1992年1月，海阳县电子器材厂成立，主要生产电缆、电视系统设备等。1995年，全县生产家用电热蒸煮器具4.85万个。县电器厂工业总产值1003.6万元，固定资产原值164.4万元，利润总额9.4万元，利税总额67.8万元。2001年，烟台沪安电缆有限公司成立，位于碧城工业区，主要生产电缆、电线、铝合金材料等。2005年8月，山东海能电气设备公司成立，位于经济开发区深圳街28号，主要生产高（低）压电气设备、开关、器件等。2007年4月，海阳市恒能电

2010年，维蒙特工业（山东）有限公司生产车间

气有限公司成立。7月，维蒙特工业（山东）有限公司成立，2008年5月投产。公司位于经济开发区济南路，占地面积12万平方米，建筑面积2万平方米，总投资3亿元。主要产品有照明设备、电力杆、超高压管塔及农业灌溉设备等。2009年，完成工业总产值2.6亿元，工业增加值8000万元，完成利税2100万元。2010年，实现营业收入2.3亿元。2009年8月，海阳市鑫泰铜材有限公司成立，位于碧城工业区花园中路，主要生产光纤、电缆等产品。2010年，全市规模以上电气器材制造业企业3家，工业总产值4.42亿元，固定资产1.14亿元，利税总额5347万元，从业人员410人。

企业选介　海阳市佰吉电子有限责任公司　1977年8月，建海阳县无线电元件厂。2001年，改制为民营企业，称海阳市佰吉电子有限责任公司。公司占地面积1.38万平方米，建筑面积6261.77平方米。2010年，拥有固定资产原值620万元，净值315万元。职工123人，其中工程技术人员32人。公司下设6个部、3个生产车间。主要产品有半导体分立器件外壳、半导体集成电路外壳和混合集成电路外壳3类6个系列、1000余个规格型号。其中，线性集成电路外壳市场占有率98%以上，扁平金属外壳市场占有率95%以上，半导体分立器件外壳市场占有率80%以上，声表面波滤波器外壳市场占有率60%，混合电路、滤波器、传感器外壳均占有较大的市场份额，产品质量稳定，可靠性高。公司年生产各种外壳3000万套以上，销往国内50余个单位。30多年公司研制、生产的产品多批次用于国家重点工程的元器件外壳配套。

2009年，海阳市佰吉电子有限责任公司

2009年，进元电子（烟台）有限公司

进元电子（烟台）有限公司　2004年成立，2005年投产，为韩国独资企业。公司位于经济开发区深圳街，占地面积3.5万平方米，建筑面积2万平方米。公司主要产品为手机外壳及其他相关电子配件，有大型注塑机72台，年产并销售手机外壳1500万套。2007年，实现工业总产值2.78亿元，销售收入2.77亿元，实现利税3741万元。其中利润3173万元。公司产品通过ISO 9001国际质量管理体系认证和ISO 14001国际环境管理体系认证。2008年，实现工业总产值2.32亿元，销售收入2.25亿元，实现利税1991万元，其中利润1664万元。公司获2008年全市经济发展示范企业称号。2009年，投入450万元，建成4#模具车间。增加固定设备投资2550万元。实现工业总产值3.15亿元，销售收入2.96亿元，实现利税1198万元，利润1021万元。2010年，完成外贸出口交货值850万元，完成入库税金596万元。

2009年，进元电子（烟台）有限公司车间

海阳市恒能电气有限公司　2007年4月成立，位于行村镇工业园区，总投资1.6亿元，占地面积5.33万平方米，建筑面积近3万平方米，

海阳市恒能电气有限公司生产的变压器

工业厂房2万平方米。职工500余人。主要产品有油浸式电力变压器、干式电力变压器、卷铁芯电力变压器；高压/低压预装式变电站、户内金属铠装移开式开关设备、低压成套开关设备、配电箱、电缆分支箱、小型环网开关站、喷射式熔断器及各类电线、电缆等。公司先后通过华信技术检验有限公司对GB/T 19001-1994、ISO 9001：1994质量保证认证和ISO 9001：2000质量管理体系认证。2010年，实现产值3.6亿元，利税1000余万元。

第三节　金属制品

金属制品加工业是海阳的传统工业，起步于50年代。1978年前，县家具配件厂主要生产箱包配件和家具拉手、合叶等，年产30多万件；海阳县锁厂主要生产"双菱"牌25毫米、30毫米、35毫米、40毫米型号铁皮挂锁。1978年，县内金属制品业有县家具配件厂、县锁厂。同年，全县生产铁皮锁469.33万把。家具配件厂研制试产板式家具连接件、圆柱连接件、拉片连接件、蝴蝶合页、平面合叶、双峰拉手等28种产品。锁厂试制弹子链条锁。1983年，县家具五金厂实现利润102万元，为海阳第一家年创利润过百万元的企业。1984年，县家具五金厂生产的弹子链条锁被评为山东省优质产品。同年，海阳县机械工艺镀黄厂建成投产，位于高家村，主要产品有镀黄表带、表壳、笔尖、健身球、戒指等，年产24万件。1985年，县家具五金厂生产的链条锁出口13个国家和地区；生产的蝴蝶合叶、木床连接板、碰珠被评为山东省优质产品。同年，海阳县电镀厂建成投产，位于高家乡高家村，主要为青岛自行车厂、烟台第二钢木家具厂电镀加工。固定资产总值40万元，职工105名。同年，全县金属制品业独立核算企业14家，工业总产值1233万元，固定资产原值776万元，利润总额163.3万元。1990年，县内县属独立核算企业有县五金工业公司，乡镇办独立核算企业有县钢窗厂、县建筑五金厂、县亚东标准件厂、县金属制品厂、县五金厂等。同年，县五金工业公司工业总产值1817万元，固定资产原值1001.6万元，利润总额106.1万元，职工854人。1994年4月，和光金属（烟台）有限公司成立，位于发城镇。1995年，全县生产锁231.3万把。同年，县内独立核算县及县以上企业有县五金工业集团公司、烟台大同五金有限公司，独立核算乡镇办企业有山东帝阁集团公司、县建筑五金厂、县机械工艺镀黄厂、县电镀厂、海阳亚东标准件厂等，"三资"企业有和光（烟台）金属制品有限公司、烟台昌兴五金有限公司、烟台（和光）镀锌有限公司、烟台娜科奥五金制品有限公司、海阳中尾五金有限公司、烟台娜科奥电镀有限公司等。山东帝阁集团公司主要生产防盗门，工业总产值925.3万元，固定资产原值345.5万元，产品销售收入416.4万元，利税总额41.9万元。2001年1月，海阳市富林金属制造有限公司与日本汉都株式会社合资成立烟台汉都金属制品有限公司，位于经济开发区，建筑面积2.1万平方米，总投资5000万元，注册资本2010万元，主要生产线路五金及建筑五金，产品全部销往日本，当年实现工业总产值400万元，利润

2009年，和光（烟台）金属制品有限公司

20万元，上缴税金6万元。2002年，和光金属（烟台）有限公司成立经济开发区分公司，位于经济开发区烟台街1号。公司占地面积6.67万平方米，建筑面积3万余平方米，职工300余人，其中技术人员60余人。主要生产高品质的热镀锌和电镀锌金属垫圈、建筑及五金件、静电粉末涂装等产品，年产量1.5万吨，全部出口日本。9月，烟台岩渊金属制造有限公司成立，为日本岩渊株式会社独资项目，总投资1000万美元。主要生产线路五金、树脂制品、精密模具等产品，全部出口日本。2005年，全市规模以上金属制品业企业4家，工业总产值8.29亿元，固定资产1.05亿元，主营业务收入6.53亿元，出口交货值1.74亿元，利润总额7133.5万元，利税总额1.15亿元，从业人员1428人。2010年，全市规模以上金属制品业企业公司7家，工业总产值4.35亿元，固定资产7414.7万元，主营业务收入4.00亿元，利润总额2699.3万元，利税总额3608.1万元，从业人员767人。其中规模以上结构性金属制品制造企业4家，工业总产值3.42亿元，固定资产4127.5万元，主营业务收入3.09亿元，利润总额2391.9万元，利税总额3296.7万元，从业人员532人。全市规模以上金属密封件制造企业3家，工业总产值21.29亿元，固定资产8854.8万元，主营业务收入17.03亿元，出口交货值6.33亿元，利润总额1.65亿元，利税总额2.32亿元，从业人员1208人。全市规模以上金属表面处理及热处理加工企业1家，工业总产值2414.5万元，固定资产1590.2万元，主营业务收入2414.5万元，利税总额203.5万元，从业人员70人。

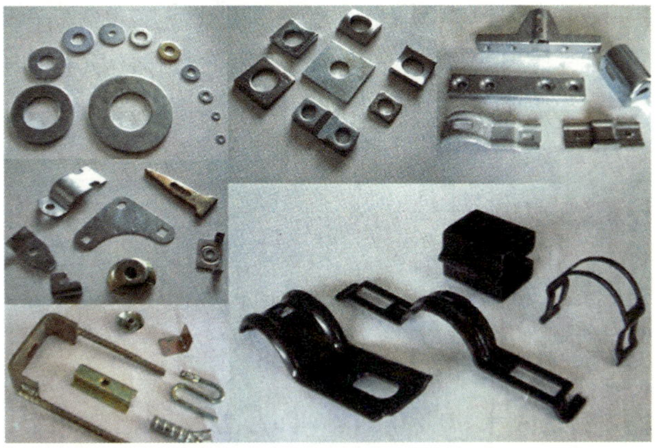

2010年，和光（烟台）金属制品有限公司产品

2010年，海阳日月五金有限公司

海阳日月五金有限公司　1954年，在东村成立新昌生产组。1958年，扩建为东村公社修配厂。1961年，改为县属企业。1964年，改称东村车辆社。1970年，改称海阳县车辆修配厂。1970年8月，海阳县五金厂成立。1973年，改称海阳县锁厂。1977年，海阳县车辆修配厂改称海阳县家具配件厂。1979年7月，海阳县家具配件厂、海阳县锁厂合并，称海阳县家具配件厂，为轻工部定点厂。1981年，生产家具配件140.5万件、链条锁71万把，产值177万元，利润10万元。1983年，改称海阳县家具五金厂。1985年3月，改称海阳县家具五金总厂，职工628人，厂区面积2.34万平方米，建筑面积1.30万平方米。其中，厂房7246平方米。拥有机械设备346台，其中通用设备247台、五金设备94台、其他设备5台。工业总产值800.1万元，固定资产406万元，利润131.3万元。主要产品为家具配件、弹子链条锁等2大类。家具配件有床连接板、弯角平方合

2010年，海阳日月五金有限公司生产车间

叶、碰珠、平面拉手、桥型拉手、梅花拉手、门制动器、拉杆等60余种，弹子链条锁1种，产品畅销全国28个省、市、自治区。其中，链条锁出口马来西亚、新加坡等国家。1987年6月，改称海阳县五金工业公司。1991年10月，与日本国株式会社中尾制作所合作，成立中日合资企业海阳中尾五金有限公司。1993年4月，改称海阳五金集团公司。1998年4月，下属13家企业中11家企业整体改制成立海阳日月五金有限公司。先后引进外资项目4个，实际利用外资187.6万美元。2002年，与陕西航天动力高科技股份有限公司合资成立烟台航天怡华科技有限公司，主要生产管道煤气表。总公司占地面积8万平方米，建筑面积5万平方米，为大型二类企业。2010年，拥有固定资产原值6000万元、净值5000万元，职工140人，其中工程技术人员38人。集团下设11个分公司（工厂）：电镀公司、塑料制品公司、中尾五金公司、海明金属制品公司、圣华制衣公司、春光毛衫厂、商贸总汇、航天怡华公司、娜科奥商贸公司、瑞源五金塑料制品厂、通用金属制品厂。完成技改投资1200万元，技改项目3个，开发新产品12个。实现工业总产值1.56亿元，实现出口交货值2600万元，利税1970万元，利润595万元。

第八章　生物医药　化工与塑料制品业

第一节　生物　医药

医药制造产业是海阳的新兴产业。1995年7月，海阳县生物保健品厂成立，主要生产天虫消渴精、天虫精雄宝胶囊、蚕蛹蛋白粉等保健食品。2000年，市生物保健品厂有职工21人；2004年，企业停产。2005年6月，烟台协力海洋生物制品有限公司成立，由香港金源行投资建设，主要生产、销售亲水胶体系列保健品。公司占地面积4.83万平方米，具有年产精、粗制卡拉胶3000吨、琼脂600吨、褐藻酸钠1000吨、藻酸丙二醇酯（PGA）100吨的生产能力。同年，工业产值1.07亿元，固定资产380.8万元，主营业务收入8047万元，利润总额318万元，利税总额460万元，从业人员45人。2006年9月，山东金海阳药业发展有限公司成立，主要生产邻苯二甲酸酯类产品。2010年8月，贝尔特（烟台）海洋生物科技有限公司成立，总投资5.2亿元建设的海洋生物产业园项目占地23.3公顷，是集海洋生物制品、生物医药原料、海洋功能食品研发生产为一体的高科技产业园区，为山东省第二批省级战略性新兴产业重点项目和山东省海洋战略新兴产业项目，并获得山东省第一批海洋经济创新发展区域示范专项资金扶持。主要以海洋蛋白、海洋多糖、海洋脂类以及海藻提取物生产为主，产品广泛应用于医药、美容、化妆品、食品等领域，90%以上出口到美国、欧盟等国家和地区。同年，全市规模以上医药制造企业3家，其中化学药品原药制造企业1家、生物及生化制品制造企业2家。工业总产值4.17亿元，固定资产3709.2万元，主营业务收入3.54亿元，利润总额2718.1万元，利税总额3209.4万元，从业人员300人。

第二节　化肥　农药

化肥　1978年，全县有海阳县化肥厂、海阳县磷肥厂。海阳县化肥厂年产化肥7000吨。1981年7月，县磷肥厂从孙格庄大队迁至石人泊大队东。1985年，县化肥厂年产合成氨1.20万吨，折氮肥（100%）8154吨。工业总产值682.7万元，固定资产原值789万元，利润72万元，职工504人。县磷肥厂年产硫酸1121吨，磷肥（100%）188吨。工业总产值100.5万元，固定资产原值507万元，利润6.4万元，职工281人。3月，海阳县黄崖复合肥厂建成投产，位于黄崖乡黄崖村，为乡属集体企业，主

1993 年，海阳县化肥厂

要生产多元素复合肥料。当年工业总产值 9.3 万元，利润 0.3 万元，职工 30 人。同年，县化肥厂生产的“凯升”牌农用碳酸氢铵被评为山东省优质产品，1986 年被评为部优产品。1987 年 7 月，县化肥厂 3 万吨磷酸一铵项目开工建设，总投资 5000 万元。1990 年 7 月，试车投产。同年，全县生产化肥 1.84 万吨，其中氮肥 1.47 万吨、磷肥 3635 吨。1997 年 1 月，烟台鑫海化肥工业有限公司成立。2000 年，全市生产合成氨 3.16 万吨，生产农用氮、磷、钾化肥总计（折纯）3130 吨。限额以上化肥制造企业 1 个，工业总产值 6353.5 万元，固定资产原值 5403.8 万元，产品销售收入 7503.4 万元，利税总额 60.5 万元，职工 667 人。2003 年，市化肥厂破产。2004 年 11 月，山东金河实业集团购买破产的市化肥厂，成立烟台金海化工有限公司，主要生产并经营合成氨、磷酸一铵、保险粉、甲酸钠、二氧化硫、甲醇等化工产品，产品远销欧美、东南亚等 20 余个国家和地区。2007 年，烟台金海化工有限公司不再生产化肥，转以生产保险粉、甲醇、二氧化硫为主。2010 年，全市规模以上化肥制造企业 1 家，工业产值 2.70 亿元，固定资产 9417.7 万元，主营业务收入 1.83 亿元，利润总额 544.5 万元，利税总额 1184 万元，从业人员 309 人。

农药 1978 年，县内有海阳县农药厂，位于徐家店公社，为全民所有制企业。主要产品有 40% 乐果乳剂、40% 氧化乐果乳剂、15% 可湿性粉锈灵、20% 粉锈灵乳剂、25% 和 50% 可湿性多菌灵等。1985 年，年产化学农药 349 吨。工业总产值 706 万元，固定资产原值 598 万元，利润 16.5 万元，职工 383 人。1990 年，全县生产化学农药 865 吨。1995 年，全县生产化学农药 167 吨。1997 年，全市生产化学农药 371 吨，其中杀虫剂 344 吨、杀菌剂 24 吨、除草剂 3 吨。同年，市农药厂改称海阳兴发化工厂。2003 年 3 月，海阳兴发化工厂破产。2006 年，莱阳星火农药有限公司购买破产的海阳兴发化工厂，重组成立山东沐丹阳生物工程有限公司。主要生产经营农药、化工产品及化学试剂。农药产品有草甘膦原药、草甘膦铵盐类原药、杀虫剂、杀菌剂、除草剂等近 20 个品种；2009 年，山东沐丹阳生物工程有限公司设立烟台市级技术中心。2010 年，山东沐丹阳生物工程有限公司总资产 745 万元，完成工业总产值 4520 万元，实现主营业务收入 2327 万元、利税 615 万元、利润 232 万元。

1993 年，海阳县化肥厂生产的化肥

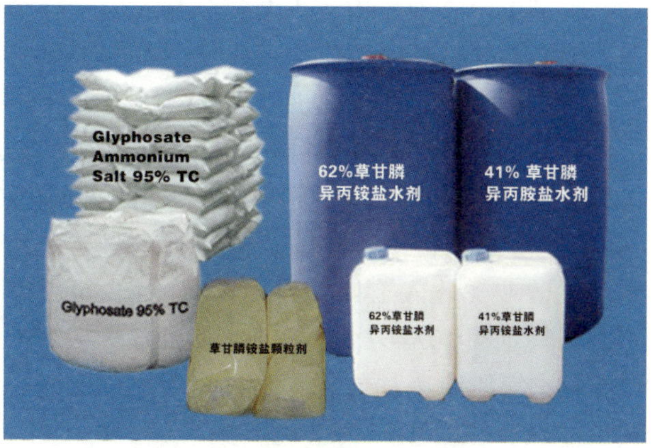

2010 年，山东沐丹阳生物工程有限公司生产的草甘膦系列产品

第三节　塑料制品

1978年后，社办塑料工业发展较快。1979年7月，海阳县塑料制品厂成立，位于东村公社平顶大队东。1981年，海阳县塑钢厂成立，位于留格庄公社留格庄大队；海阳县塑料综合制品厂成立，位于行村公社。1983年，海阳县第二塑料厂成立，位于西哲阳大队；泉水塑料制品厂成立，位于黄崖公社泉水头大队。1985年，海阳县包装装潢厂、海阳县社会福利塑料制品厂先后成立；海阳县化工包装材料厂由海阳县硫铁矿塑料编制车间改建，位于二十里店乡孙格庄。1985年，全县乡（镇）以上塑料制品厂发展到9家，年产塑料制品70.9万千克。工业总产值335万元，固定资产净值131万元，利润总额18.3万元。1990年，全县生产塑料制品228.2万千克，其中塑料薄膜12.6万千克、塑料工业配件3.6万千克。1993年，海阳县化工包装材料厂改制为海阳县农用塑料有限责任公司。1995年，全县生产塑料制品898.2万千克。同年，县农用塑料有限责任公司改称海阳正丰塑料制品有限责任公司；1997年10月，改制为股份制民营企业。1998年5月，海阳市天工塑胶制品有限责任公司成立，占地面积3.30万平方米，建筑面积2.30万平方米。主要生产集装袋、空气袋、集装箱内衬袋、污水（泥）净化袋等。2000年，全市生产塑料制品733.6万千克，其中塑料薄膜420.7万千克、塑料丝及编织制品160.1万千克、其他塑料制品152.8万千克。限额以上企业有市正丰塑料制品有限责任公司、烟台海翔塑胶制品有限公司、市四兴塑料厂；“三资”企业有海阳海丰塑胶制品有限公司、烟台中尾丸东塑料制品有限公司。2005年，生产塑料制品992.1万千克。规模以上塑料制品业企业4家。工业总产值1.61亿元，固定资产2929.2万元，主营业务收入1.49亿元，利润总额868.2万元，利税总额1074万元，从业人员397人。2007年5月，海阳市凌晖包装有限公司成立，位于碧城工业区，主要生产销售包装用薄膜。2010年，全市生产塑料制品707万千克。规模以上塑料制品业企业8家，其中塑料薄膜制造1家、塑料丝（绳）及编织品制造4家、塑料包装箱及容器制造1家、其他塑料制品制造2家，主要产品有地膜、集装袋、包装袋等。工业总产值5.19亿元，固定资产4650.2万元，主营业务收入4.15亿元，出口交货值5502.2万元，利润总额2802.8万元，利税总额3526.9万元，从业人员744人。

第四节　涂料、油墨及其他化学材料

涂料、油墨　1984年，海阳县朱吴建筑涂料厂成立，位于朱吴乡朱吴大队，为乡属集体企业。主要生产装饰涂料。1985年，工业总产值12.5万元，固定资产原值9.7万元，利润1.8万元，职工25人。2005年，谷口油墨（烟台）有限公司成立，为日本独资企业。公司位于经济开发区，厂房建筑面积7000平方米，主要生产平板胶印油墨、润板液、无水油墨等产品。2006年12月，烟台枫林新材料有限公司成立，位于凤城街道，占地面积13.36万平方米，建筑面积2.4万平方米，固定资产投资9800万元，职工70余人。主要生产聚酯树脂、环氧树脂系列热固性粉体涂料专用树脂。2010年，公司完成工业总产值8238万元，实现主营业务收入9242万元，实现利税289万元、利润177万元。同年，规模以上涂料、油墨及其类似产品制造企业2家，其中涂料制造、油墨制造企业各1家。工业总产值1.06亿元，利润总额678.8万元，利税总额1121.4万元，从业人员281人。

专用化学产品　1999年8月，烟台市双双化工有限公司成立，位于徐家店镇，主要生产化学试剂等化工产品。2004年7月，烟台恒顺橡胶助

2010年，烟台枫林新材料有限公司

剂有限公司成立，位于行村镇，主要生产橡胶助剂等产品。2007年7月，海阳市远望精细化工有限公司成立，位于城区海政路11号，主要生产销售氰化金钾等产品。2010年，全市规模以上专用化学药品制造企业3家，工业总产值2.67亿元，固定资产3576.3万元，主营业务收入2.24亿元，利税总额1972.7万元，从业人员148人。

化学纤维 2004年5月，烟台光现特殊丝有限公司成立，为韩国独资企业。公司位于经济开发区南京街，主要生产差别性化学纤维。2010年，全市规模以上专用化学纤维制造（合成纤维制造）企业1家，工业总产值2292万元，固定资产1009.6万元，主营业务收入2101万元，利润总额174.5万元，利税总额271.2万元，从业人员56人。

合成材料 2005年11月，烟台郁进喷涂设备有限公司成立，位于经济开发区，主要经营手机外壳喷涂、修整及喷涂设备的生产、安装。2007年5月，烟台龙彩新材料有限公司成立，位于经济开发区杭州街。2010年，全市规模以上合成材料制造企业4家，工业总产值1.89亿元，固定资产6219.1万元，主营业务收入1.86亿元，出口交货值1.04亿元，利润总额727万元，利税总额1117.1万元，从业人员245人。

第九章 非金属矿物制品业

第一节 水泥与水泥制品

1978年，水泥制造企业有海阳县水泥厂1家。1979年，海阳县水泥制管厂成立，主要生产各种型号水泥管和水泥电线杆。1985年，水泥与水泥制品企业有县水泥厂、县第二水泥厂、县第三水泥厂、县水泥制管厂等。同年，海阳县建材厂成立，主要生产空心预制板、空心砖、地板砖、水泥瓦等。1995年，全县年产水泥15.80万吨、水泥混凝土制品3600吨。县属独立核算水泥与水泥制品企业有县水泥厂、县水泥制管厂，乡镇办独立核算企业有县第二水泥厂、县晶山水泥厂、县第三水泥厂等。1999年，海阳市水泥厂破产改制；2000年1月，改制后的市水泥厂被买断，成立烟台海洋水泥有限公司，为国家中二型企业，主要产品有“海洋”牌32.5R、42.5R和抗硫酸盐硅酸盐水泥。同年，全市年产水泥6.6万吨。限额以上企业有海阳市第三水泥厂1家，工业总产值1567万元，固定资产原值1672万元，利润总额105万元，利税总额208万元，从业人员260人。2005年，全市年产水泥39万吨。规模以上水泥与水泥制品企业3家，工业总产值1.50亿元，固定资产2722.1万元，主营业务收入1.24亿元，利润总额1456.1万元，利税总额2831万元，从业人员566人。2007年4月，海阳华洋混凝土有限公司成立，位于二十里店镇，主要经营预拌商品混凝土和混凝土预制构件生产，年产预拌混凝土50万立方米。同年，烟台海洋水泥有限公司投资3000多万元，将日产220吨CSP回转窑生产线改造为日产1000吨新型干法回转窑生产线。“海洋”牌商标被评为山东省著名商标。2008—2010年，烟台海洋水泥有限公司产品销售收入、纳税总额、市场占有率，在全省排名第八位。2010年，全市年产水泥31万吨。规模以上水泥与水泥制品企业2家，工业总产值3.10亿元，固

1995年，海阳县第三水泥厂外景

2007年，烟台海洋水泥有限公司回转窑烧成系统

定资产3527.1万元，主营业务收入2.72亿元，利润总额2165.2万元，利税总额4271.8万元，从业人员400人。

第二节　砖瓦　石灰　石材

砖瓦　1978年，全县生产瓦488万片、砖4872万块。80年代后，乡村办砖瓦厂发展较快。1985年，全县有11个乡镇砖瓦厂、33个村办砖瓦厂。年产砖1.29亿块、瓦1200万片。1990年，年产砖1.11亿块、瓦996.7万片。县属独立核算企业有县建筑材料厂、县第二建材厂，乡镇办独立核算企业有东村镇砖瓦厂、凤城镇砖瓦厂、徐家店砖瓦厂、发城建筑材料厂、发城砖瓦厂、小纪砖瓦厂、留格庄乡第二砖瓦厂、高家乡砖瓦厂、二十里店乡砖瓦厂等。1995年后，国家规定禁止黏土实心砖瓦生产，产量下降，水泥预制品大量发展。到2000年，乡镇砖瓦厂相继破产和关闭。2005年，全市规模以上企业1家，工业总产值580万元，固定资产580万元，主营业务收入550

90年代徐家店砖瓦厂生产的红砖

万元，利润总额23万元，利税总额58.5万元，从业人员66人。2006年2月，海阳市安隆新型建材有限公司成立，位于经济开发区，主要生产墙体砌块、步道组合砌块、加汽砖等产品。2010年，全市规模以上企业有市合成建材有限公司、市安隆新型建材有限公司、市华洋混凝土有限公司、烟台昆嵛投资有限公司海阳分公司4家，工业总产值1.96亿元，固定资产2254万元，主营业务收入1.74亿元，利润总额1303万元，利税总额1992.7万元，从业人员248人。

石灰　1978年，有发城公社石灰厂和徐家店公社石灰厂。1980年后，村（队）办石灰厂增多。1985年，全县有石灰窑32座。同年，发城镇石灰厂年产石灰6000多吨，工业总产值17.2万元，固定资产原值20.2万元，职工57人；徐家店镇石灰厂年产石灰7000吨，工业总产值16万元，固定资产原值23.5万元，职工156人。1990年，全县年产石灰23.5万吨。1995年，生产石灰51.4万吨。1997年，生产石灰15.09万吨。2000年后，全市石灰生产基本停止。

石材　1978年，全县有海阳县大理石厂1家石材加工企业，年生产理石板8972平方米，理石9800吨。同年，所产大理石板开始出口，工业总产值80余万元。1981年后，转为购买原料生产。主要产品为水磨理石板、大理石板、大理石子等，销往全国各地，出口新加坡、日本、挪威等国家。公社办企业有海阳县青板石厂、徐家店镇石料厂。1985年，全县年产理石板1.61万平方米、理石米938吨。工业总产值116.1万元，利润6.8万元。同年，海阳县建材水磨理石厂建成投产，位于小纪镇小纪村，为镇属集体企业，职工17人。当年，工业总产值27万元，利润4.7万元。1990年，全县年产大理石板材2.47万平方米、花岗石板材72.4万平方米、水磨石板材1.98万平方米。1995年2月，县石材厂与德国合资创建烟台普鲁石石材有限公司。公司位于二十里店乡，生产加工外幕墙石、路边石、铺路石、火烧板、桥板、磨光石和工艺品雕刻等各种石材及石制品，产品销往欧洲、美国及东南亚等20余个国家和地区。2000年，全市限额以上企业有烟台普鲁石石材有限公司、海阳市

2010 年，留格庄石材加工

榆山后彩色水磨理石厂。2001 年 11 月，烟台宝峰石材有限公司成立，位于徐家店镇野夼堡村。2002 年，全市有石材加工企业 165 家，从业人员 2200 余人，工业总产值 1.5 亿元。2005 年，全市规模以上企业 2 家，工业总产值 2.01 亿元，固定资产 552.6 万元，主营业务收入 1.65 亿元，利润总额 1909.1 万元，利税总额 3602.6 万元，从业人员 240 人。2010 年，全市规模以上企业 3 家，工业总产值 7.47 亿元，固定资产 2859.7 万元，主营业务收入 6.84 亿元，出口交货值 4.05 亿元，利润总额 6100.3 万元，利税总额 9809.9 万元，从业人员 370 人。

“海阳红”花岗石板材

企业选介　烟台普鲁石石材有限公司　1995 年 2 月，县石材厂与德国合资创建的石材专业生产企业，位于二十里店乡。拥有意大利产裁石机 6 台，日产自然小块石 128 吨；德国产吹砂机 3 套，日产吹砂石板 600 平方米；圆盘锯 7 台，日产成品板 288 平方米。自动磨光机、切边机、圆弧机、固定圆吊、汽车吊、航吊、叉车、运输车

2000 年，烟台普鲁石石材有限公司石材工艺品

等设备配套齐全。主要生产、加工、销售各种石材及其制品，并承接技术策划、施工。主要产品有外幕墙石、路边石、铺路石、火烧石、桥板、磨光石、广场石、圆球、工艺品雕刻等 1000 余个品种。产品畅销国内外，广泛用于建筑、市政、公园、桥梁、码头等工程建设，公司连续多年获国家权威检测达标企业称号。

第三节　玻璃及其他材料

玻璃　1991 年 1 月，海阳县玻璃钢厂成立，位于留格庄乡。1995 年，县玻璃钢厂工业总产值 74.7 万元，固定资产原值 12.4 万元，利润总额 5.7 万元，利税总额 8.3 万元。2007 年 7 月，烟台鸿特力玻璃有限公司成立，2009 年 8 月建成投产。公司位于凤城街道，占地面积 5.9 万平方米，建筑面积 1.43 万平方米，总投资 4000 万元。主要生产建筑玻璃、各类产业玻璃、防弹玻璃、防火玻璃等特种玻璃和超大规格的平弯钢化、中空、夹胶玻璃等高档安全节能玻璃，年产

2010 年，烟台鸿特力玻璃有限公司产品

量200万平方米，产品畅销省内外，并出口欧洲、北美、中东等国际市场。2010年，全市规模以上企业1家，工业总产值3442万元，固定资产1905.2万元，主营业务收入3181万元，利润总额181.6万元，利税总额344.6万元，从业人员108人。

其他建筑材料 2001年12月，烟台冰轮轻型建材有限公司成立，位于徐家店镇，主要生产聚苯乙烯泡沫塑料、单层瓦楞板、金属面聚苯乙烯夹心板等。2005年，全市规模以上石棉制品企业1家，工业总产值4799万元，固定资产132万元，主营业务收入4789万元，利润总额602万元，利税总额836.4万元，从业人员80人；全市规模以上其他建筑材料企业1家，工业总产值6014万元，固定资产1973万元，主营业务收入4268万元，利润总额425万元，利税总额1152万元，从业人员40人。2010年，全市规模以上建筑陶瓷制造企业1家，工业总产值1771.8万元，固定资产70万元，主营业务收入1680.4万元，利润总额78万元，利税总额105.7万元，从业人员15人。

第十章　造纸　印刷　木材加工与家具制造业

第一节　造纸及纸制品

1978年，全县造纸及纸制品企业有海阳县造纸厂、海阳县纸箱厂。1981年，海阳县纸板厂建成投产，位于高家公社高家大队，为社办集体企业，主要生产瓦楞纸，年产能力900吨。1985年，全县造纸及纸制品企业有县造纸厂、县纸箱厂、县纸板厂。主要产品为机制纸、包装纸、卫生纸、纸箱、纸板等。同年，海阳县小纪镇纸箱厂建成投产，为镇属集体企业。当年工业总产值23.7万元，固定资产原值11.9万元，利润0.7万元，职工36人。1988年，县造纸厂生产的25克邮封纸被评为山东省优质产品；1989年，生产的“白莲牌”35克/平方米有光纸被评为山东省优质产品。1990年，全县生产机制纸及纸板5931吨，其中凸版纸113吨。县内造纸及纸制品企业有县造纸厂、县纸箱厂、小纪镇纸箱厂、行村镇纸箱厂、青岛纸箱厂海阳分厂、朱吴供销社纸制品厂（非独立核算企业）。同年，县造纸厂有职工628人，固定资产原值972.5万元，完成工业总产值955.1万元，产品销售收入1446.4万元，利润8.8万元。1995年，全县生产机制纸及纸板8672吨。县内造纸及纸制品企业有县造纸厂、县纸箱厂、小纪镇纸箱厂、县第二造纸厂、县宏达纸箱厂。1996年12月，海阳市造纸厂改称烟台锦宏纸业有限公司；1998年9月，改称海阳市永平纸业有限公司。2000年，全市生产纸浆1543吨、机制纸12936吨。限额以上造纸企业有海阳市永平纸业有限公司1家，工业总产值5570.1万元，固定资产原值2823.5万元，利润总额237万元，利税总额452.9万元，从业人员812人。2002年12月，市永平纸业有限公司投资5780万元，新上1条3.4万吨/年湿备料连蒸连漂生产线和1条100吨/日漂白麦草浆黑液碱回收生产线，另有1条1575机制纸生产线和5条1760机制纸生产线。年制浆能力6万吨，机制纸年生产能力10万吨。主要生产各种规格的涂布铜版纸、轻型纸、书写纸、双胶纸、卫生纸等，产品销往20余个省、地区。2005年，全市生产机制纸及纸板22044吨。规模以上造纸企业有海阳市

2009年，市永平纸业有限公司麦草浆生产线关停

永平纸业有限公司1家，工业总产值1.48亿元，固定资产8847.4万元，主营业务收入9880.8万元，利润总额348.7万元，利税总额877.2万元，从业人员842人。规模以下的有市亚泰纸制品有限公司和市宏伟纸箱厂2家企业。12月，山东嘉华纸品有限公司成立，位于经济开发区烟台街32号，为外商独资企业，注册资本250万美元。主要经营纸制品加工及出口贸易，生产出口包装用瓦楞纸箱、彩盒等。公司引进具有国际先进水平的台湾全电脑自动控制、1800毫米幅宽真空吸附七层瓦楞纸板生产线，多台进口水性四色、三色印刷、开槽、模切、粘箱设备及柔性版制造机，纸张、纸板、纸箱物理性能检测仪等。产品销往青岛、烟台、威海、潍坊等地及其周边地区，部分产品销往美国、加拿大。2009年3月，市永平纸业有限公司关停并拆除3.4万吨/年的麦草浆生产线，以及配套的100吨/年漂白麦草浆黑液碱回收生产线及相应设备，海阳结束麦草制浆历史。2010年，全市生产机制纸及纸板32472吨。规模以上造纸及纸制品业有市永平纸业有限公司、市田林纸业有限公司、山东嘉华纸品有限公司3家企业，工业总产值3.83亿元，固定资产6058万元，主营业务收入3.59亿元，出口交货值3096.4万元，利润总额1884万元，利税总额3446.7万元，从业人员956人。

第二节　印　刷

1978年，全县有海阳县印刷厂和海阳师范印刷厂。1982年，县印刷厂增设胶印车间，增置无粉腐蚀机、烘干机、01对开全自动一色胶印机、半自动胶印机各1台，卧式飞达四开机3台。增加彩印商标、5色花纸和纸箱、纸盒文字图案及承印书刊等。同年，徐家店印刷厂成立，为公社属集体企业，有印刷机械13台，主要印刷单据、表册、账簿和生产纸箱、纸盒。1984年10月，黄崖印刷厂成立，位于黄崖乡黄崖村，为乡属集体企业，承担青岛、烟台、莱阳、海阳等有关单位的印刷业务。1985年，县内有县印刷厂、海阳师范印刷厂、徐家店印刷厂和黄崖印刷厂4家独立核算印刷企业。1993年12月，海阳县包装集团公司成立，县印刷厂划归其管理。1995年，全县独立核算县及县以上印刷企业有县印刷厂、县卫生学校印刷厂、县机关印刷所，独立核算乡镇办印刷企业有县包装彩印厂，非独立核算印刷企业有建筑公司印刷厂、良种场印刷厂和会计函授学校印刷厂，“三资”企业有烟台嘉美印刷有限公司、烟台丰海印刷品有限公司。2000年，撤销海阳市包装集团公司。主要企业有市四维包装有限公司、市恒利印刷有限公司、市和平印刷有限公司等。全市生产单色印刷品1.91万令、多色印刷品5.3万对开色令。市四维包装有限公司工业总产值888万元，固定资产原值428万元，利润总额27.7万元，利税总额58万元，职工30人。2005年，全市规模以上印刷企业1家，工业总产值550万元，固定资产392万元，主营业务收入550万元，利润总额43万元，利税总额87万元，从业人员50人。2008年，市四维包装有限公司改称海阳市新维包装有限公司。公司拥有1条引进德国海德堡全自动五色印刷机和国内全自动上光机、模切机、糊盒机等配套设备的折叠纸盒及手提袋生产线；拥有3条引进加拿大、日本的全自动塑料片材热成型生产线和1条环保牛皮纸袋生产线。年生产纸盒和手提袋等印刷品2000万件，吸塑制品3000吨，牛皮纸袋600万条。产品主要销往美国、英国、德国等国家和地区及国内制药、食品、日用品等企业。2010年，全市规模以上印刷企业2家，工业总产值7496.5万元，固定资产878.6万元，主营业务收入6807.8万元，利润总额553万元，利税总额676万元，从业人员150人。

2009年，海阳市新维包装有限公司

第三节　木材加工与家具制造

1978年，海阳县木材加工厂成立。1980年，全县有4处木材加工、木质家具制造企业，工业总产值202万元，利润19万元。1985年，全县有县木器厂、县木制家具厂、大山所乡木器厂、辛安乡木器厂、赵疃木器厂、二十里店木器厂、高家木器厂、行村供销社木器厂、大辛家家具厂、行村供销社沙发厂、发城综合加工厂、凤城供销社综合厂等独立核算木材加工与家具制造厂家12家，固定资产净值261万元，工业总产值345万元，利润总额22.1万元。1990年，全县生产家具28.12万件，其中木制家具28.08万件、钢制家具0.04万件。工业总产值855万元。1993年，县木材加工厂改称县新型建材实业公司。1995年，组建山东帝阁集团公司。同年，全县生产家具19.2万件。县内有县木器厂、县木制家具厂、战场泊木制品厂、斜山木器厂等独立核算木材加工与家具制造厂家。1997年6月，海阳市双海家具有限责任公司成立。7月，海阳江海三木木业有限公司（中国台湾独资）成立，位于行村镇。2000年，海阳江海三木木业

2008年，山东帝阁集团公司

有限公司出口总值25.9万美元，资产301万元，主营业务收入225.3万元，利润总额27.1万元，税金总额

2010年，山东帝阁集团公司防盗门产品

22.3万元，有职工18人。2002年，山东帝阁集团公司改称山东帝阁门业有限公司，总部位于海阳路6号。产品主要以门类产品为主，涵盖新型科技建材、化工建材、新能源等产业。2003年12月，市双海家具有限责任公司投资2000万元，在经济开发区建成8000平方米的展厅和车间。2005年，全市生产家具1.57万件。规模以上木制家具制造企业1家，工业总产值2911.2万元，固定资产124.9万元，主营业务收入1979.4万元，利润总额462.9万元，利税总额975.2万元，从业人员55人。2007年7月，海阳昆仑木业有限公司成立，位于经济开发区，主要生产加工橱柜、壁柜、浴柜。2009年7月，兄弟林业（海阳）有限公司成立，位于经济开发区，主要生产沙发、家具用品。2010年，全市规模以上木制家具制造企业2家，工业总产值1.42亿元，固定资产1108.2万元，主营业务收入1.56亿元，出口交货值2052.8万元，利润总额793.1万元，利税总额1351.2万元，从业人员333人。

第十一章　文体用品　工艺品与玩具制造业

第一节　文体用品制造

2000年前，全市文教体育用品企业不成规模。2001年5月，海阳信二永利高尔夫用品有限公司成立，位于行村镇工业园区，主要生产高尔夫手套、球杆、包、滑雪手套等体育用品。2002年，公司工业总产值702万元，固定资产原值76万元，利润总额73万元，利税总额140万元，职工120人。2003年8月，烟台斯利尔钢琴有限公司成立，位于朱吴镇工业园区，主要生产维修钢琴、钢琴用木制品及其他乐器。2004

年，公司工业总产值2006万元，固定资产原值190万元，利润总额118万元，利税总额145万元，职工40人。2005年，海阳信二永利高尔夫用品有限公司工业总产值4890万元，固定资产原值60万元，利润总额889万元，利税总额1260.9万元，职工252人。同年，全市规模以上文教体育用品制造企业2家，工业总产值7742万元，固定资产60万元，主营业务收入6537万元，利润总额1068万元，利税总额1501.9万元，从业人员317人。2006年4月，海阳市力奔力健身器材有限公司成立，位于行村镇工业园区，主要生产健身器材、康复辅助器材及零部件。2010年，规模以上文教体育用品制造企业3家，其中体育用品制造2家、乐器制造1家。工业总产值3.50亿元，固定资产878.6万元，主营业务收入6807.8万元，利润总额553万元，利税总额676万元，从业人员150人。

第二节　工艺品制造

抽纱刺绣工艺品制造　1978年，海阳的抽纱刺绣工艺品制造主要有绣花、刺绣等。1980年9月，海阳县刺绣厂从县服装总厂分出单设，位于县城海政路，为县属集体企业，主要生产生丝台布、绣花衣。1985年，全县独立核算抽纱刺绣工艺品制造企业有县刺绣厂、县绣花厂2家，工业总产值749.7万元，固定资产原值234万元，利润总额22.1万元，职工453人。1990年，县属独立核算抽纱刺绣工艺品制造企业有工贸联营县绣品厂、县绣花厂、县刺绣厂、县社会福利艺品厂、县绒绣厂等。同年，工业总产值5929.2万元，固定资产原值1579.7万元，利润总额226.8万元，有职工1509人。1995年，县绣花厂工业总产值6912.8万元，固定资产原值2079万元，利润总额132.8万元，利税总额563.5万元，职工1456人；县刺绣厂工业总产值1398万元，固定资产原值515万元，利润总额13万元，利税总额135.1万元，职工687人。2005年，全市规模以上抽纱刺绣工艺品制造企业4家，工业总产值8511.1万元，固定资产1345.1万元，主营业务收入7354.1万元，出口交货值2447.8万元，利润总额482.5万元，利税总额990.5万元，从业人员509人。2010年，全市规模以上企业有市真成家纺有限公司、市隆昌工艺品有限责任公司、市骊珠锦绣工艺品厂、市东胜家纺有限公司4家，工业总产值2.36亿元，固定资产3986.3万元，主营业务收入1.96亿元，出口交货值3651万元，利润总额1608.5万元，利税总额2392.4万元，从业人员442人。

草制艺品制造　草制艺品是海阳的传统民间工艺。50年代至70年代，全县从事草编者众多，花色品种不断更新，发展迅速。1978年，海阳县草制艺品厂工业总产值789万元，固定资产原值57.9万元，利润70.2万元，职工160人。1985年，全县有420个村、4.3万余人从事草编生产。1995年3月，二十里店乡华洋工艺品厂成立，后改称海阳市华洋工艺品有限公司。2001年6月，烟台龙寨工艺品有限公司成立，位于东村工业园区海盛路8号，主要生产加工手编、手绣工艺品等。2005年，全市有规模以上草制品制造企业1家，工业总产值6165.8万元，固定资产245万元，主营业务收入6312.8万元，出口交货值6673.4万元，利润总额462.9万元，利税总额975.2万元，从业人员55人。2010年，全市有规模以上草制品制造企业1家，工业总产值1.98亿元，固定资产1108.2万元，主营业务收入1.56亿元，出口交货值1.97万元，利润总额1458万元，利税总额2413.6万元，从业人员80人。

金属及其他工艺品制造　1984年，郭城鞭炮厂成立，位于郭城镇，为镇属集体企业。同年，

烟台吉纹斋工艺品有限公司加工的银壶

烟台凤城贝雕厂成立，位于凤城镇石人泊村东，为镇属集体企业，生产贝雕画30余种。1985年，海阳县综合商店工艺品厂成立，为县属集体企业，主要生产贝雕画。1989年，海阳县吉纹斋工艺品厂成立，位于郭城镇。同年10月，海阳县景泰蓝厂成立，位于徐家店镇。1990年，乡镇办独立核算企业有烟台凤城贝雕厂、县景泰蓝厂。同年，烟台凤城贝雕厂工业总产值472万元，固定资产原值68.9万元，利润总额2.1万元，有职工156人；非独立核算企业有县供销社工业品公司贝雕厂；个体办有县吉纹斋工艺品厂。1992年，吉纹斋工艺品被外交部选为国宾礼品。1994年1月，烟台市海阳荣康工艺品厂成立，隶属烟台市民政局。1995年，全市独立核算乡镇办以上企业有烟台凤城贝雕厂、县景泰蓝厂、烟台市海阳荣康工艺品厂；个体办有县吉纹斋工艺品厂。同年，烟台凤城贝雕厂工业总产值155万元，固定资产原值114.1万元，利税总额9.4万元；县景泰蓝厂工业总产值113.7万元，固定资产原值19万元。同年，“吉纹斋”商标注册。1996年，市景泰蓝厂停产。10月，烟台市海阳荣康工艺品厂改制为民营企业。2010年，规模以上金属工艺品制造企业仅有烟台吉纹斋工艺品有限公司，工业总产值584.8万元，固定资产10.5万元，主营业务收入535.4万元，利润总额31万元，利税总额62.7万元，从业人员45人。

烟台市海阳荣康工艺品厂加工的福禄寿喜茶具

企业选介 工贸联营海阳工艺品厂 1958年，成立海阳县草帽辫工艺品厂。1959年，与纤维脱胶厂合并为海阳县综合艺品厂。1970年，改称海阳县草制艺品厂。1978年后，厂内注重工艺和产品更新，原材料除玉米皮，还采用各色布条、布片，采用南方竹器编织图案，首创打结草编工艺。1981年，完成产值1065万元，利税113万元，投放乡间加工费722万元。1982年，生产的大平地毯被评为山东省优质产品。1984年，生产的玉米皮编织品，在全国第四届工艺美术百花奖评比中为第一名，获银杯奖。1985年，改称工贸联营海阳工艺品厂。设分厂17处，职工142人。工业总产值1000.4万元，利润39.7万元。厂区面积1.50万平方米，建筑面积1.73万平方米。固定资产原值150.4万元。主要产品有草地毯、提篮、坐垫、日用杂品等13大类300余个品种、上千种花色。产品全部出口，销往日本、美国、意大利等56个国家，年出口创汇400余万美元。同年，生产的玉米皮编织品被评为山东省优质产品。1989年，获首届北京国际博览会金奖。1993年4月，海阳县工艺品集团公司成立。1996年5月，改称海阳市工艺品集团公司。2003年8月被撤销。

1985年，工贸联营海阳工艺品厂草制艺品

海阳市抽纱工艺品有限公司 原为海阳县绣花厂。1978年，完成工业总产值1139万元，利税129.8万元。1980年，被评为省先进企业。1987年，工贸联营山东海阳抽纱厂成立。1989年，企业晋升为国家二级企业。1992年，工业总产值5000万元，实现利税380万元，出口创汇670万美元。1998年12月，企业改制。1999年，改称海阳市抽纱工艺品有限公司。2005年，资产总额1350万元，固定资产571万元，完成销售收入2000多万元，实现利税210多万元。职工560人，其中技术人员54人。产品有钩针、网扣、麻布绣花3大类10余个品种，1200余个花

色。其主要产品“丽花”牌网扣、钩针系列产品属部优，分别获第一、二届北京国际产品博览会金奖。“丽花”牌钩针系列产品获首届全国轻工博览会金奖。产品销往美国、法国、英国等30余个国家和地区，年出口创汇400余万美元。公司先后获轻工部质量管理奖、省二轻厅质量管理奖，为国家旅游商品生产定点企业。2010年公司停产。

海阳市真成家纺有限公司　1998年，海阳市鸿达绣品有限公司成立。2003年，改称海阳市真成家纺有限公司，位于经济开发区黄海大道中路21号，占地面积2.05万平方米，建筑面积1.79万平方米，是一家专门从事各种家纺产品的生产型出口企业，注册资本1100万元。2009年2月，成立海阳市真成家纺有限公司房地产开发分公司。2010年7月，作为发起人，出资1500万元，成立海阳市联谊达小额贷款有限公司。同年，拥有固定资产原值2800万元、净值2100万元，职工400人，其中技术人员20余人。主要生产设备有电脑绣花机、缝纫机、万能机等，年生产能力500万件。主要产品有台布、靠垫、窗帘、床上用品等。公司科研技术力量雄厚，多年致力于新面料、新工艺、新花色品种的开发研究，不断设计新的产品，以款式新、花色多、质量优而驰誉国内外市场。2008年，公司通过ISO 9001国际质量体系认证、ISO 14001环境管理体系认证、OHSAS 18001职业健康安全管理体系认证。2010年，工业总产值3650万元，工业增加值500万元，出口交货值3200万元，出口创汇3200万元，实现利税490万元、利润380万元。

2009年，海阳市真成家纺有限公司

第三节　玩具制造

1993年3月，烟台海毅玩具有限公司成立。当年工业总产值850万元，固定资产原值271.2万元，主营业务收入35万元，利税总额6.4万元。1995年7月，海阳县青松工艺品有限公司成立，位于海阳路58号，主要生产布绒玩具、服饰装饰品、手袋等。当年投资21.5万美元，工业总产值20万元，主营业务收入17万元。同年，全县玩具制造企业有县青松玩具有限公司、烟台海毅玩具有限公司、烟台海兴玩具有限公司。1997年，烟台海毅玩具有限公司工业总产值680.4万元，固定资产原值267.2万元，主营业务收入35万元，出口创汇225万美元，利税16.3万元，利润3万元，职工64人。2000年9月，烟台锦龙玩具有限公司成立，为日本独资企业，位于东村镇。2010年，全市无规模以上玩具制造企业。

第十二章　电　业

第一节　电力建设

风力发电　2006年，烟台海阳东源风力发电场在辛安镇丘儿山一带建设并部分投入运行，海阳始有风力发电。第一期为15兆瓦风力发电工程，共安装20台WD49/750千瓦风力发电机组，分别于2006年7月、2007年4月、2008年3月投入运行。第二期规划在朱吴镇跑马岭一带，工程总量30兆瓦；第三期规划在留格庄镇狮石山一带，工程总量49.5兆瓦；第四期规划在方圆街道里口村垛山一带，工程总量49.5兆瓦。

2010年，烟台海阳东源风力发电场

热电联产 海阳龙凤热电有限公司，原为海阳华都永平热电有限公司，位于经济开发区，占地面积8万平方米。龙凤热电设计装机容量2×12兆瓦，工程规模为3台75吨/小时循环流化床锅炉，2套12兆瓦抽气式汽轮发电机组。2003年7月开工建设，2004年4月竣工，5月发电，6月投产运营。

2010年，海阳龙凤热电有限公司汽轮发电机组

2005—2010年海阳龙凤热电有限公司主要经济技术指标完成情况表

表9-12-1

项目 \ 年份	2005	2006	2007	2008	2009	2010
发电量（万千瓦）	5818.98	18126.87	20837.31	14376.65	15494.99	15056.72
售电量（万千瓦）	4547.25	15319.37	17841.65	11550.88	13194.17	12103.95
发电成本（元/千瓦）	0.3336	0.3043	0.3183	0.4247	0.3137	0.51
售电成本（元/千瓦）	0.3910	0.3576	0.3718	0.5345	0.3632	0.72
厂用电率（%）	14.68	14.91	14.38	19.66	12.01	19.00
消耗煤量（万吨）	14.99	27.28	33.80	26.17	26.45	27.65
设备利用小时数（小时）	—	16513.00	16942.00	12550.00	16117.00	13440.00
平均负荷（千瓦）	—	22801.00	25403.00	22814.00	25431.00	22385.00
供汽量（万吨）	21.85	37.50	35.17	37.55	19.67	24.15
销售收入（万元）	3328.13	9041.48	9584.67	12949.66	11781.56	42352.30
总资产（万元）	18252.34	19191.31	21305.78	26134.30	29649.82	27096.48

核电 （参见第十编“核电”）。

电网建设 1969年，海阳第一个电网输变电工程莱阳至海阳35千伏输变电工程开工建设，1971年竣工运行，开启海阳使用网电的历史。此后，陆续新建多条电网输变电工程。1977年，烟台至徐家店110千伏输变电工程投入运行，海阳电网形成南北两个区域。

北区电网，以徐家店为中心。其中，1977年10月，徐家店至化肥厂35千伏输变电工程投入运行；1984年8月，徐家店至朱吴35千伏输变电工程投入运行。

南区电网，以东村为中心。其中，1979年12月，东村至留格庄35千伏输变电工程投入运行；1981年2月，小纪至辛安35千伏输变电工程投入运行；10月，东村至小纪35千伏输变电工程投入运行。

1982年，徐家店至东村110千伏输变电工程投入运行。至此，海阳电网南北连成一片，且与山东电网联通，海阳电业进入新的发展阶段。1984年10月，东村至朱吴35千伏输变电工程建成投入运行，朱吴、发城变电站成为全县第一批实现双电源供电的变电站，形成全县第一个送电线路环网。1986年1月，东村至凤城35千伏输变电工程投入运行；1988年9月，东村至二十里店35千伏输变电工程投入运行；1990年7月，徐家店至郭城35千伏输变电工程投入运行。35千伏主网架不断扩展。1992年，桃村至东村110千伏输电线路建成投入运行，海阳电网结束单电源供电状态，形成双电源环网供电。此后，35千伏主网架继续发展。1996年3月，东村至国峰、国峰至凤城35千伏输变电工程投入运行；1997年1月，城阳至盘石店35千伏输变电工程投入运行；1999年1月，城阳至凤城35千伏输电工程投入运行，35千伏凤城变电站、国峰变电站实现双电源环网供电。7月，东村至大阎家35千伏输变电工程投入运行；2000年5月，大阎家至辛安35千伏输电线路建成投入运行，35千伏大阎家、辛安、小纪3个变电站实现双电源环网供电。

电网建设

进入21世纪，海阳电网以发展110千伏网架为重点。2005年11月，市内首座海发220千伏变电站开工建设。2006年9月，发东线、发阳线110千伏同时开工建设。12月，3项工程投入运行，从根本上改变海阳电网结构。2007年4月，城核110千伏输变电工程投入运行。2008年2月，行村110千伏输变电工程投入运行；4月，望石110千伏输变电工程投入运行。2009年4月，对城阳110千伏变电站进行无功补偿装置改造。12月，海发220千伏变电站二期输变电工程增容扩建及配套的望石线、行村线110千伏改造全部竣工投入运行，增加1台主变压器，并改善110千伏主网结构和10千伏配网结构。2010年5月，对东村110千伏变电站进行改造，提高断路器及变电设备无油化率，提高设备健康水平，解决全市220千伏与110千伏电力瓶颈。同时，对35千伏变电站进行技术改造。2009—2010年，先后对留格庄、二十里店、辛安、盘石店、郭城变电站及国峰变电站进行扩建、增容及设备改造。至2010年，海阳电网形成以海发220千伏变电站为主电源、110千伏电网为主网架、输配电网协调发展的电网，全市拥有220千伏变电站1座、110千伏变电站6座、35千伏变电站14座，220千伏输电

2006年12月，海阳市220千伏海发变电站竣工投运

线路2条、110千伏输电线路7条、35千伏输电线路25条、10千伏配电线路90条，日最高负荷11.4万千瓦。

电网改造 1998年10月—2000年6月，全市启动第一期农村电网建设与改造，投资1.30亿元，对110千伏、35千伏、10千伏和0.4千伏工程等项目实行电网改造。2002年7月—2003年5月，全市启动第二期农村电网建设与改造，共改造35千伏项目11个、10千伏项目46个。实施0.4千伏改造项目，对690个用电村进行优化改造及新增用户、农村低压配电盘、水库低压线路、公用配电变压器改造等。2003年11月—2005年10月，启动城区电网建设改造工程。对城区居民进行“一户一表”改造，并改造110千伏项目2个、35千伏项目7个、10千伏项目16个。

农电 1975年，留格庄、凤城、二十里店3处公社部分大队开始用电。1982年，全县17处公社实现社社通电，通电大队462个，占全县大队总数63.20%。1984年，通电村682个，占全县村数93.17%。其中，东村、凤城、大辛家、盘石店、辛安、留格庄、朱吴、大阎家、小纪、二十里店10个乡（镇），实现村村通电。1985年，全县23个乡（镇）有752个自然村，其中722个村通电。1989年12月31日，发城镇程沟村通电，全县实现村村通电的目标。90年代，电力基本建设加强，高压线路和低压配电线路继续扩展，通电面不断扩大，

农村电网升级改造施工

1994年，全县实现户户通电。1995年5月，海阳获户户通电先进县称号。

第二节 电力供应

社会用电量 70年代，海阳社会用电量不断增加。1978年，全县社会用电量3127万千瓦。80年代初，乡镇和村办企业快速发展，用电量大幅增长。1986年，全县社会用电量1.06亿千瓦。1989年后，受国际环境影响，乡镇企业生产滑坡，用电量下降。1993年开始，县化肥厂、农药厂、水泥厂等企业生产不景气，全县社会用电量1.90亿千瓦，比上年下降5.4%。1997年下半年，工业企业改制，化肥生产等企业陆续投产，用电量持续回升。2000年，全市社会用电量2.67亿千瓦。到2010年，全市社会用电量7.97亿千瓦。

1978—2010年海阳市用电量统计表

表 9-12-2

年　份	社会用电量（万千瓦）	增　长（%）	人均社会用电量（千瓦）	年　份	社会用电量（万千瓦）	增　长（%）	人均社会用电量（千瓦）
1978	3127.00	—	46	1995	20402.60	4.20	291
1979	3699.30	15.50	55	1996	20424.90	0.10	291
1980	4263.40	13.20	63	1997	22726.40	10.10	324
1981	5035.20	15.30	74	1998	23476.80	3.20	337
1982	5922.40	14.90	86	1999	26290.00	10.70	381
1983	7065.90	16.20	103	2000	26720.40	1.60	384
1984	7873.40	10.30	114	2001	31546.00	19.00	457
1985	9065.90	13.20	131	2002	35246.00	11.73	519
1986	10643.50	14.80	155	2003	39271.00	11.42	582
1987	11920.40	10.70	171	2004	35636.00	-9.26	532
1988	14069.00	15.30	201	2005	48072.00	34.90	722
1989	14850.50	5.30	212	2006	57128.00	18.84	858
1990	16465.90	9.80	232	2007	61592.00	7.81	924
1991	17887.50	8.00	251	2008	61103.00	-0.79	916
1992	20038.50	12.00	282	2009	73205.00	19.80	1098
1993	19003.50	-5.40	269	2010	79695.00	8.87	1200
1994	19551.60	2.90	278				

负荷　1977年，烟台至徐家店110千伏输变电工程投入运行，全县供电负荷2702千瓦。1982年，徐家店至东村110千伏输变电工程投入运行，海阳电网扩大，负荷增至1.01万千瓦。80年代，海阳乡（镇）、村办企业兴起，用电需求剧增，计划供电负荷短缺，采取以煤换电、以油换电、购买议价电等措施，不断增加负荷。1988年，全县供电负荷2.66万千瓦。1992年，桃村至东村110千伏输电线路投入运行，形成双电源环网供电，保证电网送电的可靠性，负荷增加，1993年达到3.65万千瓦。1994年后，供电负荷虽每年在增长，但幅度不大。2000年后，全市供电负荷快速增加。2010年，电网最高负荷14.7万千瓦。

用电结构　70年代后，全县工业用电增加，受宏观经济影响，呈波浪式变化。80年代初，公社、队办工业兴起，用电量增长。90年代，城乡家用电器增多，用电量不断攀升。农业用电量因历年电灌、麦场等方面用电量比较稳定，虽然趋升，用电量波动不大，只有比较大的干旱之年电灌增加，用电量增长较大。1993年，国家开始控制经济过热，部分企业经营不善，造成停产或半停产，用电量大幅下降。90年代末，工业体制进行改革，用电量开始回升。生活照明用电呈上升势头。2000年后，随着招商引资和项目投入力度加大，工业企业快速发展，工业用电量大幅增加。

1978—2010 年海阳市电业历年供电最高负荷、负荷率统计表

表 9-12-3

年 份	供电最高负荷（千瓦）	负荷率（%）	年 份	供电最高负荷（千瓦）	负荷率（%）
1978	3426	93.0	1995	39600	87.6
1979	4628	93.1	1996	40180	87.8
1980	5190	96.9	1997	44500	83.9
1981	7910	97.4	1998	48000	88.3
1982	10100	92.2	1999	49500	87.5
1983	12500	90.1	2000	50300	86.2
1984	13000	91.0	2001	55000	88.0
1985	15000	94.2	2002	62000	86.5
1986	19800	92.8	2003	72000	87.1
1987	25000	95.9	2004	78000	84.6
1988	26600	96.7	2005	95000	88.2
1989	28500	95.4	2006	100000	86.3
1990	29000	92.9	2007	110000	88.1
1991	30700	84.7	2008	120000	84.8
1992	34200	85.6	2009	132000	88.4
1993	36500	86.0	2010	147000	86.9
1994	38700	86.8			

1978—2010 年海阳市用电结构情况表

表 9-12-4 单位：万千瓦时

年 份	市直用电量		农村用电量		
	工 业	生活照明	工 业	农 业	生活照明
1978	2800.7	105.2	33.6	32.1	39.3
1979	2431.0	157.6	81.7	35.6	84.7
1980	3456.3	167.5	268.8	30.7	107.5
1981	3693.6	171.2	647.0	90.6	277.5
1982	3601.6	215.2	1511.5	93.0	280.0
1983	4085.0	168.4	2179.0	97.1	302.0
1984	4434.5	222.6	2172.9	102.0	610.5
1985	4700.6	299.7	2271.0	239.8	1534.8
1986	4361.0	482.4	3005.2	307.3	1792.8
1987	5460.7	455.3	3520.7	530.7	1913.0
1988	6941.7	461.7	3628.3	469.2	2483.8
1989	7925.0	358.5	350.4	631.0	2160.0

续表 9-12-4

年 份	市直用电量		农村用电量		
	工 业	生活照明	工 业	农 业	生活照明
1990	9528.0	424.0	3083.0	505.0	2698.0
1991	8776.0	277.0	4707.0	739.0	3154.0
1992	10407.4	346.0	4271.9	695.9	4094.0
1993	9145.0	451.0	4861.0	757.0	3554.0
1994	9458.0	575.0	4522.0	720.0	4048.0
1995	9763.0	669.0	4758.0	725.0	4257.0
1996	8955.0	746.0	4971.0	808.0	4719.0
1997	11032.0	785.0	4699.0	901.0	5106.0
1998	11297.0	912.0	4690.0	672.0	5277.0
1999	12366.0	974.0	5614.0	981.0	5376.0
2000	13853.0	1060.0	5622.0	877.0	5308.0
2001	15006.0	1206.0	7249.0	1045.0	5637.0
2002	14707.0	1201.1	8320.0	1302.0	8117.0
2003	18540.0	1479.0	8511.0	1451.0	7948.6
2004	17502.0	1641.0	7430.0	1114.0	6737.0
2005	22955.0	1760.0	10788.0	1694.0	8588.0
2006	27001.0	2179.8	11256.0	1671.0	11083.0
2007	29241.0	2344.0	14166.0	1980.0	9016.0
2008	29010.0	2288.0	14389.9	2141.0	9863.4
2009	33443.0	2563.7	15330.0	2433.0	12921.0
2010	38871.0	3133.6	18333.0	2561.0	12622.0

第三节 供电管理

计划用电 1977年，全县实行定负荷、定电量、定单耗、定用电时间的“四定”管理。80年代，计划用电工作深入进行。1980年，对全县用电设备重新进行复查摸底，“一查四定”不落实的单位得到落实。1981年2月，制定《关于计划用电、节约用电的几项规定》，合理调整负荷分配方案，保证重点用电。1983年，电力供需矛盾突出，制定《关于县直工厂、企业、事业、城镇社队、个体户申请用电暂行规定》，加强申请用电管理，贯彻计划用电、择优用电的原则。1986年4月，将电力负荷进行调整，乡（镇）各条配电线路每2天送电1次，县直各厂矿企业实行避峰填谷、24小时平衡用电。1987年，电力负荷缺口6000千瓦以上，各变电站10千伏线路按照分配指标，安装高压定量器32台、低压定量器63台，控制负荷占分配负荷93.1%；安装开关钟968台。同年，海阳县“三电”工作在烟台市电业局评比中位列第三名。1990年1月，制定《峰谷电量内部考核办法》。1991年，制订新的电力负荷分配方案，合理安排用电时间，全县用电基本达到正常时间保工业、晚峰时间保照明、关键季节保农业的要求。1992年3月，制定《关于建筑工地用电管理的规定》，加强施工企业用电申请和管理。同年，全县共安装负荷定量器198台、定时开关钟636台，电力负荷率85%以上。1995年年初，山东电网电力严重短缺，海阳电力分配指标2.2万千瓦，需求4.3万千瓦，缺口2.1万千瓦。

投资88.32万元，对跑马岭电力负荷无线电监控中转站进行技术改造，安装投入运行30台用户双向终端负荷监控系统，配电变压器容量在500千伏安以上的大用户全部安装。遥测数据准确率和监控操作成功率均为98%以上。同年，全县总控制负荷2.53万千瓦，总可限负荷1.2万千瓦。1996年，又购买28台无线电遥控双向终端安装投入运行，加大负荷控制力度。1997年年底，电量敞开供应，不再计划用电。

安全用电 1978年，制定规章制度，建立安全生产岗位责任制。对事故和发生不安全情况坚持“三不放过”（事故原因不查清不放过，事故责任者和应受教育者没有受到教育不放过，没有采取防范措施不放过）的原则，逐级明确安全责任制。1982年，为杜绝事故发生，加强安全责任制的落实，对所有电力设备实行责任到人，及时巡视线路，消除隐患，设备完好率96.3%。1984年，制定岗位经济责任制，完善安全生产责任制。1988年，建立定期安全生产例会制度和安全日活动例会。同年，提出局长是安全生产第一责任者理念。1992年始，建立压力、责任、风险、监督“四到位”制度，提出反事故技术措施。1990—1996年，每年实现连续三个百日安全无事故记录。百日安全活动期间，坚持开展宣传教育，开展多种形式的安全活动，严格执行各项规章制度，完善落实各级人员安全责任制，认真开展季节性和日常的安全检查，加强设备运行管理等。2000年后，组织开展整治违章活动，实施标准化作业，建立健全工作现场网络监督机制，强化执行环节管理，加强防误装置管理，保障人身、设备、电网安全。2002—2010年，每年开展春、冬季安全大检查，做好防雷、防雨、防小动物、防冻、防交通事故、防火防爆及防误操作、误指挥和误动作等工作，组织开展百日安全无事故竞赛、安全生产百问百查等活动，宣传安全生产“全员参与，人人有责，安全稳定”的理念，营造以各类安全活动为载体的企业安全文化。

调度运行 1980年2月，县“三电”（安全用电、节约用电、计划用电）办公室设调度室。此前，通过电力载波通信和电话进行调度。1985年，以无线电台为备用通信手段，配置常规自动化远动装置1套，实现调度自动化。1987年，装置更换为WDZ-6微机远动。1988年，建成调度营业大楼。1990年起，对电力监控调度系统进行更新，调度自动化水平提高。1999年，更新WDP-88型光带式灯光模拟盘，杜绝误操作事故。2009年9月，调度自动化系统更新为国电南瑞ON2000系统，提高电网运行的稳定性和可靠性。

调度通信设备 2002年后，光缆通信网络得到长足发展，保证通信网畅通。2003年，通信网主干通道升级至100M带宽。2008年9月，升级改造信息广域网、调度数据网及视频会议通道，实现通信干道1000M传输带宽。

调度自动化系统 2000年，即通过2M通道，网络方式实现地调和县调自动化系统信息交换与共享。2008年3月，投资32万元更新改造模拟屏设备，完善电网一次系统结线图，满足电网实时监控的需要。当年，自动化系统共接入18个变电站的远动RTU。

10千伏城区线路配网自动化 1999年，采用

2010年，市供电公司开展农村用电安全检查

2010年，市供电公司电力调度运行

XDAMS-400配电管理和配网自动化系统。2000年，建成手拉手环网。

远程抄表系统 1999年10月，引进并进行试点；2000年年底起，在全市普及。2000年3月，开始组建DDN数字数据通信网络，8月投入运行。

管理信息系统（MIS） 1986年起，微机应用于调度、生产、财务、档案、统计、电费、农电等部门的管理，并开始以大型数据库为平台的MIS系统建设。变电站推广应用一系列新技术。2001年，14座变电站全部具备遥测、遥信、遥控、遥调功能，其中11座变电站达到无人值班条件，1座变电站加装图像监控，远动数据实现与局MIS系统共享。

电费管理 1978—1990年，电费收取主要依靠各用电单位代收。1991年起，针对农村“三乱”（乱加价、乱收费、乱摊派）问题，进行农村电价整顿，将电价限制在最高限价内。1992年起，县物价局、电业局每年联合公布每个用电村的分类综合电价“结交价格”，增加电费管理的透明度。1993年，对全县农村电费实行收费许可证制度，并推行村账乡管，有效遏制“三乱”。1995年，在全县开展农村电价专项治理整顿，杜绝关系电、人情电、特权电。1997年，完善抄表卡、电费台账、电费数据及电费张榜公布表，电费两级张榜公布，同时进一步完善电费微机管理制度。1998年5月，市电业局与农行签订电费代收协议，并成立电业收费大厅。1999年6月，加强分时计量表抄表管理，全面推行“五统一、三公开”（统一发票、统一抄表、统一电价、统一核算、统一考核，公开电量、公开电价、公开电费）的抄表收费制度，实行月初预收电费月底结算方式和电费保证金制度。2000年，对农网改造后的用电村分类综合结交电价标准进行调整。2002年，收费方式改为预付费或实时收费；11月，对新上客户安装使用预付费电能表，电能使用先买后用。

电价 1976年，执行烟台地区电价。照明电，不满1千伏的，电价0.2元/千瓦时；1千伏及以上的，电价0.195元/千瓦时；非工业、普通工业电价，不满1千伏的0.11元/千瓦时，1～10千伏的0.108元/千瓦时，35千伏及以上的0.105元/千瓦时；农业生产电价，1～10千伏的0.035元/千瓦时，35千伏及以上的0.03元/千瓦时。此电价，居民生活照明一项，执行至1993年7月31日；其他类别用电执行至1993年6月30日。1994年9月1日起，在县水泥厂、面粉厂等37个单位实行峰谷分时电价。1995年6月1日起，全县推广。1996年4月1日起，居民生活电价，不满1千伏的0.27元/千瓦时，1～10千伏的0.26元/千瓦时，35千伏及以上的0.26元/千瓦时；是年2月1日起，非居民照明电价，不满1千伏的0.314元/千瓦时，1～10千伏的0.306元/千瓦时，35千伏及以上的0.305元/千瓦时；非工业、普通工业电价，不满1千伏的0.242元/千瓦时，1～10千伏的0.238元/千瓦时，35千伏及以上的0.231元/千瓦时；大工业电价，1～10千伏的0.174元/千瓦时，35千伏及以上的0.168元/千瓦时。1997年5月—2004年6月，电价4次调整。2004年6月15日起，非工业、普通工业用电，不满1千伏的0.603元/千瓦时，1～10千伏的0.599元/千瓦时，35～110千伏的0.592元/千瓦时。居民生活用电，不满1千伏的0.520元/千瓦时，1～10千伏的0.468元/千瓦时，35～110千伏的0.468元/千瓦时。非居民照明，不满1千伏的0.685元/千瓦时，1～10千伏的0.677元/千瓦时，35～110千伏的0.676元/千瓦时。农业生产用电，不满1千伏的0.502元/千瓦时，1～10千伏的0.496元/千瓦时，35～110千伏的0.487元/千瓦时。2006年6月—2009年11月，电价4次调整。2008年6月10日起，调整分时电价。2009年11月20日起，销售电价提价标准为0.00328元/千瓦时。其中居民生活用电价格不调整。一般工商业用电，不满1千伏的0.7353元/千瓦时，1～10千伏的0.7235元/千瓦时，35～110千伏的0.7135元/千瓦时。居民生活用电，不满1千伏的0.5469元/千瓦时，1～10千伏的0.4929元/千瓦时，35～110千伏的0.4929元/千瓦时。农业生产用电，不满1千伏的0.514元/千瓦时，1～10千伏的0.507元/千瓦时，35～110千伏的0.4987元/千瓦时。2010年仍执行以上电价。

电力服务 80年代，改进服务作风，提高

2002年，市供电公司获国家一流县供电企业称号

服务质量，设立内外监督网，加强社会监督，改进服务水平，开展供电文明乡、镇竞赛和优质服务达标等活动。90年代，开展电力为农业、为农民、为农村经济服务达标竞赛活动。1993年，县电业局获电力工业部颁发的“三为”服务达标单位奖牌。1996年6月起，全面推行社会服务承诺制。2000年3月，开始实施“彩虹工程”，推行供电服务“十项承诺”。2005年6月，成立“95598”客户服务调度指挥中心，以此供电特服号码统一接入，建立高质量的客户服务系统，为客户提供信息咨询查询、故障报修、用电业务受理、投诉举报等服务，实现全方位、多层次的客户服务闭环管理体系。通过全面应用TY2200电力营销管理信息系统，实现对全市110千伏、35千伏、10千伏三级电压等级线损在线监测与控制，对所有配电台区的电力客户实施实时监控、远程抄表、负荷控制等，并对用户实时提供有功、无功各时段电量数据等全新用电服务，探索创建独具特色的海阳模式。2008年12月，市供电公司法定计量技术检定机构授权考核获通过，公司电能计量中心正式成为国家法定计量技术检定机构，获对海阳供电营业区内电能表、互感器的检定授权。

第十三章　采矿业

1978年，全县有海阳县滑石矿、硫铁矿、林寺山铁矿3家采矿企业，年产滑石5.95万吨、铁矿石3.80万吨、铜矿石12.81吨、硫铁矿石7456吨。采矿产值253万元，利润54.5万元，从业人员750人。1985年，全县有县滑石矿、硫铁矿2家采矿企业。年产滑石5.00万吨、硫铁矿石2345吨，采矿产值330.6万元，利润28.8万元，从业人员463人。1988年3月，成立海阳县古现河沙金矿。1990年，全县有县滑石矿、县硫铁矿、县古现河沙金矿3家采矿企业。年产黄金16.88千克。1995年，产黄金13.99千克。1996—2010年，产黄金2712.50千克，其中2010年产黄金320千克。

第一节　滑石矿

1958年，在徐家店晶山建地方国营海阳县滑石矿，职工1615人，年产滑石14.9万吨。1979年，职工400人，产值207万元，利润44.6万元。1985年，职工442人。固定资产原值229万元，年产滑石5万吨、滑石粉1.8万吨。产值320.1万元，利润30.3万元。全员劳动生产率7713元。1990年，工业总产值510.7万元，固定资产原值514.9万元，实现销售收入349.2万元，实现利润3万元，职工488人。1994年，企业固定资产原值559.4万元，完成工业总产值2034.8万元，销售收入231.7万元。由于资源质量及效益不佳，1995年闭坑，2001年12月宣布破产。

第二节　铁　矿

硫铁矿　1977年12月，海阳县花崖铜矿改为海阳县硫铁矿，以开采硫铁石为主。1978年，井下开采全部机械化。矿区面积47949平方米，建筑面积7577平方米。主要设备15台。固定资产原值23.35万元。年产硫铁矿石3650吨，折硫2503吨，产值18万元。1979年重新勘查，B级硫储量20553吨，硫铁矿石品位24%以上。1985年，职工41人，固定资产原值32万元。年产硫铁矿石2345吨，工业总产值10.5万元，亏损1.5万元。1990年，职工79人，固定资产原值35.7万元，完成工业总产值（1980年不变价格）285万元，产品销售收入93.5万元。1992年，职工35人，固定资产原值27.7万元，完成工业总产值（1990年不变价格）237万元。1993年，铁矿资源枯竭，企业解散，人员分流。

海阳县林寺山铁矿 1976年重建，职工45人，固定资产原值25.4万元。到1979年，共开采铁矿石6.48万吨，亏损15万元。因资源枯竭，1979年停产。

第三节 采 金

1978年后，素有淘金历史的郭城镇沙旺、河南、窦家疃、肖家庄、西古现、东古现、土堆等大队的群众，在古现河上游淘金。1988年1月，海阳县黄金工业公司成立，黄金工业起步。

探矿 *沙金探矿* 1986年7月—1990年8月，中国人民武装警察部队黄金第十支队在郭城镇窦家疃、东古现、西古现、前洽河、葛家进行地质勘探，查明外夹河上游沙金矿为中型河谷型沙金矿床，沙金储量古现矿段C+D级1981千克，平均品位0.6794克/立方米，前洽河、葛家矿段B+C+D级1172千克，平均品位0.1721克/立方米。

岩金探矿 1987年，省地矿局第三地质队对朱吴、郭城和栖霞县桃村等4条断裂带做剖面含金量普查，发现沙旺金矿。1988年，对牧牛山—松树夼地段进行以金为主的地质地球化学勘查。1991—1995年，省地矿局第一地质队进行1/5万区调集化探工作，提交《山东省海阳县沙旺金矿区普查地质报告》。对II-1、III-1、III-2三个矿体进行储量计算，圈算D级矿石量48690吨，平均品位3.78克/吨，金属量184千克。通过1994—1996年的地质工作，基本查清土堆矿区金矿区的辐射规律和成矿地质条件，圈定出18个矿体，C+D级矿石量96287.85吨，平均品位5.84克/吨，金属量562.20千克。2001年5月，鑫泰公司在土堆矿区探明一个新矿体，矿体长100

2010年，井下地质探矿施工现场

米以上，平均厚度0.6米，平均品位40克/吨。2009年，鑫泰公司组织开展地质探矿会战，7月，完成第一轮地质会战工程，选择6个探矿靶区，先后在矿区外围和井下共施工钻探工程184个钻孔，完成工程量82308米，投入资金2200万元，实现钻孔见矿率56%，预计新增金资源金属量10.9吨，矿石量405万吨，地质品位2.5克/吨。9月，开展第二轮地质探矿会战工程。同年，完成钻孔32个，完成工程量18130米。2010年，公司拥有探矿权面积31.98平方千米，采矿权面积0.9平方千米，地质保有储量24吨。

选矿 2004年5月前，海阳岩金选矿采用浮选工艺流程，金精矿采用胶泵输送至精矿场堆存晾干，再用汽车运至招远市冶炼厂。尾矿和废水进入尾矿库，在大气中氧化分解，长时间沉淀后，废水变为清水，重新返回生产流程再次利用。2004年5月，鑫泰黄金矿业有限责任公司对选厂进行技术改造，采选规模由100吨/日扩建为150吨/日，选矿工艺由原来的浮

2010年，选矿厂磨矿车间

选工艺改为全泥氢化工艺，用活性炭提金后直接铸成金锭，尾矿压滤后用汽车运到特定的尾矿库封存。通过工艺改造，选矿回收率由原来的80%提高到90%以上。2009年5月，国家环保总局要求淘汰氢化工艺，保护环境，鑫泰公司选矿改为重选+浮选工艺，选矿生产规模由原来250吨/日，扩大到300吨/日，回收率90%。2010年，日生产能力750吨。

企业选介 海阳县古现河沙金矿 1988年3月，成立海阳县古现河沙金矿。矿址设在郭城镇西古现村北，职工120人。古现河沙金矿第一期工程为洗选机组，包括土建工程，总投资155万元，1989年4月投产。9月，上马100升采金船工程，总投资520万元。由于沙金开采品位低及缺乏生产技术和管理经验，第一期工程于1990年6月停产，第二期采金船于1992年10月停产。

山东烟台鑫泰黄金矿业有限责任公司 1995年，县黄金工业公司与省地矿局第一地质队联合投资，组建海阳县郭城金矿，矿址位于郭城镇政府驻地南。1996年7月试生产，采选规模为50吨/日，投资600万元。职工70人。投产当年取得良好的经济效益。1997年，扩大采选规模为100吨/日，总投资1400万元。1998年5月投产。2000年10月，改组为山东烟台鑫泰黄金矿业有限责任公司。中国黄金总公司一次性出资1027万元，认购该矿51%股份，实行控股经营。海阳市黄金工业公司与省第一地质队各以资产入股242万元，各占24.5%股份。海阳黄金工业从此步入快速发展之路，生产规模迅速扩大。2000年，年产黄金112.50千克，地质储量保有量20吨。2001—2010年，产黄金2350千克。2010年，公司固定资产原值7209.2万元，职工265人，产黄金318.75千克，产值8285万元，上缴税金22.4万元。

2010年，山东烟台鑫泰黄金矿业有限责任公司

1989—2010年部分年份海阳市黄金产量情况表

表9-13-1 单位：千克

年份	产量	年份	产量
1989	15.72	2002	163.06
1990	16.88	2003	193.19
1991	7.03	2004	198.28
1992	4.69	2005	234.66
1996	5.50	2006	246.25
1997	64.25	2007	247.00
1998	71.81	2008	293.00
1999	110.56	2009	325.00
2000	112.53	2010	320.00
2001	128.63		

第十四章 盐业

第一节 盐业生产

海阳濒临黄海，海岸线长，滩涂广阔，盐业资源丰富，自古“渔盐之利甚普”，素有“海卤化金，用之不竭”之说。

制盐工艺 过去传统的老滩晒盐，没有标准成套的生产工艺，大都采取勤跑薄晒、老卤循环、浅卤短期结晶、频刮勤捞的“老、浅、短”手工操作法。1964年，全面推行“新、深、长”机械化制盐新工艺：新水制卤、新卤结晶，老卤不循环使用；制卤、结晶卤适度加深；长期结晶。1975年，采用塑料苫盖制盐法。盐池分24公亩、30公亩、36公亩三种规格。4—9月产盐旺季，水深保持在30厘

收盐时刻

米，其余时间保持在20厘米以上。1984年前，分三段缩晶：一段卤水最深，纳镁比值4.5%时排至二段，3%时排至三段，1.5%时排除。一段盐质最优，二、三段次之。塑苫结晶制盐法，比传统晒盐法，产量提高50%以上，质量提高3%～5%。1982年，从淮北盐区引进管道捞盐技术，由过去肩挑、人推捞盐法，改为机械牵引扒盐，管道输洗，一次集坨。氯化钠含量比人工捞盐提高1%～1.5%，白度增加一倍，粒度减少50%。1984年老滩技术改造完成后，各盐场基本达到“三化四集中”（结构合理化、工艺科学化、生产机械化和上水、制卤、结晶、堆盐集中）标准，代替和淘汰过去落后的“老、浅、短”操作法，实现“塑膜苫盖、优深死碴、串联加卤、流动结晶、管道输洗、筛选分段、一次入坨、文明管理”的完整工艺。

制卤、结晶是制盐工艺流程中两个主要环节。制卤要求充分利用自然蒸发量，尽量缩短制卤周期，要求卤水跑到底部制卤池，既能饱和又能满足结晶需要为佳。制卤新、老工艺之分主要是卤水深、浅之分。1984年，海阳盐业在制卤新工艺的执行和试验过程中，对“冰下抽咸”“大风天制卤”“卤咬卤”“薄赶深贮”等新制卤工艺及方法不断研究试验和完善，取得较好的制卤效果。结晶是将饱和卤水输入已修好的结晶池内开始晒盐（结晶），是原盐生产成品阶段。结晶新老工艺之别主要是新与老、深与浅和长与短之别。新工艺制卤、结晶与老工艺制卤、结晶在卤量、产盐量、特别是盐质上差别大。采用新工艺后，海阳的结晶卤深在生产期一般保持20厘米左右，伏季和冬季一般在25厘米以上，充分有效地利用蒸发和温度，延长结晶时间，提高原盐产量和质量。

盐业工具与机械　70年代，海阳盐业各生产环节逐步实现机械化。随着旧盐田改造加快，新盐田面积扩大，引进压池机，操作灵活、使用方便、压池效果既快又好。购进长15米和20米两种型号的皮带输送机和活碴机，减轻盐工的劳动强度，提高工作效率。80年代初，引进收盐、运盐联合收运盐机组，过去30个盐工收1个36公亩、盐碴13厘米池子的原盐，需2天时间，使用收运盐机组1天可收3～4个池。1981年，到天津塘沽盐场、江苏台北盐场学习水利管道输洗扒盐新技术并成功引进投产。经过输洗后堆坨的原盐，粒度均匀，色泽洁白，氯化钠含量提高较大，每小时能收盐30吨，每天可扒盐400～500吨。1984年后，盐业生产过程中提水全部采用机械动力扬水，修滩压池的石磙被压池机代替，原盐结晶活碴使用活碴机，塑苫收放运用收放机，收、运盐采用收盐机、运盐车或管道输洗机，堆盐用输送皮带机、输洗机和打坨机，进出计量改用大吨位地磅秤，大小坨盖盐用的草苫被塑膜代替，盐工人均劳动生产率，由1978年的143吨提高到200吨。

质量检测　50年代初，盐质检测以目测、群众评定为主。1954年，各盐务所相继成立化验室（站），配备化验员和化验设备，盐质检测走上正轨。1979年后，盐业贯彻和推行质量管理体系，把提高原盐质量措施落实到生产、储存、销售全过程。80年代初，各盐场实行国家质量标准，原盐质量全部达到优级盐，部分产品达到特优。1981年，小滩盐场生产的“白燕”牌原盐，被评为山东省优质产品，廒子盐场原盐被评为省一轻厅优良产品。1986年，全省原盐质量评比，小滩、廒子2个盐场位列前10名。1990年，小滩盐场生产的原盐获轻工部优质产品称号。

加工盐 粉碎盐 1978年起，各盐场相继生产粉碎盐。工艺简单，质量比原盐好，食用方便，成本低、价格便宜。1982年，粉碎盐停产。

粉洗盐 亦称粉碎洗涤盐，1982年开始生产。方法是将原盐粗选，用饱和卤水洗涤除杂，将大颗粒原盐粉碎至直径3毫米以下，然后用离心机脱水、过筛、成品包装。因经过洗涤，与粉碎盐比，杂质更少，盐质更好。

低钠盐 为失钾病患者特制。主要以精制盐、氯化钾、氯化镁为原料，按一定比例配制而成。海阳县调料厂于1986年生产，因销路不好，当年停产。

日晒盐出口 专为出口韩国腌制泡菜而生产。1998年，小滩盐场试产300吨。1999年，海阳3个县属盐场都有一定生产规模，产量3000吨，后逐年增加。出口日晒盐的生产类似老式原盐生产方式，在原结晶池铺塑，放入钠、镁比值较低的饱和卤1～1.5厘米，利用高温蒸发短期结晶，原则1～2天收一次盐。海阳所产日晒盐含氯化钠低、乳白色、杂质少、粒均匀，深受韩国客户赞誉。2000年后，日晒盐在国内开始被广泛应用于食品、蔬菜加工业，市场需求量不断增长。

第二节 盐场建设

1966年，全县开始小范围改造盐业老滩。1974年，小滩盐场引进青岛东风盐场塑料薄膜苫盖原盐结晶池产盐新技术，将2公亩小结晶池改造成36公亩大结晶池，当年试投产2个塑苫结晶池。通过实验比较，塑料薄膜苫盖结晶新技术能有效抵御自然灾害，减少降雨损失，原盐生产由过去的季节性生产为长年生产，越伏、越冬产盐效果显著。此后，海阳盐业制定老滩技术改造10年规划。1978年，全县盐田面积62836公亩，盐工875人，原盐产量29619吨，产值291.89万元（不含社、队盐场）。1982年，原盐产大于销，大量积压。原盐生产按国家计划，不得超产。全县将向阳盐所的向阳、辛安、台子头、徐家铺，埠后盐所的南马家、卓格庄、大山所、埠后、辛庄，何家盐所的桃林、杨家庄、何家、田村等13处队办盐场，转为海产养殖和芦苇栽植。到1984年，老滩技术改造工作基本完成，小滩、向阳、廒子3个盐场共扩建盐田生产面积27235公亩，改造老滩面积34482公亩，全县县属盐田总面积61717公亩。改扩后的盐田，结晶池由过去的2公亩改成36公亩，各场的结晶区集中一处，各级制卤区连成片，沟道畅通，池埂整齐划一。1985年，全县3处县营盐场，有塑苫结晶面积2598公亩，年产盐2.85万吨，单产比老滩结晶提高50%，盐质提高3%～5%。同年，全县有小滩、向阳、廒子3处县属集体盐场及大阎家乡盐场、向阳村盐场等，共有盐滩5.66万公亩，盐工544人，年产盐33038吨。向阳盐所、埠后盐所、何家盐所所辖村办盐场陆续转产养虾，3处盐所被撤销。

1985年后，盐业实行计划生产，注重新品种开发，先后开发滩晒精盐、出口日晒盐、出口雪花盐等，缓解原盐积压。1987年开始，先后有2个乡镇办盐场、3个村办盐场废弃或转产。1992年12月，小滩盐场拆分为小滩盐场、盐业第一冷藏厂、龙海水产公司；向阳盐场拆分为向阳盐场、海利水产公司；廒子盐场拆分为廒子盐场和盐业第二冷藏厂。1998年后，出口日晒盐生产规模逐步扩大，出口数量大增，原盐产量减少到计划生产规模，质量稳步提高，供销渠道畅通。海阳的原盐积压逐步得到缓解，盐业生产走上稳定发展的轨道。2002年3月，韩国客商租赁向阳盐场，成立海阳日信制盐有限公司，生产日晒盐。2003年12月，韩国客商租赁廒子盐场，成立罗承制盐有限公司，生产日晒盐。2004年7月，小滩盐场出售给黄海水产有限公司。2005年，全市生产原盐8000吨，生产出口日晒盐产量1.7万吨，全部出口到韩国。同年，向阳盐场出售给海阳市索特水产有限公司，大阎家镇所属的第一盐场、第二盐场停止产盐，原产盐池改为虾池，转为水产养殖。2008年后，盐业生产进入衰退期。2010年，全市盐业停止生产。

第十编

核　电

海阳核电项目于1983年开始选址。1995年8月，海阳县冷家庄厂址被确定为山东第一核电厂厂址。山东海阳核电厂位于海阳市留格庄镇，厂址距青岛、烟台、威海三市直线距离均约100千米，厂区三面环海、地势平坦，是国内已建、在建和待建核电站中条件最为优秀的厂址之一。海阳核电是山东省第一个核电项目、投资最大的单体项目，规划建设6台核电机组，并预留2台机组扩建场地。其中，一期工程1、2号机组为我国首批AP1000三代核电自主化依托项目，承担着第三代核电技术引进、消化、吸收、再创新的国家使命。2009年9月24日，海阳核电一期工程获颁建造许可证，进入主体工程建设施工阶段。2010年11月底，1号核岛钢制安全壳（CV）三环吊装就位；12月底，2号核岛CA20模块吊装就位。2018年10月22日，1号机组投入商业运行；2019年1月9日，2号机组投入商业运行。

第一章　厂址确定

第一节　厂址选择

1978年夏至1981年春，水利水电部专家先后3次到海阳考察核电厂址。1983年3月，由山东省计划委员会、电力工业局、电机工程学会、科委能源研究所、电力设计院及青岛市、烟台市电业局等单位组成的山东核电规划小组（以下简称规划小组），对在山东建设核电的必要性和可行性进行初步探讨、论证，认为胶东地区具备发展核电的良好条件。随后，规划小组从踏勘的胶东半岛30余个厂址中筛选16个备选厂址。其中，6个厂址基本符合建厂条件，较好的有3个。为了做好核电建设的前期工作，规划小组又委托中国能源研究会华东区域委员会开展预可行性研究工作。

1983年8月10日—15日，中国科学技术咨询服务中心、中国能源研究会华东区域委员会、山东省计划委员会和山东省电力工业局在青岛联合召开山东省胶东核电站预可行性研究工作会议。与会代表一致认为，建设山东胶东核电站十分必要，建厂条件很好。9月8日，山东省计划委员会、山东省电力工业局向国家计划委员会、水电部报送《关于及早建设山东省胶东核电站的建议及初步规划》，建议将建设山东胶东核电站的前期工作纳入国家计划，抓紧开展可行性研究工作。

2005年，海阳核电厂址村庄原貌

1993年9月，山东省成立核电前期工作领导小组。翌年3月，成立省核电前期工作领导小组办公室。1993年12月—1995年5月，华东电力设计院与山东电力设计院共同完成初步可行性研究报告。1995年8月，电力工业部会同中国核工业总公司审查通过初步可行性研究报告；电力工业部办公厅印发《山东第一核电厂初步可行性研究报告审查会会议纪要》，同意山东第一核电厂的候选厂址排序为海阳县冷家庄、乳山市红石顶。

1996年5月28日，山东省核电前期工作领导小组办公室印发《关于开展山东海阳核电厂可研工作的通知》，委托华东电力设计院和山东电力设计院开展海阳核电厂可行性研究工作。1999年5月，可行性研究报告编制完成。2000年11月，国家电力公司和各投资方审查并通过可行性研究报告厂址部分。

1997年7月，山东省计划委员会、山东省电力工业局将《山东海阳核电厂一期工程项目建议书》报送电力工业部。2002年，国家电力体制改革，中电投集团接管原国家电力公司的全部核电资产。2003年3月31日，国家发展和改革委员会（以下简称国家发改委）印发《关于国家电力公司系统参与的前期工作阶段电源项目划分方案和进一步清理分配存量发电资产有关问题的通知》，明确中电投集团在山东海阳核电项目拥有40%的股份。5月26日，中电投集团委托华东电力设计院、上海核工程研究设计院和山东电力工程咨询院对山东海阳核电厂规划容量由原4×1000兆瓦调整为6×1000兆瓦核电机组进行技术论证，完成相关的厂址规划报告。8月12日，电力规划设计总院组织专家对海阳核电厂厂址规划进行评审，通过6×1000兆瓦方案，并于10月30日印发《山东海阳核电厂址规划评审意见的通知》。11月，中电投集团、山东省发展计划委员会向国家发改委再次上报《山东海阳核电厂一期工程项目建议书》。2004年7月4日，海阳市政府印发《关于海阳核电厂周围设置发展限制区的复函》，原则同意项目立项获得国家批准后在海阳核电厂周围5千米设置发展限制区。9月10日，山东核电有限公司揭牌成立，全面开展和推进山东海阳核电项目建设工作。2005年1月6日，烟台市政府印发《关于海阳核电厂周围设置发展限制区的复函》，原则同意项目立项获得国家批准后在海阳核电厂周围5千米设置发展限制区。5月20日，国家核安全局印发《山东海阳核电厂1、2号机组厂址选择审查意见书》。8月27日，国家环境保护总局印发《山东海阳核电厂1、2号机组环境影响报告书（选址阶段）审查意见书》。10月8日，海阳市政府发布《关于海阳核电厂区实行封闭管理的通告》，对海阳核电厂址进行规划保护。2007年4月25日，国家发改委办公厅印发《关于同意山东海阳核电一期工程前期工作的通知》，批复海阳核电项目确定为第三代核电自主化依托项目，同意一期工程开展前期工作。2008年4月17日，山东核电有限公司向海阳市政府提出申请，要求在海阳核电厂周围设置5千米规划限制区。经县、市两级政府同意，省政府于9月1日印发《关于设置海阳核电项目规划限制区的批复》，批准在海阳核电厂周边设置规划限制区，以此对厂址实施法律保护。2009年3月25日，国家核安全局印发《关于认可山东海阳核电厂一期工程厂址安全性复核报告和环境影响补充报告的函》，确定采用AP1000机型对早期厂址适宜性的评价结论不构成影响。

第二节 厂址环境

地理位置和地形地貌 海阳核电厂厂址位于留格庄镇董家庄、冷家庄，地处三面环海的岬角东端，东北有乳山湾，西南有凤城港，东临黄海。距留格庄镇政府驻地10.2千米、凤城街道办事处（凤城港）13.5千米，距海阳、烟台、青岛3市市区的直线距离分别为22千米、93千米、107千米。

厂址地势平缓，自然地形标高一般在5～12米（黄海高程，下同），向海缓倾。地貌类型主要为平缓的剥蚀夷平台地。沿海岸标高约3～5米的海蚀崖，崖下为海滩，向海微倾。

交通运输 铁路 厂址半径15千米范围内，无铁路通过。北面有蓝烟铁路（距蓝烟铁路的最短直线距离52.4千米）和桃威铁路（距桃威铁路的最短直线距离32.5千米）通过。

公路　厂址半径 15 千米范围内，公路交通比较发达。其中，位于厂址北侧的威青高速公路（与厂址的最近距离 8 千米）和 202 省道（与厂址的最近距离 9 千米）横穿东西，位于厂址西北侧的县道高凤线（与厂址的最近距离 8.5 千米）纵贯南北。

进厂道路（海核一路，等级为二级公路）北接威青高速公路，南至海阳核电厂，全长 8 千米，双向四车道。应急道路（海核二路），长约 12.8 千米，双向四车道。

水路　厂址半径 15 千米范围内，较大的港口有海阳港（原凤城港）和乳山港，原大埠圈港则被改造为核电厂重件设备海运码头。海阳港位于厂址西方位 13.5 千米处，拥有 2 个 500 吨级泊位和 1 个 100 吨级泊位（渔码头），均为天然航道，可供 3000 ～ 5000 吨级船舶进出港口。乳山港海上航道距厂址最近直线距离约 11 千米。进、出港均为天然航道，乘潮可进出 3000 吨级船舶。其锚地布置在外海 -12 米等深线外侧，可满足 4 艘 2 万吨级杂货船停泊。

飞机场及航空线　厂址半径 15 千米范围内无民用机场，厂址半径 5 千米范围内无民用飞机航线通过。

人口分布　至 2009 年年底，海阳核电厂厂址 80 千米半径范围内的常住总人口为 3868632 人，陆域平均人口密度为 386 人 / 平方千米（低于山东省同期陆域平均人口密度 603 人 / 平方千米），5 千米半径范围内涉及的行政村人口为 6854 人。

海阳核电厂厂址 80 千米半径范围内无百万人以上大城市，15 千米半径范围内无万人以上城镇，5 千米半径限制区内无大型工矿企业、学校、医院、疗养院、旅游开发区。

第三节　厂址条件

地震地质条件　在大地构造上，海阳核电厂厂址区域范围属于华北地台胶辽台隆的鲁东断块隆起三级构造单元内。厂址所在地震构造区（鲁东隆起地震构造区）最大弥散地震震级为 5 级。厂址附近范围内不存在能动断层，不存在潜在地表断裂的可能性。厂址附近范围内无现代仪器小震记录。厂址地震基本烈度为 6 度。厂址区不存在合格性的潜在地震地质灾害，区域范围也不存在全新世火山活动。

厂区出露的地层岩性，主要为第四系地层和中生代早白垩系莱阳群水南组的一套细碎屑岩。厂区发现的 9 条断层均为非能动断层。厂址区水文地质条件简单，地下水类型主要为基岩裂隙水和第四系孔隙潜水。场地内不存在危害建（构）筑物安全的滑坡、崩塌、塌陷、地裂缝、地下空洞等不良地质作用，岩体内不存在引起滑动的软弱夹层。地基不会产生塌陷、倾覆和滑动，稳定性良好。厂址区不存在边坡稳定性问题。

厂址基岩 SL-2 级设计基准地震动峰值加速度为 0.175g（水平向）、0.117g（竖直向）。厂址 50 年超越概率 10% 水平向峰值加速度为 0.05g，相应的地震基本烈度为 6 度。

岩土工程条件　*工程地质条件*　海阳核电厂的厂区原始地貌类型主要为平缓的剥蚀夷平台地，至 2006 年年底，场地已平整至标高 8.1 米（采用 1956 年黄海高程系），建筑场地平坦、开阔。厂区临海地区于 2006 年修建人工护堤，原始地貌被剥除或覆盖。厂区地层包括第四系地层和中生代早白垩系莱阳群水南组地层。第四系地层为人工填土层，是场地平整时在原地势较低或超挖地段回填而成。该层主要分布在核岛区的西侧、西北侧及东南侧局部地段，揭露厚度 0.40 ～ 7.05 米。

厂区内基岩为中生代早白垩系莱阳群水南组地层，为一套细碎岩屑沉积岩。揭露岩性为中薄层状粉砂岩、细砂岩及薄层状页岩。其中以粉砂岩和细砂岩为主，厚度较大，页岩揭露厚度一般较小，以夹层状出现居多。水南组地层在厂区内广泛出露，属湖相碎屑岩系。该岩层分布比较稳定，呈单斜状南倾，走向一般在 273° ～ 295° 之间。

厂址及附近地区不存在能动断层。近地表处风化及节理裂隙较发育，但随深度增加逐渐减少，深部微风化岩体节理裂隙不发育；厂区内无缓倾的软弱结构面，无地下空洞、地面塌陷、滑坡、崩塌等不良地质作用。因此，不会造成地基的倾覆与滑动。厂区不存在岸坡稳定性问题，不存在人工边坡。勘察区地基稳定性好，适宜建筑核电厂主厂房区的地基主要为微风化岩体，局部地段零星分布少量中等风化岩体。中等风化和微风化岩体承载力和弹性模量均大于拟建（构）筑物的承载力要求，可作为均匀地基，满足建设要求。

水文地质条件 厂区地下水与区域水文地质单元没有水力联系，为独立的局部地下水体。厂区地下水主要接受大气降水补给，水位变化具有季节性和地段性差异，以径流、蒸发等方式排泄厂区内地下水可划分为第四系孔隙水和基岩裂隙水两种类型，其中以基岩裂隙水为主，第四系孔隙水仅在原始地形地势较低的靠海近海岸地带整平回填层中局部存在。厂区地下水以基岩裂隙水为主。一般在岩体比较完整的地段，地下水水位变化缓慢。基岩裂隙水为淡水，仅在海岸潮汐地带，局部贮存咸水。基岩富水性随深度的增加呈现逐级减弱的趋势。

厂区内基岩渗透性具有非均匀性、各向异性和随机性的特点，基岩裂隙均匀性差，渗透性存在较大差异。随深度变化，由浅入深，节理裂隙相对减少，透水性逐渐减小。

海阳核电厂厂区地下水对混凝土结构无腐蚀性，对钢筋混凝土结构的钢筋在干湿交替情况下具有弱—中等腐蚀性；海水对混凝土结构具有强腐蚀性，对钢筋混凝土结构中的钢筋在长期浸水情况下，具弱腐蚀性，干湿交替情况下具强腐蚀性。

工程水文及气象条件

常规气象 常规气象要素值见表 10-1-1。

海阳核电厂区域常规气象要素值表

表 10-1-1

序 号	要 素	要素值
1	年平均气温	11.9℃
2	1 月平均气温	-2.0℃
3	8 月平均气温	24.9℃
4	极端最高气温	37.6℃
5	极端最低气温	-16.3℃
6	年平均相对湿度	70%
7	年平均气压	1012.3 百帕
8	年平均风速	3.3 米 / 秒

续表 10-1-1

序 号	要 素	要素值
9	最多风向及频率	WNW 和 NW，9%
10	静风频率	14%
11	年平均降水量	746.0 毫米
12	年蒸发量	1472.9 毫米
13	年日照时数	2547 小时
14	日照百分率	57%

极端气象和其他恶劣天气现象 热带气旋。来自厂址东南方向在厂址南侧登陆的热带气旋对厂址产生最不利的影响，该热带气旋向西北方向移动。

海阳核电厂区域设计基准热带气旋要素值表

表 10-1-2

序 号	要 素	要素值
1	中心最低气压 Po	928 百帕
2	围气压 Pw	1010 百帕
3	流入角 Φ	20 度
4	气旋转速 Vc	27 千米 / 小时
5	近中心最大风速 Vmax	52 米 / 秒
6	最大风速半径 Rmax	25 千米
7	影响厂址的最大风速 V	49 米 / 秒

龙卷风。厂址区域出现的最大龙卷风等级为 F2 级。根据 HAD101/10 的要求，厂址设计基准龙卷风确定为 F3 类。

海阳核电厂区域龙卷风特征参数值表

表 10-1-3

序 号	特征参数	特征参数值
1	最大风速	83 米 / 秒
2	最大旋转风速	67 米 / 秒
3	最大旋转风速半径	50 米 / 秒
4	最大平移速度	16 米 / 秒
5	总压降	49.2 百帕
6	最大压降速率	15.9 百帕 / 秒
7	飞射物的最大水平速度	29 米 / 秒

极端风。厂址10米高度百年一遇和千年一遇的最大风速分别为34.6米/秒和43.3米/秒，极大风速分别为44.0米/秒和54.8米/秒。

暴雨。根据暴雨特性分析，厂址处于海阳—乳山暴雨中心区，该区域暴雨次数较多，强度较大，暴雨期长。

海阳核电厂厂址区暴雨设计基准表

表10-1-4　　单位：毫米

时　段	30年一遇	50年一遇	100年一遇	1000年一遇	10000年一遇
5分钟	26.2	28.6	32.0	43.4	54.8
10分钟	34.3	37.2	41.3	54.6	67.9
15分钟	46.3	50.0	55.4	72.8	89.9
20分钟	55.8	60.4	66.7	87.8	108.5
30分钟	73.4	81.4	92.9	131.9	171.5
45分钟	96.8	109.0	126.7	187.3	249.5
60分钟	115.1	129.6	150.7	223.0	296.6
90分钟	149.3	169.7	199.6	301.6	406.0
120分钟	170.2	195.2	232.2	359.8	491.3
360分钟	236.5	272.9	327.0	515.5	711.8
1440分钟	336.1	392.2	476.0	771.4	1081.2
72小时	396.5	459.2	552.5	879.1	1220.2

工程水文　海阳核电厂循环冷却水和厂用水直接取自黄海。设计水位要素值见表10-1-5。

海阳核电厂区域设计水位要素值表

表10-1-5　　单位：米

厂址工程设计高潮位	
1000年一遇P=0.1%高潮位	4.81
100年一遇P=1%高潮位	3.59
50年一遇P=2%高潮位	3.26
33年一遇P=3%高潮位	3.07
25年一遇P=4%高潮位	2.94
厂址工程设计低潮位	
1000年一遇P=99.9%低潮位	-3.46
100年一遇P=99%低潮位	-3.07
50年一遇P=98%低潮位	-2.95
33年一遇P=97%低潮位	-2.88
25年一遇P=96%低潮位	-2.83

设计基准水位值。海阳核电厂设计基准洪水位DBF，8.05米；设计基准低水位DBL，-4.98米。

水源及供水条件　海阳核电厂的循环冷却水水源为黄海，厂址海域无大的污染源，水质清洁、情况良好，水量充沛可靠，供水条件比较有利，可保障核电厂循环水供应。淡水资源供应由水资源论证确定。1998年4月—2007年12月，省核电工程领导小组办公室和山东核电有限公司先后组织完成《盘石店、二十里店水库水质监测和评价》《盘石店水库坝体结构的安全性研究》《盘石店水库取水构筑物结构型式研究》《盘石店、二十里店水库设计条件下确保核电厂供水和优化调度方案研究》《山东海阳核电工程可行性研究水资源论证报告》《山东海阳核电工程可行性研究水资源补充论证报告》《山东海阳核电厂工程水资源论证报告》。

2007年12月23日，水利部水资源司组织有关专家对《山东海阳核电一期工程水资源论证报告书》进行审查。认为该项目采用国际先进的1000兆瓦级压水堆核电机组，循环冷却水取用海水，生活用水、除盐水等生产用水取用淡水，用水方案经济合理，用水指标较先进，一期工程年取用淡水总量236万立方米基本合理；在调整农业用水的条件下，盘石店水库可满足一期工程97%保证率，年用水量236万立方米的结论可信。

2008年2月3日，水利部印发《准予水行政许可决定书》，对《山东海阳核电一期工程水资源论证报告书》准予行政许可，同意海阳核电一期工程从盘石店水库取水，每年取用淡水总量236万立方米的申请。

盘石店水库作为山东海阳核电厂工程的淡水水源地，一期工程2×1250兆瓦机组工程从盘石店水库取水。水库流域面积33平方千米，总库容1568×104立方米，其中兴利库容945×104立方米。

2008年5月21日，山东省水利厅印发《关于同意山东海阳核电一期工程取水申请的函》，同意海阳核电项目取水申请，并向水利部淮河水利委员会转报烟台市水利局关于海阳核电一期工程取水请示文。

2008年6月6日，水利部淮河水利委员会印发《关于准予山东核电有限公司海阳核电一期工程取水许可申请的函》，准予取水申请许可。

第四节 出线规划

2004年9月，山东核电有限公司委托山东电力工程咨询院进行出线规划方案研究工作，主要针对海阳核电厂接入系统方案进行初步论证，分析出线电压等级、出线方向及回路数以及海阳市规划区范围内的出线走廊方案。10月，《海阳核电厂出线规划报告》编制完成。2006年9月14日，烟台市发展改革委、海阳市核电办公室及公司三方协调会议达成一致意见，对海阳走廊进行详细勘测和规划。11月，编制完成《路径走廊说明书海阳市境内线路路径说明》。2007年8月，编制完成《海阳核电厂输电规划报告》。明确提出核电厂一期工程2×1250兆瓦机组以6回500千伏线路接入电网，至莱阳、崂山和文登2回，电气主接线采用双母线三分段接线，即海阳核电厂一期出线和配电装置按远景规模一次上齐。2008年1月，山东电力工程咨询院编制完成《山东海阳核电厂一期2×1250兆瓦工程可行性研究接入系统设计报告（送审稿）》。2月20日，中国电力工程顾问集团公司出具接入系统批复意见，同意以500千伏一级电压接入系统，厂内设500千伏配电装置，电厂出6回500千伏线路。

海阳核电厂出6回500千伏线路

第二章　地方保障

第一节　服务保障

海阳核电厂建设，是海阳政治、经济、社会发展史上的一件大事。1983 年，县委、县政府成立核电工作领导小组和核电办公室，对上联系、对下沟通。全县各级各部门树立全局观念，强化服务意识，不讲条件、不计报酬、无私奉献，全力以赴为核电厂址选址工作创造最佳条件、提供最优服务。其中，县电业公司先后接待核电专家 1500 余人次。1985 年 8 月 2 日—7 日，电力工业部会同中国核工业总公司在青岛主持召开山东核电厂初步可行性研究报告审查会议，确定山东核电厂在海阳建设，定名为山东海阳核电厂。

1996 年，海阳市委、市政府组织有关人员前往辽宁省瓦房店市东岗乡小孙屯西温坨子核电厂址考察，为进一步开展工作取得经验。配合协助山东电力设计院、华东电力设计院等开展海阳核电厂有关国家控点调查情况、陆域及海域调查、陆（海）域测量、浅海养殖及各项费用调查，对核电厂址周围近海实地勘察。配合华东电力设计院完成大辛家勘测现场检查，完成近海 1 ∶ 1000、1 ∶ 2000 测量工程。6 月 6 日—10 日，市电业公司派员到辽宁省鞍山市铁塔厂考察核电气象塔的制造过程、工艺水平、制造成本、检验手段等。11 月 1 日—10 日，海阳提出的建设方案通过山东电力设计院的审查。11 月 13 日—15 日，山东省电业公司核电办在海阳召开核电气象站选址会议，决定站址确定后即行施工。会后，市政府召开动员会议，提出同心协力高质量完成建设任务的要求。11 月 23 日，气象塔在留格庄镇邵家庄村东动工，12 月 30

1995 年，海阳县气象局工作人员在核电厂址观测站进行气象观测

2005 年，海阳核电厂厂址

日竣工。

1997年，海阳核电厂波浪开始观测并完成。3月5日—12日，核电气象站观测仪安装完成。5月15日，市政府下发《关于保护核电标志的通知》。8月，配合苏州热工研究所完成夏季大气扩散实验，并通过华东电力设计院、山东电力设计院等部门及专家的验收。

1998年2月，配合山东电力设计院开展海域养殖面积、群众工作及青苗补偿、电源、淡水水源、人员食宿等调查工作，为地质钻探、陆（海）域1∶1万地形图的测量等做前期准备，并就1∶1万地形图测量达成协议。26日，市政府召开核电建设服务工作协调会，确定核电服务程序，明确各单位分工，保证各项工作的顺利开展。

第二节　征迁安置

2003年10月，海阳市委、市政府成立海阳核电工作委员会，下设办公室（以下简称核电办），核电办设综合协调处、移民安置处、安全保卫处、规划建设处和产业发展处。海阳核电厂建设需征用土地150.4公顷、集体海域246.7公顷、围堰精养93.3公顷，涉及400多艘渔船的出海问题和冷家庄、董家庄2个村1042户村民的整体搬迁安置，以及厂址范围1处兵营、2个码头、4座冷藏厂、22个海参池和32个虾池拆迁补偿协议的签订工作和拆迁，总面积12万平方米。

协议签订　2003年9月开始，对核电厂区范围内的所有村民住宅及国有、集体、村民生产经营性财产进行测量登记、录像存档和全面评估。2004年4月5日，市政府印发《海阳核电项目征地搬迁补偿安置实施方案》，明确搬迁补偿原则、标准和方法、步骤。通过大量耐心细致的工作，逐一与2个村1042户村民签订《核电厂址范围内村民住宅房屋搬迁补偿安置协议》。

土地调整　2005年村庄搬迁前，按照1∶1的原则完成董家庄、冷家庄生产生活用地调整分配工作，累计调整生产生活用地125.3公顷，涉及全镇16个行政村。

新村建设　2004年，市委、市政府本着“既保证核安全要求又尊重群众意愿”的原则，确定新村村址，村民满意率98%以上。新村建设按照“高标准、高质量、高水平”要求，实行监理公司、核电办人员、村民代表三级监理。是年8月开工，先后克服雨季、冬季及寒流等不利因素，冷家庄696栋2756间住宅、董家庄310栋1253间住宅及村内道路硬化、外墙涂饰、学校和渔需仓库等工程，分别于2005年3月中旬和4月中旬竣工，总建设面积15万平方米。

2005年3月，核电厂址村庄搬迁

村庄搬迁　2005年3月，核电办制订新村住宅分配方案，并专门设计选号程序，以确保房屋分配工作的公开、公平、公正。搬迁过程中，市级领导深入一线协调督导，100余个市直部门和镇（区、街道）全体参与，每个单位负责5～10户，做工作、解难题、办实事。烟台市发展改革委、海阳市核电办与山东核电有限公司先后召开6次协调会议，及时解决工作中出现的问题。3月22日，村庄搬迁工作正式启动。3月24日—4月10日，冷家庄739户搬迁结束。4月18日—24

2010年，董家庄新村村貌

2010 年，冷家庄新村村貌

日，董家庄 303 户搬迁结束。原计划 2 个月的搬迁任务，仅用 25 天就顺利完成，并且没有 1 户实行强制措施、没有发生 1 起重大安全事故、没有出现 1 起群众上访案件。5 月 13 日，为感谢海阳干部群众在村庄搬迁中做出的贡献和付出，山东核电有限公司向市委、市政府赠送大型金属画——报春图，上书“历史将永远记住 2005 年的春天”。5 月 16 日，海阳市委、市政府召开会议，对在核电厂址村庄搬迁工作中的先进单位和个人予以表彰。6 月 1 日，海阳市委、市政府出台《关于对核电移民实行帮扶的意见》，市直各部门与移民户结对帮扶，采取指路子、送信息、传技术、选项目、帮资金等多种形式，为移民户（村）发展致富创造条件，实现移民勤劳致富、长治久安、和谐发展的总体目标，切实保障核电移民搬得出、安得下、富得起。

第三节　核电装备制造工业园区

2007 年，海阳市委、市政府确定 15 平方千米的核电产业区规划，其中第一期工程规划 7.5 平方千米。同年年底，2 平方千米的起步区开始进行基础设施建设。12 月 28 日，山东丰汇设备技术有限公司正式签订投资协议，在区内建设重型特种设备生产基地，主要产品为大型起重机和核电站附属设备。2008 年 3 月，核电商贸城项目签订正式投资合同，总投资 5 亿元。此后，一批核电配套项目相继签约落户。2009 年 9 月 8 日，省政府为核电装备制造工业园区授牌。2010 年 10 月 20 日，海阳市政府组建山东省海阳核电装备制造工业园区管理委员会。

第三章　核电厂建设

第一节　机构设置

2003 年 5 月，中电投集团明确由核电部代理山东核电项目筹备处（以下简称筹备处）。7 月 23 日，山东海阳核电项目出资人第一次会议在北京召开。出资人中国电力投资集团公司、中国国电集团公司、中国核工业集团公司、山东省国际信托投资有限责任公司和烟台市电力开发有限公司的代表出席会议。会议审议通过《山东海阳核电项目公司投资协议书》，并举行协议签字仪式。会议审议并原则同意山东海阳核电项目公司筹备处组建方案，并委托中电投集团组建筹备处。8 月 31 日，中电投集团成立筹备处。9 月，筹备处面向全国范围招聘第一批工作人员。2004 年 3 月 5 日，山东海阳核电项目出资人第三次会议在北京召开。会议同意调整现行投资比例，接受华能能源产业控股有限公司为新的投资方面联络员，按照本次会议审定的投资比例注册成立公司。7 月 19 日，山东核电有限公司股东会第一次会议召

2004 年 9 月 10 日，山东核电有限公司揭牌成立

开，通过《山东核电有限公司章程》，选举产生公司第一届董事会董事和第一届监事会监事。9月10日，山东核电有限公司正式挂牌，下设综合部、人力资源部、财务部、工程部、计划合同部，至2010年已调整为18个部门，负责项目前期开发、工程建设、生产运营。2010年，公司有员工450多人，平均年龄约30岁。其中，大学本科以上占91%。

第二节 技术路线确定

M310技术路线 山东核电有限公司成立后，按照百万千瓦压水堆技术方案包络性开展相关设计工作。2005年8月，正式委托华东电力设计院开展可行性研究报告修编。2006年2月，委托该院按照M310改进堆型初步可行性研究和项目建议书修编工作。5月，决定委托核工业第二研究设计院（2007年12月更名为中国核电工程有限公司）为海阳核电一期M310技术路线与技术服务总包院，启动总体设计。11月，总体设计基本结束，核工业第二研究设计院出版相关的设计文件。PSAR基本编制完成，开始启动项目初步设计。12月，海阳核电项目正式确定为AP1000技术路线，根据国家第三代核电技术引进安排，由上海核工程研究设计院负责设计。M310技术路线的初步设计工作停止。

AP1000技术路线 2006年12月16日，国家发改委主任马凯和美国能源部部长博德曼代表中美两国政府在北京钓鱼台国宾馆签署《中华人民共和国和美利坚合众国政府关于在中国合作建设先进压水堆核电项目及相关技术转让的谅解备忘录》。2006年12月—2007年2月，国家核电技术公司、三门核电有限公司、山东核电有限公司组成谈判联队与西屋联队进行谈判，并于2007年3月1日签署《三代核电自主化依托项目核岛设备采购及技术转让框架协议》。7月24日，《第三代核电自主化依托项目核岛供应合同》在北京人民大会堂签署。中国核电自主化依托项目正式确定选用西屋联队的AP1000方案，以浙江三门、山东海阳2个项目共4台机组建设为依托，引进世界上设计成熟、先进、可靠的第三代百万千瓦压

2007年7月24日，三代核电自主化依托项目合同签字仪式在北京人民大会堂举行

水堆技术，在满足项目质量和总体进度要求的同时，实现自主设计、自主制造、自主建设和自主运营。海阳核电项目采用的AP1000第三代核电技术，单机额定功率约125万千瓦，设计使用寿命60年。

第三节 行政许可

项目核准 2007年4月25日，国家发改委办公厅印发《关于同意山东海阳核电一期工程开展前期工作的通知》，同意海阳核电一期工程开展前期工作。海阳核电项目进入开工前的行政许可阶段，即申请项目核准和建造许可证。2008年10月15日，电力规划设计总院印发《关于山东海阳核电厂工程可行性研究报告的审查意见》，原则同意山东海阳核电项目1、2号机组工程可行性研究报告。2009年2月4日—7日，国家发改委委托中国国际咨询公司组织开展海阳核电一期工程项目申请报告核准评估会，并于6月3日出具评估报告。9月21日，国家发改委向国务院申请核准海阳核电一期工程。23日，国务院总理温家宝批准同意核准该项目。同日，国家发改委印发山东海阳核电项目一期工程核准文件。

执照申请 2008年5月26日，山东核电有限公司向国家核安全局提交山东海阳核电厂一期工程（1、2号机组）建造许可证申请，同时提交初步安全分析报告（PSAR）和质量保证大纲。2009年1月4日，山东核电有限公司向环保部提交海阳核电一期工程环境影响报告书（设计阶段），并同步陆续开展各专篇的编制和报批工作。

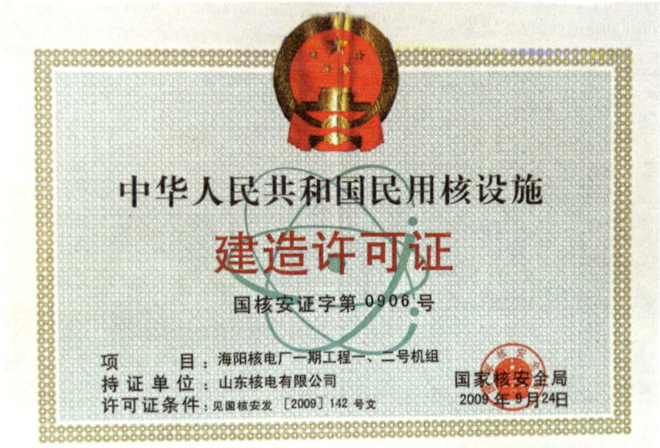
中华人民共和国民用核设施

建造许可证

国核安证字第 0906 号

项　　目：海阳核电厂一期工程一、二号机组

持证单位：山东核电有限公司

许可证条件：见国核安发〔2009〕142 号文

国家核安全局

2009 年 9 月 24 日

2009 年 9 月 24 日，国家核安全局颁发的海阳核电一期工程建造许可证

9 月 24 日，国家核安全局批准颁发海阳核电厂一期工程 1、2 号机组建造许可证。12 月 4 日，海阳核电一期工程 1、2 号机组建造许可证颁发仪式在北京举行。环保部副部长、国家核安全局局长李干杰向中电投集团颁发山东海阳核电一期工程 1、2 号机组建造许可证。

第四节　前期工程

厂区规划　2008 年 4 月，《施工区规划（C 版）》和《一期工程总体规划图（A 版）》审核通过。按照 AP1000 机型规划 6 台百万千瓦级核电机组，并留有再扩建的余地。厂区一次规划，分期建设。一期建设规模为 2×1250 兆瓦核电机组。一期工程建设主要包括反应堆厂房、辅助厂房、附属厂房、放射性废物厂房、汽轮发电机厂房、500 千伏及 220 千伏开关站、水处理厂、厂址废物处理设施、去污和热检修车间、特种汽车库、仓库、化学品库、循环水泵房、应急指挥中心、综合检修厂房、运行和维修技术支持大楼、建设期办公楼、综合办公楼、培训中心及档案馆（含模拟机厂房）等。海阳核电机组建设分 3 期自西向东进行。核岛厂房布置在南侧，常规岛厂房布置在北侧。一期汽轮机主厂房长约 230 米、宽约 101 米，2 个核岛厂房中心间距 210 米。

海核一路　核电进场道路，采用平原微丘区二级公路标准，全长 7.9 千米，行车道宽 15 米，双向四车道，设计行车速度 80 千米 / 小时。2003 年 12 月 18 日开工，翌年 8 月 22 日竣工通车。

海核二路及连接线工程　海核二路按双车道二级公路标准设计，设计行车速度 80 千米 / 小时，起于海阳核电厂西北角 2 号门，途经核电专家村，止于凤城街道办事处东，长 10.2 千米，沥青混凝土路面，宽 15 米。连接线用于连接海核一、二路，长 1.37 千米。2007 年 11 月 7 日开工，2009 年 9 月 2 日竣工。

2009 年 9 月 2 日，海核二路竣工验收

厂外供水管线工程　2004 年 9 月 5 日，核电一标段厂外供水管线开工。一标段供水管线采用 2 条 DN350 管道，从留格庄到现场净水站，总长 8.8 千米。12 月 17 日，二标段供水管线开工。二标段供水管线采用 2 条 DN400 管道，从盘石店水库到留格庄，长 14.5 千米。2005 年 8 月 31 日，供水管线完成安装及全线水压试验。当月 22 日，投入使用。

厂外 10 千伏施工用电线路工程及通信建设　2004 年 12 月 25 日开工，由海阳电业公司设计并施工，2005 年 5 月 26 日竣工。9 月，启动现场通

2004 年 12 月 25 日，10 千伏施工用电线路工程开工

2006 年 12 月 31 日，海阳核电场平工程完成

信建设。2009 年 6 月，完成建设期办公楼 WLAN 无线上网系统建设和运行。

采石场道路　专用运输道路，北起梁家水库西侧，南接海核一路，长 6 千米，路宽 8～10 米。2005 年 3 月 9 日开工，12 月 21 日竣工验收。采石场盘山道路，共设置 1 条主干道和 2 条支线。主干道长 4.25 千米，路宽 8 米。2 条支线总长 3.6 千米。2005 年 7 月 29 日开工，2006 年 7 月 16 日竣工验收。

场平工程　2005 年 6 月 18 日开工。2006 年 12 月 31 日，场平工程全部完工，总挖方 210 万立方米，总填方 193.5 万立方米。

护堤及采石工程　2005 年 10 月 18 日，护堤工程开工。2006 年 11 月 22 日，堤身填筑完成，累计填筑 101.7 万立方米石料。12 月 25 日，护堤挡浪墙浇筑完成。2007 年 5 月 25 日，堤顶道路施工完成。菩萨顶东北侧 450 米处为峰顶采石场，为护堤工程供应各类石料 79.6 万立方米。为取（排）水工程、码头工程、循环水泵房、核岛工程、常规岛工程和其他配套工程提供石料及混凝土加工所需的石料。

力能工程　力能主要包括 110 千伏输电线路工程、供热工程、净水站和施工变电站。净水站原水取自盘石店水库，设计日净化处理 1 万立方米。2006 年 6 月 15 日开工，2007 年 4 月 26 日竣工验收。2006 年 7 月 15 日，供热站开工。12 月 15 日，第一台锅炉完工投入使用。2006 年 8 月 25 日，施工变电站和厂外 110 千伏施工用电线路工程开工。12 月 24 日变电站主体工程完工。2007 年 4 月 18 日，110 千伏线路及施工变电站通过送电试运行。

混凝土链工程　2006 年 7 月 25 日，砂石料加工场工程开工。2007 年 11 月 20 日，竣工验收。2006 年 11 月 22 日，混凝土搅拌站工程开工。2007 年 8 月 29 日，竣工验收。2006 年 9 月 10 日，土建实验室工程开工。2007 年 4 月 15 日竣工。

电气配套设施工程　2008 年 2 月 5 日，220 千伏备用电源线路一段工程开工，9 月 20 日竣工。2010 年 8 月 5 日，500 千伏开关站工程开工。9 月 23 日，网控楼工程开工。10 月 23 日，220 伏开关站工程开工。

第五节　主体工程建设

海阳核电一期工程建设 2 台单机容量为 1250 兆瓦的 AP1000 机组。一期项目主体工程包括 1、2 号核岛工程和常规岛工程。2007 年 12 月 26 日，国家核电技术公司正式批准第三代核电自主化依托项目，授权开工日为 12 月 31 日。2008 年 7 月

2008年7月29日，海阳核电一期工程1、2号机组核岛负挖工程启动

29日，山东海阳核电一期工程1、2号机组核岛负挖工程正式启动。2009年2月15日，1号核岛基坑负挖工程完工，完成土石方开挖约4.90万立方米，基底清理面积3624平方米，总计爆破27次。21日，该工程通过国家核安全局组织的专家检查组现场验收，标志山东核电站主体工程开工（浇筑第一罐混凝土）前准备工作取得阶段性成果。3月3日，始浇筑填平找齐混凝土，总工程量850立方米，标志1号核岛土建工作正式启动。5月8日，2号核岛负挖工程通过国家验收。6月25日，一期工程1号常规岛负挖工程正式验收，其间累计爆破60次，爆破震动监测结果正常，基底清理面积8500平方米，土石方挖运总量15.85万立方米。8月7日，一期工程1号核岛第一罐混凝土浇筑通过国家核安全局专家组的核安全检查，为1号核岛正式开工提供必要条件。28日，2号常规岛负挖工程通过验收，工程累计爆破69次，基底清理面积约8500平方米，土石方挖运总量16.2万立方米。

2009年9月24日15时58分，海阳核电1号核岛浇筑第一罐混凝土

2009年9月24日，一期工程获颁建造许可证。同日，1号核岛浇筑第一罐混凝土，浇筑历时42小时，共浇筑混凝土5198立方米。11月13日，1号核岛混凝土浇筑养护情况通过国家核安全局专家组的例行核安全检查。28日，大吊车主机、超起臂和主臂完成组装。

2010年1月30日，1号核岛CA20模块整体吊装就位；4月9日，CV底封头吊装就位；5月15日，1号核岛常规岛开工，浇筑第一罐混凝土；6月20日，2号核岛浇筑第一罐混凝土；7月1日，1号核岛钢制安全壳筒体第一环吊装就位；9月16日，2号核岛常规岛开工，浇筑第一罐混凝土；27日，1号核岛核心模块CA01吊装就位；10月12日，1号核岛钢制安全壳筒体第二环吊装就位；30日，2号核岛钢制安全壳底封头吊装就位；11月29日，1号核岛钢制安全壳筒体第三环吊装就位；12月21日，2号核岛CA20

2009年12月28日，海阳核电一期工程开工仪式

2010年4月9日，海阳核电1号核岛安全壳底封头开始吊装

模块吊装就位。

第六节 辅助与配套工程

办公设施工程 2005年8月，山东核电有限公司将厂址东北角的东方红酒店改造为现场办公楼。2006年10月，建成建筑面积872平方米的钢结构板房办公室。2007年7月15日，开工建设

2010年，海阳核电专家村

厂前区建设期办公楼，总占地面积4.1万平方米，总建筑面积3.54万平方米，主要包括建设期办公楼A楼，食堂，监理办公楼B、C楼，均为钢筋混凝土框架结构。2008年11月10日、12月25日，建设期办公楼及食堂、监理办公楼竣工。

海阳核电专家村（以下简称专家村） 专家村位于凤城街道东，距凤城街道办事处约4.8千米，距海阳核电厂址约8千米。南临海核二路，与黄海隔海相望，西北为影视外环路，东为新安路，

2010年，山东核电有限公司

2010 年，海阳核电施工生活区

东西海岸线长约 609 米。专家村第一期工程总建筑面积 8.16 万平方米，共有 34 栋单体建筑及构筑物。2009 年 8 月，专家村第一期工程建筑设计及规划方案确定。11 月，完成专家村第一期工程施工图设计。12 月 10 日，专家村第一期工程正式开工建设。

施工生活区 海阳核电施工生活区，位于留格庄镇大辛家村西，东为海核一路，南为海翔路，距海阳核电厂区约 8 千米。施工生活区总建筑面积 11.02 万平方米，分 NC 区、NI 区、CC 区、CI 区及中心区 5 个区域，共有公寓楼 32 栋、员工餐厅 4 栋、综合楼 4 栋、中心区服务楼 2 栋及污水处理站等相关配套设施，总建筑面积 10.96 万平方米。2006 年 9 月陆续开工建设，2008 年 12 月 17 日竣工投入使用。

循环水系统 2009 年 1 月 20 日，取水明渠工程和循环水排水管及排水明渠工程开工。2 月 10 日 ,CWS 管道土建工程和 SWS 管廊工程开工。6 月 11 日，一期泵房的负挖工程开工。

其他辅助工程 包括码头工程、厂区施工管网、道路、动力工程和重件道路工程、武警营房与消防站等，分别于 2008 年、2009 年开工建设。

第十一编

国内贸易

利客来集团
成龙影城
雅艺琴行
加美艺术
利客来黄金
投资精品 时尚礼品
观影至4层
波司登
海阳百货大楼
即可领40元无门槛现金券。利客来纯银
中国建设银行
惠丰园
金茂电器
专卖好家电

1978 年，全县商贸流通行业实行指令性计划体制，商业、供销、物资、粮食、石油及专营商品均由部门统一计划调控。社会消费品零售总额 6300 万元。1979 年，流通行业市场化改革起步，国家实行计划指导下的商品经济。1983 年，实行国家计划指导下的市场调节，流通行业通过承包、批发权限下放，企业开始拥有部分自主权，商品流通双轨运行。1988—1990 年，全县流通行业实行承包经营责任制。1993 年，商业、物资行业取消计划商品，全面进入市场调节。1998 年，全市流通部门实施“两抓两退”[抓住关系国计民生的主要商品，抓住一批大型骨干流通企业；逐步退出中（小）型批发、零售、服务业的国有资本，逐步退出市级企业的国有资本，扩大非公有制经济的发展空间]战略，全面推进流通企业改革。1999 年起，市政府推进资产重组，转变企业内部经营机制，加快流通企业的产权制度改革。至 2000 年，大部分市属企业完成改制，全市流通行业正式步入市场经济轨道。2010 年，全市社会消费品零售额 84.87 亿元，是 1978 年的 134.7 倍。全市呈现出购销两旺、市场繁荣的局面。

第一章 机 构

第一节 管理机构

海阳市商务局 1978 年，称海阳县财贸办公室，1984 年撤销。1990 年 1 月，复设县财贸办公室，为县政府直属正科级行政部门。1993 年 11 月，以财贸办公室为基础，组建海阳县对内贸易委员会，内设行政科、贸易科、第三产业办公室。1996 年 5 月，海阳县对内贸易委员会改称海阳市贸易局，同时挂海阳市财贸办公室牌子。2001 年 12 月，改称市财贸办公室，规格由正科级调为副科级，为市经济贸易局内设机构。2010 年 3 月，市财贸办公室与海阳市对外贸易经济合作局合并，组建海阳市商务局。内设办公室、综合科（加挂生猪定点屠宰管理办公室牌子）、市场体系建设和商贸服务管理科、对外贸易科（加挂机电产品进出口办公室牌子）、外国投资管理科、对外经济技术合作与投资管理科、对外招商促进科；辖外企中心、国际经济技术合作公司、生猪定点屠宰稽查大队。

海阳市商业集团公司 1978 年，海阳县商业局内设人事股、业务股、财会股、保卫股、办公室。1984 年 8 月，内设政工、行政、业务、财会、基层、保卫、计统信息 7 个科。1988 年 12 月，县商业局改制，成立海阳县商业集团公司，内设企业管理部、资产管理部、政治工作部、投资开发部、购销服务部和总经理室、党委办公室、行业管理办公室；辖国营商业企业有百货公司、糖茶酒公司、食品公司、百货大楼、五金交电公司、蔬菜副食品公司、商业储运站、商业贸易公司、第二百货公司等；商办工业有食品厂、酿造厂、肉类联合加工厂、粉丝厂、禽畜场等；商办教育有商业职工学校、商业幼儿园。1996 年 5 月，海阳县商业集团公司改称海阳市商业集团公司。2008 年，市商业集团公司归口市财贸办公室，所辖企业一并移交管理。

海阳市物资总公司 1978 年，海阳县物资局内设行政科、业务科、财务科、政工科。1992 年 6 月，改称海阳县物资总公司。撤销行政科，设办公室、经营管理科、经贸科、审计科、修建科、保卫科。辖金属材料公司、木材公司、机电设备公司、燃料公司、经销公司、建材公司、物资贸易中心、化工轻工公司、生产资料服务公司、再生利用公司、物资开发公司 11 家公司。1996 年 5 月，海阳县物资总公司改称海阳市物资总公司，对辖属企业实行租赁经营模式，原企业处于歇业状态。至 2002 年，海阳市物资总公司所辖 11 家国有物资企业相继破产。2005 年 8 月，海阳市物资总公司依法破产。

海阳市供销合作社联合社 1975 年 9 月，县供销合作社从县商业局析出单设。1978 年，内设行政科、政工科、财会物价科、计划统计科、业务科、基层工作科、保卫科、多种经营办公室7个科室。1983年，改称海阳县供销合作社联合社。1985年，内设行政、政工、财会物价、计划统计、业务、基层工作、保卫、开发、饮食服务、基建储运10个科，辖农业生产资料、土产杂品、果品、储运、开发5个公司和1个贸易中心、1所职工学校、1个综合商店及17个基层供销合作社。1992年8月，成立海阳县供销集团总公司。1996年5月，海阳县供销合作社联合社改称海阳市供销合作社联合社。2001年10月，海阳市供销集团总公司改称海阳市供销总公司。2004年，市联社内设办公室、业务科、保卫科、政工部、财会部、武装部，人员编制22名。辖10个直属公司和17个基层社及1所幼儿园，职工（含离退休）4111人。2008年，市供销合作社联合社确定为市政府直属正科级全额拨款事业单位。内设综合科、财务审计科、合作经济指导科，人员编制13名，辖3个改制企业及1所幼儿园。

海阳市粮食局　1978年9月，称海阳县粮食局。1985年，内设行政、政工、财会、仓储、业务5个股。1992年6月，改称海阳县粮油集团总公司。1995年7月，改称海阳县粮食局。1996年5月，海阳县粮食局改称海阳市粮食局。2005年2月，由政府工作部门调整为市发展和改革局的部门管理机构。2010年，内设办公室、行业管理科、监督检查科、财务科；辖市粮油收储中心和粮食学校。

海阳市蔬菜总公司　（参见第五编第一章第一节“海阳市蔬菜总公司”）

海阳市食品总公司　1992年1月，海阳县畜牧肉类集团公司成立。1996年5月，改称海阳市畜牧肉类集团公司。2001年12月，改称海阳市食品总公司。2006年6月，公司破产。2008年1月，原公司科级干部并入市财贸办公室。

海阳市果品集团公司　1992年1月，海阳县果品生产总站成立，9月撤销；是月，海阳县果品集团公司成立。1994年10月，改称海阳县果品总公司。1996年5月，改称海阳市果品总公司。2001年12月撤销。

第二节　专营机构

中石化海阳分公司　1972年，成立海阳石油分站。2000年4月，海阳石油分站改制整体上市，改称中国石油化工股份有限公司山东烟台海阳石油分公司。

山东烟台烟草有限公司海阳营业部　1983年12月，山东省烟草公司海阳支公司成立。1984年3月，海阳县烟草专卖局成立，与山东省烟草公司海阳支公司合署办公。1986年6月，山东省烟草公司海阳支公司改称中国烟草总公司山东省公司海阳县公司。1994年，增设徐家店批发部、县城批发部、三产门市部。1995年，增设留格庄批发部、县城第二批发部、海河路批发部，三产门市部改称烟达贸易公司；储运科并入业务科。1996年5月，改称颐中烟草（烟台）有限公司海阳分公司，成立颐中烟草（烟台）有限公司海阳分公司徐家店、发城、小纪、行村、留格庄、盘石店、大阎家批发部。1997年，大阎家批发部被撤销。1998年9月，改称山东烟草购销（集团）有限公司烟台分公司海阳市公司。1999年1月，改称山东烟草购销（集团）有限公司（烟台）海阳分公司，烟达贸易公司改称服务部。2000年10月，改称山东烟台烟草有限公司海阳分公司。2005年8月，改称山东烟台烟草有限公司海阳营销部，撤销服务部，与海阳市烟草专卖局合署办公，隶属山东烟台烟草专卖局（有限公司）。

海阳市盐业公司　（参见第九编第一章第二节“企事业单位”）

烟台市医药公司海阳公司　1978年，称中国药材公司山东省海阳县药材公司。1979年5月，划为省属企业，改称山东省药材公司海阳县公司。1988年5月，撤销省属，下放烟台市医药公司管辖，改称烟台市医药公司海阳县公司。1993年，成立海阳医药股份有限公司。1996年5月，改称烟台市医药公司海阳市公司。辖徐家店、朱吴、留格庄、行村4个药材经营组和26家零售门市部。2003年2月，26家零售门市部成立华阳大药店连锁公司，隶属烟台市医药公司海阳公司。2007年，企业改制，改称海阳市医药有限公司和华阳大药店有限公司。

第二章 商品经营

第一节 体制改革

1978年，商业主管部门集行政、业务、财务管理于一身，企业有责无权。1982年，三级批发企业开始打破商品购进地域界限，计划外采购适销对路商品。1984年，在批发、零售、饮食服务企业实行“利润留成、盈亏包干”经营责任制，商业主管部门陆续将经营、计划、财务、工资、奖励等权力下放给企业。1985年，流通体制改革全面推开，百货、五金、副食品3个专业批发公司实行以批发为主、批零兼营、独立核算、自负盈亏，取消“三固定”（固定区划、固定对象、固定倒扣率）模式，“三多一少”（多种经济成分、多种经营方式、多条流通渠道、少环节）流通体制逐步形成。在小型国营零售、饮食服务企业实行承包，自负盈亏。

1987年8月起，国营商业系统打破固定工资制，实行效益工资。在小门店推行承包责任制和租赁制。同年，商业系统人事改革推开，所属企业经理（厂长）实行投标答辩、竞争上岗，由任命制改为聘任制。1988年1月，商业系统有11家国营企业（食品厂、酿造厂、罐头食品厂、五金交电公司、糖茶酒公司、蔬菜副食品公司、百货大楼、第二百货公司、商业贸易公司、百货公司、局属海阳禽畜场），实行第一轮承包经营责任制，签订3年的承包经营责任书。以“包死基数，确保上缴，超收多留，歉收自补”方式，兼顾国家、集体、个人三者利益，实行经营权和所有权的适当分离。1990年，商业系统第一轮承包结束。同年，完成商品销售、调出1.31亿元，全系统实现利税560万元，完成工业产值2410万元，出口交货值250万元。

1991年，商业系统实施第二轮承包，承包形式实行“三保一挂”（保实现利税，保上缴利税，保完成技术改造，工资总额与经济效益挂钩），承包指标和内容进一步完善。1992年，全县商业系统批发零售企业全面实行经营、价格、分配、用工“四放开”。将县五金化工公司、县交电公司合并，成立海阳县五交化总公司。1993年年底，商业系统第二轮承包结束。同年，全系统完成商品销售总额1.65亿元，实现利润235万元，工业总产值完成4050万元。全系统清缴货款、处理库存积压商品回收资金800万元。

1996年，商业系统实行国有民营改革。市糖业烟酒总公司（市商业糖酒站）破产。市商业百货公司、五交化总公司的库存商品实行“抽本经营”。1998年，全市商业系统所属企业全部实行租赁柜台、租赁门店经营。1998—2002年，全系统实现销售收入3.6亿元，入库税金642万元。2002年4月，市食品公司宣告破产，原址规划建设1座整体5层、建筑面积4700平方米的商城。2007年后，加大改革改制力度，企业改革改制工作取得突破性进展。五交化公司整体破产，按照程序合法、补偿合理的原则，妥善处理企业与职工、集体与个人的关系。2008年，商业集团、食品总公司归口市财贸办公室管理，所有下属企业一并移交管理。

第二节 商业网点

1974年5月1日，百货大楼竣工营业，为全县第一个大型零售点。1978年，城区蔬菜、肉食零售店各发展到3处。1983年，海洋商场开业，为全县规模最大的商场。1989年，贸易公司投资108万元，把原有的营业室改造成3850平方米营业楼。1990年，商业大厦建成，营业面积4000平方米（2005年，改制更名为凯骊商厦）。1991年，投资900万元，建设总面积2.2万平方米的兴海市场，为烟台市县级最大的商品交易综合市场。1993年，投资200万元，将罐头食品厂院内的旧平房改建为1座主楼5层、附楼4层、总面

2010 年，凯骊商厦

积 2500 平方米的商业网点。1994 年，改造海河路商业街和海阳食品商城，增加固定网点 400 个，全县商业网点 831 个。1995 年，全县有批发贸易业机构 837 个、网点 949 个，从业人员 4681 人。2000 年，全市有零售贸易业机构 6708 个、网点 7021 个，从业人员 12082 人。进入 21 世纪，全市商业企业发展加快。2007 年，全市启动“万村千乡”工程，各镇（区、街道）建立起符合商务部标准的农家店 100 家，并通过烟台市组织的验收，农家店的镇（区、街道）覆盖率 100%，村庄覆盖率 40% 以上，打造农村现代流通网络体系。2008 年，全市有限额以上批发零售贸易业法人企业 25 家、商业流通企业 404 家、批发零售网点 8722 个，商业从业人员 6.7 万人。2010 年，全市商贸流通业（含门店）拥有各种商业网点 1 万余个、商贸流通企业 460 余家，从业人员近 7 万人；有大型超市 6 家，专卖店 10 个，大型百货商场和

海政路商业街

服装商场 10 余个，商业步行街 1 条。

百货大楼　1970 年 4 月，百货商店并入百货公司，称百货公司门市部。1973 年，建设占地 3600 平方米、建筑面积 2950 平方米、营业面积 2050 平方米新大楼。1974 年 5 月 1 日，百货大楼竣工营业，百货门市部业务全部迁入，百货商店从百货公司析出，称海阳县百货商店。3 层营业大楼共设食品、五金交电、百货、棉布、针织、鞋帽、文化、杂品等 8 个专柜，附设车站第二门市部，有职工 74 人，经营 8000 多种商品。1977 年，杂品专柜改设劳保专柜。1978 年，增设服装专柜、早晚门市部、北山家属区第三门市部。1979 年，在邮电局东新建百货、棉布、针织、服装 4 个专业门市部。1981 年 1 月，将车站第二门市部及百货、棉布、针织、服装 4 个专业门市部析出，成立海阳县第二百货商店。海阳县百货商店改称海阳县第一百货商店。1984 年 8 月，海阳县第一百货商店改称海阳县百货大楼。

1984 年，在大楼西南接建营业、办公、服装加工大楼 4 层，主楼高 23 米，营业面积增加到 4500 平方米，大楼总面积 6500 平方米。1985 年 6 月，新营业楼开业，增设工艺美术、手表眼镜、家具等专柜，扩大百货、食品、服装、针织、鞋帽等业务经营。至 1985 年年底，整个营业大楼共设食品、五金、交电、百货一部、百货二部、棉布、化纤、针织、服装、鞋帽、劳保、文化、家具 13 个部，部下设 28 个柜组；附设北山门市部、北山食品门市部、批发部、服装厂和财会股、后勤股。有职工 185 人，经营 12 大类商品、1.25 万余个品种，年均销售额 600 多万元。当年销售额 830 余万元。2000 年后，百货大楼改制。

糖茶酒公司　1961 年 9 月，成立山东省副食品公司海阳县公司，辖饮食服务和商品加工业务。1970 年 7 月，恢复三级批发机构，糖、烟、茶、酒业务归百货公司。1975 年 8 月，从百货公司析出糖茶烟酒业务，成立海阳县副食品公司，主要经营糖、烟、酒、茶叶、蔬菜及调味品的批发销售业务，并接管茶叶生产。1983 年 12 月，烟草业务析出。1986 年 1 月，改称海阳县糖茶酒公司。公司设行政、业务、财会、仓库 4 个股和批发、门市 2 个部，有职工 53 人，经营 1100 多种商品，

进货渠道多以烟台二级站和本县酒厂为主。1978年后，购销渠道畅通，同全国70余个厂、站建立进货关系，扩大商品购销，提高经济效益。1985年，完成销货额866万元，比上年增长22%。90年代，小商品批发市场相继建成后，酒类、糖类和茶叶的批发主要由个体私营户经营。1996年，因业绩不佳，企业宣布破产。

百货公司 1950年4月成立。1975年8月，五金交电和烟酒糖茶业务析出。1982年1月，纺织品业务析出。百货公司由过去经营日用百货、文化用品、纺织品、针棉织品、五金、交电、化工、烟酒糖茶等11大类商品减至只经营百货、文化两大类商品，品种6700余种。1980年10月，投资67万元，建设使用面积3600平方米新大楼，设有大百货、小百货、日用化妆、鞋帽、文化5大类商品库。1982年，经营商品8900余种，年购销量9500吨。1985年，商品销售额1035万元，利润26.6万元。是年，在徐家店设立第二百货公司。1988年，百货公司批发业出现即购即销的局面。1992年，公司发展成为一个经营品种近2万种、年销售额3000万元的综合性批零兼营企业，有职工180人。1993年，百货、纺织商品实行市场自由购销，完全由市场调节。2000年后，百货公司改制。

1993年，海阳县百货公司

第三节　商品购销

中共十一届三中全会后，商品市场日趋活跃，多种经济成分、多种经营方式并存，国营、集体、私营商业竞争日益激烈。1985年，国营商业抓改革，促流通，充分发挥主导作用，完成销售总额6344万元，实现利税323万元。1987年，商品总购进6387.5万元，商品销售6724.6万元，实现利润182.4万元，列烟台市各县（市、区）第二名。1990年，商品购进1.18亿元，销售1.31亿元，实现利润288.4万元。1992年，是国营商业企业改革成效最大的一年，完成销售1.41亿元，占承包计划的246.7%；实现利润301.5万元，占承包计划的128.6%。1994年后，随着计划经济向市场经济的转变，国营商业亏损严重，经营逐年萎缩。1996年，国营批发企业退出商品流通领域，国营零售企业由抽本经营逐步过渡到租赁柜台、租赁门店经营，大批职工下岗。1998年，国营流通部门实施“两抓两退”（抓住关系国计民生的重要商品，抓住一批大型骨干流通企业；逐步退出县及县以下企业的大部分国有资本，逐步退出市级企业的国有资本，扩大非公有制经济的发展空间）战略，国营商业国有流动资本退出，国有固定资产以租赁的形式进行管理。

商品批发 70年代，商业批发实行一、二、三级批发制。县级为三级批发企业，从二级批发站进货，确需出省采购商品的，须经直接供货的二级批发站批准，并报开户银行备查。到上海、北京采购的，需经省商业厅批准。零售企业一律不准出省采购商品。县百货公司、副食品公司、五金交电公司为三级批发企业。1981年，国营批发由过去只向县内国营商业和基层供销社批发销售，扩大到不分经营性质、不分区域，只要有营业执照均予批发供应，批发价格不变。1983年，商品批发市场开始由卖方市场转为买方市场，国营批发独家经营的局面被打破。同年，纺织品退出统购统销计划，居民凭布票购买针纺织品的历史结束。1984年，开征批发毛利税。1986—1987年，三级批发可到一级批发企业或生产厂家直接进货，彻底打破计划经济模式的进货渠道。1988年，市场出现抢购风，国营批发企业发挥主渠道作用，稳定市场和物价，严格执行国家物价政策。同年，放开集体、个体商业经营批发业务。1989年，火柴、肥皂、洗衣粉实行计划管理、限价供应。1990年，商品经营采取送货上门的方式，全县商品批发完成7744.9万元。1992年，在流通领域企业推行经营放开，批发企业可以兼营零售，零售企业也可兼营批发业务，允许企业跨地区、跨行业、跨所有制形式进行联合经营。1994年起，商品批发额逐年下降。1996年，三级批发退出流通领域，国营批发终结。至2005年，集体、个体商业批发的商品品种增多，经营范围扩大。2006年，全市有批发业法人企业5个、产业活动单位8个，从业人员712人。购进总额11.29亿元，销售总额11.22亿元。2010年，全市有限额以上批发业法人企业45个，从业人员1298人，购进总额67.41亿元，销售总额67.46亿元。

烟酒糖茶　70年代，烟酒糖茶批发业务由县副食品公司代理，批零兼营。经营商品按计划到指定地点购进，按人口比例供应城镇居民和基层供销社。1980年，全国名酒由商业部统一落实货源，组织供应，对城镇居民实行食糖定量供应。1983年，卷烟批发转交烟草公司经营。同年，除食糖、名酒外，白酒、茶叶市场放开经营。1986年，国营烟酒糖茶批发占据主导地位。1993年后，名烟、食糖全部转为市场调节。2005年，全市从事酒类批发的商户160家。至2010年，全市拥有酒、糖、茶类批发户260余家。各大超市都开设酒类销售区，成为酒类销售的主渠道之一。

五金交电　1975年8月，五交化业务从县百货公司析出，成立海阳县五金交电公司。年经营商品2500多种。1983年，建设集批发、业务、办公于一体的楼房1座，面积415平方米。1985年，公司采取批发下乡、降低批发起点方式，全年销货额1238万元，利润52万元。1988年，五金交电商品出现抢购风。1989年，对彩色电视机实行国营商业专营。至1990年，计划分配的商品只有铁丝、彩电等。1992年，将海阳县五金化工公司、海阳县交电公司合并，成立海阳县五交化总公司。1993年，计划分配商品全部退出，实行市场调节。

商品零售　1978年，国营商品零售实行国有国营，统收统支。商品购进只限于当地三级批发站。商品零售价格由三级批发站根据上级物价政策核定。紧张商品凭商业局介绍信或票出售，计划分配生活必需品凭票或证供应。一般商品逢年过节抢购，商品货源供不应求。全县共有商业零售网点253个，其中商业系统9个、供销系统244个（含代购代销点）。县城主要有国营百货商店下属的门市部和归口管理的集体门市部以及食品、副食品、糖业烟酒公司所属的零售门市部。在公社、大队主要有基层供销社和代购代销点。同年，国营商业完成商品零售额107.6万元，全县社会消费品零售总额6300万元。1979年，国营零售业开始走坐、行商结合的路子，积极参加各种形式的物资交流大会，扩大销售。1980年后，鼓励个体从事商业零售活动，主要从事日用商品、服装、杂品、蔬菜水果和农用生产资料的零售，国有集体企业开始销售计划外商品。1982年，国营零售企业可跨行政区域进货，不论商品产地和经济区域均可自由采购商品。1984年，一般日用消费品供应票证逐渐废除，自行车、电视机、电冰箱等仍实行计划供应。1986年，全县国

1993年，海阳县五交化总公司批发部

2010年，百货大楼超市一角

2010 年，家家悦购物广场

营商品零售总额 6724. 万元，实现利税 182.4 万元，上缴财政 89.6 万元。1988 年，流通领域出现抢购风，销售环节商品断档，商品价格快速上涨，部分商品抢购一空。百货公司销售额 2084.1 万元，百货大楼销售额 1529.5 万元。全县完成商品零售总额 8754.3 万元，实现利税 249.1 万元。1990 年，全年国营商业零售销售额 3342.8 万元。90 年代初，商业大厦、兴海市场等相继建成并投入使用，商品零售业的规模和水平进一步提高。1992 年，副食品综合大楼开始国有民营试点。1993 年起，计划分配商品全部取消，国营商业零售额逐年下降。1996 年，国有零售业实行内部职工承租柜台的办法，将库存商品作价卖给职工，实行独立经营，自负盈亏。2000 年后，龙大超市、家家悦连锁超市、振兴商场等相继建成并营业。2007 年，全市社会消费品零售额 52.4 亿元；2008 年，完成 64.8 亿元；2009 年，完成 77.47 亿元。2010 年，全市社会消费品零售额 84.87 亿元，其中零售业零售额 63.73 亿元，同比增长 17.6%。

第四节　个体私营商业

1978 年，商业经营绝大多数由国营、集体承办，个体商业少。1979 年后，个体商业逐年增多。个体商贩从济南、青岛、烟台等城市购货，在县城、乡村交通要道设门市部、售货亭或摆摊经营，村内多见“货郎担”经营日常用品及儿童玩具等。1983 年，全县有证个体商店 2040 个，从业人员 2977 人，商品零售额 1397 万元。1992 年，县政府出台《关于鼓励农民进城发展经济繁

三联家电商场

荣市场的暂行规定》，凡迁入县城综合开发区的个体工商业者及其随迁家庭成员，是农业户口的免除农村义务工、劳动积累工，享受粮油、煤炭议价供应；参军、招工、升学享受迁入单位居民待遇。1993 年，县政府出台《关于引导和鼓励农民进城从事二、三产业的意见》，并成立领导小组，具体负责鼓励农民进城发展二、三产业的计划、组织、协调、监督、咨询等工作。进城农民向领导小组提出申请，领导小组在安排住房和生产经营场所方面提供优惠。户口迁出的农民，不再承担原所在村的提留、集资、劳动积累工和乡镇统筹费，不参与村内经济分配。同年，海阳县成立个体私营经济服务中心，实行一个窗口对外、一个公章放行、一个证件经营。规定不论县内县外，可凭居民身份证到服务中心办理营业手续。个体私营商业经营范围涉及农林牧渔业、制造业、交通运输业、仓储业、批发业、零售贸易业、餐饮业、社会服务业等。1994 年，县委八届六次全委

2010 年，兴海市场

（扩大）会议提出“重农、强工、建城、兴商”的发展战略，对个体私营经济的扶持、引导力度进一步加大。同年，全县有证个体商户 2248 户，从业人员 3420 人，注册资金 1290 万元。1998 年 3 月，市委、市政府召开全市个体私营经济工作会议，出台《关于优化经济发展环境若干问题的决定》。同年，全市新增个体工商户 536 户，总数 3376 户。1998 年后，城区内的摊贩逐年增多，摊位每天保持在 300 个左右，主要分布在城区海阳路、海河路等，以经营农副产品为主。农忙种地，农闲时从事集市经营的流动摊贩和专门以赶集、摆摊为主业的长期摊贩成为主流。2002 年，全市有证个体工商户 3951 户，从业人员 7762 人。2003 年 4 月，市政府出台《关于进一步加快民营经济发展的意见》，放宽经营条件、审批程序等方面的限制。2004 年，全市有个体商户 4247 户，从业人员 8112 人，注册资金 9268 万元。个体工商户年销售额 1.97 亿元，社会消费品零售额 13.34 亿元。2010 年，全市有个体工商户 11756 个，从业人员 18801 人，注册资金 5.16 亿元。其中，从事批发零售业的 8389 户，从业人员 12251 人，注册资金 3.77 亿元。

第三章　供销合作

第一节　体制改革

1978 年，县供销合作社（以下简称县供销社，1983 年后称县联社）的主要任务是按照国家规定的价格、品种、数量，供应农民群众需要的生产生活资料，收购销售农民生产的农副产品和社会上的废旧物资。经营的主要方式是调拨、批发、零售。全县供销社的经营网点覆盖全县农村和城区的 90% 以上，经营量占全社会需求总量的 70% 以上。

1983 年，县联社在农村进行清股扩股，发展新社员 38636 户，增加股金 60.66 万元。县联社和 17 个基层供销社相继召开社员代表大会。同年，在全系统全面推行不同形式的承包经营责任制。基层供销社各门店实行“利润包干、全额纳税、浮动工资、超收分成”或“利润大包、盈亏自理”；县直公司直属门市部实行“利润包干、浮动工资、超收按档分成”或“定额上缴、超收分成、缺额自补”等政策。1988 年，县联社对基层社全面推行“内部招标（选聘）、择定承包人，全面实行利润递增包干承包经营”的责任制方式，全县 17 个基层社完成。

2001 年，海阳市供销集团总公司办公楼

2000 年后，市供销系统有基层社 17 个、市直公司 10 家，职工 3000 余人，大部分基层社、市直公司运营不良、债务沉重。2004 年，全市供销系统开始进行企业改革、改制工作。到 2010 年，17 个基层社破产；市属 10 家企业，3 家改制，7 家破产。

1978—2004 年海阳市供销社购销存总额情况表

表 11-3-1　　单位：万元

项目 年份	购进	销售	库存	项目 年份	购进	销售	库存
1978	2665	5578	1670	1992	9032	13962	3529
1979	3384	6550	1642	1993	10938	19143	2841
1980	3413	7208	1872	1994	18881	24351	1727
1981	3287	7470	2552	1995	19093	24577	1655
1982	2440	5910	2149	1996	17026	20466	1229
1983	4000	5640	2558	1997	14296	19922	1438
1984	4191	6920	2838	1998	11962	14563	828
1985	3482	7105	2475	1999	15482	19005	711
1986	4341	7465	3024	2000	15157	17966	524
1987	3482	9661	3020	2001	17458	20421	295
1988	8735	12492	3971	2002	18546	21683	475
1989	7168	11491	3374	2003	16437	20056	364
1990	6692	10858	3877	2004	14688	19672	209
1991	8733	12048	4111				

第二节　生产资料供应

1978 年，供销社经营的主要生产资料有石油、化肥、农药、中小农具、车马轮具、农用塑料薄膜等。主要经营网络是县生产资料公司连接基层社生产门市部和石油化肥组。全系统农业生产资料销售总额 1651 万元。1988 年，完成 3019 万元，比 1978 年增加近一倍。1995 年，全系统农资销售额 1.03 亿元，为历史上最好的一年。1996 年后，由于市场放开和多家经营，生产资料销售额呈逐年下降态势。1997 年，因企业改制，供销社生资公司门市部及基层社生资门市部，全部由职工个人租赁承包经营。2004 年，供销系统全面破产改制，生资公司为第一批破产企业。

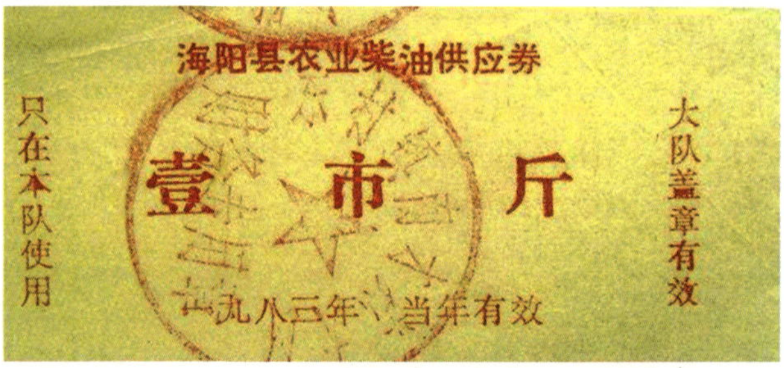

1983 年，1 市斤柴油票

1978—2004 年海阳市主要农业生产资料供应情况表

表 11-3-2

品名 年份	化肥（吨）	农药（吨）	农药机械（架）	柴油（吨）	农膜（吨）	品名 年份	化肥（吨）	农药（吨）	农药机械（架）	柴油（吨）	农膜（吨）
1978	46061	1831	1205	11056	—	1980	52158	1743	2157	11657	69
1979	61038	1499	2149	10629	65	1981	31467	1749	2835	11056	65

续表 11-3-2

品名 / 年份	化肥（吨）	农药（吨）	农药机械（架）	柴油（吨）	农膜（吨）	品名 / 年份	化肥（吨）	农药（吨）	农药机械（架）	柴油（吨）	农膜（吨）
1982	35033	1238	1755	11355	67	1994	52437	718	19400	5934	666
1983	44381	993	12903	6536	102	1995	68909	834	13700	4660	683
1984	41835	720	29691	7521	130	1996	57215	605	3900	4156	552
1985	31036	764	18765	5813	132	1997	48064	742	8500	2718	350
1986	27725	695	11441	4855	149	1998	44306	497	1200	2200	376
1987	37032	670	14363	5140	169	1999	41250	380	1021	2156	280
1988	30889	796	17162	6297	351	2000	34508	296	956	2250	285
1989	17244	553	19578	6016	187	2001	32276	280	800	2110	262
1990	25999	524	12900	6003	196	2002	30112	261	600	2200	218
1991	47015	559	9800	7072	343	2003	25213	150	200	1803	190
1992	52742	642	12200	8493	500	2004	24300	140	265	1714	180
1993	42404	856	19800	6528	457						

石油　供销社主要经销汽油、柴油、润滑油和特种油。1978—1984年，供销社经销的汽（柴）油是按照上级分配的计划，由基层社油化组从县石油公司调入，逐级按计划分配给生产大队（村）。1984年，石油市场逐步放开，汽（柴）油的社会供应量不断增长。为满足农民群众的需求，交通条件比较好的基层社开始陆续建起加油站。至1990年，全县供销社加油站14处，其中规模较大的有徐家店、发城、行村、留格庄等社。

化肥、农药　化肥分地产小化肥和大化肥。地产小化肥有碳铵、磷肥和氨水；大化肥有尿素、磷酸二铵、复合肥等多种优质化肥。1978—1980年，供销社经营的大化肥由国家计划分配，地产小化肥由地方政府计划分配。1995年后，化肥、农药等农资放开经营。

中小农具、农地膜　1978年，为解决中小农具不足的供求矛盾，17个基层供销社前店后厂，开展修旧利废和加工改造，到田间地头帮助农民维修各种中小农具。同年，供销社共为生产队维修各种动力机械648台、农用机具30342部。共组织152个支农小分队，供应各种抗旱物资。供应动力机械520台，水泵544台，塑料胶管5.84万米。1982年，供销社成立17个维修组，全年深入农村帮助农民维修喷灌机740台，各种生产步犁1450余部。1993年，供销社向农民提供农用地膜457吨，各种动力机械900余部。徐家店供销社生资门市部全年销售水泵、手扶式拖拉机等中型农用机械200余台。1997—2004年，供销社门店实行租赁承包经营，农地膜、各种中小农具根据市场需求，发挥供销社送货上门、预约订货、串乡赶集等优势，开展灵活经营。2004年后，生产资料供应渠道广开，私人经营逐渐占据市场主要份额。

农用手扶拖拉机

第三节　生活资料供应

经营机构　1978年后，供销社经营工业品的主要机构，县直有土产杂品公司、贸易中心（货栈）及附属零售门市部，其业务批零兼营；工业品公司（综合商店）、工商综合公司为零售企业。基层供销社有仓库、百货、针纺、副食品、杂品门市部和零售门店。1980年5月，成立贸易货栈，1984年易名贸易中心。1986年，贸易中心分设日用百货公司、副食品公司、家用电器公司和针织鞋帽公司。1988年，原县联社办公大楼经改建后，成立工商综合公司。至1993年，县工业品公司、贸易中心、工商综合公司和留格庄、朱吴、行村、小纪、发城、徐家店、辛安7个基层社建起综合性营业楼。至2010年均已改制或破产拍卖。

商品供应　1978—1980年，随着农民收入增加，自行车、缝纫机、收音机、手表、座钟等耐用消费品供不应求。为弥补市场不足，全系统组织60余名采购员，分赴全国各地，积极组织货源。每年外采300余个品种计960余万元。1982年，全系统以各种形式开展跨地区、跨行业联合。其中与北京歌舞剧院联营，成立中海贸易公司；与石家庄鞋帽总公司联营，成立中原实业有限公司。同年，中海贸易公司销售额708万元，利润16万余元。中原实业有限公司全年销售额200余万元，县联社按比例分成获利润7万余元。至1986年年末，全系统已发展不同形式的联营公司、门店等61处，分成利润57万元。1987年，全系统生活资料销售6268万元，比上年增长27.6%；家用电器的销售达到高峰，全系统与省内外300余个生产厂家建立稳固的业务关系，全年购进电视机5996台、电冰箱4214台、电风扇21210台、缝纫机4130架、自行车10246辆，进货额1.27亿元，比上年增长10%。

1988年，全系统直接从厂家进货3270万元，比上年增长27%。其中电视机、电冰箱、洗衣机、组合家具、自行车等高档消费品，比上年增长23%；钢材、木材、玻璃等建材商品，比上年增长25%。同年，全系统对个体、集体商户批发额2634万元，比上年增长47.3%。1992年，全县供销社各企业推向市场。同年，全系统采取专柜销售、开架销售、有奖销售等灵活多样的促销手段，工业品销售比上年增长15.4%。1993年，全系统各基层社382个门店全部实行公有民营租赁承包经营。有125个门店自筹资金70万元，购进中小型运输工具74辆、冰箱48台。同年，全系统从全国生产厂家购进工业品总额1.4亿元，比上年增长11%。其中，名优产品经营比上年增长24.5%。以贸易中心、工商综合公司、工业品公司、徐家店供销社、辛安供销社为依托，全县形成5处家电规模经营市场、3处自行车销售中心。全系统家用电器和自行车销售量，分别比上年增长37%和24%。工商综合公司交电门市部年销售额360万元，比上年翻一番。

1996年，市联社与200余家名优生产厂家建立稳固的业务关系，骨干领航商品销售额1600万元，占商品销售总额24%。全系统完成工业品销售1亿元。2000年，市联社把烟花爆竹由分散经营改为集体经营，并成立海阳市日用杂品站，负责全市烟花爆竹的批发业务，当年销售额突破100万元。2010年，全市烟花爆竹销售额800余万元。

1978—2001 年海阳市主要生活资料销售情况表

表 11-3-3

品名 年份	卷烟（箱）	酒（吨）	食糖（吨）	茶叶（担）	棉布（百米）	化纤布（百米）	汗衫背心（百件）	棉毛衫裤（百件）	缝纫机（架）	钟（只）	手电筒（百个）	胶鞋（百双）	收音机（台）	自行车（辆）	电视机（台）	录音机（台）	电风扇（台）	洗衣机（台）	手表（只）	电冰箱（台）
1978	1687	1697	281	232	27528	6935	1767	1243	2378	7579	177	2840	3217	2889	—	—	—	—	—	—
1979	2468	2223	253	309	29514	9542	1937	1880	1944	9480	226	2741	4311	4729	—	—	—	—	68	—
1980	3194	2295	327	328	26806	9861	2144	2729	1506	5258	227	3064	15983	4916	—	—	—	—	454	—
1981	3853	2538	258	344	27281	4616	2231	2735	3954	8933	230	2736	10118	4717	221	—	—	—	3230	—
1982	2569	1668	329	256	14222	2372	1086	2422	3428	3706	190	1620	6591	7648	230	—	—	—	9037	—
1983	2527	1552	208	283	9231	1849	781	979	3447	5420	207	1813	6113	9608	582	—	—	—	10848	—
1984	2414	1654	245	335	7969	1535	658	537	4963	4562	227	1726	5453	12100	3229	693	854	12	13656	—
1985	2124	1407	579	433	7935	1684	748	618	4388	4963	300	1497	2610	12778	6604	989	2082	74	11339	17
1986	3520	1587	792	290	7124	700	402	351	4671	4396	273	154	1134	14190	5147	2245	1305	279	6225	18
1987	6757	2063	730	321	8298	557	611	396	4322	2935	327	1809	787	9726	6079	2295	1472	241	5207	37
1988	7907	2108	216	353	8797	690	705	668	4167	3612	336	2088	1001	12158	5648	3116	1641	283	4620	360
1989	7520	2380	241	263	4052	204	426	277	1824	3549	272	1961	385	6482	3554	2651	1220	105	2653	234
1990	6832	1340	302	235	3245	106	248	215	1041	1726	—	1633	366	3838	2251	895	1133	58	1625	225
1991	1667	1062	69	120	1977	87	187	208	1197	1673	—	1160	205	3528	2314	1022	1709	78	1946	391
1992	675	1487	53	115	1974	272	237	140	1066	1747	—	726	96	4075	2242	494	3480	98	1403	414
1993	1288	1895	107	130	1508	—	—	—	869	—	—	1152	173	5067	1971	722	3734	278	1291	682
1994	1089	2275	131	204	1078	—	—	—	516	—	—	597	43	6332	1767	384	3880	258	1018	566
1995	1083	2207	92	149	708	—	—	—	414	—	—	478	—	5531	1241	121	4313	106	407	451
1996	1032	2132	100	130	556	—	—	—	480	—	—	520	—	4620	1207	28	3219	66	374	521
1997	850	2196	120	110	552	—	—	—	564	—	—	—	—	3012	1356	—	2280	24	214	324
1998	786	2120	168	96	—	—	—	—	328	—	—	—	—	4215	864	—	2580	32	204	312
1999	1248	1788	132	60	—	—	—	—	—	—	—	—	—	1248	780	—	877	36	144	192
2000	756	1152	144	96	—	—	—	—	—	—	—	—	—	—	960	—	420	58	187	166
2001	872	1396	1125	168	—	—	—	—	—	—	—	—	—	—	1012	—	480	64	—	204

第四节　农副产品收购

海阳市农副产品和水产品资源丰富。主要农副产品有粮食、花生（油料）、果品、蚕茧、蔬菜、药材、鲜蛋及禽畜产品。主要水产品有对虾、海蜇及各种鱼类、贝类等。1980年，供销社农副产品采购总额1294万元，比1978年增长30%。1988年，农副产品采购总额3955万元，是1980年的3倍多。1991年，是供销社历史上农副产品采购额最高的一年，全年完成4200万元，比1988年增加245万元。到1997年，供销社系统农副产品采购额下降幅度较大（不含合资企业），亏损比较严重。

经营机构　1978年后，供销社形成一条完整的农副产品采购网络。市（县）联社设业务科，对基层单位进行业务指导和协调。县级有果品专营公司、土产杂品公司兼营粮油及禽畜产品。采购站为基层供销社农副产品的主营机构，另有零售店和代购代销店。改革开放后，新成立的有中日合资企业烟台海隆水产品有限公司，主营加工出口蔬菜和水产品。

经营设施　1984年，为加强秋果的储存保鲜，果品公司在徐家店转运组（铁路南侧），建起1座2000吨位的冷风库。1988年，在公司院内建起1座600吨位的冷风库。1990年，在公司院内建起1处果品纸箱加工厂。公司拥有配套的果品储存库和露天货场。1986—1989年，朱吴、留格庄供销社分别建起1处果品纸箱加工厂，每个基层供销社采购站都设有果品储存库和露天货场。1985年，县联社投资160万元，在大辛家镇小滩村东建起1座500吨位的冷库。1986年，扩建库容300吨，冷藏能力达800吨位。购置200马力的收购捕捞两用船2艘，重点开发海上水产品货源。1990年，海隆水产品公司投资32万元，购置速冷机1台，建起1个蔬菜速冷加工车间。

产品收购　果品　70年代，果品是全县经济的支柱产业之一。1978年起，全系统60余名专职果业技术员常年巡回全县果园，开展物资供应和技术指导，积极帮助农民发展果业生产。1981年，受干旱、风灾等自然灾害影响，果品减产1890吨。苹果每千克单价同比增加0.04元，供销社全年合同采购果品18290吨，占合同总额117.7%，同比增加2515吨。1982—1983年，全县两年干旱，果品减产，供销社合同采购苹果分别为15500吨和4500吨，仅占采购合同的90%。1983年，供销社向果农供应化肥2600吨、农药127吨，举办各类技术培训班12期，参训果农1600余人次，全县果园面积6666.67公顷。1984年，果品公司从重点扶持的北部山区9处大的生产基地中，培育出的优质苹果“凤凰山”牌在国家工商局注册。是年9月，果品由二类物资改为三类，供销社对果品经营由采购转为议购议销。1986年9月，果品公司利用2000吨位的冷风库，与上海果品公司开展储藏销售联营，向上海市场销售早秋果2000余吨。1988年，是供销社收购果品最多的一年。全系统共收购果品2.34万吨，其中苹果2.04万吨。1990年5月，烟台市政府在海阳召开全市果品生产经营管理工作会议，重点推广海阳“抓基地、创名牌、搞联合”的经验，商业部和省、烟台市社领导到会。1992年，果品公司从供销社分离，果品联营公司自行解体。到1997年，全系统果品收购量逐年减少，经营萎缩。

粮油　主要是小麦、玉米、大豆、地瓜干和花生。计划经济时期，粮食、油料属国家一类物资，由粮食部门统购。1984年上半年，粮油实行议购议销。1988年，全年推销粮食8208吨、花生596吨，是供销社购销粮油最多的一年。1989年11月，土产杂品公司通过凤城港、烟台港，为基层供销社向福建汕头一家饮料加工厂发运玉米、大豆400吨。同年，供销社推销粮油5023吨。1994年，全系统实行小段计划、易货贸易、下乡收购等办法，努力开拓经营，全年推销粮油4500吨。

中药材　1988年，高家供销社收购野生中药材6吨。同年，供销社共收购野生中药材32吨。1995年，发城供销社采购站和零售店，农闲时节组织农民上山大量采挖，春、秋两季收购中药材100多吨。1995年，供销社支付收购野生中药材款48.3万元。

蔬菜　供销社主要是以合资企业为主体，经营加工出口蔬菜。蔬菜的品种有芋仔（芋头加工后的产成品）、青刀豆、菠菜和牛蒡。1990年3月，供销社与日商合资兴办烟台海隆水产品有限公司。同年，公司向日本出口芋仔300吨，对虾、扇贝等水产品创汇38万美元。1991年，海隆公司联合小纪、泉水头、朱吴、发城等8处基层供销社，发展芋头种植基地400公顷，秋季合同收购芋头3800吨。基层供销社为公司在基地村发展半成品芋头加工点33处。5万户农民加工半成品芋仔3000吨，农户收入加工费120万元。同年，公司对日出口成品芋仔2000吨，向日本市场销售青刀豆160吨、蒜薹100吨。1992年，海隆公司在大辛家、留格庄、盘石店等3处乡镇发展青刀豆基地16.67公顷，供应基地优质化肥70吨、种子65千克，收获青刀豆130吨，加工产成品全部出口日本。同年，海隆公司租赁留格庄6.67公顷土地，发展牛蒡生产基地，年底向日本出口产成品牛蒡300多吨，对日出口芋仔350吨、白银桃15吨。1993年和1994年，分别向日本出口芋仔500吨和650吨、菠菜50吨。1995年后，因日本芋仔销售市场疲软，公司不再对日本开展芋仔、菠菜等出口加工业务。

水产品　1984年12月，大辛家、凤城、大阎家、辛安、行村5处基层供销社，发动职工收购海蜇700吨，加工海蜇皮50吨；收购墨鱼干62吨，产品销往南方一带。1987年3月，辛安供销社投资40万元，租赁大山所乡辛庄村40公顷荒滩，增设饵料、排灌水等配套设备，开发7个标准虾池，收获鲜虾30多吨。1990年3月，中日合资烟台海隆水产公司成立后，供销社开始重点围绕出口创汇产品开展业务经营。主要品种有虾、蛤、海蜇皮和鱼类、贝类等。同年，海隆公司从独联体购进鳕鱼2000吨，加工鱼片220吨，产成品全部出口美国。收购海蜇1250吨，加工海蜇皮300吨，产品销往日本、韩国等国家，出口创汇63万美元。1995年后，由于多家经营，竞争激烈，供销社水产品经营业务逐渐减少。

蚕茧　海阳有桑蚕和柞蚕2种。计划经济时期，蚕茧属国家二类物资，由供销社合同派购。1979年，供销社收购桑（柞）茧460吨，比1978年增加70吨。1982年6月，蚕茧业务从土产杂品分离，移交给县丝绸公司。

兔毛　1979年，供销社帮助农民发展长毛兔1.5万只。1981年，供销社收购兔毛9.5吨，比上年增加6吨。1988年8月，县联社与日商合资成立烟台海达毛纺织有限公司。1990年，海达公司收购兔毛40吨，价值500余万元。1993年，收购兔毛120吨，为农民增收1500万元。1997年，收购兔毛50吨。此后逐年减少。

1978—1997年海阳市农副产品收购情况表

表11-3-4

品名 年份	苹果（吨）	梨（吨）	粮油（吨）	黄红麻（担）	鲜蛋（吨）	蜂蜜（吨）	兔毛（吨）	苇席（百令）	芦苇（吨）
1978	15000	3700	—	118	290.0	290.0	—	144.0	180
1979	19000	2700	—	55	411.0	882.0	—	102.0	85
1980	18000	4500	307.5	159	420.0	60.0	3.5	108.0	50
1981	18050	3400	227.5	11	310.0	7.0	9.5	81.0	65
1982	15100	3700	82.5	47	130.0	3.0	9.9	17.0	85
1983	27500	4250	1049.5	156	107.0	1.8	13.0	2.0	65
1984	25500	3455	2472.0	112	27.0	40.0	3.7	1.5	5
1985	12375	900	1710.0	311	24.0	15.0	3.8	8.0	5
1986	14195	2071	647.5	30	16.0	18.0	5.8	13.0	—
1987	17110	2147	1560.0	400	217.0	10.0	9.0	20.0	—
1988	20360	2453	2584.5	410	1.0	8.0	7.0	52.0	—

续表 11-3-4

品名 / 年份	苹果（吨）	梨（吨）	粮油（吨）	黄红麻（担）	鲜蛋（吨）	蜂蜜（吨）	兔毛（吨）	苇席（百令）	芦苇（吨）
1989	17468	2606	4369.0	80	1.3	1.0	8.0	40.0	—
1990	14082	1331	3861.0	12	1.2	6.0	40.0	77.0	—
1991	8940	1239	5272.5	10	0.8	1.0	70.0	3.0	—
1992	11972	1180	2762.5	80	0.4	4.0	100.0	8.0	—
1993	12657	240	1775.0	40	36.0	4.0	120.0	2.0	—
1994	5232	21	2057.0	60	36.2	—	150.0	—	—
1995	3897	50	1385.5	18	23.0	—	150.0	—	—
1996	2588	29	787.5	—	18.0	—	120.0	—	—
1997	1876	6	505.5	—	17.7	—	50.0	—	—

第五节　废旧物资回收

经营机构及网络　1978—1986年，属计划经济时期，其业务由代购代销店承担。1987—1997年，属市场经济时期，其业务经营由废旧物资回收公司联合基层社采购站（废品收购站）和零售店承担。

经营范围及收购种类　供销社经营的废旧物资分为12类，约200余个品种。主要有：废旧有色金属、废橡胶、废旧棉及棉制品、废毛制品、废麻及麻制品、废塑料、玻璃碴及玻璃制品、废纸、其他类等。

业务经营　1979年，全县供销社废品收购66.1万元，占计划100.1%。至1986年，废旧物资回收额基本在60万元～70万元之间，为乡镇、村农具厂供应可利用废铁材600余吨。

1986年4月，成立海阳县供销社废旧物资回收公司。8月，由废旧物资回收公司牵头，组织开展第一次有奖销售活动，45天时间收购废钢240吨、破布5吨、废纸130吨、杂骨90吨、碎玻璃110吨，如期完成20万元的收购额，实现利润1.4万余元。1988年，废旧物资回收公司改革经营机制，废品收购额357万元，占计划187.5%，比上年增长137.8%；实现利润14.5万元，比上年增长273.6%。1992年，废旧物资回收公司通过佳木斯办事处把业务发展到全国，当年从东北收购废钢铁2000吨，串换成品钢材600吨，并直销外地。1993年，废旧物资回收公司开辟东北市场，全年通过佳木斯、大连两个办事处，营销废钢铁7300吨，串换成品钢材2000吨，购销额1500余万元，盈利63万元。公司全年销售额2840万元，实现利润38万元，同比分别增长180%和111%。同年，全系统废旧物资回收总额完成1500万元，同比增加1倍，创供销系统废旧物资回收历史最高水平。1995年后，由于个体收购商贩大增，基层社门店大都实行抵押、抽本或租赁经营，到1997年彻底破产。

第四章　粮油经营

第一节　体制改革

1978年前，海阳执行国家粮食统购统销政策，粮油由粮食部门独家经营、单一集运流通，不准其他单位和个人经营，但允许农民完成征购任务后进行少量调节。1978年，恢复粮食集市贸易，但仍由粮食部门统一管理，禁止机关、团体、

2010 年，海阳市粮食局办公楼

部队、厂矿、企业单位向生产队或集市采购粮食油料。1979 年起，国家先后 7 次提高粮食统购统销价格并逐步缩减收购品种。1980 年 11 月，成立县议价粮油购销公司，专事议价粮油购销工作。1983 年 1 月，国务院规定，对以县为单位完成统购、超购任务后的余粮，允许多渠道经营，粮食部门发挥主渠道作用。从此，改变议价粮油购销由粮食部门独家经营模式。1984 年 7 月，国家对粮食统购只管稻谷、小麦、玉米 3 个品种，其他品种放开。在减少统购品种和数量的同时，压缩统销粮的供应，酿酒用粮首先退出统销范围。1985 年 4 月 1 日，山东省取消粮食统购，改为合同定购。从此结束了自 1953 年开始实行的粮食统购统销历史。

1990 年秋，粮食合同定购改为国家定购。1992 年 10 月 1 日起，除军粮供应外，平价粮油全部取消，居民粮油供应价格放开。取消粮票和食油票，由此增加的职工支出，由财政和企事业单位给予每人每月 5 元粮价补贴。1993 年 1 月，粮价补贴提高到 8 元。1994 年，粮食企业本着“购得进，销得出”的原则，大力开展经营业务，活跃粮食市场，保障市场供应。1995 年，粮食流通体制实行粮食政策性业务与经营性业务两条线运行的重大改革，按照“统一领导，两线运行，明确职责，分开核算，稳定市场，搞活经营”的原则，对政策性粮食业务和商业性粮食业务，从业务范围、经营单位和信贷资金来源等方面明确划分和界定。1998 年 5 月，市粮食局对基层粮管所实施“业务分离，资金分开，资产划转，人员分流”改革，将粮食每年的主营业务与附营业务彻底分离。7 月，成立市粮食收储管理中心，下设 20 处粮食收储站。同年，粮食市场实行准入制度。2002 年 4 月 1 日，取消粮食国家定购任务，政府不再下达粮食定购和调拨计划，不再实行粮食保护价格，粮食购销完全市场化。2004 年 12 月，粮食部门职能由管理国有粮食企业转变为管理市场主体准入和行为规范，粮食系统 735 名职工全部解除劳动关系。保留凤城、留格庄、朱吴、郭城、小纪、行村、盘石店、辛安 8 个收储站为二级法人单位，由粮食收储管理中心统一领导，负责地方储备粮储备与轮换工作。保留军粮供应站，负责全市驻军粮食供应。

第二节　粮油征购

统购　1978 年，全县按国家规定仍实行粮食统购。全县粮食征购任务基数为 3.10 万吨，超购部分加价 30%。油料主要是花生仁，征购基数为 1.20 万吨。每收购 50 千克花生仁，将 40 千克花生仁的饼（约 24 千克）返销给生产队；无饼返销的，用化肥顶替，0.5 千克化肥顶 0.5 千克花生饼。售油留饼的，先向国家交售 20% 的油料（不返饼），后每交售 19 千克花生油，抵顶 50 千克花生仁任务。1979 年 3 月 1 日，国务院决定从当年夏粮上市起，粮食统购价格提高 20%，超购部分加价提高到 50%。同时，种子站收购粮油作物良种，根据品种不同，可抵顶数量不等的粮油征购任务。1982 年，全县粮食征购任务 2.43 万吨。1983 年，全县人均向国家贡献粮食 120.5 千克，为全省 16 个人均贡献粮食 100 千克以上的县份之一，居全省第四位。

1985 年 4 月 1 日起，取消粮油统购，改为合同定购。合同定购的品种为小麦、玉米、大豆、花生，其他品种全部改为议价收购。合同定购粮食三成按统购价、七成按超购价；花生四成按统购价、六成按超购价收购。全年定购任务落实到承包责任田的农户，由粮食部门与农户签订粮食定购合同，规定定购粮食、油料的品种、质量、数量及交售时间、地点等；农户按合同与粮食部门兑现后，余下的粮油愿意卖给国家的，粮食部门按国家定价敞开收购；不愿卖的，可以自由上市，允许多渠道经营。其他油料、生猪、肉、禽、蛋、水果、水产品等农副产品的购销价格全部放开，实行市场调节、随行就市。对合同定购的粮油，国家仍实行奖售平价化肥、柴油政策。每交售100元钱的粮食，奖售平价标准化肥40千克、平价柴油3千克；每交售50千克花生仁奖售平价优质化肥22.5～27.5千克。同年，合同定购粮食价格为：每50千克小麦22.6元、玉米15.6元、稻谷19.2元。全县合同定购任务：粮食2.45万吨、花生仁1.40万吨；实际收购粮食2.04万吨、花生仁1.50万吨。

1986年起，粮食部门采取“找补差价”的办法，依照市场粮油价格和收购价格的差价进行找补，由粮食部门到市场代购粮油作为定购任务，农户在交足差价款后，仍可领取奖售的化肥和柴油。由原来每交售100元钱的粮食奖售柴油3千克提高到4千克；花生仁不分大小，每交售50千克奖售优质化肥15千克。同年，全县实际完成粮食合同定购任务2.67万吨，其中小麦1.24万吨、玉米1.43万吨，花生仁6724吨。1987年，为平衡国家粮食收支，国家下达任务从各地议价收购粮中上交国家统一安排使用的粮食即“议转平”，平议差价由中央财政开支。海阳的粮食定购任务为2.50万吨，其中小麦1.38万吨、玉米8500吨、其他2750吨，“议转平”粮食5000吨、花生仁1.23万吨，并在签订定购合同时预发50%的票证给农民。当年实际完成粮食定购任务2.46万吨，其中小麦1.39万吨、玉米8894吨、其他1839吨，花生仁1.49万吨，“议转平”粮食4600吨。1988年，规定不要奖售物资的，每0.5千克补0.064元差价；完不成定购任务的，按规定收取平议差价款，由议价粮抵顶。同时，收购粮油按奖售标准全部发放票证，随收购、随发放。

1990年秋，粮食合同定购改为国家定购，确定交售国家定购粮为农民必须完成的任务，原定购任务不变，奖售政策不变。1993年3月，国务院制定粮食收购保护价格制度，规定保护价的范围只限于原国家定购和专项储备的小麦、玉米、稻谷3种。粮食收购保护价，市价高于保护价加挂钩时，随行就市收购；市价低于保护价加挂钩时，依照保护价原则上随行就市以质论价。省政府规定当年粮食年度收购保护价格按照国务院制定的基准价执行，每50千克小麦32.50元、玉米21元、稻谷35元。1994年6月，省政府根据国务院要求，建立地方粮食风险基金。1995年，烟台市政府要求，定购粮一律收购现粮，不准找差价。2002年4月，省政府取消粮食定购，放开粮食收购、市场和价格，政府不再下达粮食定购计划。实行直接补贴，将现有粮食风险基金的一半直接补贴种粮农民，补贴品种为小麦，以当年小麦播种面积作为计算补贴的依据。到2010年，粮食部门采取收储企业逐村逐户随行议购和议价外购粮食的办法，及时完成上级下达的地方储备粮任务，确保军供及平抑市场有足够的粮源。

议价收购 1978年，中共十一届三中全会通过的《农村人民公社工作条例（试行草案）》第三十二条规定：在完成国家征购任务后，允许社员通过集市进行少量粮食、油料买卖，粮食部门也可以议价收购和出售。当年全县收购议价粮280吨。1979年11月，中共中央批转《全国粮食会议纪要》，对粮油议购提出新的要求，粮食部门在完成征购任务后，要积极进行议购工作；在生产队安排口粮、种子、饲料等各项用粮后，粮食部门可直接向生产队议购；在集市上积极收购议价粮，有条件的地方，要在集市上设点开展收购业务。当年收购议价粮1543吨、油料125吨。

1980年，县粮食局成立议价粮油购销公司，专事议价粮油购销工作，具体业务由各基层粮管所承担。当年议购粮食5116吨、油料112吨。1981—1982年，议购粮食1106吨、油料168吨。此前，在粮食较紧张的情况下，议价收购由粮食部门一家经营。1983年1月，中共中央在《当前农村经济政策的若干问题》中提出，在完成粮食统购任务后，允许多渠道经营；以粮食为主要原料的行业可以在国家计划供应之外自行采购部分粮食，但不能贩运。自此，改变了粮食议购议销由粮食部门统一经营模式。1983—1985年，全县议购粮食3759吨、油料2253吨。1986年，省政府为平衡计划内粮食收支，安排部分“议转平”收购计划，粮食议购大幅增长。到1993年，全县议购粮油19.19万吨。1994—1996年，不再分议购和定购，称总购进。1997年，实行小麦、玉米收购保护价，保护价收购和顺价销售粮食。2002年，粮食市场放开，无议购议销粮食。

地方储备粮收购　国务院“销区保持6个月销量”地方储备粮规定，根据城镇非农业人口、军队、缺粮农民、城市流动人口等需吃商品粮人口数量，以每人90千克的标准充实和补充地方储备粮，并保证储存粮食实物，不得以“储钱”代替储粮，其所有权和动支权属同级人民政府。轮换抛售地方储备粮所发生的新、陈品质差价由同级财政全额补贴。轮换地方储备粮，在保证质量的前提下4年一轮换。1992年，烟台市下达给海阳地方储备粮任务4000吨、生油2800吨，至1997年保持不变。2002年4月，粮食购销市场改革，海阳的任务为1.90万吨，取消生油储备。2007年，全市完成4800吨地方储备粮的轮换。2008年，完成4000吨地方储备粮轮换。2009年，在完成5000吨地方储备粮的基础上，收购托市小麦6440吨，并争取到中储粮代存大豆1万吨和玉米7000吨的指标任务。2010年，全市库存粮食3.16万吨，入库小麦8000吨，完成轮换4523吨。

1978—2010年海阳市粮油收购情况表

表11-4-1　　单位：吨

项目 / 年份	粮食			油料（花生仁）
	合计	夏粮	秋粮	
1978	39550	11000	28550	15810
1979	54515	22150	32365	11000
1980	53305	10890	42415	15285
1981	28285	11600	16685	12765
1982	8470	5275	3195	12280
1983	76165	17520	58645	15295
1984	60590	6610	53980	14765
1985	20395	11780	8615	14975
1986	26677	12404	14273	6724
1987	24629	13897	10732	14908
1988	24999	12031	12968	8738
1989	25735	14011	11724	7157
1990	25326	14285	11041	8746
1991	28928	17398	11530	6228
1992	24342	17633	6709	2978
1993	25245	14985	10260	6200
1994	25500	15110	10390	3850
1995	25488	16173	9315	3850
1996	25488	16173	9315	3720
1997	21523	16223	5300	1930
1998	23513	16123	7390	3800
1999	23578	15508	8070	2460
2000	21474	16820	4654	3288
2001	23083	16225	6858	2525
2002	16467	5805	10662	1413
2003	20666	11857	8809	2890
2004	30752	24547	6205	577
2005	5393	4237	1156	254
2006	27320	22468	4852	2368
2007	34475	8730	25745	960
2008	14825	9020	5805	—
2009	30872	18699	12173	—
2010	30775	18629	12146	—

说明：1978—1984年为国家统购；1985—1989年，国家统购改为合同定购；1990—2001年，合同定购改为国家定购；2002—2010年，国家定购改为市场收购

第三节　粮油销售

城镇粮油供应　1978年，海阳对非农业户口居民实行粮油定量供应制度。粮食供应比例为细粮70%、粗粮30%。居民平时购买粮油，使用非农业户口居民粮食供应证（本）。机关、企业、学校等集体户口人员用粮，使用单位粮食供应证（本）。粮油供应仍按1955年国务院《市镇粮食定量供应暂行方法》执行，分为重体力、轻体力、脑力、大中学生、居民与儿童5类，按级确定每人每月的粮食定量标准。一般从事轻度体

山 东 省 海 阳 县

粮油供应证

购粮地点

发证时间 95 年 6 月 28 日

1995年，海阳县粮油供应证

力劳动者19.5千克，干部职工13.5～15千克，居民13.5千克；食油0.25千克。1985年，全县非农业人口48635人，由国库供应口粮的34416人。1992年10月1日，城镇居民粮油供应价格放开，取消城镇居民口粮凭证定量供应办法，粮食供应（军粮除外）全面进入市场。

工商业粮油销售 1978年，工业、副食、酿酒等行业实行计划用粮政策。饮食、糕点行业实行用多少收多少的办法，用油按用粮量确定一定比例。1984年，工商、饲料行业用粮油，实行核定基数销售的办法，基数内的供应平价粮油，超过基数的供应议价粮油，取消以粮带油办法。1985年4月1日，工业用粮一律改为议价供应。1986年，饮食、酿造、副食业用粮油改为议价供应。1988年，接待、旅游、外事、高级宾馆、饭店改供议价粮油。1992年，粮油价格放开。

军粮供应 1978年，继续实行凭证票供应。军供大豆随粮供应，食油由部队团以上后勤部门按灶别核定定量，粮食部门凭证供应。1988年，提高各类灶别的豆油比例和定量。1993年，北方部队取消粗粮供应，全部改为供应细粮，同时提高军粮供应等级，大米由标二粳米提高到标一粳米，面粉由标准粉改特二粉。1994年3月，国务院、中央军委颁布新的《军粮供应与管理办法》，按国家确定的统销价供应部队，军供粮品种为面粉、大米，比例为面粉60%、大米40%。2004年1月，总后勤部、财政部、国家粮食局联合发文，调整军粮供应比例，由原来的大米40%、面

军粮供应

粉60%调整为大米60%、面粉40%。4月，海阳成立粮油军供站。军粮供应的主要品种为大米、精粉，节日期间供应小米、绿豆等小杂粮。军供大米实行全省统筹，由省军供中心按基层军供站提供的计划，按月向基层军供站配筹。军供精粉，由基层军供部门从省定点面粉加工企业按市场价采购供应。

议价销售 1978年，国家允许粮油议价销售。议销原则是“高进高出，应有利润，量入而出，不挖库存”，主要用于调节市场余缺。议销价格一般随行就市，略高于统购价，略低于市价。一般由粮管所和粮库常年议销。市场粮价上涨时，敞开销售，平抑市价。单位和个人计划用粮不足时，持粮证购买议价粮油。1981年1月，实行统购统销前提下的议购议销，先以县为单位完成统购任务，后向社会自由收购，价格随行就市。1982年11月，执行省粮食厅粮油议价经营的规定，议价粮与外省进行品种调剂时要报省同意，可兑换80种；对议价油脂、油料，在保证省内议销和完成上级统调任务的前提下可出省销售。至1982年年底，4年销售议价粮油3.08万吨。1983年，粮食实行多渠道经营，全县议价粮油销售下降为1265吨。

1984年起，工商业用粮逐步由平价改为议价供应。至1985年，两年销售议价粮油3.01万吨。1986—1993年，议价销售增长，8年销售议价粮油21.30万吨。1994年，不再分政策性与议价销售，称国内总销售；销售粮油11.80万吨。1995年，又将议价销售分出，销售议价粮

油7.30万吨。1996年，再次将政策性与议价销售合并为国内总销售。至1997年，两年共销售粮油12.60万吨。1998年，国务院出台“敞开收购，顺价销售，收购资金封闭运行”政策，粮食购销企业不再有议价销售，改称顺价销售。当年销售顺价粮油4.54万吨。1999—2005年，销售顺价粮油39.35万吨。2006年，全市销售粮食2.53万吨、油脂974吨。2007年，全市销售粮食3.62万吨；完成粮油销售收入6568.43万元。2008年，销售粮食1.37万吨；完成粮油销售收入2803.98万元。2009年，销售粮食2.81万吨；完成粮油销售收入4957.81万元。2010年，全市销售粮食2.50余万吨；完成粮油销售收入5600余万元。

1978—2010年海阳市粮油销售情况表

表11-4-2 单位：吨

项目 年份	粮食				油脂		
	合计	城镇	农村	商品	合计	城镇	商品
1978	18410	14625	3785	—	312	312	—
1979	13040	8015	5025	—	296	296	—
1980	15150	8360	6790	—	374	374	—
1981	24635	12765	11870	—	463	463	—
1982	26580	11140	15440	—	575	575	—
1983	34835	10545	24290	—	740	740	—
1984	36680	24820	11860	—	1157	1157	—
1985	7176	6878	298	—	1075	1075	—
1986	12741	10110	2631	—	685	685	—
1987	12999	10584	2415	—	550	550	—
1988	12399	9675	2724	—	535	535	—
1989	15446	9385	6061	—	560	560	—
1990	18754	12709	6045	—	508	508	—
1991	29061	27643	1418	—	584	584	—
1992	8449	7273	1176	—	2294	2294	—
1993	30450	28852	1598	—	2591	2591	—
1994	116386	—	—	—	516	—	516
1995	25408	24640	768	—	785	—	785
1996	64936	—	1598	63338	863	—	863
1997	62655	—	2500	60155	955	—	955
1998	45410	—	—	45410	435	—	435
1999	62416	—	—	62416	1513	—	1513
2000	31975	—	—	31975	102	—	102
2001	44857	—	—	44857	1063	—	1063
2002	50660	—	—	50660	1073	—	1073
2003	70865	—	—	70865	774	—	774
2004	37860	—	—	37860	916	—	916
2005	94822	—	—	94822	203	—	203

续表 11-4-2

年份＼项目	粮食				油脂		
	合计	城镇	农村	商品	合计	城镇	商品
2006	25275	—	—	25275	974	—	974
2007	36165	—	—	36165	—	—	—
2008	13675	—	—	13675	—	—	—
2009	28053	—	—	28053	—	—	—
2010	25017	—	—	25017	—	—	—

说明：1985 年 4 月 1 日，工业用粮改为议价供应。1990 年，取消食品行业平价用粮。1992 年 10 月 1 日，取消凭票证供应用粮

第四节　粮油储藏调拨

粮仓设施　1978 年，全县共有粮食仓库 329 处，建设容量 2.03 万吨，实际容量 1.74 万吨。1985 年开始，不再为村庄代存粮食。1987 年，全县有仓库 457 处，可容粮食 13.1 万吨；油罐 31 个，容量 1.2 万吨。1992 年，设立国家粮食储备库，承担国家储备粮油的储存、调拨、中转。1997 年，市粮食局与烟台新烟食品和烟台龙源油食品有限公司，分别建成 1000 吨面粉储备库和 350 吨花生油储备库。2006 年，粮油仓库 191 处、872 间，设计容量 6.02 万吨，实际容量 5.36 万吨，占地面积 16.59 万平方米。

储藏　1978 年，粮油储存按照"以防为主，防治并举"方针，开展"四无"（无虫、无霉、无鼠雀、无事故）粮仓活动。仓库地坪开始水泥、沥青硬化。80 年代，开始注重科学安全储粮，基层储粮所普遍实行低温、低氧、低剂量（药物）方法储存粮油。对部分老式仓库进行改造，改造后的仓库内部温度较稳定，日温差在 2℃以内，比原仓房低 2℃～3℃。1984 年，全县粮油仓库，沥青地坪占 69%，水泥硬化地坪占 7.7%，砖铺地坪占 8.5%，泥土地坪占 14.8%。1986 年 2 月，县粮食局实行科学储粮，保证粮食无虫、无鼠雀、无霉变、无事故，并实行低氧、低温、低剂量（药物）储粮，粮食残毒含量百万分之三，比国家规定标准低百万分之五，连续 4 年被省评为"四无粮仓"单位；又被商业部、卫生部、轻工业部等 10 个部门评为全国粮食仓储工作先进单位。1988 年，东村和凤城粮管所机械通风储粮和空调低温储粮技术研究取得成功，机械通风储粮技术被省科委授予科技进步三等奖，空调低温储粮技术被烟台市科委授予科技进步二等奖。1989 年 10 月，对全县 18 个粮管所进行机械通风改造，改造机械通风仓 50 多幢、容量 2 万余吨。

留格庄收储站

1990 年 2 月，县粮食局制定粮油仓储管理技术标准，具体为：储粮仓库上不漏、下不潮、无缝隙、面面光，具备有效的避雷防雨、防鼠雀设施，铁皮包门，玻璃木窗，常年保持完好；仓顶有双笆，笆面、墙壁屋架、房柱平直光滑无缝、无洞，散存粮仓墙壁设有塑料管槽，门口有储粮气板，地坪平整、无裂缝并铺设有效的防潮层，如砖、沥青等；仓库墙面、屋檐平整完好，仓墙不变形、无断裂、无破损、全部刷白，外墙基护坡完好无损，仓外地面平整，排水流畅；库区道路、晒场、垛台水泥硬化，硬化仓库区有效面积 90% 以上，露天垛台要高出地面 50 厘米以上，垛

台面中央稍高，并设有固定封垛绳用铁环；油罐、油池、进出油口安装双阀门，设施配套，油标、油门输油管道保温设施及油罐四周水泥压护油墙等设施，保持完好有效；仓内无杂物、无灰尘、面面光，仓外无土粮、无杂草、无垃圾，储油区地面无油迹。2007年，投资33万元，对粮仓的防火器材、条件较差的仓库进行维修改造，新上粮仓机械22台。2008年，投资43.5万元，新上检验化验设备4台，对存在安全隐患的仓库进行维修改造。2009—2010年，投资109万元，对仓库进行维修，增加仓库存储能力。

调拨　1978年，实行中央集中统一、分级管理的粮食管理体制，统一征购、销售、调拨。海阳粮油调拨按烟台市计划组织进行。调拨计划有国家、省级、市级及县级计划。1981年，恢复购销差额管理和调拨包干的粮食管理体制，调拨计划包干一定三年，丰（歉）年年度计划有增有减，但三年统算时，调出总数必须如数完成，调入总数不得突破。到1983年，三年调出粮食3.86万吨、油品8057吨；调入粮食5.61万吨、油品846吨。1984年10月起，实行调拨合同制。在编制粮油调拨计划时，调出调入双方签订合同；粮食年度结束后，核定年度调拨计划执行情况，结转调拨差额。到1985年，两年调出粮食2.85万吨、油品1.24万吨；调入粮食2.60万吨、油品449吨。

1986年，粮食调拨包干改为一年一定。调拨计划一经确定，除因遭受严重自然灾害和遇有其他特殊情况，经省批准调减计划外，必须保证完成；如完不成调出计划，欠调部分找补平议价差额。到1987年，两年调出粮食1987吨、油品5748吨；调入粮食1.96万吨。1988—1990年，调出粮食3.36万吨、油品6411吨；调入粮食2021吨、油品227吨。1992年9月，省政府取消省内地市间平价粮油调拨计划。当年调出粮食5607吨、油品4428吨；调入粮食16吨、油品200吨。1995年4月，烟台市政府规定：国家定购粮油的粮权归省政府，未经省政府同意任何单位和个人不得动用。1998年，全市粮食调入626吨，调出7398吨。6月，取消市（地）间粮油调拨计划，实行粮食自产自销。至此，实行40多年的粮油调拨计划结束。

第五章　物资经营

第一节　体制改革

1978年，国家对钢材、木材、煤炭、水泥等主要物资实行“计划经济为主、市场调节为辅”的经营政策。海阳由物资部门统一经营主要物资品种，指令性计划和指导性计划并行。指令性计划由上级或县级计划管理部门编制下达和分配，价格上实行严格的国家定价；指导性计划由物资系统组织外出采购，供应物资需求单位，价格实行市场调节。1980年始，推行以市场调节为主的供应办法，并对支农物资实行倾斜政策。1991年，指令性计划全部取消，价格实行随行就市。1992年，市场化进程加快，多种经济成分并存，县级物资部门计划分配比重仅占3%。以往的物资体制和内部经营机制已不能适应市场形势发展。因而，在流通企业中实行“四放开”（经营、用工、分配、价格）政策。

1993年前，一直由物资系统控制重要的生

1993年，海阳县物资局办公楼

产资料流通渠道。进入市场初期，依靠多年的计划分配业务关系和大批经验丰富的业务人员，具有绝对的市场优势，出现连续4年旺销。1990—1993年，县物资系统分别实现销售额2.4亿元、3.65亿元、4.34亿元和4.6亿元。4年实现利润超千万元，创历史最高水平。1994年后，物资企业出现亏损，虽采取多种措施，开展多元化经营，但未能扭转困境。1996年，物资企业实行租赁经营模式，原企业仅由3～5人留守，处于歇业状态，已名存实亡。至20世纪末，个体民营、合营等物资经济成分已完成资本积累过程，取代国有物资企业，成为物资流通的主渠道。至2002年，海阳市物资总公司辖属11个国有物资企业相继破产。

第二节　金属材料

1978年4月，海阳县金属材料公司成立，主要经营钢材和有色金属。供应模式执行指令性计划和指导性计划并行的办法。指令性计划由国家计委、物资部、冶金部下达指标，按国家统一价格进行逐级分配，重点销往农机厂、编机厂等生产厂家。指导性计划靠一年两次订货会、厂家或上级公司调购，由物资局根据当地厂家需求，将指标分配到金属材料公司，实行对口供应。1983年后，指令性计划所占比例逐年减少。1991年，取消指令性计划，实行价格随行就市。1992年8月，金属材料公司股份制改造为海阳县金属材料有限总公司，为县属国有小型企业，有职工66人，是县物资系统股份制试点企业。同年，完成销售额9600万元，创利税128.6万元，成为物资系统龙头企业。1993年年初，公司发动职工集资，131.76万元的股本金（每股100元，共13176股），全部由公司内部职工自愿认购，成为烟台市物资系统第一家全部由企业内部职工持股的股份制企业，也是海阳县首家由企业内部职工持股突破百万元的股份制企业。1994年，金属材料市场全部放开。2010年，全市有限额以上金属及金属材料批发企业5家，从业人员83人，商品销售额1.93亿元。

第三节　煤　炭

1978年4月，海阳县煤炭公司由海阳县商业局划转到海阳县物资局，改称海阳县燃料公司。下设门市部和徐家店办事处。1984年，增设门市部1个。次年增设外采科。主要经营煤炭、液化石油气等燃料。1985年，有职工54人。1990年前，主要经营按指令性计划，担负全县非农业人口生活用煤、单位食堂及驻军、县化肥厂等单位的煤炭供应，执行国家统一的进销价格。指导性计划主要靠参加全国煤炭会订货、煤炭基地采购和上级公司调拨解决。主管局根据当地的需求分配，由燃料公司供应，价格由县物价局确定，县物资局监督执行。1991年，取消指令性计划，煤炭供应全部实行市场调节。1994年，煤炭市场全面放开。个体私营及其他经济成分企业大量涌入，县燃料公司独家经营的局面被打破，市场份额减少，行业内的竞争激烈。2010年，全市有限额以上煤炭及制品批发企业4家，从业人员72人，商品销售额1.93亿元。

1993年，煤票

第四节　机电设备

1978年4月，海阳县机电设备公司成立，下设门市部。主要经营机械、电器、仪器仪表、工具、轴承5类物资，除少量“三类机电产品”执行国家指令性计划外，大多数品种实行市场调节。根据企业需求，通过参加全国机电产品订货会或到生产企业、上级公司采购，敞开供应。1985年，公司有职工26人。1994年后，机电产品市场全面放开，公司的市场占有额减少，经营下滑。2002年，公司破产倒闭。2006年，全市有限额以上机电产品批发企业1家、产业活动单位2家，从业人员42人，年销售额4972.9万元。2010年，限额以上机电产品批发企业发展到3家，从业人员154人，商品销售额2.04亿元。

第五节　木　材

1978年4月，海阳县木材公司成立。内设业务组、仓储组、财务组。1984年，内设股改为科。以经营原木、锯材为主。1985年，有职工29人。木材经营的国家指令性计划指标由县计划委员会掌握分配，价格由县物价局审批。1984年后，计划内木材逐年减少，个体业户进入木材、建材等领域。计划内木材主要用于公管房维修、离退休老干部及对越自卫反击战退伍军人的安置建房用料、海阳县木器厂家具用料及县属矿井用料。1991年，木材供应指令性计划取消，木材市场全面放开，县木材公司积极采购、调运，抢占木材市场，木材经营额上升。1994年，木材公司经营开始大幅度下滑。1996年，木材全部实行市场供给。1998年，市木材公司场地被市政府收回。2002年，市木材公司破产倒闭。

2010年，海阳市木材批发市场

第六节　化工轻工材料

1978年4月，海阳县化轻建材公司成立。内设门市部、供应组、仓储组。1985年，将门市部、仓储组改为化工科、建材科，撤销供应组，设财政科，职工33人。主要经营水泥、玻璃、炸药、轮胎、三角带等化工建材物资。1988年，县化轻建材公司分为化轻公司和建材公司。化轻公司主要承担炸药、化肥、橡胶、轮胎、三酸二碱（硝酸、硫酸、盐酸、烧碱、纯碱）等化工产品的供应。指令性计划由烟台市化轻公司拨给，主要品种有化肥（炸药原料）、三酸二碱（电镀淬火、玻璃制造）。指导性计划主要依托外出采购，根据当地企业申请，由县物资局及相关企业统一调拨分配。1991年，国家取消化轻材料指令性计划，价格实行市场调节，化轻材料市场全面放开，县化轻公司销售额逐年下滑。1996年，公司破产。化轻材料逐步走向多成分、多渠道供应模式，其他经济成分同类企业发展较快。至2010年，全市化轻材料经营业户532家。

第六章　商品专营

第一节　石　油

1972年，成立海阳石油分站，负责境内的汽油、柴油和煤油经营。1979年，山东省石油公司投资18万元，扩建机油接卸、储存、输转工程，新建机油泵房、机油发油棚、空压机房各1栋，新建200立方米立式机油钢罐5座、50立方米卧式机油罐14个，并安装全部收、发油设备。2000年4月，海阳石油分站改制整体上市，改称中国石油化工股份有限公司山东烟台海阳石油分公司，由批发为主转到以零售经营为主。先后投入3000余万元，构筑加油站销售网络，经营规模进一步扩大。

经营网点　2006年，中石化海阳石油分公司共有加油站18座。2007年，新建现代化加油站1座。成品油销售量3.5万吨，实现销售收入2.1亿元，上缴地方财政税收159万元。2008年，按中

2010年，山东海阳油库

石化总部形象加油站标准改造加油站1座。当年，成品油销售量3.7万吨，实现销售收入2.4亿元，上缴地方财政税收260万元。2009年，海阳石油分公司收购规模以上社会加油站1座，新建现代化加油站1座，按中石化总部形象加油站标准改造加油站5座。当年，成品油销售量3.3万吨，实现销售收入2.31亿元，上缴地方财政税收220万元。2010年，海阳石油分公司收购规模以上社会加油站1座，按中石化总部形象加油站标准改造加油站1座。当年，成品油销售量3.6万吨，实现销售收入2.88亿元，上缴地方财政税收210万元。

油品购销 海阳石油公司所售油品均由上级公司统一调配。油品流通环节有严格的质量保证体系，油品进库储存、销售管理程序严格；从炼油厂到油库运输过程中，每批次都有随车化验单；油品储存中有严格的采样检验制度；加油站的油品进货由油罐车专车配送，专车专储，专线发货。公司经营的全部油品都是齐鲁石化、青岛炼油厂

2010年，烟凤路中国石化加油站

等国有大型炼油厂生产的优质名牌油品，动力性能、环保性能优秀。

2009年始，中石化海阳石油分公司逐步在所有加油站开展便利店业务，形成加油站服务区易捷便利店非油品销售网络，为客户提供全天候24小时加油、购物一条龙服务。2010年，易捷便利店有1500余种商品。

第二节 烟 草

烟草专卖 1984年始，县烟草专卖局对全县的烟草市场和经营实施专卖管理，负责发放烟草专卖许可证，对违反《烟草专卖条例》行为进行处罚。2000年，利用“3·15”消费者权益日，与市委宣传部、市文化局等单位联合成立6个电影宣传队，在全市电影院放映《专卖法规有关内容及重点违法案例》200余场，加大对专卖法的宣传力度。2002年，共查处各类案件1022起，查扣违法卷烟128万支、烟叶1.35万千克，捣毁制、售假窝点3处，移交公安处罚5人。在烟台市烟草专卖局组织开展的“百日活动”中，查获各类违法卷烟30万支，端掉窝点2处，拔掉“钉子户”3个。3月，在海阳电视台黄金时段进行专卖执法宣传。专卖局与全市卷烟经销户签订专卖管理协议2900余份，发放“明白信”1万余封。2003年，调整稽查队伍，稽查大队下设4个中队，每队负责一条电话访销线路。采取拉网式检查与重点检查相结合，路堵、路查与蹲点检查相结合，集中与分散、明察与暗访相结合的方法，全方位打击不法烟贩的违法行为。2007年，查获违法卷烟24.85万支、烟叶1.05吨、烟丝2.13吨。2008年，查获各类违法案件40起，案值7.48万元。2009年，查获各类违法案件44起，案值3.88万元，逮捕涉烟违法犯罪分子1人。2010年，查获各类涉烟违法案件123起、违法卷烟20.56万支，案值9.87万元。

烟草销售 1994年，完成卷烟销售1.90万箱，实现利润82万元。1995年，销售卷烟1.33万箱，销售收入3800万元，实现利润113万元。1996年，销售卷烟1.21万箱，实现利润150万元。1998年，销售卷烟1.10万箱，销售收入4900

烟草销售

万元，实现利润138万元。2000年，先后投入近150万元更换车辆，配套装修自建网点，销售稳步上升。全年销售卷烟1.38万箱，销售额5681万元，实现利润230万元。2001年，销售卷烟1.36万箱，销售收入6102万元，实现利税672.67万元。2007年，销售卷烟1.92万箱，销售收入2.11亿元。2008年，销售卷烟2.23万箱，销售收入2.54亿元。2009年，销售卷烟2.37万箱，销售收入3.11亿元。2010年，销售卷烟2.46万箱，销售收入3.57亿元。

第三节　食　盐

盐政管理　1977年前，盐税一直为单一税种，征管工作由盐务部门负责。1978年，盐税由国家税务机关征管，但烟台地区盐税的征管工作仍由盐务所代征代管。海阳县盐务局对各盐业生产、销售单位加强盐税的征收管理，杜绝偷税漏税现象发生。1994年1月1日，盐税单一税种取消，改征资源税和增值税。资源税额，每销售1吨原盐为29元，增值税为17%。海阳县盐务局盐税代征代管工作从此结束，盐务所被撤销。

1990年，县盐务局设盐政审计科，加强盐政管理。1993年，盐政审计科分离审计业务，设盐政科，专责盐政、缉私工作。2002年，市盐务局增设盐政稽查大队，编制5人，专职稽查私盐。盐政执法统一加入“110”社会联动体系，设盐政“110”值班室，配备通信联络系统，划定缉私范围，落实缉私任务。2007年，集中力量对学校、幼儿园、企业食堂，餐饮、食品加工等经营场所，食盐零售商店进行拉网式检查与治理整顿。全年查处贩私案件74件，查获私盐163吨，罚款6.50万元，结案100%。2010年，查获盐业违法案件14起，没收假、劣、私盐22.85吨，罚款1.21万元，刑拘2人，执行1人。

碘盐普及　2007年，市盐业公司将普碘知识与电视新闻报道中涉盐案例有机结合制成光盘，将有关材料制成宣传看板，在“3·15”“5·15”到农村、市集展示宣传，并与电视台、卫生防疫部门联合制作专题电视节目，在海阳电视台“生活秀”栏目播出。把“普及碘盐示范村建设”作为一项长期性、经常性的工作。推广低钠盐和绿色盐。在全市中小学开展减盐健康教育，倡导学生家庭配合学校共同培养学生低钠饮食的好习惯，并把学校用盐纳入统一采购计划。发放“低盐饮食预防高血压”宣传纸和“盐与健康”宣传手册，并在全市各大超市投放低钠盐，引导健康的用盐习惯。与用盐量较大、群体消费的饭店、食堂、工地等签订用盐安全责任书，确保食盐消费安全。2007—2010年，全市建设“普碘示范村”347个，覆盖20多万人。

盐业运销　80年代前，全县盐业系统只负责盐的生产，供应、销售则由县供销社负责。1988年8月，烟台市盐业公司成立盐业运销公司。海阳的食盐生产、供应、销售全部由烟台市盐务局统一计划管理，挂盐务局牌子。1996年，市盐务局在全市设立2216个食盐零售点，建立用户档案2216份。2000年9月，烟台市盐业公司和县（市、区）分公司的人、财、物，全部上收省盐务局，实行逐级管理。2004年，销售复合膜小包装碘盐1200吨、市内销售工业盐3000吨，实现销售收入400万元。2005年，销售小工业盐4000吨、小包装碘盐1300吨，销售收入512万元。2009—2010年，对全市2300个零售网点进行摸底清查，建卡立档。2010年，全市销售各类盐产品5461吨、小包装碘盐1614.8吨，实现销售收入近600万元。食盐销售年均5000吨以上，销售收入在450万元以上。

放销规章　盐的放销，以就地销售为主。1996年5月，市盐务局对食盐实行定点生产，指令性计划管理，对食盐批发实行批发许可证制度。

食盐批发许可证由国务院盐业主管机构统一制作。经营食盐批发业务必须依法申领食盐批发许可证，未取得食盐批发许可证的，不得经营食盐批发业务。经营食盐批发业务的部门由省政府盐业主管机构审批，颁发食盐批发许可证，并报国务院盐业主管部门备案。市食盐批发机构持证率百分之百。食盐运输持有食盐准运证。小袋装食盐设防伪标记。

计量包装 70年代前，食盐供应全部为粗盐。80年代后期，开始供应加碘粉碎盐或加碘精盐，全国统一将食盐包装改为粗盐中型包装，每袋净重50千克，包装物由麻袋逐步改为塑料编织袋。2000年后，食盐全部改为加碘粉精盐或加碘精制盐。采用塑袋小包装，每包净重1千克或0.5千克；大包装用塑料编织袋，一袋50千克。大（小）包装均印有生产厂家名称、地址、注册商标、重量、质量指标、生产日期，小包装贴有防伪标记、条码标识。原盐大批量运输，多采用散装，车运一般用大吨位电子地磅计量。船运散盐按海运部门船舶水尺计量。

盐价 盐价分为出厂（场）价、公收价、分配价、批发价、零售价5种。盐的出厂（场）价、公收价、分配价及各种差价均由财政部、轻工业部、国家物价部门统一审定。批发价、零售价由省物价局批准。至1996年，各种盐零售价格经10多次变动。同年，零售粗盐每吨720元，加碘洗粉盐每吨860元，加碘精盐每吨980元。至2010年，盐价保持不变。

第四节 药材与医疗用品

药品销售 1984年前，海阳县药材公司属三级批发单位，严格按照计划经济运营，担负全县医疗机构及公社、生产大队医疗站用药。1985年后，药品供应开始从计划经济向市场经济转变，医药商品三级批发逐步退出，大部分药品可直接从药品生产厂家购进。同时，打破销售区域管辖，可以向外地区或全国销售。主要销售西药、中成药和医疗器械。零售点2个。1985—1995年，公司销售额由890万元增到1910万元。2003年，销售额2300余万元。与青岛、东营、

2010年，海政路华阳大药店

烟台、莱阳、栖霞、济南等外地多家医疗机构建立业务关系。零售网点26个，年销售额1217万元。2010年，零售网点34个，年销售额1700余万元。

药材资源普查 1984年10月—1986年10月，县药材公司对全县23个乡镇43处200米以上的山丘及平原进行普查，撰写出海阳县中药资源普查与区划，海阳县中药资源名录报上级并通过验收。经普查，全县有中药材723种。其中植物类671种分属149科，动物类46种分属43科，矿物类6种。全国中药重点普查的365种中，海阳分布145种，主要有丹参、地黄、黄芩、防风、北沙参、桔梗、瞿麦、野菊花、土鳖虫、酸枣仁、海藻、益母草等。其中郭城镇林寺山出产的黄芩，色黄质优，是全国驰名的特产，蕴藏量1万千克以上。普查发现新品种4个，有线叶车前、崂山百合、条叶龙胆和黄芪；易混淆的药材11对，分别是委陵菜与翻白草，桔梗与多种南沙参，益母草与錾菜，苦菜与包茎苦麦菜，莲钱草与过路黄，茜草与蓬子菜，泰山前胡与前胡，地榆与白花地榆，麦兰菜与麦瓶草，马鞭草与千屈菜，九香虫与刺槐小皱蝽等。

地产药材收购 野生药材采集、收购由各基层供销社收购站，采取定点、定时间、定人员、定数量、分年度的办法采购回收。主要品种有黄芩、防风、桔梗、全蝎、土鳖虫、丹参、海藻、海马、海螵蛸、桑螵蛸等167个品种。同时，公司注重家种药材的发展。由1978年的30个品种发展到1992年的48个品种，主要有防风、柴胡、

地黄、党参、白芷、贝母、丹参、沙参、延胡索等。1978 年收购 1920 吨，1988 年收购 2630 吨，1993 年收购 3260 吨。2007 年，企业改制，地产野生药材停止收购。

第七章　集市贸易

第一节　集　市

1978 年后，海阳执行“对外开放，对内搞活”方针，逐步开放农副产品市场，集市贸易日趋活跃。集市贸易传统是逢农历每月“一、六”“二、七”“三、八”“四、九”“五、十”单双日插花，5 日一集。1979 年，全县集市 31 处，上市商品由原来的 100 余种增加到 300 余种，集市贸易成交额 1200 万元。1985 年，全县集市 37 处，万人以上的大型集市有东村、留格庄、行村、小纪，5000 人以上的集市有盘石店、大山所、发城、徐家店、郭城，其余为小型集市；上市商品增至 625 种，集市贸易成交额 2906 万元。1988 年、1989 年，东村集连续 2 年被国家工商行政管理局授予全国文明集贸市场称号。1990 年，全县城乡集市 43 处，集市贸易成交额 1.08 亿元。1998 年，全市城乡集市 69 处，其中万人以上的大集市 10 处，集市贸易成交额 10.4 亿元。2002 年，全市城乡集市 70 处，上市摊位 2.6 万余个，集市贸易成交额 8.1 亿元，年上市人数 32 万人次。2010 年，全市拥有集市 82 处。其中城区市场 11 处，农村集贸市场 71 处，市场摊位 2.7 万余个，年成交额近 10 亿元。

东村集

2010 年海阳市集贸市场一览表

表 11-7-1

集市名称	集　期（农历）	设立时间	集市名称	集　期（农历）	设立时间
东　村	五、十	清初	兴海市场	每日	1991 年
凤　城	四、九	清初	大丛家	二、七	1991 年
留格庄	二、七	清初	赵　家	五、十	1991 年
徽　村	三、八	清初	东寨头	二、七	1991 年
盘石店	一、六	清初	田　村	四、九	1991 年
小　纪	三、八	清初	松树夼	二、七	1991 年
泉水头	四、九	清初	榆山夼	一、六	1991 年
茂　梓	四、九	清初	下吼山	一、六	1991 年
行　村	二、七	清初	安家楼底	二、七	1991 年
朱　吴	一、六	清初	靠　山	二、七	1992 年
高　家	三、八	清初	后埠前	四、九	1992 年

续表 11-7-1

集市名称	集　期（农历）	设立时间	集市名称	集　期（农历）	设立时间
郭　城	四、九	清初	小商品市场	每日	1993 年
发　城	二、七	清初	方　里	一、六	1993 年
徐家店	三、八	清初	冷家庄	三、八	1993 年
洼　里	一、六	清末	北水头	一、六	1993 年
孙格庄	四、九	清末	岚前坡	三、八	1994 年
赵　疃	五、十	清末	建　新	三、八	1994 年
大辛家	四、九	明崇祯五年（1632）	姜格庄	三、八	1995 年
刘家疃	二、七	清乾隆十六年（1751）	下尹家	五、十	1995 年
大泊子	五、十	清乾隆二十五年（1760）	嘴子前	四、九	1996 年
二十里店	一、六	清光绪七年（1881）	南　柳	三、八	1996 年
大山所	一、六	清光绪七年（1881）	刘家窑	四、九	1996 年
从　上	三、八	清光绪七年（1881）	东迟格庄	二、七	1997 年
瓦罐窑	五、十	清光绪二十四年（1898）	纪家店	五、十	1997 年
北城阳	四、九	1922 年	石人泊	三、八	1998 年
辛　安	三、八	1930 年	谢　家	四、九	1998 年
台子上	二、七	1935 年	西大滩	一、六	1999 年
山西头	一、六	1970 年	石　剑	四、九	1999 年
大阎家	二、七	1982 年（迁入）	朱　坞	四、九	1999 年
石马疃头	一、六	1984 年	李家疃	五、十	2000 年
黄　崖	二、七	1984 年	东车格庄	三、八	2000 年
司马官庄	五、十	1984 年	北远牛庄	五、十	2001 年
战场泊	一、六	1984 年	前望海	五、十	2001 年
北埠后	五、十	1984 年	南　埠	二、七	2001 年
长沙堡	二、七	1984 年	西苇园头	四、九	2003 年
西古现	三、八	1986 年	黑石埠河	二、七	2005 年
南城阳	三、八	1987 年	牛岭山	四、九	2005 年
夏　泽	一、六	1988 年	二十里店蔬菜批发市场	每日	2005 年
大榆村	三、八	1990 年	前　夼	五、十	2005 年
西宅子头	五、十	1990 年	城北市场	每日	2006 年
上碾头	四、九	1990 年	鲁　口	四、九	2008 年

第二节　市场建设

1985 年前，全县煤炭、木材、钢材等工业物资和粮食、水果、蔬菜等农副产品批发，由国营和集体企业统一经营。1988 年 8 月，县工商局投资 32 万元，在虎山街东、县人民医院路南建设海鹰市场，占地面积 3100 平方米。内设营业房 109 间，摊位 200 个。1991 年 12 月，兴海市场第一期工程竣工，营业楼建筑面积 5000 平方米，用于租赁房 265 间，营业大棚面积 1 万平方米，设摊位 800 个，投资 560 万元。1992 年 11 月，第二期工程竣工，建成点式营业楼6座，建筑面积2000平方米，投资200万元，为海阳县最大的集贸市场。此后，先后规划建设小商品批发市场、日月服饰城、城北农贸市场、二十里店蔬菜批发市场、西古现果品市场、启城建材市场等。2000年，振兴商场建成营业。商场营业面积9000多平方米，员工近200人，为大型服装鞋帽综合商场。2002年，市木材市场迁至李家庄村南（榆山街北首）。2005年后，先后建成国际针织毛衫城、东南装饰材料市场、樱坤建材市场、金海螺商业广场、温州商贸城、宝通科技城、丽达购物广场、汇通家电商场、三联家电商场等。2008年，胶东水产品批发市场被评为烟台市十大水产品批发市场，西古现果品市场被评为烟台市十大农产品批发市场，国际毛衫城被评为烟台市十大日用品批发市场。至2010年，全市有大型超市6个，专卖店10余个，各类大型百货商场和服装商场10余个，商业步行街1条，综合批发市场4处、集贸市场3处、专业市场6处。

胶东水产品批发市场　位于行村镇东寨头村，1991年11月建成，占地面积10公顷，是中国北方最大的海产品批发市场。2002年，被烟台市政府列为烟台市八大重点市场之一。2003年10月，被农业部指定为国家级重点水产品批发市场。2007年，拥有冷库120座，总库容7万吨，从业人员1900余人，市场年水产品交易量21万吨，交易额7.8亿元，上缴税金600余万元。2010年，

2010年，胶东水产品批发市场

拥有冷库180座，总库容12万吨，从业人员3100余人，年水产品交易量33万吨，交易额12亿元，上缴税金近1000万元。销售范围北起黑龙江、内蒙古，南至舟山群岛、海南岛，全国10余个省份的70余个县（市、区），形成“买自全球，卖往全国”的销售网络。

二十里店蔬菜批发市场　位于二十里店镇，1997年3月建成，占地面积8公顷。日均交易蔬菜240吨，年均交易额1250万元。主要品种有白黄瓜、西红柿、西葫芦、蘑菇等，销往烟台、威海、青岛、济南、上海、北京、广东和东北三省等地，并出口俄罗斯等国家，被评为烟台市十佳专业批发市场。

国际针织毛衫城　位于东凤大道北路南首，计划总投资21亿元，规划占地面积100万平方米，总建筑面积100万平方米。第一期工程占地12万平方米，建筑面积12万平方米，建设会展、

2010年，海阳国际针织毛衫城

设计、品牌、技术、仓储、物流、创业、培训、贸易等中心及酒店、物业公司等，拥有商铺1500多间，2007年6月正式开盘营业。先后被授予中国针织毛衫创业基地、山东省小企业创业辅导基地称号，被评为山东省十大纺织品服装鞋帽交易市场、烟台市十大专业市场。

东南装饰材料市场　2005年4月开工建设，2007年12月完工，总投资1.5亿元。2008年年末，市场整体开业。市场占地1.4万平方米，建筑面积7万平方米。市场有6大交易区、3万余平方米精品展示中心，涵盖40余个装饰材料和家具类别，涉及建筑、装饰的各种材料及办公、家庭装潢和居室布置等方面的商品，是海阳市第一个集建材、家具、装饰材料为一体的多功能大型综合性商贸中心。2010年，销售收入2亿元，实现利税2800万元。

2010年，东南装饰材料市场

温州商贸城　2007年11月建成开业。商贸城占地8万平方米，建筑面积9万平方米，由24栋商业网点楼和10栋沿街网点楼组成。其中1～2层为商业网点楼，可容纳1000个业户进场

2010年，温州商贸城

经营。商贸城采用一站式购物，分区规范化经营，经营品种数千种。在设计上更新理念，采取以商业为主，居住、休闲为辅的建筑模式，营造一个舒适、宽松、温馨的购物环境。2008年，引进商户376户，实现销售收入1.2亿元。

金海螺商业广场　2008年1月开工建设，2009年元旦正式开业。商场占地4.1万平方米，建筑面积8万平方米，主体建筑6层，最高处7层，总投资1.8亿元，是集百货购物、洗浴、KTV、休闲娱乐、商务酒店、宾馆餐饮、美食等于一体的全方位、立体化、一站式的综合性商业广场。肯德基、永和豆浆、美国加州拉面、七匹狼、海澜之家、家家悦等多家连锁企业入驻商场。2010年销售收入2亿元，实现利税2000余万元。

2009年1月1日，金海螺商业广场开业

山东家家悦集团有限公司　2001年，家家悦集团在海阳开设第一家门店。2005年，公司在海阳开设第一家百货业态购物广场，集男女服装、鞋帽、童装、针织床上用品、日用百货、家电于一体的综合经营模式。先后在留格庄、凤城、行村、发城等镇建立农副产品基地，发展订单农业，形成从生产基地→批发市场→生鲜配送一条龙产业链。开展“万村千乡市场工程”，实施超市下乡战略，解决农民的买难和农产品的卖难问题，搭建起服务农村市场的综合平台。2010年，家家悦集团在海阳有直营连锁门店18处。销售网络覆盖市区及周边7个镇，总营业面积3.8万平方米。

海佳亚飞汽车销售公司　2002年9月建成。公司占地面积3.3万平方米。有4000平方米的展厅、5000平方米的售后维修车间、6000平方米的

2010 年，海佳汽车城有限公司

商品车停放区、2000 平方米的客户停车区，是全市最大的汽车销售企业。拥有中国重汽、北汽欧曼、五菱、哈飞和重庆力帆 5 个品牌专营店。主要经营一汽大众、北京现代、吉利、上海别克等轿车和各种进口车。年销售收入 1 亿多元，年维修车辆 4 万余辆。

第三节　生猪市场

1978 年前，生猪被列为国家统购统销物资，对生猪实行指令性派购计划。县食品公司每年到农户中对生猪存养、育肥情况进行普查，制订季度收购、调出计划。生猪屠宰、销售、调拨由国营食品公司独家经营。1978 年 1 月，县肉类联合加工厂建成投产。1980 年，全县生猪货源丰富，市场供应充足，允许自宰上市销售。1982 年收购生猪 15.58 万头。1985 年，取消生猪指令性派购计划，实行有指导的议购议销，结束国营生猪屠宰垄断经营的历史。1987 年，全县外购猪 2800 多头，占年总购进的 74%。1988 年，投资 106 万元建猪舍 3000 平方米，建饲料加工车间及仓库 2700 平方米。至 1990 年，个体生猪屠宰加工销售户迅速增多，县食品公司和各乡（镇）食品站基本停止经营。1992 年 3 月，县肉类食品集团公司成立。1996 年 5 月 1 日，全县 19 处乡（镇）食品站和食品公司、中银禽畜加工厂为生猪定点屠宰单位，城乡市场的猪肉销售业户一律销售定点屠宰的猪肉。同年，实现销售收入 7840 万元，上缴各项税费 165.7 万元。1997 年，成立生猪定点屠宰管理办公室，加强对生猪定点屠宰和销售的管理。2001 年，撤销市食品公司屠宰场和生隆、妙峰、绿竹等 8 处生猪定点屠宰厂（场），在市区只设中银禽畜加工厂 1 处定点屠宰场。至 2007 年，严格市场准入制度，对海阳市外机械化屠宰厂在海阳开设连锁店、超市专柜进行专项整治，新设生猪产品连锁店、专卖店 70 余处，经营生猪产品全部达到机械化屠宰、封闭式运输、冷链化销售标准，提高上市生猪产品的卫生质量安全水平。同年，市坤宇食品有限公司投资 2000 多万元建设全机械化屠宰厂，日加工能力 2500 头。2008 年，市财贸办公室联合畜牧、工商、卫生、公安、广播电视、技术监督等部门开展生猪屠宰加工行业专项整治，全年共查处屠宰违法案件 130 起，没收违法生猪产品 1500 余千克，取缔私屠滥宰窝点 3 个。海阳市双城肉类食品有限公司、海阳市坤宇食品有限公司、海阳市盛源食品有限公司 3 家机械化屠宰企业分别申报三星级和二星级资质。2009 年，坚持监管与服务并重的原则，加大管理力度，规范生猪产品的流通秩序，在全市建立起从养殖、屠宰、加工、流通和消费环节的全程监管的链条。完善台账制度，健全猪肉产品质量可追溯体系，并顺利通过国家食品安全专项检查验收。2010 年，全市保持生猪进点屠宰率 100%，出厂肉品检验合格率 100%。

第八章　饮食服务

第一节　宾馆饭店

1978 年，海阳县旅店餐饮业网点，有商业系统在县城设立的海阳旅社、寓安旅社、第一饭店、第二饭店等，有供销系统在 17 个公社等基层供销社设立的旅馆和饭店。同年，第二饭店增设内餐食堂。1979 年，第一饭店在北山家属区设油条部，在车站对面设中餐部，1980年，设雅香馆。1982年，海阳路和虎山街交叉路口的东南角，建起总面积646平方米的迎海楼。1984年，在雅香馆隔壁建味里香餐馆。到1985年，国营饮食业有大小饭店9处，从业人员150人。90年代开始，海阳县旅馆餐饮业向较高档次发展。环保部培训中心、邯郸疗养院等相继落户海阳，县政府招待所改制为海阳宾馆，方圆集团公司投资建成方圆大酒店，市电业公司投资建成电业大酒店，市交通局投资建成交通宾馆等。1995年，全县餐饮业机构807个、网点827个，从业人员2793人，年营业收入3476万元。2001年，全市餐饮业法人企业12家、产业活动单位1372个，营业总收入7632万元。2010年，全市限额以上住宿业和餐饮业法人企业47家，从业人员1506人，营业额3.10亿元。星级住宿业法人企业14家，从业人员763人，营业额1.46亿元。其中，客房收入5755万元，餐费收入8379万元，商品销售收入235.5万元，其他收入217万元。限额以上餐饮业法人企业33家，从业人员743人，营业额1.65亿元。

海阳宾馆 1978年称县革委招待所。1984年4月，改称海阳宾馆。1985年，建筑面积15647.9平方米，职工100人，有客房楼4座，餐厅宿舍、仓库楼1座，锅炉房、冷藏库各1处，小餐厅5个，小卖部3个，服务台4处，会议室和接待室13个，房间214个，床位789个。其中，高档客房楼1座，房间47个，床位94个，内配卫生间、电话机、沙发和闭路电视，年营业额31.56万元。1996年，餐厅接待能力1000人。2002年，有员工180人，占地面积2.3万平方米，建筑面积23368平方米，有客房楼4座，餐厅楼2座，综合服务楼2座及其他配套服务设施。拥有豪华套房、标准单人房、双人房及普通房共451个床位，高、中、低档大、中、小餐厅20个，大、中、小会议室9个，可接待千人以上会议，同时容纳2500人就餐。2005年11月，海阳宾馆改制。

海怡大酒店 位于海阳旅游度假区黄海大道南路58号。2007年8月营业，酒店主楼12层，停车场有260余个停车位。拥有标准间、豪华单人间、套房、豪华套房168间（套）。豪华的中西餐厅、宴会包房及零点厅，可同时接待600人就

海怡大酒店

餐。多功能会议大厅、贵宾会议厅、小型会议室、海边木质别墅可接待500余人。2010年，被评为四星级饭店。

方圆大酒店 位于方圆街道，系方圆集团有限公司独家投资兴建。1999年10月营业，酒店地上20层，建筑面积3万平方米。拥有豪华套房、标准间、单人间等各类客房130套，品味不同、装修风格各异的餐饮部，可容纳2200人同时就餐，大、中、小型会议设施及多功能厅灵活组合。2001年3月，被评为三星级饭店。

方圆大酒店中华厅

黄金海岸大酒店 位于海阳旅游度假区海景路58号，2008年5月营业，是一家集海滨度假、商务会展、康乐休闲等综合配套服务功能齐备的大型国际商务度假型酒店。酒店共有总统套房、海景豪华房等各式高档客房560余间。客房配备欧式厨房设备、国际互联网、卫星电视频道等设施。拥有先进设施会议室8个，最大的多功能厅可容纳1000余人。

黄金海岸大酒店

国宾海景酒店　位于海阳旅游度假区海景路36号，2006年6月营业，是集商务、休闲、度假于一体的大型海滨度假酒店。酒店精心打造500余间风格各异的客房，有豪华总统套房、商务总统套房、高级海景套房、海景房、山景房等各类房型，可满足宾客的多元化需求。

国宾海景酒店

观海大酒店　位于海阳旅游度假区海景路68号，海水浴场北，2007年7月营业，是一家集客房、餐饮、娱乐、会务、度假、休闲为一体的综合型酒店，建有1800平方米的观海平台，并提供烧烤、冷（热）饮等服务项目。

地雷战主题酒店　位于海阳经济开发区，是以“地雷战”为主题的综合性酒店。2010年9月营业，酒店设施齐全，装修典雅，融胶东民俗文化、红色革命主题和现代设计风格为一体，打破传统酒店的建筑风格、空间布局和内部设计，可满足现代城市高档商务和休闲度假的不同要求。

第二节　美容美发

1958年，海阳国营浴池建起后附设理发馆，县城东、西各1处，有职工5人。使用手工推子，只剪光头、平头和分头。1975年，增加美容美发，扩大营业范围。1976年后，逐步使用电推子理发。1981年，开设新新理发店；所有理发店增加烫发业务。此后，各理发店设施齐全，环境卫生，理、刮、吹、烫、染俱全。1983年，开设美佳理发店。到1985年，国营商业管辖的理发店有3处，从业人员16人。

90年代，时尚新潮的美发技艺在县城流行。进入21世纪，条件较好的理发馆引进国内最新美发技术，发型艺术时尚、多样、个性。增加为顾客头部、颈部、背部按摩推拿服务，收费标准一般在10～20元，高者上百元。

90年代中期，美容业从理发店分出，成为专业店。配备专业美容师，美容设施用品转向专业化、实用性。美容项目由简单的护肤、洗面，发展到按摩、刮痧、割双眼皮、除眼袋、祛斑、光子脱毛、仿真秀眉、种发植发、美体等近百种。21世纪，美容业遍布城乡。美容店一般小而净，面积一般在20～30平方米，美容师1～3人不等。市区有一定规模的店装潢精美，店铺面积均在100平方米以上，美容师5～10人不等。2010年，全市有美发店1000余家，从业人员约2000人；美容店150余家，从业人员约800人。

第三节　照相摄影

1978年，全县有商业系统的县照相馆以及供销系统在各公社驻地的照相馆。1982年，县照相馆设风景照相馆。1983年5月，蓝天照相馆开业，风景照相馆业务并入蓝天照相馆。馆内设备齐全，置景典雅讲究，不仅有普通照，还有艺术照、结婚照、风景照等照相项目。1984年，县商业局投资5000余元，增设彩照部。照相馆除坚持室内拍照外，还走乡串户，到学校、营房、工厂、农村拍照。1984年后，增加野外照相、产品广告照相和经营照相器材等项目。市场开放后，个体照相兴起，基层供销社的乡镇驻地照相馆业务受到影响，而商业照相馆为顺应市场发展，增加彩色照相业务，照相设施随之更新。90年代后，集体、个体私营照相网点发展迅速，东方新娘摄影店、梦华影楼等相继营业。1998—2000年，影像、彩扩、数码影像开始普及。进入21世纪，科技含量高的数码照相、数码彩扩和新颖、美观的立体布景、艺术造型等先进技术得到应用。传统照相业的市场份额越来越少，而婚纱摄影、数码彩扩等新兴业务的市场份额增大。至2010年，全市有照相网点40个，从业人员56人。

第四节　洗浴业

1978年，县城仅有跃进国营浴池1处。采用简易锅炉烧水，设有修脚、搓背、理发等服务项目，有床位50个。浴池不分男女，错时、轮流使用。单位集体购票，实行8折计价。1981年，跃进浴池拆除。投资16.26万元，重新建起总面积1622平方米的三层浴池大楼，称人民浴池。男、女池单设，有通池、盆池、淋浴。有床位200余个，设专用衣柜。洗浴设施、用品较齐全，可同时容纳200余人洗浴。人民浴池的二、三楼设有旅馆。二楼为20人的大房间、单人床铺，三楼为4人、5人、6人房间，室内宽敞明亮、清洁卫生。1985年10月，人民浴池引进大连烫熨新技术，由2人专门负责，增加洗涤、烫熨服装服务项目。80年代末，逐步出现个体私营的小型浴池和生产队用机器冷却水开设的浴池，但普遍规模小。由于可供居民选择的浴池少，营业性浴池效益普遍较好。

90年代，洗浴业开始快速发展。既有集体、股份制，更多的为个体私营。21世纪，洗浴业除简单的清洗清洁外，还融入休闲、健身等项目。发展一批新兴的洗浴中心。至2010年，全市共有营业性浴池100余处，其中有规模较大的方圆集团碧云天洗浴中心等。内部设施完善，有淋浴、热水池、温水池、冷水池、桑拿间、汗蒸间、盆浴室、健身大厅、游泳池等。服务项目也扩展到搓澡、修脚、按摩、推拿、理发、拔罐等。

第十二编

对外经济贸易 招商引资

海阳对外贸易历史久远。清光绪年间（1875—1908）就有大量的花生米、食盐、对虾干、鱼干出口。民国时期，丝绸、花边、网扣等手工艺品出口美、英、德等国家。中华人民共和国成立后，商品收购种类增加到6类46个品种。1978年起，海阳对外贸易进入一个新的发展阶段。1988年，海阳被国务院确定为对外实行经济开放县。是年，县委、县政府执行中央加快沿海地区经济发展战略，利用外资的重点是吸引外商直接投资；8月，海阳第一家中外合资经营企业成立。1992年，县委、县政府制定进一步扩大对外开放加快发展外向型经济意见，提出解放思想，抓住机遇，实现经济由内向型向外向型战略转变。1994年，国家外贸体制改革，改变单一的出口供货模式，企业经批准获得自营进出口权，外贸企业和自营进出口企业共同发展。2000年，市委、市政府实施“大园区”战略，规划建设海阳工业园、碧城工业区和旅游度假区及镇（街道）级工业园，在全市建立起经济发展、招商引资载体平台。实施“大项目”战略，出台一系列政策措施，加大招商引资和项目投入力度，取得丰硕成果。至2010年，全市累计外商投资企业579家，总投资34.2亿美元。

第一章　机构与体制

第一节　机　构

海阳市对外贸易公司　1975年8月，海阳县对外贸易局成立。1984年3月，县对外贸易局改称县对外贸易公司。1994年，内设办公室、纺织品科、五矿科、计财科、业务科、行政科。1996年5月，海阳县对外贸易公司改称海阳市对外贸易公司。2003年8月，市对外贸易公司在职人员归市对外贸易经济合作局管理；公司业务停止，进行债务清理和资产重组。

海阳市对外贸易经济合作局　1985年3月，县对外经济贸易委员会成立，无独立办事机构，日常工作由县计划委员会负责。1987年，县对外经济贸易委员会从县计划委员会析出，与县经济委员会合署办公。1988年年底，县对外经济贸易委员会独立；内设外资管理科、综合业务科、行政科。1990年，设县外商投资企业服务中心。1991年，设县国际经济技术合作公司。1996年5月，海阳县对外经济贸易委员会改称海阳市对外经济贸易委员会。2001年12月，改称海阳市对外贸易经济合作局；内设办公室、外资管理科、外商投资促进科、综合业务科。2010年3月，与海阳市财贸办公室合并，组建海阳市商务局。

海阳市商务局　（参见第十一编第一章第一节“管理机构”）

海阳市投资促进局　2001年3月成立，隶属市外经委管理（正科级）；内设国内科、国际科，编制10名。2009年6月，撤销国内科、国际科；设综合业务部、国际招商部、产业招商部，编制15名。

第二节　外贸体制

1975年7月前，海阳外贸工作由县供销社和商业局负责。1975年8月，设县对外贸易局。外贸局根据烟台地区的外贸出口计划，负责全县出口商品收购和供货管理，自己无出口经营权。1993年，国家对外贸易实行统一政策、放开经营、平等竞争、自负盈亏、工贸结合方针，县外贸公司获得自营进出口权，海阳对外贸易从此直接面向国际市场。此后，县内有奥威鞋业、工艺品集团公司等多家生产企业相继获得自营进出口权，可直接进行商品收购、加工、出口等业务。2010年，全市出口创汇企业208家，创汇4.84亿美元。

第二章　进出口贸易

第一节　出口贸易

出口商品收购　1975年，外贸出口商品在原有粮油、食品、土产、畜产等农副产品和草编、网扣、抽纱、刺绣等工艺品的基础上，增加轻工、化工、纺织、五矿、机械等产品，花色品种由过去的46个发展到89个，出口商品收购额1778万元。1978年，对外贸易进入新的发展阶段。1985年，全县外贸出口商品收购额3390万元，出口10大类100余个品种，销往50余个国家和地区。其中，粮油交货值1051万元，食品419万元，土产品111万元，畜产品84万元，工艺品1528万元，五矿产品62万元。1987年，调整出口产品结构，加大工业品出口比重，加强出口商品基地建设，外贸出口商品收购额6007万元。其中，工业品、养殖对虾出口额增幅较大。1988年，组织工贸、技贸和农贸间的协作，全县外贸出口商品收购额首次突破亿元，达到1.2亿元。全县出口创汇企业27个，出口商品品种63个；工贸、农贸联营企业11个，出口额5323万元，占出口总额44%。1989年，加强大宗骨干出口商品的生产和农副产品出口基地建设，其中花生、黄牛被国务院列为全国出口基地县。1993年，着力培植县、乡、村创汇企业“四梁、十柱、百只虎”，即将二轻、纺织、建材和水产4个集团建成大规模、外向型的骨干企业；将东村、留格庄等10个乡（镇）建成创汇骨干乡（镇）；培养100个创汇骨干村，成为全县对外开放的顶梁柱。发挥县外贸公司主力军作用，立足自营出口优势，成立专业性的分公司和自属企业。加强与国外大商社、大财团和大企业合资合作。同年，大山所乡卓格庄村被县委、县政府授予水产品出口创汇第一村称号。1995年，全县外贸出口商品收购额8亿元，涌现出一批具有地方特色的规模出口骨干商品，花生、水产、蔬菜、毛衫、针织、工艺、抽纱、鞋类等，成为海阳出口拳头产品，年出口创汇均在1000万美元以上。

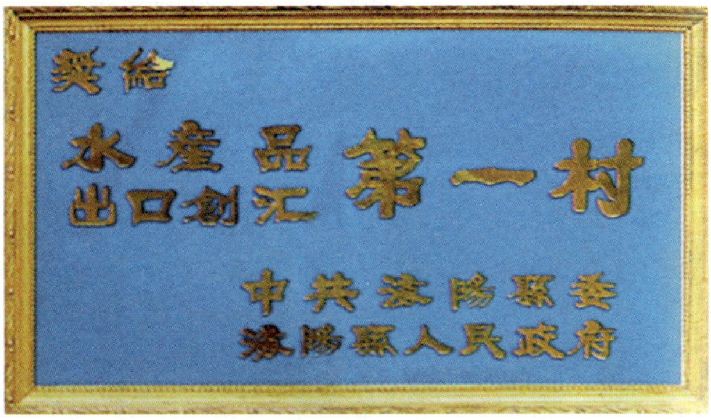

1993年，大山所乡卓格庄被县委、县政府授予“水产品出口创汇第一村”称号

自营出口企业与创汇　1992年前，海阳无自营进出口生产企业。1993年，山东奥威鞋业集团成为全县首家获得自营进出口经营权的企业。同年，县政府通过举办全国专利产品新闻发布会、地产品展销会等宣传活动，扩大海阳在国内外的知名度。转变经营思路，由过去的“有什么就出口什么”，转变到“国际市场需要什么就组织生产什么、什么挣钱就干什么”。全县重点抓对虾、黄牛、花生、蚕茧、蔬菜等农副产品的精深加工，培育出口创汇大户，提高出口创汇能力。办好外贸公司自属企业，由收购出口向生产、收购、加工出口转变。加强出口商品基地和产、加、销一条龙体系建设，建立起较为完善的创汇农业、工业生产体系。1994年，全县自营进出口企业发展到9家，出口创汇200万美元。1995年，县委、县政府提出全面增强自营生产企业创汇能力，企业主动将经营权延伸到乡（镇）、企业，实行“一顶帽子大家戴”，带动全县生产企业直接走上国际市场。1996年，全市自营进出口创汇1519万美元，比上年增长51.6%。1997年，市政府提出把外贸公司、奥威集团、禄达集团、工艺品集团、抽纱公司等系统和企业培育成自营出口创汇龙头，带动其他自营出口企业发展。发展加工贸易，加快建设果业贸工农一体

化。同年，全市自营进出口企业11家，自营出口创汇2116万美元，为1994年的10.6倍。2000年，全市出口创汇5000万美元。2002年，全市出口创汇7322万美元。2005年，全市出口1.96亿美元。2007年，全市22家企业申办自营进出口权，全市外贸进出口额4.12亿美元。其中，出口3.22亿美元。同年，海阳市被评为烟台市利用外资先进单位。2008年，全市21家企业申办自营进出口权，全市外贸进出口额5.19亿美元。其中，出口3.9亿美元。海阳市获烟台市对外开放进步奖。2009年，市政府提出优化贸易结构，扩大机电、高新技术产品出口，巩固传统市场，积极开辟欧美、东盟等新兴市场，扩大出口规模。全市21家企业申办自营进出口权，全市外贸进出口总额4.99亿美元，其中出口3.67亿美元。2010年，全市208家出口创汇企业，商品出口93个国家和地区，出口4.84亿美元，同比增长31.9%。

2010年海阳市受表彰的外贸进出口企业一览表

表12-2-1

企业名称	完成数（万美元）	增幅（%）
烟台恩怡服装有限公司	3284	41.0
海阳比艾奇电子有限公司	3208	52.2
烟台美丰机械有限公司	2530	10.9
进元电子（烟台）有限公司	2269	7.0
烟台亚琦纺织有限公司	2234	105.7
烟台枫林新材料有限公司	2064	92.7
维蒙特工业（山东）有限公司	1671	407.9
烟台汉都金属制造有限公司	1273	32.5
烟台英杰制衣有限公司	1255	43.4
和光（烟台）金属制品有限公司	1203	5.9
东南帝华电子（烟台）有限公司	1161	17.4
海阳岩渊金属制品有限公司	1138	12.5
烟台山丰鞋业有限公司	1050	12.8
海阳市天工塑胶制品有限责任公司	1012	51.7

第二节　进口贸易

1978年，海阳进口商品由各经营部门提出申请，外贸部门负责上报、审批、进口。进口种类主要有家用电器、服装、化纤制品、化肥等。1985年，进口商品由单一渠道转为多渠道；机械加工设备进口增多。1990年起，进口贸易以年均20%的速度增长。2004年，全市外贸进口3729万美元，同比增长71%。2005年，全市外贸进口5119万美元，同比增长37.3%。2008年，全市外贸进口1.29亿美元，同比增长43.6%。2009年，受全球金融危机等因素影响，进口增速放缓，全市进口1.32亿美元，同比增长2.3%。2010年，随着国家经济形势好转，全市进口额1.94亿美元，同比增长47%。进口商品主要有电脑横机、手持式无线电话机零（部）件、针织或钩编织物、各种冷冻鱼类、热轧不锈钢非卷材、精对苯二甲酸、聚丙烯树脂、干海草、羊革皮、天然乳胶、印刷电路、各种未完成男女套头衫、普通钢铁板材等。进口方式主要为加工贸易和一般贸易，其中加工贸易占进口额60%以上。

第三节　对外加工与补偿贸易

对外加工贸易　1982年，县政府提出发展来料加工、来件装配、补偿贸易业务。1993年，山东奥威鞋业集团成为县内第一家从事对外加工贸易企业。1996年，加工贸易企业发展到50家，全年兴办“三来一补”（来料加工、来料装配、来样加工、补偿贸易）项目65个，涉及水产品、电子产品、家具五金、纺织服装、箱包、塑料制品6大类20余个品种，工缴费883万美元，来料金额3578万美元，出口创汇4467万美元。2002年，市政府提出把加工贸易摆到对外经贸的突出位置，

2008年6月20日，海阳比艾奇电子有限公司开业典礼

集中力量培育扶持出口大户，促进加工贸易转型升级，“千军万马”发展加工贸易。当年出口2857万美元。毛衫加工业发展迅速，成为国内江北最大的毛衫加工基地。2007年，全市签订加工贸易合同632份。加工贸易进口额5806万美元，出口额8042万美元，加工贸易出口创汇约占全市出口创汇总额25%。2008年，全市签订加工贸易合同647份，加工贸易进口额6382万美元，同比增长9.9%；出口额1.02亿美元，同比增长26.8%。2009年，全市签订加工贸易合同813份。其中，进料加工557份，来料加工256份。加工贸易进口额8090万美元，同比增长26.8%；出口额1.16亿美元，同比增长14%。2010年，全市签订加工贸易合同847份，加工贸易进口额7448万美元，占全市进口总额60.4%；出口额1.4亿美元，占全市出口总额29%。以比艾奇电子、进元电子（烟台）有限公司等为代表的一批从事电子产品加工贸易企业，成为支撑海阳加工贸易快速发展的主要力量。当年，比艾奇电子有限公司出口2152万美元，占全市加工出口额15.4%。

补偿贸易　1984年9月，县盐业海产养殖公司与日本兵库县贸易株式会社签订以补偿贸易方式养殖对虾协议。12月，县盐业海产养殖公司、中国粮油进出口公司山东省食品进出口分公司（甲方），在青岛与日本兵库县贸易株式会社（乙方）签订补偿贸易合同。合同规定：甲方发展养殖对虾333公顷，年出口成品对虾120吨；乙方提供60万美元设备材料；甲方以养殖成品对虾2年偿还乙方设备价款。1990年前后，海阳又开发几个小型的补偿贸易项目。县五金工业公司与日本中尾株式会社补偿贸易项目，从日本进口模具，用此模具加工的家具五金件出口到日本，补偿模具款。通过贸易，双方建立互信，促成中外合资经营企业——海阳中尾五金有限公司成立。

第四节　劳务合作

1985年，海阳组织建筑工程设计、施工和翻译人员赴科威特承包工程，合同期限为2年。因效益不理想，加之科威特战乱，合同期满后未能续期。1991年，海阳国际经济技术合作公司成立，由于无外派劳务权，仅能为烟台国际经济技术合作公司培训出国劳务人员。1994年，县委、县政府提出大力发展对外承包和劳务输出，承揽海内外工程，参与劳务合作。以建筑、海员劳务、饮食服务、机电维修、水产品加工等为重点，开拓重点国家和地区的劳务承包市场。1998年，外派劳务218人。至2010年，累计派出各类劳务人员3448人。同年，海阳国际经济技术合作公司经商务部批准获劳务外派权。从事的劳务活动主要是渔工、厨师和研修生等，日本、新加坡、韩国等国为主要派遣地。

第三章　招商引资

第一节　招商引资政策

1991年，县政府制定发展外向型经济若干规定，国外投资者可以在海阳境内自行选择投资地点和方式，可兴办“三资”企业，开展“三来一补”业务，也可租赁、承包、购买县内现有企业，并可依法取得土地使用权开发经营；外商投资开办的生产性企业，凡属技术、知识密集型，或外资额在3000万美元以上，收回投资时间长的项目，以及能源、交通、港口建设等项目，经财政部批准，按15%的税率征收企业所得税。1992年，制定招商引资奖励办法等鼓励发展外向型经济政策，对外商投资实行土地有偿转让方式作出明确规定。

2001年，招商引资政策规定，凡属本市镇（区、街道）引介项目，其项目投入指标由引介镇（区、街道）统计，财税关系隶属引介镇（区、街道）。实行“工业园区”优惠政策。凡进入海阳工业园项目，土地出让价格和项目建设行政性收费予以最大优惠。产品处于国际领先、填补国内空白、高科技、高附加值和世界500强及总投资500万元以上的项目，予以特殊优惠；投资规模在60万美元以上项目，享受上缴所得税“两免三减半”优惠政策。2009年，市政府印发《海阳市投资促进指南》。企业共享园区公建设施资源；土地出让价格执行“法定最低价”，并根据缴纳土地价款时间、投资密度和进度、投入产出比等给予优惠；高新技术、产品出口、新能源开发等国家鼓励项目，执行关税、增值税等方面保税及减免税政策，在地方税收上给予优惠；对投资企业的常住人口在户口迁移、子女教育、人才引进等方面给予扶持；对投资项目实行首接负责制，由项目首接人义务为投资者办理项目全套手续，为企业的建设、运营提供全程服务。

第二节　招商引资措施

1988年，县委、县政府贯彻执行中央加快沿海地区经济发展战略，充分利用沿海地区劳动力资源丰富，科技、工农业基础条件较好、对外交通便利等优势，把利用外资的重点放在吸引外商直接投资上。8月，海阳第一家中日合资经营企业——烟台海达毛纺织有限公司成立。当年，海阳的企业通过出国考察、引进外商谈判等形式，对外谈判项目9个，签订合资合同3个，引进外资284万美元。1990年年初，海达毛纺织有限公司、中日合资爱思箱包有限公司和旅游鞋厂3家合资企业投产。至1990年年底，全县合资企业创汇416万美元。其中爱思箱包公司成为山东省“三资”企业十大创汇企业之一。

1992年，县委、县政府制定进一步扩大对外开放加快发展外向型经济的意见，提出要解放思想，抓住机遇，实现经济由内向型向外向型的战略转变，尽快形成对外开放新格局，为扩大对外开放提供良好的投资环境。利用各种形式宣传介绍海阳，先后举办樱桃节、“三胞”联谊会和专利产品新闻发布会，并组织企业参加广交会、青岛小交会等。樱桃节和“三胞”联谊会期间，签订合资合同、协议61个，合同外资额5703万美元。1994年，县委、县政府印发《关于进一步扩大利用外资加快发展开放型经济的意见》，提出突出乡镇企业、外向型工业加工区、凤城旅游度假区、对外承包和劳务输出4个重点。

1995年4月，县委、县政府提出推进大项目和重点项目的引进建设，围绕农业、乡镇企业、大（中）骨干项目、高新技术和基础设施改造项目做工作。在全县开展对外开放大讨论，找问题订措施，调整对外开放工作目标。坚持“对外开放一、二、三产业一齐上，国营、集体、个体和私营经济一齐上，什么有优势就上什么”的观念。

2001年3月，市委、市政府制定进一步加大招商引资力度的意见，在全市实行招商引资责任制，市直部门、镇（区、街道）及中央、省、烟台市属驻海阳单位均有指标和任务，并建立严格的项目投入考核机制。成立市投资促进局，镇（区、街道）建立专业招商队伍；鼓励个人、机构引荐外资项目，实行双重奖励；对外商投资项目实行“一条龙服务”、持卡收费制度。自此，在全市形成市直部门、镇（区、街道）、企业、基层全民招商的局面。制定市、镇、村三级财政收入分配体系，引进项目的村按相应比例，参与财政收入分配，调动村级招商引资积极性。采取“走出去”招商、跟踪招商、网上招商、委托招商、主题招商、有偿招商等方式，树立“海阳以外都是外”的观念。外商投资服务中心设外商服务和收费大厅，优化服务环境。

2002年，组织开展百日招商大会战专项活动，各级领导干部拿出三分之二的时间和精力外出招商。市委、市政府组织由主要领导带队的招商团，历时20天，赴日本、韩国等国家及香港、深圳、汕头、东莞等地招商引资。年内，举办境内外招商说明会20次，外出考察招商300余人次；全市合同利用外资同比增长104.6%，实际利用外资同比增长93.7%，出口创汇同比增长33.9%，合同利用外资、实际利用外资绝对额分别居烟台市县（市、区）第五、第六位；邀请2800多名外商到海阳考察。2003年，全市转变招商引资观念，从213家域（境）外投资企业中，选取60家规模大、实力强、有发展前景的企业，建立市级领导联系域（境）外企业制度，加强与企业的经常性联系，帮助企业排忧解难，优化企业发展环境。

2005年，实施产业招商、专业招商和以商引商等措施。突出韩国、欧美等国家和地区，知名跨国公司和世界500强，珠三角、长三角、东北老工业基地等国内重点区域的招商引资。2008年，市委、市政府围绕城区经济片、南部沿海经济带、北部山区经济带，提升利用外资水平；发挥经济开发区、旅游度假区、碧城工业区、临港产业区、核电产业区、生物化工产业区载体功能，做好特色文章。2009年，全市开展招商会战活动，将经济技术合作与招商引资工作的重心转移到“招大引强”方面，抓住六大新兴产业，引进投资规模大、科技含量高、成长性好、拉动性强的项目。围绕核电、现代制造、旅游服务、毛衫及农副产品四大产业板块开展招商活动。2010年3月，邀请37名青岛客商实地考察海阳投资环境；引进贝尔特海洋生物科技项目；6月，邀请国内40余名大企业负责人和200名外商，参加海阳首届沙滩体育艺术节，集中签约项目17个，总投资96.7亿元。

第三节　工业园区建设

1992年年底，省政府批准设立海阳外向型工业加工区（2002年2月，改称海阳经济开发区）。海阳工业园区建设开始起步，逐步建立健全领导管理机构，制定管理办法和经济发展规划、招商引资优惠政策；聘请专家和技术人员对园区全面规划。1994年10月，设立凤城旅游度假区。1997年，市政府提出发挥海阳与韩国的区位、资源互补和劳动力资源丰富的优势，加快外向型工业加工区基础设施建设，并在区内划出土地作为对韩国重点招商园区。对外商投资企业实行承诺服务、全过程监督；设立外商投资企业投诉中心，听取外商对服务部门的意见并限期解决。

2000年，市委、市政府把园区建设摆上经济工作重要位置，出台海阳工业园建设管理规定，制定优惠政策，把海阳工业园作为招商引资、加快发展的重要载体，举全市之力加快开发建设。2001年，市委、市政府提出发挥大园区聚集、辐射、载体效应优势，加快发展大园区。海阳工业园1平方千米起步区完成“六通一平”，进园项目33个，投资5亿元。开展创建星级工业园活动，东村街道工业园0.6平方千米的一期工程，引进项目23个，投资3000万元；凤城镇工业园新建项目15个，扩建7个，被评为省先进民营经济园区；行村镇工业园引进500万元以上大项目4个，投资3500万元；留格庄镇工业园引进项目9个，投资5200万元。至2002年，全市园区共完成基础设施投入6000多万元，建成路网12千米，开发面积5.5平方千米；引进项目100余个，其中投资过千万元的项目40个，总投资18亿元。2002年8月，设立碧城工业区。规划16平方千米，年内完成起步区3平方千米的基础设施配套，在建项目48个，投资6亿元。

2003年，全市园区基础设施投入加大，项目引进和建设步伐加快，各类园区新开发面积17平方千米，新修筑路网96千米，新上项目743个，总投资91亿元。其中，海阳工业园总开发面积和

2009年9月8日，海阳核电装备制造工业园区揭牌仪式

路网长度均达到老城区的规模，园区内建成和在建项目203个，总投资63亿元；方圆、凤城、东村3个街道园区新开发面积8平方千米，新开工项目118个，与市级园区相互衔接，形成融合发展之势，“三区”（经济开发区、碧城工业区、旅游度假区）、“三街道”（方圆、东村、凤城）成为全市发展的龙头、园区膨胀的样板、城市框架的支撑。

2004年，认真落实国家土地调控政策，集约利用土地资源，园区建设由注重规模向注重效益转变。海阳工业园南区开发启动，开发面积3平方千米，开通路网13.8千米，敷设各类管线3万米，新增绿化面积27万平方米；在建项目116个，投产项目68个。碧城工业园修筑路基6.5千米，完成路网清表10.6千米，敷设各类管线2.4万米，新增绿化面积15.5万平方米；在建项目61个，投产项目36个。

2009年8月，市委、市政府出台扶持全市园区发展的意见，提出整合园区资源，实施“一区多园”发展模式，将全市园区资源有机整合为经济开发区、旅游度假区、核电装备制造工业区三大园区。经济开发区下设海阳、碧城、东村、方圆、凤城、行村、辛安、徐家店、留格庄、大阎家10个二级园区；旅游度假区，重点发展旅游、休闲、度假、商贸、地产、研发中心等项目；核电装备制造工业区，定位为核电综合服务中心、核电科技研发中心、重大装备制造基地，发展大化工、大重工、大物流等产业。

2010年，全市经济发展贡献榜

第四节　项目投入考核

2001年3月，市委、市政府制定项目投入责任制，对项目投入考核范围、指标、方法、奖惩兑现等作出规定。2002年3月，成立市机关岗位目标考核办公室，负责对全市的总体工作进行考核，其中招商引资、项目投入列为考核工作重要内容；建立举报、申诉、反馈、责任追究等制度。一批过去从未进入先进行列的单位，由于项目投入成绩突出而成为先进。2003—2010年，项目投入始终作为镇（区、街道）和市直部门工作的重要内容，不断提升考核标准，改进考核办法，加大考核力度，引导全市各级各部门积极招商引资，服务经济发展，调动各级干事创业积极性，促进海阳经济社会快速健康发展。

2003—2010年海阳市项目引进投入情况表

表12-3-1

年　份	引进且开工项目数量（个）		项目投入金额（万元）		
	域　外	境　外	合　计	域　外	境　外
2003	169	67	148155	59376	18734
2004	137	39	101219	57377	13091
2005	98	28	95965	63784	13824
2006	84	21	140540	103755	16353
2007	82	13	157059	123185	20066
2008	56	10	183192	134695	29373
2009	31	2	140778	32364	1253
2010	49	—	152084	52305	—

第五节　招商引资成果

1988年8月，县供销社与日本东洋物产株式会社合资，成立烟台海达毛纺织有限公司，总投资1300万元，利用外资227万元，为海阳第一个涉外项目。11月，县工艺品厂、中国工艺品进出口公司山东分公司与日本ACE株式会社合资，成立海阳爱思箱包有限公司，总投资376万美元，利用外资188万美元。1992年，全县兴办“三资”企业40家，投资9903万美元；当年投产的22家“三资”企业，出口创汇2410万美元，创汇额居烟台市第一位。坚持“县、乡、村同抓”“外资、外经、外贸并举”方针，到1993年，全县累计建立“三资”企业101家，总投资2.49亿美元，合同利用外资1.50亿美元，日本、韩国、美国为主要投资国家。

1995年，全县已投产“三资”企业实现利税8574万元，占乡及乡以上工业企业实现利税总额59.1%，创汇额占全县出口创汇总额88.4%；有6家外资企业被评为全国优秀外资企业；有7家被评为省优秀外资企业。1996年，海阳造纸厂与香港锦宏集团合资600万美元，建设1600纸机项目签订合同。同年，全市出口创汇1.16亿美元，同比增长33.8%；其中，“三资”企业创汇1.01亿美元。1997年，全市已投产的85家“三资”企业，实现利税9392万元，出口创汇1.21亿美元。自1988年兴办“三资”企业到1998年，全市累计兴办外商投资企业166家，其中外商独资企业27家；项目总投资2.86亿美元，合同利用外资2.55亿美元，实际利用外资1.24亿美元；“三资”企业出口创汇5.81亿美元。18个国家和地区的客商在海阳投资。

1999年，利用外资质量提高。在新建的16个外资项目中，有12个当年洽谈、建设、投产；项目平均合同利用外资110万美元，是以往项目单体投资规模最大、投（达）产率最高的一年。2000年，新签利用外资合同16个，合同利用外资额4110万美元，实际利用外资3056万美元，同比增长103.2%。2001年，加大对外资企业境内集中区的招商引资力度，不断扩大利用日资、韩资的规模和水平，与21个国家和地区建立经贸往来关系，合同利用外资7825万美元，实际利用外资5060万美元。

2002年，全市新签利用外资合同40个，合同利用外资1.60亿美元，同比增长104.5%，实际利用外资9800万美元，同比增长93.7%。2003年，全市引进项目数量、投资总额超历史总和，总投资109亿元；其中投资过千万元项目87个，过亿元项目增加到11个。2004年2月，烟台亚琦纺织有限公司成立，投资1917万美元。12月，韩国大韩饲料工业株式会社在经济开发区建立独资的烟台大韩饲料有限公司。同年，全市新引进投资过千万元项目37个，其中过亿元项目6个；项目总投资45亿元，其中境外、域外投资占总投资95%以上；合同利用外资、实际利用外资分别比上年增长96.4%和66.9%。

2005年，市委、市政府提出转变观念，把上大项目作为跨越发展的重点，共引进大项目73个。

2008年8月，美国驻华大使雷德到海阳经济开发区参加维蒙特工业（山东）有限公司开业典礼

其中，方圆集团金鼎葡萄酒项目投资8000万元；大韩饲料项目投资600万美元；海景国际酒店项目投资3亿元。2006年9月，韩国独资企业大韩饲料工业株式会社与方圆集团合资，成立烟台大韩美味香植物油项目，注册资本800万美元。2007年，引进山东核电设备制造项目，注册资本2.76亿元；引进维蒙特工业机械制造项目，总投资2800万美元，注册资本1300万美元。同年，全市引进项目25个，实际利用外资1.10亿美元。2008年10月，海阳比艾奇电子有限公司成立，投资2400万美元。同年，全市新签约项目30个，总投资300多亿元，其中亿元以上项目23个，10亿元以上项目10个，30亿元以上项目5个；实际利用外资4300万美元，增长62.6%；实际利用内资43亿元，增长53.3%。2009年，全市新签约项目63个，总投资120.7亿元，其中投资过亿元项目29个。全年引进外资项目11个，实际利用外资4950万美元。2010年，全市引进项目11个，实际利用外资5910万美元。1988—2010年，全市累计批准外商投资企业579家，总投资34.2亿美元。

1988—2010年海阳市利用外资情况表

表12-3-2

年　份	签订外资协议（个）	合同利用外资（万美元）	实际利用外资（万美元）	年　份	签订外资协议（个）	合同利用外资（万美元）	实际利用外资（万美元）
1988	2	290	183	2000	16	4153	3056
1989	1	35	361	2001	25	7825	5060
1990	5	310	258	2002	40	16750	9800
1991	7	446	970	2003	63	32548	17056
1992	40	4275	1299	2004	47	34403	18744
1993	46	9512	2341	2005	73	55842	15235
1994	41	5564	2399	2006	53	67129	10198
1995	21	547	1076	2007	25	7323	11019
1996	5	143	1201	2008	12	12491	4300
1997	11	2295	1106	2009	11	16527	4950
1998	8	1118	1228	2010	11	16658	5910
1999	16	1804	1822				

第十三编

交通运输

海阳地处烟台、青岛、威海三市节点位置。70年代，境内形成县、公社、大队公路交通网络。1985年，有干线（省级）公路5条，总长162.5千米，沥青路面占79%；支线（县、乡镇）公路12条，长305.2千米，沥青路面占3.4%；乡村公路4条，长26千米。1988年，烟青公路（2002年改称烟上公路，即204国道）全线开通，海阳始有一级公路。90年代后，海阳交通运输事业发展进入快车道。1992年，烟凤公路开工建设；1998年，全线竣工通车。1999年12月，蓝烟铁路复线一期工程正式通车。2007年9月，海阳港一期扩建工程1号万吨泊位投入运营。2009年10月，海阳丁字湾大桥开工建设。至2010年，全市通车公路里程2313.69千米，其中国道2条38.4千米、省道5条215.7千米、县道11条273千米、乡村路1786.59千米。全市形成以"三纵三横"6条干线公路为主框架，县、乡公路为支线，四通八达的交通网络。全市有公交线路8条、72辆公交车，年客运量302万人次，实现城区全覆盖。公路旅客运输量1171万人次，旅客周转量4.46亿人千米；公路货运量797万吨，货物周转量21.85亿吨千米。

第一章　机　构

第一节　管理机构

海阳市交通运输局　1978年，称海阳县交通局。1984年3月，改称海阳县交通运输公司（加挂海阳县交通局牌子）。1993年11月，改称海阳县交通委员会，定编20名。1996年5月，海阳县交通委员会改称海阳市交通委员会。2001年12月，改称海阳市交通局。2010年3月，改称海阳市交通运输局。内设办公室、政工科、财务审计科、综合管理科、交通战备办公室。事业单位有交通稽查大队、地方公路管理局、道路运输管理处3个副科级单位及公安交通稽查中队、幼儿园。辖海阳市汽车驾驶员培训学校、机动车辆检测站、交通宾馆、通运汽车出租中心、城北汽车站。

海阳公路管理局　1975年，恢复海阳公路管理站，隶属烟台地区公路管理段。1984年，海阳公路管理站改称烟台市公路管理段海阳公路管理站。1993年10月，海阳公路管理站撤站设局，改称烟台市海阳公路管理局。2010年，内设办公室、政工科、养护科、路政科、工程科、财务科、安全科、海阳市公路工程处、工会、基建办公室，编制64名。

海阳市港航管理局　1988年，设海阳县航务管理所，隶属县交通局。2003年4月，成立海阳市海务局，为正科级单位，编制6名；负责海阳市口岸、海上贸易和海砂开采等工作，接管海阳港；7月，成立海阳港务有限公司，由公司管理海阳港。2005年4月，航务管理所与海务局合并，成立海阳市港航管理局，编制10名，为市政府直属正科级事业单位，承担海阳市港口、水路运输行政和行业管理职能，并承担原海务局和航务管理所职能。

第二节　企事业单位

海阳市交通稽查大队　原为留格庄道路检查站。1996年12月，改称海阳市交通稽查大队。1997年5月，市交通稽查大队由留格庄搬迁到市交通局办公。1999年12月，市交通稽查大队成立第一、第二中队。2005年12月，增设第三、第四中队，每个中队编制6人。

海阳市道路运输管理处　2008年10月，撤销市运管、客运、出租、维管4个所和综合科及8处基层交通运管所，成立海阳市道路运输管理处，隶属市交通局领导。内设客运、维管、货运、安全综合、培训、违章处理6个股和服务大厅；下设东村、盘石店、郭城、徐家店、发城、小纪、行村、留格庄、朱吴、辛安、大阎家11处基层运管所。编制120人，其中管理处36人、基层所

84 人。

海阳市地方公路管理局　1978 年，称海阳县交通局公路管理所。1993 年 5 月，海阳县、乡公路由公路站转县交通局管理，设海阳县公路管理所。8 处乡（镇）公路管理所隶属县交通局。2007 年，设海阳市地方公路管理局，原市公路管理所划归地方公路管理局，隶属市交通局领导。内设规划基建股、公路养护股、路政管理股；增设北埠后、二十里店、留格庄 3 处养护管理所，编制 20 人，其中局 11 人、3 处养护管理所 9 人。

公路管理所　1985 年，全县设乡（镇）公路管理分站。1989 年 3 月，改称公路管理所。1993 年 5 月，海阳公路管理站将无国道、省道的 8 处乡（镇）公路管理所移交县交通局。后几经调整，至 2010 年，设有徐家店、发城、东村、小纪、经济开发区 5 处公路管理所。

海阳市兰天客运有限公司　1993 年 11 月成立县汽车客运公司。注册资金 63 万元，主营汽车客运，兼营汽车修理、汽车配件销售。1998 年 6 月，公司兼并汽车修配厂。2000 年 11 月，汽车客运公司和下属兰天羊毛衫厂整体出让，改称海阳市兰天客运有限责任公司。2001 年 5 月，公共交通公司的全部车辆资产以融资形式，转入兰天客运有限责任公司资产账户，由兰天客运有限责任公司统一经营管理。

海阳市通达汽车运输公司　1993 年 11 月成立县汽车运输公司，系全民所有制企业；12 月，下属交通加油站建立。1995 年 3 月，交通加油站从公司析出，独立核算，自负盈亏。1999 年 2 月，公司改制，改称海阳市通达汽车运输有限公司。

海阳市公共交通公司　1996 年 10 月成立。2001 年 5 月，公司全部车辆资产以融资形式，转入市兰天客运有限责任公司。

第二章　道路与港口建设

第一节　公路建设

中华人民共和国成立后，对全县公路进行统一规划、测量设计和修筑管理。70 年代，境内形成县、公社、大队公路交通网络。1985 年，有干线（省级）公路 5 条，总长 162.5 千米。其中青石、潍石、海掖 3 条，境内路段长 128.3 千米，沥青路面占 79%；支线（县、乡）公路 12 条，长 305.2 千米，沥青路面占 3.4%；乡村公路 4 条，长 26 千米；全县通车村 96%。90 年代后，公路建设快速发展。至 2010 年，全市通车公路里程 2313.69 千米，其中，国道 2 条 38.4 千米，省道 5 条 215.7 千米（含 S24 威青高速公路海阳段 53.26 千米），县道 11 条 273 千米，乡村路 1786.59 千米。

国道　荣兰公路（荣成—兰州）G309　境内黄草场—西坊坞段，全长 22.8 千米。1977 年建成通车。2001 年，在战场泊修建境内第一座公路立交桥。2010 年 6 月，309 国道海阳段改建工程开工，全长 22.56 千米，采用二级公路标准建设，设计行车时速 60 千米，路基宽 12.0 米，路面宽 10.5 米，新建大桥 2 座、小桥 6 座、涵洞 54 道，为国家养护三级公路。

G309 荣兰公路

烟上公路（烟台—上海）G204　境内高家长沙—孙家油坊段，全长 15.6 千米。其中高家长沙—徐家店段是在 1984 年二级公路的基础上改建，

G204 烟上公路

S210 烟凤公路

徐家店—孙家油坊段为新建。路基宽27米，路面宽26米，沥青混凝土路面，设计行车时速80千米。1988年建成通车。1999年实施GBM管理。2002年，被评为全国文明样板路，是境内唯一的国家级文明样板路，为国家养护一级公路。

省道 威青公路（威海—青岛）S202 原称青威公路，为贯穿海阳东西的主要干线公路。江家北—南廒子西段，全长61.8千米，路面宽7米。1974年建成通车。2006年，二十里店连接线工程开工，全长4.5千米，路基宽32米，路面宽25米，设计行车时速100千米。2007年2月，海阳城区段改建工程开工，全长10.18千米，设计时速80千米，路基宽30.5米，路面宽24米，大桥1座，中桥2座，2008年10月31日竣工通车，工程总投资约8000万元。2009年4月，城西段改建工程开工，全长3.37千米，设计标准为一级公路，路面宽24米。2009年9月完工，投资约2000万元，为省养护一、二、三级公路。

烟凤公路（烟台—凤城）S210 贯穿海阳南北的主要干线公路。境内戴家北—凤城段，全长63.9千米。1992年，改建桃村—洪沟段。1993年，拓宽东村—凤城段。1996年，改建洪沟—里口段。路基分别宽18米、28米、38米，路面分别宽16米、27米、37米。1998年建成通车。2002年8月，海阳城区段改建工程开工，分北、南两段。北段长4.12千米，南段长0.95千米，全长5.07千米。2003年12月竣工，投资2600万元。2009年6月，城区南段路面改造工程开工，全长约2.3千米，投资358万元，23日完工，为省养护一级公路（36.9千米）、二级公路（27千米）。

海莱公路（海阳—莱州）S306 境内台上—燕翅山西段，全长25.2千米。1979年，东村—徐家店段加宽、加高、裁弯取直，路基宽10米。1996年，东村—洪沟段改建为一级公路，与烟凤公路东村—洪沟段重合。2001年，台上—燕翅

S202 威青公路

S306 海莱公路

山段改建竣工，结束海阳干线公路最后一段沙土路面。路基分别宽10米、11.5米，路面分别宽9米、10米，设计行车时速60千米。2003年11月，海莱线延伸工程开工建设，全长13.4千米，路面分别宽25米、32米，2006年11月完工通车，投资7982万元。2007年5月，洪沟—徐家店段大修改造工程开工，全长16.3千米。2007年10月完工通车，投资2100万元。海莱公路为省养护一级公路（3.1千米）、二级公路（22.1千米）。

小莱公路（小纪—莱州）S307　境内小纪—大杨格西段，全长11.6千米。1985年路面加宽至7.9～9米。1999年，改建海阳段，路基宽13.5米，路面宽12米，设计行车时速80千米。2000年竣工通车，为省养护二级公路。

威青高速公路（威海—青岛）S24　威青高速公路由威即一级公路（威海—即墨，编号S203）改建，是国道主干线同江—三亚公路的主要连接线，也是山东省公路建设主骨架中“三纵三横一环”的主要组成部分，全长300千米。烟台段69.01千米，穿越8个乡（镇）、1个开发区，路基宽25.5米，路面宽22米，双向4车道，全封闭、全立交高速公路，设计行车时速100千米。海阳境段（海乳界—海莱界）52.26千米。工程总投资概算8.7亿元。1998年12月4日，威即一级公路海阳岐家—南廒子路段开工，路基宽23米，路面宽21.5米，设计行车时速100千米。共完成路基土石方22万立方米，砌筑工程3800米，护坡1850平方米，修筑涵洞5处。2000年10月，建成通车，为省养护一级公路。2002年11月，进行二期工程建设，将海阳帽子山隧道至乳山市水井子村路段37.07千米改建为高速公路，其中海阳段14.27千米。该工程设互通立交2处、天桥15座，改造利用旧通道5个，增设线外辅道4940米，工程投资概算5000万元，于2003年11月竣工通车。2005年4月，海阳帽子山隧道至莱阳市南羊郡村路段实施高速化改造，长39千米，2006年12月竣工。海阳市境内出（入）口和收费站位于留格庄、东村、二十里店、辛安、行村5镇。

S24威青高速公路

县级公路　育行公路（育黎—行村）X090　全长56.5千米。1982年，该路桥、涵配套，晴雨通车。1996年，投资200万元，组织有关乡镇对盘石店—东石兰沟段（含岚丁公路辛安—齐沟崖段硬化）5.1千米路面硬化，路面宽7米，三级公路标准。盘石店村街长630米，路宽12米，属二级标准。1997年，投资200万元，协同有关乡镇对东村—东石兰沟段（含盘石店—东石兰沟段硬化）9.1千米路面硬化，路面宽7米，三级公路标准，结束境内县、乡公路无沥青路面的历史。1998年，投资420万元，改建东村—大阎家段4.9千米，路基拓宽为12米，路面宽10米，双向6车道，其中修桥梁1座，涵洞4座117.3米。1999年，投资530万元，沥青硬化东村—柳树庄段5.8千米，路基宽12米，路面宽10米；投资420万元，改建、硬化盘石店—丛麻院段5.8千米，路基拓宽为10米、路面宽7.5米，双向4车道，建涵洞20道340.5米。两段工程均在1998年3月开工，1999年12月竣工。2000年，投资90万元，修补东村—盘石店段14.2千米的沥青路面，其中路面大修2600平方米、坑槽修补1300平方米、沥青封面9.5万平方米。为跨市县三级公路。

岚丁公路（岚前坡—丁字嘴）X095　全长26.5千米。1996年，组织有关乡镇完成辛安—齐沟崖段长7.3千米、宽7米的路面硬化，三级公路标准。1997年，市交通委协同有关乡镇完成辛安—岚前坡段8千米的路面硬化。2000年，投资100万元，完成二十里店—辛安段15.3千米的沥青路面修补工程。为县乡养护三级公路。2007年，高速公路投资1000万元，建设辛安—丁字嘴段长11.2千米、宽8米的高速连接线沥青路面。

发南公路（发城—南麻姑岛）X089　由黄麻

X089 发南公路

公路和发埠公路合并而成，全长 47.5 千米。

发埠公路（发城—埠前） 全长 24.3 千米，其中三级路 18.5 千米、四级路 5.8 千米，路宽 7.5 米，1986 年建成，为跨市县级路。2002 年，投资 420 万元，改建并硬化发城—黄崖段 6.8 千米，路面宽 7 米，改后为三级路。

黄麻公路（黄崖—麻姑岛） 原称黄行公路。1983 年，始修黄崖—司马官庄段，长 9 千米，至 1985 年完工。1989—1991 年，修筑司马官庄—行村段长 6 千米、宽 6.5 米的沙土路。行村—麻姑岛筑路通车，黄行公路改称黄麻公路，全长 23.8 千米。2002 年，投资 530 万元，将黄崖—行村段 8.5 千米路面拓宽至 7 米并硬化。为县乡养护三级公路。

凤霞公路（凤台顶—霞河头）X091 全长 11.6 千米。1981 年修筑，全长 6 千米，路宽 8.5 米，沙土路面，有小桥 5 座。2005 年硬化为水泥路面，为跨市县级公路。

岚戴公路（岚店—戴家）X083 戴野段（戴家—野夼堡） 1982 年改建拓宽，长 13.4 千米，路基宽 6.5 米。同年，改建岚店—戴家段，裁弯取直，路基拓宽至 8.5 米。

X083 岚戴公路

郭徐公路（郭城—徐家店）X084 1978 年前修筑，全长 12 千米，2005 年硬化为水泥路面。

上泉公路（上十字夼—泉水头）X086 全长 30.3 千米。

朱泉公路（朱吴—泉水头） 1969—1971 年修筑，长 17.1 千米，路基宽 6.5 米，路面宽 5.5 米，沙土路面，为县乡养护三级公路。1976 年，桥涵配套。2000 年，投资 630 万元，对高家—朱吴段 8 千米进行路基改造和路面硬化，路基拓宽至 10 米，路面宽 7 米；全线新建桥涵 25 座，填挖土石方 10 万余立方米；3 月开工，10 月竣工。其余路段于 2007 年硬化为水泥路面。

朱小公路（朱吴—小纪）X094 全长 17.6 千米，三级路，2007 年硬化为水泥路面。

高凤公路（高家—凤城）X085 1995 年，盘凤公路与高盘公路合并而成，全长 40.9 千米。1976 年始修，1994 年基本完工通车。2005—2010 年，分段硬化为水泥路面。

周大公路（周格庄—大埠圈）X093 全长 9 千米，原为沙土路。2003 年，由核电装备制造有限公司改建为二级公路，沥青路面，路面宽 15 米。又名核电一路。

黄海公路 （黄塘—海头）全长 7.7 千米。2010 年后降为乡路。

2009 年，乡村路建设

2009 年，乡村路建设

2010 年 10 月，建设中的丁字湾跨海大桥

乡村路　改革开放后，乡村间公路得到快速发展。2003 年，中央车购税对农村公路建设予以补助政策，提高了农村公路建设进程。至 2010 年，海阳有乡村路 1786.59 千米。全市 732 个行政村，村村通公路，硬化率 95%，为海阳城乡经济发展架起桥梁。

丁字湾跨海大桥　2008 年由山东省发改委批准立项，省交通规划设计院规划设计，山东路桥集团施工建设，省交通工程监理咨询公司监理施工，工程计划总投资 5 亿元。2009 年 3 月 2 日，在海阳辛安举行开工典礼。4 月 11 日，跨海大桥打下第一桩，进入全面施工阶段。8 月 10 日，施工栈桥贯通。跨海大桥为双塔双索面混凝土斜拉桥，桥面宽 24.5 米，双向 4 车道，设计时速 80 千米。大桥主梁共有 51 段，桥塔总高度 105 米，主桥跨径 376 米，总跨度 3.3 千米，其中海阳段 2.17 千米、即墨段 1.13 千米。大桥位于黄海与丁字湾交汇的丁字河口处，从海阳辛安镇姜家庄向南 1.38 千米连接鸭岛，从鸭岛向南 1.92 千米至即墨市丰城镇栲栳码头。2010 年，跨海大桥完成全部 552 棵桩基；承台 166 座，完成 105 座，占 63%；墩身 190 座，完成 95 座，占 50%；箱梁 164 孔，完成 33 孔，占 20%。

第二节　铁路建设

1952 年 7 月，中央人民政府为加强胶东半岛海防建设和经济发展，确定修建过境的蓝烟铁路（蓝村—烟台）。1956 年 1 月试通车；7 月 1 日，正式交付运营。过境铁路海阳段长 18.5 千米，路基宽 30 米。有 2 座铁路桥梁，一为富水河桥，长 120 米，高 6 米；一为徐家店河桥，长 40 米，高 8 米。设海阳、长沙堡 2 个站。海阳站位于徐家店镇驻地南蓝烟线 109 千米 647 米处，站界里程分别为蓝烟线上行位 110 千米 555 米处，下行位 108 千米 875 米处。相邻车站上行为龙盘山站，相距 7 千米 70 米；下行为长沙堡站，相距 9 千米 107 米。长沙堡站为乘降所级小站，有职工 2 人，

2009 年，建设中的丁字湾跨海大桥

2010 年，蓝烟铁路海阳站

主要办理慢车旅客上、下车业务。随着社会变革和经济发展，铁路事业也在不断发展建设。

车站扩建 1992年，海阳站与海阳县地方合资160万元建候车楼1座，设计建筑面积1960平方米，为铁路18个中间站唯一的候车楼。

复线建设 1998年10月，动工建设蓝烟铁路增二线扩建工程。1999年年末，蓝烟复线工程在海阳境内完成铺轨20余千米，大小桥、涵30余座，站场改造2个，总投资7500万元。12月26日正式通车，同时撤销长沙堡站。

电气化铁路建设 2009年4月，蓝烟铁路电气化改造开工建设。2010年8月，电气化改造完成。相邻车站上行为莱阳站，相距32千米758米；下行为桃村站，相距18千米650米。

第三节　港口建设

海阳港 原名凤城港，为不冻港。地理坐标为北纬36° 40′ 40"，东经121° 14′ 15"。陆路距市区约11千米，距海阳火车站58千米，距烟台市132千米、青岛市143千米。水路距烟台173海里、威海138海里、青岛75海里；距韩国釜山约490海里、日本长崎约500海里。港口通过烟凤公路、威青公路、309国道与全省、全国公路网络相通。港口原为自然港湾，始称龙头湾。明初设卫后，尤其是清初裁卫设县后，海上运输较为发达。除与国内主要港口有商船往来，民国后与美、英、日等国有贸易往来。1971年前无人工码头。1972年1月，始建渔用码头。至1979年，投资80万元，建成480米防浪坝，可停200马力以下渔船。

1976年，筹建海阳港新港。由天津大学、省交通厅会同县交通局共同勘测、设计建港方案。省交通厅投资、山东筑港总公司建设，总投资273万元。1977年动工，1979年年底竣工，1980年投产使用。建引堤1050米，码头150米；100吨级泊位1个，长50米；500吨级泊位2个，长100米。设计年吞吐能力10万吨，码头货场面积8526平方米，理货室为200平方米二层楼。共有装卸机械10台。后方铺建区面积1.56万平方米，有办公室、修理车间、宿舍等平房57间，面积962平方米。1998年8月，海阳港被批准为“二类”对外开放口岸。2000年6月，通过国家海关总署组织的对“二类口岸的清理工作”检查验收。2003年6月，市海务局与青岛海砂建材开发有限公司签订海阳（凤城）港扩建合同，投资4.6亿元建设万吨级泊位。由于国家政策调整，造成融资不畅，港口扩建工程陷入停滞状态。2005年，

2005年，海阳港5000吨级泊位

2010年，海阳港1万吨级泊位

2007年10月，凤城港鸟瞰图

与山东海龙股份有限公司，在原合同基础上签订新的港口扩建合同。5月，一期工程开工，建设1万吨级泊位2个，5000吨级、3000吨级泊位各1个。二期工程投资4.6亿元，建设3万吨级以上泊位。2007年9月，1号万吨泊位试运营。2008年8月，2号万吨泊位和3号5000吨泊位试运营。

固定资产投资 1985年，投资15万元，在铺建区前建1座1000平方米三层办公楼。1991年，投资25万元，在货场新建1座927平方米仓库。2001年，投资36万元，建设1条1200米输油管道，从码头输送柴油、汽油至港口办公楼东油库。2003—2010年，海阳港一期扩建工程，总投资2.5亿元。

海上航道建设 海阳港扩建前，航道宽40米，水深4.4米，东北西南走向，方位角40°～220°，为自然航道。锚地在老码头西南1海里处，水域面积1.15平方千米；码头西北角设航床桩1座，高6米，射程6海里，进港航道左右各设浮标1个。1980年建成发光，由海阳建港指挥部投资建设，山东省港航监督管理。万吨级泊位扩建后，航道按1万吨杂货船型设计，宽100米，水深7.7米。根据港口进（出）船舶密度，进（出）港口设计为单向航道，北段航道方位角25.27°～205.27°，长1926米；南段航道方位角0°～180°，长2504米；航道总长4430米。由海阳港务有限公司投资4427万元，烟台天航海洋工程有限责任公司施工。在防波堤堤头处设堤头灯1座；回旋水域和航道两侧及转向处设浮标，直线段按间距1000～1500米共设置12个。

锚地 按《海阳港总体布局规划》所设1#、2#锚地布设。1#锚地可锚泊2000～5000吨级船舶4艘，面积约1.15平方千米；2#锚地可锚泊5000～30000吨级船舶10艘，面积约7.8平方千米。

第三章 运输

第一节 公路运输

运输工具 手推车 中华人民共和国成立后，很快普及。不仅用于农业生产，也用于经商及走亲访友等。90年代后，被逐步取代。

马车（大车） 70年代后期，机动车增加，马车逐年减少。1985年，全县有1835辆。其中，从事短途运输的142辆。90年代后，逐步被机动运输车辆取代。

自行车 中华人民共和国成立后，县内自行车以青岛产“国防”牌为主。60年代，“国防”牌改为“金鹿”牌，仍占主要地位。此后天津产“飞鸽”牌，上海产“永久”牌、“凤凰”牌逐渐增多。1985年，全县有自行车22万辆。90年代，种类和数量猛增。2000年起，车型以轻便漂亮为主，赛车出现并成为时尚。2002年，市内拥有自行车45万辆。后电动自行车逐年增多。2010年，城市居民家庭每百户拥有电动自行车16辆。

脚踏三轮车 分载客和载货2种。载客三轮车装有圈椅或座位，多见于城镇，90年代中期短时出现便自行消失。载货三轮车装有方斗，可载货500千克以上。

三轮机动车 分大、小型。市内大型机动三轮车可分195型和290型2种，发动机有单缸、双缸，燃料均为柴油，噪音大、污染重，不宜在城区行驶，多在乡间搞短途运输。

摩托车 分三轮、两轮。80年代前，多为公安、检察院、法院、邮电等部门使用。80年代，始有私人购买且发展迅猛，多为两轮。1985年有238辆。90年代，成为城镇年轻人、进城务工和经商者的主要交通工具。1992年有4437辆。2003年，有59699辆。2010年，城市居民家庭每百户拥有40辆。

轻骑摩托车 1975年，有轻骑车7辆，多为济南产15B型。80年代渐多，多为重庆产“嘉陵”CT-50型。1982年，轻骑车开始挂牌。1985年有1308辆。90年代，成为城镇年轻人、进城务工和经商者的主要交通工具。2000年后逐步被电动自行车取代。

拖拉机　1985年，全县有挂牌营运拖拉机3912台。1986年有5318台，其中专门从事运输的25台。90年代，逐步更新换代并迅速发展。2003年有26725台，其中大（中）型529台、小型26196台。2010年，全市拥有拖拉机47094台。

汽车　70年代，境内始有吉普车。国产主要是"北京"BT–212型，进口有罗马吉普。80年代，县内始有面包车。国产主要有天津、广州、石家庄面包车，进口有日本产日野、丰田、三菱等。货车发展也很快，主要为长春第一汽车制造厂产"解放"CA–10B型、济南产"黄河"150型、南京产"跃进"NT–130型、蓬莱产"解放"141型、武汉第二汽车制造厂产"东风"EQ140型；进口货车有日本产日野、丰田等。1980年，始有国产上海轿车，上海和西德合资产桑塔纳轿车；进口有日本产皇冠、苏联产伏尔加等。境内客车主要是黄县（今龙口市）客车装修厂产的解放CA–661型，座位数有45座、49座、53座等多种。1985年，全县有货车891辆、大型客车3辆、面包车92辆、吉普车92辆、轿车17辆。90年代后，吉普车、轿车增长迅速，2005年前后进入普通家庭。2010年，城市居民家庭每百户拥有家用汽车10辆。

运输类型　货运　70年代，农用拖拉机逐步参加社会运输。各公社先后成立拖拉机站，负责本区域的工农业物资运输，马车逐渐减少。80年代，汽车运输蓬勃发展，既有公路运输部门和企业的专业运输车队，又有农村兴起的个体运输专业户。县内专业运输企业有县交通局的汽车一队、二队，另有商业、供销、粮食、物资、水产等企业建立的汽车运输队，多自货自运，兼营社会运输。1985年，全县有社会运输汽车891辆、4657吨位，拖拉机3912辆、7824吨位。全县社会运输量97.5万吨，其中汽车15.7万吨（含国营5万吨）、拖拉机72.8万吨、马车9万吨。货物周转量2201.5万吨千米，其中汽车1233万吨千米，马车47万吨千米。1988年，交通运输企业营运货车61辆、401吨位，载货挂车55辆、217吨位；非交通部门营运货车582辆、2492吨位；个体户营运货车76辆、413吨位。1990年，县内货车1759辆。2000年后，交通部门企业改制，货运车辆全部出让给个人，非交通部门营运货车快速增加。2003年，发展到2041辆、5710吨位，其中个体营运货车836辆、2376吨位，货运量149.7万吨，货物周转量17864万吨千米。2010年，发展到5256辆、2.72万吨位。

客运　1978年后，县内国有、集体、个体客运竞相发展，客运班次增加，旅客周转量递增。1980年，客运量46.2万人次，客运周转量2070万人千米。1985年，县内客运线路总长432千米，长、短途客运班车52班次，过路客车48班次，日均客运量4200人次、周转量21.6万人千米。全年客运量132万人次、周转量6024万人千米。是年，县内出现2家个体客运专业户，各置10座面包车1辆，分别往返于东村至莱阳、东村至徐家店2条线路。90年代初，海阳始有出租车，1995年后快速发展。2003年，全市客运车辆达349辆，客位1396个。车型有桑塔纳、尼桑、普通型夏利、天津大发、华丽、松花江、长河等。拥有大型客车21辆，中、小型客车650辆。客运量483万人次，旅客周转量16643万人千米。2010年，达700辆，客位9374个。

长（短）途站点　1981年，全县17处公社均通车。1985年，全县有汽车站3处、代办站5处，沿途设停车点122处，23处乡（镇）全部通车。

海阳汽车站　1950年，由青岛运输公司建立。1970年，隶属烟台运输公司。1985年有职工

2004年9月，海阳汽车站候车厅

64人。1993年1月，烟台汽运集团成立，海阳汽车站归其管辖。1996年，烟台汽运集团改称烟台汽运集团有限责任公司（1998年6月，改称烟台交运集团有限责任公司），海阳汽车站管辖未变。1999年春至2000年4月，海阳汽车站建筑一座融营业、办公、娱乐、商业为一体的综合楼。2001年9月，改称烟台交运集团海阳汽车站有限公司。有职工42人（含分站9人）。管辖线路59条，其中烟台市内19条，营运里程935千米；海阳市内20条，营运里程405千米；跨烟台市线路20条，营运里程3430千米；跨省线路2条，营运里程799千米。2003年，东村—徐家店线每日48车次，海阳—莱阳线58车次，海阳—威海线36车次，海阳—青岛线18车次，海阳—烟台线72车次，其他线150车次。

城北汽车站　1995年建，系县交通委面向社会车辆的公用站，属三级汽车站；线路班车12个发车位，公交车4个发车位，可容纳190余台车辆进站营业。1997年启用。2009年，公路旅客运输量和周转量分别为1083万人次和41241万人千米。2010年，进站营业车辆165辆，日发车班次340次，日均客流量3290人次，高峰期5000人次。市交通局客运办公室现场办公，管辖线路69条，其中市内29条，烟台市内24条，省内线路16条，营运里程1.25万千米。

2010年，城北汽车站

工业区汽车站　2002年12月设立，海阳市国荣汽车配件有限公司投资兴建，属三级汽车客运站。

郭城汽车站　1987年4月设立，国有四级站，2003年有职工2人。

盘石店汽车代办点　1987年设立，2003年有职工1人。

大榆村汽车代办点　1993年设立，2003年有职工1人。

出租车　80年代初，车站周边的农民开始在农闲季节或平日早上、傍晚，利用自行车为过往旅客提供接、送站服务，后逐渐代之以轻骑、摩托车和机动三轮车。90年代，始有天津“大发”牌面包车参与。1991年2月，海阳县汽车出租公司成立，隶属海阳县配件公司（1998年出让给私人经营）。1996年冬，海阳市出租车办公室成立，市政府要求客运出租车持证上岗。2001年10月，成立海阳市通运汽车出租中心，为国有企业。招标购置夏利、捷达、奇瑞、美日等小型汽车40辆。随着出租车队伍的壮大，制度日臻完善，并因限定出租车数量，出租车营运证一证难求。2010年，全市出租车371辆，逐步淘汰夏利等低档车型，桑塔纳、捷达等中档车型为主。

城市公交　1996年10月，成立海阳市公共交通公司。1997年2月，购置小客车2辆，在东村—大阎家试运行。1998年6月，增购汽车38辆。1998年8月18日，6条线路40辆公交车开通，运营于城区百余站点之间。10月，开通第7路公交车，车辆增至47辆。初时，每车配1名售票员负责售票、报站等服务，后逐步发展无人售票和自动报站。同年底，撤3路，并入4路；1999年3月，撤5路，并入7路。2003年，共有44辆公交车在5条线路上运行。2010年，新增8路、9路、10路，共8条公交线路、总长20千米，72辆公交车；年客运量302万人次，实现城区全覆盖。

2010年，城市公交

2010年海阳市运输车辆拥有量情况表

表 13-3-1

类 别	单 位	合 计	其中个体
一、载客汽车	辆	700	228
载客量	客位	9374	912
其中：大 型	辆	44	—
载客量	客位	2015	—
中 型	辆	239	—
载客量	客位	5031	—
二、载货汽车	辆	5256	4382
载重量	吨位	27229	20422
其中：大 型	辆	1507	1167
载重量	吨位	22448	16326
中 型	辆	291	213
载重量	吨位	962	705
小 型	辆	3458	3002
载重量	吨位	3819	3391
三、其他载货机动车	辆	3428	3404
载重量	吨位	2341	2320

2010年海阳市交通运输情况表

表 13-3-2

类 别	单 位	数 量
一、公路旅客运输量	万人	1171
二、公路旅客周转量	万人千米	44580
三、公路货物运输量	万吨	797
四、公路货物运输周转量	万吨千米	218479
五、公路客货运输周转量	万吨千米	222937
（一）汽车运输量	万吨	750
汽车周转量	万吨千米	65889
（二）其他机动车运输量	万吨	137
其他机动车周转量	万吨千米	12544

续表 13-3-2

类 别	单 位	数 量
（三）拖拉机运输量	万吨	2
拖拉机周转量	万吨千米	72

第二节 铁路运输

客运 海阳火车站上行有直达济南的客运特别快车、直快客运列车，通往北京、上海的客运快车，通往青岛的客运列车；下行烟台的客运列车均在海阳站停车。长沙堡站，仅办理慢车旅客上、下业务。1998年，海阳站开通西安、佳木斯客运列车。2000年，日均客流量200人，年输送旅客7万余人。2010年，日均客流量280人，年输送旅客10万余人。

货运 外运主要是工业和农副产品、非金属矿石；外贸出口物资，以水果、滑石、水泥为大宗；到达物资主要有煤炭、石油、木材、化肥、工（农）业机械、粮食、百货等。

第三节 海洋运输

1979年，凤城港建成，主要航线有海阳至山东沿海各港，至大连、上海、浙江、福建、广东等地港口。2000年，开辟海阳—日本、海阳—韩国2条国际航线。2010年，海阳无水运公司，进、出港口船舶均为外地船舶。

2008年9月11日，海阳港首次停泊“大河祥”号万吨级货轮

1986—2010 年海阳港货物吞吐量情况表

表 13-3-3　　单位：万吨

年　份	吞吐量	年　份	吞吐量	年　份	吞吐量	年　份	吞吐量
1986	6.10	1993	2.30	2000	0.25	2007	25.30
1987	4.30	1994	3.20	2001	3.16	2008	74.00
1988	6.40	1995	5.30	2002	9.80	2009	80.20
1989	4.50	1996	3.10	2003	8.00	2010	151.00
1990	0.90	1997	2.20	2004	10.80		
1991	3.50	1998	0.80	2005	13.20		
1992	0.80	1999	0.40	2006	18.40		

第四章　交通管理

第一节　路政管理与监理

路政管理　国、省干线公路　国、省干线公路路政管理由烟台市海阳公路管理局负责。1980 年，海阳公路站进行路政大检查，违章现象减少。1983 年，海阳公路站协同有关部门，刹住在公路上违章作业的现象。1989 年，海阳公路站设立路政科。1990 年 10 月，县交通局、公安局、土地局、工商局、公路站联合印发《关于加强路政管理的意见》。1991 年 5 月，海阳公路站设立烟台市首家公路巡回法庭。依法行政，全年未发生被告案件，路政管理居烟台市同行业第一名。1998 年，海阳公路局通过聘请常年法律顾问和兼职路政管理人员等方式加强路政管理。1999 年，路政案件查处率、结案率、正确率均 100%。2001 年起，海阳路政管理连年保持烟台市公路系统路政管理先进单位称号。2004 年，成立治理超限超载检查站。2005 年，联合市公安、工商等部门对 G204 徐家店主街、海莱线北段苹果交易市场、威青线集市贸易、石材园区乱堆乱占、G309 沿线脏乱差等违法行为综合治理，取得较好效果。2007 年，新建路政服务大厅，设路政科、公路所、巡路员三级监控网。2009 年，为路政人员配备电子取证仪，全年查处路政事案 115 起，收缴路赔费 55.8 万元。2010 年，抓住海阳举办第三届亚沙会和开展小城镇建设的机遇，重点整治穿镇路段，取得明显成效。

县乡公路　80 年代，公路建设实行改造与修建相结合原则，以改造为主，大力改建、修建高等级公路。依靠群众，就地取材，干线公路工群共养，县乡公路以民工建勤、群养为主。桥梁同公路一起养护。1987 年起，海阳站连续 5 年被评为省级文明单位。

养护队伍　1984 年，23 处乡（镇）各设 1 个

2010 年，公路养护

分站，下设23个养路队、106个养路组。民工建勤养路员523人。1985年，9号台风袭击县内，海掖公路乐畎口塌方8900立方米，护墙倒塌960立方米，沥青路面塌陷1/3。县公路站组织14辆汽车、120人进行抢修，保证南北咽喉要道畅通。1993年5月，县公路管理站将8处无干线公路的乡（镇）管理所移交县交通局。全县有15处乡（镇）管理所15个养路队，315名民工建勤养路员。县交通局设立公路管理所，设19处乡（镇）交通管理所，民工建勤养路员500余人。1996年6月起，对全市成年劳力（不含农民合同制工人、计划内临时工、民办教师）按每人每年出民工建勤费6元（半个劳动日）的标准统筹，上交市财政局专户存储，用于支付国道、省道、县乡公路养路员工资及养护材料费。1999年，市交通委对县乡公路养护实行划段经济责任承包，对养护机械一次性承包，对养路员工实行百分考核和日常巡查考核，奖优罚劣，养路员工队伍精简至300人，养护质量提高。2003年后，市交通局和海阳公路局采取定人员、定路段、定质量、定标准的管理措施，实行“双百分”考核制，调动养路员工的积极性，路面养护率90%以上。

养护机械　1987年，海阳在省内率先安装应用导热油加温沥青装置，起到降低煤耗、提高工效、保证加温质量、减轻劳动强度、减少污染等作用。1990年，开始购置路面施工机械。1993年，公路局投资65万元，购进4台18～21吨压路机。5月，县交通局接管县乡公路，购进12台195拖拉机，后增置7台，达到1所1台拖拉机。1998年，筹措资金280万元，添置10台大型工程机械。1999年，投资340万元购置沥青混凝土搅拌机、沥青导热油锅炉、沥青保温罐、混凝土搅拌机等。2000年，投资295万元购置1台GT070A型沥青混凝土摊铺机、1台猎钩牌越野车、6辆解放牌运输车、1辆30吨拖盘车。2002年，公路局拥有各类筑路机械54台，资产总值1000余万元，实现国道、省道养护机械化。

路面整修　80年代，海阳公路站在保护层管理、磨耗层铺筑、路面扫浆与修补等方面，严格按有关规定操作，路面状况日趋好转，多次受到省厅和市段的表彰。90年代初，县内干线公路养护工作落后于其他县（市）。1996年，海阳公路局从政策、资金和人力方面向公路养护倾斜，对路基薄弱路段逐一检修，路面状况改观。1997年，改革油路修补施工方式，组织专业施工队负责油路中修补和挖补，提高工程质量，降低养护支出。1998年，干线消除四级公路。2000年，干线消除低级路面。2001年，消除中级路面，全部达到次高级以上水平，其中高级路面占48.2%。干线公路全部路面硬化，消除沙土路面。2002年，创建204国道全国文明样板路建设，海阳获烟台公路系统第一名。

县乡公路不断拓宽、延伸，路面状况日新月异。1986年，县乡公路212.1千米，全为四、五级的沙土路面。1993年5月，县交通局接管县乡公路，翌年初，制定《公路养护考核方法》，责任到人，严格考核，奖惩兑现，收到良好效果。1997年，县乡公路养护里程307千米，其中二级公路13千米、三级公路15.2千米、四级公路279.1千米；水泥路面4.1千米，沥青路面32.3千米，沙土路面270.7千米。公路养护综合好路率

公路养护机械

公路路面整修

90%以上，在烟台市交通委组织的县乡公路检查中名列第三。1998年，完成周格庄—大埠圈9.5千米的磨耗层铺筑工程，备料1.2万立方米，护坡开挖排水沟160千米，采备日常养护料3万余立方米，扫浆修补路面300余平方米，加铺保护层5万余立方米，维修桥、涵130余座；整修铺筑高家—寨山沟连村路5.1千米。县乡综合好路率95%以上。1999年，县乡公路养护实行承包责任制，养护人员少而精，全年完成县乡公路磨耗层铺筑60千米，维修桥、涵230座，开挖排水沟、护坡170千米，新筑路缘石12千米，填挖土石24万立方米，修补桥面85万平方米，清理护肩坝2270千米，晴雨通车里程100%。县乡公路养护里程381.8千米，其中沥青路面80.1千米，比1997年增加41.8千米；水泥路面18.7千米，是1997年的4.5倍。

公路绿化　90年代后，公路绿化从单一的路边植树逐步发展到花木均有、栽植护肩草皮、美化公路路面。1990年，县内发展苗圃3.93公顷，其中育苗3.15公顷。1996年春，公路管理局新植乔灌绿树10万余株，补植4700余株，新植、补植草皮10平方千米。1997年，县乡公路绿化里程282千米，矮林里程79千米。2000年后，海阳公路局和市交通委完成烟凤线东村以北路段50千米及小莱线12.3千米绿化美化工程，达到“三季有花，四季常青”。2000年，先后完成威青线4千米、海莱线5.6千米、战场泊立交桥的绿化新植任务及烟凤线城北出口裸露崖体的绿化，栽植各类乔木、灌木、花卉6500株，在烟凤线城北出口设置30个绿化小景点。2010年，海阳干线公路养护里程265.8千米、县乡公路养护里程273千米，全部完成绿化。

海翔路绿化

陆路交通监理　1976年，交通安全由县交通监理所管理。开始对驾驶员进行严格考核，合格后发给驾驶证。并于每年春季对驾驶证进行年审。1984年10月，成立海阳县交通大队，隶属县交通局，定员12人。城区内的交通安全管理工作，由县交通大队负责。1985年5月1日，海政路与龙山街、海阳路与虎山街十字路口，正式启用红绿灯。是年，全县共核发机动车驾驶证6642个，其中拖拉机3917个、轻骑摩托车1372个。1987年9月，县交通大队移交县公安局管辖。1995年10月，成立海阳县公安交通稽查中队，公安、交通各配备3人。1997年4月，公安人员撤回公安局。后在发城、留格庄设立道路检查站，每站定员14人，公安部门和交通部门各7人，隶属县公安局和交通运输公司领导。公安部门负责交通安全管理，纠正违章行车，维护交通秩序；交通部门负责检查车辆购置附加费、养路费、运输费的缴纳和运输政策法规的执行情况。2000年5月，成立海阳市机动车辆综合性能检测站，编制21人，隶属市交通局。2005年，市交通局在征费大厅和14处交通管理所安装网络版规费征收系统，全市所有营运车辆档案全部录入网络，规费征收实行网络化管理。7月，市稽查大队与各乡（镇）交管所联合行动，深入乡（镇）对道路运输市场秩序进行集中整治，重点查处无证经营车辆、长期逃缴规费车辆、大吨小标等违规违章行为。补缴交通规费10万多元，罚款4万多元，办理有关证件96个。其中，对大吨小标车辆恢复缴费计量吨位，共清理大吨小标车230辆。2006年1月，联合公路部门在辖区内对漏缴、逃缴养路费的车辆进行100天的专项整治，共查处漏费车辆571辆，催缴、补缴养路费、滞纳金108万多元。8月，市稽查大队与东村、方圆交管所进行为期1个月的两轮摩托车规费征收集中治理。

第二节　车辆管理

营运车辆管理　交通运输部门对营运车辆的

管理，主要是核发营运车辆营运证、驾驶人员从业资格证，负责对营运车辆上线检测、车辆技术等级评定、从业人员培训管理、机动车辆维修经营服务。2008年，全市客、货运输和机动车维修行业及运输服务，由市道路运输管理处和11处基层运管所管理。

机动车辆维修管理 1987年6月，成立海阳县汽车维修行业管理所，负责全县机动车辆的维修管理。1989年3月，改称机动车辆维修管理所。1994年7月，管理所编制8人，隶属县交通委，经费自收自支。2000年前，全市（县）机动车维修企业管理混乱，最多时160余家。2000年，运管处对机动车维修市场开始清理整顿，对整改不合格的企业强制注销。2008年12月，机动车辆维修管理所改称机动车维修管理股，负责审批维修厂点、配件门市开（歇）业申请，提供业务咨询、技术培训，仲裁维修纠纷，监测车辆技能，发放技术卡等。2010年，机动车维修企业140家，其中一类维修企业1家、二类维修企业15家。

第三节 运输管理

70年代，县内运输由县联合运输指挥部联运办公室和各公社交通管理站负责管理，实行“三统一”（统一承揽货源，统一运价，统一调配劳动力）管理模式，凡参加营运的车辆必须持有统一签发的运行手续，禁止私拉乱运、私收运费、偷税漏税。1982年7月，县运输管理所成立，与联合运输指挥部合署办公。1983年始，取消“三统一”管理模式，改交通部门包揽货源为谁受托谁承运。1984年后，除计划管理外，对市（县）的公路运输全部管理，机动车的准运证、行车路单、车辆运价等全部纳入管理。1988年6月，撤销23处乡（镇）交通运输管理站，成立乡（镇）交通管理所，为全民所有制事业单位，每所定编3～5人。1995年3月，成立海阳县客运办公室。2001年3月，改称客运管理所，属市交通委派出机构，工作人员12人。1996年10月，成立海阳市出租车辆办公室。2001年3月，改称海阳市出租车辆管理所，属市交通委派出机构，定员7人。2008年10月，成立海阳市道路运输管理处，各乡（镇）交管所归其管理。是年，国家取消养路费及车辆管理费征收，乡（镇）交管所不再承担规费征收任务，由19处撤并为11处。负责客运、运输服务业、危险品运输、汽车维修、驾驶员和从业人员培训管理等。

2010年，海阳市道路运输管理处大厅

第四节 港务监理

1979年，凤城港码头建成。1980年，省交通厅设立山东省交通厅青岛海运局凤城港，为正科级单位。1985年，成立山东省凤城港务有限公司，隶属省交通厅航运管理局。1988年，设海阳县航务管理所，隶属县交通局。2000年12月，山东省凤城港务有限公司转属山东省筑港工程公司，名称不变。2003年4月，凤城港下放给海阳市政府管辖，更名海阳港。海阳成立海务局，负责海阳市口岸、海上贸易和海砂开采等工作。7月，成立海阳港务有限公司，由公司管理海阳港。2005年4月，成立海阳市港航管理局，承担海阳市港口和水路运输行政和行业管理职能，并承担原海务局和航务管理所职能。

第五节 交通规费征收与稽查

交通规费征收 中华人民共和国成立初期，海阳公路养路费的征收，由海阳公路站的监理干事和会计监管。1975年，设专职征收员1名，专管养路费征收。1978年后，运输车辆增加，养路费收入上升。1982年为103.1万元。1985年，海阳公路管理站设徐家店、发城、辛安、小纪、留

2008 年，养路费收缴凭证

格庄 5 处养路费征收所，征收工作力度加大，当年收入 308.4 万元。1988 年，为 517.7 万元。1993 年，为 1059.8 万元。1994 年，规定车辆无养路费证不能换发新牌照。1995 年，征收工作实施微机管理，完善缴费车辆档案。1997 年起，海阳公路局先后开展工程车征费专项整治、百日征稽大会战等活动，优化征费环境。1998 年 12 月，海阳公路局被省交通厅评为全省交通系统文明建设先进单位。2000 年，收入 1500 万元。2005 年，收入 3323.9 万元。2003—2005 年，连续 3 年夺得烟台市公路系统“规费征稽丰收杯”。2008 年，养路费征收 4215 万元。2009 年 1 月 1 日，国务院实施成品油税费改革，全国统一取消公路养路费。

交通稽查　日常执法　1996 年，市交通稽查大队成立，主要是查处逃漏规费车辆，维护道路

2010 年，稽查人员测量超限车辆

运输市场秩序。2002 年，市交通稽查大队下达执法文书 708 份，补费罚款 111.4 万元，查处“黑车”69 辆、超范围经营车 20 辆，并依法协助市交管所查处逃漏规费的车主业户。2003 年，“非典”流行时期，市交通稽查大队及交管所，调动 60 多名执法人员，在交通要道口，配合卫生防疫部门每天 24 小时检查，共检查各种机动车 26656 辆、人员 55935 人次。是年，市交通稽查大队被烟台市委、市政府授予抗“非典”先进集体称号。2005 年，在规费征收专项治理中，先后查补大吨小标车 370 辆次，查处无证经营车 300 多辆次，查处各种违章车 1606 辆次，补征规费 9 万元，罚款 23.9 万元。2007 年，查处“黑出租”车 54 辆，无证经营车 374 辆，查扣大吨位违章工程车 84 辆。2009 年，市交通稽查大队与地方公路局、运管处协同工作，确保过往车辆行人安全。

运政管理　2005 年 7 月，市交通稽查大队与乡（镇）交管所联合行动，对道路运输市场秩序进行集中整治，查处无证经营、长期逃缴规费、大吨小标等违规违章行为，补缴交通规费 10 万多元，罚款 4 万多元，办理有关证件 96 个。2007 年，市交通局采取稽查中队划片分包、队所结合的征费方法，全年征收规费 1976 万元。2008 年 5 月，进行为期 1 个月的交通规费逃缴行为专项治理，共查补逃费车 175 辆。2009 年 1 月 1 日起，取消公路养路费、运管费、客（货）运附加费、路港费等收费。

无证营运车辆管理　90 年代，管理体制不明确，放松对出租车的准入限制，出租车行业发展过快，城区出租运输市场管理混乱，导致出现大量“黑车”，阻碍道路运输市场健康发展。2003 年，市交通稽查大队多次联合出租车办公室开展打击“黑车”行动，无证营运车辆非法经营活动得到有效遏制。2004 年，市交通稽查大队将任务细化到各中队，采取措施，严厉打击无证营运车辆。2008 年，共查处“黑出租车”219 辆，无证货车 860 辆次。2009 年 3 月，开展“飓风二号”打击“黑车”专项整治行动，在城乡查扣从事“黑出租”营运的违章车 18 辆。2010 年 6 月，市交通稽查大队集中上路整治，140 多辆工程车业户主动办理道路运输证，办证率达到海阳工程车

总数的80%。

超限检查 海阳市“治超”工作，始于90年代，由公路管理机构负责。2000年4月，对车辆超限超载进行治理。公路治超工作列入年度工作目标，交通稽查部门协助公路管理部门做好超限运输车辆行驶公路的管理工作。2002年，组织路政管理人员查处违章建筑20多起，超限运输20多车次。2004年，全国治理车辆超限超载工作正式启动，市交通、公安部门对超限超载车辆进行集中治理。市交通局投资5万多元购进超限超载测量仪1台。2007年4月，开展1个月的春季治超和联合整治工作，在重点时段和路段，对各类建筑施工运输车辆的超限超载进行检查。共处理超限超载车32辆次。2009年6月，实施营运机动车辆超限超载和撒漏问题专项治理活动。2010年10月，开展打击非法、违法生产经营建设行为专项行动。将辖区划为4个执法区，由4个中队实行分区管理、轮换执法，采取间歇不规律检查等做法，对超限超载车辆绕行、短途驳载等行为予以打击。

第十四编

邮政　通信

70年代，海阳邮政和电信业务有信件和包裹投递、汇兑、报刊发行和电报、电话等。1978年，全县有共电式长途电话交换机10门，长途电路8条，长途电话业务全部由话务员人工接转，电话机总数245部。11月，开通HJ–921型1000门纵横制自动电话交换机，县城内电话由人工接转改为自动化，全面淘汰磁石式人工交换机，电话机总数1155部。1984年，农村投递始行个人承包，承包路线17条、707千米，占农村投递线长43.5%。1985年，农村投递个人承包29条路线、915千米，占农村投递线长54.5%，全年邮电业务总量115.2万元。12月，县邮电局被评为全国邮电系统先进集体。1988年10月1日，全县23个乡镇全部开通传真、专用电话。1990年6月，安装开通无线数字寻呼系统1套，设“126”人工寻呼台，发展用户150户。7月，开通自办汽车邮路，结束邮件托运历史。1991年3月，开通海阳至烟台BZS4236型23路时分复用设备，结束话传电报的历史。长途全自动电路6条，半自动电路2条，实现国内长途电话直拨。1993年1月1日，海阳模拟移动电话（大哥大）开通并投入运营。3月，开通县城3000门S 1240型程控电话交换机，海阳电话通信步入数字化轨道。海阳长途通信进入全国C4本地通信网，电话号码由4位升到6位。1995年4月，海阳长途通信进入国际、国内直拨大网和C3本地通信网，电话号码由6位升到7位，统一使用长途区号0535。5月，开通GSM数字移动电话（全球通）。同年，开办公话代办业务。1996年，开通彩色可视电话会议系统。1997年，郭城镇西古现村安装程控电话300多部，为海阳第一个电话普及村。1998年5月，开办计算机互联网业务。9月8日，实行邮政、电信分营。1999年3月，建成海阳信息港，为烟台第一个县级国际互联网信息港。7月8日，成立中国移动通信集团山东有限公司海阳分公司。2000年6月，开展“电话市”工程建设。同年，开通宽带交换机，海阳具备宽带网络接入能力。2002年12月23日，海阳小灵通开通放号。2003年，全市所有乡镇均开通宽带交换机，宽带用户982户。2005年5月，GPRS移动通信与移动梦网业务开通。2008年5月，邮政局实行邮、储分营。同年，全市固定电话用户达到历史高峰，为15.7万户，后受移动通信影响，固定电话用户逐年减少。2009年7月1日，第三代移动通信（3G）业务率先在联通公司商用。2010年，海阳的骨干传输出口带宽35G，形成由C3汇聚层、县至乡镇C4接入层、乡镇至村庄接入层3部分组成的环状传输网。全市有216个电话交换网点，总容量32万门，固定电话用户11.58万户，光缆覆盖全市城乡和85%以上行政村。2G基站172个，用户数7.65万户；3G基站65个，用户数4641户；C网建设并开通13处基站，全市移动电话用户45.60万户。宽带互联网用户4.03万户。有线电视用户20.03万户，其中农村用户18.05万户。全市有邮政局（所）25处，邮政储蓄点23处，邮路总长345千米，农村投递线路总长2272千米。

第一章　邮　政

第一节　机　构

1978年，县邮电局内设办公室、邮政组、电信组、财会组、总务组，生产班组设话务组、报务组、机线组、营业组、封发组、投递组、机务组、维修组，分支机构设徐家店、郭城、发城、朱吴、高家、盘石店、留格庄、大辛家、凤城、大阎家、二十里店、辛安、行村、小纪、泉水头、山西头16个支局。1993年，县邮电局设办公室、邮政科、电信科、财务科、政工科、储汇科、总务供应科和集邮公司、特快传递公司、通信实业股份有限公司。1995年，成立县城第一个邮电支局——方圆支局。1996年5月，海阳县邮电局改称海阳市邮电局。下设徐家店、郭城、发城、朱吴、高家、盘石店、留格庄、大辛家、凤城、大

1994 年，海阳邮电大楼

阎家、二十里店、辛安、行村、小纪、泉水头、山西头、南城阳、赵疃、大山所、黄崖、北埠后、战场泊、方圆 23 个支局。1998 年 9 月，实行邮政、电信分营，撤销海阳市邮电局，分别成立海阳市邮政局、海阳市电信局。市邮政局经营函件、包裹、特快专递、邮政储蓄、集邮、报刊发行等业务。2008 年 5 月，实行邮政、储蓄分营，储蓄业务从市邮政局析出，成立海阳市邮政储蓄银行。2010 年，机构未变。

第二节　邮政业务

函件　1978 年平信资费为 0.08 元，解放军战士邮寄信件按平信资费标准。1980 年，县邮电局及所辖各支局、所开办代发广告业务。1984 年 10 月 1 日起，实行义务兵免费邮寄平信，在信封正面加盖“义务兵免费信件”三角戳记。1985 年 1 月起，各种征订通知、征订单等邮件，一律按固封信函交寄。无固定收件人的广告、传单、征订启事等商业性宣传品，一律按代发广告交寄。1990 年 7 月 1 日，撤销收件人总付邮资业务。同时调整信函、明信片及印刷品资费。信函资费，每 20 克或其零数，本埠由 0.04 元调为 0.10 元，外埠由 0.08 元调为 0.20 元。明信片资费，每件本埠由 0.02 元调整为 0.10 元，外埠由 0.04 元调整为 0.15 元。印刷品，每重 100 克或其零数，本埠由 0.015 元调整为 0.04 元，外埠由 0.03 元调整为 0.08 元。1992 年起，县邮电局及所辖各支局、所开办的平常函件业务有信函、明信片、印刷品、盲人读物、航空邮件、义务兵免费信件、代发广告等。1996 年 12 月 1 日起，国内平信每 20 克（不足 20 克的按 20 克计）由本埠 0.10 元、外埠 0.20 元，调整为不分本埠、外埠，一律 0.50 元。

挂号函件　普通挂号　1981 年 7 月，复办双挂号函件。1990 年 7 月 1 日，停办挂号回执业务。1992 年 7 月，执行邮电部规定，收寄挂号函件时，在邮件封面右上角粘贴国内挂号函件条形码标签，并根据需要在封面左上方和收据上加盖邮件种类戳记出给收据。用户一次交寄 10 件以上挂号函件时，邮局可以要求收件人填写“交寄大宗挂号函件清单”一式三份，并在函件右上角粘贴“大宗挂号函件条形码标签”随同清单一并交寄。信函、明信片、印刷品和盲人读物都可作挂号函件收寄。挂号信函内准予寄递适于装在信封内寄递、不妨碍加盖日戳的轻小耐压的物品。1996 年 12 月 1 日，邮电部调整挂号费，每件由 0.30 元提高到 1.00 元。

特种挂号　1991 年 12 月，国家邮政总局规定粮票、食油票、户口迁移证（包括准迁证和户口簿）、粮食转移证、团员证或团组织关系等五种

2009 年，市邮政局营业厅

票证文件必须特挂寄递。每件特挂内装寄粮食油票的数额最多不能超过下列规定：个人交寄的，粮票30千克，食油票500克（未印明面额的，以2张为限）；机关等单位交寄的，粮票500千克，食油票5千克（未印明面额的，以20张为限）。

保价信函　1980年9月至1998年，保险价值由最多1000元改为5000元。保价函件封装要求和办理手续与收寄特挂基本相同，但在清单和封面上均须注明保价金额。保价函件均为窗口收寄，窗口点验投交。

邮政快件　1978年5月1日，恢复办理国内邮政快件业务。凡符合邮件准寄范围的有关书信、文件、资料和物品等，均可作为快件收寄。1998年7月1日，邮政快件业务取消。2000年1月1日，恢复开办邮政快件业务。1999年，函件收入59.63万元。2000年，函件收入79.98万元。2001年，函件收入86.01万元。2004年，函件收入132.18万元。

包裹　普通包裹　主要邮寄衣物、行李及一般物品。1978年，因邮政干线运输力量紧张，铁路沿线互寄的工业品包裹每件限寄5千克。1979年取消限制，工业品包裹一律按当时普通包裹的规定收寄。1980年3月21日，山东省邮电管理局对邮寄粮油限量作出新的规定。油料，每次每件由2千克放宽为3千克；大豆，每次每件限5千克；粮食，限量5千克不变。1984年，邮电部、国家烟草专卖局对烟草限寄作出规定：卷烟、雪茄，每次限寄10条，2种合计不得超过20条；烟丝、烟叶，每次限寄5千克，2种合计不得逾10千克；4种烟合寄包裹含皮总重不得超过15千克。

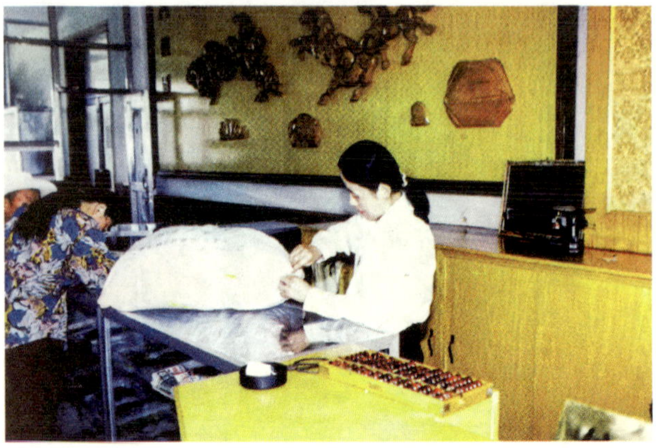

1998年7月，邮政营业人员在受理包裹

1985年，国家邮政总局规定麻将牌、花牌、牌九等赌具为禁寄物品。1987年，交寄包裹重量、尺寸和禁寄、限寄物品规定，各类包裹装寄一般物品者，每件重量最多限15千克；装寄脆弱易碎或流质易溶物品者，每件重量最多10千克；各类快递小包，每件重量以500克为限；装寄不能拆开物品者，可放宽到1千克。各类包裹的最大尺寸，长不得超过90厘米，最大横周（指包件截面）不得超过120厘米。装寄不能拆开物品的包裹，长可放宽到115厘米，横周可放宽到150厘米。各类包裹最小尺寸长、宽、厚合计不得少于20厘米；最短的一面不得少于2厘米。快递小包最大尺寸长、宽、厚合计不得超过50厘米，最小尺寸与包裹的规定相同。

1986年7月1日起，收包件分民用包裹和商品包裹2种。凡长60厘米、横周90厘米以内，重量在5千克以内，内件属非经营性个人零星物品的包裹均按民用包交寄；不能按信函、代发广告寄递的印刷品，也作纸质民用包交寄；凡尺寸、重量超过民用包裹规格，内件属经营性物品的包裹，一律按商品包裹交寄。1986年开始，增办大件包裹业务，体积以装满4号邮袋为限，重量25千克以上，最重限30千克。1991年7月，对大件商包的收寄重新作出规定，凡符合国内包裹准寄范围的物品，其重量、尺寸超过商包的最大重量、尺寸的，但其最大重量为25千克，最大尺寸以能装入4号邮袋的，可作大件商包收寄；航空包裹、贵重包裹以及脆弱易碎或流质物品，不得作大件商品收寄。1995年，邮电部对修改国内邮政业务、放宽商品包裹收寄规格标准、扩大区域性邮政业务范围作出规定，省内互寄的商品包裹，对超过现行规定最大尺寸、重量的，可作超大件收寄；对寄往同一地点、同一收件人的批量包裹，能直运直投的可填写包裹详情单，按现行包裹资费标准，采用总算重量办法计收资费。跨省组织直收、直运、直投的超大件包裹，其最大尺寸和重量由收寄的省局确定。

保价包裹　凡手表、怀表、金银饰品、外国铸币、珠宝、玉器等都必须作保价包裹交寄。1978年规定，凡个人交寄物品价值在30元以上者也须按保价交寄，机关、企业、团体是否保价可自定。此种保价称乙类，原定贵重物品保价称甲类。1982 年，按照邮电部和中国人民银行的规定，私人可以在国内邮寄金银饰品。交寄时，寄件人须交验指定销售商店所开的发票，凭发票给予邮寄，并按甲类保价包裹办理。保价包裹一律到局领取。对机关、企业、团体自封的包件，一律凭封皮完好、重量相符投交，不拆点内件。1980 年前，国内包裹保价金额每件最多限 300 元；1980 年后，每件最多以人民币 5000 元为限。保价金额应当与所报内件价值一致，保价金额必须用大写数字书写在包件封面和包裹详情单上。

代收货价包裹　代收货价最高限额与每张汇票最高限额同，1980 年前为 300 元，1980 年后为 5000 元。1990 年 7 月停办。1997 年 10 月，开办邮购业务。1999 年，包裹收入 43.34 万元，比上年下降 15.50%。2000 年，包裹收入 47.16 万元，比上年增长 8.82%。2001 年，开办寄往巴西、加拿大等 6 国 SAL 邮件业务。2010 年，实现包裹收入 44.87 万元，比上年增长 47.28%。

快递小包　1950 年 9 月 22 日，海阳县邮政局开办快递小包业务。1958 年后，业务扩大到各邮电支局。快递小包在寄递中按信函类处理，随信函一起运递，并按址投交收件人。快递小包重量不得超过 500 克，如整件不能拆开，可以放宽至 1 千克，其最大尺寸长、宽、厚 3 面之和不超过 50 厘米，最长面不超过 30 厘米，最小尺寸与普通包裹相同。资费按普通包裹资费（含处理费）加收 50% 快递费。快递小包可按保价或代收货价交寄。1990 年 7 月停办。

1978—2010 年海阳市邮政业务交换量情况表

表 14-1-1

项目 年份	函件（万件）			包裹（件）		
	出口	进口	转口	出口	进口	转口
1978	104.5	120.0	155.0	196690	69525	149157
1979	113.8	127.7	203.0	181563	69666	138278
1980	114.0	128.2	189.8	144289	66060	128715
1981	114.1	127.7	177.4	134139	65908	126281
1982	111.8	135.6	177.6	109706	59130	101991
1983	118.9	144.8	212.6	121843	57904	111501
1984	135.7	154.7	258.8	112239	58014	99777
1985	142.4	178.3	306.3	106289	60288	93240
1986	134.4	165.0	—	104924	605957	—
1987	154.1	181.4	—	85971	59799	—
1988	178.8	193.5	—	103897	63546	—
1989	165.9	175.4	—	99161	66206	81
1990	170.9	174.6	—	80980	61377	54
1991	113.3	147.4	—	69404	52329	26
1992	120.6	157.9	—	57222	54262	43
1993	122.7	157.5	—	437029	46971	70
1994	138.9	178.6	—	52843	53522	149
1995	139.2	166.0	—	57443	53820	137
1996	137.8	159.6	—	58987	54598	—

续表 14-1-1

项目 年份	函件（万件）			包裹（件）		
	出口	进口	转口	出口	进口	转口
1997	136.9	160.5	—	57863	55735	—
1998	140.2	147.4	—	59132	57304	—
1999	144.3	156.3	—	60111	55937	—
2000	135.8	154.4	—	59034	60235	—
2001	138.9	160.6	—	58097	60925	—
2002	147.5	159.4	—	61298	60237	—
2003	144.3	158.5	—	62361	62391	—
2004	140.9	159.1	—	60924	62047	—
2005	139.8	160.4	—	61209	63592	—
2006	137.4	158.2	—	63980	65332	—
2007	134.6	159.3	—	64443	63220	—
2008	139.9	155.3	—	63239	60258	—
2009	138.8	159.4	—	63213	66452	—
2010	137.1	160.1	—	65675	67793	—

说明：1996 年后，因统计口径变化，不再统计转口业务量

特快专递邮件　1988 年 4 月，县邮电局开办国际国内特快专递业务，为用户赢得时间，收到良好的社会效益和经济效益。随着业务拓展、条件成熟，县局所辖各支局亦陆续开办。1995 年 10 月 1 日，利用邮政网络开办礼仪专递业务。2000 年，在全省开办省内特快专递寄递护照、专递法律文书送达当事人业务。同年，特快业务呈下降态势，市邮电局采取一系列营销措施，推出鲜花礼仪、生日蛋糕、同城特快等服务项目。

种类及性质　特快专递邮件按内件性质分信函、文件资料、物品 3 种。收寄时出给收据，处理时进行登记，投递时收件人签收，属给据邮件。“邮政公事”特快邮件，仅限于各特快业务开办局间递验单、复验及无法用电传发送的查单及其附件。特快专递邮件按邮局所负补偿责任，分为保价邮件和非保价邮件。物品类特快专递邮件必须作保价邮件交寄，如属邮政责任造成丢失或损毁，邮局按保价额予以补偿。信函、大件类特快专递邮件可按保价邮件交寄，也可按非保价邮件交寄。邮局对非保价邮件只负规定限度的补偿责任。

范围及规格　文件、资料、货样、商品及符合寄递条件的物品均可按特快专递邮件交寄，禁寄物品同普通包裹。特快专递邮件的最小尺寸为长 14 厘米、宽 9 厘米。最大尺寸为长度不超过 1.05 米，长度和长度以外的横周合计不超过 2 米。重量限度为每件 20 千克。对于整个不可分的物品，最大重量可放宽至 25 千克。国内专递邮件资费，不论寄送区域远近、不分本埠外埠，实行均一资费，每 500 克为基数收费 20 元，每续重 500 克加 6 元。

国际特快专递邮件　国际特快业务分定时业务和特需业务。按内件性质分信函、文件资料、物品 3 种。具有个人现实通信内容的信件按信函寄送，文件资料内准寄商业合同、工程图纸、照片、照相复制品、金融票据、有价证券（不包括货币和无记名支票）证书、单据、报表及手稿文件等全部用印刷方式印制、复制的各种纸质制品。物品邮件中准许寄递所有适于邮寄的货样、商品、馈赠礼品及其他物品。资费标准由邮电部颁布实施。1996 年，市邮政局全力抓特快，增加特快专

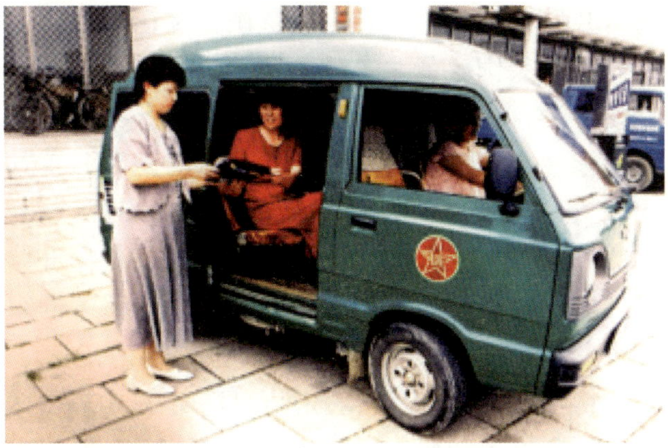

1998年7月，特快专递人员在交接邮件

递车1辆。营销、投递人员实行按件计酬、多劳多得的分配制度。每月从全局特快专递收入中提取15%的代办基金专款专用，加大特快专递市场的开发力度。春节前开展礼仪特快专递贺年卡活动，出动2辆速递车，将250份贺年卡送到收件人手中。“5·28”樱桃节期间，特快专递送出樱桃60多箱。全年完成特快业务收入59.46万元，比上年增长21.34%。2000年，特快专递业务收入62.02万元，同比增长3.32%。2002年，配合市公安局经侦大队对经营特快的私营业主进行清理整顿，依法取缔2家非法经营户。大力发展同城速递业务，为特快配专车用于揽收，加大对揽收人员的考核力度。2005年，特快专递业务主要是做好次日达、次晨递、第二代身份证、高考录取通知书等业务，并将营销的重点放在经济开发区和旅游度假区新开工的私营企业，建立专人联系公关制度。全年特快专递业务收入完成86万元，比上年增长11.99%。2007年，调整城区揽收段道，由原来的2段增到3段，实现省内当日递、次晨达及全夜航等。重点发展对日、韩等国际业务，国际国内业务收入同比增长20%以上。全年特快专递业务收入130.36万元，同比增长34.73%。2010年，全年特快专递业务收入13.85万元，比上年增长57.72%。

邮政储蓄　1986年9月29日，县邮电局及所辖部分支局在营业厅（室）开办邮政储蓄专柜。业务有活期储蓄1元起存，零存不限，可随时存取；定期整存整取，10元起存，多存不限，约定存期，到期支取，存期越长，利率越高。存期分半年和一、二、三、四、五、八年；定期零存整取，1元起存，多存不限，固定金额，按月存储，积零成整，存期分一、三、五年；定期定额储蓄，面额固定，存额灵活，手续简单，存取方便；定期有奖储蓄，面额固定，形式多样，奖息结合，定期还本付息；定活两便储蓄，以定额存单为存款凭证，面额固定，随时存取，手续简便；汇兑款转储蓄，邮局根据储户委托，将经常汇来的暂时不用的汇款直接代为转存，立即生息，随用随取，节时省事，安全方便。

邮政储蓄始为代办业务，人民银行按存款余额的2.2‰付给邮局手续费。1989年，全县邮政储蓄储户18710户，储蓄金额914.29万元，占年计划112.43%。1990年1月1日起，邮政储蓄改为邮电部门自办，吸收的储蓄存款（含保值定期储蓄存款）转存人民银行。人民银行对邮电部门支付转存款的利息和保值储蓄贴息，停止支付邮政储蓄手续费和提供备用金。储户的存款利息由邮电部门支付，邮电部门获得的利差即为经营收入。1992年后，陆续在市（县）局储蓄一、二所安装386、586型微机，邮储业务处理实现微机化。在邮储一所安装自动取款机，方便用户自行取款。1994年，全县邮政储蓄余额1.1亿元。1995年，在城区内分别设立储蓄一所、储蓄二所。1996年，邮政储蓄开办代发工资、代收电话费业务。1997年，邮政储蓄余额2.52亿元，实现利差收入534.73万元。1998年6月，全市20余个支局的邮政储蓄营业厅均安装586型微机，并开通“绿卡工程”，与全国50余个城市联网，实现异地通存通兑。2000年，加快绿卡网点建设，完成5个支局的绿卡联网工程，全市24处储蓄网

1998年7月，邮政储蓄营业人员在清点储蓄资金

点全部进入绿卡网络，发卡658枚。2001年，储蓄余额净增1.16亿元，余额5亿元，比分营初储蓄余额增加2.5亿元。2006年，邮储余额11.52亿元。2010年，储蓄余额15.42亿元，全年净增余额1.84亿元。

中间业务 2000年，在11个乡（镇）支局开办代收地税业务，代发工资2248户。2001年，全年代发工资36659户3234.04万元；代收联通手机费4178户60.27万元；代收国税款14208户1256.46万元；代收地税款181.83万元；代发养老保险金7353户81.77万元。2002年，代办电信业务，手机放号1050个。2010年，新增代发工资客户48户，月均代发金额309.6万元。

汇兑 业务开办 1955年，县邮电局开办电汇业务。至1985年，电汇业务扩大到各邮电支局，发电报汇票和拍发汇款电报，一律由县局办理。2000年，汇兑收入27.85万元。2004年，汇兑收入41.58万元。2010年，汇兑收入35.57万元，比上年增长10.35%。

汇款收寄 汇款使用汇票办法。邮电局收寄汇款后，将汇票交寄款人以挂号信寄收款人。收款人收到挂号信后，持汇票到指定邮电局取款。1981年后，每张汇票最高限额为5000元。

兑款期限 1980年7月1日，恢复停办的存局候领业务，候领期限2个月。1981年7月1日，恢复办理汇款收到回执业务。1985年，规定兑款有效期，无论电汇、普汇均为2个月，收款人久不领取汇款应行催领，经2次催领后，自汇款通知单投递之日起，过2个月仍不领取予以退汇。如无法退还汇款人，或汇款人不领取，再满2个月后按无法退还汇款处理。1992年，停办回执业务。

汇兑资费 1988年7月1日起，不论普汇和电汇，每笔一律收取附加费0.20元，电汇增收电报附加费0.50元。附言电报费每字0.03元，后为0.075元。1990年7月1日，每笔汇款最低汇费由0.10元调整为0.30元。撤回汇票手续费、查询费、退汇、改汇费等调整为0.50元。使用电报办理有关汇兑事项，申请电报费调整为1.00元；航空费调为0.05元，1992年7月1日，调为0.10元。

国际及港澳台业务 1963年12月起，县邮电局开始办理寄往各社会主义国家和已与中国建立外交关系国家的水（陆）路普通包裹业务。同时收寄港、澳和国际小包邮件。农村分支机构不办国际业务。县邮电局进（出）口的国际包裹都要经青岛海关检查，照章征税。国际邮件验关，要照章征税，检查禁寄、限寄物品。资费标准按照邮电部的规定执行，视邮程的远近及手续的繁简而定。

机要通信 1982年5月1日—8月10日、9月1日—12月10日，烟台地区开展第一、第二次机要通信“百日无事故”竞赛活动，海阳局机要组均被评为优胜单位。1984—1987年，烟台市多次举办机要通信竞赛活动，海阳局机要组均达到质量全红标准。1996年12月1日，机要文件改为按挂号信函计费，机要刊物改为按挂号印刷品计费，取消机要手续费，改为收取机要保密费，每件1.00元。取消机要查询费。2010年，处理机要文件业务1202件。

集邮 1985年，县邮电局设立集邮专柜，经营的集邮品有纪念邮票、特种邮票、普通邮票、首日封、纪念卡、邮折、明信片、集邮册等。1989年，海阳县召开第一次集邮代表大会，成立集邮协会。当年，全县集邮人数1000余人，全县集邮品收入3.17万元。1993年2月，成立海阳县集邮公司。县局所辖部分支局亦相继开办集邮业务。2000年，集邮收入108.64万元，比上年增长56.72%。2005年，抓住纪念抗战胜利六十周年时机，与市委宣传部联合制作1000套“地雷战精神永存”纪念册，实现收入12万元。2010年，制作第16届亚运会火炬纪念封册1000枚；完成集邮收入200.05万元，比上年增长91.18%。

商函广告业务 1999年，成立海阳市邮政局商函广告公司（按生产室管理）。2000年3月，《中邮广告》海阳版创刊，共出版10期。2001年，实行广告夹报投递，完成中邮专送广告21期，商函收入26万元。2003年，改称海阳市邮政局商函广告局。商函广告发展迅速，共出版《中邮广告》32期，全局实现商函广告业务收入106.77万元。2009年，实现邮送广告收入16.48万元，完成反馈卡招商广告收入2.47万元，占烟台全市业务收入的 1/3。全年完成函件收入 243.13 万元，比上年增长 15.56%。其中数据库商函收入 13.89 万元，邮送广告收入 84.50 万元。

代理保险业务 1999 年 8 月起，市邮政局各营业窗口代理人保、财保两家公司部分保险业务。2000 年，所有支局（所）均代办寿险和财险业务，全年共办理投保户 298 户，收保费 19.88 万元。2001 年，代收保费 300 余万元。2003 年，完成各类保险保费 1002.09 万元。从全员营销为主，逐渐发展为柜员营销。2007 年，代理保险完成 45.44 万元，比上年增长 132.55%，实现基金业务收入 10 万余元。2010 年，完成标准保费 6339.93 万元，比上年增加保费 1760 万元；实现保险收入 252.66 万元，占年计划的 96.07%，同比增长 18.20%。

物流业务 2000 年 3 月，开展邮购种子业务。2002 年 9 月，烟台市局在海阳召开邮购业务现场会，推广海阳经验。2004 年，物流业务额 74.56 万元。同年，成立市邮政局同城配送业务部。2006 年，建物流配送中心 20 个、标准服务站 63 个，其中 40 个“万村千乡市场工程”“三农”服务站，通过海阳和烟台市财贸办公室的验收。2008 年，新建“三农”精英俱乐部 1 个、农友之家 55 个，物流收入 167.28 万元。2010 年，新规范建设村级加盟店 40 个，挂牌 8 个，撤销业绩较差违规经营店 5 个。物流分销收入 184.38 万元，比上年增长 21.26%。

电子商务业务 2005 年 3 月，市内开办飞机票、火车票、船票预订业务。加大对邮储短信、代收话费业务的发展力度，全年放号 5720 个，代收话费 5100 笔，收入 31.29 万元。2010 年，收入 36.09 万元。

报刊发行 1980 年，县局开办报刊零售业务。1983 年，设立报刊零售专柜，专人零售。徐家店、留格庄、小纪、凤城、辛安、行村邮电支局亦相继开办报刊零售业务。1985 年，全县各支局均开办此项业务。1989 年，《烟台日报》《农业知识》等报刊由报刊社自办发行。因报刊大幅度提价，订户普遍压缩报刊征订量，邮发市场日趋缩小。面对压力，除拓宽原有发行渠道外，另辟蹊径，扩大农村私人订户，报刊发行工作保持相对稳定。1993 年，在农村先后建立 634 个邮电通信代办站。报刊发行实行微机收订，减轻报刊发行人员的劳动强度，提高效率。1994 年，全县发行各种报刊 1918 种。1995 年，报刊发行量稳中有升。8 月，全县完成订销报刊流转额 156.86 万元，同比增长 27.32%；报刊发行密度为每百人 11.4 份，全年完成报刊流转额 231.76 万元。1997 年，报刊发行与烟台市局微机联网，结束订单量要靠人工数的历史。1998 年 1 月 1 日，开办邮政音像业务。7 月 1 日，取消由市局分发各支局报刊的办法，统一由烟台市局集中分发转运支局，提高报刊的传递速度。1999 年，报刊收入 63.50 万元，同比增长 3.81%。2001 年，部分乡镇撤并，公费订阅市场萎缩，重点发展私费订阅。2010 年，收入 119.18 万元，占年计划 87.63%，同比下降 9.08%。农村私费订阅覆盖率 15%，城区居民小区私费订阅覆盖率 23%。

1978—2010 年部分年份海阳市报刊发行情况表

表 14-1-2

项目 年份	报纸（份）		杂志（份）		报刊流转额（元）
	期发	累计	期发	累计	
1978	23679	4884171	16378	207148	149263
1979	24391	5124857	15653	211596	166210
1980	23789	5022144	17116	251864	181457
1981	23441	5072873	19634	289800	199586
1982	23582	5096553	25983	326241	217203
1983	30526	6491525	33392	473555	228676

续表 14-1-2

项目 年份	报纸（份）		杂志（份）		报刊流转额（元）
	期发	累计	期发	累计	
1984	30903	6274965	45377	575200	342211
1985	18432	9498441	63080	822716	648807
1986	103599	10383158	71952	873888	792239
1987	90621	10436613	65225	829913	812283
1988	97432	11774156	77443	908821	1032055
1989	42082	1883531	34413	426940	1091629
1990	32523	5110012	30617	374074	1103816
1991	31778	5259613	31204	427352	1127929
1992	38866	5962804	37138	508059	1386265
1993	35615	6208248	33002	421687	1586259
1994	24470	4744849	25644	349065	2118044
1995	35219	5018432	29292	363500	1217600
1999	30471	3731370	17992	253880	2842640
2000	35421	4045301	27456	316858	2973652
2001	29265	3531514	53422	257848	3301975
2002	32726	3714907	26480	241058	3030319
2003	29357	3255390	12041	243342	2794776
2004	26938	2664355	9798	253806	2841796
2005	—	2754562	—	296543	3021564
2006	—	2965858	—	326588	3325485
2007	—	3506026	—	418738	3598985
2008	—	5318125	—	432769	4140228
2009	—	1092875	—	350196	4244089
2010	—	7158671	—	330967	4471492

说明：因统计口径不同，2005 年起，报刊期发数未做统计，仅统计累计业务量

第三节　邮件运递

邮路　干线邮路　中华人民共和国成立初期，干线邮路设在烟潍公路沿线，海阳县邮件交换点由海阳的朱吴改为莱阳。由莱阳局派人送至万第，海阳局派人到小纪支局，小纪再派人到万第进行邮件交接。邮程全长 48 千米，双向对流，独轮小车邮运。1954 年，海阳至莱阳邮运干线改用汽车托运。1983 年，原在莱阳接车的交换点改为海阳徐家店火车站，邮路全长 55 千米。

县内邮路　1978 年，全部乡邮路线实现摩托车化。1983 年，因成本高被撤销，同时实行雇工投递承包制。1990 年 7 月 10 日，全县开通自办汽车邮路，结束长达几十年邮件托运的历史。自办汽车邮路共 5 条：徐家店、发城、朱吴、南城

阳、留格庄支局的邮件仍由烟台至徐家店自办汽车邮路运输；县局至盘石店、大辛家、凤城、大阎家、辛安、大山所、行村、黄崖、泉水头、小纪、二十里店支局的邮件由县局派自办汽车运输；县局至高家支局的邮件，由朱吴支局雇工运输到朱吴支局转至徐家店自办汽车邮路运输；县局至郭城支局的邮件，由郭城支局雇工运输到徐家店支局转烟台至徐家店自办汽车邮路运输；县局至山西头的邮件仍由徐家店支局经转。县内自办汽车邮路开通后，邮件的时限频次得到保证，不能开办快件业务的支局得以开办，收到事半功倍的效果。1993年4月1日，对原烟台至徐家店自办汽车邮路作出调整，原来由烟台经牟平、乳山、海阳至徐家店对开，改为烟台经徐家店，海阳至乳山当日往返。撤销牟平的武宁、高陵、刘家夼，乳山的午极，海阳的留格庄交接点。海阳的发城支局与干线邮车的交接，由局内交接改为路边交接至1998年。1999年，二十里店、朱吴支局的自行车投递段道由原来的3条并为2条，如投递里程超过规定标准，投递有困难的，可对边远村庄实行2日班投递，具体由检查员核定。实行摩托车投递和对二十里店、朱吴的投递段调整后，由原来的43条代办投递线路调整为33条，人员减少10人。2006年3月1日，烟台至海阳邮政特快二班邮路开通。2010年，全市邮路总长345千米，农村投递线路总长2272千米。

投递　投递方式频次　1975年，全县农村投递由自行车改为摩托车。除个别段道外，全县基本实现投递摩托车化，绝大部分支局能够投递当日进局的邮件、报刊。由于摩托车投递费用大、易发生事故等原因，1984年后，全县又改用自行车投递。随着改革开放步伐加快，邮电业务拓展及报刊、邮件数量增多，只靠邮电部门自身的人力，不能适应投递工作需要。1979—1995年，陆续在全县732个行政村建立邮电代办站，由村委会安排专人负责，把本村的信函、报刊等邮件（局内投交和给据函件除外）送达收件人手中。其间，先后招收一批品质好、身体强并有一定文化素质的合同工负责全县的投递工作。1991年9月起，投递工种实行浮动工资制。1995年，实行每周5个工作日后，城区依然实行次日投递。农村每周投递6天。2000年，建立现代物流配送网络，11月1日起，开展城区包裹直投业务。

邮运工具　1975年，县局购置邮政汽车1辆，业务旺季自办邮运。1990年7月10日起，全县开通自办汽车邮路，运行实行排单制，最大限度缩短邮车在局内等候时间。1993年起，邮政实行优化管理，进口邮件到支局的时间比过去提前1天，县局13时前收寄的全部出口邮件，当日即可发往烟台市局，时间比过去提前1天。

邮件分拣封发　分拣封发业务　1978—1998年，烟台地区（市）邮电局规定封发各类邮件每袋不超过30千克，小心轻放包袋限量15千克。1999年，设立市邮政局封发室，翌年撤销，职责划归发行投递室。2003年，成立邮袋管理小组，各支局配备兼职邮袋管理员，加强邮袋管理工作，确保邮袋在运输过程中完好无损。

封发经转关系　1972年后，留格庄、朱吴、发城支局邮件，封发烟台局经转，其余各支局（含徐家店支局）均封县局经转。徐家店支局邮件按本转合计建立直封关系。出口国际邮件，包括验关和免验邮件发烟台局经转。1994年7月1日，烟台局集中分拣封发。烟台至各支局间直接封发，进出口邮件全部由烟台局经转。县局保留分拣封发室，负责赶发县内邮件，转发到各支局的报刊，进出口邮件、总包的转运。徐家店支局撤销分拣封发组，负责郭城、山西头支局出口总包邮件的转运。

第四节　邮政设备

1975年，县局购置1台包裹收寄机，后逐年增加至9台。1991年，购置1台信函过戳机，营业使用汇票开发机，报刊发行室配备微机，储蓄配备点钞机和伪钞识别仪，封发室配备捆扎机，为17个储蓄点配备伪钞识别仪。1993年，为7个业务量大的支局配发包裹收寄机和电子信函秤。1998年5月，投资69万元，省局补助30万元，购进30套微机，全市23个邮电营业网点全部配齐，实现邮电营业微机化，达到“一台清”的要求，结束邮电营业手工作业的历史。2001年12月，启用“得利卡”“依维柯”防弹运钞车。

第二章 电 信

第一节 企业单位

中国联通海阳分公司 1992年12月1日，创建海阳移动通信业务。1996年10月，中国联通烟台分公司海阳营业厅成立，经营GSM（G网）移动通信业务。1999年9月，改称中国联通公司海阳分公司。2002年6月，增办CDMA（C网）业务。2008年10月、12月，通信业务重组。

中国联合网络通信有限公司海阳市分公司 1998年9月，实行邮政、电信分营，撤销海阳市邮电局，成立海阳市邮政局、海阳市电信局。市电信局开办电报、电话、移动通信、互联网等业务的经营与服务。2002年11月，海阳市电信局改称山东省通信公司海阳分公司，开办的业务与服务不变。2004年10月，山东省通信公司海阳分公司改称中国联通（集团）有限公司海阳市分公司。2008年12月，中国网通（集团）有限公司海阳分公司与中国联通海阳分公司的GSM（G网）移动通信业务融合，重组成立中国联合网络通信有限公司海阳市分公司，业务范围含2G/3G移动通信、固定电话、数据通信、宽带、小灵通等通信业务的经营与服务。内设综合部、财务部、市场部、运行维护部。分支机构设徐家店、郭城、发城、朱吴、高家、盘石店、留格庄、大辛家、凤城、大阎家、二十里店、辛安、行村、小纪、泉水头、山西头、南城阳、赵疃、大山所、黄崖、北埠后21个营业部。2010年，机构未变。

中国移动通信集团山东有限公司海阳分公司 1999年7月，海阳市电信局的移动通信业务实行剥离，成立中国移动通信集团山东有限公司海阳分公司。内设综合办公室、市场部、客户服务部和营业厅等，隶属山东移动通信公司烟台分公司管理。2003年，共开通15处镇（区、街道）营业厅。2010年，机构未变。

中国电信股份有限公司海阳分公司 2008年10月，中国联通海阳分公司CDMA（C网）业务与中国电信融合，重组成立中国电信股份有限公司海阳分公司，业务范围含2G/3G移动通信、固定电话、数据通信、宽带等所有通信业务的经营与服务。设综合部、市场部、网络部。分支机构设徐家店、郭城、发城、朱吴、盘石店、留格庄、凤城、大阎家、二十里店、辛安、行村、小纪12个镇（街道）营业厅。2010年，机构未变。

第二节 电 报

电路设备 1978年，全县有机械式电传机2部，有线电报电路3条。1985年12月，全县有省内二级电报电路3条，通往各支局话传电报电路17条。1986年12月，安装开通1台“四路载波机”，增加电报电路4条，电报进入256路自动转报网。1991年3月，开通海阳至烟台BZS4236型23路时分复用设备，可开电报电路23条，缓解电报电路的拥挤。10月，安装开通18台“三类传真机”，担负乡（镇）支局传递电报任务，4个支局仍用话传方式传递。1995年6月1日，开通2端YD1000B型电报传真智能终端，乡（镇）传真机传出的出口电报直发全国各地，实现发报自动接转，来报自动打译。

电报业务 1978年3月，国内公众电报分为天气、水情、政务、公益、新闻、普通、汇款、公电8类。1984年10月，将邮送电报改为专送电报，改变邮送电报在局内时间长、耽误用户事情的弊端。1987年，国内公众电报调整为防空、天气、特种、水情、军政、公益、新闻、公务、普通、汇款、公电11类。1988年，全县电报业务量达到历史高峰，全年收报15.86万份，发报17.03万份。1994年后，随着程控电话、传真、互联网业务的普及，电报业务量逐年减少，县局及各支局驻地以外农村电报，又恢复邮送。1995 年，新增开办礼仪电报。1997 年，收报 2.52 万份，发报 2.97 万份。1998 年后，基本无人使用电报。

1978—1998 年海阳市电报业务量统计表

表 14-2-1　　单位：份

年　份	来　报	去　报	年　份	来　报	去　报
1978	26892	41063	1989	151443	159594
1979	29598	43803	1990	129529	137945
1980	36897	49912	1991	128644	139732
1981	42497	65751	1992	132935	148221
1982	47890	73022	1993	102023	116104
1983	60390	85721	1994	65631	69570
1984	64989	92500	1995	41329	45648
1985	83182	107213	1996	32746	38196
1986	86638	110810	1997	25163	29741
1987	124042	139709	1998	397	362
1988	158606	170349			

第三节　固定通信

长途电话　1978 年，海阳有共电式长途电话交换机 10 门，长途电路 8 条，长途电话业务全部由话务员人工接转。1987 年，新增 1 端 3 路载波机，开 2 条半自动拨号电路，长途电话实现半自动通信。1989 年，安装 DD-16 设备，全县长途自动电路 3 条。1991 年，长途全自动电路 6 条，半自动电路 2 条，实现国内长途电话直拨。同年，长途有权用户 101 户。1992 年，青烟威长途数字微波海阳站建成，长途电路达 88 条。1993 年 3 月 28 日，开通 3000 门程控电话交换机，海阳长途通信进入全国 C4 本地通信网，电话号码由 4 位升到 6 位，长途区号 05428。1995 年 4 月 23 日，海阳长途通信进入国际、国内直拨大网和 C3 本地通信网，电话号码由 6 位升到 7 位，统一使用长途区号 0535。8 月，撤销“113”人工长途台。1996 年，架设东村至桃村 8 芯 45 千米光缆，开通海阳至烟台光端机，新增光缆传输长途电路 480 条，实现“天上有微波，地上有光缆”的长途传输网络。1997 年 3 月，埋设东村至桃村 32 芯 61.6 千米地下光缆，开通 SDH 设备，新增长途电路 2880 条，建成长途通信第三出口。2010 年，海阳的骨干传输出口带宽 35G，形成由 C3 汇聚层、县至乡（镇）C4 接入层、乡（镇）至村庄接入层 3 部分组成的环状传输网。

本地电话　海阳本地电话经历 3 个发展阶段。第一阶段为 1978 年前的人工交换到自动交换阶段，以 1978 年 11 月开通 HJ-921 型 1000 门纵横制自动交换机、淘汰县城磁石式人工交换机为标志。第二阶段为 1978—1993 年纵横制自动交换到数字程控交换阶段。1988 年，HJ-921 型纵横制交换机扩容 1000 门，海阳自动电话总容量达 2000 门。同年，大山所乡在全县第一个开通自动交换机，引进设备为加拿大 SG-1 型 120 门数字自动交换机；同年，徐家店镇开通 HJ-08 型 500 门纵横制自动交换机。1993 年 3 月 28 日，全县开通 3000 门 S-1240 型程控电话交换机，淘汰纵横制交换机。第三阶段为 1993 年后的数字程控交换全面普及阶段。1993 年起，对城区程控交换机进行 4 次扩容，总容量 16348 线，安装电话 9715 部。城区程控电话的发展，促进农村电话朝着自动化、数字化发展。1995 年，全县乡（镇）全部开通程控交换机，并开通75台村级程控电话交换机，全县农村电话总容量达23160线，安装电话6974部。1997年，开始引进和开通美国5ESS-2000型程控电话交换机，用于构筑适用各种新业务、配置灵活、具有出色远端能力的高层次的C3本地电话网。6月26日，开通首批工程母局处理能力市话1万线、农话5000线。同年，市邮电局投资80万元，郭城镇西古现村投资50万元，合建西古现邮电所，安装程控电话300多部，为全市第一个电话普及村。2000年6月，开展“电话市”工程建设。至11月，投资1.1亿元，新建、扩容、改型161个村级交换网点，全市交换网点总数183个，新增交换机容量9万门，交换机总量13万门，架设光缆380皮长千米，电缆1753皮长千米，新建通信管道10.8管千米，电话放号5.6万个，建设规模和电话放号均超过历年总和。2008年，全市固定电话用户15.7万户，创历史高峰，后受移动通信影响，固定电话用户逐年减少。2010年，全市有216个电话交换网点，总容量32万门，固定电话用户12.3万户，光缆覆盖全市城乡和85%以上行政村。

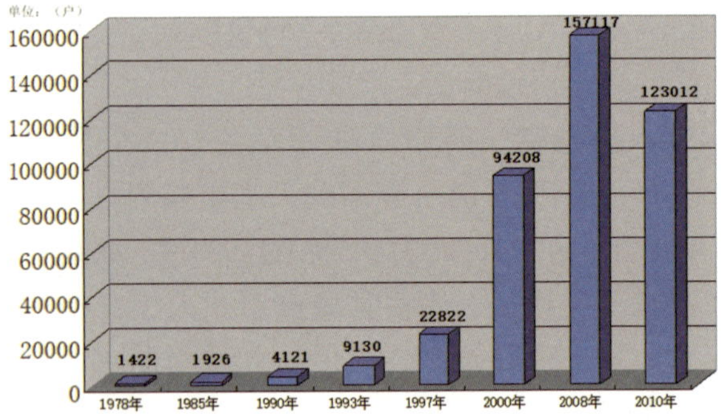

1978—2010年海阳市电话用户数量示意图

公用电话 1992年，在汽车站、寓安旅社各设代办公用电话1部。1995年，沿城区大街公用电话代办点发展到50部。同年，开始使用磁卡公用电话，持卡人可自行拨打电话。1997年，市内公共电话306部，各代办点均安装公话计费器。1998年，开始在繁华地段和市内各主要街道安装IC卡公用电话，方便群众的通信需求。2005年后，由于IC卡公用电话资费较高及移动电话的普及，公共场所的IC卡电话已少有人使用。

1999年，IC卡公用电话

第四节 移动通信

移动电话 移动电话通信业务，包括语音、数据、多媒体、IP电话及互联网接入服务。从事移动通信IP电话和互联网等网络的设计、建设、维护、管理，相关系统集成、结算、技术开发、技术服务、设备、手机销售及出租等。1992年12月31日，邮电部、山东省邮电管理局协助海阳县邮电局与美国摩托罗拉公司签订协议，引进TACS制式900兆模拟蜂窝移动通信基站收发信道设备，有2个控制信道、8个TACS语音信道，可容纳180个用户。1993年1月1日0时，900兆模拟移动电话（俗称“大哥大”）投入运营，为第一代移动通信技术，只能承担单一的移动通信语音业务。6月，再次引进美国摩托罗拉TACS制式设备，扩增TACS语音信道10个，可容纳530个用户。当年用户117户。

1995年5月17日，开通GSM数字移动电话，即“全球通”，其专用电话网号为139。移动通信基站收发设备，主机采用瑞士爱立信RBS200、RBS2202设备。基站发射塔高50～60米。基站采用1000AH蓄电池机组，确保设备每天24小时（无论停电与否）正常运行。年底用户50户。1996年，新建4个GSM数字移动电话基站，扩大市区移动电话信号的覆盖范围。1997年，新建5个模拟移动电话基站和7个数字移动电话基站，年底移动电话用户2726户。1999年7月8日，海阳市移动通信与海阳市电信局业务剥离独立运营，模拟与GSM两网，在网上运行手机5735部。此时持有手机，仍是少数人使用的通信终端。

1998年，全国民兵英雄于化虎使用移动电话

2000年10月，移动通信“短消息”业务开通。之后，“中文秘书”、“手机杂志”、“自由全球呼”、“WAP”上网、“WPS”上网、“无线上网卡”、“企业直联”、“GPS”、“短信”、“彩信”、“手机银行”、“移动IP”等时尚、方便、实用的个性鲜明的移动声讯业务、数据业务相继推向市场。移动通信业务由单一的语音业务向数据多媒体、增值业务发展。在终端上给用户提供来电显示、主叫隐藏、呼叫转移、呼叫等待、三方通话、呼入限制、呼出限制等各种补充业务。同时，与世界143个国家“GSM”运营商达成国际漫游业务协议。2001年5月1日，模拟手机退网工作启动，所有模拟手机用户给予适当的补贴后，免费换号转入GSM（数字）移动通信网。年末，GSM（数字）网在网运行手机30537部。

2005年5月17日，GPRS移动通信（第2.5代通用分组无线业务）与移动梦网业务开通，成为移动通信发展新的里程碑，海阳移动通信开始跨入多媒体时代。2008年12月，海阳网通公司与海阳联通公司GSM移动业务融合重组，成立中国

中国移动通信集团山东有限公司海阳分公司营业厅一角

联合网络通信有限公司海阳市分公司，重新经营移动通信业务。同年，GSM移动通信基站71个，用户37423户。

2009年7月1日，第三代移动通信（3G）业务率先在联通公司商用，可为用户提供丰富多彩的移动多媒体业务，包括图像、音乐、网页浏览、电话会议及其他信息服务，传输速率在高速移动环境中支持144KDPS，步行慢速移动环境中支持384KDPS，静止状态下支持2MDPS，同时3G手机开始使用和普及，移动通信业务迅猛发展。年底，2G基站136个，用户66480户；3G基站26个，用户1618户。9月29日，推出中国移动G3无线座机，因月租、资费更便宜，是个人、集团用户在家庭、办公固定场所通话的较好选择。

2010年，2G基站172个，用户76509户；3G基站65个，用户4641户；C网建设并开通13处基站，建成C网光缆资源近120千米，完成8个固网局点建设，为亚沙新城、旅游度假区、开发区工业园、核电产业区、朱吴镇、大阎家镇、辛安镇、留格庄镇的所有大客户提供接入服务。移动网根据不同客户需求，进一步完善、调整中国电信天翼、我的E家、商务领航3大客户品牌产品结构。推出田园E通、烟草E通、警务E通、物流E通、渔业E通、天翼大众卡、翼通卡及适合孕妇及中老年人的孕龄通、银龄通等31项资费套餐。先后推出手机全通达、网上综合办公、天翼对讲机、3G无线宽带业务、翼机通、电子传真等新业务。

无线寻呼（BP机） 1990年6月13日，海

阳县安装开通无线数字寻呼系统设备1套，设“126”人工寻呼台，操作员轮班值守，当年发展用户150户。1995年，增设3台无线寻呼发射设备，增加“127”自动寻呼电路33条，开办汉字寻呼显示业务和“127”自动寻呼业务，“126”台实现全省及华东3省1市联网，数字、汉字寻呼用户数3465户。1997年，安装开通280兆高速寻呼系统；4月，海阳“126”台并入烟台“126”台，实现集中受理，全年用户4200户。随着移动电话发展，无线寻呼业务萎缩。2002年，无线寻呼业务基本停用。

BP机

无线市话（小灵通） 2002年12月23日，小灵通正式开通放号，一期工程开通基站276个，信号主要覆盖市区及旅游度假区，当年用户1856户。2003年，进行二期、三期网络优化，基站总数495个，覆盖整个市区、主要工业园区及所有镇（区、街道）营业部驻地。此后，每年根据发展需要进行网络优化改造。2008年，基站总数967个，信号覆盖市区和各镇（区、街道）驻地、海阳出口各交通主干道路及南部沿海地区的大部分村庄，北部山区村庄信号覆盖面积65%，用户29867户，为历史最高。随着移动通信的发展，小灵通业务发展受到影响。2009年起，不再进行网络和基站建设，用户逐步退网。2010年，在网运行的基站712个，用户7521户。

第五节　数据通信

数据业务 1994年，开办分组交换数据网（DDN）业务，为客户提供端口18个。1995年，安装3630和3600MAINSTREET数字数据网设备各1套，为客户提供专用电路7条。1997年，安装DPN-100型分组交换设备，增加端口56个，实装26户，同时对DDN设备进行扩容，实装用户15户。1998年，数据通信用户156户。

互联网业务 1998年5月，海阳市开通互联网业务，用户通过调制解调器拨号“163”“169”国际计算机互联网和中国公用计算机互联网。1999年3月，建成烟台市第一个县级国际互联网信息港——海阳信息港，当年有7家企业在海阳信息港注册。2000年，开通宽带交换机，海阳具备宽带网络接入能力。2001年，新增市区及13处镇（区、街道）ADSL接入工程1552端口，宽带局域网接入工程3000端口，新增宽带用户129户。2003年，全市所有镇（区、街道）均开通宽带交换机，新增2496端口，宽带互联网用户982户。2004年后，宽带互联网用户数量逐年增加。2008年，宽带互联网用户16383户。2010年，宽带互联网用户40317户。

第六节　有线电视网　网站

有线电视网 1986年，在东村镇民主村建立第一个共用天线电视系统，传输7套电视节目，安装220户。1988年12月，在郭城镇龙口村建立第一个卫星地面接收站。将卫星地面接收天线接收到的射频电视节目信号，经过前端转换后通过放大器、分配器、分支器、电缆传送至电视用户，构成有线电视闭路系统。1994年7月，完成海阳有线电视网络的设计、论证，并经省广播电视厅总工办论证通过。系统设计传输频率为550兆赫，县前端机房至乡（镇）机房、乡（镇）机房至村均为光缆传输，光缆传输网采取星型结构。1995年9月，城区有线电视光缆全部开通，全城6个光接收点，采用美国亚特兰大公司生产的1310纳米光发射机，铺设光缆干线16.5杆千米，传输电视节目13套，年底联网1200户。1996年4月，完成省至烟台市有线电视光纤传输网海阳段12.75杆千米。11月，完成烟台市至海阳有线电视光纤传输网海阳段53杆千米。1998年12月，完成市区至各乡（镇、区）有线电视光缆架设280杆千米，同时开通信号，传输17套节目，市前端机房用1550纳米光放大器将电视信号通过光缆传输至各乡（镇、区），乡（镇、区）机房用1310纳米光发射机将电视信号通过光缆传输到村。1999年5月，行村镇杜格庄村第一个开通有线电视信号，串接方式入户，安装199户，收视维护管理费为每户每月6元。2005年1月，将烟台市有线数字电视信号混入海阳市HFC网。5月，对北山小区、环保小区有线电视用户模拟信号进行加扰，实行智能化管理。9月，对大阎家镇27个村有线电视光线路进行升级改造试点。年底，对全市所有行政村全部开通有线电视信号，实现“村村通”有线电视目标。2006—2008年，完成城区光网有线电视线路改造，城区由原6个光点发展到光纤到居民楼。2009年3月起，对240个农村（占应改造村的80%）有线电视网进行升级改造，由串接全部改为并接（1户1线）。当年，全面完成农村有线电视光缆升级改造，每个光接点覆盖用户不超过200户；全面开始城市新区和临港产业区地下弱电管网建设工程，启动有线电视光缆环网建设工程。至2010年，共安装有线电视20.03万户，其中农村用户18.05万户、占90.1%，传输电视节目34套。

网站　2006年10月1日，海阳之窗网站开通。网站服务器放置在烟台胶东在线机房，采取服务器托管方式，网通100M带宽。网站设有资讯中心、网上民生、政务、房产、旅游、摄影、分类信息等近30个频道，日均访问量4万人次。海阳之窗是海阳市信息量最大、内容更新速度最快、集视频与音频于一体的综合性门户网站，为海阳市最具权威的网络媒体和宣传的重要窗口。10月，网站开设新闻、旅游、房产、海阳广电、政务、毛衫等频道。12月，举办“人保财险杯”网络征文大赛，共收到来自全国各地的稿件上千篇。2007年2月，制作“评选十佳民警”网上投票系统，首次实现网络投票评选。3月，开设海阳第三届亚洲沙滩运动会栏目，为海阳亚沙会进行宣传造势。4月，开办“阳光政务”直播栏目。7月，参加“黄金海岸·魅力海阳”全国10家电台现场直播活动。9月，开通网络电台，实时同步收听海阳人民广播电台节目。10月1日，

1999年3月，海阳信息港网站开通

网站首页和新闻频道全新改版与网民见面。2009年5月，开通“网上民声”民生品牌栏目。11月，海阳之窗网站与胶东在线网站合作，共同使用北方网内容发布系统。海阳之窗网站负责前台页面设计和制作，胶东在线负责后台程序开发制作和网站安全、数据库备份、防黑措施，全面保证海阳之窗网站的正常运行。至2010年，海阳之窗网站被中华网设置为导航菜单，开县级市门户网站接入国家级网站导航之先河；与央视网、国际在线、中国新闻网等国家级重点新闻网站，胶东在线、水母网、山东电视网、日照网、青岛传媒网等多家省、市重点新闻网站实现互联互通。网站加入由全国电视台组建的网站联盟、由地方重点新闻网站组成的联盟中国，是全国唯一加入网络联盟的县级网站。网站先后获全国网络联盟授予的抗震救灾报道贡献奖、奥运报道贡献奖、中华人民共和国成立60周年网络报道特别贡献奖等。

第十五编

金　融

1978 年，海阳县有金融机构 3 家，各项存款余额 6501 万元，各项贷款余额 7035 万元。1980—1990 年，全县社会经济快速发展，带动金融行业发展，有中国农业银行海阳县支行、中国工商银行海阳县支行、烟台市住房储蓄银行海阳办事处、中国银行海阳县支行。1990 年，全县各项存款余额 6.87 亿元，各项贷款余额 6.95 亿元。1994 年，随着改革开放不断深入，社会主义计划经济逐步向市场经济过渡，县内各专业银行与商业银行接轨，金融业务拓展，从开户、存（取）款等支付结算业务，开辟理财、基金、保险、信用卡、零售信贷、移动金融等丰富多样的产品，全面满足客户支付结算、投（融）资、理财规划等金融需求。同时，根据居民消费及投资需求变化，进行产品创新与更新换代，金融服务逐步完善。2000 年，各项存款余额 37.37 亿元，各项贷款余额 17.45 亿元。2010 年，全市金融机构 10 家。各项存款余额 172.60 亿元，其中城乡居民储蓄余额 115.98 亿元，各项贷款余额 97.77 亿元。

1978 年，县内无保险机构，保险业务停办。1981 年，恢复保险业务，当年保险业保费收入 23.8 万元，赔款支付 2.7 万元。1990 年，保险业保费收入 914.9 万元，赔款支付 399.3 万元。1996 年，中国人民保险公司成立集团公司，实行产、寿险分业经营。2000 年，各类财产险承保额 1720 万元，赔款支付 897 万元。各类人身险保费收入 3044.9 万元，赔款支付 183.2 万元。2001 年起，保险事业迅速发展，多家保险公司在海阳设立分支机构，各保险公司依托遍布城乡的营业网点和代理人队伍，实现电子网络化，构建起完善的服务体系。2010 年，保险机构 9 家。中保财产险保费收入 4659 万元，赔款支付 2472 万元；人寿保费收入 1.37 亿元，赔款支付 6557 万元。

2009 年，齐鲁证券公司海阳营业部开业，海阳市始有证券业务。2010 年，股民开户 7281 户，A 股交易金额 35.04 亿元。

第一章 银 行

第一节 机 构

中国人民银行海阳市支行 1978 年，中国人民银行海阳县支行改称中国人民银行山东省海阳县支行，下设小纪、发城、行村、辛安、朱吴、黄崖、取水、郭城、二十里店、大阎家、凤城、东村、留格庄、大辛家、盘石店、高家 16 个营业所和徐家店办事处。1980 年 10 月，人民银行海阳支行与中国农业银行海阳县支行第三次分设，保留人事秘书股、信贷股、计划股、会计股、出纳股、储蓄股和第一、第二 2 个储蓄所及徐家店办事处，其他所均划归农业银行海阳县支行。1981 年 1 月，设保险股；10 月，成立信托投资公司。1983 年，内部设信贷、储蓄、人事、秘书、保卫、事后监督科和工会。1984 年 1 月，并入中国工商银行海阳县支行。1986 年 7 月，人民银行海阳县支行从工商银行海阳县支行析出单设，独立行使中央银行职能。下设计划、人秘、会计和发行 4 个科室。1988 年 8 月，国家外汇管理局海阳县支局成立，机构设在人民银行海阳县支行，局长由行长兼任，业务委托人民银行海阳县支行办理，下设外汇管理办公室，专管外汇业务。1996 年 5

2003 年，中国人民银行海阳市支行办公楼

月，改称中国人民银行海阳市支行，内设办公室、人事科、会计国库科、计划统计科、金融管理科、货币金银科、保卫科、监察室、外汇管理办公室、稽核科。1997年8月，增设农村合作金融管理科。2000年4月，内设综合科、货币金银科、会计国库科、保卫科、监察室、金融机构监管科、货币信贷与统计科；10月，货币金银科与保卫科合并组成发行保卫科；从综合科析出政工科，全行7个科室。2003年，撤销金融机构监管科。2006年，内设综合业务部、调查信息部、纪检监察室、办公室。2010年8月，成立海阳市人民币管理服务中心。

中国工商银行股份有限公司海阳支行　1983年12月，中国工商银行海阳县支行成立。内设秘书股、人事股、信贷股、储蓄股、计划股、会计股、出纳股、保险股。1984年4月，撤销保险股。1996年5月，改称中国工商银行海阳市支行，下设跃进桥分理处、徐家店办事处和海政路、海河路、虎山街、跃进桥、徐家店、花园街、青年公园、海园路、东村河桥、海阳路中、海东路、文体中心储蓄所。2000年，撤销跃进桥分理处和徐家店办事处，下设东村河桥、海阳路中、海东路、文体中心、龙山街储蓄所。2001年，内设办公室、公司业务部、零售业务部、国际业务部、营业部，下设海政路、海河路、虎山街储蓄所。2005年10月，改称中国工商银行股份有限公司海阳支行。2010年，内设办公室、市场营销部、风险管理部、个人金融业务部、营业部，下设海阳路支行、海河路分理处、核电分理处。

中国农业银行股份有限公司海阳市支行　1980年10月，复设中国农业银行海阳县支行，辖16处营业所。1985年，内设人事、会计、出纳、企业信贷、农业信贷、计划、检查保卫、审计稽核和信用合作股，辖27处营业机构。1990年，内设各股不变，辖26处营业机构。1996年5月，改称中国农业银行海阳市支行。2000年，内设办公室、计划财务部、信贷管理部、个人业务部、清收中心、公司业务部，辖营业部和东村、开发区等19个分支机构。2005年，内设办公室、计划财务部、信贷管理部、个人业务部、清收中心、公司业务部、机构业务部、国际业务部、银行卡部，辖营业部和东村、开发区等15个分支机构。2009年1月，改称中国农业银行股份有限公司海阳市支行。2010年，内设个人金融部、公司业务部、财会运营部、综合管理部、国际业务部、个贷中心、委托处置部、农户业务部和理财中心，下设营业部和东村、郭城、凤城、辛安、留格庄、开发区、行村、徐家店分理处。

中国银行股份有限公司海阳支行　1989年12月，中国银行海阳县支行成立。设立龙山街、海政路储蓄所。1994年，改制为商业银行。1995年，下设龙山街、海政路、文山街、榆山街、海阳路、凤城储蓄所。1996年5月，改称中国银行海阳市支行。2000年，下设海阳路、凤城分理处和龙山街、海政路、文山街、榆山街储蓄所。2004年8月，改称中国银行股份有限公司海阳支行。2005年，内设办公室、信贷科、存汇科、营业部，下设海阳路、凤城分理处及文山街储蓄所。2010年，内设综合管理部、业务发展部、个人金融部、营业部，下设文山街、凤城分理处。

中国建设银行股份有限公司海阳支行　1978

2003年，中国农业银行海阳市支行办公楼

2010年，中国建设银行海阳支行办公楼

年12月，中国人民建设银行海阳县支行成立。1979年1月，正式营业。1984年，设人事秘书股、会计股和业务股。1987年9月，设立海阳路储蓄所。1988年，设立海鹰、城北、海政路、大山所、大辛家、凤城储蓄所。1994年，设立徐家店办事处。1996年3月，改称中国建设银行海阳县支行。5月，改称中国建设银行海阳市支行。1999年，增设海东、海河储蓄所。2000年，设立城东储蓄所。2003年，内设综合部、客户服务部、营业室，下设海阳路、海政路分理处。2004年9月，改称中国建设银行股份有限公司海阳支行。2010年，内设综合部、客户服务部和营业室，下设海阳路分理处和海政路分理处。

中国农业发展银行海阳市支行 1996年10月，中国农业发展银行海阳市支行成立，内设办公室、信贷业务部、会计结算部。2010年，内设机构未变。

恒丰银行股份有限公司海阳市支行 1988年12月，烟台市住房储蓄银行海阳办事处成立，内设办公室、信贷科、基金管理科、投资开发科、会计出纳科。1992年10月，改称烟台市住房储蓄银行海阳县支行，属地方性法人金融机构。1996年，划归烟台市住房储蓄银行，成为其分支机构。2003年8月，改称恒丰银行股份有限公司海阳市支行。2010年，内设办公室、信贷科、会计科、储蓄科和保卫科。下设营业部、海河路分理处。

2010年，恒丰银行海阳市支行办公楼

海阳市农村信用合作联社 1976年春，恢复海阳县信用社建制，中国农业银行海阳县支行行长兼信用社主任。同年，全县有基层信用社17处、信用站198处，协储员3800人。1979年，农村信用社与农业银行基层营业所合署办公，并接受农业银行海阳县支行的领导和管理。1980年10月，海阳县信用合作社成立，受农业银行海阳县支行管理。至1984年，信用社组织机构基本确定，以乡镇为依托，分4个层次，即县建立联社、乡镇设信用社、经济活动中心设信用分社或储蓄所、村设信用代办站。农村信用社独立经营、独立核算、自负盈亏。1994年4月1日，县信用社与农行分设。12月，全县新建农村信用代办站172个，新批储蓄所6个，代办所12个。1996年5月，改称山东省海阳市农村信用合作社联合社。1998年，有基层社23个、营业部1个、储蓄所14个、信用代办站499个。1999年6月22日，海阳市城市信用合作社并入市农村信用合作社联合社，并入股成其团体社员，改称海阳市城区农村信用合作社，属一级法人，隶属市联社领导。2005年，内设公司业务部、个人风险部、资金运营部、财务会计部、审计稽核部、监察保卫部、营业部和综合部，下设5处信用社和27处分社。2006年3月1日，改称海阳市农村信用合作联社。2010年，内设人事综合部、财务会计部、科技部、资产管理部、风险管理部、审计稽查部、业务发展部、监察保卫部和合规管理部。下设东村、城区等19个信用社和城东、海园路等13个分社。

中国邮政储蓄银行有限责任公司海阳市支行 2008年5月，中国邮政储蓄银行股份有限公司海阳支行成立，为一级支行建制，内设综合管理部、会计核算部、综合业务部和信贷业务部，下设2个一类网点（自营网点）、11个二类网点、12个代理网点。2010年，内设综合管理部和综合业务部，下设营业部、留格庄支行。

烟台银行股份有限公司海阳支行 2010年9月，烟台银行股份有限公司海阳支行成立。内设营业室和客户经理部，下设营业厅。

第二节 存 款

全市金融机构的各项存款，按其来源和对象不同，分为企事业单位存款、财政存款、机关团体存款、储蓄存款、农业存款、信托存款、委托存款和其他存款。1978年，全县各项存款余额

6501万元。2010年，各项存款余额172.60亿元，较1978年增加171.95亿元，年均增加5.37亿元。

居民存款　居民存款包括城乡居民在金融机构和邮政储蓄部门的存款。1978年，全县居民存款余额2422万元，储蓄存款主要有活期储蓄、零存整取定期储蓄、存本取息定期储蓄、整存零取定期储蓄、定活两便储蓄等。1981年3月，举办定期定额有奖储蓄。1984年1月，人民银行海阳支行城镇储蓄工作移交工商银行海阳县支行办理。1985年，县内居民存款余额1.51亿元。1986年，人民银行海阳县支行独立行使中央银行职能后，不再直接办理居民储蓄存款业务，只对辖内各金融机构储蓄存款业务进行监督管理。1988年9月1日起，全县金融机构对城乡居民个人3年以上储蓄存款除按现行利率支付利息外，再按全国统一的保值补贴率支付补贴利息。后随物价平稳，1991年12月1日，保值储蓄停办。1994年3月2日，重新开办；1996年4月1日，保值储蓄再度停办。1996年，全市居民存款余额21.30亿元。1999年9月1日起，工商银行分支机构率先开办教育储蓄，对象为在校中小学生，采用实名制，教育储蓄实行利率优惠。2000年4月1日，全市金融机构对居民个人开立的存款账户实行实名制。同年，全市居民存款余额30.59亿元。2005年，全市居民存款余额51.06亿元。2010年，全市居民储蓄存款余额115.98亿元。

企业存款　1978年前，人民银行海阳县支行办理企业存款业务。1976—1980年，全县企业存款年末平均余额709.8万元。随着企业数量增加，

2003年，海阳市农村信用合作联社城区信用社营业厅

生产规模扩大，生产效益提高，企业存款余额迅速增长。1980年，人民银行海阳县支行试行“统一计划，分级管理，存贷挂钩，差额包干”的资金管理办法。1981年，人民银行海阳县支行对开户单位应予控制的存款，另设控制存款账户进行管理。1982年，恢复办理单位定期存款业务，付给高于活期存款的利息，并对企业更新改造资金设立存款专户，加强管理。1983年，对集体经济、个体经济和承包经营企业放宽开户条件，企业存款大幅上升。1984年第四季度，由于总行改变信贷资金管理办法，全县出现突击放款现象，派生存款增多，年末企业存款余额增长幅度明显高于往年。1981—1985年，全县企业存款年末平均余额1976万元。1986年，全县企业存款余额2482万元。1990年，全县企业存款余额5437万元。1995年，全县企业存款余额1.39亿元。2000年，全市企业存款余额为5.52亿元。2005年，全市企业存款余额9.06亿元。2005—2010年，企业数量增多，企业可支配资金充裕，企业存款快速增长，平均年增长4.09亿元。2010年，全市企业存款余额29.53亿元，占各项存款的17.11%。

财政存款　财政存款包括财政金库存款和机关、团体、部队存款。1980年，人民银行海阳县支行所办理的机关、团体、部队存款划归农业银行海阳县支行办理。1981年1月，全县金融机构对机关、团体、事业单位1980年年底在银行的存款（含预算外资金），一律按银行账面数字予以控制，非经批准不得动用，1982年解控。1983年12月，工商银行海阳县支行吸收的财政性存款，为人民银行海阳县支行的信贷资金，全部缴存人民银行海阳县支行。1985年，中国人民银行与专业银行划分资金后，财政性存款属人民银行海阳县支行的信贷资金，由人民银行海阳县支行委托县内专业银行办理，全额划给人民银行海阳县支行，专业银行不得占用。8月起，建设银行海阳县支行办理的属人民银行信贷资金的财政性存款，全额划缴人民银行海阳县支行。1978—1980年，财政存款年末平均余额543.33万元。1981—1985年，财政存款年末平均余额910.20万元，为“五五”计划时期的1.9倍。1990年，财政存款1319万元。1995年，财政存款239万元。1996—

2000年，财政存款5949万元。2001—2005年，财政存款2.36亿元。2006—2010年，财政存款14.09亿元。其中，2010年，财政存款8.07亿元，是1978年以来最多的年份。

农业存款 农业存款包括乡镇、村企业单位和农村其他集体经济存款，县农村信用社转存款占农村存款的绝大部分。1986—1990年，农业存款3.21亿元。1991—1995年，农业存款1.28亿元。1996—2000年，农业存款1.23亿元。2001—2005年，农业存款3.25亿元。2006—2010年，农业存款8.64亿元。其中，2009年农业存款2.72亿元，是1978以来最多的年份。

外汇存款 外汇存款分个人外汇存款和机构外汇存款。1985年起，允许居民持有的外汇存入工商银行海阳县支行外汇储蓄部。1989年12月，中国银行海阳县支行设立后，外商投资企业的外汇收入，必须存入中国银行海阳县支行；中资机构的外汇收入必须卖给中国银行海阳县支行。1994年1月，外汇体制改革，允许从事非贸易活动的中资机构保留现汇存入银行。1997年9月，允许符合条件的中资企业开立贸易结算账户保留外汇收入。

1978—2010年海阳市储蓄存款余额统计表

表15-1-1

年份	存款余额（万元）	储蓄存款（万元）	企业存款（万元）	财政存款（万元）	农业（农村）存款（万元）	外汇存款（万美元）
1978	6561	2422	480	544	3115	—
1979	9887	3411	843	505	5128	—
1980	13404	4793	1245	581	6785	—
1981	12466	5416	1180	686	5046	—
1982	13509	5737	1259	1008	5270	—
1983	20333	8227	1350	1173	9199	—
1984	36135	12135	2599	1333	19542	—
1985	34235	15115	3493	351	1939	—
1986	35330	18512	2482	840	11481	—
1987	39369	23139	2544	1266	9125	—
1988	45758	30568	3341	1140	8731	—
1989	56724	39714	3325	1024	10279	—
1990	68740	50573	5437	1319	8249	—
1991	77525	60018	8013	-1020	7860	—
1992	91376	75602	8227	-1176	6010	—
1993	109861	96858	9368	-732	1466	—
1994	150379	130259	16339	1011	1168	—
1995	191199	170090	15404	239	1486	—
1996	237154	212965	18631	-123	1527	—
1997	276719	242496	28816	1218	2268	—
1998	310952	268842	39435	1311	1770	—
1999	343139	288836	46071	2011	2459	—
2000	373654	305856	55217	1532	4468	—
2001	416974	335241	59563	4248	5307	—

续表 15-1-1

年　份	存款余额（万元）	储蓄存款（万元）	企业存款（万元）	财政存款（万元）	农业（农村）存款（万元）	外汇存款（万美元）
2002	474498	374005	71224	1792	6332	1379
2003	531255	405324	86139	7873	5802	1329
2004	587001	436703	106021	6751	6584	1025
2005	676951	510552	90622	2889	8507	926
2006	817305	599491	124660	3644	14875	1382
2007	989392	673124	154410	9159	13499	1109
2008	1133561	825528	155294	16124	14704	1067
2009	1386661	978989	234784	31311	27189	1350
2010	1726024	1159816	295291	80691	16089	1981

说明：1993 年起，农村存款统计口径发生变化；2000 年起，农村存款统计改为农业存款

第三节　贷　款

1978 年，县内各银行建立健全各项管理制度，加强信贷管理，贯彻“区别对待，择优扶持”的贷款政策，提高信贷资金使用效率。全县贷款年末余额 7035 万元。1985 年，全县贷款年末余额 2.99 亿元。1990 年，全县贷款年末余额 6.95 亿元。1995 年，全县贷款年末余额 14.45 亿元。2000 年，全市贷款年末余额 17.45 亿元。2005 年，全市贷款年末余额 19.72 亿元。2010 年，全市贷款年末余额 97.77 亿元。

工业贷款　1978 年，在工业贷款中，贯彻“区别对待，择优扶持”和“以销定产，以销定购，以销定贷”的原则，对全县工业企业摸底排队，分一、二、三类区别贷款。全县工业贷款年末余额 1146 万元。1985 年，全县工业贷款年末余额 5913 万元。1986—1990 年，全县工业贷款 4.69 亿元。1991—1995 年，全县工业贷款 9.29 亿元。1996—2000 年，全市工业贷款年末余额 10.26 亿元。2001—2005 年，全市工业贷款 16.86 亿元。其中 2002 年全市工业贷款年末余额 4.72 亿元，是 1978 年以来最多的年份。2009 年，全市工业贷款年末余额 4.59 亿元。

2009 年 3 月 25 日，海阳市召开银企合作恳谈会

商业贷款　中共十一届三中全会后，全县各银行支持商业企业扩大销售，加速资金周转。1983 年，银行为扩大商品流转和处理积压商品，协助组织旺季展销会，对紧缺商品支持进货。1978 年，全县商业贷款年末余额 5293 万元。1979 年，全县商业贷款年末余额 4503 万元，是 1978—2009 年最少的年份。1985 年，全县商业贷款年末余额 4675 万元。1986—1990 年，全县商业贷款余额 7.84 亿元。1991—1995 年，全县商业贷款 16.53 亿元。1996—2000 年，全市商业贷款余额 16.53 亿元。其中，1999 年全市商业贷款 6.19 亿元，是 1978—2009 年最多的年份。2001—2005 年，全市商业贷款 18.51 亿元。2009 年，全市商业贷款年末余额 1.10 亿元。

农业贷款　中共十一届三中全会后，农业贷款主要用于扶持发展粮食生产、农业机械化和多种经营，社队（乡村）企业贷款逐年增多。1980 年后，对山区建设、联办和自办企业，优先发放

贷款。1978年，全县农业贷款年末余额596万元，是1978—2009年最少的年份。1985年，全县农业贷款年末余额5067万元。1986—1990年，全县农业贷款3.11亿元。1991—1995年，全县农业贷款7.61亿元。1996—2000年，全市农业贷款15.58亿元。2001—2005年，全市农业贷款37.13亿元。2009年，全市农业贷款年末余额16.46亿元，是1978—2009年最多的年份。

基本建设拨款、贷款 1978年，中国人民建设银行海阳县支行开始经办基本建设贷款、引进设备国内配套贷款、更改措施贷款、地方财政委托贷款、流动资金贷款和信托贷款。全县基本建设所用资金来源于县财政拨款和部门、企业自筹和贷款。同年，全县基本建设投资287.88万元。其中，县财政拨款189.20万元、企业自筹98.68万元。

1980年，县建行发放省小型技措贷款25万元，地区小型技措贷款23万元，县批小型技措贷款23万元。1984年，发放更改措施贷款140万元，地方财政委托贷款15万元，设备储备贷款109万元。同年，县造纸厂贷款110万元更新设备，次年产纸2000吨，产值260万元，利润17万元，税金25万元；建设银行发放给县社果品冷风库专项基建贷款40万元，当年获利10万元，付还贷款10万元；1985年获利36万元，付还贷款16万元。

1985年，全县基本建设贷款558万元。1990年，全县基本建设投资3291万元。1995年，全县基本建设贷款2439万元。2000年，全市基本建设贷款1890万元。2004年，全市基本建设贷款2939万元。2010年，全市基本建设贷款7.00亿元，为海阳历史上基本建设贷款数最高的年份，主要用于核电站、海阳港、海即跨海大桥、亚沙会场馆及配套设施建设。

1978—2010年海阳市人民币贷款情况表

表15-1-2　　单位：万元

年份	贷款总额	其中			
		农业贷款	工业贷款	商业贷款	其他贷款
1978	7035	596	1146	5293	0
1979	7560	1884	961	4503	212
1980	17989	4733	1575	11642	39
1981	45932	2448	6267	35157	2060
1982	12832	1840	2716	6050	2226
1983	15591	1821	2792	8268	2710
1984	25406	3967	4094	12093	5252
1985	29900	5067	5913	4675	14245
1986	30976	3693	6818	10507	9958
1987	40995	3996	7620	13418	15961
1988	47559	5893	8930	15098	17638
1989	54672	6900	9781	17246	20745
1990	69508	10646	13732	22167	22963
1991	81692	12358	16772	24902	27660
1992	94635	14357	17665	29358	32673
1993	108340	16128	17400	33672	41140
1994	127567	18915	19476	37785	51391
1995	144493	14330	21600	39563	69000

续表 15-1-2

年　份	贷款总额	其　中			
		农业贷款	工业贷款	商业贷款	其他贷款
1996	161853	12205	20497	46062	83089
1997	174321	32162	19491	52099	70569
1998	181315	35436	20207	45806	79866
1999	185739	34568	22500	61936	66735
2000	174509	41416	19908	51061	62124
2001	189690	56950	24038	50393	58309
2002	238033	74698	47201	46319	69815
2003	280342	83184	34942	47014	115202
2004	228981	74982	41355	28611	84033
2005	197185	81512	21058	12798	81817
2006	265502	91830	24799	12863	136010
2007	466006	110771	26544	17527	311164
2008	489929	132333	19969	11151	326476
2009	700526	164588	45857	11019	479062
2010	977726	—	—	—	—

说明：2010 年，统计口径变化，不分类统计农业、工业、商业等贷款额

第四节　结　算

结算方式　1985 年前，全县金融机构使用的结算方式主要有票汇、汇兑、托收承付、委托收款、信用证、省内县外限额支票、特种汇票等。1985 年，全县开办全省电话汇款业务。1988 年 9 月，各金融机构间相互代收汇票，缩短资金到账时间。1989 年 4 月 1 日，各银行主要结算方式为银行汇票、商业汇票、支票、汇兑、委托收款、异地托收承付（1989 年 8 月 1 日停办，1990 年 4 月 1 日恢复办理）。1990 年 11 月，中国银行海阳县支行推出人民币“长城信用卡”业务。1991 年 4 月，工商银行海阳县支行办理“牡丹”信用卡业务。1992 年 9 月，农业银行海阳县支行办理“金穗卡”业务。1993 年 2 月，建设银行海阳县支行开办“龙卡”业务。1995 年 8 月，建设银行海阳县支行推出新一代电子货币——储蓄卡。1996 年 1 月 1 日，全面实施《中华人民共和国票据法》。1997 年，工商银行海阳市支行开通 PCC 清算网络系统，付汇时间由原来的 24 小时缩短到 20 分钟，收汇时间由原来的 24 小时缩短到当日入账。国际结算业务加入 SWIFT 环球网络，实现与国外银行接轨。1998 年，工商银行海阳市支行率先在全市开办牡丹灵通卡代理收取证券保证金业务。5 月，同东亚银行签订代理外币卡收单业务，填补全省工商银行系统外币收单业务的空白。

2001 年 11 月，工商银行海阳市支行推出牡丹“贷记卡”业务。2002 年下半年，全市农村信用联社发行银联信通卡，实现业务全市、全省通存通兑。2009 年，在全市推动农村支付环境建设。2010 年，全市支付系统覆盖率 51%。其中，农村地区支付系统覆盖率 53%，超过全省 35.7% 的平均水平；全市 ATM 机布放量 65 台，普通 POS 布放量 512 台，转账电话布放量 1329 部。

联行清算管理　1974—1979 年，全县执行中国人民银行颁布的《中国人民银行全国联行往来制度》。采取集中监督、分别核算的办法，即由发报行和收报行分别核算，由总行核算工厂集中逐笔核算监督，再由收报行逐笔核对，省分行进行

督促检查。1980年，人民银行海阳县支行与农业银行海阳县支行分设后，初期采用全国、省辖联行以人民银行主办，县辖往来由农业银行主办，各自径发报单，由主办行负责对账工作。1981年起，省内联行业务改为人民银行与农业银行按系统自行办理。1984年，县辖往来工商银行海阳县支行参加农业银行海阳县支行银行核算。1985年起，实行“统一计划、划分资金、实贷实存、相互融通”的联行体制措施，由中国人民银行主办的“大联行”改为各专业银行自成联行系统，系统内直接通汇清算；中国人民银行作为“银行的银行”，自身的联行系统主要办理各金融机构清算账户的资金划拨和跨行转账业务。1987年4月，专业银行之间停办代签发报，实行“联行仍然分开，跨行相互转汇，及时移证发报，坚持钱账两清”的办法。

1990年，全县专业银行跨系统的汇划和系统内大额汇划，通过人民银行转汇和结算资金，实行汇划款项与资金清算同步，并加快清算手段现代化的步伐，建立资金清算中心，运用卫星通信网的电子联行代替手工联行。1991年，人民银行开始建设电子联行地面卫星接收小站设施，使异地汇划资金在数秒内完成，达到汇划资金与资金结算同步进行。2月25日，运用现代化的电子计算机网络和卫星通信技术，处理全国联行往来业务，以加速社会资金周转。人民银行海阳县支行建立机关内部局域网，发挥计算机网络的作用。

2000年1月1日，全省正式开通《山东特约联行汇兑清算系统》。11月，开通电子联行业务到县系统，将海阳市直接纳入全国电子联行卫星传输网络，清算资金在途时间由6天缩短到1天。2001年，实施电子联行资金的适时清算，每天减少压滞资金近2500万元。

2005年1月，人民银行海阳市支行开通运行人民银行会计集中核算系统。3月17日，开通大额支付系统。2006年4月，开通运行小额支付系统。10月，开通事后监督影像系统。2007年，全市人民币银行结算账户管理系统二期工程开通。同年，完成支票影像系统上线和会计集中核算业务上收工作。2008年，开通银行本票业务。

结算管理 1980年，全县控制托收承付结算，增加委托收款结算，发展限额支票结算。1981年，人民银行海阳县支行提出《关于改进结算工作意见》，整顿结算，疏通结算渠道，严格结算纪律，清理拖欠货款。1982年，各行普遍配备1～2名结算专管员，加强结算工作检查监督。

1985年，人民银行海阳县支行合理组织使用结算方式，主要以委托收款、限额支票、托收承付和支票等为主要结算方式。1987年4月，对全县各金融机构（重点是农村信用社）的账户管理情况进行检查，并设立举报中心，建立举报制度。1989年4月1日，在全县银行系统进行结算制度改革，修改银行结算原则，简化结算监督，删掉不属于正常办理结算监督的内容，加强结算纪律。1990年4月，各行开始清理“三角债”。

1991年7月，人民银行海阳县支行加强对各银行和信用社的监督检查，并设立违反结算制度举报电话。10月，指导各金融机构建立银行承兑汇票的逐级审批制度，严禁任何企业和银行违反规定签发、承兑、贴现商业汇票，保证商业汇票的正常使用。1992年7月，督促各行社开展对异地托收承付结算业务的自查工作，提高结算资金的使用效益。1993年8月，大额汇划款项通过人民银行海阳县支行办理转汇，加强汇差资金管理，扩大转账结算，减少现金使用，认真落实邮政汇兑资金清算办法，整顿结算秩序，严肃结算纪律。1994年10月，出台《银行账户管理办法》。

1995年4月，人民银行海阳县支行规定，金融机构同城票据交换员具体负责空头支票的审查、登记、审核工作。1996年5月1日始，商业银行签发人民银行代理兑付银行汇票于每日营业结束前，至次日上午将签发的汇票全额向人民银行海阳县支行移存。1997年5月1日始，启用人民银行会计核算系统新程序。6月1日，人民银行海阳市支行规定各专业银行启用新版银行承兑汇票。执行《山东银行卡跨区跨行联网管理暂行规定》，规范金融机构信用卡业务发展。12月1日起，取消国有商业银行签发50万元大额银行汇票通过人民银行清算资金的规定；各商业银行跨系统汇划款项和系统内50万元（含）以上大额汇划款项仍通过人民银行清算资金系统和转汇。

2002年，人民银行海阳市支行建立会计业务考核奖惩制度，对各行会计业务实行量化考核，奖惩兑现，保证结算工作质量。2005年4月，开通新的人民币银行结算账户管理系统，对原旧系统中的账户进行数据铺底，完成企业银行结算账户3652个，重新开立个人银行结算账户16.07万个。同年，对发生日间透支2家金融机构进行通报批评，处理辖内金融机构之间结算纠纷4起。

同城票据交换　1985年，县内同城范围内票据交换轧差后必须通过人民银行海阳县支行往来清算。同城专业银行之间通过县辖往来清算票据而引起的存款透支，按联行汇差办法处理，将差额转入汇差户。1986年，建立同城票据交换所1处，参加交换的单位有工商银行海阳县支行、农业银行海阳县支行、建设银行海阳县支行，交换次数每日1场，主要清算各专业银行跨系统票据。1987年，开办烟台市范围内的异地信件交换业务。1999年，开通新的同城交换系统，保证同城交换资金清算在跨越2000年时能够正常顺利进行。

2005年，扩大参加票据交换的金融机构数量，由原来的农业发展银行海阳市支行、工商银行海阳支行、农业银行海阳市支行、中国银行海阳支行、建设银行海阳支行、恒丰银行海阳市支行、海阳农村信用社、海阳市邮政局等8家基础上，增加农村信用社下属4家机构、农业银行海阳市支行下属3家机构，交换机构总数15家。2006年6月，烟台市开通全市大同城交换系统，全市清算汇划资金纳入票据清算中心统一清算。同年，处理金融机构之间结算纠纷3起。

第五节　金融管理

发行基金管理　1986年，人民银行海阳县支行设立发行库，管理发行基金的投放和回笼。2000年4月，撤销人民银行海阳市支行发行库，发行基金的投放与回笼，由中国人民银行烟台市分行集中管理。

1986—2008年海阳市发行基金投放与回笼情况表

表15-1-3　　单位：万元

年　份	投放额	回笼额	投放差	年　份	投放额	回笼额	投放差
1986	62056	62248	-192	1998	737050	700403	36647
1987	76675	75180	1495	1999	867340	916339	-48999
1988	104685	104389	296	2000	1004116	960372	43744
1989	116131	114301	1830	2001	1037339	1039513	-2174
1990	129816	122813	7003	2002	1420856	1428180	-7324
1991	147573	137155	10418	2003	1830663	1861865	-31202
1992	200069	186533	13536	2004	2148552	2160609	-12057
1993	288337	285755	2582	2005	2389522	2398073	-8551
1994	317518	298727	18791	2006	2758524	2782274	-23750
1995	364862	347887	16975	2007	3169336	3172479	-3143
1996	507541	488866	18675	2008	3051540	3054514	-2974
1997	741224	708427	32797				

金银管理　1980年，国家为鼓励群众把金银卖给国家，杜绝金银黑市，对金银价格进行调整：黄金每克由3.04元提为13元，白银每克由0.10元提为0.20元，银圆每枚由2.50元提为5元，白金每克由9.12元提为25元。同年7月15日，沙金每克由12.50元提为16元。自调价起，至1983年12月31日，全县共收购沙金3803.80克。1985年11月1日起，黄金收购价再次调整为每克

28.80元。1986年，人民银行海阳县支行恢复成立后，设立发行库，按照国家规定价格收购金银，并依法管理县内金银市场。经多次调价，1985年黄金每克28.80元，1993年每克96.46元。此后，国家根据国际市场黄金价格和国家黄金储备状况，多次调整黄金价格。2000年3月，调整为每克78元。2000年4月，人民银行海阳市支行发行库被撤销，黄金收购职责转出，自此主要职责是对全市金银市场进行管理。

1986—1999年海阳市金银收购量统计表

表15-1-4　　单位：克

年　份	黄　金	白　银
1986	14789	771
1987	18310	1458
1988	26560	237
1989	235607	1413
1990	376368	19606
1991	717861	19989
1992	1001412	49163
1993	652147	—
1994	782149	88244
1995	1566341	233470
1996	1190493	383120
1997	5248737	37710
1998	3734519	—
1999	1178445	—

金融监管　人民银行海阳市支行作为县内金融业的领导机关，有依法对全市金融机构的监督管理权。2000—2003年，人民银行海阳市支行，通过到市内金融机构实地检查，对金融机构上报的各类报表进行分析检测等多种手段，对金融机构经营的合规性和风险性进行监管，及时纠正金融机构在业务经营、机构管理等方面存在的违法违规现象，制止金融领域的不正当竞争行为，督促金融机构加强内部管理，完善内控制度，保证银行资金的安全无风险。2003年后，人民银行海阳市支行由以金融监管为主向维护金融稳定转变。2007年8月，人民银行海阳市支行组织金融部门举办反洗钱业务知识竞赛。2009年，协同银监、公安、工商等部门，开展银行卡安全管理、预防和打击银行卡犯罪专项活动。

2007年8月29日，海阳市金融系统开展反洗钱业务知识竞赛

信贷管理　1986年7月，人民银行海阳县支行从工商银行海阳县支行析出单设后，于1987年4月发放第一笔“人行委托专行贷款”，金额230万元。1988年，发放地方经济开发贷款487万元。金银专项贷款156万元，对专业银行贷款750万元。先后开办专项贷款5种，分别是人行委托专行贷款、对专业银行贷款、地方经济开发贷款、金银专项贷款和对农村信用社发放的支农再贷款。此后，随着全县经济的发展，资金需求扩大，人民银行专项贷款大幅增加。1997年，人民银行海阳市支行将地方经济开发贷款划转农业发展银行海阳市支行管理。1998年，将地方经济开发贷款划转农业银行海阳市支行管理。2005年，人民银行海阳市支行仅有金融稳定再贷款1种，余额871万元。

国债管理　1981年，国家开始发行国库券，人民银行海阳县支行具体执行发行与兑付业务。发放范围仅限于国营企业和集体单位。面额有10元、50元、100元、500元、1000元、1万元、10万元、100万元8种。1982年，发放范围扩大到机关、团体、部队、企（事）业单位和农村社队、城乡个人。面额有1元、5元、10元、50元、100元、1000元6种。1983年，面额有5元、10元、30元、100元4种。1984—1985年，面额有5元、10元、50元3种。1986—1990年，国债的发行与兑付工作逐渐转变为在人民银行海阳县支行的统一组织协调下，由全县各金融机构根据上级行下达的任务数办理。1991年后，由过去的行政摊派方式，转向由金融机构公开招标承销、包销的市场化方式，人民银行不再进行具体的发行兑付事宜，由金融机构根据其上级行的承销数额进行发行与兑付事宜，人民银行海阳县支行负责总体的协调管理。

外汇管理　1978—1988年，外汇业务由工商银行海阳县支行管理。1991年，成立海阳外汇管理支局，机构设在人民银行海阳县支行，下设外汇管理办公室，负责外汇业务的管理，对外汇企业的外汇留成、外债、外汇银行业务及外汇资本金等进行监督管理。1994年，国家实行汇率并轨，统一外汇定价与市场调剂价，实行银行结（售）汇制度，全县结汇和售汇业务由中国银行海阳县支行办理。2010年，外汇管理的主要工作是监管外汇企业的结（售）汇核销情况及外债、外资资本金等事项的审批与监督。

国库　1978年，人民银行海阳县支行开始经办境内的国库业务。1998年，全市成立15处乡镇国库。乡镇国库由人民银行海阳市支行委托农业银行海阳市支行和市农村信用社代理。其中，市农行代理14家，市农村信用社代理1家。2005年，乡镇国库全部被撤销。6月、9月，分别完成与国税、地税部门的税款入库横向联网工作，实现财税库行数据共享。2006年4月，对建设银行海阳支行的国库经收业务进行现场检查。10月，完成国库数据集中核算工作。2007年，对工商银行海阳支行的国库代理业务进行现场检查，对该行的延解压占税款问题进行处罚。2009年7月，全市低保金业务实行国库直接支付，低保金发放直接到个人账户。同年，国家金库信息管理系统（TMIS）上线运行。2010年8月17日，全市国库集中支付系统上线运行，实现140家财政拨款预算单位全部纳入国库集中支付，建立起以国库单一账户为基础的现代财政国库管理制度。8月26日，全市失业伤残军人生活补助发放纳入到国库直接支付。

第二章　保险　证券

第一节　机　构

中国人民保险公司海阳县支公司　1981年1月，中国人民银行海阳县支行保险股成立，对外挂中国人民保险公司海阳县支公司的牌子，隶属中国人民银行海阳县支行。1984年4月，海阳县保险公司升格为科级单位，隶属中国人民保险公司烟台中心分公司，下设人秘股、计财股、业务股。1986年1月，业务股分为城险股、农险股。1987年1月，设立人险科。1989年1月，公司下设人秘科、一科、二科、三科、四科、计财科。1990年，公司增加五科、营业室。1992年，设徐家店保险营业所。1996年4月，中国人民保险公司成立集团公司，实行产、寿险分业经营。

2010年，中国人民保险公司海阳支公司办公楼

中国人民财产保险股份有限公司海阳支公司　1996年4月，中国人民财产保险公司海阳支公司成立。下设办公室、计财科、营业室、运工险科、城市科、城乡科、徐家店所、配件门市部。1998年，运工险科分为运工险一科、二科，乡镇科分为乡镇一科、二科。1999年1月，改称中国人民保险海阳支公司。2003年，中国人民保险公司实行股份制改革。7月19日，改称中国人民财产保

中国人民财产保险股份有限公司海阳支公司理赔服务

险股份有限公司海阳支公司，下设办公室、计财科、营业室、车辆理赔科、财产理赔科、消贷科、代理科及业务一、二、三、四、五科。2010年，公司下设大客户科、理赔科、营销科及代理一、二科，客户服务一科、营业室、计财科、办公室、消贷科。

2010年，中国人寿保险股份有限公司海阳市支公司客户服务中心

中国人寿保险股份有限公司海阳市支公司 1996年11月，成立中国人寿保险公司海阳支公司，下设业务科、财务科、办公室。1999年，改称中国人寿保险股份有限公司海阳市支公司。2003年10月，下设办公室、计财科、营业室、理赔科、业务科、回访科。2010年，中国人寿海阳市支公司成立乡镇营销服务部11个。

中国太平洋财产保险股份有限公司海阳支公司 2001年7月，中国太平洋财产保险股份有限公司海阳支公司成立。设理赔科、业务科、营业室3个科室。

中国平安财产保险股份有限公司海阳营销服务部 2003年3月，中国平安财产保险股份有限公司海阳营销服务部成立。

中国平安人寿保险股份有限公司烟台市海阳支公司 2003年12月，中国平安人寿保险股份有限公司烟台市海阳支公司成立，设内勤办公室、外勤办公室、培训室。

中国大地财产保险股份有限公司海阳公司 2005年12月，中国大地财产保险股份有限公司海阳公司成立。

中华联合财产保险股份有限公司海阳支公司 2007年1月，中华联合财产保险股份有限公司海阳支公司成立，设凤城、辛安、行村服务部。

中国太平洋人寿保险海阳营运中心 2001年2月，中国太平洋人寿保险海阳营销服务部成立。设个险、理赔、出单、单证、保全和财务等科室。2002年，设徐家店、凤城、行村、小纪、辛安、留格庄、大阎家、郭城、发城、盘石店10个营业网点。2003年1月，增设团险、银保等科室。2005年，出单、单证、理赔、保全、财务科室合并为综合科。2007年，改称中国太平洋人寿保险海阳营运中心。

齐鲁证券公司海阳营业部 2009年1月12日成立。

第二节　财产保险

险种　1981年，全县财产保险业务恢复开办，险种只有企业财产保险，93个企业承保财产1331万元，保费23.83万元。1982年，开办机动车（含拖拉机）及第三者责任险。1983年，开办家庭财产保险。1984年，增办渔险、船险及生猪、养鸡、小麦火灾保险6种，开办14个险种。1985年，船舶保险停办，开办奶牛、奶山羊及家庭财产两全保险，恢复大牲畜保险，共有11个险种。1986年，开办21个险种。1987—1990年，陆续开办出路货物运输保险、机动车辆玻璃破碎两全险、简身险、团寿险和母婴安康保险、义务兵养老金保险、小麦火灾两全保险。

1991—1993年，陆续开办水果、还本家庭财产、长效还本家庭财产、大额长效还本家庭保险、机损、农业变压器、货币和“大哥大”、无线传呼保险。其间，水果保险停办。1994年，开办进出口货运保险。1995年5月，实行新的家庭财产保险条款，一般家庭财产保险费率中基本险为1.3‰，附加盗窃险为2‰；储金性基本险费率为14‰，附加险为30‰。新险种分城镇家庭财产保险和农村家庭财产保险。同年，开办产品责任保险，停办机损险和大哥大、无线传呼保险。1997年，开办企业财产保险附加机损险，并开办个体工商户财产保险、摩托车定额保险、雇主责任保险及家庭财产定额保险。停办长效还本家财险、大额长效还本家庭财产保险和农村家庭财产保险。1998—2001年，陆续开办建筑业雇主责任保险、1年期龙卡家庭财产保险、餐饮场所责任保险和供电责任保险。停办储金性家庭财产保险和个体工商户财产保险、蛇卡家庭财产保险、1年定期金锁家庭财产保险、旅行社责任保险和购车抵押贷款保证保险。2002年，恢复开办储金型家庭财产保险金牛险业务。2003年，推出家系列组合产品保险。2004年，开办“游系列”“家系列”组合产品险。2010年，产品涵盖各种财产保险，机动车辆保险、责任保险、信用保险、保证保险、人身保险等280余种。

保费　1981年，保险业保费收入23.8万元；1985年，保险业保费收入118.4万元；1990年，保险业保费收入914.9万元；1995年，财产险保费收入1251万元；2000年，财产险保费收入1720.0万元；2005年，中保财产险保费收入2403万元；2010年，中保财产险保费收入4659万元。

理赔　1981年，全县保险业恢复后，始有理赔业务。同年，保险业赔款支出2.7万元；1985年，保险业赔款支出143.8万元；1990年，保险业赔款支出399.3万元；1995年，保险业赔款支出701.0万元；2000年，保险业赔款支出897.0万元；2005年，中保财产险赔款支出1501.0万元；2010年，中保财产险赔款支出2472万元。

第三节　人寿保险

险种　1996年，中国人寿保险股份有限公司海阳市支公司，开办重大疾病定期保险、重大疾病终身保险、鸿寿养老金保险、养老金还本保险、简易人身保险。1998年，开办的险种有福寿安康保险，义务兵保险。1999年，开办的险种有国寿学生、幼儿平安保险，国寿团体人身保险、国寿团体医疗保险、国寿乘客人身意外伤害保险、国寿全家福、附加补偿金保险、附加疾病保险。2000年，开办国寿99鸿福两全保险、国寿关爱生命女性疾病（A、B）、国寿千禧理财两全保险、团体年金保险。2001—2010年，开办险种有国寿鸿福相伴两全保险（分红型）、国寿鸿盛年金保险（分红型）、国寿鸿泰两全保险（分红型）、国寿康宁重大疾病保险（分红型）、国寿康宁终身重大疾病保险（A、B）等190余个险种。

中国太平洋人寿保险海阳营销服务部，2001年，开办长期人寿保险、重大疾病保险、防癌保险、意外保险、住院医疗保险、养老保险、短期意外保险、团体保险8个大类300余个险种。

中国平安人寿保险股份有限公司烟台市海阳支公司，2003年12月，开办人寿业务，险种覆盖人寿保险、年金保险、健康保险、意外伤害保险等100余个。并陆续推出平安鸿利终身分红保险、平安鸿盛终身分红保险、平安鸿祥两全分红保险、平安智富人生终身寿险及附加住院手术费用、附加意外伤害等险种。

保费 1985年，保险业人身意外险保费收入2.4万元；1990年，保险业人身意外险保费收入86.0万元；1995年，人寿险保费收入410.0万元；2000年，各类人身险保费收入3044.9万元；2005年，人寿险保费收入8500.0万元；2010年，人寿险保费收入1.37亿元。

理赔 1985年，保险业人身意外险赔款支出0.4万元；1990年，保险业人身意外险赔款支出25.3万元；1995年，人寿险保费赔款支出268.0万元；2000年，各类人身险赔款支出183.2万元；2005年，人寿险赔款支出280.0万元；2010年，人寿险赔款支出6557万元。

第四节 证 券

2009年1月12日，齐鲁证券公司海阳营业部成立，3月9日开业。齐鲁证券有限公司是集证券、基金、期货、直投为一体的综合性证券控股集团。2009年，股民开户数4228户，保证金3550万元，托管市值7742万元，实现A股交易量14.17亿元。2010年，各项传统业务稳步推进，同时发展融资融券、中小企业私募债和质押式回购以及各种理财产品等创新业务。2010年，股民开户数7281户，A股交易额35.04亿元。

第十六编

财政 税务

改革开放后，海阳财政收入逐年增长。1978年，全县财政收入1538万元，一般预算支出1176万元。1985年，全县财政收入2673万元，一般预算支出2322万元，分别是1978年的1.74倍、1.97倍。进入90年代，财政收入随着全县经济发展步入快速增长时期。1990年，全县财政收入突破5000万元，达到5229万元，一般预算支出6142万元。1996年，全市一般预算支出1.24亿元，首次破亿元。1998年，全市财政收入过亿元，达到1.05亿元，是1978年的6.83倍。2000年，全市财政收入1.43亿元，一般预算支出1.97亿元。2001年后，全市不断加强财源建设，财政收入快速增长，财政效益逐年提高。2005年，全市财政收入4.12亿元，一般预算支出5.68亿元。2010年，全市财政收入12.8亿元，一般预算支出18.3亿元。

1978年，海阳税收收入1092万元。1985年，突破2000万元，达到2060万元。1991年，突破5000万元，达到5328万元。1993年达到7358万元。1994年，国税、地税实行分税制后，税收征管改革不断深入，税收收入连年较大幅度增长。1994年，国税系统税费收入5183.9万元，地税系统县级税费收入1896万元。2000年，国税系统税费收入1.41亿元，地税系统县级税费收入6560万元。2005年，国税系统税费收入2.91亿元，地税系统县级税费收入1.77亿元。2010年，国税系统税费收入7.45亿元，地税系统县级税费收入5.89亿元。

第一章 财 政

第一节 机 构

海阳市财政局 1971年，海阳县财政局与银行合并，成立海阳县财政金融局。1973年11月，改称海阳县财税局。1982年6月，县财政局、税务局分设，合署办公。1983年6月，县财政局与县税务局分署办公。县财政局设人秘监察股、企业财务股、行政财务股、农业财务股、预算管理股、预算外资金管理股、农业税征收管理股。1991年4月，县财政局加挂国有资产管理局牌子。1993年3月，预算外资金管理股改称综合计划科。1995年7月，国有资产管理局增设企业资产管理股、行政事业资产管理股。1996年5月，海阳县财政局改称海阳市财政局。11月，成立预算外资产管理处，撤销综合计划科。1997年8月，增设基本建设科、社会保障科。2000年7月，增设会计科。2002年4月，设办公室、预算科、国库科、文教行政科、经济建设科、农业科、社会保障科、农业税征收管理科、会计科、统计评价科、招商科、市国有资产管理局。8月，市财政局农业税收管理科与市农业税征收管理处合并，组建海阳市农业税征收管理局。2006年2月，设立国有资产监督管理局，为财政局内设机构，正科级，同时撤销市财政局股级内设机构国有资产管理局。2010年8月，设办公室、预算科、国库科、文教行政科、经济建设科、农业科、社会保障科、会计科、企业科、综合计划科、农业综合开发办公室、国有资产监督管理局。

2010年，海阳市财政局办公楼

事业单位 海阳市住房基金管理处 原为海阳县公房基金管理处，1988年9月12日成立。

1989年1月，改称县住房基金管理处。1996年5月，改称海阳市住房基金管理处。2006年4月，海阳市住房基金管理处上划，成立烟台市住房公积金管理中心海阳分中心。

烟台会计师事务所海阳分所　1989年9月成立。1999年9月，与海阳市财政局脱钩，实行股份制经营。

海阳市税收财务物价大检查办公室　1990年11月，成立海阳县税收财务物价大检查办公室。1996年5月，改称海阳市税收财务物价大检查办公室。1999年1月，改称海阳市财政监督处。

海阳市财政投资公司　1992年7月，成立海阳县经济开发信托投资公司，为正科级事业单位。1992年9月，改称海阳县财政投资公司。1993年3月，内设财政信用部、营业部。1996年5月，改称海阳市财政投资公司。2006年3月，由自收自支调整为财政全额拨款。

海阳市预算外资金管理处　1996年4月，成立海阳县预算外资金管理处。5月，改称海阳市预算外资金管理处。

海阳市行政事业性收费管理中心　1999年1月成立。城区设立4个收费大厅，乡（镇）设立收费站。

海阳市政府采购管理办公室　1999年12月成立。2003年4月，改称市政府采购管理办公室。

海阳市基层财政管理局　1994年12月，成立海阳县农业税征收管理处。1996年5月，改称海阳市农业税征收管理处。2002年8月，市财政局农业税收管理科与市农业税征收管理处合并，组建市农业税征收管理局。内设会计科、税政科、征管科，下设市农业税征收管理局稽查分局、市农业税征收管理局直属征收分局。2010年11月，市农业税征收管理局改称市基层财政管理局。原下设的稽查分局和直属征收分局被撤销，职能并入市基层财政管理局。

海阳市控制社会集团购买力办公室　1994年1月，成立海阳县控制社会集团购买力办公室，为股级事业单位。1996年5月，改称海阳市控制社会集团购买力办公室。

海阳市驻厂员管理所　原为海阳县驻厂员管理所，1994年1月21日成立，为股级事业单位。1996年5月，改称海阳市驻厂员管理所。

海阳市国债管理委员会办公室　1994年1月，成立海阳县国债管理委员会办公室，为股级事业单位。1996年5月，改称海阳市国债管理委员会办公室。

海阳市政府投资评审中心　2006年7月成立，为股级事业单位。

乡镇财政机构　1996年7月，乡镇财政人员人事关系上划市财政局。2002年8月，组建市镇农业税征收管理机构。各财政所改称财税所。2003年4月，成立海阳碧城工业区财税所，股级。2005年12月，乡镇机构改革，14个镇（街道）财税所被撤销，与原镇（街道）经管站合并组建财政经管站，保留海阳经济开发区、海阳碧城工业区、海阳旅游度假区3个财税所。财税所、财政经管站共有编制222人。

第二节　财政体制

县级财政体制　改革开放后，县级财政体制发生多次变化。1978年，试行“增收分成，收支挂钩”财政体制。1980年，实行“划分收支、分级包干”财政体制。1985年，实行“划分税种、核定收支、分级包干”财政体制。1988年，实行“定额上缴加比例递增”财政体制，1991年，改为“上解额递增包干”财政体制，每年按一定比例递增上缴中央收入。1994年起，实行“分税制”财政管理体制。分税制后，部分税种分享比例均有具体规定。2004年，规定出口货物需退付的增值税（含出口货物“免、抵”增值税税额），属于出口退税基数部分的退税额，由中央财政负担；超基数部分的退税额，由中央和地方按75 ∶ 25的比例分别负担（2005年调为92.5 ∶ 7.5）。2005年，改革个人所得税分享办法，调整原体制上解（补助）政策，完善省对下转移支付制度。2006年，对各县（市、区）当年出口退税地方负担较上年增加部分（剔除上年上级财政负担25%部分影响），上级财政负担25%。2007年，烟台市对财政体制进行调整，取消按比例递增上解的体制办法。对地方财政收入中的税收收入，实行烟台市与县（市、区）按比例分享。以2006年为基期年，根据各县（市、区）体制上解及当地缴库的市、县级税务部门税收收入确定，上缴市级收入比例在原比例基础上调增2个百分点。

2008年开始，海阳市上解市级税收分成按当年税务部门实际完成税收收入（不含教育费附加）计算，上缴市级收入比例在原比例基础上调增2个百分点。2010年，取消省对市县上划中央两税1：0.3返还政策。

乡镇财政体制 1993年，对乡（镇）实行“核定收支、定额上缴（或补助）、超收全留、一年一定”财政管理体制。1994年，按照分税制原则对乡（镇）实行“核定收支，定额上缴或定额补贴”财政体制。1995年，实行“上解额定比递增或补贴额定比递减”财政体制。1997年，市政府下发《关于完善乡镇财政管理体制的意见》，对乡（镇）划分收支范围、核定收支基数、确定缴补定额、增收定比结算。

2001年，根据乡（镇）行政区划调整方案，对乡（镇）行政区划调整后财政体制按照“以原体制为基础、微观小调、简便易行”的原则进行相应的调整。对没有人员变化的镇仍维持原体制，对撤销乡（镇）的收入、支出均合并到所归并镇，对新设立的方圆、东村2个街道按“原有收支规模一分为二”的方法调整。2002年，市政府下发《关于印发海阳外向型工业加工区财政体制调整方案的通知》，改变原按企业隶属关系划分税收收入的办法，对外向型工业加工区内所有企业及个体工商户的相关税收下放和划归给经济开发区，此后新进经济开发区的企业相关税收也划给经济开发区，实行比较规范的分税制财政体制。

2005年，按照新划分的碧城工业区区划范围，设立碧城工业区财政体制。2006年，按照“属地”原则，将各镇区域内或管理范围内的企业、个体工商户的相关税收下放。通过核定镇级财政收支基数，收大于支的部分上解；收不抵支部分，由市级财政通过转移支付予以补助；超收部分实行分类分档分成。2007—2010年，市财政不断加大对经济基础薄弱镇的补助力度。

第三节 财政收入与支出

财政收入 1978年，全县财政收入1538万元，1979年、1980年收入下降。1981年后，财政收入逐年增加。1990年，突破5000万元，财政收入5229万元。1998年，收入突破亿元，是1978年的6.83倍。2010年，全市财政收入12.80亿元，是1978年的83.22倍。

1978—2010年海阳市一般预算收入情况表

表16-1-1　　单位：万元

年份	收入	年份	收入	年份	收入
1978	1538	1989	4810	2000	14320
1979	1442	1990	5229	2001	18290
1980	701	1991	5944	2002	20281
1981	1715	1992	6601	2003	26505
1982	1809	1993	8001	2004	30500
1983	2134	1994	5882	2005	41237
1984	2334	1995	6900	2006	53280
1985	2673	1996	7700	2007	70009
1986	2923	1997	8808	2008	84136
1987	3265	1998	10500	2009	100009
1988	4014	1999	12236	2010	128006

财政支出 1978年，全县一般预算支出1176万元。至1982年，海阳一直是财政补贴县，县财政资金仅能维持各项事业的经常性开支。1985年后，财政支出逐年增加。1996年，一般预算支出12409万元，首次破亿元。2010年，一般预算支出183067万元，是1978年的156倍，其中用于国防与公共安全支出7558万元，占4.13%；用于农林水事务支出19164万元，占10.47%；文教卫生科技支出54648万元，占29.85%；一般公共服务支出23241万元，占12.70%；社会保障和就业支出33580万元，占18.34%；环境保护支出3830万元，占2.09%；城乡社区事务支出23428万元，占12.80%。

1978—2010年海阳市一般预算支出情况表

表16-1-2　　单位：万元

年份	支出	年份	支出	年份	支出
1978	1176	1989	4637	2000	19665
1979	1518	1990	6142	2001	24392
1980	1570	1991	5709	2002	31709
1981	1423	1992	6187	2003	38292
1982	1878	1993	6862	2004	48411
1983	2044	1994	8797	2005	56790
1984	1958	1995	9474	2006	73745
1985	2322	1996	12409	2007	92120
1986	2824	1997	13287	2008	120201
1987	3308	1998	15454	2009	137384
1988	4748	1999	18377	2010	183067

第四节　财政管理

预算管理　1976年后，恢复预算立法编审制度。1993年前，预算编制主要采用“基数法”。1993年起，采用“零基法”预算，按照“确保离退休人员；重点保证县级班子、公检法、教育人员；基本保证在职人员；有收入的单位只保证部分人员经费或‘断奶’”的原则进行。在党政机关经费支出管理上，实行“核定指标、超支不补、结余留用”的办法。

2003年，预算编制按照“改革预算编制方法，细化编制内容，调整支出范围，优化支出结构，加强预算管理，硬化预算约束”，建立政府公共预算管理体系的基本思路，坚持“一要吃饭、二要建设”和集中财力办大事的方针，确保工资和社会保障等事关稳定的支出需要，强化综合财政计划，统筹预算内外财力，发挥政府资金的引导和集聚效应，继续实行“零基预算”及依法行政，确保收支平衡的原则进行编制，逐步向建立政府公共财政方向转变。

2004—2010年，按照“加大公共财政保障力度，集中财力保重点；加大资源公平配置力度，健全支出标准体系；加大财政收支统管力度，全面实施部门预算管理；加大财政预算监管力度，确保财政预算收支平衡”四项原则编制财政预算，全面提升财政促进经济发展能力、公共服务能力、抗风险能力和管理创新能力，进一步强化预算约束，确保财政预算收支平衡。预算执行过程中，按照法定程序，及时向市人大常委会报告年度预（决）算情况，并提请市人民代表大会批准。

预算外资金管理　1983年前，原由县财政局预算股兼管，后由县财政局预算外资金管理股分管。1986年，县财政局会同人民银行海阳县支行、工商银行海阳县支行、农业银行海阳县支行和建设银行海阳县支行5部门联合下发《海阳县预算外资金管理实施办法》，明确预算外资金的来源、开支范围。

1988年，对县直行政事业单位和企业主管部门的预算外资金按“专户储存、计划管理、财政审批、银行监督”的原则进行管理，引导资金流向、控制基建规模等。1996年，预算外资金收支纳入地方综合财政收支计划，按预算管理方式与预算内资金相结合，做到收入缴财政、支出有计划、调节分配、控制投向、综合平衡、监督使用，由预算外资金管理处负责编制相关的预（决）算，组织协调和实施。同年，纳入预算外资金管理的有县建设委员会等38个单位。1997年，全市收费的单位，收费票据依据收费许可证领取。1999年，采取“票款分离”“委托单位征收”两种管理方式，在全市实行“集中征管、分户核算、核定收支、定额上缴、超支不补、超收分成”管理原则。2003年，推行“票款分离、罚缴分离”制度，确保收支两条线管理工作顺利实施。对行政事业性收费全部实行收支两条线管理，并纳入财政预算。2004年1月1日，全面启用山东省非税收入征收管理系统。2008年，海阳被评为烟台市政府非税收入规范管理示范县。2010年，海阳被评为烟台市财政系统先进集体。

1989—2010年海阳市预算外资金收支情况表

表16-1-3　　单位：万元

年份	收入	支出	年份	收入	支出
1989	152.36	152.36	2000	4536.47	4536.47
1990	107.81	107.81	2001	4370.09	4370.09
1991	131.00	131.00	2002	5988.09	5988.09
1992	1370.22	1370.22	2003	6601.97	6601.97
1993	967.12	967.12	2004	6997.84	6997.84
1994	3444.65	3444.65	2005	8956.32	8956.32
1995	3483.72	3483.72	2006	8190.90	8190.90
1996	2854.96	2854.96	2007	7478.64	7478.64
1997	3980.31	3980.31	2008	7966.74	7966.74
1998	3154.58	3154.58	2009	7796.58	7796.58
1999	4748.93	4748.93	2010	8598.44	8598.44

农业财务管理　1978年后，围绕农业和农村经济结构战略性调整，重点支持农业基础设施建设、农业产业化经营等工程建设。1982年，重点支持山区发展多种经营。1983年，部分支农资金由原来的无偿投资，逐步改为支农周转金，实行有借有还、定期回收、周转使用。是年立项的国际农业发展基金，于1990年3月获批准，陆续到位贷款资金1915万元，在改善乡镇水利灌溉条件、改造中低产田，带动农产品加工企业方面取得效益。

农业税、特产税、公益事业金核定证书

1990—1994年，支持粮食自给工程和吨粮田建设，对农业基本建设、改善生产条件给予扶持。先后支持实施3处县级吨粮乡镇建设，建成吨粮田5933公顷。1995—2000年，支持建设0.93万公顷吨粮田，改造1.11万公顷中低产田。通过“两田”开发，发挥4.27万公顷基本粮田的高产稳产优势，为发展海阳粮食生产打下坚实基础。

2002—2006年，陆续争取将发城镇、辛安镇列为省级“双增工程”示范镇，将留格庄、行村、辛安、二十里店、盘石店、朱吴列为烟台市级“双增工程”示范镇，共投入财政资金1040万元，发挥财政资金的导向作用，通过实施“双增工程”，农业生产和农民收入普遍得到发展和提高，促进农业增效、农民增收、财政收入增长。

2001年，开始实施农业综合开发项目。至2010年，开发项目涉及9个镇5个部门，总投资7286.83万元，开发中低产田面积6066.67公顷，扶持产业化项目5个。

2010年，共发放大（中）型水库移民后期扶持资金660.72万元；建设大（中）型水库后期移民扶持项目29个，财政补助660.94万元。

2001—2010年，农业技术推广、农业良种及生产资料补贴、农业综合开发和其他农业项目补助等农业投入1.42亿元；大绿化、造林、林业病虫害防治等林业投入1.07亿元；小农水、水库除险加固、水土保持、农业生态、节水灌溉、农村饮水安全及村村通自来水等水利建设投入1.14亿元。2010年，纳入农口管理行政事业单位47个，其中全额财政补助单位16个、定额财政补助单位31个。

行政事业财务管理　1978年，实行统收统支管理体制。1980年起，对不同类型的行政事业单位实行不同的预算包干办法。1985年，行政单位实行经费定额包干，事业单位的事业费实行全额包干、结余留用、超支不补；实行差额预算管理的单位，采取定收定支、定额补助（或上缴）的管理办法。2000年10月起，对市直党、政、群机关及所属财政全额拨款的事业单位在编在职人员实行工资统发。2001年1月，对市直教育部门在编在职人员实行工资统发。2003年，将镇（区、街道）中小学教师省、烟台市出台的必保工资纳入全市统发范围，经费仍由各镇（区、街道）负担。2006年1月起，调整县乡财政体制，将农村中小学教职工工资全额纳入市本级财政预算，对农村中小学全面落实“以县为主”的农村教育管理体制。2010年12月，统发工资单位186个8097人。

2002年7月起，对农村已婚育龄妇女的孕查、诊治等费用实行免费，并列入当年财政预算。2004年1月起，将城镇失业、无业人员独生子女父母每人每年60元奖励费，直接发放到独生子女父母银行卡。同年春季开学起，对义务教育阶段所有适龄入学的残疾儿童少年全部实施免费教育。免费项目包括杂费、住宿费和教科书费。2005年5月，将农村中小学财务纳入县级教育部门统一核算，统一管理。2006年起，对农村年满60周岁的独生子女父母或生有两个女孩的父母按每人每年600元标准发放农村部分计划生育家庭奖励扶助费，并通过直通车方式直接发放到受益人银行卡上。2009年1月起，该标准提高至每人每年720元。

2007年8月起，对独生子女伤、病残或死亡后未再生育或合法收养子女的夫妻，满49周岁后，由政府给予每人每月不低于80元或100元的农村部分计划生育家庭特别扶助费，直接发放到受益人银行卡。是年春季，全面实施义务教育经费保障机制改革，免除城乡义务教育阶段学生学杂费，落实烟台市确定生均公用经费标准，农村小学每生每年不低于240元，农村初中每生每年不低于340元，城市小学1～2年级每生每年不低于240元、3～5年级每生每年不低于300元，城市初中每生每年不低于440元。秋季，对全市农村义务教育阶段中小学生实行免费使用教科书。2008年春季起，农村小学生均公用经费定额提高至295元，农村初中生均公用经费定额提高至445元。农村中小学预算内公用经费提高标准后，同时城市公用经费补助标准相应提高。秋季起，对城市义务教育阶段公办学校学生免费提供国家课程和地方课程的教科书。按照不低于在校寄宿生5%、每生每年300元的标准，对家庭经济困难寄宿生补助生活费。2008年，提高到小学每生每年500元，初中每生每年750元，享受补助的困难寄宿生占寄宿生的比例由5%提高至8%。2009年，义务教育阶段生均公用经费标准小学400元、初中600元。是年1月起，加大政法部门公用经费保障力度，将公、检、法部门公用经费由每人每年1500元提高至15000元。6月，全市实行婚前体检、优生宣传及出生缺陷技术干预优生“三免费”服务，所需经费由同级财政负担。2010年，义务教育阶段生均公用经费标准各增加100元，达到小学500元、初中700元。2008年5月—2010年12月，清理化解农村义务教育债务588万元，占债务的76%。

2006—2010年，每年拨付“地雷战纪念馆”免费开放补贴26万元。对全市14处镇（街道）综合文化站进行配套建设，累计建成农村文化大院732个、农家书屋475个。

会计管理　1978—1989年，会计人员的业务培训和管理工作由县财政局预算股、企业财务股、农业财务管理股分别负责。1989年9月，成立烟台会计师事务所海阳分所，具体负责全县会计人员的业务培训和管理工作。2000年7月，会计师事务所与市财政局脱钩，实行股份制经营。其原会计事务管理职能移交市财政局企财科负责，增设会计科，会计事务管理业务从企财科分离，由会计科负责全市的会计管理工作。同年，组织开展全市会计知识大赛，对全部会计人员进行新《中华人民共和国会计法》培训，对各乡（镇）长，市直各行政事业单位负责人，市属企业厂长、经理等300余人进行培训。2001年，对会计人员持有的会计证统一换发为全国统一格式的会计从业人员资格证书。在全市推广会计电算化应用工作。2004年，贯彻《小企业会计制度》，并组织培训工作。2005年，实施村集体经济组织会计制度、民间非营利组织会计制度和《山东省代理记账管理暂行办法》《山东省会计从业资格管理实施办法》。2007年，推进村级会计委托代理制，切实加强村级集体财务规范化管理工作。2010年，全市有会计从业资格人员3019人。

财政监督管理 *税收财务物价大检查* 1985年起，每年组织1次，1997年取消。共检查企业、行政事业单位万余户，查出违纪金额9900万元，应入库金额3600万元全部入库。

会计信息质量检查 2003年起，每年针对省、烟台市要求的重点检查范围，确定检查对象。至2010年，共检查企业20个、行政事业单位138个，对存在问题的企业和行政事业单位所涉及的事务所出具的审计报告进行延伸检查。

“小金库”专项治理 2009年起，采取自查自纠和重点检查相结合的方式，对党政机关和事业单位开展“小金库”专项治理工作。2010年，延伸至国有企业和社会团体。共检查党政机关91个、事业单位125个、社会团体47个、国有企业5个。查出“小金库”3个、违纪金额12.69万元，全部收缴财政国库。

专项检查 1998年，对科技三项经费进行专项检查。查出截留专款4.4万元、挪用专款5万元。2001年，开展市直行政事业单位财务会计情况监督检查，共检查市直行政主管部门67个、下属单位135个。其中对29个行政主管部门及其下属的26个事业单位进行全面检查；对另外38个行政主管部门及其下属的109个事业单位进行专项检查。查出各种违纪金额1610万元，处罚单位66个，处罚个人52人（其中警告40人、罚款12人）。2002年，对128个市直行政事业单位国有资产的管理、使用情况进行专项检查，查出各类违法行为涉及金额2884万元。对存在问题的单位，下达《处理决定》128份，其中经济处罚28份，处罚额23.3万元。2006年，组织抽查全市9个医院（或卫生院）2005年度财务收支情况。2008年，对全市17处镇（区、街道）的村级现金管理进行专项检查。对市劳动与社会保障局下属的机关保险事业处、农村养老保险事业处、就业办公室等单位的经费及基金进行专项检查。2010年，对14处农村敬老院2009年度“集中供养费”进行专项检查。对查出的问题，均给予相应行政处罚。

政府采购管理 2000年，开始实行政府采购。2007年，制定《海阳市政府采购管理办法》，并对2000年公布的政府采购目录的个别项目予以明细，并增加办公用纸、视听及采编设备、摄影器材、乐器、实验室仪器及设备、医疗仪器及设备、专用物资、公务车辆定点加油、公务车辆定点维修、大宗印刷服务等项目。结合上级政府采购专家库程序，建立海阳市的政府采购评审专家库，实现一般政府采购项目的评审专家可以随机抽取，以维护政府采购工作的公开、公平、公正性；采取面向社会公开征集的方式，逐步建立政府采购供应商库，对符合条件供应商的经营场所、经营情况和经营实力进行考察，择优评定政府采购的供应商范围。2006—2007年，检查单位货物类政府集中采购728万元，违规采购239.51万元；服务类政府集中采购94.7万元，违规采购14.42万元。至2010年，全市货物及服务类采购245次，采购金额2.54亿元，节约资金4120.5万元，节支率14%。

社会保障财务管理 2001年，对全市优抚对象、离（退）休干部、离（退）休人员遗属等完善档案信息。2005年起，对破产公有企业职工进行救助。至2010年，共救助破产企业职工13240人，拨付救助资金2940.25万元。2006年4月，开始实行新型农村合作医疗，至2010年，共筹集新农合合作医疗基金1.96亿元，基金支出1.87亿元，累计结余914万元。2007年起，城乡低保、五保保障资金通过“直通车”形式发放。至2010年，全市有城乡低保户20221人、五保户2137人，发放保障资金2435.28万元。2008年8月，实行城镇居民基本医疗保险，广大城镇居民积极参保。至2010年，共筹集城镇居民基本医疗保险基金1150万元，基金支出496万元，累计结余654万元。2008年，对符合条件的参加新型农村养老保险的农民给予相应财政补贴。至2010年，共拨付补贴资金880万元，基金结余3.61亿元。2008年，将新农保基金纳入财政专户管理。根据《海阳市优抚对象医疗保障实施办法》，自2009年开始实行优抚对象医疗保障补助，对优抚对象参加医疗保险缴费、门诊和住院医疗费等给予补助。至2010年，全市共拨付优抚对象医疗补助资金823万元。2010年，对具有海阳市常住户口年龄90～99周岁的老人，按照每人每年200元的标准发放长寿补贴，共发放1913人，发放资金38.26万元。

住房公积金管理　2006年，海阳市住房基金管理处从海阳市财政局剥离上划，成立烟台市住房公积金管理中心海阳分中心，是烟台市住房公积金管理中心的分支机构，为正科级全额拨款事业单位。2006年，共收缴公积金3411万元，较上年增加1421万元，增长71%；提取住房公积金976万元，较上年增加574万元，增长143%；共发放住房公积金贷款1459万元。同年，开始增加个人住房公积金贷款业务。2010年，共收缴公积金7491万元，较上年增加1054万元，增长16%；提取住房公积金3833万元，较上年增加1251万元，增长48%；共发放住房公积金贷款9851万元，较上年同期增加3969万元，增长67%。

国债管理　1981年，开始发行国库券，初期由地方政府财政部门负责推销。1981—1985年，海阳县国库券推销分别为91万元、126万元（单位36万元、个人90万元）、138万元（单位36万元、个人102万元）、135万元（单位31万元、个人104万元）、227万元（单位37万元、个人190万元）。国库券利率：单位购买年息4%，个人购买年息8%。国库券计息，从当年7月1日起，利息在偿还本金时一次付给，不计复利。1986—1992年，按比例合理分配烟台财政下达给海阳的国库券任务，组织国库券的缴款入库上解工作。1990年，增加国库券兑付业务。1991年，增加转让、代保管业务。1993年，海阳由原来的每年303万元增加到1462万元。2000年7月，将国债全部业务和结存的凭证式国债30.50万元，移交中国工商银行海阳市支行。

农税征收管理　2002年，全市实施农村税费改革试点，每个所平均10名工作人员要完成2万多纳税户的农业税征收工作，实际征收入户率90%以上。改革后，全市人均负担132元，比改革前减少42元，人均减负24.13%。2006年，取消农业税。

政府投资评审　2006年，市投资评审中心成立，强化评审队伍建设，探索和规范中心业务管理办法，当年把涉及评审中心职能的业务纳入财政评审范围，共完成各类评审项目111个，送审金额1.08亿元，审定金额9040.50万元，审减资金1802.05万元，审减率16.62%。2007—2010年，共完成各类评审项目405个，评审项目金额5.57亿元，审减资金1.25亿元，审减率22.44%。

第五节　国有资产管理

产权登记与资产评估　1994年，对全县87户国有企业进行清产核资，摸清国有企业资产存量和损失情况，解决企业亏损长期挂账问题。1996年，对全市187户独立核算的行政事业单位（包括乡、镇）办理设立登记，并颁发由国家国资局统一印制的《中华人民共和国国有资产产权登记证（行政事业单位）》。全市行政事业单位共登记资产4.99亿元，负债1.70亿元，国有资产3.29亿元。2001年1月起，市国资局对全市市直机关事业单位经营性房产实行统一管理。同年，国务院决定财政周转金的投放“只收不贷”。12月21日，市财政投资公司发放最后一笔贷款。2006年，对29户国有企业和168户行政事业单位进行产权登记和年度审核。全市汇总国有企业资产1.74亿元，负债1.83亿元，净资产-963万元；行政事业单位资产10.38亿元，负债3.65亿元，净资产6.73亿元。2010年，对公务用车及房产的处置实行价格、信息和程序“三公开”，整个拍卖过程由市公证处全程监督；对全市5户国有企业和221户行政事业单位开展资产统计及产权登记。经统计资产为21.95亿元，负债11.49亿元，净资产10.46亿元。

清产核资　1997年，市委、市政府按照“政府出售产权、择优受让主体、法人控股经营、明确资产约束”的基本思路，开始全市国有、集体企业改制工作，制定下发《海阳市企业改革领导小组关于企业改革的指导意见》《关于企业改制中资产清查及账务处理有关工作的意见》《关于全市企业改制过程中资产评估和产权转让规范意见》等文件，并成立海阳市集体企业清产核资领导小组。5月起，对全市集体企业进行清产核资。10月，开展全市市属企业改制工作。1997—2004年，全市进行产权转让、兼并等企业180余户（含国有、集体），经改制办理资产移交手续的企业104户，共收缴入库产权转让收入1289万元。2006年，组织人员对30余户改制、破产企业进行审计及资产评估工作，核准评估项目1项。审减不应支付的破产企业职工债务资金83.09万元，审减率28.77%。审查、批准各行政事业单位报废、处置资产17项，涉资产价值108万元，评估处置收益18.76万元。

第二章　国家税务

第一节　机　构

1973年11月，海阳县财政金融局改称海阳县财税局，17处公社按经济区域划分设10处税务所。1979年，全县设留格庄、东村、小纪、行村、朱吴、徐家店、发城、郭城、大阎家、大辛家、辛安、高家、山西头、盘石店、泉水头、二十里店、风城17个税务所。1982年6月，县财政局、税务局分设，合署办公；撤销东村税务所，成立东村税务分局。1983年6月，县税务局与县财政局分署办公；县税务局设政工股、行政股、税政一股、税政二股、计会股和装具票证管理所。1986年1月，成立海阳县税务局征收处。1988年9月，撤销徐家店税务所，设徐家店分局。1989年9月，成立海阳县税务局稽查队。县税务局辖19个单位，干部、职工174人。

2010年，海阳市国家税务局办公楼

1994年9月，设海阳县国家税务局，设办公室、人事政工科、征收管理科、计划会计科、监察审计科、监察室、行政装备科。下设海阳县国家税务局直属征收分局、东村征收分局、徐家店征收分局、稽查分局、涉外分局5个分局。按区划设留格庄、小纪、行村、朱吴、发城、郭城、大阎家、大辛家、辛安、高家、山西头、盘石店、泉水头、二十里店、凤城税务所。

1996年，农村征收机构改革，撤所成立分局。设立直属征收分局、稽查分局、涉外分局、二十里店分局、凤城分局、留格庄分局、郭城分局、徐家店分局、行村分局、辛安分局、税务咨询事务所等10个分局、1个所。9月，成立海阳市国家税务局信息中心。有在职干部、职工166人。

2001年，撤销涉外分局、直属征收分局，成立城区分局、计划征收局。

2005年8月，市国家税务局内设办公室、税政管理科、征收管理科、人事教育科、监察室、计划统计科、办税服务厅、税源管理科8个机构和1个直属稽查局。辖城区、经济开发区、方圆、留格庄、徐家店、二十里店、行村税务分局7个派驻机构和1个信息中心。有干部、职工143人。

2010年11月，市国家税务局设办公室、征收管理科、政策法规科、税政科、人事教育科、监察室、收入核算科、纳税服务科、税源管理一科、税源管理二科等10个部门和1个直属稽查局。辖城区、经济开发区、方圆、留格庄、徐家店、二十里店、行村税务分局等10个派驻机构和1个信息中心。有干部、职工140人。

第二节　税种　税率

增值税　1978年，国家开始探讨、研究实行增值税的问题。1979—1982年，在少数地区的机器机械和农业机具行业进行试点。1983年1月，在机器机械、农业机具两个行业和部分日用机械产品统一试行增值税，税率6%。

1984年10月1日起，进行国营企业利改税的第二步改革和工商税制全面改革，征收范围扩大到所有金属工业产品，分甲、乙两类12个项目，13个税率按产品销售收入的6%～16%的比例征收，同时调整扣除项目。1986年1月1日起，对纺织品、轻工产品改征增值税。1988年1月1日起，对建材产品改征增值税。1989年1月1日起，对工业性加工、修理、修配业务由原征营业税改征增值税。1994年1月1日税制改革后，凡在中国境内从事工业生产，商品流通，提供加工、修理修配劳务以及进口货物的单位和个人，就其货物销售或提供劳务的增值税及进口货物金额征收增值税，基本税率为17%，适用于除低税率和零税率货物以外应税货物和应税劳务。低税率13%，适用税法限定的甲类货物，包括粮食、食用植物油、自来水、暖气、冷气、热水、煤气、石油液化气、天然气、沼气、居民用煤炭制品，图书、报纸、杂志，饲料、化肥、农药、农机、农膜等农业产品，金属矿采选产品、非金属矿采选产品以及国务院规定的其他货物。零税率仅适用于报关出境货物和输往海关管理的保税工厂、保税仓库和保税区的货物。

消费税　1994年1月1日起，对在境内从事生产、委托加工和进口税法规定的应税消费品的单位和个人征收消费税。设置11个税目，25个征税项目，其中按价定率的征收办法征收的有21个，税率3%～40%，按从量定额的征收有4个：黄酒240元/吨、啤酒220元/吨、汽油0.20元/升、柴油0.10元/升。消费税征收范围较少，仅限于11种消费品，分为三大类：第一类是实行增值税后，税负下降较大的消费品；第二类是某些奢侈品、高档消费品；第三类是资源不可再生替代的产品。消费税实行源泉控制课税制，采用价内税形式，即按含消费税税金的货物价格，按销售收入全额计税，严格控制减免税。

企业所得税　1958年，税制改革实行工商统一税，所得税从原工商业税中独立出来而成为一个单独的税种，1963年定名为工商所得税。1983年，对国营企业征收所得税，第一次用税收形式将国家与国营企业的分配关系用税收形式固定下来。1985年、1988年相继开征集体企业所得税、私营企业所得税。1994年，工商税制改革，把原国营企业所得税、集体企业所得税和私营企业所得税统一起来，形成现行的企业所得税。2008年1月1日，《中华人民共和国企业所得税法》施行。企业所得税以企业每一纳税年度的收入总额，减除不征税收入、免税收入、各项扣除以及允许弥补以前年度亏损后的余额，为应纳税所得额。企业所得税的税率为25%。企业所得税按纳税年度计算，纳税年度为公历1月1日—12月31日。企业所得税实行按月或按季预缴、年终汇算清缴、多退少补的征收办法。即企业应当自月份或者季度终止之日起15日内，向税务机关报送预缴企业所得税纳税申报表，预缴税款。企业应当自年度终止之日起5个月内，向税务机关报送年度企业所得税纳税申报表，并汇算清缴，结清应缴应退税款。

个人所得税　1980年，开征个人所得税。适用于中国公民和在中国取得收入的外籍人员。1986年、1987年，国家颁布实施《中华人民共和国城乡个体工商户所得税暂行条例》《中华人民共和国个人收入调节税暂行条例》，形成对个人所得征税“三税”并存的格局。1994年1月，《中华人民共和国个人所得税法》施行。将原对外籍人员征收的个人所得税、对国内人员征收的个人收入调节税和对城乡个体工商户征收的所得税3种税合并为现行的1种税，实现“公平税负，简化税制”，更有利于平等竞争、高效征管。1999年11月1日起，《对储蓄存款利息所得征收个人所得税的实施办法》施行，存款利息征收个人所得税。2006年1月1日起，《中华人民共和国个人所得税法》(修改)施行。同年经国务院修改《中华人民共和国个人所得税法实施条例》同时施行。个人所得税率，工资、薪金所得，适用超额累进税率，税率为5%～45%。个体工商户的生产、经营所得和对企事业单位的承包经营、承租经营所得，适用5%～35%的超额累进税率。稿酬所得，适用比例税率，税率为20%，并按应纳税额减征30%。劳务报酬所得，适用比例税率，税率为20%。对劳务报酬所得一次收入畸高的，可以实行加成征收，具体办法由国务院规定。特许权使用费所得，利息、股息、红利所得，财产租赁所得，财产转让所得，偶然所得和其他所得，适用比例税率，税率为20%。

车辆购置税 1978年，单位和个人购买车辆，由交通部门征收购置额10%的附加费。2001年1月1日，改为车辆购置税，税率为车辆购置额的10%，由市交通部门代征。车辆购置税为中央固定收入，2005年1月1日，移交市国税局征管。

第三节 税收收入

1978年，海阳县组织税收收入1092万元；1985年，突破2000万元，达到2060万元；1993年，收入7358万元。

1978—1993年海阳县税收收入情况表

表16-2-1 单位：万元

年 份	收 入	年 份	收 入	年 份	收 入
1978	1092	1984	1723	1990	4221
1979	1063	1985	2060	1991	5328
1980	1096	1986	2355	1992	5773
1981	1177	1987	2641	1993	7358
1982	1380	1988	3144		
1983	1489	1989	3786		

1994年，实行分税制。至2000年，国税税收收入首次破亿元，达到1.41亿元。2010年，国税税收收入7.45亿元，同比增收1.53亿元，增长25.94%；完成地方级收入1.84亿元，同比增收3673万元，增长25.02%，实现税收收入的快速稳定增长。有各类纳税人4070户，其中内资企业1741户，港澳台商投资企业45户，外商投资企业129户，个体经营2155户。

1994—2010年海阳市国税收入情况表

表16-2-2

年 份	入库工商税收（万元）	比上年增长（%）	年 份	入库工商税收（万元）	比上年增长（%）	年 份	入库工商税收（万元）	比上年增长（%）
1994	5183.90	—	2000	14100	55.60	2006	37600	29.00
1995	5447.00	5.08	2001	20300	43.99	2007	46500	23.58
1996	5711.60	4.85	2002	24900	22.80	2008	52000	11.84
1997	6139.00	7.48	2003	27700	11.21	2009	59100	13.74
1998	7297.00	18.86	2004	30450	10.00	2010	74500	25.94
1999	9051.00	24.04	2005	29100	14.00			

2010 年海阳市缴纳国税前 50 名企业一览表

表 16-2-3　　单位：万元

序号	企业名称	入库净额	序号	企业名称	入库净额
1	山东核电设备制造有限公司	4828	26	和光（烟台）金属制品有限公司	472
2	海阳蓝岛海洋工程有限公司	4603	27	烟台海益宝水产有限公司	446
3	方圆集团有限公司	3982	28	烟台郁进喷涂设备有限公司	424
4	进元电子（烟台）有限公司	1878	29	海阳市清鸿制衣有限公司	398
5	烟台亚琦纺织有限公司	1790	30	海阳金海置业有限公司	393
6	维蒙特工业（山东）有限公司	1777	31	烟台恩怡服装有限公司	392
7	海阳富阳置业有限公司	1748	32	烟台家家悦超市有限公司海阳三店	389
8	山东富尔达空调设备有限公司	1593	33	海阳市军创置业发展有限公司	374
9	海阳京海机械制造有限公司	1154	34	美国石伟亚洲公司	371
10	烟台金海化工有限公司	840	35	烟台华联制衣有限公司	370
11	烟台美丰机械有限公司	833	36	中核混凝土股份有限公司海阳分公司	359
12	烟台广合食品有限公司	792	37	海阳市创实实业有限公司	356
13	烟台同源置业有限公司	726	38	海阳华源有限公司	355
14	海阳才高投资发展有限公司	676	39	海阳市华胜制衣有限责任公司	345
15	烟台英杰针织有限公司	661	40	海阳市纬达置业有限公司	331
16	海阳市农村信用合作社联合社	653	41	东南帝华电子（烟台）有限公司	329
17	山东烟台鑫泰黄金矿业有限责任公司	652	42	海阳市恒大毛织有限责任公司	309
18	海阳日月五金有限公司	647	43	海阳比艾奇电子有限公司	293
19	海阳龙凤热电有限公司	603	44	海阳市广新针织有限公司	287
20	烟台市凯利针织服装有限公司	568	45	烟台时潮制衣有限公司	285
21	海阳来福士海洋工程装备制造有限公司	564	46	海阳市盈通毛衫有限公司	284
22	烟台海洋水泥有限公司	508	47	海阳市德益福制衣有限公司	273
23	海阳岩渊金属制品有限公司	500	48	海阳华腾置业有限公司	270
24	海阳市鸿达钢材购销中心	492	49	海阳市力奔力健身器材有限公司	267
25	烟台汉都金属制造有限公司	481	50	海阳市高新纬达置业有限公司	266

第四节　税收税政管理

税收政策改革　1980 年起，先后开征中外合资企业所得税、增值税等税种。1983 年 6 月，开始实行利改税第一步改革，国营企业由上缴利润改为缴纳所得税，税后利润较多的大（中）型企业再征收调节税。同年，又开始征收国家能源交通重点建设基金和建筑税。称为第一步利改税。1984 年，实行第二步利改税，将原来的工商税划分为新产品税、增值税和营业税。1990 年，海阳基本上形成多税种、多环节、多层次的复合税制。1994 年，税务机构分设，海阳县国家税务局设立税收管理科，负责海阳县辖区内增值税、消费税等流转税税收政策和企业所得税税收政策管理。实行以“统一税法、公平税负，简化税制、合理分权”为指导思想的税制改革。

1999 年 11 月 1 日，储蓄存款利息所得个人所

2009年3月31日，市国税局举办税法知识竞赛

得税开征，国税机关负责征收管理。2001年1月1日起，将原由交通部门征收的车辆购置附加费改为车辆购置税，由国税机关负责管理。2007年，按照纳税人的行业规模、税收风险、管理难度等进行科学分类，有计划地分配征管力量，实施税源分类管理，对重点项目、重点税源企业实行跟踪式监控和个性化管理。对纳税100万元以上的重点税源企业，逐户建立个性化监控和评估指标体系。2010年，以优化人力资源配置和岗位流程为重点，深入推进征管改革。着力打造"因事设岗、分岗管事、专业评估"的专业化管理体系，结合实际重新梳理岗位设置，实现实地调查"前移"。

税收征管 1978年后，海阳县社队企业（后称乡镇企业）和个体工商户发展壮大，加之临时经营和无证商贩增加，商业网点遍布全县各地，集市贸易购销两旺，经济繁荣，税收工作量增加，税收跑、冒、滴、漏现象较严重。为防止和堵塞税款流失，县税务局强化稽征管理，查补大量税款。1982年，有210余户无证商贩及时到所在税务机关办理纳税登记手续。1984年，对全县98户乡镇重点企业进行检查，查补税款9.66万元。1987年，对全县部分企业进行抽查，共计检查4997户，查补税款62万元。1988年，组织200名税务干部，对全县500余户工商企业和3500余工商业户进行检查，共查补税款88万元，查处偷税案件3起，补税罚款7.9万元。1989年11月，先后对发城、北埠后、徐家店、东村等5个乡（镇）的国营、集体、乡（镇）村企业和个体户进行重点稽查，共稽查559个单位，查补税款138万元，查处人民来信31封。

1994年，强化税源监控，加强个体私营税收和普通发票管理，与司法部门配合搞好协税护税，加强中介机构的监督管理，在全系统初步建立起"多元申报、集中征收、分类管理、一级稽查"的新的税收征管运行机制。1995年，推行城区和农村税收征管改革，取消传统的专管员模式，实现由"管户"到"管事"的转变，形成征管专业化分工管理体系。8月，成立国税系统税收征管改革领导小组和征管改革办公室，负责全县征管改革的组织和协调工作。1996年7月，制订海阳市国税局税收征管改革实施方案，确立全市税收征管改革的总体目标和主要内容。1997年，在城区征管改革试点工作取得初步经验后，城区征管改革在全市展开。通过改革，实现"专管户"向"专管事"的转变，将税收征管的基本业务划分为管理服务、征收监控、税务稽查等工作系列，科学设置职能和岗位职责，实行税收征管的专业化管理，确立纳税人主体地位，建立办税服务厅，设立纳税申报、税务登记、发票管理等服务窗

2010年，市国税局办税大厅

2007年，市国税局工作人员到企业进行财务指导

口，计算机在征管领域广泛应用。1998年，上线运行CTAIS软件和开通金税工程二期，为全面推进依法治税提供技术保障。2002年，防伪税控系统使用面100%。一般纳税人档案信息采集率、稽核系统准确率、专用发票存根联采集率3项指标均达100%。2004年4月，电子报税系统在全市运行。至年底，全市90%以上的纳税人分别通过网上申报、电话申报、银行网点申报三种方式缴纳税款，实现办税服务厅由征收窗口职能向信息集中处理中心职能的转变。2005年，在全市推行税银库联网和增值税专用发票"一卡通"。通过税银库联网，税款在途时间由原先的1～3天变为当天征收、当天入库，缩短入库时间。同时，实现税款征解入库对账的全程自动化，提高工作效率。"一卡通"上线后，纳税人每次购票时间由原来的10～15分钟缩短为2分钟。2006年，建立税收分析、纳税评估、税源监控、税务稽查、纳税服务和监察监督"六位一体"的查管互动机制，通过集中分析、评估、检查，共查补税款、滞纳金等2000余万元，税源监控管理质量明显提高。2008年，落实预警信息，增加应征税款2203万元，已入库税款2161万元。评估系统共完成255户次评估工作，入库税款1367万元。开展自定义评估45户次，查补入库税收3676万元。2009年，突出抓好重点项目和重点税源企业的个性化管理，7个重点项目和106户重点税源企业全年共完成税收3.51亿元，增收4711万元。加强增值税管理，对固定资产抵扣情况认真审核严格抵扣，对一般纳税人认真实施分类管理，年内共实现增值税3.58亿元，同比增收5051万元，增长16.45%。2010年，全市国税系统初步建立起"多元申报、集中征收、分类管理、一级稽查"的税收征管运行机制。同年，全市共入库所得税1.37亿元，增长39.53%。其中年度汇算清缴入库2163万元，同比增收1233万元，增长132.52%。强化增值税分类管理，坚持抓好重点税源的个性化管理、一般税源行业的税负预警管理、特殊行业的专业化管理，全年实现增值税4.14亿元，同比增收5629万元，增长15.74%。加强核电产业管理，对与核电产业相关的全部企业实施产业链条式、一体化管理，2010年核电产业共入库税收5769万元。抓住车购税优惠时机，年内完成车购税4692万元，同比增收1676万元，增长55.57%。

2009年，市国税局工作人员到企业开展执法检查

第五节　税收执法检查

1988年9月，实行公开办税制度。做到"四公开""两制度"（即：税法公开、征管公开、减免公开、纪律公开；制定"税务所办税守则"和"个体工商户纳税须知"）。2004年，以规范执法和整顿税收秩序为重点，对内抓执法规范和精细化管理，对外抓严格执法和落实税收政策，内外并举，综合治理。每年4月税收宣传月，先后组织"即开即奖型普通发票首发仪式""'诚信纳税企业'巡礼"电视新闻报道、"走进办税大厅看国税——征纳双方手牵手"对话以及"税法咨询服务周"和"税法百题千人答卷"抽奖等大型宣传活动。社会各界参与4000余人次，共发放各类宣传资料1.2万份，张贴标语口号260余幅。

2005年，开展稽查和涉外审计工作。全年检查各类纳税人78户，查补税款及罚款、滞纳金1083万元，较上年增长22%，查补贡献率3.9%，居烟台市第四位。在涉外审计方面，推行交叉审计方式，建立健全审计信息反馈制度，通过审计查补税款20万元，调增所得额810万元，通过反避税调增所得额92万元。2006年，检查各类纳税人85户次，查处有问题企业84户，累计查补税款1774万元。其中查处虚开专用发票案2起，虚开农产品收购单骗税案1起，移送司法机关处理案件4起，起诉判决1起。2007年，检查各类纳税人43户次，查补税款、滞纳金、罚款1125万元，入库615万元。2008年，推行“阳光国税”，将税收执法行为置于社会的广泛监督之下。面对全市3500余户纳税人，公开涉税事项14类共50余个项目，全面公开纳税人的权利与义务、税收政策法规、税务违法违章处罚标准、投诉部门和监督举报电话、责任追究等内容。全年查结纳税业户53户（其中注销户10户），有问题45户，查补入库税款804.6万元、滞纳金108.2万元、罚款227.6万元，合计1140.4万元，查补入库贡献率2.59%，综合处罚率54.5%。2009年，对个体征管情况进行监察，检查5个专业市场、12个镇（街道）驻地的个体户840余户，对发现的漏征漏管等问题进行整改，有136户办理税务登记证，对62户恢复征税。开展农村信用社检查、房地产企业检查等专项检查，检查各类企业49户次，查补入库税款、滞纳金、罚款1067万元。2010年，查补入库税款、滞纳金、罚款1260万元。

第三章　地方税务

第一节　机　构

1994年9月，海阳县地方税务局成立。内设办公室、人事政工科、税政管理科、计划会计科、征收管理科、行政装备科和1个稽查分局；18个基层征收单位，其中2个征收分局、16个地税所。1996年5月，改称海阳市地方税务局。1998年9月，由山东省地方税务局实行垂直管理。2002年，设14个税务所、2个征收分局。2004年，设海阳市地税信息中心（加挂海阳市地税纳税服务中心牌子）。2008年，设7个中心税务所、2个征收分局。

第二节　税种　税率

1994年，推行新的工商税制，改革企业所得税，不区分经济成分，统一内资企业所得税；统一个人所得税，开征土地增值税，全面调整资源税。初步建立起内外有别、基本适应社会主义市场经济要求，以流转税、所得税类税收为主体税种，其他税种相配合的多税种、多环节征收的复合税制体系。

营业税　实行行业差别比例税率，具体税目和税率为交通运输业、建筑业、邮电通信业、文化体育业，税率3%；金融保险业、服务业、转让无形资产、销售不动产，税率5%；娱乐业税率5%～20%。

企业所得税　征税对象是企业取得的生产经营所得、其他所得和清算所得。企业所得税基本税率25%，非居民企业适用税率20%，符合条件的小型微利企业适用税率20%，符合条件的高新技术企业适用税率15%。企业所得税的征收方式，分查账征收和核定征收2种。查账征收的，应缴企业所得税 = 应纳税所得额 × 适用税率（25%）；核定征收的，分核定应纳税额和核定应税所得率两种方式，核定应税所得率的计算公式为，应缴企业所得税 = 应税收入额 × 应税所得率 × 适用税率。

个人所得税　实行分类所得税制，具体征税范围和适用税率为：工资、薪金所得实行5%～45%的9级超额累进税率；个体工商户的生产、经营所得和对企事业单位的承包经营、承租经营所得适用5%～35%的5级超额累进税率；稿酬所得适用比例税率，税率20%，并按应纳税额减征30%；劳务报酬所得适用比例税率，税率20%，对劳务报酬所得一次收入畸高的，可以实行加成征收，具体办法由国务院规定；特许权使用费所得，利息、股息、红利所得，财产租赁所得，财产转让所得，偶然所得和其他所得，适用比例税率，税率20%。个人所得税采用的是代扣代缴为主、自行申报为辅的征纳模式。

房产税　采用比例税率，依据房产原值一次减除10%～30%后的余值计税的，税率为1.2%；依据房产租金收入计税的，税率为12%。对个人出租住房，企事业单位、社会团体以及其他组织按市场价格向个人出租用于居住的住房，减按4%的税率征收房产税。

车船税　税目和税额为：载客汽车每辆60～660元（含电车），载货汽车按自重每吨16～120元（含半挂牵引车、挂车），三轮汽车、低速货车按自重每吨24～120元，摩托车每辆36～180元，船舶按净吨位每吨3～6元，拖船和非机动驳船分别按船舶税额的50%计算。

土地增值税　采用四级超率累进税率，增值额未超过扣除项目金额50%的部分，税率30%；增值额超过扣除项目金额50%、未超过扣除项目金额100%的部分，税率为40%；增值额超过扣除项目金额100%、未超过扣除项目金额200%的部分，税率50%；增值额超过扣除项目金额200%的部分，税率60%。

城镇土地使用税　以纳税人实际占用的土地面积（平方米）为计税依据，实行分级幅度税额，每平方米土地年税额：大城市1.5～30元；中等城市1.2～24元；小城市0.90～18元；县城、建制镇、工矿区0.6～12元。

资源税　应纳税额=课税数量×单位税额。单位税额为：原油，8～30元/吨；天然气，2～15元/千立方米；煤炭，0.30～5元/吨；其他非金属矿原矿，0.50～20元/吨或立方米；黑色金属矿原矿，2～30元/吨；有色金属矿原矿，0.40～30元/吨；固体盐，10～60元/吨；液体盐，2～10元/吨。

城市维护建设税　实行地区差别比例税率，根据纳税人所在地的不同（市区、县镇、不在市县镇）分别规定为7%、5%、1%三个档次。

印花税　采用比例税率和定额税率两种，对各种合同及具有合同性质的凭证、记载资金的账簿和产权转移书据等按4档比例税率征收，即1‰、0.5‰、0.3‰、0.05‰；对权利、许可证照和营业账簿中的其他账簿，按件规定固定税额，单位税额为每件5元。

第三节　税收收入

1994年后，全市不断优化产业结构，为税收持续稳定增长提供强力支撑和坚强保障。大企业成长迅速，纺织业、核电产业、金融业、房地产业和建筑业等不断发展壮大，主体税种（营业税、企业所得税、个人所得税）快速增长。营业税从1994年的940万元增加到2010年的3.04亿元，年均增长24.27%，在税收总收入中处于主导地位；企业所得税从1994年的590万元，增加到2010年的9567万元，年均增长19.02%；个人所得税由1994年的16万元增加到2010年的8703万元，年均增长48.24%。

小税种收入虽然规模较小，但占地税总收入的比重不断提高。2002年，所得税分享体制实施，地方政府分享税收增量部分逐年下降。市地税局加大对地方小税种的征管力度，有效促进地方小税种收入的增长。其中，资源税由1994年的16万元，增加到2010年的364万元，年均增长21.57%；城镇土地使用税由1994年的75万元，增加到2010年的6229万元，年均增长31.81%；印花税由1994年的16万元，增加到2010年的1427万元，年均增长32.40%；房产税由1994年的167万元，增加到2010年的2393万元，年均增长18.10%；车船税由1994年的17万元，增加到2010年的839万元，年均增长27.59%；土地增值税在1999年实现零的突破，入库1万元，至2010年，增加到1.03亿元。

全市地税总收入占海阳市（县）地区生产总值的比重由1994年的0.74%增长到2010年的3.48%；县级收入占财政收入的比重由1994年的32.23%增长到2010年的46.01%。

第二产业工业的税收拉动力和税收贡献度一直居于高位。随着经济的发展和产业结构的不断调整优化，第三产业税收拉动力和税收贡献度逐渐高过第二产业。至2010年，第二产业实现税收3.21亿元，同比增长28.65%，占当年地税收入总额的41.10%；第三产业实现税收4.55亿元，同比增长38.57%，占当年地税收入总额58.24%。

1994—2010 年海阳市地税收入情况表

表 16-3-1

年　份	各项收入总额（万元）	占全市地区生产总值比重（%）	县级收入（万元）	占全市财政收入比重（%）	年　份	各项收入总额（万元）	占全市地区生产总值比重（%）	县级收入（万元）	占全市财政收入比重（%）
1994	2179	0.74	1896	32.23	2003	13300	1.88	9658	36.44
1995	2593	0.71	2263	32.80	2004	18220	2.12	13457	44.12
1996	3185	0.92	2900	37.47	2005	24295	2.41	17687	42.89
1997	3716	1.07	3475	38.54	2006	31792	2.66	24145	45.32
1998	4521	1.16	4274	40.70	2007	41252	2.87	31618	45.16
1999	5737	1.41	5430	44.38	2008	50649	2.78	38978	46.33
2000	6870	1.54	6560	45.81	2009	57956	3.12	44506	44.50
2001	9089	1.82	8802	48.12	2010	78066	3.48	58890	46.01
2002	10758	1.85	7767	38.30					

1997—2010 年，方圆集团一直位于地税上缴企业排名第一位，1997 年，纳税 700 万元，1999 年，纳税突破 1000 万元大关，纳税 1001 万元；2010 年，纳税 5748.4 万元，比 1997 年增加 5048.4 万元。1997—1999 年，服务业以及建筑、造纸、矿产等传统行业占纳税额的比重较大。2000 年，电信、金融、电力、房地产等占主要地位。2001—2008 年，房地产与建筑业发展迅速。2008 年起，以核电为主的新能源产业有较大发展。

2010 年海阳市缴纳地方税前 10 名企业一览表

表 16-3-2

单位：万元

序　号	企业名称	纳税额	序　号	企业名称	纳税额
1	方圆集团有限公司	5748.4	6	海阳才高投资发展有限公司	1349.4
2	国核工程有限公司海阳分公司	2213.9	7	海阳金海置业有限公司	1317.0
3	山东核电有限公司	2105.0	8	海阳市供电公司	1120.5
4	海阳市福邸置业有限公司	1757.7	9	烟台同源置业有限公司	1055.2
5	山东核电设备制造有限公司	1563.6	10	烟台市凯利针织服装有限公司	1054.8

第四节　税收税政管理

1994 年，随着税制改革以及国、地税机构分设，税收管理体制和征收模式改革进入新阶段。

纳税申报　1995 年，海阳地税大力推进计算机应用，运用计算机受理纳税申报，进行数据统计和资料归档，以信息技术取代传统的手工操作。至 1997 年，基层征收单位全部配备计算机，并广泛运用于税收征管各环节，现代化征管格局基本形成。1998 年，开通计算机广域网络，实现和省、烟台市局间的计算机联网，基本实现办公自动化。2000 年，在烟台市 13 个县（市、区）中，首家推出邮寄申报方式，在 11 个不设分局的乡

税企连心如鱼水

（镇）全面推行邮寄申报。2002年起，逐步推广IC卡申报，建立以服务厅申报为主、邮寄申报和IC卡申报为辅的纳税申报体系，简化纳税程序，提高申报率；加强发票管理，积极推广安装、使用税控装置，对金融、保险、建筑、饮食业发票使用情况进行重点监督、治理，以票控税，以票管税。2005年，全面启用税银联网系统，税款划转实现即时、安全、便捷；网上申报进一步完善，电子申报成为主要申报形式，工会经费等代收费项目也实现网上办理。2008年1月，山东地税省级数据“大集中”系统启动，实现全省范围内所有涉税信息的共享和数据应用。通过大集中系统，纳税人网上报税更加便捷，税务机关处理申报征收、税款划转等业务更加安全可靠。2010年，全局共配备计算机126台，实现人手1台，所有纳税人均纳入计算机管理，信息网络覆盖海阳地税全系统。

税收管理　2008年，“大集中”系统上线，对定期定额户实行双委托管理，即定期定额户在银行开设账户并与银行签订委托代缴税款协议，

2010年，市地税局召开听取群众意见座谈会

2006年4月3日，举办“春之声”税收宣传月、文化周活动

税务机关与银行签订委托代征税款协议，由银行根据税务机关传输的定额信息扣缴税款即视为纳税人已申报。2010年，全面推行税源专业化管理新模式，即树立风险管理理念，落实信息管税思路，科学分类税源，调整机构职责，完善税收管理员制度，优化纳税服务，健全稽查体系，建立以专业化税源管理机构为中枢、以重点税源集中管理和一般税源分类分岗管理为基础、以一体化部门协作为保障的税源管理机制。

第五节　税收执法检查

1994年9月，设立海阳县地方税务局稽查分局。2000年，把税务检查权单独赋予稽查分局，逐步探索出“一家查账，多家认账”的征管模式，构建起全市范围内的“大稽查”体制，稽查工作走上科学化、规范化、制度化的轨道。1994—1999年，各分局成立检查科，各基层地税所设置检查员，日常检查和专项检查相结合，由各基层单位自行实施。2000—2002年，实行“一级稽查”。按照“一级稽查”的模式，根据纳税人年纳税额的多少建立市局、直属分局、基层分局三级重点税源监控网络，重新界定稽查分局和征收分局的职能。年纳税额为20万元～50万元的纳税人由稽查分局重点检查监控，由各基层单位负责征收；年纳税额5万元～20万元的纳税人由直属分局和基层分局检查监控。

2003—2010年，实行分级分类管理制度。按照统一管理、分类检查的原则，对检查对象进行科学分类后进行专业检查，并以纳税辅导、纳税评估为补充。根据上一年度企业应缴纳地方各税情况，将企业分为A、B、C三类，即：年应纳税额在10万元及以上的为A类企业，由稽查局负责检查；年应纳税额在5万元及以上、10万元以下的为B类企业，由税务师事务所负责给予纳税辅导；年应纳税额在5万元以下的为C类企业，由各分局、所负责检查。

第十七编

经济综合管理

海阳统计年鉴
2009
山东省海阳市统计局
海阳统计年鉴
2010
山东省海阳市统计局
海阳统计年鉴
2008
山东省海阳市统计局
海阳统计年鉴
2006
山东省海阳市统计局
海阳统计年鉴
2005
山东省海阳市统计局
海阳统计年鉴 2000
山东省海阳市统计局
海阳统计年鉴 2001
山东省海阳市统计局
海阳统计年鉴 2002
山东省海阳市统计局
海阳统计年鉴 2003
海阳统计年鉴 2004
山东省海阳市统计局

1978—2010年，市（县）经济管理部门适应经济发展需要，更新观念，转变职能，加快经济管理部门改革，推进管理创新，发挥综合协调职能，加强宏观经济调控管理，规范市场经济秩序，加强价格调控监管，加大审计监督力度，发展改革、工商物价、统计审计、质量监督、国土矿产、安全生产等经济管理工作进一步加强，推动全市（县）经济快速发展和社会事业全面进步。2010年，全市地区生产总值208.93亿元，完成固定资产投资总额229.84亿元，地方财政收入实现12.80亿元，城市居民可支配收入2.02万元，农民人均纯收入9260元；第一、二、三产业比例为21.8 ∶ 43.9 ∶ 34.3，第二产业主导地位增强。

第一章　计划管理

第一节　机　构

1954年12月，海阳县计划委员会成立。1965年9月，改称县经济计划委员会。1967年，县革命委员会生产指挥部设计划组。1975年3月，改称县革命委员会计划委员会。1980年，复称县计划委员会。1987年，海阳县经济体制改革委员会办公室成立。1990年，县经济体制改革委员会办公室改称县经济体制改革委员会，内设综合科、生产体制科、流通体制科。后改称县经济体制改革办公室。1994年12月，确定为正科级规格。1996年5月，海阳县计划委员会改称海阳市计划委员会，海阳县经济体制改革办公室改称海阳市经济体制改革办公室。2002年，海阳市计划委员会改称海阳市发展计划局。2005年，改称海阳市发展和改革局（以下简称市发改局）。同年，市经济体制改革办公室并入市发改局。2010年，内设办公室、国民经济综合科、农业财文科、固定资产投资科、国内经济合作科、工业与能源交通科、重点项目管理办公室；辖服务业办公室和经济信息中心。

第二节　计划体制改革

1978年后，计划经济同商品经济对立的传统观念逐步改变，全县经济和社会发展计划相结合的计划体系开始建立。

1982年，由编制国民经济计划改为编制国民经济和社会发展计划，基层单位生产计划下放，全县逐步实行指令性计划和国家指导下的市场调节计划管理形式。1984年，省政府《关于改革计划体制的若干暂行规定》出台，指导性计划和市场调节范围逐步扩大，工农业生产实行指导性计划，部分主要农副产品收购调拨和主要工业品调拨实行指令性计划。计划管理权限进一步下放。1989年1月，县政府制定《关于承包企业年度审计中几个问题的规定》《关于深化企业改革的意见》。1990年，全县具备承包条件的146户县属工商企业全部实行承包制。1991年，县政府制定《关于县属企业第一轮承包对象有关问题的意见》。1992年，县政府制定《关于深化企业内部改革的意见》，成立县深化企业内部改革领导小组，办公室设在体改委，制定《海阳县股份制试点意见》。1994年，县政府召开县属企业产权制度改革动员大会，成立企业产权制度改革领导小组及农村股份合作制领导小组，印发《关于推行农村股份合作制的意见》。宏观调控指标体系与社会主义市场经济体制相适应的经济管理体制逐步成熟。

2001年，市计委行政审批事项取消6项，变更2项，保留7项。保留的审批事项有：限额以下基本建设项目批准（核准）、限额以下利用外资项目核准、基本建设项目登记备案、丙级工程咨询单位资格认定审核、限额以上基本建设项目审核、进口设备免税项目登记备案、限额以上利用外资基本建设项目审核。

第三节　计划编制与执行

1978—2010年，全市共编制年度计划33个、“五年计划”7个。“五年计划”和年度计划重点是：经济社会发展思路、目标、空间布局、产业结构调整、功能定位、基础设施、社会事业、生态环境建设、科技创新和社会保障等。年度计划和“五年计划”（草案），均需市（县）人民代表大会审议通过。

五年计划　“五五”计划（1976—1980年）　1978年4月27日，县第八届人民代表大会第一次会议，提出“五五”计划后三年经济安排和“六五”期间计划设想并组织实施。1978—1980年，即“五五”后三年，主要是挖掘潜力，加强薄弱环节，有步骤地增加一些新的项目。农业方面，粮食单产突破千斤关，花生、生猪超《纲要》，一人一亩高产稳产田，基本实现农业机械化。工业方面，重点以加速发展支农工业为主，建成以支农工业为重点，以地方轻工业为特色的县、社工业网，以修为主，修造并举，做到大型农业机械县级能制造，一般农业机械公社能制造。发展以本地农、副、矿、海产品为原料的轻工业，走“一种、二养、三加工、四采矿”的路子。农业总产值，要在1977年1.3亿元的基础上，1980年达到2亿元，1985年达到3亿元。工业总产值，要在1977年8400万元的基础上，1980年达到1.6亿元，1985年达到3亿元。

“五五”末，全县实现农业总产值1.78亿元，年均增长12.3%；工业总产值1.36亿元，年均增长30%。

“六五”计划（1981—1985年）　1980年12月6日，县第九届人民代表大会第一次会议通过，提出“六五”时期的前两年，即从1981年到1982年末的任务目标。农业方面，主要是抓住粮油优势，“以粮为纲，全面发展，因地制宜，适当集中”。主要推广以生产大队为单位，对各业实行专业承包、联产计酬，搞好农田基本建设，加快农业机械化进程。工业方面，改革过于集中的行政管理体制，扩大企业自主权和企业职工参加管理的权利，把单一的计划调节改为计划调节与市场调节相结合，把主要依靠组织、行政办法管理经济改为主要依靠经济组织、经济办法和法律办法管理经济。至1982年年末，农业总产值达到2.6亿元，工业总产值达到1.65亿元。预算内财政总收入达到1883万元，社会商品零售总额达到1.4亿元，外贸出口商品收购总额达到4500万元，社员人均分配达到200元，赶上烟台全区水平。1982年3月30日，海阳县第九届人民代表大会第二次会议，提出到“六五”末，即到1985年年末任务目标。农业方面，抓住粮食生产，调整农业结构，发展多种经营。工业方面，抓好企业整顿，调整工业结构，加强技术改造。农业总产值达到4亿元，工业总产值达到2.2亿元，社会商品零售总额达到2.12亿元，外贸出口商品总额达到4240万元，地方财政总收入达到2270万元。

“六五”末，全县实现农业总产值3.04亿元，农民人均所得529元、比1980年增加309元。工业总产值3.22亿元，社会商品零售总额2.63亿元，外贸出口商品收购总额3390万元，地方财政总收入2672万元，城乡居民储蓄余额1.11亿元。

“七五”计划（1986—1990年）　1986年4月9日，海阳县第十届人民代表大会第三次会议通过，提出“七五”时期国民经济发展任务目标。到“七五”末，即1990年，全县工农业总产值达到11亿元。农业方面，认真执行“决不放松粮食生产，积极开展多种经营”方针，调整产业结构，加快农业向专业化、商品化和现代化方向转化。农业总产值达到4.4亿元，农民人均所得达到800元。工业方面，搞好以城市为重点的经济体制改革，使企业真正成为相对独立的经济实体。工业总产值达到6.6亿元，地方财政总收入达到4670万元，社会商品零售总额达到4.25亿元，各项存款3.8亿元，外贸商品收购额达到5700万元。

“七五”末，全县实现工农业总产值24.43亿元。其中，农业总产值9.09亿元，工业总产值15.34亿元。社会商品零售总额3.8亿元，外贸出口商品收购总额1.34亿元，地方财政收入5229万元，农民人均生产性纯收入766元，城乡居民储蓄余额5.06亿元。

“八五”计划（1991—1995年）　1991年3月26日，县第十二届人民代表大会第二次会议通过，提出“八五”时期国民经济发展任务目标。以经济建设为中心，稳定发展粮油生产，积极发展多种经营，大力发展乡村工业，加快发展县属工业，突破性发展外向型经济，重视发展第三产业。到“八五”末，即到1995年年末，国民生产总值达到25亿元，工农业总产值达到56亿元。其中，农业总产值14亿元，工业总产值42亿元。社会商品零售总额9亿元，外贸出口商品收购总额3.5亿元，地方财政收入1亿元。

“八五”末，全县实现地区生产总值32.4亿元，工农业总产值74.29亿元。其中，农业总产值26亿元，工业总产值48.29亿元。地方财政收入6900万元，农民人均纯收入1771元，城乡居民储蓄余额17.01亿元，社会消费品零售总额10.7亿元，出口创汇8675万美元。“八五”期间，全县实际利用外资8085万美元。

“九五”计划（1996—2000年） 1996年3月13日，县第十三届人民代表大会第四次会议通过，提出“九五”期间国民经济发展目标。围绕战略重点开展工作，强化农业基础地位，提高粮食产量，发展高效农业，全面开发海洋经济。优化工业结构，培植主导产业和骨干企业，开发名牌产品。加快乡镇企业二次创业步伐。进行产业和产品结构调整。到2000年，全市地区生产总值达到85亿元，工农业总产值200亿元。其中，农业总产值40亿元，工业总产值160亿元。出口创汇达到3亿美元，城镇居民人均生活费收入8000元，农民人均纯收入3600元，地方财政收入1.4亿元。

“九五”末，全市实现地区生产总值44.49亿元。实际利用外资8412万美元，地方财政收入1.4亿元，农民人均纯收入2821元，城乡居民储蓄余额30.6亿元，社会消费品零售总额17.6亿元，出口创汇0.5亿美元。

“十五”计划（2001—2005年） 2001年2月20日，市第十四届人民代表大会第四次会议通过，提出“十五”期间国民经济发展目标。工作重点是，深化富民、财源、动力“三大工程”，突出大园区、大项目、大调整“三大重点”，实现创新、发展、稳定“三大目标”。加大投入，提高经济效益；深化改革，增强发展动力；实施外向带动，提高对外开放水平；发展民营经济，调整农业生产结构。到“十五”末，即2005年年末，地区生产总值达到77亿元，地方财政收入达到3亿元，实际利用外资5000万美元，农民人均纯收入4670元，社会商品零售总额达到29亿元，出口创汇总额达到1亿美元左右。

“十五”末，全市实现地区生产总值98.5亿元，实际利用外资1.5亿美元，出口创汇1.9亿美元，地方财政收入4.1亿元，农民人均纯收入4709元，社会商品零售总额37.9亿元。

“十一五”规划（2006—2010年） 2006年1月6日，市第十五届人民代表大会第四次会议通过，提出“十一五”期间国民经济发展目标。到“十一五”末，即2010年年末，全市地区生产总值达到205亿元，地方财政收入10.7亿元，全社会固定资产投资200亿元，社会消费品零售总额93亿元，实际利用外资2.1亿美元，出口创汇3.8亿美元，城市居民可支配收入15190元，农民人均纯收入7000元。围绕“六大战略”措施开展工作。完善基础设施体系，增强区域经济承载能力；加快经济结构调整，建立结构合理的现代产业体系；扩大对外开放，加快经济国际化进程；实施城市化战略，推进城乡一体化发展；深化改革，完善社会主义市场经济体制；坚持以人为本，构建和谐社会。

“十一五”末，全市实现地区生产总值208.93亿元，地方财政收入12.8亿元，实际利用外资0.59亿美元，城市居民人均可支配收入20200元，农民人均纯收入9260元，社会消费品零售总额84.9亿元，出口创汇4.8亿美元。

专项规划编制 1987年，县政府编制《海阳县麻姑岛开发建设总体规划》和《海阳县鲁岛开发建设总体规划》。规划海岛开发建设以渔为主，农林牧工副全面发展，自然风景秀丽，人民生活富足的社会主义渔业生产基地和巩固的海防前哨，提高海岛村的经济发展。

2008年，市政府制定《海阳市一片两带经济发展规划》，提出海阳市一片两带经济发展规划的规划时限为2008—2012年，远景展望到2020年。发展思路为：调整优化产业结构，提升第一产业，壮大第二产业，突出发展现代服务业；科学调整产业布局，引导产业相对聚集发展，形成以产业功能区为主要形态的产业发展新格局；实施“民营经济崛起”战略，培育壮大一批顶天立地的民营企业；深化改革开放，积极参与劳动地域分工，实施区域经济一体化战略；把经济发展与资源环境保护相结合，实施可持续发展战略。

2008年，市政府制定《海阳市海洋经济发展战略规划》，对制定规划的背景、海洋经济发展的基础条件、竞争力与主导产业选择进行分析，指出海阳市海洋经济发展的思路和保障措施等。全市海洋经济发展的指导思想是，贯彻落实党中央“实施海洋发展”的战略部署，树立科学发展观，发挥海阳市的区位和资源优势，坚持开发与保护并重，实施海陆联动、组团发展。调整海洋产业结构，优化海洋产业布局，膨胀海洋经济规模，提升海洋科技实力，加强海洋环境保护，促进海阳滨海地区经济、社会与环境的全面发展，把海阳建设成为具有较强竞争优势和可持续发展能力的经济发展强市。

第四节　固定资产投资

“六五”时期（1981—1985年） “六五”末，县以上单位固定资产投资2182万元。其中，基本建设投资1501万元，更新改造435万元，零星投资246万元。农村集体和私人投资大幅增长，比“六五”初期的1982年分别增长26.0%和117%。

“七五”时期（1986—1990年） 1989年，县以上单位固定资产投资6622万元，比上年增长4.8%。其中，基本建设投资2887万元、比上年下降8.7%、更新改造2947万元、比上年增长28.1%，零星投资788万元、比上年下降7.7%。在压缩基建投资的情况下，增加对教育、水电能源和外向型企业投入。教育投资289万元，占当年投资的10%，新增中小学座位1702个；水电能源投资129万元，新增徐家店—郭城变电工程；外向型企业投资1451万元，占投资的50.3%，为海阳经济发展增添后续能力。

“七五”末，县以上单位固定资产投资6569万元，比上年下降0.8%。调整投资结构，继续贯彻投资重点倾斜政策，优化资金投向。农业、水利、邮电等部门及文教卫生事业得到加强，农业投资25万元，水利投资72万元，邮电投资82万元，文教卫生投资311万元。投资714万元用于市政改造建设，进行海河路两侧商品房建设，竣工面积2.3万平方米，城市面貌明显改善，达到省级卫生城市验收标准。

“八五”时期（1991—1995年） 全社会累计完成固定资产投资16.66亿元，对农业、公路、通信、公共事业、企业技术改造等进行重点投入，保证能源、交通、邮电等重点项目建设。到1995年，全市公路通车里程450千米，年供电量2.1亿千瓦时，城乡电话装机容量8700门。

“九五”时期（1996—2000年） 全市继续加大固定资产投资投入力度，重视基础设施发展，交通、邮点、水利等建设步伐加快，全社会累计完成固定资产投资25.94亿元。至2000年年底，总投资1.3亿元，全面完成农村电网改造。全市电力负荷4.5万千瓦，供电量3亿千瓦时。全市公路通车里程538.8千米、比1995年年底增长17.3%，公路密度28.6%、比“九五”初期增长4.2%。全市5年累计完成较大水利工程项目1920个，增加可利用水资源量3176万立方米，新增库容1550万立方米，扩大有效灌溉面积3333.33公顷。加强以供水、供电、市场、商业街、住房、校舍、卫生院、旅游景点和城市绿化美化等城市基础设施和小城镇建设，城市综合功能日臻完善。

“十五”时期（2001—2005年） 全社会累计完成固定资产投资145.36亿元。2001年，全市实施项目投入责任制，全社会固定资产投资9.88亿元，比上年增长16.0%。城镇及以上投资出现新的变化：城镇集体及私营企业投资呈快速增长之势。其中，私营企业投资9364万元，增长395.7%；集体企业投资1.24亿元，增长36.9%。基建、更新改造及房地产投资减少。其中，基本建设投资2.05亿元，下降9.4%；更新改造投资1.34亿元，下降17.8%；房地产投资2918万元，下降16.5%。大项目数量增多，总额减少。千万元以上投资项目15个，比上年增加7个；总投资额2.91亿元，比上年下降19.3%，系国资投资减少所致。

“十五”末，全社会固定资产投入78亿元，同比增长37.3%。其中，规模以上投资71.88亿元，同比增长42.1%；规模以下投资（农村50万元以下）6.52亿元，增长0.1%；生产性投资61.75亿元，增长33.2%；非生产性投资16.65亿元，增长55.1%。

“十一五”时期（2006—2010年） 全社会累计完成固定资产投资794.72亿元。2006年，以项目投入为重点，优化投资环境，吸引域外资金，贯彻执行国家宏观调控政策。全社会固定资产投资额91.57亿元，同比增长16.8%。2008年，加大核电、公路、基础设施及低能耗工业项目的投资力度，保持固定资产投资的快速增长，全社会固定资产投资额162.05亿元，同比增长34.9%。2010年，积极推进“全面建设年”各项措施，加大核电站、海阳港、跨海特大桥、亚沙会场馆及配套设施建设的投资力度，投资保持较快增长，固定资产投资额229.84亿元，同比增长23.7%。

1978—2002年海阳市固定资产投资情况表

表17-1-1　　单位：万元

年份	合计	县以上单位	农村集体	私人投资	年份	合计	县以上单位	农村集体	私人投资
1978	803	—	—	—	1991	19821	10009	6246	3566
1979	998	—	—	—	1992	22608	12924	5777	3907
1980	1398	—	—	—	1993	32367	16756	10650	4961
1981	812	—	—	—	1994	45177	15318	24346	5513
1982	5984	1454	2868	1662	1995	46628	16868	25560	4200
1983	4923	1273	2588	1062	1996	41126	15830	22296	3000
1984	6813	2380	3070	1363	1997	36776	14796	18980	3000
1985	9395	2182	3613	3600	1998	40179	23996	13585	2598
1986	9594	2177	4588	2829	1999	56096	29524	20874	5698
1987	7558	2195	2138	3255	2000	85206	54396	18332	12478
1988	14785	6317	3647	4821	2001	98808	61393	24917	12498
1989	12426	6622	1168	4636	2002	172483	90975	54043	27465
1990	13134	6569	3399	3166					

2003—2010年海阳市固定资产投资情况表

表17-1-2　　单位：万元

年份	合计	城镇及以上	农村50万元以上	农村50万元以下	年份	合计	城镇及以上	农村50万元以上	农村50万元以下
2003	341223	206705	80686	53832	2007	1201654	877349	239270	85035
2004	570763	356287	149327	65149	2008	1620511	1315840	218080	86591
2005	784003	513568	205224	65211	2009	1911039	1612668	298371	—
2006	915672	586199	261147	68326	2010	2298361	1914325	384036	—

第二章　统计管理

第一节　机　构

1978年，县计委设统计科。1982年5月，裁统计科，恢复设立海阳县统计局。1984年，内设计算机室。1985年，增设综合、农业、工交财贸3个股。1993年12月，增设海阳县农村经济调查队（以下简称农调队）。1996年5月，海阳县统计局改称海阳市统计局。2002年6月，增设海阳市城市经济调查队（以下简称城调队）。2005年5月，计算机室改称海阳市统计信息中心。2008年10月，农调队和城调队合并组建海阳市经济调查大队，为副科级事业单位。2010年6月，设综合统计核算科、政策法规科、企业统计科；8月，增设服务业统计科。

第二节　社会经济统计

国民经济核算统计　1984年，首次开展年度社会总产值和国民收入的计算，称为平衡统计。1987年，首次开展年度国民生产总值核算和当年投入产出核算。1989年起，增加按支出法计算的国内（民）生产总值表，国内（民）生产总值的核算由生产法、分配法2种方法，过渡到比较完整的运用生产法、分配法和支出法3种方法进行核算。1993年，新的国民经济核算体系基本建立，平衡统计改称国民经济核算统计。2002年，开展非公有（民营）经济增加值及税收等的季（年）度核算，首次提供出反映全市所有制结构的地区生产总值核算资料。

1978—2010年海阳市地区生产总值（当年价）统计表

表17-2-1

年　份	地区生产总值（万元）	第一产业（万元）	第二产业（万元）			第三产业（万元）	人均地区生产总值（元）
			合　计	工　业	建筑业		
1978	18669	11932	4357	4013	344	2380	277
1979	19792	13525	3302	2917	385	2965	293
1980	24639	16709	4149	3698	451	3781	361
1981	24425	15402	5103	4496	607	3920	359
1982	27662	17083	6717	5216	1501	3862	403
1983	43413	32239	6469	5312	1157	4705	485
1984	46547	29172	10817	9077	1740	6558	665
1985	50308	28034	14468	12151	2317	7806	703
1986	54777	29652	17459	14981	2478	7666	779
1987	66618	39920	16136	14548	1588	10562	962
1988	105474	63409	26688	23935	2753	15377	1508
1989	118509	56836	40049	37090	2959	21624	1680
1990	142685	63394	48440	45835	2605	30851	2011
1991	161784	67035	54148	49754	4394	40601	2273
1992	195558	80373	69875	64748	5127	45310	2748

续表 17-2-1

年 份	地区生产总值（万元）	第一产业（万元）	第二产业（万元）			第三产业（万元）	人均地区生产总值（元）
			合 计	工 业	建筑业		
1993	252060	109770	90686	83645	7041	51604	3554
1994	294369	135298	92273	86150	6123	66798	4173
1995	325898	161205	96057	90217	5840	68636	4638
1996	350308	164059	108086	103044	5042	78163	4986
1997	345360	142640	127146	122451	4695	75574	4915
1998	390477	169692	136276	131722	4554	84509	5581
1999	407211	154734	156415	150466	5949	96062	5851
2000	447078	154975	173713	166557	7156	118390	6457
2001	498819	161411	205265	194135	11130	132143	7256
2002	577335	176722	243377	226692	16685	157236	8462
2003	690273	186078	309810	278531	31279	194385	10195
2004	825400	214100	377100	331100	46000	234200	12285
2005	985474	249045	461328	407977	53351	275101	14761
2006	1145024	266899	546159	485028	61131	331966	17195
2007	1350483	300282	646961	576273	70688	403240	20271
2008	1678702	376296	804768	723197	81571	497638	25183
2009	1785897	396479	810470	717725	92745	578948	26787
2010	2089259	456206	916446	798339	118107	716607	31403

农业统计 1978年，全县农业统计报表制度和调查方法逐步丰富和完善。1983年后，根据联产承包责任制实施情况，相继建立起农业产量抽样调查制度和农村经济抽样调查队。1984年，全县建立农作物产量代表户调查制度，村级以下工业划归工业统计。1985年，农村住户调查“增点扩户”，在全县农村设立农作物产量及收支情况大、小两套样本调查。1986年，增加价值和社会经济效益方面的指标体系。2000年，全市范围内进行农村多目标抽样调查，新增特色农业生产情况统计表、特种养殖情况统计表。2002年，新增特色农业生产情况——塑料大棚统计。2010年，农业统计报表形式主要是季报和年报2种。

工业统计 1978年始，工业统计范围不断扩大，内容不断充实。1979年，在工业统计报表中执行新的大、中、小型工业企业划分标准。1984年，增加对乡办工业、村办工业、联营工业、其他形式的合作工业和个体工业企业的统计。1985年，增加建筑业专业统计。进入90年代，在工业统计年报中建立工业增加值统计，工业统计增加经济效益、工业生产增加值、净产值等报表指标体系。1994年，增加外经企业行业统计。1998年开始，工业报表实行改革，年报和月报不再按“乡及乡以上”进行统计，调整为限额以上工业企业，统计范围是全部国有企业和年销售收入500万元以上的非国有工业企业。2000年，增加工业品价格、企业景气和企业集团调查等项目。2001年始，为规模以上工业企业，统计范围是全部国有企业和年销售收入500万元以上的非国有工业企业，主要是对工业企业生产和经营情况进行统计。2010年，工业统计主要以年报和月报形式上报，形成包括生产、经营、效益等方面完整配套的工业总产值、主要产品产量、工业企业等近30种工业统计报表指标体系。

建筑业统计 1990年，房屋装修装饰公司正式纳入建筑业统计范围。1992年，建筑业年报中增加总收入情况表等。1993年，实行企业一套表制度。1996年，建筑业统计的范围由原来的城镇及以上各种经济类型的建筑业企业改为建筑业资质等级五级及以上各种经济类型的建筑业企业。2002年，国家对建筑行业的建筑资质进行重大改革，由过去建筑资质1～5级更改为工程总承包、专业承包、劳务分包3大序列。2010年，建筑业年报表表式为8种，定期报表表式为4种。

交通统计　80年代至21世纪初，定期统计报表范围为县以上交通企业。主要是对客运、货运运输、货运工具、公路养护情况进行统计，主要以季报和年报2种形式上报。

能源统计　1978年，全面改革物资统计报表制度，充实和完善物资统计指标体系。随着计划经济向市场经济的发展，物资统计改为物资能源消耗统计，主要统计工业企业物资能源消费情况。1982年起，单独建立能源统计报表制度，编制能源平衡表。至1998年，正式改为工业企业能源统计，定期报表的范围与工业统计报表范围一致。能源统计主要是对煤、原油及其制品、天然气、电力等消费情况进行统计。2010年，主要以季报和年报2种形式上报。

国内贸易统计　1978年，商业统计主要有社会商品零售总额、主要商品零售额、农副产品收购量、社会购买力情况等。1979年，恢复商业饮食业和服务业网点统计报表。至1992年，国内贸易统计已经形成包括商品流转、商业经济效益和商业机构人员3部分，共22种统计报表的一套统计指标体系。1994年，取消所有涉及按国内商业、对外贸易业、物资供销业的分组和分别填报的报表，统一为批发零售贸易业。1998年，重新划定批发零售贸易、餐饮业的限额标准，原由大、中型企业填报的报表改为由限额以上企业填报，原由小型及个体贸易业填报的报表改为由限额以下企业单位填报。2010年，主要以月报、季报和年报3种形式上报，主要报表有20余种。

外经外贸统计　1984年前，只统计外贸出口、进口数量。80年代后，国际经济交往渐多，统计范围扩大，主要包括对外贸易、利用外资、对外承包工程、劳务合作、对外援助、国际旅游、国家外汇和国际收支统计等。2010年，报表单位为外资企业和相关涉外部门，以季报和年报2种形式上报。

固定资产投资统计　1980年，根据国家统计局将基本建设统计改为固定资产投资统计的要求，进行固定资产投资统计，包括各部门基本建设投资及完成数、更新改造投资额、城乡私人建房数等，统计综合年报种类12种。1981年，固定资产投资统计由全民、城镇集体固定资产投资统计扩大到全社会各经济领域。1985年，实行全国统一的汇总标准表，将固定资产投资的各种指标体系集中反映到一张表内。固定资产投资统计年报分为五大部分，共23种报表。进入90年代，固定资产投资统计报表制度形成一套以投资效果为中心，全面反映投资过程和结果的指标体系，内容包括固定资产建设项目、固定资产投资价值量、新增生产能力（或效益）、房屋建筑面积、投资效果等。

劳动工资统计　80年代，对机关、事业单位和企业实行全面统计报表。至1985年，劳动工资统计报表共有15种，主要包括反映职工人数及增减变动、工资、劳保福利、劳动生产力等方面的主要指标。80年代末90年代初，为适应市场经济体制的发展与变化，劳动工资实行分行业抽样调查，反映机关、事业、企业人员变动、工资收入情况。2010年，以季报和年报2种形式上报。

第三节　统计调查

抽样调查　1982年，承担国家统计局农业产量抽样调查任务，对东村、朱吴、二十里店、大阎家、发城、徐家店6处公社12个大队24个生产队进行抽样调查。同时，在3个大队30个户设立农村经济调查点（1984年年底结束）。省统计局两次现场验收合格，均予奖励。1984年，为了解农民收入情况，对全县农村住户组织1次常规抽样调查。1985年，转为县调查点，农村经济、农业产量两个调查点合一，调查5个乡（镇）10个村100户477人的经济情况。主要项目有全年收入、支出、住户家庭纯收入、农林牧渔主要产品产量、住户出售主要产品、住户主要实物消费、耐用品年末拥有量、住户粮食收支等。1986年，在抽样调查的基础上扩点增户，12月底前抽选出新的调查户。1987年1月—2月开始建账，同时对新抽选的调查户进行1986年度的农民收支情况一次性调查。

1998年后，每年组织进行2～3次规模以下工业的抽样调查，内容为：总产值、主要产品产量、销存、销售收入、利润税金等。同时开展企业景气调查，内容为：企业基本情况、企业负责人对本行业景气状况的判断、企业负责人对企业生产经营景气状况的判断、企业负责人对企业生产经营问题的判断等。2005年后，每年组织进行1次成本费用调查，内容为制造成本、营业费用、管理费用、财物费用等。2006年后，每月对限额以下批发零售业和住宿餐饮业进行1次抽样调查，内容为营业收入、营业成本、费用等。

临时抽样调查 1992年，开展儿童健康调查。1992年、1993年，分别进行人口抽样调查。2000年，开展《妇女发展纲要》《儿童发展纲要》调查。2001年，开展R & D（研究与试验发展）调查。2003年，开展投入产出调查。2007年，开展服务业统计调查，并纳入全市常规性统计工作任务。重点加强能源统计工作，扩大统计调查范围。2008年，再次开展投入产出调查，海阳市获国家级投入产出先进集体称号。2009年，再次开展R & D（研究与试验发展）调查。

第四节　统计普查

人口普查 1978—2010年，海阳共开展4次全国人口普查。1982年，开展第三次全国人口普查，标准时点为当年7月1日0时，全县总人口680325人，男女性别比（以女性为100）为101.62。1990年，开展第四次全国人口普查，标准时点为当年7月1日0时，全县总人口699388人，男女性别比为102.07。2000年，开展第五次全国人口普查，标准时点为当年11月1日0时，全市总人口654594人，男女性别比为101.17。2010年，开展第六次全国人口普查，标准时点为当年11月1日0时，全市常住总人口638729人，男女性别比为102.16。

第三产业普查 1993年，开展第一次全国第三产业普查，以当年12月31日为标准时点。通过普查摸清全县第三产业的规模、结构、效益和分布情况。包括反映第三产业机构和人员方面的指标，如从事第三产业的独立核算单位、单独核算单位的单位数和从业人员数；反映第三产业经营活动情况的指标，如企业的营业收入、营业成本或费用、销售（营业）税金、经营利润；事业单位、国家机关（包括军队、武警部队）、党政机关、社会团体、基层群众自治组织的经费收支、业务（事业）收支、预算外收支和专项资金收支等；反映第三产业实物资产情况的指标，如固定资产原值和净值、库存总值等。

工业普查 1985年，按照国务院统一部署，进行第二次全国工业普查，对本地工业企业内部结构、装备技术、职工素质和经济效益等指标进行普查。1995年，进行第三次全国工业普查，对本地工业法人单位和产业活动单位的生产、经营、技术装备、人员构成等指标进行普查，查清重要国情国力指标的规模和现状，查清工业的所有制、行业、产品、技术经济结构状况，为实施中（长）期工业发展规划、调整结构、提高效益提供决策依据。

经济普查 2004年，开展全国第一次经济普查。2008年，开展全国第二次经济普查，完成5000余个法人和产业活动单位、近3万个个体经营户登记工作，查清国民经济第二、第三产业的发展规模、结构、效益等信息，包括单位基本属性、从业人员、财务状况、生产经营情况、生产能力、能源消耗、科技活动情况等。海阳市统计局获全国经济普查先进集体称号，方圆街道办事处、东村街道办事处、行村镇政府、经济开发区管委会获省经济普查先进集体称号，4人被评为全国经济普查先进个人。

2004年、2008年海阳市经济普查情况表

表17-2-2　　单位：万元

2004年		2008年		2004年		2008年	
地区生产总值	861000	地区生产总值	1678702	金融保险业	6300	金融业	25232
第一产业	211763	第一产业	376296	房地产业	13300	房地产业	106078
第二产业	443400	第二产业	804768	社会服务业	13294	租赁和商务服务业	6873
工　业	340700	工　业	723197	卫生体育和社会福利业	7709	科学研究、技术服务和地质勘查业	8608
建筑业	102700	建筑业	81571	教育、文艺及广播电影电视业	15959	水利、环境和公共设施管理业	2268
第三产业	205837	第三产业	497638	科学研究和综合技术服务业	773	居民服务和其他服务业	11758
农林牧渔服务业	2033	交通运输、仓储和邮政业	71218	国家机关、党政机关和社会团体	15943	教育	40263
地质勘查、水利管理业	43	信息传输、计算机服务和软件业	15138	其他行业	283	卫生、社会保障和社会福利业	21139
交通运输、仓储及邮电通信业	41500	批发和零售业	119046			文化、体育和娱乐业	5579
批发和零售贸易、餐饮业	88700	住宿和餐饮业	20651			公共管理和社会组织	43787

农业普查　1997年，开展第一次全国农业普查工作。2007年，开展第二次全国农业普查工作，查清全市农业、农村和农民的发展变化情况，掌握农业生产、农田水利和农村基础设施建设、农村劳动力转移等方面的基本信息，包括从事第一产业活动单位和农户的生产经营情况，乡（镇）、村委会及社区环境情况，农业土地利用情况，农业和农村固定资产投资情况，农村劳动力就业及流动情况，农民生活质量情况等6个方面。同年，国务院普查工作领导小组授予海阳市国家农业普查先进集体称号。

1997年、2007年海阳市农业普查情况表

表17-2-3

项目 / 年份 / 类别	总产值（万元）		中间消耗（万元）		增加值（万元）		增加值率（%）	
	1997	2007	1997	2007	1997	2007	1997	2007
农林牧渔业	280272	531566	138465	231284	141807	300282	50.6	56.5
农　业	105458	188315	56236	83365	49222	104950	40.9	55.7
林　业	1327	4358	278	1889	1049	2469	79.1	56.7
牧　业	30579	80381	17626	37544	12953	42837	42.4	53.4
渔　业	142908	253683	64325	106072	78583	147611	55.0	58.2
农林牧渔服务业	—	4829	—	2414	—	2415	—	50.0

基本单位普查 1996年，开展全国第一次基本单位普查。2001年，开展全国第二次基本单位普查。通过普查摸清全市各类单位的底数，掌握全市基本单位的组织形式、经济构成、规模结构和生产要素的配置以及行业分布、地区分布等情况，建立和完善覆盖全市的部门间相互衔接、互为补充、信息共享且能动态更新的基本单位名录库系统。

第五节　统计服务与执法

统计服务 1982年恢复县统计局后，整理全县1978—1985年社会总产值、国民收入和1980—1985年国民生产总值资料，整理编印中华人民共和国成立35年的海阳县国民经济统计资料。1999年，组织编修《烟台五十年（1949—1999）》（海阳分册）。对国家和地方实施的统计调查取得的数据和部门调查取得的统计数据，实行统一管理，集中汇集。各种普查、专项调查和定期统计调查数据由统计部门发布统计公报。

1978—2010年，市（县）统计局每年定期编印《海阳统计年鉴》，并向社会发布“国民经济和社会发展统计公报”。年鉴内容包括：综合、农林牧渔业、工业、能源、固定资产投资、交通运输、邮电通信业、批发零售和住宿餐饮业、对外经济贸易、旅游、环保、劳动工资、价格、居民生活、财政、金融、科教文卫等资料。每月定期编印《海阳统计月报》《县市区主要经济指标完成情况》，及时向各级领导和部门发布。《海阳统计月报》内容包括：地区生产总值、规模以上工业、固定资产投资、社会消费品零售额、国内经济合作、外经贸、财税、金融、用电量、人民生活、价格指数、各镇区街道主要指标。

统计部门除按时向上级主管部门呈报月份资料，还编写季度和年度专业统计分析，以经济运行情况为基础，提出问题和建议。2007—2010年，编发统计分析204期，《统计快报》每月刊发一期，《统计信息》刊发20余期。

统计执法 1984年1月1日，《中华人民共和国统计法》实施后，海阳依法开展统计工作，每年组织开展统计法治宣传活动。80年代，统计执法主要采取统一执法大检查和专项检查相结合的形式，对查处的违法行为主要是通报批评、纠正违法行为等。1985—1996年，进行10次统计执法大检查。1996年5月，《中华人民共和国统计法》重新修正。海阳市进一步加大宣传和执法力度，在全市形成贯彻实施统计法的氛围。2000年后，全市建立有关部门数据联审协调工作机制，加强部门间的协调，增强数据的匹配性和衔接性，提高统计质量。2007—2009年，全市共查处统计违法单位56个。2009年，全市组织302名副科级以上干部参加统计法有关知识考试。2010年4月，全市按照部署，认真总结统计“五五”普查工作，完成统计“五五”普法验收工作。6月，全市贯彻执行全国统计执法大检查会议精神，深入开展统计执法大检查。

第三章　物价管理

第一节　机　构

1979年1月，海阳县革命委员会成立物价科，由县计划委员会管理，编制3人。1981年1月，海阳县物价管理局成立，编制8人。内设工价组、农价组，后增加农调室。1984年3月，海阳县物价检查所成立，编制9人。1988年9月，海阳县物价管理局改称海阳县物价局。1990年7月，徐家店物价所成立，为县物价局派出机构，编制3人。1992年7月撤销，人员归县物价检查所。1993年11月，撤销海阳县物价局，其职能归县工商局。海阳县物价检查所整建制划归县工商局管理。物价管理部分职能由县工商局市场科负责，物价检查所专管物价监督检查处理工作。1995年7月，复设海阳县物价局，为正科级，隶属县计划委员会。内设综合科、价格科，后增加副食品价格调节基金征收处。县物价检查所由县工商局划归县物价局管理。1996年4月，县价格事务所与县物价检查所合署办公。1996年5月，海阳县物价局改称海阳市物价局。2000年，市价格事务所与物价检查所单独挂牌办公。2001年，市价格事务所改称市价格认证中心。2010年，市物价局内设办公室、物价管理科。辖市价格认证中心、市副食品价格调节基金征收处、市物价检查所。

第二节　商品价格管理

价格管理体制　1978年前，全县所有商品实行计划价格，政府以行政手段调控物价。1978年后，按照“调放结合、以调为主”的原则，有计划、有步骤地提高粮、油、肉、蛋、菜等主要农副产品收购价格和煤炭、石油等部分基础工业产品销售价格，逐步放开统购、派购以外的农副产品和日用工业品价格。1982年8月，单一的国家定价改为国家定价、企业定价、议价和集市贸易价等多种价格形成形式。1985年，价格管理体制改革，形成“国家定价、国家指导价、市场调节价”并存的价格体系。1997年，实行企业自主定价为主、政府指导价为辅的价格管理形式。价格管理的重点由管理具体商品的价格向宏观调控管理转变。2002年，放开汽车运输、个体诊所和私立医院医疗服务价格及民办宾馆、饭店、幼儿园、家政服务价格。2004年后，除水、电、食盐、卷烟、部分药品和部分农业生产资料由国家定价外，其余商品价格全部放开，实行市场调节。

农副产品价格　1978年后，全县对物价的严格控制逐步取消，农副产品在农贸市场上允许随行议价。1979年，国家对粮油生猪等主要农副产品的收购价格上调。夏粮收购价上调20%、超收部分加价50%，其他农副产品收购价格也相应调整。1980年9月，部分农副产品的收购定价权由省级下放到县级。1981年，允许国家计划收购任务以外的农副产品上市销售。1985年，粮食购销实行合同定购制，粮食提价35%～46%，花生仁提价30%，取消生猪派购，不再统一定价，放开牛、羊、鸡、蛋、蔬菜等鲜活商品的价格。1991年5月，调高城镇非农业户口粮油销售价格，粮食类上升62.7%，食用油上升29.3%。1993年，放开粮油市场销售价格，只对实行合同定购的粮食收购价格进行管理。1996年，大幅度提高粮食定购价格，提高幅度40%。之后，随着各种农副产品供应丰富，粮、油、肉、蛋、菜市场全面放开，市场价格虽有波动，对居民生活影响不大。到2010年，除国家储备粮油外，其他农副产品价格一律由市场调节，农副产品价格改革完成。

工业品价格　1979年8月，对部分机电、电子产品和化工制品等，开始试行浮动价格，成为重工业品出厂价格的一种新形式。为支持和发展农业生产，对农机产品、氨水、磷肥、硫化铁等产品实行价格补贴。补贴率在20%～30%，个别品种50%。1980年5月10日起，取消价格补贴。1981年7月，国家计划调拨的生产资料，包括超产部分和自销部分，必须执行国家定价，不准议价。实行全国统一价格的产品，如钢材、主要机械产品等，可以按保本微利原则，在不超过国家统一价20%的幅度内制定临时出厂价。1982—1983年，共分3批对小商品实行工商企业协商定价。同年，放开10大类586种工业产品的价格，停止使用布票、棉絮票。国家管理价格的商品种类占72.6%，市场调节价的商品种类占27.4%。1984年5月，对工业生产资料价格，属于企业自销和完成国家计划后的超产部分，允许企业在不高于或低于20%幅度内自行定价或由工商双方在规定幅度内协商定价。属于生活资料和农业生产资料的，执行国家规定的价格，但企业可用计划外自销产品与外单位进行协作。

1985年3月，对工业生产资料属于企业自销和完成国家计划后超产部分的出厂价格，取消原定不高于国家定价20%的规定，企业可按略低于当地市场价格出售，参与市场调节。1988年9月，部分彩色电视机销售开始实行浮动价格，彩色电视机价格大涨。1989年，对录像机、放像机、空调、电暖器等大件电器定价进行规范，规定从省外进货差价率为3.5%，省内进货差价率为2%。1990年5月，调整部分五金、交电、化工、百货、文化商品的地区差价，放开省内产缝纫机、手表、收音机、电风扇、自行车、中长纤维布等商品价格，由市场自行调节。对粮食酒、中成药、纸张、火柴等32种商品实行浮动价格。1991年4月，全面放开服装价格，实行市场调节。7月，取消名酒差率控制；8月，取消电冰箱等4种商品差率控制。1992年，除对食盐、药品、书报、纸浆、金银等9类轻工业产品实行定价或者政府指导价管理外，其他轻工业产品价格全面放开。1998年，境内放开工业品价格占90%以上。到2010年，除个别关系国计民生的重要商品实行政府指导定价外，其他社会零售商品价格全部实行市场调节。

生产资料价格 1978年，根据国家规定，对大、中型化肥企业所产计划内尿素、碳酸铵等执行全国统一出厂价格，小型化肥企业产品执行省、烟台市物价部门定价。80年代初，国家逐步对木材、钢材、建材、石油产品等主要工农业生产资料的零售实行浮动价格。由于供需矛盾突出，部分重要生产资料如柴油、钢材、建材、木材等的价格均有所上升。1984年，对生产资料价格实行“双轨制”管理，国家计划调拨部分实行国家定价，企业自行采购部分按“运费加合理利润”定价。1989年，对化肥、农药实行计划内平价供应和计划外议价销售政策。1996年，国家取消农用柴油优待价格。1998年后，除对成品油价格仍由国家控制外，其他工农业生产资料价格均由市场自行调节。

第三节　物价监督与认证

价格检查 1978年起，每年组织物价等部门进行物价大检查，逢元旦、春节、劳动节、国庆节等节日前夕，重点检查副食品市场价格。1984年3月，海阳县物价检查所成立。同年，全县出现“抢购风”。粮油及相关产品价格涨幅8%～15%。当年，全县共抽查县直有关系统50个单位、9个乡（镇）。抽查商品12大类，没收非法收入3.78万元。1988年，市场出现“抢购风”“涨价风”。全县共组织5次大规模物价检查，查处违价案件149起、违价金额39.75万元，收缴非法收入37.4万元。其中，罚款14.5万元，退还用户1.25万元。1989年，物价管理工作重点是

2010年，市物价局工作人员现场监测市场价格

平抑市场价格，打击哄抬物价、买空卖空等行为，对粮食、食油及化肥、柴油、农药、农膜等重要农业生产资料实行专营，对与群众生活关系密切的商品实行最高限价制度。对已放开价格的电冰箱、洗衣机、自行车、电视机等商品，实行企业定（调）价申报制度，由县物价部门统一审批，并定期检查执行情况。共组织7次大检查，查处违价案件99起、违价金额31.98万元，罚没收入和退还用户12.61万元。1990年后，物价检查的重点逐步转向行政性、事业性收费，加强对涉农收费、中小学收费等的监督管理。1995年，查处价格违法单位82个，违法总额307.6万元，经济制裁104.57万元。同年，30个收费单位达到“物价（收费）信得过单位”标准。1996—2010年，全市共立案查处各类价格违法案件565件，违法金额3200多万元，实行经济制裁990多万元。

收费管理 80年代后期，全县部分行政部门和事业单位擅自设立收费项目或提高收费标准，乱收费现象滋长。1987年，全县实行收费许可证制度，要求所有收费单位必须亮证收费，接受价格、财政部门和社会监督。1991年，全县废止收费项目100余个。1994年，取消收费项目192个。1997年，开始实行企业缴费登记簿制度。2000年后，全市对外向型经济和市级工业园区收费实行优惠政策，对各职能部门进园区企业收费实行严格管理。2007—2009年，市物价和房管部门对全市10个居民小区物业管理进行收费等级评定，制定收费标准。2009年，对全市65个收费单位进行检查，查处违价金额38万元。依法取消收费项目

42项，降低收费项目7项，减轻社会负担5000余万元。2010年，对全市23个涉农收费单位进行专项检查，减轻农民负担。

价格认证　1992年，海阳县开始价格认证工作，主要接受各类市场主体及公民的委托，对其提出的各类商品或有偿服务项目价格进行价值认定。1996年4月，海阳县价格事务所与物价检查所合署办公。1999年，开始为刑事、民事、经济、行政案件中涉及的扣押、追缴、没收、纠纷财务进行价值鉴定，对交通事故、财产损失进行价格认证。2001年，海阳市价格认证中心成立。2007—2009年，全市共进行各类价格鉴证2680起、9885万元。2010年，进行各类价格鉴证2514起、3977万元。其中，司法机关、行政执法部门委托价格鉴证146起，道路交通事故车物损价值认定117起，旧机动车交易价格评估2251起。

2010年，调整招虎山景区门票价格听证会现场

第四章　工商行政管理

第一节　机　构

1977年8月，复设海阳县工商行政管理局，内设市管组、行政组。1982年11月，县工商行政管理局内设市管、企业、政工、合同4个组，下设农贸市场管理所、经济检查所和东村、凤城、留格庄、大阎家、大辛家、行村、辛安、小纪、盘石店、徐家店、发城、朱吴、郭城、高家、二十里店、山西头、泉水头17个工商所。1983年4月，县工商行政管理局内设政工、市管、企业、经济合同、个体5个股，派出机构不变。1984年5月，县工商行政管理局经济合同仲裁委员会成立。8月，海阳县个体劳动者协会成立，下设17个分会。1993年6月，撤销东村、徐家店工商所，设东村、徐家店工商分局；12月，县物价局与县工商行政管理局合并。1994年1月，行政科、政工科合并，成立办公室；组建稽查大队。1996年5月，改称海阳市工商行政管理局。1997年2月，市工商行政管理局撤销经检所，组建公平交易分局，增设法制科。1998年8月，市物价局与市工商行政管理局分离，单独设立。1999年7月1日，市工商行政管理局改为省工商行政管理局垂直管理。2000年3月，增设政工科、监察室。2001年7月，全省工商系统机构改革，各县（市、区）工商局主要领导干部异地任职。2002年3月，市工商局确定为烟台市工商局直属机构，为正科级。5月，市工商行政管理局内部机构调整，撤销东村、徐家店、凤城工商分局，局设注册局、公平交易局、办公室、人事政工科、财务装备科、法制科、商标广告科、市场合同科、消费者权益保护科、监察室、消费者协会办公室、个体劳动者协会办公室12个科室。派出机构一律称工商所，按照镇、街道区域设置，共设东村、方圆、徐家店、凤城、留格庄、行村、小纪、发城、朱吴、大阎家、盘石店、辛安、二十里店、郭城14个工商所。2010年，内设办公室、人事政工科、财务装备科、法制科、市场合同科、商标广告科、消费者权益保护科、纪检监察室、公平交易局、企业注册局、消费者协会办公室、个体劳动者协会办公室、工商信息中心。辖东村、方圆、徐家店、凤城、留格庄、行村、小纪、发城、朱吴、大阎家、盘石店、辛安、二十里店、郭城14个工商所。

第二节　市场监督管理

1978年后，执行“对外开放，对内搞活”方针，集市贸易日趋活跃。1982年，上市物品由百余种增加到300余种。县工商行政管理局在16处集市安装广播喇叭，宣传集市贸易政策；设立服务台13处、磅秤65台，设专职服务员；建设有棚市场1442平方米，售货台370米，售肉架60余米，牲口桩200余个。当年集市贸易成交额1785.2万元，占社会商品零售总额11.4%。1983年，全县推广东村工商所实行的“摊号”制，解决管理与被管理的矛盾，减少商贩之间争抢场地纠纷。1985年，上市商品增至625种，总额1.81亿元，成交额2906万元，占社会商品零售总额11.7%。1994年，全县集贸市场63处，集市贸易成交额4.18亿元，新发展个体工商户3618户，总数1.17万户，从业人员1.88万人，注册资金6117万元。同年，开展创建文明市场、文明摊位和文明经营户活动，查处欺行霸市、掺杂使假、以次充好、缺尺少秤等违法行为。1996年，共组织9次市场监督检查活动，查处违章违法案件128起、制假窝点16个，查处假劣化肥、地膜、水泥、摩托车等总价值726万元。1997—1998年，开展治理集贸市场“三乱”活动，拔掉“钉子户”117个，查处违法案件89起。同时开展节日生活市场秩序、春季农资市场和夏季饮料市场三大专项治理，查处制售假冒伪劣商品案件36起，罚没款入库20余万元。2001年，依法取缔1个旧车辆回收拆解市场。2002年3月，开展集贸市场专项整治活动，查处制售假冒伪劣商品案件30多起，罚没款入库20余万元。同年，开展“餐桌污染”和肉类市场治理，共销毁各类不合格肉食品600千克。2004年2月，组织防控禽流感。开展超市、集贸市场商品质量检查等执法活动，依法查处商品质量案件100余起，罚没款入库46万元。2006年，加强流通领域商品质量监管，完善索票索证制度。2007年，与大型商场、超市签订“不销售问题食品承诺书”，与市场开办单位签订“食品安全监管责任书”，共查办食品违章违法案件78起、案值93.2万元。2008年9月，停止收取市场管理费。全市形成各类市场83处。其中，农村消费品市场72处，市区专业市场11处。市场交给市场主办方进行管理，形成谁办市场谁负责的管理模式。2009年4月29日，将东村大集迁至温州商贸城。投资600余万元，对温州商贸城相关地段进行改造。2010年，推行食品流通经营户“一票通行”制度和食品流通经营户自律“三条线”标准，进一步规范食品流通经营行为，全面开展创建“流通环节食品安全放心社区（镇、区、街道）”活动，建立起食品流通环节安全长效监管机制。

2010年7月28日，市工商局执法人员检查熟食制品市场

第三节　企业登记管理

1978年，全县个体工商业者320人，其中小商小贩215人。中共十一届三中全会后，健全工商行政管理机构，所有工商企业必须向工商行政管理部门登记，领取营业执照。1979年，查处无照经营企业573户。6月，开展特种行业登记发照工作。1980年，对全县工业企业进行登记并注入“户口”，发展企业1021户，个体经济11111户。1982年，对全县技术行业人员进行考试。1985年，对党政机关和干部经商办企业问题进行清理，党政机关干部经商办企业的不正之风得以纠正。对全县321个公司、中心进行清理和整顿，共撤销无资金、无场地的“皮包公司”108个。1988年，外资企业开始出现。1990年，清理整顿公司，全县共撤销公司15个、分支机构20

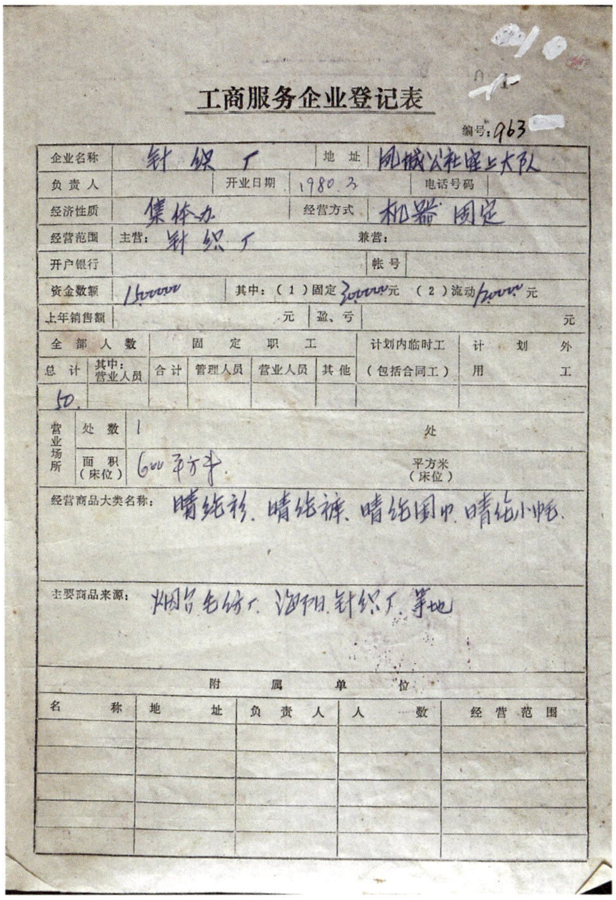
工商服务企业登记表

编号：963

企业名称	针织厂	地址	凤城公社窑上大队
负责人		开业日期 1980.3	电话号码
经济性质	集体办	经营方式	机器 固定
经营范围	主营：针织厂	兼营：	
开户银行		帐号	
资金数额	15000	其中：（1）固定 3000 元	（2）流动 12000 元
上年销售额	元	盈、亏	元

全部人数：总计 50

营业场所：处数 1 处；面积（床位）600平方米

经营商品大类名称：腈纶衫、腈纶裤、腈纶围巾、腈纶小帽

主要商品来源：烟台毛纺厂、海阳针织厂等地

附属单位：名称　地址　负责人　人数　经营范围

1980 年，窑上大队针织厂工商服务企业登记表

个，解决政企不分、官商不分、转手倒卖谋取暴利等经济秩序混乱问题。1993 年，国营、集体、私营企业中部分企业以公司形式出现。年内新发展私营企业 58 户，总数 148 户，新增外商投资企业 91 户。1995 年，支持企业转轨建制，建立政企分开、产权明晰、责权分明、管理科学的现代企业制度，办理公司改造 532 户。1996 年，对 761 户企业进行公司制度改造。1997 年，市委、市政府把个体私营经济发展列入当地经济发展的总体规划，专业村、专业镇、私营经济园区快速发展。全市共发展专业村 50 个，产业镇 1 个，私营经济园区 2 个。市工商局被省工商局、省劳动厅和省总工会授予山东省工商系统支持再就业工程先进单位称号，被烟台市委、市政府评为支持再就业工程先进单位。2003 年，针对 61 个重点投资项目，相继出台一系列优惠政策，开辟“绿色通道”，为企业解决生产经营中遇到的困难。2005 年，实施“阳光政务”，优化发展环境，排忧解难，全力提高经济发展质量。2007 年，下放审批权限，放宽审查、年检等限制，简化工作流程，为民营经济发展提供便利。全年办理优惠证 1780 余人，免收登记费、工本费、管理费。2008 年 3 月，推动发展农民专业合作社，成功注册 125 户，促进民营经济发展。充分利用网上登记、网上年检、“12315”网络平台等信息化手段，实现信息资源共享、业务协同服务，提高工作效能。

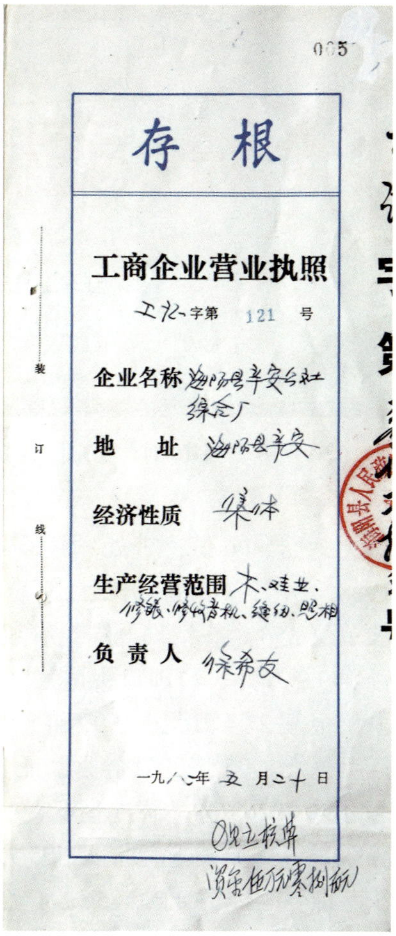
存　根

工商企业营业执照

工农字第 121 号

企业名称　海阳县辛安公社综合厂

地　　址　海阳县辛安

经济性质　集体

生产经营范围　木、娃娃、修鞋、修收音机、缝纫、照相

负 责 人　徐希友

一九八一年五月二十日

1981 年 5 月 20 日，辛安公社综合厂营业执照存根

2009 年，对各类市场主体的设立、发展予以政策再放宽、门槛再降低、效率再提高，优化发展环境。2010 年，按照便民、优质、高效的原则，推出 12 条服务措施，优化民营经济发展环境。同年，新注册登记私营企业 267 户；新发展个体工商户 1389 户；发展农民合作社 90 户，农民专业合作社 330 户，指导返乡农民工、大中专毕业生创业、就业 700 余人。

第四节　经济合同管理

1980 年，县工商部门对工商、农商、商商之间的经济合同进行管理。1984 年 12 月，县工商局设立经济合同仲裁委员会。1985 年，建立三级经济合同管理网，县、乡（镇）、村均建经济合同管理组织。当年，全县签订经济合同 23587 份、涉金额 2804.7 万元，调解仲裁合同纠纷 12 起、确

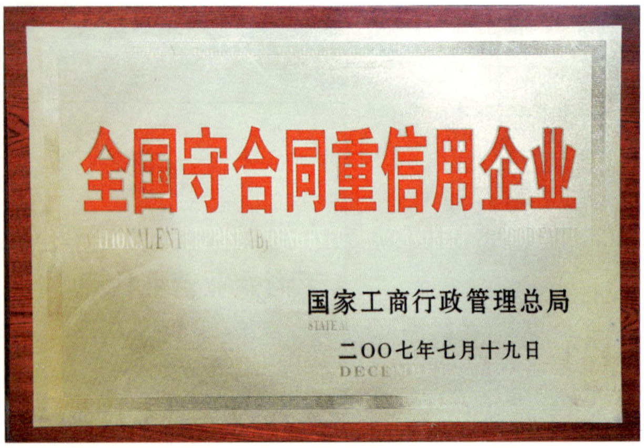

2007年7月19日，方圆集团获“全国守合同重信用企业”称号

认无效合同6份，查处利用合同违法案件8起。1988年4月—8月，开展经济合同纠纷清理工作，涉单位256个，清理合同纠纷案12起，涉争议金额179.9万元；清理口头协议纠纷案件18起，涉争议金额27.4万元。1990年8月，对蚕茧合同进行鉴证。1995年，为企业鉴证合同13642份，检查合同28263份，通过鉴证、检查、调解、仲裁等手段，为企业避免损失405万元。1997年，依法鉴证各类经济合同4856份，合同金额2.3亿元，为企业避免和追回经济损失567万元，有6家企业被省工商局评为“重合同守信用”单位，70家企业被烟台市工商局评为“重合同守信用”单位。至1999年，经济合同管理的内容逐步转变为查处利用合同进行的违法行为，制定合同示范文本、调解合同纠纷、办理抵押合同登记、培训合同管理人员、开展重合同守信用活动、监管拍卖活动。2004年，5家企业被评为省级“重合同守信用”企业、6家企业被评为烟台市级“重合同守信用”企业。2007年，深入开展“重合同守信用”企业评选活动，对原有的21家省级、36家市级“重合同守信用”企业进行年审，对符合条件的8个企业分别推荐为省、烟台市级“重合同守信用”企业，其中，方圆集团被评为全国“重合同守信用”单位，是全市第一家国家级“重合同守信用”企业。2010年，办理抵押合同50件，抵押物价值3.55亿元，主债权金额1.78亿元。查处利用合同违法案件30起，涉金额616万元。全市35家企业被认定为“重合同守信用”单位，其中国家级1个、省级11个、市级23个；培训合同管理人员480名，为企业办理抵押物登记261件，抵押物总值16亿元。

第五节　广告与商标管理

广告管理　1982年2月，县工商局开始对广告进行管理。每年开展打击非法虚假广告、取缔非法经营广告清理整顿工作。1995年2月，加强对全县的各类广告和广告经营行为监督管理。2000年，海阳市明月广告有限公司成立，是海阳最早的广告公司。2001年，海阳市大洋广告装饰有限公司、海阳市广通广告装饰有限公司先后成立。2003年，海阳市工商局查处发布虚假广告、无照从事广告经营及擅自发布印刷品广告等违法广告4件。2004年，查处擅自发布固定形式印刷品、擅自发布户外广告等违法广告案件22件。2006年，市工商局安装刻录设备，对海阳电视台的广告进行监测，查处无照从事广告经营、发布药品广告及虚假广告等案件17件。2007—2010年，查处擅自发布食品、医疗器械、医疗广告及发布虚假广告等违法案件52件，维护消费者利益。2010年，全市共有广告经营主体36家。

商标管理　1979年10月，恢复商标注册核转工作。由注册申请人向县工商局交送申请书和其他文件副本，由县工商局核转国家工商总局，同时对未注册的商标使用进行管理。1980年，县内多数企业产品，办理注册商标健全商标监管制度。到1985年，全县19种产品办理注册商标。1986年8月，境内实行商标二级核转制度。1987年9月，县工商局执行《关于商标用字规范化问题的通知》规定。1992年，商标注册由原先的二级核转改为商标事务所代理。2002—2003年，建立起书面和电子注册商标。对经工商局申请的商标进行统一规范管理，对每个商标的转让、许可变更续展等进行跟踪监督，适时指导规范商标的使用，并根据电子台账，及时通知商标所有人进行续展，保持商标的有效性。2008年5月，海阳市成功申报海阳白黄瓜国家地理标志证明商标，是全市第一个国家地理标志商标。1980—2010年，全市共注册商标567个。

2000—2010 年海阳市获山东省著名商标情况表

表 17-4-1

<table>
<tr><th>单位名称</th><th>获得时间</th><th>商标名称</th><th>单位名称</th><th>获得时间</th><th>商标名称</th></tr>
<tr><td>方圆集团有限公司</td><td>2000.06</td><td>方圆</td><td>海阳市永平纸业有限公司</td><td>2007</td><td>白莲</td></tr>
<tr><td>山东帝阁集团公司</td><td>2002.08</td><td>帝阁</td><td>海阳市创实实业有限公司</td><td rowspan="2">2008</td><td>创实</td></tr>
<tr><td>山东新雨针织有限公司</td><td rowspan="3">2003.07</td><td>新雨</td><td>海阳津成泰农产品发展有限公司</td><td>玉山津成泰</td></tr>
<tr><td>山东富尔达空调设备有限公司</td><td>FUERDA</td><td>烟台金海化工有限公司</td><td rowspan="3">2009</td><td>凯升</td></tr>
<tr><td>山东申士制衣有限公司</td><td>申士</td><td>海阳新建针织服装有限公司</td><td>梦缘</td></tr>
<tr><td>烟台友谊制线有限公司</td><td>2004.06</td><td>连心</td><td>方圆集团有限公司</td><td>方圆</td></tr>
<tr><td>烟台海洋水泥有限公司</td><td rowspan="2">2005.08</td><td>海洋</td><td>烟台科力夫有限公司</td><td rowspan="2">2010</td><td>众冶</td></tr>
<tr><td>海阳海达恒嘉毛纺染业有限公司</td><td>海达</td><td>海阳市宏坤箱包有限公司</td><td>宏坤</td></tr>
<tr><td>烟台磊磊乳品有限公司</td><td>2007</td><td>磊磊</td><td></td><td></td><td></td></tr>
</table>

随着商标作用的日益凸显，与此相应的违法行为增多。市工商局加大对商标违法案件的查处力度，2003—2006 年，查处冒充注册商标、擅自印制商标标识等商标违法案件 43 件。2007 年，查处假冒他人注册商标案 11 起。其中，查处假冒“方圆”注册商标配件的案件 3 件，并有 1 件移交市公安部门处理。2008—2010 年，查处假冒他人注册商标的服装、酒类、卷烟等案件 29 件。

第六节　执法检查

1979 年，对无证经营情况进行摸底调查，查处无证经营的 78 户、一证多营的 43 户，为建立经济户口奠定基础。1985 年，对党政机关和干部经商办企业进行清理整顿，查处党政机关开办企业 20 家、干部兼职 21 人、挪用公款 18.5 万元。对已经核准的 4527 户企业进行抽查，查处无证经营 228 户、超范围经营 75 户，撤销“皮包公司”108 家，对不具备条件的 103 户企业予以变更手续。1986—1987 年，全县查获违章违法案件 1113 件。其中，投机倒把案件 81 件，千元以上大案 24 件，移交司法部门 7 件。1988 年，设立经济检查所，加强对企业的监督检查，共检查企业 845 户，对全县 125 家公司进行清理整顿；加强粮食、对虾、蚕茧市场的管理，全县设立 8 个检查站，查获非法收购案件 32 起，保证国家收购计划的完成。1990 年，县政府成立由县工商、财办等 8 个部门组成的清理整顿公司领导小组，全县撤销公司 15 户、分支机构 20 户；依法查处各种经济违法案件 647 件。1992 年，经检工作的重点由过去查处一般违章违法案件转为打击制售假冒伪劣商品和走私行为，共查处经济违法案件 148 起，罚款 39.8 万元。其中，假冒案件 49 起，罚没款 36.8 万元。1997 年 2 月，撤销经检所，组建公平交易分局，依法组织监督市场竞争行为，查处垄断、不正当竞争、走私贩私、传销等经济违法案件。2004—2007 年，重点围绕打击商业贿赂、整顿医疗行业的经营秩序和非法传销等开展专项行动，共立案查处各类违法案件 443 起、案值 400 多万元。2009 年，开展打击“傍名牌”专项执法行动，共查处商标侵权、“傍名牌”案件 11 件，涉案金额 16 万元。查处“三七”面粉侵权案，收缴假冒面粉 10 余吨；查处建材行业的“彩钢瓦”造假案，案值 5 万余元。2010 年，开展危险化学品“打非”和成品油专项整治行动。检查生产、运输、储存、销售、使用危险化学品生产经营企业386家，关闭非法加油点3个，取缔非法烟花爆竹点2个，查封仓储设施4处。

第七节　消费者权益保护

1991年5月12日，海阳县消费者协会成立。1992—1995年，受理消费者投诉1395起，挽回经济损失61.51万元。1996年，市消协会员发展到2万余人。2002年4月，消费者权益保护科成立。同年，积极开展“12315”和消费者协会进商场、进社区、进学校、进农村、进旅游景点的“五进工程”，重点加强农村“12315”投诉举报站和消费者协会投诉站建设，“两站”总数707个。2003年5月28日，“12315”申诉举报指挥中心开通。2004年，在全市范围内建立消费者投诉站和“12315”申诉举报站。至2010年，共受理消费者咨询、投诉1.5万件，处结率90%以上，准确率100%，为消费者避免和挽回经济损失2890万元。共评选省级消费者满意单位5个，烟台市级消费者满意单位32个，海阳市级消费者满意单位37个。

2008年3月15日，市工商局在新元广场举行“3·15”消费者权益保护日宣传启动仪式

第五章　审　计

第一节　机　构

1984年3月，海阳县审计局成立。1985年，内设工交股、财贸股、行政事业股。1989年5月，海阳县审计师事务所成立，隶属县审计局，开展社会审计工作。1996年5月，海阳县审计局改称海阳市审计局。1999年9月，市审计师事务所改制为社会中介组织，与审计局人、财、物脱钩。2006年12月，成立海阳市内部审计协会。2010年，审计局内设办公室、财政金融审计科、固定资产投资审计科、行政事业审计科、经贸审计科、经济责任审计办公室。

第二节　国家审计

1978年，县财政局负责全县财政资金的审计监督工作。1984年3月，县审计局成立后开展企业审计、固定资产投资审计、行政事业单位审计、财政金融审计、经济责任审计等。至2010年，共完成审计项目1236个，查出违规违纪资金5.68亿元，上缴财政2.47亿元；提出审计建议5689条。

财政审计　市级财政预算执行审计　1995年，根据《中华人民共和国审计法》规定，开始对市级财政预算执行情况及其他财政收支情况进行审计监督，并延伸审计有关单位，逐渐成为审计机关的一种常规审计、例行审计。审计结果报告报市（县）政府审查后，代表政府向本级人大常委会报告，接受审议。1995年10月—1996年3月，对全县1995年财政预算执行情况及其他财政收支情况进行审计，共审计县财政局、地税局、金库和县教委、工商局、建委等20个预算执行部门，延伸审计42个二、三级预算执行单位，共查出各种有问题资金495万元，约占被审资金8.9%。1996年，全市共审计12个一级预算执行单位，23个二、三级预算执行单位，查出隐瞒应缴税费、罚没收入11.21万元，挪用专项资金24.15万元，6所学校向学生乱收费60.55万元；

查出预算外违纪违规资金1572.7万元。1997—2006年，全市共组织对106个一级预算单位和160余个二、三级预算单位进行年度预算执行情况审计。2007年，对6个预算执行部门及2006年市级预算执行和其他财政财务收支情况进行审计，并延伸审计8个下属单位和6个纳税企业。查处违规金额3874万元，上缴财政380万元。2008年，对8个预算执行部门及2007年市级预算执行及其他财政财务收支情况进行审计，并延伸审计12个下属单位和6家纳税企业。查处违规金额1519万元，管理不规范金额156万元，上缴财政1363万元。2009年，对6家预算执行部门及2008年市级预算执行及其他财政财务收支情况进行审计，并延伸审计其他5个下属单位和6家纳税企业。查处违规金额6617万元，管理不规范金额3321万元，上缴财政3296万元。2010年，对9个预算执行部门及2009年市级预算执行和其他财政财务收支情况进行审计，并延伸审计6个下属单位和6家纳税企业。查处违规金额4841万元，上缴财政2091万元。至2010年，累计查处违规违纪问题128个，金额1.28亿元；提出审计建议136条，督促有关单位整改，促进本级财政预算及其他财政财务收支的合法、规范，提高财政资金使用效益。

乡镇财政审计　1995年起，每年选取部分乡镇进行财政决算审计，从中发现乡镇在财政决算上存在的不合规、不合法，管理不科学、不合理的问题，促使乡镇财政管理科学、规范。1997年，审计3个乡镇利用调库、混库截留市级收入62.57万元。1995—2006年，对全市镇区街道财政进行两轮审计。2007年，对4个镇区街道进行财政决算审计，查处违规金额1055万元，调账处理573万元。2008年，对2个镇财政决算进行审计，查处违规金额647万元。2009年，对2个镇进行财政决算审计，查处违规金额580万元。2010年，对2个镇财政决算进行审计，查处违规金额36万元。至2010年，已轮换审计3次。其间对10个撤、并乡进行财务、资产等审计移交。

行政事业单位审计　1984年起，每年选择使用财政资金较多、较分散的行政事业单位进行审计监督，促进规范、合理分配使用资金，查处违规违纪问题。重点对教育、卫生、科技、农业、水利、林业、民政、劳动等部门进行审计。查处教育乱收费、卫生新农合资金管理不规范、科技经费下拨不及时等问题。1995年后，以促进行政事业单位财务收支的真实、合法，规范经济活动为目标，重点检查行政事业单位在预算外资金管理、执行收支两条线规定和收费政策、单位财产物资安全完整、执行政府采购、国有资产保值增值等方面存在的问题。1997年，全市重新修订出台《事业单位财务规范》《事业单位会计制度》。同年，审计12个部门单位，查处乱收费6.25万元，违规购置商品18.8万元，挪用专项资金14万元。1998年，审计查出私设“小金库”19个，历年发生额总计137万元，10个部门单位存在账外账的问题，总额951万元。1999—2006年，全市共对106个行政单位进行审计，发现问题依法及时查处。2007年，对市工商局、教体局等11个行政事业单位进行审计，查处违规金额3387万元。2008年，对市劳动保障局、民政局、农业局等8个行政事业单位管理的社保资金、福利彩票资金、支农资金进行审计，查处管理不规范金额2860万元。2009年，对市公安局、市委党校、市总工会等12个行政事业单位的财务收支、经费管理等进行审计，查处违规金额1850万元。2010年，对1个行政事业单位进行审计。2008—2010年，全市举办行政、事业单位财务人员培训班8次。发放财经审计法规选编1600册。

企业审计　1984年，审计发现10家县属工商企业违反《成本管理条例》，乱摊成本费用31.98万元；4家企业少提折旧基金，瞒报利润26.78万元；10家企业账账不实金额95.22万元。1985年后，以摸清企业真实的资产和经营状况、改善经营管理、提高经济效益为目标，加强对企业的审计。重点对县水泥厂、化肥厂、农药厂、磷肥厂、造纸厂、绣花厂等骨干企业进行审计监督，查处违纪问题，进行严肃处理，促进企业健康发展。1988年，开始对企业承包经营进行审计。1993年，对全县新成立的海阳五金集团公司、山东方圆集团公司、山东众冶集团公司、海阳县包装集团公司等进行移交审计。1995年，对全县12个工业集团公司下属的110家企业进行资产、负债和损益审计。共审计资产12.56亿元，审减资产4亿元，审增负债5300多万元，查出漏缴税款366万元，提出审计建议400余条，为加强对工业企业管理提供重要依据。1997年始，全市企业改制工作全面推进，审计部门参与企业改制的清产、破产审计工作。2000年后，按照上级审计部门授权，对全市金融、保险、通信、烟草、电业等进行财务收支审计，查处有关违规违纪问题，促使其遵守财经法规，加强财务管理，依法照章经营纳税。2007—2009年，每年均对供电公司、邮政局、保险公司、新华书店、盐业公司等企业的资产、负债、损益进行审计。至2010年，共参与审计改制、破产企业200余家。

固定资产投资审计 1985年起，根据国家规定，开始对国有资产投资的基本建设工程和技术改造项目进行跟踪审计。1992—1993年，对全县36个新开工项目进行开工前审计，压缩和节约投资132万元。1995—2000年，重点对市（县）政府投资的道路、水利、校舍改造等建设工程全面进行审计监督，堵塞漏洞，提高效益，节约财政资金。2006年，对电业公司二期城网改造、东海渔港扩建、交警大队办公楼装修、新元中学建设、经济开发区绿岛绿化及核电部分工程进行审计，发现违纪资金1666万元，审减工程造价2763万元。2006年后，重点对海阳市举办亚沙会，市政府投资建设的道路、绿化、管网、场馆、拆迁项目进行跟踪审计监督。2007年，审计政府投资工程项目9项，审计工程金额9896.7万元，审减工程金额1015.9万元。参加政府投资工程招标、议标36次。拆迁资产评估审计38项，审减资金6万元。2008年，审计政府投资工程项目18项，审计工程金额1.95亿元，审减工程金额2738万元。参加政府投资工程招标、议标25次。拆迁资产评估审计16项。2009年，审计政府投资工程项目8项，审计工程金额5680万元，审减工程金额474万元。参加政府投资工程招标、议标21次。拆迁资产评估审计13项。审计中央拉动内需新增投资项目3批28个。2010年，全年审计政府投资工程项目15项，审计工程金额4185万元，审减工程金额1213万元；参加政府投资工程招标、议标33次；拆迁资产评估审计39项。至2010年，共审计政府投资道路、桥梁、水利、绿化、管网、拆迁、安置、公益事业等建设项目538项，审计项目建设资金6.92亿元，审减资金1.2亿元。

固定资产投资审计

经济责任审计 1989年，开展企业承包经济责任审计，县审计局参加标的测算和出席答辩会38次。1990年后，对县化肥厂、造纸厂、磷肥厂等厂长进行离任审计。1992年起，逐步对党政事业单位领导干部进行离任经济责任审计。1998年，全市成立市经济责任审计领导小组，由市纪委、市监察局、市委组织部、市人事局、市审计局组成的联席会议，每半年召开一次联席会议，通报经济责任审计情况，研究经济责任委托、评价、结果运用等问题。2000年起，对党政机关、法院、检察院、群众团体、事业单位、镇区街道主要领导干部及国有和国有控股企业法人代表进行任期内经济责任审计。重点对领导干部遵守国家经济政策、财务收支、重大经济活动决策、内控制度建立及执行、廉洁勤政情况等进行监督。同时，对任职时间较长的领导干部进行任中经济责任审计，发挥审计的预防警示作用。2005年，对13个部门和单位的主要负责人进行离任经济责任审计，查处违纪违规金额680万元；移交经济案件1件、涉案2人，分别受到党内严重警告和行政记大过处分。2006年，完成经济责任审计项目34个，查处违纪违规金额1500多万元，查处“小金库”1个；移交经济案件3件，2人受到党纪处分。2007年，对19个部门和单位的主要负责人进行离任经济责任审计，对12个部门的主要领导进行任中经济责任审计，查处违规金额5542万元。2008年，对28个单位的主要负责人进行离任经济责任审计。向纪检监察机关提供经济案件线索3条，向检察机关移交经济案件1件，涉案1人。2009年，对24个单位的主要负责人进行离任经济责任审计，对3个单位主要负责人进行任中经济责任审计。向纪检监察机关提供经济案件线索1条。2010年，对28个部门和单位的主要负责人进行离任经济责任审计，对4个部门的主要领导进行任中经济责任审计，查处违规金额1756万元。至2010年，完成经济责任审计项目348个，其中离任经济责任审计项目289个、任期经济责任审计项目59个。

专项资金审计　1985年起，根据上级主管部门和县政府的要求，对特定项目和单位进行专项审计。1992—1993年，先后对全县农业专项资金、科技三项经费、小农水补助费、待业养老保险金、农村养老保险金和国有土地有偿使用收入的征、管、用情况等进行审计，审计总金额1100多万元，查处贪污土地有偿使用费2人、金额6700多元。2000年后，以查处滞留、挤占挪用专项资金等严重违规违纪和损失浪费问题为目标，把“村村通建设资金”“农业专项资金”“水利建设专项资金”“林业专项资金”等作为审计监督重点。2007年，对全市“爱心捐助”资金、“村村通”自来水、“村村通”公路工程资金、海域使用金、国有土地出让金等进行专项审计调查，查处违规金额639万元。2008年，对计划生育专项资金、疾病预防控制与传染病救治体系建设资金、支农专项资金、排污费收入资金等进行专项审计，查处管理不规范金额572万元。是年起，连续3年对全市劳动保障资金进行审计监督，查处违规违纪问题。2009年，对就业保障资金、农村药品监督和供应网建设资金、“家电下乡”补助资金、新型农村合作医疗资金等进行专项审计，查处违规金额781万元。2010年，市审计局对残疾人就业保障金、全市企业独生子女的父母退休时一次性养老补助政策落实及资金兑现情况、水资源费征收管理、三项计划生育奖励扶助制度落实及资金兑现、三年大造林、全市融资平台运行情况等进行专项审计调查，查处违规金额4196万元。

2010年，全市内部审计培训会议

第三节　内部审计

1986年8月，有10个行政、事业、企业单位成立内审机构，配备审计人员25人，其中专职审计人员18人，采用以会代训方式培训内部审计人员40人。1989年5月，制定《内部审计机构审计人员管理规则》《内部审计工作制度》等规范性文件。1995年，部分机关、事业单位因编制等原因，内审机构撤销或并入财务部门。2006年12月，成立海阳市内部审计协会。团体会员31个，个人会员60人。按照社会团体管理要求，每年参加年检。2010年，全市有内审机构37个。其中行政、事业28个，企业5个，金融4个。内部审计人员84名，其中专职内部审计人员25名。累计完成内部审计项目3845个，查处损失浪费1.8亿元，纠正违纪金额1.2亿元，提出建议被采纳784条，促进增收节支2.2亿元。

第四节　社会审计

1989年4月，海阳县审计师事务所成立，隶属县审计局，为全民所有制事业单位，从业人员22人，其中具有注册会计师资格的5人。内设办公室、财务查证部、评估部、验资部、基建验证部。主要从事社会审计查证、企业注册资金本金验证、资产评估、基本建设工程预（决）算验证、经济案件鉴证、会计咨询服务等业务。

1999年，市审计师事务所与市审计局脱钩，改制为烟台双益有限责任会计师事务所，主要从事注册资金验证和年检、审计查证，签订财会审计咨询合同或协议、财会与审计人员培训、资产评估等业务。至2010年，全市有从事审计业务会计师事务所4家，分别为烟台润立明联合会计师事务所、烟台兴润联合会计师事务所、烟台振华有限责任会计师事务所、烟台双益有限责任会计师事务所，从业人员55名。社会审计机构每年受托审计80余项。

第六章　质量技术监督

第一节　机　构

1971年，标准计量管理工作由县计委划归县科学技术委员会负责。1979年9月，县标准计量所成立，隶属县科学技术委员会。1987年3月，海阳县标准计量局成立，内设行政股、标准管理股、质量管理股、计量管理股、计量所、产品质量监督检验所。1989年3月，成立海阳县计量仪器实验厂和海阳县标准计量器材供应站，均为股级全民事业单位，编制分别为7人和4人。1993年3月，海阳县标准计量局改称海阳县技术监督局。11月，县技术监督局内设标准质量管理科、计量管理科、办公室。1995年7月，县产品质量监督检验所和县计量所确定为副科级事业单位，编制分别增加到20人。1996年4月，海阳县技术监督稽查队成立。5月，海阳县技术监督局改称海阳市技术监督局。2000年6月，全省质量技术监督系统实行垂直管理。9月，市锅炉压力容器检验所划归市技术监督局。2001年1月，海阳市技术监督局改称海阳市质量技术监督局。2010年，内设办公室、监督与法制科、财务科、保障科、纪检监察室、计量科、质量（认证、科技）科、总工办、标准科、食品科、机械检测站、安全监察科，辖稽查队、计量所、质检所。

第二节　标准化管理

企业标准化　1979年，实行标准化管理工作。到1986年，全县企业制定各种企业标准20个。1987年，围绕全县产品创优和新产品开发开展标准化管理工作，共收集标准资料5504份。1988年，共收集各种标准4478份，建立标准资料信息库，工业标准覆盖率99%，乡镇工业68%。2001年，应用《国家标准网络发行服务系统》，标准资料的收集、使用更加方便、快捷。到2004年，库存标准资料1.6万份。

1987年，开始受理企业标准的备案工作，当年受理7个企业标准备案。1997年，国家质检总局开始推行企业采用标准登记制度，当年办理标准登记370个。至2010年，共办理标准登记3201个，其中有效标准1129个。

1988年，开始推行采用国际标准工作，当年帮助1项产品通过采用国际标准验收。由于企业倒闭、标准废止等原因，至2010年，采标企业、产品仅剩3个。

1993年，国家开始实行组织机构代码证书颁证工作。2007年起，对组织机构代码实施动态管理，建立电子档案。至2010年，累计办理企业代码登记4995个。由于企业破产、单位撤销等原因，先后注销组织机构代码1108个。至2010年，代码数据库存贮数据3887个。

1997年开始对进入超市的商品实行条形码识别制度，当年受理商品条形码注册1个，至2010年，共受理商品条码注册70个。

至2010年，受理企业标准备案累计359个，企业备案有效标准存贮36个。其中《海阳白黄瓜生产技术规范》被批准发布为烟台地方标准。

1987—2010年海阳市标准、代码、条形码情况表

表17-6-1　　　　单位：个

年　份	备案标准	登记标准	采用国际标准	代　码	条形码	年　份	备案标准	登记标准	采用国际标准	代　码	条形码
1987	7	—	—	—	—	1999	12	168	—	204	—
1988	2	—	1	—	—	2000	9	172	1	92	—
1989	2	—	5	—	—	2001	13	180	—	110	6
1990	28	—	5	—	—	2002	8	190	1	85	11
1991	40	—	3	—	—	2003	5	210	—	124	5
1992	47	—	—	—	—	2004	7	262	—	103	3
1993	38	—	—	1103	—	2005	3	188	—	95	6
1994	20	—	1	235	—	2006	5	176	—	137	9
1995	8	—		189	—	2007	6	119	—	62	8
1996	32	—	2	120	—	2008	18	530	3	124	13
1997	17	370	—	136	1	2009	7	281	—	201	2
1998	21	156	—	118	—	2010	5	199	—	435	6

农业标准化　1989年，全省农业标准化示范区建设展开。2002年，进行无公害农产品推广，全市有7家企业13个产品获得无公害农产品标志使用证书。2003年，有8家企业45种产品获得无公害农产品标志使用证书。2004年，海阳市大菱鲆鱼作为国家级标准化示范区申请立项，列入第五批国家农业标准化示范区。2005年，项目正式启动建设。2007年11月，通过国家标准化管理委员会专家组考核验收。同年，海阳市白黄瓜作为国家级标准化示范区申请立项。至此，全市共有24家企业的108个产品获得无公害农产品证书，居烟台市各县（市、区）首位。2008年1月，列入第六批国家农业标准化示范区，并正式启动建设。2010年7月，通过国家标准化管理委员会专家组考核验收。

第三节　计量管理

法定计量单位、计量器具推行　1985年，开始推行法定计量单位工作，责成木杆秤生产单位生产法定计量单位木杆秤。1986年，在县百货大楼和留格庄供销社食品站进行法定计量单位试点；年底，全县商贸单位全部采用法定计量单位。1987年，对全县各单位的压力表和台案秤量值进行改制。1990年改制95.7%。1991年，全部改制完毕。

量值传递、计量器具维修和量值检测　1979年，开始计量器具的量值传递和计量器具的检定维修工作。到1986年，对全县的衡器、天平、砝码、压力表、长度、中温共3类15种计量器具，进行量值传递和检定维修工作。1987年，县标准

2008年10月22日，市质监局在发城镇检查苹果计量器具

计量局逐步完善计量检测器材设备，配套补齐压力、天平、衡器3项监测仪器，新建血压计、硬度计计量室，并通过烟台市计量所标准器考核。同时对企业计量室在用的标准器具进行考核。至2010年，建有社会公用计量标准24项，形成14大类38个品种的计量器具检定能力，共检定各类计量器具18万多台（件），其中强制检定计量器具14万多台（件）。

1987—2010年海阳市计量器具检定情况表

表17-6-2

年份	强检计量器具		其他计量器具		年份	强检计量器具		其他计量器具	
	数量（台、件）	合格率（%）	数量（台、件）	合格率（%）		数量（台、件）	合格率（%）	数量（台、件）	合格率（%）
1987	2346	85.3	421	82.6	1999	6120	91.2	1567	88.9
1988	2654	85.7	563	83.1	2000	6284	92.4	1652	89.2
1989	2782	86.1	682	83.4	2001	6517	93.8	1703	90.4
1990	3261	85.2	787	83.9	2002	6745	94.3	1720	91.3
1991	3450	86.5	880	84.5	2003	6926	95.6	1746	92.7
1992	3829	87.3	904	84.2	2004	7181	95.8	1766	93.5
1993	4123	87.8	1065	84.8	2005	7336	96.5	1782	94.0
1994	4635	88.5	1100	85.4	2006	7614	97.3	1801	95.4
1995	4978	88.1	1237	86.1	2007	8113	97.8	2027	96.7
1996	5523	89.4	1280	86.7	2008	8627	98.2	2814	97.3
1997	5267	89.7	1369	87.6	2009	10273	98.1	4122	98.0
1998	5683	90.6	1484	88.5	2010	14036	98.4	4671	98.1

企业计量管理与计量定（升）级 1979年，开始对企业计量定（升）级工作。到1986年，全县共有13家企业获得各种计量证书。其中，二级计量1家，三级计量8家，计量合格4家。1995年，该项工作全面结束时，全县共有126家企业获得二级计量、三级计量和计量合格等级的计量证书。

计量监督 1987年起，加大《中华人民共和国计量法》的执法力度，每年组织开展计量执法检查，严厉打击偷斤短两、损害消费者利益行为。1996年，成立执法机构，加大执法工作力度。2007—2009年，检定强检计量器具2.66万余台（件），定检率96%；各类衡器8800余台（件），合格率98%；定量包装商品840余批次，合格率96%。至2010年年底，共查处各类计量违法案件213起，没收各类不合格计量器具343台（件）。

第四节 质量管理

产品质量检验 1987年，成立产品质量监督检验所，设化验室、建材检验室、轻工检验室、机械检验室、石油检验室等，并通过省级质量认证，先后具有296项产品的4626个参数、31项产品的541个方法的法定检验资格。重点承担与人民生活相关的面粉、食用油、各类食品、酒类、建材产品、农资产品、化工产品的质量检验工作。至2010年，累计完成产品检验2.4万批次，海阳市（县）的产品合格率从1987年的66.7%上升到2010年的95%以上。同时对检验不合格产品进行后处理，确保产品质量稳步提高。

质量监督 1987年，加大对产（商）品质量的监督检查，特别是1993年9月1日《中华人民共和国产品质量法》实施后，依法加大产品质量监督检查力度，不断打击生产经销假冒伪劣产品行为。至1995年，共查处产（商）品违法案件800余起，查获各类假冒伪劣产品价值1000余万元，有效遏制假冒伪劣产（商）品泛滥趋势，提高产品质量合格率。1996年4月，成立县技术监督稽查队。至2010年，共查处各类生产销售假冒伪劣产（商）品案件2554起，查获假冒伪劣产（商）品21万多件，价值2563万元；受理各类质量投诉案件1390余起，处理结案率99%，为消费者挽回经济损失1200余万元。

1996—2010年海阳市打假情况表

表17-6-3

年　份	查办案件（件）	案　值（万元）	年　份	查办案件（件）	案　值（万元）
1996	63	42	2004	133	192
1997	78	61	2005	197	211
1998	192	56	2006	115	163
1999	214	112	2007	115	184
2000	200	78	2008	110	187
2001	305	289	2009	141	192
2002	287	314	2010	174	203
2003	230	279			

优质、名牌产品评选与管理　1980年3月，开始进行优质产品评选。至1986年，全县有13个企业的19种产品被评为国优和省（部）优产品。其中，国优银质奖1个，部优4个，省优17个。1988—1989年，全县争创省级优质产品10个、部级优质产品2个。2004年，方圆集团生产的JZC、JS系列混凝土搅拌机、山东富尔达空调设备有限公司生产的富尔达牌地温中央空调，被评为山东省名牌产品，结束海阳没有名牌产品的历史。2005年，方圆集团生产的混凝土泵获山东省名牌产品称号。2007年，海阳市皇家红富士苹果被评为首批山东省名牌农产品，实现农产品名牌零的突破。

质量体系认证和生产许可证　1995年，方圆集团率先在全县企业中通过ISO 9000系列质量管理体系认证。2001年，通过ISO 14000环境管理体系认证。至2010年，全市共有41家企业通过

方圆集团有限公司“方圆”牌获中国自主知名品牌及优秀中标品牌

2010年4月29日，市质监局举办特种设备培训班

质量管理体系认证，12家企业通过环境管理体系认证，17家企业通过食品安全管理体系认证；62家食品企业获得81家食品生产许可证（QS），48家企业获得工业产品生产许可证。

第五节　特种设备检验与管理

2000年9月，特种设备安全监察职能划归质监部门，市技术监督局开始实行特种设备检验和安全监察工作。2004年，增设特种设备安全监察科，对特种设备开展动态监管。至2010年，累计检查特种设备使用单位2214家，检验锅炉3845台、压力容器3000台、压力管道9000米、机电类特种设备1002台，排除安全隐患177起。

2004—2010年海阳市特种设备监察情况统计表

表17-6-4

年　份	使用单位（个）	特种设备（台）	排除隐患（件）
2004	296	926	26
2005	298	933	28
2006	323	938	21
2007	326	986	29
2008	328	1123	26
2009	307	1326	23
2010	336	1228	24

第七章　土地矿产资源管理

第一节　机　构

1987年7月，海阳县土地管理局成立，内设行政科、政策法规科、建设用地科。1990年1月，海阳县矿产资源管理局成立。设土地利用规划站。1993年11月，撤销县土地管理局、县矿产资源管理局，组建县土地矿产管理局。1995年7月，撤销县土地矿产管理局，分别设立县土地管理局和县地质矿产局。1996年5月，改称海阳市土地管理局、海阳市地质矿产局。2001年12月，撤销市土地管理局、市地质矿产局，组建市国土资源局。2002年6月，土地开发整理储备中心成立，为市国土资源局二级事业单位。2005年，原市城市规划管理处的测绘职能划归市国土资源局；在全市设置1个国土资源管理分局，6个国土资源管理所；设立市国土资源执法监察大队；设立海阳市地理信息中心；市土地利用规划站改称市国土资源规划站，内设综合科、资源规划科、资源调查科。2006年设征地办公室，为市国土资源局二级事业单位。2010年，内设办公室、政策法规科、耕地保护科、地籍管理科、土地利用管理科、地质环境与矿产开发管理科；辖国土资源规划站、地理信息中心、国土资源执法监察大队、征地办公室、地租征收处、土地开发整理储备中心、城区分局和发城、徐家店、行村、大阎家、小纪、留格庄6个国土资源所。

第二节　土地规划利用

土地利用规划　1993年10月，开始第一轮土地利用总体规划修编工作，基期为1990年，目标年为2000年，规划期10年。1996年，编制完成《海阳市土地利用总体规划（1996—2010）》，并于2000年实施。截至1996年，全市耕地面积71631.6公顷，全市建设用地总规模15297公顷。2010年，编制完成《海阳市土地利用总体规划（2006—2020）》。以2005年为基期，以2020年为目标年，2010年为近期目标年，规划范围包括海阳市行政区划内的全部土地。主要由土地利用结构和布局调整、耕地保护、建设用地调控、土地生态建设、土地综合整治、土地用途分区等组成。2010年，全市土地总面积190969.2公顷。其中耕地面积76906.95公顷，占土地总面积40.27%；园地19993.05公顷，占10.47%；林地29406.72公顷，占15.39%；草地4275.85公顷，占2.24%；城镇村及工矿用地15990.55公顷，占8.37%（其中城市用地3653.34公顷，占1.91%；建制镇用地2091.49公顷，占1.1%；农村居民点用地8202.61公顷，占4.29%；独立工矿用地1569.28公顷，占0.82%）；交通运输用地6203.56顷，占3.25%；水域及水域设施用地19146.97公顷，占10.03%；其他土地19045.56公顷，占9.97%。

土地分等定级 1995年5月—10月，海阳县完成首次土地分等定级工作。对城区北至新兴村、东至方圆集团、南至烈士陵园、西至武头山，总面积约20平方千米的土地，按商业、住宅、工业三个类别划分为一级地、二级地和三级地。其中，一级地主要集中在城市中心区域，北至海河路、东至文山街、南至海东路、西至花园街；二级地的范围是一级地外，以海山路、海园路、东哲阳、旅游鞋厂、职业高中、工艺品集团公司所围成的区域内；三级地主要是城乡接合部。

由于基准地价是在所设定基准日及相关条件下进行评估而确定，具有很强的时效性。随着城市人口、社会经济发展、城市规模、城市结构等因素的变化，基准地价也应作相应的调整。因此，海阳市先后于1998年、2002年、2007年、2010年进行4次土地级别与基准地价的更新。

宗地地价评估 1993年，成立县地产评估事务所，负责对企业改制、兼并、破产、重组上市、司法仲裁涉及的土地资产处置和土地使用权出让、转让、出租、抵押的宗地地价评估。2002年，地产评估事务所与国土资源局脱钩，成为独立法人、自负盈亏的社会中介机构。国土资源局对其进行监督，对中介机构所出具的估价报告实行审查和备案制，规范地产市场。

第三节 耕地保护

1987年，绝大部分耕地划入保护区进行保护。1994年4月，在全县范围内开展对各类违法占地行为进行清理整顿专项行动。县政府批转县土地矿产管理局《关于对1991年以来各种违法占地和违法建设的处理意见》，对全县违法占地和违法建设进行一次集中清理整治。1998年8月，将土地分为农用地、建设用地和未利用地。严格限制农用地转为建设用地，控制建设用地总量，对耕地实施特殊保护。2004年7月，基本农田保护实行各级政府负责制，实行占用耕地补偿制度。10月，建立完善耕地保护和土地管理的责任制度。2005年，严格实行耕地保护制度，确保基本农田数量和质量，按照“依法依规、规范调整，确保数量、提升质量，稳定布局、明确条件”的要求，开展基本农田保护工作。同年，全市土地总面积190969.20公顷，其中农用地面积155901.10公顷；耕地面积77021.90公顷，其中基本农田保护面积65859.30公顷，高于烟台市下达的基本农田保护面积目标。

2009年，郭城镇当道村梯田

2010年，海阳市耕地保有量74796公顷，划定基本农田保护面积68029公顷，占全市耕地总面积90.7%。主要分布在徐家店、郭城、发城、朱吴、小纪、盘石店等镇。全市设置28个基本农田保护标志牌，永久基本农田保护界线拐点处埋设1400个界桩。市政府与镇（街道）政府（办事处）、镇（街道）政府（办事处）与村委会、村委会与承包户层层签订耕地保护责任书，印发基本农田保护责任卡30万张。归档备案县级永久基本农田保护图、乡镇级基本农田保护图、标准分幅图等图件资料，永久基本农田划定报告，基本农田统计表格资料，基本农田保护责任书、责任卡及其他相关资料，耕地保护形势进一步改善。

第四节　建设用地管理

建设用地　1991年前，海阳县国有土地使用一直沿袭“三无”（无偿、无期限、无流动）做法。非农业建设占用耕地3亩以下，其他土地10亩以下的，可直接由县政府审批。1991年，县政府实行统一征地，土地行政主管部门与被征地单位签订征用土地协议，开始土地有偿使用试点，全县所有非农业建设占用土地，必须由土地行政主管部门组织批件，统一报省政府审批，审批后的国有建设用地按具体审批权限供地。1992年，全县清理整顿土地隐形市场。1993年，县政府全面推开国有土地有偿使用。新《中华人民共和国土地管理法》实施后，所有非农业建设征用土地的审批权上收到省政府和国务院。海阳市建设用地按以下审批权限审批：对建设征用基本农田及基本农田以外耕地超过525亩的，征用其他土地超过1050亩的须报国务院批准，征用上述规定以外土地的，报省政府批准。对具体建设项目使用国有建设用地及国有未利用土地的，按以下权限办理审批手续：占用土地30亩以下的，由海阳市政府批准，逐级报省政府备案；占用土地30亩以上120亩以下的，由烟台市政府批准，报省政府备案；占用土地120亩以上的，由省政府批准。国有重点建设项目、军事设施和跨省的建设项目以及国务院规定的其他项目用地，需要占用土地利用总体规划确定的国有未利用土地的，报国务院批准。在土地利用总体规划确定的城市和村庄、集镇建设用地规模范围外单独选址的建设项目用地，报国务院或省政府批准。凡涉及农用地转为建设用地的，全部办理农用地转用审批手续。在市土地利用总体规划确定的城市和村庄、集镇建设用地规模范围内，为实施该规划而将农用地转为建设用地的，按土地利用年度计划分批次报省政府批准。2010年12月，海阳市在审批建设用地时遵循的原则是“一保（保国家和省、烟台市重点建设项目）、二严（严格计划管理，严格用地标准）、五不批（无建设用地计划指标通知书不批，无当年投资计划不批，超申请计划指标的不批，不符合城乡建设规划的不批，不符合环保规定的不批）”。城市建设用地上报审批，报批程序为：用地单位向市土地行政主管部门提出申请→市土地行政主管部门拟订征地方案→按权限审批土地→出让（划拨）土地→颁发“国有土地使用权证”。

农民宅基地　1999年前，按照占用耕地由市（县）政府审批，占用非耕地由乡（镇、公社）政府（管委会）审批。1999年后，无论占用耕地还是非耕地均由市政府审批。1989年，实行农村土地有偿使用，农户每平方米宅基地每年的有偿使用费为0.1元，农村宅基地有偿使用收取的资金实行村庄所有、乡（镇）管理的办法，主要用于村庄基础设施建设。通过实行宅基地有偿使用，县内农村“建房热”得到缓解，对落实土地基本国策，促进农村社会稳定，加快农村基础设施建设起到积极推动作用。1993年，为减轻农民负担，停止收取农村宅基地有偿使用费。2001年，实行计划管理和指标管理，由土地行政主管部门对农民建房户数、占地面积、建房面积实行指标控制，乡（镇）的年度计划指标统筹使用，村民委员会提报的村民建房计划及批准的建房户，须由村民会议或者农村集体经济组织全体成员讨论同意，所在村委会通过，并张榜公布。对建房用地的程序作出规定：对符合建房条件的村民，必须由村民写出申请，经所在村委会通过，户口所在地公安机关出具户籍证明，由所在镇（区、街道）政府（管委会、办事处）审核，报市土地行政主管部门批准。2004年2月，市政府规定：城市规划区范围内的57个村庄内严禁建平房，新纳入的近期控制远期搬迁的19个村庄建住宅楼享受每搬迁1户，村集体可自主开发3户的优惠。2007年4月，市政府规定：经批准进行社会主义新农村建设、整村成片拆迁改造的，在规定时间内拆除超过90%的，享受“拆一安一建三”优惠政策。12月，制定《关于城市规划区内农民建房及旧村改造的意见》，规定在城市规划区内的村庄禁止建设平房，鼓励建设多层楼房。确因位置偏远、地形复杂，或人均耕地在1.5亩以上的村，在符合城市总体规划的前提下，经规划部门现场勘察选址报市政府同意，可以建设二层楼房或平房。同时，经市政府批准进行旧村拆迁改造的村，享受“拆一安一建三”的优惠政策。

土地交易　2000年，海阳市拍卖第一宗国有土地使用权，拉开海阳市国有土地使用权土地拍卖序幕。2007年1月，市政府制定《海阳市工业用地“招拍挂”出让实施办法》，1月1日起，全市工业用地出让全部采用招拍挂方式公开出让，工业用地招拍挂工作步入正轨。

2003年，全市土地招拍挂158.29公顷，实现土地收益1.068亿元，入库资金6373万元。2004年，出让土地27宗，面积154.53公顷，实现土地收益1.76亿元。2005年，出让土地36宗，面积158.53公顷，总成交价款4.2亿元，实现政府纯收益2.3亿元。2006年，出让土地16宗，面积75.49公顷，成交总价款2.4亿元。2007年，出让土地32宗，面积408.13公顷，总成交价款12.6亿元，实现政府收益2.4亿元。2008年，出让土地27宗，面积146.33公顷，总成交价款3.1亿元。2009年，出让土地43宗，总成交价款4.2亿元。2010年，出让土地101宗，总成交价款16.59亿元。6月23日，举行的国有土地使用权拍卖会，成交总价款4.52亿元，创造海阳单次土地拍卖会总成交价款纪录。

依法征地　在征地过程中，严格执行“两公告一登记”制度。广泛听取村集体和村民的意见，确保集体和村民对征地的知情权和参与权。对耕地年产值标准、征地区片综合地价、地上附着物补偿标准、征地补偿费支付方式等出台一系列实施意见。2008年7月，根据海阳市经济发展水平、征地区位价格、人均耕地数量及农民人均收入等因素，市政府重新制定海阳市征地及地上附着物补偿标准。2009年，市政府印发关于实施征地区片综合地价标准的通知，并探索实施留地安置、货币安置、就业安置、社会保险安置等方法，保证失地农民“当前生活不下降、长远生活有保障”，维护被征地农民的合法权益。

第五节　土地开发整理

1997—2000年，编制《海阳市土地开发整理工作规划》。2001年7月，海阳市沿海荒地综合开发项目立项，项目规模293.8公顷，总投资500万元，建设期1年。11月，辛安镇土地开发整理项目立项，规模68.3公顷，投资额408.18万元，建设期2年。2002年12月，行村镇浪水湾苇地开发整理项目立项，规模43.73公顷，总投资137.75万元，建设期1年。2003年4月，二十里店镇土地开发整理项目立项，规模904.1公顷，总投资1816万元，建设期2年。9月，留格庄镇望格庄土地管理项目立项，规模217.81公顷，总投资490万元，建设期1年。2004年12月，发城镇土地开发整理项目立项，规模806.5公顷，总投资1891万元，建设期2年。2005年12月，小纪镇徐格庄片土地开发整理项目立项，规模936.75公顷，总投资1806.90万元。2007年9月，郭城及徐家店片国家级土地整理项目立项，规模862.8公顷，总投资2045万元。2007—2010年，全市共完成土地开发复垦1039.47公顷，开发数量居烟台市各县（市、区）首位。

第六节　矿产资源管理

1986年5月，海阳县成立矿产资源管理办公室，设在县计划委员会。1990年1月，海阳县矿产资源管理局成立。负责全县矿产资源管理工作，履行《中华人民共和国矿产资源法》赋予政府的四项管理职能。1997年，市地质矿产局投资12万元编辑出版《海阳市矿产概论》《海阳市地质概论》《海阳市地质图》《海阳市矿产地质图》，囊括海阳市的矿产资源管理相关内容。2001年，编制完成《海阳市矿产资源总体规划》，规划至2005年，展望至2010年。

2004年7月，发布实施第一轮《海阳市矿产资源总体规划》。烟台市国土资源局对夼里地区金矿普查设计进行审查并批准，拨付资金40万元。通过普查，查明境内地区岩层产状、构造形态、成矿地质条件和控矿因素，确定岩层含矿性。2005年，对刘家疃地区金矿普查设计进行审查并批准，拨付资金40万元。3月，市国土资源局对全市砂石资源利用情况进行全面清查，对违法违规现象进行整顿。5月，被省国土资源厅评为国土资源执法模范县。2006—2010年，完成海阳市第二轮矿产资源规划修编，建立矿业权分布空间数据库，开展矿产优化整合工作，压缩全市矿产权数量，矿产资源集约化利用水平进一步提高。印发《关于进一步加强山体等自然资源利用管理的通知》，通过严格山体旅游开发、规范承包山峦管理、完善挂牌出让程序、实行保证金制度等措施，约束和规范矿产资源开采行为。开展矿山安全综合治理，关闭各类违法采矿点和破坏耕地的实心黏土砖（瓦）厂，提高矿产资源综合开发利用水平。

2010年8月，市公安局、安监局、国土局和工商局等部门联合行动，关闭非法矿山

第八章　安全生产监督管理

第一节　机　构

海阳市安全生产委员会办公室　1994年1月成立，隶属县劳动局，主要负责全县工业企业的安全生产，承担锅炉、压力容器、电梯、防爆电器等特种设备的检验检测工作。1996年5月，改称海阳市安全生产委员会办公室。2000年9月，划归市经济贸易委员会管理，不再承担锅炉、压力容器、电梯、防爆电器等特种设备安全管理和检验检测职能。2002年6月，划归市安全生产监督管理局管理，隶属市经贸局。2003年10月，隶属市安全生产监督管理局。

海阳市安全生产监督管理局　2002年6月成立，为副科级单位，隶属市经贸局，负责全市安全生产监督管理工作。2003年4月，增加对危险化学品的监督管理职能。10月，为正科级规格。2005年2月，列市政府序列部门。2010年8月，增加职业卫生监督检查职能。内设办公室、综合监督管理科、危险化学品与职业安全健康监督管理科、工矿商贸安全监督管理科、法规与科技科。

海阳市安全生产监察大队　2003年10月成立，为股级事业单位。2008年7月，为副科级单位。

镇（区、街道）安全生产监察中队　2003年10月，设立镇（区、街道）安全生产监督管理办公室，与镇（区、街道）经济发展办公室合署办公。2007年7月，改称镇（区、街道）安全生产监察中队，实行委托执法。

第二节　安全生产监督检查

1978—1993年，县劳动局对全县交通、消防、工业企业劳动职业安全卫生、锅炉压力容器进行管理，组织调查处理企业职工伤亡事故，全县安全生产形势总体稳定。安全生产委员会办公室成立后，除进行日常的综合安全生产检查外，在每年的元旦、春节、劳动节、国庆节等重点时期重要节假日，制订安全大检查工作方案，适时开展安全生产专项检查。组成由各分管副市长任组长、其他职能部门任成员的督导组，对各镇（区、街道）、各主管部门、各大企业的安全检查情况进行督导。重要时期、节假日向重点领域、重点区位、重点单位派驻安全督察员 300 ～ 320 人次。1994 年，县安全生产委员会办公室对全县工业企业、交通、消防等安全生产工作进行管理，开展以劳动安全卫生、职业安全卫生健康、女职工劳动保护等安全生产大检查。2000 年，组织开展以“夏季四防”“冬季四防”为主要内容的生产经营单位安全生产大检查。2002 年，以减少一般事故、防止较大事故、杜绝重特大事故为目标，开展安全生产大检查和集中整治。2003 年，对全市安全生产工作进行综合监督管理，不断加强非煤矿山、道路交通、特种设备、建筑施工、危险化学品等重点领域重点部门的安全生产工作，开展安全标准化、“三同时”建设，开展事故隐患排查和治理，完善应急救援预案、备案和进行应急救援演练。2008 起，连续 3 年开展“除夕夜 0 点安全检查活动”；每年召开 12 ～ 14 次联席会议，8 ～ 10 次安全专题会议，研究分析和解决安全生产中存在的问题；每年组织开展 12 ～ 18 次安全生产大检查。4 月，集中开展重大事故隐患百日集中整治活动，检查生产经营单位 6000 余个（次），排查治理各类隐患 580 多处。2009 年 3 月，集中开展安全生产基石工程年活动，检查生产经营单位 5900 余个（次），排查治理各类隐患 1580 多处。2010 年 4 月，集中开展安全生产基层基础深化年活动，检查生产经营单位 7700 余个（次），排查治理各类隐患 2680 多处。对排查出的重大事故隐患，一时不能整改的，市安委会挂牌督办，建立隐患排查治理、隐患分级整改、有奖举报、定期通报等制度，实行动态监控。8 月，组织开展非煤矿山安全专项整治活动，集中取缔 12 处非法开采矿山，关闭非法矿井 3 个。开展职业卫生监督检查活动，全市有 181 家企业进行职业危害申报工作。2008—2010 年，受理并处理各类安全生产案件 28 起。

烟花爆竹安全　每年 1—3 月，根据烟花爆竹销售旺季特点，组织开展烟花爆竹安全专项整治活动。2006 年，对全市 1 个烟花爆竹批发企业和 13 个常年销售企业进行检查，对 280 个临时销售点的从业人员进行安全培训，对经营网点的安全条件进行安全评价和评估，做到持证上岗，守法经营。严厉打击非法烟花爆竹销售行为，2008 年取缔非法经营点 8 个，2009 年取缔非法经营点 10 个，查处烟花爆竹非法经营行为 4 处，没收非法烟花爆竹价值 5000 多元。2010 年，取缔烟花爆竹非法经营点 22 个，没收非法烟花爆竹价值 2000 多元。

道路交通安全　每年开展道路交通安全专项整治，公安、交通、公路、农机、教育等部门，按照各自职责，集中人力、物力，相互配合，联合出动，集中开展以整治营运车辆、危险品运输车、校车、货车、农用车、工程车、拖拉机等车辆活动，查清全市各种车辆数量，建立健全车辆安全监管档案。依法对未年审检验、无牌无证、无营运手续等问题的工程车辆进行处理，落实监管责任人和监管单位。逐一对单位班车、学校校车进行治理整顿，对不符合要求的营运车辆及超载、超员、超速等违法行为依法严肃处理。建立健全危险品运输车辆监管档案，严查无营运资质和不符合安全营运条件的车辆上路。对全市拖拉机进行调查摸底，清理整顿全市拖拉机未年审检验、无牌无证等问题，完善拖拉机安全生产监管

市消防部门组织消防应急救援演练

档案，加强对拖拉机年审检验、驾驶人员持证的监督检查。

第三节　应急救援

2006年，先后制订《海阳市突发公共事件总体应急预案》和《海阳市重特大事故应急救援预案》，修订完善《危险化学品应急救援预案》《非煤矿山应急救援预案》《海上防风暴潮应急预案》等12个子预案。市安委会办公室和各行业主管部门共指导督促企业完善各类预案464份，镇（区、街道）和部门预案编制覆盖率100%，企业预案编制覆盖率72%以上。至2010年，全市有6084家小型生产经营单位，编制生产安全事故现场处置方案，完成率100%。依托市公安消防、水利、卫生、鑫泰公司等部门和大企业，建立适合企业特点的应急救援队伍，定期演练，每年一般企业演练2次以上，高危行业企业演练3次以上，全市每年进行560～580次应急救援演练，重特大事故应急救援处置能力不断提高。

第四节　宣传教育培训

1994年起，县（市）安全生产委员会办公室每年与有关部门签订《安全生产责任书》，明确部门职责，加强责任落实。2003年市安监局成立后，狠抓政府监管、企业主体两个责任，实行“一岗双责”，并把每年3月定为“安全生产责任落实月”。其间，组织一系列活动，建立和落实各层面的责任制，层层签订责任书，实现全面覆盖的安全生产要求。市政府每年下发文件，强化政府的安全责任，明确部门的监管职责。每年6月，组织开展全国“安全生产宣传月”活动。组织13～15辆宣传车，在市区流动宣传；每年设立安全生产宣传“一条街”，设置安全宣传咨询台13～15个，发放安全生产宣传材料3万份，市区主要街道、建筑工地悬挂彩旗、横幅、条幅1600多条（幅），在过街电子屏幕滚动播放安全生产口号，组织开展3次安全生产知识竞赛。2004年开始，把安全生产纳入岗位目标责任制考核，实行“一票否”制度。2006年起，实行逐级述职制度。2009年，开展安全生产职业安全健康知识竞赛，有7.1万余人参加。2010年，坚持持证上岗制度，对生产经营单位厂长（经理）、安全管理人员、特种作业人员、农民工进行安全培训，每年有1300余人参加培训学习，并全部取得资格证书。

第十八编

中共地方组织

第一章 机 构

第一节 中共海阳市委员会

1971年2月，恢复中共海阳县委员会。1996年5月，海阳撤县设市，中共海阳县委员会改称中共海阳市委员会。1978—2010年，中共海阳市（县）委历经第五届至第十二届共8次换届。臧海强、王书臣、刘同德、王曰銮、孙庆传、阎原田、李克英、王国群、李树军、王玉波先后担任市（县）委书记。

1978—2010年中共海阳市委历任书记、副书记、常委一览表

表18-1-1

届次	职务	姓名	任职时间
第四届委员会（1971.02—1980.08）	书记	臧海强	1976.08—1979.03
		王书臣	1979.03—1980.08
	副书记	李瑞忠	1973.01—1980.08
		张言诗	1975.03—1980.08
		黄惠亭	1975.03—1980.08
		臧海强	1975.08—1976.08
		衣更新	1976.09—1980.08
		栾登斌	1978.11—1980.08
		刘同德	1980.04—1980.08
	常委	衣更新	1971.02—1980.08
		黄惠亭	1971.02—1980.08
		张言诗	1972.06—1980.08
		连世洪	1972.11—1980.08
		李瑞忠	1973.01—1980.08
		徐希田	1975.03—1980.08
		邹梅清（女）	1975.03—1980.08
		臧海强	1975.08—1979.03
		王曰銮	1976.08—1980.08
		李书绅	1976.08—1980.08
		栾登斌	1976.09—1980.08
		于明升	1976.09—1980.08
		王春堂	1979.01—1980.08
		王书臣	1979.03—1980.08
		刘同德	1980.04—1980.08
第五届委员会（1980.08—1984.06）	书记	刘同德	1980.08—1984.01
		王曰銮	1984.01—1984.06

续表 18-1-1

届 次	职 务	姓 名	任职时间
第五届委员会（1980.08—1984.06）	副书记	王曰銮	1980.08 —1984.01
		张言诗	1980.08—1984.01
		黄惠亭	1980.08—1984.01
		衣更新	1980.08—1984.01
		邹梅清（女）	1984.01—1984.06
		张凤国	1984.01—1984.06
	常 委	刘同德	1980.08—1984.01
		王曰銮	1980.08—1984.06
		张言诗	1980.08—1984.01
		黄惠亭	1980.08—1984.01
		衣更新	1980.08—1984.01
		栾登斌	1980.08—1980.12
		徐希田	1980.08—1983.06
		李书绅	1980.08—1984.06
		邹梅清（女）	1980.08—1984.06
		由学志	1980.08—1984.01
		赵思先	1981.08—1983.09
		张俊英	1983.10—1984.06
		张凤国	1984.01—1984.06
		王培山	1984.01—1984.06
		于希文	1984.01—1984.06
		王同波	1984.03—1984.06
第六届委员会（1984.06—1987.05）	书 记	王曰銮	1984.06—1987.05
	副书记	张凤国	1984.06—1986.07
		邹梅清（女）	1984.06—1987.05
		李书绅	1984.08—1987.02
		孙庆传	1986.07—1987.05
		慕永太	1987.02—1987.05
	常 委	王曰銮	1984.06—1987.05
		张凤国	1984.06—1986.07
		邹梅清（女）	1984.06—1987.05
		李书绅	1984.06—1987.02
		黄贵山	1984.06—1987.03
		张俊英	1984.06—1986.05
		王同波	1984.06—1987.05
		王培山	1984.06—1987.03
		于希文	1984.06—1987.03

续表 18-1-1

届　次	职　务	姓　名	任职时间
第六届委员会（1984.06—1987.05）	常　委	孙庆传	1986.07—1987.05
		杨德军	1986.09—1987.05
		慕永太	1987.02—1987.05
		矫智仁	1987.02—1987.05
		黄月平	1987.04—1987.05
		李　成	1987.04—1987.05
第七届委员会（1987.05—1990.03）	书　记	王曰銮	1987.05—1987.09
		孙庆传	1987.09—1990.03
	副书记	孙庆传	1987.05—1987.09
		邹梅清（女）	1987.05—1990.03
		慕永太	1987.05—1990.03
		李　皓	挂职 1987.07—1988.12
		矫智仁	1987.09—1989.06
	常　委	王曰銮	1987.05—1987.09
		孙庆传	1987.05—1990.03
		邹梅清（女）	1987.05—1990.03
		慕永太	1987.05—1990.03
		矫智仁	1987.05—1989.06
		王同波	1987.05—1989.04
		杨德军	1987.05—1990.03
		黄月平	1987.05—1990.03
		李成	1987.05—1990.01
		阎原田	1990.01—1990.03
		栾国风	1990.01—1990.03
第八届委员会（1990.03—1995.03）	书　记	孙庆传	1990.03—1992.03
		阎原田	1992.03—1994.09
		李克英	1994.09—1995.03
	副书记	慕永太	1990.03—1991.07
		邹梅清（女）	1990.03—1993.03
		李元成	1991.03—1995.03
		阎原田	1991.07—1992.03
		李克英	1992.03—1994.09
		栾国风	1992.12—1993.05
		梁新明	1993.06—1995.03
		王国群	1994.09—1995.03
	常　委	孙庆传	1990.03—1992.03
		慕永太	1990.03—1991.07

续表 18-1-1

届　次	职　务	姓　名	任职时间
第八届委员会（1990.03—1995.03）	常　委	邹梅清（女）	1990.03—1993.03
		阎原田	1990.03—1994.09
		杨德军	1990.03—1992.01
		黄月平	1990.03—1991.03
		栾国风	1990.03—1993.05
		姜瑞义	1990.03—1993.01
		郑　云	1990.03—1992.12
		李元成	1991.03—1995.03
		李沛玉	1991.10—1995.03
		孙德泰	1991.10—1993.01
		迟明任	1992.01—1995.01
		修京文	1992.01—1993.01
		李克英	1992.03—1995.03
		梁新明	1992.12—1995.03
		李明芳	1992.12—1995.03
		朱全本	1992.12—1995.03
		赵惠珍（女）	1993.01—1995.03
		徐世洲	1993.01—1995.01
		王占顺	1993.06—1995.03
		王国群	1994.09—1995.03
		黄金臣	1995.01—1995.03
		韩世波	1995.01—1995.03
		仲崇波	1995.01—1995.03
第九届委员会（1995.03—1998.01）	书　记	李克英	1995.03—1997.12
		王国群	1997.12—1998.01
	副书记	王国群	1995.03—1997.12
		李元成	1995.03—1997.12
		梁新明	1995.03—1996.01
		李明芳	1996.01—1997.12
		李树军	1997.12—1998.01
		朱全本	1997.12—1998.01
		史本胜	1997.12—1998.01
		栾军波	1997.12—1998.01
	常　委	李克英	1995.03—1997.12
		王国群	1995.03—1998.01
		李元成	1995.03—1997.12
		梁新明	1995.03—1996.01

续表 18-1-1

届 次	职 务	姓 名	任职时间
第九届委员会（1995.03—1998.01）	常 委	王占顺	1995.03—1997.03
		李沛玉	1995.03—1998.01
		李明芳	1995.03—1997.12
		赵惠珍（女）	1995.03—1998.01
		黄金臣	1995.03—1998.01
		韩世波	1995.03—1998.01
		仲崇波	1995.03—1998.01
		徐国田	1996.01—1998.01
		李树军	1997.12—1998.01
		朱全本	1997.12—1998.01
		史本胜	1997.12—1998.01
		栾军波	1997.12—1998.01
		李新胜	1997.12—1998.01
第十届委员会（1998.01—2003.01）	书 记	王国群	1998.01—2001.11
		李树军	2001.11—2003.01
	副书记	李树军	1998.01—2001.11
		朱全本	1998.01—2000.12
		史本胜	1998.01—2003.01
		栾军波	1998.01—2000.12
		丁海滨	挂职 2000.07—2002.06
		邵文兵	2001.02—2003.01
		苑文民	2001.09—2003.01
		刘炳国	2001.11—2003.01
		徐国田	2002.04—2003.01
	常 委	王国群	1998.01—2001.11
		李树军	1998.01—2003.01
		朱全本	1998.01—2000.12
		史本胜	1998.01—2003.01
		栾军波	1998.01—2000.12
		赵惠珍（女）	1998.01—2001.02
		韩世波	1998.01—1999.07
		仲崇波	1998.01—2001.01
		徐国田	1998.01—2003.01
		黄金臣	1998.01—1998.12
		李新胜	1998.01—2003.01
		邢宗利	1998.12—2003.01
		徐炳青	1999.10—2001.05

续表 18-1-1

届　次	职　务	姓　名	任职时间
第十届委员会（1998.01—2003.01）	常　委	邵文兵	2001.02—2003.01
		邹长清	2001.02—2003.01
		李英作	2001.02—2003.01
		宋秀福	2001.06—2003.01
		苑文民	2001.09—2003.01
		贺业增	2001.09—2003.01
		刘炳国	2001.11—2003.01
第十一届委员会（2003.01—2007.01）	书　记	李树军	2003.01—2006.12
		王玉波	2006.12—2007.01
	副书记	刘炳国	2003.01—2004.10
		邵文兵	2003.01—2006.12
		苑文民	2003.01—2006.12
		邹长清	2003.01—2007.01
		王成吉	挂职 2004.03—2006.03
		姜仕礼	2004.10—2007.01
	常　委	李树军	2003.01—2006.12
		刘炳国	2003.01—2004.10
		邵文兵	2003.01—2006.12
		苑文民	2003.01—2006.12
		邹长清	2003.01—2007.01
		贺业增	2003.01—2006.12
		杨学斌	2003.01—2006.12
		邢宗利	2003.01—2007.01
		李英作	2003.01—2007.01
		宋秀福	2003.01—2005.01
		王海仁	2003.01—2006.12
		姜仕礼	2004.10—2007.01
		崔天新	2005.06—2007.01
		王玉波	2006.12—2007.01
		杨升岩	2006.12—2007.01
		王东锴	2006.12—2007.01
第十二届委员会（2007.01—2011.12）	书　记	王玉波	2007.01—2011.12
	副书记	邹长清	2007.01—2008.09
		姜仕礼	2007.01—2011.12
		韩世军	2009.04—2011.11
	常　委	王玉波	2007.01—2011.12
		邹长清	2007.01—2008.09
		姜仕礼	2007.01—2011.12

续表 18-1-1

届　次	职　务	姓　名	任职时间
第十二届委员会（2007.01—2011.12）	常　委	邢宗利	2007.01—2009.04
		李英作	2007.01—2011.11
		王永秋（女）	2007.01—2008.05
		杨升岩	2007.01—2011.12
		王东锴	2007.01—2011.11
		李元辉	2007.01—2011.11
		邢永强	2007.01—2010.01
		崔天新	2007.01—2007.03
		郭树波	2007.03—2008.01
		马淑臣	2007.05—2011.12
		姜雪宁（女）	2008.05—2011.12
		张金瑞	2008.05—2011.07
		于文兴	2010.01—2011.12
		丛　浩	2010.01—2011.12

第二节　市委工作部门

机构设置　1978 年，中共海阳县委工作部门设办公室、组织部、宣传部、县直机关党委、党校 5 个部门。1983 年 11 月，全县进行第一次党政机构改革。县委工作部门设办公室、组织部、宣传部、统战部、农村工作部、政法委员会、企业政治工作部、党校、党史资料征集研究委员会。不列县委工作部门序列，按党章规定设县纪律检查委员会、县直机关党委；低半格的机构有县委老干部工作办公室、县档案科、县信访科、县委机要科 4 个。

1993 年 11 月，全县进行第二次党政机构改革。县委工作部门设办公室、组织部、宣传部、统战部、政法委员会 5 个。按党章规定设县纪律检查委员会、县直机关党委。归口县委组织部管理的机构为老干部办公室。

2001 年 12 月，全市进行第三次党政机构改革。市委工作部门设办公室、组织部、宣传部、统战部、政法委员会 5 个。按党章规定设市纪律检查委员会、市直机关工委。归口市委组织部管理的机构为老干部局。

2010 年，全市进行第四次党政机构改革。市委工作部门设办公室、组织部、宣传部、统战部、政法委员会、市直机关工委、台湾工作办公室、防范和处理邪教问题领导小组办公室、信访局、老干部局、党校、农村工作办公室、党史方志办公室、档案局、岗位目标考核办公室。

海阳市委办公室　1977 年 6 月，海阳县革命委员会办公室改称中共海阳县委办公室。1978 年，内设秘书科、行保科。1984 年 6 月，设县委机要科（副科级），由县委办公室管理。1987 年 3 月，设县委调查研究科，县委办公室管理。1988 年 12 月，县委调查研究科改称县委研究室。1991 年，县委办公室增设保密科。1992 年 3 月，设县保密局（副科级）。1993 年 11 月，撤销县保密局。1994 年 6 月，县委研究室改称县委政策研究室。1996 年 5 月，海阳县委办公室改称海阳市委办公室。2000 年 1 月，市委机要科改称市委机要局。6 月，复设市保密局（正科级）。12 月，撤销市委政策研究室，职能并入市委办公室。2010 年，市委办公室内设综合一科、综合二科、综合三科、信息督查科、政研科、秘书科、行政科、市委机要局（加挂市密码管理局牌子）、市委保密委员会办公室（市政府保密局）、招商科、市委督查局。

第二章　党的地方代表大会

第一节　中共海阳县第五次代表大会

1980年8月22日—24日召开。会议确定正式代表403名，候补代表30名。正式代表中，各级干部200名，占49.5%；工人49名，占12%；农民110名，占27.5%；知识分子40名，占10%；解放军4名，占1%；妇女代表60名，占15%。出席会议代表423名，其中，候补代表29名。县委书记刘同德代表中共四届县委向大会作工作报告。会议总结自1971年2月海阳县第四次党代会，特别是中共十一届三中全会后工作经验教训，提出今后三年经济社会发展奋斗目标，加快经济建设步伐，坚持和改善党的领导的要求及措施。大会审议并通过县委工作报告，审议通过纪律检查委员会工作报告。大会选举产生中共海阳县第五届委员会和纪律检查委员会，其中，县委委员31人，候补委员6人；县委纪律检查委员会委员9人。选举产生出席省第四次党代会代表5人，候补代表1人。8月25日，党代会闭幕后，县委、县纪委分别召开第一次全委会，选举产生常务委员会。刘同德、王曰銮、张言诗、黄惠亭、衣更新、栾登斌、徐希田、李书绅、邹梅清、由学志10人当选县委常委；刘同德任县委书记，王曰銮、张言诗、黄惠亭、衣更新任副书记。张言诗任县纪委书记。

五届二次全委（扩大）会议　1982年3月19日—20日召开。会议主要讨论县委工作报告，全县“六五”期间经济及社会发展规划、多种经营发展规划。

五次代表大会第二次会议　1982年3月21日—23日召开。会议确定代表405名。县委书记刘同德代表五届县委作报告。报告总结第五届党代会第一次会议以来的工作，提出第六个五年计划期间工作任务目标，号召全县加快国民经济发展步伐，依靠政策和科学，大力发展农业生产；积极开展学大庆、学先进活动，夺取工业生产更大成绩。努力搞好精神文明建设，进一步提高党的战斗力。会议审议通过县委工作报告，审议通过全县“六五”期间经济及社会和多种经营发展两个规划。

第二节　中共海阳县第六次代表大会

1984年6月8日—10日召开。会议确定代表482名，不设候补代表。代表中，干部234名，占总数48.5%；解放军2名，占0.4%；农民126名，占26%；工人48名，占10%；各类专业技术人员73名，占15.1%；妇女代表72名，占14.9%；中青年代表占80%以上。出席会议代表445名。县委书记王曰銮代表五届县委向大会作《解放思想，勇于改革，全面开创我县各项工作的新局面》报告。大会总结过去工作，提出下一步工作任务、目标和措施，确保提前五年实现工农业总产值翻两番的奋斗目标，在抓好社会主义物质文明建设的同时，建设高度的社会主义精神文明。大会审议并通过县委工作报告，审议通过县纪律检查委员会工作报告。大会选举产生中共海阳县第六届委员会和纪律检查委员会，其中，县委委员34人，候补委员5人；县纪律检查委员会委员15人。6月11日，党代会闭幕后，县委、县纪委分别召开第一次全委会，选举产生常务委员会。王曰銮、张凤国、邹梅清、黄贵山、张俊英、王同波、王培山、于希文8人当选县委常委；王曰銮任县委书记，张凤国、邹梅清任副书记。县纪委常委8人，杨申任书记。

六届二次全委会议　1985年1月3日—6日召开。会议传达贯彻省委四届四次和烟台市委六届二次全委会议精神。会议提出，认真学习贯彻中共十二届三中全会精神，努力搞好经济体制改革；搞好土地、果业、林业生产责任制；进一步扩大企业自主权；层层承包，彻底打破两个“铁饭碗”；大胆任用开拓型人才，推行厂长负责制。

六届三次全委（扩大）会议 1985年9月18日召开。县委委员、候补委员，乡（镇）党委书记参加。会议主要研究县委常委集体对照检查提纲。

六届四次全委（扩大）会议 1985年12月26日—28日召开。会议主要传达贯彻省委四届六次和烟台市委六届四次全会精神，研究部署下一年工作。

六届五次全委会议 1987年1月8日—9日召开。会议传达贯彻省委四届八次和烟台市委六届六次全会精神，县委书记王曰銮向全会报告1986年主要工作完成情况和1987年工作安排意见，提出在新的一年里，继续坚持改革、开放、搞活方针，全面发展农村商品经济，进一步搞好企业改革，推进社会主义精神文明建设，提高两个文明建设水平。会议审议通过工作报告、《海阳县精神文明建设规划》。

第三节　中共海阳县第七次代表大会

1987年5月7日—9日召开。会议确定代表401名，其中，各级干部240名，占59.9%；各类专业技术人员79名，占19.7%；各行业先进模范人物80名，占19.9%；武警部队2名，占0.5%；妇女代表79名，占19.7%。县委书记王曰銮代表六届县委向大会作《坚持四项基本原则，坚持改革开放搞活，为全面振兴海阳而努力奋斗》报告。大会总结过去三年工作，提出下一步任务，坚持改革、开放、搞活方针，保证国民经济沿着有计划的社会主义商品经济轨道长期稳定发展，坚持四项基本原则，反对资产阶级自由化。大会审议并通过县委工作报告，审议通过县纪律检查委员会工作报告。大会选举产生中共海阳县第七届委员会和纪律检查委员会，其中，县委委员33人，候补委员5人；县纪律检查委员会15人。5月10日，党代会闭幕后，县委、县纪委分别召开第一次全委会，选举产生常务委员会。王曰銮、孙庆传、邹梅清、慕永太、矫智仁、王同波、黄月平、杨德军、李成9人当选县委常委；王曰銮任县委书记，孙庆传、邹梅清、慕永太任副书记。县纪委常委7人，姜瑞义任书记。

1987年5月7日，中共海阳县第七次代表大会

七届二次全委会议 1988年1月17日—18日召开。会议主要研究下一步工作。

七届三次全委（扩大）会议 1989年7月13日—14日召开。会议主要传达烟台市委七届二次全委（扩大）会议精神，总结上半年工作，研究下半年任务和措施。

七届四次全委（扩大）会议 1989年12月30日召开。会议学习传达烟台市委七届三次全委（扩大）会议精神，总结过去工作，研究部署下一步任务和措施。

第四节　中共海阳县第八次代表大会

1990年3月24日—27日召开。会议确定代表400名，其中，各级干部240名，占60%；各类专业技术人员80名，占20%；各行业先进模范人物80名，占20%；解放军（武警）2名，占0.5%；妇女代表61名，占15.2%。非党代表的上届县委委员、候补委员、县纪委委员，县直各部委（办、局）的党内主要负责人61人列席会议；邀请县人大常委会、县政协非党员的副主任、副主席4人作为贵宾列席会议。县委书记孙庆传代表七届县委向大会作《加强党的领导，切实稳定局势，大力发展经济，为把我县的社会主义事业推向前进而奋斗》报告。报告总结过去三年工作，提出今后三年经济工作发展基本路子，稳定发展粮油生产，积极发展多种经营，大力发展乡村工业，加快发展县属工业，突破性发展外向型经济。大会审议并通过县委工作报告，审议通过县纪律检查委员会工作报告。大会选举产生中共海阳县第八届委员会和纪律检查委员会，其中，县委委员29人，候补委员6人；县纪律检查委员会委员15人。3月27日，党代会闭幕后，县委、县纪委分别召开第一次全委会，选举产生常务委员会。孙庆传、慕永太、邹梅清、阎原田、杨德军、黄月平、栾国风、姜瑞义、郑云9人当选县委常委；孙庆传任县委书记，慕永太、邹梅清任副书记。县纪委常委7人，姜瑞义任书记。

八届二次全委会议　1991年1月22日召开。县委书记孙庆传作报告，回顾总结上一年工作，特别是上半年，集中100多天时间在全县开展的社会主义思想教育活动，研究部署1991年工作任务。

八届三次全委（扩大）会议　1992年1月4日召开。会议学习贯彻省、市委全委会议精神，县委书记孙庆传作报告，总结工作，部署任务，提出提前三年实现小康目标。

八届四次全委（扩大）会议　1992年12月18日—19日召开。会议贯彻省、市委全委会议精神，县委书记阎原田作报告。会议讨论通过县委《关于加快经济发展的意见》《关于加强党的建设，提高党组织战斗力的意见》。

八届六次全委（扩大）会议　1994年12月17日召开。县委书记李克英作报告。会议审议通过《海阳县1995年工作要点》，确定十个方面工作。

八届七次全委会议　1995年3月11日召开。县委书记李克英就讨论修改县第九次党代会报告和县委贯彻执行中共十四届四中全会《决定》意见，酝酿九届县委和县纪委人事安排，确定召开县第九次党代会时间作说明。

第五节　中共海阳县第九次代表大会

1995年3月15日—18日召开。会议确定代表400名，其中，各级领导干部280名，占70%；各类专业技术人员80名，占20%；各行业先进模范人物38名，占9.5%；武警2名，占0.5%；妇女代表52名，占13%。县委书记李克英代表八届县委向大会作《着眼未来负重奋进，抓住机遇加快发展，为实现海阳经济和社会发展的战略目标而奋斗》报告。报告回顾过去五年工作，总结经验教训，提出今后经济发展的总体构想和奋斗目标，强化农业基础，振兴县乡工业，发展第三产业，加快基础设施建设，突出抓好改革、开放、科技三大战役。大会审议并通过县委工作报告，审议通过县纪律检查委员会工作报告。大会选举产生中共海阳县第九届委员会和纪律检查委员会，其中，县委委员29人，候补委员6人；县纪律检查委员会委员15人。3月18日，党代会闭幕后，县委、县纪委分别召开第一次全委会，选举产生常务委员会。李克英、王国群、李元成、梁新明、王占顺、李沛玉、李明芳、赵惠珍、黄金臣、韩世波、仲崇波11人当选县委常委；李克英任县委书记，王国群、李元成、梁新明任副书记。县纪委常委9人，赵惠珍任书记。

九届二次全委会议　1995年12月18日—19日召开。县委书记李克英作报告，提出要正确认识形势和把握大局，把转变经济增长方式作为重要指导原则，突出抓好经济发展中的重大问题，调动一切积极因素。会议审议并原则通过《海阳县国民经济和社会发展第九个五年计划及2010年远景目标纲要（草案）》。

九届三次全委会议　1996年11月18日召开。会议审议通过《海阳市“九五”期间社会主义精神文明建设规划》《市委关于学习贯彻〈中共中央关于加强社会主义精神文明建设若干重要问题的决议〉的实施意见》。市委书记李克英作报告，对全市精神文明建设提出要求。

九届四次全委会议　1996年12月27日召开。会议审议通过《海阳市1997年工作要点》。市委书记李克英作报告，提出要在市乡机关开展思想、作风、纪律整顿活动，为全面完成下一年工作任务奠定思想基础。

九届五次全委（扩大）会议　1997年10月27日召开。会议主要学习贯彻省委六届九次、烟台市委八届六次全委（扩大）会议精神。市委书记李克英作报告，对学习贯彻中共十五大精神，结合海阳加快发展工作提出意见和要求。

第六节　中共海阳市第十次代表大会

1998年1月13日—16日召开。会议确定代表400名，其中，各级领导干部280名，占70%；各类专业技术人员80名，占20%；先进模范人物40名，占10%；妇女代表51名，占12.8%。大会实到代表391人，列席105人，特邀贵宾7人。市委书记王国群代表九届市委向大会作《高举伟大旗帜，加快经济发展，为实现海阳跨世纪的战略目标而努力奋斗》报告。报告总结过去三年工作经验教训，确定下一个时期经济社会发展目标，高举邓小平理论伟大旗帜，以经济建设为中心，实施工业立市战略，加快经济结构调整，推进科技进步，实现全市经济持续、快速、健康发展，促进各项社会事业全面进步。大会审议并通过市委工作报告，审议通过市纪律检查委员会工作报告。大会选举产生中共海阳市第十届委员会和纪律检查委员会，其中，市委委员29人，候补委员6人；市纪律检查委员会委员15人。1月16日，党代会闭幕后，市委、市纪委分别召开第一次全委会，选举产生常务委员会。王国群、李树军、朱全本、史本胜、栾军波、赵惠珍、韩世波、仲崇波、徐国田、黄金臣、李新胜11人当选市委常委；王国群任市委书记，李树军、朱全本、史本胜、栾军波任副书记。市纪委常委9人，赵惠珍任书记。

十届二次全委会议　1999年1月14日召开。会议研究确定海阳市出席烟台市第九次党代会代表候选人预备人选，确定召开中共海阳市代表会议有关议题。

十届三次全委会议　1999年12月30日召开。市委书记王国群讲话，总结一年工作，研究部署下一年任务，提出动员全市上下认清形势，坚定信心，抓住机遇，埋头实干，在新世纪的开头年，开创全市经济建设和社会各项事业发展新局面。

十届四次全委会议　2000年12月15日召开。市委书记王国群传达烟台市委九届五次全会精神，审议并原则通过《海阳市国民经济和社会发展第十个五年计划纲要（草案）》。

十届五次全委会议　2002年1月5日召开。市委书记李树军作《凝心聚力共图发展　奋战五年再造海阳》报告。会议总结过去一年工作，安排部署下一年任务，提出奋战五年再造海阳的具体措施。

十届六次全委会议　2003年1月6日召开。会议通过《关于召开中共海阳市第十一次代表大会的决议》；酝酿通过中共海阳市第十一届委员会委员、候补委员和市纪委委员以及出席烟台市第十次党代会代表候选人预备人选。

第七节　中共海阳市第十一次代表大会

2003年1月9日—11日召开。会议确定代表260名，列席77名，邀请贵宾5名。代表中，各级领导干部182名，占70%；各类专业技术人员52名，占20%；先进模范人物26名，占10%；妇女代表40名，占15.4%。市委书记李树军代表十届市委向大会作《卧薪尝胆埋头实干，戮力同心开拓进取，为实现海阳跨越式发展的战略目标而努力奋斗》报告。报告总结过去五年工作，提出今后五年实现跨越式发展的总体思路。大会审议并通过市委工作报告，审议通过市纪律检查委员会工作报告。大会选举产生中共海阳市第十一届委员会和纪律检查委员会，其中，市委委员31人，候补委员7人；市纪律检查委员会委员19人。1月11日，党代会闭幕后，市委、市纪委分别召开第一次全委会，选举产生常务委员会。李树军、刘炳国、邵文兵、苑文民、邹长清、贺业增、杨学斌、邢宗利、李英作、宋秀福、王海仁11人当选市委常委；李树军任市委书记，刘炳国、邵文兵、苑文民、邹长清任副书记。市纪委常委9人，苑文民任书记。

十一届二次全委会议　2003年12月10日召开。会议通过市委《关于进一步解放思想干事创业跨越发展的决定》。决定提出，要解放思想，与时俱进，增强跨越发展的紧迫感、责任感、使命感；紧扣跨越发展的新要求，努力实现“八个转变”；加强和改善党的领导，营造干事创业良好环境。

十一届三次全委（扩大）会议　2004年9月8日召开。市委书记李树军作报告。会议对各级机关进一步转换职能、转变作风，强化为基层、为企业、为纳税人服务意识，优化经济发展环境，促进经济更快更好发展工作进行部署。

十一届四次全委会议　2005年11月16日召开。会议学习贯彻中共十六届五中全会和省、烟台市委全委会议精神，审议并原则通过《海阳市国民经济和社会发展第十一个五年总体规划纲要（草案）》。市委书记李树军作报告，动员全市上下进一步解放思想，统一认识，谋策鼓劲，在新的起点上，实现新发展，开创新局面。

十一届五次全委会议　2007年1月17日召开。会议审议通过关于召开中共海阳市第十二次代表大会的决议；审议通过第十二届市委委员、候补委员和市纪委委员候选人预备人选以及出席烟台市第十一次党代会代表候选人推荐人选；审议并原则通过市委、市纪委工作报告，决定将报告提交市第十二次党代会审议。

第八节　中共海阳市第十二次代表大会

2007年1月21日—23日召开。会议确定代表260名，列席83名，邀请贵宾6名。代表中，各级领导干部156名，占60%；各类专业技术人员52名，占20%；先进模范人物52名，占20%；妇女代表36名，占13.8%。市委书记王玉波代表十一届市委向大会作《凝心聚力和谐发展，奋战五年再创辉煌，为在新的起点上实现新的跨越而努力奋斗》报告。报告总结过去五年工作，提出未来五年经济社会发展任务，以“奋战五年再创辉煌”为目标，提升五大区域，实现五大突破，实施五大战略。大会审议并通过市委工作报告，审议通过市纪律检查委员会工作报告。大会选举产生中共海阳市第十二届委员会和纪律检查委员会，其中，市委委员46人，候补委员9人；市纪律检查委员会委员30人。1月23日，党代会闭幕后，市委、市纪委分别召开第一次全委会，选举产生常务委员会。王玉波、邹长清、姜仕礼、邢宗利、李英作、王永秋、杨升岩、王东锴、李元辉、邢永强、崔天新11人当选市委常委；王玉波任市委书记，邹长清、姜仕礼任副书记。市纪委常委7人，王永秋任书记。

十二届二次全委会议　2007年11月17日召开。会议学习贯彻中共十七大和省委、烟台市委全委会议精神，市委书记王玉波向全委会报告一年的工作，研究部署下一步工作安排和打算。会议审议通过市委《关于学习贯彻党的十七大精神的决定》。

十二届三次全委会议　2008年12月30日召开。会议学习贯彻中共十七届三中全会和省委、烟台市委全委会议精神；总结改革开放30年巨大成就和宝贵经验，把握新的历史起点上推进改革开放的指导思想、任务目标和基本原则，提出抓好改革开放重点领域八个方面工作以及各项保障措施。会议审议通过市委《关于进一步深化农村改革推进农村经济社会发展的意见》《关于在新的历史起点上推进改革开放的决定》。

十二届四次全委（扩大）会议　2009年7月25日召开。会议学习贯彻烟台市委常委会议精神。市委书记王玉波讲话，总结上半年工作，研究部署下半年任务。会议审议通过市委《关于进一步高点定位狠抓落实不断实现经济社会发展新突破的决定》。

十二届六次全委会议　2009年10月21日召开。会议学习贯彻中共十七届四中全会和省委九届八次、烟台市委十一届六次全会精神，审议通过市委《关于认真贯彻落实〈中共中央关于加强和改进新形势下党的建设若干重大问题的决定〉的意见》《关于加强和改进新时期群众工作的意见》。

十二届七次全委会议　2010年2月6日召开。会议主要对部分镇（街道）党政正职拟任人选进行差额初始提名，对2009年度市委干部选拔任用工作进行民主评议。

十二届八次全委会议　2010年7月22日召开。会议学习贯彻烟台市科学发展观摩会议及全委会议精神，市委书记王玉波作工作报告。会议审议通过《关于促进发展方式转变和经济结构调整的意见》。

十二届九次全委（扩大）会议 2010年12月24日召开。会议学习中共十七届五中全会和烟台市委十一届十一次全委会议精神，市委书记王玉波报告一年的工作，研究部署下一步任务。会议审议通过市委《关于制定国民经济和社会发展第十二个五年规划的建议》。

十二届十次全委会议 2011年11月19日召开。会议学习贯彻中共十七届六中全会和省、烟台市委全委会议精神，市委书记王玉波作工作报告。会议审议通过《关于召开中共海阳市第十三次代表大会决议（草案）》。

十二届十一次全委会议 2011年12月22日召开。会议审议通过十三届市委委员、候补委员和市纪委委员候选人预备人选名单，出席烟台市党代会代表候选人预备人选名单，审议并原则通过市委、市纪委向十三次党代会的报告。

第三章　重要决策

第一节　党的建设

1978年1月，开展县、公社两级党员干部整党整风。以加强党的集中统一领导、加强党的民主集中制、发扬党的优良传统为中心内容，重点进行基层领导班子整顿。解决党员干部中存在的思想、作风、组织不纯问题；解决学大庆、学大寨真学假学问题；解决作风、团结和干劲等方面存在的问题。全县组织800余名干部到基层帮助指导整党。

1979年1月，县委召开县、公社、大队、生产队四级干部会议，与会人员8880名。会议学习中共十一届三中全会公报，讨论县委书记臧海强《历史转折，中华复兴》报告。会议提出，党的工作要迅速恢复正常秩序，转入“四化”建设；在历史转折新形势下，以新的战斗姿态，坚定不移地沿着社会主义康庄大道开拓前进。

1982年8月，县委印发《关于认真搞好党性党风党纪教育的通知》。提出要进行保持共产主义纯洁性、反对资本主义思想腐蚀教育；坚持社会主义道路、坚决同经济领域中严重犯罪和不正之风斗争教育；在政治上同党中央保持一致、反对脱离党的领导的自由化倾向教育；发扬党的优良传统，反对以权谋私、搞不正之风教育。

1984年3月，在全县开展“在整党中加强党性教育，纠正新的不正之风”活动。纠正存在的党政机关和干部经商办企业，为个人和小团体谋利益；违反政策，乱涨物价；巧立名目，滥发奖金、实物和补贴；利用公款请客送礼，大吃大喝；弄虚作假，做表面文章，以假谋私；乱搞摊派和赞助等不正之风。到6月，全县6家党政机关和干部办的企业，23个乱发服装、9个滥发奖金的单位，均按有关规定进行清理。

1985年5月，县委部署县、乡、村三级整党工作，到1987年3月结束。全县参加整党1273个党支部，38531名党员，基本上达到整党目的和要求。全县党政机关经营的9个商店，8个被吊销营业执照，1个转为集体独立经营；125个滥发奖金和实物的单位，滥发奖金、实物折款68.7万元，全部清退；全县各村为干部下乡吃饭而办的250个小食堂全部被撤销；县乡两级党员干部共清退拖欠公款4万多元，农村党员群众共清退欠款1575万元。

1989年3月，县委、县政府印发《关于全县党政机关和领导干部廉洁勤政的有关规定》，要求县内召开的会议和各种公务活动，一律不准公费宴请；机关干部下乡一律到有关伙房自费就餐；不准利用职权索要或无偿接受下级单位的工业和农副土特产品，不准以低于出厂价到企业购买产品，不准借各种会议、剪彩仪式赠送或接受礼品等；不准利用职权索贿、受贿；不得巧立名目到所属基层单位和企业报销各种差旅费和其他费用；坚决执行中央关于党政机关和干部不准经商办企业的规定；对招工、招干、户口农转非以及各种计划内农用物资的分配等，严格执行有关规定和政策；党政干部在涉外活动中，不准接受对方的礼品，难以谢绝的，必须如数报告，并上缴财政。

1990年4月—8月，县委组织开展“进行社会主义教育，促进海阳经济发展”活动。针对干部群众中存在的缺乏发展壮大集体经济的热情、缺乏完善双层经营体制自觉性问题开展教育活动。在进行1个月试点基础上，组织县、乡两级1441名干部进驻到691个村，与群众同吃同住同劳动同工作，开展社会主义教育活动。活动中，全县农村提合理化建议30759条，被采纳4312条；检举揭发案件966件。开展“公物还家”活动，退还公物7106件，折款45万元。集体收回群众欠款387万元。刹住了乱占宅基地、乱砍滥伐等几股歪风，社会风气明显好转。

1995年3月，县委印发贯彻执行《中共中央关于加强党的建设几个重大问题的决定》的意见，提出要严格执行党的民主集中制，切实加强党的基层组织建设，努力做好领导干部的培养选拔和管理工作，不断强化党员的教育和管理，坚持不懈地抓好党的作风建设，进一步加强对党建工作的领导。

1999年12月，市委、市政府印发《关于进一步加强农村党支部书记和村委会主任管理的意见》，提出要坚持民主集中制原则，完成各项工作任务，密切联系群众，讲究工作方法，廉洁自律，遵守工作纪律；对工作进行考核，建立激励约束机制。

2000年3月，市委印发《县级领导班子、领导干部“三讲”教育实施方案》。“三讲”教育重点解决理想信念、执行方针政策、群众观念、发展信心、工作作风、廉洁自律、民主集中制等问题。

2000年12月，在全市农村开展“三个代表”重要思想学习教育活动。重点解决精神状态、服务意识和群众观念、加快发展农村经济的自觉性和本领、增强做好农村和农民工作的能力和水平、坚持“两手抓、两手都要硬”等问题。

2004年10月，市委印发《关于学习贯彻党的十六届四中全会和省市全委会议精神，加强党的执政能力建设的决定》，提出要提高驾驭社会主义市场经济、发展社会主义民主政治、建设社会主义先进文化、构建社会主义和谐社会等方面的能力，培养造就高素质干部队伍。

2006年8月，市委印发《关于深化农村党的建设“三级联创”活动，推进社会主义新农村建设的意见》，提出要健全完善农村党员、农村党组织保持先进性长效机制，健全完善农村基层组织正常运转的物质保障机制，健全完善村党组织领导的充满活力的村民自治机制，完善创建标准和考核办法。

2007年9月，市委印发《关于进一步加强党风廉政建设的实施意见》，提出要关口前移，切实加强对领导干部的党风廉政教育；严格规范领导干部从政行为；进一步加大纠风和查办案件工作力度；认真落实党风廉政建设责任制。

2009年3月，市委印发《关于开展深入学习实践科学发展观活动的实施意见》，提出在学习实践活动中，重点解决发展思路不清、信心不足，执政为民意识淡薄，片面发展、盲目发展、只顾眼前发展，有令不行、有禁不止、政令不畅通，党性不强、党风不正、执行党纪不严，世界观、人生观、价值观、权力观、地位观、利益观等方面存在的问题；尤其是党性意识不强，理想信念动摇，宗旨意识淡薄，党员领导干部政绩观不正确、作风漂浮以及形式主义、官僚主义严重等问题。

2010年6月，市委、市政府印发《关于深化“夯实基层基础年”活动的意见》，提出要整顿软弱涣散班子，加强农村基层组织建设；抓规范，提升街道社区党建工作水平；抓好非公有制经济组织和社会组织党建工作；规范流动党员服务管理，提升党员队伍建设水平；创先争优，激发党组织和党员的生机活力；抓基层基础，强化镇（区、街道）党（工）委建设；推进城乡党组织互帮互助，构建城乡统筹基层党建格局；完善民生建设长效机制，提高为民服务水平。

第二节　改革举措

1981年1月，县委召开县、公社、大队三级干部会议，与会人员900人。县委书记刘同德作报告，重点研究完善农业联产承包责任制问题。6月，县委召开全县有线广播大会，县委书记刘同德讲话，结合部署“三夏”生产，提出要进一步加强和完善生产责任制，解放思想，放开手脚，本着宜队则队、宜组则组、宜户则户、宜人则人原则，把集体经济收入和社员个人切身利益相结合，真正调动起社员积极性。

1982年3月，县委印发《关于粮油生产实行专业承包联产到劳责任制试行办法》。全县有699个大队实行联产到劳责任制，占大队总数95%以上。8月，县委印发《关于推行专业分工大包干责任制试行办法》，实行“统一经营，专业承包，各自核算，包缴提留”，取消工分分配。不到1个月，有723个大队实行大包干责任制，占大队总数99%。12月到1983年1月，县委召开三级干部和劳动致富经验交流会议，推动大包干责任制完善和专业户、重点户发展。年内，全县农村实行包产到户、到劳的生产队25个、1200户；实行大包干的生产队4219个，占总数99.4%；实行大包干农户17.26万户，占总户数99.3%。

1984年3月，县委印发《关于稳定和完善土地林业果业联产承包责任制的几项规定》，要求延长土地承包期到15年以上；放宽林业政策，划分自留山（滩）、责任山（滩），承包期延长到30年以上；完善果业承包责任制，承包到专业队、专业户。

1985年10月，县委和各级党组织开始实行党政分开、各负其责工作方法。凡属政府职权范围内的工作，主要由政府及有关职能部门负责；县委和各级党组织集中主要精力抓党的路线、方针、政策的贯彻落实，抓党的思想、组织建设和纪律检查，抓经济建设的长远规划等全局性工作。改变以往由党委包揽一切的做法。

1987年7月，县委、县政府印发《关于实行“两权”分开，深化企业改革的工作意见》，提出企业所有权与经营权分开，推行各种形式的经营责任制，使企业真正成为相对独立、自主经营、自负盈亏的经济实体。继续推行厂长负责制和任期目标责任制，推行各种形式的承包经营责任制，积极试行租赁制，有选择、有控制地试行股份制。

1993年5月，县委、县政府印发《关于在全县全面推行股份（合作）制的意见》，提出县属企业大力推行股份制，乡镇企业突破性发展股份合作制。主要途径是，出售产权、卖老建新；卖分结合、量化到人；老厂做东、吸收新股；多方入股、直接组建；个体私营企业扩张转变。在推行过程中，把握评估资产、设置股权、发股权证、健全机制四个环节。

1999年8月，市委、市政府印发《关于实行乡镇政务公开的试行意见》，提出乡镇政务要把重点工作、主要经济指标、乡镇财政、农村财务“双代管”、农民负担、计划生育、城建土管、基层站（所）服务项目、固定资产处置、各项救灾款物来源及使用情况予以公开。

2008年12月，市委印发《关于进一步深化农村改革，推进农村经济社会发展的意见》，提出要加强农村制度创新，稳定和完善农村基本经营制度，健全严格规范的农村土地管理制度，完善农业支持保护制度，建立促进城乡经济社会发展一体化制度，健全农村民主管理制度。

2010年6月，市委、市政府印发《关于深化集体林权制度改革的意见》，改革的范围是全市农村集体经济组织所有的林地和林木，重点是仍由农村集体经济组织经营的商品林、公益林、宜林“四荒”林木。明晰林地经营权和林木所有权，依法勘界发证，放活经营权，落实处置权，保障收益权。

第三节　经济发展

1979年4月，县委印发《关于使全县农民尽快富起来的规划》，提出初步设想，力争到1985年，达到中央提出的富起来的要求。坚持“农业为基础、工业为主导”方针，一手抓农业，一手抓工业；坚持“以粮为纲，全面发展，因地制宜，适当集中”方针，农林牧副渔五业并举，走“一种、二养、三加工、四采矿”的路子。县委13名常委，分工2人抓政治工作，余者都靠上去抓经济工作；公社、大队领导都要与科技人员一样，以六分之五的时间和精力抓工农业生产。

1982年8月，县委印发《1982—1985年山区建设和发展多种经营规划》，确定“以林为主，农林牧结合，多种经营，全面发展”的方针。以山为主攻方向，以造林、栽果、修路和蓄水为重点。发展畜牧、矿业、渔业及山区产品加工。农田面积由7.33万公顷压缩到6.47万公顷，退耕还林8666.7公顷，林地面积达到7.33万公顷。规划北部山区经济用材林、西部丘陵水土保持经济林、中部山区水源涵养用材经济林、沿海农田林网防护林四大林区。

1984年7月，县委、县政府组织调查、测绘2个工作班子，对海阳县凤城的历史、现状进行2个月的调查，研究制定开发建设规划。10月24日，中共中央总书记胡耀邦到海阳考察凤城，就凤城开发建设作重要指示，并题词：“海阳万米海滩浴场”。经过半年建设，完成投资400多万元的一期工程。1985年7月1日，凤城旅游区向游客开放。

1985年3月，县委、县政府印发《关于鼓励农民进城务工经商的决定》，要求县、乡积极发展专业市场，为农民务工经商提供建房场所；拿出部分周转金，制作活动板房，供农民进城务工经商急需之用；县、乡（镇）驻地机关和单位，要腾出闲房，挤出部分用房，特别是邻街的一层楼房或平房，租给农民开设饭店、旅馆、商店等服务行业；县、乡（镇）驻地的机关和单位要打开围墙，腾出场地，租给农民建房、务工经商；县直有关部门要为进城务工经商的农民提供各种方便；对进城务工经商的农民，公安部门要准予落常住户口；税收上要给予优惠。

1987年1月，县委、县政府制定《关于加速我县工业企业发展的几点意见》，提出要进一步扩大厂长自主权；对产值、利润大户升格；拉开企业之间分配档次；强化厂长经营责任制；完善企业内部经营责任制；推进企业技术进步；鼓励企业抓好管理和创优夺牌；抓好企业的两个文明建设；重点扶持重点企业；为企业搞好服务。

1989年3月，县委、县政府印发《关于全县集中开展“治理整顿农村经济秩序”活动的意见》，以加强经营管理、壮大集体经济为重点，全面整顿农村经济秩序，理顺经济关系，提高党支部、村委会的威信和凝聚力，促进农村经济和社会事业稳步发展。

1991年12月，县委、县政府印发《关于发展壮大集体经济实力的意见》，提出要立足资源优势，大搞山海开发，把发展多种经营作为壮大集体经济的主攻方向；大力发展乡镇企业；建立健全集体经济积累机制，增强集体经济发展后劲；加强经营管理，管好用好集体财产。

1994年5月，县委、县政府印发《关于进一步扩大利用外资，加快发展开放型经济的意见》，主攻方向是，组织实施“453”工程（突出乡镇企业、外向型工业加工区、凤城旅游度假区、对外承包和劳务输出“四个重点”；实现引进农业综合开发、高新技术、中方资金压力小、第三产业、基础设施建设“五个项目突破”；提高资金到位、企业效益、出口创汇“三个水平”）。

1998年4月，市委、市政府印发《关于实施“富民工程”的意见》，工作重点是，调整种植业结构；确定蔬菜、畜牧、水产、果品和蚕茧等优势和支柱产业；根据市场需求和发展规律，一手抓加工，一手抓销售。

2001年3月，市委、市政府印发《关于实施大绿化工程的意见》，按照宜林则林、宜果则果、宜桑则桑方针，提高全民绿化意识，创造山川秀美的生态环境。围绕山滩造林、四旁植树、经济林果开发、沿海防护林带工程、林业育苗、封山育林等开展工作。

2002年，市委确定经济发展“一港三区五大战略”。以港口为依托，发展临港经济，实现以港兴市；以老城区、工业区、度假区三区为纵轴，壮大城市经济，实现以城兴市；以大开放、大园区、大项目、大旅游、大绿化五大战略为重点，筑牢发展基础，实现以工兴市。提出要努力实现城市格局向工业化、生态型、滨海旅游城市跨越，工业经济向园区化、外向型、现代工业跨越，农业经济向产业化、效益型、精准农业跨越，第三产业向品牌化、旅游型、高效产业跨越。

2004年9月，市委印发《关于进一步优化经济发展环境的决定》，提出要严格规范行政和执法行为，简政放权，提高行政效能；规范检查行为，实行联合检查申报登记制度；坚持不懈治理“三乱”问题；全面清理收费项目；整顿执法队伍，抓好行政执法人员的选拔上岗工作。推行政务公开，增强工作透明度；深化社会服务承诺制，规范行政行为；为外来投资者搞好重点服务。加大对优化经济发展环境的监督检查力度。

2007年5月，市委、市政府印发《关于加快旅游经济发展的意见》，提出确立旅游主导产业地位，坚持政府主导、社会参与、市场运作、多元化投入的原则，推动旅游业转入科学发展轨道，推动旅游形式由观光型向观光休闲度假综合型转变，实现旅游产业经济、社会与环境效益同步发展。明确旅游产业工作重点，抓好“二五二”工程，即山岳生态旅游和滨海休闲度假两大板块；沙滩休闲运动、海上休闲运动、山岳森林、佛教文化、竹文化五大亮点产品；旅游产品、旅游促销两大突破。

2007年5月，市委、市政府印发《关于加快海洋经济发展的意见》，提出以临港产业、海洋旅游、海洋渔业三大区域板块为发展框架。实施“三四五”战略，重点建设临港工业区、滨海旅游区和海洋渔业区三大区域；发展临港工业、滨海旅游业、海洋渔业和核电产业四大支柱产业；培植壮大海洋生物制药、海水综合利用、海洋矿产及能源开发、水产品物流和海洋服务业五大新兴产业，逐步形成较为完善的海洋产业体系。

2008年12月，市委印发《关于在新的历史起点上推进改革开放的决定》，提出要在优化区域经济布局、农村综合改革、要素市场改革、社会事业领域改革、行政管理体制改革、重点工程建设、经济发展重点、转变经济发展方式八个方面取得新突破。

2010年11月，市委、市政府印发《关于促进发展方式转变和经济结构调整的意见》，提出在“一片两带”产业结构调整、综合经济实力、自主创新能力、生态低碳发展、城乡区域统筹五个方面实现突破。北部山区经济带，突出“绿色经济”特色；城区经济片，注重“内涵式”发展，大力发展第二产业，突破发展第三产业；南部沿海经济带，突出“蓝色经济”特色。培创新优势，改造提升传统产业，培育战略性新兴产业，发展现代服务业、现代农业，加强节能环保领域科技创新，提升城镇化建设水平，探索建立新型发展业态。

第四节　社会事业

1980年，县委、县政府首次对县城建设进行全面规划。1984年，山东省批准《海阳县城建设总体规划》，确定县城性质以农副产品加工业为主；县城规模控制在5平方千米以内；城区人口，1985年控制在3万人以内，到2000年4万人。将县城划为工业、居住、文教体育三个区域。

1981年2月，全县开展“文明礼貌月”活动，重点解决“脏、乱、差”问题。把“五讲四美”活动同“学雷锋、树新风”，开展创“五好家庭”“五好学生”“新长征突击手”“三八红旗手”“文明礼貌单位”等活动相结合，在全县初步形成人人争先进、处处讲文明的新局面。1982年，将每年的3月定为“全民文明礼貌月”。

1983年2月，为进一步解决县城和部分村缺水问题，县内开始建设东水西调工程。工程东起唐王山拦河坝，西至才苑水库，长15.5千米。1985年主体工程基本竣工，投资430万元。沿途15个村1.5万人吃水得到保障，县城用水矛盾得到缓解。

1985年7月，县委印发《关于开展尊师重教活动的决定》，提出要搞好宣传教育，形成良好的尊师重教社会风尚；大力表彰和奖励先进教师，鼓励他们终身从事教育事业；政治上关心教师，解决好教师入党难问题；生活上体贴教师，为教师排忧解难；维护教师权益；教师要真正做到自尊、自爱、自强，使教师在全社会的尊重面前、在党和国家的关怀爱护面前，更加严格要求自己。

1988年10月，县委印发《关于进一步加强新时期共青团工作的规定》，提出要进一步加强党对共青团工作的领导；加强共青团的组织建设；全党全社会都要关心共青团工作，重视加强青少年活动场所的建设，帮助团组织解决活动经费。

1989年6月，县委、县政府印发《关于改革和加强中小学思想政治工作的意见》，提出要明确中小学思想政治工作任务；改进中小学思想政治工作方法；加强中小学思想政治工作队伍建设；强化中小学思想政治工作制度建设；加强中小学思想政治工作领导。

1995 年 7 月，县委、县政府印发《关于创建全国科技工作先进县的决定》，提出要制定激励政策，搞好科技规划；建立科技管理体系；健全农村社会化科技服务体系；推动企业科技进步；健全农科教相结合的科技培训基地；多渠道增加科技投入，确保科技资金来源。

1996 年 7 月，市委印发《关于在全市大力弘扬“海阳精神”的决定》。弘扬“团结奉献，求实创新，拼搏进取，负重奋进”的“海阳精神”，联系实际，做好结合文章；抓住实质，强化大局、实干、创业、发展四个意识；上下联动，发挥整体优势。

2003 年 6 月，市委、市政府印发《关于鼓励农村人口向城镇转移的意见》，按照“有利于经济发展、治安管理、方便群众”的原则，建立按居住地登记户口的户籍制度，引导农村人口向城镇聚集，膨胀城市规模，加快经济和各项社会事业发展。在实施范围、办理条件、政策优惠、办理办法等方面予以明确。

2007 年 3 月，市委、市政府印发《关于加快推进社会主义新农村建设工作的意见》，提出加快推进农业结构调整，按照“一村一品、一乡一业”要求，围绕特色做文章，形成各具特色的区域主导产业；加快推进农业产业化经营，按照“以工补农、以城带乡”发展要求，鼓励城镇工商企业和种植大户投资发展农产品精深加工，提高农产品加工率；加快推进农村基础设施建设；加快农业科技创新步伐；加快推进村庄环境综合整治；加快推进农村社会事业保障救助体系建设；加快推进农村基层组织建设。

2009 年 10 月，市委印发《关于加强和改进新时期群众工作的意见》，要求建立健全群众诉求表达、科学决策民主管理、矛盾预防排查调处、规范高效的为民服务长效机制。认真解决涉及民生的热点难点问题，拓宽城乡就业渠道，加强城乡基础设施建设，打造安全畅通的交通环境，保障困难群体的基本生活，打造平安稳定的社会环境，解决群众就医难、看病贵问题，加强群众文化生活建设，加强社会软环境建设。深化和拓展“听民声、察民情、重民意、帮民富、促民和、保民安”活动。

2010 年 1 月，市委、市政府印发《关于加快推进城镇化建设的实施意见》，提出力争到 2012 年城区面积扩增到 40 平方千米以上，城镇化率 60% 以上，城镇人口 30 万人以上。发挥规划引领作用，高标准制定发展规划；发挥黄金海岸的优势，加快建设海阳新城区；搞好城中村整体改造，打造城市建设新亮点；以惠民利群工程为重点，提升城市建成区形象；加快小城镇建设，扶持发展宜居中心集镇；改善城乡人居环境；促进健康的房地产业，繁荣发展城市经济。

第四章　纪检监察

第一节　机　构

1979 年 6 月，恢复设立海阳县委纪律检查委员会；内设办公室、检查科、信访科，编制 7 名。1984 年 2 月，县委纪律检查委员会改称县纪律检查委员会，编制 19 名。1987 年 12 月，海阳县监察局成立。1993 年 11 月，县纪委与县监察局合署办公。1996 年 5 月，海阳县纪律检查委员会改称海阳市纪律检查委员会。2010 年，内设办公室、信访室、纪检监察室、案件审理室（加挂政策法规室牌子）、执法监察室、宣传教育室、干部室，4 个归口派驻纪检组。

第二节　纠正历史冤假错案

1979 年，县纪委协同各级党组织，对全县农村 148 名被打成“右倾分子”人员进行审议，除个别有其他问题外，都予以甄别改正；“四清”运动中 3043 起案件，全部改正 1633 起，维持原案

1410起。其中，定为敌我矛盾208起，改正123起；“双开除”10起，改正8起；党内处分907起，改正289起；受行政处分144起，改正36起。“文化大革命”期间立案审查2236人，均进行复议，全部改正2103人，部分改正16人，维持原案117人。其中，属于政治历史问题与政治言论问题692人，全部改正；违纪作风问题658人，全部和部分改正593人；经济问题273人，全部和部分改正239人。历史案件4228起，复议1224起，改正94起，维持原案4134起。在落实干部政策中，为7人清退“文化大革命”中被查抄的财物。全县共抄黄金12两、银圆1777块、金银制品10件、其他物品375件、图书22套、被挤占私房110平方米，以上物品全部清退。为“文化大革命”中错受处理的18人，补发工资1.26万元；为1126名受各种处理的干部清理档案，清理出材料2440份，均作妥善处理。

第三节　案件查处

1979年，纪检组织逐步健全，全面查处违纪案件。1982年，纪检工作重点是打击经济犯罪和纠正党内不正之风，重点查处违纪建私房、利用公款大吃大喝、利用职权索取集体和个人钱物等案件。1983年，在打击经济犯罪斗争中，查处千元以上大案3起，其中万元以上1起。到1984年，共查处案件206起，对个别严重的追究刑事责任。协助有关部门，对全县经营粮食、食品、化肥、石油等商品的单位，检查账务，完善财务管理制度，堵塞漏洞。1984—1986年，对农村党员和干部抢占、多占宅基地等问题进行全面检查和处理。1987—1994年，立案查处党内各类违纪案件330起，处分党员181人，其中科级干部18人。1995年，重点查处党政机关、行政执法部门、司法机关、经济管理部门和副科级以上领导干部违法违纪行为。到1997年，三年立案查处各类违纪案件145起。其中，自办案件97起、大要案43起，给予党纪政纪处分123人（副科级以上干部26人）。1998年，协同有关部门联合查处一批党员干部参与赌博案件，处分参赌党员12人。至2002年，立案查处案件357起。其中，大要案115起，党纪政纪处分273人。2003—2006年，立案查处各类违纪案件288起。其中，大要案57起，党纪政纪处分256人。重点查处“非典”期间失职渎职、计划生育瞒报等案件。2007年，在专项治理商业贿赂工作中，立案查处商业贿赂案件17起。2008年，重点查处大要案，全年立案查处85起。其中，大要案11起，移送司法机关4起，党纪政纪处分63人，涉及科级干部5人，挽回经济损失130万元。2009年，立案查处案件76起。其中，大要案12起，移送司法机关3起，党纪政纪处分85人，涉及科级干部3人，挽回经济损失230万元。2010年，重点查处大要案，社会关注热点、影响发展环境、损害群众利益等案件，全市立案查处违法违纪案件72起。其中，大要案25起，党纪政纪处分87人，科级干部14人，挽回经济损失近百万元。1981—2010年，市（县）纪委共处分党员1185人。其中，开除党籍281人，留党察看180人，撤销党内职务12人，党内严重警告184人，党内警告385人，免予党内处分29人，取消预备党员资格15人。

第四节　纠风和执法监察

1984—1985年，对党政机关和干部以权经商办企业、乱涨物价、滥发奖金实物等现象进行查纠，9个经商办企业的党政机关，8个被吊销营业执照，1个转为企业独立经营。先后2次对全县839个单位进行物价检查，对违反物价政策和乱涨价的39个单位、非法收入3万多元，全部予以处理；对滥发奖金实物的125个单位68.73万元，责令其全部清退，并收缴奖金税15.3万元。1987年，重点治理部分企事业单位套购、倒买倒卖国家紧缺物资，买空卖空、随意涨价等行为，追缴赃款赃物折款23万元，为企业挽回经济损失60万元。1990年，清查出在学历、资历上弄虚作假骗取技术职务的21人，分别给予降级、调改和取消职称处理。同年，对在城镇建私房情况进行清查，查出违法违纪137户，清缴侵占、拖欠款9万多元，违法占地罚款4万多元，对情节较重的违纪党员干部给予党纪处分。1991年4月，邀请部分县人大代表、政协委员、工会委员和离退休老干部代表，对工商、公安、卫生等14个重点行业行风进行民主评议并提出整改意见。同年，对违纪建私房进行复查，对已作出处理决定但未落实的11户，依规进行处理。1993年3月，对县直机关干部、企事业单位领导干部在县城规划区内建私房情况进行清查，查处未经批准建商品房196户，出卖宅基地127户，均作相应处理。

1998年，对农村财务管理工作进行检查，予以整顿规范。1999年，对全市党员干部参赌行为进行10余次突击检查，查出参赌人员57人，收缴赌资1.4万元，对12名参赌党员干部给予党纪处分。对全市药品经销单位进行检查，查收3.5万元不合格药品，集中销毁价值近百万元过期药品。2003年，在全市开展“千人评行风”活动，在海阳电视台开设栏目，跟踪督查整改情况，对连续2年排在后10位的单位主要负责人提出组织措施建议。自此，每年开展1次“千人评行风”活动。2004年，开展职能部门负责人走进电台直播间活动。至2007年，先后有48个部门负责人走进直播间，接听热线电话326个，解答问题206个。2006年，从5100名管理和服务对象中选出510名代表，对17个重点职能部门进行专项评议。2007年，组织开展行政事业性收费清理活动，清理行政审批事项16项，取消收费项目4个，压缩各类审批项目时限203个工作日，对47个重点投资项目开辟审批“绿色通道”。制订全市2007年执法监察工作方案，开展对土地市场和矿产资源开发秩序、环保法律法规和政策规定贯彻落实情况监督检查，对工程建设招投标、政府采购、经营性土地使用权招拍挂活动，进行40次监督。2008年，组织开展3次全市性经济发展环境情况调研活动，将征求的人大代表、政协委员提出的56条意见和建议，外资企业反映集中的问题，对37个执法执纪和公共服务部门涉企服务问卷调查情况进行反馈，对意见和建议跟踪督导整改。印发进一步规范行政执法行为通知，全年按最低标准开具收费许可通知书644份。公开投诉举报电话，全年受理查处行政效能投诉案件5起，下达《监察建议书》2份。对“小金库”进行专项清理和查处，对20个单位财务执行状况进行检查，查出违规问题6个，给予相应处理。同年，全市组织实施工程建设招投标36次，节省资金3543万元；全年政府采购金额2168万元，节省资金377万元。2009年，对各部门服务意识、办事效率等进行季度检查和月暗访，先后6次对80余个窗口服务单位行风建设情况，30余个基层站（所）工作作风情况进行督查并通报全市。开通纪检监察网站，设立“在线投诉”“网上民声”栏目及短信平台，向538家企业负责人发送政策信息，以便于对职能部门的行为进行监督或投诉。设立“加强党风廉政建设，优化经济发展环境”电视栏目，采取明察暗访的形式，跟踪拍摄机关干部作风问题，在新闻节目中播放18期，曝光4起。同年，全市政府采购金额4448万元，节约资金665万元；政府投资建设项目招投标10.6亿元，节约资金8740万元；经营性用地招拍挂出让土地111公顷，成交额3亿多元。2010年，组织开展行业作风自查自纠活动，从4个方面查找个人、单位存在的问题84个，制定整改意见，跟踪督查整改落实。畅通联系渠道，116个部门联系170家企业，帮助企业解决实际问题130个；50个特邀监督员划片联系110家重点企业，监督涉企执法部门行政行为，协调解决企业反映的各类问题47个。开展专项治理，对执行严禁公款自己请自己、公车私用、超标准配备公务用车规定情况进行4次明察暗访，对存在问题的4个单位予以全市通报。完善各项制度，全市政府投资建设项目招投标16.2亿元，节约资金1.8亿元；经营性用地招拍挂出让土地270.9公顷，成交额15.7亿元；政府采购额6269.8万元，节省资金836万元。

第五节　党风廉政建设

党风廉政教育　1979—1986年，县纪委利用有线广播，开辟整顿党的作风、适应四化建设需要广播讲座；通过举办学习班、机关干部政治夜校、“三会一课”等形式进行专题教育。1987—1989年，各级纪委协助党委整顿党风，宣传表彰先进单位和个人120个，通报剖析典型案例14

起。1990—1994年，开展学党章、正党风活动，举办反腐防变展览、党规党纪知识竞赛、廉政先进典型交流会，受教育党员95%以上。从查处的案件中选取60个典型案例，编印成册发放到各单位学习。1995—1997年，开展学条规、守纪律、做表率，党纪政纪知识进万家教育活动；举办廉洁勤政先进事迹报告会，开辟“廉政之窗”电视栏目，对40余个廉洁勤政先进典型进行宣传。先后3次组织党员干部3万余人次，参加中央、省、烟台市纪委组织的党纪政纪知识竞赛答卷活动。编写印发8万字的《党纪政纪知识汇编》4万册。向1900名副科级以上领导干部、企业厂长（经理）、农村党支部书记家属发出“致党员领导干部家属的一封信”，筑起家庭廉政防线。1998—2002年，开展学习党风廉政条例、条规等教育活动，组织全市9000名党员干部参加全国行政监察法知识竞赛，并获烟台市集体组织一等奖。2003—2006年，组织开展《中国共产党纪律处分条例》《中国共产党党内监督条例》学习活动，举办“电业杯”党纪政纪条规知识竞赛。对全市农村党支部书记进行“两个条例”知识专题培训。开展为民、务实、清廉教育和廉政文化建设年活动，举办反腐倡廉书法美术摄影作品展，征集作品450幅，全市5000多名党员干部观看。组织征集反腐倡廉格言警句587条，其中26条入选烟台市纪委汇编的《廉洁从政格言警句册》。组织38名县级领导干部，参加烟台市廉洁从政知识测试，全市800多名科级领导干部同步参加。2007—2010年，开展艰苦奋斗、廉洁勤政，增强使命感、加强责任心，加强党性修养、弘扬优良作风等主题教育活动。发送廉政短信3万条次，发放教育读物上千本，加强经常性提醒。利用电视、电台、网上栏目等方式，展播优秀廉政公益广告2400多条。

廉政建设 招待费 1990年，印发《下乡工作人员守则》，对党政干部下乡或外出就餐提出要求。1995年，集中检查49个单位并召开座谈会，与294名干部座谈；对全县48个宾馆、饭店、酒楼进行8次突击检查。1998—1999年，制定机关、事业单位、农村招待费开支管理暂行规定，关于纠正机关、事业单位公款相互宴请问题的意见，实行年限额审批制度，由市纪委、监察局审批把关，并进行明察暗访，不定期到饭店、宾馆、招待所突击检查，对11名违规参与吃请者予以通报批评，对招待费超支单位及领导予以通报批评和经济处罚。

公务用车 1995年，对领导干部违反规定超标准用车情况进行检查，封存23辆超标车，并按规定进行处理。1999年，对全市副科级以上党政机关事业单位小汽车配备，实行定量定制度管理使用，清理超标车10辆、违规借用车95辆，全部按规定予以处理。2000年，对公车私用进行查处；停用或变卖交通工具45辆，节约费用100多万元。2008年，建立公务用车审批电子档案，进一步规范车辆管理工作。加强对“办公用车每周停开一天”等建设节约型机关工作监察，对检查发现的36部违规车辆予以通报。2008年，建立移动电话补贴许可电子档案。

公用及住宅电话 1995—1996年，对领导干部公费住宅电话情况进行检查，查出违规报销话费电话12部，追缴违纪金额8701元，追缴多报手机费3543元。1998年，对领导干部配备使用通信工具实行管理和审批制度。全市666人办理公费住宅电话购买过户手续；156名经批准使用公费移动电话的领导干部缴纳公费移动电话押金；收缴超规定配备的公费移动电话42部；42名未经批准使用移动电话的人员自费购买原使用的公费移动电话；16名借用外单位移动电话人员将电话退回，对违规者予以党纪处分。2008年，清理纠正捆绑单位办公电话使用的38部个人和27部公用“小灵通”。

住房 1999—2000年，市纪委牵头组织有关部门，对干部多占公有住房问题进行检查清理，清理出多占公有住房271套。其中，副科级以上干部107套，退出125套，按市场价购买140套，收回资金300多万元。

民主评议 1997年，制定民主评议领导干部廉洁自律实施意见。组成5个评议组，组织2341名机关干部、农村党支部书记、企业厂长（经理）、双管单位负责人，对106个单位861名副科级以上领导干部廉洁自律情况进行民主评议。针对评议出的问题，对其中321名党员干部进行谈话。基层纪委、纪检组根据各自管辖范围，组织对中层领导干部、农村党支部书记等进行民主评议。

廉政档案和谈话 1996年，建立正科级单位主要领导干部廉政档案。1997年，建立担任实职的副科级领导干部廉政档案；建立乡、村两级干部廉洁自律档案，实行领导干部廉洁自律情况档案监督管理。2000年，对全市副科级以上领导干部收受现金、有价证券和支付凭证进行清理，设立7个“581”廉政账户。对44名县级领导干部配偶子女从业情况进行登记。2007年，对全市726名科级领导干部廉洁守纪情况进行登记归档。对93名新任科级和股级干部进行任前廉政谈话，对19名受组织处理和纪律处分党员干部诫勉谈话。2008年，对130名新任科级领导干部进行集体谈话，对4人诫勉谈话。2009年，落实述职述廉、任前谈话、党员领导干部报告个人有关事项等制度，任前谈话143人次，诫勉谈话3人次。2010年，组织开展学习宣传“廉政准则”活动，落实党政主要负责人定期讲廉政党课制度。对56名科级领导干部进行集体廉政谈话，对5名干部诫勉谈话。

第六节　信访案件查处

1979年6月，县委纪委恢复后，纪检信访工作主要处理平反“文化大革命”期间及之前的冤假错案；需要落实政策的来信来访，半年时间受理598件次，处结80%。1980年，县委纪委设立信访科，配备专职信访干部。1984年，县纪委针对信访案件数量增加的情况，采取以老带新、分线划片、责任到组办法逐乡（镇）查处。1987年，县直部门、乡（镇）和村逐步建立纪检信访领导小组，很多发生在基层的信访案件得到解决。1993年，制定纪检信访工作目标管理实施规划。到1995年，实现全县纪检信访工作目标管理“三年达标规划”，信访处结率98%，按期和优质结案率均为100%。1996年，实行接访包案制度。全市建立纪检信访领导小组1588个，成员5864人，按区域划分为6个工作片，超前预防。2003年，推行信访举报办事公开制度，连续5年未发生1起纪检业务范围内到海阳市以上机关的集体访。2007年，推行信访政策、受理、办理、结果“四公开”制度，建立纪检监察信访举报网站，畅通信访举报渠道。到2010年，全市受理信访举报1116件次，处结率98.8%。纪检监察信访案件按期和优质结案率、初信初访结案率均为100%。自1979年恢复纪检机构到2010年，市（县）纪委受理来信来访7842件。其中，控告信访6211件、申诉信访1631件，处结7442件。1984年前处结率85%，1985—2010年处结率98%。

第五章　组织建设

第一节　机　构

海阳市委组织部 1975年5月，海阳县革命委员会政治部内设的组织组改为县委组织部。1986年7月，设县委组织员办公室，归口县委组织部管理。1993年12月，县委组织部内设办公室、干部科、组织科、企干科、知工科、干审科、干训科，编制23名。1996年5月，海阳县委组织部改称海阳市委组织部。2010年，内设办公室、调研科、组织科、干部科、干部监督审理科、干部培训科、招商科、股级干部管理科、人才工作办公室，编制26名。

海阳市委老干部局 1983年10月，设县委老干部局。1984年3月，县委老干部局改称县委老干部工作办公室，归口县委组织部领导。1985年3月，复称县委老干部局。1996年5月，海阳县委老干部局改称海阳市委老干部局。2010年，内设办公室、安置接待科，编制6名。

海阳市党员电化教育中心 1991年3月设立海阳县党员电化教育中心（副科级），编制3名，隶属县委组织部管理。1996年4月，升格为正科级；5月，改称海阳市党员电化教育中心。2004年10月，在市党员电化教育中心基础上，组建市党员干部现代远程教育中心（正科级），保留市党员电化教育中心牌子，编制8名。2010年，内设课件科、网管科。

海阳市后进村发展升级办公室 2003年2月设立。

第二节 基层组织与党员队伍发展

基层组织 1978年，全县有基层党委18个、党总支4个、党支部1040个。中共十一届三中全会后，党的基层组织规模逐步扩大。1993年，成立第一个工委。2010年，全市有基层党委35个、工委9个、党总支60个、党支部1409个。

1978—2010年中共海阳市基层委员会情况表

表18-5-1 单位：个

年 份	1978	1979	1980	1981	1982	1983	1984	1985	1986	1987	1988
党委	18	17	21	22	21	21	36	38	40	40	40
工委	—	—	—	—	—	—	—	—	—	—	—
党总支	4	4	4	5	7	7	7	7	9	11	23
党支部	1040	1056	1124	1183	1189	1212	1311	1273	1356	1393	1447
合计	1062	1077	1149	1210	1217	1240	1354	1318	1405	1444	1510
年 份	1989	1990	1991	1992	1993	1994	1995	1996	1997	1998	1999
党委	26	25	25	25	55	57	49	50	49	50	50
工委	—	—	—	—	1	2	2	2	2	2	2
党总支	25	29	33	34	34	36	33	47	50	46	41
党支部	1465	1543	1603	1575	1598	1537	1555	1589	1591	1533	1520
合计	1516	1597	1661	1634	1688	1632	1639	1688	1692	1631	1613
年 份	2000	2001	2002	2003	2004	2005	2006	2007	2008	2009	2010
党委	44	45	40	39	39	42	36	36	34	34	35
工委	4	5	6	7	7	7	7	7	7	7	9
党总支	34	31	33	28	24	20	15	17	59	60	60
党支部	1510	1443	1440	1408	1403	1378	1361	1408	1398	1435	1409
合计	1592	1524	1519	1482	1473	1447	1419	1468	1498	1536	1513

党员队伍 1978年，全县党员32557名。是年起，各级党组织按照新时期要求发展新党员。1979年至1982年7月，全县5万名农民递交入党申请书，1000余名农民入党。1985年7月，制订五年党员发展规划，党员队伍不断扩大。是年发展女党员120名，占发展党员总数13%；全县共有党员38457名。1990年，全县党员42267名，比1978年增加9710名，党员队伍的年龄、文化结构和分布状况有较大改善。1992年，全县发展党员820名，35岁以下占71.5%，高中以上文化程度占63.8%，工人、农民和专业技术人员占88.7%，先进模范人物占37.6%。1993年，明确提出把政治觉悟高、思想品质好、带头参加改革开放和社会主义现代化建设，在生产、工作、学

习和社会生活中起模范作用的先进分子吸收到党内。1994年起，大学以上文化程度党员增长较快。1995年，全县党员44994名。2000年，全市党员46924名。2005年，全市党员48327名。2010年，全市党员50191名。其中农牧渔民31920名，占党员总数63.6%；机关事业单位6625名，占总数13.2%；公有经济单位企业化管理、技术人员及工人1417名，占总数2.8%；非公有经济单位3020名，占总数6.0%；离退休及其他人员7209名，占总数14.4%。大学以上党员8354名，占党员总数16.6%。女党员6972名，占党员总数13.9%。

第三节　组织建设与党员教育

基层组织建设　1978年1月，全县开展整党整风。组织800余名干部深入基层帮助指导，调整61名党支部书记，260个党支部调整充实支部成员。1979年，进行思想政治工作内容、方式和方法探索。在农村基层组织开展党员联户活动；在企业内部开展争做“四有”新人教育；在基层干部中开展强化商品观念教育。1981年，开展建立党员卡片和恢复健全党员档案工作。到1982年8月，各级基层党委举办学习班57期，参加12679人。同年，全县整党工作在东村镇嵩潜大队试点；12月，全县整顿党的基层组织工作全面展开；1983年1月整顿工作结束。基层党支部平均职数由5.1人减少到4.1人，平均年龄由42.7岁下降到39岁；初中以上文化程度的由32人增加到106人。1986年，全县农村首次推行党支部书记、村委会主任任期目标责任制。1989年，制定并推行支部党员大会议事表决、“两公开一监督”、党员年度目标管理等制度，开展农村党支部班子达标升级活动。1990年6月，开展创建党建工作先进县和先进基层党委活动，3个乡、镇获烟台市首批农村党建工作先进乡镇称号。推进以党支部为核心的村级组织规范化建设，调整113个支部班子、66名支部书记和83名支部委员。农村党支部一类班子由原来的410个增加到430个。1991年，加强企业领导班子建设，对“三资”企业党组织实行挂牌管理，建立健全厂长书记碰头会、书记参加厂务会和党、政、工联席会等制度，保证企业党组织在企业生产经营、利益分配等重大问题上参与决策，理顺党、政、工关系。1993年4月，制定加强中外合资、合作经营和乡镇企业党的建设意见。在农村干部中实行诫勉制度。1995年11月，在乡镇建立农村党建工作队。1996年6月，在市属企业党组织中实施政治核心工程，配齐企业中的党（总）支部成员规定职数，按期进行换届选举。建立乡镇党委书记与农村党支部书记谈话制度，并建立谈话档案。1997年，在全市农村开展创建“五好”（好班子、好队伍、好路子、好经营体制、好管理制度）党支部活动，56个村党支部被市委授予农村创建“五好”先进党支部称号。

2008年4月15日，全市农村党建工作规范化建设现场会

2005年，在各行业开展争创“五好”活动。2006年8月，市委制定在非公有制经济组织、外商投资企业、社会中介组织、社会力量办学、城市社区、流动党员等方面建立健全党建工作的意见。开展农村党的建设“三级联创”活动。2008年，全市77%以上的镇（区、街道）党（工）委和61%以上的村党组织达到“五好”目标要求；175个非公有制企业建立党支部，占全市非公有制企业总数19.7%。健全社区组织体系，实现“一社区一支部”。成立社区党员活动之家、社区党员服务中心，建立社区组织载体。2006—2008年，全市创建烟台市级党建示范单位6个、海阳市级党建示范单位52个。2008年9月起，在重点农村工作片建立联村党总支，由中心村与邻村或跨区域建立联村党总支，党总支设在中心村，一

2007年7月7日，市供电公司开展党员奉献日活动

般下辖4～8个村党支部。同年，全市建立联村党总支45个。2009年4月，开通“12371”党员咨询服务电话；7月，在农村党支部书记中开办“书记论坛”。2010年，实施“充电工程”，开通党建工作平台。在市委党校首次开设农村党支部书记特色培训班。5月，首次组织部分镇（街道）党委副书记和村党支部书记50人，到江苏省苏州市农村干部学院进行1周的学习培训。

党员教育 1978年1月，县、公社两级党员干部整顿党风。以加强党的集中统一领导、加强党的民主集中制、发扬党的优良传统为主要内容，解决党员干部中存在的思想、作风、组织不纯，团结和干劲等方面存在的问题。开展评先进、树标兵活动，县、公社评选出先进工作者230名。1982年8月，在全县开展党性党风党纪教育，解决党内存在的对共产主义的信念，对中共十一届三中全会路线、方针、政策，对实行生产责任制不理解、想不通等问题。1983年7月，对全县党员进行以新党章为主要内容的教育，全县32397名党员接受教育。1985年5月—1987年3月，进行县、乡、村三级整党。全县1273个党支部、38531名党员参加整党。党员予以登记的38400人，占党员总数99.7%；不予登记、缓期登记和受党纪处分的县级8人、乡级25人、村级98人。1986年，开展党员谈理想、讲党性、比党风活动。7月，对全县23处乡（镇）、26个部门进行党风检查。1989年，实行农村党员年度目标责任制。1995年12月，在全县党员中实行党员警诫卡制度。1996年起，全市开展党员电化教育效益年活动。1998年4月，在全市农村党员中开展“争十好、做表率”活动，每年评议一次，评议结果张榜公布。

2000年3月，在全市各级党组织和全体党员中开展“三讲”（讲学习、讲政治、讲正气）教育活动。坚持群众路线，开门搞“三讲”，开展批评和自我批评，重点解决理想信念、执行方针政策、群众观念、发展信心、工作作风、廉洁自律、民主集中制等方面问题。12月，在全市农村开展“三个代表”重要思想学习教育活动，重点解决精神状态、服务意识和群众观念问题，加快发展农村经济的自觉性和本领、增强做好农村和农民工作的能力和水平问题，坚持“两手抓、两手都要硬”的问题。2005年至2006年6月，分3批在全市开展保持共产党员先进性教育活动。2009年3月—2010年2月，分2批在全市开展学习实践科学发展观活动，解决发展思路不清、信心不足、执政为民意识淡薄、有令不行、有禁不止、党员意识不强、作风漂浮以及形式主义、官僚主义严重等问题。2010年，在全市开展党员“亮身份、亮职责、亮业绩”活动。

远程教育 1991年3月，党员电教中心成立。先后复制9部电教片、190盘录像带；拍摄海阳社教片《春风化雨》和4集党史系列片《巍巍丰碑》等。其中，《春风化雨》被中组部向全国推荐发行。1992年，全县有43个基层党委建立党员电教站，初步形成县中心、党委站、基层点的电教工作网络。全县共组织播放1156场次，参加收看11.3万人次，党员收看率90%以上；拍摄的《“三资”企业的共产党人》参加烟台市委组织部电教片评选获三等奖。1994年，全县建成乡（镇）电教站23个、电教播放站点384个。全年在海阳电视台开办《党史采风》党建栏目并播放38期。1995年，摄制50多条党建新闻片、专题片，党建栏目播出24期，烟台市级以上发片12条。1996年，全市有电教播放站点630个，新增电教设备150套。1997年，烟台市在海阳召开党员电化教育工作现场会。1999年，开展电教科技下乡活动，制作23期农业实用技术专题片，引进复制390多部科教片。2001年，举办全市党员教育电视片“七一”展评活动，摄制播出28期《基层党建》节目，在省级发稿10条。2002年，培育8个电教示范部门，开展电教5个示范镇、60个示范村、100个示范户创建工作。2004年，对农村干部现代远程教育站点管理员进行培训，建成远程教育接收站点714处。2008年，开展农村党员干部现代远程教育技能练兵培训活动，组织亮点工程建设观摩会；举办站点管理员培训班12期，525个远程教育站点操作员全部达到中级管理员资格。2009年，完善海阳党建网，组织开展“产业远教”活动；在核电设备制造厂、中集来福士海洋工程有限公司等建立13个远程教育站点。2010年，推进远程教育互联网教育平台建设，建立56个农村社区远教站点，选拔培养120名管理员。

第四节　知识分子工作

政策落实　1978年，开始落实知识分子政策。全县复议知识分子案件479起、1600余人次，为246名知识分子落实政策；对6848名知识分子的人事档案进行清理，并作妥善处理。1984年8月，全县知识分子先进集体和个人代表大会，表彰先进集体3个、知识分子标兵12人、先进个人233人。11月，县委制定进一步贯彻知识分子政策的若干规定，提出要尊重知识、尊重人才，倾听知识分子的意见；培养和发现知识分子中的优秀人才；重视在知识分子中发展党员；解决专业人员用非所学、用非所长问题；鼓励科技人员到艰苦的生产一线建功立业。至1985年，提拔到各级领导班子的知识分子1057人，其中，县级13人，科级173人。发展知识分子党员936人，占知识分子党员总数45.8%。6月，开展知识分子建档立卡工作，为4000多名知识分子建立档案，由组织人事部门集中管理。

队伍建设　1980年，全县开始对科技人员职称进行评定，共评定技术职称2228人，其中，中级18人，初级2210人。1986年1月，县落实知识分子政策领导小组改为县知识分子工作领导小组，办公室设在县委组织部。1988年1月，制定专业技术拔尖人才选拔管理意见，从全县各类专业技术人员中选拔县级专业技术拔尖人才12名。此后相继制定人才引进技术优惠、鼓励科技人员到乡村企业工作等政策，加大人才引进开发力度。1990年10月，县委组织部增设知识分子工作科，负责制定全县知识分子工作规划和有关政策、专业技术人才队伍建设等工作。到1991年，全县有知识分子7941人，其中，大专以上文化程度1998人，获初级以上技术职称6132人。1988—1991年，全县选拔培养168名知识分子担任副科级以上领导职务。全县通过分配、招聘和停薪留职等形式，到乡镇企业担任领导职务或技术人员的知识分子480人；帮助1097户知识分子分配和调整住房；为1621名知识分子家属、子女办理“农转非”；为272名用非所学知识分子调整工作岗位；帮助319名知识分子解决夫妻两地分居问题；在知识分子中发展党员499人。

1992年，制定进一步加强和改进知识分子工作意见，列为部门岗位责任制考核内容。全县选拔县级专业技术拔尖人才47名；县委命名表彰首批县级农民科技优秀人才9名。1995年5月，组织全县知识分子开展“我为振兴海阳献计策”活动，收到各种合理化建议、意见416条。1998年，建立科技人才信息库。到2004年，共评选县级专业技术拔尖人才8批143人次。其中，评选农民科技优秀人才6批24人次。管理期内被调出管理范围28人；推荐9人入选烟台市级专业技术拔尖人才。2005年6月，从全市各行业专业技术人才、企业高技能人才、引进的急需人才、高层次人才中选拔百名优秀人才，管理期3年。2006年11月，市人才及知识分子工作领导小组授予44名长期工作在一线的优秀知识分子优秀人才称号。2009年2月，制定进一步加强人才队伍建设的意见，完善人才引进、培养、管理和使用机制。2010年，制定到2020年海阳市中长期人才发展规划纲要、人才强市行动计划实施方案等意见。组织开展并评选出39名有突出贡献的优秀人才。加大人才引进培养力度，先后有1人被评为省“首席技师”，1人被评为烟台市“首席技师”，3人被评为烟台市“乡村之星”；全市培训各类人才4000余人次，引进人才400多名。2010年，海阳市人才工作在烟台市人才工作考核中名列第一。

第五节　干部任免与管理

任免和管理　1978年9月，全县376名以工代干人员转为国家正式干部。其中，党政机关231人，全民所有制企事业单位担任领导职务的134人。1980年9月，按照“党管干部，分级管理”原则，对县委管理的干部职务范围进行调整，增加一部分经济、科技部门干部管理。1981年，全县有专业技术干部654人，3年提拔88人充实到各级领导班子。3月，县委管理干部范围从下管二级改为下管一级，主要管理县直各部门、乡（镇）和县属企事业单位中党政主要领导干部及中级以上专业技术干部，将原属于县委管理的各委办局（局级公司、站）副科、股长下放给委办局的党委管理；将股级企事业单位副职下放给各主管部门管理。1989年，制定加强乡（镇）干部管理试行意见。1991年，对全县23处乡镇和64个县直部门领导班子进行考察，调整充实副科级以上领导干部190人，股级干部259人；调整充实企业领导干部172人；首次实施对中外合资企业内部中方干部的管理。1992年4月，实行企业管理人员聘任制。5月，对全县副科级以上领导干部实行诫勉制度；新提拔机关、事业单位副科级干部试用期1年。同年，对26人实行试用期，对11人书面诫勉。1994年1月，强化“能者上、平者让、庸者下”干部激励约束机制，将招商引资、重点工程项目建设、获省级以上优秀等纳入评定领导干部德才的重要依据。1998年3月，建立实施领导干部政绩台账制度。制定鼓励机关事业单位工作人员从事个体、私营经济实施意见，全市有196人离职从事个体、私营经济。同年，诫勉领导干部12人，谈话19人。

2000年7月起，乡（镇）、市直部门、正科级事业单位正职干部进行任职社会公示。2001年5月，实行科级干部考察预告制度。2006年2月，制定干部任前档案审核制度。2008年，制定实施党政领导干部选拔任用、监督工作规程。2009年2月，开展从农村党组织书记中考录乡（镇）公务员工作，3人被录用。6月，对市卫生局副局长、朱吴镇副镇长等4个职位进行公开选拔，2名干部任职。7月，开展“两公开四差额”选任干部试点工作，对确定的发城镇党委书记、市纪委常委等4个职位，进行差额提名、考察、酝酿、表决。推行市委常委会、全委会干部任用票决制度。2009年12月，全市基层党委全部接入组织系统专网，组织系统信息化水平得到提高。2010年6月，组织公开选拔6名副科级领导干部。同年，市委制定领导干部重大事项问责制度。

后备干部 1983年7月，11名选调大学生到乡（镇）工作锻炼，其中5人作为科级后备干部管理。1991年，按照干部“四化”方针和德才兼备标准，筛选科级后备干部180名、企业后备干部173名。实行后备干部动态管理、选优汰劣制度，全年淘汰25名；有81名科级、54名企业后备干部任职领导岗位。1992年，制定加强青年干部培养教育意见。1998年，选拔13名优秀应届大学毕业生到乡（镇）工作；从市直部门选拔7名优秀年轻干部挂职副乡（镇）长；选拔6名年轻股级干部到市属企业主管部门挂职经理助理；从乡（镇）选拔6名党委副书记、副乡（镇）长到广西合浦、福建厦门挂职锻炼。2007—2010年，公开招聘优秀大学生到基层培养锻炼，选拔51名优秀年轻干部到镇（街道）机关工作。

干部培训 1978—1984年，先后举办县、公社干部，卫生系统党支部书记，工业和财贸系统领导干部，中青年干部等培训班、进修班33期，培训6082人次。1986年1月，组织603名机关干部进行正规化理论学习。1991年，制订全县干部培训计划。全年选调88人参加省、烟台市各类培训班；在县委党校举办3期178人参加的科级干部和中青年干部马克思主义理论培训班；举办2期72人的厂长（经理）岗位职务培训班。1992年，选调46人参加烟台市举办的各类培训班，在县委党校举办6期438人的干部培训班。1998年，在海阳市委党校举办14类23期培训班，培训干部3000余人次。指导农广校、商校、职工业余学校等办学单位举办各类培训班10多期，培训干部1200余人次。从工商、地税和技术监督等部门选拔6名干部到浙江省乐清市对口部门，进行1个月的实地考察学习。2007—2010年，参加上级组织部门安排的133个班次培训班，419人参加培训。在海阳市委党校举办主体班次41个，培训干部5000余人次。

干部审查监督 1991年，按照依据政策、积极慎重的原则，为21名符合规定的干部更改入伍时间。1992 年 5 月，制定加强新时期干部审查工作意见，制定干审工作例会和联络员定期汇报制度，建立干审工作档案。海阳的干审工作在中央组织部“干审情况反映”刊发经验材料。1998 年，对预批干部严格审核把关，16 名拟提拔的企业干部因不符合条件和规定未予批复。2007 年 3 月，制定实施领导干部特约谈话制度，完善干部监督制度体系。2009 年 1 月，推行干部选拔任用工作全程记录制度，对干部选拔任用的动议提名、民主推荐、考察酝酿、讨论决定、任职等环节进行全程记录。4 月，制定干部监督员暨部风监督员制度、从严管理监督干部的意见等规范性文件，完善干部监督制度体系。

第六节　后进村整顿发展

1978 年起，县委抽调县直部门干部进行后进大队整顿改造工作。1994 年，县直部门均有包村任务，每个包村单位抽调 1 ～ 2 名干部驻村，帮助后进村整顿班子、发展经济。1998 年，对全市 60 个经济相对落后村安排市直部门进行帮扶，全年包村部门援助后进村资金 50 多万元，支援物资折款 30 多万元，新上规模养殖项目 61 个，解决各类疑难问题 130 余个。2000 年，全市排查出 160 个在班子建设、经济发展等方面相对落后村，选派 640 名工作队员进村，帮助抓教育、搞整顿、理路子。

2003 年 2 月，市委成立后进村发展升级工作办公室。后进村发展升级，以建设“五好”农村党支部为目标，实行上下联动、综合整治、加强考核、动态管理制度，升级从一级到三级，达到三级的调整出发展升级范围。市委从各部门抽调干部组成工作组常年进驻，每村安排 3 名干部。工作组成员从原单位调出，保留编制和原职级待遇，工资关系转到后进村发展升级办公室，党组织关系转到所驻村，参加所驻村党组织生活。驻村干部每周一至周五驻在村里，自起炉灶，不准吃派饭。

后进村发展升级工作列入市委重点工作考核，主要考核镇（区、街道）、驻村工作组、后进村和市直包村部门 4 个层面。制定驻村工作组管理制度，包括工作例会、大事请示备案、政绩台账、空岗预警和否决、周末恳谈、工作日记、村情预

2009 年 5 月 30 日，驻村工作组帮助盘石店镇周家村修筑连村路

警、帮扶项目审计等。年底，采取实地考察与干部群众评议、定性与定量相结合方式，对包村工作考核验收。海阳的后进村发展升级工作被中央、省、烟台市等多家新闻媒体予以报道。2003 年，全市有后进村 72 个，下派驻村干部 216 名，烟台市、海阳市两级部门帮扶资金物资 370.4 万元，新增规模养殖户 72 户、蔬菜大棚 282 个，新上工业副业项目 137 个、经济林果 677 公顷、水利项目 58 个，整修村路 57 千米。当年考核升级 60 个村。2010 年，全市有后进村 60 个，下派驻村干部 120 名，烟台市、海阳市两级部门帮扶资金物资 543.8 万元，新增规模养殖户 204 户、蔬菜大棚 198 个，新上工副业项目 4 个、经济林果 363.5 公顷、水利项目 23 个，整修村路 99.2 千米。当年考核升级 57 个村。

第七节　老干部工作

离休干部　1979 年，全县办理离休手续干部 18 人，退休改办离休 20 人，共有离休干部 38 人。到 2010 年，全市有离休干部 687 人，平均年龄 83 岁，其中机关 207 人，事业 258 人，企业 222 人；抗日战争时期参加革命工作 238 人，解放战争时期 449 人。

活动场所建设　1990 年 6 月，县老干部活动中心大楼建成使用，投资 125 万元，面积 1830 平方米，设乒乓球、台球、象棋、麻将等活动室，开办时事、书法、绘画、工艺、英语、歌舞等学

2010 年，老干部活动场地

2009 年 9 月 30 日，举办国庆 60 周年文艺演唱会

习班。2005 年 12 月，市老年学校晋级省级示范老年学校。2008 年 12 月，市老干部活动中心晋级省级示范活动中心。2010 年，市老干部活动中心大楼改造扩建工程列入市惠民利群项目，投资 170 万元，在原三层大楼上加盖一层，增加室内活动面积 500 平方米。

待遇 落实离休干部“两费”（离休费按时足额发放、医药费据实报销）政策。坚持离休干部生活待遇略为从优原则，离休干部与在职干部工资待遇同步增长。2003 年 8 月，实行医药费社会化统筹。由市医疗保险机构负责，在规定范围内据实报销，改变过去由离休干部所在单位负担医药费的体制。2009 年，全市符合条件的 268 名离休干部，开始享受副厅级医疗待遇。设立专项帮扶资金，对患重大疾病、家庭突遇重大变故等造成家庭生活困难的离休干部及遗属予以适当救助。

政治生活 市直部门及镇（区、街道）老干部党支部（老干部工作办公室），负责组织辖区内老干部日常学习教育，每年为老干部订阅报刊；开展学习贯彻“三个代表”重要思想、保持共产党员先进性、学习实践科学发展观等集中教育活动。2007 年 5 月，海阳在烟台市老干部党支部建设经验交流会议上作典型发言。

文体活动 1988 年，成立老干部门球队。1990 年，成立老干部秧歌、文艺、健身队，书画研究会、合唱团等团队。每年组织参加各类文艺会演、比赛、庆祝等活动 20 多场次。2002 年，威海市举行“欢天喜地中国新秧歌大赛”，海阳市老干部秧歌队获金奖。2003 年，日照市举行“山东省创建文化先进县广场艺术展演”，海阳市老干部秧歌队获最佳表演奖。2008 年，市委老干部局被授予省老干部书画工作先进单位称号。2010 年 6 月和 10 月，首届海阳国际沙滩体育艺术节、广州亚运会火炬传递海阳站活动期间，老干部代表队分别组织 800 人，表演海阳大秧歌、太极拳、螳螂拳等节目，获得好评。

第六章　宣传教育

第一节　机　构

1975 年 5 月，海阳县革命委员会政治部内设的宣传组改为县委宣传部。1978 年，县委宣传部内设办公室、新闻科、社会宣传科、理论教育科、党员教育科。1987 年 9 月，县“五讲四美三热爱”活动委员会办公室改称县精神文明建设协调委员会办公室，由县委宣传部代管。1993 年 12 月，内设办公室、宣传科、新闻科、教育科、广播电视管理科、县精神文明建设委员会办公室（副科级），人员编制 17 名。1995 年 7 月，撤销广播电视管理科。1996 年 5 月，海阳县委宣传部改称海阳市委宣传部。2003 年 10 月，市精神文明建设委员会办公室升格为正科级。2010年，内设办公室、宣传科、新闻科、教育科、市精神文明建设委员会办公室，人员编制17名。

第二节　社会宣传

1978年4月，在全县范围内开展学习新宪法和新时期的总任务活动，培训宣讲队伍，编写宣讲提纲，举办广播讲座等。7月起，用半年时间，在县、公社干部中开展学习马克思列宁主义、毛泽东思想等经济理论活动。1979年4月，开展向对越自卫反击战英雄学习活动。8月，在全县范围内宣传落实"一对夫妇只生一个孩子"政策。1981年2月，以坚持四项基本原则和《关于建国以来党的若干历史问题的决议》为主要内容，进行社会主义、爱国主义、集体主义、革命传统和法治教育。1983年，宣传中共十二大精神，开展改革必要性和方针政策的宣传教育。1985年3月，与县司法局联合制定普及法律常识四年规划，在全县68万人口中普及宪法、刑法、婚姻法、兵役法、治安管理处罚条例等法律知识；各单位、乡镇举办普法培训班230期，培训骨干9950人；出动宣传车236次，办宣传栏、黑板报3000期，发放《常用法律选编》等11.4万册。

1987—1990年，开展稳定压倒一切、坚持四项基本原则、反对资产阶级自由化的宣传教育；在全县农村开展社会主义思想教育。1991年5月，海阳第二届樱桃节期间，组织24辆彩车方队和6台秧歌，编排大型民间歌舞《海阳在前进》；编印《海阳简介》《海阳樱桃简介》2000份，分发给1400位内宾和30位外宾。1992年，组织学习宣传邓小平视察南方重要讲话精神，引导干部群众加深对发展市场经济理论的理解，坚持改革开放不动摇。1995年，在全县农村党员群众中开展党的宗旨、市场经济知识和道德法治教育。1997年，组织基层党委举办香港百年历史知识竞赛，全市2万多名党员干部参加；举办迎香港回归祖国征文比赛和书画展，收到全市干部职工撰写的应征文章100余篇，书画作品200余幅。1998年3月，新闻部门随海阳党政代表团赴南方考察经济发展情况，拍摄、制作5集系列专题片在电视台播放。7月，组织全市下岗职工再就业事迹报告会，并将报告会拍成录像片在电视台播放，激发下岗职工下岗不落志、自强不息再拼搏的热情。下半年，组织力量到基层调查梳理党员干部群众中存在的突出问题，编写9个专题的宣传教育材料。

2010年，元宵灯展

2000年4月，在全市开展"致富思源、富而思进"教育。2007年，组织庆祝中国共产党成立86周年、中国人民解放军建军80周年专场文艺晚会。组织广场文艺演出100多场；元宵艺术灯展、金秋菊展成为广场文化的固定形式。协助完成30集电视连续剧《地雷战传奇》拍摄。2008年，组织迎春秧歌会演、迎春彩灯节、京剧名家赈灾演唱会等系列文化活动。海阳地雷战纪念馆、民俗博物馆完成重新布展开放。2009年，开展"海阳英雄模范人物"和"感动海阳人物"评选活动。抗战电视连续剧《地雷战之锄奸行动》开机拍摄。2010年4月29日，《今日海阳》报创刊。8月，设立市网络宣传管理办公室。10月，制定市宣传文化艺术精品创作评选奖励办法，对文学、音乐舞蹈戏曲、美术书法摄影、新闻及出版4个门类进行评选和奖励。同年，举办"海盛杯"海阳秧歌大奖赛；争取北京舞蹈学院在海阳设立海阳大秧歌研究基地；浓缩提炼海阳大秧歌经典动作、造型、音乐等要素，创编适合群众健身表演的大秧歌健身舞，开展免费培训，举办集中展演活动。

第三节　理论教育

1978年9月，在全体党员干部中学习宣传《实践是检验真理的唯一标准》文章。12月，学习

1998年，全市纪念党的十一届三中全会召开二十周年理论研讨会

中共十一届三中全会精神，在党员干部群众中树立解放思想、实事求是的思想路线，把全党工作重点转移到社会主义现代化建设上来，停止使用“以阶级斗争为纲”口号，实行改革开放等新观念。1980年4月，对全县党员进行系统的党的基本知识教育，主要学习《中国共产党章程》《关于党内政治生活的若干准则》等，参加学习党员2.91万人，占党员总数86%。1983年7月，对全县党员集中进行以新党章为主要内容的教育，开展批评与自我批评，解决党员思想不纯、作风不正问题，全县3.30万名党员接受教育，占党员总数89.9%。1984年3月，对全县党员进行《中共中央关于整党的决定》为主要内容的轮训，全县3.54万名党员参加，占党员总数97.5%。1985年1月，制定干部培训五年规划，包括政治理论，党的路线、方针、政策，专业知识、科学文化知识等。

1986年1月，组织机关干部进行正规化理论学习，主要课程有《政治经济学》《科学社会主义基本原理》《中国社会主义建设》《哲学》等，考试全部及格者，发给结业证书，存入干部培训档案，作为使用和提拔干部的重要依据；报名参加学习603人。同年，对21个企业局辖属149个基层单位8059名青年职工，采取正规办学，脱产、半脱产轮训，集中辅导与自学相结合等形式，进行爱国主义、理想、纪律和共产主义道德教育，全县参加统考职工占青年职工总数90%。1990年，在全县农村进行社会主义教育活动，编写理论教材20多万字。海阳的社会主义教育活动经验被中组部、中宣部转发；13个省（市）120个县（市、区）派人到海阳学习。1991年，结合庆祝中国共产党成立70周年，进行坚信党热爱党的教育，全县有3.2万名党员参加学习，2000多名党员参加考试；进行反对和平演变正面教育；编写教材13万字，培训骨干1200名。1997年，围绕中共十五大精神和邓小平理论，举办副科级以上领导干部理论学习班，培训干部834名；在农村集中教育整顿和城市集中教育活动中，组织编写8讲、5万字的宣讲材料。1998年，制定全市干部理论学习考核升级制度；运用计算机技术，编制考试软件，建立试题库，从自动阅卷到档案管理全部微机自动化。11月，全市1300多名机关干部参加考试。

2000年3月，市委制定进一步加强理论学习和教育工作的意见，提出要加强制度建设，设立“党校论坛”；坚持干部理论学习考核升级制度；落实市委理论学习中心组学习制度；抓好科级干部的系统理论学习；召开理论工作务虚会；完善日常学习和教育培训制度。同年，组织党员干部学习宣传“三个代表”重要思想。2007年，制定市委理论中心组学习安排意见，请省委讲师团授课。2008年，按照市委理论中心组学习计划，编印15期专题学习材料，先后举办辅导会、报告会30多场次。2009年2月，全市理论学习和教育工作意见，对学习内容、教育方式、提高指导实践的能力和水平、学习保障机制等提出要求。同年，编印专题学习材料，举办科学发展观专题报告会，邀请烟台市委讲师团授课；开展解放思想大讨论。2010年，组织召开“转方式、调结构”读书会，市委理论中心组成员开展调研活动，每人撰写调研报告，对全市的工作提出建设性建议。市委理论中心组被评为烟台市先进理论中心组。举办齐鲁传统文化、读书与人生、舆论引导与控制、借助亚沙会推动海阳区域经济发展等专题讲座。

第四节　新闻宣传

1978年，利用县、公社广播站举办广播讲座等形式，在全县范围内宣传学习新宪法和新时期总任务。12月，围绕中共十一届三中全会、社会主义现代化建设开展新闻宣传。1980年，开展加强和完善农业生产责任制宣传。同年，《大众日报》《烟台日报》刊发海阳粮食亩产402.5千克、首次过“长江”（400千克）的报道。1981年5月，在全县开展加强社会主义精神文明建设宣传，倡导树立高尚的思想境界、道德风尚，与学雷锋、树新风和“五讲四美”活动相结合。1983年起，持续3年，在全县进行“严打”斗争舆论宣传。1984年5月，新华社刊发《海阳县办经济实体扶持贫困户效果好》的报道。11月，县政府在济南举行记者招待会，介绍海阳凤城旅游区的开发规划和前景，中央、省及烟台市新闻媒体30余人参加。1988年4月，县委制定《关于1988年社会主义精神文明建设的意见》，被国家《精神文明报》刊载，先后有5个省、市的县委发函取经。

1990年，围绕社会主义教育活动、传统农业向现代农业转变、城市建设、抗击灾害等进行宣传，全年发稿件1001篇，其中，《人民日报》5篇、《烟台日报》8篇；在各报刊发头版头条19条。1991年，在烟台市以上报刊发稿件2000余篇。协助山东电视台拍摄《黄金海岸的基石》系列广告片，介绍海阳19个企业26种产品。1995年8月，纪念抗日战争胜利50周年，《人民日报》刊登《当年东海一只虎——访〈地雷战〉中赵虎原型之一于化虎》。1998年，围绕农业产业化、企业改革、个体私营经济、再就业工程、财税贡献榜等工作展开报道，在烟台市以上新闻媒体发稿件1200余篇。在纪念改革开放20周年大型专题片《从乡村走向城市》《精准农业在烟台》2部片子中，大篇幅介绍海阳的成就和变化，先后在山东卫视和中央电视台播放。

1999年10月，中央人民广播电台播发《东寨头村成为江北最大“陆上海港”》。2006年3月，《大众日报》头版头条刊发《凝心聚力再造海阳》。12月，海阳成功申办第三届亚洲沙滩运动会，“亚沙会举办城市”成为海阳对外形象宣传新名片。2007年3月，《人民日报》刊发《红色记忆：海阳地雷战》。2008年4月，新华社、《人民日报》和《大众日报》等重点媒体刊发亚沙会将在海阳举办的相关报道；8月，刊发海阳大秧歌赴京参加北京奥运会开幕式相关报道。2009年3月，海阳至即墨跨海大桥开工，中央、省等主要媒体发稿40余篇（条），知名和专业网站转载100余条。9月，中央电视台三套《舞蹈世界》栏目播出2期、时长60分钟的海阳大秧歌专题片；《大众日报》头版头条发表《海阳：大项目提升工业结构》。10月，中央电视台十套《希望英语》栏目播出30分钟地雷战“双语”专题片。12月，山东海阳核电一期工程开工，新华社、《人民日报》、中央人民广播电台等，在头版或重要位置、时段进行大篇幅报道。

2010年6月，海阳首届国际沙滩体育艺术节，中央、省和烟台市20余家主流媒体现场采访，发稿200余篇（条）。9月，中央电视台五套全运栏目播出6分钟《海阳——小城市，办大事》专题节目。10月，广州亚运会火炬在海阳传递，在中央、省等各级媒体发稿150余篇（条）；中央电视台新闻频道《新闻直播间》栏目第一时间播发6分钟专题。同年，亚沙会会徽和吉祥物征集、揭晓活动，新华社、中央电视台、《人民日报》、《光明日报》等数十家国内主流媒体报道，近百家知名网站转载。2007—2010年，围绕深入学习实践科学发展观和亚沙会筹备，全市“四大战略”、“五大工程”、重点产业、民生改善等内容开展主题宣传，在中央、省、烟台市主要媒体发表稿件8000多篇（条）；其中，新华社、《人民日报》、中央电视台、中央人民广播电台、《经济日报》、《光明日报》等中央级媒体发稿60余篇（条）；一版头题和新闻头条100余个。

第五节　对外宣传

1989年3月，《人民日报（海外版）》刊登海阳招商引资专版报道《交通便利　环境优美　物产丰富　政策优惠——海阳：理想的投资场所》。1991年，《华声报》刊发海阳专版，向海外介绍海阳经济发展情况。1996年5月，市委制定加强对外宣传工作意见，提出要抢占对外舆论制高点，进一步塑造海阳新形象；强化名牌意识，提高企业知名度；搞好重大招商、招展活动的宣传；突出宣传好海阳的投资环境等具体要求。同年，《走向世界》杂志英文版发表《到海阳投资盆满钵满》文章。1997年5月，香港《文汇报》刊发《胶东海阳：“雷乡”将成下世纪“能源城”》。1998年，《中国日报》《走向世界》等刊发一批介绍海阳骨干企业、投资环境和农业开发等方面稿件。2006年7月，中国国际广播电台播出《看秧歌劲舞赏滨海风情——直播海阳》。2009年12月，《香港商报》刊登《中国最大核电工程海阳开工山东能源迎核时代》。2010年12月，海阳在第二届亚沙会上接旗，亚洲各大媒体对这一历史时刻予以报道。同年，制作《中国海阳》中日韩英4语DVD光盘、宣传画册、亚沙会会徽、胸章等对外宣传品10万多件；策划《黄金海岸·魅力海阳》全球直播特别节目。在中央电视台三套、四套、七套、十套和《新华每日电讯》《香港商报》《中国海洋报》等媒体，刊发海阳大秧歌、春秋古墓、海阳白黄瓜、蓝色经济等专题报道20多篇。

第七章　统战工作

第一节　机　构

1982年4月，复设县委统战部，内设统战一科、统战二科。1992年7月，增设办公室。1996年5月，海阳县委统战部改称海阳市委统战部。2002年3月，内设办公室、综合科，人员编制6名。2010年，内设机构未变。

第二节　统战工作

落实统战政策　1978年，落实统战政策工作由县委组织部负责。1979年，对226名“右派分子”和22名因右派问题受处分人员进行复议，改正225名，并进行妥善安置。对因右派问题受株连的家属子女，也根据政策作适当安置。11月，海阳县首届归侨、侨眷代表会议召开，110人参加，选举县第一届归国华侨联合会。到1985年，为41名原国民党起义、投诚人员落实政策，颁发投诚人员证明书；予以政治平反4人，恢复干部待遇2人，安置退休1人，家属子女“农转非”3户8人，给予生活补助6人；2人被选为县人大代表。

落实华侨和港澳台属政策　1984年，全县有侨胞、外籍华人、港澳台胞874户1952人，分布在22个国家和地区，其海阳眷属2742户10974人；另有归国华侨16户55人。1985年，全县对归侨、侨属实行“一视同仁，不得歧视，根据特点，适当照顾”政策。帮助兴办侨资企业6家；扶持贫困归侨，使其年收入高于全县平均水平；侨汇物资供应基本达到侨汇户满意；有3人加入中国共产党，4人被提拔到领导岗位。侨属、港澳台属有134户主动与国外亲属联系，117户通汇。2010年，有港澳台属200余户600余人。

党外知识分子工作　1978年，开始落实党外知识分子政策。1980年2月，召开全县知识分子和科技人员座谈会，60余人参加。1984年12月，召开全县各界人士为“四化”建设和祖国统一做贡献经验交流会，192人参加，其中非党知识分子101人。1992年4月，召开全县党外知识分子先进事迹报告会，6人作典型发言。2008年，针对党外知识分子的政治诉求及参政途径进行调研，建立党外知识分子数据库，全市有中青年党外知识分子1700余人。

政协与党外干部人事工作　统战部门发挥工商联和无党派人士在政治协商、民主监督和参政议政中的作用，落实重大政策、重要人事协商和情况通报制度。组织无党派人士对市场建设、民营经济、城建、核电等方面进行专题视察，广泛征求意见和建议。1992年，向县委推荐党外优秀干部6名，安排2名，其中安排1名女副乡长，是海阳唯一一名非党女科级干部。1993年，考察安排123人进入新一届政协。1994年，推荐安排非党副县级干部5人、非党副科级干部6人，培养党外后备干部20人。2007—2009年，针对重点、难点、热点问题，提出各种意见、建议和提案830件，其中，提交提案293件，立案282件，内容涉及市直24个部门，办结率100%。2007年，完成第八届市政协换届人事安排工作，安排政协委员227名，其中无党派人士137名，占60.4%；推荐20人担任烟台市政协委员、1人担任全国政协委员。配合市委组织部选拔培养党外干部，加强实职安排工作。对62名党外干部进行考察，确定12人为党外后备干部。积极推荐党外干部到市政府及有关部门担任领导职务，到2009年，全市共安排副科级以上党外干部24人，其中副处级5人、副科级19人。14处镇、街道党政领导班子中，配备党外领导干部7处；24个政府组成部门中，配备党外干部4个。2010年，全市镇（区、街道）设置统战工作室。

第三节　服务经济建设

1992年，县委统战部围绕海阳经济建设开展宣传联系工作，向40多名台胞发邀请信，12人回乡参加“三胞”联谊会，签订合同4项，台方投资752万美元。1994年10月，县委统战部协助县工商联成立郭城镇商会。1996年，县委统战部协助成立徐家店、二十里店2个民间商会。全县私营企业发展到187户，从业3869人；个体工商户1万户，从业1.48万人。2003年，为配合“富民兴烟”活动，市委统战部组织25户民营企业家参与帮扶贫困家庭活动；66户企业参与安排下岗职工1690人。全市民营企业为抗击“非典”捐款12万元；组织开展各类咨询活动4次，撰写论文17篇，取得科研成果10项。2007年，市委统战部印发《全市民营企业家行动起来，大力开展“民企联村”共建社会主义新农村活动》倡议书，号召非公有制经济人士积极为建设社会主义新农村献计出力。2008年5月，市委统战部组织统战成员参加“爱心捐款”活动，捐款90.75万元。同年，在全市所有镇（区、街道）建立商会，非公有制经济代表人士进入商会担任会长、副会长及执委。2009年10月，市委统战部召开全市新经济组织学习实践科学发展观动员大会，对全市85家非公有制企业、1401名党员分类指导，推进活动开展。到2009年，全市70家民营企业与65个村结成帮扶对子，累计提供各种物资及款项700万元，安排劳动力4000余人。市委统战部连续3年被烟台市委统战部评为富民兴烟先进单位，12人被评为富民兴烟先进个人。

第四节　对台工作

海阳第一代去台人员600余人，台属200余户。1990年，设立对台工作办公室。工作中发挥组织、指导、管理、协调职能，立足政治影响，注重经济发展。完善台胞台属资料库，制订海阳县涉台突发事件应急预案。加强与台商、台胞和台属联系。1993年，对台资企业调查摸底。全县共有台资企业23家，合同台资额5076万美元。9月，组织科技、文化、教育等界别23位代表，学习《台湾问题与中国的统一》白皮书。1994年，共接待台胞177人次，为台胞办理申请定居4人，台属身份认定15人，台属赴台继承遗产4人。2007年，对全市台资企业进行普查。2008年，市台办在市委党校中青年干部培训班上专题讲授台海形势和两岸关系现状。5月，全国台湾同胞投资企业联谊会副会长余明进到海阳考察。2007—2009年，每年春节、中秋节，组织人员走访部分台商、定居台胞和台属。共为台商、台属解决实际困难30余件。组团参加在潍坊召开的鲁台经贸洽谈会，在烟台召开的鲁台科技交流周等对台活动。2010年，组织全市范围台胞台属统计工作并整理归档。

第八章　政法工作

第一节　机　构

1983年1月，海阳县委政法委员会成立。1991年4月，设立县社会治安综合治理委员会办公室，与县委政法委合署。1996年5月，海阳县委政法委员会改称海阳市委政法委员会。2010年，内设办公室、综合科、招商科，人员编制9名。

第二节　维护社会稳定

1978—1980年，县委动员组织社会力量，维护全县政治和社会治安局势稳定。1983年8月，开展为期3年的严厉打击严重刑事犯罪斗争，县委成立严打指挥部，办公室设在县委政法委。打击的主要对象是对社会危害大的杀人、放火、投毒、盗窃、强奸、诈骗和流氓团伙头子；采取组织战役、统一行动、集中打击的方法。1984年，全县发生的刑事立案案件，比“严打”前下降35%；滋扰社会秩序的治安案件比上年下降46%。到1985年6月，全县组织7次大的集中行动，共逮捕杀人、放火、抢劫、强奸、流氓等各类犯罪分子552人，摧毁56个犯罪团伙，攻克85个“死角”单位，破获大小案件2195起，判刑408人，其中判处死刑10人，扭转刑事案件发案率上升趋势。1994年，抓获违法犯罪分子128人，摧毁犯罪团伙13个，抓获团伙成员58人，整顿治安后进村28个，查破各类案件467起。1995年，对治安混乱区域和突出问题进行集中整治。1996年5月，开展第二次“严打”斗争，打击重点是严重暴力犯罪，车匪路霸、带有黑社会性质团伙犯罪和流氓恶势力、负案在逃重大犯罪，组织非法宗教活动犯罪。1997—1999年，依法开展农村经济秩序治理整顿活动，组织10个工作组，进驻郭城、徐家店镇的10个后进村进行综合整治。2000年，推行综治委成员单位夜间巡查制度，加大对社会面管控力度。2001年4月起，开展为期2年的第三次“严打”整治斗争。围绕打黑除恶，破案件、挖团伙、追逃犯。每年夏冬两季，针对社会稳定中突出问题，开展专项整治斗争。

2007—2009年，把维护稳定工作划为农村、企业、城建、涉法涉教等五条工作线，对稳定问题实行一个领导、一套班子、一个方案，一包到底，集中处理解决。2008年，在基层探索设立维护稳定办公室，完善基层调解中心，其经验做法被烟台市总结推广。先后开展“两节”安全保卫战、春季严打整治斗争、打“两抢”专项行动、农村治安秩序专项整治等统一行动。三年共查破各类刑事案件2041起，打掉犯罪团伙64个，抓获团伙成员250人。2010年，开展打黑除恶、校园周边秩序专项整治、打击“两抢”“两盗”等专项集中行动。政法部门协调主管部门，挂牌督办13个治安后进村和汽车站、新元广场、怡河家园3个重点区域，破获刑事案件12起，查处治安案件17起，打击处理18人。1月，在全省政法工作会议上，海阳被省委、省政府评为平安山东建设先进市。在市、镇两级建立和推行社会稳定风险评估机制，年内开展稳定评估活动50多次，防范化解各类社会矛盾15起。新建基层维稳综治中心12个，全年排查各类社会矛盾1080起，95%以上矛盾纠纷控制在基层。

第三节　社会治安综合治理

1978—1981年，县政法部门围绕打击经济领域严重犯罪和刑事犯罪，宣传党的有关指示、方针政策和法律法规，编印宣传材料3.6万份、小册子60.2万本，举办法治讲座和报告756次，有线广播3200次，电影宣传302场，图片展览1100次，押犯宣传124个村。到1982年7月，全县排查出经济犯罪线索82起，其中万元以上3起，千元以上48起；立案调查重点案件16起。1984年，在开展“严打”的同时，发动各部门齐抓共管社会治安，落实综合治理措施，县、乡（镇）建立综合治理领导小组，开展对青少年的教育，开展创建文明单位活动。同年，针对民间纠纷上升的状况，采取措施，及时疏导缓解矛盾，消除大量潜在不安定因素。1985年，共疏导缓解易激化矛盾180起，避免29起爆炸和17起持刀杀人案。1986年，海阳参加全省调解工作经验交流会并发言。7月，开展反破坏社会治安秩序斗争，50天内收容审查43人，按社会治安管理处罚条例处罚107人，摧毁犯罪团伙6个，查破各类案件143起，缴获物资折款2.39万元。12月，在全县201个内部单位签订治安保卫承包责任制合同2.34万份；内部单位及社会重点要害部位2906处，全部落实安全岗位责任制；全县建立巡逻队719个，形成县、乡、村三级巡逻网；8处重大集市设立治安办公室。同年，全县共查获各类违法犯罪分子94人，查获大小案件227起，内部治安环境得到改善。1987年，制定定期排查民间纠纷制度，把3月、6月、9月、12月定为全县集中排查月；理顺婚姻、家庭、建房、邻里、经济合同等关系。同年，海阳被评为省社会治安综合治理先进单位。

1991年4月，设立县社会治安综合治理办公室，23处乡镇成立综合治理委员会，各村建立综合治理办公室。年内，在城区组建一支24人的治安民警队，16处乡镇建立治安联防队，634个村成立常年治安巡逻队。1994年，在县、乡镇驻地召开公开处理大会25次和公判大会4次，处理违法犯罪人员300余人。3月，设立海阳县见义勇为基金会；8月，制定《海阳县见义勇为行为奖励办法》，对见义勇为行为进行奖励。1995年，对公共场所、旅游景点、城乡接合部进行集中整治。1996年，开展创建治安工作模范乡镇、模范单位（村庄）活动。1999—2001年，开展农村“双基”建设；综治工作重点由农村转移到城市。2002年，全市投入资金60万元，建成创安示范村145个，占全市总村数20%。2003年，在全市推行“警治联勤”制度，建立完善警民联合巡逻队、社区治安联防队、保安服务队、居民楼区看门望锁队；建立警管区、治安亭、“110”报警点、堵截卡点防控网。全市农村刑事发案下降，256个村未发案。2005年8月，在省铁路护路现场会议上，海阳市作为烟台市两个现场之一、并且是唯一的单位在现场会上发言。

2007年，建立由法院、劳动、工会等部门参加的联席会议制度，全年召开联动调解会议12次，调处案件6起。年内，在镇（街道）驻地建立156人的保安服务队；在城区6个社区建立36人的社区保安服务队。在农村，建立23个警治联勤办公室，联勤治保主任539人，提供各类信息320条，调处各类矛盾600起，协查案件260起，抓获违法犯罪嫌疑人82名。建成技防镇10个、技防村50个、技防企业86个，探头总数2500个。加强对闲散青少年、盗窃及“两抢”嫌疑外来人员的管理控制，清理整顿网吧36处，取缔无证经营黑网吧4家。2008年，在政法系统建立健全重点项目配套跟踪服务、重点案件请示汇报、重大案件督办协调制度，召开各类专题会议22次，协调有关案件16起，为城建、拆迁、征地、项目建设、企业破产提供法律保障和服务。2009年，在全市18个行政部门建立调解工作室，共调处各类行政纠纷260起。2010年，开展基层综治工作深度推进年活动，全市712个村、260个企业综治基础建设达到规范化要求。年内，全市刑事发案820起，八类主要案件发案125起，批捕犯罪分子98名，刑事和八类主要案件发案率、城乡社会犯罪率，均保持烟台市最低县市区之一。

2007年2月，在市人民法院召开调解联动机制座谈会

第四节　政法队伍建设

1978年4月，公、检、法三部门组建工作完成。1979—1985年，完善机构，培训干警，理顺工作关系，开展正常工作。1986年，县委政法委加强政法部门领导班子建设，每年对各部门办理的重要案件采取明察暗访形式进行督导检查。组织开展公、检、法、司主要负责人联合公开接访活动。1995年，政法部门落实领导干部“一岗双责制”“责任查究制”。2006年，开展公正执法树形象活动，落实队伍建设各项制度规定。2007年，组织开展社会主义法治理念教育活动。2008年，组织评选“十佳”政法干警、政法基层单位、治保主任、调解主任、和谐村庄、和谐企业。2009年，结合科学发展观实践活动，基层“两所一庭”干警进村入户征求意见，走访群众2800户、企业720家，为群众办好事、实事320件，为企业解决问题90个，避免经济损失120万元。2010年，开展提升群众工作本领，构建和谐

警民关系，争做爱民为民模范活动。结合“千村万户大走访”，在基层政法单位开展“一联三”活动（每名干警联系辖区一企业、一村庄和一户困难群众）；年内，全市政法干警走访群众1.32万户，为困难群众捐款物866万元，办实事、好事9600余件。推行阳光执法，与群众关系密切的七大类120个事项，公开执法依据、办事程序和规则、收费标准等。开通政法队伍建设和社会治安综合治理工作“民生热线”，共接到群众反映各类问题120个，及时予以处理解决。

第九章　机关党建

第一节　机　构

1974年3月，恢复设立海阳县直机关党委。1996年5月，海阳县直机关党委改称海阳市直机关党委。2002年2月，市直机关党委改称市直机关工委，编制7名。2010年，内设办公室、组宣科。

第二节　思想作风建设

1980年4月—5月，开展机关党员集中教育活动，加强思想作风建设，参加学习党员921人。1981年3月，在机关党员中开展“学雷锋、树新风”和“五讲四美”活动。1983年，开展对照新党章、争做合格党员活动，对党员进行教育和考评。1985年，开办县直机关干部文化夜校，首期2个班。1986年7月—9月，开展谈理想、讲党性、比党风活动。1987年，分5个专题开展新时期共产党员如何发挥先锋模范作用大讨论活动，2600多名党员和1000多名入党积极分子参加。其间，开展爱我中华、爱我家乡、爱我岗位立志达标创优竞赛，创建文明窗口8个。7月，开展党的基础知识竞赛活动，3600名党员、入党积极分子参加。1988年7月，开展新时期共产党员光辉形象宣传月活动，举办先进党支部和优秀共产党员汇报会，130余人参加。1991年7月—9月，开展城市社会主义教育活动，参加人员1575人次。1995年9月，举办《邓小平同志建设有中国特色社会主义理论》读书会，2500人次参加。1996年，开展党员电化教育效益年和学党章、增党性、比奉献活动。1998年2月，开展创文明机关、树公仆形象活动。2000年，在市直机关开展“讲学习、讲政治、讲正气”活动。2003年4月，开展招商引资促发展、党员干部做贡献主题活动。2008年5月，市直机关工委共收到2534名机关党员缴纳的“特殊党费”88.47万元，其中，缴纳千元以上党员409名。2010年，与市委宣传部、市纠风办、市广电局联合，开通每月一期的《民生面对面》栏目，邀请群众代表与热点部门面对面座谈交流，听取群众意见，落实解决措施。通过海阳广播电台每周二《民生热线》栏目，现场接听群众电话，现场解答。在《海阳之窗》网站开通《网上民声》栏目，各单位每天安排专人登录网站，收集群众提出的问题，组织有关人员认真研究答复意见。

第三节　组织建设

1978年，县直机关党委辖党总支6个，党支部146个，党员3000名。1980—1986年，发展党员650名。1987年11月，召开县直属机关第一次党员代表大会。1990年3月，召开直属机关第二次党员代表大会，选举产生县直机关第二届委员会和纪律检查委员会，选举县第八次党代会代表。1994年1月—4月，在全系统开展反腐倡廉主题教育活动。2007年5月，对因工作调动缺职的班子进行充实调整，对新成立单位督促成立新支部，共调整支部班子12个，增补班子成员37名。围绕建设社会主义新农村、构建社会主义和谐社会等课题，组织市直400多名党支部委员和党员干部进行专题讲座。2008年3月，对辖属任期满3

年的97个党（总）支部进行换届选举。年内，新成立3个基层党支部。2009年，对18个党支部班子进行改选、补充。3月，在党校举办市直机关党支部书记学习科学发展观培训班，培训90余人。4月，与市委组织部联合举办党支部组织委员培训班，90余人参加。2010年，考察发展新党员41名；审批预备党员转正48名；培训入党积极分子53名。

第四节　文体活动

1986年5月，举办县直机关首届田径运动会，设比赛项目38个，82个代表队480多名运动员参赛。1987年10月，举行首届乒乓球比赛，57名运动员参加。1988年5月，举办第二届田径运动会，103个代表队1000余人参加。2001年7月，举办市直机关庆祝中国共产党成立80周年歌咏晚会。2007年“七一”期间，与市委组织部联合在新元广场举办庆祝中国共产党成立86周年大型合唱晚会，15支代表队1000余人参加。10月，举办市直机关篮球赛，22支代表队参加。2008年4月，与市体育发展办公室联合举办迎亚沙“港雁杯”全市职工乒乓球比赛，23个代表队100多名选手参赛。10月，举办“御景苑”杯全市职工田径运动会，33个市直机关、企事业单位近400名选手参赛。2009年3月28日，组织市直机关400余人参加迎亚沙全民健身行动启动仪式暨“新兴杯”万人长跑活动。2010年，组织市直机关200余人参加第24届奥林匹克日长跑活动；组织500名机关干部参加亚运会火炬传递活动。

第十章　信访工作

第一节　机　构

1979年12月，设立海阳县信访科，由县委办公室管理。1986年9月，县信访科改称县信访办公室。1995年7月，县信访办公室改称县信访局。1996年5月，海阳县信访局改称海阳市信访局。2010年，内设接访科、办信督查科、市政府信访事项复查复核办公室（加挂市政府信访事项听证办公室牌子），人员编制8名。

第二节　案件处理

1978年，开始处理信访案件。1979年—1980年1月，组织2次会战解决信访积案，积案处结95%。到1980年，历史遗留问题基本得到解决，信访量减少。1981年起，集体上访增多，主要是60年代停办中专学校回乡学生要求安排工作和果园承包合同纠纷等。1987年，全县来信299件，来访1220起。同年，信访工作重点是加强基层基础工作，把矛盾化解在基层，信访量下降。1988年，全县来信296件、来访336起，比1987年减少884起。1991年，来信来访分别降至143件和214起。

1995年起，随着农村产业结构调整、国有企业改革深入，新问题和矛盾出现，信访量增多。主要是农村干群矛盾和企业拖欠工资、集资款返还、职工下岗等。开展信访会战、百日会战结百案、信访案件集中处结月等信访专项活动。2003年，开展群众重复上访问题专项治理活动，对100起重点信访案件实行市级领导包案负责制。2004年3月，海阳被烟台市委、市政府授予信访工作先进单位称号。2005年5月，开通群众投递“绿色邮政”。2006年10月，烟台市在海阳召开越级访专题现场会议，海阳作典型发言。2007年，开展重信重访专项治理、信访积案化解年等活动。2009年，通过《网上民声》栏目，受理群众意见建议65件，交相关职能部门办理35件，信访部门直接回复30件。2010年，海阳被烟台市委评为信访工作先进市。

第三节　制度建设

1978年，县委信访工作领导小组成立。领导小组每季度召开一次会议，研究信访工作或疑难案件；制定信访工作目标及管理办法。1987年，建立县级领导接访日制度。1988年，实行信访工作百分考核制度。1998年8月，建立健全信访工作三级负责制。2000年3月，建立市级领导干部下访公开接待日制度，全部市级领导于每年6月、12月的11日、12日，到基层公开接访。2002年，开展信访督查工作，做到“一事一结”。同年，将信访工作目标列入部门领导干部政绩考核内容。2005年5月，开展深化信访教育、规范信访秩序、畅通信访渠道、维护信访长期稳定活动，组织培训6000人次。2006年，成立农村、企业、城建、涉法等“五条线”信访工作领导小组。7月，开展市委书记大接访活动。12月，实现省、市、县三级信访工作联网，探索应用全国信访信息系统办理群众来信来访案件。2008年3月，开展涉法涉诉重信重访集中整治活动。2007—2010年，市级领导接待来访98次，信访问题处结率98%以上；阅批来信256封，阅信率90%；党政主要负责人阅信率100%。

第十一章　党校教育

第一节　机　构

1961年11月，海阳县委党校成立。1971年2月，成立海阳县革命委员会“五·七”干校。1973年1月，县“五·七”干校改称海阳县委党校。1984年，实施正规化教育，党校教职工队伍扩大。是年9月，内设办公室、总务处、哲学教研室、政治经济学教研室、科学社会主义教研室、文化基础课教研室，工作人员31名。1992年8月，县委党校列为中专学校体制，按副县级配备领导班子。1994年4月，组建县行政学校，与县委党校一个机构、两块牌子。12月，内设机构均为副科级，编制35名。1996年5月，海阳县委党校改称海阳市委党校。2010年，内设办公室、总务处、教务处、教研室、基层党校工作处、中央党校函授学院海阳函授站、招商科、信息化管理室。

第二节　基础设施建设

校园建设　1981年冬，修建校园大门及东西两侧院墙。1982年春，修建西河水井，安装压力罐及输水管道。1983—1984年，院内南北中心路修筑路基并沥青硬化。1985年，在办公室前建设花坛，硬化路面1500平方米，栽植各种树木，校园面貌初步改观。1998年，在办公电教楼前修建校改捐资纪念碑，碑高2.9米；正面为“校改捐资志铭”，背面镌刻捐款党委名单。校园占地面积2.47万平方米。

校舍建设　1985年4月，投资建设面积1307平方米四层教学楼1栋。1995年，为贯彻《中国共产党党校工作条例》，县委决定用3～5年时间完成校改任务。同年8月，动工建设2771平方米办公电教楼，1996年12月竣工。1997年5月，开工建设2875平方米学员宿舍楼，1998年10月完工。1999年，修建400平方米伙房餐厅。2007年，投资20多万元新建可同时容纳300人用餐的食堂1座。

80年代，县委党校教学楼

第三节　干部培训

1978年3月—4月，分2期举办县、公社脱产干部学习班，每期20天，培训158人。5月，举办农村党支部书记学习班，时间10天，培训787人。11月，举办全县卫生系统党支部成员读书班，时间20天，培训126人。1979年3月，举办工业系统领导干部学习班，时间25天，培训120人。12月，分2批对农村党支部正（副）书记轮训，每期20天，培训452人。至1984年，先后举办县与公社脱产干部、农村党支部书记、卫生系统党支部书记、工业系统领导干部、财贸系统党员干部轮训班及中青年干部进修班等33期，培训6082人次。1985—1987年，举办副科级以上干部正规化理论教育学习班7期859人；领导干部学习中共十三大文件轮训班2期178人。1988—1990年，先后举办农村党支部书记、村委会主任培训班15期1644人；乡（镇）干部岗位知识培训班3期293人；政法部门干部培训班4期500人。1991—1993年，对50周岁以下、未经县以上党校系统培训（1个月以上）或无党校学历的副科级干部，分7期进党校脱产学习，每期2个月，共302人参加学习。

1994年，举办第一期40岁以下副科级以上领导干部经济理论、英语知识培训班，学制4个月，学员32人。1995年第三期培训班，学制9个月，41人。其间，学员与任课教师进行社会调查，撰写论文和调查报告，党校成立评委进行评审。1995年10月，举办海阳县行政学校成立后第一期国家公务员制度骨干培训班，时间7天，培训76人。1996年3月，举办第一期企业中青年后备干部培训班，学制4个月，学员49人。至1998年，每年举办一期，学制3到4个月，每期学员40人。1991—1998年，党校举办各种类型的轮训班、进修班、读书班等100多期，培训超万人。1999—2010年，举办中青年干部培训班11期606人，科级干部轮训班14期2042人，农村党支部书记、村委会主任培训班48期7312人，农村优秀青年党员培训班3期382人，妇女干部培训班17期1628人，其他各类班次培训班29期2274人。

1998年，全市农村党支部书记轮训班

第四节　学历教育

1984年，举办干部中专班。招生计划经省、烟台市干部教育工作领导小组批准，毕业生原则上回原单位。学员采用组织推荐和考试相结合的方法择优录取，脱产学习，学制2年。到1989年，共招收6级7个班309人，全部毕业。1990年，中央党校函授学院设县委党校教学点，开办经济管理专业专科班。招生对象为具有高中或中专文化程度、3年以上工龄，年龄45岁以下机关、企事业单位党员干部。1993年，入党积极分子也可报考。专科班录取方式是，计划招生，自愿报名，单位推荐，组织部门审查批准，参加中央党校组织的统一考试，择优录取，学制3年。自学与面授结合，中央党校函授学院提供教材和教学用录音、录像带，县委党校教师面授。到1995年，5届共招收学员564人，毕业524人。该班于1996年停止招生。

1993年，省委党校干部业余教育学院大专班设县委党校办学点，招生对象为具有高中（中专）文化程度的机关和企事业单位的干部及管理人员。设涉外经济、经济管理2个专业，学制3年。同年，组织学员210人参加辽宁刊授党校学习，学制2年。1994年，省委党校开办农村干部业余大专班，设农业经济管理专业，学制3年。为便于农村学员学习，在乡（镇）设立教学点，每学期集中面授88课时。到1996年，3年招生566人，毕业453人（1997年停止招生）。同年，省委党校干部业余教育学院经济管理专业本科班设立，学制2.5年。到1996年，三年共招生382人，毕业355人。1996年，山东大学成人教育学院法律专业专、本科班在市委党校招生。招生对象为公、检、法、司部门干部，学制3年（1997年停止招生）。1998年9月，招收中央党校函授大专班学员262人，学制3年。1993—2010年，招收省委党校专科学员1982人、本科学员1597人。

第五节　基层党校

1984年，乡（镇）、市直党委陆续成立基层党校。1987年12月，举办领导干部学习中共十三大文件轮训班，乡（镇）党校负责人参加。1989年11月，举办贯彻中共十三届五中全会精神学习班，部分乡（镇）党校教师参加。1994年4月，设基层党校工作处。1995年11月，举办宣传理论干部培训班，乡（镇）党校校长参加培训。至1996年，有25个市直党委建起基层党校。12月，对3个乡（镇）、3个企业党校进行调查，了解基层党校围绕党委中心工作办学情况及思想组织建设方面存在的问题，探索解决办法，促进基层党校发展。1997年11月，召开全市基层党校总结表彰会，对基层党校先进集体和个人予以表彰。2010年，基层党校停办。

第十二章　岗位目标考核

第一节　机　构

2002年3月，市机关岗位目标考核办公室成立，内设综合科和考核一科、二科、三科、四科，编制10名。2010年，内设机构未变。

第二节　考核内容与方法

2002年，市委、市政府印发《海阳市岗位目标责任制考核实施意见》。此后，每年根据工作实际进行修订调整。2002—2007年，主要实行“同类同考”考核办法。2008年起，实施“重点工作重点考、难点工作突出考”的差异化考核办法，对各市直部门、镇区街道逐个确定承担的工作重点项目，并按主次轻重排序确定不同权重，重点强化前两位工作目标，从而突出考核导向，全力推进市委、市政府中心工作落实，在全市建立起一套科学的考核机制，调动全市上下各级干部干事创业的积极性，许多县市区先后到海阳学习取经。

考核对象　2002年，全市涉及量化考核部门102个和4个市级领导确定级次部门，共106个部门。2003年，全市涉及量化考核部门103个和5个市级领导确定级次部门，共108个部门。2004年，全市涉及量化考核部门105个和6个市级领导确定级次部门，共111个部门。2005年，全市涉及量化考核部门109个和6个市级领导确定级次部门，共115个部门。2006—2007年，全市涉及量化考核部门110个和9个市级领导确定级次部门，共119个部门。2008年，全市将金融部门单独列经济发展贡献榜进行考核，不再列入岗位目标考核范围。全市涉及量化考核部门101个和3个市级领导确定级次部门，共104个部门。2009年，全市涉及量化考核部门102个和3个市级领导确定级次部门，共105个部门。2010年，全市涉及量化考核部门99个和3个市级领导确定级次部门，共102个部门。

考核内容　主要包括物质文明、精神文明和奖扣分项目三大类，约120个考核小项。由于考核侧重点不同，每年的考核内容略有调整。

物质文明及重点工作　主要包括项目投入责任制、地方财政收入、亚沙会工作、城镇化建设、烟台考核指标、重点工作、争资金、软环境、两税税收任务、稳定工作、大绿化、农村建设、外经贸、服务业、满意度评价等项目。

精神文明　主要包括宣传文化及精神文明、党的建设、信访稳定、党风廉政建设、社会治安

综合治理、计划生育、后进村发展升级、共建新农村、治安及刑事发案率等项目。

其他奖扣分项目　主要包括与会情况、文刊通报、经济观摩会、统计指标、民营经济指标、社会保险统筹、引进国内市外资金、预算外资金收入、部门收费收入、土地管理、火灾案件、社区建设、依法行政、规模以上企业、高新技术工业企业、烟台重点项目、烟台满意度调查、临时性重大工作等项目。

考核形式　时间上分为月考核、季考核、半年考核、年终考核。月、季考核重点是精神文明项目，如对信访、计划生育等实行动态考核，当月发生，当月考核通报；半年考核，除争资金等个别项目因时间原因无法考核外，其他项目全部考核；年终考核，对照规定内容，全面考核。半年及年终考核，在全年考核成绩中分别占一定比例，构成全年总的考核成绩。形式上可分为部门报表考核和实地联合考核。报表考核，对信访、报刊征订、党建等精神文明项目及有关统计指标的考核，由各考核部门考核，报考核办汇总。实地联合考核，主要针对一些需要实地丈量、查账考核的经济项目。半年和年终考核期间，由市考核办组织财政、林业、畜牧等部门，成立联合考核组，对同一镇区街道的项目投入、大绿化、农村经济、城镇建设等物质文明项目进行现场实地考核。

2009年6月20日，市考核办工作人员进行项目投入现场考核

考核实施　组织领导　考核办负责整个考核工作（包括意见制定等）的组织、领导、指导实施、汇总与监督、复核。各部门按照分工，做好承担项目考核办法、细则及方案的制定与实施，对考核结果的真实性、准确性负责。成立重点项目复核小组，主要承担有异议重点项目的复核。一般项目复核由考核办牵头组织。

主要程序　年初，考核办在广泛征求意见的基础上，结合当年市委、市政府确定的工作重心、以往考核实际，围绕上级对县域科学发展考核的要求，制定《考核意见》和单项考核办法，经市委常委会研究后实施。各考核部门对照分工项目，分别研究制订全年考核实施方案，包括具体考核项目、标准、方法、时间及人员组成等。对需要现场考核的项目，实行申报确认、现场备案、公示后考核的办法。即在达成意向时报送《项目引荐确认书》；在项目开工前，报送现场备案申报表；考核部门现场备案后印发《备案公示台》。公示无异议的，列入考核。半年和年终考核，所有考核项目，均由考核办依据考前制订的考核方案，对照考核记录进行重点抽样复核。实地联合考核的项目，所有考核记录当日封存，交考核办保管。全部考核结束后，集中到考核办进行统一汇总。汇总成绩向市委常委会汇报通过后公布。

评价办法　对所有考核对象，按镇街道、三区、市属部门、双管部门四类，分别依据得分排序，确定先进级次，即特级、一级和二级，获奖比例控制在60%以内；部门主要负责人成绩与部门一致。机关事业单位工作人员评先选优，对年终考核为一级以上、二级和无级次的单位，优秀等次比例分别确定为18%、15%和10%。

考核运用　对获得先进级次的部门，分别授予先进称号，记集体三等功、嘉奖等奖励；对获奖个人，分别记三等功、嘉奖等，并颁发价值1.5万元～6万元标准不等的金牌。考核成绩作为干部任用的重要依据，由市委组织部提出意见。

第三节　考核结果

2002年，全市“再造海阳红旗集体”、记集体三等功33个，“再造海阳先进集体”33个，通报批评部门7个；“再造海阳红旗个人”48名，“再造海阳先进个人”49名。2003年，“再造海阳

2004年1月14日，召开全市2003年岗位目标考核奖惩兑现大会

红旗集体”、记集体三等功39个，“再造海阳先进集体”32个，“一票否决”部门14个；“海阳功勋”2名，“再造海阳红旗个人”59名，“再造海阳先进个人”54名。2004年，记集体三等功29个，集体嘉奖25个。2005年，“再造海阳红旗集体”38个，“再造海阳先进集体”39个，“一票否决”部门3个，通报批评部门3个；“海阳功勋”2名，“再造海阳红旗个人”61名，“再造海阳先进个人”60名。2006年，“再造海阳红旗集体”51个，“再造海阳先进集体”34个，“一票否决”部门3个，通报批评部门5个；“再造海阳功勋”14名，“再造海阳红旗个人”77名，“再造海阳先进个人”64名。2007年，“建设海阳红旗单位”、记集体三等功45个，“建设海阳先进单位”、集体嘉奖27个，“一票否决”部门9个，通报批评部门16个；“建设海阳功勋”7名，“建设海阳红旗个人”62名，“建设海阳先进个人”40名。2008年，“建设海阳功勋单位”、记集体三等功8个，“建设海阳红旗单位”、记集体三等功26个，“建设海阳先进单位”、集体嘉奖33个，“一票否决”部门1个，通报批评部门12个；“海阳功勋”12名，“建设海阳功勋”8名，“建设海阳红旗个人”39名，“建设海阳先进个人”47名。2009年，“建设海阳功勋单位”、记集体三等功6个，“重点工作推进功勋单位”、记集体三等功5个，“建设海阳红旗单位”26个、记集体三等功22个，“建设海阳先进单位”31个、集体嘉奖30个，“一票否决”部门2个，通报批评部门19个；“海阳功勋”6名，“建设海阳功勋”5名，“重点工作推进功勋”5名，“建设海阳红旗个人”37名，“建设海阳先进个人”38名。2010年，“建设海阳功勋单位”、记集体三等功8个，“建设海阳红旗单位”、记集体三等功27个，“建设海阳先进单位”嘉奖30个，通报批评部门8个；“海阳功勋”8名，“建设海阳功勋”4名，“建设海阳红旗个人”49名，“建设海阳先进个人”44名。

第十九编

地方权力机关

第一章 机 构

第一节 市人民代表大会常务委员会

1980年12月，海阳县第九届人民代表大会第一次会议选举产生常务委员会。自此，开始设立县人民代表大会常务委员会（以下简称县人大常委会），每届任期3年。1995年，县级人大常委会任期改为5年。第十六届人民代表大会，根据全国人民代表大会常务委员会的有关决定，任期为4年。1996年5月，改称海阳市人大常委会。海阳市（县）人民代表大会闭会期间，人大常委会代为行使权力，进行日常工作。海阳市（县）人大常委会由主任1名、副主任若干名、委员若干名组成。1980—2010年，海阳市（县）共选举产生八届人大常委会。

1980—2010年海阳市人大常委会历任主任、副主任一览表

表19-1-1

届 次	职 务	姓 名	任职时间
第九届人大常委会（1980.12—1984.05）	主 任	张言诗	1980.12—1984.05
	副主任	连世洪	1980.12—1984.05
		李桂阳	1980.12—1984.05
		徐希田	1983.11—1984.05
第十届人大常委会（1984.05—1987.04）	主 任	王曰銮	1984.05—1987.04
	副主任	徐希田	1984.05—1987.04
		李桂阳	1984.05—1987.04
		王延堂	1984.05—1987.04
		于明升	1984.05—1987.04
		杨寿山	1984.05—1987.04
		李修恒	1984.05—1987.04
第十一届人大常委会（1987.04—1990.04）	主 任	王曰銮	1987.04—1987.09
		邹梅清（女）	1987.12—1990.04
	副主任	于洪贵	1987.04—1990.04
		王延堂	1987.04—1990.04
		于明升	1987.04—1990.04
		杨寿山	1987.04—1990.04
		李修恒	1987.04—1990.04
		姜成芝	1987.04—1990.04
第十二届人大常委会（1990.04—1993.02）	主 任	于洪贵	1990.04—1993.02
	副主任	杨寿山	1990.04—1993.02
		王清梧	1990.04—1993.02
		李修恒	1990.04—1993.02

续表 19-1-1

届　次	职　务	姓　名	任职时间
第十二届人大常委会（1990.04—1993.02）	副主任	姜瑞祥	1990.04—1993.02
		荣香亭	1990.04—1993.02
		丛振平	1991.03—1993.02
第十三届人大常委会（1993.02—1998.02）	主　任	阎原田	1993.02—1994.09
		李元成	1995.03—1998.01
	代理主任	孙吉文	1998.01—1998.02
	副主任	孙吉文	1993.02—1998.01
		丛振平	1993.02—1998.02
		杨志坤	1993.02—1998.02
		赵文焕	1993.02—1998.02
		陈延忠	1993.02—1998.02
		于延庆	1997.03—1998.02
		王洪素（女）	1997.03—1998.02
第十四届人大常委会（1998.02—2003.01）	主　任	孙吉文	1998.02—2001.02
		王国群	2001.02—2001.11
		李树军	2002.01—2003.01
	副主任	于延庆	1998.02—2001.02
		陈延忠	1998.02—2003.01
		辛家喜	1998.02—2001.02
		张书建	1998.02—2003.01
		王洪素（女）	1998.02—2003.01
		于凤鸣	1998.02—1999.12
		李华英（女）	2000.01—2003.01
		赵惠珍（女）	2001.02—2003.01
		黄金臣	2001.02—2003.01
第十五届人大常委会（2003.01—2007.12）	主　任	李树军	2003.01—2007.01
		王玉波	2007.01—2007.12
	第一副主任	赵惠珍（女）	2003.01—2007.12
	副主任	黄金臣	2003.01—2007.01
		高　秀	2003.01—2006.01
		刘忠尧	2003.01—2007.12
		王忠民	2003.01—2007.01
		毋法仁	2003.01—2007.12
		王新基	2003.01—2007.12
		孙程明	2006.01—2007.12
		李新胜	2007.01—2007.12
		杨慈田	2007.01—2007.12

续表 19-1-1

届　次	职　务	姓　名	任职时间
第十六届人大常委会（2007.12—2012.01）	主　任	王玉波	2007.12—2012.01
	第一副主任	赵惠珍（女）	2007.12—2012.01
	副主任	刘忠尧	2007.12—2011.01
		毋法仁	2007.12—2011.01
		王新基	2007.12—2012.01
		孙程明	2007.12—2012.01

第二节　市人大常委会工作机构

1980年12月，海阳县第九届人民代表大会第一次会议，选举产生海阳县第九届人民代表大会常务委员会，县人大常委会下设办公室，为办事机构。1984年12月，县人大常委会办公室内设调查研究科、代表联络科，为副科级。1987年7月，在县人大常委会下增设法制科、财经科和教科文卫城建科，为正科级，同时撤销县人大常委会办公室下设的调查研究科和代表联络科。1989年3月，法制科、财经科和教科文卫城建科，分别改称法制工作委员会、财经工作委员会、教科文卫城建工作委员会，增设代表联络办公室。11月，代表联络办公室改称代表工作委员会。1990年4月，县人大常委会办公室内设行政科、秘书科和信访科，为股级。1995年起，县人大常委会组成人员每届任期改为5年。1996年5月，海阳县人大常委会改称海阳市人大常委会；12月，撤销信访科，设信访工作室，为副科级。1998年5月，信访工作室改称控告申诉工作室。2001年2月，在东村街道和方圆街道各设一处工作室，为市人大常委会派出机构，正科级。2001年12月，镇、街道党政机构改革实施后，规定街道不设人大工作室，可在党政办公室确定一名工作人员负责人大代表的日常联络工作。2003年5月，设办公室、控告申诉工作室两个办事机构，为正科级。2006年2月，东村、方圆、凤城3个街道人大工作室，名称规范为海阳市人大常委会东村、方圆、凤城街道工作室。工作室配主任1名，工作人员1名。2007年1月，控告申诉工作室改称信访室，代表工作委员会调整为办事机构、改称人事代表工作室，设办公室、信访室和人事代表工作室3个办事机构；法制工作委员会改称内务司法工作委员会，科教文卫城建工作委员会改称教科文卫城建工作委员会，设财经工作委员会、内务司法工作委员会、教科文卫城建工作委员会3个工作委员会。2010年，市人大常委会内设机构未变。

第三节　乡（镇）人民代表大会机构

1975年，人民公社人民代表大会每届任期2年；1982年起，公社（乡、镇）人民代表大会每届任期3年；2004年起，镇级人民代表大会每届任期5年。

1987年6月，乡（镇）设立人大工作联络员，全县23个乡镇共设人大工作联络员23名。1989年4月，设立乡（镇）人大工作办公室，23个乡镇设人大工作办公室主任、工作人员各1名。负责联络组织各级人大代表开展活动，并协助乡（镇）党委、政府组织筹备召开乡（镇）人民代表大会。1990年3月，乡（镇）人大主席团设常务主席，主持本级人民代表大会闭会期间主席团的日常工作，主要是召集并主持乡（镇）人大主席团会议，决定召开本级人民代表大会会议的有关事宜。常务主席人选由乡（镇）党委推荐，经换届的乡（镇）人民代表大会第一次会议通过。1995年2月，乡（镇）人民代表大会设主席1人、副主席1～2人，每届任期与乡（镇）人民代表大会相同。2010年，全市11个镇人民代表大会，共设主席11人、副主席7人。

第二章　人民代表大会代表

第一节　选举委员会

从1954年开始，海阳县实行普选，每次普选前均成立选举委员会，主持本级人民代表大会代表的选举工作。1966年前，第一至六届县、乡（镇、公社）选举委员会由上一级人民政府任命，县选举委员会设主席1人、委员6～12人；乡（镇、公社）选举委员会设主席1人、委员4～8人，选举委员会受本级人民政府（管理委员会）领导。1978年，选举县第八届人民代表大会代表时，未成立选举委员会，由筹备小组负责代表选举工作。1980年，选举县第九届人民代表大会代表时，县选举委员会受中共海阳县委、县革委会的领导，各公社建立选举办公室，具体负责选举工作。1984年起，各届市（县）、乡（镇）选举委员会，均由市（县）人大常委会任命。选举委员会由9～15人组成，设主任1人、副主任2～3人。选举委员会组成人员，由市（县）委、人大常委会有关人员以及组织、宣传、统战、民政、司法、工会、共青团、妇联等部门的负责人组成。选举委员会设办事机构，承办选举的具体事务。

第二节　人大代表选举

1978年4月，开展海阳县第八届人大代表的选举工作，由各公社人民代表大会选举产生。1980年，开展海阳县第九届人大代表的选举工作。人大代表选举实行差额选举，农村每一代表所代表的人口数4倍于城市每一代表所代表的人口数。2010年，实现城乡按相同比例选举人大代表。

第八届人民代表大会代表的选举　1978年3月，成立海阳县第八届人民代表大会筹备领导小组。至4月底，各公社召开第八届公社人民代表大会第一次会议，选举产生海阳县第八届人民代表大会代表。解放军代表，是由海阳驻军根据规定的代表名额，经过民主协商选举产生。共选举出海阳县第八届人民代表大会代表600名。其中工人146名，占24.3%；农民220名，占36.7%；干部97名，占16.2%；知识分子90名，占15%；爱国人士15名，占2.5%；归国华侨2名，占0.3%；解放军30名，占5%。其中，妇女133名，占代表总数22.2%，中（青）年466名，占77.7%，中共党员430名，占71.7%。

第九届人民代表大会代表的选举　1980年7月，成立海阳县选举委员会。全县划分150个选区。共登记417845名选民，354825名选民参加选举，参选率84.9%。11月20日—23日，全县统一进行投票选举，产生县、公社两级人民代表大会代表。选出县第九届人大代表387名，各方面代表比例为：农民215名，占55.6%；工人39名，占10.1%；解放军3名，占0.8%；干部93名，占24.0%；知识分子32名，占8.3%；爱国人士4名，占1.0%；归国华侨1名，占0.3%。其中，妇女代表89名，占23%；中共党员代表273名，占70.6%。

第十届人民代表大会代表的选举　1984年3月，成立海阳县选举委员会。全县划分150个选区。共登记选民460057人，438625名选民参加选举，参选率95.3%。5月10日为选举日。选出县第十届人大代表350名，各方面代表比例为：工人、农民196名，占56.0%；干部69名，占19.7%；知识分子60名，占17.1%；民主党派、无党派爱国人士12名，占3.4%；解放军1名，占0.3%；归国华侨2名，占0.6%；专业户10名，占2.9%。其中，中共党员171名，占48.9%；妇女77名，占22.0%。

第十一届人民代表大会代表的选举　1986年12月，成立海阳县选举委员会。全县划分168个选区。共登记选民481593人，439594名选民参加选举，参选率91.3%。1987年3月24日为选举日。选出县第十一届人大代表310名。其中，农民139名，占44.8%；工人37名，占11.9%；干部73名，占23.5%；知识分子52名，占16.8%；民主人士11名，占3.5%；其他9名，占2.9%。代表中，中共党员170名，占54.8%；妇女69名，占22.3%。

第十二届人民代表大会代表的选举 1989年11月，成立海阳县选举委员会。全县划分178个选区。共登记选民514847人，456691名选民参加选举，参选率88.7%。1990年3月15日为选举日。选出县第十二届人大代表320名。其中，工人56名，占17.5%；农民147名，占45.9%；知识分子50名，占15.6%；干部64名，占20.0%；其他3名，占0.9%。代表中，中共党员195名，占60.9%；妇女62名，占19.4%。

第十三届人民代表大会代表的选举 1992年10月，成立海阳县选举委员会。凤城镇为试点镇。全县划分178个选区。468780名选民参加选举，参选率90%。1993年1月4日为选举日。选出县第十三届人大代表320名。其中，工人55名，占17.2%；农民146名，占45.6%；知识分子52名，占16.3%；干部65名，占20.3%；其他2名，占0.6%。代表中，中共党员209名，占65.3%；妇女67名，占20.9%。

第十四届人民代表大会代表的选举 1997年11月，成立海阳市选举委员会。全市划分138个选区。47.7万名选民参加选举，参选率93.4%。1998年1月5日为选举日。选出市第十四届人大代表256名。其中，工人48名，占18.8%；农民105名，占41.0%；知识分子41名，占16.0%；干部60名，占23.4%；其他2名，占0.8%。代表中，中共党员174名，占68%；妇女48名，占18.8%。

第十五届人民代表大会代表的选举 2002年11月，成立海阳市选举委员会。全市划分147个选区。登记选民508607人，490800名选民参加选举，参选率96.5%。2003年1月12日为选举日。选出市第十五届人大代表256名。其中，工人、农民142名，占55.5%；干部80名，占31.3%；知识分子31名，占12.1%；解放军1名，占0.4%；其他2名，占0.8%。代表中，中共党员184名，占71.9%；妇女51名，占19.9%。

第十六届人民代表大会代表的选举 2007年9月，成立海阳市选举委员会。全市划分134个选区。全市515059名选民中，46.6万名选民参加选举，参选率90.5%。11月26日为选举日。选举产生市第十六届人大代表257名。其中，工人、农民141名，占54.9%；干部83名，占32.3%；知识分子32名，占12.5%；解放军1名，占0.4%。代表中，中共党员191名，占74.3%；妇女51名，占19.8%。

第三章　历届人民代表大会会议

第一节　第八届人民代表大会

第一次会议 1978年4月27日—29日召开。出席会议的代表586名。县革委会主任臧海强作关于海阳县革命委员会工作报告；县委副书记张言诗作海阳县革命委员会关于“五五”后三年的经济计划和“六五”计划设想的报告，会议通过海阳县第八届人民代表大会第一次会议关于县革命委员会工作报告的决议。会议选举60人组成的革命委员会，选举臧海强为主任，张言诗、黄惠亭、衣更新、李书绅、李桂阳、于洪贵为副主任；选举张玉琢为县人民法院院长，葛进金为县人民检察院检察长。

第二节　第九届人民代表大会

第一次会议 1980年12月6日—8日召开。出席会议的代表375名。大会听取、审议《海阳县革命委员会工作报告》《海阳县1979、1980年国民经济计划执行情况和1981、1982年国民经济计划安排的报告》《海阳县1979年财政决算、1980年财政预算和1981年、1982年财政概算的报告》《海阳县人民法院工作报告》《海阳县人民检察院工作报告》。会议批准和通过以上报告，并作出相应决议。自本届开始，海阳县设立人民代表大会常务委员会（以下简称县人大常委会）。会议选举张言诗为县第九届人大常委会主任，连世洪、李桂阳为副主任，委员12名；将县革命委员会改为县人民政府，选举王曰銮为县长，由学志、邹梅清、于洪贵、于新所、王延堂为副县长；选举张玉琢为县人民法院院长，葛进金为县人民检察院检察长。

第二次会议　1982年3月30日—4月1日召开。出席会议的代表339名。大会听取、审议《海阳县人民政府工作报告》《关于海阳县1980年和1981年财政决算及1982年财政预算的报告》《海阳县人大常委会工作报告》《海阳县人民法院工作报告》《海阳县人民检察院工作报告》。会议批准和通过以上报告，并作出相应决议。会议补选李绍南为副县长。

第三次会议　1983年2月23日—25日召开。出席会议的代表330名。大会听取、审议《海阳县人民政府工作报告》《关于海阳县1982年财政决算和1983年财政预算的报告》《海阳县人大常委会工作报告》《海阳县人民法院工作报告》《海阳县人民检察院工作报告》。会议通过以上报告，并作出相应决议。会议选举王曰銮、毛彩翰、李秉弟、赵斌元、黄岗、董德珍6人为山东省第六届人民代表大会代表。

第四次会议　1983年11月13日—15日召开。出席会议的代表313名。大会听取、审议《海阳县人民政府工作报告》《关于海阳县1983年财政预算执行情况的报告》《海阳县人大常委会工作报告》《海阳县人民法院工作报告》《海阳县人民检察院工作报告》。会议通过以上报告，并作出相应决议。会议根据山东省第六届人大常委会第三次会议的决定，作出《关于推迟海阳县第九届人民代表大会换届选举的决议》。会议补选徐希田为县人大常委会副主任。选举出席烟台市第十届人民代表大会代表51名。

第三节　第十届人民代表大会

第一次会议　1984年5月25日—28日召开。出席会议的代表340名。大会听取、审议《海阳县人民政府工作报告》《关于海阳县第九届人代会以来国民经济和社会发展计划执行情况及1984年计划安排的报告》《关于海阳县1983年财政决算和1984年财政预算的报告》《海阳县人大常委会工作报告》《海阳县人民法院工作报告》《海阳县人民检察院工作报告》。会议通过以上报告，并作出相应决议。会议选举王曰銮为县第十届人大常委会主任，徐希田、李桂阳、王延堂、于明升、杨寿山、李修恒为副主任，委员14名。选举张凤国为县长，黄贵山、于洪贵、曲延玺为副县长。选举王清梧为县人民法院院长，包维玉为县人民检察院检察长。

1984年5月28日，海阳县第十届人民代表大会第一次会议

第二次会议　1985年4月23日—25日召开。出席会议的代表318名。大会听取、审议《海阳县人民政府工作报告》《关于海阳县1985年国民经济和社会发展计划（草案）的报告》《关于海阳县1984年财政决算和1985年财政预算（草案）的报告》《海阳县人大常委会工作报告》《海阳县人民法院工作报告》《海阳县人民检察院工作报告》。会议批准和通过以上报告，并作出相应决议。

第三次会议　1986年4月9日—12日召开。出席会议的代表314名。大会听取、审议《关于海阳县国民经济和社会发展第七个五年计划（草案）的报告》《1986年国民经济和社会发展计划（草案）的报告》《海阳县1985年财政决算和1986年财政预算（草案）的报告》《海阳县人大常委会工作报告》《海阳县人民法院工作报告》《海阳县人民检察院工作报告》。会议通过以上报告，并作出相应决议。

第四节　第十一届人民代表大会

第一次会议　1987年3月31日—4月4日召开。出席会议的代表296名。大会听取、审议《海阳县人民政府工作报告》《关于海阳县第十届人代会以来国民经济和社会发展计划执行情况及1987年计划（草案）的报告》《关于海阳县财政预决算（草案）的报告》《海阳县人大常委会工作报告》《海阳县人民法院工作报告》《海阳县人民检察院工作报告》。会议通过以上报告，并作出相应决议。会议选举王曰銮为县第十一届人大常委会主任，于洪贵、王延堂、于明升、杨寿山、李修恒、姜成芝为副主任，委员12名。选举孙庆传为县长，矫智仁、王培山、曲延玺、孙吉文、王熙绩、牟志尚为副县长；选举王清梧为县人民法院院长，包维玉为县人民检察院检察长。

第二次会议　1987年12月13日—14日召开。出席会议的代表279名。会议听取县委书记孙庆传向大会作的关于学习十三大文件的报告；会议选举邹梅清为县第十一届人大常委会主任，补选慕永太为县长；选举产生出席烟台市第十一届人民代表大会代表52名。

第三次会议　1988年3月28日—30日召开。出席会议的代表284名。大会听取、审议《海阳县人民政府工作报告》《关于海阳县1987年国民经济和社会发展计划执行情况及1988年国民经济计划（草案）的报告》《关于1987年财政决算和1988年财政预算（草案）的报告》《海阳县人大常委会工作报告》《海阳县人民法院工作报告》《海阳县人民检察院工作报告》。会议通过以上报告，并作出相应决议。

第四次会议　1989年3月22日—24日召开。出席会议的代表288名。大会听取、审议《海阳县人民政府工作报告》《关于海阳县1988年国民经济和社会发展计划执行情况及1989年计划（草案）的报告》《关于1988年财政决算和1989年财政预算（草案）的报告》《以经济建设为中心，加强民主与法制建设，充分发挥人大常委会的职能作用的工作报告》《海阳县人民法院工作报告》《海阳县人民检察院工作报告》。会议通过以上报告，并作出相应决议。

第五节　第十二届人民代表大会

第一次会议　1990年3月29日—4月2日召开。出席会议的代表305名。大会听取、审议《海阳县人民政府工作报告》《关于海阳县国民经济和社会发展计划执行情况及1990年计划（草案）的报告》《关于1989年财政决算和1990年财政预算（草案）的报告》《海阳县人大常委会工作报告》《海阳县人民法院工作报告》《海阳县人民检察院工作报告》。会议通过以上报告，并作出相应决议。会议选举于洪贵为县第十二届人大常委会主任，杨寿山、王清梧、李修恒、姜瑞祥、荣香亭为副主任，委员15名。会议选举慕永太为县长，阎原田、孙吉文、牟志尚、葛学进、孙德泰为副县长；选举姜兆仁为县人民法院院长，包维玉为县人民检察院检察长。

第二次会议　1991年3月25日—28日召开。出席会议的代表279名。大会听取、审议《海阳县国民经济和社会发展十年规划及第八个五年计划（草案）的报告》《关于海阳县1990年国民经济和社会发展计划执行情况及1991年计划（草案）的报告》《关于海阳县1990年财政决算和1991年财政预算（草案）的报告》《海阳县人大常委会工作报告》《海阳县人民法院工作报告》《海阳县人民检察院工作报告》。会议通过以上报告，并作出相应决议。会议审议通过《海阳县人民代表大会议事规则》；补选丛振平为县人大常委会副主任，补选委员1名，补选梁新明为副县长。

第三次会议　1992年3月31日—4月2日召开。出席会议的代表289名。大会听取、审议《海阳县人民政府工作报告》《关于海阳县1991年国民经济和社会发展计划执行情况及1992年国民经济和社会发展计划（草案）的报告》《关于海阳县1991年财政决算和1992年财政预算（草案）的报告》《海阳县人大常委会工作报告》《海阳县人民法院工作报告》《海阳县人民检察院工作报告》。会议通过以上报告，并作出相应决议。

第六节　第十三届人民代表大会

第一次会议　1993年2月12日—15日召开。出席会议的代表305名。大会听取、审议《海阳县人民政府工作报告》《关于海阳县1992年国民经济和社会发展计划执行情况及1993年计划（草案）的报告》《关于海阳县1992年财政决算和1993年财政预算（草案）的报告》《海阳县人大常委会工作报告》《海阳县人民法院工作报告》《海阳县人民检察院工作报告》。会议通过以上报告，并作出相应决议。会议选举阎原田为县第十三届人大常委会主任，孙吉文、丛振平、杨志坤、赵文焕、陈延忠为副主任，委员13名。选举李克英为县长，梁新明、牟志尚、王占顺、张建文、张仁宏为副县长；选举姜兆仁为县人民法院院长，张书建为县人民检察院检察长。会议选举出席烟台市第十二届人民代表大会代表53名。

第二次会议　1994年3月16日—18日召开。出席会议的代表284名。大会听取、审议《海阳县人民政府工作报告》《关于海阳县1993年国民经济和社会发展计划执行情况及1994年计划（草案）的报告》《关于海阳县1993年财政决算和1994年财政预算（草案）的报告》《海阳县人大常委会工作报告》《海阳县人民法院工作报告》《海阳县人民检察院工作报告》。会议通过以上报告，并作出相应决议。会议补选县人大常委会委员2名。

第三次会议　1995年3月7日—9日召开。出席会议的代表290人。大会听取、审议《海阳县人民政府工作报告》《关于海阳县1994年国民经济和社会发展计划执行情况及1995年计划（草案）的报告》《关于海阳县1994年财政决算和1995年财政预算（草案）的报告》《海阳县人大常委会工作报告》《海阳县人民法院工作报告》《海阳县人民检察院工作报告》。会议通过以上报告，并作出相应决议。会议补选李元成为县第十三届人大常委会主任，补选王国群为县长。

第四次会议　1996年3月13日—15日召开。出席会议的代表297人。大会听取、审议《关于海阳县国民经济和社会发展第九个五年计划及2010年远景目标纲要报告》《关于海阳县1995年国民经济和社会发展计划执行情况及1996年计划（草案）的报告》《关于海阳县1995年财政预算执行情况和1996年财政预算（草案）的报告》《海阳县人大常委会工作报告》《海阳县人民法院工作报告》《海阳县人民检察院工作报告》。会议通过以上报告，并作出相应决议。

1997年3月11日，海阳市第十三届人民代表大会第五次会议

第五次会议　1997年3月11日—13日召开。出席会议的代表294名。大会听取、审议《海阳市人民政府工作报告》《关于海阳市1996年国民经济和社会发展计划执行情况及1997年计划（草案）的报告》《关于海阳市1996年财政决算和1997年财政预算（草案）的报告》《海阳市人大常委会工作报告》《海阳市人民法院工作报告》《海阳市人民检察院工作报告》。会议通过以上报告，并作出相应决议。会议补选于延庆、王洪素为市第十三届人大常委会副主任，补选委员2名。

第七节　第十四届人民代表大会

第一次会议　1998年2月6日—10日召开。出席会议的代表253名。大会听取、审议《海阳市人民政府工作报告》《关于海阳市1997年国民经济和社会发展计划执行情况及1998年计划（草案）的报告》《关于海阳市1997年财政预算执行情况和1998年财政预算（草案）的报告》《海阳市人大常委会工作报告》《海阳市人民法院工作报告》《海阳市人民检察院工作报告》。会议通过以上报告，并作出相应决议。会议选举孙吉文为市第十四届人大常委会主任，于延庆、陈延忠、辛家喜、张书建、王洪素、于凤鸣为副主任，委员12名；选举李树军为市长，栾军波、戴振杰、苑文民、宋君继、衣玉祥、贺锡堂为副市长；选举王溪岭为市人民法院院长，丛修胜为市人民检察院检察长。选举出席烟台市第十三届人民代表大会代表44名。

第二次会议 1999年2月26日—28日召开。出席会议的代表237名。大会听取、审议《海阳市人民政府工作报告》《关于海阳市1998年国民经济和社会发展计划执行情况及1999年计划（草案）的报告》《关于海阳市1998年财政预算执行情况和1999年财政预算（草案）的报告》《海阳市人大常委会工作报告》《海阳市人民法院工作报告》《海阳市人民检察院工作报告》。会议通过以上报告，并作出相应决议。

第三次会议 2000年1月19日—22日召开。出席会议的代表241名。大会听取、审议《海阳市人民政府工作报告》《关于海阳市1999年国民经济和社会发展计划执行情况及2000年计划（草案）的报告》《关于海阳市1999年财政预算执行情况和2000年财政预算（草案）的报告》《海阳市人大常委会工作报告》《海阳市人民法院工作报告》《海阳市人民检察院工作报告》。会议通过以上报告，并作出相应决议。会议补选李华英为市人大常委会副主任。

第四次会议 2001年2月20日—23日召开。出席会议的代表250名。大会听取、审议《关于海阳市国民经济和社会发展第十个五年计划纲要（草案）的报告》《关于海阳市2000年国民经济和社会发展计划执行情况及2001年计划（草案）的报告》《关于海阳市2000年财政预算执行情况和2001年财政预算（草案）的报告》《海阳市人大常委会工作报告》《海阳市人民法院工作报告》《海阳市人民检察院工作报告》。会议通过以上报告，并作出相应决议。会议补选王国群为市第十四届人大常委会主任，赵惠珍、黄金臣为副主任，补选委员2名；补选王振波、纪广惟为副市长。

第五次会议 2002年1月17日—19日召开。出席会议的代表226名。大会听取、审议《海阳市人民政府工作报告》《关于海阳市2001年国民经济和社会发展计划执行情况及2002年计划（草案）的报告》《关于海阳市2001年财政预算执行情况和2002年财政预算（草案）的报告》《海阳市人大常委会工作报告》《海阳市人民法院工作报告》《海阳市人民检察院工作报告》。会议通过以上报告，并作出相应决议。会议补选李树军为市第十四届人大常委会主任，补选委员2名；补选刘炳国为市长。

第八节　第十五届人民代表大会

第一次会议 2003年1月19日—21日召开。出席会议的代表250名。大会听取、审议《海阳市人民政府工作报告》《关于海阳市2002年国民经济和社会发展计划执行情况及2003年计划（草案）的报告》《关于海阳市2002年财政预算执行情况和2003年财政预算（草案）的报告》《海阳市人大常委会工作报告》《海阳市人民法院工作报告》《海阳市人民检察院工作报告》。会议通过以上报告，并作出相应决议。会议选举李树军为市第十五届人大常委会主任，赵惠珍为第一副主任，黄金臣、高秀、刘忠尧、王忠民、毋法仁、王新基为副主任；委员14名。选举刘炳国为市长，贺业增、王振波、王永秋、纪广惟、陈志强、李元辉为副市长。选举王广键为市人民法院院长，丛修胜为市人民检察院检察长。选举出席烟台市第十四届人民人民代表大会代表43名。

第二次会议 2004年1月5日—6日召开。出席会议的代表242名。大会听取、审议《海阳市人民政府工作报告》《关于海阳市2003年国民经济和社会发展计划执行情况及2004年计划（草案）的报告》《关于海阳市2003年财政预算执行情况和2004年财政预算（草案）的报告》《海阳市人大常委会工作报告》《海阳市人民法院工作报告》《海阳市人民检察院工作报告》。会议通过以上报告，并作出相应决议。

第三次会议　2005年1月15日—16日召开。出席会议的代表238名。大会听取、审议《海阳市人民政府工作报告》《关于海阳市2004年国民经济和社会发展计划执行情况及2005年计划（草案）的报告》《关于海阳市2004年财政预算执行情况和2005年财政预算（草案）的报告》《海阳市人大常委会工作报告》《海阳市人民法院工作报告》《海阳市人民检察院工作报告》。会议通过以上报告，并作出相应决议。会议补选市人大常委会委员3名；补选邹长清为市长；补选刘传慕为市人民法院院长，王俊萍为市人民检察院检察长。

第四次会议　2006年1月6日—7日召开。出席会议的代表246名。大会听取、审议《海阳市国民经济和社会发展第十一个五年规划纲要（草案）的报告》《海阳市国民经济和社会发展第十一个五年规划纲要（草案）》《关于海阳市2005年国民经济和社会发展计划执行情况及2006年计划（草案）的报告》《关于海阳市2005年财政预算执行情况和2006年财政预算（草案）的报告》《海阳市人大常委会工作报告》《海阳市人民法院工作报告》《海阳市人民检察院工作报告》。会议通过以上报告，并作出相应决议。会议补选孙程明为市人大常委会副主任，补选委员2名。

第五次会议　2007年1月18日—19日召开。出席会议的代表239名。大会听取、审议《海阳市人民政府工作报告》《海阳市2006年国民经济和社会发展计划执行情况及2007年计划（草案）的报告》《海阳市2006年财政预算执行情况和2007年财政预算（草案）的报告》《海阳市人大常委会工作报告》《海阳市人民法院工作报告》《海阳市人民检察院工作报告》。会议通过以上报告，并作出相应决议。会议补选王玉波为市第十五届人大常委会主任，李新胜、杨慈田为副主任；会议决定接受黄金臣、王忠民辞去市第十五届人大常委会副主任职务的请求。

第九节　第十六届人民代表大会

第一次会议　2007年12月9日—11日召开。出席会议的代表251名。大会听取、审议《海阳

2007年12月10日，海阳市第十六届人民代表大会第一次会议

市人民政府工作报告》《关于海阳市2007年国民经济和社会发展计划执行情况及2008年计划（草案）的报告》《关于海阳市2007年财政预算执行情况和2008年财政预算（草案）的报告》《海阳市人大常委会工作报告》《海阳市人民法院工作报告》《海阳市人民检察院工作报告》。会议通过以上报告，并作出相应决议。会议选举王玉波为市第十六届人大常委会主任，赵惠珍为第一副主任，刘忠尧、毋法仁、王新基、孙程明为副主任，委员17名。选举邹长清为市长，李英作、纪广惟、李元辉、陈新姿、张建中、于文兴为副市长。选举刘传慕为市人民法院院长，陈勇为市人民检察院检察长。选举出席烟台市第十五届人民代表大会代表43名。

第二次会议　2009年2月7日—8日召开。出席会议的代表245名。大会听取、审议《海阳市人民政府工作报告》《关于海阳市2008年国民经济和社会发展计划执行情况及2009年计划（草案）的报告》《关于海阳市2008年财政预算执行情况和2009年财政预算（草案）的报告》《海阳市人大常委会工作报告》《海阳市人民法院工作报告》《海阳市人民检察院工作报告》。会议通过以上报告，并作出相应决议。会议补选姜仕礼为市长。

第三次会议　2010年1月14日—15日召开。出席会议的代表246名。大会听取、审议《海阳市人民政府工作报告》《关于海阳市2009年国民经济和社会发展计划执行情况及2010年计划（草案）的报告》《关于海阳市2009年财政预算执行情

况和2010年财政预算（草案）的报告》《海阳市人大常委会工作报告》《海阳市人民法院工作报告》《海阳市人民检察院工作报告》。会议通过以上报告，并作出相应决议。

第四章　历届人大常委会会议

第一节　第九届人大常委会

第九届人大常委会共举行19次会议，主要是学习、领会、贯彻党和国家的路线方针政策，讨论决定全县政治经济及社会各项事业发展中的重大事项。听取、审议县人民政府、县人民法院、县人民检察院（以下简称“一府两院”）关于全县计划生育工作、优抚工作、社会治安、爱国卫生运动、市场管理、物价管理、大包干责任制推行和集中打击刑事犯罪等工作情况的报告29项。审议通过《加强城镇卫生管理条例》《关于城镇建设规划暂行管理章程》《关于土地征用办法》等。作出《关于进一步整顿社会秩序加强社会治安的决议》《关于进一步开展爱国卫生运动的决议》《关于开展全民义务植树运动的决议》《关于认真贯彻执行〈中华人民共和国食品卫生法（试行）〉的决议》《关于加强物价管理的决议》《关于继续严惩刑事犯罪分子实现社会治安根本好转的决议》等决议、决定20项。任免县人大常委会和“一府两院”工作人员134名。

第二节　第十届人大常委会

第十届人大常委会共召开18次会议。听取、审议“一府两院”关于建立村民委员会、多种经营和乡镇企业发展、凤城旅游区开发建设、供销社体制改革、粮食工作改革、打击经济犯罪和森林法、土地管理法等法律法规贯彻实施工作情况的报告48项。审议、通过《海阳县城镇规划管理施行办法》《海阳县城容环境卫生管理施行办法》《海阳县行政村卫生室（所）管理暂行办法》《海阳县水资源管理暂行办法》等。作出《关于加强物价管理的决议》《关于进一步加强法制宣传教育工作的决议》《关于加强教育工作几个问题的决议》《关于加快流通领域体制改革进一步活跃市场的决议》《同意海阳县关于保护林木发展林业的通告的决议》《同意县政府关于农业产业结构调整和工业经济体制改革情况报告的决议》《关于进一步加强社会治安综合治理工作的决议》《关于进一步加强环境保护防治环境污染的决议》《关于加强地方志编纂工作的决议》等决议、决定50项。任免县人大常委会和“一府两院”工作人员167名。

第三节　第十一届人大常委会

第十一届人大常委会共召开23次会议。听取、审议“一府两院”关于全县普法工作、企业体制改革、乡镇企业整顿、经济审判工作、海上开发、计划生育工作和计量法、药品管理法、婚姻法、治安管理处罚条例、村民委员会组织法、税收征收管理暂行条例、义务教育法、经济合同法等法律法规贯彻实施情况的工作报告73项。审议、通过《海阳县自来水水源保护暂行规定》《海阳县乡村规划建设管理暂行办法》《海阳县产品质量合格证管理办法》《海阳县城镇住房制度改革试行方案》《海阳县环境噪声管理办法》等。作出《关于同意海阳县贯彻执行〈土地管理法〉和〈山东省实施土地管理法办法〉的决议》《关于加强物价管理严格执行物价政策的决议》《关于依法治县的决议》等决议、决定33项。任免县人大常委会和“一府两院”工作人员268名。

第四节　第十二届人大常委会

第十二届人大常委会共召开21次会议。听取、审议“一府两院”关于卫生城建设、外经外贸工作、环境保护、打击经济犯罪、民事审判、律师公证、流通领域改革、打击假冒伪劣商品和标准化法、城市规划法、山东省保护消费者合法权益条例、矿产资源法、义务教育法、行政诉讼法贯彻实施情况的工作报告65项。审议、通过《海阳县市政工程设施管理规定》《海阳县城市园林绿化管理规定》《海阳县建筑市场管理暂行规定》《海阳县计划生育工作的若干规定》等。作出《关于加强社会治安维护社会稳定的决议》《关于发展林业生产的决议》《关于在全县公民中进行第二个五年法制宣传教育的决议》等决议、决定31项。任免县人大常委会和"一府两院"工作人员209名。

第五节　第十三届人大常委会

第十三届人大常委会共召开35次会议。听取、审议"一府两院"关于城镇校舍改造、法纪检察、"八五"计划调整、文化市场管理、农村财务管理、社会治安综合治理、经济审判工作、第三产业发展、个体私营经济发展、住房制度改革运行、税制改革、蔬菜生产经营、农村社会养老保险、"海上海阳"建设和城市规划法、劳动保险条例、药品管理法、农技推广法、产品质量法、残疾人保障法、统计法、教师法、税收征管法、劳动法、保险法、人民警察法、食品卫生法、水污染防治法、消费者权益保护法贯彻实施情况的工作报告85项。审议、通过《海阳县矿产资源管理暂行办法》《海阳县河道管理暂行办法》《海阳市部分公共场所禁止吸烟的规定》等。作出《关于深入贯彻实施〈全民所有制工业企业转换经营机制条例〉的决议》《关于号召全县人民同心协力，真抓实干，为我县"八五"末工农业总产值过百亿而奋斗的决议》《关于同意〈海阳县住房制度改革分步实施方案〉的决定》《关于深入贯彻中共十四届三中全会精神的决议》《同意〈海阳县人民政府关于禁止在县城区域内禁止燃放烟花爆竹的暂行规定〉的决定》《关于组织所任命国家机关工作人员述职的决定》《关于撤销海阳县设立海阳市的决议》《关于同意海阳市与大韩民国釜山广域市江西区建立友好合作关系的决定》《关于在全市公民中开展法制宣传教育第三个五年规划的决议》等决议、决定38项。任免市（县）人大常委会和"一府两院"工作人员322名。

第六节　第十四届人大常委会

第十四届人大常委会共召开40次会议。听取、审议"一府两院"关于企业改制、农村调解、农村优抚、破产案件审理、监所检察、查办贪污贿赂犯罪、企业下岗职工基本生活保障和再就业、城市规划实施、打击渎职犯罪、农业产业调整、社会劳动保险、审判监督和公司法、电力法、城市规划法、广播电视管理条例、银行法、种子管理条例、建筑法、义务教育法、土地管理法、公路法、水污染防治法、体育法、税收征收管理法、村民委员会组织法、工会法贯彻实施情况等工作报告85项。审议、通过《关于对拟任命人员进行法律知识考试的实施意见》《关于办理代表议案和建议、批评和意见的暂行办法》《关于建立市人民法院、市人民检察院部分案件报人大常委会备案制度的实施意见》《关于司法机关实施个案监督的暂行办法》《关于讨论决定本行政区域内重大事项的范围的暂行办法》《关于加强财政预算审查监督的决定》《信访工作暂行办法》《关于禁止在市区内燃放烟花爆竹的暂行规定》《海阳市义务植树实施办法》等。作出《关于在全市公民中开展第四个五年法制宣传教育的决议》《关于授予海阳市电业公司等单位"人民满意单位"及授予蔡公林等同志"人民公仆"称号的决定》等决议、决定43项。任免市人大常委会和"一府两院"工作人员301名。

第七节　第十五届人大常委会

第十五届人大常委会共召开38次会议。听取、审议"一府两院"关于农村税费改革、行政中心确址调整方案（草案）、药品监督管理、审判工作、执行工作、乡村卫生一体化管理、企业用工、商事审判、税收征管、优抚工作、城区环境综合整治、诉讼调解、社会劳动保险、新型农村合作医疗和检察官法、劳动法、海域使用管理法、警察法贯彻实施情况等工作报告53项。作出《关于同意海阳市行政中心确址调整方案的决定》《关于在全市公民中开展法制宣传教育第五个五年规划的决议》等决议、决定36项。任免市人大常委会和“一府两院”工作人员267名。

第八节　第十六届人大常委会

第十六届人大常委会自2007年12月选举产生至2010年12月，共召开21次会议。听取、审议“一府两院”关于国民经济和社会发展计划指标调整方案（草案）、国民经济和社会发展计划执行、财政决算和预算的执行、文化工作管理、政法队伍建设、劳动和社会保障、海洋与渔业、审判监督、税务工作、病险水库除险加固及农业水利设施建设、农业、交通运输、教育工作和科技进步法、产品质量法、环境保护法、消防法、残疾人保障法、劳动合同法贯彻实施情况等工作报告37项；审议、通过《海阳市人大常委会议事规则》《海阳市人大常委会监督工作暂行规定》《海阳市人大常委会人事任免办法》《海阳市人大常委会代表建议、批评和意见办理办法》《海阳市人大常委会联系市人民代表大会代表办法》《海阳市人大常委会讨论决定重大事项暂行规定》《海阳市人大常委会信访工作暂行办法》等。作出《关于确定市人民法院人民陪审员名额的决定》《关于批准2010年海阳市财政预算调整方案的决议》等决议、决定23项。任免市人大常委会和“一府两院”工作人员138名。

第五章　依法行使职权与代表工作

第一节　重大事项决定

1980年12月，第九届县人大常委会选举产生后，市（县）人大常委会认真履行法定职权，紧紧围绕全市（县）政治经济和社会各项事业依法讨论、审议、决定重大事项。2006年6月，市十四届人大常委会第十八次会议，根据宪法、地方组织法及有关规定，制定《海阳市人大常委会关于讨论决定本行政区域内的重大事项范围的暂行规定》，对必须由市人大常委会决定的11个方面的重大事项和应当向市人大常委会提出报告的12个方面事项的范围，作出明确规定，从而使市人大常委会对重大事项的审议决定有章可循。8月，在第二十次会议上，制定《关于加强财政预算审查监督的决定》，就预算编制、预算方案调整、超收收入使用及预算外资金管理等10个方面的监督内容和程序作出明确规定。市人大常委会先后对海阳市与青岛市市南区建立友好市区关系、新一轮城市总体规划、财政预算方案调整等重大事项，依法进行审议，并作出相应决定。1981年至2010年12月，海阳市（县）人大常委会共讨论、决定重大事项163项，有力地推进海阳经济社会发展和民主法治建设。

第二节　人事任免

1985年8月，第十届县人大常委会第八次会议，审议通过《海阳县人大常委会人事任免暂行办法（试行）》。1987年5月，第十一届县人大常委会第一次会议，修订《海阳县人大常委会人事任免暂行办法》。后多次修订。市（县）人大常委会坚持把党管干部原则与人大依法任免、依法监督统一起来，先后建立和实施拟任命人员任前调查了解、法律知识考试、供职和通过任命后颁发任命书、述职评议等一系列制度，把党委监督、人大监督、社会监督融为一体，形成一个环环相扣、互为促进、相得益彰的人事监督体系。从县第九届人大常委会第一次会议至市第十六届人大常委会第二十一次会议（2010年12月28日），共任免工作人员1806名。其中，任免市（县）人大常委会工作人员145名，任免市（县）政府工作人员624名，任免市法院审判人员767名，任免市检察院检察人员270名。

第三节　视察调查和执法检查

1980年12月，海阳县人大常委会成立后，历届人大常委会通过视察调查和执法检查的形式，对“一府两院”进行法律监督和工作监督。1981—1985年，先后组织对监所工作、农贸市场管理、计划生育工作、民政工作、物价执行工作、全县校改和托幼工作及食品卫生法贯彻实施情况等进行视察和执法检查。

1986—1995年，每年组织驻本县的省、烟台市人大代表围绕普法教育、国民经济计划、经济体制改革、教育体制改革、农村工作和扶贫等方面进行集中视察。并先后组织对重点工程项目建设、创建社会主义文化先进县和先进乡（镇）及土地管理法、山东省保护妇女儿童合法权益的若干规定、食品卫生法、计量法贯彻实施情况等进行视察和执法检查。1995年8月，组织部分人大代表，通过集中视察与分组视察、听取汇报与实地察看相结合的形式，对1995年全县十件大事的办理情况进行专题视察，有力推动了工作的开展。

1996—2000年，对全市公路建设进行3次专题视察，并先后组织对全市农业基本建设、农用物资市场管理、计划生育、农村科技、卫生、环保“一控双达标”、教育等工作进行专题视察。2001—2005年，先后组织对城市建设、城区环境综合整治集中视察3次，对城区及东村河流域污染治理情况集中视察6次，对全市园区建设情况集中视察4次，对全市公路建设情况集中视察2次，针对存在的问题提出意见和建议，收到良好成效。2005年7月，组织对大旅游工作情况进行专题视察。实地视察旅游度假区、招虎山国家森林公园、丛麻禅院等部分重点旅游景区建设。提出科学规划，突出特色，进一步促进旅游业的可持续发展；完善机制，拓宽渠道，不断加大对旅游业的投入；加快开发，打造精品，努力提高旅游产品的市场竞争力；加大宣传，搞好促销，积极开拓国内外旅游市场；加强领导，依法管理，努力营造良好的旅游环境等意见，为政府决策提供重要参考。

2006—2010年，先后组织对核电站和海阳港建设、村村通油路和滨海大道建设、城建重点项目建设、加工制造业发展、电力工作、民营经济发展、旅游经济发展、敬老院建设、惠民利群部分重点工作和工程及义务教育法贯彻实施情况等工作开展专题视察和执法检查。2009年11月，市人大常委会在前期组织对亚沙会筹办工作情况进行深入调研的基础上，组织对亚沙会筹办工作情况进行视察。要求市政府及有关单位要提高认识，科学谋划，强化领导，落实责任，进一步形成推进工作的整体合力，加快筹办工作的推进步伐，充分发挥好亚沙会的带动作用。2010年9月，组织对全市城市建设与管理工作进行集中视察，实地察看部分亚沙会场馆及配套工程、城市光亮工程、门头广告整治和城市集中供热、东村河污染综合整治、垃圾处理厂二期建设、赵家庄拆迁建设等工程现场。11月，组织对全市重点项目建设情况进行视察。提出要加快重点项目推进建设速度，全力以赴抓好招商引资工作，坚持不懈打造优质环境等建议意见，被市政府及有关部门采纳。

2009年11月16日，市人大常委会视察亚沙会筹办工作

1981—2010年，市（县）人大常委会围绕中小学校舍建设改造、环境污染、普法工作、青少年犯罪、企业承包经营、乡（镇）卫生院建设、村卫生室一体化管理、育龄妇女开展保健保偿和优生监护、慢性病防治、城区住宅小区管理、人民调解、政法队伍建设、针织毛衫业发展、广播电影电视工作、农资种子市场管理、基层文化工

作及残疾人保障法、城市供水条例、商标法、水法、农业技术推广法、著作权法、道路交通安全法、归侨侨眷权益保护法、档案法贯彻实施情况等开展专题调查40多项（不含常委会审议议题），均形成专题调查报告，报送市（县）委，转发市（县）政府及有关部门，推动各项工作健康发展。

第四节 代表工作与建议办理

代表工作 1981年3月，县九届人大常委会第二次会议决定在县人民代表大会代表中，按照选区成立代表小组，联系选民，向选民宣传法律、法规和政策，协助本级人民政府推行工作。在全县20处公社和县直部门中建立37个代表小组，并建立相应的活动制度。1984年6月，县十届人大常委会第一次会议通过《海阳县人大常委会几项制度的暂行规定》，建立联系代表制度。之后，根据代表法、山东省实施代表法办法，对代表小组建设和代表活动又多次进行规范完善，制定《海阳县人大常委会联系代表办法》，每年集中组织开展走访联系代表活动，面对面听取人大代表对各方面工作的意见、建议。同时，通过为代表订阅人大报刊、发放学习材料、加强集中培训、组织考察学习等形式，着力提高人大代表素质，引导代表履行职责、发挥作用。1985年12月，全县人大工作会议召开。1990年11月，县十二届人大常委会召开代表经验交流会。2000年1月，市十四届人大常委会召开全市人大代表工作经验交流会，表彰徐家店镇人大等8个乡（镇）人大工作先进单位和26名优秀人大代表。2002年9月，在盘石店镇开展代表述职试点活动。此后，代表述职工作在全市各级代表中广泛开展。

2000—2010年，市人大常委会在各级人大代表中组织开展“五个一、四带头”活动。“五个一”即为海阳经济发展引进一个好项目或提供一条有价值的线索；协助政府（村委）推行一项工作；围绕群众反映强烈的热点、难点问题提一条合理化建议；为选民办一件实事；联系帮扶一个贫困村或帮助一户贫困家庭。“四带头”即带头树立社会主义荣辱观，深入贯彻落实科学发展观；带头参与经济建设、新农村建设和维护社会稳定等中心工作；带头学习遵纪守法，落实市委、市政府工作决策或市人大及其常委会决议决定；带头做好本职工作，认真履行代表职责，为构建社会主义和谐社会做出贡献。全市各级人大代表立足本职，积极参与园区建设和招商引资工作，涌现出一批先进代表典型。

评议工作 对部门和单位工作的评议 1991年7月，县十二届人大常委会第九次会议通过《关于组织人大代表评议乡（镇）部门工作的暂行规定》（以下简称《规定》）。此后，每年组织驻乡（镇、区、街道）的省、烟台市、海阳县（市）人大代表和乡（镇、区、街道）人大代表对驻乡（镇、区、街道）“双管”单位的工作进行评议。各级人大代表按照规定要求，深入基层调查研究，在广泛征求群众意见、听取部门工作汇报的基础上，对各单位在执行党的路线方针政策、配合中心工作、工作作风、廉政建设、接受人大监督等方面给予实事求是、客观公正的评价。1991年9月，县十二届人大常委会第十次会议通过《关于组织人大代表评议县直部门工作的暂行规定》。1991年10月29日—30日，海阳县人大代表评议县直部门工作会议召开，听取被评议的31个部门的工作汇报。在此基础上，代表们从执行党的路线方针政策和国家的宪法法律及职业道德服务态度、廉政建设行业作风、服务党的中心工作、本职工作5个方面，采取无记名投票方式进行打分评议。1994年7月—11月，县人大常委会组织人大代表对县人民法院、县人民检察院和县公安局的工作进行评议。1995年9月，组织近90名县级以上人大代表，对县政府33个序列部门及有行政管理职能的单位进行评议。在评议过程中，共召开座谈会258次，参加座谈的代表和群众5000余人次，全县共征集意见和建议2750条，归纳整理后，反馈给被评议部门，要求部门认真对待，强化措施，积极整改，并有重点地进行跟踪督查，收到很好效果。2000年3月—12月，市人大常委会组织开展“一卡一制”20个重点部门重点监督工作。代表和群众反映的一些难点和热点问题得到较好解决，为优化全市发展环境，促进经济和社会各项事业健康发展起到积极推动作用。2001年，开展全市54个重点部门监督工作。2003年5月—11月，组织各级人大代表对26个中央、省、烟台市驻海阳部门开展评议活动。

对人大常委会任命人员的述职评议　1995年7月，县十三届人大常委会第十六次会议通过关于组织所任命国家机关工作人员述职的实施意见。此后，每届期内，所任命的"一府两院"工作人员要向市（县）人大常委会进行会议述职或书面述职，并接受评议。

对驻海烟台市人大代表的述职评议　2004年9月，市人大常委会召开烟台市人大代表述职评议会议。8名烟台市人大代表向市人大常委会汇报履行代表职务的情况，会议对8位述职代表进行评议。此后，每年组织开展人大代表述职评议活动。

代表议案、建议办理　1980年12月至2010年，共收到代表建议、批评和意见2291件，均按有关规定转交"一府两院"及有关部门、单位办理。对代表建议办理工作，市（县）人大常委会严格要求承办部门限期办结，面对面答复代表，并每年安排常委会会议议题，专题听取"一府两院"关于人大代表建议、意见和批评办理情况的工作报告。对重点代表建议，采取跟踪督查的方式，加大督办力度。1995年3月7日—9日召开的第十三届人民代表大会第三次会议，将党政代表团提出的"关于禁止在县城区域内燃放烟花爆竹的议案"列为大会议案，交由县人大常委会在大会闭会后审议办理；将郭城镇代表团提出的对县供销社答复代表建议处理情况的质询案，由被质询单位在会议期间向代表作出书面答复。1997年3月11日—13日召开的第五次会议，代表联名提出的"关于在部分公共场所禁止吸烟"的议案，经主席团审议列为本次会议的议案。市（县）政府先后对县城区域内燃放烟花爆竹、公共场所禁止吸烟作出明确规定，在群众中产生强烈反响。

1980—2010年海阳市人民代表大会代表议案及建议、批评和意见情况表

表19-5-1　　单位：件

时　间	件　数	时　间	件　数	时　间	件　数	时　间	件　数
1980.12	207	1988	43	1996	73	2004	61
1982	83	1989	55	1997	62	2005	55
1983.02	69	1990	108	1998	47	2006	53
1983.11	31	1991	98	1999	63	2007.01	95
1984	101	1992	117	2000	42	2007.12	49
1985	92	1993	49	2001	62	2009	78
1986	96	1994	40	2002	44	2010	81
1987	56	1995	95	2003	102		

第五节　信访受理

1998年3月，海阳市人大常委会制定《海阳市人大常委会信访工作条例》。2000年8月，市第十四届人大常委会第二十次会议通过《海阳市人大常委会信访工作暂行办法》，并于2008年3月28日市第十六届人大常委会第二次会议进行第一次修订，此工作规范有序、有章可循。

1985—2010年，共受理群众来信来访7779件（次）。对群众来信来访反映的问题，由市（县）人大常委会办公室（1996年后由市人大常委会信访室）转交有关部门办理。对于重大信访问题，组织特定问题调查委员会调查。承办单位2个月内结案，向市（县）人大常委会报告办理结果，答复来信来访者。

1985—2010年海阳市人大常委会受理群众来信、来访情况表

表19-5-2　　单位：件（次）

年份	数量	年份	数量	年份	数量	年份	数量
1985	45	1992	234	1999	396	2006	356
1986	50	1993	327	2000	470	2007	188
1987	50	1994	328	2001	221	2008	385
1988	85	1995	528	2002	481	2009	332
1989	75	1996	690	2003	298	2010	280
1990	130	1997	399	2004	256		
1991	485	1998	392	2005	298		

第二十编

地方行政机关

第一章　机　构

第一节　海阳县革命委员会

1978年4月，海阳县第八届人民代表大会第一次会议，选举产生海阳县第八届革命委员会委员、副主任、主任。臧海强、王书臣先后担任县革命委员会主任。

1978—1980年海阳县革命委员会主任、副主任一览表

表20-1-1

届　次	职　务	姓　名	任职时间
第八届革命委员会（1978.04—1980.12）	主　任	臧海强	1978.04—1979.03
		王书臣	1979.03—1980.08
	副主任	李瑞忠	1978.04—1980.12
		黄惠亭	1978.04—1980.12
		衣更新	1978.04—1980.12
		李桂阳	1978.04—1980.12
		张言诗	1978.04—1980.12
		李书绅	1978.04—1980.12
		于洪贵	1978.04—1980.12
		连世洪	1978.04—1980.12
		于东山	1979.08—1980.12

第二节　海阳市人民政府

1980年12月，海阳县第九届人民代表大会第一次会议决定，海阳县革命委员会改称海阳县人民政府。1996年5月，海阳县人民政府改称海阳市人民政府。1980—2010年，海阳市（县）人民政府历经第九届至第十六届8次换届。王曰銮、张凤国、李书绅（代）、孙庆传、慕永太、阎原田（代）、李克英、王国群、李树军、刘炳国、邹长清、姜仕礼先后担任市（县）人民政府市（县）长。

1980—2010年海阳市人民政府历任市（县）长、副市（县）长一览表

表20-1-2

届　次	职　务	姓　名	任职时间
第九届人民政府（1980.12—1984.05）	县　长	王曰銮	1980.12—1984.01
		张凤国	（代）1984.01—1984.05
	副县长	由学志	1980.12—1984.01
		邹梅清（女）	1980.12—1984.01
		于洪贵	1980.12—1984.05

续表 20-1-2

届　次	职　务	姓　名	任职时间
第九届人民政府（1980.12—1984.05）	副县长	于新所	1980.12—1984.01
		王延堂	1980.12—1984.01
		衣更新	（兼）1982.02—1982.10
		李绍南	1982.04—1982.10
		张凤国	1984.01—1984.05
		黄贵山	1984.01—1984.05
		曲延玺	1984.01—1984.05
第十届人民政府（1984.05—1987.03）	县　长	张凤国	1984.05—1986.07
		李书绅	（代）1986.07—1987.02
		孙庆传	（代）1987.02—1987.03
	副县长	黄贵山	1984.05—1987.03
		于洪贵	1984.05—1987.03
		曲延玺	1984.05—1987.03
		李宜池	1984.12—1987.03
		孙吉文	1985.11—1987.03
		王熙绩	挂职 1986.02—1987.03
		李书绅	1986.07—1987.02
		孙庆传	1987.02—1987.03
第十一届人民政府（1987.04—1990.03）	县　长	孙庆传	1987.04—1987.09
		慕永太	（代）1987.09—1987.12
			1987.12—1990.03
	副县长	矫智仁	1987.04—1989.06
		王培山	1987.04—1989.12
		曲延玺	1987.04—1989.12
		孙吉文	1987.04—1990.03
		牟志尚	1987.04—1990.03
		王熙绩	挂职 1987.04—1987.07
		慕永太	1987.09—1987.12
		谭维俭	1988.04—1989.12
		李世效	聘任 1988.07—1990.03
		缪本团	科技 1988.11—1990.03
		孙德泰	1989.09—1990.03
		阎原田	1989.12—1990.03
		葛学进	1989.12—1990.03
第十二届人民政府（1990.04—1993.02）	县　长	慕永太	1990.04—1991.07
		阎原田	（代）1991.07—1992.04
		李克英	1992.04—1993.02

续表 20-1-2

届　次	职　务	姓　名	任职时间
第十二届人民政府（1990.04—1993.02）	副县长	阎原田	1990.04—1992.04
		孙吉文	1990.04—1993.02
		牟志尚	1990.04—1993.02
		葛学进	1990.04—1993.02
		孙德泰	1990.04—1993.02
		缪本团	科技 1990.04—10
		梁新明	1991.03—1993.02
		张仁宏	1991.07—1993.02
		王洪斌	挂职 1991.07—1992.12
		韩庆发	挂职 1991.07—1992.12
		任新举	1991.11—1992.12
		王占顺	1992.12—1993.02
		张建文	1992.12—1993.02
第十三届人民政府（1993.02—1998.02）	县　长	李克英	1993.02—1994.09
		王国群	（代）1994.09—1995.03
	市（县）长	王国群	1995.03—1997.12
		李树军	（代）1997.12—1998.02
	副市（县）长	梁新明	1993.02—1993.06
		牟志尚	1993.02—1998.02
		王占顺	1993.02—1998.02
		张建文	1993.02—1997.12
		张仁宏	1993.02—1995.02
		王长虎	1993.05—1994.01
		孙光辉	挂职 1993.05—1994.10
		贾恩胜	挂职 1993.05—1994.10
		戴振杰	1993.06—1998.02
		王国群	1994.09—1995.03
		朱全本	1995.02—1997.12
		苑文民	1995.02—1998.02
		郭春晓	挂职 1995.05—1996.11
		宋君继	挂职 1995.05—1998.02
		杨学斌	科技 1996.01—1998.02
		孙书田	挂职 1997.05—1997.12
		张志刚	科技 1997.07—1998.02
		李树军	1997.12—1998.02
		栾军波	1997.12—1998.02
		衣玉祥	1997.12—1998.02
		贺锡堂	1997.12—1998.02

续表 20-1-2

届　次	职　务	姓　名	任职时间
第十四届人民政府（1998.02—2003.01）	市　长	李树军	1998.02—2001.11
		刘炳国	（代）2001.11—2002.01
			2002.01—2003.01
	副市长	栾军波	1998.02—2000.12
		戴振杰	1998.02—1999.01
		苑文民	1998.02—2002.12
		宋君继	1998.02—2000.01
		衣玉祥	1998.02—2001.02
		贺锡堂	1998.02—2001.02
		杨晓华	科技 1998.08—2001.10
		杨学斌	1998.10—2002.12
		王理政	挂职 1998.10—2001.02
		黄金臣	1999.01—2001.02
		刘　林	挂职 2000.06—2001.02
		陈志强	科技 2000.12—2003.01
		王永秋（女）	2001.01—2003.01
		苏向国	2001.01—2002.12
		王振波	2001.02—2003.01
		纪广惟	2001.02—2003.01
		刘炳国	2001.11—2002.01
		贺业增	2001.11—2003.01
		李元辉	2002.12—2003.01
第十五届人民政府（2003.01—2007.12）	市　长	刘炳国	2003.01—2004.11
		邹长清	（代）2004.11—2005.01
			2005.01—2007.12
	副市长	贺业增	2003.01—2007.01
		王振波	2003.01—2006.06
		王永秋（女）	2003.01—2007.01
		纪广惟	2003.01—2007.12
		陈志强	2003.01—2007.11
		李元辉	2003.01—2007.12
		邢永强	2003.12—2007.01
		王东锴	挂职 2004.10—2007.01
		邹长清	2004.11—2005.01
		李英作	2007.01—2007.12
		马淑臣	2007.01—2007.12
		张建中	2007.01—2007.12
		陈新姿（女）	2007.11—2007.12

续表 20-1-2

届次	职务	姓名	任职时间
第十六届人民政府（2007.12—2012.01）	市长	邹长清	2007.12—2008.09
		姜仕礼	（代）2008.10—2009.02
			2009.02—2012.01
	副市长	李英作	2007.12—2012.01
		纪广惟	2007.12—2012.01
		李元辉	2007.12—2011.11
		陈新姿（女）	2007.12—2011.11
		张建中	2007.12—2010.01
		于文兴	2007.12—2010.04
		姜仕礼	2008.10—2009.02
		高京涛	2009.05—2012.01
		倪建武	2010.06—2012.01
		马淑臣	2010.12—2012.01

第三节　海阳县革命委员会工作机构

1978年，海阳县革命委员会工作部门设县革委办公室、农林水办公室、财贸办公室、计划委员会、民政局、人事局、劳动局、财政税务局、公安局、农业局、林业局、水利局、水产局、农业机械管理局、农田基本建设兵团、工交办公室、工业局、第二工业局、化工局、纺织工业局、电业局、基本建设局、交通局、邮电局、中国人民银行海阳县支行、中国建设银行海阳县支行、商业局、供销合作社联合社、工商行政管理局、粮食局、物资局、对外贸易局、多种经营办公室、文教卫生办公室、教育局、文化局、卫生局、计划生育办公室、科学技术委员会、广播事业管理局、体育运动委员会、知识青年上山下乡办公室、人民防空办公室、公路管理站。

第四节　海阳市人民政府工作机构

机构设置　1980年12月，海阳县革命委员会改称海阳县人民政府。1983年11月，按照“精简、统一、效能”原则，县政府进行机构改革，设政府办公室、计划委员会、经济委员会、科学技术委员会、城乡建设环境保护委员会、体育运动委员会、计划生育委员会、民政局、公安局、司法局、人事局、劳动局、财政局、税务局、审计局、工商行政管理局、统计局、物价局、商业局、农业畜牧局、水产局、林业局、水利局、多种经营乡镇企业局、粮食局、教育局、卫生局、文化局28个工作部门。不列县政府工作部门序列，比局低半格的机构有政府侨务办公室、职工教育委员会办公室、环境保护办公室、法律顾问处、公证处、地方志编纂委员会办公室6个。相当局级的经济组织或事业单位，列企（事）业编制的机构有供销合作社联合社、农业机械管理总站、广播电视站、物资综合公司、对外贸易公司、一轻工业公司、二轻工业公司、纺织工业公司、电业公司、化学工业公司、建筑材料工业公司、交通运输公司、机械电子工业公司、丝绸公司、盐业养殖公司、旅游公司等16个。

1993年11月，县政府机构改革，设政府办公室、工业经济委员会、对内贸易委员会、对外经济贸易委员会、农业委员会、计划委员会、城乡建设委员会、交通委员会、科学技术委员会、教育委员会、文化体育委员会、计划生育委员会、公安局、国家安全局、司法局、监察局（与县纪律检查委员会合署）、民政局、人事局（机构编制委员会办公室与其合署）、劳动局、统计局、财政局、税务局、水利局、卫生局、审计局、工商行政管理局、土地矿产管理局、环境保护局、技术监督局、渔业海洋局、乡镇企业局31个工作部门。直属事业单位有县委党校、广播电视台、旅游局、农业开发服务公司、林业开发服务公司、农机服务总公司、果品总公司、蔬菜总公司、房地产开发总公司、华侨实业公司、盐业养殖公司、千里岩管理处、烟台住房银行海阳县支行13个。归口管理的事业单位有档案馆、史志馆、老年学校、财政投资公司4个和海阳县经济技术开发区管理委员会1个县政府派出机构。

1996年撤县设市后，市政府机构基本沿用原县政府机构。

2001年12月，市政府机构改革，设政府办公室、发展计划局、经济贸易局、教育体育局、科学技术局、公安局、监察局（与市纪律检查委员会合署，列市政府工作部门序列，不计市政府工作机构个数）、民政局、司法局、财政局、人事局、劳动和社会保障局、国土资源局、规划建设管理局、交通局、水利局、农业局、林业局、海洋与渔业局、对外贸易经济合作局、文化局、卫生局、计划生育局、审计局、环境保护局、统计局、粮食局等26个工作部门。县政府派出机构2个：外向型工业加工区管理委员会、徐家店特别工业区管理委员会。

2010年3月，市政府机构改革，设政府办公室、发展和改革局、经济和信息化局、教育体育局、科学技术局、公安局、监察局（与市纪律检查委员会合署，列市政府工作部门序列，不计市政府工作机构个数）、民政局、司法局（与市委政法委员会合署，列入市政府工作部门序列，不计市政府工作机构个数）、财政局、人力资源和社会保障局、国土资源局、住房和规划建设管理局、交通运输局、水利局、农业局、海洋与渔业局、商务局、文化广电新闻出版局、卫生局、食品药品监督管理局、人口和计划生育局、审计局、环境保护局、统计局、安全生产监督管理局等24个工作部门。

海阳市政府办公室　1978年，海阳县地方行政机关称海阳县革命委员会，设县革委办公室。1979年11月，县机关事务管理局成立。1980年12月，海阳县革命委员会改称海阳县人民政府，设县政府办公室。1983年4月，县机关事务管理局被撤销。1985年9月，县政府办公室内设秘书科、行政管理科。1987年9月，设信息调研科。1988年5月，设县政府法制办公室（副科级），由县政府办公室代管。1990年4月，设综合科。7月，设外事宗教科。1991年5月，设海阳县无线电管理委员会办公室，隶属县政府办公室领导。1993年11月，设机关事务管理处。2002年3月，市政府办公室内设行政科、秘书一科、秘书二科、秘书三科、信息科、督查科、外事宗教科、文电科；市政府法制办公室、市经济体制改革办公室，隶属市政府办公室领导。7月，外事宗教科分设为外事侨务科、民族宗教科。2010年，市政府办公室内设行政科、秘书一科、秘书二科、秘书三科、信息科、外事宗教科（加挂民族宗教事务局牌子）、文电科、市政府法制办公室、市政府督查局（加挂市长公开电话办公室牌子）、市政府应急管理办公室。

第二章　施政纪要

第一节　第八届革命委员会

1978年4月—1980年12月，特别是中共十一届三中全会后，海阳县第八届革命委员会贯彻执行中共十一届三中全会精神，解决历史遗留问题，平反冤假错案。按照中央国民经济“调整、改革、整顿、提高”八字方针，逐步实现工作重心转移。农业生产，克服3年严重旱灾；普遍推行农业生产责任制，扩大公社、大队自主权，多数生产队实行小组作业、包工到组、责任到人的劳动管理制度；实行专业承包、联产计酬生产责任制，调动农民生产积极性；制定“双八万”（每年整高产稳产田8万亩、扩大水浇地8万亩）农田基本建设规划，开展大规模农田水利建设；农林牧副渔全面发展，重点抓好粮食生产，狠抓花生生产和多种经营。1980年，农业总产值1.78亿元，年均增长12.3%；全县有效灌溉面积3.07万公顷，高产稳产田2.47万公顷，粮食亩产402.5千克，首次过“长江”（400千克）。工业生产，新上一批企业，改革工业管理体制，采取截长补短、“找米下锅”、关停并转等措施，解决部分企业“吃不饱”“吃不了”的问题。全县调整10家县属工业企业，调整后工业产值增长350多万元；17种主要产品，9种达到优级品，占53%。1980年，工业总产值在1977年1.34亿元（1990年价格）基础上提高到2.18亿元（1990年价格）。贯彻“发展经济，保障供给”方针，经济工作更加活跃。1980年，全县社会商品零售总额1.22亿元。全日制中小学在校学生12.8万人，为历史最高水平。计划生育工作成绩显著，1980年，人口自然增长率6‰，比1977年下降2.9‰，比1970年下降16.1‰。

第二节　第九届人民政府

1980年12月，海阳县革命委员会改称海阳县人民政府。到1984年5月，本届政府落实党在农村的各项方针政策，实行专业承包、联产计酬和大包干责任制，全面推行联产承包责任制。延长土地承包期到15年以上，自留山（滩）、责任山（滩）承包期延长到30年以上；果业承包到专业队、专业户。支持“两户一体”（专业户、重点户、联合体）发展；调整农业内部经济结构，大念“山海经”“草木经”“生意经”，农林牧副渔全面发展。全县治山整地1万公顷，造林4306.7公顷，发展苹果、山楂、板栗等，有林地面积由1980年的2.45万公顷发展到2.85万公顷。新建、扩建、配套各种水利工程1590项，扩大和改善水浇地6146.7公顷，全县水浇地面积3.25万公顷。新建养虾池666.7公顷，新挖养鱼池290公顷。发展“两户”40150户，发展各种经济联合体610个。1983年，农业总收入4.62亿元，比历史最高水平的1982年增加2.4亿元，增长108%；粮食亩产561千克，突破千斤关。1983年，扩大企业经营自主权。国营工业企业实行第一步利改税，企业内部普遍实行超定额计件、百分奖等经济责任制，克服能源紧张、原材料提价、市场竞争激烈等困难，提高产品竞争力。全县工业总产值3.06亿元，比1980年增加8800万元，增长40.37%。社、队工业伸长腿、跑远路、“找米下锅”，3年产值增加4334万元，增长92.5%。全县社会商品零售总额比1980年增加1.55亿元，增长48.2%。改善办学条件，提高教育质量，普通教育得到加强，3年国家投资和社队集资229万元，新建、改建校舍2200多间，为国家输送大中专学生1613人。计划生育工作连续3年被评为省计划生育工作先进县，1983年被评为全国计划生育工作先进县。

第三节　第十届人民政府

1984年5月—1987年3月，本届政府开展第二步改革，完善农业生产责任制，改革农副产品统派购制度，稳妥调整农村产业结构，发展商品生产。开展多种经营，加强林蚕果、畜牧养殖、建筑建材、海（淡）水养殖和捕捞加工等四大基地建设。推进荒山绿化和植树造林，1984—1986年，累计造林8666.7公顷，新增果园3666.7公顷。1986年，全县林蚕果收入5428万元，比1983年增长115%。稳定养猪，大力发展家禽和食草动物，全县畜牧养殖收入6999万元，比1983年增长19.5%。沿海6处乡（镇）坚持以养为主、养殖捕捞加工并举方针，全县水产品产量2.18万吨，比1983年增长18.8%；渔业收入5188万元，比1983年增长2.7倍。1986年12月，海阳被农牧渔业部确定为花生和活牛出口基地县。北部乡（镇）利用理石、滑石、石灰石、花岗岩等矿产资源，发展矿产品开采加工和建筑建材业，1986年，全县各种石子场、理石板厂、石灰窑等110多处。正确处理“无农不稳”与“无工不富”的关系，发展乡（镇）、村企业，开展横向联合，集体、联合体、个体一齐上。1986年，乡（镇）、村企业总收入2.82亿元，比1983年增长91.2%，创历史最高水平。开展经济体制改革，简政放权，推行厂长负责制和任期目标责任制，全县工业系统有95%以上职工实行计件工资、超定额计件、百分考核等经济责任制，基本解决职工吃企业"大锅饭"弊端。开展横向经济联合，加快技术进步，到1986年，全县有38家工业企业与全国30多所大专院校、科研机构和城市大型企业，联合项目110余个，引进技术人才300余人。全县完成技术改造项目55个；投资3557万元，更新设备1206台（套），年新增产值6100万元、利税876万元。开发新产品156种，新品种、新花色782种。1984年，制定开发凤城规划，加大建设力度，1985年7月1日，凤城旅游区向游客开放。教育办学条件进一步改善，全县80%的中、小学校舍达到"六配套"（大门、院墙、厕所、操场、宿舍、课桌凳）标准。全县有3个单位被评为全国贯彻执行《中华人民共和国食品卫生法》先进单位。计划生育工作连续3年被评为省计划生育工作红旗单位；1985年，被评为全国计划生育工作先进单位。1986年，县政府、县民政局分别被民政部授予全国"双抚"工作先进集体称号。

第四节　第十一届人民政府

1987年3月—1990年4月，本届政府确定"种养加和乡村工业两手抓，首先抓好种养加"和"公司＋农户"的农工发展路子，全县有17万户农民投入庭院开发，占全县总户数95%以上；从事庭院经济的妇女劳力近15万人，占农村妇女劳力总数96%以上。在全县推行水利工程企业化管理，以水养水，以水建水，共竣工农田水利基本建设项目4500个，投入资金2400万元，增加有效灌溉面积2533.3公顷。1989年，夏粮生产创历史最高水平，亩产262.4千克，总产15.96万吨，被评为全国夏粮创高产达标县；是年10月，海阳被国务院确定为全国粮食基地县。开展以山海开发和庭院经济为内容的多种经营生产，建立百村样板园。贯彻稳定发展食粮畜禽、积极发展食草畜禽方针，1989年，全县畜牧总收入1.8亿元，比1986年增长164%。4月开始，用40天时间，组织1700多名县乡干部深入农村，开展治理整顿农村经济秩序活动，理顺签订耕地、果园、工副业等经济承包合同18万份，清缴农民拖欠提留款2400万元。在全县推行县属企业承包经营责任制，扩大企业经营自主权；确定130家重点企业、工业村，在能源、资金等方面予以鼓励和支持。乡村企业坚持"上管并举"方针，县、乡、村三级跑项目、跑资金，累计投入8880多万元；1989年，乡镇工业产值2.49亿元，比1986年增长199.7%；村办及以下工业产值5.03亿元，增长372.5%。抓大宗骨干出口商品生产和农副产品出口基地建设，开展工贸、农贸联合，形成粮油、食品、工艺品、抽纱四大类骨干商品。

第五节　第十二届人民政府

1990年4月—1993年2月，本届政府实施奋战3年实现65万农业人口人均1亩经济田的"65"工程，稳定粮油生产，树立大农业观念，调整农业内部结构，传统农业逐步转向现代农业。1990—1992年，粮食总产年均38.1万吨，亩产586千克；其中1990年总产39.47万吨，亩产611千克，创历史最高水平。建立健全多种经营生产十大体系，1992年，全县多种经营收入17.93亿元，比1989年增长53.2%。以建设"海上海阳"为目标，发展捕捞、养殖业，扇贝养殖获成功，亩产和出丁率均居全国第一。建成胶东最大淡季蔬菜生产基地，成为烟台市日光温室蔬菜生产第一县。培育出口创汇基地，蚕茧、对虾、黄牛、花生、蔬菜等农副产品精深加工形成规模，1992年，全县农副产品出口创汇1700万美元，是1989年的3.4倍。海阳被命名为全国蚕茧生产先进县。工业抓重点抓骨干，组建肉类、水产、包装、蔬菜和果品五大集团公司。县属工业完成产值10.3亿元，实现利税5493万元，分别比1989年增长96.3%和22.5%；乡镇工业产值4.7亿元，实现利税3176万元，分别比1989年增长51.5%和90%。全县兴办"三资"企业52家。乡镇企业利用外资实现零的突破，兴办3家合资企业。1992年，出口创汇额列烟台市第一位。筹措资金5531万元，建起专业批发市场6处、综合市场11处，改造搬迁农村集贸市场8处、商业网点25个，全县城乡各类市场发展到52处。开展“齐鲁杯”城市“三上”活动，建成省级卫生城。开展创建初级卫生保健达标县活动，改善医疗条件，成为全国食品卫生示范县。农村社会养老保险工作被评为全国先进县。1992年，海阳综合实力在全省133个县市区中，跃居第31位。

第六节　第十三届人民政府

1993年2月—1998年2月，本届政府开展解放思想大讨论，围绕企业改革、发展民营经济等统一干部群众思想认识。1996年，争取烟台市委、市政府重点帮扶海阳经济发展，争取帮扶资金4090万元。调整农业内部结构，划定基本粮田保护区，全市粮田面积稳定在4.27万公顷。推行小型水利设施建设和管理制度改革，被列为国家级节水增产重点县（市）。发挥资源优势，加大山海田开发力度，每年开发山海6666.7公顷。海阳被国家定为“两高一优”（高产出、优品质、高效益）农业示范区和无公害基地县。高标准完成千里绿色长廊工程建设任务，被授予全国沿海防护林体系建设先进单位称号。发展以黄牛为主的规模养殖，被列为国家级“肉牛规模化、养殖产业化技术研究与开发”项目基地县（市）。大力发展水产养殖业，滩贝开发养殖规模居全省首位。届内，海阳农林牧渔业总产值在全国100个最高县（市）中列第48位。实施“工业立市”战略，对市乡工业中的20家骨干企业、8家重点企业和4个拳头产品予以重点扶持，方圆、禄达、奥威、五金4个集团和造纸厂利税过千万元；方圆集团列全国同行业第3名，居全国500家最佳乡镇企业第164位。1997年，按照政府出售产权、择优受让主体、法人控股经营、明确资产约束思路对企业进行改制，到年底，全市改制企业119户，占计划改制企业总数32.5%。建成50吨黄金选厂，共探明黄金总金属量2吨，价值2亿元。1997年，全市民营企业发展到440户，个体工商户发展到1.86万户；凤城镇跨入烟台市十大产业乡镇行列；凤城私营经济园区被评为烟台市十大私营经济园区；凤城镇窑上村、赵疃乡东寨头村被评为烟台市十大专业村。完成烟凤公路南段路面硬化、开工烟凤公路中段改建工程；完成城区供水补源工程；完成两个变电站工程，被省政府授予户户通电工程和节电先进县（市）。届内争取到山东第一核电厂在海阳建设。建立农村最低生活保障线，全面推行农村社会养老保险制度，投保面100%。实行住房公积金制度，出售公房并办理产权转移5800套，回笼资金3100万元，统筹住房公积金270万元。

第七节　第十四届人民政府

1998年2月—2003年1月，本届政府大力实施“五大战略”（大开放、大园区、大项目、大旅游、大绿化）。大力开展招商引资工作，实行项目投入责任制，开展“企业再造”工程，全市兴办利用外资项目105个，累计实际利用外资2.1亿美元。全社会固定资产投资相当于中华人民共和国成立到1997年投资总和的1.4倍；有65个投资过千万元的项目开工建设，其中46个项目建成投产。加快工业园区建设，海阳工业园2000年10月启动，完成基础设施投入6000万元，建成路网12千米，开发面积5.5平方千米，引进项目100余个，总投资18亿元。2002年，新规划16平方千米的碧城工业区。创建镇、街道星级工业园，规划建设各类园区19处，规划面积30多

1995年11月，烟凤二级公路海阳段（洪沟—桃村）竣工通车

平方千米，进园区项目230余个，总投资20多亿元。凤城毛衫、留格庄石材、辛安针织、胶东水产品和海阳私营经济园区等五大私营园区快速发展；全市民营企业由1997年的484户发展到1380户，个体工商户发展到1.07万户。海阳被省委、省政府授予发展民营经济先进县（市）称号；方圆、凤城工业园获省级民营经济示范园称号。农业结构调整加快，蔬菜、果品、畜牧、水产等形成支柱产业。新建畜牧小区140个，规模畜牧小区13个，海阳成为国家级无规定动物疫病区示范区。实施大绿化工程，建设公路绿化带305千米，营造城市林地146.7公顷，林地面积增加7200公顷。开展农田水利基本建设，按照节水、拦蓄和补源治水方针，5年投资1.8亿元，完成各类水利项目4200项，扩大和改善水浇地1.67万公顷，被国务院确定为全国节水增产重点县（市）。城市化水平提高，旅游度假区被列为省级度假区；海阳港被列为国家二类开放口岸；烟凤、乳即公路建成通车。教育科研跨入全国先进行列，海阳被确定为全国中小学教师继续教育实验区、中小学德育工作实验区。

第八节　第十五届人民政府

2003年1月—2007年12月，本届政府以再造海阳为奋斗目标，全面实施“一港三区五大战略”(以港兴市，膨胀老城区、工业区、度假区，实施大开放、大园区、大项目、大旅游、大绿化战略)，一批重大工程开工，建立起区域经济发展新平台。山东海阳核电厂正式启动，完成核电厂址内2个村1042户的移民安置和厂区“五通一平”工程，国家正式立项；启动首期2台机组核岛设计。实施“以港兴市”战略，启动海阳港扩建工程，首期2个万吨级泊位、1个5000吨级泊位建成投入使用；二期5万吨泊位的围堰填海工程开工。成功申办2012年第三届亚洲沙滩运动会。连接青岛的滨海大道，陆路工程竣工通车，跨海大桥获得立项。取消农业特产税、农业税，落实粮食、良种、农资、石油等补贴政策。实施大绿化战略，届内累计营造公路绿化带450千米，开发经济林果1.33万公顷，山滩造林3333.3公

2005年，海阳港扩建一期工程开工

顷。全市水产品工厂化养殖快速发展，被确定为国家“863”计划海水养殖种子工程北方基地、国家海域使用管理示范区（市）。工业结构不断优化，针织毛衫、机械制造、食品加工等传统产业健康发展，海阳被命名为中国毛衫名城、中国针织毛衫创业基地。以经济开发区、碧城工业区、旅游度假区为主体的“三区六园”初具规模，工业园区累计引进投资过千万元项目376个，过亿元项目66个，累计实际利用外资7.67亿美元、内资148.8亿元。加快“一山一海一寺院”开发建设，形成滨海休闲、山岳生态和历史文化三大旅游板块，海阳成为中国优秀旅游城市；旅游度假区被列为山东省重点发展的4个滨海旅游示范区之一；招虎山森林公园被列为省级自然保护区、国家级森林公园；东村河水利风景区晋升为国家级水利风景区。投资1.2亿元的黄海大道建成通车；全市硬化农村公路935.5千米，通油路村庄93%，是5年前的15倍。届内海阳被命名为国家级节水型城市、省园林城市，获得山东省人居环境奖；小孩儿口湿地公园被命名为国家级城市湿地公园。完成乡（镇）机构改革，推进行政管理体制改革；实行全市工资统发，提高财政保障能力和机关事业人员收入水平；筹资9430多万元用于职工救助，解决115家企业改革遗留问题。全面落实义务教育阶段公办学校免费教育，撤、并中小学44处；建设海阳一中新校、新元中学。人口和计划生育工作，获得省计划生育优质服务先进县、全国婚育新风进万家活动先进单位称号。海阳大秧歌列入首批国家级非物质文化遗产名录，

获第四届CCTV电视舞蹈大赛大秧歌专场比赛最受观众喜爱节目奖；成功举办沙雕艺术节、同一首歌、中华情大型歌舞晚会；地雷战纪念馆被命名为全国爱国主义教育示范基地；新元广场被命名为全国特色文化广场。

第九节　第十六届人民政府

2007年12月—2010年12月，全市实施水利工程2100项，完成90座病险水库除险加固，硬化改造县乡公路900千米，有线电视“村村通”入户率、“村村通”自来水普及率分别为95.2%和97.8%。海阳白黄瓜获得国家地理标志证明商标；海阳被命名为国家绿色农业示范区建设单位。新型能源、机械装备制造、海洋工程、电子信息、生物科技等新兴产业兴起。海阳毛衫等传统产业升级加快，海阳再次获得中国毛衫名城称号；被评为山东省新型工业化产业示范基地和转型·2010中国经济十大领军（县级）城市。海阳核电首期2台机组顺利推进，核电进入主体工程建设阶段，被列入烟台市改革开放30年十件大事。海阳港总体规划获交通运输部和省政府联合批复。滨海大道跨海大桥完成工程总量80%；亚沙会工程完成工程总量70%以上。城市化进程加快，城区新增供暖面积160万平方米，铺设燃气管道40千米，改写海阳无集中供暖供气设施的历史。关停并转造纸厂草浆生产线和印染企业，完成老城区雨污分流管网改造和垃圾处理场一期、污水处理厂及污泥处置工程。旅游业发展步伐加快，2次通过中国优秀旅游城市复检。海阳大秧歌作为山东省唯一节目参加2008北京奥运会开幕式前文艺表演。2010年，完成亚奥理事会会旗交接，举行第十六届亚运会火炬（海阳站）传递活动，相继承办全国沙滩排球锦标赛、全国沙滩手球锦标赛、全国龙舟锦标赛等国家级体育赛事。届内海阳获山东省文明城市工作先进城市、公众心目中的中国和谐之城称号。

2009年3月2日，海阳至即墨跨海大桥开工典礼

第三章　政府会议

第一节　会议制度

全体会议　由市（县）长、副市（县）长和政府组成部门主要负责人组成，由市（县）长召集和主持。每年召开1～2次。主要任务是：传达上级和市（县）委的重要指示、决定和会议精神，以及市（县）人民代表大会及其常务委员会的决议、决定，研究提出贯彻落实意见；讨论、决定市（县）政府工作中的重大事项；部署市（县）政府的重要工作。市（县）政府全体会议根据需要可安排有关单位主要负责人列席会议。

常务会议　由市（县）长、副市（县）长、政府办公室主任组成，由市（县）长召集和主持，出席人数应超过应到人数的1/2，原则上每月召开1次。主要任务是：传达上级和市（县）委的重要指示、决定和会议精神，以及市（县）人民代表大会及其常务委员会的决议、决定，研究提出贯彻落实意见；审定报送上级和市（县）委、市（县）人大及其常委会的重要报告；审议关系全市（县）国民经济和社会发展的重大问题及长远规划、年度计划、财政预决算等；研究市（县）政府规范性文件；研究处理有关部门和单位请示、报告的重大事项；研究需要由市（县）政府常务会议决定的其他事项。市（县）政府常务会议根据需要可安排有关部门、单位主要负责人列席。

市（县）长办公会议　由市（县）长、副市（县）长、政府办公室主任组成，由市（县）长召集和主持，原则上每月召开1次。主要任务是：传达上级和市（县）委有关重要会议精神及研究制定贯彻意见；研究讨论需提报市（县）政府常务会议研究的议题；研究、通报政府工作中的有关重要事项；定期总结政府有关工作推进情况，并研究部署下一步重点工作。市（县）长办公会议根据需要可安排有关部门、单位主要负责人列席。

专题会议　由市（县）长或副市（县）长召集和主持，有关部门、单位负责人出席，根据实际情况适时召开。主要任务是：研究协调市（县）政府领导分管工作范围内的有关问题；协调解决部门之间有意见分歧的问题；研究协调需提交市（县）政府集体研究决策的有关问题。

第二节　重要会议

办公会议　1982年2月18日，县长办公会议，研究关于市场煤炭价格和经营范围等问题。

1983年1月21日，县长办公会议，传达全省农村财政工作会议精神。

1984年6月6日，县长办公会议，研究关于成立盐业养殖公司问题。决定在廒子盐场发展1万亩养殖基地，向阳盐场发展到3200亩养殖基地。

1985年11月20日，县长办公会议，研究海阳东水西调问题。

1986年5月17日，县长办公会议，通过海阳县综合农业区划报告。

1988年1月14日，县长办公会议，研究关于加快乡村工业发展和搞活流通、促进商品经济发展的意见。

1990年12月26日，县长办公会议，听取县教育局关于落实县政协文卫政法委员会《关于视察全县教育工作情况的报告》汇报。

1993年10月5日，县长办公会议，研究《关于转换企业经营机制的实施意见》。

1994年8月8日，县长办公会议，研究关于进一步加快海阳县凤城旅游度假区发展步伐的意见，确定“靠政策启动、以开发养开发”的路子。

1998年7月30日，市长办公会议，研究重点项目领导干部负责制，要求把工作重点放在在建和储备项目建设上。

1999年3月22日，市长办公会议，听取市对外经济贸易委员会关于贯彻落实烟台市对外贸易工作会议精神的意见。

2000年7月5日，市长办公会议，听取海阳工业园规划汇报。会议指出，抓好工业园区建设是加快经济发展的载体和平台，必须坚定不移地抓下去。

2004年12月22日，市长办公会议，研究通过《关于加强市政府投资工程管理与监督的意见》。

2005年7月28日，市长办公会议，研究工业建设项目用地管理问题。讨论通过《关于加强工业建设项目用地管理的意见》。会议确定，成立海阳市工业建设项目用地规范化管理工作领导小组，建立例会制度，对大规模用地和重点项目用地等重要事项，实行集体研究、集体决策、统一把关。

2007年1月15日，市长办公会议，研究市政府领导分工和《2007年财政预算草案（征求意见稿）》。

2007年3月10日，市长办公会议，研究《关于规范全市规划、建设、土地和房产管理的意见（征求意见稿）》和职业学校合并有关问题。

2007年10月23日，市长办公会议，听取市财政局《关于公务员工资和事业单位工作人员收入分配制度改革经费负担工作情况的汇报》、市教育体育局《关于海阳一中搬迁筹备工作情况汇报》、市经济贸易局《海达工作组对接过程中有关问题的处理意见》。

2008年1月15日，市长办公会议，研究《2008年财政预算草案》（征求意见稿）和《关于扶持金融服务业发展的意见（征求意见稿）》。

2008年4月16日，市长办公会议，听取市国土资源局《关于沙石开采管理有关情况和下一步工作打算的汇报》和《土地出让金收缴情况和下一步工作打算的汇报》、市规划建设管理局《关于城市基础设施配套费收缴情况和下一步工作打算的汇报》、市发展和改革局《关于重点项目开复工及招商情况的汇报》。

2008年5月4日，市长办公会议，听取市规划建设管理局《关于城市拆迁工作情况的汇报》、市经济贸易局《关于关停造纸厂草浆生产线有关问题的汇报》，研究《关于加强兴海市场管理和东村大集搬迁的意见（征求意见稿）》。

2008年7月28日，市长办公会议，听取市财政局《关于调整和完善市与镇（区、街道）财政管理体制有关情况的汇报》、第三届亚洲沙滩运动会工作领导小组办公室《关于亚沙会基础设施建设工作安排情况的汇报》和市教育体育局《关于新一中教师公寓楼规划建设情况的汇报》，研究《海阳市城镇居民基本医疗保险试行办法（征求意见稿）》《海阳市抚恤定补优抚对象医疗保障实施办法（征求意见稿）》。

2008年10月12日，市长办公会议，听取市规划建设管理局《关于亚沙会场馆规划情况的汇报》，市公路局、交通局《关于全市公路交通规划情况的汇报》，市环境保护局《关于城市环境综合整治情况的汇报》和第三届亚洲沙滩运动会工程建设指挥部工作情况汇报。

2009年1月5日，市长办公会议，研究《关于加快商贸物流业发展的意见（征求意见稿）》和《第三届亚洲沙滩运动会工程项目及基础设施配套等相关支出业务流程的意见（征求意见稿）》。

2009年4月9日，市长办公会议，研究关于推动房地产业健康发展的有关事宜。

2009年8月31日，市长办公会议，研究《第三届亚洲沙滩运动会城市总体行动计划（征求意见稿）》。

2009年12月24日，市长办公会议，研究《2010年财政预算草案（征求意见稿）》。

2010年6月25日，市长办公会议，研究推进东村河流域印染企业关停并转、核电装备制造工业园区污水处理厂建设和亚沙会场馆集中供暖工作。

专题会议 1981年8月23日，县政府专题会议听取商业局关于实行经济责任制办法问题的汇报。

1987年6月15日，县政府专题会议，会议要求有关部门要更新观念，把扶持乡镇企业发展当成一件大事来抓，对15家重点企业要给予扶持。

1989年5月29日，县政府专题会议研究落实城建费支出项目及城建资金筹集问题。

1992年8月29日，县政府专题会议研究县汽车站建设问题。

1995年3月28日，县政府专题会议研究如何落实好县政府《关于治理整顿黄金生产秩序的通告》《海阳县黄金生产管理暂行规定》两个文件精神，切实做好黄金生产秩序整顿问题。

1997年8月2日，市政府专题会议，研究凤城旅游度假区工程建设工作。会议确定，凤城旅游度假区建设由凤城旅游度假区管委负责组织实施，市建委要在搞好工程详细规划的基础上，负责做好建设工程的技术指导、质量检查和竣工验收等工作。

2003年3月20日，市政府专题会议协调海阳市热电厂建设问题。会议认为，热电厂建设是全市人民关心瞩目的大事，对于提升城市功能和全市经济社会各项事业发展具有推动作用。

2006年11月28日，市政府专题会议，对全市规范农村家庭养殖区（场）建设提出意见 。

2010年10月25日，市政府专题会议，研究《城镇建设用地增加与农村建设用地减少相挂钩实施意见（征求意见稿）》《关于加强和规范经营性用地使用权出让工作的意见（征求意见稿）》《关于城镇化建设配套政策的 补充 意见（征求意见稿）》《关于加快港口经济发展的意见（征求意见稿）》。

第四章　综合政务

第一节　法治政府建设

1980年12月，海阳县第九届人民政府提出加强政权建设，改进政府工作，建立民主制度，健全社会主义法治，使人民群众能够有效地行使管理政治、经济和其他社会事务的权利。1988年，县政府制定依法治县工作意见，提出加强政府法治建设的具体要求。是年，成立县政府法制办公室，负责对乡（镇）政府、县直部门日常执法活动实行法治监督，对各级各部门制定的规范性文件进行备案审查，对执法人员进行培训等。同年，县政府报经县人大常委会审议批准以及在职权范围内，共制定地方性法规36个。同年，县政府聘请2名律师担任常年法律顾问。1990年3月，县政府对制定地方行政规章原则、规划、起草、审定、发布等作出规定。5月，对全县中华人民共和国成立以来的规范性文件进行全面清理。1996年，全市企业管理人员1000人，参加省政府举办的全省经济法律法规培训班。培训以自学为主，通过广播进行辅导，每周2次，培训班结束时统一考试。1998年，对全市所有行政执法人员进行执法资格认定考试，办理行政执法证，实行持证上岗。2007—2010年，开展行政复议工作，全市受理行政复议案件67件，未发生1起错案。其间，牵头起草《海阳2012年第三届亚洲沙滩运动会知识产权保护规定》，山东省政府第一次为县级市颁布政府规章。

2010年，海阳市政府办公楼

第二节　政务公开

1978年4月，海阳县第八届人民代表大会第一次会议，县革命委员会提出要加强自身建设，坚持“从群众中来，到群众中去”，反对官僚主义、命令主义和形式主义。1989年3月，县第十一届人民代表大会第四次会议，县政府提出加强政府建设，廉洁勤政，努力提高政府工作透明度，增强招工、招干、生产资料供应等工作透明度。在全县实行“两公开一监督”制度，即公开办事程序和办事结果、实行民主监督。1992年，县政府提出健全政务公开制度，激励和鞭策政府机关工作人员特别是领导干部自觉听取人民的意见，接受人大及其常委会、政协的监督，接受社会各界监督。1999年8月，提出要把重点工作、主要经济指标、乡镇财政、农民负担等予以公开。2001年7月，市政府制定机关政务公开制度，规定全市各级机关、法律法规授权的组织以及行政机关委托的组织，都要实行政务公开。政务公开的内容，原则上只要不涉及党和国家秘密，宜于公开的政务都应予以公开。2002年3月，市政府提出政务公开工作目标：方便群众和企事业单位办事；对权力运行进行制约；严格依法管理，提高依法行政水平；落实民主决策、民主管理、民主监督制度，加强民主政治建设。2005年10月，提出建立健全村务公开监督小组和村民民主理财小组，规范民主决策程序，实行民主评议村干部制度，建立责任追究制度。到2010年，全市各部门、镇（区、街道）都对各自应公开的政务内容，利用多种形式全部予以公开。

第三节 行政审批

1993年，全县第一轮收费项目清理审查，废止取消项目28项。1994年，第二轮收费项目清理审查，废止、取消项目50多项。2002年3月，海阳市行政服务局成立，内设办公室和咨询服务一科、二科、三科，工作人员11人。行政服务大厅共进驻建设、林业、农业、统计、住房保障、国土、外经、工商、质监、国税、地税、财政、发改、环保、水利、卫生等16个职能部门，涉及86个行政审批事项。统一制作项目办事指南，公开服务项目名称、申报材料、办理时限、收费依据及标准。办理过程中出具受理告知单，一次性书面告知行政相对人权利和义务。2007—2009年，在全市重点涉企服务部门中，开展清理行政审批事项、办事环节、行政事业性收费活动，对保留的所有收费项目全部执行最低限。实施首接责任、代办服务、登门服务、并联办公等制度。开展"阳光政务"活动，在《海阳之窗》网站开设便民热线，在海阳政府网站设立咨询服务和投诉窗口。到2010年，共办理各类行政审批事项14556件，准确率和按时办结率均为100%。

第四节 政务督查

1986年，县政府建立政务催办制度，明确催办工作范围、程序、办理时限和工作分工。1996年，市政府进一步对政务督查内容、方法、程序、结果及责任部门等予以明确，以检查促监督，对所负责实施的各项法律法规进行经常性监督。建立执行规范性文件、重大行政处罚决定备案等监督制度。2007年，将全市"双重点"（重点工作、重点项目）、惠民利群实事、重大决策、人大代表建议和政协委员提案办理、领导批示事项等作为督查工作重点。到2010年，4年间解决群众来信来电502件，办理回复人大代表建议、政协委员提案645件，承办各级领导批示事项414件，处结率100%，满意率100%。

第二十一编

政协地方组织

第一章 机 构

第一节 政协海阳市委员会

政协海阳市（县）委员会 1983年1月，海阳县委根据中共中央和山东省委、烟台地委关于成立县级人民政协的指示精神，组建中国人民政治协商会议海阳县委员会筹备委员会。28日，中国人民政治协商会议海阳县委员会成立，第一届政协委员会会议召开。此后，每届任期3年。1993年2月，第五届政协委员会会议召开。此后，每届任期5年。1996年5月，改称中国人民政治协商会议海阳市委员会。

1983年1月28日，政协海阳县第一届委员会成立。第一届政协由13个界别组成，共有委员81名。其中中国共产党29名、共青团5名、工会7名、妇女联合会6名、科学技术界12名、农民10名、教育界11名、医药卫生界11名、归侨侨眷3名、文化艺术界2名、体育界1名、少数民族1名、特别邀请人士3名。

1984年5月24日，政协海阳县第二届委员会成立。第二届政协由15个界别组成，共有委员95名。其中中国共产党10名、共青团6名、工会8名、妇女联合会7名、科学技术界12名、农民13名、教育界11名、医药卫生界11名、归侨侨眷3名、文化艺术界3名、体育界2名、少数民族1名、无党派民主人士1名、宗教界1名、特别邀请人士6名。

1987年3月30日，政协海阳县第三届委员会成立。第三届政协由14个界别组成，共有委员200名。其中中国共产党45名、共青团12名、工会24名、妇女联合会19名、科学技术界22名、农民16名、教育界20名、医药卫生界14名、归侨侨眷8名、文化艺术界2名、体育界2名、无党派民主人士2名、宗教界3名、特别邀请人士11名。

1990年3月28日，政协海阳县第四届委员会成立。第四届政协由15个界别组成，共有委员199名。其中中国共产党42名、共青团10名、工会23名、妇女联合会16名、科学技术界20名、农民19名、教育界20名、医药卫生界13名、归侨侨眷11名、文化艺术界2名、体育界1名、无党派民主人士1名、宗教界1名、少数民族1名、特别邀请人士19名。

1993年2月11日，政协海阳县第五届委员会成立。第五届政协由17个界别组成，共有委员223名。其中中国共产党32名、共青团10名、工会17名、妇女联合会16名、工商联11名、科学技术协会5名、科学技术界12名、经济界27名、农民20名、教育界20名、医药卫生界17名、归国华侨联合会7名、文化艺术界4名、体育界1名、宗教界1名、少数民族1名、特别邀请人士22名。

1998年2月4日，政协海阳市第六届委员会成立。第六届政协由13个界别组成，共有委员223名。其中中国共产党30名，共青团8名，工会16名，妇女联合会14名，工商联20名，科协科技界16名，经济界23名，农业界24名，教育界25名，医药卫生界15名，归国华侨联合会6名，文化艺术、体育、宗教、少数民族界14名，特别邀请人士12名。

2003年1月17日，政协海阳市第七届委员会成立。第七届政协由14个界别组成，共有委员216名。其中中国共产党43名、共青团9名、工会11名、妇女联合会21名、工商联14名、科协科技界18名、经济界30名、农业界30名、教育界12名、医药卫生界10名、归国华侨联合会3名、文化艺术界7名、少数民族2名、特别邀请人士6名。

2007年12月7日，政协海阳市第八届委员会成立。第八届政协由15个界别组成，共有委员247名。其中中国共产党42名、共青团9名、工会7名、妇女联合会28名、工商联7名、科协6名、科技界12名、经济界56名、农业界31名、教育界14名、医药卫生界11名、归国华侨联合会4

名、文化艺术界 10 名、少数民族 2 名、特别邀请人士 8 名。

市（县）政协委员会常务委员会　由政协全体会议选举产生。市（县）政协常委会由主席、副主席、秘书长及常务委员组成。会议一般每季度召开一次，必要时临时召集。

1983—2010 年政协海阳市委员会历任主席、副主席一览表

表 21-1-1

届　次	职　务	姓　名	任职时间
第一届委员会（1983.01—1984.05）	主　席	衣更新	1983.01—1984.05
	副主席	李绍南	1983.01—1984.05
		郑志鹏	1983.01—1984.05
第二届委员会（1984.05—1987.03）	主　席	衣更新	1984.05—1987.03
	副主席	李绍南	1984.05—1987.03
		郑志鹏	1984.05—1987.03
		胡荣光	1984.05—1987.03
第三届委员会（1987.03—1990.03）	主　席	黄贵山	1987.03—1990.03
	副主席	杨　申	1987.03—1990.03
		姜淑卿（女）	1987.03—1990.03
		郑志鹏	1987.03—1990.03
		李秉弟	1987.03—1990.03
		王同波	1989.03—1990.03
第四届委员会（1990.03—1993.02）	主　席	黄贵山	1990.03—1993.02
	副主席	杨　申	1990.03—1993.02
		王同波	1990.03—1993.02
		姜淑卿（女）	1990.03—1993.02
		郑志鹏	1990.03—1991.08
		李秉弟	1990.03—1993.02
		韩奎芳	1990.03—1993.02
		杨志文	1991.08—1993.02
第五届委员会（1993.02—1998.02）	主　席	黄贵山	1993.02—1998.02
	副主席	王同波	1993.02—1998.02
		包维玉	1993.02—1998.02
		李秉弟	1993.02—1998.02
		韩奎芳	1993.02—1998.02
		杨志文	1993.02—1998.02
		刘月秀（女）	1993.02—1998.02
		辛家喜	1996.03—1998.02
第六届委员会（1998.02—2003.01）	主　席	李沛玉	1998.02—2003.01
	副主席	包维玉	1998.02—2003.01
		韩奎芳	1998.02—2003.01
		杨志文	1998.02—2003.01

续表 21-1-1

届次	职务	姓名	任职时间
第六届委员会（1998.02—2003.01）	副主席	刘月秀（女）	1998.02—2003.01
		邵明凯	1998.02—2003.01
		姜凤梅（女）	1998.02—2003.01
第七届委员会（2003.01—2007.12）	主席	徐国田	2003.01—2007.12
	副主席	李新胜	2003.01—2007.01
		刘月秀（女）	2003.01—2007.01
		纪广惟	2003.01—2006.01
		徐玉明	2003.01—2007.12
		孙程明	2003.01—2006.01
		刘炳国	2003.01—2007.12
		吕在范	2006.01—2007.12
		孙正威	2006.01—2007.12
		于乐文	2007.01—2007.12
		王全珍（女）	2007.01—2007.12
第八届委员会（2007.12—2010.12）	主席	徐国田	2007.12—2010.01
		邢宗利	2010.01—2010.12
	副主席	徐玉明	2007.12—2010.12
		刘炳国	2007.12—2010.12
		孙正威	2007.12—2010.12
		杨慈田	2007.12—2010.12
		于乐文	2007.12—2010.12
		王全珍（女）	2007.12—2010.12
		吕占友	2010.01—2010.12

第二节 政协机关

1983年1月，县政协成立后设办公室，为政协机关日常办事机构。同时，设立科技、教育、医药卫生、文体、侨务、对台、文史等工作组。1984年5月，县政协第二届委员会始设学习委员会、提案工作委员会、文史资料研究委员会。

1987年3月，县政协第三届委员会撤销学习委员会，保留提案工作委员会，文史资料研究委员会改称文史资料工作委员会，增设统一祖国委员会、经济联络委员会。

1990年3月，县政协第四届委员会文史资料工作委员会改称文史资料委员会，提案工作委员会改称提案委员会，撤销统一祖国委员会、经济联络委员会、工作组联络委员会，恢复学习委员会，增设“三胞”联谊委员会、经济科技委员会、文卫政法委员会。

1993年2月，县政协第五届委员会增设乡镇政协工作联络组（乡镇政协办公室）。之后，基本保持稳定。

1996年5月，中国人民政治协商会议海阳县委员会，改称中国人民政治协商会议海阳市委员会。办公室和各委员会均相应更名。

2010年12月，市政协第八届委员会的工作机构设办公室、文史资料委员会、“三胞”联谊委员会、经济科技委员会、文教政法委员会、提案委员会。

第二章　历届委员会会议

第一节　第一届委员会

第一次会议　1983年1月28日—30日召开，81名委员出席会议。县委书记刘同德在会上讲话，衣更新作工作报告；与会委员学习中共十二大文件和《中国人民政治协商会议章程》。选举衣更新为海阳县政协第一届委员会主席，李绍南、郑志鹏为副主席，选举常务委员23名。

第二节　第二届委员会

第一次会议　1984年5月24日—28日召开，95名委员出席会议。县政协副主席李绍南作工作报告；与会委员列席县十届人大第一次会议。选举衣更新为县政协第二届委员会主席，李绍南、郑志鹏、胡荣光为副主席，选举常务委员19名。

第二次会议　1985年4月22日—24日召开，103名委员出席会议。县委书记王曰銮讲话，县政协副主席李绍南作工作报告；与会委员列席县十届人大第二次会议。会议确定县政协近期的工作任务。

第三次会议　1986年4月8日—12日召开，112名委员出席会议。县委书记王曰銮讲话，县政协主席衣更新作工作报告；与会委员列席县十届人大第三次会议。会议确定近期工作任务，并协商通过有关人事任免事项。

第三节　第三届委员会

第一次会议　1987年3月30日—4月1日召开，188名委员出席会议。县委书记王曰銮讲话，县政协副主席李绍南作工作报告。与会委员列席县十一届人大第一次会议。选举黄贵山为县政协第三届委员会主席，杨申、姜淑卿、郑志鹏、李秉弟为副主席，选举常务委员18名。

第二次会议　1988年3月27日—29日召开，206名委员出席会议。与会委员听取并审议县政协常委会工作报告，列席县十一届人大第二次会议，通过县政协三届第二次会议决议。

第三次会议　1989年3月16日—18日召开，206名委员出席会议。与会委员听取并审议县政协常委会工作报告和提案办理情况报告，列席县十一届人大第三次会议，通过县政协三届第三次会议决议，增选王同波为县政协第三届委员会副主席。

第四节　第四届委员会

第一次会议　1990年3月28日—4月1日召开，194名委员出席会议。与会委员听取县委书记孙庆传的讲话，听取并审议县政协常委会工作报告和提案办理情况报告，列席县十二届人大第一次会议，选举黄贵山为县政协第四届委员会主席，杨申、王同波、姜淑卿、郑志鹏、李秉弟、韩奎芳为副主席，选举常务委员39名。

第二次会议　1991年8月25日—28日召开，210名委员出席会议。与会委员听取并审议县政协常委会工作报告和提案办理情况报告，列席县十二届人大第二次会议，同意郑志鹏辞去县政协第四届委员会副主席职务的请求，增选杨志文为县政协第四届委员会副主席，增补常务委员4名。

第三次会议　1992年3月30日—4月3日召开，219名委员出席会议。与会委员听取并审议县政协常委会工作报告和提案办理情况报告，列席县十二届人大第三次会议，增补常务委员2名。

第五节　第五届委员会

第一次会议　1993年2月11日—15日召开，211名委员出席会议。县委书记阎原田讲话，听取并审议县政协常委会工作报告和提案办理情况报告，列席县十三届人大第一次会议，选举黄贵山为县政协第五届委员会主席，王同波、包维玉、李秉弟、韩奎芳、杨志文、刘月秀为副主席，选举常务委员40名。

第二次会议 1994年3月15日—18日召开，220名委员出席会议。与会委员听取并审议县政协常委会工作报告和提案办理情况报告，列席县十三届人大第二次会议，通过县政协五届第二次会议决议。

第三次会议 1995年3月6日—8日召开，244名委员出席会议。与会委员听取并审议县政协常委会工作报告和提案办理情况报告，列席县十三届人大第三次会议，通过县政协五届第三次会议决议。

第四次会议 1996年3月13日—15日召开，248名委员出席会议。与会委员听取并审议县政协常委会工作报告和提案办理情况报告，列席县十三届人大第四次会议，增选辛家喜为县政协第五届委员会副主席，增补常务委员3名，通过县政协五届第四次会议决议。

第五次会议 1997年3月10日—12日召开，248名委员出席会议。与会委员听取并审议市政协常委会工作报告和提案办理情况报告，列席市十三届人大第五次会议，通过市政协五届第五次会议决议。

第六节 第六届委员会

第一次会议 1998年2月4日—9日召开，223名委员出席会议。与会委员听取并审议市政协常委会工作报告和提案办理情况报告，列席市十四届人大第一次会议，选举李沛玉为市政协第六届委员会主席，包维玉、韩奎芳、杨志文、刘月秀、邵明凯、姜凤梅为副主席，选举常务委员27名，通过市政协六届第一次会议决议。

第二次会议 1999年2月25日—27日召开，222名委员出席会议。与会委员听取并审议市政协常委会工作报告和提案办理情况报告，列席市十四届人大第二次会议，增补常务委员3名，通过市政协六届第二次会议决议。

第三次会议 2000年1月18日—20日召开，222名委员出席会议。与会委员听取并审议市政协常委会工作报告和提案办理情况报告，列席市十四届人大第三次会议，增补常务委员3名，通过市政协六届第三次会议决议。

第四次会议 2001年2月19日—21日召开，222名委员出席会议。与会委员听取并审议市政协常委会工作报告和提案办理情况报告，列席市十四届人大第四次会议，通过市政协六届第四次会议决议。

第五次会议 2002年1月16日—18日召开，213名委员出席会议。与会委员听取并审议市政协常委会工作报告和提案办理情况报告，列席市十四届人大第五次会议，通过市政协六届第五次会议决议。

第七节 第七届委员会

第一次会议 2003年1月17日—20日召开，208名委员出席会议。与会委员听取并审议市政协常委会工作报告和提案办理情况报告，列席市十五届人大第一次会议，选举徐国田为市政协第七届委员会主席，李新胜、刘月秀、纪广惟、徐玉明、孙程明、刘炳国为副主席，选举常务委员23名，通过市政协七届第一次会议决议。

第二次会议 2004年1月4日—5日召开，209名委员出席会议。与会委员听取并审议市政协常委会工作报告和提案办理情况报告，列席市十五届人大第二次会议，通过市政协七届第二次会议决议。

第三次会议 2005年1月15日—16日召开，210名委员出席会议。与会委员听取并审议市政协常委会工作报告和提案办理情况报告，列席市十五届人大第三次会议，补选秘书长1名，增补常务委员5名，通过市政协七届第三次会议决议。

第四次会议 2006年1月6日—7日召开，216名委员出席会议。与会委员听取并审议市政协常委会工作报告和提案办理情况报告，列席市十五届人大第四次会议，同意纪广惟、孙程明辞去副主席职务的请求，补选吕在范、孙正威为副主席，增补常务委员3名，通过市政协七届第四次会议决议。

第五次会议 2007年1月18日—19日召开，221名委员出席会议。与会委员听取并审议市政

2007年1月18日，政协第七届海阳市委员会第五次会议

2007年12月7日，政协第八届海阳市委员会第一次会议

协常委会工作报告和提案办理情况报告，列席市十五届人大第五次会议，同意李新胜、刘月秀辞去副主席职务的请求，补选于乐文、王全珍为副主席，通过市政协七届第五次会议决议。

第八节　第八届委员会

第一次会议　2007年12月7日—8日召开，227名委员出席会议。与会委员听取并审议市政协常委会工作报告和提案办理情况报告，列席市十六届人大第一次会议，选举徐国田为市政协第八届委员会主席，徐玉明、刘炳国、孙正威、杨慈田、于乐文、王全珍为副主席，选举常务委员29名，通过市政协八届第一次会议决议。

第二次会议　2009年2月6日—7日召开，239名委员出席会议。与会委员听取并审议市政协常委会工作报告和提案办理情况报告，列席市十六届人大第二次会议，通过市政协八届第二次会议决议。

第三次会议　2010年1月13日—14日召开，240名委员出席会议。与会委员听取并审议市政协常委会工作报告和提案办理情况报告，列席市十六届人大第三次会议，同意徐国田辞去市政协第八届委员会主席职务的请求，选举邢宗利为市政协第八届委员会主席，增选吕占友为副主席，通过市政协八届第三次会议决议。

第三章　历届常委会会议

第一节　第一届常委会

1983年1月—1984年5月，县政协一届常委会共召开5次常委会会议。主要学习贯彻党的路线、方针、政策和各级政协会议精神，学习《中国人民政治协商会议章程》，协商制定县政协常委会会议制度等。

第二节　第二届常委会

1984年5月28日，县政协二届一次常委会会议，协商通过学习、提案工作、文史资料三个委员会及农、林、水、工业、科技、文化、教育、体育、医药卫生、妇女、祖国统一、外事、侨务等组的设立和人事安排。10月20日—21日，县政协二届三次常委会会议，专题协商研究尽快办起“三胞”经济实体。12月23日，县政协召开常委扩大会议，学习《中共中央关于经济体制改革的决定》。1985年1月25日—26日，县政协二届四次常委会会议，传达学习中共中央文件，听取审议《关于政协一年来的工作情况总结报告》和《关于提案工作情况的报告》。11月22日，县政协二届八次常委会会议，传达学习省长李昌安在各界人士为四化服务经验交流会上的讲话精神。

第三节　第三届常委会

1987年4月2日，县政协召开常委扩大会议，协商决定成立县政协提案工作委员会、工作组联络委员会、统一祖国委员会、经济联络委员会、文史资料委员会和农林水组、工业科技组、文化艺术组、体育组、教育组、医药卫生组、妇女组、外事侨务组、政法组，以及23个乡（镇）政协联络组，并协商决定各机构组成人员。10月12日，县政协三届三次常委会会议，学习全国政协关于地方政协工作会议精神、邓小平关于建设有中国特色社会主义的讲话。县长慕永太在会上作关于改革问题的报告。1988年12月15日，县政协三届七次常委会议，听取县政府关于全县工作情况的通报，传达学习烟台市委召开的政协、统战工作会议精神。1989年10月18日—19日，县政协三届十次常委会会议，学习江泽民在庆祝中华人民共和国成立四十周年大会上的讲话，进一步认清形势统一思想，更好地发挥政治协商、民主监督职能作用。

第四节　第四届常委会

1990年4月1日，县政协四届一次常委会会议，学习《政协全国委员会关于政治协商、民主监督的暂行规定》《政协全国委员会常务委员会工作规则》等文件，协商通过县政协设立“六委”（文史资料委员会、提案委员会、学习委员会、“三胞”联谊委员会、经济科技委员会、文卫政法委员会）的决定及人事任免事宜。7月13日—14日，县政协四届二次常委会会议，听取县委政法委关于依法治县情况的通报、县建委关于卫生城建设情况的通报。10月26日—27日，县政协四届三次常委会会议，传达学习《中共中央关于加强统一战线工作的通知》，听取县政府关于1990年1月—9月外经外贸工作情况的通报及政协委员提案办理情况的汇报，协商通过县政协办公室下设机构及人事安排的建议；协商通过增补政协委员。1991年7月2日—3日，县政协四届六次常委会会议，听取县政府关于1991年上半年全县工业生产和经济发展情况的通报，学习江泽民同志在庆祝中国共产党成立七十周年大会上的讲话，协商通过《海阳县乡镇政协办公室简则》及有关人事任免事宜。10月14日—15日，县政协四届七次常委会会议，听取讨论县政协常委会《关于县工业企业科技情况的调查》。1992年1月8日，县政协四届八次常委会会议，通过《县政协常委会关于学习贯彻中共十三届八中全会和省、市、县委全委会议精神的决议》。6月11日—12日，县政协四届十次常委会会议，听取县政府关于对外开放情况及今后工作打算的通报，协商通过人事任免事宜。10月27日—28日，县政协四届十一次常委会会议，学习讨论江泽民在中国共产党第十四次全国代表大会上的报告，听取讨论县政府关于政协委员所提提案办理情况的汇报，视察海阳县城市建设情况，参观海阳县春华织造有限公司及海阳县方圆建设机械厂，协商通过人事任免事宜。

第五节　第五届常委会

1993年3月15日，县政协五届一次常委会会议，主要研究县政协常委会有关规章制度，通过人事任免事宜。10月21日—22日，县政协五届三次常委会会议，听取县政府关于全县奋斗“八五”过百亿和1—9月全县政治、经济情况的通报，听取县房管局关于房改方案的通报。1994年1月6日—7日，县政协五届四次常委会会议，听取县纪委关于全县开展反腐败斗争情况的通报，组织开展《中共中央关于建立社会主义市场经济体制若干问题的决定》辅导讲课，会议增补13名政协委员。4月25日，县政协五届十一次常委会会议，听取县政府关于加强农业基础地位情况的通报，通过《关于加强县政协常务委员会建设的若干规定》。1996年8月14日，市政协五届十六次常委会会议，听取市政府关于全市上半年经济工作情况的通报。12月18日，市政协五届十七次常委会会议，听取市政府关于海阳市争取“帮扶”工作情况的通报。1997年6月25日，市政协五届十九次常委会会议，听取市政府关于“减轻农民负担”情况的通报。

第六节　第六届常委会

1998年5月18日，市政协六届二次常委会会议，听取市政府关于科技兴市发展情况与展望的通报，协商通过《政协海阳市委员会常务委员会工作简则》《海阳市乡镇政协工作办公室工作简则》和市政协六届委员会机构设置及其组成人员名单。8月27日，市政协六届三次常委会会议，讨论通过《政协海阳市委员会提案工作实施细则》及人事任免事宜。1999年7月15日，市政协六届六次常委会会议，听取市政府关于全市工业经济发展情况的通报，对全市工业发展情况进行协商工作。9月21日，市政协六届七次常委会会议，协商讨论关于全市工业经济发展情况的调研报告。2000年5月23日，市政协六届十一次常委会会议，学习江泽民关于“三个代表”重要思想的论述和在庆祝人民政协成立五十周年大会上的讲话，协商讨论《政协海阳市委员会专门委员会通则》，视察有关基本建设情况，通过人事任免事宜。7月14日，市政协六届十二次常委会会议，听取市政府关于1—6月政府工作情况的通报。12月5日，市政协六届十三次常委会会议，听取市政协常委会关于全市中小学素质教育调查情况的汇报，协商讨论《关于推进全市中小学素质教育的建议案》。

第七节　第七届常委会

2003年9月17日，市政协七届四次常委会会议，听取市政府半年工作情况通报，审议通过《政协海阳市委员会常务委员会工作规则（草案）》。2004年1月5日，市政协七届六次常委会会议，讨论并通过《关于加强市政协常务委员会自身建设的意见》。6月15日，市政协七届七次常委会会议，审议通过《政协海阳市委员会关于主席、副主席、秘书长联系政协常委和政协常委联系委员的实施意见》《政协第七届海阳市委员会专门委员会通则》。2005年6月24日，市政协七届十一次常委会会议，讨论通过《关于充分发挥政协优势为构建社会主义和谐社会贡献力量的意见》。2006年6月21日，市政协七届十五次常委会会议，讨论通过《认真学习贯彻〈中共中央关于加强人民政协工作的意见〉的决定》《关于在全市重点委员企业中深入开展“民企联村”共建社会主义新农村活动的意见》。2007年9月12日，市政协七届十九次常委会会议，听取市政府关于全市工作情况通报，听取市人民法院、市人民检察院、市物价局关于执法情况的汇报并进行评议，听取市政协常委会关于视察全市重点工程建设情况的报告，通过人事任免事宜。

第八节　第八届常委会

2008年6月18日，市政协八届二次常委会会议，听取市民政局、交通局、果业局、宗教局工作情况汇报，听取讨论市政协关于视察大项目建设情况的报告，审议通过政协第八届海阳市委员会关于设置工作机构的决定、各工作机构领导成员建议名单及有关工作制度，对市直部分单位工作进行民主评议。9月4日，市政协八届三次常委会会议，听取市政府关于全市工作情况的通报和政协委员提案办理情况的汇报，听取市科技局、房管局、外经局、民政局的工作汇报，听取讨论市政协关于创建国家环境保护模范城市工作情况的视察报告。2009年6月9日，市政协八届五次常委会会议，听取市经贸局、港航局和公路局执法情况汇报，听取讨论市政协常委会关于视察现代服务业发展情况的报告，审议通过《市政协关于开展“创业绩展风采”活动的意见》《关于进一步加强社情民意工作的意见》《关于进一步加强专门委员会工作的意见》。9月22日，市政协八届六次常委会会议，听取市劳动和社会保障局、广电局、旅游局、邮政局工作情况汇报，听取讨论市政协常委会关于视察核电产业发展情况的报告。2010年3月23日，市政协八届八次常委会会议，审议通过《关于在全市政协委员中开展“五个一”活动的意见》。6月29日，市政协八届九次常委会会议，听取市农业局、工商行政管理局、质量技术监督局关于食品安全工作情况的汇报，听取讨论市政协常委会关于视察惠民利群实事落实情况的报告，讨论通过人事任免事宜。10月19日，市政协八届十次常委会会议，听取市政府关于全市经济社会发展情况的通报和政协委员提案办理情况的汇报；听取市发展和改革局关于转方式调结构工作情况的汇报，听取讨论市政协常委会关于全市蓝色经济区建设情况的视察报告。

第四章　参政议政

第一节　提案办理

1983年，县政协一届一次会议期间，通过大会设立的提案工作委员会，共收到委员提案49件。1991年3月，虚设的提案工作委员会改为正式编制的提案委员会。1994年9月，县政协常委会制定《政协海阳县委员会提案工作实施细则》。市（县）政协通过现场办案、跟踪办案、协商座谈、视察督办等多种形式抓提案落实。到2010年，市（县）政协共收到委员提案2238件，办理落实2142件，对不具备办理条件的转交相关部门作为规划研究工作的参考。

第二节　调查视察

1987年，县政协对职业高中教育工作进行视察，并提出意见建议。1991年8月—9月，县政协在县委组织部和县人事局、科委、科协、经委等部门的配合下，对工业企业科技工作进行视察，

2010年9月1日，市政协常委会组织视察蓝色经济区建设

并提出意见建议。1998年，市政协常委会就如何做好下岗职工再就业和基本生活保障问题进行调研，形成《一项全局性的艰巨工程》调查报告，报告提出30多条意见和建议，进入市委、市政府决策。2001年，市政协常委会对全市投资软环境建设工作进行视察，并提出意见和建议。2007年，市政协对社会主义新农村建设情况进行视察，并向市委提交视察报告，市委主要领导批示。2008年，市政协常委会对全市大项目建设进行视察，提出强化企业服务、加大项目推进、调整工业经济结构、加强统筹规划以及招大引强等方面的建议。2009年，市政协对现代服务业和核电产业发展情况进行视察，提出意见和建议，市委主要领导均作重要批示，并予以转发学习。2010年，市政协对全市蓝色经济区建设工作进行视察，并向市委提交《关于视察蓝色经济区建设情况的报告》。至此，市（县）政协常委会组织开展视察、调查86次，参加人员350余人次，形成专题报告86份。

第三节　委员工作

1984年，县政协二届一次常委会会议设立委员工作组，利用会议、培训班、印发学习材料等形式，组织委员活动，提高委员素质。1985年起，县政协常委会建立走访委员制度，加强与委员的联系，及时向委员传达上级会议、文件精神，通报工作情况，委员知上情、明下情，履行职责更有针对性。2000年，试行政协委员联系卡制度，并创办《社情民意》专刊。2004年，在政协委员中开展“提交一条建议、反映一条信息、参加一次视察”的“三个一”活动，全市政协委员共提出各类意见建议180多条。同年，在海阳

电视台开办“委员风采”栏目，共宣传20名政协委员的先进事迹。2006年，开展“民企联村”共建社会主义新农村活动，组织委员中的企业家参与新农村建设，参与活动的委员出资出物折款60余万元。2010年，开展“引进一个好项目、提交一件高质量提案、反映一条有价值的社情民意信息、办理一件惠民利群实事、化解一个不稳定因素”的“五个一”活动，组织委员参与全市中心工作，服务科学发展。活动中，委员引进项目投资总额近20亿元，为群众做好事、办实事、解难事30多件，捐助资金物资60余万元，协助或参与化解矛盾纠纷20多起，收集社情民意信息120余条。

第四节 “三胞”联谊活动

1983年，县政协常委会印发《华侨、归侨在国内子女入学的政策通知》，宣传党的侨务政策。同年，县政协常委会配合有关部门，对全县42名原国民党起义、投诚人员的政策落实情况进行检查，并协助全县37户台属与在台亲人通信。1985年，县政协常委会牵头，县委统战部、县侨办、县侨联等参与，对“三胞”情况进行调查摸底。1986年9月，县委召开全县“三胞”及外籍华人亲属代表会议，与会代表93人。1990年，县政协成立“三胞”联谊委员会，开展祖国统一和海外联谊工作。“三胞”联谊委员会经过全面摸底调查，建立24本“三胞”亲属花名册，为开展联谊活动储备基本信息。1991年，县委召开“三胞”联谊会。1996年，编辑出版《海阳三胞录》，收录“三胞”430余名，拓展并利用海内外信息，为促进海阳经济社会发展服务。1997年9月，市政协成立民间性质组织——海阳市海外联谊会。

1991年6月15日，海阳县首届“三胞”联谊会开幕式

第五节 文史资料征编

1984年，县政协常委会开始对文史资料开展收集整理工作。以“三要、四不”(要真实、要具体、要大胆直书；不限体裁、不求完整、不拘观点、不扣帽子)为指导，以“三亲”(亲历、亲见、亲闻)史料为主，把好文字、史实、政治“三关”。到2010年，通过访“三亲”、阅典籍、查档案，广征博采，深入发掘，共积累450多万字的资料、500余幅照片、20余件遗物、30件名人题词。市(县)政协文史委员会组织人力物力，对上述文史资料进行认真鉴别、筛选、整理，出版《海阳文史资料》12辑。在《人民政协报》《联合日报》等报刊，发表文章30多篇。《海阳文史资料》的出版和相关文章在各大报刊的刊发，发挥“存史、资政、团结、育人”的社会功能，收到良好的社会效果，得到海阳游子的一致好评。

《海阳文史资料》第一至十二辑内容概况表

表21-4-1

辑 数	主要内容	印刷(出书)时间	辑 数	主要内容	印刷(出书)时间
第一辑	攻打黑石嘴盐务局的回忆、“一一·四”暴动等	1984.11	第三辑	徒手捉敌机、同心协力除倭寇、下河头惨案纪实、小龙夼惨案等	1987.01
第二辑	战场泊惨案、前夼惨案、海阳地雷战、五虎联防反顽抗日斗争史料、榆山大会战、长沙堡伏击战等	1986.01	第四辑	刘长胜专辑(回忆、怀念文章)	1987.12

续表 21-4-1

辑　数	主要内容	印刷（出书）时间	辑　数	主要内容	印刷（出书）时间
第五辑	向阳山抗日史略、记海阳军民两次破获美蒋匪特、姜仞九烈士传等	1990.08	第九辑	园丁颂（专辑）	1993
第六辑	海阳丝绸工业史料专辑	1990.12	第十辑	私营企业、个体工商户介绍等	1995
第七辑	胶东革命摇篮——香山小学、平息龙山叛乱、“九·二六”行村惨案等	1991.10	第十一辑	全市（县）烟台市级以上劳动模范事迹介绍	1996.11
第八辑	“五虎村”片断、海阳武工队二三事、海阳民兵抗日史略、三个特等模范爆炸村等	1992.11	第十二辑	考古发掘专辑	2000.12

第二十二编

人民团体

第一章　总工会

第一节　机　构

1950年，海阳县总工会成立。1959年，改称海阳县工会。1963年，复称海阳县总工会。1985年，内设办公室、组宣部、生产福利部。1996年5月，海阳县总工会改称海阳市总工会。2010年，内设办公室、组织宣传部、生产保障部、工会经费审查委员会办公室；辖工人文化宫、职工救急济难互助会、职工技术协会、职工业余学校4个事业单位。

第二节　组织发展

1983年，各基层工会相继建立俱乐部活动室。1984年9月，整顿工会基层组织，要求用三年时间把基层工会办成名副其实的“职工之家”。同年，县工人文化宫被省总工会授予先进文化宫称号。1989年9月，县总工会女职工委员会（以下简称女工委）成立。1997年，在外资和私营企业进行组建工会试点；全市外资和私营企业组建工会32个，乡镇企业工会56个。1999年，18个外商投资企业组建工会，建立女工委18个；83个乡镇企业组建工会，建立女工委83个；76个私营企业组建工会，建立女工委76个。2001年，在新建企业中建设“职工之家”，做到企业投产开业与工会组建同步进行，实现“哪里有职工，哪里就有工会组织”。2002年，市总工会被省总工会授予工会工作先进单位称号。2003年，发展1.03万名进城务工人员入会。2010年，全市工会组织1407个，会员9.12万人。

1978—2010年部分年份海阳市工会组织选举情况表

表22-1-1

年　份	工会组织（个）	职　工（万人）	会　员（万人）	女职工（万人）	女会员（万人）	年　份	工会组织（个）	职　工（万人）	会　员（万人）	女职工（万人）	女会员（万人）
1978	38	0.71	0.36	0.30	0.30	2000	841	7.14	6.19	3.10	2.90
1985	101	2.46	1.92	1.03	1.00	2005	1143	8.71	7.63	3.30	3.40
1990	383	4.15	3.50	2.60	2.10	2010	1407	10.33	9.12	4.34	4.34
1995	624	5.53	4.71	2.83	2.40						

第三节　组织作用发挥

职工权益保护　1978年，企业实行计划生产和分配，职工生活用品按计划供应，职工合法权益问题表现不突出。1981年8月，在县邮电局、酿酒厂、服装厂、食品厂、土产公司、面粉厂等建立企业职工代表大会试点。1982年，全县126个企事业单位中有108个建立职工代表大会制度。1986年，针对企业后勤工作薄弱问题，开展“五小”（食堂、托儿所、医务室、

2010年4月30日，全市劳动模范表彰大会

浴池、宿舍）竞赛活动。同年，新增托儿所3处、医务室12处、浴池8处、职工宿舍6处。1988年，全县27个全民所有制和全部集体所有制单位建立职工代表大会制度，并建立19个劳动保护监督检查委员会。1999年3月，在国有、集体及其控股企业推行厂务公开制度，落实职代会各项职能，落实企业改革方案、发展目标必须经职代会审议通过，重要规章制度必须经职代会讨论同意，涉及职工切身利益事项必须经职代会讨论决定，失业单位领导人员必须接受职代会民主评议“四个必须”制度。2000年7月，在非公有制企业推行厂务公开，教育、卫生系统校（院）务公开制度。2001年，在企业推广平等协商集体合同制度，推行行业性集体合同试点企业1个，3个镇（区、街道）签订区域性企业集体合同。2002年，实行厂务公开企业200个，建立健全职代会制度700个。开展工会法、劳动法落实情况联合检查，检查企业125个，其中不合格企业31个。到2010年，机关、企事业单位建立职代会制度900个，建立职工董事会制度780个，实行平等协商集体合同制度900个，实行厂务公开制度700个。

困难职工救助　80年代末，经济调整时期，市场疲软，企业开工不足，出现困难企业和职工。县总工会筹集资金向困难职工发放救助金，1990年，为20个企业128名困难职工发放救助金3万元；对12个企业39名职工实行扶贫济困。1992年，开展进万家门、知万家情、解万家难、暖万家心送温暖活动，保障困难职工基本生活。1994年4月，全国总工会将每年的元旦、春节期间送温暖活动拓展为“送温暖工程”。县总工会向158名困难职工发放救助金4.8万元。1998年，对42个企业163户困难职工登记造册。2000年，为138名特困职工、45个低保困难职工家庭、389个被帮扶困难职工建立健全档案。同年，市下岗职工再就业服务中心成立，培训下岗职工803人次，培训电子修配、服装缝纫、计算机、烹饪等技术技能。出台下岗职工经商办企业免予工商登记，享受税收和贷款优惠，特困职工子女入学免交学杂费等政策。同年，3人被烟台市总工会授予再就业明星称号。2001年，建立联系特困职工户制度，

1991年4月27日，全县劳动模范座谈会合影

48名市直部门领导干部联系特困职工146户；29个机关、企事业单位职工113人，帮助390名下岗失业人员重新掌握1～2门实用技术。2002年3月，在女职工中开展姐妹献爱心、扶贫济困万人行活动，救助下岗、单亲、特困女职工，86名领导干部落实帮扶对象，帮钱（物）3.2万元，帮助解决困难125件，初步解困203人，实现再就业189人。2003年，开展帮困助学活动，帮助困难职工子女19人，发放救助金5万元。到2010年，先后帮助3800余名下岗职工实现再就业；筹集送温暖基金400万元，救助困难职工5088人次；发放救济急难互助金20多万元。与市民政部门联网录入困难职工档案900份，将全市困难职工全部录入帮扶平台，实行全国联网。

第四节　劳动竞赛与职工教育

劳动竞赛　1987年，组织开展振兴海阳、建功立业活动。通过"双增双节"（增产节约、增收节支）创效益1600万元。1989年，增收节支1950万元，职工人均增收节支6500元。1990年，开展企业增效竞赛活动，70个企业5600人次参加，创造效益2368万元。1991年起，在职工中开展劳动竞赛、提合理化建议、技术革新、技术协作发明创造等活动，56个单位4600名职工参加，涌现出竞赛标兵26人，先进集体17个。1996年，开展"双杯"（管理效益杯、安康杯）、"双十"（十大技术创新能手、十大技术标兵）竞赛活动，参赛企业78个、职工1.2万人。2000年，建立职工技协组织18个，组织技术协作132项，创造经济效益1110万元。至2010年，组织各类技术比武57次，提合理化建议1650条，实现双增双节总价值5786万元。全市有各级劳动模范、劳动奖章获得者666人，其中，省级劳动模范34人，烟台市级劳动模范116人，"富民兴鲁"劳动奖章获得者18人，烟台市"五一劳动奖章"获得者88人，海阳市劳动模范230人，海阳市"五一劳动奖章"获得者180人。

职工教育　1978—1983年，职工教育活动主要是日常培训学习。1984年，在职工中开展"振兴中华"读书演讲活动。1986年，开展社会主义形势教育、"立志达标"读书征文演讲和先进模范人物事迹报告活动，参加职工1.8万人次。1989年，开展群众自我教育活动，290个单位3.18万名职工参加，8篇论文被省、国家级刊物采用。1997年，开展"六学"（学理论、学文化、学科学、学技术、学管理、学法律）教育活动，参加科技知识和职业技能培训6300人。实施知识武装工程，要求职工钻研一门新技术、驾驭一种新设备、提高一种新技能，增强自身竞争能力和素质。1999年起，组织开展十佳职工、职业道德标兵评选活动。到2010年，全市18个单位获职业道德双十佳、10人获十佳文明职工称号。

第二章　共青团与少年先锋队

第一节　机　构

1978年，共青团海阳县委内设办公室。1985年，内设办公室、组织部、宣传部、学少部。1996年5月，共青团海阳县委改称共青团海阳市委。2010年，共青团海阳市委内设办公室、基层工作部；人员编制4名。

第二节　共青团组织发展

1978年，共青团工作开始步入正轨，县、公社团组织开展各种形式的活动。1981年，团县委整顿基层团组织，召开公社团代会。1988年9月，实行团员证制度。1994年7月，海阳县青年联合会第一届委员会成立。1997年10月，海阳市青年企业家协会成立。2001年7月，成立海阳市银河青少年宫。2003年3月，成立海阳市创建青年文明号活动组织委员会。12月，成立海阳市青年中心建设领导小组。2004年7月，成立海阳市志愿者协会。同年3月至2005年12月，将东村街道和辛安镇分别作为城区和农村青年中心建设试点街道（镇），推进全市青年中心建设。2006年6月，召开市青年企业家协会第二次会员大会，152名青年企业家参加。到2009年，新建各类团组织27个，其中，非公有制经济组织18个，社区1个，社会力量办学3个，园区5个。2010年，全市有基层团组织1220个（其中团支部1135个），共青团员77690人。

第三节　共青团组织活动

服务经济社会发展　1978年，在全县农村青年中开展“十斤粮、十棵树”活动，农村青年人均贡献粮食6.8千克，总计575吨；人均植树11.3株，总计96万株。1982年，在全国第一个“文明礼貌月”活动中，全县2.38万名青少年学雷锋、做好事，扫街1500多条次，整修道路1800米，公共场所服务1800人次，植树9.6万株。1984年，在农村重点抓“一团两户一手”（青年科技致富报告团，专业户、示范户，致富能手）活动，全县参与活动的青年1.35万人；涌现出青年专业户、示范户、致富能手144个。在城市开展青工竞赛活动，329个企业2.08万名工人参与，落实增创项目1450个。1986年，在团员青年中开展争夺“七五”建功杯竞赛活动，各团组织围绕创名优产品、破生产纪录、降成本消耗、改服务态度、争经济人才，设计开展40多项活动，1.18万名青工参赛；全县组建青年突击队75支，承担各种青年工程56项，实现“五小”（小发明、小创造、小革新、小设计、小建议）成果1400多项，创造经济效益235万元。活动中，有28名青年入党，近300名青年入团，825名青年立功受奖。1987年，开展争做粮食生产、勤劳致富、学法守法、文明经营等10项能手活动，让每个青年人人有一招，个个能致富；每个团员青年在庭院中养1只羊、2只兔、3只鸡，栽1棵樱桃、2棵山楂、3棵葡萄，每个庭院年收入100元以上，全县青年庭院经济年收入100万元以上。同年9月，提出“让团徽在全县山海开发工地上闪光”的口号，组织青年突击队参加山海开发，共组织乡（镇）青年突击队23支、村青年突击队236支，4万人；挖树窝2.53万个，修路7.9千米，开发滩涂153公顷。

1986年10月，开展兴团建工程、留团建脚印活动，全县700余个团支部参加，修建团建路187条，兴建团建水利工程43项，整修团建文明街203条，栽果树1933公顷。1991年，在企业团组织和青年中开展“五小”活动，到1992年，全县完成千元以上“五小”成果2200项，转让600项，增创价值700万元。1993年，开展青春立功、争创青年全优岗、争当优秀青年企业家活动，引导青年积极投身改革开放。1995年，在农村团组织和青年中组织实施青年致富工程。2003年，在全市发起青春创业行动，鼓励青年自主创业，帮助青年就业和再就业。2010年，实施青春创业扶持计划，在资金扶持、提供见习、技能培训、导师指导、信息发布等方面为青年创业就业提供服务。

希望工程青春助学　2004年，为配合希望工程，在全市发起“青春助学”行动，凝聚全社会的爱心、热心，向贫困学生伸出援手，让他们有信心、有条件完成学业。一批急需帮助的学生得到资助。2007年，团市委获烟台市捐资助学先进单位称号。到2010年，青春助学行动共资助学生1141名，资助额48.37万元。

青年志愿者行动　2001年2月，开展庆祝国际志愿者日“新纪元从做志愿者开始”活动，445名志愿者参加。2002年3月12日，发动青年志愿者2000余人，营建占地16公顷、树木1万余株的“青年文明生态林”。同月，30支优秀青年志愿者、青年文明号服务队，2000余名青年志愿者在城区义务服务。2003年4月，开展“天天环保”青年志愿者绿色环保行动，400余名志愿者参加，发放宣传纸1万份。2004年7月，市志愿者协会成立。开展助老助贫助学、维护社会治安、实施法律援助、参与公益事业等服务。2007年，参与“中华情”文艺演出志愿服务，举办“志愿者之歌”文艺晚会。2008年，开展“海阳亚沙，有

2008年3月5日，团市委组织青年志愿者为市民服务

你更精彩”“人人争当志愿者”“城市更靓丽”“文明排队日”等一系列“携手办亚沙、文明伴我行”主题志愿服务活动。2009年，在奥林匹克日沙滩长跑和全国沙滩排球巡回赛·海阳站等体育赛事中，开展志愿服务活动。2010年3月12日，组织200名志愿者参加“绿色海阳、绿色亚沙、志愿者在行动”义务植树活动。5月，在烟台大学举办首批亚沙会骨干志愿者培训班，并举行现场签名活动。6月，组织200余名志愿者参与海阳首届国际沙滩体育艺术节志愿服务。10月15日，组织500名志愿者参与亚运火炬海阳站的传递活动。

学模范争先进 1980年，开展创建先进团支部和争当新长征突击手（队）活动，5人被评为全国新长征突击手，3人被评为省新长征突击手。到1984年，共评选新长征突击手280名，其中省级4名，烟台市级11名。1987年1月，团省委表彰农村青年之家建设先进单位，发城镇大山东夼等14个村获青年之家活动奖。7月，团省委、省教育厅表彰奋飞之鹰活动，团县委、县教育局获红旗单位称号。1990年2月，在全县青少年中开展学雷锋精神、树时代新风、做“四有”新人活动，组织送温暖小组开展包户服务，为老干部、老教师、烈军属、老工人、五保户等排忧解难。3月5日学雷锋活动日，团员青年走上街头、走上社会，传播社会文明新风。1994年5月，团县委表彰首批“青年文明岗”，县交警大队一中队等20个青年岗位被命名为海阳县青年文明岗。2009年，开展以学习、运动、奉献为主题的“五四”纪念活动，市交通局团委获省“五四”红旗团委称号，公安局和供电公司团委获烟台市“五四”红旗团委称号。2008—2010年，共青团海阳市委连续3年获烟台市红旗团委称号。

1984年6月1日，海阳县举行庆“六一”少先队检阅仪式

第四节 少年先锋队

1978年，恢复因“文化大革命”中断的少年先锋队工作。1980年，开展文明礼貌教育百日活动，加强对少年儿童的文明礼貌教育。1984年，全县10.04万名在校少年儿童，有6.13万名发展为少先队员。1985年，开展为少年儿童谋福利活动，全县为少年儿童做好事2800件，捐赠图书2400本。1986年11月，团县委表彰优秀少先队辅导员80名，优秀少先队中、小队50个，少先队工作先进集体25个。同年，开展奋飞之鹰活动，全县90所中学开展创造性教育活动4103个，获省、烟台市优秀活动均为13个，评选出奋飞之鹰47名。1986—1991年，少先队先后开展“四有”小金星，争创金星大队，学习赖宁、做党和人民的好孩子等活动，少先队工作连续5年

被烟台市少工委评为红旗单位，1次被省少工委评为红旗单位，1次被全国少先队工作学会授予少先队小论文征文“全国最佳组织奖”。1991年9月，海阳县红领巾理事会成立。1992年6月，开展学习孔繁森、援建烟台—聂拉木希望小学活动。1993年，全县少先队组织建立实践基地90%以上，大队活动经费超500元的学校70%。

1998年8月，在少先队组织中开展争创金星大队、红领阵地建设竞赛活动；在中学开展争当山东未来建设者实践教育活动。2001年4月，举行希望工程救助款发放仪式，发放救助款1.5万元，全市60名贫困学生得到救助。7月，成立市银河青少年宫，青少年有了专门活动场所。12月，在新元广场，与市委宣传部、市文化局、市教体局、市妇联等部门联合开展未成年人告别“网吧”大行动集体签名活动，5000余名青少年参加。2004年4月，发起实施青春助学“一助一”结对志愿活动。2010年5月4日，在海阳高职举行“树立远大理想，健康成人成才”成人宣誓仪式。同年，全县有少先队大队50个、中队700余个。

第三章　妇女联合会

第一节　机　构

1978年，海阳县妇女联合会内设办公室、组宣部。1985年9月，内设组宣部、儿童工作部、少儿权益部、法律顾问处。1996年5月，海阳县妇女联合会改称海阳市妇女联合会。2010年，内设办公室、组织宣传部、权益部、市妇女儿童工作委员会办公室。

第二节　组织作用发挥

双学双比　1989年，在农村妇女中开展“双学双比”（学文化学技术、比成绩比贡献）竞赛活动。1990年，进行种植、养殖、工艺品生产、庭院开发等专项技术培训和新技术推广。至1993年，举办家庭经济巡回报告会和各类培训班100余期，培训妇女6万余人次。全县从事养殖的妇女4万余人，养殖品种10余个。围绕工艺品生产加工，开展创汇状元赛活动，参加手工艺品生产的妇女10万人，创汇8000余万元，县妇联在全省外贸工作座谈会上作专题发言；开发庭院13万余户，13.8万余名妇女参加。1993年，在农村妇女中开展双学双比发家致富、合理消费节约储蓄竞赛活动，全县成立“三八”储蓄代办点76个，储蓄余额400余万元。1994年4月，县妇女双学双比竞赛协调小组被省妇联授予省双学双比先进集体称号。1996年，配合市委农民致富工程，开展手拉手巾帼扶贫活动。1998年，实施万名农家女、十大农业新技术培训推广计划。2000—2003年，实施巾帼科技致富工程。2006年，继续开展“手拉手”脱贫致富奔小康活动，为192名有致富愿望、有脱贫能力的贫困妇女发放小额扶贫周转金32.9万元。

妇女儿童权益维护　1985年起，开展婚姻法、未成年人保护法、妇女权益保障法等法律法规宣传。每年的维权月，组织有关部门进行宣传咨询活动。认真处理来信来访，当好妇女娘家人。协调有关部门依法维护妇女儿童合法权益，案件处结率100%。1987年11月，县妇联编写、烟台师范学院心理学专家指导修订的《家庭教育》教材出版发行。2005年2月，凤城街道建设村被省综治办、民政厅授予省零家庭暴力村庄称号。2006年2月，市妇联被省妇联、综治办授予省优秀妇女维权岗称号。2007—2010年，在全市开展平安家庭、零家庭暴力社区（村庄）创建活动。

巾帼建功　1991年，在全县女干部、女职工、女知识分子中开展巾帼建功竞赛活动。到1994年，全县有1.58万名女职工参与竞赛。1996年，开展巾帼成才、巾帼创业、文明巾帼竞赛活动。2000年，制定巾帼文明示范岗管理实施办法。2001年8月，烟台市加强妇女思想政治工作、深化巾帼文明活动现场会在海阳召开。2003

2010年10月1日，“庆国庆 迎亚沙”——好歌大家唱激情广场活动在新元广场举办

2009年6月1日，市妇联开展情暖春蕾助学活动

年，市妇联被省妇联授予省再就业和社区服务先进妇联称号。2005年，开展爱岗位、爱海阳、长才干、比奉献巾帼示范岗创建和争当岗位明星活动。2007—2010年，在女职工中开展知荣辱、树新风、岗上建功业活动，吸收高知识层女性、新经济组织及进城务工妇女群体，参与形式多样的创岗活动。

春蕾计划 1996年，开始实施春蕾计划。利用广播、电视、宣传栏等进行宣传，联合电视台拍摄制作《众手浇开春蕾花》《爱心孕育春蕾红》等专题片；组织举行春蕾计划捐助仪式；召开爱心献春蕾手拉手庆“六一”大型联欢活动。每年“六一”，一批社会热心人士为女童献爱心、送温暖。建立贫困女童摸底上报、定期回访和档案管理制度。2002年、2008年，市妇联分别被省妇联、省儿童少年福利基金会联合授予省实施春蕾计划先进单位称号。至2010年，全市共资助失学或濒临失学女童2320人次，捐款捐物100余万元；帮助400多名学生完成九年义务教育，350名学生考上高中或中专，4名考上重点大学。

第四章　科学技术协会

第一节　机　构

1978年，恢复县科学技术协会，主任由县科委主任兼任，设专职副主任1名，与县科委合署。1985年，县科协与县科委分署；内设科普部、学会部。1988年，增设科技咨询工作部。1996年5月，海阳县科学技术协会改称海阳市科学技术协会。2003年5月，内设学会部、科普部，人员编制7名。2010年，内设机构未变。

第二节　组织作用发挥

科技宣传 县科协成立后，开展科普宣传、青少年科技教育等活动。1985年起，先后成立海阳县农学、林学、水利和医学会。同年，乡（镇）建立科协组织，在县科协的指导下，进行各专业学会的业务普及和推广。每年至少组织1次集体活动，组织有关科技人员，到街道、广场进行科普宣传和服务。到1989年，陆续成立蚕业、硅酸盐、建筑、造纸、护理等18个专业技术学会，会员由1985年的1200人发展到8000余人。1990年，民间学会统一由县民政部门登记备案管理。由于无经费，学会后期陆续停止活动。2004—2005年，与农业、卫生领域专家合作，发放100多套禽流感防治挂图。2006—2010年，组织中小学生参加烟台市青少年科普报告百校行活动。邀请烟台市科技馆携展品到市榆山街小学进

2010 年，市科协开展科普日宣传活动

行科普展览，宣传普及航天知识，提升学生科学素养。组织全市中小学生参加烟台市第 24 届青少年科技创新大赛，申报科技创新成果 15 项。组织发动中小学生参加烟台市第六届“七巧科技”、中小学生航空航天竞赛等活动。至 2010 年，共组织科普下乡 2000 余人次，接受群众科技咨询服务 160 万人次，举办科技周 8 期，印发科普宣传资料 10 万份。

科技培训　1985 年，以农村干部、农民技术员和青壮年为重点，多形式开展农民教育。各学会、协会及各级科协协同教育部门建立科普夜校 520 所。由县农学会牵头，举办花生、西瓜、鲜果病虫防治，水产养殖、土肥技术等学习班 100 多次，为农村培养各类技术人员 3200 人，聘请专家 22 人次到海阳传授技术。建立良种繁育基地 35 处，签订新技术、新品种推广项目 130 项。1986—1991 年，利用乡、村科普夜校举办粮果种植管理技术培训班 80 期，培训 2.4 万人次。1987—2000 年，举办农村干部实用技术培训班，培训村干部、党员 5000 人次。2001—2010 年，招收农函大学员 5300 人。共举办各类培训班 2638 期，举办科普讲座 1156 期，培训 160 万人次。

科技推广　1985—1987 年，在全县推广种植海花 1 号。1986 年，到省农科院引进苹果、山楂等 10 余个品种的果树苗木，全县推广面积 333.33 公顷。在大阎家乡东荆家村建立 2 公顷果业示范基地。1988—2010 年，帮助部分果业村改造果树老品种，嫁接新品种，改造老果园 66.67 公顷。改造后的果园由过去亩产 1500 ～ 2500 千克，提高到亩产 4000 ～ 5000 千克；效益由过去每亩 3000 元提高到 1 万元。至 2010 年，推广新技术新成果 20 项，引进新品种 32 个，增加经济效益 1000 多万元。

第五章　归国华侨联合会

第一节　机　构

1979 年 11 月 12 日，海阳县第一次归侨、侨眷代表大会召开，选举产生海阳县侨联第一届委员会。1984 年 5 月前，县侨联系虚设机构，无人员驻会。6 月，海阳县归国华侨联合会成立。8 月，侨联始有独立办公场所，人员编制 2 名。1996 年 5 月，海阳县归国华侨联合会改称海阳市归国华侨联合会。2003 年 5 月，人员编制 5 名。2004 年 2 月起，侨联主席由 1 名市人大常委会副主任兼任；增设副主席 1 名。

第二节　归国华侨

海阳华侨多数于 40 年代离乡，后经台湾出国定居。2003 年，全市有归侨 28 户，其中朝鲜、蒙古归侨居多，再次为马来西亚。2010 年，归侨大都进入老年期，部分已经离世。海外华侨、华人 800 余户、2400 余人，主要分布在美国、日本、韩国、加拿大等国家和地区。老侨民大多从事餐饮和服务业，规模小，档次低，日渐式微。新侨民主要从事科研、教育等工作，但与家乡联系较少。2007 年，为调动海外侨胞和归侨侨眷参与海阳经济建设积极性，市政府给予男60周岁、女50周岁，且无退休收入的3名男性、7名女性归侨，每人每月发放生活困难补助费150元。2008年，四川汶川发生特大地震，海阳归侨、侨眷捐款11.53万元，以表达爱国爱家之情。祖籍朱吴镇桑园村的王龙宝，1997年移居美国，2005年回乡探亲，拿出退休金和稿费50万元，设立龙荣家庭奖学基金，对其家族内部考取大学本科、硕（博）士研究生和海阳每年高考文、理科第一名给予奖励；2007年起，他每年拿出2万元，资助贫困学生上大学；至2010年，全市30余人得到资助。

第六章　工商业联合会

第一节　机　构

1989年7月，恢复县工商业联合会。1996年5月，海阳县工商业联合会改称海阳市工商业联合会。至2010年，市工商联共召开4次会员代表大会，发展会员992个。其中，企业会员418个，个人会员574个，职工34156人，资金额89.56亿元。

第二节　基层商会

1994年10月，成立海阳县第一个乡（镇）商会——郭城镇商会，会员68个。11月，成立海阳县编织业公会，会员13个，是烟台市首家同业公会。1995年，成立盘石店商会、冷藏加工业公会；1996年，成立徐家店商会；1997年，成立发城、大阎家、朱吴3处商会；2002年，成立留格庄、行村、辛安、小纪、方圆、东村、凤城7处商会。至2010年，全市成立镇（区、街道）商会14家、异地商会1家、同业公会4家。

第三节　组织作用发挥

社会事业　1994年，县工商联向全县会员企业发出倡议书，号召非公有制经济界人士积极投身“光彩事业”和“希望工程”。2005—2008年，市工商联派专人到民营企业面对面开展光彩事业、关爱职工、实现双赢等教育，倡导发起致富思源、奉献社会，扶贫、助学、助残等献爱心活动，会员参与率100%，捐款捐物80万元，安排下岗职工3000名，扶持800户家庭脱贫致富。入世通毛衫公司开展关爱职工活动，为200多名安徽、河南籍职工办理养老保险，邀请职工家属免费到山东观光旅游，调动职工生产积极性。在会员企业中开展民企联村活动。全市非公有制经济界人士捐款物500多万元。其中，四川汶川特大地震发生后，非公有制经济界人士向灾区捐款物150多万元。至2010年，全市65个企业参与民企联村活动，与61个村结成帮扶对子，整修连村路36千米，维修桥梁24座，加固水库9座，折款380万元。全市非公有制经济界人士在菏泽、临沂等西部地区建厂30个，投资1600万元，吸纳当地劳动力4600人。

服务与联络　1995年，针对资金短缺、贷款难等困扰私营企业发展问题，县工商联借鉴金融部门抵押贷款办法，将经金融部门审查认定有按期偿还能力的企业联合起来，采取联合担保办法，协调金融部门为企业提供贷款。至2010年，通过联保方式为私营企业贷款2亿多元。《烟台日报》予以报道，并在省工商联八届四次常委会议上作经验介绍。2000—2010年，利用会员企业信息广、客户多的优势，开展以商招商、以企招商活动，接待日本、美国、韩国等国家和中国香港、台湾地区客商137批1570余人次。

第二十三编

政 法

第一章 公 安

第一节 机 构

海阳市公安局 1978年，县公安局设秘书、政保、治安、预审、检察、边防等股及看守所、民警中队；6月，撤销检察股，检察工作移交县人民检察院。1980年1月，增设行政拘留所、刑事侦查队、经保股、消防股；边防股复改为中国人民武装警察部队海阳县边防大队。1985年4月，内设股改科；增设外事科、政工科，经保股改称保卫科。1986年4月，设行政科；7月，成立纪律检查组。1988年11月，成立城镇治安巡逻大队。1989年6月，设户政科；9月，设信访科。1990年3月，成立纪律检查委员会；7月，设法制科。1991年5月，设外事科。1994年7月，成立巡警大队。1995年7月，秘书科改称办公室；成立刑事警察大队。1996年4月，指挥中心升格为副科级；5月，海阳县公安局改称海阳市公安局；6月，成立消防队；12月，成立预审监管大队，为副科级。1997年10月，设税检科；11月，设控告申诉科，撤销信访科。1999年1月，设机要通信科、警务督察队、黄金缉查队；政保科改称国内安全保卫科；7月，设计算机安全监督管理科、财务审计科；11月，设宣传科。2001年3月，成立经济警察大队，为副科级；撤销预审监管大队，复设行政拘留所、看守所；成立治安警察大队，为副科级；经济警察大队改称经济犯罪侦查大队。2006年1月，成立国内安全保卫大队，为副科级；合并行政拘留所和看守所，成立监所管理大队，为副科级；合并政工科与宣传科，成立政治处，为副科级；法制科改称法制办公室，为副科级；合并警务督察队与控告申诉科，成立控申与警务督察大队，为副科级；合并户政科与外事科，成立人口与出入境管理大队，为副科级。2007年12月，市公安局设指挥中心、国内安全保卫大队、治安管理大队、刑事侦查大队、交通警察大队、巡逻警察大队、经济犯罪侦查大队、人口与出入境管理大队、法制大队9个执法勤务机构；政工室、警务保障室2个综合管理机构，看守所、拘留所，以上机构均为副科级。设纪检、监察机构，并加挂警务督察大队、信访室牌子。2008年7月，成立出入境管理大队，户政科的业务单列。2010年，内设及直属机构未变。

海阳市公安局办公楼

派出所 1978年，设有大辛家、凤城、辛安、行村、东村和徐家店边防、公安派出所。1980年1月，恢复鲁古埠、潮里、桃源、何家、邵家边防派出所。1982年6月，增设小纪、郭城、山西头、留格庄、黄崖、发城、朱吴和盘石店等公安派出所，东村派出所改为东村镇公安派出所；12月，增设二十里店、高家、大辛家、行村公安派出所。1984年5月，增设南城阳、北埠后、泉水头、赵疃、战场泊公安派出所。1988年5月，撤销徐家店派出所，设徐家店分局；增设城关派出所。1993年6月，撤销城关、东村镇公安派出所，成立东村、凤城公安分局；8月，成立开发区公安派出所。1995年11月，撤销南城阳、战场泊、黄崖公安派出所。2001年5月，成立方圆、工业园公安分局；7月，撤销山西头、北埠后、泉水头、赵疃、高家公安派出所。2002年11月，成立碧城工业区、旅游度假区公安分局。2006年1月，发城、郭城、二十里店、小纪、行村、盘石店、辛安、朱吴8个公安派出所升格为副科级；增设海阳港派出所，为副科级。2010年，设有徐家店、发城、郭城、二十里店、小纪、行村、盘石店、留格庄、辛安、朱吴、方圆、东村、碧城、经济开发区、度假区、海阳港公安派出所；凤城、大阎家公安派出所未建制、运转。公安派出所均为副科级。

海阳市公安交通警察大队　1987年9月，县交通监理职能划归县公安局管理，成立海阳县公安交通警察队，为副科级单位，内设行政股、肇事处理股、路检路查股和车辆管理所、交通警察队一中队。1988年7月，撤销路检路查股，设交通警察队二中队。1989年5月，设交通警察队三中队。1990年4月，设安全宣传股。1991年3月，县公安交通警察队改称县公安交通警察大队。7月，核定县公安交通警察大队人员编制75人。1995年7月，行政股改称办公室，设交通警察大队四中队。1996年4月，设计划财务股、五中队。5月，海阳县公安交通警察大队改称海阳市公安交通警察大队。1996年12月，设公路巡逻民警大队，为副科级单位，与交通警察大队一个机构、两块牌子。2000年，设威青高速交通警察六中队。

海阳县保安服务公司　1988年12月，成立海阳县保安服务公司。1992年1月，县保安服务公司由事业单位改制为企业，保安队员56人。

海阳市森林公安局（海阳市公安局森林警察大队）　2009年7月，海阳市公安局林业公安科更名为海阳市森林公安局（海阳市公安局森林警察大队），为副科级，列市公安局机构序列，实行市公安局和林业局双重领导体制。

第二节　打击犯罪

打击刑事犯罪　1978年，开展“双打”斗争和侦查破案。1980年，全县公安干警开展破积案战役。1982年，把破案与整顿社会治安相结合，破现案带积案，挖团伙带一片，挖出大小团伙19个、成员89人，缴获赃款3112元；提请逮捕3人、刑拘1人、行拘10人。1983—1986年，开展“严打”斗争，全县依法提请逮捕犯罪嫌疑人

市公安局干警应急出警演练

615名，摧毁犯罪团伙61个。1987年，重点解决发城、战场泊、郭城、山西头、东村、徐家店、留格庄等地的团伙盗窃、坐地吃片等治安问题。5月，对强奸、盗窃案件开展专项打击，查获违法犯罪嫌疑人22名，破获刑事案件70起，查处治安案件39起。1988年，开展3次破案会战，在重点区域开展反盗窃、反流氓滋扰专项斗争。1989年，开展打流窜、挖团伙专项斗争，缉捕非法组织头目和打砸抢烧杀犯罪嫌疑人，整治治安重点村，处理多起百人以上哄抢集体财产案件。1990年2月，开展破案会战行动，破获刑事案件38起，盗窃案件32起，挖出犯罪嫌疑人14名。年内，在全县社会主义思想教育活动中，对辛安乡茂梓集、朱吴乡崖南头、小纪镇石马疃头、行村镇北廒子等51个治安“老大难”村，进行集中整治，铲除横行乡里的犯罪团伙和嫌疑人。全年破获积案、隐案1444起，查获违法犯罪嫌疑人1003名，摧毁犯罪团伙40个。1991—1995年，全县发生刑事案件3697起，破获2677起。1993年，在全县范围内开展打击“五霸”（村霸、市霸、路霸、菜霸、街霸）集中整治活动，全县治安形势明显好转。1994—1995年，开展追捕在逃犯会战，2年内抓获在逃犯52名。1996年，在打击盗窃自行车专项斗争中，共清查自行车4万余辆，查获被盗嫌疑车876辆，抓获盗窃分子31人。1997年，治理整顿治安混乱单位22个，查破内盗现案、积案140余起，为企业挽回经济损失21万元。是年3月，抓获以权某哲为首的28人非法偷渡团伙。1998年，破获中华人民共和国成立后全市最大银行盗窃案。1999年，破获全市首起对乡

党委、政府报复爆炸案。2000年，开展农村治安秩序专项整治行动，整顿治安混乱村38个，破获刑事案件135起，摧毁犯罪团伙9个；查处治安案件154起，查获违法犯罪嫌疑人197名。

2001年，开展打黑除恶专项斗争，打掉恶势力团伙3个，抓获犯罪嫌疑人27名，破获案件131起，收缴管制刀具20余把。2002年，组织力量整治柳树庄村，依法打击处理违法犯罪人员11名。2003年4月，开展春季严打斗争，先后破获各类案件32起，抓获违法犯罪嫌疑人51名。全市发生伤害案件497起，破案494起。2004年5月，重点打击抢劫、抢夺、入室盗窃、盗抢机动车以及破坏、盗窃电力设施等严重危害人民群众安全犯罪。侦破刑事案件36起、治安案件163起，摧毁抢劫团伙3个、盗窃机动车团伙2个，抓获违法犯罪嫌疑人405人、网上逃犯2人，扣押各类机动车23辆，赃物价值约15万元。2005年4月，开展打击“两抢一盗”（抢劫、抢夺、盗窃）专项行动，抓获入室盗窃、盗抢机动车犯罪嫌疑人6名，侦破案件22起；摧毁团伙1个，收缴赃款赃物7.3万元。2008年，开展严打整治行动，破获刑事案件480起，抓获犯罪嫌疑人186名；打掉犯罪团伙13个，抓获团伙成员45名。2009年3月，破获“3·5”跨区域贩毒团伙案，抓获毒贩11人，缴获冰毒88克、运毒车2辆，涉毒器具1宗，收缴毒资2万余元。

打击经济犯罪 1997年10月，涉税经济犯罪案件侦查工作由市人民检察院转市公安局承担。至2000年，办理涉税案件11起。与税务机关联合协查“金华”等特大涉税案件。2002—2005年，重点查处涉及企业利益案件，办理涉企案件21起，打击处理犯罪嫌疑人18人，为企业挽回经济损失2000余万元。2006—2007年，开展打击农村经济犯罪专项行动，破案12起，刑事拘留9人，挽回经济损失600余万元；开展打击贷款诈骗、不良贷款等破坏金融秩序专项行动，破获贷款诈骗案4起，追缴不良贷款700余万元；开展打击非法生产、储运、销售食盐专项行动，与市盐政稽查部门联合，查处非法经营食盐案5起，缴获私盐430余吨。2007年，创新经济侦查情报系统，收集各类信息7370条。其中有价值信

市公安局打击网络金融诈骗犯罪查获的赃物

息956条，成功预警9次，避免经济损失1760余万元。2008年，自主研发经侦智能笔录软件，利用此软件办案46起，有效提升工作效率。2009年，开展打击假发票和反假币专项行动，查处案件56起，挽回经济损失1200余万元。2010年，开展打击假银行卡、假发票和假币犯罪“三项行动”，查处各类经济犯罪案件61起，挽回经济损失2000余万元。

第三节 社会治安治理

公共秩序管理 1978—1982年，县公安局把麦收保卫工作作为重要任务，其间未发生任何安全问题。1983年，配合“严打”斗争，会同工商、文化、教育等部门对机关、厂矿、学校等单位进行清查。1984年，开展自行车验证工作，共验证自行车12万余辆，占总数70%。1989年，开展打流、打拐、扫黄专项斗争，收缴淫秽书刊、

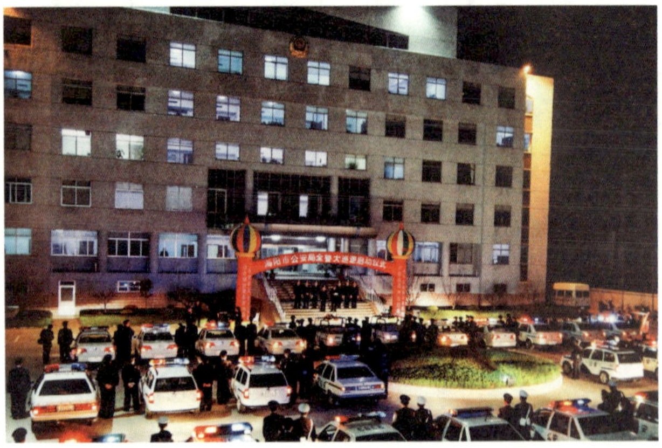

2010年1月1日，市公安局在办公楼前举行全警大巡逻动员仪式

特警巡逻

录像带、录音带100余件。6月，参加县委组织整顿海上治安秩序行动。1991年5月，开展麦收前稳定治安破案会战，挖出违法犯罪嫌疑人45名，破获刑事案件168起。1993年，处置大山所乡邵家村与相邻徐家村虾池纠纷，部分村民围攻村委会办公室与公安民警的群体性事件。1994年7月，巡警大队上岗执勤，1个月内在城区查处治安案件81起，调解纠纷60余起，避免3起灾害性事故，为群众做好事300余件。清理整治商业街道、专业市场5处，查处不法分子140余人。1995年，与人民银行海阳县支行联合，组织全县10家金融机构保卫工作人员，在烟台市住房储蓄银行海阳县支行召开现场会，推行住房银行“硬件过硬、软件不软、软硬配套”的“三防一保”内保工作经验。1996年，制定关于禁止在县城区域内燃放烟花爆竹的暂行规定，从严查处违反“禁燃”行为。1998年，开展“扫黄打非”专项斗争，收缴淫秽影碟41张、书刊90本，取缔非法经营游戏厅2处，治安处罚20人。1999—2001年，开展农村及海上治安秩序专项整治活动。2002—2005年，集中整治校园及周边治安秩序。2006年，在全市推行动态巡防机制，提高基础防范能力，辖区可防性案件同比下降30%。2007—2008年，完成“同一首歌”走进海阳、“中华情”大型文艺演出安全保卫工作。2009—2010年，开展全运会百日攻坚战活动，完成国庆60周年及庆祝亚沙会举办倒计时等活动安全保卫工作。

群防群治 1978年，健全基层治保组织，对治保人员进行培训。至1986年，全县有基层治保组织862个。1987—1988年，全县举办治保干部培训班，提高法律、政策知识。1991年，县公安局会同宣传、工、青、妇等部门对青少年进行法治宣传教育；开展创文明单位、加强“110”联动、加强信息控制等工作。1992年，全县实施“防住重点人口、管好暂住人口、严打不法人员”活动。1997年，开展创建安全文明小区活动。1999年，利用冬季农闲时间，对全市732个村的治保会、治安联防队进行整顿训练。2003年，开创推广“警治联勤”工作模式，推进人防、物防、技防三位一体的治安防控体系建设。2008年，全市派出所均建成覆盖辖区重点单位、主要道路和复杂场所的监控中心，市公安局建成覆盖城区重点场所和主要路口的监控中心，全市安装监控探头5000余个。2010年，全市建成农村和社区警务室43个，建立起值班备勤制度。

危险物品管理 1978年，对民用枪支实行登记签证制度，对制造、储存、运输、使用民用爆炸物品实行许可证制度。1980年，对流散在社会上的爆炸物品开展收缴工作，收缴炸药7530千克、雷管3.54万枚、导火索2万米、子弹1000发、手榴弹31枚。1981—1983年，对全县军事、体育、要害单位工作人员用枪及散存在社会上的民用枪支进行登记、建卡。1996年，开展收枪治爆专项活动，收缴非法枪支4568支、子弹7发、手榴弹7枚；取缔非法销售猎、气枪商店3处；取缔非法制造烟花爆竹窝点1处，查缴黑火药126千克，没收烟花爆竹67万响。抓获非法制造、贩卖枪支犯罪嫌疑人3人。1998年，重点整治爆炸物品治安问题，收缴炸药9278千克、雷管2656枚、导火索1450米。2002年，查处违反爆炸危险

危险物品检查

物品管理案3起，治安处罚6人，取缔无证经营烟花爆竹摊点20个。2007年，开展打击非法制贩烟花爆竹专项行动，收缴烟花爆竹556件，处罚违法人员16名。2008—2010年，围绕北京奥运会、中华人民共和国成立60周年大庆、上海世博会等全国性重大活动，加强全市危险物品管理。其间，无涉爆案件和事故发生。

特种行业管理 1978年，对全县易于进行违法犯罪活动的旅店、印铸刻字、废旧品收购等特种行业进行登记审查。1992年，清理整顿路边店196家，检查娱乐场所356处。1995年，清理整顿特种行业，停业整顿3家，取缔1家，处罚违法人员6人，换发特种行业许可证65个。1997年，开展全市租赁房屋专项清理整顿行动，清查公房出租686户、1003间，私房出租1167户、3070间；办理暂住人口证138件，发现可疑线索3条，依法查处2人。2004年5月，开展整顿废旧金属收购业行动。2006年，在全市所有宾馆、旅社等安装运行旅馆业信息管理系统。2010年，开展特种行业检查工作，对全市672家旅馆、1家典当业、5家开锁业、1家刻字业逐一进行登记审查。

网络安全监察 1997年，开始进行网络安全监察工作。1999年，开始对全市的网吧进行管理和网络信息巡查。2003年，开始办理计算机网络相关案件、网上定位并抓捕逃犯。2008年，网络安全监察工作移交治安大队；成立网络安全监察中队。2009年，在全市网吧安装运行一卡通上网系统。2010年，全市67家网吧全部安装运行网吧视频监控系统。

第四节 户籍管理

户口管理 70年代，在全县机关、学校、企业内部建立集体户口管理制度，户口管理工作由县民政部门负责。1982年，县公安局接管户口管理业务。年内，推行家庭户口簿制度，将户口卡片登记改由县公安局核发户口簿；城镇、农村户口由驻地派出所管理。1984年，实行流动人口登记管理。1988年，重新核实户口登记。1996—1999年，公安派出所实行人口信息微机化管理。2003年，推进户籍制度改革。2004年，开展重复户口核对清理工作，查出重复户口1124人。10月，取消户口性质。2005年，建成全市人口信息计算机局域网。8月，建立人口数据库，实现全市三级人口信息联网和共享。12月，基层派出所完成人口信息和图像扫描工作。2008年，实行大中专院校录取本省新生不再办理户口迁移手续制度。2010年，开展重复户口清理整顿工作。

身份证管理 1988年，全县开始发放第一代居民身份证，签发日期统一为1989年1月1日。1995年7月，启用新版防伪居民身份证。2000—2003年，居民身份证号码升位。2005年8月，启动第二代居民身份证换发工作。2009年，开始为军人发放居民身份证。至2010年，全市换发第二代居民身份证60.06万个。

第五节 交通管理

车辆、驾驶人管理 1978—1987年，县交通监理站负责全县道路交通安全和车辆检审工作。1987年9月，交通警察大队开始负责全县机动车挂牌、年审、驾驶员培训考核工作。1992年，建设海阳县机动车辆检测线，1993年开始运营。1994年，清查无证、违章摩托车等1000余辆。2001年，建立新的车辆自动检测线和机动车检验维修站，组织机动车、驾驶员年审技术培训，对驾驶员进行安全学习教育。2002—2005年，完成与农机部门农用运输车、上路行驶的拖拉机牌证及驾驶证技术档案移交工作，移交机动车档案

2010年，交通警察检查车辆超重、超速

2010年，高速公路交警

1343份。2005年，建成占地2万平方米的驾驶员训练场地。同年，车管所体检站检测驾驶员2.08万人，办理初学驾驶证3200人，车辆挂牌5703辆，检测车辆2万余辆。2006年，实行微机联网考试系统。完成全市371辆出租车车辆改色检验工作。2007年，为665台重点营运车辆安装行驶记录仪。2009年，实行“一窗式”服务；下乡服务180余次，挂牌1556个，办理驾驶证501个，审验行驶证578车次。驾驶人的理论考试由烟台市下放到海阳市车管所。2009年8月，完成汽车驾驶人科目一考场建设、考试工作。2010年，车辆挂牌1.65万个，审验车辆4.23万辆，办理初学驾驶证1183个，换证1.55万个，体检1.36万人次，注销驾驶证565个，汽车驾驶员理论考试4576人次。

交通秩序管理　1978—1987年，县交通监理站专项治理无牌无证上路行驶、酒后驾车、超吨超载等严重违章行为。每年重点对节假日、春运期间的车辆进行检查。1987—2001年，市交通警察大队适时开展道路交通整治活动。2003年，建立智能化交通管理系统，开展压事故、保畅通交通秩序集中整治活动。2004年，开展道路交通事故隐患排查“百日会战”活动。2005年，集中整治“双超”(超载、超速)违法行为，加强校园及周边道路交通安全管理工作。2006年，集中整治无牌、无证机动车，打击盗抢机动车犯罪行为，排查事故多发、隐患点段，并建立台账。2007—2008年，配置电脑12台、打印机9台、数码相机17部、空调4台、民警单警装备102套、警车2辆、测酒仪4台；建立防盗系统3套、信号系统1套、移动电子警察3套；设徐家店、行村电子卡口，提升交通管理能力和水平。2009年，开展整治严重交通违法行为专项行动，查处违法行为1300起，暂扣车辆110辆、驾驶证55个。2010年，开展特大事故挂牌督察整顿活动；在东风和黄海2条大道设立中央隔离护栏26.70千米。完成首届国际沙滩体育艺术节开幕式及亚运火炬海阳站传递交通安全保卫工作。

交通事故处理　1987年前，县交通监理站负责交通事故处理。1987年，县交通警察大队肇事处理股负责事故处理工作。1989年5月，烟青一级公路海阳段非死亡交通事故由三中队处理。1998年9月起，委托物价部门定损，客观、公正、及时认定交通事故车、物损失价值。2005年，开展为期2个月的集中打击肇事逃逸犯罪活动，移送起诉49人，提请逮捕49人，破获肇事逃逸案件17起，重大肇事逃逸案4起。其中2起案件，犯罪嫌疑人逃逸3年后被抓获归案。全年发生道路交通事故1513起，事故造成58人死亡、63人受伤，直接经济损失31.27万元。2006年，更换全部现场照相、摄像工具，配置锥形反光筒和现场勘查照明灯，制作交通指示牌。2007年，全市发生道路交通事故3286起，事故造成24人死亡、33人受伤。2008年，成立追逃室和道路交通事故巡回法庭。全年发生交通事故1926起，死亡6人。发生肇事逃逸案13起，破获11起。其中5起重大逃逸案均破获。以交通肇事罪追究刑事责任31人次，刑事拘留16人。2009年，全市发生交通事故1864起，事故造成25人死亡、20人受伤。全年发生肇事逃逸案121起，破获88起。刑事拘留45人，取保候审36人次，吊销驾驶证60个。2010年，成立道路交通事故保险理赔中心、道路交通事故纠纷人民调解委员会。出警交通事故现场3636起，处结事故3278起，事故造成12人死亡、11人受伤。破获肇事逃逸案78起，刑事拘留53人。

重大交通事故案例选　2007年7月7日17时50分，马某泽驾驶小型轿车沿黄海大道由南向北行驶，行至烟台市海阳荣军医院南处，超越前方顺行的邢某伟(酒后驾车)驾驶的小型轿车时发生刮擦，小型轿车又撞到潘某来停在路东换轮胎的中型厢式货车及站在路外的汤某成，致4人死亡、4人受伤、3车损坏。

2009年8月1日22时50分，孙某有驾驶未悬挂号牌的“斯太尔”重型自卸货车由北向南行驶，行至东村街道五间屋村北210省道99千米加300米处，左前轮胎突然爆裂，车辆越过道路中心双实线驶入对向车道，与对向胡某春驾驶的“舒驰”中型普通客车（核载19人，实载10人）正面相撞，致2车损坏，孙某有、胡某春及客车内乘客11人死亡。

2009年12月28日5时40分，王某君持B2类驾驶证驾驶“依维柯”中型普通客车，沿威青高速路由东西行，行至海阳服务区西处时，与前方因故障顺向停放的“斯太尔”重型半挂牵引车及重型集装箱半挂车发生事故，致两车损坏，“依维柯”客车乘客2人当场死亡，王某君及乘客11人受伤，其中2人经医院抢救无效死亡。

第六节　消防管理

消防监督　1980年，县公安局消防股负责全县消防管理工作。1984年5月起，在全县开展消防宣传教育，发动群众人人防火、时时防火。发展义务消防队伍，添置消防设备，1年开展2次技术训练。1986年3月，召开全县消防重点单位消防工作考核评比会议，实行防火责任制，健全消防安全制度。1992年1月，利用各种宣传媒介和群众喜闻乐见的形式，宣传《山东省消防管理办法》。1998—2001年，每年对辖区重点单位和行业及有高火灾危险的单位，至少检查1次消防工作。2002—2007年，消防部门履行防火、灭火和抢险救援职责，每年对重点单位、行业进行安全检查。2008年，实现全市社会单位分级分类管理，完成重点单位星级评定达标工作。2009—2010年，开展对全市基层公安派出所的消防监督业务培训，开展构筑社会消防安全“防火墙”工程，与各镇（区、街道）、18个职能部门、120个重点单位签订“消防安全目标责任书”。

火灾扑救　1978—1985年，全县有专职消防

2010年，消防演练

队1个、队员16人；义务消防队260个、队员3120名；大小干粉灭火器3600台，消防栓160个，消防车1辆。1986—2002年，每年出警约100起。2003年，成立市公安消防队，有合同制队员30人，配备泡沫、水罐等消防车3辆，负责辖区所有火灾事故（包括山火）扑救工作，并每年对重点单位进行1次灭火演练。2003—2007年，重点推进市政公共消防设施建设，市政公共消火栓从原来的54具增加到232具；在市工业园筹建消防站1处，2007年投入执勤。其间出警1476起。2008年，购置1辆24米云梯消防车投入执勤，配备一批抢险救援器材和个人防护装备，全年接处警331起。2009年8月，成立市现役消防队，市政府依托消防大队联合多部门成立市应急救援大队，有关行业、部门接受应急救援大队统一调度。2010年7月，购置水罐消防车1辆，全市消防器材装备水平和事故应急处置能力得到提升。消防大队完成全市120家消防安全重点单位灭火预案演练、21家高层建筑测试性训练工作。完成国际沙滩体育艺术节和第16届亚运会火炬海阳站传递等重大消防保卫任务。成功处置东村河儿童落水救援、徐家店液氨泄漏事故处置等任务。全年接处警441起。

第七节　出入境管理

1978年，政保股承担出入境管理工作；设外事接待室。1991年5月，外事科对外挂牌办公。至1994年，主要业务为办理赴港或出国探亲、贸易等。1995年，出现赴台业务；出境旅游、商

市公安局出入境大厅

务、研修等业务陆续开展。至1995年，办证100余件。1996年，发现2名非法居留的朝鲜妇女并将其遣送出境。2002年6月，实行特殊身份人员登记备案和按需申领护照制度。同年，全市出境人员增多，办理出国（境）897人次。2006年1月，人口与出入境管理大队负责出入境管理工作，全年受理2000件次。2010年，推出一系列便民利民举措，开通“绿色”通道，实行急事急办，加急办理各类证件32件次。全年办理证件3000件次。

第八节　边防管理

1980年，中国人民武装警察部队海阳县边防大队负责境内的边防管理工作。1981—1982年，开展执法问题排查整治专项行动，整治各类执法问题35个。1983年，县边防大队划归山东省武警总队。1987年，边防武警从武警总队中分离，划归各级公安机关领导。1988—1989年，开展沿海情报信息排查工作，搜集各类情报信息120余条。其中大山边防派出所辖区涉稳情报被公安部边防局采用。1991年，开展执法办案场所升级改造工作，执法规范化水平得到提升。1993年，开展打击海上走私专项行动，破获走私案件2起，挽回经济损失800余万元。1994年，开展打击海上偷渡专项行动，破获特大偷渡案1起，抓获犯罪嫌疑人20余人。1995年，开展军事业务建设年活动，凤城边防工作站被山东省边防总队授予边防业务工作规范达标单位称号。1996年，开展沿海治安秩序专项整治行动，捣毁治安乱点8个，破获重大刑事案件45起。1997年，开展香港回归海上安保工作。1998年，开展海保队伍集中整治活动，清退海保队员13名，重新组建海保队伍12支。2001年，开展出海船舶和渔船民大普查，排查出海船舶4200余艘、渔船民8500余人。2003年，开展部队正规化强化年活动。2004年，开展海上基础信息采集大会战，将排查的所有船舶和渔船民信息录入边防治安管理系统。2005年，开展冷家庄、董家庄整体搬迁维稳工作。2006年，实施“爱民固边战略”。何家边防派出所全体民警，在行村镇西小滩村抗洪抢险中，营救遇险群众80余名，救助受灾居民100余户。2007年，开展“碧海2007”海上治安秩序整治行动，破获海上案件15起，查处违规作业船舶88艘，调处矛盾纠纷32起。2008年，全警投入奥运安保，奋战100个日夜，保障青岛奥帆赛顺利进行。2009年，试点推行“三无”（无船名船号、无船舶证书、无船籍港）船舶号牌式管理，此做法被烟台市边防支队推广。2010年，开展基础信息采集会战活动，摸排各类基础信息2万余条，为实战化应用提供支撑。

第九节　“110”报警服务

1995年11月30日，县公安局开通“110”报警服务，接警设备为1部普通外线电话机。1997年3月，引进具有国际先进水平的通信设备，开通烟台市首家“110”“119”“122”联网智能报警系统。完成海上“110”报警服务台建设，“110”报警从陆地延伸到海上。2005年5月，对

市公安局指挥大厅

已有的电脑接警系统进行升级改造，在烟台市率先实现“三台（110、119、122）合一”。

2005—2010年海阳市公安局“三台合一”接警情况统计表

表 23-1-1　　单位：件（次）

年　份	合　计	违法犯罪	交通事故	纠　纷	公民求助	走失寻人	其　他
2005	3435	2166	48	156	389	32	644
2006	13440	5338	360	357	602	26	6757
2007	16350	6248	74	366	1103	—	8559
2008	16362	7581	61	467	935	9	7309
2009	17453	9710	51	1412	1088	12	5180
2010	16105	8771	949	1108	643	9	4625

第二章　检　察

第一节　机　构

1978年6月，恢复设立海阳县人民检察院，内设刑事检察一股、刑事检察二股、经济检察股、办公室。1979年12月，设法纪检察股。1980年2月，恢复设立检察委员会；10月，设监所检察股。1984年6月，设控告申诉检察股；10月，内设股（办公室除外）改称科；增设技术科、政工科。1987年3月，设研究室；10月，设举报中心。1988年，设经济罪案举报站。1990年，经济检察科改称贪污贿赂检察科。1991年，设监察室，配

市人民检察院办公楼

备专职监察员，与纪检组一套班子、两块牌子。1992年，设税务检察室。1993年11月，设驻看守所检察室。1994年，设反贪污贿赂工作局，为股级。6月，设民事行政检察科。1996年4月，设乡镇检察室；5月，海阳县人民检察院改称海阳市人民检察院。1998年，调整内设机构，保留办公室、政工科、法纪检察科、监所检察科、控告申诉检察科、民事行政检察科；技术科、贪污贿赂检察科、刑检一科、刑检二科，分别改称检察技术科、反贪污贿赂科、审查批捕科、审查起诉科；撤销研究室、税务检察室、乡镇检察室；增设行政装备科。

1999年1月，设反贪污贿赂局，为副科级，撤销反贪污贿赂科，设渎职犯罪侦查局，为副科级；撤销法纪检察科，设法警队；增设调查研究室。2001年，审查批捕科改称侦查监督科，审查起诉科改称公诉科，渎职犯罪侦查局改称渎职侵权检察局；撤销行政装备科，设法律政策研究室，与检察委员会办公室合署。2002年2月，内设办公室、政工科、反贪污贿赂局、渎职侵权检察局、监所检察科、民事行政检察科、控告申诉检察科（同时挂举报中心、刑事赔偿工作办公室牌子）、检察技术科、侦查监督科、公诉科、法律政策研究室。2005年，设法警大队、监察室、预防职务犯罪科，渎职侵权检察局改称反渎职侵权局。2007年，政工科改称政治处，为副科级。2010年，设案件管理中心、行政装备科，法律政策研究室与办公室合署。其他机构未变。

第二节 刑事检察

审查批捕 1978—1982年，批准逮捕117人。1983—1985年，开展“严打”斗争，批准逮捕450人。其中，1983年批准逮捕299人。1986—1988年，严厉打击严重刑事犯罪，批准逮捕280人。1989年，参加县委组织的“挖团伙、打流窜”“扫黄”“除六害”专项打击和治理工作，批准逮捕171人。1991—1995年，从重从快打击各类严重刑事犯罪，批准逮捕598人。1996年，参与开展“破大案、抓逃犯、打团伙”行动，严打重点是杀人、抢劫、强奸等暴力犯罪，涉枪犯

2010年，检察官集体宣誓仪式

罪，带黑社会性质的团伙犯罪，重大盗窃、流窜犯罪，危害一方的流氓恶势力及负案在逃的重大犯罪，批准逮捕146人。2001年，重点打击有组织犯罪、带有黑社会性质的团伙犯罪、流氓恶势力犯罪和爆炸、杀人、抢劫、绑架等严重危害群众安全的犯罪，批准逮捕193人，其中批准逮捕流氓恶势力团伙犯罪26人。2006年，坚持对重特大案件适时介入，依法从重从快打击杀人、抢劫等严重暴力犯罪和故意伤害、抢夺等犯罪，批准逮捕206人。2009年，开展打黑除恶专项斗争，严惩各类刑事犯罪，批准逮捕188人。其中批准逮捕爆炸、杀人、抢劫、绑架等严重刑事犯罪39人，批准逮捕涉毒涉枪犯罪6人，批准逮捕“两抢一盗”侵财型犯罪84人，批准逮捕非法经营、金融诈骗、侵犯知识产权等严重危害经济安全、扰乱市场经济秩序犯罪19人。2010年，配合全市政法机关，严厉惩治危害群众安全、扰乱市场秩序、影响社会发展的刑事犯罪。批准逮捕爆炸、杀人、抢劫、绑架等严重刑事犯罪11人，批准逮捕“两抢一盗”侵财型犯罪22人。

审查起诉 1978年10月起，县人民检察院担负审查起诉工作。1981年，受理公安机关移送审查起诉43件46人，决定起诉40件43人，不起诉2件2人，免予起诉1件1人，改变公安定性4件4人，平均每起案件用时15.8天。1982—1985年，受理起诉案件407件573人，经审查决定起诉375件510人。其中，1983年，受理157件237人，经审查决定起诉151件226人。1992年，坚持和完善重特大案件提前介入制度，依法快查快结，起诉准确率100%。受理移送起诉

122件185人，经审查决定起诉102件139人。1996—2000年，受理审查起诉1116人，经审查决定起诉962人。2004年10月，市检察院在烟台市公诉工作会议上作典型发言。2005—2008年，提起公诉1121件1547人。2010年，起诉爆炸、杀人、抢劫、绑架等严重刑事犯罪16人，起诉“两抢一盗”侵财型犯罪40人，起诉涉毒、涉枪犯罪3人，起诉非法经营、侵犯知识产权犯罪2人。

出庭公诉 1978年，通过举办培训班、观摩、庭前预测等方式，加强业务学习，为出庭支持公诉奠定基础。当年出庭5次，发表公诉词5篇。1980年，出庭支持公诉17次。1981年，出庭支持公诉37件40人，发表公诉词35份，撰写答辩提纲37份。1985年，出庭支持公诉56次，发表公诉词56份。1992年，制订公诉人队伍培养第一个三年计划，举办培训班和庭审观摩等岗位练兵活动，提高公诉水平。1998年，市检察院8名公诉人中，4人被评为烟台市级优秀公诉人。2001年，试行被告人认罪案件简化审理。2001年—2002年10月，采用普通程序简化审理100余件，案件庭审时间平均缩短2.5小时。配备多媒体示证系统，重大案件出庭公诉全部运用多媒体示证。

1978—2010年海阳市人民检察院批准逮捕、决定起诉情况统计表

表23-2-1

年份	受理提请逮捕		批准逮捕		受理审查起诉		决定起诉	
	件	人	件	人	件	人	件	人
1978	—	5	—	1	—	—	—	—
1979	—	8	—	7	—	—	—	—
1980	33	36	26	29	—	—	—	—
1981	38	41	37	40	43	46	40	43
1982	42	49	34	40	45	49	39	43
1983	238	322	—	299	157	237	151	226
1984	95	112	—	86	139	198	121	158
1985	65	82	—	65	66	89	64	83
1986	81	103	—	87	70	105	—	96
1987	—	77	—	66	—	79	—	76
1988	—	135	—	127	109	135	84	104
1989	—	216	—	171	159	257	137	209
1990	122	145	122	131	146	213	105	143
1991	—	180	—	170	—	232	—	164
1992	—	166	—	155	122	185	102	139
1993	—	218	—	188	—	225	—	164
1994	141	208	123	175	—	—	140	196
1995	—	—	—	98	188	223	—	196
1996	120	166	107	146	226	300	213	285
1997	99	122	89	105	—	180	—	151
1998	86	116	84	111	161	195	129	155
1999	91	127	85	113	150	200	127	164
2000	124	171	117	162	199	241	176	207

续表 23-2-1

年　份	受理提请逮捕		批准逮捕		受理审查起诉		决定起诉	
	件	人	件	人	件	人	件	人
2001	—	—	—	193	—	—	—	235
2002	—	169	—	147	—	173	—	—
2003	105	119	101	113	161	233	156	228
2004	137	186	133	178	218	304	173	261
2005	159	194	149	186	258	319	247	319
2006	165	220	170	230	—	—	292	465
2007	178	243	161	209	276	386	284	381
2008	146	187	136	171	301	387	298	382
2009	—	—	159	188	—	—	242	277
2010	97	122	86	106	234	313	180	256

诉讼监督　1978年，恢复侦查监督工作。1981年，纠正公安违法行为8件，纠正法院违法行为1件。1982年，对侦查活动中的3起违法行为予以纠正，改变公安原定罪名13件13人，查出漏罪1件1人，发现漏犯6件6人。1986—1988年，开展侦查监督和审判监督，追捕、追诉犯罪分子8人，防错捕9人，纠正侦查违法行为3次，改变定性7人。1989年，实行侦捕、侦诉分开。1990年，完善提前介入制度，纠正违法12次，改变定性11件，追捕漏犯1人，追诉1人；防止错捕5件5人，退回补充侦查1件1人。1994年，提出抗诉1件，为县检察机关抗诉工作首次。提出审判监督建议10次。1996年，落实办案责任制和错案追究制。防错捕2件2人，防错诉1件2人，防漏捕1件1人，防漏诉2件2人，改变定性15件15人，建议撤案2件2人。2002年，与市公安局建立联席会议、情况通报、重大疑难案件讨论、介入引导侦查等制度，把侦查监督工作延伸到侦查环节，提高收集、固定、甄别证据质量。2005年，对新型、重大、疑难复杂等案件适时介入侦查，提前介入各类案件79次，及时固定重要证据。对应当逮捕、起诉而未提请逮捕和移送起诉的案件依法追捕3人，追诉13人，追漏罪3件。2008年，对确有错误的刑事判决、裁定依法提出抗诉3件，实现刑事抗诉成功的突破。2010年，推行引导侦查取证全过程监督、轻微刑事和未成年人案件快速办理、不批准逮捕案件答疑说理工作机制。办理立案监督案件21件，追捕2人，其中1名盗窃犯被判处有期徒刑10年。

第三节　经济检察

惩治贪污贿赂犯罪　1978年10月，恢复经济检察业务。1980年，办理贪污案4件，重大责任事故6件，收受贿赂案1件。1982—1983年，受理贪污、贿赂等经济案25件，挽回经济损失3.39万元。1986—1988年，立案侦查经济案62件84人，其中大要案20件，逮捕27人，公诉24人，挽回经济损失242万元。1990—1991年，受

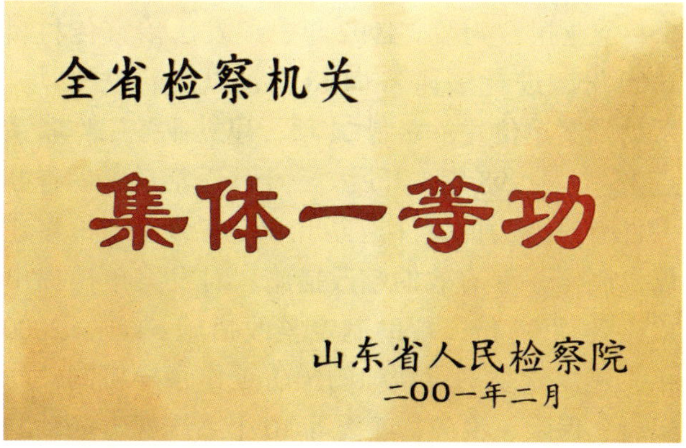

2001年2月，市人民检察院获全省检察机关“集体一等功”

理各类经济案94件，立案查处77件。1994年，立案侦查贪污贿赂等经济罪案33件，其中万元以上大案19件，占立案总数57.58%，是1978年后大案比例最高的一年，挽回经济损失190万元。1995年，把司法机关和“庙穷方丈富”的企业及乡（镇）站、所的领导干部贪污贿赂作为查处重点，立查贪污贿赂等经济罪案32件，其中大案24件，要案3件，挽回经济损失125万元。1998—2000年，立查贪污、贿赂等经济犯罪案108件。2005年，立查贪污贿赂案件18件19人，其中大要案17件17人。2008年，依法查办涉及教育、医药卫生、支农惠农资金、征地补偿等领域的职务犯罪案7件7人。2010年，立查贪污贿赂案件15件15人。其中，查办严重危害群众利益、影响新农村建设等民生领域8件8人；查办拆迁安置、补偿款发放等工程建设领域2件2人，全部作有罪判决。年内实现大案率、当年侦查终结率、移送起诉率、有罪判决率均100%。1978—2010年，共立案查办贪污贿赂案731件。

预防职务犯罪 1987年，以山西头乡为重点，帮助乡镇企业制定一系列规章制度，并成立由乡经委、财政、银行、税务部门参加的审计小组监督执行。帮助调整领导班子，撤换不懂管理、不善经营干部6名，恢复企业活力。1991年，深入到12个重点系统和单位进行宣传；协助县委组织1万余人观看全省检察机关惩治贪污贿赂犯罪展览。在一些亏损企业挖出一批贪污贿赂犯罪分子，并针对管理制度方面存在的问题进行综合治理。协助有关主管部门调整企业领导班子8个，提出检察建议10条，救活8个濒临倒闭的企业，6个企业扭亏为盈。1992年，编发法治宣传材料1000份，进行法律咨询18次，以案释法12场，帮助发案单位建章立制21项，建立业务工作联系点15个。1998年，开展“三个一”活动，即查办一件有影响力的案件，提出一份有分量的检察建议，制定一套有效的整改措施；对发案单位提出检察建议32份，帮助制定整改措施64项。2000年，建立党委书记挂帅的预防工作领导机制，与银行、保险、税务、建委等10个系统建立联动的两级协作预防网络。2002年，开展“为预防职务犯罪、大家来参与”宣传活动，设宣传点6个，印发宣传材料2000份，制作宣传板20块，市检察院检察长发表电视、广播讲话3场次，接待群众法律咨询50人次。提出的“实行推荐干部责任追究制和加强企业财务管理”检察建议，被省检察院评为一等奖。2005年，结合农村“两委”换届，为新上任的村班子成员，举办依法行使权力、远离职务犯罪法治讲座。2008年，建立预防职务犯罪信息员、履行职责监督员、提供法律帮助联络员制度，构建覆盖全市各层面涉及6000人的职务犯罪预防网络体系；建设面积400平方米的职务犯罪警示教育基地。2009年，健全信息、办案和预防“一体化”工作机制，出台并实施案件线索移送、情况通报协调制度，实现信息资源共享，增强预防和惩治整体效能。2010年，完善预防犯罪三级网、系统预防网、专项预防网新模式，在全市732个行政村、205个企事业单位建立检察工作联系点，形成拥有7000余名检察联络员、信息员、监督员的预防体系。体系建设经验分别被最高人民检察院、省人民检察院予以推广。

税务检察 1988年，开始对税务工作中的犯罪案件进行检察，配合税务机关查处偷税、抗税案件，为国家追缴税款130余万元。1991年—1992年4月，先后依法查处偷税抗税案7件，追缴税款92万元。1993年，建立工作联系点6个，协收税款20.70万元，挽回经济损失44万元。1994年，受理涉税案16件，立案侦查5件，追缴税款34.90万元。立查涉票犯罪案3件，其中虚开增值税专用发票案1件、倒卖增值税发票案2件。1995年，立案侦查偷、漏税案10件，追缴税款500万元。1996年，立案侦查涉税案12件，协税护税300万元，收缴税款100万元。1997年10月，涉税经济犯罪案件侦查工作转由市公安局负责。

第四节　渎职侵权检察

1978年，受理国家工作人员贪污案2件，经查转有关单位给予党纪处分。1979年，受理刑讯逼供、非法拘禁、破坏选举等18类案件，重点查处侵权、玩忽职守和重大责任事故等“三类案件”，受理案件8件，经查转有关单位给予党纪处分6人，免予处理2人。1980—1985年，受理侵犯公民权利、贪污、重大责任事故、报复陷害、诬告、玩忽职守等案件65件。1986—1988年，受理各类侵犯公民权利和玩忽职守等案件34件，立案侦查4件。1991年，依法查处“五类案件”（刑讯逼供、非法拘禁、玩忽职守、重大责任事故、徇私舞弊），立查案件3件，其中非法拘禁1件、玩忽职守2件。1992年，立查停尸侵宅案1件，重大责任事故2件，提起公诉1件1人，免予起诉2件2人。2005—2006年，立查渎职侵权职务犯罪案件10件。2008年，立查案件2件3人，全部作有罪判决，挽回经济损失60余万元。2009年，查办影响全市发展稳定的渎职侵权案5件5人。2010年，查办工作不到位、不作为、滥作为等渎职侵权案4件4人，均为大案，挽回经济损失60余万元。1978—2010年，共立案查办渎职、侵权犯罪案140件。

第五节　监所检察

驻所检察　1978年10月，恢复监所检察工作。1980年，以纠正违法拘留、超过法定关押时间、干部违法乱纪为重点，与县公安局、县法院联合检查4次，整顿监所内秩序，落实管理制度。1981年，根据青少年犯罪占犯罪总人数80%的特点，会同县公安局贯彻“改造第一，生产第二”的精神，检察监管场所92次。1983年，过去规定的1人驻所改为2人驻所，把原来一个月驻所20天，改为天天到所、昼夜值班，全年检察各类人犯330名。1985年，对看守所检查69次，检查出不安全因素22条，提审教育犯人126次。1994年，纠正超期羁押案4件、法律手续不完备2件、不符合收押条件1件、应释放未释放的4件，检察裁定减刑、假释和决定保外就医案6件。1995年，查处县看守所、县法院干警违法犯罪5人。1997年，查办被监管人员再犯罪2件，提出检察建议25条，健全监管措施13条，纠正管理教育中的违法问题21个，消除安全隐患4起，防止自杀、脱逃等重大事故3起。2000年，清理超期羁押、杜绝新的超期羁押案件发生，第一次实现无超期羁押案件。2001年，纠正减刑、假释、保外就医不当案4件，纠正监管活动违法问题8个，解决安全隐患12起。2001—2002年，开展争创省级规范化检察室达标活动，基本实现对监所检察工作动态管理和无纸化办公。2008年，建立健全纠、防超期羁押长效机制，连续10年未出现超期羁押问题。2010年，建立在押人员维权投诉绿色通道和约见检察官制度，开展集体教育16次400余人，个别教育、谈话180余人，提出检察建议17份。

监外执行检察　1978—1981年，检察监督对象包括缓刑、假释、暂予监外执行（含保外就医）、管制、剥夺政治权利的人犯。1982年，对判处缓刑、监外执行、假释等16名罪犯进行定期考察，协助落实帮教措施。1984年，对不捕、免诉的轻微犯罪人员及外执犯进行回访教育，对严打后的不捕28人、免诉17人考察1次，对33名外执犯考察4次。1986年，对7名免诉人员进行考察教育，对以往46名免诉人员全部进行复查。1989—1995年，考察监外执行犯1070人次，接茬安置3人，发现改造好的典型5人，对考察有问题的提出检察建议4份。1997—1998年，配合建立帮教组织，落实帮教措施，加强对重点人员定期回访考察和对监外5种罪犯执行情况监督检察，减少重新犯罪。2000年，纠正减刑、假释、保外就医不当案2件。2001年，将监外执行犯罪人员资料进行计算机管理。2005年，配合监管、帮教部门对288名监外执行罪犯逐一建立档案。2008年，对425名监外执行罪犯进行全面检查，纠正执行机关脱管漏管3人，提出纠正意见2条。2010年，探索社区矫正法律监督新模式，协助社区成立帮教组织9个，纠正脱管失控罪犯55人。

第六节　控告申诉检察

来信来访　1978—1980年，受理人民控申案308件次，查转218件，自行查处90件次。1985年，改变“关门等案、坐堂问案”工作方式，自行查办6起案件，妥善解决1起久拖不决的上访案件，此做法被省检察院转发。1989年，制定接访人员守则和检察长接访制度，并公开上墙。检察长接访23人次，阅信291件次。1993年，设立专门接待室和举报电话，信访工作走上正轨。1998年，规定每月双周五为检察长接待日，检察长、副检察长轮流接访；推行办事效率监督卡制度。1999年，先后到8个乡（镇、区）21个后进村排查情况，消除不稳定隐患18起。2008年，采取全天候接访、设立“民生检察办公室”和全员联系镇（区、街道）、村、企业、社区，在重点单位建立信访联络站等方式，实现全年涉检零上访。2009年，建立下访巡访机制，变群众上访为检察官下访，及时发现问题，把矛盾解决在萌芽状态。2010年，坚持每周二检察长公开接访制度，开展案件质量评查、信访积案化解等专项活动，推行案件风险评估预警工作。受理群众来访152起，帮助群众解决实际问题112个，开展法治宣传17次；风险评估案件346件，化解各类矛盾纠纷220余起。

控告举报 1981年，通过信访控告举报，掌握案件线索25件。其中立案侦查6件、免予起诉1件、依法追究刑事责任5件。1984年，配合“严打”斗争，提供案件线索37件。1988年10月，成立经济罪案举报站。至年底，受理举报案件63件次。其中初查30件、立案20件，挽回经济损失132万余元。1989年，受理群众举报336件次，提供经济、法纪犯罪线索46件，结合办案进行回访30次，向有关单位提出检察建议19次。1992年，受理举报信151件次，转其他部门69件次，提供经济犯罪线索82条，初查15件，立案10件，挽回经济损失30万元。对举报有功的3人奖励6000元。1995年，奖励举报有功人员5人次，奖金1万元。2010年，设立民生检察服务热线，受理群众热线诉求226件，其中法律咨询176件、控告举报13件。落实首办责任制，按照法定程序妥善处理有关控告举报。

刑事申诉与赔偿 1987年，配备专职刑事申诉人员，对中华人民共和国成立后的免诉案件进行全面复查。共查阅案卷100余份，复查21件25人次。1988年8月至1989年，受理申诉案3件，维护原处理决定3件。1992年，受理立案查处申诉案3件，经查后予以纠正和部分纠正2件。1995年，受理申诉案2件，不服法院判决裁定1件，其他1件。2002年，对受理的可能形成上访的老户和积案，与有关部门签订“专项清理责任状”。全年排查调处矛盾纠纷60起，处结13起。2009年，实行“阳光听证”，由申诉人及亲友参加，邀请市人大代表、政协委员、市内法学资深人士参加，对申诉人的申诉理由进行专家评议，处理的7起案件，均收到良好的法律和社会效果。

第七节　民事行政检察

1994年6月，开展民事行政检察工作，受理申诉案件10件，立案审查1件，提请抗诉1件，提出改判或改裁书面检察建议2件，县法院采纳1件。1995—1997年，受理申诉案件41件，立案审查38件，提请抗诉11件。1998年，在办理一系列伪证案后，总结出《审查民事行政伪证案件的几点体会》，被最高人民检察院转发。1999年，推行律师代理申诉、专家咨询制度，试行主诉检察官制度。2005年，立案22件，提请和建议烟台市检察院抗诉4件，改判和调解结案3件；向市法院提出再审检察建议18件，被全部采纳。以检察建议的方式将民事调解案件纳入监督，拓展民事案件监督范围，此做法填补省内工作空白。2006年，抗诉或提请抗诉12件，其中2起案件入选省检察机关优秀民行抗诉案例。2008年，探索建立民行申诉个案答询制，即对拟不立案、不

2001年1月，市人民检察院获“2000年度全省民事行政检察工作先进单位”称号

提请抗诉的民事行政案件开展“个案答询”活动，邀请市人大代表、市人民监督员全程参与。2009年，提出检察建议8份，提请抗诉10件，均获烟台市检察院支持。2010年，提请或建议提请抗诉12件，通过检察建议启动再审4件，市法院调解改判9件。

第三章　法　院

第一节　机　构

海阳市人民法院　1973年6月，恢复设立海阳县人民法院。设刑事审判庭、民事审判庭、接待室、办公室。1981年10月，设经济审判庭；12月，设执行室。1983年4月，执行室改称执行庭。1985年，法院内设刑事审判庭、民事审判庭、经济审判庭、执行庭、接待室、办公室。1986年5月，设刑事审判第二庭；7月，设纪检组。1988年1月，设政工科、信访科；9月，设行政审判庭。1989年5月，撤销信访科；撤销刑事审判第二庭，其职能划归新设立的告诉申诉审判庭。10月，设研究室。1990年4月，设专职监察员。1991年，撤销研究室，设调研科。1993年3月，设法医技术室；5月，在经济审判庭内设破产合议庭，专门审理破产案件；8月，设司法警察办公室，11月撤销。1994年6月，撤销经济审判庭，设经济审判第一庭、经济审判第二庭；12月，设司法警察中队。1996年5月，海阳县人民法院改称海阳市人民法院。1998年6月，设立案庭；7月，调研科改称研究室，告诉申诉审判庭改称审判监督庭；法警中队改称法警大队，法医技术室改称技术室；7月，经济审判第一庭、经济审判第二庭合并为经济审判庭。

市人民法院办公楼

1999年1月，撤销执行庭，设执行第一庭和执行第二庭；撤销经济审判庭，设经济审判第一庭和经济审判第二庭；3月，设监察室。2001年5月，设执行局，内设执行第一庭和执行第二庭。2002年2月，撤销经济审判第一庭和经济审判第二庭，其职能划归新设立的民事审判第二庭；民事审判庭改称民事审判第一庭；增设执行第三庭；监察室与纪检机构合署。2002年9月，设招商科。2004年2月，设纪检监察室。2006年1月，设人民法庭工作办公室。2007年9月，政工科改称政治处。2009年9月，设开发区人民法庭。2010年，法院内设办公室、政治处、研究室、纪检监察室、审判监督庭、刑事审判庭、立案庭、行政审判庭、民事审判第一庭、民事审判第二庭、技术室、法警大队、执行局、人民法庭工作办公室。

基层法庭　1973年6月，恢复基层人民法庭，设小纪、留格庄、朱吴、徐家店人民法庭。1979年，增设二十里店人民法庭。1985年，增设东村、发城、郭城、盘石店、行村、辛安和凤城等人民法庭。1987年，23处乡（镇）均设人民法庭，后数次撤设重组。2010年，设有东村、徐家店、留格庄、行村、朱吴和经济开发区人民法庭。

第二节　刑事审判

1978年，首次公开审判刘某彩杀人案。年内审结刑事案27件。1979年，平反、纠正冤假错案，处理申诉案件，落实有关政策。年内审结刑事案31件。1980年，刑事审判工作走上从实体法到程序法、依法办案轨道。对14起应当公开审判的案件依法公开宣判。为10名被告人指定律师为其辩护，为生理上有缺陷和不满18周岁的被告人指定监护人。1981年，受理公诉案件42起，自诉案件7起，审结48起。选择5起有教育意义的案件，召开大会公开宣判。受理历史申诉案件10起，处结9起。1983—1986年，开展"严打"斗争。从基层法庭抽调10名审判员、从党政机关抽调10名干部充实到刑庭，成立10个合议庭，受理一审刑事案件449起，审结440起。1990年，刑事审判工作改"纠问式"为"控辩式"。年内结案148件。1991—1994年，审结刑事案件478起，对66名犯罪分子依法判处缓刑。1996—1997年，转变庭审方式和审判理念，开庭由公诉机关承担举证责任，法官居中裁判。废除事实不清退回公诉机关补充侦查的规定。对事实不清、证据不足的，依法作无罪判决。

1998—1999年，开展刑事附带民事诉讼调解工作，调解率95%以上。2003年，重点审判扰乱社会秩序、偷税抗税、妨害公务等犯罪案件。2004—2005年，刑事审判加大交通肇事、故意伤害的民事追偿力度，附带民事诉讼调解率93%，调解执行率100%。依法审结1起部队移诉案件。为确保核电工程顺利开工，依法审理辛某某、姜某某和董某某等5人扰乱社会秩序案。2006—2008年，刑事审判重点是打击霸痞类犯罪，3年审结刑事案827件。2009年，审慎审判一系列贪污、受贿、挪用公款案，对23人判处刑罚；严厉打击毒品犯罪，严惩11名贩毒分子；完善少年犯审判合议庭，对5名少年犯进行重点跟踪走访帮教。2010年，审结危害公共安全、侵犯财产、妨害社会管理秩序类犯罪112件205人；依法审结贪污、受贿案13件14人。

第三节　民事审判

1978年，开展清理积案工作，年内结案14起。1979年，对高家、驹凤头、杜家、万家夼4个村重大复杂案件进行处理，进行公开审判试点。1982—1984年，依法审结民事纠纷案件1785起。徐家店法庭《我们是怎样审理农村承包合同纠纷案件的》入选省高院《人民法庭工作经验汇编》。1985—1986年，扩建基层法庭，加强基层民事审判力量，其间审结民事案件962起。1988年，把全县23处法庭划为6个片，设中心法庭。1989—1990年，开展民事审判方式改革。1992—1995年，从过去法官集权主义审判模式为主，转变为当事人对抗模式为主，确立"辩论式"庭审方式。1996—1999年，完善"辩论式"庭审方式。民事案件收案6300起，结案6291起。落实人民陪审员制度，聘请人民陪审员26名。2000年，开展立案机制改革，实行"立审、审执、审监"分立，建立科学的案件审理流程管理机制。2001年，推行当庭举证、质证、认证、辩论、说理、宣判审判方式。2002年10月，市法院被省高院授予指导人民调解工作先进集体称号，留格庄法庭被省高院授予先进法庭称号。2003年，制定调解规则，建立人民调解工作制度和网络。2004年8月，市法院在全省调解工作会议上作典型发言。2005年4月，30名人民陪审员中民事审判人民陪审员27名。5月，制定《人民陪审员管理办法（试行）》，对人民陪审员的名额、选任、日常管理、培训、考核与表彰、职务免除等作出规定。2006年4月，在郭城、发城、大阎家、二十里店、小纪、辛安、盘石店等镇和凤城街道设立8处法庭巡回审理室，并制定法庭巡回审理室操作规程。2007年，建立调解联动工作机制，有效整合法院与劳动、工会、教育、卫生、妇联及人民调

2009年12月，市人民法院获全省"人民满意的公务员集体"称号

解组织等资源。2009年，通过立案期间庭前调解方式，调解结案20起。2010年，审结婚姻家庭纠纷、人身损害赔偿等案件1718件。

第四节　商事审判

1981年9月前，商业活动纠纷案件由民事审判庭审理。9月，设经济审判庭。当年受理各类经济合同纠纷案件7起，审结2起。1983年，组织干警深入农村，审结经济纠纷54起。1985年7月，到小纪镇集中处理经济合同纠纷40天，就地调处纠纷2963件。1986年，成立9个巡回法庭，理顺企业购销合同纠纷91件，收回欠款50万元；理顺农村承包合同纠纷761件，收回欠款317万元；处理简易经济纠纷130件，标的额20万元。1987年，对影响生产的3起经济纠纷案件及时裁定先行恢复生产，为集体挽回大量经济损失。1991年，成立经济审判指导小组，加强对经济司法联络员的工作指导。10月，经济审判庭开始实行自审自执。1992年，与地方7家国营中型企业和4家骨干企业签订《超前服务书》，协助理顺经济纠纷310余件，指导诉讼160余件，追回欠款400余万元。1995年，开始受理金融业与企业之间的纠纷案，受理财政部门的融资案及涉企集资纠纷案，受理企业销售假农药、假化肥案，保护农民的合法权益。受理各类经济纠纷案1186件，结案标的额5000余万元。1996—1997年，到方圆集团等企业宣讲法律知识，培训309人次。

2000年4月，审理执结留格庄镇西远牛村26户菜农与济南某种子公司假韭菜种子赔偿纠纷案，为菜农挽回经济损失19万余元。2001年，先后为方圆集团、华源集团和富尔达公司等重点企业追回欠款600万元。2002年2月，经济审判改称商事审判。2003年，组成合议庭对国有大中型和市属重点企业进行专门服务。强化调解工作，率先在烟台市实行商事调解考核办法。2004年，实施对企业利税大户被告重点保护工程，对100家企业厂长、经理和供销人员进行法律知识培训。2006年，制定联系民营企业制度实施意见。7月，全省法院商事审判调解工作经验交流会在海阳召开，市法院作典型发言。2009年4月，烟台市中院在海阳召开商事审判工作会议，民二庭作商事诉讼调解工作典型发言。2010年，把审理金融纠纷案件作为重点，审结金融债权案397件，标的额1600余万元。

2006年，全省法院商事审判调解工作经验交流会议在海阳召开

第五节　行政审判

1988年9月，开始行政审判工作。1991年，召开11个行政部门负责人执法座谈会，交流经验；建立健全行政案件的复议程序和有关制度。

2008年1月，市人民法院荣立集体一等功表彰大会召开

1993年，受理行政案31件，审结31件。1995年，为行政审判庭增配审判员，设置专门行政审判法庭。1995—1997年，受理行政案86件，审结83件。1999年，全年审结行政诉讼案18件，执行行政非诉讼案282件。2000年，受理行政诉讼案269件，审结266件，收结案数列烟台市第一名。执行行政非诉讼案138件。协助乡（镇）征收特产税及“三提五统”150余万元。2003年8月、9月，市法院先后在省高院和烟台市中院召开的行政审判工作会议上作典型发言；被评为省法院行政审判工作先进集体。2006年，受理行政案271件，审结269件；受理非诉讼行政执行案56件，执结56件。连续6年无错案、无发改或进入再审案件。市法院被授予全省法院行政审判工作先进集体称号。2010年，注重保护行政管理相对人的“诉权”，提高行政首长出庭应诉率。审理涉及城市建设、社会治安等行政案186件，全部审结。受理非诉讼执行案26件，全部执结。

第六节　破产案件审理

1993年，开始破产案件审理工作。5月，受理第一起破产还债案——辛安乡前黄塘村村办企业海阳县葡萄酒厂申请破产还债案。1994年，制定破产案件受理规定、破产案件审理操作规程。增加2名审判人员，由3人专门审理破产案件。全年受理破产案21件，审结15件。1996年4月，成立5人破产案件审理组，专门审理破产案件。7月，市糖茶酒公司破产还债案终结破产程序，公司买受人在接收资产的同时，接收公司全部在册职工，为破产企业职工安置开创路子。1997—1998年，对企业改制申请破产还债单位予以严格审查，凡符合受理条件并由主管部门同意破产的，及时立案审理。两年内受理企业破产案68件。其中，村镇办企业35个，全民和集体所有制企业33个。1999年1月，受理并裁定市水泥厂破产还债，此为法院受理的最大的全民所有制企业破产案件，涉债权人1000余家、职工1000余人。2000年1月，原市水泥厂拍卖，买受人在接收水泥厂的同时，接收水泥厂全部在册职工、重新组建海洋水泥有限公司并恢复生产。同月，依法裁定宣告市农药厂破产还债；2002年10月，依法裁定市农药厂破产还债程序终结，对职工的安置不再实行“人随资产走”，改由政府办理失业登记，享受失业人员相关待遇。自此，破产企业职工安置依此法办理。至2003年，4年受理破产案35件，审结30件。

2004年6月，市政府制定《关于公有企业若干问题的处理意见》，对企业改制破产等相关问题作出规定。此后，市内公有企业改制、破产企业增多。供销、物资、商业、粮食、肉类、经贸等系统48个企业进入破产程序。2005年，破产案件结案73件，为破产结案数最多的一年。2007年6月，在施行新破产法后，首次受理改制企业市华瀛面粉有限公司申请破产还债案。12月，徐家店供销社破产还债案终结破产程序，为施行新破产法结案第一案。2008年11月，受理第一起民营企业破产案——市永和制衣有限公司申请破产清算案。2009年，发放供销系统、春雨食品厂、华瀛面粉有限公司等14家企业2100余名职工工资、经济补偿金等90余万元；组织拍卖会3次，成交额1106万元；追回企业应收款8万元；接待来访当事人480人次。2010年，处结破产案3件，组织拍卖会8场，成交额4220万元；收回应收款191万元；兑付职工债务1992万元，涉职工2600余人；接待群众来访1200余人次，实现“无震荡”破产。

第七节　执　行

案件执行　1978年，执行工作由各庭自立、自审、自执。1983年，强制执行由执行庭负责。1986年，开始审理刑事附带民事案件，其执行案件由执行庭强制执行。1987年，出现积案，“执行难”问题开始显现。实行审理与执行、强制执行与说服教育、执行案件与扩大效果相结合，多次开展执行大会战。1991年，全年执结率109.9%，协助外地法院在海阳执行12件。1996年，实行审、执分离制度，执行工作走向专业化。全年执结1562件，执结率141%。1998年，全面实行审、执分离制度，凡属强制执行的案件全部由执行庭执行。4月，各法庭设执行室，设兼职执行员 3～4 人。1999 年，召开 4 次执行现场会，依法传唤 410 名被执行人到场，对其中的 40 名拒不执行生效法律文书情节恶劣者，当场实施司法拘留。全年结案率 97.5%，执结案件标的额 5416 万元。执行二庭全年执结 916 件，人均 92 件，创执行历史纪录。

2000 年 5 月，制定立案、信访、审（执）限及案件移送工作考核办法。开展清理积案会战，执结案件 1312 件，结案标的额 9750 万元。执行工作跨入全省法院执行工作前列。2001 年 3 月，烟台市法院系统执行庭长会议在海阳召开，市法院作典型发言。11 月，实行集中听证、公告执行等执行方式。全年执结率 102%，执结标的额 9642 万元。2002 年，执行第三庭负责执行案件的立案审查、听证、执限监督、宣传调研、来信来访、异地案件报批等；同年，出台《执行案款发放细则》。全年执结率 101%，执结案件标的额 1.6 亿元。2003 年 3 月，实行执行立案、执行裁决和执行分立。运用转让无形资产、以物抵债、执行和解等方式，缓解"执行难"。2004 年，开展清理积案活动，执结积案 50% 以上。2006 年 11 月，市法院作为山东省唯一的基层法院，参加在江苏省宜兴市召开的华东四省一市法院执行工作会议；执行工作经验在全省法院推广。全年执结标的额 3.9 亿元。2007 年，执结案件标的额 1.81 亿元，位居烟台市基层法院执行工作考核第一。2008 年，建立被执行人财产申报制度，为重点企业及金融系统挽回经济损失 3000 余万元。全年执结案件标的额 2.2 亿元。2010 年，执结案件 1982 件。

死刑执行　1978—2003 年，对判处死刑犯罪分子立即执行死刑时在海阳执行，由市法院法官、法警和市公安局警察、武警共同到场，法警、警察负责刑场警戒，武警负责执行，烟台市中院法官负责验明正身。2004—2010 年，对处决死刑犯人的刑场由海阳市移至烟台市封闭刑场，海阳不再执行死刑工作。

第八节　立　案

1978—1999 年，各业务庭实行自立、自审案件。2000 年，立案和审判分开，制定有关暂行规定，立案工作步入正轨。1 月，立案庭内设立案、排期、外勤、信访听证和内勤 5 个组，明确界定各组职责。所有诉讼案件统一到立案庭立案，并对审判流程实行跟踪管理。至 2002 年，受理刑事公诉案件 532 件、民事案件 5468 件、执行案件 7258 件、行政案件 436 件。2003 年 9 月，启用新立案大厅，实现"一站式"立案。12 月，调整大立案内部结构，将排期、送达工作归各业务庭。实行执行案件单独立案制。2004 年，建立疑难重大案件立案协调会商制度，对重大疑难案件，法院指导小组与立案部门及时会商，确定依法是否应予立案。2005 年，开展规范司法行为、促进司法公正专项整改活动。2006 年，实行灵活立案方式，法庭审查当事人的起诉是否合法，审查当事人的身份和证据，然后代当事人到立案庭立案，由立案庭再审查，符合条件的予以立案，不符合的记明理由退回。全年有 400 余起案件实行灵活立案方式。2008 年，庭前调解结案 20 起，审查受理案件 5537 件。2009 年，立案审查合议庭审查受理各类案件 9482 件。2010 年，审查受理各类案件 5843 件，其中刑事 214 件、民事 3017 件、行政 227 件、再审 133 件、技术鉴定 271 件、执行 1981 件。

2006 年 6 月，省高级人民法院执行理论研讨座谈会在海阳市召开

1978—2010 年海阳市人民法院各类案件收、结案情况表

表 23-3-1　　单位：件

项目 年份	刑事案件		民事案件		商事案件		行政案件		破产案件		执行案件	
	收案	结案	收案	结案	收案	结案	收案	结案	收案	结案	收案	结案
1978	18	27	16	14	—	—	—	—	—	—	—	—
1979	35	31	132	97	—	—	—	—	—	—	—	—
1980	29	29	161	129	—	—	—	—	—	—	—	—
1981	45	48	152	182	—	—	—	—	—	—	—	—
1982	42	42	477	463	40	34	—	—	—	—	—	—
1983	181	174	612	645	56	54	—	—	—	—	21	21
1984	129	133	707	677	123	126	—	—	—	—	40	40
1985	70	63	444	455	140	138	—	—	—	—	55	33
1986	69	70	526	507	147	138	—	—	—	—	59	56
1987	82	86	600	592	182	183	—	—	—	—	267	254
1988	101	97	520	538	157	151	—	—	—	—	151	137
1989	117	111	990	960	476	479	—	—	—	—	173	169
1990	138	148	973	987	693	645	—	—	—	—	184	127
1991	142	139	982	986	963	952	9	9	—	—	201	221
1992	99	105	1127	1109	2233	2197	17	17	—	—	377	371
1993	107	108	1113	1103	1751	1742	31	31	2	2	280	305
1994	131	126	1241	1245	1532	1508	19	19	21	15	311	367
1995	157	157	1262	1251	1174	1186	28	28	17	18	725	421
1996	155	156	1328	1348	915	981	35	35	8	9	1273	1562
1997	133	139	1566	1566	971	951	23	20	23	9	762	577
1998	142	142	1654	1638	1085	1084	42	44	45	52	451	506
1999	150	150	1752	1739	980	956	18	18	11	12	3623	2977
2000	181	179	1788	1594	968	981	269	266	6	10	2553	3245
2001	182	169	1792	1867	817	862	71	73	11	4	1743	1779
2002	169	169	1888	1967	806	790	96	96	7	9	2327	2363
2003	150	150	1690	1758	820	848	96	96	11	7	1849	1758
2004	175	175	2083	2084	575	575	199	199	48	0	3073	3077
2005	238	238	1798	1799	482	482	206	208	10	73	2007	2021
2006	266	266	1965	1965	324	324	271	269	7	7	3315	3315
2007	284	284	2147	2152	594	594	281	284	5	0	1682	1682
2008	277	277	2630	2474	543	543	332	332	5	3	1723	1739
2009	259	235	2393	2029	1135	850	296	296	4	2	1759	1760
2010	213	205	2278	2071	688	723	186	186	0	3	1981	1982

第四章　司法行政

第一节　机　构

海阳市司法局　1980年11月，海阳县司法局成立。1985年1月，内设行政、宣教、调解3个股。1993年12月，设股改科。1996年5月，县司法局改称市司法局。2002年4月，增设招商科；6月，设“148”协调指挥中心、法律援助中心。2010年，内设办公室、法制宣传教育科、律师公证管理科、基层工作科、招商科、“148”协调指挥中心、法律援助中心。

基层司法所　1979年，司法行政工作由县人民法院管理，各公社配备司法助理员。1981年5月，公社司法助理员编制划归县司法局。2010年，全市有15个镇（区、街道）司法所。

海阳市公证处　1981年8月，海阳县公证处成立。1984年6月，升格为副科级单位。1996年5月，改称海阳市公证处。

律师机构　1981年3月，海阳县法律顾问处成立。1984年6月，升格为副科级单位。1991年7月，法律顾问处改称律师事务所。1994年5月，海阳县正义律师事务所成立，为海阳第一个合作制律师事务所。1995年8月，海阳县律师事务所、海阳县正义律师事务所分别改称烟台海平律师事务所、烟台创立律师事务所。1996年12月，烟台海天律师事务所成立；1997年8月，改称烟台海宇律师事务所。1999年6月，烟台海平律师事务所、烟台创立律师事务所、烟台海宇律师事务所，分别改称山东海平律师事务所、山东创立律师事务所、山东海宇清律师事务所。2000年11月，山东海平、山东海宇清2个律师事务所由全民事业单位，改制为不占国家编制的合作制律师事务所。自此，全市所有律师事务所均改制为社会中介机构。2009年9月，山东息相通律师事务所成立。2010年12月，山东善策律师事务所成立。同年，全市有5个律师事务所。

第二节　普法教育和依法治理

1980年11月，利用培训班、广播、报告会、展览会、专栏、宣传车、文艺演唱、公判大会等形式，宣传宪法、刑法、婚姻法、刑事诉讼法等法律法规。至1984年，举办广播讲座3230场，电影幻灯宣传652场，宣传栏、黑板报3065期，法治报告837场，出动宣传车78次，押犯宣传124个村，图片展1083场，编发宣传材料4.2万份。群众学法守法揭露犯罪，政法部门收到检举信1500件，群众抓获犯罪嫌疑人24人，犯罪分子投案自首605人。同年，全县民间纠纷发生率比上年下降46.4%，犯罪率下降27%。1985年，在县第十八中学、印刷厂、东村镇西哲阳村开展普法试点。在全县发放《常用法规选编》《农民法律常识读本》《职工法律常识读本》等普法教材11.4万册。乡（镇）、部门举办普法骨干培训班230期，培训骨干9950名；有线广播1.76万场，出动宣传车200次。11月，召开全县6500人的有线广播普法动员大会，营造普法氛围。

1986—1990年，开展“一五”普法宣传教育。县委成立全民普法依法治理工作领导小组。组织全县3500名机关干部、1.4万名企业职工和6000余名教师同时学完普法内容。举办农村普法骨干培训班121期，培训骨干9000人。协助有关部门对155个企业负责人进行普法轮训。配合县工商局组织全县1.13万名个体工商业者进行普法学习，8500人参加考试。举办1期由312名科级以上干部参加的全县经济法规学习班，14个主讲单位选择21部法律法规，编发16万字的辅导材料，印发讲稿7654份。开展农村普法工作，县、乡两级758名干部组成普法宣讲队，全县732个行政村每村1名宣讲员，全县38.28万名普法对象，面授31.77万人，面授率82%。1988年，第一个五年依法治理工作起步。1988年10月、1989

年10月，海阳县委分别在全省农村普法工作会议上作典型发言。

1991—1995年，开展“二五”普及法律常识教育工作。其间，县直单位和乡（镇）涉经济管理1000人，参加省举办的经济法律法规培训班。培训班共举办3期，每期1年。省经济管理培训班海阳管理站被评为教学管理先进单位。开展依法治厂、治村工作，全县60个单位建立依法治理档案。开展法律进万家活动，与县委宣传部、县委政法委联合制定开展家庭法治宣传教育活动实施意见，实施以家庭为重点的细胞工程建设，编发《家庭法律顾问》19万册。1993年，进入第二个五年依法治理阶段。组织编纂出版《“二五”普法理论与实践》5000册、《依法治县》1000册发到基层。“二五”普法期间，利用各种形式组织全县副科级以上干部普法考试。

1996—2000年，开展“三五”普法教育和依法治理工作。全市乡（镇、区）全部建立普法学校，主要培训乡（镇、区）干部、农村“两委”成员、群众组织负责人、党小组长、普法宣讲员等。编纂出版《“三五”普法指南》2000册，指导基层普法工作。1997年，乡（镇、区）普法学校举办培训班280期，农村近万名干部群众接受法治教育，60名有劣迹行为的村民得到教育转化。海阳建立乡（镇、区）普法学校做法在省、烟台市报刊刊发推广。“三五”普法期间，在农村建立村民家庭档案，将家庭档案统一集中到乡（镇、区）普法办公室规范管理。村民办理户口转移、升学、参军、招工等事项，由普法办出具村民责任义务履行证明。此项工作将村民的权利、责任和义务加以捆绑，不符合法律精神和便民利民要求，几年后停止运行。同年，建立科以上干部普法考核证制度，全市29名处级干部、880名科级干部参加市普法办组织的统一考试，参考率99.9%。1998年，将“三五”依法治理与“三五”普法两项工作纳为一体同步进行。全市乡、村全部建立普法一条街；48个行政执法部门实行普法、执法责任制；286所中小学聘请法制副校长或法制辅导员，在校学生连续5年未发生违法犯罪，海阳依法治校经验在山东省、全国教育系统推广。

2001—2005年，开展“四五”普法和依法治理工作。全市推行村“两委”班子履行职责承诺书、村民权利义务约定书（称“两书制”）。至“四五”普法期末，全市有85%的村实行“两书制”。成立由16人组成的普法讲师团，举办法治讲座16期，授课40余场次，受教育5万人。开展法律服务、援助、宣传“三下乡”活动。开展村民委员会组织法和土地承包法宣传，为农村培训普法宣讲员1000人。

2004年11月22日，市司法局举办法律“三下乡”活动

2006—2010年，开展“五五”普法和依法治理工作。其间，围绕“迎亚沙”开展法治宣传教育，编发法律法规读本和问答题3000册，发放“五五”普法教材1万套。举办“迎亚沙”法律知识电视有奖竞赛3次。与电视台联办《法系你我》栏目，定期播出典型案例，以案释法。开展民主法治示范村建设，推动村民自治和民主管理。举办科以上干部普法统一考试3次。完成“五五”普法和依法治理工作任务，并通过省、烟台市检查验收。

1998年，全县科级以上干部普法考试

第三节 人民调解

1979年，各公社设司法助理员，负责调处民间纠纷。1980年11月，人民调解工作由县法院转县司法局管理。1981年2月，以公社为单位对基层调解干部进行业务培训。12月，组织全县610名调解干部学习培训。同年，全县732个生产大队建立调解组织719个，调解人员2550名。全年处理各类纠纷6169件，调处率98%。1984年，针对农村实行生产责任制后赡养纠纷突出的新情况，开展签订赡养协议活动，全县4.11万个需赡养户，有3.98万户签订赡养协议10.59万份，占应签户96.68%；解决赡养纠纷2546起，预防纠纷2738起。加强调解组织建设，评出一类调委会322个、二类调委会367个、三类调委会43个。推行调解工作责任制，解决调解干部报酬。1986年起，人民调解工作逐步走向制度化、规范化。年内，发生民事纠纷1785件，比上年下降31%，无纠纷村104个，有纠纷不上交的村153个。同年，省人民调解工作理论研讨、经验交流、表彰先进会议，海阳作典型发言。1987年，在农村设纠纷信息员4800名，全县形成四级调解网络。与县法院联合，理顺婚姻、家庭、赡养、邻里、房屋建设等关系，签订各类守则、协议26.44万份。其中，为50岁以下夫妻签订守则9.38万份，签订邻里守则12.75万份、赡养协议4.31万份，理顺建房纠纷160起。8月，烟台市防止民事纠纷激化工作经验交流会在海阳召开，海阳介绍经验。1990年3月，烟台市春季稳定治安会战——防止民间纠纷激化工作现场会在海阳县徐家店镇召开，徐家店镇党委、法律服务站分别介绍经验。

1992年11月，制定在企事业单位建立健全人民调解委员会的意见，年内，化工、农机、纺织等系统建立调委会。至1993年，全县23个系统的86个单位建立调解组织并开展工作。1994年，全县732个村级调委会，有调解干部1912人，其中，党员1432名，占总数74.90%；女成员197名，占总数10.30%。有纠纷信息员4700人，每43户有1名。调解干部报酬基本能够兑现；不能兑现的调委会有194个，占26.50%。2000年9月，全市均建立镇级调解中心。2002—2005年，与市法院联合制定进一步加强新时期人民调解工作意见，成立市人民调解工作指导委员会。2008年，加强镇（区、街道）调解中心建设，全市有5处达到省级标准，10处达到烟台市级标准。与市法院联合制定制度，所有民事调解案件须先经调解中心调解，调解不成需走诉讼途径的，开具证明后再行起诉；与市公安局联合在派出所设警司联调室；与土地、林业部门联合建立专项调解机制。同年，更换全国统一的人民调解徽标。2010年，对全市农村人民调解员实行等级管理，700余名调解员获调解资格证书。5月，实行人民调解案件以案定补、以奖代补政策，补贴奖励经费由司法部、省司法厅予以保障。在市交警部门设道路交通事故纠纷人民调解委员会。开通全国网上人民调解信息管理平台。海阳自开展人民调解工作，至2010年，处理各类民间纠纷10.2万件，调处率98%；防止各类恶性事件810起，签订各类协议43.80万份。

2006年1月，全市重大社会矛盾排查调处工作会议

1981—2010 年海阳市人民调解组织调处纠纷情况表

表 23-4-1　　单位：件

年　份	纠纷发生	纠纷调处	调处成功	签订各类协议	防止恶性事件
1981	6301	6169	5862	—	—
1982	6268	6160	5855	—	—
1983	5698	5403	5186	—	—
1984	4685	4657	4517	105938	—
1985	2154	2089	2005	3065	63
1986	1785	1566	1519	2785	42
1987	3929	3825	3672	264343	72
1988	2823	2620	2383	10363	57
1989	4171	4087	3837	3378	65
1990	5139	5134	4845	4809	30
1991	6205	5957	5778	3318	44
1992	5694	5523	5310	2983	20
1993	4804	4636	4343	3198	23
1994	2803	2453	2207	2620	46
1995	3962	3864	3786	2871	17
1996	3790	3750	3693	2923	45
1997	3695	3376	3265	2249	54
1998	2987	2912	2804	1707	20
1999	3106	2996	2901	1908	30
2000	3150	3010	2989	1809	27
2001	3362	3227	3162	1689	23
2002	2322	2291	2261	1748	34
2003	1996	1948	1901	1841	19
2004	2558	2478	2347	2368	21
2005	1771	1718	1592	1934	3
2006	1890	1802	1761	1765	6
2007	1969	1891	1854	1638	5
2008	2065	2020	1990	1823	8
2009	2109	2046	2016	1534	10
2010	2470	2394	2390	2017	18

第四节　公证事务

1981 年 8 月，在凤城公社进行公证工作试点。通过走村入户、广播讲座、发放宣传材料等形式宣传公证。年内办证 15 件，主要是收养、赡养协议公证，接待群众来信来访 15 件。1982 年 3 月，在大阎家公社办理专业承包联产到劳责任制合同公证 18 件，林果渔菜工等合同 13 件。6 月，经批准可以办理涉外公证，是山东省开办涉外及涉港澳台公证业务最早的县（市）之一。全年办证332件，其中民间293件、经济合同39件。1983年，公证业务逐步转向经济合同公证。全年办证260件。其中，经济合同181件，民事76件，涉外3件。1985年，以农业、果业承包合同公证为主，全年办证2450件。其中果业1179件，林业650件。1988年，开办招投标公证。1991—1993年，开办计划生育、赡养协议、宅基地有偿使用合同公证，为大龄青年出具未婚证明、商品有奖销售、吉祥电话号码公开拍卖现场公证等。

1994年，开办房改房出售公证，全年办理售房公证4030件。1995年9月，《海阳县公证若干规定》发布实施。到2000年，协调有关部门开拓公证证源，先后开办养路费和交通规费征收协议、劳务、婚前财产登记、企业改制合同等公证。但因为部分公证事项涉捆绑收费，2001年停办。2002—2007年，开办政府采购、国有土地出让、建设工程招投标、旧城区拆迁改造等公证。2008—2010年，为250余项海阳亚沙会体育场馆工程建设项目提供公证，标的额20亿元。为新农村建设招投标合同公证45件，为农村拆迁安置工程建设项目现场监督公证43场次。办理股权继承、商标转让、商标侵权保全证据等知识产权公证18件。2010年，办理各类公证1025件，其中，民事372件、经济20件、涉外621件、涉港澳台12件。自1981年开办公证业务至2010年，办理各类公证事项5.24万件。其中，民事30209件，经济15241件，涉外6603件，涉港澳台191件。

第五节 律师事务

1981年3月，县法律顾问处有3名律师。主要开展刑事辩护、民事代理、代写法律事务文书和解答法律询问业务。全年代理民事诉讼2件，受被告人委托代理刑事辩护案4件、法院指定辩护11件，调解非诉讼事务3件，解答法律询问165件，代写法律事务文书67件，接待人民来访119人次。1982年，开展经济纠纷案件代理工作。全年接受企业委托参加经济合同纠纷诉讼3件，标的额10万元，为企业挽回经济损失9.20万元。1984年，开始为企业担任常年法律顾问。至1987年年底，为9家企业担任常年法律顾问，帮助追回欠款110万元；帮助起草审查合同156份，避免和挽回经济损失42.90万元。1988年，县法律顾问处2名律师受聘担任县政府法律顾问。1993年2月，律师体制改革，主任由任命制改为选聘制，用人实行聘用制，改固定工资制为效益浮动工资制。1996年12月，全市有3个律师事务所，执业律师19人。2000年11月，对律师事务所的管理方式，转变为在司法行政机关监督指导下的行业自律管理。2010年，全市有5处律师事务所，执业律师26名，为236个单位担任常年法律顾问。1981—2010年，全市律师担任刑事案件辩护902件次，代理民事案件5385件次，代理商事案件4362件次，代理行政案件102件次，办理非诉讼法律事务1.1万件次，代写法律事务文书6000件次，解答法律询问5.5万人次。

第六节 法律服务 安置帮教

法律服务 1984年11月，在徐家店镇成立县内第一处法律服务站（非在编），司法助理员兼任站长，招聘2名社会知青，为社会提供法律服务。1985年3月，乡（镇）均建立法律服务站，招聘人员23名。全县调处民间纠纷1112件、经济纠纷375件，代理经济案54件，协办公证2096件，代写法律事务文书148件，解答法律咨询1146件，接待来访1312人次。1987年3月，烟台市司法局组织法律服务站先进事迹报告团赴各县巡回报告，徐家店法律服务站站长为报告团成员。1989年8月，徐家店法律服务站在省司法行政工作座谈会上介绍经验。至1990年，全县法律服务站招聘人员61名，调处经济纠纷2063件，代理经济诉讼769件，避免和挽回经济损失1000万元；调处民间纠纷4618件，协办公证6692件，代写法律事务文书1506份，解答法律咨询5929人次；为105家乡（镇）政府、厂矿企事业单位及村担任常年法律顾问。1996年6月，市政府在乡（镇、区）法律服务所人员中，考核选聘20人为司法行政在编合同制干部。1997年3月，实行法律服务所主任竞争聘任制度。2000年，法律服务所成为自负盈亏的社会中介组织，开展有偿法律服务业务，司法行政部门对其业务指导和监督。2010年，全市有法律服务所10处，法律服务工作者49名。

“148”法律服务专线 1999年3月，开通市“148”法律服务专线。12月，乡（镇、区）全部开通“148”联动专线。2002年6月，市“148”协调指挥中心成立。至2010年，市、镇两级接听咨询电话4466个，当场解答4283个，移交有关部门处理744件，接待来访1618人次。

法律援助 1996年，开展法律援助工作，年内承办法律援助案12件。2002年6月，市法律援助中心成立，设专职律师2名。2006年，市政府每年拨付法律援助经费保障工作开展。2009年，在镇（区、街道）设立法律援助工作站，每村设立联络员，形成三级联动工作机制。2010年，市、镇（区、街道）两级承办法律援助案189件。

安置帮教 1998年，市司法局负责刑满释放和解除劳教人员帮教安置工作。1999年，乡（镇、区）成立帮教安置工作领导小组，司法所负责日常工作。2001—2003年，全市236名帮教对象中有3人重新犯罪，重新犯罪率1.3%，14人下落不明，其余人员全部得到安置。2004年，健全市、镇、村三级帮教安置机构，建立帮教记录档案；建立2处安置基地，安置刑释解教人员11名。2007年，利用司法部管理软件，将刑释解教人员档案录入系统，实现电子管理。2008年3月，对刑释解教人员摸底排查。安置帮教自开展工作到2010年，全市安置刑释解教人员980人，安置率98.5%。同年，社区矫正工作在镇（区、街道）试点。成立市社区矫正工作领导小组，镇（区、街道）成立领导机构，司法所负责日常工作。年内陆续接收社区矫正对象。

2008年9月1日，市司法局举办《法律援助条例》宣传活动

第二十四编

军　事

海阳位于胶东半岛南部，南临黄海，境内多低山丘陵，海岸线长且曲折。海陆交通发达，铁路、公路纵横交错。既利于屯兵，又便于防御，战略地位重要。

海阳是革命老区，地雷战之乡，具有光荣的革命历史和拥军优属传统。适龄青年踊跃参军，每年都高质量完成征兵任务，为部队输送大批有志青年。1978—2010年，境内先后有中国人民解放军37332部队28分队、92151部队21分队、71670部队、54762部队、94326部队70分队、中国人民武装警察部队烟台支队海阳中队和海阳市边防大队等8支部队驻防。

1981年起，民兵训练调整改革，实行周期训练、定向挂钩训练等，民兵军事训练由县集中训练取代乡镇（公社）集中训练，预备役周期训练改为年度训练，军事训练实现正规化、规范化、制度化。1986年6月至1996年4月，人民武装部改归地方建制，各级党委、政府和军事机关加强人民武装建设。民兵在维护社会治安、抢险救灾、扶贫帮困和经济建设中发挥重要作用。2010年，市内民兵建设规范。

海阳市委重视国防教育，建设教育基地，采取多种形式对民众进行国防教育。与驻军开展军民双拥活动，加强“同呼吸、共命运、心连心”的新型军民关系，涌现出一批省、烟台市双拥模范单位和个人。

第一章　军事组织

第一节　地方军事组织

海阳市人民武装部　1978年，海阳县人民武装部内设组织动员科、作训科、政工科。1981年3月，设作训动员科、政工科、供管科。1985年，县武装部受海阳县委和烟台军分区双重领导，干部、战士均为现役军人。1986年6月，县武装部移交地方，由军队建制改为地方建制，称山东省海阳县人民武装部，为副处级，受烟台警备区和海阳县委双重领导，县委书记兼任武装部党委书记。设办公室、军事科、政工科。1989年4月，增设后勤科，编制员额不变。1996年4月，县武装部由地方建制收归军队建制，称中国人民解放军山东省海阳县人民武装部，为正团级，县委书记兼任武装部党委第一书记。设军事科、政工科、后勤科。5月，海阳县人民武装部改称海阳市人民武装部。2005年1月，市武装部机构编制改革调整。2010年，市武装部受海阳市委和烟台警备区双重领导，干部均为现役军人。设军事科、政工科、后勤科。

2010年，市人民武装部办公楼

基层武装部　1978年1月—1984年4月，设立17处公社武装部。1984年4月，设立23处乡镇武装部。1993年11月，设立海阳经济技术开发区武装部。1995年11月，撤销黄崖、南城阳、战场泊乡武装部。2000年12月，撤销东村镇武装部，设立东村街道武装部和方圆街道武装部；朱吴乡武装部改称朱吴镇武装部；撤销高家、山西头、泉水头、北埠后、赵疃、大山所乡武装部；撤销大辛家镇武装部，合并到留格庄镇武装部。2003年4月，凤城镇武装部改称凤城街道人民武装部。

县直机关单位武装部　1978年，全县设有县直机关武装部。1990年，县直机关武装部改称直属企事业武装部。10月，在一轻、二轻、纺织、商业、盐业、机械、化工、建材、供销、水产等10个公司（局）设立武装部。1992年10月，撤销水产局武装部，设立水产集团公司武装部。1993年8月，设立奥威集团公司武装部，1996年6月撤销。1997年5月，设立电业局、粮食局、电信局武装部。撤销一轻公司、二轻公司武装部。2000年2月，撤销化学工业公司、机械电子工业公司、建筑材料公司武装部。2003年1月，撤销商业集团公司武装部。2006年1月，撤销禄达集团公司、盐业养殖公司、供销社联合社、粮食局武装部。

第二节　驻　军

1978—2010年，先后驻防部队有：

37332部队28分队　1957年4月，驻防。

92151部队21分队　1959年11月，驻防。

71670部队　1969年1月，9501（后改称54743部队）驻防。1985年11月，整编为55068部队。1993年3月，改称71670部队。2010年，71670部队某部驻防。

54762部队　1987年9月调防。1998年9月改编。

军队演习

94326部队70分队　2003年8月，驻防。

中国人民武装警察部队烟台支队海阳中队　1976年，中国人民解放军海阳县武装直属中队改称海阳县人民武装警察中队，隶属县公安局。1983年1月，改称中国人民武装警察部队烟台支队海阳中队，干警为现役军人。

中国人民武装警察部队海阳市边防大队　1973年6月，海阳县公安局复设边防股。1980年1月，边防股改为中国人民武装警察部队海阳县边防大队，边防干警转为人民武装警察，均属现役军人，受中国人民武装警察部队烟台市边防支队和海阳县公安局双重领导。1996年，改称中国人民武装警察部队海阳市边防大队。

第二章　兵　役

第一节　机　构

1978—2010年，全市（县）各级均成立征兵机构。乡镇（公社）、区、街道政府（管委、办事处）成立征兵领导小组，由乡镇（公社）、区、街道党委（工委）副书记任组长，在基层武装部设征兵办公室，具体负责目测、初审、填报材料、协调接兵部队家访、送站体检和新兵运输等事宜。市（县）政府成立征兵领导小组，组长由政府副市（县）长担任，在市（县）武装部设征兵办公室，由市（县）武装部具体负责征兵工作。征兵办公室下设政审组和体检站。政审组由市（县）公安局分管领导任组长，市（县）武装部政工科长任副组长，政府有关部门人员为成员。1987年后，体检站设在市（县）武装部民兵训练基地，由武装部军事科长任站长。设听视、五官、外科、内科、化验等科室，由市（县）卫生局抽调医术高、临床经验丰富的医生参加，实行封闭式管理。

第二节　兵役登记

1985年9月，县武装部开始在县内进行兵役登记。县政府成立兵役登记领导小组，县武装部成立兵役登记办公室，逐级召开会议，学习新《中华人民共和国兵役法》和兵役登记的有关规定，培训登记骨干1242人，设61个办事机构。成立25个乡镇兵役登记领导小组，基层武装部设立95个兵役登记总站，并根据需要设立分站；各村民兵连长、会计携带户口簿，带适龄青年到指定的登记站登记。对已登记的适龄青年，按照上年度征集任务数的1∶3的比例，确定预征对象。各乡镇武装部对确定的预征对象，组织医务人员进行身体初检、政治初审。

1990年起，改春季征兵为冬季征兵。兵役登记年龄改为每年12月31日前，年满18周岁的男性公民，在9月30日前到兵役机关进行兵役登记；年满17周岁的应届高中毕业生，本人自愿，也可参加兵役登记。经体检、初审合格的应征公民，填写《兵役登记表》，并装入新兵档案。对确定的预征对象名单张榜公布，跟踪管理，接受群众监督。征兵到站体检的青年，一律从预征对象中产生，未参加兵役登记和未被确定为预征对象的，一律不准送站体检。

1996年6月，兵役登记时间规定为每年的7月1日至9月30日。每年6月15日前，市政府发布兵役登记布告。市武装部统一制发《兵役登记表》《预征通知书》《兵役登记人员花名册》《预征对象花名册》，在普通高中设立兵役登记站。各兵役登记机关，将适龄青年应服兵役、免服兵役和不得服兵役的情况填入户口簿的“兵役状况”栏中，加盖兵役登记专用章。

2000—2001年，市武装部分别在辛安镇、凤城镇召开兵役登记现场会，统一兵役登记时间和范围、方法、步骤。各镇（区、街道）兵役登记站，统一悬挂标志牌，设置兵役宣传栏，配有测量身高、体重的器材和视力表，并将兵役登记情况输入微机管理。到2010年，境内每年适龄公民兵役登记率98%以上。其中2006年、2008年、2009年和2010年，登记率100%。

第三节 征 兵

义务兵的征集，由兵役机关在市（县）政府和上级军事机关的领导下，具体组织实施。

对象和条件 年龄条件 1978—1984年，为18～20周岁。1979年，将下乡知识青年的年龄降为17周岁。1980年起，应届高中毕业生的年龄降为17周岁。1987年起，将厂矿企事业单位在职工人、高中毕业生年龄放宽到21周岁。2001年起，全日制高等学校在校生和具有大专以上文化程度的男青年，征集年龄放宽到21周岁。2009年，高职（专科）毕业生年满18～23周岁，本科及以上学历毕业生放宽到24周岁。

文化条件 1978年起，征兵工作开始重视文化程度。至1979年，初中以上文化程度的占95%。1980年后，文化程度均在初中以上。1981年，将城镇户口和在厂矿企业参加工作的适龄青年，提高到高中（职高、中专及函授同等学力）以上文化程度。2009年，在市内优先征集高中毕业以上文化程度青年入伍，然后再征集初中毕业文化程度青年入伍。

政治条件 中共十一届三中全会后，不再限制家庭出身。凡热爱祖国、拥护社会主义、拥护改革开放，在学校和社会生活中表现良好，没有违纪违法行为，即为符合政治条件。

身体条件 凡体健貌端，视、听、嗅觉良好，内无疾病，外无残缺，无传染病史，即符合身体条件；视兵种不同，空军、海军、陆军身体条件各有要求，潜兵、特种兵又有各自不同的规定。

体格检查 1978—1986年，县征兵办公室划片建点、分组设站。共设东村、留格庄、发城、小纪和辛安5个体检站。1987年始，县（市）征兵办公室在民兵训练基地集中设一个征兵体检站，下设听视科、五官科、外科、内科、化验科、透视科和主检、统计，主检负责体检工作的组织实施、体检结论、组织复查和抽查等。自此，征兵体检工作规范化。征兵体检工作严格按照规定，通过建立岗位责任制，谁检查、谁签字、谁负责，严把征兵体检质量关，为部队输送优质兵员。

政治审查 政治审查由市（县）公安部门负责，在市（县）、公社（乡镇、区、街道）两级进行。在不同历史时期，不同兵种政治条件和要求不同。主要是对应征公民年龄、文化、户籍、现实表现及家庭成员和主要社会关系等进行审查。1978—1984年，由村初审，公社复审，县政审组负责政审结论。1985年后，先由县政审小组对派出所所长进行业务培训，掌握政策规定和标准，建立县、乡、村三级政审责任制。县政审小组负责特种兵的政审和初定兵政审结论。1990年后，在村初审、乡镇（区、街道）复审的基础上，市（县）建立联审制度，对初定兵员进行网上联审、电话举报、电视公示等。主要查清实际表现、有无违纪违法行为、年龄和文化程度，确保兵员政治合格。

定兵　1978—1984年，应征公民经体检和政审合格后，由各体检站按征兵有关政策规定进行初定兵。县征兵领导小组会同接兵干部、主检医生等有关人员进行复核定兵。1985年起，县征兵办公室在审定新兵时，对体检、政审合格的应征公民进行全面衡量，优先批准政治思想好、身体健康、文化程度高的服现役。1990年起，县征兵办公室对批准入伍的应征公民，填写《应征公民入伍批准书》并编号，装入本人档案。1995年起，市（县）征兵办公室在定兵时，吸收政审、体检和接兵部队负责人参加。对批准入伍的新兵张榜公布，听取群众意见，接受社会监督。2000年后，坚持市武装部党委集体定兵。新兵入伍时间一律从本年度12月1日算起。

集结送兵　1978年，新兵统一在县委党校集结，由县征兵办公室为新兵换发服装，进行役前教育，召开欢送会，营造当兵光荣的氛围。新兵集结后，征兵办公室与接兵干部进行交接（人员、档案），接兵干部将新兵带往部队。1984年，济南军区所属部队的新兵在山东省范围内，由县武装部送兵。1985—1986年，实行部队向地方派联络员，新兵一律由县武装部送到部队。1987年起，恢复部队派干部接兵。2003年起，济南军区所属部队不派接兵干部参与地方征兵工作的全过程，新兵集结时，派联络员与市征兵办公室办理新兵交接手续，其他工作均由地方征兵办公室负责。

第四节　预备役

1980年12月1日起，县武装部恢复退伍军人预备役登记工作。1981年，县武装部对1980年前退伍回乡、28周岁以下的退伍军人进行一次清理，重新登记，填写《退伍军人预备役登记卡片》，统一归档管理。此后，每年在接受安置退伍军人时，对部队确定服预备役的退伍军人进行登记。其中，28周岁及以下的编为第一类预备役，29～35周岁的编为第二类预备役。对服预备役人员，县、乡镇武装部均设卡立档。每年6月底前，对已经登记的预备役人员进行核对统计，满29周岁的第一类预备役人员转入第二类预备役，满35周岁的退出预备役。1991年1月—2月，县武装部对1988年9月1日后被授予军衔的转业军官，进行预备役登记。1992年4月1日后转业干部，凡符合登记条件的，由所在部队批准其转业，批准转服预备役，确定专业名称、专业号码；报到后，到县武装部办理预备役军官登记手续。县武装部负责办理转业干部的登记、统计、建档、立卡、关系接递、退出、注销预备役军官登记的审批等工作。1997年1月1日起，预备役军官佩戴军衔肩章、符号。各类预备役军官，服预备役至规定的最高年龄时，即退出预备役。

第三章　民　兵

第一节　民兵组织

1978年10月，海阳县恢复民兵师建制。1980年，建1个民兵师。1981年冬，县武装部对民兵组织进行适当调整。缩小组建范围，取消县编民兵师、公社编民兵团，撤销机关、学校和城镇一些人数较少和分散的小单位民兵组织，全县减少209个民兵单位；调整民兵年龄，男性民兵由16～45周岁改为18～35周岁。其中，基干民兵18～28周岁。女民兵参照基干民兵的年龄，根据需要适当选编；简化组织层次，将过去的普通民兵、基干民兵、武装基干民兵，改为基干民兵和普通民兵。农村以生产大队为单位编民兵连，统一领导基干民兵和普通民兵。基干民兵以生产队为单位编班、排，人数过少的也可跨生产队编班。公社编基干民兵营，县编民兵团。凡符合基干民兵条件的，在5人的民兵组织中，建立基干民兵组织。5～15人编班，16～40人编1个排，41～80人编2个排，81人以上编3个排或1个连，基干民兵和普通民兵单编班、排，混编连；男、女基干民兵单编班或排。

1986年，以整顿基干民兵队伍和改革城市民兵工作为重点，对全县民兵进行集中整顿。1991年，适时调整民兵组织的编组方案和基干民兵发展规划，并对全县民兵组织和基干民兵队伍进行整顿。

1997年，对全市民兵组织进行改革调整。民兵编组本着有利于领导、有利于提高质量、有利于开展活动、有利于执行任务、有利于平衡负担的原则。扩大基干民兵组建范围。在城市，在坚持国有企业为主的前提下，按照条件，有计划、有步骤地扩大在建有党支部组织的“三资”企业、股份制企业、集体企业及其他各种所有制企业基干民兵的编组；在农村，以乡镇企业和大中型村庄建立基干民兵组织。调整民兵应急分队的编组。组建2个市属民兵应急连，沿海乡镇各组建1个排。民兵应急分队实行单独编组，所编人员从基干民兵中择优选编。民兵应急分队连长由市武装部相应职务的干部兼任，排长由专武干部兼任。对市属民兵应急分队，配备盾牌、警棍、头盔、交通、通信等器材和联络工具。

2004年4月，市委、市政府印发《关于进一步搞好民兵组织整顿工作的意见》。境内民兵编组方案进行调整。全市民兵组织整顿工作的时间调整到每年的第一季度，4月检查验收。农村基干民兵编组，以村（企业）为单位建基干民兵班或排；城市民兵在城区为主体的基础上，编组范围由企业单位向事业单位扩展。各镇（区、街道）组建步兵分队1～4个连，市直各单位不组建步兵分队。在原有民兵专业技术分队编制基础上，在城区企业单位、方圆街道、凤城街道、朱吴镇等单位组建民兵高炮营。在保持原有民兵对口专业技术分队相对稳定的基础上，在城区有关部门，组建通信支援、通信光缆抢修、医疗救护和卫生防疫分队。

第二节　军事训练

周期训练　1978年，全县民兵进行有计划、有重点地周期军事训练，训练内容和方法趋向统一，重点训练民兵干部和武装基干民兵。县武装部主要集中训练民兵连、营长和地炮分队、机炮分队、打坦克爆破分队、侦察骨干分队、武器维修工人等，每期训练10～15天；公社武装部主要集中训练民兵连（营）副职和排级以上干部、武装基干民兵等，训练时间7～10天；生产大队民兵连主要集中训练基干民兵。1981年，县武装部主要负责武装基干民兵连、排长和专业技术分队训练，实行分批轮训，2年训练1遍。武装民兵由公社（机关）武装部负责集训，采取公社集中轮训或分片集训的方法，一个周期结束后，经考核发给合格证书，不再参加训练。以后每隔一两年组织3～5天的复训，巩固训练成果。

定向挂钩训练　1987年，55068部队海岸防御实兵演习，抽调全县民兵组建一个步兵营，从动员扩编开始，自始至终参加演习，技战术水平得到提高，合成意识增强。1988年，县武装部同驻军55068部队进行军民定向挂钩训练试点。采取训练对象与联防任务结合、训练专业与战时扩编任务结合、联训规划与年度训练任务结合的方法，合理确定参训人员和训练内容。3月，县武

盾牌操

装部从6个乡镇抽调民兵，依据训练专业，编成建制排、班补入55068部队，采取编排插班两种方法，实行同吃、同住、同训练。成建制进驻民兵训练基地受训。在部分民兵补入连队施训的同时，县武装部组织参训民兵，按照守备团的现行编制，由人武、专武干部任各级主官，部队、县武装部共同选调教员和骨干，使用部队的武器装备，对口组织施训，成建制地不定期带训。在挂钩训练的基础上，县武装部利用平时部队战术演练和演习组织带训民兵。1990年，县武装部与部队定单位、定数量、定专业、定职责，就近挂钩，采取对口联训的方法，共组织3期，每期30天。1992—1999年，市（县）武装部与部队定向挂钩训练坦克乘员，每期训练20天，在部队训练点驻训。

规范化训练　1985年，把两年一个周期训练改为年度训练，训练时间按新兵役法的规定执行。1986年8月，民兵军事训练由乡镇、厂矿分散训练，改为到县武装部集中训练。1989年起，民兵军事训练全部在民兵训练基地集中训练。民兵训练基地配备8名有一定军政素质和教学经验的教练员，定期培训，保证教练员队伍的长期稳定。根据总参谋部《民兵军事训练大纲》和教材要求，统一训练内容、训练时间、训练考核标准。县武装部成立民兵军事训练大队，武装部领导担任训练大队军政领导，下设行管、教学、政工、保障组织。参训民兵按照训练专业编组，制订训练计划。采取灵活多样的方法和形象直观的教学手段，确保训练质量。每期训练结束时，严格按照总参谋部《民兵军事训练评定标准》，逐一进行考核登记，做到训一个、储备一个。自此，民兵军事训练工作实现正规化、规范化、制度化。1990年8月，烟台警备区在县民兵训练基地召开民兵训练基地设施配套建设现场会。

专业技术分队训练　1998年5月，市武装部市属民兵应急分队在市民兵训练基地分2期集中训练，每期15天。6月，烟台市政府、烟台警备区对市属民兵应急分队成建制进行考核拉动。市属民兵应急分队一连，为考核组汇报表演训练课目和盾牌警棍操。之后，市武装部每年对市属民兵应急分队轮训1次，并进行实战拉动。2008年

防化分队考核

9月，市武装部组织民兵高炮分队在民兵训练基地集中训练。9月22日—28日，高炮分队及装备赴潍北靶场实弹射击，被山东省军区表彰为实弹射击优胜单位。1978—2010年，民兵训练合格率95%以上。

训练设施建设　民兵训练基地建设　1986年，县政府筹措资金65万元，在东村镇南才苑村征地，1987年7月开工建设。1988年1月竣工并交付使用。1989—1990年，先后投资10万元，建起电化教学室、普通教室、专修室、教（器）材室、娱乐室、教员办公室等配套设施，改善民兵食宿条件，健全各项规章制度。投资2万余元，在电化教学室建起民兵荣誉室，电化教学室成为集电化教学、国防教育为一体的综合教室。1990年12月，县民兵训练基地被济南军区评为达标单位。1994年，投资5万余元，硬化基地训练场。2004年4月，民兵训练基地异地新建。新建基地位于东村街道工业园，市政府投资200万余元，11月开工建设，2006年年底交付使用。2007年5月，经山东省军区检查验收达标。

射击场、战术场建设　1982年8月，在东村镇新兴村征地投资5万余元，修建一处综合靶场，设置100米、200米、250米射击靶台和砖石结构靶壕、显示装置，保障民兵训练射击需要。1993年，投资3万余元，在县民兵射击靶场内，修建民兵训练战术场，构筑折线形堑壕和立姿、跪姿机枪射击掩体和工事，架设蛇腹形、屋脊形铁丝网及高、矮桩铁丝网，设置土堆、土坎、土坑等地形地物及防坦克障碍物，提高民兵战术训练质量。

第三节　军事比武

烟台警备区（军分区）比武　1978年8月27日—30日，县武装部组织民兵参加烟台地区比武大会，获得团体总分第7名（16个县、市、区），其中政治测评第10名、轻机枪射击第3名、投弹第9名、班对抗射击第12名、班对海上浮动目标射击第10名、战术理论测验第2名、冲锋枪夜间射击第3名、步枪夜间射击第2名、步枪速射第5名、轻武器夜间射击第2名。1987年7月23日，选拔17名民兵组成代表队，参加烟台市民兵军事比武竞赛，获得八二无后坐力炮射击优秀、轻机枪射击第2名、手榴弹投准第5名的成绩，并被评为精神文明标兵队。1997年7月17日，组织8名民兵教练员、3名仓库保管员参加烟台警备区第十二届（专业）训练比武。民兵教练员、仓库保管员均取得总评成绩第3名。

2000年6月1日，组织全体专武干部、民兵教练员、人武干部分别参加烟台警备区第十五届军事（专业）训练比武，总评第3名，其中，手枪射击第3名、半自动步枪分解结合第3名、民兵教练员团体第2名。2003年8月5日—8日，组织人武干部、专武干部和民兵应急分队参加烟台警备区第二十届军事比武，获"两武"干部手枪射击总评第3名、民兵应急分队500米收放线第2名、56式冲锋枪分解结合第6名。2006年3月，组织机关干部，参加烟台警备区第二十一届军事比武，取得手枪射击、微机标图、军事理论和指挥技能等课目总评第3名。2009年7月，组织参谋人员、民兵教练员、仓库保管员参加警备区第二十四届军事比武，取得民兵仓库保管员武器分解结合第2名、民兵步兵分队专业第3名、参谋比武第4名、通信专业第5名。2010年6月，组织民兵教练员参加警备区第二十五届军事比武，取得综合成绩第1名。

2010年，民兵灭火训练比武

市（县）人武部比武　1978年7月，县武装部在县委党校组织全县民兵军事比赛。县直机关、徐家店公社、行村公社武装部，获得射击比赛集体前3名；行村、小纪、凤城公社，获政治测验集体前3名；东村和辛安公社、县直机关，获手榴弹投掷集体前3名；行村公社文山后、凤城公社黄家、行村公社赵疃、凤城公社庙头民兵连，获班对抗射击前4名；徐家店公社徐家店、大辛家公社大辛家、小纪公社纪家店、朱吴公社后山中涧民兵连，获刺杀前4名。1987年6月，组织全县24个基层武装部的民兵，进行比武选拔赛，参加民兵144人。东村镇、辛安乡、凤城镇、县直机关、南城阳乡代表队取得总评成绩前5名。1991年8月1日，为庆祝全县第一个"军事活动日"，组织县直10个基层武装部的民兵进行射击比赛，直属企事业、商业集团公司、二轻工业公司代表队，获得半自动步枪射击前3名；建材公司、县供销合作社联合社、县直属企事业代表队，获得五六式半自动步枪100米对酒瓶、气球射击前3名。

第四节　军事表演

1977年5月—1980年7月，全县民兵先后3次为新疆军区、福州军区等单位首长进行爆破表演。1991年6月，在境内选拔6名优秀民兵，到烟台参加全国民兵规范化训练教学法集训班战术示范表演。1992年5月，组织部分人武干部、专武干部到烟台参加全国民兵预备役部队基层建设工作会议地雷爆破表演。表演一字长蛇雷阵爆炸、连环雷阵爆炸、子母雷爆炸等课目。

1995年8月3日，山东省烟台市暨海阳县纪念抗日战争胜利50周年纪念大会在海阳县召开。县武装部组织人武、专武干部及来自各个岗位上的男女民兵，为大会进行地雷爆破表演，设计表演项目15个。1998年9月，组织部分机关干部、专武干部到济南，为山东省党管武装工作会议进行地雷爆破表演。2002年8月，市民兵应急分队，到招远市为烟台市、县（市、区）武装部正规化建设现场会暨党管武装工作会议，进行侦察兵技术与实战应用课目表演。2005年10月，组织民兵应急分队为烟台警备区成立20周年阅兵庆典进行擒拿格斗基本功、警棍盾牌操两个课目表演。

第五节　军事演习

1980年11月，组织民兵举行大型游击破袭演习，全省各县（市、区）人民武装部部长、驻军首长，由烟台军分区副司令员商建爱带队，到海阳县观摩、指导。1996年9月，抽调40名基干民兵，在凤城镇配合驻地部队进行抗登陆演习。2010年10月26日，市委、市政府、市武装部和有关单位成立军地联合指挥部，组织民兵高炮、民兵应急、阵地抢修、通信抢修、供水抢修、电力抢修、防化洗消、医药救护等，参加濒海防卫作战实兵演习。

第六节　政治教育

1978—1981年，全县民兵政治教育主要抓坚持四项基本原则、共产主义理想、法制教育和民兵性质、任务教育。1982年，落实总政治部《关于加强民兵政治教育意见》中提出的民兵政治教育三项制度，在第二期基干民兵训练中，安排10%的时间进行政治教育；基干民兵每月上一堂政治课；结合征兵、民兵整组和重大节日，每年对普通民兵进行4～5次教育。1985年，对民兵政治教育制度进行调整，除继续坚持从年度军事训练任务中拿出10%的时间用于政治教育外，将基干民兵每月一堂政治课压缩为每年进行4次教育，普通民兵每年结合征兵、整组和重大节日进行1～2次教育。1986年，利用青年民兵之家对民兵进行政治教育。1989年，有95%的民兵连建有青年民兵之家，90%的民兵接受教育。1990年，以《中国民兵》《黄河民兵》《中国国防报》《山东国防报》为主要教材，对基干民兵进行四课刊授教育。普通民兵的2次教育，结合全民教育一同进行。1999年，民兵刊授教育面95%。其间，1994年1月，辛安乡基干民兵营，被山东省军区政治部授予基层民兵政治教育先进单位；1997年9月—1999年9月，市武装部连续3年被中国民兵杂志社评为刊授教育二等奖。2002年，市武装部在民兵中开展"五有教育法"，即授课有教案、听课有记录、上课有登记、课后有作业、半年有考核。保证基干民兵16课时、普通民兵2课时教育的落实。2000—2003年，市武装部分别被济南军区黄河民兵杂志社、山东省军区、山东国防报社评为刊授教育一等奖。

2010年，市高级职业学校防空防灾应急疏散演练

第七节　支援地方建设

维护社会治安　70年代，全县各民兵连长年组织民兵住宿执勤、站岗巡逻，加强重点目标的保卫，反敌特偷登、袭扰、空投，护厂、护矿、护村，维护社会治安。1984年，全县成立民兵治安巡逻队618个，配合公安机关打击不法分子犯罪活动3712次，单独抓获犯罪分子37名。1989年7月，为应付突发性事件，县、乡两级成立民兵应急分队。在全县组织的防止突发事件活动中，出动民兵，加强对县委、县政府机关警卫，对县民兵武器仓库、徐家店火车站、长途汽车站、凤城码头等重要目标的执勤巡逻和守卫，协助公安部门维护社会、生产、生活正常秩序。1991年10月，印发《关于组织动员民兵参加社会治安综合治理的意见》。各基层武装部组织民兵开展护厂、护矿、护店、护村活动，协助公安部门打击严重犯罪活动，保护重要目标，保卫国家和人民生命财产安全。1993年6月16日，县百货大楼基干民

兵杨青松，为保护集体财产和职工生命安全，赤手空拳与3名持刀歹徒搏斗，不幸以身殉职。省政府、省军区授予杨青松见义勇为好民兵称号，省政府追认其为革命烈士；烟台市委、市政府、烟台警备区给海阳县百货大楼民兵连和基干民兵杨青松分别记集体二等功和个人二等功；县委追记其为中共正式党员。

扶贫帮困 1985年，全县民兵开展“带建”活动，成立民兵突击队769个、学雷锋小组8411个、帮教小组2307个、义务帮劳小组1520个、治安巡逻队647个、娱乐体育队310个，做好事4.74万件，参加抢险救灾913人次，全县1.15万户民兵家庭被县政府评为“五好家庭”，县武装部抓的77个“带建”点，有45个被县委、县政府命名为文明村（单位），375名民兵被评为民兵“带建”先进个人。1988年7月，制定《海阳县民兵带头建设两个文明三年规划（1988—1990）》。1989年，建立学雷锋小组768个、扶贫小组728个、治安巡逻队786个，共有6787人参加。县、乡两级武装部建文明示范点25个，民兵连扶贫户7320个，脱贫5756户。县武装部帮抓的小纪镇纪家店村扶贫点，被山东省贫困地区经济开发领导小组、省军区政治部授予组织发动民兵带头脱贫致富先进单位称号；留格庄乡院下村民兵连被烟台市委、市政府、警备区通令表彰。1997年，市人武部组织民兵开展带头参加群众性精神文明建设，带头参加社会主义公德、职业道德、家庭美德建设，带头参加社会治安综合治理等活动，把“青年民兵之家”建成农村思想教育和文化活动的阵地。1999年，辛安镇南丁村民兵连被省委宣传部、省文明委、省军区政治部命名为精神文明示范点，方圆集团被烟台警备区授予红旗民兵之家称号。2002年，印发《海阳市人武系统干部开展帮扶后进村活动的意见》，成立帮扶工作领导小组，召开专题会议进行部署，印发科技帮扶知识资料，在辛安镇辛安村、二十里店镇齐沟崖村召开帮扶工作现场会，推广帮扶经验。海阳的帮扶做法和经验，在《山东国防报》《烟台日报》《黄河民兵》等刊物刊发，海阳电视台作专题报道。

抢险救灾 1981年3月30日，留格庄公社姜格庄大队民兵连基干民兵董吉德，奋不顾身跳进2.9米水深的大口井里，抢救落水女社员。县武装部党委为其记三等功1次，团县委授予董吉德优秀青年光荣称号，县委发出通知，号召全县人民开展向董吉德学习的活动。1983年9月1日，徐家店公社上吼山大队24岁民兵刘洪财，奋不顾身跳入大口井中，救出2名落水群众。县委、县政府、县武装部党委为其记三等功1次，并号召全县青年民兵向刘洪财学习。1985年8月19日，全县遭9号台风和暴雨袭击。县武装部组织各基层武装部、民兵连开展自救、站岗值班、维护社会治安。组织二十里店乡民兵应急分队，保护二十里店水库大坝安全。1993年12月8日，东村镇和平村一村民家中因电路故障引发大火。已被县政府征兵办公室批准入伍的青年民兵时浩，不顾一切冲进火海，抢救群众生命财产。县武装部党委为其记三等功1次。1996年8月22日，奥威集团遭特大龙卷风袭击，方圆集团民兵应急分队接到命令后，20分钟赶到指定地点，开展抢险救灾工作。2003年，在抗击“非典”斗争中，市武装部号召全市民兵预备役人员开展爱国卫生运动、强身健体运动和科普宣传教育活动，并印发“致全市民兵预备役人员抗击非典公开信”。各民兵连设置非典防治检查点1256个。

第四章 国防教育

第一节 组织领导

1986年，组建海阳县国防教育领导小组，在县委、县政府领导下，县委宣传部、县教育局、县民政局、县文化局、县广播电视局、县总工会、县妇联、团县委、驻军和县武装部等单位参与。1989年7月，充实调整县国防教育领导小组，办公室设在县武装部，统管全县国防教育工作。1999年6月，成立海阳市国防教育委员会，办公室设在市委宣传部。2003年7月，市国防教育委员会并入市国防动员委员会，办公室设在市武装部，领导全市国防动员、国防教育工作。

第二节　国防教育内容与形式

教育内容　主要开展国防理论、精神、历史、法治、体制、动员、经济、外交、体育和常识等内容的国防教育。1979年4月，县委召开会议，号召全县广大干部群众掀起学习对越自卫反击作战英雄的热潮。

教育形式与方法　设立国防教育课堂　将国防教育纳入全民普法教育和各级党校党员干部培训、轮训的主要内容，列入中小学校学生的必修课和全民教育的主要内容。2002年，市国防教育委员会、市武装部、市教育体育局在全市中学生中，开展“国防在我心中”征文活动和演讲比赛，共收征文126篇，18名选手参加演讲比赛。

利用大众宣传媒介　运用广播、电影、电视、录像、录音、报纸杂志等大众宣传媒体广泛宣传国防知识。

组织函授、刊授教育　运用函授、刊授的形式，对文化程度较高、有一定自学能力的公民进行国防教育。2001—2005年，市武装部连年被济南军区政治部前卫报社、黄河民兵杂志社，评为落实刊授教育先进人民武装部。

营造国防教育社会氛围　利用国防教育基地（设施）开展国防教育。每年清明节，组织中、小学校学生和机关团体人员到革命烈士陵园参观、瞻仰，凭吊革命烈士，在潜移默化中增强爱国、爱军、爱英雄的意识。每年9月的第3个星期六“全民国防教育日”，广泛开展宣传活动。平时，结合国庆节、建军节和重大纪念日，开展以爱国主义为主题的国防教育，增强教育效果。

开展军事实践活动　经常组织民兵预备役人员、青年学生参加军事训练，学习武器装备的操作，掌握基本的战术技术，加深对国防建设的认识和军队的理解，树立热爱国防、热爱军队的思想，培养勇敢精神、献身精神、团结奋斗精神，提高组织纪律观念。

坚持地方党政领导过“军事日”制度　1991年，县委决定，每年8月1日为军事日。坚持党政领导参加军事活动日制度，每年组织党政领导到部队参观、访问、打靶、学习军事知识，定期到市（县）人民武装部办公，增强各级党政领导国防意识，激发尚军习武的热情。

开展拥军优属　经常开展向解放军学习活动，帮助驻军解决实际困难，为部队训练提供必要保障，组织民兵预备役人员保护军事设施。帮助解决烈军属生产、生活困难。落实军人、军属的优抚政策，维护烈军属的合法权益。

第三节　国防教育基地

地雷战纪念馆　位于市区海阳博物馆二楼，展厅面积500平方米，展览面积240平方米，展览分六大部分，展示画面200余幅，文物200余件。以大量翔实的图片，真实生动地再现抗日战争时期海阳大地上发生的波澜壮阔的战斗场面。2005年，被评为全国第三批爱国主义教育示范基地。1995—2010年，先后对20余万人进行国防教育。

海阳市革命烈士陵园　1956年，建成海阳县革命烈士陵园后，每年清明节，市委、市政府均组织党、政、军、民、学校1000余人，为烈士扫墓，敬献花圈，缅怀先烈。（参见第二十五编第五

2010年，地雷战纪念碑

章第三节“优待优抚”）

海阳民兵荣誉室 1989年11月，县武装部在民兵训练基地建民兵荣誉室，布展面积200平方米。设党管武装、地雷战的故乡、战斗模范县和支前模范县4个栏目及迟浩田、杨得志等领导题词；展出战争年代海阳民兵自制和使用的地雷模型及100余幅战斗、生活照片。2002年，增设地雷战威震敌胆、地雷战精神代代相传2个栏目。民兵荣誉室建成后，对3000余名民兵预备役人员进行传统教育，对2000余名批准入伍的新兵进行役前国防教育，并利用节假日、国防教育日向社会各界群众和中小学生开放。2003年，民兵荣誉室被海阳市双拥工作领导小组办公室批准为海阳市国防教育基地。

第五章 人防战备

第一节 机 构

1976年10月，海阳县人民防空委员会办公室成立，列政府编制。1979年8月，撤销县人防领导小组及人防办公室，人防工程移交给县武装部。1999年，成立海阳市国防动员委员会，设人民防空办公室。2001年11月，成立海阳市人民防空办公室，由规划建设管理局管理，对外使用人民防空办公室名称，为副科级，负责全市人防工作。2006年1月，市人民防空办公室为市规划建设管理局内设机构，正科级建制。2008年7月，海阳市规划建设管理局加挂海阳市民防局牌子。

第二节 专业队伍

1976年，县人民防空委员会办公室设组织指挥、通信、警报、人防工程及防化、人员疏散等专业队伍，普及“三防”（原子、化学、细菌）知识，负责防空事宜。1979年，县人防办公室被撤销。1999年，重设人民防空办公室，制订海阳市人民防空预案，组建抢险抢修、医疗救护、治安、消防、防化防疫、通信、运输7支防空专业队伍。2005年，修改海阳市人民防空预案，建立城市人防专业分队。在市规划建设局、交通委、公路局、电力公司和自来水公司等部门组建抢险抢修分队，负责抢建抢修道路、桥梁、水电设施、房屋、人防工程和其他公用设施，抢救人员和物资；在市卫生局组建医疗救护队，负责抢救伤员，组织指导群众自救互救；在市公安局、消防大队组建治安、消防分队，负责重要目标、设施的防火灭火任务，担负治安保卫、交通、照明等正常生活秩序的管理控制工作；在市卫生局、防疫站、环保局等部门组建防化防疫分队，负责核、化、生武器袭击的观察和侦察，对受染人员、物资、设备和重要目标进行洗消、消毒和清除沾染、防疫灭菌工作；在市网通公司、移动公司、联通公司和邮政局组建通信专业分队，负责抢建抢修通信设备、线路，保障城市防空袭通信联络的通畅；在市交通局组织运输分队，负责保障人员、设备及危险品的疏散及转移，运送重要的战备物资，保障其他专业分队执行任务，运送伤病员，协助其他部门抢运生活、生产物资等。各镇（区、街道）在政府（管委、办事处）驻地，相应成立人民防空专业分队。2005年，全市成立抢险抢修专业分队、医疗救护分队、治安消

2010年5月12日，市人民防空办公室举办“防灾减灾日”宣传活动

防分队、防疫分队、通信分队、运输分队。2010年，城区设防空专业分队，各镇（区、街道）设防空专业分队。

第三节　人防工程

70年代前，海阳县人民防空的任务是构筑工事，挖坑道和防空地下室的构造。1980年，随着机构撤销，人防工程疏于管理，加之道路改造及城市建设等原因，全县已无可利用的人防工程。2002年9月，海阳市被省政府、省军区确定为省人民防空重点城市。市委、市政府坚持“长期准备，重点建设，平战结合”的人防建设方针，贯彻《中华人民共和国人民防空法》《山东省实施〈中华人民共和国人民防空法〉办法》等法律法规，坚持人民防空建设与经济建设、城市建设相结合的原则，立足实际，抓住机遇，全面开展人民防空工作。2005年，建新元广场、银河名座2处人防工程。2007年11月，市政府印发《海阳市人民防空工程管理办法》。2008年11月，编制完成《海阳市人防工程暨地下空间开发利用兼顾人防要求规划（2008—2020）》。2006—2010年，开工建设人防地下室工程。建成的人防工程兼顾平时和战时功能，平战结合，为经济社会发展服务。

第六章　拥政爱民

海阳驻军深入开展拥政爱民活动，加强军政、军民团结，广泛开展军民共建社会主义精神文明活动，开展创建“双拥模范城活动”，并建立健全规章制度，保证拥政爱民工作深入持久开展。1991年、1995年，54762部队某部被省委、省政府、省军区授予拥政爱民模范单位和拥政爱民先进单位称号。

第一节　参与驻地建设

1978年，凤城公社武装部组织民兵“战山河兵团”，用1年时间，修建石人泊“群英池”，加固邓家水库，建135马力扬水站2座。是年冬，修筑拦海大坝1500米，围海造田200余公顷。1979年1月8日，县人民武装部组织民兵600人，拖拉机120台，参加修建烟台合成革厂初期工程，120天完成土石方15.5万立方米，提前完成任务。54762部队驻防海阳后，发挥部队人力和装备优势，帮助海阳发展生产、壮大经济。1987—1989年，义务支援海阳建设投入兵力1200余人次，完成劳动日3.6万个，出动车辆机械1300台次，建成大中型工程项目4个，抢险救灾11起，挽回经济损失30万元，开发海区133.33公顷。1997年，东村镇在凉山后村新建一所初级中学，学校地处山坡，平整操场工程量大、困难多。54762部队主动承揽此项工作，出动2台推土机、1000余人次，奋战45天，推土3万立方米，整平操场，并修建一条3000米的育才路。3月，在东村至桃村全长56.6千米的通信光缆铺设中，该部承揽全部线路的开沟挖掘工作，出动官兵6500人次、车辆384台次，仅用24天就圆满完成工程任务，为地方节省资金60万元。1997年11月，市广播电视局准备架设东村至凤城有线电视线路，由于受人力、资金等方面的限制，工程进展缓慢。54762部队派出通信连30余名技术骨干，义务架设10余天，铺设光缆5000余米，为地方节省资金10万余元。2000年，市武装部组织发动机关干部、职工和民兵500余人，参加二十里店水库西水东调工程建设。54762部队主动与市政府联系，出动兵力1800余人次，车辆、工程机械200余台次，完成5千米硬石地段的爆破挖渠任务。

第二节　军民共建

1983年，驻军及县武装部由点到面，开展军民共建社会主义精神文明活动。8月，县委印发《关于开展创建文明村文明单位活动的意见》。县武装部按照要求，动员民兵预备役人员积极投身

1991年3月3日，54762部队战士义务为群众修理自行车

到创建文明村、文明单位活动中。同年，有120个民兵连被评为文明单位。1984年3月，在第一、第二个全民文明礼貌月活动中，军民共建活动点发展到33个。

1987年12月，县委军民共建精神文明领导小组成立，驻军首长和县武装部政治委员为领导小组成员。同时，确定军民共建对象20对，45个单位。1988年1月，县委、县政府、54762部队联合印发《关于大力开展军民共建精神文明活动的决定》。1990年2月，54762部队与县委用50天时间，在全县军民中开展社会主义信念教育，军地联合成立教育办公室，编印10万余字的教材，培训1000余名军队干部、教师等教育骨干，修缮整理23个展览馆、室，开展“学历史、忆先烈、明责任”活动。团县委和部队团组织统一发起“学雷锋、树新风，做社会主义一代新人”活动，对军地所属200余个学雷锋小组统一部署，

1991年3月3日，54762部队医生义务为群众测量血压

用军地青年一起过团日的形式，分批轮流上街做好事；举办“学雷锋、树新风、讲奉献”读书演讲；运用电视、广播、报刊、幻灯、墙报专栏等形式宣扬雷锋式的好人好事。

1997年1月，54762部队与市政府联合开展“爱心献功臣”活动。部队为驻地共建单位的老英雄、老前辈、老功臣和革命烈士家属建立档案，各连队组成活动小组与其结成帮扶对子。1999年6月起，54762部队某部活动小组坚持每周到共建单位鞠家庵村开展“爱心献功臣”活动，54762部队某部被烟台市委、市政府授予爱心献功臣活动先进单位称号。54762部队某部与凤城镇敬老院结成共建对子，全体官兵坚持经常到敬老院为老人送温暖。54762部队与市地税局开展“军税共建”活动，双方签订协议书，“八一”建军节前，组织地税干部到兵营过“军事日”，为市地税局人员上军事管理课，并对30人进行军训。54762部队医院“便民医疗组”经常深入农村、学校、工厂等开展巡诊和咨询服务。1980—2000年，累计下乡30余人次，为驻地巡诊650余人次，诊治病人1400余人次，接待诊治地方病人3800余人次。

2001年3月，54762部队组织官兵开展“科技服务周”活动。部队某部组织50余名官兵与市直机关干部联合到烈士陵园植树1200棵；部队医院和通信修理所组成服务队，为500余名群众提供医疗服务，修理各类电器168件。“五四”青年节，部队直属队官兵到各公共场所打扫卫生，义务劳动。同年，部队累计出动兵力200余人次，为驻地学校担任校外辅导员；为残疾人和军烈属捐款捐物折合人民币2.4万余元。出动兵力1260余人次，帮助驻地挖树坑3400余个，植树1.2万余棵。2002—2010年，部队出动兵力2000余人次，整修排水沟1.2万余米，疏通河道1500米；出动兵力500余人次参加支农，收小麦60余公顷。定期组织部队便民医疗队深入驻地村、镇和居民区开展巡诊和卫生咨询服务，接待诊治地方病人6000余人次。54762部队某部4次被烟台市委、市政府和烟台警备区授予拥政爱民先进单位称号。1991—2010年，海阳市先后5次被省委、省政府、省军区授予“双拥模范城”称号。

第二十五编

社会事务管理

社会事务管理包括劳动、人事、编制管理、社会保障和民政事务管理。1978 年 6 月，海阳县人事局成立，干部管理、人才工作逐步完善。1988 年后，县政府连续出台多项人才引进政策，招贤纳士。1991 年 1 月，职称评审工作由县科委移交县人事局。1996 年 11 月，出台公务员制度实施方案、过渡办法、县乡机关人员分流规定等一系列配套政策和规定，标志着全市公务员制度正式实施。1983—2010 年，海阳县级党政机构先后进行 4 次改革，乡（镇）党政机构 3 次改革，事业单位 3 次改革，不断加强编制工作，加快推进政府工作职能转变。

中共十一届三中全会后，海阳县乡镇企业、村办企业、“三资”企业、个体私营企业异军突起，用工政策逐步多样化。1979 年，实行劳动部门介绍就业、自愿组织就业、自谋职业相结合的就业政策。1984 年，实行合同制度改革，新招工人全部为劳动合同制工人。1993 年，全县推行全员合同制，企业干部、固定工、合同制工人均与用人单位签订劳动合同，实行全员劳动合同制管理，打破企业干部与工人的身份界限。1995 年起，先后建立完善企业裁员、辞退和经济补偿制度，劳动关系走上法治化轨道。1998 年 9 月，建立一系列制度促进下岗职工再就业。2000 年后，重视培养专业人才，加强就业培训服务，开展大众创业活动，劳动就业率不断提高；加大劳动监察力度，依法保护职工合法权益。

在城镇和农村建立、完善以养老保险为核心的社会保障体系，机关和企事业单位建立起养老、失业、工伤、城镇职工医疗、生育五大保险体系；建立和完善新型农村合作医疗、城乡居民最低生活保障等社会保障制度。基层民主政治建设、社区功能完善、弱势群体扶助、老龄工作及优抚安置、双拥共建取得长足进步。1991—2010 年，海阳先后 5 次被省委、省政府、省军区评为山东省双拥模范城。

第一章 人 事

第一节 机 构

海阳市人事局 1978 年 6 月，海阳县革命委员会设人事局，履行以往人事科职能。1985 年 1 月，内设调配任免、监察、工资福利 3 个股。1987 年 12 月，撤销监察股。1988 年 6 月，增设县人才交流办公室。1989 年 9 月，增设退休干部管理科。1991 年 3 月，内设机关岗位责任制办公室，为副科级事业单位。1993 年 8 月，设考试中心；12 月，内设办公室、调配科、任免奖惩科、工资福利科、科技干部科。1994 年 1 月，县人才交流办公室改称县人才服务中心，设机关事业单位社会保险事业处，均为副科级事业单位；考试中心提格为副科级事业单位。1996 年 4 月，设机关事业单位工人技术考核办公室；5 月，海阳县人事局改称海阳市人事局。1999 年 5 月，机关事业单位社会保险事业处划归市劳动和社会保障局管理。2001 年 3 月，内设高层次人才工作站，为副科级事业单位，挂靠人才服务中心。2010 年 3 月，市人事局与市劳动和社会保障局合并，称海阳市人力资源和社会保障局。

海阳市人力资源和社会保障局 2010 年 3 月，组建市人力资源和社会保障局。将市人事局的职责、市劳动和社会保障局的职责整合划入市人力资源和社会保障局，不再保留市人事局、市劳动和社会保障局，原与市人事局合署的市机构编制委员会办公室单独设置，列入党委机构序列。内设办公室、政策法规科、规划财务监督科（加挂市社会保障监督委员会牌子）、就业促进科（加挂毕业生就业科、农民工工作科牌子）、调配与事业单位人事管理科（人力资源市场管理办公室）、公务员管理科、教育培训与职业能力建设科、专业技术人员与外国专家科、劳动关系科、工资福利科、社会保险科（加挂市劳动能力鉴定委员会牌子）、监察与调解仲裁管理办公室（加挂信访科牌子）。机关行政编制 27 名，工勤人员编制 4 名。辖海阳市人事考试中心，副科级事业单位；海阳市人才服务中心，副科级事业单位；海阳市军转干部工作办公室，股级事业单位；海阳市机关岗位责任制办公室，副科级事业单位；山东省国际经济技术合作公司海阳分公司，股级事业单位；海阳市劳动监察大队，副科级事业单位；海阳市社会劳动保险事业处，副科级事业单位；海阳市农村社会养老保险事业管理处，副科级事业单位；海阳市机关事业单位社会保险事业处，副科级事业单位；海阳市劳动就业办公室，副科级事业单位；海阳市劳动人事争议调解仲裁院，副科级事业单位；14 个镇、街道劳动保障所，股级事业单位。

第二节　干部管理

干部调配　1978 年后，海阳干部调配权限多次进行较大调整。全市干部调配按国家规定的编制员额和干部人数计划进行，根据工作需要，注重特长发挥，适当照顾困难，并执行回避制度。调动时由调出、调入单位商洽，并征求个人意见。主动要求的，需向本单位书面申请，调出单位提供证明。1996—2010 年，调往市外 197 人，市外调入 63 人，市内调动 2362 人。

干部聘用　1984 年，县政府根据省委组织部、省人事局《关于乡镇党政群机关干部试行选聘的意见》规定，对乡镇干部缺编，在现有干部中又调整不了的，采取从农村中选聘的办法，并对录用人员实行合同制。选聘办法，由县委组织、人事部门根据选聘计划，统一进行文化考试、组织考核，符合条件的推荐给乡镇，由乡镇党委或政府与应聘人员签订合同。1986 年起，确立在坚持文化考试的同时，通过业务考核、全面考察择优聘用的原则。1988 年 10 月，规定乡镇选聘干部实行退休养老保险，退休养老基金由聘用单位和选聘干部按照烟台市劳动合同制工人缴纳的标准缴纳。1991 年 6 月，从选聘干部中提拔担任副科级以上领导职务的，要报烟台市委组织部预批。1992 年 4 月，根据中央组织部、人事部《关于印发“全民所有制企业聘用干部管理暂行规定”的通知》精神，规定全民所有制企业根据需要从本单位工人中聘用干部，在定员、定编、定岗的基础上，编制聘用干部计划，经主管部门审核，报经县人事部门批准后实施。1993 年 5 月，企业从工人中聘用管理人员和专业技术人员，由企业自行确定聘用计划，自行办理聘用手续，不再上报有关部门审批；聘用的干部报上级主管部门备案。2007 年 7 月，在全市各级各类事业单位中，除参照《中华人民共和国公务员法》管理的单位，全面推行人员聘用制度。事业单位除副科级领导干部、不在岗及在缓刑期间人员，只备案，暂不签订聘用合同外，其他人员均签订聘用合同。全市 329 个单位、9071 人签订聘用合同，聘期 3 年。2010 年，全市 294 个单位、8541 人签订聘用合同，干部总数 11107 名。其中，中专以上文化程度 10626 人，占总数 95.67%。

大（中）专毕业生就业　1979 年，全县大中专毕业生就业由人事局负责。1983 年，移交教育主管部门。1997 年，复归人事部门。1998 年前，以计划分配为主，本着学用一致原则，对口分配到机关企事业单位。1999 年后，毕业生就业工作推向市场，实行双向选择，自主择业。派遣期延长至 2 年。对派遣期内落实工作单位的，由人事局办理派遣手续；未落实的，档案转至人才服务中心，并办理代理手续，不再实行见习期制度。

2009 年 7 月 20 日，全市大（中）专毕业生专场招聘会

1986—2005年海阳市接收安置大（中）专毕业生情况表

表 25-1-1　　单位：人

项目 年份	毕业人数	学历层次				就业去向								
		研究生	本科	专科	中专	党政机关	政法系统	文教卫生	农林水	工商税务	银行	交通邮电	企业	其他
1986	76	—	15	3	58	1	3	18	15	—	—	—	33	6
1987	88	—	20	3	65	2	4	25	24	3	2	—	25	3
1988	107	—	21	23	63	6	5	24	11	—	2	—	45	14
1989	127	—	53	25	49	7	14	22	11	5	1	—	47	20
1990	156	—	41	47	68	9	3	37	9	8	3	1	65	21
1991	150	—	33	31	86	3	4	27	13	8	1	—	74	20
1992	243	—	27	33	183	2	7	60	19	12	5	1	118	19
1993	210	—	26	21	163	3	9	31	17	4	4	—	130	12
1994	178	—	17	43	118	5	11	30	11	9	4	2	85	21
1995	382	—	23	156	203	8	21	30	22	8	4	9	220	60
1996	685	—	35	162	488	17	13	65	48	19	2	14	375	132
1997	834	—	29	164	641	2	14	64	60	17	—	21	434	62
1998	567	—	54	113	400	14	6	7	10	2	—	1	133	8
1999	438	1	39	169	229	5	2	18	11	—	—	—	85	8
2000	463	—	13	81	369	5	3	1	3	—	—	1	60	3
2001	498	—	32	63	403	2	6	28	—	—	—	—	103	5
2002	451	—	27	108	316	10	3	26	—	—	—	—	89	19
2003	585	1	44	104	436	28	7	75	3	—	—	—	459	13
2004	622	—	89	93	440	1	5	79	—	—	—	—	513	24
2005	666	—	91	183	392	10	—	53	—	—	—	—	577	26

军队转业干部安置　80年代，海阳县成立军队转业干部安置领导小组，负责转业干部的接收安置工作，组长由县委副书记担任。领导小组具体负责转业干部档案材料的交接和定职定位，督促检查转业干部的住房安排，联系转业干部子女转学和随调配偶的工作安排，配合有关部门做好转业干部的专业培训和接待处理军转干部的来信来访及其他问题等。军转干部的职务安排和分配去向，主要根据岗位需要和干部条件参照原职安排，专业技术干部对口安排。2004年，设市军转干部工作办公室，承担自主择业军转干部政策解释，退役金管理发放，申请核拨地方性补贴，协调解决住房与医疗等社会保障问题，指导就业、组织培训、管理档案，办理专业技术职务评审，因私出国、出境手续等工作。

干部奖惩　1978年，人事监察工作由县人事局负责，并配备专门人事监察干部。1984年，县人事局设立监察股，负责机关工作人员的奖惩工作。1987年12月设立监察局后，惩戒工作移交监察局负责。

奖励　1983年前（含1983年）机关工作人员的奖励由县委组织部实施。同年，全县奖励52人奖品或奖金。1984年起，由县人事局组织实施。同年，全县292人被授予“先进工作者”称号，受奖励的93人，其中为7人颁发奖品或奖金，晋升一级工资1人，其他奖励85人。1985年颁布的《山东省国家机关工作人员奖惩试行办法》，将奖励分为个人奖励和集体奖励2类。个人奖励分为授予先进工作者、记功、记大功、升级、通令嘉奖、授予劳动模范称号6种。上述奖励可以单独使用，也可以同时使用。1985—1994年，9人被授予县级劳动模范称号，记功1240人，记大功691人，通令嘉奖19人。1995年，个人奖励分为授予荣誉称号、记一等功、记二等功、记三等功、嘉奖。1996年，按照《国家公务员暂行条例》要求，对机关事业单位工作人员进行年度考核。1995—2001年，全市共记二等功79人，记三等功1680人，嘉奖4352人，22人获“人民满意的公务员”称号。2002—2010年，全市共记二等功108人，记三等功2257人，嘉奖4554人。其间，2006年，全市有379人获“再造海阳模范”称号。2007年，全市有25人获县级劳动模范称号。

惩戒　1957年，惩戒分为警告、记过、记大过、降级、降职、撤职、开除留用察看、开除8种。80年代，仍沿用上述8种惩戒。1981年后监察工作步入正轨。同年，查处5起违纪案件，并查结11起历史积案。1982—1983年，行政监察工作配合县纪委等部门积极开展打击经济领域内的犯罪活动，共查处6起经济犯罪案件。1984年，配合县公安局、检察院、法院和县纪委查处案件11起，处分干部10人。1985年处分干部5人，复议纠正1人。1992—1997年，全市处分干部24人，其中给予10人行政开除公职处分。1998年8月，省人事厅、省监察厅《关于山东省国家行政机关、事业单位工作人员纪律惩戒有关问题的通知》规定，全省国家行政机关、各类事业单位给予工作人员行政处分暂按《国家公务员暂行条例》规定执行，即警告、记过、记大过、降级、撤职、开除6种。1998—2005年，全市处分干部11人，其中给予8人行政开除公职处分。2006年1月《中华人民共和国公务员法》施行，处分分为警告、记过、记大过、降级、撤职、开除。2007年12月，行政机关任命的事业单位工作人员处分参照执行《行政机关公务员处分条例》。2006—2010年，全市有11人给予行政开除公职处分。

第三节　公务员管理

过渡　1993年10月1日，《国家公务员暂行条例》施行。1996年11月，海阳市正式实施公务员制度。市政府出台公务员制度实施方案、过渡办法、非领导职务设置办法、人员选配实施意见、职位分类办法、市乡（镇）机关人员分流规定等一系列配套政策和规定。全市47个部门和20处乡（镇）共设置公务员职位1338个，列入过渡范围1333人，实际允许过渡1275人。首批被列入过渡的政府序列部门33个，列入过渡的政府正科级行政机构及派出机构2个，列入过渡的乡镇政府20处。对首批列入过渡和参照管理的，统一组织过渡考试，在市区设置考场。参加考试的部门和乡（镇）副职，满46周岁以上的开卷考试，其他人员闭卷考试。1997年4月，市政法部门结合推行公务员制度，开展以双聘制为主的干部人事制度改革，652人列入过渡范围，624人允许参加过渡。2002年8月，市药品监督管理局8人参加过渡。2006年，对公务员范围进行调整，依法将履行公职、纳入国家行政编制、由国家财政负担工资福利的工作人员全部划入公务员队伍，即除国家行政机关外，党的机关、人大机关、政协机关、审判机关、检察机关、民主党派机关中的非工勤人员都是公务员，全市有公务员1603人。2007年，全市有公务员1834人。2008年，全市有公务员1828人。2009年，全市有公务员1840人。2010年，全市有公务员1828人。

考试录用　1997年，按照《国家公务员暂行条例》及单项政策规定，海阳市首次面向社会公开招考录用公务员。通过笔试、面试、考核、体检等程序，择优录用18人。2002年，录用30人。2003年，录用20人。2005年起，每年招考。至2010年，全市共面向社会公开招考录用公务员136人。

培训 1997起，对新招考的公务员每年组织培训。培训分初任培训、任职培训、专门业务培训和更新知识培训。其中，初任培训在试用期间进行，不少于12天，合格者方能任职定级；任职培训在任职前或任职后1年内进行，担任县（处）级副职以上领导职务的不少于30天，担任乡（科）级领导职务的不少于15天；专门业务培训的时间和方式视工作需要而定；更新知识培训每年9月举办，人数60人左右。

第四节 职称管理

1980年，开始对全县科技干部进行调查摸底。9月，成立海阳县科技干部技术职称评定委员会，负责全县自然科学（卫生、教育系统除外）技术职称的评定晋升。是月，对全县自然科学技术人员的技术职称进行套改、复查、确定和晋升。1983年6月，成立海阳县第二届科技干部技术职称评定委员会。评委会分工程技术干部评定组、农业技术干部评定组。9月，全县共有自然科学技术人员1240名。其中，中级科技人员141名，助理级402名，技术员697名。1990年，完成1357个乡（镇）、村企业的职称评聘，评出各类专业技术人员1571人。其中高级1人、中级53人、助级704人、员级813人。同年，首次开始农民职称评定工作。在职称改革清查过程中，对有问题的21人根据政策予以相应纠正。

1991年1月，职称评审工作由县科委移交县人事局，由人事局考试中心（专业技术人员管理科）负责。

海阳市职称评审专业涉及中等专业学校教师、中小学教师、工程、农业、经济、会计、统计、卫生、体育教练、新闻、图书文博档案资料、播音、艺术等12个专业。初级职务与中小学教师中级职务由海阳市负责评审，其他系列中级职务与教师、卫生、工程、会计、经济系列的副高级职务由烟台市负责评审，其余系列的高级职务由省里评审。每个系列均规定详细的评审条件，不具备规定学历但符合破格条件的，可按破格进行申报。机关分流人员、军转干部、民营经济从业人员三年内不受自身现有职称的限制，可直接申报评审相应级别的职务。

1992年，专业技术职务评审工作步入正轨，全县对360个事业单位进行专业技术岗位设置。当年评审专业技术职务4619人，其中初级3105人、中级1393人、高级121人。1993年开始，会计、审计、统计、计算机软件等专业以考代评系列，实行全国统考，已开考的系列不再开展专业技术职务评审工作。

2000年，在全市事业单位中按照量化标准积分推荐晋升高、中级专业技术职务，并逐年修改完善积分推荐办法；9月起，市政府制定《海阳市专业技术职务评聘分开岗位竞聘实施意见》，对全市专业技术人员职称实行评聘分开管理。截至2009年，共进行5个聘期，累计降聘550人，其中高级99人、中级278人、初级173人。2010年开始，市政府重新修订《海阳市事业单位专业技术职务岗位竞聘实施意见》，对事业单位专业技术岗位实行分级竞岗、按岗聘任，共聘任7126人，其中高级1219人、中级3828人、初级2079人。至此，全市取得各类专业技术职务人员24655人。其中高级职称2166人、中级职称8093人、初级职称14396人。

1995—2010年部分年份海阳市事业单位专业技术人员分类数量一览表

表25-1-2　　单位：人

年份	级别	农业	工程科研	卫生	经济	会审统计	工艺美术	教育体育	图文群博	新闻出版	律师公证	档案	其他	合计
1995	正高	—	—	—	—	—	—	—	—	—	—	—	—	—
	副高	3	4	6	1	—	2	10	—	1	—	1	—	28
	中级	17	13	28	—	—	14	6	—	3	—	1	—	82

续表 25-1-2

年份	级别	农业	工程科研	卫生	经济	会审统计	工艺美术	教育体育	图文群博	新闻出版	律师公证	档案	其他	合计
1995	初级	21	114	301	12	51	—	610	—	4	—	—	—	1113
	小计	41	131	335	13	51	16	626	—	8	—	2	—	1223
2000	正高	—	—	—	—	—	—	—	—	—	—	—	—	—
	副高	11	5	20	2	4	3	52	1	1	—	—	—	99
	中级	40	84	77	8	23	4	196	3	4	—	4	—	443
	初级	17	132	104	25	19	—	1		8	—	—	—	306
	小计	68	221	201	35	46	7	249	4	13	—	4	—	848
2005	正高	—	—	1	—	—	—	—	—	—	—	—	—	1
	副高	2	10	25	2	1	3	79	1	1	—	—	21	145
	中级	18	30	60	—	—	1	326	6	4	—	—	24	469
	初级	13	80	100	—	—	1	102	9	3	—	4	28	340
	小计	33	120	186	2	1	5	507	16	8	—	4	73	955
2010	正高	—	—	1	—	—	—	—	—	—	—	—	—	1
	副高	4	5	9	9	6	1	65	1	1	—	—	—	101
	中级	4	14	1	1	—	2	134	1	1	—	—	—	158
	初级	4	76	34	4	—	1	84	—	1	—	4	1	209
	小计	12	95	45	14	6	4	283	2	3	—	4	1	469

第五节　人才管理

科技人才引进　1988年6月，海阳县编制委员会批准成立海阳县人才交流办公室，编制4人。9月，县委、县政府出台《关于海阳县招聘人才引进技术优惠政策的若干规定》；1989年，出台《关于进一步支持鼓励干部工人到乡（镇）村企业工作的暂行规定》；1990年，出台《海阳县外商投资企业中方工作人员管理暂行规定》；1992年，出台《关于重奖贡献突出的专业技术人员的暂行办法》和《关于招聘引进科技人才优惠政策的规定》，并举办首个海阳高校信息发布暨洽谈会。通过山东省高校工委，组织27所高校的党委书记及毕业生分配部门负责人参加。1993年5月，各乡镇设立科技人才工作站。同年，县委、县政府先后出台《关于进一步加强人才工作的试行意见》《关于鼓励县乡机关工作人员到经济第一线工作的实施意见》《关于对作出重大贡献的企业农村干部实行政治鼓励的意见》3个文件，组织3次人才引进活动；5月，召开国家重点高校分配部门负责人会议，18所高校22名负责人携带46个专业、1340名毕业生相关信息参加；是月，国家重点高校科技信息发布暨洽谈会举行，全国11所国家重点高校的36名专家教授与会，达成合作意向66项、技术及项目转让意向48项、人才培养意向14项、技术改造项目意向16项、联合建厂意向3项；10月，组织25人的县属及乡（镇）有关企业负责人招聘团，赴北京参加首届全国人才技术交流大会。1994年1月，海阳县人才交流办公室改称海阳县人才服务中心。同年，先后出台《关于1994年科技战役实施意见》《关于专业技术人员管理人员辞职和接收辞职人员的暂行办法》《关于人才流动争议仲裁的暂行规定》《关于加强流动专业技术人员管理的意见》《国家不包分配的大中专毕业生就业办法》《关于简化科技人员流动手续的意见》等；5月，组成54人的招聘团赴西安，举行专场人才招聘活动。1995年，组织有关企业负责人，赴四川开展招聘活动。1998年，组织政府有关部门负责人，赴西安、成都部分高校考察，引进新技术成果和寻求技术合作。1999年，组织市直有关部门及企业负责人，赴沈阳举办硕士研究生以上层次的人才招聘会。2001年3月，海阳市高层次人才工作站设立，为副科级事业单位，挂靠海阳市人才服务中心。2007年，开通海阳人事人才网站，促成网上求职38人；组织30余家用人单位，参加各地高校和人才市场招聘会，签订就业协议262份，引进各类人才90余名，招募支农大学生3名。2008年，组织30余家企业外出招聘，引进人才120余人，招募支农大学生1名。2009年，引进本科以上人才90余人。2010年，引进179人。

拔尖人才 1988年5月，全县始开展专业技术拔尖人才选拔与管理工作，由县委组织部知工科负责。2002年4月，根据烟台市统一要求，专业技术拔尖人才选拔与管理工作移交市人事局，由人事局考试中心负责。

县级专业技术拔尖人才的选拔，以对社会实际贡献和政治表现为依据，好中选优，优中拔尖，每两年选拔一次，每四年为一个管理期。凡人事关系隶属海阳，从事专业技术工作的人员，未脱离专业技术岗位的企事业单位的负责人等均可参加评选。县级专业技术拔尖人才以中青年为主体，年龄一般在50岁以下。对烟台市级拔尖人才的选拔，以中青年为主体，年龄一般在55岁以下，凡在科学研究、工程和工艺美术设计、专利发明、推广应用科学技术、学术研究及文化教育、卫生体育、新闻出版、管理科学等方面取得突出成绩者均可入选。对拔尖人才的管理，主要通过年度考核进行，按照公开、民主原则，自下而上，综合评定。1988—2004年，全市共组织8次评议选择，143人次被评为专业技术拔尖人才，其间调出28人；烟台市级专业技术拔尖人才9名。1992—2004年，全市有6批24人次被评为县级农民科技优秀人才，其间调出3人。2006年，全市有44人被评为百名优秀人才。2010年，全市评出有突出贡献的优秀人才39名。

人事代理 1997年7月，市政府出台《关于施行人事代理的暂行办法》。1998年4月，出台《关于施行人事代理的暂行办法》的实施意见。1998年8月，市政府出台《关于为加快发展个体私营经济搞好人才人事服务的意见（试行）》。1999年3月，海阳市人才服务中心增设人事代理股。此后，先后出台人事代理、私营企业人事服务、完善人事代理制度等政策。2010年，全市人事代理个人代理人员共1900余人。

第六节 工资福利与干部退休管理

工资调整 1978年，全县对工资进行调整。1979年11月，全县全民所有制企业、事业单位和国家机关职工工资升级542人。1982年，全县党政群机关干部普升一级工资，国家机关、科学文教卫生部门的部分工人进行工资调整，共计2494人。1983年，升级6927人，全县每月实际增加工资额4.67万元。1985年，全县党政机关事业单位进行全面工资改革，改等级工资制为以职务工资为主的结构工资制，即将标准工资加副食品价格补贴、行政经费节支奖金与改革新增加的工资合并。按职能分为基础工资、职务工资、工龄津贴、奖励工资四部分。全县7633名干部参加工资改革，改革后月工资总额为62.78万元，人均月增加19.59元；全县属于套改新工资标准的工人15769人，套改后月增加总额35.61万元。1989年，全县再次进行工资改革，先普调工资，后个调，即专业技术人员普调一级后，工资仍未达到本职务新起点工资标准的，可增加一级工资；进入新起点标准的，行政人员和工人普调一级后，符合解决工资突出问题政策规定的，也可增加一级工资。1991年，对实行结构工资制度的机关事业单位工作人员的工龄津贴标准进行调整，由每年0.5元调整为1元。1993年，机关工资改为职务工资、级别工资、基础工资、工龄工资，事业工资改为职务工资、津贴。全县参加改革的机关人员2010人，事业人员10758人，人均月工资增加84元。1994—2005年，连年依有关政策进行微调。2006年起，公务员实行职级工资制，基本工资由职务工资和级别工资构成；技术工人实行岗位技术等级工资制，基本工资由技术等级工资和岗位工资构成；普通工人实行岗位工资制，基本工资由岗位工资构成。事业人员实行岗位绩效工资制。全市共有1747名机关人员和11258名事业人员参加工资改革，人均月工资增加480元。2010年，全市机关在岗职工年人均工资收入38881元，事业单位在岗职工年人均工资37818元。

福利待遇　1978—1995年，全县实行的工时制度是每周工作6天，每天8小时。1995年，根据国家规定，职工每日工作8小时，每周工作40小时，星期六、星期日为休息日。1999年国务院重新修订节假日制度，海阳市按照国家统一规定执行。2000年9月，海阳市实行年休假制度。探亲假、病假、产假、婚丧假则根据国家或山东省有关规定执行。机关事业单位工作人员和离退休人员死亡后抚恤主要有丧葬费、一次性抚恤金和定期遗属生活困难补助。

海阳市福利费收取标准不同阶段有不同标准。1980年，福利标准为人均月1.2元。1981年1月起，改按工资总额的2.5%提取，包干使用。其中，月工资总额的1%由各单位自己掌管使用，1.5%由县人事局年终统一提取，经过调剂，分配给各单位按规定使用。1993年后，简化归并津贴补贴项目，调整各类人员的津贴补贴标准，对取暖费、独生子女父母奖励费、住房补贴等项目进行发放。1994年1月起，福利费标准为每人每月8元，随个人工资发放。

退（离）休、退职　退休　1978年起，海阳县干部退休制度逐步建立健全。党政机关、群众团体、企事业单位的干部，男年满60周岁、女年满55周岁且参加革命工作年限满10年；男年满50周岁、女年满45周岁且参加革命工作年限满10年，经过医院证明完全丧失工作能力的；因工致残，经过医院证明完全丧失工作能力的，都可退休。1993年10月，根据《国家公务员暂行条例》规定，公务员男年满55周岁、女年满50周岁且工作年限满20年或工作年限满30年的，可以提前退休。

离休　可以享受离休待遇的老干部是指：1949年9月30日前参加中国共产党所领导的革命军队的，在解放区参加革命工作并脱产享受供给制待遇的，在敌占区从事地下革命工作的；在东北和个别老解放区，1948年年底前享受当地人民政府制定的薪金制待遇的干部，也可以享受离休待遇。

1979年2月，给符合离休条件的退休干部改办离休和给部分符合条件的退休干部提高退休费比数。同年，海阳共有退休干部1409人（其中外地转入423人），其中退休改为离休的20人，按规定提高退休费比数5%～30%的退休干部1126人。1980年10月，根据《国务院关于老干部离职休养的暂行规定》，给符合条件的140名退休干部改办离休手续。1982年退休改办离休的干部1282人。至2002年年底，全市有离休干部1634人（其中外地转入390人），退休干部3659人（其中外省、市转入76人）。2010年，全市有离休干部687人，退休干部6023人。

退职　国务院规定，国家干部完全丧失劳动能力而又不具备退休条件者，可以办理退职手续。至1985年，全县共有因各种原因退职的干部700余人，其中享受不同标准生活费的265人，改办离退休的265人，恢复工作的21人。

辞职、辞退　1990年，人事部印发《全民所有制事业单位专业技术人员和管理人员辞职暂行规定》，首次明确事业单位人员辞职规定。1993年，国务院颁布《国家公务员暂行条例》，明确公务员辞职辞退规定。1994年9月，县政府出台《关于专业技术人员、管理人员辞职和接收辞职人员的暂行办法》。2002—2010年，全市共辞职19人，辞退17人。

第二章　编制工作

第一节　机　构

1989年8月，设海阳县编制委员会办公室。1993年11月，与县人事局合署办公。1996年5月，改称海阳市机构编制委员会办公室。2002年3月，内设行政机构编制科、事业机构编制科。2010年3月，机构单设，列市委序列，不再与政府人事部门合署办公；8月，设综合科（加挂政策法规科牌子）、行政机构编制科、事业机构编制科、计划统计与监督检查科，并加挂市事业单位登记管理局牌子；10月，设市机构编制信息中心；12月，机构编制信息中心内设网络管理科、统计审核科。

第二节　编制管理

管理规范　1978年后，主要依据海阳制定的编制管理规则和办法进行管理。1989年6月，施行《海阳县编制委员会工作规则（试行）》；8月，出台相关暂行办法。1994年12月，对暂行办法进行修订。1997年8月，对工作规则进行规范。自此，规则和暂行办法基本定型。在管理程序上，坚持凡申报设立、调整机构，必须由主管部门写出专题报告，送交机构编制委员会办公室。

管理权限　机构设置审批权限　市委工作部门和市人民团体的设立、调整、撤销，由市机构编制委员会提出方案，经市委审核，报烟台市委审批；市政府工作部门的设立、调整、撤销，由市机构编制委员会提出方案，经市政府审核，报烟台市政府审批；市人大常委会、市政协内部办事机构和乡镇人大工作机构的设立、调整、撤销，由市机构编制委员会审议，报市委批准后，按法律或章程规定的程序办理；市属正科级事业单位的设立、调整、撤销，由市机构编制委员会审议，按隶属关系，报市委、市政府批准并由批准机关行文公布；党政群序列工作部门以外的独立行政机构的设立、调整、撤销，由市机构编制委员会提出方案，按隶属关系，经市委、市政府审核，报烟台市委、市政府审批；市、乡副科级（含）以下独立事业单位的设立、调整、撤销，由市机构编制委员会审批并行文公布；副科级（含）以上独立的机关事业单位中层机构的设立、调整、撤销由市机构编制委员会办公室审批并行文公布。

机关、事业单位人员编制审批权限　市、乡党政群机关编制的统一分配、核定，由市机构编制委员会提出方案，报市委、市政府审核批准，其个别调整，由市机构编制委员会负责；市检察院、法院及公安、司法、安全部门的编制，由市机构编制委员会根据上级下达的编制数额掌握，专项使用；市属事业单位、部门属事业单位、乡（镇）属事业单位编制的核定，由市机构编制委员会审批，其个别调整，由市编委办公室负责；同类性质和同类预算标准的事业单位以及机关到全额、全额到差额、差额到自收自支和企业的人员，需征求编制部门的意见后，由组织、人事部门按照管理权限研究审批；凡新调入机关事业单位的人员，符合条件且到缺编单位的以及由企业到自收自支以上事业单位和由自收自支到差额、差额到全额、全额到机关的人员需征求编制部门的意见后，由组织、人事部门按照管理权限提出意见，报市分管领导审批；特殊需要到满编单位的需征求编制部门的意见后，由组织、人事部门按照管理权限提出意见，经市分管领导审核，报市委、市政府主要领导审批；教育系统从海阳市外调入人员，需征求编制部门的意见后，经市人事部门审核同意，报市分管领导审批；机关事业单位严禁使用临时工和长期借调人员，特殊情况确需使用的，需征求编制部门的意见后，由组织、人事部门按照管理权限审批。

事业单位登记管理　1978年起，全市（县）共进行2次大范围的登记管理工作。1997年7月—9月，共受理500个事业单位的申请登记，经审查、核准，登记为事业法人的196个，登记为事业单位（非法人）的304个；2002年8月—11月，换发全国统一的事业单位法人登记证书，共受理申请311个，经审查、核准，换发全国统一证书的163个，继续登记为事业单位（非法人）的148个。

1987—2010 年海阳市机构设置情况表

表 25-2-1　　　　　　　　　　　　　　　　　　　　　　　　　单位：个

年份	合计	党政群机关							事业单位				
		小计	党委机构	政府机构	人民团体	按党章及有关规定设置的机构	部门管理机构	其他机构	小计	全额预算	差额预算	自收自支	企业化管理
1987	1131	55	12	32	6	5	—	—	1076	966	67	43	—
1988	1055	55	10	34	6	5	—	—	1000	—	—	—	—
1989	966	60	11	38	6	5	—	—	906	—	—	—	—
1990	936	62	11	40	6	5	—	—	874	—	—	—	—
1991	963	61	11	39	6	5	—	—	902	—	—	—	—
1992	645	59	11	37	6	5	—	—	586	—	—	—	—
1993	627	56	11	34	6	5	—	—	571	—	—	—	—
1994	707	52	8	33	6	5	—	—	655	273	197	172	13
1995	612	54	6	37	4	5	—	2	558	155	218	174	11
1996	634	55	6	36	6	4	3	—	579	158	220	189	12
1997	647	56	6	37	6	4	3	—	591	169	220	191	11
1998	641	55	6	36	6	4	3	—	586	170	220	188	8
1999	634	53	7	33	6	4	3	—	581	176	220	180	5
2000	634	53	7	33	6	4	3	—	581	176	220	180	5
2001	483	45	7	26	6	4	2	—	438	162	115	157	4
2002	481	45	7	26	6	4	2	—	436	166	116	150	4
2003	492	45	7	26	6	4	2	—	447	191	115	137	4
2004	491	45	7	26	6	4	2	—	446	192	115	137	2
2005	453	47	7	26	6	4	4	—	406	181	112	112	1
2006	420	51	9	29	6	5	2	—	369	190	85	94	—
2007	420	51	9	29	6	5	2	—	369	191	85	93	—
2008	414	51	9	29	6	5	2	—	363	209	81	73	—
2009	409	52	9	30	6	5	2	—	357	205	80	72	—
2010	406	51	10	28	6	5	2	—	355	205	78	72	—

说明：本表根据机构编制统计年报整理

1987—2010 年海阳市人员编制情况表

表 25-2-2　　单位：人

年份	合计		党政群机关								事业单位									
			小计		市直机关		乡镇机关		政法机关		小计		全额预算		差额预算		自收自支		企业化管理	
	编制	实有	编制	实有	编制	实有	编制	实有	编制	实有	编制	实有	编制	实有	编制	实有	编制	实有	编制	实有
1987	3125	9272	1947	1944	708	700	894	767	345	477	1178	7328	770	—	345	—	63		—	—
1988	10203	13182	2031	1993	722	710	898	739	411	544	8172	11189	—	8413	—	1364	—	1412	—	—
1989	3889	12585	2033	2053	722	738	898	742	413	573	1856	10532	—	7443	—	1863	—	1226	—	—
1990	5686	12383	2044	2052	733	761	898	706	413	585	3642	10331	—	2529	—	596	—	7206	—	—
1991	12062	12511	2093	2122	774	767	898	773	421	582	9969	10389	—	5515	—	621	—	4253	—	—
1992	13040	12080	2145	1935	793	690	898	631	454	614	10895	10145	—	1715	—	1359	—	7071	—	—
1993	13092	12331	2143	2010	791	736	898	641	454	633	10949	10321	—	2053	—	894	—	6578	—	796
1994	12308	13206	1984	2077	728	717	770	708	486	652	10324	11129	—	5219	—	1880	—	3514	—	516
1995	12010	14165	2131	2212	750	745	895	725	486	742	9879	11953	6274	7341	2120	2733	1485	1377	—	502
1996	12097	14565	2141	2258	760	768	895	737	486	753	9956	12307	6238	7618	2130	2776	1588	1404	—	509
1997	12944	14851	2146	2283	760	762	895	720	491	801	10798	12568	6367	7804	2842	2809	1589	1461	—	494
1998	12872	14566	2132	2217	744	723	895	670	493	824	10740	12349	6367	7695	2850	2885	1523	1471	—	298
1999	13475	14595	2118	2160	730	702	895	633	493	825	11357	12435	7067	7872	2880	2886	1410	1464	—	213
2000	13447	14449	2117	2123	730	687	895	629	492	807	11330	12326	7067	7880	2885	2852	1378	1407	—	187
2001	12964	14132	1863	2020	655	651	716	565	492	804	11101	12112	7174	7851	2508	2752	1419	1324	—	185
2002	13007	13925	1897	1952	669	663	772	552	456	737	11110	11973	7191	7804	2498	2696	1421	1295	—	178
2003	12048	13809	1911	1919	677	629	772	545	462	745	10137	11890	6320	7888	2462	2638	1355	1201	—	163
2004	12063	13481	1907	1930	678	640	774	523	455	767	10156	11551	6347	7747	2462	2618	1347	1173	—	13
2005	11943	13218	1930	2043	745	728	722	537	463	778	10013	11175	6303	7497	2462	2553	1248	1111	—	14
2006	11942	12562	2019	1962	739	752	664	432	616	778	9923	10600	6430	7409	2318	2169	1175	1022	—	15
2007	12265	12326	2023	1964	745	768	664	427	614	769	10242	10362	6581	7250	2407	2118	1254	994	—	—
2008	12325	12175	2056	1913	769	714	664	430	623	769	10269	10262	6773	7280	2345	2058	1151	924	—	—
2009	12439	11974	2098	1918	787	706	664	446	647	766	10341	10056	6865	7164	2331	1994	1145	898	—	—
2010	12510	11742	2113	1908	802	712	664	445	647	751	10397	9834	7038	7109	2214	1857	1145	868	—	—

说明：本表根据机构编制统计年报整理

第三节　机构改革

县级党政机构改革　第一次（1983年11月—1984年3月）按照精简、统一、效能的原则，设党政群机关机构68个。其中，县委工作部门6个，按《中国共产党章程》规定不列县委工作部门序列的2个，低半格不列县委工作部门序列的4个，群众团体5个，县人大常委会、县政协办公机构和执法机关4个，县政府工作部门28个，比局低半格不列县政府工作部门序列的6个，列企事业编制相当局级的经济组织或事业单位13个。

第二次（1993年11月—1994年1月）以适应社会主义市场经济需要为目标，坚持政企分开的原则，走小政府、大服务路子。改革后，县级党政机构缩减为46个；事业单位设置17个。其中，县委工作部门5个，归口管理机构1个，县政府工作部门31个，按《中国共产党章程》《中华人民共和国宪法》及有关规定设置的组织机构5个，人民团体3个，县政府派出机构1个；直属事业单位13个，归口管理的事业单位4个。

第三次（2001年12月—2002年3月）以转变政府职能、调整组织机构、精简人员编制、理顺工作关系为目的。改革后，县级党政机构设35个。其中，市委工作机构7个，部门管理机构2个；市政府工作机构26个（市监察局与市纪律检查委员会合署，列政府工作部门序列，不计入市政府工作机构个数）。

第四次（2010年3月—8月）坚持上下基本对应、统筹兼顾、因地制宜三项基本原则。改革后，市委工作机构10个，按《中国共产党章程》及有关规定设置的组织机构5个，部门管理机构2个；市政府工作部门24个（市监察局与市纪律检查委员会机关合署，市司法局与市委政法委员会合署，均列入市政府工作部门序列，不计入政府机构个数），均为正科级建制。

乡（镇）党政机构改革　第一次（1993年11月—1994年1月）以适应社会主义市场经济需要为目标，各乡（镇）统一设置6个综合协调

2010年3月25日，召开全市政府机构改革动员会议

机构，分别为党政办公室、政治工作办公室、综合治理办公室、农业办公室、经济贸易办公室、科教文卫办公室。乡（镇）财政所为乡（镇）政府的直属机构。乡（镇）设置的综合性办公机构不定机构规格，主任、副主任由乡（镇）党委、政府确定。乡（镇）人民代表大会不设专门办事机构，每乡（镇）配备1名专职工作人员。乡（镇）不设政协组织，其日常联络工作明确1名工作人员负责。全县乡（镇）机关编制分配总额为724人，根据乡（镇）综合测算指数，按照拉开档次、适当向二类乡（镇）倾斜的原则进行分配。

第二次（2001年12月—2002年3月）以优化结构、完善功能、建立精干高效队伍为目标。在机构设置上，保留党政办公室，撤销第一次改革时设置的其他5个综合协调机构，新设经济发展办公室、社会事务办公室（加挂计划生育办公室、社会治安综合治理办公室牌子）。街道设置党政办公室，经济发展办公室和社区管理办公室（加挂计划生育办公室、社会治安综合治理办公室牌子）。在人员编制上，按20%的比例精简，共实际核定编制593名。其中，行政编制537名，工勤编制56名。行政编制的适用范围包括镇（街道）党（工）委、人大、政府（办事处）和共青团、妇联、人民武装部的工作人员。

第三次（2005年12月—2006年1月）在领导任职上，实行党（工）委、人大、政府（办事处）领导交叉任职。其中，镇（街道）党（工）委由7人组成，镇人大主席（街道人大工作室主

任）、镇长（主任）由镇（街道）党（工）委领导成员兼任；镇（街道）党、政领导原则上实行交叉任职。在机构设置上，设党政办公室、经济发展办公室、社会事务办公室3个综合协调机构。在编制上，按15%精简，共定编609名。所有镇（街道）不再核定工勤编制。

事业单位改革 第一次（1993年12月—1994年1月） 与县乡党政机构改革配套进行，县属和乡（镇）属的事业单位均纳入范围。其中，县属的由县统一部署，乡（镇）属的由乡（镇）自行组织。纳入改革的县属单位181个，改革后保留162个。

第二次（2001年11月—2002年3月） 按照“脱钩、分类、放权、搞活”的思路，坚持政事分开、配套改革、积极稳妥的原则组织进行。突出压缩财政拨款单位，实行撤、并、转。改革后，镇（街道）财政拨款事业单位设置为5个，其中财政全额拨款2个、差额拨款3个；撤销镇（街道）劳动服务站，其职能归并到农村社会养老保险事业管理所，并改称劳动和社会保障所；土地所和矿产所合并为国土资源所；渔技站、畜牧兽医站、投资促进中心转变为经济实体或中介机构。全市核定财政拨款事业编制475人。

第三次（2005年12月—2006年1月） 对功能相近的事业站（所）合并；对市级派驻镇（街道）的事业单位按照农业经济区划的特点设置。财政拨款事业单位按15%精简，核定编制482名。

第四节 政府职能转变

1993年，按照简政放权、政企政事分开的原则，转变政府职能，科学配置政府职能。在职能调查、分析、分类的基础上，将属于企业的生产经营职能全部交给企业，将属于市场调节的职能转到市场，将技术服务、信息咨询和社会事务等职能交给事业单位和其他社会服务组织，将可由乡（镇）管理的事务下放给乡（镇）。需要保留的行政职能集中起来，实行综合管理。转变专业经济部门职能。让涉工、涉商的专业经济部门适时退出政府序列，改建为经济或服务实体，其原有行政职能集中于政府综合管理部门，实行综合管理。对转为实体的政府部门，不再保留行政管理职能。打破部门和所有制界限，组建各类经济实体。通过简政放权，部门之间的关系得以理顺，办事环节减少；通过把权力下放给企业，企业活力增强，企业经营机制转变加快；通过制定和完善办事程序和工作纪律，服务意识和效率观念增强。

2001年，按照政企、政事、政社分开的原则，减少对经济和社会事务的直接管理和不必要的行政干预，加强对市域经济和社会发展的规划、协调和服务，强化为农业和农村经济服务的职能，加强农村基层政权建设，加快发展小城镇，促进农业的专业化、市场化、现代化。通过改革，企业的自主权得到落实，市政府主管部门与直属企业和所办经济实体的行政隶属关系被解除；改革行政审批制度，规范行政审批权力，建立行政审批和收费监督约束机制；理顺镇（街道）管理体制，划分市与镇（街道）的事权，实行以镇（街道）管理为主的体制。

2005年，在农村综合配套改革中，通过转变政府职能，强化政府的社会管理和公共服务职能，政府职能由管理型向服务型转变，从直接抓生产经营、催收催种等事务中解脱出来，工作重点放到政策引导、典型示范、提供服务、营造发展环境和维护社会稳定上。

2010年，加快推进政企分开、政资分开、政事分开、政府与市场中介组织分开，把不该由政府管理的事项转移出去，进一步下放管理权限，深化行政审批制度改革，从制度上发挥市场在资源配置中的作用，发挥公民和社会组织在社会公共事务管理中的作用。在全面正确履行政府职能的基础上，更加有效地贯彻实施党的方针政策和国家法律法规，加强对经济社会事务的统筹协调，更加注重社会管理和公共服务，着力解决民生问题。强化执行和执法监管职责，提高处置突发公共事件和社会治安综合治理能力。转变管理方式和工作作风，健全办事制度和程序，提高政府工作透明度和公信力。

第三章 劳 动

第一节 机 构

1980年12月，海阳县革命委员会劳动局改称海阳县劳动局。1984年6月，县劳动服务公司成立；12月，县劳动局下设劳动力调配股、劳动工资股、劳动保护股。1986年10月，县社会劳动保险事业处成立，为副科级事业单位，隶属县劳动局领导。1988年8月，海阳县技工学校成立。1994年1月，明确劳动服务公司为副科级事业单位，隶属于劳动局领导。1996年5月，海阳县劳动局改称海阳市劳动局。1999年5月，改称海阳市劳动和社会保障局，原由人事部门管理的市机关事业单位社会保险事业处和原由民政部门管理的市农村社会养老保险事业管理处，划转到市劳动和社会保障局管理。10月，海阳市技工学校划转到教育部门。2000年9月，原由劳动部门管理的锅检所和安全生产管理办公室分别划转到质量技术监督部门和经贸部门管理。2001年3月，成立海阳市劳动监察大队。2002年3月，内设办公室、仲裁科、劳动监察室、社保科、培训科和劳动工资科。海阳市劳动服务公司改称海阳市劳动就业办公室。2005年10月，撤销劳动监察室，设政策法规科。市劳动和社会保障局下设办公室、仲裁科、社保科、培训科、劳动工资科、政策法规科和招商科7个机关科室，辖社会劳动保险事业处、劳动就业办公室、机关事业单位社会保险事业处、农村社会养老保险事业管理处、劳动监察大队，市职业技能鉴定中心、劳动争议仲裁委员会办公室、劳动能力鉴定委员会办公室等机构。2010年3月，市劳动和社会保障局与市人事局合并，称海阳市人力资源和社会保障局。

第二节 劳动就业

用工制度 1978年，全县用工形式有固定工、亦工亦农、临时工等。固定工由县劳动部门每年有计划地从城镇待业青年中招收。1959年前参加工作老工人退休后，其子女可以顶替。1979年，实行劳动部门介绍就业、自愿组织就业、自谋职业相结合的就业政策。推行多渠道、多形式的用工制度，招收新工人实行“德、智、体”全面考核，择优录用。1982年，根据上级规定，家居农村的退休工人，尽量回农村安置，本人户口迁回农村的，可以招收他们在农村的1名符合招工条件的子女参加工作。家居城镇的工人（配偶户口在城市的），退休后，无论其户口是否迁往农村，一律不得从农村招收其子女进城工作。亦工亦农由用人单位按计划招用农村人员进城务工。临时工分为计划内临时工和计划外临时工，企业招收计划内临时工，需提前制订季度用工计划，经劳动部门批准后方可招用，到期即辞退；计划外临时工由用人单位自行招用。按照劳动部《关于临时工问题的处理意见》，已担任经常性工作的临时工，根据生产和用工需要，逐步转为正式工。1984年，实行合同制度改革，新招工人全部为劳动合同制工人。主要从城镇非农业户口的待业青年和按国家规定退休工人可顶替的子女中招收。1985年，对1980年年底前6644名亦工亦农者经过考核、评议，符合条件的转为合同制工人，不符合要求的予以辞退；整顿改革全县计划外用工12204人，转招为合同制6372名，占计划外用工总数的52%，安排计划内临时工5383名，辞退449名。1987年3月，招收参加对越自卫反击战的农村户口退伍军人为农民合同制工人295人。1988年10月8日，全县首次开办劳务市场，安置待业青年879名。1993年8月—10月，全县对1万名固定工改成合同制，职工流动打破全民、集体所有制界限。1993年，县政府先后印发《关于加强农村劳动力进城务工管理的意见》《关于在全县企业单位全面推行全员劳动合同的实施意见》。逐步取消高度集中统一的指令性计划，以市场为导向，推行劳动合同制度。恢复劳动力供求双方的主体地位，双向选择、合理流动，实现劳动者自主择业、企业自主用人。1996年4月，转发烟台市劳动局、乡镇企业局《关于乡镇企业实施劳动合同制度的试行意见》，全县乡镇企业、私营企业和个体工商户全面实行劳动合同制度。8月15日，全市举办劳务市场，安置144名女待业青年、140名男待业青年。1997年10月，建立健全劳动合同台账制度。已实行劳动合同制度的企业，除破产企业和长期停产企业外，全部建立起劳动合同管理台账，配备专、兼职劳动合同管理员。2005年，全市共签订劳动合同30.12万人次；审查企业报送集体合同32家。至2010年，全市共签订劳动合同制工人31163名。

下岗与再就业 90年代后，随着市场经济体制的发展，企业转换经营机制，调整产业结构，下岗职工逐年增多。1994年4月25日，全市印发《关于妥善安置企业富余职工的意见》，劳动部门把解决各类劳动力的有序流动就业作为重要内容，强化职业介绍功能。1996年，市政府印发《关于实施再就业工程的试行意见》，通过11条渠道和措施，加大实施再就业工程的力度。至1996年9月，全市分流安置企业富余职工和困难企业职工近5000人，有800余人走上自谋职业道路。1998年后，市委、市政府相继出台《关于做好企业下岗职工基本生活保障和再就业工作的实施意见》《关于对市属困难企业职工发放优惠卡的试行意见》《关于规范企业职工下岗工作程序的意见》等一系列促进企业下岗职工再就业和保障其基本生活的措施。建立职工下岗申报备案制度，对下岗

2006年5月16日，市人力资源市场开业

2010年，举办创业培训班

职工实行下岗证制度，共发放下岗证4300个。全面建立完善再就业服务体系，凡有下岗职工的企业和主管部门都分别建立再就业服务工作站和再就业服务分中心。全市共建立再就业服务分中心22个，再就业服务站73个。通过再就业服务机构保障下岗职工基本生活、缴纳社会保险费以及转岗培训等。1999年10月，全市确认符合规定的6977名下岗职工有4514名实现再就业，2463名进站下岗职工基本生活费也发放到位。2002年，市劳动就业办公室租借市盐业公司办公用房，建立海阳市劳动力市场。2005年，实现“4050”人员再就业677人。共为再就业职工减免各项税费169.5万元，为677名符合条件的“4050”人员申报社保补贴、补贴金额96万元。同年，市富豪大酒店、富豪宾馆搬迁，装修改造成县级一类人力资源市场和劳动就业办公室办公场所。市场使用面积1300平方米，设有职业介绍、失业保险、劳动事务代理、培训就业、财务收费、交流洽谈6个区。至年底，全市共举办各类招聘活动876次，为767家企业提供各类劳动力41321人次。其中完成市内农村劳动力就业13652人次，完成企业下岗、失业职工再就业7320人次，从海阳市外引进劳动力20349人次，向海阳市外输出劳动力5000余人次。2006年5月16日，海阳市人力资源市场启用。2007年，全市帮扶2165名就业困难人员、失业职工再就业。2008年，由于亚洲金融危机影响，阶段性降低失业、医疗、生育三项社会保险的缴费比例，对困难企业给予缓缴社会保险费、发放社保补贴、岗位开发补贴及培训补贴等优惠政策。帮扶2536名就业困难人员、失

业职工再就业。是年起，大力实施创业带动就业活动。全市成立创业指导中心，设立创业服务热线，建立创业展示室，成立17人的专家志愿团。举办创业培训班14期，培训学员456人。建立国际海阳毛衫城自主创业基地，从地方税收到房租、水电费等实行全方位的减免政策，吸引广大创业者入驻创业。至2009年年底，有65名自主创业学员在创业基地自主创业，共减免各项费用12.5万元，吸纳276名劳动者就业。同年，全市帮扶2253名就业困难人员、失业职工实现就业；对“4050”人员等就业弱势群体实施扶持政策，开展就业援助，促进就业。对吸纳“4050”人员等困难群体就业的用人单位给予社保补贴、岗位开发补贴、培训补贴等；对自主创业人员实施小额贷款等优惠政策。2010年，全市举办创业培训班39期，培训学员1755人；帮扶2165名就业困难人员、失业职工再就业；举办招聘活动48次，为522家企业招聘各类劳动力7324人。

第三节 职工调配

1978年，工人调配须经劳动部门同意，劳动部门对工人予以调出、调入。按照局部服从整体原则，从整体利益出发，共同协商解决。说服调出单位不留强调弱，调入单位不得挑剔过严。集体所有制职工，不得调入全民所有制单位。对离退休老干部、老工人身边无子女的，按政策可以从外地调入1名子女安排在身边工作。1984年，全县共调动职工256人，调入202人，解决夫妻两地分居的229人，占调动总数的86%。1985年，解决夫妻两地分居的523人，其中调入450人，调出73人；调动军队转业干部家属29人；按政策规定照顾调动122人，其中：离、退休老干部84人，科技人员9人。1992年，为解决职工两地生活和其他困难，调入204人，调出50人。1993年，实行全员劳动合同管理后，无论干部、固定工及合同制工人，均签订劳动合同，对职工的调配，取消集体企业身份的职工不得调入全民企业的限制。企业用工由政府计划分配过渡到企业自主对职工进行留用，职工有权选择企业，由劳动部门办理调动手续。1995年，为800名职工办理调动手续，为950名农民合同制工人办理山东省地方城镇居民户口，办理女职工、未成年子女农转非2740名，为170名1959年年底前参加工作家居农村工人的子女和400名农民合同制工人管理骨干办理农转非。至2005年年底，累计安置技工学校毕业生2740人，安置复员转业退伍军人2575人，为15410名职工办理流动就业手续。为415家企业新录用职工37723人。为54名外国人办理外国人就业许可证。2007年前，所有职工调动手续均由人社局劳动关系科负责。2008年起，烟台市范围内的职工调动由劳动就业服务中心负责，烟台市外的由人社局劳动关系科负责办理。至2010年，由省外调入海阳市的共1190名，由海阳市调出的有1621名。

第四节 劳动工资

70年代，工人实行四类工资区八级工资标准。1978年12月，为全县工作成绩特别突出的245名工人调整工资。1983年10月，为全县136家企业单位6927名工人晋升工资级别。1985年，进行工资改革。全县有15769名工人套改新工资标准，人均月增加工资22.58元。同年，国务院《关于国有企业工资改革问题的通知》施行，改四类工资区为五类工资区。企业改为按类型确定工资标准。1989年11月，对实行工效挂钩的企业给予30%职工升级，升级人数1.1万名。1993年3月，全县开始劳动用工、劳动工资、社会保险三项制度改革。同年，县政府印发《关于进一步强化岗位技能工资制试点工作的意见》。工资制度改革加强对工资总额的宏观调控，主要分配形式是岗位技能工资制和计件定额工资制。1995年5月起，全县实施企业最低工资规定，1995年6月—1996年12月，全县企业最低工资标准为190元，外商投资企业中方职工最低工资在当年最低工资标准基础上增长20%。是年6月，县政府转发劳动部《工资制度暂行规定》，全县工资管理走向规范化。按照按劳分配和按生产要素分配相结合，允许和鼓励资本、技术等生产要素参与收益分配，规范收入分配，收入差距趋向合理，防止两极分化。同年，为82个单位、13678名职工晋升效益工资，为1189名职工办理转正手续，为1781名职工办理定级手续，为198名职工办理浮动工资和职务工资。1996年，市政府印发《海阳市市属企业经营者年薪制试行办法》，推行实施市属企业经营者年薪制，范围为市属国有企业、集体企业、国家控股的股份制企业的法定代表人。首先在33家企业试行。2000年8月，全市开始实行企业工资增长指导线制度。2001年起，全市开始推行企业工资集体协商制度，由工会代表职工一方与企业方就工资分配制度、工资分配形式、工资收入水平等协商，在协商一致的基础上签订工资集体协议。发布175个职业（工种）工资指导价位，全市工资指导线为：上线16%，下线6%。7月起，全市最低工资标准调整为310元。2002年，全市最低工资标准调整为340元。此后多次进行调整。2003年，全市工资指导线为：上线16%，基准线10%，下线6%。至2010年，海阳市企业主要工资形式有计时工资、计件工资、浮动工资、奖励工资和各种津贴等。当年企业在岗职工年均工资21401元。

第五节　劳动保护

特殊职业保护　1979年8月，县安全生产办公室组织对全县22个厂矿进行安全生产大检查。1981年4月，县劳动局举办司炉工培训班，参加学习人员48名。11月10日，开始执行国家劳动总局颁发的《蒸汽锅炉安全监察规程》。1982年7月，对全县所有蒸汽锅炉进行全面检查。1985年1月1日，海阳县安全生产办公室被撤销。6月，县劳动局对全县工厂企业尘毒危害进行调查。1986年8月—9月，全县以县滑石矿发生井桶罐笼事故为戒，加大提升设备安全管理措施，对全县206台各类提升设备逐台清查，指导建立健全安全保障制度119条。9月16日，海阳县锅炉压力容器检验站成立，与县劳动安全卫生检验检测站合署办公，隶属劳动局领导，定编7人。1990年10月，在全县企业中执行安全生产等级挂牌制度。同年，检验锅炉125台，检验压力容器301台，劳动安全卫生检测2210个点。1990年后，对矿山安全、锅炉和压力容器安全、职业危害预防定期检查，强化企业法人的安全生产责任，各单位和劳动者的安全生产意识不断增强。1993年，全县培训司炉工43人，压力容器操作工44人，锅炉房管理人员37人，安全生产大检查10多次，检查企业140余个。1994年1月，锅炉压力容器检验站改名为锅炉压力容器检验所，为股级全民事业单位。1996年，组织培训和复审司炉工及各类特种作业人员7期，培训187人，复审124人。检验锅炉183台次，检验压力容器300台，校验安全阀220台，水质化验100台。2000年，组织特种作业人员复审、培训班各1期。培训特种作业人员214人，受理工伤认定案件23件。2004年，认定工伤61起，劳动能力鉴定356人次。2007—2010年，全市共调查处理3081起工伤申请案件，对3053名职工作出认定工伤决定，对2名职工作出职业病认定决定，对649名职工进行劳动能力鉴定。

女职工保护　1978年后，对女职工的劳动保护严格执行国家和山东省有关规定，凡有女职工的单位，确定专人负责女职工劳动保护工作。女职工在哺乳期间，所在单位不安排劳动强度大的工作和孕期禁忌从事的工作。怀孕7个月以上（含7个月）的女职工，不安排其从事夜班劳动，在劳动时间内安排一定的休息时间。怀孕的女职工，在劳动时间内进行产前检查，算作劳动时间。女职工产假为90天，产前休假15天。难产的，增加产假15天。多胞胎生育的，每多生育一个婴儿，增加产假15天。女职工怀孕流产的，其所在企业根据医务部门的证明，给予一定时间的产假。

2004年9月24日，举办纪念《中华人民共和国劳动法》颁布实施十周年文艺晚会

有不满1周岁婴儿的女职工，所在企业在劳动时间内给予哺乳时间。多胞胎生育的，每多哺乳1个婴儿，每次哺乳时间增加30分钟、哺乳时间和哺乳往返途中的时间，算作劳动时间。

休假制度　1981年始，全县执行《国务院关于职工探亲待遇的规定》，规定企业已婚人员每年1次探亲假，假期30天。未婚职工探望父母每年假期20天。职工愿意2年探亲1次，假期45天。已婚职工探望父母每4年假期20天，探亲假期工资照发，往返路费由所在单位报销。1995年1月始，全县贯彻《中华人民共和国劳动法》，规定劳动者每日工作时间不超过8小时，平均每周不超过44小时。由于生产经营需要延长工作时间，每日一般不得超过1小时，每月不得超过36小时。劳动者每周至少休息1天，安排元旦、春节、国际劳动节、国庆节等法定节日的休假，同时规定劳动者连续工作1年以上的，享受带薪休假。1999年，国家取消探亲假规定，按照国务院的规定，每周工作40小时，实行双休日，星期六和星期日为法定休息日。同年9月，国家实行春节、“五一”和“十一”黄金周休假制度。2008年，“五一”黄金周取消，改为短假期，共3天。

第六节　劳动监察

1996年7月，海阳市劳动监察室成立，编制2人，隶属市劳动局，依法受理查处劳动保障违法案件，开展劳动保障年检、查处群众举报、专项执法检查等执法。同年，按照烟台市劳动局统一部署，组织对全市“三资”企业、外资企业及部分私营企业执行《中华人民共和国劳动法》情况开展专项检查，发现查处安全生产、劳动工时、劳动合同等方面案件20余起。1997年10月，劳动年检工作制度建立，由劳动监察机构具体负责实施。1997—2000年，劳动用工年检企业526家，监察企业312家；受理来信来访及群众举报违法案件110余起，立案查处劳动违法案件100余起，清理非法用工2000余人，下达限期整改责令书58份；完善劳动合同1万余份。2001年3月，海阳市劳动监察大队成立，为股级全民事业单位，与劳动监察室合署办公，编制8人。2003

2005年12月27日，召开全市优秀外来务工人员暨劳动保障诚信企业表彰大会

年，共受理群众举报、投诉案件137起，处理群体性、突发性事件13起，为职工追索工资21万元，督促企业缴纳社会保险费2000多万元。2003年至2004年6月，市劳动和社会保障局联合工商、公安、建设等部门对企业用工进行4次大规模检查。落实企业年检制度，共年检企业306家，占应年检企业的97%。签订劳动合同2000多份，发现拖欠工资、使用童工等案件30多起，全部依法纠正。2007年开始，把“一体执法”作为贯穿整个劳动保障工作全过程的主线，通过“一体执法”全面促进劳动保障工作。2009年3月—4月，全市开展以“四小”企业为重点的集中清理整顿活动，对724家“四小”用工主体实施检查。按照镇（区、街道）摸底自查、边查边纠，职能部门督查抽查、再查再纠，领导小组汇总交办、严查严纠的工作思路，对全市各类性质的用人单位，特别是农民工比较集中的农村家庭作坊用工情况进行摸底调查，发现非法用工限期整改。制订《劳动保障违法案件处理应急预案》，建立应对劳动保障重大突发事件快速反应机制，与公安、法院等联合办案、协同行动，及时处置云南跨省转交的刘某非法用工案及拳王电器撤资拖欠保险等重大突发事件。2007—2009年，全市共检查用人单位2862家次，涉及劳动者8.2万人，立案查处各类劳动违法案件306起，结案率100%。其中，受理群众举报、投诉案件237起，结案率100%。为1982名劳动者追发拖欠工资342万元，追回有效证件46件；补签劳动合同33256份；为7127

名劳动者向其用工单位催缴社会保险349万元。2010年，全市共检查用人单位1678家次，受理举报、投诉案件63起，为1055名职工追发工资144万元；清欠社会保险费55.4万元，督促用人单位新增参保人员502名，补签劳动合同2428份；下达责令改正通知书92份；下达行政处理决定书3份，处理金额19.5万元；下达行政处罚2份，处罚金额2万元。

第七节　劳动仲裁

1987年6月，全县成立由劳动局、总工会、经贸委三方代表组成的劳动争议仲裁委员会。1988年，县劳动局成立劳动争议仲裁委员会办公室，负责企业与职工劳动合同的鉴证工作。1989年起，全县依法开展劳动合同鉴证工作，对合同起止时间不准确、手续不完备、当事人不明确、合同期满而未续订或终止、侵犯合同制工人合法权益的合同进行纠正。1996年，市属企业98%以上职工与企业签订劳动合同，鉴证率100%。2000年后，以稳定劳动关系为重点，对出现的劳动争议案件坚持调解在先原则，预防和减少劳动争议案件发生。2003年，全市共受理劳动争议案件120件，其中集体劳动争议26件，案件处结率100%。2007年后，全市建立规范化、制度化的劳动争议处理机制，改进办案方式，规范办案程序，劳动争议案件调解结案比例大幅提高。2008年，受理劳动争议案件162件，涉及170余人，调解撤诉70%，按期结案100%。2009年，受理劳动争议案212件，涉及267人，提供法律咨询500余人次，调解撤诉72.5%，按期结案率100%。2007—2009年，共为职工挽回经济损失642万元，为企业挽回经济损失42万余元。2010年10月20日，海阳市劳动人事争议调解仲裁院成立，为副科级全额事业单位，人员编制12名，隶属市人力资源和社会保障局管理，负责处理劳动人事争议案件，按照市劳动人事争议仲裁委员会的授权，做好仲裁员、调解人员的管理和业务培训等工作。在全市建立独立于企业的区域性、行业性的劳动人事争议调解组织。建立工会企业依法建立、健全劳动人事争议调解组织，在35家规模以上企业建立基层调解委员会，基层调解组织累计调解劳动人事争议案件56件，为职工挽回经济损失30余万元。同年，全市受理劳动争议案件278件，涉及300余人，调解撤诉75%，按期结案率100%。

第八节　退职与退（离）休待遇

退职　未达到国家规定的退休年龄，因病或非因工负伤完全丧失劳动能力的人员，缴费满15年，本人申请，社会保险经办机构审批，可按月享受退职生活费待遇，基础养老金月标准为全市上年度职工月平均工资的20%，加个人账户养老金和退职调节金120元以及23元其他补贴。缴费不满15年的，其个人账户全部储存额一次性支付给本人，并按统账结合前的缴费年限，每满1年发给2个月本人指数化月平均工资的养老金，建立个人账户后的缴费年限，每满1年发给全市上年度1个月的职工平均工资养老金，一次付清。

退（离）休　男职工年满60周岁，女干部年满55周岁、女工人年满50周岁，连续工龄满10年的可以退休。1998年1月1日起，实施全国统一的职工养老保险制度、计发基本养老金执行政策。办法实施前已退（离）休的人员，原待遇标准不变，以后随基本养老金正常调整机制调整增加养老金。办法实施后参加工作的职工缴费年限累计满15年的，退休后按月发给基本养老金。基本养老金由基础养老金和个人账户养老金组成。基础养老金月标准为退休时的全市上年度职工月平均工资的20%，个人账户养老金月标准为

2010年，退休证

本人账户储存额除以120。个人缴费年限不满15年的，退休后不享受基础养老金待遇，个人账户储存额一次性支付给个人。1995年年底前参加工作，办法实施后退休，个人缴费年限累计满15年的，发给基础养老金和个人账户养老金的基础上，再发给过渡性养老金和过渡性调节金。基础养老金月标准为退休时的全市上年度职工月平均工资的20%，个人账户养老金月标准为本人账户储存额除以120。过渡性养老金按到1996年以前的缴费年限，每满1年发给本人指数化月平均缴费工资的1.4%。过渡性调节金标准由固定额（110元）、工龄（每满1年发1元）两部分组成，合计每人每月最高不得超过150元，另外加发其他补贴33元。缴费年限累计满10年不满15年的，仍按月发给基本养老金。基础养老金月标准为退休时的全市上年度职工月平均工资的15%，与缴费年限满15年以上的退休人员同样发给个人账户养老金、过渡性养老金和过渡性调节金。缴费年限累计不满10年的，个人账户储存额一次性支付给本人。建立个人账户前的缴费年限，每满1年发给2个月本人指数化月平均工资的养老金，建立个人账户后的缴费年限，每满1年发给全市上年度1个月的职工平均工资养老金，一次付清。

2007年，全市共办理728名职工退休、2名职工退职，年发放企业退休金8407万元。2008年，共办理731名职工退休，年发放企业退休金10203万元。2009年，共办理947名职工退休、1名职工退职，年发放企业退休金12461万元。2010年，全市共有企业退（离）休人员9616人，年发放企业退休金22800万元。

第四章　社会保障

第一节　企业养老保险

1978—1984年，县国营和县以上集体企业职工仍实行企业保险，职工个人不缴纳社会保险费。1985年6月起，实行社会劳动保险制度，由县劳动服务公司代收养老金，把全县国有企业、县以上集体企业以及机关、事业单位中的合同制职工纳入社会养老保险统筹范围。1986年10月，海阳县社会劳动保险事业处成立，负责全县社会劳动保险金的收缴和退休金发放、企业退休职工管理等事项。1987年7月，实行全县固定职工养老保险统筹，县属国有企业、集体企业、烟台市属以上驻海企业（不包括行业统筹企业）都参加社会养老保险，实现企业保险向社会保险的转变，初步构筑起新型养老保险制度的框架。1989年，社会养老保险扩大到城镇户口计划内临时工，并实行将固定工、合同制职工和城镇户口临时工的养老保险金统一提取和调剂使用的办法，形成基金使用“以新养老”良性循环。1992年7月，农业户口计划内临时工纳入社会统筹，全县企业的固定工、合同制职工、计划内临时工全部纳入养老保险范围，打破企业用工和职工身份界限。劳动保险金的数额根据烟台市统一规定的上年度平均工资的限额收取。1998年，全市国有企业、城镇集体企业、外商投资企业按全部职工工资总额的19.5%缴纳基本养老保险费，职工个人按本人工资的4%缴纳。此后，个人缴费比例逐年增加。2001年，失业保险费收缴划归劳动保险事业处。2004年，增加工伤保险、生育保险，医疗保险费，实行“五险合一”的收缴办法，做到一个基数、一张单子、一个窗口、一次办完。2005年，个人缴费比例提高到8%，达到国务院规定标准。养老保险覆盖面扩大到城镇各类企业、个体工商户和自由职业者，全市参保职工29731人。全市企业领取养老金的离退休人员5859人，人均月基本养老金760多元，企业离退休人员的基本生活得到保障。2010年，全市参保职工61096人，收缴养老保险费17279万元，支出养老金17103万元。历年滚存结余企业职工基本养老保险基金8850万元。

1988—2010 年海阳市企业养老保险金收支情况表

表 25-4-1

年　份	参保人数（人）	收缴金额（万元）	离、退休人数（人）	支付金额（万元）	年　份	参保人数（人）	收缴金额（万元）	离、退休人数（人）	支付金额（万元）
1988	20517	501	2247	255	2000	21847	2182	3841	2904
1989	27127	634	2433	346	2001	21587	2403	4026	3076
1990	29056	815	2648	447	2002	21787	2798	4352	3810
1991	30718	921	2836	573	2003	24634	4377	4780	4209
1992	27808	1120	3041	626	2004	27137	5407	5498	4457
1993	27227	1134	3054	1156	2005	29731	6804	5859	5758
1994	23407	1062	3119	1615	2006	32236	8207	6276	6904
1995	31535	861	3247	1703	2007	34747	10142	6895	8860
1996	33752	949	3281	1872	2008	50210	12956	7526	10789
1997	33769	1239	3482	2398	2009	50928	14789	8341	13113
1998	29408	1419	3615	2546	2010	61096	17279	9616	17103
1999	25156	1666	3666	2687					

第二节　机关事业单位养老保险

1978—1994 年，机关和全额拨款事业单位的职工退休后，由地方财政部门发放退休金；差额拨款与自收自支事业单位职工的退休金由单位发放。1994 年 1 月，成立海阳县机关事业单位社会保险事业处，负责全县机关事业单位工作人员各种保险基金的收缴、发放和管理工作。收缴体制为烟台市级统筹。1995 年 4 月，机关事业单位社会保险工作全面启动，机关事业单位养老金收缴比例为个人工资总额的 25%。全县 13289 人参保，收取养老金 1567 万元；2782 人领取养老金，支付 1049 万元。1998 年，养老金收缴实行电算化管理。全市 14017 人参保，收缴养老金 2371 万元。2000 年，由烟台市级统筹转为县级统筹。2001 年，海阳市养老金收缴比例提高到 28%。2002 年，养老金收缴比例提高到 32%，4049 名离退休人员领取养老金 6063 万元。2010 年，全市 12818 人参保，收缴养老保险金总额达 22956 万元；6012 人领取养老金，支付养老保险金总额 22800 万元。

1995—2010 年海阳市机关事业单位养老保险金收支情况表

表 25-4-2

年　份	参保人数（人）	收缴金额（万元）	离、退休人数（人）	支付金额（万元）	年　份	参保人数（人）	收缴金额（万元）	离、退休人数（人）	支付金额（万元）
1995	13289	1567	2782	1049	2000	14199	3304	3939	4345
1996	13726	1836	3037	1958	2001	13823	5215	4001	4926
1997	13694	2190	3190	2360	2002	13789	5958	4049	6063
1998	14017	2371	3464	2807	2003	14621	6064	4229	6113
1999	13790	2982	3616	3855	2004	14684	7797	4257	7775

续表 25-4-2

年　份	参保人数（人）	收缴金额（万元）	离、退休人数（人）	支付金额（万元）	年　份	参保人数（人）	收缴金额（万元）	离、退休人数（人）	支付金额（万元）
2005	14112	10349	4577	9651	2008	13194	18456	5558	18455
2006	13506	12083	5015	12617	2009	13000	21527	5814	21626
2007	13351	15425	5317	15357	2010	12818	22956	6012	22800

第三节　农村社会养老保险

70年代，农村实行以子女赡养为主的家庭养老方式，无养老保险制度。孤寡老人实行村集体补助的方式，建立“五保”（保吃、保住、保医、保穿、保葬）制度。80年代，经济条件较好的乡镇、村建立敬老院，孤寡老人的养老待遇得到改善。1992年，在全县建立以个人缴纳保险费为主、集体适当补助为辅、国家政策扶持的储蓄积累式农村社会养老保险制度。4月，设立海阳县农村社会养老保险事业管理处。海阳作为全国农村养老保险推行试点县，每人每年缴纳24元。年底，海阳县被评为全国农村社会养老保险工作先进县。1994年，县政府制定下发《海阳县农村社会养老保险暂行规定》。1995年，全县农村社会养老保险工作全面展开。参保额由农民根据个人收入自主决定，60周岁即可领取养老金。1999年5月，农村社会养老保险工作管理职能由民政局划归市劳动和社会保障局。

1992—2010年海阳市农村社会养老保险金收支情况表

表 25-4-3

年　份	参保人数（人）	收缴金额（元）	领取人数（人）	支付金额（元）	年　份	参保人数（人）	收缴金额（元）	领取人数（人）	支付金额（元）
1992	172428	5935048	—	—	2002	47174	6041811	12840	382094
1993	107832	6420058	—	—	2003	45471	6417282	15549	488236
1994	29926	753932	110	4602	2004	45315	7757867	18758	634027
1995	158803	8644470	999	21470	2005	51369	9628000	23083	869776
1996	152302	9053348	1762	44279	2006	49626	11909109	26935	1078976
1997	122662	8370737	2792	73343	2007	62686	17554515	31070	1371039
1998	105483	7483682	4427	118615	2008	73700	30501240	35214	1770850
1999	90277	6853426	6934	179445	2009	88748	49632130	43044	6173271
2000	70739	6443196	8910	239355	2010	121571	97370770	48968	9972311
2001	62361	6660593	10877	308189					

第四节　其他保险

失业保险　1986年10月开始实施。业务工作由县劳动服务公司负责。征收标准为单位按照缴费基数的1%缴纳，个人每月交0.5元。90年代初，下岗职工增多，被企业开除、除名、解除劳动合同、合同期满终止劳动合同和辞职的职工开始享受失业救济。享受失业救济的范围仅限于国有、县属企业中的城镇户口职工。农民合同制工人在与原企业解除劳动关系后，符合标准的可一次性领取失业救济金。1998年7月，失业保险基金收缴比例由1%提高到3%，其中单位缴纳2%，个人缴纳1%。失业保险基金纳入烟台市级统筹范围。1999年，失业保险基金收缴委托银行代扣，全年收缴额19.93万元，全市参加失业保险基金统筹单位220个，统筹职工2.96万人。2001年，开始实行社会保险费一票征缴，失业保险费由市社保中心代收，资金按月上缴财政，实行由烟台市监管、专户管理、收支两条线的管理方式，确保资金专款专用。当年收缴失业保险基金63.19万元。全市参保企业223家，参保人数2.84万人。2005年，全市失业保险费收缴56.46万元，失业保险基金支出1136.46万元，新增享受保险金的失业职工5573人。年底，为1.2万名失业职工发放失业保险金4558万元，发放率100%。2006年，全市参加失业保险人数3.86万人，失业保险费收缴63.58万元。2008年，全市新增失业职工3209人。2010年，全市参加失业保险人数4.5万人，失业保险基金收入1346万元，失业支出1554万元。

工伤保险 2004年，开始实行社会保险一票征缴，工伤保险费由海阳市社保中心代收。市劳动和社会保障局在受理工伤认定申请后，根据审核需要对事故伤害调查核实，并在60日内作出工伤认定的决定，书面通知申请工伤认定的职工或者其直系亲属和该职工所在单位。职工因工作遭受事故伤害或者患职业病进行治疗，享受工伤医疗待遇，需要暂停工作接受工伤医疗的，在停工留薪期内，原工资福利待遇不变，由所在单位按月支付。职工发生工伤，经治疗伤情相对稳定后存在残疾、影响劳动能力的，进行劳动能力鉴定，由劳动能力鉴定委员会根据医疗卫生专家组的鉴定意见，作出工伤职工劳动能力鉴定结论。工伤职工已经评定伤残等级并经劳动能力鉴定委员会确认需要生活护理的，从工伤保险基金按月支付生活护理费。职工因工致残被鉴定为伤残的，享受伤残补助金待遇。2006—2010年，全市征缴工伤保险基金分别为168万元、271万元、345万元、542万元、799万元，拨付工伤保险费用分别为94万元、230万元、397万元、366万元、647万元，基金滚存结余分别为139万元、180万元、129万元、308万元、467万元。

生育保险 1978年起，企业女职工享受产假期间工资等多种计划生育政策待遇。1982年，贯彻执行劳动部《关于女职工保胎休和病假超过六个月时的待遇规定》，企业女职工的生育待遇得到法规保障。1988年，县政府出台《海阳县企业女职工生育基金的统筹办法》，对晚婚晚育女职工和非晚育的女职工住院、难产的补贴和基金发放予以详细规定，经费主要由企业负担。1994年，劳动部颁发《企业女职工生育保险试行办法》。海阳县进行试点，保险基金的缴费标准为每名职工每年12元，以后根据国家政策和规定进行调整。企业按缴纳养老费基数的1%缴纳，职工个人不需再缴纳生育保险基金。女职工生育时的住院费、医药费、手术费等项，从生育保险基金中支付，标准按《山东省计划生育条例》执行，所在企业一次性获得生育补偿金，用来支付女职工有关待遇。2006年，全市征收生育保险基金70万元，拨付生育保险费用20万元，基金滚存结余132万元。2008年，参保人数2.1万人，征缴生育保险基金169万元。2010年，参保人数2.4万人，征缴生育保险基金184万元，拨付生育保险费用130万元，基金滚存结余498万元。

企业医疗保险 70年代至80年代初，企业职工医疗保险根据《中华人民共和国劳动保险条例（试行）》的有关规定执行。职工患病后的诊疗费、手术费、住院费均由所在单位负担，除贵重、滋补药品由个人负担外，其他药费均按规定报销。职工所供养的直系亲属享受半费医疗。80年代中后期至90年代初，部分企业开始实行医疗费包干制度，有的把部分医疗费随工资发给职工个人，节约归己。1996年1月1日，企业医疗保险制度改革全面实施，凡海阳县辖区内各类企业职工及企业中的离退休人员、退职人员均属医改对象。企业按上年度在职职工工资总额和离退休职工退休费用总额之和提取10%建立医疗基金，其中30%用于缴纳社会统筹医疗金（大病统筹金），70%留在企业（50%用于分配职工个人医疗账户金，20%作为企业调节金）。社会统筹医疗基金主要用于9种大病及一次性住院医疗费开支超过2000元以上部分的医疗费用。职工个人医疗账户金归职工个人所有，企业医疗调剂金由企业统一使用，主要用于离休人员、残疾军人超出个人账户部分的补助，以及退休人员和在职职工医疗费个人负担过重时的医疗救济等。2002 年 1 月，基本医疗保险费改为用人单位和职工共同缴纳，基本医疗保险基金由统筹基金和个人账户构成，二者分别核算。用人单位按最低月缴费工资基数缴纳 6% 的基本医疗保险费，65% 划入统筹基金，35% 加个人缴纳的 2% 划入个人账户。参保职工患病超过医疗统筹基金最高支付限额以上的医疗费用，每一个医疗年度末，由社保经办机构按标准，从大额医疗救助基金中支付，患者在一个医疗年度内（当年 4 月 1 日至次年 3 月 31 日），最高支付限额为 12 万元。2002 年 1 月，公布实施统筹病种补助办法，把白血病等 9 个病种暂列为慢性病统筹病种。要求破产企业按照《中华人民共和国企业破产法》及有关规定，优先偿付欠缴的基本医疗保险费，并按退休人员人均医疗费，一次性向社会医疗保险经办机构缴纳 10 年的基本医疗保险费，由社会医疗保险经办机构负责支付其退休人员的基本医疗保险费用。2010 年，参加医疗保险职工 63334 人，收缴企业医疗保险费 5294 万元，为参保职工报销住院及门诊医药费 3774 人次，共 4163 万元。

机关事业单位医疗保险　70 年代，海阳县机关事业单位继续实行公费医疗制度，工作人员生病的诊疗费、手术费、住院费均由所在单位和地方财政负担。治疗时，除规定的贵重、滋补药品由个人负担外，药费可以报销，住院治疗期间伙食费和就医路费自理。经卫生部门批准到外地就医，可报销车船费、住宿费。80 年代至 90 年代中后期，实施医疗制度内部改革，部分机关事业单位对医疗费采取“包干使用”“限额报销”等方式。2006 年 8 月，机关事业单位职工基本医疗保险全面展开，基金征缴比例为单位缴纳 6%、个人缴纳 2%，其中单位缴纳 6% 的 65% 作为统筹金，另 35% 加个人缴纳的 2% 建立个人医疗账户，实行住院统筹与个人账户结合。参保人员因病住院医疗费用在起付标准（一、二、三级医院的起付标准分别为 200 元、400 元、600 元）以上的部分，从统筹基金中分段支付。起付标准至 5000 元部分按 75% 支付；5000 ～ 10000 元部分按 80% 支付，1 万元以上至最高支付限额部分按 85% 支付；退休人员在上述比例基础上提高 10%。同时，在基本医疗保险的基础上将统筹的大病增至 16 种，并将门诊医疗费纳入报销范围，在职按 80% 支付，退休按 85% 支付。并建立大额医疗费救助制度，一次性收缴 2.5 元，按照“以收定支、收支平衡”的原则，单独核算，年度最高支付限额为 15 万元。机关事业单位医疗保险个人账户启用 IC 卡。2010 年，全市机关事业单位参加医疗保险 18930 人，收缴医疗保险费 3614 万元，支付医疗保险金 3536 万元。

农村医疗保险　2006 年 4 月，开始实行新型农村合作医疗。至 2010 年，共筹集新农合合作医疗基金 1.96 亿元，基金支出 1.87 亿元，累计结余 914 万元。

城镇居民基本医疗保险　2008 年 8 月，实行城镇居民基本医疗保险。至 2010 年，共筹集城镇居民基本医疗保险基金 1150 万元，基金支出 496 万元，累计结余 654 万元。

第五章　民　政

第一节　机　构

1978 年，称海阳县革命委员会民政局。1980 年，改称海阳县民政局。1985 年，内设行政股、社会股、优抚股、安置股，下辖军队离退休干部休养所、火化场、社会福利公司。1996 年 5 月，海阳县民政局改称海阳市民政局。2010 年，内设办公室、优抚安置科、社会救助和社会福利科、社会组织和社会事务管理科、基层政权和区划地名科（对外挂社区办牌子）、城乡居民最低生活保障管理科，编制 19 人。

海阳市复员退伍军人安置办公室　1980 年，县成立复员退伍军人安置领导小组，下设办公室。

1984年并入民政局。

海阳市军队离退休干部休养所 1985年，海阳县军队离退休干部休养所成立，有干部职工8人。1996年5月，改称海阳市军队离退休干部休养所。2010年，干部职工18人。

海阳市殡仪馆 1976年，海阳县火化场建成。1985年，改称海阳县殡仪馆。1996年5月，改称海阳市殡仪馆。2010年，有干部职工16人。

海阳市婚姻登记处 1997年成立。2010年，有干部职工8人。

海阳市慈善总会办公室 2007年成立。2010年，有干部职工3人。

海阳市烈士陵园管理处 海阳县烈士陵园管理处，1956年建立。1996年5月，改称海阳市烈士陵园管理处。2010年，有干部职工8人。

第二节 基层组织建设

村民委员会选举 1984年4月，撤销人民公社，恢复乡（镇）体制。生产大队管委会体制改为村民委员会（以下简称村委会）。村委会一般由3～5人组成，由村民选举产生，每届任期3年。村委会换届选举是以选民小组为单位，组织选民提名、酝酿协商、确定候选人（或由村党支部提名候选人），然后由村民代表大会选举。1999年，第六届村委会换届选举。首次实行村民直接提名村委会成员候选人，直接选举村委会成员。全市732个行政村全部完成换届选举任务，选举村委会成员2256人。2007年，第九届村委会换届选举。全市732个行政村全部完成换届选举任务，选举村委会成员2409人。

村民自治 1991年，在小纪镇、留格庄镇进行村民自治示范试点，探索村民自治经验。1997年，有680个村达到村民自治示范村标准。1998年5月，以建章立制为重点，在徐家店镇开展乡（镇）规范化建设试点，形成系列配套制度。2004年8月，市委印发《关于进一步做好村务公开民主管理工作的意见》，市、镇两级分别成立村务公开民主管理领导小组，各村均建立村务公开栏。2009年，开展村务公开民主管理“难点村”治理试点工作，全市治理难点村5个，合格率100%。2010年，村级民主管理和民主监督制度基本完善。

城乡社区建设 2009年，开始城乡社区建设。市委、市政府科学规划、合理布局，制订社区建设实施方案，规划建设城市社区11个、农村社区191个。建立方圆街道阳光社区、东村街道海政社区2个城市试点社区；建立方圆街道镐地社区、东村街道凉山后社区、旅游度假区臧家社区、经济开发区石人泊社区、郭城镇西古现社区5个农村试点社区。2010年，城乡社区在试点成功的基础上进行扩建，共新建9个城市社区、118个农村社区。

第三节 优待优抚

优待 1978年，全县有1万余户优待对象。对农村劳动力不足的烈属、军属、残废军人，由所在大队优待劳动工日，优待标准坚持“春季评定，夏季检查，秋季兑现”的方法。1981年，全县烈军属、革命残废军人、老复员军人和退伍军人优待户9045户、34680人，优待工日折现金112.2万元，户均优待124.05元。1983起，实行现金优待。1985年，在全县推行乡（镇）统筹优待，对优待对象、优待标准、优待款的筹集和兑现进行规范。1992年，对农村烈军属和二、三等革命伤残军人和老复员军人普遍给予优待。优待金标准以乡（镇）为单位确定，优待金从农村群众“三提五统”经费中提取，每年年底兑现。2002年，全市农村税费改革，取消“三提五统”，优待金改为镇（区、街道）财政列支、统一发放。

烟台市海阳荣军医院

同年，实行定点医疗制度，规定药品的使用原则和报销范围等。2006年4月，对不享受公费医疗的“三老”优抚对象实行日常补助、住院按比例报销、大病救助的医疗保障措施。同年，发放医疗补助金47.25万元。2009年3月，享受抚恤定补的优抚对象纳入医疗保障，建立优抚对象医疗补助制度。同年，优抚对象医疗保障“一站式”服务运行，全市抚恤定补优抚对象参加城镇职工基本医疗保险、城镇居民基本医疗保险1860人，参加新型农村合作医疗的优抚对象4148人，参保参合资金260余万元。在烟台市率先将所有的符合参保参合条件的优抚对象全部纳入医疗保障范围。同年，财政拨付40万元解决优抚对象生活困难等问题。2010年，提高优待金标准，义务兵优待金标准为每人每年3500元，其他优抚对象的优待金标准也按不同的比例调整。

1985—2010年部分年份海阳市优抚对象优待金兑现情况表

表25-5-1

项目 年份	优待金总额（万元）	优待户数（户）	军属				其他优抚对象	
			农村		城镇			
			户数（户）	户均款数（元）	户数（户）	户均款数（元）	户数（户）	户均款数（元）
1985	388.44	12126	3001	443	—	—	9125	280
1986	408.92	11759	2618	497	—	—	9141	305
1987	441.42	12201	2746	516	—	—	9455	317
1988	495.62	12238	2687	572	—	—	9551	358
1989	536.06	12664	3413	500	—	—	9251	395
1990	578.70	12489	3341	558	40	384	9108	429
1991	557.92	12648	3073	647	40	384	9535	375
1992	551.17	12430	2954	669	86	384	9390	373
1993	565.84	12220	2989	698	103	384	9128	387
1994	616.38	12120	3029	742	164	800	8927	424
1995	643.31	11938	3081	751	234	800	8623	456
1996	631.21	11046	2749	813	220	800	8077	483
1997	636.84	10798	2658	841	210	800	7930	500
1998	610.43	10372	2481	814	208	800	7683	510
1999	588.66	9961	2453	851	—	—	7508	506
2000	533.48	9317	2157	860	—	1000	7160	486
2003	504.96	7276	976	1069	167	1000	6133	626
2005	513.59	5855	662	2837	127	1000	5066	618
2008	666.46	5181	691	2861	98	1000	4392	1045
2009	803.96	4963	730	2836	99	1000	4134	1420
2010	680.22	4442	602	3617	103	1000	3737	1210

抚恤补助　*烈属、遗属抚恤*　一次性抚恤金。1979年2月1日—1980年6月3日期间牺牲、病故的抚恤，按职务不同分6类发放，牺牲抚恤金470～700元，病故370～600元。1980年6月4日—1984年3月31日牺牲，经批准为烈士的，在上述标准的基础上增加300元。1984年4月1日

起，批准为革命烈士的军人和其他人员，一次性抚恤金按牺牲时的40个月工资计发。1986年7月1日起，军人、机关工作人员、参战民兵、民工因公牺牲的，其一次性抚恤金，按牺牲时20个月的工资计发；病故的一次性抚恤金，按病故时的10个月工资计发。1988年8月1日后，因公牺牲病故的，按照《军人抚恤优待条例》规定，领取一次性抚恤金。因战伤亡的民兵、民工和因参加军事训练伤亡的民兵及其他人员，抚恤参照《军人抚恤优待条例》规定办理。1989年，取消军人病故一次性抚恤金最高金额不得超过3000元的限制。1994年7月1日起，党政机关、民主党派、人民团体的工作人员牺牲、病故后一次性抚恤金，原统一由死者家属户口所在县（市）民政部门发放，改由死者生前所在单位发放。2004年8月1日，提高一次性抚恤金标准：烈士为80个月工资；因公牺牲为40个月工资；病故为20个月工资。月工资或者津贴低于排职少尉军官工资标准的，按照排职少尉军官工资标准，发给其遗属一次性抚恤金。获得荣誉称号或者立功的烈士、因公牺牲军人、病故军人，其遗属在应当享受的一次性抚恤金的基础上，由县级民政部门按照规定的比例增发一次性抚恤金。

定期定量补助。1979年12月，全县调整改进定期定量补助，把绝大部分补助款用于定期定量补助。时有烈属2259户，复员军人714人，退伍军人24人；提高定补标准，每月定补总额2.63万元。1980年6月，再次调整，全年补助款45.7万元，其中定补款36.25万元，占总补助款的80%。1983年，对红军老战士、孤老烈属、孤老复员军人等，适当提高定补标准，全年定补人数4528人，定补款43.06万元。1993年，享受抚恤金的烈属、因公牺牲军人遗属、病故军人遗属2144人，发放抚恤金90.3万元；复员军人、带病回乡军人4915人，发放146.56万元。1996—2010年，先后12次（1999年2次）提高抚恤定补标准。其中，2005年1月1日，按照每人每年500元标准提高在乡复员军人定期定量补助标准。在此基础上，回乡务农抗战老战士每人每年再增加500元。2010年，共有享受定期抚恤补助人员3389人，发放定补款552.95万元。

伤残抚恤　1950年，根据国家标准，残废者的残废轻重和丧失劳动能力的程度划分为四等六级（特等，一等，二等甲级、乙级，三等甲级、乙级），抚恤标准分为在职、在乡2种。1978年1月起，调整在乡革命残废人员抚恤标准，按不同等级，每人每年发给80～520元。对在乡残废人员抚恤金，由每年发放1次，改为每年分2次发放。1982年，调整在职残废军人的残废金标准。全县享受抚恤金人员4483人，发放抚恤金75.5万元。1984年7月1日起，在乡残废抚恤金每人每年140～570元，在职残废军人保健金每人每年调整标准为56～132元。1985年，发放抚恤金125.1万元。1988年1月1日起，在乡残废军人抚恤金提高到272～1200元，在职残废军人保健金每人每年82～240元。7月18日，革命残废军人改称革命伤残军人。1991年、1994年、1996年、1998年、1999年、2001年、2002年、2003年，先后8次提高伤残军人抚恤补助标准。2004年8月1日起，调整军人残疾等级的设置，把原来的“四等六级”参照工伤职工伤残等级改为“一至十级”；取消伤残军人在职在乡的分类，在职伤残军人统一由发放保健金改发残疾抚恤金。10月1日，提高伤残军人抚恤金标准，按等级不同，每人每年960～11200元。2006—2010年，连续5次提高伤残军人抚恤金标准。2010年，全市伤残军人（含伤残人民警察、伤残国家机关工作人员、伤残民兵民工）1320人，发放伤残抚恤金155.42万元；发放一至四级伤残军人（含伤残人民警察、伤残国家机关工作人员、伤残民兵民工）护理费78.8万元。

烈士褒扬　1981年普查统计，除外籍烈士

2010年，烈士陵园雕塑

1715名外，全县共有革命烈士6593名，其中女烈士35名。国内革命战争牺牲的9名，抗日战争牺牲的1235名，解放战争牺牲的4783名，抗美援朝牺牲的337名，社会主义建设时期牺牲的219名，对越自卫反击战牺牲的10名。1986—2010年，全市牺牲和被追认烈士13名。其中，6名1947年7月前牺牲，被追认为革命烈士。

编纂出版《海阳英烈》 1999年7月，市党史方志办公室和民政局历时3年联合编纂出版《海阳英烈》。书中立传者42人，英雄、模范、功臣名录219人，收录全市6600余名为国捐躯的优秀儿女。其中有海阳县地下党的组织者和领导者、在战场上与敌人白刃格斗而壮烈牺牲的官兵、在敌人刑场上从容就义的勇士、枪林弹雨中支援前线的民兵英雄、在艰苦环境下工作的劳动模范、见义勇为而壮烈牺牲的壮士等。

修建无名烈士纪念碑 2001年9月，《老干部之家》发表《让我们万众一心》文章，倡议全省老同志、老干部、工作人员为八路军烈士捐资修墓。老干部及社会各界人士积极响应，筹措资金200余万元。2005年清明节，抗日烈士纪念碑在海阳烈士陵园落成。纪念碑高19.42米，寓意1942年，为纪念在1942年抗日反扫荡期间，海阳境内发生的3次战斗中牺牲的400余名革命烈士而建。

烈士陵园管理 抗日战争胜利后，为纪念为国捐躯的革命烈士，县委在东村十字街口修建1座烈士纪念塔、2座纪念碑。烈士纪念塔塔高3.5米，镌刻抗日烈士英名585名；1座“八年抗日战争民兵烈士纪念碑”，铭刻189名烈士英名；1座“海阳抗日工作人员，民族志士纪念碑”，铭刻

2010年，抗日烈士纪念碑

抗日工作人员69名，民族志士80名。1946年11月7日，党、政、军、民3000余人，举行海阳县抗日烈士纪念碑落成典礼，各机关团体敬献花圈致祭。1956年，建面积1.68万平方米革命烈士陵园，将抗日纪念塔、纪念碑等迁入陵园。同时，将部分散葬在全县各地的革命烈士遗骨（大部分是1941年榆山大会战和1947年海阳战斗牺牲的革命烈士）842名，迁入陵园修立坟墓。革命烈士主墓有榆山大会战牺牲的营长李锦堂、海阳战斗牺牲的营长段心海。1979年后，烈士陵园几经修葺绿化，陵园四周花墙519.5米。陵园前正中为牌坊式大门，从大门经过19道平台石阶进入陵园。陵园峰顶有1956年部队移交的4间哨所，作为临时简易的烈士纪念堂，堂内存有36名革命烈士骨灰盒。在陵园西侧建房6间，作为园内管理人员办公、宿舍用。有职工3人，负责管理烈士档案和园林护理工作。1989年，在陵园正中东西分别建一座纪念馆，东为海阳革命斗争史纪念馆，主要介绍海阳人民革命斗争历史；西为革命烈士事迹纪念馆，馆内展示海阳16位著名烈士事迹。

第四节　拥军　安置

拥军 1975年，县政府成立拥军优属办公室，负责日常拥军工作。1981年，全县为驻军送慰问品400余件、花生75千克、苹果200余千克、大白菜1500千克、鲜鱼175千克。1985年2月，县委、县政府组织23个慰问组，对全县23个乡镇的驻老山、者阴山解放军指战员家属和特等、一等残废军人逐户进行慰问，并赠送慰问品2200元。1993年，县政府将驻城区部队营房前1000米路面拓宽5米、铺上沥青、安装路灯。1998年，成立法律咨询站，依法维护部队和军人军属的合法权益。共接待部队和军人军属咨询500人次，协助有关部门和单位依法处理军人军属涉法问题15件，诉外调解15件。1999年，印发《海阳市拥军优属若干规定》，将拥军工作制度化、法规化。2002年，市委、市政府提出“三联系一开展”活动，即每个单位联系一个基层连队，每位领导联系一名现役军人、一名优抚对象；开展为部队及优抚对象做一件有纪念意义和有影响

2007年2月10日，方圆集团公司慰问驻地部队

2010年，军队干休所图书室

的实事。至2003年，全市联系728名“三老”优抚对象；先后帮助驻地部队修筑围墙，改建营房，免费安装闭路电视、电话等；为部队无偿提供优质菜地4.4公顷；设立军粮供应站，常年为部队提供优质粮食。16次协助部队完成军事演习的后勤保障工作，开展大型拥军活动120余次，送面粉、水果、鸡蛋、猪肉等食品6.5万千克，各类慰问物资160万元。至2010年，市政府先后投资860余万元，修建军营进出道路72千米，整修营区沥青路、道板9400余平方米。开展“援建军营图书室、共建学习型军营”活动，先后向部队赠送60余万元文体设施、84台电脑、22台电视机、8套家庭影院、3.1万册图书，援建军营图书室4个、网吧1个、科技示范连18个，开展文艺联欢、篮球比赛、拔河比赛等文体活动60余场次，为306户部队家属安装有线电视。市消费者协会在海防某团摩步连设立军事比武奖励基金，用于奖励军事比武优秀官兵。方圆集团常年坚持走访慰问部队官兵，并设立双拥培训基地，为部队培养大批技术人才。各部门累计向部队赠送学习、生活用品折款120余万元，培训机械操作技能战士820余人次，接待参观、实习战士5500余人次。海阳分别于1991年、1995年、2003年、2006年和2010年被评为全省双拥模范城。

安置 复员退伍军人安置 1980年，海阳县成立复员退伍军人安置领导小组，下设办公室。是年起安置退伍军人。1987—1988年，为在对越自卫反击战中立三等功的退伍军人办理“农转非”，同时安置参战退伍军人在企事业单位就业。2005年10月，实施城镇退役士兵自谋职业补助制度。2005—2010年，转业士官和城镇退役义务兵签订自谋职业协议，获得自谋职业补助金。

军队离、退休干部休养 1982年，军队离退休干部休养所1、2、3号军休干部住宅楼建成，面积4360平方米，可居住72户军休干部。1985年，上级拨款72万元，建设4、5号军休干部住宅楼；9月，设海阳县军队离退休干部休养所，编制15人，当年实有8人。1990年9月，军休所综合办公楼落成，建筑面积1412.87平方米。1995年，军休所内设后勤股、医务股、办公室。2000年12月，为40户住1、2号住宅楼的军休干部进行房改。2001年，每户投资5500元，为军休干部全部安装空调。2002年5月，投资近400万元，对4、5号住宅楼危房进行改造，并为4号楼21户团职离休干部办理房改手续。2008年，为军休干部开通天然气。2009年冬，为军休干部通上暖气。至2010年，军休所共接收安置军队离休干部72人、退休干部46人。接收安置退休士官15人。

第五节　社会赈济

扶贫扶优 1979年，开始由点到面扶贫。全县贫困户1100户、4008人，约占总户数的1%，共欠口粮款51万元。扶贫工作纳入党委议事日程，并在朱吴公社下院口大队试点，着重解决困难户超支款问题。全大队23户困难户3400元的欠款，全部报销。同年，双扶工作（扶贫扶优）开始起步。由单纯的生活救济为主，转变为通过有借有还的方式，扶助双扶对象开展家庭小副业发展生产。同时，总结推广黄崖公社鲁家沟大队帮助社员发展家庭副业，开展户养母猪改变困难户面貌的经验。1983年，兴办加工服务行业，为310户残病人员解决生活出路，全年收入25831元。总结推广凤城公社试点生产扶贫经验，在全县扶贫有偿借款16.27万元，扶持10个公社、234个大队共2696户。全县拨款3.50万元，帮助459户贫困户，购买化肥4.59万千克、良种1750千克、农药540千克、各种农用器具1063件，全县当年脱贫率37%。1985年，全县扶持困难户4746户，脱贫1888户；扶优7147户，当年致富3535户。民政投资7.50万元，补息贷款8.60万元（民政代付利息），全县兴办扶贫厂25个、从业人员962人，主要项目是搞草制平编，全年纯收入25万元，入厂的贫困户脱贫率85%。1987年，全县扶持困难户4892户、年内脱贫率50%以上，应定期救济户数1019户、已定期救济户278户；建立扶贫基金会17个，平均会员2008人，平均筹款6000元。1992年，全县贫困户1433户、5600人，扶贫户457户、1500人；应定期救济户976户、4100人，已定期救济户数635户、2500人，发放救济款6.11万元。全年投入资金26.65万元，扶持经济实体34个，安排双扶对象子女115人就业。1997年1月1日，建立农村最低生活保障制度。农村最低生活保障金由市、乡镇、村三级，按“三、三、四”比例分担，所需经费由市、乡镇、村分别在同级财政和村委会支付。全市核定享受保障对象671户、1642人，保障标准为每人每年530元。1998年6月1日，建立城市居民最低生活保障制度，城市居民最低生活保障金全部由市财政负担。全市核定享受保障对象24户、48人，保障标准为每人每月120元。1999年7月1日起，将城镇居民最低生活保障标准每人每月120元提高到每人每月156元。至2010年，城市居民最低生活保障标准每人每月340元，农村居民最低生活保障标准每人每年1700元。

赈灾　境内自然灾害多为旱、水、风、海潮、低温等。1981—1982年，全县雨量偏少，干旱程度少见，农业生产损失巨大。1982年，全县3万公顷小麦，1.2万公顷绝产，0.67万公顷刚收回种子，其余1.13万公顷大部分减产三到五成。全年

1985年8月19日，县政府副县长于洪贵（右三）带领干部到大辛家镇南庄、霞河头村组织群众转移

粮食总产量仅14.5万吨，年人均口粮123.5千克。面对灾害，县、社、队普遍建立生产救灾领导小组，救灾工作纳入政府工作议事日程。上半年动用统销、储备、退库和销售议价粮1.42万吨，帮助群众度过春荒。全年共解决粮食1.98万吨，确保群众生活和生产正常进行。

1989年5月8日下午3时15分，境内黄崖、赵疃、大阎家、小纪、辛安、二十里店、东村、行村、大山所等10个乡镇遭雹、风袭击，105个村8.16万户受灾。其中，黄崖、赵疃、大阎家3个乡镇46个村，7120户受灾特别严重，直接经济损失1250万元。全县经济损失3120万元，其中直接经济损失2380万元。灾情发生后，县委、县政府立即组织各有关单位，查看灾情，抗灾救灾，全县增拨化肥300吨、柴油60吨、种子18吨及资金80万元，分发到灾区。

1997年，境内遭1959年海阳有气象记载以来，从未有过的一旱一涝自然灾害，工农业生产和人民生活造成严重损失，直接经济损失10.2亿元。其中，粮、油、菜等农作物损失6.8亿元，渔业损失2.5亿元，房屋、桥梁、水利设施等其他经济损失0.9亿元。同年8月18日23时，受11号强热带风暴影响，平均风力8～9级，阵风达到10级以上，狂风加暴雨，到8月20日12时，全市平均降雨260毫米以上，超过200毫米的乡镇15处，其中盘石店镇312毫米，沿海潮位比正常高4米以上，海边浪高5米以上，海内涌高4米以上。在这次强热带风暴中有4人死

亡，造成经济损失 2.95 亿元。全县下拨救灾资金 185 万元。

2007 年 3 月 30 日 20 时 50 分 至 21 时 20 分，境内遭受暴风雨夹冰雹袭击持续时间 20 分钟，冰雹最大直径 20 毫米。郭城、发城、盘石店、朱吴、小纪、凤城、东村、方圆 9 处镇（街道）受灾严重，苹果、樱桃、桃等果业受灾 1390 公顷，造成经济损失 2632 万元。8 月 6 日 12 时至 12 日 6 时，持续遭受强降雨，全市平均降雨 296.7 毫米，最大降雨超过 300 毫米。其中，8 月 10 日 13 时 30 分，凤城街道个别村庄遭受龙卷风袭击。灾害共造成直接经济损失 9200 万元。全年共下拨救灾款 228 万元。

2010 年 1 月 7 日—25 日，海阳遭受低温冷冻和雪灾，凤城、留格庄、行村、辛安、大阎家等镇（街道）受灾较重，受灾面积 1052 公顷，受灾人口 5800 人，直接经济损失 4234 万元。4 月 26 日—27 日，遭受风雹灾害，受灾面积 463 公顷，受灾人口 30 万人，经济损失 3124 万元。全年共下拨救灾款 105 万元。

1979—2010 年部分年份海阳市自然灾害救济情况表

表 25-5-2

年 份	种 类	救灾物资	救灾款（万元）	年 份	种 类	救灾物资	救灾款（万元）
1979	旱、雹	—	2	1999	旱	—	52
1981	旱	粮食 1.98 万吨，菜种 2.20 吨，土豆种 1 万吨，荞麦种 20 吨	贷款 60	2000	旱、风	—	45
1982	旱	粮食 9145 吨	168	2001	旱、风暴	—	73
1983		粮食 3.25 万吨	108	2002	冻、水、雹	—	88
1985	风、雹、旱		81	2003	风、雹、水	—	85
1988	风、雹		5	2004	冻、风、水	—	110
1989	风、雹	化肥 300 吨，柴油 60 吨，种子 18 吨	80	2005	雹、风	—	73
1990	风、雹	—	22	2006	风、雹、水	—	131
1991	风、雹	—	21	2007	风、水、雹	—	228
1992	风、旱	—	24	2008	风、雪、冻	—	73
1996	旱、水、风暴	—	67	2009	旱	—	135
1997	旱、水、风	—	185	2010	雪、冻、风、雹	—	105
1998	风、水	—	65				

第六节　慈善事业

2008 年 4 月，海阳市慈善总会成立。单位创始会员 11 个，个人创始会员 5967 个，创始资金 500 万元。全市 17 个镇（区、街道）建立慈善分会。5 月，四川汶川特大地震发生后，共募集接收社会各界爱心捐助资金 1967.6 万元，物资折款 143.07 万元，全部划拨和调往灾区。全年募集慈善资金 198.05 万元，轮椅 100 台价值 10 万元；支出 82 万元，救助困难群众和学生 320 人次，资助学校 1 所。为 100 名贫困家庭的残疾人、老人免费发放轮椅 100 台。争取各级慈善机构下拨、支付救助款物 131.3 万元，资助医院、敬老院各 1 处，救助贫困学生和群众 68 户（人）次。2009 年 5 月，海阳市慈善义工管理中心成立，有 3 个街道和3个企事业单位设立慈善义工工作站，注册义工680人。全年共募集接收善款580.51万元，其中爱心捐款545.81万元，全部上缴财政专户；慈善救助支出48.06万元，救助困难家庭和个人103户（人）次，资助一村庄道路建设。争取上级慈善机构下拨支付救助款物33.59万元，救助贫困家庭及个人77户（人）次，资助一村庄公共设施建设。同年，1人荣获首届山东慈善奖，2家企业、6名个人荣获首届烟台慈善奖。2010年，共募集接收善款608.81万元、其中爱心捐款496.48万元，全部上缴财政专户；为青海玉树地震捐款72.63万元，按划拨程序上缴烟台汇往灾区；慈善救助支出24.32万元，救助困难家庭148户（人）次，救助困难学生12名，资助学校1所。全年争取上级慈善机构下拨支付救助款物438.26万元，资助公益项目1个，资助基层卫生院6所，救助贫困家庭78户（人）次，资助贫困学生23名，组织义务服务活动46次、参与义工1100余人次、无偿奉献服务时间2.1万多小时。

第七节　社会福利

福利企业　随着农村联产承包责任制的推行，农村残疾人的生活出现新问题。过去集体安排劳动，可在分工分业上得到照顾；家庭承包后，残疾人的生产生活受到影响，不少残疾人成为新的贫困户。为跟上农村改革的步伐，带领残疾人走致富路，乡镇福利工厂应运而生。1984年，全县兴办社会福利厂14处，从业675人，其中残疾职工335人、占从业人数的50%。1985年，福利厂增加到32处，从业人数1332人，其中残疾职工606人、占50.4%。经营项目有乳粉、冻粉、糕点、烤鸡、豆制品、面粉加工、木器加工、水泥制件、电器维修、皮鞋、塑料、缝纫、鞭炮、理发等。福利厂的兴办，取得显著社会和经济效益。1988年1月，烟台市对符合条件的福利企业实行登记，颁发证书。全县有24家福利企业领取证书。1993年，实施《山东省社会福利企业年检认证工作实施细则》，对全县24家企业进行年检认证，有18家企业通过年检。1994年8月—12月，针对税制改革后与福利企业减免税相关联的一系列亟待解决的新问题，县民政、税务部门对18家福利企业进行检查清理，合格的9家，注销证书的9家。后因市场、经营、设备陈旧等原因，又有4家企业申请撤销福利企业资格。2010年，全市有福利企业5家，从业人员174人，安置残疾职工68人，残疾职工占生产人员的39%；完成工业产值1690.84万元；实现利税56.29万元。

五保供养　五保对象包括无法定赡养、扶养、抚养义务人，或虽有法定赡养、扶养、抚养义务人，但义务人无赡养、扶养、抚养能力；无劳动能力；无生活来源的老年人、残疾人和未成年人。五保供养分为分散供养和集中供养两种形式。1979年，全县已保的五保户550户、657人。其中，入敬老院10户、13人。普遍安排落实供给补助制度，分散供养的占绝大部分，集体固定专人，粮、水、草到家，洗缝有人管，大队每月给零花钱。1984年，全县有五保户815户、1006人，其中分散供养的764户、942人，每人每年口粮248.5千克，生活费257元。对无自理能力的五保户，实行专人照料的104户、123人；亲属照料的88户、98人。1985—2005年，五保供养主要以分散供养为主。2005年11月，全市农村五保供养对象1556人，其中落实待遇的903人、未落实的653人，入院供养354人、占已保五保供养总数的39.2%，分散供养549人、占已保五保供养总数的60.8%。2010年，集中供养标准由每人每年2400元调整为3700元，分散供养标准由每人每年1300元调整为1600元；12月1日起，农村五保集中供养标准由每人每年3700元调整为4000元。

敬老院供养　中共十一届三中全会后，具备一定经济条件的社队，因地制宜开办敬老院。1980年，大队办敬老院5处，入住32人，住房27间，管理人员7人。1985年，村办敬老院9处，乡镇办敬老院8处，入住143人，住房394间，管理人员58人。1987年，乡办敬老院17处，平均入院19人，入院率35%以上。1989年，五保对象1478户、1503人，入院342人，入院率23%。2005年9月，烟台市推进敬老院建设工作现场会议在海阳召开，对镇（街道）敬老院建设经验加以肯定。2010年，全市有五保供养对象2316人，集中供养率83%。14处镇（街道）敬老

2010 年，方圆街道敬老院

院进行新建或改（扩）建，总建筑面积 3 万余平方米，床位 1989 张，总投资 2000 余万元。其中，10 处敬老院达到省一级敬老院标准，4 处达到省二级敬老院标准。

第八节　婚姻登记

1978 年，婚姻登记按照 1950 年 5 月 1 日实施的《中华人民共和国婚姻法》，由各公社代表县革命委员会办理结婚、离婚和复婚登记。结婚的条件是男年满 20 周岁、女年满 18 周岁；双方自愿，一夫一妻。婚姻登记分为申请、审查、登记三个步骤。婚姻登记与计划生育工作密切结合，各公社采取定期集体登记、办学习班等形式，提倡晚婚，全县男女实际结婚年龄一般为男 25 周岁、女 23 周岁。1980 年后，执行新婚姻法规定结婚年龄，男年满 22 周岁，女年满 20 周岁。1983 年 3 月开始，公社（乡、镇）婚姻登记工作，一律由民政助理员依法办理，纠正以往婚姻登记工作的混乱状况，避免以晚婚年龄代替法定年龄的现象。1985 年，全县共建立乡镇婚姻登记处 23 处，县政府共刻制婚姻登记钢印 24 枚。1989 年，县民政局为促进晚婚晚育的落实，严格结婚登记手续，对已达法定婚龄、不足晚婚年龄的青年，没有特殊情况一律不予办理结婚登记。1990 年 12 月，公开婚姻登记收费标准，禁止搞搭车收费，严格按物价部门核定的标准收取证件工本费。在办理登记时，当事人除持“婚姻状况证明”外，必须出示居民身份证，并将号码如实填入申请书有关栏目内，否则不予办理登记。1997 年 9 月，设立海阳市婚姻登记管理处；10 月，市婚姻登记管理处与市妇幼保健院合署办公。男女双方持村或本工作单位介绍信、身份证、户口簿到婚姻登记处办理婚姻登记。2003 年 10 月，新婚姻登记条例实施，结婚登记只需当事人的身份证、户口簿即可办理。2007 年，市婚姻登记处搬离市妇幼保健院独立办公。2009 年，推进婚姻登记信息化建设，对全市 1986—1997 年的婚姻登记档案进行补录。

1986—2010 年海阳市婚姻登记情况表

表 25-5-3　　单位：对

年　份	结婚登记	离婚登记	年　份	结婚登记	离婚登记
1986	7517	65	1988	5690	215
1987	8253	151	1989	6714	167

续表 25-5-3

年　份	结婚登记	离婚登记	年　份	结婚登记	离婚登记
1990	5083	139	2001	4722	195
1991	2757	149	2002	3173	189
1992	4917	110	2003	3834	249
1993	4654	154	2004	3766	361
1994	6984	190	2005	3371	515
1995	4776	135	2006	4288	586
1996	5846	197	2007	4208	576
1997	5772	266	2008	4308	620
1998	4094	254	2009	4324	721
1999	4731	222	2010	3616	763
2000	4251	232			

第九节　殡葬管理

1976 年，海阳县火化场建成。1977 年，投入使用。是年 3 月，全县进行丧葬改革，实行火化。1985 年，改称海阳县殡仪馆，翻新改造火化车间。1986 年，改造殡仪厅、骨灰寄存室、整容室等。1989 年，改造生活区，新建办公楼，馆容馆貌不断更新，被省民政厅评为五好殡仪馆。1992 年，被民政部和省民政厅授予全国、全省殡葬先进集体。1993 年，被民政部评为首批国家二级殡仪馆。1994 年 11 月，省民政厅在海阳县召开全省殡葬工作会议暨省殡协一届二次会员大会，海阳作典型发言。1996 年 5 月，改称海阳市殡仪馆。1999 年，翻新建造登记室、整容室、法医室、告别厅，新上 1 台高档火化炉，被省建委授予省级花园式单位称号。2010 年，殡仪馆占地面积 8919 平方米，建筑面积 2236 平方米，拥有高档火化炉 1 台、普通火化炉 3 台、殡仪服务车 4 辆，固定资产 500 万元，有干部职工 26 人。

第十节　社团管理

社团注册登记、清理整顿　1978 年，全县社团由各主管部门自行成立。其间，学术性、专业性团体较多，主要是文化、艺术、工会成立社团较多，以开展学术交流、信息传递、技术咨询等业务服务为主，未经任何部门审批登记。1991 年 3 月，民政局成立社团管理科，负责对社会团体进行登记管理。4 月，成立海阳县清理整顿社会团体领导小组。首先对财贸系统的社会团体进行清理整顿和复查登记试点。经审核，对符合条例要求的 156 个社团予以注册登记。1992 年 6 月，对全县村级社团组织进行全面清理整顿和复查登记，因登记条件不完备，只作备案处理，其中备案红白理事会 479 个、计划生育协会 291 个。1993 年，社团管理科改称社团管理办公室。1995 年 7 月，县政府印发《海阳县社会团体管理制度》，对社团年检、印章管理、财务管理、档案管理等方面提出具体要求，社团管理进一步规范化、制度化。1997 年 11 月，对全市 118 个社团组织进行清理整顿。对气功组织及党政机关领导干部兼任社团领导职务情况进行清理整顿，注销 95 个社会团体，有 6 名副县级领导干部辞去社团领导职务，对 6 个社团提出整改意见，为 17 个符合保留条件的社团换发社团证书。2001 年 7 月，制定社会团体规范化建设主要内容及验收标准，将社会团体的基本建设、组织建设、制度建设、业务建设等方面的主要内容分解量化为 33 条具体标准，督促各社会团体依照标准自查自纠，按照标准逐条落实。2002 年 10 月，共登记社会团体 20 个。其中专业性社团 12 个、行业性社团6个、学术性社团1个、联合性社团1个；单位会员134个，个人会员42488个。2010年，在对59个社会团体及公募基金会“小金库”自查自纠的基础上，由市纪委牵头，组织市民政、财政等部门，对其中14个社会团体进行重点检查。

民间组织管理 改革开放后，利用非国有资产兴办、不以营利为目的的民办非企业单位开始大量涌现，由民政、教育、卫生、科技、劳动、文化、体育等部门各自审批、管理。1989年，国务院颁布《社会团体登记管理条例》；1998年，国务院修订该条例并颁布《民办非企业单位登记管理暂行条例》《社会团体登记管理条例》，对民间组织实行登记管理机关和业务主管单位双重管理体制，即民政部门监督管理，业务主管部门进行业务指导。2000年7月，成立民间组织管理工作领导小组，加大对民间组织的管理。2001年，对全市633家民办非企业单位，依法办理注册登记手续。制定《民间组织管理工作制度规范》《民间组织联络员制度》《海阳市社会团体例会制度》等各类规章制度。2002年3月，设立民间组织管理办公室，对民间组织实施年度检查，对民间组织违反《社会团体登记管理条例》和《民办非企业单位登记管理暂行条例》的问题进行监督检查，并对其违反“两个条例”的行为给予行政处罚。同年，全市共登记民办非企业单位633个，主要分布在教育、卫生和民政等行业，其中教育类321个、卫生类299个。2004年2月，成立培育发展行业协会和农村经济协会工作领导小组，对农村经济协会进行登记管理。鼓励支持成立适合当地经济特点的协会，并在政策允许范围内，对协会的成立适当予以简化程序，对具备成立条件要求登记的，免去筹备过程，直接予以登记。2009年9月，市民间组织管理办公室指导全市社会组织相应建立起独立党支部10个，加强和完善社会组织党建管理工作。2010年6月，成立海阳市委社会组织工作委员会，负责指导全市社会组织党的建设。11名社工委委员每人联系包干1～2个基层党支部，全部在基层建立起自己的活动联系点。8月，市民政局民间组织管理办公室改称市民政局社会组织和社会事务管理科。每年3月—5月对已登记的全市民间组织进行综合性年度检查，根据检查结果分别予以表彰、限期整改、注销或撤销登记。2010年，共成立行业协会和农村经济协会32个；参检民办非企业单位124个，合格123个、不合格1个；参检社会团体51个，合格49个、不合格2个。

第十一节 地名管理

地名普查 1979年年底，第一次地名普查试点工作在海阳进行。1980年2月，地名普查工作全面展开，查清或基本查清全县2000余条地名的由来、含义、沿革及现状。1981年8月30日，更改一批含义不妥或重名的地名，纠正“文化大革命”期间乱改的地名，基本解决地名混乱状况，地名管理工作初步走上国家行政管理的轨道。1982年，将取水公社命名为山西头公社。1984年4月，将原17处公社撤销，划为东村、凤城、大辛家、盘石店、郭城、徐家店、发城、小纪、行村9个镇和山西头、战场泊、高家、朱吴、北埠后、泉水头、黄崖、赵疃、辛安、大山所、二十里店、大阎家、南城阳、留格庄14个乡，732个村。1996年，海阳撤县设市。2010年，海阳市辖方圆、东村、凤城3个街道，留格庄、盘石店、郭城、徐家店、发城、小纪、行村、辛安、大阎家、朱吴、二十里店11个镇，经济开发区、旅游度假区、核电装备制造工业园区、碧城工业区4区；732个村，11个社区。其中4区设管委会，对辖区内的村、社区进行管理。

地名标志建设 1981年，将县城主要街道，按走向确定东西为路、南北为街，命名6条路、5条街。1987年，对县城内4条路12条街的标准名称予以公布。1992年年底，村标设置率84.8%。1993年，全县增设45个村标，应设710个，已设647个，达到应设数的91%。8月，对22条路（街）予以命名。2004年，对城区11条路（街）予以命名、更名。2008年，将部分镇（区、街道）未命名和需更名的路街予以命名和更名。2010年，投入300

余万元，按照国家新的标准对全市路（街）标志牌重新设置。其中，三区三街道设置路（街）标牌1300块，11个镇共设置路（街）标牌22块。

地名档案管理　1982年，第一次地名普查结束后，市民政局建立地名档案室，将各类地名信息进行整理归档。

1981年海阳县命名的11条路（街）起止点一览表

表25-5-4

名　称	起　点	止　点
海山路	西起县燃料公司第二门市部	东到城北村
海河路	西起院西村后	东到县交通局
海阳路	西起院西村前	东到县液化气供应站
海政路	西起县委党校前	东到县纺织器材厂
海东路	西起驻军家属宿舍前	东到团结村东
海文路	西起海阳十八中	东到烟台市海阳荣军医院
龙山街	北起县燃料公司第二门市部	南到海阳十八中
嵩山街	北起东村第二小学	南到海河路
晶山街	北起县织布厂家属宿舍	南到窑上疃村东
虎山街	北起县自来水公司	南到烟台市海阳荣军医院
文山街	北起县木材公司	南到树山

1987年海阳县命名的16条路（街）起止点一览表

表25-5-5

名　称	起　点	止　点
海园路	西起县交通局	东至电大
海山南路	西起院西村	东通晶山街
沿河南路	西起县医院宿舍院后	东至海洋商场
民主路	西起县公安局	东至虎山街
龙山西街	北起县电业局新建宿舍楼西侧	南通海山南路
嵩山西街	北通海山路	南连海山南路
晶山东街	北起县纺织局宿舍楼	南至城北村
城北街	北起城北村	南通海河路
新兴街	北起新兴村	南通海园路
文山西街	北起新兴村	南通海园路
榆山街	北通海园路	南连海阳路

续表 25-5-5

名称	起点	止点
拖山街	北起县酿造厂	南通海阳路
公园街	北起院西村	南通海政路
院西南街	北起院西村	南通海政路
黄山街	北通海阳路	南连海政路
平顶东街	北通海阳路	南至锻压机床厂

1992年海阳县命名的22条路（街）起止点一览表

表 25-5-6

名称	起点	止点
海兴路	西起东村河	东至榆山街北端
和平路	西起晶山街县文化馆楼南	东至虎山街
海荣路	西起龙山街	东至和丰街
生产路	西起虎山街	东至文山街
生辉路	西起文山街	东至树山街
海华路	西起龙山街	东至虎山街
团结路	西起虎山街	东至团结村东
旭升路	西起树山东麓	东至郊外
旭明路	西起树山东麓	东至郊外
宏德街	北起海政路	南至山岭
宏达街	北起爱思箱包有限公司西墙外	南至和平村新房区
香山街	北起海东路	南至郊外
乾兴街	北起实验中学西墙外	南至海河路
民腾街	北起海华路	南至河沟
民升街	北起海华路	南至河沟
民翔街	北起海华路	南至郊外
凤山街	北起海东路	南至海文路
和丰街	北起和平路	南至海东路
滨河街	北起海园路	南至园林所
团山街	北起团结路	南至郊外疗养院东墙外
树山街	北起生辉路东端	南至树山东麓
东凤路	北起海园路东桥	南至东村河桥
海河路	西起兴海市场	东至榆山街

2004 年海阳市城区路（街）命名一览表

表 25-5-7

名　称	曾用名	起　点	止　点	命名依据和由来
海宁路	—	东起东风路	西至南山公园	—
海天路	—	东起东风路	西至南山公园	—
滨河路	沿河南路	东起新元广场	西至虎山街	玉龙滨河公园
海林路	海山南路	东起晶山街	西至龙山街	—
唐山街	—	北起海兴路	南至海园路	留格庄镇唐王山
林山街	—	北起海园路	南至海河路	郭城镇林寺山
红山街	院西南街	北起海阳路	南至海政路	行村镇红山
大山街	嵩山西街	北起海山路	南至海河路	辛安镇大山
苍山街	文山西街	北起海兴路	南至海园路	发城镇苍山
东风路	平顶东街哲阳街	北起海兴路	南至海天路	东村至凤城公路
盛竹路	拖山街	北起海园路	南至海阳路	—

2008 年海阳市镇（区、街道）路（街）命名更名一览表

表 25-5-8

镇（区、街道）	名　称	起　点	止　点	所处位置	原名称
凤城街道	海鑫中路	东起益港路	西至北京路	凤和路南侧	凤政路
	凤和路	东起凤凰路	西至阳和路西侧	海鑫中路北侧	凤城北路
	凤翔路	东起影视城	西至阳和路	凤兴路北侧	凤阳路
	凤兴路	东起凤凰路	西至阳和路西侧	凤阳路北侧	凤山北路
	凤仪路	北起凤翔路	南至海滨中路	凤凰路西侧	—
	凤文路	东起凤凰路	西至东凤大道南路	凤翔路北侧	—
	凤凰路	北起海翔中路	南至海景路	凤仪路东侧	龙港路
	凤阳路	东起凤凰路	西至黄海大道南路	凤和路北侧	凤山路
	东凤大道南路	经济开发区向南延伸至海景路			东风路
旅游度假区	阳丰路	北起海翔中路南	南至海滨中路	济南路东侧	滨河西路
	阳瑞路	北起海鑫中路	南至海景路	黄海大道南路西侧	滨河东路
	阳和路	北起凤翔路	南至海景路	黄海大道南路东	龙城路
	阳晖路	北起海滨中路	南至海景路	阳和路东侧	龙腾路
	阳升路	北起海鑫中路	南至海景路	阳晖路东侧	龙升路
	阳光路	北起海鑫中路	南至海景路	阳升路东侧	龙飞路

续表 25-5-8

镇（区、街道）	名　称	起　点	止　点	所处位置	原名称
旅游度假区	阳坤路	北起海鑫中路	南至海滨中路	阳光路东侧	龙海路
	海景路	东起益港路	西至阳瑞路	海边路段	海滨路
	海滨中路	东起益港路	西至北京路	海景路北侧	凤凰路
碧城工业区	中山街	北起海阳路	南至威青高速路	碧城工业区南北	碧城路
	海津路	东起天山街	西至乐山街	海天路南侧	槐香路
	海康路	东起天山街	西至东凤大道北路	海津路南侧	桐柏路
	马山街	北起海阳路	南至威青高速路	中山街西侧	樱花街
	祥山街	北起海碧路	南至威青高速路	中山街东侧	芙蓉街
	海碧路	东起天山街	西至中山街	海阳路南侧	松霞路
	海安路	东起天山街	西至中山街	海天路北侧	花园中路
	天山街	北起海阳路	南至威青高速路	碧城河西岸	香海西街
	海玉路	东起东环路	西至乐山街	海阳路南侧	紫荆东路
	帽山街	北起海安路	南至海康路	昆山街东侧	紫薇街
	昆山街	北起北环路	南至海康路	天山街东侧	东环路
经济开发区	黄海大道中路	北起威青高速路	南至海翔中路	原虎山街的延伸	东京路
	长春街	东起广东路	西至台湾路	北临威青高速路	—
	大连街	东起广东路	西至台湾路	北临长春街	苏州街
	温州街	东起东凤大道	西至台湾路	北临大连街	—
	烟台街	东起东凤大道	西至北京路	北临温州街	—
	深圳街	东起东凤大道	西至济南路	北临烟台街	—
	南京街	东起东凤大道	西至北京路	北临深圳街	北京街
	珠海街	东起广东路	西至济南路	北临南京街	—
	杭州街	东起广东路	西至济南路	北临珠海街	香港街
	广州街	东起广东路	西至北京路	北临杭州街	澳门街
	苏州街	东起广东路	西至北京路	北临广州街	台湾街
	东凤大道中路	北起威青高速路	南至海翔中路	东临东村河	东凤路
	辽宁路	北起温州街	南至深圳街	东临东凤大道中路	墨尔本路
	广东路	北起长春街	南至苏州街	东临辽宁路	汉城路
	天津路	北起长春街	南至苏州街	东临广东路	新加坡路
	安徽路	北起深圳街	南至珠海街	东临天津路	新加坡西路

续表 25-5-8

镇（区、街道）	名　称	起　点	止　点	所处位置	原名称
经济开发区	上海路	北起长春街	南至深圳街	东临天津路	曼谷路
	四川路	北起深圳街	南至珠海街	西临重庆路	柏林东路
	重庆路	北起长春街	南至苏州街	西临黄海大道中路	柏林路
	香港路	北起长春街	南至苏州街	东临黄海大道中路	鹿特丹路
	澳门路	北起长春街	南至苏州街	东临香港路	巴黎路
	台湾路	北起长春街	南至海翔中路	东临澳门街	洛杉矶路
	济南路	北起温州街	南至海滨中路	西临北京路	温哥华路
	北京路	龙山街向南延伸，北起威青高速路	南至海滨路	东临济南路	育行线
	海翔中路	东起东凤大道中路	西至鲁古埠村	一中校区北	海防路
临港产业区	兴港路	东起凤港路	西至益港路	凤翔路南侧	纬一路
	益港路	南起海鑫中路	北至海翔中路	凤凰路东侧	疏港路
	瑞港路	东起凤港路	西至益港路	海鑫中路北侧	—
	凤港路	南起海鑫中路	北至凤翔路	高尔夫西侧	—
核电装备制造工业园区	核电路	北起核电二路	南至海滨东路	核电产业区内	—
	核电二路	东起核电十五路	西至核电一路	核电产业区内	—
	核电三路	南起核电十四路	北至核电二路	核电产业区内	—
	核电四路	西起核电一路	东至核电十五路	核电产业区内	—
	核电五路	北起核电二路	南至海核路	核电产业区内	—
	核电六路	东起核电路	西至核电一路	核电产业区内	—
	核电七路	南起海滨东路	北至核电四路	核电产业区内	—
	核电八路	东起核电十五路	西至核电一路	核电产业区内	—
	核电九路	北起核电六路	南至海滨东路	核电产业区内	—
	核电十路	西起核电三路	东至核电十三路	核电产业区内	—
	核电十一路	北起核电三路	南至海滨东路	核电产业区内	—
	核电十二路	东起核电十五路	西至核电一路	核电产业区内	—
	核电十三路	北起核电二路	南至核电十六路	核电产业区内	—
	核电十四路	东起核电十三路	西至核电三路	核电产业区内	—
	核电十五路	北起核电二路	南至海滨东路	核电产业区内	—
	核电十六路	东起核电十五路	西至核电五路	核电产业区内	—

续表 25-5-8

镇（区、街道）	名 称	起 点	止 点	所处位置	原名称
大阎家镇	龙跃路	北起路疃村	南至海翔西路	龙云路西侧	—
	龙云路	北起台子上村	南至海滨西路	北京路以西	—
	龙泰路	北起厥上村	南至海滨西路	龙跃路西侧	—
	龙滨路	北起龙山	南至海滨西路	龙津路西侧	—
	龙津路	北起龙山	南至海滨西路	西安路以西	—

说明：1. 原西环路更名为西安路；原海防路更名为海翔路，该路以北京路（原育行线更名为北京路）、烟海高速公路为分界线，北京路以西为海翔西路，北京路和烟海高速公路之间段为海翔中路，烟海高速公路以东为海翔东路；原凤政路更名为海鑫路，该路以北京路为分界线，北京路以西为海鑫西路，北京路以东为海鑫中路。

2. 海滨路经旅游度假区段与原凤凰路贯通，到凤城段与原凤政路连接统称为海滨路，该路以北京路、烟海高速公路为分界线，北京路以西为海滨西路，北京路和烟海高速公路之间段为海滨中路，烟海高速公路以东为海滨东路。

3. 黄海大道、东凤大道以威青高速、海翔路为分界线，威青高速以北为黄海大道北路、东凤大道北路；威青高速和海翔路之间段为黄海大道中路、东凤大道中路；海翔路以南为黄海大道南路、东凤大道南路。

4. 原海滨路经旅游度假区段更名为海景路，原海滨路经留格庄段更名为海核路

第二十六编

科　技

1978年，县科学技术委员会成立后，科技工作得到重视和加强。知识分子政策相继出台。1980年8月，全县科学技术人员2243人。1989年，评聘各类专业技术人员9798人。1990年后，海阳科研发展步入快车道，各类研究机构应运而生。科技服务网络逐步健全，科研成果不断涌现。多项重大科研项目获省（部）级以上科研成果奖励，有的填补国内外空白；高新技术开发规模不断扩大，开发成果在实践中得到应用。2010年，全市科研机构近60家，科技人才10671人，取得烟台市级以上科技成果39项，事业单位专业技术岗位实行分级竞岗、按岗聘任，共聘任7126人。

第一章 机 构

第一节 管理机构

海阳市科学技术局 1978年7月，海阳县革命委员会科技办公室改称海阳县革命委员会科学技术委员会。1980年12月，改称海阳县科学技术委员会。1984年3月，内设工业组、农业组、情报资料室、办公室，辖标准计量管理所，编制10人。1985年，内设行政科、计划成果科、情报资料科、科技开发服务公司、标准计量管理所。1988年3月，增设科技情报研究所。1991年1月，增设专利科；3月，设海阳县科学技术开发中心，隶属县科学技术委员会领导，编制5人，经费自收自支。1993年12月，对所属事业单位进行机构改革，调整保留科技情报研究所和科学技术开发中心。1994年1月，撤销科技情报研究所，设海阳县科技信息服务中心。1996年4月，增设地震科。1996年5月，海阳县科学技术委员会改称海阳市科学技术委员会。2001年12月，改称海阳市科学技术局。2005年2月，加挂海阳市知识产权局牌子。2010年，内设办公室、计划成果科、专利市场科3个科室，编制10人。

海阳市气象局（海阳市气象站） 1956年，建海阳县气象站，归山东省气象局直接管理。1958年8月，归海阳县农业局领导。1960年4月，改称海阳县气象服务站，仍归海阳县农业局领导。1968年2月，改称海阳县革委会气象站。1971年8月，归上级气象部门和地方政府双重领导，以县人民武装部领导为主。1980年7月，归气象部门领导为主。1980年12月，改称海阳县气象站。1981年12月，改称海阳县气象局。1996年5月，改称海阳市气象局。下设业务科、综合管理办公室。2010年，在职职工9人，退休职工9人。在职职工中，大学本科学历3人，专科学历3人，中专1人，高中2人；中级职称5人，初级职称4人。

第二节 科研机构

中共十一届三中全会后，全县科技战线加强科学研究，加大科研投入，科研活动步入正轨。90年代，海阳科研发展步入快车道，各类研究机构先后成立。

2001年9月3日，在市黄海水产有限公司举行中国水产科学院黄海水产研究所——高技术研发基地揭牌仪式

1978—2010 年海阳市科研机构一览表

表 26-1-1

机构名称	成立时间	机构名称	成立时间
海阳县水产研究所	1978	山东帝阁集团公司研究所	1996.09
海阳县林业科学研究所	1978.10	海阳市高新技术研究所	1996.10
海阳县医学会	1981.07	海阳市皮肤病研究所	1997.03
海阳县农学会	1981.07	海阳市生隆高新果树研究所	1998.04
海阳县家具五金研究所	1983	海阳市风湿病研究所	1998.04
海阳县水利学会	1985.03	海阳市健身延寿药酒研究所	1998.09
海阳县林学会	1985.03	海阳市节能技术研究所	1999.01
海阳县机械工程学会	1985.12	海阳市呼吸疾病研究所	1999.01
海阳县硅酸盐学会	1985.12	海阳市果树新品种科学研究所	1999.04
海阳县科技新技术适用研究所	1988.09	海阳市酿造调味品研究所	1999.08
海阳县时装研究所	1988.09	海阳市海参科研所	2000.05
海阳县计算机协会	1991.12	海阳市北方食用菌研究所	2000.01
海阳县办公自动化研究所	1992.01	王辅民中医研究所	2004.03
海阳县果蔬研究所	1992.01	烟台果桑产业化技术研究所	2004.07
海阳县金桥科技信息中心	1993.04	海阳市兴凤海珍品养殖研究所	2005.01
海阳县实用致富信息中心	1993.04	海阳市水产养殖技术推广中心	2005.02
海阳县果品加工保鲜研究所	1993.05	海阳市富瀚海珍品养殖研究所	2005.04
烟台市海阳中医职专肝胆病科研所	1993.05	海阳市丰农科技开发研究所	2006.04
海阳县城东农业科技推广应用中心	1994.06	海阳市林安白黄瓜研究所	2007.05
海阳县富民实用技术推广应用中心	1994.08	海阳市益农西红柿研究所	2008.12
郭城镇松树夼农业科学研究所	1994.08	海阳市海洋科技研究所	2008.12
海阳县跃海淀粉食品研究中心	1995.01	海阳市绍鸿中医糖尿病研究所	2008.03
海阳县糖尿病研究所	1995.01	海阳市北方茶叶研究所	2008.01
海阳县节能技术研究所	1995.04	海阳市银海苗木研究所	2009.10
海阳县高档肉牛研究所	1995.09	海阳市龙山茶叶研究所	2009.03
海阳县脊椎研究所	1996.01	海阳市龙山茶满园红甜柿研究所	2009.12
海阳市留格庄种苗研究所	1996.07		

第二章　科技队伍

第一节　队伍结构

1978 年 3 月，全国科学大会召开后，科技队伍发生较大变化。1980 年 8 月，全县科学技术人员 2243 人。其中，工业系统 56 人，农业系统 111 人，卫生系统 163 人，文教系统 1592 人，其他 321 人。科技人员中，大专学历 429 人，中专学历 1054 人，其他 760 人。9 月起，对全县科学技术人员技术职称进行套改、复查、晋升、考核和评定。1985 年，全县有科学技术人员 6252 人。其中，大专学历 699 人，占科技人员11.2%；中专学历1648人，占26.4%；中级以上职称166人，占2.7%。至1989年，评聘各类专业技术人员9798人。其中，高级职称87人，占0.9%；中级1468人，占15%；助级5664人，占57.8%；员级2579人，占26.3%。到“七五”末，全县专业技术人员16434名。其中，高级职称89人，中级1764人；乡镇企业共有专业技术人员1571人，其中中级职称54人；农民专业技术人员2105人，其中中级职称37人。“七五”期间共有烟台市级拔尖人才7人，海阳县级拔尖人才18人。1998年，海阳市科技人才1.7万人。其中，高级职称346人、中级3750人、初级1.29万人，占全市总人口的2.42%。2010年，海阳市科技人才10671人。其中，高级职称1200人，占11.25%；中级5081人，占47.62%。

2010年海阳市科技人员情况表

表26-2-1　　单位：人

人员类别	合计	学历					年龄					
		研究生	大学本科	大学专科	中专	高中及以下	35岁以下	36～40岁	41～45岁	46～50岁	51～54岁	55岁及以上
工程技术	2577	39	364	1442	125	607	342	368	352	309	800	406
农业技术	316	4	133	91	70	18	70	64	62	61	33	26
卫生技术	1442	18	426	484	411	103	407	376	203	231	159	66
教　学	5503	19	2904	1735	759	86	1162	869	895	811	1056	710
经　济	171	1	77	66	16	11	61	37	23	25	16	9
会　计	388	—	222	126	20	20	174	67	48	57	24	18
统　计	12	—	5	3	1	3	2	2	2	2	2	2
翻　译	2	—	2	—	—	—	2	—	—	—	—	—
图书档案、文博	85	—	40	35	8	2	14	22	24	15	5	5
新闻、出版	22	—	14	7	—	1	7	3	5	2	5	—
播　音	10	—	5	5	—	—	7	2	1	—	—	—
工艺美术	14	—	1	1	3	9	—	6	5	3	—	—
体　育	15	—	9	3	2	1	3	3	4	2	1	2
艺　术	97	—	4	21	35	37	9	16	24	22	12	14
政　工	17	—	5	2	2	8	2	1	2	4	5	3

第二节　外聘人员

1988年10月，加拿大饲料专家杰克逊到海阳传授猪、鸡、牛的饲养技术和饲料最佳配方，举办烟台市饲料配制讲习班。1993年8月，先后2次聘请荷兰苹果专家鲁森和彼特·威廉姆斯，到海阳考察王家山后和西古现村果园，举办苹果栽培管理技术报告会，全县250多名果业技术人员参会。2001年5月，市政府办公室印发《关于实施产学研结合“四个一工程”的意见》，全市共联系高等院校科研院（所）97家，联建科研开发机构27个，聘请高科技人才57名，转化高新技术成果41项。

第三章 科研成果

第一节 重大科研项目

1987年，县林业局参与研发的“板栗良种选育”，获国家科技进步三等奖。1989年，县科委承担的全县3万吨粮田开发任务，亩产965.2千克，超产7.2%。1990年，县机械厂参与研制的“千吨级甘薯干淀粉加工工艺，成套设备关键技术研究及中间试验”，获国家科技进步三等奖。1995年9月，日本和牛杂交优势利用研究通过省级鉴定，达到国际先进水平。1996年，肉牛规范化养殖及产业化技术研究与开发，列入国家科委科技攻关项目，列入省6个试验基地之一。2002年6月，烟台市科技局主持召开富尔达系列半封螺杆地温中央空调省级产品技术鉴定会，清华大学吴元炜等7名国内著名专家和教授，对富尔达研制开发的LSBLGR-H（L300a）、LSBLGR（R22）、LSBLGRG（高温型）3个系列的产品给予高度评价，性能指标均达到国际先进水平。2003年，富尔达有限公司开发的高温环保型地温中央空调项目申报国家火炬计划，半封螺杆系列机组（LSBLGR-H）系列产品申报国家级重点新产品计划。2004年2月，工厂化养殖海水净化和高效循环利用关键技术中试项目通过科技部专家验收。2006年，富尔达有限公司研制的水源热泵和水源高温热泵2个机组通过省科技技术鉴定。2007年，黄海水产公司申报的鱼类精子冷冻技术在鲆鲽鱼类品种改良中的应用项目，列入2007年度国家农业科技成果转化资金立项项目。2010年，富尔达有限公司先后与天津大学等国内外6家科研机构签订共同研发项目协议书，取得多项国内外领先的科技成果。

国家火炬计划项目证书

项目名称：滴淋降膜式水源热泵机组

承担单位：山东富尔达空调设备有限公司

项目编号：2008GH051300

批准机关：中华人民共和国科学技术部

颁证机关：科学技术部火炬高技术产业开发中心

颁证日期：二〇〇八年十一月

2008年11月，富尔达公司滴淋降膜式水源热泵机组获国家火炬计划项目证书

第二节 高新技术开发与应用

1989年，重点抓千吨级薯干淀粉加工成套设备、空调电容运转异步电动机等新产品开发。1992年，引进和实施低压钠灯节能电子镇流器、铝基稀土合金2项火炬计划，变电站微机自动控制系统等高科技产品。1996年，海阳市有色金属研究所、鲁能海阳电站自动化工程公司申报省级高新技术企业，当年主抓HBT50液压砼泵等10个高新技术产品。1998年，山东省科委批复方圆集团、环境监测仪器研究所为省高新技术企业。1999年，富尔达有限公司承担的地热节能冷暖机列入国家新产品计划。2000年，富尔达地温中央空调列入国家中小企业创新基金，资金60万元。同年，方圆集团研发的GTE135塔机、PLD2400混凝土配料机，列入国家重点新产品计划。2001年，研制开发HZS120混凝土搅拌站、上滑轨道门、环保高温空调、磁性材料、锌基复合材料等10项高新技术产品。2007年，全市高新技术产业产值17.2亿元，同比增长36%；占规模以上工业产业产值的12.7%，同比增长2.88%。2008年，黄海水产有限公司、富尔达有限公司通过山东省高新技术企业认定。2009年，方圆集团下属的海阳成套设备有限公司、起重机械有限公司、建

2009年，方圆集团海阳成套设备有限公司获山东省高新技术企业认定

设机械有限公司通过山东省高新技术企业认定。2010年，烟台海益宝水产有限公司、圣仕达涂装机械有限公司获山东省高新技术企业认定。

第三节 主要科技成果

工业科研成果选介 家具五金配件 1978年，县家具配件厂高景芹、于国林等设计出冲压偏心连接件LH-201。连接件使用方便，适用性强，拆装简单，抗拉强度高于国外同类产品。获烟台地区科学大会优秀成果奖。1981年，获轻工部科技成果三等奖。

Z-56型饼干自动包装机 1978年，县副食品加工厂设计制造成功，为山东省第一台自动饼干包装机。包装机运转灵活、结构简单、操作方便，比手工包装工效提高2倍。获山东省科学大会优秀成果奖。

弹子链条锁 1979年，海阳县家具五金配件厂研制成功。产品小巧玲珑、携带方便、适用性强，销往13个国家和地区及国内26个省、市、自治区。1980年，获山东省二轻厅新产品设计三等奖。

刨花板工艺及设备 1979年，轻工部下达给县木器厂刨花板工艺科研项目。在南京林产工程学院、东北林业学院协助下，1981年研制成功。其特点是小型化，适应性强，布局合理，质量稳定，成本低。1981年，经轻工部鉴定，推广全国。1982年，获山东省科技成果二等奖。

6YT-5小型榨油成套设备 1981年，县农机修造厂与烟台市农机研究所、栖霞县锅炉厂、福山县电器厂联合设计试制成功。设备结构简单紧凑，总体布局合理，操作维修方便，半自动化连续作业。1981年，经第一机械工业部鉴定，达到国内先进水平。1982年，获山东省科技成果三等奖、一机部科技成果二等奖。

柞丝平绒 1981年，县丝绸厂技术员孙希香、王会令设计试制成功。属国内首创，深受消费者欢迎。1983年，获国家经委科技成果四等奖。

刨花板压花工艺 1982年10月，县木器厂试验成功。1983年，获轻工部科技成果四等奖。

海水源热泵机组 2000年5月，富尔达有限公司拥有海水源热泵机组的国家发明专利，产品达到国际领先水平。产品经过特殊的防腐处理，可直接将海水引入机组。机组性价比、换热效率高，运行高效、节能，可以稳定运行15～20年。

HZS180-AP1000混凝土搅拌站 2009年，方圆集团有限公司针对核电核岛建设设计的首台核电专用搅拌站，也是中国核电建设的首台国产设备。可搅拌干硬性混凝土、塑性混凝土、流动性混凝土、轻骨料混凝土及各种砂浆等。产品采用机电液气一体化技术，具有造型美观，作业空间大，安装方便快捷，配料精度高，温度控制合理，使用性能稳定，操作简单，自动化程度高，关键件可靠性高、寿命长、故障率低等特点。

农业科研成果选介 花生叶斑病发生规律观察和防治技术 县农业局植保站农艺师朱宗堂、范常胜、赵建娥等，在发城公社姜格庄、发城、东坊坞、大山东夼等村配合下，经8年331次试验，摸清花生叶斑病的发生与发展规律，筛选出防病增产的高效药剂及经济有效浓度，总结出防治1次和2次的喷药适期，开辟喷粉和撒土防治的新途径，测定出防病增产的依据，完善防治技术，确定收获适期。1980年，获山东省农业厅技术改进成果三等奖。1981年，获烟台地区科技成果二等奖。

板栗良种“清泉二号” 朱吴公社清泉夼大队孙乐富，经多年观察选育而成。特点是成熟早，出实率38%。幼树嫁接3年全部结果，6年株产5千克左右，是同龄实生树株产的4倍。1978年，获山东省科学大会优秀成果奖。

花生蛴螬综合防治 山东省农业科学院植保

所、县农业局植保站，在紫石夼大队、潮外大队的配合下，试验总结出综合防治蛴螬技术，经济效益显著，亩增花生 50～100 千克。1981 年，获山东省农业厅技术改进二等奖、山东省科技成果三等奖。

16 号除草剂（胺草磷）中试　县农药厂余沐雨、佟培军、王成学等人，在南开大学元素所协助下试验成功，效果良好，填补省内空白。1983 年，获山东省科研成果三等奖。

花生高产栽培技术　县农业局经多年实践，总结出花生高产栽培技术，亩产一般在 500 千克以上。1984 年，获山东省科技成果三等奖、山东省农业厅科技成果三等奖。

“海花一号”花生新品种　高家乡黑崮村农科队乔文堂、姜国华、姜树瑞等经多年试验，采用“反修 1 号”作母本、“白沙 171 号”作父本，通过有性杂交培育成功。新品种属中熟大花生，生育期 145 天左右，果皮薄，有裂纹，百果重 220 克，百粒重 100 克，出米率 74% 左右。耐大肥水，抗倒伏，抗叶斑病，丰产性能良好。1981 年，获烟台地区科技成果二等奖。1985 年，获山东省科技成果二等奖。

储粮—防玉米结露　县粮食局张林朴等人，利用低温、低氧、低剂量药物储粮成功，既降低储粮费用，又减少药物污染。1984 年，获烟台市科委科技成果二等奖、省粮食局科技成果三等奖。

专用花生新品种创制技术研究与应用　山东花生研究所承担，市种子站参与课题研究。成果主要内容是研究非破坏性品质（油分、蛋白质、脂肪酸）筛选技术，达到种子无损伤就知内在品质的目的。研究器官发生和胚胎发生途径及细胞融合组培技术和辐射诱变技术，创造新种质；利用新种质，结合常规育种技术培育专用新品种。非破坏性品质筛选技术，解决了早期世代无法进行品质选择和品种育种盲目性的问题。组培技术、辐射诱变技术，扩大了基因源。新技术已开始被育种者采用。新品种的应用，满足了生产和市场对专用品种的需求。累计种植 1191.5 公顷获经济效益 150.1 亿元，其中 2004—2006 年种植 357 公顷，占全国的 26%，获经济效益 41.93 亿元。2007 年，研究成果获国家科技进步二等奖。

水产养殖科技成果选介　半滑舌鳎苗种培育规模化繁育及健康养殖技术开发与应用是黄海水产有限公司与中国水产科学研究院黄海水产研究所合作，共同研究的成果。综合运用多学科交叉研究手段，全面系统地对半滑舌鳎生殖调控进行研究。研究第一代苗种的养殖和成熟培育的环境、营养等参数，培育出健康全人工亲鱼，探明半滑舌鳎生长发育适合的营养因素和环境条件；研究大规模工厂化苗种培育的适宜条件和技术要点，稳定进行半滑舌鳎全人工苗种规模化生产，提高苗种成活率，大规模培育半滑舌鳎苗种和健康养殖技术，推动全国半滑舌鳎养殖产业持续稳定发展。2010 年，研究成果获国家科技进步二等奖。

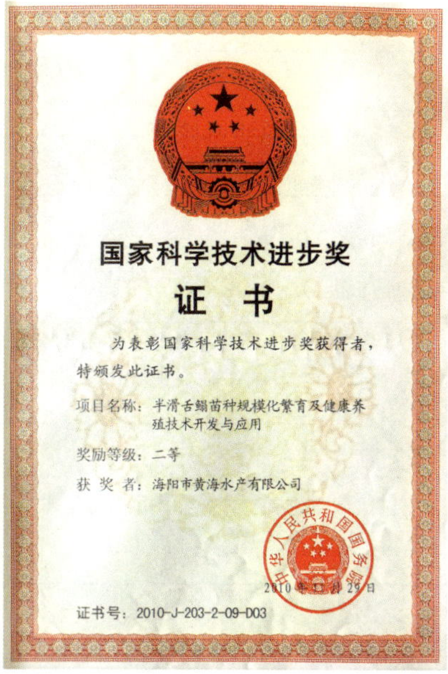
国家科学技术进步奖
证　书
为表彰国家科学技术进步奖获得者，特颁发此证书。
项目名称：半滑舌鳎苗种规模化繁育及健康养殖技术开发与应用
奖励等级：二等
获 奖 者：海阳市黄海水产有限公司
证书号：2010-J-203-2-09-D03

2010 年，市黄海水产有限公司半滑舌鳎苗种规模化繁育及健康养殖技术开发与应用获国家科学技术进步二等奖

医疗科技成果选介　麻风病防治研究　1956 年后，县中心皮肤病防治所，经过研究和试验，用中药治疗麻风病结节性红斑和神经痛，用斯锑黑克治疗麻风反应，疗效显著。至 1982 年，收治 810 名病人，治愈 793 人。患病率由 1959 年的 0.82% 下降到 0.04%，基本控制麻风病的蔓延，填补国内外治疗麻风的空白。1978 年，获全国科学大会优秀成果奖。

泪道重建术　海阳县人民医院五官科孔庆华，经过多年实践，采用患者自体皮片制外皮管，移植于眼鼻之间，形成人工泪道，效果接近正常泪道。手术面部不切口，术后无疤痕。至 1978 年，经 5 个地区级医院试用 32 例，成功率 90%，填补国内泪道重建术空白。同年，获山东省科学大会优秀成果奖。

1978—2010年海阳市获省级及以上科技成果一览表

表 26-3-1

成果名称	完成单位	获奖时间	获奖等级
麻风病防治研究	烟台地区海阳中心皮肤病防治所	1978.03	全国科学大会优秀成果奖
板栗品种“清泉二号”	朱吴公社清泉夼大队	1978.05	山东省科学大会优秀成果奖
Z-56型饼干自动包装机	海阳县副食品加工厂	1978.05	山东省科学大会优秀成果奖
泪道重建术	海阳县人民医院	1978.05	山东省科学大会优秀成果奖
弹子链条锁	海阳县家具五金配件厂	1980	山东省二轻厅新产品设计三等奖
花生叶斑病发病率观察和防治技术	海阳县农业局植保站等	1980	山东省农业厅技术改进成果三等奖
家具五金配件	海阳县家具配件厂	1981	轻工部科技成果三等奖
花生蛴螬综合防治	山东省农科院植保所 海阳县农业局植保站	1981	山东省农业厅技术改进二等奖 山东省科技成果三等奖
6YT-5小型榨油成套设备	海阳县农机修造厂	1982.01	山东省政府科技成果三等奖 第一机械工业部科技成果二等奖
刨花板工艺及设备	海阳县木器厂	1982.01	山东省科委发明二等奖
虾拖一号网	海阳县水产研究所	1982.12	山东省渔业指挥部科技推广二等奖
柞丝平绒	海阳县丝绸厂	1983	国家经委科技成果四等奖
刨花板压花工艺	海阳县木器厂	1983.09	轻工部发明四等奖
《小貂得救了》论文	海阳县实验学校	1983.11	山东省科协科技成果奖
《运用风向规律作长期天气预报》论文	海阳九中	1983.11	山东省科协科技成果奖
16号除草剂（胺草磷）中试	海阳县农药厂	1983.12	山东省科委科研三等奖
花生高产栽培技术	海阳县农业局	1984.12	山东省科技成果三等奖
“三低”储粮	海阳县粮食局	1984.12	山东省科委发明三等奖 山东省粮食局发明三等奖
“海花一号”花生优良品种	海阳县农业局 高家乡黑崮村农科队	1985.01	山东省科委科技成果二等奖
板栗良种培育	海阳县林业局	1987	国家科技进步三等奖
千吨级甘薯干淀粉加工工艺，成套设备关键技术研究及中间试验	海阳县机械厂	1990	国家科技进步三等奖
利用酱渣开发动物蛋白资源	海阳县酿造厂	1990	轻工部科技进步四等奖
“春暖牌”塑料地膜	海阳正丰塑料制品有限责任公司	1990	山东省科技成果二等奖
铌铸铁气缸套新产品开发	海阳县缸套厂	1991.12	山东省星火二等奖
空调机电机	海阳县纺织电机厂	1991.12	山东省星火三等奖
胡萝卜素王果浆饮料的研制及工业化生产	海阳县多维果汁厂	1991.12	山东省科技进步三等奖
海阳县基本消灭麻风病	海阳县皮防所	1991.12	山东省科技进步三等奖
利用酱醋渣开发动物蛋白质资源	海阳县酿造厂	1991.12	山东省科技进步三等奖
90-60高性能合金钢研制	海阳县铸钢厂	1992.12	山东省科技进步三等奖
氨纶色花呢的研制	海阳县春华织造有限公司	1992.12	山东省科技进步三等奖
三色底双沿条高档皮鞋	海阳县皮鞋厂	1992.12	山东省科技进步三等奖

续表 26-3-1

成果名称	完成单位	获奖时间	获奖等级
无蔗糖速溶大豆蛋白粉	海阳县食品总厂	1992.12	山东省科技进步三等奖
油压指示器	恒大汽修厂	1993.06	山东省第二届发明技术展览交易会二等奖
高回弹防滑系列皮鞋	海阳县皮鞋厂	1993.11	山东省科技进步三等奖
山楂果汁饮料发酵新工艺研制	海阳县酿造厂	1993.11	山东省科技进步三等奖
弹力磁性定位件	海阳县五金工业集团公司	1993.11	山东省科技进步三等奖
曲轴强化镀铬新工艺	海阳县恒大汽修厂	1993.11	山东省科技进步三等奖
大口井建、管、用模式研究	海阳县水利局	1993.11	山东省科技进步三等奖
BWJK-ⅠⅡ型变电站微机集控系统	海阳县电业局电力电子公司　清华大学自动化系	1993.11	山东省科技进步三等奖
三色回力防滑童鞋底	海阳县虎山橡胶制品厂	1993.11	山东省科技进步三等奖
高抗弯强度轻体芯板产品开发	海阳县新型建材实业公司	1993.11	山东省星火成果三等奖
YWZ 系列电力液压制动器	海阳县制动器厂	1993.11	山东省星火成果三等奖
DFJ-15 型自动豆腐机	海阳县机械厂	1994.10	山东省星火三等奖
蚕蛹蛋白粉研制与使用技术研究	海阳县丝绸公司	1994.10	山东省科技进步二等奖
空雕绣	海阳县刺绣厂	1994.10	山东省科技进步三等奖
KD-415 高压模块	海阳县无线电元件厂	1994.10	山东省科技进步三等奖
机油压力语言报警器的研制	海阳县恒大汽车修理厂	1994.10	山东省科技进步三等奖
新型双头自动碰珠表面处理工艺研究	海阳县家具配件厂	1994.12	山东省科技进步三等奖
优质无疫出口肉牛繁育技术研究	海阳县畜牧兽医站	1995.12	山东省科技进步三等奖
无公害蔬菜高产高效生产技术研究	海阳县蔬菜总公司	1995.12	山东省科技进步三等奖
氨纶经编	海阳县针织厂	1995.12	山东省科技进步三等奖
QTZ63（5013）自升式塔式起动机	山东方圆集团公司	1995.12	山东省科技进步三等奖
大棚养蚕种菜高效模式研究与开发	海阳市蔬菜总公司	1998.06	山东省科技进步三等奖
高耐磨 EVA 研制及表面烙纹技术的研究	山东奥威鞋业集团公司	1998.06	山东省科技进步三等奖
HBT60 型液压混凝土泵	山东方圆集团	1998.06	山东省科技进步三等奖
虾池泥作肥料试验与开发	海阳市水产养殖公司	1999.10	山东省星火二等奖
海阳 40 年传染病防治技术研究	海阳市人民医院	1999.10	山东省科技进步三等奖
JP-155 可调高速精刨	海阳市商业机械厂	1999.10	山东省科技进步三等奖
HZS50 型混凝土搅拌站	山东方圆集团	2000.10	山东省科技进步三等奖
优质高档肉牛生产配套技术开发研究	海阳市高档肉牛研究所	2000.10	山东省科技进步三等奖（二项合并）
优质肉牛繁育及饲养工艺与卫生防疫配套技术研究	海阳市高档肉牛研究所	2001.09	山东省科技进步三等奖
高温、高效、环保型地温中央空调	海阳富尔达有限公司	2003.11	山东省科技进步三等奖
苹果棉蚜控制技术	海阳市农业局植保站	2003.11	山东省科技进步三等奖
ZHZS240 型砼搅拌站	山东方圆集团	2004.11	山东省科技进步三等奖
用三适管引脑脊液置换治疗蛛网膜下出血的临床观察	海阳市人民医院	2005.11	山东省科技进步三等奖

续表 26-3-1

成果名称	完成单位	获奖时间	获奖等级
专用花生新品种创制技术研究与应用	海阳市种子站 山东省花生研究所	2007.12	国家科技进步二等奖
半滑舌鳎苗种规模化繁育及健康养殖技术开发与应用	海阳市黄海水产有限公司	2010.11	国家科技进步二等奖

1978—2010 年海阳市科技成果获奖级别一览表

表 26-3-2　　单位：个

年　份	成果数量	获奖数量			技术级别		年　份	成果数量	获奖数量			技术级别	
		国家级	省部级	烟台市级	国内先进	填补国内空白			国家级	省部级	烟台市级	国内先进	填补国内空白
1978	22	0	4	15	1	0	1995	35	0	4	4	9	1
1979	10	0	0	1	2	1	1996	46	0	0	1	8	1
1980	9	0	2	2	1	0	1997	35	0	0	7	7	0
1981	12	0	2	10	2	0	1998	36	0	3	3	8	1
1982	13	0	3	4	1	0	1999	25	0	3	3	9	1
1983	12	0	5	6	1	1	2000	20	0	2	3	6	1
1984	11	0	2	14	1	0	2001	30	0	1	4	6	0
1985	12	0	1	2	2	1	2002	34	0	0	6	9	0
1986	13	0	0	1	3	0	2003	27	0	2	3	6	1
1987	16	0	1	1	2	0	2004	25	0	1	4	7	0
1988	26	0	0	4	2	0	2005	28	0	1	1	5	0
1989	29	0	0	2	2	0	2006	28	0	0	3	4	0
1990	20	0	3	5	5	0	2007	29	1	1	3	7	1
1991	38	0	5	2	7	1	2008	26	0	0	2	7	0
1992	40	0	4	3	6	0	2009	34	0	0	4	6	0
1993	20	0	10	7	10	1	2010	39	1	1	1	4	0
1994	30	0	6	4	11	0							

第四章　科学普及

第一节　科技情报

1979 年 6 月，县科委建立情报资料室。此后，先后出席烟台地区和山东省情报资料工作会议，介绍情报资料工作经验。1985 年，县科委设情报资料科。情报资料室有工具书 3500 余册，刊物 90 多种，科技情报和科技信息 6000 种，交换期刊 500 份，专题资料 1500 册。1988 年 3 月，设立县科技情报研究所。县科委编印《海阳科技》，发往全国500余个单位进行交换；建立海阳县科技情报信息网，注册信息员60余人；编印《科技信息》，每月定期出版2期。1997年，因人员、经费等原因，《科技信息》停刊。

第二节　科技推广培训

1988年，共举办粉丝加工、时装剪裁、建筑机械等培训班26期，参训6720人。1989年，分别举办乡镇企业专业技术人员培训、粉丝技术培训、科技英语学习班等44个班次，7790人参加培训学习。1990年，举办各类专业技术培训700次，培训17万人次。1991年3月—4月，全县开展科普宣传下乡活动。4月4日，在县城开展“科普一条街”宣传活动，187个单位、680人参加，设置240个摊点，发放科技明白纸5.6万张，技术书刊8500本，培训8.6万人次，咨询16万人次。1992年1月，县政府对完成科研任务的乡镇、村58个单位122名科研人员予以表彰奖励。同年，共举办各类培训、学习班1500期，培训10万余人次。1997年，共举办5期微机培训班，2期厂矿企业事业技术人员培训班。2001年12月17日，市委、市政府授予11个单位、34名个人文化科技卫生“三下乡”活动先进集体、先进个人称号。同年，编制完成科技成果推广计划，推广先进、实用、成熟的科技成果39项。

至2010年，以高效农业、农业新品种、水肥一体化等高科技农业项目为重点，围绕玉米种业、近海水产、畜牧养殖、果茶栽培等优势产业，开展多个题目的科技特派员工程项目，选聘200名农业专家，进村培训6000场次，参训农民30万人次，指导示范户1万个，推广优质、高产、抗病新品种100个，有效解决农民产前、产中、产后的技术难题。

第三节　学术活动

1999年6月，中科院院士赵法箴、青岛海洋大学教授毛可行等到海阳考察中国对虾高产精养项目。2000年4月，山东省林业科技推广站在海阳举办美国黑核桃栽培技术培训班，美国专家和中国林科院专家分别授课。2002年5月，邀请黄海水产研究所副所长王清印等专家到基地，就申报国家“十五”“863”计划——海水养殖种子工程基地（北方）建设专项达成一致意见。6月，邀请黄海水产研究所院士赵法箴、青岛海洋大学教授陈大刚等10名国内知名水产专家，对利用高活性处理水高密度培育大菱鲆健康苗种技术研究和绿鳍马面鱼人工育苗项目进行现场验收。2002年10月，市科技局应邀参加科技部中国技术市场管理促进中心在上海主办的2002中国地区资源综合开发暨农林牧渔业利用外资与贸易合作项目洽谈会。2007年5月21日，烟台大学海洋学院海水养殖科研、教学基地在海阳挂牌成立。2008年9月7日，中国海洋大学水产学院和海益宝水产有限公司共建育苗教学研基地在海阳揭牌。2009年

2010年5月12日，市科技局在新元广场开展科普宣传活动

2010年7月12日，中国科学院院士汪集旸（左三）到山东富尔达公司考察指导工作

5月12日，中国海洋大学水产学院养殖科研教学实践基地在海阳揭牌。中国海洋大学水产学院和海益宝水产有限公司初步实现育苗、养殖、加工的产、学、研一体化。2010年7月，海阳市第一家院士工作站，富尔达地热能工程技术联合研发中心——汪集旸院士工作站挂牌。

第五章　气象测报　地震监测

第一节　气象测报

气象观测　海阳地面气象观测站为国家基本气象站，观测到的气象资料参加全国气象信息交换，并向国家报送气象月报表和年报表。气象观测按照国家制定的《地面气象观测规范》进行，同时承担航空天气观测业务。

地面气象观测要素项目有云、能见度、天气现象、气压、温度、湿度、风向、风速、降水、雪深、冻土、日照、蒸发、地温等。每天进行02时、05时、08时、11时、14时、17时、20时、23时8个时次地面观测并编发天气报，每天24小时编发航空天气报、危险天气报。

80年代，地面气象观测业务开始迈向自动化、遥测化。1985年5月，配备PC-1500袖珍计算机。1986年1月1日，开始用PC-1500袖珍计算机取代人工编报。1987年7月，使用PC-1500袖珍计算机替代人工制作气象资料报表。1999年9月，地面测报实现微机编发报、微机制作报表。2004年，建成CAWS600BS型自动气象站，实现对温度、湿度、风向风速、气压、雨量、地温等气象要素除目测项目以外气象资料的自动监测、自动上传。2006—2008年，先后建成9个自动观测站，可监测海阳大部地区天气实况，使大气监测现代化建设前进一大步。2008年，建立GPS/MET水汽监测站。

气象预报　1981年，配备气象传真接收机，按时接收国家气象中心的气象广播资料。利用接收的传真图，独立分析预报本地的天气变化。通过传真接收中央气象台和省气象台的长期天气过程预报，结合分析本地气象资料和天气过程的周期变化等，制作逐旬逐月的天气预报。80年代初，统计整理建站以来的基本资料，绘制基本图表，为所有气象资料中的各种灾害性天气个例、预报技术材料和中央、省、地各类预报业务会议材料等建档，建立适应当地天气变化的各种预报方法，收到良好效果。1999年，安装PCVSAT小站（卫星单收站），接收国家气象中心的气象广播资料，替代气象传真接收机。通过卫星单收站，快速接收大量气象资料，特别是卫星云图、雷达回波资料、各种数值预报产品的使用，气象预报水平显著提高。

第二节　地震监测

1996年，市政府成立防震减灾工作领导小组。1997年，市科委开始在原农业局养牛场、兽医站种鸡场动物宏观观测点基础上，新增盘石店水库、建新水库2处动物宏观观测点。1998年，在市科技局院内设立CO_2地温测报点，工作人员每天定时观测、上报数据。2002年3月，市政府印发《海阳市破坏性地震应急反应预案》（以下简称《预案》），并于2005年、2008年2次对《预案》进行修订完善。2003年6月，省地震局领导

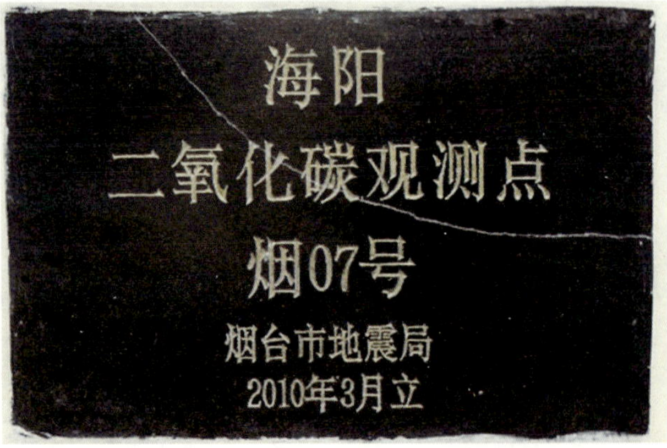

2010年3月，二氧化碳观测点

2次到海阳考察留格庄、凤城、千里岩等地。同年，全市建立防震信息网络，各镇（区、街道）确定1名地震灾情速报员。

2004年9月，烟台市地震局在留格庄镇姜格庄投资，新建1处无人值守数字观测台，次年11月投入运行。2005年10月，烟台市政府组织检查组到海阳检查地震应急工作，对应急指挥系统和物资准备情况进行检查。海阳市被评为烟台市地震工作先进单位。2006年9月，海阳市完成地震应急基础数据库建设。2008年11月，成立由71613部队、市公安消防大队、武警中队、市科技局等单位组建的市地震灾害紧急救援队，负责本行政区域及周边地区地震灾害紧急救援。

2009年，市科技局投资新建1处深水观测井作为骨干观测点。在各镇和远离主城区的街道，选择1个深水井或畜禽养殖场作为固定地震宏观测报点，明确1名观测员负责测报工作。各村明确1名测报员，负责本区域地震宏观异常现象的观察和报告。各镇（区、街道）确定1名领导分管地震工作，确定1名镇（区、街道）干部兼任防震减灾助理员，具体负责组织协调防震减灾和群测群防工作。各村确定1名防震减灾工作联络员，具体负责地震灾情速报及地震科普宣传等工作。

2010年3月，烟台市地震局在姜格庄数字观测台新装1台强震仪，海阳地震观测水平进一步提高。同年，海阳有二氧化碳观测点1处、数字微震台1处、水温水位观测井1处。

第六章　科技管理

第一节　人才管理

为激发科技人才献身科研工作的积极性和创造性，市政府制定并实施《海阳市科学技术奖励办法》。全市科学技术支出占当年财政决算支出比例均在1.3%左右，科研经费随着财政收入的增长逐年提高。科技部门优先扶持科技含量高、行业技术突出、带动辐射能力强和解决全市工业、农业和社会事业发展中关键问题计划项目，解决科技人才“有题目，无经费；有前景，无保障”的问题。以“大院大所”作为技术依托，构建研发平台，为人才开展工作提供基地。依靠科技创新平台建设，完成多项重要科研项目的研发。与中科院沈阳分院、北京分院和北京大学、清华大学、青岛海洋大学等签订共同研发项目协议书，取得多项国内外领先的科技成果，拥有本土自主知识产权核心技术与主导产品。1992年5月—6月，开展横向经济技术联合周活动，先后召开高校技术信息发布及洽谈会、人才交流会，签订经济技术项目协议、合同1085个，引进人才587人。1998年，全市科技人才1.7万人，占全市总人口的2.42%。2010年，全市取得各类专业技术职务人员24655人，其中高级职称2166人、中级职称8093人、初级职称14396人。

第二节　计划管理

1986—1997年，全市（县）承担国家级科技计划项目8项，省（部）级计划63项，烟台市计划39项。1998年，国家科技攻关计划、星火计划各1项，省级攻关计划4项。其中肉牛规模化养殖及产业化研究与开发列入国家攻关计划，获10万元无偿经费。2003年，承担烟台市级以上各类计划9项，争取无偿经费265万元。科技部批复海水养殖种子工程北方基地——海阳分基地项目，争取国家无偿资金227万元，是海阳首次承担国家“863”计划项目。2004年，承担国家级项目3项、省级6项、烟台市级2项，争取无偿经费147万元。海阳市黄海水产有限公司实施国家“863”计划——海水养殖种子工程（北方）基地项目，争取无偿经费227万元，列入市委、市政府2004年“双重点”工作。2005年，承担国家级项目2项，到位资金375万元；省级项目1项，到位资金15万元；烟台市级项目2项，到位资金25万元，累计争取无偿资金415万元。2006年，国家级项目2项，省级项目4项（攻关3项、农业成果转化1项），烟台市级项目4项（攻关3项、创新1项），到位资金94万元。2007年，国家级项目2项、省级项目5项、烟台市级6项。其中黄海水产公司申报的鱼类精子冷冻技术在鲆鲽鱼类品种改良中的应用项目，通过科技部、财政部专家论证，列入2007度国家农业科技成果转化资金立项项目，到位资金250万元。2008年，争取国家火炬计划1项，新增国家鲆鲽鱼类遗传育种中心和海阳鲆鲽鱼类良种繁育基地各1处，争取省级科研项目4个、烟台市级科研项目1项，共到位无偿资金465.3万元。2009年，国家级项目6项、省级4项、烟台市级4项，到位无偿资金675.3万元。2010年，承担国家科技计划4项、省科技计划3项、烟台市级科技计划3项，到位资金500万元。

第三节　成果管理

70年代，开始对科技成果进行鉴定、申报、登记造册管理。80年代后期，由县科委组织科研成果鉴定、申报、保密等工作。鉴定分国家、省、烟台市、海阳县4个级别。经过鉴定的科研成果，由县科委在月内将有关材料上报烟台市科委。每年第一季度将上年受理的科技成果上报烟台市科委评奖，包括引进技术成果及内部研制的新技术、新工艺、新成果等。至2010年，全市鉴定科研成果635项。

第四节　经费管理

1978年始，科技计划下达后，县财政为科研单位提供一定的科研经费，无偿使用。1984年5月，县科委对科研经费使用进行改革，按照不同类型和预计效益大小，确定投入资金数额，实行合同制管理，既提高科研经费投资效益，又缩短科研周期。至2000年，全市财政投入科研经费1762.7万元。2005年，全市财政投入科技3项费用125万元。2006年，全市财政投入科技3项费用150万元。在科技计划项目安排上，突出工业项目，占应安排科研经费的41%；突出“三农”项目，占应安排科研经费的42%；兼顾社会事业相关领域的项目，占应安排科研经费的17%。2007年，全市财政投入科技3项费用300万元。2010年，全市财政投入科研经费2450万元。科研经费重点支持对经济社会发展、国家安全和科技发展具有重大作用的科学技术研究与开发。

第五节　专利管理

80年代初，开始重视专利申请工作，专利申请量逐年递增。1988年1月，举办技术厂长、技术科长和技术骨干等48人专利学习班。县刺绣厂“十字绣”机绣制品申报实用新型专利。1991年1月，县科学技术委员会内部增设专利科。同年，聘请中国专利技术开发公司到海阳举办专利技术转让及信息发布会，发布专利信息1800条。1992年3月，参加中国专利局在广州召开的首届中国专利外观设计及新产品展销会，县刺绣厂、县绣花厂等7个专利项目参展，获金奖1项、优秀奖5项。9月，参加烟台市举办的全国专利新技术、新产品博览会，县内16家企业20个项目参展，获金奖4项、银奖4项、铜奖3项，海阳展团获最佳组团奖。1993年，县刺绣厂空雕绣项目和县恒大汽修厂油压指示器项目获山东省专利优秀奖。1996年，组织参加1996中国专利市场新技术新产品展示交易会，帝阁集团防盗门产品获金牌。1997年，组织参加1997中国（泰山）专利技术及新产品博览会。2005年7月，市政府印发《海阳市专利申请资助办法（试行）》，成立海阳市知识产权领导小组。同年，海阳市科学技术局同时挂海阳市知识产权局牌子。2007年，专利申请量138件，授权专利52件。2008年，专利申请量164件，授权专利63件。2009年，专利申请量210件，授权专利80件。2010年，专利申请量279件，授权专利153件。至此，海阳市专利申请1058件。

第二十七编

教　育

中共十一届三中全会后，全县教育工作重点转移到提高教育教学质量上来。1979年，县委、县政府制定农村中小学校舍改造总体规划，重点解决危房子、黑屋子、土台子问题，重点解决校舍配套问题，结合中小学布局的合理调整，重点解决校舍标准化、正规化问题。80年代中期，海阳教育发展步入快车道。1984年11月，经山东省普及初等教育检查团检查验收，海阳县小学教育多项指标达到教育部规定标准。1992年9月，山东省教育督导检查组对海阳县学校德育工作进行督导检查，认为“海阳的中小学德育工作有新的建树，是新的典范”。1994年6月，海阳县“两基”（基本普及九年义务教育、基本扫除青壮年文盲）指标均达到或超过国家和省标准。1995年，海阳县在烟台市率先推行“校长聘任负责制”“教职工核编定员聘任制”“全员目标岗位责任制”“经费总额包干制和结构工资制”为主要内容的教育内部管理体制改革。2000年，海阳市高考本科上线绝对数、升学率、万人比、优等生数、高考各科平均数等五项指标均居烟台市第一名，理科平均分获山东省第一名。2002年，高考本科上线数、升学率、万人比、优等生数等项指标居烟台市领先地位，实现高考“十连冠”。

2010年，全市投入资金1027万元，新增笔记本电脑、台式机2200台，46所乡镇中小学的212个班级全部配齐“班班通”设备，达到省级标准。全市共有幼儿园115所，入园儿童14089名，学前一年入园率100%；小学41所，在校生23191名，入学率100%；初中21所、职业中专1所、普通高中5所，在校学生39966人；全市教职工7065人。初步形成学校布局合理，幼儿教育、职业教育、成人教育和基础教育协调发展的良好局面。

第一章 机 构

第一节 管理机构

县级教育机构 1974年，县教育组改称县教育局。1993年3月，撤销县教育局，组建海阳县教育委员会。内设办公室及政工、计划财务、基础教育、职业教育、审计5科和招生办公室、勤工俭学办公室、托幼办公室，编制14人。1995年9月，海阳县人民政府教育督导室成立，办公室设在县教委。1996年5月，海阳县教育委员会改称海阳市教育委员会，海阳县人民政府教育督导室改称海阳市人民政府教育督导室。2001年12月，海阳市教育委员会与海阳市体育委员会合并，改称海阳市教育体育局。内设办公室、政工科、计划财务科、基础教育科、成人职业教育科、体育卫生与艺术教育科，编制19人。2010年8月，内设办公室、政工科、计划财务科、基础教育科、职业成人教育科、体育卫生与艺术教育科、审计科、安全管理办公室、基本建设管理办公室、市政府教育督导室10个科室。行政编制14人，工勤编制2人。

乡级教育机构 1978年，各公社教育领导小组由教育助理员、业余教育干部、公社驻地中小学校长等组成。1984年，撤公社设乡镇，全县23处乡镇均设教育助理员、扫盲干事各1人。1988年6月，乡镇设立教育委员会，设主任1人，常务副主任1人，另设2位副主任，分别由乡镇中心初中、中心小学校长兼任。下设办公室，工作人员3～5人。1992年8月，全县乡镇教委的人、财、物全部下放到乡镇党委、政府管理。1994年1月，全县乡镇教委人、财、物全部划归县教委统一管理。1995年8月后，各乡（镇、区、街道）设专职教委主任。2005年5月，撤销各镇（区、街道）教育委员会。在镇（区、街道）政府（管委会、办事处）设1名教育科员。原镇（区、街道）教委承担的招生、学籍管理及勤工俭学等工作分别划归中心初中和中心小学。

第二节　教研机构

1978年，海阳县教育局设教研室，内设中学组、小学组，共20人。1981年，县教研室内设高中组、初中组、小学组、办公室和电教组，共27人。1993年，县教研室为副科级事业单位。1996年5月，海阳县教研室改称海阳市教研室，内设高中组、初中组、小学组、办公室、教学仪器站、教育科学研究所和图书代办站，工作人员32人。2007年9月，教学仪器站隶属教体局领导，编制8人。2010年，教研室内设高中组、初中组、小学组、教育科学研究所和图书代办站，工作人员33人。

第二章　学前教育

第一节　幼儿园

1978年，全县有幼儿园295所，入园儿童16494人。1981年后，各机关、厂矿、企事业单位纷纷创办幼儿园。1985年，全县有幼儿园579所，入园儿童22883人。1991年，托幼工作由县妇联移交县教育局，设县托幼工作办公室，配备专职人员。1992年，开展幼儿工作达标上档活动，12所幼儿园获烟台市一类幼儿园称号。1993年，部分厂矿经济效益不好，幼儿园资金投入不足，相继停办。同年，县直幼儿园（1994年6月改称海阳县实验幼儿园）被定为省级实验幼儿园。1994年11月，二轻幼儿园被定为省级示范幼儿园。1996年，开展争创百所烟台市一类幼儿园活动，投资376万元，新建、改建、扩建幼儿园160所，125所幼儿园跨入烟台市一类幼儿园行列；年底，全市205所幼儿园被评为烟台市一类幼儿园。八一幼儿园、东村镇南修家村幼儿园、徐家店镇中心幼儿园，被命名为烟台市级示范幼儿园。1997年，调整幼儿园布局。采取村村联办或挂靠大幼儿园的方法，合并部分相邻、较小或未达到烟台市一类的幼儿园，幼儿园逐步向规模化发展。2010年，幼儿园115所，其中省级示范园3所、烟台市级示范园14所。

市实验幼儿园

第二节　幼儿教师队伍

1978—1991年，全县幼儿园由县妇联管理。1991年，托幼工作由县妇联移交县教育局。乡镇幼儿园的管理工作由乡镇妇联移交乡镇教委。1992年，全县专任幼儿教师844人，学历（含高中毕业）达标312人、占36.9%，取得专业合格证16人、占1.9%。1996年，市教委印发《幼儿教师考核细则》，泉水头、山西头乡政府印发《关于加强幼教工作的意见》，将幼教工作纳入对村党支部书记的考核。全县386名幼儿教师参加函授学习，占总人数85%以上。14处乡镇实行统筹工资，稳定教师队伍。工资采取结构工资制，即每月发放基本工资，年底再根据考评发奖励工资。16处乡镇收费由教委统一设账管理。1999年，对农村幼儿园布局进行调整，对全市幼儿园、托儿所卫生保健人员、保育员、炊事人员实行持任职资格证书上岗制度。2001年，对幼儿园园长、教师实行资格证书认定制度。2004年，进行课改模式探索，组织教师参加烟台市课程改革培训班、观摩课改现场会等，引导教师规范教育教学行为。2010年，全市有幼儿教师796名。其中，本科学历35人，专科271人，高中（中专）412人，高中以下78人；中学高级3人，小学高级49人，小学一级33人。同年，全市开展乡镇中心幼儿园建设及认定工作。

1978—2010年海阳市幼儿园情况表

表27-2-1

年份	幼儿园（所）	入园幼儿（人）	教职工（人）	保教员（人）	年份	幼儿园（所）	入园幼儿（人）	教职工（人）	保教员（人）
1978	295	16494	500	480	1995	599	26829	1116	1069
1979	256	17419	651	616	1996	575	22221	1064	969
1980	306	18395	622	616	1997	477	19565	929	856
1981	381	16152	562	560	1998	486	18494	899	841
1982	457	18779	666	623	1999	492	18458	908	847
1983	491	11851	647	604	2000	452	17780	873	824
1984	566	22970	923	861	2001	408	17367	856	787
1985	579	22883	1031	990	2002	383	15533	811	756
1986	680	28298	1113	1058	2003	332	15454	816	745
1987	681	32308	1130	1066	2004	313	15284	802	739
1988	681	32308	1130	1066	2005	281	14529	769	724
1989	679	32497	1023	964	2006	232	13256	746	700
1990	679	32485	1012	936	2007	201	13947	744	693
1991	488	19719	944	915	2008	178	13382	738	680
1992	498	24768	992	958	2009	160	13495	798	721
1993	535	25437	1071	1035	2010	115	14089	796	747
1994	549	26026	1152	1120					

第三节 幼儿教学

1980年，县直幼儿园设立托儿班，受托3周岁以下幼儿。1988年，县实验小学设学前班，后陆续发展到55所小学。1989年，幼儿教育规范为生活卫生习惯、体育活动、思想品德、语言、常识、计算、音乐、美术8个方面。1993年8月，县直幼儿园增加英语口语教学实验。1995年，取消小学学前班。县实验小学、榆山街学校、育才小学附设幼儿园，招收6周岁以上儿童接受入学前教育。

幼儿教学

幼儿园按幼儿年龄大小分大、中、小班。根据幼儿的年龄特点，采取不同的授课方式。小班以直观、游戏等形式为主；大班逐渐减少游戏成分。上课时间随年龄递增逐渐增加。小班每周6～8节课，每节课10～15分钟；中班每周10～11节课，每节课20～25分钟；大班每周12节课，每节课25～30分钟，后有的延长5分钟。

第四节 幼儿园选介

海阳市实验幼儿园 位于红山街15号，是海阳创办最早的幼儿园，隶属市教育体育局，占地面积5615平方米，建筑面积3583平方米。1952年8月，由县民政局筹建，称县直机关托儿所。1991年春，县直机关托儿所划归县教育局。1994年6月1日，改称海阳县实验幼儿园。1996年5月，改称海阳市实验幼儿园。2001年1月，改全额拨款为自收自支事业单位。幼儿园先后承担国家教委组织的“幼儿现代科技启蒙教育”、中央教科所的“幼儿学具教学”“蒙台梭利双语教学”等实验研究课题，有50多篇论文、活动设计在全国及省市刊物上发表、获奖。幼儿园先后被评为烟台市托幼工作先进单位、文明幼儿园、巾帼文明示范岗、家庭教育工作先进单位，山东省重点实验基地、示范幼儿园，中央教科所优秀实验基地。2010年，有20个教学班，650名幼儿；教职工61人，其中小学高级教师15人，大专学历占96%，山东省特级教师、省教学能手各1人，烟台市教学能手2人，烟台市优秀教师4人。

海阳市轻工幼儿园 位于海山南路43号，占地面积5537平方米，建筑面积4398平方米。园内设轻工小学、轻工少儿艺术团，在凤城设有分园。1976年10月筹建，称二轻工业局托儿所，分幼儿园（3.5周岁以上）和托儿所（3.5周岁以下）2部，有保育员5人，招收幼儿60人。1985年11月，改称海阳县二轻工业公司幼儿园，停办托儿所。1994年，被命名为省级示范幼儿园。1996年5月，改称海阳市二轻工业公司幼儿园。1998年10月，与市一轻幼儿园合并，改称海阳市轻工幼儿园。幼儿园先后获省托幼工作先进单位、烟台市少年儿童工作先进单位、烟台市精神文明单位、全国教科研先进单位称号。2007年，原创舞蹈《娃娃扭》在省“小飞天奖”少儿舞蹈大赛中获一等奖、在“小荷风采”全国少儿舞蹈大赛中获“小荷之星”最高奖。2010年，共有31个班，幼儿1029人，保教员93人。

市轻工幼儿园“六一”国际儿童节文艺表演

第三章 小学教育

第一节 学 校

1978年，全县有小学651所，3117个教学班，学生97135人。1982年，教育体制改革，小学自成体系，各公社设中心小学。1984年11月，经省政府普及初等教育检查团验收，海阳县小学教育各项指标均达到教育部规定标准，成为省首批普及初等教育县（市）之一。1985年，全县23处乡镇有小学733所，其中公办小学4所、乡镇中心小学108所、村小学621所，在校学生75537人。1986年起，对原有小学作适当调整，合并学生数少的村小学，布局更合理且利于管理。1995年6月，经省政府检查验收，海阳县“两基”工作绝大部分指标达到或超过国家和省标准，认为海阳县已经基本普及九年义务教育，基本扫除青壮年文盲。10月，黄崖、战场泊、南城阳3个乡被撤销，小学布局无变化，撤销的乡原有小学名称有改变。1996年，对市直小学进行调整，撤销徐家店子弟学校，新建方圆学校（企业办学，市教委和方圆集团双重管理）。2003年，全市4所市直小学、23处镇（街道）中心小学全部通过烟台市级规范化学校验收，37所学区小学通过烟台市规范化学校的验收。2010年，全市有41所小学、597个教学班，在校学生23191人。

1987—2010年海阳市小学基本情况表

表27-3-1

年份	学校（所）	教学班（个）	学年初学生（人）	招生（人）	毕业生（人）	年份	学校（所）	教学班（个）	学年初学生（人）	招生（人）	毕业生（人）
1987	588	2623	64063	9610	13716	1999	197	1463	49288	7486	12127
1988	591	2477	59375	10049	13217	2000	165	1283	43818	7069	12487
1989	446	2451	56182	10340	12355	2001	143	1128	39569	6845	10918
1990	431	2419	53024	9351	11074	2002	131	1001	36597	7250	10197
1991	448	2241	49456	9272	9744	2003	131	963	34850	6453	8110
1992	389	2103	50845	8186	9053	2004	128	965	33664	6188	7523
1993	353	1993	51486	9996	9235	2005	122	896	31693	5133	7072
1994	334	1962	59876	12395	9891	2006	103	799	29081	4257	6849
1995	299	1840	51860	12332	9897	2007	92	733	26968	5000	7097
1996	270	1799	54002	11065	8041	2008	90	698	25366	4735	6419
1997	258	1719	55730	10308	8228	2009	54	660	24167	4700	6188
1998	226	1634	54053	8135	9837	2010	41	597	23191	4215	5294

2010年海阳市各小学基本情况表

表27-3-2

名称	地址	教学班（个）	学生（人）	教职工（人）	面积（平方米）
海阳市英才实验学校（小学部）	东风路20号	18	745	87	47335
海阳市新英杰学校（小学部）	海阳路5号	5	73	13	19980
海阳市轻工小学	东村街道城北村	5	173	75	5537
海阳市美宝学校	经济开发区石人泊村	7	193	44	22000
东村街道中心小学	东村街道凉山后村东	10	242	60	6350
东村街道五间屋学区小学	东村街道五间屋村	6	144	23	6588
东村街道大磊石学区小学	东村街道大磊石村	5	107	16	5400
徐家店镇中心小学	徐家店镇徐家店村	28	1229	130	20374
徐家店镇山西头学区小学	徐家店镇山西头村	6	196	23	15804
凤城街道中心小学	凤城街道建设村	27	1106	95	12905
小纪镇第一小学	小纪镇后沙埠前村	16	589	89	70930
小纪镇第二小学	小纪镇泉水头村	7	217	35	6951

续表 27-3-2

名　称	地　址	教学班（个）	学　生（人）	教职工（人）	面　积（平方米）
小纪镇第二小学夏泽学区小学	小纪镇夏泽村	5	143	20	9376
小纪镇第三小学	小纪镇黄崖村	10	399	55	8410
朱吴镇第一小学	朱吴镇朱吴村	19	624	105	11000
朱吴镇第二小学	朱吴镇高家村	12	492	62	15083
发城镇第一小学	发城镇发城村	20	626	77	27164
发城镇第二小学	发城镇北埠后村	17	500	48	24950
郭城镇第一小学	郭城镇郭城五村	17	518	56	18233
郭城镇第二小学	郭城镇战场泊村	8	235	40	12215
郭城镇第一小学古现学区	郭城镇西古现村	9	295	29	12565
盘石店镇中心小学	盘石店镇盘石店村	20	743	97	13845
留格庄镇第一小学	留格庄镇留格庄村	23	928	88	12000
留格庄镇第二小学	留格庄镇大辛家村	10	290	46	14635
留格庄镇第二小学南岛学区	留格庄镇冷家庄村	5	90	8	6232
留格庄镇第二小学方里学区	留格庄镇方里村	5	133	8	21039
辛安镇第一小学	辛安镇辛安村	29	878	86	22061
辛安镇第二小学	辛安镇大山所村	18	535	61	20896
行村镇第一小学	行村镇行村四村	22	921	106	29091
行村镇第二小学	行村镇赵疃村	15	518	82	13660
二十里店镇中心小学	二十里店镇后店村	18	679	87	13964
中国人寿保险海阳希望小学	二十里店镇崖底村	9	299	38	11664
大阎家镇中心小学	大阎家镇大阎家村	20	767	90	47926
方圆街道中心小学	方圆街道南城阳村	9	302	49	31064
方圆街道太平洋学区小学	方圆街道秋林头村	5	98	21	12000
经济开发区中心小学	经济开发区中心小学	20	534	67	16612
碧城工业区中心小学	碧城工业区中心小学	5	166	20	8880
实验小学	嵩山街 28 号	25	1460	83	20246
育才小学	民主路 1 号	29	1720	83	13441
新元小学	海河东路 99 号	43	2694	126	42649
方圆学校	方圆街道东哲阳村	10	590	35	4000

第二节　学制　课程

学制　1974 年，海阳县中小学由春季始业改为秋季始业，学年度自 9 月 1 日至翌年的 8 月 31 日。1981 年，每处公社确定 50% 条件较好的学校，从新招收的一年级开始，改为六年制。后因校舍师资等条件制约，仍实行五年制并延续至今。

90年代，全国民兵英雄赵守福（中）、于化虎（左）、孙玉敏（右）对学生进行革命传统教育

课程 1978年，全县小学课程统一设置。一至三年级设语文、算术、文艺、体育、生产劳动，四、五年级增设科学常识。1981年后，各年级均开设思想教育、语文、数学、体育、音乐、美术，二至五年级增设自然常识，四、五年级增设劳动课，四年级增设地理，五年级增设历史。各年级并开科目为一、二年级6科，三年级7科，四、五年级9科。1984年7月—1993年7月，各年级开设自习、科技活动、体育活动、周会、班队活动等活动类课程。1993年8月，从一年级开始逐年顺延至五年级，开设晨会、班团队活动、科技文体活动等活动类课程，一年级开始使用义务教育教材，以后依次顺延至五年级。1994年8月，开始在县直小学三年级开设英语课，以后依次顺延至四、五年级。1996年8月，一至四年级均使用九年制义务教育教材，一、二年级开设思想品德、语文、数学、自然、体育、音乐、美术等学科类课程，三、四年级增设社会、劳动课。2001年秋，启动基础教育课程改革。对小学课程体系、结构、内容进行调整和改革，原设置的思想品德、社会、劳动、自然课程，调整为品德与社会、品德与生活、品德与科学。增加英语、信息技术课。2004年，全市三至五年级始设外语，地方课程和学校课程设置未明确科目，只作宏观要求。2009年，地方和学校课程设置中，对安全教育、传统文化、环境教育作明确课时安排。

第三节　考　试

1978年，小学有平日、单元、期中、期末、学年、升学等考试。有时公社每学期还举行会考、统考，全县定期举行统考。80年代，出现片面追求升学率的倾向，随堂、单元、期中、期末、模拟、抽考、竞赛等多种考试频繁。1981年后，取消会考、统考等，考试方式恢复到1965年前的规定。1986年，对考试内容、方法、升级考试进行改革。1990年7月，五年级毕业考试、升学考试“合二为一”，称“两考合一”。1991年8月，各年级语文考试增加听写、听记考试内容。考试方法多以笔试为主，口试、面试、实际操作能力考试极少。期末考试及“两考合一”等重要考试都实行统考。1996年8月，在市直小学推行素质教育，减少平时考试、考查，取消升学考试。学生成绩评定实行等级制，分优秀、良好、及格、不及格4个等级。除学习成绩外，另加特长、评语等评价办法综合评价学生。1997年，实施分项考试、等级评价。各学科考试分为基础知识、基本能力等项目，然后进行抽测。分项考试按优秀、良好、及格、不及格评价。评价按答题正确率评定等级。2000年后，有期中、期末考试，质量抽测、单元过关考试等。期中考试由学校自己命题组织。2010年，期末考试由学校组织进行，试题由学校命题印制。

第四节　小学选介

海阳市实验小学 1978年建海阳县实验学校。1990年，从实验学校分出单设海阳县实验小学。1996年5月，改称海阳市实验小学。学校位于嵩山街28号，占地20197.98平方米，建筑面

2010年，海阳市实验小学

积3551平方米，教学用房2188平方米。学校拥有微机室、多媒体教室、语音室、科技活动室等专用教室，为烟台市规范化学校。2010年，学校有25个教学班（含2个幼儿班），1460名学生，教职工83人，其中中学高级教师5人，小学高级教师42人，大专以上学历72人，学历全部达标。学校先后获烟台市学校思想政治工作先进集体、实施素质教育明星学校、师资队伍建设先进单位、教书育人先进单位、教科研工作先进单位、教育系统精神文明建设先进单位、德育工作先进单位、安全文明校园、教学工作示范学校及教育部、科技部国家科学规划重点课题实验点校等称号。

海阳市新元小学　1984年8月建海阳县榆山街学校。位于海河东路99号，占地面积55328.8平方米，建筑面积7000多平方米。设小学、初中2部。1998年8月，小学部与初中部分离，改称海阳市红蕾小学。1999年1月，小学部迁至原海阳市电大和烟台市二轻学校2个校址。2005年9月，初中部迁至新校，小学部重回原校。2006年4月，改称海阳市榆山街小学。2009年8月，改称海阳市新元小学。2010年，有教学班43个，学生、幼儿共2694人，教职工126人。其中中学高级教师5人，中级职称57人。大专及以上学历101人，学历全部达标。学校先后被评为中国教育学会“十一五”科研课题实验点校，山东省少先队规范化学校、交通安全示范学校，烟台市教学工作先进单位、教育科研先进单位、德育工作先进单位、安全文明校园等。

海阳市育才小学　1993年7月，在原东村镇中心小学的基础上改建海阳县育才小学，1994年12月，迁至民主路东首。学校占地面积13860平方米，操场面积7000平方米。办公楼、教学楼、实验楼建筑面积5700平方米。其中教学楼拥有24个教室，实验楼内设实验室、图书室、微机室等。1996年5月，改称海阳市育才小学。2010年，有教学班29个，学生1720人；教职工83人，其中小学高级教师2人、一级教师54人。研究生学历1人，本科学历63人，专科19人，中师2人。学校先后被评为烟台市雏鹰大队、教育科研先进单位、安全文明单位、小学教学示范学校、常规管理年示范学校、教学工作先进单位，山东省教学示范学校、绿色学校。

2010年，海阳市新元小学

2010年，海阳市育才小学

第四章　中学教育

第一节　学　校

1978年，全县17所高中，55所联中戴“高中帽”，11所队办九年制学校，82所队办七年制学校，联办中学队办七年制和九年制学校共227所。同年8月，一中、二中、三中、四中、五中、八中、九中、十一中、十二中、十三中10

所高中均招收2个初中班；在东村设立海阳第十八中学，只设高中部，招收4个班，学生200余人，教职员工27人。

中共十一届三中全会后，调整高中，加强初中，发展职业技术教育，集中人力物力，试办一批重点中学。海阳一中、二中为重点高中，牟格庄学校为九年制重点学校，东村、辛安、发城、留格庄、二十里店5所联中定为重点中学。1979年，对七年制、九年制学校整顿压缩，民办七年制学校减至75所，联办九年制学校减至25所，队办九年制学校减至2所。1980年，全县中等教育进行体制改革，压缩公办高中，海阳四中、九中为县重点高中，18所高中只保留一至十三中，十四、十五、十六、十七中学改为公办初中，十八中改为农业技术中学。队办七年制学校和九年制学校停止招生，只保留北城阳、刘家疃、战场泊、嘴子前、鲁口、周家庄6所联办中学“戴帽”的九年制学校，1981年停止招收高中班。同年，海阳十四中改为农业技术中学，十八中恢复为普通高中，海阳三中、五中、八中、十中、十二中、十三中等高中改为公办初中，高中只保留海阳一中、二中、四中、六中、七中、九中、十一中、十八中8所。

1982年8月，各公社成立中心初中，联办中学再次压缩，由原来131所减少到83所。同年，海阳十六中改为高家农业技术学校，试办北城阳、鲁口、刘家疃等联中为农业初中，将各公社公办初中和驻地联中（无公办初中的公社）改为公社中心初中。1983年，海阳三中被定为烟台重点初中。1984年，全县17个公社划分为23个乡镇，联办中学调整至67所。海阳九中调整为普通高中。1985年，全县有烟台地区重点高中1所（一中），县重点高中3所（一中、二中、四中），重点初中5所（东村、辛安、发城、留格庄、二十里店初中）；海阳三中改为海阳县水产技术中学。1988年，海阳十八中改为海阳县城镇职业高中。1989年，高中只保留7所：一中、二中、四中为县重点高中，六中、七中、九中、十一中为普通高中；职业高中（中专）有职专、二职专、三职专、四职专4所。1996年4月，海阳高级职业学校建立；12月，8所学校被评为烟台市规范化学校。至1998年，先后有7所学校通过烟台市规范化学校验收。2002年，海阳四中迁至城区，海阳七中迁至小纪镇。2003年，全市所有初中通过烟台市规范化学校验收。同年，烟台市中英文学校创建，分初中部和高中部，位于经济开发区，占地面积10公顷，为海阳第一所全日制寄宿民办学校。2006年，撤销二十里店二中。2009年，撤销徐家店二中、发城二中、方圆街道初中；海阳一中新校建成后，撤销海阳六中、七中、十一中。

2010年，全市有21所初中，在校学生26715人；市区内有海阳一中、四中2所公办高中和烟台中英文学校，乡镇保留海阳二中、九中2所高中，在校学生10382人。

2010年海阳市各高中基本情况表

表27-4-1

名称	地址	教学班（个）	学生（人）	毕业生（人）	教职工（人）	占地面积（平方米）	建筑面积（平方米）
海阳市第一中学	经济开发区中房村南	82	4173	1434	329	240002	91346
海阳市第二中学	徐家店镇徐家店村	24	1179	468	133	50400	15079
海阳市第四中学	海平路西首（凉山后村）	54	2612	879	148	66660	12788
海阳市第九中学	留格庄镇留格庄村	13	655	105	83	44268	8147
烟台市中英文学校高中部	经济开发区温州街6号	32	1763	511	240	107090	57580

2010 年海阳市各初中基本情况表

表 27-4-2

名　称	地　址	教学班（个）	学　生（人）	教职工（人）	面　积（平方米）
徐家店镇初级中学	徐家店镇徐家店村	30	1384	142	37800
凤城街道初级中学	凤城街道凤和路 2 号	27	1268	152	57719
小纪镇第一初级中学	小纪镇政府驻地	27	1226	146	71746
小纪镇第三初级中学	小纪镇驹凤头村	12	453	49	27327
朱吴镇第一初级中学	朱吴镇朱吴村	27	1250	152	74696
朱吴镇第二初级中学	朱吴镇高家村	8	500	59	42372
发城镇初级中学	发城镇发城村	25	1117	112	90849
郭城镇第一初级中学	郭城镇郭城一村	31	1252	113	49698
盘石店镇初级中学	盘石店镇盘石店村	18	828	102	33718
留格庄镇第一初级中学	留格庄镇留格庄村	33	1502	186	82467
留格庄镇第二初级中学	留格庄镇大辛家村	8	420	65	36180
辛安镇第一初级中学	辛安镇辛安村	21	1016	108	44492
辛安镇第二初级中学	辛安镇大山所村	16	712	63	31228
行村镇第一初级中学	行村镇行村五村	21	1064	92	44666
行村镇第二初级中学	行村镇赵疃村	15	699	66	66567
二十里店镇初级中学	二十里店镇后店村	20	838	106	27873
大阎家镇初级中学	大阎家镇大阎家村	18	870	102	52893
实验中学	龙山街 8 号	33	2223	178	27812
育才中学	龙山街 139 号	23	1267	128	23247
新元中学	方圆街道东哲阳村	59	3823	223	51843
竞技体育学校	东哲阳村	8	262	41	42000
新英杰学校附设初中班	海阳路 5 号	6	113	24	19980
英才实验学校附设初中班	东凤路 20 号	14	670	45	47335
烟台市中英文学校附设初中班	经济开发区温州街 6 号	38	1958	95	107090

第二节　学制　课程

学制　1978 年，初级中学学制三年，高中二年，为“三、二”分段。1982 年，调整改革中等教育结构，全县高中改为三年制，中学恢复“三、三”制。1988 年，在大辛家镇初级中学试搞初中四年制改革。1992 年，全县基本完成小学、初中“五、四”制改革。1996 年年底后，全市中学学制为“四、三”制，即初级中学四年、高级中学三年。

课程　1978 年，初中开设的课程有政治、语文、数学、外语、物理（初二、初三）、化学（初三）、地理、历史、生物（初一植物、初二动物）、生理卫生（初三）、体育、美术、音乐，部分初中开设英语课。高中开设政治、语文、数学、英语、物理、化学、历史、地理、生物（高三）、体育等。同时，初、高中均设劳动技术课，高二、高三设选修课。1995年，初中开设政治、语文、数学、英语、历史、地理、生物、体育、音乐、美术等课程。高中开设政治、语文、数学、英语、物理、化学、历史、地理、生物、体育、选修课（理科）。2001年，全面普及计算机教育。2005年，烟台市规范义务教育“五四”分段课程。初中开设思想品德、语文、数学、外语、历史、地理、生物（初一、初二、初三）、物理（初三、初四）、化学（初三、初四）、体育、音乐、美术、信息技术、地方与学校课程（含综合实践活动）。

第三节　中考　高考

1978年，学校工作重点转移到教学上，各中学除平日考查、期中考试、期末考试、毕业考试外，增加月考、单元考试、全县统考及模拟考试等。同年，高考实行全国统一命题，统一考试时间。1981年后，初中、高中除毕业考试和平日考试外，增加预选考试。1991年，初中毕业、升级考试由烟台市统一命题，统一考试时间。1992年，考试制度改革，烟台市中考采取普通高中、职业高中、职业中专同时同卷一次进行的办法。初中毕业生升学加试体育。1994年，高中毕业生开始参加全国推行的高中毕业会考、全国“3＋2”模式普通高考。其中“3”为语文、数学、外语，文、理科均考。文科“2”为政治、历史；理科“2”为物理、化学。全县初中在基础年级推行会考制度。1997年，初二、初三学生开始在学科课程结束后，参加烟台市推行的初中历史、地理、生物结业考试。考试成绩按一定比例折算纳入升学考试总成绩。1998年，初中毕业生参加体育、音乐、美术、劳动技术资格考试。体育考试由市教体局艺体办按《山东省初中毕业生升学体育考试工作实施方案》执行；音乐、美术、劳动技术学科，由艺体办组织考核，不合格者不准报考中专和重点高中。中师普通班加试音、体、美，由海阳市招生办公室组织，不合格者不得报考。

1999年，初四学生开始参加烟台市推行的物理、化学实验技能考试。考试成绩纳入升学考试总成绩；初中毕业、升学考试实施“A卷+B卷”考试模式。政治（A卷100分）、语文（A卷100分+B卷50分）、数学（A卷100分+B卷50分）、物理（A卷100分+B卷20分）、化学（A卷100分+B卷20分）。1999年后，职业学校学生参加省职业学校对口升学考试。由省招生考试院单独命题考试，采取“3+2”考试模式。“3”为语文、数学、外语；“2”为理论综合和实践综合。2002年，高中毕业生参加省实施的“3+X”模式高考。“3”为语文、数学、外语，文、理科均考。“X”为综合，即文科综合和理科综合。其中，文科综合包括政治、历史、地理，理科综合包括物理、化学和生物。2004年，初三学生开始参加信息技术考试，成绩按比例纳入升学考试总成绩。2007年，高中毕业生参加山东省推行的“3+X+1”模式高考，自行命制除外语听力及小语种之外的全部试题。其中“3”为语文、数学、外语，文、理科均考。“X”为综合，即文综和理综。文综包括政治、历史和地理，理综包括物理、化学和生物，“1”为基本能力。2010年，初中期中、期末考试由学校组织进行，试题由学校命制。初中学生学业考试，由烟台市教育科学研究院命题组织考试。高中各门课程按模块设置，采用学分管理。在每个模块学习结束后进行模块考试（学分认定考试），由学校自行组织，试题由学校命制。高中学生学业水平测试，由省教育厅组织，省教研室命题。高中三年级下学期由烟台市教育科学研究院统一组织一次高考模拟考试。

第四节　中学选介

海阳市第一中学　1952年8月建海阳中学，位于城区海政路95号，占地4.53万平方米，被海

2005年，海阳市第一中学

阳路分为南北两院，南院为教学区，北院为操场。2000年，建成连接南北院过街天桥。2005年，市政府在经济开发区建一中新校。2007年11月，学校迁至新校区。新校占地24万平方米，建筑面积9.5万平方米。教学设施设备均按省级规范化标准装备。2009年8月，全市整合教育资源，调整学校布局，海阳六中、七中、十一中并入一中。2010年，全校有82个教学班，学生4173人，教职工329人。一线教师317人全为本科及以上学历，其中硕士研究生5人，具有中学高级教师职称77人，中级职称133人；山东省优秀教师8人，烟台市级优秀教师、教学能手等35人。先后获全国化学奥林匹克竞赛金牌学校、国家教育科学"十一五"规划教育部重点课题实验基地、山东省1997年高考状元学校、山东省规范化学校、山东省教育工会先进集体，烟台市明星学校、文明单位、先进基层党组织、安全文明校园、教书育人先进单位等称号。

海阳市第二中学 位于徐家店镇驻地。1956年建校，占地面积5.04万平方米，其中校舍建筑面积1.22万平方米，固定资产总值800余万元。1991—1993年，投资485万元，全面完成校舍改造任务。学校教学设施配套，符合"五达标"要求。2010年，学校有24个教学班，学生1179人，教职工133名。54%的教师有中、高级职称，99%为大学本科学历。其中，全国优秀教师3人，全国优秀班主任3人，山东省优秀教师2人，获省优质课1人，烟台市优秀教师6人，获烟台市优质课12人。学校先后获山东省中学生生物学奥林匹克竞赛优胜学校、烟台市规范化学校等称号。

2010年，海阳市第二中学

2010年，海阳市第四中学

海阳市第四中学 1957年建，原校址在小纪镇驻地。2001年9月，迁至原海阳职业中等专业学校。2007年6月，迁至原东村镇第一初级中学。学校占地6.67万平方米，建筑面积1.28万平方米。2000年高考，2名学生分别以918分和910分（标准分）的成绩获山东省理科状元，均被清华大学计算机系录取。2010年，学校有54个教学班，学生2612名，教职工148人。学校先后获烟台市教育工作先进单位、先进基层党组织、教书育人先进单位、"二五"依法治市工作先进集体、文明单位，山东省中小学教师远程研修组织工作先进单位等称号。

海阳市实验中学 1978年建海阳县实验学校。1988年，筹建海阳县实验中学，1990年春启用，中学与小学分离。学校位于龙山街8号。2010年，学校有教学班33个，学生2223人，教职工178人。学校先后获山东省初中教学工作先进单位、"九五"重点课题《学科课程异步教学实验与研究》优秀实验学校，烟台市教书育人先进单位、初中外语教学改革先进单位、优秀家长学

2010年，海阳市实验中学

校、绿色学校、校本教研示范学校、“十五”教育科研工作先进单位等称号。

2010 年，海阳市新元中学

海阳市新元中学 原为海阳县榆山街学校，1984 年，建于东村镇西哲阳村。1992 年、1993 年，《中国教育报》《中国教育学刊》《教育研究》分别报道学校的德育经验。1998 年，学校规模扩大，分设海阳市红蕾小学和海阳市榆山街学校（中学）。2005 年 9 月，海阳市榆山街学校迁到方圆街道东哲阳村，改称海阳市新元中学。2009 年 8 月，原方圆街道初级中学并入。2010 年，学校有教学班 59 个，学生 3823 人，教职工 223 人。学校占地 5.18 万平方米，校舍建筑面积 2.93 万平方米，教学设施设备齐全。教育部有关领导和专家多次到学校考察，对学校德育的成功经验给予高度评价。学校先后获山东省规范化学校、素质教育先进单位、心理健康教育工作先进单位、花园式学校、绿色学校，烟台市明星学校、科普教育示范学校、初中教学示范学校、初中教学先进单位、校本教研示范学校等称号。

海阳市育才中学 1978 年，东村第一联中与第二联中合并为东村联合中学。1995 年，改称东村镇初级中学。同年，东村镇政府筹资 700 多万元在城区西南的凉山后村建新校。1996 年，迁入新校址，改称东村镇第一初级中学。2001 年，改称东村街道初级中学。2007 年，迁入龙山街 139 号原海阳四中校址。2009 年，学校改制成为市直中学，改称海阳市育才中学。2010 年，学校有教学班 23 个、学生 1267 名、教师 128 名，其中中学高级教师 26 名、中学一级教师 70 名。学校先后获烟台市规范化学校、花园式学校、教科研工作先进单位等称号。

2008 年，海阳市育才中学

第五章 特殊教育

第一节 学 校

1975 年 12 月，建海阳县聋哑学校。1976 年 3 月 1 日，正式开学招生，学制六年。因无校舍，学校附设于海阳二中。1978 年 1 月，学校迁至县城虎山街南首路西，建校舍 54 间，设立木工厂和缝纫厂，教职工 12 人，其中文化课教师 7 人。一至二年级只设文化课，三至六年级除文化课外，还设木工或缝纫等学工科。文化课教材使用县教育局编写的聋哑学校课本。办学经费由县财政负担，县民政局发放福利。学生的生活费自理，学杂费免缴。

1989 年，学校结合学生特点，制订落实《聋哑学生分年龄段德育序列化实施方案》，一年后成效显著。烟台市聋哑学校中心校、牟平、招远、蓬莱、莱州、莱阳等县（市）同类学校先后到校考察学习。1991 年秋，实行九年义务教育学制

（小学6年、初中3年），开始聋童语言训练，启动聋童学前教育。1992年，学校投资33.21万元，对校舍进行全面改造。2003年，开始实行“三免一补”（免除学杂费、课本费、住宿费，补助一定生活费）资助政策。2005年，学校试办轻度智力障碍学生康复训练班。2006年5月，改称海阳市特殊教育学校。2007年，学校迁至新元中学院内，有学生60多名、专任教师20人、员工10余人。2007—2009年，省、市投入60余万元，按照省二类标准配备教育教学、康复训练等仪器设备。学校先后获烟台市教书育人先进单位、烟台市规范化学校、山东省实践教育先进单位等称号。

第二节　教材教法

听障教育　学校采用人民教育出版社教材。课程分文化知识、活动、职业教育3大类。语文教学，重视口语学习，每节课用10分钟看口，当场评讲。课堂上的讲授和回答、日常生活中的问答力求口语化，不断强化看口能力，提高学生交往能力。数学教学，低年级加强口算训练，提高学生抽象思维能力。开设律动、手工、乒乓球、生活常识、兴趣小组等活动类课程，培养学生健身爱好，热爱生活，适应社会。

智障教育　学校开展“医教结合”实验，探索教育与康复相结合、以康复为主的特殊教育模式，提升残疾学生的知识接受能力和康复水平。康复课程目标分课程总目标和课程分目标。总目标是通过康复训练，改善学生动作、感知觉、沟通与交往、情绪与行为等方面的功能，提升注意、记忆、言语、思维、情绪等能力，促进潜能开发，为学生适应日常生活、学习活动及终身发展奠定基础；分目标包括动作、感知觉、沟通与交往、情绪与行为4个子目标。学校在深刻理解课程总目标的基础上，结合特殊儿童的实际情况对分目标进行解构，再在具体的康复训练情境中对课程标准进行重构，形成课时、单元目标，教师根据教学目标处理教学内容。实践中将各项目标进行有机结合，根据不同障碍类型的差异性，制订不同的康复训练方案，以适合特殊儿童个体发展需求。

康复课程内容根据总目标、分目标构建，分动作、感知觉、沟通与交往、情绪与行为训练4大模块。课程内容不分学段、不分等级，主要根据学生不同的发展水平和需求，贯穿于义务教育全过程，教师以课程内容为载体，评估学生的现有能力，完成教育与康复统一。

康复课程面向有康复需求的学生进行针对性训练，以教育康复训练为主，医学支持等手段为辅，专业人员参与。在相关专业人员指导下，借鉴物理、作业、言语、心理治疗等技术，因地制宜开展训练。同时与学科课程有机结合，达到“康中有教，教中有康”的目的。针对学生的残障类型、能力残存程度、身心特点等的差异，恰当选择合适的康复形式开展有效的康复活动。常用方式有个别训练、小组训练和集体教学等形式。特殊学生的发展还需做到学校、家庭、社区康复有机结合。

第六章　职业教育

第一节　中等专业教育

烟台轻工业学校　1979年3月，海阳县工业学校建立。1980年3月，转为烟台地区二轻工业学校，列入全国统一招生计划，经费、人事由烟台地区二轻工业局负责。同年秋，开设轻工机械制造专业，招生2个班，80人，学制2年。1981年秋，增设工模具设计与制造专业，招生2个班，79人，学制3年。1983年，设轻工机械制造与模具设计专业，共招生80人，学制2年。1985年，有教职员工77人，其中专任教师28人，学生299人；设工模具设计与制造、塑料模具设计与制造、轻工企业管理、轻工机械制造与模具设计等专业。1987年，招生4个班，1988年、1989年，均招生2个班；1990年，招生1个班；1991年，招生4个班；

学制均为4年。1994年、1995年，均招生4个班，学制分别为4年和3年。1997年2月，与海阳市高级职业学校合并，实行一套班子两块牌子。2010年10月，烟台二轻工业学校改称烟台轻工业学校。

海阳市职业中等专业学校　1988年8月，由海阳第十八中学改办海阳县职业中等专业学校。设电工、财会、工民建、文秘、装潢5个专业，学制两年或三年，课程分文化课和专业课。1993年，学校被确认为烟台市重点职业学校。1994年5月，学校附设海阳县职工中专。1995年，学校被确认为山东省重点职业学校。到1996年，学校共培训各类技术人员2100人次，先后与山东省经济干部管理学院、烟台制革厂等单位联合办学，累计招生近600人。1998年，学校先后与省电信公司、烟台外贸公司等单位联合办学，开设韩国语、电信寻呼等专业。1999年，减少职专招生，增加综合高中招生。2001年，学校并入烟台二轻工业学校、海阳市高级职业学校。

海阳市第二职业中等专业学校　1980年，由大阎家社办高中改为公办初中，招收1届学生。1981年，改为海阳县农业技术中学，原有2个初中班仍保留。1983年，初中部学生毕业。1985年，学校被省政府授予为四化建设培养人才先进单位称号。1988年，学校改称海阳县第一职业高级中学。1994年，改为海阳县第二职业中等专业学校。1995年，县政府及县武装部在学校附设海阳县预备役军人学校。1997年，学校开设汽修、幼师、服装、保安、财会、预备役等专业。1999年，增设特警礼仪专业和高中班。2001年，专业招生数量减少，综合高中班数量增加。2004年，与青岛机电技术学校联合办学。2007年3月，学校并入海阳市高级职业学校。

海阳市第三职业中等专业学校　学校位于凤城镇，原为海阳三中。1985年8月，改为海阳县水产技术中学，设海水和淡水养殖专业，课程分文化课和专业课，与初中同校。1987年5月，初中部迁出；6月，青岛海洋大学在学校设烟台市函授站，从烟台市各县（市、区）及青岛市部分县（市、区）招收学员，学校负责学籍、教学、住宿管理。1988年，与省城乡建设学校、烟台市第二职业中专、长岛县水产职业中专等联合办学。同年，改称海阳县第三职业高级中学。1991—1993年，学校改建、新建校舍近7000平方米。1992年11月，在学校附设海阳县成人中等专业学校。1993年春，山东省建筑工程学院在学校设立成人教育学院海阳分院。1994年5月，改为海阳县第三职业中等专业学校。至1996年，学校上挂有关行业部门和大、中专院校，横联县内相关企事业单位，采取长短班结合方式办学。至2007年，学校有学生4347人，设普通高中班和对口升学班。专业设置有计算机、烹饪等。2007年3月，学校并入海阳市高级职业学校。

海阳市第四职业中等专业学校　1982年，建立海阳县高家农业技术中学（后称海阳第二农技中）。1984年，学校征地6666.7平方米，实验基地增至3333.3平方米。1988年，学校改称海阳县第二职业高级中学。1991年秋至1993年，学校投资50余万元，改扩建校舍8000平方米。1992年起，学校先后与威海木工机械集团公司、青岛服装十一厂、烟台大都服装有限公司、威海皮件厂等单位联合办学。1994年5月，烟台市政府批准学校为海阳县第四职业中等专业学校。1998年、2000年、2003年、2004年，学校先后有143人参加对口高考，120人被录取。其中，2004年参加的67人全部被录取。2007年3月，学校并入海阳市高级职业学校。

第二节　高级职业教育

1996年4月，县政府印发《关于建设海阳高级职业学校的实施意见》，把高职建设列为海阳县1996年度十件大事之一。校址在县城驻地平顶村南。县政府设立高职建设指挥部，下设办公室，具体负责高职筹建。6月8日，第一期工程开工。8月2日，市教委拟订初步合校组建方案，将海阳第一职业中专和烟台广播电视大学海阳分校两校合一，总部设在海阳职专，挂海阳市高级职业学校牌子。10月29日，设立海阳市高级职业学校。12月底，第一期工程竣工，投资额450万元。1997年1月，海阳高职建设被市政府列为年度八件大事之一。2月22日，烟台二轻工业学校与海阳市高级职业学校合并，实行一套班子、两块牌子。12月，投入资金640万元。1998年1月，第

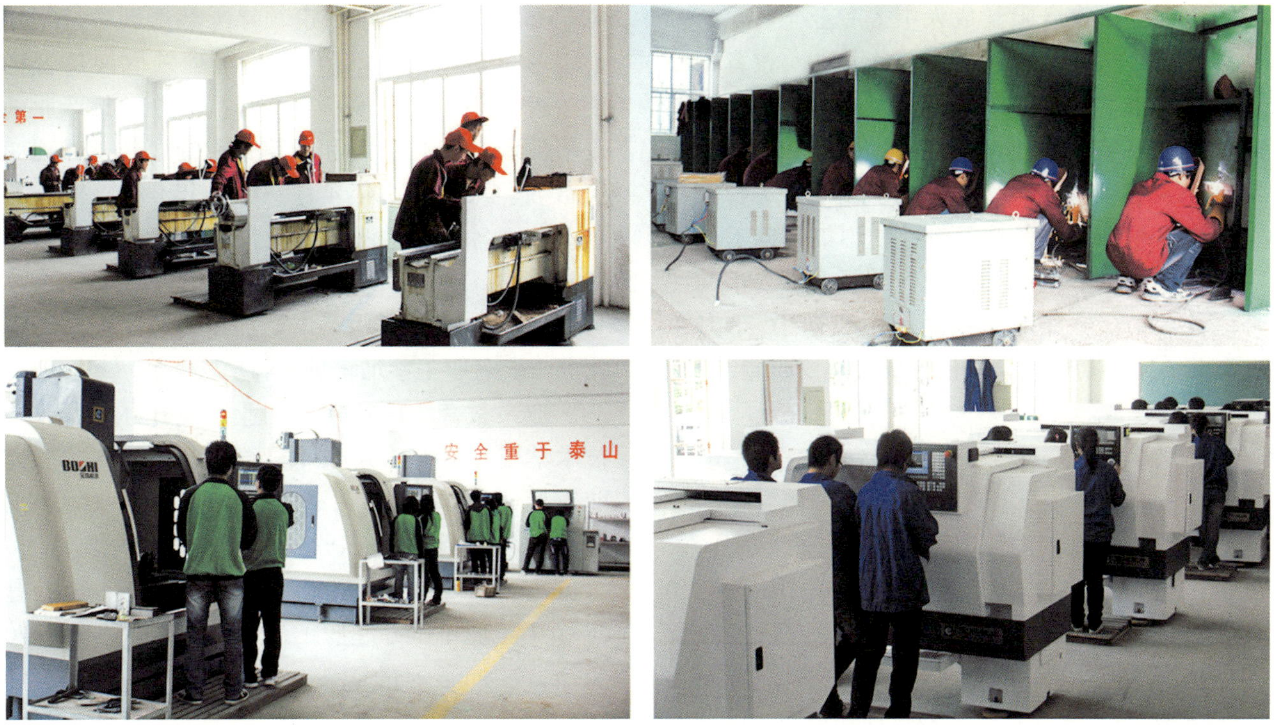

2010年，海阳市职业中等专业学校学生实训

三期工程列入海阳市1998年度重点工程之一。8月初，三期工程全部竣工。共建教学楼3幢，学生宿舍楼1幢，学生餐厅楼1幢。10月28日，烟台二轻工业学校迁入高职新校。

1999年1月7日，烟台广播电视大学海阳分校并入高职新校。10月25日，海阳市技工学校并入高职。学校占地面积由原来6.6万多平方米增至12.9万多平方米，建筑面积由原来1.5万平方米增至2.8万平方米，职工增加到210人。2001年9月13日，海阳市第一职业中专并入高职。同年，学校自筹资金156万元，建学生宿舍楼1幢。2003年，学校自筹资金350万元，建学生宿舍楼和教师办公楼各1幢。2006年1月，市政府投资800万元，建学生宿舍楼、科技实验楼、教师办公楼各1幢，9月交付使用。2007年3月8日，海阳市第二职业中专、第三职业中专、第四职业中专并入高职。2009年5月，学校被省农业厅授予阳光工程优秀基地称号；12月，被省妇女联合会授予阳光工程妇女优秀培训基地称号。2010年10月，烟台二轻工业学校改称烟台轻工业学校，海阳市高级职业学校改称海阳市职业中等专业学校。学校有教职工324人，学生2869人。对口专业设机电、计算机、财会。中专、职业中专设数控、模具、钳焊、汽修、机电、财会、酒店管理、旅游、幼师、国防教育、服装等专业。学校总投入600多万元，进行冬季取暖设施配套，供暖面积4.3万平方米。12月，学校获烟台市职业技能大赛团体三等奖。

第七章 成人教育

第一节 农民教育

中共十一届三中全会后，县委、县政府把发展职业教育和成人教育、提高劳动者素质作为振兴经济的战略措施。1985年，发城镇办起全县第1所乡镇成人中心学校。1990年年底，成立山东省农业广播电视学校海阳分校。1992年，在县第三职业中专附设海阳县成人中等专业学校。1995年，凤城、发城、泉水头3个乡镇成人教育中心学校被批准为省级示范乡镇成人教育中心学校。1996年，各乡镇全部建立起成人教育中心学校。2004年，各乡镇成人教育中心学校主要进行农村实用技术培训、送科技下乡、利用集日向农民发放科技明白纸、组织学历教育等活动。2005年3月，各乡镇成人中心学校划归中心初中，8月正式合并，中心初中教务处代行成人学校职能。

第二节　职工教育

1982年5月，海阳县设立职工教育办公室，负责全县厂矿企业职工的教育工作。1993年12月，县职工教育办公室并入县教委，职工教育工作由县教委职教科负责。至1996年，海阳县（市）职工业余教育主要开展对青壮年职工的“双补”教育、对职工的学历教育和各种应急、应需的短期培训。

“双补”教育　1982年开始，对35岁以下、“文化大革命”期间毕业的青壮年和职工开展初中文化补课；对35岁和三级工以下、“文化大革命”期间参加工作的青壮年职工进行技术补课。两项工作根据国务院指示，在规定时间内完成，简称“双补”。1985年年底，任务基本完成。全县厂矿企业单位参加文化补课总人数7800名、培训学习220余期，参加技术补课人数6600名、培训学习200余期，全部达到合格。

学历教育　1986—1994年，先后举办高中函授教育教学50余期，有2300人获高中毕业证书。1987—1993年，依托烟台市职工中等专业学校开展职工中专学历教育，共招生688人，全部合格毕业。1994年3月，经烟台市政府批准，建海阳县职工中等专业学校，附设在海阳职业中等专业学校，设企业管理和财会专业，招收296名学员。1995年，财会专业招收110名学员。

短期培训　1990年2月—1991年10月，对全县企业单位生产一线586名班组长进行岗位培训，经考试考核合格后领取岗位合格证。1990年4月—1993年10月，举办6期企业厂长、经理岗位职务培训班。经烟台市领导干部培训考核领导小组考试考核，234名厂长、经理领取岗位合格证。1992年3月—1993年2月，举办中日产业函授培训班，54名县属和乡镇企业的厂长、经理参加培训学习。1992年4月—1993年8月，对全县企业216名车间主任和工段长进行岗位培训，经考试考核合格后领取岗位合格证书。1994年3月—12月，举办实用英语培训班，海阳宾馆和电业局135名职工参加培训学习。

业余教育　1979年，工业系统开办一所业余技术学校，招收学员42名，学制原定2年，后提前毕业回原单位。3月，县总工会开办一所职工业余学校，招收80名学员学习英语，学制2年，学员达到中专水平，1980年停办。同年，全县有60余个工业单位办起职工夜校，各种学习班组70余个，参加学习的职工9000余人，职工入学率60%以上。

职工教育学校　1982年后，一些较大的行业和企业投资兴办职工学校。较有影响的有商业局、粮食局、机械厂、供销社、电业局职工学校等。职工学校主要采取定点培训、与高校联合办学等形式，对职工进行学历教育、专业技术、新职工岗前培训。职工教育学校的兴办，对提高企业管理水平、职工思想素质、业务素质和专业技能起到重要作用。后随改革不断深入、企业改制等，大多职工教育学校并、转、停。

第三节　干部教育

1978年后，机关干部业余教育逐步转变为短期培训和学历教育。短期培训主要由各部门和单位根据实际工作需要，举办业务培训班，学习时间、内容及管理办法由各办学单位自定。学历教育主要是机关干部本人报考各类高等院校的函授或高等教育自学考试。由于国家制定若干导向性的政策措施和激励机制，业余学习形式为越来越多的人所重视和接受，参加函授或高教自考的人数逐年增多。1996年，全市达到2000人左右。进入21世纪，随着机关干部学历层次的提高，参加函授和自考的逐渐减少。

第八章　教研与招生

第一节　教学研究

小学教学研究　1978年后，各校加强教学管理，县、公社设重点学校，非重点学校设重点班，大力抓好基础知识、基本技能教学。着重进行复式教学、课堂教学、作文教学和考试方法的改革，但存在片面追求升学率、加班加点、学生负担过重现象。1981年后，海阳县开始纠偏。加强教学研究，大搞教研活动，尤其是对教材的研究，强调搞好集体备课与单元备课；定期举行观摩教学，交流经验；要求各校领导深入课堂听课，同教师一道改进教学；课堂教学要求教为主导，学为主体，提倡精讲多练、讲练结合，抓好单元过关。县教研室每学期下达教研计划，规定小学每周六下午停课，进行业务研究。县教研室的各科教研员，每年拿出三分之一的时间深入课堂听课，与教师共同研究教材、改进教法，通过召开全县骨干教师座谈会、公开教学、专题讲座等形式，指导全县教学改革。1984年，开始引导学生自学，并开辟“第二课堂”，丰富学生知识，开阔学生视野。

1991年，县教研室在全县小学实施《海阳县小学语文“113工程”（1报、1刊、3分钟演讲）方案》《海阳县小学数学思路教学方案》，对语文、数学教学改革进行有益探索。8月，各年级语文考试增加听写、听记内容。1993年，一、二年级语文增加口头测试内容。1994年，《山东教育科研》第10期介绍海阳县小学语文“113工程”方案的教改经验。8月，海阳县实验小学一个三年级班进行数学“珠心算”实验。1995年8月，县教研室将“113工程”方案与烟台市教委推广的龙口市实验小学“大量读写、双轨运行”教改经验合二为一，在全县推广，同时推广数学“珠心算”实验。

90年代，小学相继开展系列达标课、系列优质课、系列创新课、素质教育等活动。1991年8月，开始实施系列达标课活动。活动分3个周期进行，每个周期1年，每周期分解为立标、学标、验收3个步骤。1994年7月，活动结束。教改实验被列入山东省“九五”重点科研项目。

1994年8月，开始实施系列优质课活动。活动分为评选优质教案、优质课、优质课教师3个系列。1996年8月，市教委制订《海阳市小学素质教育改革实验方案》，在市直小学首先推行素质教育。12月，市教研室在实验小学召开素质教育现场会，对素质教育改革模式和运行机制的构建、改革的具体操作等实质性问题进行观摩研讨，取得初步经验。

1997年8月，开始实施系列创新课活动。活动分2个周期，每个周期为评选系列创新课教案、创新课和创新课教师3项内容。系列创新课活动的开展，使课堂教学渐趋新颖独特，讲授机智灵活，教学精密高效。

1999年，教研室将1999—2000年定为“两主”（学生的主体地位、主动发展）课堂教学活动年。全市小学教师学习“两主”教育理论，开展观摩教学、观看精品录像、说课等活动，构建适合本年级、本学科“两主”课堂教学模式，深化课堂教学改革，确立学生在课堂学习中的主体地位，最大限度提高课堂教学的实效。同年，全市

1995年6月，山东省委宣传部和山东省教委在海阳召开爱国主义教育现场会

小学实施《海阳市小学诗文素养实验方案》。通过听、看、读、抄、讲、赛6条途径和诵诗会、诗文表演、诗文图展、接力赛4种活动，使诗文诵读活动做到与课堂教学、德育、审美教育相结合。2003年，新一轮基础教育课程改革全面启动，新课程师资培训工作有序展开。2004年，实施《海阳市小学教师教学档案袋评定实施方案（试行）》。教师教学档案袋的基本内容涵盖教师所有教育教学科研的过程资料、结果评价资料。2006年，开展构建"有效课堂、高效课堂"研究活动。通过说课、作业改革、小课题研究等活动，引领教师深入探索教学思路、模式、策略和方法，各学科先后构建起课堂教学的有效模式。2007年，市教研室组织实验小学、育才小学、新元小学、方圆学校、英才实验学校教学开放研讨活动，促进学校间互相学习，均衡发展，共同提高。2009年，实施《海阳市小学中青年骨干教师培养实施方案》，规范推进骨干教师培训活动，同步启动优秀学科带头人评选活动。

2010年，在二十里店镇小学召开学生学习习惯培养现场研讨会，印发《海阳市小学学生习惯养成实施方案》，要求各学校根据校情，以儿童的身心发展规律和小学生的实际发展状况为依据，围绕学生学习生活的全过程，探索小学生学习习惯养成教育的内容、方法和途径。

中学教学研究 1978年起，县、公社设重点学校，校设重点班。各校把主要精力集中于重点班，对学业优等生实行重点培养，效果显著。但同时存在加班加点、搞题海战术、讲课"满堂灌"的倾向，学生负担过重。有的学校一度忽视学生全面发展，造成学生高分低能的现象。

1981年后，海阳县为教育纠偏，着力抓教学工作改革。1982年，县教育局利用寒假，组织全县学校领导干部集中学习中共十一届六中全会关于教育方针的论述；秋假组织教师学习教育理论和各科教学大纲。在全县教师中掀起"研究大纲、吃透大纲"的热潮。县教育局订购有关教育教学书籍，县教研室选编部分教育理论学习资料发到各校，组织教师学习。1982年后，狠抓教学仪器的配套、管理和使用，购置与自制相结合，专门举办自制教具讲习班，发动全县教师自制教具5000多件。全县80%的学校教学仪器达到部颁三类标准；乡镇中心小学、中心初中基本达到部颁二类标准。县教研室组织教研员深入学校，同学校领导、教师一道，开展教学研究和实验。1984年，尝试推行"六课型单元教学法"，引导学生自学，调动学生学习的积极性。各校还重视开辟"第二课堂"，成立课外学习研究小组，建立阅览室、游艺室，组织学生开展丰富多彩的课外活动。1990年，试行以"校长聘任制、教职工核编定员聘任制、经费总额包干制"等为主要内容的教育内部改革。1991年，全县中学教育教学开始进行系列改革，初中、高中分别实施基础年级语文"115工程"（1报、1刊、5分钟演讲）、"113工程"（1报、1刊、3分钟演讲）、高中"两轮三段"复习法研究、初四分流和会考制度改革，其他学科进行不同方式的教学改革。8月，全县中学开展系列达标课活动。1994年，系列达标课活动结束，全县中学开始开展系列优质课活动。

1996年，全市开始开展系列创新课活动。系列创新课的开展，使海阳市系列达标课的发展成为一个完整的提高教师队伍素质的系统工程。"三个系列"活动的开展取得明显成效。1993—1996年，海阳高考成绩连续4年列烟台市第一名，高中会考成绩居全省领先水平。"三个系列"活动得到省内外专家和领导的肯定。国家教委副主任、国家教委总督学柳斌对系列达标课活动给予高度评价，为海阳教研室题词：提高教师素质是提高国民素质的根本。1995年12月，山东省"八五"教育科学规划专题组到海阳对活动成果进行论证，认为活动"在继承我国传统的教师继续教育经验的基础上，开创了一条比较科学实用的教师继续教育的有效途径，具有中国特色，值得广泛借鉴和推广"。《山东教育报》《山东教育》《山东教育科研》《中国教育学刊》《中国教育报》相继报道和介绍这一教改经验。1996年8月，活动以《县区中小学教师整体素质提高方略的研究》为题，列入山东省教育科学"九五"规划重点研究课题。

1997年春，市教研室开始在试点校进行张思中外语教学法实验；秋季，将实验推广至各初中。同年，全市初中实施语文“大量读写，双轨运行”（双轨运行，指课内、课外相结合）教学改革实验，促进了全市初中语文教学质量的提高。2001年，为适应山东省推行的“3+X”高考模式，市教研室组织各科教研员到外地学习考察。同时结合高中教学的实际情况，进行学科教学专题分析研究，调整教学思路，改革课堂教学，以适应新高考模式提出的新要求。2003年，新一轮基础教育课程改革全面启动。市教研室按照基础教育课程的标准和方法，在全市中学推进新课程师资培训工作。2004年，全市中学推行实施教师教学档案袋评定管理。全市初、高中教师的业务教学评定工作趋于规范、科学，教师的教学积极性得到提高。2006年，海阳市中学开展构建“有效课堂、高效课堂”研究活动，引领教师探索教学思路、模式、策略和方法。为提升教师的专业水平，提高课堂教学效率，市教研室印发《海阳市初中加强集体备课的实施意见》。2007年，高中各科教研员深入研究山东省高考“3+X+1”新模式，通过分析研究，调整教学思路，形成科学实用的教学策略。

第二节　观察与实验

1978年，开始重视教学改革及教育科研工作。先后进行复式教学、课堂教学、作文教学和考试方法等改革，取得一定成效。80年代，确立以科研为先导，以效益为中心的理念，加大教育科研力度。1985年，提出以培养“四有”（有理想、有道德、有纪律、有文化）新人为目标，以“五爱”（爱祖国、爱人民、爱党、爱社会主义、爱劳动）教育为重点，以序列化为特点的思想道德序列化教育实验，中小学德育工作逐步走上科学化、规范化和社会化道路。1986年，在实验学校、二轻幼儿园联合开展“一条龙”整体教改实验。“一条龙”整体教改实验，包括幼儿教育、小学教育和初中教育3个学段，实验以解决幼小、小中衔接和小学三年级、初中二年级2个严重分化点为突破口，以拓宽知识，发展智能，促进学生德、智、体、美、劳全面发展，大面积提高教学质量为实验目标。1989年，在中小学进行“目标责任制、成绩考核制、优劣奖惩制”三位一体的管理机制研究。

90年代，确立“靠科研上水平”的科研思路，开展的教育科研活动主要有中小学语文听说读写“113”和“115”工程、数学思路教学、英语“张思中教学法”、初中语文“大量读写，双轨运行”、小学诗文素养、中小学教师继续教育机制与模式研究、系列达标课、系列优质课、系列创新课等。1992年、1993年，国家教委、省教委2次到海阳考察教育工作，专家认为海阳的思想道德序列化教育实验是“德育领域里的新探索、新思想、新建树、新典范”。1996年12月，九年义务教育学校理想、道德、纪律教育序列的实验与研究，列入全国教育科学“九五”规划研究课题。2000年，《中小学教师继续教育机制与模式研究》通过专家鉴定，其实践性、普遍性、实效性在全国同类课题中处于领先水平。

2002年，海阳市第一中学实验室

2001年起，结合新课程改革，先后进行教师教学档案袋、集体备课、教学模式、作业设置、小组合作学习、差异教学等教学改革实验，重点进行新课程师资培训的模式研究、构建“有效课堂、高效课堂”研究和小课题研究。2003年，《新课程师资培训的模式研究》，被全国教育科学“十五”规划重点课题《新课程师资培训策略与有效模式研究与实验》总课题组列为子课题。2006—2008年，市教体局先后出台指导意见，明确“整体构想、分段实施、学科推进”的工作思路，确定评估“构建有效课堂、高效课堂”研究活动的基本标准，提出推行“导学法”的具体要求。2008年，市教体局出台《关于加强小课题研究的指导意见》，倡导教师围绕“有效课堂、高效课堂”构建选择研究题目，切实解决课堂教学中的真实问题，提高课堂实效。10月，市教体局举办小课题优秀成果推介会，组织学校、教师交流经验，展示课题研究成果，达到科研成果资源共享的目的。至2010年，全市共立项小课题1440项，其中822项通过结题鉴定。小课题研究取得丰硕成果，在省内外产生一定影响。

第三节 招 生

1974—1976年，全县高、初中招生采取“自愿报名，群众推荐，联中评议，高中审查，公社领导小组批准”的办法。1977年，招生制度改革。1978年后，高等学校招生，文化考试实行全国统一命题，统一考试时间。高考录取新生分本科、专科、中专。1979年，高校招生进一步改革，考试科目增加外语、试卷集中到省统一审阅、向考生公布考试成绩和体检标准。1981年开始，大、中专招生实行预选，地区分配名额，县统一命题、阅卷和组织考试，预选严格执行择优录取的原则。1983年后，高等院校的部分专业实行定向招生的方法。1990年后，高等院校扩大定向招生名额，专科学校基本上定向招生、定向分配。在恢复大、中专院校招生制度的同时，小学毕业生直升初中就读。高中招生采用文化考试择优录取的方法，由县或烟台市统一命题，划片组织考试，县统一组织阅卷、评分、录取新生。1996—2000年，招生制度改革，山东省高考录取新生使用标准分。1998年，初中、中专、重点高中（含重点班）招生与教育评估结果挂钩，在市下达的招生计划内，根据教育评估结果，按一定比例将中考招生名额分配到各乡镇、各直属初中。在普通高中、职业中专（高中）招生录取时，对音、体、美、计算机、科技等有特长的学生给予适当照顾。1999年，高中招生继续采取与评估结果挂钩，普通中师指标不再参与中考挂钩。1999年前，省教育厅在部分高校招收部分专业的职业学校学生到高校深造。招生方式为就读学校推荐、招生学校命题考试，择优录取。1999年后，职业学校学生参加全省职业学校对口升学考试。招生方式为中等专业学校开设的专业，可以对口报考上一级专、本科相同专业门类，择优录取。

2003年，普通高中招生的部分名额与教育评估结果挂钩，在市下达的招生计划内，根据教育评估结果和初中毕业生人数，按照普通高中招生指标择优录取。初中应届毕业生根据规定和个人学习情况，自愿选报普通高中、普通中专、职业中专、职业高中志愿。对音、体、美、计算机、英语等级考试、科技等有特长及学科竞赛获优胜奖的学生，在普通高中录取时，按规定给予加分录取。

2010年，高中招生实行以基础素养评价结果和学业考试成绩为依据录取新生，将公办普通高中招生指标分配到初中，实行划片招生。继续实施普通高中学校自主招生，继续实施特长加分政策和优惠政策。“择校生”，其招生对象为未被各公办普通高中正式录取的学生，按考生志愿从高分到低分依次录取。民办学校在市教体局的指导下，按批准的招生计划自主招生。

第四节 升 学

1977年恢复招生制度后，升入大、中专院校的学生逐年增多。1993—1996年，海阳连续4年升学率居烟台市各县（市、区）之首。2000年，海阳市高考本科上线绝对数、升学率、万人比、优等生数及高考各科平均分等5项指标，均居烟台市第一名，理科平均分居全省第一名。2001—2010年，全市高考均位居烟台市前列。

1978—2007 年海阳市升入大、中专院校学生情况表

表 27-8-1　　　　单位：人

年份	合计	本科	专科	中专	备注	年份	合计	本科	专科	中专	备注
1978	700	—	238	462	—	1993	1149	532	526	91	
1979	438	—	174	264	—	1994	1054	558	420	76	不含小中专
1980	270	—	145	125	小中专 80	1995	1115	580	451	84	
1981	473	—	244	229	小中专 26	1996	1826	668	682	474	有 2 人推荐升入大学（含小中专）
1982	493	—	258	235	小中专 109	1997	856	600	256		—
1983	697	—	441	256	小中专 107	1998	899	606	293		“五四”改制，考生人数减半
1984	533	—	332	201	小中专 112	1999	1055	612	443		“五四”改制，考生人数减半
1985	736	—	436	300	小中专 173	2000	1666	1122	544		—
1986	342	—	272	70		2001	2130	1257	873	—	—
1987	380	—	320	60		2002	2248	1221	1027	—	—
1988	448	—	362	86		2003	2294	1275	1019	—	—
1989	349	—	316	33	不含小中专	2004	2862	1339	1523	—	—
1990	412	—	372	40		2005	2859	1067	1792	—	—
1991	460	—	419	41		2006	3167	2012	1155	—	—
1992	660	360	242	58		2007	3154	1393	1761	—	—

说明：1978—1991 年，专科数含本科；2008 年开始，省教育厅不再对外公布考生高考成绩

第九章 教 师

第一节 来源与编制

1977 年，全县教师数量为中华人民共和国成立初期的 13 倍。1978 年后，公办教师主要来源于大中专毕业生、民办教师转正、退休教师子女顶替、社会招收和社来社去转正等。1988 年实行职称评定，每年分配的大中专毕业生，一年见习期满都要由各单位进行工作总结，形成书面材料。根据毕业生一年的政治思想及业务工作表现，给每个人写出考核鉴定意见，并填写《高（中）等学校毕业生见习期考核鉴定表》《见习期满后定级审批表》等材料报送县人事局审批定级。2001 年 10 月—2002 年 1 月，

2000 年，海阳市教师进修学校

根据省教育厅《关于全面实施教师资格制度的通知》，全市完成首次教师资格认定工作。对合格的教师颁发教育部统一印制的“教师资格证书”。2002 年前，40 周岁以下的民办教师，根据烟台市教委、计委、人事局等 5 部门联合印发的《关于做好中等师范学校招收民办教师工作的通知》精神进行考试。通过考试，全市 283 名民办教师被选拔到海阳教师进修学校学习，2002 年毕业后转为公办教师，享受同等公办教师的待遇。12 月，40 岁以上的民办教师全部转为公办教师。其后，教师来源主要是招聘专科以上师范类院校毕业的大学生。

1978—2010 年海阳市教师来源一览表

表 27-9-1　　单位：人

年份	合计	国家分配与招聘				民办教师转正	退休教师的子女顶替	其他
		研究生	本科	专科	中师			
1978	169	—	—	—	—	93	76	—
1979	26	—	—	—	—	—	26	—
1980	442	—	—	58	165	—	200	19
1981	317	—	—	26	103	—	159	29
1982	14	—	—	—	—	—	14	—
1983	216	—	—	66	122	—	28	—
1984	107	—	—	26	77	—	4	—
1985	136	—	—	27	109	—	—	—
1986	142	—	—	40	102	—	—	—
1987	208	—	—	83	125	—	—	—
1988	256	—	—	83	173	—	—	—
1989	265	—	—	105	160	—	—	—
1990	227	—	—	72	155	—	—	—
1991	264	—	—	106	158	—		—
1992	331	—	—	97	136	—	98	—
1993	198	—	—	147	51	—		—
1994	404	—	—	149	109	52	94	—
1995	321	—	—	168	111	42		—
1996	620	—	—	99	122	44	355	—
1997	—	—	—	—	—	—	—	—
1998	203	—	20	49	134	—	—	—
1999	187	—	13	106	68	—	—	—
2000 2001	65	—	34	31	—	—	—	—
2002	948	—	—	—	283	665	—	—
2003	59	—	59	—	—	—	—	—
2004	63	—	63	—	—	—	—	—
2005	40	—	39	1	—	—	—	—
2006	10	—	10	—	—	—	—	—
2007	58	1	47	10	—	—	—	—
2008	40	2	18	20	—	—	—	—
2009	30	2	16	12	—	—	—	—
2010	55	5	40	10	—	—	—	—

第二节　教师待遇

政治待遇　中共十一届三中全会后，海阳县认真贯彻落实党对知识分子政策，为提高教师的政治地位做了大量工作。一批优秀教职工先后被选为省、烟台市、海阳市（县）党代会代表、人大代表和政协委员。有的担任海阳市（县）人大常委会委员、副主任和市（县）政协常委、副主席等职务。一大批知识分子被吸收为中国共产党党员。1994 年 4 月，教育系统 1 人出席中共烟台市第八次代表大会。1996 年，全市 4804 名中小学公办教职工中，有中共党员 1481 名，占教职工总数 30.8%。1978—2008 年，市教育系统 256 人次被选为海阳市（县）人大代表，5 人被选为海阳市（县）人大常委会委员，2 人被选为海阳市（县）人大常委会副主任；127 人次被选为海阳市（县）政协委员，17 人次被选为海阳市（县）政协常委，2 人被选为海阳市（县）政协副主席；19 人次被选为烟台市人大代表，10 人次被选为烟台市政协委员，2 人次被选为省人大代表。

荣誉称号　1979—2010 年，海阳市（县）12

名教师晋升为特级教师。1982—2009年，全市有526名教师获烟台市劳动模范、优秀教师、优秀班主任、优秀教育工作者、教学能手、优秀少先队辅导员等称号。1983—2010年，全市有85名教师获山东省优秀教师、优秀教育工作者、优秀班主任、优秀少先队辅导员等称号。1983年5月，全县976名教师获全国少年儿童工作协调委员会颁发的25年以上教龄教师“园丁荣誉纪念章”。1983—2009年，全市（县）有21人被评为全国优秀班主任、教育系统劳动模范、优秀教师、优秀教育工作者、模范教师。

经济待遇　中共十一届三中全会后，着手改善教职工居住条件，解决教师夫妻两地分居问题，办理民办教师转正，提高教师经济待遇。1978年，93名民办教师转为正式教师。教师工资进行调整，教育系统实行增收节支奖，分全年12元、8元、5元三等。冬天发给个人取暖费12元（1993年增至24元）。12月，全县中小学48名教职工升级，人均月增加工资6元。1979年，增收节支奖改为每人每月5元，每年60元。每月发给公办教师男2元、女2.5元的洗理费。11月，国家发给公办教师每人每月副食品补贴5元，民办教师每人每月2.5元。公办教师实行班主任津贴。民办教师的补助费不变，小学每月13元，联中每月16元，但都改为每月交大队6元记工付酬。是月，全县教育系统再次大幅度工资升级。升级面按40%计算，全县1159名中小学教职工升级。

1980年开始，每年夏天发给教师每人12元防暑费。1981年10月，为1978年年底前参加工作的中小学教职工普调一级工资。全县2353人在调资范围，实际升级2370人。其中574名教职工升两级工资。1982年1月，国家增加民办教师补助费，小学教师每人每月16.50元，联中教师每人每月19.50元，并强调各大队要按略高于同等劳动力及男女教师同工同酬原则给民办教师记工分。10月，83名大中专毕业生，根据学历及工作年限升两级工资。1983年，民办教师工资除国家补助外，其余部分，小学改由所在大队支付，联中则由公社或联中片筹集。教师工资标准，各公社各大队不强求划一，有的分三等，有的分四等，连同国家补助部分在内，低的每月40元左右，高的60元左右，中等一般在50元上下。10月，教育系统对118名特殊工种人员（炊事员）提高一级工资。1984年，增收节支奖提高到每人每月12元。6月，30多名小教三级、中教五级教师办理家属农转非。后又陆续为一批符合条件的教师解决农转非问题。11月，洗理费提高到男4元、女5元。是月，国家开始发给公办教师书报费，具有大专学历、教龄18年以上的教师每月5元，其余4元。此外，教师还享受劳动保险。身体有病者，经医院检查证明可提前病休，按规定发给退休金。1985年，全县公办中小学3046名教师增加一级工资。

1992—1996年，全县547名民办教师转为正式教师。1993年，工资制度改革，全县在职公办中小学教师4628人普遍增加工资。离、退休831人增加工资。1996年1月，全县公办中小学教师4424人增加一级工资。离、退休1140人增加工资。1998年6月，教师工资按照月人均约20元的增资幅度标准执行。1999年7月1日，全市教师工资按人均月增资约120元的幅度调整。2001年1月1日，全市教师工资标准按人均月增资约100元的幅度调整。10月1日，全市教师工资标准按人均月增资约80元的幅度调整。2002年，民办教师全部转为公办教师。2003年7月1日，调整全市教师工资标准，人均提高工资标准约50元。2007年，对中小学教师和离、退休教师工资结构和构成进行重新调整。教师编制每年考核合格以上增长一个薪级档次。新的工资标准自2006年7月开始执行。2010年，为参加2007年工资制度改革中符合条件的教师落实基本工资增加10%。

第三节　教师管理

三位一体管理机制　1989年，开始建立中小学教师考核评价制度。至1994年，教师管理考核实行“目标责任制、成绩考核制、优劣奖惩制”三位一体管理机制。1995—1997年，分系列、分层次实施中小学考核评价。1997年后，实施与素质教育相适应的中小学教师考核评价机制，建立教师目标责任制考核和职业道德考核相结合的管理机制。

职称评聘 1982年，海阳县开始对中专教师进行业务职称评定。1988年8月，全县教师业务职称评定全面展开。1992年，专业技术职务评聘工作转入正常化后，全县评审的专业技术职务均未聘任。县委、县政府对所涉人员的专业技术职务聘任及聘任后的工资福利待遇等作出规定：凡属1992年度的指标，1993年批准晋升的专业技术职务，其任职资格自1992年12月起有效，聘任时间确定为1993年12月，聘任后的工资福利待遇均从1994年1月起执行；凡属1993年度的指标，1994年批准晋升的专业技术职务，其任职资格自批准之日起有效，聘任时间从1994年12月算起，聘任后的工资福利待遇自1995年1月起兑现；1994年度以后评审的专业技术职务的任职资格时间、聘任时间及享受工资福利待遇时间，均按市（县）人事部门相关文件执行；对在评审期间办理离、退休手续，并取得专业技术职务任职资格的专业技术人员，可按其现有专业技术职务对应的离、退休人员的工资福利待遇计算离、退休费，执行时间与在职人员相同。

2000年11月，全市教育系统专业技术职务岗位竞争评聘分开。被聘、降聘、落聘、解聘人员工资待遇按照人事部门有关规定执行。

1988—2010年部分年份海阳市教师职称情况表

表27-9-2　　　　单位：人

年份	高级	中级	初级	年份	高级	中级	初级
1988	41	745	5207	2001	75	226	98
1992	38	938	1107	2002	123	442	49
1993	89	400	220	2003	103	436	198
1994	10	160	432	2004	72	402	165
1995	15	112	205	2005	76	324	102
1996	2	166	327	2006	82	311	2
1997	11	201	210	2007	57	238	100
1998	44	200	236	2008	50	154	91
1999	49	193	205	2009	55	133	57
2000	43	196	168	2010	65	69	80

第四节　培　训

1978年后，学校工作重点转移到提高教育质量上。1981年，撤销海阳师范学校，改称教师进修学校，负责全县初中、小学、幼儿教师的培训与函授业务。在各公社设师训站，配备专职干部和辅导教师，组织教师过好教材教法关。1980年，制定《中小学教师称职条件》，并采取多种措施，全县教师称职情况明显好转。后将考核标准由原来的称职、基本称职、不称职修改为优秀、称职、基本称职、不称职。80年代，通过在职进修、离职短训、举办各种学习班、函授、广播电视等多种形式的培训学习，教师的业务能力有较大提高，学历层次相应递进。1987年起，海阳教师进修学校先后开设卫电专科、音像本科、小学教师教育专业高教自考等辅导学习班。1991年，制定《小学校长岗位职务培训规划》《中小学干部培训暂行规定》，通过自学、函授、进修等形式进行中小学干部培训。制定和实施《中小学教师培训暂行规定》和《中小学师训工作评估标准》，做好小学教师学历教育向继续教育培训的转变，尽快解决初中教师学历达标和专业合格的问题。至1992年，海阳县教师进修学校卫电专科800余人通过考试获得相应学历，音像本科238人毕业。同年，全县小学干部每人轮训一次，脱产进修14

人、高师函授100人、教师岗位合格培训5人。1994年，全县小学教师推广普通话工作，1531人领到合格证；2200人参加小学教师继续教育结业。1995年，全县参加自学考试的教师近1万人次，其中400余人通过考试取得相应学历。1996年，学校教育教学重点由学历教育转向学历后继续教育。1997年，培训骨干教师、微机教师、幼儿教师1600余人次。1998—2000年，对中小学校长及教师进行培训。2000—2006年，对1800余名中小学中青年干部、信息技术教师，小学音、体、美教师进行培训。

2003年4月，海阳市被教育部民族贫困地区中小学教师综合素质培训项目领导小组和中央教科所“新课程师资培训”课题组，列为课题直属实验区。全市新一轮基础教育课程改革教师培训工作启动。2004年4月，在市教师进修学校，利用每周双休日对全市教委主任、中小学校长，进行为期12天的信息技术培训。2009年12月—2010年5月，利用双休日集中进行班主任全员培训。全市开设6个教学点，学员就近参训。开设公共理论课和班主任技能课，1027名班主任参加培训。

第十章　设施建设管理

第一节　校舍建设与管理

农村中小学校舍改造　1979年，县委、县政府作出《关于加强和改革农村学校教育几个问题的决定》，组织人员对全县农村中小学进行全面调查摸底，制定农村中小学校舍改造总体规划，决定校改工作分三步走：1980—1981年，全县重点解决危房子、黑屋子、土台子问题；1982—1984年，全县重点解决校舍配套问题；1985—1987年，全县结合中小学布局的合理调整，重点解决校舍标准化、正规化问题。同时，通过增加财政投资、办学单位投资，以及受益单位出钱、投工、献料和勤工俭学收入等多渠道筹集资金用于校舍改造。至1987年，全县投入校改资金2036万元。新建校舍2721间，改建校舍5189间，砌院墙51440米，新建厕所1626间，扩建操场17.03万平方米，新购置课桌凳9176套（单人套）。全县完成“六配套”（大门、院墙、厕所、操场、校舍、课桌凳）任务的学校598所，占全县农村中小学总数的95.4%。

公办中小学校舍改造　1988年，县委、县政府决定于1993年全面完成全县城镇中小学校改任务。县政府成立校改领导小组，县长、副县长深入学校，联点包校，现场办公。1992年，县政府把城镇校改列入全县要办的十件实事之一。1989年、1991年、1992年，县政府连续发文，将集资渠道增加到13条。1993年6月，海阳县完成城镇中小学校改任务（海阳四中、海阳七中未参加校改）。全县共投入资金3011万元，征用土地5.4万平方米，新建楼房4万平方米、平房2.4万平方米，改建平房2.3万平方米，新建院墙3800米、车棚4000平方米、景点50个。全县公办中小学校均达到“十配套”（校舍、大门、院墙、厕所、操场、课桌凳、仪器设备、图书资料、教职工学生宿舍、校园绿化美化）标准。8月，经烟台市政府检查验收，海阳县城镇校改质量达标，名列烟台市第一。校改中，广大师生自力更生，艰苦奋斗，自筹建筑材料，自己动手美化、绿化、硬化校园，共投入义务工12万个，搬运土石6.4万立方米，节约资金600多万元。至1994年，220所学校获烟台市花园式学校称号。

1996年，海阳市高级职业学校一期工程竣工，建筑面积2453平方米。7月，由团市委牵头、市教委协助，通过共青团烟台市委，争取烟台市“希望工程”基金会无偿捐资20万元，建中村希望小学。1999—2000年，共投入162万元用于幼儿园建设，改善办园条件；投入300万元，用于中小学建设。2001年，争取烟台市改造薄弱学校专项补助10万元，争取中央和省中小学危房改造补助款110万元，争取高职建设专项资金30万元。2002年4月，全面实施校舍危房改造工程，至年底，对全市中小学校、幼儿园的校舍进行彻底普查、鉴定、维修，共筹措危改资金1370.43万元，完成改造面积11.19万平方米。2003年，争取中央、省专项资金70万元，用于学校危房改造和高职重点专业建设。12月，海阳市召开中小学危房改造总结表彰会议，表彰52个优秀单位和69名先进个人。至2004年，学校危房改造任务基本完成，共完成改造面积12.30万平方米，投入资金1482.73万元。2005年3月，新元中学新校开工建设，2006年9月陆续投入使用，建筑面积3.58万平方米，投资6100万元。2006年4月，海阳一中新校开工建设，2007年11月陆续投入使用，建筑面积9.18万平方米，投资1.2亿元。

其他项目建设　2007年4月，辛安镇明德小学开工建设，台湾台塑集团捐资45万元，地方配套资金54.06万元，建筑面积1536.41平方米，11月竣工。是月，新元中学食堂开工建设，建筑面积3795.65平方米，投资346.2万元，12月竣工。6月，新元中学宿舍楼开工建设，建筑面积3980平方米，投资266万元，12月竣工。8月，在四中院内扩建二层食堂餐厅楼，投资91.85万元，建筑面积1435.26平方米，翌年6月竣工并投入使用。11月，在新元小学投资165万元，新建2760.87平方米教学楼1幢，翌年6月竣工。11月10日，海阳一中富尔达设备安装及井网工程开工建设，投资1000万元，12月竣工。是日，海阳一中实验室、体育设施及其他配套设施开始建设安装，投资249万元。

2007—2008年，海阳市争取上级财政资金380万元，校舍建筑总面积1.05万平方米，投资861万元。2009年，校安工程新建3个项目以及校舍维修改造，校舍建筑总面积4.18万平方米，投资1425.08万元。2010年，校安工程新建23个项目以及附属设施建设，校舍建筑面积3.92万平方米，投资4474.5万元。

校产管理　1994年，全县中小学校舍设施开始步入规范管理轨道。各乡镇教委、中小学分别建立校舍档案、设立固定资产账卡管理员，县教委对所有校产进行清查、登记，一物一卡。全县共建立校舍档案2400多卷，固定资产账簿4000多套，另设固定资产卡片。1996年年初，在部分乡镇、学校进行校产微机管理试点，年底在全市中小学全面普及。2001年，全市中小学校舍进行全面清理定级，共勘查出危房5.11万平方米。对查出的危房，实行分片包干制，定期调度，巡回督查。至12月，全市共维修学校危房1.83万平方米，完成规划面积的63.99%；新建校舍1.06万平方米，完成规划面积的45.46%。

2009年，市教体局联合市规划局、国土局、房管局、水利局、地震局、安监局、消防大队、气象局、电业局等10个部门，抽调人员组成3个排查组，对全市各级各类学校、幼儿园的校舍场址安全、防洪安全、校舍建筑安全、附属设施（厕所、院墙、水塔、水井、车棚）安全及用电线路、消防设施、防雷设施等逐一进行排查。排查学校187处，排查校舍面积60.06万平方米。同时，建立中小学校舍安全工程档案室，对全市187处学校、幼儿园的校舍排查鉴定报告进行整理归档并形成电子档案材料。对所有建设项目从设计、审批、立项、施工、监理、质监、验收等全过程实施立卷建档，并建立电子档案，保存各建设项目施工关键点的影像资料。

第二节　教学设施

1978年前，教学设备缺乏，主要是学校教师自制的部分教具。1978年后，县教研室电教组每年按3万元的教学仪器经费做出所需仪器设备计划，上报烟台地区教学仪器站，由烟台地区教学

2003年，海阳市第二中学微机室

仪器站按计划下发到各学校。1983年，组织人员对全县138所初中和17所高中的教学仪器进行普查登记，对各学校进行调配。1991年，县教研室教学仪器站放映教学录像38场次，发放教学仪器4463件，计3.15万元。35所学校仪器配备达到国家二类以上标准。1995年，职业中专投资近30万元新建微机室、电子线路实验室。郭城、南城阳、盘石店、赵疃、大山所5处乡镇新安装电教设施。是年起，每年将教育附加费的10%用于乡镇学校改善教学仪器设备，每年投资约40万元。1996—1997年，为学校配备大量书写投影仪和银幕。1999年，投入60万元购置彩色电视机、录放机，加强音像备课中心建设。2003年9月，投资84.3万元，在市教体局建起中心网站，设立网络教研室、多媒体会议室和网络控制中心。10月，对校园网建设进行整体规划并进行招标。学校建起校园网，基本实现校校上网、校校联网。12月，争取省教育出版社价值60万元图书和烟台浪潮LG集团电脑10台，用于改善办学条件。2006年1月，投资320万元采购微机1000台投放到学校。9月，投资100余万元的教育资源库安装调试完毕；投资近200万元，购置微机500台投放到学校，基本满足学校教学需求。

2007年，实施农村中小学现代远程教育工程，投资55万元为46所学校购买投影机、视频展台、电视机等。6月，实现全市信息网络骨干链路改造，投资61万元，形成全市千兆光纤到学校。2009年6月，采购1340台笔记本电脑，发放至海阳一中、育才中学等10所学校。投资40多万元建设视频会议演播室。8月，市教体局建立网络演播室，购买演播车，实现会议、课堂适时网上传输。9月，投资44.5万元，采购网上阅卷系统。是月，烟台市教育局在海阳市育才小学进行“班班通”建设试点，购买短焦投影机、视频展台及电脑等27套。10月，完成高考网上阅卷系统设备安装、验收及使用工作。12月，采购“班班通”设备370套，海阳一中等8所学校实现“班班通”。

2010年，老师用“班班通”设备授课

2010年8月，投资240万元，采购268套“班班通”设备，安装到市内28所学校；投资669.5万元，为全市学科教师采购1926台笔记本电脑、300台台式电脑。9月，投资125万元，升级改造市教体局网络中心设备并完成新元中学校园网建设。10月，完成新元中学等12所学校的教学仪器更新任务，并补充漏缺仪器、配备仪器柜334个。11月，投资130.5万元，在海阳一中新建2个高中通用技术教室和6个高中数字探究实验室，并补充58万元的教学仪器。12月，42所农村中小学教学仪器更新工程项目学校通过烟台市验收。

第十一章　教育行政管理

第一节　教育发展规划

规划　1979年，县委、县政府制定农村中小学校舍改造总体规划，加大校舍改造的力度。1982年，县教育局制订初步的学校压缩调整方案。小学从联中分出，两年内完成初中的压缩调整和小学管理体制改革。1988年，调整17所高中为8所，改办3所职业中学，全县每个乡镇建立起1所成人教育中心，82所初中改办为49所，建立132所学区小学。按“三教一体”（普通教育、职业教育、成人教育）的改革方案，控制普通高中的招生数量，适当增加职业高中的在校生比例。在大辛家镇中心初中和辛安乡中心初中进行“五四”改制实验和“十五”规划试点。在全县中小学实行“分级办学、分级管理”的教育体制，把基础教育的管理权下放到乡镇村。在学校逐步实行校长负责制。

1991年，制定《小学校长岗位职务培训规划》，通过自学、函授、进修等形式进行培训；小学教师学历教育向继续教育转移；初中重点解决教师学历达标和专业合格问题。1994年9月，教育内部管理体制改革，根据“分级办学、分工管理”的原则，进一步理顺和完善乡镇教育行政管理体制，对乡镇教育委员会进行充实，加强对农村中小学的管理；从实际出发，实行联村办学，合校并班，逐步取消复式班，科学合理调整中小学布局；在全县推行以“校长聘任负责制、教职工核编定员聘任制、全员岗位目标责任制、经费总额包干制、校内结构工资制”为主要内容的“五制”改革。自1996年起，全市主要围绕素质教育改革，加强薄弱学校和教师队伍建设。在市直小学选点进行素质教育改革试验，三年时间在全市小学段全面铺开。实行“三制一管两提高”（改革学生考试制度、教师考核制度、学校评价制度；实行课程计划刚性化管理；提高课堂教学的质量和效益，提高校长、教师的水平），注重“三个发展”（全体学生的发展、每个学生的全面发展、学生生动活泼主动发展），把“三个发展”作为评价素质教育成效的根本标准。学前教育建立以事业单位和村办学为主、政府和个人办学为辅的体制，在农村，乡镇集中办好1所示范性中心幼儿园，实现“大村独立办园，小村联合办园”。建立民办教育和私人办学规范。采取“手拉手”“结对子”及重点扶持等方式，重点加强薄弱村小和薄弱初中的改造和管理。发挥教师进修学校培训基地作用，开展计算机等学科教师的知识补偿培训和幼师及音、美专业教师技能技巧更新培训，加强与烟台师院合作办学，在海阳设置专科学历教育培训点，为教师接受学历提高教育提供便利条件。

建立目标明确、评价机制健全、运行机制完善、教育思想内容和认识水平先进的中小学素质教育体系；开展“十一五”重点课题的实验与研究；用科学理论指导教学实践，完成新课程改革实验。改革教育投资体制，建立与公共财政体制相适应的教育投入制度，进一步完善“以县为主”教育经费保障机制；拓宽教育经费筹措渠道，支持民间资金进入教育投资领域，建立多元化筹融资办学机制；完善政府和社会资助家庭困难学生的制度；调整学校布局，优化教育结构；坚持“积极鼓励，大力支持，正确引导，依法管理”的方针，积极鼓励支持社会力量采取多种形式办学，促进民办教育持续、健康发展；充分利用教育网等现代化信息技术和资源，建设现代化教育网络体系，按现代教育技术装备标准，健全专用教室，逐步实现“班班通”；建立和完善学校、幼儿园安全工作领导机制、资金保障机制和安全工作考核机制，加大学校、幼儿园安全隐患的整改力度，使学校、幼儿园达到无安全隐患，建立和完善学校、幼儿园周边综合治理合作体系，净化学校、幼儿园周边环境；发展群众体育运动。全市经常参加体育锻炼的人口占总人口比例及城镇人均健身场地设施等指标达到烟台市中等水平。

成效 2005—2009年，投资1225万元，采购学生用微机4186台，建成微机室85个，实现学生信息技术课人手一机。2010年，基本普及幼儿学前三年教育，3岁以上幼儿入园率保持在98%以上，小学适龄人口入学率保持在100%，初中入学率98%以上，初中升入高中比例80%以上；资助家庭经济困难学生5122人，资助金额556.63万元；全市143所小学调整为121所，撤并所有村级小学；具有一定规模的民办学校6所，在校生7448人；全市670个班级实现“班班通”，采购笔记本电脑3566台，实现学科教师人手一机；各级各类学校教师学历水平得到很大提高，小学、中学教师的学历合格率100%，其中幼儿园、小学专任教师专科及以上和初中专任教师本科及以上比例分别为20%、90%和90%，高中专任教师研究生学历（学位）达到一定比例；各级各类学校专任教师的专业技术职务结构和年龄结构更为合理；结合小城镇建设，加快农村中小学校舍改造，全面消除危房；调整城区学校布局，建成集榆山街学校、教师进修学校、特殊教育学校、体校于一处的新校区；通过招商引资，利用社会资金组建集团高中；推进职业学校布局结构调整，促进职业教育体制改革，职业教育资源重组优化。

第二节　教育经费

经费来源　分为3种：国家财政部门下拨的经费，包括教育事业费和基本建设投资；由地方财政自筹，拨给教育部门的补助经费；教育部门的内部收入，包括收取学生的学杂费和勤工俭学收入等。

国家拨出的教育经费，由上级财政部门根据有关政策、事业发展计划、人员编制等情况，本着保证重点、兼顾一般的原则和勤俭办事业的精神安排分配。1978年后，上级拨给海阳的教育经费随着国家经济的发展而逐年增加。1979年，拨入教育经费306.08万元，实际支出323.50万元，落实政策经费超支14.72万元，用于工资、职工福利、人民助学金等个人部分25.65万元。同年，平均每个中学生占有经费13.75元。国家除拨出教育事业费外，还根据国家的财力拨出一定数量的基本建设费。海阳公办中学建校时都是由地区专项拨款。

地方自筹经费是地方机动财力拨给教育事业的经费，以弥补国家经费之不足，不列入国家预算。海阳根据财政收入情况，每年由政府安排几万元不等，主要用于学校房屋修缮和桌凳添置。

中小学收取的学杂费，也是教育经费的来源之一，按预算外资金预算管理，不列入国家预算。中小学的学费一般在每学期开学之初收取。对于缴费实在困难的学生，根据规定可减免。减免对象主要是家庭经济困难的革命烈士、军属子女，以及因某种原因造成生活困难的子女，减免的比例一般是20%。教育部门内部经费来源，还包括勤工俭学收入。

1985年后，教育经费大体归纳为：

国拨预算经费　1985年，等级工资制改为结构工资制。1987年、1993年，以专任技术职务及任职年限为主调整工资，教育经费成倍增长。1988年，决算支出989万元，是1983年决算支出的2.3倍。1990年后，预算经费的增加主要用于教育事业中个人部分的支出。1994年，决算支出3131.9万元，是1988年决算支出的3.1倍。

1988年前，教育经费由县财政按预算每月拨到县教育局，县教育局再按预算拨到各县直学校和各乡镇中心联中。1988年后，各乡镇中小学的教育经费，由县财政直接拨到乡镇政府财政科，财政科再拨给乡镇教委。县直学校的教育经费仍由县财政拨到县教育局，县教育局再拨到各县直学校。

1995年4月，开始按在职职工工资总额的25%提取养老保险基金，每月从教育经费中提出，上缴机关事业养老保险事业处下拨给各会计单位。2001年1月，养老金缴纳比例由25%提高到34%。2005年1月，养老金缴纳比例由34%提高到38%。2006年8月，开始实施医疗保险制度，缴纳医疗保险金，比例为单位6%、个人2%。12月，市政府成立义务教育经费保障机制改革领导小组，下设办公室（简称市保障办），办公室设在市财政局和教体局。2007年3月，市财政局与教体局联合印发《海阳市中小学公用经费支出管理暂行办法》《关于加强中小学财政预算管理的通知》《海阳市义务教育阶段学生免收杂费实施管理办法》《海阳市中小学校舍维修改造专项资金管理暂行办法》4个配套文件。春季新学期开始，免杂费及补助公用经费，全市全面实施义务教育经费保障机制改革，落实烟台市确定生均公用经费标准：农村小学每生每年不低于240元（含公用经费30元）；农村初中每生每年不低于340元（含公用经费40元）；城市小学一、二年级每生每年不低于240元（含公用经费40元），三至五年级每生每年不低于300元（含公用经费40元）；城市初中每生每年不低于440元（含公用经费70元）。秋季新学期开始，按照小学每生35元、初中每生70元的标准，对全市农村义务教育阶段中小学生进行国家免费教科书退费工作，退费金额215.5万元；设立普通高中政府助学金，用于资助普通高中在校生中家庭经济困难学生，按照不低于高中在校生8%的比例、每生每年1000元的标准进行资助；设立中等职业学校国家助学金，资助所有全日制在校农村学生（按照公安部门户籍改革和“村改居”前实际农业户口和城市家庭经济困难学生），资助标准为每生每年1500元，政府资助2年，第3年实行工学结合，顶岗实习。同年，按照不低于在校寄宿生5%、每生每年300元的标准，对家庭经济困难寄宿生补助生活费。翌年，小学每生每年提高到500元，初中每生每年提高到750元。享受补助的困难寄宿生，占寄宿生的比例提高至8%。

2008年春，对农村义务教育经费保障机制改革有关政策进行调整完善。农村小学生均公用经费定额由240元提高至295元；农村初中生均公用经费定额由340元提高至445元。同时提高城市公用经费补助标准，城市中小学生均公用经费定额由40元提高至85元；城市初中生均公用经费定额由70元提高至145元。12月，义务教育阶段公用经费补助标准每生每年提高50元，专项用于冬季取暖费支出。同年，海阳市投入资金332万元，所有农村义务教育阶段学生免费使用教科书。秋季学期开始，对城市义务教育阶段公办学校学生，免费提供国家课程和地方课程的教科书，全市所有公办义务教育阶段中小学生，均享受免费使用国家和地方课程的教科书。2009年，对所有城市义务教育学校学生，免费提供国家课程和地方课程的教科书。至此，海阳市义务教育阶段中小学生全部免费使用国家课程和地方课程的教科书。义务教育阶段生均公用经费标准小学400元，初中600元；3月，市政府与国家开发银行签订《国家开发银行生源地信用助学贷款县级合作协议》，正式开办生源地信用助学贷款业务。同年，为153人办理贷款79.88万元。秋季开始，对中等职业学校农村家庭经济困难学生和涉农专业免学费，农村家庭经济困难学生免学费的比例不低于在校生的5%。2010年，义务教育阶段生均公用经费标准各增加100元，达到小学500元、初中700元。

2010年秋季开始，普通高中家庭经济困难学生资助比例，由在校生的8%提高到10%，资助标准由每生每年1000元提高到1500元；中等职业学校城市家庭经济困难学生，也纳入免学费政策范围。12月，免除147名中等职业学校在校家庭经济困难学生的学费33.44万元。是月，举行全市中小学家庭经济困难学生资助金发放仪式，共发放资助金354.68万元。同年，为107人办理生源地信用助学贷款54.84万元。

预算外经费　1985年，海阳征收农村教育附加费，按农村年人均收入的2%标准征收。1986年，征收386.4万元。1992年，征收1485.3万元。1994年，征收997.3万元。2002年4月，实施农村税费改革，取消农村教育附加费。

收取学杂费是另一种主要的预算外经费，每学期由县教育局根据上级指示制定收费标准。每学期城镇小学60元、初中80元、高中85元；农村小学50元、初中70元、高中85元。1995年，改由省下达学费标准。其标准是每学期城镇小学18元、初中36元、高中95元，住宿费40元；农村小学12元、初中24元、高中90元，住宿费35元。2004年秋季开始，义务教育阶段学校实行一费制，杂费标准（每生每学期）城市小学一、二年级100元，三至五年级130元，初中185元；农村小学一、二年级80元，三至五年级105元，初中150元。预算内生均公用经费标准为城市小学40元、初中70元；农村小学30元、初中40元。2007年春，全面实施义务教育经费保障机制改革，义务教育阶段学生不再收取学杂费。另外，还有勤工俭学收入。

教育集资　1989年，为解决县直中小学校舍改造和新建学校的资金投入，补充教育经费的严重不足，县政府起征教育集资款，其中包括单位集资和个人集资两部分。单位部分是县属及县以上企业和有收入的事业单位按职工人数，每年每人征收65元累计；个人部分是全县干部职工按月基本工资的3%征收。1994年、1995年，扩大教育集资的渠道，由县财政局负责，从城市维护费中每年安排30万元；由县国税局、地税局负责，按月征收城市教育附加费；由县建委负责，征收基本建设教育费，县及县以上所有单位，按建筑面积每平方米12元计征；由县公安局负责，征收机动车辆教育基金，小车、面包车和客运车每辆500元，客货两用车每辆300元，货运车每吨位80元，三轮车、四轮车每辆30元，摩托车每辆10元；由县海洋与渔业局负责，按每马力10元的标准对海洋捕捞船只征收教育基金；由县劳动局负责，在企事业单位招转农民合同制工人时，按每人1000元的标准，向个人征收。

个人捐资助学 1995年，小纪镇南下离休老干部王亚明，为香山小学（石马小学）捐资5万元。

经费支出 教育经费支出分为两部分：

人员经费 包括教师工资和补助工资、职工福利费、班主任津贴、代课教师工资、退休金、人民助学金等。人民助学金经费由国家预算开支。海阳县人民助学金从1974年起，发放标准是重点高中每生每月1元，普通高中每生每月0.45元，初中每生每月0.05元。

公用经费 “文化大革命”中，开始不再收取学生的学费，办公费由大队开支。中学的公用经费分办公费、教学实验费、图书费和学生医药费，统称四项包干经费。1974年合并为一项，称教育行政费。标准是5班以下每月每班35元，6班以上每月每班27元。

1985年后，随着工资的调整，人员经费逐年上升。包括基职工资、工龄津贴、粮价补贴、肉价补贴、煤价补贴、教龄补贴、节支奖、职务补贴、独生子女保健费、卫生洗理费、交通费、图书补贴、副食品补贴、开发费、班主任补贴、福利费、取暖费、防暑费、民办教师补贴、学生的人民助学金。1993年调整工资后，归纳为标准工资、职务补贴、津贴补贴、独生子女保健费、取暖补贴。同年，人民助学金停止。

县直中小学教师薪资和办公费，由预算经费拨款。办公费标准是中学每年每班1200元，小学300元。1993年，办公费停止预算经费拨款，改为预算外经费解决。农村中小学公办教师薪资和民办教师补贴由预算经费拨款，办公经费由预算外经费支付，标准是每年每生中学65元、小学33元。

乡镇教委征收的农村教育附加费，用于支付民办教师薪资（人民公社时期挣工分，撤销人民公社后挣工资）、支付中小学公用经费、上缴县提留15%。学生缴纳的学杂费列入农村中小学公用经费管理使用。

校舍基建、修缮主要由预算外资金和教育集资支付，在财政收入好转的情况下，有时也由财政拨款补助。随着教育事业的发展，职工家属住房的需求愈来愈大，教职工家属住房成为90年代教育系统校舍建筑的主要内容。1990年前，由财政预算拨款建房，住房职工缴纳房租费。1990年后，县直学校改为集资建房，由县教委、职工所在学校和个人各出1/3资金，住房职工缴纳房租费。职工调离工作岗位时，县教委付还给个人的集资款。乡镇教委在乡镇所在地集资解决职工家属宿舍，由乡镇教委、职工所在学校、个人各出1/3资金。在教师住房建设上，市政府按照“利于教学、方便生活”的原则，把教职工住房建设纳入城乡总体规划。大多数乡（镇）政府在驻地集中建起规模不等的教师住宅区，城区驻地规划教师村。1996年1月，开始实施住房公积金制度。同年，投资285万元，新建教职工住房122套（城区30套、乡镇驻地92套），建筑面积5470平方米。教职工家庭人均住房面积9.5平方米。2000年1月，开始发放住房补贴。2004年，开始发放年终一次性奖金，基数按照上一年度12月基本工资计发。

80年代，农村中小学学校布局“小而全”，重复设置等问题较严重。1995年，全县开始有计划地对中小学布局进行调整。1996年，全市中小学减少到407所，建成省级规范化学校2所，烟台市级规范化学校14所，烟台市级花园式学校256所，县级花园式学校120所。全市普及初中、高中和职业学校微机教学，投资500多万元在全市中小学建起40余个实验室、66个微机室、30个语音室、20余个图书室，购置微机1600台，购置教学仪器价值120万元。

经费管理 70年代，县教育局设会计1～2人，负责管理全县教育系统的财务工作，并由分管局长专管，较大项目开支由局务会研究决定。成立党组后，有关经费的一些重大问题由党组研究决定。基层财务工作的管理，由各高中和公社中心联中设会计预算单位。高中在总务处设会计，具体负责经费的收支并管理校产；各中心联中设会计1人，负责全公社联中小学公、民办教师的经费收支。1984年12月，县教育局设计财股（1992年改称县教委计财科），负责教育系统经费的管理。1986年，县教育局设审计股（1992年改称县教委审计科），负责教育系统内部会计单位账目的审计。

1988年，各乡镇设立教育委员会，原各公社中心联中的预算会计改隶乡镇教委，负责辖区教育系统经费的管理工作，全县设会计预算单位23处。县直学校设会计预算单位20处。1995年前，县教育局计财股（科）对财务工作进行综合管理。1996年，市教委计财科的工作分为校舍设施维护管理和财会管理两部分。

2005年5月，撤销镇（区、街道）教委，其承担的招生、学籍以及勤工俭学等工作分别划归中心初中和中心小学。同时，设立会计核算中心，农村中小学财务由市教体局统一管理。2007年3月，市直义务教育阶段学校财务由教体局统一管理。会计集中核算是在单位财务自主权、资金所有权不变的情况下，各单位只保留1名报账员，所有的账务核算交由会计核算中心。实行会计集中核算后，中心会计的人事权、管理权、考核权等从单位分离出来，有效地摆脱会计人员与单位之间的依附关系，会计人员能够相对独立地工作。同年，在教体局计财科成立海阳市学生资助管理中心，负责全市学生资助工作。2009年，印发《海阳市困难学生资助管理办法》，学生资助工作有章可循。

第三节　勤工俭学

1978年，全县有校办工厂13处，有车床3台、刨床2台、冲床1台、钻床1台、汽车2辆、拖拉机3台，厂房110间；有印刷、镀锌、充电、修配、木工、塑料制品、制钉、机修、农用机械修造等20余个生产项目。

80年代，勤工俭学项目广泛，在校办工厂、农场、复收、采集等项基础上发展校办第三产业。1981年，有校办工厂11个，年纯收入11.5万元；有校办农场65万平方米，收获粮食7.4万千克、花生仁0.75万千克，复收各种粮食41.6万千克、花生仁3.55万千克。全县勤工俭学收入62万元。1987年，全县勤工俭学纯收入110万元，比上年增长5%。1988年，设勤工俭学办公室，组织领导勤工俭学。1989年，全县勤工俭学收入302万元，比上年增加90万元。80年代后期，校办企业大多实行承包经营责任制。校方提供厂房、流动资金、固定资产，教职工进行招标答辩，经营方式最佳、上缴利润最高者中标，中标者与校方签订承包合同。未承包的企业，仍由县教委或乡镇教委任命有经营能力的学校行政干部任厂长或经理。

90年代，部分乡镇教委在不影响教学的原则下，抽出少量教师（保职保薪）签订合同，到社会上经商、打工，年终按合同向教委缴勤工俭学创收款。1990年，全县勤工俭学收入321万元。1994年，全县勤工俭学收入508万元。1996年后，学校工作转入正常教学，不再组织学生搞复收创收。校办企业也由于缺乏市场竞争力等原因相继停办，外出搞勤工俭学的教职工回到学校。勤工俭学办公室工作中心转到做好全市中小学物资的统一采购供应上。

第四节　教育资产管理

2004年，颁布《海阳市学校固定资产管理办法》，各学校严格按照要求，完善管理体制，健全规章制度，明晰产权关系，保证固定资产安全、完好。各学校都安排专（兼）职固定资产管理员，负责固定资产管理工作，定期（一年至少1次）对固定资产进行清查、核对、编号、登记、设卡、建档。固定资产增减时，及时登记固定资产账及经费账，做到账、卡、物相符，每年年末打印固定资产账，并整理归档。严格按照规定处置固定资产，严禁擅自处置（调拨、报废、出售、出租、出借）固定资产。确需处置固定资产，必须上报市教体局，经核实批准后，方可按照有关规定程序处置。学校新建校舍（教学楼、伙房、餐厅、厕所等）要及时与市教体局基建办公室联系领取相关材料，及时据实增加固定资产账。

第二十八编

文化 旅游

中共十一届三中全会后，海阳文化事业繁荣发展，文化设施初具规模，文化队伍不断壮大。戏曲艺术创新发展，舞台形式丰富多彩。文学创作人才辈出，涌现出一大批年轻作者，诞生一批具有影响力的作品。书画艺术欣欣向荣，新人力作不断涌现。民间艺术发扬光大，海阳大秧歌被列入首批国家级非物质文化遗产名录。文博研究收获丰盈，嘴子前春秋古墓群系列考古发掘与研究、地雷战纪念馆扩建、民俗博物馆布展，再现海阳人民厚重的历史文化底蕴和多彩的民俗风情。图书网络遍布全市。广播电视事业由初级到高级，逐步形成广播电台、电视台、网站等多种形式的媒体传播网络。1996年4月，海阳县被评为山东省社会文化先进县。是年11月，海阳市被文化部命名为中国民间文化艺术（秧歌）之乡。2009年2月，海阳市再次被命名为中国民间文化艺术（秧歌）之乡。

海阳"壮于山而雄于海"，风光秀美，旅游资源丰富。1985年，海阳县加大对旅游资源的挖掘开发，突出山海俱雄的资源特点与历史文化，打造特色旅游景区点，加快城市生态环境建设。2003年起，确定"一山一海一寺院"的发展思路，构建起南北呼应的点式发展格局。2006—2010年，海阳市加快旅游产业发展，完成由点式发展格局向区域综合发展过渡，加快配套设施建设，完善"吃、住、行、游、购、娱"等旅游要素。从单一观光游向休闲度假游转变，从点式发展转变为滨海休闲、山岳生态、历史文化三大旅游板块互动的发展格局。2007年1月，海阳市被评为中国优秀旅游城市；11月，海阳市获中国最佳文化生态旅游城市称号。2010年，全市接待游客达405.8万人次，旅游收入19.86亿元。

第一章　机　构

第一节　管理机构

海阳市文化广电新闻出版局　1975年2月，县文化组改称县文化局。1986年，文化局内设文化艺术股、行财股，工作人员7人。1988年12月，设以文补文经营管理办公室。1990年7月，设政工股。1991年3月，设文化市场管理办公室。1993年11月，县文化局和县体育运动委员会合并成立县文化体育委员会。内设办公室、文化艺术科、计划财务科、体育科、文化市场管理办公室。1994年6月，县文化体育委员会被撤销，重设县文化局。内设办公室、文化艺术科、计划财务科、文化市场管理科。1996年5月，海阳县文化局改称海阳市文化局。2005年2月，设招商科。2010年3月，组建海阳市文化广电新闻出版局，加挂市文物局牌子。内设办公室、文化艺术与产业科（加挂文物科牌子）、文化市场管理科（加挂市扫黄打非办公室牌子）、广播影视管理科（加挂传媒机构管理科牌子），编制9人。

海阳市档案馆（局）　1959年5月，海阳县档案馆成立。1980年4月，海阳县档案局成立，档案局副局长兼任档案馆馆长。1984年6月，海阳县档案局改称档案科，科、馆合署办公。1985年8月，恢复海阳县档案局，县档案馆与档案局合署办公，接受县档案局的业务指导。1993年11月，撤销县档案局，保留县档案馆。1994年1月，县档案馆内设综合科、档案管理科、编研科。4月，全国著名作家峻青受聘担任海阳县档案馆名誉馆长（终身）。9月，加挂海阳县档案局牌子，归县委办公室领导。同时，内部增设业务指导科。1996年5月，海阳县档案馆（局）改称海阳市档案馆（局）。2010年10月，位于海阳市济南路南首的市档案馆新馆装修竣工。市档案馆（局）内设办公室、业务指导科、档案管理科。编制13名，实有11名，其中副研究馆员2名、馆员6名。

海阳市党史方志办公室　1981年3月，县委党史资料征集小组成立。4月，县委编志委员会成立，下设县志办公室。12月，县委党史资料征集小组改称县委党史资料征集研究委员会，与县志办公室合署办公。1984年4月，县委党史资料征集研究委员会列为常设机构。1993年11月，县委党史资料征集研究委员会与县志办公室合并，称海阳县史志馆。1996年5月，改称海阳市史志馆。1998年6月，改称海阳市党史方志办公室。2010年，内设综合科、征集科、编纂科3个科，编制14人。

海阳市广播电视局（台） 1976年3月，海阳县广播事业管理局成立。1984年6月，设海阳县广播电视站，列县科级事业单位。1989年3月，改称海阳县广播电视局。同月，成立海阳人民广播电台，实行局台合一、两个牌子。6月1日起，以海阳人民广播电台呼号播音。1993年11月，海阳县广播电视局改称海阳县广播电视台。1995年1月，实行局台合一。1996年5月，海阳县广播电视局改称海阳市广播电视局，海阳县广播电视台改称海阳市广播电视台。2009年3月，市文化局承担的电影行政管理职能，划入市广播电视局（台），市广播电视局（台）改称市广播电影电视局（台）。同时将市文化局所属的电影发行放映公司、影剧院两个事业单位划转到市广播电影电视局（台）。2010年3月，市广播电影电视局承担的行政管理职能，整合划入市文化广电新闻出版局，不再保留海阳市广播电影电视局，市广播电视台独立设置，不再实行局台合一的体制。

海阳市旅游局 1984年10月，设海阳县旅游开发总公司；1986年，改称海阳县旅游局。1995年，成立海阳县旅游公司，加挂海阳县旅游局牌子并承担旅游行业管理职能。1996年5月，海阳县旅游公司改称海阳市旅游公司，加挂海阳市旅游局牌子。2001年，海阳市旅游公司不再挂海阳市旅游局牌子，其承担的行政管理职能划归海阳市规划建设管理局，海阳市规划建设管理局加挂海阳市旅游局牌子。海阳市旅游公司改称海阳市旅游服务中心，由市政府直属事业单位改为隶属市规划建设管理局，仍为正科级规格。后市规划建设管理局授权旅游服务中心行使旅游行政管理职能。2002年9月，海阳市旅游服务中心，由市规划建设管理局划归海阳旅游度假区管理，人员编制由13人减至6人，经费差额拨款。原由市规划建设管理局授权旅游服务中心的行政管理职能，移交海阳旅游度假区。2005年2月，重新组建市旅游局，并将海阳旅游度假区旅游行政管理职能划给市旅游局，同时撤销海阳旅游度假区管委所挂海阳市旅游局牌子。2006年3月，内设办公室、业务科、旅游质量监督管理所（旅游监察大队），编制6人。

第二节 企事业单位

海阳市文化馆 1976年10月，海阳县文化馆与图书馆分设。县文化馆内设创作、文艺、美术3个组。1980年，增设美术服务社。1986年，内设文艺辅导组、文艺创作组、美术摄影组、办公室，编制16人。1994年12月，文艺创作组分出，县文化馆缩编为12人。1996年5月，改称海阳市文化馆。2000年，内设文艺辅导室、文艺创作室、美术摄影室和行财办公室。2010年，有干部职工10人。其中，副研究馆员1人，二级演奏员1人，馆员6人，助理馆员2人。

海阳市博物馆 1978年，县图书馆设文物组。1984年7月，从县图书馆析出单设，在编4人。1991年，县博物馆对外加挂海阳县文物管理所牌子，行使文物管理职能。同年，赵疃地雷战纪念馆遗物转交海阳县博物馆。1996年5月，改称海阳市博物馆、海阳市文物管理所。1999年9月29日，市博物馆新馆开馆。内设海阳历史文物陈列、馆藏书画精品陈列、地雷战纪念馆临时陈列。2005年，利用市博物馆二楼3个展厅，将原地雷战纪念馆临时展扩展为正式展览。2006年，投资近500万元，进行市博物馆扩建、地雷战纪念馆建设。2008年5月，投资450万元对海阳市博物馆和地雷战纪念馆重新进行布展。12月，地雷战纪念馆独立设置。2009年5月，展陈全部竣工，免费对外开放。馆内设考古部、陈列部、群工部、保卫部、鉴定室、修复室。2010年，编制12人，实有工作人员10人。其中，副研究馆员1人，馆员4人，助理馆员5人。

海阳市图书馆 1976年10月，县图书馆与文化馆分设。内设采编、辅导、借阅、文物4组。1980年，下设文物管理收购站。1996年5月，改称海阳市图书馆。2006年，市政府投资新建图书馆，面积约2000平方米。2007年11月，建成全国文化资源共享工程海阳支中心。2010年，内设采编室、外借室、阅览室、资料室、古籍整理室、儿童阅读区及办公室等，工作人员15人。其中副研究馆员2人，馆员6人，会计师1人，助理馆员3人。

海阳市电影放映发行公司 1978年，称海阳县电影管理站。1982年8月，改称县电影放映发行公司。1986年，内设行政股、财务股、发行股、技修股、宣传股。直属单位有海阳人民影院、徐家店露天影院。1994年1月，内设办公室、财务科、业务科。下设电影旅社、广告策划服务中心、15个基层电影管理站（队），编制70人。1996年5月，改称海阳市电影放映发行公司。2009年3月，有职工49人。其中主任技师5人、放映技师19人、放映技术员19人、会计员1人，划归海阳市广播电视局管理。

海阳市京剧团 1958年11月，海阳县京剧团成立。1986年，内设办公室、财务室、艺术委员会，演职人员56人。1996年5月，改称市京剧团。2010年，内设行财科、业务科、外联科、总务科。演职人员28人，其中二级演员10人、二级演奏员5人、三级演员10人、三级演奏员2人、舞台技师1人。

海阳市影剧院 1981年，海阳县影剧院建成，文化企业单位。1988年1月，改为全民所有制事业单位，职工23人。2004年，职工13人。其中主任技师1人，会计师1人，三级演员1人，工艺美术师1人，放映技术员5人，助理会计师1人。同年春，市影剧院房屋拆除。2009年3月，划归市广播电视局管理。

海阳市以文补文经营管理办公室 1988年12月，海阳县以文补文经营管理办公室成立，编制7人。2010年，编制7人。

海阳市工艺美术服务部 1984年10月，海阳县工艺美术服务部成立，职工14人。内设工艺品、装潢材料、日用百货3个门市部及文化旅社。后装潢材料门市部和文化旅社先后析出单设。1994年，装潢公司归并服务部。2010年，有员工14人。

海阳市广告装潢服务公司 1990年10月，海阳县广告装潢服务公司从县工艺美术服务部析出。1994年，人员编制重归服务部。2010年，有员工14人。其中会计师1人，助理工艺美术师4人。

海阳书画院 1992年11月，海阳书画院成立，编制5人。2010年，编制5人，实有7人。其中四级美术师1人，助理会计师1人，放映技术员1人。

海阳市文化市场稽查队 1994年11月，设海阳县文化市场稽查队，与县文化局文化市场管理科合署办公，编制4人，经费实行差额拨款。1996年5月，改称海阳市文化市场稽查队。

海阳市文艺创作研究室 1994年12月，海阳县文艺创作室成立，编制5人。1996年5月，改称海阳市文艺创作室。2010年，有职工4人，其中文学创作三级1人、馆员2人、助理馆员1人。

第二章 民间艺术

第一节 海阳大秧歌

海阳大秧歌，又称唱秧歌、跑秧歌、扭秧歌、逗秧歌、扮秧歌、高跷秧歌。海阳大秧歌是山东三大秧歌之一，源于汉代，创于明代，兴盛于清雍正十三年（1735）撤卫设县后，有着丰厚的历史文化底蕴，凝聚了海阳人民的智慧。经过几百年的传承和发展，成为海阳市的文化精品。

海阳大秧歌由乐和舞两部分组成，是一种集歌、舞、戏于一体的民间艺术形式。表演内容丰富，队伍结构严谨，主要由执事、乐队、舞队三部分组成。排在最前的执事由三眼铳、彩旗、香盘、大锣组成；乐队由大鼓、大锣、大钹、小钹、

2009 年，海阳大秧歌参加 CCTV-3《舞蹈世界》栏目演出

堂锣等组成；随后的舞队有各类角色几十人，包括指挥者（乐大夫）、集体表演者（花鼓、小嫚）、双人表演者（货郎与翠花、锢漏与王大娘、丑婆与傻小子等）；排在最后的是秧歌剧人物或戏曲杂扮者。秧歌队常用阵式有二龙吐须、八卦斗、龙摆尾、龙盘尾、二龙绞柱、三鱼争头、众星捧月等。舞蹈动作的突出特点是跑扭结合，舞者在奔跑中扭动。女的扭腰挽扇、上步抖肩，活泼大方；男的颤步晃头、挥臂换肩，爽朗风趣。音乐包括伴奏、唱腔两部分。其中，唱腔主要有《跑四川调》《大夫调》《货郎调》《花鼓调》及各类民间小调。乐队伴奏以打击乐为主，有的插入皮、竹、管、弦等乐器合奏。打击乐伴奏节奏均匀，两种不同的伴奏乐谱《慢走阵》《快走阵》只是速度不同，节奏类型基本吻合。演奏曲牌多为移植使用，但突出舞蹈律动特点。唱词因角色而定，开场词由乐大夫演唱，歌词大致是“正月里来是新年，俺跟大伙儿来拜年，问一声村长您可好哇，再问老少爷们您可安”。这也是秧歌队必唱的拜年话。演场时，乐大夫点报各主要角色轮番上场演唱。唱词通俗浅显，亲切感人。有些歌词虽不太规范，但地方特色鲜明，乡土气息浓郁，观众并不挑剔。

中共十一届三中全会后，海阳大秧歌迎来新的春天，焕发出勃勃生机。1989 年，全国政协电视摄制组拍摄的海阳大秧歌，编入反映中国民情民俗的电视片《野风》。烟台电视台拍摄的海阳大秧歌电视片《东夷风骨》，先后在省、中央电

2010 年，海阳大秧歌

海阳剪纸

视台播放。1994年9月，海阳大秧歌参加国际（沈阳）民间舞蹈艺术节，获最高奖金玫瑰奖，被列为当年烟台市十大新闻之一。1995年10月，经文化部选拔推荐，海阳大秧歌代表队应邀赴浙江参加1995金华中国优秀民间广场舞蹈展演获优秀奖；11月，海阳大秧歌获文化部第四届群星奖银奖。1996年1月，海阳大秧歌代表队参加山东省第五届文化艺术节，获表演一等奖；获首届山东省农民文化艺术节舞蹈比赛金奖。1999年，海阳大秧歌应邀赴北京参加国际旅游文化节开幕式及展演。2002年，参加中国（威海）新秧歌大赛，获演出、编导奖。2003年9月，海阳大秧歌参加在日照举办的山东省社会文化先进县民间广场舞蹈大赛，获广场艺术优秀表演奖和最佳表演奖。2004年9月，赴威海市与中央电视台心连心艺术团同台演出。2006年5月，海阳大秧歌被国务院列入首批国家级非物质文化遗产名录。2007年3月，获山东省首届农村文化艺术节金奖。4月，参加第四届CCTV电视舞蹈大赛，获表演三等奖。2008年5月，参加首届中国秧歌节，获最佳节目奖；8月8日，参加北京奥运会开幕式暖场表演；2009年2月，海阳市再次被文化部命名为中国民间文化艺术（秧歌）之乡。是年，海阳大秧歌参加CCTV-3《舞蹈世界》栏目，为中华人民共和国成立60周年献礼演出。2010年，海阳大秧歌有省级代表性传承人2名，市级代表性传承人11名，县级代表性传承人36名。

第二节　剪　纸

海阳剪纸历史悠久，清代中晚期，在民间流传较普及。其手法因事而异，花样翻新。图案大致有5种。节庆制品。过年时，用彩纸剪成连年有余、四季如春、六路进财、财神上门等图案，悬于门楣，贴于窗户、墙壁上。婚庆制品。剪成双喜、鸳鸯戏水、麒麟送子、喜鹊闹梅图案贴于新房。寿庆制品。剪成百福百寿、松鹤延年等披罩寿礼上。“阴宅”制品。剪成八仙过海、蟠桃大会等装饰为死者焚化的“阴宅”。刺绣花样。以剪纸为基样，配以彩色丝线、绒线，刺绣枕头、肚兜、鞋帽、手巾等。悬于门楣的称挂花，贴于窗纸的称窗花，贴于门板的称门笺。中华人民共和国成立后，广大美术工作者积极参与剪纸艺术的挖掘、创作，海阳剪纸焕发新的生机。特别是改革开放后，剪纸队伍壮大，作品更加丰富。1977年起，县文化馆王举春研究收集整理民间剪纸，举办剪纸创作培训班3期，培养剪纸工作者30余人，有20多幅作品参加省、市美展。1986年，美术工作者赵悦辉、于文成创作的剪纸《海阳大秧歌》，在全国联展中获优秀奖，并获1994烟台民间艺术展一等奖。1999年11月，10余幅剪纸作品参加烟台市美术博物馆举办的剪纸展览，其中市文化馆袁淑俊创作的《小老鼠偷油》、市老干局

2009年，海阳剪纸展览

王竹莲创作的海阳大秧歌系列《老头背老婆》被烟台市美术博物馆收藏。2004年，海阳首个从事剪纸艺术的机构——修丽娟剪纸艺术工作室诞生。2008年，吕月华的作品《福娃》，获烟台市老年庆奥运比赛一等奖。修丽娟为北京奥运会创作《平安中国平安奥运》，作品由2008只形态各异的蝴蝶组成。2010年，修丽娟作品《清韵和谐》在全国剪纸大赛中获二等奖。

第三节　手工艺品

草制工艺品　80年代，海阳草制工艺品制作迅猛发展，产品销往海内外，为海阳经济增收创汇做出贡献。在众多草制工艺品编制者中，县草制艺品厂女工高玉波技艺超群，享誉海内外。1980年9月，应美国企业家布鲁明代之邀，赴旧金山、纽约、波士顿、华盛顿等地，进行草制工艺品编制表演；1983年6月，赴日本东京、大阪、神户等市进行草制品编制表演。1984年9月13日，海阳草制艺品厂获全国第四届工艺美术百花奖第一名，得银奖杯，海阳县召开大会予以表彰奖励。1985年，县草制艺品厂改称工贸联营海阳工艺品厂，有分厂17处，带动全县420个村、4.3万余人从事草编生产。产品销往56个国家和地区，年产值1000余万元，出口创汇400多万美元。1986年6月，山东省草制品出口工作会议在海阳召开，海阳作典型发言。1989年7月14日，海阳工艺品厂生产的玉米皮制品获首届北京国际博览会金奖。

海阳面塑　海阳面塑，用小麦精粉通过发酵、捏塑、锅蒸、彩绘而成，造型质朴生动，色彩纯真鲜艳，既可供艺术欣赏，又可食用。传统面塑主要有8种。婚庆面塑。品种有鸳鸯双飞、万事如意、油炸面凤、鲤鱼跃龙门等。节令面塑。海阳制作面塑的时节很多，民间俗称“清明燕，端午蛋，正月十五捏豆面”“做春燕，捏龙凤，描花画叶欢吉庆”等。满月面塑。小孩出生一个月，母亲带着去姥姥家，须做一对“长穗（岁）”，出门时在孩子怀里放一放，取“长命百岁”之意。百岁面塑。孩子出生一百天，由姥姥家“送百岁”，姥姥家做些小面塑带到奶奶家分发。品种一般为花鸟鱼虫类，鱼是必有的，寓意“年年有余”。上梁面塑。不少人家做一对龙凤放在梁上，以示蟠龙抬头、龙凤呈祥等。祭祀面塑。一般是做一对盘坐的圣虫、一对爬行的圣虫、十个大枣饽饽等。寿诞面塑。主要做寿星、松鹤延年、蟠桃献寿等。人物面塑。常见的有书卷人物、戏曲人物、仙佛等。

精心蒸制的面塑，用来祭奠祖先、供奉神明、祈福纳祥、馈赠亲朋，赋予其更深层次的精神文化寄托，成为海阳最为常见的民俗礼品，以致村村都有面塑高手。方圆街道迟家村王晓燕的《金陵十二钗》，荣获第十二届中国民间艺术山花奖。海阳面塑现代传承人于寿涛，其祖母刘凤兰十几岁便心灵手巧，是当地有名的面塑艺人。受家庭熏陶，于寿涛热衷传统面塑手艺研究。2000年，进入山东省工艺美术学院拜“面人汤”第二代传人董凤岐为师系统学习面塑技艺，艺术水平有质的飞跃，传统技艺与现代手法的融合日臻完善，作品多次参加各地民间艺术交流和国内展览并获奖。

海阳面塑

锡镶宝石蓝小百寿茶具

中国红龙凤杯

吉纹斋银雕工艺 清宣统元年（1909），郭城人姜廷法始创吉纹斋。受当时经济、审美水平的限制，打造银器多以顾客意愿为主。80年代末，吉纹斋第四代传人姜学斋引入烟台的传统手工艺锡镶，以宜兴紫砂茶具为主体，选优质纯锡做镶料，经过冶炼、铸造、锻打、镂雕，制成龙凤花鸟等吉祥图案，镶嵌在紫砂茶具上，经反复打磨使之浑然一体。1991年起，吉纹斋产品多次被外交部选为国宾礼品。

金镶玉工艺 清晚期，徐家店镇韩家苇夼村韩合勤在北京宫廷御用作坊当学徒，学习加工锡壶、镶嵌茶具等工艺用品。晚年返村，创立荣宝苑，其技艺传承子孙5代。现代传承人为韩吉亭和孙子韩佳俊、其徒李华涛。1994年1月，韩吉亭以生产金镶玉和景泰蓝产品为主要工艺，注册成立烟台市海阳荣康工艺品厂，注册商标“荣宝苑”。在继承传统工艺的基础上，采用景德镇、淄博、福建德化陶瓷、宜兴紫砂和名贵玉石、琉璃为主要载体，以金、银、铜、锡为主要原料，经过提纯、冶炼、镂雕、镶嵌、抛光并镀24K黄金等数道工序，精工制作金镶玉、景泰蓝系列产品。产品古色古香，高雅华贵，集观赏、实用、收藏于一体，体现现代技术与古老手工艺的完美结合。2001年7月，富贵咖啡具获中国工艺美术学会金奖。

第三章　文学艺术

第一节　文艺组织

海阳市文学艺术界联合会 2001年7月，海阳市文学艺术界联合会成立，编制4人。内设办公室；辖作家协会、京剧爱好者协会、书法家协会、美术家协会、舞蹈家协会、茶文化协会、摄影家协会7个协会。

海阳市作家协会　1998年成立，有省级作协会员2人，烟台市级作协会员15人，海阳市级作协会员42人。2010年，有中国作协会员2人，省级作协会员（含省青年作协、诗人协会）12人，烟台市级作协会员46人，海阳市级作协会员85人。

海阳市京剧爱好者协会　2001年8月成立，会员80人。2010年，会员250人。

海阳市书法家协会　2001年10月成立。2010年，有中国书协会员10人，省级会员30人，烟台市级会员60人，海阳市会员190人。

海阳市美术家协会　2001年10月成立。2010年，有中国美协会员3人，省级会员14人，烟台市级会员70，海阳市会员106人。

海阳市舞蹈家协会　2003年5月成立。2010年有省级会员1人，烟台市级会员17人，海阳市会员83人。

海阳市茶文化协会　2006年1月成立，2010年有会员580名，包括全市重点茶叶生产加工及流通企业，常务理事单位76家。

海阳市摄影家协会　2008年1月成立。2010年有省级会员26人，海阳市会员120人。

活动开展　2002年4月，在市博物馆举办《纪念毛主席在延安文艺座谈会上的讲话》发表60周年首届临帖展。10月，在市博物馆举办庆“十一”、颂中共十六大全市诗词书画大奖赛。2003年1月，在市博物馆举办迎新春、颂海阳、庆盛会书画展。7月，舞蹈《五月五》参加山东省少儿舞蹈大赛获一等奖。10月，在市博物馆举办“农信杯”全市书法精品展。2004年4月，承办烟台市书协三届三次理事会年会。2005年6月，举办全市少儿舞蹈大赛，参赛单位19个、选手460人。2006年1月，举办海阳市首届茶叶博览会。4月，举办海阳、莱阳、栖霞三市书法联展；书法作品在三市巡展。2007年10月，与江苏省响水县联合举办海阳—响水两地书法交流巡回展。2009年，举办全市“美丽海阳”摄影作品比赛。2010年，在市博物馆举办“公路杯”和谐海阳迎新年临书创作展。

第二节　文学创作

小说、民间文学　1978年后，全县小说创作日趋活跃，许多作品在市（地）级以上报刊发表。1979年，《海阳文艺》创刊，著名海阳籍作家峻青题写刊名。1989年10月，县文化局编辑出版《海阳民间文学集成》和《海阳文学作品选》。1990年12月，《胶东文学》第12期出版《海阳文学作品专辑》。1994年，邀请著名作家王润滋到海阳讲授文艺创作课，举办培训班16次，培训业余文学作者100余人；为业余作者修改、推荐发表稿件200余篇。为业余作者编辑《第一个脚印》《走向明天》《明天更美好》文学作品专集3部。《胶东文学》为海阳业余作者刊发三期作品专辑，发表文学作品100多篇，峻青分别为专辑撰写序言。2003年10月，于心亮的短篇小说《弟弟的来信》，入选全国初级中学语文课本第八册。2007—2009年，连续3届全国故事作者笔会在海阳召开。至2010年，海阳文学创作队伍共发表、上演各类文学艺术作品3600多件，获市（地）级以上作品奖200多件，出版长篇小说集18集，小说集5集，报告文学、文学作品、传记文学、民间文学集12集。市文化馆、市文艺创作室共举办文艺创作学习班（讲座）12次。

诗歌　1978年后，全县诗歌创作活跃，成果丰硕。初梅的《书屋趣》，获全国诗歌征文大奖赛优秀奖；其创作的《船之火蝶》获跨世纪青年作家诗歌征文大奖赛优秀奖。1991年，孙文华的《烈士》，获全国献给党的歌征文大赛三等奖；1992年，其创作的《中国的苹果》，获全国诗歌大奖赛三等奖；其创作的《独处》（组诗）获全国诗歌大奖赛二等奖。2000年，李前进的《青春的宣言》，获新世纪青年诗人命名奖；2003年，其创作的《一路歌唱》（组诗），获山东省青年作协文学创作一等奖。2005年，姜守浩、张卫杰的《地雷战之歌》，获山东省纪念抗日战争胜利60周年征文大赛优秀奖。至2010年，全市出版发行诗歌集7集。

散文　1978年后，散文创作队伍迅速扩大，优秀作品不断涌现。1988年，李德芹的《山沟文化人》，获文化部社会文化局征文大赛优秀奖。1997年，初梅的《萝卜》，获《人民文学》和《女友》杂志社联合举办的第四届路遥青年文学大赛二等奖。2002年，刘水清的《山海风韵》，获全国首届冰心散文奖；李喻晓的《难忘那团雪》，获第三届全国青少年文学大赛一等奖。2004年，孙希香的《正言闲话》，获烟台市第六届精神文明建设“精品工程”入选作品奖。2009年，刘水清的《一个人的船》，获全国第三届冰心散文奖；王月鹏的《影子》，在2009年第4期《散文》杂志发表，并入选《2009中国散文年选》。至2010年，全市出版发行散文集5集。其中，王月鹏的《怀着怕和爱》获第二届泰山文艺奖。

第三节　美术　书法　摄影

美术　1978年后，美术创作佳作频出，与外界交流日渐频繁。1986年，王举春年画《福到人间喜盈庭》《凤仙促读》，由山东美术出版社出版

王举春作品《人民子弟兵》

发行。1987年后，海阳县书画摄影协会、海阳县书画院、海阳市美协相继成立。1989年，王举春的《雷锋的故事》(连环画)，由山东美术出版社出版。1991年，王举春的宣传画《我想拥有一个家》，由山东美术出版社出版；赵杰的国画《松涛春色》在《山东文学》发表。1992年，陈宝良版画《春晖》，获山东省文化厅美术作品评选优秀奖。1996年，包淑贞国画《国色天香》，获山东省农民画展优秀奖。1997年，李常杰国画《梅花》，获全国书画大奖赛金奖；其国画《迎春》，获文化部迎香港回归全国书画大赛佳作奖。1998年，赵杰的国画《青山松涛》在《山东文学》发表。2000年，李常杰国画《石榴》，获山东省跨世纪中国画精品展优秀奖。2001年，王德全国画《荷塘清风》，获第三届全省中小学教师美术作品展三等奖。2002年，李常杰国画《金秋》，获山东省美协中国画双年展铜奖；陈宝良版画《河水清清》，获山东省文化厅作品评选三等奖；包淑贞国画《百花争艳图》，获西柏坡国际文化节特等奖。2005年5月，赵杰国画《望海》，获中国美协优秀奖。2009年，于文成的《海阳大秧歌》、王德全的《荷塘清风》，分别获山东省首届民间艺术节银奖和铜奖；赵杰的《四海翻腾云水怒》，获庆祝中华人民共和国成立60周年全国美展铜奖。至2010年，全市有数百人先后考入大中专院校，多人走上美术教育岗位，专业、业余美术创作队伍发展到100余人。

书法 1978年，海阳县书法活动以爱好者自我习字为主，或举办一些综合展览，极少参加市（地）级以上展览。1990年8月，中国书画函授大学海阳分校成立，中国书法家协会会员刘克文为校长。办学20年，先后邀请阿老、方成、焦可群、王成喜、罗秉方、刘辉煌、邹德忠、权希军、王伯民等名家到海阳讲学，

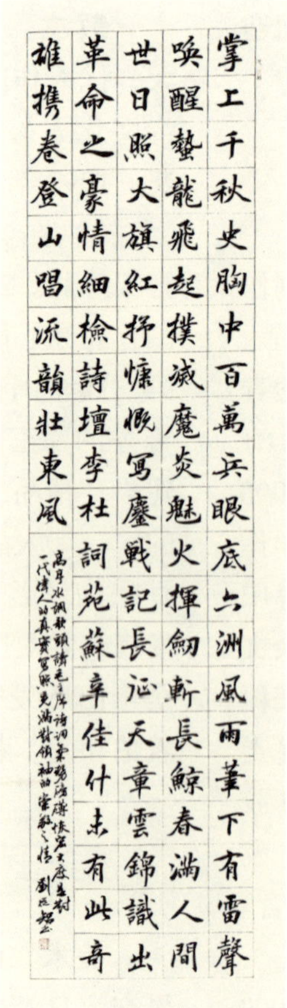

刘从智书法作品

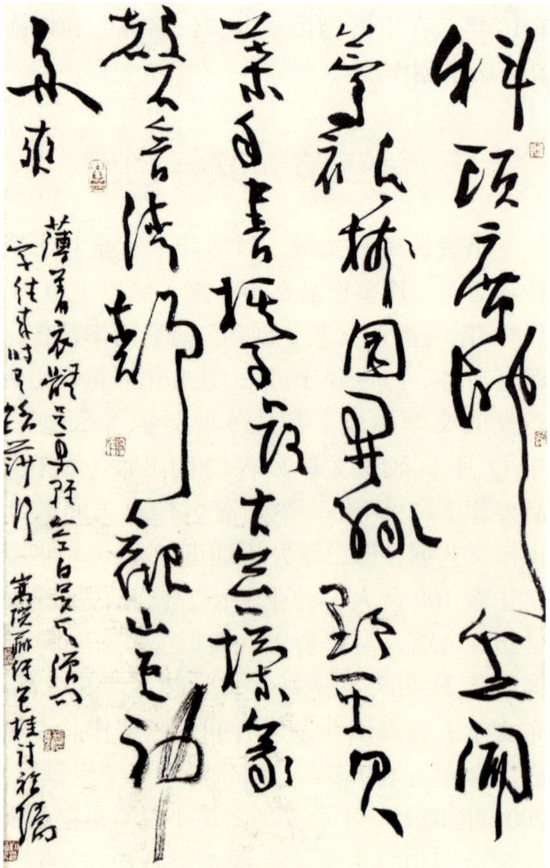

刘福桥书法作品

培养学员8600余人。2000年、2004年2次被中国书画函授大学评为先进办学单位，对海阳书画艺术的推广普及起到推动作用。其后，多个青少年书画艺术社会班相继成立。2001年10月，海阳市书法家协会成立，先后推荐60余人次到济南、青岛、烟台、枣庄等地参加中国书协、省书协组织的培训和学习观摩活动。邀请全国知名书法家邵岩、邹德忠、王志安、王金泉、古泥等到海阳传经讲学。2002年，刘从智书法作品应邀参加第二届相约云峰中日书法家作品联展、海峡两岸书画精品展、中国烟台—日本大阪友好书法展、烟台书画作品进京展等大型活动。2005年10月，刘福桥书法作品获全国首届颜真卿书法大赛一等奖，并参加国家画院举办的首届“沈鹏书法精英班”研修学习。同年，于永平刻字作品在全国第五届刻字展中获奖，并获山东省书协授予的书法创作贡献奖。2009年，孙宝法书法作品获全国首届王羲之书法艺术（行草）大展三等奖、“舞墨中原”河南首届全国电视书法大赛三等奖，并入展第三届中国书法兰亭奖获尧山杯新人展。至2010年，在省（部）级权威展赛中，13人30余次入展；在中国书协主办和联办的展赛中，7人20余幅作品入展；4人被吸收为中国书协会员，9人被吸收为省书协会员。

摄影　1986年后，境内的摄影艺术发展较快，商业摄影进一步普及，艺术摄影爱好者队伍不断壮大，若干党政、企事业单位都配备专（兼）职摄影人员。摄影器材不断更新换代。各种专题展览时有举办，优秀作品经常见诸报端。1986年10月，于国光的《爸爸不在家》、于福金的《关键时刻》，获烟台市首届艺术节展出优秀作品奖。1987年10月，于国光的《浇》、袁淑俊的《喜丰收》，获烟台市首届葡萄酒艺术节展出优秀奖。1988年11月，于福金的《北国江南》、袁淑俊的《渔乡的云》，获烟台市农村摄影比赛二等奖。1989年10月，于国光的《耕海人》、袁淑俊的《我的天地》、于福金的《各负其责》，获烟台市庆祝中华人民共和国成立40周年摄影艺术作品展优秀作品奖。1990年10月，袁淑俊的《东方魂》、王永松的《牵牛花》、于福金的《心归山里》，获“烟台美”摄影展优秀奖。1991年2月，于福金的《夙愿》，获烟台市“交通杯”摄影大奖赛一等奖。1995年6月，袁淑俊的《等潮》，在《大众日报》发表；7月，其《渔乡的云》，在全国“大河上下”艺术摄影大赛上获优秀奖。2003年11月，于国光的《锢漏与王大娘》，获烟台市首届群星美术、书法、摄影艺术精品大展金奖；2008年8月，其《阳光·海浪》，获山东省美术、书法、摄影作品大赛优秀奖；9月，其《鼓舞》，获第六届“大河上下”艺术作品展佳作奖；2009年11月，其《击缶而歌》，获山东省“歌颂新中国、喜迎全运会”系列群众文化活动大型图片展三等奖。

第四节　舞蹈　民乐　戏曲

舞蹈　*龙灯舞*　又称龙舞、龙灯、耍龙。表演时，随着锣鼓的伴奏，舞龙者耍出二龙戏珠、金龙盘柱等多种招式，将龙的姿态和气势表现得淋漓尽致。清末民初，海阳盛行龙灯舞。龙灯分龙头、龙腹、龙尾三部，表演时除舞龙者外，另有一人翻舞彩珠。舞姿有翻腾、绞柱、滑游、卷曲、回旋、取水、戏珠等76种。方圆街道西哲阳村艺人学自北京的舞龙灯技艺，在制作、舞姿方面别具一格。饶有情趣的龙灯游戏《串黄河》，自清康熙五十八年（1719），由唐家村（今海阳经济开发区后唐家村）民间艺人唐丹峰、唐全云、唐九如等创立后，一直流行于海阳沿海一带。

狮子舞　又称狮舞、狮灯、舞狮、舞狮子。海阳在清代即有狮子舞。每逢佳节或庆典，民间即舞狮助兴，东村、郭城、行村、发城、小纪、徐家店、留格庄等地较有名。狮子舞有文、武两种表演风格，皆属喜庆性舞蹈，娱乐性、趣味性强。文狮，一般为戏耍性的，擅长表演各种风趣喜人的动作，比如挠痒、舔毛、打滚、跳跃、戏球、摆尾、抖毛、抓耳挠腮等；武狮，重在耍弄技巧，有跳跃、跌扑、腾空、转挪、踢球、踩球、双狮对斗、过跷跷板等，艺高的走梅花桩。

跑毛驴　又称跑驴、赶驴。由清代民间杂耍和戏剧发展而来，遍及海阳。跑毛驴是一种源于生活、生动诙谐的民间社火形式。一般情况下，尾随秧歌队在行进中表演，亦可不受秧歌队及鼓

跑毛驴

乐节奏约束而即兴表演。角色有骑驴妇、赶驴郎，主要动作是上山大步登、下山碎步移、平道撒欢蹦、点头、摇尾、过河惧水、卧倒耍赖等。中华人民共和国成立后，得到发扬光大。“文化大革命”期间停演。80年代恢复，至今不衰。

花灯舞　海阳花灯舞由唐代灯棚、宋代灯市、清代舞灯演变而来。形式以秧歌队为基础，增添角色、内容。演出时，每人执花灯1盏，点燃蜡烛，按鼓乐节奏舞动，盘旋多变。阵势有燕子穿梭、百鸟朝凤、火龙游海、鸳鸯阵、长蛇阵、矮子步、倒连环等36种。以灯官最为逗人，扮演者要有武功，坐在2人抬的竹杠上，时而倒挂、时而轻立，言语有问必答、对答如流；唱词见景生情、合辙押韵；神态滑稽幽默、妙趣横生。

现代舞　80年代初，县内“迪斯科”风气渐浓。1986年后，自创舞蹈作品大量涌现。1986年10月，纪文清的《牧鹅少女》，获烟台市首届艺术节优秀演员奖。1989年4月，于春华创作编排的《山妞妞》，获省文化厅少年儿童歌舞会演创作二等奖；9月，其创作的《锔大缸》《闹春》，分获烟台市庆祝中华人民共和国成立40周年文艺调演优秀创作奖。1991年，县文化馆设立县内第一家舞厅，主要开展普及交谊舞活动。20余个县直机关、企事业单位干部职工到舞厅学习交谊舞，举办舞会。10月，县政府举办首届交谊舞大赛，全县各行业200多名选手参加。1994年12月，于春华创作的《摘山枣》，获山东省农民艺术节创作二等奖。1995年，二轻局排演的舞蹈《摘山枣》，参加省轻工系统文艺会演，获一等奖，并被选送参加中国轻工总会文艺会演，获优秀表演奖。1996年11月，纪文清创作的《海阳秧歌》，获首届省文化艺术节舞蹈比赛创作金奖；12月，其创作的《耕海》，获全国第六届群星奖舞蹈比赛演出金奖。2002年5月，于春华创作的《五月五》，获省“小浪花”幼儿舞蹈大赛创作金奖；8月，其创作的《看灯的娃娃》，获山东、河北、河南三省少儿舞蹈大赛园丁奖；11月，其创作的《海阳大秧歌》，获中国新秧歌比赛编导、演出大奖。2003年5月，海阳市舞蹈家协会成立。7月，于春华创作的《五月五》，获省少儿舞蹈大赛一等奖；2004年4月，其撰写的《中国海阳大秧歌探索与研究》，由中国文联出版社出版；5月，其创作的《娃娃花鞭》，获全国推新人大赛山东赛区十佳奖；2006年5月，其创作的海阳秧歌艺人特写《王发和他的“王大娘”》，获山东省、河南省、河北省联合文学艺术奖优秀奖。2009年6月，由王丽霞等编导、轻工幼儿园表演的《娃娃扭》，获全国“小荷风采”少儿舞蹈比赛金奖。

民乐　海阳民间音乐丰富，民间传统乐器有笙、管、笛、箫、锣、鼓、钹、钟、琴、瑟、号、铃、唢呐、琵琶、胡琴、三弦等。1968—1984年，县文化馆举办6次民歌会演，参加者1000余人次。《大赶庙》《樱桃好吃树难栽》2首民歌参加省会演。其中，《樱桃好吃树难栽》由上海唱片社灌制成唱片全国发行。1985—1988年，县文化局组织专业文化干部和民间人士，对民间音乐进行挖掘、整理，编印出《海阳大秧歌音乐》《海阳民歌集成》等音乐资料。其中《海阳民歌集成》搜集民歌200余首。1986—2006年，市（县）文化馆干部为不同行业创作和排演歌曲50余首。其中，孙永堂的20多首歌曲在《歌曲》《人民歌声》《解放军歌曲》等音乐刊物上发表；歌曲《军乐情》，于2003年3月在中央电视台军营文化栏目连续播放。1990年开始，离休干部姜从今深入农村，抢救挖掘流传于海阳民间的抗战歌曲，整理出版《革命历史歌曲一百首》，中央军委原副主席、国防部部长迟浩田为其题词：“雷乡歌声嘹亮，战地黄花更香”。1991年5月，相德忠作词、吕远作曲的《樱桃节之歌》，在海阳县第二届樱桃节开幕式及节日期间播放。1999 年 5 月，《海阳电业之歌》参加全国企业之歌大赛，获优秀奖。2000 年，市文化馆成立业余少儿艺术团，利用周日和寒（暑）假由专职文化干部辅导声乐，辅导学生 300 余人，其中 100 余人考入大中专艺术院校。

戏曲　1986 年后，戏剧曲艺创作者主要是专职文化干部，另有少量业余爱好者。主要任务是为参加市（地）级以上汇（调）演创作戏剧、小戏曲、小品等。同时，为专业团体及群众性的演出活动创作文艺演唱作品。1990 年 6 月，县文化馆参加烟台市首届小品曲艺调演，获 5 个单项奖；8 月，参加烟台市小品调演，获单项奖 6 个。同年，烟台市政府首届文艺创作奖颁奖，海阳 2 件作品获三等奖。1991 年，县京剧团创作排演的现代京剧《碧血丹心》，参加烟台市新创作剧目调演，获优秀剧本奖。1995 年 11 月，作家峻青为海阳县文艺创作研究室成立 1 周年题词：地雷之乡群英辈出，人文荟萃创作繁荣。1996—2006 年，发表和上演的戏剧小品 50 余个。其中，大型戏曲有《龙凤镯》《绣女泪》《碧血丹心》《家情》《不该凋谢的花朵》等 8 个；小戏曲有《信得过》《富家泪》《换瓜》等 21 个；戏剧小品有《路嫂》《甜嫂》《捉舌头》《招工》《如此登记》《心声》等 20 余个。有 19 个小戏曲、小品参加烟台市调演并获奖。其中，《心声》（作者王仁林）获曹禺戏剧文学奖。至 2010 年，出版戏剧集 1 集、曲艺集 3 集。同年，海阳市京剧团创作编排现代京剧《地雷战》。

海阳市京剧团表演

第四章　文艺表演

第一节　戏曲剧种

京剧　海阳老百姓谓之“京戏”。清同治十三年（1874），海阳城里（今凤城）人王乐天组建普庆班，为京戏班之始。“文化大革命”中，海阳县京剧团改为“乌兰牧骑”文工队，传统戏装、道具尽毁，老艺人遭受冲击，“革命样板戏”独占舞台。1978 年，复称京剧团。80 年代，陆续上演《锔大缸》《井尸案》《沉海记》《画龙点睛》《汉宫惊魂》《雏凤凌空》《猪八戒出世》《珊瑚与凤姑》《穆柯寨斩子》等 20 余个传统剧目。上演的新排剧目有《红娘》《济公传》《望江亭》《玉堂春》《武则天》《将相和》《四郎探母》《赵氏孤儿》《潇湘夜雨》《秦香莲后传》、四本《狸猫换太子》《佘太君抗婚》《秦香莲》《狐仙传》《红鬃烈马》《凤还巢》《大探》《王虎平西》《千里走单骑》《吕布与貂蝉》《绣襦记》《盘丝洞》《大英杰烈》《法门寺》《十三妹》《捉舌头》等。1991 年 4 月，县京剧团参

海阳市京剧团京剧表演

加烟台市中青年演员、演奏员比赛调演活动，演出《二进宫》《少宴》等4个京剧片段，获奖14项。2001年8月，海阳市京剧爱好者协会成立。同年，票友于崇昆参加山东电视台《好戏连台》京剧擂台赛获第二名。2002年，在烟台市京剧票友大赛中，于崇昆、董振卿双获十佳票友，协会获优秀组织奖。2003年，由协会推荐的骨干爱好者事迹，被烟台电视台拍成专题片，选送到中央电视台戏曲频道连播数次，烟台电视台因此获专题节目兰花奖。2004年7月，举行第二届京剧爱好者电视大赛决赛，评委由烟台市著名京剧评论家何冠奇及烟台市京剧院著名演员组成。同年，举办烟台、威海2市4县京剧联谊会。2006年，组织邀请即墨、莱西京剧票友演唱会。2007年，组织参与蓬莱、乳山、莱西、莱阳4市京剧演唱会。2008年7月，举行海阳市第三届京剧爱好者电视大赛决赛。新加坡京剧名票宋炎汉、郑芸华慕名专程到海阳参加颁奖晚会彩装演出。同年，邀请董翠娜、张学浩等京剧名家到海阳进行艺术指导。2009年，邀请国家戏曲学校毕业生到海阳表演指导。

吕剧 1978年秋，李德芹创作剧本《信得过》，由县商业局宣传队排演，参加烟台地区文艺创作会演，获创作一等奖。1983年，东村、郭城公社先后成立吕剧团，经费集资或由公社拨款，县文化馆予以业务指导。1985年后，东村镇吕剧团、郭城镇吕剧团先后停办。1990年后，有多支农民业余剧团演出吕剧。

第二节　表演团体

海阳市京剧团 为海阳唯一的专业戏剧表演团体。逢年过节、庆典活动有业余戏剧演出也是以京剧为主。1986年，剧团有演职人员56人。经过数年培养，1980年招收的学员班学员挑起演出重任，逐步实现新老交替。演出的传统剧目有《画龙点睛》《猪八戒出世》《井尸案》《珊瑚与凤姑》《汉宫惊魂》《沉海记》《雏凤凌空》《穆柯寨斩子》《锔大缸》等20余个。新排剧目有《潇湘夜雨》《秦香莲后传》和四本《狸猫换太子》。1987年，新排《济公传》《佘太君抗婚》。剧团先后赴安徽、浙江、深圳等省、市观摩学习，排演出一台现代轻音乐歌舞节目，受到观众好评。此后，剧团坚持京剧、歌舞齐上演的路子。当年赴青岛、威海等地巡演。1988年，新排京剧《秦香莲》《狐仙传》《四郎探母》《红鬃烈马》以及一台以滩涂养殖和发展庭院经济为主要内容的综艺节目，在全县公演。1989年，新排《望江亭》《凤还巢》《玉堂春》《大探》《王虎平西》《千里走单骑》《吕布与貂蝉》《绣襦记》《盘丝洞》，更新3台歌舞节目；10月，剧团参加第二届山东省艺术节烟台片戏剧调演，取得优异成绩。1990年，新排《大英杰烈》《法门寺》《十三妹》和3台歌舞节目；5月29日，《烟台日报》头版头条以“适应形势、勇于改革、创出新路”为题，报道海阳县京剧团把传统艺术和现代艺术融为一体的做法。烟台市委宣传部领导在专业剧团团长会议上，称赞海阳自编自演的戏剧小品《捉舌头》为当代的《三岔口》，要求各专业剧团学习海阳京剧团的改革创新精神。1991年，剧团创作排演大型京剧《碧血丹心》，参加烟台市新创作剧目调演，并参加烟台市中青年演员、演奏员比赛调演，获多个奖项。1992年，新排移植改编京剧《武则天》和《三父争子》。1993年，新排京剧《王华买爹》一至五本；7月，参加烟台市戏剧小品调演。1997年，创作排演现代京剧《不该凋谢的花朵》，在全市巡演。1999年，新排剧目《八珍汤》，参加烟台市庆祝中华人民共和国成立50周年专业剧团优秀剧目展演，获多个奖项。2001年10月，上演新剧目《改容战父》，参加“清泉杯”烟台市专业剧团新剧目调演，获奖16项。

2010年，海阳市京剧团

2004 年，排演新戏《赵氏孤儿》《对花枪》；9 月，市京剧团与青岛启城集团联姻，冠名海阳市京剧团启城艺术团。通过冠名和服务，集团每年拨给剧团一定的演出服务费，合同期 3 年；11 月，市京剧团与烟台艺校联合开办京剧学员班，学制 3 年。2005 年，新排剧目《诗文会》《金玉奴》及部分歌舞。2006 年，新排剧目《将相和》《状元媒》《大脚皇后》和 4 个舞蹈节目。2007 年，新排剧目《望江亭》《秦香莲》及部分歌舞。2008 年，新排剧目《三子争父》《红娘》及部分歌舞。2009 年，新排剧目《狸猫换太子》（一、二、三本）、小品《旅游》。2010 年，新排剧目《吕布与貂蝉》、小品《打针》《约会》及部分歌舞。从业人员 28 人，演出 210 场，观众 42 万人次。

郭城镇吕剧团 1983 年 2 月，郭城公社吕剧团成立。翌年，改称郭城镇吕剧团。在全县范围内招收演员，择优录取，时有人员 40 名。演出剧目有《蝴蝶杯》《三人疑》《拾玉镯》《娟娘》《七星庙》《哑女告状》《白兔记》《炼印》《弓砚缘》《双玉蝉》等。1985 年后，剧团停办。

东村镇吕剧团 1983 年 12 月，东村镇吕剧团成立。时有演员 24 人，乐工 10 人，行政人员 2 人。先后演出《劈山救母》《莲花庵》《屠夫状元》《花田八错》《状元与乞丐》《龙凤面》《李师师》《桃花扇》等 20 余个剧目。1985 年后，剧团停办。

1986 年后，坚持活动较好的有行村镇桃林村农民业余剧团，先后演出京剧《四郎探母》《二进宫》《武家坡》；辛安镇南丁村农民业余剧团，先后排演《铡美案》《龙凤呈祥》等多部传统戏；小纪镇书院村农民业余剧团，排演京剧《四郎探母》《望江亭》《武家坡》《春秋记》等；留格庄镇小滩村农民业余剧团，先后排演京剧《三娘教子》《望江亭》等，每年春节期间都组织演出活动，从未间断。

第三节 群众文化活动

业余演出 1986 年后，群众文化活动丰富多彩，进入蓬勃发展时期。1995 年 12 月，南修家、窑上、桃林 3 个村被烟台市文化局公布为首批文化模范村。2003 年，全市共有农村宣传队（含业余剧团）200 余个，秧歌队 500 多支。2004 年 1 月，《大众日报》以“文化大餐，真香——海阳市社会文化活动掠影”为题报道海阳文化活动。到 2006 年，共举办全市性大（中）型文艺演出活动 31 次、迎春秧歌会演 21 次、海阳大秧歌展演比赛 25 次、业余歌手大奖赛 11 次、大型综艺晚会 200 余场。全市有农村宣传队（含业余剧团）198 个，镇（区、街道）、村举办文艺演出活动 600 余次。至 2010 年，方圆集团、电业公司等企业先后成立文化艺术表演团体，举办文艺活动 40 余次，社会演出 800 余场（次）。

2010 年，海阳市京剧团下乡演出

文化下乡 80 年代中期，群众文化工作者深入农村、厂矿、社区、校园、军营等进行文艺培训辅导，培训文艺骨干，指导业余剧团、秧歌队等开展活动，每年培训文艺骨干 1000 人次以上。1989 年 6 月，县文化馆组织辅导的海阳少儿合唱队参加山东省唱好歌比赛活动，获特别辅导一等奖，合唱《小乌鸦爱妈妈》获演唱一等奖。常年有一支活跃在农村、扎根在基层的放映队伍，成为文化下乡的主力军。1992 年 7 月，在第二届全国农林科教电影汇映活动中，县电影公司被农业部、林业部等 6 部门评为先进单位，3 人被评为先进个人。1995 年 12 月，在烟台市社会文化先进乡镇电影放映竞赛及电影百场村竞赛中，赵疃、小纪、留格庄、大阎家、行村等乡镇获优胜单位奖；辛安镇南丁村、小纪镇石马疃头村获放映模范村奖，县电影公司获组织工作奖。改装配置大篷车，轻装简从，每年送戏下乡 100 余场。2007—2009 年，演出戏剧 600 场，放映电影 1 万余场。2010年，市文化馆组织文艺活动68次，举办训练班12次、培训4000人次。

会演和调演 1978年春节前，举行全县群众文艺创作调演大会。工业、农业、商业、供销、卫生等单位的业余宣传队共310人参加，演出57个节目。1986年起，县委宣传部、县文化局每年组织全县迎春秧歌会演，坚持多年未曾间断，为节日增添浓郁的文化氛围。是年1月，县京剧团参加烟台市专业剧团青年演员会演，获集体精神文明奖、优秀表演艺术奖及3个单项奖；9月，县文化馆参加烟台市首届艺术节，演出15个节目，获16个奖项；12月，县文化局、团县委举办全县青年业余文艺会演，历时月余，20余个县直单位、14个乡镇、181个村参加，会演节目709个，选出38个节目在县城调演，评出先进单位8个、优秀节目26个、优秀演员40名。1987年12月，县文化局、团县委、县妇联联合举办青年、妇女业余会演，23个乡镇和部分县直单位参加比赛。评出团体奖15个、单项奖110个。1989年10月，县京剧团参加第二届山东省艺术节烟台片戏剧调演，参演剧目是剧团移植改编的京剧《井尸案》和1台歌舞，双获优秀演出奖，剧团获精神文明奖，京剧获优秀集体伴奏奖。1990年10月，组织全县群众业余音乐、舞蹈会（调）演，历时近一个月。全县23个乡镇、400余名选手参加，演出节目99个，评出优秀演出奖29个、优秀演员奖50名、优秀创作奖10个。12月27日，在县城进行汇报演出。1993年7月，县京剧团参加烟台市戏剧小品调演，参演节目《如此登记》《狱悔》《刘老汉认爹》等，获二等奖2个、三等奖3个。2005年，辅导海阳武警中队排练的《警营花鼓》参加省武警总队文艺会演获一等奖。2010年2月21日，全市举办“海盛杯”海阳大秧歌大奖赛，中央电视台《舞蹈世界》栏目进行录播。

文化站 1975年，海阳县设文化站。最早成立文化站的是朱吴、凤城两个公社。翌年，全县各公社均建起文化站。1985年4月，全县录用11名文化站站长为专职干部；12月，全县招聘12名合同制干部任文化站站长。文化站积极组织开展乡镇、村文化活动，辅导培训农村业余剧团、宣传队。1988年，举办全县首届文化站干部业务大比武，22名文化站长参加。1989年11月，行村、盘石店、山西头3个乡镇文化站参加烟台市群众文化工作经验交流会，并被评为先进集体。1992年10月，文化站下放到乡镇管理。2005年年底，乡镇机构改革，文化站被撤销，其职能并入乡镇社会事务发展办公室。至2010年，全市17处镇（区、街道）全部建成综合文化站，建成农村文化大院598个、农家书屋732个。

盲艺人宣传队 一支诞生于战争年代，活跃于民间基层的特殊文艺组织。70年代起，15名成员、分3个小组在县文化馆的具体管理辅导下，每年深入到200余个乡村演出。20多年共演出1.2万余场次，演唱文艺节目3600余个。县文化馆每年都对盲艺人宣传队进行1～2次培训辅导，为其编写演唱节目60余个，教唱文艺节目100余个。1994年，县文化馆组织1次盲艺人宣传队业务技能比赛。主管部门对这个特殊的队伍不断给予关心和扶持。2006年起，为每人每年增发600元的生活补助。

广场文化 90年代，群众文化活动不断丰富，活动场所也由原来的城乡街道、农村场院，逐渐换成宽阔的活动广场。1999年建成的和平广场、2000年建成的颐天园广场、2003年建成的新

2005年，新元广场

元广场，成为城区市民歌舞、健身、休闲、娱乐的乐园。2003年7月，以革命现代京剧大回放拉开海阳广场文化活动序幕，开创广场文化活动新模式。确定周五、周六、周日为固定广场文化活动日。2004年3月，创立春之声、夏之光、秋之韵、冬之情广场文化活动板块；9月，新元广场被省委宣传部、省文化厅评为山东省十佳文化广场。2005年12月，海阳大秧歌获山东省优秀广场文艺节目一等奖；春之声、夏之光、秋之韵、冬之情广场文化周活动被省委宣传部、省文化厅评为山东省社会文化活动知名品牌。2006年9月，和平广场被授予烟台市级十佳文化广场称号；新元广场和广场文化周活动被中国群众文化学会评为全国特色文化广场、全国特色文化广场活动。至2010年，在新元广场先后举办全市菊花展、元宵灯展等活动。

第五章　广播　电视　电影

第一节　广　播

1989年6月1日，海阳人民广播电台建立，并以此呼号开始播音。每天播出6小时，早晚转播中央台、省台《新闻和报纸摘要》；自办节目两个板块，有《海阳新闻》《海阳今朝》《星光30分》。文艺节目有《快乐清晨》《每周一歌》《戏曲欣赏》《文艺荟萃》《星期日文艺》。1991年，海阳人民广播电台节目按性质分类。新闻节目有《海阳新闻》《振兴海阳经济》《农村天地》《天南海北》；教育性节目有《理论与学习》；服务性节目有《知识与信息》《广告》《天气预报》；文艺性节目有《地方戏剧》《京剧剧场》《音乐曲艺》《广播剧》《每周一歌》等。定时转播中央台《各地联播》《新闻和报纸摘要》和省台《全省联播》《农村广播》等节目。2004年10月1日，海阳人民广播电台改版。每天5:00—22:00，连续17小时播音。开设《都市晨曲》《新闻快报》《一路同行》《音乐先锋》《开心娱乐吧》《生活广场》《综艺快报》《欢乐大赢家》《天天点播》《岁月如歌》《小城故事》《心灵有约》等12档自办栏目。2005年5月，撤销《综艺快报》；6月，增设《行风热线》，后改称《阳光政务》。2006年1月，撤销《音乐先锋》《岁月如歌》，增设《艺海经典》栏目。2007年4月28日，海阳人民广播电台联合山东人民广播电台，在青岛对海阳城市形象青岛推介会进行全程实况直播。7月19日，海阳人民广播电台与中国国际广播电台、华东六省一市广播电台、烟台广播电台等全国10家广播电台，联合推出大型直播《黄金海岸——魅力海阳》节目。2008年4月，撤销《开心娱乐吧》，增设《欢乐好时光》栏目。2009年，增设《健康在线》《供求信息》《民生热线》3档新栏目；改《阳光政务》为《民生热线》，平均每周播出2期。7月，撤销《心灵有约》《小城故事》，增设《我心飞翔》《农村新天地》栏目。2010年，在办好自办节目的同时，向上级台供稿300余篇。

第二节　电　视

电视台建设　1976年2月，在东村北建立电视差转台1座，发射铁塔为斜拉式，十字天线，高54米，海拔高度131米，发射功率50瓦，12频道，转播中央电视节目。1983年11月，差转台由转播黑白电视节目改为转播彩色电视节目，新建差转机功率50瓦，覆盖半径约10千米，12频道转播中央台电视节目，9频道转播山东台电视节目。1992年12月28日，建立海阳电视台。使用频道SD-16（实际使用10频道），发射功率1千瓦。前端机房至电视发射塔的电视信号传输采用微波传输，双偶极子发射天线。电视发射塔与位于朱吴镇跑马岭的烟台市海阳电视转播台共用1塔，海拔高度518米，塔高74米，发射设备由海阳电视转播台代管。1993年1月20日，海阳电视台正式开播，每日18:30开播，播出时间5小时。电视台拥有M3APK、DXC-537PK、DXC-

327PK 摄像机各 1 台，3/4V0-5630PX3、V0-5850P、V0-9800P 编辑线 2 条，WJ-MX-50 特技机 1 台，NW-03 字幕机 1 台。电视节目播出采用模拟磁带形式。1998 年，投资 60 万元对摄、录、编、播设备进行更新，设备全部实现数字化。2000 年 5 月 15 日，海阳电视台有线频道正式开通。同年，海阳电视台前端机房至跑马岭电视发射塔电视信号由微波传输改为光端机传输；投资 60 万元购置摄、录、编、播设备，电视节目编辑线由 3 条增加到 5 条。2001 年 7 月，购置第一条索贝非线性编辑线，用于专题电视节目制作。2005 年 11 月，无线电视节目播出形式由原磁带播出改为硬盘播出，实现播出完全自动化、数字化。2006 年 4 月，购进滑轨、摇臂各 1 套，主要用于现场实况录像。2010 年，海阳电视台摄、录、编、播设备全部实现数字化。

电视台宣传 海阳电视台正式开播后，每日 18:30 播出自办节目，19:00 转播中央电视台《新闻联播》及《烟台新闻》，每天播出 5 小时。自办节目有《海阳新闻》，每周一、三、五播出，二、四、六重播，星期日办《一周要闻》；其他节目有《社会广角》《党建风采》《海阳大视野》《广告与信息》；专栏节目有《科技园地》《商海博览》《金融与财税》《城建与环境》《企业之声》《法制园地》《电视论坛》；文艺节目有《点歌台》《荧屏集锦》《电视剧场》，节目带源来自省、烟台市供片站。2006 年 1 月，自办节目改版，《海阳新闻》改为当日新闻。主要栏目有《海阳新闻》《今日海阳》《农村天地》《警界传真》《生活百科》《经济信息桥》《电视剧场》《今日影院》《广告文艺》，每天播出 16 小时。2007 年，新闻节目实现当天新闻、当天采写、当天播出，新闻的时效性和可视性增强。开设《凝心聚力、再创辉煌》《建设新农村》等大型专题栏目；与市纪委、市监察局联合开设《阳光政务热线》栏目，架起政府和百姓沟通的桥梁。2008 年，先后在《海阳新闻》开设《提高文明素质，建设文明海阳》《创建和谐稳定模范城市》《抗震救灾奉献爱心》《建设社会主义新农村》《创建省级文明城市先进市》《开展六民活动，构建和谐海阳》《携手办亚沙，文明伴我行》等一系列有影响力的栏目。2009 年 6 月，海阳电视台全新改版。包装推出新闻综合、综艺生活、图文资讯、影视 4 个频道，配套全新打造 10 档符合观众需求和地方经济发展的栏目。《海阳新闻》由 10 分钟增加到 20 分钟；《海阳周刊》整合一周要闻；时政综合类专题节目《黄海朝阳》，配合市委、市政府中心工作，弘扬主旋律；《乡村四季》，突出服务“三农”主题；《法系你我》突出普法目的，弘扬社会新风；增设《生活视线》《健康你我他》《父母学堂》《娱乐时空》《梨园荟萃》，为观众提供全新的信息服务。每天累计播出 56 小时，节目通过有线、无线全覆盖播出。2010 年，海阳电视台直播、录播首届海阳国际沙滩艺术节开幕式、第 16 届亚运会火炬传递海阳站活动等 10 余个大型活动，向中央电视台供稿近 20 篇。

广告 1989 年 6 月，海阳人民广播电台正式播音后始营广告业务。1993 年 1 月 20 日，海阳电视台开播后始营广告业务，并成立广告文艺部，具体负责电视广告的办理、制作等工作。2009 年 9 月，在山东省第十二届广告节上，海阳电视台选送的《度假天堂——海阳》，获影视类作品银奖，为烟台市在本届广告节上获得的唯一大奖。2010 年，在省第十三届广告节上，海阳电视台选送的《海韵·阳光·激情·时尚》，获影视类作品金奖，为烟台市在省广告节上获得的首枚金奖。

第三节 电 影

国营电影 人民影院 海阳县（市）电影公司的实体单位。1957 年建，设机务组、票务组、

1990 年，人民影院

服务组。1986年，影院座席1151个。此后，电影院一直实行目标经营和承包经营，所放影片由烟台市电影公司发行，每月按收入比例上缴发行收入。1992年10月，烟台市电影公司改革35毫米影片发行办法，实行单片日租，按效益排片。1993年，实行每月上缴固定片租。1994年，改为全年固定包租。1995年8月，在全年包租的基础上，烟台市电影公司每月供应10个拷贝，大片和分账片收入分成。之后，随着影片发行市场化和实行院线制，节目可在省、烟台市两级公司选择。2002年5月，人民影院停止放映，改为商城。

海阳影剧院 1981年1月13日开业，兼职放映，与人民影院共用一套节目。设1312个座位。市场经历与人民影院大致相同。1997年夏，市文化局对影剧院和人民影院进行职责划分，影剧院不再放映电影。2004年4月，影剧院拆除。

乡镇电影 1986年，全县有行村、小纪、发城、郭城、凤城、山西头、盘石店、高家、大阎家、辛安、东村等11个乡镇电影院。从业人员多为原乡镇流动放映队人员，经专业培训上岗。影片节目由烟台市电影公司排映。片租由县电影公司代收代缴，提取少量发行费。1992年，随着电影体制改革的不断深入，受节目资源及其他因素影响，各乡镇电影院先后停止放映。

农村电影 1986年，全县农村电影队316个。放映员由各村选配，县电影公司进行专业培训。全县先后举办16期初级放映人员培训班，培训近500人。1987年，由于农村经济体制不断变革，农村电影放映难、收费难矛盾突出，农村电影大幅滑坡。1994年，县委宣传部发文在全县农村实行预收费放映电影，农村电影放映普及率95%以上。1996年7月，烟台市文化局在海阳市召开农村电影工作会议，重点推广海阳开展农村电影预收费的做法；10月，市电影公司出席全国农村电影工作会议并作大会交流。2000年后，受经济体制等因素影响，农村电影队活动渐少，以镇（区、街道）电影管理站流动放映为主。

社会放映 中小学系列化放映 1992年秋，县教育局、文化局联合发文，开始对中小学生进行电影系列化教育放映活动。该活动与百部爱国主义教育影片放映活动并行，内容逐年充实。放映服务范围遍及全县所有中小学，根据不同学龄特点和课程内容，配合电影放映教学。放映活动由电影公司具体实施，年放映4000余场，活动持续至2005年。

影企联姻 1996年夏，海尔集团与市电影公司联合送电影下乡，放映175场，拉开影企联姻序幕。市电影公司先后与海信、烟台古酿、时风

1962年，八一电影制片厂拍摄的电影《地雷战》

集团、中国移动、益生药业等几十个域外知名企业合作送电影下乡，放映数千场。2000年，市电影公司与烟台烟草公司合作，编制烟草打假案例幻灯片15套。同年，成立专职广告策划服务放映队，年放映联姻电影400余场。2002年，与海阳市供电公司联合送电影下乡，全市放映600余场。此后，每年与30余个党政、企事业单位合作，在颐天园广场、新元广场放映200余场，成为广场文化的重要组成部分。

影片发行 1982年8月，海阳县电影公司成立，履行电影发行职能。1986年，发行业务主要针对乡镇影院和农村电影队。乡镇影院35毫米影片，节目由烟台市电影公司按月排给县公司，县公司再排到放映单位，发行费按比例每月逐级上缴；农村电影队，由县电影公司排给乡镇电影管理站，各站排到放映队。节目资源由省公司统购统配给各市（地）公司，市公司发行给县公司，每月按比例逐级上缴发行收入。1992年1月，烟台市文化局改革16毫米影片发行和结算办法，由计划排映改为出售场次，按日计租。1993年，16毫米影片不再由上级公司发行，已有拷贝卖给各县公司，县公司可自购自营，农村电影发行放映进入市场化。2008年，全国开展农村电影放映“2131”工程（即在21世纪，在农村实现一村一月放映一场电影的目标），并由省、市、县三级财政实施农村电影放映补贴。2010年，海阳市有放映队伍23支，拷贝由烟台市免费提供。

第六章　报刊　图书

第一节　报　刊

2010年4月29日，《烟台晚报》地方版《今日海阳》创刊，4开8版，周一至周五出版，彩色印刷。报社设综合部、采编中心、专刊部、经济新闻部、新媒体事业部、发行部。报纸主要版面设“要闻”“综合”“民生”“看点”等新闻版块，“旅游”“教育”“美食”“爱家”“汽车”“母婴”“健康”“拍客”“影像”“长寿俱乐部”等专刊专版，“招虎山下”“悦读”等副刊。日发行量1.3万份。

2010年4月29日，《今日海阳》创刊发行

第二节　图　书

图书发行 海阳新华书店是全市专业图书发行销售机构。发行方式有门市零售、批发、代销、流动供应、社会集团供应、书市展销，赶集和到学校、机关、部队、企业、农村摆摊，图书预订、发展图书室等。教材、教辅征订发行一直是新华书店的工作重点。在各个时期，为配合党的中心工作，发行政治文件、文献是图书发行的重要内容。1985年，县新华书店进行企业整改，实行经

2003 年，新华书店大楼

营责任制。1987 年，县新华书店下设 13 个发行门市部。1992 年，下设 9 个门市部。1994 年，人、财、物归省新华书店统一管理。1995 年 11 月，成立海阳县图书音像公司，与新华书店一个机构、两块牌子。至 1999 年，市新华书店连续五年被省新华书店和明天出版社评为图书发行先进单位。1999 年 1 月，市新华书店为辛安镇 25 个农村图书室配书，价值 7.58 万元。2000 年 2 月，市新华书店被评为省出版总社系统 1998—1999 年度文明单位。2002 年 8 月，市新华书店被省新华书店授予山东省新华书店系统规范化门市部、山东省新华书店系统规范化管理先进门市部称号。同年，获山东省新华书店教材发行一等奖。2003 年 6 月，省出版总社副总编辑兼省新华书店（省图书音像发行总公司）董事长张仕宝等到海阳举行图书捐赠仪式，捐赠 10 个学校、10 个农村图书室价值 180 万元图书。是年起，市新华书店连续四年被省新华书店评为山东省系统冬季发行先进单位。2004 年 6 月，烟台市新华书店与海阳市新华书店联合，在海阳市新元广场举办书市。2006 年 6 月，被省新闻出版局授予 2005 年度山东省发行百强企业称号。

2010 年，市新华书店内设经理室、教材科、办公室、财务科，下设 1 个中心门市部和市直中学、小纪、郭城、留格庄、徐家店、辛安发行部 6 个教材发行部。全年销售 2715.52 万元。其中社科类图书销售码洋 1.49 万元、文教类图书销售码洋 869.08 万元、文艺类图书销售码洋 187.62 万元、科技类图书销售码洋 88.59 万元、少儿类图书销售码洋 4.36 万元、中小学课本征订销售码洋 744.80 万元、教辅征订销售码洋 562.10 万元、其他图书销售码洋 4.59 万元、期刊征订销售码洋 149.36 万元、音像制品销售码洋 40.94 万元、非出版物商品销售 23.34 万元，超额完成省、烟台市店下达的任务。

图书借阅 1978 年，县图书馆藏书不足 1 万册，发放借书证 1000 余张，日接待读者 200 余人次。1993 年前，为闭架借阅。后实行开架借阅。1994 年，在全国公共图书馆评估定级中，被评定为国家二级公共图书馆。1999 年，实现图书计算机编目、流通自动化管理。借阅方式主要有预约借书、送书上门、资料代查、参考咨询等。2006 年，新建图书馆。内设电子阅览室、借阅室、少儿借阅室、古籍整理室、多媒体教室等 5 个服务窗口，阅览座位 200 余个，周开放时间 60 小时。外借室和阅览室全年全日开放。在威青高速海阳管理处、市军休所等单位设 10 个流动服务点，定期送书。常年开展送知识、送科技信息等下乡活动。2007 年 11 月，建成全国文化资源共享工程海阳支中心。至 2010 年，在留格庄、行村、郭城等 10 多处镇（区、街道）及周边 30 个村，举办科技信息资料和图书展，发掘整理针对性、推广性强的科技资料 5000 多条，送图书 5.21 万余册次。为全市 120 户群众提供跟踪服务，发放科技资料 1000 余条、2 万余份。同年，图书总藏量 172349 册（件），其中古籍 1956 册，善本 297 册，报刊 15555 册，视听文献、缩微制品 181 件（套）。在藏量中，开架书刊 5 万册。累计发放有效借书证 6170 个。总流通 9.3 万人次，书刊文献外借 8.5 万册次。

1990 年，海阳县图书馆

1986—2010 年海阳市图书馆持证读者及图书借阅情况表

表 28-6-1　　单位：人

年　份	新增读者	持证读者	借阅人次	借阅册次	年　份	新增读者	持证读者	借阅人次	借阅册次
1986	500	1200	35280	18200	1999	743	3060	30000	39000
1987	690	1310	13000	21600	2000	806	2923	36762	38270
1988	710	1500	13200	13600	2001	660	3125	24076	44402
1989	826	1429	35665	37105	2002	682	3371	51000	71000
1990	340	1745	29820	47850	2003	730	3430	22763	47683
1991	582	2210	64422	69801	2004	51	2500	1500	1650
1992	1397	3463	93927	110140	2005	36	2410	1230	1300
1993	602	3052	93940	110870	2006	20	2011	1120	1220
1994	566	4620	82300	98500	2007	890	2996	12000	96000
1995	664	5200	99600	52100	2008	330	3200	11560	89650
1996	871	4006	61068	83037	2009	290	3978	10899	88690
1997	500	3400	70000	80000	2010	210	4150	11020	97880
1998	639	3280	75159	86850					

第七章　文化市场管理

第一节　管理队伍与规章

管理队伍　1994 年前，文化市场管理由县文化局文化市场管理科负责。1994 年 11 月，设海阳县文化市场稽查队，与县文化局文化市场管理科合署办公，编制 4 人，经费实行差额拨款。1996 年 5 月，改称海阳市文化市场稽查队。管理全市文化市场中的营业性演出市场、营业性歌舞娱乐市场及各类游乐场所、美术品市场、音像市场、文物经营市场、电影市场、书刊市场、经营性文化艺术培训市场、互联网上网服务市场等。

规章制度　1990 年后，全市依据《山东省文化市场管理条例》，先后制定《海阳县社会文化管理暂行办法》《海阳县文化娱乐市场管理办法》《海阳县音像制品发行放映管理规定》《海阳县舞厅、卡拉 OK 厅管理规定》《海阳县台球、电子游戏娱乐活动管理规定》《外地团体演出管理办法》《海阳县图书报刊管理规定》等相关规范性文件，文化市场管理工作逐步科学化、规范化。同时，坚持一手抓繁荣、一手抓管理，逐步建立起以县城为中心，向镇（区、街道）、村辐射的三级文化市场管理网络。2000 年后，建立完善培训考核制度。对申请文化经营的业户一律实行发证前的培训学习考核，考核合格者发给经营许可证。运行中适时组织经营业户进行再学习、再培训，并将考核成绩记入业户档案。坚持业户负责人季度例会制度。根据各文化经营单位和个体户的不同特点，每季度召开 1 次业户负责人例会，学习有关法规和上级指示，通报市场稽查情况等。印制《文化经营责任书》，规定业户的权利、责任、义务，发证前与经营负责人签订责任书。实行政务公开，制定《海阳市文化市场稽查队服务承诺制度》《海阳市文化市场工作人员管理制度》《海阳市网吧百分制考核办法》，并建立人性化管理体制，简化办事程序，提高办事效率。对音像市场推行连锁经营，为53个网吧安装"净网先锋"软件，自动屏蔽不健康网站，变治标为治本。文明执法、上门服务，变管理为服务。

第二节　文化市场稽查

市场发展　海阳的文化市场随着改革开放及文明建设不断向纵深发展逐步形成。较早的有街面台球、卡拉OK、简易舞厅、录像放映厅等。后来逐步发展到稍具规模的饭店皆配有卡拉OK，并出现豪华舞厅、练歌房、夜总会、音乐茶座、健身房、电子游戏厅、书店（屋）、画廊、网吧、音像店以及音乐舞蹈、美术、书法、摄影、创作等培训市场。1993年，从事文化市场经营的单位和个人325个。其中歌舞厅4处，室内卡拉OK 10处，室外卡拉OK 20处，录像放映厅10个，音像制品发行和租赁11处，电子游戏厅19个，台球315台，书店和个体书摊23处，印刷厂13个，打字复印70个，字画装裱9处，业余艺术培训5处，影院和影剧院9个，从业人员3685人。2001年，全市有登记发证的文化经营业户202家，从业人员1800人。其中音像制品、书刊出租、出售经营业户106家，歌舞娱乐厅15家，印刷业户46家，电子游戏厅2家，网吧33家。2006年，全市共有文化经营单位259个。其中歌舞厅13个，书刊门市56个，录像放映厅3个，音像制品出租、零售门市55个，台球厅2个，印刷经营单位22个，电子游戏厅2个，网吧53个，打字复印53个，网络遍及市区、镇（区、街道）。2010年，全市共有文化经营单位186个。其中歌舞厅8个，书刊门市34个，音像制品出租、零售门市26个，印刷经营单位38个，电子游戏厅2个，网吧77个，演出团体1个。

市场稽查　90年代后，文化市场稽查队围绕"繁荣发展市场、规范管理市场、热情服务市场"的工作思路，坚持"打防结合，重在防治；打教结合，重在教育；罚管结合，重在管理"的工作原则，依据文化市场管理的法律、法规和规章，对文化经营单位和文化经营活动进行监督、检查，保证合法经营，制止或查处文化经营中的违法行为。工作中不断创新管理机制，严格实施综合管理，规范市场秩序，培养发展文化产业，促进全市文化市场的健康发展。采取集中整治和日常巡查相结合的工作措施，重点加强对文化娱乐市场、网吧、音像、出版物等市场的监管，全市文化市场呈现出规范有序的发展态势。1992年1月—1993年8月，采取4次集中行动，收缴反动色情书刊3000余册。2001年，文化、公安、工商等部门联合行动，先后7次对音像、图书、网吧、歌舞厅进行重点检查，严厉打击和查处文化市场中制黄贩黄、赌博等违法犯罪活动。仅上半年，就收缴非法音像制品2400多盘、盗版书刊1200多册，取缔非法经营业户9户。2007—2009年，出动执法人员8120人次，处罚案件71件，查处网吧31个，关闭违法演出场所3家，取缔游商、地摊35家，取缔无证游戏厅2家；营业性演出备案登记21次，收缴各类盗版音像制品8460余张。在开展"扫黄打非"集中行动中，共收缴非法音像制品1000多张、非法出版物800多册、淫秽色情光盘300多张。

2010年，文化执法人员检查音像市场

第八章　档案管理

第一节　馆藏档案

馆藏档案与资料　明清档案有高出、李赞元等海阳籍名人档案，有海阳十大历史风景档案；民国档案有王以成（辛亥革命烈士、丁肇中之外祖父）名人之家档案。其中，存有王以成的《啮指誓书》《箫九箴女》《高歌满江红》，王隽英（原国民党中执委候补委员、丁肇中之母亲）的《告全国妇女同胞书》。

革命历史档案162卷。主要为华东支前委员会、东海地委和专署、海阳县委和县政府，以及所属各区委、区政府，在1941—1949年期间形成的档案。

中华人民共和国成立后档案26335卷（件）。以文书档案为主体，主要是海阳县（市）委、海阳县（市）政府及其直属部门和群众团体形成的文件材料。

馆藏珍贵资料有：清乾隆七年（1742），包桂编纂的《海阳县志》（4册）；清光绪六年（1880），王敬勋承修的《海阳县续志》（6册）；1935年，编修的《莱阳县志》（12册）；著名作家峻青出版的作品、部分手稿及80多幅照片；记叙地雷战光辉

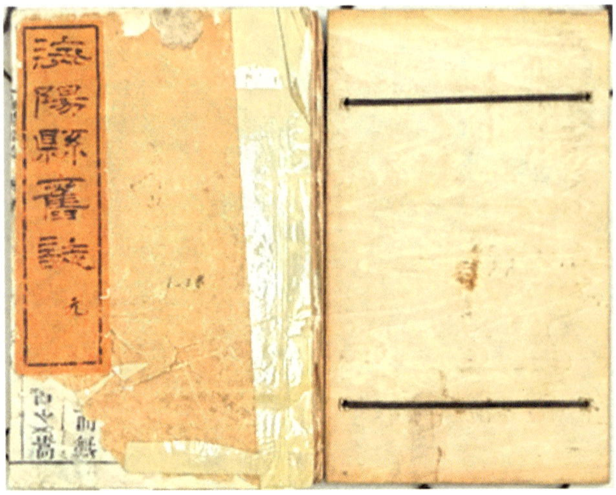

《海阳县旧志》

《海阳县续志》

业绩的《虎山儿女》《千千万万》等书籍，还有一部分海阳名人的珍贵族谱、字画、遗物等。

2010年，馆藏档案95个全宗26497卷（件）、资料9263册、照片档案2256张、电子档案35盘。

档案征集与接收　1994年1月，开展征集海阳名人档案活动，征集名人传略、著作、照片、手稿、家谱等1000余件；3月，开展征集海阳名胜档案活动。1995年，县档案馆开始建名优产品照片档案。1997年11月，为海阳珍贵文物、国家

2001年，峻青为海阳档案工作题词

领导人到海阳及海阳重大活动建立照片档案。

2005年，接收海阳宾馆破产档案。2007—2008年，接收部门归档文件材料3451份。2009年，接收市委办公室、市政府办公室等部门归档文件材料1514份，接收市计生局、科技局等15个部门1986—2000年度档案1500余卷；2010年，接收档案500余卷。

馆藏档案数字化 1998年，完成对162卷革命历史档案目录级计算机录入工作。2005年，开始用计算机对中华人民共和国成立后馆藏档案进行卷内目录级录入工作。2005—2010年，累计录入文件级目录15万余条，基本实现机读目录计算机搜索。

第二节 科技档案

1980年11月，召开全县科技档案工作会议，部署全县科技档案工作。1983年，召开全县档案工作会议，提出要抓紧搞好科技档案和专业档案。1984年，5个单位建成烟台市标准科技档案室。1985年，全县建成科技档案室60个。1986年4月，县造纸厂、肉联厂、针织器材厂、锻压机床厂、工贸联营工艺品厂档案室被评为标准档案室。1989年11月，县邮电局、五金工业公司、皮鞋厂、绣花厂、丝绸厂、化肥厂，被省档案局评为省级企业档案管理先进单位。

1991年2月，县化肥厂被省档案局评为国家二级档案管理企业；10月，县电业局被省档案局评为国家二级档案管理企业。1997—1998年，市电业局、邮电局被评为国家二级企业档案工作先进单位。2005年4月，市档案局向百家民营企业家发出《致海阳市民营企业家的一封信》，提出为民营企业免费提供7项档案服务，帮助其建立健全企业档案，建立规范完善的档案管理体系。

第三节 机关事业单位档案

1978年6月，制定《档案资料借阅制度》和《关于档案保管、保密制度》。1980年1月，印发《关于文书处理和档案工作的几点意见》。1983年8月—10月，举办县直机关、企事业单位专（兼）职文书档案人员培训班。1990年7月，制定《海阳县档案馆接收档案实施办法（暂行）》。1991年，对县直单位的档案工作进行检查评比，重点抓地名、公证、诉讼等专业档案建设。7月，县政府印发《海阳县城市建设档案管理暂行规定》。1992—1995年，共有7个部门获省一级机关档案管理先进单位称号、9个部门获省二级机关档案管理先进单位称号、14个部门获省三级机关档案管理先进单位称号。其中，县环保局档案室在全县第一个进入机关档案工作省级先进行列，于1994年11月出席全国环保系统档案工作会议（唯一的县级单位代表），同时获得全国环保档案工作先进集体、先进个人和重视档案工作的领导者3块奖牌。1996年4月，县纪委、监察局发出通知，要求为全县党政机关、企事业单位和群众团体主要负责人建立廉政档案，并对建档内容作出明确规定。同年，市公安局、市检察院、市法院的档案工作均进入省级先进行列。1998年4月，《山东教育报》以《海阳市开展档案管理达标活动》为题，报道全市中小学和乡镇教委加强档案规范化管理的情况；6月，市卫生防疫站和赵疃乡初级中学等27处中学获省二级科技事业单位档案工作目标管理先进单位称号。1999年9月—10月，市人大常委会教工委、市政府法制办公室、市档案局组成联合检查组，对全市130余个全宗单位贯彻执行《中华人民共和国档案法》《山东省档案条例》《烟台市档案管理办法》《海阳市档案管理细则》情况进行全面检查。2000年，全市21个乡（镇、区）建立起档案管理站。机关和科技事业单位实行规范化目标管理认定单位20个。

2001年，对全市100余个机关、科技事业单位的档案管理人员进行业务培训，对业务工作巡回监督指导。2002年，开展全市文书立卷和档案目标管理认定活动，文书立卷率90%以上。2004年，印发《关于加强全市档案管理工作的意见》。对档案安全、规范管理等提出明确要求和具体保障措施，全面推行《归档文件整理规则》。

2005年，共有60个单位安装杰瑞档案管理软件，市直机关、事业单位普及率85%以上，开始档案数字化工作。2006年，全市晋升省特级档案室1个，保持特级的2个；晋升省一级档案室

10个，保持省一级14个，由省一级降为省二级的1个；晋升为省二级的16个，保持省二级的98个。省二级以上的档案室数量142个，位居烟台市各县（市、区）首位。2010年，对申报等次单位的档案管理工作进行考核，保持省特级的5个，晋升省一级2个，保持省一级25个。

第四节　农村档案

1977年，全县所有生产大队全部完成建档工作。1980年3月，印发《关于公社文书立卷工作的通知》，要求将公社成立以来的文件材料全部进行收集、整理、立卷、归档。1981年3月，制定《关于当前公社立卷归档问题的几点意见》，开始接收公社档案进馆。1985年，全县23处乡镇普遍建立起档案室，其中3个镇配备专职档案员。11月，印发《关于加强乡镇档案工作和建立档案室的意见》。1991年6月，县政府印发《海阳县村民家庭实行档案管理的暂行规定》，在全县开始建立村民家庭档案。1996年1月，县档案局与乡镇企业局联合制定《关于加强乡镇企业档案工作的意见》，乡镇企业档案管理步入法治化轨道。1996年8月，全市23处乡（镇、区）财政所档案室全部达到省三级先进。1997年1月，市委组织对全市村级建档进行督导检查。全市732个行政村均有存放档案的场所、专柜，案卷基本符合质量要求，赵疃乡人大主席团还制定《村民档案管理办法》。1999年1月，市委组成对21处乡（镇、区）富民工程档案建设情况进行集中检查，全市建档率100%，共建档20.11万份（一户一档）。2月25日，《中国档案报》在头版显著位置，以《书记挂帅又亲征　市乡村户齐行动——海阳市20万农家建立“富民工程档案”》为题予以报道。5月，市委、市政府制定《关于进一步加强全市农业和农村档案工作的意见》；7月，市档案局获全省农村档案工作先进单位称号。10月，《中国档案》1999年第10期发表《海阳，开创农业和农村档案工作新局面》长篇通讯。

2002年起，为72个后进村建立档案，实行动态管理。配合农村信用社为1526个农户建立信用户档案。2007年，加强对村务公开和民主管理、农业科技与农产品、农村劳动力素质培训与就业等档案的建立和管理工作，建立村级档案管理规范化试点3个。2008—2010年，推广新农村建设档案工作示范点经验，并对各镇（区、街道）档案员进行业务培训。

第五节　档案开发利用

1979年，县档案馆汇编《海阳县社教运动中自杀人员登记表》和《海阳县“文化大革命”运动中自杀人员名册》。1981年，县档案馆提供利用档案创历史纪录，仅为编写《海阳县志》一项，就提供档案4500余卷次。县档案馆汇编《海阳县行政区划沿革（1935—1981）》《海阳县党政机构设置（1950—1981）》。1991年9月，集中整理《党和国家领导人及省委、省政府领导同志来海阳视察》《中央领导同志在山东》《中国人民志愿军烈士》《热烈欢迎对越反击战从前线归来的亲人》《全国民兵英雄赵守福、于化虎、孙玉敏》《海阳民兵全歼美蒋特务及授奖祝捷》《日寇在海阳制造无人区、国民党窜犯海阳城之罪恶》《海阳樱桃节活动》《海阳县遭受台风暴雨袭击所造成的大灾害》《凤城港大海潮受灾》《海阳大旱灾及市、县领导深入社队抗旱支农兴修水利》等专题照片档案。市档案局与电业局联合开展的《档案信息资源开发利用研究》获省科技情报成果二等奖。1994年5月，县档案馆在征集的名人档案中，发现世界

1994年10月23日，丁肇中（中）到海阳县档案馆瞻仰母亲王隽英女士的档案

著名物理学家、诺贝尔奖获得者丁肇中教授的母亲和外祖父都是海阳名人。6月13日，经县委、县政府领导同意，给丁肇中教授写信，汇报本馆征集海阳名人档案的情况，寄去王以成（丁肇中之外祖父）、王隽英（丁肇中之母亲）的传略、手迹、遗物复印件和照片，以及全国美协会员王举春的国画《峻鹰振翼飞九重》(王以成诗句)、孙明春的书法作品《隽笔绘巾帼　英杰振中华》(王以成诗句)，邀请丁肇中回海阳省亲。10月23日，丁肇中第一次踏上海阳土地，在县领导的陪同下，参观海阳名人档案，重点瞻仰其外祖父王以成（辛亥革命著名烈士）和母亲王隽英（原国民党中央执委会候补委员）的传略、照片、作品、手迹、遗物等，并留言（译文）：“十分有幸能来到此地——一个对我母亲有着特别纪念意义的地方。母亲的生活和她的居住地对她的子女来说，使我有可能获得今日的成就。”同时，受聘担任海阳县隽英政教思想研究会名誉会长，并向研究会赠送一帧母亲的照片。照片背面有丁肇中的亲笔题词（译文）：“为纪念我的母亲，赠给母亲生平研究会。母亲的一生对我有着极其深远的影响。”《人民日报》《中国档案》《中国档案报》《寻根》等27家主流媒体报道这一活动。2002年12月，市档案馆成立现行文件资料服务中心，翌年1月1日向社会开放。2005年，配合招虎山争取国家级森林公园、招虎山复建梦达寺项目申请，在提供馆藏资料的同时，编写有关招虎山的详尽资料；配合市政府迎接丁肇中第二次回海阳省亲，整理其第一次回海阳时的照片并制作精美相册，通过市委领导赠送给丁肇中；配合中央档案馆、国家档案局、中央电视台拍摄大型文献纪录片《中流砥柱八路军——海阳地雷战篇》。2007—2010年，共接待社会各界查档人员1740余人次，查阅利用档案3420卷。

第九章　党史　地方志

第一节　党史研究

组织史编纂　1981年3月，在全县开展征集革命历史文件资料工作。第一阶段主要在档案馆、图书馆及有关机关、单位进行，10月结束。第二阶段主要向社会和个人征集，1982年7月结束。1985年4月，县委召开全县党史工作会议，部署全县党史资料征集工作具体任务。县委在有关部门抽调10人组成征编办公室，县直各部门、各乡镇和村成立征集小组。编印征编疑难问题解答材料，并对全县征编人员分层次集中培训。组织辅导员108人，到基层面对面指导。全县共访问人员8000余人次，召开各种形式座谈会2500余次；查阅历史档案170余卷，约100万字；复制、征集党史资料140万余字，发函1000余件，外调访问300余人次，走访当事人和知情人8000余人次，从外地请回知情人20余人次。全县2600余人参加组织史征编工作。编写整理60余个党史专题，近20万字，并在有关刊物发表党史专题资料12份。历时2年，编纂完成25万字的《中共海阳县组织史资料汇编》，成为全国第一个完成组织史资料征编工作的单位。1986年3月，海阳党史征委会作为全国唯一的县级代表，出席全国中共组织史资料编纂工作座谈会，受到中央领导的表扬。先后有安徽、陕西、黑龙江等19个省的99人到海阳学习。1995年8月，编纂出版《中国共产党山东省海阳县组织史

中国共产党山东省海阳县组织史资料

资料（1926—1993）》。2006年6月，编纂出版《中国共产党山东省海阳市组织史资料（1993—2005）》。

地方史编纂 1990年10月，编纂出版《中共海阳党史大事记（1926—1949）》。1999年7月，编纂出版《海阳英烈》。2000年10月，编纂出版《中共海阳党史大事记（1949—1989）》。《大事记》历时10余载，八易其稿，查阅档案1900余卷，调查走访100余人次，积累资料200多万字。共收录条目1546个，计45.78万字。2001年，被省委党史征委会评为二等奖。同年，启动《中共海阳地方史（1926—1949）》（第一卷）征编工作。查阅大量档案，征集相关资料，历经近6年时间，编纂出版20万字的《中共海阳地方史（1926.9—1949.9）》（第一卷）。

2006年11月，《中共海阳地方史》出版

其他党史资料征编 2006年10月—2007年6月，组织抗日战争时期人口伤亡和财产损失调研活动，走访70岁以上老人4.28万人，调查知情者3660人，取得有效证据5236份，查阅档案450余卷、书籍400余册、资料600余万字，编成5万余字的《抗日战争时期海阳人民遭受损失的调查研究报告》，获烟台市优秀成果奖。2008年，完成省、烟台市委党史研究室有关"文化大革命"期间专题资料征集工作。2009年，完成省、烟台市委党史研究室有关社会主义建设时期专题资料征集工作。2010年11月，在全市开展一次革命遗址普查工作，摸清全市革命遗址的基本情况，并发现胶东区战时邮务管理局、华中建设大学、黎明剧团、胶东公学等遗址一些新史料。

第二节 地方志编纂

《海阳县志》编纂 1981年，县委、县政府成立海阳县志编纂委员会，组建编纂小组，开始收集整理资料。1984年，编辑完成《海阳县简志》，12.7万字。同年，县志办公室派员到外地取经学习。举办各部门编志人员学习班，辅导编写部门志，为县志编写打基础。《海阳县志》的编写，查阅大量的典籍、档案、报刊，对各部门的资料进行全面调查、普查；先后到国家和有关省市档案馆、图书馆查阅资料5000余卷；访问800余人次，发函千余封，征集文献资料数百份，积累资料3000余万字。同年，县志初稿修成并审稿。1987年4月，二稿修成并审稿；7月，举行《海阳县志》评、改稿会。1988年8月，《海阳县志》入厂印刷。1989年12月，中华人民共和国成立后第一部海阳县志正式出版发行。1993年，《海阳县志》参加山东省十年修志成果展览，获山东省地方志优秀成果二等奖。《海阳县志》上限自清雍正十三年（1735）建县起，下限到1985年止。全书约156万字。2002年，启动新一轮修志工作，续修《海阳市志》。

1989年12月，《海阳县志》出版

部门、行业、镇村志编纂 1984年，举办部门、乡镇编志人员学习班，辅导编写部门志。至1988年，全县有52个部门、乡镇、企业、村完成志稿撰写任务。1990年后，先后编修完成《卓格庄村志》《城北村志》《南姜格庄村志》《西河崖村志》《西古现村志》《大辛家村志》《海阳市卫生志》《海阳市文化志》《海阳市军事志》《海阳市委党校

志》《海阳市人民法院志》等。

2001年7月，召开镇（区、街道）负责人及工作人员参加的《海阳市镇村简志》编纂专题会议，编纂工作启动。市党史办对镇（区、街道）及所辖村的撰稿人员，从地方志基础知识、简志基本内容到实际操作进行培训。编发《海阳市镇村简志组稿方案》《海阳市镇村简志范例》，进行具体指导。2002年2月，召开专题会议进行协调，解决组稿过程中出现的格式不规范，内容雷同、重复、简单和矛盾等问题，对各村资料反复核实和补充，大部分村数易其稿。至2003年4月，全市732个行政村完成资料性初稿。9月，各工作片的初稿审定及个别内容补充工作基本完成，文字总量220万字。年内，对简志初稿加工、总纂。其间，九易其稿。2004年10月，完成总纂《海阳市镇村简志（上、下卷）》任务。此书为海阳建县后第一部记载农村历史和现状的综合性工具书，170万字。

《海阳年鉴》及其他地方志书编纂　1985年6月，完成《山东各地概况》海阳部分，1.4万字。1990年1月，完成《山东风物大全》海阳部分。1987年5月—1996年9月，编辑出版《海阳游子录（一、二、三辑）》；第一辑录入320人，第二辑录入542人，第三辑录入279人。1995年，编辑出版《嵎阳风物》。2005年，完成《烟台人物》海阳部分。2007年始，3年内完成《山东年鉴》《烟台年鉴》供稿和《烟台市志》海阳人物及照片征稿工作。2008年，完成亚沙会筹备工作大事记搜集整理和指导工作；完成《山东省志·人物志》海阳部分征稿工作；完成省地方志各地方言视频、音频资料征集工作；完成《山东省历史地图集》资料征集工作；完成《山东历史文化镇村》征稿工作。2009年，完成《山东省历史地图集》资料修订工作。2010年9月，编辑出版《海阳年鉴（2007～2009）》。此年鉴为海阳市第一部综合年鉴，是系统记述海阳自然、政治、经济、文化、社会等情况的年度综合性、资料性文献。全书设特载、专记、大事记、海阳概况、行业、党政群团、人物等27个栏目，90万字。

2010年9月，《海阳年鉴（2007～2009）》出版

第十章　文　物

第一节　发掘与考古

嘴子前墓群　嘴子前墓群位于盘石店镇嘴子前村东北约50米的黄土台地上。长期以来，因农田中不断在墓群范围内发现零星铜镞、铜剑等，被认为是古代驻军的场所，故称此地为“养军场”。70年代起，先后在此发现6座墓葬，其中3号墓、5号墓破坏严重，情况不明。1号墓虽遭破坏，但多数随葬器物被追回，并对其进行重新清理，情况较清楚。其余3座墓葬比较完整，内涵丰富。

1号墓　1978年2月，嘴子前大队农民整地时在遗址内破坏1座木椁墓，编号为1号墓（M1），出土铜器40多件，陶器、木器悉被毁弃。经县文物管理部门收缴，大部分铜器收归公有，入藏县博物馆。2000年7月，烟台市博物馆、海阳市博物馆联合发掘队在发掘6号墓的同时，又将22年前农民挖毁后回填的1号墓重新挖开，在土圹中发现熟土二层台及其上放置的车马器等，在农民回填的土中拣寻到一些残陶器及少数木器、铜器等。

1号墓共收缴和清理出土铜器42件，包括鼎、宽沿簋、盘、盆等盛器，车軎、当卢等车马

2001年，嘴子前墓群

器，戈、矛、剑等兵器以及编钟等乐器。因大部分被农民挖出，故有部分散失、损坏。陶器和木器残损严重，缺失很多，多数为不能复原的残块。从出土器物及墓圹形制分析，其规模较大，等级较高，年代略晚，应为春秋晚期。出土器物中有许多兵器，尤其是带柄装鐏的宽锋矛，是兵器中的精品，因此推测1号墓的主人是一位男性。

2号墓　1985年，当地农民在墓群内取土时毁坏，县博物馆对其进行抢救性发掘，后编号为2号墓（M2）。墓中共出土器物120余件，包括铜器3件、陶器90余件、仿铜礼器的木器20余件、石器3件。其中铜器、鼎、钘、盆保存较好。陶簋、陶豆、陶罐等陶器以及壶、勺、俎等木器残碎朽烂严重，只有部分复原。从出土器物及墓圹形制分析，2号墓规模较小，等级也较低，年代略早，应在春秋中期左右，是已发掘的嘴子前墓群中时代最早的一座墓。

4号墓　1994年春，烟台市文物管理委员会和海阳县博物馆抢救性发掘1座木椁墓，编号为4号墓（M4）。共出土器物240多件。其中，青铜器60多件，玉石器10多件，漆木器40多件，陶器100多件。由于墓室用青膏泥封填，椁室及头箱内的随葬品大都保存较好。青铜器毫无锈蚀，木器大部分能辨认形状，有的器物颜色没有变化。衣革甲等丝革制品及陶器残碎、朽烂较重，基本不能复原。其中青铜器和一些易腐朽的漆木器等，出土时鲜艳如初、完好无损。4号墓葬具使用重椁之制，并葬有一组7件的铜鼎及一套9件的编钟，应属贵族墓葬。从随葬品的规格看，该墓属胶东地区最高，说明此处是春秋时期胶东半岛又一个政治中心。从墓中出土的铜甗、铜盂的铭文看，两件重器来自淮水流域的陈国。据《史记·田敬仲完世家》记载，公元前672年，陈国公子完奔齐，经十世至田和，于公元前391年终于取代姜氏而有齐国。陈氏（田氏）五世其昌，并于正卿，四为齐相，族系庞大，封邑众多，以至“超过（齐）平公”之所食。嘴子前墓群，可能是陈氏家族远在东方的族墓和封邑。从出土器物分析，4号墓的时代要早于1号墓，约在春秋晚期偏早阶段。

6号墓　2000年7月，海阳市博物馆会同烟台市文物管理委员会，对嘴子前春秋古墓群裸露的另一座古墓进行抢救性发掘，编号为6号墓（M6）。共出土各类文物170余件，包括铜（陶）器、漆木器和玉石器等。其中陶器最多，共118

件，多为鼎、簋、豆、鬲、罐，还有盘和匜等，多数破碎严重。漆木器有壶、俎、簋、勺、盒、匕、梳等，破损也较严重。铜器仅有鼎、钘、盆3件，器身虽不见锈斑，但仍有破损。玉石器有串珠、玉佩、滑石盘形器、滑石贝币等。串珠最多，有数百枚，石质，体小而质轻，水能浮起。该墓有完整的椁室和棺室，从各种迹象分析，该墓早年被盗过。墓中不见戈、镞之类兵器，残存的骨骼也较细小，墓主人应为女性。从出土器物分析，其年代与4号墓同时，晚于2号墓，约为春秋晚期偏早阶段。

九顶梅花岭汉墓群　2002年初秋，在中房村九顶梅花岭铺路施工中，4座古墓连续遭到施工机械破坏。经请示上级部门，市博物馆考古人员对其中一残存的古墓进行抢救性清理发掘，出土一批珍贵的早期青瓷器和青铜器。其中，青瓷壶4件、陶器7件、青铜器6件，昭示此地是一处规格较高的贵族墓群。古墓的地上封土在60年代整修为平地。墓圹及葬具又在铺路施工中基本被挖掘机挖走，仅残存墓底。墓底南北2.1米，东西1.9米，深0.3米。清理中发现，墓圹东北角保存较完整，在松软的风化岩上，修凿成非常整齐的墓壁，高约30厘米。填土为黄色黏土掺有石块，最外层填厚约5厘米的海蛎皮。墓底可见约2厘米的黑色木灰和散落的黑色漆皮，应是棺椁朽烂的板灰和棺上的髹漆。偏北见一约2厘米厚似麻布织物的碳化物，未发现人骨。圹底是经过修凿平整的风化岩石面，凿石为圹，墓向不清。

此次抢救性清理发掘，没有发现确切年代标记物出土。但残存的墓葬结构和随葬品都具有明显的时代特征。形制与山东省荣成市梁南庄汉墓，威海市蒿泊街道大天东村西汉墓相同。3处墓群所处地理位置，均位于离黄海海岸较近的丘陵地带，说明应是相近地域同一时期的葬俗特点。随葬的铜盘、提梁卣、陶壶、陶罐，也与以上2处墓葬所出同类器物基本一致。鐎壶与山东省沂水县荆山西汉墓、山西省朔县西汉木椁墓出土同类器物，除尺寸有异，其他完全一样。以上器物，均被认定为西汉中、晚期，梅花岭古墓的年代也与其接近。但此次出土数量最多的青瓷壶，却与山东省微山县汉墓，浙江省龙游县东华山汉墓所出土的同类器物形制相近，显然具有西汉晚期、东汉早期特点。综上，九顶梅花岭古墓群的年代为西汉晚期。出土的4件早期青瓷壶，在海阳属首次发现，在胶东半岛也非常罕见。它造型端庄，制作精细，装饰别致，以划戳工艺在胎坯上作优美的变体龙纹图案，以及颈部精细的水波纹。是汉墓出土的同类器物中的精品，体现当时人们制瓷工艺水平的高超和技能的娴熟。据史料记载，西汉时期，山东并不烧制瓷器，所用瓷器皆从浙江地区购运而来。该墓主人能用如此精美的早期青瓷器随葬，应是地方官吏或豪强大族。

纪疃金代墓群　2005年10月19日，市博物馆对二十里店镇纪疃村南暴露墓葬进行清理发掘。经实地探查，选取6座古墓进行发掘，弄清墓葬的分布及基本结构。其中，1座古墓残存墓底形制较清晰，另外5座墓葬因破坏严重，形制漫漶不清。在其中5座中清理出5件瓷碗、部分尸骨及1件残花纹砖。对墓葬形制及出土器物研究推断，此处古墓葬为金代的贫民墓，距今800余年。此次是市博物馆首次对这一时期墓葬进行科学发掘，对研究海阳乃至整个胶东半岛该时期墓葬形制、风俗文化等起到非常重要的资证作用。

第二节　文化遗址

海阳地处胶东半岛南部，面临浩瀚的黄海，风景秀美，气候宜人，是人类繁衍生息宜居之地。海阳文物工作者经过探索发掘，已查明古文化遗址30多处，比照考古学和历史学的文化分期，大致分为贝丘文化遗址、龙山文化遗址和岳石文化遗址三个时期。

贝丘文化遗址　贝丘文化遗址有9处，较突出的是行村镇桃林村的杨家园、辛安镇的蛎岔埠2处遗址。其余的还有辛安镇辛安村、二十里店镇窦疃村、东村街道初格庄、徐家店镇长沙堡遗址及郭城镇阵胜、河南和战场泊遗址。

桃林遗址　桃林遗址位于村南十几米处，海拔10米以上，西部和南部与遗址相距不远的10米等高线以下为低洼地，一直延伸入海。南至大海约1千米左右，东部和东北部为低矮的丘陵，今为梯田，西有一小河自北向南流过。因距村庄近，遗址成为农民的蔬菜地，东西160米，南北90～130米，面积约1.7万平方米。地表随处可见陶片、石器、红烧土块和大量贝壳。遗址中采集的文化遗物主要是陶片和石器。陶片以红褐色最多，另有少量泥质红陶、灰褐陶等。陶质以夹砂为主，有的夹云母片。纹饰较少，主要是附加堆纹，另见少量刻画纹和红彩陶。陶器均为手制，可辨器类有鼎、罐、壶、钵、器盖及纺轮等。鼎足多圆锥形，壶有高领、矮领之分。石器发现少，仅见石斧，器身梯形，以琢制为主。遗址的动物遗存有贝类和猪的遗骸。贝类有泥蚶、牡蛎、脉红螺等，泥蚶数量最多。各级考古工作者对遗址进行过多次勘察，通过剖面、探方、探孔分层取样分析，中科院专家对出土的兽骨、贝壳和土样进行测试，证明是一处典型的贝丘遗址，延续时间大体与邱家庄一期相当。其他8处遗址的情况，也都与杨家园遗址相似，时间虽略有前后，但都可定为同类古文化遗存。

龙山文化遗址 遗址普查表明，这一时期境内进入一个兴旺发达的时期。探明的遗址有司马台、城子顶、大榆村、庙埠顶、新庄头、河北、祥东、廒子、汪格庄、辛安、方里、柳树庄等10多处。龙山文化时期的社会形态比以往各个时期都显示出极大的社会进步和历史飞跃。由于战争及政治和经济交往的需要，城逐渐形成。城子顶和司马台龙山文化遗址都隐隐地反映这一历史状况。

城子顶遗址 位于方圆街道南（北）城阳之间的平原地里，遗址中部高凸，四边下凹，东西长约400米，南北宽约300米，面积约12万平方米，地势平坦，视野开阔，有一小河自北部招虎山流出，在遗址北向西南流去。据村民讲，小河原从遗址的东边向南流出，后改道。遗址所在处地势较洼，当地人称“壕沟”。1992年，被省政府公布为山东省文物保护单位。各级考古工作者对该遗址进行多次实地勘察，收集大量石器、陶器残片。在北部断崖处，发现完整的黑陶器盖。1999年，市博物馆在北部遗址高处开挖一条长1.5米、宽0.7米、深2.2米的探沟，探明有效文化层深2米。城子顶遗址的陶器以夹砂黑陶为主。其中，尤以泥质红、黑陶杯的陶片最为精致，厚仅3毫米，杯口沿仅1毫米。陶器多轮制，器表磨光。纹饰以弦纹为主，还有压印纹和附加堆纹。在收集的大批陶片中，还有一些岳石文化风格的陶器，特别是红褐色夹砂陶片和长舌形中部为长凹槽的鼎足。大量实物证明，这是一处以龙山文化为主要遗存的古遗址。向前追溯还有半岛地区大汶口文化北庄类型的遗存，向后有岳石文化的直接延伸。

岳石文化遗址 共发现13处，除较重要的司马台遗址外，还有阵胜、路疃、柳树庄、锁子前、大孟格庄、大疃、上碾头、院下、埠南、后辛治、陂子头、小胡格庄遗址等，有些遗址是自龙山文化时期直接延续下来，有些遗址为重新选址建设。岳石文化的年代上、下限为距今3900～3500年左右。因岳石文化是单纯的东夷文化，它的上限直接与山东龙山文化衔接，下限则同周边、特别是与中原地区夏、商文化的交往，呈现出越靠近山东的东部，时间越长、越晚的发展趋势。

司马台遗址 司马台，古称“试马台”，其遗址位于行村镇北白沙河流域，邻靠汉代昌阳故城，面积约5万平方米。据《〈莱阳县志〉点注版》（民国24年续修本）载：“昌阳城，汉置……

1985年，司马台遗址遗存

在今海阳县西八十里庶村南。土人呼曰城里、曰城门口，时现五铢半两钱、王莽刀。北有土台，高丈余，周百余丈，俗呼‘试马台’。”70年代，因当地群众长期取土烧窑，致土台仅剩土柱，底部周长约40米，高约7米。遗址采集的石器有斧、镰、凿、锤、锛、石球和网坠等，各种器物根据需要分成不同样式。骨器有锥、针、矛、铲、镞等，还有部分装饰品。石器和骨器都磨制精细，有用于农业生产的，有用于渔猎的，有为战争而备的，还有用于装饰佩戴的。这一时期制陶技术空前发展，普遍采用快轮制陶技术。绝大部分器物留有快轮整形的旋痕。器表以素面为主，多经打磨，光滑圆润，局部饰弦纹、划纹，附加堆纹和压印纹。弦纹最多，几乎饰于各类器物。器型种类多，有鼎、罐、盆、杯、盂、碗等。鼎以盆形、罐形为多。足为扁凿形、扁铲形、鬼脸形。收集到龙山文化的玉璋、玉环、牙璧等珍贵玉器更是世所罕见，是那个时期的最高级礼器用品。市、县两级文物部门专业人员多次考察，1982年对南部裸露的2个龙山文化的灰坑和1座墓葬及岳石文化的2个灰坑进行抢救性发掘。从土柱南部边缘表层的束状夯窝分析，基本确定土台为岳石文化时期所筑。

其他文化遗址及管理保护　1997年，市博物馆对省、市、县共24处保护遗址进行重新考察，重新绘制平面图、地理位置图，划定遗址保护范围、重点保护范围和建设控制地带，拍摄遗址全景、重点局部照片，并与遗址所在村签订遗址保护协议书。对市级以上重点保护遗址，用花岗岩树立遗址保护标志。2005年，精做12块遗址保护标志碑，树立在赵疃地雷战遗址中著名的12处战斗场址上。2006年3月，对2004年4月30日公布的烟台市第三批遗址保护单位树立遗址保护标志碑。2008年，市政府成立由分管副市长任组长，市文化局、财政局、规划局、国土局等市直有关部门及各镇（区、街道）负责人为成员的市第三次文物普查工作领导小组，出台《海阳市第三次文物普查工作实施方案》，开始第三次文物普查。采取实地调查、发放调查问卷及走访群众等形式，对全市文物分布情况进行摸底调查，共普查不可移动文物593处。其中，复查遗址89处；新发现不可移动文物504处，包括古遗址57处、古墓葬25处、古建筑275处，近（现）代主要史迹及代表性建筑105处，石窟寺及石刻42处。根据新发现文物的价值、保护情况等因素，选取373处，编制不可移动文物名录向社会公布。至2010年，全市登记保护的不可移动文物354处。其中，县级以上文物保护单位73处，包括国家级2处、省级7处、市级8处、县级56处。遗址分布于各镇（区、街道），主要有古墓葬、古遗址、古建筑、近（现）代重要史迹及代表性建筑、石窟寺及石刻、其他等六大类。

2010年海阳市县级以上文物保护单位情况表

表28-10-1

级　别	名　称	时　代	类　别	分　布
国家级（2处）	嘴子前墓群	东周	古墓葬	盘石店镇嘴子前村
	赵疃地雷战遗址	近、现代	近、现代重要史迹及代表性建筑	行村镇赵疃村
省　级（7处）	城子顶遗址	新石器时代	古遗址	方圆街道北城阳村
	大榆村遗址	新石器时代	古遗址	盘石店镇大榆村
	万家夼遗址	新石器时代	古遗址	徐家店镇万家夼村
	当道梯田	近、现代	近、现代重要史迹及代表性建筑	郭城镇当道村
	昌阳故城遗址及墓群	汉代	古遗址	行村镇庶村
	霞河头庄园	清代	古建筑	留格庄镇霞河头村
	战场泊村许世友抗战指挥部旧址	近、现代	近、现代重要史迹及代表性建筑	郭城镇战场泊村

续表 28-10-1

级 别	名 称	时 代	类 别	分 布
市 级（8处）	河南遗址	新石器时代	古遗址	郭城镇河南村
	榆山大会战遗址	近、现代	近、现代重要史迹及代表性建筑	小纪镇东土堆头村
	蛎岔埠遗址	新石器时代	古遗址	辛安镇赵家村
	庙埠顶遗址	新石器时代	古遗址	行村镇泊子村
	桃林遗址	新石器时代	古遗址	行村镇桃林村
	战场泊遗址	新石器时代	古遗址	郭城镇战场泊村
	长沙堡战斗遗址	近、现代	近、现代重要史迹及代表性建筑	徐家店镇长沙堡村
	东司马台遗址	新石器时代	古遗址	行村镇鹏化庄村
县 级（56处）	观阳古城遗址	汉代	古遗址	发城镇发城村
	晶山遗址	中华民国	近、现代重要史迹及代表性建筑	徐家店镇晶山后村
	汪格庄遗址	新石器时代	古遗址	行村镇汪格庄村
	辛安遗址	新石器时代	古遗址	辛安镇辛安村
	锁子前遗址	新石器时代	古遗址	朱吴镇锁子前村
	冢后遗址	汉代	古遗址	发城镇忠厚村
	梁学香故居	清代	古建筑	发城镇榆山夼村
	长沙堡遗址	新石器时代	古遗址	徐家店镇长沙堡村
	西鲁家夼遗址	汉代	古遗址	徐家店镇西鲁家夼村
	阵胜遗址	新石器时代	古遗址	郭城镇阵胜村
	院下遗址	东周	古遗址	留格庄镇院下村
	荪疃古墓群遗址	东周—汉	古遗址	留格庄镇荪疃村
	车村遗址	新石器时代	古遗址	方圆街道车村
	海阳万米海滩浴场牌坊	中华人民共和国	近、现代重要史迹及代表性建筑	旅游度假区
	西小滩村烽火台遗址	明代	古遗址	行村镇西小滩村
	小龙山石围遗址	清代	古遗址	大阎家镇大阎家村
	梦达寺遗址	唐代	古遗址	徐家店镇程家沟村
	地藏庵遗址	明代	古建筑	留格庄镇建平、常胜、民生村
	黄山烽火台遗址	明代	古遗址	大阎家镇路疃村
	路疃村石围遗址	清代	古遗址	大阎家镇路疃村
	沟里村烽火台遗址	明代	古遗址	辛安镇沟里村
	东荆家村烽火台遗址	明代	古遗址	大阎家镇东荆家村
	西赵家庄村烽火台遗址	明代	古遗址	辛安镇西赵家庄村
	徐家村烽火台遗址	明代	古遗址	辛安镇徐家村
	草岛嘴烽火台遗址	明代	古遗址	留格庄镇张家庄村

续表 28-10-1

级 别	名 称	时 代	类 别	分 布
县 级（56 处）	宅家夼村石围遗址	清代	古遗址	郭城镇宅家夼村
	桃源村码头	清代	古遗址	留格庄镇桃源村
	大阎家村烽火台遗址	明代	古遗址	大阎家镇大阎家村
	建设村四眼井	明代	古遗址	凤城街道建设村
	统一村四眼井	明代	古遗址	凤城街道统一村
	菩萨顶石围遗址	清代	古遗址	留格庄镇前望海村
	北水头村下院遗址	清代	古遗址	徐家店镇北水头村
	埠落村官道遗址	清代	古遗址	留格庄镇埠落村
	小滩村烽火台遗址	明代	古遗址	留格庄镇小滩村
	琵琶岛石围遗址	清代	古遗址	留格庄镇桃源村
	大夫疃村石围遗址	清代	古遗址	小纪镇大夫疃村
	前黄塘村烽火台遗址	明代	古遗址	辛安镇前黄塘村
	晶泉村石围遗址	清代	古遗址	郭城镇晶泉村
	丁字嘴沉船遗址	宋、明、清代	古遗址	辛安镇
	纪家店古墓群	金、元代	古墓葬	小纪镇纪家店村
	六甲古墓	汉代	古墓葬	留格庄镇六甲村
	嘴子后村王家祠堂	清代	古建筑	盘石店镇嘴子后村
	高家村梯田	明代、清代、中华民国、中华人民共和国	近、现代重要史迹及代表性建筑	朱吴镇高家村
	西鲁家夼村周家祠堂	清代	古建筑	郭城镇西鲁家夼村
	西鲁家夼村古建筑	清代	古建筑	郭城镇西鲁家夼村
	祥东村孙氏宗祠	清代	古建筑	行村镇祥东村
	宅家夼村梯田	明代、清代、中华民国、中华人民共和国	近、现代重要史迹及代表性建筑	郭城镇宅家夼村
	大夫疃村石人造像	宋代	石窟寺及石刻	小纪镇大夫疃村
	大夫疃村东石羊造像	宋代	石窟寺及石刻	小纪镇大夫疃村
	大夫疃村西石羊造像	宋代	石窟寺及石刻	小纪镇大夫疃村
	姜仞九故居	中华民国	古建筑	徐家店镇姜家秋口村
	后埠前村大渡槽	中华人民共和国	近、现代重要史迹及代表性建筑	发城镇后埠前村
	五间屋村大礼堂	中华人民共和国	近、现代重要史迹及代表性建筑	东村街道五间屋村
	亭子口村大渡槽	中华人民共和国	近、现代重要史迹及代表性建筑	发城镇亭子口村
	山东夼村大渡槽	中华人民共和国	近、现代重要史迹及代表性建筑	发城镇大山东夼村
	马格庄村渡槽	中华人民共和国	近、现代重要史迹及代表性建筑	盘石店镇马格庄村

第三节 馆藏文物

文物收藏 海阳市博物馆内除旧藏文物外，还于2002年、2005年2次发动社会捐赠各类收藏品200多件。捐赠品门类齐全，品种丰富，不少赠品较珍贵。2005年9月起，面向社会开展大规模民俗文物征集收藏活动。至2006年11月，共征集各类民俗文物1200余件。2010年，市博物馆馆藏文物6573件。其中一级文物6件、二级文物26件、三级文物75件，包括钱币、陶瓷、书画、木器、铜（铁）器、丝绣、石刻及文献，历史涵盖汉、唐、宋、元、明、清、民国、现代。

2010年海阳市博物馆馆藏重要文物一览表

表28-10-2

质地与性质	名　称	出土时间与来源	时　代	级　别
石　器	岳石文化时期双刃石钺	1986年征集	新石器时代	三级
陶　器	汉几何纹灰陶罐	1977年征集	汉	三级
	汉青釉弦纹高领双耳盘口壶（2件）	1978年征集	汉	三级
	西汉大泉五十钱范	1982年发掘	汉	三级
瓷　器	清光绪祭红串带瓶	1948年征集	清	三级
	宋清白釉高领执壶	1957年征集	宋	三级
	清粉彩釉缠枝牡丹纹平口花觚（1对）	1984年旧藏	清	三级
	元龙泉高足碗	1948年旧藏	元	三级
	宋四系瓷瓶	1984年征集	宋	三级
	宋朝鲜瓷清釉碗	1948年旧藏	宋	三级
青铜器	汉鸭首三足鐎壶	1957年征集	汉	三级
	八乳神兽规矩纹铜镜	1990年征集	汉	三级
	东周鱼刺纹铜剑	1991年征集	周	三级
	东周凤首云气纹铜鐏	1980年征集	周	三级
	青铜编钟（1套6件）	1978年嘴子前村征集	周	三级
	西周蟠龙纹青铜盘	1985年上上都村征集	周	三级
	西周贯耳弦纹壶	1985年上上都村征集	周	三级
	西周青铜编钟(1套5件：1甬钟4钮钟)	1985年上上都村征集	周	三级
	战国柳叶状铜矛	1948年发掘	周	三级
	东周素面青铜铎	1991年征集	周	三级
	西周蹄形足青铜鼎	1977年征集	周	三级
	东周兽面耳雷纹圈足青铜盘	1978年嘴子前村征集	周	三级
	东周双刃素面青铜矛	1978年嘴子前村征集	周	三级
	东周宽沿青铜簋	1978年嘴子前村征集	周	三级
	青铜鼎（1套7件）	1994年嘴子前墓群出土	周	未定级
	青铜编钟（1套9件）	1994年嘴子前墓群出土	周	未定级
	青铜方壶	1994年嘴子前墓群出土	周	未定级
	青铜宽沿簋	1994年嘴子前墓群出土	周	未定级

续表 28-10-2

质地与性质		名　称	出土时间与来源	时　代	文物级别
青铜器		青铜戈	1994 年嘴子前墓群出土	周	未定级
		青铜镞	1994 年嘴子前墓群出土	周	未定级
		青铜削	1994 年嘴子前墓群出土	周	未定级
		青铜盆	1994 年嘴子前墓群出土	周	未定级
		青铜带钩	1994 年嘴子前墓群出土	周	未定级
		青铜铍	1994 年嘴子前墓群出土	周	未定级
		青铜匜	1994 年嘴子前墓群出土	周	未定级
		青铜铀	1994 年嘴子前墓群出土	周	未定级
		青铜盘	1994 年嘴子前墓群出土	周	未定级
		青铜甗	1994 年嘴子前墓群出土	周	未定级
		青铜盂	1994 年嘴子前墓群出土	周	未定级
		青铜车軎（8 件）	2000 年嘴子前墓群出土	周	未定级
		青铜鎏金铜鼎	1978 年嘴子前村征集	周	未定级
		青铜盆	2000 年嘴子前墓群出土	周	未定级
书　画		清杜立德草书卷	1948 年旧藏	清	三级
		明高出行书卷	1948 年旧藏	明	三级
		清师詹道人墨荷图轴	1986 年征集	清	三级
		清唵道人松鹤指画轴	1986 年旧藏	清	三级
		清康熙吴清观泉图轴	1948 年旧藏	清	三级
		清光绪缪素筠花鸟图轴	1948 年旧藏	清	三级
		明韩雍万寿无疆诗卷	1948 年旧藏	明	三级
		明人芦雁图轴	1948 年征集	明	二级
		清顺治敕命书	1989 年征集	清	三级
钱　币		战国即墨之法化	1972 年征集	周	三级
		战国安阳之法化	1972 年征集	周	未定级
杂　项	文 具	清千年牡丹纹象牙笔筒	1984 年征集	清	三级
	玉石器、宝石	龙山文化时期素面碧玉璋	1980 年发掘	新石器时代	一级
		龙山文化时期墨玉弦纹有领环	1978 年征集	新石器时代	二级
		龙山文化时期白玉素面牙璧	1979 年征集	新石器时代	二级
		玛瑙玦	1994 年嘴子前墓群出土	周	未定级
		玉玦	1994 年嘴子前墓群出土	周	未定级
		玉串珠	2000 年嘴子前墓群出土	周	未定级
		新石器贝雕鱼	1977 年征集	新石器时代	三级
		唐代水晶狮子	1982 年征集	唐	三级
		明墨玉螭虎杯	1948 年旧藏	明	三级
佛　像		元释迦佛石造像	1957 年征集	元	三级
		元菩萨石造像	1957 年征集	元	三级
		清释迦佛坐铜像	1965 年移交	清	三级

说明：表内文物级别指国家级

馆内重点文物选介 盂 春秋晚期。1994年盘石店镇嘴子前墓群4号墓出土。青铜质、宽沿、方唇、深腹、有颈、平底、敞口，重36千克，高38厘米，口径69.5厘米。体态硕大，形制规整，气势庄重。采用先进铸造工艺，预铸器耳合范而成，反映出当时工匠们巧夺天工的高超技艺。纹饰精美，外壁通饰华丽的蟠龙连体花纹，龙目及躯体交接点为中心有凹孔的球状高乳钉，其余为减底平面浅浮雕。腹上部焊接4只兽头大耳，圆目张口，齿舌毕现，狰狞可怖。兽角变形为宽大的花冠，由4龙花纹蟠屈构成对称图案，精美绝伦。出土时金光灿灿，毫无锈蚀，完好如新，极为罕见。器物口沿上刻有铭文七字“圣所献妫下寝盂”。大意是“圣”进献妫姓氏的下寝之盂。考古学中，此类器物一般称鉴，盛水后当镜子用，此器自称为盂也可能表示另有他用。

甗 春秋晚期。1994年盘石店镇嘴子前墓群4号墓出土。炊器。甑、鬲分体，鬲口有凹槽与甑底扣合。甑为侈口，折沿，瘦腹，附耳，底有16个条形箅孔。鬲为直口，鼓腹，立耳外斜，3蹄足。甑束颈部分饰重环纹，甑腹内铸4行17字：“陈乐君豆乍其旅甗用祈眉寿无疆永用之”。口径30厘米、高35.8厘米，重8.245千克。

甗

铆 春秋晚期。1994年盘石店镇嘴子前墓群4号墓出土。盛器。圆角长方体，有盖。敛口，尖唇，外卷沿，鼓腹，平底，平盖套合于器口。腹部两面有对称的条形耳，左右各有一小系。腹部满饰阴线三角形璃纹，盖面在雷纹地上饰盘绕的12条蛇，其中2蛇有足、4蛇有鳞、6蛇昂首，昂首蛇头圆雕凸出盖面。铸造精致规整。长16.3

铆

厘米、宽13厘米、高10.2厘米，重0.995千克。

匜 春秋晚期。1994年盘石店镇嘴子前墓群4号墓出土。水器。圆角长方体，深腹，圜底，3兽足较矮。尾端半环形把手为一圆雕小兽，双角，口衔器沿，双足跗壁，尾勾卷。匜流为横长的椭圆口，盖面饰繁缛精美的镂孔花纹，纹样是一大口和蟠屈长角兽面，双角各为一变体龙形，两角间为一趴状蛙形兽。匜的造型匠心独运，整体为一只3足蹬地伸颈张口咆哮的小兽。长30.4厘米、宽15.6厘米、高12.5厘米，重1.015千克。

匜

鼎（1套7件） 春秋晚期。1994年盘石店镇嘴子前墓群4号墓出土。炊器。7鼎中有1件为有盖鼎，其余6件形制基本一致，大小依次递变。其形制为直口、浅腹、底近平，3蹄足内敛，立耳外侈，口沿下饰一周变体龙纹。最大的1件口径42.8厘米、通高37.2厘米。盖鼎是7鼎中最小

鼎

编钟

的1件。盖为平顶，立沿稍外斜，设有4只对称的板状纽。纽立面呈缺角方形，一端高起做羊首，下卷角，圆目张口，纽侧面饰勾线纹。盖顶饰一周勾线纹。鼎子口内敛，圆腹，圜底，腹上部设一对方耳，3蹄足。鼎腹上部饰3条纹带，中间主纹带为垂鳞纹，上下为三角勾连纹。口径21.6厘米，通高26.4厘米。

编钟（1套9件）　春秋晚期。1994年盘石店镇嘴子前墓群4号墓出土。乐器。7件较大的为甬钟，2件较小的为纽钟，均为合瓦式。甬钟的形制及花纹基本一致。最大的1件，舞部饰4组屈体呈“S”形的双首龙纹，鼓部为1对卷体龙纹，篆部饰重环纹，柱状枚。通高34.5厘米、锐间16.8厘米。2件纽钟形制、花纹也基本一致，最小的1件纽钟无枚，双面均饰浓密的“S”形勾线纹，舞面由龙纹变形为波曲纹。通高15.7厘米、铣间9厘米。

玉璋

玉璋　龙山文化时期（距今4600～4000年），国家一级文物，行村镇杜格庄司马台遗址出土。墨绿玉，长27.5厘米、宽7.2厘米、厚0.5厘米。据考证其用途为兵器、礼器、信器、祭祀、殉葬等，同时又是一种权力、身份和财富的象征。

有领环　龙山文化时期（距今4600～4000年），国家二级文物，行村镇杜格庄司马台遗址出土。墨绿玉，外径11.7厘米、内径6.6厘米、领高2.1厘米。推测其用途与祭祀活动有关。

有领环

牙璧　龙山文化时期（距今4600～4000年），国家二级文物，行村镇杜格庄司马台遗址出土。白玉，因受沁成鸡骨白，内径11.4厘米、外径14.4厘米、厚1.05厘米。牙璧是玉璧中出郭璧的1种，主要用于祭祀活动。

牙璧

芦雁图轴

芦雁图轴　明代，绢本，长291厘米，宽106厘米，国家二级文物。画面无款，据画中跋言介绍，作者张嗣云，名应鳌，山东昌乐人，是明嘉靖年间（1522—1566）一位造诣很深的画家，尤精翎毛草虫。其祖野云善画，且技、名颇佳。在嗣云去世后的百年中，昌乐因遭战火而使其作品稀少，幸而题跋者环山主人昌岩在僻乡寒舍中觅得此画，他感叹道："世之珍藏而爱昔者，率以少为贵，使其多为则不贵矣，然则文人不多留人间者，安知非天地有意使之少也耶。"

窑变红釉穿带瓶

窑变红釉穿带瓶　器身呈长方体，高30.7厘米，口径10.9厘米×8.8厘米，腹径18.5厘米×16.5厘米，足径12.3厘米×9.2厘米。方口，倭角，圆唇。颈部饰1对管状穿带系耳，鼓腹。长方形高圈足内刻"大清光绪年制"6字楷书双行款。器身由纵向凹凸线分为4瓣形，4个角和耳部由于烧制时釉面流动性大，釉面稀薄而呈白色。其余釉面以红色为主，夹杂部分黑色，自上而下宛若瀑布飞流直下，红得灿烂，黑得深沉，形成绚丽多变的色彩效果。

斗彩缠枝牡丹藏草瓶　1对，大小相近。高15.9厘米，口径5厘米，最大腹径7.4厘米，足径7.5厘米。平口，圆唇，束颈，大鼓腹下收接小鼓腹，喇叭形圈足，足呈糯米粉感的泥鳅背状，圈足内书"大清乾隆年制"3行6字篆书。纹饰图案布满全器，为釉下青花和釉上粉彩相结合，繁缛致密，色彩富丽。口沿饰缠枝菊花纹；腹部满施缠枝牡丹花纹；大鼓腹下部饰一周简单花卉纹和一周莲瓣纹；小鼓腹饰一周几何纹和一周莲瓣纹；足部饰三周纹饰：上为如意方头纹，中为菊花纹，底层为一周圆圈加点纹饰。纹饰整体布局层次清楚，画工精细，生动流畅。

斗彩缠枝牡丹藏草瓶

第四节　非物质文化遗产

2006年，在文化馆建立非物质文化遗产保护中心，具体负责发掘民间艺术资源，加强对非物质文化遗产的保护。按照“保护为主、抢救第一、合理利用、传承发展”的工作方针，全市获取“非遗”项目线索100余条，普查“非遗”项目图片3000多幅，视频资料600G，编纂文字材料3万字，建立起比较完备的非物质文化遗产资源档案，形成较完善的保护和传承体系。“非遗”保护中心结合地域特点，将国家级项目海阳大秧歌的保护传承作为重点，以点带面，推进系列保护传承措施。利用各种媒介，广泛宣传，大力推广。举办一年一度的全市文化和自然遗产日大型展演、大秧歌贺年会、大秧歌传承与发展交流研讨会、祭海等活动。市文化馆以海阳大秧歌基本动作为基础，创作编排秧歌健身舞。每年举办2期秧歌健身舞骨干人员培训班，各镇（区、街道）精选骨干人员参加培训。开展“非遗”项目授徒传经活动。2008年6月，海阳大秧歌保护示范基地，被确定为首批山东省非物质文化遗产保护示范基地；方圆街道东石兰沟村，被确定为市级非物质文化遗产海阳大秧歌传承基地。建立市轻工幼儿园少儿秧歌培训基地1个。先后组织成立螳螂拳研究会、海阳大秧歌协会、海阳大秧歌传习展示所等民间文艺组织。2009年，编辑出版《海阳市非物质文化遗产普查资料汇编》《海阳市非物质文化遗产传承人普查资料汇编》《海阳市非物质文化遗产资源普查资料汇编》。

2010年海阳市县级以上“非遗”项目一览表

表28-10-3

等　级	项　目	时间及批次	等　级	项　目	时间及批次
国家级	海阳大秧歌	2006年第一批	县　级	上梁歌	2006年第一批
省　级	海阳大秧歌	2006年第一批		胶东婚俗	2006年第一批
市　级	海阳大秧歌	2006年第一批		锢漏与王大娘传说	2006年第一批
	螳螂拳	2006年第一批		大夫传	2006年第一批
	祭　海	2008年第二批		胶东饮食习俗	2006年第一批
	郭城捽面	2010年第三批		郭城捽面	2008年第二批
县　级	海阳大秧歌	2006年第一批		王魁负桂英	2008年第二批
	螳螂拳	2006年第一批		招虎山的传说	2008年第二批
	祭　海	2006年第一批		道台府衙传说	2008年第二批
	丛麻禅院传说	2006年第一批		跑灯官	2008年第二批
	海阳大鼓	2006年第一批		海阳剪纸	2008年第二批
	海阳抗战歌曲	2006年第一批		柳　编	2008年第二批
	花灯舞	2006年第一批		草　编	2008年第二批
	抓生日	2006年第一批		面　塑	2008年第二批
	海阳绿茶制作技艺	2006年第一批		海阳瓦罐窑工艺	2008年第二批

海阳大秧歌　（参见本编第二章第一节“海阳大秧歌”）。

剪纸　（参见本编第二章第二节“剪纸”）。

螳螂拳　（参见第三十编第五章第二节“武术种类”）。

祭海　渔民的传统民俗节日，源于明朝，距今500余年历史。主要流传在沿海一带的桃源、环岱庵、方里、大辛家、鲁古埠、海丰、何家、南廒子、南（北、中）麻姑岛等80余个渔村。

祭海

郭城摔面

古时渔民的捕鱼工具落后，时常遭遇船毁人亡的海难事故。人们无法解释原本风平浪静的大海，为什么会在一瞬间狂风大作、波浪滔天、狰狞可怕。于是，出现各种猜测、想象和传说。渔民为祈求海龙王保佑人船平安、一帆风顺、满载而归，每年在其生日那一天，用大木盘端着饽饽、猪头、大鱼，用篮子提着鞭炮、纸、香、酒等，到海边龙王庙前，点香烧纸、燃放鞭炮、跪地叩拜进行祭祀。初时，渔民以一家一户或一宗一族为单位，自发地在固定时间，按照固定程序进行内容相同的祭拜活动。后来，随着祭祀活动的需要，出现“执事人”（组织此项活动的人），规模越来越大，内容越来越丰富，进而发展到由村里统一组织举行活动。渔民们不仅祭拜海龙王，同时也祭拜财神爷，祈求发财。有的祭祀活动邀请多支秧歌队参加，秧歌队要在龙王庙前行三拜九叩大礼。届时商贾云集，热闹非凡。

海阳祭海的风俗大同小异，只是日期随地域不同略有差异。东部沿海以正月十三、中部沿海以正月初一、西部沿海以六月十三日为海龙王生日。

祭海活动是渔家文化的典型代表，充分表达了渔民对大自然既敬畏又依赖的朴素情感，体现了人与自然的和谐统一。其鲜明的渔家特色、多样的祭祀内容、丰富的文化内涵，是其他传统民俗文化不能替代的。2008年，祭海被列入烟台市非物质文化遗产名录。

郭城摔面　郭城摔面始于清早期的康熙、雍正年间，已有300余年的历史，因出自郭城村而得名，现在已成为海阳及周边地区的一种具有独特文化底蕴的地方小吃。郭城摔面的鼎盛时期，南起海阳，北到蓬莱，西至青岛，东到牟平，大半个胶东半岛都能见到郭城摔面馆。在制作工艺上，郭城摔面突出一个“摔”字，用“摔”代替“揉”。因此，做出来的面更有韧性，口感更好。2010年，郭城摔面被列入烟台市非物质文化遗产名录，有市级代表性传承人1名，县级代表性传承人7名，是海阳市唯一的产业化“非遗”项目。

跑灯官　也称报花灯，是康熙年间庶村（今属行村镇）在江西新建县任知县的李性告老还乡后，将南方的报花灯添加到村里的大秧歌闹花灯中形成的表演形式。因其以官民同乐为目的，滑稽幽默，引人发笑，表演时流动性强，所以有“跑”之称。一般于每年农历正月十四开始。其阵容：

龙凤呈祥灯——竹竿高挑金龙灯、彩凤灯各1盏作前导，取“龙凤呈祥”的喜兆；鱼龙变化灯——2人或4人抬彩楼，内挂走马灯，时显金鱼、时显银龙，取“金银满堂”的祥瑞；北斗灯——乐大夫不执雨伞，换执北斗灯，以7盏红灯连成北斗灯，取“领头”之意；霸王鞭——不持花灯，挥鞭开场；花鼓——不持花灯，击鼓开场；渔夫与樵夫——渔夫持金鱼灯，樵夫持松鹤灯；货郎与翠花——货郎弓上挂多只小花灯，翠花持扇随小花灯舞动；相公与媳妇——皆手持花篮灯；盲人观灯——1对演员扮成盲人，表演“观灯”情景；耍和尚——1人扮成和尚，头顶花灯；折子戏——根据实际情况扮演戏剧人物；灯官与娘子——灯官由傻小子改扮，着官服，戴圆翅纱帽，手摇折扇，胸挂锄刃（“刃”在海阳口语中与“印”同音）。娘子由丑婆改扮，着红袄红裙，肩挂披肩，手握长杆烟袋。2人均由扮衙役的演员用竹竿或木杠抬着。灯官与娘子是跑灯官的核心人物，演员不仅要有表演技能，还需口齿伶俐、反应敏捷。灯官看似坐在竿（杠）上，实则不然。演员是用大腿内侧用力夹竿（杠），屁股并不沾竿（杠）。行进中，灯官时而站立竿（杠）上、时而倒垂竿（杠）下，轻巧利落、险中有奇。报灯时，灯官有问必答，唱词随景编成、合辙押韵。

灯会期间，灯官的地位至高无上，什么事都可以问、什么人都可以管，对赌博、偷窃、打架闹事者皆可处置。既可安排衙役（由演员扮演）痛打，也可将其关进县衙大牢（灯会后吩咐人放出），县官不得干涉。耍灯时，可以带领秧歌队闹县衙，质问县官有何失职渎职之过或贪赃枉法行为，县官则必须老老实实作答。一旦藏奸耍滑，灯官便不依不饶，将提前搜集到的劣迹一一抛出，

跑灯官活动报灯名场景

秧歌队员也趁势助威。因是民间杂耍，灯官又是“演戏”，县官满心不悦也奈何不得，只得用银两打发了事。为避免县官挟私报复，“闹大堂”的灯官一般由会首花钱雇人充当，闹完即走。跑灯官流传几百年，至今不衰。活动主要分布在行村镇的庶村、程家庄、田村、南厫子、北厫子、马家庄、李家庄等10余个村庄。有市级代表性传承人2名，县级代表性传承人5名。

第十一章　旅游业

第一节　旅游资源与开发

旅游资源　海阳自然资源得天独厚，山、海、滩、岛、河、湿地、温泉兼备，有丛麻禅院、招虎晴岚、莒顶仙迹、桃源山水、平岚瀑布、古藤攀杨、丘陵千池、昌水飞虹、巨龙锁海等景观。有长212千米的海岸线，有招虎山国家森林公园、江北面积最大的云顶竹林、红樱桃民俗旅游区、千里仙岛，有龙山、唐王山、菩萨顶等山峰。

海阳历史文化底蕴深厚，是与威海卫、天津卫齐名的东部卫所大嵩卫所在地，有千年古刹丛麻禅院，有国家级首批非物质文化遗产——海阳大秧歌，有出土国家一级文物玉璋的司马台遗址。春秋古墓出土的文物数量之多、规格之高，居胶东首位。作为革命老区，海阳红色文化资源丰富，地雷战的故乡、八路军胶东军区诞生地闻名全国。

旅游开发　60年代末，县委、县政府在赵疃大队建地雷战遗物陈列室，共34间平房占地1800平方米，吸引国内外大批游客参观。1977年，赵疃地雷战遗址被列为山东省文物保护单位，成为海阳县爱国主义和革命传统教育基地。

1984年，县委、县政府决定对凤城进行旅游开发。凤城，海阳的古县城，位于海阳南端，面迎黄海，背依凤山（望石山），地域辽阔，地势北高南低，东西海滩呈弧形对称，似一只翘尾、伏身、舒翼的凤凰，故名。有东门海市、凤台日出、龙山远照、虎墩渔浦、凤城烟雨、嵩岳山色、南海甘泉7景；有长1万多米、宽150米的金色沙滩，沙细如粉，是理想的天然海水浴场。1985年7月1日，凤城旅游区被省政府确定为重点旅游开发区，完成包括万米海滩浴场、环海公路、活动板房村、胡耀邦题词纪念坊、旱冰

场、凤凰岛宾馆等第一期工程，正式向游客开放。1991年，赵疃革命斗争史陈列展品迁至县博物馆。1999年，在市博物馆新址二楼设地雷战临时展厅，展厅面积144平方米，分土地革命时期、抗日战争时期和解放战争时期3个历史时期展陈文献资料与实物。

1995年、1996年，县委、县政府把旅游度假区建设列入全县“十件大事”之一。2000年，市政府印发《关于加快旅游业发展的意见》，提出把旅游业培育成为海阳市国民经济的支柱产业。加快七峰山旅游风景区（后改称丛麻院旅游景区）、云顶自然风景区、凤城旅游度假区、高尔夫球场、地雷战纪念馆、招虎山和嘴子前墓群等项目建设。同年，海阳旭宝高尔夫球场建成开放，被评为“亚洲最好的LINKS球场”。2001年12月28日，成立海阳旅游度假区。2002年，由青岛大学旅游管理学院、省旅游规划设计院编制《海阳旅游度假区总体规划》。同年，海阳实施大旅游战略，加快旅游开发步伐。2003年，突出“一山一海一寺院”的景区建设重点。“一山”指招虎山国家森林公园建设，“一海”指滨海一线旅游景点建设，“一寺院”指丛麻禅院佛教文化与旅游相结合。2004年3月，邀请世界旅游组织专家，完成海阳旅游度假区的发展定位。2005年3月，聘请清华大学中国建筑设计师，完成核心区244公顷的城市设计。对招虎山森林公园进行整体规划，推进梦达寺、山门、停车场、办公区、餐厅、观光塔等景点和服务配套建设。同年，市博物馆将地雷战原临时展厅扩展为正式展厅，面积544平方米。

2007年1月，海阳市被评为中国优秀旅游城市

2007年1月，海阳市被评为中国优秀旅游城市。同年，编制《海阳市旅游发展总体规划》，旅游业步入规范有序的发展轨道。2009年，完成《海阳市休闲度假产业要素规划》，明确全市休闲度假产业发展方向。2010年，出台《关于进一步加快旅游产业发展的意见》，提出坚持“突出特色、综合利用、可持续发展”思路，对优质旅游项目开发、旅游企业升级上档、旅游企业宣传推介及旅游商品开发进行奖励。同年，出台《关于加快促进南部新城区人气聚集和服务业繁荣发展的实施意见》，以海阳旅游度假区为核心，凸显旅游度假功能，加快新区人气聚集。

滨海休闲板块　推动旅游业从观光向休闲度假转型，打造“运动、休闲、娱乐”高端复合型旅游产品组群。2006年，海阳旅游度假区被评定为国家AAA级旅游景区，把沙雕艺术与文艺演出、休闲娱乐有机结合。2007年，小孩儿口湿地公园，被建设部批准为国家级城市湿地公园。2010年，举办首届海阳国际沙滩体育艺术节，连理岛项目被列为省重点项目，项目由最近距离为98米的两个离岸式人工岛组成，围绕浪漫、运动、休闲、体验、时尚的现代元素，打造千亩薰衣草园、沙雕艺术群、儿童乐园、御马场、出海垂钓等旅游项目，满足不同年龄、不同人群需求。同年，海阳旅游度假区被评定为AAAA级旅游景区，获国家沙滩体育健身基地、国家级海洋特别保护区、中国最佳旅游休闲目的地、山东省自驾游营地等称号。

山岳生态板块　2005年8月，在招虎山异地复建梦达寺。2007年9月，中国佛教协会咨议委员会主席本焕长老出任开山方丈，梦达寺改称东方琉璃世界成道禅寺。朱吴镇依托自然风光和樱桃种植业优势，将丁家夼、九岭夼、后山中涧、乐畎4个村融为一体，联合打造海阳红樱桃民俗旅游区，规划三大板块六大主题和数十个景点，打造春季林海花潮，夏季飞瀑流水，秋季漫山红叶，冬季银装素裹，奇山秀水、林绿水碧、野趣怡人的生态旅游区。2007年4月，红樱桃民俗旅游区被国家旅游局评为全国农业旅游示范点。11月，海阳市获中国最佳文化生态旅游城市称号。2009年，凤城街道被评为山东省旅游强乡（镇），朱吴镇后山中涧村被评为山东省旅游特色村。2010年11月7日，成道禅寺举行盛大开光仪式，招虎山国家森林公园成为海阳山岳旅游的龙头景点。

历史文化板块 2004年，以全国爱国主义教育示范基地为主要载体，将革命传统教育与旅游开发有机结合。2006年，市博物馆扩建；2008年，设地雷战纪念馆，馆舍面积2200平方米，将学术性、知识性、趣味性和观赏性有机结合，为全省首批免费开放的5家纪念馆、博物馆之一。2007年，海阳地雷战旅游度假开发有限公司，在朱吴镇后山中涧村打造地雷战旅游区，打造集娱乐、观赏、教育于一体的综合性红色旅游景区。

第二节 旅游景点

招虎山国家森林公园 位于市区东北8千米处，是集生态游、宗教游、古迹游、民俗游为一体的景区。《海阳县续志》(清光绪六年版)记载："邑北三十五里有山曰招虎，概以虎伏山中，仙家驯之，遂化为石，遗迹宛然，故名。""自然风光，琉璃世界"是招虎山国家森林公园的形象招牌。一年四季物换景移，山情野趣尽在其中。清代才子王敬勋写有《招虎晴岚》："山深多梵宇，地僻俗尘稀。疏雨过林表，晴岚生翠微。濛濛含夜色，蔼蔼带斜晖。冲破无边碧，横空一鹭飞。"

招虎山植被覆盖率92%，地势复杂，山体挺拔俊秀，山谷狭窄幽深，瀑布众多，是典型的胶东低山丘陵地貌。公园内山光云影，怪石嶙峋，溪水潺潺，幽谷含秀，鸟语花香，步步成景。东线以奇石、险峰为特色，可以观赏鬼笔石、九塔峰、探海神龟、天马戏水等景点；西线以奇木飞瀑为特色，可观赏观音峰、荻芦飞雪、巨观飞瀑、百岁木瓜树、龙门十八潭等景点。东方琉璃世界成道禅寺为药师佛道场，为仿唐代风格建筑，由天王殿、药师宝殿、法堂、藏经阁、观音殿、地藏殿、文殊殿、普贤殿、伽蓝殿、祖师殿、日光菩萨殿、月光菩萨殿等组成。中国佛教协会名誉主席、佛门泰斗本焕长老担任开山方丈。

2010年，招虎山国家森林公园

丛麻院风景区 位于盘石店镇，距市区25千米，景区以禅院为中心，北有崮石参天，南有溪水潺潺，东有七峰摩汉，西有仙洞锁岩。四周百余亩翠竹、桑田掩映环抱。有棋圣洞、求子洞、老虎洞、八仙台、苍鹰石、习武场、幸福园等景点。

2010年，丛麻院风景区

丛麻禅院始建于隋末唐初，历代香火鼎盛。传说唐代开国大将尉迟恭出征经此地，闻丛麻禅院圣名，特来上香拜佛，结果大获全胜。尉迟恭深感丛麻禅院地灵人杰，圣僧神明，遂出资扩建，并在此屯兵遣将，点将台、饮马沟、拴马桩等至今保存完好。1992年，中国佛教协会会长赵朴初为"丛麻禅院"题名。

云顶自然风景区 位于盘石店镇大庄村西，

2010年，云顶风景区

招虎山北麓。这里群山环抱，古树参天，拥有北方最大野生竹林，有“中国北竹海”的美誉。由于雨量充沛，地势错综多变，野生植物丰富，风景区内有木本植物50科、120属、400余种，草本植物600余种。其中，一株木瓜树根深叶茂，树龄400多年。2003年，景区建有江南风格的竹楼、竹亭、竹阁、竹廊、竹篱、竹桥、竹水车。其中，八角竹亭是江北最大竹亭。

地雷战旅游区 位于朱吴镇，距市区12千米，占地面积400公顷。1962年，八一电影制片厂在此拍摄电影《地雷战》(教学片)，使其家喻户晓。旅游区内群峰竞秀，层峦叠嶂，沟壑纵横，飞瀑流泉，既有石林景观，又有山乡风韵。旅游区以《地雷战》电影为依托，恢复重建抗日战争时期的炮楼、村庄、据点、监狱、大饭庄、雷乡夜校、胶东民兵连、话说地雷战等建筑，打造二媳瀑布、招虎瀑布、招福瀑布、拉弦石、镇妖石、瞭望石、天棺洞及西河沟等景观。修建瞭望所、英雄纪念碑、小民兵拓展营、《东方红》主题餐厅、地雷战影视展览馆等项目。旅游区以真实历史为题材，编排实景演出《地雷战》，将海阳军民抗击日本侵略者、保家卫国的英雄壮举呈现给观众。地雷战旅游区先后被授予烟台市爱国主义教育基地、山东省科普教育基地、山东省青少年教育基地称号。

2009年，地雷战旅游区

天籁大峡谷景区 位于市区东北7千米处，方圆街道楼庵村北，是集生态度假与休闲运动为一体的综合性景区。景区山势呈葫芦状，入口狭窄，前行几步便豁然开朗，如入世外桃源，故又称“桃园谷”。景区由旅游接待区、山地观光区、休闲运动区、度假生态区、佛教文化区组成。有草上飞、皮划艇、碰碰车、急速飞车、拓展训练、真人CS野战、江北最大的山地漂流等参与互动项目。

海阳旅游度假区 辖区面积12平方千米，规划控制面积26平方千米。形成滨海度假酒店群、高层度假公寓群、滨海度假别墅群、滨海旅游景观带、高端休闲产品群五大特色群体，以及碧海金滩、滨海休闲、沙雕湿地、游艇温泉4大旅游板块。2006年，旅游度假区被评为国家AAA级旅游景区。2006年、2007年，中央电视台《同一首歌》《中华情》相继在此举办演出。2010年，被评为国家AAAA级旅游景区、山东省服务业重点园区。

2006年，中央电视台《同一首歌》在海阳旅游度假区演出

胡耀邦手书牌坊 1984年10月24日，中共中央总书记胡耀邦到海阳考察，亲笔题写“海阳万米海滩浴场”，原件珍藏于海阳市博物馆。1985年4月，县委、县政府建牌坊纪念，10月竣工对外开放。

海阳万米海滩浴场 位于海阳旅游度假区内，以海阳港为中心呈弧形对称分布。这里沙细浪稳，坡缓水清，是国内最好的海滩之一。海滩沙质为石英质，沙粒均匀，是天然的海水浴场，被盛赞为“黄金海岸”，是避暑、消夏的首选地。

国际沙雕艺术公园 位于海阳旅游度假区西部海滨，是国内最大、北方唯一的以沙雕为主题的城市公园。至2010年，已成功举办5届国际沙雕艺术节。

海滨旅游带　长5600米，面积153公顷，绿化面积108公顷。主题结构为绿色海岸风光带和港口景区、人文景区、自然景区、生态景区4大板块。旅游带和天然黑松林相连缀，60%以上的植被保持自然原始生态，是海滨绿色天然氧吧。

旭宝高尔夫球场　位于海阳旅游度假区万米黄金海岸，占地100万平方米。地貌受滨海地形的影响，自然景观类似苏格兰地区的古老滨海球场。因位于暖温带湿润季风气候区，冬无严寒、夏无酷暑，是挥杆竞技的好地方。2002年，与英国安格斯市卡诺斯利球场、上海旭宝球场结为姐妹球场。2004年，在此举办中国职业高尔夫球联盟杯海阳旭宝精英赛；2006年，举办欧米茄中国巡回赛。2007年，被美国《高尔夫文摘》评选为2006—2007年度中国十大顶尖球场。

旭宝高尔夫球场

小孩儿口国家城市湿地公园　北起石人泊大桥，南至东村河入海口，是河流湿地与海岸湿地的综合体。全长17.4千米，规划面积692公顷，是集生态、环保、教育、示范、休闲、旅游于一体的城市生态公园。湿地公园划为管理服务区、东村河游览区、西大滩湿地保护区、河口湿地保护区、滨海休闲区5个分区，包括清漪园、桑梓园、森林乐园、水上绿洲、生态防护林、西大滩湿地保护区等20余个景点。2007年2月，被建设部命名为国家城市湿地公园。2008年，在湿地公园西侧建亚沙会纪念林公园。2009年，建设咖啡屋、荷蒲园、观鸟屋、海浪广场、婚庆广场等15个景点。公园内栽植黄连木、金银木、流苏、合欢、楸树等树木260余种，睡莲、荷花等水生植物69种。公园内栖息有白鹭、大杜鹃、沼泽山雀、凤头百灵等野生动物220余种。

地雷战纪念馆　位于市区文山街11号。纪念馆展陈面积2200平方米，展线长830米，藏品506件（套），包括历史照片200余幅及图表、油画、粉画、雕塑、半景画等辅助陈列展品。分6大板块，分别为：民族危急，共赴国难；地雷战日寇丧胆，卫海防壮我国威；反扫荡105天动魂魄，盆子山60余村响雷声；英雄造雷乡，雷乡出英雄；光辉事迹垂青史，革命精神照后人；实现新跨越，建设新海阳。2005年11月，被中央宣传部授予全国爱国主义教育示范基地。2006年5月，被省委组织部列为山东省党员教育基地称号。

第三节　旅行社与旅游线路

旅行社　1993年，海阳旅行社成立，为海阳第一家旅行社。至2010年，海阳市有8家旅行社和1个旅行社分公司。

海麟旅行社　2003年成立，位于城区金都广场西门19-10室。

大自然旅行社　2006年成立，位于海河路文山小区1号楼103室。

鸿盛达旅行社　2006年成立，位于金海螺商业广场商务中心。

启明国际旅行社　2007年成立，位于海阳路256号。

春秋旅行社　2007年成立，位于海东路市人民法院办公楼西100米路北。

金海岸旅行社　2008年成立，位于海政路西兵营网点26号。

昌兴旅行社　2008年成立，位于海园路9号。

青年旅行社　2010年成立，位于海阳路46号。

烟台交运旅行社海阳分公司　2010年6月成立，位于东风大道北路119号，隶属烟台交运集团，是海阳唯一的国有独资旅行社。

旅游线路　2010年，海阳市共开辟4条旅游线路和海阳一日游、二日游线路。

滨海文化休闲游　海阳旅游度假区（国际沙雕艺术公园、万米海滩浴场、观海平台、旭宝高尔夫球场）

山岳生态休闲游　招虎山国家森林公园—天

籁谷旅游风景区—云顶自然风景区—丛麻院风景区—红樱桃民俗旅游区

红色体验之旅　地雷战旅游景区—海阳地雷战纪念馆（博物馆）—赵疃地雷战遗址

宗教体验之旅　成道禅寺（招虎山国家森林公园）—丛麻禅院（丛麻院风景区）—云顶禅院（云顶自然风景区）

海阳一日游

1. 国际沙雕艺术公园—万米海滩浴场（午餐）—招虎山国家森林公园—云顶自然风景区

2. 天籁谷旅游风景区—招虎山国家森林公园（午餐）—丛麻禅院—地雷战旅游景区

海阳二日游

1. 地雷战纪念馆（博物馆）—国际针织毛衫城（购物）—国际沙雕艺术公园—海阳旅游度假区（晚宿滨海酒店）—天籁谷旅游风景区—招虎山国家森林公园—丛麻禅院—云顶自然风景区

2. 国际沙雕艺术公园—万米海滩浴场—国际针织毛衫城（购物，晚宿市区）—地雷战纪念馆（博物馆）—地雷战影视城千鹤湾滨海休闲营（观光、休闲、赶海）—地雷战旅游景区

第四节　管理与推介

旅游宣传　2005年，海阳市旅游局重新组建。到2007年，先后组织旅游宣传推介活动40余次，邀请400余家旅行社走进海阳。2008年4月，举办滨海休闲度假高峰论坛暨海阳市休闲度假产业要素规模评审会。2010年，举办各类旅游推介活动8次，参与人员2000人次。举办“迎新祈福，穿越‘天路’”自驾游、“浪漫休闲，魅力海阳”推介大会、“欢聚海阳，共庆端午”京鲁老年联谊会等活动。在中央电视台开展“亚沙会举办城市——海阳”城市形象宣传活动，播出336天。推出“旅游惠民一卡通”“海阳人游海阳”等活动，提升海阳城市的知名度、美誉度。

海阳旅游度假区游客服务中心

市场监管　2005年，旅游质量监督管理所、旅游监察大队相继成立。在旅行社中推行《旅行社管理条例》《导游员管理条例》《导游员职业等级标准》《旅行社国内旅游服务质量要求》《国内旅游组团标准合同》《山东省旅游组团标准合同》等标准。在旅游景区中推行中华人民共和国《游乐园（场）安全和服务质量标准》《旅游安全管理暂行办法》等。推行以责任制为主的旅游安全管理制度，逐级制定安全责任制，建立健全安全生产规章制度和操作规程，完善旅游安全应急预案。与市卫生局、工商局等部门组织开展联合执法，对旅行社、导游队伍进行治理整顿。在“五一”小长假、“十一”黄金周期间，对旅游客运市场，旅游购物场所、景区安全、景区景点卫生、治安环境等进行集中整治。2010年7月，组织市旅游局、交通局、商务局、质监局、消防大队等部门，开展2010年优化旅游发展环境集中整治活动。同时，不断加强旅游投诉处理工作的制度化、规范化建设，维护旅游经营者和消费者的合法权益。全市旅游投诉处结率100%，游客满意率100%。

旅游收入　2005—2010年，全市接待游客1401.92万人次、旅游总收入66.53亿元，年均分别增长30.31%、30.59%。其中，2010年接待游客405.8万人次、旅游收入19.86亿元，分别同比增长21.2%、26%。

2005—2010年海阳市旅游业游客与收入统计表

表28-11-1

年　份	游客数量（万人次）	同比增长（%）	收　入（亿元）	同比增长（%）
2005	108.00	—	5.23	—
2006	129.00	19.44	6.23	19.12
2007	178.12	38.08	8.10	30.02
2008	246.20	38.22	11.35	40.12
2009	334.80	21.21	15.76	26.02
2010	405.80	21.20	19.86	26.00

第二十九编

卫 生

70 年代，海阳县逐步建立起村级卫生室，实行合作医疗，形成县、乡、村三级医疗卫生保健网络。1985 年后，全市（县）卫生行业改革不断深入，逐步实行院（站、所）负责制，改差额补助为定额补助。1986 年 11 月 5 日，华东六省一市卫生工作知名人士及专家 105 人到海阳县精神病院等单位考察指导，世界卫生组织精神卫生协作组教授夏镇夷评价：中国的精神卫生工作，城市模式看上海，农村模式看烟台的海阳和蓬莱。1990 年 12 月，卫生部授予海阳县食品卫生示范县称号。1991 年 12 月，海阳县被省爱国卫生运动委员会授予农村改水先进县称号。1994 年，全县卫生院收归县管。1996 年，乡镇卫生院改建列为海阳市委、市政府要办好的十件大事之一，全市 13 处卫生院相继盖起门诊楼。1997 年 6 月 5 日，市政府在市医院设立急救中心，开通“120”急救电话。2002 年 4 月，国家爱卫会授予海阳市农村自来水普及工作先进单位和农村卫生厕所普及工作先进单位称号。2003 年 9 月，启动乡村卫生一体化管理及农村社区卫生服务工作。2004 年 11 月 29 日，市委、市政府与山东省医疗集团协商，将海阳市人民医院的财产所有权有偿转让给青岛大学医学院附属医院。2006 年 4 月，海阳市卫生局在卫生部召开的全国农村卫生工作研讨会上，就乡村卫生一体化管理工作作典型发言，经验在全国推广。同时，全市开始实施新型农村合作医疗制度。2007 年，海阳市乡村卫生一体化管理模式被列入国家重大社科基金项目。2008 年 11 月，海阳市卫生局参加卫生部在江苏邳州召开的加快农村三级医疗卫生服务网络建设经验推广大会，并作典型交流。2010 年，海阳市被国家中医药管理局授予全国农村中医工作先进市称号，并被确定为全省建立农村居民健康档案示范县。全市各类医疗卫生机构 513 个，其中，直属医疗卫生单位 18 处，烟台驻海医院 1 处，青岛驻海医院 1 处，社办医疗机构 4 处；城市社区卫生服务中心 1 处，社区卫生服务站 6 处，由中医医院托管；村级卫生室 482 处，由镇（区、街道）卫生院托管；执业医师 762 人，执业助理医师 179 人，执业注册护士 714 人。形成以政府办医疗机构为主体，集体、个体为补充，遍布城乡的医疗卫生服务网络。

第一章 机 构

第一节 管理机构

1965 年，海阳县卫生局成立。1978 年，称海阳县革命委员会卫生局。1980 年，改称海阳县卫生局。1986 年，内设办公室、政工科、医政科、药政科、防疫科、县爱国卫生运动委员会办公室、县红十字会办公室。1990 年，增设初级卫生保健办公室。1996 年 5 月，海阳县卫生局改称海阳市卫生局。2002 年 10 月，药政科被撤销。同年，内设中医科，由医政科代管其工作。2010 年，内设办公室、政工科、医政科、防疫科、公共卫生科、计财科、爱国卫生运动委员会办公室、红十字会办公室 8 个科室，编制 14 人。

第二节 药监机构

海阳市食品药品监督管理局 2001 年 12 月，海阳市药品监督管理局成立，为烟台市药品监督管理局的直属机构。机关行政编制 15 名，事业编制 8 名，工勤人员 2 名。内设办公室、综合监管科、稽查队、药品检验室。2005 年 1 月，改称海阳市食品药品监督管理局。增加对食品、保健品、化妆品的监督、管理职能。内设办公室、综合监管科、稽查队、药品检验室、食品科。2009 年 9 月，划归海阳市政府管理。2010 年，内设办公室（加挂政策法规科牌子）、餐饮服务食品安全监管科、保健食品化妆品监管科、药品（医疗器械）综合监管科、药品（医疗器械）安全稽查科等 5

个科室和海阳市食品药品检验所（股级全额拨款事业单位）。8月，市卫生防疫站12人划转到食品药品检验所，市食品药品检验所编制由8名调整为20名。

海阳市药品监督检验所　1982年，海阳县药品监督检验所成立。1983年4月，县卫生局设药政股。1993年，改为药政科。2002年，内设理化实验、生测实验、中药检验、图书资料、中药标本、仪器、微机、试剂、办公和会计室10个室。各室的设备仪器按照规范化管理要求设置。固定资产17.47万元。

第三节　防疫机构

海阳市疾病预防控制中心　1956年7月，设立海阳县卫生防疫站，工作人员3人。1978年，有工作人员20人，设卫生、防疫、检验3个组。1991年9月，编制80人，设行政、计划免疫、流行病、食品卫生、环境卫生、劳动卫生、健康教育、消杀、查体9个科。1996年5月，改称海阳市卫生防疫站。8月，首次通过省技术监督局计量认证评审。2002年，通过省级计量认证复审。2005年8月，开始在龙山街149号筹建疾控办公楼。2006年11月竣工。2007年3月迁入。建筑面积4500平方米，实验室用房1200平方米。设置16个科（室），专业技术人员90人，其中高级职称20人、中级职称40人。拥有高效液相色谱仪、气相色谱仪、原子吸收分光光度仪、原子荧光光度仪、酶标仪、农残速测仪等精密仪器及其他设备109台（件）。2007年，再次通过省级计量认证复审。具备包括食品、水质、公共场所、化妆品、消毒消杀、职业卫生、包装材料、生物材料、食物中毒等132个类别、900余项参数的检测能力。另外，还取得职业病危害因素检测与评价、职业病健康体检、艾滋病筛查实验室等资质。2010年8月，海阳市卫生防疫站改称海阳市疾病预防控制中心，加挂海阳市卫生监督所、海阳市卫生检验检测中心牌子。

海阳市结核病防治所　1983年海阳县结核病防治所成立，有职工16人，其中专业技术人员15人。1996年5月，改称海阳市结核病防治所。1999年1月，改隶市卫生防疫站。站内设有结核病防治科，专业技术人员12名。其中大专以上学历3人、中专学历6人，具有高级职称4人、中级职称6人。

第四节　教科研机构

1961年，建海阳卫生学校。1969年，“文化大革命”中停办。1971年，复办海阳卫生学校。1973年，学校迁至东村公社平顶大队南。1978年，学校为莱阳卫校代培1个40人的护理专业班。1980年，为文登卫生学校代培1个40人的护理专业班。2个班学制均为3年。学生毕业后由烟台地区卫生局在全区统一分配。1981年，学校由县卫生局主管。1981—1984年，每年举办1次短训班，学制为1年或半年。1987年后，学校先后开办3年制的妇幼保健、护理、卫生防疫、中医等专业，学生毕业后多数由县卫生局统一分配到医疗单位。中医专业毕业生由各单位择优录用。1990年，学校开办附属医院。1991年，省政府正式批准学校为烟台市海阳中医药职业中等专业学校，设中医士、针灸推拿、中药士3个专业。1997年，成立烟台市海阳中医药职业中专皮肤病研究所。1999年，学校设立海阳市中医药职专附属医院。2004年，与潍坊医学院合作，成立成人教育辅导站。2006年，与益都卫校签订协议，发放正式中专毕业证书。2009年，学校设立经济开发区卫生院。2010年，投资50万元，引进国际椎间盘突出症最新治疗技术和设备，成立海阳市唯一一家采用多种微创技术治疗椎间盘疾病的椎间盘治疗中心。

2009年，海阳中医药职业中专

第二章　医疗制度

第一节　公费医疗管理

70年代至80年代初，职工患病后的诊疗费、手术费、住院费均由所在单位负担，除贵重、滋补药品由个人负担外，其他药费均按规定报销。职工所供养的直系亲属享受半费医疗。1980年起，海阳县机关单位实施医疗制度内部改革，部分机关事业单位对医疗费采取包干使用、限额报销等方式。公费医疗管理实行经济责任制，把公费医疗按人头标准包干，发给承担公费医疗的医院，实行“超支自负、结余留用”的办法。1981年、1982年、1984年，海阳县公费医疗管理工作分获山东省第一名、第三名、第一名。1984年起，多次受到省、市奖励，获得奖金共22万元。1986年，采取将人头医疗费标准分解成住院医疗费用和门诊医疗费用两部分分别管理。住院部分占27%，由公费医疗办公室统一掌握使用，主要用于重症患者住院所需。门诊治疗费部分占73%，包干发给病人有关医疗单位掌握使用。80年代中后期至90年代初，部分企业开始实行医疗费包干制度，有的把部分医疗费随工资发给职工个人，节约归己。1994年，公费医疗费改为直拨到各类核算单位自行管理，多数机关事业单位采取把医疗费用发给个人的办法。1996年1月1日，企业医疗保险制度改革全面实施。2006年8月，机关事业单位职工基本医疗保险全面展开。

第二节　农村合作医疗

农村合作医疗创办于1969年，人们称大队卫生室为合作医疗室，称大队卫生员为“赤脚医生”。合作医疗均属队办，经费由生产大队筹集，每人每年5角到2元左右。也有的大队统一拨款，由卫生室统一使用。大队成立合作医疗领导小组，根据本大队实际制定合作医疗制度。1974年，发展到社、队两级合作医疗。1975年，全县731个大队实行合作医疗制度。1980年开始，全县农村合作医疗处于调整、整顿、改革状态。1981年起，整顿“赤脚医生”队伍，对839名达到中专水平的颁发“乡村医生证书”，对经过考核、考试符合开业条件的46名社会闲散医务人员发放行医执照。提倡合作医疗卫生室、自负盈亏的卫生所、个体开业行医或联合体诊所并存，全县每个大队都有医有药。1983年，全县732个大队有卫生室763所，68所实行合作医疗。2006年4月，实施由农村居民自愿参加，个人、政府和社会多方筹资，以大病统筹为主的互助共济的医疗制度，全市参加新型农村合作医疗农民46.76万人，2008年45.19万人。2010年，参加新型农村合作医疗农民47.12万人，参合率100%，报销医疗费用6348.32万元。其中，受益农民82.6万人次。将报销限额提高到5万元，比2009年提高2万元。

第三章　医疗网点与队伍

第一节　市属医院

海阳市人民医院　1944年4月，建惠民医院，为海阳县第一所公立医疗机构。1957年，改称海阳县人民医院。1960年8月，医院搬迁到东村北大河南沙地上建平房227间。1975年，建3层办公楼1栋。1982年，建4层122间门诊楼。1993年11月，达到二级甲等医院标准。1995年，县医院被世界卫生组织、联合国儿童基金会、卫

2009 年，海阳市人民医院

生部评为爱婴医院。1996 年 5 月，海阳县人民医院改称海阳市人民医院。2003 年，新门诊楼启用，并筹资 792 万元购置日本、美国、法国等国先进医疗器械。2004 年 5 月 18 日，市人民医院加盟青岛大学医疗集团。11 月 29 日，医院整体转让挂靠青岛大学医学院附属医院。保留原院名，另称为青岛大学医学院附属医院海阳分院。保持原独立法人公益性事业单位性质，执行地方财政管理，独立核算，自负盈亏。2005 年，投资 760 余万元对 1 号病房楼进行改造装修。2006 年年初，海阳分院根据总院学科建设规划的总体部署，结合医学科学的发展趋势和本区域卫生需求，先后 2 次对专业学科进行大的调整和重组，加强学科单元化建设。开放床位 380 张，专业学科 26 个，医技科（室）10 个。8 月，成立全市远程会诊中心和远程培训中心，县、乡、村三级医疗卫生服务网络。11 月，获烟台市级文明单位称号。12 月，获山东省惠民医疗先进单位称号。2009 年 4 月，引进美国 GE 超高档实时四维彩超系统，实现胎儿立体检查，与超声医疗领域最前沿接轨。7 月，启动卫生强基工程，医院牵手发城、郭城、朱吴 3 所基层医院。10 月，海阳市“120”急救号码成功完成信号割接，并入烟台市“120”急救网络，由烟台市“120”急救指挥中心统一受理、统一调度指挥。2010 年，医院被评为全省诚信计量先进单位。

海阳市中医医院　1984 年 9 月成立海阳县中医医院，有职工 86 人，开放床位 90 张，业务用房建筑面积 4427 平方米。1996 年 5 月，改称海阳市中医医院。6 月，被确认为二级甲等中医医院。2001 年，达到爱婴医院标准。同年，投资 100 万元建 2400 平方米的综合业务楼。2009 年 7 月，确定为海阳市中心医院。医院先后与安徽理工大附属肿瘤医院联合成立烟威地区首家肿瘤微创综合诊疗中心；与青岛不孕不育科研所联合成立不孕不育诊疗中心；与北京思达中狮国际心肺血管医院，联合成立海阳市中医医院心血管病会诊协作中心。2010 年 6 月，与济南军区总医院建立医疗技术协作医院。同年，设立直辖烟台统一管理的“120”急救中心，承担全市急诊、急救等医疗工作；医院有职工 306 人，卫生专业技术人员 267 人，其中高级以上专业技术人员 28 人、中级专业技术人员 86 人；设置床位 229 张，固定资产 2536 万元，占地面积 23520 平方米，建筑面积 8819 平

2010 年 10 月 20 日，海阳市中医（中心）医院门诊病房综合楼奠基仪式

方米；设23个临床科室和5个医技科（室），另设城市社区卫生服务中心1处，城市社区卫生服务站6处、卫生室3处；医院拥有先进医疗设备70余台（件）；年门诊量15万余人次，收治入院病人8000余人次，手术病人1800余例。

2009年，海阳市妇幼保健院

海阳市妇幼保健院 原为海阳县妇幼保健站，1994年11月前，位于虎山街中段。后迁至海河路中段，占地面积3210平方米，改称海阳县妇幼保健院。医院集医疗、预防、保健、科研、教学为一体。1995年，创建成国家级爱婴医院。1996年5月，改称海阳市妇幼保健院。1999年，创建为一级甲等妇保院。医院为山东省婚前医学检查定点单位、烟台市接生定点单位、海阳市母婴保健技术服务指导中心和新生儿疾病筛查指导中心。医院以妇产科、儿科、乳腺科、社会保健科、儿童保健科为主体，另设内科、外科、不孕不育科、影像科、检验科等业务科（室）。医院配备美国、意大利、德国、日本等国进口先进医疗设备。4辆救护车24小时免费接送产妇。院内设有母婴同室病房、乐园式儿童病房、新生儿游泳抚触中心、免费孕妇学校。2010年，有职工118人，卫生技术人员96人，具有中高级职称48人；门诊3.6万人次，住院2351人次，开展各类手术452例。

第二节 乡（镇）卫生院

2010年，全市有镇（区、街道）卫生院14处，床位2068张，执业（助理）医师632人，注册护士170人，药师111人，技师（士）75人。

徐家店中心卫生院 徐家店公社卫生院，建于1966年。1971年，改称海阳县人民医院徐家店分院。1991年8月，改称海阳县第二人民医

2009年，海阳市第二人民医院

院，隶属关系、性质不变。1996年5月，改称海阳市第二人民医院。2010年1月，改称海阳市徐家店中心卫生院，服务于71个村、4.5万人口，集医疗、预防、妇幼保健功能于一体。设25个科（室），拥有较先进的设备仪器，门诊及病房采用压力蒸汽供暖，开放床位60张。医院占地面积3万平方米，建筑面积7286平方米、业务用房4200平方米，绿化面积35%以上，固定资产60万元。有正式职工82名，其中，卫生专业技术人员75名。

海阳市第三人民医院 东村人民公社卫生院，1958年成立。1984年9月，在此基础上成立海阳县中医医院。1988年8月，与中医医院分设，恢复建立东村镇卫生院，又称海阳县南医院。医院占地面积5160平方米，平房建筑面积1432平方米，固定资产14.5万元。1993年3月，改称海阳县第三人民医院。1995年，建门诊楼2000平方米。1996年5月，改称海阳市第三人民医院。

2010年，海阳市第三人民医院门诊楼

2005年，建住院楼4000平方米。2008年，医院被评为山东省卫生系统先进集体、惠民医疗先进单位、健康保健工作示范医院。2009年，被评为全国诚信示范医院。

2010年，医院加挂海阳市东村中心卫生院牌子，建筑面积6500平方米，固定资产1800万元。在编职工139人，专业技术人员86%以上，开放床位120张。设20余个科（室）和5个特色专科，14个城市社区卫生服务站，52个农村卫生服务站（所、室），管理乡村医生145人。承担辖区7万余人口的卫生、防疫、妇幼保健及防病治病任务。拥有美国、日本、德国等国家进口先进医疗设备80余台（件）。医院共获各级科技成果奖25项，国家专利3项。

第三节　农村医疗站（所）

1978年，全县731个生产大队，有725处大队卫生室。1983年，全县732个大队有卫生室742处，其中大队办691处，群众集资办25处，公社卫生院派到农村的1处，个体承办的25处。1985年，全县有村卫生室664处。因农村实行联产承包责任制，有的大队医疗室承包给个人，有的仍归集体所有。1991年，卫生行政部门加强村卫生室及个体医生管理，要求卫生室按诊断室、治疗室、观察室、妇保室、药房等“四室一房”进行建设，一个乡（镇）仅有1～2处达到要求。1995年6月，县卫生局检查组，对村卫生室、个体医生、厂医按有关标准进行验收，检查结果分合格、限期改进、停业，合格者颁发全国统一的医疗机构许可证。1997年，市政府印发通知，要

2005年，里口村卫生室

2008年，西八里庄卫生室

求对乡（镇）卫生院、村卫生室、个体医生实行一体化管理。对乡村医生实行“三证一制四统一”[三证，即每个村卫生室、个体医生按规定办理医疗机构许可证、药品使用许可证、输液许可证；一制，即乡（镇）卫生院（所）对乡村医生实行聘任制，聘期一般为2年；四统一，即对乡村医生实行行业、业务、财务和药品统一管理]管理。规定乡村医生的行医年龄男不超过65岁，女不超过60岁。1997年开始，市卫生局每年组织1次约1周的乡医培训，同时校验1次“三证”。1999年，要求在岗乡医，每5年完成学业1年以上的系统化业务培训，“九五”期间达到中专以上业务水平；新上岗的乡医需接受国家卫生学校正规培训，取得中专毕业文凭；乡医必须取得乡村医生资格证书和村卫生技术人员执业证书；不合格乡医到烟台市海阳中医药职专学习，学校按中专课程进行培训。2004年，市卫生局在4个镇、街道试点，按照人口密度、地理位置、卫生设施、服务半径等实际，大村设1处服务站，2～3个小村设1处社区卫生服务站（所）。原有的乡医通过考试，择优录用，对年龄大和不适应做乡医工作的人员进行调整，在人员不足的站（所），招收大、中专毕业生。4个镇、街道220个村建立84个社区卫生服务站（所），取得经验后全市推广。全市732个村，共确定268个社区服务站（所）的医务人员，各镇（区、街道）卫生院进行7天的集中培训学习。每个社区卫生服务站由卫生院安排3～5名医务人员，村集体提供建筑面积不少于80平方米的房屋，设备由卫生院投资购置，室内严格按诊断室、治疗室、观察室、资料室、值班室、药房等“五室一房”划分，人、财、物由卫

生院统一管理。对乡村医生实行聘任制、工资制、养老保险制。2010年，全市有村级卫生室480处，医务人员923名。

第四节　其他医院

烟台市海阳荣军医院　1960年，建海阳县复员军人慢性病疗养院，有职工14人。1965年5月，划归烟台地区民政局，改称烟台地区复员军人慢性病疗养院，委托海阳县代管。1969年2月，下放给海阳县。1976年，复归烟台地区民政局。1984年，改称烟台市复员军人慢性病疗养院。1987年，投资20万元，改建平房234平方米，新建办公楼1幢。1989年，编制43人。1992年9月，改称烟台市海阳荣军医院。1997年，投资250万元，建3000平方米住宅楼2幢，拆除平房280平方米。1999年，成立海阳市优抚对象医疗服务中心。2003年，医院被评为山东省卫生先进单位。2004年，建门诊楼1幢，建筑面积3436.6平方米。2010年，有职工51人，其中中级职称25人、初级职称9人。医院拥有多种较先进的仪器设备。

海阳市轻工医院　原为海阳县二轻医院。1985年，建筑面积1400平方米。1996年5月，改称海阳市二轻医院。1998年，改称海阳市轻工医院。2000年，医院改为股份制医院。2002年，医院使用原二轻公司20间共400平方米的办公楼作为病房区。2010年，设置床位30张，医务人员50人，其中副主任医师1人，中级职称8人。

第五节　医疗队伍

中医　1978年，全县有中医11人。1985年，有中医83人，其中主治医师1人，医师25人，医士44人，其他中医人员13人。2010年，有中医111人，其中中医主任医师3人，中医副主任医师10人，主治医师37人，医师47人，医士14人。

西医　1978年，全县有西医127人。1985年，有西医315人，其中副主任医师1人，医师159人，医士133人。2010年，有西医395人，其中西医主任医师13人，西医副主任医师65人，主治医师177人，医士5人。

护理　1985年，海阳县有护士144名。1994年，有护士258名，其中主管护师13名、护师127名、护士99名。2003年，有护士359名，其中副主任护师6名，主管护师24名，护师170名、护士41名。2010年，有护士330名，其中主管护师155名，护师168名，护士7名。

1978—2010年海阳市卫生系统人员情况统计表

表29-3-1　　单位：人

年份	总计	卫生技术人员	年份	总计	卫生技术人员
1978	863	680	1989	1216	912
1979	947	764	1990	1210	943
1980	1048	801	1991	1246	978
1981	1132	852	1992	1354	1070
1982	1160	906	1993	1422	1123
1983	1208	937	1994	1429	1136
1984	1253	980	1995	1506	1197
1985	1286	1002	1996	1542	1226
1986	1234	978	1997	1559	1247
1987	1356	1059	1998	1524	1127
1988	1224	949	1999	1516	1220

续表 29-3-1

年　份	总　计	卫生技术人员	年　份	总　计	卫生技术人员
2000	1492	1209	2006	1468	1356
2001	1644	1342	2007	1468	1337
2002	1654	1397	2008	1464	1298
2003	1584	1409	2009	1460	1307
2004	1585	1426	2010	1456	1308
2005	1487	1342			

第四章　医疗技术

第一节　中　医

1980 年，县人民医院中医科以头痛百灵散治疗偏头痛。1984 年，县中医医院运用中医中药治疗再障等血液方面疾病有独特疗效，接诊患者遍及全国各地。1985 年，县中医医院以中医药为主治疗再生障碍性贫血，年门诊 300 人次，住院 80 人次。皮肤病专科为 169 位面部雀斑患者施术治疗，一次性治愈，无后遗症，此法于 1986 年 9 月被推荐参加全国皮肤外科整容交流会。1989 年，县人民医院中医科以山莨菪碱足三里穴封闭治疗膈肌痉挛。80 年代后期到 90 年代初，县中医医院在中医临床应用与研究上，特别是对血液病的研究取得成效。刘学禄撰写的《再生障碍性贫血治验》在山东中医学院举办的“齐鲁杯”第一届中医药优秀论文交流会上，获优秀论文奖；撰写的《真性红细胞增多症——血瘀化热》《再障胃虚血瘀证》《阳强—肝火炽盛》《肝肾亏虚寒湿格》被收入山东中医学会编写的《诊籍续焰》山东中医验案书。1993 年，县人民医院中医科以针灸治疗胃下垂。1994 年，中医科以仁卿草汤治疗牛皮癣、以蚯蚓白糖治疗带状疱疹、以四逆散加味治疗胃柿石。1998 年，成立海阳市呼吸疾病研究所。科研课题“中西医结合四联法治疗支气管哮喘临床研究”，在美国洛杉矶获第四届世界传统医学大会国际优秀成果奖。2000 年，市人民医院中医科以葛根平眩汤治疗脑动脉硬化；市中医医院成立脾胃病专科，运用中医中药治疗各种胃炎、消化性溃疡。2001 年，市人民医院中医科以归芍丹参饮

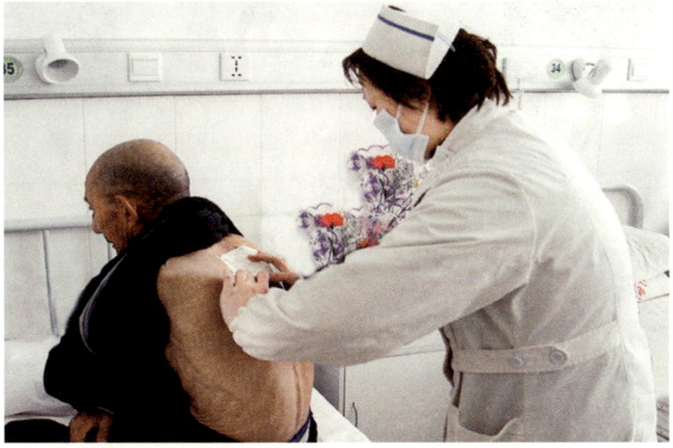

2010 年，市第三人民医院哮喘特色专科

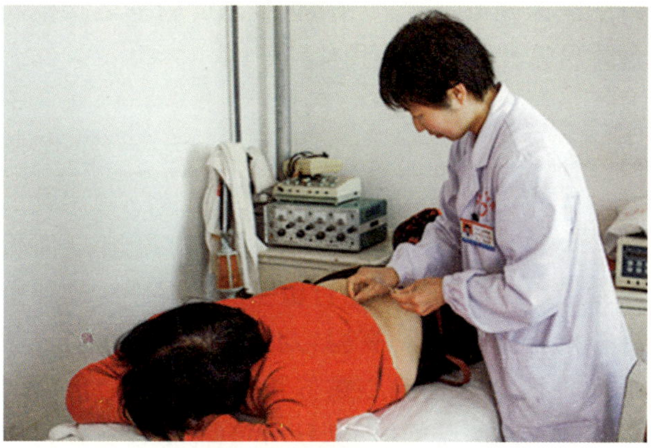

2006 年，市中医医院针灸疗法

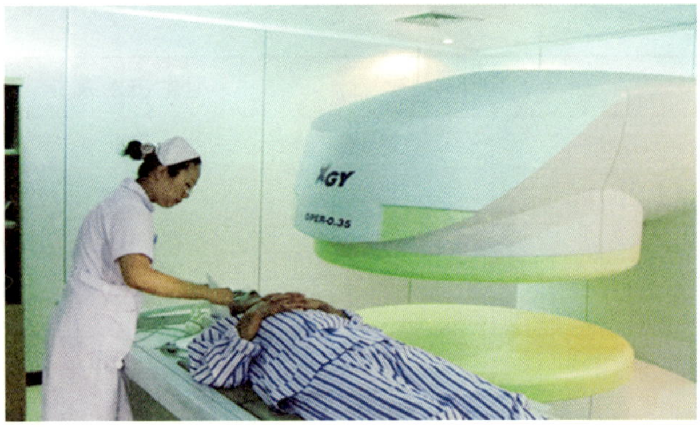

2009 年，市中医医院永磁性核磁共振成像系统

治疗胃溃疡。2002 年，中医医院研制克银丸、白殿丸、生发丸等治疗牛皮癣、白癜风、斑秃等收到良好疗效。2003 年，中医科以槐马榆黄汤灌肠治疗溃疡性结肠炎。2005 年，中医医院成立颈肩腰腿痛科，成为海阳市重点特色专科；针灸科引进石氏中风单元针灸疗法，治疗脑中风。2006 年 5 月，投资 200 万元引进国内领先肿瘤微创技术治疗设备，并与安徽理工大学附属肿瘤医院联合，成立烟威地区首家肿瘤微创综合治疗中心。2007 年 4 月，邀请济南军区青岛疗养院博士李东涛到院坐诊，以中药为主治疗肿瘤病。2009 年 2 月，市中医医院投资 450 多万元，引进浙江宁波鑫高益公司生产的 XGYOPER–35 永磁型核磁共振成像系统（MRI），该核磁共振设备软、硬件功能齐全，图像对比度、清晰度好，诊断准确率高。该系统的正式开诊运行，填补海阳市核磁共振技术在临床应用的空白。4 月，市中医医院皮肤科引进窄谱中波 UVB 光照仪器，开创全市皮肤病光疗技术先河。2010 年，脑病科康复中心与市残联合作成立肢体残疾康复技术指导中心。是年 7 月，市中医医院第一次采用微创技术，为一名腰椎间盘突出患者成功进行手术。

第二节　西　医

内科　1980 年，县人民医院内科组建消化内专业组。同年，成立胃镜室，开展硬式结肠镜检查术。1986 年 8 月，县人民医院医护人员成功抢救一名因电击致心跳停止 75 分钟患者。1989 年，县人民医院购进上海产心电监护仪，开始应用于危重病人的床边监护，使严重心律失常、心肌梗死、肺水肿等的抢救成功率明显提高，急性心肌梗死病人的猝死率明显下降。1991 年，县人民医院成立高压氧舱，用于治疗心脑血管疾病及一氧化碳中毒。1993 年，县人民医院成立烟台市心血管重点专业学科；1994 年，消化内专业开展 B 超引导下注射无水酒精治疗肝癌术。1996 年，开始糖尿病、甲亢、甲减等内分泌疾病的治疗；1997 年，消化内专业开展肝脏穿刺肝组织活检术；1999 年，消化内专业开展胃镜下胃息肉微波治疗术，神经内专业开展颈椎侧方穿刺术；2000 年，呼吸专业开展纤支镜检查术及纤支镜吸痰术，心内专业组开展临时起搏器安装技术，抢救急性心肌梗死及心肌炎并缓慢性心律失常的病人多例；2001 年，消化内专业开展电子结肠镜诊断及治疗术，内分泌专业开展中西结合治疗糖尿病足，神经内专业开展小剂量尿激酶治疗脑梗死；2002 年，消化内专业开展消化内镜下高频电治疗消化道息肉术；2003 年，消化内专业开展胃镜下食管狭窄扩张术；2004 年，心内科首次成功开展冠心病介入技术，填补海阳境内空白；2006 年，开展胃镜下非曲张静脉消化道出血治疗术。同年，青医附院派驻专家成立肿瘤科，实施各种实体瘤的术后辅助化疗及不能手术的肿瘤化疗，血液系统恶性肿瘤化疗，同时开展经外周中心静脉置管术（PICC）、微创浆膜腔穿刺置管术及恶性浆膜腔积液化疗。2007 年 1 月，市人民医院成立放疗部，引进新华医疗器械股份有限公司医用电子直线加速器及放射治疗模拟机开展普通放疗，对于恶性肿瘤骨转移、脑转移、乳腺癌术后、四肢肉瘤术

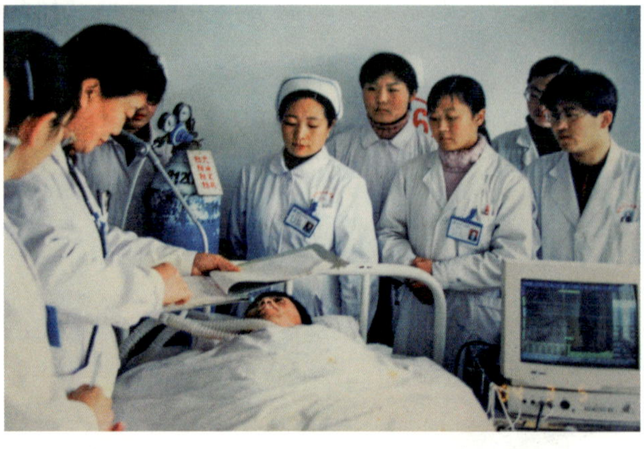

2007 年，市人民医院神经内科成功抢救一例格林巴利综合征致呼吸衰竭病人

后、小细胞肺癌、头颈部肿瘤等放疗收到很好的效果；12月，引进成都川大奇林科技有限责任公司的三维放射治疗计划系统（TPS），开展三维适形放疗，对于胃癌、肺癌、食道癌、宫颈癌、膀胱癌、胰腺癌、直肠癌、肝癌等均可进行精确放疗。2007年成功抢救一例格林巴利综合征呼吸衰竭病人。2008年，市人民医院开展十二指肠镜下逆行胰胆管造影术（ERCP）及乳头肌切开术；内分泌科开展新诊断2型糖尿病的强化治疗；肿瘤科运用TPS治疗计划系统完成头部、体部的适形放疗等精确放疗；2009年，消化内科开展消化内镜下金属钛夹治疗术，内分泌科开展胰岛素泵治疗糖尿病。肿瘤科开展“进展期胃癌根治术后同期放（化）疗的临床研究”，列烟台市科技局2009年市级“科学技术—技术研究与开发—应用技术研究与开发”预算科目，获批科技补助经费2万元。该研究初步显示进展期胃癌术后同步放（化）疗可以降低局部复发率；2010年，消化内科开展胃镜下胃石切割碎石术，内分泌科开展赖脯胰岛素泵皮下连续输注治疗糖尿病酮症酸中毒的临床研究，青医附院专家主持成立痛风病门诊，对痛风病人进行健康教育与治疗；神经内科开展急性生理和慢性健康评分对重症脑出血的评估。

外科　1978年，县人民医院率先开展左胸入路贲门癌根治术；1980年，开展肺癌根治术；1982年，开展颅骨钻孔颅内血肿探查及其他一些颅脑损伤手术；1983年，开展左胸入路食管癌根治术；1984年，开展膀胱镜检查，实施膀胱肿瘤部分切除术、膀胱全切除直肠代膀胱术、肾切除术、耻骨后前列腺切除术；1985年，县人民医院完成首例腹腔内最大手术之一——壶腹癌（胰头癌）的胰十二指肠切除术；开展肝硬化门静脉高压食道胃底静脉破裂大出血的离断术（Hassab氏手术），胆总管十二指肠侧侧吻合术；开展胸膜剥脱术。1986年，开展首例肝硬化门静脉高压症的脾静脉、腔静脉分流术；小儿腹股沟斜疝疝囊的高位结扎术。1987年，开展开胸探查肺裂伤修补术。1989年，开展肝门胆管空肠盆式吻合术解决肝门部狭窄问题。1990年，开展首例小儿先天性巨结肠切除术。同年，县人民医院收治一例全食管烧灼伤病人并为其成功实施结肠代食管术。1991年，开展中低位直肠癌切除经肛门吻合术。1992年，开展首例规则性肝叶切除术；开展治疗缩窄性心包炎的心包剥脱术。1993年，开展下肢深静脉造影术、腘窝肌襻成形术，治疗下肢静脉瓣功能不全又有新技术。同年，县人民医院完成首例胆总管十二指肠后壁侧侧吻合术，缩短了胆总管的盲端，减少术后并发症的发生。县人民医院骨外专业成立烟台市骨科重点专业学科，开展全椎板切除椎管减压椎间盘摘除术治疗腰椎管狭窄合并椎间盘突出症。1994年，开展高选迷走神经切断术、脑胶质瘤切除术；开展高血压脑出血开颅手术及颅骨修补术。1995年，县人民医院开展首例婴儿肝巨大海绵状血管瘤切除术及静脉营养治疗；骨外专业开展人工全髋关节置换术；泌尿外专业开展膀胱镜检查、活检、取异物、逆行插管造影，形成泌尿外科常规检查诊疗技术；应用膀胱镜输尿管双“J”管置入技术治疗输尿管狭窄，应用于肾、输尿管结石ESWL治疗；开展肾实质切开取石术，肾窦、肾盂切开取石术，肾盂输尿管连接部狭窄成形术，输尿管切开取石术；肾盂肿瘤肾、输尿管全切除术、输尿管管口袖口切除术；尿道下裂一期和二期成形术；膀胱肿瘤膀胱全切除术直肠、结肠、回肠代膀胱术。神经外专业开展脑积水脑室腹腔分流术。同年，开展高血压脑出血锥颅萃吸术；开展先天性心脏病动脉导管未闭结扎术。1997年，开展镰旁脑膜瘤切除术。1998年，市人民医院购置国产好克前列腺电切镜和大力士碎石钳，开展前列腺电切术和膀胱结石萃石术。神经外专业开展听神经瘤切除术。1999年，开展肾、输尿管、膀胱结石碎石术；胸外专业开展三切口食管癌根治术。2000年，开展颅咽管瘤切除术、应用骨水泥颅骨修补成形术。同年，开展亚低温冬眠技术治疗重型颅脑损伤。2001年，市人民医院成功完成一例断掌再植术。同年，开展显微外科手术，对皮肤、肌肉及骨骼实施修复再造手术。神经外专业将镍钛记忆合金锔钉应用于颅骨修补成形术中。2002年，开展纵隔肿瘤切除术。2003年，开展三升袋静脉营养技术；骨外专业开展钉棒系统脊柱内固定术及各种复杂的四肢骨关节骨折内固定术。同年，市人民医院完成海阳首例人工全膝关节置换术。2004

年，开展经尿道前列腺电切除术（TURP）、经尿道膀胱肿瘤电切术（TURBt）、尿道狭窄冷刀切开术、肾盂肿瘤输尿管管口电切除术，肾、输尿管全切除术、腹腔镜下精索静脉高位结扎术、肾囊肿去顶减压术、肾上腺肿瘤切除术；神经外专业开展全脑血管造影术，同时开展介入技术治疗颈内动脉海绵窦瘘等；胸外专业成功开展右胸入路食管癌根治术。2005年，腔镜技术逐步普及，填补海阳区域空白。普外科开展腹腔镜胆囊摘除术、肝囊肿开窗引流术、腹腔镜下阑尾切除术；胸外科开展电视胸腔镜下的微创手术——肺大疱切除术。2006年，市人民医院骨外科在青医附院骨科专家帮助指导下，开展颈椎后路单开门减压、颈椎管扩大成形术，为一名60多岁的瘫痪老人解除颈髓神经压迫并重新站立。神经外科开展显微手术治疗颅内肿瘤、高血压脑出血等。2007年，开展正中胸骨劈开纵隔肿瘤切除术、肺叶袖状切除术、左全肺切除术、右全肺切除术。2008年，开展无张力疝修补术；开展连枷骨的肋骨钛板内固定术为烟台市首例；开展小切口肺大泡切除、肺叶切除术、漏斗胸微创矫形术，对一些少发少见病如肺隔离症能够明确诊断并取得较好的疗效。2009年，开展腹腔镜下胆总管探查取石术。胸外科为多名80岁以上高龄肺癌病人实施肺癌根治术。12月15日，市人民医院神经外科为一名患有巨大头皮囊肿的病人实施手术，切除后的囊肿大小约20厘米×15厘米×5厘米。该手术是神经外科结合整形美容方面所做的挑战和尝试，在海阳市尚属首例。2010年，开展VSD（酒精水化海藻盐泡沫）技术治疗各种难治性创面及皮肤缺损；开展颅内动脉瘤开颅夹闭术；胸外科成功为多名心脏裂伤及胸内大血管裂伤实行心肺、大血管修补术。

麻醉科 1984年，县人民医院开展慢诱导气管内插管静脉复合麻醉技术。1990年，开展快诱导气管内插管静脉复合全身麻醉和多模式术后镇痛技术。2000年，开展无痛流产技术，填补海阳市空白。2002年，开展清醒状态下经鼻盲探气管插管术。2004年，开展双腔支气管插管、单肺通气技术。2005年，开展无痛胃镜及腰硬联合阻滞麻醉。2009年，开展无创喉罩通气技术。2010年，开展桡动脉穿刺直接动脉测压。

小儿科 1999年，市人民医院开展哮喘吸入疗法，与GINA方案接轨。2000年，将静脉留置针技术熟练应用于小儿静脉输液中，同期引入输液泵技术。2004年，开展氧气驱动雾化吸入疗法治疗哮喘、毛细支气管炎等疾病疗效显著。2006年，开展新生儿保暖箱、新生儿蓝光治疗仪、微量血糖监测、多功能监护仪广泛用于临床。

妇产科 80年代初，计划生育手术高峰期，引产手术及女性输卵管结扎手术工作量大。1980年，县人民医院开展腹部纵形切口子宫下段剖宫产术；1986年起，开展广泛子宫切除术、腹膜外淋巴结清扫术、恶性葡萄胎化疗术、阴道细胞学检查、宫颈涂片、激光治疗宫颈糜烂；1989年，开展多发性子宫肌瘤挖除术，为许多年轻妇女保留子宫。进行巴氏腺囊肿无水酒精注射，卵巢癌根治术技术后化疗，水囊引产术，宫颈机能不全缝扎术，新生儿气管插管术，踝静脉切开术。1992年，开展腹膜外剖宫产术；1994年，为1例多发性子宫肌瘤病人进行子宫肌瘤挖除术、挖除肌核并进行子宫成形术，开展腹部横切口子宫下段剖宫产术；1995年，开展产前产时胎儿电子监护技术；1998年，开展无痛流产技术。90年代末，市人民医院开展CTB染色技术应用于细菌性阴道病诊治、绒毛膜促性腺激素定性及半定量试验，监测早孕、葡萄胎等；1999年，成功抢救1例前所未见的胎盘早剥子宫卒中致产后大出血病人，为病人成功保留子宫（后病人于2002年足月剖宫产分娩1男婴），为处理同类病人积累了经验；2000年，开展氧化亚氮笑气吸入分娩镇痛技术。2001年9月，市中医医院妇产科收治一例国内外较罕见的完全性前置胎盘足月的产妇，并进行子宫下段剖宫产娩出一男婴，清洁呼吸道后，哭声响亮，体重4000克。2002年，市人民医院开展导乐陪产技术。2003年，开展首例宫腔镜检查术。2005年，开展腹腔镜手术、电子宫腔镜检查技术及经阴道子宫全切微创手术。开始放射免疫法定量测定血β-HCG值，监测异位妊娠及葡萄胎，异位妊娠保守治疗成功率提高。与总院联合开展宫颈液基细胞学检查技术。开始将胎头吸引器应用于剖宫产术中。开展新生儿洗澡及新生儿

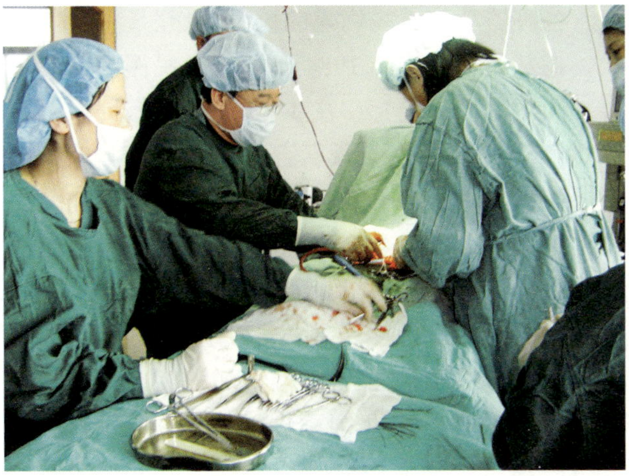

2006年3月16日，市人民医院妇科和普外一科联合为周岁女孩成功实施腹内肿瘤切除术

抚触，并对高危妊娠患者加强管理。2006年，妇科联合外科成功为1名周岁女孩实施腹腔肿瘤切除术。2007年，妇产科设宫颈疾病诊治门诊，开展宫颈疾病LEEP刀手术治疗，并独立开展宫颈液基细胞学检查技术，开展宫腔镜电切手术。

眼科　1978年，县人民医院开展白内障囊内摘除术、采用虹膜嵌顿术治疗青光眼、泪囊鼻腔吻合术、斜视矫正术；1980年，开展白内障冷冻摘除、睑下垂矫正、青光眼虹膜嵌顿、斜视矫正、泪囊鼻腔吻合术等手术；1990年，开展白内障现代囊外摘除术；1995年，引进眼科显微镜，开始眼科显微手术；2000年，应用眼科AB型超声扫描仪诊断眼科病，提高白内障植入人工晶体度数的准确性。2001年10月，市中医医院五官科在海阳市率先开展小切口超声乳化白内障摘除术。2002年，市人民医院开展白内障青光眼联合术，眼眶肿瘤摘除术，复杂眼外伤修复术，双重睑等美容手术，眼内科各种严重角膜炎、葡萄膜炎及眼底病、屈光眼病均能正确诊治；2003年，开展白内障超声乳化术+人工晶体植入术；2005年，开展泪小管断裂吻合术；2006年，开展翼状胬肉切除加角膜缘干细胞移植术及白内障小切口囊外摘除术；2007年，开展羟基磷灰石义眼台植入术、应用可拆除调节缝线治疗青光眼，引进全自动视野计进行眼底视野检查；2008年，开展白内障小切口劈核技术；2009年，应用丝裂霉素进行青光眼手术；2010年，开展眼底激光治疗眼底病。

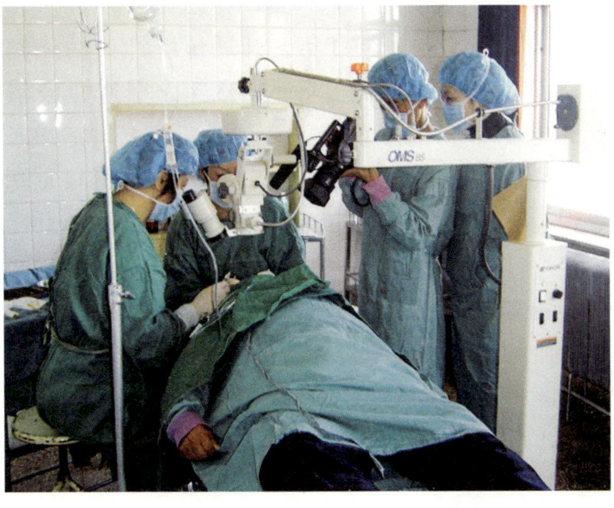

2003年，市人民医院开展首例白内障超声乳化术加人工晶体植入术

耳鼻喉科　1980年，县人民医院开展乳突根治术。耳鼻喉专业能开展上颌窦囊肿摘除术、上颌窦根治、扁桃体、鼻息肉、气管、食道异物等手术；1987年，开展鼻中隔矫正术；1989年，开展全麻下扁桃体切除术；2000年，开展鼻内镜下鼻腔泪囊吻合术治疗慢性泪囊炎，进入耳鼻喉专业手术微创时代，治疗技术获海阳市科技进步奖；2005年，耳鼻喉独立建科，开展鼻内镜下腺样体吸切术治疗腺样体肥大；2006年，开展内镜下视神经减压术；2007年，开展喉全切及部分切除术治疗各型喉癌；2008年，开展鼾症综合治疗技术。开展鼻内镜下鼻中隔成形术；2009年，开展直达喉镜下声带肿物切除术；2010年，开展鼻内镜下蝶窦手术治疗蝶窦疾患。

口腔科　市人民医院口腔科分口腔颌面外科、口腔内科、口腔修复科、口腔正畸科4个专业。

口腔内科　1982年建，逐步开展牙体牙髓病治疗，进行简单的窝沟充填术、盖髓术、干髓术等；开展前牙根管治疗术。1985年，行根管塑化术及根尖切除术。1987年，开展光固化树脂前牙美容修复术、牙周病牙结石超声波洁治术。1996年，开展根尖诱导成形术。1998年，开展高难度弯曲根管的治疗充填技术。2000年，应用半导体激光机治疗颞下颌关节疾患。2002年，开展窝沟封闭术。

口腔颌面外科　建科后，开展拔牙术、颌面部外伤清创处理术。1988年，始行根端囊肿、含牙囊肿切除术及先天性唇腭裂修补术。1989年，行上颌骨囊肿、鳃裂囊肿刮除术。1990年，开展下颌下腺及腮腺肿瘤切除术。1992年，始行颌骨骨折手法复位及牙弓夹板固定术。1994年，行下颌骨骨瘤和舌部血管瘤切除术。1997年，开展甲状舌管囊肿、成釉细胞瘤切除术。1998年，开展下颌骨骨折手法复位、节段式牙弓夹板固定术。2002年，开展颌骨骨折钛板坚强内固定术。2003年，开展颧弓骨折钛板坚强内固定术。2004年，开展唇部血管瘤切除成形术、髁突骨折坚强内固定术。2005年，开展腮腺腺样囊性癌切除术。2006年，开展下唇癌切除术及舌骨上淋巴清扫术。2007年，开展舌癌切除及颈淋巴清扫术。

口腔修复专业 1982年，开始固定义齿、活动义齿、全口义齿、桩冠、甲冠修复。1996年，开展隐形义齿修复。2004年，开展铸造烤瓷修复。

口腔正畸专业 1984年，开始牙列不齐简单的活动正畸。2000年，开展牙列不齐方丝弓矫正技术。2010年，开展牙列不齐直丝弓矫正技术。

1989年起，县第三人民医院将牙科作为重点科加强建设。90年代，牙科改为口腔科。2000年，成立海阳市牙病防治研究所。2001年3月，引进卫生部口腔种植科技中心研制的CDIC系列纯肽种植体，填补海阳市牙种植领域空白。7月，新技术与传统工艺结合治疗口腔病，被烟台市卫生局评为烟台市卫生特色项目。

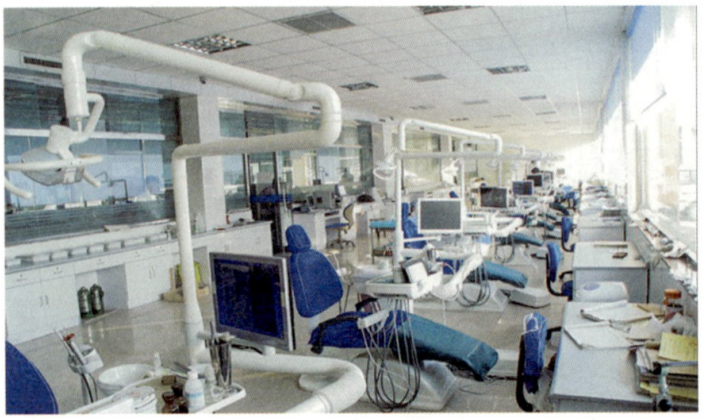

2010年，市第三人民医院口腔科

重症医学科 2010年6月，市人民医院设重症医学科，成功开展危重病人监护、静脉与肠内营养支持、有创机械通气、无创通气、亚低温治疗、电除颤与电复律、气管插管与气管切开、深静脉置管与CVP监测、动脉穿刺与有创动脉压监测、下肢静脉血栓防治、胸腔穿刺与微创闭式引流、各脏器功能衰竭病人的抢救治疗。

感染性疾病科 1984年，县人民医院设传染科。同年，开展腰穿多次少量放脑脊液治疗流脑；1988年，开展山莨菪碱联合丹参注射液治疗黄疸型肝炎；1991年，开展腹腔内注射呋塞米加多巴胺治疗腹水；1996年，开展多穴位低频微电流肝病治疗仪治疗急慢性肝炎和早期肝硬化；2003年，应用三白汤治疗急性乙型病毒性肝炎的临床研究；2008年，应用乳糖酸阿奇霉素加消旋山莨菪碱治疗青霉素过敏的小儿细菌性痢疾；2009年，应用普萘洛尔口服降低门静脉压力，辅助肝硬化腹水的治疗；2010年，口服乌鸡白凤丸提高血清白蛋白，辅助肝硬化腹水的治疗；应用泻黄散加味治疗黄疸型肝炎。

皮肤科 1989年8月，县人民医院设皮肤科。同年，成立变态反应室，开展过敏源检测及脱敏治疗；1994年，设皮肤真菌室，开展真菌检查；开展冷冻、电离子、微波治疗寻常疣、点痣、皮肤赘生物切除、雀斑冷冻、尖锐湿疣冷冻等技术。2000年4月，市中医医院为一例麻风病愈后者成功实施下肢截肢手术，填补市皮防所该项手术的空白。2004年，市人民医院开展文眉、文唇项目；2005年，开展支原体、衣原体化验；2007年，开展变应原检查；2010年8月，开展窄谱紫外线UVB，治疗银屑病、玫瑰糠疹、湿疹等疾病。

理疗科 1981年，县人民医院设理疗科，开展超短波、双音频、直流电、紫外线等理疗项目；1987年，开展小儿推拿、封闭疗法与理疗方法相结合的治疗方法；1993年，开展传统针灸治疗偏瘫、面瘫、颈肩腰腿疼等；2003年，引进微波治疗和电脑中频治疗项目，开展小针刀技术；2006年，开展腹针疗法治疗内伤杂病、脏腑功能失衡等慢性病，取得较好疗效；2009年，开展牵引疗法和浮针疗法。

检验科 80年代，县人民医院购进尿液分析仪、血细胞计数仪和半自动生化仪，开展尿液干化学检测、全血细胞计数（三分群）和血糖、转氨酶等基本的生化项目；开展乙肝表面抗原检测；开展细菌培养鉴定和药敏、淋球菌培养、血培养、新型隐球菌检查、抗酸杆菌检查、抗“O”定性、CRP定性、类风湿因子定性、肺炎支原体抗体、沙眼衣原体抗体、性病衣原体检查、性病支原体检查、抗核抗体、抗双链 DNA 检测、骨髓细胞涂片细胞血检验。1999 年，新增全自动东芝生化仪，开展生化全套、肝功、肾功、血脂、电解质、心肌酶谱、胸水生化检测；新增 BE 半自动血凝仪，开展血凝常规检测；开展肌钙蛋白 T 定性；开展抗 -HIV、梅毒、丙肝、乙肝五项、甲肝、丁肝、戊肝、庚肝检测；开展放射免疫法检测甲亢三项（FT3、FT4、TSH）、胰岛素、甲胎蛋白、癌胚抗原检测。2003 年，新增 SF-3000 五分类血球计数仪，开展全血细胞计数（五分群）；引进上海复星 FX-2500 基因扩增仪，开展乙肝 DNA 定量检测。2004 年，引进尿沉渣分析仪，开展尿沉渣定量检测；引进化学发光免疫分析仪，开展化学发光免疫法检测甲亢三项（FT3、FT4、TSH）、胰岛素、甲胎蛋白、癌胚抗原、前列腺特异抗原、垂体 - 性腺激素六项、β 人绒毛膜促性腺激素；引进携带式手持血液分析仪，开展血气分析。2005 年，开展总胆汁酸、铁、锌检测，自身免疫抗体、免疫球蛋白测定、复合过敏源检测、铁锌等微量元素测定、心梗三项定量测定、尿微量蛋白测定等 30 余项检验项目。2006 年，开展多肿瘤标志物蛋白芯片检测。2007 年，开展糖化血红蛋白、幽门螺旋杆菌、卡式配血、时间分辨乙肝五项定量。2008 年，开展风湿三项定量、B 型纳脲肽（心衰）、血氨检测。2009 年，开展卵巢肿瘤、乳腺肿瘤、肠胃道肿瘤标志物和胆碱酯酶定量检测。2010 年，开展 C- 反应蛋白、粪便分析、d- 二聚体定量检测。

病理科　1989 年，县人民医院开展法医病理学诊断。2002 年，开展术中快速病理诊断。2004 年，开展免疫组织化学病理诊断。2007 年，开展液基薄层细胞学诊断。

心电图室　1982 年，县人民医院应用热敏心电图机进行心电检查。1991 年，应用上海光电 6511 心电图机进行心电检查。1998 年，开展世纪 2000 动态心电图、运动平板、心电工作站检查。2001 年，购入 8110P 三导心电图机 1 台，用于病房心电图采集工作。2007 年，购入日本光电 9130P12 导心电图机 1 台，开展 12 导心电图诊断工作。2008 年，开展世纪 3000 动态 12 导心电图分析诊断工作。

脑电图室　1982 年，县人民医院成立脑电图室，同期购进 8 导电极有纸描记脑电图机 1 台，开展脑电图检查；1997 年，购入经颅多普勒诊断仪 1 台，开展颅内血管检查；1999 年，购进 16 导无线记录脑电图及脑电地形图 1 台，用于临床检查；2009 年，更换 19 导无纸记录脑电图、地形图仪。

B 超室　80 年代，县人民医院有日产 B 型超声波诊断仪。1989 年，开展超声引导下肝脓肿、肝囊肿穿刺治疗、肝穿刺活检，开展心脏超声检查。90 年代，应用心脏彩色 B 超。2009 年，开展胎儿四维超声检查。2010 年，开展经阴道超声检查。

放射科　至 1981 年，县人民医院开展胆囊造影、肾静脉造影、脑血管造影、膝关节充气造影、选择性支气管碘油造影、脊髓造影、胃肠点片摄影、子宫输卵管造影；至 1993 年，开展胃肠低张力造影、PTC 造影、支气管体层摄影；至 1996 年，开展经皮穿刺股动脉插管肝癌化疗介入术、支气管动脉灌注化疗术；1997 年，开展全身 CT 扫描；1998 年，开展介入诊疗技术，对肝脏、肺及其他器官肿瘤实施介入化疗和栓塞；开展椎间盘介入手术、脑及四肢血管造影等技术；至 2001 年，开展颅脑、肝脏等 CT 增强扫描、腰椎间盘突出髓核摘除术；2002 年，开展 CT 自动照相项目；2003 年，开展肝脏增强三期扫描、全身 CR 摄影；2004 年，开展食管球囊扩张术、动脉造影术、心脏冠状动脉造影 + 置放支架术；2007 年，开展在 CT 下经皮穿刺肺肿块抽吸活检术；至 2008 年，开展 CT 三维项目、脾功能亢进明胶海绵颗粒栓塞术、经皮肝穿肝内胆管球囊扩张 + 置放支架术；至 2010 年，开展全身 DR 摄影、颅脑、鼻口咽、颈部、上腹部、脊柱及四肢 MR 平扫及增强技术、头颈部 MR 血管成像及全身类 PET 成像。

第三节　中西医结合

1984 年 9 月，县中医医院建立后，充分发挥中医中药特长，以中医为主、中西医结合开展血液病、脑血管病、肝胆病、肛肠病、皮肤病的治疗，第一年收治血液病人 34 名，治愈 4 名，好转 15 名。皮肤科以冷冻疗法治疗血管瘤 15 例、色素症12例、神经性皮炎10例、化脓性肉芽肿1例、疤痕疙瘩症4例、汗管角化痣2例，条纹状角皮病1例。皮肤病门诊治疗2800余人次。肛肠科开展肛瘘挂线、混合痔外剥内扎加敷中药、内痔枯痔油注射、肛裂手术切除加换药、溃疡性结肠炎中药保留灌肠、小儿脱肛封闭等项目，一年收治195例，其中住院90例，治愈率98%，中西医结合治疗混合痔75例，治愈率100%。1986年，县中医医院设不孕不育专科，采用中医药治疗和手术治疗结合的原则，治疗不孕不育成效显著。1991年7月，县第三人民医院设哮喘科，挂牌海阳县哮喘病防治中心，主要采用中西医结合四联疗法治疗支气管哮喘。1992年，第三医院设风湿病科，为烟台市最早的风湿病临床科室；1996年，引进小针刀技术，根据现代医学理论和传统医学相结合治疗风湿病；1998年7月，成立海阳市风湿病研究所。2000年5月，市中医医院成立碎石科门诊，实施无痛苦、无创伤性中西医结合用药特色治疗，治愈率高，无副作用，即碎即走，安全有效。2001年，市医院内分泌专业开展中西医结合治疗糖尿病足。2002年7月，小纪镇1名73岁患者，在文登某医院做胆结石手术后高烧不退，转至烟台某医院，20余日不见好转，到市中医医院内科时，意识不清、失语、大小便失禁，奄奄一息。采用中西医结合治疗，9月2日痊愈出院。2008年，市中医医院成立不孕不育治疗中心，采取中医药疗法和西医技术相结合原则，治疗不孕不育。2009年3月，1名65岁患者因心力衰竭，左下肢动脉栓塞，到市中医医院内科住院，采用中西医结合疗法，肢体血运良好。

第五章　献血与急救

第一节　无偿献血

1998年6月，市人民医院筹建中心血库，负责海阳市区域内临床医疗机构采（供）血工作。同年，山东省卫生厅评审验收，因人员、房屋和硬件设备均不达标而未通过。1999年4月，市医院投资40多万元，对房屋、硬件设备进行改造，增加专业技术人员。2000年1月，通过省卫生厅评审验收。中心血库设有10个功能室，有医技人员7人。其中主管技师3人、技师3人、技士1人。1999年12月，成立海阳市无偿献血领导小组，下设办公室，加强对全市无偿献血工作的领导与组织实施。2004年7月，中心血库停止采血，血液及其成分由烟台中心血站统一配给。中心血库改为输血科，负责海阳市内临床医疗机构供血。同年，盐水交叉配血改为凝聚胺配血。2006年2月，开始由烟台市中心血站每周五9：30派采血车到海阳采血点，接受当地市民自愿无偿献血。每年冬季，全市启动无偿献血应急预案，团体预备队有组织、有步骤地无偿献血，以保障春节期间临床医疗之需。3月，输血科合并至检验科，医技人员4人。其中主管技师2人、技师2人。2008年3月，凝聚胺配血改为卡氏配血，进行血型、不规则抗体和交叉配血试验。

无偿献血宣传活动

第二节　急　救

1985年，县人民医院急诊室扩展为急诊科，对急诊常见疾病及时诊断治疗。1990年后，逐年增加急救设备，从一般心脑血管疾病扩展到心肌梗塞、脑梗塞、脑出血抢救；从外伤清创处理扩展到胸、腹、脑外伤的抢救，各种中毒、交通事故的抢救。1997年，成立海阳市“120”急救中心，设在市人民医院，负责全市院前急救及院内救治。1999年，设急诊手术室，开展急诊外伤小手术。2000年5月，成功抢救40多名亚硝酸盐中毒病人，无1例死亡。2001年，完善各种危重病人急诊抢救程序，开展急诊气管插管术、心肺复苏术。2003年，开展院前急救及心肺复苏，抢救技术操作训练、各种突发事件应急演练。2004年，1辆大型客车与货车相撞，造成重大伤亡事故，3辆救护车及时出动，医院立刻启动突发事件应急预案，急救中心迅速开通绿色通道，4小时内，患者全部得到有效救护和安置。2009年，“120”急救电话切入烟台急救指挥中心网络，

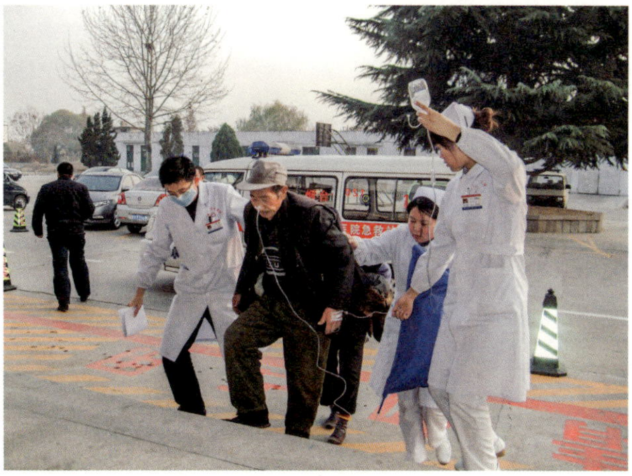

2009年11月30日，市中医医院急诊科医护人员急救病人

原海阳市“120”急救中心并入烟台市“120”急救中心，统一管理，统一调度，由市人民医院和市中医医院承担急救任务，市中医医院同时设急诊科。

第六章　防　疫

第一节　预防接种

1976年，正式推行计划免疫，实行“一卡、一证、一表”制度，同时制定海阳县计划免疫管理工作实施细则。1981年，县卫生防疫站组织292个接种组配备专用接种包，添置消毒器械和急救药品，补充足够循环消毒的针管、针头，达到“1人1针1管”的要求。1982年，停止牛痘苗接种工作。1983年6月，出席山东省计划免疫先进单位表彰大会，并在会上作典型发言。同年，开始预防接种收费。1984年6月，在县医院开设计划免疫门诊，负责城区范围内的接种工作，实行按月接种。12月，计划免疫门诊迁回防疫站。同年，在省1市2县考核中，海阳县计划免疫工作名列华东区第一名。1985年始，每月26日—29日为计划免疫接种日，2003年年底止。

1986年6月11日，0～12周岁儿童开始实行计划免疫保偿制。同年，各乡（镇）开始实施单月份接种“四苗”（卡介苗、脊髓灰质炎疫苗、麻疹疫苗、百白破疫苗），冷链设备投入运转应用。1988年3月，实现全国儿童计划免疫第一个85%的目标。5月，在留格庄、盘石店、山西头、大阎家、行村、小纪6处乡（镇）医院设立计划免疫门诊，实行定点、定时接种。8月，山东省疾病监测学习班在海阳县凤城举办，全省各地（市）、县（市、区）有关人员参加学习。1989年1月，乡（镇）医院全面推行定点、定时接种工作。3月，海阳县实现全国儿童计划免疫第二个85%的目标。1992年，乙肝疫苗纳入儿童计划免疫程序。1995年3月，实现全国儿童计划免疫第三个85%的目标。同年，将风疹疫苗、乙脑疫苗、百白破疫苗纳入儿童计划免疫程序，甲肝疫苗在适龄儿童中推广应用。

2002年6月1日，开始将5ug乙肝疫苗纳入儿童计划免疫，免费为2002年6月1日后出生的儿童接种乙肝疫苗。2004年5月，举办各镇（区、街道）微机操作员和防疫科长参加的全市计划免

幼儿接种

疫信息化管理培训班。6月，全面推行微机管理计划免疫接种卡。同年，每周二、三、四、五4天为儿童免疫接种日。2010年5月，全市开展儿童减毒甲肝疫苗免费接种；9月，开展15岁以下儿童麻疹疫苗强化免疫和4岁以下儿童脊髓灰质炎疫苗强化免疫工作，接种麻疹疫苗7.07万人次，接种脊髓灰质炎疫苗4.20万人次。

第二节　食品检疫

1978年，海阳县食品领导小组组织有关单位，对食品生产经营单位进行检查，实施食品从业人员查体、培训及“五病”（痢疾、病毒性肝炎、伤寒、活动性肺结核、化脓性或渗出性皮肤病）调离和食品卫生许可证制度。80年代，特别是《中华人民共和国食品卫生法（试行）》[以下简称《食品卫生法（试行）》]颁布后，食品卫生工作走上正轨，县乡两级设立食品卫生监督员，加大对全县食品生产经营单位的监督监测力

2010年，工作人员进行食品安全检查

度。1985年，海阳县被国家10部门授予贯彻执行《食品卫生法（试行）》先进单位称号。1990年12月，海阳分别被卫生部、省卫生厅评为全国食品卫生示范县、食品卫生达标县。1994年，试行区域管理，综合执法，食品卫生监督覆盖率、办证数提高。1995年10月31日，《中华人民共和国食品卫生法》正式颁布后，执法力度进一步加强。2009年6月1日，《中华人民共和国食品安全法》施行。市卫生防疫站承担全市餐饮单位的监督监测和食源性疾病的流行病学调查处理工作。至2010年，累计办理食品卫生许可证68214个，查体228071人，食品监测22850份，餐具消毒效果监测92119份，行政处罚749起，罚款121955元，销毁不合格食品277243.5千克，取缔不法业户143户。

第三节　传染病防治

1977年，县防疫站委派专人开展疫情检索工作，巡回各人民公社，采集标本，进行快诊和疫苗培养，及时进行消毒、灭菌处理。1980年，对饮食服务人员、理发员、输血人员，做乙型肝炎表面抗原测定111人次。1985年，全县原流行的19种传染病，天花、霍乱、黑热病已消灭；乙脑、白喉、斑疹伤寒、伤寒、副伤寒、猩红热、流脑、麻疹、脊髓灰质炎、炭疽、布氏菌病、疟疾等疾病，基本消灭或控制。2010年，全市24处医疗机构建立网络直报系统，有公共卫生监测点56个，发现传染病病例随时报告。全年乙类传染病的报告发病率为100.59/10万，乙类传染病报告发病率波动范围10%左右，无甲类传染病报告。

霍乱　1976年，县防疫站成立二号病防治机动队，配备必需的医药设备，加强对流动人口检疫，发现疫情及时报告和处理，并对渔民、医务人员及旅社、饭店、招待所的服务人员，进行霍乱疫苗注射。1993年8月，发生外源性霍乱病人1例。系北埠后乡1名38岁男性建筑民工，在威海打工时发病，就地治愈。1994—1995年，海阳县去青岛、河北民工及鱼贩感染发病8例，对行村、发城重要交通路段进行检疫，对出入疫区

14386人进行预防服药及车辆消毒，加强流动人口、饮食从业人员的卫生管理和疫源地流行病学调查消毒处理，采取追踪检索等一系列防治措施，杜绝疫情传入。2001年8月31日，辛安镇发生1例急性腹泻病人，患者为1名52岁女性。市医院9月1日做SPA快诊呈阳性，及时报告市卫生防疫站，经复查阳性后报烟台市卫生防疫站进一步鉴定，确诊为霍乱，迅速上报各行政部门、医疗卫生主管单位。市卫生防疫站2号病防治机动队赶赴疫点，划定疫区，进行流行病学个案调查，并对发病村的群众及周边村的村民进行宣传，预防服药24320人次，服药率98%以上。动员群众开展灭蝇活动，喷洒灭蝇药物面积1.5万平方米，疫点内消毒面积4000平方米，对疫区6个村的自来水及外环境存水进行投氯消毒。在疫点及疫区内采集与病人接触者及腹泻病人大便标本10份、水源水12份、非饮用水3份、污水1份、海水3份、海产品2份，进行霍乱弧菌培养，皆为阴性。经过6天工作，疫点、疫区的各项防治措施均落实。至9月6日，无新发病人及带菌者出现，解除疫点疫情。2002—2010年，全市无霍乱疫情发生。

麻风病 1955—1982年，海阳组织县、公社、大队三级医务人员，在全县进行17次线索调查，7次全民过滤性普查，累计发现麻风病患者907人。采用中西医结合治疗，选用自制麻风病丸、蓖麻丸、秦艽汤、复方百部煎、鲜蛇血等配合砜类药物，治愈810人，治愈率89.3%，居全国首位。1978年，全国科学大会，海阳麻风病防治获优秀成果奖。1981年，县皮防所出席全国麻风病防治先进代表会议，获卫生部“再接再厉，为消灭麻风病而奋斗”锦旗。1982年，出席全国麻风病防治先进会议，被国务院授予先进单位称号。当年，有现症病人14名，患病率2.05／10万；有现症病人村庄14个，占全县村庄1.91%。1988年，经省专家组验收，海阳提前12年实现“基本消灭麻风病”（患病率1／10万以下）的标准。1991年1月，海阳麻风病研究、治疗专家孙世强参加在北京人民大会堂举行的表彰大会，获国家1991年马海德奖。2000年年底，海阳现症病人为零，达到1998年9月第15届国际麻风大会“创造一个没有麻风病的世界”的目标。

伤寒和副伤寒 1989年8月，大辛家镇冷家庄短时间内连续发生伤寒病人3例，部分村民亦有身体不适症状。县卫生防疫站组织调查小分队驻村，进行全民查体，走访调查，对与病人密切接触者连续3次进行大便培养，查出伤寒带菌者23人。调查发现，凡发病及带菌者均居住村西，并同在一处水井挑水吃，经流行病学分析认为，伤寒流行原因是一位大连市伤寒带菌客商到村里买鱼，住村西招待所半月余，造成井水污染，引起村内伤寒暴发流行。查明原因后，村委会投资近2万元，在县卫生防疫站指导下，按卫生要求改建水井，全民预防服药，清扫全村外环境卫生、喷洒消毒灭菌药物，疫情很快被扑灭。经连续2年追踪调查，查源灭源，预防服药，无新发病人。此后，市内仅在2002年、2004年，分别发生1例伤寒病例。

病毒性肝炎 1978年，由于加强三级疫情网管理，提高传染病报告率，出现肝炎疫情报告最高年。全年报告发病786例，年发病率116.56/10万。1980年后，对食品从业人员、公共场所从业人员、献血员、托幼教师等进行乙肝表面抗原监测。1984年5月25日—6月17日，全县暴发1起食物型肝炎，发病14例，全部采集血清保存。后经军事医学科学院实验室病原学诊断Anti-HEV、IgG均为阳性，为国内首次报道的由聚餐引起的戊型肝炎暴发。1988年，全县推广应用一次性注射器、输液器，切断传染性肝炎的血源传播。1989年9月，大山所乡台子头村甲型肝炎暴发流行，20天突发肝炎病人6例。经流行病学调查，首例病人是1名12岁的男学生，暴发流行是因村北学校厕所内自来水管破损，导致空吸污水引起传播。对全村623名群众查体，确诊23例。经过对水源消毒和对病人就地隔离治疗，及时扑灭疫情。连续追踪调查2年，无新发病人。同年，开始接种血源乙肝疫苗。1992年，将乙肝疫苗纳入计划免疫程序化管理。1993年，开始推广甲肝疫苗的预防接种。1994年，对饮食服务行业、中小学生开展大规模甲肝疫苗接种，接种18060份。1998—2006年，全市发生肝炎病2859人，死亡1人。2007年起，肝炎发病呈逐渐下降态势，尤其是甲肝和儿童乙肝的发病率下降明显。乙肝年发病数维持在190～250例之间；戊肝发病数多在50～100例；丙肝发病呈增加态势，由2007年前年平均发病不足1例，增加到2010年的7例。

麻疹 1978年后，麻疹发病率和病死率逐年下降。至1982年，累计发病305人，年均发病率4.45/10万，病死率降至0.98%，在传染病中所占的比例下降至第五位（2.56%）。2006年3月—4月，市内发生成人麻疹6例，其中东村街道、方圆街道各2例，朱吴镇、大阎家镇各1例。疫情发生后，在做好流行病学调查的基础上，分别对病例发生地500米范围内15～45岁人群计7800人进行麻疹应急接种。2007年，发病2例。2008—2010年，无麻疹发病。

百日咳 至1990年，百日咳疫情明显减少。1991—1997年，累计发病26例，年均发病率0.525/10万。1998—2010年，发病26例。全市适龄儿童百白破疫苗接种率稳定在96%以上。

脊髓灰质炎 1986年起，海阳率先开展计划免疫相应传染病保偿制，疫苗接种率逐年提高。每年根据脊髓灰质炎疫苗免疫程序，对满4周岁儿童进行脊髓灰质炎活疫苗免疫，服苗率98%以上。1991年后，每年12月5日、1月5日，对0～4周岁儿童实施强化免疫，免疫率98%以上。对辖区适龄儿童查漏补种，提高时限接种率，保证接种程序的完整性。至2010年，无脊髓灰质炎病例发生。

白喉 1978年，全民注射白喉类毒素189404人次。1980—1987年，共注射白喉类毒素190149人次。至2010年，市内无白喉疫情发生。

流行性脑脊髓膜炎 1980年始，全县开展流脑菌苗接种工作，当年接种193339人次。1981年后，流脑发病数下降。至2010年，全市累计发病102人。

流行性乙型脑炎 1978年，乙脑发病36例，死亡2例。此后发病呈下降态势。至1986年，共发病34例，死亡5例。90年代，发病14例，死亡1例。2000—2010年，发病1例。

痢疾 海阳痢疾病例多为细菌性痢疾，阿米巴性痢疾占极少数。1981年发病最多，共2354人，但无死亡病例发生。从发病区域分布看，县、公社驻地居民发病高于农村，主要原因是县、公社居住人口密集，人口流动量大，接触频繁；从季节分布看，一年四季均有发病，但有明显的夏季、秋季高峰，一般自5月开始，发病数缓慢上升，7—9月为高峰月份，发病数占全年总数的60%左右，10月发病迅速下降；从发病年龄分布看，学龄前儿童发病率较高，20岁以下青壮年组有1个较小高峰，这种年龄分布特点与免疫、感染机会有关。

传染性非典型肺炎 又称严重急性呼吸综合征（Severe Acute Respiratory Syndrome，简称SARS），简称“非典”，有极强的传染性，主要特点是病情进展快。2002年11月下旬，出现疫情。至2003年7月11日，全球33个国家和地区报告8437例。

海阳市属“非典”非疫情地区，防治重点是加强对来自疫区流动人口的监控。2003年4月17日，市政府成立由市长任组长的“非典”防治领导小组，并在市卫生局设“非典”防治办公室。各镇（区、街道）、企事业单位成立相应的领导小组。各村委组织专门人员，设立检查岗，对来往人员进行询问检查。4月25日，实施封闭式医学留验，全市各留验站由卫生、公安部门有关人员参加。城区留验站设在市粮食局招待所，由市卫生防疫站负责管理，市医院、公安局派人参加。对来自广东、北京、河北等“非典”疫情地区人员，实行不少于14天的集中医学观察。市“非典”防治办公室印发《致医学留验观察同志的一封信》，宣传留验的意义和必要性。留验观察实行属地管理，各镇（区、街道）均设立医学留验观察站，在汽车站、火车站、重点交通路口设交通卡，对过往车辆里的人员实行流行病学调查、测量体温，体温高于37.2℃者即送发热门诊做进一步检查。5月20日后，对虽来自疫区，但非密切接触者实行回家医学观察，市、镇（区、街道）留验站随之被撤销。

市卫生防疫站成立领导小组和4个“非典”防治应急反应小分队，制定各项预防控制技术方案和规范，对所有工作人员及基层防疫人员进行专业技术培训，购置专用仪器设备和防控监测专用车，储备必需的应急消毒药品、器械及防护用品，在最短时间内完成市区留验站建设，以最快的速度确保组织、人员、物资、设施到位。“非典”应急反应小分队实行24小时疫情值班，重点加强机关、学校、农村的预防控制工作。在全市设立“非典”疫情监测点1063个，坚持天天监测分析、网络直报。对来自疫区的2718名人员进行流行病学调查和医学观察。为机关、学校等单位义务消毒喷药20余万平方米，向社会供应消毒药品5000千克。广泛宣传“非典”预防知识，开展群众健康教育活动。印发预防“非典”宣传画、明白纸15万张，知识问答小册子31万份，街头咨询宣传5万余人次，宣传车集市宣传90多次，电话咨询2000余人次。经过近3个月的努力，群众情绪稳定，全市无疫情发生。

甲型H1N1流感 2009年3月，墨西哥暴发流感疫情，随后迅速蔓延至全球。WHO将其命名为“新型甲型H1N1流感”，并于6月11日，将流感大流行警告提升至最高级别6级。5月11日上午，中国确诊首例甲型H1N1流感病例。9月17日，二十里店镇初级中学三（2）班学生发生2例甲型H1N1流感病例，发病前无外出史。随后8天，学校共出现51例发热病例。市委、市政府组织市卫生局、卫生防疫站、教育体育局组成应急处置团队到场调查处置。对2名甲型H1N1流感患者、51名发热患者实施隔离治疗；对17名密切接触者实施居家隔离观察；对所有在校生就地隔离观察；向所有学生家长印发甲型H1N1流感宣传页，消除恐慌心理。10月3日，疫情结束，经对学校发病情况及原因综合分析认为，疫情是由学校防控意识薄弱、教室及宿舍拥挤等因素造成。

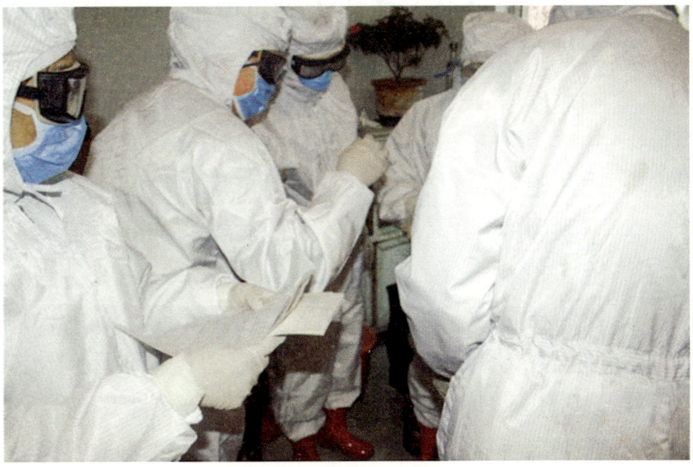

2009年，甲型H1N1流感防治工作应急演练

流行性出血热 1986年、2000年，海阳分别出现1例出血热病例。2004年后，发病数增加。至2010年，全市累计发病103例，死亡5例。其中，2010年发病25例，死亡3例。病例多出现在东村、二十里店、小纪、朱吴等镇（街道）的丘陵山区地带村庄，绝大部分患者居住在村边，发病时间集中在每年10—12月。市卫生防疫站加大对出血热的防控力度，培训相关医务人员，做到早发现、早转诊、早治疗。市卫生防疫部门通过电视、报纸、广播、发宣传页等方式开展宣传教育，提高群众的防范意识。每年对出现病例的村进行重点宣传教育，采取防鼠灭鼠、接种疫苗、整治环境卫生等措施进行综合防控。

手足口病 儿童常见肠道传染病之一。2007年始，将手足口病纳入报告管理，对所有手足口病患儿进行个案调查，对所有发生聚集疫情的托幼机构进行现场调查处置。每年至少开展1次学校及托幼机构手足口病防控培训。每年发病高峰之前，对辖区医疗和托幼机构的防控情况进行督导，对病情早发现、早转诊、早治疗。同年，发病481例。2008年，发病245例。2009年，发病447例。2010年，发病331例。未出现重症及死亡病例。

狂犬病 至2010年，共发病13例。其中1993年前，发病8例；2004年后，发病5例。所有病例均死亡。

疟疾 至1982年，共发病178例，平均发病率5.26/10万。此后，疫情得到控制，仅在个别年份有发病。90年代，发病6例。2001—2010年，发病9例。所有病例均治愈。

猩红热 至1988年，疫情稳定，年发病数多在10例以下，发病率0.95/10万。1989—1995年，发病3例。1996—2005年，该病又出现低度散发，发病率1.02/10万。2006—2010年，发病上升，平均发病率2.67/10万。

梅毒 1998年，开始报告梅毒病例。2005年前，每年发病多在10例以下，平均发病率0.69/10万。2006—2010年，年发病数明显增加，在25～60例之间，平均发病率6.76/10万。

淋病 1998年，开始报告淋病病例。发病大致呈逐年下降态势。其中，1999年发病136例，2009年发病6例。1998—2005年，平均发病率8.64/10万。2006—2010年，平均发病率2.22/10万。

艾滋病 2006年，开始报告HIV感染者。是年4例，2007年3例，均为外地输入性病例。至2011年6月13日，按当年住址浏览，海阳市累计感染者3例、病人1例，该病人于2009年死亡。

第四节 地方病防治

碘缺乏病 1978年，对碘缺乏病进行普查，实查584125人，查出患者4821例。对全部患者均进行登记、随访和药物治疗。1985年后，落实病区乡（镇）的碘盐供应工作。1997年，抽查91名儿童，发现甲状腺肿大患者19例。采尿样30份，尿碘均在正常范围内，达到基本消除碘缺乏病的国家标准。1999年，抽查儿童666例，甲状腺肿大163例。采尿样124份，尿碘中位148.4ug/L。全市8～10岁儿童普服碘油丸75682人次，服碘率98.82%。2010年，全市分别抽查8～10岁儿童、孕妇、常住人口的尿碘，尿碘中位数分别为215.2ug/L、272.1ug/L、221.6ug/L。抽查288户居民食用盐，居民合格碘盐食用率95%以上，达到以县为单位消除碘缺乏病的目标。

结核病 1983年前，结核病防治工作由县卫生防疫站地方病防治科承担。1992年11月起，利用世界银行贷款和地方配套经费，实施结核病控制项目，对全县结核病人实行免费诊断治疗。至2010年，累计接诊可疑结核病人3.26万余例。其中，确诊结核病人5479例，按照国家有关政策给予免费治疗，并实行全程督导管理。

第五节 职业病防治

2002年5月1日，《中华人民共和国职业病防治法》（以下简称《职业病防治法》）实施，全市职业病防治工作步入法治化轨道。2003年4月，市卫生防疫站依法取得山东省卫生厅认证的职业卫生技术服务资质证书。5月，市政府办公室印发《关于开展〈职业病防治法〉宣传、培训和职业病危害专项整治活动的实施意见》。同年，全市32家用人单位申报职业病危害因素项目。2004年起，职业卫生综合监督执法。2009年1月，职业卫生成立独立科室。经山东省卫生厅资质认证，市卫生防疫站对职业病危害因素检测与评价、放射卫生防护检测与评价资质进行续证。同期取得职业健康检查资质证书，对无机粉尘、化学毒物、物理因素3大类27种有害因素拥有职业健康检查权。

2009年，推行职业卫生监督管理“四个一”工程，即给企业送1部《职业病防治法》手册；对劳动者开展1次职业病防治知识培训；指导企业建立1套职业卫生档案管理系统；与企业签订1份落实《职业病防治法》责任书。帮助30家用人单位建立完善职业卫生档案，与用人单位签订责任书27份。

第六节 慢性病防治

2000年1月，市卫生防疫站成立慢性病防治门诊，设2个科。投入80多万元，购置500mAX光机、血生化分析仪、B超多媒体荧光显微镜及体外射频仪等大型仪器设备10多台（套），对外开展预防和治疗高血压、心脑血管病、糖尿病、慢性阻塞性肺病等。3月，成立慢病防治中心，海阳市成为山东省慢病综合防治农村模式2个试点县之一。2002年9月，海阳市被省卫生厅确定为4个慢病综合防治试点县（市）之一。海阳市卫生防疫站开始每年对慢病防治人员进行培训，开展慢病患病及相关危险因素研究工作，建立社区慢病发病与死亡监测系统。12月，在市区设3个门诊。2003年年底，各门诊陆续撤回，只设1个综合性门诊（内设慢性病防治中心）。2005年，撤销慢病防治中心，设立慢性病防治科。2007年，设慢性病与艾滋病防治科。2010年3月，重设慢性病防治科，有人员3人。

第七章　卫生保健

第一节　妇女病防治

1978年，主要开展以普查普治尿漏及子宫脱垂为重点，普查普治乳腺癌、子宫癌为主的妇女病普查，采用铬酸治疗宫颈糜烂，收到良好效果。1986年后，每年对机关、企事业单位女职工进行一次以乳腺癌、子宫颈癌为主的妇女病普查普治。2007年，争取到中国初级卫生保健基金的资助，在全市范围内开展妇女病普查普治和宫颈病筛查，历时1年，普查妇女3.8万余人，疾病治愈率74%。筛查出晚期宫颈癌2例，早期宫颈癌23例，宫颈癌前病变56例。后对城区妇女免费查体，建册立档专案管理，做到早发现、早治疗。

1978年，妇幼保健管理实行医疗保健机构三级分工负责制，形成县、乡、村三级网络。妇保院、县医院及乡（镇）医院都开展住院分娩，推广新法接生。农村接生员及女乡村医生也允许进行家庭接生。1980年后，定期召开乡（镇）妇幼保健人员会议，举办培训班，组织业务技术学习，培训乡（镇）妇产科医生52人、农村接生员及女乡村医生325人。1986年，各医疗单位妇产科对孕（产）妇加强围产期保健管理和临床监护，对高危妊娠孕（产）妇实行专案管理。1987年，新法接生率100%。1996年6月1日，海阳市统一规范使用“出生医学证明”，市人民医院、妇保院及各乡（镇）医院为接生定点单位。各医院均创建为爱婴医院。1997年起，开展孕（产）妇保健保偿工作，适龄青年在结婚登记前进行婚前健康检查，由市妇保院代收保偿金68元，与入保者签订保健保偿合同书，医疗单位为其做好婚前咨询指导，孕12周后登记注册，产前胎位检查，异常胎位纠正，产后访视及科学育儿指导。入保者由于产科引起的孕（产）妇死亡，给付保偿金1000元，新生儿死亡补偿金100元。保健保偿坚持取之于民、用之于民，孕（产）妇保健水平得到提高，孕（产）妇死亡率由1986年的9.28/万、下降到2002年的2.81/万，婴儿死亡率由1986年的19.49‰、下降到2002年的9.16‰。2010年，实施重大公共卫生妇幼项目，实行全省孕（产）妇保健网络管理。为保障孕（产）妇及新生儿的生命安全，烟台市卫生局重新验收核准市妇保院、人民医院、中医医院、第二人民医院、第三人民医院5家医院为海阳市分娩定点单位。全面启用孕（产）妇保健手册和儿童保健手册，进行科学化、规范化管理。同年，住院分娩率100%。孕（产）妇死亡率和新生儿死亡率分别控制在0.2/‰和6‰以下。

第二节　儿童保健

1985年，认真落实托儿所、幼儿园卫生保健工作。1989年，在全县开展佝偻病、贫血、小儿肠炎、小儿肺炎防治和儿童龋齿普查。1993年，县卫生局、教育局下发通知，落实《烟台市托儿所、幼儿园卫生保健管理办法（试行）》。1996年后，主要开展儿童贫血情况调查，由儿保医生、检验人员参加，做山区、沿海、市区儿童患病情况对比，获取防治资料。1999年起，进行城区幼儿园寄生虫普查及防治，普查率85%，发病率45%。在全市开展新生儿苯丙酮尿症、甲状腺功能低下筛查工作。同年，市卫生局、教委下发通知，落实烟台市《关于在全市托儿所、幼儿园实行卫生保健人员、保育员及炊事员持资格证书上岗制度》。妇幼保健院每年三四月组织人员对市区幼儿园教师进行健康查体，合格者发给“托儿所、幼儿园教师健康检查证明”，持证上岗，对个别传染病患者提出调离工作岗位的指导意见。对托幼园所的儿童进行健康查体。儿童入托（园）前须到市妇保院查体，持国家统一的“儿童入托儿所、幼儿园健康体检表”办理入托（园）手续。市妇保院每年为幼儿查体并进行分析、评价、矫治，建立健康档案。2010年，增加肾上腺皮质增生症、葡萄糖-6-磷酸脱氢酶缺乏症2项新生儿疾病筛查，筛查率100%。对筛查出的疾病及时治疗，有效减少残疾儿及缺陷儿的发生。

第三节 学生保健

校医及保健教师培训 80年代，各学校成立卫生领导小组，校长任组长、分管领导任副组长，保健教师或校医任成员。中等以上学校配备卫生室或保健室，根据学生数量配备相应的校医或保健教师。1984年，县卫生防疫站为23处乡（镇）中、小学46名保健教师进行卫生知识培训。1998年起，省、烟台市卫生防疫站要求海阳市卫生防疫站分管站长率领校医到省、烟台市卫生防疫站接受培训。2005年5月，市卫生防疫站、教体局、实验小学派专人到烟台参加学校卫生综合管理培训班。2007年，根据《中华人民共和国传染病防治法》和《学校卫生工作条例》要求，市第三人民医院在海阳一中校内设卫生室门诊，医务人员3名。7月，市第三人民医院在海阳四中校南设卫生室门诊，医务人员2名。其他学校只设保健室，有兼职校医或保健教师。2008年，开始每年对全市各学校、托幼机构分管领导、兼职校医或保健教师进行传染病防治知识培训。

中小学生体检和健康调查 学生体检工作，始于60年代。但直到80年代，查体学校数和学生数都很少，基本是调查性的，无强制性法律法规。1978年8月，对东村公社中心小学、第一联中的320名学生，进行体检并建立保健卡片。1981年6月，对大阎家公社从上小学、大阎家联中，朱吴公社朱吴小学，海阳一中、东村联中、东村第一小学3091名学生进行视力调查。11—12月，对海阳一中、二中、十一中、十八中4处高中，行村、徐家店、东村3处联中和行村一小、行村二小、徐家店小学、东村一小、东村二小5处小学5625名学生进行视力调查。针对影响学生视力原因采取药物治疗、改善学习环境、增添卫生设备及加强体育锻炼等措施予以防治。1990年6月，《学校卫生工作条例》颁布实施，学生查体正规化。1991—1993年，县卫生防疫站对县城中小学生进行健康查体。1992年起，每年对城市、农村不少于600名学生的贫血、肠道蠕虫感染情况开展调查，同时对学生的营养情况进行调查。1994—1995年，县教委组织校医对县城中小学生进行查体。1996—1997年，由市卫生防疫站组成查体组，对市区中小学生进行查体。1997年10月，学生健康查体工作由市卫生部门负责。1998年起，学生健康查体工作由市卫生防疫站统一安排，市教委组织协调。查体范围为全市高中、初中、中心小学。学区小学学生查体工作由驻地卫生院（所）负责，并将查体结果报市卫生防疫站，市卫生防疫站监督指导。查体过程中，如查出有影响正常学习生活及体育锻炼的疾病，及时通知学校及家长，抓紧确诊治疗。查体结果及分析在体检工作完成后1个月返回学校存档。1999年3月，海阳市被山东省卫生防疫站评为学校卫生工作先进县。至2010年，市卫生防疫站共为中小学生健康查体77.79万人次。

2009年，开展儿童寄生虫普查

防治 视力低下防治 1984年，对实验小学24名视力下降学生，采用室内"凝视二点"方法进行矫正，有效率39.13%。1985年，对凉山后小学、初中学生试用近视雾视镜和凝视一点2种方法矫正视力。1988年，开始对学校保健医生或教师进行培训。1990年，县卫生防疫站购进小孔眼镜给学生佩戴，用于治疗近视眼。1992年起，中小学生每周不少于1节健康教育课。1997年，以健康教育课和印发传单等形式，向学生、教师、家长宣传用眼卫生、预防近视等卫生保健知识。在学校推行上、下午课前10分钟眼保健操，上午

第二节课后做广播体操；规定每节课不多于 45 分钟，合理安排用眼时间；根据学生的身高及视力情况安排座位，并定期调换；提倡学生保持正确的坐姿，养成良好的看书、写字习惯；改善学校设施及教室的采光照明。发现视力低下的学生，及时予以诊疗与矫正。2002 年年初，市卫生防疫站设近视眼治疗专科门诊，12 月撤销。

龋齿防治　教育学生养成良好的卫生习惯，保持口腔洁净，做到“三三制”，即每天刷牙 3 次、每次不低于 3 分钟，3 个月换 1 次牙刷、做到刷牙的 3 面。要求学生刷牙用含氟牙膏。1990 年，全县 41285 名中小学生用雅士洁口净进行口腔保健。1996 年，向 2000 名学生推广应用康齿灵。1997 年，对 3898 名学生服用防龋药物。针对学生龋齿，查体时建议患病学生及时到医院拔牙、补牙、做早期对症治疗。

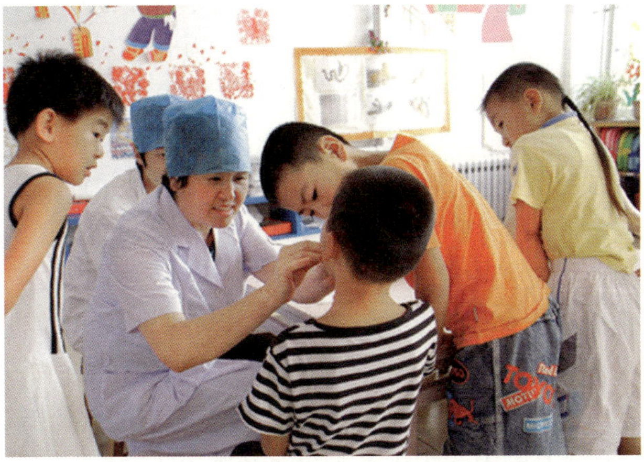

2009 年，市人民医院医生为儿童做口腔义诊

沙眼防治　培养学生养成良好的卫生习惯。提倡一人一巾，有条件的做到一人一盆。指导沙眼患者，采用氯霉素、金霉素等眼药水（膏）搽眼。

肠道蠕虫防治　教育学生养成饭前便后洗手习惯，不吃不洁不净及腐烂变质的食物。患者采用肠虫清等药物驱虫。

贫血及营养不良防治　将合理的营养知识纳入健康教育工作计划；教育学生不偏食，防止暴饮暴食，养成良好的饮食习惯；凡有集体就餐的学校逐步开展营养午餐，非集体就餐的学生，提倡课间加餐，根据条件，增加副食品、蔬菜、家禽、水果的营养；有条件的地区提倡普查，轻度贫血、轻度营养不良的学生，以膳食调整为主，血红蛋白在 10 ～ 11g/dl 的学生，学校与家长合作，以改善膳食为主，辅以维生素 C、铁剂等医生推荐的药物；对于中度贫血以上的学生以药物治疗为主；血红蛋白在 10g/dl 以下和患有重度营养不良的学生，学校通知家长及时就医；对患有肥胖的学生进行个别膳食指导，鼓励多参加体育活动。2001 年，海阳市教委推行订购学生营养奶。

脊柱弯曲防治　对学生加强健康教育，让学生保持坐、立、行走的正确姿势。1997 年，市卫生防疫站被山东省推选代表烟台市参加全国学生常见病综合防治第二阶段中期评估，通过验收。1999 年，海阳市被省卫生防疫站评为学校卫生工作先进县。2001 年，被省卫生厅、教育厅推选代表省参加全国学生常见病综合防治终期评估，通过验收，受到国家、省评估专家的肯定与好评，认为海阳市的研究工作，特别是规范的学生查体工作对全省、全国学校卫生工作具有重要指导意义。

第八章　爱国卫生运动

第一节　城乡卫生

灭鼠　1981—1983 年，在县城建粪便发酵池 800 立方米，人粪尿基本做到无害化处理。新建公共厕所 4 处，增设垃圾池 130 个，整修污水沟渠 7000 米，绿化植树 4 万株。1982—1983 年，连续被烟台地区评为爱国卫生先进县。1985 年 1 月，县政府成立灭鼠防病领导小组。县、乡、村三级分别成立灭鼠专业队伍。县爱卫会办公室、卫生防疫站、农牧局、粮食局组成 25 人的专业队伍，负责全县室内和田间灭鼠技术指导、培训、宣传、督导和检查工作。全县培训专业技术人员867人。进行有线广播宣传和灭鼠技术讲座69次，印发材料800多份。共发放毒饵52.7吨，灭鼠约448.58万只，灭鼠率94.24%，鼠密度由15.44%下降到0.88%。1986年3月、9月、11月，连续3次在全县范围内开展灭鼠活动。10月，对县灭鼠防病领导小组进行调整，成员由16人组成，办公室设在县卫生局。11月，县委召开扩大会议，对灭鼠工作进行专题研究。县政府专门召开乡（镇）长和县直各部门负责人会议，要求各乡镇在灭鼠活动中"一役达标"。全县举办灭鼠技术骨干培训班96期、培训骨干9464人次，印发宣传材料966份。室内投药按30～60户、野外按200亩设1名投药员，全县参加灭鼠人员15415人，灭鼠工作经费29.76万元，用粮190多吨。经市、县两级爱卫会考核验收，全县23个乡镇，有22个实现"一役达标"。室内鼠密度由15.79%下降到0.42%，野外由7.96%下降至0.99%。1989年11月，海阳达到无鼠害县标准。1996—1997年，连续开展冬季突击灭鼠活动。2003年，将除"四害"作为爱卫会重点常规工作。

改水改厕　1986年，全县建成自来水村42个。1987年，大山所乡在全县第一个实现自来水化，21个村全部用上自来水。至1989年，连续4年被烟台市爱卫会评为改水先进县。1991年11月，在大山所乡南马家村召开农村改厕现场会，各乡镇分管卫生的副乡（镇）长、卫生院长、农技站长参加会议。1998年，市政府把农村改水工作列入乡镇年终岗位责任制、精神文明建设考核中。2000年后，全市改水改厕工作力度不断加大。2002年，海阳市被全国爱卫会授予农村自来水普及工作先进单位、农村卫生厕所普及工作先进单位称号。2010年，全市农村改水受益58.77万人，自来水受益率98.95%；农村卫生厕所普及率96.89%，新增无害化厕所1.14万座，无害化厕所普及率38.8%。

第二节　卫生城创建

1985年2月，县爱卫会组织人员对县城驻地141个机关、企事业单位进行达标检查。8月，县爱卫会分8个组对县城驻地213个机关、企事业单位进行卫生检查，对卫生较差的7个单位给予罚款并通报批评。12月，烟台市爱卫会对海阳县城驻地27个单位进行检查，对1个卫生较差单位给予罚款和通报批评。县爱卫会对县城驻地192个单位进行卫生检查，对26个卫生较差的单位给予罚款和通报批评。全年投资17万元，对海政路东端进行拓宽改造，整修排水沟1800米，对晶山街、龙山街2座桥进行加宽，新开拓花园街。投资5万元，在南山粪场修建7个化粪池并加盖密封。在城区街道两旁植树548棵，增设垃圾箱24个、果皮箱10个。1986年1月，召开全县爱国卫生工作表彰大会，对工作成绩突出的39个单位进行表彰，对乡镇28个单位给予通报表扬。与城区200余个单位签订"门前三包"卫生达标责任书。7月，县爱卫会组织8个组对县城302个单位进行全面卫生检查，对15个卫生较差单位罚款处罚，并通报全县。全年投资200多万元，在城区人行道植树1920多棵，新建花坛、花池、草地150多处，新建水冲公共厕所2个。1987年，投资53万元新建滨河公园，园内栽种各类花木1.91万株、绿篱455米。对海阳路、晶山街进行拓宽改造和路面硬化，拓宽面积1万平方米，硬化路面1.45万平方米，修整人行道板1200平方米。完成龙山街排水沟和路面整修，投资8万元新建水冲厕所3个。1988年，投资95万元改造扩建3条街道，硬化路面1.03万平方米，拓宽东村北河桥。城区植树3944棵，植草坪234平方米。1989年，投资26.99万元，改扩建街道3条，硬化路面57.3万平方米。

2010年，环卫工人清理东村河垃圾

1990年10月，经省卫生城鉴定委员会鉴定，海阳县达到省级卫生城标准。1996年，东村镇、凤城镇被烟台市爱卫会命名为烟台市卫生乡（镇）。1997年，烟台市爱卫会对省级卫生城进行复查，海阳市位居第二。1998年，留格庄、辛安两镇被烟台市爱卫会命名为烟台市卫生乡（镇）。7月1日，公布并实施《海阳市城市管理监督暂行规定》。2000年，市电信局被省爱卫会评为省级卫生先进单位。2001年，市政府成立环境综合整治年活动领导小组并下发《关于开展城市环境综合整治年活动的实施意见》。9月，烟台市爱卫会对卫生城市进行全面复查，海阳市得分94.49分。同年，海阳市高级职业学校被省爱卫会评为省级卫生先进单位；西哲阳小区被烟台市爱卫会评为卫生社区。在烟台市卫生乡（镇）检查通报中，辛安镇被通报批评，要求限期整改。2002年，烟台市海阳荣军医院被省爱卫会评为省级卫生先进单位。辛安镇南马家村被省爱卫会评为卫生示范村。2003年，海阳公路管理局被省爱卫会评为省级卫生先进单位。2004年，经济开发区医院被省爱卫会评为省级卫生先进单位。2006年，海阳恒达毛纺有限公司被省爱卫会评为省级卫生先进单位。2007年，凤城街道被省爱卫会评为省级卫生先进单位。2008年，威青高速公路烟台管理处、海阳市广新针织有限公司被省爱卫会评为省级卫生先进单位。

第九章 医政药政管理

第一节 医政管理

1985年后，县卫生局每年6月和12月，组织人员对全县医疗卫生单位进行业务工作大检查。1985—1992年，各单位坚持预防为主的方针，加强防保队伍建设，落实防保措施。1992—2003年，进一步加强医疗质量管理，逐渐加大医院内感染预防力度，建立健全医疗管理体系。2007—2009年，连续开展以提高医疗服务质量为主题的“医院管理年活动”和“两好一满意”（服务好、质量好、群众满意）活动。进一步完善医疗质量、护理服务、收费管理、医患沟通、医疗纠纷、医德考评、行业监管以及思想文化建设等方面的工作制度。贯彻落实执业医师法、医疗机构管理条例、护士条例、医疗事故处理条例等法律法规，围绕医疗废物处置、临床技术操作规程、医院管理工作制度、执业资格准入和执业范围等方面，加强对医疗机构的监督管理，定期对全市医疗机构进行监督检查。市级医疗机构健全并落实首诊负责、三级医师查房、疑难病例讨论、会诊、危重患者抢救、术前讨论、死亡病例讨论、查对、病历书写基本规范与管理、交接班、技术准入制度等医疗质量和医疗安全的核心制度，进一步规范医疗机构依法执业，提高医疗机构管理水平和服务质量，保障广大群众的医疗安全。

第二节 药政管理

管理机构 1983年4月，县卫生局设药政股。1985年7月，县政府聘任县级药品监督员7名，县卫生局聘任兼职药品监督员53名，村级设立药品质量报告员75名，形成二级管理三级监督的药品管理网络。1993年，药政股改为药政科。2002年10月，药政科被撤销。

一般药品管理 1987年，规定所有使用药品的单位必须到县卫生局核准，并到指定药品经营企业购用。各医疗单位均由县卫生局核发“药品使用许可证”，且每年核验1次。1995年后，由乡（镇）卫生院为村卫生室及个体诊所代购分发药品。市卫生局先后制定《海阳市医疗单位药品采购供应管理规定》《农村卫生室、个体诊所药品监督管理意见》《关于乡镇卫生院、村卫生室一体化管理的意见》，使各医疗单位药品管理有章可循。1997年，市卫生局统一印制“药品入库验收记录”“药品代购分发记录”“海阳市农村卫生室处方笺”“海阳市药品代购分发调拨单”等，以减少假劣药品的流入。

特殊药品管理 1985年，县卫生局制定《药库管理检查标准》，对麻醉药品、毒药、剧限性药品制定专门检查标准。1986年5月，县卫生局下发《关于加强医用麻醉、毒药、剧限性药品管理的通知》，对毒药、剧限性药品作出具体规定。2001年，发现部分镇（区、街道）卫生院有行骗者用假的市医院诊断证明骗买少量杜冷丁，市卫生局及时进行处理。在全市医疗机构严格落实特殊药品月汇总、季检查制度，安排专人定期汇总上报各医疗机构特殊药品经营使用情况月报表，并与特殊药品经营使用单位签订责任书，定期组织人员进行抽查，强化使用单位责任意识，使特殊药品购进渠道合法、流向清楚、使用无差错。

市场药品监督 按照《中华人民共和国药品管理法》规定，坚决制止无证生产经营药品、出租证照、出租经营、挂靠经营等违法违规行为；对招标中出现的可疑药品，特别是以过低价格中标的药品，及时抽检；对经营假劣药品或医疗器械、无证照经营药品或医疗器械，异地经营药品或医疗器械等违法行为，一经查实，严厉打击。逐步加大药品经营过程中的票据管理。药品批发企业、医疗器械经营企业和医疗机构购进药品、医疗器械时，随货同时索取合法票据，并对照供货方销售的出库单进行验收。药品零售企业购进药品必须验明发票、供货方销售出库单与购进药品，核对一致后，方可入库或上架销售。药品零售企业销售药品均开具发票，不开具发票的，应开具销售凭证，销售凭证应载明本单位名称、药械名称、生产厂商、数量、批号、价格等。

1983年至1985年7月，县卫生局与工商局、公安局等部门配合，查处药品市场的游医和药贩100多起、200余人次，查获150多种伪劣药品，查封非法药厂2处。1997年7月—10月，市卫生局对市、乡（镇）医疗单位药品购销情况及药品质量进行监督检查，主要检查各单位当年上半年1次采购5000元以上的药品、药品代购分发和药品质量。通过检查，摸清全市各级医疗单位药品采购、供货单位和个人情况。54个供货商家中，有35个证照齐全。

1999年1月，市卫生局、公安局、工商局、广播电视局联合执法，对市区医疗市场进行专项清理整顿，取缔5处久居海阳的性病野医点，没收药品器械价值1万余元，并给予行政处罚和限期离开警告。10月，市卫生局组织专人突击检查800余个药品从业单位，查出不合格中、西药品338件次，价值3.5万元；依法取缔无证经营药品点7处、无证行医点14处、治性病游医8人次，立案22起，罚款4.5万元。11月19日，对查出的120多万元非法、变质、过期药品进行集中销毁，并通过海阳电视台等新闻媒体曝光。

2001年1月，市卫生局对辖区使用一次性无菌医疗器械的单位进行全面检查，查出37个单位有质量问题，查出假劣一次性输液器、注射器约25万支，并进行严肃处理。在全市严厉打击制售假劣药品、不合格医疗器械的违法行为。对无证挂靠经营药品行为进行专项检查，检查药品购进验收记录及使用情况，并建立供货方档案；对中药饮片等进行专项检查，严格按照GSP规范检查中药材（饮片）的储存养护和入库验收情况，对发现质量可疑的品种立即通过快检后抽样送检；对疫苗进行专项检查，检查是否从非法渠道购进疫苗，是否购进、使用假劣疫苗。2002年6月，通过集中采购，增加采购透明度。市人民医院、市中医医院参加烟台市卫生局招标办组织的招标采购。参加招标采购的主要是过去各医院自行采购的西药部分。通过招标采购、统一配送，保障药品质量。2007—2009年，市药监局共出动执法人员5292人次，检查药品经营使用单位5062个次，立案查处违法案件144起，累计罚没款71.33万元；完成药品快速鉴别1027批次，上报市所305批次，检出不合格药品93批次。2010年，市药监局出动执法人员1448人次，检查涉药单位1226个次，立案查处10起，结案10起，打击制售假劣药品和无证经营等各种违法行为，有效净化药品市场环境；完成药品快速鉴别328批次，上报市所47批次，收到不合格报告20份，不合格率43%；共上报药品不良反应255例，器械不良事件40例；新开办药品经营企业19家，取得GSP认证证书的企业86家。

第三十编

体　育

第16届亚洲运动会火炬传递(海阳站)
The 16th Asian Games Torch Relay Haiyang Station

1978年12月，海阳县成立体育运动委员会。全县体育工作逐渐恢复，体育设施逐年增加。1979年，推行《国家体育锻炼标准》，学校体育开始走向正轨。每年定期举行全县中小学运动会，经常组织中小学篮球、排球等活动。学校逐渐配齐专（兼）职体育教师，开齐开足体育课程。群众体育蓬勃发展，各种体育协会相继成立。1990年后，田径、篮球、乒乓球、武术、羽毛球、太极拳（剑）、健身操等体育项目迅速普及；经常性举办职工运动会、农民运动会、老年运动会等，并先后承办全国沙滩排球锦标赛、沙滩手球锦标赛等一系列赛事。2006年10月3日，国务院批准海阳市代表中国申办亚洲沙滩运动会；2010年12月16日，海阳市在马斯喀特第二届亚沙会闭幕式上接过亚奥理事会会旗，亚沙会进入“海阳周期”。

第一章 机 构

第一节 管理机构

1978年12月，海阳县体育运动委员会成立。1993年11月，海阳县体育运动委员会与海阳县文化局合并成立海阳县文化体育委员会。1994年6月，海阳县体育运动委员会从海阳县文化体育委员会析出单设。1996年5月，海阳县体育运动委员会改称海阳市体育运动委员会。2001年12月，市体育运动委员会与市教育委员会合并成立海阳市教育体育局，编制10人，下设行政科、群众体育与业余训练科、竞技体育科。2004年1月，成立海阳市体育发展办公室，隶属市教育体育局领导。2008年1月，市体育发展办公室从市教育体育局析出单设。2010年，原机构设置和人员编制均无变化。

第二节 事业单位

海阳县业余体校，1978年成立。1994年7月，改称海阳县竞技体育学校。1996年5月，改称海阳市竞技体育学校。受市体育运动委员会和市教育委员会双重领导。2002年，市竞技体育学校隶属市教育体育局。2007年，学校内设教务处、政教处、训练处、科研处、总务处等。2008年1月，隶属市体育发展办公室。

第二章 体育设施

第一节 社会体育设施

2006年，全国实行新农村全民健身“村村有”工程，海阳市体育设施建设步伐加快。至2010年，城区建成新元广场、和平广场、夕佳坪广场、海政社区广场、颐天园广场、北山公园、瑞祥园等10余个活动点，均安装健身路径和不同形式的健身器械。全市晨、晚锻炼点300余个，共安装篮球架190副、乒乓球台358副、健身路径210件（套）。

第二节 学校体育设施

体校 1978年，县业余体校建篮球场2个，小型田径训练场1处。1996年，投资1.2万元购置骨龄测试机、身高体重测量器和肺活量测试仪等。2007年4月，市竞技体育学校迁至方圆街道东哲阳村新址，拥有1680平方米的综合楼1幢，400米塑胶跑道体育场1个（与新元中学共用），重竞技训练馆2个，第一个120平方米，标准化

2010 年，海阳市第一中学操场

篮球场 3 个。

普通中小学 中共十一届三中全会后，海阳教育事业发展迅猛，学校体育得到重视，体育器材逐年增加，体育设施不断完善。普通中学、职业学校、专业学校和小学，均有或大或小的体育场，有的学校建成标准体育场。至 1987 年，全县扩建操场 17.03 万平方米。1996 年，对全市中小学体育场地和设施进行全面普查，为全面实施《学校体育工作条例》提供可靠依据。2006 年 9 月，新元中学建标准 400 米塑胶跑道运动场 1 个、足球场 1 个，总投资 448 万元。2007 年 11 月，海阳一中迁至新校区，建操场 2 个，其中东操场为 400 米塑胶跑道标准运动场，投资约 400 万元；有篮球场 12 个、排球场 8 个。

2010 年海阳市中小学体育器材统计表

表 30-2-1

名 称	单 位	数 量	名 称	单 位	数 量	名 称	单 位	数 量	名 称	单 位	数 量
单 杠	副	226	垒 球	个	1706	跳 绳	个	3036	体操凳	条	338
双 杠	副	213	篮 球	个	1602	栏 架	个	1560	打气筒	个	164
跳 箱	组	187	篮球架	副	218	吊绳（吊杆）	组	26	起跑器	副	91
山 羊	个	226	足 球	个	1550	卷尺（米绳）	个	364	标志杆	根	234
发令枪	支	114	排 球	个	720	肋 木	副	143	扩音器	个	78
哑 铃	副	1427	羽毛球拍	副	913	平 梯	副	57	手榴弹	个	416
杠 铃	副	104	乒乓球拍	副	593	呼啦圈	个	1625	接力棒	根	983
秒 表	块	371	乒乓球台	副	231	毽 子	个	1053	体操棒	根	1040
助跳板	块	174	钉 鞋	双	718	实心球	个	1810	拔河绳	根	86
体操垫	块	1931	跳高垫	块	59	铅 球	个	653	剑（刀）	把	2340
高低杠	副	31	坐位体前屈测试仪	个	42	铁 饼	个	190	画线器	个	78
平衡木	副	20	立定跳远测试垫	个	78	标 枪	支	365			
跳高架	副	156	发令台（烟屏）	个	86	沙 包	个	1105			

第三章 群众体育

1978 年改革开放后，随着生活水平的提高，全民建设活动兴起，群众体育形式多样，内容丰富，体育设施建设逐步完善，群众体育组织逐步健全。80 年代至 90 年代，全县组织举办田径运动

2009 年 6 月 21 日，奥林匹克日长跑活动

2009 年 6 月 25 日，全国沙滩排球巡回赛在海阳市举办

2010 年 6 月 12 日，全国第二届 12 人制龙舟锦标赛在海阳市举办

2010 年 7 月 19 日，全国沙滩手球锦标赛在海阳市举办

会、篮球赛、乒乓球赛等多种体育活动。2009 年 6 月 21 日，全市组织中国奥委会第 24 届奥林匹克日长跑活动；6 月 25 日—28 日，举办“招虎山杯”全国沙滩排球巡回赛。2010 年 6 月 12 日—13 日，举办“招虎山杯”2010 年全国第二届 12 人制龙舟锦标赛；7 月 19 日—21 日，举办“观海杯”2010 年全国沙滩手球锦标赛；10 月 15 日，举办第十六届亚运会火炬传递（海阳站）活动。2010 年年底，全市已成立老年、武术、篮球、轮滑、乒乓球协会和武协螳螂拳分会 6 个单项体育协会，共培训 800 余名社会体育指导员。

第一节　学校体育

1978 年，学校除正常体育课外，还开展赛跑活动。不少学校每年进行半个月的军事训练，聘请解放军官兵讲课，进行队列、射击、投弹、防化、野营、拉练等训练。

1979 年，全县开始推行《国家体育锻炼标准》。县教育局配备负责体育的专职干部，各中小学安排专人分管体育工作。各中学、中心小学、学区小学基本配齐专职体育教师，村小设兼职体育教师。开设早操、课间操和课外文体活动，保证学生每天有 1 小时课外活动时间。1984 年，按《国家体育锻炼标准》进行全县学校体育大检查，学生达标率 55.8%。其中优秀率 13.3%，良好率 31%。1985 年起，每年举行 1 次全县中学生田径运动会。1987 年，全县中学实施国家教委制定的《中学生体育合格标准》。1990 年，中小学执行国家教委颁布的《学校体育工作条例》。同年，海阳县获烟台市中学生田径运动会团体总分第五名。1991 年开始，全县实施初中毕业升学体育考试。1992 年，全县小学实施国家教委制定的《小学生体育合格标准》。1992—1996 年，每年举行 1 次全县（市）中学生篮球赛。1993—1996 年，每年举行 1 次全县

2010 年，海阳市第一中学体育运动会

螳螂拳走进市轻工小学

（市）小学生“希望之星”运动会。1994 年，体育考试成绩开始纳入升学总成绩。1995 年，大辛家镇初中被命名为山东省体育传统项目学校；榆山街学校、留格庄镇中心小学、凤城镇初中被命名为烟台市体育传统项目学校。1996 年后，从市教委到各学校，体育工作有计划、有检查、有总结，并将其作为评选先进集体、先进个人条件，体育课有教学计划和可行性教案。是年 7 月，举办全市体育教师教学基本功比武、优质课评选活动。

2002 年，举办全市体育教师太极扇培训。2004 年 10 月，举办全市中学生篮球赛，74 支男、女球队参加比赛。2005 年，先后组织各校体育教师开展校园舞培训、全市中小学田径运动会、全市中学生篮球赛。2006 年，开展中小学体育教师优质教案评选、参加烟台市中小学体育教师体育与健康课程培训班；10 月，举办全市中学生篮球赛，并选拔优秀运动员组队参加烟台市中学生运动会，获男子组第一名、女子组第五名。2007 年，先后举办小学生沙滩趣味运动会、中学生篮球赛、第一套全国中小学校园集体舞辅导教师培训班。2008 年 8 月，举办全市小学生沙滩趣味运动会。2009 年，先后举办全市中小学生田径运动会、中学生篮球赛、中小学生沙滩运动会和沙滩排球、沙滩足球、沙滩手球比赛。

2010 年，先后举办全市中、小学生春季田径运动会，中小学首期螳螂拳教练员培训班，小学和初中体育教师沙滩排球、沙滩足球、沙滩手球专业培训，全市中、小学生沙滩足球、排球、手球运动会，迎亚沙强素质“移动杯”全市中小学生篮球比赛等活动。同年，全市配备体育专业教师 134 名（小学 39 名、初中 59 名、高中 36 名）。其中，本科学历 104 人、专科学历 28 人、中专学历 2 人。

1985—2010 年海阳市中学生田径成绩纪录一览表（高中组）

表 30-3-1

男			女		
项　目	纪录成绩	创纪录时间	项　目	纪录成绩	创纪录时间
100 米	11″4	1993.04	100 米	13″	1992.04
200 米	23″8	1993.04	200 米	27″5	1987.06
400 米	53″9	1987.06	400 米	1′3″8	1987.06
800 米	2′3″9	1987.06	800 米	2′23″11	1998.05
1500 米	4′8″4	1987.06	1500 米	4′57″31	1998.05
3000 米	9′17″6	1992.04	3000 米	10′53″6	1990.04
5000 米	16′15″3	1987.04	5000 米	19′55″6	1990.04

续表 30-3-1

男			女		
项　目	纪录成绩	创纪录时间	项　目	纪录成绩	创纪录时间
10000 米	34′ 37″ 1	1989.05	100 米栏	16″ 4	1985.04
110 米栏	15″ 5	1988.05	4×100 米接力	54″ 8	1986.04
4×100 米接力	46″ 44	2010.05	3000 米竞走	17′ 59″ 8	1986.04
5000 米竞走	26′ 2″ 1	1986.04	跳　高	1.41 米	1988.05
跳　高	1.85 米	1994.05	跳　远	5.10 米	1987.06
跳　远	6.33 米	1987.06	铅球 4 千克级	10.69 米	1987.04
三级跳远	13.19 米	1987.05	铁饼 1 千克级	31.60 米	1993.04
铅球 4 千克级	13.14 米	1994.04	标　枪	31.10 米	1997.05
铁饼 1 千克级	43.32 米	1989.05			
标　枪	43.24 米	1998.05			

1983—2010 年海阳市中学生田径成绩纪录一览表（初中组）

表 30-3-2

男			女		
项　目	纪录成绩	创纪录时间	项　目	纪录成绩	创纪录时间
100 米	11″ 6	1993.04	100 米	12″ 8	1992.04
200 米	24″ 2	1993.04	200 米	27″ 1	1993.04
400 米	53″ 7	1994.04	400 米	1′ 1″ 1	1993.04
800 米	2′ 5″ 8	1983.06	800 米	2′ 20″ 1	1991.04
1500 米	4′ 19″ 62	2010.05	1500 米	4′ 47″ 3	1993.04
3000 米	9′ 8″ 35	2010.05	3000 米	10′ 20″ 53	1998.05
5000 米	16′ 6″ 8	1986.06	100 米栏	16″ 82	1998.05
110 米栏	16″ 2	1986.06	4×100 米接力	55″	1986.04
4×100 米接力	48″ 2	1996.05	3000 米竞走	17′ 37″	1986.04
3000 米竞走	15′ 14″ 4	1987.04	跳　高	1.40 米	1987.04
跳　高	1.72 米	1986.04	跳　远	5.43 米	1992.06
跳　远	6.25 米	2010.05	铅球 4 千克级	12.72 米	1990.04
三级跳远	13.04 米	1995.05	铁饼 1 千克级	42.74 米	1991.04
铅球 4 千克级	15.33 米	1995.05	标　枪	31.42 米	1997.05
铁饼 1 千克级	52.58 米	1989.05			
标　枪	44.70 米	1998.05			

第二节　职工体育

1978 年，职工体育活动项目主要有篮球、乒乓球、羽毛球、武术、田径等。1983 年，获烟台市职工篮球赛第二名。1984—1985 年，举办 2 次全县象棋比赛。1985 年，举办全县职工篮球赛，教育局男子队、商业局女子队分获冠军。2006 年起，连续举办 5 届“凯利杯”全市职工篮球赛。2008 年，先后举办全市迎亚沙“港雁杯”乒乓

方圆集团公司运动会

球比赛、全市针织毛衫行业协会职工篮球赛、全市职工田径运动会。2009 年，举行“联通杯”全市机关篮球赛，“公路杯”太极拳、功夫扇表演赛，“电业杯”全市职工羽毛球、乒乓球赛。2010 年，先后举办全市“民主佳苑杯”乒乓球赛、首届“凯利杯”三人篮球赛、“慈星杯”市针织毛衫行业协会第二届运动会、第二十四届奥林匹克日长跑活动等。

第三节 农民体育

70 年代，各公社以下乡知识青年为主体的篮球、田径运动较为活跃。随着生活水平提高，农民体育得到发展，其中以健身秧歌、太极拳（剑）、柔力球、健身操等项目为主。2007 年 5 月，参加烟台市百村农民篮球对抗赛，海阳代表队获小组第三名。2009 年，旅游度假区臧家村举办首届农民运动会，20 余支代表队、131 名村民运动员，分青年、中年和老年 3 个组进行比赛。比赛项目有往返 30 米单脚跳、往返托球跑、自行车慢赛、运动投篮、夫妻同步跑、套圈、象棋、拔河、三代同乐接力跑等 20 余个。

第四节 老年体育

1987 年 8 月，成立海阳县老年人体育协会。1996 年，改称海阳市老年人体育协会。全市乡（镇、区）、村全部建立老年体协组织，34 个较大的市直及省、烟台市驻海阳单位建立老年体育组织。全市设立太极拳、舞蹈、戏曲、门球、乒乓球、象棋、钓鱼 7 个分会。1988 年 9 月，海阳

老年人乒乓球比赛

老年人太极拳表演

县老年人第一次参加烟台市（莱州）老年人钓鱼比赛，获团体第一名。1998 年 8 月，参加北京体育大学第五届国际导引养生竞技表演大会，获益气养肺功功法集体项目第三名；9 月 9 日，举办“老人节”大型表演赛，项目有导引功、太极拳、健身球操、舞蹈等。2008 年，举办全市老年人乒乓球比赛。2010 年，举办老年人趣味活动项目比赛、“邮政杯”第二届老年人象棋赛、“富尔达杯”老年人太极拳表演赛。至此，海阳老年人参加烟台市以上比赛活动 26 次，举办比赛 30 次，6000 余人次参加；利用重大庆典和节假日组织各类群众性体育表演展示 110 场次，参加者 1.6 万余人次。

第五节 残疾人体育

1990 年，海阳县残疾人联合会成立后，积极发展残疾人体育事业，以市体校和聋哑学校为基

地，培养残疾人特殊人才，组织开展多种适合残疾人特点的文体活动，丰富残疾人的文化娱乐生活，并选拔优秀者参加各级文体比赛。1991 年 10 月，肢残运动员杨涛（朱吴福利厂工人），在第三届省残疾人运动会上夺得 1 枚金牌、1 枚银牌、1 枚铜牌。1997 年起，全市每 3 年举办 1 次残疾人体育运动会，主要项目有田径、乒乓球、自行车等。2002 年、2007 年，分别参加烟台市残联举办的残疾人运动会，海阳代表队分获男、女团体第三名、第五名。

第四章　竞技体育

第一节　竞技体校

1978 年秋，海阳县业余体校成立，招生 26 人，设 2 个教学班，分男（女）篮球、乒乓球、田径、武术（校外生）等体育项目训练队。1980 年，有 1 个教学班，学生 8 人，为初中一年级，专业项目是篮球和田径。1984 年，招生 24 人，增加排球专业 6 人。1985 年 8 月，办学逐步走上正轨，每年秋季招生，设小学五年级，初中一至三年级。各级部每年招收 1 个班，每班学生约 30 人。专业设置男（女）篮球、田径、武术 3 项。1994 年 7 月，改称海阳县竞技体育学校。至 1995 年，学校向烟台市及以上体育学校输送学生共 30 余人，考取各类中等专业学校 80 余人。同年，学校获烟台市政府颁发的第三届全国城运会贡献奖。1996 年 5 月，改称海阳市竞技体育学校。1999 年，学校被省体委评为山东省高水平体育后备人才基地和体育训练工作先进单位。2000 年，烟台市第五届运动会，海阳市获金牌总数第七名、奖牌总数第七名、团体总分第五名，被烟台市政府授予贡献奖单位和体育训练工作先进单位称号。2007 年，参加烟台市青少年体育比赛，获金牌 18 枚、银牌 16 枚、铜牌 7 枚。2007—2009 年，向烟台市体校和烟台市运动队输送 20 名体育后备人才。2008 年，参加烟台市第七届运动会，获金牌 18 枚、银牌 16 枚、铜牌 9 枚。2010 年，学校设训练处、科研处、教导处、政教处、总务处等。有 6 个教学班，设田径、篮球、举重、摔跤、柔道、跆拳道 6 个训练项目，共 10 个训练队。至同年，参加烟台市以上大赛共取得金牌 142 枚、银牌 163 枚、铜牌 127 枚。其中，省级以上金牌 30 余枚。

中学生篮球赛

第二节　竞技项目

田径　1983 年，海阳县体育代表队参加烟台市（威海）举行的中学生田径运动会，获普通组团体总分第六名。1989 年，获烟台市越野赛男子组团体总分第三名；同年 9 月，任洪敏在第二届全国青少年运动会上，1500 米和 3000 米成绩达到国家级健将标准，其中 3000 米成绩打破全国少年纪录。1994 年，获烟台市越野赛女子组团体总分第五名。1995 年，获烟台市青少年田径运动会女子组团体总分第六名。1999 年，获烟台市长跑竞走比赛团体总分第六名。2004 年，获烟台市第六届运动会团体总分第二名。2008 年，获烟台市第七届运动会团体总分第二名。2009 年，获烟台市青少年田径比赛团体总分第五名。

乒乓球 1979年，获烟台地区少年乒乓球赛女子乙组团体第五名。1984年，获省儿童乒乓球赛女子组第四名。

篮球 1978年，海阳县篮球代表队获烟台地区基层儿童篮球赛儿童男子组第一名。1979年，获烟台地区少年篮球赛（莱西赛区）男子乙组第二名。1984年，获烟台市（牟平）青少年篮球分区赛男子组第二名、女子组第三名。1986年，获烟台市青少年篮球赛（石岛赛区）第三名。1989年，获烟台市业余体校篮球赛男子组第五名。2004年，获烟台市第六届运动会“牟电杯”篮球（甲组）比赛女子组第二名。2005年，获山东省“希望杯”篮球赛第一名，烟台市中学生篮球比赛初中男子组第四名、初中女子组第三名。2006年，获烟台市中学生运动会篮球比赛初中男子组第一名。2009年，获烟台市青少年篮球甲组比赛第三名、乙组比赛第四名。2010年，获烟台市青少年篮球比赛团体第六名。

武术 1979年，海阳县武术代表队获烟台地区（招远）少年儿童武术比赛团体总分第五名。1980年，获烟台地区少年武术比赛团体总分第四名。1982—1983年，连续2年获烟台地区（市）少儿武术比赛团体亚军。1996年，获烟台市第四届运动会武术比赛团体总分第五名。

举重 1996年，海阳市举重代表队获烟台市第四届运动会举重比赛女子组团体总分第六名。1997年，获烟台市青少年举重比赛女子组团体总分第六名。1998年，获烟台市举重比赛男子组团体总分第三名。1999年，获烟台市举重比赛女子组团体总分第三名。2000年，获烟台市第五届运动会举重比赛女子组团体总分第六名。2002年，获烟台市青少年举重比赛团体总分第六名。2004年，获烟台市第六届运动会举重比赛女子组团体总分第四名、男子组团体总分第六名。2005年，获烟台市青少年举重比赛团体总分男子组第三名。2010年，获烟台市青少年比赛男子组团体总分第三名。

摔跤 1996年，海阳市摔跤代表队获烟台市第四届运动会摔跤队团体总分第五名。1997年，在烟台市青少年摔跤自由式、古典式比赛中，均获男子团体总分第一名，女子组团体总分第六名。1998年，获烟台市青少年摔跤比赛团体总分第一名。1999年，获烟台市青少年摔跤比赛团体总分男子组第一名、女子组第二名。2000年，获全国自由式摔跤冠军赛第二名、烟台市第五届运动会摔跤团体总分第一名（自由式、古典式均获第一名）。2002年，全国摔跤锦标赛、全国自由式摔跤冠军赛均获团体总分第二名；烟台市青少年摔跤比赛团体总分第五名。2003年，获烟台市青少年摔跤比赛团体总分第四名。2004年，获烟台市第六届运动会国际式摔跤比赛男子团体总分第四名、女子团体总分第六名。2008年，获烟台市青少年摔跤比赛团体总分第五名。2009年，获烟台市青少年摔跤比赛团体总分第五名。

跆拳道 1999年，海阳市体育代表队获烟台市跆拳道比赛男子团体总分第六名。2000年，在烟台市第五届运动会跆拳道比赛中，女子团体、男子团体均获总分第二名。2004年，获烟台市第六届运动会跆拳道比赛男子团体总分第五名。2005年，获烟台市青少年跆拳道比赛男子团体第三名。2007年，获烟台市青少年跆拳道比赛团体总分第六名。2008年，获烟台市第七届运动会跆拳道团体总分第三名。2009年，获烟台市青少年跆拳道比赛团体总分第四名。2010年，获烟台市青少年跆拳道比赛团体总分第五名。

柔道 2000年，海阳市体育代表队在烟台市第五届运动会柔道比赛中，获女子团体总分第四名。2003年，获烟台市青少年柔道比赛团体总分第六名。2004年，在烟台市第六届运动会柔道比赛中，女子组团体总分、男子组团体总分均获第六名。2005年，烟台市青少年柔道比赛，男子组团体、女子组团体均获第五名。2009年，获烟台市青少年柔道比赛团体总分第四名。2010年，获烟台市青少年柔道比赛团体总分第四名。

自行车 1992年，海阳县体育代表队获全国青年公路自行车团体赛第二名。1993年，获全国公路自行车团体赛第三名。2000年，获烟台市第五届运动会自行车比赛团体总分第一名。

1978—2010 年海阳籍运动员参加省级及以上比赛成绩一览表

表 30-4-1

年 份	项 目	名 次	姓 名	项目名称
1978	1500 米	1	姜居波	山东省田径运动会
	3000 米			
1980	800 米	3	隋本京	山东省中学生运动会
	1500 米	1		
	3000 米	3	姜居波	山东省越野赛
	800 米	2	隋本京	山东省中学生田径运动会
	1500 米	1		
1981	3000 米	1	姜居波	山东省越野赛
	15000 米			
1982	3000 米障碍赛	3	姜居波	山东省第十二届运动会
	排 球	2	程军国	全国青少年排球锦标赛
1983	排 球	2	程军国	全国青少年排球锦标赛
	1500 米	3	隋本京	山东省田径运动会
1986	赛 艇	3	程军国	全国赛艇锦标赛
1987	赛 艇	5	程军国	第六届全运会赛艇赛
1988	篮 球	1	李海涛	山东省希望杯篮球赛
1989	篮 球	1	李海涛	山东省希望杯篮球赛
		1	李振梅	全国青年锦标赛
		1	李海涛	全国青年篮球赛
1990	篮 球	1	李振梅	全国青年篮球联赛
	马拉松	1	于子云	北京中日友好长城马拉松接力赛第五区段
		3		日本国际马拉松接力赛
1991	自行车	4	陈 俊	全国青年自行车锦标赛 100 千米团体
1992	自行车	3	陈 俊	全国公路自行车大组赛团体
1994	手 球	2	黄淑萍	亚运会女子手球
	铅 球	2	于 娟	全国中学生田径锦标赛
	铁 饼	3		
		2	于青梅	全国青年田径锦标赛
		6		世界青年田径锦标赛
1995	铅 球	1	于 娟	第三届全国城市运动会
	篮 球	1	辛海峰	全国青少年篮球赛
1996	足 球	2	陈玉凤	第二十六届奥运会
	篮 球	2	辛海峰	全国青少年篮球赛
		6	李振梅	全国女篮联赛
1997	篮 球	3	于翠平	全国青年联赛重庆赛区
1998	篮 球	6	于翠平	全国篮球联赛

续表 30-4-1

年　份	项　目	名　次	姓　名	项目名称
1998	篮　球	1	李振梅	山东省第十九届运动会
1998	篮　球	2	于翠平	山东省第十九届运动会
1998	篮　球	1	辛海峰	山东省第十九届篮球赛
1998	800 米	1	于子云	湖南长沙全国冠军赛
1998	1500 米	1	于子云	全国第三届城运会预选赛
1998	跆拳道	3	吴振华	全国跆拳道比赛
1999	摔　跤	3	包雪丽	全国自由式摔跤锦标赛
1999	摔　跤	3	包雪丽	全国自由式摔跤冠军赛
1999	篮　球	1	李春民	山东省希望杯篮球赛
2000	跆拳道	2	吴振华	全国跆拳道精英赛
2000	铁　饼	4	姜少秋	全国田径锦标赛
2000	举　重	3	祁松松	全国少年举重比赛
2000	赛　艇	1	叶丽茹	山东省第二十届运动会赛艇比赛
2001	跆拳道	2	吴振华	全国跆拳道精英赛
2001	山地自行车	1	徐丽萍	全国青年冠军赛
2001	篮　球	2	成志明	第三届东亚运动会
2001	铁　饼	1	姜少秋	第三届东亚运动会
2001	铁　饼	6	姜少秋	第九届全国运动会
2001	摔　跤	6	王媛媛	山东省希望杯女子自由式摔跤
2002	摔　跤	6	张海燕	北京第一届女子摔跤邀请赛
2002	柔　道	1	黄玲玲	山东省第二十届运动会
2002	摔　跤	3	王媛媛	山东省第二十届运动会
2002	举　重	1	辛　刚	亚洲城市金杯赛
2002	举　重	1	辛　刚	山东省第二十届运动会
2002	举　重	2	张　晶	山东省第二十届运动会
2002	举　重	4	李文平	山东省第二十届运动会
2002	举　重	2	隋　峰	山东省第二十届运动会
2002	举　重	2	辛　刚	全国高水平人才基地男子举重全国锦标赛
2002	举　重	总成绩 3	辛　刚	全国少年男子举重锦标赛
2002	举　重	抓举 2	辛　刚	全国少年男子举重锦标赛
2002	举　重	挺举 4	辛　刚	全国少年男子举重锦标赛
2002	篮　球	2	成志明	亚洲男子篮球职业联赛
2002	摔　跤	2	崔淑娟	山东省希望杯自由式摔跤
2002	射　击	2	于林辉	全国少年射击锦标赛
2002	射　击	1	于林辉	山东省第二十届运动会
2002	篮　球	2	修述鹏	山东省第二十届运动会
2002	赛　艇	1	刘云健	山东省第二十届运动会

续表 30-4-1

年份	项目	名次	姓名	项目名称
2003	摔跤	4	崔淑娟	全国自由式摔跤邀请赛
	山地自行车	2	徐丽萍	全国第三届城市运动会
	篮球	1	荣方明	第十一届山东省大学生运动会篮球比赛团体
	击剑	1	刘旸	山东省击剑比赛
	摔跤	2	王媛媛	山东省希望杯自由式摔跤比赛
		1	崔淑娟	
	赛艇	3	刘云健	全国青年赛艇锦标赛
2004	摔跤	8	孙海玲	中国式摔跤国际邀请赛
		3	李佳辰	全国青年自由式摔跤锦标赛
		1	王媛媛	山东省希望杯女子自由式摔跤比赛
		1	张海燕	山东省希望杯摔跤比赛
	铁饼	2	翟晓红	全国大学生运动会
	柔道	2	黄玲玲	全国青年柔道比赛
	100米	2	吴敏	山东省希望杯比赛
	跨栏			
2005	赛艇	1	叶丽茹	山东省赛艇锦标赛6000米轻量级单人双桨
		1		山东省女子轻量级2000米双人双桨
	马拉松	3	宋田莉	上海国际马拉松赛
	古典跤	1	陈维强	山东省锦标赛
	摔跤	3	李佳辰	全国青年锦标赛
		1	张海燕	山东省希望杯摔跤比赛
2006	铁人三项	1	孙立伟	全国铁人三项赛
	篮球	1	荣方明	第十二届山东省大学生运动会篮球比赛
	1500米	1	冷冰强	全国青少年田径赛
	摔跤	3	李佳辰	全国青年锦标赛
	竞走	1	陈双燕	山东省希望杯比赛
	马拉松	1	宋田莉	泰山国际登山节
	跆拳道	1	王新伟	全国青年锦标赛
	柔道	2	黄玲玲	山东省第二十一届运动会
	举重	1	于琪	
	摔跤	1	于婷婷	
	古典跤	1	陈维强	
	篮球	1	于小爽	
		1	贺瑞霞	
		1	刘龙飞	
		1	于超	
		1	刘旸	

续表 30-4-1

年　份	项　目	名　次	姓　名	项目名称
2006	划　艇	1	王熠晓	山东省第二十一届运动会
2006	赛艇 2000 米	1	叶丽茹	山东省第二十一届运动会
2006	赛艇 6000 米	3	叶丽茹	山东省第二十一届运动会
2006	赛　艇	1	周言豪	山东省第二十一届运动会
2007	篮　球	1	王美玲	山东省希望杯篮球赛
2007	1500 米	1	冷冰强	全国青少年田径赛
2007	马拉松	1	宋田莉	泰山国际登山节
2007	竞　走	2	陈双燕	山东省希望杯竞走比赛
2007	古典跤	1	陈维强	山东省锦标赛
2007	赛　艇	6	叶丽茹	全国青年赛艇锦标赛女子轻量级 2000 米双人双桨全能
2007	赛　艇	3	叶丽茹	全国城市运动会 2000 米双人双桨
2007	跆拳道	1	王新伟	全国精英赛
2008	拳　击	2	王金凤	山东省希望杯女子拳击赛
2008	竞　走	1	陈双燕	山东省希望杯女子竞走比赛
2008	竞　走	1	陈双燕	全国青年田径锦标赛
2008	竞　走	2	姜晓震	山东省希望杯竞走比赛
2008	铁人三项	7	孙立伟	铁人三项亚洲锦标赛
2008	铁人三项	1	孙立伟	铁人三项亚洲锦标赛青年组
2008	跆拳道	2	于亚红	山东省希望杯
2008	跆拳道	3	王新伟	世界青年锦标赛
2008	跆拳道	1	王新伟	全国跆拳道冠军赛
2008	跆拳道	2	于益民	全国青年跆拳道锦标赛
2008	跆拳道	2	于益民	山东省希望杯
2008	赛　艇	2	刘运建	山东省希望杯
2008	赛　艇	2	刘运建	全国赛艇锦标赛
2008	赛　艇	2	王熠晓	山东省希望杯
2008	柔　道	1	孙绍城	山东省希望杯
2008	柔　道	2	黄玲玲	全国柔道道馆赛
2008	古典跤	2	陈维强	全国摔跤青年锦标赛
2008	篮　球	1	王美玲	山东省希望杯
2009	铁人三项	1	孙立伟	国际铁人三项杯赛
2009	铁人三项	1	孙立伟	亚洲铁人三项锦标赛
2009	铁人三项	7	孙立伟	第十一届全国运动会
2009	篮　球	1	姜君奇	全国甲 B 篮球赛
2009	篮　球	1	王美玲	山东省希望杯
2009	篮　球	6	刘　旸	第十一届全国运动会
2009	自行车	3	纪习涛	第十一届全国运动会

续表 30-4-1

<table>
<tr><th>年 份</th><th>项 目</th><th>名 次</th><th>姓 名</th><th>项目名称</th></tr>
<tr><td rowspan="15">2009</td><td>自行车</td><td>1</td><td>纪习涛</td><td>全国公路自行车城市绕圈赛</td></tr>
<tr><td rowspan="4">竞 走</td><td>1</td><td rowspan="2">陈双燕</td><td>全国冠军赛</td></tr>
<tr><td>1</td><td rowspan="2">山东省希望杯</td></tr>
<tr><td>2</td><td rowspan="2">姜晓震</td></tr>
<tr><td>4</td><td>全国冠军赛</td></tr>
<tr><td rowspan="4">赛 艇</td><td>4</td><td>刘运建</td><td>第十一届全国运动会</td></tr>
<tr><td>5</td><td>叶丽茹</td><td>全国赛艇锦标赛</td></tr>
<tr><td>1</td><td>王熠晓</td><td rowspan="2">山东省希望杯</td></tr>
<tr><td>2</td><td>于遥娜</td></tr>
<tr><td rowspan="3">跆拳道</td><td>1</td><td>于亚红</td><td>山东省希望杯</td></tr>
<tr><td>5</td><td rowspan="2">于益民</td><td>全国青少年锦标赛</td></tr>
<tr><td>2</td><td>山东省希望杯</td></tr>
<tr><td>拳 击</td><td>2</td><td>王金凤</td><td>山东省希望杯</td></tr>
<tr><td>手 球</td><td>1</td><td>王旭兴</td><td>全国手球青年赛</td></tr>
<tr style="display:none"></tr>
<tr><td rowspan="14">2010</td><td rowspan="3">跆拳道</td><td>3</td><td>王新伟</td><td>全国跆拳道冠军赛</td></tr>
<tr><td>1</td><td>于益民</td><td rowspan="4">山东省第二十二届运动会</td></tr>
<tr><td>1</td><td>于亚红</td></tr>
<tr><td rowspan="3">篮 球</td><td>2</td><td>王美玲</td></tr>
<tr><td>1</td><td>于 箫</td></tr>
<tr><td>1</td><td>姜 程</td><td>山东省篮球锦标赛</td></tr>
<tr><td rowspan="2">竞 走</td><td>2</td><td>姜 杰</td><td>山东省第二十二届运动会</td></tr>
<tr><td>1</td><td>陈双艳</td><td>全国锦标赛</td></tr>
<tr><td>古典跤</td><td>3</td><td>陈维强</td><td>山东省第二十二届运动会</td></tr>
<tr><td rowspan="2">铁人三项</td><td>1</td><td rowspan="2">孙立伟</td><td>北京国际铁人三项国际杯赛</td></tr>
<tr><td>2</td><td>中国水上运动会铁人三项比赛暨全国铁人三项锦标赛</td></tr>
<tr><td rowspan="3">赛 艇</td><td>1</td><td>王熠晓</td><td>山东省第二十二届运动会</td></tr>
<tr><td>2</td><td>叶丽茹</td><td>中国水上运动会赛艇比赛暨全国锦标赛女子轻量级四人双桨</td></tr>
<tr><td>3</td><td>刘云健</td><td>中国水上运动会赛艇比赛</td></tr>
</table>

第五章 武 术

第一节 武术学校

1993年，五头山武艺学校成立，2006年停办。共培养学生3000余人。其中，柳海龙在2001年9月中国功夫、泰国职业泰拳对抗赛中，获75公斤级冠军，成为“金腰带”得主；在2002年9月第三届中国功夫、泰国职业泰拳对抗赛中，获

80公斤级冠军。学校先后被评为全国甲类武术学校、山东省优秀武术学校、烟台市社会力量办学先进单位。代表海阳市参加第四、五、六届烟台市运动会，共获得武术套路、散打、拳击、摔跤等项金牌30余枚。

第二节　武术种类

海阳县有螳螂、八卦、长拳、太极、形意、猴拳等拳种；有枪、刀、剑、戟、鞭、斧、钩、叉、拐子、流星、三节棍、双手带等18种器械；有46个拳术、器械对练套路。分布较广的拳种有螳螂拳、八卦掌、太极拳、长拳等。

螳螂拳　螳螂拳是著名的传统武术，属象形拳的一种。螳螂拳与孙膑拳、四通捶、文圣拳并列为山东四大名拳，也是首批被国家体育总局武术运动管理中心列入系统研究整理的传统武术九大流派之一。

螳螂拳创始人是海阳李氏家族四世祖李赞元玄孙李秉霄。李秉霄，清乾隆年间（1736—1795）生人，自幼聪颖好学，继承家风，文武兼习，精通医理。某年参加乡试不中，便弃文从武，适逢机缘巧合，索性出家为道，号“升霄道人”。李秉霄挟技游历天下，遍访武林高人，虚心以求，孜孜不倦，由武入道，以道阐武，经多年磨砺，终成一代武学大师。具有传奇色彩的是，他在云游时，偶遇一场惊心动魄的“螳螂与黄雀”之战，因受螳螂以小胜大、以弱胜强、以智取胜的启发，遂加以模仿、象形取意，经反复揣摩演练，创造性地研究出一通结构严谨、技击性强的象形拳术——螳螂拳。清嘉庆元年（1796），李秉霄学艺成名重返海阳。其拳术先传莱阳赵珠，赵珠再传海阳梁学香，后一脉传承至姜化龙、孙元昌等时，螳螂拳逐渐定型，开始走向繁盛时期。

海阳梅花螳螂拳

螳螂拳在海阳得以发展和传播，梁学香作出很大贡献。梁学香（1810—1895），海阳市榆山夼人，少年时，拜姑父赵义彤（今莱阳市小赤山人）的父亲赵珠为师，学习螳螂拳。他天资聪颖，勤奋好学，仅用3年多时间，就把螳螂拳的崩步、乱接、分身八肘3个套路和单手运作全部学会并熟练运用。艺成后，开设镖局，主要到陕西、河北、北京一带走镖，凭其精湛的武技和高尚的武德，赢得江湖同道的敬重。其子梁敬川，一条大枪使得出神入化。在北京期间，因保皇纲有功，被朝廷授“五品军功，赏戴花翎”。一时间，梁氏父子名冠京城。梁学香后回乡收徒传艺。其中，大杨格庄人孙元昌11岁时拜其为师，16岁艺成开设拳房；莱阳姜化龙在其言传身教下，终成螳螂拳名家。晚年的梁学香以其深厚的拳术功底和创新精神，取各个套路和单手动作之精华，创编成“摘要”，使螳螂拳进一步发展提高。其著有《可使有勇》《拳棍枪谱》《内心法》等拳谱。他打破业内世俗，改单传为广传、内外皆传，使螳螂拳短期内得以广泛传播。在周边莱阳、栖霞、福山、文登、牟平、荣成等地收过徒弟。因传人众多，被后世尊为螳螂拳宗师。螳螂拳在海阳主要流传于徐家店、郭城、发城、盘石店、留格庄、朱吴等乡（镇）的部分村庄。

70年代，随着国家对传统武术的重视，螳螂拳也迎来新的发展机遇。1978年5月，在东村举行全县武术表演大会，应邀参加者有螳螂拳师刘德崇、祝维贞、刘之庚等，八卦拳师黄吉满，太极拳师张同昀及武林新秀80人。同年，螳螂拳第七代传人王慕洲退伍返乡，工作之余协助师傅一同传艺，徒弟达400余人。1998年3月，海阳市武术运动协会成立。2002年，市武术运动协会会长高炳南开办海阳第一家武馆。2005年10月12日，长期致力于海阳螳螂拳挖掘、保护和传承工作的梁学香第五世嫡孙、烟台市武术协会理事梁国爱等陪同俄美国际螳螂拳联盟一行20人到海阳寻根祭祖，首开国外螳螂拳传人海阳寻根之旅。

螳螂拳

2006年12月，海阳螳螂拳被列入第一批烟台市级非物质文化遗产名录。2007年6月，CCTV-4《走遍中国》栏目组到烟台拍摄螳螂拳专题片《秘手螳螂》，在榆山夼村，以“缅怀一代螳螂拳宗师梁学香先生”为主题，对梁学香拳房、墓地等进行采访拍摄。节目播出，对宣传、提升海阳螳螂拳的国内外声誉起到极大促进作用。2008年夏，王慕洲开始在新元广场义务教授螳螂拳，300余名螳螂拳爱好者参加学习。2009年，海阳螳螂拳研究分会成立，对螳螂拳历史、典故、拳谱、师承等方面进行深入挖掘。2010年3月，国家体育总局武术研究院研究员、中国武术协会秘书长康戈武到榆山夼村，实地考察螳螂拳发源情况。经过考察，康戈武初步认定海阳是“目前为止发现的有实物佐证最早的螳螂拳发源地”。

经几代传承人的努力，海阳螳螂拳不仅在民间广为流传，而且受到很多国外人的喜爱。不少螳螂拳爱好者，不远万里到海阳学习螳螂拳。截至2010年，有来自美国、韩国、俄罗斯、日本、新加坡等国家和地区的10余个螳螂拳团队到海阳参观、考察，到梁学香的故居、拳房、墓地拜谒，与海阳螳螂拳传人切磋、交流。

螳螂拳特点　螳螂拳模仿螳螂捕食时攻守兼备的灵活动作，取其意，用其巧。具有在意念上高度集中、刚毅机智，在手法上快速击挡、灵巧多样，在身法上俯仰自如、拧旋巧变，在步法上左右闪展、腾挪突跃的鲜明特点。疾如暴风骤雨，摄人魂魄；柔若微风摆柳，缠绕不脱。既有气魄雄伟、勇猛顽强的搏斗风格，又有舒展大方、形神兼备的艺术魅力。实战讲究以巧胜拙，以快打慢，以守为进，放长击远，虚实结合，刚柔相济。动作古朴，男女皆宜。

螳螂拳流派　螳螂拳初时不分流派，统称螳螂拳。但在传习过程中，其内涵不断丰富和发展，从而形成一个具有三宗五派的独立拳派，流派达10余种，主要有太极、七星、梅花、六合、小架等。

老拳谱　1984年，国家组织挖掘传统武术时，梁学香玄孙梁振照，将梁学香亲书螳螂拳拳经、拳谱捐献给国家。1986年3月，国家体委给梁振照颁发三等奖奖状；山东省体委授予海阳武术挖掘先进县称号。2007年6月，CCTV-4《走遍中国》栏目组到海阳采访螳螂拳，王慕洲首次展示出珍藏多年的刘之庚所传5本老螳螂拳谱《衣钵真传》。其中，2本是李秉霄的原始手写本，3本系梁学香的手抄本。5本拳谱是李秉霄《衣钵真传》的全部内容。文物专家根据纸张的年代和新旧程度，认为拳谱成于清乾隆中期，是当前我国发现最早的螳螂拳拳谱。5本拳谱内容为短打全式、短打变式、兵刃全式、短打通解、择要拳论。在短打全式和兵刃全式中明确注明为升霄道人重集。拳谱内容有文字解释，有插图，插图有单人独练、双人对打、兵刃独练等多种姿势。插图人物造型准确，线条一笔到位，人物眼睛画得非常传神。拳谱通篇几百个拳势命名都用成语、典故讲解，让人既觉深不可测，又易懂易记。古拳谱传承有序：李秉霄→赵珠→梁学香→姜化龙→刘之庚→王慕洲。

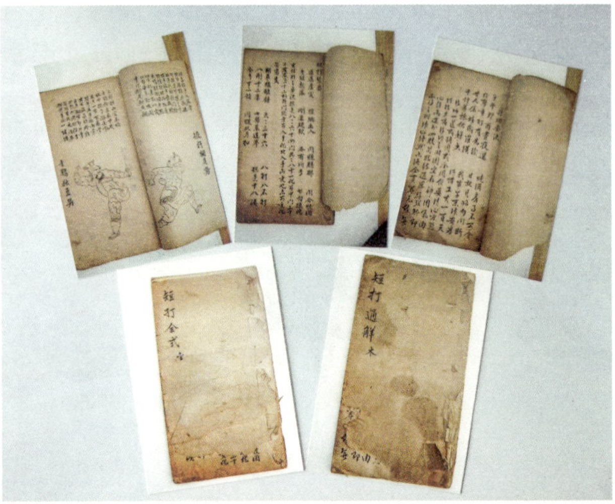

螳螂拳拳谱

其他海阳原传螳螂拳拳谱有梁学香所集《可使有勇》《拳棍枪全谱》，崔寿山《螳螂拳谱》(2本)，宋子德《螳螂拳谱》，陈云涛《梅花螳螂拳拳论》，佚名《练功心法》等10余本。

八卦掌　八卦掌原名转掌，又称无极拳游身八卦连环掌、八卦脱掌。因其运动时纵横交错、分为4正4隅8个方位，与"周易"八卦图中的卦象类似，故名。为河北省文安人董海川（1797—1882）所创，兴起于清末年间的北京。董海川收徒传艺，弟子众多。因其第一代弟子多是带艺拜师，因而风格各异，最终形成尹派（尹福）、程派（程廷华）、马派（马维祺）、梁派（梁振圃）、史派（史计栋）、刘派（刘宝珍、刘凤春）、樊派（樊志勇）、宋派（宋长荣、宋永祥）、张派（张占魁）等几大支系。其中，最著名的当属尹福、程廷华和史计栋。第二代弟子以后，八卦掌开始向河北、山东、天津等周边地区发展。在境内流传的八卦掌主要是尹式、梁式。清光绪末年，由第三代传人尹福爱徒刘庆福传入南部、宫保田传入北部。故在海阳八卦掌有"南有刘庆福，北有宫保田"之说。后来，刘庆福徒弟丛金诰传入西部，继承梁派、马派的李少庵传入东村周边部分村庄。在民国初到抗日战争时期，八卦掌在海阳得到广泛发展与传播。鼎盛时期，八卦掌习练者仅次于本土拳种螳螂拳。抗日战争时期，海阳县成立国术馆，宫保田徒弟侯天国担任总教练，培养了一大批热血青年奔赴抗日战场。中华人民共和国成立后，八卦掌被列为全国武术表演和比赛项目。2008年，八卦掌被国务院公布为第二批国家级非物质文化遗产。市内八卦掌主要分布在东村、方圆、凤城、大阎家、辛安、郭城、发城、留格庄、徐家店、二十里店等镇（街道）的部分村庄。

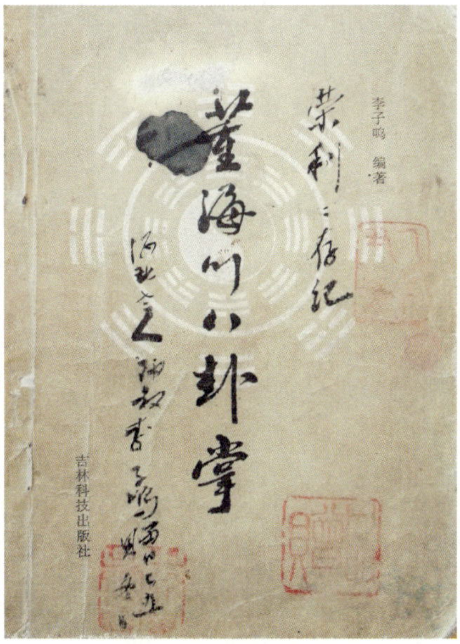

八卦掌拳谱

八卦掌以掌法为核心，以八大掌（单换掌、双换掌、顺势掌、背身掌、翻身掌、摩身掌、三穿掌、回身掌）为母掌，通过掌法变换和行步走转，以掌代拳、步走圆形，演化出不同风格的实用掌法和套路。在行拳时，以摆扣步、走圆形，将北、南、东、西、西北、西南、东北、东南8个方位全都走到。步法以提、踩、摆、扣为主，左右旋转，绵绵不断。在走转中全身一致，"形如游龙，视若猿守，坐如虎踞，转似鹰盘"。身法讲究拧、旋、转、翻，圆活不滞。主要手法有推、托、带、领、搬、拦、截、扣、捉、拿、勾、打、封、闭、闪、展16法。尹派八卦掌掌法特点是屈腿蹚泥，走自然步，趋于急行。动作刚猛，出手冷、脆、快，富弹抖力。以牛舌掌（因出掌形似牛舌，故名）为基本掌型。

长拳　长拳即传统北派武术中一部分拳术，查拳、华拳、炮捶、红拳、少林拳、六合拳等均属长拳之列。古代也有专称长拳的拳种。现代新编国标武术长拳是中华人民共和国建立后发展起来的一个拳种，在武术运动中影响较大，有广泛的群众基础。国标武术长拳吸取查、花、炮、红诸拳种之长，把长拳类型的手法、手型、步型、步法、腿法、平衡、跳跃等动作规格化，按照长拳运动方法编成各种拳械套路。其特点是姿势舒展大方，动作灵活快速，出手长，跳得高，蹦得远，刚柔相济，快慢相间，动迅静定，节奏分明，是全国武术表演和比赛项目之一。境内流传的主要是少林拳和六合拳。少林拳是徽村（今常胜村）高岱（绰号"醉金刚"）于清道光八年（1828）引进海阳。抗日战争时期，胶东军区司令员许世友久驻海阳，在北部村庄教民兵、儿童练习少林拳，从学者甚多。六合拳于1917年由城里（今凤城）人于天兴（绰号"飞枪"）传入。长拳主要流传于方圆、东村、凤城、大阎家、辛安、留格庄等镇（街道）的部分村庄。

太极拳　太极拳是一种传统拳术，流派多，流传广。动作柔和缓慢，既可用于技击，又有强身健体作用。1913年，由城里（今凤城）人周晖（绰号“云中鹤”）引进海阳，今已遍及全市城乡。其中，较出名的为张同昀（发城镇铁口村人）。张同昀在抗美援朝战争中负伤，回国在北戴河疗养期间，结识天津著名武术家韩国贞，遂拜师学习太极拳。在练习中，时时处处注重招式的实战性，造诣颇深，对太极拳的手法及步法运用娴熟。70年代，张同昀住进海阳军休所后，开始传授太极拳，授徒200余人，其中最得意的弟子是东村公社（今东村街道）和平大队李宗清。1986年，张同昀去世后，李宗清继续练习和研究太极拳，授徒300余人。90年代后，太极拳逐步推广，练习者众多，全市先后举办太极拳比赛等一系列活动。

第三十一编

第三届亚洲沙滩运动会

亚洲沙滩运动会（以下简称亚沙会），由亚洲奥林匹克理事会（以下简称亚奥理事会）主办，2008年举办第一届，此后，每两年一届。2006年12月2日（北京时间12月3日），在卡塔尔多哈召开的第25届亚奥理事会代表大会决定，2012年第三届亚沙会在海阳举行。2007年1月20日，海阳组建队伍，开始筹办亚沙会。

2012年6月16日—22日，第三届亚沙会在海阳举行。本届亚沙会充分彰显“快乐体育”特色，以“快乐在一起”为口号，以“海韵、阳光、激情、时尚”为理念，设沙滩排球、沙滩足球、沙滩手球、沙滩篮球、沙滩藤球、沙滩卡巴迪、沙滩木球、龙舟、动力滑翔伞、公路轮滑、攀岩、帆板、滑水13个大项、49个小项，分别在7个比赛项目区进行。亚奥理事会45个成员国家和地区全部参加。其中，参赛的有阿富汗、巴林、孟加拉国、不丹、文莱、柬埔寨、中国、中国香港、印度、印度尼西亚、伊朗、伊拉克、日本、约旦、哈萨克斯坦、韩国、科威特、吉尔吉斯斯坦、老挝、黎巴嫩、中国澳门、马来西亚、马尔代夫、蒙古、尼泊尔、阿曼、巴基斯坦、巴勒斯坦、菲律宾、卡塔尔、沙特阿拉伯、新加坡、斯里兰卡、叙利亚、中华台北、塔吉克斯坦、泰国、东帝汶、土库曼斯坦、阿拉伯联合酋长国、乌兹别克斯坦、越南、也门。运动员及随队官员1982人，技术官员534人，注册媒体记者345人；工作人员3402人，赛会志愿者4700人，城市志愿者2500人。

中国代表团获得金牌14枚、银牌10枚、铜牌12枚，位居金牌榜和奖牌榜第一名。亚奥理事会主席艾哈迈德·法赫德·萨巴赫评价：“海阳亚沙会水平非常高，一切都很完美。”

第一章　组织筹办体系

第一节　组委会及执行局

组委会　2008年3月14日，国务院批准成立第三届亚洲沙滩运动会组织委员会（以下简称组委会）。国家体育总局局长、中国奥委会主席刘鹏任主席，山东省委副书记、省长姜大明任执行主席。6月30日，组委会成立大会暨第一次全体会议确定组委会组成：主席1名，执行主席1名，副主席7名，秘书长1名，副秘书长13名；外交部国际司、公安部治安管理局、国家安全部十局、海关总署监管司、国家广播电视总局宣传管理司、山东省外事办、省公安厅、省国家安全厅、省广播电视局以及青岛海关为委员单位，相关负责人任委员。2009年1月22日，增补1名组委会副主席。7月21日，组委会召开第一次执委会会议，增补2名组委会副

2008年6月30日，举行第三届亚沙会组织委员会揭牌仪式

主席，增补山东省委宣传部、团省委、省台办、省侨办、省发改委、省国资委、省人社厅、省教育厅、省财政厅、省国土厅、省住建厅、省交通厅、省科技厅、省卫生厅、省环保厅、省旅游局、省文化厅、省地税局、省宗教局、省邮政局、省通信局、山东检验检疫局、济南铁路局、省军区、武警山东总队、大众报业集团、山东电力集团、山东航空集团、省联通公司、省电信公司、省移动公司 31 个部门为组委会委员单位，单位分管领导任组委会委员。2011 年 3 月 11 日，增补 1 名组委会委员。

组委会执行局　2009 年 7 月 21 日，组委会第一次执委会会议决定，设立第三届亚洲沙滩运动会组织委员会执行局（以下简称组委会执行局），设主任 1 名、执行主任 2 名、总干事 1 名、成员 12 名，负责亚沙会日常筹备工作的组织和领导，组委会不再设置秘书长和副秘书长。2010 年 5 月 5 日，组委会执行局有成员 11 名。2012 年 3 月 2 日，调整执行局组成人员，设主任 1 名、执行主任 1 名，增补 8 名执行局成员。

第二节　筹办机构

烟台市筹办机构　2007 年 3 月 18 日，烟台市政府成立 2012 年第三届亚洲沙滩运动会烟台工作委员会。主任 1 名，副主任 2 名，秘书长 1 名，35 个市直部门为成员单位。

2012 年 2 月，烟台市成立烟台市筹办第三届亚沙会工作领导小组，组长 1 名，常务副组长 1 名，副组长 10 名，烟台市有关部门负责人为成员，设社会稳控与安保、城乡建设与环境整治、新闻宣传与社会动员、行政接待、食品药品安全、外事接待和旅游、赛事组织 7 个工作组。领导小组办公室设在烟台市委办公室、市政府办公室，负责有关联络和服务工作。

海阳市筹办机构　2007 年 1 月，海阳市组建起专门的工作团队，主任 1 名，工作人员 8 名，开始着手组织筹办第三届亚沙会。到 8 月，曾以“海阳第三届亚洲沙滩运动会工作委员会”“第三届亚洲沙滩运动会筹备委员会”“第三届亚洲沙滩运动会综合办公室”称谓开展工作。16 日，海阳市成立海阳第三届亚洲沙滩运动会工作领导小组。海阳市委书记任组长，市长任常务副组长，有关市级领导任副组长，各镇（区、街道）及市直有关部门主要负责人为成员。设办公室（以下简称亚沙办），具体负责：海阳市范围内亚沙会筹办工作的统筹计划、综合协调、督导考核、推进落实；为领导小组组长、常务副组长决策提供参谋；与国家、山东省和烟台市体育主管部门的沟通协调；组委会相关会务组织、重大事项报批和跟踪落实；亚沙会赛后资产处置和总结报告、档案等亚沙遗产的整理、保存和移交；领导小组及亚沙会组委会其他日常事务。11 月，亚沙办内设文秘行政部、对外联络部、体育部、新闻宣传部、媒体运行部、工程和环保部、市场开发部、运动会服务部、人力资源部、财务部、监察审计部、文化活动部、信息技术部、法律事务部、安全保卫部、医疗卫生部 16 个部。

2008 年 7 月 31 日，海阳市政府成立第三届亚洲沙滩运动会配套设施工程建设指挥部，市政府市长担任总指挥，副总指挥 6 名，成员 24 名。设综合协调组和施工建设组。12 月 27 日，成立第三届亚洲沙滩运动会工程建设指挥部，设综合协调组、规划设计施工组、征迁组，第三届亚洲沙滩运动会筹备委员会财务管理中心、第三届亚洲沙滩运动会工程建设指挥部招投标中心、第三届亚洲沙滩运动会工程建设指挥部质量监督中心。

2009 年 7 月 21 日，组委会第一次执委会会议通过，组委会工作机构为文秘行政部、对外联络部、体育部、新闻宣传部、媒体运行部、工程和环保部、市场开发部、运动会服务部、人力资源部、财务部、监察审计部、文化活动部、信息技术部、法律事务部、安全保卫部、医疗卫生部 16 个部。组委会各部室职能由亚沙办承担。2010 年 8 月，撤销法律事务部、文秘行政部，成立办公室；撤销监察审计部；成立志愿者部。2011 年 1 月，成立注册中心；安保部工作职能由市公安局承担。海阳第三届亚洲沙滩运动会工作领导小组，增设场馆建设运行、城市建设及综合整治、交通运输保障、医疗救护与食品药品安全、内宾接待、外事外联、安全保卫和维稳、赛事综合保障、宣传文化和志愿者服务、赛事运行等 10 个工作组。4 月，组委会复设法律事务部。

第三节　总指挥部与工作团队

总指挥部　2011 年 10 月，海阳市成立亚沙会总指挥部。总指挥部下设 1 办、1 村、14 中心，即办公室，亚沙村，开（闭）幕式指挥中心，接待服务指挥中心，外事外联与抵离指挥中心，火炬传递指挥中心，会计核算中心，海事保障指挥中心，竞赛指挥中心，快餐配送中心，宣传文化、媒体与志愿者指挥中心，交通服务指挥中心，赛事保障指挥中心，安保维稳指挥中心，城市运行指挥中心，食品、药品安全与医疗卫生保障指挥中心，加强对亚沙会筹办工作的总体统筹、综合协调、整体推进。2012 年 5 月，在总指挥部下，增设赛时主运行中心（MOC），下设办公室。

工作团队　1 办、1 村、14 中心下设 59 个工作团队，具体负责赛事运行和城市保障的组织实施。2011 年 5 月，竞赛场馆场地工作团队开始组建；12 月，亚沙会组委会各部室（亚沙办）工作人员根据岗位职责，全部转入相应的工作团队。

第二章　亚沙城规划和场馆场地建设

亚沙会场馆前期规划，遵循城市可持续发展、确保赛后利用、节俭办赛事、留下文化遗产理念。截至 2012 年 7 月，亚沙城累计征地面积 779.27 公顷，搬迁果园 53.33 多公顷、乔木 10 万余株、坟墓 3000 余丘，拆除房屋 7.76 万平方米、蔬菜棚 163 个、鱼棚 74 个，拆除鱼塘、水塘、虾池等 282 个；建设 73 项亚沙会工程，其中政府投资 68 项、市场化运作 5 项。

第一节　亚沙城规划

总体规划　规划面积 20 平方千米。其中，亚沙会场馆及配套设施工程占地 4 平方千米，共建设场馆及配套工程 60 余项，主要建设“1 村、1 岛、1 园、4 区、4 中心”及相关的道路、绿化配套工程。分为亚沙核心区、亚沙村、中央商务区、生态保育区、文体区、休闲度假、商贸物流、生活居住 8 大功能区。区内海翔路、海滨路、海鑫中路、西安路、北京路、黄海大道“三纵三横”6 条城市主干道，可方便到达城区、威青高速、烟海高速及丁字湾跨海大桥。

详细规划　亚沙城场馆区位于鉴湖湿地公园两侧，规划用地约 7 平方千米，规划总建筑面积近 260 万平方米。场馆区以海滨路为界分为南北 2 大部分。海滨路以南主要以亚沙会比赛项目为主，包括河清岛体育场以及攀岩、动力滑翔伞、沙滩

第三届亚沙会场馆及配套设施总体规划

第三届亚沙会场馆及配套设施详细规划

足球、沙滩排球、沙滩卡巴迪、沙滩篮球、沙滩木球、帆板、沙滩手球、沙滩藤球等。海滨路以北主要以亚沙会配套设施为主，包括国际会议中心、安保中心、国际广播电视中心、抵离中心、亚沙会展览馆、亚沙村等。

第二节　比赛场地

比赛场地工程于2011年10月14日开标，11月开工。2012年5月，完成13个比赛场地建设。临时设施共搭建帐篷9802平方米、板房1506平方米，安装空调35台，铺设电缆、电线4.76万米，安装铁马4197米、围栏9759平方米，搭建看台座椅5403个，安装配电箱82个、灯具646套，安装旗杆281根，配备灭火器22个，并铺设地板、地毯、地砖等相关的配套设施。比赛场地于2012年6月12日开放。

沙滩手球和沙滩藤球　位于凤翔滩A区。沙滩手球设置1片主场地（含973人的看台）、2片副场地；沙滩藤球设置1片主场地（含990人的看台）、4片副场地。功能区设置体育竞赛区、场馆礼宾区、安保及交通运行区、新闻运行区、场馆运行区及观众活动区。距亚沙村约15分钟车程。

沙滩木球　位于凤翔滩B区。设置12条比赛道、6条练习道。功能区设置体育竞赛区、场馆礼宾区、安保及交通运行区、新闻运行区、场馆运行区及观众活动区。距亚沙村约13分钟车程。

帆板　位于凤翔滩B区。功能区设置体育竞赛区、场馆礼宾区、安保及交通运行区、新闻运行区、场馆运行区及观众活动区。距亚沙村约12分钟车程。

2012年，第三届亚沙会沙滩篮球场地

沙滩篮球和沙滩卡巴迪　位于凤翔滩C区。沙滩篮球设置1片主场地（含1041人的看台）、2片副场地；沙滩卡巴迪设置男、女各1片主场地，安排在沙滩排球场地内，男、女各3片训练场地。功能区设置体育竞赛区、场馆礼宾区、安保及交通运行区、新闻运行区、场馆运行区及观众活动区。距亚沙村约10分钟车程。

沙滩排球和沙滩足球　位于凤翔滩D区。沙滩排球设置1片主场地、5片副场地。其中，主场地设有1703个座位的看台。沙滩足球设置1片主场地、3片副场地。其中，主场地设有1381个座位的看台。距亚沙村约10分钟车程。

2012年，第三届亚沙会沙滩足球场地

动力滑翔伞　位于凤翔滩D区。功能区设置体育竞赛区、场馆礼宾区、安保及交通运行区、新闻运行区、场馆运行区及观众活动区。距亚沙村约10分钟车程。

攀岩　位于河清岛体育场东北侧，海滨中路

2012年，第三届亚沙会攀岩场地

南侧。设置速度道、难度道和抱石道。功能区设置体育竞赛区、场馆礼宾区、安保及交通运行区、新闻运行区、场馆运行区及可容纳1000人的观众活动区。距亚沙村约5分钟车程。

公路轮滑 位于经济开发区春城广场环形路东部。功能区设置体育竞赛区、场馆礼宾区、安保及交通运行区、新闻运行区、场馆运行区及观众活动区。距亚沙村约15分钟车程。

龙舟和滑水 位于招虎山国家森林公园。设置近600人的看台。功能区设置体育竞赛区、场馆礼宾区、安保及交通运行区、新闻运行区、场馆运行区及观众活动区。距亚沙村约30分钟车程。

第三节 配套设施

亚沙村 位于海鑫中路北、海韵路南，东临亚沙纪念林。2009年8月规划设计，10月进场施工，2012年3月竣工，建筑面积15.2万平方米。承担运动员及随队官员、注册媒体人员的住宿、餐饮及其他服务。

河清岛体育场 位于东村河入海口西侧。2010年1月，海阳市召开河清岛体育场设计方案市级领导研讨会和专家评审会；4月，召开河清岛体育场建筑图纸初步审查会议；7月，开工建设。2012年5月竣工，总建筑面积1.4万平方米。承担亚沙会开（闭）幕式活动。

2012年，第三届亚沙会运动员村

亚沙会展览馆 位于济南路与海滨中路交叉路口东北侧。2010年3月开工建设，2012年3月8日开馆，建筑面积1.6万平方米。

国际会议中心 位于海滨路北、海晏山路西。2008年12月完成规划设计，2009年6月24日开工，2012年2月竣工并投入使用，建筑面积4.4万平方米。设置组委会办公区、指挥调度中心、餐饮区等。

2012年，河清岛体育场

安保监控指挥中心　位于海晏山路东、济南路西。2008 年 10 月完成规划设计，2009 年 9 月开工建设，2012 年 4 月竣工并投入使用，建筑面积 2.5 万平方米。安保监控指挥中心办公楼由安保大楼和媒体公共楼组成，安保大楼设指挥中心大厅、指挥办公室、综合业务办公室、安保培训中心、网络设备室等；媒体公共楼设媒体抵离与制证中心、办公用房、宗教服务设施、仓储用房等。

国际广播电视中心　位于安保监控指挥中心北。2008 年 12 月规划设计，2009 年 7 月开工，2011 年 6 月竣工，建筑面积 1.8 万平方米。作为电视、广播等媒体人员办公、制作及新闻发布场所。

抵离中心　位于亚沙会展览馆北、济南路东。2009 年完成规划设计，2010 年 5 月开工，2012 年 2 月竣工，建筑面积 2.8 万平方米。

第四节　景观设施

奥林匹克公园　位于海滨路南、东村河入海口西侧，南临黄海，占地面积 78.7 公顷。公园绿化面积 16 万平方米。公园内建有亚沙会倒计时柱——定海神针，高 20.12 米，直径 2.3 米。

海晏山公园　位于国际会议中心北。2010 年年底开工建设，2012 年 4 月竣工，占地面积 21.3 公顷。主峰相对高度约 38 米。

海晏山公园

亚沙会纪念林公园　位于海滨路北、东村河入海口西侧，占地面积 13.3 公顷，回填种植土 10 万余立方米，铺设园路 2 万平方米，建设水溪 1000 余米，栽植各种树木 67 种 9000 余株，栽植小龙柏、红瑞木、红叶石楠、鸢尾等 2 万余株，草坪 6.3 万平方米。

第三章　火炬传递与开（闭）幕式

第一节　火炬传递

火炬传递团队　火炬传递指挥中心下设先遣联络组、综合协调组、群众工作组、形象景观组、行政服务组、仪式运行组、火炬手管理组、安保维稳组、媒体宣传组、交通保障组 10 个工作组，负责火炬传递期间不同领域的工作。

火炬及延展设备设计　2011 年 3 月 5 日，组委会制订《第三届亚洲沙滩运动会火炬系列定向邀请方案》，启动火炬设计方案征集工作。3 月 15 日，组委会面向 5 个国内知名设计团队定向征集火炬设计方案。到 5 月 31 日，收到 25 个应征设计方案。此后，组委会先后召开 3 次专题会议，评审参评方案，确定江苏金一文化发展有限公司承担火炬系列设计任务，华帝公司负责制作。11 月 29 日，组委会确定最终设计方案，并提报亚奥理事会。12 月 30 日，亚奥理事会同意设计方案。

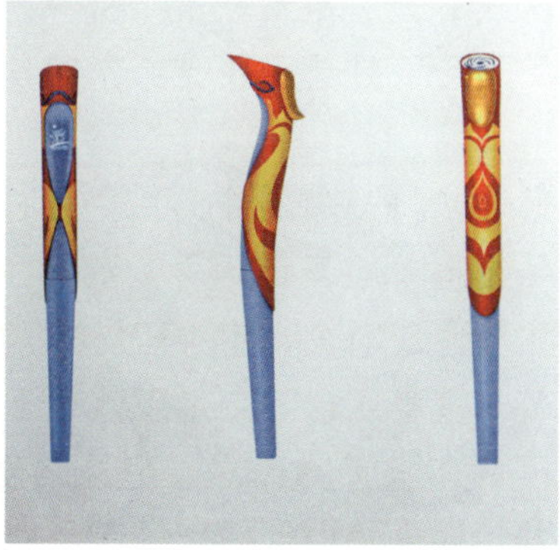

第三届亚沙会火炬

火炬取名凤舞金沙，整体像是一只海滨金沙上翩然起舞的凤凰，外壳颜色由红、黄、蓝三原色组成，红色代表阳光与欢乐，黄色代表运动与激情，蓝色代表海洋与活力；底部为亚奥理事会会徽；口部如“凤凰涅槃”般的造型。其设计理念来自海阳凤凰城的传说，基于“凤凰浴火重生”的故事，寓意海阳借亚沙会筹办之机，为城市的建设和发展带来巨大变化。

会火盆　造型犹如凤凰降世，凤凰浴火寓意消除人世间的所有痛苦和不悦，获得祥和与幸福，让亚洲人民“快乐在一起”。外壳采用红、黄、蓝3种颜色，火盆口设计成凤凰盘旋状，与火炬口造型相呼应。当圣火燃烧时，有对体育精神的坚持与团结的寓意。

火种灯　外壳颜色如火炬颜色，灯的两侧形似凤凰的两翼，寓意凤凰承载火种。火种是圣火的灵魂和缘起，由凤凰承载，能得凤凰护佑而不灭。

采火器　造型为1枚张开的珍珠贝，贝育珍珠，寓意海阳山海钟秀，物华天宝；沙雕的海浪簇拥贝壳，代表热情奔放、勤劳团结的海阳人民，将海之贝高举出海面，张开的贝壳代表每一个愿为梦想而奋斗的健儿，面向阳光，发光发热。珍珠光面的贝壳内层，符合收集阳光的光学需要，通过将太阳光集中在凹面镜的中央，产生高温引燃圣火，凹面镜形似一颗闪耀的珍珠，折射七彩的阳光，诞生亚沙会圣火。采火器创意源于贝壳孕育珍珠。

火种采集　2012年4月17日10时58分，在海阳旅游度假区凤凰广场举行火种采集仪式。仪式上，首先进行的是迎接中华人民共和国国旗、亚奥理事会会旗。随后，17名采火使者分3路向采火台靠拢，在采火台会聚，做采火祈天表演，采集火种，并将火种棒呈交烟台市委书记、市人大常委会主任张江汀进行展示。之后，张江汀将火种棒呈交中国奥委会副主席吴齐。吴齐点燃火种盒，再由护卫队员从盒中引火种入火种灯，并保存。仪式由组委会副主席兼执行局执行主任、烟台市市长王良主持。组委会副主席、山东省副省长王随莲，组委会副主席兼执行局主任、山东省政府副秘书长马越男等出席。

2012年4月17日，第三届亚沙会火种采集

火炬手选拔　第三届亚沙会火炬手选拔按照“属地管理、各负其责”原则，组委会制订方案，报请国家体育总局批准，山东省体育局、烟台市体育局、海阳市政府分别组织实施，共选出164名火炬手。其中，亚奥理事会官员3名，体育工作者及运动员代表16名，亚沙会赞助商代表38名，地方有突出贡献企业代表28名，政府公务员代表21名，对亚沙会筹办有突出贡献人士15名，安保人员代表7名，文化、教育、卫生行业代表11名，媒体代表4名，其他嘉宾和优秀人物代表21名。2012年4月18日—5月20日，火炬传递指挥中心组织实施海阳站火炬手选拔工作。5月21日—6月13日，发放《第三届亚沙会火炬手资格确认函》《第三届亚沙会火炬手指南》，培训火炬手。

火炬传递活动　济南传递活动　2012年6月12日上午，在济南奥体中心举行。济南是传递活动的首站，路线总长1500米，设17个传递路段，每段88米。山东省委书记姜异康宣布传递活动开始，省长姜大明致辞，副省长王随莲主持起跑仪式，17名火炬手参与传递活动。

烟台传递活动　2012年6月13日上午，在烟台大学东门前的沙滩上举行。烟台是传递活动的第二站，路线总长1100米，设22个火炬手交接点，每段约50米。烟台市委书记张江汀宣布亚沙会烟台火炬传递活动开始，市长王良致辞，副市长张广波主持仪式，45名火炬手参与传递，烟台籍体操奥运冠军邢傲伟、举重奥运冠军唐功红领衔传递活动。

海阳传递活动　2012年6月14日上午，在

2012年6月14日，第三届亚沙会火炬海阳传递活动

海阳旅游度假区举行。海阳站共选拔火炬手100名。其中，包括亚奥理事会体育委员会主席张吉龙、亚奥理事会资深工作人员瑞泽（Reza）和杰弗里（Jeffrey）。实际参与传递的102名。其中，参与当日传递活动的96名，参与开幕式场内火炬传递的6名。当日的传递共分33棒，第一棒为张吉龙，第二棒为瑞泽和杰弗里，从第三棒开始均为3人1组传递。全程分33个路段、32个交接点，第一棒、第二棒共同传递90米，第三棒后每组传递90米。海阳市委书记王玉波宣布火炬传递活动开始，市长姜仕礼致辞，市委副书记李波主持起跑仪式。在火炬传递方式上，采取手手相传，第一路段1人传递，第二路段2人传递，其余路段则3人并肩传递。沿途安排表演活动，11支表演队进行健身操、健身球、腰鼓、太极拳、大秧歌表演，体现“快乐体育”“大众体育”的健身理念。

活动组织 城市联络。成立先遣联络组，主要负责济南市、烟台市火炬传递联络、协调工作。2012年4月16日，省体育局牵头在海阳召开亚沙会火炬传递城市沟通协调会议，就相关事项进行研究。

安全保卫。由20名武警战士担任火种护卫队员、护跑手，全程参与火炬传递的火种护卫工作。

运行车队。火炬传递车队分别是警车、媒体车、指挥保障车、火炬手车、备用车，共计10辆，随车队转场人员32人次。

媒体宣传。火种采集、火炬传递期间，《今日海阳》、海阳电视台等媒体跟踪报道，在济南、烟台传递期间，驻济南、驻烟台媒体高度关注，广泛参与，全面进行报道。各传递城市结合实际，在火炬传递期间组织开展具有地方特色的庆典活动。

第二节 开幕式

2012年6月16日晚，第三届亚沙会开幕式

2012年6月16日晚，第三届亚沙会开幕式文艺演出

在河清岛体育场举行。

流程 热场演出 19时20分，演出开始，以舞蹈和歌曲联唱为主，同时由主持人组织观众互动，为开幕式营造热烈、轻松的氛围。

仪式 贵宾入场。20时，各参赛代表团运动员入场后，贵宾入场。先后入场的有：中华人民共和国国务委员兼国务院秘书长马凯，亚奥理事会主席艾哈迈德·法赫德·萨巴赫，十届全国人大常委会副委员长热地，国家体育总局局长、中国奥委会主席、组委会主席刘鹏，山东省委书记、省人大常委会主任姜异康，山东省省长、组委会执行主席姜大明，国务院副秘书长肖亚庆，烟台市委书记、市人大常委会主任张江汀，烟台市人大常委会副主任、海阳市委书记、组委会执行局成员王玉波，亚奥理事会副主席、国际奥委会副主席于再清，亚奥理事会副主席、国际奥委会委员霍震霆，亚奥理事会秘书长、国际奥委会委员兰迪尔·辛格，非洲奥协主席巴郎福，亚奥理事会副主席苏弗里·博尔基亚，亚奥理事会执委、国际奥委会副主席黄思绵。

倒计时。开幕式临近时，采取倒计时模式。同时，背景音乐响起，大屏幕中的凤凰舞起，现场1个巨大的沙漏升起。最后10秒，屏幕显示剩余秒数。

中华人民共和国国旗入场。

升中华人民共和国国旗、奏（唱）中华人民共和国国歌。

运动员入场欢迎表演。

各国家（地区）代表团运动员入场。

山东省省长、组委会执行主席姜大明致欢迎辞。

国家体育总局局长、中国奥委会主席、组委会主席刘鹏致辞。

亚奥理事会主席艾哈迈德·法赫德·萨巴赫致辞。

中华人民共和国国务委员兼国务院秘书长马凯宣布第三届亚洲沙滩运动会开幕。

亚奥理事会会旗入场。

升亚奥理事会会旗，奏亚奥理事会会歌。

运动员代表、裁判员代表宣誓。

文艺表演 20时50分，《碧海金沙的交响》文艺表演开始，分序曲、上篇、下篇和尾声4个篇章。序曲《金沙梦想》，一个手提圣火灯笼的海阳小姑娘在金滩上奔跑，"划"出亚洲海岸线，与小演员们扮演的金色小沙粒嬉戏玩耍，金色沙粒幻化组成一幅幅儿童画，最终组成"HAIYANG"。上篇《大海欢歌》，悠扬的渔歌响起，"海的女儿"在悬挂空中的弯月上歌唱，一张巨大的渔网悬浮在场中，引出各色海洋生物的演出，山东大鼓在舞台前区水域中擂响，剪纸姑娘们在音乐旋律中跳起芭蕾，秧歌舞者们踩着节拍起舞，本篇颂扬热情好客的山东、描绘胶东沿海风情、展示中华传统与现代文明的互动。下篇《激情飞扬》，由身着五彩沙滩服的青年男女手持各种海滩元素道具舞蹈，巨帆在场中升起，海阳亚沙会的13个大项比赛项目在帆布上逐一投影展示，随后一支支银帆涌入场中，形成"千帆竞发、百舸争流"的场面，巨帆两侧各升起1面小帆，与巨帆一起展现蓝色经济圈的未来图景。尾声《快乐相聚》，在一片红色中展现欢腾景致，亚洲各国家（地区）友人相聚在海阳，共同期待圣火点燃的激情时刻。舞台中心升起一轮红日，场中出现亚洲各国家（地区）人民的笑脸，身着亚洲各国家（地区）服饰的舞者在海阳亚沙会吉祥物的引领下涌入场地，载歌载舞。

点火仪式 21时34分开始。世锦赛速度攀岩三连冠获得者钟齐鑫、海阳市优秀学生代表任亿宁、亚洲健美锦标赛冠军辛健、北京奥运会沙滩排球银牌获得者田佳、悉尼奥运会举重金牌获得者林伟宁和北京奥运会跳水金牌获得者王峰等6名火炬手在体育场内绕场依次传递火炬。21时39分，传递结束，王峰点燃火种，由马斯喀特接回的传承圣火与在海阳采集的亚沙圣火，在同心圆舞台上汇聚成亚洲之光，由"鸥鸟"将圣火衔起，送往火炬塔，点燃火炬塔下方的海阳之星，火球冉冉升起，最终点燃主火炬。

节目运作 节目制作、排练 2011年7月，组委会确定开（闭）幕式承办执行团队，并成立创意和制作团队。2012年3月，选拔演员，4月排练节目。5月27日，进入河清岛体育场排练。5月31日—6月14日，共彩排5次。其中，全仿真演练1次，汇报演出2次，带观众预演2次。

2012年6月16日晚，第三届亚沙会开幕式点火仪式

开幕式演员　约有2000名，主要演员有孙楠、曹芙嘉，其他参演人员全部是非专业演员，包括山东体育学院和山东艺术学院在校大学生400多名、莱州武校在校学生330名；还有来自山东航空公司员工，北京航空学院、青岛职业学院、海阳高级职业学校的学生500多名，表演海阳大秧歌的海阳农民200名。

组织运行　2011年10月16日，组委会成立开幕式团队，负责亚沙会开幕式的组织运行。团队下设1个综合协调办公室和10个子团队，子团队分别是仪式礼宾、演出、场地保障、服务区保障、安全保障、志愿者服务、礼宾服务、交通保障、媒体运行、医疗保障等。2012年5月22日，组委会确定亚沙会开幕式现场指挥部总体架构，成立17个分指挥中心，由相关指挥中心或团队主要领导担任指挥长，实行开幕式现场调度、现场指挥。经各方通力协作，成功组织951名国内贵宾、490名国外贵宾、2000名运动员及随队官员、800名技术官员、610名媒体记者、573名赞助商及观摩团人员以及9475名持票观众的入场散场。

第三节　闭幕式

2012年6月22日晚，第三届亚沙会闭幕式在河清岛体育场举行，约60分钟。

流程　贵宾入场。出席闭幕式的中方领导有国家体育总局局长、中国奥委会主席、组委会主席刘鹏，山东省省长、组委会执行主席姜大明，国家体育总局副局长、组委会副主席杨树安，国家体育总局副局长、组委会副主席冯建中，山东省副省长夏耕，山东省副省长、组委会副主席王随莲，烟台市委书记、市人大常委会主任张江汀，烟台市市长、组委会副主席兼执行局执行主任王良，烟台市人大常委会副主任、海阳市委书记、组委会执行局成员王玉波，海阳市市长、组委会执行局总干事姜仕礼。出席闭幕式的外方嘉宾有亚奥理事会副主席、国际奥委会委员霍震霆，泰国奥委会主席育塔萨·萨西巴帕，亚奥理事会终身名誉副主席魏纪中，泰国体育与旅游部副部长颂巴·库鲁潘，亚奥理事会副主席海默希瑞·费尔南多。

升中华人民共和国国旗、奏（唱）中华人民共和国国歌。

文艺表演 分上、中、下3篇。上篇《收获》，在歌曲《骄傲》的衬托下，志愿者与运动员代表在舞台上再次欢聚一堂，亚沙会为运动员、志愿者建立友谊的桥梁。中篇《铭记》，整个篇章在情景歌舞《浪花一朵朵》的表演中进行。下篇《惜别》，用胶州秧歌、鼓子秧歌、海阳秧歌3种最具山东特色的秧歌会演形式，表达依依惜别之情。

仪式 代表团旗帜入场及运动员入场。

国家体育总局局长、中国奥委会主席、亚沙会组委会主席刘鹏致辞。

亚奥理事会副主席、国际奥委会委员霍震霆致辞并宣布亚沙会闭幕。

降亚奥理事会会旗，奏亚奥理事会会歌。

海阳市市长姜仕礼，泰国奥委会主席塔萨·萨西巴帕，泰国体育与旅游部副部长颂巴·库鲁潘（泰国普吉市代表）入场。

升泰国国旗，奏泰国国歌。

会旗交接。亚奥理事会会旗依次经海阳市市长姜仕礼，国家体育总局局长、中国奥委会主席、亚沙会组委会主席刘鹏，亚奥理事会副主席、国际奥委会委员霍震霆，交给泰国体育与旅游部副部长颂巴·库鲁潘。

2012年6月22日，会旗交接仪式

泰国8分钟文艺演出。

圣火熄灭 舞台暗场，追光灯打亮海阳小姑娘，她缓步走到舞台后端，将手中的引火棒高高举起。开幕式上点燃火炬塔的“鸥鸟”再次出现，从火炬塔衔出火种，送到场地中央，点燃海阳小姑娘手中的引火棒，20时53分，燃烧7天的火炬塔缓缓熄灭，场中唱响闭幕式主题曲《快乐传递》。

节目运作 闭幕式节目由亚沙会开（闭）幕式创意和制作团队创意、制作。开幕式结束后，直接转入闭幕式节目合成排练，共有演员978名，

2012年6月22日晚，第三届亚沙会闭幕式

参与表演的标兵和嘉宾礼仪500名。2012年6月18日—21日，每晚在河清岛体育场彩排演练。其中，20日、21日分别进行1次汇报演出和带观众预演。

组织运行　闭幕式的运行组织由开（闭）幕式团队负责。其间，共组织国内贵宾1100名、国外贵宾285名、运动员及随队官员1004名、技术官员420名、媒体记者530名、赞助商及观摩团人员120名、入（散）场观众1.4万余名。

第四章　赛　事

第一节　赛事组织

赛项设置　2009年11月2日，第三届亚沙会初步项目设置方案在亚奥理事会第55届执委会议上获得通过，设沙滩排球、沙滩足球、沙滩手球、沙滩藤球、沙滩篮球、沙滩卡巴迪、龙舟、攀岩、公路轮滑、沙滩木球和动力滑翔伞11个大项、43个小项。2011年9月6日，第三届亚沙会团长大会确定比赛项目，设12个大项、45个小项。10月16日，亚奥理事会执委会议同意增设滑水项目。第三届亚沙会共设13个大项、49个小项。

第三届亚沙会竞赛总赛程一览表

表31-4-1　　　　单位：天

序号	项目	比赛天数	比赛日期（2012年6月）										
			星期二	星期三	星期四	星期五	星期六	星期日	星期一	星期二	星期三	星期四	星期五
			12日	13日	14日	15日	16日	17日	18日	19日	20日	21日	22日
1	沙滩篮球	3								2			
2	沙滩手球	7											2
3	沙滩卡巴迪	4											2
4	沙滩藤球	7								2			2
5	沙滩足球	6										1	
6	沙滩排球	7							2				
7	沙滩木球	4									2	2	
8	龙　舟	3						2	2	2			
9	动力滑翔伞	4									4	机动日	
10	公路轮滑	2						4	4				
11	攀　岩	4							4	2	2		
12	滑　水	3											4
13	帆　板	5										2	
	每天金牌总数							6	12	8	8	5	10

说明：底色标注表示当日有该项目比赛，数字表示当日产生的金牌枚数

组织报名 2011年2月15日，启动项目报名。5月15日，共收到除阿富汗以外的44个国家（地区）奥委会、2054人报名，参加12个大项的比赛。9月，启动13个大项人数报名。到2012年2月29日，44个国家（地区）奥委会、1714人提交报名。阿富汗奥委会决定参赛，朝鲜奥委会明确不参赛。3月6日起，启动姓名报名，4月30日24时，共收到来自44个国家（地区）奥委会、1441人的报名信息。

出版物 组委会先后印刷出版一系列竞赛出版物，包括《竞赛技术手册》《竞赛报名指南》《参赛指南》《技术官员通用政策》《竞赛通用政策》。2011年9月16日，组委会将《竞赛技术手册》在团长大会上分发给各NOC与会代表。

器材 使用竞赛器材1012种，包括运动员比赛（热身）和训练使用的器材，裁判员使用的检测、评分设备，技术支持设备等。器材绝大多数为国产品牌，并得到技术代表的同意。

测试赛 2011年，组委会共组织5场测试赛，参赛运动员200余人、随队官员60余人、技术官员90余人、志愿者400余人。

竞赛信息中心（SIC）（参见本编第八章第一节“运动员村”）。

反兴奋剂 第三届亚沙会共设10个兴奋剂检查站，有工作人员161人。其中，9个设在7个竞赛场馆场地，1个设在亚沙村。检测316例，均无阳性。

第二节 赛项及成绩

沙滩手球 2012年6月16日—22日，在凤翔滩A区举行，设男、女2个小项，14个国家（地区）代表团、139名运动员参加男子比赛，10个国家（地区）代表团、92名运动员参加女子比赛，6个国家（地区）的运动员获得奖牌。

2012年6月16日，第三届亚沙会沙滩手球比赛

沙滩藤球 2012年6月16日—22日，在凤翔滩A区举行，设男女单组赛、男女团体赛4个小项，5个国家（地区）代表团、47名运动员参加男子比赛，5个国家（地区）代表团、52名运动员参加女子比赛，6个国家（地区）的运动员获得奖牌。

沙滩木球 2012年6月18日—21日，在凤翔滩B区举行，设男女单组赛、男女团体赛4个小项，8个国家（地区）代表团、53名运动员参加男子比赛，8个国家（地区）代表团、44名运动员参加女子比赛，3个国家（地区）的运动员获得奖牌。

帆板 2012年6月17日—21日，在凤翔滩B区举行，设男、女T293两个项目，7个国家（地区）代表团、17名运动员参加男子比赛，7个国家（地区）代表团、13名运动员参加女子比赛，2个国家（地区）的运动员获得奖牌。

沙滩篮球 2012年6月17日—19日，在凤翔滩C区举行，设男、女2个项目，12个国家（地区）代表团、47名运动员参加男子比赛，8个国家（地区）代表团、32名运动员参加女子比赛，6个国家（地区）的运动员获得奖牌。

2012年6月17日，第三届亚沙会沙滩篮球比赛

沙滩卡巴迪 2012年6月19日—22日，在凤翔滩C区举行，设男、女2个项目，7个国家（地区）代表团、42名

运动员参加男子比赛，4个国家（地区）代表团、24名运动员参加女子比赛，6个国家（地区）的运动员获得奖牌。

沙滩足球　2012年6月16日—21日，在凤翔滩D区举行，设1个男子项目，15个国家（地区）代表团、149名运动员参加比赛，3个国家（地区）的运动员获得奖牌。

2012年6月18日，第三届亚沙会沙滩足球比赛

沙滩排球　2012年6月12日—18日，在凤翔滩D区举行，设男、女2个小项，28个国家（地区）代表团、98名运动员参加男子比赛，15个国家（地区）代表团、50名运动员参加女子比赛，5个国家（地区）的运动员获得奖牌。

2012年6月16日，第三届亚沙会沙滩排球比赛

动力滑翔伞　2012年6月17日—20日，在凤翔滩D区举行，设个人精确飞行、个人经济飞行、个人全能飞行、团体全能飞行4个项目，8个国家（地区）代表团、32名运动员参加比赛，3个国家（地区）的运动员获得奖牌。

公路轮滑　2012年6月17日—18日，在经济开发区春城广场举行，设男女200米个人计时赛、男女500米公开计时赛、男女1万米积分赛、男女2万米淘汰赛8个小项，11个国家（地区）代表团、47名运动员参加男子比赛，6个国家（地区）代表团、25名运动员参加女子比赛，3个国家（地区）的运动员获得奖牌。

2012年6月18日，第三届亚沙会公路轮滑比赛

攀岩　2012年6月17日—20日，在河清岛体育场东北攀岩场地举行，设男女速度赛、男女难度赛、男女攀石赛、男女速度接力赛8个小项，11个国家（地区）代表团、45名运动员参加男子比赛，8个国家（地区）代表团、29名运动员参加女子比赛，4个国家（地区）的运动员获得奖牌。

龙舟　2012年6月17日—19日，在招虎山国家森林公园九龙湖举行，设男女200米直道竞速、男女500米直道竞速、男女3000米环绕赛6个小项，8个国家（地区）代表团、125名运动员参加男子比赛，6个国家（地区）代表团、91名运动员参加女子比赛，4个国家（地区）的运动员获得奖牌。

滑水 2012年6月20日—22日，在招虎山国家森林公园九龙湖举行，设男女尾波、男女花样4个小项，8个国家（地区）代表团、30名运动员参加男子比赛，9个国家（地区）代表团、26名运动员参加女子比赛，6个国家（地区）的运动员获得奖牌。

沙滩手球奖牌一览表

表31-4-2　　单位：枚

排名	代表团	金牌	银牌	铜牌	总计	总排名
1	中国	1			1	1
1	卡塔尔	1			1	1
3	巴林		1		1	1
3	中华台北		1		1	1
5	巴基斯坦			1	1	1
5	越南			1	1	1
总计		2	2	2	6	

沙滩藤球奖牌一览表

表31-4-3　　单位：枚

排名	代表团	金牌	银牌	铜牌	总计	总排名
1	泰国	4			4	1
2	越南		2		2	4
3	中国		1	3	4	1
4	印度尼西亚		1	2	3	3
5	文莱			1	1	5
5	老挝			1	1	5
总计		4	4	7	15	

沙滩木球奖牌一览表

表31-4-4　　单位：枚

排名	代表团	金牌	银牌	铜牌	总计	总排名
1	泰国	4	2		6	1
2	中华台北		2	2	4	2
3	中国			2	2	3
总计		4	4	4	12	

帆板奖牌一览表

表31-4-5　　单位：枚

排名	代表团	金牌	银牌	铜牌	总计	总排名
1	中国	2		1	3	1
2	泰国		2	1	3	1
总计		2	2	2	6	

沙滩篮球奖牌一览表

表 31-4-6　　　　单位：枚

排　名	代表团	金　牌	银　牌	铜　牌	总　计	总排名
1	阿富汗	1			1	1
1	印　度	1			1	1
3	中　国		1		1	1
3	土库曼斯坦		1		1	1
5	蒙　古			1	1	1
5	菲律宾			1	1	1
总　计		2	2	2	6	

沙滩卡巴迪奖牌一览表

表 31-4-7　　　　单位：枚

排　名	代表团	金　牌	银　牌	铜　牌	总　计	总排名
1	印　度	1		1	2	1
2	伊　朗	1			1	3
3	巴基斯坦		1		1	3
3	泰　国		1		1	3
5	斯里兰卡			2	2	1
6	孟加拉国			1	1	3
总　计		2	2	4	8	

沙滩足球奖牌一览表

表 31-4-8　　　　单位：枚

排　名	代表团	金　牌	银　牌	铜　牌	总　计	总排名
1	伊　朗	1			1	1
2	中　国		1		1	1
3	巴勒斯坦			1	1	1
总　计		1	1	1	3	

沙滩排球奖牌一览表

表 31-4-9　　　　单位：枚

排　名	代表团	金　牌	银　牌	铜　牌	总　计	总排名
1	印度尼西亚	1			1	2
1	泰　国	1			1	2
3	哈萨克斯坦		1	1	2	1
4	中　国		1		1	2
5	中华台北			1	1	2
总　计		2	2	2	6	

动力滑翔伞奖牌一览表

表 31-4-10　　单位：枚

排　名	代表团	金　牌	银　牌	铜　牌	总　计	总排名
1	泰　国	3	3	1	7	1
2	中　国	1	1	2	4	2
3	印度尼西亚			1	1	3
总　计		4	4	4	12	

公路轮滑奖牌一览表

表 31-4-11　　单位：枚

排　名	代表团	金　牌	银　牌	铜　牌	总　计	总排名
1	韩　国	3	5	3	11	1
2	中华台北	3	3	3	9	2
3	中　国	2		2	4	3
总　计		8	8	8	24	

攀岩奖牌一览表

表 31-4-12　　单位：枚

排　名	代表团	金　牌	银　牌	铜　牌	总　计	总排名
1	中　国	3	2	1	6	2
2	韩　国	3	1	5	9	1
3	日　本	1	3	1	5	3
4	印度尼西亚	1	2	1	4	4
总　计		8	8	8	24	

龙舟奖牌一览表

表 31-4-13　　单位：枚

排　名	代表团	金　牌	银　牌	铜　牌	总　计	总排名
1	印度尼西亚	4	2		6	1
2	中　国	2	1	1	4	3
3	菲律宾		2	1	3	4
4	泰　国		1	4	5	2
总　计		6	6	6	18	

滑水奖牌一览表

表 31-4-14　　单位：枚

排　名	代表团	金　牌	银　牌	铜　牌	总　计	总排名
1	中　国	3	2		5	1
2	泰　国	1			1	3
3	韩　国		1	2	3	2
4	印度尼西亚		1		1	3
5	日　本			1	1	3
5	新加坡			1	1	3
总　计		4	4	4	12	

第三届亚沙会奖牌一览表

表 31-4-15　　单位：枚

排名	代表团	男　子				女　子				混　合				总　计				总排名
		G	S	B	T	G	S	B	T	G	S	B	T	G	S	B	T	
1	中　国	3	3	5	11	10	6	5	21	1	1	2	4	14	10	12	36	1
2	泰　国	5	3	2	10	5	3	3	11	3	3	1	7	13	9	6	28	2
3	韩　国	3	3	7	13	3	4	3	10					6	7	10	23	3
4	印度尼西亚	5	3	1	9	1	3	2	6			1	1	6	6	4	16	4
5	中华台北	2	3	2	7	1	3	4	8					3	6	6	15	5
6	印　度			1	1	2			2					2		1	3	8
7	伊　朗	2			2									2			2	10
8	日　本	1	2		3		1	2	3					1	3	2	6	6
9	阿富汗	1			1									1			1	14
9	卡塔尔	1			1									1			1	14
11	菲律宾		2	1	3			1	1						2	2	4	7
12	越　南						2	1	3						2	1	3	8
13	哈萨克斯坦		1	1	2										1	1	2	10
13	巴基斯坦		1	1	2										1	1	2	10
15	巴　林		1		1										1		1	14
15	土库曼斯坦		1		1										1		1	14
17	斯里兰卡			1	1			1	1							2	2	10
18	孟加拉国							1	1							1	1	14
18	文　莱			1	1											1	1	14
18	老　挝							1	1							1	1	14
18	蒙　古			1	1											1	1	14
18	巴勒斯坦			1	1											1	1	14
18	新加坡							1	1							1	1	14
总　计		23	23	25	71	22	22	25	69	4	4	4	12	49	49	54	152	—

说明：“G”为金牌，“S”为银牌，“B”为铜牌，“T”为合计

第三节　体育展示与颁奖仪式

2011年8月11日，北京歌华体育传播文化股份有限公司被选为体育展示与颁奖仪式服务商。9月15日，亚沙会组委会体育展示与颁奖仪式团队成立。10月21日，体育展示与颁奖仪式创意策划座谈会在海阳曦岛游艇会召开。11月3日，北京歌华体育传播文化股份有限公司专业人员对体育展示与颁奖仪式团队进行培训。2011年11月22日、2012年2月29日，北京歌华体育传播文化股份有限公司2次向组委会汇报体育展示与颁奖仪式创意策划方案，听取组委会意见。

体育展示　播报　播报团队共116人。其中，11名专职导演，19名专业中英文语音播报员，86名志愿者。每支播报团队7～15人，包括导演、中英文播报和评论、音频视频播放、摄像和文字编辑等，分布在13个竞赛场馆场地工作。

音频、视频制作与展示　分为：通用音乐，包括倒计时、观众服务、赛事介绍、热身、互动、官员入场、运动员入场、间歇、背景、获胜、插播音乐等；项目音乐，包括海阳标志性音乐1（句句双）、海阳大秧歌、观众服务音乐（沂蒙山小调）、互动音乐（幸福拍拍歌）、海阳标志性音乐2（贱骨头）、海阳标志性音乐3（金戒指）、海阳标志性音乐4（扭秧歌）、欢迎音乐、进攻防守音乐、赛时音乐、死球音乐、进球音乐等。同时，项目音乐中还包括5首颁奖仪式音乐，分别是颁奖标志性音乐、颁奖入场音乐、颁奖音乐、颁奖退场音乐等。有2支体育展示音频、视频制作团队，人员来自多家专业音（视）频制作公司。视频内容包括竞赛项目的规则和历史、竞赛场馆简介、赛事指引、颁奖仪式片头等。

现场表演　2012年4月20日，完成4支啦啦队签约。国内队有广州魔法娃娃啦啦队、北京ZERO明星啦啦队、武汉体育学院啦啦队，国际队是来自西班牙的PP啦啦队。21日，确定吉祥物表演队伍。吉祥物表演由烟台大学体育学院的24名专业志愿者在赛事期间现场表演，共8个组，每组3人。22日，确定海阳本土特色表演队伍，分别表演海阳大秧歌、儿童印度舞、秧歌扇和花鼓。

颁奖仪式　工作团队　2012年3月9日—11日，礼仪选拔工作组赴山东女子学院、山东轻工业学院选拔63名礼仪人员。16日—18日，专业志愿者选拔工作组赴烟台大学、鲁东大学培训选拔专业志愿者132名。赛事期间，有26名全职工作人员和21名通用志愿者承担13个场馆场地的颁奖任务，有88名颁奖礼仪志愿者（托盘员、引导员）和36名升旗手参与颁奖服务。

颁奖嘉宾　有亚奥理事会主席艾哈迈德·法赫德·萨巴赫，中国奥委会主席、国家体育总局局长刘鹏，山东省省长姜大明、副省长王随莲，烟台市委书记张江汀、市长王良，海阳市委书记王玉波、市长姜仕礼等。所有嘉宾共参与49场颁奖仪式。2012年6月17日，首枚金牌在公路轮滑项目产生，艾哈迈德·法赫德·萨巴赫、刘鹏为获奖选手颁奖。

第三届亚沙会啦啦队表演

2012年6月17日，艾哈迈德·法赫德·萨巴赫、刘鹏为获奖选手颁奖

颁奖物品　奖牌——海阳之星。依托天然真贝外形，引入海浪和沙滩元素，同时，将海浪部分采用镜面处理方法，沙滩部分采用沙面处理方法，营造出沙滩和海的效果。奖牌镶嵌的真贝壳体现海阳地方特色，首次在奖牌上采用贝壳镶嵌工艺。

第三届亚沙会奖牌

颁奖花束——魅力海阳。花材以金黄色烟花菊、金丝桃、鸟巢叶、黄金海芋为主。花束侧面呈半圆形，寓意海阳是黄海畔边、太阳升起的地方，平面呈圆形，代表圆满和谐，手柄部把手缠绕红色缎带，象征欢乐、激情、喜气洋洋，缎带印有第三届亚沙会会徽，保证花束的唯一性和个性化。

颁奖托盘——编织快乐。主材取自海阳本土原生态的玉米叶，以海阳的草编和刺绣工艺为核心技术加工而成。平面呈扇形，象征海阳“南海北山”生态格局，整体像一幅饱满的书画，中间绣有第三届亚沙会会徽标识，代表古典、高雅、动感、时尚，寓意来自亚奥理事会大家庭的运动员和教练员在海阳这片古老而文明的广袤大地上，编织快乐，放飞梦想，充分体现第三届亚沙会“快乐在一起”的理念。

颁奖台——凤舞祥和。设计灵感来自第三届亚沙会核心图形——凤舞金滩，提取核心图形三种自然生态色彩，基本构造以椭圆形为主，采取分体式结构，环环相扣，拼成一组激情、时尚、富有旋律的舞台，象征着亚奥理事会大家庭成员在一起携手并肩、拼搏创新、和谐发展、圆满吉祥，突出和谐海阳、和谐亚沙、和谐亚洲的理念。

第四节　运动会服务

食宿与交通　住宿　2011年11月24日—25日，接待酒店调研组对全市12家候选接待酒店进行实地调研。亚沙会期间，选定盛龙建国饭店、方圆大酒店、黄金海岸大酒店、国宾海景酒店、海怡大酒店、曦岛游艇会、建盛丽宫国际酒店、观海大酒店、雅乐轩酒店、海润阳光大酒店、福泰大酒店、如家酒店等14家酒店作为接待酒店，签约客房2598间、床位4600个。

盛龙建国饭店

餐饮　分快餐和亚沙村餐饮2部分。其中，组委会快餐有午餐和晚餐，供应与赛事有关但因比赛需要不能回驻地就餐的人员。2012年5月26日—6月25日，每日为场馆工作人员提供盒饭（午餐、晚餐），5月31日起增加夜宵，6月5日起增加早餐。6月9日—22日为技术官员、媒体记者提供盒饭（午餐、晚餐）。6月16日开幕式、22日闭幕式，组委会向参与人员提供热餐盒饭（午餐、晚餐）和夜宵。（亚沙村餐饮见本编第八章第一节“运动员村”）

交通　2012年6月1日—25日，为运动员及随队官员、技术官员、注册媒体、亚奥理事会大家庭成员、赞助商、工作人员及志愿者等2万人提供交通服务。

交通服务车辆和交通场站。有服务车辆909辆。其中，大巴车237辆（赞助50辆、租用187辆），中巴车73辆（考斯特53辆、普通中巴20辆），面包车46辆（赞助），商务车93辆（社会租用），小轿车392辆（赞助149辆、租用243辆），电瓶车60辆（赞助），行李车8辆（租用）。

招募驾驶员1200名。所有车辆在比赛场地、亚沙村、总部酒店、雅乐轩酒店、曦岛游艇会、主媒体中心、河清岛体育场、青岛流亭国际机场、青岛火车站、烟台国际机场、烟台火车站、海阳汽车站等25个场站间运行，设发车位43个、停车场车位910个（大客车237个、小客车673个），并配置临时工作用房400平方米、流动洗手间7个。

T1、T2、T3交通服务。2012年6月1日—25日，累计发车2.92万车次，运送客人5.8万人次。使用T1车199辆、T2车13辆、T3车80辆。约200名客人使用T1交通服务，包括亚奥理事会主席、秘书长、顾问、副主席、终身名誉副主席、总干事、小组委员会主席、高级合作伙伴等。约25名客人使用T2交通服务，包括亚奥理事会主席陪同人员及技术代表等。约160名人员使用T3交通服务，包括T1客人的陪同人员，国际奥委会工作人员，亚洲/国际单项体育组织执委会，亚奥理事会工作人员，各参赛代表团副团长，观察员项目成员，各国和地区单项体育组织正式代表等。

代表团交通服务。代表团工作车辆根据人数而定。1～50人提供1辆工作车，51～100人提供2辆工作车，101～150人提供3辆工作车，151人以上提供4辆工作车。其中，为各代表团团长提供1辆T1服务专车，该用车不计入代表团用车总数中。

运动员及技术官员交通服务。赛事期间，除在巴士总站开通与各比赛（训练）场地之间的点对点班车外，还为运动员及随队官员开通各场地之间的循环班车。2012年6月5日—25日，组委

第三届亚沙会交通服务

会至曦岛游艇会班车运行。6月12日，组委会开通至雅乐轩酒店班车。累计发车8.2万车次，运送客人39.4万人次。

媒体交通服务。赛事期间，在媒体村停车场开通与各比赛（训练）场馆之间循环班车。2012年6月5日—25日，媒体村至曦岛游艇会班车运行。6月14日—22日，媒体村开通至招虎山国家森林公园静水项目区班车。累计发车2450车次，运送客人11.03万人次。

各场馆内部交通服务。赛事期间，在各场馆配备一定数量的电瓶车，累计发车1.5万车次，运送客人15万人次。

抵离服务 2012年5月，抵离服务团队制订《第三届亚洲沙滩运动会抵离服务运行方案》。组委会将青岛流亭国际机场、青岛火车站、烟台国际机场、烟台火车站作为指定抵离口岸，分别成立相应的工作团队。交通服务调度中心向机场派驻服务团队。

2012年6月1日—25日，各类注册人员通过青岛流亭国际机场抵达2430人次、离开2310人次，通过烟台国际机场抵达260人次、离开200人次，通过青岛火车站抵达200人次、离开170人次，通过烟台火车站抵达50人次、离开40人次。抵达信息收集率、准确率均为90%以上。组委会共迎送V1、V2类贵宾50批、70人次。服务内容：为V1类贵宾提供停机坪或火车站台接送、海关免验、安检免检、边检专办、检验检疫方便的礼遇；为V2类客人提供贵宾室、海关免检、安检专检、边检专办、检验检疫方便的礼遇。其余注册人员抵离均享受V3礼遇，使用专用查验通道，并有工作人员或志愿者引导、协助。从机场向注册人员驻地累计发送客运车辆200车次、行李货运车辆30车次。注册人员各个驻地累计发往机场客运车辆200车次，行李货运车辆30车次。

赛会期间城市交通控制 在通行方面，制订赛时道路交通安保工作方案，对进出亚沙会各比赛区域的道路实行交通管制，除持证车辆外，禁止一切车辆进入各比赛区域。在号牌上，对参与亚沙会交通保障的各类车辆，统一悬挂专用号牌。2012年6月1日—30日，在全省高速公路、机场、码头等路段通行享有免费、优先权限。在分

流上，实行提前分流疏导措施，在出入海阳市周边交通干道设17处公安检查站，严格安检，严防“危化品”等进入海阳。

语言与气象服务 语言 主要为亚奥理事会大家庭贵宾、各国家和地区的运动员、技术官员、媒体人员等各类注册人提供英语现场口译和笔译服务。赛会期间，完成总部酒店、亚沙村、主新闻中心等非竞赛场馆及13个竞赛场馆的口译服务。

气象 2011年6月，山东省气象局成立亚沙会气象服务领导小组，负责统一领导和指挥亚沙会气象服务工作。是月，省气象局制订的《第三届亚洲沙滩运动会气象服务实施方案》通过专家论证。11月，省气象局制订《第三届亚洲沙滩运动会开（闭）幕式人工影响天气应急服务实施方案》《第三届亚洲沙滩运动会开幕式专项服务方案》。2012年2月，烟台市气象局制订《第三届亚洲沙滩运动会开（闭）幕式气象服务方案》。3月1日，亚沙会气象服务领导小组在海阳召开第一次会议。赛会期间，烟台市气象部门成立亚沙气象服务保障中心（以下简称保障中心），得到省气象台、省大气探测中心、省气象信息中心、省气象科技服务中心以及青岛、威海、潍坊、德州等市气象部门的支持与协助。共使用4颗气象卫星、7部天气雷达、3部风廓线雷达、1256个自动气象站、22个闪电定位仪、2个海上浮标气象站、11个能见度仪、4辆移动应急监测车。保障中心提前10天预报火炬传递各站和开（闭）幕式当日天气情况，并且通过亚沙会内部网络系统、专线FTP、网站、电话热线、广播电视、现场服务、电子邮件、手机短信、小区广播、报纸杂志、传真以及赛场大屏幕等渠道不间断发布实时气象信息。6月16日开幕式前、22日闭幕式前，保障中心在场馆外围布置人工消减雨火箭架33个。

第五章 保障服务

第一节 信息技术服务

2011年3月—2012年3月，亚奥理事会派出2名信息技术审计员3次到海阳，审查海阳亚沙会信息技术解决方案和实施过程，为亚沙会信息技术规划、建设提供建议。2011年11月，组委会开始组建各场馆信息技术团队，配备信息技术经理、副经理、主管。

基础设施 数据中心 装有18个网络设备及服务器机柜、51台服务器、4台核心交换机、20余台网络和信息安全设备、196台交换机。配备2台40千伏安的不间断电源，对网络设备和服务器供电，配备精密空调保持运行环境恒温、恒湿。

信息技术监控中心 配备2台120英寸投影仪、8台50英寸高清电视、有线电视系统、高速数据网络及40余个工作席位。

集成测试实验室 2012年5月，在集成测试实验室完成各竞赛项目现场成绩系统、计时记分系统的集成测试。

应用系统 2011年4月，组委会开始开发应用系统，包括运动会管理、运动会成绩、计时记分、运动会信息、互联网接口、运动会支持6个子系统。2012年5月完成系统开发。

运动会管理系统 包括注册、竞赛报名2个子系统。注册系统，采用网上注册方式，为经组委会授权的机构或组织，提供远程注册服务。竞赛报名系统，为所有运动项目提供参赛运动员的数据管理，为成绩系统提供各运动项目的参赛报名数据。

运动会成绩系统 包括现场成绩、中央成绩、评论员信息、电视图形等4个子系统。为13个竞赛项目、49个小项提供赛事编排和现场成绩处理服务，为体育展示提供评论员信息系统，为7个电视直播竞赛项目提供评论员信息、电视图形服务。

计时记分系统 实时采集和处理13个竞赛项目、49个小项竞赛成绩，与现场成绩系统一同构成竞赛成绩信息处理和发布系统。通过场馆网络从比赛现场获取运动员成绩的原始记录，按照竞赛规则，运用技术手段，对比赛过程中产生的成绩信息进行检测、采集、处理、显示发布，向成绩系统提供原始比赛数据。

运动会信息系统　整合赛程安排、历届亚沙会奖牌榜、参赛运动员个人信息等，实时发布亚沙会新闻服务项目所需的赛事组织、竞赛活动新闻。为亚奥理事会官员、各代表团、竞赛部门、新闻媒体等客户群提供赛会信息服务。

互联网接口系统　亚沙会官网获取赛程、赛况、比赛结果的全部实时静态信息。

运动会支持系统　包括运行监控系统和帮助台。运行监控系统，监控整个运动会的信息系统运营。帮助台，设置于各竞赛场馆和非竞赛场馆，向信息技术监控中心报送信息技术事件，信息技术监控中心全面掌握场馆信息系统、设备和网络运行情况。

内部办公网络　2011年10月，组委会开始建设内部办公网络，包括赛事管理网和竞赛专网。2012年5月建成开通。采用技术手段，建成信息安全保障体系。

赛事管理网　覆盖12个竞赛场馆、8个非竞赛场馆和53个专项工作团队的工作区域，为组委会和场馆团队办公提供网络环境和统一互联网出口服务。总机房设在数据中心，提供4G互联网出口带宽。

竞赛专网　覆盖12个竞赛场馆、3个非竞赛场馆，为运动会信息系统、计时记分系统、成绩处理系统及各代表团、竞赛部门、媒体提供网络支撑。

第二节　安全保卫与注册制证

安全保卫　组织机制　2010年3月，安保部成立，负责安保工作筹备，制定安保政策与程序，审查和验收亚沙会非竞赛场馆、竞赛场地及相关配套设施（含临时设施）的安全功能，协调、督促、落实各项安全保卫措施。2012年年初，建立省、市、县三级安保指挥体系。在省级，设立第三届亚沙会安全保卫领导小组，下设办公室，负

2012年6月1日，召开第三届亚沙会安保誓师大会

责协调全省各市的参与工作，协调出（入）境管理、外国人管理等涉外安保工作，协调军队和武警支持安保工作，协调督促检查各有关场所、活动的安保措施落实情况。在烟台市，设立现场安全保卫指挥部及办公室，负责领导和统筹协调赛会的安全保卫工作。在海阳市，组建安保指挥中心，对各方面实行统一指挥，并分工负责，整体联动。

反恐和社会治安　各级安保组织加强与外事、边检、海关、民航等部门的密切协作，加强与各国家（地区）代表团安全官、驻鲁领馆代表、国际刑警组织等机构的联络合作，并多次开展反恐培训及演练，包括处置劫持人质、防核生化、防爆炸恐怖袭击等。赛前和赛时，组织军警对所有竞赛场地、非竞赛场馆、河清岛开（闭）幕式场地、帆板比赛海域、静水比赛项目水域进行排爆排障，对亚沙会场馆、驻地、桥梁及水、电、气设施等重点安保对象进行全天候守卫。

第三届亚沙会安全保卫

措施　在所有场馆周界设立2.5米高安保围栏，采取防攀爬硬质隔离方式进行封闭；在亚沙村各功能区、各竞赛场地周界设立1.8米高安保围栏；在竞赛场地、非竞赛场馆出入口设置人员和车辆安检大棚，并在安检缓冲区域设置一定数量的铁护栏和注水护栏。

实行点对点的可视化控制。在所有场馆安装视频监控系统，对重点场馆安装红外对射防入侵报警装置和震动光缆防入侵报警系统。所有竞赛场地、非竞赛场馆出（入）口设置X光机、金属安检门和手持式金属探测仪，提供专业的人身和物品安检服务。

组织军队、警察和志愿者参与。军队，负责重要区域及特殊区域的安保工作；警察，经过强化训练，负责社会面及场馆日常运行期间安保事务处理；志愿者，定向招募，并经过专业培训，负责协助警察完成日常工作。

注册制证　*机构*　2011年1月，注册中心成立，负责与注册制证相关的部门进行沟通协调，统筹亚沙会注册制证工作，承担亚沙会注册政策制定、人员和车辆信息核对、身份卡激活、证件查验培训和发放等工作。赛时参与注册制证的93人。

注册对象　分外部人员和工作人员。外部人员有亚奥理事会、各国家（地区）奥委会、各国际/亚洲单项体育联合会、转播机构、企业、组委会人员等；工作人员有组委会工作人员、志愿者、政府支持人员、安保人员、合同商等。2011年10月1日，开通在线注册系统，接受外部人员的注册申请。2012年2月10日，启动工作人员注册。共注册21621人。其中，在线注册16276人，电子表格注册5345人。

证件制作　主要证件是身份注册卡，辅助通行证件有访客卡、临时通行卡、升级卡。其中，身份注册卡具有签证功能，与有效护照一起使用，可以作为临时签证。赛事期间，组委会共设主注册中心1个、注册分中心3个。其中，注册分中心包括亚沙村、总部酒店和主媒体中心。注册中心和分中心共制作人员证件55232张。其中，身份注册卡26187张，专项证件24016张，辅助证件5029张。制作车辆证件7465张，发放7384张。

第三节　食品安全与医疗卫生

食品安全　*机构*　2011年3月，医疗卫生部成立。赛事期间，与卫生管理部门共同组建食品药品安全与医疗卫生保障指挥中心，承担食品药品安全监管、医疗卫生服务、公共卫生管理以及兴奋剂检测相关工作。

亚沙村监管　成立亚沙村食品、食品总仓、果蔬切配车间3个安全团队，分别负责赛事期间村内运动员、技术官员、媒体记者的食品安全及村内各场所食品经营安全监管，负责供应运动员食品的审核、验收、抽样、送检、配送及安全保卫工作，负责供应亚沙村果蔬食品的质量安全工作。

定点接待酒店监管　监管2家总部酒店及12家接待酒店的快餐加工环节安全工作。亚沙村食品安全团队，2012年4月25日进驻，指导亚沙村餐饮服务商对中央厨房进行改造，受理餐饮服务商及相关食品零售商的许可申请，并对相关人员开展亚沙会食品安全知识培训。赛事期间，对运动员厨房、食品仓储区、餐厅等关键环节24小时监管。食品总仓团队，2012年4月25日进驻，共接收进货食品及食品相关产品315个品种352批次，未出现差错。果蔬切配车间安全团队，2012年5月29日进驻浩丰（青岛）食品有限公司，对供应亚沙会产品监管，对重点品种及时抽检，共抽检样品154批次，送检26个样品，速测食材原料167个批次，共发货961批次。

社会层面监管　加强食品供应商的监管。对涉及食品供应的85家商户，尤其是海阳市外的企业，组织市工商、质监、农业等部门，协调异地监管部门进行源头监管；对海阳辖区内的食品企业，组织市农业、畜牧、商务、工商、质监等部门统一监管、检测。对快餐配送，指定烟台新天地商贸有限公司负责，并由烟台市食药监局组织人员对该公司在烟台开发区的食品生产加工过程进行监管。

医疗卫生　*药品安全*　亚沙会药品安全团队负责药械的监管及检测工作。亚沙会期间，共出动药械执法人员1200余人次，检查药品批发企业2家、医疗机构及个体诊所560余家、药品零售企业260家。

医疗服务　指定青医附院海阳分院、海阳市中医医院为定点医院。自2012年5月31日起，各定点医院进入战备状态，启用绿色通道，亚沙会专用急诊、门诊、手术室及专用病区24小时开放，“一对一”导医服务及全程陪诊提前到位。成立亚沙会专用传染病门诊及病区，负责亚沙会期间的传染病防治工作。赛时共接诊病人185人次。

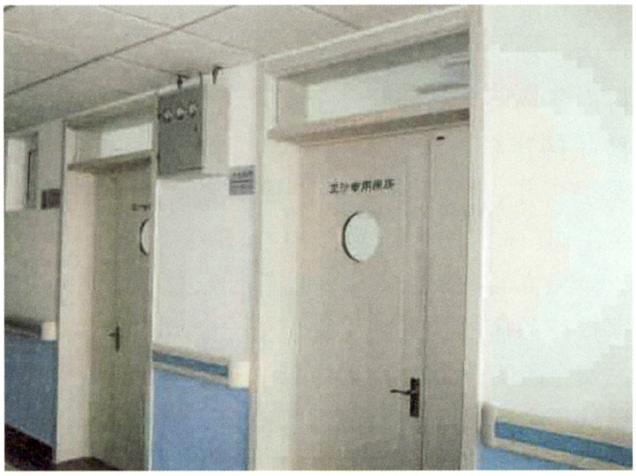

市中医医院亚沙会专用病房

2012年6月12日—25日，在运动员村14号楼一层、二层设360平方米的医疗门诊部，开设急诊、内、外、理疗、药剂等基本科（室），为驻村持证人员提供急救、门诊和理疗按摩等服务。每天开诊时间为8：00—22：00，并提供24小时急诊和必要的救护车转运定点医院服务。赛时共收治患者368人次。

在8个比赛区域、13个比赛项目设医疗站，每个比赛项目的比赛区、观众区均设医疗点，共设26个医疗站（点）。在盛龙建国酒店等重要接待酒店设11个医疗站，在组委会、国际会议中心、主媒体中心、高职、安保中心设5个医疗站，在亚沙村设门诊部、综合服务中心医疗站、媒体村医疗站，在河清岛体育场设5个医疗站。赛时各医疗站共接诊病人2439人次，转诊病人近200人次。亚沙会期间，共抽调19辆救护车。

公共卫生保障　海阳市卫生管理部门牵头成立专业的公共卫生保障团队，进行公共场所、饮用水卫生保障和传染病防控。2012年6月5日—23日，共出动186队次423人次，检测44批次301份9933项次，处置传染病例10例，医学隔离观察48人，发放预防性服用抗病毒中药2万余包。

第四节　城市行动与市民素质提升

城市总体行动规划　2007年8月17日，海阳市印发《第三届亚沙会配套工作部门责任分工》，共206项内容，涉及85个责任部门。同时，制定《海阳市亚沙会城市总体行动规划》，内容涵盖基础设施与城市环境、亚沙会服务与城市保障、亚沙会文化与城市人文、亚运遗产与城市发展4个部分、37个专业计划、112项重点工作内容。

亚沙会城市行动协调委员会　2009年9月，海阳市成立由市长牵头的亚沙会城市行动协调委员会，统筹城市行动的领导，统筹赛前、赛中、赛后相关工作。城市协调委员会下设各专项工作机构，分头承担城市行动各专项领域的工作。赛时，各专项工作组编入总指挥部体系，根据赛时筹办工作的实际承担任务。亚沙会城市协调委员会与组委会建立畅通的沟通、合作机制，定期收集组委会提出的需要市政府支持和保障的事项，组织市政府各职能部门予以落实。

2007年8月18日，召开第三届亚洲沙滩运动会筹备工作动员大会

城市基础设施建设　交通保障　新建配套道路32条、248千米；升级改造城市主干道83条，修整城市道路483千米；新改建公交站点37处、停车场11处；开通亚沙公交线路15条，服务对象超35万人次；赛时共发车近10万车次，运送

2012年5月16日，亚沙会保电动员誓师大会暨彩虹应急服务队授旗仪式

人员172万人次、物资2万多吨。

电力保障　完成220千伏海发站扩建以及110千伏等一批重点输变电工程项目；建成以1个220千伏变电站、5个110千伏变电站和输电线路为骨干的海阳电网主网架；新建改造7条10千伏绝缘化线路，主场馆及配套服务区全部实现双回路供电；对河清岛体育场及8个比赛场地供电区域建设临时供电系统，共敷设高（低）压电缆10.6千米，安装临时变压器14台，高标准建设8个重要场地配电设施，在开（闭）幕式期间与体育场内12台箱式变压器一起接带负荷，确保赛时不间断供电。

城市环境改善　水环境治理　对全市59条河流进行环境整治，突出东村河环境综合整治，使城区污水集中处理率达到96%，污泥无害化处理率100%；关停56个污染企业和12条造纸生产线，治理污染项目16个，拒批水污染项目19个；设置饮用水源地标识牌及警示标志牌218块，安装界桩88个、围网2000米，拆迁保护区内的35个畜禽养殖场。

空气环境整治　赛会期间，全市划分高污染燃料禁燃区，实施城市集中供热工程，取缔燃煤小锅炉52台、180多吨。开展机动车尾气检测工作，完成龙凤热电炉外脱硫工程，脱硫效率95%以上，关闭2条年产量8.8万吨的立窑生产线。

人居环境改善　对全市公共场所的无障碍设施进行全面升级改造，新建和改造盲道17.6千米，新建道路16条，道路整修和沥青罩面137万平方米，整治背街小巷68条，主要道路两侧出入口硬化720处，全市翻新140余栋旧建筑，主要道路和重要节点绿化完善提升。到2012年5月，全市共有公园10个，城市建成区绿化覆盖率41.97%，建成区绿地率39%，人均公共绿地面积16.92平方米。对全市主要道路两侧路灯进行升级改造，采用LED技术，亮化老城区新元广场周边高楼和公园绿地，亮化面积15万平方米。

市民素质提升　2008年8月2日，海阳市启动“携手办亚沙、文明伴我行”活动，以提高市民文明素质、塑造城市文明形象为主题，倡树社会主义荣辱观，遵守社会公共秩序，爱护共用设施，热心公益事业，树立健康理念，增强健身意识，开展窗口单位优质服务活动，为亚沙会举办创造文明和谐的社会环境；8月29日，地方税务系统举办“携手办亚沙、文明伴我行”演讲比赛。同年，市教体局印发《在全市中小学开展文明礼仪教育活动的实施方案》。2009年10月28日，海阳市举办“广电杯”迎亚沙法律法规知识竞赛，营造良好的法治环境和人文环境。

2008 年 8 月 2 日，全市“携手办亚沙 文明伴我行”提高全民素质主题活动动员会议

2010 年 3 月 24 日，市文明办和市妇联举办“迎亚沙、讲文明、塑形象”文明礼仪培训班；5 月 1 日—3 日，市委宣传部和市文广新局举办“迎亚沙、颂家乡”秧歌大奖赛；7 月 29 日，市委宣传部向海阳市民发放道德文明宣传漫画，在文明生活、交通安全、环境保护、家庭美德等方面进行宣传引导。2011 年，海阳市获山东省文明城市称号。到 2012 年 6 月，全市举办英语口语和普通话培训、全民健身、文明创建、文化展演等各类活动 50 余项、1000 余场次，参与群众 40 多万人次。

第五节　知识产权保护

2008 年 12 月，亚沙会组委会牵头起草《第三届亚沙会知识产权保护规定》。2009 年 6 月，形成草案；8 月 19 日，省政府法制办公室邀请专家、学者，对草案进行修改并征求意见；11 月上旬，报送省政府办公厅。2010 年 2 月 1 日，省政府第六十三次常务会议审议通过《海阳 2012 年第三届亚洲沙滩运动会知识产权保护规定》，24 日公布。4 月 1 日起施行。

2010 年 4 月，亚沙会组委会向烟台市新闻出版局提出会徽版权登记申请；5 月，向省新闻出版局提出复审；6 月，省新闻出版局通过复审并颁布登记证书；11 月，亚沙会组委会向国家工商总局商标局提出 45 个特殊标志登记申请；12 月，取得特殊标志登记证书。

2011 年 5 月 11 日，亚沙会组委会向山东齐鲁（烟台）律师事务所颁发知识产权维权单位证书。2012 年 2 月 28 日，山东齐鲁（烟台）律师事务所对烟台市范围内的亚沙会知识产权侵权行为开展维权，调查处置侵权行为 20 余起。赛事期间，处置各类亚沙会知识产权侵权行为 50 余起。

第六章　对外联络与合作

第一节　亚奥理事会会议及论坛

体育委员会会议　2010 年 11 月 11 日上午，亚奥理事会体育委员会会议在广州花园酒店召开。亚沙会组委会代表在会议上报告海阳亚沙会筹备工作进展情况。

第 29 次全体大会　2010 年 11 月 13 日上午，亚奥理事会第 29 次全体大会在广州花园酒店召开。亚沙会组委会代表在会议上报告海阳亚沙会筹备工作进展情况。

第 30 次全体大会　2011 年 7 月 13 日，亚奥理事会第 30 次全体大会在日本东京召开。海阳市政府副市长陈新姿代表亚沙会组委会，在会议上报告海阳亚沙会筹备工作进展情况。

东亚、南亚和东南亚地区论坛　2011 年 10 月 21 日—22 日，奥林匹克团结基金论坛暨亚奥理事会地区论坛在泰国普吉岛举行。亚沙会组委会代表在会议上报告海阳亚沙会筹备工作进展情况。

第二节　相关会议

团长大会　2011 年 9 月 6 日，在海阳雅乐轩酒店召开团长大会，亚洲 42 个国家（地区）（阿富汗、巴勒斯坦、吉尔吉斯斯坦未参会）的奥委会（NOC）代表、亚奥理事会官员、其他亚洲赛事组委会观察员共100余人出席大会。大会主体会议由亚奥理事会执委、体育委员会主席张吉龙主持。组委会向参会的亚洲各国家（地区）奥委会代表发布有关领域政策、重要时间点、重大事项等各类信息，指导报名参赛工作。

代表团预注册会议　2012年3月10日—25日在海阳召开，共举行45场，确认各代表团成员的注册人数、类别以及赛时职责和场馆通行权限，推动竞赛报名和注册的信息核准过程。

代表团注册会议　2012年6月5日—15日，组委会分别与45个代表团召开代表团注册会议。组委会各业务运行团队与各奥委会体育代表团最终确定：所有运动员和随队官员的人员身份，注册类别和权限、可转让卡的分配数量和使用名单，在运动员村的住宿分配、NOC办公用房（物资）、洗漱日用品（礼品）包数量和领取信息、奥委会贵宾（客人）的酒店住房，车辆分配和班车信息，奥委会访客卡配额，委托授权卡的分配和名单，奥委会助理、贵宾助理，竞赛日程、技术会议时间、场地器材信息，抵离信息，欢迎仪式时间和人数，开幕式入场式旗手和人员信息，开幕式注册票分配，收费卡，财务付费，团长和联络专员手机信息并提供重要联系方式等。

代表团团长例会　2012年6月13日—22日，召开7场代表团团长例会，会议内容涉及运动员村服务、注册制证、出（入）境、竞赛、住宿、交通、餐饮、信息技术、物流、抵离、收费卡和开（闭）幕式等。

第三节　交流与服务

亚奥理事会（OCA）服务　筹办过程中，组委会与亚奥理事会建立绿色通道，经常开展座谈交流、书信往来等活动，并通过电子邮件、电话传真等方式，就总体计划、市场开发、项目设置、宣传推广、竞赛报名、医疗卫生、信息技术、赛会礼宾等方面进行沟通，使海阳方面能够在亚奥理事会及其单项组织的指导下，有效地开展工作。

赛事期间，组委会加强与OCA的联络，给OCA提供总干事办公室、秘书长与国际关系部办公室、体育部办公室、秘书处办公室、医疗反兴奋剂办公室和医疗反兴奋剂日常会议办公室等办公场所，并配备行政助理。还提供OCA会议服务，协助OCA在总部酒店召开环境委员会、体育委员会、章程委员会和运动员委员会共4个小组委员会会议，协助召开第61届亚奥理事会执行委员会会议等。

各国家（地区）奥委会（NOC）服务　赛前，组委会外联部利用亚奥理事会地区论坛、亚奥理事会系列运动会、亚奥理事会代表大会等活动，加强与亚洲45个国家（地区）奥委会的沟通与联络，传递组委会最新政策和信息，收集各奥委会需求，解答相关问题。有2个奥委会代表团访问海阳，实地考察亚沙会筹备工作进展和赛事相关安排。

与亚洲/国际单项体育组织（AF/IF）的合作　亚沙会组委会共向13个单项体育联合会主席和秘书长发送邀请函，有16名AF/IF的主席、秘书长应邀参加亚沙会。组委会为其提供V2机场礼宾服务，并提供往返旅费，享受T1交通服务、免费食宿服务。为每位AF/IF主席和秘书长配备1名礼宾助理。访问期间，礼宾助理全程陪同，负责安排日程，协调并联络组委会各相关业务口，处理接待过程中的各种问题。

与其他组委会的交流　2007年1月24日—2月5日，前期筹办工作团队赴长春观摩第六届亚洲冬季运动会。2008年8月6日—16日，组委会观摩团赴北京观摩第29届奥运会。10月17日—27日，组委会观摩团赴印度尼西亚巴厘岛观摩第一届亚沙会。2010年11月10日—13日，组委会观摩团赴广州观摩第16届亚运会。12月7日—16日，组委会观摩团赴阿曼马斯喀特观摩第二届亚沙会。

赛时，组委会协调韩国仁川亚运会、泰国普吉岛第四届亚沙会、越南芽庄第五届亚沙会观察员团的联络工作，协助他们在总部酒店等场馆布置展台、临时进入非通告权限场馆等。

第四节　代表团服务

2012年6月5日—25日，亚沙会组委会在运动员村设代表团服务中心，服务于各国家（地区）

奥委会体育代表团团长、副团长及其授权人，亚奥理事会相关官员，组委会和运动员村其他相关服务运行团队。服务中心设有代表团联络、餐饮、抵离、交通、物流、礼宾等业务服务台，受理代表团的业务咨询，协助代表团解决问题，并组织代表团欢迎仪式、开（闭）幕式集结乘车、分配非本项目运动员赠票、协助处理参赛资助等。根据代表团规模，组委会为每个代表团安排2～8名志愿者协助代表团团长工作，为各代表团提供必要的辅助服务。

第七章　宣传与媒体运行

第一节　宣传推广

媒体宣传　*召开新闻发布会*　2007—2009年，以推广预热为主题，围绕形象标识元素征集等活动，共举办8次新闻发布会。亚沙会相关主题活动多次在央视《新闻联播》播出，在央视其他频道和栏目播出十几次，其他中央、省、市及港澳台200多家媒体传播5000余次。在新浪、搜狐、网易等多家网站进行宣传，点击量超过1.9亿人次。

2010—2011年，以升温造势为主题，全面围绕倒计时节点、形象标识元素发布等活动，共举办11次新闻发布会，为亚沙会举办进行全方位多层次的宣传推广报道。先后邀请包括中国国内主流媒体，如新华社、中央电视台、中央人民广播电台、中国国际广播电台在内的各级媒体百余家参与。CCTV-1《朝闻天下》《晚间新闻》，CCTV-5《体育新闻》《体育世界》，山东卫视《山东新闻联播》，中央人民广播电台《新闻与报纸摘要》，新华网、新浪、搜狐、腾讯等网站都对活动进行大篇幅的宣传报道，播发稿件2000多篇，500多家媒体先后转载新华社通篇和相关媒体的报道。2012年1月—6月，共举行7次较大规模新闻发布会，到会中外媒体记者1000余人次，总发稿量5000多篇次。

召开吹风会　对火炬传递、开幕式演出等媒体高度关注的重大活动，采取召开媒体吹风会的形式向媒体发布消息，引发媒体猜想和公众议论，提高舆论热度。2012年6月15日，组织开幕式创意团队召开开幕式媒体通风会。

组织采访活动　2010年6月，围绕首届沙滩体育艺术节，邀请媒体集中报道。2011年6月，组织国内重点外宣媒体和网络媒体集中采访。2012年5月17日，国内重点网络媒体山东行采访团进行采访报道。

亚沙会宣传广告　2009年起，陆续在青岛、烟台、济南机场、火车站、港口、高速公路等重要路段设置亚沙会擎天柱广告8处，先后在《半岛都市报》《大众日报》《烟台日报》《中华英才》《新华每日电讯》《香港商报》等媒体刊发亚沙会广告。亚沙会倒计时一周年起，在山东省、烟台市主要媒体陆续刊播亚沙会倒计时广告。2012年3月—4月，在中央电视台新闻频道和综合频道，投放15秒和10秒亚沙会宣传广告。

重要庆典仪式与文化活动　2007年12月2日，海阳市在新元广场举行庆祝亚沙会申办成功一周年纪念活动。2009年7月21日，组委会在山东大厦举行理念、口号、会徽揭晓仪式。2010年5月28日，组委会在国家体育总局举行海阳亚沙会市场开发启动仪式，并发布亚沙会核心图形——凤舞金滩。6月16日晚，海阳市在旅游度假区沙雕公园举行首届海阳国际沙滩体育艺术节开幕式。11月3日，组委会在国家会议中心揭晓亚沙会吉祥物——海海、阳阳、莎莎。12月31日，海阳市在方圆会议中心举行喜迎亚奥理事会会旗仪式，庆祝亚沙会“海阳周期”的到来。2011年6月16日，国家沙滩体育健身基地揭牌，第三届亚沙会主题即开型体育彩票首发。当晚，第三届亚沙会邀请函发送暨倒计时一周年启动仪式，在国际会议中心南广场举行。亚奥理事会副主席哈森，国家体育总局局长、中国奥委会主席、组委会主席刘鹏，山东省省长、组委会执行主席姜大明分别致辞，向与会代表发送邀请函。11月25日，组委会在钓鱼台国宾馆揭晓第三届亚沙会体育图标、吉祥物体育动作造型、志愿者标志。11月28日，海阳市举行第三届亚沙会倒计时200天暨总指挥部揭牌仪式。2012年2月16日，组委会在国家体育总局揭晓亚沙会火炬、奖牌。3月8日上午，举行亚沙会展览馆开馆仪式。下午，组委会在海阳雅乐轩酒店举行亚沙会倒计时100天新闻发布会，揭晓亚沙会门票票样，启动"魅力海阳、喜迎亚沙"主题即开型体育彩票第二期销售；当晚，在方圆会议中心举行亚沙会倒计时100天启动仪式暨会歌发布、运动会服装展示活动。会歌《快乐在一起》由曲波作词，卞留念作曲。4月17日，发行亚沙会首批官方纪念邮品。6月12日—23日，共举办13个大项的群众展演及文化活动300余场次，参与演出人员5000余人次。

与赞助商合作开展的宣传活动　2011年6月17日，组委会在海阳成立赞助商俱乐部，并组织亚沙会经济论坛。邀请中国银行、中国移动、山东航空、361度、北京汽车等亚沙会赞助企业负责人以及北京大学文化产业研究院、中国体育产业研究中心、中央电视台专业人士到场，共同探讨借势亚沙、合作发展的主题。

山东航空"亚沙号"飞机投入运营　2011年7月，山东航空公司为海阳亚沙会量身定制的彩绘飞机"亚沙号"到位。机身上生动活泼的吉祥物形象，向全国人民传递亚沙会的热情。"亚沙号"飞机客舱环境以亚沙会元素为主题，配有亚沙会的宣传画册、开展亚沙会抽奖活动，让乘客在旅途中感受亚沙会的快乐。"亚沙号"飞机执飞青岛、烟台至各大枢纽机场的重点航线，传播亚沙会精神，宣传山东文化。

2011年，"亚沙号"飞机

亚沙会赞助企业年会　2012年2月10日，在雅乐轩酒店召开。赞助商服务团队与各赞助企业进行"一对一"会谈，落实履约要求和权益规划，与会企业代表考察赞助商体验中心和商业服务中心，赞助商服务团队收集整理企业反馈意见，推进赞助商服务工作。

北京汽车"快乐使者活动"　2012年5月15日—6月8日，亚沙会组委会和北京汽车股份有限公司共同举办，途径青岛、临沂、济宁、聊城、淄博、德州、济南、潍坊、烟台、海阳10个城市，13辆北京汽车E系列彩绘车将13个亚沙会竞技项目与山东文化、风光、民俗创意融合，既宣传亚沙，又展现厚重久远、魅力无穷的山东风采。

其他形式的宣传活动　2008年10月17日—27日，在巴厘岛第一届亚沙会期间，组委会在总部酒店布置的大型卷轴得到包括国际奥委会主席雅克·罗格、亚奥理事会主席艾哈迈德·法赫德·萨巴赫签名。2009年3月12日，组委会与亚奥理事会在科威特签订市场开发权让渡协议期间，进行展台宣传，介绍亚沙会筹备工作情况，推介海阳。2010年6月29日—7月3日，在新加坡第一届亚青会期间，组委会进行以"海容天下、阳光万里"为主题的展台宣传。2010年广州亚运会期间，组委会布置展台，播放海阳城市形象宣传片，发放介绍海阳相关资料。12月7日—16日，在马斯喀特第二届亚沙会期间，组委会布置展台介绍海阳。

网站与出版物　官方网站　2007年12月，组委会聘请相关专业公司组建并试运行官方网站。2010年6月16日，由中华网科技公司承建和运行亚沙会的官方网站（中文）开通。亚沙会官网首页设置亚沙会新闻、组委会、走进海阳、亚沙资料库、亚沙视觉、全民看亚沙、观赛指南、票务、志愿者、市场开发、开（闭）幕式、注册等10余个专题栏目。至2012年6月，总浏览量（PV）7.37亿次，总访问人次（UV）近7000万。总发稿量6023篇，图片3304幅，视频近百条。其中，6月发稿956篇、图片1002幅、视频23条。

官方出版物　与中国体育报业总社合作，赛时出版亚沙会官方会刊6期；与烟台日报传媒集团合作，出版亚沙会官方杂志3期。

第二节　广播电视

主播机构　2012年1月12日，中央电视台与亚沙会组委会签约，成为第三届亚沙会的主播机构，负责赛事国际广播电视公用信号制作、国际广播中心（IBC）运行，为持权转播商服务。

电视国际公用信号制作　亚沙会期间，主播机构派出400人的公共电视信号制作团队，对开幕式、闭幕式、沙滩排球、沙滩足球、沙滩手球、沙滩藤球、攀岩、龙舟、滑水等进行高清直播，对沙滩篮球、沙滩卡巴迪、帆板、动力滑翔伞、公路轮滑、沙滩木球6个项目进行ENG录播。主播机构提供8路公共信号，其中高清8路、标清8路，转播时数在110小时以上。制作7集每日集锦，每集35分钟。

有线电视专网　海阳亚沙会电视传输系统使用高清电视转播车7辆，覆盖河清岛体育场、亚沙村、技术官员酒店、总部酒店、国际会议中心、国际广播电视中心、主新闻中心等区域，提供7路赛事实况转播、24路商业频道和2路预留发布频道。有线专网终端开通1800个。

持权转播商　在国际广播中心的持权转播商区域，为持权转播商提供租用空间。此外，还备有演播室、编辑间、解说评论席、出镜报道点及同轴、音频、光纤传输线缆等设施设备，供转播商租用。海阳亚沙会共签约8家媒体持权转播商，包括中国中央电视台、中国中央人民广播电台、中国国际广播电台、中国网络电视台、山东电视台、烟台电视台、海阳电视台和卡塔尔电视台。中央电视台体育频道作为亚沙会主转播商，直播开幕式及7个比赛项目的部分比赛，并提供开（闭）幕式及7个比赛项目的国际公共信号。亚沙会组委会与山东电视台体育频道合作，直播开（闭）幕式和7个比赛项目的决赛，录播火种采集、火炬传递活动实况。

第三届亚沙会媒体中心

第三节　媒体服务

2012年4月底，完成媒体注册工作。亚沙会期间，共有93家媒体、721名记者实地采访报道。

亚沙会新闻内容服务　赛时，中国体育报业总社作为亚沙会新闻内容服务商，派出约80名工作人员，负责编辑赛时新闻稿件，包括项目、分项、每天的前瞻和回顾、即时引语、新闻发布会摘要、媒体通告、综合新闻等，并印制主新闻中心和场馆新闻中心的成绩公报。组委会通过国际广播电视中心、主新闻中心、场馆新闻中心的INFO终端和成绩公报柜，向注册媒体提供亚沙会新闻服务，包括正在进行的各项竞赛项目的赛事前瞻、出场名单、当日赛程、比赛成绩、颁奖名单、新闻发布会摘要等。其间，INFO系统共上传各类赛事信息1000多条、图片2000多张。

主新闻中心（MPC）　位于主媒体中心一层，建筑总面积约2100平方米，设有大堂服务区、文字（摄影）记者工作间、新闻发布厅、商业服务区、场馆运行区、亚沙会新闻内容服务区及访客办公室等7个区域。2012年6月12日对媒体开放，16日—22日24小时运行，为注册文字记者、摄影记者和非持权转播机构人员提供服务。赛时，平均每天接待媒体数量约80人次，累计接待500余人次；组织6场新闻发布会，累计接待媒体300余人次。

场馆新闻中心（VMC）　在开（闭）幕式场地、13个竞赛场地及亚沙村，设有10个场馆新闻中心。赛时，接待文字记者、摄影记者和非持权转播机构人员1400余人次。

第四节　标　识

口号、理念、会徽　2008年12月19日，亚沙会组委会在北京人民大会堂召开新闻发布会，公开向全球征集第三届亚沙会口号、理念和会徽。2009年7月21日，亚沙会组委会在山东大厦发布口号、理念和会徽。

2009年7月21日，亚沙会组委会在山东大厦举行第三届亚沙会理念、口号、会徽揭晓仪式

口号　快乐在一起。突破以往运动会口号的形式，用一句富有深意的短句作为口号，易引起关注，令人回味，发人深思。

理念　海韵、阳光、激情、时尚。体现“天人合一”的和谐理念，表达人与人、人与自然和谐相处的美好愿望。

会徽　海之魅。作品整体体现“天人合一”的和谐理念，三个动感人物联手共舞，寓意亚洲人民像一家人一样和睦相处，同享沙滩运动带来的无穷快乐。突出阳光、沙滩、大海元素，正确定位海阳滨海旅游特色，展现海阳的独特风情和魅力。作品运用线条的魅力勾勒出沙滩排球、足球和游泳3个运动姿态，同时，又像火焰、像海水，鲜明生动地体现沙滩运动会特色。三个动作造型充满力量、激情与美感，彰显出参赛健儿的奋力拼搏精神，展现青春活力、运动之美。下面黄色的一笔象征金色的沙滩，与上面运动的人体姿态和灿烂的太阳共同组成一幅形象而精彩的沙滩运动会的情景，体现沙滩运动激情、阳光、时尚的独特魅力。会徽主体图案是一个汉字“海”的造型，既代表举办地海阳，也体现沙滩运动会的滨海特色。一笔画的巧妙设计给人以独特的视觉感受，凸显设计的艺术感染力。

第三届亚沙会会徽

核心图形　2010年5月28日，清华大学美术学院团队为第三届亚沙会设计的核心图形——凤舞金滩，在国家体育总局会议厅对外公开发布。

第三届亚沙会核心图形——凤舞金滩

吉祥物　2010年11月3日，亚沙会吉祥物揭晓，是一组3个的卡通形象，命名为“海海”“阳阳”“莎莎”。吉祥物承接亚沙会会徽“一家亲”的创意，以“龙”“凤”“太阳”为原型，分别代表海水、阳光、沙滩，共同构成一幅其乐融融的三口之家的和谐图画，象征着亚洲人民情如一家、“快乐在一起”，体现快乐体育的精神。吉祥物所表达的“天人合一”“龙凤呈祥”的理念，是海阳希望通过亚沙会向亚洲和世界传递的美好祝愿。“海海”的设计灵感源于成语“龙凤呈祥”。整体形象以龙为原型，颜色采用海洋蓝，体现龙

第三届亚沙会吉祥物

与海的紧密关系以及海阳的地域特色。吉祥物的服饰根据海阳大秧歌“乐大夫”的服装演变而来，表达海阳的民间特色文化和人们快乐的生活气息。“阳阳”形象活泼可爱，是这三口之家中的小太阳。颜色采用冉冉升起的太阳颜色，与亚沙会的举办理念紧密结合。在橘黄色中点缀黄色，体现亚沙会举办地海阳的地域特色。同时也表达海阳人民迎接亚沙会的饱满热情。“莎莎”的设计灵感源于海阳凤凰滩的传说，整体形象以凤凰为原型，颜色采用沙滩黄，把吉祥物与凤凰滩传说巧妙地结合起来，整体形象富有激情、时尚，与亚沙会的举办理念“海韵、阳光、激情、时尚”紧密联系。

二级标识 2011年4月12日—11月25日，亚沙会组委会公开征集志愿者标志，揭晓志愿者标志、体育图标、吉祥物体育动作造型。

志愿者标志和口号 采用会徽的线条，勾画出两个牵手在沙滩上奔跑的志愿者。两个志愿者牵手连心，勾勒出一个心形图案，寓意向世界人民伸出友爱之手，奉献一片爱心，表现志愿者奉献为乐的精神。舞动的浪花，抽象凝练的线条一笔描成，犹如海浪拂过沙滩，幻化成志愿者牵手连心，欢快的舞动，形成Volunteer的“V”造型。红、蓝、黄三色相互生辉，“红”是志愿者无私奉献的热情，服务于来自亚洲各地的朋友；“蓝”是海洋的颜色，彰显海之滨的魅力与内涵；“黄”是在阳光照耀下熠熠生辉的沙滩，充满着活力、朝气。璀璨沙滩，沙滩是沙滩运动的灵魂，标志以一抹沙滩与海洋为底，璀璨夺目，与志愿者蓬勃的热情，共同体现第三届亚沙会“海韵、阳光、激情、时尚”的理念。志愿者口号是“把快乐绽放”。

体育图标 以会徽的主体线条为设计基础，比赛项目造型设计与会徽形态紧密相连，运动项目围绕水与沙滩进行，体现趣味性与观赏性的赛事特点，每个比赛项目对应1个体育图标，共设计13个体育图标。

吉祥物体育动作造型 由吉祥物“海海”“阳阳”和“莎莎”演绎成13个设项动作组合而成。

第五节 形象景观

2011年3月19日，亚沙会组委会委托清华大学美术学院进行亚沙会形象景观规划设计，先后完成《海阳2012第三届亚洲沙滩运动会会徽规范管理手册》《海阳2012第三届亚洲沙滩运动会口号、理念规范管理手册》《海阳2012第三届亚洲沙滩运动会核心图形及使用指南》《海阳2012第三届亚洲沙滩运动会色彩系统及使用指南》《海阳2012第三届亚洲沙滩运动会体育图标设计及使用指南》《海阳2012第三届亚洲沙滩运动会组委会形象系统VI手册》。

2012年1月，金一文化发展股份有限公司完成亚沙会城市形象景观规划设计、场馆形象景观规划设计、临时导视系统规划设计；2月13日，亚沙会形象景观服务招标；3月6日，北京快行道有限公司、广州金色彩有限公司及广州世纪金文有限公司中标；5月20日，全部景观完成制作安装。

第六节 服装设计

服装种类包括体育运动装、正装和礼服三大类。其中，体育运动装分官方制服、火炬传递服装、小项目服装。官方制服分工作人员装、志愿者装、技术官员装。火炬传递服装包括火炬手服装、护跑手服装。小项目服装包括媒体记者服装、城市志愿者服装、安保工作者服装3类。礼仪服装包括号牌手礼服、嘉宾引领礼服、颁奖礼服、升旗手礼服、圣火采集使者礼服。

体育运动装 工作人员服装，以海阳樱桃红作为底色，彰显协作创新、拼搏奉献的工作精神和热情似火的工作态度；技术官员服装，以海洋蓝作为底色，体现沉着冷静、秉公执法和公平竞争的体育精神；志愿者服装，以青铜绿作为底色，展示志愿者生机勃勃、活力四射的工作热情；火炬手服装，像回首眺望的凤凰，又如同火炬冉冉升起，象征着亚沙会圣火熊熊燃烧、亚沙会精神绵延不断。

正装　官员正装是唐装，古典的唐装造型与时尚的工艺相结合，体现官员儒雅、亲民的形象。男装是海洋蓝、女装是樱桃红，手工精制的纽扣，注重领子、袖口、纽扣等细节处理，是一件独具亚沙会特色的工艺品。

礼服　颁奖礼服　是沙滩黄过渡到海洋蓝的针织礼服，高耸而微微张开的领型，如含苞待放的花朵，大气而不张扬。用海天接壤的天蓝色与白色勾勒出浪花图案分布在前胸与裙摆，结合若隐若现的凤凰图案，仿如一幅脱俗的海景，搭配头上的橄榄枝花环，凤凰纹样的小短靴体现颁奖礼仪清新而充满活力的形象。

嘉宾引领礼服　沙滩黄与樱桃红搭配的针织旗袍礼服。汲取山东秧歌文化，大胆运用紫色、黄色对比，不同质感的碰撞，勾勒出黄昏的海景，激情艳丽、时尚大方。

第三届亚沙会官方礼服、正装

升旗手礼服　设计手法与礼服相呼应，浪花与凤凰用金属线刺绣，前胸的如意贴布绣使服装更有层次感，使海浪的感觉更加灵动。选用进口纯白的聚酯纤维面料精制而成。

号牌手礼服　灵感源于凤凰，一款是海洋蓝，一款是樱桃红，裙摆前短后长的三维设计，随着号牌手的走动，裙子自然摆动，就像一只翩翩起舞的凤凰，头顶是孔雀毛的凤冠，搭配长筒靴。

圣火采集使者礼服　灵感源自海阳的自然景观，海浪冲刷过的沙滩纹理，层层叠叠做成衣褶装饰在腰间，简单而纯粹，体现海阳人民崇尚艺术、热爱生活的个性。面料选用高密度亮光针织料与柔光缎料，用斜裁的表现手法营造出柔和的海浪感觉。

第八章　亚沙村管理

亚沙村总面积23.3万平方米，总建筑面积20万平方米，分为运动员村和媒体村、后勤区3个区域。

第一节　运动员村

运动员村位于海阳旅游度假区，与亚沙纪念林相邻，建筑面积17.7万平方米，分为居住区、国际区和公共区。其中，居住区为运动员和随队官员提供住宿；国际区兼具2个功能，为运动员和随队官员提供餐饮、医疗、休闲娱乐和其他商业零售服务，为代表团举行欢迎仪式；公共区是运动员和随队官员入驻运动员村的第一站，设有欢迎中心。2012年6月5日，运动员村预开村，12日正式开村，25日闭村。村内2个团队、27个子团队、3050名工作人员。

住宿　运动员村共接待运动员及随队官员1982人，峰值当天入驻1836人。居住区共有17栋公寓楼、552套公寓房，共计1862间客房、2747个可分配床位。居住区内设1个居民服务中心，含前台、综合休息区、会议室、商务中心、影像室。同时设6个咨询台。

住房分配　运动员村的住房分配，尽可能地考虑并尊重来自不同地域的客户人群之间的宗教

2012年6月12日，第三届亚沙会运动员村开村暨中国代表团入村欢迎仪式

信仰、文化习俗的差异，并尽量满足各代表团对房型、位置等需求。各代表团的房间及床位由其自行分配。

收费政策　入驻的运动员及随队官员，每人需一次性向组委会缴纳50美元物品押金。预开村及正式开村期间（2012年6月5日—25日）按50美元/天·人付费，享用客房服务、餐饮服务及免费水洗衣物服务、居民服务中心和公寓楼咨询台提供的服务。

管理支持　客房日常清洁由住宿服务商及客房服务生完成，每日为住房和代表团团部办公室提供床铺整理、房间打扫、垃圾倾倒、房间除尘以及卫生间清理等服务。住房每3天更换1次毛巾和床上用品。部分公寓楼设咨询台，提供问询、响应客人服务需求、处理投诉等服务。

洗衣服务　水洗免费，干洗收取服务费，收发和洗涤均在村内进行。村内共设2个收发点、34名服务人员，24小时营业。洗涤点300平方米，配有3台悬浮式洗脱机、8台高效用电干衣机、1台干洗机、4台熨衣机、1台去渍机。赛会期间，投洗件数11.3万件、洗衣重量1.75万千克。其中，6月15日—20日，高峰期单日洗衣袋数3400袋、重量1850千克。

温馨服务　为给运动员和随队官员营造家一般的环境，村内住宿服务团队为每个运动员及随队官员准备一份礼品包，内有牙刷、牙膏、漱口杯、沐浴露、洗发水、香皂、梳子等，并在房间内配有拖鞋、手电筒、电蚊香等。

餐饮　餐厅餐饮服务　餐厅位于运动员村国际区，建筑面积3000平方米，设960个餐位。2012年6月5日预开放，12日全面开放，25日关闭。餐厅从原材料的采购、菜单的设计、餐台的分类及供餐员工的培训均做了充分的准备。餐饮服务商根据运动员的营养及饮食需求制定营养均衡的菜单，展现亚洲各地域特色美食。餐厅设亚洲、欧陆、中餐、清真及冷餐台5大主题区域。餐厅每天提供约150道热食（100道荤菜、50道素菜），30种冷盘。菜品4天循环1次。赛时，共提供菜品350多种，并为特定项目的运动员提供外带常温盒饭配送服务。

餐饮信息统计　自预开村至关闭，累计供餐53725餐次。此外，自6月17日—21日，为运动员提供场馆外带常温盒饭1259份，亚沙会期间供应病号餐23人次，售卖访客餐券40张，提供注册会议茶点、代表团团长大会茶点、NOC服务茶点、升旗仪式贵宾茶点5974份次。运动员餐厅食材总计374个品种、101.5吨。其中，肉类26.8吨、水产品9.2吨、蔬菜15.2吨、水果12.8吨，还有其他调料、粮油、烘焙和冷冻果蔬等。

食品安全控制　餐厅食材来自26家供应企业。市食品安全监管部门采取团队驻点、检验检测、安全保卫等措施，食材从生产基地到餐厅每一环节始终受控。赛会期间，餐厅累计运行近300小时，没有出现1例食品安全事故或运营事故。

交通　免费提供抵离、开（闭）幕式、比赛、训练、观赛用车，代表团专用车辆、专项活动用车、村内电瓶车、租车服务等。

巴士总站　位于亚沙村西侧20米处，是比赛、训练、观赛等交通服务的发车与候车区域，设有910个停车位，1个约150平方米的交通服务指挥中心、1个约50平方米的赛事车辆调度室。

村内交通服务　赛事期间，村内安排8辆电瓶车，用于运动员村内交通服务。每天服务时间为6：00—22：00。

运动员村与其他功能区交通服务　（参见本编第四章第四节“运动会服务”）。

赛时NOC服务　欢迎中心　位于运动员村公共区，是运动员和随队官员抵达运动员村的第一站，面积8250平方米，内设运动员等候休息区、行李寄存区、注册中心分中心。

NOC助理　组委会为各NOC代表团配备一定数量的志愿者作为NOC助理，由代表团团长进行工作分配，为各代表团提供必要的辅助服务。根据各代表团规模，每个团安排2～8人随团助理协助代表团团长的工作，共计189人；同时，另有19名行政助理留守NOC服务中心，协助工作人员处理日常事务。

NOC服务中心　（参见本编第六章第四节“代表团服务”）。

代表团欢迎仪式　为每个参赛的国家（地区）代表团举行入村欢迎仪式，在亚沙会期间，运动员村共举行欢迎仪式43场。

竞赛信息中心　位于运动员村居住区20号楼副楼二层，自2012年6月5日运动员村预开村起，至25日闭村期间对外开放运行。竞赛信息中心设13个竞赛信息服务台，有工作人员3名、专家顾问1名及志愿者20名，为代表团提供详细、准确的竞赛、训练信息服务，包括各类竞赛报表的复印和分发；处理确认、预定或调整训练单元的请求，与竞赛管理团队沟通并反馈给参赛队；INFO系统查询服务；发放《竞赛日程》《训练日程》《参赛指南》等竞赛相关资料；现场解答相关问题等。赛会期间，竞赛信息中心共接待44个代表团的团长、副团长、领队、教练员等共计800人次到访、咨询或领取竞赛训练相关资料，到访高峰日均接待200余人次。其中，赛时接待韩国仁川第十七届亚运会组委会、南京第二届青年奥林匹克运动会组委会、泰国普吉岛第四届亚沙会组委会观察员50人次。

贵宾接待　运动员村接待国际贵宾23批次、190余人次。其中，接待国内外考察团、视察团、慰问团10多批次、100余人次，包括国家体育总局、省政府等领导。

访客接待　由运动员村团队访客中心子团队负责，共有4名工作人员、18名志愿者，主要接待各代表团运动员和随队官员的亲友以及国内外宾客和赞助商、观察员等客人。从开村到闭村，共接待访客600余人次，受理《访客卡申请表》327份，填写并发放访客卡327份，均无失误和投诉。

商业休闲服务及体能训练中心　41家服务商为运动员及随队官员提供通信、邮寄、购票、健身、美容美发、服装干洗等服务，提供亚沙会特许商品、纪念邮册、体育服装、丝绸刺绣等商品服务，提供配套的语言翻译服务和产品代购服务等。

宗教服务　村内设有宗教服务中心，面积约1200平方米，分别设佛教、道教、伊斯兰教、天主教、基督教宗教活动室和2个静休室，正式教职人员6名、义工4名、行政工作人员5名。赛事期间，共接待27个国家和地区的宗教信众约

第三届亚沙会运动员村

700人次。

医疗服务 运动员村设有综合诊所和医疗站。其中，综合诊所位于居住区的综合服务中心内，建筑面积约400平方米，5月28日—6月26日对外开放，每天8：00—22：00开诊，并提供24小时急诊和救护车转运服务；医疗站设在国际区和公共区，5月28日—6月26日对外开放，每天8：00—22：00提供现场急救医疗、救护车转运及运动员用冰服务。赛事期间，门诊部共接诊368人次，另为各国代表团运动员提供按摩保健服务148人次；公共区医疗站诊治168人次，对象包括各科常见疾病及各类外伤、急（慢）性运动性损伤患者。

运行支持 物流 运动员村设有物流团队，工作人员20余名，配备货车8台、叉车2台、行李推车60辆、托盘及若干仓库装卸设备300个。后勤区设有物流中心仓库，面积1000平方米。物流团队为代表团提供抵离服务，并在村内设有咨询服务台，配备4名工作人员，提供24小时咨询服务，接受物流服务定制。

信息技术支持与保障 IT保障团队在亚沙村设信息技术支持中心以及24小时工作的IT帮助台，由团队工作人员、合同商、志愿者共同组成。合同商派出的值班工程师随时待命，按照IT帮助台的指令，为村内固网、固话、移动通信、无线集群对讲、PC机、打（复）印机等提供24小时技术支持和保障。

环境卫生 亚沙村保洁团队属亚沙村工程物业子团队，有工作人员4名、志愿者150名及环卫工作人员8名，主要负责亚沙村环境保洁、垃圾清运和公共卫生间的管理。从亚沙村预开村，工作人员及志愿者每天对167个垃圾箱冲洗、消毒，做到垃圾日产日清，公共卫生间每天开放16小时、保洁18小时。

物业保障 成立工程物业保障处，负责亚沙村及运动员生活服务区设施的日常维护和应急事故的处理，统一安排工程物业保障应急维修人员上门服务。村内开通24小时保障热线，村民发现故障，可随时拨打热线报修，维护人员15分钟内到位。

能源保障 对电、水、气供应情况实行24小时不间断巡查，并做到每日安检设施设备。

第二节 媒体村

住宿餐饮 由媒体居住区、媒体餐厅两部分组成，共有6栋公寓楼、160套公寓、480间卧室，可容纳约400名媒体记者入驻。村内设媒体餐厅，提供24小时自助餐饮服务，包括早餐、午餐、晚餐及夜宵，收费标准为每人每天60元人民币。餐厅设400个餐位，6月9日开放、25日关闭。其间，累计用餐5617人次。

交通 媒体村为注册媒体提供青岛流亭国际机场、烟台国际机场及火车站的抵离服务，同时设立2条媒体班车线路，提供媒体村与主新闻中心、国际会议中心等所有非竞赛场馆、竞赛场馆的穿梭交通服务。6月5日—25日，每日6：00—22：00运行，每班次间隔不超过10分钟。开（闭）幕式期间，为注册媒体提供往返集体用车。

运行 2012年6月5日预开村，12日开村，25日闭村。亚沙会期间，共接待203名境内外注册媒体人员（不含海阳及驻海媒体、新闻内容服务团队等150余人）。

第九章 人力资源与志愿者工作

第一节 人力资源

组委会暨赛会运行人力资源配置 组委会暨赛会运行工作人员来源于亚沙会技术服务中心工作人员、从烟台和海阳市各机关事业单位抽调的工作人员、烟台市政府选派的专业技术人才、面向社会招聘的专家及专业技术人才、面向社会招聘的高级志愿者及实习生。其中，亚沙会技术服务中心工作人员51人；从烟台抽调挂职干部19人，从海阳抽调工作人员779人；烟台市政府选派的专业技术人才78人；面向社会招聘的专家、专业技术人才59人；面向社会招聘的高级志愿者58人，实习生78人。

培训　通用培训由组委会人力资源部负责，专业培训由各部（室）提出具体计划、人力资源部统筹协调实施。组委会先后编印《制度汇编》《通用知识手册》《场馆运行通用知识和问答读本》3种通用培训教材，共印约5000册。2010年3月—5月，先后举办通用培训班50多期，培训3000余人次，专业培训5000余人次。

第二节　志愿者招募

赛会志愿者　2007年12月2日，亚沙会组委会启动海阳2012高校志愿服务行动，烟台大学、鲁东大学、滨州医学院、山东工商学院、青岛大学、青岛理工大学、青岛科技大学、青岛农业大学、中国海洋大学、中国石油大学、山东科技大学、哈尔滨工业大学（威海）、山东大学威海分校、山东中医药高等专科学校等14所高校学生代表，在海阳共同签署《海阳2012高校志愿服务行动宣言》。2009年6月10日，共青团山东省委书记王磊一行到海阳调研志愿者工作，商讨志愿服务运行，安排志愿者招募和管理工作；12月，共青团山东省委联合烟台、青岛、威海3市14所高校团委，建立全省高校联络员联席会议制度，并招募1200名前期骨干志愿者。2010年11月4日—5日，第三届亚沙会志愿者工作会议在海阳召开，明确14所高校招募任务，正式启动招募工作。2011年3月，亚沙会组委会从2万余名报名学生中，筛选出6700名赛会志愿者。志愿者年龄集中在19～22周岁，其中党员（含预备党员）57人，本科学历6400人。12月，在海阳一中、海阳四中、烟台轻工业学校、烟台中英文学校等4所学校招募到2400名赛会志愿者。2012年3月5日，亚沙会组委会、共青团烟台市委在烟台举行第三届亚沙会志愿服务誓师大会，成立第三届亚沙会志愿服务总队。是月起，开始根据岗位工作需要选拔志愿者。到4月4日，选拔工作全部结束，亚沙会组委会各团队共选拔赛会志愿者4700名。

城市志愿者　2011年3月16日，海阳启动“志愿亚沙，快乐行动”主题活动暨第三届亚沙会城市志愿者招募工作。5月，招募到4000名城市志愿者、2万名城市注册志愿者。2012年4月11日，开始城市志愿者选拔。根据岗位需求，选拔出城市志愿者2500名（含500名后备志愿者）。

第三节　志愿者培训

通用培训　2010年5月15日，亚沙会组委会组织对烟台大学300名前期骨干志愿者进行通用培训；12月，对鲁东大学、青岛大学、青岛科技大学等6所高校的部分骨干志愿者进行前期培训。2011年4月20日，开始正式培训。组建烟台地区培训讲师团，对赛会志愿者进行通用培训。9月，组建海阳讲师团，对海阳当地志愿者进行通用培训。2012年4月20日起，青岛、威海高校团委组织校内志愿者，采取收看培训视频课件的方式进行通用培训。25日—30日，对13名竞赛团

第三届亚沙会志愿者

队志愿者主管进行培训。

专业培训 2012年4月22日，亚沙会组委会对烟台大学、鲁东大学、山东工商学院和滨州医学院4所高校的461名专业志愿者进行首批专业培训；5月12日，总部酒店团队对中国石油大学（青岛校区）44名赛会志愿者进行总部酒店、赛事运行及岗位职责等方面培训；13日，抵离团队对青岛农业大学专业志愿者进行机场抵离服务培训；礼宾团队对青岛大学38名礼宾志愿者进行外事礼仪、专业英语等方面培训；体育展示与颁奖礼仪团队对烟台大学110名体育展示与颁奖志愿者进行英文播报、颁奖、场馆运行、吉祥物表演等方面培训；18日，总部酒店团队对烟台富士康21名专业志愿者进行专业培训；6月8日—9日，兴奋剂检测团队对滨州医学院80名志愿者进行兴奋剂检测专业培训。

岗位培训 2012年5月20日起，志愿者分7个批次陆续到达海阳，各中心（团队）根据志愿者到岗批次及上岗时间进行培训，培训内容包括岗位基本情况、工作任务、业务流程、工作场地、相关情况处理措施和志愿者团队管理等方面内容，志愿者熟悉岗位职责和工作内容，掌握志愿者履行岗位职责所需知识、要求和注意事项。到6月15日，43个团队和中心的志愿者岗位培训全部完成。

城市志愿者培训 2012年4月21日，开始进行城市志愿者培训。28日—29日，市教体局交通服务志愿者接受培训。5月5日—6日，各行业服务窗口志愿者接受培训。有700余名城市志愿者接受培训。

第四节　志愿者赛事服务

赛会志愿者服务 2012年6月16日，356名志愿者参与沙滩手球、沙滩足球、沙滩藤球赛事服务，其中高校志愿者216名，海阳中学志愿者140名。当晚，来自中国海洋大学、青岛科技大学、烟台轻工业学校等7所学校的1005名志愿者，参与第三届亚沙会开幕式服务。其中，322名高校志愿者服务于25个岗位，683名海阳中学志愿者服务于6个岗位。17日，394名志愿者参与沙滩篮球、龙舟、动力滑翔伞、公路轮滑、攀岩、帆板等赛事服务，其中高校志愿者262名，海阳中学志愿者132名。18日，100名志愿者参与沙滩木球赛事服务，其中高校志愿者36名，海阳中学志愿者64名。19日，70名志愿者参与沙滩卡巴迪赛事服务，其中高校志愿者18名，海阳中学志愿者52名。20日，108名志愿者参与滑水赛事服务，其中高校志愿者40名，海阳中学志愿者68名。到24日，4700名赛会志愿者在13个竞赛项目、23个非竞赛领域、123类志愿服务岗位累计服务近53万小时，实现“零差错、零失误、零投诉”目标。

城市志愿者服务 2012年5月16日—6月10日，城市志愿服务进入试运行阶段，每周周六、周日每天工作8小时，从事交通指引、文明导购、信息服务、景区服务、酒店服务、环境整治、治安巡逻等服务。其间，10个领域、30余家单位的志愿者全部参与试运行阶段服务。6月11日—23日，城市志愿服务正式运行，志愿者统一着装，持工作证上岗。

第十章　资产运营与管理

第一节　市场开发

协议签署 2009年3月12日，亚奥理事会与亚沙会组委会、中国奥委会在科威特签署《2012年第三届亚沙会市场开发权让渡协议》，亚奥理事会将第三届亚沙会市场开发权有偿让渡给亚沙会组委会。12月，亚沙会组委会编制完成《第三届亚沙会市场开发计划》，内容涵盖品牌策略、市场营销策略、赞助策略、品牌传播计划、赞助销售计划等。

赞助 2009年3月，亚沙会组委会开始接触、储备潜在目标企业。到2010年1月，组委会联系储备近300家目标企业，每个行业3家以上同类企业。组委会通过官方网站发布赞助商征集公告，并辅助于电话、信函、邮件等形式，向潜在目标企业发布招商信息，征集企业合作意向。11月3日，中国银行、中国移动和山东航空签约成为第一批高级合作伙伴，分别提供金融、移动通信和航空服务。至2012年5月，第三届亚沙会组委会共征集赞助企业31家。其中，高级合作伙伴7家，合作伙伴2家，赞助商6家，供应商16家。

特许经营　2009年10月，市场开发部人员赴深圳，参加中国深圳第17届国际礼品展。其间，与上海世博会的40余家特许企业建立联系，考察富理、炜光、吉邦远东等企业，与10余家潜在特许企业达成合作意向，主要涉及贵金属、徽章、陶瓷等产品种类。2010年7月，正式启动并实施特许经营计划。2011年3月18日，在上海举行的亚沙会及举办城市（海阳）长三角地区推介会上，为中华网、晋江恒盛、金一文化、烟台集雅斋、海阳荣康5家特许企业授牌。此后，陆续在北京、济南、烟台、海阳等地开设全品类特许店20余家。至2012年5月，共授权第三届亚沙会特许经营商11家、特许加盟商7家。

纪念邮票　2010年9月25日，国家体育总局办公厅致函国家邮政局办公室，商请发行事宜。2011年11月，国家邮政局立项发行亚沙会纪念邮票，由中国邮政集团公司负责设计、发行工作。2012年6月16日，组委会与中国邮政集团公司在海阳举行纪念邮票首发式，公开发行《海阳2012第三届亚洲沙滩运动会邮票》。

纪念邮品　2007年12月2日，国家邮政局发行《海阳2012年第三届亚洲沙滩运动会申办成功一周年纪念》个性化邮票，版张内含8枚主票和8枚附票；中国集邮总公司发行《海阳2012年第三届亚洲沙滩运动会申办成功一周年》纪念封和纪念邮折。2012年4月17日，在亚沙会火种采集新闻发布会上，烟台市邮政局发布1枚纪念封和首批4款官方邮品。邮品分别是《激情亚沙风舞海阳》风光立体邮票、《烟台风光》立体邮票折、《龙蕴亚沙》大型个性化邮票卷轴、《点燃激情》海阳2012第三届亚洲沙滩运动会火种采集纪念邮册；5月17日，烟台市邮政局在烟台举行官方邮品发布会，发布邮品6个主题、20余个品种。

指定产品　组委会采取降低参与门槛政策，进行指定产品授权，吸引当地企业参与。对符合条件的企业，授予其产品为“第三届亚洲沙滩运动会组委会指定产品”称谓，并授予企业第三届亚沙会特殊标志使用权，向企业颁发《第三届亚洲沙滩运动会特殊标志使用许可证书》，允许其在产品外包装、宣传推广活动范围内使用第三届亚沙会名称和会徽，但不得使用亚沙会的称谓、标识等进行企业宣传。至2012年5月，21家单位获指定产品授权。

门票　2011年1月，正式启动亚沙会票务工作。11月，制订《第三届亚沙会门票定价方案》。分开（闭）幕式门票和赛事门票2种，以绿色、红色、蓝色和黄色区分预演、开幕式、闭幕式和比赛门票。其中，开（闭）幕式门票分可售票和不可售票。可售票占16%，含公众8%、合同客户8%；不可售票占84%，含注册座席73%、安保座席3%、机位遮挡不超过1%、防涨座席7%。赛事门票分可售门票和不可售门票，可售票占30%，含公众20%、旅行社9%、合同客户1%；不可售票占70%，含运动员座席20%、媒体座席15%、贵宾座席4%、安保座席3%、机位遮挡不超过1%、防涨座席7%、公益团体用票8%、惠民活动用票4%、宾客招待用票7%、非本项目运动员用票1%。

门票不设免费票。除贵宾、代表团官员、运动员、媒体、安保等注册、预留、占用，客户群凭有效注册证件（组委会统一办理）或预留座席门票进入场馆指定区域外，所有观众（含公众、大客户）均购票入场。开（闭）幕式门票最高价2880元、最低价120元，比赛门票最低价20元。

第二节　财政政策与物资管理

财政政策　税收外汇政策　2011年2月，财政、税务部门出台减免营业税、车船使用税等政策。2012年6月10日，外汇管理部门出台给予第三届亚沙会简化外汇手续政策。

体彩政策　2011年6月16日，第三届亚沙会主题即开型体育彩票首发，共有6款票面，每款面值10元。2012年3月8日，“魅力海阳，喜迎亚沙”沙滩运动会主题即开型体育彩票第二期销售。

社会捐赠　2011年3月，亚沙会组委会开设捐赠账户。到2012年6月，共接收现金捐赠10.2万元，苗木、书画作品等物资捐赠折款上百万元。

物资管理　物资配置含竞赛物资、信息技术物资、其他物资配置。其中，竞赛物资配置优先使用赞助和捐赠，其余物资采取借用、租用、采购的办法，由组委会统一配置。资产管理建立三级负责制和资产清点登记制度，赛事结束前，坚持“哪来哪去”的资产清查、回收原则，组织各中心报账员、资产管理员及财政局工作人员，对资产进行清查、登记、回收。每项赛事结束后，会计核算中心进行物资回收工作，随结束随回收，统一登记造册，分门别类存放。

第三十二编

社会生活

1978年后，海阳城乡社会发生深刻变化，人民群众物质文化生活水平逐年提高。1982年11月，全县广泛开展“五讲四美三热爱”活动。1987年9月，海阳县精神文明建设协调委员会办公室成立。1978—2010年，精神文明建设活动遍及全市，丰富健康的精神生活和文明礼貌的社会风气逐渐形成。

改革开放后，海阳经济快速发展，城乡居民收入逐年增长，消费支出逐年提高，消费观念不断转变，“吃、穿、用、住、行、游”发生深刻变化。人均住房面积大幅度提高，城镇居民人均住房面积由不到10平方米增至28.7平方米；农民人均住房由10多平方米增至37.1平方米。电视机、电冰箱、空调、手机、电脑、轿车等进入寻常百姓家，城乡居民生活质量改善，人民生活水平提升。人民生活的改善，民俗风情也发生变化。

第一章　居民生活

第一节　农村居民生活

经济收入　1978年，海阳农村实行“三级所有，队为基础”的计划经济体制，农民人均年纯收入148元。1982年后，实行家庭联产承包责任制，农民可以自主种植、自主经营，生产积极性高涨。1983年，农民人均纯收入由1979年的168元增加到529元，增长214.9%。1985—1993年，农民商品意识增强，粮食和经济作物、林果业兼做。其间，乡镇企业快速发展，带动了农民就业。部分农民从事养猪、养鸡、养鱼等养殖业，有的农民经商办企业，有的农民外出打工，农民收入渠道增多，个体户、专业户、万元户、农民企业家应运而生。1993年，农民人均纯收入1053元。此后，社会主义市场经济进一步确立，农民发展经济空间更大。通过发展高效农业、个体私营经济、特色种植养殖业，农民收入大幅增长。2000年，农民人均纯收入2821元。随着经济的发展，农业、农村、农民“三农”问题引起重视。党中央制定一系列惠农政策，实行税费改革，取消农业特产税，农民收入增长加快。2005年，农民人均纯收入4709元。2006—2010年，城镇对农民工需求增加。农民创业方式多样化，收入渠道广泛，收入增加。至2010年，农村居民人均纯收入9260元。

1978—2010年海阳市农民年人均纯收入统计表

表32-1-1　　单位：元

年　份	纯收入	年　份	纯收入	年　份	纯收入	年　份	纯收入
1978	148	1987	602	1996	2120	2005	4709
1979	168	1988	718	1997	2048	2006	5368
1980	229	1989	849	1998	2503	2007	6268
1981	203	1990	766	1999	2663	2008	7328
1982	299	1991	792	2000	2821	2009	8051
1983	529	1992	830	2001	3036	2010	9260
1984	593	1993	1053	2002	3269		
1985	492	1994	1418	2003	3510		
1986	525	1995	1771	2004	4060		

消费支出 1978年，农民消费水平较低，食品为生产队分配的粮、油、菜，人均生活消费支出142元。衣着色调男女均以蓝、灰、青为主；布料以棉布为主，的确良、腈纶被视为高档布料，衣服大多是家庭手工和裁缝店制作而成。住房大多为石基土坯房，家具大多为老式家具。有自行车的人家较少，短途一般步行，远距离或骑自行车或乘客车。实行家庭联产承包责任制后，农民收入增加，购买力提高。1985年，农民人均生活消费支出401.2元。农民食品基本实现细粮化；农村居民食物来源为自产自收的小麦、玉米、地瓜等粮食和白菜、萝卜、豆角、黄瓜、韭菜等蔬菜。衣着色调、款式多样化，化纤布料占主导；自行车、手表、缝纫机、收音机及写字台、沙发、大立橱等进入普通家庭；不少农民开始翻修房屋盖新房；有的家庭购买摩托车和大型农机具。1995年，农民人均生活消费支出突破1000元，达到1218元。农民食品消费由“吃饱”向“吃好”转变，食品消费占总消费的比例下降；衣着色调、款式时尚，年轻人服饰与城里人无大差别；住房支出增多，新房讲究宽敞明亮，以砖石结构为主，门窗有的以铝合金为材料，家庭条件好的盖起二层小楼；录音机、电视机、电话、电风扇、洗衣机、电冰箱、电冰柜等家用电器陆续进入家庭；购置拖拉机、播种机、联合收割机等大型农机具成为新的投资热点，部分家庭购买农用汽车、小型面包车。2000年，农民人均生活消费支出532元。用于教育、交通、通信的消费有所增加。2005年，农民人均生活消费支出2559元。其中，食品支出1219.3元，衣着支出186.2元。2010年，人均生活消费支出4391.2元。其中，食品支出1703.4元，衣着支出255.8元。农民人均住房面积37.1平方米，人均居住消费支出655.1元。其中，购买居住消费品支出503.1元，居住消费服务性支出152.0元。

自行车证

耐用品消费 1978—1990年，农村家庭耐用品匮乏，以黑白电视机、收音机、自行车为主。1990年，主要耐用品拥有量，每百户拥有自行车153辆、缝纫机70架、手表210只、电视机70台、电风扇19台、收音机64台、摩托车2辆、收录机20台。1995年，主要耐用品拥有量不断增加，每百户拥有自行车171辆、缝纫机91架、黑白电视机66台、彩色电视机30台、电冰箱10台、电风扇57台、摩托车4辆、洗衣机3台、录像机1台。2000年，每百户拥有自行车162辆、缝纫机84架、手表170只、电视机102台、电冰箱20台、电风扇84台、摩托车21辆、洗衣机3台、录像机2台、照相机5架。2005年，每百户拥有自行车147辆、电视机96台、电冰箱63台、电风扇92台、摩托车39辆、洗衣机9台、组合音响7套、影碟机46台、照相机7架、固定电话95部、移动电话39部、家用计算机2台。2010年，每百户拥有自行车129辆、电动自行车22辆、电视机101台、电冰箱91台、摩托车57辆、洗衣机39台、影碟机47台、照相机9架、固定电话86部、移动电话103部、家用计算机14台。

第二节 城镇居民生活

经济收入 1978年，城镇居民收入结构单一，除工资外几无其他收入，部门、行业、不同所有制单位之间个人收入差别不大。同年，全县有全民所有制企业职工12368人，职工工资总额606.8万元，职工年人均工资491元。

1979年，全民所有制企业职工年人均工资535元。1984年，职工年人均工资854元，同比增加319元，增长59.6%。

1985年，机关、事业单位开始实行以职务工资为主要内容的结构工资制，进行工资套改，工资提高。此后，企业职工工资调整与机关事业单位脱钩，工资总额与经济效益挂钩，工资增长速度由企业经济效益高低自主确定。到1990年年末，全县职工人数47623人，职工年人均工资1746元。

1991—2000年，城镇居民收入快速增长。其间，市场经济体制逐步确立和完善，企业改革不断深化，个体私营经济蓬勃发展，带动城镇居民收入大幅增长，除工资收入以外的其他劳动收入、财产性收入也逐渐增多。部门之间、行业之间的收入差距开始拉大，企业下岗职工增多、收入下降。1993年，事业单位分全额拨款、差额拨款、自收自支3种类型，分类管理，机关工作人员实行职级工资制。1994年后，连续几次提高机关事业单位工作人员工资标准和档次，企业则根据自身的效益，调整职工工资。2000年年末，全市在岗职工32504人，比上年年末减少1994人，年人均工资7509元，比上年增长17.8%。离开单位仍保留劳动关系的职工13444人，人均发放生活费394元。

2001—2010年，境内国民经济快速发展，城镇居民的收入渠道不断增多，城市居民可支配收入快速增加。2005年年末，在岗职工33681人（统计范围变化），比上年年末增加5047人，人均年工资13528元，比上年增长17.5%。离开单位仍保留劳动关系的职工3546人，人均发放生活费6508元。2010年年末，全市在岗职工32366人，比上年年末增加218人，人均工资28115元，比上年增长10.4%。离开单位仍保留劳动关系的职工1302人。

2010年，城镇居民家庭人均可支配收入20154.3元，比上年增长14.7%。其中工薪收入14823.0元、经营净收入3680.9元、财产性收入222.9元、转移性收入1909.1元；出售财产收入3.3元；借贷收入2629.6元。

消费支出 1978年，城镇居民购买力和消费水平较低。食品消费实行凭票证供应，肉、蛋等副食品供应量少。衣着色调款式单一，衣料质地不高。少数家庭拥有自行车、手表、收音机等日用消费品。80年代，个体、零售发展快，计划商品种类缩减。手表、自行车、收音机、缝纫机普及，电视机、电冰箱、洗衣机等高档家庭耐用品开始进入普通家庭，部分家庭购买摩托车，有的家庭安装电话。90年代，教育投资成为家庭消费的重要方面，孩子从小学到大学的学杂费、生活费、学习用品费用是家庭不小的开支。食品消费中副食品消费量增大，衣着消费增加，花色款式多样。彩色电视机、电冰箱、洗衣机等高档家庭日用耐用品大量增加。2000年后，随着社会主义市场经济体制的进一步完善，买方市场形成，城镇居民消费观念不断更新，消费结构逐步优化升级，消费水平进一步提高。饮食消费更加注重营养保健、讲究科学，奶及奶制品消费支出增长；衣着求新、求变、求时髦，讲档次、讲品牌、时装化。注重住房、轿车、信息、旅游、文化娱乐、健身等，生活方式逐步向健康型、舒适型发展。随着改革进一步深化，用于教育、医疗、养老、住房方面的支出较大。2005年，城镇居民人均消费支出6762.6元。2010年，城镇居民人均消费支出12320.8元。其中，服务性消费支出1884.5元，食品支出3906.8元，衣着支出2340.6元，家庭设备用品及服务支出1589.0元，医疗保健支出523.6元，交通和通信支出761.4元，教育、文化、娱乐服务支出1727.0元；转移性支出1821.4元；社会保障支出409.7元；借贷支出8694.9元；期末手存现金650.9元。同年，城镇居民每百户拥有摩托车40辆、洗衣机78台、家用汽车10辆、电冰箱106台、彩色电视机130台、照相机54架、家用电脑54台、组合音响22套、淋浴热水器80台、饮水机52台、固定电话86部、移动电话192部。

居住条件 70年代，城镇居民（主要是机关干部、公办教师、国有集体企业职工）住房多为砖木结构瓦房，人均居住面积不到10平方米。80年代，有条件的单位为职工建福利房（楼），但户

2010年，海阳旅游度假区臧家村

型较小，建筑面积多为 60 ～ 80 平方米。1988 年后，境内开始住房制度改革，单位逐步取消福利分房，商品房建设步伐加快，城镇居民住宅商品化、社会化。2005 年，境内城镇居民人均住房建筑面积 26.6 平方米，使用面积 19.8 平方米。2010 年，城镇居民人均住房建筑面积 28.7 平方米。

1978—2010 年海阳市城乡居民储蓄存款统计表

表 32-1-2　　　　单位：万元

年　份	储蓄余额	年　份	储蓄余额	年　份	储蓄余额	年　份	储蓄余额
1978	2422	1987	23182	1996	212965	2005	510552
1979	3411	1988	30569	1997	242496	2006	599491
1980	4793	1989	39686	1998	268842	2007	673124
1981	5416	1990	50573	1999	288836	2008	825528
1982	5737	1991	60017	2000	305856	2009	978989
1983	8228	1992	75602	2001	335241	2010	1159816
1984	12137	1993	96858	2002	374005		
1985	15115	1994	130259	2003	405324		
1986	18546	1995	170090	2004	436703		

第三节　老龄人生活

管理机构　1987 年 12 月，海阳县老龄人工作管理委员会成立。1988 年 5 月，成立老龄委办公室，隶属县劳动局。1994 年，撤销老龄委办公室，老龄工作移交县民政局管理。2002 年，老龄委隶属市政府，老龄委办公室设在市民政局，独立办公，为正科级，乡级老龄工作由镇（区、街道）民政助理员兼任。

人口数量　1982 年，60 周岁以上老年人 63951 人，占全县总人口 9.4%；1990 年，60 周岁以上老年人 70223 人，占全县总人口 10.1%；2000 年，60 周岁以上老年人 93390 人，占全市总人口 13.5%；2010 年，60 周岁以上老年人 132816 人，占全市总人口 20.0%。社会人口老龄化程度逐年增高，高于烟台市和全省平均水平。生活在农村的老年人占 94.7%，生活在城市及镇（区、街道）驻地的占 5.3%。

生活保障　1989 年，国务院将农历九月九日定为老人节。每年老人节，市（县）委、市（县）政府以及乡（镇、区、街道）、有关单位领导开展走访慰问老年人活动，组织社会各界为老年人送温暖做好事。2010 年，老年人收入及生活质量有

下象棋

农民夜晚文化生活

大幅度提高，城镇老年人收入高于农村，南部沿海农村老年人收入高于北部山区。农村60～69周岁老年人由于体力较好，在耕种口粮地的同时，从事其他副业或外出打工，收入相对较高；70岁以上老年人丧失劳动能力，主要靠子女供养。老年人平均有子女3.5个，以有2～5名子女者居多，80%的老年人与子女分开居住，老年人都能做到“冬棉夏单有衣穿，衣食住行不害愁”。城市老年人大多参加文化体育活动，经常参加活动的老年人占68.8%。2010年，90%以上的村有健身器材和活动场所，农村老年人参与文体活动的人数增多。

第二章　精神文明建设

第一节　公民思想道德教育

1978年，全县建立起县、公社、大队三级思想政治工作网络，对干部群众进行改革开放、实事求是思想路线教育，统一群众的思想。1979年，在全县开展“学雷锋、树新风”活动，表彰一批在学雷锋活动中表现突出的青年团员、少先队员、先进集体和个人。自此，每年3月5日都在全县组织开展不同形式的学雷锋活动。1982年11月起，在全县开展以讲文明、讲礼貌、讲道德、讲卫生、讲秩序和心灵美、语言美、行为美、环境美，热爱祖国、热爱社会主义、热爱中国共产党为主要内容的“五讲四美三热爱”活动，并且与“学雷锋、树新风”、创“五好家庭”“五好学生”“新长征突击手”“三八红旗手”和“文明礼貌单位”等活动相结合，在全县形成人人争先进、处处讲文明的局面。1990年，在全县开展社会主义教育活动，对农民进行政治、经济、科技、文化和思想道德教育，推动全县农村两个文明建设。

1996年11月，市委制定《关于学习贯彻〈中共中央关于加强社会主义精神文明建设若干重要问题的决议〉的实施意见》，提出要加强思想道德建设，提高全市人民的文明素质；发展文化事业，为人民群众提供更多更美的精神食粮；深入开展群众性精神文明创建活动，发展科技教育和各项社会事业，加强党对精神文明建设的领导。2001年，全市各级结合贯彻落实《公民道德建设实施纲要》，制定完善村规民约、文明公约和各种道德规范，提高公民的社会公德、职业道德和家庭美德。

2007年，在全市青少年中开展成长教育、校园文化建设年活动，为校园文化和学生道德规范的养成创造良好氛围。开展法律知识、环境保护、安全自救、健康卫生知识、礼仪知识进校园五大活动，先后举办征文比赛、知识竞赛、歌咏比赛、书画大赛、诗歌朗诵等活动160多场次。开展我与亲人讲文明、我劝亲人平安行、我与亲人讲环保等“小手拉大手”活动。同年，海阳市教育体育局获全国中小学思想道德建设示范单位称号。2009年，全市开展评选“感动海阳人物”活动，“六义士”（谭炳喜、谭业君、姜国平、姜德友、高林、姜文堂）、于国进、于笃平、王旭坤、王福敏、“环卫四姐妹”（周建花、于维娜、陈红、颜德华）和姜淑卿、高秀、董仁章、薛仁贵当选为“感动海阳人物”。2007—2010年，全市共评选出烟台市道德模范6名、海阳市道德模范93名。

海阳市善行义举“四德”榜

第二节　文明活动开展

1980年，在全县开展文明村庄、文明单位、“五好”家庭为主要内容的文明共建活动。1982年2月，全县开展第一个文明礼貌月活动，并将每年的3月定为“文明礼貌月”。在第一个文明礼貌月活动中，全县有2.38万名青少年做好事。文明礼貌月后，各行业青年自愿组织起青年服务队，照顾“五保户”，送货上门，下乡做好事。到1984年，全县涌现出青年专业户、示范户、致富能手144人，新长征突击手280人，其中省级4人、烟台市级11人。1987年5月，全县召开精神文明建设总结表彰大会。会议表彰39个文明村、46个文明单位、65个文明窗口、1个文明系统、11个最佳服务单位、5个服务明星、30个最佳服务员、1个省级文明单位、5个烟台市级文明单位、5个烟台市级文明村。同年，海阳第一饭店副经理于丽云被商业部授予全国商业系统劳动模范称号。1988年5月，县委制定社会主义精神文明建设意见，提出全县各行各业在10%的单位要建成文明单位、文明窗口基础上，再推选出一批烟台市级文明村、文明单位、文明窗口、文明系统和最佳服务明星。该做法被国家《精神文明报》刊载。1993年，在全县开展做文明市民、建文明城市活动，各窗口单位推行文明、优质服务，推广普通话；有关部门制定加强市容环境管理、行业管理、文化市场管理等规章制度；开展社会治安秩序、市场秩序和扫黄打非整治工作；开展以青少年为重点的爱国主义故事演讲、歌曲演唱比赛等活动。1995年，组织科技、文化、卫生“三下乡”活动，送科技资料下乡1万余份、图书3000余册；县京剧团、文化馆演出20多场次。

1998年，开展提高市民文明素质、改善城市文明环境活动，在涉外宾馆、酒店、商场和旅行社开展外语水平、文明礼仪、公共标识和服务质量综合考核活动。2006年，在全市开展迎奥运、讲文明、树新风，同在一方热土、共建美好家园活动，解决城市环境、公共秩序、社会风尚方面存在的问题。开展推进社会主义核心价值体系建设活动，制定《海阳市民文明公约》《海阳市民行为守则》。开展讲诚信、树新风、创文明教育实践活动。在全市开展评选十佳青年、十佳政法干警、十佳离退休干部（工人）、十佳农民、十佳工人、十佳服务明星、十佳个体户、十佳和谐家庭等17个行业“十佳”活动。

2008年6月，市委、市政府制定创建省级文明城市先进城市的实施意见，要求组织实施好服务型政府建设、“平安海阳”建设、“诚信海阳”建设、市民素质提升、市容市貌整治、生态环境优化行动，并将创城工作纳入全市年度岗位目标责任制考核。编发《全市创建文明城市工作简报》；在海阳之窗网站开设栏目，对创建文明城市工作进行全程跟踪报道。印发《致市民的一封信》《全省文明城市工作先进城市测评调查问卷》及其他创城宣传材料10万余份，发放到每个家庭。针对城区各主要场所、商业街、交通干道、蔬菜市场、批发市场、社区生活区卫生死角“脏、乱、差”的问题，组织有关部门开展集中整治活动23次，参与人员2万余人次；开展“携手办亚沙、文明伴我行”精神文明创建活动。制订文明礼仪推进、普通话和日常英语培训、文明志愿服务、全民健身推广、魅力海阳展示、文明环境创造等“六大行动”等主题活动方案，先后组织开展各项活动80多次，参与单位120余家、16万人次。2010年，举办全民健身、全民阅读、“文明办公、低碳生活”等活动，发放全民阅读倡议书2000余份。培训志愿者和机关干部志愿者5次、1400人；培训青年、妇女干部近百人。开展农村环境整治活动，重点解决柴草乱垛、粪土乱堆、污水乱泼、禽畜乱跑和绿化、亮化等问题。

第三节　文明单位创建

1983年，县委制定开展创建文明村、文明单位活动的意见，要求加强共产主义思想教育，确立标准，制定规划，抓好队伍和阵地建设；建立定期经验交流制度，各公社、各系统每季度一次，县委每半年一次；建立检查评比和奖惩制度。是年8月，县委召开全县精神文明建设经验交流大会，全县21个大队、22个单位被评为“文明村”“文明单位”。1985年，县商业局被山东省五讲四美三热爱委员会授予商业系统文明单位称号，并连续3年保持先进荣誉。1986年4月，发城镇王家山后等4个村被命名为烟台市级文明村，县商业系统被评为烟台市唯一的文明商业系统，海阳一中等4个单位被命名为烟台市级文明单位，纺织机械厂工会等3个单位被评为烟台市级精神文明建设先进单位。1987年，海阳宾馆被省精神文明建设协调委员会评为文明单位。1982—1987年，全县评选县级文明村295个、文明单位275个、文明窗口92个、文明柜组56个、文明系统2个、最佳服务单位13个、服务明星15人、最佳服务员66人。1999年，海阳一中等38个单位被烟台市评为文明单位，辛安镇被评为文明镇，市电业小区被评为文明小区。2006年，市人民检察院等39个单位被烟台市评为文明单位，行村和徐家店镇被评为文明镇，方圆街道西哲阳村、辛安镇谢家村、凤城镇建设村、郭城镇松树夼村被评为文明村。2008年，全市7个单位被评为省级文明单位，1个镇被评为省级文明镇，4个机关被评为省级文明机关，3个村被评为省级文明村。同年，海阳被省委授予创建省级文明城市工作先进市称号。2009—2010年，全市先后开展“文明山东”测评、“诚信海阳”建设等活动。

第三章 民 俗

第一节 人生礼仪

诞生礼俗 报喜 传统的报喜礼仪，主要是向岳父母家报告，也包括一些平时有来往的亲戚、邻居和朋友。旧时，携带的礼物以“喜蛋”（鸡蛋煮熟后涂上红颜色）最为常见。接受报喜的人中，主家的直系亲属和产妇的亲近女友去医院探望，并向其夫妇道喜，馈赠些婴儿用品和营养品，谓之“看欢喜”。婴儿出生后，必须有个名字。名字有“乳名”与“学名”之分。受传统文化熏陶，人们常常借取名祈福求祥。自1996年1月1日开始，孩子一落地就要开具出生证明，紧接着就是落户口、获取伴随终身的身份证号码，一般在出生前就取好了“学名”，“乳名”与“学名”一致，且对取名也越来越看重，一些人还花钱请人给孩子起名，并因此催生相关行业。

满月 婴儿出生后一个月，通常会举行“满月宴”。被邀请的亲朋都提前准备礼物，待“满月宴”当天赠送。“满月宴”上，亲朋好友一同举杯，庆祝新生儿健康成长。宴会结束后，多数家长会请人为孩子剃“满月头”，并向街坊邻里分送“喜蛋”。这一天，不少人家还要为婴儿称重，以见证一个月的成长。2000年后，还时兴制作“胎毛笔”“胎毛坠”“脐带章”“宝宝手足印”等精美物件，为孩子留下儿时记忆。

百岁 “过百岁”，是指初生婴儿一百天举行的庆贺仪式，比较流行。这一天，一家人热热闹闹吃顿饭。满月时没请客的，一般要摆“百岁宴”；不少人家会给孩子佩戴“金锁”“银锁”，祈愿孩子“长命百岁”；多数人家会给宝宝拍“百岁照”，留下永恒纪念。

周岁 对人生中的第一个生日，普遍都很重视。庆贺仪式主要是吃“长寿面”，祝愿宝宝健康成长；穿“虎头鞋”，借助“百兽之王”的虎威为宝宝壮胆辟邪；吃“生日蛋糕”，共同唱《生日快乐》歌；办“生日宴”，虽然只限于本家族范围，

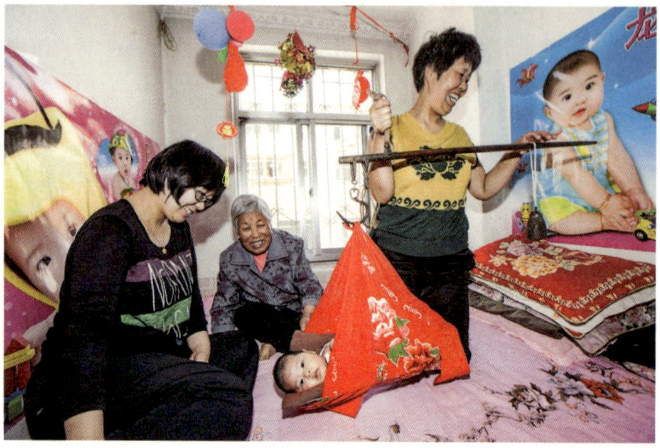

满月称重

但气氛必须欢快热烈；拍“全家福”照片，留存家族添丁后的第一张“全家福”。

以上习俗，由于地域不同会有差异。但是，“抓周”礼仪却是一样的。事前将一些生活用品放在笸箩里，让孩子随意抓取。亲人欢绕婴儿，观其发意所取，预卜将来志向。长期以来，许多家长并不迷信这些说法，仍主张让自己的孩子抓，也是这一风俗长盛不衰的重要原因。

成人礼俗　冠礼　男子满20岁时行冠礼，表示其已成人，被族群承认。具体仪式是由受礼者在宗庙中将头发盘起，戴上礼帽。加冠之后，由父亲或其他长辈、宾客在本名之外另起一个“字”，只有“冠而字”的男子才具备日后择偶成婚的资格。《海阳县志》（清乾隆七年版）记载：“冠礼　士大夫家多行之，遵家礼，稍略繁文。”由此可见，海阳男子的成人礼只在大多数文人知识分子和官宦之家实行，而且程序也不那么烦琐。

笄礼　女子的成人礼叫笄礼，满15岁时举行，亦称“及笄”。仪式比较简单，由母亲或其他长辈将其头发盘结起来、加上一根簪子即可。发式的改变，标示少女时代的结束。对于女子的成人礼，《海阳县志》（清乾隆七年版）中没有记载。但在《海阳县续志》（清光绪六年版）“烈女·于氏”和“贞女·王氏”中有“明于氏，石马滩头人，年未及笄”和“国朝王氏……及笄”的记述，说明海阳女子的成年礼是普遍的。

婚嫁礼俗　提亲　由媒人牵线搭桥，是最常见的提亲形式。通常情况下，媒人根据双方年龄、相貌、性格、职业、文化程度、家庭状况等方面综合考虑，认为双方门当户对，先到女方家介绍男方情况，若女方有意，再到男方家介绍女方情况。双方皆有意后，则约双方见面交谈。彼此满意就建立关系，以后自行约会，加深感情；也有的青年男女本来确定了恋爱关系，为求名正言顺而托人到双方家中提亲的；还有的自由恋爱后将对方带到家中，自己当媒人的。90年代后，婚姻介绍所及各种形式的鹊桥会应运而生。

订亲　男女双方交往一段时间后，感觉满意即可订亲。订亲前，男方要与媒人商定给女方订亲礼的规格、数量。订亲之日，男方家长邀请媒人和女方家长到家里做客，以交谈方式将亲事订

2009年10月，农家喜事

下，并通过媒人给女方订亲礼物。女方收下订亲礼，表示亲事正式确定，男方设宴招待。

嫁妆　婚期前两天，女方向男方家送陪嫁物品。70年代，一般为柜、桌、杌凳、被褥、枕头、茶壶、茶碗、拜匣、镜子、座钟等。80年代，自行车、缝纫机、手表、收音机成为必备。90年代，要求有摩托车、电视机、金首饰。2000年后，电脑、轿车成为陪嫁“新宠”。

娶亲　正式结婚，俗称“将媳妇”。娶亲前，男女双方同去当地政府办理结婚登记手续，90年代后期改到民政部门登记。娶亲当日，两家张灯结彩，门贴喜联，并在新房附近主要街道张贴喜字，污秽之处铺贴红纸。迎娶新娘乘坐的交通工具，随时代变迁而变化。70年代用自行车，80年代用摩托车、农用车，90年代多用面包车，2000年后用小轿车，车队多在6辆以上，且披红挂彩。新娘由娘家人陪送，到男方家下车时鞭炮齐鸣，彩带飞舞，新郎新娘步入院中，司仪主持婚礼仪式。之后，新娘入洞房，围观者随即涌入洞房。中午，男方大摆宴席，招待女方客人与贺喜亲友。喜宴过后，还要举办一场小席，出席人除新郎新娘外，还有男方父母、舅舅等长辈及女方送客，主要是介绍新郎新娘情况并提出要求。小席饭菜一般从简，但女方娘家带的水饺必不可少。80年代前，农村婚宴多在家里举办。90年代后，农村也和城里一样安排在酒店，聘请婚礼公司承办，仪式隆重、全程录像，且规模越来越大、档次越来越高，“份子钱”也从三五十元逐步增加到几百元乃至上千元。

80年代前，婚期多定在每月的初八、十六、

二十六，有的还专门请人挑选“黄道吉日”。90年代，政府倡导新事新办，不少青年男女选择参加元旦、“五一”、“十一”集体婚礼，也有的选择旅行结婚。

回四　也称“归宁”“省亲”，俗称“回旧”。多在新婚第四天进行，主要议程是新娘偕同新郎回娘家认亲。90年代后，多数人家在婚礼的第二天即举办归宁仪式，有些干脆双方合办婚礼。当日，多数女方父母也都举行隆重仪式，大宴宾朋。借此机会，新女婿向所有长辈行认亲礼，平辈内亲互相拜会。女方小辈也向新姑爷见面认亲，新郎照例分发红包、赠送小礼品，确立各自相互间的亲戚关系。然后，开席庆贺成婚之礼。至此，整个婚礼宣告结束，新婚夫妇进入正常生活。

老年人再婚　80年代前，无论乡村还是城镇中的老年丧偶，多数仍同子女生活在一起，再婚受到社会歧视。90年代，再婚开始被社会接受。主要方式有两种：经人介绍，双方同意，办理登记手续，属正常婚姻；男女双方合住，但不办理登记手续，只是为了互相照料。一方去世，另一方回归本家，不涉及财产矛盾。2000年后，随着老龄化加剧，老年再婚阻力越来越小，阻拦和干涉受到舆论谴责。但在农村，由于经济条件限制，再婚者仍属少数。80年代前，贺婚礼一般只贺初婚。90年代后，部分再婚者同样张罗婚礼。

交际民俗　贺喜　是指对吉庆之事表示祝贺。贺新生（详见本节“诞生礼俗”）。贺新婚（详见本节“婚嫁礼俗”）。贺寿诞。一般居民过生日，扎红裤带，以示吉祥；吃面条、寿桃（面做），象征长寿。五十岁起，过生日称“做寿”。六十六岁为大庆，取“六六”大顺之吉。但上有长辈者，虽满六十岁也不能庆寿。庆寿规模因家庭经济状况而有差别。70年代后，城乡居民庆寿之风日盛，且不受年龄限制。改革开放后，时兴照生日相、点生日蜡烛、吃生日蛋糕、宴请亲友等。贺新居。建筑新房，亲友备礼相助，俗称“温锅”。上梁之日，贴喜联、鸣鞭炮，并备酒菜，欢宴木、瓦匠及帮工者，谓之“喝上梁酒”。农村建房，视为重大治家之举，经济支出最大，素有千家帮一家之习，左邻右舍和亲朋好友皆主动帮工、送礼祝贺，促顺利建成。80年代后，职工乔迁之际，同事、亲朋携礼恭贺之风日盛。

往来　节日间的亲戚往来有规矩和禁忌。比如，出嫁的闺女不能在娘家过年、送年之前不能回娘家、新媳妇第一个元宵节要“躲灯”等。八月十五与春节，为民间两大节日。旧时，中秋节主要送月饼。80年代后，除月饼外，还有水果和酒等。进入21世纪，月饼只是象征性地送点儿，多送些水果、牛奶、酒或时令海鲜等。春节的礼物相对丰富，但没有特制的点心。

亲戚间平日往来也较多，主要是互通有无、遇事相帮一类事务性的往来。过去儿女结婚后，亲家间的相会一般不多，见则必须礼节周全。2000年前后，独生子女成家立业渐入高潮，亲家间的交往也显得频繁。对于春节这样的重大节日，不少人家打破老规矩，采取“轮流制”，有的干脆两家一起过。

待客　迎送　初次见面说“久仰”，多时不见说“久违”；宾客到来说“光临”，看望别人说“拜访”；陪伴客人说“奉陪”，中途先走说“失陪”；送客时，客言“留步”，主言“走好”，宾主共言“再见”“后会有期”。一般宾客将至，主人迎至门外，见面先作揖，然后请客人先行或携手并行。客人入屋后，坐上首，主人下首陪坐。客人告辞，主人要送至门外，然后作揖告别。中华人民共和国成立后，迎接客人普遍行握手礼，并互相问好，用双手则表示十分亲密和敬重。客人骑自行车，要代客人将车推至院内。分别时仍行握手礼，主人须等客人走远方归。平时邻里或熟人相见多问候“吃饭啦”“上哪去”等语，一般不行握手礼。80年代，时兴互相交换名片，青年中“再见”说“拜拜”。

称谓　海阳居民对不同职业、不同年龄、不同熟悉程度的人，在不同社交场合有不同的社会称呼。称人。父为令尊，母为令堂，岳父为泰山；妻为贤内、宝眷、内掌柜、爱人和对象（亦自称）；儿为令郎，女为令嫒、千金；兄、弟、姐、妹，均冠以“令”字。姓为贵姓、尊姓，名为大号、台甫；村为宝庄、贵村，家为府上、雅居等。自称。父称家父、家严，母称家母、家慈，去世父母称先父、先母；妻称拙荆、贱内、家里、老婆；儿称犬子、女称丑女；自身称卑人；姓称贱姓，名称小号；村称穷乡，家称舍下、寒舍等。同村人不论血缘关系远近，晚辈称长辈皆以辈分称号相称，如爷、大爷（指大伯）、叔、奶、大妈（指伯母）、婶、姑等；长辈对晚辈以小名（乳名）称之；同辈人皆以哥、姐、弟、妹相称，或在该称呼前冠以乳名。只有在隆重场合或处理郑重事项时，如亲朋红白事的礼节、祭祀、签订契约、钱粮交涉才用大名。对有特殊职业的外来人一般用职业称呼，如对各类匠人称师傅、对教师和有学问的长者称老师或者师傅、老师之前冠以姓氏，对干部则习惯以职务相称。外出与不熟悉人打招呼时，对年纪大的称大爷、大娘，对年轻的称大哥、大姐或老弟，对儿童称小弟弟、小妹妹。50—70 年代，曾一度不论年龄大小、职务高低见面皆称同志。对年长者称老同志，对儿童称小同志。80 年代后，称同志者渐少，对男性多改称师傅，对女性多按不同年龄称大姨、大姐等，对文化层次较高者和外地、海外客人中的男性称先生，对长者女性称女士，对年轻女性称小姐，等等。陪客。客人到家，主人要热情相陪。客人落座后，一般先向客人敬茶。倒茶时，右手提壶，左手遮掩杯沿，以示尊敬。海阳素有“浅茶满酒”之说，茶不可倒满杯，七八分杯即可。主人要双手递茶，放置茶壶要注意壶嘴方向朝外或无人处，忌朝客人。敬茶违背以上习俗则为对客人不恭。敬茶后在陪客人饮茶的同时，要主动与客人叙谈，避讳“静场”使客人尴尬。就宴时，主人要先请客人落座，先给客人斟酒，用餐也以客人为先，主人须等客人用完餐后自己方可放筷。

宴席　民间宴请宾客，俗称“坐席”。从宴桌摆放到席位排列、上菜顺序，皆有俗规，违者即为失礼。清代最讲究的是“满汉全席”，民国初年改“满汉全席”为“大汉全席”，后兴“中山席”，中华人民共和国成立后旧席仍行，又增“酒会席”“宴会席”“便餐席”。80 年代，宴请之风盛行，各种形式的中餐宴席数量增加，规格分明，菜肴丰富。90 年代，一般的宴席都习惯“吃标”，除个别菜品可以调整外，不需要主人再具体点菜。宴会的席位、规矩、礼仪大体是：排座位时，同族人一般由长辈上座，晚辈按年龄大小依次就座；如有主人的朋友则让其首席。但另有几项特殊规矩：男女结婚时，新郎、新娘不论辈分、年龄，分别在岳丈、婆家的宴席上坐首席，称为“贵客”“娇客”；外甥、外孙不算客，与自家子侄序齿排座。

探病　事先预告。探望前告知病人家属，商定适当时机。进门前轻轻敲门，让病人有穿衣或盖被的时间，以避免不必要的尴尬。如果病人正在休息，可静静等候一会儿，甚至可把带去的礼物交给病人亲属或者医护人员而改日再去。忌讳午后探望病人。举止得体。进病房要注意安静，不要大声喧哗。若看到病床周围有瓶子、管子和固定架等医疗用品和器具切莫大惊小怪，看到痰盂便桶、血迹脓水之类不能面露厌恶之色，避免谈论可能刺激对方或有关忌讳的话题，不要向病人介绍道听途说的偏方秘方和特效药物，更不能在重症患者面前哭泣流泪。如果病人的病情需要保密时，不要和病人一起去乱猜，也不能将自己知道的病情透露给病人。对想坐起来接待的卧床病人应劝其躺下，如果病人执意坚持则应上前搀扶一把。当见有他人来探病时，应主动告辞。告别时，应谢绝病人送行，并询问病人是否有事相托，祝福病人早日恢复健康。选好礼品。按照日常习惯，探望病人可适当赠送鲜花、水果以及有利于病人健康的食品。送水果最好是那些方便取食的（如苹果、香蕉等），不要送那些气味太冲或容易弄得满身都是的（如榴梿、杧果等）。同时针对患者病情选择合适水果，避免因吃错水果而加重病情。必要时，可咨询医务人员。若送花，一定要精心选择那些带有吉祥或祝福意义且容易让人心情变好的花。切忌送整盆的花，以免病人误会为“久病成根”；也不要选送气味浓烈、色泽浓艳的花种，以免引发神经过敏、情绪烦躁。

书信　书信往来有着严格的礼仪民俗，基本包括称谓语、提称语、正文、祝愿语、署名等五个部分。称谓语。寄信人在书信的开头对受信人的称呼，担当着重要的社交礼仪作用。一般说来，称谓语可分为亲属称谓和社交称谓两大类。亲属称谓，指的是以本人为中心确定亲族成员和本人关系的名称，如父、母、伯、叔、姑、舅、姨、哥、姐、弟、妹等；社交称谓，包括大家、各位、诸位等代词称谓，先生、小姐、女士、夫人、殿下等社交称谓，部长、省长、市长、县长、乡长、校长、院长、厂长、经理等职衔称谓，以及医生、护士、老师、会计、律师、教练等职业称谓，前面加上姓以示尊敬。提称语。紧接在称谓语下，表示对受信人的尊敬。旧时，一般对父母称膝下、膝前，对长辈称叩禀、金安，对师长称函文、坛席，对平辈称如晤、雅鉴，对同学称砚右、文几等，对上司称钧鉴、鉴核，对下属称知悉、饬令等，对晚辈称字示、读晓，对女性称芳鉴、淑览等。现在一般称您好、安康等。正文。书信的主旨所在，不管是叙事还是论理，都必须层次分明、语言通顺、文字精练、情感真挚。切忌含糊其辞，以免产生误解。祝愿语。根据收信人的身份，书写表示祝愿的话语，以示尊敬。旧时，一般对父母称恭请福安、叩请金安，对长辈称敬请福祉、敬颂颐安，对师长称敬请教祺、敬颂海安，对平辈称顺颂时祺、只颂台安等。现在，一般性的祝语为此致、敬礼，对长辈称健康长寿，对朋友称工作顺利，对晚辈称学习进步等。落款。包括寄信人署名和写信日期。具名时，对家属及至亲好友一般只书名不写姓。署名的右上角要加上自己和受信人关系的称谓，这个称谓必须和起首的称谓相呼应，如对父母用儿（女），对长辈用晚，对平辈用兄（弟）姐（妹），对儿女用父（母）等。并在署名下再加敬辞，如对长辈用敬叩、拜上，对平辈用谨启、合十，对晚辈用字示、手泐等。在署名敬辞的右下方用略小的字体写下写信日期，以表示书信的时效。一般仅写月、日，有时年、月、日全写，甚至加上具体时间。还可以在日期之后，写上撰信时的处所、氛围、心境等，如老屋、灯下、万籁俱寂之类。遇有节日或特殊日子时，也可加写节日名称或特殊的日子，如中秋节、国庆节前一日等。补述语。即对内文未述及而又必须补充的事情，可在署名之后，另起一行书写。若写信人的家属、近处朋友也和收信人熟悉，署名后一行或加上这些人的附候，如“某人嘱笔问候”。若应向收信人的家属、近邻亲友问候的，可加上“请向某某致意”，倘是长辈，可作“请在某某前叱名问安”之类。90年代以来，随着通信事业的快速发展，书信先后被电话和手机短信、微信替代。

丧葬民俗 送终 临终前，儿女要为老人沐浴更衣，并将其移至正屋明间，在亲属守护下，度过弥留时刻。旧时，海阳还有“初终属纩”一俗。即病人临终之前，要用新的丝絮（纩）放在其口鼻上，试看是否还有气息。

报丧 死者咽气后，家人应尽快向亲友发出报丧帖，或登门通报死讯。对远方的亲友，要告知其开吊下葬的日期，以便视情奔丧。

入殓 人在病危时，另设一榻，为其梳洗穿戴。停止呼吸后，用黄布罩身，设灵焚香、烧纸，俗称“小殓”。尸体入棺称“大殓”，殓后阖家服孝。

守灵 旧时，逝者入殓后，停灵1～3日、多者5～7日。灵前摆好供桌，亲族邻里结伴来吊孝。子女日夜守灵，以尽孝道。70年代实行火葬后，备丧从简，当日丧主差人报丧之习仍存，以让亲朋好友参加遗体火化前的告别仪式。

发殡 一般于死者停柩第三天出殡，俗称“排三”。但是，父母尚在的逝者不能“排三”。启灵前，孝子（或由司仪代替）在灵前宣读祭文，行三拜九叩礼，然后引灵柩出门，出殡队伍随灵柩起行。下葬前，由孝子把“五谷囤”放至墓壁的龛内，并绕墓地一周，“抓土”撒于棺顶，然后上土筑坟。下葬结束，孝眷从茔地礼成归来，孝长子将神主请于堂上，行三拜九叩礼。至此，葬礼完毕。

祭奠 葬后第三天，死者亲属为新坟添土，谓“圆坟”。从死者故日算起，每七日（未成年人为六日），亲属要到坟前举行祭奠仪式，谓之“烧七”，至“七七”止。其中，“五七”为大奠，“三七”“七七”为次奠，其他“七”为小奠。逝后第一百天，孝子孝眷要到坟前祭祀，称“烧百日”。满一年祭奠一次，称“烧周年”，三周年为止。

中华人民共和国成立后，对丧礼实行改革。1977年3月，开始实行火化，废除木棺土葬，丧礼从简。机关、学校、部队、工厂通行的仪式是向遗体告别、遗体火化。农村程式不一，有的人死后，丧主乘车护遗体赴火化场火化，捧骨灰盒回村，直接送坟地安葬；也有的放置家中，至第三日埋入坟地。披黑纱、献花圈、向遗体告别的新风气逐渐兴起。随着独生子女家庭的增多，祭祀习俗中的“男女有别”也逐渐淡化。

第二节　日常生活

饮食　主食　受地域、文化传统影响，北部山区、沿海、城镇有一定差异。北部山区喜肉食，沿海、城镇重海鲜。城乡居民均通行一日三餐，早、午两餐以干食为主，晚餐以稀食为主。就餐习惯，多为全家同桌进餐。城镇居民对晚餐较为重视，全家共桌，饭菜也相对丰富。

70年代前，传统家常主食为地瓜、玉米饼子。70年代后，细粮增多。进入80年代，家常饭食以细粮为主，主食种类随之变化。早、午两餐多为馒头、油卷、油饼，晚餐多为面条，蒸包、水饺也成为居民常用饮食，食用地瓜、饼子旨在“吃稀罕”。

居民口味较重，咸、辣、酸、甜皆适，但偏食咸者居多。70年代前，居民下饭菜肴多为咸鱼、虾酱、咸菜、大葱蘸酱，茄子、辣椒、大白菜、豆角、豆芽、土豆为主要炒菜。80年代后，居民口味渐趋清淡。下饭菜肴随生活水平提高，鱼、肉、蛋类食品增多。农村居民菜肴清煮减少，多以煎、炒为主，城镇居民菜肴则烹、炸、溜、炒俱全。2000年后，大棚种植技术普及，运输业快速发展，农村居民食品种类趋于丰富，食品结构不断优化，洋葱、西红柿、生菜、甘蓝、土豆、西葫芦等蔬菜摆上农村餐桌。伴随着经济的发展，

海阳大饽饽

农民饮食结构进一步优化，以面食为主的食品消费下降，副食品消费和在外饮食消费上升。主食注重粗细粮搭配、副食注重蔬菜肉类搭配、冷食熟食搭配，肉、蛋、奶等动物性食品消费提高，水果、牛奶及奶制品消费增长较快。

副食　70年代前，肉、蛋为紧缺品，长期凭票供应，普通家庭只有逢年过节或招待客人才能食用，走亲访友带点儿点心。地瓜脯为主要零食小吃、还常用来馈赠远方亲朋，炒花生多为招待客人之小吃、平日都舍不得吃。农村家家都有咸菜缸，每年入冬腌制够吃一年的芥菜疙瘩、萝卜咸菜，有的春季还制作豆酱、面酱。70年代，家家都能吃上白菜、萝卜、韭菜、茄子、芸豆、土豆、黄瓜、西红柿等，肉、蛋仍较紧缺。80年代后期，各家咸菜缸渐少，有的干脆弃用，全到集市、商店买着吃。一年四季皆可吃上新鲜蔬菜，一些过去没有或不常见的蔬菜如莴苣、花菜、油菜、竹笋、蘑菇、莲藕等也成为家常菜，禽、蛋成为普通食物，改善生活吃鱼、蟹、大虾等海珍品。进入90年代，野生荠菜、苦菜、马齿苋、山苜楂等又受到城镇居民青睐，牛奶、豆浆等副食品上了寻常家庭餐桌。除猪肉外，牛、羊、鸡、鸭等肉类食品用量增加。当地果品，主要有桃、杏、梨、苹果、葡萄、大枣等。70年代，一般家庭都要储藏一二筐苹果。80年代后期，南方水果香蕉、橘子、菠萝、杧果等大量涌入。90年代以后，市面上进口水果随处可见，人们的选择也趋多样化。作为零食，各种口味的葵花籽、南瓜子、西瓜子受到青睐，花生已少人问津、只有那些颗粒不饱满的“秕子”被视为“养胃”上品而身价倍增。

海阳靠海，渔村喜食鱼虾。70年代前，每逢鱼虾上市，除部分鲜食外，家家都要进行腌制。虾、虾酱也是佐餐美肴，其中蜢子虾酱最为有名。此外，海带、裙带菜、紫菜也是居民喜食菜品。零食，也多为自己赶的海抽、海螺、海蛎、海瓜子之类。尤其是就着生鲜牡蛎肉吃玉米饼子，被沿海人视为一种独特享受。

饮品　饮水。70年代中期前，全县农村居民多自己挑着水桶到井里取水饮用，且有喝生水的习惯。70年代中后期，家庭手压水井逐渐兴起，

喝生水者减少。80年代中后期，地下水位下降，家庭手压水井无水，人们又去井里取水。90年代以后，许多村自建自来水水塔，定时放水供村民饮用。一些经济条件好的村则与县（市）自来水公司联系，出资敷设管道由自来水公司供水。桶装水、饮水机等在城乡广泛应用，饮水条件明显改善。饮茶。中华人民共和国成立前，全县多数居民无饮茶习惯，只有少数殷富家庭饮茶。中华人民共和国成立后至80年代，饮茶者亦少，只有在节庆或待客时饮用，农村一般家庭少有茶壶。茶叶多为茉莉花茶，且仅有供销社及代销店有售。偶有其他系列的茶叶进入境内，被视为珍品。90年代，南方人喝绿茶的习惯传入，并得到迅速发展。饮茶者增多，始有专门出售茶叶的茶庄。2000年后，不仅以茶待客，居家饮茶亦成为一种时尚，甚至成为部分居民的嗜好，毛尖、毛峰、大红袍、铁观音、碧螺春、西湖龙井等品种的茶叶受到欢迎。出售茶叶的茶庄增多，并有供人们消闲的茶馆出现。一些有实力的经济界人士，也纷纷在自己的经营或办公场所开设茶室，供业内朋友交流信息和亲朋消遣。随着“海阳绿茶”渐成规模，茶文化也日趋普及，春茶、明前茶备受青睐，饮茶层次明显提升，红茶和黑茶也于2010年开始兴起。饮酒。旧时，多以当地出产的散装烧酒和黄酒为主，只有官宦和大户人家或重要场合，才饮用坛（瓶）装酒。80年代，始兴果酒、汽酒、啤酒。90年代，42度以下的低度白酒盛行，“一口干”被视为豪爽，有酒量。2000年后，烟台古酿、琅琊台、扳倒井等省内白酒流行一时；啤酒以青岛啤酒、烟台啤酒、崂山啤酒和雪花啤酒等为主。过去不敢问津的茅台、西凤、五粮液也成为居民餐桌上的佳酿。

禁忌　同其他地区一样，在饮食习俗上也有很多禁忌。倒茶、斟酒忌握壶脖；讲究满酒浅茶。盛饭、添饭忌瓢（勺）向外翻。忌从窗口递食物，意为囚犯由窗口接饭。青年忌喝酒底，喝则意为主生闺女。宴席上的鱼一般要先干酒后吃鱼，忌上桌就吃，否则要罚酒三杯。婚宴上敬酒的鱼要等到喜主敬过酒再吃。盘中鱼吃完一面想吃另一面时不能说“翻过来”，而要说“划过来”。过年用餐时，忌说“破”“死”“灭”“穷”等不吉利话，呼大蒜（打散）曰“义和菜”，等等。

服饰　服装　70年代中期前，不分男女，青、蓝、灰一直为服装主导颜色。70年代后期，着中山装、国防装者仍很普遍，西装逐渐兴起，农村中老年人仍有穿对襟袄、宽裆裤者。70年代，男女装款式以上衣宽阔、裤子筒式窄腿为美，布料质地除棉质外，化纤及棉化混纺面料流行一时。老年人中旧式对襟褂、直裆裤被淘汰。进入80年代，随着经济收入的提高，居民的衣着观念由实用耐穿转向求美求新。服装的质料、款式、花色日趋新颖多彩，中（高）档服装越来越受欢迎。居民一般不再自做自穿，多选购成衣或购料加工。毛、麻、羽、革高档质地衣料开始流行。服装新潮多受艺术界名流、外国人影响，先在少数青年中兴起，然后从城镇逐步波及农村，流行服装更新节奏加快。80年代初期，中（青）年男女着直筒裤、喇叭裤、牛仔裤为时髦，上衣流行西装、运动装、棒针毛线衣，穿军便服者渐少，老年男子仍穿中山服较多。80年代后期，中（青）年男子流行宽裆“老板裤”、夹克衫、西服、面包服。中（青）年女子流行健美裤、蝙蝠衫、西装套裙、落地裙、短裙、连衣裙和露臂旗袍。90年代，各种款式新颖、艳丽的中（青）年女子服装亦于老年妇女中流行。毛纤合成纤维、亚麻合成纤维、冰丝合成纤维占领服饰市场，结实且耐用，透气性能好。2000年后，受回归自然、生态、环保理念影响，内衣、袜子选纯棉，外套中纯棉、纯毛、真丝、亚麻等面料受欢迎，严冬则以羽绒服为时尚，其次是天然毛绒类。人们衣着更趋新潮时尚和暴露，特别是随着网络时代的到来，内衣外穿、吊带露脐、韩版、欧版等款式流行城乡，让人眼花缭乱。

鞋袜　70年代中期前，全县流行军鞋，春秋穿解放鞋，冬天穿大头棉军鞋。70年代后期开始，穿皮鞋者渐多，女性兴起半高跟、高跟鞋，花样翻新。此后，旅游鞋登堂入室，短腰袜、高筒袜、连裤袜、尼龙丝袜、弹力尼龙丝袜争奇斗艳。2000年后，市区的品牌鞋店生意红火，对皮肤没有刺激的纯棉袜又重受欢迎。

冠戴　70年代，全县男性帽子多为蓝色遮檐帽，后又流行鸭舌帽、遮阳帽、旅游帽，冬日户外活动少数人戴皮帽。女性有的戴头巾，春、秋、冬时兴自己编织的各色防寒帽，夏天戴太阳帽。80年代，男性青年戴帽者渐少，老年人则喜欢宽松的呢帽。90年代，时兴羽绒服，衣帽一体。女子戴头巾者渐少，外出多戴遮阳帽或旅游帽。2000年后，春秋季节丝巾既挡风又装饰，受到中（青）年女性青睐。

发饰　70年代，男性多留平头、偏分头、背头，女性以梳两根三股辫为主。进入80年代，青年男子留长发者增多，老年男子留平头、光头。女性多烫发或留披肩发，已婚妇女和姑娘发型已无明显区别。90年代，青年男子又有板寸、毛刺等时兴发式，妇女发式多变，后期长发时兴拉直。至世纪交替时期，各种彩焗流行，“黄毛丫头”成为时尚。男青年发式多有变化，有烫发、平头、长（短）发，有人干脆剃光头，染发者亦见怪不怪。当然，机关、企事业单位青年一般还保留传统发式。

70年代中期以前，化妆和佩戴首饰被看作是小资产阶级生活作风。80年代，青年女子一般搽用质量高的润肤美容膏（霜）。涂口红、描眉、画眼影已司空见惯。90年代起，首饰再次兴起，金、银、珍珠、水晶、钻石等质料的项链、耳环、戒指、镯子应有尽有。妇女又兴戴戒指、耳环、项链，“三金”成为青年男女订亲必不可少的信物。男子戴手镯者较多，个别有戴项链的，还有戴挂件的，民间有“男戴观音女戴佛”之说。2000年后，翡翠玉、岫玉、和田玉等不同材质的玉器首饰逐渐流行，主要品种为玉镯、玉坠、玉貔貅等。女性的发卡也越来越漂亮，成重要装饰品。女性文眉、文唇者多起来，也有少数男性文眉，再后来中老年妇女文眉、描眉、画眼影的渐多起来。

器具　卧具　70年代前，居民多数睡炕，铺炕席、棉褥子，盖棉被，枕长方枕头。被褥面料由普通粗土布、花布，发展为条绒、平绒、金丝绒、绸缎。80年代，有羽绒被、毛巾被和毛毯等。90年代后，又有丝绵被、蚕丝被、乳胶枕等。青年人普遍喜欢睡床铺，有木板床、钢丝床、席梦思床等。

家具　70年代，各类传统家具渐被淘汰，取而代之的是做工精细的大衣橱、高低柜、写字台、圆桌、方桌、木床等，颜色多为米黄色。大衣橱、写字台、高低柜多设于卧室或会客间。厨房配有方桌（或圆桌）、餐具柜。80年代初，农村仍习惯于用砖垒木门的北桌子为碗橱。吃饭多在炕上，用小饭桌、木盘子或盖帘。80年代后期，新婚家庭多数备有沙发、茶几、组合柜、席梦思床，家具采用颜色艳丽的宝丽板镶面，会客间一般设有沙发、茶几、电视机（多为黑白）等，卧室配有组合柜、挂衣架。城乡都时兴新式家具，如大立柜、高低柜、写字台、五斗橱、沙发、圆桌等，个别置组合柜，其色多为橘黄、乳白及木质本色。90年代，组合家具进入寻常百姓家，后开始室内装修，家具多随装修而设计，各种高档家具渐入农家。城镇部分家庭开始安装电话，部分成功人士开始使用移动通信工具，经济条件较好的村庄安装程控交换机、卫星电视接收设备。2000年后，城里装修住房时，多数人家将衣橱、书橱、吊厨等家具做成壁橱。电冰箱、洗衣机、电脑、手机等高档电器逐渐进入城乡家庭。至2010年，一个家庭拥有多部大屏幕平板彩色电视机、电脑、手机已经成为十分普遍的现象。

炊具　70年代中后期，铁锅、铁铲、铁刀、泥盆、木菜（面）板、草制笤（炊）帚等仍普遍使用，瓷碗瓷盆、铝锅铝勺、搪瓷盆搪瓷杯、塑料筐塑料刀架等生活日用品增多。城区居民和少数农村家庭使用煤油炉子。80年代中后期，除铁、铝、钢制品外，还增加不锈钢制品。城区居民和部分农村家庭使用液化气灶和电炊具，电饭锅、电炒锅、电磁炉、微波炉、电热水壶等现代化炊事设备广泛应用。2000年后，城区和少数农村使用天然气。大部分农家和少数城镇居民依然保留大锅灶台，留作蒸食品用。

餐具　80年代以前，普通家庭使用的碗、盘、碟、杯多为粗瓷制品和烧制的泥碗，也有少量合金铝及塑料制品。80年代中后期，用于餐、饮的泥制品基本绝迹，合金铝、塑料材质餐具也逐渐被淘汰，粗瓷餐具逐渐被细瓷餐具替代。茶具多为瓷质或陶质，造型比较讲究。多人饮茶用茶壶茶碗，个人饮茶多用茶杯，先后流行过搪瓷杯、瓷杯、玻璃杯、磁化杯、不锈钢保温杯等。酒具多为玻璃器皿，有酒盅、高脚杯、啤酒杯、分酒器等。90年代，除以有机塑料为代表的新材料外，造型新颖的细瓷制品也进入寻常百姓家。2000年后，欧、美、日、韩等国外品牌餐具也不鲜见。

文化用品 旧时，除个别居民备有笛子、箫、口琴、胡琴等简单乐器外，多数家庭没有文化娱乐用品。知识界、社会名流及官绅富户有留声机、风琴、钢琴等。中华人民共和国成立后，家庭文化用品逐渐增多。60年代有半导体收音机、电唱机、小提琴等。70年代中期，部分居民家庭有收录机、电视机。90年代，电视机在城乡普及，少数家庭有录像机、照相机、手风琴、钢琴等，不少青年家庭备有吉他。2000年后，智能手机的出现，除通信外，还兼具多样文化用品功能。

住房 农村住房 农村住房以坐北面南为正屋。有的一正二厢，有的加盖南屋，称“四合院”。人口少或家境困难者盖一正一厢或只盖正屋，屋外套院。60年代以前，多数住房正屋3～5间，起脊，供人居住。厢房存放粮食、农具、柴草。与厢房对应一侧设猪圈、厕所。住宅多以3～5户连排接山墙而建，房基、房脊、院墙尺度相同。院内流水的出口，开于临街的院墙下，水需绕门而过。房屋坐落忌冲街道，若冲就要在墙壁上刻写“太公在此”或“泰山石敢当”字样。出门忌碰（即冲见）他人房山墙，碰山须在山墙上刻写“紫气东来”或“吉星高照”字样。70年代后，传统四合院式住宅渐被淘汰，新建住房由大队、公社统一规划。一般正房4间，以明间会客，两套间作寝室、摆设家具，稍间开门作厨房。

辛安镇南邵家村

院内或东或西建3间平房，或倒厅过道，单门独院。80年代，兴起把正房4间辟为明间和套间相通的一大间供陈设家具和会客用，另建带耳房与正房稍间相通作厨房和寝室。一般以石基、砖墙、瓦顶为基本模式，根据规划方位，按照挖地槽、夯地基、铺基石、垒石座、砌砖墙、上梁连檩条、编屋笆、做屋檐、屋顶铺瓦等程序逐一完成。少数农村、农户也仿照城镇建起住宅楼。90年代，建筑观念由只求坚固转向讲究通风、采光、宽敞、美观、舒适，材料大都用好的，砖石到顶，打圈梁，泥瓦换缸瓦。条件好的人家前檐出厦，两边挂耳。经济条件好的村进行整体规划，连片建起二层楼。特别是2000年后，随着国家棚户区改造政策的推行，一批村庄整体拆迁，一大批村民住进多层乃至高层楼房。

城镇住房 80年代前，城镇居民的住房都是单位公房，有平房也有筒子楼，面积小且设施简陋，人均居住面积超过10平方米的不多。80年代，城镇机关、企事业单位自建家属房仍以平房为主，多为两开间，正房50平方米左右。90年代初期，城镇机关、企事业单位的家属房，开始趋向楼房化，四层者居多，亦有部分为二层、三层，个别为五层，面积在40～80平方米不等，根据职级高低进行分配。房间设计一般为进门南首是厕所，朝里是客厅，客厅南面是两个朝阳间，客厅北面是餐厅和炕间，餐厅北面是厨房。一楼南侧有小院，为一楼住户所有；楼房北侧有一宽窄不一的过道，过道北侧为草房，基本是每户1间，用以存放自行车、煤、杂物等。1994年1月，全面实施城镇住房制度改革，居民的公房所有权通过个人购买变更为私有。此后，住房购销全部市场化，城镇住房建设揭开了新的一页。城镇商品住宅一般增至五到六层，除部分靠街底层为经营用房外，底层多被设计成车库或草房，二层则成为“一楼”售给住户。此时尚无成规模的小区，院子多为沙土地或水泥地。及至后来凤城沿海一带开始成规模开发，引进部分外地房企，海阳市始有成规模小区，开始注重小区的绿化。2005年，天创小区成为海阳市第一个带电梯的小高层公寓式居民楼。随着房地产市场的不断完善，商品房建设也开始与外地接轨，以阳光城为代表的小区建设与凤城新区齐驱并进，总的趋势是住房面积逐步增大，装修追求美观大方，居住讲究舒适方便。2000年后，先后建起一批廉租房和经济适用房，用以解决城镇中低收入家庭的住房困难。

出行　历来有“三六九，往外走”之说，指的是农历月份尾数逢三、六、九的日子有利于出行。实际上，人们决定是否外出的还是看需要、看天气、看方便条件。70年代以前，人们外出主要靠步行。80年代，自行车已经普及，条件好的家庭有了摩托车，短途出行仍有不少人步行。90年代，每个家庭至少有一辆自行车，家中有年轻人的多数配备摩托车。到90年代末，全市公交车基本实现村村通，老年人外出办事多数坐公交车。2000年后，电动自行车、轿车成了平常代步工具，高铁动车、飞机成远行主选，各种档次的出租车可以招手即停、随时预约，方便至极。

第三节　岁时节日

传统节日　春节　农历正月初一，俗称“过年”，民间最隆重的节日。这一天，人们黎明即起，穿新衣，放鞭炮，祭祖之后互相拜年。旧时小辈给长辈行跪拜礼，平辈或邻里间互相拱手，共道“恭喜发财”。大街小巷，车水马龙，拜年者络绎不绝。初二晚上或初三早晨焚香烧纸、燃放鞭炮，谓之“送年”。走亲访友是春节的“重头戏”，一般是初一拜亲族，初二初四拜娘舅，三、六、九拜丈人，初七初八拜姑、姨。其间，街头有秧歌、高跷、舞龙灯、唱大戏等文艺活动。中华人民共和国成立后，焚香烧纸、供奉神祖等习俗逐渐停止，其他习俗沿袭至今。尤其是改革开放后，扭秧歌、听秧歌，成为城乡过年的一景。进入腊月，每到夜晚各村庄、社区排练秧歌的锣鼓声便不绝于耳。从大年初一开始，不但在自己村里表演，村与村之间也多有交流，相互拜年。90年代，各乡镇都有数量不等的秧歌队进城表演，并慢慢发展为由县（市）政府相关部门组织团拜。中华人民共和国成立后，直至1999年，春节假期都是3天。2000年后，国家通过统一调休的方式，将假期改为7天，即“春节黄金周”。2006年5月，春节被国务院列入第一批国家级非物质文化遗产名录。

祭海　（参见第二十八编第十章第四节“非物质文化遗产”）

元宵节　农历正月十五，亦称“上元节”“灯节”。时值一年中的第一个月圆之夜，又与春节相接，一直是民间较隆重的传统节日。

旧时，家家户户用黄豆面团做成各种各样象征十二个月和家人生肖的灯，不做面灯的则以小蜡烛代之。傍晚先到祖茔送灯，一坟一灯，焚香化纸，鸣放鞭炮，酹酒祭奠。回家后，点燃面灯，以燃时长短和灯花大小预测天气旱涝和五谷丰歉，每人的生肖灯代表每人当年的时运福祸。水缸中放“蛤蟆灯”，视蛤蟆走向而卜太平。粮囤上放“圣虫灯”，祈粮满囤。大门口放“猴灯”，以避瘟邪。富裕人家及宗族祠堂则张挂彩灯。村内的“火神庙”处，用苇席搭起气势壮观的灯棚，悬挂和摆放各式各样的花灯，供人观赏。月夜，民间舞蹈、龙灯游街串巷，男女老幼素以观灯大饱眼福为乐。此节日忌讳第一年的新媳妇在婆家过节，

海阳大秧歌

正月十五点面灯

2010 年，新元广场灯展

清明节公祭革命烈士

谓之“躲灯”。元宵节要吃元宵（一种圆形的甜美面食），取“阖家团圆生活甜蜜”之意。

中华人民共和国成立后，灯节习俗日渐从简，迷信色彩革除。80 年代起，城镇组织秧歌队沿街公演，晚间举办灯火晚会。县政府组织大型灯节晚会，农村闹元宵则兴放焰火，要“龙灯”，骑“黑驴”，跑“旱船”。居民元宵节食元宵之习日盛。除从外地进销的元宵品种外，现场制作也成一景。90 年代，城区临近乡（镇）农民秧歌队每年元宵节都进城表演。其中，“跑灯官”是海阳正月十五独有的节庆形式，入选烟台市级非物质文化遗产名录。

二月二　农历二月初二，有“二月二龙抬头”之说。是日清晨，农民以草木灰撒粮囤图案于院中、场院，形成大圈套小圈的同心圆儿。然后，选冲着街门口的位置撒成梯子状，表示粮囤很高，需要踏着梯子才能上去。最后，在灰囤中心撒上玉米、高粱等五谷杂粮，意思是囤高粮满，预兆丰年。当天吃糕饼、炒糖豆、爆米花。妇女用多色花布剪成方块做成“龙尾”挂于屋下寓意“辟邪”，挂在儿童肩上意为“望子成龙”。男孩喜欢在此日理发，谓之“剃龙头”。早餐吃春节期间特意留的面食——“圣鸡”，有“升级”之意。

清明节　公历民俗节日，一般在每年的公历 4 月 5 日前后，是祭祀扫墓、祭奠先辈的节日，给先人立碑也多选在清明节前几天。清明节还是“踏青节”，人们结伴到野外游玩。此日，家家户户蒸食面燕，以示春暖燕来。

中华人民共和国成立后，党、政、军、民、学节日期间集体给烈士扫墓，敬献花圈，缅怀先烈。市委、市政府每年都在烈士陵园（今英雄山公园）隆重集会。乡（镇、区、街道）机关、学校也要组织人员为辖区内散葬的烈士扫墓。80 年代后，人们更加重视这一习俗。2006 年 5 月，清明节被国务院列入首批国家级非物质文化遗产名录。2008 年，清明节正式成为法定节日，放假 1 天。

端午节　农历五月初五，俗称“过端（‘端’方言音读‘dàng’）午”。是日，居民黎明即起，男女老幼到野外踏露水，采艾蒿、桃枝挂于门上，以辟邪除秽。小儿戴五色线、彩肚兜、小笤帚、绣荷包，以扫除蛇、蝎、壁虎、蜈蚣、蟾蜍等五毒。妇女习惯戴装有多种中草药的香布袋，以驱瘟避邪。端午节这天，几乎人人都吃粽子、鸡蛋，饮黄酒。踏青和饮食习俗相沿至今。2006 年 5 月，国务院将其列入首批国家级非物质文化遗产名录。自 2008 年起，端午节被列为国家法定节日，放假 1 天。2009 年 9 月，联合国教科文组织将中国的端午节列入《人类非物质文化遗产代表作名录》，成为中国首个入选世界非物质文化遗产的节日。

六月六　农历六月初六，有“六月六，看谷秀”之说，居民以包子等为应节食品。北部山区这天还有女儿带着新小麦面做的饽饽看望父母的习俗。留格庄和盘石店两镇东部还称六月六日为“兔子节”。此时正当麦收完毕，家家户户都用新麦面做各式各样兔子，做兔时声言“为兔子过生日”，及至面兔蒸熟，吃兔先抠眼（兔眼用高粱或豌豆粒做成），说是可防兔子吃庄稼。旧俗是日晒书及衣物，据说这天晒过的衣服和书不生虫。

七夕节　农历七月初七，俗称“七月七”，又称“乞巧节”。相传这天为牛郎、织女天河相会之日，人间用过节来祝福他们。是日，家家以白面烙成各式各样的小面果（称“巧果”），香甜可口，作为最具特色的应节美食或馈送亲朋好友。妇女各拿自己的针线，相聚在星光下展示针线活儿，“供牛女图，穿针乞巧”。今乞巧之俗消失，制巧果之习日盛，且发展为一种产业。2006年5月，七夕节被国务院列入第一批国家级非物质文化遗产名录。

中元节　农历七月十五，是祭祖的日子。“中元节”是道教的叫法，佛教称为“盂兰盆会”，民间则称作“鬼节”。旧时，海阳居民“祭先祖，荐时食”，供品主要为时令水果；渔民则向海上放灯，祈求天后娘娘保佑船只平安。中华人民共和国成立后，此俗逐渐消失，今只保留吃时令水果的习俗。

财神节　农历七月二十二日，祭祀财神生日，又称财神节。此习俗遍及整个中国、东南亚国家及华人聚居之地。是日，所有的经商业户都燃放鞭炮、宴请宾朋。90年代后在海阳兴起，近年日盛。

中秋节　农历八月十五，因恰值仲秋之半而得名，为传统的民间第二大节日，讲究团圆。节前，亲友间互相赠送月饼、水果、酒。当晚，皓月当空，摆上月饼、水果、酒菜举行家宴，饮酒赏月，至今不衰。旧时，还有中秋夜“以月之明暗卜来岁元宵之晴雨”的习俗，谓之“八月十五云遮月，正月十五雪打灯”，此谚语至今仍有流传。2006年5月，中秋节被国务院列入首批国家级非物质文化遗产名录。自2008年起中秋节被列为国家法定节日，放假1天。

重阳节　农历九月初九，又称“重九节”。旧时，即有“蒸面糕、酿菊花酒、士民相约登高”（清　包桂《海阳县志》，卷之三，第三十五页）的习俗。中华人民共和国成立后，此节因时值“三秋”大忙季节，农民只改善一下生活表示庆贺丰收。1989年，农历九月九日被国务院定为老人节，倡导全社会树立尊老、敬老、爱老、助老的风气。2006年5月，重阳节被国务院列入首批国家级非物质文化遗产名录。

寒衣节　农历十月初一，俗称“过月一”，又称“祭祖节”。这一天，祭奠先亡之人，谓之“送寒衣”。与春季的清明节、秋季的中元节，并称为一年之中的三大“鬼节”。旧时习俗只“扫墓”即野祭，祖坟不在当地者家祭。

旧时，对于一些死于非命和无后人祭祀者，官府则建有“邑厉坛”，“在县北门外离县二里，祭以清明、中元、十月朔。先期，有司告于城隍。届期，导城隍于坛旁，无祀鬼神列坛下，祭用羊一、豕一、果蔬、酒肴之类”（清　包桂《海阳县志》，卷之四，第二十八页）。祭祀《祝文》为：“普天之下，厚土之上，皆有鬼神，皆有祭奠。独此冥冥之中，无祀孤魂等众，昔为生民，未知何故而殁。其间，有遭兵刃而死者，有死于水火盗贼者，有车碾马踏而死者，有破屋岩墙而压死者。凡一切不得其死及死后无子孙者，此等孤魂，每遇人间节令，心思阳世，魂杳杳以无归，身堕沉沦，意悬悬而望祭，兴言及此。怜其惨凄，今于城北设坛，置备牲酒羹饭，享祭阖境无祀孤魂等众。特请尊师以主其祭，镇控坛场，灵其不昧，来飨此祭，尚飨。”（清　王敬勋《海阳县续志》，卷之三，第三十页）

冬至　俗称“过冬”。每年的公历12月21日—23日之间，民俗节日公历过。是日，居民有吃水饺的习俗，谚语“冬至饺子夏至面”至今广为流传。从冬至开始白昼渐长，民间以中午门前的日影为测标，说“过了冬，一天长一葱”（经有心人测算，“一葱”的时长接近49秒）。自冬至开始，进入“数九”天气，谚语云：“一九二九不出手，三九四九冰上走，五九六九河边看柳，七九河冻开，八九燕子来，九九加一九、耕牛遍地走。”

腊八　农历十二月初八，“以果实肉菜为糜，名曰‘腊八粥’”（清　包桂《海阳县志》，卷之三，第三十五页），有庆丰年之意，此俗沿袭至今。是日，不少人家还以醋、糖泡蒜，谓之“腊八蒜”，除夕夜及以后食用，味道极佳。旧时，还有腊八日“取兔血，合荞麦面，加雄黄、朱砂、茶叶为块，令幼儿食之，解痘毒”（清　包桂《海阳县志》，卷之三，第三十五页）一俗，今已消失。

小年　农历十二月二十三，又称“祭灶节”。旧时，海阳“暮祀灶神，曰‘辞灶’。供品以糯米为饼，又以糖为小圆饼、曰‘糖瓜’”（清　包桂《海阳县志》，卷之三，第三十五页），希望其“上天言好事，下界降吉祥”（灶神对联）。过了这一天，离春节只剩下六七天了，置办年货，赶制新衣，蒸煮烹炸，擦洗裱糊，各项准备工作热烈紧凑。60年代后，其俗渐消，但仍为民间改善生活的节日。

除夕　农历十二月的最后一天，又称“年三十”“大年三十”，有“一夜连双岁，三更分二年”之说。是日，居民安放祖先牌位，摆设祭品，剪贴窗花、对联、年画。中午蒸一锅米饭和做大菜，称“隔夜饭”“隔夜菜（财）”，表示年年有余。晚饭后全家团坐叙话，通宵不眠，称“守岁”。子夜开始燃放鞭炮，祭天地祖先，迎财神报喜，吃包有豆腐、花鱼等物的辞旧饺子，小辈给长辈拜年，长辈给小辈压岁钱。旧时，守岁还有“食红枣、栗子、白萝卜、马齿苋”之俗。中华人民共和国成立后，除迷信习俗外，其他习俗相沿至今，且“压岁钱”越发越多。1983年开始，除夕全家围坐电视机旁，收看中央电视台春节联欢晚会节目。午夜钟声一响，家家户户鞭炮齐鸣、进食包有硬币、糖块等物的迎新饺子。旧的一年结束，新的一年开启。

公历节日　元旦　1月1日，俗称“阳历年”，又称“新年”。1949年9月27日，中国人民政治协商会议第一届全体会议通过决议，将公历1月1日定为“新年”。机关、团体、学校、企事业单位放假1天，门前张挂“欢度新年”“庆祝元旦”等大字横幅或大红灯笼，举办联欢会、晚会等文娱活动。80年代后，单位、个人兴起互送贺年卡、贺年信之风。农村也随着城里一起过新年，一般以改善生活表示庆贺。不少青年男女把新年作为订婚或结婚的佳日。

国际劳动妇女节　3月8日，俗称“三八节”。1949年12月，中华人民共和国政务院作出决定，规定“三八”国际劳动妇女节为中国劳动妇女的节日。机关、企事业单位一般为妇女放假半天。是日，妇女组织均举行集会庆祝，开展有意义的纪念活动。

中国植树节　3月12日。1979年2月23日，五届全国人大常委会第六次会议作出决议，规定3月12日为我国的植树节。1981年12月13日，

2007年3月12日，全市义务植树活动

五届全国人大四次会议通过《关于开展全民义务植树运动的决议》。是日，各单位组织植树活动，绿化美化环境。2000年后，大规模的植树活动一般在植树节以后进行。

国际劳动节　5月1日。1949年12月，中华人民共和国政务院作出决定，规定“五一”国际劳动节为中国工人阶级和劳动人民的节日，机关、企事业单位放假1天。是日，各级工会组织工人举行集会和举办文艺演出等庆祝活动。80年代后，逐渐改为小型、分散的游园活动，一般单位装饰彩门，悬挂国旗。城镇居民家庭改善生活。适龄青年喜欢在此日举办婚礼。2000年后，国家通过调休形成3天或5天“小长假”，以便于工薪阶层外出旅游。

中国青年节　5月4日。1949年12月，中华人民共和国政务院作出决定，规定5月4日为中国青年节，青年放假半天。是日，各级共青团组织均举行庆祝活动，组织报告会、演讲会、联欢会、文艺晚会、智力竞赛，开展志愿者献爱心活动等。青年男女结伴春游、野炊。

国际儿童节　6月1日。1949年12月，中华人民共和国政务院作出决定，规定“六一”国际儿童节为中国儿童的节日。是日，幼儿园、小学举行联欢会，让孩子们庆祝自己的节日，许多孩子在这一天加入少先队组织。家长应邀参加活动，与孩子一起欢度节日。尤其是80年代后，农村幼儿园增多，儿童过节空前兴盛。

中国共产党成立纪念日　7月1日。中国共产党的准确建立日期是1921年7月23日，考虑到人们已习惯把7月1日作为党的诞生纪念日，经中共中央决定，仍然把每年的7月1日作为中国共产党成立纪念日。是日，各级党组织举行纪念活动，领导作重要讲话，请老党员作报告，回顾党的历史，进行革命传统教育。

中国人民解放军建军节　8月1日。1933年6月26日，中共苏区中央局作出决定，确定“八一”为中国工农红军纪念的日子。中华人民共和国成立后，将此纪念日改称为中国人民解放军建军节。节日前后，地方各级党政机关、群众团体开展拥军优属活动，部队开展拥政爱民活动。

中国教师节　9月10日。1985年1月21日，六届全国人大常委会第九次会议作出决议，决定9月10日为中华人民共和国教师节。各级党委、政府举行庆祝活动，表彰优秀教师、优秀教育工作者、尊师重教先进集体和先进个人。各学校开展表彰先进、师生联欢等活动，激励在职教师，慰问离（退）休教师。社会各界开展尊师重教活动，各类捐助活动多在节日期间举行。

中华人民共和国国庆节　10月1日。1949年12月3日，中华人民共和国中央人民政府委员会第四次会议作出决议，决定每年10月1日为中华人民共和国国庆日。节日前夕，各单位即开始清扫卫生，装饰门庭。节日期间，各单位举行升国旗仪式，或开展联欢活动。此节为公历节日中欢庆气氛最浓的节日，适龄青年喜欢选择此时结婚。机关、企事业单位放假3天。2000年后，国家通过调休形成“国庆黄金周”，以便于上班族外出旅游。

舶来节日　情人节　2月14日。起源于英国，流行于欧美地区及菲律宾等地。这一天，爱人、情人和朋友之间相互赠送礼物、贺词与卡片。

愚人节　4月1日。是一个戏弄别人取乐的节日，积极参加这天活动的多系青少年，但搞恶作剧的成年人也大有人在。

母亲节　5月的第二个星期日。起源于美国，流行于加拿大和欧美一些国家，是一个感恩母亲的节日。每到这一天，人们都力所能及地做使母亲欢心的事情，并向母亲送礼以示祝贺。

父亲节　6月的第三个星期日。起源于美国，流行于世界多地，是一个感恩父亲的节日。庆祝方式主要是赠送礼物、家族聚餐等。

圣诞节　12月25日。基督教徒纪念耶稣基督诞生的节日。是日，青少年互赠贺卡及圣诞礼物，去饭店吃西餐等。2000年后，一些合资企业也在这一天召开外国专家座谈会、举办中外职工联谊会等活动。

90年代中期前，这些洋节只在青少年中流行。90年代中期以后，一些成年人也对洋节产生兴趣。2000年后，商家利用节庆气氛推销节庆商品，为洋节的兴盛推波助澜。

第四章　残疾人事业

第一节　机　构

1990年4月，海阳县残疾人联合会成立（副科级），人员编制4名，由县民政局代管。1994年6月，升格为正科级，设办公室、康复科。1996年5月，海阳县残疾人联合会改称海阳市残疾人联合会。2010年，内设办公室（加挂市残疾人工作协调委员会办公室牌子）、康复与教育就业科，编制15名。

第二节　组织作用发挥

登记管理　1993年11月起，县残联开始办理残疾人证。办证范围包括视力、听力语言、智力、肢体、精神残疾5种。自此，每年1次评价残疾人劳动能力和填写劳动就业需求，共为16733名残疾人查体办证。至2010年，全市持证残疾人12044人。其中，肢体残疾7967人，听力残疾388人，语言残疾557人，智力残疾1026人，精神残疾679人，视力残疾1087人，多重残疾340人。

2010年，海阳市残疾人托养中心

残疾人康复　1994年起，为残疾人免费做白内障手术2600例，为390名低视力残疾人配用助视器，为30名肢体残疾人做矫治手术，为152名聋儿做听力语言训练，培训弱智儿童的家长145名，为1000多名残疾人提供10多种辅助器具。争取中国台北曹氏基金会及社会各界，先后3次为残疾人捐助轮椅、三轮车500辆，拐杖100副，助听器、助视器各100个，盲人表200只。2008年，在市人民医院建立康复指导中心，在17处镇（区、街道）建立康复指导站，配备康复器材，残疾人能够就近就便得到康复训练与服务。2010年6月，海阳残疾人人人享有康复服务工作，被烟台市残联以现场会的形式推广。9月，残疾人社区康复工作通过省残联、卫生厅、民政厅联合检查验收，海阳被命名为省残疾人社区康复示范市。

就业解困　1994年12月，设立县残疾人劳动服务所，开展残疾人待业调查、就业登记、能力评估、职业培训、就业介绍等工作。1998年，与市工商、税务等部门联合，落实残疾人从事个体私营企业减、免税政策，扶持残疾人自谋职业。残疾人个体工商户3260户，从业3972人。巩固发展盲人按摩诊所12处，从业盲人24人。残疾人扶贫解困工作纳入全市总体规划，对无劳动能力的特困残疾人家庭予以最低生活保障，并根据实际情况调整保障标准。动员全社会为残疾人捐款捐物献爱心，送米、面、钱、物等。部门、单位与贫困残疾人家庭结为帮扶对子。2002年，制定海阳市按比例安排残疾人劳动就业办法，全市6家福利企业及其他单位按比例安置残疾人就业。同年，市政府制定残疾人就业保障金征收意见。到2010年，全市征收残疾人就业保障金700多万元，用于磊磊乳品公司、大阎家獭兔养殖场、海阳市玉峰种鸡场等残疾人扶贫基地建设、残疾人危房改造、扶持残疾人就业等项目；与劳动部门协调，安排1569名残疾人到企业工作；投资260万元建设的残疾人托养中心，通过国家残疾人联合会检查验收，被评为全国残疾人托养示范机构；劳动服务中心开展残疾人扶贫基地建设工作，被省残联评为省就业创业先进集体；劳动服务中心高标准完成262户农村贫困残疾人危房改造任务，对200多户贫困残疾人实施临时救助，被评为省基层组织先进集体。

第五章　宗　教

第一节　佛　教

2010年，全市有佛教寺院3处，佛教徒约500人。

丛麻禅院　又名“丛麻院”“七峰寺”。位于海阳市城东北25千米处的盘石店镇七崮山中。始建于隋朝，为丁马言（今山东省平度市人）主持修建。因“山形如丛麻”，故名“丛麻院”。历史上属河南嵩山少林寺管辖。寺院兴盛时有僧人30多名。唐统一后，开国元勋尉迟恭曾在此驻兵养马并主持扩建，留下《重修碑记》碑文。寺院于清道光年间（1821—1850）烧毁后，住持澄从命徒募缘重修。寺院原有大雄宝殿、二殿、东（西）厢、钟鼓楼及其他房屋百余间，占地总面积10万平方米。院内横卧清咸丰二年（1852）重修寺院时所立石碑，碑上载有古寺历史、重建经过及寺产等。佛殿及西厢房于40年代损毁，余有殿堂35间，占地面积约1万平方米。中国佛教协会原会长赵朴初为寺院题写寺名。1993年，丛麻院作为佛教活动场所正式开放。之后，进行恢复重建。2009年7月20日，省宗教局批准登记为“丛麻禅院”。11月1日重新开光。2010年，禅院有大雄宝殿、天王殿、观音殿、伽蓝殿、地藏殿等殿堂，东、西厢各为客房和寮房。是时，由法师释振华任禅院住持，有住寺僧人4名。

成道禅寺　原名“孟达寺”“梦达寺”。原址位于海阳市徐家店镇东南3千米的一处山洼内。始建于隋代，唐贞观年间（627—649）扩建重修。自唐以来一直香火兴旺，常住僧众多时达500人，

2004年3月29日，举行丛麻禅院大雄宝殿落成典礼暨全堂佛像开光法会仪式

成道禅寺

庙产67公顷，至中华人民共和国成立初期，尚有庙产和山峦33公顷。寺院灰瓦红墙，周围古树参天，银杏、古柏、苍松比比皆是。寺院规模宏伟，由山门、天王殿、大雄宝殿、藏经阁等主要建筑和其他配殿、偏房组成，四周山上建有不少高僧舍利塔。墙上的龙纹瓦当，展示出寺院当时的规格和地位，故史载有“南有少林，北有梦达”之说，一时成为胶东佛教中心。抗日战争时期，被辟为兵工厂，后成为解放军仓库。1956年，此地辟为麻风病隔离治疗村，最多时收容病人600余人。“文化大革命”期间，殿堂设施被毁，仅存的大雄宝殿于1983年被拆除。2005年，在海阳招虎山森林公园易地重建。2006年6月26日，寺庙筹建委员会主任释永信大和尚主持奠基仪式和洒净法会。2007年8月中旬，四方大德正式礼请中国佛教协会咨议委员会主席、佛门泰斗本焕担任开山方丈，并正式定名为“东方琉璃世界成道禅寺”。2010年10月26日，获省宗教场所登记。11月7日，举行成道禅寺落成暨本焕升座、全堂佛像开光庆典。

“成道禅寺”为药师佛道场。成道，意为成功得道。成道禅寺占地面积1.6万平方米，建筑面积8000平方米，为仿唐代风格建筑，由山门（天王殿）、药师宝殿、法堂、藏经阁、观音殿、文殊殿、普贤殿、地藏殿、伽蓝殿、祖师殿、日光菩萨殿、月光菩萨殿等建筑组成。

福慧拜佛堂 位于城区海园路35号。2008年，成立海阳福慧拜佛堂筹备委员会，辽宁省青云寺法师释盖纯为筹备委员会主任。2009年春，对筹备委员会进行改组。12月21日，注册成立福慧祥佛堂。2010年1月29日，进行佛堂开光法会。

第二节 基督教

1982年，全县有基督教徒428人。其中，男195人，女233人。主要分布在郭城、发城、徐家店、战场泊、北埠后、山西头6个公社44个大队。1983年，将1954年被郭城粮管所占用的教堂按政策归还宗教团体使用。1989年2月，海阳县基督教三自爱国运动委员会成立。三自爱国运动委员会成立后，坚持独立自主自办教会的原则，走自治、自养、自传的道路。1996年8月，在郭城教堂召开海阳市基督教三自爱国运动委员会第二次代表会议，共有23名代表参加，会议通过《海阳市基督教三自爱国公约》。同年，正式登记的活动点有16个（其中以堂带点14个）。1997年，组织三自爱国运动委员会成员学习党的宗教政策和有关法规，加强对活动场所的管理，对已登记的活动点进行年检。2010年，全市有郭城镇郭城一村基督教堂（2006年6月27日登记）、行村镇北廒子村基督教堂（2006年7月18日登记）、发城镇河南村基督教堂（2006年8月2日登记）、大阎家镇海丰村基督教联欢会点（2007年11月12日登记）4处基督教场所。有基督教信徒近1000人。

第三十三编

镇（区、街道）

2010年，海阳市辖朱吴、发城、郭城、小纪、行村、辛安、大阎家、留格庄、盘石店、徐家店、二十里店11个镇，方圆、东村、凤城3个街道和经济开发区、旅游度假区、碧城工业区3个区，共732个行政村、8个城市社区。

第一章 区

第一节 海阳经济开发区

建置人口 1992年12月，设立海阳外向型工业加工区。1993年3月，设立海阳经济技术开发区（外向型工业加工区），并组建管理委员会（副处级），代表县人民政府对加工区实行统一领导和管理，辖平顶、埠南、中村、石人泊等4个村，沿东凤路两侧发展，北起凤翔桥，南至石人泊桥，园区规划面积5平方千米。2000年8月，在区内设立工业园，实施封闭式管理；12月，对园区规划进行调整，增加赵家庄、联合2个村，重点向威青路以南、东凤路以西发展。2001年12月，将中房、西大滩、柳树庄、前唐家、后唐家、台子上6个村划入，形成北至青威路、东至东村河、西至育行线（今北京路）、南至海防路（今海翔路）的发展框架，规划面积15平方千米。2002年2月，改称海阳经济开发区。2004年2月，对开发区规划进行“南扩西控”调整，将东村河以西、海防路以南、海滨路以北约6.2平方千米作为南扩用地，将育行线以西、以北3.8平方千米作为远期发展控制用地，划入鲁古埠村。2010年，开发区内设办公室、招商部、土地规划建设部、政治工作部、农村工作部，辖13个村，6507户、16983人。

海阳经济开发区管委办公场所

自然条件 海阳经济开发区地势较为平坦，山峰多在海拔200米左右。东村河由北向南流经全境，在石人泊大桥南形成小孩儿口湿地公园。威（海）青（岛）高速和烟（台）凤（城）一级公路呈“十”字形贯通，烟凤路、黄海大道、济南路、威青高速、海防路“三纵两横”构成区内交通主框架，海阳汽车站坐落区内。

经济状况 1993年，农作物以小麦、玉米、地瓜、花生为主，开始发展温室蔬菜大棚、苗圃等高效农业。14家企业规模均较小，产品的市场竞争力弱。2002年，开发建设海阳工业园，进园工业项目逐年增多，电子电器、机械装备、五金钢构、针织服装四大产业集群板块快速扩张。2010年，全区农村经济总收入3.1亿元，地方财政收入1.1亿元，农民人均纯收入9402元，人均居住面积27平方米。粮食平均亩产411千克，总产0.58万吨。农业总产值6948.56万元。其中，种植业产值3344.08万元，林果业产值20万元，畜牧业产值1847.48万元，渔业产值1737万元。企业525个，其中外资企业127个。工业总产值72亿元，实现利税7亿元，外贸出口2.95亿美元。温州商贸城、义乌小商品城、国际毛衫城等6家综合商贸区建成运营。开发建设宝龙休闲体育城、海德公园等大型商住小区和雅乐轩等大型高档酒店、宾馆。

社会事业 2010年，农村最低生活保障327户、508人，支出56.5万元。农村社会养老保险参入率90%。国家抚恤、补助各类优抚对象149人，抚恤事业费支出118.4万元。收养38位五保人员，支出8.2万元。村村建有文化大院、健身广场、农家书屋和综合文化服务中心等文化体育设施，体育健身“村村有”工程覆盖率100%。区内有海阳一中、烟台二轻工业学校（海阳市高级职业学校）、烟台中英文学校等各类学校7所。有海阳中医药职业中专附属医院、心理康复医院、市第三人民医院工业园门诊部等医疗机构3家，个体私营、院校、企业内部医疗诊所21个。

2010年海阳经济开发区村庄一览表

表33-1-1

村　名	建村时间和村名由来	户　数（户）	人　口（人）
平　顶	清乾隆年间（1736—1795），胡氏兄弟二人由城里（今凤城）迁此建村。因村处山东坡，命名侧流坡村，后嫌此名不雅，村又向高平地扩建，改称平顶村	313	811
埠　南	明万历年间（1573—1620），韩、王两姓先后迁此建村。因村北有大片沼泽地称塘埠，村建其南，取名埠南	448	1305
中　村	明万历年间（1573—1620），杨姓兄弟始兴、始能、复旦、复贤先后自“小云南”迁至从上村，后又迁此并繁衍成村。因全村均为杨姓，故名杨家。后因地处东村、凤城中间，改称中村。另一说，因距埠南、石人泊各1.5千米，本村居中而得名	762	1911
石人泊	元至元十七年（1280），张鲁自山西省迁此建村。因村南有巨石矗立，其形如人，故名石人北。后遭战乱，村成废墟。明洪武八年（1375），成钰孟自安徽省太和县迁此建村。因村周围皆泊地，故称石人泊	780	2140
联　合	明崇祯年间（1628—1644），于东江自河南迁入文登大水泊村，后由大水泊村迁此居住。因村坐落于小河西岸，并距海阳县城（今凤城）10里，故取名十里河，后演变为南石河。清光绪二年（1876），臧家村地主臧治方家的佃户王照虎在河东定居，取名臧家庄。1945年，两村合并，改名联合村	140	413
中　房	明洪武四年（1371），徐日辉、徐月辉、徐星辉兄弟三人，自江苏省无锡县迁此建村。老大居北曰上房，老二居中称中房，老三居南名下房，合称三房村。后三村合一，称中房	770	1830
西大滩	明洪武三十一年（1398），徐泽兰自福建省安溪县迁此，建村于大嵩卫西广阔的海滩上，取名西大滩	652	1687
柳树庄	明崇祯五年（1632），庙头村陈守庄置得中村杨姓之杨家屋庄园一处，遣其子陈杰徙居杨家屋立村。因村西小河两岸柳树成荫，故名柳树庄	440	1200
台子上	明嘉靖六年（1527），于姓自文登大水泊村迁此建村。因建村处比四周高，取名台子上	590	1499
前唐家	明永乐年间（1403—1424），余姓兄弟二人迁此定居。因本村系次支所建，故名小余格庄。后，余姓兄弟断传，于、王姓迁入，二姓协商，以村处唐家之南，命名前唐家村。另一说为，清道光年间（1821—1850），唐姓建村，因村后另有一唐家村，遂名前唐家	242	619
后唐家	明永乐年间（1403—1424），余姓迁此定居，以姓命名大余格。明嘉靖年间（1522—1566），唐允自烟台福山陌堂村迁入定居。明崇祯年间（1628—1644），余姓断传，更名唐家。1928年，因南部之村称唐家，遂改称后唐家	301	790
赵家庄	明洪武三十一年（1398），赵义因军功诰授武略将军，世袭大嵩卫镇抚使。赵姓八世祖赵以鸾自今凤城迁居后唐家。第十一世祖赵曰果、赵曰材兄弟二人，自后唐家迁此建村，以姓命名赵家庄。一说为清顺治年间（1644—1661）建村	209	528
鲁古埠	明洪武四年（1371），刘姓由彭城（今徐州）迁此建村。因村南有海滩港沟和羊角泮埠头，故名卤沟埠。后本村在北京经商的人来往通信，嫌村名俗气，便以古代鲁国之“鲁”字代“卤”，并取其谐音改称鲁古埠	860	2250

第二节　海阳旅游度假区

建置人口　海阳旅游度假区位于市区南部，南濒黄海，东接凤城街道，西与大阎家镇相交，北与经济开发区相邻。辖区总面积13.36平方千米，海岸线长12.5千米。1984年10月24日，中共中央总书记胡耀邦到海阳考察并题写“海阳万米海滩浴场”。同年，成立凤城旅游区，由县旅游局负责管理。1994年10月，设立凤城旅游度假区，与凤城镇党委、政府合署办公。2001年12月，成立省级海阳旅游度假区。2002年6月，设立海阳旅游度假区管理委员会，为市政府派出机构；原凤城镇的先锋、胜利、黄家、臧家、成家、庙头6个村划归旅游度假区；9月，海阳旅游度假区管理委员会设立办公室、旅游开发部、规划建设部、招商部。2010年，辖6个村，2693户、7795人。

自然条件　区内属暖温带季风气候区，四季分明，冬无严寒，夏无酷暑，地势北高南低，东村河自北向南穿区而过流入黄海。

经济状况　2002年，粮食亩产500千克，总产量0.5万吨。全区农村经济总收入2.45亿元，农民人均纯收入3532元。有规模以上企业8个，企业固定资产5000余万元。第二产业从业人数2750人，收入1.29亿元，占全区总收入的57.8%。其中工业收入1.15亿元，建筑业收入1360万元。第三产业总收入680万元。其中

海阳旅游度假区管委办公场所

运输业收入234万元，商饮业收入292万元，服务业收入154万元。2010年，全区农村经济总收入3.09亿元，人均纯收入9196元。第一产业总收入7971万元。其中农业收入4297万元，渔业收入2856万元，畜牧业收入758万元，林业收入60万元。第二产业实现收入3.11亿元，其中工业收入2.92亿元，建筑业收入1856万元。有个体工商户472个，第三产业从业人员2785人，总收入2.95亿元。

社会事业　海阳旅游度假区自然风光秀美，旅游资源丰富，为省级旅游度假区、国家AAAA级旅游景区，是第三届亚洲沙滩运动会举办地、国家级海洋特别保护区、国家沙滩体育健身基地，被誉为“东方夏威夷”。逐渐形成滨海度假酒店群、高层度假公寓群、海滨度假别墅群、滨海旅游景观带、高端休闲产品群五大特色群体，以及碧海金滩、滨海休闲、沙雕湿地、游艇温泉四大旅游板块。2003年4月，设立海阳旅游度假区社会事务服务中心；10月，成立乡村卫生室一体化管理委员会。2006年7月，设立海阳旅游度假区公共事业管理处。2006年、2007年中央电视台《同一首歌》《中华情》相继走进海阳，在旅游度假区成功举办。2007年，承办山东省沙滩排球锦标赛。2008年，区内6个村全部建立图书阅览室，藏书量1.5万册。2009年2月，海阳黄海画院、黄海美术馆建成并对外开放，建筑面积1000平方米。同年，承办全国沙滩排球巡回赛。2010年，承办全国沙滩手球锦标赛和海阳国际沙滩体育艺术节；10月，第16届亚运会火炬在旅游度假区成功传递；凤城街道小学西校区正式投入使用，23个教学班，教职工67人，在校生1120人。同年，幼儿园3所，入园儿童390人。卫生室5个，医务人员18名。新农村合作医疗入保率100%。落户商务度假、休闲娱乐、康体健身项目44个。其中，投资过亿元的项目32个，10亿元以上的6个。规划建设星级酒店15个，投入运营7个，主体完工8个，其中三星级4个、四星级1个。全区完成旅游综合收入11.7亿元，接待游客168万人次。先后获中国最佳休闲度假目的地、“美丽中国”十佳旅游县（区）、“好客山东”最佳休闲旅游度假区等称号。

2010 年海阳旅游度假区村庄一览表

表 33-1-2

村　名	建村时间和村名由来	户　数（户）	人　口（人）
先　锋	明洪武四年（1371），山后（今山西省）张姓人迁入今凤城东南角建村，以姓命名张家庄。洪武十年（1377），蒋姓人在今凤城西 500 米处建村，以姓命名蒋家庄。洪武三十一年（1398）五月，在两庄所在地设大嵩卫。明永乐年间（1403—1424），从江苏、安徽、湖广移民大嵩卫。清雍正十三年（1735），裁卫设县，县城设于大嵩卫驻地，称在城，后称海阳城里。1942 年，改海阳城里为凤城，设 4 个里，该村为第三里。1945 年，将 4 个里分为统一、建设、先锋、群利、胜利、巩固、民生 7 个村。1948 年，7 个村合并为 4 个村，该村与群利村合并为先锋村	623	1719
胜　利	见先锋村。该村与民生村合并为胜利村	598	1593
臧　家	明万历年间（1573—1620），臧姓先祖臧铎自安徽省合肥县西竹林村迁居此地建村，以姓命名臧家	481	1421
黄　家	明永乐年间（1403—1424）、一说为明万历年间（1573—1620），黄姓一世祖黄友德迁此建村，以姓命名黄家	570	1775
庙　头	明永乐年间（1403—1424），建村于三官庙之西，故名庙儿头。中华人民共和国成立后，称庙头	332	1021
成　家	元至大二年（1309），成延令自湖北省襄阳县迁此建村。因户数少，以姓命名小成家。明正德三年（1508）建大成家，中华人民共和国成立后，与小成家合并称成家	89	266

第三节　海阳碧城工业区

建置人口　海阳碧城工业区于 2002 年 8 月成立，为市政府派出机构。位于市区东部，东起海阳隧道，西至东村河，北至青石公路，南至嵩潜村南，面积 16 平方千米。2010 年，辖 8 个行政村，2383 户、6509 人。

自然条件　境内三面环山，腹地平阔，碧城河与东村河纵贯而过，在南部汇合，威青高速横穿东西。

经济状况　2003 年，区内仅有毛衫、五金加工等几个传统产业。之后，逐渐形成以海阳市盛华电子有限公司为代表的高科技电子产业；以海阳市圣士达机械有限公司为代表的精密机械加工产业；以海阳市凌晖包装新材料有限公司为代表的高科技新材料产业；以海阳市山孚食品有限公司为代表的现代果蔬深加工产业；以海阳市信诚制衣有限公司、海阳市英杰制衣有限公司为代表的高新纺织产业。工业企业增加值每年以 20% 的速度递增。2010 年，全区耕地面积 111.53 公顷，林地面积 172.4 公顷。农村经济总收入 1.42 亿元，地方财政收入 2531 万元，农民人均纯收入 9263 元。生产总值 4.72 亿元，第一、二、三产业比为 9 ∶ 75 ∶ 16。粮食平均亩产 442 千克，总产 2.47 万吨。农业总产值 0.25 亿元。有各类生产经营企业 140 家。其中，规模以上企业 22 家。工业企

海阳碧城工业区管委办公场所

业完成产值2.67亿元。进、出口总值3687.3万美元。其中，出口总值2984.9万美元。合同利用外资1560万美元，实际利用外资12万美元。

社会事业 2010年，辖村全部建成高标准灯光休闲广场，村民文化生活开展得有声有色。建设龙塘埠新村、肋埠新村东上城等小区，村民生活环境焕然一新。区内有中心小学1所，学生220余名。有村卫生室6处，个体门诊1处。新型农村合作医疗参入率100%，农村养老保险缴费152万元。

2010年海阳碧城工业区村庄一览表

表33-1-3

村 名	建村时间和村名由来	户 数（户）	人 口（人）
龙塘埠	明建文元年（1399），袁全福自热河省承德县迁此建村。因此处有温水潭、土阜，"阜"与"埠"字近音，故名龙潭埠。清光绪年间（1875—1908），改为龙塘埠	709	1800
肋 埠	明永乐年间（1403—1424）建村。村处拖山南，形似肋骨的一埠岭旁，故名肋埠。一说为清代，张姓迁此建村，因龙塘埠村西有一温水池塘，称"塘埠"，而此村在"塘埠"东侧，故名肋埠	293	810
高家泊	清光绪年间（1875—1908），高姓先祖迁此平泊建村，故名高家泊	85	226
杨家泊	清康熙年间（1662—1722），杨姓自石剑村到此建村定居，因地处虎山河东泊，故名杨家泊	340	900
岱格庄	清乾隆年间（1736—1795），姜姓迁此建村，因村处岱格山西麓，故名岱格庄	280	768
嵩 潜	明嘉靖十年（1531），先居者自河南省杞县迁此建村。因村处嵩山西麓低洼处，有"潜隐嵩山"之意境，故名嵩潜	306	895
山 口	明嘉靖年间（1522—1566），郑姓自"小云南"迁此建村。因村处南玉皇顶和长山交叉处，故名山口	125	420
沟于家	清光绪年间（1875—1908），于、高、孙三姓迁此建村，以三姓命名于高孙村。后于姓发展快，村中心又有一条东西流向的河沟，寓意鱼得水而兴，改名沟于家	245	690

第二章 街 道

第一节 方圆街道

建置人口 方圆街道位于城区，东邻留格庄镇，北与朱吴、盘石店镇交界，西与东村街道接壤，南与经济开发区相连，面积78.41平方千米。

清雍正十三年（1735）撤卫设县，属嵩山乡。1928年，属东村区。1942年，属东村镇。1944年，属第十三区。1958年9月，属东村公社。1981年12月，属东村镇。1984年4月，从东村镇中分出南城阳乡。1995年10月，撤销南城阳乡，并入东村镇。2000年12月，撤销东村镇，分设东村、方圆街道。方圆街道辖33个行政村。2002年8月，8个村划入碧城工业区。2010年，街道辖新元、阳光、双阳、文山4个城市社区、25个行政村，20058户、54930人。

自然条件 街道处于北高南低的丘陵地带，主要山脉有招虎山、南玉皇顶等，其中招虎山主峰海拔549.7米。主要河流有东村河、城阳河，境内河流总长27.3千米，流域面积约130.2平方

方圆街道办事处办公场所

千米。威青高速公路横穿东西，烟凤一级公路纵贯南北。

经济状况　1978年，农作物主要有小麦、玉米、地瓜、花生、大豆等，粮食平均亩产383千克。商贸服务业主要由供销社经营。企业主要有轻工机械厂、砖瓦厂、建筑队、木材加工厂、石子厂、振华服装厂、靴鞋厂等社办厂，固定资产原值47.7万元，年总产值130.88万元，利润32.8万元。1983年后，开始发展高产高效农业。1997—1999年，12家企业先后改制。2001年，规划建设7平方千米的方圆街道工业园。园区内98家企业，主要经营羊毛衫、服装及辅料、机械、石材、电子等。第二产业从业人员12460人，产值15.40亿元，利税1.11亿元，利润5700万元。2010年，农村经济总收入57.59亿元，地方财政收入1.89亿元，农民人均纯收入9197元。生产总值12.49亿元，第一、二、三产业比例为4.2 ∶ 77.8 ∶ 18。粮食平均亩产406千克，总产0.85万吨。农业总产值9310万元。其中，种植业产值6240万元，林果业产值540万元，畜牧业产值2200万元，渔业产值330万元。企业总数310户。第二产业从业人员1.95万人，实现利税6.43亿元，利润4.15亿元。进、出口总值5414.3万美元。其中，出口总值3988.3万美元。合同利用外资651万美元，实际利用外资180万美元。个体工商户4000个，从业人员14920人，实现利税3.75亿元，利润2.42亿元。

社会事业　1978年，公社有文化站、广播站、电影队，2处卫生院，所有大队成立合作医疗站。1983年8月，福泰影剧院始运营；12月，成立镇办吕剧团。2003年12月，实行乡村卫生管理一体化，村村建起卫生所（室）。2010年，街道建综合文化站，25个村均建文化大院；有中心小学1所，幼儿园7所；享受定期抚恤补助的优抚对象371人，年发放抚恤补助187.5万元；农村最低生活保障382户、572人，发放保障金35万元；42位老人入住敬老院、集中供养金13万元，分散供养五保户25人、发放供养金4万元。

2010年海阳市方圆街道村庄一览表

表33-2-1

村　名	建村时间和村名由来	户　数（户）	人　口（人）
生　产	明洪武四年（1371），监生佟普恩自河北省承德县迁此，以姓命名佟村。后佟姓绝嗣，因村处洪门寺东，遂改名东村。1943年，东村分为4个里。1946年，东村撤里设村，一里为和平村，二里为民主村，三里为团结村，四里为生产村。该村为生产村	964	2377
团　结	见生产村。该村为团结村	470	1550
里　口	明嘉靖年间（1522—1566），李姓建村于东山沟，因处两山之间的里口，命村名为东李口。后程姓由五间屋迁至，居其西，与东李口对应称西李口。后李姓迁走，程姓居此，改称里口村	864	2420
新　兴	明永乐二年（1404），李、刘二姓到此定居。因地处东村河之北，故名河北村。1981年，因重名改为新兴村	293	773

续表 33-2-1

村　名	建村时间和村名由来	户　数（户）	人　口（人）
瓦埠庄	明崇祯年间（1628—1644），建村于河东岸的烧瓦窑附近，故名瓦埠庄	180	498
南修家	清光绪年间（1875—1908），修姓迁此建村，以姓命名修家庄。后因重名，改称南修家	500	1172
宅子头	清道光三年（1823），王姓建村于泽梓院东，故名泽梓头，后演变为宅子头。一说为清道光年间（1821—1850），张姓到此定居。因地处马家宅口与西北宅口的东头，故取名宅子头	250	721
镐　地	清道光三年（1823），孙彭建村于蒿草丛生之河畔，故名蒿地。后嫌“蒿”字不雅，改名镐地	215	575
邵　家	明正德年间（1506—1521），邵姓到此定居建村，以姓命名邵家	181	514
北城阳	明崇祯年间（1628—1644），建村于土丘城子顶北较低处，雨季洪水泛滥，汪洋一片，故命名北城洋，后演变为北城阳	762	2195
南城阳	明崇祯年间（1628—1644），王姓到此建村定居。因建村于土丘城子顶南平地处，地势低洼，雨季积水，故名城洋。后演变为城阳。后为与北城阳对应，改名南城阳	570	1350
它山泊	明万历年间（1573—1620），颜、倪两姓先后到此定居。因建村于拖山下平泊之地，故名拖山泊，后演变为它山泊。一说为，明万历年间，建村于它山山麓，山后积水成泊，以山水取名它山泊	403	980
西哲阳	清康熙元年（1662），袁、修两姓到此定居。康熙五年（1666），高宁同自山西省太谷县迁此。当时村建在河北岸柘树峦前，依山南水北为阳之说，故名柘阳。清乾隆二年（1737），取“贤哲阳生”之兆，改称哲阳。1961 年，以村中河为界划为两个行政村，该村在河西，为西哲阳	1054	2728
东哲阳	见西哲阳村。该村在河东，为东哲阳	287	758
西石兰沟	明嘉靖年间（1522—1566），于、柳两姓先后到此定居。因建村于招虎山前石头成堆的小河之西，故名石磊沟。明万历年间（1573—1620），村东又建一村。为有别于河东之村，清初改称西石磊沟。后演变成为西石兰沟	352	967
东石兰沟	明万历年间（1573—1620），孙、林两姓先后到此定居。因建村于招虎山前石头成堆的小河之东，故名石磊沟。清初，为有别于西石兰沟，冠以“东”字，后“磊”字演变为“兰”，称东石兰沟	261	714
迟　家	明成化年间（1465—1487），迟姓自云南到此建村定居，命名迟家	381	1076
楼　庵	清咸丰九年（1859），娄姓在此看庵，遂发展成村，命名娄庵。后演变为楼庵	73	174
儒　家	清康熙年间（1662—1722），于姓到此建村，以姓命名于家。后因村建于镜山之后，改名镜山后。继之因于姓繁衍昌盛，便以雅字“儒”取代“于”字，变为儒家。清雍正年间（1723—1735），王姓被雇到此，在村山坡东看庵。因住房周围皆山，环境僻静，故将驻地命名为僻静庵。山坡西有白姓看庵，取名白家庵；坡南雇用盛姓看庵，取名盛家庵。僻静庵、白家庵、盛家庵和儒家村等 4 个自然村，组成 1 个行政村	278	750
车　村	明万历六年（1578）建村。先居者外出，暴病于途，遇车姓相救，故名车恩村，后演变为车村	897	2261

续表 33-2-1

村　名	建村时间和村名由来	户　数（户）	人　口（人）
北石河	清康熙年间（1662—1722），姜姓自外地逃荒到此定居。因建村于河旁，河床多石，故命名石河。一说为，明朝末年，李姓到此定居。因西北方有一口山泉，泉水长年不干，取名宝泉庄，后因村东北有条河，河中多石，改名石河。1981 年，地名普查时因重名，更名北石河	219	602
道　南	清顺治年间（1644—1661），汪姓到此建村定居。因建村于一条西南、东北走向的大道之南，故名道南	243	660
牟　家	清宣统年间（1909—1911），另一说为明代，牟姓到此建村定居，以姓命名牟家	317	843
秋林头	明洪武年间（1368—1398），孙姓先人自门楼村（今属福山区）迁此建村。因村处一片楸树林的东头，故名楸林头。后改“楸”为“秋”，成为秋林头	552	1508
李家庄	明崇祯年间（1628—1644），李姓到此定居建村，以姓命名李家庄	178	440

第二节　东村街道

建置人口　东村街道位于城区，东邻方圆街道，西与二十里店镇接壤，南与大阎家镇相连，北与朱吴镇毗邻，面积 75 平方千米。

清雍正十三年（1735）撤卫设县，属嵩山乡。1928 年，为东村区。1942 年，为东村镇。1944 年，为第十三区。1958 年 9 月，为东村公社。1981 年 12 月，改称东村镇。1984 年 4 月，从中分出南城阳乡。1995 年，南城阳乡复归并。2000 年 12 月，撤销东村镇，分设东村、方圆街道。2003 年 6 月，东村街道老城区设海政、兴海和北山 3 个社区。2010 年，街道辖海政、兴海、北山 3 个城市社区和 35 个行政村，23812 户、63769 人。

东村街道办事处办公场所

自然条件　街道地处北高南低的丘陵地带，主要山脉有凤凰山、天门山等。主要河流有东村河、辛治河、磊石河、才苑河，皆发源于北部山区，流入黄海，流域面积 466 平方千米。威青高速公路横穿东西，烟凤一级公路纵贯南北。

经济状况　1978 年，主要农作物有小麦、玉米、地瓜、花生、大豆等，平均亩产 348 千克；商贸服务业主要由供销社经营；社办企业有草制艺品厂、木材加工厂、建筑队等，后兴办起汽修厂、缸套厂、铸钢厂等；村村成立合作医疗站，有卫生院 2 处。80 年代，开始发展高产高效农业，凉山后、前辛治等村建起县内第一批蔬菜大棚；经济势力较强村和机关、学校建图书阅览室，镇建档案室。2003 年，规划建设 5 平方千米工业园区。2007 年，辖区 35 个村均成立文化大院。2009 年，街道成立综合文化站。2010 年，农村经济总收入 13.2 亿元，地方财政收入 8851 万元，农民人均纯收入 9178 元。生产总值 8.95 亿元，第一、二、三产业比例为 21 ∶ 46 ∶ 33。粮食平均亩产 452 千克，总产 0.71 万吨。农业总产值 7000 万元。其中，种植业产值 2820 万元，林果业产值 2810 万元，畜牧业产值 1358 万元，渔业产值 25 万元。工业企业近 200 个，第二产业从业人员 1.10 万人，收入 6.64 亿元。进、出口总值 4350 万美元。其中，出口总值 3026 万美元。合同利用外资1620万美元，实际利用外资466万美元。有集市8处，上市摊位2850个，上市人数4.9万人，年成交额2.06亿元。第三产业从业人员2.6万人，收入4.55亿元，其中运输业收入1.123亿元，服务业收入1.05亿元，商饮业收入2.37亿元。

社会事业 2010年，街道有高中1所、初中2所、小学3所、学区小学2所，在校生6500名，教职员工605人。30个村实行合作医疗，参保率85.7%。享受定期抚恤补助的优抚对象398人，年发放抚恤补助201.2万元；农村最低生活保障414户、651人，发放保障金40万元。53位老人入住敬老院、集中供养金17万元，分散供养五保户31人，发放供养金4.96万元。

2010年海阳市东村街道村庄一览表

表33-2-2

村名	建村时间和村名由来	户数（户）	人口（人）
城北	明洪武年间（1368—1398），建村于莺儿山之东山沟，因沟旁棘子丛生，故取名棘林沟。清宣统年间（1909—1911），迁村至沟上平坦处，更名台上。1981年，地名普查时因重名，且村处城区之北，更名城北	1322	3211
和平	明洪武四年（1371），监生佟普恩自河北省承德县迁此，以姓命名佟村。后佟姓绝嗣，因村处洪门寺东，遂改名东村。1943年，东村分为四个里。1946年，东村撤里设村，一里为和平村、二里为民主村、三里为团结村、四里为生产村。该村为和平村	1110	2340
民主	见和平村。该村为民主村	560	1260
院西	唐贞观八年（634），阎姓先祖阎辅华自山西省洪洞县迁此建村，以姓命名阎福庄。明正统十二年（1447），修兴自东村迁入。正统十四年（1449）阎姓绝嗣，阎福庄更名院西。一说，明永乐年间（1403—1424），建村于洪门寺之西，寺俗称“寺院”，故名院西	161	329
窑上疃	明洪武年间（1368—1398），一说为明崇祯年间（1628—1644），李姓到此定居建村。因村处一土窑之西，故命名西疃，后改为西小窑，1940年后定名窑上疃	347	805
南才苑	明永乐四年（1406），李拙政自山西省长治县迁此定居建村，取“才冠文苑”之意，取名才苑。1961年分成两个行政村，该村居小河之南，称南才苑	385	790
北才苑	见南才苑村。该村位于小河之北，故名北才苑	102	230
宅科	明洪武年间（1368—1398），李姓从山西省洪洞县到此建村。因其迁移地洪洞县广济寺内有棵大槐树，故命名望槐庄，以为纪念。后遭水灾，仅剩几间宅框。明永乐年间（1403—1424）重建村于宅框之南，改名宅框，后演变为宅科	158	404
南倪家	明万历年间（1573—1620），倪姓七世祖倪文阁、倪文报、倪文吉兄弟三人，从云南迁此（今库区内）定居。以姓命名倪家。1958年，在村址建才苑水库。该村搬迁至水库东南角山坡上。1962年，因种地不便，有50户搬迁到水库北的团山居住。1977年9月，倪家村分为南倪家、北倪家两个行政村。该村为南倪家	226	540
北倪家	见南倪家村。该村为北倪家	76	210
姜家疃	明隆庆元年（1567），一说为明崇祯年间（1628—1644），姜姓先祖姜月自峒岭村（今属乳山市）迁此建村，以姓命名姜家。1981年，地名普查时因重名，更名姜家疃	549	1468

续表 33-2-2

村　名	建村时间和村名由来	户　数（户）	人　口（人）
鞋西沟	清康熙年间（1662—1722），一说为清雍正年间（1723—1735），修姓到此建村定居。因村处山沟，沟东山丘上有石形状似鞋，故名鞋西沟	177	441
榆林涧	清顺治年间(1644—1661)，马姓自里口村的胡家营迁居此处。因村处山涧之侧，涧旁榆树成林，故名榆林涧	400	1017
小丛家	清嘉庆年间（1796—1820），丛姓自丛家沟（今大丛家村）迁居孤山东北麓。为有别于大丛家，故名小丛家	134	322
大丛家	明崇祯年间（1628—1644），丛姓先祖由文登迁此建村，命名丛家沟。后为与小丛家相区别，改称大丛家	435	1032
大磊石	明洪武三十一年（1398），于姓自文登大水泊到此定居建村。因村北天门山有三块巨石相叠压，形似“磊”字，故名大磊石	540	1361
南磊石	清嘉庆二十五年(1820)，于姓自大磊石迁此建村，故名小磊石。后村民认为“小”字不雅，以位处大磊石村之南，1947 年更名南磊石。一说为，1920 年迁自大磊石，因村小人少，故名小磊石，后改“小”为“南”	168	431
山　后	清乾隆四十四年（1779），姜姓自峒岭村（今属乳山市）迁此定居建村。因村坐落在孤山之后，故名孤山后。后称山后	72	171
阎家庄	清乾隆年间（1736—1795），阎姓到此建村定居，以姓命名阎家庄	280	748
地北头	明永乐年间（1403—1424），孙姓先祖孙言成到此建村。因村南有一南北走向的长地块，人称孙姓为地北头那一家，故名地北头	400	1100
石　剑	明万历六年（1578），杨孟春、杨会、姜考自莱阳西关、南关迁此定居。因村北河岸有一天然石柱状似宝剑，故名石剑	820	2200
五间屋	明万历年间(1573—1620)，杨姓到此定居建村。因村坐落处原有五间茅草房，故名五间屋	760	1786
羊角沟	清光绪二十七年（1901），杨姓建村于形似羊角的山沟里，故名杨家沟。后杨姓迁走，刘姓兄弟从河北村（今新兴村）迁此，改称羊角沟。一说，清初杨姓建村，命名杨家沟。清光绪年间（1875—1908），杨姓迁走，刘姓迁此，以沟形取名羊角沟	397	1015
北八里庄	清嘉庆年间（1796—1820），杨姓自丁家夼村迁到羊角沟村南建村居住。清光绪年间（1875—1908），刘姓自河北村（今新兴村）迁此，李姓自朱家庄迁此，此时村名称南庄，与羊角沟属一个行政村。1960 年 8 月为独立行政村，因位于县城北八里处，故名北八里庄	115	323
凉山后	明洪武四年（1371），张姓到此定居，称占山户。清顺治二年（1645），赵文秀到此落户。清顺治四年（1647），于凤自沟于家迁此落户。清康熙年间（1662—1722），李德照自窑上疃迁此落户，逐渐聚居成村，共商村名。因村前山名谓凉山，故名凉山后	732	1760
黑石埠河	清康熙年间（1662—1722）建村。因村东河中有一突出的黑色大石崮，故名黑石埠河	300	730
西八里庄	明末，李姓到此定居建村。因村位于东村西 8 里处，故命名西八里庄	380	990
薛家庄	明万历年间（1573—1620），薛姓于五头山之东南建村，以姓命名薛家庄	320	730
初格庄	明崇祯年间（1628—1644），初姓建村，以姓命名初格庄	190	520

续表 33-2-2

村　名	建村时间和村名由来	户　数（户）	人　口（人）
前辛治	明末，辛姓到此定居，取“治山治水治理家园”之意，命村名辛治。一说为取“辛勤治村”之意而命名。清康熙年间（1662—1722），本村迁出一部分人在村北另建一村。为相互区分，该村称前辛治	360	952
后辛治	见前辛治。为区别于原村且在其北，命名后辛治	220	547
垛　兰	明万历年间（1573—1620），姜姓到此建村定居。因建村于柞树峦附近，故名柞峦。继因村周围野兰甚多，又改称垛兰	290	870
邢　家	明嘉靖年间（1522—1566），邢姓到此建村定居，以姓命名邢家	486	1178
李　家	清康熙年间（1662—1722），李姓到此建村定居。因村处邢家村之东，故称邢家东庄。与邢家村为一个行政村。1961 年成为独立行政村，改称李家	198	509
朱家庄	清雍正年间（1723—1735），李姓到此建村居住。因建村于朱角山之北，故名朱家庄	113	289

第三节　凤城街道

建置人口　凤城街道位于市区南部，南濒黄海，东北接留格庄镇，西与旅游度假区相交，北与经济开发区、碧城工业区相邻，面积 53 平方千米。

明洪武三十一年（1398），设大嵩卫。清雍正十三年（1735）撤卫设县，为县署驻地，称在城，属嵩山乡。1928 年，为在城区。1932 年，为县辖镇（城镇，即城里）。1942 年 4 月，属第一区。是年 9 月，城里更名凤城。1945 年 8 月，县城迁至东村。1958 年 9 月，建凤城公社。1984 年 4 月，改称凤城镇。2003 年 5 月，撤销凤城镇，设凤城街道。2010 年，辖凤凰 1 个城市社区、30 个行政村，7116 户、20984 人。

凤城街道办事处办公场所

自然条件　街道地处黄海之滨，海岸线长 14.5 千米。地势北高南低，由起伏丘陵、长条状缓岗过渡到 50 米左右的海蚀台地，近海一带为小片平原。海底多为泥沙淤积，潮汐涨落冲刷较大，属于正规半日潮，一天两高两低现象明显。主要山脉有南玉皇顶、望石山、垛山，其中南玉皇顶海拔 195 米；主要河流有臧家河、新安河，其中臧家河流长 10 千米。烟凤一级公路纵贯南北，海滨路横穿东西。

经济状况　1978 年，主要农作物有小麦、玉米、地瓜、花生、大豆等，粮食平均亩产 368 千克。商贸服务业主要由供销合作社经营。社、队工业、副业始兴。1979 年，凤城渔港竣工。县内渔船和江苏、辽宁等省外渔货船到此卸鱼装货。80 年代，开始发展高产高效农业。1982 年，臧家村村民臧金川建起第一个蔬菜拱棚。同年，有渔村 26 个，渔民 678 人。机动船 98 只，木帆船 68 只。1984 年，有农具厂、造船厂、砖瓦厂、毛纺厂、针织厂、布鞋厂、冷藏厂、海水养殖场等 15 家镇办企业。其中，毛衫产业被誉为“江北毛衫第一镇”。2010 年，有标准日光温室大棚 2100 个，中、小号大棚面积 133.3 公顷，年产蔬菜 0.4 万吨。农村经济总收入 91.76 亿元，地方财政收入 6020.81 万元，农民人均纯收入 9596 元。生产总值 6.96 亿元，第一、二、三产业比例为 11 ∶ 80 ∶ 9。粮食平均亩产392千克，总产0.92万吨。农业总产值1.33亿元。其中，种植业产值4130万元，林果业产值165万元，畜牧业产值1784万元，渔业产值7225万元。有冷藏加工厂10个，年加工能力200万吨，出口创汇1200万元。有企业107家，累计项目总投资48亿元。其中，外资企业3家，总投资5100万美元。注册毛衫企业30余家，个体毛衫加工户1000多户，年加工能力6000多万件，从业人员2万余人。工业总产值78.40亿元，利税3500万元。第二产业从业人员6788万人，收入1.08亿元。各种服务行业600余户。第三产业从业人员1668人，收入5983万元。其中，运输业收入2704万元，服务业收入1088万元，商饮业收入2044万元，其他收入147万元。

社会事业　1978年，公社有广播站、电影队；有村办幼儿园3所、入园儿童124人，村办小学33所，联办中学8所，县办高中1所；所有大队都成立合作医疗站，公社建有卫生院。2003年10月，实施乡村卫生室一体化管理，辖区有28个卫生室。新农村合作医疗参保率98%以上。2010年，街道设综合文化站，各村均建文化活动中心，有各类图书室29个、藏书15万余册。有幼儿园2所、入园儿童390人；小学3所，在校生1120人；初级中学1所，在校生1190人。街道旅游资源丰富，有凤台日出、碧霞元君庙、玉皇顶、望石山、四眼井等多处名胜风景和历史文化遗址。

2010年凤城街道村庄一览表

表33-2-3

村　名	建村时间和村名由来	户　数（户）	人　口（人）
统　一	明洪武四年（1371），山后（今山西）张姓人迁入今凤城东南角建村，以姓命名张家庄。洪武十年（1377），蒋姓人在今凤城西处建村，以姓命名蒋家庄。洪武三十一年（1398）五月，在两庄所在地设大嵩卫；明永乐年间（1403—1424），从江苏、安徽、湖广移民大嵩卫。清雍正十三年（1735），裁卫设县，县城设于大嵩卫驻地，称在城，后称城里。1942年，改海阳城里为凤城，设4个里。1945年，将4个里分为统一、建设、先锋、群利、胜利、巩固、民生7个村。统一村位于凤城十字路口东北方	383	970
建　设	见统一村。建设村位于凤城十字路口西北方	563	1536
鞠家庵	清康熙年间（1662—1722），鞠姓看庵户居此，后繁衍成村，故名鞠家庵	120	352
芝　芳	元元统二年（1334），先居者高姓自山西省蒲县迁此建村。因开设造纸作坊，故名纸坊，后嫌不雅，清光绪二十五年（1899），取“芝兰芬芳”之意，更名芝芳	289	871
邓　家	明洪武年间（1368—1398），刘姓在村北小河以北建庄，以姓命名刘家庄。明洪武末年，大嵩卫副指挥使邓中迁入，以姓改村名邓家。一说，明崇祯年间（1628—1644），邓氏建村，故名	236	662
西河崖	明万历年间（1573—1620）建村，因地处河崖，故名河崖。1981年，地名普查时因重名，改名西河崖	367	1080
嵩山埲	清康熙年间（1662—1722），赵姓建村。因村在嵩山之阳高耩处，故名	47	130
窑　上	明万历年间（1573—1620），王瑾自“小云南”迁至望石山西庙岭居住。因避风害移居城里之西。后因受大户歧视，复居原址，命名逍遥村。清康熙年间（1662—1722），因建砖瓦窑，更名窑上村。一说为明万历年间，王姓在此建村，因古庙内悬一铁钟上铸“逍遥”二字，故名逍遥村。后为重修县城，在村东建窑烧砖，改名窑上	345	1037
东迟格庄	明洪武年间（1368—1398），有人在此地一条河沟淘金，后在河沟东建村，故名东出金庄，后演变为东迟格庄	468	1243
西迟格庄	见东迟格庄。因村处于淘金河之西故名西出金庄，后演变为西迟格庄	245	613

续表 33-2-3

村　名	建村时间和村名由来	户　数（户）	人　口（人）
北河沟	明洪武年间（1368—1398）建村，因处河沟之北，故名	235	604
南河沟	明洪武年间（1368—1398）建村，因处河沟之南，故名	175	475
马明庄	明崇祯年间（1628—1644），马姓建村，故名马家庄。1981 年，地名普查时因重名，更名马明庄	70	170
邵兴庄	明崇祯年间（1628—1644），邵姓建村，故名邵家庄。1981 年，地名普查时因重名，更名邵兴庄	167	458
荣家庄	明永乐年间（1403—1424），荣姓建村，以姓命名荣家庄	136	388
高家庄	明洪武年间（1368—1398），高姓建村，以姓命名高家庄	335	865
斜角洼	清光绪年间（1875—1908），荣姓建村，因村子坐落在一条土岭与海岸形成斜角的低洼处，故名斜角洼	73	189
八里孙家	明洪武年间（1368—1398），孙姓建村，因距城里八里，故名八里孙家	458	1158
陂子头	明洪武年间（1368—1398），李姓建村，因坐落在一条名为陂水的小溪旁，故名陂水头，后演变为陂子头	372	972
寨　前	明嘉靖年间（1522—1566），戚继光部下黄游击在大嵩卫东约 7 千米处建军寨防倭。明万历年间（1573—1620），朱姓建村于寨南，故名寨前	520	1403
寨　后	见寨前村。李姓建村于寨北，故名寨后	87	248
李王庄	明崇祯年间（1628—1644），王姓建村王家庄。明末清初，金姓建村，因距县城七里，故名七里金家。清光绪年间(1875—1908)，李姓建村李庄。1958 年，三村合为一个行政村，取李庄和王家庄之首字，故名李王庄	210	521
新　安	明洪武年间（1368—1398），于姓到此建村，取“辛勤安村”之意，故名辛安。1981 年，地名普查时因重名，更名新安	360	940
两　甲	明洪武年间（1368—1398），梁姓到此建村，以姓命名梁家。民国时期因与大辛家之梁家重名，当时又属竹金社二甲，于 1930 年更名为两甲	174	497
鞠家庄	明崇祯年间（1628—1644），鞠姓建村，以姓命名鞠家庄	50	151
唐家洼	明洪武年间（1368—1398），唐姓建村，因地处洼地，故名唐家洼	134	348
东　洼	明初，姜姓建村，因村处洼地之东故名东姜家洼，后称东洼	200	520
北　洼	明初，姜姓建村，因村处洼地之北故名北姜家洼，后称北洼	138	369
来家洼	明初，来姓建村，因地处洼地故名来家洼	71	203
西　洼	明初，姜姓建村，因地处洼地西，故名西姜家洼，后称西洼	70	178

第三章　镇

第一节　大阎家镇

建置人口　大阎家镇位于市南部，南靠黄海，东接旅游度假区，北邻二十里店镇，西与辛安镇交界，面积 87.8 平方千米。

清雍正十三年（1735）撤卫设县，属嵩山乡。1928 年，为从上区。1932 年，属第一区（区公所

大阎家镇政府办公场所

驻地东村）。1942年，属第十二区（区公所驻地后店）。1951年，属第十区（区公所驻地后店）。1958年9月，属二十里店公社。1966年12月，属潮外区（驻地潮外）。1968年3月，属潮外公社。1971年，更名大阎家公社，驻地大阎家村。1984年4月，改称大阎家乡。1994年5月，改称大阎家镇。2010年，辖25个行政村，9594户、26193人。

自然条件　辖区呈丘陵平原交接地貌，北依龙山，南临黄海；纪疃河、大阎家河纵贯南北，育行公路横穿东西。

经济状况　1978年，农作物主要有小麦、玉米、花生、地瓜、水稻等。工业基础比较薄弱。辖区内仅有百货商店及供销社、代销点销售生活日用品和生产资料。80年代，开始发展高效农业，为海阳县重要的桑茧、稻米生产基地。办起腾达制动器厂、特型皮鞋厂、斜山木器厂等乡办企业。个体运输业、餐饮业、服务业等发展兴起。90年代，蛋鸡养殖规模扩大。1998年，全镇共有蛋鸡饲养小区7个，形成规模养鸡户3000余户，其中饲养量在500只以上的专业户350户，蛋鸡存栏52万只，日产蛋3.5万千克，蛋鸡饲养业居全市第一。海水养殖形成一定规模，其中贝类开发养殖面积866.67公顷，品种有纹蛤、杂色蛤、缢蛏等，年产量4500吨；虾类开发养殖面积733.33公顷，主要为南美白对虾、日本车虾及中国虾。2010年，水稻种植面积106.67公顷，平均亩产500千克，主要稻米种植村西沽头和大荆家分别注册“沽头大米”和“大荆家大米”商标。全镇农村经济总收入7.0亿元，地方财政收入770万元。生产总值5.8亿元，第一、二、三产业比例45 ： 39 ： 16。粮食平均亩产427千克，总产2万吨。农业总产值2.6亿元。其中，种植业产值1.03万元，林果业产值126万元，畜牧业产值6367万元，渔业产值8685万元。辖区内重点企业有山东黄海水产有限公司、海益宝海洋生物科技有限公司、金阳食品有限公司等。进、出口总值2000万美元。其中，出口总值1200万美元。合同利用外资1800万美元，实际利用外资400万美元。商业网点389个，从业人员583人，社会商品销售额5600万元。

社会事业　1978年，公社有广播站、电影队；所有大队有合作医疗室，公社有卫生院。1994年，投资300万元硬化2.4千米的阎政路，镇驻地建设占地15亩的商贸市场。2010年，镇有综合文化站1处，25个村均建文化活动中心，图书室23个、藏书10万余册；有幼儿园4所，在园幼儿327人；小学1所，在校生858人；中学1所，在校生729人；有卫生院1处，专业卫生人员110人，执业医师22人，全镇村民新型农村合作医疗参保率82%。

2010年海阳市大阎家镇村庄一览表

表33-3-1

村　名	建村时间和村名由来	户　数（户）	人　口（人）
迟家庄	明永乐年间（1403—1424），迟白龙、迟白宏兄弟到此定居建村，以姓命名迟家庄	97	252
廒　上	明崇祯年间（1628—1644），王姓第二十世祖王承福到此建村。因官府曾设仓廒于此，村处仓廒上方，故名廒上	392	1011
胡格庄	明崇祯年间（1628—1644），胡姓兄弟二人到此建村，以姓命名胡格庄	248	690

续表 33-3-1

村 名	建村时间和村名由来	户 数（户）	人 口（人）
石前庄	明崇祯年间（1628—1644），贾姓建村于巨石之前，故名石前庄	392	900
斜 山	明崇祯年间（1628—1644），于姓到此建村。因地处山坡丘陵上，故名斜山	332	920
岭 上	明永乐年间（1403—1424），建村于丘陵上，故名岭上	134	337
海 丰	清顺治年间（1644—1661），建村于小片碱滩上，故名小滩。1981 年，地名普查时因重名，取“海、农丰收”之意，改名海丰	897	2256
大阎家	明永乐五年（1407），阎鸿烈自河南省杞县迁此建村，以姓命名阎家。后建小阎家，为相区别，改名大阎家	1202	3429
朝阳庄	明永乐年间（1403—1424），阎家村包姓到此看守墓地，后繁衍成村，为与阎家村相区别，故命名小阎家。因村民嫌“小”字不雅，且村中又无阎姓，1981 年，以村处黄山之阳，更名朝阳庄	122	336
路 疃	明永乐年间（1403—1424），谭姓到此建村。因村前有一潭泓水，周围芦苇丛生，故命名芦潭，后演变为路疃。一说为清康熙年间（1662—1722），谭姓建村于大路与水潭旁而取名路潭，后演变为路疃	685	1511
隋 家	清顺治年间（1644—1661），隋姓迁居此地建村，以姓命名隋家	140	334
王家庄	明弘治年间（1488—1505），王姓由莱阳县漩子湾村迁此建村定居，以姓命名王家庄	86	226
从 上	明嘉靖年间（1522—1566），姜、杨两姓由安徽省到此居住，以两姓命名姜杨庄。清康熙年间（1662—1722），因王姓先祖率乡民平乱有功，朝廷为表彰村民忠勇之举、并有顺从皇上之意，故赐名从上。一说为明崇祯年间（1628—1644）建村	710	1558
大沽头	明嘉靖年间（1522—1566），由氏兄弟洪文、洪才自莱阳县城南关迁此建村。其父由建德曾在戚继光部下专任司鼓督进之职，去世后，戚继光赐其“掌鼓良佐”头衔。为志先父之功，遂命村名鼓头。后因村坐落在东大河的大沽湾西头，改为大沽头	220	610
西沽头	见大沽头村。因该村为次支所建，故称小沽头。后因村处大沽头之西，1965 年，更名西沽头	430	1143
大荆家	元末，荆姓兄弟古宝、怀宝二人到此建村，并以姓命村名。该村为兄古宝所建，称大荆家	194	520
东荆家	见大荆家村。该村系弟所建，故取名小荆家。后因地处大荆家村东，1965 年春，改称东荆家	325	950
崂峙埠	清顺治年间（1644—1661）建村。因建村处地形如煮盐之鏊，故名鏊池埠，后演变成崂峙埠。一说为，明嘉靖年间（1522—1566），徐姓、李姓同年到此定居，因建村处地势低凹，西有大河，四处有小河沟，故命村名崂峙埠	240	640
河 宝	明崇祯年间（1628—1644），荆姓到此定居。因村庄临河，择“河中取宝”之吉，命名河宝	294	740
潮 外	明永乐年间（1403—1424），周、刘、谭、包、徐等姓到此定居并建村。因海水涨潮时潮水至村头，故命名潮外。一说为，因村南濒黄海，潮水能涨至村前，并为与潮里村相对应，遂命名潮外	1000	2245

续表 33-3-1

村　名	建村时间和村名由来	户　数（户）	人　口（人）
新　民	明洪武十年（1377），包五自安徽省合肥县上党村迁此建村，南临黄海，因涨潮时，村落三面环水，故名潮里。1947 年，分为生产、建设、民主、团结 4 个管理区。1961 年，划为生产、建设、民主和团结 4 个行政村，该村为民主村。1981 年，地名普查时因重名，改为新生、新建、新民和新平 4 个行政村，该村为新民村	325	950
新　平	见新民村。1961 年，该村为团结村。1981 年，改为新平村	262	780
新　建	见新民村。1961 年，该村为建设村。1981 年，改为新建村	257	687
新　生	见新民村。1961 年，该村为生产村。1981 年，改为新生村	337	926
庄　上	明永乐年间（1403—1424），潮里包姓地主在此建佃户庄，命名庄上	560	1610

第二节　徐家店镇

建置人口　徐家店镇位于市区北部，西邻莱阳市，北接栖霞市，东邻郭城镇，南与发城镇交界，面积 154.7 平方千米。

清雍正十三年（1735）撤卫设县，属林寺乡。1928 年，属发城区。1932 年，属第五区（区公所驻地发城）。1941 年 4 月，属第六区（区公所驻地徐家店）。1944 年 12 月，划入牙前县。1950 年 4 月，复归海阳县，为第十六区（区公所驻地徐家店）。1958 年 9 月，成立徐家店公社（公社驻地徐家店）；11 月，改称徐家店乡。1959 年 4 月，复称徐家店公社。1966 年 5 月，改称徐家店区。1968 年 3 月，为徐家店公社。1984 年 4 月，改称徐家店镇。1995 年 7 月，设立海阳县徐家店特别工业区（副县级），与徐家店镇合署办公。2000 年 12 月，山西头乡 26 个村并入，时辖 81 个行政村。2002 年 6 月，戴家等 10 个村划出归郭城镇。2010 年，辖 71 个行政村（73 个自然村），15746 户、47929 人。

徐家店镇政府办公场所

自然条件　全镇地势由东北向西南倾斜，主要山脉有北榆山、老寨山、晶山等，其中北榆山主峰海拔 400.6 米。有富水河、徐家店河、槐山河等 17 条河流，其中富水河境内流长 10 千米。矿产资源有大理石、滑石、花岗岩、石灰石等。蓝烟铁路、204 国道横穿东西，海莱公路纵贯南北。

经济状况　1978 年，徐家店公社有耕地 4266.67 公顷，主要农作物有小麦、玉米、大豆、花生等；有第一轻工机械厂、水泥厂、滑石矿、丝绸厂、化肥厂、针织厂、农药厂等 7 个县属企业，有汽车修理厂、砖瓦厂、石灰厂、建筑公司等社办企业；商贸服务业主要由供销社经营。80 年代，大力发展高效农业，林果、畜牧、酿酒葡萄、柿子、枣、杏等经济作物发展较快；全镇工业发展迅速，形成化工、建材、针织、果品加工四个支柱产业。1986 年，204 国道拓宽、蓝烟铁路复线、海莱线等主要干线开通，沿路两侧相继建成商业网点。2000 年，全镇从事运输车辆 3000 辆，商业批发网点 546 个，餐饮网点 126 个，居民服务网点 68 个。2010 年，全镇苹果种植面积 2233.33 公顷，产量 4.46 万吨，收入 1150 万元，“王山”牌苹果商标被评为山东省著名商标；有果品冷藏加工企业 22 个，年储存能力 10 万吨；果品加工生产线 10 条，年加工能力 4.8 万吨。有规模养殖场30个、养殖棚1250个，存栏猪、牛、羊2.60万头（只）。全镇农村经济总收入15.1亿元，地方财政收入2012万元，农民人均纯收入9112元。生产总值15.9亿元，第一、二、三产业比为10 ∶ 55.6 ∶ 34.4。粮食平均亩产416千克，总产2.52万吨。农业总产值2.9亿元。其中，种植业产值7021万元，林果业产值1.13亿元，畜牧业产值9767万元，渔业产值624万元。工业总产值3.80亿元，进、出口总值3145万美元。其中，出口总值3100万美元，实际利用外资30万美元。第三产业从业人员11782人，总收入2.55亿元。

社会事业 1978年，公社有广播站、文化站、电影队。2010年，有镇综合文化站1处，村级文化活动中心27处，图书室5个、藏书11.4万册，农家书屋15个、藏书1.5万册；有幼儿园11所，在园儿童1219人；小学2所，在校生1425人；初中1所，在校生1384人；高中1所，在校生1179人；有卫生院1处、床位76张、专业技术人员52人。

2010年海阳市徐家店镇村庄一览表

表33-3-2

村　名	建村时间和村名由来	户　数（户）	人　口（人）
西季家庄	清顺治年间（1644—1661），季姓建村，以姓命名季家庄。后有一部分村民东迁另建村落，称东季家庄。为相区别，改称西季家庄	321	780
野夼堡	清顺治年间（1644—1661），因建村于芜野的山夼，又因曾设堡于此，故名野夼堡。一说为明万历年间（1573—1620），于姓到此定居建村，因地处山野沟夼而名野夼。后于姓分为三支，各自建村，村名分别为北野夼、南野夼、西野夼。该村为西野夼，因曾设堡于此，故又改称野夼堡	236	674
核桃树	明洪武十三年（1380），王姓到此居住建村。因村处北榆山之阳一片核桃树旁，故名核桃树	174	490
岚　店	明洪武十三年（1380），王姓建村。因建村者在北榆山前的松峦附近开店，故名松岚店，后称岚店	468	1328
蒿　夼	清顺治年间（1644—1661）建村，因村处蒿草丛生的沟夼内，故名蒿夼	323	812
周　疃	明洪武年间（1368—1398），周姓建村，因村民均为北野夼村于姓地主的佃户，故命名于家庄。1981年，地名普查时因重名，改名周疃	105	293
上马山	清光绪年间（1875—1908），此处为河南村于姓地主的养马场。兄弟三人分居后，一人迁居此地建村，因村子坐落在马山上坡，故名上马山	112	370
下马山	见上马山村。因村子坐落在马山脚下，故名下马山	82	216
上吼山	明嘉靖年间（1522—1566），建村于山夼上方。有人听到南山树林中有吼叫声，颇似虎啸，故名吼山。一说，因地处吼山西麓，与下吼山村对应而更名	176	440
下吼山	明崇祯年间（1628—1644）建村于吼山西麓，与上吼山村对应而得名	528	1395
南纪家庄	明天启年间（1621—1627），一说为清初，纪姓第九世祖纪成业自牛根树迁居此地建村，以姓命名纪家庄。后因与其北部的季家庄谐音，更名为南纪家庄	138	431
刘家庄	清顺治年间（1644—1661），一说为清同治年间（1862—1874），刘姓兄弟三人自徐家店村到此建村定居，以姓命名刘家庄	165	485
曲水河	明天启年间（1621—1627）建村，因建村处河水交叉，蜿蜒曲折，故名曲水河	41	143

续表 33-3-2

村名	建村时间和村名由来	户数（户）	人口（人）
晶山夼	清康熙年间（1662—1722），一说为明末，宫姓建村。因村处山夼之中，村西有大片兰草，故名幽兰夼。后演变为有兰夼，“文化大革命”期间更名卫东村。1981 年，地名普查时，因处晶山北侧山沟，改名晶山夼	120	339
杨家庄	清顺治年间（1644—1661），杨姓到此建村，故名杨家庄	97	278
程家沟	清康熙元年（1662），程姓到此建村。因建村于山沟之中，故名程家沟	204	584
曲　水	明天启年间（1621—1627），一说为明末建村。因村子坐落在一条弯曲的小河南北两侧，故名曲水。后以小河为界分为南曲水村、北曲水村。1956 年，又合并为一个村	201	548
徐家店	据《莱阳县志》记载，徐家店古称兰家店，是通往宁海驿站的急递铺。元至正年间（1341—1368），一说为明永乐年间（1403—1424），徐姓在此开设客店，遂更名徐家店	1242	2870
李新庄	明天启年间（1621—1627），李姓从李家苇夼村迁此建村，以姓命名李家庄。1981 年，地名普查时因重名，更名李新庄	128	380
华家庄	明天启年间（1621—1627），华姓建村，以姓命名华家庄	153	530
北　沟	清康熙年间（1662—1722），刘姓建村于徐家店村北的沟夼。因村子较小，故命名小北沟。后演变为北沟村。1961 年前，与李新庄属一个行政村，1962 年成为独立行政村	34	92
柳林堡	明洪武年间（1368—1398），柳姓建村。因此地有大片柳林，又曾在此设驿站，故名柳林堡	70	168
田水夼	明崇祯年间（1628—1644）建村。该村群山环抱，松柏苍翠，当地村民视为官宅之地，发科后世，故取吉祥之意，取名宅科。1981 年，地名普查时因重名，且农田水利条件较好，更名田水夼	203	614
小　庄	清康熙年间（1662—1722），此地为地主佃户庄，只有两户，故名小庄	151	374
山水庄	明崇祯年间（1628—1644），姜、杨两姓共同建村，以两姓命名姜杨台。后更名水头西山。1940 年，因重名，据村庄靠山近水的特点，改名山水庄	146	417
北水头	明正德年间（1506—1521），一说为明洪武年间（1368—1398），隋姓到此定居建村。因建村于富水河上游，故名水头。明泰昌元年（1620），村南又建一村，称南水头，本村改称北水头	389	1127
南水头	明泰昌元年（1620），因村坐落于北水头南，故名南水头	226	626
求格庄	明永乐年间（1403—1424），裘姓到此建村，以姓命名裘格庄。后“裘”简写为“求”，演变为求格庄	309	830
肖家夼	明洪武年间（1368—1398），肖姓到此建村，命名肖家夼	164	465
万家夼	明成化年间（1465—1487），万姓到此建村，村子坐落在山夼之间，故名万家夼	312	789
古堆山	明洪武三年（1370），刘姓到此建村。因建村处有两山相对，故命名古对山，后演变为古堆山	261	740

续表 33-3-2

村　名	建村时间和村名由来	户　数（户）	人　口（人）
燕翅山	明泰昌元年（1620），宋姓建村。因村南有三山相连，其形如燕，故名燕子山，后演变为燕翅山	226	650
西槐山	明崇祯年间（1628—1644），梁、张两姓到此建村定居，因建村于前、后槐山村之西，故名西槐山	304	856
后槐山	明洪武年间（1368—1398）建村，因村子坐落在长有槐树的小土山后，故名后槐山。一说为清康熙元年（1662）建槐山村，后改称此名。	273	752
前槐山	明洪武二年（1369）建村，因村子坐落在长有槐树的小土山前，故名槐山。后因山后又建一村，名后槐山，为与其区别，更名前槐山	267	815
坛　山	明洪武年间（1368—1398）建村。因村后山前有一小土丘，形似祭坛，故名坛山	188	670
紫石夼	明洪武年间（1368—1398），孙姓建村。因建村的山夼两边山上的石头呈紫色，故名紫石夼	286	771
韩家窑	明成化年间（1465—1487），一说为明洪武年间（1368—1398），韩姓建村。村坐落在双山之阴，故名双山后。后因村里有烧窑的，又按姓氏分为杨家窑、韩家窑。后合为一个村，称韩家窑	252	625
刘家窑	清光绪年间（1875—1908）刘姓迁此居住，以烧窑为业，故名刘家窑	190	554
北泊子	清嘉庆年间（1796—1820）建村，因村子坐落在南泊子村北，故名北泊子。一说为清朝中期建大泊子村，后改称此名	154	439
南泊子	清嘉庆年间（1796—1820），杨姓十四世祖到此建村。因地处富水河北泊地，故名小泊子，中华人民共和国成立初期，更名南泊子。一说为明洪武年间（1368—1398）建泊子村，后改称此名	126	371
韩家庄	明天启年间（1621—1627），一说为明洪武年间（1368—1398），韩姓到此建村，以姓命名韩家庄	142	414
台　上	明末，张姓自坛山村迁此建村，因村坐落在坛山村南一较高的平地上，故取名南台，后因与“难抬”同音，欠雅，更名台上	220	606
安家楼底	明洪武年间（1368—1398），孙姓到此建村。因建村处有古楼遗址，故名楼底。后安姓迁至，改称安家楼底	274	802
赵家秋口	明洪武年间（1368—1398），赵姓从莱阳迁此建村，时值秋后，故名赵家秋后。清初，又以村处老寨和小寨两山之间，改称赵家秋口	111	335
孙家秋口	明洪武年间（1368—1398），孙姓自云南迁此建村，时值秋后，取名孙家秋后。清初，又以村处老寨和小寨两山之间，改称孙家秋口	264	770
姜家秋口	明洪武年间（1368—1398），姜姓自莱阳迁此建村，时值秋后，取名姜家秋后。清初，又以村处老寨和小寨两山之间，改称姜家秋口	214	705
孙家油坊	明洪武年间（1368—1398），一说为明末清初，孙纲自乐畎村到此建村。因此地草绿花艳，古树参天，环境幽雅，取名孙家幽芳。后演变为孙家油坊	200	598
芦　上	明洪武年间（1368—1398），王姓建村。因建村于芦苇塘高处，故名芦上	92	236
李家苇夼	明天启年间（1621—1627），李姓到此建村定居。因地处芦苇丛生的沟夼，故名李家苇夼	287	850

续表 33-3-2

村　名	建村时间和村名由来	户　数（户）	人　口（人）
韩家苇夼	明天启年间（1621—1627），韩姓到此建村定居。因地处芦苇丛生的沟夼，故名韩家苇夼	408	1276
修家苇夼	明洪武年间（1368—1398），修姓到此建村定居。因地处芦苇丛生的沟夼，故名修家苇夼	274	715
宫家苇夼	清顺治二年（1645），一说为清朝初年，宫姓到此建村定居。因村处芦苇丛生的沟夼，故名宫家苇夼	168	439
田家苇夼	明洪武二年（1369），田姓到此建村定居。因建村于长满芦苇的沟夼，故名田家苇夼	134	396
晶山后	清康熙年间（1662—1722），葛姓到此建村定居，以姓命名葛家庄。清光绪年间（1875—1908），因位于晶山之后，更名晶山后	94	305
南野夼	明万历年间（1573—1620），一说为明崇祯年间（1628—1644），马姓到此建村。因建村于沟夼荒野，为与北野夼相对应，命名南野夼	180	548
北野夼	明弘治年间（1488—1505），一说为元大德元年（1297），于姓建村定居，因建村于沟夼荒野之间，故名野夼。后为与南野夼相对应，改称北野夼	170	501
东芦头	清顺治年间（1644—1661），赵姓自莱阳县郝格庄迁此，建村于芦苇荡东头，故名东芦头	146	459
西芦头	清康熙年间（1662—1722），侯姓到此建村于芦苇荡西头，故名西芦头	180	528
小侯家	明万历年间（1573—1620），吕姓建村，以姓命名吕家疃。后吕姓迁走，侯姓从大侯家村迁此，更名小侯家	200	581
矮槐树	明洪武年间（1368—1398），高姓到此定居建村。因建村于两株矮槐树旁，故名矮槐树	350	919
山西头	明嘉靖三年（1524），刘姓先祖自河南省登封县迁此，建村于庙子山西，故名山西头	186	516
油　房	明万历年间（1573—1620），吕姓先祖吕芝初自小侯家移此建村，取名移房，后演变为油房	175	445
南　留	明嘉靖年间（1522—1566），孙姓先祖欲择地而居，途经栖霞县，友人留其在桃村落户，孙氏谢绝，行至此地建村。为纪念友情，取名难留。后因处桃村之南，遂改称南留	268	778
取水崖	明洪武年间（1368—1398），一说为明万历年间（1573—1620）建村。因此地石崖下有一清泉，水味甘美，村民常取泉水饮用，遂命名取水崖	221	680
郝家庄	清咸丰年间（1851—1861），郝姓到此建村，以姓命名郝家庄	65	164
康家河	明万历年间（1573—1620），康姓建村于河畔，故名康家河	144	214
高家长沙	明洪武年间（1368—1398），一说为明天启年间（1621—1627），高姓建村。因建村于长沙河边，故名高家长沙	278	848
于家长沙	明洪武年间（1368—1398），于姓建村于长沙河岸，故名于家长沙	316	938
东季家庄	清康熙年间（1662—1722）建小季家庄，后改称此名	290	779
长沙堡	明洪武年间（1368—1398），刘姓到此建村。因村处长沙河畔，官府曾在此设急递铺，故名长沙堡	150	419

第三节　发城镇

建置人口　发城镇位于市区西北部，东邻郭城镇，南接朱吴镇，西连小纪镇，北靠徐家店镇，面积143.8平方千米。

发城镇政府办公场所

清雍正十三年（1735）撤卫设县，属林寺乡。1928年，为发城区。1932年，为第五区（区公所驻地发城）。1941年4月，属第五区（区公所驻地北埠后）。1942年9月，属第七区（区公所驻地北埠后）。1944年12月，划入牙前县。1950年4月，复归海阳县，为第十三区（区公所驻地发城）。1955年，为发城区。1958年9月，成立发城公社。1965年8月，为发城区。1969年10月，为发城公社。1984年4月，改称发城镇。2010年，辖63个行政村，16550户、44187人。

自然条件　地处309国道与海莱公路交会处。地势大部较平坦，东北、东南较高。主要山脉有晶山、海拔381米，南榆山、海拔345米。昌水河境内流长10千米。

经济状况　1978年，农作物以小麦、玉米、花生、地瓜、苹果为主；工业比较薄弱。80年代，忠厚大队种植的1.05亩“海花一号”花生，平均亩产733千克，创全国最高纪录；镇村企业迅速发展，主要生产建筑五金、石子、石灰、印染等产品。2010年，农村经济总收入13.1亿元，地方财政收入442万元，农民人均纯收入9235元。生产总值6.8亿元，第一、二、三产业比为22 ∶ 62 ∶ 16。粮食平均亩产354.2千克，总产2.46万吨。农业总产值2.53亿元。其中，种植业产值590万元，林果业产值1.69亿元，畜牧业产值7732万元，渔业产值35万元。果园4666.67公顷，果品年总产量9万吨。“皇家”牌红富士、乔纳金、新红星等苹果在中国农产品博览会上连续4届获奖，迟浩田上将为“皇家”牌红富士苹果题词：“富士苹果为国争光，科技兴农再创辉煌”。果品保鲜库17处，储存能力7万吨。从事果蔬加工、饲料生产等企业15家，从业人员1918人，生产总值5.1亿元。进、出口总值2619万美元。其中，出口总值1050万美元。合同利用外资1219.5万美元，实际利用外资246.15万美元。工商个体户1426户，私营企业15家，第三产业从业人员2687人，年生产总值1.11亿元。其中，交通运输业2844万元，餐饮服务业3239万元。

社会事业　1978年，公社有广播站、文化站、电影队。2010年，全镇有综合文化站1处，村级文化活动中心10处，图书室10个、藏书1.5万册；抗日战争时期榆山大会战主战场遗址被列为县级文物保护单位；幼儿园8所、入园儿童近300人，小学2所、在校生860人，中学1所、在校生900人；卫生所31个，卫生院1处，床位40张，卫生技术人员57人。

2010年海阳市发城镇村庄一览表

表33-3-3

村　名	建村时间和村名由来	户　数（户）	人　口（人）
发　城	西汉时，曾在此设长广县治。东汉建安年间（196—220），设长广郡治。东魏兴和年间（539—542），设观阳县治。唐贞观元年（627），废观阳不复设，故名废城。明洪武四年（1371），牟舫自四川省雅安县迁此建村定居。清初秀才王枫晚嫌“废”字不吉，改用“发”字，意在期望村民发达昌盛	892	2572

续表 33-3-3

村　名	建村时间和村名由来	户　数（户）	人　口（人）
东菜园	明朝中期，孔姓到此建村定居，因地处西菜园村东，故名东菜园	77	210
西菜园	明初建村，因建村处原系南北朝东魏时期观阳城的菜园，故名菜园。后村东又建一村，为相互区别而改称西菜园。村西原有一小村称崖下，中华人民共和国成立后与西菜园村合并，称西菜园	275	769
东坊坞	明洪武年间（1368—1398），朱姓建村。因西汉长广县治曾设防务于此，村居其东，故名东防务，后演变为东坊坞	275	757
西坊坞	明洪武年间（1368—1398），林姓建村。因西汉长广县治曾设防务于此，村居其西，故名西防务，后演变为西坊坞	528	1674
上上都	元至元十七年（1280），姜姓自安徽省太和县迁此建村。因此处为汉代长广县治，系商贾云集之地，故名商都，后演变为上都。明洪武年间（1368—1398）建下上都，该村改称上上都	127	364
下上都	明洪武年间（1368—1398），王姓兄弟到此建村定居，为区别上都，而称下上都	119	310
忠　厚	明永乐年间（1403—1424），聂姓到此建村定居。因地处古冢之后，故名冢后。1966 年，改名忠厚	536	1407
黄龙夼	明正德年间（1506—1521），周姓到此居住建村，后姜姓迁入。因建村处低洼，土地多为黄土，附近沟岭蜿蜒起伏，形如苍龙，故名黄龙夼	232	593
北槐树底	明洪武年间（1368—1398），姜姓到此建村。因建村处有一棵大槐树，故名槐树底。1981 年，地名普查时因重名，更名北槐树底	365	918
北卧龙	明天启年间（1621—1627），一说为明洪武年间（1368—1398），杜姓建村。因村地处两岭之间，岭如卧龙，故名卧龙。1981 年，地名普查时因重名，更名北卧龙	323	843
榆山后	明洪武年间（1368—1398），建村于南榆山之后，故名榆山后	332	956
榆山夼	明洪武年间（1368—1398），于姓建村。因建村于南榆山西侧山夼之中，故名榆山夼	429	1187
东宋格庄	明洪武年间（1368—1398）建村，因时为莱阳县崖疃宋姓地主之佃户庄，故名宋格庄。中华人民共和国成立后分为两个村，该村居东，名东宋格庄	229	678
西宋格庄	见东宋格庄。该村居西，名西宋格庄	85	238
西土堆头	明洪武年间（1368—1398），一说为明永乐年间（1403—1424），于姓十九世祖于志英自文登大水泊迁此，在南榆山西的土岭脚向阳处建村。因村东有一个大土堆，故名西土堆头	276	755
梁家庄	清嘉庆年间（1796—1820），梁姓建村，以姓命名梁家庄	51	147
河南村	明洪武年间（1368—1398），范姓建村。因地处昌水河南岸，故名河南村	191	501
多　英	明洪武四年（1371）建村。先居者殷冀子孙多出英杰良材，保国益民，光宗耀祖，故名多英	326	831
洪　沟	明洪武年间（1368—1398）建村。因村位于东西走向的一条大沟旁，故名横沟，后演变为洪沟	228	580

续表 33-3-3

村 名	建村时间和村名由来	户 数（户）	人 口（人）
矿 山	明天启年间（1621—1627），于姓自多英村迁此建村。因曾有人在此开采过铁矿，故名矿山	116	306
栾 家	明洪武年间（1368—1398），栾姓到此建村定居，以姓命名栾家	493	1291
北姜格庄	明洪武年间（1368—1398）建村。原为佃户庄，因佃户姓范，故名范格庄，后姜姓地主改名姜格庄。1981 年，地名普查时因重名，更名北姜格庄	492	1352
倪格庄	明正德年间（1506—1521），倪姓到此建村定居，以姓命名倪格庄	153	396
现子口	明崇祯年间（1628—1644），姜姓自宁海州万户村（今属乳山市）迁此建村。因建村于山口，每逢汛期昌水河水流湍急，洪峰聚于山口，形势险峻，故名险子口，后演变为现子口	166	468
湖 西	明洪武年间（1368—1398）建村。因此处有一荷花湾，人称“莲湖”，村居湖的西端，故名湖西	380	1006
东北涝泊	明万历年间（1573—1620），姜东惠、姜东思兄弟到此定居建村。因村处涝洼地，且在项家涝泊东北，故名东北涝泊	85	209
亭子口	明洪武四年（1371）建村。因建村处有汉代观阳县十里长亭遗址，村居其南，故名亭子口	341	914
上屋庄	元初建村。因在同一河流上游建有 5 个小村庄，称上五庄，后 5 村并一，仍称上五庄，后演变为上屋庄	193	460
八 夼	明天启年间（1621—1627），孙姓到此建村。因村周围有 8 条小沟夼，故名八夼	243	624
南 柳	明洪武年间（1368—1398）建村。因建村处南部柳树成林，故名南柳	306	752
东夏屋庄	元至元十七年（1280），此地有冷家、张家、于家、刘家、王家 5 个村子，因处昌水河下游，统称“下五庄”。明末并为一村，取《诗经·秦风·权舆》“夏屋渠渠”之意取名夏屋庄。清乾隆年间（1736—1795），又分为 3 个村，该村居东，称东夏屋庄	106	271
中夏屋庄	见东夏屋庄。该村居中，称中夏屋庄	196	515
西夏屋庄	见东夏屋庄。该村居西，称西夏屋庄	481	1348
古家兰	元至元年间（1335—1340），顾姓到此建村定居，命名顾家岚，后演变为古家兰	341	913
项家涝泊	明弘治年间（1488—1505），项姓在涝洼地建村，故名项家涝泊	183	483
上山东夼	清光绪年间（1875—1908），一说为清顺治年间（1644—1661），大山东夼村姜明宽兄弟三人迁居晶山东南的山夼里建村定居。因建村处环境优美，黄宝鸡很多，故名黄宝鸡洼，后更名山东夼，为区别大山东夼，称上山东夼	126	323
大山东夼	明景泰年间(1450—1456),姜姓到晶山西定居,后移居晶山东,故名山东夼。后因姜姓兄弟一部分移居晶山前定居，建村上山东夼，遂改名大山东夼	304	737
前埠前	明永乐年间（1403—1424），建村于土阜之前，因“阜”与“埠”音近，故名埠前。后为区别于后埠前，更名前埠前	180	470
姜家山后	明泰昌元年（1620），姜姓第九世祖姜祺兆于观山之北建村，故名姜家山后	177	442
王家山后	明洪武二年（1369），王姓到此建村于观山之北，故名王家山后	467	1270

续表 33-3-3

村　名	建村时间和村名由来	户　数（户）	人　口（人）
龙庄沟	明崇祯年间（1628—1644）建村。因村位于山沟，附近有一土岭形似龙爪，故名龙爪沟，后演变为龙庄沟	70	194
长　宇	明洪武四年（1371）建村。因建村处有多座庙宇，相传朱元璋路过此地曾赞“上有天宇，下有长宇”，因此得名。一说为择“常居宁宇”吉兆之意，取名常宇，后演变为长宇	348	877
芦头泉	清康熙年间（1662—1722），刘姓到此定居建村。因村位于昌水河北岸，且东边有泉水长流不断，泉边和昌水河岸边芦苇丛生，故名芦头泉	92	236
程　沟	清光绪年间（1875—1908），程姓居住于沟夼看管山峦，繁衍成村，故名程沟	28	73
北埠后	清康熙年间（1662—1722），在高阜后同时建两村，因“阜”与“埠”音近，故名埠后。因该村居北，取名北埠后	373	945
南埠后	见北埠后村。因该村居南，遂命名南埠后	304	769
前儒林庄	明洪武年间（1368—1398），邹姓到此建村定居。因建村处榆柳茂盛，故名榆柳庄。明末，该村有兄弟四人考入太学，遂改名儒林庄。后分为 3 个村，因该村居南，称前儒林庄	248	639
中儒林庄	见前儒林庄。因该村居中，称中儒林庄	337	912
后儒林庄	见前儒林庄。因该村居北，称后儒林庄	173	490
吉　林	明洪武年间（1368—1398），冷姓到此定居建村。因此地山枣树较多，故名棘林，后演变为吉林	198	534
苍　山	明洪武年间（1368—1398），一说为清初建村。因建村于苍山南麓，故名苍山	422	1093
珠　旺	清康熙年间（1662—1722），张姓由北埠后村迁此定居建村。因村西河内有石，形状若卵，人们以卵比珠，取“兴旺发达”之意，故名珠旺	105	290
后埠前	明洪武年间（1368—1398），姜姓到此定居建村，故名姜家庄。明末，于姓自埠前村到此居住，因地处埠前之北，更名后埠前	243	681
吉格庄	明万历年间（1573—1620），曲姓到此建村定居。因建村于荆棘丛生之处，故名棘格庄，后演变为吉格庄	514	1305
铁　口	明洪武年间（1368—1398），陈姓到此建村，因夜梦仙人自称“铁口道人”，云此地为人财两旺的吉地，为应吉言，故名铁口	390	964
前寨后	清顺治年间（1644—1661）建村。因建村于军寨遗址之北，故名寨后。后为区别于后寨后，更名为前寨后	129	352
北楼底	明洪武年间（1368—1398），王姓到此建村定居。因建村处有一古楼残基，故名楼基，后演变为楼底。1981 年，地名普查时因重名，更名北楼底	285	780
东车格庄	明天顺年间（1457—1464），建村于车岭山之东，且为与西车格庄相区别，故名东车格庄	144	374
西车格庄	明洪武年间（1368—1398）建村。因建村于车岭山之西，故名车格庄。后村东又建村东车格庄，更名西车格庄	138	334
黄连夼	明天启年间（1621—1627），一说明天顺年间（1457—1464）建村。因建村于生长着黄连之山夼，故名黄连夼	190	483

续表 33-3-3

村　名	建村时间和村名由来	户　数（户）	人　口（人）
皇王寨	清顺治年间（1644—1661），一说为清康熙年间（1662—1722），张姓建村于皇王寨遗址附近，故名皇王寨	69	169
姜家涝泊	明万历年间（1573—1620），姜姓在涝洼地建村，故名姜家涝泊	329	880

第四节　郭城镇

建置人口　郭城镇位于市区北部，东与乳山市、烟台市牟平区相邻，北与栖霞市桃村镇交界，西与徐家店镇接壤，南与朱吴镇、发城镇相连，总面积157平方千米。

郭城镇政府办公场所

清雍正十三年（1735）撤卫设县，属林寺乡。1928年，为郭城区。1932年，为第四区（区公所驻地郭城）。1942年9月，为第五区（区公所驻地郭城）。1944年12月，划入牙前县。1950年4月，复归海阳县，为第十四区（区公所驻地郭城）。1955年，为郭城区。1958年9月，成立郭城公社。1968年5月，为郭城区。1969年10月，为郭城公社。1984年4月，改称郭城镇。1995年10月，撤战场泊乡，其所辖16个村并入，辖62个村。2000年12月，撤山西头乡，其所辖10个村并入，辖72个村。2010年，辖72个行政村，16164户、43467人。

自然条件　处低山丘陵地带，山低坡陡，丘陵势缓，间有河谷平原，平均海拔140米。大、小山峦160多座，其中林寺山海拔534米，是海阳市第三高峰，面积8平方千米。中、小型水库10座，其中建新水库，总库容2500万立方米，控制流域面积60平方千米，灌区有效灌溉面积1266.67公顷。有黄金、石灰石、磷矿石、铁矿石等矿产资源。北依蓝烟铁路，南靠309国道，烟凤一级公路纵贯全镇。

经济状况　1978年，农作物以小麦、玉米、花生、地瓜、苹果为主。有绣花厂、地毯厂、石墨厂、鞭炮厂、草制工艺品厂等社办厂。80年代，开始发展高效农业。西古现村先后投资93万元，从以色列引进设备，建成计算机自动化微喷工程，133公顷果园实现从汲水、输水到田间灌溉全过程自动化，被山东省林业厅定为省长经济林示范园。全镇苹果面积1156公顷，总产量6.35万吨，总收入2亿多元。板栗面积2000公顷，年产板栗4000吨，被林业部确定为国家级万亩干果基地镇。建起钢窗厂、针织厂、铸造厂、建筑公司等企业。2010年，全镇农村经济总收入12.50亿元，地方财政收入711.17万元。生产总值7.18亿元，第一、二、三产业比为25 ∶ 62 ∶ 13。粮食平均亩产420千克，总产0.33万吨。农业总产值2.67亿元。其中，种植业产值1.81亿元，林果业产值1112万元，畜牧业产值7070万元，渔业产值70万元。农民人均纯收入10956元。工业企业20余个，涉黄金冶炼、机械设备制造、工艺品加工、制线、制衣等多个行业，工业产值17.69亿元。进、出口总值3000万美元。其中，出口总值2000万美元。合同利用外资100万美元，实际利用外资80万美元。商业集贸市场8个、个体户570个，商品成交额9590万元。第三产业总收入6783万元。其中运输业收入978万元，商饮业收入4294万元，服务业收入1511万元。

社会事业　2007年10月，在西古现村建郭城镇敬老院，标准间90个，床位160张。2010年，镇综合文化站1处，村级文化活动中心5处，图书室13个、藏书2.1万册。幼儿园10所，入园儿童951人；初中2所、中心小学2所，在校生2240人，教职工203人。中心卫生院1处、床位25张、专业技术人员38人。新型农村合作医疗参保率100%。参加农村社会养老保险6829人。农村最低生活保障974户、1406人，发放救助金219.8万元。特困救济228人，发放救助金48.8万元。

2010年海阳市郭城镇村庄一览表

表33-3-4

村　名	建村时间和村名由来	户　数（户）	人　口（人）
西古现	明永乐三年（1405），于彰彬自郭城迁此建村。先居者发现一石，上镌钟鼎古字“青阳”（唐代）二字，因其历史悠久，故名古县。“县”的繁体字为“縣”，“为省文而为古现”。明万历年间（1573—1620），村东建小古现，该村改称大古现。后更名西古现	651	1725
西鲁家夼	明天启年间（1621—1627），鲁姓建村。因处东鲁家夼西，故名西鲁家夼	356	904
东鲁家夼	明天启年间（1621—1627），鲁姓建村于山夼而得名。一说，明天启二年（1622），徐姓到此建村。因村处西鲁家夼村东，故名东鲁家夼	289	683
迎驾山	明末建村。传说唐太宗李世民东征时，百姓迎驾于此，故名迎驾山	377	1008
山　前	明崇祯年间（1628—1644），李姓到此定居建村。因北靠阜埠山，故名山前	97	274
埠山后	明崇祯年间（1628—1644），葛姓建村。因村前有山名曰阜埠山，故名山后。1981年，地名普查时因重名，更名埠山后	85	240
戴　家	南宋咸淳二年（1266），一说为宋末，戴姓先祖祚庥自安徽省当涂县到此定居建村，以姓命名戴家	186	502
后洽河	明弘治年间（1488—1505），董姓到此定居建村。因地处洽和村北，故称后洽和，后演变为后洽河	116	305
葛　家	明万历年间（1573—1620），葛姓建村，以姓命名葛家	267	734
沙　旺	明崇祯年间（1628—1644），任姓到此建村定居。因村周围沙子较多，故名沙窝。后嫌名不雅，更名沙旺	158	401
大侯家	明崇祯年间（1628—1644），一说为清康熙年间（1662—1722），侯姓建村，以姓命名侯家。后为区别于小侯家，该村改称大侯家	314	837
战场泊	明成化年间（1465—1487），王姓迁此建村。相传明将在此摆阵打了胜仗，村址三面是泊，故名战胜泊。清雍正十三年（1735）建县后，刻有“战胜泊”的石碑上，“胜”字被毁坏，改名战场泊	468	1276
璋　夼	明末清初，于姓自多英村迁此，建村于沟夼。因夼内樟树茂密，故名樟夼，后演变为璋夼	313	828
台　城	明万历年间（1573—1620），隋、邵两姓到此定居建村。因建村处有一土台，中凹周凸，其状若城，取名台城	332	866
当　道	明崇祯年间（1628—1644），王姓从南长仙村迁此建村。因有一条大道穿村而过，故名当道。1941年，与程姓建于明万历十九年（1591）的程家庄划为一个行政村	402	1131
宅家夼	明万历年间（1573—1620），倪姓建村。因四面山寨较多，且村处群子寨山沟夼，故名寨家夼，后演变为宅家夼	363	979

续表 33-3-4

村名	建村时间和村名由来	户数（户）	人口（人）
山角	明天启年间（1621—1627），姜姓自宁海州（今属乳山市）到此建村定居。因建村于林寺山西南山角下，故名山角	235	804
李家岭	明万历年间（1573—1620），李姓建村，以姓命名李家疃。1981年，地名普查时因重名，且村居丘陵地带，改名李家岭	35	94
东庄	明末隋姓建村，取“宅建科举吉地”之意，命名宅科。1956年与台城成立高级社时，改为台城东庄。1960年，独立为一个行政村，复名宅科。1981年，地名普查时因重名，更名东庄	53	145
择善	明万历年间（1573—1620），孙姓到此定居建村，取“宅处善地”之吉，取名宅善，后演变为宅上。1921年，村民于敬南将村改名择善	97	269
河南	明万历四年（1576），于智琛自郭城迁此建村。因地处大河南岸，故名河南	460	1201
建新	明万历年间（1573—1620），姜姓到此建村定居。因村后山有一大土堆，当地人称神仙坟，故命名神前。一说为明末建村，因村坐落在一古庙“神山院”东南，取名东神前。1958年修建月牙水库（今建新水库），村址搬迁。1966年，因村名有迷信色彩，更名建新	176	561
郭城一村	唐武德初年，在此设廓定县。“廓”“郭”音相近，沿用中将“廓”字的“广”去掉，演变为郭城。一说，明永乐九年（1411），在建设新城郭的施工中，发现城中有旧城墙基，故改名郭城。明洪武四年（1371），于江自文登县大水泊村迁到黄草场村，后又迁此定居。1948年，郭城分为5个行政村，分别为郭城一村、郭城二村、郭城三村、郭城四村和郭城五村。该村为郭城一村	99	298
郭城二村	见郭城一村。该村为郭城二村	232	571
郭城三村	见郭城一村。该村为郭城三村	193	516
郭城四村	见郭城一村。该村为郭城四村	288	737
郭城五村	见郭城一村。该村为郭城五村	282	650
晶泉	明嘉靖年间（1522—1566），姜姓到此建村定居。传说村南山一巨石上，有仙女足迹，为王母娘娘所留，故名母仙。1964年，因村名带有迷信色彩，根据村南有晶山，山下有泉水，更名晶泉	362	968
建明	明崇祯年间（1628—1644），汪姓到此定居建村。因地处神山院庙前，故名西神前。1966年，因村名有迷信色彩，更名建明	133	389
西山	明万历年间（1573—1620），刘姓到此定居建村。因地处郭城西山南麓，地势较高，故名西山	276	701
官庄	明末清初，王姓到此定居建村。因清代村中出过一位尚书官员，故名官庄。一说为，清顺治年间（1644—1661），因官姓建村而得名	40	115
新发庄	明天启年间（1621—1627），孙姓建村。因建村于一大土坎的东头，故名坎头。后因被人戏称为“砍头”，1947年更名新发庄	69	176
港里	明万历四年（1576），姜志福、姜志禄兄弟二人居住在村的下方，后迁者姜守志居住在村的上方，两份人为了联宗合族，取“和睦宗族”之意，故名讲礼。清同治年间（1862—1874），该村贡生姜作泉根据村西有一道南北石港，港外有大河深湾，更名港里。一说因四面环山，故名掌里，后演变为港里	318	933

续表 33-3-4

村名	建村时间和村名由来	户数（户）	人口（人）
山东	明万历二十二年（1594），于姓自江苏省常州府迁此建村。因地处山岭东麓，故名山东	190	548
西沟	明末，因建村于簸箕掌村的西沟而得名	46	124
阵胜	明洪武二年（1369）建村。传说因明朝朱元璋的部将常遇春在此地摆阵与元军决战，击败元军取胜，故名阵胜	325	924
路南	明末，王姓自莱阳县迁此定居。因建村于芦苇塘的西边高处，故名芦上。1981年，地名普查时因重名，且地处郭徐路南，更名路南	113	306
邢家庄	明洪武年间（1368—1398），邢姓到此建村定居，以姓命名邢家庄	47	155
姜家	清康熙年间（1662—1722），姜姓自东坊坞村迁此建村定居，以姓命名姜家	372	1030
西楼子	明万历年间（1573—1620），因建村于一古楼之西，故名西楼子	362	953
簸箕掌	明末清初，孙、张、王姓到此定居建村。因村后有巨石形如簸箕，故名簸箕掌。一说，明末建村，因建村处地形如簸箕，且有石状若手掌，取名簸箕掌	159	400
林山	明末，王姓从莱阳大陶漳村迁此，建村于高埠处。因村的三面为沙地，故名沙子埠。1981年，地名普查时因重名，且村处林寺山西北麓，更名林山	218	550
北朱	明天启年间（1621—1627），朱姓建村，以姓命名朱村。1981年，地名普查时因重名，更名北朱村	277	708
南山西头	明万历年间（1573—1620），姜姓自朱村迁此定居建村。因地处乞雨顶山西头，故名山西头。1981年，地名普查时因重名，更名南山西头	110	299
土堆	明崇祯年间（1628—1644），刘姓建村。因建村处有一大土堆，故名土堆	271	700
垛崖底	明末，于姓先祖于云亭到此定居建村。因村庄坐落在大河北岸平滩上，北边靠一座松柏密布的山崖，故名松崖居，后演变为垛崖底。一说为，因建村于形若草垛的丘陵下，故名垛崖底	120	320
东楼子	明万历年间（1573—1620），杨姓自中村迁此建村。因建村于古楼之东，故名东楼子。1960年修建建新水库搬迁至现址	275	700
松树夼	明洪武二年（1369），姜姓自峒岭村（今属乳山市）到此建村。因居住地两面环山，山夼之中松树茂密，故名松树夼	372	1038
黄草场	明崇祯年间（1628—1644），王姓、孙姓到此建村。因此地盛产一种野草，开黄花，其叶子、花可做黄色染料，能染布匹，故名黄草场	202	525
柳树	明初，姜姓先祖姜福财，自云南移民宁海州峒岭村（今属乳山市）居住，后又迁居此地并建村。因建村处柳树很多，故名柳树	246	621
桂山	明万历年间（1573—1620），姜姓到此定居建村。因地处桂山之阳，故名桂山。清朝，该村分为东、西桂山两个村。1958年，因修建桂山水库，西桂山迁至东桂山村，统称桂山	262	657
林东	明末，建村于山谷。因建村处烟霞缭绕，故名烟霞，后演变为院下。一说，清初，于姓自郭城村迁居此地，因林寺山东有一寺院，本村居其下方，取名院下。1981年，地名普查时因重名，且位于林寺山东，更名林东	81	245

续表 33-3-4

村名	建村时间和村名由来	户数（户）	人口（人）
上十字夼	明崇祯年间（1628—1644），周姓建村于沟夼高处，因夼内石子累累，故名上石子夼。民国年间因下石子夼村改称下十字夼，该村改称上十字夼	193	454
下十字夼	明万历年间（1573—1620），姜姓自宁海州（今属乳山市）迁此建村定居。一说为明崇祯年间建村。因地处沟夼，夼内石子较多，且地势较低，取名石子夼。明崇祯年间，村东建一村，称上石子夼，该村遂改称下石子夼。民国年间，因村中建有十字形街道，改称下十字夼	325	842
三宝沙	清雍正年间（1723—1735），于姓自多英村到此建村。因村南河岸有天然形成的三个沙峰，上横巨石，形成“三沙擎石”之景，故名三把沙，后演变为三宝沙	182	502
庙后	清康熙年间（1662—1722），孙姓自八夼村迁此建村。因地处龙山庵庙宇之北，故名庙后	81	216
龙口	明万历年间（1573—1620），刘姓在此建村。因此处四面环山，内有一块巨石，上下分离，形若龙口，故名龙口	408	1058
段家	明万历年间（1573—1620），一说为明崇祯年间（1628—1644），段姓到此建村定居，以姓命名段家	76	200
东古现	明万历年间（1573—1620），车姓自西古现村迁此建村，故名小古现。1962年，更名东古现	107	275
肖家庄	明末，肖姓到此定居建村，以姓命名肖家庄	149	410
马家沟	明万历年间（1573—1620），马姓建村于山沟，故名马家沟	182	408
于家庄	清康熙年间（1662—1722），于姓到此建村，以姓命名于家庄	34	93
车家沟	明洪武二年（1369），车姓建村。因地处山沟，故名车家沟	55	130
王家沟	明万历年间（1573—1620），王姓到此建村。因地处山沟，故名王家沟	25	65
前洽河	明成化年间（1465—1487），周姓到此建村定居，取世代“融洽和睦”之意，取村名“洽和”。明弘治年间（1488—1505），村北建后洽和村，该村改称前洽和，后演变为前洽河	225	502
窦家疃	明崇祯年间（1628—1644），一说为明正统年间（1436—1449），窦姓建村，以姓命名窦家疃	269	662
北申家	明万历年间（1573—1620），申姓建村于河北岸，命名北申家	140	374
南申家	宋末，一说为明万历年间（1573—1620），申姓建村于河南岸，命名南申家	157	422
史家	明崇祯年间（1628—1644），史姓、姜姓到此定居。因史姓人口较多，故名史家	176	451
前夼	明天启年间（1621—1627），邹姓、初姓到此建村定居。因此地有一清泉，水呈白色，村坐落在清泉前面山沟内，故名前白水夼，后演变为前夼	274	647
后夼	明洪武二年（1369）建村。因村南岭玉皇庙顶东山坡有一清泉，“泉”字拆为“白”“水”二字，村在岭后，故名后白水夼，后演变为后夼	263	654
东刘家	明崇祯年间（1628—1644），刘姓兄弟四人从云南玉兰村迁此，于河东岸建村，命名东刘家。一说，刘姓自芦上村迁此建村，因村坐落于芦上村东，故名东刘家	291	707

第五节　小纪镇

建置人口　小纪镇位于市区西部，东邻二十里店镇，南接行村镇，西靠莱阳市万第、大夼两镇，北与发城镇交界，面积169.44平方千米。

小纪镇政府办公场所

清雍正十三年（1735）撤卫设县，属行村乡。1928年，为小纪区。1932年，属第六区（区公所驻地行村）。1941年4月，为第七区（区公所驻地小纪）。1942年9月，属第十区（区公所驻地行村）。1943年春，为第十四区（区公所驻地小纪）。1944年12月，为小纪区。1951年，为第七区（区公所驻地小纪）。1955年12月，为小纪区。1956年10月，为小纪乡。1958年9月，设小纪公社；11月底，复称小纪乡。1959年4月，复称小纪公社。1966年5月，改称小纪区，区辖公社。1968年3月，取消区辖公社制，为小纪公社。1984年4月，改称小纪镇。1995年10月，撤销黄崖乡，并入泉水头乡。2000年12月，撤销泉水头乡，并入小纪镇。2010年，辖76个行政村，20885户、54082人。

自然条件　辖区地势北高南低，多丘陵，东部有福台山，南部有托母山，西部有香山，北部有南榆山；白沙河自东向西流经10余个村庄。青石公路、海莱公路纵贯全境。

经济状况　1978年，农作物主要有小麦、玉米、大豆、花生、芋头等，农民人均纯收入480元；社办工业企业5个，年产值41万元。80年代，调整农业产业结构，畜牧、蔬菜种植等产业发展迅速。林果主要品种有红富士、爱宕梨、大（小）樱桃、熊岳巨桃等。银杏种植面积533.33公顷，树龄50年以上的300余株，被誉为“胶东银杏第一镇”。镇办企业有海阳县静电设备厂、包装材料厂、皮鞋厂、布鞋厂等。2010年，生猪饲养量16.7万头，年末存栏5.3万头；羊9100只，年末存栏5600只；牛1.3万头，年末存栏8600头；家禽43万羽，上市家禽31万羽，是海阳市黄牛出口基地。农村经济总收入38.16亿元，地方财政收入725万元，农民人均纯收入8928元。生产总值8.04亿元，第一、二、三产业比为30 ∶ 50 ∶ 20。粮食平均亩产459千克，总产4.39万吨。农业总产值3.5亿元。其中，种植业产值1亿元，林果业产值1亿元，畜牧业产值1.5亿元，渔业产值80万元。工业企业24家、职工1326人，工业增加值3.6亿元。其中，规模以上工业企业7家、职工574人，工业增加值1.4亿元。进、出口总值975.24万美元。其中，出口总值90.43万美元。

社会事业　2010年，镇有综合文化站、戏曲协会，村有图书阅览室、文化大院。文化体育健身场地58处，82%的村安装健身器材。幼儿园9所、在园儿童249人，小学4所、在校生1348人，初中2所、在校生1679人。卫生院1处、床位65张、专业技术人员65人。参加新型合作医疗5.2万人，参保率98.7%。农村最低生活保障863户、1867人，发放救助金179.7万元。特困救济16人，发放救助金3.5万元。享受定期抚恤补助的优抚对象53人。海阳县第一个中国共产党党员和第一个党小组诞生在夏泽村。石马疃头村有香山小学旧址。

2010年海阳市小纪镇村庄一览表

表33-3-5

村　名	建村时间和村名由来	户　数（户）	人　口（人）
小刁家	清康熙年间（1662—1722），刁姓到此建村，因小于大刁家，故名小刁家	201	498

续表 33-3-5

村　名	建村时间和村名由来	户　数（户）	人　口（人）
西　口	清顺治年间（1644—1661）建村，依据村西的山口，故名西口	123	287
下碾头	清顺治年间（1644—1661），于姓兄弟二人自桃林村迁此建村。因以做石碾谋生，故名碾头。大哥居下、名下碾头，小弟居上、名上碾头	265	625
大刁家	明崇祯年间（1628—1644），刁姓在此建村，取名大刁家	520	1260
西苇园头	清雍正年间（1723—1735）建村。因村处东苇园头之西，故名西苇园头	400	1100
凤　凰	清康熙年间（1662—1722），纪姓在此建村。因村坐落在一条小河下游，取名下纪家。该村与大刁家相邻，有“雕（刁）吃鸡（纪）”之说，1942 年，据当地的凤凰山更名凤凰	310	700
南　埠	清初，孙姓自瓦塘埠迁此建村。因位于瓦塘埠之南，取名南埠	270	890
东苇园头	清康熙年间（1662—1722）建村。因村坐落在一苇塘东头，改名东苇园头	161	429
泉水头	明洪武二年（1369），初鹏飞自四川省迁此建村于玉龙泉之首，故名泉水头	396	1067
鲁　疃	明天启二年（1622），蓝姓自河南省鲁山县迁居此地建村，取故县“鲁”字以志乡土，命名鲁疃	324	876
东土堆头	明洪武年间（1368—1398），建村于土堆东侧，故名东土堆头	285	805
子推后	明正统年间（1436—1449），孙姓建村。因村坐落在“介子推”庙之北，故名子推后	315	866
夏　泽	明末，建村于沼泽地西部，故名下泽。后嫌“下”字不雅，改称夏泽	532	1385
南洪沟	明末建村。因建村处有一条东西横沟，故名横沟，后演变为洪沟。1981 年，地名普查时因重名，更名南洪沟	133	373
西野口	清康熙年间（1662—1722），孙姓自小纪村迁此建村。因三面环山，唯东面有一出口，故名孙家野口。中华人民共和国成立后，更名西野口	212	503
北斗山	清乾隆年间（1736—1795），一说为清顺治年间（1644—1661），姜宾兄弟五人，由驹凤头村迁此建村，取名比斗山。后因村北有 7 个山头，排列形似北斗星，改名北斗山	324	870
槐树底	明洪武年间（1368—1398）建村。因建村于古槐旁，故名槐树底。一说为明嘉靖年间（1522—1566），纪姓文英、文章兄弟二人到此定居，以姓命名纪家夼。后因村中有古槐树，树冠遮阴达亩，树身中空，可容 4 人打牌、4 人观看，故改名槐树底	237	592
东梨园	明末清初，纪姓到此建村定居，因村处白沙河北岸，故名河北。清康熙年间（1662—1722），徐姓到此定居。因村子坐落在一梨园东，故名东梨园	251	623
西索格庄	清康熙年间（1662—1722），一说为清顺治年间（1644—1661），姜姓到此定居，因村处索格庄西南，取名西索格庄	146	386
北索格庄	明万历年间（1573—1620），张姓建村山夼处，靠烧窑为生，故名张家窑夼。后张姓绝嗣，赵姓迁此，因“窑”同“妖”，村民传说张姓绝嗣系妖魔作怪，赵姓取“索绑妖魔”之意，更名索格庄。清康熙年间（1662—1722），村南建东、西索格庄，该村改名北索格庄	312	804
崖　后	明洪武二年（1369），孙姓自安徽省迁此建村。原名东庙，几年后，村向西扩建，村处山崖之北，故名崖后。自然村于家庵系清嘉庆年间（1796—1820），杜格庄一于姓居此看庵，繁衍成村，与该村为一个行政村	454	1170

续表 33-3-5

村　名	建村时间和村名由来	户　数（户）	人　口（人）
司马官庄	清康熙年间（1662—1722），宋宽自云南迁此建村。村里有人娶崖后孙姓官宦人家之女为妻，故名孙母官庄。后因一姓司马的将军葬此，更名司马官庄	486	1288
东董格庄	清康熙年间（1662—1722），董姓自安徽省迁此建村，以姓命名董格庄。清乾隆年间（1736—1795），村西建一村称西董格庄，该村改称东董格庄	130	411
黄　崖	明洪武年间（1368—1398），辛姓自平度县大西头迁此建村，因处黄崖山下，取名黄崖底，后称黄崖	440	1125
西董格庄	清乾隆年间（1736—1795），董姓迁此建村。因村处东董格庄西，故名西董格庄	316	832
安　夼	明末，邢贤、邢国忠兄弟二人自邢家村迁此定居，建村山夼，取“安居山夼”之意，故名安夼	212	557
后河山	清乾隆年间（1736—1795），刘文通、刘文运自后寨头迁此建村。因村北有山，山旁河流蜿蜒，故名后河山	209	522
前泊子	清初，纪德文从纪家店迁此，建村于大泊子村南，取名小泊子，后改称前泊子	125	339
大泊子	明万历四十二年（1614），丁姓兄弟自莱阳县南史庄迁此建村。因村处一大山坡上，故名大坡子，后演变为大泊子	355	948
辛家夼	明洪武二十年（1387），辛姓先祖迁此建村。因村处山夼，取“宅建科贡地”之吉，故名宅科。1981 年，地名普查时因重名，且全村为辛姓，更名辛家夼	185	465
书　院	明末清初，辛姓建村。因建村处寺院院中有一株高大的楮树，故名楮院。后寺院改为学校，清末更名书院	365	991
中山夼	明末，初姓到此建村定居。因村子坐落在两山之间，故名中山夼	169	426
大孟格庄	明末，孟姓到此建村，取“发达兴旺”之意，名大孟格庄	373	940
牛根树	明洪武二年（1369），纪慷、纪凯迁此建村。因村子建于牛根树附近，故名	462	1178
南孟格庄	明末，孟姓建村于大孟格村南，取名小孟格庄，后忌“小”字，更名南孟格庄	131	355
佘格庄	明天启五年（1625），佘桂自山西省蒲县迁此建村，以姓命名佘格庄	517	1340
大杨格庄	明万历年间（1573—1620），纪姓自纪家店迁此建村定居。因建村于“杨郡寺”附近，择其“杨”字而取名杨格庄。后为与小杨格庄相对应改称大杨格庄	236	610
小杨格庄	明末，孙姓建村，因邻村人到附近山放羊经此路过，取名羊过庄，后演变为小杨格庄。一说为，因建村晚于大杨格庄，为与相对应，名小杨格庄	148	407
东三官	清初，孙姓到此建村。因村西有三官庙，故名三官疃。1960 年，修建南台水库，三官疃搬迁，分为 3 个村，该村位于水库东，称东三官	140	450
西三官	见东三官村。该村位于水库西，称西三官	110	289
北三官	见东三官村。该村位于水库北，称北三官	72	198
五虎岭	明洪武年间（1368—1398），纪姓建村。传说因安葬汉代大将军纪信时，曾在此摆过銮驾，故名摆驾岭。抗日战争时期，该村被胶东军区授予“五虎村”之一。1964 年更名五虎岭	201	477
南　台	清顺治年间（1644—1661），孙姓到此建村定居。因村处老古山前，村南有一土台，取名南台	157	392

续表 33-3-5

村　名	建村时间和村名由来	户　数（户）	人　口（人）
石马疃头	清顺治年间（1644—1661）建村，因此地河边有两石形似蛤蟆，村坐落在小河边，故名石蟆滩头。后又依据村东有一天然石马，改称石马疃头	640	1612
西宅子头	清乾隆年间（1736—1795），孙姓先祖为避难，自莱阳县崖夏村逃到此处，见这里自然条件较好，便安家居住。为纪念“宅居安定”之意，取名宅子头。1981 年，地名普查时因重名，且处重名村之西，更名西宅子头	150	440
山汪家	清道光年间（1821—1850），汪姓建村于托母山东麓，故名山汪家	36	90
东野口	清顺治年间（1644—1661），先居者拳术高强，常常试武，被人们视为“野”，村处山口，取名中野口。后因村西建一村称西野口，改称东野口	298	798
小　纪	明洪武四年（1371），肖敏、纪悦信自晋地蒲邑迁此，以两姓命名肖纪，以示双姓同德共建乐土之意，后演变为小纪	950	2079
东索格庄	清康熙年间（1662—1722），徐姓自北鳌子村迁此建村。因村处北索格庄东南，故名东索格庄	125	279
纪家店	明万历年间（1573—1620），纪姓在此建村并开店，得名纪家店。抗日战争时期，胶东军区授予“五虎村”之一	351	865
亭儿崖	明天启年间（1621—1627），纪姓自纪家店村迁此建村定居。因传说汉高祖刘邦埋葬纪信时，曾在山崖处停过灵，村处崖下，得名停灵崖，后演变为亭儿崖。抗日战争时期，胶东军区授予的“五虎村”之一	151	352
笤帚夼	明初，辛姓迁此建村定居。因村处笤帚草丛生之洼地，得名笤帚夼。抗日战争时期，胶东军区授予“五虎村”之一	293	731
李家疃	元末，李姓到此建村，以姓命名李家疃	291	721
荷叶山后	清道光年间（1821—1850），徐姓到此建村。因村坐落在荷叶山之北，故名荷叶山后	209	542
下虎龙头	元元统年间（1333—1335）建村。因建村处山岭上有两块巨石，一似虎头，一若龙首，故名虎龙头。后因村东又建一村，叫上虎龙头，该村更名下虎龙头	279	709
苗家沟	明洪武年间（1368—1398），苗姓建村于山沟，故名苗家沟	111	277
上虎龙头	明万历年间（1573—1620）建村，原名上山庄。明崇祯十四年（1641），辛姓迁此定居，因村处下虎龙头村东部较高处，更名上虎龙头。与自然村中虎龙头为一个行政村	195	487
西金碃	明万历年间（1573—1620），张姓在此建村定居。因建村于大金碃村西，故名西金碃	90	213
大金碃	明嘉靖年间（1522—1566），孔姓建村。先者见斧头顶山和马儿山之石碃中金光闪耀，故名大金碃	152	372
古家夼	明末，孙姓建村。因村处山夼，夼内有一尼姑庵，故名姑家夼，后演变为古家夼	357	994
夹格庄	明洪武二年（1369），初姓到此建村定居。因建村处河沟交错，呈“夹”字形，故名夹格庄	374	947
瓦塘埠	明洪武年间（1368—1398），马姓到此建村定居。因村处土阜之旁，且有砖瓦窑，村后又有一水塘，故名瓦塘埠	106	282
山水夼	清康熙年间（1662—1722），徐姓到此建村定居。因村坐落处背山面河，故名山水夼	168	333

续表 33-3-5

村　名	建村时间和村名由来	户　数（户）	人　口（人）
榆疃庄	明万历年间（1573—1620），于姓到此定居。因建村处榆树茂密，故名榆钱庄，后演变为榆疃庄	174	412
大夫疃	明弘治二年（1489），孙姓在此建村。传说村中曾有人在朝为官任大夫，故名大夫疃。一说为清顺治年间（1644—1661）建村，因建村处有一石人，身着大夫服饰，取名大夫疃	216	548
新庄头	清康熙年间（1662—1722），刘姓第九世祖自西寨头村迁此建村。因建村处有几个土堆似“心”字状，故名心状头。中华人民共和国成立后，改为新庄头	372	989
秀家疃	清康熙年间（1662—1722），徐氏兄弟五人在此建村，有四人是秀才，故名秀才疃。后因打死邻村人，被告于官府，兄弟五人避捕逃走，后更名秀家疃	195	468
陈家疃	清顺治年间（1644—1661），陈姓在此建村，以姓命名陈家疃	172	425
钓　泮	明末，于姓兄弟三人由木桥夼迁此建村。因坐落在白沙河畔，村后有钓鱼台，台前有泮小溪，人称“泮水”，故名钓泮	134	361
前沙埠前	明万历年间（1573—1620），沙埠顶山前同时建两村，该村在南，故名前沙埠前	190	463
后沙埠前	见前沙埠前村。该村在北，名后沙埠前	143	350
望　宿	明嘉靖年间（1522—1566），姜姓到此定居，娶泉水头村初氏之女为妻。初氏父母牵挂女儿，每天站在高处，遥望女婿家烟囱是否冒烟，日子久了即命村名望婿村，后演变为望宿	537	1468
驹凤头	明洪武二年（1369）建村。因村坐落于驹凤山东麓，故名驹凤头	234	602
鲁家沟	明正德年间（1506—1521），鲁姓从栖霞县朱留村迁此，建村于山沟，故名鲁家沟	160	423
桑梓口	明万历四十三年（1615），丁、赵两姓建村于长有桑树的山口处，故名桑林口。后取“桑梓”雅意，更名桑梓口	282	736
老古山	明天启年间（1621—1627），李姓、江姓先后到此定居建村。因村处老古山脚下，故名老古山	95	245

第六节　辛安镇

建置人口　辛安镇位于市区西南部，北倚盆子山、黄山、寨山，南濒黄海，东邻大阎家镇，西接行村镇，面积136.5平方千米。

清雍正十三年（1735）撤卫设县，属行村乡。1928年，属行村区。1932年，属第六区（区公所驻地行村）。1941年4月，属第八区（区公所驻地行村）。1942年9月，属第十一区（区公所驻地赵家）。1944年12月，为大山所区。1950年2月，属第九区（区公所驻地赵家）。1955年9月，属大山所区（区公所驻地辛安）。1956年10月，属大山所乡（乡驻地大山所）。1958年9月，属大山所公社；11月底，改称大山所乡。1959年4月，复称大山所公社（公社驻地辛安）。1966年5月，改称大山所区。1968年3月，为辛安公社（公社驻

辛安镇政府办公场所

地辛安）。1984年4月，撤销辛安公社，分设辛安乡、大山所乡。1994年12月，改设辛安镇。2000年12月，撤销大山所乡，并入辛安镇。2010年，辖49个行政村，18408户、51456人。

自然条件 辖区地势北高南低，多丘陵，南部有大山、虎脚山。赵家河、瓦罐河、谢家河自北向南流入黄海。威青高速、育行公路横穿全境，岚丁公路纵贯南北，直达海岸。

经济状况 1978年，农作物主要有小麦、玉米、地瓜等。社办企业有木器厂、铁业社、砖瓦厂、农具厂等。80年代起，调整农业产业结构，畜牧、蔬菜、水产养殖等全面发展。渔业以海水养殖、捕捞为主，全镇2666.67公顷浅海，滩涂面积1333.33公顷，虾池面积1333.33公顷。主要养殖中国对虾、日本车虾、南美白对虾、海参、杂色蛤、黄蛤、缢蛏、海蜇等，年产各种鱼类6万吨，杂色蛤、黄蛤、缢蛏等贝类2万吨，对虾、蟹类等2万吨。相继建起皮鞋厂、绣花厂、地毯厂、针织厂、草制艺品厂等企业。针织加工业成为特色产业，有"胶东针织加工出口第一镇"美誉。2010年，有果园333.33公顷，蔬菜、水果温室大棚200公顷，桑园133.33公顷，无公害草莓产量4000吨。生猪存栏1万余头，水貂、长毛兔存养10万只。农村经济总收入21.03亿元，地方财政收入1572万元，农民人均纯收入9272元。生产总值18.33亿元。粮食平均亩产400千克，总产3.28万吨。农业总产值10.29亿元。其中，种植业产值3.94亿元，林果业产值795万元，畜牧业产值1.25亿元，渔业产值5.04亿元。规划建设的2平方千米的针织工业园区，有企业50余个，主要生产内衣、T恤、短裤、文化衫、运动装等240个品种，年加工5300万套（件），有申士、新雨、广新、梦缘等17个品牌，产品销往韩国、日本、美国、法国、德国、瑞典、俄罗斯等20多个国家。

社会事业 2010年，镇综合文化站1处，村级文化活动中心49处，图书室59个、藏书20余万册。有幼儿园4所、在园儿童985人，小学2所、在校生1413人，初中2所、在校生1728人。卫生院1处、床位40张、专业技术人员48人。

2010年海阳市辛安镇村庄一览表

表33-3-6

村　名	建村时间和村名由来	户　数（户）	人　口（人）
辛　安	明永乐二年（1404），王姓自云南迁此，取"新村久安"之意，命名新安村，后演变为辛安村。一说，明宣德二年（1427），于启春自桃林村迁此建村。再一说为，辛、安两姓建村，故名辛安	710	1910
槐家泊	明末，刘姓到此定居。后因家贫，族人多去东北定居，常怀念家乡，故名怀家坡，后演变为槐家泊。一说为，清康熙年间（1662—1722），李姓第十世祖李焕自李家村（时属北马家村自然村）迁居。因此处有一株古槐，故名槐家泊	184	488
修　家	明嘉靖年间（1522—1566），修姓到此建村定居，以姓命名修家	585	1645
东田埠头	明弘治年间（1488—1505），董姓自莱阳到此定居。明嘉靖年间（1522—1566），丁姓到此居住。明天启年间（1621—1627），孙姓、秦姓到此定居。明崇祯年间（1628—1644），李姓第八世祖李保宁、李保胜、李保敬到此耕种董姓的田地，并定居建村，故取村名董田埠头，后演变为东田埠头	277	833
西田埠头	清康熙年间（1662—1722），修姓自东村迁入，陆姓自大山所村迁入，杨姓自从上村迁入，谭姓自谢家村迁入，吕姓从胶州迁入。因建村于东田埠头村西，故名西田埠头	95	252
前田埠头	清康熙年间（1662—1722），李姓第九世祖李凤彩，自鲁口村到此定居建村。因地处东、西田埠头村之南，故名前田埠头	120	345

续表 33-3-6

村　名	建村时间和村名由来	户 数（户）	人 口（人）
瓦罐窑	明永乐年间（1403—1424），一说为明嘉靖年间（1522—1566），王姓到此建村。因村旁有一清泉，故名水泉口。后宫姓、张姓到此定居，聂、丁、许等姓自外地迁入。因此地的黄黏土能制泥陶、罐、盆等，宫姓人便合作建窑烧制陶器。经村人公议，改村名为瓦罐窑村	997	2727
大山所	明成化十九年（1483），为防御倭寇入侵，在近大山处设大山备御千户所，由官府委派位、宣、张、王、陆、龙、马、佘等八姓千户到此驻守。其后代发展成村，命名大山所	1070	2980
茂梓集	明洪武年间（1368—1398）建村。因村东南的寺庙中有一棵根深叶茂的大梓树，故名茂梓。清初村中设集市，改称茂梓集	700	1950
南茂梓	明洪武元年（1368），刘姓自“小云南”迁此定居，坐落在今北茂梓村东北部宅疥，命名上疃。明永乐年间（1403—1424）迁居今址。因当时村西有寺庙一处，庙院有茂盛的梓树，村居梓树东，故名东茂梓。1956 年 1 月，成立高级农业生产合作社；12 月，将高级社分为两处：南茂梓高级社，北茂梓高级社。后分为南茂梓、北茂梓。该村为南茂梓	340	940
北茂梓	见南茂梓村。该村为北茂梓	258	700
台子头	清康熙年间（1662—1722），徐姓自床子头村迁此建村。因建村于一泥台子之南，故名台子头	470	1330
古庄头	清康熙年间（1662—1722），鲁口村一地主在此设庄子。王姓自行村迁此定居，李姓从鲁口村迁此定居。先居者在劳作中挖掘出一古庄旧址，遂南移建村，取名古庄头	302	830
叶　家	清雍正年间（1723—1735），叶姓兄弟四人自莱阳县叶家泊村迁此定居，以姓命名叶家。一说为，明天启年间（1621—1627）建村	390	1015
前黄塘	明永乐年间（1403—1424），于姓自“小云南”迁此，建村于河的下游，故命名下河口（一说为下水头）。后来因村东北有一黄色的温泉塘，遂更名前黄塘	600	1660
后黄塘	明永乐年间（1403—1424），汪姓建村。因建村于黄色温塘之北，故名后黄塘	203	544
卓格庄	明永乐年间（1403—1424），一说为明末，迟姓自山西省迁此建村定居。因建村处西北有一片茂密的柞树林，故名柞格庄。后取“卓越”之意，更名卓格庄	425	1302
埠　后	明成化年间（1465—1487），纪姓建村。因建村于董家埠山之北，故名埠后	308	811
辛　庄	清初，纪姓自庶村到此建村定居。因村东南有一座寺院——洪海院，故命村名洪海庄。后因村人认为村名不吉，各姓协商更村名辛庄。一说为清乾隆年间（1736—1795），辛姓在洪海院之北建村，命名洪海庄，后成为辛姓地主佃户庄，故改名辛庄	145	425
草　泊	明建文年间（1399—1402）建村。因先居者初搭草铺居住，故名草铺，后演变为草泊	137	378
夏　疃	明成化年间（1465—1487），一说为元元统年间（1333—1335），于姓到此定居建村。因北茂梓建村在上方，为上疃，故名下疃，后演变为夏疃	108	301

续表 33-3-6

村名	建村时间和村名由来	户数（户）	人口（人）
南丁	明万历年间（1573—1620），孙臻自大山所村迁此建村，取名石硼孙家。时隔30年，宋勉自山西省“小云南”迁居村北部。因村南有丁字形海汊，村子向南像钉子伸向黄海，改名丁里村。孙姓为南丁，宋姓为北丁。1974年合为一个行政村，定名南丁	527	1396
谢家	明崇祯年间（1628—1644），谢姓建村，以姓命名谢家。一说为明洪熙元年（1425），宫昆庥自山西省洪洞县迁此建村，观建村处山如飞凤，水若游龙，择“龙凤呈祥”佳语，取“凤翔宝地”之意，命名凤翔宫家。明正德十五年（1520），谢有才自“小云南”博乐县迁入，两姓联谊，和睦相处，并于明嘉靖二十二年（1543）更名谢家	400	1250
海头	明洪武三年（1370），迟姓自云南乌沙威牛角胡同迁此建村。因村三面环海，故名海头	696	1900
南马家	明泰昌元年（1620），马姓在此建村，故名马家。后因村北建一村称北马家，遂改称南马家	365	1009
沟里	明洪武年间（1368—1398），杨、邹两姓到此定居建村。因村内有一条河沟，故名沟里	370	991
赵家	元元统年间（1333—1335），赵姓到此定居建村，以姓命名赵家	336	980
滩西	明天启年间（1621—1627），刘姓到此定居。当时已有上疃（今北茂梓）和下疃（今夏疃），因该村建于夏疃之西，取名疃西。后因村靠河岸，地势较低，夏季绵雨来，整个村内像海滩，演变为滩西	223	550
床子头	清康熙年间（1662—1722），徐姓自北廒子村迁此建村，命名太平庄。后因一盲人落井溺死，遂取“床头平安”之意，改名床子头村。一说为，清康熙十一年（1672），徐姓自北廒子村迁此，因自西向东闯了一头，故名闯子头，后演变为床子头	203	510
向阳	明崇祯年间（1628—1644），臧家村臧姓地主在此置下庄园，雇王姓看管，命村名臧家庄。1965年“四清”运动期间，根据“向阳村落春常在”之意，改称向阳	765	2065
代格庄	明天启年间（1621—1627），一说为清顺治年间（1644—1661），有戴、谭、姜三姓到此定居。因戴姓先到，故以姓命名戴格庄，后演变为代格庄	252	660
朱村	明永乐年间（1403—1424），朱、秦二姓建村，以两姓命名朱秦村。明成化年间（1465—1487），秦姓绝嗣，改称朱村	306	753
南邵家	明洪武年间（1368—1398），邵姓到此建村定居，以姓命名邵家。1981年，地名普查时，因重名且居重名村之南，故更名南邵家	720	1830
吕家	清顺治十三年（1656），吕姓到此定居建村，以姓命名吕家	466	1376
西张家庄	清康熙年间（1662—1722）张姓建村，以姓命名张家庄。后因重名，且居重名村之西，故更名西张家庄	248	668
西赵家庄	清康熙年间（1662—1722），赵姓自赵疃迁此建村，以姓命名赵家庄。1981年，因重名且处重名村之西，更名西赵家庄	440	1220
徐家铺	明崇祯年间（1628—1644）建村。因徐姓建村时在此搭草铺暂居，故名徐家铺	118	334

续表 33-3-6

村　名	建村时间和村名由来	户　数（户）	人　口（人）
南王家庄	清顺治元年（1644），王姓到此建村，且居王家庄之南，故名南王家庄	111	332
黄埠崖	清康熙年间（1662—1722），徐姓建村。因村处黄埠山西麓，故名黄埠崖	320	915
南姜家庄	清乾隆元年（1736），姜姓到此建村居住，以姓命名姜家庄。1981 年，因重名且本村居南，更名南姜家庄	300	900
鲁　口	明永乐年间（1403—1424），李姓建村于大山西口外的鲁尔庙旁，故名鲁尔口，后演变为鲁口	920	2427
徐　家	明洪武年间（1368—1398），徐姓到此建村定居，以姓命名徐家	355	536
大　店	明宣德元年（1426），一说为明永乐年间（1403—1424），李姓先祖李明贵自江苏省无锡县不老村迁居此地，开设一座小酒店谋生，以姓命名李家店，逐渐繁衍成村。后在村前又建李家前店，遂简称李家店为大店，李家前店为小店	354	948
小　店	清道光年间（1821—1850），李姓自鹏化庄迁此，建村于大店村南，命名李家前店。为区别于大店，后称小店	124	317
北马家	明洪武年间（1368—1398），马姓建村。后迁出。现马姓，于清康熙年间（1662—1722），自茂梓集迁此定居，仍沿用村名马家。后为与南马家区别，改称北马家	399	1100
木桥夼	明成化年间（1465—1487），于姓到此建村定居。因建村于山夼之中，且夼中的河上有一木头桥，故名木桥夼	228	619
西梁家	明正德年间（1506—1521），一说为清康熙年间（1662—1722），梁姓自“小云南”迁此建村，以姓命名梁家。1981 年，因重名且处重名村之西，更名西梁家	81	209
黄家庄	清康熙年间（1662—1722），居住于茂梓集村的黄姓家族兴旺，在此处设一庄子，雇罗姓守护。后因天灾人祸，黄姓由茂梓集迁居庄子，并命名黄家庄	238	640
北王家庄	明成化年间（1465—1487），王姓建村，以姓命名王家庄。清顺治年间（1644—1661），其南部又建南王家庄，为相区别，该村改称北王家庄	62	172

第七节　盘石店镇

建置人口　位于市区东北部，东邻乳山市乳山寨镇，东南靠留格庄镇，西南接方圆街道，西北连朱吴镇，东北与乳山市诸往镇交界，面积 138 平方千米。

清雍正十三年（1735）撤卫设县，属嵩山乡。1928 年，属嘴子区。1932 年，属第四区（区公所驻地郭城）。1941 年 4 月，为第三区（区公所驻地盘石店）。1944 年 12 月，为盘石区。1956 年，撤区设盘石店乡。1958 年 9 月，设盘石店公社；11 月底，改称盘石店乡。1959 年 4 月，复称盘石店

盘石店镇政府办公场所

公社。1965年8月，改称盘石店区。1968年3月，复称盘石店公社。1984年4月，成立盘石店镇。2010年，辖41个行政村，12239户、31078人。

自然条件 辖区丘陵起伏，招虎山脉由南向北纵贯西部，东北边缘区为山岭地带，中部留格庄河流域为平原地带。招虎山山脉为海阳最大山脉，盘石店水库为海阳第三大水库。育行、盘留、盘高公路贯穿境内。海阳红、海阳花、海阳绿、海阳灰等石材储量丰富，质地细腻，色泽艳丽。

经济状况 1978年，农作物主要有小麦、玉米、地瓜等；社办工业5家，职工195人，年产值42万元。80年代起，开始发展高效农业。山中多草，畜牧业生产有着得天独厚的优势。其中，长毛兔养殖规模最大。1999年，长毛兔饲养量55万只，产兔毛40万千克、仔兔20万只，总收入4000万元。工业发展迅速，逐步形成机械、石材、食品、服装等加工及建筑材料、建筑安装六大产业体系。以家庭手工花网、毛衫加工、五金加工、工艺扎纸等为主的手工业繁荣。2010年，干杂水果333.33公顷，日光温室蔬菜、草莓近200公顷。农村经济总收入9.93亿元，地方财政收入1457.11万元，农民人均纯收入8916元。生产总值5.2亿元，第一、二、三产业比为35 ∶ 45 ∶ 20。粮食平均亩产450千克，总产2.7万吨。农业总产值1.74亿元。其中，种植业产值8123万元，林果业产值758万元，畜牧业产值7868万元，渔业产值666万元。形成机械加工、纺织制衣、果蔬冷藏、石材加工和旅游经济五大支柱产业。工业总产值2.3亿元。进、出口总值2867.42万美元。其中，出口总值2803.25万美元。合同利用外资178万美元，实际利用外资167万美元。第三产业从业人员9457人，收入1.51亿元。其中，运输业收入3585万元，服务业收入2557万元，商饮业收入8951万元。

社会事业 2010年，全镇有综合文化站1处，村村建有村民健身活动广场，并配有相应的健身器材和教练。各村都有农家书屋。幼儿园3所，入园儿童430人；小学1所，在校生743人；初中1所，在校生828人。卫生院1处，床位50张，专业技术人员20人。卫生室24个，配有25名乡医和75张床位。镇内旅游资源丰富，主要有云顶自然风景旅游区、丛麻禅院、平岚瀑布、国家重点文物保护单位嘴子前春秋古墓群等。

2010年海阳市盘石店镇村庄一览表

表33-3-7

村　名	建村时间和村名由来	户　数（户）	人　口（人）
霞　石	明万历年间（1573—1620）建村。因建村处河岸有一紫红色巨石，形若虾状，故名虾石。后嫌“虾”字不雅，改名霞石	470	1206
周家沟	清雍正年间（1723—1735），周姓建村于两山之间，故名周家沟	147	380
北山后	明万历年间（1573—1620），建村于白玉山后，故名白山后。后演变为北山后	290	802
大榆村	明万历年间（1573—1620）建村。因村南有一片高大的榆树林，故名大榆村	550	1350
小榆村	清康熙年间（1662—1722），一说为明万历年间（1573—1620），黄姓自黄家村迁此建村。因建村于一片榆树林南，为区别村北大榆村，故名小榆村	182	440
上垒子	明嘉靖年间（1522—1566），由丛麻院看庙产的垒子扩建成村，村处山沟的上端，取名上垒子	189	529
下垒子	见上垒子村。村处山沟的下端，取名下垒子	204	495
崖　下	明万历年间（1573—1620）建村。因处山崖之下，故名崖下	260	660
朱兰夼	明嘉靖年间（1522—1566），先居者自宁海州（今属乳山市）到根见村迁此建村。因村坐落在东、西、北分别有沙、土、石形似“猪”的山夼中，故名猪兰夼。后嫌“猪”字不雅，改称朱兰夼	320	840

续表 33-3-7

村　名	建村时间和村名由来	户　数（户）	人　口（人）
东姜家庄	明万历年间（1573—1620），一说为清康熙年间（1662—1722），马陵村（今属乳山市）姜姓买下房姓的土地并在此定居建村，以姓命名姜家庄。1981 年，地名普查时，因重名且居重名村之东，改称东姜家庄	198	541
平　岚	清嘉庆年间（1796—1820），于姓到此看山，李姓随后迁此定居，后繁衍成村。因村坐落在玉皇山北麓，周围群山环抱，且地势较为平坦，岚气霭霭，故名平岚	113	268
嘴子前	明洪武二年（1369），王姓先祖王敢迁至今嘴子前村东的车道夼建村定居。因战乱村毁，后代搬迁。其兄定居山口之前，其弟定居山口之后。因两村之间的坐顶坡山口像嘴，故名嘴子前、嘴子后。一说为明嘉靖年间（1522—1566）建村。1958 年建龙头水库（今盘石店水库，下同），嘴子前村多属库区而搬迁至此，形成同属一个行政村的东、西两个自然村	500	1120
嘴子后	明天顺年间（1457—1464）建村。因村处坐顶坡山嘴后，故命村名嘴子后。一说为，明正德年间（1506—1521），王姓先祖王文质因原居大疃王家遭火灾，而迁车道夼安村，后因村居坐顶坡山嘴之后，取名嘴子后	306	800
仙人盆	明天启年间（1621—1627），先居者因村后有一石崮，酷似盆形，其中积水久旱不涸，传为仙人所用，故名仙人盆。“文化大革命”期间，因讳避“仙人”二字，更名盆山前村。1981 年，复称仙人盆村	183	426
北鲁家	明正德年间（1506—1521），鲁姓到此定居，以姓命名鲁家。后因村南已有鲁姓定居，改称北鲁家	150	390
潘家沟	明万历年间（1573—1620），一说为清雍正年间（1723—1735），因潘姓建村且处山沟，故名潘家沟	218	577
栾家疃	清康熙年间（1662—1722），栾姓到此建村，以姓命名栾家疃	160	417
东　庵	清乾隆年间（1736—1795），几户人家在此看庵，后繁衍成村，且处山的东面，称东庵	80	220
薛　家	明万历年间（1573—1620），薛姓自河西村迁入此地建村，命名薛家	509	1250
东杨格庄	明万历年间（1573—1620），于、杜两姓建村。因建村处有杨树林，故名杨格庄。1981 年，地名普查时因重名且处重名村之东，故改称东杨格庄	260	656
潘家庄	明崇祯年间（1628—1644），高姓到此定居，后李、潘、王姓相继迁入。因该村为潘姓地主的庄子，故名潘家庄	60	164
柴岚崮	清乾隆年间（1736—1795）建村。因建村处周围松林茂密，盛产柴火，且村后有大崮，故名柴岚崮	51	151
金银崮	明崇祯年间（1628—1644），董姓到此定居。因建村处南有一石崮形似牛，传说“一金牛拖一金车进入崮内”，故名金牛崮，后演变为金银崮	60	147
大　庄	明崇祯年间（1628—1644），一说是明天启年间（1621—1627）建村，原为薛家村地主薛守道的佃户庄，称“庄子”。后随户数增多，地域扩大，于是在“庄”字前加一“大”字，成为大庄	210	519
井家沟	清道光年间（1821—1850），卢姓到此建村定居。因地处山沟，且只有一眼水井，故命名井家沟。一说为，明万历年间（1573—1620）建村，因群山环绕，如处井中，取名井家沟	66	164

续表 33-3-7

村名	建村时间和村名由来	户数（户）	人口（人）
缪家	清道光年间（1821—1850），一说为清乾隆年间（1736—1795），缪姓自城里（今凤城）到此建村定居，以姓命名缪家	70	200
野口	明万历十一年（1583），刘姓兄弟三人自诸城迁此建村定居。因人烟稀少，野狗成群，故名野狗村，后演变为野口村。一说为明崇祯年间（1628—1644），王姓建村，因建村处古林丛生，遂命名林口，后演变为野口	380	964
望山	明万历年间（1573—1620），董姓先后两次搬迁，后定居于南河以北，故名河北。1981 年，地名普查时因重名，更名望山	236	590
大柴	明天启年间（1621—1627），董姓自即墨县牛齐埠村迁此建村。原拟在松山南麓之古松旁建村，因先居者不同意，故建村此处，但仍以古松命名大柴	218	580
小柴	明万历五年（1577），先居者自小店村（今虎山村）迁此建村。因建村处曾有栖凤之传说，故名凤凰庄。明天启年间（1621—1627），该村东北建大柴村。为相对应，改称小柴	110	254
周家	明天启年间（1621—1627），周姓建村，以姓命名周家	230	690
马格庄	明嘉靖年间（1522—1566），马姓自“小云南”迁居此地建村，以姓命名马格庄	680	1760
徐家泊	明万历三十三年（1605），徐姓先祖徐端自云南迁此地建村。因村的前后皆为泊地，故名徐家泊	626	1626
松岩庄	清康熙年间（1662—1722），先居者建村于长有古松的高崖下，故名松崖里。后嫌不雅，改称松岩庄	240	640
炭岚	清康熙年间（1662—1722），一说为清嘉庆年间（1796—1820），周姓第五世祖自迟家村迁居此地建村，因以烧柞炭为业，故名炭岚	37	92
龙头	明万历年间（1573—1620），孟姓建村。因建村于龙角山东麓，故名龙头	392	1018
盘石店	明永乐三年（1405），王姓自河南开封迁此建村，以开店为生。因店前有一磐石，故名磐石店，后“磐”演变为“盘”	1200	2930
桃李	明万历年间（1573—1620），王姓先祖王登自嘴子后村迁此建村。因此地桃树成林，故名桃园村。1981 年地名普查时，因重名改称桃李	436	1321
于家河	清康熙年间（1662—1722），于姓建村于河畔，故名于家河	75	218
南鲁家	明洪武六年（1373），鲁姓自招远县庙子夼迁此建村，取名小鲁家，后改称南鲁家	75	240
虎山	明隆庆年间（1567—1572）建村。因村原为城里胡姓地主七个佃户庄中最小的一个，故名小佃，后演变为小店。1981 年地名普查时，因重名改称虎山	600	1400

第八节　行村镇

建置人口　位于市区西南部，东邻辛安镇，西与莱阳市接壤，北连小纪镇，南濒黄海丁字湾，面积 155.08 平方千米。

清雍正十三年（1735）撤卫设县，属行村乡。1928 年为行村区。1932 年为第六区（区公所驻地行村）。1941 年 4 月，为第八区（区公所驻地行村）。1942 年 9 月，为第十区（区公所驻地行村）。1944 年 12 月，为行村区。1950 年 2 月，为第八区（区公所驻地行村）。1955 年 9 月，为行村

行村镇政府办公场所

镇（镇驻地行村）。1956年10月，为鹏化区行村乡（乡驻地行村）。1958年9月，撤乡设行村公社（公社驻地行村）；11月底，改称行村乡。1959年4月，复称行村公社。1966年5月，改称行村区。1968年3月，为行村公社。1984年4月，撤公社成立行村镇。2010年，辖52个行政村，19071户、55306人。

自然条件　地属暖温带季风气候区，四季分明。地势北高南低。有山丘22座，其中盆子山主峰海拔235.7米。主要河流有白沙河、廒子河、牟格河、杜格庄河、围子河等。其中白沙河南北纵贯全境。威青高速、203省道过镇出境，黄麻路延伸至海边。海岸线长17千米。

经济状况　1978年，农作物主要有小麦、玉米、地瓜等，耕地面积4333.33公顷，粮食平均亩产371千克；社办工业有布鞋厂、机械厂、家具厂、建筑公司等6个，年产值634万元。80年代，形成以水产加工、机械、建筑、建材、布鞋等较为完善的工业体系。2010年，农村经济总收入23亿元，地方财政收入928.69万元，农民人均纯收入9409元。生产总值10.87亿元，第一、二、三产业比为38 ∶ 48 ∶ 14。粮食平均亩产427千克，总产0.38万吨。农业总产值7.35亿元。其中，种植业产值2.01亿元，林果业产值485万元，畜牧业产值5178万元，渔业产值4.75亿元。浅海养殖对虾、名贵鱼类和贝类。中国中东部省份大中城市市场均有该镇活海鲜批发点，每天运往全国各地的活海鲜100吨，日交易额300余万元。东寨头村胶东水产品批发市场，是江北最大的水产品批发市场，有冷库180座，总库容12万吨。货源来自全国10余个省份和美国、俄罗斯、新西兰、泰国等国际市场，销售范围北起黑龙江、内蒙古，南至舟山群岛、海南岛等70余个县（市、区），被农业部指定为国家级定点水产品批发市场。建成投产和在建项目69个。第二产业从业人员9639人，收入12亿元。其中，工业收入6.08亿元。进、出口总值2831.4万美元，其中出口总值1728.3万美元。合同利用外资200万美元，实际利用外资95万美元。集市11处，摊位3986个，上市人数3.9万人，年成交额4.84亿元。第三产业收入6.55亿元。其中，运输业收入9860万元，服务业收入9283万元，商饮业收入4.63亿元。

社会事业　2010年，有镇综合文化站1处，村级文化活动中心52处，图书室60个、藏书20余万册。泊子、西小滩等村成立舞狮队，田村、迎春、祥东、程家庄等村成立高跷秧歌队，何家、桃林、东山、孙家夼等村成立业余京剧团。庶村的跑灯官被列为第二批海阳市非物质文化遗产名录。幼儿园10所，在园儿童757人；小学2所，在校生1439人；初中2所，在校生1763人。卫生院1处，各村均设有卫生所，专业技术人员42人。

2010年海阳市行村镇村庄一览表

表33-3-8

村　名	建村时间和村名由来	户　数（户）	人　口（人）
北廒子	明洪武二年（1369），徐姓兄弟九人到此定居。因建村处地形似鳌鱼脊，故名鳌脊村。后因在此建仓廒，更名廒子。为区别南廒子，改称北廒子	380	1090
北麻姑岛	清康熙年间（1662—1722），车姓到此建村。因地处麻姑岛北部，故名北麻姑岛	153	450
泊　子	明崇祯年间（1628—1644），建村于地势平坦处，故名	476	1404

续表 33-3-8

村 名	建村时间和村名由来	户 数（户）	人 口（人）
程家庄	明崇祯年间（1628—1644），程姓建村，以姓命名程家庄	270	780
丁格庄	明崇祯年间（1628—1644），丁姓建村，以姓命名丁格庄	300	788
东村庄	清顺治年间（1644—1661），杨姓建村。因建村于白沙河东岸的土台上，故名东台庄，后演变为东村庄	190	443
东 山	元至正十三年（1353），程姓先祖兄弟四人自河南洛邑迁居此地。因村西有河称玉清河，故名玉清庄。清光绪年间（1875—1908），庠生程光辉在程姓祠堂门上题写一副对联：祠临溪水家声远，门对东山世泽长。由此改名东山	614	1805
东寨头	明永乐年间（1403—1424），苏、王两姓先后自江苏迁此定居建村。因相传古代有军旅在此扎寨，又居白沙河东岸，故命名东寨头	365	995
杜格庄	元末，杜姓移居此地建村，以姓命名杜家庄，后演变为杜格庄	450	1226
行村一村	西汉太始三年（公元前 94 年），昌阳县令择白沙河南建衡村。至唐永徽年间（650—655），河水肆虐，村沦为泽国，村民啼离故土，南移立间。“移者，行也。”“行”谐“衡”韵，故易名行村。1945 年 9 月，行村分为自卫、生产、建设、爱国四个行政村。1956年，四个村合为一个村，成立高级农业生产合作社。1962 年划为行一、行二、行三、行四、行五 5 个村。该村为行村一村	278	828
行村二村	见行村一村。该村为行村二村	274	750
行村三村	见行村一村。该村为行村三村	272	755
行村四村	见行村一村。该村为行村四村	268	730
行村五村	见行村一村。该村为行村五村	365	1000
何 家	明万历十六年（1588），何姓先祖自河南省河间县迁此建村，以故县称谓命名河间村，后演变为何家村。一说为，以姓命名何家	600	1780
后寨头	明永乐年间（1403—1424），刘姓先祖随移民迁此，定居白沙河西岸，统称西寨头。1962 年，西寨头划为前寨头、后寨头和西寨头三个行政村。该村为后寨头	386	952
夼 里	明万历年间（1573—1620）建村。因村处四面环山的低洼处，故名夼里	282	676
龙门口	清康熙年间（1662—1722）建村。因建村处有两根土柱，中夹石硼，形如龙门而得名	130	330
鲁 岛	明永乐年间（1403—1424），于姓自桃林迁出建村小岛，因处桃林之南，故名小南岛。清光绪十六年（1890），取“以鱼度日”之意，改称鲁岛	330	920
马家庄	明万历年间（1573—1620），马姓建村，故命名马家庄	165	423
庙河前	明崇祯年间（1628—1644），张姓到此建村。此地有座玉皇庙和一条小河，村处庙河之后。当地有“宁住庙前，不住庙后”之说，村虽处庙河之后，却仍命名庙河前	310	800
牟格庄	明洪武四年（1371），牟清顺自山西省洪洞县迁此建村，以姓命名牟格庄	420	1090
南廒子	明末，位姓在北廒子村南建村，为区别于北廒子，遂称南廒子	251	750
南麻姑岛	清康熙年间（1662—1722），王姓到此建村。因地处麻姑岛南部，故名南麻姑岛	100	310

续表 33-3-8

村　名	建村时间和村名由来	户　数（户）	人　口（人）
鹏化庄	明永乐四年（1406），李姓先祖自常州府无锡县不老村迁入，繁衍成村。因建村初，在村西发现一大鹏鸟，故名鹏化庄	810	2050
齐格庄	明洪武年间（1368—1398），自云南景东、河北浪儿口同时迁此七户人家，在此建村定居，故名七家庄，后演变为齐格庄	600	1460
前寨头	明永乐年间（1403—1424），刘姓先祖随移民迁此，定居白沙河西岸，统称西寨头。1962 年，西寨头划为前寨头、后寨头和西寨头三个行政村。该村为前寨头	301	773
瑞　宇	明泰昌元年（1620），一说为清康熙年间（1662—1722），于姓自文山后村迁此建村，取“瑞兆新宇”之意，命名瑞宇	380	968
三里庄	清康熙五十九年（1720），沟里村杨姓地主到此置地雇人种地，建起佃户庄，以姓命名杨家庄。1981 年，地名普查时因重名，且距行村、何家、桃林各 3 里，故改名三里庄	128	344
上　夼	清康熙年间(1662—1722)，于姓、万姓到此建村。因建村于山夼高处，故名上夼。因粜粮用瓢量，改称瓢儿村，后复称上夼	152	367
石人夼	明宣德年间（1426—1435），姜姓到此建村。因此处有一块大石，形似人状，又临山沟，故名石人夼	619	1640
庶　村	明永乐二年（1404），宁姓建村于西汉昌阳城遗址之北。因先居者在村西一庙里的石碑上发现刻石“戍村”二字，遂沿用为村名，后演变为庶村	700	1938
寺　头	元皇庆二年（1313），王常稔自河南省孟津县迁此建村。一说由德州迁此。因村西有一寺院，村居上首，故名寺头	256	715
孙家夼	元末，孙姓自云南迁此，建村于山夼，故名孙家夼	486	1210
桃　林	元元统二年（1334），于克学自四川省甘洛县迁此，建村于桃树和梨树林附近，故名桃梨，后演变为桃林	1100	2782
田　村	田村为古村。建村年代难以考证。元末，吕从政率家人自济南迁此，根据《诗经·邶风·谷风》“谁谓荼苦，其甘如荠”句，改书“谁谓卤苦，其甘如饴”。希冀以制盐之利，换取甜美之生计，故命名甜村，后演变为田村	601	1751
汪格庄	南宋乾道二年（1166），汪以智自安徽省舒城县迁此建村，以姓命名汪格庄	565	1485
文山后	明万历年间(1573—1620)，一说为明崇祯年间(1628—1644)，邢姓到此定居。后于姓第九世祖于梓忠、于梓敬兄弟二人自文登大水泊村迁此。因村处文山之北，故名文山后	335	879
卧　龙	明崇祯年间（1628—1644），林姓建村于山岭蜿蜒如龙的垛固山附近，故名卧龙	168	430
西村庄	明崇祯年间（1628—1644），宁海州青山村（今属乳山市）宫姓地主在此建佃户庄，后繁衍成村。因建村处在白沙河西岸，故名西村庄	296	708
西李家庄	明崇祯年间（1628—1644），李姓先祖自鹏化庄搬迁到行村西北建村，以姓命名李家庄。1981 年，地名普查时因重名且居重名村之西，更名西李家庄	202	540
西小滩	明末，孙姓到此建村。因村民以烧盐为业，故名烧滩，后演变为小滩。1981 年，地名普查时因重名，且处重名村之西，遂更名西小滩	610	1830

续表 33-3-8

村　名	建村时间和村名由来	户　数（户）	人　口（人）
西寨头	明永乐年间（1403—1424），刘姓先祖随移民迁此建村定居。因相传古代有军旅在此扎寨，且处白沙河西岸，故名西寨头。1962年，西寨头划为前寨头、后寨头和西寨头3个行政村。该村仍沿用原名	272	708
祥　东	明嘉靖元年（1522），孙姓兄弟三人到此建村。因见东河河水清澈，瑞气祥和，紫气东来，故名祥东	410	1130
项　家	明末，项姓到夼里村西定居建村，以姓命名项家	131	312
杏家庄	该村原系邢姓地主的庄子，故称邢家庄。清康熙年间（1662—1722），一说为清道光年间（1821—1850年），西寨头村刘姓兄弟四人到此定居。因建村处杏树繁茂，遂改名杏家庄	284	708
英武店	明洪武二年（1369），一说为明末，吕姓到此开一小店并养有鹦鹉，人称鹦鹉店，遂以店名代村名，后演变为英武店	421	1110
迎　春	明万历九年（1581），先居者自江苏省无锡县迁此建村，取名太平庄。明崇祯年间（1628—1644），因村西一土台自生两株梓树，遂更名台梓村，后演变为台子村。1981年，地名普查时因重名，取“万物迎春、生机盎然”之意，更名迎春	153	416
榆　林	元元统年间（1333—1335），徐姓自云南小昆山迁此，因建村处榆树成林，故名榆林	300	800
赵　疃	明正统元年（1436），红巾军将领赵均用第五世孙赵冕，自孙家夼村迁此建村，以姓命名赵疃	780	2010
中麻姑岛	清康熙年间（1662—1722），李姓到此建村。因村处麻姑岛中部，取名中麻姑岛	370	1000
周家庄	明崇祯年间（1628—1644），周姓建村，故命名周家庄	339	997

第九节　留格庄镇

建置人口　位于市区东南部，南临黄海，北依玉皇山并与盘石店镇相交，西南与凤城街道相邻，西连方圆街道，东接乳山市乳山寨镇，面积149平方千米。

清雍正十三年（1735）撤卫设县，属海阳县乳山乡。1928年，为留格庄区。1932年，为第二区（区公所驻地留格庄）。1955年9月，改称留格庄区。1956年10月，撤区分设留格庄乡、姜格庄乡、徽村乡、洼里乡、大辛家乡和方里乡。1958年9月，成立留格庄公社；11月底，改称留格庄乡。1959年4月，复称留格庄公社。1965年8月，改称留格庄区。1968年3月，复称留格庄公社。1984年4月，改称留格庄乡。1994年5月，撤乡设留格庄镇。2000年12月，撤销大辛家镇，并入留格庄镇。2010年，辖56个行政村，21909户、58200人。

自然条件　辖内地势北高南低，北部多丘陵和河谷平原，南部多平泊地。主要山脉有玉皇山、

留格庄镇政府办公场所

菩萨顶、东斗崮等。玉皇山主峰海拔589.5米，为海阳最高峰。留格庄河贯穿南北，境内流长16千米。海岸线长49千米。威青高速、威青公路贯穿东西。

经济状况　1978年，农作物主要有小麦、玉米、地瓜等，农民人均纯收入111元；社办工业4家，年产值234万元。80年代，工业发展较快，其中留格庄公社农具厂生产的木工平刨销往25个省、市、自治区，中国新闻社和山东电视台先后拍摄新闻片予以报道。1985年，个体石材加工业不断涌现。至1998年，全镇石材加工企业98个，年产板材15万平方米，石材行业完成工业产值3000万元，销售收入2480万元。2002年，开始发展茶叶种植产业。2010年，全镇蔬菜种植面积354.53公顷，总产量1.75万吨，有机菜种植基地66.67公顷。果园面积263.53公顷，水果产量9631吨。海水养殖品种主要有梭子蟹、南美白对虾、海参、中国对虾等，养殖面积1000公顷。茶叶栽植面积200公顷，"步鹤山"等绿茶品牌多次获国家级大奖。农村经济总收入22.4亿元，地方财政收入2042万元，农民人均纯收入9272元。生产总值14.8亿元。粮食平均亩产399千克，总产0.28万吨。农业总产值6.12亿元。其中种植业产值1.49亿元，林果业产值1058万元，畜牧业产值1.16亿元，渔业产值3.36亿元。骨干企业60余个，出口总值2.26亿美元。合同利用外资1312万美元，实际利用外资312万美元。花岗石资源丰富，矿区面积8.9平方千米，勘测储量8亿立方米，可开采量5亿立方米，主要品种有海阳红、海阳灰、海阳绿、海阳花等。建100公顷石材工业园和姜格庄、望格庄、院下、江家4个石材生产小区，石材开采点108个，年开采量11万立方米，石材加工点150个，各类石材加工设备300多台（套），石材加工能力20万立方米，产品销往美国、德国、韩国、新加坡、日本等国家和地区，实现销售收入1.3亿元、利税3000余万元。

社会事业　2010年，全镇有综合文化站1处，村级文化活动中心56处，图书室3个、藏书10万余册。幼儿园8所，在园儿童1247人；小学4所，在校生1441人；初中2所，在校生1922人；高中1所，在校生655人。中心卫生院1处，床位49张，专业技术人员73人。

2010年海阳市留格庄镇村庄一览表

表33-3-9

村　名	建村时间和村名由来	户　数（户）	人　口（人）
留格庄	明洪熙元年（1425），王毓华自河南省开封府迁此建村。因夙慕包拯之名，故名龙图庄。清乾隆年间（1736—1795），河水泛滥，该村幸免。村民喜曰"留个庄"，遂以此为名，后演变为留格庄	830	2120
河　崖	明洪武十年（1377），于姓先祖于凌云自福建省闽侯县迁此建村。因村处留格庄河河岸，故名河崖	460	1186
前杨台	明永乐年间（1403—1424），胡姓建村于生长杨树之土台附近，故名杨台。一说为元末明初，孙姓自"小云南"到此定居。因建村处有一泥台，台上有茂密的杨树，故名杨台。1945年分为前后两个杨台，该村在南，为前杨台	577	1472
后杨台	见前杨台村。该村在北，为后杨台	352	928
周格庄	明成化年间（1465—1487），周姓到此定居建村，以姓命名周格庄	217	531
郭格庄	明嘉靖年间（1522—1566），郭姓到此定居建村，以姓命名郭格庄。一说为清顺治年间（1644—1661）建村	247	640
荪　疃	明万历年间（1573—1620），刘姓到此定居建村。因此地花草树木繁多、香气浓重，故名荪疃	307	845

续表 33-3-9

村 名	建村时间和村名由来	户 数（户）	人 口（人）
草家泊	明末建村。因村处一片平泊草地，故名草家泊	302	810
王家泊	清乾隆年间（1736—1795），王姓第六世祖王绍仁自城里（今凤城）至此建村。因地处平泊，故名王家泊	152	411
刘家泊	清乾隆年间（1736—1795），刘姓先祖建村于平泊，故名刘家泊	227	589
彩春泊	明万历年间（1573—1620），高姓到此建村。因属城里（今凤城）鞠姓地主较大的一个庄子，故名大庄。1945 年为纪念王彩春烈士，胶东区行政主任公署将大庄改名彩春泊	385	1068
步 鹤	清康熙年间（1662—1722），沙姓到此建村。因村西南岭名傲子埠，村居其后，故名埠后。后传说有鹤飞落岭顶踱步，遂改称步鹤	237	634
民 生	明永乐三年（1405），一说为明弘治年间（1488—1505），高文明自浙江省会稽县迁此，建村于蕙兰丛生之处，命名蕙村。明万历二十六年（1598），进士高出取“美好吉兆”之意，改称徽村。1947 年，徽村分为民生、建平、常胜三个行政村，该村为民生村	328	890
建 平	见民生村。该村为建平村	345	921
常 胜	见民生村。该村为常胜村	342	917
塔儿庄	明泰昌元年（1620），鲁姓自山西省榆次县迁此建村。因村处古塔南，故名塔儿庄	495	1170
埠 落	明崇祯年间（1628—1644），孙姓建村。因建村处有一土阜，故名阜落，后演变为埠落	283	745
窑家庄	清雍正年间（1723—1735），高姓自徽村迁此烧窑，逐渐扩大成村，故名窑家庄	152	413
姜格庄	元元统年间（1333—1335），姜姓到此建村，以姓命名姜格庄	903	2403
望格庄	明万历元年（1573），孙姓先祖自后疃迁此，远远望见有两户人家，炊烟缭绕，遂投之建村。因远眺而见之，故名望格庄。一说为清顺治年间（1644—1661），建村于玉皇山西南麓低凹处，走近才能望见，故名望格庄	480	1260
院 下	明初，一说为明末，李姓到此建村。因建村于七祖院庙宇之下，故名院下	571	1513
日照庄	清顺治年间（1644—1661），辛姓到此建村。因旭日初升即照耀此村，故名日照庄	144	434
大沟店	明成化年间（1465—1487），高姓建村。因建村处有一条大沟，沟的东岸有座庙殿，故名大沟殿。后演变为大沟店	178	485
三 甲	明永乐年间（1403—1424），李姓到此建村。因建村处有天子冢，故名天子冢。清末，官府将周围村划为十个甲，该村按序排列为第三甲，遂改名三甲	150	375
六 甲	见三甲村。该村按序列排为第六甲，故名	318	807
八 甲	见三甲村。该村按序列排为第八甲，故名	150	382
东远牛庄	明永乐年间（1403—1424），李姓到此建村。因村东有一湾，湾中呈影，远看似牛，近看无踪，故名远牛庄。后因村西有一远牛庄，遂改称东远牛庄	293	730
西远牛庄	明洪武年间（1368—1398），谭姓在此建村。因村东有一湾，湾里呈影，远看似牛，近看无踪，故名远牛庄。后因村东又建一村称东远牛庄，改称西远牛庄	345	820
北远牛庄	明宣德年间（1426—1435）建村。因本村处于东、西远牛庄之北，故名	398	989
后望海	明崇祯年间（1628—1644），刘姓和王姓到此建村。因村西面临黄海，向南眺望亦可看见大海，故名望海。1961 年分为两个村，本村在北，故名后望海	424	1158

续表 33-3-9

村 名	建村时间和村名由来	户 数（户）	人 口（人）
前望海	见后望海。该村在南，故名前望海	180	506
蒲莱河	明万历年间（1573—1620），宋姓建村。因建村处有一条河，河边蒲草丛生，故名蒲莱河	345	949
东邵家	明永乐年间（1403—1424），邵姓建村，故名邵家。1981 年，地名普查时因重名且处重名村之东，遂更名东邵家	223	563
东山口	清乾隆年间（1736—1795）建村。因建村于两山之间的山口，故名山口。1981 年，地名普查时因重名且处重名村东，遂更名东山口	217	522
杜 家	明末，一说为清康熙年间（1662—1722），杜姓自云南迁此建村，以姓命名杜家	500	1276
江 家	明永乐六年（1408），江姓先祖江咸平自江苏省句容县到此建村，以姓命名江家	530	1499
峙 家	清雍正年间（1723—1735），时姓在此建村，以姓命名时家。后演变为峙家	68	200
桃 源	清顺治年间（1644—1661），隋姓自方里村迁此建村。因建村处多桃林，环境幽静，景色如同“桃花源”，故名桃源	480	1326
环岱庵	清乾隆三年（1738），赵姓自城里（今凤城）迁此建村。因建村处群山环绕且有一尼姑庵，故命名环岱庵	328	854
方 里	明成化九年（1473），郝姓自江西省九江县迁此定居建村。因村坐落于海滨，即景题联“丹阳方丽，黄海生辉”，取“旭日初升”之兆，命名方丽。后改称方里	930	2400
前 山	清同治年间(1862—1874)，为耕种土地和海上捕捞之便，部分隋姓人自方里村迁出，在其村南山坡建房居住。因住房坐落在山前，又属方里村管辖，故称方里前山村。1962 年 11 月，与方里村分设，成为独立的行政村，定名前山	140	440
梁 家	明弘治年间（1488—1505），梁姓建村，以姓命名梁家	745	2000
大 疃	明宣德年间（1426—1435），任姓建村。建村者希望子孙昌盛繁衍成大村，故名大疃	298	403
小 滩	明万历年间（1573—1620），任姓先祖任志道到此建村。因村处一小片海滩上，故名小滩	807	231
窑 头	明嘉靖年间（1522—1566），建村于砖瓦窑旁，居民以烧砖瓦为生，故名窑头	416	1094
潘格庄	清康熙年间（1662—1722），潘姓建村，以姓命名潘格庄	72	224
港 北	明嘉靖年间（1522—1566），张、刘两姓到此定居。后形成东、西两个自然村，因村处辛家港之北，故名港北	334	900
小寨子	明洪武年间（1368—1398），杨姓到此建村。因建村处有抗倭军寨遗址，故名小寨子	326	800
霞河头	明嘉靖年间（1522—1566），张胡老自安徽省祁门县到此建村。因村位于留格庄河下游，故名下河。后来因“霞”字光彩，演变为霞河头。一说为清康熙年间（1662—1722），因村处霞河之畔，取名霞河头	460	1198
南 庄	清康熙年间（1662—1722），霞河头村地主的佃户在村南另建一村，名霞河头南庄，后称南庄	418	1064

续表 33-3-9

村　名	建村时间和村名由来	户　数（户）	人　口（人）
大辛家	明洪武三年（1370），辛姓先祖自襄阳府迁此建村，以姓命名辛家。后为区别于小辛家，更名大辛家	1211	3184
外　岛	清顺治年间（1644—1661），隋姓从原居住的岛上迁出，在岛的外面建村，故名外岛	170	433
张家庄	清康熙元年（1662），张姓自徽州府祁门县制锦乡迁此建村，以姓命名张家庄	490	1280
邵家庄	清乾隆二年（1737），邵姓先祖自“小云南”迁此建村，以姓命名邵家庄	138	355
冷家庄	明嘉靖年间（1522—1566），高姓到此定居。后不久冷姓第十五世祖冷云登迁入。经两姓共商，命名冷家庄。2005 年，因山东海阳核电厂建设，整村搬迁现址	718	1717
董家庄	清乾隆四十七年（1782），董姓自崖下村迁此建村，以姓命名董家庄。2005 年，因山东海阳核电厂建设，整村搬迁现址	302	754

第十节　朱吴镇

建置人口　位于市区中部，南接市区，东与盘石店镇隔山相望，西与小纪镇接壤，北同发城、郭城两镇毗连，面积 199 平方千米。

清雍正十三年（1735）撤卫设县，属行村乡。1928 年，属郭城区。1932 年，属第四区（区公所驻地郭城）。1941 年 4 月，属第六区（区公所驻地刘家疃）。1951 年，属第四区（区公所驻地高家）。1956 年 10 月，为朱吴乡。1958 年 9 月，撤乡设朱吴公社；11 月底，改称朱吴乡。1959 年 4 月，复称朱吴公社。1966 年 5 月，改称朱吴区，区辖公社。1968 年 3 月，取消区辖公社制，为朱吴公社。1984 年 4 月，撤销公社，成立朱吴乡。2000 年 12 月，撤销朱吴乡、高家乡，合并成立朱吴镇。2010 年，辖 68 个行政村，15939 户、53825 人。

自然条件　境内地势较高，丘陵起伏，有“海阳屋脊”之称。主要山脉有双崮、单崮、跑马岭、唐顶、七峰寨，其中跑马岭海拔 518 米。烟凤一级公路、海莱公路纵贯全境。

经济状况　1978 年，农作物主要有小麦、玉米、大豆、花生、芋头等；社办工业有农具厂、皮革加工厂、鞋厂、油料加工厂等，年产值 20 万元。80 年代，开始发展高产高效农业。工业发展较快，其中烟台鲁阳车轮有限责任公司制造的轻型汽车、农用汽车、三轮车钢圈及工程机械钢圈，年产量 50 万只。2000 年，樱桃种植面积 400 公顷，产量 2000 吨。其中，丁家夼村被誉为“胶东樱桃第一村”。建省级板栗样板园，板栗面积 1333.33 公顷，年产量 1.8 万吨。2010 年，农村经济总收入 12.02 亿元，地方财政收入 384 万元，农民人均纯收入 8715 元。生产总值 7.5 亿元，第一、二、三产业比为 43 ∶ 46 ∶ 11。粮食平均亩产 469 千克，总产 4.10 万吨。农业总产值 5.66 亿元。其中，种植业产值 3.24 亿元，林果业产值 5438 万元，畜牧业产值 1.87 亿元，渔业产值 77 万元。第二产业从业人员 8504 人，总收入 3.22 亿元。其中，工业收入 3.04 亿元，建筑业收入 1788.52 万元。充分利用风能，风电装机容

朱吴镇政府办公场所

量5万千瓦时。进、出口总值980万美元。其中，出口总值800万美元。合同利用外资8384万美元，实际利用外资150万美元。第三产业从业人员3500人，收入8335.21万元。其中，运输业收入1073.6万元，服务业收入710.1万元，商饮业收入6551.51万元。

社会事业　2010年，全镇有综合文化站1处，村级文化活动中心68处，图书室62个、藏书20余万册。体育场地58处，82%的村安装健身器材。幼儿园5所，在园儿童814人；小学2所，在校生1116人；初中2所，在校生1750人。卫生院1处，床位48张，专业技术人员49人。村级卫生所30处，乡村医生17人。旅游资源有地雷战景区、唐王城景区、红樱桃民俗旅游区等。其中，红樱桃民俗旅游区被评为全国农业旅游示范点。同年，朱吴镇和九岭夼村被山东省旅游局分别授予山东省旅游强镇、山东省旅游特色村称号。

2010年海阳市朱吴镇村庄一览表

表33-3-10

村名	建村时间和村名由来	户数（户）	人口（人）
乐畎	明末，孙姓先祖自襄阳府乐畎村迁此建村，沿用原籍村名，仍称乐畎	482	1305
丁家夼	明初，丁姓到此建村。因建村于山夼中，故名丁家夼	382	1070
九岭夼	清雍正年间（1723—1735），一说为清初，李姓先祖李潘到此建村。因建村于九条山岭间，故名九岭夼	134	370
前山中涧	清光绪年间（1875—1908），杨姓自沟杨家村迁此建村。因群山环绕，有河流穿村而过，故名山中涧。1962年，分为两个行政村。该村居河南岸，称前山中涧	60	173
后山中涧	见前中山涧村。该村居北，称后山中涧	301	1011
上孙家	明末，孙姓自西楼子村迁至此地，建村于楼底村上方，命名上孙家	210	608
楼底	明洪武年间（1368—1398），王姓先祖王朝卿建村于古楼废基处，故名楼底	89	260
东朱吴	明万历年间（1573—1620），王姓先祖王克忠自莱阳县大陶漳村迁此建村。因地处朱吴村东，故名东朱吴	177	492
上碾头	清顺治年间（1644—1661），于姓兄弟二人自桃林村迁此建村。因以制作石碾为生，为此带制碾之始，故名碾头。后兄弟分居，又建一村，该村因居白沙河上游，称上碾头	404	1055
瓮窑头	明初，建村者以烧瓮为生，故名瓮窑头。一说为，明末，孙姓自云南迁此建村。因建村处四周环山，地形如瓮，不到近前不见村，故名瓮窑头	200	580
纪家庄	清末，纪姓自牛根树村迁此，建村于“天桥院”后，故名院后萋。后以姓更名纪家庄	49	150
宝玉石	清乾隆年间（1736—1795），乐畎村孙姓迁此建村。因村西山洼北坡有一大石头，色白质细，在太阳照射下闪闪发光，好似一块璀璨玉石，故名宝玉石	280	726
莱格庄	明成化年间（1465—1487），张东福携妻小自即墨县双山村逃荒至此，当时姜姓先由宅夼村搬此，称占山户。张东福居住不久，因荒凉饥饿，便带妻小离开此地。后到过很多地方，未找到满意的安身之所，只好又回此定居。因他们去而复来，故名来过庄。后称来格庄。后因此地林木满山，花草遍地，于是又在“来”字上加“艹”字头，改为莱格庄	489	1280

续表 33-3-10

村　名	建村时间和村名由来	户　数（户）	人　口（人）
蜜蜂涧	明洪武年间（1368—1398），齐姓建村。因两山涧之侧突出一大圆石，形似蜂巢，故名蜜蜂涧	73	148
宅　夼	清顺治三年（1646），姜万胜自北槐树底村迁此，建村于山口。因古时此处曾设军寨，故名寨口，后演变为宅夼	54	134
朱　吴	明洪武四年（1371），朱德浩、吴毓信自洪洞县迁此建村，以两姓命名朱吴	669	1732
后寨后	清顺治二年（1645），张姓从皇王寨村迁此建村。因附近有前、中、后三个军寨遗址，该村居后寨之北，故名后寨后	178	468
龙湾泊	清顺治年间（1644—1661）建村。因村北有一大湾，时显长蛇之影，湾西为一片平泊，故名龙湾泊	265	779
杨格庄	明初，一说为明末清初，宋姓到此建村。因建村于绵羊口山北，山上一石其形如羊，并抬头望着本村，故名羊望庄。后因山与村之间又建一村，遂改名羊隔庄，演变为杨格庄	302	708
七　寨	明洪武年间（1368—1398），梁、张、孙姓等先后由岚子前、苍山、上孙家村迁居此地建村。因建村于七子联峰的七寨山山麓，故名七寨	560	1295
后　庄	清初建村。因建村于朱吴之北，取名后庄。一说，王姓自楼底村迁此定居，因地处楼底山后，故名后庄	276	771
上院口	清初，姜佰英、姜佰渊兄弟二人自云南迁此建村。因建村于沟夼上方且与一寺院并排，故名上院口。一说，因村处南院上方而得名	264	688
下院口	清道光年间（1821—1850），任姓到此建村定居。因建村于寺院下方，故名下院口	256	673
乔　家	清康熙年间（1662—1722），乔姓先祖乔财广自“小云南”迁此建村，以姓命名乔家	67	186
黑　崮	明嘉靖二十六年（1547），乔姓自胶县保村到此定居。明万历十四年（1586），姜姓自松树夼村迁此。村南有两座山相对，东山名东黑崮、西山名西黑崮。因村处崮山北，故名黑崮	460	1220
南河东	明泰昌元年（1620），在高家河东岸同时建两个村，该村居南，故名南河东	124	330
北河东	明泰昌元年（1620），王国尧、王国荣、王国秋等先后自二王家村迁居于此，初名东洙洵，后改名大河东。中华人民共和国成立后，更名北河东	122	299
二王家	明万历二十九年（1601），王姓兄弟三人（一说为四人），分别择地定居。老二在该村址定居，故名二王家	280	807
清泉庄	清康熙年间（1662—1722）建村，因村处高家之南而名南庄。一说为，薛姓自北桃口村到此建村，因村后有一土堆，其形如猪，遂命名猪桃村。因大多数人租种北洛村地主的土地，是北洛村地主的庄子，又居北洛村之南，故改名南庄。1981 年，因重名，更名清泉庄	137	358
吴家沟	明万历年间（1573—1620），吴姓建村于山沟，故名吴家沟	176	432
高　家	明正德二年（1507），高宗元自河北省宣化县迁此建村，以姓命名高家	480	1250

续表 33-3-10

村 名	建村时间和村名由来	户 数（户）	人 口（人）
北 洛	明初，一说为清初，姜姓在今村南大道旁建村。因车来人往，颇不安静，又向北搬迁于今村址，故名北落，后演变为北洛	308	915
桑 园	清初，一说为清康熙年间（1662—1722），王姓先祖王东河到此建村。因建村在桑树成林的桑园前，故名桑园	228	554
崖南头	明末清初，王姓到此建村。因建村于大土崖南，故名崖南头	348	920
东刘家疃	元末，刘姓建村，以姓命名刘家疃。后村西又建一村，亦称刘家疃。为相区别，该村更名东刘家疃。一说，明崇祯二年（1629），兄弟二人分家，长子孙宦于同年八月自大夫疃搬此建村，命名东刘家疃	116	284
刘家疃	明初，刘姓建村，以姓命名刘家疃	294	812
上涝泊	清末，徐姓建村于涝洼地上部，故名上涝泊	63	163
下涝泊	清初，一说为明朝中期，孙姓先祖孙纪公自云南迁入此地。因建村于涝洼地下部，故名下涝泊	186	617
东拴马岛	清末，一说为清朝中期，李姓先祖到此建村。其时村西已有拴马岛村，故名东拴马岛	79	272
西拴马岛	明天启年间（1621—1627），一牧马人在此放牧定居，为马群安全，命名拴马村。后发现山上有贝壳，认为以前此处曾是一个岛屿，故改名拴马岛。一说，因此处山石上有蛎壳，人疑为岛。相传唐将曾在此拴过战马，得名拴马岛。后因村东又建一村，该村改名西拴马岛	102	300
陶家沟	清顺治年间（1644—1661），陶姓先祖陶应登自莱阳县陶格庄到此定居。因建村于山沟，故名陶家沟	112	300
西乐畎	明天启年间（1621—1627），乐姓到此定居，因不适搬走。继之，刘姓先祖刘京顺到此定居，于姓先祖于九河自文登县大水泊村到下涝泊村，再到此定居。为纪念乐姓，名小乐畎。1965 年改称西乐畎。一说，明末，先居者自襄阳府乐畎村迁此，沿用故乡村名。后为与乐畎村区别，改称西乐畎	103	296
锁子前	明万历年间（1573—1620）建村。因村北有一大石头，形状如锁，故名锁子前	312	836
清泉夼	明洪武年间（1368—1398），唐姓自“小云南”迁此居住。后孙姓在村北后井口处居住，命名井口孙村。继之，孙姓被唐姓请进村居住，改村名水夼。虽称水夼，但村内并无水，建村后打井数眼，水量均小。因此，吃水要到村北远处取。后一道士在村西指地挖井，井水旺，村人认为是神仙赐水，遂更名神水夼。1965 年，更名清泉夼	240	700
牛岭山	清初，东朱吴村王应老、王应寿迁此建村定居。因村处牛岭山北麓，故名牛岭山	206	590
湖河头	明末清初，李姓兄弟自云南迁此定居，后分为两大家族，分建两座家庙。因建村处四周皆山，且为昌水河一支流发源地，四条山沟汇成一水潭，清澈如湖，故名湖河头	260	705
张家兰	清初，一说为清乾隆年间（1736—1795），张姓建村于野兰盛开处，故名张家兰	101	265

续表 33-3-10

村名	建村时间和村名由来	户数（户）	人口（人）
大桃口	明崇祯年间（1628—1644），程姓自吴家沟村迁此建村。因村坐落于沟口，周围桃树成林，故名桃口沟，后改称大桃口	314	850
北桃口	明天启年间（1621—1627），孙姓到此建村定居。因地处山沟口，桃树较多，故名桃口村。1962年，本村定名北桃口。一说为，清康熙年间（1662—1722），建村于大桃口北，故名小桃口。后改称北桃口	54	153
上尹家	明弘治年间（1488—1505），尹姓建村。因建村于河流上游，故名上尹家	360	1000
下尹家	清康熙年间（1662—1722），尹姓建村于两条河流交叉处，故名叉河尹家。后为与上尹家相区别，改称下尹家	148	382
峨山后	清康熙年间（1662—1722），于姓自文登大水泊到此建村。因村处峨山后而得名	305	835
河西	明万历年间（1573—1620），薛姓建村于山崖下，故名崖底薛家。后迁至石现河西岸，遂改称河西	132	309
垛崮	明万历年间（1573—1620），姜姓建村。因地处垛崮顶西北麓，故名垛崮	26	71
三王家	明万历二十九年（1601），王姓兄弟到此分别建村。该村为老三所建，故名三王家	260	691
冷家	明泰昌元年（1620），冷、王两姓到此建村。因冷姓人口多，故名冷家	480	1330
虎龙庄	清康熙年间（1662—1722），王瑞自二王家村到此定居。因建村于东西两山之间，东山弯曲如龙、西山伏卧如虎，故名虎龙庄	114	320
东石现	明万历年间（1573—1620），于姓兄弟老二于海建村。因建村处有一大石显现地面，故名石现。不久老三于宝在村西又建一村，为相区别，该村改称东石现。中华人民共和国成立前，又分为西石现、东石现、中石现。因该村居东，仍称东石现	192	540
中石现	明万历年间（1573—1620）建村，因村处东、西石现村之间而得名	470	1350
西石现	明万历年间（1573—1620），于姓兄弟到此地建村。因处东石现之西而得名。自然村小北石现与该村属同一行政村	450	1280
前寨山沟	明崇祯年间（1628—1644），刘姓迁此定居。因建村于南、北寨山前沟夼，并位于后寨山沟村前，故名前寨山沟	268	720
后寨山沟	明崇祯年间（1628—1644），王、董、程等三姓先后到此定居建村。因建村于南、北寨山后沟之阴，且居前寨山沟村后，故名后寨山沟	140	420
沟杨家	明万历年间（1573—1620），杨姓到此建村。因村四周是山，只有东北面有山口通向外面，村南有条沟，故名沟杨家	300	780
河北	明泰昌元年（1620），因建村于石现河之北，故名河北	358	934
小夼	明万历年间（1573—1620），于姓到此建村。因建村于小山沟里，故名小夼	75	234
台子	明万历年间（1573—1620），姜姓到此建村。因村南大河之畔有一巨石如平台，故名台子	196	525

续表 33-3-10

村　名	建村时间和村名由来	户　数（户）	人　口（人）
南长仙	明永乐三年（1405）建村。因有一鹤发仙姿的长者云游至此，遂命名长仙。后为与北面的北长仙相对应，更名南长仙	80	223
北长仙	明宣德年间（1426—1435），一说为明崇祯年间（1628—1644），姜姓到此建村。因建村于长仙村北，故名北长仙	293	756

第十一节　二十里店镇

建置人口　位于市区西部，东邻东村街道，南接大阎家镇，西傍小纪镇，北与东村街道、小纪镇交界，面积104平方千米。

二十里店镇政府办公场所

清雍正十三年（1735）撤卫设县，属嵩山、行村两乡。1928年，属从上区。1932年，属第一区（区公所驻地东村）。1942年，属第十二区（区公所驻地后店）。1944年，属第十区（区公所驻地后店）。1951年，属第九区（区公所驻地大山所）、第十区（区公所驻地后店）。1956年，分属二十里店、大丛家、炉上、姜家庄、潮外、台子等乡。1958年，成立二十里店公社。1965年，改为二十里店区。1968年3月，复称二十里店公社。1984年4月，撤销二十里店公社，设二十里店乡。2000年12月，撤乡设镇。2010年，辖42个行政村，11672户、33566人。

自然条件　辖区为丘陵、平原组合地貌。主要有横山、红山、捣脚顶、龙山、马山、黄瓜顶等；其中黄瓜顶海拔235米。主要河流有窦疃河、纪疃河。二十里店水库是海阳第二大水库。西花崖、南姜格庄、崖底和邵伯村有铜铁矿资源。海莱公路、威青高速公路横穿东西。

经济状况　1978年，主要农作物有小麦、玉米、花生、大豆、地瓜等，有木器厂、砖瓦厂、电器厂、织布厂等8个社办企业，年产值87万元。90年代初，大棚蔬菜生产成为农民增收主导产业；亚东标准件厂、普鲁石石材公司、建筑公司等企业发展成为乡支柱产业。2010年，蔬菜大棚7000个、拱棚2000余个、大田菜93.33公顷，年产蔬菜130万吨，菜农人均收入2万元以上。蔬菜品种有白黄瓜、西红柿、西葫芦、蘑菇等，成为胶东蔬菜生产第一镇。农村经济总收入10.11亿元，地方财政收入386.06万元，农民人均纯收入5675元。生产总值5.08亿元，第一、二、三产业比为35 ∶ 51 ∶ 14。粮食平均亩产421千克，总产0.22万吨。农业总产值1.75亿元。其中，种植业产值1.02亿元，林果业产值1260万元，畜牧业产值5505万元，渔业产值435万元。工业总产值2亿多元，从业人员7000人。镇工业组团内有烟台市普鲁石石材有限公司、海阳华洋混凝土有限公司等42个项目，总投资1.1亿元，涉及建筑材料、五金、食品等加工行业，年创利税800多万元。第三产业从业人员1415人，收入7873万元。其中，运输业收入2318万元，商饮业收入3094万元，服务业收入1864万元，其他收入597万元。有集市8处，上市摊位3000余个，上市人数1.1万人。有蔬菜批发市场2个，占地3.33公顷，日交易量60万千克，日交易额70多万元，产品销往上海、北京、广东等地，出口俄罗斯等国家。

社会事业　2010年，全镇有综合文化站1处，村级文化活动中心42处，图书室34个、藏书30余万册。公办幼儿园1所，在园儿童320人；私立幼儿园2所，在园儿童180人；小学3所，在校生918人；初中1所，在校生735人。卫生院1处，床位26张，卫生技术人员40人。村卫生室27个，在职乡村医生50名。全镇社会医疗保险参保率98.5%。

2010年海阳市二十里店镇村庄一览表

表33-3-11

村名	建村时间和村名由来	户数（户）	人口（人）
前店	明洪武十七年（1384），蔡姓兄弟二人在此开设两个店，后各发展成村，统称店上集。因该村居南，故称前店。清康熙年间（1662—1722），因东距东村二十里，西距茂梓集二十里，遂改称二十里前店，后称前店	204	580
后店	见前店村。该村居北，故称后店	356	1000
半社乡	明洪武年间（1368—1398），柳姓建村。因建村处石板甚多，故名板石乡。明崇祯年间（1628—1644），由当时长涧社的21个村筹资修建社眼庙，建庙费用由该村负担一半。庙建成后，村名遂改称半社乡。一说为，清初，柳姓到此定居。因社眼山赶庙会入社入股，该村占股份一半而得名	290	798
东花崖	明天启年间（1621—1627）、一说为明崇祯年间（1628—1644），黄姓到此建村。因地处山沟北沿，沟南沿一大高崖，满坡山花盛开而取名花崖里头。1961年分为两村，该村居东，为东花崖	137	373
西花崖	见东花崖村。该村居西，为西花崖	200	570
上于朋	明崇祯年间（1628—1644），马姓建村于山夼上方。因此处有一淡蓝色石硼，质地细洁，人以为玉，故名上玉硼，后演变为上于朋	260	878
下于朋	见上于朋村。该村为下于朋	243	585
中于朋	见上于朋村。该村为中于朋	192	524
鲁家	清康熙十七年（1678），鲁姓到此建村，以姓命名鲁家	135	395
梨园后	明万历年间（1573—1620），先居者建村于梨园之北，故名梨园后	300	885
修家夼	明永乐三年（1405），修姓自河南省孟津县迁此建村。因村处山夼之中，故名修家夼	380	1048
埠峰	明洪武四年（1371），先居者自江苏无锡县迁此，建村于七峰顶和香山前，故名埠峰	504	1622
崖底	清康熙年间（1662—1722），一说为明崇祯年间（1628—1644），刘姓自西寨头村迁此建村。因处山崖下，故名崖底	128	336
野鸡夼	明万历年间（1573—1620），祁姓到此建村。因西山有野鸡群居，故名野鸡夼	232	687
沙子埠	明万历年间（1573—1620），一说为明崇祯年间（1628—1644），夏姓到此建村。因村周围全是沙，故名沙桐埠。清乾隆年间（1736—1795），张姓第十世祖张新，自埠峰村迁居此地，更名沙子埠	189	564
邵伯	明洪武年间（1368—1398），祁、宋两姓到此建村。因建村处被南北山、红山和玉皇庙环绕，当时满山生长着柏树、柞树、扫帚条，故名扫柏。后演变为邵伯	464	1250

续表 33-3-11

村　名	建村时间和村名由来	户　数（户）	人　口（人）
西岚口	明永乐五年（1407），梁姓到此建村。因村东临河，村南、北、西三面环山，山上松峦茂密，故取名西岚口	333	1000
岚前坡	清雍正年间（1723—1735），修姓兄弟四人自凉山后村移居此地建村。因村后山坡上有茂密的松树峦，故名岚前坡	140	400
靠　山	明成化年间（1465—1487），于伯江、王珏良、李玢等到此建村。因离海远、距山近，故名靠山	665	1946
南野口	明末，一说为清康熙年间（1662—1722），王姓到此建村。因北依群山，地处荒野，面向红、黄两山的对口，南与大海相望，故名南野口	194	560
石家泊	明永乐二年（1404），石姓自安徽省迁此建村。因村西有一苇塘（又称苇泊），故名石家泊。一说为明崇祯年间（1628—1644）建村	136	450
西王家泊	明天启年间（1621—1627），一说为清光绪年间（1875—1908），王姓到此建村。因地处马山前东西两岭中间，故名马子岭。后因一直是王姓在此定居，改名王家泊。1981 年，地名普查时因重名且居重名村之西，更名西王家泊	35	93
齐沟崖	明隆庆年间（1567—1572），史姓自莱阳县迁此建村。因建村于齐陡的河崖西，故名齐沟崖	280	770
小泊子	清康熙年间（1662—1722），张姓到此建村。因村处小块平泊地，故名小泊子	68	231
朱　坞	明洪武四年（1371），先居者自江西省九江县迁此建村。因建村处有五个圆土丘，其形若珠，故名五珠。因被人戏曰“五猪”，改称珠五，后演变为朱坞	769	2097
吴家埠	明崇祯年间（1628—1644），吴姓到此建村于河畔，命名吴家埠。村东的自然村马家庄，由马姓建村于清乾隆年间（1736—1795），后由兵部侍郎李赞元的后人买下定居。与吴家埠为一个行政村	311	888
炉　上	明洪武二年（1369），赵姓兄弟三人自莱阳城迁此建村。因在住地安炉打铁，故名炉上	217	581
南姜格庄	明崇祯年间（1628—1644），姜姓到此建村，以姓命名姜格庄。1981 年，地名普查时因重名且居重名村之南，改称此名	380	1045
河南庄	明天启年间（1621—1627），一说为明崇祯年间（1628—1644），于姓到此建村。因村处小河南岸，故名河南庄	220	639
纪　疃	明洪武年间（1368—1398），纪毓中自浙江省临安县到此建村，以姓命名纪疃	431	1395
孙格庄	明永乐年间（1403—1424），一说为明万历年间（1573—1620），孙姓到此定居建村，以姓命名孙格庄	480	1430
孙家庄	清雍正年间（1723—1735），孙姓兄弟到此设庄看守土地，以姓命名孙家庄	112	298
毛家庄	清康熙年间（1662—1722），毛姓建村，以姓命名毛家庄	90	260
东上庄	明永乐年间（1403—1424），孙姓兄弟四人自山西省“小云南”到此建村。因建村处地形较高，故名上庄。后自西岚口村迁入孙姓，定居上庄西部，为相互区别，该村改称东上庄	225	639

续表 33-3-11

村　名	建村时间和村名由来	户　数（户）	人　口（人）
西上庄	明永乐年间（1403—1424），孙朝凤自西岚口村迁居此地，为地主之佃户庄。因村处西岚口村上方，故名上庄。后因该村东部有一村称东上庄，为相对应，遂称西上庄	270	731
新　庄	明嘉靖年间（1522—1566），修姓自东村迁此建村，取“创建新村”意，得名新庄	67	204
祁家庄	清康熙年间（1662—1722），祁姓自野鸡夼村到此建村，以姓命名祁家庄	65	197
西马格庄	明隆庆年间（1567—1572），马姓到此建村，以姓命名马格庄。1981 年，地名普查时因重名且居重名村之西，更名西马格庄	317	912
刘　家	明万历年间（1573—1620），一说为明天启年间（1621—1627），刘姓到此建村，以姓命名刘家	246	648
姜家庄	明嘉靖年间（1522—1566），一说为明永乐年间（1403—1424），姜姓自宁海州峒岭村（今属乳山市）到此建村，以姓命名姜家庄	351	1096
窦　疃	明永乐三年（1405），窦登科自河南省荥阳县到此建村，以姓命名窦疃。1958 年 11 月，因修龙门水库，原胡家庄迁并窦疃	574	1658
潘　家	明正统年间（1436—1449），潘姓建村，以姓命名潘家	482	1293

人　物

人物传略

高　赟（？—1716） 字岳东（一说旭卿），原籍浙江，其先祖于明初迁到山东，至第八世祖始定居徽村（今留格庄镇建平村）。父字鹿岩。高赟生而超凡，器宇轩昂，19岁补博士弟子员。清康熙十四年（1675）中举，此后五举进士不中。康熙二十八年（1689），宦官与外臣发生争讼，其父鹿岩受牵连，被发配到奉天府（今沈阳）。高赟索性带上行李移居辽阳，定期往来于南北省亲，从未间断。康熙三十年（1691）进士及第，庆宴刚结束，便将赏银原封不动寄往塞外父亲处，以示安慰。康熙三十四年（1695），康熙帝特别降恩，可以捐马赎罪。高赟日夜奔波，四处借贷，终将父亲赎出，陪送归里。回家时，已家徒四壁。后高赟被选拔为江西安远县令，接父亲一起赴任奉养。到任后，即着手整肃吏治，严惩奸诈官吏，弹压地方恶棍，使百姓安居乐业，告状者越来越少，不到一年，民风大变。振兴学校，并亲自考察，划分等级，出其门下之学子众多。康熙三十八年（1699）武闱，康熙四十一年（1702）文场，安远录取的全是他的门生。从此，他政声远播，为上司所器重，考察官员政绩时，被评为“卓异第一”。康熙四十二年（1703），升任永州郡丞，奉上司委派勘察水灾，他昼夜巡行，凡被冲塌的田地，全由他捐资修整。永州地处偏远，恶俗陋习普遍，高赟禁恶倡善，民风逐渐好转。康熙四十五年（1706），内调升为礼漕，恰值其父去世，归里治丧。服满后补授礼部副郎，不久晋升为户曹正郎职。康熙五十一年（1712）授任直隶顺德府知府。在任期间，宽以待下，仁以爱民，颇有政声。康熙五十五年（1716）五月，卒于顺德官署。

高　斌（1683—1755） 字右文，满洲镶黄旗人，祖籍海阳徽村（今留格庄镇建平村）。起初隶属内务府，清雍正元年（1723）授内务府主事，后改任郎中，管苏州织造。雍正六年（1728）授广东布政使，后调浙江、江苏、河南诸省任职。雍正九年（1731）调任河东副总河。雍正十年（1732）调任两淮盐政兼理江宁织造。雍正十一年（1733）代理江南河道总督。雍正十二年（1734）又回盐政任并兼理河道总督，维修范公堤六万四千余丈。雍正十三年（1735）仍回盐政任，不久授任江南河道总督。

清乾隆元年（1736），河南永城、江南萧县连年遭受水患。高斌提出改造利用砀山毛城铺、萧县王家山、睢宁县蜂山等地旧有水利设施，疏浚洪沟、巴河二河，及洪泽湖分洪等建议。御史夏之芳等上奏：“毛城铺导水支流一开，则高堰危及淮扬运输水道，民生可虑。”后经勘察议辩，乾隆帝最终采纳高斌的意见。乾隆三年（1738）正月，淮扬运河工程完工，乾隆帝下旨嘉奖。乾隆六年（1741），高斌提出改造黄河自宿迁下至清河段等建议，均被皇帝采纳。后调任直隶总督兼管总河，又提出治理永定河的建议。乾隆七年（1742），淮扬水灾，乾隆帝命高斌及侍郎周学健，会同总督德沛等前往赈灾，事毕仍回直隶。又提出变永定上游桑乾河水患为水利的建议，被采纳。乾隆十年（1745）三月，加太子太保衔。五月，授吏部尚书，仍管直隶水利河道工程。十二月，任命为协办大学士、军机处行走。乾隆十一年（1746），御史杨开鼎弹劾江南河道总督白钟山河决匿灾不报。乾隆帝命高斌往江南，会同总督尹继善审理治罪。乾隆十二年（1747）三月，授文渊阁大学士。乾隆十三年（1748），乾隆帝命高斌与左都御史刘统勋到山东赈灾，又命他与总督顾琮一起到浙江审理巡抚常安贪污受贿罪。高斌等不想追根详究。乾隆帝又派大学士讷亲前往考察责问。高斌以袒护下吏罪，拟削职，但乾隆帝仍任命其留任。闰七月，周学健犯罪，命高斌兼管江南河道总督。不久，因在抄没周学健家产时徇顾私情，免大学士职，仍留河道总督任。乾隆十六年（1751）三月，乾隆帝南巡，命高斌仍以大学士衔管河道总督事。闰五月，暂管两江总督。八月，盱南阳武堵水工程未合龙，诏命高斌前往相机修筑。诏命尚未下达，高斌即奏请驰赴协办。乾隆帝嘉其"急公任事，得大臣体"。乾隆十七年（1752）高斌70岁时乾隆帝赐诗。乾隆十八年（1753），因洪泽湖溢水被免官，仍留工地效力赎罪。九月，黄河在铜山决口，乾隆帝命高斌往铜山，限期堵塞。乾隆二十年（1755）三月，卒于工地现场。授予内大臣衔，赐银一千两治丧。乾隆二十二年（1757），乾隆帝南巡下谕旨说："原任大学士内大臣高斌任河道总督时，颇著劳绩。即如毛城铺，所以分泄黄流。高斌设立徐州水志，至七尺方开，后人不用其法，遂致黄弱沙淤，隐贻河患。在本朝河臣中，即不能如靳辅，比齐苏、勒嵇、曾筠有过无不及。可与靳辅、齐苏、勒嵇、曾筠同祭"，以激励后来分管河务的官员。乾隆二十三年（1758）赐谥"文定"，御制怀旧诗，列于五督臣之中，命祀贤良祠。

高　晋（1707—1778） 字昭德，原籍海阳徽村（今留格庄镇建平村），先世赴辽，遂入汉军镶黄旗籍。父高述明，凉州总兵。高晋因父功而入国子监为监生。初授山东泗水知县。清雍正十三年（1735）十月十八日，调任海阳知县。因海阳初设为县，百废待兴。高晋到任后，划分县界，考察实情，慰问百姓，发展生产，植桑养蚕。有计划地修筑城垣，创建衙署，组织保甲等，无一扰民。

清乾隆四年（1739）三月，升任山西郃州知州，累迁安徽布政使兼江南织造。乾隆二十年（1755）升任安徽巡抚。乾隆二十二年（1757），乾隆帝南巡视察黄河，命高晋协助办理徐州附近黄河两岸的筑堤事宜。高晋向乾隆帝陈述工程步骤和方法，得到批准。工程完工后，加封高晋太子少傅衔。乾隆二十六年（1761）调任江南河道总督。高晋又向乾隆帝提出彻底治理高宝、兴泰一带累年积水成灾的建议，并拟出具体疏导河道、引水归海的办法，得到批准实施。乾隆二十七年（1762）授内大臣，建议整治大运河归江河道，高宝湖水流归长江更加顺畅。乾隆二十八年（1763）加封太子太傅衔。乾隆二十九年（1764）又向乾隆帝建议改造清口一带黄河旧堤坝，以解决因淮河、黄河合流而造成的灾害。乾隆三十年（1765），高晋改任两江总督，仍全盘管理南部黄河诸事务。乾隆三十一年（1766），高晋查实苏州同知段成功放纵仆役扰乱居民一事，但因段成功正在病中，高晋想要放宽对段成功的治罪，乾隆帝批评他包庇袒护段成功。乾隆三十三年（1768），高晋代理湖广总督，兼管荆州将军事务。乾隆三十四年（1769）重回两江总督任，并代理江苏巡抚。时，乾隆帝命采集洋铜铸钱。高晋请求收集小钱，从云南运铜供给铸造，费用比洋铜要省。乾隆帝采纳。乾隆三十六年（1771）兼任漕运总督，授予文华殿大学士兼礼部尚书职，仍任两江总督。不久，乾隆帝命高晋会同侍郎裘曰修、总督杨廷璋勘察永定河治水工程。事情办完后，仍回江南。乾隆四十年（1775）河东河道总督姚立德奏请皇帝用蜀山湖收蓄三伏、秋季汛水。工部以按惯例蜀山湖只在十月以后收蓄汶河、清水之水为由，予以驳回。乾隆帝命高晋会同勘察。不久，高晋建议把先前蓄水深度限制在九尺七八寸的规定，改为以一丈一尺深为限，这样既可收蓄文河、清水之水，也可兼蓄三伏、秋季汛水。乾隆帝同意。乾隆四十一年（1776），河督吴嗣爵奏报黄河河床已淤高。高晋与总督萨载商量后，请求疏浚清口以内，引黄河水止淤，使清水顺畅流出，与黄河汇流向东急流，利用水力剔除泥沙，黄河河床不必疏浚自然加深，海口不用疏浚而自然治理。乾隆帝批示奏议很符合客观情势，是治理淮河、黄河的一大关键，应妥善办理。这年冬天，高晋进京朝见，乾隆帝因他已70岁高龄，亲书一匾额赐他。乾隆四十三年（1778），乾隆帝命高晋赴浙江，会同巡抚王亶望测度海塘，又命他赴河南封堵仪封黄河漫溢口。此年秋，黄河在时利驿处决口，高晋向乾隆帝自请处分，乾隆帝下令宽容了他。冬天，时利驿堵决工程完毕，而仪封新修成的埽坝又塌陷，工部建议剥夺其官职，乾隆帝命他仍然留任。十二月，病卒，享年72岁。乾隆帝赐其祭葬，谥封号为"文端"。

李承喆（1765—1864） 字松韵，别号唵道人，李赞元曾孙，李朴长子，生于石人泊村，清嘉庆年间（1796—1820）迁至莱阳县山前夼村。与其父李朴（悔道人）、继父李桐（悟道人）、堂叔李香

（拙道人）、堂兄李承均（师詹道人）俱为著名画家，时称“李氏五道人”，秀绝齐鲁，蜚声京都。

李承喆自幼聪慧，广读诗书，颇具才识，清乾隆五十一年（1786）贡生。由于其为人高洁刚直，不屑攀缘，几经乡试，皆名落孙山，遂无意仕途，日以诗画自娱。因受其父兄艺术熏陶，加之秉性敏慧，绘画造诣颇深。豪爽侠义，广结知己，喜游名山大川、胜景古迹。他多才多艺，不仅善书画、诗词、篆刻，尤精指墨画、金石学。其绘画师古而不泥古，博采众长，且有独到之处。其水墨花卉，笔法高古；所作松鹿梅鹤，栩栩如生，皆为世所宝贵，以至载誉京师。嘉庆二十年（1815），李承喆与结识的一些文人墨客组织“梅魂艺苑”，吟诗作画，鞭挞时弊，伸张正义。李承喆虽出身宦门，却同情民间疾苦，曾卖画济贫，其施金解困“数难枚举”，民称其为“如来画师”。清道光年间，内阁学士、苏州陶梁在其著作《红豆树馆书画记》中载，李承喆“善指画松鹤，苍劲似李谷斋（世倬）”。其诗画颇多，海阳市博物馆珍藏其指墨画二帙，《胶东清代书画志遗》收载其画作2幅。其名载入《中国美术家人名辞典》，是“李氏五道人”中唯一载入史册者。李承喆尽孝至笃。其继父李桐，晚年居其家，尽孝道与亲生父母无异。继父中风，卧床十载，承喆夫妇奉甘旨，侍汤药，问寒暖，端便溺，无微不至，不改颜色。他胸怀坦荡，无忧无虑，享寿百岁，无疾而终。

栾晋阶（1912.04—1949.07） 字凌云，发城镇栾家村人。1932年入香山高级小学就读，在进步校长王谦三和地下共产党员张静源的影响下，逐渐接受新思想，萌发革命理想。1934年在发城育才小学担任历史、国文教员，积极向学生灌输革命思想。1937年加入中国共产党。“七七”事变后，他号召学生学习岳飞、戚继光等民族英雄，驱逐鞑虏，救国拯民。白天教学生习文，夜晚带学生练武。1939年3月12日子夜，他潜入国民党第四区区长于国英的官邸，逼迫其交出手枪2支、子弹300发，献给中共海阳县委。1941年，投笔从政从戎。历任中共东海区委宣传部部长、海阳县武委会主任、胶东军区政治部宣教科长等职。

栾晋阶在做宣传工作时，撰写论文、评述、教材、通俗读物、剧本、板话等136篇（本）。1942年，他率领政工人员在万第、大夼、濯村、小苑等投降派据点和行村、大山所等日伪据点周围喊话，散发传单，发动伪顽人员家属和群众到据点外喊话，唱地方戏曲、家乡小调等。最终，104名伪顽人员向八路军投诚。他在任海阳县武委会主任期间，把发城、徐家店、栾家、赵疃、文山后、大辛家等20余个村的精干民兵组织起来，组成“临时抗日游击队”，到处打击敌人。1943年春，县武委会在小纪区南埠村，召开各区武委会主任会议，栾晋阶介绍推广平度大泽山地区民兵用地雷杀敌的经验，并将栾家、瑞宇、纪家店、赵疃、文山后等列为试验村，地雷战在海阳全面展开。是年夏，2次击溃下乡抢粮、抓丁的赵保原部队，毙伤敌人18名，救出被困、被抓群众100余名，截下被劫粮食2000余千克。是年冬，他协同郑文祥（郑铎）、季中鲤、孙希东等人，在牛岭山办起海阳兵工厂，并卖掉7亩良田，动员妻子拿出压箱底的16块银圆和1副金镯子，资助兵工厂。1944年5月，胶东军区授予其“民兵工作旗手”称号。解放战争时期，奉调到旅大市任副市长。由于长期忘我工作，积劳成疾，病势加重。病中写下万言长文《振党兴国策论》。1949年7月26日，不幸病逝，年仅37岁。

孙珍宝（1909.01—1987.08） 郭城镇郭城一村人。中国钢材物理检验奠基人之一，著名物理冶金学家、合金钢专家。中国钢材质量仲裁、机械零件失效分析的权威之一。曾任中国质量奖审定委员会、劳动人事部锅炉安全技术鉴定委员会委员及中国金属学会材料学会名誉理事，中国机械工程学会热处理协会副理

事长、材料协会常务理事，中国钢铁结构协会顾问，北京市科学技术协会委员及北京市金属学会理事等职。

1931年，毕业于齐鲁大学，获物理学学士学位。1934年，为清华大学物理系特别研究生，在物理学家吴有训指导下，进行有关X射线课题的研究。1938年，留校任教。1941年，在美国理海大学冶金系学习，1943年，获理海大学冶金工程硕士学位，经导师斯陶脱介绍到美国伯利恒钢公司工作。1945年，重返理海大学，承担船用、钢板焊接工艺课题的研究，并攻读博士学位。1946年，获冶金学博士学位。后被聘任为理海大学冶金系焊接研究员、纽约世界贸易公司驻厂负责验收的冶金工程师。1947年回国，先后任北洋大学工学院金属物理学、冶金学教授及资源委员会上海材料供应事务所试验室工程师等。中华人民共和国成立后，孙珍宝先后任华东军政委员会工业部材料试验室负责人、重工业部综合工业试验所上海分所金属物理试验室负责人、上海同济大学物理冶金学兼职教授等职。1952年，调重工业部综合工业试验所（1958年扩建为钢铁研究院），历任冶金室、物理检验室、焊接试验室、钢顾问室、新钢种室、合金钢研究室及金属物理研究室副主任、主任及院副总工程师等职。1959年，他主持制定国内第一部十大钢类的部颁技术标准。60年代初担任钢顾问室主任时，开展一系列技术咨询工作，系国内科研人员为生产部门开展技术咨询的先行者之一。他还根据中国资源的特点，积极研究并推广使用新钢种。他主编的《合金钢手册（上、下集）》和参加主编的《机械工程手册》，是总结中华人民共和国成立后合金钢机械零部件选材的科技成果巨著，均获1978年全国科学大会科技成果奖，后者还获得机械工业出版社30周年纪念优秀图书一等奖。他是国内第一批博士研究生导师，为祖国的社会主义建设事业培育一大批中、高级钢铁冶金科研人才。

赵守福（1920.11—2000.10） 原名赵良桂，行村镇赵疃人。1941年参加革命工作。1943年9月加入中国共产党。战争时期，先后参加战斗200余次，在地雷战中创造30余种地雷战术，毙伤敌伪兵138人，威震盆子山区。培训民兵爆炸手1.2万余名，其中有82人获得爆炸大王和爆炸模范称号。3次出席胶东英模大会。1944年，被胶东军区授予“胶东民兵英雄”称号。1948年，被山东军区授予“山东民兵英雄”称号。1950年9月，被授予“全国民兵英雄”称号。1970年后，任村党支部副书记、书记，县委、地委委员。先后当选第四、五、六届全国人大代表。

赵守福性格耿直，胆大心细，作战勇猛。1944年下半年，日军在处处遭炸后，龟缩在据点里，不敢轻易出动。一天深夜，赵守福全身抹上黑泥，背上4颗地雷，悄悄摸进行村据点登记所，在东墙角碉堡下的门口、南门外的围门下、登记所屋里、所长“大麻子”办公桌旁的废纸篓里分别埋下1颗地雷。第二天凌晨，4颗地雷先后爆炸，十几个敌人被炸死炸伤。

赵守福原名赵良桂。在一次战斗前，许世友司令员见到赵守福，问他：“你怕不怕掉脑袋?”他果断地回答：“怕就不当民兵了！”许世友满意地说：“好！你是为了打败日本侵略者，收复失地，以后你的名字叫赵守福吧。收复，守福，我们只有收复失地才会守住福呀！”赵良桂从此改名赵守福。赵守福用地雷炸鬼子的事迹，被编成歌曲在胶东抗日根据地传唱：“赵守福，真不差，英勇巧设铁西瓜；鬼子汉奸来侵犯，炸得脑袋开了花。”

1950年9月，赵守福出席全国战斗英雄代表大会，被授予“全国民兵英雄”称号，受到毛泽东、刘少奇、周恩来、朱德等党和国家领导人的接见。当毛泽东问他是哪里人、叫什么名字时，赵守福说是山东人，名字刚说出个“赵”字，毛泽东马上用浓重的湖南话说出他的名字“守福”。1964年，参加全省民兵大比武，受到贺龙、罗瑞卿等的接见。他重视革命传统教育，先后作英模事迹报告50余场次。1964年起，先后接待过到赵疃村访问的十余个国家和地区的外宾。1971—

1985年，先后受到徐向前、李先念、杨尚昆、杨得志等党和国家、军队领导人的接见。

于化虎（1914.06—2004.07） 原名于晋生，行村镇文山后村人。1940年3月参加革命工作。1944年加入中国共产党。曾任村民兵分队长、队长，胶东子弟兵团一营营长、海阳联卫军爆炸参谋、行村区武装部副部长等职。

抗日战争时期，他身经大小战斗数百次，创造出真假雷、连环雷、子母雷、包袱雷、梅花雷等30余种地雷战术，毙伤敌伪兵170余人，曾创1颗地雷杀伤7个敌人的纪录。1944年夏，他带着4颗大地雷，趁着夜晚尾随敌人潜入行村据点，将雷埋在操场上，第二天敌人出操时踩响地雷，炸死炸伤30余人。抗日战争和解放战争期间，他培养1.1万余名爆炸手，涌现出12名神枪手、土炮手和民兵模范。"活雷化虎"的威名传遍胶东。电影《地雷战》中的赵虎就是以赵守福和于化虎两位英雄为原型塑造，因其设雷巧妙、布雷灵活，享有"活雷化虎"之誉，人称"胶东一只虎"。

于化虎原名于晋生，许世友司令员提议将名字改为"化虎"。在一次英模大会上，许世友见到于晋生，笑着挥起拳头，照准他的胸脯就是一拳："好你个爆破英雄，听说一只雷吃掉两对半敌人还嫌少，胃口不小啊！"于晋生嘿嘿一笑。许世友说："渤海出了一条龙（指胶东民兵爆炸英雄林化龙），东海要出一只虎，你若同意，就叫于化虎吧！"

抗战胜利后，于化虎带领民兵参加解放战争。1946年春，海阳县武装部抽调3个民兵连，组建县子弟兵团1个营，于化虎任营长。他率领部队到即墨、崂山一带配合当地政府开辟新解放区。一次，600余名敌军从崂山出动抢劫，于化虎率民兵营伏击，救出被抓群众100余人，俘敌30余名，缴获一批枪支弹药。

战争中，于化虎先后4次负伤，立一等功1次，获得钢枪奖5次、土炮奖1次。1944年5月，被胶东行署、胶东军区授予胶东民兵"爆炸大王"称号。1945年，被胶东军区授予"胶东民兵英雄"称号。1950年9月，出席全国战斗英雄代表大会，获"全国民兵英雄"称号，受到毛泽东、刘少奇、周恩来、朱德等党和国家领导人的接见。

1950年起，于化虎担任大队党支部书记和大队长。其间，带领群众开展治安保卫教育，加强夜间巡逻，全村没有发生过一起治安事件，成为全县闻名的安全模范村。他时常拖着残疾的身体，坚持在厂矿、学校、驻地部队，宣传地雷战精神，进行爱国主义和革命传统教育。

1950—1954年，他3次出席华东英模大会。1953年，赴朝鲜慰问；回国后，在全国各地作报告80余场次。1960年，出席全国民兵代表会议。1963年，出席华东劳模大会。1964年，参加山东民兵大比武，受到贺龙、罗瑞卿接见。当年，被选为第三届全国人大代表。1971年，受到徐向前、杨得志等中央军委领导接见。1995年，中央组织部、解放军三总部在北京举行"纪念抗日战争胜利50周年"座谈会，于化虎应邀参加会议，并被授予"八一英雄勋章"。1999年，参加国庆50周年庆典活动，受到江泽民等党和国家及中央军委领导人集体接见。2000年，受到军委副主席兼国防部部长迟浩田接见。2004年7月20日病逝。2009年9月14日，当选"全国100位为新中国成立作出突出贡献的英雄模范人物"。

张维兹（1916—2012.08） 留格庄镇（今核电装备制造工业园区）南庄人。早年就读于烟台志孚中学，毕业后到北京读书，其间，参加过"一二·九""一二·一六"爱国学生运动。1937年"七七"事变后，回海阳任小学教师，发动群众抗日救国。1938年7月至次年年底，曾在海阳保安第二团任少校指导员，做统战工作。其间，经刘梦溪介绍加入中国共产党，秘密从事革命活动。后

因身份暴露，脱离该部。1940年，调任中共东海地委宣传部科长，在文登、荣成一带从事抗日活动。1941年1月，调任中共海阳县委代理书记。4月，于第三区小店村（今虎山村）建立海阳县抗日民主政府，张维兹被选为首任县长。其间，颁发布告，颁布施政纲领，在党的领导下发动群众，把海阳的抗日运动推向高潮。次年，投降派秦毓堂部袭击县抗日民主政府，激战中，张维兹负伤，但仍英勇无畏，率众突围。1945年8月，日本投降后，调任石岛市市长、市委副书记、代理市委书记。1948年，调任威海市市长。1949年南下，任苏州专区副专员；8月，随军入闽，任厦门市副市长，1952年任市长，1955年任市委书记。1958年，任三明地区建设委员会主任、地委书记，至“文化大革命”。其间，他精打细算，艰苦奋斗，注重发展工业，使三明后来成为福建省的重工业基地，全国精神文明建设先进城市。1972年，任中共龙岩地委副书记。1973年，调任厦门市委书记。在厦门工作期间，他遵照上级指示，克服重重困难，成功修建厦门海堤，对厦门交通运输起到极大作用。1976年，任福建省经济计划委员会副主任。1982年，任福建省计委顾问兼湄州湾规划领导小组顾问。1985年，任福建省顾问委员会常委。晚年仍关心家乡建设，为县志、党史的编纂提供了大量历史资料。

孙玉敏（1927.10—2013.08） 女，行村镇西小滩村人。1941年5月参加革命，历任胶东妇联干事、莱阳专署公安处干事、海阳县托儿所副所长、海阳县民政局副局长等职。1944年12月，加入中国共产党。1945年，被胶东军区授予“胶东民兵英雄”称号。1948年8月，被评为“胶东女民兵英雄”。1949年，当选为全国妇女代表大会代表。1950年，获“全国民兵英雄”称号。

孙玉敏作战勇敢沉着，机警灵活。1943年夏季的一天，驻扎在行村据点的日军突然包围小滩村（今西小滩村），挨家逐户搜查登记。此时，村里正驻着5位县上的工作人员，情况危急，唯一的办法就是穿过敌人重围，送信给附近的八路军来解围。此刻，村头密布日军岗哨，谁能把信送出去？紧要关头，孙玉敏站出来说：“俺去！”她撕破鞋口，把信缝进去，挎个小草篓来到村口。面对日本兵的凶恶盘问，孙玉敏镇定应对，最终，顺利把信送到部队，及时营救出被困人员。

1945年，在“五四”青年节民兵比武大会上，她以三发三中的优异成绩，获全区射击比赛第一名。5月27日，500余名日伪军进入盆子山区，开始105天的大“扫荡”。孙玉敏提着土枪，靠着巧妙的冷枪战术，在山林间同敌人周旋，一次次把日伪军引进民兵布雷区，炸得敌人人仰马翻、鬼哭狼嚎。三个多月，她准确地炸中敌人5次，经过近百次战斗，毙敌17人。8月，在胶东军区英模大会上，她被评为胶东民兵英雄，并接受胶东军区武装部奖励的1支钢枪。

1950年9月，孙玉敏出席全国战斗英雄代表大会，获“全国民兵英雄”称号，受到毛泽东、刘少奇、周恩来、朱德等党和国家领导人的接见。1970年，她被任命为海阳县民政局副局长。在新的工作岗位上，她热心教育下一代不忘抗战历史，经常走进部队、学校、工厂进行革命传统教育。离休后，协助有关部门整理《海阳抗日战争歌曲100首》，在海阳大地广为传唱，广大军民在潜移默化中接受爱国主义教育。

姜淑卿（1931.02—2016.05） 女，郭城镇山前村人，中共党员。1948年参加工作，先后任县机关托儿所所长、海阳草制艺品厂厂长、海阳工艺品集团公司经理、海阳市政协副主席、海阳旭宝高尔夫俱乐部董事长等职。

70年代，她把过去一文不值的玉米皮，变成大把赚取外汇、创造高额利润的宝贝。把一个从初期连厂房都没有的小作坊式艺品厂，逐步发

展成下辖10余个现代化企业的集团公司，成为国家二级出口创汇企业，年产值逾亿元，利润超过千万元。产品花色品种从起初的3个发展到1万余个，产品畅销到56个国家和地区。创业初期，厂内缺人才、无教材。她虚心学习，利用一切机会向专家和民间艺人请教。同时，选送5人到省美术学院深造，从社会和厂内挖掘出60余名草编能手，建起一支设计队伍，还派人到美国、日本及中国香港地区考察市场。为确保产品质量，她建立起县、乡、村三级技术指导和质量验收网络，技术自上而下级级传带，产品自下而上层层把关，产品优质率100%，合同履约率100%。她主持设计的“大平编”“马莲朵”等被评为全国优质产品。“玉米皮”系列产品，在全国第四届工艺美术百花奖评比中，获草编工艺品最高奖。除自身发展外，还先后派出200余名技术管理人员，帮助吉林、四川和省内许多县市建起草制工艺品厂。其中，平邑县向她求援，她一次派去40余名技术能手，不仅分文未取，还无偿支援该厂10余万元资金。

80年代，她建起海阳最早的工贸联营企业——海阳爱思箱包有限公司。此后，又先后引进7家“三资”企业。1992年11月，台湾集美建设有限公司负责人陈荣贵途经海阳时突发重病。她立即组织抢救，使其深受感动，决定投资1.8亿元，在海阳建一个高级高尔夫乡村俱乐部，唯一的条件就是由姜淑卿出任总经理。1996年，集美公司突然宣布破产，她心急如焚，到处寻找新的合作伙伴。6月，她得知台湾旭宝公司总裁正在北京考察，便连夜赶往北京。在去拜访客人时，她不慎从二楼滚下，昏迷过去。抢救醒后，她仍咬紧牙关与客人谈了两个多小时，终于打动台湾客人的心。后经诊断，她腰椎陈旧性骨折，需住院治疗。此时，又传来爱思箱包公司日方欲撤资的消息，她不顾一切，躺在担架上赶往上海参加董事会。日方董事深受感动，一致决定收回撤资申请。

姜淑卿一直保持艰苦朴素的作风。她经常与外商打交道，客商送她礼物，她都婉言谢绝，说：“你做的是个人的生意，我做的是海阳人民的买卖。送给全市人民你送不起，送给我个人我不能收。”她获得的奖金累计13万元，自己一分不取。1995年4月，姜淑卿被授予“全国劳动模范”称号，其事迹被中央电视台拍成专题片。

隋易夫（1923.03—2016.07） 原名隋述先，

留格庄镇（今核电装备制造工业园区）外岛村人。当代著名画家。隋易夫16岁前，在曾祖的严格教育和风范影响下，崇拜文人，喜好文学艺术。1939年以第二名考入海阳县立初级中学，因日军迫近，次年停学。1942年7月参加革命。曾在大辛家、留格庄、凤城、东村等中心小学任教。后被选送到胶东师范学校、华东新闻干部学校学习。1948年，调第三野战军第一纵队任新华社随军记者，参加豫东、淮海等战役。1949年2月，在第三野战军第一纵队政治部加入中国共产党；10月，调青岛人民广播电台。后任青岛市文学艺术界联合会副主席、党组副书记、名誉主席，《海鸥》文学月刊副主编，青岛画院首任院长、名誉院长，兼任山东省文学艺术界联合会委员、中国美术家协会山东分会常务理事、中国作家协会山东分会会员、山东画院艺术顾问、国家一级美术师。其重要出版物有《隋易夫画辑》《隋易夫画集》《中国近现代名家画集（隋易夫卷）》，这三部画集均由人民美术出版社出版。《中国近现代名家画集》选编的是海内外享有盛誉的绘画大师作品专集，《隋易夫卷》分《朝花》《夕拾》两部分，计160余幅。他先后举办4次个人画展。1993年5月，隋易夫应邀赴中央美术学院讲授《中国画必须创新，笔墨应体现时代精神》，并作技法示范。

收藏隋易夫作品的国家级单位主要有中国国家图书馆（将《墨荷白鹭》录藏入善本特藏库）、中央国画研究院（《白鹭清风》《春光好》）、中国美术馆（《红莲翠鸟》《春光曲》《石榴山雀》）。《莲动下渔舟》入选《中国当代美术·中国画上卷》。

其主要诗文有诗歌《可敬的子弟兵》发表于《青岛文艺》(《青岛文学》前名）1978 年第 4 期。美术理论《关于否定“书法入画”成套程式的通信——致王朝闻同志》，主要内容是论述“文人画”笔墨形式必须革新，以适应社会情感变化。美术评论《艺术的生命在于创新——简评舒传曦的中国画》《气格轩昂——梁天柱山水画印象》《从艺自白》，综述自己的艺术观点和传承观点。

峻　青（1923.03—2019.08）原名孙儒杰，字俊卿，郭城镇西楼子村人，中共党员，中国当代著名作家、画家。

13 岁前，在村里读小学。后到邻村一个地主兼资本家开设的工厂里当童工。抗战初期，参加革命，在地方民主政府做教育和群众工作。1941 年，创作短篇小说处女作《风雪之夜》。1944 年后，历任胶东区党委机关报《大众报》记者、新华社前线分社随军记者、昌潍武工队小队长、中原新华社记者、中共中央中原局机关报《中原日报》编辑组组长和中南人民广播电台宣传科长、编委等职。1952 年 7 月，到中南文联从事专业创作。9 月，出版第一部短篇小说集《马石山上》。1952—1954 年，调上海负责领导各协会及文联的肃反工作，任肃反五人小组组长。后又担任中国作家协会理事及上海分会党组代理书记。1954 年后，创作《黎明的河边》《老水牛爷爷》《党员登记表》等短篇小说。1955 年 2 月，结集为《黎明的河边》。8 月，出版《水落石出》(短篇小说）单行本和短篇小说合集《老水牛爷爷》。1956 年，出访捷克、波兰等国。归国后，出版散文集《欧行书简》。1957 年，任上海市作协书记处书记。1958 年后，主要从事创作活动，先后发表《山鹰》《交通站的故事》《马达的故事》《傲霜篇》《壮志录》等短篇小说和散文，作品分别收入短篇小说集《海燕》《最后的报告》和散文集《秋色赋》中。1959 年，人民文学出版社编辑出版短篇小说选集《胶东纪事》。1960 年，当选为中国作家协会理事。“文化大革命”中，遭江青反革命集团迫害，失去生活和写作自由；打倒江青反革命集团后，再版短篇小说集《黎明的河边》和散文集《秋色赋》；完成中篇小说《神秘失踪之后》(与丹薇合著）和长篇小说《海啸》(上、下册）。

1981 年，他筹办中国文（报）坛第一张大型综合性专业文学报纸——《文学报》，并担任主编。先后出版《雄关赋》《沧海赋》《屐痕集》《三峡赋》《梅魂》等散文集。1984 年，中国文艺联合出版公司编辑出版《作家谈创作丛书・峻青谈创作》。1994 年，人民文学出版社编辑出版《中国当代作家选集丛书・峻青》。1995 年，百花文艺出版社编辑出版《百花散文书系・峻青散文选集》。

2012 年，少年儿童出版社出版《峻青文集（第 1～8 卷）》，收录峻青各类作品 528 篇（部、首、封）。包括长篇小说、中篇小说各 1 部，短篇小说 38 篇，电影文学剧本 5 部，散文 189 篇，诗歌 102 首，文艺理论 94 篇，序、跋 49 篇，回忆录 2 篇，书信 47 封，共计 401.5 万字。其中《峻青小说选》入选“共和国短篇小说经典”丛书，《黎明的河边》入选“中国儿童文学经典 100 部”丛书，《秋色赋》入选《世界最美的散文》。《沧海日出》入选《中国百年经典散文・风景游记卷》，《雄关赋》入选《百年百篇经典散文》《新时期中国散文精选》《中国散文百年精华》。《马石山上》《老水牛爷爷》《黎明的河边》《党员登记表》《海滨仲夏夜》《秋色赋》《瑞雪图》《沧海日出》《雄关赋》《蓬莱抒怀》10 篇作品先后被收入不同的教材中。

峻青的画作充满生活气息，不落窠臼，不拘陈俗，将油画、水彩画及泼墨技术结合。1988 年 3 月，在深圳举办个人画展。1991 年 4 月，应邀赴泰国曼谷举办个人画展。2012 年 12 月，少年儿童出版社出版发行《峻青书画集》。

人物简介

纪洪福（1894—1960） 小纪镇槐树底村人，胶东民兵英雄。1941年参加民兵组织，任村民兵团长。抗战期间，他带领民兵与来犯的日伪军进行过多次战斗，先后活捉日伪军24名，毙伤日伪军59名，缴获长、短枪6支，子弹280发，曾立一等功2次、二等功2次。1942年清明节，日伪军进犯槐树底村，他率领近百名民兵，设伏北崮山，以天然屏障为掩护，机动灵活地用土枪、土炮打击敌人。激战一整天，毙伤敌人20余名。1945年2月，被评为“胶东民兵英雄”。1960年因病去世。

隋良萱（1894—1964） 留格庄镇桃源村人，中共党员。1941年，在中国共产党领导下，他组织20余名农民秘密开展对敌斗争，先后除掉国民党的稽查处长、水司警察所主任、书记官各1名。1943年秋，他组织成立由10名精干渔民组成的游击队，在海上同日伪军开展游击战。1944年8月，带领民兵袭击日军机帆船，缴获机帆船1只，解救中国同胞16人，并截获大批物资。至1945年8月，他先后参加大、小战斗9次，缴获敌人机帆船4只，俘敌75人，先后3次被胶东军区授予“胶东海上民兵英雄”称号，胶东军区奖给30支步枪、1支短枪和3000元现金。1949年10月后，先后任桃源村党支部副书记、书记。1963年10月6日，在歼灭美蒋武装匪特的斗争中再立新功，受到山东省委、省军区的表彰。

张吉俊 生于1902年11月，留格庄镇（今核电装备制造工业园区）南庄人。1940年，受党组织派遣在敌占区用开饭店作掩护担任联络员，秘密传递情报。1942年秋，日军对胶东进行大规模拉网式“扫荡”，他回到家乡，积极开展对敌斗争。1945年9月5日上午9时许，1架日本飞机因左发动机故障迫降在南庄海滩上，当时共有4名日兵，3名在外面看地图，1名在机舱内整修。正在附近农田里锄白薯的张吉俊见状，毫不犹豫奔向飞机。他在与日兵扭打的过程中，手指被匕首刺伤。在随后赶来的村民和其他民兵的帮助下，缴获敌机并活捉3名日兵，1名日兵自杀。消息传到延安，陈毅军长派专人到南庄对飞机进行维修改造，把机体上印有日本的红膏药等标志洗刷掉，在机身两侧写上“中共”两个大字。飞机先转移到100多里外的桃村隐蔽，后飞往延安。张吉俊成为世界反法西斯战争中一位赤手空拳、勇夺敌机的勇士。后这架飞机陈列在淮海战役纪念馆。

于凤鸣（1905—2000） 行村镇瑞宇村人。

1943年，担任瑞宇村民兵队副队长。同年春，参加县武委会在小纪区南埠村召开的各区武委会主任会议，学习大泽山区用地雷杀敌的经验和方法。5月的一天，于凤鸣得知日伪军要下乡“扫荡”，便带领其他3位民兵将2颗地雷埋在瑞宇、东村庄之间的公路上，炸死炸伤敌人5名。由此，拉开了海阳地雷战的序幕。在这一年里，他先后参加战斗50余次，毙伤敌伪军100余名，被海阳县政府授予“爆炸大王”称号，并颁发120元奖金。于凤鸣拿出60元交给村团部，剩余的60元分给一起战斗的民兵。1944年，他被胶东军区授予“爆炸大王”称号。1945年3月，于凤鸣率领的飞行远征爆炸组被胶东区武委会通令嘉奖，他被授予“胶东民兵英雄”称号。

李桂岩（1907.10–1987.09） 又名李吉成，代号大烟灰。辛安镇槐家泊村人。1932年10月，

经张静源介绍加入中国共产党，是辛安镇最早的共产党员。1934年8月，在他和刘仲益的组织领导下，捣毁了国民党黑石嘴盐务局，夺得枪支若干。是年秋，任中共海阳县委宣传部部长。1935年农历十一月初四，参加胶东“一一·四”暴动，是海阳县西乡党的组织领导者之一。1938年，参与夺取东村联庄会枪支的组织领导工作。历任中共海阳第六区区委书记，海莱特支委员，海阳县委宣传部部长，胶东特委联络员、八路军山东纵队第五支队民运科科长，东海军分区武工队长，海阳县大队教导员，海阳县小纪区委书记，海阳县委组织部部长，东海医院政委，威海市委副书记、市长，文登地委党校校长，济南市槐荫区区长、区委书记，青岛印丰纱厂党委书记，昌潍地委统战部副部长，潍坊市副市长等职。1978年离休后，他发挥余热，为故乡的编史、修志工作提供宝贵资料和意见。

鞠　荣（1907.11—2005.07） 凤城街道鞠家庵村人。1945年1月加入中国共产党。1946年起，任村党支部书记。1952年，他带领群众成立全县最早的初级农业生产合作社——红星农业生产合作社；同年，他带领干部群众建起全区第一个果园，为推动海阳农村经济发展起到示范作用。1957年，鞠荣被评为山东省农业劳动模范；同年，他在济南珍珠泉礼堂受到毛泽东主席接见。1962年，出席华东劳模大会，被授予华东农业劳动模范称号；同年，出席省农业先进集体和先进个人代表会议，被授予省农业先进个人称号。1969年，到北京参加国庆20周年观礼，受到毛泽东、周恩来等党和国家领导人接见，并合影留念。他将自己生产的8个苹果送给毛泽东，毛泽东回赠他一包向日葵籽和一包油菜籽。

杨兆龙 生于1909年，朱吴镇莱格庄人，1933年加入中国共产党，1938年春参军，历任排长、连长、营长、团长、师长等职。1959年，转业至内蒙古自治区，任高级人民法院院长。

孙学之（1911—1958） 又名孙世俭，小纪镇夏泽村人。1932年加入中国共产党，为海阳县早期中共党员之一。1934年，任中共海阳县委书记。1936年，被国民党山东省政府逮捕。第二次国共合作后出狱，历任中共淄博特委委员兼组织部部长、八路军山东纵队第三支队团司令部参谋长、国民党第五战区总工会淄博办事处主任。1939年后，历任中共鲁南区委委员，鲁南区总工会副主任、主任，胶东区总工会主任，渤海区总工会主任等职。1950年，任山东省总工会主任。1954年6月，任山东省劳动局局长。

吕公忱 生于1911年，原名程绍臻，行村镇东山村人，中共党员。1940年参加革命工作，1941年调任中共海阳县第十一区区委书记。后渡江南下，曾任江苏省农牧业厅厅长等职。

王炳初（1913—1993） 原名王明度，行村镇英武店村人，1936年加入中国共产党，历任行署秘书、海阳县县长、水利部长江水利委员会党委书记等职。

迟庆德 生于1914年7月，曾用名迟洵、迟海亭，做党的地下工作时化名张进、石海山等，方圆街道迟家村人。1928年夏，开始参加党领导的革命活动。1929年正式参加革命，任中共胶东特委烟威地区交通员、网员（情报员）。1931年4月加入中国共产党。参加1935年胶东“一一·四”暴动，任前敌指挥部敢死队队长。1936年，回家乡任武装委员，后任武装部长、锄奸部部长。1937年起，先后任八路军山东纵队第五旅暂编独立大队大队长，胶东军区侦察参谋、敌工科长、锄奸助理、特派员，东海军分区防特锄奸负责人、挺进支队参谋长，胶东军区公安局局长等职。解放战争时期，先后任科长、留守处主任、公安局长、中心县委代理书记、支前领导小组组长等职。1948年南下，先后任南下干部工作团第五支队第二大队联络处处长，郑洛军管会城市接管恢复秩序办公室副主任、公安分局局长，洛阳军管会委员，鄂豫皖三省边界剿匪指挥部副司令员、公安局局长等职。中华人民共和国成立后，历任湖北鄂东联防清匪反霸领导小组副组长，江汉联防指挥部副指挥长、公安局局长，湖北省劳改局政治部主任，内务部沙洋管理局筹建办公室主任，部属第六分部政委，湖北省丹江口工程总指挥部政法口书记兼法院院长、公安处处长，水电部第十工程局常务副局长、代理局长等职。1983年离休。

孙　光（1915.09—2008.09）曾用名孙世荣，小纪镇夏泽村人。1932年加入中国共产党，以教师身份作掩护，从事党的地下工作。1935年，任中共海阳县委临时书记，参加胶东“一一·四”暴动，1936年被捕。一年后，被营救出狱。1937—1938年，任中共海阳县中心区委宣传委员。1940年，调任东海地委社会部第二科兼第三科科长。1942年，在胶东公学工作。1944年，在胶东党校参加整风运动后，任中共莱东县第九区委书记、区长兼区中队队长、指导员。1945年，任中共五龙县委组织部部长、县委书记。1947年，任中共南海地委委员和地委组织部副部长、部长。1950年，任中共莱阳地委委员、组织部部长。1951年，任中共华东局组织部组织员。1952年，华东区被撤销后，任上海市水电安装公司经理。1954年，任建筑工程部电气公司（后改为设备安装公司）经理、党委书记。1958年，带领工程技术队到江西组建设备安装公司。1959年，调到江西省煤炭系统工作，曾任省煤炭局局长、党组书记、丰城矿务局党委书记。1966年，任江西省煤炭局局长、党组书记。“文化大革命”中受江青反革命集团迫害，平反后，任省煤炭局顾问。1983年离休，享受副省级待遇。

张再生　生于1916年，留格庄镇（今核电装备制造工业园区）南庄人，中共党员。1938年参加革命，先后任中共海阳县委宣传部干事、部长，东海地委宣传部教育科科长、宣传部副部长，金坛县委副书记，苏南区土改检查队队长、城工委办公室副主任，江苏省工业厅重工处处长，江苏省纺织工业厅副厅长、党组书记，无锡市常务副市长、市政府顾问，无锡市人大常委会副主任、党组副书记等职。

修孟千（1917.03—2012.12）又名修进文，东村街道凉山后村人，中共党员，中国作家协会会员，教授级编审专业职称。1941年，任凤城小学校长。1942年参加革命。1947年，任烟台日报社编辑、记者。1948年春，随新闻大队南下，先后任华东野战军第四纵队新华社前线记者，新徐日报社副刊编辑室主任，大众日报社文教编辑室主任，中共上海市委办公厅党刊编辑、记者，市委宣传部文艺处科长，《展望》周刊主编等。主要作品有长篇小说《决战》《路迢迢》《雪女》《神鸽》等，短篇小说、散文等200余篇。名列《中国出版界名人录》《中国文艺界名人录》《中国当代艺术界名人录》。

鲁　特（1917—1996）原名于允兴，又名于剑秋，中共党员，郭城镇郭城一村人。1940年参加革命工作。1942年，入胶东公学学习。高中毕业后，分配到胶东文协担任编辑，先后编撰过《胶东大众》《胶东文化》《胶东文艺》等刊物。战时曾任记者，受到华野第九纵队

司令员聂凤智将军嘉奖，立二等功2次。1949年，调中共山东分局宣传部，参与筹建山东省文学艺术界联合会，创刊《山东文艺》，后负责编辑《山东文艺》《前哨》等月刊。1951—1966年，历任中共山东省委宣传部文艺指导员、文艺处长、部委委员，山东省文学艺术界联合会副主席、党组副书记等职。"文化大革命"中，下放到"五七"干校劳动。1974—1983年，先后任《山东文艺》主编，山东省文化局（厅）副局（厅）长、党组副书记，山东省文物管理委员会副会长兼文物局局长等职。1983年10月离休。为中国作家协会会员、中国作家协会山东分会理事，中国书法家协会会员、中国书法家协会山东分会副主席，山东省考古学会理事长。其书法作品多次作为出国代表团赠送外国政府机关及友好人士之礼品，并参加出国展览。文章、诗词作品颇丰。主要著述有《冤枉》《李凤阁》《在风雨中前进》《英雄的村》《漫谈描写》《怎样写通讯》《关于取材》《提高文学艺术的战斗力》等。

鲁　琦　生于1918年1月，曾用名姜寿域，发城镇上上都村人，中共党员。1937年9月参加工作，历任中国抗日军政大学党支部代理宣传委员、组织委员、副书记，协理员、副主任，中共山东分局宣传部干事，山东湖西地委宣传部宣传科科长，湖西日报社副社长兼总编辑、报社社长，大众报社副总编辑，文登县委副书记，文登县委代理书记兼县独立营政委，东海地委南下大队大队长，吴江县委书记兼独立大队政委、苏州市委书记，中共华东局组织部组织指导处处长，党中央第四办公室工会副组长，党中央办公厅工业组研究员、代理组长等职。"文化大革命"期间受到迫害。1979年5月平反后，先后在中国科学院政策研究室任干事，自然科学史研究所任临时党委书记。1988年12月离休，享受副部级待遇。

纪　斌（1918.04—1997.05）　曾用名纪智民，小纪镇槐树底村人，中共党员。1941年参加工作，历任海阳县金库副主任、财粮科科长、粮食局局长，北海专署粮食局副局长。1949年，随南下支队赴云南，历任曲靖专署财政科科长，曲靖地委秘书主任、财委副主任兼地委统战部部长、合作处主任，云南省财委办公室主任，云南省人委工办主任、省建委秘书长、省计委秘书长，云南省建材公司党委书记、经理，云南省地震局党组书记、副局长、代理局长等职。

刘赤生（1918—1979）　曾用名刘宪，凤城街道东迟格庄人。1938年加入中国共产党，与王鉴溪等人先后开创双阳、双城、滩北、竹金等乡党的工作，使党组织日渐发展壮大。历任竹金乡党总支书记、海阳县第七区指导员、海阳县贸易局局长、青岛烟酒专卖局局长、安徽省人民检察院检察长等职。1979年病逝。

辛仁庚　生于1919年，留格庄镇（今核电装备制造工业园区）大辛家村人，中共党员。1943年参加工作，先后任区武委会主任、中共区委书记。1948年，任中共即东县区委书记。小说《渔岛怒潮》主人公就是以他为原型塑造的。中华人民共和国成立后，先后任即东县委组织部部长、县委副书记，胶南县委书记，昌潍师专、昌潍医专党委书记等职。

李仙令（1920.07—1992.09）　原名李仁道，方圆街道新兴村人，中共党员。1942年4月参加革命工作，先后在胶东军区第十六团特务连、参谋处工作。1945年11月—1954年10月，历任东北民主联军第四纵队司令部作战科书记员，后勤部运输营副指导员、副教导员，某军政治部宣传科副科长，某师政治部宣传科科长，军政治部秘书处处长，某师政治部副主任。1958年6月，

入西藏军区工作，历任西藏军区政治部副秘书长、生产部计划处处长、生产部政治部主任、生产建设兵团师政委、军区副政委兼政治部主任等职。

于　克　生于1920年12月，曾用名于鸿温，郭城镇后夼村人，1941年5月入党，历任桂山乡党总支宣传委员，中共海阳县郭城区委宣传干事，中共高家区委宣传委员、组织委员、代理区委书记，中共海阳县委组织部干事，海阳县武委会组织干事、代理政工组长，中共五龙县委组织部干事、党训班主任，胶东军区南海军分区司令部科员，湖北省钟宜县工商局局长，湖北省宜城县工商局科长兼银行行长，湖北省宜城县政府秘书长、副县长，江西省萍乡矿务局计划科科长、基建处副处长、处长，萍乡矿务局副局长、局党委常委（厅局级），核工业部某矿副矿长、矿长、矿党委常委等职。1970年，先后任某师副师长、师党委常委兼某团团长、团党委书记，基建工程兵某支队副支队长、正师级顾问等职。

季中鲤　生于1920年，徐家店镇西季家庄人，中共党员。1941年参加革命工作，历任海阳县抗日联防大队大队长，海莱武工队队长，胶东军区环海五厂厂长，胶东办事处保管股长，第三野战军第九纵队军械科科长，第三野战军第九兵团行政科长，中国人民志愿军野战第二十一医院院长，志愿军第四分部秘书科长，志愿军后勤部计划处处长，北京军区某部计划处处长，中国人民解放军某仓库主任，北京军区某部副部长、党委书记等职。

赵同伦（1921.01—2000.07）　行村镇赵疃村人。1942年2月加入中国共产党。战争年代，担任赵疃村民兵队长，参加战斗100余次。“包打盆子山”的事迹，使其声名远扬。1945年5月18日，带领民兵在村里村外布下地雷阵炸死炸伤敌人16名，炸死战马1匹。6月，利用“长蛇雷阵”，炸死炸伤日伪军30余人，缴获大量物资。同年，被胶东军区授予“胶东民兵英雄”称号。中华人民共和国成立后，先后担任海阳县人民检察院检察长、县财贸办公室主任、县人大常委会办公室主任等职。1985年11月离休。

王亚明（1921.11—2002.06）　曾用名王殿庆，小纪镇石马滩头村人，中共党员。1938年参加八路军，历任排长、副连长、连政治指导员、团政治处股长、营政治教导员、团副政委，东海军分区第一指挥部政委、团长、处长，南京军区司令部装备部部长等职。1959年，转业到江苏省轻工业厅任副处长、省农机所副所长、省军工局局长等职。曾立功3次，获三级独立自由勋章及二级解放勋章各1枚。1984年，离休于南京。曾为故乡捐资5万元修建小学。

于　光　生于1921年12月，行村镇桃林村人，中共党员。参加革命后，从事党的地下工作。曾任大众日报社党总支书记、鲁中南报社秘书长，东北电业第三工程公司经理，华东电力建设局局长兼党委书记。1983年离休后，任华东电力企业管理协会会长、名誉会长等职。

李树梓（1921—1943.10）　行村镇文山后村人。1942年参加民兵，曾担任民兵连指导员兼任“青抗先”队长，是文山后村民兵组织发起人之一。带领民兵与敌人作战30余次，毙、伤60余名敌人，屡立战功。1943年10月7日拂晓，行村据点的日伪军包围文山后村。在掩护民兵、群众转移中牺牲，年仅23岁。1944年7月，胶东军区追认其为胶东一等民兵模范，并为其树碑。

梁德山（1921—1987.01） 留格庄镇梁家村人。1940年加入中国共产党，并参加革命工作，历任中共莱东县白龙区区委书记，南海地委党校副校长，中共胶南县委书记、高密县委书记，胶州地区专员公署副专员，胶州地区中级人民法院院长，山东省民政厅厅长、党组书记，中共山东省纪律检查委员会副书记，山东省高级人民法院院长、党组书记等职。先后被选为中共山东省第一次代表大会代表，山东省第五、六届人民代表大会代表，中共第十二次全国代表大会代表。

安　静 生于1921年，又名安成宪，郭城镇迎驾山村人，中共党员。1940年参加工作，历任干事、队长、参谋、主任、科长、处长、军司令部副参谋长、广东省人民银行行长等职。

纪中胜（1922.03—2018.12） 小纪镇槐树底村人，中共党员。1941年2月—1944年12月，先后在村里任青抗先队队长、民兵团团长。1944年12月—1947年1月，历任海阳县小纪区武装部政治干事和副政治教导员、行村区武装部政治教导员。1947年1月—1951年2月，历任胶东军区武装部爆炸队政治指导员、武装部教导队政治指导员、司令部作战科作战参谋、司令部武装部治安参谋。1951年2月—1954年10月，任昌潍军分区军训科副科长、科长。1954年10月—1964年10月，历任济南市兵役局征集科科长、市中区武装部政委、市人武部政工科科长。1964年10月—1970年10月，任海阳县人武部政委。1970年10月—1982年10月，历任烟台军分区副政委、顾问。1982年11月离休。

抗日战争时期，他带领民兵运用地雷战、麻雀战等战术，给日军以沉重地打击。1944年，在反日军“清剿”中，先后作战8次，6次潜入敌人据点埋设地雷，毙敌4名，率领民兵毙敌20余名。是年7月，被胶东军区评为胶东一等民兵模范。1945年7月，经胶东军区批准为胶东民兵英雄。解放战争时期，被任命为远征爆炸营长，率领民兵赴平度、莱阳等地，向进攻胶东的敌人开展地雷战，出色地完成战斗任务。此后该爆炸队被称为“纪中胜钢铁爆炸队”。

舒　适（1922.08—1998.06） 原名于允杰，郭城镇郭城一村人。大学文化，中国人民解放军总政治部副军职干部。1941年1月参加革命，中共党员。抗日战争时期，从事党的宣传工作。解放战争时期，作为前线记者，随军参加胶县、高密、莱芜、孟良崮等战役，发表大量战地报道。参加并指挥大小战斗30余次，多次负伤。中华人民共和国成立后，参加抗美援朝战争，回国后进入南京军事学院深造。1966年11月，参加抗美援越。1988年，被授予中国人民解放军独立功勋勋章。历任胶东公署训练中队长、政治指导员，胶东军区前线报和华东野战军胜利报社记者，连政治指导员，团司令部参谋长，师司令部作训科长，工程兵某师司令部副参谋长、副师长和第二工区副主任、主任，工程兵冶金指挥部副主任等职。

黄　岗（1922.11—2010.06） 盘石店镇大榆村人。1941年参加革命工作，1942年8月加入中国共产党。先后担任海阳县区委和县委副书记、书记，莱阳地委生产合作部部长，烟台地委农村工作部部长。1962年后，历任烟台地委监委书记，山东省委监委驻烟台监察组组长，烟台地委常委、副书

记，烟台地区革命委员会副主任，烟台行署专员。1983年当选为山东省第六届人民代表大会常务委员会委员。1985年12月离休。

徐立英 生于1923年9月，行村镇榆林村人，中共党员。1943年参加革命工作。1948年，任辽东军区会训区队区队长。1949年，任第四野战军某运输部部长。1951年，任汽车第一团后勤处处长。1953年，任团司令部副参谋长。1955年，任志愿军后勤训练处副处长。1958年，任大同汽校科长、训练部部长。1971年，任解放军后勤工程学院训练部部长。享受副军级待遇。

吕建中（1923—1995） 原名吕常乐，留格庄镇郭格庄人，中原大学新闻系毕业，中共党员，人民日报社高级记者，中华新闻学会会员，新闻硕士研究生导师。1942年参加革命工作，在家乡任教。1948年随军南下，历任中原日报社、新华社中原总分社记者，长江日报社、新华社中原总分社驻河南省首席记者，人民日报社首席记者及高级记者等职。解放战争期间，发表过大量有价值的通讯报道和评论文章，受到上级表彰。1949年5月，赴武汉参与创办中共中南局机关报《长江日报》。后被派往鄂、豫新区采写工运、双减、反霸、剿匪等工作的新闻通讯。1950年，赴中南区土改试点的河南省任长江日报社首席记者，采写一系列报道，对新区的土改运动发挥了积极的导向作用，引起中南区领导及土改工作者的重视。农业合作化时期，吕建中撰写的《让农民说真心话》，被中共河南省委予以批示肯定，并被复旦大学新闻系选为教材。其间，曾赴山西、黑龙江及胶东地区，采写数十篇新闻报道。1958年，吕建中被错误地打成"右派分子"。他身处逆境，仍坚持写作。平反后，重回人民日报社，依然豪情满怀地写出《做社会主义新中国农民是多么自豪》等反映中共十一届三中全会以来中国大地发生深刻变化的重要报道。1985年10月，随人民日报社代表团访问罗马尼亚，撰写的《在英雄的国土上》被誉为中罗友谊之花。

于洪福（1923—2002） 发城镇西土堆村人，中共党员。1942年参军，初入八路军第十六团，先后任通信员、警卫员、班长、排长、连长。1945年11月，到东北野战军，历任连长、营长、团司令部参谋长，教导大队大队长、副团长、团长，师司令部副参谋长、汕头军分区司令部副参谋长、梅县军分区副司令员、广东省体委副主任、佛山军分区和广州警备区顾问等职。战斗中7次负伤，立大功1次、小功多次，获独立自由奖章、三级解放勋章、独立功勋荣誉章、华北解放纪念章各1枚和其他荣誉奖章8枚。1981年离休（正师职）。

薛仁斌（1923—2006.07） 盘石店镇薛家村人，中共党员。1943年参加八路军。曾在海莱工商管理局工作。1945年8月，被调往东北参加接管哈尔滨。历任营教导员、团政委、海南岛军区副政委、湖南省军区副政委。

赵元藻 生于1923年，小纪镇榆疃庄人，中共党员。1945年，先后任村民校教师、青救会主任、民兵政治辅导员。1946年9月参加解放军，历任文书、排长、副连长、副营长、团司令部军务股长、南京军区司令部作战部参谋、师司令部炮兵科长、师司令部副参谋长、扬州军分区副司令员等职。曾参加过潍坊、威海、凤城、莱阳、即墨、淮海、青岛、长山列岛、东山岛、炮击金门岛等战役战斗。多次立战功、受嘉奖、获荣誉称号。

接受毛泽东主席接见1次、周恩来总理接见3次。

刘彦仿 生于1924年11月，徐家店镇徐家店村人，中共党员。第四军医大学一级教授，博士生导师。1951年，南京大学医学院毕业后，分配到西安第四军医大学工作，历任助教、讲师、副教授、教授。1963—1984年，任教研室副主任、主任。曾任中华病理学会常委、中华病理学杂志副主编、总后勤部医学科学委员会常委、陕西省病理学会主任委员、全国免疫组织化学协作组组长、《中国组织化学与细胞化学》杂志编委及南京大学医学院、汕头大学医学院顾问等职。

刘彦仿重视病理学与免疫学的结合，专长免疫病理及免疫组织化学，为全国免疫组织化学及免疫病理学的先驱及开拓者之一。他担任博士生导师，培养硕士生45名、博士生25名。发表论文320余篇。主编《免疫组织化学》，编著《原位PCR》，并参编过《中华外科病理学》《免疫学基础》等书籍。获国家科技进步三等奖3次，总后勤部及省级科技进步一等奖6次，总后勤部及卫生部科技进步二等奖11次。立二等功1次、三等功4次。

杨旭初 生于1924年，曾用名杨洪东，郭城镇战场泊村人，中共党员。1942年6月参加革命工作，历任连政治指导员，营政治教导员，团副政治委员、政治委员，师政治部副主任、主任，师副政治委员、政治委员，铁道兵第一指挥部副政委等职。

纪常胜 生于1924年，曾用名纪德功。小纪镇亭儿崖村人。1944年5月加入中国共产党。1944年7月，被胶东军区授予“胶东民兵英雄”称号。同年12月参加革命工作，曾任小纪区武装部部长，区委副书记，连政治指导员等职。1950年参加抗美援朝，回国后先后任股长、科长等职。1964年后任团政委、师参谋长、副师长、师副政委等职。

申吉桂 生于1925年3月，郭城镇北申家村人，中共党员，教授。1940年参军，历任卫生员、护士，军区医训队学员、助理军医、军医，师医疗所所长，团卫生队长，师卫生科长、主任等职。湖南医科大学本科毕业后，任广州军区医院院长、生产建设兵团卫生处长、军医学校训练部长等职。抗日战争时期，参加过马石山反“扫荡”。解放战争时期，参加过辽沈、平津、衡保、桂林等战役战斗。曾3次负伤，9次立功，多次受奖，获国家自由独立勋章、解放勋章、荣誉勋章各1枚，东北、华北、华南奖章各1枚，受到毛泽东、周恩来等党和国家领导人的接见。

于建勋 生于1925年9月，曾用名于宏民，徐家店镇北野夼村人，中共党员。1941年，参加革命工作。1947年，在胶东公学学习、工作。后参军，历任区队长、政治指导员、政治教员、干事等。中华人民共和国成立后，先后在山东军区军政干校、第十二步兵学校、解放军总政治部任职。1970—1979年，任国防科工委政治部宣传部部长，1980年1月离休，正师职。曾立功10余次，2次出席山东军区英模代表大会，2次出席华东军区英模代表大会，获一等劳动英雄称号，多次被评为模范工作者。1955年，被授予三级解放勋章。1988年，被授予独立功勋荣誉章。曾出版专著多部。离休后任国防科

工委老干部大学副校长兼教育长。

于海波 生于1925年11月，原名于涛，东村街道大磊石村人。1942年，参加革命工作。1945年4月，参加八路军。1946年，加入中国共产党。历任团政治处宣传股副股长、股长，师政治宣传科副科长，东北军区炮兵政治部文化科科长，沈阳军区炮兵政治部宣传处副处长、处长，沈阳军区炮兵政治部副主任、主任，沈阳军区炮兵副政委等职。1955年，被授予三级解放勋章1枚；1985年，被授予独立荣誉章1枚。

于厚德（1925—1984.02） 曾用名于杰，发城镇多英村人。1941年参加革命工作，1942年加入中国共产党。参军后历任分队长、政治指导员、团俱乐部主任、营长、营政治教导员，团政治处副主任、主任，军政治部青年科科长，团政委，军政治部青年处处长，广州军区政治部青年部副部长、组织部副部长，师政委，军政治部主任，江西省革委会副主任，军政委，广州军区政治部主任，兰州军区政治部主任等职。曾参加过万第、鞍山、塔山、张家口等战斗和战役。1955年，获三级独立自由勋章、三级解放勋章。1983年，当选为第六届全国人民代表大会代表。

李贤荣 生于1925年，徐家店镇韩家苇夼村人，中共党员。1941年参军，历任新四军第五支队第十六团班长、排长、连政治指导员、营政治教导员。1950年，调空军某师任团政委，后任师政治部主任、师政委。1980年，任空军某军党委常委、政治部主任。

祁立周 生于1925年，二十里店镇野鸡夼村人，1944年3月入党，1945年2月参军，历任班长、副排长、副政治指导员、政治指导员、副政治教导员、政治教导员、团政委。1951年，调空军部队工作，先后任大队政委、群工科长、政治处主任。1955年，被授予三级解放勋章。1961年，在空军某大队任政委时，单位立集体三等功1次。1964年，从空军调民航总局兰州管理局，任政治部直工处长。1969年11月，调陕西民航局任副政委兼政治部主任、局政委。1982年离休，正厅级。

陈桂香 女，生于1925年，小纪镇纪家店村人。1941年，参加村妇救会。1942年，任村青妇队队长。1944年秋，当选为妇女自卫队中队长。1945年4月，加入中国共产党；8月，被评为胶东民兵英雄。曾有3位美国记者对其采访，并在国内外媒体上报道其英雄事迹。胶东地区曾流传着根据陈桂香的事迹编成的一首民歌：“可爱的女英雄／你的名字多么响亮／像一朵美丽的鲜花／戴在女性的头上／你不管白天和黑夜／你不怕雨雪风霜／你总是战斗在岗位上……”1949年6月，她作为入城工作队员进驻青岛后，一直在青岛工作。历任市北区政府调解科干部、区人民法院民事庭庭长、区人大常委会委员等职。

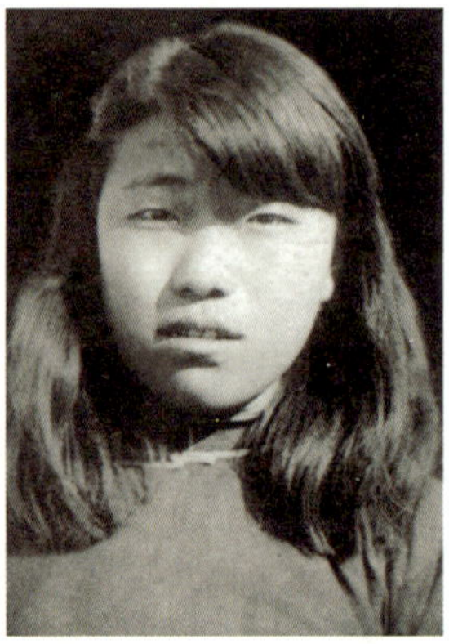

纪仁祥 生于1926年2月，小纪镇中山夼村人。1941年6月入伍，1946年10月加入中国共产党。历任班长、排长、副连长、连长、副营长、营长、副团长、广西百色军分区后勤部部长等职。先后参加过抗日战争、解放战争、对越自卫反击战。在参加辽沈战役塔山阻击战中，被授予“侦

察英雄”称号。其事迹在《红色记忆》(纪念建军90周年全军老干部征文作品集)《广州军区英模人物》《41集团军军史》中均有记载。2018年8月1日，《桂林日报》刊载《九旬老兵纪仁祥：塔山阻击战中的侦察英雄》。先后立8次大功、6次小功，获朱德奖章、勇敢奖章、模范奖章各1枚。1982年2月，离职休养。

潘宗道　生于1926年2月，二十里店镇潘家村人。1944年7月参军，1945年10月加入中国共产党。历任战士、班长、排长、师政治部组织科干事、后勤机关指导员、连政治指导员、营政治教导员、师政治部组织科副科长、团政治处主任，军政治部组织处副处长、青年处处长、组织处处长，师政治部主任，师副政委、政委，集团军政治部主任，集团军副政委等职。参加过万第、昌邑、周村、潍县、莱芜、孟良崮、大汶口、济南、淮海、渡江、上海、抗美援朝等战役战斗几十次。1948年淮海战役中，任政治指导员的炮兵连，立集体一等功，师授予“淮海建功，千古垂名”锦旗1面。先后被评为劳动模范、尊干爱兵模范、政治工作模范，立三等功6次。获朝鲜民主主义人民共和国三级国旗勋章1枚，中华人民共和国三级解放勋章、三级独立勋章和解放军红星功勋荣誉章各1枚。

辛鼎文（1926.06—2013.05）　留格庄镇（今核电装备制造工业园区）大辛家村人，中共党员。1942年参加革命工作，其间在海阳师范进行干部培训。历任海阳县民政科科员、小学校长，胶东建国学校教育系学员，五龙县司法科审讯科员，山东大学司法系学员，华东军大学员，华东军区政治部技术书记，炮兵某团连政治指导员、营政治教导员，志愿军某团政治处副主任、主任，干校学员，炮兵某团副政委、政委，炮兵某师政治部副主任，大连钢厂革委会主任，炮兵某师副政委、党委副书记，沈阳军区军政干部学校大队（师级单位）政委，沈阳军区步兵学校训练部副部长、研究员。1982年，离职休养。曾参加莱芜、济南等战役。先后立三等功2次，多次被评为先进工作者。获中华人民共和国三级解放勋章、独立勋章和朝鲜民主主义人民共和国三级国旗勋章。

王　毅　生于1926年10月，曾用名王作春，凤城街道荣家庄人，中共党员。1942年9月参加革命工作，在家乡担任小学教师。1944—1946年，在海莱工商管理局、五龙县政府、胶县沽河区工作。1946年1月加入中国共产党，11月参军，历任第十三纵队教导团干部队指导员，师司令部作战科参谋、教育科副科长兼军教导大队队长，副团长兼团司令部参谋长，军司令部作战处处长，师司令部副参谋长，福州军区军训部科长，师司令部参谋长，师长，军司令部副参谋长，北京军区司令部军训部部长，军司令部参谋长，军长，石家庄步兵学校校长，石家庄陆军学院院长等职。在抗日战争、解放战争时期，参加过胶东、潍县、兖州、济南、淮海、福州、漳州、厦门等战役战斗。1955年，获三级解放勋章。1988年，获独立功勋荣誉章。1989年，获全国优秀教学成果军队级一等奖。1987年，当选为中国共产党第十三次全国代表大会代表。

江　波　生于1926年，原名于修文，郭城镇郭城一村人，中共党员，中国作家协会会员、中国书法家协会会员。1941年参加革命工作，担任过小学教员和大众报社记者。1947年，调华东野战军第九纵队从事新闻工作，参加过孟良崮、南麻、临朐、胶河、周村、潍县、济南、淮海、渡江、上海等战役战斗，并撰写出大量有影响的通讯报道。1950—1957年，先后在新华社华东军区总分社、人民前线报社和解放军总政治部新闻处、报刊处工作。1957年5月，在总政治部主任肖华办公室工作。1970年，下放到山东省滨县武装部任政委。1975年，调任解放军报总编辑室主任。1977年，调总政治部主任韦国清办公室工作。出版散文集《涛声集》《半岛集》《蓝宝石集》。散文《雾中过三峡》曾收入中学课本。

姜国政（1926—1996）　小纪镇李家疃人，中共党员。1945年，参加革命工作。历任连指导员、党支部书记，营教导员，团政治处主任，某军政治部组织处处长，某师政治部主任，某军政治部副主任、主任和军副政委等职。

蒋忠新（1926—2000）　徐家店镇姜家秋口村人，中共党员，上海海军医学研究所潜水医学研究室副主任，中国航海学会救捞委员会委员。1945年参军，参加过平度、营口、海城、鞍山、梅河口、临江、通化、塔山、新乡、桂林等战斗和辽沈、平津等战役。立二等功2次，三等功5次。1952—1962年，先后在第七军医大学、哈尔滨军事工程学院俄语学习班、苏联季洛夫军事医学科学院潜水医学系学习。1962年7月起，先后在北京军事医学科学院生理研究所、上海海军医学研究所潜水医学研究室工作。所从事的中国第一艘深潜救生艇研制，获国家科技进步一等奖。参与研究的"潜水医学及其在军事上的应用"课题，获国家科技进步一等奖。负责的课题，获海军科技进步三等奖3次，全国科学大会奖1次，海军科研技术成果三等奖3次，全国科学技术进步一等奖1次。

尹　敏　生于1926年，朱吴镇上尹家村人，中共党员。1945年秋，在胶东抗日救国会烟台分会工作；同年冬，调入东北参加接管苏联红军解放的大连广播电台。1948年，编入中国人民解放军第四野战军进关干部大队。后南下武汉，在军管会工作。1949年10月，为接管国民党广州广播电台的军代表之一。历任科长、秘书长、副台长、副局长。1977年，调任广东省文教办副主任。1983年，任广东省科技委员会副主任。1988年，任广东省政协常委、科技委员会主任。

王树衡（1927.01—2003.08）　大阎家镇（今龙山街道）从上村人。1941年小学毕业，进烟台铁工厂学工。1943年8月，自荐海阳中学学文习武。1944年1月参加革命工作，1945年2月加入中国共产党。1944—1948年，历任胶东行署工商税务干训班队长，平南敌后武工队长，平东县政府区长、区委书记，莱芜战役支前大队、华东野战军南下先遣纵队第九支队指导员。中华人民共和国成立后，历任江西省赣

东北行署政务秘书、中共玉山县委书记、中共乐平县委书记、中共上饶地委组织部部长、中共上饶地委副书记、中共景德镇市委书记、中共赣州地委书记、中共宜春地委书记、航天部洪都飞机制造厂党委书记和江西省人民检察院党组书记、检察长。中共江西省委第七、八届委员会委员，中共第十一、十二次全国代表大会代表。1992年，入中央党校省部级干部培训班学习。

杨　毅　生于1927年4月，曾用名杨保奎，

盘石店镇栾家疃人，中共党员。1943年入胶东公学学习；3月，入胶东海军支队。1945年，即墨战斗后，赴东北消灭土匪，由南满到北满，参加战斗数十次。1946年，调牡丹江地区搞土改工作。1948年，先后参加辽沈、平津战役。后到河南伏牛山剿匪。1950年，参加抗美援朝，参加过3次战役。1952年年底回国，驻广东惠阳。历任文化教员、政治干事、副科长、牡丹江农村土改工作队队长，师宣传科科长，团政治处主任、团副政委，师政治部副主任，广州军区总医院副政委、政委，广州军区后勤部政治部副主任、军区工程兵政治部副主任等职。获独立功勋荣誉章、三级解放勋章和朝鲜民主主义人民共和国三级国旗勋章各1枚。1983年10月离休（副军职）。

于云先　生于1927年7月，徐家店镇南野

夼村人，中共党员，高级编辑。1942年入胶东公学学习，参加革命工作。1944年4月，加入中国共产党；8月，到新华社胶东分社任通信联络干事。1945年8月，任青岛前线记者，参加解放即墨战斗。1946年，调新华社滨北支社任记者。1947年，获山东省人民政府颁发的三等功奖状和奖章。1948年，南下河南，任新华社豫西分社记者、记者组组长、秘书兼广播编辑科科长。1949年3月，任新华社许昌支社副社长。1949年11月，任新华社河南分社采编主任。1952年，调新华总社，任编辑组组长、编辑部副主任等职。1953年，赴朝鲜任开城记者团记者，报道朝鲜停战和遣返战俘的情况。1970年，任新华社北京分社领导小组组长（社长）。1978年，调北京人民广播电台，先后任北京市广播电视局副局长兼北京人民广播电台台长等职。

辛长孝　生于1927年9月，小纪镇管帚夼

村人。1944年6月参军，1945年加入中国共产党，历任战士、连长，南京军事学院学员，团长，河北省军区某师副师长，北京军区某师副师长等职。先后在新泰、莱芜、平度三户山等战役战斗及抗美援朝战争中立二等功4次。1976年，在唐山抗震救灾中，受到叶剑英元帅和李先念副总理接见。

姜殿选　生于1927年11月，发城镇北槐树底村人，中共党员。1945年1月参加革命工作，1946年11月加入中国共产党，历任区青救会干事、学联主任、教师、文化干事、宣传干事、保卫干事、政治指导员、宣传股股长、宣传科科长、团政治处主任、步校政治教研室主任、喀喇昆仑筑路指挥部政治处主任、新疆维吾尔自治区气象局政委和陆军学校政治部副主任、校务部政委、校研究室主任（正师）等职。参加过解放济南、淮海战役、渡江战役、解放上海、浙江剿匪和抗美援朝战争，立三等功1次、四等功2次。先后被评为师级先进工作者2次。获中华人民共和国解放奖章、独立勋章及朝鲜民主主义人民共和国三级国旗勋章、军功章各1枚。

王吉道　生于1927年11月，海阳经济开发

区埠南村人。1945年4月，在胶东公学参加革命工作。同年12月，加入中国共产党。历任政治指导员、团长、团政委、师政委和军分区政委、司令员兼辽宁省朝阳地委书记等职。

李　镇　生于1927年，原名李珍，盘石店镇盘石店村人。1942年6月，参加中共外围组织“马列主义研究会”。1943年1月，加入中国共产党。参加革命工作后，历任海阳县委组织部干事，海阳县榆山区委书记、区武装部教导员、海阳县民工大队政委、华东支前司令部工作团干部中队教导员、安徽省六安地区支前指挥部科长、解放军第二野战军西南服务团干部中队教导员，青年团大竹地区工委副书记，青年团四川省委秘书长、副书记，四川省体育运动委员会副主任，四川省高等教育局副局长，四川省广播电视大学党委书记，四川省委、省政府科技顾问团顾问等职。参加过淮海、渡江、解放中南和解放大西南战役。1960年，率四川省篮球队访问缅甸和柬埔寨。1985年，随四川高教代表团访问美国和加拿大，当年被国家体委授予新中国“体育开拓者”称号。青年团第二次全国代表大会代表，中共四川省第一次代表大会代表。

姜培桂　生于1927年，发城镇姜家滂泊村人，中共党员。1944年参军，立二等功、三等功各7次。入朝作战回国后，到高级炮兵技术学校学习，获四野和中南军区一级模范称号。毕业后留校工作，出席总军械部先进工作者会议，受到毛泽东等中央领导的接见。后到军事工程学院学习，毕业后到华东工程学院任班主任，并被授予炮兵模范干部称号。1964年10月，参加国庆典礼，再次受到毛泽东等中央领导的接见。曾任华东工程学院系副主任、教务处长、附属学校党总支部书记兼主任，华东工学院工会主席等职。

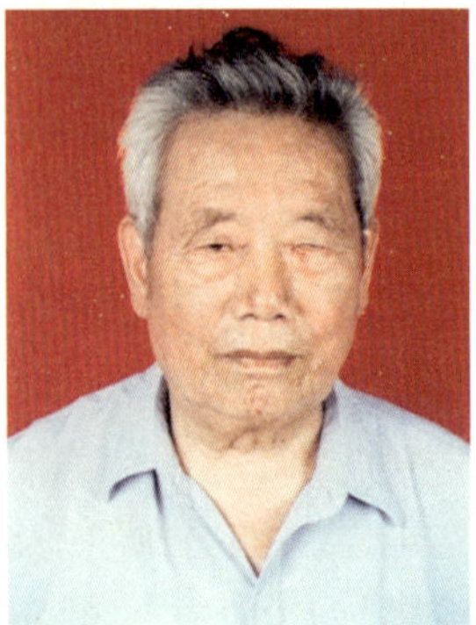

姜其温　生于1927年，发城镇上上都村人，中共党员。1943年参加革命工作，先后任江苏省邳县、东海县委书记，江苏省财政厅厅长等职。

鞠选之（1928.02—2018.02）　曾用名鞠守贤，小纪镇东梨园村人。1944年参加八路军，1945年加入中国共产党，历任胶东军区卫生员、文书、记者，华东野战军第九纵队技术书记，华野东线兵团司令部、第三野战军第九兵团司令部和上海淞沪警备司令部情报科员，华东军区司令部保卫部助理员，南京军区直属政治部保卫部科长、司令部直属政治部副主任，江苏省军区政治部副主任等职。获国家颁发的解放奖章、独立功勋荣誉章各1枚，立三等功2次，5次获先进工作者，受到通令嘉奖2次。曾当选为江苏省第五届政协委员。

黄云腾　生于1928年4月，二十里店镇西岚口村人，中共党员。1945年3月参军，1950年参加抗美援朝。回国后，在沈阳军区工作，任师长兼司令部参谋长，曾受过毛泽东等中央领导的接见。离休后，发表《杜鹃花开》《炮声隆隆》2部长篇小说。

于　德　生于1928年5月，曾用名于维德，徐家店镇南野夼村人，中共党员。1941年参加工作，历任印刷厂工人、校对，共青团烟台市委宣传部部长，烟台市政府秘书，烟台报社编辑、副总编辑，新华社山东分社副社长、党委副书记，新华社内蒙古分社社长、党委

书记，《瞭望》周刊评论员等职。

冷续仁　生于1928年6月，发城镇中夏屋庄人，中共党员。1945年2月参加八路军，历任班长、排长、连政治指导员、营政治教导员、团政委、师代政委、军政治部副主任等职。立大功1次，获三级解放勋章、独立功勋荣誉章各1枚。

修明斋　生于1928年8月，又名修英聪，小纪镇后沙埠前村人，中共党员。1943年参加革命工作，1945年参军。历任参谋、副科长、科长，副部长、副师长，空军某军司令部参谋长，空军某指挥所副主任、顾问等职。曾获南京军区先进工作者称号，被授予三级解放勋章、独立功勋荣誉章各1枚。

张志毅（1928.09—2002.10）　曾用名祺生，海阳碧城工业区嵩潜村人。1944年7月参加革命工作。1947年4月加入中国共产党。历任团政治处书记，连副政治指导员、政治指导员，团政治处文化股副股长、团飞行大队政委。1952年10月，参加抗美援朝战争，获朝鲜民主主义人民共和国三级国旗勋章。1953年，调海军航空兵第二师工作，先后任飞行大队政委、团政治处副主任、师政治部宣传科长。1958年，入中国人民大学学习。1960年，调海军院校从事马克思主义理论教育工作，先后任教员、教研室主任。1972年，调海军政治部政治处任代理主任、政治部机关党委副书记。1975年8月，调任海军某师副政委。1980年后，任海军天津干部学校政委，海军政治学院三系政委，海军政治学院副政委、政委等职。1988年，被授予海军少将军衔。

于毅文　生于1928年9月，原名于天保，郭城镇郭城二村人，中共党员。1942年入胶东公学学习。1943年6月，参加革命工作。历任文书、报务员、报务主任、电台队长、参谋、干事、团政治处主任、团副政委、团政委、沈阳军区中心医院政委等职。抗日战争时期，参加过莱西保卫麦收的反“扫荡”斗争，并参加攻克平度的战斗。日本投降后，挺进东北。解放战争时期，参加四平保卫战、四保临江、辽沈战役等。1948年11月入关，参加平津战役。1949年3月，奉命带电台随军先遣队南下，参加渡江战役。1950年3月5日，奉命率领电台人员同师先锋营偷渡琼州海峡，成功登陆海南岛，在敌后活动40余天，配合琼崖纵队接应海北大部队，一举解放海南岛；10月，参加中国人民志愿军入朝作战，经历第一、二、三次战役。后调志愿军司令部通信兵处任参谋。1957年回国，先后在沈阳军区政治部、后勤部和中心医院工作。先后立大功2次、三等功1次、小功6次。获勋章、奖章、军功章共5枚。

刘希凯　生于1928年12月，东村街道地北头村人，中共党员。1945年参军，同年加入中国共产党，历任班长、文化教员、宣传队分队长、政治指导员、营职干事、粤东军区政治部助理员、广东省潮州市兵役局副政委、广东省澄海县人武部政委和广州警备区政治部副主任、主任等职。曾立大功4次、三等功1次。1966年，代表广东省军区标兵单位——澄海县人武部参加国庆观礼，受到毛泽东、周恩来等党和国家领导人的接见。

项玉震　生于1928年12月，曾用名项立贤，

行村镇项家村人，中共党员。1944年参加工作，历任文书、书记、连政治指导员、营政治教导员、团政治处主任、团政治委员、军机关处长，南京军区群工部副部长、部长等职。立二等功1次。

于　倩　生于1928年8月，朱吴镇西石现村人。1944年参加八路军，1946年加入中国共产党。历任胶东军区特务营卫生员、胶东军区画报社通讯员、华东军政大学学员，华东野战军第三十一纵队连文化教员、排长、副政治指导员，华东野战军东线兵团参谋训练队学员，华东野战军第七纵队团司令部实习参谋，某师司令部参谋、炮兵团司令部副股长，南京第三炮兵学校学员，陆军炮兵教导大队大队长，炮兵团司令部副参谋长、炮兵司令部参谋长，师炮兵室主任，师司令部参谋长，沈阳军区政治部副秘书长兼直属政治处主任，副师长、代理师长等职。参加过胶东保卫战和兖州、济南、淮海、渡江、上海、福州、漳厦、东山岛等战役战斗20余次。先后立三等功、四等功各4次。1956年，被国防部授予解放奖章。1988年，被中央军委授予独立功勋荣誉章。其事迹被收编入《开国将士风云录》《盛世中华》《从军旗下走来》《世界人物辞海》《世界优秀专家人才名典》等书籍。

杨发勋　生于1928年，东村街道石剑村人，中将，教授。1944年春参加革命工作。1945年9月，加入中国共产党。先在胶东军区青训班学习，后历任海军支队班长、东北独立第八师第三团后勤处财务股长、公安内卫第一师第三团后勤处长，解放军后勤学院学员、教员。“文化大革命”期间，先后任军宣队队长，大兴县、怀柔县革委会副主任、县委副书记。1978年，重返后勤学院，历任学术研究室副主任、研究部副部长、训练部副部长、副院长、院长、院党委书记、学术委员会主任，同时兼任中国军事科学学会常务理事、中国军事未来研究会副会长、中国军事近代史学会副会长、中国《孙子兵法》研究会高级顾问。1988年9月，被授予少将军衔。1990年7月，被授予中将军衔。1992年10月，当选为中国共产党第十四次全国代表大会代表，并被选为第八届全国政协委员。

王祝金　生于1928年，小纪镇石马滩头村人，中共党员。1944年入胶东公学。1945年4月参军；同年奉调东北参加解放战争。1950年，赴朝参战。历任连政治指导员、股长、处长、副团长、师司令部参谋长、副师长、师长等职。曾立大功、三等功各1次，在朝鲜受勋1次。

初铭忠　生于1928年，发城镇榆山夼村人，中共党员，第三军医大学教授。1945年5月参加八路军，历任军医、医疗股长、军司令部卫生所所长。1960年，从第七军医大学（1975年更名为第三军医大学）医疗专业毕业后，任第七军医大学第二附属医院放射科军医、主任等职，主任军医、教授。1986年，参与成人呼吸道窘迫综合征实验研究，获军队科技进步二等奖。代表性著作有《战伤X线诊断》《成人呼吸窘迫综合征》等。代

表性论文有《实验性犬 ARDS 的 X 线表现》《钩端螺旋体病肺弥漫性出血的早期 X 线诊断》《101 例钩端病肺出血型的 X 线分析》《排粪造影的临床应用》《腹膜后纤维化的 X 线表现》《双腔右心室的 X 线诊断》等。1990 年，被评为总后勤部学习雷锋先进分子。1992 年，被四川省授予卫生系统先进个人称号，并立三等功 1 次。

颜　杰　生于 1928 年，方圆街道东石兰沟村人，中共党员，1947 年参军，历任文化干事、连政治指导员、营政治教导员、团政治委员、师政治部主任、师政治委员等职。

宋　旭　生于 1929 年 3 月，曾用名宋永旭，小纪镇司马官庄人，中共党员。1943 年参军，历任文化干事、参谋、科长、处长、团司令部参谋长、副师长和解放军体育学院系主任、训练部副部长等职（正师职）。曾任“塔山英雄团”司号长。参加过抗日战争及辽沈、平津等战役。3 次负伤，立大功 1 次、其他功 3 次，获独立奖章、解放奖章、独立功勋荣誉章各 1 枚，并被评为团战斗模范、爱民模范和师、军、军区积极分子。

修向辉（1929.05—2018.07）　方圆街道它山泊村人，中共党员。1943 年 7 月参加革命工作。1946 年 3 月，加入中国共产党。历任胶东公学学员、胶东军区司令部参训队学员，胶东军区第十六团第二营营部文书，东北民主联军第四纵队第十二旅第三十四团第二营书记，第三十四团政治处秘书、组织干事，广州军区某团政治处组织股长、政治处主任、团政委，广州军区某师政治部主任、师副政委，广州军区某军政治部副主任、军副政委，广州军区政治部青年部科长、政治部副主任，广东省军区政委等职。战争年代曾立大功 2 次、小功 3 次。1957 年，被授予三级解放勋章。1986 年，被授予独立功勋荣誉章。1987 年 10 月，当选中国共产党第十三次全国代表大会代表。1988 年 9 月，被授予陆军少将军衔。

王希先（1929.08—2003.09）　原名王喜先，留格庄镇前杨台村人，中共党员。1943 年春，在家乡参加民兵。1944 年夏，被区武装部任命为杨台行政村青抗先民兵队长。1946 年 2 月，考入华东局在临沂开办的山东大学附设交通专科学校；8 月，由山东大学介绍转入山东军区军政干部学校（该校 11 月与华中雪枫大学合并为华东军政大学）入伍。1947 年 1 月，分配到华东野战军第八师炮兵营第三连，先后任连队文化干事、团政治处宣教干事、技术书记，连副政治指导员等职。1948 年 8 月，调任华东野战军第三纵队司令部作战参谋。1956 年 8 月，调南京军区司令部军训处（后改称军训部），历任参谋、副科长、科长。1970 年，调舟嵊要塞区所辖岱山守备区、定海守备区任参谋长。1974 年，调军事科学院战史研究部任研究员、室副主任。1977—1982 年被借调到粟裕身边工作。1982 年，调南京军区司令部任研究室副主任、主任（正师）等职。先后参加即墨、莱芜、蒙泰、孟良崮、济宁、沙土集、豫东、济南、淮海、渡江、舟山群岛等多次战役战斗，头部等处负伤。立三等功 8 次、四等功 2 次，书面嘉奖 3 次。1955 年，被授予解放奖章。1988 年 9 月，被中央军委授予独立功勋荣誉章。

参与协助粟裕撰写回忆录。主要著述有《激流归大海——回忆朱德同志和陈毅同志》《对未来反侵略战争初期作战方法几个问题的探讨》《豫东之战——回忆开封、睢杞战役》《鲁南大捷》《苏中战役后的华中战局和宿北战役》《华东野战军外线出击和沙土集战役》《浅谈粟裕的军事思想》等。主持编辑出版《中国人民解放军南京军区大事记》和《中国人民解放军南京军区军事工作大事记》，主持创办军事学术杂志《学术研究》。

祝维秀 生于1929年，朱吴镇朱吴村人，中共党员。1947年参军后，历任班长、参谋、干事、股长、处长、师政治部主任、南京军区炮兵政治部副主任等职。立三等功8次，受通令嘉奖5次。曾兼任金陵老年大学副校长、南京军区老战士书画研究会常务理事、江苏文化活动中心副理事长、江苏农民书画研究会副会长、海阳书画院名誉院长。系当代书法家舒同的关门弟子，中国书法家协会会员。获世界铜奖艺术家称号和世界名人证书。其书法作品被中国军事博物馆、韶山毛泽东同志纪念馆、中国人民抗日战争纪念馆等处收藏；收入《当代中国书法艺术大成》《中国古今书法家辞典》《国际现代书画家大辞典》《中国当代老年书画家大辞典》。

尚　飞 生于1929年，曾用名尚申学，徐家店镇于家长沙村人。1943年入胶东公学学习。1945年年初，参加八路军胶东军区所属部队。1947年，加入中国共产党。历经抗日战争时期的胶（州）高（密）即（墨）等战役，解放战争时期的新泰、莱芜、孟良崮、周村、潍县、济南、淮海、渡江、淞沪战役，抗美援朝时期的第二、五次战役。1952年回国后，转入军队正规化、现代化建设和支援国家建设任务。1980年，毕业于军事学院高级系第二期。历任师司令部参谋、作训处副处长、作训处处长，师司令部参谋长、军司令部副参谋长等职。

张　波 生于1929年，曾用名张兆文，朱吴镇七寨村人，中共党员。1944年参加八路军。历任牡丹江军分区某团连指导员，炮兵某师政治部干事，志愿军炮兵某团营教导员、团政治处副主任、解放军高级炮校教员，军委炮兵党委办公室秘书，炮兵某团政委，炮兵某师政治部主任、副政委，解放军总政治部秘书处处长，炮兵某师政委，解放军后勤工程学院政治部主任、副政委、政委等职。1988年9月，被授予少将军衔。

于　坤 生于1930年1月，曾用名于仁川，发城镇多英村人。1944年，入胶东公学学习。1945年加入中国共产党。1946年12月，参加胶东军区政治部文工团（即国防剧团）做演员。1949年随军南下，曾任文工团乐队队长、创作室主任。1951年，被保送上海音乐学院干部进修班学习。1956年，毕业后返闽工作，筹建福建省民间歌舞团，历任省民间歌舞团业务团长，群众艺术馆馆长，音乐家协会秘书长、副主席、主席，省文化局文化处负责人及音乐工作室主任、顾问，中国音乐家协会常务理事等职，一级作曲家。一生致力于音乐创作，《夸文书》获1965年全国农村优秀歌曲奖，《创业者之歌》获1981年全国优秀群众歌曲奖。1982年，名列《中国艺术家辞典》。

董廷国（1930.02—2003.11） 盘石店镇北山后村人。1945年参加八路军。1947年加入中国共产党。曾任华东军区机要秘书。1965年，任徐向前元帅的秘书、办公室主任。1970年，任解放军总参谋部兵员处处长。副军级待遇。

姜惠莲　女，生于1930年7月，盘石店镇桃李村人，中共党员。1946年参军，1947年加入中国共产党。解放战争时期，先后参加过潍县、济南、孟良崮、淮海、渡江、上海等战役战斗。中华人民共和国成立后，参加过抗美援朝，经历第二、五次战役。战争年代，先后立二等功1次、三等功15次、四等功8次，获解放勋章，并受嘉奖。1956年，转业到中医研究院工作。1973年4月，经周恩来总理提议，调卫生部工作。1975年1月，被任命为卫生部副部长。“文化大革命”中，周恩来总理给予她很高的评价：“姜惠莲没有参加派系斗争，而是扎扎实实地工作。”1990年离休后，组织编写《医疗事故的防范与处理》《医与法》等著作，并担任《妇幼保健50问》一书的顾问。系中国共产党第九、十次全国代表大会代表。

姜培敏（1930.10—2011.06）　郭城镇港里村人。1945年4月参加八路军。1947年6月加入中国共产党。历任排长、连长、参谋，铁道兵某团司令部作战股长、某团司令部副参谋长、某团司令部参谋长，某团副团长、团长，某师司令部副参谋长，铁道兵西南指挥部作训处处长，某师副师长、师长，铁道兵指挥部副指挥（副军职），铁道部工程指挥部副指挥，中国施工企业管理协会副理事长，中国铁道工程建设协会副理事长，中国铁道建筑总公司企业管理协会常务副理事长等职。先后立二等功2次、三等功7次。1994年4月，离职休养。

张镜源　生于1930年10月，留格庄镇（今核电装备制造工业园区）霞河头村人，中共党员。1946年9月参加革命工作，1947年9月加入中国共产党。历任军政大学胶东分校学员、通信员、班长、文书，中共中央华东局办公厅机要员、机要秘书，中共中央华东局秘书长张彦的秘书、谭震林秘书，国务院副总理陈毅秘书，北京市化工二厂科长、车间党支部书记、厂党委副书记、厂革委会副主任，北京市化工研究所所长，北京市化工局宣传处副处长，交通部办公厅副主任兼党组秘书、部长叶飞的秘书，国家经委办公厅负责人，国务院副总理万里的秘书，国务院秘书长助理、副秘书长，中央国家机关工委常务副书记，国家行政学院副院长等职。中国共产党第十三次全国代表大会代表。

车香友　生于1930年10月，郭城镇西古现村人，中共党员。1945年参加工作，1946年参军，1947年加入中国共产党。先后任炮兵班班长、特务营排长、炮兵连政治指导员，空军第五航校学员、飞行教官，空军某师大队长、副团长、团长、副师长、师长，空军某飞行学院院长等职。在陆军服役期间参加过莱芜、济南、潍县等战役战斗，立三等功4次。在空军服役期间，参加过汕头、福州、漳州、连城等多次战斗。1950年，参加抗美援朝，指挥飞行员击落、击伤美机各1架。

王先进　生于1930年12月，曾用名王先晋，辛安镇瓦罐窑村人，1945年参加革命工作，并加入中国共产党。解放战争时期，先后参加过胶东、济南、淮海、渡江等战役。中华人民共和国成立初期，任杭州市公安局科长，中共中央办公厅警卫局科长。50年代后期，历任吉林省人民检

察院副处长，集安县委副书记，哲里木盟外贸局局长，通辽县委书记，哲里木盟委副书记，吉林省农机局局长，通化地委第一书记，吉林省委常委、组织部部长、副书记。1986年6月，任国家土地管理局局长、党组书记。中国共产党第十二、十三、十四次全国代表大会代表，第八届、九届全国人民代表大会代表，第八届全国人大环境与资源保护委员会委员。

于良志　生于1930年，留格庄镇小寨子村人，中共党员，中国作家协会会员，中国作家协会山东分会理事，山东省文联委员。1944年1月参加革命工作，任小学教师。1946年4月，出席胶东区文教模范代表大会，被选为三等模范小学教师。当年被保送到胶东师范（中师）深造。1947年，入华东新闻干校学习，后到大众报社工作。1949年，发表中篇小说《王老五和互助组》，获1950年《山东文艺》一等奖。1949年11月，调山东省文联任《山东文艺》编辑。1954—1956年，任《前哨》副主编。1972年，任《山东文艺》副主编。1978年，从事专业创作。1979年，任山东人民出版社文艺编审室副主任兼《柳泉》杂志副主编。1984年，任山东省文艺出版社副社长、总编辑兼《柳泉》杂志主编。其间，被聘为《中篇小说选刊》顾问。主要作品有短篇小说《代耕》《衣裳》《姐妹之间》，长篇小说《白浪河上》，散文集《飞花集》。名列《中国文学家辞典》。

丛恒南　生于1930年，东村街道大丛家村人，中共党员。1947年参军，历任副班长、文书、干事、政治指导员、助理员、团政治处主任、团副政委、团政委、旅政委、南京军区工程兵部政委、南京军区司令部直属政治部主任等职。在济南战役兴隆山战斗中轻伤不下火线。在淮海、渡江、闽北剿匪等战役中冒着敌人炮火抢救伤员，多次受到首长表扬。被评为南京军区优秀共产党员，受到南京军区《人民前线报》通令表彰。

范永敬　生于1930年，二十里店镇前店村人，中共党员。1945年3月参军，历任通信员、骑兵班长、侦察员。1952年，调空军第三航空学校学习飞行。毕业后，分配到民航（时属空军建制）任飞行员。后历任飞行中队长、飞行大队长、民航第二飞行总队副总队长、民航兰州管理局副局长（副军职）。1980年3月后，历任民航兰州管理局局长、民航兰州管理局顾问、兰州留守处主任等职。

李振涛　生于1930年，二十里店镇吴家埠村人，中共党员。1947年参军，曾任连队政治指导员、营政治教导员。中华人民共和国成立后，入青岛海军学院学习，毕业后留校任教，后调入大连海军学院任主任。“文化大革命”期间曾任大连市革委会主任。

刘明仁（1931.10—2018.10）　曾用名刘铭仁，行村镇前寨头村人。1946年3月参加革命工作。1948年12月加入中国共产党。历任文书、会计、股员、缮写员、军邮局长、政治指导员、教育干事、青年干事，师司令部秘书、保密室主任、兵役局预备役军官科长，广州军区司令部参谋、科长、国防工业办副主任和军务动员部副部长、部长，广州军区司令部办公室主任，广州军区纪

律检查委员会正师职、副军职专职委员、常委、副书记、常务副书记，广州军区党委委员、副书记兼直属党委书记，广州军区政治部副主任，中共第十四届中央纪律检查委员会委员等职。解放战争时期参加过鞍海、临江战斗，1947年夏秋季攻势及辽沈、平津、衡宝、广西战役。参加过粤东剿匪、解放沿海岛屿战斗。立大功3次、小功2次。1987年，率军区英模团出席全军第二次英模代表大会，并在全军广州政治工作会议上介绍经验。1988年，被授予少将军衔；3月，当选为第七届全国人民代表大会代表。

王振儒 生于1931年10月，曾用名王振玉，方圆街道南城阳村人，中共党员。1947年4月参军，入华东医科大学学习，毕业后在第三野战军医院任卫生员、助理军医，第九兵团第十九医院助理军医。1950年，参加中国人民志愿军入朝，在第三十四兵站医院任助理军医。1955年起，先后任海军四一五医院军医、助理员。1963—1967年，到总后勤部军医学院学习。1967年，调海军后勤部秦皇岛办事处，先后任助理员、科长、副处长。1980年，任海军四〇八医院院长。1983年，调任海军北戴河疗养院首任院长。1991年离休后，相继在《秦皇岛日报》《秦皇岛晚报》等报刊发表散文《日光岩上望海峡》《民兵民众抓飞机》《说竹》《王老三圆了储粮梦》等数十篇。参编《现代疗养学》《震撼世界一千天——志愿军将士朝鲜战场实录》等书籍。

姜澍川 生于1931年，郭城镇阵胜村人，中共党员。系中国作家协会会员、中国作家协会山东分会理事、中国乡土诗协会秘书长、中国散文诗学会会员、中国当代文学研究会山东分会理事、山东省连环画研究会副会长。1947年7月，在华野从事文艺工作。历任文工团分队长、创作组长，《山东画报》编辑，山东人民出版社文艺编辑、编辑组长、编辑室主任，《柳泉》编辑部副主任，山东省出版总社研究室副主任，山东美术出版社副总编辑等职。他的《当代国外游记选》《杨朔文集》，分获山东省编辑二、三等奖。其优秀作品多刊于《人民日报》《光明日报》《当代》《解放军文艺》《诗刊》等报刊。曾出版歌剧《菜园新歌》、长诗《闯龙礁》、长篇小说《八仙传奇》（与人合著）等。

黎秉礼 生于1931年，海阳旅游度假区胜利村人，中共党员，解放军军事学院毕业。1947年7月参军，历任师、军司令部参谋、科长，团长、副师长、军司令部副参谋长等职。

刘仁福 生于1931年，行村镇后寨头村人，中共党员。1947年参加革命工作，曾任“南京路上好八连”政治指导员，后任南京军区某部政治部主任，副军级。

辛镜敏（1932.11—2010.04） 留格庄镇（今核电装备制造工业园区）大辛家村人，中共党员。1947年5月参加革命工作。1952年6月，加入中国共产党。1949—1952年，在双鸭山矿务局任技术员、坑长、康拜因采矿大队大队长等职。1953年，考入北京矿业学院。1955年毕业后，考取原苏

联哈尔科夫矿院采矿工程系，1960年毕业，获采矿工程师学位。回国后，在北京矿业学院任讲师、副教授、教授，北京研究生部采矿工程研究室主任。1969年，作为专家赴阿尔巴尼亚进行煤矿设计工作。1981—1983年，作为高级访问学者赴美国明尼苏达大学、弗吉尼亚理工学院及州立大学访问进修。1984年，任煤炭部教育司副司长。1993年，任中国煤炭教育协会理事长，兼煤炭高教学会会长。

徐德堂　生于1932年，海阳经济开发区中房村人，中共党员。1955年，就读于南京工学院。毕业后，先后在海军第五研究所、海军某工程办公室、海军后勤部设计研究局、海军工程设计研究局等部门工作。1982年后，任海军工程设计研究局机场室工程师。曾参加过海军多个工程施工及海南岛乐东机场10千米输水外管线和多（高）层住宅小区、中日合资蔬菜研究中心实验楼的设计和反应堆换料废水除硼等研究工作。其中参加的海军某主体工程，获国家级优秀设计奖和科学技术进步一等奖。撰有《反应堆换料废水除硼研究实验报告》等论著。

王和洲　生于1933年8月，留格庄镇留格庄人，中共党员。1947年3月，入华东医科大学，先后参加过孟良崮、潍县、兖州、淮海、渡江、上海等战役，从事伤员的救治工作。1950年2月，任华野第九兵团第十九野战医院助理军医；11月，参加志愿军入朝作战，参加第二、三、五次战役。先后立三等功、四等功各4次，2次获朝鲜民主主义人民共和国三级国旗勋章。1954年，回国学习。1956年，考入第四军医大学。1960年，毕业后留校工作，历任住院医师、外科教研室副主任、医教部副主任，主任医师、教授。“文化大革命”期间遭迫害，1978年12月平反。1980年起，任解放军第二十二医院院长、党委书记。1987年调某军医大学医学教育教研室工作，所指导的课题《青藏线海拔3500～5200米不同高度对人体生理影响》为高原后勤保障做出贡献。

孙维约　女，生于1933年，郭城镇郭城一村人。中国民盟成员，北京钢铁学院教授。苏联矿业学院毕业后，于1959年分配到北京矿业学院机电系选矿教研室工作。1970年，调北京钢铁学院（今北京科技大学）教研室工作。1986年，被国家教委授予“全国教育系统劳动模范”称号，并获得“人民教师奖章”。名列《华夏妇女名人辞典》。

张秀夫　生于1934年，原名张秀福，留格庄镇（今核电装备制造工业园区）霞河头村人，中共党员。1948年，参加革命工作后，先到华东工商干部学校学习，翌年随军南下，中途曾任驻苏南丝茧公司军代表。1950年，加入中国共产党。中华人民共和国成立后，历任浙江省盐务局会计，浙江省人事厅调统股负责人，浙江省委组织部干事、秘书，仙居县文教科科长，仙居县委宣传部副部长、调研室主任、办公室主任，浙江省委社教工作分团办公室副主任。“文化大革命”中，到“五七”干校劳动4年，后历任县委报道组组员，办事组副组长，县委常委、县委组织部部长，县委副书记，浙江省委警卫处处长，浙江省公安厅副厅长兼杭州市公安局局长，浙江省委常委、政法委员会主

任，浙江省公安厅厅长等职。1985 年 11 月，调任中国人民武装警察部队政委。1988 年 12 月，被授予武警少将警衔。1991 年，任司法部常务副部长（正部级）。

张丰举 生于 1935 年 2 月，原名张凤举。朱吴镇莱格庄人。1951 年 2 月，任小学教师。1956 年 2 月，参军入伍，11 月加入中国共产党。入伍后，历任学员、文书、秘书、干事、科长、大队政委、潜艇基地装备修理部政委，授大校军衔。书法作品入选《当代著名书法家精品集》《中华翰墨名家作品博览》。艺术传略载入《中国历代书画名家大辞典》《世界名人录（中国卷）》。在翰园碑林、文山碑林等处勒石。

张就兹 生于 1935 年，留格庄镇（今核电装备制造工业园区）南庄人，中共党员。1963 年，毕业于青岛海洋学院，并留校任助教。1965 年，调交通部第一航务工程勘察设计院任技术员和干部干事。1969 年，调交通部第一航务工程局第二公司任技术员，主持建成北海船厂码头和防波堤。1978 年，调回青岛海洋学院，先后任教员、讲师、高级工程师、教授。参与完成“八五”国家攻关三级课题、国家港口工程技术规范等科研课题 28 项。在国家一级和核心刊物上发表论文 22 篇，获国家科技进步二等奖 1 项（集体）、山东省科技进步一等奖 1 项（集体）等。创造防波堤护面块体栅栏板的计算方法。

王举春（1936.04—2014.11） 大阎家镇（今龙山街道）从上村人。1961 年，毕业于山东艺术学院美术系，曾师从戴秉心、吕品、于希宁等书画名家。先后在烟台地区艺术馆、海阳县文化馆从事美术组织辅导工作。系烟台市文联委员、烟台市美术家协会理事、烟台画院顾问、山东美术家协会会员、中国美术家协会会员、海阳县文化馆研究馆员、中国历史博物馆画廊客座教授。其画风质朴无华，作品多贴近现实生活。画作风格独特，有较高的艺术性与学术性。先后有百余件作品参加国内外重大展览，其中 11 件作品分获不同奖项。主要作品，油画有《送瓜上门》《人民子弟兵》《姐妹间》《阳光下的笑声》《老屋》《果园》《秋水》《海》《静静的流》等；国画有《根基》《老顽童》《秋艳》《幸福时刻》等；年画有《遍地红旗遍地歌》《硕果累累》《长大我要当空军》《宝玉与黛玉》《凤仙促读》《全家乐》《福撒人间财盈门》等；连环画有《拔钉子》《爆炸大王》等。其传略分别被《中国美术辞典》《中国美术年鉴》《中国美术家名人大辞典》《中国当代艺术界名人录》《世界名人录》《中国高级专业技术人才辞典》等 30 余部书典收录。

于 珍 生于 1936 年，留格庄镇小寨子村人。1956 年加入中国共产党，1960 年 8 月参加工作，吉林工业大学农业机械制造专业毕业，高级工程师。中国机械工业联合会会长、党委书记。曾任吉林工业大学教研室党支部书记，一机部部长秘书、国家农机总局负责人，机械部农机局副局长、轻工业部机械局局长、轻工业部副部长、轻工业部常务副部长兼部机关党委书记，中国轻工业总会会长、党组书记（正部级）兼中华全国手工业合作总社主任，国家经贸委副主任、党组成员（正部级）兼国家经贸委机关党委书记。中共第十三、十四、十五次全国代表大会代表，中共第十六次全国代表大会列席代表，第十届全国政协常委。

于明波 生于 1938 年 2 月，留格庄镇小寨

子村人，中共党员，研究员。1964年7月，毕业于西北工业大学，在航空部西安飞机工业公司设计部门、西安飞机工业（集团）有限责任公司设计部工作，历任设计员，研究室副主任、主任，设计部副总设计师等职。主要从事大、中型军用运输机和中、远程轰炸机的研制工作。在参加轰六某改型机研制任务中，任型号研制总设计师，立一等功，获国家科技进步二等奖；参加空中加油工程研制任务时，任空中加油飞机副总设计师，先后2次立一等功，并获1996年航空部科技进步一等奖、1998年国家科技进步特等奖。被评为陕西省国防科技工业系统先进科技工作者，航空部授予其劳动模范称号。

沈兆吉　生于1938年8月，留格庄镇草家泊村人。1957年12月入伍，1960年7月加入中国共产党。历任排长、作训参谋、团司令部副参谋长、副团长、团长，1976年，任内长山要塞区副司令员兼参谋长。1980年，任济南军区某师参谋长。1982年，任济南军区某师师长。1983年，任某部司令部参谋长。1985年9月，任某部司令员（副军职待遇）。1990年6月，任陆军某集团军军长。1994年4月，任山东省军区司令员。1996年2月，任济南军区后勤部部长。同年12月，任济南军区司令部参谋长。2000年12月—2002年1月，任济南军区副司令员。1988年9月，被授予少将军衔。1998年7月，晋升中将军衔。第八届全国人大代表、中共十四大代表、第十届全国政协委员（军队特邀组）。

孙维刚（1938—2002）　郭城镇郭城一村人，北京市第二十二中学数学教师，中共党员。北京市数学特级教师，中国数学学会理事，第九届全国人民代表大会代表，北京市首批有突出贡献的专家，首批中国数学奥林匹克高级教练，并获首都“五一劳动奖章”，被评为北京市模范班主任、北京市杰出教师、全国师德标兵。从教40年，先后担任过物理、历史、数学等学科教师，还曾担任过学校篮球队、乒乓球队教练及领队等。1980年，率先实行六年一循环的教育教学改革实验（即从初中一年级跟班，直到高中三年级），获得成功。在1991—1997年的第三轮实验班中，学生的德智体得到全面发展，素质显著提高。全班40人全部升入大学，有38人超全国重点大学分数线，其中22人分别考入北京大学、清华大学。其事迹在全国多家报刊及电视台报道。1992年，在带领学生参加国际奥林匹克数学竞赛时病倒，先后做过5次手术，出院后仍带病坚持工作。1998年再次病倒，诊断为癌症晚期。其间，学生及家长轮番探望，北京市市长刘淇到医院慰问，国务院副总理李岚清派人送花篮。

周丽斌　女，生于1938年，郭城镇北朱村人，国家一级导演。毕业于北京戏曲学校，24岁拜著名京剧大师尚小云为师。1950年，在实验京剧团任分队长，主演“刀马旦”“花旦”。1953年，陈毅元帅到山东观看演出，时年15岁的周丽斌在《悦来店》中饰娃娃生安骥，陈毅夸奖她：“你演得很好，我以前看的都是大人扮演的娃娃生，而你真是一个娃娃。”1955年，被评为优秀青年演员。1959年，调任山东吕剧团主要演员。1962年，任导演。导演的吕剧《龙凤面》被载入1982年《文艺年鉴》，吕剧《梆声阵阵》获全军会演优秀奖。吕剧《王小赶脚》1985年获省青年演员会演优秀奖。她编写的剧本主要有《刑场婚礼》《凌云》《飞舟赶命》等，并撰写《戏曲身做学》一书。

王金友 生于1940年，留格庄镇前望海村人，中共党员。1970年毕业于北京邮电学院（今北京邮电大学）无线电通信工程系。1972年参军，在广州军区某部工作，先后任通信修理所技师，通信科参谋、副科长、科长。1988年，调广州军区后勤部指挥自动化工作部任站长兼高级工程师。2001年，改为技术五级（军职工资、正师级待遇）。率领计算机技术人员，成功研究出指挥自动化软件系统，先后获军内科技成果进步奖16项。其中二等奖4项、三等奖12项。

黄道君 生于1940年，盘石店镇大榆村人。1960年应征入伍，进解放军西安西北军事电信工程学院学习。1965年，毕业于该院雷达导航专业，并留院做教学组织工作，后改任教师。先后任教研室主任、讲师、副教授、教授、副院长等职。主持申报并创建自动控制、工业自动化、电气技术和生物医学工程4个专业，指导15名硕士研究生，出版《仿真技术》《控制系统CAD及MATLABL语言》2本教材和《微机原理及应用》网络课件，发表科技论文20余篇、教学研究论文10余篇，主持完成过多项科研项目，多次获省（部）级科技进步奖，兼任陕西省自动化学会常务理事和教育与普及专业委员会主任委员。

黄金鹏 生于1941年8月，二十里店镇后店村人，中共党员。1960年，考入解放军张家口外国语文学院学习日本语。1964年，毕业后分配到北京军事科学院工作，主要从事外国军事研究工作。先后任研究室副主任、主任等职，多次获军事科学院优秀学术成果奖。授大校军衔。2000年8月退休，正师级。

王树国 生于1942年7月，大阎家镇（今龙山街道）从上村人。1967年7月，山东师范学院中文系毕业。历任济南日报社记者、明天出版社科普读物编辑室主任、山东省出版总社研究室副主任、山东文艺出版社总编，正编审。作为编委，参与策划、组编、审定、出版的12卷300万字“中华魂丛书”，获1992年中宣部“五个一工程”优秀图书奖。创作出版《大刀于七》《泰山奇侠》《侠女戏乾隆》等武侠小说和《香港来客》等侦探小说。发表杂文、散文、图书评论文章30余篇。

侯天启 生于1942年10月，郭城镇大侯家村人，1965年加入中国共产党。1961年7月，在海阳一中读高中时应征入伍，经过北海舰队训练团培训，分配到海军某鱼雷快艇部队服役，连年被评为五好战士、一级技术能手。历任鱼雷快艇副艇长、艇长，鱼雷快艇中队副中队长、中队长。1978年3月，被选送到海军学院舰艇指挥班学习。1979年7月，被任命为某快艇大队司令部参谋长。此后历任某快艇支队司令部作训科长、副参谋长、参谋长等职。1988年9月，被授予海军大校军衔。1991年2月，到海军指挥学院战役指挥班培训。1992年，任某快艇支队支队长。1995年2月，任海军青岛基地司令部参谋长；1996年7月，任该基地副司令员，被授予海军少将军衔。多次被海军、舰队评为军事训练、行政管理先进主官，多篇文章载于军事学术刊物。

王溪畔 生于1943年，辛安镇向阳村人，中共党员，高级编辑。1968年，毕业于中国人民大学哲学系。1969年，分配到山东人民广播电台，先后任记者、编辑、第一副台长、第一副台长兼新闻部主任、台党委书记等职。曾任中国广播电视学会、广播评论委员会副会长，山东杂文学会副会长等。名列《全国著名编辑记者》《世界著名华人》。

孙德仁 生于1943年，大阎家镇（今龙山街道）海丰村人，中共党员。1961年参军，历任高级后勤学校学员，某部队司令部管理处书记，政治部组织处干事、副处长，某部政委，政治部主任、副政委、政委（师级）。立三等功1次。

薛天培 生于1944年7月，朱吴镇河西村人，中共党员。1961年8月—1967年8月，在海军潜艇学院学习。毕业后，历任海军某部队长，海军司令部潜艇部部长，海军某部司令部参谋长、副司令员（副军级），海军湛江基地司令员，海军南海舰队副司令员等职，少将军衔。

臧海强 生于1945年5月，小纪镇中山夼村人，1962年8月参加工作，1970年12月加入中国共产党。1962年8月—1971年9月，在海阳县工作，历任小学教师、县委工作队工作组长、坊坞公社社长、发城公社革委会常委、辛安公社党委副书记。1971年9月—1974年1月，在烟台地委组织部任干事；1974年1月—1979年3月，先后任海阳县小纪公社党委书记，海阳县委副书记、书记、县革委会主任；1979年4月援藏，任西藏自治区日喀则地区萨迦县委书记。1981年4月返回，先后任烟台地区经委副主任兼烟台市口岸办公室主任和烟台市交通局局长、党委书记。1987年8月调威海市工作，历任市委常委、副市长兼市委政法委书记，市委副书记、代市长、市长、市委书记，其间曾兼任市委党校校长、市人大常委会主任。1998年6月，任山东省人民政府党组成员、省长助理。2008年5月退休。中共十四大、十五大代表，山东省第六、七次党代会代表，山东省第七、八、九届人大代表。

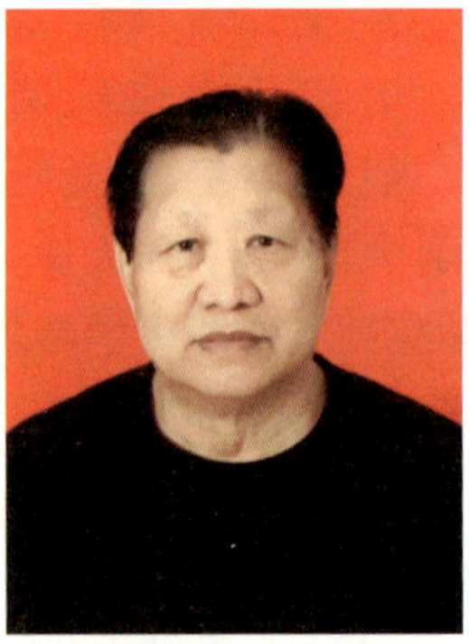

张兆喜 生于1945年6月，大阎家镇（今龙山街道）路疃人，中共党员。1962年毕业于海阳十中。1963年，任村民办教师。1965年，参加文登社教工作队。1967年，毕业于山东省团校，同年调济南第一机床厂，历任工人、车间党支部副书记。1973年，调山东省革命委员会群众工作组，同年调共青团山东省委，先后任青工部干事、副部长、部长，工农青年部部长。1984年至1986年7月，在山东省委党校干部专修科学习。1986年7月至2005年，任山东省审计厅办公室主任、副厅长。2004年，任正厅级巡视员。系山东省注册会计师协会副会长、中国内部审计师协会常务理事、山东省内部审计师协会会长。

高挺先 生于1945年6月，方圆街道儒家村人。1964年9月，到山东省团校学习并参加省派齐河县社教工作队，后到文登县参加社教运动，任分队秘书。1965年5月，加入中国共产党。1966年6月，到大众日报社，历任记者、编辑、主任编辑、军政部副主任，并到青州挂职任市委副书记两年。1990年后，任大众日报社高级编辑、总编室主任、党委常委、副总编辑。1993年，任山东省委宣传部副部长、副部长兼任省精神文明建设委员会办公室主任（正厅级）。1998年，任省委委员、宣传部常务副部长。2004年12月，任省委宣传部常务副部长兼省新闻工作者协会主席、省新闻学会会长。出版的专著有《新闻宣传理论与实践》等，编著有《马克思主义新闻观基础读本》《大写的中国人》《艰难的崛起》《共和国的故事》《与时俱进的中国》等。

于华礼 生于1945年10月，小纪镇下碾头村人，中共党员。1963年冬季参军。1983年，任北京卫戍区仪仗大队大队长。1993年，任北京卫戍区司令部副参谋长。在任仪仗大队大队长期间，大队被中央军委授予“军旅标兵”称号。先后组织带领部队完成迎接外国元首、政府首脑和军队高级将领的仪仗司礼任务数百次，参加并组织3次国庆阅兵任务，立二等功1次、三等功2次。

刘景晨 生于1946年4月，留格庄镇步鹤村人，中共党员。1964年12月应征入伍，先后任驱逐舰鱼雷军士长、反潜区队长、导弹部门副政治指导员，潜艇鱼水雷部门长，海军基地司令部军训处参谋、鱼水雷业务长，舰艇大队司令部参谋长，海军基地司令部军训处长，舰队舰艇训练中心主任，快艇支队支队长，海军基地司令部参谋长、基地副司令员等职。其间，曾先后入海军舰艇学院、指挥学院及国防科技大学学习。2000年7月，被授予海军少将军衔。

毕可仁 生于1946年11月，郭城镇肖家庄人，中共党员。1968年9月参加工作，历任海阳县郭城公社干部、县委办公室秘书，烟台市人事局办公室副主任、主任，威海市劳动人事局党组副书记、副局长，威海市委副秘书长、市委办公室主任，威海市委常委、组织部部长，潍坊市委常委、组织部部长、副书记，潍坊市委副书记兼市纪委书记，潍坊市人大常委会党组书记、第一副主任（正厅级）。

刘 战 生于1947年5月，徐家店镇北水头村人。1966年加入中国共产党，中央党校研究生学历，高级政工师。1968年入伍，历任战士、政治处干事、山东省军区政治部宣传处处长。1989—1996年，在山东省委组织部工作，历任党员电教中心副主任、主任。1996—2002年，调任日照市委常委、组织部部长、副书记。2002年，任山东省地矿局党组书记、局长。2006—2013年，在山东省政协工作，历任委员、常委、经济工作委员会副主任（正厅级）。

孙玉国 生于1947年6月，号石磊，小纪镇小纪村人。1980年结业于中央工艺美院，中国美术家协会会员。原中国三峡画院副院长、京华蓝天书画院常务副院长、中国山水画研究会理事，中国民主建国会会员。从事山水画研究数十年，作品曾在中国美协举办的大展中4次获奖。中央电视台二频道《艺术品投资》、四频道《走遍中国》、书画频道《天下收藏》栏目及山东电视台《天南地北山东人》栏目均以专题报道。出版专著《石磊画集》《美术家石磊》《石磊崂山作品选》《盛世典藏·当代国画名家石磊》《大匠之门》，荣宝斋出版社出版《石磊山水画》。曾在国内外多次举办个人画展。作品《山河常青》《黄河壶口神韵》《江山如画》等先后被全国人大常委会会议中心、中共中央党校、中央警卫局等收藏；并为海阳市2012年第三届亚洲沙滩运动会创作巨作《锦绣山河情》。

李书绅 生于1947年7月，盘石店镇朱兰夼村人，中共党员，山东大学国际政治关系学院研究生班毕业。1966年2月参加工作，历任二十里店、大阎家公社青年干事，小纪公社党委副书记，共青团海阳县委副书记、书记，朱吴公社党委书记，海阳县委常委、宣传部部长、副书记，海阳县委副书记、县政府代县长，文登县委副书记、县政府县长，文登市委书记，威海市委常委、市纪委书记，淄博市委副书记、市政府市长，山东省经贸委副主任、党组副书记（正厅），山东省经贸委副主任、党组书记兼省委企业工委副书记，山东省经贸委主任、党组书记兼省委企业工委副书记等职。第十届全国人大代表。

赵秀云 女，字凌霄，号牡丹、芊雨，生于1947年10月，辛安镇赵家村人，国家一级美术师。自幼习画，长期专注于中国画的研究与探索，写意花鸟画赢得专业人士和许多收藏者的赞誉，尤以牡丹为最。作品多次参加国内、国际书画展，并获金、银奖等荣誉。作品作为国礼被赠送给出席联合国第四次世界妇女大会、第十三届国际档案大会、第二届APEC国际贸易博览会的代表嘉宾等，被中国美术馆、中央档案馆、中国农业博物馆、毛主席纪念堂、人民大会堂、天安门城楼、中南海等单位收藏。部分作品被编入《当代书画精品集》《海峡两岸书画家精品集》《强国丰碑》《全国名家书画精品集》等图书、画集，入选《世界美术家传》《世界名人录》《名人亚洲》。第九、十、十一届全国政协委员，全国政协书画室委员，九三学社中央文化委员会委员，九三北京书画院副院长，中国民族书院常务理事。

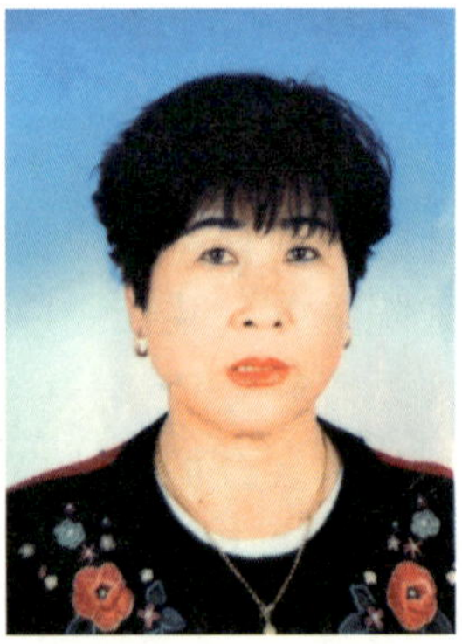

黄辉道（1947.12—2006.05） 盘石店镇大榆村人，中共党员。1968年3月，在海阳一中读书时参军，历任排长、连政治指导员、团政治处干事、营代理政治教导员、团政治处副主任、团政治处主任、团政委、济南军区司令部直属工作部副部长、济南军区某部政委，山东省军区副政委等职。2004年，被授予陆军少将军衔。立三等功3次。

赵葆秀 女，生于1948年1月，祖籍辛安镇赵家村。1968年，毕业于北京戏校，受业于孙甫亭。1981年，正式拜京剧表演艺术家李金泉为师。系北京京剧院主演，国家一级演员，享受政府特殊津贴，第十届全国政协委员，中国戏剧家协会会员，北京市剧协理事，北京市振兴京昆协会理事，北京市劳动模范、先进工作者，首都“五一劳动奖章”获得者，北京市首届中青年德艺双馨奖获得者。主演的新编近代历史剧《风雨同仁堂》获得文化部“文华奖”、中宣部“五个一工程奖”、北京市第二届文学艺术奖和北京市“十个一工程奖”。

于国光 生于1948年1月，郭城镇垛崖底村人，中共党员。1968年3月入伍，先后任战士、文书、班长、排长、团司令部作训参谋。1976年，在济南军区军政干校学习，获“优秀学员”称号。1977年5月—1981年11月，在济南军区工程兵工兵某团工作，任司令部

作训股参谋、副股长等职。1981 年 11 月—2000 年 9 月，历任山东省委办公厅副科级干事、科长、副处长、正处级秘书、处长，滨州地委委员、组织部部长。其间，1988—1989 年，在山东省委政治体制改革研究室工作。2000 年 9 月—2008 年 1 月，历任政协山东省委员会副秘书长，研究室主任（正厅级）、办公厅党组副书记，港澳台侨和外事委员会主任。中共山东省第七次代表大会代表；政协第八届山东省委员会委员，第九、十届山东省政协常委。

孙洪宪 生于 1948 年 5 月，郭城镇西楼子村人，中共党员。1969 年 2 月参军，历任广州军区某团战士、副班长、班长、排长、团政治处干事，广州军区直属政治部干事，广州军区司令员许世友的秘书，广州军区某站政治处宣传股长、政治处副主任，广州军区司令部直属工作部宣传处副处长、处长、秘书处长，广州军区司令部军事工作研究室副师职研究员、师政委，大校军衔。1979 年，参加对越自卫反击战，立三等功 1 次。先后被广州军区司令部评为优秀机关干部，被广州军区党委评为优秀党务工作者。在报纸、杂志发表文章 200 余篇。先后出版军旅文学作品《在许世友身边的日子》《激情年华》等。

王志远 生于 1948 年，字正斋，号沛溪，盘石店镇嘴子后村人，哲学硕士、文学博士，海阳市沛溪书院院长。1984 年研究生毕业后，到中国社会科学院世界宗教研究所佛教研究室从事佛学研究。1985—1989 年，在北京大学哲学系宗教学专业讲授中国佛教史。1990—2016 年，历任中国佛学院客座教授、中国社会科学院世界宗教研究所佛教文化艺术研究室（2003 年更名为宗教文化艺术研究室）主任、北京大学研究生院宗教学系研究生班主办人兼客座教授、中国社会科学院书画家协会副主席、中国社会科学院研究生院导师、中国社会科学院世界宗教研究所和中国宗教学会合作举办的高级研修中心主任、中国宗教学会副会长、中国宗教学会顾问、北京华夏管理学院国学院院长。创办中国传统文化素质教育研究所、北京圣泉宗教文化艺术中心。主编《宗教文化丛书》《佛教文化》《大道》《中华佛教二千年》《中国佛教百科》《宗风》《百年佛教高僧大德丛书》《圣陶经典诵本》《圣陶经典读本》《圣陶经典讲本》。取得《中华佛教文化城》《佛教文化陵园》《“神圣中华”传统文化建筑群及其总体布局》国家发明专利。出版《宋初天台佛学窥豹》《禅诗今译百首》《〈教观纲宗〉今译》《中国当代书法名家——王志远》《大匠之门——沛溪书法作品精选》《大匠之门——沛溪书八十八佛名礼赞》《沛溪书法专辑》《中国佛教表现艺术》。发表《宗教教育与世俗教育》《儒教与传统文化素质教育启蒙运动及其出版物》等论文数十篇。入选《世界学者名人录》《世界艺术家名人录》。

王可富（1949.11—2008.07） 留格庄镇望格庄人，1976 年毕业于山东医学院医学系。1984 年后，任山东医科大学附属医院（今山东大学齐鲁医院）心内科主治医师。1991 年，晋升为副教授。1997 年，晋升为教授。2000 年，晋升为博士研究生导师，先后任中国危重病医学专业委员会副主任委员、山东省危重病医学专业委员会主任委员，中华医学会心电生理和起搏学会、心脏 TC 起搏专业委员会委员、山东分会主任委员，山东生物工程医学学会、心脏起搏专业委员会主任委员，山东病理生理学会副理事

长。主要从事心血管内科心脏介入性治疗及危重病的抢救工作。大学读书期间参编的《针灸图谱》一书，被译成英、法、德、日四国文字，在10余个国家发行。1994年后，多次受邀前往美国、德国、法国、澳大利亚、加拿大等国及中国香港、澳门地区参加学术交流活动。在多种期刊上发表论文20余篇。主编《急诊医学》（人民军医出版社）、《实用危重病学》（山东大学出版社），还参编《急救护理学》（人民出版社），其《急诊医学》《急救护理学》被选为全国五年制本科医学专业统编教材。系省级科技拔尖人才。2001年，获全国五一劳动奖章。

高　秀　生于1950年2月，方圆街道迟家村人，1972年10月参加工作，中共党员，方圆集团董事局主席，高级经济师。先后兼任海阳市市长助理、市政协副主席、市人大常委会副主任。1980年5月起担任企业负责人。将方圆集团由一个濒临倒闭的社办农具厂发展成为总资产25亿元，跨地区、跨行业的企业集团。企业连续30余年纳税额居海阳市财税贡献榜首位，累计上缴税金18亿元。先后被授予“山东省优秀共产党员”“山东省优秀人大代表”“全国机械行业优秀企业家”“中国优秀乡镇企业家终身成就奖”“全国建设机械行业质量管理活动卓越领导者”“全国劳动模范”“中国工程机械行业终身成就奖”“庆祝改革开放40周年感动烟台人物”“改革开放40周年影响烟台功勋民营企业家”“烟台市经济发展功勋个人”等荣誉称号。山东省第九届、十届、十一届、十二届、十三届人大代表。系烟台市民营企业家协会名誉会长、山东省中小企业协会会长、中国工程机械工业协会副会长。

黄金光　生于1950年8月，二十里店镇后店村人。1968年3月入伍，1970年5月加入中国共产党。历任部队技工（战士），部队“三结合”技术革新小组战士代表，山东工学院工农兵学员，烟台地区技校教学专业组组长，烟台地委学大寨工作组文书，烟台地区技校组织干事、人事干事，烟台地区劳动局科员，烟台地委学大庆工作组成员，烟台市劳动局副科长、科长、局党组成员、副局长，莱州市政府挂职副市长，招远市委副书记，山东省劳动局计划处处长，山东省社会保险局局长、党委书记，山东省劳动和社会保障厅党组成员，山东省人力资源和社会保障厅巡视员。

于前章　生于1950年，留格庄镇小寨子村人，中共党员。1969年，参加中国人民解放军。1970年，军事学院学员。曾任连长、营长，湛江市海军某旅旅长等职。1999年，任广东省军区副司令员。

赵学华　生于1951年4月，海阳经济开发区赵家庄人，中共党员，毕业于中央党校经济管理（系）专业。历任中国人民解放军八一电影制片厂影片生产部副主任、故事片部主任，大校军衔，文职技术四级（正师级）。担任制片主任和制片人的作品有《大决战——淮海战役》《雷场相思树》《惊涛骇浪》《惊心动魄》《惊天动地》《我的长征》《太行山上》《大战宁沪杭》《解放大西北》《冲出亚马逊》《万箭穿心》《蓝色骨头》《牛郎织女》《北京地铁》等，立三等功2次。

纪悦毅　生于1951年5月，小纪镇大孟格庄人，中共党员。1969年3月—1973年2月，任广州军区通信总站战士。1973年2月—1980年11月，任小纪镇大孟格庄党支部书记。1980年

11 月 —1984 年 3 月，历任发城公社宣传干事、管委会副主任、党委副书记。1984 年 3 月—1987 年 2 月，历任发城镇镇长、党委书记。1987 年 2 月 —1990 年 6 月，任东村镇党委书记、海阳县委委员。1990 年 6 月—1996 年 11 月，历任国家环保局全国环境监理干部培训中心副主任、主任。1996 年 11 月—2004 年 11 月，任国家环保总局北京会议与培训基地主任。2004 年 11 月—2009 年 2 月，任环保部机关服务中心主任、机关服务局局长，兼办公厅副主任、北京会议与培训基地主任（正司级）。2009 年 2 月—2012 年 6 月，任环保部环境执法局巡视员。

于永初　生于 1952 年 2 月，行村镇文山后村人。1969 年 12 月，参加中国人民解放军，历任战士、副班长、文书，团司令部管理股文书、给养员，排长，团政治处干事、副股长。1982 年 9 月，徐州工程兵学院政治系学习。1985 年 1 月起，任某团政治处副主任、主任，团政委。1997 年 4 月，任济南军区司令部直属工作部副部长。2002 年 12 月，任东营军分区政治委员，兼任东营市委常委。立三等功 2 次，被国家防汛总指挥部表彰为抗洪抢险先进个人。

张吉龙　生于 1952 年 2 月，小纪镇前泊子村人，中共党员。1969 年参军。1972 年，转业到国家体委，参与外事工作，同年进入北京第二外国语学院学习；1975 年毕业。1976 年 1 月，派往国外工作。1978 年年底，回国后负责足球外事工作。1989 年，进入亚足联担任规则委员会委员。1994 年，进入国际足联女子委员会。1996 年，补选为亚足联副主席，兼任竞赛委员会副主席。曾

担任北京奥运会组委会体育部部长。2008 年，担任亚奥理事会执委、体育委员会主席。2009 年 1 月，调任国家体育总局对外交流中心主任。2011 年 5 月，以亚足联第一副主席身份成为执行主席。2012 年 9 月退休，仍以亚足联代理主席身份主持亚洲足球工作。2013—2015 年，担任亚足联副主席。2014 年 1 月，当选第十届中国足球协会副主席。2015 年 2 月—2016 年 9 月，担任亚足联副主席，兼任裁判委员会主席。2016 年 7 月，辞去亚足联副主席职务。2017 年 1 月，任中国足球协会顾问。2018 年 5 月，担任亚足联名誉副主席。撰文《中国足球产业开发的探索与思考》《女足运动的社会、文化和政治问题》《论中国足球产业化》《疯狂意甲》《激情英超》等。获国际足联荣誉奖，亚足联“亚洲之钻”奖。

杨忠诚　生于 1952 年 10 月，辛安镇沟里村人，中共党员。1972 年 1 月参加工作，历任海阳县委农业工作队成员、发城公社机要员、团县委书记。1975 年 6 月，调山东省委研究室，从事全省政治经济社会发展政策研究工作。1980—1982 年，在山东省委党校干部专修科（大专）接受在职学历教育。1983 年，任副处级研究员。1984 年，任山东省省长秘书。1985 年，任正处级秘书。1987 年，调国务院办公厅，任国务院副秘书长秘书。1991 年，任国务院办公厅政务专员（副司级）。1992 年起，任建设部村镇建设司副司长。1998 年，任建设部城乡规划司副司长兼村镇办公室主任。2000 年，任巡视员兼副司长。2001 年，任建设部人事司巡视员兼副司长。2004 年，任建设部直属机关党委常务副书记兼人事司副司长及文明办、党风办、纠风办、综治办、维稳办主任。系中国土

木工程学会副理事长兼秘书长、中国动物园协会会长。

徐文高 生于1952年11月，海阳经济开发区中房村人，中共党员。

1968年3月入伍。历任济南军区某团电台台长、训练队教员；济南军区某部训练处参谋，副处长、处长；解放军总参谋部某局副师职参谋、副局长；解放军陆军某师副师长；山东省军区司令部副参谋长。立三等功3次。获全军军事科研特等奖1次，全军军队科学技术进步二等奖1次。出版《军队信息作战》专著1部，山东省职工国防教育专著1部。

李绍军 生于1954年10月，东村街道和平村人，中共党员。1970年，考入解放军军乐团学员队。1972年毕业，分配在解放军军乐团工作队，执行国家、军队内外事司礼任务。先后任声乐部首席声部长、副分队长、分队长，解放军艺术学院军乐系政委，解放军军乐团教学队政委等职。立三等功2次。2002年6月，率领专家组赴厄立特里亚国组建培训军乐队，因成果显著，该国总统亲自为其授勋。专业技术六级，正师职待遇，陆军大校军衔。

吕民松 生于1956年6月，行村镇田村人，

1976年2月参军入伍，1978年7月加入中国共产党，陆军少将军衔。研究生学历，法学学士，曾被聘为国防大学、西安政治学院硕士研究生导师。历任班长，电影放映队队长，宣传干事，军区报社编辑、记者，团政治处副主任，师政治部秘书科长、政治部副主任，军区党委秘书，军区政治部组织部副部长、部长，军区纪委委员，河南省军区政治部主任、省军区党委常委、政治部党委书记。2011年11月，任济南军区政治部副主任、济南军区党委委员、政治部党委副书记。2014年8月，任山东省军区政治委员、党委常委、党委书记兼任山东省国防动员委员会副主任、省双拥工作领导小组副组长。2014年11月，任山东省委常委。2018年10月，任山东省齐鲁文化传承发展促进会会长。立三等功7次，1983年被山东省军区表彰为学雷锋先进个人。参加1998年长江抗洪防汛、汶川抗震救灾、中俄联合军事演习等重大急难险重行动。发表新闻稿件上千篇，13次获全军、军区和省级好新闻一、二、三等奖，出版《教子艺术》《军事领导心理学》《生活中的误区》《中国现代日志（上、下册）》《机关干部业务知识讲座》《政工干部手册》《政治合格》《守望精神高地》《守望精神家园》《守望精神绿洲》等专著，约800万字，先后获第一、七届解放军图书奖。主持创作和制作的电影《目标战》、现实军事题材动漫系列剧《聪明的顺溜》（114集），均获得军队影视金星奖和国家“五个一工程”奖。

孙振钧 生于1956年，海阳经济开发区石

人泊村人。1982年，莱阳农学院畜牧兽医系本科毕业，获农学学士学位。1988年12月，获山东大学动物生态学硕士学位。1995年5月，在南斯拉夫诺威萨德大学获动物科学博士学位。1995—1997年，在北京农业大学从事农业生态学方面的博士后研究。1998—2000年，在美国俄亥俄州立大学进行国际合作研究兼任客座教授。中国农业大学资源与环境学院生态科学与技术系教授、系主任、博士生导师。生态学教学名师。美国生态学会会员、国际生态工程学会会员，国际期刊《应用土壤生态学》等编委。世界蚯蚓产业联盟（筹）主席。中国农业大学老科协会长。

主持国家科技攻关、科技支撑项目，国家自然科学基础课题、国家“863”课题及地方项目等研究项目27个，获得省部级科技进步二等奖2项。出版专著7部，在国内外学术刊物或学术会议上发表论文119篇。

丛国庆 生于1957年5月，东村街道大丛家村人，中共党员。1974年12月入伍。历任北京军区空军司令部直属部战士、排长、政治指导员，北京军区空军政治部干部处干事、科长、副处长，空军某飞行学院政治部主任、政委，中国国际航空公司飞行总队党委书记，空军某飞行学院政委，空军航空训练基地政委。先后就读于中国人民大学、空军指挥学院、国防科技大学。获管理学硕士学位。立二等功2次。2007年，转业到国家宗教局工作，先后任培训中心主任、服务中心主任等职。

于晓明 生于1957年7月，郭城镇沙旺村人，大学学历。1975年8月参加工作，1983年7月加入中国共产党。工作履历：1975年8月—1976年12月，济南市历城县港沟镇下乡知青；1976年12月—1978年5月，山东省交通厅工程大队工会干事；1978年5月—1979年9月，济南黄河公路大桥会战指挥部政治处干事；1979年9月—1983年7月，山东大学中文系汉语言文学专业学生；1983年7月—1986年12月，中共山东省委办公厅综合室、秘书处、秘书二处干部；1986年12月—1988年11月，中共山东省委办公厅办公室副科级秘书；1988年11月—1990年12月，中共山东省委办公厅办公室副处级秘书；1990年12月—1992年10月，中共山东省委办公厅办公室副主任（其间：1991年5月—1992年10月挂职任禹城县委副书记）；1992年10月—1993年2月，中共山东省委办公厅办公室正处级秘书；1993年2月—9月，中共山东省委办公厅督查处副处长（正处级）；1993年9月—1997年9月，中共山东省委办公厅督查处处长；1997年9月—1998年9月，中共山东省委办公厅助理巡视员兼督查处处长；1998年9月—2000年7月，中共山东省委办公厅助理巡视员；2000年7月—2002年10月，中共山东省委办公厅副主任；2002年10月—2003年10月，中共山东省委副秘书长、办公厅副主任；2003年10月—2005年3月，中共山东省委副秘书长；2005年3月—2011年9月，中共山东省委副秘书长、省信访局局长；2011年9月—2012年12月，中共山东省纪委副书记、省监察厅厅长；2012年12月—2013年2月，中共山东省纪委副书记、省监察厅厅长兼省预防腐败局局长；2013年2月—3月，中共山东省纪委副书记、省监察厅厅长兼省预防腐败局局长，中共菏泽市委书记兼市委党校校长；2013年3月—4月，中共山东省纪委副书记、中共菏泽市委书记兼市委党校校长；2013年4月—2014年1月，中共菏泽市委书记兼市委党校校长；2014年1月—11月，中共菏泽市委书记兼市委党校校长、市人大常委会主任；2014年11月—12月，山东省政府副省长、省政府党组成员，中共菏泽市委书记兼市委党校校长、市人大常委会主任；2014年12月—2015年6月，山东省政府副省长、党组成员；2015年6月—7月，中共山东省委常委、秘书长兼省委改革办主任，山东省政府副省长；2015年7月—2017年2月，中共山东省委常委、秘书长兼省委改革办主任；2017年2月—6月，中共山东省委常委、秘书长兼省委改革办主任，省人大常委会副主任、党组副书记；2017年6月—2018年2月，省人大常委会副主任、党组副书记；2018年2月至今，省人大常委会副主任、党组书记。第十、十一届省委委员，第九、十届省纪委委员。

杨喜坤 生于1958年10月，海阳碧城工业区杨家泊村人，中共党员。1981年6月，海阳第十六中学教师。1981年12月，海阳县人事局干

部。1984年6月，山东省人事厅干部调配处干部。2001年5月，任山东省人事厅办公室主任。2004年3月，任山东省人事厅副厅长。2009年6月，任山东省人力资源和社会保障厅副厅长。2015年4月，任山东省人力资源和社会保障厅巡视员（正厅级）。

孙景平 生于1958年11月，东村街道薛家庄人，中共党员，研究生学历。1976年12月入伍。历任班长、排长、艇长，师、军政治机关干事，军事院校教研室副主任、处长、系政治委员、学院政治部主任。2010年8月起，先后任海军某基地副政治委员、副政治委员兼政治部主任、政治委员等职，正军级。2011年12月，被授予海军少将军衔。2018年12月退休。

于丽云 女，生于1959年1月，辛安镇辛安村人，中共党员。1978年参加工作，一直从事餐饮服务工作，历任海阳县饮食服务公司党支部书记、海阳县第一饭店副经理。80年代，以“微笑服务”名扬全国，成为“全国商业系统劳动模范”，出席共青团第十一次全国代表大会。1987年，她作为山东省代表团中最年轻的代表，出席中国共产党第十三次全国代表大会。1988年，被评为“山东省优秀共产党员”。

李知用 生于1959年8月，行村镇鹏化庄人，中共党员，高级经济师。1979年9月—1983年6月，在山东大学经济系学习，获学士学位。1983年，到中国地质科学院工作，先后任人事教育处副处长、处长，组织人事处处长、办公室主任。2008年，调任中国国土资源航空

物探遥感中心党委委员、纪委书记。2016年，调任国家地质实验测试中心党委书记、副主任（正局级）。曾执笔制定《中国地质科学院非营利科研机构分配制度改革办法》《中国地质科学院转制研究所分配制度改革方案》，创立“三元结构”工资制度。

周振友 生于1960年2月，盘石店镇炭岚村人，中共党员，高级工程师。1978年12月—1990年9月，任总参某部战士、技师。1990年9月—2001年2月，历任总参某部副台长、副中队长、副队长、副科长、科长。2001年2月—2004年6月，任总参某部副参谋长、后勤部长。2004年6月—2014年8月，历任总参某部副局长（工程师）、通信机要局副局长（工程师）、信息化局副局长，兼任高级工程师。2014年8月，任某部信息化局高级工程师。立三等功1次。2018年获军队科学技术进步三等奖。

孙绍骋 生于1960年7月，二十里店镇刘家村人。1984年7月，参加工作。1986年5月，加入中国共产党，在职研究生学历，法学博士。1980年8月—1984年7月，在山东大学中文系汉语言文学专业学习。1984年7月—1996年3月，任民政部救灾救济司救灾处干部、科员、主任科员、副处长、救灾救济司一处处长。1996年3月—1999年3月，任民政部救灾救济司副司长。1999年3月—

2001年6月，任民政部优抚安置局副局长（其间：2000年3月—7月，中央党校地厅级干部进修班学习）。2001年6月—2009年4月，任民政部优抚安置局局长（1998年9月—2002年7月，北京大学国际关系学院科学社会主义与国际共产主义运动专业在职研究生学习，获法学博士学位；2007年3月—2008年1月，中央党校一年制中青年干部培训班学习）。2009年4月—2012年8月，任民政部副部长、党组成员，中央精神文明建设指导委员会委员（2009年9月任，2010年12月免），国家国防动员委员会委员（2011年11月任）。2012年8月—2014年9月，任山东省副省长，国家国防动员委员会委员（2013年6月免）。2014年9月—2016年11月，任山西省委常委、统战部部长。2016年11月—2017年2月，任山西省委常委、副省长。2017年2月—5月，任民政部副部长、党组副书记。2017年5月—2018年3月，任国土资源部党组书记、副部长（2017年6月任）。2018年3月，任退役军人事务部部长、党组书记，中央军民融合发展委员会委员，中央军民融合发展委员会办公室副主任（兼）。中共第十九届中央委员。

姜孟革　生于1960年9月，郭城镇松树夼村人。1980年10月参军入伍。1985年5月加入中国共产党。海军大校军衔，大学本科学历。历任海军司令部警卫连战士、班长、排长、连长、政治指导员，警卫营副营长、营长，海军司令部军务处副处长，海军特种作战大队副大队长、海军兵种指挥学院教官，中国海军陆战队专家组驻坦桑尼亚总教官，海军司令部直属工作部副部长。在职期间，先后组建海军军乐团、海军机关警卫营、海军特种作战大队等部（分）队。先后率中国海军陆战队专家组赴坦桑尼亚组训特种作战营、执行北京奥运会安保警卫等重大任务。立三等功8次、二等功1次。被海军授予“爱兵模范”称号。

冷杰松　生于1961年1月，朱吴镇冷家村人，1979年入伍，1982年入党。历任北京卫戍区某师侦察大队战士、班长、排长、连长、营长，某团副团长，某师司令部副参谋长、团长，某师司令部参谋长、师长。2010年，某集团军副军长。2013年12月—2015年5月，山西省军区司令员。2015年5月—2016年8月，山西省委常委、省军区司令员。2016年8月—2017年12月，内蒙古军区司令员。2018年1月—2019年7月，内蒙古自治区党委常委、内蒙古军区司令员。2019年7月，兰州军区善后工作办公室副主任（正军职）。

1986年8月—1987年12月，参加对越自卫反击作战任侦察连长，带领侦察连先后出境侦察66次，担任捕俘组组长，成功组织捕俘战斗2次，俘敌3名，毙伤敌30余名，摧毁敌弹药所1座、火炮3门、驻兵房5栋及9个阵地的表面工事，被誉为南疆“冷大胆”，立一等功1次。1987年12月，被中央军委授予“侦察英雄”称号，所带的连队被军区授予“英雄侦察连”称号。1989年，被团中央授予“卫国为民英雄”和“全国新长征突击手”称号。1990年，当选为第七届全国青年联合会委员。系北京市第十届人大代表。1995年，被评为全国先进工作者。2007年，任师长时，被四总部表彰为“全军优秀指挥军官”。2011年7月，晋升少将军衔。第十三届全国政协委员。

姜福康　生于1961年12月，发城镇东坊坞村人，中共党员，本科学历、专业技术五级、大校军衔（正师职、享受副军级工资待遇）。1978年10月参加工作。1979年11月入伍。历任战士、班长，石家庄陆军学院后勤干部训练大队学员、财务助理员、学员队队长，北京军区总医院财务助理员和经济管理科副主任、主任，北京军区

总医院和陆军总医院总经济师（高级经济师）。2018年5月，退休。全军医院等级管理组专家、全军卫生经济管理委员会常委、原上海第二军医大学和天津武警学院客座教授。先后立三等功2次，在国家和军队一级学术刊物发表论文30余篇，多次参与总部机关有关医院财经管理制度及标准的制定。

初炳玉 生于1962年10月，小纪镇夹格庄人，中共党员，大学学历。1983年7月—1984年7月，任海阳县第一中学教师。1984年8月—1989年12月，先后任中共海阳县委办公室秘书、科长、副科级秘书。1990年1月，任中共海阳县委办公室副主任。1990年9月，任中共烟台市委研究室副科级秘书。1991年4月—1996年11月，任中共烟台市委研究室农村工作科副科长、科长。1996年12月，任烟台市政府调研室副主任、党组成员。1998年12月，任烟台市政府调研室副主任、党组副书记。1999年6月，任烟台市政府调研室主任、党组副书记。2000年12月，任烟台市政府副秘书长，调研室主任、党组副书记（其间：2006年5月—2006年11月，参加山东省中青年干部赴美国康涅狄格州中央州立大学培训学习；2007年7月—2008年9月，挂职任湖南省湘潭市副市长）。2009年2月，任山东省纪委研究室主任。2014年4月，任中共淄博市委常委、市纪委书记。2018年1月，任中共淄博市委常委、市纪委书记、市监察委员会主任。2019年9月，任山东省委第十二巡视组组长。第十一届山东省纪委委员。

姜建静 生于1963年1月，郭城镇柳树村人，中共党员。1982年9月—1986年7月，在东北财经大学会计系工业会计专业学习。毕业后历任国家中医药管理局计财司科员，计财司基建处科员，计财司基建物资处主任科员、副处长，计财司财务处处长；全国工商联办公厅财务处处长，副巡视员、副主任，巡视员、副主任；贵州省毕节市委常委、市政府副市长（挂职）等职。

李　娥 女，生于1963年8月，留格庄镇（今核电装备制造工业园区）西远牛庄人，中共党员。1984年7月—1988年7月，在上海华东政法学院读书。毕业后，历任山东省司法厅科员、科长、副处长，山东省劳教局副局长、纪委书记，山东司法警官职业学院院长、党委副书记，山东省劳教局局长、党委副书记，山东省人民政府副秘书长，山东省委政法委员会副书记（正厅级）兼省综治办主任，山东省委政法委员会副书记（正厅级）等职。

刘恩勉 生于1963年9月，二十里店镇纪疃人，中共党员，大校军衔。1981年10月入伍。1981年10月—1983年3月，任山东省军区某团战士。1983年3月—1995年3月，历任武警山东省总队司令部办公室打字员、班长、保密员。1995年3月—2008年5月，历任武警山东省总队政治部组织处干事、副处长、处长。2008年5月—2014年3月，任武警山东省总队青岛市支队政治委员。2014年3

月—2015 年 6 月，任武警山东省总队政治部副主任。2015 年 6 月—2018 年 11 月，任武警部队某训练基地政治委员。

姜仁锋　生于 1964 年 1 月，二十里店镇南姜格庄人，中共党员。1980 年 9 月 —1984 年 7 月，哈尔滨建筑工程学院工业电气自动化专业学生。1984 年 7 月 —1987 年 4 月，哈尔滨船舶工程学院自动控制理论与应用专业硕士研究生。1987 年 5 月 —2000 年 9 月，在北京船舶工业干部管理学院工作，历任教师、科研部副主任、院长助理兼科研部主任、院长助理兼计财办主任，副院长（副局长级）（其间，1999 年 8 月—2000 年 9 月，任江南重工股份有限公司副总经理）。2000 年 9 月—2002 年 4 月，任中船信息技术公司董事、总经理（正局长级）。2002 年 4 月—12 月，任北京久其软件股份有限公司常务副总经理，北京久其科技投资公司总经理，北京国健伟业生物技术有限公司董事长。2002 年 12 月—2014 年 2 月，任中国船舶重工集团公司规划发展部副主任（正主任级）、资产部副主任（正主任级）、资产部主任。2014 年 2 月—9 月，任中国船舶重工集团公司党组成员、副总经理、资产部主任。2014 年 9 月—2017 年 6 月，任中国船舶重工集团公司党组成员、副总经理。（其间，2014 年 7 月—2015 年 7 月，任中船重工科技投资发展有限公司董事长；2014 年 7 月—2015 年 12 月，兼任中船重工财务有限责任公司董事长；2015 年 2 月—7 月，在中央党校第 38 期中青年干部班学习。）2017 年 6 月 —2019 年 10 月，任中国船舶重工集团公司党组成员、副总经理、中国船舶重工股份有限公司董事长。2019 年 10 月，任中国船舶集团有限公司党组成员、副总经理。2001 年 12 月，获研究员资格。2014 年，被评为高级会计师。2018 年起兼任中国国防工业企业协会副理事长。主编或参编《自适应控制技术与应用》《实用预测技术》《工商管理简明读本》《战略管理》等 5 本专著和教材，获部级科研成果奖 3 项；获“中央国家机关优秀青年”等 3 项部级荣誉称号。

刘书升　生于 1964 年 6 月，盘石店镇马格庄人，中共党员。先后在基层部队任排长、副连长、连长、教员，团政治处宣传干事和团、师、集团军司令部作训参谋，军区司令部军训部参谋、处长，总参作战部参谋、副局长，部队综合训练基地副司令员和驻澳门部队副司令员。先后在山东大学、济南陆军学院、石家庄参谋学院、国防大学就读，获国防大学联合战役指挥硕士学位。撰写《军事“四会”教学》《军队基层建设丛书》《信息化条件下非线式非对称非接触作战指挥探要》等军事著作。

高京斋　生于 1964 年 7 月，凤城街道北河沟村人，中共党员。历任中国人民解放军三军仪仗队队员、参谋、干事、政治指导员、助理员、政治委员、政治部主任等职。2014 年转业任中国社会科学院人事教育局副局长，2015 年兼任院直属机关党委副书记，2017 年主持院人事教育局工作，2018 年任中国地方志指导小组办公室党组书记，2020 年 8 月，兼任方志出版社社长。

迟维胜　生于 1965 年 6 月，辛安镇埠后村人，中共党员。1982 年 9 月，空军工程学院机场建筑工程系学习，1987 年 7 月毕业。历任空军工程学院机场建筑工程系洞营教研室助教、讲师，建筑工程教研室副主任，空军工程大学工程学院院务部副部长，机场建筑工程系副主任、副教授，机场防护教研室副教授等职。专业技术五级（正

师级）。硕士研究生导师，总后勤部军队科技进步奖评审专家委员会专家，教育部学位中心硕士论文评审专家，解放军工程建筑协会建筑工程专家，解放军空军后勤部营区规划专家，解放军国防工程招投标评审专家。科研项目获国家自然科学基金课题1项，军队科技进步三等奖6项，中国建筑协会优秀科研成果奖一等奖1项，大学、学院教学成果奖、教学设计奖3项。发表学术论文50余篇，出版专著2部。

于　光　生于1965年7月，郭城镇西古现村人。1982年11月参加工作。1987年9月加入中国共产党。中央党校研究生学历。1982年11月—1994年9月，任青岛市税务局市南分局专管员、征管科副科长，稽查队副队长、队长；1994年9月—1998年11月，任青岛市国家税务局稽查大队副大队长、稽查局副局长；1998年11月—2001年3月，任青岛市国家税务局涉外税收分局党组副书记、局长；2001年3—6月，任青岛市国家税务局税收评估管理局党组书记、局长（1998年9月—2001年7月中央党校在职研究生学习）；2001年6月—2004年7月，任青岛市国家税务局稽查局党组书记、局长（副局级）；2004年7月—2008年9月，任青岛市国家税务局党组成员、总经济师（兼任稽查局党组书记、局长）；2008年9月—2013年4月，任青岛市国家税务局党组成员、总经济师、副局长；2013年4月—2017年12月，任青岛市国家税务局党组成员、副局长（副厅级）；2017年12月—2019年11月，任国家税务总局驻重庆特派员办事处（税务总局驻重庆稽查局）分党组成员、副特派员（副局长）；2019年11月晋升一级巡视员；2019年12月，任国家税务总局黑龙江省税务局党委委员、国家税务总局哈尔滨市税务局党委书记、局长、一级巡视员。

辛树人　生于1966年2月，留格庄镇（今核电装备制造工业园区）大辛家村人，中共党员，博士研究生、经济学博士学位。1982年8月—1986年6月，在山东经济学院学习；1986年7月—1996年9月，在中国农业银行山东省分行信用合作处工作；1996年9月，任中国人民银行山东省分行合作金融机构监管处科长；2000年7月，任中国人民银行济南分行统计研究处副处长；2004年2月，任中国人民银行济南分行调查统计处处长；2004年7月，任中国人民银行济南分行党委组织部部长、人事处处长；2007年7月，任中国人民银行济南分行党委委员、纪委书记（副厅级）；2012年1月，任中国人民银行青岛市中心支行行长、党委书记兼国家外汇管理局青岛市分局局长（副厅级）；2016年6月，任山东省政府办公厅党组成员；2016年7月，任山东省政府副秘书长、办公厅党组成员；2020年6月，任山东省统计局党组书记、局长。

孙栋廷　生于1968年9月，小纪镇古家夼村人，中共党员。1987年9月，考入大连陆军学院就读并入伍。1991年8月毕业后，历任排长、连长；1994年8月起，先后在营、团、师、军、军区、总政治部工作。2009年，任总政治部干部部干部培训局副局长；2011年，任总政治部干部部干部调配局局长（正师职）；2014年，任武警某师政治委员；2016年，任北京武警总队政治部副主任。多次被评为优秀干部，荣立三等功2次。主导研发的《全军干部计划管理数学模型》《军队生长干部身体认证系统》等在全军普及使用，主笔制定《军队干部队伍建设十年规划》《军队基层干部队伍建设规定》等重大政策制度20余项，发表《带部队关键是作风》《推动现代化首都维稳之师建设》等文章100余篇。

黄卫东 生于1969年5月，盘石店镇大榆村人，中共党员，博士研究生学历。1988年从海阳第一中学考入西安电子科技大学学习。1992年参加工作，历任电子工业部第三研究所工程师、电子工业部军工司科员等职。1996年特招入伍，任国防科工委科技部某局副营职参谋。1998年转隶到解放军总装备部工作，任电子信息部航天装备局参谋，2007年任该局总工程师，2008年任该局副局长。2009年赴海军某水警区挂职，任副司令员。2010年回总装备部工作，任航天装备局副局长兼高分办主任。2013年赴国防大学联合战役指挥员班学习，获联合战役指挥员资格。2015年任航天装备局局长。2016年改革后，调任中央军委某部信息系统局副局长。2019年调任中央军委某部信息通信局局长，少将军衔。先后获电子工程专业学士学位、航天工程专业硕士学位和航空宇航与科学专业博士学位，获军队科技进步一等奖、二等奖多项。立二等功1次、三等功2次，获嘉奖若干次。

马礼举 生于1970年3月，辛安镇北马家村人，中共党员，高级工程师。1988年9月—1992年7月，在空军导弹学院计算机及其应用专业就读并入伍。1992年7月—2000年1月，在空军导弹检验所工作，历任助理工程师、工程师、副中队长、中队长。2000年1月—2002年9月，在空军某基地，历任作战参谋、通信参谋、指挥自动化站参谋。2002年12月，破格晋升为高级工程师。2002年9月—2005年3月，在空军工程大学电讯工程学院计算机网络对抗专业研究生获得硕士学位。2005年3月，进入空军装备部工作，参与重点型号飞机的研制、实验试飞，生产过程的质量监督和军检验收。立三等功2次，多次受嘉奖。

人物表

1988—2010年海阳市革命烈士（含追认）一览表

姓 名	性别	出生时间	籍 贯	职 务	参加工作时间	牺牲时间	授予时间
王谦三	男	—	小纪镇石马疃头村	校 长	1930	1936.09	1994.04
申才林	男	1914.01	郭城镇南申家村	战 士	1938.04	1938.11	1994.05
刁丕西	男	1921.02	小纪镇小纪村	民 兵	1942	1942.10	1990.08
于希生	男	1917.07	东村街道大磊石村	民 兵	1945.05	1945.05	1988.06
于存固	男	1917	东村街道大磊石村	民 兵	1945.05	1945.05	1988.06
韩明义	男	1921.12	徐家店镇韩家庄	支前民工	1947.05	1947.06	1991.06
王玉璞	男	1964.03	方圆街道北城阳村	排 长	1983.10	1987.11	1988.03

续表

姓　名	性别	出生时间	籍　贯	职　务	参加工作时间	牺牲时间	授予时间
杨青松	男	1972.05	海阳经济开发区中村	保卫干事	1991.09	1993.06	1993.06
孙世民	男	1947.12	小纪镇陈家疃	党支部书记	—	1994.02	1995.03
梁英虎	男	1961.04	留格庄镇梁家村	司　机	1979.10	1994.04	1994.10
张春光	男	1959.06	留格庄镇张家庄	村　民	—	1994.06	1995.03
栾君宾	男	1973.10	郭城镇戴家村	飞行员	1993.08	1999.06	1999.06
于全旭	男	1976.07	徐家店镇上马山村	正　连	1994.12	2008.05	2008

1982—2010 年海阳市省级（含）以上劳动模范一览表

姓　名	单位及职务	荣誉名称	授予时间
张学先	海阳县酿酒厂维修车间主任	山东省职工劳动模范	1982.10
余沐雨	海阳县农药厂副厂长	山东省职工劳动模范	1982.10
姜同春	中国农业银行海阳县支行黄崖营业所主任	山东省职工劳动模范	1982.10
乔文堂	海阳县农业技术推广站农艺师	山东省职工劳动模范	1984
张世友	海阳机械厂生产经营科科长	山东省职工劳动模范	1986.04
姜淑卿（女）	海阳工艺品厂副董事长	山东省职工劳动模范	1986.04
辛永富	海阳县家具五金总厂厂长	山东省职工劳动模范	1986.04
徐永贵	海阳县赵疃乡夼里村农民	山东省农业劳动模范	1986.10
江元旭	海阳县木工机械厂党支部书记	山东省农业劳动模范	1986.10
张文强	海阳县化肥厂厂长兼党支部书记	山东省职工劳动模范	1989.10
王庆平	海阳县冷家渔业公司党支部书记兼总经理	山东省农业劳动模范	1990.09
高　秀	海阳县轻工机械厂厂长	山东省农业劳动模范	1990.09
刘希法	海阳县电业局东村供电站站长	山东省职工劳动模范	1992.04
李寿平	海阳县造纸厂卫生纸车间机台长	山东省职工劳动模范	1992.04
姜淑卿（女）	海阳工艺品公司高级经济师	全国劳动模范	1995
修相东	海阳县电业局东村供电站工人	山东省劳动模范	1995.04
李云邦	海阳县殡仪馆技工	山东省劳动模范	1995.04
张正爱	海阳正丰塑料制品有限公司工人技师	山东省劳动模范	1998
于笃平	郭城镇西古现村党支部书记	山东省劳动模范	1998
高　秀	山东方圆集团董事长	全国劳动模范	2000
高魁国	方圆街道西哲阳村党支部书记	山东省劳动模范	2003
王福敏	山东富尔达空调设备公司董事长	山东省劳动模范	2003
黄惠刚	中国网通（集团）有限公司海阳分公司总经理	全国劳动模范	2005
张学顺	海阳市第三人民医院院长	山东省劳动模范	2008
修新田	海阳京海机械制造有限公司董事长	山东省劳动模范	2008
张成龙	海阳市交通局局长	山东省劳动模范	2008

附 录

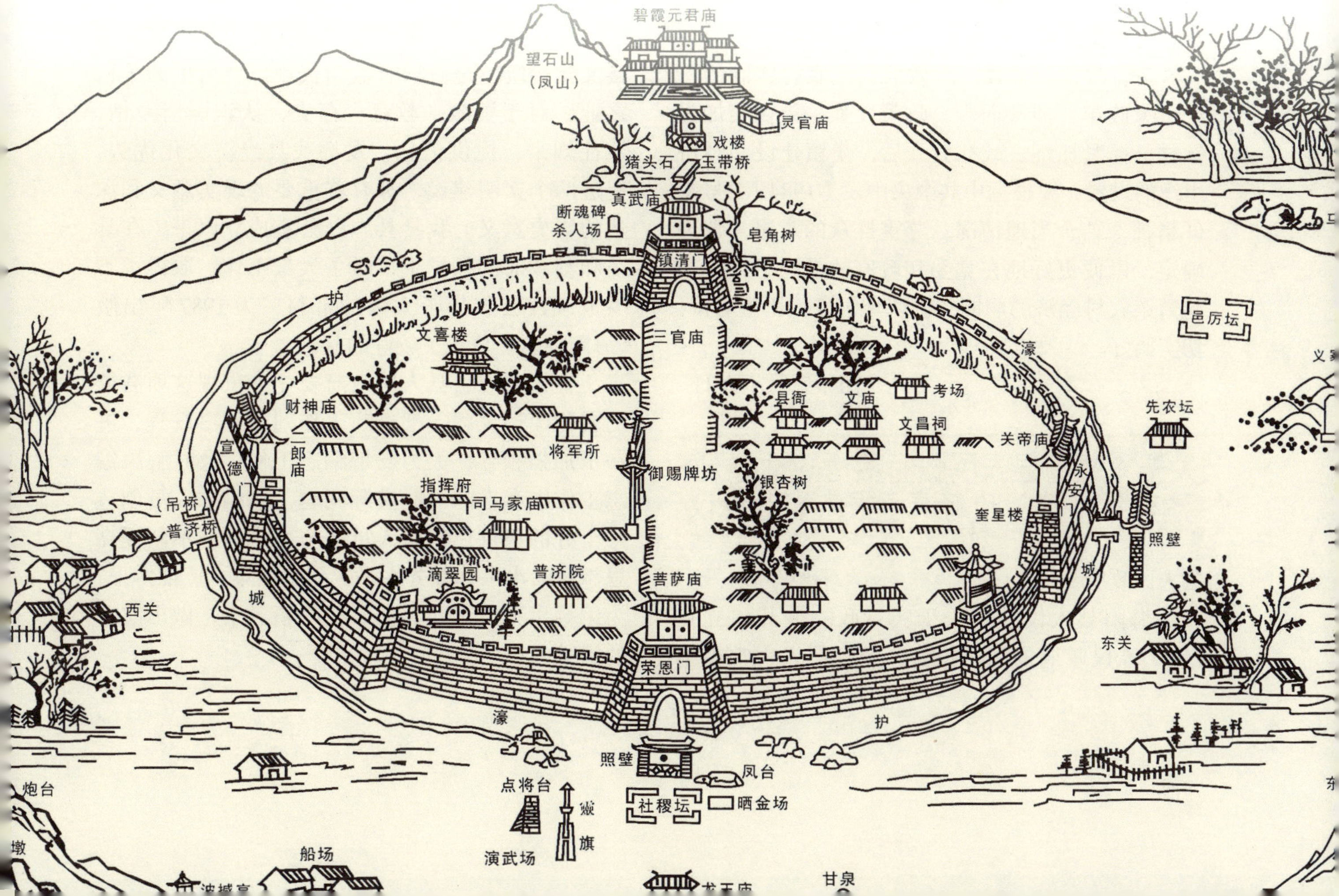
碧霞元君庙
望石山
（凤山）
灵官庙
戏楼
猪头石
玉带桥
真武庙
断魂碑
杀人场
皂角树
镇清门
护
濠
邑厉坛
文喜楼
三官庙
考场
县衙
文庙
先农坛
财神庙
文昌祠
二郎庙
将军所
关帝庙
宣德门
御赐牌坊
银杏树
永安门
指挥府
司马家庙
（吊桥）
普济桥
奎星楼
照壁
城
滴翠园
普济院
菩萨庙
西关
城
东关
荣恩门
濠
护
照壁
凤台
炮台
点将台
社稷坛
晒金场
纛
旗
墩
船场
演武场
甘泉

一、文献存要

山东省人民政府关于海阳县实行政社分开建立乡政府请示报告的批复

海阳县人民政府：

你县海政发〔1984〕20号文《关于政社分开建立乡政府工作方案的请示报告》收悉。经研究，同意你县在原有十七处公社（镇）的基础上，建二十三个乡（镇）。

一、全县建十四个乡、九个镇：留格庄乡、朱吴乡、辛安乡、大阎家乡、高家乡、山西头乡、二十里店乡、黄崖乡、南城阳乡、战场泊乡、北埠后乡、赵疃乡、大山所乡、泉水头乡；东村镇、凤城镇、大辛家镇、盘石店镇、郭城镇、徐家店镇、发城镇、小纪镇、行村镇。

二、机构设置，要坚持精简的原则。乡、镇的人员编制总额，不得超过现在公社的人员编制，全县统筹安排。

三、政社分开建立乡政府，是农村体制的一次重大改革，涉及面广，政策性强，望切实加强领导，抓紧抓细。政社分开后，集镇建设和经济组织的设置，要根据中共中央中发〔1984〕1号文件精神，结合当地情况，尊重群众的意愿，合理确定，以便更好地在党委和政府的领导下，担当起繁荣农村经济的职能，望认真研究，慎重对待，切实搞好。

一九八四年三月十九日

关于《海阳县人民政府实行政社分开、建立乡（镇）政府请示报告》的决议

县人民政府：

海阳县人民政府关于实行政社分开建立乡（镇）人民政府的请示报告，经九届人大常委第十九次会议讨论，一致认为县政府遵守《宪法》规定，全县划为九镇十四乡符合我县的实际情况。这一重大改革，对促进我县“两个文明”的建设，更好地发挥地方政权机关的作用，具有深远而重大的意义。为此，人大常委批准政府的这个报告。

海阳县人大常委会

一九八四年五月十二日

关于加强海阳县地方志编纂工作的决议

（1986年6月20日县十届人大常委会第十三次会议通过）

海阳县第十届人民代表大会常务委员会第十三次会议，听取了县志办公室副主任王永宽受县人民政府委托所作的《关于我县地方志编纂情况的汇报》，经过审议，同意这个汇报。

会议认为，编纂地方志是我们中华民族的优良文化传统，是一项有益当代、惠及后世的千秋之业，对于资政、教育、存史，认识国情乡情，鉴往知来，提供信息，发挥我县经济文化优势，促进两个文明建设，都有着重要的现实意义和深远的历史意义。我县县志办公室成立以来，在县委和县政府的领导下，做了大量工作，取得了不少成绩，已收集了大量的资料，为1987年出版《海阳县志》奠定了较好的基础。

会议要求，县人民政府要充分重视这项浩繁的文化建设工程，把这项工作列入议事日程，进一步加强领导，大力支持编志工作，及时解决编志工作中存在的一些实际问题，给编志人员创造一个好的条件。编志人员要努力学习，不断提高思想政治水平和业务水平，克服困难，广征博采，为编纂出无愧于我们新时代的新志书，做出应有的贡献。

海阳县人民政府关于建立农村社会养老保险制度的决定

为了认真贯彻落实《中共中央关于进一步加强农业和农村工作的决定》和国务院国发〔1991〕33号文件精神，根据烟台市人民政府《关于建立农村社会养老保险制度的决定》要求，县政府研究决定，一九九二年，要在全县普遍建立起农村社会养老保险制度。为此，特作以下决定：

一、建立农村社会养老保险制度，是社会发展到一定历史阶段的必然要求，它体现了党和政府对农民承担的重大责任，是推进农村经济和社会发展的一项重要措施，是农村实行计划生育国策的重要配套措施。这一重大改革，对于调节国家和农民的关系，巩固工农联盟，缩小城乡差别，加强社会稳定，进一步加强农业和农村工作，深化农村经济体制改革，进一步完善、巩固和发展社会主义制度，都有着重大意义。

二、农村社会养老保险，是国家在农村建立的以保障老年人基本生活为目的的基本养老制度。要从农村的实际出发，从低标准起步，逐步建立起个人缴纳为主，集体补助为辅，国家予以政策扶持，社会养老保险与家庭养老相结合，合助与互济相结合的制度。要坚持农村务农、务工、经商等各类人员社会养老保险制度一体化的方向。

三、农村社会养老保险的对象为不由国家供应商品粮的农村人口（包括乡镇、村办企业职工，乡镇招聘干部职工，县属企业招用的临时工等）。凡经劳动部门批准从农村招用的农民合同制工人，在职工作期间，应参加劳动部门主办的社会养老保险，回到农村后可参加农村社会养老保险。具体处理意见由民政、劳动、人事部门商定。缴纳保险金的年龄以20周岁为起点，满60周岁停止缴纳，在户口所在地参加养老保险，满60周岁开始领取养老保险金。

四、农村社会养老保险金的筹集，在个人缴纳为主的基础上，集体可根据经济状况予以适当补助。集体补助主要从乡镇企业和集体积累中支付。国家的政策扶持，主要通过对农村、乡（镇）办企业支付的养老保险资金予以税前列支体现。目前，可按照市政府烟政发〔1987〕98号文规定的“凡参加养老保险的单位，其保险费可按在册职工工资总额的百分之二十税前列支”执行。集体的补助（含国家让利）一般不超过投保额的百分之四十。乡镇企业职工的集体补助，与其他投保对象可以有所区别；独生子女父母和农村的贫困户参加养老保险，集体补助可以高于其他对象。同一投保单位，投保对象平等享受集体补助。集体补助的具体办法，可由村和乡镇企业确定，报乡（镇）政府批准。个人的缴费和集体的补助（含国家让利）分别记在个人名下，记入《农村社会养老保险手册》。

五、农村社会养老保险基金由县农村社会养老保险机构统一管理，在当地银行设立农村社会养老保险基金专户，专账专管，专款专用，任何单位和个人不得擅自动用。对存于银行的基金，按人民银行规定的同期城乡居民储蓄存款利率计息，所得利息并入基金。

基金的使用，地方不能直接用于投资，而是存入银行，地方通过向银行贷款，用于地方建设，参与地方流通。

县政府成立农村社会养老保险基金委员会，实施对养老保险基金管理的指导和监督。委员会由政府分管领导任主任，其成员由民政、财政、税务、乡镇企业、审计、银行等部门的负责同志和投保人代表组成。

六、农村社会养老保险标准较低，覆盖面大。为此，提倡乡村（含乡镇企业）根据经济状况，自办各种形式的补充养老保障，同时应充分发挥农村已有的各种基层社会保障形式（如乡、村储金会等）的功能，形成更为完善、具有中国特色的农村社会保障体系。

七、遵照国务院国发〔1991〕33号文件关于“农村社会养老保险由民政部负责”的决定和市政府〔1992〕10号文件中关于“市和县（市、区）民政部门负责管理农村（含乡镇企业）的养老保险工作，其他部门不得在农村（含乡镇企业）开展新的社会养老保险”的决定，县和乡（镇）的民政部门负责管理农村（含乡镇企业）的养老保险工作。其他部门不得在农村（含乡镇企业）开展新的或扩大社会养老保险。对于目前一些部门已搞的养老保险和乡（镇）、村或乡镇企业的退休办法等，要慎重对待，原则上可维持现状、暂不作变动，可作为农村社会养老保险的补充，条件成熟后，理顺关系逐步过渡。

县要设立农村社会养老保险事业处（隶属县民政局），为非营利性的事业机构，负责经办农村社会养老保险金的收取、保费的支付、登记建档及其他日常管理工作；乡（镇）要设立管理所，负责本乡（镇）养老保险金的收取、支付保费、登记建账及其他日常工作；村由会计、出纳代办，负责收取保费、发放养老金等工作。

八、农村社会养老保险管理机构可从养老保险基金中暂提取百分之三的管理服务费，实行按比例分级使用，主要用于支付必要的行政和业务等费用。县成立的事业性质的农村社会养老保险机构，由县财政一次性拨给开办费。根据国务院国发〔1991〕33号文件规定，养老保险基金及管理服务费不计入征税、费。

九、农村社会养老保险机构应根据国家的政策规定，编制养老基金和管理服务费的收支预、决算，并接受财政、审计、银行的监督。

十、根据我县生产力发展水平和人口结构状况，农村社会养老保险制度的建立，要处理好国家利益、集体利益和个人利益，目前利益和长远利益，整体利益和局部利益的关系。各乡镇政府可根据本地实际和《烟台市农村社会养老保险暂行办法》的要求，制定《农村社会养老保险实施细则（或具体办法）》，对农村社会养老保险作出具体规定。

十一、农村社会养老保险工作政策性强、涉及面广，各乡（镇）一定要加强领导，全面组织发动，当成一件大事来抓。民政部门作为这项工作的主管职能部门，必须充分依靠党委、政府的领导和支持，做好启动运转和管理工作。各有关部门要密切合作，大力支持，为建立农村社会养老保险制度、促进全县的政治稳定、经济发展做出积极的贡献。

（此件发至各村民委员会）

一九九二年五月六日

中华人民共和国民政部关于山东省撤销海阳县设立海阳市的批复

山东省人民政府：

你省1994年3月16日《关于撤销海阳县设立海阳市的请示》（鲁政发〔1994〕31号）收悉。经国务院批准，同意撤销海阳县，设立海阳市（县级），以原海阳县的行政区域为海阳市的行政区域。

中华人民共和国民政部

一九九六年四月二十九日

山东省人民政府关于撤销海阳县设立海阳市的通知

烟台市、海阳县人民政府：

经国务院批准，民政部以民行批〔1996〕27号文批复我省，同意撤销海阳县，设立海阳市（县级），以原海阳县的行政区域为海阳市的行政区域。省政府确定，海阳市由烟台市代管。望你们做好海阳市的组建工作，并在今后的工作中加强城市管理，充分发挥城市的中心作用，促进城乡经济和社会事业的协调发展。

山东省人民政府

一九九六年五月十日

海阳市人民政府关于印发《海阳市深化城镇住房制度改革方案》的通知

各乡（镇）人民政府，外向型工业加工区管委，市政府各部门，各国家、省、市属驻市区单位：

根据国务院对城镇住房制度改革总的指导思想，以及烟台市人民政府〔1995〕99号文《关于印发烟台市深化城镇住房制度改革方案的通知》精神，结合我市实际，制订《海阳市深化城镇住房制度改革方案》，经烟台市住房制度改革领导小组批准实施。现印发给你们，望认真贯彻执行。

附：《海阳市深化城镇住房制度改革方案》及配套政策

一九九六年六月五日

海阳市深化城镇住房制度改革方案

为进一步深化我市城镇住房制度改革，根据《烟台市深化城镇住房制度改革方案》的要求，参照国务院、省政府《关于深化城镇住房制度改革的决定》的精神，结合海阳市的实际情况，制订本方案。

一、深化城镇住房制度改革的指导思想

全面改革旧的城镇住房体制，建立与社会主义市场经济相适应的住房新制度，逐步实现住房商品化、社会化。改变住房建设投资由国家、单位统包的体制为国家、单位、个人三者合理负担的体制；改变单位建设、分配、维修、管理住房的体制为社会化、专业化运行的体制；改变住房实物福利分配方式为以按劳分配为主的货币工资分配方式；建立具有社会保障性质的经济适用房和商品房并存的住房供应体系；建立政策性和商业性并存的住房信贷体系；建立规范化的房地产交易和社会化的住房维修、管理市场。逐步实现住房资金投入产出的良性循环，加快住房建设和解决城镇居民住房问题，到本世纪末初步建立新的住房制度，使城镇居民住房达到小康水平。

二、城镇住房制度改革的实施范围

市区规划区和外向型工业加工区内的中央、省、市所属机关及全民、集体所有制单位（包括外地驻市区单位）、东村镇机关。以上单位所属公有住房及在职干部职工（职工包括固定工人、城镇合同制工人、农民合同制工人、城镇户口计划内临时工）、“三资”企业中方职工（成分同上）、按国务院国发〔1978〕104号文件规定享受40%生活补贴的退职职工和离、退休干部职工，全部参加房改。

三、城镇住房制度改革的基本内容

（一）全面推行住房公积金制度

住房公积金制度是在社会主义市场经济条件下所建立的住房保障制度。住房公积金是一种义务性长期储蓄。所有行政和企事业单位及其职工均应按照“个人存储、单位资助、统一管理、专项使用”的原则，依照职工工资总额的一定比例按月缴纳公积金，以提高职工解决自住住房的能力。

1996年公积金缴存额，由职工个人和所在单位各按职工上年度月均工资总额的5%逐月缴存，外商投资企业的中方职工公积金缴存率不低于8%，以后随经济的发展进行适当调整，每年公布一次。

企业为职工缴纳的住房公积金，从企业提取的住房折旧和其他划转资金中解决，不足部分经财政部门核定，在成本、费用中列支。行政事业单位为职工缴纳的住房公积金，首先立足于原有住房资金的划转，不足部分，全额预算的行政事业单位由财政预算拨付；差额预算的事业单位按差额比例由财政预算拨付；自收自支事业单位比照企业开支渠道列支。职工的住房公积金本息免征个人所得税。

公积金归职工个人所有，主要用于职工个人住房的购买、建设和大修。各单位原则上可以有偿借用本单位职工结存的公积金，用于住房建设。

存储的公积金要按人民银行规定的利率计息。公积金本息免征个人收入所得税。

（二）逐步提高公房租金

要在职工家庭合理住房支出范围内加大租金改革力度。公房租金要按上年职工家庭平均收入的比例确定。1996年为8%，使用面积每平方米月租金为0.69元。今后将随职工收入的增加而逐步提高，到2000年原则上要达到15%。

租金计算。按住房建成年限拉开档次，并结合楼层差、住房设施、特殊装修及超标住房等情况进行综合测算。租金以住房使用面积为准，按月计收。

超标加租。各级住房标准（按建筑面积计算，不包括前后阳台）为：一般职工65平方米，科级75平方米，县处级90平方米，企业干部和有职称的人员，按相对应的级别标准执行。家庭住房标准按夫妇双方最高级别的一方计算。超出以上控制标准部分，一律加租。租住1995年6月30日前竣工的住房，超过标准20%以内（含20%）的部分，每平方米加收1倍；超过20%以上的部分加收2倍。租住1995年7月1日以后竣工的住房，超标准部分一律加收2倍。超标面积租金，一律按标准租金计算，不享受减免。

减、免、补政策。对部分租住公房的承租人，在一定时期内实行减、免、补政策。离、退休职工用单位提供给家庭成员的公积金抵消房租后，老红军超过10元以上的全免；抗日战争时期参加革命工作的，超过15元以上的全免；解放战争时期参加革命工作的，超过20元以上的全免；退休职工超过25元以上的全免。

社会“三无户”、救济户和城市户口无工作的伤残军人及民政部门确定的社会非在职优抚户，凭民政部门证明，租金超过10元以上的部分，由产权单位免收；属单独居住的无工资收入的被赡养者和职工去世后，其单独居住并无工资收入的配偶，租金超过15元以上的部分，由产权单位免收。生活特别困难的职工，可通过福利救济予以补助。

（三）继续出售公有住房

凡属海阳市房改范围内单位的公有住房，除市政府认为不宜出售的外，均可向房改范围内的职工出售。职工购买公房，坚持自愿购买的原则。新建或购买的住房及腾空的旧房实行先售后租，并优先出售给住房困难户和无房户。

合理确定售房价格。向高收入职工家庭出售公房实行市场价，向中、低收入家庭出售公房实行成本价。根据目前一般职工家庭收入状况，近期内可实行标准价作为过渡。

（1）标准价由负担价和抵交价两部分组成。

1995年我市出售的公房，标准价（按建筑面积每平方米计算，下同）为395元。其中负担价242元，抵交价153元。以标准价购房的职工，在房价计算中给予必要的折扣和优惠。

根据各项因素测算，1995年我市住房成本价暂定为680元，市场价为860元。以成本价或市场价购买公房的职工，住房按50年成新折扣，一次性付款给予20%的优惠。

职工以标准价或成本价购买公房，每个家庭只能享受一次。

住房的标准价、成本价及市场价逐年测定公布。执行年度为当年的7月1日至次年的6月30日。

（2）旧房的负担价按售房当年新房的负担价成新折扣，折旧年限为50年；抵交价也按50年折旧成新折扣，但折扣比例最高不得超过20%。

（3）职工购买现已住用的住房，给予现住房优惠，1995年出售的现住房，优惠负担价的5%，以后每年减少1%，2000年起取消现住房优惠。

（4）对购房职工给予工龄折扣。每年工龄折扣的数额，按抵交价除以65年（男职工35年，女职工30年）计算，为2.35元/平方米计算职工家庭工龄之和，仅限承租人及配偶的工龄。离退休职工工龄按国家规定的离、退休年龄内的实际工龄计算。职工实行公积金以后时间内的工龄不予折扣。

（5）购买超标准住房的部分面积要加价。

1995年12月31日前竣工的住房，超过标准20%以内（含20%）的部分实行成本价，超过标准20%以上的部分实行市场价；1996年1月1日以后竣工的新房，超标准的部分一律实行市场价。

（6）住房的实际售价还要根据楼层、室内设施及公款装修等因素综合测算。

付款方式。职工购买住房可采取一次付款、分期付款、抵押贷款三种形式。鼓励职工二次性付款。为补偿一次性付款的利息损失，对一次性付清房款者给予最终房价额的20%的优惠。

明确产权，完善交易市场。职工以市场价购买的住房，产权归个人所有，可依法进入市场，按规定缴纳有关税费后，收入归个人所有。职工以成本价购买的住房，产权也归个人所有，住用5年后可以依法进入市场，在补缴土地使用权出让金和按规定缴纳有关税费后，收入归个人所有。职工以标准价购买的住房，拥有部分产权（产权比例为58%），住用5年后方可依法进入市场，在同等条件下，原售房单位有优先购买权或租用权；原售房单位已撤销的，市房地产管理部门有优先购买权或租用权；售、租房收入在补缴土地出让金和按规定缴纳有关税费后，单位和个人按各自的产权比例分配。

售房收入归原住房产权单位所有，分别纳入各级住房基金，实行统一管理，全部用于住房的购建修和住房制度改革。有困难的单位，经批准，也可用于资助职工存储住房公积金。要从售房款总额中提留15%作为出售公房的维修基金。维修基金的利息（储蓄期间按银行规定的个人储蓄存款利率计息），用于支付住房共用部位和设施的维修费用。不足部分，按产权人各自占有的产权比例分摊。

（四）公有住房分配原则

公有住房的分配，坚持一户一套的原则，男女平等的原则，严格控制住房标准的原则；坚持无房户和住房困难户优先的原则，按工龄分房、老职工优先的原则，教师、科技人才和突出贡献者优先的原则；坚持公平、公正、公开的原则。

（五）加强住房资金管理

房改中有关资金的收缴、管理和运筹，是房改成败的关键。为了坚持责、权、利相统一的原则，保持房改政策的连续性，有利于房改工作的正常运行，海阳市房改中各项住房资金的管理权属归市住房委员会。住房委员会下设“海阳市住房资金管理中心”与住房委员会办公室一个机构、两块牌子，合署办公，处理住房资金管理的日常工作。中心在房委会的领导下，负责各项房改资金的核算、归集、支付、偿还和营运等工作。财政、审计和监察部门负责对住房基金的管理和使用进行监督。

（六）实施安居工程，集资合作建房，加快经济适用房的开发建设

政府将继续集中实施安居工程，同时支持鼓励各单位集资合作建房，并实行优惠政策，创造有利条件，加快建设新的住房供应体系，解决一般收入职工的住房问题。

在海阳境内进行商品房建设的开发公司，都要按中共中央〔1993〕6号文件精神，将商品房开发量成本价与市场价的差额部分资金的20%上缴市政府，用于解危解困和安居工程建设。

四、为保证本方案的实施，依据本方案精神，制定下列配套政策：

1. 海阳市住房公积金实施办法
2. 海阳市公有住房租赁办法
3. 海阳市公有住房出售办法
4. 海阳市住房资金管理办法
5. 海阳市城镇集资建房管理暂行办法
6. 海阳市城镇住宅合作社章程
7. 海阳市关于违反房改政策的处罚规定

五、1995年以前按原房改政策出售的公有住房，仍执行原有政策规定。

六、本方案自公布之日起实行，原海阳市有关住房制度改革的政策、规定同时停止执行。

中共海阳市委关于在新的历史起点上推进改革开放的决定

海发〔2008〕22号

今年是改革开放三十周年。在这样一个重要历史时刻，系统回顾总结我市改革开放以来取得的巨大成就和宝贵经验，全面安排部署当前和今后一个时期改革开放的目标要求和任务措施，对于深入贯彻落实科学发展观，站在新的历史起点上推动全市经济社会又好又快发展，全面实现“三步走”发展战略目标，具有重大而深远的意义。为此，特作如下决定。

一、充分认识改革开放三十年的巨大成就和宝贵经验

三十年来，在上级党委、政府的正确领导下，历届海阳市委、市政府团结带领全市干部群众，高举中国特色社会主义旗帜，坚持以邓小平理论和“三个代表”重要思想为指导，深入贯彻落实科学发展观，不断解放思想，锐意改革创新，全面扩大开放，全市改革开放和经济社会发展取得巨大成就。思想解放永不停步，干群观念不断更新。坚持把解放思想作为促进经济社会又好又快发展的一大法宝，贯穿于改革开放的全过程，摆脱禁锢，冲破束缚，干部群众思想不断解放，观念不断更新，境界不断提高。国民经济跨越发展，综合实力大幅提升。

2007年GDP达到143.5亿元，为1978年的76倍，年均增长12.5%，人均GDP达到21547元，为1978年的78倍，年均增长12.3%；地方财政收入达到7亿元，为1978年的46倍，年均增长14.1%。结构调整不断深入，产业素质明显提升。三十年来，我市三次产业结构实现了从“一、二、三”到“二、一、三”再到“二、三、一”三次重大变化，由1978年的63.9 ∶ 23.3 ∶ 12.8调整为2007年的20.9 ∶ 47.5 ∶ 31.6，初步形成了第

一产业较为稳固、第二产业居主导地位、第三产业增速加快的格局。全市农业全面发展，2007年实现增加值30亿元，是1978年的25倍；工业规模快速膨胀，2007年实现增加值60.3亿元，是1978年的150倍；服务业份额迅猛扩大，2007年实现增加值45.4亿元，是1978年的191倍。各项改革纵深推进，发展活力不断增强。公有企业改革卓有成效，民营经济迅速壮大，农村综合配套改革扎实推进，行政管理、公共财政、规划建设管理迈出实质性步伐。支撑体系不断完善，发展空间迅速扩大。在巩固、发展、提高开发区、度假区、碧城区"老三区"的基础上，高标准规划建设了核电产业区、临港产业区、高新技术产业区"新三区"。海阳核电、港口、跨海大桥、烟海高速路等重大工程进入实质性实施阶段，构筑起区域经济发展的新平台。对外开放突飞猛进，招商引资成果丰硕。从1988年第一个外资企业落户海阳到2007年年底，全市累计批准利用外资项目519个，总投资额13.8亿美元；累计实际利用外资5.4亿美元，年均增长22.5%；累计完成进、出口总额24亿美元，比1978年增长770倍。城乡面貌显著改观，综合功能不断完善。从1980年建成区6平方千米、城区人口2万人，发展成为建成区22.5平方千米、城区人口18.3万人。四通八达的交通网络基本形成，城市配套设施更加完备。农村公路硬化率达到79.8%，自来水入村率达到97.6%，有线电视入户率达到87.5%。我市被命名为中国优秀旅游城市、国家节水型城市、省级园林城市，获得山东省人居环境奖。

社会事业繁荣进步，和谐海阳建设卓有成效。科技、文化、教育、体育全面进步，卫生医疗保障能力逐步改善，社会保障体系建设稳步推进，保障功能不断增强。人民生活显著改善，幸福指数明显提升。城乡居民生活由贫困、温饱走向整体小康，2007年城镇居民人均可支配收入12987元，农民人均纯收入6268元，分别是1980年和1978年的36倍、43倍，年均增长13.8%和13.2%。

海阳改革开放三十年的历程，有很多经验需要认真总结，进一步发扬光大。1.始终坚持不断解放思想，做到与时俱进，这是实现又好又快发展的总牵引。三十年来，从摆脱姓"资"姓"社"的禁锢，到跨越计划经济体制与市场经济体制的鸿沟，从加快发展到又好又快、全面协调可持续发展，都是解放思想的成果。2.始终紧扣经济建设中心，推进经济发展，这是解决一切问题的重要前提。三十年来，面对复杂多变的国内外形势，全市上下万众一心，始终把发展作为第一要务，坚持抓项目投入，坚持抓招商引资，坚定不移地推动加快发展、跨越发展，用发展的办法来解决前进道路上遇到的各种矛盾和困难，用发展的成果来造福人民，巩固和提升了稳定和谐的良好局面。3.始终贯彻科学发展观，注重集约发展，这是全面提升发展水平的关键所在。按照科学发展观的要求，大力推进自主创新，进一步优化产业结构和要素投入结构，在推进经济结构调整中保持快速发展。坚定不移地走节约和集约发展道路，把加快转变经济发展方式作为提高增长质量和效益的关键，努力实现速度和质量、效益相统一，经济和资源、环境相协调，切实把经济社会发展转入科学发展的轨道。4.始终坚持以人为本，突出富民优先，这是发展成果惠及人民的本质要求。三十年来，我们把富民作为全面建设小康社会的核心要求，将关注民生、善待百姓放在突出位置，集中精力、财力、物力解决百姓关心的热点难点问题，让改革发展的成果惠及全市人民，凝聚民心、激发民智、汇集民力，使蕴藏在广大群众中思富求变的强烈愿望转化为热爱家乡、建设海阳的自觉行动。5.始终做到统筹兼顾，促进协调发展，这是经济社会全面进步的必由之路。坚持把经济建设、政治建设、文化建设和社会建设作为一个有机整体全力推进，加快发展各项社会事业，处理好人口、资源、环境的关系，切实加强精神文明建设和民主法制建设，努力解决发展不平衡、不协调、不全面的问题，实现经济效益、社会效益和生态效益的统一，有力地推动了全市三个文明相互促进、共同发展。6.始终坚持凝心聚力，调动一切积极因素，这是加快发展的重要保证。三十年来，历届市委、市政府励精图治、打牢基础，几大班子团结一致、密切配合，全市干部群众同心同德、奋力拼搏，海阳同乡心系家乡、鼎力相助，形成了聚精会神搞建设、一心一意谋发展的浓厚氛围。

二、准确把握新的历史起点上推进改革开放的指导思想、任务目标和基本原则

从国际看，由美国次贷危机引发的国际金融危机，正由发达国家向新兴经济体蔓延，由虚拟经济向实体经济蔓延，直接导致国际市场需求减弱，世界经济增速放缓。从国内看，农业基础还很薄弱，能源资源制约经济发展的矛盾比较突出，股市、房市波动较大，金融领域存在不少隐患，财政减收增支压力加大。从我市看，当前经济运行中面临一些困难和问题，特别是社会投资后劲不足、传统支柱产业出现滑坡、部分企业经营困难、外贸形势不容乐观、财政收支矛盾突出，对改革发展稳定提出了新的考验。越是在这种情况下，越是要珍惜改革开放的探索和成就，越是要在科学发展观的指导下，充分发挥海阳各方面的优势，更加坚定不移地推进改革开放，在新的更高层次上推动海阳经济社会又好又快发展。

新的历史起点上推进改革开放的指导思想是：全面贯彻党的十七大和十七届三中全会精神，深入落实科学发展观，坚持社会主义市场经济的改革方向，以“凝心聚力和谐发展，奋战五年再创辉煌”为目标，按照“三步走”发展战略，落实“一片两带”发展规划，突出“四大经济工作重点”，优化经济布局，调整经济结构，扩大对外开放，推动科学发展，构建和谐社会，力争早日跨入全国百强县行列。

目标任务是，到2012年基本建立起“五大体制”：一是充满活力、平等竞争、更加完善的市场经济体制。各种所有制经济相互促进、共同发展，各类要素市场化程度明显提高，非公有制经济比重提高到85%以上。二是内外联动、互利共赢、安全高效的开放型经济体制。统筹国际国内两个大局，坚持对内对外全面开放，切实提高利用外资质量水平，加快转变外贸发展方式。三是统筹推进、协调融合、功能完备的城乡一体化发展体制。“一片两带”融合度不断提高，农村综合改革不断深化，农民人均纯收入年均增长10%，全市城镇化水平达到55%以上。四是制度健全、公平合理、保障有力的社会事业管理体制。社会各项事业繁荣发展，社会保障体系不断完善，群众合法权益得到有效维护，城乡居民就业比较充分，城镇登记失业率控制在2%以内。五是公开透明、执行顺畅、高效廉洁的行政管理体制。政府职能加快向服务、调控、监督转变，工作透明度、群众参与度和政府办事效率明显提高。

基本原则是：1. 坚持改革开放决策的科学性。做到调查研究更充分，政策思路更缜密，方法步骤更慎重。2. 加大改革开放内容的创新性。把创新精神贯彻到改革开放、科学发展的各个领域、各个环节，着力构建充满活力、富有效率、更加开放、有利于科学发展的体制机制。3. 增强改革开放措施的协调性。树立全局眼光和战略思维，加强对改革开放的总体指导和统筹协调。4. 把握改革开放过程的渐进性。坚持以人为本，做到既深化改革扩大开放，又促进社会和谐稳定。

三、全力抓好改革开放重点领域的工作

新的历史起点上深化改革，扩大开放，要着力在以下八个方面取得新的突破：

（一）在优化区域经济布局上取得新突破。坚持优势互补、良性互动、共同发展，全力构筑“一片两带”经济发展布局。城区经济片实施“内涵式”发展，强化龙头带动作用，到2012年，GDP年均增长14%以上，地方财政收入年均增长15%以上。南部沿海经济带，实施“膨胀式”发展，实现率先崛起，到2012年，GDP年均增长16%以上，财政收入年均增长18%以上。北部山区经济带，实施“调整式”发展，尽快缩小差距，到2012年，GDP年均增长12%以上，财政收入年均增长10%以上。

（二）在农村综合改革上取得新突破。进一步稳定土地承包关系，积极推行土地承包经营权流转，全市农村土地流转率提高到20%。扶持发展农民专业合作社，农村耕地适度规模经营面积提高到25%。深化农村集体经济组织产权制度改革和小城镇综合改革，全面完成农村社区建设任务。解决务工农民和失地农民社会保障问题，全面普及农村合作医疗，扩大农村最低生活保障覆盖范围，农村养老保险基本实现全覆盖。

（三）在要素市场改革上取得新突破。发展壮大资本市场，确保1家公司上市，力争达到3家。规范发展土地市场，扩大有偿使用范围，完善土地交易市场，将土地转让全部纳入市场公开进行。

积极推进人才市场建设，加强人才储备基地建设，积极引进各类高层次人才。大力发展技术市场，提高科技成果转化率。

（四）在社会事业领域改革上取得新突破。坚持义务教育公益性改革方向，促进城乡义务教育服务均等化和资源共享。推进卫生体制改革，完善落实公立医疗机构补助机制，实现人人享有基本医疗卫生服务的目标。认真落实深化文化体制改革和加快文化产业发展的政策措施，全面提升文化产业核心竞争力和公共文化服务水平。加快建立城乡劳动者平等就业制度和统一开放的人力资源市场，健全面向城乡劳动者的公共就业服务体系和就业援助制度，确保城镇零就业家庭至少一人就业。完善社会保险制度，深化基本养老保险制度改革，建立和完善城镇居民基本医疗保险、工伤保险、城乡低保制度，加大各类福利服务设施建设力度。继续深化住房制度改革，加大廉租住房保障力度，推进经济适用房建设，建立多渠道、分层次的城市住房保障体系。

（五）在行政管理体制改革上取得新突破。加快转变政府职能，做好新一轮行政管理体制和机构改革有关准备工作。完善事业单位分类改革方案及配套措施，加快推进实施。进一步完善科学决策和信息公开机制，完善重大问题社会听证制度、重大决策公示制度和决策责任追究制度。加快法治政府建设步伐，建立科学规范的行政执法体制。

（六）在重点工程建设上取得新突破。聚全市之力，快速推进亚沙会筹备、核电、港口、大桥、高速路等事关海阳发展全局的重点工程建设。亚沙会，2009年六大工程开工建设，2012年上半年各项筹备工作全面完成，确保亚沙会成功举办；海阳核电，2009年9月浇铸第一罐混凝土，2014年两台机组并网发电；海阳港，加快推进与中交集团的战略合作，加快推进西港区二期工程和东、中港区建设，加快国家一类开放口岸申报工作，2012年新建20万吨成品油泊位1个、集装箱泊位15个，通用泊位12个，货物吞吐量达到1000万吨；跨海大桥，2009年开工建设，2011年竣工通车；烟海高速路，2009年开工建设，2011年年底竣工通车。

（七）在经济发展重点上取得新突破。深入实施大项目带动战略，把招商引资作为经济工作的主线，积极招大引强，做大做强，到2012年销售收入过30亿元的企业达到5户以上，过10亿元的达到15户以上，规模以上企业数量在现有基础上实现翻番。着力膨胀民营经济，大力实施骨干企业培育、中小企业成长、特色产业提升计划，改善发展环境，强化政策扶持，到2012年年销售收入过亿元的民营企业达到30户以上，民营经济增加值达到260亿元以上。纵深推进海洋经济，着力打造核电、船舶修造、临港产业、海洋生物、休闲度假和现代渔业六大特色产业基地。突破发展现代服务业，着力发展旅游、会展、商贸物流、金融保险等重点产业，积极培育和扶持大型批发市场，到2012年第三产业增加值达到137亿元，在三次产业中所占比重提高7个百分点以上。

（八）在转变经济发展方式上取得新突破。以调整优化经济结构为主线，坚持以高新技术产业为主导、支柱产业为支撑、新兴产业为重点、基础产业为保障，加快产业结构优化升级。大力发展先进加工制造业，做大做强核电、造船及海洋工程、机械装备制造、电子信息、新型化工、新型能源六大新兴产业；加大针织毛衫、机械、食品等传统产业的技改力度，促进传统产业和产品由数量主导型向品牌效益型转变。积极培育高新技术产业，打造一批具有自主创新能力的高新技术企业群体。到2012年，高新技术产业产值占规模以上工业增加值的比重提高到35%以上。同时，坚持科学发展、集约发展，依靠科技进步，发展循环经济，突出抓好节能降耗和环境保护，推动土地节约集约利用，努力提高经济增长的稳定性、协调性和可持续性。

四、切实强化有利于改革开放的各项保障措施

（一）继续推进思想解放，不断开辟改革开放和科学发展的新境界。要始终坚持党的解放思想、实事求是、与时俱进的思想路线，引导广大干部群众开阔视野，努力在新的更高层次上推动经济社会又好又快发展。工作定位要高，把各方面工作放在全国、全省的大格局中找位置、定坐标，不断追求卓越、争创一流；精神状态要好，保持昂扬向上的斗志、拼搏进取的锐气，信心百倍地应对挑战、开拓进取；思路办法要活，坚持用发展的办法解决出现的问题，用改革的举措化解面临的困难，用开放的思路应对各种挑战。

（二）充分调动积极因素，切实营造有利于改革开放的良好环境。要进一步优化政策环境，认真贯彻落实支持企业发展和鼓励群众创业的政策措施；进一步优化政务环境，推行政务公开，规范收费行为，严格控制各种庆典和评比达标表彰活动；进一步优化服务环境，精简审批事项，提高服务水平和办事效率；进一步优化法治环境，规范各种执法检查，依法严厉打击扰乱和破坏市场秩序的违法犯罪活动；进一步优化市场环境，建立健全信用体系，降低市场准入门槛；进一步优化人才环境，大力引进高层次人才，为改革开放提供全方位的智力支持。

（三）完善创新考核机制，靠鲜明的导向引领经济社会又好又快发展。坚持与时俱进、改革创新的原则，对考核内容、考核方法不断调整完善，使其更加符合形势发展、时代要求。坚持考以致用的原则，注重工作实绩，讲求工作成效，进一步强化考核结果的评价与运用，激发各级干部干事创业的积极性、主动性和创造性。

（四）加强党的自身建设，为推进改革开放提供坚强政治和组织保障。要以思想政治建设为重点，切实加强各级领导班子建设，不断提高运用科学理论解决实际问题的能力。要以提高创造力凝聚力战斗力为重点，切实加强基层组织建设。要以保持党同人民群众血肉联系为重点，切实加强干部作风建设。要以完善惩治和预防腐败体系为重点，切实加强反腐倡廉建设。

新的历史起点上推进改革开放，责任重大、任务艰巨、使命光荣。全市各级各部门和广大党员干部，一定要紧密团结在以胡锦涛同志为总书记的党中央周围，高举中国特色社会主义伟大旗帜，以邓小平理论和“三个代表”重要思想为指导，全面落实科学发展观，进一步凝聚人民群众力量，团结一心、振奋精神，埋头实干、锐意进取，不断把改革开放的伟大事业推向前进，为加快实施“三步走”战略，全面建设社会主义小康社会而努力奋斗！

二、文 萃

海阳县山水记略

李 杜

海阳处登郡极南，原为大嵩卫。雍正十三年，割莱、宁二邑地改海阳县。其地偏僻背山面海，其势雄阔，其山磊落耸峻，多藏名景。余久欲周历其中，而以遭逢坎坷沮滞不果。山居日暇，即所见闻识，其概略余姑缺之，俟异日焉。

登郡十邑，除莱阳为栖霞之艾山来脉行龙所结，余九邑皆发脉于艾山。海阳由栖霞左背过巨齿牙山，逶迤百余里，陡起昌山，形如挂榜。山出白石，质细而坚。西下结观山，观山西偏为发城庄，汉观阳郡旧址尚存。山后有寺，近村读书者多肄业其中。山之东则倪家庵，庵前大河直抵海阳，流向西南。河东大岭即海阳来脉，旁落结林寺山，形如卓旗。山东曰“山东院”，西曰“山西院”，皆山僧所居。前伏再起数百丈，结双石崮。东崮高，即倪家庵面前峰也；西崮方平。旁看二峰相连，类纱帽。东石崮，乃海阳之太祖山。西崮西结羽山，南行百里，由劳噜庵结三架山奔赴于海，为海阳右臂。去海阳界十余里，劳噜庵属海阳。自西崮而南，由梧桐山结玉龙山、黄山直抵海。玉龙山多异蛇，形白靴头，俗呼“小龙”。志载，玉龙山由名也。春夏之交，日傍西，影落城中。旧日，嵩阳景中所云“龙山远照”者。龙山西南为大山所，所西有南海头村，莱阳宋澄岚先生隐居于此，有《海滨乙丑集序》。自西崮至黄山，其间天桥院、福昌院、九岭夼错置其中，一丘一壑皆可栖息。而九岭夼有瀑布，称“奇绝”

焉。东石崮东行四五十里转南，由丛麻院、岠嵎院、菩萨顶南抵于海，与龙山相望，为海阳近护，中藏通云庄。丛麻院，一名从马院。院西北有大石崮，端庄秀浑。东有七峰，为七姑顶。西涧有二松，两枝相连，曰“连理树”。岠嵎院圣水汪，上亦有瀑布宏敞。过于九陵院，在瀑布下流大石山下，余常读书其寺，以墨笔题其南崖，曰“溅雪”。菩萨顶张真人飞升留题，至今墨踪如新。东行六七十里南下，一大横岭起，高峰上有岳姑庙，为海阳左臂，与三架山遥对。庙北宁海地，仍有岳姑顶。或曰“此麻姑修道处，彼乃麻姑坛坫”，皆莫可考。自此而南，亦直抵海。岳姑西为海阳所与大山所，皆大嵩卫旧日护城屯田之区。海阳所西有黄岛，在海中试金汪，石质黝而润，可做砚围屏。石平列如屏，边栏图画宛在亦奇观也。黄岛西有乳山，孤峙海岸，以形名。石崮中抽重叠南下，横亘大嶂为招虎山，东西长三十余里，高数百丈。其西结名士院，其东为黄草庵，再东为镜山庵、高孩之先生别墅。东麓则七祖院，俗传为七祖修炼所在，山半坡院书舍皆高氏置。涧东南，唐儿山键其户。由镜山南迤起小龙山，再起为帽子山，山上尖耸而下，广阔类帽，是为海阳少祖山也。山南少偏为嵩山院，院西山高耸秀，余题其室曰“爽襟斋”。再南山行十余里至嵩山，端严特达，表观巍峨，辅佐淡然诗，所谓嵩高维岳者乎，是为海阳祖山。由左抽脉绵连十余里，为望石山。神童山侍从于右，垛山侍从于左，山形如飞凤，亦曰“凤山”，即海阳之主山也。山南不二里，即海阳城。居岭之半，城南二里许，临大海，汪洋千里。城中景有四：西门里有石曰干石桥，阴雨经旬不湿；北门里东偏有井曰“朱家井”，在圣庙后，明末胡指挥殉节处；大街东巷石上有一窝，为金雀巢石；西南城隅有园曰“东溪”，三叔父家塾也。城外景有四：西南门外有石，曰“凤凰台”；海上一泉水甘，曰“甜泉”，海水潮汐汩没不染；西南一小山，曰“虎墩”，渔人丛集所；西门外濠上先世父太史海若公建一亭，曰“留月”。世父出一联，末二句云：“时来南浦朝云，西山暮雨不能。”对友人亦皆搁笔，乃请乩仙。仙对曰：“一任东方割肉，北海开樽海中。”二景东南一岛曰“千里”，峰尖削产玉茗。西南一岛曰“土鼓”，体方平，海岸又有绿纹石，色蓝碧相间如云，年久沙浪荡激，不待磨砺，光润可鉴。海阳大河有六：城西二里曰“黄家河”、四十里曰“沽头河”、七十里曰“行村河”，城东十里曰“田次冢河”、五十里曰“羽山寨河”、八十里曰“夏村河”。涧溪沼沚，莫可指数而一归于海。海与日本琉球、广、闽、江、浙相接，奔腾浩瀚，琉璃万顷，商航战舰不时来往。春夏间，蜃市幻发，顷刻之间变化千态，南城极目，不减登郡蓬莱。所产水族，奇形怪状，《山海经》不及载而《食物志》莫能悉也，人称“海阳壮于山而雄海”，洵其然哉。岁己未春二月，邑侯包父师莅海阳，巡行郊野，遍历山川，邑人不知所以，钦惟我皇上念切民依，恫瘝在抱，特命各州县巡历乡村，有疾必问，有颠必持。凡在有司簿书之暇，毋怠于行。我包公车辙马迹，不惮烦劳，仆夫无知，但云我侯游观耳，不知其仰体圣心、下察民隐，与夫星辰之分野、龙脉之蜿蜒，民风土俗之委屑，莫不昭灼于心、体恤备至。一旦奉命修志，从容敷治进余而问曰：“某山发龙某处、结穴某处，某水发源某处、归宗某处，下询殷勤，与余向所身历者不大径庭！”夫乃叹我邑侯留心治道，固在人所不见不闻之地也！爰录邑内之山川形势汇为一编，以为蒭荛之献。

转录自包桂（清）乾隆《海阳县志》卷之七

新建海阳县衙署记

鞠　濂

令于邑无所不当知，故为令难，而令新邑尤难。非有理纷剧卓越之才，假以岁月之久，度缓急而先后之未易，以次第举也。余以雍正十三年十月，由泗水移知海阳县事。县初为大嵩卫，上宪以其地控制山海为要区，请于上，得旨赐今名，割宁海、莱阳之属乡以为县治。于时创建聿始，百废初兴，其有待于规划者众矣。而疆界宜先，田赋尤关民利病。余不遑宁处，既厘正而勾稽之。邑旧有卫园一区而无衙署，始至，僦民舍，簿书散置，吏胥无所栖止，又僻处西南隅，期会走集，观瞻不肃。而卫园亢爽，四达有居高临下之势。乃购民间旧宅，移用其木石瓦甓，建堂五楹。堂之前，左右为科房，南为仪门，又南大门。仪门之东为土地祠堂，西为监狱、为仓。少北，为游息燕宾之所。堂后，为二堂、为寝室。堂东北为库，又东南为捕厅之宅。虽不事宏侈，以博观美而规模已备具矣。柳子云："君子必有游息之物、高明之具，则清宁平夸，恒若有余，然后理达而事成。"是令之营之屋室，岂曰自逸，凡以为民事计也。且夫计民事亦何异于治室乎哉！为之定井里度土宜则其始基也，既又为之董戒，令其生聚富完则肯构而肯堂也，生厚矣，正德可缓乎。由是，教育摩揉使趋于善至于礼让兴行而风俗淳美，其庶几翚飞轮奂之观乎。于是，广延名士，博采详纪，创邑乘以备稽考，则相与落其成矣。凡此，皆余之欲次第举者，而遽量移以去。且即赴阙。时为乾隆三年某月，距初莅才三载耳。嗟呼，以余年少才薄，即令宽以岁月，犹未克成其所欲就，而况不得久于其职，此所以俯仰慨然，而不能无歉于新邑者也。惟继今为令者，念已之既定厥居而推以及民，当有如所云，理达事成，以竟余之所欲施者矣。故于衙署之建，书词于石，而镵诸其壁以俟。

转录自王敬勋（清）光绪《海阳县续志》卷之九

纪滴翠园始末

李昌霖

滴翠园在都城琉璃厂之南，先六世祖司马公为台谏时所置别墅也。司马公雅好交游，值康熙初年，山左先达官京者，称极盛一时，名公钜卿歌咏升平，树骚坛旗鼓，咸推司马公为东道主。每退席之暇，即园中张筵设饮，分韵擘笺，诗酒之会，殆无虚日，著有《滴翠园集》。复仿宋人西园遗意，作《滴翠园雅集图》，图三帧，正本一，临本二，同乡同朝同游共十有五人。临川高念东先生为之序，当是时，都中仕宦以及海内文人无不艳称滴翠园者，咸比裴晋公午桥庄。云泊司马公暨先公高祖翰林公先后谢世，子弟通籍者皆外任。而平阴孙司马继掌督捕，遂举宅与园授之司马，土人因呼其地为孙公园，图亦分藏孙氏与东昌任氏。家藏孙氏者二，为正本，为初临本。藏任氏者一，为次临本。孙讳光祀，字祚庭，即平阴司马。任讳克溥，号海眉，官通政司右通政，皆日涉是园而预于图者，具载念东先生序语中。孙司马之后，居停屡易。乾隆中，忽为伶人陈银窃据，燕兰小谱所谓渼陂者也。舞衫歌扇，车马盈门，而诸先辈文采风流，遂有邈若山河之慨。其后复为无锡相国嵇文恭公官邸园，已不知废于何时。文恭公殁，遗言以邸为无锡金匮，两邑应试公所名赐金会馆，道光戊戌日，霖赴召公车，访友文恭公孙文春原孝廉于馆中，周视堂庑廊舍，尚皆完好，而错杂无伦次，疑多后人增置。馆后废地一区，四围缭以土垣仅二尺许，其中凹凸处，似是当年台榭池沼故址，然无片石半甓之存，惟有荒榛杂树，夕照寒烟，苍凉满目而已。夫沧桑变易，历古如斯，不独斯园为然，顾以先世旧业，坐听沦论，百余年来，无有能起而问之者，为人子孙者，安得不恧，然泚巢怆然涕下也哉？戊申季春，因公赴曹郡，同年高在午招饮学署，酒半，询及滴翠园巅末。在午为念东先生裔孙，抚今追昔，与余同有盛衰之感者，故即区区所闻见，略述大概于左，孙曰霖。谨志。

转录自王敬勋（清）光绪《海阳县续志》卷之九

清代海阳义园会馆

孙彦坤

北京海阳义园会馆坐落于北京市朝阳区呼家楼南里2号（东三环路附近），现为北京市朝阳区土地和房屋管理局呼家楼管理所的办公场所。

据有关资料统计，清代，山东人在北京共设有会馆13所。有确切记载的，最早当属乾隆年间的登莱胶馆和山东会馆，晚的有清光绪末年的山左会馆等。13个会馆中，有省级会馆6个，分别是山左会馆、山东会馆、山东试馆、齐鲁义园和两个齐鲁会馆；府州级会馆4个，分别是莱胶义园、武定会馆、济南会馆和青州会馆；县级会馆3个，分别是章丘会馆、寿张会馆和海阳义园会馆。其中，海阳义园会馆由海阳籍旅京人士王乐义和李天阶于道光二十五年（1845）募创，“专为邑人之客都者养病停柩之所”。新中国成立前，会馆已办“义举百余年”。

清代，海阳是县级建制，属山东省登莱青胶道登州府。时，各省县兴在京都建设会馆。所建会馆共有四种类型：一是科举会馆，专为进京赶考的本省县举子而建，起接纳、容留、食宿之用。二是工商会馆，由同省同县或与邻省县的商户所建。三是行业会馆，由清末跨省县的同业商户兴建。四是义园会馆，由各省县兴建。义园是义园会馆的附产，是义园会馆办的慈善事务，与义园会馆办的学堂、幼稚园、扶孤所一样。因义园是安葬死人的，故占地面积较大，多远离繁华地带。

在北京，海阳义园会馆为区级文物保护单位。其坐北朝南，由东、西两院组成，共有房屋37间，均为硬山灰筒瓦。1986年和2003年，有关部门对其进行修缮。到2012年，整体状况是：西院，正门为垂花门带影壁，存有西院正房、东西配房、东西耳房和门道，共24间；西配房之南耳房已无，北耳房及东配房之南北耳房均已改为炉渣虎皮墙，水泥瓦顶。东院，正房、东西配房共13间。其中，西配房之南北耳房各1间，为青砖硬山墙的原建筑，房顶已改为水泥瓦；东配房之南耳房已无，北耳房后为食堂。

海阳义园会馆的义园，在会馆北部200米处，即今呼家楼北里一部，旧时这里有一条明水沟，河的南岸是海阳义园会馆的坟地，上世纪50年代尚有坟冢200余座。

会馆西院东南角有一块关于海阳会馆历史的“乐善好施”石碑，于清光绪二十九年（1903）立。石碑刻有完好无损的碑文，碑面刻有捐资的裕兴号、永兴号、永顺号、义泰号、合义草铺等商号及邓侃、包恒道、辛鸣琴、王振、于保仁、王岳增等418人的名字。碑文为鸿胪寺序班附生胡翰翼撰，从九品赵丽源书写。

海阳义园会馆是北京市现存的唯一一座义园会馆，它的完好存在对研究旧时海阳籍人士在京经商、生活、学习、医治、死亡、安葬等提供了珍贵的实物史料。

转录自《海阳年鉴（2010—2012）》，本文为孙彦坤与其女儿合作考证文章

乡　音

峻　青

乍一回到故乡，立刻就会听到许许多多亲切的熟悉的激动心灵的声音。这一些平时难得听到的声音，对于那些离乡日久的人们来说，有着一种多么神奇的力量啊！它就像一支你所熟悉而又好久没听到了的乐曲，开头的第一个音符，就会激起你的热烈的情感，引起你的亲切的回忆。

现在我要写的，就是这样的一种乡音。

那是我回到故乡的第二天。早晨，天还不亮，鸡刚叫头一遍的时候，我被一阵吱吱哇哇的声音惊醒了，侧耳一听，啊，多么熟悉而亲切的声音啊！我立刻就能听出这是一种名叫“二把手”小车的声音。这是我们家乡的一种很古老的运输工具。因为车子的构造全是木头的，木车轮，木车轴，所以走起路来，特别是载着东西的时候，这独轮小车，就会发出一种连续不断的吱吱哇哇的声音。

啊，这种声音好多年没听到了，如今乍一听来，简直就像无意中遇见了阔别多年的老朋友似的，心里感到特别亲切，激动。

我爬起身来，打开窗子，向着外面望去。外面天还不亮，四处黑乌乌的，在即将落山的微弱的月光下，隐隐约约地看到一个人推着一辆二把手的小车，从我的窗下，沿着崎岖的山路，向着南面的山谷里走去。不久，人和车子的影子就在山谷的黑影和晨雾中消失了，不见了，但是，那吱吱哇哇的亲切悦耳的响声，却还在黎明的寂静中，长久地响着，响着，一直响到了晨雾的深处。……

啊，是谁，这么早就把那亲爱的令人心醉的乡音送到了我的耳畔？是谁，这么早就用他那吱吱哇哇的悦耳动听的音乐唤来了玫瑰色的黎明？

是一个青年人。

一个我所不认识的青年人。

对于一个离家多年的人来说，认不出同村的年轻人，那是不足为奇的。有多少当年在我们记忆中还是吃奶的婴儿，现在已经是又高又大的青

年人甚至是结婚抱子的成年人了。

人们告诉我，这个青年人就是冯老西的孙子。

冯老西我是熟悉的。

他是在三十多年以前，因为黄河决堤从利津家乡里逃荒来到我们这里安下家的。

因为他们是西府人，所以大家都叫他冯老西。我记得很清楚：冯老西逃荒来到我们村里的那一天，就是推着这样的一辆车子。那时候，车子的木架上，一边搁着一捆破得露出了棉花的铺盖卷儿，和一口裂了缝的铁锅，三四只破砂碗，一边坐着福儿的弟弟和妹妹。瘦骨嶙峋的冯老西，把车套挎在肩膀上，两只手紧握着车把，向前探着身子，用力地推着车；蓬头垢面的福儿的娘和面黄肌瘦的福儿（那时他才十岁），则在车子的前面，肩上套着绳子，弯着腰吃力地拉着车子。路，是崎岖不平的路，这二把手小车，在这崎岖不平的路上走着，发出了一阵阵刺耳的尖叫声。……

这幅悲惨的画面所给我的印象是太深刻了，而尤其是那个令人心碎吱吱哇哇的小车的声音。不知怎的，我总觉得，那是一种压抑的痛苦的声音，听着，使人心里非常难受。

哦，真的，直到现在，每当我想起当时那一群群蓬头垢面的难民用小车推着他们可怜的家小，在滚滚的黄尘中辗转流浪的情景时，想起当年的乡亲们整年累月地推着这二把手小车在崎岖的山道上忙碌着的时候，我仿佛还能听到那令人心碎的痛苦的声音，啊，我仿佛觉得这是我们那个苦难的民族，和那苦难的大地，在痛苦地呻吟啊！

大概也就是因为这个原因吧，小的时候，我对这种二把手小车的吱吱哇哇的声音，是不很喜欢的，甚至还有些害怕呢。但是，人的感情和对事物的印象和感受是可以随着时代的变化而改变的。现在，车子依然是从前的那种车子，声音也依然是从前的那种声音，可是，现在我的感受却完全不同了。

这种改变，并不是从今天开始的，而是在烽火战争的年代里。那时候，老解放区的土地改革刚刚结束，翻了身的农民经济情况有了好转，生产热情空前高涨。于是，各村里，这种二把手小车也骤然地增多起来了。不久，战争打起来了，国民党反动派对山东解放区发动了大规模的重点进攻，解放区人民的和平生活遭到了严重地威胁和破坏，为了配合解放军打垮国民党匪军的进攻，为了彻底推翻蒋家王朝的反动统治，翻了身的农民，纷纷推着他们的小车，扛着扁担，像潮水似的涌上了支援前线的行列。在大兵团机动作战的情况下，我们没有飞机，没有火车，没有任何现代化的运输工具。部队的给养、弹药和一切军事物资的供应，以及伤病员的运输，全部是依靠支前的民伕来担负。这批翻了身的农民，为了保卫已得的胜利果实，为了永远摆脱旧中国的反动统治，他们把自己所有的一切——粮草、牲畜、二把手小车甚至是全部心身与生命，都贡献给了伟大的解放战争。部队打到哪里，他们就跟到哪里。战争需要什么，他们就供给什么。

哦，多么激动人心的场面啊！不管是在那一望无际的昌潍大平原上，也不管是在那崎岖难行的沂蒙山区里，不管是在碧波万顷的东海之滨，也不管是在浊浪滔天的黄河两岸，我们总能看到成群结队的民伕，他们用二把手小车推着弹药、粮食，在炮火连天的战场上往来，在敌人飞机的扫射下赶奔。这时候，那成群的小车，那吱吱哇哇的声音，就汇成了一片巨大的声响，它们仿佛要和那地面上炮火的隆隆声较个长短，和天空中飞机的嗡嗡声见个高低。

啊，多么雄壮悦耳的声音啊！

从那时起，我对于这种二把手小车的吱吱哇哇的声音的感受就完全改变了。我觉得它不再是压抑的痛苦的声音了。而是一种愉快的豪放的声音。它是那么好听，那么悦耳，尤其是它们成群结队在火线上汇成了一支大合唱的时候，简直就是一支最优美最动听的乐曲，一首最雄壮最有力的战歌。

是的，这是翻了身的农民的欢乐的乐曲，是挣断了枷锁的奴隶奋起推翻旧世界的英雄战歌。

革命在前进，胜利在前进。

随着革命形势的发展，这优美的乐曲，这雄壮的战歌，从胶东半岛响到了江淮平原，从黄河岸边响到了大江南北。一直响到了南京、上海，响到了衡阳、广州。记得，当我们打过长江攻克南京的时候，在伪总统府的大门前面，我们看到了操着浓厚的胶东口音的民伕，听到了熟悉的亲切的吱吱哇哇的小车的声音；当我们沿着沪杭国道追歼残敌解放大上海的时候，在南京路上，在大世界前面，我们又看到了那操着胶东口音的民伕，和二把手小车的吱吱哇哇的响声。

向南，向南，继续向南，一直到广州市里，珠江岸边，我们仍然时时刻刻都听到这种熟悉的乡音。

啊！这时候，那熟悉的乡音，就不仅是一支优美动听的乐曲和雄壮有力的战歌了，而且也是一种亲切的鼓励和鞭策，听着这种声音，就仿佛听到我的那些饱受苦难的乡亲在我们耳旁谆谆嘱咐：不要忘记过去的苦难，不要满足现在的成绩，更不要迷恋当前花花绿绿的世界，抬起头来，高瞻远瞩，勇猛前进，把革命进行到底！

啊！时间过得真快，一转眼的工夫，十多年过去了。这十多年来，我一直是在南方的大城市里工作，这种熟悉的亲切的小车声音，已经有很久没听到了。如今，乍回故乡，这亲切的声音又送到耳畔来了，心里就情不自禁地感到一种说不出的亲切和激动。而尤其是当我知道这推小车的人就是冯老西的后代的时候。

这青年人今年顶多不过二十一二岁，当我离开村庄的时候，他还没有出生呢，解放战争时期，他也不过是一个刚满两三周岁的幼儿。他自然没经过当年他祖父经历的那种关山万里四处流浪的苦难日子，也记不得他父亲一代所参加过的那种烽火连天狼烟遍地的战争年月。但他却仍然不失为一个我们这个伟大时代的很好的青年。

人们告诉我：这个小名叫东生的青年，虽然是在和平环境中生长起来的，但经常受到的却是革命斗争的教育。冯老西，这个从苦难的旧社会里出来的老汉，不仅没有忘记自己过去走过的道路，而且时时刻刻教育他的后代，应该怎样对待生活。就在我听到小车声音的那天早晨，听到人们告诉我这样一个故事：前年，正当我们农村遭到灾害，情况呈现出某些暂时困难的时候，有些青年人不安心于农村生产，想到大城市去。这时候，东生刚好高中毕业，回到家里，问冯老西：

“爷爷，怎么办？继续考学呢还是到我爹爹那里去找工作？”（他爹爹冯水福在北京工作）

冯老头子听了孙子的问话，一声不响地从厢屋推出了他的二把手小车，往孙子的手里一递，说：

“那里也不去。喏，推上这个，到队里干活去。”

孙子吃惊地望着老人，问道：

“咋？这是咋？”

老头子把眼一瞪，说：“咋？上了几天学连这个也不认得了吗？这是咱们的传家宝。当年，你爷爷我推着它逃过荒、遭过难，也推着它打过仗、支过前，推翻蒋介石政权，有它的功劳；现在，推着它在山区里建设社会主义。喏，推着它，去吧。时时刻刻不要忘了它。忘了它，就是忘了本。”

他们爷儿两个以后还谈了些什么，别人不知道。可是，人们看到，第二天早晨，东生果然和他爷爷一起，推着二把手小车上山干活了。从那以后，东生就真的参加了农业生产，而且干得很好，不到一年的时间，他就争得了劳动模范的光荣称号。现在，他已经是生产队的副队长了。他艰苦朴素，勤劳能干，而又时时刻刻为群众着想，时时刻刻起带头作用。他几乎每天早晨，在和队里的人一起上山之前，当村里许多人还没起来的时候，他就推着小车，到山上去送粪、打柴，那吱吱哇哇的车声，就成了村里的报晓的信号，人们听到这声音，就互相催促着：

“快起来，东生又推着车上山了。”

吱吱哇哇——吱吱哇哇！

小车的声音在寂静的山野里连续不断地响着，响着。

村里的人全都起来了。于是，家家的屋顶上空都升起了乳白色的炊烟，各处的街道上，山路上，也都响起了吱吱哇哇的车声。

车声响成了一片，伴随着这吱吱哇哇的车声，无数的人群，潮水似的涌向了绿茸茸的田野里，涌向了茂密的树林里，涌进了玫瑰色的霞光里面……

我望着这忙碌的朝气蓬勃的人群，听着那熟悉的二把手小车的声音，心里感到分外的激动。

啊，乡音啊，这久违了的乡音。你是多么亲切，多么可爱，又多么使人感动。因为我在这里所听到的，不是一般的小车的声音，而是久经革命风暴的胶东老根据地的乡亲们的在革命的道路上，高举着革命斗争的大旗，昂首挺胸大踏步地奋勇前进的声音。

不论是冯老西的一代或者是冯东生的一代，他们都没有忘记过去所走过的道路，没有放弃紧握在自己手里的传家宝，他们继续在崎岖的山路上行进着，行进着，不断地行进着。

那吱吱哇哇的小车的声音，仍然在人们的耳畔，继续地嘱咐着：

“不要忘记过去的苦难，不要满足现在的成绩，高瞻远瞩，奋勇前进，把革命进行到底！”

吱吱哇哇——吱吱哇哇！

这亲爱的乡音，在连续不断地响着，响着，一直响到了玫瑰色的霞光里面。……

一九六二年秋写于胶东

一九六三年六月二十七日修改于北京

转录自孙珞珈编《峻青散文选集》百花文艺出版社 2012 年 3 月第 3 版

北国小江南

刘水清

位于黄海之滨的海阳市招虎山主峰后侧，有一条绵延似带的大夼，当地人称作大庄夼。夼内土肥水绿，林密竹秀，素有“北国小江南”的美誉。

我们去游夼那天，正赶上个难得的好天。昨夜一场小雨，把山川洗濯得眉清目秀。夼中河流，卵石纵横，千姿百态。人们自然懒得去动它，它也就那么兀自打磨，洗尽铅华和粉黛，不食人间烟火。

河之岸山之麓，弥眼俱绿，除了竹还是竹，绿汪汪，水灵灵，齐展展，英气通人。有淡竹、毛竹、刚竹、桂竹、实竹、白箍竹，洋洋洒洒五百余亩。众所周知，海阳是淡竹自然分布区的北界。这里的年平均气温、年平均水量与淡竹集中产地浙江、福建相比，显然低得多。这不禁让人诧异，这南国的灵秀缘何渗到了剽悍的北国？给我们领路的薛大爷说：“夼内经年流水潺潺，滋润了这片竹林；两面夹山，南可挡黄海之潮，北可拒渤海之风，保护着这片竹林；民风淳厚，山中林木，各自逍遥，广植不毁，成全了这片竹林。”老人大概念过私塾，言谈斯文，颇为精炼。他是护林五老中的“后生”。这五老最大的八十七岁，最小的六十七岁，精神矍铄，气宇不凡。但见有一山中老者，白发虬髯，还在播种施肥。问其贵庚，却道九十又六。与我们同来的几位小伙子，个个汗流浃背，气喘吁吁，见那老者背不驼腰不弓，面色朗润，不禁肃然起敬。

我们一行四五人顺小道走进竹林，密密匝匝，层层叠叠，光线影影绰绰地泻下，就像一片悄语，一阵阴凉，很漫长，很温柔，让人分不出是黄昏还是白昼。在这座幽深的“竹馆”里，整天都很安静，鸟儿穿梭其中，像点点火花，片片帆影，在绿海琼波里，轻松自如地游弋，很少喧哗。间或有几声清脆的“布谷”，幽幽的仿佛从远古传来。我在这里有一种远离尘嚣的感觉。在这儿的人们都屏声静气不敢说话，生怕惊扰了什么——惊扰了什么呢？我从孩提时代起，就记得森林里有某种东西在活动——某种我们不理解的东西。这也许正是人与自然的默契吧？这里太静谧了，静谧得就像晒在屋下白亮的蛛网，又像少女笼着轻纱的梦。唯一打破这一岑寂的是这里的山泉。蓦地这里一道，那里一泓，轻轻溅溅，一路欢唱，调皮地过一道道沟坎儿，在苔痕斑驳的石板上打着滚儿款款摆动。更令人称奇的是，有一棵五百年的木瓜树，枝杈纠结扭曲，就像热恋中的情人，紧密地搂抱在一起，难分难舍。难怪，在这密竹包围、水环山合的去处，即使再冰冷的伴侣，也能把爱之火点燃。竹林之外，还散见各种奇花异木：有来自东北的日本落叶松、红松，来自江南的柳杉、水杉。登到山的高处，可以找到原始森林残存下的桦木、漆树、榛子等稀有树种。

至于说到林中鸟儿，更是应有尽有：斑鸠、黄鹂、喜鹊、鹧鸪，约略上万只。据护林人员讲，到了晚上，全都静悄悄地栖息林中，逐之不散。有时这些林中的歌手，也会做一些狂妄的举动。它们时常毫不客气地把果农的红富士，当成一顿美味佳肴，狂饮大嚼，当仁不让；但徜徉温婉祥和的村姑看到了，也仅皱皱眉头，噘噘嘴唇，柔弱的嗔怪声细若春草。因为她们已把鸟儿当成自己的邻居，相敬如宾，从不愿大动干戈，伤了和气。

游罢大庄夼，感慨良多。这里民风纯正，风景优美，凡来者无不叹为观止，难以忘怀。究其实，人与自然的高度统一，常造人间美景。人是自然的儿子，自然是人类的摇篮，人与自然息息相通，相濡以沫，同是邻居。

原载于1998年7月24日《人民日报·大地副刊》

三、神话传说

孝子背来“托母山”

李炳来

在小纪镇大刁家村南不远处，有一座“托母山”。关于山名来历，在民间有着这样的传说：

在这山的东面，有个叫山汪家的小村，村里只有两户人家，而且是兄弟俩，哥哥叫叶虎，弟弟叫叶武。他们有一位双目失明的老母亲，由二人轮流照顾生活。

这天，叶母正在大儿子叶虎家吃饭，突然山洪暴发。叶虎见势不好，丢下瞎眼的母亲，领着老婆、孩子就往外跑。叶武发现险情后，想到母亲还不知怎样，便让孩子坐在大箩筐中，急忙跑到哥哥家背起母亲就往山上跑。这时，他远远地看到洪水夹杂着巨石卷走了哥哥和他的老婆、孩子。

洪水越来越大，眼看着就要淹没他们母子二人，叶武高高地将母亲托在背上，艰难地向前挪动着。大水终于把叶武给淹没了，叶母也很危险，她只知道儿子不再往前走了，并不知道儿子已经被水淹死。说来也怪，就在这时，在她的脚下突然出现一座大山，并且随着水势的增大不断升高，正好把叶母托在上面，直到洪水退去。

这时，叶武的妻子领着孩子到处找寻叶武和婆婆，找了好半天才看到不远处的大山上有人。他们艰难地爬到山顶，却只有叶母一人。媳妇便问婆婆叶武到什么地方去了？婆婆只知道一直有人托着她，其他什么事也不晓得。叶武的妻子看了看这新增的大山，外形好像一个人爬着背着什么似的，心里一切就都明白了。

这件事很快就被传扬开来，人们为了纪念和褒奖这位孝子，就在叶武的遇难处立了块石碑，上刻“托母山”三个大字。从那时起，这山就有了“托母山”这个名字，并延续至今。

牧牛更名称“小龙”

李泽君

在很久以前，有个姓杨的货郎，因在家排行老二，大家都叫他“杨二货郎”。

“杨二货郎”从小家里就一贫如洗，父亲早年被官府逼债惨遭杀害。为了全家生计，他在左邻右舍和亲朋好友的资助下，凑了一些银两，开始了货郎生涯。尽管都知道这个营生发不了什么大财，但深仇大恨激励他一定混出个模样来，好为父亲报仇。

就这样，他每日走街串巷，穿梭乡里，结识了不少江湖好汉。由于他一直想着报仇，又勤奋好学，跟着朋友也学了一些武艺。

这天，“杨二货郎”在下乡途中遇到一群小孩在玩一条小蛇。有的孩子说打死它，也有的孩子说不要打。“杨二货郎”上前一看，那条小蛇吃力地抬起头来，摆动了一下尾巴，好似在向他求救。

于是，他忙向这群孩子说：“小朋友，你们不要打死它，把它给我吧，我给你们糖吃。”说完，拿出一些糖来给了这些孩子。

他把小蛇放在箱子里，挑起担子继续赶路。走到牧牛山下时，感到担子越来越重，压得他快要直不起腰来。他放下担子，只听箱子里吱吱作响，待把箱子打开，那小蛇趁机从里面跑了出来，朝着大山深处爬。

“杨二货郎”就在后面跟着小蛇来到一块岩石下，岩石上正好有一个裂缝，小蛇就钻了进去。

他在那里呆呆地等了许久，见小蛇不再出来，才恋恋不舍地离去。

日月如梭，光阴似箭，转眼一年多过去了。这天夜里，“杨二货郎”做了一个梦，梦见他放生的那条小蛇变成了一条小龙，还说想请他到山上当王，并以葛藤屏障护城相助，以报救命之恩。

“杨二货郎”一觉醒来，发现原来是个梦，但梦中的一切却清晰地留在了他的记忆里。为了探个究竟，他专程赶往牧牛山。当他来到当初的那块岩石下时，一条金光闪闪的小龙朝他奔来，它那摇头摆尾的高兴劲儿就不用说了。

牧牛山上有条小龙的消息很快传遍了十里八乡，从此也就得名小龙山。

后来，“杨二货郎”根据小龙的指点，在这里占山为王，一棵硕大的葛藤把整个山团团围住，形成一个天然屏障，好似神造的城郭。他替天行道、杀富济贫，深受百姓爱戴。

笤帚打出“金猪夼”

曲延纯

早年，在境内西部一条不大的沟夼里，住着七户人家。其中一户只有两口人——婆婆和媳妇。婆婆待童养媳出身的媳妇特别不好，不但粗糠烂菜的都不让她吃饱，还动不动就非打即骂。

这天傍晚，轧了一天碾的小媳妇又累又饿，正担心婆婆会骂她偷懒并不给她饭吃，忽然发现一头老母猪带着一群小猪在吃她的谷糠。她跺了跺脚并吆喝了几声把猪赶跑，可不一会儿，几只小猪又跑了回来。她一生气，摸起扫碾的笤帚就打了过去，不巧正好打在一头小猪的头上。其他小猪都吓跑了，这头小猪却一动不动地倒在地上。

小媳妇发现自己打死了小猪，一时不知如何是好，就哆哆嗦嗦地把小猪藏到了碾盘下面。

轧完碾后，她收拾好米、糠正想回家，突然想到碾盘下面的小猪，又为了难。心想，要是就这样走了，猪的主人一旦发现自己的猪死在这里，又有人看到她在这里轧过碾，一定会找上门，那麻烦就大了。她看四周无人，就把小猪放进自家的箩筐里，上面盖了些谷糠，拐回了家里。

婆婆外出串门回家，小媳妇就赶紧把事情一五一十地告诉了婆婆，想让婆婆帮着想个计策，看如何处理才好。婆婆听后并没发火，而是急忙上前把谷糠扒开，想看看小猪到底有多大。谁也没想到，她扒开谷糠一看，里面竟然是只小金猪，把婆婆欢喜得直拍双手。

“我交好运了，我交好运了！”她弯下身子好不容易抱起那金猪，高兴得左看右看，哈哈大笑。金猪压得她喘不过气来，可她想放又放不下去，立在那里停了一会儿，突然一头栽在地上就断了气。

小媳妇痛哭一场后，为婆婆办完了丧事，把金猪分给了周围邻居，大家一起过上了红红火火的好日子。她家所在的这条沟夼也因此得名金猪夼。由于小媳妇是用笤帚打的小猪，清朝年间又改名为笤帚夼，抗战期间还成为远近闻名的“五虎村”之一。

唐王亲赐“梦达寺”

李泽君

大唐年间，在晶山北麓有个老汉以养殖桑蚕为生，老伴去世，膝下无子。老汉为人憨厚，心地善良，虽日子过得捉襟见肘、自己还患有哮喘病，但仍经常照顾周围的孤寡老人。

一日，正当老汉用餐时，门口来了一个蓬头垢面、衣衫褴褛、骨瘦如柴的乞丐。老汉看到这个乞丐如此可怜，便将本来就不够吃的饭菜，全都给了他。看着乞丐狼吞虎咽的样子，老汉心里很是同情，于是，便让乞丐留了下来。经过数日照料，乞丐的身体逐渐恢复。

这天，乞丐对老汉说：“感谢你这些天来的精心照顾，才让我的身体恢复起来。如今，我的身体也好了，不忍再打扰，我将继续前行，以后有机会定会报答救命之恩。”言毕，转身便要离去。

看着乞丐瘦弱的身体，老汉挽留他再住上一段时间。但乞丐决心已定，执意要走。于是，老汉便把家中所剩钱财全部送给他作盘缠。

当乞丐把钱拿在手里后，哈哈大笑起来，瞬间变成了一个蓬头卷须、黑脸巨眼且手握铁拐的跛脚丑汉。

看着惊愕不已的老汉，这个丑陋汉子说道：

“我乃八仙中的铁拐李，没想到你心地如此善良，即使自己受饿发喘也要去照顾那些孤寡老人和我这样素不相识的人，让我敬佩不已。”

铁拐李从背上的葫芦中拿出一颗药丸交给老汉，说道：“你的哮喘病多年，服食这颗药丸即可痊愈。”随后，又从地上捡起些石头，用布包裹好，交给老汉，让老汉等他走后再打开。

老汉还没有反应过来，铁拐李便腾云驾雾而去。老汉打开铁拐李留下来的包裹，里面全是白花花的银子，足有百两之多。

老汉将药丸吞服后，哮喘果然停止，身体越发硬朗。老汉便用这些银两捐修了山上的寺庙，自己也留在寺庙为僧，专为穷苦病人诵经祈福。

铁拐李将老汉的善举托梦给了唐王李世民。此刻，李世民偶感风寒，铁拐李以老汉的相貌在梦中传授其仙道，并给其服了药丸。李世民醒后，一身轻松，龙体生威。

后来，李世民东征驻扎在晶山脚下，但见眼前景色似曾相识。这日，偶遇庙中和尚，不由使他瞪大了眼睛，猛然间天庭洞开，一切不是当年梦中所见又能是什么？“未曾相识梦先达，东奔西走天造化。”李世民感慨万千，对天长叹！遂拨重金扩建寺庙，并题名“梦达寺”，封老汉为梦郎中。现梦达寺中有一尊药师佛，就是梦郎中的化身。

如今，每年的大年初一，晶山附近身体有恙的百姓还会到梦达寺，祈祷药师佛保佑新的一年身体安康……

唐将修护“丛麻院”

李德芹

相传，唐太宗李世民东征来到观阳县（今海阳市），曾扎营在招虎山下操练三军。为安全起见，派鄂国公尉迟敬德驻扎在七峰山。尉迟敬德一到这里，顿时被眼前的美景吸引住了：其北崮石参天，其南溪水潺潺，其东七峰摩汉，其西仙洞锁岩。周围山势峥嵘，奇峰怪石林立，特别是那七峰，如同七位菩提达摩在坐禅念佛，尽显灵性，心情甚是愉悦。

再往近前，又见大崮下翠竹成荫，这在北方实在是难得一见。竹林中隐藏着一座恢宏寺庙，无疑又使这世外桃源般的一方天地生出几分肃穆庄严。

尉迟敬德因受唐太宗影响，对佛教非常虔诚，便信步而入。方丈闻报迎出殿外，道过吉祥。尉迟敬德见方丈天庭饱满、地阁方圆、慈眉善目、飘髯如雪，肃然起敬。

尉迟敬德施礼过后，说：“在下奉命进驻佛地，惊扰了佛主和方家了，现在过来敬佛谢罪。”

方丈忙引他前往佛堂，并边走边介绍：此庙叫丛麻禅院，建于前（隋）朝。因战乱和改朝换代，化缘不及，多处失修，还请施主海涵。尉迟敬德表示，敬佛礼法是众生本分，以后驻扎在这里，将尽一点自己的心意。

在接下来的一段时间里，尉迟敬德带领官兵捐资出力，把整个丛麻禅院修缮一新。他还经常到寺中拜佛论法，与方丈切磋武艺。据说，尉迟敬德晚年笃信方术，与其在丛麻禅院的这段经历不无关系。

为了使驻防不影响禅院佛事，他还把点将台、操练场选在距离禅院较远的长灵崮西侧，特意将营垒筑造在禅院南面的山前，起到保护禅院的作用。不远处的上垒子村和下垒子村，皆由此而得名。

禅院僧侣为感谢尉迟敬德及将士们的功德，还曾特意立碑记文。可惜于清道光年间（1821–1850），禅院不幸毁于天火，石碑遭难。幸有清朝邑庠生竺从汝与儒家契弟子许德佩书撰碑石续记存世，使得尉迟敬德在丛麻禅院的故事得以流传，经久不衰。

目前，在丛麻禅院周围，点将台、饮马沟、拴马桩等遗迹，依然可见。

錾石逐狼石成佛

李炳来

不少人都知道“有心栽花花不活、无意插柳柳成荫”的谚语，可对“錾石逐狼石成佛”却知之不多。其实，“錾石逐狼”与“无意插柳”的寓意大体相当，这就是发生在海阳县乐畎村的一个故事。

据《海阳县志》(清乾隆七年版)记载，早年有一个石匠，在外出给人干活时，为了把东家的活都干利索，就晚收了一会儿工。在他独自走到乐畎村附近时，天就黑了下来。恰在这时，发现有两只狼尾随其后，看样子很凶恶。

在这前不着村、后不靠店、路无行人的荒芜之地，石匠虽然带着打石头的工具，但也派不上更多用场，一时不知所措。

两只狼虽然没有猛扑过来，却也步步紧逼，情况非常危急。就在这时，石匠看到路边有一块大如屋宇的巨石，就急忙爬了上去。两只狼见他跑到了高处，也准备往上冲。石匠就拿出自己的锤子敲打巨石，用来驱逐恶狼，但收效不大，两只狼还是不停地围绕着巨石转，试图寻找机会。石匠手头也没其他东西，又把自己的錾子拿了出来，没想到他錾一下石头，就迸发出一溜火光。

狼本身就怕火，又不知道石匠手里拿的是什么武器，吓得躲到较远的地方，瞪着大眼，不敢再靠到近前。

这样虽然让石匠多少心宽了一些，但看到他錾出的火光小点儿时，狼就试图朝他靠近。这样，他就摸出了其中规律，不但一刻也没敢放松，硬是使出了全身力气。

石匠与狼僵持了一夜，他也就在那里不停地錾了一夜石头。直到东方放亮，两只狼主动撤离后，他才停了下来，拖着疲惫的身子回了家。

第二天，当附近村民路过此地时，大家怎么也不敢相信，那原本为他们所熟悉的普通石头，一夜间竟变成了一座佛像。一时间，“夜石成佛”便成了十里八乡热议的话题，人们无不认为这是神来之笔。

那石匠更没想到，自己只是为驱逐恶狼胡乱敲石的一个晚上，竟然雕刻出一座栩栩如生的佛像来！于是就在海阳留下了“錾石逐狼石成佛”的故事，不仅在民间广为流传，还载于县志。

当年所成佛像，虽无庙宇可居，但香火甚盛。不论初一十五，远近香客纷至沓来。后来，官府和周围乡绅也曾想修座庙宇为佛像遮风挡雨。但多次兴土，却阴差阳错，一直未能如愿。

后被一位远来的风水先生道破天机，不要庙宇原本就是佛的旨意。佛在天地间，不论白天黑夜，世人都知佛在。二者心心相通，恶者心怯、善者神勇，万家太平。

自此，人们只是逢节进香、遇事求佑，再也没提建庙之事。这神来之佛也恪尽职守，普度众生，护佑了一方平安，深受百姓拥戴。

明始院里椴葛树

陈 平

明始院位于海阳市牟家村北约三里鞍窝山麓的深山峡谷，别看它地处偏僻，可名气一点也不小，有很多关于它的传说。

据说当年明始院有个竹园，园子南头有一株老椴树和一株老葛树，两树缠绕相生、遮天蔽日，甚是茂盛。当地人非常喜欢这两株老树，分别称它们为老椴和老葛。

这老椴像一把巨伞，笼罩着大半个明始院；而老葛则盘绕着老椴，依附在它的上面，垂帘万条，把整个明始院装扮得十分壮观，同时生出了更多灵性。

据说在清乾隆年间(1736—1795)，明始院已有99个和尚，香火甚旺。可一个细心和尚发现，每次吃饭都是101人。这事传开后，引起了住持重视。一天午餐待人员到齐后，住持逐个检点。结果，有两对和尚，每对和尚的容貌都一模一样。进行盘问，回答的问题也一模一样，真假难分。住持思前想后，感到这两个和尚来历不凡，生怕惹出什么事端，也就不敢得罪。不就是多两个人吃饭吗，只要大家相安无事，吃就吃吧。从此，大家心有灵犀，不再过问。

在这里，还流传着一个“平斗谷尖斗米”的故事。说到这里，你也许也就明白，牟家村的老百姓为什么放着自己村里的碾子不用，非要舍近求远，去三里多远外的明始院碾谷了。明始院的那个碾子，经常是平斗谷尖斗米。你明明是带去的一平斗谷，却能碾出一尖斗米来，有时甚至是一斗谷碾成两斗米，这样的好事谁能错过?

为此，还有位高人在这里留诗一首：

碧玉椴伞擎天高，翡翠葛帘万丝绦；
两个和尚是常客，一台神碾出米窑。

后来，因住持听信了一位云游方士的话，屈心含泪地把老椴和老葛给伐倒了。从那时起，明始院便祸起萧墙、横事连连，一年不如一年，逐渐败落下来。这也正应验了“老葛老椴，穿衣吃饭；没了它俩，一块完蛋”那句话。

凤台石上观日出

林新宁

凤城村南五十米有一巨石，平若方台。相传明末有凤栖此，因名凤台。清晨早起，立于巨石，眺望日出，“金轮吞吐，碧浪衔腾，五色彩霞，千奇万状”，故有“凤台观日出”之说。而那凤台石还有一个十分动人的故事。

据传，很久以前，在老凤城（今胜利村）有一个李姓小伙儿，人称“李二小”。

李二小是个苦命孩子，幼时就没了父母，跟着哥嫂艰难度日。嫂子又是个嫌贫爱富之人，从不拿正眼看他。十七岁那年，兄嫂为了独吞家产，借分家为由，把他赶到了另一个院的破屋里，只给了些破锅破碗，让其另立门户过日子。对此，李二小不争不吵，开始了一个人的生活。

人穷志不短。李二小是个勤快人，发誓一定要通过自己的努力过上好日子。分家时兄嫂没给土地，他就自己在一个大岩石旁选了块地方开荒种地。每天起早贪黑，勤恳劳作，盼望来年能有个好收成。

日出而作，日落而息。平淡的生活，李二小过得很充实。可接连几天，都有一个奇怪现象：每天早上下地时，被霜打过的那块大岩石上总有个“个”字形的干爪印。“这会是什么鸟在这石头上过夜留下的？”李二小心中纳闷。

又观察了几日，“个”字爪印依旧。好奇心驱使他一探究竟。这天傍晚收工后他没直接回家，而是悄悄躲在岩石旁边的树丛中，单等奇迹出现。

夜幕慢慢降临，月儿当空，寒风阵阵，冻得李二小直打哆嗦。但他并不动摇，双眼紧紧盯着那块岩石。约莫过了两个时辰，突然看见一只大鸟，从大海方向飞来。当飞到岩石上空时轻轻打了个旋，一拢双翅就落在岩石上。然后，抖了抖羽毛，又用尖尖的喙轻轻剔了剔，一只爪缩进腹部羽毛内，另一只爪挺直站在岩石上，一动不动。

李二小又惊又喜，探头仔细一看，不觉轻轻“啊”了一声。因为这鸟太漂亮了，月色下，只见浑身羽毛闪着金光，长长的尾羽架在空中，在夜风的吹拂下像彩带般飘舞。“呀！这不是一只金凤凰吗！”来不及多想，李二小便伸手将大鸟抱在了怀里。说来也怪，李二小的突然出现仿佛在意料之中，这大鸟一点儿也没挣扎。

李二小兴高采烈地把大鸟抱回家，没告诉任何人，悄悄用一根细绳绑住它的腿，小心翼翼地将其放在了自己的炕头上，又把一块糠菜团子送到大鸟嘴边，亲切地说：“金凤，你放心，俺一个人过日子孤孤单单，你正好跟俺做个伴儿，外面那么冷的天，你也一定饿了，赶紧吃点东西吧。”

第二天，李二小从山上回到家，一推门，一股醇香扑鼻而来。起初，他以为香味来自邻居家，到屋里才知道，是自己饭桌上摆满的菜肴和米饭散发的香味。由于李二小心地善良、勤快懂事、乐于助人，深得村里人喜爱，经常有好心人为他送饭送菜。这次，他以为又是村里哪位婶娘送的，便没在意。可接连几天，天天如此。他觉得不对劲儿，跑去村里询问，大家都说没送。这样一来，李二小更感觉奇怪，决心弄个明白。

这天早饭后，李二小假装下地，却在院子里偷偷藏了起来。不多久，就听屋里传出做饭声。他蹑手蹑脚走到门边，从门缝中向里一望，不觉大吃一惊：只见灶边坐着个美丽姑娘，正不慌不忙地向锅下送柴火。李二小被姑娘的美貌惊呆了，莫非是仙女下凡？为了弄清真相，他大着胆子进到屋里，一把抱住了姑娘。让他意外的是，姑娘并没有反抗，从容地指了指放在土炕上的那件凤衣，一五一十道出了真情。

原来，姑娘是东海龙王敖广的爱女，只因贪恋人间美景，一到晚上便偷偷跑出来。自从那天晚上来到李二小家，她发现李二小是个心地善良的好人，决心留在他身边帮助他。李二小知道了姑娘的身世来意，说不尽的感激。但转念一想，姑娘是龙王的女儿，本该留在龙宫享受荣华富贵，怎能来人间跟自己吃苦受累？

快天亮时，李二小把自己的想法告诉了龙女，并亲自为她把龙衣披上。瞬间，龙女换回美丽凤凰身，李二小抱着龙女向那块岩石走去。“赶快回大海吧，那里才是你的家。”说完，依依不舍地离开了。

回到家中，惊喜再次降临，只见那凤凰像以前一样安静地立在那里，满含深情地望着他，仿佛在说：“我不想离开你。”“没想到，你比我还快，既然不想走，那就留下吧！”李二小心里乐开了花。

从此，龙女与李二小便过起了男耕女织的甜美生活，日子很快红火起来。

好景不长，兄嫂不知从什么地方知道了龙女的存在。出于嫉妒，便挑拨李二小把凤衣藏起来，以防龙女对他不利。李二小经不住嫂子的一再忽悠，更不想失去心爱的龙女，便把龙衣偷偷地藏了起来。

就在这时，见不到女儿的龙王勃然大怒，下令他的虾兵蟹将，一定要把龙女给找回龙宫。

这天，李二小照旧下地干活。忽见大海上空飘来一片乌云，顿时电闪雷鸣、狂风大作，直刮得天昏地暗、双眼难睁。待乌云散去，大风平息，他也无心再干下去，便收了工具，急忙回家。进门一看，家中一片狼藉，龙女也不见了。连忙去打听，才知龙女已被抓回龙宫。由于没有凤衣，龙女分身无术，只能乖乖地被龙王派来的虾兵蟹将带走。李二小知道后，后悔不已，痛哭流涕。过了好久，他才幡然醒悟，找出藏着的凤衣，朝着大海的方向狂奔而去。他决心去龙宫救龙女，恳请龙王开恩。

可惜，李二小的到来，并没打动龙王。相反，龙女一心想要离开龙宫与李二小在一起的做法，使得龙颜大怒，龙王下令将两人处死。

当东方朝阳刚刚露脸、一天的生活刚刚开始的时候，狠心的龙王已将龙女和李二小押解到这块岩石上，两人双双被斩于刀下，只见两股鲜血飞起，染红了半边天。从此，人们再登石观日出，无不想起那痴情的龙女和善良的李二小，深深怀念他们，无不为他们这段恋情打动。

李二小与龙女的故事广为传诵，后人把这块石头称作凤台石，“凤台观日出”之说也便由此而得。

神仙指路石门开

李云浩

石门位于盘石店镇柴岚崮村西首，因一条羊肠小路夹于两块巨石之间而得名。

关于石门，当地有一个跟仙人有关的传说。盘石店镇大庄村老人薛亮在其撰写的《塞翁诗话》中记录了这个传说。

相传很久以前，招虎山东麓的小王庄有个叫王安的人。他在北京城的一家帽子铺当学徒，临近年关回家过年。走之前，同为海阳人的师傅让王安帮自己给家里人带封信。信封上写着：招虎山中洼里村，水晶房子石头门。门前两棵大松树，招呼三遍就开门。

因路途遥远，王安在大年三十那天才赶到招虎山。到了招虎山，王安却怎么也找不到信封上写的那个村子。眼看太阳就要落山，无奈的王安坐在一个石崖下休息，由于太过劳累，很快就睡着了。梦中，王安看到从山上走下一位老者。老者问王安，都到家门口了，为何不进去？老者的一句话让王安醒了过来，此时已然入夜，映入眼帘的是一块石崖和两棵松树。想到信封上的字，王安顿时醒悟，他大叫三声：石门开，石门开，北京有人捎信来。

三声过后，山崩地裂，石崖洞开，村庄就在眼前，石门自此而成。

故事到此并没有结束。王安从石门而入，把信交给了师傅的家人。对方为表示感谢，送给他一包豆芽，王安谢过之后就离开了。

返回途中，王安有些不高兴：自己千里捎信、辛苦异常，对方却只送了点豆芽，未免太过吝啬。随即把手里的豆芽扔进了路旁水潭中。

回家后，在帮王安收拾包裹的时候，家人发现了一枚金坠。看到金坠，王安才明白师父家人送给自己的并非普通豆芽而是金银首饰，顿时悔恨万分。第二天一大早，王安就带着自己的兄弟穿过石门去寻找村庄和丢豆芽的水潭。然而，石门仍在，村庄还有自己丢豆芽的水潭却都不见了踪影。

虽然没有找到，但王安并没有死心。一天，

王安又以打柴的名义穿过石门来寻找村庄和水潭。这一次，他走得有些远，一直走到了鸟兽稀少、人迹罕至的地方。在这里，王安看到两个老翁在附近的石坡上下棋，其中一个正是曾在梦里指点过自己的老者，因为豆芽变黄金的事，王安已经猜到老者可能并非凡人。因此，他没敢打扰，只是悄悄地坐到旁边看两位老翁下棋。

两位老翁棋力相当，鏖战良久也没分胜负。棋局终了，两位老翁起身要走，旁边的王安赶忙拉住曾指点过自己的老翁的衣袂，老翁没有理他，只是跟他说了一句："回家去吧。"然后，扬长而去。

王安没能留住老翁，只能无奈回家。这时，他才发现自己用来砍柴的斧子的斧柄已腐烂，铁制的斧头也是锈迹斑斑。他顺着来路返回，走出石门好久才看到一座陌生的村庄。询问村童："这是何处？"村童答："小店村。"王安大惊，问："小王庄在哪？"村童不知。

一位老者从旁经过，顺嘴答道："这里一百年前叫小王庄。"王安大惑不解，想道，我出去打柴明明才一天，怎么一百年都过去了。想到这，他又问道："你可知道一个叫王安的人？"老者答道："听村中老人说，百年前村中曾有一人叫王安，因痴迷寻仙，去招虎山打柴再未回来。"

听了老者的话，王安伤心异常，自此不知所终。然而，那神奇的石门及其美丽传说，却一代接一代地传了下来，成为海阳云顶自然风景区的知名景点。

四、清代海阳十景

（一）《海阳县志》清乾隆七年（1742）版记载的海阳十大景观，并附有画图。转录于此。

高顶仙踪　邑东北四十里有山，名菩萨顶，张真人所居。飞升时以碳书诗八句于石，风雨不坏，至今尚在。诗曰："孤峰云隐旧山堂，远寄萍踪到此乡。不愿高车云节拥，可堪风盖晚风凉。南官行满三千篆，北院蒲团六月长。今夜乘鸾归海峤，碧桃开处姓名芳。"

知县包桂题《高顶仙踪》曰："旧日堂前壁有诗，风风雨雨迹迷离。碧桃开处花多老，瑶岛归来鹤可骑。草笠有时寻象迹，棕鞋无意觅胡萋。孤峰缈缈银津冷，剩得丹崖一二芝。"

龙山远照　邑西三十里，其山尖秀耸拔，曲折蜿蜒，状如龙形。山顶有石洞、天桥诸景，山中多异蛇，土人呼为"小龙"。每当七月间，连晴数日，于日晡时，山形斜照，城内树影参差，峰峦如绘。

知县包桂题《龙山远照》曰："暮霭苍苍冷夕阳，山妆翠黛敛容光。渔舠浅浦惊鳞角，野叟锄云破麦场。石岂鞭来移远峤，地从缩处道扶桑。多情最是扳龙客，幸有余辉遍海疆。"

虎墩渔浦　浦在邑西南二里，有石如虎，适

墩建此，故名。虎墩面临海汊，春夏间渔艇鳞集，迷离来往，直入画图。明万历间，村人夜常见虎，时失牛羊，捕之不得。村人疑此石，凿其后肘而患息。

知县包桂题《虎墩渔浦》曰：“鳞次飞帆势欲低，轻桡野艇棹声齐。一卷虎踞沧江北，三岛闲云古渡西。静夜中流闻白跳，隔村渔舍报寒鸡。龚黄有政仁风拂，自有鲙鲨到五溪。”

嵩院藏经 院在邑北二十里，四面环山，层峦抱牖，真有“天竺冷泉”之致。院中有藏经，均非吾儒所识，且不记其从来。

知县包桂题《嵩院藏经》曰：“科头席地坐闻莺，祇树园开绿野平。贝叶手书松子落，古苔阑篆磬音清。静观山色神多爽，薄着荷衣体较轻。笠白吴天僧问字，往来时有踏莎行。”

东门海市 海离城二里，波澜腾涌，拍岸排空。一遇南风，如万马千军、鼓声不绝，又如雷声隐隐、昼夜喧阗。春夏之交，海市频起，山林、

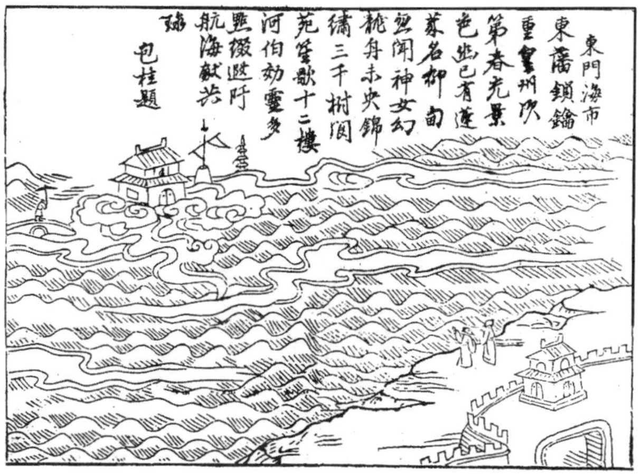

城市变化万千，历辰至巳或历午至未，蓬莱阁有此神奇而无此经久。

知县包桂题《东门海市》曰：“东藩锁钥重皇州，次第春光景色幽。已有蓬莱名柳甸，忽闻神女幻龙舟。未央锦绣三千树，阆苑笙歌十二楼。河伯效灵多点缀，遐阡航海献共球。”

奇峰虎踞 邑东北二十里灰（徽）村有七祖庙，不详所自。庙后有洞，幽仄窈窕，月窗星牖，黑暗如一线天。行半里，平阳大石，周围七八丈。中有一石，酷肖虎踞，凭陵峰顶。四围无路可下，仍由洞而出。

知县包桂题《奇峰虎踞》曰：“东牟一国半厓巖，龙虎天然色相奇。七祖庙前松树古，小姑顶上墨云欹。假威何据风生谷，长啸无声鸟卧枝。自是君家能一变，拜扬直到凤凰池。”

凤台日出 邑南门外有石突起，明末有凤栖于此，因以为名。侵辰早起，东望日出，银盆吞吐，碧澜染红，五色彩霞，千奇万状。

知县包桂题《凤台日出》曰："海隅丕冒共寅宾，莑莑和鸣报晓春。一线扶光才出峤，十洲羲驾早趋辰。鸦惊赤浪翻金背，岫染丹砂荡火轮。西望尧阶云咫尺，来仪苞羽庆波臣。"

玉山卜雨　山在邑东北二十里，上有玉皇庙，峰最高而庙颇小，无香火，无庙祝。风雨淋漓，历久不坏。且羊肠鸟道，人迹罕到。每逢夏旱，邑人叩于山下，若见庙角生云，无有不雨。

知县包桂题《玉山卜雨》曰："奇峰飞翠拟宸居，蒿目恒旸盻太虚。石燕自随帆势转，鹰风欲动雨来初。岚穿星牖通呼吸，气接天衢任卷舒。顷刻甘霖农喜庆，无心出岫自蘧蘧。"

沙峰擎石　邑北七十里，俗名"三把沙"（今郭城镇三宝沙村），有滩旁小山，水环沙拥，积而成堆，大小三峰，有似苏山。上横一石，安置平正，沙不颓而石不欹。秋间，山涧水发，一片汪洋，石随水没，水退而石如故。

知县包桂题《沙峰擎石》曰："玉笋如嶕驾

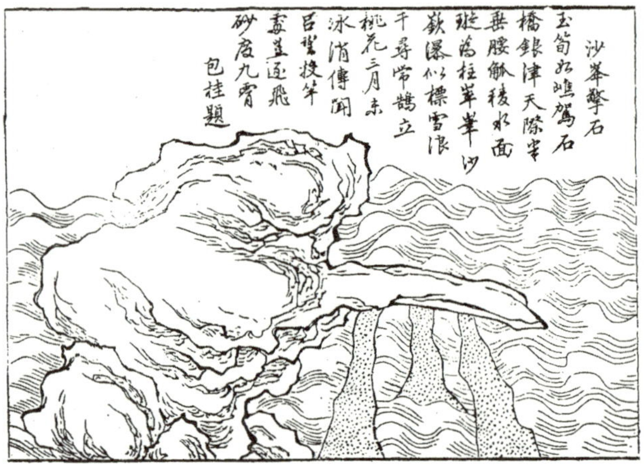

石桥，银津天际半垂腰。觚稜水面璇为柱，崒嵂沙嵚瀑似标。雪浪千寻常鹄立，桃花三月未冰消。传闻吕望投竿处，岂逐飞砂度九霄。"

岠嵎瀑布　邑东北十五里，山最高大，有院名岠嵎（今属乳山市）。冈岭四合，隐如大环。西北有瀑布，高悬千尺，白练银淙，噌吰澎湃，声应山谷。

知县包桂题《岠嵎瀑布》曰："倒峡千寻山泽通，岠嵎名胜海门东。梨花历历秋容冷，环珮珊珊明月空。淡冶白云疑出岫，依稀素练岂追风。高山流水深人仰，不借胭脂一树枫。"

（二）《海阳县续志》清光绪六年（1880）版记载的海阳十大景观，并附有画图。转录于此。

玉山卜雨　山在邑东二十里，峰峦耸拔，极其葱秀。上有玉皇庙，无香火庙祝，人迹罕到。每逢夏旱，邑人虔诚叩祷，则庙角云生不崇，朝而雨矣。于雨中望之，如展米家画图。

知县王敬勋题《玉山卜雨》曰："玉山何嵸巃，群峰罕俦伍。我昔登其巅，云霞可吞吐。夏

旱盼甘霖，灵泉自山取。俄见片云生，定卜崇朝雨。”

七子联峰　邑西北七十里，一山八峰。大峰居中，七峰罗立，俨如儿孙，因名七子山。每值天宇清霁，凭高眺望，但见孤屿穿云，群山倚玉，宛然天开一幅图画也。

知县王敬勋题《七子联峰》曰：“一峰高插云，昂然耸奇致。七峰如儿孙，罗列若趋侍。浑同北斗杓，一一拱辰次。谁云石性顽，犹解尊卑义。”

东门海市　海离城二里，波澜腾涌，拍岸排空。一遇南风，则万马千军、鼓声不绝，又如雷声隐隐、昼夜喧阗。春夏之交，海市频起，山林、城市变化万千，历辰至巳或历午至未，蓬莱阁有此神奇而无此经久。

知县王敬勋题《东门海市》曰：“东海有大蜃，嘘气沧溟开。凌波出岛屿，转瞬成楼台。海

若幻灵迹，岂必惟蓬莱。世事尽泡影，俗子徒惊猜。”

凤台日出　邑南门外故多石，然皆平坦。惟一石突起，相传明末有凤栖于此，因以为名。侵辰早起，东望日出，金轮吞吐，碧浪衔腾，五色彩霞，千奇万状。

知县王敬勋题《凤台日出》曰：“巨石名凤台，登临望海日。沧溟波浪翻，金轮跃然出。灿烂耀人眸，飞天如电疾。可笑苏子瞻，吟诗比秋橘。”

凤城烟雨　县城据望石山脊，北高南低，东西又低于南北，如鸟舒翼，故曰凤城。北枕层峦，南临巨浸，东西皆平原绣壤。每于春雨溟濛中登山，下瞩孀堞，回环楼台高下，炊烟缥缈，春树葱茏，具有摩诘“雨中春树万人家”之意。

知县王敬勋题《凤城烟雨》曰：“城势如栖凤，崔巍距海滨。楼台三月暮，烟雨万家春。雾

隐山千叠，炊生屋四邻。垂杨与垂柳，湿翠护重闉。”

招虎晴岚 邑北三十五里，有山曰“招虎”。盖以虎伏山中、仙家驯之，遂化为石，遗迹宛然，故名。今则琳宫宝刹点缀峰峦，而断霭轻烟时霏其上，恍若往来绛节犹有仙班也。

知县王敬勋题《招虎晴岚》曰：“山深多梵宇，地僻俗尘稀。疏雨过林表，晴岚生翠微。濛濛含野色，蔼蔼带斜晖。冲破无边碧，横空一鹭飞。”

虎墩渔浦 浦在邑西南二里，有石如虎，适墩建此，故名虎墩。面临海汊，春夏间，渔艇鳞集迷离，来往直入画图。明万历间，村人夜常见虎，时失牛羊，捕之不得。村人疑此石，凿其后肘而患息。

知县王敬勋题《虎墩渔浦》曰：“海滨民瘠苦，性命等鸿毛。扁舟小于叶，出没随波涛。日

夕得鱼归，晚市谋斗筲。醉卧绿杨下，不知风浪高。”

沙峰擎石 邑北七十里，俗名“三把沙”。有滩旁小山，水环沙拥，积而成堆。大小三峰，有似苏山。上横一石，安置平正，沙不颓而石不欹。秋间，山涧水发，一片汪洋，石随水没，水退而石如故。

知县王敬勋题《沙峰擎石》曰：“磐石重万钧，孰能当其下。何以三沙峰，鼎峙若支厦。六月大雨行，山泉奔怒马。千古不倾颓，其理识者寡。”

岠嵎瀑布 邑东北五十里，山最高大，有院名“岠嵎”。山门题额，曰“古嵎夷地”。冈岭四合，隐然如大环。西北有瀑布，高悬千尺，奔流直下，白练银淙，噌吰澎湃，声应山谷。

知县王敬勋题《岠嵎瀑布》曰：“岠嵎古名山，在昔为嵎夷。层巅出飞泉，匹练当空垂。雷

吼不知处，涛奔无尽时。潭深人莫测，或恐隐蛟螭。”

龙山远照　邑西三十里，有山尖秀耸拔、曲折蜿蜒、状如龙形。山顶有石洞、天桥诸景，山中多异蛇，土人呼为“小龙”。每至七月间，连晴数日，于日晡时，山形斜照，城内树影参差、峰峦如绘。

知县王敬勋题《龙山远照》曰：“去城三十里，始见龙山碧。初秋夕照时，影落街心石。相隔虽云遥，分明在咫尺。岂果山有灵，缩地幻灵迹。”

五、前志简介

《海阳县志》（清乾隆七年版）

时任知县包桂纂修并作序，成书于清乾隆七年仲春（1742年3月），分为元（一至三卷）、亨（四至五卷）、利（六卷）、贞（七至八卷）四册八卷。

第一卷　修志姓氏 凡例 目次说 海阳十景记

第二卷　星野图 星野 沿革 疆域

第三卷　山川 都鄙 古迹 灾祥 户口 田赋 风俗

第四卷　物产 盐法 海道 学校 建置 祀典

第五卷　驿递 兵防 积储 职官 科贡 文武仕 辟举

第六卷　封荫 人物 列女 外纪

第七卷　艺文 艺文 艺文

第八卷　艺文 跋

《海阳县续志》（清光绪六年版）

时任知县王敬勋承修并作序，成书于清光绪五年（1879），镌刻于清光绪六年农历二月（1880年3月），分为礼（卷首一卷）、乐（二至三卷）、射（四至五卷）、御（六至七卷）、书（八至九卷）、数（九至十卷）六册十卷。

卷首　序文 纂修姓氏 凡例 目次 星野图（见前志）疆域图 县城图 县署图 学宫图 文昌祠图（书院图附）十景图

第一卷　沿革（见前志）建置 山川 都鄙 海道（见前志）灾祥 风俗（见前志）古迹

第二卷　官制 职官 户口（见前志）田赋（见前志）盐法（见前志 专录新章）

第三卷　学校 兵防 驿递（见前志）积储（见前志 专录现额）秩祀

第四卷　科贡 辟举 奖叙 封荫

第五卷　文武仕 人物 外纪

第六卷　列女
第七卷　殉难 物产
第八卷　艺文（奏疏 传 墓志）
第九卷　艺文（序 文 杂著）
第十卷　艺文（诗章 姓氏考附）

注：此志系前任知县朱家学承修《海阳县志》未完稿的续修。

《海阳县志》（1988年版）

海阳县志编纂委员会编纂，主编荆甫斋、刘志耘，1988年8月第一次印刷，156万字，时任县长孙庆传作序。

序
凡例
概述
大事记

第一编　建置（位置·境域 建置·隶属 行政区划 县城·乡镇·村庄）

第二编　自然地理（地质 地形 海域 气候 土壤和植被 自然资源 自然灾害）

第三编　人口（居民分布 人口变动 人口结构 生育状况 人口管理 海外游子 姓氏 家庭）

第四编　农业（机构沿革 所有制 农机具 农田建设 管理体制 种植业 植物保护 饲养业）

第五编　林蚕果业（机构 所有制 林业 蚕业 果业 病虫害及防治）

第六编　渔业（机构 所有制 渔业劳力 海洋捕捞 海水养殖 淡水养殖 水产品储藏 渔业基本建设 渔业管理）

第七编　水利（机构沿革 水利工程 水利机具 用水）

第八编　工业（所有制 工业经济结构 企业管理 轻纺工业 机械、电子工业 化学工业 电力工业 建材工业 采矿与冶炼 盐业 优质产品）

第九编　交通邮电（机构 交通 邮电）

第十编　城乡建设（机构 城建规划 县城管理 建设施工 县城建设 村镇建设 环境保护）

第十一编　商业（机构 所有制 商品购销 饮食服务业 集市山会 物资供应 对外贸易）

第十二编　粮食（机构 粮油分配 征购 销售 储运）

第十三编　财政税务（机构 财政 税务）

第十四编　金融（机构 货币 信贷 基建拨款 存款 侨汇 会计 出纳 债券 保险）

第十五编　经济管理（管理机构 计划管理 统计管理 审计监督 标准计量管理 物价管理 工商行政管理）

第十六编　居民生活（收入 居民购买力 储蓄存款 衣食住用行）

第十七编　政党社团（中国共产党海阳县地方组织 中国国民党海阳县地方组织 群众团体）

第十八编　政权议政（权力机关 行政机关 议政机关）

第十九编　司法（机构 公安 检察 审判 司法行政）

第二十编　民政（机构 优抚 安置 社会福利 婚姻登记 信访 支边援外）

第二十一编　人事劳动（机构 人事 劳动 待遇）

第二十二编　军事（驻军 兵役 地方武装 民兵 地雷战 支援前线 兵事记述）

第二十三编　教育（机构 私塾·社学·县学·书院 幼儿教育 小学教育 中学教育 专业教育 职业与聋哑教育 成人教育 考试制度 教师 教育行政 勤工俭学）

第二十四编　科技（机构 科技管理 科技队伍 科技成果 科技普及 测报）

第二十五编　文化艺术（机构 民间艺术 文艺创作 报刊·广播·电视 电影 戏剧 档案 图书 文物 名胜古迹）

第二十六编　卫生（机构 防疫 医疗 保健 医疗制度）

第二十七编　体育（机构 体育项目 学校体育 群众体育 体育设施 体育比赛 人才培育）

第二十八编　风俗（民风 礼仪 节令 服饰 风味小吃 行业习俗 小儿游戏、抓生日 恶习流弊 良行美德）

第二十九编　方言（海阳方言区属和分区 语音 语法词语 谚语·歇后语）

第三十编　人物（人物传略 人物表录）

附录 （考辨 旧志序、跋 文献辑存 清代、

民国海阳县志编修始末 革命摇篮——香山小学
现代文选 民间传说 奇闻异事）
跋
《海阳县志》编纂委员会成员名单

六、海阳特产

海阳喜饼

喜饼，又称火烧，是海阳的地方特产，具有独特的风味。在海阳的婚嫁风俗里，青年男女结婚时，双方分发给亲戚朋友的礼物中，喜饼是必不可少的一种食品，代表着喜庆、团圆之意。

“抬新娘，送新娘，俯首弄眉理红妆。揭开喜盒相大礼，首饰果饼一箩筐。”这首民谣，反映的是传统婚庆的场景。随着时代的变迁，尽管时下婚礼形式越来越不拘一格，但买喜饼、送喜饼，仍是不少新人的“规定动作”。海阳喜饼外形光滑金黄，口感酥软香甜，是馈赠亲友的佳品。

海阳喜饼传统的做法需要面粉、鸡蛋黄、盐、白糖、猪油、花生油、桂花蜜、老面。将这些用料和成面团发酵至七至八成开，然后制成直径 10 厘米左右大的饼坯，用麦秆草烧铁锅，将饼坯慢火烙熟。入选“海阳十大名吃”。

郭城摔面

郭城摔面始于清康熙年间（1662—1722），距今已有 300 余年的历史，因出自郭城村而得名，如今已成为海阳及周边地区的一种具有独特文

化底蕴的地方小吃。郭城摔面的鼎盛时期，南起海阳，北到蓬莱，西至青岛，东到牟平，大半个胶东半岛都能见到郭城摔面馆。在制作工艺上，郭城摔面突出一个“摔”字，用“摔”代替了“揉”。因此，做出来的面更有韧性，口感也更好。2010 年，郭城摔面被列入烟台市非物质文化遗产名录，有市级代表性传承人 1 名、县级代表性传承人 7 名。入选“海阳十大名吃”。

海阳樱桃

海阳樱桃又名中国樱桃，在明朝年间就有栽植，主要分布于朱吴镇及东村街道。丁家夼、九岭夼、薛家、五间屋、乐畎、石剑等村，至今还有 300 年以上的樱桃树。海阳樱桃具有色艳、皮

薄、粒大、汁多、味醇的品质特性，樱桃果不仅好吃，还富有营养，含铁量为水果之首，维生素A含量比草莓、葡萄等水果高4至5倍，且具有补中益气、祛风胜湿等功效。“珠圆晶润盈指端，美人凝脂半唇间，元风明韵樱似火，乡村六月落玉盘”，正是海阳樱桃的真实写照。入选“海阳十大特产”。

海阳绿茶

海阳绿茶是国内生长纬度最高的北方茶之一。受北方沿海气候的影响，海阳茶树冬季休眠期长，生长期内昼夜温差大，有利于茶叶内含物的积累，茶叶内含营养物质丰富，享有“高纬度、低海拔，黄金海岸出好茶”的美誉。海阳绿茶具有汤色碧绿明亮、回味甘醇、香气浓郁、耐冲泡等优良品质。

2018年5月，“海阳绿茶”地理标志商标在国家工商总局注册。中国农业科学院茶叶研究所副所长、国家一级评茶师鲁成银对海阳绿茶给予高度评价：“海阳绿茶具有墨玉绿、小米汤、豆子香的独有特质。”茶叶种植遍布14个镇（区、街道）、70余个村，茶种植业基本形成茶农、基地、企业、合作社一条龙生产加工销售体系。海阳已经培育出30余个茶叶品牌，其中“步鹤山”“三黄山”“碧雪香”“海润清”“鲁海春”“留格”等品牌在“中茶杯”“国饮杯”“亚太茶茗大奖赛”等权威评比活动中斩获国家级大奖10余个，在全国茶叶领域叫响了海阳茶品牌。入选“海阳十大特产”。

海阳白黄瓜

海阳白黄瓜，在海阳栽培有上百年历史。2008年，经国家商标总局注册为地理标志证明商标。海阳白黄瓜具有很特殊的地域性，在海阳特殊的温度和环境下生长，移植到外地便没有了这种独特的口味。海阳白黄瓜带有丝丝的甜味和奶味，所以有人称之为牛奶白黄瓜。它兼有水果的特征，皮晶莹亮白，具有明显的清热解毒、生津止渴功效，含有丰富的维生素B_2、维生素C、维生素E、胡萝卜素等多种营养成分，是难得的排毒养颜、促进新陈代谢的理想食品。

海阳白黄瓜主要分布于留格庄镇、二十里店镇、东村街道和方圆街道等。CCTV-7、CCTV-4及省、烟台市级新闻媒体多次对海阳白黄瓜进行报道。入选“海阳十大特产”。

海阳网纹瓜

海阳网纹瓜是烟台十大品牌瓜之一，口感似香梨，脆甜爽口，散发出清淡怡人的混合香气，有丝丝奶香味和果香味，具有生津止渴、除烦热、防暑气、凝气安神的作用。1998年，在留格庄镇实验性种植山东省农科院研制出的“鲁厚甜1号”网纹瓜新品种，当年收获的网纹瓜甘甜、脆香，风味独特，综合品质明显优于其他种植区。1999年，全市开始规模性种植“鲁厚甜1号”网纹瓜，独特的暖温带海洋性季风型气候，让这里生产的网纹瓜品相佳、口感好。2010年，海阳网纹瓜日光温室栽培面积200余公顷，主要分布于留格庄

镇和盘石店镇，年产量7500余吨，销售收入7500余万元，并通过微商、微店走向全国。2010年1月，经山东省农产品质量安全中心审核，海阳网纹瓜产地符合无公害农产品产地相关标准和要求，颁发山东省无公害农产品产地认证证书。入选“海阳十大特产”。

“皇家”红富士苹果

海阳王家山后村地处胶东丘陵地带，土壤富含磷、钾和多种有机质，这里冬暖夏凉、四季分明、光照充足、昼夜温差大，具有盛产优质苹果的独特条件。全村拥有果园面积200余公顷，年产优质苹果900余万千克，口感醇香、汁多脆甜，深受国内外顾客赞誉。1992年11月，该村生产的红富士苹果，在全国红富士优质高产技术推广总结验收会上位居榜首。1993年，该村红富士苹果注册“皇家”商标。1994年，在第二届中国农业博览会上，“皇家”红富士苹果以105.6分的总成绩再次夺得全国第一名。同年，获中国科技成果金奖和果类制品自营出口权。1996年，“皇家”红富士苹果获“中国名牌产品”称号。入选“海阳十大特产”。

海阳甜柿

海阳柿子栽植历史悠久。90年代前，大多分散种植于山坡、堰边，无大面积规模种植。2001年，范长山在郭城镇北姜格庄“黄金谷”四周的山坡上，种植甜柿面积130多公顷。海阳甜柿从开花到成熟果实发育200天以上，成熟时便自然脱涩，霜降后下树。摘下就能直接吃，口感脆爽可口、甜度高，且含有大量维生素B_1、B_2、C、E和β胡萝卜素、碘、蛋白质、氨基酸、甘露醇、糖等物质，对预防心血管疾病大有裨益，产品畅销国内外。山东省农科院甜柿科技示范基地、山东省农科院博士科技工作站先后落户海阳，创造了“江北甜柿看山东，山东甜柿看海阳”的骄人业绩。

2010年，全市甜柿种植面积700余公顷，平均亩产3000余千克。海阳市聚丰源甜柿合作社是山东省规模最大的甜柿标准化有机生产基地，获国家级林农合作社示范社称号。2012年1月，“贵秋”牌甜柿获生态原产地产品保护证书。2015年12月，“海阳甜柿”成功注册国家地理标志证明商标。

海阳板栗

清光绪年间（1875—1908），中石现村于姓大

户从泰安引进，原为民间贡品供皇室享用。1936年，境内有板栗树万余株，散生于梯田堰边及山坡沟岔。农业合作化后开始栽植，至1966年，全县发展到80万株。1970年，开始对已栽实生板栗进行嫁接改造。1971年，开始板栗优良品种的引进培育和选育工作。经10年培育，至1981年，选育出“清丰栗”“石丰栗”“海丰栗”3个优良品种，获烟台地区科技成果一等奖，1986年获山东省林业厅三等奖，列为山东省板栗推广的优良品种。1995年，郭城镇发展板栗2万亩，被林业部确定为万亩干果基地镇，品种新增“烟泉栗”“烟清栗”“处暑红”等。朱吴镇中石现村硒镁板栗种植专业合作社使用生物菌肥作底肥，生长期喷洒富硒叶面肥，结出的果实色泽鲜艳、清香四溢。经检测，达到富硒绿色无公害标准。

海阳银杏

银杏树也称白果树、公孙树。银杏是国内特有的珍贵绿化、观赏和用材树种。境内地理环境、气候和土质极有利于银杏生长，银杏栽植历史悠

久，各镇（区、街道）均有栽植。1996年，小纪镇被林业部确定为海阳千亩银杏示范基地。主要品种有“大佛手”“郯城5号”“郯城9号”“郯城13号”“郯城16号”。发城镇上上都村一株银杏树，高25米，胸径2.24米，冠幅25米、遮地面积1亩左右，树龄600余年，系山东省调查的24株古、老、大树之一，国家一级保护树木。

沽头大米

西沽头村是胶东有名的水稻村，这里的水稻生长期长，从谷雨开始育秧，到收获大约180天。同时，适宜的水质、土质条件，使该村生产的大米晶莹剔透，富含多种矿物质，具有口感香糯、香气悠长、回味有余香的特点，深受消费者喜爱。2015年4月，成功注册“沽头大米”商标，促进稻米产业发展。随着“沽头大米”品牌的声名远播，水稻种植也成为西沽头村村民致富的重要途径。好的收成加上响当当的品牌，让村民走上致富路。入选“海阳十大特产”。

海阳牡蛎

牡蛎，俗称“海蛎子”，含钙、锌，营养极为丰富。牡蛎通常以鲜食为主，最常见的吃法是蒸煮，熟后剥食，味道极为鲜美。食用方法还有软炸蛎黄、蛎黄炒鸡蛋、蛎肉炖豆腐等。境内独特的气候与无污染的海水水质非常适合近海海产

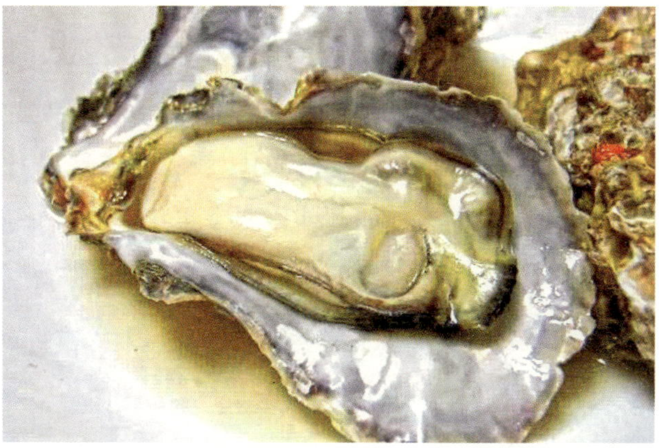

品生长，特别是适合贝类生长。海阳牡蛎与南方牡蛎相比，最显著的特点是壳薄肉大、肉质鲜嫩，味道鲜美，不腥不咸。清初著名诗人宋琬，曾赋诗《蛎黄》赞蛎肉之美："悬崖簇簇缀蜂房，醒酒偏宜子母汤。何物与君堪娣姒，江瑶风味略相当。"并在诗的序言中写道："……投釜中一滚即熟，益以姜桂，味甘而不腻。行村一带所产甚多。"多数海阳人对牡蛎有着深厚的感情，海里挖牡蛎，岩石上撬牡蛎，是不少海阳人小时候经常做的事情，有时候戏言，海阳人说话都带着一股海蛎子味儿，足见海蛎子的群众基础。入选"海阳十大特产"。

海阳海米

海米也称虾米或虾仁，为海产白虾、红虾、青虾加盐水焯后晒干，纳入袋中，扑打揉搓，风扬筛簸，去皮去杂而成，即经加盐蒸煮、干燥、晾晒、脱壳等工序制成的产品。因如春谷成米，故称海米。海阳沿海一带盛产海米，以白虾米为上品，色味俱佳，自然鲜美。白虾须长，身、肉

皆为白色，故前人有"曲身小子玉腰肢，二寸银须一寸肌"之咏。海米食用前加水浸透，肉质软嫩、味道鲜醇，煎、炒、蒸、煮均宜，为"三鲜"之一。海米营养丰富，富含钙、磷等多种对人体有益的微量元素，为海米中之上品，入选"海阳十大特产"。

海阳缢蛏

缢蛏为海产贝类，软体动物，介壳两扇，形状狭而长，外呈蛋黄色，里面白色，生活在近岸的泥滩里，也可人工养殖，肉味鲜美。

海阳缢蛏盛产于行村镇何家村一带。清末桃林村富商于松筠带鲜蛏至济南，献给巡抚丁宝桢，带壳干炒，丁食之得意，欣题横幅"蛏鲜仙羡"。何家的缢蛏一直是赠送贵客的重要礼品，是北京、济南等地高档酒店的首选食材，就连青岛的一些大酒店也对何家缢蛏情有独钟，深感近在咫尺、味道迥异。清末至今，一直有人往北京、济南等大城市贩蛏且生意兴隆。

海阳鲍鱼

鲍鱼属原始海洋贝类，单壳软体动物。由于形状似人的耳朵，又称"海耳"。其壳表面呈深绿褐色，内侧紫、绿、白等色交相辉映，珠光宝气，既是珍贵中药材（石决明），也可作镶嵌钿及贝雕艺术品。肉质柔软细嫩，鲜品可食部分蛋白质 24%、脂肪 0.44%；干品含蛋白质 40%、糖原 33.7%、脂肪 0.9% 和多种维生素及微量元素，是

一种对人体非常有益的高蛋白、低脂肪食物。且因富含谷氨酸，味道非常鲜美，被誉为“餐桌黄金，海珍之冠”。海阳濒临黄海，拥有大量海水清澈、水深流急、含盐度高、海藻丰富的礁岩地带，又在“烟台鲍鱼”地理标志产品保护区域内，为鲍鱼的生长提供了良好条件。

海阳刺参

刺参，因海参背部有4～6行肉刺而得名，名列海味八珍之首。海阳刺参药性温补，含钙、镁、铁等无机元素及多种维生素。刺参体壁中粗蛋白含量55%～85%，其中胶原蛋白占60%～70%，脂质含量1%～4%，多糖含量4%～13.2%。氨基酸分析表明，刺参体壁含有18种氨基酸，其中8种为人体必需氨基酸。2010年，海阳港堰、池塘以及造礁养殖刺参面积416公顷，产量923吨。

海阳蛤蜊

蛤蜊，海阳分布较广，面积较大，成熟期日产1万千克以上，是一种优良的滩涂养殖贝类。

海阳蛤蜊被称为“天下第一鲜”“百味之冠”，含有蛋白质、碳水化合物、铁、钙、磷、碘、维生素、氨基酸和牛磺酸等，低热能、高蛋白、少脂肪。2010年，全市蛤类养殖面积7429公顷，产量14.55万吨。

海阳毛衫

毛衫产业是海阳传统优势产业，已有50余年历史。全市有毛衫企业450余家，从业人员12万人，年销售收入150亿元，海阳毛衫在“影响·中国2010中国纺织服装品牌影响力”评选中获最具影响力毛衫品牌。海阳市被命名为“中国毛衫名城”，是江北最大的毛衫产业加工基地。入选“海阳十大特产”。

索　引

说明：

1. 本志索引采用主题分析法编制。

2. 全部标引词按首字的汉语拼音音序排列，同音字按声调排列，首字相同按第二字音序排列，以此类推。

3. 标引词后的阿拉伯数字表示内容所在页码。

A

艾滋病……760
安保监控指挥中心……791
安全监督检查……223
安全生产管理……106
安全用电……284
安置……630
安置帮教……586
案件执行……578
奥林匹克公园……791

B

拔尖人才……608
白喉……758
白沙河……40
百货大楼……311
百货公司……312
百日咳……758
办公会议……533
办公设施工程……305
包裹……374
雹灾……66
保费……403　404
报刊发行……379
暴雨灾……64
北部经济用材林区……158
北榆山……38
焙烤、方便食品……239
本地电话……383
泵、轴承制造……257
表层土壤微量元素……57
表层土壤养分含量……55
病虫害防治……176
病虫害预报……134
病虫害种类……162
病毒性肝炎……757
病理科……753
玻璃……271
渤海渔场……205
补偿贸易……347
捕捞……207

C

财政存款……393
财政收入……408
财政支出……408

采石场道路……303
蚕场选介……173
草本植物……157
草制工艺品……697
草制艺品制造……275
茶园选址……175
产品收购……320
昌水河……41
常见病虫（草）害……134
常务会议……532
常住人口计划生育管理……80
长（短）途站点……362
长途电话……383
厂区规划……302
厂外10千伏施工用电线路工程及通信建设……302
厂外供水管线工程……302
场平工程……303
潮土土类（C）……55
潮外防潮堤……220
车辆、驾驶人管理……564
车站扩建……360
成效……686
城区粪便清运……97
城市公交……363
城市环境秩序综合整治……98
城市总体规划……84
城乡社区建设……626
城镇居民基本医疗保险……625
城镇粮油供应……325
惩治贪污贿赂犯罪……571
齿轮、传动和驱动部件制造……258
翅岭……38
抽纱刺绣工艺品制造……275
出口商品收购……345
出庭公诉……570
出租车……363
储藏……328
传染性非典型肺炎……758
春季……46
春蕾计划……556
辞职、辞退……609
村民委员会选举……626
村民自治……626
村庄搬迁……299
村庄规划……100

D

打击经济犯罪……562
打击刑事犯罪……561
大（中）专毕业生就业……603
大埠圈……42
大刁家托母山小流域综合治理工程……197
大沙渔场……205
大山东夼—发城断裂……37
大寨……38
代表工作……518
代表议案、建议办理……519
代理保险业务……379
待遇……488
淡水生物资源……63
淡水鱼养殖……211
党风廉政教育……479
党外知识分子工作……492
党员队伍……482
党员教育……484
岛子里……43
道路……87
道路保洁……97
道路绿化……93
灯塔灯桩……219
登记发证……111
低山丘陵区……38
抵离中心……791
地表水……60
地产药材收购……334
地方储备粮收购……325
地雷战纪念馆……597

地雷战主题酒店……341
地理位置和地形地貌……293
地面温度……52
地名标志建设……636
地名档案管理……637
地名普查……636
地下水……60
地震地质条件……294
地中温度……52
第三届亚洲沙滩运动会配套设施规划……85
点火仪式……794
点源治理……120
碘缺乏病……760
碘盐普及……333
电报业务……382
电费管理……285
电机与空调设备制造……254
电价……285
电力服务……285
电路设备……382
电气、电线、电缆及其他电器附件……262
电气化铁路建设……360
电气配套设施工程……303
电视台建设……707
电视台宣传……708
电网改造……280
电网建设……279
电子商务业务……379
电子元件……262
调拨……329
调度运行……284
丁字湾……42
丁字湾海洋文化旅游产业聚集区规划……85
丁字湾跨海大桥……359
定兵……591
定向挂钩训练……592
东村河……40
东村河治理工程……196
东村镇吕剧团……705
东门海市……981 983
冬季……46
动力滑翔伞……789
冻土……52
短期培训……674
锻压铸造及粉末冶金制品制造……253
队伍建设……485
对外加工贸易……346
对象和条件……590
垛山……38

E

耳鼻喉科……751
二十里店水库灌区……186

F

发行基金管理……399
法律服务……585
法律援助……586
帆板……789
繁育……129
繁殖栽培……161
方圆大酒店……340
防治……762
防治措施……134
防治方法……162
房产测绘……111
房产档案管理……111
房产交易监理……110
房改试点……109
房屋抵押登记……110
纺织机械制造……250
纺织制成品……244
放射科……753
放销规章……333
肥料……128
风……50

风力发电……277
凤城断裂……37
凤城防潮堤……220
凤城规划……85
凤城烟雨……983
凤台日出……981 983
扶贫帮困……596
扶贫扶优……630
服务经济社会发展……553
服务与联络……558
服装加工……248
福利待遇……609
福利企业……633
抚恤补助……627
负荷……281
妇产科……750
妇女儿童权益维护……555
复线建设……360
富水河……41

G

改水改厕……764
感染性疾病科……752
干部奖惩……604
干部培训……486
干部聘用……603
干部审查监督……486
干部调配……603
高顶仙踪……980
个体经营……203
个体私营工业企业……232
耕种机械……136
工程产权……191
工程管理……191
工程机械……137
工程水文及气象条件……295
工农业用水取费……192
工伤保险……624
工商业粮油销售……326
工业贷款……395
工业废气治理……120
工业科研成果选介……648
工资调整……608
工作团队……788
公办中小学校舍改造……683
公厕建设……97
公共秩序管理……562
公路管理所……355
公路轮滑……790
公用电话……384
供气……92
供热供暖方式变革……91
供热企业……91
古现河……41
股份制渔业……203
固定资产投资……361
挂号函件……373
观海大酒店……341
管理措施……112
管理队伍……712
管理范围……111
管理服务……110
管理规范……610
管理机构……765
管理权限……610
罐头……240
广场文化……706
广告……708
规范化训练……593
规划……685
规章制度……712
郭城镇吕剧团……705
国宾海景酒店……341
国道……355
国际广播电视中心……791
国际会议中心……790
国际及港澳台业务……378

国库……401
国营电影……708
国有工业企业……233
国有经营……203
国债管理…… 400　413
过渡……605
蛤类……210

H

海参养殖……212
海带……212
海核二路及连接线工程……302
海核一路……302
海上保鲜保活……215
海上航道建设……361
海水鱼养殖……211
海头防潮堤……220
海晏山公园……791
海阳宾馆……340
海阳港……360
海阳公路管理局……354
海阳核电专家村……305
海阳经济技术开发区规划……85
海阳面塑……697
海阳民兵荣誉室……598
海阳市奥威鞋业集团公司……229
海阳市包装集团公司……229
海阳市殡仪馆……626
海阳市博物馆……693
海阳市财政局……406
海阳市城北房地产开发公司……108
海阳市筹办机构……787
海阳市畜牧兽医局……124
海阳市畜牧兽医站……126
海阳市慈善总会办公室……626
海阳市档案馆（局）……692
海阳市党史方志办公室……692
海阳市党员电化教育中心……481
海阳市道路运输管理处……354
海阳市地方公路管理局……355
海阳市第二职业中等专业学校……672
海阳市第二中学……669
海阳市第三人民医院……744
海阳市第三职业中等专业学校……672
海阳市第四职业中等专业学校……672
海阳市第四中学……669
海阳市第一中学……668
海阳市电影放映发行公司……694
海阳市动物卫生监督所……126
海阳市动物疫病预防与控制中心……126
海阳市对外贸易公司……344
海阳市对外贸易经济合作局……344
海阳市二轻工业公司……228
海阳市二十里店水库管理所……179
海阳市妇幼保健院……744
海阳市复员退伍军人安置办公室……625
海阳市富瀚海珍品养殖研究所……214
海阳市港航管理局……354
海阳市革命烈士陵园……597
海阳市工艺美术服务部……694
海阳市工艺品集团公司……229
海阳市公安交通警察大队……561
海阳市公安局……560
海阳市公共交通公司……355
海阳市公证处……581
海阳市供电公司……228
海阳市供销合作社联合社……308
海阳市广播电视局（台）……693
海阳市广告装潢服务公司……694
海阳市果品集团公司……309
海阳市果业发展中心……156
海阳市海洋与渔业局……202
海阳市后进村发展升级办公室……482
海阳市化学工业公司……228
海阳市黄海水产有限公司……213
海阳市黄金工业公司……229
海阳市婚姻登记处……626

海阳市机电技术站……178
海阳市机械电子工业公司……229
海阳市疾病预防控制中心……741
海阳市计划生育服务站…… 78
海阳市建新水库管理所……179
海阳市建筑安全监督站……102
海阳市建筑材料工业公司……228
海阳市建筑设计院……103
海阳市交通稽查大队……354
海阳市交通运输局……354
海阳市结核病防治所……741
海阳市锦成房地产开发有限公司……108
海阳市京剧团…… 694 704
海阳市经济和信息化局……228
海阳市经济技术协作委员会……229
海阳市军队离退休干部休养所……626
海阳市科学技术局……644
海阳市粮食局……309
海阳市烈士陵园管理处……626
海阳市林业局……156
海阳市禄达（集团）股份有限公司……228
海阳市旅游局……693
海阳市绿色食品工作办公室……125
海阳市农村经营管理指导站……125
海阳市农村能源工作站……125
海阳市农村信用合作联社……392
海阳市农机安全监理站……125
海阳市农机服务总公司……124
海阳市农机化技术推广站……125
海阳市农业机械管理办公室……125
海阳市农业机械化学校……125
海阳市农业机械修配管理站……125
海阳市农业技术推广站……125
海阳市农业局……124
海阳市农业区划办公室……125
海阳市盘石店水库管理所……179
海阳市企业资产经营公司……229
海阳市气象局（海阳市气象站）……644
海阳市兰天客运有限公司……355
海阳市通达汽车运输公司……355
海阳市千里岩管理处……203
海阳市轻工业公司……228
海阳市轻工医院……746
海阳市轻工幼儿园……661
海阳市人口和计划生育局…… 78
海阳市人力资源和社会保障局……602
海阳市人民法院……575
海阳市人民武装部……588
海阳市人民医院……742
海阳市人事局……602
海阳市森林公安局（海阳市公安局森林警察大队）……561
海阳市商务局…… 308 344
海阳市商业集团公司……308
海阳市实验小学……664
海阳市实验幼儿园……661
海阳市实验中学……669
海阳市食品药品监督管理局……740
海阳市食品总公司……309
海阳市蔬菜技术推广站……125
海阳市蔬菜研究所……125
海阳市蔬菜总公司…… 124 309
海阳市水产集团公司……203
海阳市水利工程站……178
海阳市水利科技推广中心……178
海阳市水土保持监督管理站……178
海阳市水政监察大队……178
海阳市水资源管理站……178
海阳市司法局……581
海阳市丝绸公司…… 156 229
海阳市投资促进局……344
海阳市图书馆……693
海阳市土壤肥料工作站……125
海阳市拖拉机总站……125
海阳市委办公室……466
海阳市委老干部局……481
海阳市委组织部……481
海阳市文化馆……693

海阳市文化广电新闻出版局……………………692
海阳市文化市场稽查队……………………694
海阳市文学艺术界联合会……………………698
海阳市文艺创作研究室……………………694
海阳市五金工业集团公司……………………229
海阳市物资总公司……………………308
海阳市新途房地产开发有限公司……………………108
海阳市新元小学……………………665
海阳市新元中学……………………670
海阳市盐业公司…………………… 229 309
海阳市药品监督检验所……………………741
海阳市一轻工业公司……………………228
海阳市以文补文经营管理办公室……………………694
海阳市银河建设监理有限责任公司……………………103
海阳市影剧院……………………694
海阳市育才小学……………………665
海阳市育才中学……………………670
海阳市招虎山省级自然保护区管理处……………………156
海阳市针织毛衫行业协会……………………246
海阳市镇（街道）畜牧兽医站……………………126
海阳市镇（街道）经营管理站……………………126
海阳市镇（街道）农业机械管理站……………………126
海阳市镇（街道）农业技术综合服务站……………………125
海阳市政府办公室……………………527
海阳市职业中等专业学校……………………672
海阳市植物保护站……………………125
海阳市中凯房地产开发有限公司……………………108
海阳市中小企业局……………………228
海阳市中医医院……………………743
海阳市种子站……………………125
海阳市综合经营管理站……………………178
海阳书画院……………………694
海阳县保安服务公司……………………561
海阳县林寺山铁矿……………………287
海阳县乡（镇）种子站……………………125
海洋工程设备与船舶修造……………………251
海洋生物资源…………………… 61
海怡大酒店……………………340
函件……………………373
合成材料……………………269
河道工程维护管理费……………………192
河道管理……………………192
河道疏浚……………………190
河道整治……………………189
河清岛体育场……………………790
核电……………………279
核电设备制造……………………253
核电装备制造工业园规划…………………… 85
褐土土类（B）…………………… 54
黑崮…………………… 38
恒丰银行股份有限公司海阳市支行……………………392
后备干部……………………486
虎墩渔浦…………………… 980 984
互联网业务……………………386
户口管理……………………564
户外广告管理…………………… 99
护堤及采石工程……………………303
护理……………………746
护林队伍……………………160
护林法规……………………160
花果管理……………………171
花木品种……………………162
化肥……………………266
化肥、农药……………………317
化学纤维……………………269
化学性质…………………… 58
环保小区……………………107
环境保护目标责任制工程……………………116
环境执法……………………117
环卫机构与设施…………………… 95
黄金海岸大酒店……………………340
汇兑……………………378
会演和调演……………………706
混凝土链工程……………………303
活动场所建设……………………487
活动开展……………………699
火炬……………………791
火炬传递活动……………………792

火炬传递团队……791
火炬及延展设备设计……791
火炬手选拔……792
火灾扑救……566
火种采集……792
货运……364
霍乱……756

J

机电井……186
机动车辆维修管理……368
机构设置…… 466 526
机关事业单位医疗保险……625
机要通信……378
积温……48
基本建设拨款、贷款……396
基层法庭……575
基层司法所……581
基层武装部……588
基层组织……482
基层组织建设……483
吉纹斋银雕工艺……698
集结送兵……591
集体工业企业……232
集体经营……203
集邮……378
集约化经营体制……231
脊髓灰质炎……758
计划生育统计……81
计划用电……283
计量包装……334
纪疃河……40
季降水量……48
加工盐……290
甲型 H1N1 流感……759
监外执行检察……573
检验科……752
建设高污染燃料禁燃区……120
建设烟尘控制区……119
建新水库灌区……186
建筑、矿山、起重机械制造……252
建筑材料……105
建筑工程管理……106
建筑结构……105
建筑设备……104
建筑市场管理……105
交通规费征收……368
交通稽查……369
交通事故处理……565
交通运输……293
交通秩序管理……565
胶东水产品批发市场……337
教育内容……597
教育形式与方法……597
节目运作…… 794 796
结冰……51
结核病……760
结算方式……397
结算管理……398
巾帼建功……555
金融监管……400
金属及其他工艺品制造……275
金镶玉工艺……698
金银管理……399
金域蓝湾小区……108
京剧……703
经费管理……689
经费来源……687
经费支出……689
经济待遇……681
经济收入……828
经济作物……131
经营范围及收购种类……322
经营机构…… 318 320
经营机构及网络……322
经营设施……320
经营网点……331

敬老院供养……633
居民存款……393
岠嵎瀑布……982　984
军队转业干部安置……604
军粮供应……326

K

炕灶……130
考核对象……500
考核内容……500
考核实施……501
考核形式……501
考核运用……501
考试录用……605
科技培训……557
科技人才引进……607
科技推广……174　557
科技宣传……556
科技研发……174
客运……364
课程……664　667
控告举报……574
口腔科……751
狂犬病……759
困难职工救助……551
扩大企业经营权……230

L

垃圾处理……96
来信来访……573
拦河闸（坝）……184
劳动竞赛……552
老旧小区改造……112
涝灾……65
离休干部……487
梨……167
李……169
理疗科……752
理赔……403　404
力能工程……303
痢疾……758
连理岛……44
连青石渔场……205
联行清算管理……397
廉政档案和谈话……481
廉政建设……480
粮仓设施……328
粮食作物……131
烈士褒扬……628
烈士陵园管理……629
林寺山……38
淋病……760
留格庄河……40
流程……794　795
流动人口计生服务管理……81
流行性出血热……759
流行性脑脊髓膜炎……758
流行性乙型脑炎……758
流域综合治理……121
硫铁矿……286
龙卷风灾……66
龙山远照……980　985
龙头港……42
龙舟和滑水……790
鲁岛……44
陆地生物资源……63
陆路交通监理……367
陆上保鲜保活……215
路政管理……365
落实统战政策……492
落实华侨和港澳台属政策……492
吕剧……704
吕泗渔场……205
律师机构……581

M

麻风病……757
麻姑岛……44
麻姑岛防潮堤……220
麻疹……758
麻醉科……750
马陵—海阳断裂……37
盲艺人宣传队……706
毛纺织……243
毛衫加工……244
锚地……361
梅毒……759
美术……699
棉、化纤纺织……242
面积……134
灭鼠……763
民间组织管理……636
民乐……702
民主评议……480
牟平—徐家店—即墨大断裂……37
牡蛎……210
木本植物……157
木工机械设备制造……256

N

南部沿海休闲度假防护林区……158
脑电图室……753
内科……748
泥岛……44
泥蚶……211
年际降水量……48
酿酒……241
农村财务管理……127
农村电影……709
农村供水管理……199
农村合作基金联合会……127
农村医疗保险……625
农村中小学校舍改造……683
农电……280
农机应用……137
农民负担管理……127
农药……128　267
农业财务管理……410
农业存款……394
农业贷款……395
农业机械制造……254
农业科研成果选介……648
疟疾……759
女职工保护……618

P

排灌机械……137
排水……90
派出所……560
攀岩……789
盘石店水库灌区……187
螃蟹……212
跑马岭……38
培训……606
配方施肥……171
皮肤科……752
皮革制品……249
琵琶岛……44
品种……133
评价办法……501
评议工作……518
苹果……167
葡萄……168
普通中小学……769

Q

七子联峰……983
齐鲁证券公司海阳营业部……402

其他辅助工程……306
其他机械……137
其他建筑材料……272
其他食品……241
其他通用零部件……258
其他项目建设……684
其他渔场……205
奇峰虎踞……981
企业存款……393
企业医疗保险……624
起重运输设备制造……257
气温季节变化……47
气温年际变化……47
气温月变化……47
气象观测……654
气象预报……654
气压……49
汽车配件制造……256
汽车尾气净化……120
千里岩……43
千里岩岛海洋生态系统自然保护区……121
抢险救灾……596
桥涵……87
青海渔场……205
青年志愿者行动……553
丘陵区……38
秋季……46
取暖费收缴……91
取水许可管理……198
全体会议……532
确权发证……191
裙带菜……212
群防群治……563

R

燃气管理……100
热带气旋（台风）……65
热电联产……278
人口分布……294
人事代理……608
任免和管理……485
日照……51
荣誉称号……680
乳制品……240
软饮料……242

S

赛项设置……797
三位一体管理机制……681
散文……699
桑……171
桑蚕……172　173
沙峰擎石……982　984
沙滩篮球和沙滩卡巴迪……789
沙滩木球……789
沙滩排球和沙滩足球……789
沙滩手球和沙滩藤球……789
山东海益宝水产股份有限公司……213
山东省海阳渔政管理中心站……203
山东省农业广播电视学校海阳市分校……125
山东烟台烟草有限公司海阳营业部……309
山楂……169
扇贝……210
伤寒……759
伤寒和副伤寒……757
商函广告业务……378
商品房预售管理……110
商品供应……318
商品零售……313
商品批发……312
商业贷款……395
设立保护区……160
社会放映……709
社会事业……558
社会用电量……280
社团注册登记、清理整顿……635

摄影……701
身份证管理……564
深化城镇住房制度改革……109
审查批捕……569
审查起诉……569
生育保险……624
省道……356
圣火熄灭……796
失业保险……623
诗歌……699
施工队伍……103
施工生活区……306
湿度……50
石材……270
石岛渔场……205
石灰……270
石油……317
实行承包经营责任制……230
食品及饲料添加剂……240
市（县）人武部比武……594
市（县）长办公会议……533
市（县）政协委员会常务委员会……539
市场药品监督……766
市政设施管护……97
事业单位……406
事业单位改革……614
柿……169
收获机械……136
手足口病……759
书法……700
蔬菜……131
数据业务……386
双学双比……555
霜冻……51
霜冻灾……67
水产品安全……224
水产养殖科技成果选介……649
水库……180
水事案件与纠纷……192
水源及供水条件……296
水资源保护……198
水资源费……192
税务检察……572
丝绸纺织……243
死刑执行……579
松树夼小流域治理工程……195
嵩院藏经……981
诉讼监督……571

T

太古至元古界胶东群……36
太阳能……130
探矿……287
塘坝……184
糖茶酒公司……311
桃……168
特快专递邮件……376
特殊药品管理……766
特殊职业保护……618
特种行业管理……564
提水工程……186
体格检查……590
体校……768
听障教育……671
同城票据交换……399
统购……323
投递……381
图书发行……710
图书借阅……711
涂料、油墨……268
土埠岛……44
土地承包合同管理……126
土地调整……299
土壤……128
推广……129
推行厂长（经理）负责制……230
退（离）休……620

退（离）休、退职……609
退职……620

W

外汇存款……394
外汇管理……401
外科……749
网络安全监察……564
网站……387
危险物品管理……563
维护社会治安……595
文化下乡……705
文化站……706
文体活动……488
文艺表演…… 794　796
污水处理费……192
无线市话（小灵通）……386
无线寻呼（BP 机）……385
五保供养……633
五金交电……313
五年计划……427
舞蹈……701
物理性质……57
物流业务……379
物业专项维修资金收缴管理和使用……112

X

西部水土保持经济林区……158
西沽头村稻田渠系灌溉系统……188
西古现村果园微喷工程……188
西医……746
希望工程青春助学……553
曦岛・假日湾小区……107
戏曲……703
下岗与再就业……616
夏季……46
险种…… 403　403
县级财政体制……407
县级党政机构改革……613
县级公路……357
县级教育机构……658
县直机关单位武装部……588
乡（镇）蚕业站……157
乡（镇）党政机构改革……613
乡（镇）供水……199
乡（镇）果树站……157
乡（镇）林业站……157
乡（镇）水利站……179
乡村路……359
乡级教育机构……658
乡镇财政机构……407
乡镇财政体制……408
乡镇电影……709
乡镇计生办（服务站）……78
详细规划……788
项目核准……301
消防监督……566
小儿科……750
小区绿化……93
小说、民间文学……699
小型水库除险加固……190
小学教学研究……675
校产管理……684
校舍建设……498
校医及保健教师培训……762
校园建设……498
协议签订……299
心电图室……753
辛安村膜下滴灌工程……188
辛家港……42
新村建设……299
新机具、新技术……138
新生界……36
信贷管理……400
猩红热……759
刑事申诉与赔偿……574

杏……169
休假制度……619
修剪……171
徐家店中心卫生院……744
选矿……287
学历教育……674
学模范争先进……554
学制…… 663 667
循环水系统……306
训练设施建设……593

Y

鸭岛……44
亚沙村……790
亚沙会纪念林公园……791
亚沙会展览馆……790
烟草销售……332
烟草专卖……332
烟酒糖茶……313
烟台警备区（军分区）比武……594
烟台轻工业学校……671
烟台市筹办机构……787
烟台市海阳荣军医院……746
烟台市医药公司海阳公司……309
烟台银行股份有限公司海阳支行……392
岩溶丘陵区……38
岩土工程条件……294
沿海防护林省级自然保护区……122
沿海渔场……205
盐价……334
盐土土类（D）……55
盐业工具与机械……289
盐业运销……333
盐政管理……333
眼科……751
羊角泮……42
药材资源普查……334
药品销售……334
业务经营……322
业余教育……674
业余演出……705
一般药品管理……765
医疗科技成果选介……649
仪式……796
怡河家园小区……107
贻贝……210
移动电话……384
议价收购……324
议价销售……326
缢蛏……210
饮用水源地保护……121
印刷专用设备制造……258
樱桃……168
营运车辆管理……367
影片发行……710
拥军……629
用电结构……281
用工制度……615
优待……626
优化调度配置……198
邮件分拣封发……381
邮路……380
邮政储蓄……377
油品购销……332
有线电视网……386
渔船……205
渔港……218
渔具渔法……206
渔业劳力……203
玉皇山……37
玉山卜雨…… 982 982
育苗基地选介……162
预防职务犯罪……572
预算管理……409
预算外资金管理……409
御景苑小区……107
园林绿化……93

远程教育……484
月降水量……48
越冬防护……175
云……51
运输工具……361
运输机械……137
运输类型……362

Z

栽培技术……131
柞……172
柞蚕……173 174
招虎晴岚……984
招虎山……37
招虎山林场……157
招虎山省级自然保护区……122
沼气……130
针织……245
赈灾……631
镇驻地修建性详细规划……100
蒸发……50
政策落实……485
政协海阳市（县）委员会……538
政协与党外干部人事工作……492
政治待遇……680
政治审查……590
政治生活……488
执法队伍……221
执照申请……301
职称评聘……682
职工教育……552
职工教育学校……674
职工权益保护……550
植保机械……137
制度实施……117
制鞋……249
制盐工艺……288
质量检测……289
治污企业……90
智障教育……671
中部生态旅游水源涵养经济林区……158
中国大地财产保险股份有限公司海阳公司……402
中国电信股份有限公司海阳分公司……382
中国工商银行股份有限公司海阳支行……391
中国建设银行股份有限公司海阳支行……391
中国联合网络通信有限公司海阳市分公司……382
中国联通海阳分公司……382
中国农业发展银行海阳市支行……392
中国农业银行股份有限公司海阳市支行……391
中国平安财产保险股份有限公司海阳营销服务部……402
中国平安人寿保险股份有限公司烟台市海阳支公司……402
中国人民保险公司海阳县支公司……401
中国人民财产保险股份有限公司海阳支公司…401
中国人民武装警察部队海阳市边防大队……589
中国人民武装警察部队烟台支队海阳中队……589
中国人民银行海阳市支行……390
中国人寿保险股份有限公司海阳市支公司……402
中国太平洋财产保险股份有限公司海阳支公司…402
中国太平洋人寿保险海阳营运中心……402
中国移动通信集团山东有限公司海阳分公司…382
中国银行股份有限公司海阳支行……391
中国邮政储蓄银行有限责任公司海阳市支行…392
中华联合财产保险股份有限公司海阳支公司…402
中间业务……378
中生界沉积岩……36
中石化海阳分公司……309
中小农具、农地膜……317
中小学生体检和健康调查……762
中型水库除险加固……190
中学教学研究……676
中医……746
种植药材……131
种植制度……131
重大交通事故案例选……565
重症医学科……752

周期训练……592
竹岛…… 43
助渔设备……206
住房制度改革分步实施……109
住房置业贷款担保……111
驻所检察……573
专题会议…… 533 534
专项规划……85 179
专项规划编制……428
专业技术分队训练……593
专用化学产品……268
砖瓦……270
庄上防潮堤……220
资源保护……221
自营出口企业与创汇……345
综合规划……179
棕壤土类（A）…… 53
总体规划……788
总指挥部……788
组委会……786
组委会执行局……787
组织运行…… 795 797
作物布局……131

编后记

2002年7月，根据国家、山东省、烟台市关于地方志编修工作要求，海阳市政府召开会议，对《海阳市志》编纂工作进行安排部署，其上限为1978年，下限至2002年，为《海阳县志》(1988年版)之续志，是中华人民共和国成立后第二次修志。后因多种原因，进展缓慢，修志中断。2011年2月，市委办公室、市政府办公室印发《海阳市续修新方志工作纲要》及《续修〈海阳市志〉实施方案》通知，续志征稿工作再次启动。经市政府同意，续志下限延长至2010年。2012年6月，海阳市举办第三届亚洲沙滩运动会，全市上下全力投入筹办工作中，修志工作再次停滞。直至2017年5月，山东省地方史志办公室在烟台召开地方史志事业工作会议，要求到2018年全省完成第二轮修志工作。会后，海阳重新组建编纂队伍，恢复修志工作。9月，市委办公室、市政府办公室再次印发关于《海阳市志(1978—2010)》组稿方案通知，将组稿任务下达到各镇(区、街道)、市直各部门。2018年7月，完成《海阳市志(1978—2010)》评审稿。9月20日—21日，组织召开专家评审会议。

自2017年5月海阳市续修市志工作再次启动到志稿评审，仅有一年多时间。由于时间仓促，资料严重缺失，离正式出版的要求还有很大差距。根据专家评审意见，为进一步提高志书质量，2019年5月，经请示市委、市政府同意，又再次组织编修队伍对志稿进行较大调整修改和大量缺失资料的补充完善。《海阳市志(1978—2010)》续修历经十几载，由于几次中断，其间，全市机构又经多次改革变迁和办公场所搬迁，人员新老更替多次，特别是工业、商业流通、外经外贸等行业由于企业改制等原因，档案资料散失。面对巨大困难，全体修志同仁深感责任在肩，不敢告劳，夙兴夜寐，如履薄冰，唯恐愧对当代、遗羞后人。600多个日夜，昼思夜想，寝食难安，百余万字志稿，一字一句，呕心沥血。同仁们既是编辑又是资料挖掘搜集者，坚持聚沙成塔、集腋成裘精神，个中艰辛，难以言表。古人感叹：吟安一个字，捻断数茎须。对此，我们深有体会！志稿杀青阶段，修志同仁牢树精品意识，一丝不苟，校字如仇，逐字逐句推敲琢磨，连一个标点也不放过。《海阳市志(1978—2010)》终于付梓，心中充满喜悦和感动。想起多少个不眠之夜、无边压力，让我们辗转反侧、夜不能寐。但支持我们执着前行的是一种神圣责任！对海阳历史的责任，对海阳人民的责任，对党的事业的责任！

《海阳市志(1978—2010)》，共设33编、202章和大事记、人物、附录等，近190万字。该志成书，是各级领导及热心史志事业的人员共同关心、支持与努力的结果。在编纂工作中，方志出版社编审人员和山东省、烟台市业务部门领导、专家多次给予帮助指导；海阳市委、市政府高度重视，多次听取汇报，市委刘宏涛书记、市政府王彦博市长均作出重要批示，分管领导市委常委、市委办公室主任纪刚加大调度协调力度；各镇(区、街道)、市直各部门给予大力支持，全体修志人员付出艰辛劳动！值此，谨向所有关心、支持《海阳市志(1978—2010)》编纂的领导、单位和个人表示衷心的感谢！

《海阳市志(1978—2010)》付梓出版，历时18个春秋，凝聚了众人心血。市委党史研究中心全体工作人员和历任领导、参与编修的其他同志以修志为己任，兢兢业业，埋头苦干，无私奉献。现虽定稿交付出版，但由于此项工程浩繁、资料缺失等，虽有尽善尽美之愿，终因水平所限，疏漏、错误或不尽人意处尚多，恳请业界专家、广大读者给予批评指正，希望续修市志者予以补正。

编　者

2020年12月

海阳市党史方志办公室工作人员

2002 年 1 月—2003 年 1 月

主　　任：杨奎先
副 主 任：杨哲一　李云凤
工作人员：刘舒秋（副科级干部）　于在乐　刘志耘　董　敏　周新艳　潘文涛　安兴华　程江波　孙春晓　刘静波

2003 年 1 月—2007 年 1 月

主　　任：吕民豪
副 主 任：杨哲一　李云凤　安兴华　包素静
工作人员：刘舒秋（副科级干部）　于在乐　刘志耘　刁常柏　周新艳　潘文涛　程江波　孙春晓　刘静波

2007 年 1 月—2008 年 2 月

副 主 任：杨哲一（主持工作）　包素静
工作人员：李云凤（副科级干部）　任志江（副主任科员）　于在乐　刁常柏　程江波　孙春晓　潘文涛　周新艳　李　青　刘静波

2008 年 2 月—2010 年 2 月

主　　任：王希桂
副 主 任：包素静　孙德成
工作人员：杨哲一（正科级干部）　任志江（副主任科员）　于在乐　刁常柏　程江波　孙春晓　潘文涛　周新艳　李　青　刘静波

2010 年 2 月—2014 年 1 月

主　　任：黄培浩
副 主 任：包素静　孙德成　赵金平　任志江
工作人员：杨哲一（正科级干部）　程江波　张立里　刁常柏　潘文涛　孙春晓　周新艳　李　青　刘静波

2014 年 1 月—2017 年 1 月

主　　任：王文强
副 主 任：包素静　任志江　叶春华　刘　明
工作人员：杨哲一（正科级干部）　孙德成（副科级干部）　张立里　刁常柏　孙春晓　潘文涛　李　青　刘静波

2017 年 1 月—2019 年 1 月

主　　任：隋悦江
副 主 任：叶春华　刘　明
工作人员：孙德成（副科级干部）　张立里　孙春晓　李　青　宋　倩　王墨童　刘静波

中共海阳市委党史研究中心（海阳市地方史志研究中心）工　作　人　员

2019 年 1 月—2020 年 12 月

主　　任：于　勇
副 主 任：叶春华　刘　明
工作人员：孙德成（二级主任科员）　张立里（四级主任科员）　赵学杰（四级主任科员）　孙春晓（四级主任科员）　李　青　宋　倩　王墨童